Conserver la Couverture

RECUEIL GÉNÉRAL DES LOIS & DES ARRÊTS
ET JOURNAL DU PALAIS

RÉPERTOIRE GÉNÉRAL ALPHABÉTIQUE
DU
DROIT FRANÇAIS

contenant
SUR TOUTES LES MATIÈRES DE LA SCIENCE ET DE LA PRATIQUE JURIDIQUES
L'EXPOSÉ DE LA LÉGISLATION, L'ANALYSE CRITIQUE DE LA DOCTRINE ET LES SOLUTIONS DE LA JURISPRUDENCE

Publié par MM.

A. CARPENTIER
AGRÉGÉ DES FACULTÉS DE DROIT
AVOCAT A LA COUR DE PARIS

G. FRÈREJOUAN DU SAINT
ANCIEN MAGISTRAT, DOCTEUR EN DROIT

SOUS LA DIRECTION
JUSQU'EN 1894, DE ED. FUZIER-HERMAN, ANCIEN MAGISTRAT
Et avec la Collaboration des
RÉDACTEURS DU RECUEIL GÉNÉRAL DES LOIS ET DES ARRÊTS ET DU JOURNAL DU PALAIS
ET NOTAMMENT DE MM.

Audinet, professeur à la Faculté de droit de l'Université de Poitiers;
Baudry-Lacantinerie, doyen de la Faculté de droit de l'Université de Bordeaux;
Ch. Blondel, professeur à la Faculté de droit de l'Université de Rennes;
De Boislisle, président de Chambre à la Cour d'appel de Paris;
E. Chavegrin, professeur à la Faculté de droit de Paris;
A. Christophe, député, ancien ministre des Travaux publics, ancien avocat au Conseil d'État et à la Cour de cassation;
Em. Cohendy, professeur à la Faculté de droit de l'Université de Lyon;
T. Crépon, conseiller honoraire à la Cour de cassation;
R. Dareste, conseiller honoraire à la Cour de cassation, membre de l'Institut;
G. Demante, professeur honoraire à la Faculté de droit de l'Université de Paris;
Douarche, premier président de la Cour d'appel de Caen;
Dupont, conseiller à la Cour de cassation;
A. Esmein, professeur à la Faculté de droit de l'Université de Paris;
Ch. Guyot, directeur de l'École nationale des eaux et forêts;
Hauriou, professeur à la Faculté de droit de l'Université de Toulouse;
P. Lacoste, professeur à la Faculté de droit de l'Université d'Aix;
Ch. Laurent, conseiller à la Cour de cassation de Belgique;
L. Limelette, conseiller à la Cour d'appel de Liège;
Ch. Lyon-Caen, professeur à la Faculté de droit de l'Université de Paris et à l'École des Sciences politiques, membre de l'Institut;
A. Mérignhac, professeur à la Faculté de droit de l'Université de Toulouse;
Ed. Meynial, professeur à la Faculté de droit de l'Université de Montpellier;
E. Naquet, ancien procureur général près la Cour d'appel d'Aix, ancien professeur à la Faculté de droit;
N. Panhard, avocat au Conseil d'État et à la Cour de cassation;
P. Pic, professeur à la Faculté de droit de l'Université de Lyon;
Eug. Pierre, secrétaire général de la Présidence de la Chambre des députés;
A. Pillet, professeur à la Faculté de droit de l'Université de Paris;
L. Renault, professeur à la Faculté de droit de l'Université de Paris et à l'École des sciences politiques;
Ruben de Couder, conseiller à la Cour de cassation;
Ch. Tissier, professeur à la Faculté de droit de l'Université de Dijon;
Ch. Vibert, docteur en médecine, médecin-légiste, chef du Laboratoire d'anatomie pathologique;
G. Vidal, professeur à la Faculté de droit de l'Université de Toulouse;
P. Viollet, bibliothécaire de la Faculté de droit de l'Université de Paris, professeur à l'École des Chartes, membre de l'Institut;
Alb. Wahl, professeur à la Faculté de droit de l'Université de Lille;
Zeys, conseiller à la Cour de cassation;

POUR LE DROIT COMPARÉ CIVIL ET CRIMINEL ET LE DROIT PUBLIC INTERNATIONAL,
de M. Ernest **Lehr**,
Professeur honoraire de Législation comparée à l'Université de Lausanne, attaché-jurisconsulte de l'Ambassade de France en Suisse,
secrétaire perpétuel honoraire de l'Institut de droit international.

TOME VINGT ET UNIÈME
ÉTABLISSEMENTS NATIONAUX-EXTRACTION DE MATÉRIAUX

PARIS
LIBRAIRIE DE LA SOCIÉTÉ DU RECUEIL GÉNÉRAL DES LOIS ET DES ARRÊTS
FONDÉ PAR J.-B. SIREY, ET DU JOURNAL DU PALAIS
Ancienne Maison L. LAROSE & FORCEL
22, RUE SOUFFLOT, 5ᵉ Arrondissement
L. LAROSE, Directeur de la Librairie
1900

RECUEIL GÉNÉRAL DES LOIS & DES ARRÊTS
ET JOURNAL DU PALAIS

RÉPERTOIRE GÉNÉRAL ALPHABÉTIQUE
DU
DROIT FRANÇAIS

contenant

SUR TOUTES LES MATIÈRES DE LA SCIENCE ET DE LA PRATIQUE JURIDIQUES

L'EXPOSÉ DE LA LÉGISLATION, L'ANALYSE CRITIQUE DE LA DOCTRINE ET LES SOLUTIONS DE LA JURISPRUDENCE

Publié par MM.

A. CARPENTIER
AGRÉGÉ DES FACULTÉS DE DROIT
AVOCAT A LA COUR DE PARIS

G. FRÈREJOUAN DU SAINT
ANCIEN MAGISTRAT, DOCTEUR EN DROIT

SOUS LA DIRECTION

JUSQU'EN 1894, DE **ED. FUZIER-HERMAN**, ANCIEN MAGISTRAT

Et avec la Collaboration des

RÉDACTEURS DU RECUEIL GÉNÉRAL DES LOIS ET DES ARRÊTS ET DU JOURNAL DU PALAIS

ET NOTAMMENT DE MM.

Audinet, professeur à la Faculté de droit de l'Université de Poitiers;
Baudry-Lacantinerie, doyen de la Faculté de droit de l'Université de Bordeaux;
Ch. Blondel, professeur à la Faculté de droit de l'Université de Rennes;
De Boislisle, président de Chambre à la Cour d'appel de Paris;
E. Chavegrin, professeur à la Faculté de droit de l'Université de Paris;
A. Christophle, député, ancien ministre des Travaux publics, ancien avocat au Conseil d'État et à la Cour de cassation;
Em. Cohendy, professeur à la Faculté de droit de l'Université de Lyon;
T. Crépon, conseiller honoraire à la Cour de cassation;
R. Dareste, conseiller honoraire à la Cour de cassation, membre de l'Institut;
G. Demante, professeur à la Faculté de droit de l'Université de Paris;
Douarche, premier président de la Cour d'appel de Caen;
Dupont, conseiller à la Cour de cassation;
A. Esmein, professeur à la Faculté de droit de l'Université de Paris;
Ch. Guyot, directeur de l'École nationale des eaux et forêts;
Hauriou, professeur à la Faculté de droit de l'Université de Toulouse;
P. Lacoste, professeur à la Faculté de droit de l'Université d'Aix;
Ch. Laurent, conseiller à la Cour de cassation de Belgique;
L. Limelette, conseiller à la Cour d'appel de Liège;
Ch. Lyon-Caen, professeur à la Faculté de droit de l'Université de Paris et à l'École des Sciences politiques, membre de l'Institut;
A. Mérignhac, professeur à la Faculté de droit de l'Université de Toulouse;
Ed. Meynial, professeur à la Faculté de droit de l'Université de Montpellier;
E. Naquet, ancien procureur général près la Cour d'appel d'Aix, ancien professeur à la Faculté de droit;
N. Panhard, avocat au Conseil d'État et à la Cour de cassation;
P. Pic, professeur à la Faculté de droit de l'Université de Lyon;
Eug. Pierre, secrétaire général de la Présidence de la Chambre des députés;
A. Pillet, professeur à la Faculté de droit de l'Université de Paris;
L. Renault, professeur à la Faculté de droit de l'Université de Paris et à l'École des sciences politiques;
Ruben de Couder, conseiller à la Cour de cassation;
Alb. Tissier, professeur à la Faculté de droit de l'Université de Dijon;
Ch. Vibert, docteur en médecine, médecin-légiste, chef du Laboratoire d'anatomie pathologique;
G. Vidal, professeur à la Faculté de droit de l'Université de Toulouse;
P. Viollet, bibliothécaire de la Faculté de droit de l'Université de Paris, professeur à l'École des Chartes, membre de l'Institut;
Alb. Wahl, professeur à la Faculté de droit de l'Université de Lille;
Zeys, conseiller à la Cour de cassation;

POUR LE DROIT COMPARÉ CIVIL ET CRIMINEL ET LE DROIT PUBLIC INTERNATIONAL,

de M. **Ernest Lehr**,

Professeur honoraire de Législation comparée à l'Université de Lausanne, attaché-jurisconsulte de l'Ambassade de France en Suisse, secrétaire perpétuel honoraire de l'Institut de droit international.

TOME VINGT ET UNIÈME
ÉTABLISSEMENTS NATIONAUX—EXTRACTION DE MATÉRIAUX

PARIS

LIBRAIRIE DE LA SOCIÉTÉ DU RECUEIL GÉNÉRAL DES LOIS ET DES ARRÊTS
Fondé par J.-B. SIREY
ET DU JOURNAL DU PALAIS

Ancienne Maison L. LAROSE & FORCEL
22, RUE SOUFFLOT, 5ᵉ Arrondissement

L. LAROSE, Directeur de la Librairie

1900

EXPLICATION DES PRINCIPALES ABRÉVIATIONS

Ann. lég. étr.	Annuaire de législation étrangère (publication de la Société de législation comparée).
Belg. jud.	Belgique judiciaire.
Bull. civ.	Bulletin civil des arrêts de la Cour de cassation.
Bull. crim.	Bulletin criminel des arrêts de la Cour de cassation.
Bull. jud. alg.	Bulletin judiciaire de l'Algérie.
Bull. lég. comp.	Bulletin de la Société de Législation comparée.
B. O. M.	Bulletin officiel du ministère de la Marine.
Cass.	Cour de cassation.
Circ.	Circulaire.
C. civ.	Code civil.
C. comm.	Code de commerce.
C. for.	Code forestier.
C. instr. crim.	Code d'instruction criminelle.
C. pén.	Code pénal.
C. proc. civ.	Code de procédure civile.
Cons. d'Ét.	Conseil d'État.
Cons. préf.	Conseil de préfecture.
D.	Jurisprudence générale de Dalloz; recueil périodique (mêmes observations que pour le recueil Sirey).
Dauvert.	Jurisprudence des conseils de préfecture.
Décr.	Décret.
Déc. min. fin.	Décision du ministre des finances.
Déc. min. just.	Décision du ministre de la justice.
Déc. min. int.	Décision du ministre de l'intérieur.
Dict.	Dictionnaire.
Fr. jud.	France judiciaire. (Le premier chiffre double [77-78] indique l'année, le second la partie, le troisième la page).
Instr. gén.	Instructions générales de la direction de l'enregistrement.
J. cons.	Journal des conservateurs.
J. enreg.	Journal de l'enregistrement.
J. trib. comm.	Journal des tribunaux de commerce, de Teulet et Camberlin.
L.	Loi.
Leb. chr.	Recueil des arrêts du Conseil d'État (ordre chronologique), fondé par Lebon, continué par MM. Hallays-Dabot et Pauhard.
Loc. cit.	Loco citato.
Mémor. Comm.	Mémorial du commerce et de l'industrie.
Ord.	Ordonnance.
P.	Journal du Palais. — Lorsque le renvoi comprend trois chiffres, le premier indique l'année; le second (1 ou 2) indique, soit le tome, la collection comprenant deux volumes par année jusqu'en 1856, — soit la partie, chaque volume se trouvant, depuis 1881, divisé en deux parties; le troisième chiffre indique la page; ainsi [P. 53.2.125] signifie : [**Journal du Palais**, année 1853, tome 2, page 125]; — [P. 83.1.464] signifie : [**Journal du Palais**, année 1883, 1ʳᵉ partie, page 464]. Les renvois aux années n'ayant qu'un volume ne comprennent naturellement que deux chiffres. — Depuis 1892, le Sirey et le Journal du Palais ont une même pagination; ainsi [S. et P. 92.1.78] veut dire : **Sirey** et **Journal du Palais**, année 1892, 1ʳᵉ partie, page 78.
P. Lois, décr., etc.	Collection des lois du Journal du Palais.
P. adm. chr.	Journal du Palais. — Partie administrative (ordre chronologique).
P. Bull. enreg.	Journal du Palais; Bulletin spécial d'enregistrement, 1831-1864.
P. chr.	Collection *chronologique* du *Journal du Palais*, refondue jusqu'en 1835 inclusivement pour la Jurisprudence des Cours et Tribunaux, et continuée pour la Jurisprudence administrative.
Pand. Belg.	Pandectes Belges. — Répertoire alphabétique de la jurisprudence belge, sous la direction de MM. E. Picard et d'Hoffschmidt.
Pasicr.	Pasicrisie Belge. (Mêmes observations que pour le recueil Sirey, sauf pour les premières années, qui ne comportent qu'une pagination.)
Rev. alg.	Revue algérienne.
Rev. crit.	Revue critique de législation et de jurisprudence.
Rev. gén. d'adm.	Revue générale d'administration.
Rev. gén. dr. fr.	Revue générale du droit français.
Rev. prat.	Revue pratique du droit français.
S.	Recueil général des Lois et des Arrêts fondé par J.-B. Sirey. — Le premier chiffre indique l'année, le second la partie, le troisième la page; ainsi [S. 75.1.477] veut dire : [**Sirey**, année 1875, 1ʳᵉ partie, page 477].
S. chr.	Collection du même recueil, refondue jusqu'en 1830 inclusivement par ordre chronologique; chaque arrêt se trouve donc à sa date.
S. Lois ann.	Collection des Lois du même recueil.
Sol.	Solution de la régie de l'enregistrement.
Tar. civ.	Tarif civil.
Tar. crim.	Tarif criminel.
Trib. confl.	Tribunal des conflits.
Trib. s. pol.	Tribunal de simple police.

LISTE

des principaux collaborateurs qui ont pris part à la rédaction du présent volume.

MM.

AUDINET, professeur à la faculté de droit de l'Université de Poitiers ;
BLUMENTHAL, docteur en droit, avocat à la Cour d'appel de Paris ;
BOCQUET, docteur en droit ;
BOUILLY, juge honoraire au Tribunal civil de la Seine ;
Ch. COMPANG, ancien magistrat ;
COURTOIS, docteur en droit, avocat à la Cour d'appel de Paris ;
CROUVÈS, avocat, docteur en droit ;
J. DEJAMME, juge au tribunal civil de Bordeaux ;
DELPECH, docteur en droit, chargé de conférences à la Faculté de droit de l'Université de Paris ;
DEPEIGES, substitut du Procureur général à la Cour d'appel de Riom ;
DEROUIN, secrétaire général de l'administration de l'assistance publique à Paris ;
DRAMARD, conseiller à la Cour d'appel de Limoges ;
L. GUÉRIN, docteur en droit, chargé de conférences à Faculté de droit de l'Université de Paris ;
F. LACOINTA, docteur en droit, avocat à la Cour d'appel de Toulouse ;
MAGNY, sous-directeur de l'administration des Cultes ;
MAGUÉRO, docteur en droit, sous chef de bureau à la Direction générale de l'Enregistrement ;
MAURY, conseiller à la Cour d'appel de Pau ;
POULARD, sous-intendant militaire ;
Fr. REY, docteur en droit ;
TASSAIN, docteur en droit, receveur de l'enregistrement, des Domaines et du Timbre ;
TISSERANT, chef de bureau au Ministère des travaux publics ;
VIALLANES, avocat à la Cour d'appel de Paris ;
WORMS, juge au Tribunal civil de Versailles.

RÉPERTOIRE GÉNÉRAL
DU
DROIT FRANÇAIS.

ÉTABLISSEMENTS NATIONAUX DE BIENFAISANCE.

LÉGISLATION.

Décr. 8 avr. 1791 (*relatif à l'administration de l'hôpital des Quinze-Vingts*); — Décr. 21 juill. 1791 (*relatif à l'abbé de l'Epée et à son établissement en faveur des sourds-muets et des aveugles*); — Décr. 28 sept. 1791 (*relatif à l'établissement des aveugles-nés*; — Décr. 16 niv. an III (*relatif à l'organisation des deux établissements de sourds-muets fondés à Paris et à Bordeaux*); — Décr. 25 niv. an III (*additionnel au précédent*); — Décr. 10 vend. an IV (*sur l'organisation du ministère*), art. 4 (*attributions du ministre de l'Intérieur*); — Arr. 27 prair. an V (*portant réouverture de la maison de Charenton*); — L. 11 frim. an VII (*qui détermine le mode administratif des recettes et dépenses* (art. 2), *classant, dans les dépenses générales de l'Etat, celles afférentes aux sourds-muets et aveugles travailleurs*); — Ord. 31 mai 1830 (*qui replace l'hospice des Quinze-Vingts dans les attributions du ministre de l'Intérieur*); — Ord. 22 févr. 1841 (*concernant l'administration des établissements généraux de bienfaisance et d'utilité publique*); — Décr. 8 mars 1855 (*relatif aux asiles de Vincennes et du Vésinet*); — Décr. 28 oct. 1857 (*qui déclare l'asile impérial de Vincennes d'utilité publique*); — Décr. 11 août 1859 (*qui déclare l'asile impérial du Vésinet d'utilité publique*); — Décr. 11 sept. 1859 (*réservant aux garçons l'asile des sourds-muets de Paris et aux filles l'asile des sourds-muets de Bordeaux*); — Décr. 21 oct. 1861 (*classant l'institution des sourds-muets de Chambéry au nombre des établissements nationaux*). — Décr. 30 juin 1876 (*autorisant la création d'une maison de secours portant le nom d'asile Vacassy*); — Décr. 3 mai 1887 (*portant création d'un établissement portant le titre d'asile Antoine Königswarter*); — Décr. 21 oct. 1889 (*autorisant l'acquisition du terrain à affecter à la fondation Vacassy*).

BIBLIOGRAPHIE.

Béquet et Dupré, *Répertoire du droit administratif* (en cours de publication), v° *Assistance publique*, tit. 2, chap. 2. — Blanche, *Dictionnaire général d'administration*, 1884-91, 2 vol. gr. in-8°, v° *Etablissements généraux de bienfaisance et d'utilité publique*. — Block, *Dictionnaire de l'administration française*, 1891, 3° éd., 1 vol. gr. in-8°, v°° *Asiles de Vincennes et du Vésinet, Aveugles, Charenton, Mont-Genèvre* et *Sourds-muets*. — Durieu et Roche, *Répertoire des établissements de bienfaisance*, 1841-43, 2 vol. in-8°, v°° *Aveugles (jeunes), Charenton, Etablissements généraux de bienfaisance, Quinze-Vingts, Sourds-muets*.

Battelle, *Notice historique et statistique sur l'hospice des Quinze-Vingts*, 1837. — Bourdon (Isidore), *Notice historique sur l'hospice des Quinze-Vingts*, 1848, in-8°. — Bucquet, *Rapport sur les établissements généraux de bienfaisance*, 1867. — Conseil supérieur de l'assistance publique (publications du Conseil), en cours de publication, fasc. 3, rapp. de M. Pichon sur le budget de 1888; fasc. 10, *Etablissements nationaux de bienfaisance*. — Cornié, *Etude sur l'institution nationale des sourdes-muettes de Bordeaux*, Bordeaux, 1889. — Guadet (J.), *L'Institut des jeunes aveugles de Paris; son histoire et ses procédés d'enseignement*, 1849. — *Institution des sourds-muets de Paris, Programme d'enseignement et rapport sur l'enseignement auriculaire*, 1889, 2 broch. in-4°. — La Valette (marquis de), *Les établissements généraux de bienfaisance placés sous le patronage de l'Impératrice*, monogr. 1866. — *Mémoire de l'administration des Quinze-Vingts*, 1830, in-4°. — Pignier, *Essai historique sur l'institution des jeunes aveugles de Paris*, 1860. — Prompsault, *Les Quinze-Vingts, notes et documents*, 1860. — *Règlement du service intérieur de l'asile impérial du Vésinet*, 1861, broch. in-4°.

Les institutions nationales des sourds-muets et le ministère de l'Intérieur (Th. Denis): Rev. gén. d'adm., 82. 2. 25.

INDEX ALPHABÉTIQUE.

Abonnement, 85, 91.
Adjudication, 24, 28.
Aliénés, 73 et s.
Asile de Vincennes, 83 et s.
Asile Vésinet, 83, 91 et s.
Asile Vacassy, 98 et s.
Autorisation, 32 et s.
Autorisation de plaider, 33.
Aveugles, 1, 45 et s.
Bourses, 42, 59, 62, 64, 74.
Cautionnement, 37.
Clinique laryngologique, 58.
Clinique ophtalmologique, 49.
Clinique otologique, 58.
Commission facultative, 13 et s., 26 et s.
Comptabilité en matières, 39 *bis*.
Comptabilité, 17, 36.
Conseil de préfecture, 38.
Cour des comptes, 38.
Directeur, 11, 12, 24 et 25.
Dons et legs, 35.
Ecole Braille, 53.
Econome, 17, 31, 37.
Enseignement, 4, 27.
Fondation Königswarter, 103 et 104.

Hospice du Mont-Genèvre, 10, 36 et s.
Institution des jeunes aveugles, 54.
Institution des sourds-muets de Paris, 55 et s.
Institution des sourds-muettes de Bordeaux, 63 et s.
Institution des sourds-muets de Chambéry, 68 et s.
Maison de Charenton, 73 et s.
Ministre de l'Instruction publique, 4.
Ministre de l'Intérieur, 4, 11, 16, 32.
Ouvriers, 80 et s.
Paris (ville de), 50.
Patron, 85.
Pensions, 43, 47.
Personne morale, 3.
Quinze-Vingts, 45 et s.
Receveur, 30, 37 et 38.
Société de secours mutuels, 85, 91.
Sourds-muets, 1, 4, 55 et s., 63 et s., 68 et s.
Subventions, 41, 50.
Travaux publics, 84.

DIVISION.

CHAP. I. — DISPOSITIONS GÉNÉRALES.
   Sect. I. — Observations préliminaires (n. 1 à 8).
   Sect. II. — Désignation des établissements (n. 9 et 10).
   Sect. III. — Organisation de l'administration (n. 11 à 23).

Sect. IV. — **Attributions du personnel supérieur et de la commission** (n. 24 à 31).
Sect. V. — **Régime des autorisations** (n. 32 à 35).
Sect. VI. — **Régime financier** (n. 36 à 44).

CHAP. II. — Organisation et destination de chacun des établissements.
Sect. I. — **Etablissements d'aveugles et de sourds-muets.**
§ 1. — *Hospice national des Quinze-Vingts* (n. 45 à 53).
§ 2. — *Institution nationale des jeunes aveugles* (n. 54).
§ 3. — *Institution nationale des sourds-muets de Paris* (n. 55 à 62).
§ 4. — *Institution nationale des sourdes-muettes de Bordeaux* (n. 63 à 67).
§ 5. — *Institution nationale des sourds-muets de Chambéry* (n. 68 à 72).
Sect. II. — **Maison nationale de Charenton** (n. 73 à 82).
Sect. III. — **Etablissements divers.**
§ 1. — *Asiles nationaux de Vincennes et du Vésinet* (n. 83 à 94).
§ 2. — *Hospice national du Mont-Genèvre* (n. 95 à 97).
§ 3. — *Asile national Vacassy* (n. 98 à 102).
§ 4. — *Fondation nationale de Königswarter* (n. 103 et 104).

CHAPITRE I.

DISPOSITIONS GÉNÉRALES.

SECTION I.

Observations préliminaires.

1. — Certaines catégories d'infirmes, telles que les aveugles et les sourds-muets, sont trop peu nombreuses pour que les communes ou les départements, sauf dans quelques cas exceptionnels, se soient préoccupés d'organiser, en leur faveur, une assistance spéciale sur le territoire de leur circonscription ou pour que le législateur ait cru devoir réglementer cette assistance par département ou par commune. C'est ainsi que l'Etat s'est trouvé appelé, sans recourir aux départements et aux communes, à assurer une assistance, encore insuffisante, d'ailleurs aux aveugles et sourds-muets de tout le territoire, par l'intermédiaire d'établissements, qui, bien que jouissant d'une vie propre, sont placés directement sous l'autorité du gouvernement.

2. — En même temps et pour des motifs divers, l'Etat a aussi assumé exceptionnellement, sinon la charge, au moins la surveillance directe de quelques autres établissements affectés à une assistance qui aurait pu rester dans les attributions des départements ou des établissements de bienfaisance communaux.

3. — Les uns et les autres établissements, bien que placés sous l'autorité de l'Etat, jouissent d'une personnalité civile propre et distincte de celle de l'Etat. Ils ont leurs budgets et comptes particuliers. Ils ont, chacun, pour l'accomplissement des actes de la vie civile, une représentation spéciale. Chacun d'eux a sa dotation dont ni le capital ni les revenus ne peuvent être affectés qu'à ses propres besoins. Ils reçoivent directement après autorisation, sans intermédiaire, les dons et legs. C'est ce qui résulte des actes administratifs qui les ont constitués et organisés. C'est ce que constate encore implicitement l'ordonnance royale du 22 févr. 1841, qui contient une réglementation générale de l'administration des établissements généraux de bienfaisance, et dont la plupart des dispositions sont encore en vigueur.

4. — C'est sous l'autorité du ministre de l'Intérieur que sont placés tous les établissements nationaux. Certains d'entre eux, cependant, ont un caractère mixte, et sont, à la fois, des institutions d'assistance et des établissements d'enseignement. Il a pu, par suite, être soutenu que les maisons d'enfants aveugles ou sourds-muets doivent être distraites des attributions du ministère de l'intérieur, pour être constituées en dépendance du ministère de l'instruction publique. Cette question a été examinée, notamment, en ce qui concerne les sourds-muets, dans un congrès tenu à Bordeaux en août 1881. Ce congrès a voté une résolution tendant à ce que les institutions de sourds-muets restent dans les attributions du ministère de l'intérieur, par les deux motifs suivants : 1° l'éducation spéciale des sourds-muets et les mesures de protection et de préservation, dont on croit que la plupart d'entre eux doivent être l'objet incessant, donnent aux établissements dans lesquels ils sont élevés un caractère de bienfaisance, dont ces établissements ne sauraient être dépouillés sans inconvénient ; 2° le ministre de l'intérieur, suffisamment compétent pour juger et régler les questions relatives à l'enseignement spécial dont il s'agit, est seul en mesure de décider celles qui se rattachent à la bienfaisance. — *Rev. gén. d'adm.*, 82.2.25.

5. — En fait, le ministre de l'Intérieur exerce, le plus souvent, son action sur ces établissements par l'intermédiaire du directeur de l'assistance et de l'hygiène publiques de son ministère. Les mêmes établissements sont également soumis à la surveillance et au contrôle des inspecteurs généraux des services administratifs du ministère de l'intérieur.

6. — Les établissements généraux de bienfaisance, étant placés sous la seule tutelle de l'Etat, se trouvent indépendants des administrations municipales et départementales ; ni les conseils généraux ni les conseils municipaux n'ont à délibérer ou à émettre d'avis sur leurs actes.

7. — Ils ont toujours été désignés, autrefois, sous le nom d'établissements généraux de bienfaisance ; depuis plusieurs années cette appellation a été modifiée, et les documents officiels leur donnent maintenant le titre d'établissements nationaux de bienfaisance.

8. — Dans le vaste et compliqué système d'assistance de la France, la mission des établissements nationaux est d'importance assez minime. Ce n'est que bien exceptionnellement que l'Etat fait de l'assistance directe. — V. *suprà*, v° *Assistance publique*, n. 252.

SECTION II.

Désignation des établissements.

9. — Lors de la réglementation générale faite par l'ordonnance du 22 févr. 1841, les établissements nationaux étaient au nombre de cinq : l'hospice des Quinze-Vingts pour les aveugles de tous les âges; la maison de Charenton pour les aliénés ; l'institution des jeunes aveugles ; et deux institutions de sourds-muets, celle de Paris et celle de Bordeaux.

10. — Depuis 1841, on a rangé au nombre des établissements nationaux ou fondé comme établissements nationaux : l'hospice national du Mont-Genèvre ; l'asile national de Vincennes ; l'asile national du Vésinet ; l'institution nationale des sourds-muets de Chambéry ; l'asile Vacassy ; enfin la fondation nationale de Königswarter. En vertu d'une loi du 25 avr. 1900, l'hospice national du Mont-Genèvre a cessé de faire partie des établissements nationaux. Il a été cédé au département des Hautes-Alpes qui s'est engagé à conserver à cet établissement sa destination de refuge-abri de jour et de nuit.

SECTION III.

Organisation de l'administration.

11. — Chaque établissement national est administré, sous l'autorité du ministre de l'Intérieur, par un directeur responsable, assisté d'une commission consultative (Ord. 22 févr. 1841, art. 1).

12. — Les directeurs sont nommés par le ministre de l'Intérieur. Leurs appointements sont de 8,000 fr. au maximum ; mais ils sont toujours améliorés par des prestations en nature, et, quelquefois, par des indemnités diverses.

13. — Les membres des commissions consultatives, sont également nommés par le ministre ; ils sont au nombre de quatre (Ord. 22 févr. 1841, art. 6).

14. — Le nombre de quatre membres indiqué par l'ordonnance réglementaire est un minimum. La plupart des commissions sont plus nombreuses.

15. — La commission est renouvelée par quart tous les ans (Ord. 22 févr. 1841, art. 6).

16. — Le président et le secrétaire de la commission sont désignés, au commencement de chaque année, par le ministre de l'Intérieur (Arr. min. int., 22 déc. 1854).

17. — D'après l'art. 8 de l'ordonnance de 1841, la compta-

ÉTABLISSEMENTS NATIONAUX DE BIENFAISANCE. — Chap. I.

bilité et le régime économique de chaque établissement sont confiés à un agent comptable. En fait, dans la plupart des établissements, il existe, indépendamment du receveur agent comptable, un économe chargé des services économiques.

18. — Dans les établissements nationaux affectés à l'instruction en même temps qu'à l'hospitalisation, le directeur est assisté d'un personnel pédagogique (censeurs des études, professeurs, etc.). Dans tous les établissements nationaux, le service est assuré, en outre, par un personnel administratif (secrétaires de direction et commis aux écritures), et par un personnel secondaire et inférieur, laïque ou congréganiste. Dans le cas où le personnel est laïque, la hiérarchie est la même que dans les services de l'administration générale de l'Assistance publique de Paris (surveillants, sous-surveillants, suppléants et infirmiers des deux sexes ; garçons et filles de service).

19. — Les cadres de ce personnel laïque ont été organisés par un arrêté ministériel du 10 févr. 1893 pour les six établissements suivants : jeunes aveugles, sourds-muets de Paris, Quinze-Vingts, Charenton, asiles de Vincennes et du Vésinet.

20. — Un personnel médical est attaché à chaque établissement, dans des conditions qui varient pour chacun d'eux, suivant sa destination.

21. — Dans les six établissements soumis à la réglementation de l'arrêté du 10 févr. 1893, le personnel reçoit, indépendamment d'appointements, des avantages en nature, consistant : pour le personnel supérieur (à l'exclusion des serviteurs de directions, des commis aux écritures et des stagiaires), en logement, chauffage et éclairage ; pour le personnel secondaire et inférieur, en logement, chauffage, éclairage, blanchissage, habillement et coucher. — Arr. min. Int., 11 juill. 1893, [*Rev. des établ. de bienf.*, 1893, p. 398]

22. — A l'égard des mêmes établissements, un arrêté ministériel du 12 juill. 1893 contient les réglementations suivantes : tout candidat à un emploi doit être Français. Un stage de trois ans au minimum est exigé des censeurs des études, institutrices, serviteurs de direction, commis aux écritures et agents du personnel secondaire. Le droit à une pension de retraite ne court que du jour de la titularisation, sauf en ce qui concerne ceux provenant de services dépendant du ministère de l'intérieur. Le ministre nomme à tous les emplois du personnel supérieur, et, sur la proposition du directeur, à ceux du personnel secondaire. Il prononce également toutes les mutations d'emploi ou d'établissement (*Rev. des établ. de bienf.*, 1893, p. 400).

23. — Les peines disciplinaires applicables au personnel sont, d'après le même arrêté : la réprimande, la retenue de traitement, la rétrogradation, la révocation. Les peines sont prononcées par le ministre, en ce qui concerne le personnel supérieur et secondaire, et par le directeur, pour le personnel inférieur. En cas d'urgence, la suspension, pour le personnel supérieur ou secondaire, peut être prononcée par le directeur, sauf en à référer à l'autorité centrale (*Ibid.*).

Section IV.
Attributions du personnel supérieur et de la commission.

24. — Le directeur est chargé de l'administration intérieure et exerce la gestion des biens et revenus. Il assure l'exécution des lois et règlements et correspond directement avec le ministre de l'Intérieur. Il prépare les budgets et ordonnance les dépenses. Il procède aux adjudications. D'une manière générale, il représente l'établissement pour tous les actes de la vie civile, pour l'acceptation des dons et legs et les actions en justice (V. Ord. 22 févr. 1841, art. 8). — Béquet, *Rép.*, v° *Assistance publique*, n. 80 ; Durieu et Roche, *Rép.*, v° *Etablissements généraux de bienfaisance*, n. 7.

25. — Le directeur assiste aux réunions de la commission avec voix délibérative. Il doit se retirer cependant lorsque la commission est appelée à délibérer sur les comptes de son administration (Même arrêté, art. 5 et 6).

26. — Aux termes d'un arrêté ministériel du 22 juin 1841, les commissions consultatives sont appelées à délibérer sur les budgets, recettes et dépenses, les acquisitions, aliénations et échanges de propriétés, les baux, les travaux, les achats d'objets de consommation, l'acceptation des dons et legs, les placements de fonds et emprunts, les actions judiciaires et les transactions, les comptes, et, enfin, sur toutes les mesures relatives au régime intérieur et économique.

27. — Dans les établissements ayant une destination d'enseignement, la commission délibère aussi sur toutes les questions qui concernent la direction morale et intellectuelle, ainsi que l'éducation des élèves, les programmes d'enseignement, enfin, la discipline des études (Arr. min. Int., 22 juin 1841, art. 2).

28. — Un membre de la commission doit assister aux adjudications (Même arrêté, art. 3).

29. — A la fin de chaque année, la commission consigne, dans un rapport au ministre, ses observations et y signale les améliorations lui paraissant nécessaires. Le président adresse directement ce rapport au ministre, au nom de la commission. Il lui adresse également les délibérations relatives au compte d'administration du directeur, ainsi que toutes autres communications qu'il pourrait juger utiles (Même arrêté, art. 4 et 7).

30. — Le receveur est chargé, sous l'autorité du directeur, de la perception des revenus et du paiement des dépenses mandatées par le directeur. Il est tenu d'exercer personnellement sa gestion et il est soumis aux dispositions des lois relatives aux comptables publics. Il tient les écritures, comptes et livres prescrits par les règlements. Il remet au directeur, à la fin de chaque trimestre, la balance des comptes et un bordereau de situation, et, à la fin de l'année, une copie de son compte. — Béquet, *Rép.*, v° *Assistance publique*, n. 82.

31. — L'économe exerce, sous l'autorité et la surveillance du directeur, et de tous les services économiques de l'établissement, de même que les économes des établissements hospitaliers communaux et conformément aux mêmes règles. — V. *supra*, v° *Assistance publique*, n. 2335 et s.

Section V.
Régime des autorisations.

32. — Les budgets, les comptes, les adjudications et marchés comme toutes les opérations de quelque importance et notamment les acquisitions, aliénations, échanges, etc..., sont soumis à l'approbation du ministre de l'Intérieur. — Béquet, *Rép.*, v° *Assistance publique*, n. 80.

33. — Le ministre est également compétent pour accorder l'autorisation de plaider aux établissements nationaux, alors que les établissements d'assistance communale devraient obtenir cette autorisation du conseil de préfecture. — V. Durieu et Roche, *Rép.*, v° *Etablissements généraux de bienfaisance*, n. 7. — V. *supra*, v° *Autorisation de plaider*.

34. — L'avis préalable d'un comité consultatif n'est pas nécessaire, comme pour les établissements d'assistance communale. — Durieu et Roche, *op. et loc. cit.* et arrêts cités.

35. — Les autorisations d'acceptation de dons et legs sont accordées ou refusées par décret, conformément à l'art. 910, C. civ. V. *supra*, v° *Dons et legs aux établissements publics*, n. 753.

Section VI.
Régime financier.

36. — Toutes les dispositions des règlements concernant la comptabilité des hospices communaux sont applicables aux établissements nationaux de bienfaisance (Ord. 22 févr. 1841, art. 9). — V. *supra*, v° *Assistance publique*, n. 2159 et s.

37. — Les receveurs et économes sont assujettis aux mêmes cautionnements que ceux des hospices et bureaux de bienfaisance, tels qu'ils sont déterminés et réglementés par la loi du 27 févr. 1884. — V. *supra*, v° *Assistance publique*, n. 2297 et s.

38. — Les comptes des receveurs sont jugés, soit par le conseil de préfecture, sauf recours à la Cour des comptes, soit par la Cour des comptes elle-même, suivant l'importance des revenus de l'établissement, conformément aux règles adoptées pour les receveurs des établissements d'assistance communale. — V. *supra*, v° *Assistance publique*, n. 2274 et s.

39. — Les comptes administratifs doivent être adressés au ministre dans les délais prescrits par l'art. 34, Ord. 31 oct. 1821. Ils doivent être accompagnés des pièces ci-après : 1° compte de gestion du receveur ; 2° état du mouvement de la population ; 3° relevé du régime alimentaire ; 4° cahier d'explications détaillées pour chaque article de recettes et de dépenses ; 5° état des restes à recouvrer ; 6° rapport médical sur l'état sanitaire de l'établissement ; 7° rapport sur le service du culte ;

8° état estimatif des restants en magasins au 31 décembre de l'année dont on rend compte, etc. — Circ. min. Int., 30 avr. 1870, [*Bull. off. min. int.*, 1870, p. 192]

39 bis. — La comptabilité en matières est assujettie aux prescriptions d'un règlement général, approuvé par décret du 9 sept. 1899, après avis du conseil supérieur de l'assistance publique.

40. — Les recettes des établissements nationaux consistent principalement : dans les revenus de leurs dotations ; les subventions de l'Etat ; les produits des bourses fondées par l'Etat, les départements ou les communes.

41. — Les subventions suivantes ont été accordées par l'Etat aux établissements nationaux de bienfaisance, en 1900, en vertu de la loi de finances du 13 avr. 1900 (budget général de l'Etat, ministère de l'Intérieur), savoir : Quinze-Vingts, 335,000 fr.; Charenton, 50,000 fr.; Vincennes et Vésinet, 30,000 fr.; Jeunes aveugles, 196,000 fr.; Sourds-muets de Paris, 226,000; de Chambéry, 73,000 ; de Bordeaux, 95,000. Les autres établissements suffisent à leurs propres besoins sans subvention.

42. — Le mode de versement du prix des bourses fondées par les communes, par l'intermédiaire des receveurs des finances et des trésoriers payeurs généraux, est réglementé spécialement par une circulaire du directeur de la comptabilité publique du 13 mars 1888. — *Rev. gén. des établ. de bienf.*, 1888, p. 161.

43. — Le personnel des établissements nationaux jouit de pensions de retraite dans les conditions déterminées par le décret du 29 mars 1862. — Béquet, *Rép.*, v° *Assistance publique*, n. 86.

44. — Un arrêté ministériel du 12 juill. 1893, spécial aux six établissements dont les cadres ont été déterminés par l'arrêté du 10 févr. 1893, admet tout le personnel supérieur et secondaire compris dans ces cadres à subir le versement pour la retraite. — *Rev. des établ. de bienf.*, 1893, p. 398.

CHAPITRE II.

ORGANISATION ET DESTINATION DE CHACUN DES ÉTABLISSEMENTS.

Section I.
Etablissements d'aveugles et de sourds-muets.

§ 1. *Hospice national des Quinze-Vingts.*

45. — On attribue la fondation de cet établissement à saint Louis, qui, en 1260, donna un commencement d'organisation à une association d'aveugles existant antérieurement, en créant, sur l'emplacement actuel des rues de Rohan et Beaujolais, un asile destiné à quinze-vingts (trois cents) chevaliers qui l'avaient suivi dans la première croisade et auxquels les Sarrazins avaient crevé les yeux. En 1779, l'hospice fut transféré à l'hôtel des mousquetaires noirs, 28, rue de Charenton, où il est encore installé. — Belleforest, *Annales*, t. 1, liv. 4, chap. 13 ; Béquet, *Rép.*, v° *Assistance publique*, n. 89 et 90 ; Durieu et Roche, *Rép.*, v° *Quinze-Vingts*; Roland (Etienne), J. *Le Valentin Haüy*, nov.-déc. 1895.

46. — Les Quinze-Vingts hospitalisent 300 aveugles, atteints de cécité incurable, indigents, de nationalité française, âgés de 40 ans au moins et ayant déjà, auparavant, fait partie des pensionnaires externes de l'établissement. Ces aveugles reçoivent, indépendamment d'un logement particulier, des prestations en nature et en argent, qui varient d'importance suivant que ceux qui en bénéficient sont ou non mariés, ont ou non des enfants âgés de moins de quatorze ans. — V. Béquet, *op. et loc. cit.*, n. 91 et s.

47. — Le même établissement sert à des aveugles français, indigents, âgés de 30 ans au moins, des pensions viagères de 100, 150 et 200 fr. Le nombre de ces pensions est de près de 2,000, y compris 100 pensions de 100 fr., créées par un arrêté ministériel du 14 avr. 1898. — *Rev. des établ. de bienf.*, 1898, p. 216.

48. — Les admissions aux Quinze-Vingts et les allocations des pensions sont prononcées par le ministre de l'Intérieur. — Béquet, *op. et loc. cit.*

49. — En 1881, a été annexée à l'hospice des Quinze-Vingts, rue Moreau, n. 13, une *clinique nationale ophtalmologique*, ayant pour objet l'enseignement de l'ophtalmologie et le traitement des maladies des yeux, curables. Elle comprend un important service de consultation et 107 lits de malades hospitalisés. Le nombre des consultations est de 50,000 par an environ. — V. *Paris charitable et prévoyant*, Paris, 1897, p. 521.

50. — La dotation de l'hospice des Quinze-Vingts procure à cet établissement un revenu de 350,000 fr. environ. Il reçoit, abstraction faite de la subvention de l'Etat (V. *suprà*, n. 41), une modique subvention de la ville de Paris, pour les services que rend à la population parisienne la clinique de la rue Moreau.

51. — L'administration de l'hospice et de la clinique est assurée par un directeur, un receveur, un secrétaire de direction, un économe et deux commis. La commission consultative compte quatre membres. Le service médical est confié à un médecin en chef, un médecin adjoint, un médecin délégué, un médecin dentiste, un pharmacien, un chef de clinique, un chef de laboratoire et des internes et externes. L'administration et le personnel médical ont pour auxiliaires des surveillantes, préposés et gens de service. — V. *Doc. cons. sup. de l'assist. publ.*, fasc. 3.

52. — Sous les auspices de l'institution des Quinze-Vingts, a été créée, en 1880, la société nationale d'assistance pour les aveugles, reconnue d'utilité publique en 1886. Elle a pour but d'arracher à la mendicité et de secourir, en aussi grand nombre que possible, les aveugles que l'hospice des Quinze-Vingts, l'institution des jeunes aveugles et les établissements privés ne peuvent guérir, instruire ou protéger. — V. *Paris charitable et prévoyant*, p. 520.

53. — Cette société a fondé, en 1883, l'école Braille. — V. *infrà*, v° *Jeunes aveugles*, n. 20 et s.

§ 2. *Institution nationale des jeunes aveugles.*

54. — V. à cet égard, *infrà*, v° *Jeunes aveugles*.

§ 3. *Institution nationale des sourds-muets de Paris.*

55. — Fondée comme œuvre privée par l'abbé Michel de l'Epée, l'école des sourds-muets fut érigée en établissement public d'instruction par un arrêt du Conseil du roi, du 25 mars 1765. L'école est installée, depuis l'an II, sur l'emplacement de l'ancien séminaire Saint-Magloire, rue Saint-Jacques, n. 254. Elle est destinée à l'instruction intellectuelle et professionnelle des élèves-garçons. La durée de l'enseignement est de huit ou sept ans. L'instruction primaire est donnée suivant les procédés de la méthode orale pure. L'enseignement professionnel comprend la typographie, la lithographie, la sculpture sur bois, la menuiserie, la cordonnerie et l'horticulture. — Béquet, *op. et loc. cit.; Doc. cons. sup. de l'assist. publ.*, fasc. n. 10.

56. — Les conditions d'admission, quant à l'âge et aux formalités, sont les mêmes qu'à l'institution des jeunes aveugles. Le prix de la pension, fixé à 1,400 fr. par une circulaire du 20 juill. 1887, a été, depuis, réduit à 900 fr. (demi-pension à 450 fr.) pour les classes ordinaires. — Circ. min. Int., 30 août 1899, [*Rev. des établ. de bienf.*, 1899, p. 311]

57. — Le nombre des élèves est de 320 environ, y compris un petit nombre d'externes.

58. — A l'école sont annexées une clinique otologique, qui fonctionne depuis 1882 et une clinique laryngologique, depuis le 1er octobre 1887.

59. — Les revenus de la dotation s'élèvent à 60,000 fr. environ, auxquels il y a lieu d'ajouter la subvention de l'Etat (226,000 fr.) et le prix des pensions, bourses et trousseaux, montant à 114,000 fr. environ.

60. — L'administration est confiée à un directeur, assisté d'un receveur, un économe et des commis aux écritures, employés, préposés et gens de service. L'enseignement intellectuel est confié à un censeur, deux surveillants généraux et de nombreux professeurs et répétiteurs. L'enseignement professionnel est confié à six maîtres. La commission consultative se compose de huit membres. — *Doc. cons. sup. de l'assist. publ.*, fasc. n. 3 et 10.

61. — Le personnel médical comprend un médecin, un chef de clinique et un chirurgien-dentiste.

62. — A partir du 1er oct. 1898, une classe accessoire a été créée à l'Institution des sourds-muets de Paris. Les enfants du sexe masculin peuvent y être admis à partir de l'âge de 6 ans. Le prix de pension est de 900 fr. Les départements, communes et établissements hospitaliers peuvent obtenir la nomination d'élèves, titulaires de 2/3 de bourses de l'Etat, en payant la somme annuelle de 300 fr., représentant le tiers de la pension

Le prix de l'externat, pour l'école, est de 250 fr. — *Rev. des établ. de bienf.*, 1898, p. 315.

§ 4. *Institution nationale des sourdes-muettes de Bordeaux.*

63. — Une école pour enfants sourds-muets du midi de la France fondée à Bordeaux par l'abbé Sicard en 1786, avec le concours de l'archevêque Champion de Cicé, est devenue établissement national par décret du 12 mai 1793. Elle est installée, à Bordeaux, sur l'emplacement de l'ancien couvent des Catherinettes. Un décret, rendu en 1859, réserve exclusivement l'établissement de Bordeaux aux filles, alors que celui de Paris est réservé aux garçons. Le nombre des élèves est de 230. La durée des études est de huit ans. L'enseignement intellectuel est sensiblement analogue à celui donné à Paris. L'enseignement professionnel s'applique aux soins du ménage, aux travaux de l'aiguille, au repassage, enfin à la peinture sur porcelaine et au dessin. — V. Béquet, *op. et loc. cit.*

64. — Les conditions d'admission sont les mêmes que pour l'Institution de Paris. Toutefois le prix de la pension pour les boursières n'est que de 1,000 fr. — *Doc. cons. sup. de l'assist. publ., loc. cit.*

65. — La dotation de l'établissement est de très-minime importance. Aussi la subvention de l'Etat (95,000 fr.) et les pensions payées par divers (56,000 fr. environ) constituent-elles la principale ressource de l'institution.

66. — L'administration est confiée à un directeur, un receveur-économe, un secrétaire, assistés de divers employés et gens de service. La commission consultative se compose de six membres. Le personnel enseignant comprend une supérieure institutrice, une sœur surveillante générale, et des sœurs professeurs et répétiteurs, appartenant à la congrégation des sœurs de la charité de Nevers. Un médecin est attaché à l'établissement.

67. — Une école enfantine, qui reçoit les sourds-muets à partir de l'âge de six ans, est annexée à l'institution.

§ 5. *Institution nationale des sourds-muets de Chambéry.*

68. — L'institution de Chambéry, fondée en 1841 comme établissement privé, devenue en 1846 établissement public sarde, a été classée comme établissement national français, par décret du 21 oct. 1861, à la suite de l'annexion de la Savoie à la France. Elle comprend une école de garçons, installée dans le Domaine de Corinthe, commune de Cogny, et une école de filles, située à Chambéry. Ces deux écoles ont ensemble 90 élèves environ. — V. Béquet, *op. et loc. cit.*

69. — L'école de garçons est dirigée par un directeur, assisté par un receveur-économe et des préposés et gens de service. Le personnel enseignant comprend six professeurs, un surveillant général, trois surveillants et divers maîtres chargés de l'enseignement professionnel (culture et ateliers de cordonnier et de tailleur). — V. *Doc. cons. sup. de l'assist. publ.*, fasc. n. 3 et 10.

70. — L'école de filles est confiée aux religieuses du Sacré-cœur qui se chargent, moyennant 500 fr. par an et par élève, de l'enseignement intellectuel et professionnel. Les enfants sont appliquées à la couture, au tricot, au lavage et au repassage. — Béquet, *op. et loc. cit.*

71. — La commission consultative se compose de huit membres, y compris le préfet du département, président.

72. — Le fonctionnement des deux écoles est presque exclusivement assuré, à défaut de dotation, par la subvention de l'Etat (73,000 fr.) et le produit des bourses et des trousseaux (25,000 fr.).

Section II.
Maison nationale de Charenton.

73. — La maison de Charenton a été, à son origine, en 1641, un hôpital privé, contenant sept lits, destinés aux malades indigents de la censive de Charenton-Saint-Maurice, et dont le nombre fut bientôt doublé. Les religieux de la charité qui dirigeaient cet hôpital y installèrent un pensionnat pour les insensés. Lors de la Révolution, un arrêté du comité des secours publics prescrivit que la maison des insensés établie à Charenton serait évacuée et que les pensionnaires seraient rendus à leurs familles ou placés aux Petites-maisons. Mais, le 27 prair. an V, un arrêté du directoire exécutif ordonna que l'hospice de la charité de Charenton serait rendu à son ancienne destination, qu'on y recevrait les aliénés des deux sexes, de quelque pays qu'ils vinssent, et qu'il serait créé dans l'établissement un traitement complet de la folie. La maison était placée sous l'autorité du ministre de l'Intérieur. Un autre arrêté du 19 frim. an VII prescrivit qu'à l'avenir tous les aliénés qui se présenteraient à l'Hôtel-Dieu seraient renvoyés à la maison nationale de Charenton, et même temps, soumit cette maison à l'inspection de l'école de médecine pour tout ce qui concerne le traitement et le service médical. — Durieu et Roche, *Rép.*, v° *Charenton*, n. 1 à 3.

74. — Les aliénés sont admis dans la maison de Charenton, qui est située sur le territoire de la commune de Saint-Maurice, avec les mêmes formalités que dans les asiles départementaux. Ils sont divisés en deux catégories : les boursiers et les pensionnaires. Les boursiers sont ceux admis gratuitement et dont l'Etat acquitte les frais de traitement et d'entretien, au moyen de la subvention qu'il sert à la maison. Les bourses ou fractions de bourses sont réservées par le ministre qui en dispose au profit de personnes qui, par elles-mêmes ou par leur famille, ont rendu des services à l'Etat. — V. Béquet, *Rép.*, v° *Assistance publique*, n. 157 et s.

75. — Les pensionnaires placés par leurs familles acquittent des pensions qui, suivant la classe, sont de 1,080 fr., 1,440 fr. ou 1,920 fr. en dortoirs, avec augmentation de 1,200 fr. pour les pensionnaires en chambre séparée. Pour les femmes il existe de petits appartements où le prix de pension varie de 3,300 fr. à 4,500 fr. Tous les pensionnaires sont en outre tenus de fournir un trousseau et de l'entretenir. — V. *Paris charitable et prévoyant*, p. 529.

76. — Comme moyens curatifs, on emploie les hommes à des travaux de jardinage. Les femmes peuvent être employées, dans des ateliers, à des travaux d'aiguille.

77. — Le nombre des lits est de 590.

78. — A la tête de l'administration, est un directeur, assisté d'un sous-directeur, d'un receveur, d'un économe, de commis aux écritures, de religieuses et de nombreux employés et gens de service. La commission consultative est composée de cinq membres. Un d'eux est chargé des fonctions d'administrateur des biens des aliénés non interdits, hospitalisés dans la maison.

79. — Le personnel médical comprend deux médecins, l'un pour le service des hommes, l'autre pour le service des femmes, un chirurgien et quatre élèves internes, nommés au concours pour trois années. — V. *Arr. min. Int.*, 1886, [*Rev. des établ. de bienf.*, 86.342]

80. — Le service des hommes est confié à la surveillance d'un personnel laïque ; le service des femmes est desservi par des sœurs Augustines.

81. — La dotation de l'établissement a été, en grande partie, absorbée par les dépenses de reconstruction de la maison en 1830. Ses revenus actuels ne s'élèvent qu'à 30,000 fr. environ, sur un budget de 1,250,000 fr., qui est principalement alimenté par les prix de pensions et par la subvention de 50,000 fr., accordée par l'Etat.

82. — En exécution de la fondation primitive de la maison, qui était d'abord destinée aux malades « de la censive de Charenton », il a été maintenu dans l'établissement une salle de malades ordinaires, destinée aux indigents, atteints d'affections curables, domiciliés sur le territoire du canton de Charenton. — V. Béquet, *Rép.*, v° *Assistance publique*, n. 153.

Section III.
Etablissements divers.

§ 1. *Asiles nationaux de Vincennes et du Vésinet.*

83. — Un décret du 8 mars 1855 a créé deux asiles, destinés à recevoir temporairement, pendant leur convalescence, les ouvriers des deux sexes du département de la Seine. Le rapport du ministre de l'Intérieur, sur la proposition duquel fut rendu ce décret, s'exprimait ainsi : « L'industrie a ses blessés, comme la guerre. Le chantier, l'atelier, qui, pour l'ouvrier, sont le vrai champ d'honneur, le renvoient, bien souvent, malade ou mutilé. L'hospice le reçoit à l'égal du soldat, et la société de secours mutuels l'aide momentanément à soutenir sa famille. Mais, quand il sort de l'hôpital, assez rétabli pour ne pas y rester, trop faible, cependant, pour reprendre son travail, il traîne sa convalescence dans la misère. » Il n'est pas douteux que l'Etat, en créant ces asiles, a pourvu à une lacune de l'assistance publique. Mais il n'est pas très-explicable qu'il ait assumé la charge de la direction de ces établissements, qui ne sont nationaux que du fait de cette direction, puisqu'ils sont destinés exclusivement aux convalescents de la Seine. Il eût été plus logique, sans doute, de les constituer en hospices départementaux ou intercommunaux.

84. — Le budget de l'asile de Vincennes est
d'environ...................... 700,000 fr.
Celui de l'asile du Vésinet, de........ 500,000
 Ensemble................. 1,200,000 fr.

La subvention de l'Etat est de 30,000 fr. seulement; les revenus de la dotation des asiles sont de 225,000 fr. environ; leurs principales autres ressources consistent dans une subvention de 75,000 fr. annuellement servie aux asiles par l'administration de l'Assistance publique de Paris, et dans le prélèvement de 1 p. 100 sur le montant de tous les travaux publics exécutés dans le département de la Seine, par application de l'art. 5, Décr. 8 mars 1855. — V. *suprà*, v° *Assistance publique*, n. 1588 et s.

85. — L'asile national de Vincennes, qui contient 400 lits, est situé sur le territoire de la commune de Saint-Maurice. Sa destination est de recevoir temporairement pendant leur convalescence : 1° les ouvriers atteints de blessures ou de maladies et travaillant sur les chantiers de travaux publics exécutés dans le département de la Seine et soumis au prélèvement de 1 p. 0/0 dont il a déjà été parlé; 2° les ouvriers faisant partie de sociétés de secours mutuels qui ont pris un abonnement afin d'assurer à leurs membres le traitement de convalescence. En vertu de cet abonnement, les sociétés paient des frais de séjour réduits, calculés à raison de moitié du prix de revient (V. *Rev. des établ. de bienf.*, 1886, p. 286); 3° les ouvriers travaillant chez des patrons abonnés à cet effet avec l'asile; 4° les ouvriers sortant convalescents des hôpitaux du département de la Seine ou envoyés par les bureaux de bienfaisance de Paris; 5° tous autres ouvriers convalescents, payant un prix de pension ou admis gratuitement par décision du ministre.

86. — La durée normale du séjour est de dix-huit jours. Ce séjour peut être prolongé de douze jours, par décision du directeur d'accord avec le médecin, et plus longtemps par décision du ministre.

87. — L'administration de l'asile est confiée à un directeur, assisté d'un économe, d'un secrétaire de direction, de commis aux écritures, fonctionnaires, employés préposés et gens de service. Un médecin et un pharmacien sont attachés à l'établissement. La commission consultative se compose de sept membres. Le service, assuré autrefois par la congrégation religieuse des dames Augustines de Belgique, a été confié à un personnel laïque, par arrêté ministériel du 25 août 1888. — V. *Rev. des établ. de bienf.*, 1889, p. 19.

88. — En vertu d'un legs, 1,056 secours de 25 fr. chacun sont distribués, à la sortie de l'asile, aux ouvriers convalescents les plus intéressants. — V. *Paris charitable et prévoyant*, p. 505.

89. — Le travail, les jeux, les promenades, les livres, et, quelquefois même, le spectacle constituent les principales distractions des pensionnaires. — Béquet, *Rép.*, v° *Assistance publique*, n. 180.

90. — L'asile de Vincennes possède à Paris, dans le quartier du faubourg Saint-Antoine, 17 maisons à 5 étages. Seize de ces maisons, contenant 314 logements, et 17 boutiques, sont louées à des prix peu élevés dans l'intérêt des ouvriers; la dix-septième maison est meublée, et renferme une salle de réunions et un logement d'ouvriers célibataires.

91. — L'asile national du Vésinet (Seine-et-Oise), contenant 400 lits, est destiné à recevoir temporairement, pendant leur convalescence : 1° les ouvrières, faisant partie d'une société de secours mutuels ayant passé un abonnement avec l'asile, où travaillant chez un patron ayant passé un abonnement analogue; 2° les convalescentes, envoyées par les hôpitaux de Paris ou de la banlieue et les bureaux de bienfaisance de Paris; 3° avec autorisation spéciale du ministre, les femmes convalescentes, de toute provenance, acquittant un prix de journée variant de 1 fr. à 2 fr. 50. La durée moyenne du séjour est de vingt-trois jours. Des prolongations peuvent être accordées par le ministre, sur la demande du directeur et l'avis du médecin. — V. Béquet, *Rép.*, v° *Assistance publique*, n. 185 et s.

92. — Parmi les convalescentes sont admises les femmes relevant de couches. Elles sont reçues, dans un quartier de l'asile avec leurs enfants, qu'elles sont tenues, autant que possible, d'allaiter elles-mêmes. — V. Béquet, *Rép.*, v° *Assistance publique*, n. 191 et s.

93. — Les pensionnaires sont occupées, tantôt à des travaux utiles qui leur procurent un petit pécule, tantôt à des divertissements et des lectures (*Ibid.*).

94. — L'administration de l'asile est confiée à un directeur assisté d'un receveur, d'un économe, d'un secrétaire de direction et de fonctionnaires, préposés et gens de service. Un médecin titulaire et un médecin adjoint sont attachés à l'établissement. La commission consultative se compose de dix membres.

§ 2. *Hospice national du Mont-Genèvre.*

95. — Cet hospice, situé dans la montagne commune du Mont-Genèvre (Hautes-Alpes), destiné à recevoir les voyageurs pendant les tourmentes de neige, a été fondé en 1343, par Humbert II, prince d'Albon et dauphin du Viennois. Il reçoit annuellement 2,000 voyageurs, la plupart indigents. Les non-indigents ne sont reçus gratuitement que trois jours. Le nombre des lits est de vingt-cinq. — V. Béquet, *Rép.*, v° *Assistance publique*, n. 198 et s.

96. — L'administration est confiée à un directeur-économe ou régisseur, assisté d'un très-petit nombre d'employés et gens de service. Le personnel est laïque depuis 1880. La commission consultative est composée de cinq membres.

97. — L'établissement, qui recevait autrefois de l'Etat une subvention de 6,000 fr., a cessé, comme on l'a vu *suprà*, n. 10, en vertu de la loi du 25 avr. 1900, de faire partie des établissements nationaux.

§ 3. *Asile national Vacassy.*

98. — M. Vacassy, décédé le 1er mai 1875, a, par son testament, chargé l'Etat de fonder « une maison de secours aux victimes d'accidents dans Paris, soit par les voitures, incendies, soit aux ouvriers dans les travaux de constructions de bâtiments, soit dans les fabriques, ou enfin de quelque nature que ce soit ». Contrairement à la règle de la spécialité des établissements publics qui veut que les libéralités soient acceptées, non par le légataire nommément désigné, mais par l'établissement véritable destinataire, c'est l'Etat qui a été autorisé, par décret du 30 juin 1876, à accepter le legs Vacassy; le même décret autorisait la création de la maison de secours dont la fondation était prescrite par le testateur, et classait la maison à fonder au nombre des établissements nationaux de bienfaisance. — V. Béquet, *Rép.*, v° *Assistance publique*, n. 197 et s.

99. — L'établissement dont il s'agit n'a été ouvert que le 1er oct. 1889. Il est installé sur le territoire de la commune de Saint-Maurice, dans le voisinage de l'asile de convalescence de Vincennes. Il contient 56 lits, dans lesquels sont reçus gratuitement des ouvriers de Paris, réduits, par des accidents à une incapacité absolue de travail. Les admissions sont prescrites par le ministre de l'Intérieur. — V. *Paris charitable et prévoyant*, p. 515.

100. — Le terrain, sur lequel est édifié l'asile, a été vendu à l'Etat par la ville de Paris, au prix réduit de 10 fr. le mètre, à la condition que trois lits gratuits seraient mis à la disposition de la ville pour d'anciens ouvriers du service municipal parisien.

101. — Le directeur de l'asile de Vincennes est chargé de la direction de l'asile Vacassy. Il est assisté d'un receveur, d'un économe et d'un personnel de service. La commission consultative comprend cinq membres.

102. — Les revenus du legs Vacassy suffisent à assurer le fonctionnement de l'asile.

§ 4. *Fondation nationale de Königswarter.*

103. — Un décret du 3 mai 1887 a autorisé la création, dans un lieu à désigner ultérieurement, en exécution du legs de Königswarter, d'un établissement destiné à recueillir et à élever jusqu'à l'âge adulte, des enfants des deux sexes, orphelins ou abandonnés, ayant moins de treize ans. Le même décret décide que l'administration de l'établissement sera confiée, sous l'autorité du ministre de l'Intérieur, à une commission composée de membres nommés par le même ministre. — *Rev. des établ. de bienf.*, 1887, p. 367.

104. — L'asile dont il s'agit a été récemment installé au Buisson-Fallut, commune de Quessigny (Eure), et est organisé en orphelinat agricole.

ÉTABLISSEMENTS INCOMMODES. — V. Établissements dangereux, incommodes et insalubres.

ÉTABLISSEMENTS INSALUBRES. — V. Établissements dangereux, incommodes et insalubres.

ÉTABLISSEMENTS PRIVÉS D'ALIÉNÉS. — V. Aliénés. — Aliénation mentale.

ÉTABLISSEMENTS PUBLICS D'ALIÉNÉS. — V. Aliénés. — Aliénation mentale.

ÉTABLISSEMENTS PUBLICS OU D'UTILITÉ PUBLIQUE.

Bibliographie.

Aucoc, *Conférences sur l'administration et le droit administratif*, 1882-86, 2º éd., 3 vol. gr. in-8º, t. 1, n. 198 et s. — Block, *Dictionnaire de l'administration française*, 1891, 3º éd., 1 vol. gr. in-8º, vº *Établissements publics et d'utilité publique*. — A. des Cilleuls, *Du régime des établissements d'utilité publique*, 1891, in-8º. — M. Colin, *Cours élémentaire de droit administratif*, 1890, in-8º, p. 96 et s. — Damasure, *Traité du régime fiscal des établissements publics*, 1884, in-8º. — Ducrocq, *Cours de droit administratif*, 1881. 6º éd., 2 vol. in-8º, t. 2, n. 1330 et s., 1513 et s., 1537 et s., 1549 et s., 1571 et s. — Garnier. *Répertoire général et raisonné de l'enregistrement*, 1872, 7º éd., 6 vol. in-4º, vº *Établissements publics*, n. 12 et s. — Hauriou, *Précis de droit administratif*, 3º éd., 1897, 1 vol. in-8º, p. 138 et s. — De Magnitot et Huard Delamarre, *Dictionnaire de droit public et administratif*, 2º éd., 2 vol. gr. in-8º, vº *Établissements publics*. — Rolland de Villargues, *Répertoire de la jurisprudence du notariat*, 1840-45, 2º éd., 9 vol. in-8º, vº *Établissements publics*. — L. Say, *Dictionnaire des finances*, 2 vol. in-4º, vº *Établissements publics et d'utilité publique*. — Simonet, *Traité élémentaire de droit public et administratif*, 1897, 3º éd., in-8º, n. 386.

Les établissements publics et d'utilité publique (L. Béquet) : J. Le Droit, 8, 9, 10 et 11 juin 1881. — *Du régime des établissements d'utilité publique* (Alfred des Cilleuls) : Rev. gén. d'adm., année 1890, t. 2 (mai-août), p. 161 et s., 404 et s.; t. 3 (septembre-décembre), p. 152 et s., année 1891, t. 1 (janvier-avril), p. 28 et s.

V. aussi *supra*, vº *Dons et legs*, et *infra*, vº *Personne morale*.

Index alphabétique.

Action en justice, 31, 34, 126 et s.
Agriculture, 67.
Amende, 139.
Archevêché, 3.
Asile d'aliénés, 59.
Assignation, 34.
Assistance publique, 54 et s.
Association syndicale, 28, 72.
Assurances, 17.
Autorisation, 6, 7, 31, 112 et s., 141 et s.
Autorisation de plaider, 126.
Avocats, 70 et s., 74.
Bail, 32. 107 et s.
Bureau de bienfaisance, 60. 82. 110, 131.
Caisse d'épargne, 66.
Caisse des dépôts et consignations, 42, 125.
Chambre d'agriculture, 8.
Chambre de commerce, 8, 81, 88.
Clause alternative, 118.
Collèges, 3, 53.
Commerce, 67.
Commissaire-priseur, 36.
Commission administrative, 103, 108, 111.
Communauté religieuse, 142, 145, 147, 152.
Commune, 3, 9, 38.
Communication des registres, 136 et s., 145.
Comptabilité publique, 29, 135.
Conciliation, 33, 129.
Congrégation, 71, 88.
Congrégation religieuse de femmes, 86.
Congrégation religieuse d'hommes, 85.
Conseil d'État. 87, 88, 95.
Conseil général, 131.
Contribution foncière, 58.
Contrôle, 13, 15, 30, 73, 135 et s., 145.
Cours, 41.
Crédit foncier, 9, 36, 124.
Culte. 62 et s.
Cure, 3.
Décret, 81, 83, 87, 131.
Défense nationale, 47 et s.
Délai, 130.
Délégation, 39.
Deniers publics, 29.
Département, 38, 131.
Déshérence, 25, 150.
Diocèse, 63.
Domaine public, 104.
Donation, 32.
Dons et legs, 8, 9, 19, 20, 90, 99, 102, 105, 120, 142, 144.
École primaire, 53.
Église, 104.
Emprunts, 121 et s.
Enquête, 95.
Enregistrement, 136 et s., 145.
Enseignement libre, 84.
Enseignement supérieur, 152.
État, 38.
État civil, 36.
Étranger, 77, 93.
Évêché, 3.
Expropriation pour utilité publique, 28, 119.
Fabrique, 109, 135.
Fonds de réserve, 99.
Gazonnement, 36.
Gestion d'affaires, 24.
Hôpitaux, 3.
Hospices, 58, 81, 108.
Hypothèque légale, 29.
Immeubles, 99.
Insaisissabilité, 134.
Instruction publique, 50 et s.
Jeunes aveugles, 57.
Loi, 80, 84 et s.
Lycée, 53.
Magasins généraux, 73.
Mainmorte, 1 et s. 89.
Mainmorte (taxe de), 8, 18, 58.
Ministre, 95.
Notaire, 20, 113.
Officiers ministériels, 70, 74.
Ordre public, 6.
Paris (ville de), 36, 61.
Pauvres, 9.
Péremption, 22.
Personne civile, 15, 17, 37 et s., 70, 72 et s., 101 et s., 146. 150.
Placement de fonds, 99.
Ponts et chaussées, 44.
Préfet, 95, 108, 110, 112.
Prescription, 21, 104.
Procès-verbal, 139.
Projet, 131.
Pupilles de la marine, 49.
Reboisement, 36.
Reconnaissance, 68 et s.
Requête civile, 130.
Ressources financières, 94.
Retour (droit de), 152.
Rétrocession, 115 et s.
Saisie, 133.
Services publics, 13, 38 et s.
Société civile, 72.
Société commerciale, 72.
Sourds-muets, 57.
Sous-préfet, 112.
Spécialité, 90 et 91.
Statuts, 96 et s.
Subvention, 27.
Surveillance. 13, 15.
Transaction, 31, 131.
Transcription, 32.
Travaux publics, 28.
Tribunaux, 41.
Tutelle administrative, 31, 106 et s.
Université, 3.
Utilité, 23.
Usufruit, 23.
Voies d'exécution, 35, 132 et s.
Voies de recours, 130.

DIVISION.

CHAP. I. — Notions générales et historiques (n. 1 à 36).

CHAP. II. — Qualification et classification des établissements des deux catégories (n. 37 à 46).

  Sect. I. — **Établissements publics** (n. 37 à 46).
    § 1. — *Service de la défense nationale* (n. 47 à 49).
    § 2. — *Service de l'instruction publique* (n. 50 à 53).
    § 3. — *Service de l'assistance* (n. 54 à 61).
    § 4. — *Service du culte* (n. 62 à 65).
    § 5. — *Service de la prévoyance ou de l'épargne* (n. 66).
    § 6. — *Service de l'agriculture et du commerce* (n. 67).
  Sect. II. — **Établissements d'utilité publique** (n. 68 à 77).

CHAP. III. — Création des établissements publics et d'utilité publique (n. 78 et 79).

  Sect. I. — **Établissements publics** (n. 80 à 82).
  Sect. II. — **Établissements d'utilité publique** (n. 83 à 99).
  Sect. III. — **Réunion de deux établissements publics ou d'utilité publique en un seul** (n. 100).

CHAP. IV. — Administration des établissements publics et d'utilité publique.

  Sect. I. — **Règles communes aux deux catégories d'établissements** (n. 101 à 105).
  Sect. II. — **Règles spéciales à l'administration des établissements publics** (n. 106 à 139).
  Sect. III. — **Règles spéciales à l'administration des établissements d'utilité publique** (n. 140 à 145).

CHAP. V. — Suppression des établissements publics ou d'utilité publique (n. 146 à 154).

CHAPITRE I.

NOTIONS GÉNÉRALES ET HISTORIQUES.

1. — Sous l'ancienne monarchie, la gestion des grands services d'utilité générale était confiée comme aujourd'hui à des corps spéciaux s'administrant en vertu de règles propres et de constitutions particulières; mais la distinction actuellement admise par la doctrine et consacrée par la jurisprudence entre les établissements publics et les établissements d'utilité publique ne paraît pas avoir été accusée d'une façon quelconque dans notre ancien droit, et semble au contraire être une création du droit moderne. Les établissements que nous appelons publics ou d'utilité publique représentent bien ce que l'on désignait avant la Révolution sous le nom de gens de mainmorte, confondus sous la dénomination générale de corps et communautés, mais aucune distinction légale ne paraît alors avoir existé entre ceux qui se rattachaient directement à l'administration générale du royaume et ceux dont l'action s'exerçait parallèlement à celle du gouvernement.

2. — Il serait même difficile de trouver un ensemble de règles s'appliquant d'une façon générale à ces corps extrêmement nombreux. La qualification très-vague sous laquelle on les désignait comprenait les catégories de services les plus variées puisqu'elle entraînait, d'après la définition de Guyot, « tous les corps et communautés, tant ecclésiastiques que laïques, qui sont perpétuels et qui, par une subrogation de personnes, étant censés être toujours les mêmes, ne produisent aucune mutation par mort. »

3. — Les gens de mainmorte se divisaient en trois catégories. La première, d'un caractère exclusivement religieux, embrassait les différents services du culte, archevêchés, évêchés, abbayes, prieurés, cures, couvents de l'un et de l'autre sexe, etc... La seconde comprenait les services de l'assistance : hôpitaux, maladreries, etc... Dans la troisième nous trouvons les services et les intérêts les plus divers : communautés séculières des prévôts des marchands, maires, échevins, c'est-à-dire les municipalités des villes et communautés d'habitants, et de plus les universités, collèges, jurés de métiers, communautés de marchands, etc... Cette simple énumération, si réduite qu'elle soit, suffit à montrer l'étendue de la mainmorte sous l'ancien régime.

4. — La Révolution, en supprimant cette mainmorte, fit disparaître toutes les communautés qui jusque-là formaient autant d'établissements et de services distincts. Le décret du 14 juin 1791 posa en effet comme un principe fondamental cette règle que l'on ne devait souffrir aucune corporation civile ; puis, par des actes législatifs successifs, l'État absorba tous les services qui sous l'ancien régime avaient eu une existence propre.

5. — Toutefois cette suppression radicale ne fut que momentanée; elle ne fut même pas absolue en fait, car on s'accorde à reconnaître aujourd'hui l'existence légale de certains établissements antérieurs à la Révolution.

6. — D'ailleurs la nécessité de personnifier l'administration des grands services de l'État ne tarda pas à être reconnue par la constitution du 5 fruct. an III, dans son art. 360, admit un tempérament à la prohibition nouvelle en restreignant la défense de constituer des corporations à celles qui seraient jugées dangereuses pour l'ordre public. C'était un retour vers le passé; mais le gouvernement se trouvait alors investi du droit de juger l'utilité des corporations qui voudraient se former et par conséquent d'en autoriser la création. — V. des Cilleuls, *Du régime des établissements d'utilité publique*, p. 4 et s. — V. aussi *supra*, v° *Dons et legs aux établissements publics*, n. 58 et s.

7. — Sous ce régime, encore en vigueur aujourd'hui et que l'on a très-exactement appelé le régime de l'autorisation préalable, de nombreux établissements ne tardèrent pas à se former ; le législateur ne se contenta pas d'en protéger l'existence, il en encouragea ou provoqua même la création, et les fit participer d'une façon plus ou moins directe à l'administration générale du pays. Nous allons voir que c'est le rôle joué par ces établissements dans notre organisation administrative qui a eu pour conséquence naturelle leur division en établissements publics et en établissements d'utilité publique.

8. — Le législateur a plusieurs fois confondu ces deux expressions. Les art. 910 et 937, C. civ., qui s'appliquent aux libéralités faites aux deux catégories d'établissements, ne mentionnent en effet que les seuls établissements d'utilité publique ; la loi des 16 janv.-20 févr. 1849 qui a créé la taxe des biens de mainmorte ne parle au contraire que des établissements publics, alors que les établissements d'utilité publique ne sont pas moins soumis à cette taxe. Le décret du 3 sept. 1851, sur les chambres de commerce, et le décret du 25 mars 1852, relatif aux chambres d'agriculture, offrent des exemples d'un autre genre de confusion, en qualifiant d'établissements d'utilité publique des établissements qui sont, de l'aveu de tous, de véritables établissements publics.

9. — Mais il ne faudrait pas conclure de là que les deux expressions soient synonymes. Au premier abord elles peuvent paraître s'appliquer à un seul et même objet et viser uniquement une série d'êtres collectifs appelés à jouer des rôles de même nature ; mais si délicate qu'elle soit parfois à saisir, la distinction entre les deux classes d'établissements n'est pas moins légitime et le législateur l'a consacrée dans des textes nombreux. Elle est, en effet, très-nettement indiquée par les art. 2045, § 3, et 1221, C. civ., qui ne visent que les seuls établissements publics, de même que par les art. 49, § 1, 69, § 3, 83, § 1, 126, § 2, 336. 481 et 1032, C. proc. civ., qui ne s'appliquent pas aux établissements d'utilité publique ; elle est en outre confirmée par des lois administratives spéciales parmi lesquelles on peut citer : les lois du 6 juill. 1860 et du 26 févr. 1862 sur le crédit foncier, le décret réglementaire du 30 juill. 1863, relatif aux libéralités faites aux communes, aux pauvres, aux établissements publics ou d'utilité publique, les décrets du 21 août 1872 (art. 5, § 4), du 2 août 1879 (art. 7, § 4) sur le Conseil d'État. Enfin, chaque année, la loi de finances fournit une nouvelle preuve de la légalité de la distinction en autorisant diverses perceptions au profit de certains établissements publics, disposition exclusive des simples établissements d'utilité publique.

10. — La confusion entre les deux classes d'établissements n'est donc pas permise ; si elle a été commise, ainsi que nous l'avons dit, dans certains articles du Code et dans quelques lois administratives, ce fait peut et doit même s'expliquer par l'obscurité qui régnait en cette matière dans notre ancien droit.

11. — En effet, les expressions d'établissements publics et d'utilité publique sont des créations du droit moderne, il en est de même des institutions qu'elles représentent. Les rédacteurs du Code civil n'ont fait que rétablir sur des bases nouvelles, en ce qui concerne le sujet qui nous occupe, un état de choses des plus anciens dans lequel tous les rapports étaient confondues. Le désordre qui régnait dans la matière qu'ils avaient à organiser a donc pu les tromper d'autant plus facilement que les deux catégories d'établissements présentent des analogies manifestes et exercent leur action sur des domaines dont les limites sont quelquefois incertaines et mal définies. Plus tard, le législateur a voulu préciser ces limites, il a évité de tomber dans la même confusion. Il a alors soigneusement distingué entre les deux catégories d'établissements ; nous verrons plus loin que cette distinction offre un intérêt pratique des moins contestables et des différences profondes existent entre leurs régimes légaux.

12. — Cette confusion, qui nous vient de l'ancien droit, est d'ailleurs encore aujourd'hui malaisée à dissiper, et si l'on ne s'arrête pas à l'analogie que présentent les rôles remplis par nos deux catégories d'établissements qui, dans notre système administratif, exercent une action pour ainsi dire parallèle, il paraît assez difficile de les définir l'une et l'autre avec exactitude. « On ne saurait trop se mettre en garde, dit M. Ducrocq (*Cours de dr. adm.*, t. 2, n. 1333), contre le danger d'admettre en pareille matière des définitions dont la formule, tout en paraissant préciser davantage, se compose de propositions erronées ». Aussi M. Ducrocq évite-t-il soigneusement l'écueil qu'il vient de signaler et, sans chercher à enfermer la définition de chacune de ces deux expressions dans une formule, se contente-t-il d'ajouter : « Les établissements d'utilité publique peuvent être définis, des établissements dont l'existence présente un caractère d'utilité générale et publique qui a été reconnue dans les conditions déterminées par la loi. Mais cette définition bonne pour les établissements d'utilité publique ne l'est pas pour les établissements publics. Ceux-ci font en outre partie intégrante de l'organisation administrative de la France ou se rattachent à certaines parties de cette organisation de la façon la plus intime. »

13. — Ce dernier caractère, spécial aux établissements publics, constitue la base de la distinction entre les deux sortes d'é-

ÉTABLISSEMENTS PUBLICS OU D'UTILITÉ PUBLIQUE. — Chap. I.

tablissements et permet, croyons-nous, de formuler la définition de l'une et de l'autre. En effet, notre administration générale comprend un ensemble de services dont l'Etat doit assurer la marche, mais sur lesquels son action ne peut s'exercer au même titre. Sur certains, cette action se manifeste d'une façon directe et immédiate, ce sont les services publics. Sur d'autres, présentant cependant un caractère d'utilité non moins grand et tout aussi général, mais ne constituant pas des rouages officiels de notre système administratif, l'action du gouvernement ne se fait sentir qu'indirectement, à la fois à titre de protection, de surveillance ou de contrôle. Ces derniers services sont le plus souvent les auxiliaires et le complément nécessaire des premiers ; leur mission consiste à protéger des intérêts parfois identiques, mais ils ne sont pas publics parce qu'ils ne sont ni organisés ni gérés par l'Etat, qui n'encourt à leur égard aucune responsabilité. Cette différence fondamentale d'organisation constitue le seul trait qui les sépare des services publics ; mais leur mission, nous le répétons, est la même, elle s'exerce le plus souvent sur des objets identiques parallèlement à l'action directe de l'Etat et on peut les appeler des services d'utilité publique.

14. — Cette qualification n'est, il est vrai, écrite dans aucun texte, mais elle nous semble justifiée par la distinction que nous venons de faire à propos de la façon dont se manifeste l'action administrative sur la gestion des services généraux, distinction qui ne saurait elle-même être contestée, puisque le législateur l'a toujours consacrée en admettant, en encourageant même l'action des particuliers à s'exercer en vue de certains objets à côté de l'action administrative proprement dite. Les établissements sont donc publics ou d'utilité publique suivant qu'ils sont chargés de gérer l'une ou l'autre de ces deux catégories de services, et leur définition doit ressortir naturellement non pas seulement de l'objet de leur mission, mais surtout de leur organisation.

15. — L'établissement public peut en conséquence être défini : une personne civile créée par l'Etat, pour gérer, sous son contrôle et sa surveillance un service public. Quant à l'établissement d'utilité publique, il n'est autre chose qu'une réunion de particuliers investis de formes spéciales de la personnalité civile en vue d'assurer un service d'utilité générale, non organisé comme service public, c'est-à-dire en dehors de toute ingérence du gouvernement.

16. — Appelés à administrer des intérêts souvent identiques les établissements publics et les établissements d'utilité publique présentent par leur nature même de nombreux caractères communs. D'après la définition que nous en avons donnée, on a déjà vu que par le seul fait de leur création ou de leur reconnaissance les uns et les autres sont investis de la personnalité civile qui leur assure une individualité morale et les rend aptes à tous les actes de la vie civile.

17. — En outre, aucun établissement soit public soit d'utilité publique ne peut exister qu'en vertu d'un acte spécial émanant du pouvoir législatif ou exécutif suivant la nature de l'établissement.

18. — Les établissements des deux catégories sont soumis à la taxe des biens de mainmorte (LL. 16 janv. 1849 et 30 mars 1872).

19. — Ni les uns ni les autres ne peuvent, sans une autorisation expresse, acquérir à titre gratuit par donation entre-vifs ou par testament (C. civ., art. 910 et 937). — V. *supra*, v° *Dons et legs*, n. 340 et s.

20. — Le décret réglementaire du 30 juill. 1863 impose aux notaires les mêmes formalités pour les dons et legs faits aux établissements de l'une ou de l'autre catégorie.

21. — Les établissements publics comme les établissements d'utilité publique sont soumis au droit commun en ce qui concerne la prescription (C. civ., art. 2227).

22. — Il en est de même des règles de la péremption d'instance (C. proc. civ., art. 398).

23. — Les établissements publics aussi bien que les établissements d'utilité publique sont soumis à la règle de l'art. 619, C. civ., qui limite à 30 ans la durée de l'usufruit qui n'est pas accordé à des particuliers.

24. — Les principes du droit civil en matière de gestion d'affaires ne s'appliquent ni aux uns ni aux autres. — Cass., 18 juill. 1860, Fabrique de Cellieu, [S. 61.1.430, P. 61.170, D. 60. 1.309]

25. — Enfin les établissements des deux catégories ont les uns et les autres, en principe, une durée indéfinie, un acte de même nature que celui qui les a créés pouvant seul mettre fin à leur existence. Nous verrons, en examinant cette dernière hypothèse que les art. 539 et 713, C. civ., sur la déshérence, sont applicables aux uns comme aux autres.

26. — Les ressemblances que nous venons de signaler entre les deux catégories d'établissements sont une conséquence du rôle qu'ils sont appelés à remplir. Plus nombreuses sont les différences qui les séparent. D'une façon générale elles dérivent toutes de ce principe que les établissements publics font partie de notre organisation administrative officielle, tandis que les établissements d'utilité publique sont au contraire administrés par de simples particuliers. Le fonctionnement de ces divers établissements peut donc varier d'une façon presque infinie en une foule de détails dans lesquels nous n'avons pas à entrer ; nous signalerons seulement parmi les différences qui les séparent les unes des autres celles qui sont une conséquence naturelle de la nature même de chacune des deux catégories.

27. — Les établissements publics ont droit dans des cas déterminés à des subventions de l'Etat, du département ou de la commune, et ce droit n'appartient pas aux établissements d'utilité publique.

28. — Les travaux qu'exécutent les établissements publics empruntent le caractère de leurs auteurs et comme eux sont des travaux publics. Les établissements publics peuvent donc, sous les conditions déterminées, user du droit d'expropriation (V. *infra*, v° *Expropriation pour utilité publique*). La même faculté ne saurait au contraire appartenir à aucun titre aux établissements d'utilité publique. La loi du 21 juin 1865 a, il est vrai, dans son art. 18, accordé le droit d'expropriation aux associations syndicales dont la nature est assez mal définie et qui, dans un système, ne constituent que de simples établissements d'utilité publique (V. *supra*, v° *Associations syndicales*, n. 90 et s., et *infra*, n. 72). Mais quel que soit le parti qu'on adopte dans cette controverse, il est évident que la loi de 1865 est tout exceptionnelle et que sa disposition ne saurait être généralisée.

29. — Les sommes d'argent qui entrent dans le budget des établissements publics, destinées à assurer les dépenses d'un service public, sont des deniers publics. L'art. 2121, C. civ., s'applique donc aux agents de ces établissements que vise en outre expressément le décret sur la comptabilité publique du 31 mai 1862 dont l'art. 29 porte : « La loi confère une hypothèque légale à l'Etat, aux communes *et aux établissements publics* sur les biens des comptables pour la conservation des droits et créances à exercer contre eux ». Les dépenses des établissements d'utilité publique n'ayant pas le même caractère il n'y avait aucune raison pour soumettre leurs agents aux mêmes règles.

30. — Le caractère des dépenses des établissements publics explique le contrôle financier qu'exerce l'Etat sur leur comptabilité et qui ne s'étend pas aux établissements d'utilité publique.

31. — D'une façon générale, tous les actes de la vie civile des établissements publics sont soumis au régime des autorisations. Ces établissements n'étant que des dépendances de l'administration générale se trouvent naturellement placés sous la tutelle de l'Etat qui les couvre de sa responsabilité. La vie civile des établissements d'utilité publique est au contraire plus indépendante ; elle est exclusivement réglée par les statuts de chacun d'eux sauf en ce qui concerne l'application de l'art. 910, C. civ. C'est ainsi que l'art. 2045, C. civ., qui vise les transactions passées avec les établissements publics, et l'art. 1032, C. proc. civ., qui interdit à ces mêmes établissements d'ester en justice sans un recours aux lois administratives, c'est-à-dire qui leur impose l'obligation de se munir d'une autorisation préalable, ne s'appliquent pas aux établissements d'utilité publique.
— V. *supra*, v° *Autorisation de plaider*, n. 58.

32. — A côté de ces différences générales on peut en citer d'autres plus spéciales dérivant également de la nature des deux catégories d'établissements et qui résultent notamment des art. 940, C. civ., sur les transcriptions des donations, et 1712 du même Code sur les baux des biens des établissements publics (V. *supra*, v° *Bail administratif*). Les articles ne s'appliquent pas aux établissements d'utilité publique.

33. — ... De l'art. 49, C. proc. civ., qui dispense du préliminaire de conciliation les seuls établissements publics. — V. *supra*, v° *Conciliation*, n. 172.

34. — ... De l'art. 69 du même Code qui règlemente spécialement les conditions dans lesquelles ces derniers établissements doivent être assignés en justice. — Douai, 18 mai 1896, Préfet du Pas-de-Calais, [S. et P. 98.2.177]

35. — Citons encore les lois relatives aux voies ordinaires d'exécution dont l'usage, prohibé en principe contre les établissements publics, ne saurait l'être contre les simples établissements d'utilité publique.

36. — De même la loi du 18 juin 1843 sur les commissaires-priseurs (V. *suprà*, v° *Commissaire-priseur*, n. 372), les art. 1, 6 et 91, C. for.; la loi du 28 juill. 1860, sur le reboisement des montagnes; la loi du 8 juin 1864, sur le gazonnement; la loi du 26 févr. 1862, sur le crédit foncier (V. *infrà*, v° *Crédit foncier*, n. 228 et 240); la loi du 12 avr. 1872, relative à la reconstitution des actes de l'état civil de la ville de Paris (art. 3) (V. *suprà*, v° *Actes de l'état civil*, n. 365), visent les seuls établissements publics et les placent sous un régime différent des établissements d'utilité publique.

CHAPITRE II.

QUALIFICATION ET CLASSIFICATION DES ÉTABLISSEMENTS DES DEUX CATÉGORIES.

Section I.

Établissements publics.

37. — L'établissement public est, avons-nous dit, la personne morale qui gère un service public. L'application de cette définition, au point de vue de la qualification à donner aux différentes administrations qui gèrent ces services, est incontestablement des plus délicates. Toutes ces administrations, en effet, ne sont pas revêtues d'une personnalité civile distincte; dès lors à quelles d'entre elles s'appliquera la dénomination d'établissement public?

38. — La diversité même de ces établissements rend la réponse extrêmement difficile et il faut bien reconnaître qu'ici, il n'y a pas de critérium absolu. Notre organisation administrative ne comporte en effet que trois unités : l'Etat, le département et la commune ; et tous les services administratifs ne sont que des manifestations de ces trois unités. On pourrait donc être tenté de qualifier d'établissements publics l'Etat, le département et la commune. Mais cette limitation serait à la fois arbitraire et erronée, car si cette qualification s'applique au premier chef à ces trois unités qui forment assurément les trois principales personnes morales de notre droit administratif (Ducrocq, *op. cit.*, n. 1328 et 1333), elle ne s'applique pas à eux seuls.

39. — Tout en s'exerçant sur un domaine souvent commun, l'action de l'Etat, du département ou de la commune se manifeste par des services essentiellement distincts et ne se confond jamais ; en outre dans chacun de ces services spéciaux elle se délègue souvent à d'autres organes administratifs qui par le fait même de cette délégation se trouvent souvent investis de la personnalité civile et forment dès lors des établissements publics.

40. — Cette délégation, qui constitue une sorte de dédoublement de la personnalité civile de l'Etat, du département ou de la commune, peut quelquefois expresse, elle peut aussi n'être qu'implicite, plus ou moins complète, ou même seulement apparente. Elle devient alors une source de confusion. Tel établissement qui présente, en même temps que les principaux caractères d'une personnalité civile distincte n'est en réalité qu'un démembrement, une branche du service administratif national, départemental ou communal et, n'ayant d'autre personnalité que celle de l'Etat, du département ou de la commune, ne doit par conséquent pas être considéré comme établissement public. — V. *suprà*, v° *Dons et legs*, n. 193 et s.

41. — Les différents corps judiciaires, par exemple, cours et tribunaux, présentent bien en effet certains caractères propres aux établissements publics, néanmoins tout le monde s'accorde à reconnaître qu'ils n'ont pas de personnalité propre (V. différentes décisions ministérielles *Bulletin du ministère de l'intérieur*, 1874, p. 158). — V. aussi *suprà*, v° *Dons et legs*, n. 201.

42. — La Caisse des dépôts et consignations fournit d'ailleurs l'exemple le plus remarquable de la confusion. Cette caisse présente en effet toutes les apparences d'une personnalité distincte; elle a une administration propre, un budget spécial qui n'est pas annexé au budget de l'Etat et ses opérations ne figurent pas au compte général de l'administration des finances. Ce sont bien là les caractères principaux d'une existence civile indépendante qui constituent l'établissement public. Mais d'autre part, le résultat final du budget de cette caisse figure lui-même au budget de l'Etat et dans ses comptes et profite à lui seul; en faut-il conclure que la Caisse des dépôts et consignations n'a pas d'autre personnalité que celle de l'Etat? La question est controversée. — V. *suprà*, v° *Caisse des dépôts et consignations*, n. 28 et 29. — V. Wahl, note sous Cass., 22 févr. 1893, Caisse des dépôts et consignations, [S. et P. 93.1.529]

43. — La détermination du caractère auquel on peut reconnaître la personnalité civile est donc des plus délicates (V. *suprà*, v° *Dons et legs*, n. 100 et s.). A notre avis, on doit considérer comme éléments constitutifs de la personnalité morale d'un service public, l'individualité administrative, avec une forme et une étendue qui peuvent varier, et le droit de posséder et d'acquérir, quelque restreint que soit ce droit. L'individualité financière n'est, au contraire, qu'un indice apparent et trompeur de la personnalité civile. — V. en ce sens, la note sous Douai, 18 mai 1896, précitée.

44. — Jugé, en ce sens, que l'administration des ponts et chaussées n'ayant jamais été reconnue par l'Etat en tant que personne civile et n'ayant jamais possédé un patrimoine quelconque ne constitue pas une personne civile. — Douai, 18 mai 1896, précité.

45. — Au point de vue de la qualification à donner aux administrations qui gèrent les services publics, une autre difficulté doit encore être signalée. Dans l'état actuel de la législation et de la jurisprudence, la distinction entre l'établissement public et l'établissement d'utilité publique n'est pas toujours bien nettement accusée. Nous avons vu (*suprà*, n. 8), que le législateur avait plusieurs fois confondu les deux énonciations. La jurisprudence, qui souvent n'a pas hésité à rectifier les qualifications données par le législateur, a parfois aussi suivi les mêmes errements. Le désaccord qui s'est produit à propos de la qualification à donner aux associations syndicales autorisées entre la Cour de cassation et le Conseil d'Etat (V. *infrà*, n. 72) est encore une preuve manifeste de la difficulté qu'il y a souvent à apercevoir le véritable caractère d'une institution.

46. — Dans ces conditions, nous croyons qu'il serait téméraire d'entreprendre ici une énumération limitative des établissements publics. Leur classification, au contraire, ne nous paraît pas pouvoir soulever de difficulté. Ils doivent, en effet, être naturellement présentés dans l'ordre des intérêts qu'ils sont chargés de gérer, c'est-à-dire d'après les services qu'ils ont mission d'administrer. L'énumération qui va suivre offre donc avant tout un intérêt méthodique et n'est, en quelque sorte, que le complément de la théorie générale que nous avons donnée plus haut du rôle de ces établissements et à laquelle nous renvoyons pour la solution des questions de qualification qui peuvent se présenter à propos de chacun de ces derniers. — V. aussi *suprà*, v° *Dons et legs*, n. 223 et s.

§ 1. Service de la défense nationale.

47. — L'œuvre de la défense nationale est tout entière centralisée dans les mains de l'Etat dont la personnalité absorbe celui de beaucoup de nos institutions militaires. — V. *suprà*, v° *Dons et legs*, n. 203 et s.

48. — Plusieurs de ces derniers ont cependant une personnalité distincte de celle de l'Etat. — V. à cet égard, *suprà*, v° *Dons et legs*, n. 205, 242 et s.

49. — La question est discutée relativement à l'établissement des pupilles de la marine depuis le décret du 19 oct. 1868. La jurisprudence administrative se prononce en ce sens que l'établissement constitue une personne civile distincte. — V. les décisions citées dans Tissier, *Dons et legs*, t. 1, n. 172. — Contrà, Ducrocq, t. 2, n. 1539.

§ 2. Service de l'instruction publique.

50. — Le service de l'instruction publique est à la charge soit de l'Etat, soit de la commune, et son fonctionnement est assuré par de nombreux établissements dont la personnalité est distincte ou confondue avec celle de l'Etat ou de la commune.

51. — *Etablissements de l'Etat*. — V. leur énumération *suprà*, v° *Dons et legs*, n. 226 à 239, 241 et 245.

52. — Il existe un certain nombre d'établissements d'enseignement spécial, dépendant de différents ministères et dont la capacité juridique est mal définie. Le caractère de ces établissements paraît assez douteux et l'on pourrait soutenir qu'ils sont, en droit, investis de la personnalité civile. — V. *suprà*, v° *Dons et legs*, n. 206.

53. — *Établissements communaux.* — Les lycées et collèges communaux sont les seuls établissements d'instruction qui jouissent d'une personnalité distincte de celle de la commune, personnalité qui leur a été reconnue par la loi du 7 août et du 15 mars 1850 (art. 71), et par le décret du 25 juill. 1885 (V. *suprà*, v° *Dons et legs*, n. 269). — Au contraire, les diverses écoles primaires ou supérieures dont les communes ont la charge ne sauraient être considérées comme des établissements publics; leur personnalité se confond avec celle de la commune.

§ 3. *Service de l'assistance.*

54. — Le service de l'assistance publique est réparti entre l'État, le département et la commune, et assuré par de nombreux établissements publics ayant une personnalité distincte.

55. — *Établissements de l'État.* — Sous ce titre, nous rangeons les établissements nationaux de bienfaisance, entretenus et administrés par des agents de l'État. Nous en donnons l'énumération *suprà*, v° *Dons et legs*, n. 223.

56. — L'ordonnance du 21 févr. 1841, il est vrai, a qualifié ces différentes institutions d'établissements généraux d'utilité publique, mais ils n'en doivent pas moins être considérés comme des établissements publics. D'une part, en effet, ils ont une existence propre et une personnalité civile complète, d'autre part, ils sont rattachés à l'administration même de l'État et chargés de la gestion d'un service public (V. Ducrocq, *op. cit.*, n. 1355). Les termes de l'ordonnance de 1841 doivent donc être considérés comme visant seulement le caractère humanitaire de ces établissements et non comme les classant administrativement dans l'une ou l'autre des deux catégories d'établissements que nous étudions.

57. — A un autre point de vue cependant une difficulté s'est élevée à propos de la classification des établissements visés par l'ordonnance de 1841. L'administration de l'enregistrement, considérant, en effet, que les institutions des jeunes aveugles de Paris et des sourds-muets de Paris, de Bordeaux et de Chambéry devaient être considérées non pas comme des maisons de bienfaisance, mais bien comme des établissements d'instruction publique (V. *suprà*, v° *Établissements nationaux de bienfaisance*, n. 54 et s.), a prétendu que, à l'inverse des hospices, ces établissements ne pouvaient être admis à jouir du bénéfice de la loi du 16 juin 1824, pour la fixation des droits de mutation dus sur une succession ouverte sous l'empire de cette loi. Cette prétention a été condamnée par un arrêt de cassation de la chambre civile du 4 févr. 1834, Hospices de Cambrai, [S. 34.1.97, P. chr.]. Cette décision paraît à l'abri de toute critique. En effet, le rôle d'éducation des établissements dont il s'agit est absolument secondaire, il est dominé par le côté humanitaire de ces institutions dont la mission est toute de charité et de bienfaisance; aussi peut-on s'étonner qu'après la décision de la Cour suprême, une circulaire ministérielle du 17 nov. 1883 (*Bull. min. int.*, 1883, n. 337), ait considéré ces établissements comme des maisons d'éducation présentant seulement cette particularité d'être destinées à recevoir des enfants pauvres.

58. — *Établissements départementaux.* — D'après M. Ducrocq (*op. cit.*, n. 1556), les hospices publics départementaux destinés à recevoir les aliénés et ceux ouverts à la vieillesse ou à l'indigence, sont des personnes morales distinctes du département, formant des établissements publics ayant une existence propre et le pouvoir d'accomplir tous les actes de la vie civile. Cette opinion ne nous semble pas devoir être admise aujourd'hui. En effet, sous l'empire des décrets de décentralisation, les hospices départementaux créés et organisés par arrêtés préfectoraux (Décr. 25 mars 1852, tabl. A, 20°) avaient bien une existence personnelle indépendante de celle du département; mais la loi du 18 juill. 1866 a modifié profondément cette situation en donnant aux conseils généraux le droit de statuer définitivement sur toutes les questions financières intéressant ces établissements. En outre, la loi du 10 août 1871 n'a pas seulement maintenu aux conseils généraux cette dernière attribution, elle les a encore investis du pouvoir de statuer définitivement sur la création de toutes institutions départementales d'assistance publique. La personnalité civile des établissements départementaux paraît donc avoir été, par suite de ces dispositions, singulièrement réduite; elle consiste pour ainsi dire uniquement dans la capacité de recueillir des libéralités; et encore ces libéralités ne sont-elles pas acceptées directement par l'asile, mais bien par le conseil général; pour tous les autres actes de la vie civile elle se confond avec celle du département (V. *suprà*, v° *Assistance publique*, n. 276 et s.). Nous ne considérons donc pas les établissements départementaux d'assistance comme des établissements publics (V. *suprà*, v° *Aliénés*, n. 10 et s., et v° *Dons et legs*, n. 212 et 213). La capacité qu'ils ont incontestablement de recevoir des libéralités ne nous paraît pas suffisante pour leur reconnaître une existence indépendante de celle du département dont l'action s'exerce directement sur la gestion de leurs biens; c'est ainsi notamment qu'il a été jugé que c'est au département qu'incombe la charge de la contribution foncière et de la taxe des biens de mainmorte, dues à raison des terrains appartenant à des asiles départementaux. — Cons. d'Ét., 18 juin 1880, Départ. de Vaucluse, [Leb. chr., p. 569]

59. — Notre opinion n'est pas ébranlée par la situation spéciale de certains asiles d'aliénés que la pratique administrative désigne sous le nom d'*asiles autonomes*. Ces établissements qui sont au nombre de sept (asiles d'Aix, d'Armentières, de Bailleul, de Bassens, de Bordeaux, de Cadillac et de Marseille) sont considérés parfois comme des établissements départementaux, mais cette classification est le résultat d'une confusion qui s'explique par cette circonstance qu'en vertu de traités passés avec les départements conformément à l'art. 1, L. 30 juin 1838, ces asiles reçoivent des aliénés à l'hospitalisation desquels, aux termes de la même loi, le département devrait pourvoir. Mais de ce que ces établissements gèrent un service départemental, il serait inexact de conclure qu'ils sont eux-mêmes des institutions départementales. Leur personnalité est au contraire absolument distincte de celle du département puisque leur administration échappe entièrement à l'action du conseil général. — Cons. d'Ét., 3 déc. 1886, Asile d'Armentières, [Leb. chr., p. 842 et la note]; — 11 juill. 1890, Asile de Bassens, [Leb. chr., p. 661] — V. *suprà*, v° *Aliénés*, n. 14 et s., 170 et s.

60. — *Établissements communaux.* — L'assistance communale est le plus souvent donnée par la commune elle-même; les services des secours à domicile, des enfants assistés, etc..., ne sont pas des établissements distincts; leurs ressources ne sont autres que celles de la commune. Il n'en est autrement que pour les bureaux de bienfaisance et les hospices. Ces établissements sont chargés par la loi de leur institution, de régir et d'administrer le bien des pauvres; ils ne sont pas de simples mandataires de l'autorité municipale, ils ont un budget personnel; ce sont donc de véritables établissements publics. — V. *suprà*, v° *Assistance publique*, n. 165 et s., n. 893 et s., et v° *Dons et legs*, n. 247 et s.

61. — A Paris, tous les services de l'assistance sont concentrés dans les mains de l'administration générale de l'assistance publique qui constitue le seul établissement public d'assistance de la capitale. — V. *suprà*, v° *Assistance publique*, n. 987 et s., et v° *Dons et legs*, n. 259 et s.

§ 4. *Service du culte.*

62. — *Culte catholique.* — V. *suprà*, v° *Chapitre*, n. 35 et s., *Cure-Curés*, n. 262; *Dons et legs*, n. 275 et s.; et *infrà*, v° *Fabriques et Consistoires*, *Séminaire*.

63. — Dans le dernier état de la jurisprudence, le diocèse n'a pas de personnalité civile. — V. *suprà*, v° *Diocèse*, n. 43 et s.

64. — *Culte protestant.* — V. *suprà*, v° *Dons et legs*, n. 300 et s., et *infrà*, v° *Fabriques et consistoires*.

65. — *Culte israélite.* — V. *suprà*, v° *Dons et legs*, n. 307 et s.

§ 5. *Service de la prévoyance et de l'épargne.*

66. — Certains établissements créés en vue de favoriser l'épargne publique ont été investis par la loi de leur institution de la personnalité civile. — V. sur ces établissements, *suprà*, v° *Dons et legs*, n. 224, 225 et 240.

§ 6. *Service de l'agriculture et du commerce.*

67. — V. *suprà*, v° *Agriculture*, n. 102 et s.; *Chambre consultative d'agriculture*, n. 1; *Chambre de commerce*, n. 8 et s., et 55;

Dons et legs, n. 206, 214, 246 et 270 et s. — Quant aux associations syndicales autorisées, la question de savoir si elles constituent des établissements publics est controversée. — V. *suprà*, n. 45, et v¹ⁱˢ *Association syndicale*, n. 90 et s.; *Dons et legs*, n. 333.

Section II.
Établissements d'utilité publique.

68. — La qualification d'établissements d'utilité publique à donner à certaines institutions privées ne nous semble pas pouvoir soulever les difficultés que nous avons signalées à propos de la dénomination légale des établissements publics. En effet, d'après la définition que nous en avons donnée, l'établissement d'utilité publique est la personne morale spécialement créée en vue d'administrer, en dehors de toute ingérence administrative, un service d'utilité générale. Or, il convient de faire remarquer que cette définition ne s'applique qu'aux seules institutions qui ont été l'objet d'une reconnaissance ou déclaration d'utilité publique, et qu'elle refuse au contraire le caractère d'établissement d'utilité publique à toute institution, même d'intérêt général certain, qui n'aurait pas été expressément reconnue comme telle par un acte spécial.

69. — Cette nécessité de l'intervention d'une autorité supérieure pour créer un établissement d'utilité publique n'a jamais été contestée par personne; mais il n'en est pas de même du caractère et de la forme de cette intervention qui d'après certains auteurs pourrait n'être qu'implicite; ce qui permettrait, contrairement à ce que nous venons de dire, d'attribuer le caractère d'établissements d'utilité publique à certaines institutions qui n'ont été expressément déclarées telles par aucun acte législatif ou réglementaire, comme certaines sociétés ou corporations qui n'existent qu'en vertu d'une autorisation du gouvernement et sous son contrôle.

70. — Cette thèse a été soutenue, en ce qui concerne l'ordre des avocats, par M. Martini dans une consultation citée par M. Cresson (*Profession d'avocat*, t. 2, p. 224), et devrait, si elle était admise, s'appliquer par une sorte d'*à fortiori* à toutes les compagnies d'officiers ministériels. Pour soutenir cette opinion, on se fonde à la fois sur la nature de ces institutions qui, en même temps qu'elles constituent des êtres moraux, présentent les principaux caractères des établissements d'utilité publique, sur la personnalité civile qui peut leur appartenir comme à certains de ces derniers, et sur leur organisation qui les place sous l'autorité et la surveillance du gouvernement.

71. — L'argument tiré de la nature de l'institution et de ses caractères qui la font plus ou moins ressembler à un établissement d'utilité publique nous paraît facile à écarter. En effet, au point de vue du rôle, de la mission, des moyens d'existence et même de l'organisation intérieure, il peut ne pas y avoir seulement analogie, mais bien identité complète entre une congrégation non autorisée et une congrégation autorisée. La première pourtant n'a pas d'existence légale, la seconde au contraire constitue manifestement un établissement d'utilité publique, et la raison de cette différence provient uniquement, personne ne le conteste, de ce que l'une a obtenu l'autorisation administrative qui n'a pas été donnée à l'autre et cela seulement peut-être parce qu'elle n'a pas été demandée. La nécessité absolue de la reconnaissance administrative, dans ce cas au moins, nous paraît donc hors de toute contestation; nous n'apercevons aucune raison juridique de ne pas l'étendre à toutes les hypothèses où l'on voudrait faire ressortir la qualité d'établissement d'utilité publique d'une assimilation entre un établissement reconnu et une institution non spécialement autorisée.

72. — Quant à la personnalité civile qui peut appartenir à une institution, il ne faut pas, croyons-nous, en exagérer la portée au point de vue de la qualification à attribuer à cette institution; car, s'il est permis de dire d'une façon absolue que le caractère d'établissement d'utilité publique confère *ipso facto* la personnalité civile avec les avantages qui en découlent à l'institution qui en est revêtie, la proposition inverse ne serait pas exacte. Certaines institutions en effet qui présentent même un caractère certain d'utilité générale, tout en jouissant de la personnalité civile, ne sont manifestement pas des établissements d'utilité publique. Telles sont par exemple les associations syndicales libres. Aux termes de la loi du 21 juin 1865, ces associations peuvent acquérir, posséder, ester en justice, en un mot accomplir tous les actes de la vie civile; elles sont donc en pleine possession de la personnalité civile la plus complète, et pourtant personne ne leur attribue la qualité d'établissements d'utilité publique. C'est qu'elles se forment par le seul consentement des associés qui les composent, en dehors de toute intervention administrative et qu'elles n'ont pas reçu l'investiture officielle qui seule pourrait modifier leur qualification légale (V. Ducrocq, *op. cit.*, n. 1578, et *suprà*, v° *Associations syndicales*, n. 87 et s.). D'autres institutions qui, au contraire, ne représentent que des intérêts privés possèdent également la personnalité civile; ce sont les sociétés civiles ou commerciales qui elles aussi se constituent librement et en dehors de toute intervention administrative. Ces sociétés ne sont certainement pas des établissements d'utilité publique, et leur nature juridique montre bien que l'attribution de ce dernier caractère est complètement indépendant de la question de personnalité civile.

73. — La circonstance qu'une institution est placée sous la surveillance et le contrôle du gouvernement ne nous semble pas davantage exclure la nécessité d'un acte spécial pour conférer à cette institution la qualité d'établissement d'utilité publique. Certaines sociétés en effet sont en vertu de lois spéciales autorisées par le gouvernement et placées sous son contrôle plus ou moins immédiat, comme certaines sociétés d'assurances ou les magasins généraux. Si le seul fait de ne pouvoir exister qu'en vertu d'une autorisation spéciale et de ne pouvoir fonctionner que sous la surveillance de l'État suffisait pour conférer la qualité d'établissements d'utilité publique, il faudrait aussi par conséquent reconnaître cette qualité à toutes les sociétés de ce genre; or, c'est ce qui n'a jamais été soutenu. — V. *infrà*, v° *Société*.

74. — Nous persistons donc à penser qu'une institution, alors même qu'elle jouit de la personnalité civile, ne peut être qualifiée d'établissement d'utilité publique qu'autant qu'elle a été l'objet d'une reconnaissance spéciale la déclarant expressément telle. Notre opinion sur ce point ne tend d'ailleurs nullement à méconnaître ou à diminuer la portée du rôle que jouent certaines institutions dans notre vie publique et dans le fonctionnement de nos principaux services. Nous reconnaissons au contraire que bien des sociétés ou corporations présentent tous les caractères d'utilité générale qui sont comme la marque distinctive des établissements d'utilité publique, et que rien ne s'opposerait à ce qu'elles fussent investies de cette qualité si elles accomplissaient les formalités préalables à la reconnaissance. Mais nous croyons que l'accomplissement de ces formalités est une condition essentielle à cette reconnaissance qui, d'après les principes généraux de la matière, ne peut être qu'expresse et non pas seulement implicite. Les sociétés ou corporations auxquelles nous avons fait allusion *suprà*, n. 69, notamment les compagnies d'avocats ou d'officiers ministériels peuvent sans doute avoir la personnalité morale (V. *suprà*, v° *Dons et legs*, n. 326 et s.), mais elles n'ont pas le caractère d'établissement d'utilité publique.

75. — Tout en montrant les différences qui séparent les établissements d'utilité publique des établissements publics, nous avons insisté sur cette circonstance que ces deux sortes d'établissements exercent une action parallèle sur un domaine pour ainsi dire commun. Les établissements d'utilité publique doivent donc, comme les établissements publics, être classés d'après la nature du service dans la sphère duquel ils sont appelés à exercer leur action.

76. — Nous ne pouvons entreprendre ici l'énumération de toutes les sociétés reconnues d'utilité publique et investies comme telles de la personnalité civile par les décrets qui les ont instituées. Ces sociétés comprennent en effet des institutions de prévoyance, de charité, des œuvres d'instruction ou de secours mutuels, des académies, des associations agricoles ou horticoles, des congrégations religieuses d'hommes ou de femmes (V. *suprà*, v° *Dons et legs*, n. 313 et s.). Mais si nombreuses qu'elles soient et si diverses qu'elles puissent paraître par leur nature ou leur objet, il est facile de voir que chacune d'elles correspond à un des grands services publics de l'État, armée, instruction publique, culte, etc. Tous ces établissements sont investis de la personnalité civile; comme les établissements publics, ils peuvent acquérir et posséder, et peuvent, en un mot accomplir tous les actes de la vie civile.

77. — Cette faculté d'ailleurs n'est pas accordée aux seules sociétés françaises reconnues d'utilité publique, elle appartient aussi, avec tous les avantages qui en découlent, aux établissements d'utilité publique étrangers, lorsqu'ils sont investis de

ÉTABLISSEMENTS PUBLICS OU D'UTILITÉ PUBLIQUE. — Chap. III.

l'existence légale d'après les lois de leur pays et qu'ils ont été régulièrement reconnus en France; de sorte, qu'ils peuvent posséder des meubles et des immeubles en France et y recueillir des libéralités aux conditions auxquelles sont soumis à cet égard les établissements français. — V. *suprà*, v° *Dons et legs*, n. 2561 et s.

CHAPITRE III.
CRÉATION DES ÉTABLISSEMENTS PUBLICS ET D'UTILITÉ PUBLIQUE.

78. — L'art. 360 de la constitution du 5 fruct. an III, qui leva l'interdiction dont avaient été frappées toutes les communautés existant avant la Révolution, et qui déclara qu'il appartiendrait désormais au gouvernement de juger de l'opportunité de la création d'une personne morale, n'a fait en réalité que consacrer la pratique antérieurement suivie sous la monarchie. En effet, alors comme aujourd'hui, tout au moins depuis l'édit de décembre 1666, la création d'un établissement de mainmorte, c'est-à-dire d'un établissement constituant une personne morale, était subordonnée à l'agrément de l'autorité supérieure; dans la plupart des cas, l'intervention royale elle-même était exigée. — V. Édit d'août 1749. — Arr. du Parlement de Paris, 18 avr. 1760. — Denisart, v° *Associations illicites;* Isambert, t. 22, p. 22.

79. — Dans notre droit moderne, le principe de l'autorisation préalable donnée dans une forme déterminée n'a jamais cessé, depuis la constitution de l'an III, d'être la règle absolue en matière de création de personnes morales; mais l'autorité compétente pour donner cette autorisation varie non seulement suivant qu'il s'agit d'un établissement public ou d'un établissement d'utilité publique, mais encore avec la nature particulière de l'établissement à créer. La création de chacune des deux catégories d'établissements doit donc être examinée spécialement.

Section I.
Établissements publics.

80. — Les établissements publics, ainsi que nous l'avons dit font partie intégrante de notre organisation administrative générale ; ils sont créés par la loi qui leur confère leur qualité de personnes civiles, non pas en vertu d'une disposition spéciale, mais par le fait même qu'elle les charge de la gestion d'un service public. D'une façon générale on peut donc dire que l'intervention du législateur est nécessaire pour créer un établissement public.

81. — Toutefois cette règle comporte quelques exceptions, car certains établissements publics sont créés par de simples décrets en Conseil d'État (V. *infrà*, n. 87). Il en est ainsi notamment pour les hôpitaux et hospices publics (Décr. 25 mars 1852, tabl. A, § 55; Décr. 13 avr. 1861, tabl. A, § 67). — V. Cour des comptes, 28 mars 1889, [Leb. chr., p. 1243] — ... Pour les chambres de commerce (Décr. 3 sept. 1851, art. 18).

82. — En ce qui concerne la création des bureaux de bienfaisance, le législateur a varié suivant les époques. — V. *suprà*, v° *Assistance publique*, n. 157 et s.

Section II.
Établissements d'utilité publique.

83. — En principe, les établissements d'utilité publique sont créés par décret.

84. — Cette règle ne souffre que trois exceptions : 1° en vertu de l'art. 7, L. 12 juill. 1875, tel qu'il a été modifié par la loi du 18 mars 1880, aucun établissement d'enseignement libre ne peut être déclaré d'utilité publique que par une loi. La même disposition s'étend à toute association formée en vue de donner l'enseignement supérieur. — V. *infrà*, v° *Instruction publique*, n. 1003.

85. — 2° D'après la loi du 2 janv. 1817, la doctrine et la jurisprudence décident qu'une loi est nécessaire pour autoriser une congrégation religieuse d'hommes. — V. *suprà*, v° *Communauté religieuse*, n. 88 et s.

86. — 3° L'art. 2, L. 24 mai 1825, a eu pour but de modifier, à l'égard des congrégations religieuses de femmes, le régime créé par le décret du 3 mess. an XII, d'après lequel ces congrégations pouvaient être autorisées par décret, et de soumettre leur autorisation à la nécessité d'une loi. Mais cette exigence a disparu au moins dans certains cas, depuis le décret du 31 janv. 1852. — V. *suprà*, v° *Communauté religieuse*, n. 124 et s.

87. — Aux termes du décret portant règlement intérieur du Conseil d'État, du 2 août 1879, art. 7, § 4, les projets de décrets avant pour objet l'autorisation de la création d'établissements d'utilité publique ou d'établissements publics, pour ceux de ces établissements qui peuvent être créés par décrets (V. *suprà*, n. 81), devaient être portés à l'assemblée générale du Conseil d'État. Mais ce texte a été modifié par un nouveau décret du 3 avr. 1886 et aujourd'hui, en principe du moins, c'est à la section administrative compétente du Conseil d'État qui nous occupent, les demandes en autorisation de ces établissements qui sont soumises. Toutefois la section reste toujours maîtresse de renvoyer à l'assemblée générale, quand elle le juge bon, les affaires de cette nature dont elle est saisie.

88. — En outre, le décret de 1886 a maintenu les dispositions du décret de 1879 en ce qui concerne : 1° la création de congrégations religieuses pour l'autorisation desquelles l'intervention législative n'est pas nécessaire ; 2° la création des chambres de commerce. C'est l'assemblée générale du Conseil d'État qui examine les projets de décrets qui ont pour objet la création de ces établissements.

89. — La reconnaissance d'une société privée comme établissement d'utilité publique, par cela même qu'elle lui confère la personnalité civile, a pour conséquence immédiate d'augmenter la quantité déjà existante des biens de mainmorte. On sait que l'immobilisation pour ainsi dire perpétuelle d'une partie de la richesse nationale soulève en économie politique les critiques les plus sérieuses. De plus, la reconnaissance officielle de l'utilité d'un établissement constitue une sorte de brevet engageant, moralement du moins, la responsabilité de l'État qui le délivre et qui se porte ainsi garant de l'utilité de l'établissement à qui il concède l'existence civile. Des considérations nombreuses tirées de ces deux ordres d'idées ont conduit la jurisprudence du Conseil d'État à n'accueillir qu'avec la plus grande réserve les demandes en reconnaissance d'utilité publique qui lui sont soumises et à n'accorder la personnalité civile qu'après une enquête administrative et seulement aux établissements qui justifient d'une triple garantie au point de vue de la spécialité de leur but, de leur utilité et de leurs ressources.

90. — La première de ces conditions est une conséquence nécessaire de la nature même du rôle des établissements d'utilité publique. Ces établissements correspondent en effet à des besoins généraux, ils sont appelés à compléter l'œuvre de l'administration dans la gestion des services publics, et de même que ces derniers ont chacun un domaine spécial et limité, les établissements d'utilité publique ne peuvent avoir qu'un objet spécial tendant à un but unique strictement défini. Les demandes en autorisation doivent donc spécifier le but que poursuit l'établissement et l'autorisation n'est donnée qu'en vue de ce but; en d'autres termes, la reconnaissance d'utilité publique, qui confère à l'établissement qui l'obtient une mission spéciale et la personnalité civile, ne peut s'exercer qu'en vue des actes qui rentrent dans l'exercice de cette mission. — Notes sect. int., 7 janv. 1880 et 4 juin 1889, [*Notes de jurisprudence du Conseil d'État*, 1892, p. 127] — La jurisprudence sur ce point est constante et elle présente un grand intérêt non seulement au point de vue de la création des établissements mais encore au point de vue de leur fonctionnement, car ce principe de la spécialité limite, ainsi que nous venons de le dire, la personnalité civile de l'établissement aux actes qui rentrent dans l'objet qui a motivé son autorisation et ne lui permet pas notamment de recevoir des libéralités destinées à des services autres que ceux pour la gestion desquels il a été créé. — V. *suprà*, v° *Dons et legs*, n. 1030 et s.

91. — Nous avons vu (*suprà*, n. 38) comment pouvaient être classés les établissements d'utilité publique. Cette classification place chacun d'eux à côté d'un service public : armée, culte, instruction publique, assistance, etc. Chaque établissement doit donc, en vertu du principe de la spécialité, présenter un objet qui le rattache à l'un de ces services, mais ce principe n'implique pas pour l'établissement la nécessité de se renfermer strictement dans une œuvre se rattachant uniquement à ces services. La jurisprudence admet au contraire qu'un établissement peut avoir deux objets distincts; ce qu'elle exige c'est que chacun de ces deux objets soient exactement définis (*Notes de jurisprudence du Conseil d'Etat*, 1892, p. 128). Elle n'accepte pas qu'un établissement se donne un caractère général qui lui permettrait d'exercer indistinctement son action sur les services les plus variés et de recevoir par conséquent des libéralités affectées aux besoins les plus divers. —Not. sect. int., 9 avr. 1884. [*Notes de jurispr. du Cons. d'Et.*, 1892, p. 127] — Mais elle admet qu'une société peut participer à la fois de l'établissement de bienfaisance et de l'établissement d'instruction publique, tout en se réservant d'examiner le double caractère de cette société. — V. Note sect. int., 21 janv. 1891, [*Notes de jurispr. du Cons. d'Et.*, 1892, p. 130] — En fait, un établissement d'utilité publique peut donc présenter deux objets distincts et parmi les œuvres d'assistance il s'en trouve de très-nombreuses qui présentent en même temps les caractères d'établissements confessionnels d'instruction (V. *Notes de jurispr. du Cons. d'Et.*, 1892, p. 129, plusieurs avis se prononçant sur la création d'établissements d'assistance ou d'instruction présentant également un caractère confessionnel).

92. — La seconde condition que doit remplir un établissement pour être reconnu d'utilité publique, c'est, avons-nous dit, de justifier de son utilité. A ce propos, il importe de faire remarquer qu'il ne s'agit pas ici seulement du but vers lequel tend l'institution qui demande la reconnaissance; celle-ci, en effet, est accordée non pas en vue des services que l'association pourra rendre, mais des services déjà rendus. La reconnaissance n'est donc pas un encouragement, c'est une récompense; l'établissement qui la sollicite doit dès lors produire les résultats qu'il a déjà obtenus, ou seuls sont pris en considération à l'exclusion de ceux qu'il espère obtenir.—Note sect. int., 4 févr. 1888, [*Notes de jurispr. du Cons. d'Et.*, 1892, p. 126] — Toutefois cette antériorité de services cesse d'être exigée lorsqu'il s'agit d'une institution qui n'est qu'un démembrement d'un établissement déjà existant (*Notes de jurispr. du Cons. d'Et.*, 1892, p. 132).

93. — L'utilité d'un établissement s'apprécie d'ailleurs à un point de vue essentiellement pratique et national. La jurisprudence du Conseil d'Etat est constante sur ce point et présente un grand intérêt au point de vue de la reconnaissance des établissements étrangers. Ces établissements, ainsi que nous l'avons dit (*suprà*, n. 77), peuvent être investis en France d'une personnalité complète qui leur permet d'accomplir tous les actes de la vie civile, mais ils sont, comme les établissements français, soumis à la nécessité de justifier de leur utilité, qui est appréciée non pas à un point de vue purement humanitaire mais bien d'après les services rendus directement à la France. C'est ainsi que la reconnaissance ne saurait être accordée à des sociétés étrangères même régulièrement constituées d'après la législation de leur pays et dont le caractère de bienfaisance est incontestable, mais dont la mission consiste uniquement à secourir leurs nationaux, à l'exclusion des Français.—Av. Cons. d'Et., 20 juill. 1882 et 21 mai 1885, [*Notes de jurispr. du Cons. d'Et.*, 1892, p. 125].

94. — Enfin la troisième condition que doit remplir l'établissement qui sollicite sa reconnaissance est relative à sa solvabilité; il doit justifier de ressources garantissant à la fois l'exécution de la mission qu'il doit remplir et sa durée. L'importance de ces ressources varie naturellement avec le rôle que s'attribue chaque société; aucune règle précise ne peut donc être formulée sur ce point.

95. — D'une façon générale, la jurisprudence exige seulement que l'établissement justifie de ressources suffisantes pour équilibrer normalement son budget. Dans l'examen auquel il se livre sur ce point, le Conseil d'Etat refuse de prendre en considération toute ressource n'ayant qu'un caractère momentané ou aléatoire. — Av. Cons. d'Et., 15 déc. 1881, 23 mars et 27 juill. 1882, [*Notes de jurispr. du Cons. d'Et.*, 1892, p. 131 et s.]

96. — C'est par une enquête administrative que s'établit la réalité des garanties que doit présenter tout établissement qui demande à être reconnu d'utilité publique. Cette enquête s'ouvre à la préfecture du département où siège la société. Le préfet transmet la demande avec son avis au ministre compétent qui, après examen et s'il le juge à propos, soumet au Conseil d'Etat le projet de décret d'autorisation.

97. — Toute demande doit être accompagnée des pièces qui peuvent être utiles à l'enquête, c'est-à-dire des documents qui tendent à établir que les trois conditions dont il vient d'être parlé sont bien remplies. Ces pièces sont les suivantes : 1° les statuts; 2° la liste des membres de la société; 3° la délibération de l'assemblée générale demandant la reconnaissance. La même délibération doit en outre donner à deux des membres de la société déléguée à cet effet, les pouvoirs nécessaires pour consentir les modifications aux statuts qui pourraient être exigées par le gouvernement; 4° les comptes des trois derniers exercices; 5° le budget de l'année courante; 6° un état détaillé de l'actif et du passif. — *Notes de jurispr. du Cons. d'Et.*, p. 127, et *Bull. min. int.*, 1887, p. 256.

98. — Dans l'enquête qui s'ouvre sur la demande en reconnaissance, l'attention de l'administration porte d'une façon toute spéciale sur les statuts. La faculté que se réserve dans tous les cas le gouvernement d'exiger la modification des clauses de cet acte montre bien l'importance qu'il attache à cette pièce. Aussi, pour simplifier l'instruction des demandes en reconnaissance et pour éviter des mécomptes aux sociétés qui désirent se faire autoriser, le ministre de l'intérieur a-t-il publié un document important, rédigé après avis de la section de l'intérieur, et destiné à servir de modèle aux statuts des sociétés qui veulent se faire reconnaître d'utilité publique. Ce document, qui est intitulé « *Projet de statuts (modèle) des associations, sociétés, etc., qui sollicitent la reconnaissance comme établissements d'utilité publique, présenté à la section de l'intérieur* », a été publié en 1887 dans le *Bulletin du ministère de l'intérieur* (p. 252). Nous le reproduisons ici en raison de l'utilité pratique qu'il présente :

Article premier. — L'association dite ... fondée en ... a pour but de ... elle a son siège à ...

Art. 2. — L'association se compose de membres titulaires et de membres ... (fondateurs, donateurs, bienfaiteurs; souscripteurs perpétuels, honoraires, auxiliaires; correspondants). Pour être membre titulaire il faut : 1° être présenté par deux membres de l'association et agréé par le conseil d'administration; 2° payer une cotisation annuelle dont le minimum est de ... fr. La cotisation peut être rachetée en versant une somme égale à ... fois le montant de la cotisation annuelle. Le conseil d'administration peut conférer le titre de donateur ou de bienfaiteur aux membres qui ont versé une somme de ... ou de ...

Art. 3. — Le conseil d'administration se compose de ... membres élus pour ... ans par l'assemblée générale. Il choisit parmi ses membres un bureau composé des président, vice-président, secrétaire-trésorier. Le bureau est élu pour un an. Le conseil se réunit ... (autant que possible tous les deux mois) et chaque fois qu'il est convoqué par son président ou sur la demande du quart de ses membres. En cas de vacance, le conseil pourvoit au remplacement de ses membres, sauf ratification par la prochaine assemblée générale. Le renouvellement du conseil a lieu tous les ans (par moitié, tiers, quart ou cinquième, suivant la durée du mandat). Les membres sortants sont rééligibles.

La présence de ... des membres du conseil d'administration est nécessaire pour la validité des délibérations. Il est tenu procès-verbal des séances. Les procès-verbaux sont signés par le président et le secrétaire.

Art. 4. — Les délibérations relatives à l'acceptation des dons et legs, aux acquisitions et échanges d'immeubles sont soumises à l'approbation du gouvernement.

Art. 5. — Les délibérations relatives aux aliénations, constitutions d'hypothèques, baux à long terme et emprunts ne sont valables qu'après l'approbation de l'assemblée générale.

Art. 6. — Le trésorier représente l'association en justice et dans tous les actes de la vie civile.

Art. 7. — Toutes les fonctions de l'association sont gratuites.

Art. 8. — Les ressources de l'association se composent : 1° des cotisations et souscriptions de ses membres; 2° des dons et legs dont l'acceptation aura été autorisée par le gouvernement; 3° des subventions qui pourraient lui être accordées; 4° du produit des ressources créées à titre exceptionnel avec l'autorisation du gouvernement; 5° enfin, du revenu de ses biens et valeurs de toute nature.

Art. 9. — Les fonds disponibles seront placés en rentes nominatives 3 p. 100 sur l'Etat ou en obligations nominatives de chemins de fer dont le minimum d'intérêts est garanti par l'Etat.

Art. 10. — Le fonds de réserve comprend : 1° le dixième de l'excédent des ressources annuelles; 2° les sommes versées pour le rachat des cotisations; 3° la moitié des libéralités autorisées sans emploi. Ce fonds est inaliénable : ses revenus peuvent être appliqués aux dépenses courantes.

Art. 11. — Les moyens d'action de l'association sont ... Bulletins, publications, etc., etc.

Art. 12. — L'association peut se diviser en différentes commissions annuelles.

Art. 13. — Aucune publication ne peut être faite au nom de l'association sans l'examen préalable et l'approbation du bureau.

Art. 14. — L'assemblée générale des membres de l'association se réunit au moins une fois par an. Son ordre du jour est réglé par le conseil d'administration. Son bureau est celui du conseil. Elle entend les rapports sur la gestion du conseil d'administration, sur la situation financière et morale de l'association. Elle approuve les comptes de l'exercice clos, vote le budget de l'exercice suivant et pourvoit au renouvellement des membres du conseil d'administration. Le rapport annuel et les comptes sont adressés, chaque année, à tous les membres, au préfet du département et au ministre de l'Intérieur.

Art. 15. — La qualité de membre de l'association se perd : 1° par la démission ; 2° par la radiation prononcée pour motifs graves par l'assemblée générale, à la majorité des deux tiers des membres présents, sur le rapport du conseil d'administration et le membre intéressé dûment appelé à fournir ses explications.

Art. 16. — Les statuts ne peuvent être modifiés que sur la proposition du conseil d'administration ou de 25 membres, soumise au bureau au moins un mois à l'avance. L'assemblée extraordinaire spécialement convoquée à cet effet ne peut modifier les statuts qu'à la majorité de deux tiers des membres présents. L'assemblée doit se composer du quart au moins des membres en exercice. La délibération de l'assemblée est soumise à l'approbation du gouvernement.

Art. 17. — L'assemblée générale appelée à se prononcer sur la dissolution de l'association et convoquée spécialement à cet effet, doit comprendre au moins la moitié plus un des membres en exercice. Les résolutions sont prises à la majorité des deux tiers des membres présents et soumises à l'approbation du gouvernement.

Art. 18. — En cas de dissolution, l'actif de l'association est attribué, par délibération de l'assemblée générale, à un ou plusieurs établissements analogues et reconnus d'utilité publique. Cette délibération est soumise à l'approbation du gouvernement.

Art. 19. — Il sera procédé de même en cas de retrait de l'autorisation donnée par le gouvernement. Dans le cas où l'assemblée générale se refuserait à délibérer sur cette attribution, il sera statué par un décret rendu en la forme des règlements d'administration publique.

Art. 20. — Un règlement intérieur adopté par l'assemblée générale et approuvé par le préfet, arrête les conditions de détail propres à assurer l'exécution des présents statuts. Il peut toujours être modifié dans la même forme.

99. — Les dispositions de cet acte tendent, d'une part, à obliger les associations à fournir au gouvernement les justifications dont il a besoin pour apprécier le but et les ressources de l'établissement à créer ; d'autre part, à donner à l'administration supérieure des garanties sur le fonctionnement de cet établissement. Aussi, bien qu'il s'agisse ici d'un simple modèle de statuts n'ayant par conséquent aucune force réglementaire, ne faut-il pas se méprendre sur l'importance de ce document. Nous voyons en effet dans les *Notes de jurisprudence du Conseil d'Etat* (1892, p. 132 et s.) que le Conseil d'Etat considère comme essentielles plusieurs de ses dispositions et refuse de donner un avis favorable aux associations dont les statuts ne reproduisent pas certaines des dispositions du projet ministériel, notamment celles qui sont relatives : 1° à l'approbation par le gouvernement des délibérations du conseil et des legs ou des acquisitions, aliénations et échanges d'immeubles (art. 4 du projet) ; 2° à la gratuité des fonctions de l'association notamment des fonctions d'administrateur ou de membre du bureau (art. 7) ; 3° au placement des fonds disponibles (art. 9) ; 4° à la constitution du fonds de réserve (art. 10) ; 5° aux modifications des statuts (art. 17) ; 6° à l'attribution de l'actif de la société en cas de dissolution (art. 18) ; 7° au retrait de l'autorisation (art. 19). — Sur ces différents points, V. *Notes de jurispr. du Cons. d'Et.*, 1892, p. 132 et s.

Section III.
Réunion de deux établissements publics ou d'utilité publique en un seul.

100. — Ce sont des nécessités financières qui le plus souvent obligent deux établissements ayant une existence distincte à se réunir en un seul. En principe, cette réunion n'est autorisée qu'après l'accomplissement des formalités qui précèdent la création d'un établissement et l'autorité compétente pour créer est également compétente pour autoriser la réunion de deux établissements. — Av. Cons. d'Et., 8 sept. 1886, [*Notes de jurispr. du Cons. d'Et.*, 1892, p. 135]

CHAPITRE IV.
ADMINISTRATION DES ÉTABLISSEMENTS PUBLICS ET D'UTILITÉ PUBLIQUE.

Section I.
Règles communes aux deux catégories d'établissements.

101. — Les établissements publics ou d'utilité publique jouissent de la personnalité civile, c'est-à-dire du droit d'acquérir à titre gratuit ou onéreux, d'administrer, d'ester en justice, en un mot d'accomplir tous les actes de la vie civile. Mais ce droit, si étendu qu'il soit, est limité par la nature même de la personne morale qui en est investie. Ces personnes, ainsi que nous l'avons dit, ne sont créées que dans un but déterminé, en vue de la mission spéciale qu'elles sont appelées à remplir dans l'administration générale du pays. Leur personnalité tout artificielle ne s'étend donc pas au delà de l'objet en vue duquel elle leur a été conférée. D'où cette conséquence que la capacité d'un établissement est strictement limitée aux actes rendus nécessaires par l'accomplissement de sa mission légale. — V. *suprà*, n. 90.

102. — Ainsi définie, cette capacité résulte de la reconnaissance de l'établissement qui tire seulement de l'acte qui la crée l'existence légale. La validité de tous les actes qu'il peut remplir est donc subordonnée à l'antériorité de sa reconnaissance, et cette règle absolue a une grande importance, notamment en ce qui concerne les acquisitions par dons ou legs, car elle oblige l'établissement qui en profite à prouver son existence légale au moment de l'acceptation.

103. — Pour tous les actes de leur vie civile, les établissements publics ou d'utilité publique sont représentés par des commissions administratives qui gèrent leur patrimoine et qui ont des pouvoirs déterminés par la nature et le règlement particulier de chaque établissement.

104. — Le patrimoine de ces institutions se compose de tous les éléments qui entrent dans la fortune des simples particuliers. Leurs biens, meubles ou immeubles, sont prescriptibles comme ceux de ces derniers (C. civ., art. 2227). Il n'y a d'exception à cette règle que celle qui résulte de la nature légale de certains biens qui, tout en étant administrés par un établissement public, font néanmoins partie du domaine public, comme par exemple certains édifices religieux.

105. — Des règles spéciales ont été édictées, notamment par l'art. 910, C. civ., pour les acquisitions à titre gratuit que peuvent faire les établissements publics ou d'utilité publique. Ces règles s'appliquent indistinctement aux institutions des deux catégories. — V. *suprà*, v° Dons et legs.

Section II.
Règles spéciales à l'administration des établissements publics.

106. — Au point de vue de la gestion de leur patrimoine, les établissements publics sont de véritables incapables soumis à une tutelle des plus étroites. Chargés d'un service public, l'Etat intervient comme représentant des intérêts généraux dans leur administration ; et cette intervention se manifeste d'une façon différente suivant qu'il s'agit d'actes qui ne modifient pas ou qui modifient la composition de leur patrimoine.

107. — Au point de vue de l'accomplissement des actes de la première catégorie, chaque établissement public est, d'après sa nature, soumis à des règles spéciales. En principe, les biens de ces institutions ne peuvent être exploités ni directement, ni par voie de mise en régie. — V. spécialement *suprà*, v° Assistance publique, n. 1787 et s.

108. — Cependant l'art. 8, L. 7 août 1851, a apporté un tempérament à cette prohibition, en ce qui concerne les biens des hospices, en donnant aux commissions administratives le droit de régler par leurs délibérations le mode d'exploitation des biens des établissements hospitaliers. Ces délibérations toutefois doivent être communiquées au préfet qui peut les annuler dans les trente jours de leur notification.

109. — La même faculté doit être reconnue aujourd'hui aux fabriques d'église. En effet, la jurisprudence ministérielle (Circ. 31 déc. 1809) ne leur avait interdit l'exploitation directe de leurs biens qu'en les assimilant à cet égard et peut-être un peu arbitrairement aux établissements hospitaliers. L'interdiction qui pesait sur ces derniers ayant été levée par la loi de 1851 ne saurait donc être maintenue à l'égard des fabriques.

110. — Mais la nécessité de l'autorisation subsiste pour les bureaux de bienfaisance et doit être donnée par le préfet (Déc. 13 avr. 1861, tabl. A, § 67 ; Av. Cons. d'Et., 2 juin 1885).

111. — Les biens des établissements publics ne pouvant en principe être exploités directement doivent donc, lorsque l'interdiction n'est pas levée, être donnés à bail. Mais ici encore l'interdiction de l'Etat se fait sentir. En effet, les pouvoirs des commissions administratives varient avec les conditions de durée des baux. Chaque établissement public est soumis à cet égard à des règles spéciales. — V. spécialement *suprà*, v° *Assistance publique*, n. 1792 et s., et *infrà*, v° *Fabriques et Consistoires*. — V. aussi *suprà*, v° *Bail administratif*.

112. — En ce qui concerne les actes qui modifient la composition du patrimoine, la règle générale est qu'aucun acte modifiant la composition du patrimoine d'un établissement public, et sans qu'il y ait à distinguer d'après le caractère mobilier ou immobilier, gratuit ou onéreux de l'opération, ne peut être accompli sans une autorisation préalable donnée soit par le chef de l'Etat, soit par le préfet, soit par le sous-préfet, suivant la nature et l'objet de l'acte. Sur ce point, la jurisprudence n'a jamais varié et de nombreuses circulaires ministérielles ont, à différentes époques, rappelé cette incapacité des établissements publics à contracter sans autorisation.

113. — Aussi, pour assurer l'observation de cette règle, il a été interdit aux notaires, sous peine de poursuites disciplinaires, de procéder à aucun acte de vente, d'acquisition, échange, cession, transport ou constitution de rentes, transaction au nom de communes ou d'établissements publics, sans s'être fait représenter l'acte administratif qui autorise l'opération. — V. notamment, Circ. min. Just., 23 mars 1888, [*Bull. min. Just.*, 1888, p. 13]

114. — Cette tutelle à laquelle sont soumis les établissements publics complique assurément tous les actes de leur vie civile; elle est pour eux une cause de retards quelquefois préjudiciables; c'est surtout dans les actes d'acquisition ou d'aliénation à titre onéreux que cette nécessité de l'autorisation peut devenir une cause de lenteurs parfois même incompatible avec les besoins d'une bonne administration; aussi les commissions administratives ont-elles imaginé différents moyens pour s'affranchir, au moins dans certains cas, de la tutelle gouvernementale.

115. — Un de ces moyens consiste à introduire dans les actes une clause de rétrocession. Le procédé est des plus simples ; il consiste à faire faire l'acquisition par un particulier qui déclare dans l'acte n'avoir agi que pour le compte et avec les deniers de l'établissement. Cette clause, on le voit, n'a d'autre but que de permettre à l'établissement de se mettre en possession de son acquisition sans attendre l'autorisation qui lui serait nécessaire s'il agissait directement et en son nom, sauf à faire régulariser plus tard la situation.

116. — Mais le Conseil d'Etat a vu dans ce procédé un moyen de faire régulariser des acquisitions faites sans autorisation et par conséquent contrairement à la loi, et il a en conséquence déclaré qu'en principe les acquisitions faites dans ces conditions ne devaient pas être approuvées. — Av. Cons. d'Et., 24 déc. 1879, [*Notes de jurispr. du Cons. d'Et.*, 1892, p. 149]

117. — Ajoutons toutefois que ce n'est là qu'une décision de principe qui peut fléchir dans des circonstances déterminées. La nécessité de l'autorisation, en effet, n'est pas seulement pour les établissements qui la subissent une cause de retard, elle peut aussi entraîner pour eux un véritable préjudice ; le Conseil d'Etat lui-même l'a reconnu et il n'a pas hésité à décider, pour sauvegarder les intérêts de ces établissements, que la clause de rétrocession pouvait dans certains cas être approuvée. — V. *Notes de jurispr. du Cons. d'Et.*, 1892, p. 150.

118. — Le même principe doit s'appliquer naturellement à toutes les clauses qui ont pour objet de restreindre ou d'entraver l'action du gouvernement en matière d'autorisation. Aussi les instructions ministérielles interdisent-elles aux établissements publics d'user de clauses alternatives c'est-à-dire de stipulation d'un contractant subsidiaire pour le cas où l'autorisation serait refusée à l'établissement contractant principal (Circ. min., 23 mars 1888, précitée).

119. — La vie civile des établissements publics comporte l'accomplissement de tous les actes que peuvent accomplir les simples particuliers; mais ils ont en outre un mode d'acquisition de la propriété qui n'est pas à la disposition de ces derniers : l'expropriation pour cause d'utilité publique. Toutefois, ils ne peuvent recourir directement eux-mêmes à ce moyen. On sait en effet que le droit d'expropriation n'est pas une conséquence de la personnalité civile; la loi de 1841 ne confère ce droit qu'à l'Etat, au département et à la commune qui seuls constituent des unités administratives et sont les manifestations légales de la puissance publique, investie du pouvoir de représenter l'intérêt général. Ce n'est donc que par une délégation spéciale que les établissements publics peuvent recourir à l'expropriation ; aussi lorsqu'ils veulent acquérir par cette voie, doivent-ils emprunter l'intermédiaire de la puissance publique dont ils sont l'émanation. — V. Ducrocq, t. 2, n. 809, et *Notes de jurispr. du Cons. d'Et.*, 1892, p. 156. — V. *infrà*, v° *Expropriation pour cause d'utilité publique*.

120. — Ce qui vient d'être dit de la nécessité d'une autorisation s'applique sans exception à tous les actes à titre onéreux. — En ce qui concerne les actes à titre gratuit par donations entre-vifs ou testamentaires, V. *suprà*, v° *Dons et legs*.

121. — Le régime de l'autorisation spéciale préalable s'étend, avons-nous dit, à tous les actes qui modifient la composition du patrimoine des établissements publics. Les emprunts sont donc soumis à cette règle.

122. — D'une façon générale, les emprunts contractés par les établissements publics ne sont pas autorisés pour une durée excédant trente ans. — Av. Cons. d'Et., 2 août 1881, [*Notes de jurispr. du Cons. d'Et.*, 1892, p. 218]

123. — Les acquisitions à long terme, qui ne sont le plus souvent que des emprunts déguisés, sont soumises aux mêmes règles. — Av. Cons. d'Et., 28 juill. 1885, [*Ibid.*, p. 219]

124. — La loi du 26 févr. 1862 a établi un régime de faveur pour les emprunts faits au Crédit foncier par les établissements publics. Aux termes de cette loi, en effet, ces emprunts sont consentis sans constitution d'hypothèque. En outre le taux d'intérêt des sommes prêtées a été successivement abaissé et varie d'après la nature de certains établissements publics (V. *Bull. min. int.*, 1892, p. 59 et 207).

125. — Enfin les emprunts contractés par les établissements publics à la Caisse des dépôts et consignations sont également soumis à un régime spécial. Le taux d'intérêt de ces avances, qui peuvent être simplement consenties par actes sous seing privé et dont la durée ne peut excéder vingt-cinq ans, est actuellement fixé à 4 p. 0/0. La caisse admet les remboursements par anticipation, moyennant le paiement d'une indemnité de 0 fr. 50 p. 0/0 du capital restant dû. En outre les emprunts peuvent, au gré de l'établissement débiteur, être réalisés par fraction pendant un an; mais le cours des intérêts des sommes non réalisées demeurant suspendu pendant ce temps. Ces différentes dispositions ont été publiées dans une circulaire du ministre de l'Intérieur du 24 juill. 1890 (*Bull. min. int.*, 1890, p. 473).

126. — La personnalité civile implique pour l'établissement qui en est investi le droit d'ester en justice. Mais l'incapacité légale dont sont frappés en principe les établissements publics ne leur permet d'agir ni en demande ni en défense sans une autorisation spéciale, qui est également nécessaire d'après la jurisprudence pour la validité d'un désistement (V. *suprà*, v° *Autorisation de plaider*, n. 197 et s.). Les conditions et les formes dans lesquelles cette autorisation doit être demandée et obtenue ont été exposées, *suprà*, v° *Autorisation de plaider*.

127. — Les établissements publics sont représentés en justice par leurs représentants légaux, c'est-à-dire par leurs directeurs et administrateurs en exercice.

128. — Aux termes de l'art. 69-3°, C. proc. civ., les assignations sont données à ces établissements en leurs bureaux, dans le lieu où le siège de l'administration; dans les autres lieux, en la personne et au bureau de leur préposé. L'art. 70 du même Code ajoute que l'inobservation de ces formalités entraîne la nullité de l'exploit. — V. *infrà*, v° *Exploit*.

129. — Les actions qui intéressent les établissements publics sont dispensées du préliminaire de conciliation (art. 49-1°, C. proc. civ., V. *suprà*, v° *Conciliation*, n. 172), et doivent être communiquées au ministère public (art. 83-1°, même Code). — V. *suprà*, v° *Communication au ministère public*, n. 234 et s.

130. — Malgré l'incapacité dont ils sont frappés, les délais ordinaires de procédure courent contre les établissements publics comme contre les majeurs. Les voies de recours contre les décisions de justice sont également les mêmes pour les établissements publics que pour les particuliers. Il faut remarquer cependant que la requête civile n'est ouverte à ces établissements dans un cas spécial, aux termes de l'art. 481, C. proc. civ., qui les admet à recourir à cette voie de réformation s'ils n'ont pas été défendus ou s'ils ne l'ont pas été valablement. — V. *infrà*, v° *Requête civile*.

131. — Les transactions qui intéressent les établissements publics sont soumises également à la nécessité d'une autorisation préalable. Cette règle, qui est expressément écrite dans le troisième paragraphe de l'art. 2045, C. civ., est d'ailleurs une conséquence nécessaire du principe posé par le premier paragraphe du même article qui décide que pour transiger il faut avoir la capacité de disposer des objets compris dans la transaction (V. *infrà*, v° *Transaction*). Or, nous avons vu que les établissements publics sont de véritables incapables qui ne peuvent en aucun cas disposer d'une partie quelconque de leur patrimoine sans une autorisation spéciale. En matière de transaction, cette autorisation est donnée par décret (V. *Notes de jurispr. du Cons. d'Ét.*, 1892, p. 230), sauf en ce qui concerne les bureaux de bienfaisance et les hospices dont les transactions sont autorisées par le préfet (Décr. 13 mars 1861, tab. A, § 67, n. 50; V. *suprà*, v° *Assistance publique*, n. 2127 et s.). On sait, d'ailleurs, que les transactions qui intéressent le département ont lieu en vertu de délibérations souveraines du conseil général depuis la loi du 18 juill. 1836, dont l'art. 1, § 14, a été reproduit par l'art. 46, § 16, L. 10 août 1871. — V. *suprà*, v° *Département*, n. 222 et s.

132. — En principe, les voies ordinaires d'exécution des jugements ne sont pas ouvertes contre les établissements publics. Sans doute, en matière réelle, le jugement revêtu de la formule exécutoire produira contre l'établissement ses effets légaux, et le particulier qui l'aura obtenu pourra prendre possession de l'objet litigieux, au besoin même avec l'assistance de la force publique. — Ducrocq, t. 2, n. 1477.

133. — Mais s'il s'agit d'une action personnelle, c'est-à-dire d'un droit de créance à recouvrer, la situation sera différente. Les établissements publics n'ont pas, en effet, la disposition des sommes inscrites à leur budget qui toutes ont une destination spéciale dont elles ne peuvent être détournées. Le créancier, même muni d'un titre exécutoire, ne pourra donc pas procéder par voie de commandement, de saisie-exécution, saisie-arrêt ou saisie immobilière comme à l'égard d'un simple particulier. C'est à l'autorité administrative, qui seule a qualité pour approuver les dépenses, qu'il appartient de régler le mode d'exécution des condamnations prononcées contre l'établissement, et c'est à cette autorité que le détenteur du jugement devra s'adresser pour obtenir l'inscription de sa créance au budget de l'établissement condamné.

134. — Le principe de l'insaisissabilité des biens des établissements publics a tout d'abord été spécialement édicté en vue des biens communaux par l'arrêté du 19 vent. an X portant, dans son art. 9, que « les fonds qui seront dans la caisse d'amortissement appartenant aux communes seront mis à leur disposition sur une décision motivée du ministre de l'Intérieur » et par l'avis du Conseil d'État du 12 août 1807 déclarant que « l'on ne peut former opposition sur les fonds des communes déposés à la caisse d'amortissement et que le créancier d'une commune ne peut jamais s'adresser qu'à l'administration. » Étendu par la jurisprudence aux biens de tous les établissements publics, le même principe a été expressément confirmé en ce qui concerne ces derniers par le décret du 31 mai 1862 sur la comptabilité publique (art. 535 et s.). Récemment il a été à nouveau, en ce qui concerne les fabriques d'église, consacré par le décret réglementaire du 27 mars 1893.

135. — Les établissements publics ont un budget spécial, dressé et approuvé conformément au règlement particulier de chaque établissement. En principe, ces établissements sont soumis aux règles de la comptabilité publique. Pendant longtemps, toutefois, les établissements religieux des différents cultes sont restés soumis à des règlements spéciaux (V. Décr. 6 nov. 1813; L. 18 germ. an X; Décr. 17 mars 1808; Ord. 25 mars 1844). Mais la loi de finances du 26 janv. 1892 (art. 78) est venue soumettre aux règles de la comptabilité publique les fabriques d'église et les consistoires protestants et israélites. Trois règlements d'administration publique, pris en exécution de cette loi, le 27 mars 1893, régissent aujourd'hui la comptabilité de ces établissements. — V. *infrà*, v° *Fabriques et consistoires*.

136. — Le contrôle financier de l'État ne s'arrête pas là. Il se manifeste en outre par ce que l'on appelle le droit de communication.

137. — Aux termes de l'art. 1, Décr. 4 mess. an XIII, les comptables de tous les établissements publics et les dépositaires des registres et minutes d'actes concernant l'administration de ces établissements sont astreints à communiquer sans déplacement, et à toute réquisition, leurs registres et minutes aux préposés de l'enregistrement.

138. — Le droit de l'enregistrement s'applique à tous les établissements publics, quels qu'ils soient (V. *suprà*, v° *Enregistrement*, n. 3350 et s.). Les établissements ecclésiastiques placés sous la surveillance des évêques en ont été pendant un certain temps affranchis, en vertu d'une décision ministérielle du 16 sept. 1858; mais une décision du 8 oct. 1879 a fait rentrer au point de vue qui nous occupe ces établissements dans le droit commun. — V. Circ. min. cultes, 23 déc. 1879, [*Rec. circ. cultes*, t. 4, p. 54]. — Les formes d'après lesquelles s'exerce le droit de vérification sont exposées dans la même circulaire.

139. — Le droit pour l'administration de se faire communiquer les registres et minutes des établissements publics n'implique en aucune façon le droit de s'ingérer dans l'administration de ces établissements. Le contrôle ainsi exercé doit se limiter strictement à l'application de la législation fiscale. Aussi la circulaire du 23 déc. 1879 précitée admettait-elle que les investigations des préposés de l'enregistrement ne pouvaient porter que sur les pièces soumises à la législation du timbre et de l'enregistrement énumérées dans l'art. 22, L. 23 août 1871, et dans l'art. 7, L. 21 juin 1875. Mais la loi du 29 déc. 1884 paraît avoir considérablement étendu le droit d'investigation des préposés de l'enregistrement et il semble aujourd'hui, d'après la jurisprudence, que le droit de communication peut s'exercer sur toutes les pièces qui figurent dans la comptabilité des établissements publics. — V. Cass., 14 mai 1889, Cong. des dames Bernadines, [S. 90.1.274, P. 90.1.666, D. 90.1.315]. — Ajoutons que tout refus de communication est constaté par procès-verbal et puni d'une amende de 100 à 1,000 fr. (L. 23 août 1871, art. 22).

Section III.

Règles spéciales à l'administration des établissements d'utilité publique.

140. — Les différences et les ressemblances que nous avons déjà signalées entre les établissements publics et les établissements d'utilité publique nous permettent de ne pas entrer dans de longs développements au sujet de l'administration de ces derniers. — V. *suprà*, n. 16 et s., 10 et s.

141. — D'une façon générale, la vie civile des établissements d'utilité publique est infiniment plus indépendante que celle des établissements publics. Le gouvernement, après leur avoir donné l'existence légale, n'exerce sur eux aucun contrôle, que le point de vue de l'application des lois générales de police. La capacité civile de ces établissements ne diffère donc pas, en principe, de celle d'un simple particulier. Aptes à acquérir et à posséder, ils sont aussi capables d'administrer; et à l'inverse des établissements publics pour lesquels une autorisation spéciale constitue une condition essentielle à la validité de tout acte de la vie civile, ils sont dispensés de toute autorisation administrative préalable.

142. — Néanmoins les communautés religieuses ont besoin d'autorisation pour les acquisitions et aliénations d'immeubles ou de rentes (V. *suprà*, v° *Communauté religieuse*, n. 386 et s., 447 et s.). D'autre part, la capacité en matière d'acquisition à titre gratuit est réglementée d'une façon spéciale pour les communautés religieuses de femmes. — V. *suprà*, v° *Communauté religieuse*, n. 334 et s.

143. — Quelquefois en vertu d'une clause particulière de ses statuts l'établissement se soumet lui-même à la nécessité d'une autorisation du gouvernement préalablement à l'accomplissement de certains actes. — V. *Notes de jurispr. du Cons. d'Ét.*, 1892, p. 222 et 229.

144. — Enfin rappelons l'interdiction d'acquérir à titre gratuit par actes entre-vifs ou testamentaires sans autorisation, interdiction qui s'applique sans distinction à tous les établissements d'utilité publique quels qu'ils soient. — V. *suprà*, v° *Dons et legs*, n. 340 et s.

145. — Affranchis, sauf les exceptions qui viennent d'être relevées, du système des autorisations préalables propre aux établissements publics, les établissements d'utilité publique ne sont soumis à aucun contrôle financier du gouvernement. L'interprétation de l'art. 1, Décr. 4 mess. an XIII, a cependant donné lieu à une difficulté spéciale aux congrégations religieuses. L'administration de l'enregistrement a en effet prétendu que ces congrégations rentraient dans la catégorie des établissements auxquels ce texte impose l'obligation de communiquer leurs registres et minutes d'actes à ses préposés (V. *suprà*, n. 137 et s.). Des circulaires ministérielles ont appuyé cette prétention et prescrit aux congrégations d'y faire droit (V. notamment, *Rec. circ. cultes*, t. 4, p. 425). Les congrégations avaient toujours résisté à ces injonctions et refusé la communication qui leur était demandée, en se fondant sur ce que le décret de l'an XIII ne visait que les seuls établissements publics et n'était pas dès lors applicable aux simples établissements d'utilité publique. Quoi qu'il en soit, la question ne présente plus d'intérêt depuis que l'art. 9, § 3, L. fin. 29 déc. 1884, a expressément assujetti les congrégations autorisées ou non autorisées aux vérifications prescrites par l'art. 7, L. 21 juin 1875 (V. *suprà*, n. 139). Mais cette disposition de la loi du 29 déc. 1884 est manifestement spéciale à ces congrégations et ne saurait à aucun titre être étendues aux autres établissements d'utilité publique.

CHAPITRE V.

SUPPRESSION DES ÉTABLISSEMENTS PUBLICS OU D'UTILITÉ PUBLIQUE.

146. — Les personnes morales ont, en principe, une existence indéfinie qu'elles ne peuvent perdre que par la volonté de l'autorité qui les a créées. Aussi, qu'il s'agisse d'établissements publics ou d'utilité publique, la règle est la même : l'autorité compétente pour créer l'est également pour ordonner la suppression.

147. — Ce principe cependant souffre une exception. Dans certains cas, en effet, les congrégations religieuses de femmes peuvent être autorisées par décrets, alors qu'aux termes de l'art. 6, L. 24 mai 1825, l'autorisation ainsi donnée à ces congrégations ne peut être révoquée que par une loi. Cette loi de 1825 a bien été modifiée en ce qui concerne la création des communautés par le décret du 31 janv. 1852, mais il faut remarquer qu'elle n'a pas été abrogée par le nouveau texte qui, d'ailleurs, ne contient aucune disposition concernant la suppression des congrégations auxquelles il s'applique. — *Contrà*, Ducrocq, t. 2, n. 1542. — V. *suprà*, v° *Communauté religieuse*, n. 528.

148. — La suppression d'un établissement public ou d'utilité publique ne peut résulter que d'un acte spécial de l'autorité compétente pour le prononcer. Le consentement unanime des individualités dont la réunion compose l'établissement ne suffirait pas à lui faire perdre l'existence légale que leur volonté n'a pu lui donner. Cette suppression peut d'ailleurs être prononcée sur l'initiative des membres de l'association, notamment lorsque celle-ci ne peut plus subsister faute de ressources suffisantes ; elle peut aussi être édictée comme mesure de police. — V. Av. Cons. d'Et., 16 juill. 1891. [*Notes de jurispr. du Cons. d'Et.*, 1892, p. 135]

149. — Les formalités qui précèdent le retrait de l'autorisation varient avec chaque espèce d'établissements. — V. notamment, *suprà*, v° *Communauté religieuse*, n. 531 et 532, et v° *Assistance publique*, n. 1596.

150. — La suppression d'un établissement public ou d'utilité publique donne lieu, ainsi que nous l'avons dit *suprà*, n. 25, à l'application des art. 539 et 713, C. civ., sur la dévolution en ce qui concerne le patrimoine de l'établissement supprimé. En effet, bien que la qualification de société ou d'association soit souvent donnée aux établissements des deux catégories dans les documents officiels, comme par exemple dans le projet de statuts modèles pour établissements d'utilité publique que nous avons reproduit plus haut (n. 98), les art. 815, 1832 et 1872, C. civ., ne s'appliquent à aucun titre à ces établissements dont les membres ne sont liés entre eux par aucun contrat de société. Les biens qui composent le patrimoine de l'être moral sont la propriété de l'être moral qu'il personnifie et, comme le fait judiciairement remarquer M. Ducrocq, n'appartiennent pas plus aux individualités qui l'administrent que les biens communaux n'appartiennent aux habitants de la commune. L'être moral disparaissant, son patrimoine devient donc un bien vacant et sans maître, et par suite fait retour à l'Etat. — Ducrocq, *op. cit.*, n. 1337. — ... Sauf le cas où les statuts ont réglé la dévolution des biens. — V. *suprà*, v° *Biens vacants et sans maître*, n. 12.

151. — La dévolution du patrimoine de l'établissement, en cas de suppression est réglée d'avance, dans presque tous les cas. Pour les établissements publics, elle ne souffre pas de difficulté. Les sommes d'argent qui entrent dans le budget de ces établissements sont des deniers publics ; leurs biens sont des biens nationaux ; l'Etat reste donc toujours maître d'en régler la destination. Nous avons vu un exemple de l'usage qu'il peut faire de ce droit dans la loi du 21 avr. 1832 qui a retiré la personnalité civile à la caisse des invalides de la guerre.

152. — En ce qui concerne les établissements d'utilité publique, le plus souvent, des textes spéciaux en ont prévu la suppression et ont réglé dans cette hypothèse l'attribution du patrimoine. C'est ce qu'a fait par exemple la loi du 24 mai 1825, sur les congrégations religieuses de femmes (art. 7), qui organise un droit de retour spécial en faveur des donateurs ou testateurs ou de leurs parents (V. *suprà* v° *Communauté religieuse*, n. 536 et s.). Un droit de retour analogue a été organisé par l'art. 12, L. 12 juill. 1875, relative à la liberté de l'enseignement supérieur. — V. *infra*, v° *Instruction publique*, n. 1004.

153. — Dans le silence de la loi à cet égard, deux hypothèses peuvent se rencontrer. Ou bien les statuts particuliers de l'établissement ont prévu et réglé à l'avance l'emploi du patrimoine en cas de suppression, et nous savons qu'aujourd'hui la jurisprudence du Conseil d'Etat tend à faire de cette prévision une condition essentielle à la reconnaissance d'utilité publique (V. *suprà*, n. 98 et 99), et dans ce cas, aucune difficulté ne peut se présenter. Ou bien, et ce cas paraît être extrêmement rare, les statuts n'ont pas prévu l'hypothèse de la suppression. Les art. 539 et 713 doivent alors s'appliquer en vertu du principe général que nous avons prévu ci-dessus. — V. *suprà*, v° *Communauté religieuse*, n. 942 et s.

154. — Ajoutons qu'en fait l'Etat ne s'est jamais prévalu du droit qui lui appartient, et que des décrets répartissent toujours les biens de l'établissement supprimé entre des institutions similaires.

ÉTABLISSEMENTS THERMAUX. — V. Eaux minérales ou thermales.

ÉTAGE. — V. Copropriété.

ÉTALAGE. — V. Bail a loyer. — Règlement municipal. — Voirie.

ÉTALONS. — V. Haras.

ÉTANG.

Législation.

C. civ., art. 524, 558, 564 ; C. pén., art. 457.

L. 11-19 sept. 1792 (*relative à la destruction des étangs marécageux*) ; — L. 15 avr. 1829 (*relative à la pêche fluviale*), art. 30 ; — L. 21 juill. 1856 (*sur la licitation des étangs situés dans le département de l'Ain*) ; — Décr. 19 nov. 1859 (*sur la police de la pêche côtière dans le cinquième arrondissement maritime*), art. 102 et s. ; — L. 8 avr. 1898 (*sur le régime des eaux*), art. 11.

Bibliographie.

Aubry et Rau, *Cours de droit civil français*, 5° éd., 3 vol. parus, 1897-1900, t. 3, p. 56 et s. — Baudry-Lacantinerie et Chauveau, *Traité des biens*, 1 vol. in-8°, 1896, n. 396 et s. — Béquet, *Répertoire de droit administratif* (en cours de publication), v° *Eaux*, n. 1022 et s., 1344 et s. — Block, *Dictionnaire de l'administration française*, 3° éd., 1 vol. gr. in-8°, et suppl. 1892-1894, v° *Etang*. — Daviel, *Traité de la législation et de la pratique des cours d'eau*, 1845, 3° éd., 3 vol. in-8°, t. 3, p. 163 et s. — Deffaux et Harel, *Encyclopédie des huissiers*, 1888-1896, 12 vol. in-8°, v° *Etang*. — Demolombe, *Cours de Code civil*, 6° éd., 32 vol. in-8°, t. 10, n. 26 et s. — Dubreuil, *Analyse raisonnée de la législation sur les eaux*, 1842, 2 vol. in-8°, p. 55 et s. — Duranton, *Cours de droit français*, 1844, 4° éd., 22 vol. in-8°, t. 4, n. 407 et s. — Garnier, *Régime des eaux*, 1859-51, 2° éd., 3 vol. in-8°, t. 3, p. 154 et s., t. 5, p. 69 et s. — Grisot de Passy, *Etude sur le service hydraulique*, 1876, 1 vol. in-8°, passim. — De Lalande, *Législation annotée du régime des eaux*, 1896, 1 vol. in-8°, passim. — Laurent, *Principes de droit civil français*, 1869-1878, 3° éd., 33 vol. in-8°, t. 7, n. 241 et s. — Merlin, *Répertoire universel et raisonné de jurisprudence*, 1827-1828,

ÉTANG.

5ᵉ éd., 18 vol. in-4°, v° *Étang*. — Nadault de Buffon, *Du concours de l'État dans les entreprises d'intérêt agricole*, 1899, 1 vol. in-8°, p. 126 à 153. — Pardessus, *Traité des servitudes*, 1838, 2 vol. in-8°, t. 1, p. 193 et s. — Perrin et Rendu, *Dictionnaire des constructions*, 1896, 1 vol. in-8°, v° *Étangs*. — Picard, *Traité des eaux*, 5 vol. in-8°, 1896, passim. — Proudhon, *Du domaine de propriété*, 1839, 3 vol. in-8°, passim. — Rolland de Villargues, *Répertoire de la jurisprudence du notariat*, 1840-1845, 9 vol. in-8°, v° *Étang*. — Toullier, *Droit civil français*, 1844-1848, 6ᵉ édit., 21 vol. in-8°, t. 3, n. 137 et s. — Zachariæ, Massé et Vergé, *Le droit civil français*, 1854-1860, 5 vol. in-8°, t. 2, passim.

Condition des étangs salés sur les bords de la Méditerranée : France judiciaire, t. 7, p. 94. — *Les étangs salés des bords de la Méditerranée* : J. Le Droit, 24 août 1882. — *Les étangs salés des bords de la mer Méditerranée* (Aucoc) : Rev. critique, 1882, p. 675 et s. — *De la condition légale des étangs salés de la Méditerranée* : Rev. gén., t. 6, p. 565. — *Des droits de police de l'administration sur les étangs* (F. Sanlaville) : Rev. gén. d'adm., 1893, t. 2, p. 5 et s., p. 146 et s.

INDEX ALPHABÉTIQUE.

Abonnement, 157.
Abreuvage (servitude d'), 232.
Acqueduc (servitude d'), 293.
Action en cantonnement, 235.
Action possessoire, 95 et s., 183, 204, 205, 226, 228 et s.
Adjudicataire, 323 et 324.
Adjudication, 318 et 319.
Ain (département de l'). — V. *Dombes et Bresse*.
Alluvions, 81.
Amende, 46, 153.
Appel, 318, 321.
Appréciation souveraine, 123, 181.
Arbres, 125, 127.
Arrêts de parlement, 188.
Assec, 134 et s., 205, 223.
Assèchement, 61, 168 et s., 207.
Association syndicale, 165 et s., 311 et 312.
Assolement, 241.
Autorisation administrative, 42 et s., 71, 111, 184, 187, 222.
Bail, 131, 154, 156 et 157.
Barrage, 47, 71, 230.
Bonde, 106, 119 et 120.
Bresse, 67, 134, 223, 236 et s., 313 et s.
Brouillage (droit de), 236, 240.
Cahier des charges, 315 et 316.
Canal, 14 et s.
Cassation, 24, 109, 328.
Caution, 177.
Cession, 58.
Champerage (droit de), 236, 240.
Changement d'affectation, 327.
Chasse, 139, 155.
Chaussées, 124 et 125.
Chose jugée, 322.
Commission municipale, 282.
Communauté conjugale, 146 et 147.
Communauté d'habitants, 243.
Communes, 37, 60, 155, 232.
Compétence, 28 et s., 185 et s., 262, 302.
Conseil d'arrondissement, 278, 279, 283.
Conseil d'État, 188, 254, 304, 314.
Conseil de préfecture, 171, 215, 304, 314.
Conseil général, 273, 278, 279, 283.
Conseil municipal, 279 et s.
Contenance, 128 et s.
Contributions directes, 301.
Cours d'eau, 68 et s., 246 et s.
Cours d'eau non navigable, 12, 13, 39.
Crues, 190.
Curage, 181, 248 et s., 296.
Débordement, 152.
Décès, 327.

Délai, 327.
Dessèchement, 272 et s.
Destination du père de famille, 201.
Déversoir, 82, 86, 89, 100, 101, 106, 110, 112, 115, 221.
Digue, 106, 124, 171.
Digue naturelle, 6.
Dombes, 67, 131, 223, 236 et s., 313 et s.
Dommages-intérêts, 148, 178, 221.
Eaux (propriété des), 74 et s.
Eaux de rivière, 47.
Eaux de source, 45, 57 et s., 225, 268 et s.
Eaux pluviales, 45, 53 et s., 66, 77, 268 et s.
Écoulement des eaux, 202 et s.
Empoisonnement, 153.
Emprisonnement, 153.
Étangs salés, 18 et s.
État, 156, 310.
Évolage, 134 et s., 223.
Exceptions, 327.
Excès de pouvoir, 254, 258, 260, 290, 304, 306 et 307.
Experts, 316, 321.
Expropriation pour utilité publique, 311.
Faucardement, 255.
Féodalité, 155.
Fonds inférieurs, 60, 63, 65, 174, 205, 219.
Force majeure, 41, 193 et s.
Forêts, 36.
Fortifications, 17.
Fraude, 154.
Garantie, 157.
Garantie (action en), 323.
Grandes crues, 190.
Grau, 18 et s.
Hameau, 60, 170.
Hauteur des eaux, 46, 49, 80 et s.
Hypothèque, 158.
Immeubles par destination, 141 et s.
Indemnité, 32, 54, 171, 172, 192, 215, 219, 237, 297 et s., 309, 323.
Indivision, 136, 163 et 164.
Infiltrations, 56, 77, 225.
Inondation, 46, 55, 149, 189 et s., 272.
Interprétation, 186, 305.
Irrigation, 69, 162, 227.
Jouissance (droits de), 133 et s.
Juge-commissaire, 315.
Jugement, 318, 322, 328.
Jury, 172.
Lacs, 3 et s., 10 et s.
Licitation, 136, 137, 220, 223, 224, 314, 315, 320, 327 et 328.

Maire, 252.
Marais, 295.
Mares, 3.
Ministre de l'Agriculture, 304.
Mise en demeure, 251.
Moulin, 169.
Naizage (droit de), 236, 239.
Opposition, 318.
Ordre public, 94.
Ouvrages artificiels, 4 et s.
Pacage (droit de), 232.
Pêche, 13, 24, 32, 140, 154, 155, 171, 217, 218, 238, 264, 267, 270.
Places de guerre, 17.
Plus-value, 160.
Poisson, 141 et s.
Poisson (élevage du), 59.
Possession, 90, 105, 116, 123.
Prairie, 169.
Préfet, 30, 188, 251, 253, 256, 259 et s., 278, 279, 290, 305 et s., 314 et s.
Prescription, 55, 60, 90 et s., 107, 108, 116, 121, 174, 175, 189, 208, 219, 228.
Procureur de la République, 315.
Prise d'eau, 160.
Prix, 128 et s., 320 et 321.
Puisage (servitude de), 232.
Purge, 322.
Rachat, 243.
Règlement d'eau, 46, 306.
Reprise d'instance, 327.
Résolution, 323.
Résolution (action en), 320.
Responsabilité, 50, 189 et s.
Revendication, 150 et 151.

Revendication (action en), 320.
Riverain, 78, 98, 168, 177, 225 et s., 263.
Rivière non navigable, 71, 73.
Salubrité publique, 272 et s.
Saisie, 142.
Servitude, 63, 70, 169, 201, 207, 208, 220, 232, 234, 259 et s., 302, 309, 316 et 317.
Servitude d'arrosage, 164.
Servitude d'écoulement, 54, 212 et s.
Sources, 57 et s., 77.
Submersion. — V. *Inondation*.
Subrogation, 314.
Subventions, 310.
Suppression des étangs, 272 et s.
Surenchère, 322, 323, 325.
Sursis, 113.
Syndicat. — V. *Association syndicale*.
Terrains vagues, 126.
Terres vaines et vagues, 37 et 38.
Tiers, 50, 159, 176 et s.
Tierce-opposition, 308.
Travaux publics, 171.
Usage (droit d'), 233, 235, 242.
Usine, 114, 164, 167, 300.
Usufruit, 144 et 145.
Vannes, 119.
Vente, 120, 128 et s., 143.
Vente domaniale, 125.
Vente nationale, 20, 22.
Village, 60, 170.
Visite de lieux, 285.
Vol, 153.

DIVISION

CHAP. I. — Notions générales (n. 1 à 41).

CHAP. II. — Établissement et exploitation des étangs.

   Sect. I. — Dans quelles conditions un étang peut être établi (n. 42 à 52).

    § 1. — *Étangs créés au moyen des eaux pluviales* (n. 53 à 56).

    § 2. — *Étangs créés au moyen de sources existant sur la propriété* (n. 57 à 67).

    § 3. — *Étangs créés au moyen d'un cours d'eau traversant l'héritage* (n. 68 à 71).

CHAP. III. — Droits et obligations des parties.

   Sect. I. — Droits des propriétaires d'étangs.

    § 1. — *Droit de propriété. — Comment est fixée la consistance de l'étang* (n. 72 à 132).

    § 2. — *Droit de jouissance* (n. 133 à 172).

    § 3. — *Limites des droits des propriétaires* (n. 173 à 222).

    § 4. — *Licitation des étangs dans le département de l'Ain* (n. 223 et 224).

   Sect. II. — Droits des riverains (n. 225 à 243).

CHAP. IV. — Pouvoir réglementaire de l'administration (n. 244 et 245).

    § 1. — *Étangs alimentés par des cours d'eau* (n. 246 à 267).

    § 2. — *Étangs alimentés exclusivement par des eaux de sources ou des eaux pluviales* (n. 268 à 271).

CHAP. V. — Suppression des étangs insalubres.

   Sect. I. — Règles générales (n. 272 à 312).

   Sect. II. — Règles spéciales aux étangs du département de l'Ain (n. 313 à 328).

CHAPITRE I.

NOTIONS GÉNÉRALES.

1. — Un étang (*stagnum*, d'où stagnation, stagnant) est une masse d'eau sans mouvement apparent contenue dans une dépression naturelle ou emmagasinée dans un réservoir construit de main d'homme. Nous disons « sans mouvement apparent » parce qu'il est possible qu'aucun courant ne se révèle à la surface bien qu'un écoulement ait lieu dans les couches profondes soit par des conduits souterrains, soit par des bondes ou autres orifices artificiels.

2. — La loi romaine définissait l'étang de la façon suivante : *Stagnum est quod temporalem contineat aquam ibidem stagnantem, quæ quidem aqua plerumque hieme cogitur* (L. 1, § 4, ff. *Ut in flumine publico navigari*, lib. 43, tit. 14). Cette définition qui considère l'étang moins comme une masse d'eau que comme un emplacement, qui envisage le contenant plutôt que le contenu, nous paraît peu conforme à la réalité des faits.

3. — La distinction entre les *lacs* et les *étangs* n'a rien de juridique ; toutefois on est plus souvent dans l'habitude d'appeler *étangs* les étendues moins considérables et d'une consistance moins invariable. Les *mares* sont de petits étangs. Les appellations géographiques varient d'ailleurs sensiblement avec les régions, et les auteurs n'ont pu se mettre d'accord sur le véritable *criterium* à adopter. — Garnier, *Régime des eaux*, n. 791 ; Picard, *Traité des eaux*, t. 4, p. 197.

4. — Y a-t-il lieu, par exemple, de s'arrêter aux conditions de formation pour décider s'il s'agit d'un lac ou d'un étang ? Généralement l'étang présuppose une construction artificielle ; mais il n'y a rien d'absolu à cet égard. Proudhon a, il est vrai, prétendu que, quoiqu'un lac ne puisse être créé que là où le sol est naturellement disposé en forme de bassin, néanmoins tout établissement doit toujours être considéré comme le résultat de l'industrie de l'homme puisqu'il faut toujours y construire une chaussée pour en retenir les eaux. — Proudhon, *Dom. publ.*, n. 1370.

5. — Partant de cette définition, Proudhon enseigne qu'à la différence des lacs, qui peuvent indistinctement dépendre ou du domaine public ou du domaine privé, les étangs forment toujours des propriétés privées. — Proudhon, *loc. cit.*

6. — Mais cette déduction est loin d'être rigoureusement exacte. Une masse d'eau, trop petite pour être qualifiée lac, peut parfaitement se former sans ouvrages artificiels, grâce à l'existence d'une digue naturelle, d'un seuil rocheux sur lequel il ne se produit de déversement que pour une hauteur déterminée des eaux, hauteur que peuvent faire varier la crue des ruisseaux d'alimentation, l'abondance des pluies, la fonte des neiges, etc. Et cet amas d'eau peut très-bien ne pas faire l'objet d'une possession particulière.

7. — Par contre, on a pu reconnaître le caractère de dépendances du domaine public à certains étangs artificiels (étangs, réservoirs d'alimentation, étangs faisant partie des places fortes, (V. *infrà*, n. 17). Il faut renoncer à trouver une distinction absolument formelle entre les lacs et les étangs, la question n'a d'ailleurs, nous le répétons, qu'un intérêt juridique secondaire et nous n'avons eu à examiner le régime sous lequel sont placées d'une façon générale les masses d'eau stagnantes.

8. — Mais il importe de distinguer soigneusement les lacs, étangs, des marais (V. *infrà*, v° Marais, n. 1 et 2). L'importance de cette distinction tient à ce que les dispositions de la loi du 16 sept. 1807 ne sont pas applicables aux étangs. Le marais se reconnaît à ce que ses eaux, moins vives, couvertes d'herbes et de plantes aquatiques, coupées de bancs vaseux, ne se prêtent guère à l'utilisation. L'étang, maintenu en eau, sert à l'élevage du poisson; asséché, il fournit un sol favorable à la culture. Le marais, au contraire, immobilise sans profit aucun un espace de terrain et compromet par ses exhalaisons la salubrité de la région voisine. Aussi la seule attention que le législateur ait donnée aux marais s'est-elle portée sur les mesures à prendre pour la suppression de ces foyers de pestilence, tandis que diverses dispositions ont été, au contraire, édictées en vue d'assurer la jouissance utile dont les étangs peuvent être l'objet.

9. — Ce n'est point à dire toutefois que les étangs ne puissent faire, eux aussi, l'objet de dispositions restrictives ou même prohibitives. Nous verrons en effet dans la suite les règles de police par lesquelles est limité le droit des propriétaires d'étangs et, d'autre part, les mesures ordonnées pour la suppression de ceux de ces amas d'eau reconnus dangereux pour la salubrité publique. Nous le répétons, une semblable distinction ne saurait être effectuée en ce qui concerne les marais : tous, dans la limite du possible, seraient à supprimer.

10. — Avant d'étudier la réglementation spéciale applicable aux masses d'eau stagnantes, il nous faut indiquer celles qui échappent au droit commun et sont soumises à un régime spécial. Nous mettrons donc tout de suite à part les lacs et étangs qui ont été classés parmi les dépendances du domaine public.

11. — Dans cet ordre d'idées, il convient de citer les lacs Léman, d'Annecy, du Bourget, de Sylans (V. *infrà*, v° Lac, n. 13 et s., et 143). Les lacs Léman et d'Annecy ont été classés par le décret du 10 nov. 1873. On a dit parfois que la domanialité publique de ces masses d'eau résulte de ce qu'elles peuvent être considérées comme des épanouissements des cours d'eau qui les traversent. Mais ce n'est point, croyons-nous, une raison absolument péremptoire. Il faudrait, pour qu'il en fût ainsi, que le cours d'eau fût navigable en amont et en aval du lac qu'il traverse; or, si l'on excepte le lac Léman traversé par le Rhône (et encore ce fleuve sort-il du territoire suisse), cette condition n'est remplie pour aucun des lacs précités.

12. — M. Picard (*Traité des eaux*, t. 4, p. 198) cite même le cas très-particulier du lac de Nantua qui a le caractère domanial, bien que le cours d'eau qui le traverse ne soit navigable ni en amont ni en aval, et qui a conservé ce caractère malgré un traité par lequel la ville de Nantua a été substituée à l'État pour assurer son entretien.

13. — Cette situation n'a rien d'étonnant si l'on songe que l'ordonnance du 10 janv. 1835 qui a classé les cours d'eau du domaine public n'avait en vue que la détermination de ceux de ces cours d'eaux dans lesquels le droit de pêche serait reconnu à l'État. Cette ordonnance, s'inspirant des intérêts qu'elle avait à régler, aurait parfaitement pu déclarer domaniaux, encore qu'ils fussent formés par des cours d'eaux non navigables, les étangs susceptibles de se prêter à la navigation et dans lesquels à ce titre la pêche devait être amodiée par l'État en vertu de la loi du 15 avr. 1829. Il est donc bien entendu que des étangs peuvent être classés comme domaniaux, bien que formés par des cours d'eau non navigables.

14. — Nous avons un mot à dire des étangs qui ont été établis ou appropriés en vue de l'alimentation des canaux de navigation. Ces étangs existent nécessairement pour les canaux à point de partage; il en a été créé également sur certains canaux latéraux insuffisamment approvisionnés en eau par le fleuve ou la rivière qu'ils longent. — V. *suprà*, v° Canal, n. 131.

15. — La question de savoir si les étangs-réservoirs de la nature de ceux qui nous occupent font partie du domaine public ou du domaine de l'État, a été discutée. La cour de Dijon avait déclaré (11 déc. 1872, Bastide, S. 73.2.282, P. 73.1114, D. 74. 2.246), que ces réservoirs, ne communiquant avec les canaux que par des rigoles grillées, étaient inaccessibles au flottage et à la navigation et soustraits, par suite, à toute destination d'utilité générale ainsi qu'aux règlements de la navigation. Elle a reproduit la même doctrine — à l'occasion, il est vrai, de réservoirs supprimés — par un second arrêt du 19 mars 1873, maintenu par l'arrêt de cassation du 23 déc. 1873, Jobard-Dumesnil, [S. 74.1.210, P. 74.526, D. 74.2.90] — V. *suprà*, v° Canal, n. 136 *bis*.

16. — La domanialité publique de ces étangs est enseignée par M. de Récy (*Traité du domaine*, n. 399) qui s'appuie sur ce que leur suppression entraînerait dénaturation de la voie (*Sic*, Dumay, *Dom. publ.*). Nous nous sommes prononcés en sens contraire. — V. *suprà*, v° Canal, n. 136 *bis*. — V. aussi Carpentier, *Régime des canaux*, n. 136 *bis*.

17. — Les étangs dépendant des fortifications des places de guerre font partie du domaine public en vertu de l'art. 538, C. civ.

18. — La question de la domanialité des étangs salés du littoral de la mer Méditerranée mérite de fixer l'attention. Ces étangs se sont constitués de la même façon. Sur une plage sablonneuse faiblement inclinée, les vagues viennent déferler après avoir soulevé une partie des sables du fond. Ces sables forment une sorte de bourrelet qu'on a appelé *cordon littoral*, clôture fra-

ÉTANG. — Chap. I.

gile que la mer tend à chaque instant à renforcer par de nouveaux apports. Les eaux qui restent amassées derrière cette sorte de digue forment d'abord une baie que le travail incessant des vagues et des courants finit par retrancher de la mer avec laquelle subsiste cependant une communication par un grau. Le grau s'obstrue à son tour et la baie devient un étang.

19. — Tant qu'une communication subsiste entre l'étang et la mer, l'étang fait partie du domaine public. Faisant application des principes fondamentaux en la matière, la Cour de cassation a admis implicitement cette domanialité quand elle a décidé que les droits acquis par des particuliers sur ces étangs antérieurement à 1566 seraient considérés comme toujours en vigueur. — Cass., 22 déc. 1860.

20. — De son côté, le Conseil d'Etat a reconnu le même principe puisqu'il s'est borné à déclarer que l'étang, ayant fait l'objet d'une vente nationale, ne pouvait plus être revendiqué par le domaine. — Cons. d'Et., 17 déc. 1857, Richaud, [P. adm. chr.]

21. — Plus explicitement un arrêt de cassation du 24 juin 1842, Fabre, [S. 42.1.887, P. 42.2.445], a reconnu comme domanial l'étang de Leucate, et les considérants de cet arrêt montrent que la domanialité a été déduite de ce que l'étang communiquait avec la mer, était formé des mêmes eaux et peuplé des mêmes poissons. Ce principe a été consacré par divers autres arrêts. — V. suprà, v° Domaine public, n. 128.

22 — Il se pourrait cependant qu'un étang, bien qu'en communication avec la mer, n'en fût pas moins considéré comme une propriété privée; il en serait ainsi si l'on se trouvait dans un des cas qui font fléchir le principe de l'inaliénabilité du domaine public. C'est ainsi, nous l'avons déjà vu, qu'une revendication de l'Etat a été écartée par ce motif que l'étang avait fait l'objet d'une vente nationale. — Cons. d'Et., 17 déc. 1857, précité.

23. — De même, des droits de propriété privée ont été reconnus exister sur un étang du moment qu'ils résultaient de titres antérieurs à la constitution du domaine public en France (1566). — Cass , 26 déc. 1860. — Mais ces décisions exceptionnelles ne portent aucune atteinte au principe général qui fait dériver le caractère, domanial ou privé, de l'étang, de sa communication, assurée ou non, avec la mer.

24. — La situation, en effet, change complètement lorsque le grau s'est comblé et que, par suite, l'étang cesse de communiquer avec la mer. La domanialité ne saurait plus, dès lors, se justifier et l'étang devient une propriété privée qui peut appartenir à des particuliers ou dépendre du domaine de l'Etat (V. suprà, v° Domaine public, n. 123 et 130). Il a été particulièrement reconnu que les marins inscrits ne pouvaient prétendre au droit de pêche dans ces étangs. — Cass., 26 juill. 1870, [S. 71.1.52, P. 71.164, D. 72.1.469]

25. — C'est par application du principe précité qu'il a été jugé qu'un étang alimenté uniquement par des eaux douces, et qui ne communique pas naturellement avec la mer, ne fait pas partie du domaine public maritime encore qu'il soit situé sur le littoral. — Cass., 6 févr. 1849, Préf. de l'Hérault, [S. 49.1. 351, P. 49.2.501, D. 49.1.179] — Trib. Confl., 22 mai 1850, Comm. de Lattes, [S. 50.2.616, P. adm. chr.]

26. — Peu importe d'ailleurs qu'il existe une communication artificielle avec la mer si cette communication est établie de telle façon que les eaux de l'étang puissent seules se rendre dans la mer sans que les eaux de la mer puissent pénétrer dans l'étang. — Cass., 4 mai 1861, Adm. de la marine, [S. 61.1.561, P. 61. 907, D. 61.4.238]

27. — Nous avons fait connaître le critérium auquel maintenant tout le monde se réfère pour se prononcer sur le caractère des étangs salés du littoral méditerranéen. Mais en réalité la question ne fait guère plus de doute pour aucun étang; elle a été tranchée dans certains cas par l'autorité judiciaire, ou par des décisions administratives, comme nous le verrons plus loin

28. — On sait que les délimitations et les déclarations de domanialité n'ont qu'un effet récognitif et ne sont nullement attributives de droit (V. suprà, v° Domaine public, n. 242 et s.). L'acte par lequel l'autorité administrative déclare qu'un étang formé par une portion de mer est navigable et dépend du domaine public n'a donc pas pour effet de dépouiller les particuliers des droits de propriété qui leur appartiendraient sur l'étang, ni de leur enlever le droit de faire valoir leurs titres devant les tribunaux civils, seuls juges en matière de propriété. Les faits constitutifs de la domanialité publique, et spécialement la communication avec la mer, pourraient donc, sans que l'acte administratif fût attaqué, être contestés devant les tribunaux civils.

29. — Il suit de là que c'est devant la juridiction civile que devrait être portée l'action intentée contre l'Etat par une commune qui, sans réclamer la possession et la jouissance de l'étang, demanderait seulement à en être reconnue propriétaire en vertu de titres anciens, de décisions judiciaires et d'actes de l'administration supérieure non sujets à interprétation. — Cons. d'Et., 26 juin 1852, Cour de Frontignan, [S. 52.2.697, P. adm. chr.]

30. — Par suite, c'est à bon droit qu'ont été annulés des arrêtés que certains préfets avaient cru pouvoir prendre pour prononcer, sous forme de déclarations de domanialité, l'attribution au domaine public de certains étangs salés. — Cons. d'Et., 19 juin 1856, de Galiffet, [S. 57.2.395, P. adm. chr., D. 57.36]; — 7 janv. 1858, Agard, [S. 59.2.62, P. adm. chr., D. 58.3.53]; — 28 janv. 1858, de Grave, [P. adm. chr., D 58.3.53]

31. — En fait les difficultés, très-graves en apparence, auxquelles avait donné lieu la question des étangs salés du littoral méditerranéen, se sont, en grande partie terminées à l'amiable. En 1859, par un décret d'une légalité d'ailleurs incontestable, l'administration enjoignit aux particuliers qui prétendaient avoir des droits sur les étangs salés de produire leurs titres dans un délai de trois mois, passé lequel les décisions prises par l'administration devaient devenir irrévocables. A la suite de cette mise en demeure et après examen des titres fournis, trois décisions du ministre de la Marine en date des 30 juill. 1864, 1er avr. 1865 et 20 déc. 1865, établirent la nomenclature de ceux des étangs qui étaient considérés comme dépendant du domaine public. Cependant, contrairement aux principes généraux de la domanialité publique, des droits privés furent reconnus comme s'étant constitués sur ces étangs.

32. — La procédure suivie en 1859 n'a d'ailleurs entraîné aucune forclusion pour les intéressés. Et il a pu être jugé notamment que l'Etat, alors du moins qu'il ne contestait pas la validité des titres de propriété d'un particulier sur un étang salé, ne pouvait se fonder, pour refuser toute indemnité à raison du préjudice causé à la pêcherie établie sur cet étang, sur ce qu'il n'avait pas fait constater la régularité de ses titres conformément aux art. 94 et s., Décr. 19 nov. 1859. — Cons. d'Et., 2 avr. 1897, Comp. des Salines du Midi, [D. 98.3.73]

33. — Nous avons dit que la domanialité d'un grand nombre d'étangs salés a été reconnue, soit par des décisions judiciaires soit par des actes administratifs. Ceux qui ont fait l'objet de décisions judiciaires sont notamment ceux de Leucate. — Cass., 24 juin 1842, précité; — Mauguio : Cass., 22 nov. 1865, Gilles, [D. 65.1.109] — Bages : Cass., 27 mars 1874 ; — Gruissan : Cons. d'Et., 22 juin 1884, Ville de Narbonne, [S. 86.3.21, P. adm. chr., D. 85.3.121] — Au contraire, le caractère de propriété privée de l'étang du Grec a été reconnu par l'arrêt précité du 6 févr. 1849. — V. aussi Cass., 29 juin 1847, [D. 49.1.179] — Trib. Confl., 22 mai 1850, précité. — Il en a été de même du Vieux-Rhône.—Cons. d'Et., 17 déc. 1857, Richaud, [P.adm.chr.] — ... et de l'étang de Caroute. — Cons. d'Et., 2 avr. 1860, précité.

34. — Une difficulté toute particulière s'est, d'ailleurs, présentée à l'occasion de l'étang de Mauguio. Cet étang ne communique avec la mer que par un canal artificiel et la cour de Montpellier en avait conclu, dans un arrêt du 13 févr. 1865, que la domanialité publique n'avait pu s'établir avant l'ouverture du canal. Cette constatation n'était d'ailleurs qu'incidente et peu exacte car le canal de communication avec la mer existait de temps immémorial bien que sa régularisation fût de date récente.

35. — A la suite de l'instruction administrative à laquelle il a été procédé en 1859 et dont nous avons parlé, les droits du domaine ont été reconnus sur les étangs de Salses, Lapalme, Sigear, Grazels, Thau, Jugril, Perols, Gloria et sur l'étang de Berre.

36. — Réserve faite de ceux qui dépendent du domaine public et dont nous venons de nous occuper, on peut dire que les étangs constituent des propriétés privées soumises à une réglementation particulière. Ils peuvent naturellement figurer au nombre des propriétés de l'Etat, des départements et des communes, ce qui n'a point, bien entendu, pour effet de les soustraire aux dispositions qui régissent les autres propriétés. Nous devons cependant faire remarquer que certains étangs du domaine de l'Etat sont considérés comme des dépendances des forêts qui les entourent et sont soumis à ce titre à une réglementation spéciale. Tel est le cas de plusieurs lacs des Vosges et d'Auvergne.

37. — Les étangs n'ont pas, par suite, été classés parmi les terres vaines et vagues attribuées aux communes par les lois des 28 août 1792 (art. 8) et 10 juin 1793 (art. 1 à 8).

38. — Jugé, d'ailleurs, que la question de savoir si un étang pouvait être considéré comme ayant reçu, antérieurement aux lois précitées, une mise en valeur suffisante pour ne pas être rangé parmi les terres vaines et vagues, était une question de fait échappant à l'appréciation de la Cour de cassation. — Cass., 3 janv. 1842, Comm. de Vauvert, [S. 42.1.255, P. 42.1.166]

39. — Nous avons vu (*suprà*, n. 12) qu'il existe des étangs classés comme domaniaux quoique formés par des cours d'eau non navigables. Quant à ceux qui, formés dans les mêmes conditions, n'ont pas fait l'objet d'un classement, il ne s'ensuit pas forcément qu'ils participent à la nature des cours d'eau qui les traversent. Sans doute d'après la loi du 6 avr. 1898, le lit des rivières et ruisseaux non navigables appartient aux riverains, qui ont en outre le droit d'user de l'eau courante dans les limites déterminées par la loi et en observant les règlements de police. Mais cette loi est constitutive d'un régime nouveau et il se peut que certains droits aient été concédés sur des étangs formés avant les lois abolitives de la féodalité, alors que les cours d'eau non navigables étaient la propriété des seigneurs. Ces droits subsistent encore, et par suite l'étang peut former une propriété franche, indépendante du cours d'eau qui le traverse.

40. — Certains étangs qui, dépendant de résidences royales, faisaient autrefois partie du domaine de la couronne, sont aujourd'hui rattachés au domaine de l'Etat. Tel est le cas des étangs des parcs de Versailles, de Rambouillet, Fontainebleau, etc.

41. — Un étang établi artificiellement dans l'ancien lit d'une rivière avec laquelle il n'a aucune communication ne perd pas le caractère de propriété privée pour devenir une dépendance du domaine public, lorsque, par suite d'un événement de force majeure, il est momentanément envahi par les eaux de la rivière, si, du reste, il n'est rien changé aux limites de celle-ci. — Cass., 30 mai 1873, Clemence, [S. 73.1.431, P. 73.1027, D. 73.1.313]

CHAPITRE II.

ÉTABLISSEMENT ET EXPLOITATION DES ÉTANGS.

SECTION I.

Dans quelles conditions un étang peut être établi.

42. — Sous l'ancien droit, on considérait l'établissement des étangs comme « loisible à chaque particulier en son héritage », pourvu qu'il n'entreprît sur le chemin et droit d'autrui. Telle était du moins la doctrine proclamée par la coutume d'Orléans (art. 170) qu'on peut considérer comme constituant le droit commun en la matière.

43. — Plusieurs autres coutumes néanmoins, partant du principe que les étangs sont à la fois nuisibles aux hommes et à l'agriculture, en soumettaient l'établissement à l'autorisation seigneuriale. « Nul ne peut asseoir moulin ni borde d'étang, disait Loysel (*Instit. coutum.*, n. 240), sans le congé de son seigneur, si ce n'est pour son usage. »

44. — Actuellement, l'établissement des étangs n'est soumis d'une façon expresse par aucune loi à la nécessité de l'autorisation préalable de l'administration. C'est donc simplement dans les textes de droit commun qu'il faut chercher la limite des droits des propriétaires en pareille matière. Cette limite est tracée par l'obligation de sauvegarder les intérêts particuliers des voisins et ceux de la collectivité. — Garnier, *Rég. des eaux*, t. 3, n. 795; Pardessus, n. 80; Picard, *Traité des eaux*, t. 3, n. 201. — *Contrà*, Toullier, t. 3, n. 138; Proudhon, *Domaine publ.*, n. 1576.

45. — Ce principe conduit à des conséquences importantes. Si l'étang doit être formé par des eaux dont la propriété et la libre disposition appartiennent à celui qui veut le créer (eaux de source et eaux pluviales), aucune autorisation *préventive* n'est nécessaire (Av. Cons. d'Ét., 3 mars 1858). Mais l'administration puise dans la loi des 11-19 sept. 1792 le droit d'intervenir pour exiger la suppression des amas d'eau reconnus dangereux ou insalubres. Elle pourrait *à fortiori* prescrire les mesures nécessaires pour remédier aux inconvénients existants.

46. — Certains auteurs avaient essayé de soutenir qu'une autorisation préalable était nécessaire dans le cas qui nous occupe en s'appuyant sur l'art. 457, C. pén., qui édicte une amende de 50 fr. au moins à l'encontre de toute personne jouissant d'un étang qui, par l'élévation du déversoir des eaux au-dessus de la hauteur déterminée par l'autorité compétente, aurait inondé les chemins ou la propriété d'autrui. Mais, ainsi que le fait remarquer M. Picard (*Traité des eaux*, t. 4, p. 202), il est clair que cet article, réprimant la violation du règlement d'eau dans le cas où il en existe un, ne définit nullement les circonstances dans lesquelles ce règlement doit intervenir. — V. aussi Cass., 27 févr. 1860.

47. — Au contraire, si l'étang doit être alimenté par les eaux d'une rivière, une autorisation est nécessaire; la création de l'étang présuppose en effet la construction de barrages, retenues et ouvrages divers lesquels ne peuvent être établis sans une autorisation de l'administration (art. 11, L. 8 avr. 1898).

48. — La distinction que nous venons de formuler se résume brièvement de la manière suivante: autorisation préventive nécessaire quand l'étang est alimenté par des cours d'eau; facultative quand l'étang est alimenté par des sources ou par des eaux pluviales. Droit d'intervention de l'administration dans l'un et l'autre cas, qu'il y ait eu, ou non, autorisation pour remédier aux inconvénients et dangers constatés. Tel avait été le principe posé par l'avis du Conseil d'Etat du 3 mars 1858; il s'est trouvé confirmé par l'art. 11, L. 8 avr. 1898.

49. — Ajoutons qu'il sera, même dans la première hypothèse, prudent de la part des propriétaires de se munir d'une autorisation avant l'établissement de l'étang. Ils y trouveront ce double avantage, d'abord de ne pas s'exposer à faire des travaux et des dépenses en pure perte; en second lieu, d'obtenir la fixation légale de la hauteur de la retenue des étangs, hauteur qui ne peut être déterminée, comme nous le verrons plus loin, que par l'autorité administrative. — Bourges, 5 juin 1832, Vejan de Fontenay, [P. chr.]

50. — Notons, en passant, que toujours donnée sous réserve des droits des tiers, l'autorisation administrative ne saurait effacer ou atténuer la responsabilité du propriétaire en raison du préjudice que l'étang causerait aux autres particuliers. — Cass., 23 mai 1831, Villemain, [S. 31.1.295, P. chr.]

51. — D'une façon générale, la création d'un étang doit être faite dans des conditions telles qu'il n'en résulte aucun préjudice pour les propriétaires voisins, soit par une atteinte portée au droit d'écoulement des héritages supérieurs, soit par la déviation du cours des eaux et l'aggravation des charges des héritages inférieurs (L. 4, § 13, ff., *De aquâ et aquæ pluv. arcend.*, lib. 39, tit. 3). — Proudhon, *Domaine public*, n. 1578; Garnier, *op. cit.*, n. 792 et 799. — V. Cass., 16 févr. 1832, Rœder, [S. 33.1.54, P. chr.]

52. — Nous avons maintenant à chercher pour chacun des modes de création des étangs les prohibitions et réserves qui résultent soit de la législation générale, soit des règlements particuliers. A cet égard, on remarquera qu'on peut pratiquer un étang soit à l'aide des eaux pluviales ou des eaux provenant de fontes de neiges et d'infiltrations, soit à l'aide des eaux d'une source née dans le fonds de celui qui construit l'étang, soit à l'aide des eaux d'une rivière ou d'un ruisseau qui traverserait ce fonds. — Daviel, *Cours d'eau*, n. 809.

§ 1. *Étangs créés au moyen des eaux pluviales.*

53. — Aux termes du nouvel art. 641, C. civ., dont la rédaction a été donnée par la loi du 8 avr. 1898, tout propriétaire a le droit d'user et de disposer des eaux pluviales qui tombent sur son fonds (V. *suprà*, v° *Eaux*, n. 88). Il peut donc retenir ces eaux pour constituer un étang, alors même qu'il priverait par là les fonds inférieurs des eaux nécessaires à leur alimentation, si d'ailleurs le propriétaire de ces étangs n'a pas acquis un droit aux eaux. — Garnier, *Rég. des eaux*, n. 724.

54. — Toutefois si l'établissement de l'étang aggravait la servitude naturelle d'écoulement établie par l'art. 640 une indemnité serait due au propriétaire inférieur (L. 8 avr. 1898, nouvel art. 641). — V. *suprà*, v° *Eaux*, n. 23 et s.

55. — Par application du principe qui précède, certains auteurs (Daviel, *op. cit.*, n. 809; Dumay, sur Proudhon, *Dom. publ.*, n. 1578; Duranton, t. 8, n. 167) ont enseigné que le consentement du propriétaire inférieur est nécessaire pour l'établissement de la décharge ou pour son déplacement quand cette décharge a été consacrée par la prescription. Cette solution nous parait contestable. Qu'aurait pu prescrire le propriétaire inférieur? Ce ne peut être l'ouvrage de décharge lui-même puisque cet ouvrage est placé sur le terrain du maître de l'étang et qu'il n'est l'objet d'aucune possession de la part du propriétaire inférieur, conditions dont la loi du 8 avr. 1898 requiert l'accomplissement dans une circonstance analogue pour qu'il y ait prescription. Serait-ce le droit de ne pas être inondé? On heurterait ici le bon sens en le soutenant; le droit de voir sa propriété respectée est d'ordre tout naturel, il n'a besoin de se réclamer d'aucune origine. On est donc amené à reconnaître que le propriétaire du fonds inférieur peut simplement faire remarquer qu'il subit un dommage inconnu pour lui dans l'ancien état de choses et demander que des mesures soient prises pour mettre fin à ce dommage. Il serait sans droit pour se plaindre des modifications apportées à la décharge si ces modifications étaient sans conséquence pour lui. Cette solution nous parait devoir être adoptée, quel que soit le mode d'établissement de l'étang.

56. — On doit assimiler aux étangs créés à l'aide d'eaux pluviales ceux qui ont été constitués par des eaux provenant de fontes ou d'infiltrations.

§ 2. *Etangs créés au moyen de sources existant sur la propriété.*

57. — Les droits du propriétaire sur la source existant dans son fonds sont définis par l'art. 642 du Code civil dont la rédaction primitive a été modifiée par la loi du 8 avr. 1898. D'après ce texte, le propriétaire peut user des eaux de la source à sa volonté, mais cela dans les limites et pour les besoins de son héritage. — V. *supra*, v° *Eaux*, n. 132 s., 148 et s.

58. — Une première conséquence de cette disposition est que le propriétaire ne pourrait céder la source à un tiers en vue de permettre à celui-ci d'y établir un étang qui deviendrait sa propriété et se trouverait ainsi en quelque sorte détaché du fonds lui-même.

59. — Mais, d'autre part, et malgré l'argument que pourrait fournir le texte de la loi, il semble impossible d'exiger que l'étang constitué à l'aide des eaux de source ne soit utilisé que *pour les besoins de l'héritage*. Il est manifeste qu'on ne pourrait refuser au propriétaire le droit d'y élever du poisson.

60. — Deux autres réserves s'imposent au propriétaire qui voudrait créer un étang à l'aide des sources jaillissant dans sa propriété. Il ne peut porter atteinte aux droits que la prescription a établis en faveur des propriétaires des fonds inférieurs qui ont fait et terminé sur le fonds où jaillit la source des ouvrages apparents et permanents destinés à utiliser les eaux ou à en faciliter le passage dans leur propriété (V. *supra*, v° *Eaux*, n. 178 et s.). Il ne peut non plus, par la création de l'étang, enlever aux habitants d'une commune, village ou hameau, l'eau qui leur est nécessaire. Toutefois, si les habitants n'ont pas acquis ou prescrit l'usage des eaux, le propriétaire peut réclamer une indemnité à régler par experts (L. 8 avr. 1898). — V. *supra*, v° *Eaux*, n. 208 et s.

61. — En dehors de ce cas, le propriétaire qui, pour mettre son étang à sec, a laissé sortir la source pendant un certain temps, n'en conserve pas moins le droit de la retenir plus tard pour remettre l'étang en eau. — Metz, 28 avr. 1824, Hallez, [S. et P. chr.]

62. — Jugé, en conséquence, qu'en un tel cas, le propriétaire de l'étang a intérêt et qualité à s'opposer à ce que le propriétaire d'un fonds inférieur s'attribue sur cette eau des droits tels que s'ils étaient consacrés par une possession suffisante, ils pussent nuire au rétablissement de l'étang. — Même arrêt.

63. — D'autre part, la condition générale imposée par l'art. 640, C. civ., reste toujours en vigueur. Ainsi, dans l'établissement de la décharge, le propriétaire ne peut changer le cours de la source au détriment de l'héritage inférieur et faire, par exemple, verser les eaux sur un fonds qui, d'après la pente naturelle des lieux, ne les recevrait pas, ou encore, sur le fonds qui les reçoit naturellement, changer leur écoulement de place. Ce serait là, en effet, une aggravation de servitude interdite par l'art. 640, C. civ.

64. — Le propriétaire ne pourrait pas davantage ajouter aux eaux de source qui, après avoir formé son héritage, prennent leur écoulement sur le fonds inférieur, d'autres eaux que celles qui y arrivent naturellement. — Garnier, n. 794, *in fine*; Daviel, n. 812.

65. — Il semblerait donc que le propriétaire du fonds inférieur aurait le droit de se plaindre si l'étang était alimenté non exclusivement par des eaux de source naturelles, mais par des eaux de source mises à jour par des travaux de recherche et de captage. — Picard, *Traité des eaux*, t. 1, p. 154.

66. — Mais il n'en serait pas de même, croyons-nous, de l'accroissement en volume qui pourrait résulter pour les eaux de l'étang, de l'emmagasinement des eaux pluviales tombant sur la propriété. Ces eaux doivent être évidemment considérées comme des eaux naturelles.

67. — Une exception doit toutefois être signalée : d'après les anciens usages de la Bresse et des Dombes, la création des étangs donnait droit aux eaux *de toute nature* qui, par l'assiette des lieux, découlaient sur eux des fonds supérieurs, sans qu'il fût fondé en titre, et il est certain que les propriétaires des fonds inférieurs ne pouvaient se plaindre de l'accroissement qui était ainsi donné aux eaux de l'étang en vertu d'une disposition légale. — Cass., 18 févr. 1884, Finaz, [S. 85.1.205, P. 85.1.501, D. 84.1.187, et les conclusions de l'avocat général Petiton]

§ 3. *Etangs créés au moyen d'un cours d'eau traversant l'héritage.*

68. — Les règles posées par le Code civil (art. 644) et la loi du 8 avr. 1898 définissent encore en pareille matière les droits du créateur de l'étang. Ils sont limités par l'obligation d'assurer aux eaux leur libre écoulement, sans qu'il y soit apporté d'aggravation due à une cause artificielle, et aussi par l'obligation de ne pas priver les propriétaires des eaux auxquelles ils ont droit. Toutefois ces propriétaires sembleraient non recevables à se plaindre si les eaux qui s'échappent du déversoir étaient assez considérables pour suffire à l'arrosement des fonds situés plus bas. C'est, il est vrai, une question de fait laissée, le cas échéant, à l'appréciation des tribunaux. — Toullier, t. 3, n. 149.

69. — Proudhon a soutenu (*loc. cit.*) que si, d'après la disposition des lieux, on n'était pas dans l'usage de faire servir les eaux à l'arrosement, les propriétaires inférieurs seraient, par défaut d'intérêt, non recevables à se plaindre. Mais on ne voit pas très-bien comment il pourrait être reconnu d'une manière irrécusable que la disposition des lieux ne se prête pas à l'emploi des eaux pour l'irrigation.

70. — En tout cas, les propriétaires inférieurs seraient non fondés à réclamer si l'étang était établi depuis plus de trente ans, sans qu'il y ait eu protestation. La retenue des eaux constitue, dans ce cas, une servitude continue et apparente. — Proudhon, *Dom. publ.*, t. 5, n. 1577.

71. — Ajoutons que la création d'un étang au moyen des eaux courantes traversant une propriété suppose nécessairement l'établissement d'un barrage. Or, d'après l'art. 11, L. 8 avr. 1898, aucun barrage ne peut être entrepris dans un cours d'eau non navigable ni flottable sans une autorisation de l'administration.

CHAPITRE III.

DROITS ET OBLIGATIONS DES PARTIES.

Section I.

Droits des propriétaires d'étangs.

§ 1. *Droit de propriété. Comment est fixée la consistance de l'étang.*

72. — Les droits de propriété sur un étang peuvent se concevoir différemment suivant le mode de formation de cet étang. S'agit-il d'un étang que n'alimente aucune eau courante? le propriétaire jouit évidemment des droits les plus étendus tant sur les eaux que sur le réservoir lui-même. Rien ne l'empêche de prendre les mesures nécessaires pour que l'étang soit desséché, et une fois l'opération terminée, pour que son ancienne cuvette reçoive une toute autre destination.

73. — Si l'étang est formé grâce à une eau courante, il n'y a pas de droit de propriété sur les eaux, dont la jouissance peut seule être réclamée sous réserve de l'observation des règles de police générale relatives aux conditions d'écoulement. Quant au bassin même de l'étang, il est, lui, susceptible de propriété privée ; toutefois, s'il ne constituait à proprement parler que l'épanouissement d'un cours d'eau non navigable ni flottable, il pourrait appartenir, comme lit de ce cours d'eau, aux riverains par application de la loi du 8 avr. 1898. Il existe cependant des étangs situés sur des cours d'eau qui n'en constituent pas moins des propriétés privées sans restriction ni réserve. — Cons. d'Et., 28 juin 1895, Min. des trav. publics, [D. 96.3.60]

74. — Mais sauf l'exception signalée à la fin du numéro précédent, ce qui appartient au propriétaire de l'étang formé grâce à une eau courante, c'est le réservoir et non les eaux. Il serait donc imprudent de considérer comme posant une règle générale l'arrêt de Cass., 21 févr. 1893, Préf. de la Somme, [S. et P. 94.1.74, D. 93.1.319], d'après lequel le propriétaire d'un étang est à bon droit déclaré propriétaire de la totalité des eaux de cet étang, y compris celles provenant d'une rivière non navigable qui le traverse lorsque toute distinction, dans l'étang, des eaux divisées de la rivière est reconnue impossible. Les circonstances de l'espèce permettaient seules de substituer le terme absolu « *propriété de l'eau* » à l'expression « *propriété des qualités utiles de l'eau.* »

75. — Certes on comprend qu'il est en général difficile de distinguer dans un étang que traverse une rivière les eaux courantes des eaux stagnantes. Mais dans le cas tranché par la décision mentionnée, le courant de la rivière n'était pas invariable ni même appréciable ; le plus souvent, il était littéralement impossible à définir et les tentatives que l'administration avait faites dans ce but étaient restées infructueuses ; il s'agissait des étangs de la Somme, sortes de poches ou de bas-fonds où la Somme déverse ses eaux entre Bray et Pérouse. Nous avons cru devoir insister sur ce fait pour établir que ce n'est pas simplement en présence de difficultés pratiques plus ou moins grandes, mais en face d'une réelle impossibilité qu'il faut se placer pour faire aux droits du propriétaire de l'étang la part étendue accordée par l'arrêt du 21 févr. 1893, précité.

76. — Remarquons d'ailleurs, et tel était le cas dans l'arrêt précité, — que même alimenté par des eaux courantes, l'étang peut faire l'objet d'un droit de propriété absolue portant aussi bien sur les eaux que sur le lit, s'il a été créé en vertu d'une concession faite avant 1790, c'est-à-dire alors que les seigneurs possédaient en toute propriété les cours d'eau non navigables — Cass., 21 févr. 1893, précité. — Trib. Confl., 13 déc. 1890, Décamps, [S. et P. 92.1.420, D. 92.3.59] — V. aussi Cass., 21 juin 1859, Courthille, [S. 59.1.661, P. 60.571, D. 59.1.341]

77. — Ainsi, on peut dire en résumé que le maître d'un étang jouit sur les eaux d'un droit de propriété absolue quand celles-ci proviennent des sources, des infiltrations ou de la pluie et qu'il n'a, au contraire, qu'un droit de jouissance limité par les dispositions de droit commun si l'étang est alimenté par des eaux courantes. Mais *quid* si l'étang est constitué à la fois par des eaux appartenant à chacune de ces catégories ? Il y a lieu alors de combiner les deux solutions qui précèdent ; toutefois, s'il est impossible de faire une distinction entre les eaux des diverses provenances, le maître de l'étang doit, comme nous l'avons vu plus haut, n. 75, être considéré comme propriétaire absolu des eaux. — Cass., 21 févr. 1893, précité. — Dans l'espèce, il est vrai, il s'agissait d'un étang dont l'origine était antérieure à l'abolition de la féodalité, mais cette circonstance ne paraît pas avoir été relevée par l'arrêt.

78. — On peut citer encore en ce sens un arrêt de la Cour de cassation du 19 avr. 1865, Nollet, [S. 65.1.252, P. 65.615, D. 65.1.160], aux termes duquel le propriétaire d'un étang, quelle que soit la provenance de l'eau qu'il renferme et quand même il s'y mêlerait celle des ruisseaux supérieurs, n'est pas sur cette eau le droit d'irrigation que l'art. 644, C. civ., confère à ceux dont les propriétés bordent les eaux courantes, et ce, par la raison que l'eau dont il s'agit appartient exclusivement au propriétaire de l'étang. Mais les circonstances de cet arrêt doivent être examinées de très-près ; en particulier, on doit faire remarquer que de ce qu'un étang reçoit les eaux de ruisseaux supérieurs, ce n'est point à dire qu'il soit alimenté par des eaux *courantes*, puisque les ruisseaux peuvent être absorbés et ne pas reparaître au delà de l'étang. — V. sur la question, Daviel, *Cours d'eau*, t. 3, n. 815 ; Zachariæ, Massé et Vergé, t. 2, § 319, n. 2, p. 164 ; Aubry et Rau, t. 3, § 246, p. 80 ; Perrin et Rendu, *Dict. des const.*, n. 1924 ; Demolombe, *Servit.*, t. 1, n. 122 ; Bourguignat, *Législ. des étabi. industr.*, t. 1, n. 210.

79. — Nous venons de déterminer la propriété des étangs. Dans le chapitre suivant nous dirons ce qu'il faut entendre par la jouissance de l'étang. Mais à l'un et l'autre point de vue, il peut être utile de préciser la consistance même de l'étang.

80. — Cette consistance est nécessairement variable et dépend de la plus ou moins grande hauteur des eaux laquelle peut être modifiée elle-même, soit par des eaux naturelles, soit par des manœuvres d'eau artificiellement pratiquées ; elle s'apprécie par comparaison avec un repère ou niveau déterminé d'une manière fixe.

81. — La règle fondamentale est fournie en la matière par l'art. 558, C. civ., qui, après avoir déclaré que l'alluvion n'a pas lieu à l'égard des lacs et étangs (V. *suprà*, v° *Alluvion*, n. 45 et s.), dispose que le propriétaire conserve toujours le terrain que l'eau couvre quand elle est à la hauteur de la décharge de l'étang, encore que le volume vienne à diminuer. A ajouter que réciproquement, le propriétaire de l'étang n'acquiert aucun droit sur les terres riveraines que son eau vient à couvrir dans les crues extraordinaires.

82. — Remarquons tout d'abord qu'il n'existe pas de disposition *générale* et *formelle* qui oblige le propriétaire d'un étang à le munir d'un déversoir et à en faire fixer la hauteur par l'autorité administrative. — Garnier, *op. cit.*, n. 795. — V. toutefois *infrà*, n. 83 et s.

83. — De ce qui précède, on doit conclure que la décharge dont se prévaut le propriétaire peut servir à définir le droit de celui-ci alors même qu'elle n'aurait fait l'objet d'aucune autorisation régulière. L'ancienne possession d'une décharge de telle ou telle hauteur peut donc faire titre devant les tribunaux et suppléer à une autorisation régulière. Mais il n'y a pas alors présomption légale et l'art. 558, C. civ., ne s'applique plus. — V. *infrà*, n. 90.

84. — Remarquons en second lieu que l'existence de la décharge suffit pour fixer les droits du propriétaire et qu'il ne pourrait pas lui être opposé que depuis plus de 30 ans les eaux de l'étang n'ont pas été portées au niveau de cette décharge. — Cass., 17 déc. 1838, Comm. de Rouvres, [S. 39.1.499, P. 39.2.337]

85. — C'est donc en principe à la hauteur du déversoir que les réserves toutefois qui sont indiquées ci-dessous qu'il y a lieu de s'arrêter, non pas aux titres, pour apprécier la contenance d'un étang. C'est ce qui a été décidé, spécialement, dans une espèce où l'on voulait fixer la contenance d'un étang d'après les énonciations d'un contrat. — Nancy, 20 mars 1826, Gand et Magot, [S. et P. chr.]

86. — Toutefois l'étendue de l'étang ne peut être réglée et déterminée que d'après les titres au cas où il est reconnu que les déversoirs primitifs ont été changés et ne laissent plus aucune trace. — Cass., 9 août 1831, Gand et Magot, [S. 31.1.394, P. chr.] — Daviel, *op. cit.*, n. 813.

87. — Il n'y aurait pas lieu non plus d'appliquer la présomption légale de l'art. 558, C. civ., si la superficie de l'étang avait notoirement subi une diminution du fait de causes artificielles. C'est ce qui a été décidé dans le cas où des travaux de desséchement avaient successivement réduit la surface de l'étang ; il a été jugé en pareil cas que la délimitation de l'étang devait être faite suivant la possession respective des parties. — Cass., 25 mai 1868, Marchand et cons., [S. 69.1.72, P. 69.1.151, D. 68.1.488]

88. — Les titres feraient encore pleinement foi si l'on se trouvait dans le cas d'un étang sur lequel des droits absolus de propriété avaient été constitués par une concession antérieure à l'abolition du régime féodal. — V. *suprà*, n. 76.

89. — S'il n'y avait pas de déversoir, les titres seuls pourraient être invoqués. En l'absence de titres, les tribunaux prononceraient suivant les circonstances. Jugé, en ce sens, que l'arrêt qui fixe la consistance de l'étang d'après la hauteur des eaux, dans leur état normal, ne fait nul obstacle à ce que les parties fassent fixer la hauteur légale des eaux si elles ne tombent pas d'accord sur le point où ces eaux s'arrêtent dans cet état réputé normal. — Cass., 14 avr. 1832, Bellot, [S. 32.1.330, P. 52.1.577, D. 52.1.169]

90. — La disposition de l'art. 558, C. civ., entraîne une conséquence digne de remarque. De l'attribution légale faite au propriétaire de l'étang de tout le terrain que couvrent les eaux lorsqu'elles sont au niveau de la décharge, la jurisprudence a conclu que le terrain n'était point susceptible de possession utile et par suite, de prescription de la part des tiers. — Cass., 23 avr. 1811, Leboutellier, [S. et P. chr.] ; — 11 mai 1833, Delahaye,

ÉTANG. — Chap. III.

[S. 36.1.55, P. chr.]; — 9 nov. 1831, précitée. — Bordeaux, 28 mars 1831, Com. de Chatres, [P. chr.] — Daviel, t. 2, n. 814; Garnier, p. 249; Toullier, t. 3, n. 139.

91. — Cette décision mérite d'être précisée. Ce serait à tort que l'on proclamerait d'une manière absolue l'imprescriptibilité du terrain en question, que, pour simplifier les choses, nous appellerons le *rivage de l'étang*. Il ne peut être question ici d'une mise hors du commerce fondée sur des motifs d'intérêt général de la nature de ceux qui sont invoqués en matière de domanialité publique. Ce serait une erreur de voir dans la disposition de l'art. 558 une présomption *juris et de jure* contre laquelle la preuve contraire ne peut prévaloir. Dans un ordre d'idées analogue, l'art. 556, C. civ., attribue bien au riverain la propriété de l'alluvion, laquelle n'en reste pas moins prescriptible.

92. — La vérité est que le législateur n'a pas voulu laisser le propriétaire de l'étang soumis à une prescription utile qu'il ne pouvait pas dépendre de lui d'interrompre. Il ne lui est pas loisible, en effet, pendant les périodes de sécheresse, parfois fort prolongées, de porter la hauteur des eaux de l'étang au niveau de la décharge établie; d'où impossibilité pour lui de faire les actes interruptifs qui pourraient être nécessaires. C'est l'application du principe « *Contra non valentem agere non currit præscriptio* ». L'établissement même de la décharge indique de la part du propriétaire de l'étang la volonté de ne point laisser périr ses droits; elle lui vient en aide et lui conserve la propriété de l'étang dans la mesure précisément déterminée par l'existence de la décharge.

93. — Il suit de là que la prescription pourra parfaitement courir quand il sera reconnu que ce n'est point, à la hauteur de la décharge, mais aux titres qu'il faut se référer pour apprécier la consistance de l'étang (V. *suprà*, n. 86 et s.), ou bien encore quand il sera constaté que la décharge n'a été établie que postérieurement aux titres qui avaient fixé cette consistance.

94. — Il est inutile de dire que le rivage de l'étang n'étant nullement inaliénable, la disposition qui le protège contre la prescription n'est point d'ordre public; qu'elle doit, par suite, être invoquée par les parties et qu'elle ne pourrait être opposée pour la première fois devant la Cour de cassation.

95. — Du fait que les rivages d'un étang ne peuvent être l'objet d'une possession utile, il résulte que l'action possessoire ne peut être opposée au propriétaire de l'étang. — Cass., 23 avr. 1841, précité; — 18 nov. 1851, Faurie, [S. 52.1.315, P. 52.1.323, D. 51.1.316] — V. aussi dans ce sens, Toullier, t. 3, n. 139; Durantou, t. 4, n. 406; Daviel, *Cours d'eau*, t. 2, n. 814 et 979; Garnier, *Act. possess.*, p. 249, et *Rég. des eaux*, 2e part., p. 117; Carré, *Just. de paix*, t. 2, n. 1498; Neveu Deroterie, *Lois rurales*, p. 37.

96. — Il a été jugé du moins, que lorsque sur une action possessoire ayant pour objet la maintenue en possession des rivages d'un étang, il est contesté que ces bords soient une dépendance de l'étang, le juge de paix peut, sans cumuler le possessoire et le pétitoire, ordonner une vérification à l'effet de savoir si le terrain litigieux est couvert par les eaux de l'étang lorsqu'elles sont à la hauteur de la décharge. — Cass., 18 nov. 1851, précité. — V. aussi Cons. d'Ét., 11 avr. 1848, Richard, [P. adm. chr.]

97. — Cependant il a été jugé également qu'il y aurait cumul du possessoire et du pétitoire s'il était contesté que le terrain litigieux fût une dépendance de l'étang et que le juge de paix ne pourrait, pour apprécier le caractère de la possession du complaignant, ordonner une vérification préalable ayant pour objet de déterminer quels terrains se trouvent couverts par les eaux lorsqu'elles sont à hauteur de la décharge. — Cass., 28 févr. 1826, Lecocq, et 23 janv. 1827, Rolland, en note sous Cass., 18 nov. 1851, précité.

98. — Le propriétaire de l'étang peut, au contraire, agir au possessoire contre les troubles apportés à sa jouissance. C'est ce qui a été décidé spécialement dans un cas où les riverains s'opposaient à l'occasion d'une enquête de *commodo et incommodo* à ce que le propriétaire fût autorisé à relever le niveau de sa retenue en se prétendant propriétaires des terrains qui seraient submergés. — Cass., 18 nov. 1851, précité; — 13 mars 1867, Tremant, [S. 67.1.249, P. 67.636, D. 67.4.170] — Sur les pouvoirs du juge du possessoire, V. encore *infra*, n. 205, 226 et s.

99. — *Quid* s'il n'y a pas de décharge et si néanmoins par des causes atmosphériques ou en raison de la porosité du fond de l'étang ou des fissures qui y existent, le niveau de l'étang est sujet à des variations? Il n'est pas possible naturellement de recourir en pareille hypothèse à l'art. 558, et quelque rigoureuse que soit alors l'application des principes de droit commun en matière de prescription nous ne voyons pas le moyen d'y soustraire le propriétaire de l'étang puisqu'aussi bien on manquerait absolument d'éléments pour fixer la consistance normale à laquelle il conviendrait de ne pas porter atteinte.

100. — Il en serait de même si l'ancien déversoir avait été détruit. — Cass., 9 août 1831, Gand et Magot, [S. 31.1.394, P. chr.] — On rentre au surplus, en pareil cas, dans les hypothèses examinées sous les n. 86 et s., et dans lesquelles les titres font foi.

101. — Quelle est la hauteur de la décharge à laquelle on doit se référer pour l'application de l'art. 558, C. civ.? M. Picard enseigne (*Traité des eaux*, t. 4, p. 202) que ce n'est point celle du seuil même du déversoir, lequel peut être fréquemment couvert d'une certaine lame d'eau pour permettre l'écoulement des eaux ordinaires. Le savant auteur estime en conséquence que la limite normale de la surface de l'étang est celle de la surface submergée pendant les hautes eaux ordinaires d'hiver sans qu'il doive être tenu compte des submersions exceptionnelles causées par des crues extraordinaires. — Garnier, *Régime des eaux*, t. 1, n. 233 : Daviel, *Cours d'eau*, t. 3, n. 843; Bourguignat, *Dr. rur. appl.*, n. 745; Demolombe, *Dist. des biens*, t. 2, n. 30.

102. — C'est ce que la Cour de cassation semble avoir reconnu en attribuant à l'étang la surface que l'eau couvre dans les eaux ordinaires et annuelles de l'hiver. — Cass., 9 nov. 1841, Destieux, [S. 41.1.822, P. 42.1.51]; — 13 mars 1867, précité. — V. cep. *Contrà*, Cass., 27 févr. 1860. — Mais les circonstances de fait infirment la portée doctrinale de cet arrêt.

103. — Pareillement ont été considérés comme conservés par la loi aux riverains les terrains couverts depuis moins de trente ans par les envahissements successifs des eaux occasionnées par le *flottement* ou le *batillement*. Il a été décidé en pareil cas que c'était aux propriétaires riverains qu'il appartenait de faire les travaux nécessaires pour la défense de leurs propriétés. — Cass., 17 déc. 1838, Comm. de Rouvres, [S. 39.1.499, P. 39.2.337] — *Sic*, Garnier, n. 233; Proudhon, t. 5, n. 1576. — *Contrà*, Chardon, n. 22; Vaudoré, *Dr. rural*, n. 294; Daviel, *op. cit.*, n. 817. — V. aussi Boutaric, *Droits seigneuriaux*, p. 570; Godefroy et Bérault, *Sur la coutume de Normandie et la coutume d'Orléans*, art. 170.

104. — Il doit être entendu dans l'art. 558, C. civ., *in fine*, comme ne conférant aucun droit au propriétaire de l'étang sont les crues accidentelles et non les crues périodiques de la saison d'hiver. — Cass., 9 nov. 1841, précité.

105. — Un terrain en nature d'étang ne résiste à une possession utile de la part des tiers dans les limites que l'eau couvre quand il est à la hauteur de la décharge que si l'étang a conservé sa destination. — Cass., 28 avr. 1846, de Morlac, [S. 46.1.380, P. 46.1.649, D. 46.1.206] — *Sic*, Daviel, *op. cit.*, n. 814.

106. — La seule existence de la digue, de la bonde, du déversoir et autres signes extérieurs ne suffit pas pour établir la conservation de la destination de l'étang. — Nancy, 4 déc. 1838, Wolff, [S. 39.2.457, P. 39.2.579] — Cette doctrine a d'ailleurs été combattue par Daviel dont, il faut le reconnaître, l'argumentation n'est point sans faire impression. Mettre l'étang à sec, déclare en substance le savant auteur, est de la part du propriétaire, un acte de pure faculté contre lequel les voisins ne peuvent prescrire et qui n'implique pas condamnation définitive de l'étang. Nous ferons toutefois remarquer qu'étant donné le peu de disposition qu'on éprouve généralement à faire démolir (ce qui est toujours coûteux), un ouvrage même inutile, les chances d'arriver à une constatation formelle des intentions du propriétaire de l'étang seraient bien illusoires.

107. — Il a été décidé que lorsque le changement de destination d'un terrain en nature d'étang résulte de l'abandon de ce terrain pendant un certain temps, la prescription de ce même terrain commence à courir, non à partir du jour où cet abandon est devenu constant, par suite de sa durée pendant un certain laps de temps, mais à partir du jour où l'abandon a commencé. — Cass., 29 déc. 1845, Comm. de Hagenwiller, [S. 46.1.106, F. 46.1.39, D. 46.1.40]

108. — Il n'est donc point nécessaire qu'il s'écoule un double délai, le premier à l'effet de faire perdre à l'étang sa destination primitive, le second commençant à courir à l'expiration du premier pour fonder la prescription du droit de propriété.

109. — D'ailleurs la question de savoir s'il y a changement de destination d'un étang résulte de circonstances dont l'appréciation est abandonnée à la prudence des juges et échappe à la censure de la Cour de cassation. — Cass., 29 déc. 1845, précité ; — 28 avr. 1846, précité.

110. — Pour que la hauteur du déversoir puisse servir à déterminer la consistance de l'étang, il n'est point indispensable que cette hauteur ait été administrativement fixée. — V. *suprà*, n. 83.

111. — Mais dans l'hypothèse d'une autorisation régulière, la hauteur de la décharge ne pourrait servir à établir la consistance de l'étang si des changements clandestins avaient été apportés à l'état des lieux. — Cass., 9 août 1831, Gand et Magot, [S. 31.1.394, P. chr.] — V. *suprà*, n. 86.

112. — Il en serait évidemment de même si, malgré les injonctions à lui adressées, le propriétaire n'avait pas apporté au déversoir les modifications prescrites par l'administration et avait ainsi conservé un état de choses illicite.

113. — Jugé spécialement dans cet ordre d'idées, que les sursis accordés par l'administration pour l'exécution des mises en demeure adressées au propriétaire ne pouvaient être opposés aux riverains qui s'étaient ainsi trouvés dans l'impossibilité d'agir. — Cass., 10 déc. 1838, Jobard, [S. 39.1.314, P. 39.1.78]

114. — Si l'administration possède le droit d'intervenir, au nom des intérêts de police dont elle est chargée, dans la réglementation des étangs, elle ne doit le faire qu'en respectant dans la mesure du possible les droits reconnus aux propriétaires par l'art. 558, C. civ. Il suit de là que si un étang forme le bief d'une usine, l'administration ne doit pas intervenir pour régler le point d'eau de cette usine, avant que la question de la hauteur de la décharge, y ait elle donné lieu à contestation, ait été résolue par les tribunaux ordinaires. — Grisot de Passy, *Etude sur le service hydraulique*, p. 26.

115. — Pour qu'il y ait lieu à l'application de l'art. 558, C. civ., il est nécessaire que le déversoir opère automatiquement et sans l'intervention de la main de l'homme. Ainsi la présomption ne saurait être invoquée par le propriétaire dont l'étang est muni, non d'un tel déversoir, mais d'un système de clapets mobiles, permettant d'élever ou d'abaisser les eaux à volonté. — Cass., 25 mai 1868, Marchand, [S. 69.1.72, P.69.151, D.68.1.488]

116. — A défaut de titre et de déversoir, la possession trentenaire semblerait pouvoir être invoquée pour déterminer les dimensions de l'étang. — Pardessus, n. 80.

117. — ... Aussi bien d'ailleurs que pour déterminer la hauteur de la décharge. — Cons. d'Et., 15 nov. 1824, [cité par Daviel, n. 811]

118. — Un arrêt du Conseil d'Etat a décidé, d'une façon trop absolue selon nous, que les queues et bords d'un étang étaient présumés en faire partie et en suivre la condition, « à moins de titres ou prescriptions contraires ». — Cons. d'Et., 26 mars 1812, Comm. d'Holacourt, [S. adm. chr.] — Il ne faudrait pas, croyons-nous, donner au mot *bords* une signification plus générale que celle qui résulte de l'art. 558.

119. — Toutefois en raison de l'adage « *accessorium sequitur principale* », il y aura présomption d'attribution au maître de l'étang de la propriété des organes essentiels : bonde, décharge, vannes, orics de manœuvre, pieux d'amarrage, etc.

120. — Cette présomption ne se comprend d'ailleurs que si l'étang a conservé sa destination ; c'est donc à bon droit qu'il a été jugé que la vente faite par l'État d'un étang improductif et à mettre en nature de prés ne comprenait pas la chaussée ni la décharge si elles n'étaient pas mentionnées expressément dans l'acte d'adjudication ou dans le procès-verbal d'estimation qui l'a précédé. — Cons. d'Et., 23 janv. 1837, Mathieu, [P. adm. chr.]

121. — Et de toute façon les objets présumés appartenir au propriétaire comme étant des accessoires, pour ainsi dire obligés, de l'étang ne participent point à l'imprescriptibilité établie en faveur des rivages par l'art. 558, C. civ., à raison de justice qui a dicté cette disposition exceptionnelle étant sans application ici (V. *suprà*, n. 90 et s.). Ces dépendances peuvent donc faire l'objet d'une prescription acquisitive de la part des tiers. — Cass., 14 mars 1881, Galland, [S. 82.1.195, P. 82.1.484, D. 82.1.85] ; — 10 avr. 1883, Comm. de Vauban, [S. 83.1.318, P.83.1.771]

122. — Et cela, sans qu'on ait à rechercher s'il y a eu, ou non, changement de destination de l'étang. — Mêmes arrêts.

123. — Mais la possession invoquée par les tiers doit évidemment présenter tous les caractères nécessaires à l'acquisition de la propriété. — Cass., 10 avr. 1883, précité. — En conséquence les juges du fond peuvent, appréciant les faits de possession qui leur sont présentés, en repousser la preuve comme n'étant ni pertinente, ni admissible, s'ils déclarent que ces faits, fussent-ils même établis, ne constitueraient pas une possession continue, non équivoque et à titre de propriétaire, telle que l'exige l'art. 2229, C. civ. Et à cet égard l'appréciation des juges du fond est souveraine.

124. — Les chaussées, rechaussées et digues doivent, dans le doute, être attribuées au propriétaire de l'étang, toujours en vertu de la règle : *accessorium sequitur principale*.

125. — Jugé spécialement, au cas d'une vente domaniale, qu'un étang vendu avec ses chaussées et sous la condition que l'acquéreur ne pourra prétendre à aucun droit sur des arbres qui y avaient été abattus, mais sans réserve pour ceux existant sur pied, comprend en faveur de l'adjudicataire la propriété de ces chaussées quoiqu'elles forment la lisière d'une forêt limitrophe réservée par le gouvernement. — Cass., 22 juill. 1813, Héritiers Mora.

126. — Mais les terrains vagues qui bordent un étang, alors du moins qu'ils ne se trouvent pas couverts par les eaux portées au niveau de la décharge, ne sont pas présumés *à priori* appartenir au propriétaire de l'étang. — Rennes, 13 janv. 1814, Ameline, [P. chr.]

127. — A qui appartiennent les arbres exorus sur les bords de l'étang ? Comme ils ne servent en rien à l'exploitation, il n'y a pas ici de raison de les supposer de prime abord appartenant au propriétaire de l'étang. Toutefois, il a été reconnu, en faveur de ce dernier, que la présomption établie par l'art. 671, C. civ., et d'après laquelle celui qui plante des arbres sur son fonds est réputé propriétaire du terrain qui se trouve entre ses plantations et l'héritage contigu, une présomption simple qui doit céder à celle qu'édicte l'art. 558, C. civ. — Cass., 14 avr. 1852, Bellot, [S. 52.1.330, P. 52.1.577, D. 52.1.169] — V. *suprà*, v° *Arbres*, n. 131.

128. — L'étang est, nous venons de le voir, de par sa nature même, un bien de consistance variable. Il semble donc *à priori* qu'il échappe, en cas de vente, aux dispositions de l'art. 1619, C. civ. Lorsque l'acte de vente a été libellé avec une simple indication de la mesure, il n'y a donc pas lieu à augmentation ou diminution du prix, si la superficie vient à être reconnue supérieure ou inférieure du prix d'un vingtième à celle qui avait été énoncée.

129. — *A fortiori* en serait-il ainsi si la vente avait porté sur l'étang envisagé comme corps certain et défini tel qu'il se poursuit et comporte.

130. — Mais si la vente avait été faite avec indication de la contenance, *à raison de tant la mesure*, les prescriptions des art. 1617 et 1618, C. civ., seraient certainement applicables. Dès lors, au cas où la contenance serait supérieure de plus d'un vingtième aux énonciations du contrat, l'acquéreur devrait un supplément de prix si mieux il n'aimait se désister. Si la contenance était inférieure, le vendeur, évidemment dans l'impossibilité de parfaire la différence, devrait subir une diminution proportionnelle du prix.

131. — Certains auteurs enseignent que les mêmes règles seraient applicables au cas où la difficulté se présenterait, non plus à l'occasion d'une vente, mais à l'occasion du bail d'un étang. — Garnier, *op. cit.*, n. 806.

132. — Il est évident que par contenance, il faut entendre ici *superficie* et non pas évaluation en mètres cubes du volume d'eau de l'étang. Une pareille mensuration, à peu près impossible à réaliser, ne pourrait pratiquement se comprendre.

§ 2. *Droit de jouissance.*

133. — En principe, le propriétaire d'un étang possède le *jus utendi, fruendi et abutendi*. Il peut donc se servir des eaux pour les besoins industriels ou agricoles de son héritage, récolter les herbes et plantes aquatiques, pêcher et vendre le poisson qui est comme un fruit naturel ; il peut même dessécher l'étang et le transformer en prairie ou terre de rapport. Nous verrons toutefois plus loin que ces droits ne sont pas aussi absolus qu'on pourrait être tenté de le croire.

134. — L'usage existe dans certaines régions de mettre les étangs à sec pendant une période déterminée ; ils sont alors cultivés, puis remis en eau après la récolte. Habituellement l'étang demeure en eau deux ans, puis reste à sec pendant un an avant de reprendre sa destination primitive. L'opération se continue ainsi par périodes de trois ans. On appelle *évolage* l'ex-

ÉTANG. — Chap. III.

ploitation de l'étang en eau ; assec, la mise en culture de son sol après dessèchement. Cet usage est particulièrement suivi dans les Dombes et la Bresse qui comprennent une grande partie du département de l'Ain et des portions de Saône-et-Loire et du Jura. Il se pratique également en Berry, en Touraine et en Poitou.

135. — Il se peut que l'assec et l'évolage n'appartiennent pas à la même personne. Il se peut aussi que l'assec, comme l'évolage, appartienne à plusieurs. De même que pendant l'évolage, chacun peut prendre sa part de pêche, pendant l'assec, quand l'étang est pêché et vidé, chacun reconnaît sa part, qui est marquée par des bornes ou par des piquets de bois, la cultive et en prend les fruits. La même année et quand les pluies arrivent, on ferme les bondes ou déchargeoirs et on fait remplir l'étang d'eau afin de l'empoissonner. Cette opération a lieu habituellement le mois de mars suivant.

136. — La Cour de cassation a décidé que, bien que pouvant être disjoints comme nous venons de le dire, l'assec et l'évolage ne constituent pas deux propriétés distinctes. Dès lors les divers ayants-droit peuvent demander la licitation comme étant en état d'indivision. — Cass. 31 janv. 1838, Comm. de Laperrière et autres, [S. 38.1.420, P. 38.1.368]; — 5 juill. 1848, Damon, Bremal et autres, [S. 48.1.697, P. 48.2.179, D. 48.1.137] — Le contraire avait été décidé dans l'ancien droit. — V. infrà, v° Indivision, n. 54.

137. — En vue de simplifier la procédure, qui sans cela eût été fort compliquée, la loi du 21 juill. 1856 a établi des règles spéciales applicables à la licitation des étangs du département de l'Ain. Nous reviendrons plus loin sur cette question. — V. infrà, n. 237 et s.

138. — A côté des droits principaux résultant de la propriété de l'étang, il convient de citer quelques droits accessoires ; les plus importants sont ceux de chasse et de pêche.

139. — Le premier dérive de l'application des principes généraux qui donne au propriétaire le droit de chasse sur son terrain ; toutefois, en vertu des pouvoirs de police attribués à l'administration, le préfet fixe, sur l'avis du conseil général, le temps pendant lequel il est permis de chasser le gibier d'eau sur les étangs (L. 3 mai 1844, art. 9).

140. — Le droit de pêche appartient au propriétaire par application des art. 2 et 5, L. 15 avr. 1829, aussi bien lorsque l'étang est en communication avec un cours d'eau que lorsque cette communication n'existe pas. Mais tandis que l'exercice de la pêche est libre pour lui dans le second cas, il est, dans le premier cas, soumis à la réglementation administrative, même lorsque la communication est établie par une porte ouvrante et fermante. — Cass., 4 avr. 1874, [Bull. civ., n. 80]; — 10 janv. 1874. — V. infrà, v° Pêche fluviale.

141. — Aux termes de l'art. 524, C. civ., les poissons des étangs sont immeubles par destination. Mais c'est à condition, d'après le libellé même de l'article, qu'ils aient été placés « pour le service et l'exploitation du fonds » (Godefroy, Coutume de Normandie, art. 207 ; Delvincourt, sur l'art. 524, C. civ.). Le caractère de meubles a été reconnu à des poissons qui avaient été déposés provisoirement dans un réservoir afin qu'ils fussent triés en vue d'une vente. — Bourges, 2 déc. 1887. — Il a été décidé de même à l'égard des poissons qui ont été retirés de l'eau, soit par la mise à sec de l'étang, soit par capture individuelle.

142. — Proudhon et Daviel enseignent aussi que dès que la bonde de l'étang est levée pour la mise en pêche, on doit regarder les poissons comme meubles et par suite comme susceptibles d'une saisie individuelle.

143. — De ce que les poissons d'un étang sont immeubles par destination, on doit conclure que la vente d'un étang comprend nécessairement la vente du poisson qui s'y trouve, sous la réserve, toutefois, formulée plus haut, à savoir que les poissons aient été placés pour son service et son exploitation et n'y séjournent pas en dépôt provisoire. — Delvincourt, sur l'art. 524, C. civ.

144. — Les poissons qui peuplent l'étang au moment où l'usufruit est ouvert appartiennent à l'usufruitier, mais seulement, ajoute Proudhon (De l'usufruit, n. 221), du moment où ils sont mis en pêche, c'est-à-dire de celui où la bonde est levée ; car c'est alors que les poissons deviennent meubles. Cette distinction ne semble pas fondée. Fruits divagants d'un fonds immeuble, les poissons appartiennent à l'usufruitier avant que celui-ci ait toute velléité de capture et son droit de propriété pourrait se

manifester à leur égard de toute autre façon, par exemple en essayant de les parquer en vue d'expériences de repeuplement.

145. — L'usufruitier qui a perçu la pêche des étangs est tenu de les aleviner ou empoissonner de nouveau conformément à l'usage des lieux. — Proudhon, n. 1221 et 1471.

146. — Lorsque l'étang propre à l'un des époux a été aleviné ou empoissonné aux frais de la communauté, cet époux doit le remboursement de ces frais si la communauté s'est dissoute avant que la pêche de l'étang ait dû être faite. — Proudhon, n. 2691.

147. — Si suivant l'usage des lieux ou l'aménagement établi par le propriétaire, la pêche qui pouvait être faite durant la communauté ne l'a point été, récompense est due à la communauté par l'époux propriétaire de l'étang. — Legrand, Cout. de Troyes, tit. 5, art. 88 ; Proudhon, n. 2692.

148. — Aux termes de l'art. 564, C. civ., les poissons qui passent dans un autre étang appartiennent au propriétaire de cet étang pourvu qu'ils n'y aient pas été attirés par fraude et artifice. Dans ce dernier cas même, le droit de suite accordé au propriétaire primitif se résout en dommages-intérêts parce qu'il est impossible d'aller dans un étang empoissonné ressaisir le poisson venu d'un autre étang. — Daviel, n. 821 ; Dumay, sur Proudhon, n. 1582.

149. — Ainsi le propriétaire d'un étang dont les poissons passent par l'effet d'une inondation dans un autre étang ne semble pas pouvoir prétendre au droit que lui accordaient certaines coutumes de faire vider l'étang où son poisson s'était réfugié (Dumay, sur Proudhon, loc. cit. — V. toutefois Duranton, t. 4, p. 416). Mais tant que le poisson n'est pas arrivé dans l'autre étang, il ne cesse d'appartenir au premier propriétaire qui peut ainsi le suivre et le reprendre sur les terrains où il se trouverait jeté. — Proudhon, loc. cit.; Duranton, loc. cit.

150. — Quid, si les poissons d'un étang l'ont quitté pour suivre, soit à l'amont, soit à l'aval, le cours d'eau qui l'alimente ? Il est évident qu'ils ne sont pas en principe susceptibles de revendication ; le propriétaire de l'étang sait à quels risques il s'exposait à cet égard en levant les barrages qui commandent l'introduction ou la décharge des eaux courantes.

151. — Il semble cependant que la revendication serait applicable aux poissons attirés dans le cours d'eau par fraude ou artifice. Décider autrement serait rendre impossible l'application de l'art. 564 qui s'oppose à l'adduction frauduleuse des poissons d'un étang dans un autre, puisque deux étangs ne peuvent être contigus d'une façon absolue et sont nécessairement réunis par un cours d'eau de plus ou moins grande longueur.

152. — En cas de débordement de l'étang, le poisson ne cesse pas d'appartenir au propriétaire de l'étang, même lorsqu'il se trouve sur la partie inondée des terrains riverains. C'est donc à tort que les propriétaires de ces terrains estimeraient pouvoir placer dans les eaux qui couvrent momentanément leurs fonds des nasses ou des filets. — Chambéry, 1er févr. 1870, Fraudin, [S. 70.2.149, P. 70.395, D. 70.2.178]

153. — Le vol de poissons dans les étangs constitue un délit passible d'un emprisonnement d'un an au moins de cinq ans au plus et d'une amende de 16 à 500 fr. (C. pén., art. 388). L'empoisonnement des poissons est puni des mêmes peines ; toutefois l'amende ne peut plus dépasser 300 fr. (C. pén., art. 452).

154. — La pêche d'un étang peut valablement faire l'objet d'un bail. Mais la pêche pourrait-elle être cédée à perpétuité, indépendamment de la propriété de l'étang ? Garnier a soutenu la négative (n. 807) ; ce principe doit cependant souffrir exception dans le cas où les différents droits qui composent la propriété de l'étang sont partagés entre plusieurs copropriétaires.

155. — A été reconnue nulle, comme entachée de féodalité, la concession de droits de chasse et de pêche sur un étang, faite aux habitants d'une commune par un seigneur non justicier, en vertu de sa puissance seigneuriale, et non comme propriétaire privé de l'étang. — Cass., 28 mai 1873, Préf. de l'Hérault, [S. 74.1.80, P. 74.165, D. 73.1.365]

156. — Les baux des étangs appartenant à l'État sont passés suivant les règles adoptées en matière de baux de biens dosés et maniaux. — V. supra, v° Bail administratif, Domaine public et de l'État, n. 1023 et s.

157. — Jugé spécialement que sous le régime du sénatus-consulte du 12 déc. 1852, le souverain n'avait pu consentir, sous forme d'abonnement annuel, la cession d'une fraction déterminée des eaux des étangs du parc de Versailles. La question de revendication ne s'est pas posée puisque le fonds était resté dans les mains de l'Etat ; mais, ce qui revient au même, il a été reconnu que celui-ci ne pouvait-être tenu d'aucune garantie ni responsabilité à l'occasion d'un semblable traité. — Cass., 30 mai 1884, Imp. Eugénie, [S. 82.1.77, P. 82.1.160, D. 81.1.460]

158. — Il y aurait lieu également d'observer pour l'amodiation des étangs communaux les règles tracées pour la gestion des biens communaux. — V. *supra*, v° *Commune*, n. 520 et s.

159. — L'eau de l'étang peut être utilisée directement par le propriétaire ; elle peut aussi faire l'objet de concessions consenties par lui en faveur de tiers.

160. — Il a été jugé, à cet égard, que la prise d'eau concédée par le propriétaire d'un étang à un propriétaire inférieur constitue une eau privée et non une eau courante dont les riverains auraient le droit de disposer, alors même que pour se rendre de l'étang au point où elle doit être utilisée par le concessionnaire, elle emprunterait le lit desséché d'une ancienne rivière. — Cass., 21 juin 1859, Courthill», [S. 59.1.661, P. 60.571, D. 59.1.344]

161. — Qu'en conséquence, un propriétaire intermédiaire ne pouvait se servir de cette eau lors de son passage pour l'irrigation de ses propriétés. — Même arrêt.

162. — Il est à noter toutefois, que dans l'espèce en cause, l'eau provenant de l'étang ne se mêlait à aucune autre eau et ne coulait pas dans le lit de la rivière par son cours naturel, mais par l'effet de travaux sans lesquels elle serait demeurée stagnante. Cette circonstance était manifestement de nature à entraîner la décision au procès.

163. — Un étang peut faire l'objet d'une propriété collective et indivise. Nous avons signalé la situation toute particulière des étangs où l'*assec* et l'*évolage* appartiennent à des propriétaires différents (V. *supra*, n. 135). La jouissance des propriétaires indivis est réglée habituellement par les titres de propriété.

164. — Lorsqu'un étang appartenant par indivis à deux propriétaires est soumis à une servitude d'arrosage sur les terres voisines au profit d'un des copropriétaires, il a été décidé que celui-ci pouvait changer les conditions d'exercice de cette servitude et utiliser les eaux auxquelles il avait droit pour les besoins industriels d'une usine, du moment qu'il était constaté que ce changement n'altérait pas leur régime et ne causait aucun préjudice à l'autre propriétaire de l'étang. — Cass., 10 févr. 1886, Boirivant, [D. 86.1.445]

165. — L'établissement et l'exploitation des étangs ne rentrent pas dans la catégorie des entreprises pour lesquelles les lois des 21 juin 1865 et 22 déc. 1888 ont prévu la réunion des intéressés en associations syndicales. Et d'autre part, la suppression des étangs ne peut être assimilée aux travaux d'assainissement des terres insalubres prévus par lesdites lois, lesquelles ne reçoivent donc lors en la matière aucune application.

166. — Mais un syndicat professionnel pourrait régulièrement et valablement se constituer entre des fermiers d'étangs ou des propriétaires exploitant eux-mêmes pour « tout ce qui concerne l'exploitation des étangs, la reproduction et la conservation du poisson, la pêche et la vente de ces produits ». — Cass., 5 janv. 1897, Bocquet, [S. et P. 97.1.242, D. 97.1.120]

167. — Et dans ces conditions a été déclarée recevable l'action du syndicat tendant à ce qu'il fût fait défense à des usiniers de laisser couler les eaux usinières qui contamineraient les étangs et en amèneraient le dépeuplement, et à ce qu'une expertise fût prescrite pour curer les étangs et enlever la vase empoisonnée. — Même arrêt. — Il était d'ailleurs constaté dans l'espèce que tous les étangs communiquaient entre eux et que les germes morbides apportés dans quelques-uns des étangs se propageraient nécessairement dans tous les autres. Et dès lors, il s'agissait non d'un intérêt particulier, mais d'un intérêt général, ce qui légitimait absolument l'intervention du syndicat.

168. — On sait que la propriété d'un objet emporte le droit de le détruire. On doit donc admettre que le propriétaire d'un étang a le droit de le supprimer et de le transformer en terre de culture. Les riverains ou voisins ne seraient admis à se plaindre que s'ils avaient pu acquérir sur l'étang des droits qui se trouveraient ainsi éteints ou si la suppression devait avoir des conséquences fâcheuses au point de vue de l'écoulement des eaux.

169. — Garnier fait remarquer (*op. cit.*, n. 803) que si le propriétaire d'un étang servant à faire mouvoir un moulin ou à arroser une prairie vendait le moulin ou la prairie, il ne pourrait dessécher cet étang et que, par conséquent, s'il vendait l'étang, l'acquéreur ne le pourrait pas davantage. Cette opinion, certainement conforme à l'équité. n'est peut-être pas irréfutable et il serait prudent d'insérer à cet égard dans l'acte de vente les réserves nécessaires. On sait, en effet (C. civ., art. 691), que la destination du père de famille ne vaut titre qu'à l'égard des servitudes continues et apparentes ; or tel n'est pas le cas dans l'hypothèse qui nous occupe.

170. — Le propriétaire d'un étang dont les eaux servent à l'alimentation d'une commune, d'un village ou d'un hameau, perd-il le droit d'en opérer la suppression? L'affirmative a été admise par les auteurs (Solon, *Servit.*, n. 42 ; Favard de Langlade, *Rép.*, v° *Servit.*, sect. 2, n. 8 ; Chabrol-Chaméaux, v° *Eaux*; Lerat de Magnitot et Huard-Delamare, *ibid.*, chap. 6, § 2). Et elle nous semble devoir encore mieux prévaloir sous l'empire de la loi du 8 avr. 1898 sur le régime des eaux. En effet, d'une part, la disposition de l'ancien texte de l'art. 643, C. civ., a été reproduite dans le nouvel art. 642, *in fine*; d'autre part, le nouvel art. 643 interdit au propriétaire d'une source d'en détourner les eaux « quand celles-ci forment un cours d'eau ayant le caractère d'eaux publiques et courantes ». Or, dans l'hypothèse où nous sommes placés, que l'étang soit formé par un cours d'eau ou qu'il soit alimenté par des sources ou par la pluie, les eaux qui s'en échappent constituent certainement, et leur usage même l'établit, des eaux « publiques et courantes » soustraites, dès lors, au droit arbitraire du propriétaire par l'art. 643, précité.

171. — Un propriétaire d'étang dont la jouissance serait troublée du fait de l'exécution de travaux publics aurait certainement droit à une indemnité à régler par le conseil de préfecture. C'est ce qui a été jugé dans un cas où la construction d'une digue, rendait très-difficile la pénétration de la mer dans un étang salé et entravait l'exercice de la pêche. — Cons. d'Et., 2 avr. 1897, Comp. des Salines du Midi, [D. 98.3.73]

172. — Si l'étang était desséché entièrement par les mêmes causes, il y aurait là encore une source à indemnité arbitrée par le conseil de préfecture. Mais si la suppression était précédée du sol de l'étang ainsi mis à sec, on se trouverait en présence d'une véritable expropriation et l'indemnité devrait être fixée par le jury. Remarquons qu'il ne s'agit ici que de la suppression prononcée par voie administrative.— V. à cet égard, *infrà*, n. 272 et s.

§ 3. *Limites des droits des propriétaires.*

173. — Nous ne ferons qu'énoncer une vérité de droit commun en rappelant que le propriétaire de l'étang doit prendre ses dispositions de telle façon qu'il ne cause aucun dommage aux tiers. Les ouvrages régulateurs du niveau notamment doivent être tels qu'ils ne déterminent ni reflux des eaux sur les héritages supérieurs ni aggravation des conditions naturelles d'écoulement sur les fonds inférieurs, ni détournement des eaux dont profitaient autrefois les propriétaires de ces fonds. On doit considérer comme abrogées les dispositions contraires que pouvaient contenir à cet égard les anciennes coutumes et notamment celles aux termes desquelles les voisins d'un étang pouvaient être tenus d'en recevoir les eaux moyennant indemnité. — Garnier, *op. cit.*, n. 799; Daviel, *op. cit.*, n. 808; Duranton, *op. cit.*, t. 4, n. 437 et s.

174. — Quand un propriétaire, pour augmenter l'étendue et le produit de son étang, y a réuni d'autres eaux qui ne s'y seraient pas rendues naturellement, le propriétaire inférieur ne peut refuser de les recevoir si, pendant le temps de la prescription ordinaire, il les a reçues sans réclamation. La prescription ne serait pas accomplie qu'il pourrait encore être obligé de les recevoir s'il n'en devait résulter pour lui aucun dommage. — Pardessus, p. 125.

175. — Nous avons déjà eu l'occasion de dire que ce que les propriétaires des fonds supérieurs et inférieurs peuvent consolider par la prescription, c'est la situation privilégiée ou tout au moins exempte de dommages dont ils ont joui. La dimension et la disposition des ouvrages considérées abstraction faite des conséquences qu'elles peuvent avoir sur la tenue des eaux, doivent rester hors de cause. En d'autres termes, rien n'empêche le propriétaire de l'étang, fût-ce au bout de trente ans, d'apporter aux ouvrages toutes les modifications qu'il veut, du moment que ces modifications sont radicalement sans influence sur l'état de choses existant.

176. — Les tiers sont-ils tenus d'attendre qu'un dommage effectif leur ait été causé ou bien peuvent-ils agir dès que ce dommage devient imminent et mettre le propriétaire de l'étang en demeure d'effectuer les travaux ou les réparations que commandent les circonstances ? La seconde solution a été admise par la grande majorité des auteurs (L. 1, § 1 ff. *De aqud et aqud pluviali*; L. 2 ff. *De damno infecto*). — Boutaric, *Dr. seig.*; Toullier, t. 3, n. 138; Duranton, t. 4, n. 408 ; Daviel, n. 818 ; Garnier, n. 796 ; Dumay, sur Proudhon, *Dom. publ.*, n. 1576; Perrin, n. 1472; Merlin, *Rép.*, v° *Etang*; Pardessus, n. 81 ; Fournel, v° *Etang*.

177. — Cette solution paraît logique et les tribunaux pourront apprécier si les craintes des riverains sont fondées. Contrairement toutefois à ce qu'aurait autorisé la loi romaine, il n'y aurait pas lieu pour les tiers de réclamer une caution préalable : on s'accorde en général à déclarer que la *cautio damni infecti* n'existe pas dans notre droit.

178 — Que les tiers aient ou non, adressé une sommation au propriétaire de l'étang, ils sont toujours en droit de réclamer des dommages-intérêts à raison du préjudice qui leur aurait été effectivement causé. L'art. 1146, C. civ., n'est pas applicable au cas où l'indemnité est réclamée par application de l'art. 1382, C. civ. — Cass., 8 mai 1832, Tilly, [S. 32.1.398, P. chr.].

179. — Ce n'est pas seulement au surplus à des dommages-intérêts que peuvent prétendre les particuliers lésés. Il se manifeste que les tribunaux pourraient ordonner le rétablissement des lieux dans l'état primitif ; ils seraient aussi en droit de prescrire la destruction ou la modification des ouvrages, cause du dommage ; ils pourraient déterminer le mode et les moments de l'écoulement des eaux de manière à ce qu'elles ne puissent pas nuire aux propriétés inférieures ; ils seraient en droit de déterminer tous les travaux nécessaires à cet effet. — Cass., 16 févr. 1832, Rœder, [S. 33.1.54, P. chr.] — Proudhon, *Dom. publ.*, n. 1576; Pardessus, p. 111.

180. — Mais l'intérêt étant la limite des actions, ce n'est évidemment que de ceux qui ont à souffrir directement de l'existence de l'étang, que peut émaner une demande de modification des ouvrages régulateurs. — Rennes, 13 janv. 1814, Ameline, [P. chr.]

181. — Le défaut d'entretien et de curage d'un étang peut entraîner des inconvénients engageant la responsabilité du propriétaire ainsi que le feraient les conséquences d'un fait positif dommageable à lui imputable (V. *infra*, n. 197). Dans ces constatations purement matérielles, l'appréciation des juges du fait est souveraine.

182. — La jurisprudence accorde le bénéfice de l'action possessoire à ceux qui, par suite de changements apportés aux décharges d'un étang, se trouvent troublés dans la jouissance des eaux qui jusque-là leur étaient transmises. — Cass., 16 févr. 1832, Rœder, [S. 33.1.54, P. chr.]

183. — Et cela alors même qu'ils ne justifieraient pas avoir fait des ouvrages apparents destinés à faciliter la chute et le cours de l'eau dans leurs propriétés. — Cass., 20 févr. 1839, Duvoisin Lageneste, [S. 39.1.414, P. 39.1.338]

184. — Ainsi que nous l'avons dit, l'autorisation administrative n'exonère nullement le propriétaire de l'étang des responsabilités de droit civil qu'il peut avoir encourues. — V. *suprà*, n. 50.

185. — Les contestations qui s'élèvent en pareille matière sont d'ailleurs du ressort exclusif des tribunaux civils. — Cass., 23 mai 1831, Villemain, [S. 31.1.295, P. chr.] — Cons. d'Et., 1819, Chaptal, [S. chr., P. adm. chr.]; — 31 oct. 1821, Lepays de Latham, [P. adm. chr.]; — 9 mai 1827, Luden, [S. chr., P. adm. chr.]

186. — Conformément aux principes généraux, les actes de l'autorité administrative ne pourraient être mis en cause par les magistrats de l'ordre judiciaire et l'application n'en pourrait être ordonnée par ceux-ci qu'autant que l'acte serait clair et sans ambiguïté (V. *suprà*, v° *Acte administratif*, n. 112 et s.). — V. aussi *infra*, n. 262. — Au cas où l'interprétation de l'acte soulèverait des difficultés, ce serait à l'autorité administrative qu'il appartiendrait de prononcer. En principe l'interprétation émane de celui à qui a pris la décision : *ejus interpretari cujus est condere* (V. *suprà*, v° *Acte administratif*, n. 133 et s.). Le préfet donnera donc l'interprétation d'un arrêté préfectoral.

187. — Ainsi, si la submersion provenait du mauvais entretien des canaux d'écoulement, les tribunaux civils seuls seraient compétents pour traiter la question de responsabilité. Si la submersion résultait d'une modification indûment apportée aux ouvrages régulateurs, la question de fait était également du ressort des tribunaux civils. Il en serait de même s'il s'agissait simplement de vérifier si l'on s'était écarté des conditions prescrites par l'autorisation administrative. Mais si les intéressés discutaient la légalité ou la portée de cette autorisation, le recours à l'autorité administrative deviendrait nécessaire.

188. — La question de compétence présente toutefois quelques difficultés à l'égard des anciens arrêts de Parlement qui, dans certaines régions, avaient fixé le régime des étangs. Les Parlements qui avaient rendu des arrêts étaient en fait investis à la fois d'attributions judiciaires et d'attributions administratives. Il a été décidé que l'interprétation de ces actes appartenait au Conseil d'Etat à l'exclusion des préfets. — Cons. d'Et., 20 avr. 1888, Coulet, [S. 90.3.29, P. adm. chr., conclusions de M. Le Vavasseur de Précourt, commissaire du gouvernement] — V. Cons. d'Et., 6 déc. 1895, [*Bull. hyd. agr.*, fasc. T, p. 85]

189. — Une grave question est celle de savoir quels sont les droits que le maître de l'étang peut acquérir par prescription à l'encontre des tiers, indépendamment de ceux qui constituent l'exercice normal de ses droits de propriété. La plus importante solution à dégager est celle de savoir si le propriétaire peut acquérir le droit de submerger les fonds riverains. La négative paraît fondée. En effet, observe M. Picard (*op. cit.*, t. 4, p. 212), s'il y a eu inobservation des règlements administratifs l'art. 457, C. pén., devient applicable. Et s'il n'y avait pas de règlement, on se trouverait en présence de l'art. 15, tit. 2, L. 28 sept.-6 oct. 1791, lequel punit de l'amende la submersion des héritages voisins (V. *infra*, v° *Inondation*, n. 181 et s.). Dans l'un ou l'autre cas, l'acte étant délictueux ne pourrait servir de base à la constitution d'un droit. — V. Cass., 23 janv. 1819, Blaise Guéron, [S. et P. chr.] — Garnier, n. 798.

190. — Nous devons cependant faire remarquer que plusieurs auteurs soutiennent que les fonds riverains d'un étang sont soumis à la servitude d'inondation sur leurs bords dans les temps de grandes crues. — Proudhon, *op. cit.*, n. 1576 ; Toullier, t. 3, n. 137 et 138; Duranton, t. 4, n. 413. — Daviel (*op. cit.*, n. 811) insiste sur ce fait qu'une décharge établie à telle ou telle hauteur constitue certainement une servitude apparente et continue dont la longue possession établit un droit en faveur du propriétaire de l'héritage supérieur. Proudhon enseigne particulièrement qu'il suffit que l'étang ait été établi depuis plus de trente ans pour que cette servitude reste définitivement acquise à l'un sur l'héritage de l'autre. Mais ce qui nous paraît infirmer la partie doctrinale de cette déclaration, c'est que l'auteur a visé les inondations se produisant en temps de *grandes crues*, c'est-à-dire dans un cas de force majeure où, comme nous le verrons tout à l'heure (n. 194), la responsabilité du propriétaire de l'étang est précisément très-discutable.

191. — Sans être aussi absolu que Proudhon, Troplong (*Des prescriptions*, n. 135, 136 et 137) admet la prescription seulement lorsque la hauteur des eaux n'a pas été réglée administrativement d'une façon préalable. Mais la possession n'en reste pas moins, croyons-nous, entachée d'un vice originel puisque la submersion est par elle-même un fait prohibé par l'art. 15, tit. 2, L. 28 sept.-6 oct. 1791.

192. — De ce que, au moins dans le système que nous défendons, aucune prescription ne peut fonder un droit en pareille matière, faut-il en conclure que toutes les submersions donnent immédiatement et de plein droit ouverture à une action en indemnité ? La question a été fort discutée.

193. — Evidemment la responsabilité du propriétaire ne peut être mise en doute si l'inondation résulte de son fait ou de sa négligence ; c'est la simple application des règles exposées plus haut (V. *suprà*, n. 189). Mais il peut arriver des crues extraordinaires déjouant toutes les prévisions et il n'est amené à se demander si le propriétaire n'est fondé à invoquer la force majeure. C'est sur ce point que les auteurs se sont divisés.

194. — MM. Daviel (*op. cit.*, n. 819) et Dumay, sur Proudhon (*op. cit.*, n. 1576), déclarent que le propriétaire n'est responsable des inondations qu'autant qu'elles peuvent être imputées à la négligence ou à l'influence des mesures prises pour retenir le mouvement habituel des eaux. Une inabondance d'eau est un accident de force majeure qui ne peut emporter aucune responsabilité.

195. — Cette doctrine a été combattue par MM. Garnier (*op.*

cit., n. 797) et Chardon (*Droit d'alluvion*, n. 22). Ces auteurs ont soutenu au contraire que le propriétaire ne peut alléguer la force majeure parce que la retenue des eaux étant faite dans son intérêt, il devait calculer les dimensions de ses débouchés de manière à prévenir toute espèce de dommage pour les voisins. C'est à lui de supporter les inconvénients d'une situation dont il retire les avantages.

196. — La première opinion est certainement la mieux fondée; il est impossible de s'attaquer au propriétaire qui aurait pris d'une façon manifeste toutes les précautions que pouvait dicter la prudence. Tout est ici, au surplus, une question de fait et c'est surtout d'après les circonstances de l'espèce que les tribunaux auraient, le cas échéant, à se prononcer. Telle est d'ailleurs l'opinion soutenue par M. Picard (*op. cit.*, t. 4, p. 212).
— V. aussi Cass., 18 juin 1851, Fevez, [S. 51.1.513, P. 51.2.100, D. 51.1.296]

197. — Ainsi, bien que l'inondation fût le résultat d'une surabondance d'eau due à des causes anormales, la responsabilité du propriétaire serait engagée si l'écoulement, qui eût pu sans cela se faire sans dommages sérieux, s'était trouvé retardé ou entravé par le mauvais état des canaux de vidange. — V. Cass., 14 juin 1887, Bouthelas-Desmoulins, [S. 90.1.434, P. 90.1.1039]

198. — Dans tous les cas, les inondations que les voisins peuvent se trouver obligés de supporter, sont seulement celles qui peuvent provenir de la retenue des eaux. Au moment où l'étang est vidé pour être mis en pêche, le propriétaire doit prendre les précautions convenables pour ne causer aucun dommage aux fonds inférieurs. Il ne pourrait pas prétendre avoir le droit d'inonder en pareil cas les terrains inférieurs et soutenir qu'il a acquis ce droit en agissant ainsi chaque fois qu'il a mis son étang en pêche. Ce serait là une servitude discontinue qui n'admet pas la prescription. — Daviel, n. 822 *bis.*

199. — Par la même raison, lorsqu'un étang est situé au-dessus d'un terrain qui doit en souffrir la décharge, il est évident que le propriétaire ne peut le vider même pour le mettre en pêche, qu'après que les récoltes ont été faites sur ledit terrain, parce qu'autrement ce serait aggraver d'une manière onéreuse la servitude. — Proudhon, *Dom. publ.*, n. 1580.

200. — Il n'est question, bien entendu, dans tout ce qui précède, que de véritables submersions. Ainsi nous l'avons vu (*supra*, n. 103), c'est aux riverains à se prémunir contre les envahissements et érosions de peu d'importance que peut occasionner le flottement des eaux de l'étang. — V. *Contrà*, Daviel, *op. cit.*, n. 814 *bis*; Dumay, sur Proudhon, *Dom. publ.*, n. 1576.
— V. *infrà*, n. 212 et s., les questions relatives à l'écoulement des eaux des étangs supérieurs dans les étangs inférieurs.

201. — M. Picard fait remarquer (*op. cit.*, t. 4, p. 212) qu'aucune action ne pourrait être intentée, un dommage réel eût-il été constaté, si le terrain submergé avait fait partie de la même propriété que l'étang lors de la création de celui-ci, en sorte qu'il y eût servitude établie par destination du père de famille. — Angers, 20 janv. 1813, Albin, [S. et P. chr.]

202. — Laissant de côté la question de submersion, on peut se demander si le propriétaire peut acquérir par prescription le droit d'écouler les eaux de l'étang sur les terrains inférieurs lorsque ce dernier doit être mis à sec. L'affirmative a été reconnue et la Cour de cassation a déclaré qu'il y avait là une servitude continue et apparente susceptible de prescription. — Cass., 18 juin 1851, précité.

203. — Dans l'espèce précitée, la servitude a été reconnue *apparente* parce que la vidange de l'étang avait nécessité l'établissement d'œuvres apparentes et permanentes. Et ce double caractère a été reconnu à la bonde de décharge. D'autre part, la servitude a été réputée continue bien qu'elle ne pût s'exercer qu'à certaines époques et avec certains intervalles et qu'il fût en outre nécessaire pour cela que la bonde fût manœuvrée.

204. — La possession de cette servitude peut donner lieu à une action possessoire. — Cass., 18 juin 1851, précité.

205. — Mais le passage des eaux sur les fonds inférieurs n'est point nécessairement une cause de préjudice pour ceux-ci et la possession annale par eux des eaux surabondantes de l'étang a été parfois le point de départ d'une action possessoire dirigée contre le propriétaire qui, en opérant l'assec, avait mis fin à l'écoulement. Il a été jugé que lorsque le propriétaire n'avait rien fait qui excédât son droit, il pouvait victorieusement résister à l'action en complainte dirigée contre lui à cette occasion.

— Cass., 18 déc. 1889, Barré, [S. 91.1.124, P. 91.1.288, D. 91.5.12]

206. — Et en se prononçant de la sorte, le juge ne cumule pas le possessoire et le pétitoire du moment qu'il s'abstient de déterminer au fond les droits des parties et ne constate que surabondamment l'absence de préjudice causé. — Même arrêt.

207. — Un propriétaire d'étang pourrait-il, pour assécher son étang et en faire écouler les eaux, réclamer le bénéfice de la servitude instituée par la loi du 29 avr. 1845 pour permettre l'écoulement des eaux nuisibles qui séjournent sur un terrain? La négative a été décidée avec raison. — Cass., 26 mars 1849, Chanteraine, [S. 49.1.321, P. 49.2.5, D. 49.1.129] — En principe, un étang n'est pas un amas d'eaux nuisibles et les riverains peuvent, comme nous le verrons en parlant de cette espèce, avoir intérêt à ce qu'il soit conservé. Si, contrairement au cas habituel, l'existence de l'étang est préjudiciable aux intérêts publics, la suppression doit en être ordonnée, mais suivant une procédure particulière qui sera étudiée plus loin.

208. — Notre exemple suppose que les terrains inférieurs ne reçoivent pas habituellement les eaux de l'étang. Dans le cas contraire et si la mise à sec doit simplement modifier au moins d'une manière momentanée, la situation existante, on se trouve dans le cas d'appliquer l'art. 640, C. civ., qui interdit d'aggraver, au préjudice des propriétaires inférieurs, les conditions naturelles d'écoulement. Mais en présence de l'inaction des propriétaires, le maître de l'étang pourrait, là aussi, acquérir par prescription un droit de servitude si ses actes de possession s'étaient exercés d'une façon continue et apparente, comme il a été dit plus haut.

209. — Inversement, l'étang est-il toujours tenu de recevoir les eaux supérieures? Rien ne différencie à cet égard le propriétaire de l'étang des propriétaires voisins sur les fonds desquels les eaux pourraient aussi s'épancher. Il est donc tenu dans les limites de l'art. 640, C. civ., et ne pourrait interdire aux eaux supérieures l'accès de l'étang, ce qui ne pourrait s'obtenir que par la construction de digues prohibée par ledit article.

210. — L'adduction des eaux est du reste rarement vue avec défaveur par le propriétaire de l'étang et même dans certains cas, des textes spéciaux réservaient à l'étang toutes les eaux qui par la disposition des lieux découlaient des terrains supérieurs. Tel était le cas prévu par les anciens usages de la Bresse et des Dombes.

211. — Jugé qu'en pareil cas les propriétaires supérieurs ne pouvaient, même sur leur propre terrain, exécuter aucun travail détournant de la pente naturelle ou artificielle les eaux qui conduisaient aux étangs inférieurs. — Cass., 18 févr. 1884, Finaz, [S. 85.1.205, P. 85.1.501, D. 84.1.187] — Et cela, sans qu'il y eût constitution de droit par titre.

212. — La servitude d'écoulement prévue par l'art. 640, C. civ., existe-t-elle pour les étangs les uns vis-à-vis des autres? Les termes très-généraux de l'article semblent devoir faire prononcer l'affirmative, à moins cependant qu'il ne s'agisse d'un étang créé d'une façon absolument artificielle, car il ne serait plus question d'eaux (Garnier, *op. cit.*, n. 800) s'écoulant naturellement. La négative a été toutefois enseignée par Duranton (t. 4, n. 411) et Daviel (t. 2, n. 822). — V. aussi Cass., 30 août 1808, Chantereau, [S. et P. chr.]

213. — L'art. 175 de la coutume d'Orléans, qui formait anciennement le droit commun à cet égard, disposait de la manière suivante : « Lorsque deux étangs sont si rapprochés que l'étang supérieur ne peut être vidé pour la pêche, le propriétaire inférieur doit, dans les trois jours de la sommation qui lui est faite, lever la bonde de son étang et en évacuer l'eau, de manière à ce que l'étang le plus élevé puisse être mis en pêche. » On voit que ce cas diffère sensiblement de l'espèce envisagée au numéro précédent, puisqu'il s'agit pour le propriétaire inférieur non seulement de recevoir les eaux supérieures, mais encore d'évacuer les siennes de manière à leur faire place.

214. — Daviel et Duranton (*loc. cit.*) ont soutenu sa la disposition de la coutume d'Orléans n'était plus en vigueur. M. Picard fait remarquer (*op. cit.*, t. 4, p. 209), avec plus de raison, qu'on se trouve en présence d'un de ces règlements particuliers aux lieux qui, d'après l'art. 645, doivent toujours être observés, sauf pour les tribunaux à apprécier dans quelle mesure ils doivent être appliqués en vue de concilier dans la mesure du possible les intérêts en présence.

215. — L'exemple s'est produit d'une obligation imposée au propriétaire d'un étang d'y recevoir les eaux d'un autre étang dont le desséchement avait été prescrit par mesure d'utilité publique, à la charge par l'administration de retirer ces eaux au moyen d'une machine à vapeur pour les déverser ensuite dans un canal public. Une pareille obligation a été considérée comme constituant non la cession ou la perte d'une partie dudit étang, mais un simple dommage donnant lieu à une indemnité dont la fixation est du ressort du conseil de préfecture. — Cons. d'Et., 10 avr. 1848, de Galiffet, [P. adm. chr.] — V. suprà, n. 171 et 172.

216. — En enregistrant cette décision, nous devons faire remarquer combien parait fragile la base d'une pareille obligation, lorsqu'il n'est pas procédé — et précisément tel n'était pas le cas — par voie d'expropriation. — Une servitude non prévue par le Code ne peut évidemment être établie que par une loi et il est bien difficile d'en réduire les effets à une simple privation de jouissance. — V. Cons. d'Et., 30 août 1842, de Galiffet, [S. 43. 2.42, P. adm. chr.]

217. — C'est en s'inspirant des principes qui précèdent que l'on doit examiner la question de savoir si le propriétaire supérieur pourrait lâcher les eaux de l'étang pendant que l'étang inférieur est mis à sec pour la pêche. On recourra, pour la trancher, à défaut de règlements locaux, à l'art. 167 de la coutume d'Orléans ainsi conçu : « Quand étangs sont assis en mêmes ruisseaux et cours d'eau, si l'un d'iceux est prêt à pêcher, ne pourra celui de dessus lever la bonde du sien pendant que celui de dessous est en pêche, laquelle il sera tenu de faire en toute diligence. » — Paris, 28 juill. 1814, Nicaise, [S. et P. chr.]

218. — Lorsque, en ce sens, que les étangs inférieurs doivent être pêchés avant les étangs supérieurs de telle sorte néanmoins que la pêche ne retarde pas trop celle des autres. — Paris, 28 juill. 1814, précité.

219. — Certains propriétaires des étangs du département de l'Ain prétendaient avoir le droit de faire refluer les eaux de l'étang inférieur sur l'étang supérieur. Il a été reconnu qu'un tel droit ne pouvait résulter de conventions particulières et ne constituait ni une servitude dérivant de la situation des lieux, ni une servitude établie par la loi, ni un droit particulier établi par un ancien usage local demeuré en vigueur. — Lyon, 6 févr. 1873, C¹ᵉ des Dombes, [S. 74.2.9, P. 74.91, D. 73.2.5] — Sic, Merlin, Rép., vᵒ Voisinage; Bourguignat, Etablissements industriels, t. 2, n. 563.

220. — Et que ce droit se trouve éteint par l'effet de la licitation que l'étang supérieur avait subie dans les termes et dans les conditions de la loi du 21 juill. 1856. — Même arrêt.

221. — Quand deux étangs sont contigus et que la retenue de l'étang inférieur nuit à la chaussée de l'étang supérieur et la dégrade, il faut distinguer, d'après Daviel (n. 815). Si l'étang inférieur existait avant le supérieur et si le déversoir n'en a pas été exhaussé, le propriétaire de cet étang ne peut être soumis à des dommages-intérêts ; l'autre doit s'imputer d'avoir sa chaussée trop bas. Au contraire, si l'étang inférieur a été établi le dernier, le propriétaire doit réparer le dommage causé et, pour l'avenir, réduire la hauteur de son déversoir.

222. — Si l'établissement de celui des deux étangs dont la création est postérieure motive une autorisation préalable de l'administration (V. la distinction indiquée, suprà, n. 48 et s.), l'autorisation devra évidemment prévoir une distance suffisante pour prévenir tout inconvénient. — Pardessus, n. 199.

§ 4. Licitation des étangs situés dans le département de l'Ain.

223. — « La licitation des étangs situés dans le département de l'Ain dont l'assec et l'évolage n'appartiennent pas à un seul propriétaire (V. suprà, n. 134 et s.), ne peut, dit la loi du 21 juill. 1856 (art. 2), être poursuivie qu'en se conformant aux dispositions de la présente loi ». Or, la loi du 21 juill. 1856 a eu en vue la suppression des étangs des Dombes par voie administrative ; mais les règles qu'elle a tracées dans cette hypothèse sont également applicables au cas où la licitation est provoquée par un des copropriétaires.

224. — La licitation, telle qu'elle est réglée par la loi du 21 juill. 1856, a pour objet de transférer à l'adjudicataire la propriété de l'étang, libre de tous droits d'usage et de toutes servitudes autres que celles dérivant de la situation des lieux ou établies par la loi, et sauf les droits de puisage, d'abreuvage et de lavoir qui seraient réservés par l'arrêté du préfet sur le cours d'eau rendu à son cours naturel.

Section II.
Droits des riverains.

225. — Une distinction importante commande ici tout le sujet. Si l'étang n'est formé que par l'épanouissement d'un cours d'eau, il n'est point douteux que les riverains ne jouissent sur ses eaux des droits qu'ils pourraient exercer sur le ruisseau ou la rivière qui le constitue. Si au contraire l'étang est formé simplement par des eaux de source, de pluie ou d'infiltrations, il n'y a en principe aucun droit qui puisse faire échec à la plénitude de propriété du maître.

226. — La question de savoir dans lequel des deux cas précités se trouve est une question de propriété que le juge du possessoire ne saurait trancher. Ainsi il y a cumul du pétitoire et du possessoire quand le juge, saisi d'une complainte fondée sur la possession annale d'un étang, sans s'attacher au fait matériel et aux caractères légaux de la possession invoqués par le demandeur, admet le défendeur à prouver que s'agissant d'une eau courante et non d'un étang, ledit défendeur a, comme riverain, le droit de lavage. — Cass., 15 déc. 1886, Laurent, [S. 87. 1.120, P. 87.1.280, D. 87.1.102]; — 15 déc. 1890, Laurent, [S. 91.1.331, P. 91.1.793, D. 91.1.164] — Sur les pouvoirs du juge du possessoire, V. suprà, n. 95 et s.

227. — Lorsque l'étang constitue une propriété privée, les riverains n'ont pas le droit de se servir de ses eaux pour l'irrigation de leurs propriétés. L'art. 644, C. civ., ne s'applique en effet qu'aux eaux courantes. — Daviel, op. cit., n. 816; Perrin, n. 1487; Picard, op. cit., t. 4, p. 211.

228. — Toutefois, un riverain pourrait acquérir par prescription le droit d'utiliser les eaux surabondantes à leur sortie de l'étang. Il serait cependant nécessaire pour qu'il y eût prescription que les eaux eussent été dérivées pendant trente ans à l'aide de travaux apparents faits dans le lit de l'étang, de telle manière que le propriétaire se trouvât directement interpellé. Et ce dernier pourrait agir par voie d'action possessoire pour interdire la continuation des travaux. — Cass., 13 avr. 1819, Guérin, [S. et P. chr.]

229. — Le riverain qui se sert des eaux surabondantes doit être admis au bénéfice de l'action possessoire. Il a été jugé à cette occasion qu'il n'y a pas cumul du possessoire et du pétitoire quand le juge du possessoire rejette l'action en complainte du riverain par la raison que le propriétaire de l'étang, en abaissant le niveau de l'eau à l'occasion de l'exercice de la pêche dans ledit étang, s'est borné à faire ce qu'il avait toujours le droit de faire et qu'il a toujours fait et n'a pas dépassé les limites de sa possession, dans d'ailleurs que le juge s'est abstenu de déterminer au fond les droits des parties et n'a constaté que surabondamment l'absence de préjudice causé. — Cass., 18 déc. 1889, Barré, [S. 91.1.124, P. 91.1.288, D. 91.5.12]

230. — Le propriétaire de l'étang peut s'opposer, toujours par voie d'action possessoire, à ce que celui qui n'est propriétaire que sur une rive du canal qui alimente l'étang établisse et appuie sur les deux rives un barrage ou tout autre ouvrage d'art qui pourrait ultérieurement consacrer au profit de ce dernier un droit de propriété exclusive sur les eaux d'alimentation de l'étang. — Metz, 28 avr. 1824, Hallez, [S. et P. chr.]

231. — Le propriétaire d'un héritage contigu à un étang ne peut, à l'aide de tranchées ouvertes sur son fonds, y faire filtrer les eaux de l'étang. — Cass., 13 avr. 1819, Guérin, [S. et P. chr.] — M. Daviel (op. cit., n. 816) déclare que cette solution n'est applicable qu'autant que les fouilles faites dans le voisinage de l'étang ont eu réellement pour objet de détourner les eaux. Cette réserve parait juste ; il n'existe évidemment aucun périmètre de protection légale autour des étangs.

232. — On a fait remarquer que personne ne peut acquérir un droit de puisage, d'abreuvage des bestiaux par la simple possession, fût-elle immémoriale. La raison en est que ce droit constituerait une servitude discontinue. Mais le propriétaire de l'étang pourrait seul opposer l'inefficacité d'une telle possession.

233. — Bien entendu, rien ne s'oppose à ce que de semblables droits fassent l'objet de concessions librement consenties à titre de droits d'usage. Ainsi le droit de pacage sur l'étang asséché est souvent concédé. Il a été jugé lorsqu'il n'y a à cet égard ni limitation ni réserve, on doit admettre que ce droit constitue un droit de vive et grasse pâture qui, dès lors, n'est pas, comme le droit de vaine pâture conventionnel, rachetable par le propriétaire du fonds contre le gré des usagers dans les termes de l'art. 8, sect. 4, L. 28 sept.-6 oct. 1791. — Caen, 31 janv. 1865, Forges, [S. 65.2.201, P. 65.840]

234. — Et il a été jugé également qu'alors même qu'un tel droit constituerait un droit de servitude, l'exercice n'en serait pas suspendu pendant la mise à sec de l'étang, cette opération ayant au contraire pour effet de rendre cet exercice plus facile et plus profitable. — Même arrêt.

235. — ... Qu'en tout cas, c'est un droit d'usage qui, bien que s'exerçant sur un étang, peut être, de la part des usagers non moins que du propriétaire, l'objet de l'action en cantonnement, action que n'ont abolie pour cette hypothèse, ni les art. 64 et 120, C. forest., ni la loi du 21 juill. 1856, spéciale aux étangs de l'Ain. — Même arrêt.

236. — Dans la Dombe et dans la Bresse, les étangs sont grevés de servitudes particulières connus sous les noms de droits de *brouillage*, de *champéage* et de *naizage*. Le droit de *brouillage* est un droit de pacage qui tire son appellation de la *brouille*, espèce d'herbe qui pousse dans les étangs; le droit de *champéage* est le droit de vaine pâture sur les bords non cultivés; le droit de *naizage* est le droit de faire rouir le chanvre dans l'étang.

237. — La loi du 21 juill. 1856 (art. 1) a décidé que ces droits, lorsqu'ils appartenaient à d'autres qu'aux propriétaires de l'évolage et de l'assec des étangs, seraient rachetables moyennant des indemnités réglées de gré à gré, ou, en cas de contestation, par les tribunaux.

238. — L'exercice de ces droits, là où ils n'ont pas été rachetés, ne va pas d'ailleurs sans entraver dans une mesure plus ou moins grande la mise en pratique des autres qualités utiles de l'étang. La doctrine enseigne à cet égard que l'exercice de la pêche ne peut paralyser celui des autres jouissances attachées à la propriété de l'étang. Le locataire du droit de pêche ne pourrait donc se plaindre, s'il n'y avait pas abus d'ailleurs, de la coupe des roseaux et de la dépaissance du bétail.

239. — Inversement, le droit de naizage ne peut être exercé dans les pêcheries. Si d'ailleurs l'étang n'était pas absolument sans communication avec les cours d'eau, il serait soumis à la réglementation administrative et le rouissage du chanvre y serait interdit à certaines époques.

240. — En ce qui concerne les droits de brouillage et de champéage, on n'admet au bénéfice de leur exercice que ceux qui sont portionnaires dans l'assec et l'évolage de l'étang ou bien ont un titre particulier. On voit par là que le droit de champéage diffère du droit de vaine pâture qui est la faculté accordée par l'usage, les coutumes ou la loi, aux habitants d'une commune, d'envoyer pêle-mêle leurs bestiaux sur les fonds les uns des autres.

241. — Le propriétaire d'un étang ne peut en modifier à son gré les assolements ni même le supprimer, de manière à porter préjudice aux droits de brouillage, champéage et naizage que s'est réservés un précédent vendeur dont il tire ses droits quand l'étang serait en eau. — Lyon, 28 févr. 1844, Cartier, [S. 44.2.641, P. 45.1.557, D. 45.2.15] — Mais nous avons vu que la loi du 21 juill. 1856 donne au propriétaire le moyen de se soustraire à la charge de ces droits en les rachetant.

242. — Il avait été jugé que le propriétaire ne pouvait non plus éteindre ces droits par voie de cantonnement (Même arrêt). Mais, plus tard, il a été reconnu au contraire que les droits dont il s'agit constitueraient de véritables droits d'usage (Cass., 5 juill. 1848, Cartier, S. 48.1.698, P. 48.2.181, D. 48.1.139), et non pas des servitudes discontinues et non apparentes réglées par l'art. 694, C. civ. Dijon, 25 juill. 1866, Section de Frettechise, [S. 67.2.51, P. 67.229]

243. — De cette circonstance on avait pu également conclure que si ces divers droits étaient susceptibles de cantonnement, ils ne l'étaient pas au contrat de rachat, d'après l'art. 8, sect. 4, L. 28 sept.-6 oct. 1791, quand ils avaient été établis au profit d'une communauté d'habitants. — Dijon, 25 juill. 1866, précité. — Mais il n'est pas besoin de faire remarquer que cette dernière solution, intervenue sur des faits antérieurs à la loi du 21 juill. 1856, ne serait plus admissible aujourd'hui que le rachat des droits dont il s'agit a été déclaré loisible dans tous les cas.

CHAPITRE IV.

POUVOIR RÉGLEMENTAIRE DE L'ADMINISTRATION.

244. — Le pouvoir réglementaire de l'administration sur les étangs avait été parfois contesté. Un avis du Conseil d'Etat du 3 mars 1858, se référant à la loi des 12-20 août 1790, a proclamé d'une manière formelle la légalité en ce qui concerne les étangs alimentés par des cours d'eau. Quant aux étangs alimentés par des sources ou des eaux pluviales, le droit de l'administration, limité autrefois au pouvoir de supprimer, en vertu de la loi des 12-19 sept. 1792, toute espèce d'étangs nuisibles à la santé publique ou préjudiciables aux propriétés voisines, s'est trouvé élargi par la loi du 21 juin 1898, dont l'art. 21 confère aux maires le pouvoir de surveillance d'une façon générale, au point de vue de la salubrité, l'état des étangs.

245. — La nouvelle législation sur le régime des eaux n'a pas enlevé à l'administration le pouvoir dont elle jouissait auparavant; la loi du 8 avr. 1898 n'a d'ailleurs pas traité directement la question des étangs.

§ 1. *Etangs alimentés par des cours d'eau.*

246. — L'avis du Conseil d'Etat du 3 mars 1858 s'exprime ainsi : « Considérant qu'en vertu de la loi des 12-20 août 1790, il appartient à l'administration d'autoriser et de régler les retenues et ouvrages établis sur les rivières et cours d'eau; qu'il n'y a pas de raison pour que, lorsque des retenues et ouvrages servent à former des étangs, elle n'ait pas les mêmes pouvoirs, y compris celui d'ordonner la suppression desdites retenues et ouvrages, si l'utilité générale exige le rétablissement du cours naturel de l'eau. »

247. — Conformément à cet avis, il a été décidé que l'administration a le droit absolu de régler le niveau de la retenue. — Cons. d'Et., 7 août 1874, Laburthe, [S. 76.2.220, P. adm. chr., D. 75.3.76]; — 28 juin 1895, Martin, [S. et P. 97.3.109, D. 96.3.61]

248. — Le même pouvoir lui a été reconnu en ce qui concerne le curage de l'étang. C'est ce qui a été reconnu dans une espèce où l'étang formant propriété privée était alimenté par une source extérieure appartenant à une commune. — Cons. d'Et., 7 août 1874, précité. — On trouve encore une décision analogue rendue à l'égard d'un canal artificiel. — V. Cons. d'Et., 30 mai 1884, Paignon, [S. 86.3.49, P. adm. chr.]

249. — Il a même été jugé que le curage de l'étang pouvait être prescrit, alors même que l'autorité judiciaire aurait formellement reconnu que l'étang était propriété privée. — Cons. d'Et., 27 mars 1896, Decamps, [S. et P. 98.3.60, D. 97.3.42]; — 28 juill. 1898, Decamps, [D. 99.3.112]

250. — ... Que dès lors, quand le propriétaire refuse d'exécuter les travaux de curage qui lui ont été prescrits régulièrement par l'administration, c'est à bon droit que celle-ci fait procéder d'office à ces travaux et poursuit ensuite le remboursement des dépenses en mettant en recouvrement une taxe de curage. — Cons. d'Et., 27 mars 1896, précité.

251. — Toutefois, lorsque le règlement auquel l'étang est soumis laisse au propriétaire la faculté d'en opérer le curage à ses frais, ce curage ne peut être prescrit d'office sans mise en demeure préalable du propriétaire. La mise en demeure devait émaner dans ce cas du préfet. — Cons. d'Et., 7 août 1874, précité. — Mais cette solution ne s'imposerait pas si le curage n'était pas nécessité par des motifs de salubrité. Il semble que le maire pourra alors de lui-même adresser la mise en demeure en vertu de l'art. 21, L. 21 juin 1898. Et ce ne serait qu'en cas de refus et de négligence que l'autorité préfectorale aurait à être saisie de l'affaire et à prescrire l'exécution d'office.

252. — En tous cas, le maire agissant dans l'intérêt de la salubrité publique, avait pris un arrêté prescrivant le curage de l'étang, l'infraction à cet arrêté pouvait donner lieu à des peines de police, mais elle ne saurait motiver l'imposition d'une taxe par application de la loi du 14 flor. an XI. Ce n'est, qu'au préfet, nous le répétons, qu'appartient l'exécution d'office.

253. — C'est en effet au préfet qu'il appartient de régler le niveau et de prescrire le curage des étangs. Ce droit découle pour lui des n. 3 et 6, tabl. D, annexé aux décrets de décentralisation des 25 mars 1852 et 13 avr. 1861 et de l'assimilation,

ÉTANG. — Chap. V.

au point de vue des règles de la police, des étangs alimentés par des eaux courantes aux cours d'eau non navigables.

254. — Et le contentieux du curage appartenant au conseil de préfecture, le Conseil d'Etat n'a pas à connaître du recours pour excès de pouvoir dirigé contre un arrêté préfectoral ordonnant le curage d'un étang. — V. Cons. d'Et., 20 nov. 1885, Decamps, [Leb. chr., p. 854]

255. — Tout ce qui vient d'être dit du curage s'applique également au faucardement. — Cons. d'Et., 27 mars 1896, précité.

256. — Le préfet ne doit évidemment se servir de ses pouvoirs de réglementation que dans l'intérêt général. Peu importerait d'ailleurs que les inconvénients auxquels il est porté remède n'eussent affecté qu'un nombre très-restreint de particuliers; du moment qu'il s'agit d'assurer l'écoulement des eaux et de prévenir ainsi les inondations, on doit considérer que c'est l'intérêt général qui est en jeu. — Cons. d'Et., 28 juin 1895, précité.

257. — Encore faut-il cependant que l'intérêt général soit bien réellement engagé. Ainsi il ne suffirait pas d'alléguer que dans l'état actuel des lieux, des parcelles d'une étendue insignifiante sont quelquefois envahies par les eaux, s'il ne s'agissait en réalité que de trancher un débat d'intérêt privé. — V. en ce sens, Cons. d'Et., 1er déc. 1893, Fauchaux, [D. 94.3.88] — Par-dessus, n. 80.

258. — L'administration ne commettrait donc pas un excès de pouvoirs en refusant d'intervenir, sur la demande d'un particulier, seul intéressé dans l'affaire, pour réglementer la retenue d'un étang. — Cons. d'Et., 30 mai 1879, Bellot, [Leb. chr., p. 442]

259. — Il y aurait, par contre, abus de pouvoir du préfet si ce magistrat intervenait pour trancher, par son arrêté, des questions de propriété ou de servitude qui sont du ressort exclusif des tribunaux civils. — Cons. d'Et., 10 août 1813, Reder, [S. et P. chr.]

260. — Le préfet ne pourrait non plus sans excès de pouvoirs, en réglant le régime d'un étang, soit modifier le caractère de la propriété du maître de l'étang, soit imposer à ce dernier des obligations dépassant l'intérêt qu'il a aux travaux prescrits par ledit arrêté. — Cons. d'Et., 28 mars 1866, Jevardat-Fombelle, [S. 67.2.165, P. adm. chr.]; — 24 nov. 1876, [Leb. chr., p. 833]

260 bis. — Le préfet peut interdire la vidange des étangs dans les cas et dans les lieux où cette opération serait de nature à compromettre la salubrité publique (L. 21 juin 1898, art. 24).

260 ter. — D'après une déclaration du ministre de l'Agriculture, les préfets ne doivent pas interdire d'une façon absolue la vidange des étangs; ils ne peuvent la prohiber que dans les saisons de l'année pendant lesquelles cette opération constitue un danger pour la salubrité publique.

261. — Le préfet ne pourrait régler les étangs comme des usines; il ne pourrait non plus subordonner leur conservation à certaines conditions de curage, de creusement et d'élargissement de la rivière le long de laquelle ils sont situés, alors d'ailleurs qu'ils ne sont pas alimentés par celle-ci. — Cons. d'Et., 29 janv. 1857, Ponchon Saint-André, [S. 57.2.717, P. adm. chr.]

262. — Par contre, il ne saurait appartenir à l'autorité judiciaire saisie d'une question de propriété, et bien que rendue compétente sur le fond du droit, de connaître, de la légalité des mesures prescrites par l'administration en vertu des pouvoirs de police que la loi lui confère, ni de suspendre l'exécution des mesures prescrites dans un but de sécurité générale. — Trib. Confl., 13 déc. 1890, Décamps, [S. et P. 92.3.120, D. 92.3.59] — V. suprà, n. 186 et s.

263. — Un riverain condamné par le tribunal de simple police pour infraction à un arrêté préfectoral concernant le curage d'un étang n'est pas fondé à contester l'applicabilité du règlement sous prétexte qu'il serait propriétaire de l'étang. — Cass., 10 avr. 1891.

264. — Au point de vue de la pêche, l'étang, même propriété privée, reste soumis aux dispositions réglementaires du moment qu'il est en communication sur un point quelconque avec un cours d'eau. Le tribunal de répression n'a pas dans ce cas à s'inquiéter de l'exception de propriété soulevée par le prévenu, lorsqu'elle ne saurait faire disparaître la contravention (L. 15 avr. 1829, art. 30).

265. — Il suffit que la communication existe; peu importe qu'elle soit naturelle ou artificielle, permanente ou discontinue,

existant ou non au moment de la pêche. — Cass., 6 mars 1867, Descoqs, [S. 68.1.84, P. 68.172, D. 67.1.430]

266. — On a considéré comme étant en communication avec un cours d'eau, l'étang qui, formé dans l'ancien lit d'une rivière, écoule dans une rivière, à certaines époques de l'année, au moyen de roues de décharge, l'excédent des eaux qui viennent s'y déverser. — Caen, 9 août 1871, Croix, [D. 73.2.156] — Mais un envahissement accidentel de la rivière n'a pas conduit à la même solution. — Cass., 30 mai 1873, Clémence, [S. 73.1.431, P. 73.1027, D. 73.1.313]

267. — Le propriétaire de l'étang a, bien entendu, le droit de poursuivre pour infraction à l'étang, même communiquant qui pêchent sans autorisation dans l'étang, même communiquant avec un cours d'eau. Mais s'il est avéré que le fait de pêche incriminée a eu lieu en dehors de l'étang et de ses dépendances, le propriétaire ou le fermier du droit de pêche n'aurait pas qualité pour citer devant le tribunal correctionnel l'auteur du fait, sans qu'il y ait lieu d'ailleurs de rechercher si les eaux où la pêche a été effectuée proviennent, ou non, de l'étang. — Cass., 29 nov. 1895, Blanchet, [D. 96.1.109] — V. aussi infrà, v° Pêche fluviale.

267 bis. — Le préfet peut réglementer ou même interdire le rouissage des plantes textiles dans les étangs. Cette interdiction n'est prononcée qu'après avis du conseil d'hygiène et de salubrité (L. 21 juin 1898, art. 25).

§ 2. *Étangs alimentés exclusivement par des eaux de sources ou des eaux pluviales.*

268. — L'avis précité du Conseil d'Etat du 3 mars 1858 a reconnu que la loi des 12-20 août 1790 ne s'étendait pas aux étangs de cette nature. La loi des 12-19 sept. 1792 et celle du 21 juin 1898 sont les armes dont dispose à cet égard l'administration. Ces actes ont donné à l'administration, sous certaines conditions, le pouvoir de supprimer sans distinction toute espèce d'étangs nuisibles à la santé publique ou préjudiciables aux propriétés voisines, ce qui suppose nécessairement que l'administration n'avait pas ce pouvoir antérieurement. Notons que la loi du 21 juin 1898 vise à proprement parler, non pas les étangs, mais les mares et fossés à eaux stagnantes.

269. — Nous n'avons à étudier, en ce qui concerne les étangs de la nature de ceux qui nous occupent, que ce qui a trait à leur suppression par voie administrative. — V. à cet égard, infrà, n. 272 et s.

270. — L'action réglementaire de l'administration n'a pas à s'exercer au point de vue de la pêche dans les étangs qui n'ont aucune communication avec le dehors. C'est le principe qui a été formulé par la loi du 15 avr. 1829 elle-même. « Sont considérés, porte l'art. 30 de ladite loi, comme des étangs ou réservoirs les fossés et canaux appartenant à des particuliers, dès que les eaux cessent naturellement de communiquer avec les rivières ». Il n'y a donc là ni période d'interdiction ni obligation imposée quant aux dimensions des poissons capturés.

271. — On doit considérer comme échappant aux droits de police de l'administration un creux naturel exclusivement empoissonné par les crues de la rivière, bien que n'ayant plus aucune communication avec cette rivière. — Trib. corr. de Gray, 13 juin 1873, Jacquinot, [S. 73.2.283, P. 73.1115, D. 75.3.88] — V. infrà, v° Pêche fluviale.

CHAPITRE V.
SUPPRESSION DES ÉTANGS INSALUBRES.

Section I.
Règles générales.

272. — Les étangs maintenus en eau d'une façon permanente immobilisent un emplacement qui, parfois, pourrait faire l'objet d'une exploitation plus utile ou d'une culture de meilleur rendement. Le respect de la propriété s'oppose néanmoins à ce que l'administration intervienne en ce cas pour en obtenir la transformation, celle-ci fût-elle même commandée par les intérêts économiques du pays. Mais la question n'est plus la même et les droits de l'autorité peuvent et doivent s'exercer quand il

ÉTANG. — Chap. V.

est manifeste que la stagnation des eaux entraîne des conséquences préjudiciables à la salubrité publique ou bien peut occasionner des inondations.

273. — Les doléances formulées à cet égard dans les cahiers de 1789 amenèrent l'Assemblée législative à voter la loi des 11-19 sept. 1792 dont voici le texte : « Lorsque les étangs, d'après les avis et procès-verbaux des gens de l'art, pourront occasionner, par la stagnation de leurs eaux, des maladies épidémiques ou épizootiques ou que, par leur position, ils seront sujets à des inondations qui envahissent et ravagent les propriétés inférieures, les conseils généraux des départements sont autorisés à en ordonner la destruction, sur la demande formelle des conseils généraux des communes et d'après l'avis des administrations de district. »

274. — Cette loi, peut-être appliquée avec une certaine mollesse, ne donnant pas de prime abord tous les résultats qu'on en attendait, la Convention ordonna, par la loi du 14 frim. an II, le desséchement et la mise en culture de tous les étangs, sauf ceux qui mettraient en marche des usines, ou qui seraient destinés à l'irrigation ou bien à l'abreuvement des bestiaux.

275. — On conçoit qu'une mesure aussi brusque ne pouvait recevoir une application suivie. La loi du 13 mess. an III abrogea donc la loi du 14 frim. an II et se borna à appeler sur la situation la vigilance et la sollicitude des autorités départementales.

276. — En abrogeant la loi du 14 frim. an II, la loi du 13 mess. an III faisait revivre la loi des 11-19 sept. 1792. La question, après avoir fait doute, fut tranchée définitivement par l'affirmative. Un arrêt du Cons. d'Et. du 31 déc. 1869, Germain, [S. 71.2.54, P. adm. chr.] s'est formellement prononcé eu ce sens. — V. aussi Cons. d'Et., 15 avr. 1857, Boubée, [S. 58.2.217, P. adm. chr., D. 58.3.2] — Il a, de plus, déclaré que les étangs que vise la loi de 1792 diffèrent essentiellement des marais auxquels s'applique la loi du 16 sept. 1807, cette dernière loi n'ayant pas, comme on l'avait soutenu, été substituée à la législation primitive de 1792.

277. — Nous avons donc à étudier la loi de 1792, dont le maintien en vigueur n'est pas aujourd'hui contesté. — De Passy, *Service hydraulique*, p. 174; Picard, *op. cit.*, t. 4, p. 219. — Les dispositions de cette loi sont vraisemblablement appelées à prendre rang dans le Code rural; mais la partie votée de ce Code (L. 8 avr. 1898) ne s'applique encore qu'aux eaux courantes. Et d'autre part la loi du 21 juin 1898, si elle confie aux maires la police des étangs, ne règle la procédure qu'en matière de suppression de mares ou de fossés à eaux stagnantes.

278. — Tout d'abord, nous devons rechercher ce que sont devenues dans l'organisation actuelle les autorités publiques que la loi de 1792 avait investies du droit de prescrire le desséchement des étangs insalubres. Le conseil général, chargé, à cette époque, de la gestion complète des intérêts départementaux, a été, quant aux mesures d'exécution, remplacé par le préfet. Quant aux conseils généraux des communes, ils ont été remplacés par les conseils municipaux, et les conseils généraux d'arrondissement ont été substitués aux administrateurs de district.

279. — Il résulte de ces diverses transformations qu'actuellement la suppression des étangs insalubres doit être ordonnée par le préfet (1), mais sur la demande formelle du conseil municipal (ou des conseils municipaux), et après avis du conseil général du département et du conseil d'arrondissement. — Cons. d'Et., 26 août 1858, de la Chataigneraye, [P. adm. chr.]; — 16 déc. 1858, de Martainville, [S. 59.2.457, P. adm. chr., D. 59.3.52] — L'inobservation de ces formalités entacherait d'excès de pouvoir l'arrêté préfectoral. — Cons. d'Et., 13 mars 1891, Dupuy, [S. et P. 93.3.34]

280. — La demande du conseil municipal devant être formelle, il s'ensuit qu'il ne serait pas suffisant que cette assemblée eût été appelée à formuler un avis. Toutefois un avis favorable pourrait être transformé en demande. On ne pourrait passer outre à un avis défavorable à la suppression. — Cons. d'Et., 8 août 1882, Bacquetot et Miconnet, [S. 84.3.55, P. adm. chr., D. 84.3.5]

281. — Mais lorsque, dans l'instruction à laquelle donne lieu un projet de suppression d'un étang réputé insalubre, le conseil

(1) Le projet de loi sur le régime des eaux fait passer ce droit du préfet au gouvernement; l'avis conforme du conseil municipal ne serait plus nécessaire.

municipal de la commune sur le territoire de laquelle l'étang est situé a donné un avis favorable à cette mesure, l'avis contraire donné par un autre conseil municipal ne fait pas obstacle à ce que le préfet prononce cette suppression. — Cons. d'Et., 28 mai 1886, Hosp. de Montbrison, [S. 88.3.16, P. adm. chr., D. 87.3.105]

282. — La suppression d'un étang peut être légalement ordonnée sur la demande de la commission municipale appelée à remplacer le conseil municipal dont la suspension a été prononcée. — Cons. d'Et., 16 déc. 1858, précité.

283. — Nous venons de voir que la demande ou tout au moins, sous certaines conditions, l'avis *favorable* du conseil municipal est obligatoire; est-il nécessaire que le conseil général donne également son avis favorable? L'affirmative a été admise par le Conseil d'État qui n'impose pas cependant la même condition en ce qui concerne l'avis du conseil d'arrondissement. — Cons. d'Et., 22 nov. 1889, Patureau Miran, [S. et P. 92.3.12]

284. — Une garantie d'une nature autre que l'avis de corps électifs, souvent fort impressionnables, est accordée par la loi aux propriétaires d'étangs. Il est nécessaire que les dangers d'épidémie ou de contagion résultant de la stagnation des eaux soient constatés par « les avis et procès-verbaux des gens de l'art. » M. Picard estime (*op. cit.*, t. 4, p. 222) que cette disposition prescrit obligatoirement l'intervention des conseils d'hygiène et de salubrité et des ingénieurs des ponts et chaussées, chargés du service hydraulique.

285. — Doit-on aller jusqu'à dire qu'une visite des lieux par les hommes de l'art constitue une formalité indispensable? Evidemment non, si l'on s'en réfère au texte qui ne parle que d'avis et de procès-verbaux. Mais il devient difficile de comprendre comment pourrait alors s'établir l'opinion des fonctionnaires techniques.

286. — L'avis des gens de l'art ne saurait être suppléé par l'avis d'une commission d'études et d'enquête instituée par le préfet, alors que cette commission n'était pas chargée de désigner, d'après une appréciation spéciale et particulière, les étangs à supprimer et qu'elle s'est bornée d'ailleurs à reconnaître d'une manière générale l'insalubrité des étangs compris dans une certaine étendue territoriale et à déterminer l'ordre suivant lequel il doit être procédé à leur suppression et les exceptions qui doivent être apportées à cette mesure. — Cons. d'Et., 15 avr. 1857, Boubée, [S. 58.2.217, P. adm. chr., D. 58.3.2]

287. — Les deux causes qui peuvent justifier la suppression de l'étang sont nettement et limitativement définies par la loi; il ne serait pas possible de réclamer pour d'autres motifs l'application d'une semblable mesure.

288. — Ainsi, fait remarquer M. de Passy (*Études sur le service hydraulique*, p. 173), les étangs qui sont entourés de digues ou chaussées de façon que leur fond, fût-il vaseux, reste toujours couvert d'une nappe d'eau suffisante; ceux dont le sol est sablonneux et qui, bien que mis à sec en tout ou en partie pendant les grandes chaleurs, ne produisent pas d'émanations de nature à porter atteinte à la salubrité publique; ceux enfin qui, alimentés par des sources ou traversés par des ruisseaux, trouvent en aval des débouchés suffisants pour assurer en tout temps le libre écoulement des eaux qu'ils retiennent, sans inonder les propriétés, ne rentrent pas dans la catégorie des étangs insalubres.

289. — Précisément parce qu'il doit être justifié dans chaque cas particulier de l'existence des dangers visés par la loi des 11-19 sept. 1792, il ne serait pas admissible que la suppression des étangs de toute une région fût ordonnée par mesure d'ensemble.

290. — Ainsi, il a été jugé que le préfet excède ses pouvoirs en prononçant, par mesure générale et dans le but de procurer l'assainissement d'une étendue considérable de territoire (dans l'espèce 53 communes), la suppression de tous les étangs situés sur ce territoire et se trouvant alors à sec, sans tenir compte de la situation particulière de chaque étang. Une pareille mesure, par son étendue et son objet, sort des limites des attributions conférées à l'administration départementale par la loi des 11-19 sept. 1792 et rentre dans les mesures de salubrité générale que la loi du 16 sept. 1807 (art. 35, 36 et 37) a réservées au gouvernement d'ordonner. — Cons. d'Et., 15 avr. 1857, précité.

291. — L'arrêté qui prescrit le desséchement doit-il régler le mode d'exécution de l'opération? Nous ne le croyons pas. Jugé, à cet égard, dans un cas où le desséchement devait être

ÉTANG. — Chap. V.

opéré au moyen du déversement des eaux dans un autre étang convenablement endigué, que les travaux d'endiguement de ce second étang et tous autres destinés à protéger les propriétés voisines doivent être considérés comme faisant partie des travaux de dessèchement; que dès lors, les dépenses qu'ils ont occasionnées doivent être mises à la charge des propriétaires de l'étang desséché sauf déduction de la plus-value qui en résulte. — Cons. d'Et., 7 mai 1857, de Galiffet, [S. 58.2.297, P. adm. chr.] — V. *suprà*, n. 215.

292. — Jugé d'ailleurs qu'une semblable obligation ne pourrait être imposée au propriétaire de l'étang inférieur par l'arrêté ordonnant le dessèchement. — Cons. d'Et., 30 août 1842, de Galiffet, [S. 43.2.42, P. adm. chr.]

293. — Et qu'il n'y aurait pas lieu en pareil cas d'invoquer la servitude d'aqueduc instituée par la loi du 29 avr. 1845. — Cass., 26 mars 1849, Chanterene, [S. 49.1.321, P. 49.2.5, D. 49.1.129]

294. — En tous cas, l'arrêté préfectoral ne peut, par analogie avec ce qui a été dit plus haut, imposer au propriétaire de l'étang que les travaux strictement nécessaires pour faire disparaître la retenue et ramener les lieux à leur état primitif. Ainsi il peut prescrire l'abaissement du seuil et l'élargissement des voies de décharge et si l'étang est alimenté par les eaux d'un ruisseau non navigable ni flottable, exiger le rétablissement du lit du cours d'eau dans la traversée de l'étang desséché. L'arrêté doit interdire au propriétaire d'une manière absolue de remettre en eau son étang. — De Passy, *Serv. hyd.*, ch. p. 181.

295. — De ce qui vient d'être dit aux numéros précédents, il ne faut pas conclure que l'autorité administrative n'ait point à intervenir si l'étang desséché vient à créer un marécage dont l'existence est un danger pour la salubrité publique. Mais il y aura lieu alors de procéder non plus en conformité de la loi de 1792, mais par application des dispositions générales de la loi du 16 sept. 1807.

296. — Le bon entretien des canaux et ouvrages évacuateurs est une condition *sine qua non* de la réussite de l'opération. M. de Passy en conclut (*op. cit.*, p. 189) que les règles du curage sont applicables en pareille matière.

297. — La question de savoir si l'exécution des travaux est à la charge exclusive du propriétaire sans que celui-ci puisse prétendre à aucune indemnité est controversée. D'après une première opinion, la mesure doit être comparée à une expropriation. — Toullier, t. 3, n. 137. — Cette opinion n'a pas été partagée par les autres auteurs. — Garnier, n. 796; Daviel, t. 2, n. 820; Jacques de Vaiserres, *Manuel de droit rural*, p. 381 ; Picard, *op. cit.*, t. 4, p. 219. — Personne, a-t-on fait remarquer, n'a le droit de conserver sa chose dans un état duquel résulte un fléau ou une cause de dangers pour la contrée.

298. — Cette opinion se trouve confirmée par les travaux préparatoires de la loi de 1792 au cours desquels avait été explicitement rejetée une disposition mettant à la charge des communes qui ont demandé la suppression les frais des travaux et les indemnités diverses qui pourraient être dues.

299. — Jugé que le propriétaire ne pourrait réclamer aucune indemnité, lors même que la destruction de l'étang entraînerait celle d'une usine que ses eaux alimentaient. — Cons. d'Et., 31 déc. 1869, Germain, [S. 71.2.54, P. adm. chr.]

300. — En tout cas, il est bien certain qu'aucune indemnité n'est due si l'insalubrité de l'étang a pour cause soit l'incurie du propriétaire, soit l'inobservation des règlements administratifs.

301. — Si le propriétaire ne se conformait pas à l'arrêté préfectoral, il serait, après mise en demeure régulière, procédé d'office par les soins de l'administration. En l'absence d'un texte formel, il est permis de douter que les sommes dues par les propriétaires puissent être recouvrées dans la forme des contributions directes. L'affirmative est cependant enseignée par M. Picard, au moins dans le cas où les frais ont été avancés par un département ou une commune, en raison de ce que l'état annexé à la loi de finances comprend au nombre des droits dont les rôles peuvent être établis au profit des départements et communes les « *frais de travaux intéressant la salubrité publique.* » Il est vrai, ajoute M. Picard, qu'à la suite de ces mots, le tableau porte une référence à la loi du 16 sept. 1807. Une disposition formelle est insérée à cet égard dans le projet de loi sur le régime des eaux, en préparation.

302. — Par suite de sa suppression, les servitudes qui grevaient autrefois l'étang sont éteintes sans indemnité, à moins toutefois qu'elles ne puissent continuer à s'exercer sur le sol nu, auquel cas elles subsistent toujours. Les débats qui s'élèveraient à ce sujet, comme d'ailleurs tous ceux auxquels donneraient lieu entre particuliers l'opération et l'exécution de la suppression, seraient du ressort des tribunaux ordinaires, sauf les réserves de droit en ce qui concerne l'interprétation des actes administratifs. — Cons. d'Et., 20 oct. 1819, Chaptal, [S. chr., P. adm. chr.]; — 21 mars 1821, Chaptal, [S. chr., P. adm. chr.]; — 30 août 1842, précité.

303. — Lorsque l'étang a été supprimé, si le propriétaire veut le mettre en culture et au préalable l'assainir, il peut user de la faculté que lui donne la loi du 10 juin 1854 de faire conduire ses eaux d'assainissement à travers les terrains intermédiaires jusqu'à un cours d'eau ou à toute autre voie d'écoulement. Mais nous avons vu plus haut, *suprà*, n. 207, que la loi du 29 avr. 1845 n'est pas applicable en pareille matière.

304. — Quelles sont les voies de recours contre l'arrêté préfectoral ? Tout d'abord, le recours au ministre de l'Agriculture, supérieur hiérarchique du préfet; en second lieu, *omisso medio*, le pourvoi au Conseil d'État, mais seulement pour excès de pouvoir, vice de forme ou violation de la loi. Il n'y a pas ici de recours contentieux devant le conseil de préfecture.

305. — L'interprétation de l'arrêté ordonnant la suppression appartiendrait au préfet lui-même. — Cons. d'Et., 2 mai 1879, Germain, [Leb. chr., p. 345]

306. — Le préfet commettrait certainement un excès de pouvoir s'il ordonnait la suppression pour des motifs autres que ceux prévus par la loi de 1792 (V. *suprà*, n. 287 et s.). Son acte serait d'autre part annulable pour vice de forme, s'il donnait à son arrêté préfectoral la forme d'un règlement d'eau sans observer les règles d'information tracées pour ce cas spécial (V. *suprà*, n. 279 et s.). — Cons. d'Et., 22 mars 1860, Flechel, [Leb. chr., p. 276]

307. — Le Conseil d'État, saisi d'un recours pour excès de pouvoir contre l'arrêté par lequel le préfet a ordonné la suppression d'un étang, est compétent pour apprécier si cet étang est insalubre, dans le sens de la loi de 1792. — Cons. d'Et., 28 mai 1886 (sol. impl.), Hosp. de Montbrison, [S. 88.3.16, P. adm. chr., D. 87.3.105]

308. — Les particuliers peuvent-ils attaquer l'arrêté préfectoral ? Non, car cet arrêté est toujours rendu sous réserve des droits des tiers. Inversement le droit de se pourvoir par tierce-opposition a été aussi formellement dénié, en l'absence de tout intérêt privé, aux particuliers qui prétendaient attaquer l'ordonnance par laquelle le Conseil d'État avait annulé diverses décisions administratives qui avaient prescrit le dessèchement dudit étang. — Cons. d'Et., 10 avr. 1848, de Galiffet, [S. chr., P. adm. chr.]

309. — Un particulier qui a provoqué et exécuté l'arrêté préfectoral ordonnant la suppression d'un étang et qui a poursuivi devant les tribunaux le règlement d'indemnités prétendues pour la suppression de servitudes dont l'étang était grevé, ne pourrait plus demander l'annulation de cet arrêté pour vice de forme. — Cons. d'Et., 28 août 1858.

310. — Bien que les dessèchements d'étangs soient, en principe, comme nous venons de le dire, laissés aux soins et aux frais des particuliers, l'État peut, dans des circonstances spéciales, et notamment lorsque l'opération se lie à une entreprise d'intérêt général, accorder exceptionnellement aux propriétaires des subventions plus ou moins élevées. *A fortiori*, en est-il de même quand il s'agit non plus d'efforts individuels à encourager, mais d'œuvres collectives de la nature de celles auxquelles s'applique, ainsi que nous l'avons vu plus haut, non la loi de 1792, mais la loi du 16 sept. 1807. — V. les conventions des 1ᵉʳ avr. 1863 (étangs des Dombes); 7 déc. 1859 (étangs de la Mare dans la Loire).

311. — Dans ce dernier cas, s'il était nécessaire, pour l'exécution des travaux en dehors de la traversée des étangs, de recourir à l'expropriation, il y aurait lieu de procéder dans les formes prévues par l'ordonnance du 18 févr. 1834, même s'il y avait eu constitution d'association syndicale entre les intéressés (Décr. 9 mars 1894, art. 49).

312. — Il est à noter en effet qu'on se trouve ici dans un cas où il peut être formé une association syndicale par application des lois des 21 juin 1865 et 22 déc. 1888.

Section II.
Règles spéciales au département de l'Ain.

313. — Nous nous bornons à analyser rapidement les règles tracées par la loi du 21 juill. 1856, en ce qui concerne les étangs de l'Ain. Le projet de loi sur le régime des eaux, dont les dispositions relatives aux étangs n'ont pas encore été votées, étendrait ces règles à l'ensemble de la France.

314. — Lorsque le desséchement d'un étang de l'Ain appartenant à plusieurs propriétaires est ordonné en exécution de la loi de 1792, les propriétaires doivent, dans les trois mois du jour où l'arrêté a été affiché, déclarer qu'ils se soumettent aux conditions prescrites pour le desséchement, en rapportant le consentement de tous les intéressés, ou provoquer la licitation. Faute par eux d'avoir fait cette déclaration ou commencé la procédure de licitation dans ledit délai, la licitation est provoquée et poursuivie à la requête du préfet. En cas de retard ou de négligence de la part des colicitants, la subrogation est prononcée en faveur du préfet, sur le cahier des charges, par le juge-commissaire de la licitation. En cas d'inexécution du desséchement dans les conditions prescrites, la déchéance peut être prononcée par arrêté du préfet. S'il y a contestation, il est statué par le conseil de préfecture, sauf recours au Conseil d'État. La licitation est suivie dans ce cas à la requête du préfet (L. 21 juill. 1856, art. 3).

315. — L'arrêté préfectoral, après avoir été affiché pendant quinze jours, publié deux dimanches consécutifs, inséré dans les journaux (le tout dans les conditions déterminées par le décret du 28 oct. 1857) est transmis au procureur de la République du tribunal de la situation des lieux. Le tribunal ordonne la licitation et nomme un juge-commissaire chargé de préparer le cahier des charges, puis de rechercher et d'estimer les droits des divers ayants-cause. Le jugement est publié et notifié aux intéressés et aux experts (Ibid., art. 4, 5 et 6).

316. — La rédaction du cahier des charges est proposée par les experts après qu'ils ont prêté serment. Il fixe la désignation de l'étang, sa contenance, le prix, etc. Il porte que la propriété est transférée à l'adjudicataire libre de tous droits d'usage et de toutes servitudes autres que celles dérivant de la situation des lieux ou établies par la loi et sauf les droits d'abreuvage et de lavoir qui seraient réservés par l'arrêté du préfet sur les cours d'eau rendus à leur état naturel (Ibid., art. 7 et 8).

317. — C'est ainsi qu'il a été décidé que l'étang, une fois desséché, est affranchi de la servitude en vertu de laquelle le propriétaire d'un étang inférieur pouvait faire refluer les eaux sur le premier. Lyon, 6 févr. 1873, C¹ᵉ des Dombes, [S. 74.2.9, P. 74.91, D. 73.2.5]

318. — Le tribunal statue au bout d'un mois pendant lequel les pièces sont restées déposées; le jugement ne peut être frappé d'opposition ni d'appel. Des placards annonçant la vente sont apposés, quinze jours au moins et trente jours au plus avant l'adjudication. Il est procédé à cette opération après vérification par le tribunal de l'accomplissement des dispositions prescrites (Décr. 28 oct. 1857, art. 9, 10, 11 et 12).

319. — Si la mise à prix n'est pas couverte, le tribunal, sur simple requête du préfet ou des intéressés peut ordonner, sans que cette décision puisse faire l'objet d'un recours, que l'immeuble sera adjugé au-dessous de cette mise à prix. Il est procédé, après un délai de quinze jours au moins, à une nouvelle adjudication (Ibid., art. 13).

320. — Les actions en résolution, en revendication et toutes autres actions ne peuvent arrêter la licitation ni en empêcher les effets. Le droit des réclamants est transféré sur le prix et l'immeuble en demeure affranchi (Ibid., art. 14).

321. — Sur la production des demandes et déclarations des divers ayants-droit, les experts proposent dans la huitaine les bases de la répartition du prix. Le tribunal homologue ensuite, s'il croit devoir le faire, la répartition ainsi opérée ou bien prononce sur les contestations auxquelles elle a pu donner lieu. Le délai d'appel contre ce jugement est de vingt jours (Ibid., art. 15 et 16).

322. — Aussitôt que le jugement a acquis l'autorité de la chose jugée, l'acquéreur est tenu d'accomplir les formalités de la purge. La faculté de surenchère peut s'exercer dans les vingt jours. La surenchère ne peut être au-dessous du dixième du prix principal de l'adjudication, outre les frais. Elle porte sur la totalité du prix de l'étang (Ibid., art. 17).

323. — Jugé, en cas de surenchère, que la résolution de l'adjudication ne confère pas d'action en garantie à l'adjudicataire contre les colicitants; et que cet adjudicataire a seulement droit à une indemnité égale au montant de la plus-value que les améliorations par lui faites ont donné à l'immeuble. — Cass., 23 juin 1869, Fourtoul, [S. 69.1.473, P. 69.1224, D. 71.1.330]

324. — L'adjudicataire est tenu de commencer les travaux de desséchement dans le délai de quatre mois au plus tard à partir de l'adjudication définitive, à moins que l'arrêté du préfet ne fixe un délai plus long (Décr. 28 oct. 1857, art. 18).

325. — Les bordereaux d'attribution ne sont délivrés aux ayants-droit sur le prix de l'étang qu'à la charge des inscriptions et oppositions existant sur eux et chacun supporte, sa part dans le prix, les frais de notification, de purge et de mainlevée auxquels ont donné lieu les hypothèques dont sa part de l'immeuble était grevée. Le bénéfice de la surenchère est, s'il y a lieu, réparti par contribution sur toutes les portions de prix fixées par le jugement de distribution (Ibid., art. 18 et 19).

326. — Les bordereaux d'attributions de moins de cent francs sont délivrés aux colicitants sans autres frais que les déboursés (Ibid., art. 20).

327. — Sont déclarés communs à la loi du 21 juill. 1856, les art. 701, 705, 706, 707, 711, 712, 713, 714, 733, 734, 735, 736, 737, 738, 739, 740 et 741, C. proc. civ. Le décès ou le changement d'état de l'un des défendeurs ne donne lieu à aucun délai pour la reprise d'instance. L'exception prévue par l'art. 714, C. proc. civ., ne peut être invoquée; la défense à l'action en licitation n'emporte pas attribution de qualité (Ibid., art. 21, 22, 23 et 24).

328. — Le pourvoi en cassation contre le jugement ordonnant la licitation ne peut être formé que pour incompétence, excès de pouvoir ou violation des art. 2 et 3 de la loi. Il est instruit et jugé dans les formes admises en matière d'expropriation publique (L. 3 mai 1841, art. 20 et 25).

ÉTAPES (SERVICE DES).

1. — L'organisation du service des étapes est réglée par le décret du 10 oct. 1889 et le règlement ministériel du 20 nov. 1889.

2. — Le décret du 10 oct. 1889 a eu pour objet la réorganisation des services de l'arrière pour les mettre en harmonie avec la loi du 28 déc. 1888, qui avait introduit d'importantes modifications dans le service des chemins de fer en temps de guerre.

3. — Les services de l'arrière, dans les armées en campagne, ont pour rôle d'assurer la continuité des relations et des échanges entre ces armées et le territoire national; ils sont chargés notamment des opérations ci-après : Amener aux armées les ravitaillements nécessaires; ramener en arrière les malades, blessés, prisonniers, et le matériel devenu inutile, etc., etc. ; régler et assurer le service sur les voies de communication de toute nature; administrer le territoire ennemi occupé jusqu'à ce qu'il y ait été pourvu par des commandements territoriaux particuliers. L'action de ces services s'étend dans tout le territoire qui est placé sous les ordres du commandant en chef, appelé zone d'opérations, et qui prend le nom de *zone de l'arrière*.

4. — Les services de l'arrière forment deux grandes divisions : le service des chemins de fer (V. suprà, vᵒ *Chemins de fer*), et le service des étapes. Ils sont coordonnés et reliés, pour l'ensemble des armées obéissant au même commandement, au moyen d'une direction centrale, instituée auprès du commandant en chef et qui prend le nom de *Direction générale des chemins de fer et des étapes*.

5. — Le service des étapes est organisé par armée, il embrasse, pour chacune d'elles, l'ensemble des services de l'arrière qui ne rentrent pas dans le service des chemins de fer proprement dit; son objet général consiste à assurer les communications et les transports *par terre et par eau* et à exploiter les ressources du pays en arrière des armées; il est chargé, quand il y a lieu, de l'administration du territoire ennemi occupé.

6. — Le service des étapes prolonge le service des chemins de fer et celui des armées en campagne sur les stations finales de chemins de fer, dites *stations têtes d'étapes de guerre*.

7. — Sur chaque route d'étapes le point le plus rapproché de

ÉTAT.

l'armée où s'opère le contact avec les services des corps d'armée prend le nom de *tête d'étapes de routes*.

8. — Entre les stations têtes d'étapes de guerre et les têtes d'étapes de route, on organise suivant la distance des commandements d'étapes sur divers points distants de vingt à trente kilomètres dits : gîtes d'étapes et gîtes principaux d'étapes, qui deviennent des centres de commandement, d'exploitation et de ravitaillement.

9. — Le service des étapes est dirigé par un officier général, directeur des étapes, qui a la qualité de sous-chef d'état-major général. Le directeur de l'étape exerce et peut déléguer le droit de réquisition.

10. — Le directeur des étapes n'a pas à intervenir dans le service des chemins de fer; il se tient en relations constantes avec les organes de direction de ce service; ces relations ont pour objet la communication des tableaux de marche des trains, les demandes de transport et les mesures de protection de la voie, des gares et des trains.

11. — Pour le fonctionnement du service des étapes de l'armée, le directeur est secondé par un état-major et dispose en outre des éléments suivants : 1° les chefs de service d'étapes, de l'artillerie, du génie, de l'intendance, de santé, de la prévôté, de la trésorerie et des postes, de la télégraphie militaire, ainsi que les organes et personnels d'exécution de ces divers services; 2° les troupes d'étapes; 3° les commandements d'étapes; 4° les personnels d'administration civile et de police.

12. — La mission des troupes d'étapes consiste à faire le service dans les gîtes d'étapes, à constituer les détachements d'escorte des convois, à prêter main-forte aux autorités chargées de la rentrée des contributions et des réquisitions et à assurer la sécurité de toutes les communications traversant la zone des commandements d'étapes.

13. — Les commandements d'étapes sont confiés à des officiers supérieurs ou capitaines, disposant d'un personnel adjoint et de troupes d'étapes, fournies en principes d'éléments empruntés à l'armée territoriale.

14. — Les commandements d'étapes ont les attributions de commandant d'armes, vis-à-vis des troupes et de tous les personnels des services fonctionnant dans leur circonscription; ils ont, le pouvoir disciplinaire d'un colonel, s'ils sont officiers supérieurs, et celui d'un capitaine de compagnie, s'ils ont le grade subalterne.

15. — Le commandant d'étapes exerce, par délégation, le droit de réquisition; il assure la rentrée des amendes prononcées contre les habitants.

16. — Tout officier, appelé à exercer en territoire ennemi les fonctions de commandant d'étapes doit faire prendre immédiatement possession de la gare, de la poste, du télégraphe, des caisses publiques, des bâtiments et des magasins de l'État.

17. — Il convoque à la mairie les autorités civiles ou, à défaut, les habitants notables, et les avertit que l'auteur de tout crime ou délit, préjudiciable aux intérêts de l'armée, est justiciable des tribunaux militaires et que la commune est responsable des attaques contre les personnes et des destructions opérées sur son territoire.

18. — En territoire ennemi le directeur des étapes organise et dirige le service des renseignements ayant pour objet de recueillir des indices sur l'état d'esprit des populations, sur les agissements des anciens fonctionnaires et des habitants suspects, sur l'existence des magasins que l'autorité ou les particuliers auraient intérêt à cacher, sur les mouvements des partisans ennemis, etc.; des fonds secrets sont mis dans ce but à la disposition du chef d'état-major de l'armée.

19. — L'administration civile du territoire ennemi, quand elle est organisée, est sous la haute direction du directeur des étapes qui la fait assurer, dans chaque circonscription politique, par un délégué du commandement, assisté d'un personnel civil spécial d'administration et de police; elle a pour objet principal le maintien de l'ordre, l'exploitation méthodique des ressources du pays et le recouvrement des contributions en argent ou en nature.

20. — Le directeur des étapes n'exerce aucun pouvoir judiciaire; les auteurs de crimes ou de délits, visés par le Code de justice militaire (art. 62, 63 et 64) et commis dans la zone d'action des étapes, sont justiciables du conseil de guerre du quartier général de l'armée. Ce conseil siège au quartier général (L. 18 mai 1875, art. 33, et art. 67, C. just. milit.).

21. — Quand les relations avec le quartier général sont interrompues, les commandants de troupes ou de détachements de la force d'un bataillon au moins forment un conseil de guerre (L. 18 mai 1875, art. 33 et 35).

22. — Les crimes ou délits, commis en territoire ennemi par des habitants et non préjudiciables aux intérêts de l'armée, peuvent être laissés au jugement des tribunaux ordinaires; les conseils de guerre permanents organisés sur le territoire national connaissent de toutes les affaires de la compétence des conseils de guerre aux armées, tant que ces derniers conseils n'ont pas été créés (L. 18 mai 1875, art. 42).

ÉTAT.

BIBLIOGRAPHIE.

Bluntschli, *Théorie générale de l'État*, trad. de Riedmetlan, 1877. — Bord, *La souveraineté et l'État fédératif*. — X. S. Combothecra, *La conception juridique de l'État*, 1899. — Despagnet, *Cours de droit international public*, 2ᵉ éd., 1899, p. 75-161. — Esmein, *Éléments de droit constitutionnel français et étranger*, 2ᵉ éd., 1899, p. 1-21. — Hauriou, *Précis de droit administratif et de droit public général*, 4ᵉ éd., 1900, liv. 1 : « *L'État et le régime d'État*, » p. 3-53. — Jellinek, *Die Lehre von den Staatenverbindungen*, 1880. — Le Fur, *État fédéral et confédération d'États*, 1896, 2ᵉ part., ch. 1 : « *L'État et la souveraineté*, » p. 354-495. — Michel (Henry), *L'idée de l'État*, 1896. — Michoud, *De la responsabilité de l'État à raison des fautes de ses agents* (Extr. de la Revue du droit public et de la science politique, ann. 1895, n. 3 et s.). 1895, n. 19 et 20, p. 31-33. — Pillet, *Recherches sur les droits fondamentaux des États dans l'ordre des rapports internationaux*, 1899, n. 34-45, p. 67-90.

INDEX ALPHABÉTIQUE.

Agents de l'État, 48.
Annexion, 22.
Commerce international, 45.
Consul, 43.
Domaine public, 40.
État composé, 29, 31.
État fédératif, 22, 29.
État unitaire, 30.
Extradition, 43.
Fonctions de l'État, 34 et s.
Guerre, 23.
Immatriculation, 43.
Indépendance, 16.
Justice, 39.
Liberté individuelle, 38.
Navigation maritime, 45.
Nation, 4.
Nationalité, 42.
Ordre public, 37.
Police des nationaux, 43.
Protection des nationaux, 44.
Protectorat, 22.
Régime d'État, 2.
Séparation des pouvoirs, 33.
Souveraineté, 7 et s.
Souveraineté (restrictions à la), 21 et s.
Traité international, 21.

DIVISION.

Sect. I. — *Notions générales* (n. 1 à 6).

Sect. II. — *L'État et la souveraineté*.

§ 1. — *Notion de la souveraineté* (n. 7 à 15).

§ 2. — *Nature juridique de la souveraineté*.

1° *Indépendance des États* (n. 16 à 19).

2° *Restrictions volontaires à la souveraineté de l'État* (n. 20 à 24).

3° *Compétence de la souveraineté* (n. 25 à 28).

4° *Unité de la souveraineté* (n. 29 à 33).

Sect. III. — *Des fonctions de l'État et de leur nature* (n. 34 et 35).

§ 1. — *Fonctions intérieures* (n. 36 à 40).

§ 2. — *Fonctions extérieures* (n. 41 à 45).

Sect. IV. — *De la double personnalité de l'État* (n. 46 à 48).

SECTION I.

Notions générales.

1. — Les auteurs se sont ingéniés à donner de l'État des définitions complexes. Voici l'une des dernières qui aient été proposées : « L'État est une collectivité d'êtres humains, établis pour une certaine durée, dans un territoire déterminé, avec des ressources (capital ou budgets) plus ou moins importantes, unis volontairement en activité coopérative constante, sous une direction médiate ou immédiate (gouvernement), en vue d'un but multiple et soutenu contre les récalcitrants du dedans le mieux du monde, conformément à la volonté de leur ensemble (volonté générale) par une force suprême matérielle émergeant de leur milieu et les rendant en tout capables de droits et d'obligations qui n'est, vis-à-vis du dehors, qu'une simple entité plus ou moins puissante. » — Combothecra, *La conception juridique de l'Etat*, p. 161.

2. — La plus récente de toutes s'est efforcée d'opposer l'Etat envisagé en lui-même et le régime d'Etat considéré par rapport aux éléments sociaux internes. Dans ce but, elle a défini l'Etat une « société ayant engendré elle-même une chose publique, c'est-à-dire un système de situations stables garantissant la liberté et s'y conformant par la souveraineté; » le régime d'Etat, « la participation des libertés particulières et de la souveraineté en vue de la réalisation de la chose publique, c'est-à-dire dans des fins d'égalité individuelle. » — Hauriou, *Précis de droit administratif et de droit public général*, 4° éd., 1900, p. 6, 8, 22.

3. — Un avantage certain de ces définitions abstraites est d'avoir : 1° dégagé la double acception dans laquelle peut être pris le mot « Etat, » pour désigner tantôt l'Etat souverain, puissance publique, sujet de la communauté internationale et personne juridique, tantôt aussi d'une certaine manière d'être des rapports sociaux ; — et 2° fait une juste part à cette idée que l'Etat est une formation sociale historique, apparaissant à un certain moment du développement social et à certaines conditions, si bien que la notion de l'Etat moderne diffère tout à fait de la tribu pastorale ou de l'organisation féodale.

4. — Néanmoins, quel que soit de ce chef le mérite de ces définitions, elles ne semblent pas préférables ou supérieures à la notion traditionnelle qui, préoccupée de dégager les éléments fondamentaux de l'Etat, envisage celui-ci comme le sujet et le support de l'autorité publique et voit en lui la personnification juridique d'une nation. — En effet, ce qui constitue en droit une nation, c'est l'existence, dans ce groupement d'hommes et de familles, d'une autorité placée au-dessus des volontés individuelles, qui, naturellement, ne reconnaît aucune puissance supérieure ou concurrente quant aux rapports qu'elle régit et qui est proprement la souveraineté. Or, le fondement même du droit public consiste à donner à la souveraineté, en dehors et au-dessus des personnes qui l'exercent en telles ou telles circonstances de lieu ou de moment, un sujet ou titulaire idéal et permanent qui personnifie la nation entière : ce sujet, c'est l'Etat, lequel se confond ainsi avec la souveraineté. — Esmein, *Elém. de dr. constit. fr. et étranger*, 2° éd., p. 1.

5. — Ainsi, la souveraineté apparaît logiquement comme la qualité essentielle de l'Etat, perpétuelle comme ce même Etat qui, personnifiant la nation, est destiné à durer autant que la nation elle-même. C'est là un point théoriquement certain : l'Etat peut changer de forme, il on entend désigner par là la qualité des personnes réelles en qui s'incarne momentanément la souveraineté de cette personne morale (V. sur ces points d'Etat, les gouvernements et leur forme, Esmein, *op. cit.*, p. 9-18). Mais à l'inverse, envisagé dans sa nature et son essence, l'Etat apparaît comme perpétuel, immuable, identique toujours à lui-même, n'admettant, pas autant que subsiste la nation, aucune discontinuité ; ce qui s'aperçoit aisément si l'on songe que les traités conclus avec les puissances étrangères, les lois régulièrement édictées et promulguées au nom de l'Etat, les obligations pécuniaires contractées par lui, subsistent et restent obligatoires, alors même que disparaît la forme qui était celle de l'Etat à la date de ces traités, de ces lois ou de ces obligations. — V. sur ce principe de l'identité de l'Etat, Esmein, *op. cit.*, p. 3 ; Pillet et Delpech, *La question finlandaise*, dans la *Rev. gén. de dr. intern. publ.*, mai-juin 1900. — V. suprà, v° *Dettes et créances de l'Etat*, et infrà, v'° *Lois et Décrets*, *Traité international*.

6. — Etant donné ce qui vient d'être dit, il est aisé de comprendre que la souveraineté est pour les Etats ce que la liberté est pour les individus, c'est-à-dire la condition de laquelle dépend pour eux la faculté de conclure des conventions ou traités et d'acquérir des droits de ce chef, comme aussi celle d'être soumis à des obligations. Il est donc absolument nécessaire d'être fixé sur la condition ou la capacité des Etats. Celles-ci varient d'ailleurs suivant que les Etats sont indépendants, ou subordonnés plus ou moins complètement ou bien encore unis à d'autres sur un pied d'égalité. Au point de vue de la capacité des Etats dans les rapports internationaux, l'importance est très-grande des différences qui se rencontrent ainsi dans l'organisation des collectivités politiques. Néanmoins, il n'en saurait être ici traité ; les développements utiles en sont fournis aux mots concernant chacun des Etats souverains. — V. au surplus, sur cette question, Despagnet, *Cours de droit international public*, 2° éd., 1899, p. 93 et s. — On ne trouvera ci-après que les notions les plus élémentaires sur la souveraineté de l'Etat. — V. pour une étude complète de la matière, Le Fur, *Etat fédéral et confédération d'Etats*, Paris, 1896.

Section II.

L'Etat et la souveraineté.

§ 1. *Notion de la souveraineté*.

7. — Les Grecs ne voyaient pas dans la souveraineté le trait caractéristique de l'Etat, parce que, préoccupés de l'*autarchie*, c'est-à-dire de la faculté de se suffire à soi-même, qu'ils considéraient comme la qualité essentielle de l'Etat, ils ne se posèrent jamais la question sous cette forme ; ils étaient loin cependant de vouloir exclure cette notion de leurs définitions de l'Etat ; certaines d'entre elles (Aristote, *Politique*, t. 1, n. 2 ; t. 3, n. 9 ; t. 7, n. 8) la contiennent même implicitement.

8. — Les Romains, au contraire, tout au moins lorsqu'ils se plaçaient au point de vue interne, c'est-à-dire au point de vue des rapports existant entre l'Etat et ses nationaux, s'étaient rendus un compte à peu près exact de la notion de souveraineté, bien que, comme tous les peuples de l'antiquité, ils aient été portés à étendre démesurément les droits de l'Etat vis-à-vis de l'individu. — Le Fur, *op. cit.*, p. 356. — V. Mommsen, *Le droit public romain*, trad. Girard, t. 6, 1re part., p. 341 et s.

9. — Cette notion disparut dans la décomposition lente qui produisit la société féodale. — Esmein, *op. cit.*, p. 2 ; Gierke, *Johannes Althusius und die Entwickelung der naturrechtlichen Staatstheorien*, 1880, p. 189 et s. — Cependant, avec le déclin de la féodalité, les aspirations des peuples vers une vie nationale commencèrent à se faire sentir, la France fut l'un des premiers pays où ces aspirations prirent naissance. Alors les juristes qui avaient toujours été hostiles à la féodalité appuyèrent de tous leurs efforts ce mouvement vers l'unité et cherchèrent à élever l'Etat aux dépens de toutes les autres collectivités publiques et, lui attribuant un caractère qu'il fût le seul à posséder : la *puissance souveraine*, suprême et perpétuelle. — Bodin, *De la République*, t. 1.

10. — Mais cette définition de la souveraineté, exacte dans le fond, était tout ensemble peu scientifique et peu précise : il faut, en effet, d'une part, expliquer ce qu'est et comment se manifeste extérieurement le *summum imperium* constitutif de la souveraineté ; d'autre part, éviter toute confusion entre l'Etat, seul possesseur de la souveraineté, et celui qui l'exerce en son nom. En effet, à ne pas se soulever jusqu'à la théorie de la personnalité morale de l'Etat, collectivité suprême du droit public, on risque de méconnaître un peu, le cas échéant, cette vérité que les vicissitudes d'un gouvernement n'empêchent pas l'existence de l'Etat, pourvu qu'à tout moment on trouve une autorité quelconque pour le représenter ; on risque surtout de faire de l'Etat, comme au temps de la féodalité, une sorte de patrimoine pour une personne, le monarque, ou pour une masse, la majorité des citoyens.

11. — Ces confusions ne sont point en somme, celles de la doctrine moderne. Presque tous les auteurs, philosophes et jurisconsultes, s'accordent, en effet, aujourd'hui à voir dans la souveraineté le trait caractéristique de l'Etat. Cette théorie, qui a régné sans partage durant près de trois siècles, a rencontré, il est vrai, en ces derniers temps, quelques adversaires, mais elle est encore à ce jour de beaucoup la théorie dominante.

12. — Des conséquences importantes sont attachées à cette abstraction féconde de la confusion de l'Etat et de la souveraineté, que la civilisation a lentement dégagée. Des diverses formes d'organisation humaine, l'Etat est précisément celui qui, supérieure aux autres, loin de devoir à un pouvoir plus élevé sa formation et ses attributions, trouve en elle-même sa cause juridique et sa raison d'être. — V. Rosin, *Souverœnetat...*, dans

Hirth's Annalen, 1883, p. 274; Le Fur, p. 417. — Aussi bien, on ne peut concevoir avec certains auteurs une forme inférieure d'« Etats du second ordre » (de Neyron, *Principes du dr. des gens conventionnel ou coutumier*, 1783, § 65) ou de « quasi-Etats » (Kertins, *Dissert. de divisione regnorum*..., t. 1, § 2), ou, pour employer des expressions plus modernes, d'Etats mi-souverains ou non souverains. Le seul véritable Etat est l'Etat qui se suffit à lui-même et qui ne se trouve dans la dépendance de nul autre pouvoir humain ; en d'autres termes, c'est l'Etat souverain.

13. — La souveraineté est ainsi le seul criterium qui permette de distinguer avec quelque sûreté l'Etat des collectivités publiques inférieures. Plusieurs auteurs allemands ont cru, il est vrai, trouver ce criterium dans l'une ou l'autre des deux notions suivantes, distinctes de la souveraineté. Ce sont les notions insuffisantes et sujettes à la critique.

14. — *a*) La première est la notion du *but universel* ou *but national*, opposé par les auteurs dont il s'agit aux buts particuliers que sont chargées de poursuivre et de réaliser les communes et les provinces. — Brie, *Theorie der Staatenverbindungen*, 1886, p. 1-16 ; Rosin, *op. cit.*, dans *Hirth's Annalen*, 1883, p. 292 et s. — La notion de compétence, cette notion peut, à la rigueur, servir de criterium, ce but et cette compétence devant être considérés tous deux comme universels par opposition au but et à la compétence limitées des collectivités inférieures ; mais l'employer ainsi c'est revenir instinctivement à la notion de souveraineté. — Le Fur, p. 377.

15. — *b*) La seconde est la notion du *droit propre*, par opposition aux droits dérivés des collectivités inférieures. — Laband, *Staatsrecht der deutschen Reiches*, p. 62 et s., 106 et s. ; Jellinek, *Die Lehre von den Staatenverbindungen Gesetz und Verordnung*, 1887, p. 201 et s. — La définition du droit propre varie, d'ailleurs, entre les auteurs : ce serait, pour le premier de ceux précités, un droit né dans la personne de celui qui l'exerce ; pour le second, la faculté pour un Etat de créer le droit par sa volonté propre et par la plénitude de son pouvoir spécial. Cette conception, qui reconnaît à l'Etat seul des droits propres, est erronée : car toute collectivité inférieure, tout individu et, d'une manière générale, tout sujet de droit possède des droits propres, c'est-à-dire des droits qui lui appartiennent, qu'il exerce en son propre nom et nullement comme mandataire ou délégué de l'Etat. — Le Fur, p. 393, texte et note 1 ; Rosin, *op. cit.*, p. 12 et s. ; Borel, *La souveraineté et l'Etat fédératif*, p. 85 ; Gierke, *Laband's Staatsrecht und die deutsche Rechtswissenschaft*, dans *Schmoller's Iahrbucher*, t. 7, 1883, p. 6 9.

§ 2. *Nature juridique de la souveraineté.*

1° *Indépendance des Etats.*

16. — La souveraineté étant, comme il vient d'être dit, la puissance suprême, la collectivité qui la possède a, d'une part, le droit de commander à tout individu ou groupe d'individus qui se trouve dans les limites de son territoire, et, d'autre part, n'est soumis à personne à l'extérieur, car l'idée d'un pouvoir suprême qui serait lui-même soumis à un pouvoir suprême est évidemment une idée contradictoire en soi. L'Etat est précisément la collectivité qui possède l'autorité suprême à l'intérieur, l'indépendance à l'extérieur si bien que, d'après de justes définitions, est Etat toute collectivité souveraine et toute souveraineté est souveraineté d'Etat. — Le Fur, p. 396, 417, 443.

17. — Il s'ensuit que la souveraineté de l'Etat est double. En tant qu'elle s'exerce sur le territoire de l'Etat, elle constitue la souveraineté intérieure. En tant qu'elle vise les nationaux qui se livrent au commerce international, elle peut être dite extérieure ou personnelle : personnelle, parce que son influence légitime suit les individus qui y sont soumis ; extérieure, parce qu'elle s'exerce hors du territoire de celui qui la possède. Aussi bien les conflits entre nations sont-ils toujours des conflits entre souverainetés, s'élèvent-ils le plus souvent entre la souveraineté intérieure de l'une et la souveraineté extérieure de l'autre. — Pillet, *Recherches sur les droits fondamentaux des Etats*, n. 18, p. 36. — V. Rognin, *La règle de droit*, ch. III ; Despagnet, *Essai sur les protectorats*, 1896, p. 9-20.

18. — Un Etat, à raison même de sa souveraineté, ne peut donc être obligé ou déterminé que par sa propre volonté, dans les limites des principes généraux du droit et conformément au but effectif qu'il est appelé à réaliser. Cette théorie est la seule qui dégage le véritable sens de la notion de souveraineté, parce qu'elle se tient à égale distance des exagérations qui ont pour conséquence, soit l'annihilation de l'individu par l'Etat, soit, au contraire, celle de l'Etat par l'individu, et qui résultent de ce que, tantôt on reconnaît à l'Etat une puissance absolue et exclusive, et tantôt, au contraire, on le prive avec certaines théories individualistes, de la plus grande partie des attributions et des moyens d'action qui lui sont nécessaires pour arriver à la réalisation de sa fin.

19. — Cela n'aboutit pas, d'ailleurs, à déclarer que l'Etat a une puissance absolue et sans bornes. On ne saurait dire en effet que l'Etat est le créateur tout-puissant du droit, et qu'il peut fixer celui-ci à sa fantaisie sans trouver nulle part de limites théoriques à sa propre volonté ; la souveraineté n'est pas l'omnipotence ; l'Etat trouve, tant dans un principe supérieur à lui, celui du droit, que dans l'existence même des individus ou collectivités qui le composent, des bornes infranchissables qui s'imposent à sa volonté aussi bien en théorie qu'en pratique. — Hœnel, *Deutsches Staatsrecht*, t. 1, § 16, p. 103 et s. ; Westerkamp, *Staaterbund und Bundestaat*, p. 105, note 9.

2° *Restrictions volontaires à la souveraineté de l'Etat.*

20. — Le seul droit de l'Etat, parce que son but est universel et, à ce titre, domine tous les buts particuliers, est d'exiger que tous les buts humains se trouvent vis-à-vis de lui dans un certain rapport de dépendance : tous, en effet, dans la mesure où ils peuvent et doivent contribuer au progrès social, se trouvent dans cette même mesure au but supérieur de l'Etat, lesoumis dans cette mesure au but supérieur de l'Etat, lequel a le droit d'exiger qu'ils se conforment à son plan général d'action. — Hœnel, *Deutsches Staatsrecht*, 1892, dans le *Handbuch* du docteur Binding, t. 1, p. 108 ; Le Fur, *op. cit.*, p. 440. — De là, certaines des prérogatives exorbitantes reconnues à l'Etat, dont quelques-unes ont été étudiées *suprà*, v° *Autorité administrative*, *Compétence administrative*, *Dettes et créances de l'Etat*, et *infrà*, v° *Expropriation pour cause d'utilité publique*, *Guerre*, *Marché de fournitures*, *Responsabilité*, *Travaux publics*.

21. — Hors de là, il est des restrictions de genres divers dont l'existence est parfaitement compatible avec la souveraineté de l'Etat et de nature, bien entendu, toute volontaire. La première catégorie de restrictions résultant de traités. Un Etat peut, en effet, abandonner à un autre Etat un certain degré d'influence dans ses affaires intérieures ; il ne perd pas nécessairement pour cela la souveraineté, pourvu toutefois qu'un autre Etat ne lui puisse imposer une restriction quelconque de sa propre autorité.

22. — Un Etat peut, il est vrai, en acceptant de devenir partie intégrante d'un Etat primitif ou de subir le protectorat d'un Etat tiers, renoncer volontairement à l'exercice de tel ou tel droit de souveraineté, et admettre des restrictions de sa compétence. Cependant il convient de remarquer, ces restrictions n'ont ordinairement qu'un caractère transitoire, en tant qu'elles constituent une première étape, soit dans le sens de l'annexion complète d'un ancien Etat souverain, soit, au contraire, dans le sens de l'émancipation définitive d'une ancienne province. D'autre part, elles n'ont jamais une valeur obligatoire absolue ; car l'Etat, dont la conservation est la loi suprême, doit pouvoir les écarter de sa propre autorité dès qu'elles deviennent incompatibles avec les conditions nécessaires de son existence. — Borel, p. 35 ; Le Fur, p. 477 ; Jellinek, p. 34, 102, 305.

23. — La deuxième catégorie de restrictions à la souveraineté ou plutôt d'obligations qui ne diminuent en rien la souveraineté puisqu'elles sont volontairement reconnues se compose de celles qui sont consenties, non plus en faveur des Etats étrangers, mais cette fois par l'Etat en faveur des personnes physiques ou morales soumises à son autorité (V. *suprà*, v° *Constitution*, *Déclarations des droits*, et *infrà*, v° *Organisation constitutionnelle*, *Personnalité morale*). Cette espèce de restrictions met en jeu le droit public interne. D'où il suit : 1° que l'Etat qui traite avec un particulier : ou une collectivité inférieure soumise à son autorité est, en vertu de sa souveraineté juge unique de toute difficulté qui pourra naître à l'occasion de l'obligation contractée, et, 2° que cet individu et cette collectivité non souveraine, alors même qu'ils croient avoir raison, ne peuvent, sans violer le droit à leur tour, recourir au moyen suprême qu'eût pu employer, pour trancher le différend, un État souverain : le droit de guerre. — Le Fur, p. 458.

24. — Le droit éminent de l'Etat en matière de contrats résultant de l'impossibilité à son encontre de toute *lex in perpetuum valitura* est depuis longtemps reconnu. « L'Etat ne peut, a-t-on répété souvent, se trouver arrêté pour toute éternité par des restrictions qu'il ne serait pas capable de supprimer par sa seule volonté. » — Borel. *op. cit.*, p. 35; Jellinek, *Die Lehre von den Staatenverbindungen*, p. 54, 102, 305. — Ce n'est pas que l'Etat puisse, en vertu de sa souveraineté, rompre sans cause le contrat conclu avec une collectivité inférieure; cela signifie simplement qu'en cas de conflit entre un intérêt particulier et un intérêt général, c'est ce dernier qui doit l'emporter : la clause *rebus sic stantibus* constitue par elle-même un motif juridique de rupture du contrat, motif qu'a dû prévoir l'autre partie au moment de la conclusion du contrat. Tout Etat souverain doit posséder la capacité de modifier sa constitution ou ses contrats de manière à ce qu'il puisse se donner l'organisation convenable, à peine de se voir forcé, le cas échéant, d'accomplir, par la voie de la résolution ou de la violation de la constitution ce que le droit formel lui défendrait.—Le Fur, *op. cit.*, p. 456; Jellinek, *op. cit.*, p. 304.

3° Compétence de la souveraineté.

25. — Deux caractères de la souveraineté ont été, jusqu'à présent, dégagés : d'une part, la non-existence d'une véritable souveraineté internationale ou extérieure; d'autre part, la possibilité de restrictions volontaires à la souveraineté. Cela étant établi, il est aisé de répondre à une troisième question non moins importante quand on cherche à définir la nature juridique de la souveraineté. Cette question est celle du droit de l'Etat de déterminer librement sa compétence (V. sur cette question et l'intérêt qu'elle présente, Hauriou, *op. cit.*, p. 17). A cet égard une distinction doit être faite.

26. — A). Au point de vue international, c'est-à-dire dans ses relations avec les États étrangers, il est évident que l'Etat ne possède pas la faculté de déterminer librement sa compétence. Un Etat ne pouvant, en effet, de sa propre autorité imposer à un autre Etat une obligation quelconque, nul Etat ne peut se trouver lié envers un Etat étranger que par sa propre volonté et autrement que dans les limites du traité conclu. Il s'ensuit que l'un des Etats ne peut former par sa seule volonté ni étendre sa compétence vis-à-vis de l'autre; or c'est précisément en cela que consiste le droit de déterminer librement sa compétence. Les auteurs tirent une conséquence très exacte de ce principe, que pour la plupart ils n'énoncent pas d'ailleurs, lorsqu'ils décident, dans la matière du protectorat, que l'Etat protecteur qui tenterait d'agrandir sa compétence vis-à-vis de l'Etat protégé en s'attribuant des droits autres que ceux expressément concédés par le traité de protectorat doit être considéré comme faisant tomber par ce seul fait le traité tout entier. — Le Fur, *op. cit.*, p. 466, note ; Calvo, *Droit international*, t. 1, § 62, p. 203; Pillet et Delpech, *op. cit.*

27. — B). Au point de vue du droit public interne, c'est-à-dire dans les rapports de l'Etat souverain avec les collectivités publiques et les individus qui le composent, le pouvoir central, qui possède par hypothèse la souveraineté, possède aussi nécessairement le droit de déterminer sa propre compétence : étant chargé, en vertu de sa souveraineté, de veiller à ce que ses membres se renferment dans les limites qui leur sont assignées par leur nature même, et, au point de vue positif, étant seul autorisé à trancher tout conflit d'attributions qui peut s'élever entre ses membres et lui, il doit pouvoir, chaque fois que son intervention devient utile ou nécessaire, trouver en lui-même des moyens d'action suffisants pour mener à bonne fin la tâche qui lui incombe en face du besoin nouveau. Or, c'est précisément dans l'exercice de ce droit que se manifeste le plus clairement sa souveraineté. C'est pourquoi l'on a pu dire très-justement que le droit de déterminer librement sa compétence constituait le criterium essentiel et distinctif de la souveraineté. — Le Fur, *op. cit.*, p. 466-7.

28. — Bien entendu, étant donné qu'il n'existe pas sur terre de souveraineté illimitée, la puissance de l'Etat, ici comme précédemment (V. *suprà*, n. 19), est limitée par sa nature même, par le but qu'il est chargé de réaliser, si bien que l'Etat ne peut déterminer sa compétence en toute liberté, en dehors même des principes du droit, avec une autorité exclusive et absolue. Il y a sur ce point une analogie complète entre les règles du droit constitutionnel et celles du droit international.

4° Unité de la souveraineté.

29. — Le caractère divisible ou indivisible de la souveraineté est, enfin, l'une des questions les plus discutées relatives à cette matière. Des distinctions doivent être faites, suivant qu'il s'agit d'un Etat unitaire ou d'un Etat composé, c'est-à-dire d'un Etat où il n'existe qu'une seule souveraineté, bien qu'elle puisse avoir plusieurs sujets ou, au contraire, d'un Etat qui, bien que répondant à une véritable unité nationale fractionne la souveraineté entre plusieurs Etats particuliers dont chacun conserve en principe sa souveraineté intérieure, ses lois propres et son gouvernement, tandis que la nation entière, comprenant la population additionnée des Etats particuliers et abstraction faite de ceux-ci forme un Etat d'ensemble ou Etat fédéral qui possède aussi un gouvernement complet et dont les citoyens des divers Etats particuliers sont tous également les citoyens. — V. un résumé très précis des notions essentielles relatives aux Etats unitaires, fédératifs et aux confédérations d'Etats, dans Esmein, *op. cit.*, p. 5, 8.

30. — *a*) Pour l'Etat unitaire, la question ne fait pas de difficulté, et chacun reconnaît que la souveraineté appartient exclusivement à l'Etat, sans le moindre partage avec les provinces ou les communes. Sans doute ces collectivités inférieures peuvent posséder des droits plus ou moins étendus, l'Etat peut même leur confier l'exercice de certains droits de souveraineté. Mais il est évident qu'il n'y a pas là un partage de la substance même de la souveraineté, et que ces collectivités ne sont nullement souveraines, même pour partie.

31. — *b*) Pour l'Etat composé, se sont produites, au contraire, les plus vives discussions, aggravées par la persistance d'anciennes traditions nationales et la confusion qui en est résultée entre deux notions complètement différentes, celles de l'Etat fédéral et de la confédération d'Etats. L'unité étant une qualité essentielle de la personnalité, toute personne physique ou morale est nécessairement une. De cette unité de l'Etat, personne morale du droit public, découle l'unité de la souveraineté ; la souveraineté, telle que l'Etat la possède est indivisible, non parce qu'elle est la puissance suprême, mais parce que c'est une qualité essentielle de l'Etat, parce qu'elle ne peut appartenir qu'à l'Etat, qui, en sa qualité de personne juridique, est nécessairement une. Il ne peut donc exister simultanément sur le même territoire plusieurs Etats souverains. D'où il suit que dans tout système d'Etats, c'est-à-dire dans toute union dont les membres conservent leur souveraineté et restent de véritables Etats, il ne peut y avoir d'Etat central souverain ; et qu'à l'inverse, chaque fois que dans une union d'Etats, il existe un Etat souverain, les membres ont nécessairement perdu leur souveraineté et leur caractère d'Etats.

32. — Les solutions qui viennent d'être exposées ne concernent que la souveraineté envisagée en elle-même, comme qualité exclusive de l'Etat personne morale. Elles ne se réfèrent nullement à ce qui concerne l'exercice de la souveraineté par les organes de l'Etat. Les diverses attributions qui découlent de la notion de souveraineté peuvent évidemment et doivent même être confiées à des organes différents. Mais cela ne prouve pas plus que la substance même de la souveraineté soit divisible que la répartition constitutionnelle des pouvoirs de l'Etat entre trois pouvoirs, par exemple les pouvoirs législatif, exécutif et judiciaire, ne prouve que ce soit contre l'unité logique du pouvoir.

33. — Sur le sens et la portée de la séparation des pouvoirs et la manière dont, appliquée au gouvernement, la souveraineté s'analyse en un certain nombre de pouvoirs (Hauriou, *op. cit.*, p. 17; Saint-Girons, *Essai sur la séparation des pouvoirs*, 1884; Duguit, *La séparation des pouvoirs et l'Assemblée nationale de 1789*, Paris, 1893 ; Esmein, *op. cit.*, p. 269 et s.; Artur, *Séparation des pouvoirs et séparation des fonctions*, dans la *Revue de droit public*, t. 13, mars-avril, mai-juin 1900.

Section III.
Des fonctions de l'Etat et de leur nature.

34. — Le droit, suivant l'expression de Merkel (*Philosophische Einleitung in die Rechtswissenschaft*, § 9, p. 13, dans *Holzen-*

ÉTAT.

dorff's *Encyclopædie*) n'est pas pour lui-même un but et n'a de valeur que parce qu'il correspond à la constitution ou au maintien d'un certain état de fait ; il s'ensuit que les fonctions de l'Etat ne présentent pas pour la communauté nationale ou internationale, patron d'où il s'agit dans chaque hypothèse concrète, d'autre intérêt que celui qui s'attache à la poursuite du but qu'elles visent. C'est pourquoi, si l'on prétend connaître la véritable nature des fonctions de l'Etat, c'est leur but qu'il faut considérer pour découvrir la raison et l'importance respective des divers droits attachés à la souveraineté. — Pillet, *op. cit.*, n. 38, p. 73.

35. — Il serait trop long et difficile d'énumérer toutes les fonctions que peut remplir l'Etat. Celui-ci, à l'heure présente, assume des fonctions de plus en plus nombreuses : en effet, il se fait éducateur, protecteur des intérêts de l'industrie et du commerce, patron des littérateurs et des artistes, il se fait au besoin artiste lui-même, et parfois commerçant, mais cette dernière qualité n'a chez lui d'autre but que de lui fournir les ressources nécessaires à de plus importantes fonctions (V. sur l'extension toujours croissante du rôle de l'Etat, Paul Leroy-Beaulieu, *L'État moderne et ses fonctions*). Il suffit de mentionner celles des fonctions de l'Etat qui ont un caractère de nécessité, que, d'une part, l'Etat a mission de remplir en vertu de l'autorité qui lui est reconnue, et qu'il ne pourrait négliger sans compromettre le salut de la société particulière qu'il représente, et que, d'autre part, les Etats étrangers sont obligés de respecter à peine de méconnaître la qualité souveraine de la personne qui les exerce. Ces fonctions sont intérieures ou extérieures, suivant qu'elles s'accomplissent sur le territoire ou qu'elles visent les nationaux expatriés ou plus généralement les intérêts nationaux ayant leur siège à l'étranger.

§ 1. *Fonctions intérieures.*

36. — Les fonctions intérieures de l'Etat ont été justement ramenées par certains auteurs (V. Pillet, *op. cit.*, n. 41, p. 82 et s.), à quatre chefs : 1° le maintien de l'ordre public; 2° la garantie du libre exercice des activités individuelles; 3° le service de la justice; 4° la question du domaine public.

37. — 1° Le maintien de l'ordre public, service plus important même que la justice, est assuré par tout un ensemble de mesures diverses et d'ailleurs fort inégales : lois pénales et ordonnances de police, mesures préventives du ressort de l'administration, intervention d'une force armée prête à assurer le cas échéant leur observation aux commandements de l'autorité. — V. *supra*, v° *Autorité administrative*, et *infra*, v°⁸ *Force armée, Force publique, Lois, Ordonnances de police*.

38. — 2° La garantie du libre exercice des activités individuelles intéresse l'Etat à un double titre. L'Etat est, en effet, le garant des résultats légitimement obtenus et met la force publique à la disposition de quiconque peut se prévaloir d'un droit régulièrement acquis. D'autre part, il doit concilier les intérêts des citoyens et les intérêts supérieurs de la communauté, et cette fonction éminemment politique le conduit tantôt à protéger les citoyens contre leur propre faiblesse dans l'intérêt de la communauté, tantôt à poser des bornes à la liberté individuelle au nom de l'intérêt social menacé. En remplissant cette fonction, l'Etat se fait « définiteur du droit; » l'importance de son rôle à cet égard est extrême, résidant surtout dans la garantie perpétuelle de certitude et de fixité, que la puissance législative ne parviendrait pas seule à assurer et à laquelle doivent contribuer les deux autres pouvoirs, exécutif et judiciaire.

39. — 3° Le service de la justice ne consiste pas seulement à appliquer la loi, mais aussi, en premier lieu à décider les contestations qui s'élèvent, soit entre l'Etat et les particuliers, soit dans les rapports respectifs de ces derniers. A la différence de la puissance législative qui n'est qu'un moyen au service de l'Etat, l'administration de la justice paraît être une véritable fonction de l'Etat, car elle rend par elle-même un service distinct et que l'on ne saurait obtenir par aucune autre voie : un jugement n'applique pas seulement la loi comme le ferait un règlement ou un décret, il décide les points de fait ou de droit qui sont contestés; il déclare la vérité entre les parties touchant les rapports litigieux, et c'est bien là une fonction propre qui ne rentre en aucune façon dans les attributions du pouvoir exécutif. — Esmein, *op. cit.*, p. 340 et s.; Pillet, *op. cit.*, p. 84, t. 1, note 1;

Artur, *op. cit.* — V. *infra*, v°⁸ *Organisation judiciaire, Pouvoir judiciaire*.

40. — 4° La gestion du domaine public appartient à l'Etat, parce que l'Etat concentre en sa personne les intérêts de la communauté tout entière. — V. *supra*, v° *Domaine public*.

§ 2. *Fonctions extérieures.*

41. — Les fonctions extérieures de l'Etat ne sont pas moins importantes. Leur existence n'est pas douteuse : l'exercice de la souveraineté ne se limite pas en effet dans le droit public actuel à la réglementation de rapports purement intérieurs. Dans l'ordre des relations internationales, l'Etat et la diplomatie en son nom se sont étudiés de tout temps à assurer la protection la plus efficace aux intérêts nationaux dont le siège se trouve à l'étranger.

42. — a) En ce qui concerne les particuliers, l'exercice de cette souveraineté extérieure comporte : 1° Le droit de statuer sur l'acquisition et la perte de la nationalité à l'égard des nationaux expatriés et de leur famille. — V. *infra*, v° *Nationalité*.

43. — 2° La police des nationaux expatriés; celle-ci se conciliera d'autant mieux avec celle qui exerce sur les mêmes personnes le pouvoir local qu'elles n'ont point toutes deux le même objet, l'une, la dernière veillant à ce que les étrangers ne troublent point l'ordre public; l'autre, la première, visant à rappeler à des absents leurs obligations envers leur patrie. Cette fonction s'accomplit généralement par les soins des consuls, en dehors de toute intervention du pouvoir local, sauf en ce qui concerne les demandes d'extradition, qui, en pays chrétien, exigent pour la réalisation le recours à la puissance publique du lieu de refuge. — Pillet, *op. cit.*, p. 86. — V. *supra*, v° *Consul*, et *infra*, v°⁸ *Etranger, Extradition*.

44. — 3° La protection des nationaux à l'étranger, qui se réalise par le moyen d'un certain nombre d'institutions administratives ou judiciaires organisées au profit des nationaux et dont l'accès leur est ouvert toutes les fois que leurs intérêts légitimes ont été lésés.

45. — b) En ce qui concerne, non plus les intérêts particuliers, mais l'intérêt général, et l'exercice du droit de la nation au commerce international, l'action de la souveraineté extérieure dans ce domaine s'applique à faire jouir ses ambassadeurs des privilèges consacrés par la tradition, à assurer au commerce de ses sujets l'usage des voies de communication ouvertes au trafic international, à surveiller et à réglementer la pratique de la navigation maritime, enfin et surtout à réclamer, le cas échéant, la stricte observation des traités. — Pillet, *op. cit.*, n. 42, *in fine*, p. 87.

SECTION IV.

De la double personnalité de l'Etat.

46. — Le droit ancien n'était pas arrivé à dégager l'unité et la personnalité de l'Etat en droit public; la législation romaine notamment n'admettait d'autre personnalité que celle du fisc, pour en faire une personne juridique, un sujet de droits privés, capable d'avoir un patrimoine et d'accomplir les divers actes relatifs à ce patrimoine. Ces notions ont changé. Le droit moderne conçoit, en effet, l'Etat comme une personnalité à double face : à certains égards l'Etat est une personne morale de droit privé, accomplissant des actes de gestion sur son patrimoine, traitant avec les particuliers par des contrats, exerçant certaines industries, possédant certains biens et soumis, en principe, dans ces actes, aux règles du droit privé. Mais, à d'autres égards, il est un être juridique supérieur possédant des droits éminents auxquels aucun particulier ne peut prétendre et qui ont tous leur source dans le droit de souveraineté ou droit de commander aux particuliers et de s'en faire obéir. — Michoud, *De la responsabilité de l'Etat à raison des fautes de ses agents*, n. 19, p. 32. — V. Meyer, *Lehrbuch der deutschen Staatsrechts*, § 149 et l'exposé fait par Primker, au 9° congrès des juristes allemands, *Verhandler IY ten Juristentages*, t. 3, p. 25. — V. sur la distinction des actes de l'Etat, au point de vue des recours et de la responsabilité à laquelle ces actes donnent lieu, *supra*, v°⁸ *Compétence administrative*, et *infra*, v°⁸ *Fonctionnaire, Responsabilité*.

47. — Il a existé, il est vrai, une conception d'après laquelle les droits de puissance publique n'appartiendraient pas à une personne morale une, appelée l'Etat, mais au souverain qui l'exerce. — Piloty, dans *Hirth's Annalen*, ann. 1888, p. 265 et s., et les divers auteurs cités par Georges Meyer, *Lehrbuch der deutschen Staatsrechts*, § 3, note 8. — Elle est aujourd'hui communément repoussée en France. On a justement fait remarquer, en effet, que si le nom de personnalité morale ou juridique est réservé en général à la personnalité du droit privé, c'est pour rester fidèle au langage traditionnel et que tout le monde conçoit le droit de souveraineté et ses dérivés comme appartenant à l'Etat et non aux divers fonctionnaires qui l'exercent en son nom.

48. — Au demeurant, il n'y a pas dans l'Etat deux personnes distinctes et indépendantes l'une de l'autre, comme certains auteurs ont paru le soutenir, par exemple Rönne, cité par Gierke, *Die Genossenschaftstheorie*, p. 794, note 1. C'est à un seul et même être juridique qu'appartiennent et les droits qui dépendent de la souveraineté, et ces droits privés qui sont comme un accessoire indispensable des premiers, ayant pour objet d'en rendre l'exercice pratiquement possible. Les agents mêmes chargés d'exercer ces divers droits ne sont pas toujours distincts, et beaucoup d'entre eux ont à accomplir en même temps des actes d'autorité, comme agents de l'Etat puissance publique, et des actes de gestion, comme agents de la personne morale de droit privé. — V. *suprà*, v° *Agents de l'autorité publique*, et *infrà*, v° *Fonctionnaires publics*.

ÉTAT CIVIL.

LÉGISLATION.

V. *suprà*, v° *Actes de l'état civil*; C. civ., art. 37, 45, 47 à 49, 59 à 62, 70, 73, 76, 80, 86 à 99, 101, 151 à 153, 155, 331, 980; — L. 5 juin 1893 (portant modification des dispositions de la loi du 12 févr. 1872 sur la reconstitution des actes de l'état civil de Paris); — L. 8 juin 1893 (portant modification des dispositions du Code civil relatives à certains actes de l'état civil et aux testaments faits soit aux armées, soit au cours d'un voyage maritime); — L. 8 juin 1893 (relative aux actes de procuration, de consentement et d'autorisation dressés aux armées ou dans le cours d'un voyage maritime); — L. 20 juin 1896 (portant modification de plusieurs dispositions légales relatives au mariage, dans le but de le rendre plus facile); — L. 17 août 1897 (modifiant divers articles du Code civil); — L. 7 déc. 1897 (ayant pour objet d'accorder aux femmes le droit d'être témoins dans les actes de l'état civil et les actes instrumentaires en général); — L. 17 mai 1900 (complétant les dispositions de la loi du 8 juin 1893, relatives à certains actes de l'état civil et aux testaments faits aux armées).

BIBLIOGRAPHIE.

V. *suprà*, v° *Actes de l'état civil*.

Baudry-Lacantinerie et Houques-Fourcade, *Des personnes*, 1896, 2 vol. in-8°, t. 1, n. 876 et s. — Bourgueil, *Manuel-formulaire de l'officier de l'état civil*, 1898, 2° édit. — Didio, *Commentaire de la loi du 7 déc. 1897, sur le témoignage des femmes dans les actes publics*, 1898, gr. in-8°. — Mersier, *Appendice au traité théorique et pratique des actes de l'état civil*, 1898, in-8°. — Pelletier, *Notions pratiques sur les actes de l'état civil*, 1894, 1 vol. in-8°. — Périer, *Commentaire de la loi du 8 juin 1893 relative aux actes de procuration, de consentement et d'autorisation diverses aux armées ou dans le cours d'un voyage maritime*, 1895, 1 vol. in-12. — Ragel, *Manuel-formulaire des actes de l'état civil*, 1898, 2° édit., 1 vol. in-8°. — Taillandier (de), *Manuel-formulaire des officiers de l'état civil*, 1894, 2° édit, 1 vol. in-12.

Gayet, *Théorie des actes de l'état civil appliquée au service de santé militaire*, 1899. — Wilhelm et P. Trayer, *Actes de l'état civil, testaments et procurations reçus en mer, aux armées ou aux colonies*, 1893, 1 vol. in-8°.

Les actes de l'état civil et les testaments faits aux armées ou au cours d'un voyage maritime. *Commentaire de la loi du 8 juin 1893* (Schaffhauser, Lois nouvelles, 1894, 1re part., p. 285 et s. — *De la compétence à attribuer aux agents diplomatiques et consulaires, comme officiers de l'état civil. Examen de la règle proposée en juillet 1894 par la conférence de la Haye* (E. Lehr.), Rev. gén. de dr. intern. public, 1894, p. 97 et s., et p. 441 et s.

INDEX ALPHABÉTIQUE.

Acte de commerce, 15.
Acte de décès, 22, 53 et s., 86.
Acte en brevet, 37.
Acte de mariage, 22.
Acte de naissance, 22, 47 et s., 77.
Adoption, 40 et s., 81.
Affichage, 60.
Age, 2.
Agent diplomatique, 7 et s., 18.
Agent diplomatique ou consulaire, 47, 50 et s., 83, 86.
Algérie, 83.
Annexe, 26.
Appel, 85.
Archives, 27, 76, 83.
Autorisation maritale, 33 et s.
Capitaine, 34.
Capitaine de navire, 47.
Chef d'état-major, 29.
Colonie, 18, 27, 29, 33, 34, 69, 72 et s., 83, 86 et s.
Commandant, 29, 33, 34, 47.
Commissaire aux armements, 37.
Commissariat, 33, 37, 38, 43 et 44.
Commune, 83.
Compétence, 84 et s.
Consentement, 32 et s.
Corps de troupe, 16 et s.
Cote, 29.
Délai, 23, 25, 30, 47, 53, 69, 76, 80.
Divorce, 81.
Domicile, 30, 50, 53, 61, 65 et 66.
Double, 8, 26, 28.
Enfant naturel, 31.
Engagement, 33 et s.
Enquête, 58, 59, 73.
Enregistrement, 39.
Erreur, 25.
Etablissements publics, 69 et s.
Etablissements sanitaires, 16, 27, 33, 37, 69.
Etat-major, 16, 27.
Etranger, 6 et s., 12 et s., 16 et s., 35, 66, 83, 86.
Expédition, 7 et s., 22, 23, 25, 44, 50 et s., 55, 69.
Expéditions d'outre-mer, 72 et s.
Extrait, 65.
Femme, 2.
Forteresse, 19.
Greffe, 76, 83.
Guerre (ville de), 32 et s.
Hôpitaux, 16, 27, 29, 33, 34, 37, 69 et 70.
Inscription maritime, 50 et s.
Insertion, 60.
Intendance, 16, 33, 37, 41, 43 et 44.
Jugement, 65 et s., 80.
Légalisation, 37 et 38.

Légitimation, 78 et s.
Mariage, 30, 32 et s., 75, 77, 81.
Marins, 11 et s., 72 et s.
Marine de l'Etat, 47, 34, 37, 52, 55.
Marine marchande, 34, 37, 38, 47, 52, 55.
Médecin, 16, 29, 33, 34, 37.
Mention, 35.
Mention en marge, 10, 51, 65, 75 et s.
Militaires, 11 et s., 72 et s.
Ministère public, 64.
Ministre de la Guerre, 22, 23, 27, 44.
Ministre de la Marine, 10, 22, 23, 27, 44, 50, 52, 58, 61, 63, 64, 73.
Ministre des Affaires étrangères, 7 et s.
Mobilisation, 16, 19, 27, 29.
Notaire, 35 et s.
Officiers, 12 et s., 47, 55 et s.
Officiers d'administration, 33 et 34.
Officiers de l'état civil, 7 et s., 25, 50, 69, 71, 76, 90.
Officiers sans troupe, 30.
Paraphe, 29.
Paris (ville de), 5, 24, 50, 53, 65 et 66.
Port de désarmement, 50, 52.
Présomption, 58 et s.
Prévôt, 16.
Prévôté, 27.
Prisonniers, 14.
Procédure générale, 61.
Procès-verbal, 55 et s., 61, 63, 80.
Procuration, 31 et s.
Procureur de la République, 26, 44, 76, 80, 89 et s.
Protectorat, 16, 18, 27, 29, 69, 72 et s., 87 et 88.
Publication, 30.
Publicité, 59 et 60.
Reconnaissance d'enfant naturel, 10, 75, 81.
Rectification, 67, 68, 81.
Registres, 9, 27 et s., 71.
Responsabilités, 82.
Rôle d'équipage, 47, 55.
Siège (état de), 19 et s.
Sinistre en mer, 54 et s.
Témoin, 2, 47, 53, 55 et 56.
Tiers, 67.
Timbre, 39.
Transcription, 7 et s., 22, 31, 53, 65, 66, 69, 90 et 91.
Transmission, 22, 23, 55, 61, 63, 90.
Trésorier, 16.
Tribunal civil, 62.
Voyage en mer, 86.
Voyage maritime, 34, 45.

DIVISION.

Sect. I. — **Actes de l'état civil en général** (n. 1 à 5).

Sect. II. — **Actes de l'état civil passés à l'étranger** (n. 6 à 9).

Sect. III. — **Actes de reconnaissance d'enfant naturel** (n. 10).

Sect. IV. — **Actes de l'état civil concernant les militaires et marins dans certains cas particuliers.**

§ 1. — *Généralités* (n. 11 à 31).

§ 2. — *Acte de consentement à mariage* (n. 32 à 39).

§ 3. — *Actes d'adoption* (n. 40 à 44).

Sect. V. — **Actes de l'état civil au cours d'un voyage maritime** (n. 45 à 46).

§ 1. — *Acte de naissance* (n. 47 à 52).

§ 2. — *Actes de décès* (n. 53 à 68).

ÉTAT CIVIL.

Sect. VI. — Décès dans les hôpitaux militaires ou autres établissements publics (n. 69 à 71).
Sect. VII. — Décès des militaires et marins aux colonies, dans les pays de protectorat et dans les expéditions d'outre-mer (n. 72 à 74).
Sect. VIII. — Inscription des mentions en marge des actes de l'état civil (n. 75 à 83).
Sect. IX. — Rectification des actes de l'état civil (n. 84 à 92).

SECTION I.

Actes de l'état civil en général.

1. — Depuis que nous avons fait paraître le mot *Actes de l'état civil*, un si grand nombre de lois sont intervenues qui ont modifié l'économie de cette matière qu'il nous a paru indispensable sans attendre le supplément de ce Répertoire, d'en analyser ici les principales dispositions. Nous le ferons sommairement et à l'aide de renvois pour quelques-unes, en donnant au contraire des autres une analyse complète.

2. — Dans la première catégorie nous rangerons notamment la loi du 7 déc. 1897 qui a modifié l'art. 37, C. civ. On sait qu'aux termes de ce dernier article les personnes du sexe masculin pouvaient seules être témoins. Mais on a fait observer que le rôle de témoin dans les actes de l'état civil étant d'ordre purement privé et non politique, l'exclusion des femmes les frappait d'une incapacité que rien n'expliquait. Les rédacteurs du Code l'avaient d'ailleurs senti eux-mêmes, quand dans l'art. 71, ils reconnaissaient à la femme la capacité d'être témoin. Aussi la loi précitée du 7 déc. 1897, [S. et P. *Lois annotées*, 1898, p. 443] a-t-elle modifié l'art. 37, C. civ., dans les termes suivants : « Les témoins produits aux actes de l'état civil devront être âgés de vingt et un ans au moins, parents ou autres, sans distinction de sexe; ils seront choisis par les personnes intéressées. Toutefois, le mari et la femme ne pourront être témoins ensemble dans le même acte. »

3. — Une loi du 20 juin 1896, [S. et P. *L. ann.*, 1896, p. 121] a modifié plusieurs dispositions légales relatives au mariage dans le but de le faciliter. — V. à cet égard, *infrà*, v° *Mariage*, n. 196 et s., et 259.

4. — L'art. 6 de cette loi a également modifié, dans les termes que nous avons fait connaître, l'art. 4, L. 10 déc. 1850 (V. *infrà*, v° *Mariage*, n. 641 et 642). — Sur les modifications apportées de son côté par la loi du 17 août 1897 aux art. 45 et 70, C. civ., V. aussi *infrà*, v° *Mariage*, n. 629.

5. — Nous devons également signaler une loi du 5 juin 1893, portant modification des dispositions de la loi du 12 févr. 1872, sur la reconstitution des actes de l'état civil de la ville de Paris détruits en 1870-1871, [S. et P. *L. ann.*, 1893, p. 564] — V. *suprà*, v° *Actes de l'état civil*, n. 355 et s.

SECTION II.

Actes de l'état civil passés à l'étranger.

6. — Nous nous sommes expliqués sur les actes de l'état civil passés à l'étranger *suprà*, v° *Actes de l'état civil*, n. 1277 et s.

7. — En dehors de certains cas exceptionnels prévus par les art. 93, 95, 98 et 171, C. civ., le Code civil n'a pas prescrit la transcription de l'acte reçu par les autorités étrangères sur les registres tenus en France (V. *suprà*, v° *Actes de l'état civil*. n. 1335 et s.). Or, le même intérêt s'attache évidemment à la connaissance des faits de l'état civil qui se sont ainsi accomplis à l'étranger qu'à celle des faits qui se produisent en France. — V. Baudry-Lacantinerie et Houques-Fourcade, *Des personnes*, t. 1, n. 876. — Aussi, pour assurer la conservation des actes français et faciliter la délivrance des expéditions, sans avoir à compter sur la bonne volonté des officiers municipaux, la loi du 8 juin 1893, a ajouté à l'art. 47, un alinéa 2, ainsi conçu : Lorsqu'un de ces actes concernant des français sera transmis au ministère des affaires étrangères, il y restera déposé pour en être délivré expédition.

8. — Pour que les actes reçus par les agents diplomatiques puissent être connus et consultés en France, l'agent qui les a reçus doit en envoyer immédiatement une expédition au ministre des Affaires étrangères qui la fait parvenir à l'officier de l'état civil du domicile des personnes qu'ils concernent, pour être transcrite sur les registres (Ord. 23 oct. 1833, art. 2). Enfin, une autre prescription contenue déjà en partie dans l'art. 9 de cette ordonnance a pris place dans le Code civil sous la forme d'un deuxième alinéa ajouté à l'art. 48, par la loi du 8 juin 1893, et ainsi conçu : Un double des registres de l'état civil tenus par ces agents sera adressé à la fin de chaque année au ministre des Affaires étrangères qui en assurera la garde et pourra en délivrer des extraits. » C'est seulement par le pouvoir qu'elle accorde explicitement au ministre que cette dernière disposition diffère de l'ancienne. — Baudry-Lacantinerie et Houques-Fourcade, t. 1, n. 882.

9. — Les motifs des deux dispositions additionnelles précitées ont été donnés en ces termes par M. Darlan, dans son rapport à la Chambre des députés. « Les actes de l'état civil des Français dressés en pays étranger, mais reçus conformément aux lois françaises par les agents diplomatiques de la France ou par ses consuls, et, comme tels, déclarés valables par le Code civil, restaient aux mains des fonctionnaires qui les avaient dressés, et il était long et difficile, soit de faire des recherches parmi ces actes, soit d'en obtenir des expéditions. Pour remédier à cet état de choses, la loi nouvelle ordonne, dans une addition à l'art. 48, le dépôt et la centralisation de tous ces actes au ministère des affaires étrangères, et proclame la faculté pour le ministre d'en délivrer des expéditions. Un pareil dépôt des actes de l'état civil intéressant les Français, mais passés en pays étranger dans les formes usitées dans ce pays, ne pouvait évidemment être imposé par une loi française aux officiers instrumentaires étrangers. Toutefois, il a paru bon d'ordonner, dans une addition à l'art. 47, que « à l'avenir le ministère des Affaires étrangères gardera en dépôt, avec faculté d'en délivrer des expéditions, tous ceux de ces actes qui viendraient à lui être transmis ». La commission de la Chambre des députés et la commission du Sénat ont émis le vœu que « M. le ministre des Affaires étrangères fasse auprès des gouvernements étrangers les démarches nécessaires pour obtenir d'eux, à charge de réciprocité, la transmission obligatoire de tous les actes de l'état civil concernant des Français et dressés en pays étranger dans les formes usitées dans ce pays. La France, d'ailleurs, a déjà donné l'exemple d'une pareille transmission, au moins en ce qui concerne les actes de décès. En effet, aux termes d'une circulaire ministérielle du 26 janv. 1836, une copie sur papier libre des actes de décès des étrangers qui meurent en France dans les établissements publics, et même dans les maisons particulières, doit être adressée d'office, après avoir été visée par le préfet, au ministre des Affaires étrangères, qui la transmet à l'ambassade ou à la légation intéressée. »

SECTION III.

Actes de reconnaissance d'enfant naturel.

10. — Nous nous sommes expliqués (*suprà*, v° *Actes de l'état civil*, n. 480 et s.), sur les actes de reconnaissance d'enfant naturel. D'après l'art. 62, modifié par la loi du 8 juin 1893, qui a ajouté les deux derniers paragraphes, l'acte de reconnaissance d'un enfant naturel sera inscrit sur les registres à sa date, et il en sera fait mention en marge de l'acte de naissance, s'il en existe un. Dans les circonstances prévues à l'art. 59, la déclaration de reconnaissance pourra être reçue par les officiers instrumentaires désignés en cet article, et dans les formes qui y sont indiquées. Les dispositions des art. 60 et 61 relatives au dépôt et aux transmissions seront, dans ce cas, applicables. Toutefois, l'expédition adressée au ministre de la Marine devra être transmise par lui, de préférence, à l'officier de l'état civil du lieu où l'acte de naissance de l'enfant aura été dressé ou transcrit, si ce lieu est connu. Ce dernier paragraphe indique implicitement que les actes de reconnaissance peuvent avoir lieu pendant un voyage maritime et qu'ils sont reçus dans les mêmes officiers que les actes de naissance (Mersier, appendice au *Traité des actes de l'état civil*, n. 513). Du reste, la disposition de l'art. 98 nouveau, sur laquelle nous reviendrons ultérieurement, a modifié la réglementation légale des reconnaissances d'enfant naturel aux armées. — V. aussi *suprà*, v° *Enfant naturel*.

Section IV.

Actes de l'état civil concernant les militaires et marins dans certains cas spéciaux.

§ 1. *Généralités*.

11. — La théorie des actes de l'état civil concernant les militaires hors du territoire français a été exposée avec détails *suprà*, v° *Actes de l'état civil*, n. 578 et s.

12. — Le Code civil (art. 88-98), ne prévoyait d'autres règles exceptionnelles, pour les constatations d'état civil intéressant les militaires, que celles qui concernent les actes dressés hors du territoire français. Ces dispositions étaient insuffisantes. Les événements de 1870-1871 en avaient donné la preuve. La remise en vigueur, par la loi du 9 août 1871 (S. *Lois annotées* de 1871, p. 103, P. *Lois, décr.* de 1871, p. 176, L. 13 janv. 1817, 1er vol. des *Lois annotées*, p. 970), du mode de procédure à suivre pour constater le sort des militaires disparus pendant les guerres de la République et de l'Empire, n'avait pu remédier aux omissions trop nombreuses des actes de décès, ni donner une satisfaction légitime aux intérêts compromis. Il était donc nécessaire d'attribuer, en cas de guerre, aux officiers la compétence d'état civil, même sur le territoire français. Pour l'état civil des marins, autres que ceux de la marine nationale, auxquels s'appliquent nécessairement des règles analogues à celles concernant les militaires, les dispositions du Code civil devaient être aussi complétées. La transformation de la marine, la fréquence des voyages, l'accroissement du nombre des voyageurs, nécessitaient des prévisions nouvelles. — *Exposé des motifs à la Chambre des députés*, [S. et P. *Lois annotées*, 1893, n. 562]

13. — Les actes de l'état civil porte l'art. 93, modifié par la loi du 8 juin 1893, concernant les militaires, les marins de l'Etat, et les personnes employées à la suite des armées seront établis comme il est dit aux chapitres précédents. Comme le faisait observer dans son rapport à la Chambre des députés M. Darlan : « L'art. 93 constate ainsi tout d'abord l'application aux armées de toutes les règles ordinaires des actes de l'état civil. Puis, dans certains cas spéciaux nettement désignés, il attribue à des autorités nouvelles, sans exclure les autorités anciennes, le droit de recevoir ces actes. La compétence est alors seule modifiée ; toutes les autres prescriptions continuent à être imposées » [S. et P. 1893, p. 564]

14. — Selon certains auteurs, les dérogations au droit commun apportées par le nouvel art. 93 peuvent s'appliquer à ceux que les armées traînent avec elles et, par exemple, aux prisonniers. — Wilhelm et Trayer, n. 115. — V. Baudry-Lacantinerie et Houques-Fourcade, n. 934.

15. — Aux termes de l'art. 55, les déclarations de naissance doivent être faites dans les trois jours. Ce délai, fixé pour les actes dressés dans les conditions normales de l'état civil, est évidemment insuffisant si l'on tient compte des embarras de la guerre et des occupations multiples de l'officier de l'état civil. Aussi, l'art. 1 de la loi du 17 mai 1900 a-t-il rétabli pour les déclarations de naissance aux armées, le délai de dix jours accordé par l'ancien art. 92, C. civ., c'est l'objet d'un paragraphe ajouté à l'art. 93 et libellé ainsi « les déclarations de naissance aux armées seront faites dans les dix jours qui suivront l'accouchement. »

16. — L'art. 93 fait une distinction suivant que le corps dont la personne fait partie se trouve hors de France ou en France. — *Premier cas*. — Le corps se trouve hors de France. L'article dispose en ces termes : « Toutefois, hors de la France, et dans les circonstances prévues au présent paragraphe, ils (les actes) pourront, en tout temps, être également reçus par les autorités ci-après indiquées en présence de deux témoins : 1° dans les formations de guerre mobilisées, par le trésorier ou l'officier qui en remplit les fonctions, et, dans le cas contraire, par l'officier commandant ; 2° dans les quartiers généraux ou états-majors, par les fonctionnaires de l'intendance ou, à défaut, par les officiers désignés pour les suppléer ; 3° pour les personnes non militaires, employées à la suite des armées, par le prévôt ou l'officier qui en remplit les fonctions ; 4° dans les formations ou établissements sanitaires dépendant des armées, par les officiers d'administration gestionnaires de ces établissements ; 5° dans les hôpitaux maritimes et coloniaux, sédentaires ou ambulants, par le médecin directeur ou son suppléant ; 6° dans les colonies et les pays de protectorat et lors des expéditions d'outre-mer, par les officiers du commissariat ou les fonctionnaires de l'intendance, ou, à leur défaut, par les chefs d'expédition, de poste ou de détachement. »

17. — Hors de la France l'art. 93 sera toujours applicable en temps de paix, comme en temps de guerre. Il n'y a, en effet, aucune raison sérieuse de distinguer (Rapp. de M. Darlan à la Chambre des députés, *J. off.*, *loc. cit.*, p. 1542).

18. — Antérieurement à la loi de 1893 c'était une question controversée que de savoir si les officiers instrumentaires avaient une compétence exclusive. Sur ce point dans son rapport à la Chambre des députés M. Darlan s'expliquait en ces termes : « Du moment où un corps armé opère, pour une cause quelconque hors de son sol, il importe qu'il puisse, au besoin, ne compter que sur lui-même et trouver dans ses ressources propres tout ce qui est nécessaire à son bon fonctionnement. Cette nécessité s'impose dans nos possessions coloniales ou dans les pays placés sous notre protectorat, aussi bien, quoique à un degré moindre, que dans les pays étrangers. A l'étranger ou dans les pays de protectorat, les consuls ou les agents diplomatiques de la France, et, dans les colonies, les autorités ordinairement chargées de l'état civil, resteront, dans les cas prévus à l'art. 93, compétents pour dresser les actes de l'état civil des militaires, marins et autres personnes énumérées audit article. Mais, en même temps qu'eux, concurremment avec eux, les officiers instrumentaires désignés à l'art. 93 auront la même compétence. On ne sera pas tenu de s'adresser d'abord aux premiers et, seulement à défaut de ceux-ci, aux seconds ; on aura la faculté de s'adresser indifféremment aux uns ou aux autres. La bonne tenue de l'état civil de nos armées en campagne hors de France sera ainsi surabondamment assurée. » C'est d'ailleurs en ce sens que la jurisprudence avait fini par se prononcer. — Baudry-Lacantinerie et Houques-Fourcade, t. 1, p. 935.

19. — *Deuxième cas*. — Le corps se trouve en France. Cette hypothèse est prévue par notre article, dans les termes suivants : « En France, les actes de l'état civil pourront également être reçus, en cas de mobilisation ou de siège, par les officiers énumérés aux cinq premiers numéros du paragraphe précédent. La compétence de ces officiers s'étendra, s'il est nécessaire, aux personnes non militaires qui se trouveront dans les forts ou places fortes assiégées. » La portée de cette disposition a été exposée par M. Darlan, dans son rapport précité à la Chambre des députés, en ces termes : « En France, au contraire, les officiers de l'état civil resteront exclusivement compétents, en temps ordinaires. Mais il n'en sera plus de même du jour où sera proclamée la mobilisation ou l'état de siège. Les masses d'hommes mises sur pied seront telles alors qu'on ne saurait compter exclusivement sur les autorités civiles, non organisées pour de telles circonstances et mal préparées pour faire, en pareil cas, les constatations nécessaires. Il faut que le pouvoir militaire puisse assurer lui-même, dans ces circonstances, la tenue de l'état civil des personnes qui relèvent de lui. Votre commission a pensé que, au cas de mobilisation ou de siège, il fallait éviter tous les inconvénients, toutes les complications, toutes les causes de nullité qu'eût entraînées l'interdiction de s'adresser en France aux officiers instrumentaires spéciaux indiqués au projet de loi, si ce n'est lorsqu'il y aura impossibilité absolue de communiquer avec les autorités civiles. Aussi, au lieu de substituer dans ce cas, comme le projet du gouvernement, sous des conditions étroites dont l'existence pourrait ultérieurement être contestée, des officiers d'état civil militaires aux officiers d'état civil ordinaires, la loi juxtapose les uns aux autres et admet la compétence simultanée des autorités militaires et des autorités civiles sans priorité ou préférence pour les unes ou les autres. A ce prix seulement la tenue de l'état civil de nos militaires et marins en campagne pourra être complète et certaine. » — Rapport de M. Darlan à la Chambre des députés, [S. et P. 1893, p. 564, note 18]

20. — Une difficulté s'est élevée sur ce qu'il faut entendre par « siège » au sens de notre article? D'après les uns, il s'agirait d'un simple « état de siège » suivant la portée juridique habituelle de ces expressions. — V. notamment, Wilhelm et Trayer, n. 105 ; Darlan, *Rapport à la Chambre des députés, loc. cit.*

21. — Suivant les autres il faut entendre par ces termes ainsi qu'il résulte de la disposition *in fine* de l'article et surtout de l'art. 95, 2e al., qui parle de la « levée du siège » l'investissement réel de la place. — Delalande, *Ann. de lég. franç.*, 1893, 13e

ÉTAT CIVIL.

année, p. 143, note 1 ; Baudry-Lacantinerie et Houques-Fourcade, t. 1, n. 936.

22. — Dans tous les cas prévus à l'art. 93, l'officier qui aura reçu un acte en transmettra, dès que la communication sera possible et dans le plus bref délai, une expédition au ministre de la Guerre ou de la Marine, qui en assurera la transcription sur les registres de l'état civil du dernier domicile : du père ou, si le père est inconnu, de la mère, pour les actes de naissance ; du mari, pour les actes de mariage; du défunt, pour les actes de décès. Si le lieu du dernier domicile est inconnu, la transcription sera faite à Paris (art. 94).

23. — Comme le faisait remarquer le rapport de M. Darlan à la Chambre des députés, l'art. 94 n'exige la transmission que d'une expédition des actes de l'état civil reçus aux armées. Le projet du gouvernement disait deux, ce qui ne servirait à rien qu'à encombrer les bureaux des ministères et donnerait un travail trop considérable, si l'on envisage le cas d'une bataille ou d'une campagne importante avec plusieurs milliers de morts. Il suffit d'une copie qui servira à la transcription au lieu du dernier domicile, l'original lui-même devant figurer aux archives de la Guerre ou de la Marine, où le registre de l'état civil sera déposé (art. 95). Le même texte dit que la transmission de l'expédition au ministre de la Guerre ou de la Marine sera faite dans le plus bref délai. Le projet du gouvernement fixait un délai de dix jours. Pourquoi un délai fixe qui, selon les cas, peut être ou trop long ou complètement insuffisant? Pourquoi une fixation absolument platonique, puisque son inobservation ne serait et ne pourrait être sanctionnée par rien? En disant « le plus bref délai, » la loi évite d'édicter une impossibilité dans certains cas et ne laisse aucun doute sur la volonté du législateur [S. et P. 1893, p. 564, note 19]

24. — Lorsque la transcription doit être effectuée à Paris, c'est à la mairie du premier arrondissement qu'elle a lieu. — Mersier, *Appendice au traité théorique et pratique des actes de l'état civil*, p. 13, n. 322.

25. — L'officier de l'état civil auquel le ministre de la Guerre ou de la Marine aura transmis l'expédition de l'un des actes dont s'agit pour en faire la transcription devra opérer cette formalité dans les dix jours de la réception, alors même que ces actes renfermeraient des erreurs. — Circ. min. Int., 21 juin 1894, [*Bull. min. just.* 1894, p. 230] — Mersier, n. 523.

26. — L'officier de l'état civil est tenu, conformément à l'art. 44, C. civ., d'annexer à l'un des doubles de ses registres, l'expédition qui lui aura été faite. Il ne devra donc s'en dessaisir qu'en l'envoyant au procureur de la République de son arrondissement, à la fin de l'année, avec le double et toutes les pièces annexées. Certains officiers de l'état civil avaient, paraît-il, oublié les prescriptions de la loi, en remettant aux familles intéressées, l'expédition qu'ils recevaient du ministre de la Guerre ou de la Marine. Cette pratique est absolument interdite par la loi. — Même circulaire. — Mersier, *loc. cit.*

27. — Dans les circonstances énumérées à l'art. 93, il sera tenu un registre de l'état civil : 1° dans chaque corps de troupes ou formation de guerre mobilisée, pour les actes relatifs aux individus portés sur les contrôles du corps de troupes ou pour ceux des corps qui ont participé à la constitution de la formation de guerre ; 2° dans chaque quartier général ou état-major, pour les actes relatifs à tous les individus qui y sont employés ou qui en dépendent ; 3° dans les prévôtés, pour toutes les personnes non militaires employées à la suite des armées ; 4° dans chaque formation ou établissement sanitaire dépendant des armées et dans chaque hôpital maritime ou colonial pour les individus en traitement ou employés dans ces établissements, de même que pour les morts appartenant à l'armée qu'on y placerait à titre de dépôt ; 5° dans chaque unité opérant également aux colonies, dans les pays de protectorat ou en cas d'expédition d'outre-mer. Les actes concernant les individus éloignés du corps ou des états-majors auxquels ils appartiennent ou dont ils dépendent seront inscrits sur le registre du corps ou de l'état-major près duquel ils sont employés ou détachés. Les registres seront arrêtés au jour du passage des armées sur le pied de paix ou de la levée du siège. Ils seront adressés au ministre de la Guerre ou de la Marine, pour être déposés aux archives de leur département ministériel (art. 95).

28. — Comme on le voit, chaque registre n'est pas tenu double. Il n'y en a qu'un seul pour chacun des groupes énumérés dans l'art. 95 ci-dessus. — Mersier, n. 524.

29. — Les registres seront cotés et paraphés : 1° par le chef d'état-major, pour les unités mobilisées qui dépendent du commandement auquel il est attaché ; 2° par l'officier-commandant pour les unités qui ne dépendent d'aucun état-major; 3° dans les places fortes ou forts, par le gouverneur de la place ou le commandant du fort; 4° dans les hôpitaux ou formations sanitaires dépendant des armées, par le médecin-chef de l'hôpital ou de la formation sanitaire ; 5° dans les hôpitaux maritimes ou coloniaux et pour les unités opérant isolément aux colonies, dans les pays de protectorat ou en cas d'expédition d'outre-mer, par le chef d'état-major ou par l'officier qui en remplit les fonctions (art. 96).

30. — Lorsqu'un mariage sera célébré dans l'une des circonstances prévues à l'art. 93, les publications seront faites au lieu du dernier domicile du futur époux ; elles seront mises, en outre, vingt-cinq jours avant la célébration à l'ordre du jour du corps, pour les individus qui tiennent à un corps, de l'armée ou du corps d'armée, pour les officiers sans troupes et pour les employés qui en font partie (art. 97).

31. — L'art. 98 déclare les dispositions des art. 93 et 94 applicables aux reconnaissances d'enfants naturels. Toutefois, la transcription de ces actes sera faite à la diligence du ministre de la Guerre et de la Marine, sur les registres de l'état civil où l'acte de naissance de l'enfant aura été dressé ou transcrit, ou, s'il n'y en a pas eu ou si le lieu est inconnu, sur les registres indiqués en l'art. 94 pour la transcription des actes de naissance. — V. *suprà*, v° *Enfant naturel*.

§ 2. *Acte de consentement à mariage.*

32. — Comme nous l'avons indiqué (*infrà*, v° *Mariage*, n. 260), pour les actes constatant le consentement à mariage donné par un ascendant au cours d'un voyage maritime ou celui donné par un militaire en temps de guerre ou pendant une expédition, une loi du 8 juin 1893, a posé des règles spéciales. En effet, le service obligatoire, les mobilisations rapides, appelant au service militaire un grand nombre de citoyens, il importait de leur faciliter le moyen de pourvoir à leurs affaires les plus urgentes. C'est pour répondre à ce but que la loi précitée donne à certains officiers compétence pour recevoir, dans les circonstances et conditions déterminées, les procurations et les divers actes de consentement et d'autorisation passés soit par les militaires et les marins de l'État, soit par les personnes employées à la suite des armées de terre et de mer.

33. — En temps de guerre ou pendant une expédition, les actes de procuration, les actes de consentement à mariage ou à engagement militaire et les déclarations d'autorisation maritale consentis ou passés par les militaires, les marins de l'État ou les personnes employées à la suite des armées ou embarquées à bord des bâtiments de l'État, pourront être dressés par les fonctionnaires de l'intendance ou les officiers du commissariat. A défaut de fonctionnaires de l'intendance ou d'officiers du commissariat, les mêmes actes pourront être dressés : 1° dans les détachements isolés, par l'officier commandant sous son commandement ; 2° dans les formations ou établissements sanitaires dépendant des armées, par les officiers d'administration gestionnaires pour les personnes soignées ou employées dans ces formations ou établissements ; 3° à bord des bâtiments qui ne comportent pas d'officier d'administration, par le commandant ou celui qui en remplit les fonctions ; 4° dans les hôpitaux maritimes et coloniaux, sédentaires ou ambulants, par le médecin directeur ou son suppléant pour les personnes soignées ou employées dans ces hôpitaux (L. 8 juin 1893, art. 1.). Ainsi notre texte confie, suivant les circonstances, la rédaction des actes qu'il énumère, aux officiers ou fonctionnaires déjà chargés, par une loi du même jour (art. 93), de la rédaction des actes de l'état civil des militaires et marins. — V. *suprà*, n. 19.

34. — Au cours d'un voyage maritime, soit en route, soit pendant un arrêt dans un port, les mêmes actes concernant les personnes présentes à bord pourront être dressés : sur les bâtiments de l'État, par l'officier d'administration ou celui qui en remplit les fonctions ; et, sur les autres bâtiments, par le capitaine, maître ou patron assisté par le second du navire ou, à leur défaut, par ceux qui les remplacent. Ils pourront de même être dressés, dans les hôpitaux maritimes ou coloniaux, sédentaires ou ambulants, par le médecin directeur ou son suppléant pour les personnes employées ou soignées dans ces hôpitaux (Même loi, art. 2). Cet article a été introduit par le Sénat qui a pensé que, des règles communes existant pour les actes de l'état civil et pour les testaments dressés, soit aux armées, soit au cours d'un voyage maritime, des règles communes semblaient s'imposer par analogie pour les procurations, consentements et autorisations maritales (2° rapp. de M. Darlan à la Chambre, S. et P. 1893, p. 565, note 3).

35. — Hors de France, la compétence des fonctionnaires et officiers désignés aux deux articles précédents sera absolue. En France, elle est limitée au cas où les intéressés ne pourront s'adresser à un notaire. Mention de cette impossibilité sera consignée dans l'acte (Même loi, art. 3).

36. — Que faut-il entendre ici par impossibilité ? « Le texte voté par la Chambre des députés, a dit M. Thézard dans son rapport au Sénat, admettait la compétence des fonctionnaires ou officiers de l'armée et de la marine pour le cas où il y aurait impossibilité ou *simple difficulté* de s'adresser à un notaire. Cette nouvelle rédaction a paru laisser une latitude trop grande, et qui souvent pourrait donner lieu à des contestations ; nous avons donc pensé tout d'abord à rétablir la condition d'impossibilité véritable. Cependant il a été soulevé des objections qui touchent par certains côtés au principe même de la loi. Si on exige une impossibilité absolue de communiquer avec la terre, n'est-ce pas créer une facilité illusoire ? Car si l'acte est reçu à bord, il ne doit produire son effet qu'après avoir été transporté à terre ; or s'il y a faculté d'envoyer l'acte à terre, l'intéressé pourrait lui-même s'y rendre et faire passer l'acte par un notaire : n'oublions pas en effet qu'il s'agit d'un acte dressé dans un port de France. L'objection n'a pas été considérée comme décisive, mais elle a servi à préciser en quel sens devait s'entendre l'impossibilité prévue. Il peut très-bien se faire qu'il soit possible de faire porter à terre un acte rédigé à bord, sans que la partie intéressée puisse elle-même débarquer. S'il s'agit d'un militaire ou marin de l'Etat, il ne pourra pas quitter son poste et l'acte pourra très-bien, au contraire, être confié à une embarcation qui fera le service des communications entre le bâtiment et la terre ; s'il s'agit d'un passager libre ou d'une personne se trouvant à bord d'un bâtiment de commerce, on comprend également qu'on puisse faire porter l'acte à terre, tandis que l'intéressé serait dans l'impossibilité absolue de débarquer sans compromettre soit l'ordre de marche arrêté pour le navire, soit son propre voyage ; de même, à supposer que le temps ne manquât pas, une raison de santé peut le retenir à bord. C'est en ce sens et avec ces restrictions que devra être entendue l'impossibilité, et dans ces conditions il ne semble pas qu'il puisse y avoir de difficulté. » V. dans le même sens, le rapport de M. Darlan à la Chambre des députés, [S. et P. *Lois annotées* de 1893, p. 566, note 4]

37. — Les actes reçus dans les conditions indiquées dans la loi précitée seront rédigés en brevet. Ils seront légalisés : par le commissaire aux armements, s'ils ont été dressés à bord d'un bâtiment de l'Etat ; par l'officier du commissariat chargé de l'inscription maritime s'ils ont été dressés sur un bâtiment de commerce ; par un fonctionnaire de l'intendance ou par un officier du commissariat, s'ils ont été dressés dans un corps de troupes, et par le médecin-chef s'ils ont été dressés dans un hôpital ou une formation sanitaire militaire (L. 8 juin 1893, art. 4).

38. — Quel est : « l'officier du commissariat chargé de l'inscription maritime » qui aura compétence pour légaliser des actes de procuration, consentement ou autorisation maritale dressés à bord d'un bâtiment de commerce ? Sera-ce celui du port d'armement, celui du port de débarquement, celui du premier port d'escale ou de relâche ? Dans son deuxième rapport à la Chambre des députés, M. Darlan disait : « Il a paru à votre commission que ce devra être celui du port français, quel qu'il soit, où l'acte sera remis à terre, et, à défaut, celui du port d'armement » [S. et P. *L. ann.*, 1893, p. 566, note 3]

39. — Les actes dont s'agit ne pourront être valablement *utilisés* qu'à la condition d'être timbrés et après avoir été enregistrés (L. 8 juin 1893, art. 4). Par conséquent, ils pourront être *dressés* sur papier libre, sans qu'aucune amende soit encourue de ce chef.

§ 3. Actes d'adoption.

40. — Le gouvernement a présenté à la Chambre des députés, le 2 févr. 1899, un projet de loi destiné à compléter les dispositions de la loi du 8 juin 1893.

41. — L'exposé des motifs du projet de loi déposé par le gouvernement le 2 févr. 1899, faisait remarquer qu'un des actes les plus importants de l'état civil, l'adoption n'avait pas été prévu par la loi du 8 juin 1893 et que cependant c'est aux armées que trouverait le mieux son application la disposition de l'art. 345, C. civ., qui tempère la rigueur des conditions communes en faveur de celui « qui aurait sauvé la vie à l'adoptant, soit dans un combat soit en le retirant des flammes ou des flots » (V. *suprà*, v° *Adoption*, n. 344 et s.). En conséquence, le projet du gouvernement, adopté par la Chambre, proposait d'attribuer aux fonctionnaires de l'intendance, déjà investis par la loi du caractère d'officier public, le rôle dévolu aux juges de paix par l'art. 353, C. civ., et de confier à l'officier instrumentaire le soin de transmettre au parquet une expédition de l'acte, sans assigner pour cet envoi un délai fixe que les circonstances pourraient empêcher d'observer.

42. — Tel était l'objet de l'art. 3 du projet. Lorsque celui-ci a été soumis à la commission du Sénat sa première pensée a été de compléter l'art. 98 par les dispositions nouvelles relatives à l'adoption ; mais à la réflexion il a paru préférable de les rattacher aux art. 353 et 354 où elles trouveraient plus facilement et plus naturellement leur place.

43. — Ce projet est devenu la loi du 17 mai 1900. D'après l'art. 3 de cette loi, l'art. 353, C. civ., est complété par l'alinéa suivant. « Dans les cas prévus par l'art. 93, l'acte sera dressé par le fonctionnaire de l'intendance ou par un officier du commissariat. »

44. — Aux termes de l'art. 4, l'alinéa suivant est ajouté à l'art. 354, C. civ. « Le fonctionnaire de l'intendance ou l'officier du commissariat qui aura reçu un acte d'adoption en adressera dans le plus bref délai une expédition au ministre de la Guerre ou au ministre de la Marine, qui la transmettra au procureur de la République. »

Section V.
Actes de l'état civil au cours d'un voyage maritime.

45. — Le Code civil contenait en ce qui concerne les naissances et décès survenus au cours d'un voyage en mer, diverses dispositions (art. 59, 61, 86 et 87) qui ont été exposées et commentées (V. *suprà*, v° *Actes de l'état civil*, n. 617 et s.). Mais elles étaient devenues incompatibles avec la navigation. Une modification législative s'imposait qui a été réalisée par la loi du 8 juin 1893.

46. — La portée générale des modifications introduites par la loi nouvelle a été précisée dans les termes suivants par M. Thézard, rapporteur au Sénat. « 1° Le Code civil n'attribuait compétence aux officiers du bord que pendant la traversée en mer, et non pendant les escales ou relâches, ni pendant le temps où le bâtiment pouvait naviguer dans une rivière ; de là une source de difficultés, auxquelles la loi met fin en étendant la compétence à tout voyage maritime, et même au cas d'arrêt dans les ports, lorsqu'il y a impossibilité de communiquer avec la terre ou qu'il n'y a pas dans le port, si on est à l'étranger, d'agent diplomatique ou consulaire français pouvant recevoir l'acte ; 2° la loi supprime, en ce qui concerne les bâtiments de guerre, l'obligation de tenir un registre spécial et de déposer les actes dans le premier port d'escale ou de relâche : les autres prescriptions de la loi rendent superflues ces formalités gênantes ; 3° des règles générales, plus en harmonie avec les nécessités pratiques, sont pareillement édictées pour la rédaction, le dépôt et la transmission des actes de naissance ou de reconnaissance (art. 59 à 62) ; 4° l'innovation la plus importante du projet est relative aux actes à dresser en cas de disparition en mer ou au cours d'une expédition, soit qu'il s'agisse d'un homme emporté par la mer ou disparu isolément, soit qu'il s'agisse d'un équipage entier qui a péri avec un navire perdu corps et biens » — [S. et P. *Lois annotées*, 1893, p. 562]

§ 1. Acte de naissance.

47. — Aux termes de l'art. 59, C. civ. nouveau, en cas de naissance pendant un voyage maritime, il en sera dressé acte dans les trois jours de l'accouchement, en présence du père s'il est à bord, et de deux témoins pris parmi les officiers du bâtiment, ou, à leur défaut, parmi les hommes de l'équipage. Si la naissance a lieu pendant un arrêt dans un port, l'acte sera dressé dans les mêmes conditions, lorsqu'il y aura impossibilité de communiquer avec la terre ou lorsqu'il n'existera pas dans le port, si l'on est à l'étranger, d'agent diplomatique ou consulaire français investi des fonctions d'officier de l'état civil. Cet acte sera rédigé, savoir : sur les bâtiments de l'Etat, par l'officier du commissariat de la marine ou, à son défaut, par le commandant ou celui qui en remplit les fonctions; et sur les autres bâtiments, par le capitaine, maître ou patron, ou celui qui en remplit les fonctions. Il y sera fait mention de celle des circonstances ci-dessus prévues dans laquelle l'acte a été dressé. L'acte sera inscrit à la suite du rôle d'équipage.

48. — Des termes de notre article, il ressort que la compétence des officiers du bord dure pendant toute la traversée du navire et même durant le temps où il est en rivière. Comme le faisait observer le rapport de M. Darlan à la Chambre des députés (*J. off.*, 1892, Doc. parl., p. 1541, [S. et P. *Lois annotées*, 1893, p. 562, note 4]), la commission de la Chambre des députés a substitué à l'expression restrictive « voyage de mer », employée par le Code, l'expression plus large de « voyage maritime », qui, dans sa pensée, s'applique à toutes les parties du voyage, soit à la mer, soit en rivière. — V. en ce sens, Baudry-Lacantinerie et Houques-Fourcade, t. 1, n. 900.

49. — Notre texte a substitué au terme « relâche » de l'ancien art. 60, l'expression plus compréhensive d' « arrêt dans un port ». La raison de ce changement a été indiquée en ces termes: Le mot « relâche » dans le texte du Code n'était pas le terme exact. Il signifie, en effet, entrée accidentelle imposée dans un port, par un cas de force majeure, tandis que le législateur a voulu prévoir le cas où un navire aborde à un port pour une cause quelconque. Il a paru préférable d'employer l'expression plus générale de « arrêt dans un port » (Rapport précité de M. Darlan, [S. et P. *Lois annotées*, 1893, p. 562, note 3]). Les termes n'impliquent donc plus, comme autrefois, que le stationnement soit involontaire. — Baudry-Lacantinerie et Houques-Fourcade, *loc. cit.*; Wilhelm et Trayer, n. 63 et 64.

50. — D'après le nouvel art. 60, au premier port où le bâtiment abordera, pour toute autre cause que celle de son désarmement, l'officier instrumentaire sera tenu de déposer deux expéditions de chacun des actes de naissance dressés à bord. Ce dépôt sera fait, savoir : si le port est français, au bureau des armements pour les bâtiments de l'Etat, et au bureau de l'inscription maritime par les autres bâtiments; si le port est étranger, entre les mains du consul de France. Au cas où il ne se trouverait pas dans ce port de bureau des armements, de bureau de l'inscription maritime ou consul, le dépôt serait ajourné au plus prochain port d'escale ou de relâche. L'une des expéditions déposées sera adressée au ministre de la Marine, qui la transmettra à l'officier de l'état civil du dernier domicile du père de l'enfant ou de la mère si le père est inconnu, afin qu'elle soit transcrite sur les registres; si le dernier domicile ne peut être retrouvé ou s'il est hors de France, la transcription sera faite à Paris. Le domicile auquel est transmise, pour y être transcrite sur les registres de l'état civil, la copie d'un acte de naissance est, dans la pratique, le dernier domicile du père ou celui de la mère, si le père est inconnu. Que si ce dernier domicile ne peut être retrouvé ou s'il est hors de France, la loi dispose que la transcription sera faite à Paris. C'est ainsi qu'on procédait dans la pratique : la transcription était faite à la mairie du premier arrondissement de Paris. La jurisprudence qui a tracé cette règle a donc dû être consacrée par la loi. Elle permet, en effet, de centraliser le dépôt de tous les actes concernant des étrangers ou des personnes inconnues. On en a étendu l'application à toutes les dispositions de la loi analogues à celles du § 3 de l'art. 60 : actes de reconnaissance, actes de décès, procès-verbaux de disparition, etc. (Rapport précité de M. Darlan).

51. — « L'autre expédition restera déposée aux archives du consulat ou du bureau de l'inscription maritime. Mention des envois et dépôts effectués conformément aux prescriptions du présent article sera portée en marge des actes originaux par les commissaires de l'inscription maritime ou par les consuls » (Même art.).

52. — Suivant l'art. 61, « à l'arrivée du bâtiment dans le port de désarmement, l'officier instrumentaire sera tenu de déposer, en même temps que le rôle d'équipage, une expédition de chacun des actes de naissance dressés à bord dont copie n'aurait point été déjà déposée conformément aux prescriptions de l'article précédent. Ce dépôt sera fait, pour les bâtiments de l'Etat, au bureau des armements, et, pour les autres bâtiments, au bureau de l'inscription maritime. L'expédition ainsi déposée sera adressée au ministre de la Marine, qui la transmettra comme il est dit à l'article précédent ». Comme l'expliquait le rapport de M. Darlan à la Chambre des députés les bureaux de l'inscription maritime et des armements ont été indiqués pour le dépôt des actes de l'état civil uniquement parce que ces bureaux reçoivent actuellement les rôles d'équipages. Il va de soi que, si les règlements maritimes venaient à modifier ce point, l'art. 61 ne ferait point obstacle à ce que les originaux des actes de l'état civil, qui font partie intégrante du rôle d'équipage et leurs copies soient réunis à l'endroit où serait, dans l'avenir déposé le rôle lui-même (S. et P. *L. annotées*, 1893, p. 563, note 7).

§ 2. *Actes de décès.*

53. — L'art. 86 porte qu'en cas de décès pendant un voyage maritime et dans les circonstances prévues à l'art. 59, il en sera, dans les vingt-quatre heures et en présence de deux témoins, dressé acte par les officiers instrumentaires désignés en cet article et dans les formes qui y sont prescrites. Les dépôts et transmissions des originaux et des expéditions seront effectués conformément aux distinctions prévues par les art. 60 et 61. La transcription des actes de décès sera faite sur les registres de l'état civil du dernier domicile du défunt ou, si ce domicile est inconnu, à Paris. On remarquera que le texte fixe pour la rédaction des actes de décès survenus dans ces conditions, un délai déterminé, auquel n'est pas assujettie celle des actes de décès ordinaires. — Baudry-Lacantinerie et Houques-Fourcade, n. 922.

54. — Jusqu'à la loi de 1893 en cas de disparition en mer, les règles de l'absence étaient les seules qui fussent légalement applicables, et la procédure qu'elles entraînaient laissait l'état des familles dans l'incertitude pendant de longues années. Il a par suite paru utile de tracer législativement des règles nouvelles pour arriver dans ce cas aussi économiquement et aussi rapidement que possible à la constatation du décès s'il y a réellement lieu. Deux cas d'après la législation nouvelle doivent être distingués.

55. — *Premier cas.* — Une ou plusieurs personnes tombent à l'eau, depuis le commencement du voyage, c'est-à-dire après que le rôle de l'équipage est ouvert et le navire « expédié » par l'autorité compétente (Rapp. à la Chambre des députés par M. Darlan, *J. off.*, 1892; Doc. parlem., p. 1542, S. et P. *L. annotées*, 1893, p. 563, note 11). — Baudry-Lacantinerie et Houques-Fourcade, n. 924. — L'art. 87 nouveau dispose à cet effet : « Si une ou plusieurs personnes inscrites au rôle d'équipage ou présentes à bord, soit sur un bâtiment de l'Etat, soit sur tout autre bâtiment, tombent à l'eau sans que leur corps puisse être retrouvé, il sera dressé un procès-verbal de disparition par l'autorité investie à bord des fonctions d'officier d'état civil. Ce procès-verbal sera signé par l'officier instrumentaire et par les témoins de l'accident, et inscrit à la suite du rôle d'équipage. Les dispositions des art. 60 et 61, relatives au dépôt et à la transmission des actes de décès, seront applicables à ces procès-verbaux. »

56. — A ce premier cas doit être assimilé aux termes de l'art. 88, celui de la présomption de perte totale d'un bâtiment ou de disparition d'une partie de l'équipage ou des passagers « lorsqu'il a été possible de dresser des procès-verbaux de disparition prévue à l'article précédent », c'est-à-dire lorsque le sinistre a eu des témoins et qu'il a survécu un officier instrumentaire, pouvant remplir le rôle d'officier instrumentaire. — Baudry-Lacantinerie et Houques-Fourcade, n. 924.

57. — Avec ces dispositions nouvelles, les officiers du bord auront compétence pour dresser les procès-verbaux de disparition, non seulement en mer, mais encore en rivière et à un moment quelconque d'un voyage maritime (Rapp. de M. Darlan à la Chambre des députés, S. et P. *L. annotées*, *loc. cit.*).

58. — *Deuxième cas.* — Un bâtiment est présumé s'être perdu complètement corps et biens, ou une partie de l'équipage ou des passagers a disparu, sans qu'on puisse dresser les procès-verbaux prévus par l'art. 87. Dans ce dernier cas, on reprend la force de loi à un usage dont les avantages avaient déjà été éprouvés: l'art. 88 décide qu' « en cas de présomption de perte totale d'un bâtiment ou de disparition d'une partie de l'équipage ou des passagers, s'il n'a pas été possible de dresser les procès-verbaux de disparition prévus à l'article précédent, il sera rendu par le ministre de la Marine, après une enquête administrative et sans formes spéciales, une décision déclarant la présomption de perte du bâtiment ou la disparition de tout ou partie de l'équipage ou des passagers. » — V. aussi art. 89, et *infra*, n. 77 et s.

59. — Comme on l'a fait observer, le premier acte de cette procédure est une décision ministérielle qui supplée au procès-verbal et déclare la perte ou la disparition présumables. Elle n'intervient qu'après une enquête de l'autorité ayant pour objet d'arriver à la connaissance précise de toutes les circonstances du sinistre et qu'il sera bon, pour déférer au vœu du législateur (Rapp. au Sénat de M. Thézard, *J. off.*, 1893, Sénat, Doc. parl., p. 98), de faire procéder elle-même à une publicité spéciale, organisée de façon à mettre les parents des disparus à même d'intervenir, soit à l'enquête, soit à l'instance judiciaire qui suit la décision ministérielle. — Baudry-Lacantinerie et Houques-Fourcade, n. 925.

60. — Un amendement présenté par un des membres de la commission du Sénat, était ainsi conçu : « Dans ce dernier cas (celui de disparition de tout ou partie d'un équipage), le jugement collectif ne sera rendu qu'un mois après que la réquisition du ministre de la Marine au procureur général aura été insérée au *Journal officiel* et affichée à la principale porte du tribunal saisi de la demande. » Cette disposition a paru à la commission répondre complètement au but proposé, et sans l'introduire dans le texte, elle a pensé qu'elle pourrait servir de base aux instructions ministérielles sur la matière. La commission a émis aussi le vœu que tous les renseignements concernant les décès constatés ou présumés de militaires ou marins, soient toujours, dans la mesure du possible, communiqués aux familles pour leur éviter de douloureuses incertitudes (Rapp. de M. Thézard au Sénat, S. et P. *Lois annotées*, 1893, p. 563, note 12).

61. — Le ministre de la Marine pourra transmettre une copie de ces procès-verbaux ou de ces décisions au procureur général du ressort dans lequel se trouve le tribunal soit du dernier domicile du défunt soit du port d'armement du bâtiment, soit enfin du lieu du décès, et requérir ce magistrat de poursuivre d'office la constatation judiciaire des décès (art. 90). Ceux-ci pourront être déclarés constants par un jugement collectif rendu par le tribunal du port d'armement, lorsqu'il s'agira de personnes disparues dans un même accident. (Même art.).

62. — Dans ce cas, l'autorité judiciaire seule compétente pour déclarer le décès constant, ne doit, comme il a été observé par M. Thézard, dans son rapport au Sénat (*J. off.*, 1893, Sénat, Doc. parl., p. 98), le faire, à raison même de la gravité de sa décision, qu'en cas de conviction absolue et que s'il ne lui apparaît pas « la moindre possibilité raisonnable de salut pour les victimes de l'accident. » — Baudry-Lacantinerie et Houques-Fourcade, n. 926.

63. — Remarquons que les dispositions du § 1 de l'art. 90, donnent au ministre de la Marine la faculté de transmettre au procureur général compétent les procès-verbaux de disparition et les décisions de présomptions de décès ; elles ne lui en imposent pas l'obligation. Le ministre, en effet, doit pouvoir s'abstenir si les circonstances de la disparition lui paraissent laisser des doutes sur la mort d'un individu, qui a pu sauver sa vie ou déserter. Il lui appartient de ne mettre en mouvement la justice que lorsqu'un temps suffisamment long s'est écoulé depuis le sinistre pour que la réapparition des disparus puisse être considérée comme tout à fait improbable (Rapp. de M. Darlan à la Chambre des députés, *J. off.*, 1892, Doc. parl., p. 1542, S. et P. *Lois annotées*, 1893, p. 563, note 14 ; Baudry-Lacantinerie et Houques-Fourcade, n. 927).

64. — Du reste le législateur n'a pas voulu que l'abstention du ministre, quel que soit son motif pût nuire aux intéressés. Aussi l'art. 91 dispose-t-il : « les intéressés pourront également se pourvoir à l'effet d'obtenir la déclaration judiciaire d'un décès dans les formes prévues aux art. 855 et s., C. proc. civ. Dans ce cas, ajoute notre article, la requête sera communiquée au ministre de la Marine, à la diligence du ministère public. » En effet, à défaut d'obligation d'une telle communication « il pourrait arriver, par exemple, que la déclaration judiciaire du décès d'un marin eût été déjà obtenue devant le tribunal du domicile, à la requête de la famille, et que, ignorant cette circonstance, le département de la Marine poursuivît à nouveau la constatation de ce décès, en même temps que celle du décès d'autres hommes, de l'équipage, devant le tribunal du lieu d'armement d'où deux décisions judiciaires qui feraient double emploi et pourraient se trouver en contradiction sur certains points, comme la date de la mort. » — Rapp. de M. Darlan, *loc. cit.*, S. et P. *Lois annotées*, 1893, p. 563, note 15.

65. — D'après l'art. 92, tout jugement déclaratif de décès sera transcrit à sa date sur les registres de l'état civil du dernier domicile, ou, si celui-ci est inconnu, à Paris. Il sera fait mention du jugement et de sa transcription, en marge des registres à la date du décès. Les jugements collectifs seront transcrits sur les registres de l'état civil du port d'armement ; il pourra en être délivré des extraits individuels.

66. — De notre texte il ressort que la transcription de la décision collective doit être faite au port d'armement. On évite ainsi la multiplicité des transcriptions, lorsque le sinistre a causé la mort d'un grand nombre de personnes, et les retards qui résultaient autrefois de la nécessité des expéditions du jugement. Mais, lorsque la décision est individuelle, la transcription a lieu sur les registres de l'état civil du dernier domicile ou à Paris si ce domicile est soit inconnu soit situé à l'étranger. — Wilhelm et Trayer, *Des actes de l'état civil reçus en mer*, n. 175 ; Baudry-Lacantinerie et Houques-Fourcade, t. I, n. 928.

67. — D'après le troisième paragraphe de notre disposition « les jugements déclaratifs de décès tiendront lieu d'actes de l'état civil et ils seront opposables aux tiers qui pourront seulement en obtenir la rectification conformément à l'art. 99.

68. — Le rapport de M. Darlan, à la Chambre des députés faisait observer à ce propos qu'il est nécessaire que les jugements déclaratifs de décès aient exactement la même valeur que les actes ordinaires de décès et, par suite, qu'ils soient opposables aux tiers contrairement aux règles ordinaires des instances. Par contre, ajoutait ce rapport, ils doivent être susceptibles d'être rectifiés à la requête des personnes non présentes ni appelées à l'instance en déclaration de décès, s'ils contiennent quelque mention erronée (S. et P. *L. ann.*, 1893, p. 563, note 16). Nul doute, par exemple, qu'un pareil jugement ne doive être rectifié en cas de réapparition d'une des personnes dont il déclare le décès constant (Rapport de M. Thézard au Sénat, p. 98). — Baudry-Lacantinerie et Houques-Fourcade, *loc. cit.*, n. 928.

SECTION VI.

Décès dans les hôpitaux militaires ou autres établissements publics.

69. — Nous avons traité la matière des décès dans les hôpitaux civils militaires ou autres maisons publiques, *suprà*, v° *Actes de l'état civil*, n. 545 et s. La législation est celle qui régit actuellement dans l'art. 80 nouveau, C. civ., aux termes duquel en cas de décès dans les hôpitaux ou les formations sanitaires militaires, les hôpitaux maritimes, coloniaux, civils ou autres établissements publics, soit en France, soit dans les colonies ou les pays de protectorat, les directeurs, administrateurs ou maîtres de ces hôpitaux ou établissements devront en donner avis, dans les vingt-quatre heures, à l'officier de l'état civil ou à celui qui en remplit les fonctions. Celui-ci s'y transportera pour s'assurer du décès et en dressera l'acte, conformément à l'article précédent, sur les déclarations qui lui auront été faites et sur les renseignements qu'il aura pris. Il sera tenu, dans lesdits hôpitaux, formations sanitaires et établissements, un registre sur lequel seront inscrits ces déclarations et renseignements. L'officier de l'état civil qui aura dressé l'acte de décès enverra, dans le plus bref délai, à l'officier de l'état civil du dernier domicile du défunt, une expédition de cet acte, laquelle sera immédiatement transcrite sur les registres.

70. — L'ancien art. 80, C. civ., ne visait que les hôpitaux établis en France. L'expérience a démontré qu'il était nécessaire de rendre ses dispositions applicables aux colonies et aux pays de protectorat, et de compléter l'énumération qu'il contient en y ajoutant les formations sanitaires et les hôpitaux maritimes et coloniaux (Rapp. de M. Darlan à la Chambre des députés, S. et P. *Lois annotées*, 1893, p. 563, note 9).

71. — Remarquons que les règles de l'art. 80, s'appliquent aux pensionnaires des établissements publics, mais non aux familles des directeurs et des fonctionnaires qui y ont leur domicile (Mersier, Append., p. 514). L'officier de l'état civil dressera l'acte séance tenante, sur le registre de la commune, qu'il aura eu soin d'apporter avec lui (Circ. min., 31 oct. 1808).

ÉTAT CIVIL.

Section VII.
Décès des militaires et marins aux colonies, dans les pays de protectorat et dans les expéditions d'outre-mer.

72. — Les règles des art. 88, 90, 91 et 92 doivent être étendues au cas de défaut d'acte régulier de décès des marins ou militaires morts aux colonies, dans les pays de protectorat ou lors des expéditions d'outre-mer. C'est ce qui résulte de l'art. 89.

73. — Cette disposition consacre une pratique déjà existante et dont les nombreux décès survenus au cours des expéditions, campagnes et missions coloniales ont démontré la très-sérieuse utilité et même l'impérieuse nécessité. Ce texte porte « la présomption de décès sera déclarée comme il est dit à l'article précédent, après une enquête administrative et sans formes spéciales, par le ministre de la Marine à l'égard des marins ou militaires morts aux colonies, dans les pays de protectorat ou lors des expéditions d'outre-mer, quand il n'aura pas été dressé d'acte régulier de décès. L'expression « expéditions d'outre-mer » au texte de notre article doit être entendue dans son sens le plus large et le plus étendu » (Rapp. de M. Darlan à la Chambre des députés, S. et P. *Lois annotées*, 1893, p. 563, n. 13). — *Sic*, Baudry-Lacantinerie et Houques-Fourcade, t. 1, n. 929.

74. — Quant à la disparition des soldats et marins résidant en France, elle reste soumise aux règles du droit commun, complétées par celles du chap. V, C. civ., tel qu'il a été modifié lui-même par la loi du 8 juin 1893. — Wilhelm et Trayer, *Des actes reçus en mer*, n. 160; Baudry-Lacantinerie et Houques-Fourcade, *loc. cit.*

Section VIII.
Inscription des mentions en marge des actes de l'état civil.

75. — Les mentions produites en marge des actes de l'état civil étaient faites, jusqu'à présent, à la requête des parties intéressées. Celles-ci devaient réclamer une expédition de l'acte donnant lieu à mention, soumettre cette expédition à la formalité de l'enregistrement, et la produire ensuite avec une réquisition à la mairie de la commune qui possédait dans ses archives le registre sur lequel la mention devait être inscrite. Ces formalités qui entraînaient des dépenses et une perte de temps n'étaient pas toujours remplies. Il en résultait dans la tenue des registres, des omissions dont les fâcheuses conséquences se faisaient principalement sentir en matière de reconnaissance d'enfant. A défaut d'une mention sur son acte de naissance l'enfant naturel est souvent dans l'impossibilité, après la mort de ses parents, de retrouver l'acte par lequel ils l'ont reconnu ; il perd ainsi le bénéfice d'une situation qui lui appartient légalement. Le système qui consistait à s'en remettre à l'initiative des personnes intéressées, enlevait donc aux prescriptions de la loi une partie de leur efficacité. De plus, en ce qui touche la mention de la célébration du mariage en marge de l'acte de naissance des époux (organisée par la même loi du 17 août 1897) il était indispensable de recourir à l'intervention d'office des officiers de l'état civil pour l'exécution d'une mesure prescrite dans l'intérêt général. — Mercier, Append., n. 537.

76. — Dans ce but, l'art. 49, C. civ., modifié par la loi du 17 août 1897, dispose [S. et P. *L. annotées*, 1897, p. 381] : « Dans tous les cas où la mention d'un acte relatif à l'état civil devra avoir lieu en marge d'un acte déjà inscrit, elle sera faite d'office. L'officier de l'état civil qui aura dressé ou transcrit l'acte donnant lieu à mention effectuera cette mention, dans les trois jours, sur les registres qu'il détient. Dans le même délai, il adressera un avis au procureur de la République de son arrondissement, et celui-ci veillera à ce que la mention soit faite, d'une façon uniforme, sur les registres existant dans les archives des communes ou des greffes, ou dans tous autres dépôts publics. »

77. — D'autre part, d'après l'art. 2 de la loi du 17, C. civ., a été complété comme suit : « Il sera fait mention de la célébration du mariage en marge de l'acte de naissance des époux. » Cette disposition a pour objet d'assurer au mariage une publicité efficace de nature à mettre obstacle soit à la bigamie, soit aux fraudes, qu'une personne mariée peut commettre en se prétendant célibataire et en trompant sur son état ceux avec lesquels elle contracte (Rapp. de M. Michelin, à la Chambre des députés, S. et P. *L. annotées*, 1897, p. 381, note 1).

78. — Aux termes de l'art. 3, de la loi de 1897 l'art. 331, C. civ., a été complété ainsi : « Il sera fait mention de la légitimation en marge de l'acte de naissance de l'enfant légitimé. »

79. — L'art. 62 énonçait déjà qu'il sera fait mention de la reconnaissance d'un enfant naturel, en marge de l'acte de naissance. La reconnaissance et la légitimation sont souvent deux faits concomitants; c'est ce qui a lieu lorsque le père et la mère se marient et reconnaissent l'enfant dans l'acte de célébration de leur mariage (C. civ., art. 331). — V. *infra*, v° *Légitimation*, n. 34 et s. — La mention effectuée en vertu de l'article susvisé suffisait alors pour que l'enfant légitimé ressortît de l'ensemble de l'acte constatant sa naissance. Mais le silence du Code, en ce qui touche la mention de la légitimation, constituait une lacune dans le cas où l'enfant naturel avait été reconnu par ses père et mère avant leur mariage. L'acte de naissance signalait bien la reconnaissance de l'enfant par ses parents, mais, à défaut d'une prescription formelle, la légitimation n'y était pas toujours mentionnée. Cette lacune se trouve comblée par notre texte. Désormais, lorsque le père et la mère d'un enfant naturel reconnu voudront régulariser leur union, il suffira de rappeler, en faisant célébrer leur mariage, l'existence de cet enfant, pour que la mention de la légitimation résultant du mariage soit inscrite en marge de l'acte de naissance de l'enfant légitimé (Circ. Garde des sceaux, 1er oct. 1897).

80. — A défaut d'acte de naissance s'il y est suppléé soit par un jugement, soit par le procès-verbal prévu par l'art. 58, C. civ., les mentions seront alors portées en marge de la transcription, sur les registres des naissances, de ce jugement ou de ce procès-verbal.

81. — Dans les trois premiers cas susvisés, l'officier de l'état civil est tenu de prendre des mesures pour l'inscription des mentions, non seulement lorsqu'il aura dressé lui-même l'acte donnant lieu à mention, mais encore lorsqu'il se borne à transcrire sur les registres un acte rédigé en dehors de lui, par exemple un acte de mariage dressé à l'étranger ou encore un acte de reconnaissance d'enfant naturel reçu par un notaire, par un agent diplomatique ou par un consul ou par tout autre officier compétent. Les obligations incombant à l'officier de l'état civil doivent être remplies dans les dix jours de l'inscription ou de la transcription des actes ci-dessus désignés. Elles consistent : 1° dans la mention à inscrire sur les registres existant à la mairie; 2° dans un avis qu'il y a lieu d'adresser au procureur de la République de l'arrondissement lorsque la mairie ne possède pas les registres sur lesquels la mention doit être faite ou lorsqu'elle ne possède qu'un exemplaire de ces registres (Même circ.).

82. — Les actes ou les décisions judiciaires donnant lieu à une mention, en marge d'un acte de l'état civil déjà inscrit sont : 1° acte de mariage, à mentionner en marge de l'acte de naissance de chacun des époux (art. 76, C. civ., complété par L. 17 août 1897); 2° acte de reconnaissance d'un enfant naturel, à mentionner en marge de l'acte de naissance de l'enfant naturel reconnu (C. civ., art. 62); 3° acte de célébration d'un mariage entraînant légitimation d'un enfant naturel, à mentionner en marge de l'acte de naissance de l'enfant légitimé (art. 331, C. civ., complété par L. 17 août 1897); 4° transcription d'un jugement ou d'un arrêt prononçant un divorce, à mentionner en marge de l'acte de mariage (C. civ., art. 251); 5° transcription d'un arrêt d'adoption, à mentionner en marge de l'acte de naissance de l'adopté (C. civ., art. 359 et 401); 6° transcription d'un jugement ou d'un arrêt portant rectification d'un acte de l'état civil, à mentionner en marge de l'acte rectifié (Même circ.). — L'inobservation par les officiers de l'état civil de devoir que leur impose notre article a pour effet d'engager leur responsabilité (Même circ.).

83. — Remarquons d'ailleurs que les dispositions de la loi s'appliquent non seulement : 1° aux actes existant dans les archives des communes et des greffes des arrondissements de France et d'Algérie. Mais encore : 2° aux actes de l'état civil reçus dans nos possessions et conservés, en triple exemplaire, dans nos colonies et dans les archives du ministère des colonies; 3° aux actes reçus à l'étranger, par les agents diplomatiques ou les consuls, dont une expédition est toujours transcrite sur les registres d'une commune française, et dont un exemplaire est déposé à la chancellerie de la légation ou du consulat ou au ministère des affaires étrangères; 4° aux actes dressés en pays étranger dans les formes usitées dans ce pays lorsque ces actes auront été transmis au ministère des affaires étrangères où ils restent déposés. Toutefois il paraît inutile de faire les mentions dont s'agit en marge des actes de l'état civil dressés dans les cas réglés par les art. 93 et s. et 59, C. civ., et possédés par les administrations de la guerre et de la marine (Même circ.).

Section IX.
Rectification des actes de l'état civil.

84. — La rectification des actes de l'état civil a été l'objet, *suprà*, n. 626 et s. d'une étude à laquelle nous renvoyons. Toutefois, lors de l'élaboration de la loi du 8 juin 1893, le rapport au Sénat de M. Thézard faisait observer qu'en maintenant les principes généraux du Code sur la rectification des actes de l'état civil, il a paru nécessaire d'y ajouter certaines règles de compétence spéciales aux actes dressés dans les circonstances exceptionnelles dont traite cette loi (S. et P. *L. annotées*, 1893, p. 562, note 1).

85. — Aux termes de l'art. 99, C. civ. nouveau, lorsque la rectification d'un acte de l'état civil sera demandée, il y sera statué, sauf appel, par le tribunal du lieu où l'acte a été reçu et au greffe duquel le registre est ou doit être déposé.

86. — D'après le § 2 de notre disposition, la rectification des actes de l'état civil dressés au cours d'un voyage maritime, aux armées ou à l'étranger sera demandée au tribunal dans le ressort duquel l'acte a été transcrit conformément à la loi ; il en sera de même pour les actes de décès reçus en France ou dans les colonies et dont la transcription est ordonnée par l'art. 80. Par actes dressés à l'étranger les auteurs admettent, généralement, qu'il faut entendre les actes reçus aussi bien par les autorités étrangères lorsqu'ils ont été transcrits en France, que par les consuls ou agents diplomatiques français. — Delalande, *Ann. de lég. franç.*, 1893, XIIIe ann., p. 145, note 1; Baudry-Lacantinerie et Houques-Fourcade, t. 1, n. 945-5°.

87. — Suivant le § 3, la rectification des jugements déclaratifs des décès sera demandée au tribunal qui aura déclaré le décès; toutefois, lorsque le jugement n'aura pas été rendu par un tribunal de la métropole, la rectification en sera demandée au tribunal dans le ressort duquel la déclaration de décès aura été transcrite conformément à l'art. 92.

88. — A propos des règles nouvelles sur la compétence, M. Darlan, dans son rapport précité à la Chambre des députés, faisait l'observation suivante : « L'art. 99 fixe le tribunal qui sera compétent pour statuer sur les rectifications d'actes de l'état civil, quel que soit l'acte, quelles que soient les parties demanderesses ou défenderesses, quelles que soient enfin les circonstances dans lesquelles l'action en rectification est introduite. Il met ainsi fin aux controverses qui ont eu lieu sur ce point. En principe, il est préférable que le tribunal qui a déclaré constant un décès soit appelé à rectifier, s'il est nécessaire, sa décision. Toutefois s'il s'agit d'un tribunal colonial ou d'un pays de protectorat, il serait inique d'obliger les particuliers à saisir une juridiction aussi éloignée. Dans ce cas, il paraît naturel d'attribuer compétence au tribunal dans le ressort duquel le jugement a été transcrit " [S. et P. *Lois annotées*, 1893, p. 564, note 20].

89. — En ce qui concerne les formes de procéder, l'art. 99, § 4, porte la disposition suivante : le procureur de la République sera entendu dans ses conclusions. Les parties intéressées seront appelées, s'il y a lieu.

90. — L'art. 101 dispose que les jugements de rectification seront transmis immédiatement par le procureur de la République à l'officier de l'état civil du lieu où se trouve inscrit l'acte réformé. Ils seront transcrits sur les registres, et mention en sera faite en marge de l'acte réformé.

91. — Il résulte de cette disposition que le procureur de la République est chargé de faire opérer directement la double formalité de la transcription du jugement rectificatif et de la mention marginale. C'est là une innovation du législateur de 1893. En effet, lors de la discussion du Code civil, il avait été question de conférer au ministère public le droit de faire opérer d'office les mentions marginales ; mais la proposition n'avait pas été admise (Locré, t. 1, p. 181, n. 4). Il y avait donc lieu de décider que le procureur de la République ne devait pas requérir de son chef et directement les annotations marginales. C'est du reste ce que déclarait l'ancien art. 49 aux termes duquel les mentions à faire en marge d'un acte de l'état civil devaient être faites à la requête des parties intéressées. La mission du ministère public, en ce cas, se bornait simplement à surveiller la régularité et l'uniformité de cette mention sur les deux doubles. Il y avait par suite une sorte de contradiction entre l'art. 49 et le nouvel art. 101, contradiction qui ne semble pas avoir été aperçue par le législateur de 1893 lors de la modification de l'ancien art. 101. Mais aujourd'hui cette contradiction n'existe plus. En vertu de l'art. 1 de la loi du 17 août 1897, l'art. 49, C. civ., a été modifié en ce sens qu'actuellement le procureur de la République doit toujours agir d'office pour faire opérer les mentions marginales que nécessitent les rectifications d'actes de l'état civil. — Mersier, n. 527.

92. — Il est clair, au surplus, comme on l'a d'ailleurs fait observer, que les parties intéressées ont aussi le droit d'agir elles-mêmes ; mais on ne conçoit guère, en pratique, cette action directe. Si, en effet, le procureur de la République avait omis de faire opérer les mentions marginales nécessaires, il suffirait aux parties intéressées de signaler l'omission au magistrat du parquet, qui s'empresserait évidemment de la réparer. — Mersier, *loc. cit.*

ÉTAT DES DETTES. — V. Donations (entre-vifs).

ÉTAT D'INSCRIPTIONS. — V. Conservateur des hypothèques. — Hypothèque.

ÉTAT DES LIEUX.

On appelle ainsi un acte intervenu entre le bailleur et le preneur d'une maison ou d'un appartement, à l'effet d'en constater l'état lors de l'entrée en jouissance dudit preneur. — V. *suprà*, vis Bail (en général), Bail à colonage partiaire, Bail à ferme.

ÉTAT DES MEUBLES. — V. Donations (entre-vifs).

ÉTAT DES OFFICIERS ET DES SOUS-OFFICIERS.

Législation.

L. 19 mai 1834 (*sur l'état des officiers*) ; — Ord. 16 mars 1838 (*portant règlement, d'après la hiérarchie militaire des grades et des fonctions, sur la progression de l'avancement et de la nomination aux emplois dans l'armée*) ; — L. 13 mars 1875 (*relative à la constitution des cadres et des effectifs de l'armée active et de l'armée territoriale*) ; — Décr. 29 juin 1878 (*qui abroge l'ordonnance du 21 mai 1836 et organise de nouveau le fonctionnement et la composition des conseils d'enquête*) ; — Décr. 31 août 1878 (*portant règlement sur l'état des officiers de réserve et des officiers de l'armée territoriale*) ; — Décr. 24 oct. 1878 (*qui détermine la nomenclature des fonctions ou emplois civils pouvant faire placer hors cadres les officiers de réserve ou de l'armée territoriale qui en sont revêtus*) ; — Décr. 8 juin 1879 (*qui modifie celui du 29 juin 1878 sur les conseils d'enquête*) ; — Décr. 3 févr. 1880 (*qui modifie celui du 31 août 1878 sur l'état des officiers de réserve et des officiers de l'armée territoriale*) ; — L. 23 juill. 1881 (*relative au rengagement des sous-officiers*), art. 4, § 3, 14, 15 et 16 ; — Décr. 3 janv. 1884 (*portant règlement d'administration publique sur l'organisation des conseils d'enquête pour l'armée de mer*) ; — L. 18 mars 1889 (*relative au rengagement des sous-officiers*), art. 6, 14 et s. ; — L. 15 juill. 1889 (*sur le recrutement de l'armée*), art. 84 ; — Décr. 20 mars 1890 (*portant modification des art. 7 et 22, Décr. 31 août 1878, sur l'état des officiers de réserve et de l'armée territoriale*) ; — Décr. 4 juill. 1890 (*portant règlement d'administration publique, relatif aux emplois réservés aux anciens sous-officiers des armées de terre et de mer*) ; — Décr. 4 oct. 1891 (*portant règlement sur le service dans les places de guerre et les villes ouvertes*), art. 315 et s. ; — Décr. 28 janv. 1892 (*portant règlement d'administration publique, et relatif aux emplois réservés aux anciens militaires gradés comptant au moins cinq années de services*) ; — L. 13 juill. 1894 (*modifiant l'art. 6 de la loi du 18 mars 1889 sur le rengagement des sous-officiers, la composition des conseils d'enquête, le tableau A annexé à cette loi et l'art. 68, L. 15 juill. 1889, sur le recrutement de l'armée*) ; — Décr. 25 janv. 1896 (*déterminant la composition et les formes des conseils d'enquête appelés à émettre un avis sur la rétrogradation ou la cassation des sous-officiers rengagés, la mise à la retraite d'office ou la révocation des sous-officiers commissionnés*) ; — Décr. 16 déc. 1896 (*relatif aux emplois réservés dans la police municipale aux sous-officiers rengagés*) ; — L. 23 juill. 1897

ÉTAT DES OFFICIERS ET DES SOUS-OFFICIERS.

(relative au mode de nomination aux emplois réservés aux sous-officiers rengagés par la loi du 18 mars 1889); — Décr. 17 août 1897 (portant addition à la liste des emplois réservés aux sous-officiers remplissant les conditions imposées par l'art. 14, L. 18 mars 1882); — Décr. 28 juin 1898 (modifiant le décret du 6 juill. 1890 relatif aux emplois réservés aux sous-officiers rengagés); — Décr. 8 juill. 1899 (relatif à des modifications à la liste des emplois réservés aux sous-officiers rengagés); — Décr. 10 févr. 1900 (portant modification au règlement du 4 juill. 1890 au sujet des emplois réservés aux anciens sous-officiers par la loi du 18 mars 1889); — Décr. 12 févr. 1900 (modifiant le décret du 28 janv. 1892 relatif aux emplois réservés aux anciens militaires gradés comptant au moins cinq ans de services).

BIBLIOGRAPHIE.

Béquet, *Répertoire du droit administratif* (en cours de publication), v° Armée, n. 511 et s. — V. suprà, v° *Armée de terre*, et infrà, v¹⁸ *Justice maritime et justice militaire.* — Beaugé, *Manuel de législation et d'administration militaires*, 1895, 10ᵉ éd., 2 vol. in-12. t. 1, n. 2005 et s., et 2244 et s. — Block, *Dictionnaire de l'administration française*, 1898, 4ᵉ éd., 4 vol. in-8°, v° Armée, n. 136 et s. — Charbonneau, *Recueil administratif à l'usage des corps de troupe de toutes armes, ou Code manuel*, 1894, 8ᵉ éd., 1 vol. in-f°. — Chesnel (de), *Dictionnaire encyclopédique des armées de terre et de mer*, 1882, 2 vol. in-8°. — *Cours de l'école d'administration militaire*, passim. — Cretin, *Du contentieux administratif et de la jurisprudence du Conseil d'État en matière militaire*, 1884, 1 vol. in-8°. — Delaperrière, *Cours de législation et d'administration militaires*, 1879, 2ᵉ éd., 3 vol. in-8°; — *Manuel de législation et d'administration militaires*, 1882, 1 vol. in-8°. — Dislère, Ducos et Bouillon, *Législation de l'armée française et jurisprudence militaire*, 1884, 2 vol. in-8°. — Legeay, *De la propriété du grade dans l'armée française*, 1872, 1 vol. in-8°. — Martin de Brettes, *Observations sur l'avancement et le classement des officiers d'artillerie*, 1874, broch. in-8°; — *Revue du service de l'intendance*, passim. — Saussine et Chevalet, *Dictionnaire de législation et d'administration militaires*, 3 vol. gr. in-8°. — Saumur, *Recueil des documents officiels concernant les emplois civils réservés aux officiers*, 1897, 1 vol. in-8°; — *Memento militaire*; *Répertoire analytique, alphabétique des lois, décrets, circulaires, etc., concernant l'armée*, 1899, 4ᵉ éd., 1 vol. in-4°. — Vauchelle, *Cours de droit militaire*, 1861, 4ᵉ éd., 3 vol. in-8°.

La situation des officiers : Rev. gén. d'adm., mai 1878, p. 56.

INDEX ALPHABÉTIQUE.

Absence illégale, 6.
Activité, 18 et s.
Age (limite d'âge), 19, 63.
Agent diplomatique ou consulaire, 97.
Algérie, 97.
Alliance, 110.
Amnistie, 67.
Ancienneté, 17, 70, 77.
Aptitude physique (insuffisance d'), 136.
Armée active, 1 et s.
Armée territoriale, 48, 57 et s., 133.
Arrêt de rigueur, 122.
Avancement, 24.
Cadre de réserve, 19, 21.
Capitaine, 51, 94, 107, 111.
Capitaine instructeur, 15.
Capitaine rapporteur, 120.
Caporaux rengagés, 86 et s.
Captivité (rentrée de), 23 et 24.
Cérémonial, 54.
Chef de bataillon, 94.
Chef de corps, 115.
Colonel, 94, 106, 107, 113.
Commandant de corps d'armée, 84, 87, 104, 117.
Commandant d'escadron, 15.
Commandement, 24.
Commission spéciale, 91.
Condamnation, 5, 7, 9, 35, 67, 139.

Conseil de corps d'armée, 96, 104.
Conseil de corps de troupes, 96.
Conseil de discipline, 87.
Conseil d'enquête, 12, 29, 30, 31, 33, 35, 38 et s., 50, 65, 67, 70, 71, 84, 92 et s., 100, 136 et 137.
Conseil d'enquête (composition du), 93.
Conseil d'enquête d'armée, 100.
Conseil d'enquête d'établissement, 136.
Conseil d'enquête de régiment, 93, 98, 136.
Conseil d'enquête de région, 93, 98, 100, 134.
Conseil d'enquête spécial, 93.
Conseil d'État, 13 et s., 40, 51, 85.
Conseil de guerre, 5.
Conseil de régiment, 102, 104.
Conseil de région, 102.
Conseiller de préfecture, 95.
Contrôleur adjoint, 95.
Contrôleur de deuxième classe, 95.
Contumace, 9.
Convocation, 117, 119.
Corps d'armée mobilisés, 97.
Corps de troupe, 101.
Défense, 119, 122.
Dégradation militaire, 9.
Délai, 141.
Démission, 2, 5, 8.
Destitution, 3, 5 et 6.

Discipline, 30, 35, 40, 41, 49, 66, 67, 70, 139.
Disponibilité, 6, 19.
Divulgation de renseignements, 67.
Domicile, 67.
Droits civils, 5.
Écoles militaires préparatoires, 90.
Écrits injurieux, 67.
Emploi (retrait d'), 23, 25, 26, 27, 29.
Emploi (suspension d'), 23, 24 et s., 29, 67, 70, 71, 76.
Emploi civil, 67, 89 et s.
Emprisonnement, 35, 139.
Enquête, 124 et 125.
État-major, 20.
Excès de pouvoir, 17, 51, 85.
Faillite, 66.
Faits nouveaux, 118.
Faute contre l'honneur, 35, 40, 139.
Faute grave, 35, 139.
Français, 5.
Gardien de la paix, 90.
Général, 93.
Général de division, 109, 119.
Général en chef, 116.
Gouverneurs généraux, 116.
Grâce, 11.
Grade (cassation de), 84, 87.
Grade (propriété du), 2 et 3.
Grade (rétrogradation de), 84.
Huis-clos, 140.
Inconduite habituelle, 35, 67, 139.
Infirmités, 27, 30, 36.
Infirmités, 35, 40, 41, 64.
Infirmités temporaires, 23, 25, 28 et 29.
Insignes, 54.
Inspecteur de la paix, 90.
Interdiction de séjour, 5.
Jugement, 2, 5, 7.
Justice militaire, 37.
Lâcheté, 37.
Légion d'honneur, 84, 88.
Lettre missive, 120.
Licenciement, 23 et 24.
Lieutenant, 94, 107.
Lieutenant-colonel, 94, 107.
Lois et décrets, 52.
Major, 94.
Maladie, 76.
Mariage, 21, 27.
Médaille militaire, 84, 87.
Médecin de la marine, 52 et 53.
Médecin-major, 16.
Militaire, 136.
Militaires commissionnés, 86 et s.
Ministre, 26, 60, 62.
Ministre de la Marine, 16.
Ministre de la Guerre, 13 et s., 38, 42, 84, 88, 100, 104, 105, 114, 116 et 117.
Mobilisation, 67, 71.
Nomination, 1.

Non-activité, 6, 23 et s., 35, 42, 118.
Notification, 141.
Officiers à la suite, 62, 78 et s.
Officiers comptable, 98.
Officiers d'artillerie, 75.
Officiers de marine, 34, 47, 58, 72.
Officiers de cadre, 73 et s.
Officiers du génie, 75.
Officiers généraux, 19, 21, 50, 100, 106, 138.
Officiers généraux assimilés, 101.
Officiers hors cadre, 19, 23 et s., 75 et s.
Officiers inférieurs, 101.
Officiers ministériels, 66.
Officiers supérieurs, 63, 93, 101.
Ordonnance, 102.
Parenté, 110.
Paris (gouvernement militaire de), 99 et 100.
Partage des voix, 128.
Peine (commutation de), 11.
Pension, 9, 35, 36, 45, 48, 55 et 56.
Pension de réforme, 24.
Perte du grade, 5, 55, 59.
Pièces (transmission de), 118, 121, 131 et 132.
Plainte, 29, 111, 114, 140.
Position, 12 et s., 73 et s.
Pourvoi, 141.
Préfet, 75.
Président de la République, 26, 38 et s., 42, 59.
Procédure, 114 et s.
Procès-verbal, 118, 127, 129, 130, 132, 141.
Professeur, 90.
Radiation, 59 et s., 80 et s.
Rapport, 115, 123, 125.
Rapport spécial, 111, 113.
Rapporteur, 117.
Réforme, 25, 33, 35 et s.
Remonte, 98.
Requête collective, 17.
Réserve, 48, 57 et s., 126, 133 et s.
Résidence, 27, 67.
Retraite, 24, 25, 35, 48 et s., 61, 69, 84, 87.
Révocation, 1, 59, 65 et s., 87.
Scrutin secret, 128.
Secrétaire général, 75.
Solde, 27.
Solde progressive, 25.
Sous-lieutenant, 94, 108.
Sous-officier, 82 et s.
Sous-officier de marine, 142.
Sous-préfet, 75.
Témoins, 122, 126.
Traitement, 7.
Uniforme, 27, 44, 70.
Visites médicales, 28, 64.

DIVISION

CHAP. I. — État des officiers de l'armée active (n. 1 à 4).

Sect. I. — **Causes de perte du grade** (n. 5 à 11).

Sect. II. — **Position des officiers** (n. 12 à 18).

§ 1. — *Activité* (n. 19 à 22).

§ 2. — *Non-activité* (n. 23 à 34).

§ 3. — *Réforme* (n. 35 à 47).

§ 4. — *Retraite* (n. 48 à 56).

CHAP. II. — État des officiers de réserve et de l'armée territoriale (n. 57 et 58).

Sect. I. — **Grade** (n. 59 à 72).

Sect. II. — **Position** (n. 73).

§ 1. — *Officiers des cadres* (n. 74).

§ 2. — *Officiers hors cadre* (n. 75 à 77).

§ 3. — *Officiers à la suite* (n. 78 à 81).

CHAP. III. — ÉTAT DES SOUS-OFFICIERS ET DES MILITAIRES COMMISSIONNÉS (n. 82 à 91).

CHAP. IV. — DES CONSEILS D'ENQUÊTE (n. 92).

Sect. I. — **Conseils d'enquête pour les officiers de l'armée permanente.**

§ 1. — *Composition et nomination* (93 à 113).

§ 2. — *Procédure* (n. 114 à 132).

Sect. II. — **Conseils d'enquête pour les officiers de réserve et de l'armée territoriale** (n. 133 à 135).

Sect. III. — **Conseils d'enquête pour les sous-officiers rengagés ou commissionnés** (n. 136 à 142).

CHAPITRE I.

ÉTAT DES OFFICIERS DE L'ARMÉE ACTIVE.

1. — Sous la monarchie la nomination et la révocation des officiers étaient laissées au bon plaisir du roi.

2. — L'Assemblée constituante (17 sept. 1791), posa le principe de la propriété du grade et de l'emploi, qui ne pouvaient être perdus que par démission ou par jugement ; c'était aller trop loin en ce qui concerne l'emploi.

3. — La Restauration n'accepta pas ce principe ; en 1818, devant la Chambre des pairs, la doctrine de la propriété du grade fut soutenue, mais repoussée ; un grand nombre d'officiers furent arbitrairement destitués.

4. — En 1830 la charte constitutionnelle prescrivit de pourvoir, dans le plus bref délai possible, au moyen d'assurer légalement l'état des officiers ; ce fut l'œuvre de la loi du 19 mai 1834, dictée par la nécessité d'assurer aux officiers une garantie sans laquelle leur situation ne présente, ni dignité, ni sécurité.

SECTION I.

Causes de perte du grade.

5. — La loi du 19 mai 1834 dite « loi sur l'état des officiers » pose en principe que le grade est la propriété de l'officier ; elle le prend sous sa sauvegarde et dispose qu'il ne peut être perdu que dans les cas suivants : 1° démission acceptée par le chef de l'Etat ; 2° perte de la qualité de français, prononcée par jugement (art. 17 et 21, C. civ.) ; 3° condamnation à une peine afflictive ou infamante ; 4° condamnation à une peine correctionnelle pour délits prévus par la sect. 1 et les art. 402, 403, 405, 406 et 407, chap. II, tit. II, liv. III, C. pén. (vol ou filouterie, banqueroute, complicité dans une banqueroute frauduleuse, emploi de faux noms ou de fausses qualités, manœuvres frauduleuses, abus de confiance, abus de blanc-seing, faux, détournements d'effets ou de valeurs) ; 5° condamnation à une peine correctionnelle d'emprisonnement avec interdiction de certains séjours et des droits civiques, civils et de famille ; 6° destitution prononcée par jugement d'un conseil de guerre (art. 4). — V. *infrà*, v° *Justice maritime*, n. 1109 et s., 1139 et s., et v° *Justice militaire*, n. 326 et s.

6. — Indépendamment de ces cas la destitution est prononcée pour les causes ci-après : 1° à l'égard de l'officier en activité pour absence illégale de son corps, après trois mois ; 2° à l'égard de l'officier en activité, en disponibilité ou en non-activité, pour résidence hors du territoire français sans autorisation, après quinze jours d'absence (Même art.). Dans ces deux cas il n'est pas besoin d'un jugement, la simple constatation matérielle suffit.

7. — En cas de condamnation, la perte du grade est encourue de plein droit, par le jugement même ; une décision du chef de l'Etat n'est pas nécessaire pour déclarer cette perte et le droit au traitement cesse du jour où la condamnation est définitive. — Cons. d'Et., 24 déc. 1863, Sercey, [S. 64.2.149, P. adm. chr., D. 64.3.17]

8. — Aucune disposition législative ni réglementaire n'a limité le pouvoir du gouvernement en ce qui touche l'*acceptation* des démissions ; en conséquence le refus d'une démission ne peut faire l'objet d'un recours au contentieux. — Cons. d'Et., 23 mars 1872, Pichon, [S. 72.2.85, P. adm. chr., D. 73.3.13] — 20 févr. 1891, Dève, [S. et P. 93.3.24, D. 92.3.86] — Cette question fut vivement débattue pendant le vote de la loi de 1834 ; à défaut d'accord elle fut renvoyée à la discussion du Code de justice maritime, qui ne modifia rien sur ce point. Il paraîtrait rationel que l'officier, quand il a accompli le temps de service actif légal, ne fût pas privé du droit de quitter à son gré l'armée, sauf à apporter un tempérament à cette faculté pour le temps de guerre.

9. — Le condamné par contumace à une peine afflictive ou infamante doit-il être considéré comme propriétaire de son grade, tant qu'il se trouve dans les délais accordés par la loi pour purger sa contumace ? Et, s'il décède dans ce délai, confère-t-il à sa veuve le droit à pension ? Nous pensons que la dégradation militaire est, comme la dégradation civique, encourue au jour de l'exécution par effigie (C. pén., art. 28 ; C. just. milit., art. 176). — V. Cons. d'Et., 16 déc. 1881, Launay, [Leb. chr., p. 979]

10. — L'amnistie efface le crime ou le délit avec toutes leurs conséquences juridiques ; l'officier, ayant perdu son grade par le fait d'une condamnation, et qui bénéficie de l'amnistie, doit donc être réintégré dans son grade. — Cons. d'Et., 13 mai 1881, Brissy, [S. 82.3.31, P. adm. chr., D. 82.3.97] — V. *suprà*, v° *Amnistie*, n. 333 et s.

11. — Mais ni la grâce, ni *à fortiori* une commutation de peine ne produiraient cet effet, et il ne faudrait pas arguer, en sens contraire, de l'arrêt rendu le 5 mars 1875, par le Conseil d'Etat dans l'affaire Doineau, [S. 75.2.89, P. adm. chr., D. 75.3.113] — Le sieur Doineau, condamné à mort pour crime de droit commun, avait vu sa peine commuée en celle de l'emprisonnement perpétuel ; cet officier avait été ensuite, par deux décisions du chef de l'Etat, mis en non-activité, puis en réforme. Lorsque la demande de pension fut formulée devant le Conseil d'Etat, après avoir été repoussée par le ministre de la Guerre, la question n'était plus entière. Ainsi que l'arrêt le fait observer, ces décisions du chef de l'Etat dont le sieur D... avait été l'objet (mise en non-activité, puis réforme) qu'elles fussent ou non légales, lui avaient reconnu d'une manière définitive et irrévocable l'état d'officier ; il y avait droit acquis postérieurement à la condamnation.

SECTION II.

Position des officiers.

12. — Il ne faut pas confondre le grade et l'emploi ; la propriété du grade est seule garantie par la loi ; quant à l'emploi, confié à l'officier suivant son grade, la loi le laisse à la disposition du gouvernement dans l'intérêt même de l'armée qui exige que l'on ne conserve pas en fonctions des indignes ou des incapables ; mais ce droit du gouvernement est réglé de façon à donner à l'officier la garantie qu'il ne sera définitivement privé de tout emploi qu'après une enquête et une sorte de jugement rendus par ses pairs. — V. *infrà*, n. 19 et s.

13. — Le ministre dispose souverainement de l'emploi et peut, sans recours possible, assigner à un officier tel poste qui lui convient ; il le peut alors même que le changement d'emploi aurait pour conséquence de faire perdre à l'officier le bénéfice de son ancienneté dans l'armée. — Cons. d'Et., 30 juill. 1840, Périès, [P. adm. chr.] — V. aussi Cons. d'Et., 4 juill. 1879, Roch, [S. 81.3.7, P. adm. chr., D. 80.3.20]

14. — Jugé en conséquence, que n'est pas susceptible d'être déférée au Conseil d'Etat la décision du ministre de la Guerre affectant un officier à un régiment déterminé. — Cons. d'Et., 26 févr. 1897, Ferret, [S. et P. 99.3.31, D. 98.3.64]

15. — ... Que la décision par laquelle le ministre de la Guerre a nommé capitaine commandant d'escadron un capitaine instructeur qui était le plus ancien des capitaines en second, ne peut être attaquée pour excès de pouvoirs par un autre officier, par ce motif que ce dernier aurait dû être appelé au commandement de l'escadron à la place du nouveau titulaire, faute par celui-ci d'avoir fait en temps utile son option entre les fonctions de capitaine instructeur et celles de capitaine commandant. — Cons. d'Et., 4 juill. 1879, précité.

16. — ... Qu'un ordre de service, adressé par le ministre de la Marine à un préfet maritime, et désignant un médecin-major de l'infanterie de marine pour le service des colonies n'est pas susceptible d'être déféré au Conseil d'Etat par la voie con-

ÉTAT DES OFFICIERS ET DES SOUS-OFFICIERS. — Chap. I.

tentieuse. —Cons. d'Et., 27 juill. 1877,Veillon, [Leb. chr., p.731]

17. — Mais le recours au Conseil d'Etat est recevable lorsque c'est le grade qui est en question.Ainsi il a été jugé que des officiers sont recevables à déférer au Conseil d'Etat, pour excès de pouvoirs, les décrets qui, en appelant des officiers appartenant à une autre arme à entrer dans un corps dont les réclamants font partie, leur ont assigné un rang d'ancienneté portant atteinte aux droits desdits réclamants. — Cons. d'Et., 20 avr. 1888, Casse et autres, [S. 90.3.25, P. adm. chr., D. 89.3.65] — V. les conclusions de M. le commissaire du gouvernement, Levavasseur de Précourt, reproduites avec l'arrêt.—Au surplus, sur les réclamations en matière d'avancement, V. *suprà*, v° *Avancement dans l'armée*, n. 43 et s.

18. — C'est dans la distinction entre le grade et l'emploi que réside le mécanisme de la loi ; les diverses positions dans lesquelles peut se trouver un officier, possesseur de son grade, sont les suivantes : l'activité, la non-activité, la réforme et la retraite.

§ 1. *Activité*.

19. — L'activité est la position de l'officier compris dans les cadres constitutifs de l'armée pourvu d'un emploi, et de l'officier *hors cadre*, employé temporairement à un service spécial ou à une mission. L'activité comporte deux variantes spéciales aux officiers généraux : la disponibilité et le cadre de réserve. La disponibilité est la position de l'officier général momentanément sans emploi ; elle est prononcée par le ministre. Le cadre de réserve est la position de l'officier général, qui a atteint la limite d'âge et qui, n'ayant pas réclamé sa retraite, reste à la disposition du gouvernement; cette position s'applique aussi aux officiers généraux qui peuvent y être placés, avant la limite d'âge, pour raisons de santé (Ord. 4 août 1839).

20. — La loi du 19 mai 1834 avait étendu le bénéfice de la disponibilité au corps d'état-major; cette disposition a été rapportée par la loi du 10 mai 1880 qui a supprimé le corps d'état-major.

21. — Les officiers généraux du cadre de réserve sont considérés comme faisant partie de l'armée active et ne peuvent se marier sans autorisation. — Cons. d'Et., 13 juill. 1870. d'Argout, [S. 72.2.215, P. adm. chr.]; — 11 avr. 1872, Morin, [S. 74. 2.30, P. adm. chr., D. 73.3.14]; — 28 déc. 1877, West, [S. 79. 2.308, P. adm. chr., D. 78.3.33]

22. — Sur l'état des officiers dans l'armée de mer, V. *infrà*, v° *Marine de l'Etat*, n. 359 et s.

§ 2. *Non-activité*.

23. — La non-activité est la position de l'officier hors cadre et sans emploi; l'officier en activité ne peut être mis en non-activité que pour l'une des causes suivantes : 1° Licenciement de corps; 2° suppression de l'emploi; 3° rentrée de captivité (lorsque l'officier a été remplacé dans son emploi; 4° infirmités temporaires ; 5° retrait ou suspension d'emploi.

24. — Les officiers, mis en non-activité pour l'une des trois premières causes, ont droit à la moitié des emplois de leur grade vacants; le temps, qu'ils ont passé en non-activité, compte comme s'ils étaient restés en activité, pour les droits à l'avancement, au commandement, à la pension de réforme et la retraite ; c'est une sorte de disponibilité avec solde réduite.

25. — Les officiers en non-activité pour infirmités temporaires et par retrait ou suspension d'emploi sont susceptibles d'être remis en activité, mais ils ne peuvent réclamer leur rappel à l'activité *comme un droit*; le temps passé, dans cette position, ne leur compte que pour la réforme et la retraite, et s'ils sont rappelés à l'activité, il leur en est fait déduction pour l'ancienneté de grade. Toutefois, le temps passé dans la non-activité pour infirmités temporaires compte à l'officier rappelé pour l'obtention de la solde progressive. — V. *infrà*, v° *Solde*.

26. — La mise en non-activité, par retrait ou suspension d'emploi, ne peut être prononcée que par le chef de l'Etat; dans tous les cas, une décision ministérielle suffit.

27. — L'officier en non-activité est seulement dégagé des obligations du service actif ; mais il reste soumis aux règles de la subordination militaire, à l'obligation de résidence et à l'autorisation préalable de mariage. Il lui est interdit de porter l'uniforme, et il perd ses droits à la solde, en cas de changement de résidence sans autorisation. Sa solde, qui est inférieure à celle d'activité, varie suivant qu'il a été mis en non-activité par retrait d'emploi ou pour infirmités. — V. *infrà*, v° *Solde*.

28. — L'officier à mettre en non-activité pour infirmités temporaires, est au préalable visité par les médecins, dans les conditions qu'indique la réglementation sur les pensions de retraite (L. 11 avr. 1831, et Ord. 2 juill. 1831).

29. — La mise en non-activité pour retrait ou suspension d'emploi est provoquée par une plainte du chef du corps ou de service, revêtue de l'avis des chefs hiérarchiques. La suspension est une gradation de la mise en non-activité ; elle est prononcée pour un temps déterminé au bout duquel on est rappelé de droit ; elle constitue en même temps une économie pour l'Etat, car l'officier n'est pas remplacé dans son emploi, s'il est suspendu pour moins d'un an. Le retrait d'emploi est prononcé pour un temps indéfini, toutefois, après trois ans de non-activité, soit par retrait d'emploi, soit pour infirmités temporaires, l'officier doit être traduit devant un conseil d'enquête qui donne son avis sur la question de savoir s'il est susceptible d'être rappelé à l'activité.

30. — Tout officier qui est resté en non-activité pendant trois ans doit être envoyé devant un conseil d'enquête, il en est ainsi, soit que la non-activité ait été prononcée par mesure de discipline, soit qu'elle l'ait été pour infirmités (Décr. 29 juin 1878, art. 8 et 18).

31. — L'officier, qui a comparu devant le conseil d'enquête par suite d'une prolongation au delà de trois ans de la position de non-activité, peut, quel qu'ait été l'avis exprimé par le conseil, être maintenu en non-activité aussi longtemps que le ministre le juge utile dans l'intérêt de la discipline et de l'armée; mais il ne saurait être traduit à nouveau devant le conseil d'enquête à raison de la prolongation de la non-activité. — Cons. d'Et., 10 juin 1880.

32. — La mise en non-activité n'est susceptible d'aucun recours contentieux, la loi n'ayant prescrit aucune formalité préalable. — Cons. d'Et., 26 juill. 1851, Frébaut; — 2 juin 1876, Labussière, [S. 78.2.275, P. adm. chr.]; — 14 mars 1879, Chazotte, [D. 80.5.25]; — 6 mai 1881, Espivent, [D. 82.3.99]

33. — En somme, la non-activité prend fin : soit par réadmission à l'activité, soit par réforme après avis du conseil d'enquête, soit par retraite, quand il s'agit d'un officier en non-activité pour infirmités temporaires et qui, ayant accompli vingt-cinq ans de services, n'est pas reconnu par le conseil d'enquête susceptible d'être rappelé à l'activité (L. 25 juin 1861).

34. —. Sur la non-activité à l'égard des armées de mer, V. *infrà*, v° *Marine de l'Etat*, n. 1022.

3. *Réforme*.

35. — La réforme est la position de l'officier sans emploi qui, n'étant plus susceptible d'être rappelé à l'activité, n'a pas de droits acquis à la pension de retraite ; elle peut être prononcée : 1° pour infirmités incurables ; 2° par mesure de discipline. Dans le premier cas elle est prononcée dans les formes voulues par la loi du 11 avr. 1831 pour les pensions à titre de blessures ou d'infirmités ; dans le second cas elle est prononcée, après avis d'un conseil d'enquête, pour l'un des motifs suivants : inconduite habituelle, fautes graves dans le service ou contre la discipline, fautes contre l'honneur, prolongation, au delà de trois ans, de la réforme pour infirmités. — Beaugé, t. 1, n. 2030.

36. — Un officier ne peut être mis en réforme pour infirmités, si ces infirmités ont pu pour cause déterminante les fatigues du service ; il a, en effet, droit en ce cas à une pension de retraite. — Cons. d'Et., 5 févr. 1897, Martin. [S. et P. 99.3.14]

37. — Il a été jugé que l'officier peut être mis en réforme pour faute contre l'honneur à raison d'un acte qui, au lieu d'être soumis à un conseil d'enquête, aurait pu être déféré à un conseil de guerre. Il en est ainsi notamment en cas d'incrimination, de faiblesse ou de lâcheté devant l'ennemi. — Cons. d'Et., 20 juin 1884, Pestel, [Leb. chr., p. 491] — V. *infrà*, v° *Justice maritime*, n. 254 et 255.

38. — La réforme est prononcée par le chef de l'Etat, sur le rapport du ministre de la Guerre, d'après l'avis d'un conseil d'enquête dont la composition et les formes sont déterminées par un règlement d'administration publique (Décr. 29 juin 1878).

39. — Les avis du conseil d'enquête ne peuvent être modifiés qu'en faveur de l'officier.

40. — La décision du chef de l'Etat ne peut être attaquée au fond devant le Conseil d'Etat; un officier ne saurait être admis à alléguer devant le conseil : soit que ses infirmités ne sont pas incurables, soit que les faits qui lui sont reprochés sont inexacts ou qu'ils ne portent pas atteinte à l'honneur ou à la discipline.— Cons. d'Et., 2 janv. 1838, Chaumet, [S. 38.2.225, P. adm. chr.]

41. — Mais cette décision pourrait être déférée au Conseil d'Etat pour excès de pouvoir : 1° au cas de réforme pour infirmités, si ces infirmités n'ont pas été constatées dans les formes prescrites par la loi du 11 avr. 1831; 2° au cas de réforme par mesure de discipline, si elle a été prévue par un motif non prévu par la loi, si les formes voulues par la loi n'ont pas été observées, par exemple : si le conseil d'enquête n'a pas été consulté; si l'avis de ce conseil était favorable à l'officier; si la composition du conseil n'était pas conforme à la loi, etc., etc. — Cons. d'Et., 11 janv. 1878, Nouette, [D. 78.3.84]; — 22 juill. 1881, Thil*, [S. 83.3.16, P. adm. chr.]; — 10 févr. 1882, Brun, [S. 84.3.7, P. adm. chr., D. 83.3.59]

42. — Remarquons que l'avis du conseil d'enquête peut être modifié en faveur de l'officier; aussi le chef de l'Etat peut, sur la proposition du ministre de la Guerre, prononcer la non-activité, alors que l'avis du conseil était favorable à la réforme. L'officier contre lequel la non-activité est prononcée, dans ce cas, peut attaquer cette décision, en se fondant sur l'irrégularité de la composition du conseil d'enquête ou sur tout autre vice de forme. Sans doute la mise en non-activité n'est en principe soumise à aucune formalité, mais l'officier ne saurait être privé, à raison de la modification favorable apportée à l'avis du conseil d'enquête, du droit qu'il aurait eu, s'il avait été mis en réforme. — Cons. d'Et., 20 nov. 1874, de Cosnac, [S. 76.2.222, P. adm. chr., D. 75.3.73]

43. — Lorsque le conseil d'enquête a émis un avis favorable à l'officier, celui-ci ne peut être mis en réforme; mais le chef de l'Etat peut, sur la proposition du ministre de la Guerre et à raison des mêmes faits qui ont motivé l'enquête, prononcer contre cet officier la mise en non-activité par retrait d'emploi. — Cons. d'Et., 6 mai 1881, précité.

44. — L'officier réformé est rendu à la vie civile, et ne peut plus porter l'uniforme.

45. — S'il a moins de trois ans de services, c'est-à-dire s'il n'a pas satisfait à la loi de recrutement, il n'a droit à aucun traitement. S'il a plus de trois ans de services et moins de vingt ans, il reçoit une solde de réforme, variable suivant les motifs de la réforme et qui lui est due pendant un nombre d'années égal à la moitié de ses années de service. — V. *infrà*, v° *Solde*.

46. — Enfin, à vingt ans de services, s'il n'a pas atteint le temps voulu pour obtenir une pension de retraite, l'officier réformé reçoit une pension de réforme dont la quotité varie suivant les motifs de la réforme; il perd le bénéfice de ses campagnes et sa pension de réforme n'est pas, comme sa pension de retraite, réversible en partie sur la veuve ou les enfants orphelins. — V. *infrà*, v° *Pensions*.

47. — En ce qui concerne la réforme des officiers de l'armée de mer, V. *infrà*, v° *Marine de l'Etat*, n. 1233 et 1300.

§ 4. Retraite.

48. — La retraite est la position définitive de l'officier rendu à la vie civile et admis à jouir d'une pension, incessible et insaisissable, inscrite au grand-livre de la dette publique; toutefois, l'officier qui est retraité dans les conditions de la loi du 22 juin 1878, reste pendant cinq ans à la disposition du ministre de la Guerre, qui peut lui donner un emploi dans la réserve, ou un grade supérieur dans l'armée territoriale.

49. — La mise à la retraite d'office peut être prononcée à raison d'une seule faute grave contre la discipline. — Cons. d'Et., 10 juill. 1891, Hubert-Castex, [S. et P. 93.3.86, D. 92.3.121]

50. — Les officiers généraux peuvent être admis d'office à la retraite pour l'un des motifs prévus par l'art. 12, L. 19 mai 1834, et sur l'avis du conseil d'enquête. — Cons. d'Et., 10 juill. 1891, Hubert-Castex, [S. et P. 93.3.86, D. 92.3.121]

51. — Un capitaine mis d'office à la retraite par ancienneté et rayé des cadres, n'est pas fondé à déférer au Conseil d'Etat, pour excès de pouvoir, les promotions postérieurement faites au grade supérieur d'officiers moins anciens que lui. — Cons. d'Et., 26 févr. 1897, Rostan, [S. et P. 99.3.31, D. 98.5.38]

52. — Un décret d'admission à la retraite d'un médecin de la marine militaire a force exécutoire immédiatement, sans avoir besoin d'être inséré au *Journal officiel*. — Cons. d'Et., 1er mars 1895, Moulard, [S. et P. 97.3.55, D. 96.3.39]

53. — Il a été jugé qu'un ancien médecin de première classe du corps de santé de la marine n'est pas fondé à demander l'annulation d'un décret portant promotion au grade de médecin principal de plusieurs médecins de première classe, dont deux étaient moins anciens que lui, par le motif que le décret qui l'a mis à la retraite a été rendu le même jour que le décret faisant les promotions, et qu'on ne sait lequel a précédé l'autre; alors surtout qu'il est établi que les promotions ont eu lieu, tout au moins en partie, par suite de l'admission à la retraite du requérant. — Même arrêt.

54. — L'officier retraité a le droit de porter les insignes de son grade et une place lui est réservée dans les cérémonies publiques.

55. — Il peut être privé de son grade dans les mêmes conditions que l'officier en activité; mais dans ce cas, il conserve la jouissance de sa pension, sauf dans les conditions indiquées par la loi du 11 avr. 1831 sur les pensions.

56. — En ce qui concerne les conditions d'admission à la pension et retraite, ancienneté, infirmités ou blessures, droits et jouissance, etc., V. *infrà*, v° *Pensions*.

CHAPITRE II.

ÉTAT DES OFFICIERS DE RÉSERVE ET DE L'ARMÉE TERRITORIALE.

57. — La loi du 13 mars 1875 sur les cadres de l'armée avait décidé que l'état de ces officiers serait réglé par des lois spéciales, qui ne sont pas encore votées. A défaut de loi, leur état est actuellement régi par les décrets des 31 août 1878, 3 févr. 1880 et 20 mars 1890.

58. — En ce qui concerne l'état des officiers de l'armée de mer, V. *infrà*, v° *Marine de l'Etat*, n. 229 et s.

Section I.

Grade.

59. — Le grade des officiers de réserve et de l'armée territoriale est conféré par le chef de l'Etat; il constitue l'état de l'officier, qui ne peut le perdre que pour des causes limitativement déterminées, qui sont les mêmes que celles indiquées par la loi de 1834 pour les officiers de l'armée active (V. *suprà*, n. 5); en outre, il existe pour ces officiers deux causes spéciales de perte du grade : la radiation des grades et la révocation.

60. — Les officiers de réserve sont rayés des cadres de l'armée active, lorsque leur âge les appelle à passer dans l'armée territoriale, lorsque d'ailleurs *sur leur demande* le ministre ne les admettre à rester dans les cadres de la réserve; il en est de même des officiers de l'armée territoriale qui ont accompli le temps de service exigé par la loi (L. 13 mars 1875, art. 44; Décr. 31 août 1878, art. 2).

61. — Les officiers de tous grades, retraités sous l'empire de la loi du 22 juin 1878, sont rayés à l'expiration des cinq ans pendant lesquels la loi les met à la disposition du ministre à moins que, *sur leur demande*, ils ne soient maintenus dans la réserve ou dans l'armée territoriale; ils sont pourvus d'emplois dans les cadres de l'armée territoriale, de préférence aux officiers de cette même armée qui n'ont pas la même origine (Décr. 3 févr. 1880, art. 1). — V. aussi Note minist., 23 oct. 1882, [J. milit. off., p. 319] — Décis. min., 17 janv. 1884, [*J. milit. off.*, p. 45]

62. — Ces derniers officiers peuvent être mis *à la suite* par décision du ministre (Décr. 3 févr. 1880, art. 1 et 2).

63. — La radiation des cadres a toujours lieu, par limite d'âge, pour les officiers supérieurs à 65 ans, et 60 ans pour les officiers inférieurs (Décr. 31 août 1878, art. 4).

64. — Enfin la radiation peut être encore prononcée par décret, après examen médical et avis du comité de santé, pour tout officier atteint d'infirmités incurables, ou pour celui qui aurait été placé hors cadre, pour raison de santé, depuis trois ans (Décr. 31 août 1878, art. 5).

65. — La révocation est prononcée par décret, avec ou sans avis préalable du conseil d'enquête.

66. — Elle est prononcée sans avis du conseil d'enquête, sur un simple avis du ministre : 1° contre tout officier *déclaré* en état de faillite ; 2° contre tout officier possédant une charge d'officier ministériel, qui est destitué par jugement ou révoqué par mesure disciplinaire (Décr. 31 août 1878, art. 6).

67. — Elle est prononcée, mais sur l'avis conforme d'un conseil d'enquête, dans les cas suivants : 1° Officier révoqué d'un emploi civil de l'Etat par mesure disciplinaire ; 2° officier ayant commis une faute contre l'honneur ; 3° inconduite habituelle, faute grave dans le service ou contre la discipline ; 4° condamnation correctionnelle n'entraînant pas la perte du grade quand la nature du délit et la gravité de la peine l'exigent ; 5° écrits injurieux ou offensants contre un supérieur, en dehors de la période d'activité (Décr. 31 août 1878, art. 6) ; 6° officier ayant été suspendu pendant un an ; pour n'avoir pas fait de déclaration de domicile, et n'ayant pas, à l'expiration de sa peine, fait connaître officiellement sa résidence ou ayant commis une nouvelle infraction de la même nature (Décr. 20 mars 1890, art. 4) ; 7° officier ayant divulgué, dans des conditions nuisibles à l'armée, les renseignements parvenus à sa connaissance, en raison de sa position militaire ; 8° officier suspendu par mesure disciplinaire pour un an, quand, en cas de mobilisation un conseil d'enquête le juge pas susceptible d'être rappelé (Décr. 31 août 1878, art. 6).

68. — La révocation n'a pas pour effet de dégager l'officier de ses obligations, s'il est encore soumis à la loi de recrutement ; par son âge, il est inscrit sur les contrôles de la troupe, dans la réserve ou dans l'armée territoriale.

69. — La révocation n'est pas applicable aux officiers retraités provenant de l'armée active ; ils ne peuvent perdre leur grade que dans les conditions prévues par la loi du 19 mai 1834, art. 1.

70. — Tout officier peut être suspendu disciplinairement par décret pendant trois mois au moins et un an au plus, sans avis du conseil d'enquête ; l'officier suspendu est remplacé dans son emploi ; il ne peut plus porter l'uniforme, ni prendre part à aucune réunion militaire ; le temps de sa suspension pour la fixation de son rang d'ancienneté (Décr. 31 août 1878, art. 14 et 15).

71. — En cas de mobilisation, l'officier suspendu pour moins d'un an est rappelé et réintégré dans son emploi ; celui-ci est suspendu pour un an est traduit devant un conseil d'enquête et, s'il n'est pas révoqué comme il a été dit plus haut, il est réintégré dans un emploi de son grade (Même décr., art. 16).

72. — Sur les conseils d'enquête à l'égard des officiers de réserve dans l'armée de mer, V. *infra*, v° Marine de l'Etat, n. 940.

Section II.
Positions.

73. — Les positions dans lesquelles peuvent se trouver les officiers de réserve ou de l'armée territoriale sont de trois sortes : 1° officiers des cadres ; 2° officiers hors cadre ; 3° officiers à la suite.

§ 1. *Officiers des cadres.*

74. — Les officiers des cadres sont ceux qui font partie d'un corps de troupe, ou qui sont pourvus d'un emploi dans les états-majors, les services administratifs, les étapes, etc. (Décr. 31 août 1878, art. 9).

§ 2. *Officiers hors cadre.*

75. — Les officiers hors cadre sont ceux qui sont pourvus d'un grade, sans compter dans un corps ni dans un service, et qui sont temporairement dispensés de tout service et remplacés dans leur emploi, ce sont : 1° les officiers pourvus de fonctions diplomatiques ou consulaires ; 2° les officiers pourvus de fonctions de préfet, sous-préfet, conseiller de préfecture, secrétaire général ; 3° les officiers du génie attachés au service de la marine ou à celui du chemin de fer, et les officiers d'artillerie attachés à ce dernier service. Ces officiers rentrent dans les cadres, dès que cessent les fonctions qui les avaient fait mettre hors cadre (Décr. 31 août 1878, art. 11, et Décr. 24 oct. 1878, art. 1).

76. — Sont également placés hors cadre : 1° Les officiers reconnus par les médecins incapables d'exercer leurs fonctions, pendant six mois au moins, sauf à prononcer ensuite la radiation, si cette situation se prolonge plus de trois ans, comme il a été dit plus haut ; 2° les officiers suspendus pour un an jusqu'au moment où ils sont réintégrés (Décr. 31 août 1878, art. 11 et 12).

77. — Le temps passé hors cadre ne compte pas pour la fixation du rang d'ancienneté (Même décr., art. 13).

§ 3. *Officiers à la suite.*

78. — La position à la suite est spéciale aux officiers territoriaux ne provenant pas de l'armée active et qui, ne se trouvant pas dans l'un des cas où ils puissent être mis hors cadre ne sont pourtant pas pourvus d'emploi ; cette position a été créée par le décret du 3 févr. 1880.

79. — Tout officier mis à la suite et qui a atteint la limite de temps de service dans la réserve de l'armée territoriale peut être rayé des cadres par décision ministérielle (Décr. 3 févr. 1880, art. 2).

80. — On a soutenu devant le Conseil d'Etat, et le commissaire du gouvernement s'associait à cette opinion, que le décret du 3 févr. 1880 était entaché d'excès de pouvoir. « Le ministre est libre, disait-on, de maintenir ou non dans les cadres, l'officier qui a accompli son temps de service ; mais s'il le maintient, il y a droit acquis et l'officier ne peut plus être rayé avant limite d'âge, à moins qu'il ne rentre dans l'un des cas prévus par le décret organique du 31 août 1878. »

81. — Mais cette opinion n'a pas prévalu devant le Conseil d'Etat, qui a jugé que la loi du 13 mars 1875 avait donné au chef de l'Etat une délégation absolue pour le règlement de l'état des officiers de l'armée territoriale. — Cons. d'Et., 8 avr. 1881, de Piolenc, d'Assat, de Raineville, d'Harcourt, [S. 82.3.24, P. adm. chr., D. 82.3.1] ; — 20 mai 1881, Hamburg, [Leb. chr., p. 517]

CHAPITRE III.
ÉTAT DES SOUS-OFFICIERS ET DES MILITAIRES COMMISSIONNÉS.

82. — Jusqu'en 1881, les sous-officiers n'ont pas eu d'état garanti par loi ; la cassation était prononcée par le général de division et n'était susceptible d'aucun recours contentieux, même pour excès de pouvoir. La loi du 23 juill. 1881 créa des formes spéciales pour la rétrogradation et la cassation des sous-officiers ; elle a été abrogée par la loi du 18 mars 1889 qui a complété ses dispositions et qui, avec le décret du 25 janv. 1896, régit actuellement l'état des sous-officiers.

83. — Les garanties, instituées par la loi, ne concernent que les sous-officiers rengagés ou commissionnés. L'état des sous-officiers, qui ne sont ni rengagés ni commissionnés, n'est pas garanti par la loi.

84. — La rétrogradation ou la cassation du sous-officier rengagé, la révocation ou la mise à la retraite d'office du commissionné ne peuvent être prononcées que par le commandant du corps d'armée, sur l'avis conforme d'un conseil d'enquête. Pour les sous-officiers décorés de la Légion d'honneur ou de la médaille militaire, la décision doit émaner du ministre de la Guerre.

85. — Toute cassation ou rétrogradation, ou mise à la retraite d'office qui aurait été prononcée en dehors des formes prescrites, serait entachée d'excès de pouvoir et pourrait être déférée, de ce chef, au Conseil d'Etat.

86. — La loi du 18 mars 1889 a, en outre, créé un état de faveur pour les caporaux rengagés et les militaires commissionnés.

87. — Les uns et les autres ne peuvent être cassés, révoqués ou mis à la retraite d'office que par décision du commandant du corps d'armée, sur l'avis conforme d'un conseil de discipline, dont la composition est indiquée par le décret sur le service intérieur des corps de troupe (L. 18 mars 1889, art. 6).

88. — Pour ceux qui sont décorés de la Légion d'honneur ou de la médaille militaire, il faut une décision du ministre de la Guerre. — Beaugé, t. 1, n. 2042.

89. — Les art. 14 et s. — L. 18 mars 1889, sont relatifs à l'attribution des emplois civils aux sous-officiers rengagés. Ces emplois sont désignés au tableau B annexé à cette loi. Une autre loi du 23 juill. 1897 porte qu'il est établi pour chacun de ces emplois une série de deux, trois ou quatre tours de nomination, suivant que la proportion réservée aux sous-officiers est d'un demi, d'un tiers, d'un quart ou des trois quarts du nombre des vacances. Les premiers tours appartiennent toujours aux sous-officiers (art. 2).

ÉTAT DES OFFICIERS ET DES SOUS-OFFICIERS. — Chap. IV.

90. — Aux termes d'un décret du 16 déc. 1896, il est réservé aux sous-officiers rengagés les quatre cinquièmes des emplois d'inspecteur et de gardien de la paix (4e catégorie). Un autre décret du 17 août 1897 ajoute à la liste des emplois réservés à ces militaires celui de professeur civil aux écoles militaires préparatoires (1re catégorie). Ils ont droit aux trois quarts des places. Des décrets postérieurs des 28 juin 1898, 8 juill. 1899, 10 et 12 févr. 1900 auxquels on se référera, ont complété cette liste par de nouvelles réserves d'emplois.

91. — Il a été jugé que le classement opéré par la commission spéciale chargée de dresser la liste des candidats aux emplois réservés aux sous-officiers n'est susceptible d'aucun recours contentieux ; ce classement n'est en effet soumis à aucune forme spéciale, et, quant au fond, le législateur a entendu conférer à la commission ce pouvoir souverain d'appréciation (L. 18 mars 1889, art. 24). — Cons. d'Ét., 7 août 1896, Say, [S. et P. 98.3.106]

CHAPITRE IV.

DES CONSEILS D'ENQUÊTE.

92. — Au cours de cet article, nous avons été amenés à nous occuper incidemment des conseils d'enquête ; nous devons maintenant en faire connaître d'une manière plus complète et plus méthodique la composition et le fonctionnement.

SECTION I.

Conseils d'enquête pour les officiers de l'armée permanente.

§ 1. *Composition et nomination.*

93. — On distingue trois sortes de conseils d'enquête : 1° de régiment ou de corps de troupe formant bataillon ou escadron, pour les officiers de ces sortes de corps ; 2° de région, pour les officiers supérieurs, les officiers inférieurs autres que ceux des régiments et bataillons ou escadrons, et les officiers détachés d'une autre région ; 3° spéciaux, pour les généraux et leurs assimilés (Décr. 29 juin 1878, art. 1). — Beaugé, t. 1, n. 2255.

94. — Chaque conseil est composé de cinq membres désignés d'après le grade ou l'emploi de l'officier ou assimilé objet de l'enquête, savoir : pour un sous-lieutenant, un général de brigade président, un colonel ou lieutenant-colonel, un chef de bataillon, d'escadron ou major, un capitaine, un sous-lieutenant ; pour un lieutenant : même composition, sauf en ce qui concerne le sous-lieutenant, qui est remplacé par un lieutenant ; pour un capitaine : un général de brigade, président, un colonel ou un lieutenant-colonel, un chef de bataillon, d'escadron ou major, deux capitaines ; pour un chef de bataillon ou major : un général de division, président, un général de brigade, un colonel ou un lieutenant-colonel, deux chefs de bataillon, d'escadron ou majors ; pour un lieutenant-colonel : les deux chefs de bataillon sont remplacés par deux lieutenant-colonels ; pour un colonel : un général de division, président, deux généraux de brigade, deux colonels (Décr. 29 juin 1878, Tableau annexé). — Beaugé, t. 1, n. 2256.

95. — Deux membres du conseil doivent être de l'arme ou du service auquel appartient l'officier objet de l'enquête ; ce qui change, pour les officiers, fonctionnaires, employés, etc., qui n'appartiennent pas aux corps de troupes, la composition indiquée ci-dessus. Par exemple, pour un contrôleur général, le conseil sera composé ainsi : un contrôleur général de première classe, président, un contrôleur général de deuxième classe, deux contrôleurs adjoints ; pour un contrôleur de deuxième classe, la composition sera : un contrôleur général de première classe, président, un contrôleur général de deuxième classe, un contrôleur de première classe, deux contrôleurs de deuxième classe ; et ainsi de suite pour les grades supérieurs (Décr. 9 mai 1883, *J. milit. off.*, p. 461 ; V. aussi, *J. milit. off.*, 1er sem., 1878, p. 316).

96. — Les membres des conseils sont choisis parmi les officiers ou assimilés en activité, soit d'un grade supérieur soit plus ancien de grade que l'officier objet de l'enquête. C'est le général commandant la division qui désigne le président et les membres du comité des corps de troupes. Quant aux conseils de corps d'armée, ou à ceux des corps qui ne font pas partie d'une division, la nomination est faite par le commandant de corps d'armée (Décr. 29 juin 1878, art. 3).

97. — Dans une fraction de corps d'armée mobilisée, les membres des conseils d'enquête sont désignés par le commandant de cette fraction de corps d'armée ; dans les commandements supérieurs, par les généraux investis de ces commandements ; dans les divisions d'Algérie, par les commandants de ces divisions (Même art.).

98. — Il a été jugé qu'on doit déclarer nulle la décision présidentielle qui a mis en réforme un officier comptable d'un dépôt de remonte, et ainsi détaché de son régiment, après avis du conseil d'enquête du régiment, et non d'un conseil d'enquête de région. — Cons. d'Ét., 18 févr. 1898, Millereau, [S. et P. 99.3.128]

99. — Les membres des conseils d'enquête de région ou de corps d'armée, autres que le président, sont pris dans le gouvernement militaire de Paris, toutes les fois que cela est possible, dans la division d'infanterie ou de cavalerie, dans la brigade d'artillerie ou dans le service de l'armée dont fait partie l'officier objet de l'enquête. En cas d'impossibilité, le gouverneur de Paris, les nomme, par ordre d'ancienneté, parmi les autres officiers de son commandement (Décr. 8 juin 1879).

100. — Il a été jugé, en ce qui concerne la mise en retraite d'office, que la disposition du décret du 8 juin 1879 prescrivant de prendre les membres du conseil d'enquête parmi les officiers généraux employés dans le gouvernement militaire de Paris, ne vise que les membres des conseils d'enquête de région ou de corps d'armée et ne saurait être étendue aux conseils d'enquête spéciaux appelés à donner leur avis sur des faits reprochés à des officiers généraux. — Cons. d'Ét., 10 juill. 1891, Hubert-Castex, [S. et P. 93.3.86, D. 92.3.121]

101. — Le président et les membres des conseils d'enquête spéciaux sont nommés par le ministre de la Guerre. Les membres, autres que le président, sont pris à tour de rôle et par ancienneté de grade, savoir : 1° pour un officier inférieur de corps de troupe, parmi les officiers de ce corps, et à défaut parmi les autres officiers placés sous le commandement du général chargé de désigner les membres du conseil ; 2° pour un officier supérieur sans troupe, ou en non-activité, ou détaché, parmi les officiers de la région ou du corps d'armée ; 3° pour un officier général ou assimilé, parmi les intendants militaires ou intendants généraux, les généraux de brigade ou de division et les médecins ou pharmaciens inspecteurs (Décr. 29 juin 1878, art. 3). — Beaugé, t. 1, n. 2257.

102. — Il a été jugé que l'officier qui est attaché à un général comme ordonnance, ne cesse pas de compter à son régiment, et que, dès lors, si sa conduite est l'objet d'une enquête, il doit être procédé à cette opération par un conseil de régiment et par un conseil de région. — Cons. d'Ét., 6 juill. 1883, P..., [S. 85.3.39, P. adm. chr., D. 85.3.26]

103. — Qu'un officier peut valablement faire partie d'un conseil d'enquête dans un régiment où il exerce un emploi, si la décision ministérielle l'affectant à un autre régiment, bien que publiée au *Journal officiel*, ne lui a été notifiée par sa lettre de service que postérieurement à la réunion du conseil d'enquête. — Cons. d'Ét., 22 févr. 1895, Charrier, [S. et P. 97.3.47, D. 96.3.24]

104. — En cas d'absence ou d'empêchement constaté, les membres absents ou empêchés sont remplacés par des officiers du même grade et, à défaut, du grade immédiatement inférieur, mais sans que les officiers nouvellement désignés puissent être ni moins anciens, ni de grade moins élevé que l'officier objet de l'enquête. Si, à raison de l'ancienneté du grade, le remplacement ne peut avoir lieu, il y est pourvu par la désignation d'officiers du grade immédiatement supérieur à celui de l'officier absent ou empêché. Si, faute d'un ou de plusieurs officiers réunissant les conditions voulues, on ne peut constituer le conseil d'enquête de région ou de corps d'armée, on en réfère, dans le premier cas, au commandant du corps d'armée, et, dans le second cas, au ministre de la Guerre, qui prescrit les mesures nécessaires pour constituer ou compléter le conseil (Même décr., art. 4).

105. — Il a été jugé que le ministre de la Guerre n'a pas, pour la composition d'un conseil d'enquête spécial, un pouvoir discrétionnaire ; il est tenu, pour la désignation du président et

ÉTAT DES OFFICIERS ET DES SOUS-OFFICIERS. — Chap. IV.

des membres, de suivre l'ordre fixé par les art. 2 et 3, Décr. 29 juin 1878. Mais le ministre de la Guerre est seul juge des cas d'empêchement, et, en l'absence de toute disposition réglant pour les conseils spéciaux le mode de constatation des empêchements admis par le ministre, il n'appartient pas au Conseil d'Etat d'apprécier les motifs pour lesquels le ministre a jugé empêchés les officiers généraux précédant sur la liste d'ancienneté ceux qui ont été appelés à faire partie d'un conseil d'enquête spécial. — Cons. d'Et., 10 juill. 1891, précité.

106. — ... Que le conseil d'enquête appelé à donner son avis sur les faits reprochés à un officier général doit comprendre au moins deux membres ayant appartenu à l'arme dans laquelle cet officier général servait comme colonel. — Même arrêt.

107. — ... Qu'un recours devant le Conseil d'Etat est recevable si, dans le conseil d'enquête appelé à donner son avis sur la mise en réforme d'un lieutenant, le colonel ou le lieutenant-colonel inculpé, ou qui en faisait partie a été, en cas d'empêchement, remplacé, non par un officier supérieur, mais par un capitaine. — Cons. d'Et., 22 juill. 1884, précité.

108. — ... Que la décision du Président de la République prononçant la mise en réforme d'un sous-lieutenant est entachée d'une irrégularité qui doit en entraîner l'annulation, lorsque le conseil d'enquête, sur l'avis duquel elle a été rendue, était composé d'officiers n'appartenant pas au même régiment que le sous-lieutenant inculpé, qu'il ne résulte ni de l'ordre de convocation ni d'aucune autre pièce que les officiers de ce régiment aient été en nombre suffisant pour constituer le conseil d'enquête. — Cons. d'Et., 8 juill. 1892, Coste, [S. et P. 94.3.62, D. 93.3.106]

109. — ... Que le Conseil d'Etat doit annuler le décret qui a prononcé la mise en réforme d'un officier, si dans le conseil d'enquête devant lequel ce dernier a comparu, un officier de son régiment a été remplacé par un officier du même grade, appartenant à un autre régiment, sans que l'ordre de convocation contienne aucune mention de l'empêchement admis par le général de division, et sans qu'il ait été justifié postérieurement d'un semblable empêchement. — Cons. d'Et., 10 févr. 1882, précité. — V. aussi Cons. d'Et., 7 août 1891, Hénault, [S. et P. 93.3.95, D. 92.3.121]

110. — Ne peuvent faire partie du conseil : 1° les parents ou alliés de l'officier objet de l'enquête, jusqu'au quatrième degré inclusivement; 2° les auteurs de la plainte ou du rapport spécial qui a motivé la réunion du conseil; 3° l'officier qui a déjà connu de l'affaire dans un autre conseil d'enquête (Décr. 29 juin 1878, art. 5). — V. sur ce dernier cas, Décis. min., 1er nov. 1876, [*J. milit. off.*, p. 199]

111. — Mais il a été jugé que l'art. 5, Décr. 29 juin 1878, aux termes duquel les auteurs de la plainte ou du rapport spécial qui a motivé la réunion du conseil d'enquête ne peuvent faire partie de ce conseil, ne s'applique pas aux capitaines d'un régiment qui, ayant chargé plusieurs d'entre eux de procéder à une enquête sur les faits reprochés à leur collègue, ont entendu le rapport de leurs délégués et ont dressé un procès-verbal, transmis ensuite l'un et l'autre au ministre de la Guerre. — Cons. d'Et., 19 janv. 1883, Lecoq, [D. 84.3.85]

112. — ... Que l'art. 5 ne s'applique pas non plus à un officier qui aurait été initié à l'affaire et en aurait connu les détails (Décr. 29 juin 1878, art. 5). — Cons. d'Et., 22 févr. 1895, Charrier, [S. et P. 97.3.47, D. 96.3.24]

113. — ... Que, lorsque le rapport spécial qui a motivé la réunion du conseil d'enquête appelé à statuer sur une mise en réforme est l'œuvre du colonel, les autres officiers supérieurs du régiment peuvent faire partie de ce conseil (Décr. 29 juin 1878, art. 5). — Cons. d'Et., 13 janv. 1893, Lupiac, [S. et P. 94. 3.109]

§ 2. *Procédure.*

114. — La plainte à fin d'envoyer un officier devant un conseil d'enquête peut être portée par toute personne se prétendant lésée, ou d'office, par l'un des supérieurs de l'officier qu'elle concerne. Quel que soit le grade de l'officier qui la reçoit, il est tenu de la faire parvenir hiérarchiquement au ministre de la Guerre (Décr. 29 juin 1878, art. 7).

115. — Lorsqu'il s'agit d'un officier d'un corps de troupe autre que le commandant du corps, la plainte est accompagnée d'un rapport spécial du chef de corps ou d'un officier supérieur qu'il a désigné; mais, s'il s'agit d'un officier chef de corps, ce rapport est établi par le général de brigade. Lorsque la plainte émane du chef de corps, le rapport spécial en tient lieu (Même art.). — Beaugé, t. 1, n. 2262.

116. — Il appartient au ministre seul d'envoyer un officier devant un conseil d'enquête, et il peut le faire sans l'accomplissement des formalités ci-dessus prescrites. Toutefois, hors du territoire français européen, les gouverneurs généraux et les généraux en chef jouissent des mêmes pouvoirs que lui à l'égard des officiers et des fonctionnaires y assimilés jusqu'au grade de colonel inclusivement (Décr. 29 juin 1878, art. 6 et 7).

117. — Le ministre de la Guerre adresse au général commandant le corps d'armée toutes les pièces propres à éclairer le conseil. Ce général compose le conseil, nomme le rapporteur, et indique à chacun des juges le jour, l'heure, le lieu et l'objet de la convocation. S'il s'agit d'un conseil d'enquête de corps de troupe, le général commandant du corps d'armée transmet les pièces au général chargé de désigner les membres du conseil. L'ordre donné à l'officier objet de l'enquête de se rendre au conseil aux lieu, jour et heure indiqués, lui fait connaître le nom du rapporteur. Les pièces sont envoyées par le général au président, qui les remet au rapporteur; celui-ci fait connaître à l'officier qu'elles concernent l'objet de l'enquête (Décr. 29 juin 1878, art. 9, 10 et 11).

118. — Il a été jugé que lorsqu'un officier qui a comparu devant un premier conseil d'enquête, à la suite duquel il a été mis en non-activité, se rend coupable de nouveaux faits d'inconduite, le ministre de la Guerre peut, en le traduisant devant un second conseil d'enquête, invoquer les faits soumis au premier conseil, sans avoir à transmettre le procès-verbal de la séance du premier conseil. — Cons. d'Et., 31 mai 1895, Brassel Joly de Moret, [S. et P. 93.3.104, D. 96.3.52]

119. — ... Que c'est à tort que l'ordre de convocation est adressé aux membres du conseil d'officier et à l'officier appelé à comparaître par le président de ce conseil, et non par le général commandant la division; mais que cette irrégularité n'est pas de nature à entraîner l'annulation de la décision du Président de la République, lorsqu'elle n'a porté aucune atteinte au droit de défense de l'officier en cause. — Cons. d'Et., 7 août 1891, Hinault, [S. et P. 93.3.93, D. 92.3.121]

120. — ... Que la lettre par laquelle le capitaine rapporteur fait connaître à l'officier poursuivi « que l'enquête portera sur les fautes qui lui sont reprochées depuis qu'il est officier, c'est-à-dire avant comme après la mise en non-activité et pour lesquelles des réprimandes et des punitions lui ont été infligées » indique suffisamment à l'intéressé le but et l'objet de la poursuite. — Cons. d'Et., 31 mai 1895, précité.

121. — ... Qu'aucune disposition législative ou réglementaire ne prescrit la communication préalable à l'officier des pièces qui ont donné lieu à la convocation du conseil d'enquête. — Même arrêt.

122. — ... Que le fait que l'officier appelé à comparaître devant le conseil d'enquête a été maintenu aux arrêts de rigueur ne constitue pas une atteinte portée à la liberté de la défense, alors qu'il n'a demandé aucune autorisation de communiquer avec des tiers, ou de faire citer des témoins pour sa défense, et qu'ainsi cette autorisation ne lui a pas été refusée. — Cons. d'Et., 13 janv. 1893, Lupiac, [S. et P. 94.3.109, D. 94.3.23]

123. — A l'ouverture de la séance, le président fait introduire l'officier; si ce dernier ne se présente pas, il est passé outre, à moins d'empêchement légitime. Le président donne lecture au conseil des art. 9, 10, 12, 13, 18 et 27, L. 19 mai 1834, sur l'état des officiers, et, s'il y a lieu, des art. 5, 6, 7, L. 4 août 1839, ou de l'art. 2, L. 25 juin 1861; le rapporteur fait ensuite son rapport et donne lecture des pièces (Même décr., art. 12, 13 et 14).

124. — Le conseil entend successivement et séparément toutes les personnes qui peuvent lui fournir des renseignements. L'officier et les membres du conseil peuvent, par l'organe du président, leur adresser les questions qu'ils jugent convenable. Après l'audition, le président fait retirer les personnes entendues; ensuite, le président fait retirer l'officier et pose au conseil, la question ou les questions, en se conformant exactement aux formules exprimées soit dans l'ordre ministériel, soit dans le décret du 29 juin 1878 (Même décr., art. 16 à 18).

125. — Il a été jugé que l'avis d'un conseil d'enquête n'est pas entaché de nullité par le fait que le rapporteur a convoqué des témoins de vive voix, aucune disposition de loi ou de règlement n'interdisant ce mode de convocation; alors surtout que ces témoins ont été entendus par le conseil d'enquête, et que l'intéressé a eu toute liberté de les faire interroger et de les contredire (Décr. 29 juin 1878, art. 16). — Cons. d'Ét., 6 mars 1896, Ducourneau, [S. et P. 98.3.53, D. 97.3.43]

126. — ... Qu'un officier ne peut se faire un grief de ce que le conseil d'enquête, devant lequel il a comparu, n'a pas entendu plusieurs personnes désignées par lui, lorsqu'averti que ces personnes étaient absentes, il n'a élevé aucune réclamation fondée sur cette absence et n'a fait aucune réserve. — Cons. d'Ét., 6 juill. 1883, P..., [S. 85.3.39, P. adm. chr., D. 85.3.26]

127. — Sur chacune des questions les membres votent au scrutin secret, en déposant dans une urne, pour l'affirmation, une boule sur laquelle est inscrit le mot *oui*; pour la négation une boule portant le mot *non*. L'avis du conseil se forme à la majorité, et le résultat du vote est consigné dans un procès-verbal qui est signé par tous les membres et adressé avec toutes les pièces, par la voie hiérarchique, au ministre de la Guerre (Même décr., art. 19 et 20).

128. — Il a été jugé, sur l'application de ces derniers textes : que le président du conseil d'enquête, ayant voix prépondérante en cas de partage, use seulement du droit que lui reconnaît la loi, en faisant dans ce cas connaître son vote; qu'il n'y a pas là violation de la règle du vote au scrutin secret (L. 18 mars 1889). — Cons. d'Ét., 17 mai 1895, Nicaise, [S. et P. 97.3.91]

129. — ... Que le procès-verbal de la séance d'un conseil d'enquête n'est pas irrégulier par le fait qu'il n'a pas été signé séance tenante, alors que les termes en ont été arrêtés séance tenante par le conseil, et qu'aucune inexactitude n'y est relevée (Décr. 29 juin 1878, art. 19 et 20). — Cons. d'Ét., 6 mars 1896, précité.

130. — ... Que, dans le cas où un conseil d'enquête, ayant été appelé à se prononcer sur la mise en réforme d'un officier, le procès-verbal contenant l'avis du conseil est transmis au ministre de la Guerre, les pièces à l'appui qui doivent être jointes au procès-verbal comprennent toutes celles qui ont été produites par l'officier et dont le conseil a pris connaissance. — Cons. d'Ét., 8 août 1882, P..., [S. 84.3.53, P. adm. chr., D. 84.3.28]

131. — ... Que lorsque toutes les pièces exigées par les règlements, qui ont été soumises au conseil d'enquête, ont été ensuite transmises au ministre de la Guerre, il a été satisfait aux prescriptions de l'art. 20, Décr. 29 juin 1878, et que l'officier ne peut se prévaloir pour demander l'annulation de la décision présidentielle qui a prononcé sa mise en réforme, de ce que les pièces relateraient d'une manière inexacte ses états de service. — Cons. d'Ét., 13 janv. 1893, précité.

132. — ... Que, les pièces produites irrégulièrement après la réunion du conseil d'enquête, bien que lues au conseil, ne pouvant pas être jointes à l'instruction, il n'y a pas lieu de les transmettre au ministre avec le procès-verbal du conseil d'enquête. — Cons. d'Ét., 31 mai 1895, Brassel Joly de Moret, [S. et P. 97.3.101, D. 96.3.52]

Section II.
Conseils d'enquête pour les officiers de réserve et de l'armée territoriale.

133. — Ces conseils d'enquête sont composés comme ceux appelés à donner leur avis sur un officier de l'armée active, et, par suite conformément aux tableaux annexés au décret du 29 juin 1878; mais le membre le moins élevé en grade est pris parmi les officiers de réserve ou parmi ceux de l'armée territoriale, selon que l'inculpé appartient aux cadres de la réserve ou à l'armée territoriale; les autres membres du conseil sont pris dans l'armée active (Décr. 3 févr. 1880, art. 3).

134. — Pour la nomination et le fonctionnement de ces conseils, les règles sont les mêmes dans l'armée permanente. Toutefois, si l'officier en cause fait partie de l'armée territoriale en dehors de la période d'activité, le conseil est nommé et fonctionne comme un conseil de région de l'armée permanente. — Beaugé, t. 1, n. 2261.

135. — Sur les questions à poser au conseil, V. Décr. 31 août 1878, art. 22.

Section III.
Conseils d'enquête pour les sous-officiers rengagés ou commissionnés.

136. — En ce qui concerne la composition et les formes des conseils d'enquête appelés à émettre leur avis, elles sont réglées par le décret du 25 janv. 1896, aux termes duquel il y a deux espèces de conseils d'enquête pour les sous-officiers et assimilés, rengagés ou commissionnés : 1° le conseil d'enquête du régiment; 2° le conseil d'enquête d'établissement militaire (art. 1).

137. — Ce même article *in fine* et les art. 2 à 5 du décret sont relatifs à la composition du conseil d'enquête.

138. — L'art. 6 détermine le lieu de réunion du conseil, et l'art. 7 fait connaître quel est le général qui doit donner l'ordre d'envoi devant cette juridiction et en désigner les membres.

139. — Les causes d'envoi des sous-officiers et assimilés devant des conseils d'enquête sont les suivantes : 1° inconduite habituelle; 2° faute grave dans le service; 3° faute grave contre la discipline; 4° faute contre l'honneur; 5° condamnation à une peine autre que la dégradation militaire ou que celles énumérées à l'art. 189, C. just. milit., si cette condamnation est de plus de trois mois d'emprisonnement; 6° insuffisance d'aptitude physique pour les sous-officiers commissionnés ayant au moins quinze ans de service (Même décr., art. 8).

140. — Les art. 9 à 14 concernent les formalités de la plainte et la procédure à suivre devant le conseil. Les art. 15 et 16 portent sur les questions devant faire l'objet du vote et sur le vote même. — Aux termes de l'art. 18, les séances des conseils d'enquête ne peuvent avoir lieu qu'à huis-clos.

141. — Le procès-verbal contenant l'avis du conseil d'enquête est signé par tous les membres; il est envoyé par la voie hiérarchique, avec pièces à l'appui, à l'officier général ou supérieur qui a convoqué le conseil. Cet officier transmet le dossier au ministre, ou statue s'il a été délégué à cet effet. La décision prise est toujours notifiée individuellement et par écrit au militaire intéressé, par les soins du général qui a donné l'ordre de comparution devant le conseil. Cette notification doit mentionner que tout pourvoi contre la décision rendue doit être formé, à peine de déchéance, dans les trois mois à partir de la notification (Même décr., art. 17 et 19).

142. — Sur les conseils d'enquête pour les sous-officiers de l'armée de mer rengagés ou commissionnés, V. *infrà*, v° *Marine de l'État*, n. 675 et 676.

ÉTAT DE SIÈGE.

Législation.

Code de justice militaire pour l'armée de terre (9 juin 1857), art. 43 à 50, 79, 80, 152, 153, 154, 156, 157, 158, 182, 214; — *Code de justice militaire pour l'armée de mer* (4 juin 1858), art. 106; — L. 10 juill. 1791 (*concernant la conservation et le classement des places de guerre et postes militaires*), art. 11 et 12; — Décr. 24 déc. 1811 (*relatif à l'organisation et au service des états-majors des places*), art. 53; — L. 9 août 1849 (sur *l'état de siège*); — Décr. 10 août 1853 (*sur le classement des places de guerre et des postes militaires et sur les servitudes imposées à la propriété autour des fortifications*), art. 39. — L. 3 avr. 1878 (*relative à l'état de siège*); — Décr. 4 oct. 1889 (*qui modifie celui du 21 juin 1858, portant règlement d'administration publique pour l'application aux colonies du Code de justice militaire pour l'armée de mer*), art. 10, 13, 17, 18 et 19; — Décr. 4 oct. 1891 (*portant règlement sur le service dans les places de guerre et les villes ouvertes*), art. 189, 191, 211, 243.

Bibliographie.

V. *infrà*, v° *Justice militaire*.

Block, *Dictionnaire de l'administration française*, 1898, 4° éd., gr. in-8°, v° *État de paix, état de guerre et état de siège*. — Foucher, *Commentaire sur le Code de justice militaire pour l'armée de terre*, 1858, 1 vol. gr. in-8°, p. 115 et s. — Laloë, *Observations sur la compétence des conseils de guerre de l'armée de terre*, 1894, 1 vol. in-8°, p. 115 et s. — Taillefer, *La justice militaire dans l'armée de terre*, 1895, 1 vol. gr. in-8°, n. 191 et s. — Th. Reinach, *De l'état de siège*, 1885, gr. in-8°.

De l'état de siège en cas d'invasion ou d'insurrection (Ach. Morin) : Journ. de dr. crim., 1848, p. 193. — *État de siège. Ses conditions et ses effets* (Ach. Morin) : Journ. de dr. crim., 1849, p. 321. *Y a-t-il abrogation virtuelle, par le seul effet d'une* révolution, de toute loi ou mesure politique émise sous le gouvernement renversé? Les effets d'une déclaration d'état de siège, cessent-ils, à raison de ce qu'elle aurait eu en vue des dissensions qui ont abouti à une révolution (Ach. Morin) : Journ. de dr. crim., 1871, p. 52. — Les lois et les décrets, et spécialement le décret qui crée l'état de siège, doivent-ils être insérés au Bulletin des lois, pour devenir obligatoire (Ach. Morin) : Journ. de dr. crim., 1874, p. 33. — L'état de siège d'après le droit public italien (Contuzzi) : Rev. du dr. publ., 1894, t. 1, p. 441 et s. — De l'état de siège (Teyssier Desfarges) : Rev. Fœlix, t. 15, p. 498 et s. — Loi sur l'état de siège, 9 août 1849 : Rev. Fœlix, t. 16, p. 678 et s.

INDEX ALPHABÉTIQUE.

Agent de la force publique, 69.
Algérie, 18.
Amnistie, 34.
Anvers, 8.
Appel, 25.
Armes, 25.
Arrestation, 28 et 29.
Arrondissement, 12.
Assassinat, 46, 71.
Attaque, 2, 5.
Attentat à la liberté, 61, 64 et 65.
Attentat à la paix publique, 49.
Attentats contre la sûreté de l'Etat, 22, 35 et s., 49, 80, 97.
Autorités civiles, 1, 20 et s.
Autorités militaires, 1 et s.
Ban (rupture de), 74.
Bandes armées, 66.
Banque de France, 93.
Blocus, 92.
Bons de caisse, 19.
Brest, 8.
Cassation, 75, 97.
Chambre d'accusation, 39.
Chambres (ajournement des), 13, 17, 18.
Chambres (dissolution des), 14, 18.
Château-Gontier, 8.
Colonies, 19.
Commandant, 22, 24 et s.
Commandant de division militaire, 36.
Commandant de place, 6, 29 et s.
Commandant militaire, 88 et s.
Commissaire de police, 62.
Commune, 12.
Commune insurrectionnelle de Paris, 79, 83.
Compétence, 30 et s., 77.
Compétence civile, 32 et 33.
Complicité, 45 et s., 73.
Complot contre la sûreté de l'Etat, 66.
Connexité, 66.
Conseil d'Etat, 30 et s.
Conseil des ministres, 13 et 14.
Conseils municipaux, 78.
Contumace, 54.
Cour d'assises, 39.
Délégation, 92.
Délit, 6, 16.
Département, 12, 78 et 8.
Deux-Sèvres, 8.
Dévastation, 66 et 67.
Domicile, 45.
Dommages-intérêts, 32.
Effet rétroactif, 40 et s.
Embauchage, 55.
Etat de siège (déclaration de l'), 4, 7, 11 et s.
Etat de siège (effets de l'), 21 et s.
Etat de siège (levée d'), 2, 5, 15, 18, 76 et s.
Etat de siège (maintien de l'), 15.
Exception, 32.
Fausse nouvelle, 54.
Faux, 51.
Francs-tireurs, 46.
Garde nationale, 28.
Gouverneur, 16.
Gouverneur de place, 6.
Guerre, 11, 14, 18, 85 et s.
Homicide, 64, 67, 70.
Hospice, 28.
Identité (reconnaissance d'), 74.
Incendie, 44, 49, 66.
Insurrection, 11, 18, 43, 57 et s., 70, 73.
Invasion, 7.
Investissement, 2 et s.
Justice militaire, 6, 16, 22, 29, 35 et s.
Laval, 8.
Liberté individuelle, 27 et s.
Loi, 7, 12 et s.
Loire-Inférieure, 8.
Maine-et-Loire, 8.
Menaces de mort, 65.
Meurtre, 46.
Officier de gendarmerie, 6.
Officier de police judiciaire, 6.
Paris (ville de), 8, 95 et s.
Perquisitions, 26.
Pillage, 49, 64, 66 et 67.
Place de guerre, 2, 85 et s.
Postes militaires, 2, 85 et s.
Pouvoir exécutif, 7.
Préfet maritime, 90.
Président de la République, 13, 14, 18, 77, 89.
Presse, 21, 23 et s., 53 et 54.
Prévôt militaire, 6.
Publication, 16.
Rassemblement, 5.
Recel, 49.
Repris de justice, 26.
Sédition, 5.
Seine (département de la), 79, 83.
Sociétés secrètes, 42, 47, 56.
Tentative, 64.
Trahison, 48.
Traité de paix, 81.
Troubles civils, 7.
Usurpation de fonctions, 72.
Vagabondage, 74.
Vendée, 8.
Vice-amiral, 90.
Vitré, 8.
Voies de fait, 69.
Vol, 62, 73.

DIVISION.

Sect. I. — **Notions générales et historiques** (n. 1 à 10).

Sect. II. — Déclaration de l'état de siège (n. 11 à 19).

Sect. III. — Effets de l'état de siège.
 § 1. — Effets généraux (n. 20 à 34).
 § 2. — Compétence des conseils de guerre.
  1° Généralités (n. 35 à 50).
  2° Catégories des faits qui sont de la compétence des conseils de guerre (n. 51 à 75).

Sect. IV. — Cessation de l'état de siège (n. 76 à 84).

Sect. V. — Etat de siège des places de guerre (n. 85 à 97).

SECTION I.

Notions générales et historiques.

1. — L'état de siège est le fait duquel les attributions des autorités civiles sont dévolues aux autorités militaires (LL. 10 juill. 1791, art. 10, 9 août 1849, art. 7).

2. — Aux termes de la loi du 10 juill. 1791, les places de guerre et postes militaires seront en état de siège non seulement dès l'instant que les attaques seront commencées, mais même aussitôt que, par l'effet de leur investissement par des troupes ennemies, les communications du dehors au dedans et du dedans au dehors seront interceptées à la distance de dix-huit cents toises des crêtes des chemins couverts (art. 11). L'état de siège ne cessera que lorsque l'investissement sera rompu, et, dans le cas où les attaques auraient été commencées, qu'après que les travaux des assiégeants auront été détruits et que les brèches auront été réparées ou mises en état de défense (art. 12).

3. — La loi du 10 fruct. an V a déterminé de quelle manière les villes de l'intérieur pourraient être mises en état de siège. L'art. 2 de cette loi porte : « Les communes de l'intérieur seront en état de siège aussitôt que, par l'effet de leur investissement par des troupes ennemies ou des rebelles, les communications du dedans au dehors et du dedans au dedans seront interceptées à la distance de 3,502 mètres (1,800 toises) des fossés ou des murailles : dans ce cas, le directoire exécutif en préviendra le corps législatif. Il résultait de l'art. 10 du 10 fruct. an V que le gouvernement ne pouvait alors mettre une commune en état de siège sans l'autorisation du pouvoir législatif. On reconnut bientôt que ce système était contraire à l'esprit de la constitution de l'an V, qui avait donné naissance au directoire; aussi crut-on devoir rendre au pouvoir exécutif son droit d'initiative à cet égard par la loi du 19 fructidor même année, dont l'art. 39 porte : « Le pouvoir de mettre une commune en état de siège est rendu au directoire. » — Merlin, Rép., v° Etat de siège.

4. — La constitution du 22 frim. an VIII, qui a inauguré le régime du consulat, ne s'explique pas sur le droit de déclarer une commune en état de siège; mais, sous son empire, on ne contestait pas au pouvoir exécutif la faculté d'user de ce droit. — Merlin, loc. cit.

5. — Le décret du 24 déc. 1811 sur l'organisation et le service de l'état-major des places, introduisit des dispositions nouvelles sur la matière. Aux termes de l'art. 53 de ce décret, l'état de siège est déterminé par un décret de l'empereur, ou par l'investissement, ou par une attaque de vive force ou par une surprise ou par une sédition intérieure, ou enfin par des rassemblements formés dans le rayon d'investissement sans l'autorisation des magistrats. Dans le cas d'une attaque régulière, l'état de siège ne cesse qu'après que les travaux de l'ennemi ont été détruits et les brèches mises en état de défense.

6. — En outre, le chap. 4 comprenant les art. 101 et s. contient une série de prescriptions sur la conduite que doivent tenir les gouverneurs ou commandants de places assiégées, et sur les pouvoirs extraordinaires qu'ils doivent exercer à raison de cette position exceptionnelle. Voici les principales dispositions qu'il importe de connaître. Dans les places en état de siège, l'autorité dont les magistrats étaient revêtus pour le maintien de l'ordre et de la police passe tout entière au commandant d'armes, qui l'exerce ou leur en délègue telle partie qu'il juge convenable (art. 101). Le gouverneur ou commandant exerce cette autorité ou la fait exercer sous sa main et sous sa surveillance dans les limites que le décret détermine; et si la place est bloquée, dans le rayon de l'investissement (art. 102). Pour tous les délits dont le gouverneur ou le commandant n'a pas jugé à propos de laisser la connaissance aux tribunaux ordinaires, les fonctions d'officier de police judiciaire sont remplies par un prévôt militaire, choisi, autant que possible, parmi les officiers de gendarmerie, et les tribunaux ordinaires sont remplacés par les tribunaux militaires (art. 103).

7. — L'acte additionnel aux constitutions de l'empire du 22 avr. 1815, art. 66, contenait des garanties contre l'abus que pouvait faire le gouvernement du droit de mettre en état de siège. Aux termes de cette disposition, aucune place, aucune partie du territoire ne pouvait être déclarée en état de siège que dans le cas d'invasion de la part d'une force étrangère ou de troubles civils. Dans le premier cas, la déclaration devait être faite par un acte du gouvernement; dans le second cas, elle ne pouvait l'être que par la loi. Toutefois, si, le cas arrivant, les Chambres n'étaient pas assemblées, l'acte du gouvernement déclarant l'état de siège, devait être converti en une proposition de loi dans les quinze premiers jours de la réunion des Chambres.

8. — Les divers gouvernements qui se sont succédé depuis le consulat ont pensé pouvoir puiser dans cette législation, et notamment dans le décret de 1811, le droit de mettre en état de siège des villes et même une partie du territoire dans des circonstances critiques. Par deux décrets impériaux du 26 mars 1807, les places de Brest et d'Anvers ont été déclarées en état de siège. Pendant les journées de juillet 1830, une ordonnance du roi Charles X, en date du 28, a mis la ville de Paris en état de siège. Depuis la révolution de 1830, de pareilles mesures ont été prises par le gouvernement lors du soulèvement d'une partie de la Vendée, en 1832. Une ordonnance royale du 1er juin a déclaré en état de siège les arrondissements de Laval, Château-Gontier et Vitré. Par une autre ordonnance du 3 juin même année, la même mesure a été prise pour les communes faisant partie des départements de Maine-et-Loire, de la Loire-Inférieure, de la Vendée et des Deux-Sèvres. L'état de siège déclaré par ces deux ordonnances n'a été levé que par une autre ordonnance royale du 10 juin 1833. La ville de Paris elle-même a été mise en état de siège par ordonnance du 6 juin 1832, qui, du reste, déclarait ne déroger en rien aux dispositions relatives au commandement et service de la garde nationale. Le siège a été levé par une autre ordonnance du 29 juin.

9. — Mais l'ordonnance royale du 6 juin fut immédiatement l'objet de vives critiques, et l'on se demanda si en présence de la charte constitutionnelle, dont l'art. 53 portait que nul ne put être distrait de ses juges naturels, le gouvernement avait le droit de prendre une mesure qui, par l'effet, aux termes du décret de 1811, était de soumettre à la juridiction des conseils de guerre des hommes étrangers à l'armée. L'art. 106 de la Constitution de 1848, dans le but de mettre fin à toutes les controverses judiciaires sur la légalité de l'état de siège et ses conséquences, avait déclaré qu'une loi devait déterminer les cas dans lesquels l'état de siège pourrait être déclaré et régler en même temps les formes et les effets de cette mesure.

10. — Cette loi fut votée par l'Assemblée législative promulguée à la date du 9 août 1849 (S. *Lois annotées* de 1849, p. 105) et, sauf une modification résultant de l'art. 14, Const. 14 janv. 1852, quant à l'autorité investie du droit de déclarer l'état de siège, elle est demeurée en vigueur jusqu'au vote de la loi du 3 avr. 1878 (S. *Lois annotées* de 1878, p. 326), due à l'initiative d'une proposition de loi déposée à la Chambre des députés par M. Bardoux. Celle-ci n'a point prétendu remanier la loi organique sur l'état de siège, ni refondre toutes les questions que pouvait soulever la revision de la loi de 1849. Elle a laissé subsister les effets de la déclaration de siège tels qu'ils étaient déterminés par la législation antérieure. La loi nouvelle a simplement eu pour but de combler les lacunes de cette législation et d'en rendre l'application possible, en mettant celles de ses dispositions qui touchent à la constitution des pouvoirs publics en harmonie avec les institutions actuelles du pays. — Rapp. de M. Franck-Chauveau à la Chambre des députés, 5 févr. 1878, *J. off.* du 16, p. 1626.

Section II.
Déclaration de l'état de siège.

11. — L'état de siège ne peut être déclaré qu'au cas de péril imminent, résultant d'une guerre étrangère ou d'une insurrection à main armée (L. 3 avr. 1878, art. 1).

12. — Une loi peut seule déclarer l'état de siège; cette loi désigne les communes, les arrondissements ou départements auxquels il s'applique. Elle fixe le temps de sa durée (Même article).

13. — En cas d'ajournement des Chambres, le Président de la République peut déclarer l'état de siège de l'avis du conseil des ministres; mais alors les Chambres se réunissent de plein droit deux jours après (Même loi, art. 2).

14. — En cas de dissolution de la Chambre des députés et jusqu'à l'accomplissement entier des opérations électorales, l'état de siège ne pourra, même provisoirement être déclaré par le Président de la République. Néanmoins, s'il y avait guerre étrangère, le président, de l'avis du conseil des ministres, pourrait déclarer l'état de siège dans les territoires menacés par l'ennemi, à la condition de convoquer les Chambres dans le plus bref délai possible (Même loi, art. 3).

15. — Dans les cas prévus par les art. 2 et 3, les Chambres dès qu'elles sont réunies, maintiennent ou lèvent l'état de siège. En cas de dissentiment entre elles, l'état de siège est levé de plein droit (Même loi, art. 5).

16. — Il semble que la déclaration d'état de siège doive être publiée. A cet égard, l'art. 191, Décr. 4 oct. 1891, dispose que le gouverneur en proclamant la déclaration de l'état de siège, fait connaître que tous les délits dont il ne croit pas devoir saisir les tribunaux ordinaires seront jugés par les tribunaux militaires, quelle que soit la qualité des prévenus.

17. — L'état de siège doit être considéré comme ayant existé légalement dans un département, à raison du désordre causé par l'invasion de l'ennemi, dans les archives du département, on ne puisse indiquer avec certitude la forme dans laquelle a été publié le décret qui l'a déclaré, s'il est établi, néanmoins, que ce décret a reçu une publicité effective. — Cons. d'Et., 24 déc. 1875, Bussy, [S. 77.2.343, P. adm. chr., D. 76.3.38] — V. au surplus sur la publication du décret proclamant l'état de siège, *infrà*, v° *Lois et décrets*, n. 191.

18. — Dans le cas où les communications seraient interrompues avec l'Algérie, le gouverneur pourra déclarer tout ou partie de l'Algérie en état de siège dans les conditions de la loi du 1878, art. 4. Ces derniers mots étendent à l'Algérie toutes les garanties données aux citoyens français par la loi précitée. Ainsi l'état de siège ne pourra être déclaré par le gouvernement qu'en cas de péril imminent résultant d'une guerre étrangère ou d'une insurrection à main armée. La déclaration de l'état de siège devra spécifier les territoires auxquels il s'appliquera. Elle devra fixer sa durée. Il est bien entendu que, dès que les communications seront rétablies, l'état de siège pourra être levé par un acte du pouvoir exécutif, et, dans tous les cas, sera immédiatement soumis aux Chambres. Si les Chambres sont ajournées, elles pourront se réunir de plein droit pour statuer sur le maintien de l'état de siège; mais si elles sont dissoutes, l'état de siège devra être levé par le gouverneur aussitôt les communications rétablies, à moins que le Président de la République ne le maintienne en cas de guerre étrangère aux conditions spécifiées dans l'art. 3 de la loi de 1878. — Second Rapp. de M. Franck-Chauveau à la Chambre des députés, *J. off.* 27 avr., p. 4472. — V. au surplus, *suprà*, v° *Algérie*, n. 162.

19. — Dans les colonies françaises, la déclaration de l'état de siège est faite par le gouverneur de la colonie. Il doit en rendre compte immédiatement au gouvernement (art. 4 de la loi de 1849, maintenu par l'art. 6 de la loi de 1878). — V. Cass., 23 févr. 1872, Garandel, [D. 72.1.150] — V. au surplus à cet égard, *suprà*, v° *Colonies*, n. 556 et 557.

Section III.
Effets de l'état de siège.

§ 1. *Effets généraux.*

20. — Aux termes de l'art. 7 de la loi de 1849 « Aussitôt l'état de siège déclaré, les pouvoirs dont l'autorité civile était revêtue pour le maintien de l'ordre et de la police passent tout entiers à l'autorité militaire. L'autorité civile continue néanmoins à exercer ceux de ces pouvoirs dont l'autorité militaire ne l'a pas dessaisie » (L. 9 août 1849, art. 7).

21. — Par application de ce dernier paragraphe, il a été jugé sous l'empire de la législation sur la presse antérieure à 1881 que l'autorité civile peut valablement prendre un arrêté d'interdiction de vente d'un journal sur la voie publique. — Cass., 17 juill. 1874, [*Bull. crim.*, n. 206]

22. — Jugé aussi que la faculté conférée par l'art. 8 de la loi de 1849, au commandant de l'état de siège de déférer au conseil de guerre les crimes attentatoires à la paix publique, commis dans

ÉTAT DE SIÉGE.

les territoires soumis à l'état de siège par des personnes qu'aucun lien ne rattache à l'armée, ne préjudicie pas au droit de juridiction des tribunaux ordinaires, qui restent compétents tant qu'ils n'ont pas été dessaisis. — Cass., 10 janv. 1873, Sidi ben ali Chérif, [S. 73.1.428, P. 73.1023, D. 73.1.271]

23. — D'autre part, comme application du § 1er de l'art. 7 de la loi de 1849 et du § 4 encore en vigueur de l'art. 9 de la même loi (V. infrà, v° *Journaux*, n. 328 et 329), il a été jugé que le commandant de l'état de siège conserve le droit, même depuis l'art. 3, L. 29 déc. 1875, de prendre un arrêté défendant le colportage et la vente d'un journal déterminé. Mais l'infraction à cet arrêté ne tombe plus sous le coup d'aucune loi pénale; le commandant de l'état de siège peut seulement employer les moyens d'action rentrant dans les limites de ses pouvoirs exceptionnels. — Aix, 18 mars 1876, Baudit, [S. 76.2.196, P. 76.810, D. 76.2.73]

24. — ... Que le droit appartenant au commandant de l'état de siège d'interdire la publication d'un journal, entraîne celui d'en prononcer la suppression et de maintenir cette mesure pendant toute la durée de l'état de siège. — Cons. d'Ét., 5 juin 1874, Chéron et autres, [S. 76.2.89, P. adm. chr., D. 75.3.57]

25. — ... Que le gérant d'un journal interdit, prévenu uniquement d'avoir continué la publication de ce journal dans une localité en dehors du rayon de l'état de siège et acquitté de la prévention au motif que le fait ainsi circonscrit et qualifié ne constituait ni contravention, ni délit, ne peut, en appel, et alors que la cour n'a pas légalement contesté ce motif, être condamné à raison d'autres faits distincts de publication commis dans d'autres localités soumises à l'état de siège; qu'une pareille condamnation viole le principe des deux degrés de juridiction et les droits de la défense. — Cass., 13 févr. 1874, Simion et autres, [S. 74.1.327, P. 74.818, D. 74.1.129]

26. — En cas d'état de siège l'autorité militaire a le droit : 1° de faire des perquisitions, de jour et de nuit, dans le domicile des citoyens; 2° d'éloigner les repris de justice et les individus qui n'ont pas leur domicile dans les lieux soumis à l'état de siège; 3° d'ordonner la remise des armes et munitions, et de procéder à leur recherche et à leur enlèvement (L. 9 août 1849, art. 9).

27. — D'autre part, aux termes de l'art. 11 de la même loi, les citoyens continuent, nonobstant l'état de siège, à exercer tous ceux des droits garantis par la Constitution dont la jouissance n'est pas suspendue en vertu des articles précédents.

28. — Par application de cette disposition il a été décidé qu'en état de siège, la dévolution des pouvoirs de l'autorité civile à l'autorité militaire, quelque étendue qu'elle soit, laisse intactes les garanties accordées par la loi à la liberté individuelle (V. suprà, v° *Attentat à la liberté*), et ne permet pas, dès lors, l'arrestation par voie disciplinaire de particuliers non militaires ni assimilés aux militaires. — Dijon, 9 août 1871, Meyer, [S. 71.2.137, P. 71.499]; — que vainement on prétendrait qu'un particulier serait sédentaire, étant employé dans un hospice, doit être assimilé aux employés d'une administration militaire, alors que cet hospice est l'hospice ordinaire de la ville, dont le personnel est civil, et, bien que recevant des malades militaires, n'a pu, par le seul effet de la proclamation de l'état de siège, être transformé aussitôt en établissement militaire (Même arrêt). On doit dire qu'il n'importerait pas non plus que le même individu fît partie de la garde nationale sédentaire : le pouvoir disciplinaire sur la garde nationale sédentaire continuant, en état de siège, à s'exercer d'après les règles tracées par la loi du 13 juin 1851. — Même arrêt.

29. — Et sur le pourvoi contre l'arrêt précité, il a été décidé qu'un général commandant une place en état de siège n'est point investi du droit de faire incarcérer un simple citoyen sans le faire traduire devant la justice militaire. — Cass., 3 juin 1872, Meyer, [S. 72.1.186, P. 72.421, D. 72.1.385]

30. — Quelle juridiction est compétente pour connaître du recours formé contre l'arrêté du commandant d'état de siège? Jugé à cet égard que le Conseil d'État est compétent pour apprécier si un arrêté émané du général commandant l'état de siège a été pris dans la limite des pouvoirs que ce général tenait de l'art. 9, L. 9 août 1849. — Cons. d'Ét., 5 juin 1874, précité.

31. — Décidé encore, contrairement toutefois aux conclusions d'un commissaire du gouvernement qu'est recevable le pourvoi au Conseil d'État formé, pour excès de pouvoir, contre l'arrêté par lequel le commandant de l'état de siège, dans un département, a interdit la publication d'un journal, ledit pourvoi fondé sur ce que l'état de siège ne serait pas légalement établi. — Cons. d'Ét., 24 déc. 1875 (sol. implic.), Bussy, [S. 77.2.343, P. adm. chr., D. 76.3.38]

32. — En ce qui concerne la connaissance des actions en dommages-intérêts formées contre le commandant de l'état de siège, il a été décidé que les tribunaux civils sont compétents pour connaître d'une action de cette nature formée contre le commandant d'une place en état de siège, à raison d'actes prétendus arbitraires faits par lui en sa qualité. — Dijon, 9 août 1871, précité. — Maintenu sur pourvoi par la Cour de cass., 3 juin 1872, précité. — Et que ces tribunaux étant alors autorisés à apprécier conformément aux règles du droit commun le caractère des actes incriminés comme cause du préjudice dont la réparation est demandée, il leur appartient, au cas où l'on excipe devant eux de la légalité desdits actes, de décider s'ils constituent une usurpation de fonctions ou s'ils ne sont que l'exercice régulier des pouvoirs accordés par la loi à celui qui les a commis : que juges de l'action, ils le sont en même temps de l'exception. — Dijon, 9 août 1871, précité.

33. — Mais jugé que l'abrogation de l'art. 75 de la constitution du 22 frim. an VIII, prononcée par le décret du 19 sept. 1870, n'a pas eu pour conséquence de supprimer la prohibition, pour les tribunaux ordinaires, de connaître des actes d'administration à raison desquels des fonctionnaires publics seraient poursuivis devant l'autorité judiciaire et notamment que celle-ci est toujours incompétente, en cas de suspension d'un journal, prescrite par l'autorité militaire dans un département en état de siège, pour statuer sur la demande formée contre le commandant l'état de siège et tendant à faire déclarer nul et illégal l'arrêté par lequel cette mesure a été prise; et qu'il en est ainsi, alors d'ailleurs que ledit arrêté ne renferme aucune exonération étrangère à la suspension qu'il prononce. — Trib. Confl., 28 nov. 1874, Plassan, [S. 76.2.192, P. adm. chr., D. 75.3.75]

34. — Sur le droit d'amnistie pendant l'état de siège, V. suprà, v° *Amnistie*, n. 208 et 209.

§ 2. *Compétence des conseils de guerre.*

1° *Généralités.*

35. — D'après l'art. 8 de la loi de 1849, « les tribunaux militaires peuvent être saisis de la connaissance des crimes et délits contre la sûreté de la République, contre la Constitution, contre l'ordre et la paix publique, quelle que soit la qualité des auteurs principaux et des complices. — V. suprà, v° *Attentats et complots contre la sûreté de l'État*, n. 379.

36. — Aussitôt l'état de siège déclaré, c'est au général commandant la division et non au pouvoir législatif ou au chef de l'État, qu'il appartient de saisir directement les conseils de guerre des crimes et délits soit contre la sûreté de l'État, soit contre l'ordre et la paix publique. — Cass., 12 oct. 1871, Ferré, [S. 71.1.252, P. 71.762, D. 71.1.178]

37. — Le dessaisissement de l'autorité judiciaire à l'égard de ces délits reste à la discrétion de l'autorité militaire, qui peut le revendiquer pour une affaire spéciale et à l'époque qu'elle juge convenable. Il n'est aucunement subordonné à la condition qu'il soit immédiat ni qu'il comprenne en même temps toutes les affaires de même nature. — Cass., 15 mars 1851, Chambon, [S. 51.1.214, P. 52.1.586, D. 51.1.142] — V. aussi Cass., 17 nov. 1870, Arnould et Labarthe, [S. 71.1.252, P. 71.761]

38. — Ainsi jugé que la déclaration de l'état de siège donne au général commandant la division, le droit de revendiquer l'instruction commencée à l'égard d'individus prévenus de crimes contre la sûreté de la République ou contre l'ordre et la paix publique. — Cass., 4 août 1871, Bondu et Jouy, [D. 71.5.169]

39. — ... Que ce droit de dessaisissement peut être exercé par le général commandant supérieur de l'état de siège, alors même que les tribunaux ordinaires auraient été saisis sur l'indication d'un de ses subordonnés et qu'il y aurait déjà renvoi en cour d'assises par arrêt de la chambre d'accusation non attaqué dans les délais; qu'en pareil cas, l'arrêt de cour d'assises, qui se dessaisit de la revendication formée par l'autorité militaire, ne devant amener ni litige, ni débats, est valablement rendu en l'absence des prévenus, sans qu'ils soient entendus ou appelés. — Cass., 15 mars 1851, précité.

40. — La mise en état de siège, dans le cas où elle a pour effet de déplacer la juridiction, en enlevant les citoyens non militaires à leurs juges naturels pour les soumettre à la juridiction militaire, peut-elle s'appliquer indéfiniment à des faits antérieurs à la déclaration de mise en état de siège, par le motif que ces faits auraient déterminé la mesure de mise en état de siège? Est-il vrai qu'en une telle matière, les règles sur la compétence comportent effet rétroactif? Peut-on dire qu'il ne s'agit, dans une mesure qui enlève aux citoyens toutes les garanties de la juridiction ordinaire, que de formes de procédure et non du fond du droit? Peut-on assimiler un tel cas à celui où une loi nouvelle d'organisation judiciaire institue de nouveaux tribunaux qui se trouvent substitués aux anciens, même pour le jugement des faits qui se sont passés sous l'empire de la loi ancienne? La cour de Paris s'est prononcée en ce sens sur cette question, d'une manière implicite, en déclarant qu'il n'y avait pas lieu par elle d'évoquer l'instruction relative aux actes qui avaient motivé l'ordonnance déclarative de l'état de siège. — Cass., 7 juin 1832, Geoffroy, [S. 32.1.401, P. chr.]

41. — Et une autre cour a jugé que la mise en état de siège d'une ville a pour effet de dessaisir la juridiction ordinaire de la connaissance des procédures politiques commencées dans l'étendue déterminée par l'ordonnance, depuis la guerre civile qui l'a motivé, et de l'attribuer aux conseils de guerre. — Angers, 14 juin 1832, N..., [P. chr.] — V. aussi Duvergier, *Collect. des lois*, 1832, p. 311. — Ajoutons que la règle de l'effet rétroactif a été formellement admise sous l'empire de la constitution de 1848. — V. *infrà*, v° *Lois et décrets*, n. 998. — V. aussi *infrà*, v° *Justice maritime*, n. 1634.

42. — Ainsi, jugé spécialement que l'état de siège étant un fait préexistant à l'acte qui le proclame, et les sociétés secrètes, qui constituent un délit permanent contre l'ordre et la paix publics, étant, par leur nature, un des éléments du désordre matériel et moral qui rend la mesure nécessaire, il ne résulte aucune violation ni des règles de la loi, ni du principe de non-rétroactivité, de ce que leurs membres ont été déférés à la juridiction militaire, alors même que le jugement de condamnation n'énoncerait point d'une manière précise le temps pendant lequel ces sociétés ont duré et fait qu'elles puissent remonter à une époque antérieure à la proclamation de l'état de siège. — Cass., 23 janv. 1852, Lescuyer, [S. 52.1.222, P. 52.1.435, D. 52.1.61]

43. — Que les tribunaux militaires sont, dans les lieux mis en état de siège, compétents pour juger les individus même non-militaires prévenus d'avoir pris part au mouvement insurrectionnel qui a motivé la mise en état de siège. — Cass., 20 déc. 1849, Couturier, [P. 50.1.224] — V. encore Cass., 16 mars 1850, Mesoniat et Escoffier, [P. 52.1.586]

44. — ... Que lorsque la mise en état de siège a été proclamée par suite de nombreux incendies qui désolent une contrée, les tribunaux militaires sont compétents pour juger les auteurs de propos séditieux présentant le caractère de délits contraires à l'ordre et la paix publics, bien que ces propos soient antérieurs à la déclaration de l'état de siège et ne se rattachent pas directement aux incendies, s'ils forment un des éléments du désordre moral et matériel qui, le jour ou les jours après, a motivé ladite déclaration. — Cass., 21 sept. 1850, Castera, [S. 51.1.70, P. 52.1.434, D. 50.1.335]

45. — La compétence des conseils de guerre s'étend, en ce qui touche les faits tombant sous leur juridiction, même aux inculpés qui ont leur domicile hors du territoire mis en état de siège et n'ont point été arrêtés sur le territoire. — Cass., 17 nov. 1851, Gent, [S. 51.1.707, P. 52.1.176]

46. — D'autre part, cette compétence existant aux termes de l'art. 8 de la loi de 1849, « quelle que soit la qualité des auteurs principaux et des complices, » il a été jugé que le crime de tentative d'assassinat ou de tentative de meurtre, commis dans un lieu soumis à l'état de siège, constitue un crime contre l'ordre et la paix publique rentrant dans la compétence des tribunaux militaires, alors même que leur auteur, qui avait appartenu à une compagnie de francs-tireurs aurait, au moment du crime, cessé d'en faire partie, et, par suite, cessé d'être militaire. — Cass., 17 nov. 1870, Arnould, [S. 71.1.252, P. 71.761, D. 71.1.190]

47. — Que les tribunaux militaires sont compétemment saisis, en vertu de l'état de siège, du délit de participation à une société secrète commis par un non-militaire. — Cass., 9 nov. 1871, Broyer, [S. 72.1.146, P. 72.323, D. 74.1.364]

48. — ... Que là où l'état de siège a été déclaré, le crime consistant à avoir entretenu des intelligences avec l'ennemi est de la compétence des conseils de guerre, encore bien qu'il soit imputé à un non-militaire. — Cass., 19 janv. 1871, Beurville, [D. 71.1.69]

49. — Par application du même article, il a été jugé qu'en cas d'état de siège, les conseils de guerre sont compétents en ce qui concerne les complices du crime d'un attentat dont le but était d'exciter la guerre civile en armant ou en portant les citoyens à s'armer les uns contre les autres. — Cass., 9 nov. 1871, Maroteau, [S. 71.1.254, P. 71.765, D. 74.1.364] — ... de pillage, — Cass. 3 sept. 1874, [*Bull. crim.*, n. 254] — ... d'incendies de diverses maisons et notamment d'un palais national. — Cass., 10 oct. 1872, Decamps, [D. 72.1.431] — ... de détention et de séquestrations illégales. — Cass., 10 mai 1872, [*Bull. crim.*, n. 109]

50. — Et il n'importe que, en l'absence des auteurs principaux, restés inconnus, les complices des crimes de droit commun, spécialement de meurtre ayant accompagné l'attentat dont ils n'étaient que des moyens d'exécution, soient seuls poursuivis; il suffit, pour établir la compétence des tribunaux militaires, que les faits principaux auxquels se rattache la complicité soient justiciables de cette juridiction. — Cass., 2 sept. 1870, Cahen et autres, [S. 71.1.249, P. 71.756, D. 71.1.76] — V. *infrà*, n. 52.

2° Catégories de faits qui sont de la compétence des conseils de guerre.

51. — Il nous reste à indiquer les catégories de faits pouvant être déférés aux conseils de guerre. Préalablement, nous présenterons les deux observations suivantes : 1° en état de siège, l'autorité militaire n'est investie que des attributions des tribunaux ordinaires des places et forts; mise en cet état, elle est incompétente pour connaître, au préjudice d'une autre juridiction, d'une affaire dont ces tribunaux n'auraient pas connu, ou sur laquelle ils auraient épuisé leurs pouvoirs (L. 10 juill. 1791, art. 10 ; Décr. 24 déc. 1811, art. 101). — Cass., 21 sept. 1815, Delatre, [P. chr.] — Ainsi, le conseil de guerre établi dans une ville par suite de l'état de siège, est incompétent pour statuer sur un crime de faux dont l'auteur a été mis en prévention par le tribunal de cette ville et condamné par contumace par la cour d'assises d'une autre ville devant laquelle il avait été renvoyé. — Même arrêt.

52. — 2° L'art. 8, L. 9 août 1849, comprend même les crimes de droit commun se rattachant aux événements qui ont motivé l'état de siège. — Cass., 12 oct. 1874, Retiffe et autres, [S. 71.1.252, P. 72.762, D. 74.1.178]; — 6 nov. 1874, Chaix, [S. 75.1.44, P. 75.71, D. 75.5.233]; — 26 mars 1874, Leriche, [S. 74.1.400, P. 74.972, D. 75.5.233] — V. aussi Cass., 4 août 1874, [*Bull. crim.*, n. 81]; — 9 nov. 1874, Maroteau, [S. 71.1.254, P. 71.765, D. 74.1.270]; — 14 nov. 1874, [*Bull. crim.*, n. 152]; — 23 févr. 1872, Garaudel, [D. 72.1.150]; — 10 mai 1872, [*Bull. crim.*, n. 107]; — 16 mai 1872, [*Bull. crim.*, n. 116]; — 30 mai 1872 (2 arrêts), [*Bull. crim.*, n. 125 et 126]; — 8 août 1872, [*Bull. crim.*, n. 212]; — 10 oct. 1872, précité; — 14 nov. 1872, [*Bull. crim.*, n. 271]; — 28 nov. 1872, [*Bull. crim.*, n. 294]; — 17 avr. 1873, [*Bull. crim.*, n. 104] — V. *suprà*, n. 50.

53. — Ceci posé, sont de la compétence des tribunaux militaires : la publication pendant l'état de siège d'écrits contenant des excitations à la haine et au mépris du gouvernement et à la désobéissance aux lois, l'apologie de faits qualifiés crimes par la loi. — Cass., 23 févr. 1872, précité.

54. — ... Le délit de fausses nouvelles de nature à troubler la paix publique, et bien que, par ses réponses aux questions posées, le conseil de guerre saisi écarte cette deuxième circonstance pour ne retenir que la publication pure et simple des fausses nouvelles, il n'en reste pas moins investi du droit de prononcer la peine applicable au fait incriminé. — Cass., 12 avr. 1872, Mollière et autres, [S. 72.1.251, P. 72.582, D. 72.1.144]

55. — ... Le crime d'embauchage. — Cass., 14 sept. 1871, [*Bull. crim.*, n. 113]

56. — ... Un délit d'association secrète se rattachant à l'accusation relative au complot déféré à la juridiction militaire, bien que le jugement du conseil de guerre n'énonce point expressément que ladite société ait été formée dans l'étendue du territoire soumis à l'état de siège, alors que cette circonstance résulte de l'ensemble du jugement. — Cass., 17 nov. 1851, Gent, [S. 51.1.707, P. 52.1.176]

57. — ... Le fait d'avoir pris part à un mouvement insurrectionnel. — Cass., 20 déc. 1849, Couturier, [P. 50.1.224] — V. aussi Cass., 16 mars 1850, Mesoncat, [P. 52.1.586]

58. — ...: A plus forte raison le fait d'avoir pris part à un mouvement insurrectionnel étant porteur d'uniforme ou d'insignes militaires et d'armes apparentes. — Cass., 19 janv. 1872, Thonveron, [D. 74.1.46]; — 10 mai 1872, [*Bull. crim.*, n. 108]; — 26 mars 1874, Leriche, [S. 74.1.400, P. 74.972, D. 75.5.223] — V. aussi Cass., 16 juill. 1874, [*Bull. crim.*, n. 201]

59. — ... Le fait d'avoir pratiqué des intelligences avec les directeurs ou commandants de bandes armées, sous les conditions prévues par l'art. 96, C. pén. — Cass., 5 févr. 1874, [*Bull. crim.*, n. 37]

60. — ... La distribution d'armes et de munitions à des rebelles armées sans ordre ou autorisation du pouvoir légitime. — Cass., 14 et 15 sept. 1871, [*Bull. crim.*, n. 113 et 116]

61. — ... Les crimes d'arrestation et de séquestration arbitraire, commis dans un mouvement insurrectionnel ou s'y rattachant. — Cass., 17 avr. 1873, [*Bull. crim.*, n. 104]

62. — ... Notamment les faits d'arrestation arbitraires de vol commis dans l'exercice des fonctions de secrétaire de commissaire de police de la commune insurrectionnelle de Paris. — Cass., 13 nov. 1873, [*Bull. crim.*, n. 270] — V. aussi Cass., 10 oct. 1872, [*Bull. crim.*, n. 251]

63. — ... Les crimes de droit commun se rattachant à l'insurrection. — Cass., 10 avr. 1852, Millelot, [S. 52.1.580, P. 54.2.402, D. 52.1. 188]; — 19 janv. 1872, Thonveron, [D. 74.1.46]

64. — ... Les crimes de tentative de meurtre, de pillage et d'arrestation arbitraire quand ils se rattachent par les mêmes circonstances à un tel mouvement. — Cass., 8 août 1872, [*Bull. crim.*, n. 212]

65. — ... Les faits d'arrestation illégale avec menaces de mort, de cris et menaces provoquant à l'assassinat. — Cass., 30 mai 1872, [*Bull. crim.*, n. 126]

66. — ...Les faits d'incendie accomplis dans un département en état de siège et connexes à des attentats commis par des bandes armées en vue du massacre, de la dévastation et du pillage dans un mouvement insurrectionnel.—Cass., 30 nov.1871, Gourrier, [S. 72.1.251, P. 72.581, D. 71.1.258]; — 30 mai 1872, [*Bull. crim.*, n. 123]; — 10 oct. 1872, Decamps, [D. 72.1.431]; — 10 avr. 1873, [*Bull. crim.*, n. 96]; — 27 avr. 1873, [*Bull. crim.*, n. 104] — Et il peut y avoir connexité entre les divers crimes, encore bien que l'incendie soit postérieur, même de plusieurs semaines, aux crimes qui ont rendu nécessaire la déclaration de l'état de siège. — Cass., 30 nov. 1871, précité.

67. — ...L'attentat ayant pour but de porter la dévastation de massacre et le pillage dans une ou plusieurs communes. — Cass., 4 nov. 1871, [*Bull. crim.*, n. 138]; — 3 sept. 1874, [*Bull. crim.*, n. 254]

68. — ... L'envahissement à l'aide de violences d'une ou de plusieurs maisons habitées. — Cass., 10 oct. 1872, précité; — 24 juill. 1874, [*Bull. crim.*, n. 216]

69. — ... Dans un département en état de siège le délit de rébellion et les violences dirigées contre un agent de la force publique dans l'exercice de ses fonctions avec l'intention de lui donner la mort. — Cass., 9 avr. 1874, [*Bull. crim.*, n. 109]; — 30 avr. 1875, Brisson, [S. 76.1.288, P. 76.671, D. 76.1.136]

70. — Le crime d'homicide volontaire se rattachant à des faits de participation à un mouvement insurrectionnel par des circonstances de temps et de lieu et par l'identité des moyens employés pour le commettre. — Cass., 19 janv. 1873, Thonveron, [D. 74.1.46] — V. aussi Cass., 14 juill. 1871, [*Bull. crim.*, n. 65]

71. — ... Les assassinats commis sur un grand nombre de personnes, prêtres, religieux et gendarmes.—Cass., 16 mai 1872, [*Bull. crim.*, n. 116]

72. — ... Le fait de s'être immiscé sans titre dans des fonctions publiques. — Cass., 16 nov. 1871, Peyrouton, [D. 72.1.44]; — 22 juin 1872, [*Bull. crim.*, n. 151]; — 22 janv. 1874, [*Bull. crim.*, n. 22]; — 5 févr. 1874, [*Bull. crim.*, n. 37]

73. — Mais la juridiction militaire est incompétente pour juger les simples citoyens coupables de complicité par recel, d'un vol commis par des militaires, mais qui ne se rattache en rien aux actes insurrectionnels ayant amené la mise en état de siège. — Cass., 17 juill. 1873, [*Bull. crim.*, n. 196]

74. — Et la juridiction militaire ne saurait davantage, même sous prétexte de connexité, connaître d'un délit de vagabondage imputé à un prévenu qui condamné à la déportation ou au bannissement et ayant rompu son ban, puis a été repris, doit être traduit devant le conseil de guerre afin de reconnaissance d'identité. En pareil cas, la connaissance du délit de vagabondage appartient à la juridiction ordinaire. — Cass., 18 juill. 1874, Bayten, [S. 75.1.94, P. 75.188]

75. — Aux termes de l'art. 80, n. 4, C. just. milit., ne peuvent en aucun cas se pourvoir en cassation contre les jugements des conseils de guerre tous individus enfermés dans une place de guerre en état de siège. — V. *infrà*, n. 97, et v^{is} *Justice maritime*, n. 961; *Justice militaire*, n. 275, 279, 283.

Section IV.

Cessation de l'état de siège.

76. — L'état de siège cesse de plein droit à l'expiration du temps fixé par la loi pour sa durée, à moins qu'une loi nouvelle n'en prolonge les effets (L. 3 avr. 1878, art. 1).

77. — Il en est de même lorsque le Président de la République que ayant proclamé l'état de siège au cas d'ajournement des Chambres ou de dissolution de la Chambre des députés dans l'hypothèse d'une guerre étrangère, les Chambres une fois réunies ne maintiennent pas l'état de siège ou du moins sont en dissentiment à cet égard (Même loi, art. 5).

78. — La levée de l'état de siège d'un département constituant un acte de souveraineté et non un acte d'administration ne saurait être ordonnée par un fonctionnaire envoyé en qualité d'administrateur supérieur du département. Elle ne saurait résulter non plus de délibérations des conseils municipaux. — Cass., 6 févr. 1874, Bouscarte, [S. 74.1.281, P. 74.692, D. 74.1.185]

79. — Les changements de régime politique n'entraînent pas la cessation de l'état de siège. Décidé à cet égard que la mise en état de siège du département de la Seine régulièrement déclarée par décret impérial du 7 août 1870, n'ayant été abrogée par aucun acte ultérieur du pouvoir législatif, a donc conservé sa force malgré les événements politiques survenus depuis, spécialement l'avènement d'un autre gouvernement; et que, dès lors, les tribunaux militaires ont compétence pour connaître des crimes et délits commis dans le département pendant l'insurrection de 1871. — Cass., 12 oct. 1871, Ferré, [S. 71.4.252, P. 71.762, D. 71.1.178]; — 12 oct. 1871, Retiffe et autres, [*Ibid.*]

80. — Ainsi décidé encore que le décret du 8 août 1870, déclaratif de l'état de siège dans plusieurs départements, légalement rendu dans les conditions et les formes voulues par les art. 42, Const. 14 janv. 1852, et 1, L. 9 août 1849, n'a pas été abrogé par le seul fait de la substitution d'un nouveau gouvernement à celui dont il émanait; qu'en conséquence, les conseils de guerre ont été compétemment saisis des actes attentatoires à l'ordre et à la paix publique commis par des individus non-militaires ni assimilés aux militaires, dans les départements soumis à l'état de siège, après le renversement du gouvernement qui l'avait décrété, et alors que l'état de guerre ayant déterminé cette mesure, d'ailleurs non expressément rapportée, subsistait encore. — Cass., 11 mai 1871, Deloche, [S. 74.1.110, P. 71.261, D. 71.1.30]

81. — La mise en état de siège d'un territoire étranger occupé par les troupes françaises ne peut être considérée comme ayant cessé de produire ses effets au point de vue de la compétence, bien qu'un traité de paix soit intervenu depuis, si cet état de siège non expressément rapporté n'en a pas moins continué en fait. — Cass., 24 nov. 1864, Telesio, [S. 65.1.120, P. 65.317, D. 65.1.501]

82. — D'autre part, après la levée du siège, les tribunaux militaires continuent de connaître des crimes et délits dont la poursuite leur avait été déférée (L. 9 août 1849, art. 13).

83. — Ainsi jugé que cette disposition n'a pas été abrogée par la loi du 4 avr. 1876, qui a levé l'état de siège dans le département de la Seine; qu'en conséquence, l'individu non-militaire, poursuivi pour faits relatifs à la Commune, demeure justiciable des conseils de guerre, alors même qu'il n'aurait été arrêté qu'après la levée de l'état de siège, si, antérieurement à cette époque, les faits qui lui étaient imputés ont été régulièrement déférés à cette juridiction. — Cass., 9 mai 1878, Garcin, [S. 79.1.88, P. 79.179, D. 79.1.43]

84. — Lors de la première discussion devant la Chambre des députés de la proposition qui a abouti à la loi de 1878, M. Marcou avait proposé un amendement aux termes duquel l'art. 13 serait abrogé et remplacé par l'article suivant : « Après la levée de l'état de siège toutes les juridictions de droit commun sont rétablies dans le plein exercice de leurs pouvoirs. En conséquence, les tribunaux militaires sont dessaisis immédiatement des affaires commencées, quel que soit l'état de la procédure criminelle. » Mais sur l'observation du rapporteur M. Franck-Chauveau que l'amendement ne rentrait pas dans l'objet précis de la loi qui était seulement de mettre la loi de 1849 en harmonie avec les dispositions de la constitution de 1875, cet amendement fut repoussé.

Section V.
État de siège des places de guerre.

85. — En dehors de l'état de siège proprement dit qu'on pourrait appeler politique, pure fiction légale, état de siège s'étendant au pays tout entier, aux villes ouvertes et aux départements et qui depuis la loi de 1878 ne s'appliquera plus désormais qu'en cas de guerre étrangère et d'insurrection armée, il existe l'état de siège militaire, c'est-à-dire l'état d'une place attaquée, état qui ne s'applique qu'aux places de guerre, aux postes militaires qui suppose nécessairement l'état de guerre, qui est uniquement destinée à protéger la place contre les attaques armées de l'ennemi.

86. — L'état de siège militaire qui entraîne les conséquences les plus graves et permet de supprimer dans l'intérêt de la défense jusqu'à la propriété privée est réglementé par la loi du 10 juill. 1791 et le décret du 24 déc. 1811.

87. — Ces textes sont encore en vigueur. En effet, l'art. 6 de la loi de 1878 déclare maintenir l'art. 5 de la loi de 1849 disposant que « dans les places de guerre et postes militaires, soit de la frontière, soit de l'intérieur, la déclaration de l'état de siège peut être faite par le commandant militaire dans les cas prévus par la loi du 10 juill. 1791 et par le décret du 24 déc. 1811. » La loi de 1878 a de la sorte implicitement maintenu les dispositions de l'art. 10 de la même loi de 1849 portant que « dans les lieux énoncés en l'art. 5, les effets de l'état de siège continuent en outre, en cas de guerre étrangère, à être déterminés par les dispositions de la loi du 10 juill. 1791 et du décret du 24 déc. 1811. »

88. — Aux termes de l'art. 189, Décr. 4 oct. 1891, dans les places de guerre et postes militaires la déclaration de l'état de siège peut être faite par le commandant militaire, conformément à la loi du 10 juill. 1791 et au décret du 24 déc. 1811 dans les cas particuliers suivants : « 1° investissement de la place ou fait d'un poste par des troupes ennemies qui interceptent les communications du dehors en dedans et du dedans en dehors; 2° attaque de vive force ou par surprise; 3° sédition intérieure de nature à compromettre la sécurité de la place ; 4° enfin lorsque des rassemblements armés se sont formés dans un rayon de dix kilomètres sans autorisation. Le ministre de la Guerre est immédiatement informé. »

89. — Du reste, la loi de 1849, tout en maintenant les pouvoirs attribués par la législation ancienne, au commandant militaire, apporte à ces pouvoirs une restriction conservée par les dispositions nouvelles. Cette restriction résulte du second paragraphe de l'art. 5 et de l'art. 6 de la loi de 1849. « Art. 5. Le commandant militaire qui déclare l'état de siège doit en rendre compte immédiatement au gouvernement. » « Art. 6. Dans le cas des deux articles précédents (4 et 5) si le Président de la République ne croit pas devoir lever l'état de siège, il en propose un délai le maintien à l'Assemblée nationale. »

90. — Le vice-amiral, commandant en chef, préfet maritime, chargé des fonctions de commandant supérieur de l'état de siège, a les mêmes droits qu'un commandant de place pour la proclamation de l'état de siège (Décr. 4 oct. 1891, art. 243).

91. — Dans son nouveau rapport à la Chambre des députés M. Franck-Chauveau faisait observer que le commandant militaire qui, en vertu de la loi de 1849, mettrait une ville en état de siège sans que la guerre eût éclaté, sans que la défense l'exigeât assumerait la plus grave responsabilité ; et que les tribunaux qui reconnaîtraient la validité d'une semblable mesure se rendraient coupables d'une véritable forfaiture (S. L. annotées, 1878, p. 329).

92. — Sur la publication de la déclaration de l'état de siège, et sur les pouvoirs de l'autorité militaire (V. supra, n. 12). Le gouverneur peut déléguer aux magistrats une partie de ces pouvoirs qu'il juge convenable ; en cas de blocus ou investissement, il exerce son action sur tout le territoire bloqué ou investi (Décr. 4 oct. 1891, art. 191).

93. — Il a été jugé au lendemain de la paix franco-allemande que l'arrêté du général commandant une ville investie par l'ennemi, qui ordonne la création de bons obsidionaux ayant cours forcé, est illégal et non obligatoire, et que son inobservation ne constitue, dès lors, ni délit ni contravention punissables.—Cass., 9 nov. 1872, Bouly et Ourson, [S. 73.1.185, P. 73.421, D. 72.1.473] — Et que le refus, par la Banque de France (ou l'une de ses succursales), de recevoir de tels bons en paiement d'effets de commerce qu'elle est chargée d'encaisser, ne constitue ni une contestation relative à sa police, dont il appartiendrait au Conseil d'État seul de connaître ; que tout au plus, on pourrait voir, dans l'inobservation de l'arrêté qui a prescrit la création de ces bons, une simple contravention à un règlement de police intéressant la généralité des citoyens, réprimée par l'art. 471, n. 15, C. pén., et de la compétence, dès lors, du tribunal de police (Même arrêt). — V. en ce sens, Blanche, t. 7, n. 80. — Pareille difficulté ne peut plus se représenter aujourd'hui. En effet, aux termes de l'art. 211, Décr. 4 oct. 1891, en cas de besoin le gouverneur prend des arrêtés pour la création de bons de caisse tenant lieu de numéraire. Ces bons portent les visas du sous-intendant militaire ou de son suppléant et du comptable du Trésor ou, à son défaut, de l'officier chargé des fonctions de payeur.

94. — L'état de siège est levé, suivant le cas, par une loi, par un décret ou par une décision du commandant militaire, quand les circonstances qui l'ont fait déclarer ont cessé (Décr. 4 oct. 1891, art. 189).

95. — L'art. 5 de la loi de 1849 ne s'applique pas à la ville de Paris, qui demeure soumise au droit commun et ne pouvait en aucun cas être mise en état de siège par son gouverneur militaire. Cela résulte des textes de la façon la plus claire. En effet, la loi du 3 avr. 1841, en vertu de laquelle ont été élevées les fortifications de Paris, contient, en ce qui concerne le classement de la capitale parmi les places de guerre, la disposition suivante : « Art. 7. La ville de Paris ne sera classée parmi les places de guerre du royaume qu'en vertu d'une loi spéciale. »

96. — Or, aucune loi concernant cet objet n'a été édictée de 1841 à 1851. La loi du 10 juill. 1851, relative au classement des places de guerre et postes militaires a été votée par l'Assemblée nationale. Cette loi ne contient aucune disposition spéciale en ce qui concerne Paris ; à la suite est annexé un tableau des places de guerre et postes militaires où Paris est inscrit parmi les places de guerre, mais avec une mention constatant que la loi du 3 avr. 1841 ayant posé des règles spéciales au sujet du classement de la ville de Paris, cette place ne figure au tableau de classement que pour mémoire. Le rapporteur de la loi, M. de Bussière, confirmait cette réserve dans les termes les plus formels : « L'enceinte continue de Paris, dit le rapport, et le système de forts détachés qui l'environnent sont inscrits au tableau, mais seulement pour mémoire, et sans que de cette inscription il puisse sortir d'autres conséquences qui résultent de la loi de 1841. L'inscription pour mémoire de Paris et des forts, poursuit le rapport, n'est donc pas un classement et ne peut être fait que par une loi » (S. Lois annotées, 1878, p. 94). Il résulte évidemment de ces textes, qui n'ont été modifiés par aucune loi, que Paris n'est point légalement classé parmi les places de guerre, qu'aucune des conséquences légales du classement ne s'applique à cette ville et que par suite l'art. 5 de la loi de 1849 ne lui est point applicable. — Nouveau rapport de M. Franck-Chauveau sur la loi de 1878, [S. Lois annotées, 1878, p. 329]

97. — Jugé en ce sens que la ville de Paris n'étant point fermée et ne pouvant (L. 3 avr. 1841, art. 7), être placée parmi les places de guerre qu'en vertu d'une loi spéciale qui n'a jamais été édictée, les individus non-militaires ni assimilés aux militaires qui y ont commis, pendant que cette ville était en état de siège, des attentats contre la sûreté de l'État et contre l'ordre et la paix publique, n'ont pu être considérés comme « renfermés dans une place de guerre au sens de l'art. 8 de la loi de 1849 », et sont dès lors recevables à se pourvoir en cassation pour incompétence contre les jugements des tribunaux militaires qui les ont condamnés. — V. supra, n 75.— Cass., 2 sept. 1870, Cahen, [S. 71.1.249, P. 74.765, D. 71.1.74] — V. toutefois Bertin, J. Le Droit, 26 juin et 5 juill. 1856 ; Clamageran, *Rev. prat.*, année 1856, p. 369 et s., 398 et s. — V. aussi Jousselin, *Tr. des servit. d'utilité publique*, t. 1, n. 48, p. 139.

ÉTAT ESTIMATIF. — V. Don manuel. — Donations (entre-vifs). — Enregistrement.

ÉTAT ÉTRANGER. — V. Dons et legs aux établissements publics. — Étranger. — Personne morale.

ÉTAT HYPOTHÉCAIRE. — V. Conservateur des hypothèques. — Hypothèque. — Transcription.

ÉTAT-MAJOR.

1. — L'état-major comprend l'état-major général, l'état-major de l'armée et le service d'état-major.

2. — *État major général.* — L'état-major général a été organisé par une loi du 4 août 1839. Il se compose des officiers généraux de division et de brigade. — V. *suprà*, v° *Armée*.

3. — Les officiers généraux sont divisés en deux sections : section active et section ou cadre de réserve ; en temps de paix, les emplois d'activité sont exclusivement dévolus aux officiers généraux faisant partie de la première section ; en temps de guerre, les officiers généraux du cadre de réserve sont susceptibles de recevoir des emplois de toute nature.

4. — La loi du 19 mai 1834 sur l'état des officiers est applicable aux officiers généraux des deux sections.

5. — Les officiers généraux placés dans le cadre de réserve, après avoir atteint la limite d'âge fixée par la loi, reçoivent une solde égale aux taux de la pension à laquelle ils auraient droit s'ils étaient retraités ; cette solde n'est pas passible de la retenue de 2 p. 0/0 au profit du Trésor public (L. 14 janv. 1890) ; quant à ceux qui entrent au cadre de réserve avant d'avoir atteint la limite d'âge, ils reçoivent la solde spéciale de réserve telle qu'elle est fixée par la loi du 4 août 1839 (trois cinquièmes de la solde).

6. — *État major de l'armée.* — L'état-major de l'armée a été organisé par le décret du 6 mai 1890 qui l'a substitué à l'état-major général du ministre de la Guerre, qui avait été créé par décret du 12 mars 1874.

7. — A la tête de l'état-major de l'armée est placé un général de division qui porte le titre de chef d'état-major général de l'armée et relève directement du ministre de la Guerre.

8. — L'état-major de l'armée comprend le cabinet du chef d'état-major général et deux sections entre lesquelles sont répartis les divers bureaux ; il se compose d'officiers brevetés et exceptionnellement d'officiers non brevetés, et d'archivistes.

9. — En temps de guerre une partie du personnel de l'état-major de l'armée sert à former les états-majors des armées d'opérations ; le chef d'état-major général passe sous les ordres du généralissime en qualité de major-général.

10. — L'état-major de l'armée est spécialement chargé de l'étude des questions relatives à la défense générale du territoire et à la préparation des opérations de guerre.

11. — Le chef d'état-major est chargé, sous l'autorité du ministre, de la direction du service d'état-major dont il est parlé ci-après.

12. — *Service d'état-major.* — Le corps spécial d'état-major qui avait été créé par l'ordonnance du 6 mai 1818 a été supprimé par la loi du 20 mars 1880 qui a organisé sur de nouvelles bases le service d'état-major (V. aussi décret du 3 janv. 1891, portant organisation du service dans les états-majors).

13. — Le service d'état-major est assuré : 1° par un personnel d'officiers de toutes armes, munis du brevet d'état-major ; 2° par un personnel d'archivistes et de secrétaires de bureaux d'état-major.

14. — Le brevet d'état-major est acquis aux officiers qui ont passé deux ans à l'école supérieure de guerre et ont subi avec succès les examens de sortie de cette école. — V. *suprà*, v° *Écoles militaires*.

15. — Les officiers sortant de l'école de guerre et qui ont obtenu le brevet d'état-major, sont appelés immédiatement à faire un stage de deux ans, à la suite duquel ils sont rendus à leur arme ou affectés, comme titulaires, au service d'état-major ; dans cette position ils sont placés hors cadre, tout en continuant d'appartenir à leur arme respective et d'y concourir pour l'avancement (L. 24 juin 1890).

16. — Les colonels, commandants et capitaines brevetés ne peuvent être nommés au grade supérieur qu'après avoir exercé dans leur arme d'origine un commandement effectif de troupe correspondant à leur grade pendant une durée de deux ans au moins ; sont toutefois dispensés de cette obligation les officiers qui ont exercé ce commandement avant l'obtention du brevet, ainsi que les colonels qui, comme lieutenant-colonel, ont commandé pendant deux ans un régiment.

17. — Le service des bureaux est assuré par des archivistes, qui forment un corps spécial ayant une hiérarchie propre, sans assimilation avec les divers grades de l'armée ; leur situation est analogue à celle des officiers d'administration du service de l'intendance. La loi du 19 mai 1834 leur est applicable.

18. — Les archivistes sont recrutés parmi les sous-officiers de l'armée, qui sont nommés à ces emplois sans passer par une école militaire ; en outre les capitaines et les lieutenants de toute arme peuvent concourir pour des emplois d'archivistes correspondant à leurs grades (Décr. 1er mai 1891).

19. — Les secrétaires d'état-major sont fournis par les sections de secrétaires d'état-major et du recrutement. — V. *suprà*, v° *Armée*.

ÉTATS-UNIS.

Bibliographie.

I. Ouvrages d'ensemble. — A. *Dictionnaires et statistique.* — Appleton, *The annual Cyclopædia and register of important events*, 6 vol. in-4°, New-York, 1882-1887. — J. Bouvier, *A law dictionary*, 2 vol. in-4°, Philadelphie, 1876. — Dane (N.), *A general abridgment and digest of american law*, 9 vol. in-8°, Boston, 1828-1829. — G. Ripley et Ch. Dana, *The american cyclopædia*, 16 vol. in-4°, New-York, 1873-1876. — Ainsworth-R. Spofford, *An american almanac, statistical, financial and political*, 3 vol. in-8°, New-York et Washington, 1878, 1881 et 1887. — General Francis-A. Walker, *The statistical atlas of the United-States In-fol*, New-York, 1874.

B. *Textes législatifs.* — Fr. K.-C.-Brightly, *An analytical digest of the laws of the United States from the adoption of the Constitution*, 2 vol. in-4°, Philadelphie, 1865-1866. — Hubert, *Actes passés à un congrès des États-Unis de l'Amérique*, in-18, Paris, 1790. — R. Peters, G. Minot, P. Sanger, *The public statutes at large of the United States of america*, 17 vol. in-8°, Boston, 1845-1873. — *Revised statutes of the United States*, in-4°, Washington, 1875. — *The Statutes at large of the United States*, 6 vol. in-4°, Washington. — William A. Richardson, *Supplement to the revised Statutes of the United States*, in-4°, Washington, 1881.

C. *Travaux parlementaires.* — Benton Th.-H., *Abridgment of the debates of Congress from 1789 to 1856*, 16 vol. in-8°, New-York et Londres, 1857-1861. — Jones Ch.-H., *An abridgment of the debates of Congress*, in-8°, New-York, 1875. — *The débates in the several State conventions on the adoption of the federal Constitution*, 5 vol. in-8°, Philadelphie, 1876. — *The Congressional Globe, containing Sketches of the debates and proceedings of the Congress*, 85 vol. in-4°. — *The Congressional Record...*, 83 vol. in-4°.

D. *Jurisprudence générale.* — 1. *Recueils généraux.* — B.-V. Abbott et A. Abbott, *A digest of the reports of the United States corvits and of the acts of Congress from the organisation of the government*, 5 vol. in-8°, New-York, 1867-1872. — B.-V. Abbott, *United States digest a digest of decisions of the various Courts within the United States*, 14 vol. in-8°, Boston, 1874 ; — *United States digest : digest of decisions of the various Courts within the United States. New séries. Annual digest*, 12 vol. in-8°, Boston, 1872-1882. — C.-C. Andrews, *Digest of the opinion of the Attorneys général With références to the leading décisions of the suprem Court*, in-8°, Washington, 1857. — B.-R. Curtis, *Digest of the décisions of the supreme Court of the united States, from the origine of the Courts*, in-8°, Boston, 1864. — R. Peters, *A digest of cases decided in the supreme, circuit and district Courts of the united States, from the organisation of the government of the united States*, 3 vol. in-8°, Philadelphie,

ÉTATS-UNIS.

1838-1839. — *United States digest; a table of the cases contained in the 14 volumes of the first series*, in-8°, Boston, 1878.

2. *Recueils spéciaux.* — Baldwin's reports..., in-8°, Philadelphie, 1819. — Bee's reports..., in-8°, Philadelphie, 1810. — Brockenbrough's reports..., *Cases decided by John Marshall in the circuit Court of the United States for the district of Virginia and North Carolina,* 2 vol. in-8°, Philadelphie, 1837. — Cranch's reports..., *Cases argued and adjuged in the supreme Court of the United States,* 9 vol. in-8°, Washington, 1804-1817. — B.-R. Curtis, *Reports of décisions in the supreme Court of the United States*, 22 vol. in-8°, Boston, 1881. — Dallas' reports..., 4 vol. in-8°, Philadelphie, 1806. — Gallison's reports..., 2 vol. in-8°, Boston, 1845. — Gilpin's reports..., *Cases adjuged in the district Court of the United States for the eastern district of Pennsylvania,* in-8°, Philadelphie, 1837. — Howard's reports..., 3 vol. in-8°, Philadelphie, 1843-1845. — Mac-Lean's reports..., *Cases argued and decided in the circuit Courts of the United States for the 7th circuit,* 2 vol. in-8°, Cincinnati et Columbus, 1840-1843. — Mason's reports..., *Cases argued and determined in the circuit Court of the United States for the first circuit,* 5 vol. in-8°, Boston, 1826-1836. — Ch. Nott et A. Hopkins, *Cases decided in the Court of Claims at the december term 1879*, in-8°, Washington. — Paine's reports, *Cases argued and determined in the circuit Court of the United States, for the second circuit,* in-8°, New-York, 1843. — Peter's reports..., in-8°, Philadelphie, 1849; — Peter's reports..., 16 vol. in-8°, Philadelphie, Boston, 1842-1845. — Story's reports..., 2 vol. in-8°, Boston, 1842-1845. — Sumner's reports..., 3 vol. in-8°, Boston, 1836-1841. — Vare's reports..., in-8°, Portland, 1839. — Wallace's reports..., in-8°, Philadelphie, 1838. — Washington's reports..., *Cases determined in the circuit Court of the United States for the third circuit...,* 4 vol. in-8°, Philadelphie, 1826-1829. — Wheaton's reports..., 12 vol. in-8°, Philadelphie, New-York, 1816-1827.

E. *Histoire et doctrine.* — Albany law Journal, 19 vol. in-8°, Albany. — Gustav L. Drebing, *Das gemeine Recht (common law) der Vereinigten Staaten von Amerika nebst den Statuten der ein zelnen Staaten,* in-8°, New-York, 1866. — David Hoffman, *A course of légal study,* 2 vol. in-8°, Baltimore, 1836; — *Legal outlines,* in-8°, Baltimore, 1836. — James Kent, *Commentaries of american law,* 4 vol. in-8°, Boston, 1866. — Thomas L. Smith, *Éléments of the Laws,* in-12, Philadelphie, 1878. — *The american law review,* 7 vol. in-8°, Boston. — *The North American review, centennial number...,* in-8°, Boston, janvier 1876. — Timothy Walker, *Introduction to american law,* in-8°, Boston, 1878.

II. Droit public et administratif. Textes, jurisprudence, histoire et commentaires. — A., *Statement of the theory of éducation in the United States of América,* 1 broch. in-8°, 1874. — J.-R. Angell et Samuel Ames, *Treatise on the law of private corporations aggregate...,* in-8°, Boston, 1882. — Ardant, *La dette publique aux États-Unis,* 1887. — H. Baldwin, *A general view of the origin and nature of the constitution and government of the United States,* in-8°, Philadelphie, 1837. — Bancrot (G.), Gamond (Gatti de), *Histoire des États-Unis depuis la découverte du continent américain,* 9 vol. in-8°, Paris, Bruxelles, Leipzig, 1861-1864. — G. Bancroft, *History of the formation of the constitution of the United States of américa,* 2 vol. in-8°, New-York, 1883. — José-S.-Bazan, *La istituciones fédérales en los Estados Unidos,* in-8°, Madrid, 1883. — Ferd. Béchard, *Lois municipales des républiques de la Suisse et des États-Unis,* in-8°, Paris, 1852. — Th.-H. Benton, *Thirty year's view; or a history of the working of the américan government for thirty years from 1820 to 1850,* 2 vol. in-8°, New-York, 1854-1856. — Boutmy, *Études de droit constitutionnel : France, Angleterre, États-Unis,* 1888, Paris, in-12. — Breuil (J.), *L'agriculture des États-Unis.* gr. in-8°, Paris, 1881. — Oriando F. Bump, *Notes of constitutional décisions...,* in-8°, New-York, 1878. — A. de Chambrun, *Droits et libertés aux États-Unis,* 1 vol. in-8°, Paris, 1891; — *Le pouvoir exécutif aux États-Unis,* 1 vol. in-8°, 2° édit., Paris, 1896. — Cocke (W.-A.), *The constitutional history of the United States,* 2 vol. in-8°, Philadelphie, 1858. — Albert Conkling, *The powers of the executive department of the government of the United States,* in-8°, Albany, 1866. — Cooley (Th.), *A treatise of the constitutional limitations wich rest upon the legislative power of the States of the Américain Union,* in-8°, Boston,

1878. — *The general principles of constitutional law in the United States of América,* in-8°, Boston, 1880. — *Constitution des treize États-Unis de l'Amérique,* in-8°. Philadelphie, 1783. — Luther Stearns Cushing, *Lex parliamentaria americana : Elements of the law and practice of legislative assemblies of the United States of America,* in-8°, Boston, 1856. — Curtis (G.-T.), *History of the origin, formation and adoption of the constitution of the United States,* 2 vol. in-8°, 1858-1860. — Colton (Calvin), *Public economy for the United States,* in-8°, New-York, 1848. — Cushing (L.-S.), *Elements of the law and practice of legislative douanière in the United state of America,* in-8°, Boston, 1874. — Delarue de Beaumarchais, *La doctrine de Munroë. Evolution de la politique des États-Unis au XIXᵉ siècle,* 1899, 2ᵉ éd., in-8°. — John F. Dillon, *Commentaries on the laws of municipal corporations,* 2 vol. in-8°, Boston, 1881. — Donaldson (Th.), *The public domain; its history, with statistics,* in-8°, Washington, 1884. — Edwards (Ch.), *A practical treatise of the stomp-act of july 1862,* in-8°, New-York, 1863. — Webster-Elmes, *The executive departments of the United States as Washington,* in-8°, Washington, 1879. — Ely (R.-T.), *Recent american socialism,* 1 broch. in-8°. Baltimore, 1885. — Field (G.-W.), *A treatise on the law of private corporations,* in-8°, Albany, 1877. — Foster (J.-P.), *Geschichte der Enistehung und juristischen Gestaltung der öffentlichen Domainen in den Vereinigten Staaten von Amerika,* in-8°, Berlin, 1877. — Foville (Achille), *Les aliénés aux États-Unis,* in-8°. Paris, 1875. — Friguet (Ern.), *Études financières sur les chemins de fer américains,* in-8°, Paris, 1873. — Gérald, *La législation douanière des États-Unis,* 1896, in-8°. — Florian-Giauque, *The election and naturalization laws off the United States,* in-8°, Cincinnati, 1880. — Gigot (Albert), *La démocratie autoritaire aux États-Unis,* in-8°, Paris, 1885. — Gourd (Alph.), *Les chartes coloniales et les constitutions des États-Unis de l'Amérique du Nord,* 2 vol. in-8°, Paris, 1885. — Hall (Benj.), Farnham (Rob.), Andrews, Hubly Ashton et Bently, *Official opinions of the attorneys général, of the United States,* 13 vol. in-8°, Washington, 1852, 1873. — Hamilton, Jay et Madison, *The Federalist, on the new Constitution, written in 1788,* in-8°, Philadelphie, 1818. — Hart (C. de), *Observations on military law, and the constitution and practice of Courts Martial,* in-8°, New-York, 1846. — Hedde, *Du rôle politique du pouvoir judiciaire dans la constitution des États-Unis,* 1895. — Hildreth (R.), *The history of the United States of America,* 6 vol. in-8°, New-York, 1849-1855. — Hippeau (C., *L'instruction publique aux États-Unis,* in-8°, Paris, 1878. — Seaman (C.), Hippert (Th.). — *Le système du gouvernement américain,* in-8°, Bruxelles, Paris, 1872. — Carl von Hock (Baron), *Die Finanzen und die Finanzgeschichte der Vereinigten Staaten von Amerika,* in-8°, Stuttgart, 1867. — Holst (Von), *The constitutional and political history of the United States,* 5 vol. in-8°, Chicago, 1877-1885 ; — *Verfassungsgeschichte der Vereinigten Staaten von Amerika,* 3 vol. in-8°, Berlin, 1878; — *Verfassung und Demokratie der Vereinigten Staaten von Amerika,* 3 vol. in-8°, Düsseldorf, 1873. — Hough (Fr.-B.), *American Constitutions comprising the constitution of each State in the Union, and of the United States,* 2 vol. in-8°, Albany, 1871-1872. — Hudson-Sanford (A.), *Law for the clergy,* in-12, Chicago, 1877. — Sandford Hunt, *Laws relating to religions corporations,* in-8°, New-York, 1878. — Rollin-C. Hurd, *A treatise on the right of personal liberty,* in-8°, Albany, 1876. — Jacquème (M.), *Douanes et navigation. Législation des États-Unis d'Amérique,* in-4°, Paris, 1880. — Janouet (C.), *Les États-Unis contemporains,* 2 vol. in-8°, Paris, 1877. — Jouveaux (E.), *L'Amérique actuelle,* gr. in-12, Paris, 1869. — Knight, *The electoral system of the United States,* in-8°, Philadelphie, 1878. — Laboulaye (E.), *De la constitution américaine et de l'utilité de son étude,* 1 broch. in-8°, Paris, 1850. — Lavoinne (E.) et Pontzen (E.), *Les chemins de fer en Amérique,* in-4°, Paris, 1880-1882. — Lieber (Francis), *On civil liberty and self government,* in-8°, Philadelphie, 1884. — Marigny (B.), *Réflexions sur la politique des États-Unis,* 1 broch. in-8°, Nouvelle-Orléans, 1851. — Matile (G.-A.), *Les écoles de droit aux États-Unis,* 1 broch. in-8°, Paris, 1864. — Mac-Mellan (D.-C.), *The elective franchise in The United States,* Petit, in-8°, New-York, 1878. — Morizot-Thibault, *De la formation du pouvoir législatif dans la constitution des États-Unis d'Amérique,* 1887. — Nolte (F.), *Histoire des États-Unis d'Amérique depuis les temps les plus reculés jusqu'à nos jours,* 2 vol. in-8°, Paris, 1879. — Noyes (H.), *History of american socia-*

ÉTATS-UNIS.

lisms, in-8°, Philadelphia, London, 1870. — Edwards L. Pierce, *A treatise on the law of railroads*, in-8°, Boston, 1881. — Pomeroy (J.-M.), *An introduction to the constitutional law of the united States*, in-8°, Boston, 1880. — Poor (H.-W.), *Manual of the railroads of the United States*, in-8°, New-York, 1880. — Poore (B.-P.), *The fédéral and state constitutions, colonial charters and other organic law of the United states*, 2 vol. in-8°, Washington, 1878. — Platt Potter, *Treatise on the law of corporations*, 2 vol. in-8°, New-York, 1879. — *Provisional and permanent constitutions, together with the acts and resolutions of the three sessions of the provisional Congress of the confederate States*, in-8°, Richmond, 1861. — Read (C.), Pell (A.), *L'agriculture des Etats-Unis*, in-8°, Paris, 1881. — *Réflexions sur la loi du Congrès des Etats-Unis*, 1820, in-8°. — David Rorer, *American inter-State law*, in-8°, Chicago, 1879. — Roussillon (V.), *Puissance militaire des Etats-Unis d'Amérique d'après la guerre de sécession 1861-1865*, in-8°, Paris, 1866. — Rüttiman, *Das nordamericanische Bundesstaatsrecht, verglichen mit den politischen Emrichtungen der Schweiz*, 3 vol. in-8°, Zurich, 1867-1876. — Seaman (Ezra C.), *Le système du gouvernement américain, son caractère et ses effets, ses défauts, l'organisation des partis et leur influence*, in-8°, Paris, 1872. — Sedgwick, *A treatise of the rules wich govern the interprétation and construction of statutary and constitutional law*, in-8°. New-York, 1874. — Story (J.), *Commentaire sur la constitution fédérale des Etats-Unis*, 2 vol. in-8°, Paris, 1843 ; — *Commentaries on the constitution of the United States*, 2 vol. in-8°, Boston, 1873. — Talleyrand-Perigord (Marquis de), *Etude sur la République des Etats-Unis d'Amerique (1776-1876)*, in-8°, New-York. — Andrew Ten Brook, *American States universities*, in-8°, Cincinnati, 1875. — Tiffany (J.), *A treatise on government and constitutional law*, in-8°, Albany, 1867. — Alexis de Tocqueville, *De la démocratie en Amérique*, 3 vol. in-8°, Paris, 1874. — Trueman Cross (Col.), *Military laws of the United States included those relating to the marine corps*, in-8°. Washington city, 1838. — Tyler (R.-H.), *The law of religious societies, church government and creeds, disturbing religious meetings, and the laws of burial grounds in the United States*, in-8°, Albany, 1866. — Upthur (Abel-P.), *A brief inquiry into the true nature and character of our federal government*, in-8°, Philadelphie, 1833. — Varnum (B.), *The seat of government of the United States*, 1 broch. in-8°, New-York, 1848. — Vossion (L.), *La constitution américaine et ses amendements*, broch. in-8°, Paris, 1889. — Warlhon (F.), *State trials of the United States during the administration of Washington and adams*, in-8°, Philadelphie, 1849. — Watson (H.-C.), Patton (J.-H.), *History of the United States of America from the discovery to the présent time*, in-8°, New-York, 1880. — Witt (C. de), *Histoire de Washington et de la fondation de la République des Etats-Unis*, in-8°, Paris, 1878. — Witt (C. de), et Thomas Jefferson, *Etude historique sur la démocratie américaine*, in-8°, Paris, 1861. — Wynen (P.), *Revue des établissements de bienfaisance aux Etats-Unis d'Amérique*, in-8°, Anvers, 1876. — Young (E.), *Rapport spécial sur l'immigration*, in-8°, Washington, 1872.

Etude sur les droits et libertés des citoyens aux Etats-Unis : Bull. soc. législ. comp., t. 21, p. 320 et s. — *L'agriculture aux Etats-Unis et dans l'Inde* (Ch. Petitjean) : Econ. fr., 1885, t. 1, p. 143 et s. — *Le mouvement économique aux Etats-Unis : Le régime pénitentiaire, la misère et l'assistance publique* (Ad.-F. de Fontpertuis) : Econ. fr., 1885, t. 1, p. 298 et s. — *Le mouvement économique aux Etats-Unis et au Canada* (Joseph Chailley) : Econ. fr., 1887, 2ᵉ série, p. 7. — *Les Etats-Unis contemporains* : Econ. fr., 15 déc. 1888. — *Constitution des Etats-Unis d'Amérique* (Ph. M.) : J. Le Droit, 23 mars 1848. — *La constitution pénale des Etats-Unis* (Claudio Janet) : La Réforme sociale, 16 nov. 1888. — *Le principe de représentation dans la démocratie américaine* (Thorpe) : Rev. du dr. public et de la science politique, 1894, t. 2, p. 1 et s. — *La transformation du self-government anglais dans l'Amérique du Nord* (Bornhak) : Rev. du dr. public et de la science politique, 1894, t. 2, p. 468 et s. — *La législation sur les boissons fortes aux Etats-Unis* (Blackmar) : Rev. du dr. publ. et de la science politique, 1895, t. 4 (juillet-août). — *Les parties politiques aux Etats-Unis* (Laurence-Lowell) : Rev. du dr. public et de la science politique, t. 9, 1898 (janvier-février) (mars-avril). — *Constitution fédérale des Etats-Unis* (Sumner-Maine) : Rev. gén. t. 9, p. 497. — *L'administration aux Etats-Unis, d'après le traité de législation administrative comparée de M. Frank Goodnow* (Ed. Laferrière) : Rev. gén. d'adm., 1895, t. 2, p. 129 et s. — *L'Income-tax aux Etats-Unis* (Shaw) : Rev. polit. et parlem., 1894, t. 2, p. 340 et s.

III. Organisation judiciaire et procédure. — *Annual report of the attorney général of the united states*, 5 vol. in-8°, Washington, 1880-1887. — Desty (R.), *A manual of practice in the court of the united states*, in-16, San-Francisco, 1881. — Ewing (J.), *A treatise on the office and duty of a justice of the peace*, in-8°, Trenton. — Helbronner (H.), *Le pouvoir judiciaire aux Etats-Unis, son organisation, ses attributions*, in-8°, Paris, 1872. — Proffatt (J.), *A treatise on trial by jury*, in-8°, San-Francisco, 1880; — *A treatise on the law relating to the office and duties of notaries public*, in-8°, San-Francisco, 1877. — Richardson (W.-A.), *History, juridiction and practice of the court of claims of the united states*, in-8°, Washington, 1882; — *Etude sur la condition des magistrats aux Etats-Unis* (Gourd) : Bull. soc. de législ. comp., 1881, p. 155.

IV. Droit criminel. — Bishop (J.-P.), *Commentaries on the criminal law*, 2 vol. in-8°, Boston, 1877; — *Criminal procedure*, 2 vol. in-8°, Boston, 1880. — G. de Beaumont et A. de Tocqueville, *Du système pénitentiaire aux Etats-Unis et de son application en France*, in-8°, Paris, 1833. — Lallemand, *Les congrès nationaux d'assistance et de répression aux Etats-Unis*, 1895. — Lee (J.-G.), *Handbook for coroners*, in-8°, Philadelphie, 1881. — Lewis (E.), *An abindgment of the criminal law of the United States*, in-8°, Philadelphia, 1848. — Saint-Clair (H.), *The United States criminal calendar*, in-12, Boston, 1835. — *De la responsabilité du pouvoir fédéral aux Etats-Unis au cas où les Etats particuliers s'abstiennent de réprimer les délits commis sur leur territoire* (G.-H. Baldwin) : Rev. du dr. publ. et de la science politique, t. 4, 1895 (nov.-déc.).

V. Droit civil. — Bishop (J.-P.), *Commentaries on the law of marriage and divorce*, 2 vol. in-8°, Boston, 1873; — *Commentaries on the law of married women under the statutes of the several states, and at common law and in équity*, 2 vol. in-8°, Boston, 1873. — Cooley (Th.), *A treatise on the law of torts*, in-8°, Chicago, 1880. — Greenleaf (S.), *A treatise on the law of evidence*, 3 vol. in-8°, Boston, 1876. — Holmes (O.-W.), *The common law*, in-8°, Boston, 1881. — Léonard (A.), Jones, *A treatise on the law of mortgages of real property*, 2 vol. in-8°, Boston, 1879. — Lomax (J.-T.), *Digest of the laws respecting real property generally adopted and in use in the United States, embracing, more especially, the law of real property in Virginia*, 3 vol. in-8°, Philadelphia. — John Mayne et L. Smith, *Damages*, in-8°, Albany, 1880. — Theophilus Parsons, *The law of contracts*, 3 vol. in-8°, Boston, 1873. — Perry (J.-W.), *A treatise on the law of trust and trustees*, 2 vol. in-8°, Boston, 1882. — Redfield (I.-F.), *The law of wills*, 3 vol. in-8°, Boston, 1876. — Baron Roguet, *Législation de l'étranger aux Etats-Unis*, Paris, 1857. — Schouler (J.), *A treatise on the law on domestic relations*, in-8°, Boston, 1874. — Story (W.-W.), *A treatise on the law of contracts*, 2 vol. in-8°, Boston, 1874. — Story (J.), *Commentaries on equity jurisprudence, as administered in England and América*, 2 vol. in-8°, Boston, 1877 ; — *Commentaries on the law of agency*, in-8°, Boston, London, 1846; — *Commentaries on the law of bailments*, in-8°, Boston, 1863 ; — *Commentaries on the law of partnership*, in-8°, Boston, London, 1846. — Taylor (J.-N.) *A treatise on the américan law of landlord and tenand*, in-8°, Boston, 1879. — Thornton (J.-B.) *A digest of the conveyancing, testamentary, and registry laws of all the states of the Union*, in-8°, Philadelphia, 1847. — Vacher (L.), *Le Homestead aux Etats-Unis*, 1 vol. in-8°, Paris, 1895. — Villeneuve, *Les Etats-Unis d'Amérique et l'émigration*, 1891, in-8°. — Voolsey (Th.-D.), *Essay on divorce and divorce législation, with spécial références to the United States*, in-12, New-York, 1869. — Emory Washburn, *A treatise on the américan law of real property*, 3 vol. in-8°, Boston, 1876. — Wharton (F.), *A commentaries on the law evidence incivil issues*, 2 vol. in-8°, Philadelphie, 1877; — *A treatise on the law of négligence*, in-8°, Philadelphie, 1878 ; — *The law of domicil*, in-8°, Saint-Louis, 1877. — Wood (H.-G.), *Treatise on the law of master and servant*, in-8°, Albany, 1877. — Zabriskie (J.-C.), *The public land of the united states*, San-Francisco, 1870.

ÉTATS-UNIS.

Note sur la preuve, en matière civile, aux Etats-Unis (Cachard) : Bull. soc. législ. comparée, 1899, p. 295. — *L'immigration et les tendances nouvelles des Etats-Unis* (Joseph Chailley) : Econ. franç., 1887, 2ᵉ sem., p. 72. — *Les Etats-Unis et l'immigration* (F. Berthilier), Econ. franç., 1887, 2ᵉ sem., p. 233. — *La législation de l'étranger aux Etats-Unis* (Baron Hoguet) : Rev. prat. du dr. franç., 1857.

VI. DROIT COMMERCIAL. — Angell (J.-K.), *A treatise on the law of carriers of goods and passengers*, in-8°, Boston, 1877. — Bliss (G.), *The law of life insurance*, in-8°, New-York, 1874. — John-Barnard-Byles, *A treatise of the law of bills of exchange, promssory notes, banknotes, banker's cash notes and checks*, in-8°, Philadelphie, 1883. — Clark (S.-S.), *A text-book on commercial law*, in-18, New-York, 1882. — Ticknor Curtis (George), *A treatise of the rights and duties of merchant seamen*, in-8°, Boston, 1841. — Daniel (J.-W.), *A treatise on the law of negociable instruments*, 2 vol. in-8°, New-York, 1879. — Desty (R.), *The revised statutes of the united states relating to commerce, navigation and shipping*, in-16, San-Francisco, 1880. — Dixon (Fr.), *The law of shipping and merchant's and shipmaster's guide*, in-8°, New-York, 1873. — Flanders (H.), *A treatise on the law of shipping*, in-8°, Philadelphie, 1853. — Neil Gow, *A practical treatise of the law of partnership*, in-8°, Philadelphie, 1845. — C.-C. Hine, *The insurance statutes of the United States and Canada*, in-8°, New-York, 1876. — J.-T. Morse, *A treatise on the law relating to banks and banking*, in-8°, Boston, 1879. — Théophilus Parsons, *A treatise on the law of shipping and the law and practice of admiralty*, 2 vol. in-8°, Boston, 1869. — R. Peters et F. Hopkinson, *Admiralty decisions in the district Court of the United States for the Pennsylvania district*, 2 vol. in-8°, Philadelphie, 1807. — Willard Philipps, *A treatise on the law of insurance*. 2 vol. in-8°, Boston, 1854. — Story (J.), *Commentaries on the law of partnership*, in-8°, Boston, 1868 ; — *Commentaries on the law of bills of exchange foreign and inland, as administered in England and America*, in-8°, Boston, 1860 ; — *Commentaries on the law of promissorynotes and checks*, in-8°, Boston, 1859 ; — *Commentaries on the law of agency*, in-8°, Boston, 1874. — William G. Sumner, *A history of american currency*, in-8°, New-York, 1878. — *The Franco-Américain treaty of commerce*, in-8°, Paris, 1879. — Williams (Ch. F.), *The tariff laws of the United States*, in-8°, Londres, 1883. — Wood (H.-G.), *A treatise on the law of fire insurance*, in-8°, New-York, 1878.

VII. PROPRIÉTÉ LITTÉRAIRE, ARTISTIQUE ET INDUSTRIELLE. — Barrault (E.), *Législation des Etats-Unis pour les brevets d'invention, dessins et modèles de fabrique et d'art, et marques de fabrique et de commerce*, in-32, Paris, 1874. — Orlando F. Bump, *The law of patents, trademarks and copyright*, in-8°, New-York, 1877. — Curtis (G. T.), *A treatise of the law of patents for useful inventions*, in-8°, Boston, 1873 ; — *A treatise on the law of copyright in books..., as administered in England and América*, in-8°, Boston, 1847. — Eaton S. Drone, *A treatise on the law of property in intellectual productions in Great Britain and the United States*, in-8°, Boston, 1879. — Hugh. M. Spalding, *The law of copyright*, in-32, Philadelphie, 1878.

ETATS PARTICULIERS ET TERRITOIRES. — I. ALABAMA. — Keyes et Fern. M. Wood, *The code of Alabama*, in-4°, Montgomery, 1877. — A.-J. Walker, *The revised code of Alabama*, in-8°, Montgomery, 1867.

II. ALASKA (territoire d').

III. ARIZONA (territoire d'). — John P. Hoyt, *The compiled laws of the territory of Arizona*, in-4°, Michigan, 1877.

IV. ARKANSAS. — E.-W. Gantt, *A digest of the statutes of Arkansas*, in-8°, Little-Rock, 1874 ; — *Revised statutes of the Stats of Arkausas*, in-8°, Boston, 1838.

V. CALIFORNIE. — Desty (R.), *The constitution of the State of California adopted in 1879*, in-18, San-Francisco, 1879. — Donnat (L.), *L'état de la Californie*, in-12, Paris, 1878. — Frignet (E.), *La Californie. Histoire des progrès de l'un des Etats-Unis d'Amérique*, in-8°, Paris, 1867. — Hittel (Th.), *The codes and statutes of the states of California*. 3 vol. in-8°, San-Francisco, 1876-1880.

VI. CAROLINE DU NORD. — Battle (W.), *Battle's revisal of the public statutes of North Carolina*, in-8°, Raleigh, 1873. — Dortch (W.-T.), Manning (J.), Hendersen (J.-S.), *The Code of North Carolina*, 2 vol. in-8°, New-York, 1883.

VII. CAROLINE DU SUD. — Pressley (B.-C.), *The law of magistrates and constables in the state of south Carolina*, in-8°, Charleston, S. C., 1848. — Rice (W.), *A digested index of the statute law of south Carolina from the earliest period to the year 1836 inclusive*, in-8°, Charleston. — *The Revised statutes of the state of south Carolina*, in-8°, Columbia, 1873. — *The statutes at large of south Carolina*, in-8°, Columbia, S. C., 1836-1841.

VIII. COLOMBIE (district fédéral de). — *An act providing a permanent form of government for the district of columbia approved june 11*, 1 broch. in-8°, 1878. — *Revised statutes of the United States, relating to the district of Columbia*, in-4°, Washington, 1875.

IX. COLORADO. — *General laws of the State of Colorado*, in-8°, Denver, 1877. — John Q.-A. King, *The laws and rules of practice in Colorado*, in-8°, Denver, 1880. — *The general statutes of the State of Colorado*, in-4°, Denver, 1883. — Valois (A.-E.), *Ordinances of the town of Highlands, in force june 15, 1883*, in-8°, Denver, 1883.

X. CONNECTICUT. — *Acts and laws of His Majesty's english colony of connecticut in New England, in America*, gr. in-8°, New-London, 1750. — *The general statutes of the State of Connecticut*, in-8°, Harford, 1875. — *The revised statutes of Connecticut*, in-8°, Hartford, 1849.

XI. DAKOTA (territoire de). — Geo-H. Hand, *The revised codes of the territory of Dakota*, in-8°, Yankton, 1877.

XII. DELAWARE. — *Laws of the State of Delaware*, vol. 15 et 16, Wilmington, 1875-1881.—*Revised statutes of the State of Delaware*, in-8°, Wilmington, 1874.

XIII. FLORIDE. — Allen Bush, *A digest of the statute laws of Florida of a general and public character*, in-8°, Tallahassee, 1872. — Mac-Clellan (James F.), *A digest of the laws of the State of Florida*, in-4°, Tallahassee, 1881.

XIV. GÉORGIE. — Harris (N.-E.), *A supplement to the code of Georgia*, in-8°, Mâcon, 1878. — Hopkins (J.), *Annotated penal laws of Georgia*, in-8°, Mâcon, 1875. — Lester (G.-N.), Rowel (C.), et Hill (W.-B.), *The code of the State of Georgia*, in-4°, Atlanta, 1882. — Reed (J.), *A handbook of Georgia criminal law and procedure*, in-8°, Mâcon, 1873.

XV. IDAHO (territoire d'). — *General laws of the territory of Idaho*, in-8°, Boise City, 1881. — *The compiled and revised laws of the territory of Idaho*, in-8°, Milton Kelly, 1875.

XVI. ILLINOIS. — *An act to establish and maintain a system of free Schools*, in-8°, Springfield, 1879. — Cothran (G.-W.), *The revised statutes of the State of Illinois*, in-8°, Chicago, 1881. — Gilman (C.), *Reports of cases argued and determined in the suprême court of the State of Illinois*, 5 vol. in-8°, Quincy, 1846-1849. — Gross (Eug. et W.), *The statutes of Illinois and analytical digest of all the general laws*, 3 vol. in-8°, Springfield, 1873. — Hurd (H.-B.), *The revised statutes of the State of Illinois*, in-4°, Chicago, 1882. — *Journal of the house of representatives of the states of illinois*, in-8°, Springfield, 1879. — *Journal of the senate of the State of illinois*, in-8°, Springfield, 1879. — *Laws of the State of Illinois*, 4 vol. in-8°, Springfield, 1874-1879. — Purple (N.-H.), *Compilation of all the general laws concerning real estate in the state of illinois*, in-8°, Quincy, 1849. — *Recueil factice de rapports divers relatifs à l'assistance publique dans l'Etat d'Illinois*, 5 vol. in-8°, Springfield. — *Reports made to the general assembly of Illinois*, 15 vol. in-8°, Springfield, 1873-1879. — *School reports*, 4 vol. in-8°, Springfield.

ÉTATS-UNIS.

XVII. INDIANA. — Blackford's reports. Cases argued and determined in the suprem court of judicature of the State of Indiana, 5 vol. in-8°, Indianapolis, 1830-1844. — Edwin Davis, The statutes of the State of Indiana, 2 vol. in-8°, Indianapolis, 1876. — James Frazer, John H., Stobsenburg et David Turpie, The revised statutes of Indiana, in-8°, Chicago, 1881. — Laws of a general and local nature of the state of Indiana, 11 vol. in-8°, Indianapolis. — Laws of the state of Indiana, 8 vol. petit in-8°, Indianapolis. 1844. — The revised laws of Indiana, in-8°, Indianopolis, 1831.

XVIII. IOWA. — Milner (W.-E.), New revised and annotated Code of Iowa, in-8°, Des Moines, 1882. — The Code, in-8°, Des Moines (Iowa), 1873.

XIX. KANSAS. — Compiled laws of Kansas, in-8°, Kansas, 1881. — Schafer (J.-D.), The general satutes of Kansas, 2 vol. in-8°, Saint-Louis, 1876.

XX. KENTUCKY. — J.-F. Bullitt et J. Feland, The general statutes of Kentucky, in-8° Frankfort, 1881. — E. Bullock, J. Nesbitt, G. Craddock, The general statutes of the commonwealth of Kentucky, in-8°, Frankfort, 1873. — Legislative documents, in-8°, Francfork. — Publics acts of the state of Kentucky, in-8°, 1882.

XXI. LOUISIANE. — Acts passed by the legislature of the state of Louisiana, 29 vol. in-8°, Nouvelle-Orléans. — Barbé-Marbois, Histoire de la Louisiane, in-8°, Paris, 1829. — H.-A. Bullard et Th. Curry, A new digest of the statutes laws of the states of Louisiana, in-8°, Nouvelle-Orléans, 1842. — Civil code of the state of Louisiana, in-8°, New-Orléans, 1853; — Constitution de l'Etat de la Louisiane, 1852, 1 broch. in-8°, Nouvelle-Orléans. — Debates in the convention for the révision and amendment of the constitution of the state of Louisiana, in-8°, Nouvelle-Orléans, 1864. — Fournier (A.), Code de procédure criminelle de l'Etat de New-York, 1 vol. gr. in-8°, Paris, 1893. — Hennen (W.-D.), A digest of the reported décisions of the superior court of the territory of Orleans and the supreme court of the state of Louisiana, 2 vol. in-8°, Boston, 1852. — Lislet (L.-M.), Digeste général des actes de la législature de la Louisiane depuis l'année 1804 jusqu'à 1827, 2 vol. in-8°, Nouvelle-Orléans. — Livingston (Ed.), Exposé d'un système de législation criminelle pour l'Etat de la Louisiane et pour les Etats-Unis d'Amérique, 2 vol. in-8°, Paris, 1872 ; — Rapport sur le projet de Code pénal à l'Assemblée générale de l'Etat de la Louisiane, in-8°, Paris, 1825. — Martin (Fr.-X.), Reports of cases argued and determined in the superior court of the territory of Orleans and in the supreme court of the state of Louisiana, 10 vol. in-8°, Nouvelle-Orléans, 1846-1852. — W. Miliner et Th. Curry, Reports of cases argued and determined in the supreme court of the state of Louisiana, 10 vol. in-8°, Nouvelle-Orléans, 1854. — Morgan Th.-G., Civil code of the State of Louisiana, in-8°, Nouvelle-Orléans, 1861 ; — Code of practice in civil cases for the State of Louisiana, in-8°, Nouvelle-Orléans, 1861. — Philipps, N.-B., The revised statutes of Louisiana, in-8°, Nouvelle-Orléans, 1856. — Reports of cases argued and determined in the supreme Court of the State of Louisiana, 26 vol. in-8°, Nouvelle-Orléans, 1847-1874. — Robinson M., Reports of cases argued and determined in the supreme Court of Louisiana, 12 vol. in-8°. Nouvelle-Orléans, 1842-1846. — Schmidt G., The Louisiana law journal, in-8°, Nouvelle-Orléans, 1841. — The code of practice of the States of Louisiana, in-8°, Nouvelle-Orléans, 1870. — The revised civil Code of the State of Louisiana, in-8°, Nouvelle-Orléans, 1870. — The revised statute laws of the States of Louisiana, in-8°, Nouvelle-Orléans, 1870. — De Vergennes, Mémoire historique et politique sur la Louisiane, in-8°, Paris, 1802. — Voorhies A., The code of practice of the State of Louisiana, in-8°, Nouvelle-Orléans, 1875 ; — The revised civil code of the State of Louisiana, in-8°, Nouvelle-Orléans, 1875 ; — The revised statute laws of the State of Louisiana, in-8°, New-Orléans, 1876. — Wheelock S. Upton et Needler R. Jennings, Code civil de l'Etat de la Louisiane, in-8°, Nouvelle-Orléans, 1838. — Notice sur le droit public et l'administration en Louisiane (Magne) : Bulletin de la société de législation comparée, t. 6, p. 252.

XXII. MAINE.—Acts and resolves... of the State of Maine, in-8°, Augusta, 1842. — Documents printed by order of the legislature of the State of Maine, in-8°, Augusta, 1844. — The revised statutes of the State of Maine, in-8°, Portland, 1871. — The revised Statutes of the States of Maine, in-4°, Portland, 1884.

XXIII. MARYLAND. — Mayer Cohen et Thomas Rowland, Supplement to the Maryland code, 3 vol. in-8°, Baltimore, 1868-1870. — L. Mayer, L.-C. Fischer et E.-J.-D. Cross, Revised code of the public general laws of the state of Maryland, in-8°, Baltimore, 1879. — Otho Scott et Hiram Mac Cullough, The Maryland code. Public general and local laws, 2 vol. in-8°, Baltimore, 1860.

XXIV. MASSACHUSETTS. — Acts and resolves passed by the general Court of Massachusetts, 3 vol. in-8°, Boston, 1845 et 1877. — Ch. Allen, Uriel H., Crocker et J.-M. Barker, The public statutes on the commonwealth of Massachusetts, in-8°, Boston, 1882. — Annual reports of the board of state charities of Massachusetts, 7 vol. in-8°, Boston. — Annual reports of the inspectors of the State almshouse at Tewksbury, in-8°, Boston. — Annual reports of the prison commissioners, in-8°, Boston. — Annual reports of the trustees of the State lunatic hospitals, in-8°, Boston, 1871-1877 ; — Annual reports of the trustees of the Massachusetts School, in-8°, Boston, 1871-1877. — Documents printed by order of the senate and by order of the House of representatives of the commonwealth of Massachusetts, 7 vol. in-8°, Boston. — Journal of the House of representatives of the commonwealth of Massachusetts, in-8°, Boston, 1877. — Journal of the Senate, in-8°. Boston, 1877. — Report of the bureau of statistics of labor of Massachusetts, in-8°, Boston, 1872. — Richardson et G. Sanger, The general statutes of the commonwealth of Massachusetts, in-8°, Boston, 1873. — Statistical information relating tocertain branches of industry, in-8°, Boston, 1866. — Supplement to the general statutes of the commonwealth of Massachusetts, in-8°, Boston, 1873.

XXV. MICHIGAN. — Brook (A.-T.), A particular account of the rise and development of the University of Michigan, in-8°, Cincinnati, 1875. — Dewry (J.), The compiled laws of the States of Michigan, 2 vol. in-8°, Lansing, 1873. — Harrington's reports, Cases determined in the court of chancery of the State of Michigan, in-8°. Détroit, 1845. — Howell (A.), The general statutes of the State of Michigan in force, 2 vol. in-8°, Chicago, 1882. — The revised statutes of the States of Michigan, in-8°, Détroit, 1838. — Walker's reports, in-8°, Détroit, 1845.

XXVI. MINNESOTA. — Bissell, The statutes at larges of the State of Minnesota, 2 vol. in-8°, Chicago. 1873. — Young (G.-B.), The general statutes of the State of Minnesota, in-8°, Saint-Paul, 1881.

XXVII. MISSISSIPI. — Campbell (J.-H.-P.), The revised code of the statute laws of the State of Mississipi, in-4°, Jackson, 1880. — Laws of the State of Mississipi, in-8°, Jackson, 1882. — The revised code of the State of Mississipi, in-8°, Jackson, 1871.

XXVIII. MISSOURI. — Hockaday (J.-A.), Parrish (Th.-H.), Mac Daniel (Benj.-F.), et Daniel H. Mac Intyre, The revised statutes of the State of Missouri, 2 vol. in-4°, Jefferson, 1879. — Laws of Missouri, in-8° Jefferson, 1881. — Wagner (D.), The statutes of the State of Missouri, 2 vol. in-8°, Saint-Louis, 1872.

XXIX. MONTANA (territoire de). — Laws, mémorials et résolutions of the territory of Montana, in-8°, Montana, 1872. — The revised statutes of Montana, in-8°, Springfield, 1881.

XXX. NEBRASKA. — Brown (G.-A.), The compiled statutes of the state of Nebraska, in-4°, Amalia, 1881. — Brown (G.-A.), The general statutes of the State of Nebraska, in-8°, Lincoln, 1873.

XXXI. NEVADA. — Bonnifield (M.-S.), et Healy (T.-W.), The compiled laws of the State of Nevada..., 2 vol. in-8°, Carson city, 1873.

XXXII. NEW-HAMPSHIRE. — Laws of the State of New-Hampshire, in-8°, Concord, 1879. — The general laws of the State of New-Hampshire, in-8°, Concord, 1878-1881. — The general statutes of the State of New-Hampshire, in-8°, Concord, 1867. —

ÉTATS-UNIS.

Whiton (J.-M.), *Sketches of the history of New-Hampshire*, in-12, Concord, 1834.

XXXIII. NEW-JERSEY. — *Acts of the legislature of the State of New-Jersey*, 4 vol. in-8°. — Paterson (W.), *Laws of the State of New-Jersey*, in-8°, Newark, 1800. — *Revision of the statutes of New-Jersey*, in-4°, Trenton, 1877.

XXXIV. NEW-MEXICO (territoire de). — Bradfort Prince, *The general laws of New-Mexico*, in-8°, Albany, 1880.

XXXV. NEW-YORK. — *Annual reports of the executive committee of the prison association of New-York*, 6 vol. in-8°, Albany, 1845-1870. — Benedict, *Juridiction, powers and duties of justice of the pace, in the state of New-York*, 2 vol. in-8°, Albany, 1880. — Bishop (J.L.), *A treatise of the common and statute law of the state of New-York, relating to insolvent debtors*, in-8°, New-York, 1879. — Cothran (G.-W.), *The revised statutes of the state of New-York as altered by subsequent législation*, 3 vol. in-8°, Albany, 1875. — *Documents of the assembly of the state of New-York*, 23 vol. in-8°. — *Documents of the senate of the state of New-York*, 9 vol. in-8°. — *Draft of a civil code for the state of New-York*, Albany, in-8°, 1862. — Gilmour (N.), Keyes (E.), *Laws of New-York, relating to common schools*, in-8°, Albany, 1879. — *Laws of the state of New-York*, 44 vol. in-8°, Albany. — Master (B.-M.), *An act to provide for the organisation and regulation of certain business corporations*, in-18, New-York, 1881. — John Ordronaux, *Commentaries on the lunacy laws of New-York and on the judicial aspects of insanity at common law and in equity*, in-8°, Albany, 1878. — *Remarks on the constitution of the supreme and circuit Courts of the state of New-York*, in-8°, New-York, 1828. — *Reports of the inspectors of state prisons of the state of New-York*, in-8°, Albany. 1851. — *Report of the secretary of state on criminal statistics of the state of New-York*, in-8°, Albany, 1851. — *Report of the select committee of the assembly of 1851 appointed to examine into the affairs and condition of the state prisons of this state*, in-8°, Albany, 1852. — *Rules and orders of the supreme court of the state of New-York*, in-8°, Albany, 1830. — Seaton (S.-W.), *Census of the state of New-York for 1875*, in-8°, Albany, 1877. — Snyder (W.-L.), *Laws of the state of New-York relating to religious corporations*, in-8°, New-York, 1878. — *The code of criminal procedure of the state of New-York*, in-32, New-York, 1881. — *The penal code of the state of New-York*, in-32, New-York, 1881. — Montgomery Throop, *The code of civil procedure of the State of New-York, With notes*, in-8°, Albany, 1880; — *The revised statutes of the State of New-York*, 4 vol. in-4°, New-York, 1882. — John Townshend, *The code of procedure of the State of New-York, as amended to 1873*, in-8°, New-York, 1873.

L'*organisation du Stock-exchange de New-York*, Raffalovich (Arthur) : Econ. franç., année 1887, 2e sem., p. 535.

XXXVI. OHIO. — Daugherty (M.-A.), Brasce (J.-S.), Okey (G.-B.), *The revised statutes of the State of Ohio*, 2 vol. in-8°, Columbus, 1879. — Okey (G.-B.), *The civil code of Ohio*, in-8°, Cincinnati, 1878. — Hiram Peck, *The law of municipal corporations in the State of Ohio*, in-8°, Cincinnati. — Seny (G.), *The code of civil procedure of the State of Ohio*, in-8°, Cincinnati, 1874; — *Statutes of the State of Ohio of a general nature*, in-8°, Columbus, 1841. — Warren (M.), *Ohio criminal law and forms*, in-8°, Cincinnati, 1881. — Willcox (J.), *The general railroad laws of the State of Ohio*, in-8°, Cincinnati, 1874. — Wilson (M.-F.), *The criminal code of Ohio*, in-8°, Cincinnati, 1878.

XXXVII. ORÉGON. — Deady (M.-P.) et Lafayette Lane, *The organic and other general laws of Orégon*, in-8°, San-Francisco, 1874. — Kelley (H.-J.), *History of the colonisation of the Oregon territory*, 1 broch. in-8°, Worcester, 1850.

XXXVIII. PENNSYLVANIE. — Brightly (Fr.), *A digest of the laws of Pennsylvania*, 2 vol. in-8°, Philadelphie, 1873; — *Annual digest of the laws of Pennsylvania*, in-8°, Philadelphie, 1876; — *Annual digest, of the laws of Pennsylvania*, in-8°, Philadelphie, 1878; — *Laws of the general Assembly. of the Commonwealth of Pennsylvania*, in-8°, Harrisburg, 1889. — *Laws of the Commonwealth of Pennsylvania*, 10 vol. in-8°, Philadelphia, 1810-1844.

XXXIX. RHODE-ISLAND. — *Public laws of Rhode-Island and Providence plantations, passed at the session of the general assembly from january 1873 to may 1876*, in-8°, Providence, 1876. — *Public laws of the state of Rhode-Island and Providence plantations*, in-8°, Providence, 1844. — *Public laws of the state of Rhode-Island*. in-8°, Providence, 1878. — *Public laws of the state of Rhode-Island*, 8 livraisons, 1882. — *The constitution of the state of Rhode-Island and Providence plantations*, petit in-8°, 1842. — *The general statutes of the state of Rhode-Island and Providence plantations*, in-8°, Cambridge, 1872.

XL. TENNESSEE. — Milliken (W.-A.), Vertrees (J.-J.), *The code of Tennessee*, in-4°, Nashville, 1884. — Quarles (J.), *Criminal code and digest of criminal cases decided by the supreme Court of Tennessee*, in-8°, Nashville, 1874. — Shankland (J.), *Public statutes of the state of Tennessee*, in-8°, Nashville, 1871. — Thompson (S.-D.), Steger (T.-M.), *A compilation of the statute laws of the state of Tennessee*, 2 vol. in-4°, Saint-Louis, 1873.

XLI. TEXAS. — *Constitution of the state of Texas*, 1 broch. in-8°, Austin, 1845. — Leclerc (Fr.), *Le Texas et sa révolution*, in-8°, Paris, 1840. — Paschal (G.), *A digest of the laws of Texas*, 2 vol. in-8°, Washington, 1873. — *The revised statutes of Texas*, in-4°, Galveston, 1879.

XLII. UTAH (territoire d'). — *The compiled laws of the territory of Utah*, in-8°, Salt-Lake-City, 1876.

XLIII. VERMONT. — *The general statutes of the state of Vermont*, in-8°, Burlington, 1877. — *The laws of Vermont of a public and permanent nature*, in-8°, Montpellier, 1834. — Washburn (P.-T.), *A digest of all the cases decided in the supreme Court of the state of Vermont*, in-8°, Woodstock, 1845.

XLIV. VIRGINIE. — Mundford (G.), *The code of Virginia*, in-8°, Richmond, 1873. — Saint-Georges Tucker (H.), *Commentaries on the laws of Virginia*, 2 vol. in-8°, Richmond, 1846.

XLV. VIRGINIE OCCIDENTALE. — Kelly (J.-F.) *The revised statutes of West Virginia*, 2 vol. in-4°, Saint-Louis, 1878-1879. — *The code of West Virginia*, in-8°, Weeling, 1870.

XLVI. WASHINGTON (territoire de). — *Code of Washington*, in-8°, Olympia, 1881.

XLVII. WISCONSIN. — *Revised statutes of the state of Wisconsin*, in-4°, Madison, 1878. — Sanborn (A.-L.), Berryman (J.-R.), *Supplement to the revised statutes*, in-4°, Chicago, 1883. — Taylor (D.), *The revised statutes of the state of Wisconsin*, 2 vol. in-8°, Saint-Louis, 1871. — *The code of procédure of the State of Wisconsin*, in-8°, Madison, 1850. — *The laws of Wisconsin*, 3 vol. in-8°, Madison, 1879-1881.

XLVIII. WYOMING (territoire de). — Whitehead (J.-R.), *The compiled laws of Wyoming*, in-4°, Cheyenne, 1876.

INDEX ALPHABÉTIQUE.

Ambassadeur, 79.
Amendement, 96 et s.
Association (droit d'), 113.
Association religieuse, 112.
Attorney, 82.
Attorney de districts, 189.
Attorney général, 37.
Auditeur des comptes, 189.
Budget, 62.
Bureau des aldermen, 197.
Chambre des représentants, 47 et s., 155.
Colonies, 7.
Comité permanent, 60 et s.
Comité scolaire, 186.
Comité secret, 57.
Commissaire du comté, 184.
Commission d'enquête, 64.
Compétence, 78.
Comté, 177 et s.
Conseil commun, 197.

Conservateur des testaments, 189.
Constitution, 122 et s.
Coroner, 189.
Cour d'appel de circuit, 74 et s.
Cour de circuit, 72.
Cour de district, 73.
Cour locale, 165.
Cour supérieure de record, 165.
Cour suprême d'Etat, 165.
Cour suprême fédérale, 70, 71, 92 et s.
Court of claims, 77.
Coutume, 103, 151.
Cross-examination, 107.
Diffamation, 114.
District fédéral, 204.
Droit politique, 149 et 150.
Election, 49 et s, 157.
Etat, 79, 117 et s.
Etranger, 144.
Femme, 149 et 150.

Gouvernement fédéral, 12 et s.
Gouverneur, 161, 162, 207.
Grand jury, 107.
Habéas corpus, 108.
Homme de couleur, 139.
Impéachment, 65 et 66.
Impôt, 202.
Indiens, 205.
Interprétation, 151.
Instruction publique, 196.
Juge de comté, 189.
Jury de jugement, 107.
Liberté de la presse, 113, 133.
Liberté individuelle, 105 et s..130.
Liberté religieuse, 110, 111, 128.
Lieutenant gouverneur, 163.
Maire, 193 et s.
Marschal, 82.
Message présidentiel, 30.
Mines, 147.
Ministre, 36 et s.
Monopole, 141.
Nationalité, 149.
Noblesse, 136.
Police, 201.
Port d'arme, 137.

Président de la République, 19 et s.
Proclamation, 30.
Propriété, 109, 131.
Protonotaire, 189.
Réunion (droit de), 134.
Révision de la constitution, 96 et s., 124 et 125.
Secrétaire d'Etat, 37, 164.
Selectmen, 182.
Sénat, 40 et s., 155.
Shériff, 189.
Société secrète, 142.
Souveraineté, 119 et s.
Speaker, 59.
Succession, 138.
Supervisor, 188.
Territoire, 205 et s.
Town, 175 et s.
Town-clerk, 182.
Trésorier, 164.
Trustees du Township, 188.
Véto, 31.
Vice-président de la République, 22, 27.
Ville, 190 et s.

DIVISION.

CHAP. I. — Notions générales et historiques (n. 1 à 7).

CHAP. II. — Organisation fédérale.

Sect. I. — **Principes généraux** (n. 8 à 17).

Sect. II. — **Pouvoir exécutif : le président, le vice-président, les ministres** (n. 18 à 38).

Sect. III. — **Le Congrès**.
§ 1. — *Le Sénat* (n. 39 à 46).
§ 2. — *La Chambre des représentants* (n. 47 à 59).
§ 3. — *Procédure parlementaire* (n. 60 à 67).

Sect. IV. — **Organisation judiciaire** (n. 68 à 83).

Sect. V. — **Les tribunaux et la constitution** (n. 84 à 95).

Sect. VI. — **Modification de la constitution** (n. 96 à 103).

Sect. VII. — **Garantie des droits individuels** (n. 104 à 116).

CHAP. III. — Les États.

Sect. I. — **Généralités** (n. 117 à 121).

Sect. II. — **Constitution des États** (n. 122 à 152).

Sect. III. — **Le gouvernement des États** (n. 153 à 171).

Sect. IV. — **Le gouvernement local**.
§ 1. — *Towns et Comtés* (n. 172 à 189).
§ 2. — *Les villes citées* (n. 190 à 202).

Sect. V. — **Les territoires, le district fédéral** (n. 203 à 209).

CHAP. IV. — Législation (n. 210 à 213).

CHAPITRE I.

NOTIONS GÉNÉRALES ET HISTORIQUES.

1. — Les États-Unis d'Amérique tirent leur origine de colonies anglaises établies successivement dans le courant du XVIIe siècle sur la côte de l'océan Atlantique. En 1606, le roi Jacques Ier octroya à deux compagnies, celle de Londres et celle de Plymouth des lettres patentes leur concédant la propriété des territoires compris entre le 34e et le 54e degré de latitude Nord. Une expédition envoyée par la compagnie de Londres aboutit à la fondation de la ville de Jamestown et à un premier établissement dans l'État actuel de Virginie. La première colonie fondée sur le territoire concédé à la compagnie de Plymouth fut l'œuvre des *Pelcrins pathers* (Pères pèlerins), société de puritains qui quitta l'Angleterre le 6 sept. 1620 sur le navire le *Mayflower* et débarqua le 21 décembre dans la baie de Massachusetts. Les nouveaux émigrants construisirent une ville qu'ils nommèrent Plymouth, dont la fondation fut suivie de celle de Salem en 1628 et de Boston en 1630. Les nouveaux établissements prospèrent rapidement. Un courant continu d'émigrations vint de la métropole contribuer à peupler les territoires occupés, si bien qu'un peu plus d'un siècle après l'arrivée des Pères pèlerins, en 1733, treize colonies anglaises existaient sur le territoire actuel des États-Unis : New-Hampshire, Massachusetts, Rhode-Island, Connecticut, New-York, New-Jersey, Pennsylvanie, Delaware, Maryland, Virginie, les Deux-Carolines et la Géorgie. De 1690 à 1758, époque à laquelle a pris fin la domination française dans le nord de l'Amérique, les colonies anglaises prirent part à des engagements incessants avec les établissements français du Canada et ceux qui reliaient alors Montréal à la Nouvelle-Orléans.

2. — A la fin du XVIIIe siècle, les colonies anglaises parvenues à un assez haut degré de propriété, virent leur quasi-indépendance menacée par les mesures prises par la métropole. En 1764, le Parlement de la Grande-Bretagne vota une loi établissant des droits sur les principaux produits des colonies. Les colonies s'y soumirent, non sans adresser d'énergiques protestations auxquelles il fut répondu par l'établissement de l'impôt du timbre (22 mars 1765). Cette fois l'opposition fut si forte que le Parlement anglais dut consentir à rapporter la loi (18 mars 1766). La tentative ainsi avortée fut renouvelée l'année suivante : les produits taxés étaient alors le papier, le vin, le thé, etc. Les colons protestèrent avec une telle énergie que tous les droits furent rapportés, sauf celui du thé. Cette dernière concession ne les satisfit pas et le 18 déc. 1773, les caisses de thé apportées à Boston furent jetées à la mer. Ce fut le prétexte de révoltes qui ne devaient cesser que par la reconnaissance de l'indépendance complète des colonies. Le 5 sept. 1774, cinquante-cinq délégués représentant toutes les colonies, sauf la Géorgie, votèrent une déclaration proclamant les droits des colons. Ce premier congrès fut suivi d'un second réuni à Philadelphie le 10 mai 1775, lequel se décida enfin le 4 juill. 1776 à voter la fameuse déclaration d'indépendance qui proclamait la liberté des treize colonies et leur union sous le nom d'États-Unis d'Amérique. Depuis le 19 avr. 1775, date du combat de Lesington, le sang coulait et la lutte entre les colons, les *insurgents* et les troupes régulières anglaises était engagée. Elle dura six années, pendant lesquelles s'illustra Georges Washington, nommé commandant en chef des troupes fédérales. Elle se poursuivit avec des chances diverses, lorsque toutefois l'appui de la France, qui avait conclu le 6 févr. 1778 un traité d'alliance avec les colons fit pencher définitivement la balance de leur côté. La capitulation de lord Cornwallis entre les mains de Washington et de Rochambeau (19 oct. 1781 termina la guerre et la conclusion du traité de Paris (3 sept. 1783) par lequel l'Angleterre reconnut définitivement l'indépendance des États-Unis.

3. — A partir de ce moment jusqu'en 1861, à l'exception d'une courte guerre avec l'Angleterre, née à l'occasion de la liberté des mers (1812-1815) et de diverses expéditions contre le Mexique, l'activité des États-Unis fut entièrement absorbée par le peuplement et l'exploitation du large continent qui s'ouvrait devant eux. Mais en 1861, après l'élection de Lincoln à la présidence, une terrible guerre civile, occasionnée par la question de l'esclavage, éclata entre les États du Nord et ceux du Sud. Dix États, les deux Carolines, la Floride, la Géorgie, l'Alabama, le Mississipi, la Louisiane, le Texas, l'Arkansas, le Tennessee, déclarèrent se détacher de l'Union et former une confédération séparée. Ils élurent un président, Jefferson Davis, adoptèrent Richmond comme capitale, et opposèrent une armée à celle de l'Union. Pendant quatre ans, les confédérés commandés par Beauregard, Jackson et Lee, livrèrent aux fédéraux commandés par Scott, Mac-Clellan, Burnside, Herman et Grant, une suite de batailles meurtrières, où les succès et les revers se balancèrent longtemps. Enfin, la cause de l'Union l'emporta. La prise de Richmond (avr. 1865) amena la capitulation des divers corps confédérés.

4. — Depuis cette époque l'Union reconstituée est entrée dans une ère de développement économique et de prospérité industrielle sans exemple. Cette période signalée par le développement de l'industrie, du commerce, et par le peuplement et la mise en valeur de la région qui s'étend de l'Atlantique au Pacifique a été toute pacifique. Mais récemment, l'intervention des Etats-Unis en faveur des insurgés cubains a amené avec l'Espagne une guerre qui s'est terminée par un traité signé à Paris le 10 déc. 1898, aux termes duquel l'Espagne a cédé les Philippines aux Etats-Unis et abandonné ses droits de souveraineté sur Cuba.

5. — La superficie territoriale des Etats-Unis s'élève à 9,212,270 kilomètres carrés. Ce vaste territoire était occupé au moment du recensement décennal de 1890 par une population de 62,981,000 habitants. — V. *Annuaire de l'économie politique et de la statistique*, 1899, p. 935 et s.

6. — Le lien fédéral réunit actuellement quarante-cinq Etats qui peuvent se répartir des insurgés en deux groupes : les treize Etats qui se sont constitués en Etats-Unis d'Amérique au moment de la déclaration d'indépendance et ceux qui ont été admis postérieurement dans l'Union. Les treize Etats originaires sont les suivants : Connecticut, Delaware, Georgia, Maryland, Massachusetts, New-Hampshire, New-Jersey, New-York, North-Carolina, Pennsylvanie, Rhode-Island, Virginie. Voici la liste des autres Etats avec la date de leur admission dans l'Union : Vermont (1791); Kentucky (1792); Tennessee (1796); Ohio (1802); Louisiane (1812); Indiana (1816); Mississipi (1817); Illinois (1818); Alabama (1819); Maine (1820); Missouri (1821); Arkansas (1836); Michigan (1837); Floride (1845); Texas (1845); Jowa (1846); Wisconsin (1848); Californie (1850); Minnesota (1858); Oregon (1859); Kansas (1861); Virginie (1863); Nevada (1864); Nebraska (1867); Colorado (1876); Dakota du Nord (1889); Dakota du Sud (1889); Montana (1889); Washington (1889); Wyoming (1890); Idaho (1890); Utah (1895). A ces Etats, il convient d'ajouter les territoires de New-Mexico, Arizona, Oklahoma, l'Alaska (ancienne Amérique russe), et les terres restant encore aux Indiens.

7. — Jusqu'à ces dernières années le territoire des Etats-Unis était purement continental. Mais depuis quelque temps, la République américaine s'est rapidement constitué un véritable empire colonial. Le 7 juill. 1898, les îles Hawaï ont été annexées purement et simplement au territoire fédéral. Deux projets de lois contenant des mesures destinées à faire partie d'une loi générale organisant la nouvelle possession ont été soumis au congrès. A la suite de la guerre avec l'Espagne, cette dernière, avons-nous dit, a abandonné ses droits sur Cuba et cédé les Philippines. Mais aucune mesure n'a été prise jusqu'ici pour régler la situation de ces deux pays à l'égard du gouvernement fédéral.

CHAPITRE II.

ORGANISATION FÉDÉRALE.

Section I.

Principes généraux.

8. — Les Etats-Unis sont, suivant l'expression de M. James Bryce, une République de république, un Etat qui, quoiqu'uni, est néanmoins composé d'autres Etats plus essentiels à son existence qu'il ne l'est à la leur (*american commonwealts*, 3e éd., p. 15). C'est un Etat fédératif dans lequel le gouvernement central ou national n'est pas seulement l'organe d'une simple ligue, car il ne dépend pas entièrement des aggrégations qui le composent. Il est lui-même un Etat, aussi bien qu'une union d'Etats, car il exige de chaque citoyen une obéissance directe et agit immédiatement sur lui par ses cours de justice et ses agents d'exécution. D'un autre côté, les Etats confédérés ne sont pas, comme les départements de France ou les comtés d'Angleterre, de simples subdivisions de l'union. Ils ont sur leurs citoyens une autorité qui leur est propre, et non pas déléguée par le gouvernement fédéral. Ils ne doivent pas l'existence à ce dernier, car plusieurs sont plus anciens que lui et tous pourraient exister sans lui. Les Etats particuliers sont maintenus tous dans l'union et lui sont subordonnés; cependant l'union est plus qu'un faisceau d'Etats et les Etats sont plus que des parties de l'union. Cette dernière pourrait être détruite; néanmoins les Etats, ajoutant alors quelques nouveaux pouvoirs à ceux qu'ils ont actuellement, pourraient survivre comme communautés indépendantes. C'est cette dualité qui rend à beaucoup d'égards la constitution des Etats-Unis difficile à comprendre pour un européen, qui ne voit rien d'analogue dans ce qui l'entoure et ne peut que difficilement concevoir l'existence simultanée de deux gouvernements s'appliquant au même territoire et exigeant, avec une égale autorité directe, l'obéissance de chaque citoyen. L'exposition du mécanisme de la constitution fédérale aidera à saisir comment fonctionne cette organisation compliquée.

9. — La constitution des Etats-Unis est née du mouvement qui amena à la fin du XVIIIe siècle, les Etats de la Nouvelle-Angleterre à répudier l'allégeance à la mère-patrie. Un premier congrès comprenant les délégués de neuf colonies réunis à New-York en 1765 fut suivi d'un second siégeant à Philadelphie en 1774, et dans lequel en 1775 seulement toutes les colonies furent représentées. C'est ce dernier qui en 1776 proclama l'indépendance des nouveaux Etats, et en 1777 vota les articles dits « de confédération et d'union perpétuelle » par lesquels les contractants déclaraient entrer dans une ligue à la fois offensive et défensive, tout en retenant pour chacun d'eux les droits, pouvoirs et juridiction qui ne seraient pas délégués expressément par la confédération aux Etats-Unis assemblés en congrès. Mais cette première confédération constituait une ligue plutôt qu'un gouvernement national : il n'y avait en effet, ni pouvoir exécutif fédéral, ni justice fédérale, ni impositions fédérales. Le besoin d'un lien plus solide entre les divers Etats ne tarda pas à se faire sentir. En 1786, une convention des délégués des Etats, réunis à Annapolis (Maryland) demande que dès l'année suivante une convention générale fût réunie afin d'examiner la situation de l'union et les amendements nécessaires à sa constitution. Le congrès approuva cette proposition et demanda aux Etats de nommer des délégués à cet effet. Dès le 14 mai 1787, la commission se réunissait à Philadelphie. Le 25 mai suivant, sept Etats étant représentés, elle commençait ses travaux sous la présidence de Washington. Cette fameuse assemblée, composée de 55 membres, siégea pendant près de cinq mois, jusqu'au 17 sept. 1787, date de l'adoption du projet. Les débats furent secrets, et, les procès-verbaux remis entre les mains de Washington, qui, en 1796, les déposa au département d'Etat. En 1819, ils furent publiés suivis des notes prises pendant les discussions par James Madison. Ils sont aujourd'hui imprimés dans la collection des « Débats » d'Elliot. Le texte élaboré par l'assemblée fut soumis à des conventions nommées spécialement dans chaque Etat pour le ratifier. Cette ratification ne fut pas obtenue sans difficultés : les Etats de Virginie et de New-York la donnèrent que dans le milieu de l'année 1788, après neuf autres Etats. La Caroline du Nord et le Rhode Island la refusèrent et ne consentirent à entrer dans l'union que plus d'un après que le gouvernement fédéral eût commencé à fonctionner.

10. — La nouvelle constitution fut presque immédiatement l'objet de quelques modifications reconnues indispensables. Dix amendements furent proposés en bloc à la première session du congrès en 1789 et ratifiés en décembre 1791. Un onzième amendement, proposé au congrès le 5 mars 1794, fut ratifié en 1798. Le douzième, proposé le 12 déc. 1803, fut ratifié en 1804. Mais à partir de ce moment, il faut arriver à l'époque de la sécession pour qu'une nouvelle modification fût jugée nécessaire. Entre le douzième et le treizième amendement, il s'écoula soixante et un ans. Le treizième amendement a été proposé le 31 janvier 1865 et ratifié le 18 décembre de la même année; le quatorzième, proposé le 13 juin 1866 et ratifié le 30 juill. 1868; enfin, le quinzième et dernier amendement a été ratifié le 30 mars 1870. Malgré ces modifications, qui, à part celle nécessitée au moment de la guerre de sécession par la suppression de l'esclavage, ne portait que sur des questions de détail, on peut dire que l'œuvre des constituants de 1787 a subsisté dans ses grandes lignes jusqu'à nos jours. Ce simple fait démontre la vérité du mot de M. Gladstone, que la constitution des Etats-Unis est l'œuvre la plus merveilleuse qui soit d'un seul effort sorti du cerveau humain et prouve que cet éloge n'a rien d'exagéré. Imbus de la pratique des libertés anglaises, des théories de Montesquieu sur la séparation des pouvoirs, les hommes réunis sous la présidence de Washington ont su créer un pouvoir exécutif, un pouvoir législatif et un pouvoir judiciaire également forts, ayant chacun leur sphère d'application aux matières qui forment le champ d'action du gouvernement fédéral.

11. — Les sources de la constitution des Etats-Unis, celles dont ses rédacteurs se sont directement inspirés, sont au nombre de trois : en premier lieu, il faut citer la connaissance personnelle du gouvernement de l'Angleterre tel qu'il était cons-

ÉTATS-UNIS. — Chap. II.

titué à la fin du xviiie siècle. A cet élément, les Américains empruntèrent la conception d'un pouvoir exécutif fortement organisé, indépendant du Parlement, ayant une large sphère d'activité ouverte, surtout en ce qui concerne les affaires étrangères, où le secret et la promptitude sont des éléments de succès indispensables. En second lieu, une influence considérable fut exercée par les arrêts de justice qui avaient exposé sous une forme scientifique le mécanisme de la constitution d'Angleterre et particulièrement Blackstone, dont les célèbres *Commentaires*, publiés en 1765, avaient rapidement acquis en Angleterre une haute autorité. Ces livres étaient très-lus aux Etats-Unis ; après la Bible et les ouvrages de théologie, les ouvrages juridiques étaient ceux dont les colons faisaient la plus grande consommation. Enfin, il convient de citer en dernier lieu le célèbre livre de Montesquieu, l'*Esprit des Lois*, paru en 1748, qui fut pour les penseurs américains une sorte de Bible en ce qui concernait la philosophie politique. Hamilton et Medesson en particulier le citent comme les scolastiques citaient Aristote. Les vues de Montesquieu sur la séparation des pouvoirs et leur constitution ont eu la plus grande influence sur la rédaction du pacte fédéral.

12. — Les Etats-Unis formant une confédération, il y a des matières que le gouvernement fédéral peut seul traiter, d'autres réservées au contraire aux gouvernements des Etats, d'autres enfin dont le maniement appartient à l'un ou l'autre de ces pouvoirs. Au gouvernement fédéral est réservé la direction des relations de l'Union avec les puissances étrangères, ainsi que celle de toutes les matières d'intérêt national, telles que l'armée, la marine, le crédit public, les finances fédérales, le service des postes, et tout ce qui est nécessaire pour le fonctionnement des pouvoirs législatif, exécutif et judiciaire (V. Constitution, art. 1, § 8: 2, § 2; 3, § 2; 4, §§ 3 et 4; amendements 13, 14 et 15). Aux Etats seuls sont réservés les pouvoirs ordinaires du gouvernement intérieur, tels le droit de légiférer sur le droit privé, civil ou criminel, le maintien de l'ordre et le respect de la loi, la création d'institutions locales, l'éducation et l'assistance publiques, etc., ainsi que les pouvoirs financiers nécessaires à cet effet. Peuvent être exercés concurremment par le gouvernement fédéral et par les Etats : le pouvoir de légiférer sur certaines matières, telles que la faillite, et certaines questions de droit commercial terrestre ou maritime (règlements des postes, pilotage, etc.) ; — mais ici la législation des Etats n'est en vigueur qu'en l'absence de lois fédérales — le pouvoir d'établir des impôts directs ou indirects. Mais un Etat ne peut établir de taxes douanières sur les marchandises des autres Etats, ni taxer les agents fédéraux, à moins que ce ne soit avec le consentement du congrès. — Le pouvoir judiciaire, dans certains cas où le congrès aurait pu légiférer ; — mais ne l'a pas fait, ou ceux dans lesquels les parties ont le choix entre une juridiction fédérale et une juridiction d'Etat; les pouvoirs relatifs à l'élection des sénateurs et représentants.

13. — Il faut également remarquer que l'autorité du gouvernement fédéral sur les citoyens de chaque Etat est directe et immédiate, qu'elle s'exerce sans avoir recours à l'intermédiaire du gouvernement de l'Etat. En général, le gouvernement fédéral ignore l'existence des différents Etats; il traite les citoyens comme étant ses propres citoyens, liés par ses lois. Les tribunaux fédéraux, les percepteurs des impôts fédéraux, les agents du service des postes n'ont aucuns rapports avec les fonctionnaires des Etats. Ils dépendent directement de Washington. Il faut noter aussi qu'il n'y a, ni ne saurait y avoir de gouvernement local fédéral ; le gouvernement local est une pure affaire d'Etat. Enfin, aucun fonctionnaire fédéral n'est nommé par les électeurs d'une circonscription locale. D'un autre côté, l'Etat ne dépend en aucune manière du gouvernement fédéral pour son organisation ou le fonctionnement de ses organes. Il est la création de ses habitants. Ceux-ci lui ont donné une constitution, un gouvernement. Gouvernement fédéral, gouvernement d'Etat sont deux organismes distincts. La constitution détermine les points de contact entre eux. L'application du pacte fédéral, pour que tous les rouages puissent jouer sans qu'il y ait de frottements trop rudes; — mais ainsi pour s'assurer le respect des droits et libertés du citoyen, des restrictions sont apportées aux pouvoirs, soit du gouvernement fédéral, soit de ceux des Etats. C'est ainsi qu'il est interdit au gouvernement fédéral de suspendre l'acte d'*Habeas corpus*, à moins que le salut public ne l'exige en cas de rébellion ou d'invasion ; de voter un bill d'*atteinder* ou quel-

que loi pénale ayant un effet rétroactif ; d'accorder une préférence commerciale ou à un Etat sur un autre; d'employer les sommes appartenant au Trésor public à d'autres usages que ceux déterminés par les lois ; de conférer des titres de noblesse ; de voter des lois portant atteinte à la liberté de conscience, à la liberté de la parole ou de la presse, au droit de réunion ou à celui de porter des armes; d'exiger de ceux qui occupent les emplois publics un serment religieux ; de faire juger les matières criminelles autrement que par un grand jury, de juger deux fois la même personne pour un seul délit, de forcer quelqu'un à porter témoignage contre lui-même, de soustraire les citoyens à leurs juges naturels ; de trancher sans jury les litiges excédant $ 20 (100 fr.) (V. Cons. fédérale, art. 1, § 9 et les 10 premiers amendements).

14. — Les limitations qui sont imposées aux Etats ont pour but d'assurer le gouvernement fédéral contre les empiétements qui pourraient provenir des Etats particuliers, et de protéger les citoyens contre toute législation oppressive. C'est ainsi, qu'aucun Etat ne peut faire des traités ou conclure des alliances, battre monnaie, déclarer légale une monnaie autre que l'or ou l'argent; passer un bill d'*atteinder*; voter une loi altérant les obligations qui naissent d'un contrat ; accorder des lettres de noblesse : c'est ainsi encore qu'aucun Etat ne doit sans le consentement du congrès lever des droits sur les importations ou les exportations ; garder des troupes ou des vaisseaux de guerre en temps de paix ; conclure des traités avec un autre Etat ou une puissance étrangère ; engager des opérations militaires à moins que le territoire de l'Etat ne soit envahi ou en danger imminent; qu'il est enjoint aux Etats de reconnaître comme valables les décisions de justice rendues dans les autres Etats, de reconnaître les privilèges et immunités de citoyen aux citoyens des autres Etats : de livrer les fugitifs à la justice de l'Etat qui a qualité pour les réclamer; qu'il est interdit aux Etats d'adopter une forme de gouvernement autre que la forme républicaine ; qu'il leur est également défendu de maintenir l'esclavage ; de diminuer les privilèges qui appartiennent à tout citoyen des Etats-Unis ou de leur refuser le droit de suffrage à cause de sa race, de sa couleur ou d'un état antérieur de servitude ; de priver une personne de la vie, de la liberté ou de ses biens en dehors des formes prescrites par les lois ; enfin de refuser à qui que ce soit l'égale protection des lois (V. Const. fédérale, art. 1, § 10 et les 3 derniers amendements).

15. — Il y a lieu de faire remarquer qu'il n'est nullement défendu aux Etats, d'établir une forme particulière de religion, d'imposer un système d'éducation, d'établir le jugement par le jury au civil ou au criminel, de supprimer la liberté de parler, d'écrire, de porter atteinte au droit de réunion ; de limiter le droit de suffrage dans une certaine mesure ou de l'accorder aux femmes, mineurs ou interdits. Ces omissions sont significatives : elles montrent que la constitution n'a nullement cherché à établir l'uniformité dans les institutions des Etats et qu'elle s'est peu préoccupée de protéger les citoyens contre les abus des pouvoirs des Etats. En ce sens. les quatorzième et quinzième amendements à la constitution ont constitué une nouveauté. Le but poursuivi a été de protéger le gouvernement fédéral contre tout empiétement de la part des Etats et de supprimer les causes de conflit entre le gouvernement fédéral et les Etats, entre les différents Etats.

16. — Un autre et très-important principe du droit constitutionnel américain, c'est que les pouvoirs qui appartiennent à chaque Etat lui étaient déjà propres et inhérents avant l'entrée dans l'Union. Il en résulte que ces pouvoirs sont illimités et ne comportent d'autres restrictions que celles directement imposées par la constitution fédérale. Les pouvoirs réservés au gouvernement fédéral font l'objet d'une énumération limitative dans la constitution. En cas de doute, la présomption est en faveur du gouvernement des Etats. C'est une règle solidement établie du droit constitutionnel, que, dans le cas où la question de savoir si le gouvernement fédéral possède certains pouvoirs est posée, il appartient à ce dernier de prouver que la constitution lui a formellement accordé ce qu'il revendique. Si la constitution ne l'a pas fait les prétentions fédérales doivent être repoussées, parce que l'Union est une création artificielle dont le gouvernement n'a d'autres droits que ceux qui lui sont accordés par la constitution. En vertu de ces principes la Cour suprême a jugé qu'une loi de police votée par le congrès fédéral et empiétant sur le droit des Etats, ne peut s'appliquer qu'au district fédéral et aux territoires mais non aux Etats particuliers (Etats-Unis v. de Witt. 9, Woll. 41).

17. — Sur les points suivants la constitution impose cependant aux Etats quelques obligations à l'égard du gouvernement fédéral. Chaque Etat doit envoyer au congrès, aux époques requises, deux sénateurs et le nombre de représentants fixé par les lois électorales; chaque Etat doit assurer la nomination des électeurs présidentiels, recueillir leurs actes en temps opportun et les transmettre à Washington; chaque Etat doit aussi organiser et assurer une milice qui, lorsqu'elle est régulièrement convoquée pour un service actif, est placée sous les ordres du président; chaque Etat doit maintenir une forme de gouvernement républicain. Sauf ces restrictions, chaque Etat, comme on l'a dit ci-dessus, est souverain dans sa sphère d'action et peut y faire prévaloir sa volonté comme le gouvernement fédéral dans la sienne. C'est même une des critiques que les publicistes anglo-saxons adressent à la constitution qui ne laisse en cas de conflit d'autres ressources que l'appel à la force.

SECTION II.

Pouvoir exécutif. Le président, le vice-président, les ministres.

18. — Les matières réservées par la constitution au gouvernement fédéral et qui constituent sa sphère d'action sont les suivantes : décider la paix ou la guerre ; lever et entretenir des armées ; créer et entretenir une marine ; conclure des traités et entretenir des relations avec les nations étrangères ; faire tous règlements relatifs au commerce avec les nations étrangères et celui entre les divers Etats ; réglementer les questions relatives aux brevets d'invention et à la propriété littéraire ; assurer le service des postes ; exercer le droit de législation exclusive dans les limites du district choisi pour être le siège du gouvernement fédéral ; assurer la protection des citoyens contre la législation injuste des Etats ; établir des impôts pour les objets ci-dessus et contracter des emprunts basés sur le crédit des Etats-Unis ; établir des cours de justice fédérale (V. *Constitution des Etats-Unis*, part. I, § 8). Le gouvernement chargé d'accomplir cette tâche se compose d'un président (pouvoir exécutif), d'un congrès (pouvoir législatif) de cours de justice fédérales (pouvoir judiciaire). Chacun de ces organes a sa sphère d'action. Cependant, il y a lieu de remarquer que le pouvoir exécutif n'appartient pas exclusivement au président. Le congrès est associé dans une certaine mesure à l'exercice de ce pouvoir, par le droit qui appartient au Sénat d'approuver les choix faits par le président des titulaires et certaines fonctions exécutives.

19. — Le président des Etats-Unis est une création de la constitution. Dans la confédération qui l'avait précédée, il y avait seulement un président du congrès, mais non un chef de la nation. Or, les constituants avaient pu voir la faiblesse montrée par le congrès, soit dans la conduite de la guerre de l'indépendance, soit après la paix dans la conduite des affaires. Quelques-uns d'entre eux, comme Hamilton, Madison et Edmond Randolph étaient tellement désireux d'avoir un pouvoir exécutif fort, qu'ils avaient proposé de nommer le président à vie, révocable seulement en cas de mauvaise administration. En hommes pratiques, les rédacteurs de la constitution n'ont pas conçu le président des Etats-Unis comme une abstraction tirée de leurs propres cerveaux. Ils ont copié les modèles existants qu'ils avaient sous les yeux et lui ont donné des pouvoirs moindres que ceux du roi d'Angleterre, mais plus considérables que ceux d'un simple gouverneur d'Etat. Le président des Etats-Unis est un George III, privé d'une partie de ses prérogatives par l'intervention du Sénat dans les traités et dans certaines nominations à de hauts emplois, et ne tenant son office que pour un temps limité. Sa liste civile est trop faible pour lui permettre d'entretenir une cour ou de corrompre la législature. Mais en dehors de cela, il est la tête du pouvoir exécutif, à part et au-dessus des parties. Il représente la nation et n'a rien ni à gagner ni à craindre du congrès.

20. — Cette conception a eu sa répercussion sur le mode d'élection du président. Laisser le choix à un vote populaire direct, c'était créer à travers le pays entier une agitation dangereuse, et assurer trop d'avantages aux candidats simplement doués de ces qualités qui rendent un homme populaire. Confier l'élection présidentielle au congrès, c'était asservir le pouvoir exécutif ou législatif. De là, l'adoption d'une double élection assez compliquée. Aux termes de la constitution (art. 2, §§ 1 et s.), chaque Etat nomme, de la manière prescrite par sa législation, un nombre d'électeurs présidentiels égal à celui de ses représentants dans les deux Chambres du congrès. Quelques semaines plus tard, ces électeurs se réunissent dans leur Etat respectif et votent, au scrutin pour le président et le vice-président (cela au moins depuis l'amendement de 1804, car avant cette époque, était élu président la personne ayant obtenu le plus grand nombre de suffrages et vice-président celle arrivant la seconde sur la liste). La liste du nombre de voix obtenues par chaque candidat est signée, certifiée et transmise sous pli cacheté au président du Sénat qui l'ouvre en présence des deux Chambres. Les votes sont alors comptés et la personne ayant obtenu le plus grand nombre de suffrages, si ce nombre forme la majorité, est proclamée président.

21. — Il peut arriver qu'aucun candidat n'ait obtenu la majorité des suffrages exprimés. Dans ce cas, la chambre des représentants choisit immédiatement, au scrutin, le président parmi les trois candidats ayant obtenu le plus grand nombre de voix pour la présidence. Les votes sont alors recueillis par Etat, la représentation de chaque Etat ayant un vote ; le quorum à cet effet se compose d'un ou de plusieurs membres des deux tiers des Etats, et la majorité de tous les Etats sera nécessaire pour le choix. Si la chambre des représentants ainsi appelée à élire le président n'a pas procédé à l'élection avant le onzième jour du mois de mars suivant, le vice-président remplit les fonctions de président, comme en cas de mort ou de toute autre incapacité constitutionnelle de ce dernier (Const., 12ᵉ amendement, § 1 et 2). Deux fois seulement, la chambre des représentants a été appelée à faire usage de cette prérogative : en 1804, lors de l'élection de Jefferson et en 1824, lors de celle de J.-Q. Adams.

22. — L'élection du vice-président a lieu avant celle du président, celui qui réunit le plus grand nombre de suffrages est proclamé élu, si ce nombre forme la majorité de tous les délégués. Si aucun candidat n'obtient cette majorité, le Sénat choisit le vice-président parmi les deux candidats ayant le plus de voix. Le *quorum* par ce vote est formé de deux tiers des sénateurs et la majorité absolue du nombre total sera nécessaire à la validité de l'élection (Const., 12ᵉ amendement, § 3).

23. — On voit combien ont été minutieuses les précautions prises par le législateur. Il a désiré confier l'élection aux meilleurs et aux plus indépendants parmi les citoyens de chaque Etat. A cet effet, il exclut de la fonction d'électeurs présidentiels les membres du congrès et les titulaires des offices fédéraux. Il espérait que les voix des électeurs ainsi choisis se porteraient sur l'homme le plus qualifié et il serait réellement suivant l'expression anglaise *the right man in right place*. Il a voulu surtout écarter les masses populaires et a disposé que le vote des électeurs présidentiels aurait lieu par tête et non par Etat. La voix de l'homme qui fait partie de la minorité dans son propre Etat sera ajoutée à celles données par des électeurs d'autres Etats aux mêmes candidats. Si bien comptées qu'aient été ces mesures, aucune partie de la constitution américaine n'a plus trompé les espérances de ses auteurs. Les électeurs présidentiels sont devenus de simples intermédiaires chargés de mettre en vigueur le choix populaire. Leurs qualités personnelles ne jouent aucun rôle. Leur vote n'est pas libre, car ils sont nommés sur l'engagement d'honneur (mais il n'y a pas jusqu'ici d'exemple que cet engagement ait été violé) de donner leur voix à un candidat désigné. En les choisissant, le peuple choisit aussi le président. Ainsi s'est produit ce que les constituants avaient si soigneusement cherché à éviter : l'élection directe du président par le peuple. Cela n'apparut pas tout d'abord. En 1789 et en 1792, il n'y avait point d'opposition à la nomination de Washington et les partis ne s'étaient pas encore développés. Cependant, dès la seconde élection, il était déjà convenu que tous les électeurs d'un parti porteraient Clinton à la vice-présidence, tandis que tous leurs adversaires donnaient leurs voix à John Adams. Dans la troisième élection (1796) aucun engagement ne fut exigé dans les élections, mais il était déjà convenu que les voix des fédéralistes se porteraient sur John Adams et celles des démocrates sur Jefferson. Enfin, la quatrième élection fut conduite par des partis organisés. Les noms des candidats furent portés devant le pays, et la bataille s'engagea autour d'eux. Depuis cette époque, il ne fut plus question de laisser aucune liberté aux électeurs présidentiels. Même en 1876, la proposition de soumettre à leur libre choix une élection contestée n'a rencontré aucune faveur.

24. — La permanence de cette importante modification à la constitution a été assurée par la méthode qui prévaut pour le choix des électeurs présidentiels. La constitution laisse les Etats libres de fixer les moyens par lesquels ce choix s'effectuera. A l'origine, beaucoup d'Etats firent désigner les électeurs par leurs législateurs. Mais l'idée de les faire choisir par le peuple, d'abord appliquée seulement dans la Virginie, la Pennsylvanie et le Maryland fit si bien son chemin, qu'en 1832, la Caroline du Sud était le seul Etat resté fidèle à l'élection par le législateur. Elle l'abandonna d'ailleurs en 1868 pour se rallier au système général de l'élection populaire actuellement suivi par tous les Etats. Dans certains Etats, les électeurs furent pendant quelque temps élus par districts, comme les membres de la chambre des représentants. Mais l'élection sur un seul vote populaire dans tout l'Etat devint rapidement d'une pratique plus suivie, car elle est plus favorable aux intérêts du parti alors dominant dans l'Etat. Aujourd'hui, l'élection vient directement du peuple, après une chaude campagne électorale, elle a lieu dans les premiers jours de novembre, dans toute l'Union et quand le résultat est connu, le président est élu, car la réunion et le vote des électeurs n'est plus qu'une simple formalité. En outre, les altérations de l'idée primitive ont eu d'autres conséquences singulières que ne pouvaient prévoir les rédacteurs de la Constitution. L'élection présidentielle est devenue en réalité une élection populaire par les Etats, et ce, par le système qui consiste à choisir au scrutin de liste les électeurs présidentiels; en sorte que le poids d'un Etat tout entier est porté sur un candidat, celui dont la liste d'électeurs a été élue tout entière. Lors de l'élection de 1884, l'Etat de New-York disposait de 36 votes présidentiels. Chaque parti avait présenté sa liste, en sorte que les 36 élus étaient obligés de voter tous pour M. Blaine (candidat républicain) ou M. Cleveland (candidat démocrate). La liste des démocrates fut élue tout entière avec une majorité de 1,100 voix. Cette faible majorité eut pour résultat d'assurer à M. Cleveland les 36 votes de l'Etat de New-York, et ces 36 votes déterminaient l'issue d'une lutte électorale dans laquelle 10 millions de suffrages avaient été émis. Aussi, tout l'intérêt, pendant la campagne électorale se dirige-t-il sur les Etats douteux, et non sur ceux où une très-forte majorité est prévue d'avance dans un sens ou dans l'autre. Il en résulte aussi que le président élu peut être le candidat qui a eu la minorité dans le vote populaire. En 1876, le vote populaire donnait à M. Hayes, 252,000 voix de moins qu'à M. Telden, son concurrent malheureux; en 1888, le président Harrison avait obtenu dans l'Union 95,534 voix de moins que M. Cleveland. En résumé, l'idéal de la Constitution n'a été réalisé qu'une seule fois dans la personne de Washington. Son successeur a été le premier des chefs de parti qui se succédèrent depuis sans interruption dans ces hautes fonctions.

25. — Rien dans la Constitution n'empêche le président sortant d'être indéfiniment rééligible. Tous les quatre ans, il peut être l'objet d'une réélection et ainsi de suite jusqu'au terme de sa vie. Mais la coutume a comblé cette lacune de la loi. Réélu en 1792, Washington, à l'expiration de ce second mandat, refusa absolument d'en solliciter un troisième, alléguant le danger que pourraient courir les institutions républicaines si le même homme restait toujours en fonctions. Jefferson, Madison, Monroë, Jackson se conformèrent à ce précédent et ne sollicitèrent aucune réélection après l'expiration du deuxième mandat. La règle fut strictement suivie jusqu'en 1880, époque à laquelle une tentative fut faite pour y déroger. Le général Grant avait été successivement élu président en 1869 et en 1873, en 1877, il fut remplacé par M. Hayes. Mais en 1880, au moment de choisir le candidat du parti républicain à la présidence, les amis du général Grant disposaient à la Convention réunie à cet effet, de déroger à la tradition en sa faveur. Une opposition si violente se manifesta que la candidature Grant fut écartée et remplacée par celle de M. Garfield. Depuis cette époque, en présence de ce refus de troisième mandat à un président exceptionnellement populaire, on peut dire que la règle traditionnelle a reçu une sanction qui en fait une véritable règle constitutionnelle.

26. — Pendant la durée de son mandat, le président ne peut être révoqué que par une procédure spéciale, familière aux Américains et aux Anglais, prévue par le vote de la constitution, la procédure d'*impeachment*. Cette procédure, célèbre en Angleterre, où elle a été employée dans d'importantes circonstances historiques, notamment lors du fameux procès de Warren Hasteng, permet au congrès de déposer un président qui se rendrait coupable de haute-trahison. La chambre des représentants peut voter une déclaration aux termes de laquelle le président est *impeached*. Il est alors jugé par le Sénat, constitué en tribunal siégeant avec le *chief justice* de la Cour suprême; le magistrat le plus élevé en grade dans le pays. Le président ne peut être déclaré coupable que si les deux tiers des sénateurs se prononcent pour la culpabilité. Cette condamnation n'a d'autre effet que de le dépouiller des fonctions dont il est revêtu. Il devient alors justiciable des tribunaux ordinaires, devant lesquels il est traduit selon les formes du droit commun (Const., art. 1, § 3, art. 2, § 4). Les crimes donnant lieu à *impeachment* sont la trahison, le complot contre la sécurité de l'Etat et tous les crimes ou délits importants. Jusqu'ici, Andrew Johnson est le seul président contre lequel la chambre des représentants ait eu à rendre une déclaration de ce genre. Traduit devant le Sénat il fut acquitté, le quorum requis en faveur de la déclaration de culpabilité n'ayant pas été atteint.

27. — Si le président des Etats-Unis cesse ses fonctions par suite de mort ou de démission, s'il est destitué par suite d'une déclaration d'*impeachment*, ou s'il se trouve incapable de remplir les devoirs de sa charge, il est remplacé par le vice-président. Ce dernier n'a d'autre fonction que de remplacer le vice-président s'il y a lieu et de présider le Sénat. Il est, comme on l'a dit plus haut, nommé de la même manière que le président. Au cas où le président et le vice-président viendraient à disparaître tous les deux, et où se trouverait simultanément dans l'impossibilité d'exercer leurs fonctions, il était disposé par une ancienne loi que le pouvoir exécutif passerait au président du Sénat, à son défaut, au président de la chambre des représentants. Mais cette loi fut modifiée par un act de 1886, dont la voie a été déterminée par ce motif que l'ancienne législation aurait pu avoir pour conséquence, le cas échéant, de faire passer brusquement le pouvoir d'un parti à l'autre. Aujourd'hui, à défaut du président et du vice-président, le pouvoir passerait au secrétaire d'Etat, et, à son défaut, aux autres ministres d'après leur rang. Depuis Washington, quatre présidents (Harrison, Taylor, Lincoln, Garfield) sont morts en fonctions et ont été remplacés par le vice-président. Cependant, bien que l'exercice du pouvoir exécutif par le vice-président soit une hypothèse susceptible de se réaliser, les partis attachent peu d'importance à son choix. Ils choisissent en général comme candidat des hommes de second ordre ; quelquefois la candidature à la vice-présidence sert de fiche de consolation à un candidat écarté de la lutte présidentielle ; quelquefois même elle est offerte à un ami du candidat écarté par les conventions des partis.

28. — *Pouvoirs du président.* — La constitution accorde au président, comme chef du gouvernement fédéral, les pouvoirs suivants : commander l'armée et la marine fédérales, ainsi que les milices des Etats appelées pour le service des Etats-Unis; nommer les ambassadeurs et les consuls, les juges de la Cour suprême et les hauts fonctionnaires fédéraux, mais avec le consentement du Sénat; user du droit de grâce en ce qui concerne les crimes et délits contre les Etats-Unis, sauf dans le cas d'*impeachment* ; convoquer les deux Chambres en sessions extraordinaires ; opposer son veto aux bills ou résolutions votés par le congrès ; mais si la mesure frappée de veto réunit de nouveau les deux tiers des voix dans chaque chambre, elle prend force de loi; recommander au congrès le vote des mesures urgentes et l'informer de l'état de l'Union ; commissionner tous les fonctionnaires fédéraux; recevoir les ambassadeurs étrangers; veiller à ce que les lois soient exécutées. Ces pouvoirs sont heureusement classés par M. Bryce (*op. cit.*, t. 1, ch. 6) en quatre classes : ceux qui ont trait aux affaires étrangères; ceux qui se rapportent à l'administration intérieure; ceux relatifs à la législation; le pouvoir de nomination. C'est à ces différents points de vue qu'il importe de les étudier.

29. — Bien qu'ayant la conduite des affaires étrangères, le président n'a pas les mains libres en cette matière. Le droit de déclarer la guerre appartient au congrès ; tout ce que peut faire le président ce serait, comme le fit Polk en 1845, d'amener les choses à un point où la guerre devient inévitable. Les traités ont besoin, pour être définitifs, d'être approuvés par les deux tiers des sénateurs, et à cet effet le pouvoir exécutif doit être en rapports constants avec le comité des affaires étrangères, au Sénat. En outre, la chambre des représentants, bien que n'ayant légalement aucun droit d'intervenir, peut voter des résolutions qui approuvent ou repoussent une certaine ligne de conduite. Le président n'est pas lié par ces résolutions, mais s'il n'en tient compte, il peut se voir refuser soit des crédits nécessaires, soit l'approbation d'un traité. En fait, cependant, il reste au président, ou plutôt à son secrétaire d'Etat, une large part d'initiative dans le maniement et la conduite des affaires extérieures. De même, l'autorité du président en temps de paix faible en ce qui concerne les affaires intérieures, car la plus grande partie de l'administration est aux mains du gouvernement des Etats. Mais en temps de guerre les choses changent. Commandant en chef des armées de terre et de mer, chargé d'assurer l'exécution fidèle des lois, le président peut exercer tous les pouvoirs que nécessite cette situation. Cela est remarquable surtout en temps de guerre civile. C'est ainsi que le président Lincoln, en 1862, déclarait libres tous les esclaves des Etats insurgés, quoique ces Etats fissent encore légalement partie de l'Union, que le même président suspendait l'*Habeas corpus* et maintenait cette suspension malgré les décisions des tribunaux. Après la guerre de sécession, le congrès vota un bill pour légaliser tous ces actes. En fait, Lincoln, pendant cette période troublée, avait agi comme un véritable dictateur. De plus, le pouvoir exécutif, aussi bien que le congrès, peut se prévaloir des dispositions de la Constitution, qui garantit à chaque Etat une forme républicaine du gouvernement. Un Etat peut obtenir protection contre les violences ou les troubles intérieurs. En vertu de ces dispositions, deux fois le pouvoir exécutif put intervenir dans les affaires intérieures des Etats : en 1840-1842 dans le Rhode-Island, en 1873 dans la Louisiane. L'intervention des troupes fédérales se produisit même dans ce dernier cas.

30. — Le président peut s'adresser à la nation au moyen de messages et de proclamations. Ce droit, dont il a été rarement fait usage, ne lui est pas expressément conféré par la constitution, mais est inhérent à sa position. Au point de vue législatif, sa situation est aussi particulière. Le roi d'Angleterre est membre du Parlement, puisque ce Parlement est son grand Conseil qu'il préside et dans lequel il entend les plaintes de son peuple. Mais le président des Etats-Unis n'est pas membre du congrès; il est un pouvoir séparé du pouvoir législatif. Il ne peut faire aucune proposition de loi ni directement, ni indirectement par ses ministres, car ces derniers ne siègent pas dans le congrès. Tout ce que lui permet la constitution, c'est d'informer dans un message le congrès de l'état de la nation et de lui recommander les mesures qu'il juge nécessaires. Georges Washington présentait lui-même, oralement, ses messages au congrès. Mais Jefferson, en 1801, inaugura la pratique d'envoyer des communications écrites, soit par simplicité républicaine, soit peut-être, comme le prétendaient ses adversaires, parce qu'il était médiocre orateur. Cet usage fut suivi depuis et les communications se font aujourd'hui par écrit. Comme aucun des ministres ne siège dans le congrès et ne peut y prendre la parole pour soutenir les conclusions du message, ce dernier est plutôt l'expression d'une opinion, d'un manifeste, que l'exercice d'un pouvoir de législation. Quel que soit le contenu, le congrès ne vote que les bills qui lui sont régulièrement présentés.

31. — Par le droit d'opposer son veto aux bills votés par le congrès, le président possède une influence plus réelle sur le pouvoir législatif. Quand une proposition de loi votée par les deux Chambres lui est présentée, il peut la signer et elle acquiert alors force de loi. Mais s'il la désapprouve, il peut dans les dix jours la retourner à la Chambre dont elle émane avec l'exposé des motifs qui l'ont conduit à faire usage de sa prérogative constitutionnelle. Si de nouveau ce bill est voté dans les deux Chambres par une majorité des deux tiers, il acquiert force de loi malgré le veto présidentiel. Si cette majorité n'est pas réunie, il devient caduc. Le droit de veto a été employé jusqu'ici par les présidents d'une manière heureuse. Ils n'en ont fait usage que lorsqu'un délai leur paraît nécessaire, ou lorsqu'ils pensent que l'opinion publique les soutiendra contre le congrès. Ce n'est que contre le droit de veto employé par un président impopulaire que la majorité requise par la constitution peut se former. Washington pendant sa présidence n'employa ce droit que deux fois; ses successeurs jusqu'en 1830, sept fois seulement. Jackson fit plus fréquemment appel à cette prérogative. Cependant, jusqu'en 1885, pendant une période de quatre-vingt-seize ans, le nombre des bills frappés de veto s'élevait à 132 seulement. A cette époque, le président Cleveland opposa son veto à 301 bills dont la plupart avaient pour objet d'accorder des pensions à des combattants de la guerre de sécession. Et quoique ces bills eussent rencontré dans le congrès peu ou point d'opposition, deux seulement purent réunir la majorité des deux tiers (Mason, den *Harvard Historical Monographo*, Boston, 1891). En général, l'opinion publique accueille favorablement l'initiative du président. Il gagne de la popularité en donnant une impression de fermeté et en faisant connaître qu'il a ses idées et sa politique. Aussi, sur 433 bills frappés du veto présidentiel depuis l'origine, 29 seulement ont pu néanmoins acquérir force de loi, et sur ces 29, 15 appartiennent à la présidence impopulaire de Johnson.

32. — Responsable de toute l'administration fédérale dont il est chargé, le président doit naturellement avoir la prérogative de choisir ses agents d'exécution. Mais, afin d'empêcher qu'il ne fasse de ce pouvoir un usage abusif, la Constitution lui associe le Sénat, dont il doit requérir l'avis et le consentement. Ainsi peuvent être écartées les personnes qui seraient personnellement incapables de remplir le poste auquel elles seraient appelées. En fait, le Sénat a toujours, sauf au temps de la lutte avec le président Johnson, laissé le président absolument libre de choisir les membres de son cabinet. Mais de très-bonne heure il a revendiqué le droit d'écarter les autres nominations qui lui déplaisent, soit à cause de la nuance politique des candidats, soit même pour blesser personnellement le président. En outre, les sénateurs d'un Etat où quelque important office fédéral à la nomination de président vient à vaquer, disent les plus intéressés à la nomination et les plus qualifiés pour connaître des mérites nécessaires, réclament une voix prépondérante quant à la question de savoir si le choix présidentiel doit être confirmé. Le Sénat insiste donc pour qu'avant de faire une nomination, le président consulte les sénateurs de l'Etat où l'office fédéral vacant qui appartiennent à son parti et se mettre d'accord avec eux sur le choix du titulaire. Le système était avantageux pour les sénateurs. Il obtint le nom de « *Courtoisie envers le Sénat* ». Le président voit ainsi son pouvoir de nomination infirmé dans d'étroites limites car il s'expose, en refusant d'être guidé par les sénateurs, à voir son choix non confirmé. En outre, le pouvoir de nommer les fonctionnaires passe de la sorte virtuellement aux sénateurs qui acquièrent une influence considérable. Plusieurs présidents ont essayé de lutter, mais en général les dissentiments se terminent par des arrangements transactionnels. Cependant, en 1881, le président Garfield ayant refusé de nommer par le sénateur Rosjol Conkling, ce dernier donna sa démission et entraîna son collègue, M. Platt, à suivre son exemple. Puis tous deux se représentèrent devant leurs électeurs. Mais ils ne furent pas réélus, et la victoire, en cette circonstance, resta au président.

33. — De longues controverses se sont engagées sur la question de savoir si le président avait le droit de révoquer les fonctionnaires fédéraux. Sous la présidence de Washington, Hamilton, dans le *Federaliste*, lui accordait ce droit comme lui donnant un pouvoir trop étendu. Madison et le Chief-Justice Marshall lui accordaient au contraire cette faculté, et le Sénat se rallia à cette opinion. Il fut donc admis jusqu'en 1867, que le président jouissait du droit de révocation. Mais en 1867, lors du conflit entre le congrès et le président Johnson, le congrès vota une loi aux termes de laquelle le consentement du Sénat était nécessaire pour la révocation d'un fonctionnaire, les ministres, permettant uniquement au président de prononcer la suspension seulement pendant le temps où le congrès ne siégeait pas. Cette loi, dont la constitutionnalité était douteuse fut modifiée en 1869 lors de l'arrivée de Grant au pouvoir et définitivement abrogée en 1887. Ce système présente des inconvénients. S'il est bon que le président soit libre de choisir ses ministres et ses conseillers, il faut aussi que la masse des fonctionnaires soit soustraite à l'arbitraire du chef du pouvoir exécutif qui, représentant en même temps un parti politique, révoque en masse les titulaires d'emploi pour les remplacer par ses partisans. Aussi, comme la Constitution autorise le congrès à investir les tribunaux et les chefs des départements administratifs du droit de choisir les fonctionnaires de rang inférieur, on s'est servi de cette disposition pour soustraire de nombreux emplois à la nomination du président. Une loi du 16 janv. 1883, le *Civil service*

Reform Act, a institué des concours pour 34,000 fonctionnaires environ. Elle a eu surtout pour but d'assurer aux fonctionnaires une certaine stabilité et de leur donner une certaine indépendance à l'égard des partis politiques (V. *Ann. de législ. étrang.*, t. 13, p. 799 et s.). Mais il reste encore à la disposition du président un grand nombre d'emplois (3,500 environ), pour lesquels se produisent sans cesse les réclamations des politiciens recommandant les candidatures de leurs noms. Il en résulte que cette fonction accessoire de choisir les fonctionnaires est celle qui absorbe la plus grande part du temps du président, obligé de tâcher d'éviter les froissements. On cite l'exemple du président Garfield qui, du 4 mars, date de son avènement, au mois de juin suivant, date de sa mort, fut presque exclusivement occupé par les questions de cette nature.

34. — Ces pouvoirs du président aux époques de paix et de tranquillité sont donc assez limités. Il est assez gêné pour suivre de larges plans politiques, ayant sans cesse besoin de la coopération du congrès qui peut être jaloux, indifférent ou hostile. Son influence sur la législation est à peu près nulle. On l'a même comparé au directeur d'une grande société, ayant pour principale fonction de choisir ses subordonnés, alors que la direction politique de l'entreprise est aux mains du conseil d'administration. Mais en temps de guerre intérieure, comme il est à la fois le chef de l'armée et le chef du pouvoir civil, il jouit d'un pouvoir considérable. On a pu dire avec raison qu'Abraham Lincoln pendant la guerre de sécession avait eu en fait autant de pouvoir qu'Olivier Cromwell (Bryce, *op. cit.*, chap. 6). Il devient une sorte de dictateur. Mais une guerre extérieure ne changerait rien à sa situation dans les États de l'Union. En outre, il ne tient son mandat que pour un temps très-court et suivant l'usage cherche à être réélu au terme de sa magistrature. La première période de quatre ans est donc dirigée tout entière sous des préoccupations électorales et personnelles. Ce n'est que pendant un second mandat qu'il peut jouir d'une tranquillité qui lui permet de se donner tout entier aux affaires du pays. Aussi est-il à remarquer qu'en dehors des héros de la Révolution, les Washington, les Jefferson, ou les Madison, aucun homme de grande réputation ce n'est que Grant n'a été élu président. En outre, dans ce poste, seul Lincoln a déployé des qualités d'ordre supérieur. Ce phénomène est dû à plusieurs circonstances. En général, aux États-Unis, les hommes de valeur suivent plutôt la carrière des affaires que celle de la politique. Puis les partis aiment mieux mettre aux premiers rangs des hommes de second ou de troisième ordre que ceux tout à fait supérieurs. Enfin, on l'a remarqué plusieurs fois, il n'est pas nécessaire pour ce poste de dons tout à fait exceptionnels et qualités moyennes et solides de la plupart des présidents ont suffi au bon fonctionnement de la machine gouvernementale.

35. — Personnellement, le président des États-Unis n'est que le premier citoyen d'un État libre, n'ayant ni titre, ni costume officiel, ni insignes, quoique à l'origine on eut proposé, souvenir de la République d'Angleterre, de lui donner les titres d'*Altesse* et de *Protecteur des libertés des États-Unis*. Son image ne figure ni sur les monnaies, ni sur les timbres-poste. Ces derniers ne portent l'effigie que des présidents sortis de charge, comme Washington, Grant, Lincoln, Taylor, Jackson. Sa demeure à Washington, est une assez modeste villa appelée officiellement le palais du pouvoir exécutif (*Executive Mansion*) et plus familièrement la maison-blanche (*White-House*). Son salaire annuel est seulement de $ 50,000 (un peu plus de 250,000 fr.). Il n'a aucune garde militaire.

36. — Les ministres dans le gouvernement des États-Unis ne forment pas un *cabinet*, au sens que l'on donne à ce mot en France ou en Angleterre. La Constitution ne parle d'eux que pour autoriser le président à l'avis écrit des chefs des divers départements exécutifs sur les points qui dépendent de leurs fonctions. Ils n'exercent pas le pouvoir et ne sont que les collaborateurs du président, et portent le nom de *secrétaires* (secrétaires). Les ministères sont créés par des lois votées par le Congrès. En 1789, auprès de Washington, il y avait quatre ministres : le secrétaire d'État (ministre des Affaires étrangères), celui du Trésor, celui de la guerre, et l'*attorney general*. En 1798, un secrétaire pour la marine fut créé ; puis il fut établi successivement en 1829 un ministre des Postes (*Postmaster general*) en 1849 un secrétaire de l'Intérieur, en 1888, un secrétaire pour l'Agriculture. Chacun de ces ministres reçoit un salaire annuel de $ 8,000 (un peu plus de 40,000 fr.). Tous sont nommés par le président, qui les choisit avec l'assentiment du Sénat (lequel en pratique ne le refuse jamais). Ils ne peuvent être révoqués que par lui. Rien ne les distingue des autres fonctionnaires, si ce n'est que le président les réunit autour de lui en conseil. Ils ne peuvent siéger dans aucune Chambre du congrès, la Constitution en excluant toute personne qui tient un office fédéral (art. 11, § 6). Mais elle ne contient aucune disposition les empêchant d'assister aux séances et même d'y prendre la parole. Elle est muette en ce qui concerne leurs communications avec les représentants du peuple. Le président a la plus grande liberté pour choisir ses ministres. Il peut prendre des hommes n'ayant jamais siégé dans une assemblée, même tout à fait étrangers à la politique.

37. — Le portefeuille le plus important est celui confié au secrétaire d'État (Affaires étrangères). Dans les premiers temps, le titulaire était considéré comme le successeur désigné du président en fonctions, c'est ainsi que Jefferson, Madison, Monroe, J.-Q. Adams, occupèrent cet office auprès de leurs prédécesseurs. Le secrétaire d'État a pour principales fonctions la direction des Affaires étrangères, que le président, absorbé par les questions de politique, est obligé de lui abandonner presque exclusivement. Aussi est-il le plus en vue des ministres. En outre, il a la garde du grand sceau de l'État, celle des archives ; il est chargé de la publication des lois. Le secrétaire du Trésor est le ministre des Finances. L'importance de ses fonctions varie avec les circonstances. Elle était considérable, par exemple, au moment de la guerre de sécession, à cause des emprunts qu'il y avait lieu de contracter et des quantités de papier-monnaie en circulation. Le secrétaire du Trésor diffère des ministres des Finances européens, car il est exclu du congrès, n'a rien à faire directement avec l'établissement des impôts et est presque étranger au système financier des États. Le portefeuille de l'Intérieur est loin d'avoir l'importance qu'il possède en France, en Italie, ou même en Angleterre, car toutes les fonctions de ces derniers appartiennent aux États-Unis, soit aux États, soit aux organes du gouvernement local. Les principales fonctions du titulaire sont l'administration des terres publiques et la direction des affaires indiennes. En outre, relèvent de son département les brevets d'invention, les pensions, le recensement national et le service géologique. Il suffit de nommer les portefeuilles de la guerre, de la marine, de l'agriculture et des postes pour indiquer les fonctions de leurs titulaires. L'*Attorney général* n'a guère de similaire dans l'Europe continentale. Il est à la fois ministre public, chargé d'exercer les poursuites au nom des États-Unis, et possède en outre quelques-unes des attributions de notre Garde des sceaux. Il exerce un droit général de surveillance sur le département de la justice fédérale, et spécialement sur les attorneys de district et les *marshals* des cours fédérales. Il est le conseil du président sur toutes les matières, notamment les délicates questions que soulève le fonctionnement de la constitution des États-Unis. Sur ces dernières, ses avis sont fréquemment publiés par le président comme justification de ses actes. L'Attorney général est toujours un jurisconsulte de mérite, mais non pas nécessairement le plus éminent de sa profession, car les considérations politiques ont une grande influence sur le choix du président. Il n'y a aux États-Unis ni ministère de l'instruction publique, parce que les questions qui s'y rattachent appartiennent aux États, ni ministère des travaux publics parce que les fonds votés pour ce chapitre sont employés sous la direction du congrès (le plus souvent par un corps d'ingénieurs qui dépend du ministère de la guerre); ni ministère des cultes parce que le gouvernement fédéral ne s'occupe pas des questions de religion ; ni ministère du commerce parce que l'activité fédérale est très-restreinte sur ce point.

38. — Les situations respectives du président et des ministres sont exactement le contraire de ce qu'elles sont en Europe. Aux États-Unis, le président est seul responsable. Les ministres sont seulement ses subordonnés et doivent lui obéir. Ils sont indépendants du congrès et leurs actes ne sont légalement que ceux du président. Aussi n'ont-ils jamais à justifier ou à exposer devant le congrès leur politique ou celle du président. S'ils se proposent de prendre une mesure qui nécessite un crédit, et que le congrès refuse de voter ce crédit, la mesure n'est pas prise. Aucun vote ne peut les renverser. Cela tient à ce que les ministres sont les collaborateurs du président et que ce dernier n'est pas l'élu du congrès, mais celui de la nation. Aussi n'est-il pas sans exemple de voir un président entouré de ministres appartenant au même parti, alors que la majorité des deux Chambres du congrès appartient au parti adverse. Bien que l'on dise en général que les ministres aux États-Unis forment le « cabinet », il faut donc se garder d'attribuer à ce terme le sens qu'il a en France ou en Angleterre. Les ministres se réunissent bien en conseil, mais le rôle de ce conseil est relativement peu important puisqu'il n'a ni tactique parlementaire à arrêter, ni projets de loi à préparer, et peu de questions de politique étrangère à discuter. Ce conseil n'est pas un gouvernement; c'est une réunion de directeurs généraux dont le chef, au lieu de les consulter séparément a trouvé expédient de les réunir pour les entretenir de questions politiques ou touchant à plusieurs ministères.

Section III.

Le Congrès.

§ 1. Le Sénat.

39. — Le pouvoir législatif appartient au *Congrès*, lequel se compose de deux Chambres, un Sénat et une chambre des représentants. Ces deux corps diffèrent par leur composition, leur caractère, leurs attributions.

40. — Le Sénat se recrute de la façon suivante : la législature de chaque État choisit comme sénateurs deux personnes habitant l'État et âgées d'au moins trente ans. Ces sénateurs sont élus pour six ans et rééligibles. Tous les deux ans, un tiers des sénateurs est soumis à la réélection, en sorte que le corps entier est renouvelé dans une période de six ans et qu'il s'y trouve toujours un nombre d'anciens membres double de celui de ceux élus dans la dernière période biennale qui précède. Comme le nombre des sénateurs varie avec celui des États, le Sénat qui comprenait originairement vingt-six sénateurs, en compte aujourd'hui quatre-vingt-huit. Un sénateur ne peut occuper un emploi fédéral quelconque. Le vice-président des États-Unis est *ex officio*, comme on l'a dit ci-dessus, président du Sénat; mais il ne prend part à aucun vote, si ce n'est en cas de partage égal des voix. Si le vice-président meurt, ou remplace le président, le Sénat choisit un de ses membres comme président *pro tempore*. Les fonctions du Sénat sont à la fois législatives, judiciaires et exécutives. Ces fonctions législatives consistent à voter avec l'autre Chambre des projets qui deviennent des lois par l'approbation du président, ou sans son consentement, si la majorité requise par la constitution est réunie contre le veto. Dans l'ordre exécutif, il approuve ou désapprouve les nominations de fonctionnaires fédéraux, tels que juges, ambassadeurs, ministres, faites par le président, ainsi que les traités conclus par ce dernier. Au point de vue judiciaire, le Sénat siège comme tribunal pour juger les *empeachments* prononcés par la chambre des représentants.

41. — Le caractère important du Sénat, celui par lequel il est une partie essentielle de la constitution fédérale, c'est que les États de l'Union y sont représentés comme des républiques séparées. Quelle que soit l'importance d'un État, il ne dispose au Sénat que de deux voix comme le plus petit. Le vote du Nevada ou du Delaware a le même poids sur la balance sénatoriale que celui de New-York, l'*État-Empire*. Cette règle fut introduite en 1787 afin d'empêcher l'absorption des petits États par ceux plus grands ou plus peuplés. On a ainsi résolu d'une manière pratique le difficile problème de donner à la Chambre haute un caractère différent de celui de la Chambre directement issue du suffrage populaire. Le mode d'élection par les législatures de chaque État avait pour heureuse conséquence de constituer un lien entre les gouvernements d'États et le gouvernement fédéral. Il est réglé par les lois de chaque État; cependant, pour prévenir autant que possible les intrigues, une loi fédérale de 1866 décide que chaque Chambre des législations particulières votera d'abord séparément sur le choix d'un candidat sénatorial; si le choix des deux Chambres ne se porte pas sur le même candidat, les deux Chambres se réunissent et procèdent à l'élection en commun, le candidat élu étant celui qui réunit le plus de voix dans le nouveau corps électoral ainsi formé. Mais ici encore, comme pour l'élection des présidents, la lettre seule du pacte fédéral est suivie. La législation des États, ou plutôt le parti qui y domine, tient avant l'élection des réunions pour décider du candidat sur lequel se porteront les votes, dont le nom lui est fourni par la convention des partis. Souvent, les candidats au siège de la législation d'État, doivent déclarer d'avance pour quel candidat ils voteront s'ils sont élus. La constitution de l'État de Nebraska (1875) reconnaît même aux électeurs le droit d'indiquer, en votant pour la législature d'État, le nom de la personne qu'ils désireraient voir élire comme sénateur. On voit en fait, combien depuis longtemps le mécanisme de la constitution est faussé sur ce point ; d'aristocratique, il est devenu démocratique. Les sénateurs comme le président tiennent leur mandat du suffrage populaire, mandat obtenu après une campagne laborieuse. La lutte électorale qui eut lieu dans l'Illinois en 1858 entre M. Lincoln et M. Douglas est demeurée fameuse.

42. — Les membres du Sénat expriment leur suffrage individuellement. Le vote donné par un sénateur est le sien et non celui de l'État qu'il représente. D'ailleurs, il arrive assez fréquemment que les deux sénateurs d'un État appartiennent à des partis opposés ; résultat dû soit à un équilibre à peu près égal des partis, soit à ce fait que d'après la règle suivie depuis l'origine de la constitution, les deux sénateurs d'un même État ne sont pas élus en même temps. Il faut aussi les législatures ne sont élues que pour une période fort courte (deux ans au plus) et que le sénateur nommé pour six ans a, pendant la plus grande partie de son mandat à considérer une législature future et non celle actuelle, ce qui peut lui donner une plus grande indépendance. En général, les sénateurs des petits États ont plus de chances de voir leur mandat renouvelé à l'expiration du terme que ceux qui représentent des États importants, parce que dans les premiers, les compétitions sont moins ardentes, les hommes plus attachés à ceux qu'ils ont choisis et qui leur sont mieux connus. Aussi les représentants d'États peu importants acquièrent-ils souvent, par leur expérience et leur réélection, une influence disproportionnée avec les intérêts qu'ils représentent.

43. — Au point de vue législatif, le Sénat a les mêmes pouvoirs que la chambre des représentants, sauf sur un point. Tout projet de loi concernant les impôts doit émaner de la chambre des représentants. Mais le Sénat peut y apporter des amendements comme aux autres projets (Const. féd., art. 1, § 7). En pratique, le Sénat use largement de ce droit d'amendement et il n'y a guère de sessions qui ne voie naître un conflit terminé par un compromis. Il faut remarquer que le règlement du Sénat ne contient aucune disposition pour la clôture des débats, ou limitant la longueur d'un discours ou d'une discussion. Ce fait est important à noter, car l'absence de dispositions relatives à ce décret empêcha, en 1890, le vote d'un projet adopté par la chambre des représentants, ayant pour but de placer les élections fédérales sous le contrôle des autorités fédérales. Le vote a lieu, non point comme au Parlement anglais, en séparant les sénateurs dans deux compartiments et en les comptant ensuite, mais en appelant les sénateurs par ordre alphabétique. Celui qui est interpellé répond par *oui* ou par *non*. Il peut cependant obtenir du Sénat la permission de s'abstenir; s'il s'est entendu à cet effet avec un sénateur du parti opposé, de façon à ce que tous deux s'abstenant, le résultat du vote ne soit pas changé, il le déclare au moment de l'appel. Un cinquième des membres présents peut demander que les noms de ceux qui ont voté dans chaque sens soient publiés au procès-verbal. Les séances du Sénat sont publiques, mais quand il exerce les fonctions qui participent du pouvoir exécutif, les galeries sont évacuées, les portes closes, et l'assemblée se réunit en comité secret. Les sénateurs doivent alors garder le secret sur les délibérations, la peine de l'expulsion pouvant être prononcée contre celui qui aurait enfreint cette règle. En fait, cette pénalité n'a jamais été prononcée, quoique des indiscrétions aient été commises, au profit surtout de la presse. Le sénateur qui prend la parole s'adresse au président, et quand il parle à l'un de ses collègues les désigne toujours par le nom de l'État qu'ils représentent : le sénateur de l'Ohio ou du Tennessee. Quand deux sénateurs se lèvent en même temps pour parler, le président désigne de la même manière celui qui prendra la parole le premier. Les sénateurs démocrates siègent à la droite du fauteuil présidentiel, les républicains à gauche.

44. — Le Sénat, a-t-on dit, participe à l'exercice du pouvoir exécutif. C'était même à l'origine cette partie de ses fonctions qui était considérée comme la plus importante. Hamilton disait que l'exercice du pouvoir exécutif était partagé entre le président et le Sénat. C'est par le droit qui lui appartient d'approuver les traités et de confirmer les nominations faites par le président que la Haute assemblée est ainsi associée au pouvoir exécutif. Par le droit d'approuver les traités, le Sénat exerce un contrôle général sur la politique étrangère. En fait, le président, bien que maître absolu de conduire les négociations, considère souvent de son intérêt de tenir au courant de ses actes les *Leaders* de la majorité du Sénat et les membres du comité des affaires étrangères. Il s'épargne par cette attitude l'humiliation de voir frapper de caducité un traité qui peut être le fait de longues démarches. Le Sénat peut amender les traités qui lui sont soumis et les retourner ainsi modifiés au président. Pour la ratification, le vote favorable des deux tiers des sénateurs présents est nécessaire. En ce qui concerne le droit du Sénat d'approuver les choix faits par le président pour les postes de fonctionnaires fédéraux, V. *suprà*, n. 40.

45. — Les Américains considèrent l'institution du Sénat comme une des parties les plus heureuses de leur constitution. Les rédacteurs de la constitution demandaient à ce corps de remplir les objets suivants : *a*) concilier l'indépendance respective des Etats en donnant à chacun une responsabilité égale ; *b*) créer une sorte de grand conseil, qualifié par le petit nombre et l'expérience de ses membres pour conseiller le président dans son choix et contrôler sa politique extérieure ; *c*) servir de contrepoids et de modérateur à la Chambre issue du suffrage populaire ; *d*) établir un corps d'hommes expérimentés, ayant une indépendance relative à l'égard de l'élection populaire, de manière à maintenir un élément de stabilité dans le gouvernement ; *e*) enfin, constituer une haute-cour de justice pour prévenir les abus de pouvoirs de l'exécutif (Hamilton, *The federalist*, passim, et Elliots's, *Débates*, t. 2, p. 301). En fait, ces divers buts ont été plus ou moins atteints et le Sénat des Etats-Unis a su montrer en maintes circonstances une grande capacité pour le traitement des affaires et a su conquérir le respect, sinon l'affection, du peuple américain. Cependant une importante évolution s'est accomplie. Dans les premières années, le Sénat n'était qu'un petit corps de vingt-six membres d'abord, puis de trente-quatre, bien organisé pour l'exercice du pouvoir exécutif. Les sénateurs se considéraient comme formant un congrès d'ambassadeurs des divers Etats, référant à leurs gouvernements respectifs dans les cas délicats. En 1828, un sénateur, déclarait néanmoins qu'il la voterait, son Etat y étant favorable (même fait en 1883). Pendant les cinq premières années, le Sénat siégeait à huis-clos, s'occupant principalement de celles de ses attributions qui touchent au pouvoir législatif et conférant avec les ministres. Aujourd'hui, il est surtout un corps législatif, non moins actif et puissant que l'autre chambre, issu comme elle, comme le président, du suffrage populaire. Cependant, grâce au petit nombre de ses membres, le ton général des discussions y est plus élevé qu'à la chambre des représentants, et les sénateurs, dont la plupart ont passé à la chambre ou par les législatures d'Etat, y montrent plus d'expérience des affaires.

46. — Chaque membre du congrès, sénateur ou membre de la chambre des représentants reçoit un salaire annuel de $ 5,000 (plus de 25,000 fr.), plus une allocation de 20 *cents* (1 fr.) par mille pour frais de voyages, aller et retour à Washington, et une somme de $ 125 (environ 625 fr.), pour frais de résidence. En 1873, le congrès vota un acte élevant le salaire des sénateurs et représentants à $ 7,500 (plus de 37,500 fr.). Cette augmentation souleva un tel mouvement d'opinion publique que la mesure fut rapportée par le congrès suivant.

§ 2. *La Chambre des représentants.*

47. — La chambre des représentants (*Houze of representatives*), ordinairement appelée par abréviation la *Chambre*, représente la nation d'après l'importance de la population, comme le Sénat représente les Etats. Cependant les Etats jouent un rôle important dans la composition de la Chambre. La constitution porte (art. 1, § 2 ; V. 14° *Amendement*, § 2), que « le nombre des représentants sera proportionnel à la population des divers Etats. En conséquence, le congrès décide quel doit être le nombre des députés de chaque Etat, proportionnellement au chiffre de la population, d'après le dernier recensement décennal. Mais il appartient à chaque Etat de déterminer quels seront sur son propre territoire les limites des districts par lesquels et pour lesquels seront choisis les députés. Ces districts sont tous égaux ou presque égaux quant à l'étendue, mais le parti au pouvoir, tout en respectant cette règle, ne manque guère de découper le territoire de l'Etat de la manière la plus favorable à son avantage, en rejetant dans une circonscription notoirement hostile le plus grand nombre de votants hostiles, en ajoutant dans un autre, au contraire, où les partis sont également divisés, des collèges où la majorité favorable est suffisante pour rétablir l'avantage. Ces pratiques grâce auxquelles les circonscriptions sont parfois bizarrement découpées portent le nom de *Gerrymandering*, d'*Elbridge Gerry*, politicien démocrate du Massachusetts, qui s'y distingua de bonne heure. Si la législation d'un Etat omet de procéder à une distribution nouvelle des circonscriptions après que l'accroissement de la population a nécessité celui des députés, les membres supplémentaires sont nommés au scrutin de liste, par tous les électeurs de l'Etat. Récemment, l'Etat du Maine nommait aussi tous ses députés ; un autre, le Kansas, n'élisait trois par district et quatre au scrutin de liste. Chaque district naturellement est tout entier compris dans les limites d'un Etat. Quand un siège devient vacant, les électeurs sont convoqués par le gouverneur.

48. — En 1789, la chambre comprenait soixante-cinq membres à raison d'un représentant par 30,000 personnes. La population s'étant accrue et le nombre des Etats ayant augmenté, le nombre des députés est aujourd'hui beaucoup plus considérable. Originairement, le congrès déterminait le rapport du nombre des membres à celui de la population. Mais, dans la crainte d'un trop rapide accroissement, il fixe aujourd'hui le nombre des représentants, sans établir un rapport précis entre ce chiffre et celui de la population. A la suite du dernier recensement de la population, effectué en 1890, une loi du 7 févr. 1891, a fixé à nouveau le nombre des représentants envoyés par les divers Etats de l'Union, afin de le mettre en harmonie avec le chiffre de la population de chaque Etat (V. *Annuaire de législ. étrang.*, t. 21, p. 881). Aux termes de cette loi, la chambre des représentants se compose de trois cent cinquante-six membres, soit un membre pour 173,901. En divisant le chiffre de la population de chaque Etat par 173,901, on atteint le nombre de représentants qui lui est attribué. D'après cette nouvelle loi, les trois cent cinquante-six membres de la chambre se répartissent comme suit entre les divers Etats : Alabama, 9 ; Arkansas, 6 ; Californie, 7 ; Colorado, 2 ; Connecticut, 4 ; Delaware, 1 ; Floride, 2 ; Géorgie, 11 ; Idaho, 1 ; Illinois, 22 ; Indiana, 13 ; Iowa, 11 ; Kansas, 8 ; Kentucky, 11 ; Louisiane, 6 ; Maine, 4 ; Maryland, 6 ; Massachusetts, 13 ; Michigan, 12 ; Minnesota, 7 ; Mississipi, 7 ; Missouri, 15 ; Montana, 1 ; Nebraska, 6 ; Nevada, 1 ; New-Hampshire, 2 ; New-Jersey, 8 ; New-York, 34 ; Caroline du Nord, 9 ; Dakota du Nord, 1 ; Ohio, 21 ; Oregon, 2 ; Pennsylvanie, 30 ; Rhode-Island, 2 ; Caroline du Sud, 7 ; Dakota du Sud, 2 ; Tennessee, 10 ; Texas, 13 ; Vermont, 2 ; Virginie, 10 ; Washington, 2 ; Virginie de l'Ouest, 4 ; Wisconsin, 10 ; Wyoming, 1. Il y a en outre quatre délégués représentant chacun un territoire qui siègent à la Chambre avec voix consultative mais non délibérative.

49. — Le corps électoral par lequel les membres de la Chambre sont choisi est le même que celui qui nomme les divers corps de la législature de l'Etat, à l'origine, il y avait de ce fait une grande diversité entre les Etats ; c'est un des motifs pour lesquels la constitution avait abandonné aux Etats le règlement de la question. Mais actuellement le suffrage universel a prévalu. Les Etats, cependant, ont le droit de limiter le suffrage comme il leur plaît, et beaucoup en profitent pour interdire l'accès du scrutin aux criminels, indigents, illettrés, etc. Le quinzième amendement à la constitution, voté en 1870, déclare que le droit de suffrage qui appartient aux citoyens des Etats-Unis ne peut être refusé ou restreint soit par les Etats, soit par les Etats-Unis, pour des motifs tirés de la race, de la couleur ou d'un état de servitude antérieur. En outre, le quatorzième amendement, § 2, décide que si le droit de vote à une élection est refusé à un quelconque des habitants mâles de l'Etat, âgés de plus de vingt et un ans et citoyens des Etats-Unis, à moins que ce ne soit pour participation à la rébellion ou tout autre crime, la base de la représentation de cet Etat au congrès sera réduite dans la proportion du nombre des citoyens auxquels le droit de suffrage est ainsi retiré. Ces amendements introduits dans la constitution après la guerre de sécession, ont eu pour but d'entraver les mesures prises par les Etats du Sud pour fermer l'accès du scrutin aux hommes de couleur.

50. — Les députés sont élus pour deux ans et les élections sont toujours placées dans les années paires (1896, 1898, 1900, etc.). Sur deux congrès, il y en a toujours un dont l'élection coïncide avec celle du président ; mesure introduite afin de permettre au président de commencer l'exercice de ses fonctions avec une chambre qui appartiendra probablement au même parti politique. La Chambre ne se réunit en session ordinaire qu'une année après les élections. Ainsi celle nommée en novembre 1898 ne se réunira pas avant décembre 1899, à moins que le président ne la convoque en session extraordinaire après le mois de mars 1899, date de l'expiration des fonctions de la chambre précédente. Ces convocations ou cessions extraordinaires sont fort rares; le fait s'est produit seulement dix fois depuis 1789. Les hommes politiques professent d'ailleurs à leur égard une sorte de terreur superstitieuse, car elles sont considérées comme ayant en général porté malheur au président qui y a eu recours. Il résulte de ces combinaisons une situation assez singulière. Les députés, remplacés en novembre, continuent néanmoins de siéger jusqu'au mois de mars, date de l'expiration légale de leur mandat et votent encore des lois, alors que le pays leur a peut-être donné des successeurs d'opinion politique différente. Dans le 51e congrès, la Chambre put ainsi voter des dépenses considérables après qu'un nouveau corps législatif avait été élu.

51. — Les frais d'une élection législative varient énormément suivant les circonscriptions. Quelquefois surtout dans les grandes villes où les dépenses illégales sont fréquentes, ils s'élèvent à § 10,000 (50,000 fr) et plus. Aussi les candidats, à part quelques personnes fort riches, ne supportent pas entièrement ces frais : ils sont aidés par leurs amis ou reçoivent des subventions du parti auquel ils appartiennent. Les dépenses officielles (scrutateurs, lieux de vote, etc.), sont supportées par les contribuables. Quoique les faits de fraude et de corruption ne soient pas rares, il est exceptionnel qu'une élection soit annulée de ce chef. Cela tend à ce qu'il appartient à la Chambre elle-même d'ouvrir des enquêtes et de prendre des décisions. Le député est déjà élu depuis une année quand les protestations peuvent se produire ; les preuves sont plus difficiles à réunir. En outre, l'élection n'étant faite que pour deux ans, la procédure d'invalidation absorberait la première année et il serait inutile de provoquer une nouvelle élection pour une seule session.

52. — La plus grande partie des membres du congrès appartient au barreau. Il est à noter que les membres de la chambre des représentants ont droit au titre d'*Honorable* « qui leur est donné non pas seulement dans l'enceinte du Parlement comme en Angleterre, mais encore dans toutes les circonstances par exemple dans les adresses des lettres. »

53. — La Chambre des députés n'a aucune part dans l'exercice du pouvoir exécutif. Elle n'a, comme le Sénat, aucun droit de confirmer les traités ou les nominations de fonctionnaires. Mais elle possède le droit exclusif d'initiative en matière d'impôts, ainsi que celui de décréter d'accusation ces fonctionnaires. Ces prérogatives sont empruntées à la Chambre des communes d'Angleterre. En outre, la chambre des représentants a le droit de choisir un président quand aucune majorité absolue d'électeurs présidentiels n'a pu se porter sur un candidat.

54. — Pendant sa courte existence, chaque législature tient deux sessions. La première, dite longue session, commence au mois de décembre de l'année qui suit l'élection et dure jusqu'au mois de juillet ou d'août suivant ; la seconde, dite courte session, commence dans le mois de décembre qui suit la fin de la longue session et dure jusqu'au 4 mars suivant. Pendant ses deux années d'existence, la chambre siège ainsi environ dix mois. Les propositions de loi ne deviennent pas caduques à la fin de la longue session, mais celles qui n'ont point été votées à la date du 4 mars tombent. La Chambre se réunit habituellement à midi et siège jusqu'à 4 heures ou 6 heures du soir. Mais quand un parti se livre à l'obstruction ou à la fin d'une session, quand il devient nécessaire de négocier avec le Sénat ou le président, les séances se prolongent plus tard, quelquefois même durant toute la nuit. Les usages et les règles de procédure en usage à la chambre des représentants sont trop nombreux pour être ici décrits. Il en est cependant quelques-uns qu'il est important de signaler.

55. — Les membres de la Chambre doivent prêter serment de fidélité à la constitution des États-Unis. Le même serment est exigé de quelques employés de la Chambre, tels que le secrétaire (*clerk*), le concierge et le sergent d'armes (*sergeant at arms*). Ce dernier est le trésorier de la Chambre et paie à chaque membre le salaire qui lui revient. Il a aussi la garde de la masse, symbole de l'autorité de la Chambre et le devoir de maintenir l'ordre.

Chaque séance commence par une prière qui est dite par un chapelain nommé par la Chambre et qui peut être choisi dans une confession quelconque. Les membres choisissent leur place dans un ordre déterminé par un tirage au sort qui a lieu au commencement de la session. Mais, quoique les démocrates siègent en général à la droite du président, l'arrangement des sièges ne permet pas aux membres de siéger en masses visiblement divisées. Les députés siègent découverts. Les orateurs s'adressent au président seul. Ils parlent habituellement de leur place ; cependant, ils peuvent se placer sur le pupitre du secrétaire ou sur une chaise près du fauteuil du président. Quand ils font allusion à quelqu'un de leurs collègues, ils ne le désignent jamais par son nom, mais par celui de l'État que l'interpellé représente. Exemple « le gentleman qui représente la Pennsylvanie. » Cette pratique ne laisse pas que d'être gênante quand l'État nommé a plusieurs représentants.

56. — D'après le règlement du 17 avr. 1789, pour voter, les députés se partageaient, suivant l'usage de la Chambre des communes d'Angleterre, en deux groupes à droite et à gauche du fauteuil du président. D'après le règlement du 9 juin 1789, encore aujourd'hui en vigueur, les votes ont lieu par assis et levés, mais s'il y a doute, ou si 1/5 des membres présents, représentant au moins 1/10 de toute la Chambre le requièrent, les votants sont comptés par deux scrutateurs (*tellers*) désignés par le président. Si un vote nominal est demandé, le secrétaire lit la liste des membres et chacun, à l'appel de son nom, répond oui ou non. Un second appel a lieu pour permettre de voter à ceux qui n'ont pu le faire lors du premier. Les membres ayant voté en premier lieu peuvent changer leur vote au second appel. Celui qui veut s'abstenir déclare ne pas voter. Aucun député ne peut prendre la parole plus d'une fois sur la même question, à moins qu'elle n'ait été soulevée par lui, auquel cas il lui est permis de répondre à chaque discours. La durée des discours est limitée à une heure. Ce délai peut être prolongé par consentement unanime. Il peut en comité être réduit à cinq minutes. Chaque orateur peut donner une partie de son temps à un autre. Ce qui a lieu constamment dans la pratique. La clôture des discussions peut être proposée par un membre quelconque et peut être prononcée par la majorité des membres présents. La clôture par la question préalable a été établie en 1811. Malgré toutes les précautions, il arrive que l'obstruction se présente. Elle consiste à proposer à plusieurs reprises l'ajournement d'un débat, à provoquer des suspensions de séances, à faire intervenir le vote nominal, opération assez longue.

57. — Comme la Chambre des communes d'Angleterre, la chambre des représentants se forme en comité pour la discussion des propositions. La procédure est alors la même que celle du parlement anglais (V. *infrà*, v° **Grande-Bretagne**). Cependant le président de comité au lieu d'être alors comme en Angleterre le président permanent de la commission des voies et moyens est une personne désignée par le président dans chaque occasion. En comité, un membre ne peut prendre deux fois la parole sur une question, à moins que tous les orateurs désirant la parole ne l'aient obtenue. La Chambre peut aussi se constituer en comité secret pour recevoir les communications confidentielles qui lui sont faites par le président, ou même quand un membre déclare avoir quelque communication de cette nature à faire. Mais cette faculté à laquelle on a eu assez fréquemment recours autrefois est maintenant tombée en désuétude et chaque parole prononcée dans la Chambre est recueillie par les sténographes officiels et publiée dans les *congressional record* (compte-rendu officiel des séances).

Le nombre des propositions déposées à la Chambre s'est accru pendant les dernières années dans des proportions énormes. Pendant la période biennale 1861-1863 (37e congrès) il s'élevait à 613; dans celle de 1889 à 1891 (51e congrès) il était de 14,328. Ce nombre considérable s'explique par le fait que la plupart se rapportent à ce que l'on appelle les *bills* privés, c'est-à-dire les bills qui n'établissent aucune règle législative générale mais s'appliquent à des cas particuliers. Tels sont par exemple les bills ayant pour objet de satisfaire les personnes ayant des réclamations à exercer contre le gouvernement fédéral, ou ceux qui ont pour objet d'allouer des pensions à des individus ayant servi ou étant supposés avoir servi dans les armées du Nord pendant la guerre de sécession. Ces bills privés sont le plus grand nombre ; les lois, dont le vote dans les États de l'Europe constitue le fond de l'activité des parlements, sont en général, aux États-Unis, réservées aux législatures des Etats. Comme en Angleterre à la Chambre des communes, la plupart des bills deviennent caducs par ce qu'ils n'ont pu arriver à subir l'épreuve de la troisième lecture. Il est rare qu'ils défaillent par suite d'un rejet direct.

59. — Le président de la chambre des représentants porte, comme à la Chambre des communes, le nom de *Speaker*. Il dispose d'un très-grand pouvoir dont il use le plus souvent au profit du parti auquel il appartient et qui l'a élu: en donnant la parole par exemple, ou en décidant certains points qui ne sont pas tranchés expressément par le règlement. Il peut aussi fixer l'ordre du jour de manière à favoriser certains bills et à empêcher certains autres de venir en temps utile pour la discussion. Il est même arrivé en une certaine circonstance que le *speaker* est parvenu à empêcher le dépôt d'un projet auquel il était opposé. En outre, le *speaker* nomme les membres et les présidents des différents comités permanents (Règl. de janvier 1790). Aussi l'élection d'un *speaker* est-elle chose importante. Le candidat élu appartient toujours au parti qui a la majorité et dont il est l'homme. Cependant il est tenu de montrer une certaine impartialité envers ses adversaires. Il se trouve d'ailleurs dans beaucoup de cas en présence d'un règlement qu'il ne peut violer. Le speaker est un des plus hauts dignitaires du gouvernement fédéral. Il reçoit $ 8,000 (un peu plus de 40,000 fr.) par an, ce qui en Amérique est un salaire élevé. Il prend rang après le vice-président des Etats-Unis, ainsi que les membres de la Cour suprême.

§ 3. *Procédure parlementaire*.

60. — *Les comités.* — Pour faire connaître le mécanisme législatif aux Etats-Unis, il convient de dire quelques mots des comités qui jouent un rôle si important à la Chambre comme au Sénat. Quand le congrès se réunit pour la première fois, en 1789, les Chambres se trouvèrent, par suite de l'exclusion du président et des ministres, sans *leaders*. Or la chambre des représentants principalement avait d'importantes questions à discuter, surtout en ce qui concernait les finances publiques. A défaut de ministre pour conduire la machine parlementaire, l'on créa des comités peu nombreux d'abord, mais dont la quantité s'est accrue avec le nombre des représentants et l'importance de leurs attributions. Le Sénat suivit un peu plus tard cet exemple, en 1816 seulement. En 1892, il y avait au Sénat 44 comités permanents. Les membres qui le composent et les présidents sont choisis au scrutin. Chaque comité comprend de 2 à 13 membres, en général 7 ou 9. Beaucoup de sénateurs siègent dans plusieurs comités. Il y a aussi des comités spéciaux élus pour un but déterminé et pour une session. Chaque bill, après avoir subi l'épreuve des deux premières lectures est renvoyé à un comité, qui l'examine et l'amende s'il y a lieu, avant qu'il soit passé à la troisième lecture. A la même époque, la Chambre comprenait 50 comités permanents, chacun de 3 à 16 membres, généralement 11 ou 13. En outre, de temps en temps, des comités spéciaux, 10 environ, sont désignés. Les plus importants comités permanents sont ceux des voies et moyens, élections, crédit et circulation, comptes, rivières et ports, chemins de fer et canaux, affaires étrangères, affaires militaires et navales, taxes publiques, agriculture, etc., etc. Comme on l'a dit plus haut, les membres et les présidents de ces comités sont désignés par le président de la Chambre. Chaque bill proposé est soumis sans débat à une première lecture. Après la seconde, il est renvoyé à un comité. Ce dernier peut l'amender, le modifier. Il peut même le repousser, non pas directement, mais en retardant le renvoi en la Chambre pour la troisième lecture, ou même ne le renvoyant pas. Les délibérations des comités sont habituellement secrètes. L'accès des séances n'est cependant pas rarement interdit aux journalistes, mais ceux-ci ne relatent pas dans les papiers publics les délibérations auxquelles ils ont pu assister. Quelquefois, quand il s'agit d'une question qui passionne l'opinion publique, la presse fait connaître les décisions prises, mais toujours d'une façon très-brève.

61. — Les comités n'ont aucun droit d'initiative; ils ne peuvent présenter aucun projet. Mais la faculté qui leur appartient de modifier les projets présentés revient en fait à leur reconnaître ce droit. Les comités qui s'occupent de l'armée ou de la marine, ceux qui ont des attributions ressortissant aux divers départements ministériels sont des corps plus administratifs que législatifs. Ils ont le pouvoir de faire comparaître les fonctionnaires devant eux, de les interroger, de leur demander des rapports sur les questions à l'étude. Ils n'ont, il est vrai, aucune autorité sur eux, car les fonctionnaires ne sont responsables que vis-à-vis de leur chef, le président; mais ce pouvoir d'enquête, la faculté de faire voter des lois impératives, la nécessité de vivre en bonne intelligence avec le corps qui vote les crédits, tout cela fait qu'en fait, ces comités ont une large autorité sur les agents du pouvoir exécutif. Cette pratique des comités n'est pas sans de graves inconvénients. Les Américains le reconnaissent eux-mêmes. Ce système détruit l'unité de la Chambre comme corps législatif; la plus grande partie de la besogne se faisant en comité, il diminue la cohésion et l'harmonie de la législation; il réduit la responsabilité et facilite la corruption. Enfin il diminue l'intérêt que la nation prend aux discussions du Parlement (V. Woodrow Wilson, *Congressional Government* passim). Mais n'ayant pas encore trouvé d'organisation préférable, les Américains se contentent de l'état de choses actuel et tâchent de s'en accommoder.

62. — *Attributions financières du congrès.* — Chaque année, le secrétaire du Trésor adresse au congrès un rapport qui contient le tableau des revenus fédéraux, des dépenses, de la situation de la dette publique. Il y joint ses remarques sur le système de taxation et fait connaître les améliorations dont il lui paraît susceptible. Il envoie également ce qu'on appelle la *lettre annuelle*, c'est-à-dire l'état de sommes jugées nécessaires par les divers départements pour l'entretien des services publics pendant l'année qui va s'ouvrir. La préparation du budget des recettes appartient au comité permanent des voies et moyens de la chambre des représentants. Ce comité se compose de onze membres. Il propose les divers projets de loi nécessaires pour autoriser la continuation de la perception des impôts ou l'établissement de droits nouveaux. Mais il ne s'occupe pas d'ajuster les recettes aux dépenses votées, car il ignore quels chiffres de dépenses seront proposés par le comité qui a pour mission d'établir le budget des dépenses. Les propositions de recettes ainsi élaborées sont transmises à la Chambre où elles sont discutées. Le président du comité des voies et moyens joue dans la discussion le rôle qui appartient en France au ministre des Finances. Jusqu'en 1883, la préparation du budget des dépenses appartenait exclusivement au comité des *Appropriations;* depuis cette époque, le comité des fleuves et des ports, celui des pensions et divers autres comités partagent cette fonction avec lui. Les bills financiers votés par la Chambre sont transmis au Sénat. Un travail analogue à celui de la Chambre a lieu dans les comités qui se sont partagé le budget des recettes et celui des dépenses. Le Sénat, comme on l'a dit plus haut, ne peut prendre l'initiative de projets augmentant les impôts, mais il peut modifier les projets de loi que la Chambre lui transmet, et, en fait, il use largement de ce droit. La Chambre repousse généralement les amendements du Sénat. On nomme alors une commission composée de trois députés et de trois sénateurs, qui arrive toujours à négocier une transaction adoptée dans les derniers jours de la session.

63. — *Rapports du congrès avec le pouvoir exécutif.* — Le président et ses ministres, on l'a dit, ne peuvent faire partie du congrès. Mais aucune disposition n'empêche la Chambre de les autoriser à venir y prendre la parole. A l'origine, Washington ouvrait la session et prononçait son message. A l'occasion, il assistait à plusieurs débats au Sénat et y donnait son avis. Mais Hamilton, le premier secrétaire du Trésor, ayant fait demander à la chambre des représentants si elle désirait entendre son fameux rapport sur les finances nationales ou le recevoir par écrit, la Chambre se prononça pour le second terme de l'alternative. Depuis, ce précédent fut suivi par les ministres qui se succédèrent. Bientôt, le président Jefferson envoya son message écrit au lieu de prononcer un discours d'ouverture. Aussi actuellement, les Chambres n'entendent jamais un membre du pouvoir exécutif. Les ministres qui paraissent devant un comité, déposent seulement comme témoins. Le président et son cabinet n'ont donc aucun orateur dans le Parlement pour les représenter. A l'occasion, ils ont recours aux bons offices d'un membre de l'une ou de l'autre Chambre. Quand ils sont attaqués dans le congrès, ils peuvent envoyer des mémoires écrits pour présenter leur défense. Chaque Chambre du congrès, ou les deux Chambres conjointement peuvent voter des résolutions invitant le président ou la chambre à prendre certaines mesures ou à blâmer celles qu'ils ont cru devoir prendre. Le président n'est pas tenu d'obéir à ces injonctions. Cependant, si elles ont pour but de blâmer les actes d'un ministre, le président n'échappe à la responsabilité qu'en renvoyant le ministre incriminé, car il est d'après la constitution, responsable, et son subordonné ne l'est pas.

64. — Chaque Chambre du congrès peut nommer une commission chargée d'ouvrir une enquête sur les actes d'un ministre et de le faire comparaître. Ce dernier ne refuse pas de se présenter, quoique légalement il ait le droit de le faire. Le comité ne peut que le questionner.

65. — Le congrès peut refuser au président le vote des mesures réclamées par lui. Il peut aussi voter des lois qui aient pour conséquence d'obliger le président à faire certains actes ou à s'abstenir de certains autres. De telles mesures sont frappées du veto présidentiel; mais si le président refuse de se servir de cette arme, ou si dans les Chambres une majorité suffisante pour passer outre s'est réunie, la question peut se soulever de savoir si le congrès, en promulguant de telles lois, n'a pas franchi les limites que lui impose la Constitution. Le président ou le ministre refusera d'exécuter la loi, qu'il allègue être inconstitutionnelle et le différend se trouvera ainsi porté devant la cour supérieure. Si celle-ci a prononcé contre le président et que ce dernier refuse néanmoins de se soumettre, il ne reste plus au congrès d'autre ressource que la déclaration d'*impeachment*.

66. — Le congrès ne peut forcer aucun fonctionnaire fédéral à démissionner de ses fonctions. Il peut, comme on l'a vu, faire une enquête sur un agent et demander au président de le relever de ses fonctions. Mais ce dernier n'est nullement obligé de déférer à cette injonction. Il ne reste au congrès que la ressource d'une déclaration d'*impeachment*, mais cette dernière ne peut être employée que pour motifs graves, et non pour incapacité ou négligence.

67. — En cas de conflit entre le président et le congrès, il reste à ce dernier le recours à la plus haute prérogative d'un Parlement européen, le droit de refuser les crédits nécessaires aux services publics. Mais l'emploi de cette arme, qui peut être efficace en un cas particulier (par exemple, si un président a acquis à prix d'argent un territoire contrairement à la volonté du congrès, ce dernier peut refuser les fonds nécessaires pour le payer), causerait plus de trouble au pays entier qu'au président. Et sous la pression de l'opinion publique, le congrès serait bientôt forcé de changer d'attitude. Bien plus, un congrès hostile au président ne pourrait lui supprimer son traitement, car ce traitement lui est garanti par la Constitution. Aussi, en cas de conflit, le congrès, si peut tout, se borne, en votant les crédits nécessaires aux services publics, à insérer dans la loi des dispositions relatives à d'autres matières. En 1867, le congrès, en guerre ouverte avec le président Johnson, introduisit dans le budget de la guerre une clause qui privait le président du commandement militaire. Ce dernier céda, car il y avait une majorité suffisante dans le congrès pour passer outre à son veto. En 1879, même manœuvre; le congrès introduisit dans le vote des crédits certaines mesures affectant les Etats du Sud, auxquelles M. Hayes était opposé. Ce dernier n'hésita pas et frappa de son veto les lois tout entières. Devant cette résistance, le congrès dut capituler. Ces faits ont rendu désirable qu'il fût à l'avenir permis au président d'opposer son veto à certains articles des lois de finances, sans être obligé de les repousser en bloc.

Section IV.
Organisation judiciaire.

68. — L'existence d'une législation fédérale nécessita la création d'un corps de tribunaux ayant pour mission d'interpréter et d'appliquer cette législation. Il eût été difficile de confier une telle fonction aux tribunaux des Etats particuliers. Ceux-ci ne pouvaient être appelés à trancher les litiges d'un caractère quasi-international, tels que ceux résultant des affaires d'amirauté ou d'un traité avec une puissance étrangère: ils ne pouvaient non plus être appelés à connaître des litiges s'élevant entre les différents Etats, ni ceux entre leurs propres citoyens et ceux d'un Etat voisin. Il était de toute nécessité que le gouvernement fédéral fût pourvu d'un organisme indépendant pour exercer le pouvoir judiciaire. — Kent, *Commentaries*, édition Holmes, t. I, p. 320.

69. — La magistrature fédérale comprend: la Cour suprême, qui siège à Washington; des cours de circuit, des cours de district, enfin des cours d'appel, établies récemment par une loi du 3 mars 1891. Mais ces diverses cours ne sont point complètement distinctes les unes des autres. Les magistrats qui composent la Cour suprême se dispersent lorsque la session est terminée, pour aller siéger dans les cours de circuit. En outre, les juges de district peuvent siéger dans la cour de circuit.

70. — La Cour suprême a été directement créée par la constitution (art. 3, § 1). Originairement, elle se composait de six juges. Il y en a neuf aujourd'hui : un président (*chief Justice*) et huit juges (*associate justices*). Les traitements de ces magistrats ont été successivement fixés comme suit:

	Chief Justice.	Juges.
Loi du 23 sept. 1789....	4,000 dollars	3,500 dollars
— 20 févr. 1819....	5,000 —	4,000 —
— 3 mars 1855....	6,500 —	6,000 —
— 3 mars 1871....	8,500 —	8,000 —
— 3 mars 1873....	10,500 —	10,000 —

Eu égard à l'importance des fonctions des magistrats de la Cour suprême, les chiffres sont peu élevés. Les juges résident à Washington, où la vie est fort chère, d'octobre à mai. Ils sont obligés de tenir un rang et de supporter des frais de déplacements quand ils vont tenir les sessions des cours de circuit. Aussi a-t-on vu des magistrats résigner leurs fonctions comme insuffisamment rémunérées. En 1857, le juge Benjamin Robin Curtis donnait sa démission motivée sur l'insuffisance du traitement. Il reprit sa place au barreau et son frère, l'historien Ticknor Curtis, nous apprend que depuis sa démission jusqu'à l'époque de sa mort, il retira de l'exercice de sa profession 38,000 dollars en moyenne chaque année.

71. — Les juges de la Cour suprême sont nommés par le président et confirmés par le Sénat. Ils restent en fonctions, suivant l'expression anglaise *« during good behaveour »*, c'est-à-dire, qu'ils ne peuvent être révoqués que par le vote d'un bill d'*impeachment*. En fait, ils sont inamovibles et tiennent leur office à vie. La constitution leur assure ainsi une indépendance entière à l'égard du congrès et des partis politiques. Une seule fois, une proposition d'*impeachment* fut faite contre un juge de la Cour suprême (Samuel Chase, en 1804) et sans succès. La cour siège à Washington depuis le mois d'octobre jusqu'au mois de juillet de l'année suivante. Elle tient ses séances au Capitole dans l'ancienne salle du Sénat. Les juges, contrairement à l'usage des tribunaux américains siègent en robes noires. La présence de six juges est nécessaire pour qu'une décision soit valablement rendue. Les jugements sont d'abord discutés par tous les juges. Puis, quand l'opinion de la majorité est dégagée, un juge est chargé de rédiger la décision; son travail ne devient l'expression du jugement de la cour qu'après avoir été soumis à ses collègues et adopté par eux.

72. — Les cours de circuit ont été créées par le congrès en vertu du pouvoir d'établir des tribunaux inférieurs que lui reconnaît la constitution. Le territoire de l'union est divisé en neuf circuits judiciaires, dans lesquels des sessions sont annuellement tenues, savoir: 1er circuit, Boston; 2e circuit, New-York; 3e circuit, Philadelphie; 4e circuit, Richmond; 5e circuit, Nouvelle-Orléans; 6e circuit, Cincinnati; 7e circuit, Chicago; 8e circuit, Saint-Louis; 9e circuit, San-Francisco. Chacun de ces tribunaux comprend deux juges, auxquels est adjoint un des juges de la Cour suprême. Mais il suffit d'un seul juge de circuit ou du juge de la Cour suprême pour que la cour de circuit siège valablement. Il en est de même quand la session se tient avec le juge fédéral des districts dans lequel la session est tenue. Les juges de circuit sont nommés et confirmés de la même manière que les juges de la Cour suprême. Leur salaire est fixé à 6,000 $ (plus de 30,000 fr.) par an. Mais il leur faut supporter leurs frais de déplacement. Or chaque circuit comprend de 3 à 5 Etats. Aussi à diverses reprises, les magistrats capables ont-ils résigné leurs fonctions pour demander à la profession d'avocat de plus grands avantages pécuniaires.

73. — Les cours de district sont au dernier degré de l'échelle de la hiérarchie. Il y en a actuellement 55. Leurs membres sont nommés comme les membres de la Cour suprême, bien que la constitution ne se soit pas exprimée sur ce point. L'act du 13 sept. 1789 attribuait à ces magistrats des traitements variant de 800 à 1,800 dollars (de 4 à 9,000 fr. environ) suivant l'importance du tribunal qui leur était confié. Des augmentations successives avaient amené leur traitement à 4,000 $ (plus de 20,000 fr.); seuls le juge du district de San-Francisco touchait 5,000 $ (plus de 25,000 fr.) et celui de la Nouvelle-Orléans 4,500 $ (plus de 22,500 fr.). Une loi du 24 févr. 1891 a fixé uniformément leur salaire à 5,000 $ par an (plus de 25,000 fr.). — V. *Annuaire de législation étrang.*, t. 21, p. 883.

74. — Une loi du 3 mars 1891 (V. *Ann. de lég. étrang.*, t. 21, p. 806) a établi des cours d'appel de circuit. Ce nouvel ordre de tribunaux a été institué pour essayer de remédier aux inconvénients résultant de ce que la Cour suprême reste plus de six mois sans siéger ainsi qu'à la confusion et au désordre provenant de ce que le même juge siège dans des cours différentes et à différents titres. La loi nouvelle établit dans chaque circuit judiciaire une cour d'appel composée de trois juges. La présence de deux juges au moins est nécessaire pour qu'un arrêt valable soit rendu. Le président et les juges de la Cour suprême, les juges de circuit et les juges de district siègent comme juges de la cour d'appel. La présidence de la cour d'appel appartient au président ou au juge de la Cour suprême. A leur défaut, la cour est présidée par le plus ancien juge de circuit. Aucun juge de circuit ou de district ne peut siéger sur l'appel d'une affaire dont il a déjà connu en premier ressort.

75. — Par suite de la création des cours d'appel, les appels contre les décisions des cours de district ne sont plus portés aux cours de circuit (L. 3 mars 1891, art. 4). Ils sont portés soit à la Cour suprême soit aux cours d'appel de circuit. Les appels sont portés devant la Cour suprême : 1° Lorsqu'une question de compétence est engagée; 2° dans le cas de *final decrees* rendu pour matière de prises; 3° en cas de condamnation prononcée pour crime capital ou infamant; 4° lorsqu'une question relative à l'application de la constitution fédérale est soulevée; 5° lorsque la constitutionnalité d'une loi fédérale ou la validité d'un traité sont mises en question; 6° lorsqu'il est allégué que la constitution d'un Etat contient des dispositions contraires à la constitution fédérale; 7° en outre, quand il s'agit d'appel d'une décision émanant de la plus haute juridiction d'un Etat. Dans les autres cas, la cour d'appel est compétente (art. 5).

76. — Les décisions de la cour d'appel sont en dernier ressort : lorsque le tribunal de première instance était compétent par suite de la différence de nationalité entre les plaideurs (procès entre étrangers et citoyens des Etats-Unis, ou entre citoyens des divers Etats); lorsqu'il s'agit d'affaires criminelles, de cas d'amirauté, de contestations relatives aux patentes et aux impôts. Dans tous les autres cas, l'appel peut être porté devant la Cour suprême lorsque la valeur du litige excède 1,000 dollars (5,000 fr. environ) outre les frais. Cet appel n'est reçu que dans l'année qui suit l'arrêt attaqué (art. 6). Les juges de la cour d'appel peuvent toujours, lorsqu'une question de droit les embarrasse, la soumettre à la Cour suprême.

77. — En outre, pour juger les réclamations des particuliers contre le gouvernement fédéral, un tribunal spécial appelé *Court of claims* a été établi à Washington. Il se compose de cinq juges, au salaire annuel de $ 4,500 (plus de 22,500 fr.), des décisions desquels on peut interjeter appel devant la Cour suprême.

78. — Les tribunaux fédéraux sont compétents pour connaître : 1° des actions basées sur la constitution et les lois fédérales, ainsi que sur les traités internationaux, en matière de *loi commune* comme en matière d'*équité*. Ainsi le demandeur qui base son action sur un statut fédéral ou un traité porte le litige devant une cour fédérale; de même, le défendeur qui allègue pour sa défense un acte législatif fédéral, peut faire renvoyer le débat, s'il avait été primitivement porté devant un tribunal d'Etat, aux tribunaux fédéraux. Mais si le litige a été originairement porté devant les tribunaux d'un Etat, il n'y a pas de motif de renvoi que si la constitutionnalité d'un acte fédéral est mise en question. La règle est d'une application délicate quand il s'agit d'une instance dont est saisie une juridiction d'Etat, une des parties en cause croit devoir invoquer les lois ou la constitution fédérales. Le renvoi à la Cour suprême doit être accordé si le tribunal d'Etat s'est prononcé contre la validité de la disposition fédérale invoquée, ou a reconnu la validité d'un acte de l'Etat allégué contraire aux lois, constitution, traités des Etats-Unis. La partie qui souffre de la décision de la juridiction d'Etat a le droit de provoquer un jugement sur ce point. Mais si le tribunal de l'Etat a reconnu la validité de l'acte fédéral et décidé que l'affaire sera jugée d'après lui, il n'y a pas de motifs, aux yeux des jurisconsultes américains, de renvoi devant la juridiction fédérale, puisque la suprématie de la loi fédérale est reconnue (V. Cooley, *Constitutional Limitations*, p. 16); 2° des litiges dans lesquels une personne ayant un caractère international tels que les ambassadeurs et ministres des puissances étrangères, les consuls, se trouve engagée; 3° les affaires d'amirauté et celles qui dérivent de la juridiction maritime. Ce qui comprend non seulement les contrats du droit maritime, mais encore les transactions relatives à la navigation, tant sur la haute mer, que sur les lacs et rivières navigables; 4° des litiges dans lesquels les Etats-Unis sont parties; 5° des litiges entre deux ou plusieurs Etats, entre un Etat et un citoyen d'un autre Etat, entre citoyens d'un même Etat réclamant des concessions de terres en vertu de concessions de différents Etats, et enfin entre un Etat ou ses citoyens et les Etats étrangers ou leurs citoyens. Dans tous ces cas, on aurait pu craindre que l'impartialité des tribunaux d'Etat ne demeurât pas entière et qu'ils eussent été portés à favoriser une des parties au détriment des autres. Toutefois, en ce qui concerne les matières énoncées sous le § 5 une importante modification a été apportée à la constitution. On avait objecté contre cette partie du pacte fédéral qu'un Etat, étant souverain ne pouvait être cité en justice par des citoyens d'un autre Etat, agissant comme simple particulier. Aussi, en 1793, la cour ayant décidé qu'elle jugerait par défaut l'Etat de Georgie s'il refusait de se présenter au jour fixé pour plaider contre un particulier qui l'avait assigné (*Chisholm c. State of Georgia* 2, Dall. 419), une grande opposition s'éleva-t-elle parmi les Etats. Ce mouvement aboutit au vote d'un deuxième amendement à la constitution aux termes duquel : « le pouvoir judiciaire des Etats-Unis ne peut être interprété comme pouvant s'étendre à quelque cause que ce soit, intentée contre un Etat par les citoyens d'un autre Etat ou par les citoyens d'une puissance étrangère. »

79. — Les procès concernant les ambassadeurs et ceux dans lesquels un Etat est partie sont portés directement devant la Cour suprême. Dans les autres cas, ce tribunal agit comme cour d'appel. Il connaît alors des recours contre les décisions rendues soit par les cours d'appel, soit par les tribunaux fédéraux inférieurs, soit par les tribunaux des Etats dans les circonstances ci-dessus mentionnées (V. *suprà*, n. 75 et 78). La juridiction est tantôt exclusive de celle des Etats, tantôt concurrente avec elle. Les règles à suivre sont trop compliquées pour être relatées ici (V. sur ce sujet Story, *Commentaries on the constitution*, ch. 38). Il suffit de remarquer que les tribunaux des Etats ne peuvent être investis d'aucune juridiction par le congrès, la constitution lui interdisant de leur déléguer le pouvoir judiciaire. Il en résulte que les tribunaux des Etats ne tiennent jamais leurs pouvoirs que de statuts locaux.

80. — Les cours fédérales ont compétence au point de vue criminel, pour connaître des délits contre les lois fédérales. En cette matière elles n'appliquent jamais la loi commune, mais seulement les lois fédérales votées par le congrès. — Cooley, *Principles of constitutional Law*, p. 131.

81. — Dans les autres matières, les cours fédérales appliquent en première ligne la loi votée par le corps législatif fédéral, qui doit, quand elle est applicable, l'emporter sur le droit particulier des Etats. Mais il arrive souvent que cette législation fédérale ne joue qu'un rôle secondaire dans l'instance, par exemple quand il s'agit d'un litige entre citoyens de différents Etats. Le juge fédéral doit alors rechercher d'après les règles du droit international quelle est la loi d'Etat applicable en l'espèce, et c'est sur elle qu'il base sa décision.

82. — A chaque tribunal fédéral est attaché pour l'exécution des jugements un fonctionnaire appelé *marshal*. Il a pour mission de signifier les jugements, les mandats d'arrêt ou d'amener, de mettre en possession les intéressés, d'assurer l'exécution des décisions de justice, etc. Lorsqu'il rencontre de la résistance, il peut appeler à son aide tous les bons citoyens. Si cet appel n'est pas entendu, il en réfère à Washington et obtient l'aide des troupes fédérales. Près de chaque tribunal de district existe, comme ministère public, l'*attorney de district des Etats-Unis*. Ce fonctionnaire est, comme le marshal, sous les ordres du solicitor général, chef du département de la justice.

83. — Les rédacteurs de la constitution ont pris beaucoup de mesures pour assurer la plus complète indépendance aux membres des tribunaux. Comme on l'a vu, il n'est pas permis au président de les révoquer, non plus qu'au congrès de leur refuser ou de diminuer leurs salaires. Mais il y a cependant dans la constitution une lacune, qui peut permettre certaines entreprises des autres pouvoirs contre leur indépendance : ainsi le pacte fédéral est muet sur le nombre des membres de la Cour suprême. En 1801, le congrès, usant des pouvoirs que lui conférait la constitution, avait établi seize cours de circuit. Le président Adams, au moment de sortir de charge, remplit de membres de son parti les sièges ainsi créés. Mais son successeur, Jefferson, refusa d'admettre la validité de ces nominations ; son attitude fut approuvée par le corps nouvellement élu, qui, pour trancher la question de la situation des juges, supprima les juridictions. Ce procédé, dont la régularité est douteuse, ne pourrait être employé contre la Cour suprême, puisque ce tribunal est une création directe de la constitution. Mais le congrès peut voter une loi augmentant ou diminuant le nombre des juges ; ce qui s'est déjà produit plusieurs fois. En 1866, le congrès, alors en lutte avec le président Johnson et désirant l'empêcher de nommer des juges, vota une loi aux termes de laquelle aucune vacance ne devait être remplie jusqu'à ce que le nombre des magistrats fût réduit de dix à sept. En 1869, après que Johnson eut été remplacé par Grant, ce nombre fut porté à neuf. On voit facilement quels dangers pourrait présenter une telle pratique si elle venait à se généraliser.

Section V.

Les tribunaux et la constitution.

84. — Le rôle assigné par la constitution fédérale aux cours des Etats-Unis est particulièrement important. Elles ont pour mission principale de contenir le pouvoir législatif. En Angleterre, en France, le parlement est omnipotent. Dès qu'une mesure est adoptée par lui en la forme ordinaire, elle devient loi et s'impose au respect de tous les citoyens. Aux Etats-Unis, le pouvoir législatif du congrès rencontre une double limitation : en premier lieu, les Chambres ne peuvent légiférer que sur les matières spécifiées dans la constitution ; en second lieu, en légiférant sur ces matières, elles ne peuvent transgresser aucune disposition du pacte constitutionnel. Mais il peut arriver que cette règle soit transgressée et que le congrès, soit volontairement soit par inadvertance, viole la constitution. Il s'agit d'établir une sanction capable d'empêcher la mesure votée contrairement à la constitution de produire ses fâcheux effets par l'application. Les Américains ont résolu ce problème d'une manière fort originale en appliquant à cette espèce le principe en vertu duquel les actes faits par un agent ou un représentant au delà des limites du mandat qui lui est confié, sont nuls et de nul effet. Dans les pays libres, ce principe est appliqué au droit public, et un citoyen y est autorisé à désobéir aux ordres d'un magistrat s'il a sujet de penser que ces ordres excèdent les pouvoirs légaux de celui qui les donne. En Angleterre, par exemple, si un secrétaire d'Etat ou un autre fonctionnaire délivre un *warrant* dans des conditions qui semblent illégales, le citoyen qui en est l'objet peut résister même par la force et invoquer l'appui des tribunaux. Telle est la situation des règlements locaux (*byelaws*) fait par une corporation municipale en vertu des pouvoirs qui lui ont été conférés par un acte du parlement. Si ces règlements excèdent ces pouvoirs, les citoyens ne seront pas tenus de s'y conformer. — V. Bryce, *op. cit.*, t. 1, p. 243 et s.

85. — Aux Etats-Unis la situation est analogue à celle de cette corporation. Le pouvoir législatif suprême appartient au peuple, c'est-à-dire au corps électoral agissant de la manière prescrite par les lois. Le peuple, dans la loi par excellence, la constitution, a délégué au congrès un pouvoir législatif limité. Toute loi qui est votée par le congrès conformément à la constitution, a pleine autorité. Mais celle que le congrès n'a pu voter qu'en outrepassant ses pouvoirs est caduque et ne peut être sanctionnée. Aux yeux des jurisconsultes américains, ce n'est pas une loi, parce que le congrès en la votant n'est pas réellement un corps législatif, mais une simple assemblée de particuliers. « Les pouvoirs de la législature, disait le Chief Justice Marshall, le plus grand parmi les interprètes de la constitution, sont définis et limités, et la constitution a été écrite pour que ces limites ne puissent être méconnues ou oubliées. Dans quel but ces pouvoirs seraient-ils limités, et pourquoi ces limitations seraient-elles confiées à la loi écrite, si elles pouvaient être restreintes à tout moment ? On peut considérer une constitution soit comme une loi supérieure, ne pouvant être modifiée par les procédés ordinaires, soit comme une loi pareille aux autres que le pouvoir législatif peut modifier quand il lui plaît. Si le premier terme de l'alternative représente la réalité des choses, aucun acte contraire à la constitution n'est loi ; si c'est le dernier, alors les constitutions écrites sont des tentatives absurdes de la part d'un peuple pour limiter un pouvoir qui est sans limites par sa propre nature. »

86. — Il faut donc que chaque loi votée par le congrès soit rapprochée de la constitution, afin de rechercher s'il y a quelque inconstitutionnalité en elle. Tantôt ce travail sera très-facile, tantôt au contraire il exigera des connaissances profondes et des capacités juridiques exceptionnelles ; mais dans l'un et dans l'autre cas, ce sera une question d'interprétation. Il faudra déterminer la véritable signification de la loi supérieure et celle de la loi inférieure, afin de découvrir si elles sont contradictoires. Or l'interprétation des lois appartient aux cours de justice. L'existence d'une loi implique celle d'un tribunal, c'est-à-dire d'un corps chargé non seulement de faire veiller à son exécution, mais encore de l'ajuster aux faits, c'est-à-dire de déterminer sa signification précise et de l'appliquer aux cas particuliers. La question de savoir si un acte du congrès est conforme ou non à la constitution doit donc être déterminée par les cours de justice, non seulement parce qu'elle est une question d'interprétation légale, mais encore aussi parce que personne autre n'aurait qualité pour la trancher. On ne saurait penser à recourir à cet effet au congrès : c'est une partie trop intéressée ; ni au président, parce qu'il n'est pas d'ordinaire jurisconsulte et parce qu'il peut être personnellement intéressé dans le débat. Il ne reste donc que les cours de justice auxquelles on doit demander d'arrêter cette violation du droit.

87. — Le même raisonnement s'applique aux lois votées par les pouvoirs législatifs des Etats particuliers. Les Etats-Unis sont une fédération de républiques qui ont chacune leur autonomie et notamment le pouvoir de légiférer. Il peut arriver que les lois votées par les législatures des Etats soient en conflit avec la constitution, soit parce qu'elles contreviennent aux dispositions qu'elle contient (notamment lèsent les droits reconnus et consacrés par la constitution), soit parce qu'elles touchent aux matières réservées au pouvoir fédéral. Ici encore, le même raisonnement doit être appliqué, car la constitution fédérale et les lois votées par le congrès fédéral en exécution de cette constitution doivent prévaloir sur la constitution des Etats particuliers et les lois votées par ces Etats. S'il est démontré que la constitution d'un Etat ou une loi d'Etat est contraire à la constitution fédérale ou à une loi fédérale, elle doit être annulée. Et ici la déclaration sera encore faite par les cours fédérales, mais non pas seulement par elles, car si une cour d'Etat tranche un litige contre la constitution ou la loi de l'Etat auquel elle appartient et en faveur de la loi fédérale, sa décision doit être acceptée. Il en résulte que les diverses lois écrites aux Etats-Unis sont hiérarchisées et peuvent être classées de la façon suivante : 1° la constitution fédérale ; 2° les lois fédérales ; 3° les constitutions particulières des Etats ; 4° les lois particulières des Etats.

88. — Tel est le raisonnement abstrait par lequel on justifie le pouvoir reconnu aux cours américaines qui paraît si extraordinaire à un Français. Historiquement, ce pouvoir s'explique par des pratiques bien antérieures à la déclaration d'indépendance. La plupart des colonies américaines avaient reçu de la Couronne d'Angleterre des chartes qui créaient ou reconnaissaient des assemblées coloniales et leur donnaient le pouvoir de faire certaines lois pour la colonie. Mais ce pouvoir de faire des lois était limité partie par la charte, partie par l'usage et était subordonné au pouvoir supérieur de la Couronne ou du Parlement britannique. La question se posait si des lois votées par ces assemblées locales excédaient les pouvoirs qui leur appartenaient ; et si elles les dépassaient, elles étaient tenues comme non avenues en première instance par les cours coloniales ou si le litige était porté en Angleterre par le Conseil privé. Quand les treize Etats de la nouvelle Angleterre rejetèrent le joug de la métropole, ils remplacèrent les anciennes chartes par de nouvelles constitutions, lesquelles ne donnaient aux assemblées législatives que certains pouvoirs spécifiés et limités ; toute loi qui les excédait étant par cela même de nul effet. En 1786, la Cour suprême de Rhode-Island décida qu'une loi qui édictait certaines peines sans qu'une décision du jury fût intervenue après une procédure sommaire était nulle comme ne donnant aucune juridiction aux tribunaux, la constitution de l'Etat ayant garanti dans tous les cas le jugement par le jury (V. Elliot, article dans

Political Science Quarterly, juin 1890, p. 233). On peut donc dire que, quand la constitution des États-Unis entra en vigueur en 1789, et fut déclarée supérieure à toutes les constitutions et aux lois des États, aucun principe nouveau ne fut introduit. Il y eut simplement une application nouvelle de la vieille doctrine d'après laquelle une législature subordonnée et limitée ne peut agir au delà des limites qui lui sont tracées.

89. — Les jurisconsultes américains se plaisent à rappeler l'amusante histoire d'un Anglais intelligent et instruit qui, voyageant aux États-Unis et ayant entendu dire que la Cour suprême avait été créée pour maintenir la constitution et annuler les mauvaises lois, consacra vainement deux jours entiers à chercher dans la constitution les articles qui lui donnaient ce pouvoir. Il n'y a, en effet, aucune disposition particulière à ce sujet. Les pouvoirs de la Cour fédérale suprême sont les mêmes que ceux des autres cours. Ce que l'on appelle en Europe « *le pouvoir d'annuler les lois inconstitutionnelles* » n'est pas aux yeux des citoyens des États-Unis un véritable pouvoir, c'est plutôt un *devoir*, et un devoir qui incombe à toutes les cours de justice, depuis le plus humble tribunal d'un État jusqu'à la Cour suprême. Quand on qualifie, ce qui arrive souvent aux États-Unis, la Cour suprême, de gardienne de la constitution, cela veut dire simplement que c'est elle qui décide en *dernier ressort* des questions constitutionnelles qui se sont élevées. A ce point de vue, la phrase est exacte. Mais il ne faut pas perdre de vue que les fonctions de la Cour suprême sont à cet égard celles de toutes les autres cours, cours d'États aussi bien que cours fédérales. Les unes et les autres n'ont d'autre devoir que de dire et d'appliquer la loi, et notamment de décider si les textes votés par le Parlement doivent être admis à ce titre. Aux yeux des jurisconsultes américains, rien n'est donc plus inexact que l'expression courante en Europe : *les juges aux États-Unis, ont le pouvoir de contrôler la législature*. Les juges américains n'ont qu'une seule mission, celle d'interpréter les lois, dans l'exercice de laquelle rentre le droit de déclarer inconstitutionnelle la loi entachée de ce vice. Mais ils ne sauraient suivre leurs préférences personnelles et ne pourraient refuser de sanctionner la loi la plus mauvaise, si cette loi était conforme à la constitution. Ils ne sont pas les maîtres de la constitution ; ils en sont seulement les interprètes.

90. — Les remarques qui précèdent ne sont point pour diminuer l'importance du rôle du pouvoir judiciaire, bien au contraire. Jamais mission plus importante n'a été confiée à un corps de magistrat. Le texte de la constitution, en effet, est très-bref, et conçu le plus souvent en termes généraux. Le législateur s'est borné à y énoncer des principes fondamentaux, ne pouvant prévoir par avance la multitude des cas particuliers qui serait venue à se présenter. Un large champ, plus large que dans toute autre législation, est donc laissé au pouvoir d'interprétation du juge. Mais pour en faire un judicieux usage, il est nécessaire que ce dernier possède, outre les qualités nécessaires à tout jurisconsulte, une pleine compréhension de la nature et des méthodes du gouvernement. Les juges américains n'ont pas failli à cette tâche. La constitution actuelle, telle qu'elle résulte de la masse des décisions qui l'ont expliquée et commentée, est un instrument plus complet et plus efficace que lorsqu'elle est sortie des mains de ses auteurs. On peut dire quelle est l'œuvre, non seulement de ces derniers, mais encore des juges, et en particulier du plus grand de tous, le célèbre *Chief justice* Marshall. On ne saurait nier les services que cet état de choses a rendus aux États-Unis. En particulier, on doit remarquer que les Américains ont pu arriver à reléguer la solution de bien des questions délicates, de nature à soulever les passions politiques, à les déchaîner même, dans la calme atmosphère d'une cour de justice.

91. — Ceci entraîne une autre conséquence : assez rarement la question de validité d'une loi est portée devant la Cour suprême par le gouvernement fédéral ou le gouverneur d'un État. Les instances dans lesquelles les hautes questions ont été tranchées sont introduites le plus souvent par des particuliers qui cherchent à défendre les droits qui leur appartiennent, et se déroulent entre parties de la situation la plus modeste. Un exemple emprunté à l'une des plus célèbres causes aidera à bien comprendre ceci : « L'important arrêt qui a établi la doctrine qu'une loi d'État abrogeant une loi précédente qui avait accordé une concession de terrain à un particulier dans de certaines conditions, est nulle comme ayant contrevenu aux obligations d'un contrat (Fletcher c. Peck. 6, cranch, p. 87) a été rendu à la suite d'un litige entre un certain Fletcher et un M. Peck, lequel a rendu nécessaire l'examen d'une loi votée par l'État de Géorgie. On évite ainsi de froisser la susceptibilité des États qui pourrait être excitée, si l'on voyait, aussitôt après le vote d'une loi, le gouvernement fédéral inviter la Cour suprême à la déclarer nulle. La question se débat simplement entre Smith et Jones. C'est un procès ordinaire qui se déroule. Et quand la Cour suprême rend, au bout d'un temps assez long, un arrêt qui va frapper la loi inconstitutionnelle de caducité, chacun applaudit au courageux citoyen qui a lutté en même temps que pour ses droits personnels pour la défense de ceux de tous.

92. — Les tribunaux ont su conserver depuis plus d'un siècle la prérogative si précieuse qui leur a été reconnue, et les Américains sont de plus en plus affectionnés à cette partie de leur constitution, qu'ils considèrent comme la garantie la plus précieuse des libertés du citoyen. Ce résultat est dû surtout à la conduite pleine de tact et de dignité de la Cour suprême (car sa jurisprudence a déterminé celle des cours inférieures) dans les circonstances si nombreuses où ce tribunal a eu à tenir la balance entre les partis. Ce tribunal a toujours refusé d'intervenir dans les questions purement politiques, ainsi que dans celles d'un caractère exclusivement législatif ou exécutif. « Dans ces matières, dit Story, l'autorité suprême appartient aux pouvoirs législatif et exécutif ; elles ne peuvent être examinées autre part. Ainsi, le congrès, a seul le pouvoir de lever des taxes, de déclarer la guerre, de voter des dépenses, de régler le commerce intérieur et extérieur, et les questions nées de l'exercice de ces pouvoirs ne peuvent être soumises à un tribunal. De même, le pouvoir de conclure des traités étant confié au président et au Sénat, un traité quand il est dûment ratifié devient loi de l'Union et aucun tribunal ne peut se prononcer sur les clauses qu'il contient » (Story, *Commentaries ond the constitutions*, n. 374). Ce n'est qu'accidentellement que les tribunaux ont été appelés à rendre des décisions qui ont eu une influence sur la politique, comme dans la fameuse affaire Dred Scott. Le jugement rendu en cette circonstance par la Cour suprême est considéré comme une des causes qui ont précipité la guerre de sécession. D'ailleurs, beaucoup de questions politiques échappent à l'action des tribunaux fédéraux, car elles ne peuvent donner naissance à des actions judiciaires susceptibles d'être portées devant eux. Il faut en outre, noter aussi que la Cour suprême a toujours refusé de décider des questions abstraites, et de donner par avance son avis à l'un des pouvoirs législatif ou exécutif. Elle a toujours restreint ses attributions au jugement des litiges qui lui sont déférés.

93. — Cette situation si haute de la Cour suprême n'a pas été sans subir quelques éclipses. Il est arrivé dans certaines circonstances que la cour s'est trouvée en conflit aigu avec d'autres autorités. Il est même arrivé qu'elle ait été vaincue dans la lutte engagée. En 1801, un arrêt de la Cour suprême avait décidé que les particuliers pouvaient assigner un État devant elle (V. *suprà*, n. 78). Le douzième amendement à la constitution trancha définitivement la question dans un sens contraire à celui de la cour. En 1805, l'indépendance de la Cour suprême fut menacée par les poursuites dirigées contre le juge Chase, le parti alors dominant espérant après condamnation, pouvoir arriver à expulser de la cour les magistrats dont l'attitude sur les questions constitutionnelles lui déplaisait. L'acquittement de Chase dissipa le danger ; le peu de succès d'une proposition d'amendement à la constitution, afin de conférer au président le pouvoir de révoquer les juges sur la demande des deux Chambre, rendit après cette lutte tout son prestige. En 1832, la Cour suprême fit un arrêt enjoignant à l'État de Géorgie de relaxer diverses personnes arrêtées en exécution d'une loi frappée de nullité. Cette décision fut considérée par le parti alors au pouvoir comme une atteinte aux droits des États. Le président Jakson, au lieu de faire exécuter cette décision *manu militari*, comme c'était son devoir, se borna à répondre : que le juge Marshall la prononcé un jugement, qu'il le fasse exécuter s'il le peut. Le différend, grâce à des artifices de procédure, se dénoua sans qu'il fût nécessaire d'en venir à un conflit absolu, mais ce fut un rude coup porté au prestige de la cour. Le pouvoir exécutif avait démontré qu'en cas de résistance, illégale il est vrai, le pouvoir judiciaire était désarmé. Plus malheureux encore pour le prestige de la cour, fut le résultat de son intervention lors des contestations nées de l'élection présidentielle de 1877. On remarqua que les cinq juges de la Cour suprême qui furent adjoints à la commission chargée de trancher le différend votèrent avec leur parti avec tout autant de discipline que les secrétaires et les membres de la chambre des représentants.

94. — Malgré ces nuages qui sont venus temporairement l'obscurcir, le prestige de la Cour suprême est resté très-grand dans toute l'Union. Le résultat est dû en grande partie à la situation personnelle que ses membres ont su acquérir et garder. Jamais un magistrat de la Cour suprême n'a été soupçonné de corruption ; rarement il a permis à ses sympathies politiques d'influer sur le jugement qu'il avait à rendre. Quoiqu'en général les présidents aient choisi pour siéger seulement des hommes appartenant à leur parti, les juges aussitôt élus ont su s'affranchir de leurs origines. Les magistrats qui composent les cours fédérales inférieures ont su également conquérir de grandes situations personnelles. La sécurité donnée à leur situation assure leur bon recrutement et leur supériorité sur les juges d'Etat, nommés à 51 années, à l'élection pour un temps très-court, éclate dans toute l'Union.

95. — On ne saurait parler de l'interprétation des lois ou des Etats-Unis sans rappeler le nom du chief-justice (président de la Cour suprême) Marshall. Ce grand jurisconsulte dirigea de 1801 à 1835 les travaux de la Cour suprême, et exerça en cette qualité la plus grande influence sur l'interprétation qui devait être donnée au pacte constitutionnel. Il n'était qu'un des sept juges de la cour mais il prit bientôt par la force de son génie et l'élévation de son caractère, un ascendant considérable sur ses collègues. Une seule fois son opinion fut repoussée par la majorité : mais l'avis qu'il avait exprimé, bien que d'abord écarté, prévalut plus tard et est devenu maintenant partie intégrante de la jurisprudence. Quand Marshall devint chief-justice, deux décisions seulement avaient été rendues par la cour sur des questions constitutionnelles. Pendant sa longue magistrature, Marshall prit part à 51 arrêts dont la collection forme aujourd'hui le répertoire le plus précieux du droit constitutionnel. Aussi les jurisconsultes américains ont donné à juste titre à Marshall le nom de second auteur de la Constitution.

SECTION VI.

Modification de la Constitution.

96. — La Constitution des Etats-Unis n'est pas une œuvre immuable. Elle peut être revisée lorsque les circonstances l'exigent : « Le congrès, toutes les fois que les deux tiers des membres des deux Chambres le jugeront nécessaire, proposera des amendements à cette Constitution ; ou bien, si les législatures des deux tiers des Etats en font la demande, il réunira une Convention pour proposer des amendements ; ces amendements, dans un cas comme dans l'autre, seront valides à tous égards et en tous points comme partie intégrante de cette Constitution, quand ils auront été ratifiés par les législatures des 3/4 des Etats, ou par les 3/4 des Conventions réunies à cet effet dans chacun d'eux, selon que l'un ou l'autre mode de ratification aura été proposé par le congrès (Const. fédérale, art. 5). Ainsi les amendements peuvent être proposés de deux manières : a) par un vote des 2/3 des membres de chaque Chambre du congrès ; b) par les législatures des 2/3 des Etats requérant le congrès de réunir une Convention. Le congrès ne peut refuser de se rendre à cette invitation, il doit donc convoquer la Convention, et fixer en même temps, la constitution étant muette sur ce point, la composition de cette Convention et les formes à suivre pour l'élection de ses membres. Les amendements élaborés et proposés par le congrès ou la Convention peuvent être validés soit par le vote des législatures des 3/4 des Etats, soit par le vote des 3/4 des Conventions nommés à cet effet dans chaque Etat. Il appartient aussi au congrès de décider lequel de ces deux modes de ratification doit être suivi.

97. — Tous les amendements apportés jusqu'à ce jour à la Constitution ont été préparés et proposés par le congrès, et ratifiés par les législatures des Etats. Aucune convention n'a été réunie soit pour préparer les amendements, soit pour les ratifier. La préférence donnée à l'action du congrès et des législatures des Etats indique le désir de ne pas procéder à une refonte totale de la Constitution, mais de limiter la revision à des changements sur des points particuliers. Mais la procédure par Convention fédérale de l'Etat n'en reste pas moins possible. Le consentement du président n'est pas nécessaire pour les modifications à la Constitution (Décis. de la Cour suprême de 1794, Hollingsworth c. Etat de Vermont).

98. — Il y a cependant dans la Constitution des Etats-Unis une disposition qui ne pourrait être altérée par les procédés ci-dessus. C'est celle qui assure à chaque Etat une représentation égale dans le Sénat. « Aucun Etat ne doit être, *sans son consentement*, privé de son droit de suffrage égal dans le Sénat » (Const. fédérale, art. 5). Cette disposition n'a pas pour but d'exiger le vote de l'unanimité des Etats pour modifier, diminuer ou étendre la représentation de l'un d'eux dans le Sénat. Elle n'a d'autre effet que de donner à l'Etat qui serait visé par une proposition tendant à ce résultat, un droit absolu de veto. S'il arrivait qu'un Etat consentît à abandonner ses prérogatives et que cet abandon fût ratifié par les 3/4 des autres Etats, la résistance du dernier quart ne pourrait empêcher la modification de la Constitution sur ce point.

99. — Les amendements apportés à la Constitution sont actuellement au nombre de quinze. Ils ont été votés en quatre groupes, dont deux comprennent seulement un amendement chacun. Le premier groupe, comprenant les dix amendements adoptés immédiatement après la promulgation de la Constitution, doit être considéré comme un supplément au pacte fédéral, plutôt que comme une modification. Le second et le troisième, comprenant chacun un amendement (le 11e et le 12e), constituent des corrections de détail rendues nécessaires par le fonctionnement de la Constitution. Le quatrième groupe est le seul qui soit né d'une crise politique : il comprend les 13e, 14e et 15e amendements qui ont pour but de prohiber l'esclavage, de définir la qualité de citoyen, d'assurer à tous ceux qui possèdent cette qualité le droit de suffrage et d'étendre la protection fédérale aux membres du corps fédéral qui peuvent souffrir de certaines lois injustes des Etats. Ces derniers amendements ont été votés après la guerre de sécession, afin d'en confirmer et d'en assurer les résultats. La majorité d'Etats nécessaire pour les ratifier a été obtenue par des procédés anormaux, les voix des Etats du Sud ayant été données sous la pression des armées du Nord et pour payer la réintégration au congrès des sénateurs et représentants de ces Etats.

100. — Beaucoup d'autres amendements à la Constitution ont été à diverses reprises proposés par le président ou par le congrès, mais sans pouvoir acquérir force de loi. En février et mars 1861, un amendement interdisant d'introduire dans la Constitution des clauses autorisant l'intervention dans les affaires intérieures des Etats, avait été adopté par les deux Chambres. La guerre de sécession empêcha que la consultation fût poussée plus loin. Encore à l'heure actuelle des propositions de modifications nombreuses se produisent presque à chaque session. Dans le 49e congrès (1884-1886), il n'y en eut pas moins de 47, portant sur les objets les plus divers : prohibition de la vente des liqueurs alcooliques, de la polygamie, élection directe du président et des sénateurs écrits par le peuple, limitation des heures de travail, établissement d'une législation uniforme pour le mariage et le divorce, etc. La première session du 51e congrès vit également se produire vingt-huit propositions de cette nature.

101. — La Constitution des Etats-Unis ne se modifie pas d'ailleurs exclusivement par la procédure compliquée qui vient d'être exposée. Il est une autre force qui agit sur elle comme sur tous les documents écrits qui servent de base pendant un temps plus ou moins long aux relations entre les hommes : nous voulons parler de l'interprétation qui est faite du texte de l'instrument primitif. C'est ainsi, nous l'avons vu, qu'il appartient à tous les tribunaux de se prononcer sur l'application qui est faite de la loi fondamentale (V. *supra*, n. 84 et s.). Mais comme toutes les questions importantes sont portées par voie d'appel devant la Cour suprême, c'est en fait cette dernière dont l'opinion détermine finalement le sens de la jurisprudence. Les tribunaux ne sont point les seuls et exclusifs interprètes du pacte fédéral : le congrès peut, dans une certaine mesure s'associer à cette œuvre par le vote de lois dont le caractère constitutionnel est admis ; en outre, un certain champ d'action reste ouvert aux autres autorités du gouvernement qui peuvent aussi dans leur sphère d'action, trancher quelques points de détail. A une certaine époque les présidents avaient revendiqué le droit beaucoup plus étendu d'être les interprètes de la constitution et de régler leurs actes d'après leur opinion, même quand celle-ci était contraire à la jurisprudence de la Cour suprême. C'est ainsi que dans la célèbre affaire Marbury et Madison, Jackson déclara que la Cour suprême s'était trompée en reconnaissant au congrès le droit d'accorder une charte à la banque des Etats-Unis, attaqua cette banque comme institution illégale et opposa son veto à la loi qui renouvelait sa charte. Les majorités du congrès ont émis des prétentions analogues. Mais aujourd'hui le pouvoir législatif et l'exécutif semblent avoir renoncé à cette attitude, le pouvoir judiciaire ayant d'ailleurs, en bien des matières politiques ou administratives laissé un plus large champ ouvert aux autorités fédérales.

102. — La Constitution des Etats-Unis s'est encore développée par un autre moyen dont il convient également de dire quelques mots. Bien qu'elle contienne en quelques endroits des détails très-précis, elle n'en passe pas moins sous silence un certain nombre de points essentiels au bon fonctionnement du gouvernement; ces lacunes ont été comblées par les lois votées par le congrès et par la coutume. Le congrès a reçu le pouvoir de légiférer sur certaines matières énumérées par le pacte fédéral, par exemple, les impôts fédéraux, l'établissement de cours fédérales inférieures, l'organisation des services civils et militaires, l'administration des territoires, celle des affaires indiennes, les règles à suivre pour l'élection des présidents et des sénateurs, etc. Quoique ces lois ne puissent être appelées à proprement parler des parties de la constitution, elles n'en ont pas moins une importance toute particulière.

103. — La coutume ou l'usage (*use*) a introduit également dans le droit constitutionnel des dispositions importantes. Ainsi, c'est en vertu de l'usage : que les électeurs présidentiels ont perdu le droit que leur donnait la constitution de choisir le président à leur discrétion, par l'introduction du mandat impératif; que le président ne peut être réélu qu'une seule fois, bien que la constitution soit muette sur ce point; que le président use plus largement de son droit de veto; que le Sénat confirme toujours les choix faits par le président pour le titulaire des départements ministériels; que le speaker de la chambre des représentants nomme les membres de tous les comités; que les présidents des comités des deux Chambres sont devenus en fait de véritables ministres.

Section VII.
Garantie des droits individuels.

104. — Lorsque les colonies anglaises qui devaient former le noyau des futurs Etats-Unis d'Amérique eurent secoué le joug de la métropole, elles conservèrent dans leur intégralité, à l'exception de quelques changements indispensables dans l'ordre politique, les institutions antérieures empruntées à la mère-patrie. La primitive constitution de l'Etat de New-York disposait que toutes les parties du droit coutumier d'Angleterre, les actes législatifs d'Angleterre, continueraient à régir l'Etat (art. 35; même disposition dans l'art. 3 de la constitution du Maryland de 1776). Or ce droit britannique contenant la garantie des droits et libertés du citoyen, il avait tout d'abord paru inutile de les inscrire dans la constitution et l'on s'était contenté d'inscrire dans le pacte fédéral (art. 1, § 9) quelques dispositions jugées indispensables : privilège d'*Habeas corpus*, interdiction de voter des bills d'*attainder*, défense d'établir des impôts arbitraires, d'employer les fonds du Trésor à des usages autres que ceux déterminés par la loi, de conférer des titres de noblesse. Mais on fit remarquer que le droit coutumier pourrait toujours être modifié par le législateur, par une évolution même de la jurisprudence, et qu'il importait de consacrer la sauvegarde des libertés publiques par le vote d'un texte solennel placé au-dessus des controverses et des vicissitudes (V. *Le Fédéraliste*, t. 84). Il fut tenu compte de cette observation lors du vote des deux premiers amendements à la constitution.

105. — L'énumération de ces droits et libertés a déjà été faite ici. Il n'y a donc plus qu'à donner quelques explications sur la manière dont les libertés reconnues sont interprétées et garanties. C'est surtout dans la procédure criminelle que se manifeste le respect des droits de l'individu. Les formes de cette procédure, alors même qu'elles paraissent lentes et compliquées, constituent l'une des plus efficaces garanties contre l'arbitraire. Les Etats-Unis ont emprunté à la mère-patrie les règles introduites en faveur de tout accusé de crime ou de délit. Ce sont les formes anglaises que suivent leurs cours et leurs tribunaux. Sauf le cas de flagrant délit, un citoyen ne peut être arrêté sans un ordre du juge compétent, lequel ne doit signer un mandat d'arrestation que sur la présentation d'une plainte appuyée du serment soit d'un officier de police judiciaire,

soit de personnes d'une honorabilité reconnue. L'arrestation opérée, il s'agit d'examiner dans le plus bref délai si elle doit être maintenue. L'inculpé est donc amené devant le magistrat. L'accusation doit établir qu'un crime ou un délit a été commis et qu'il existe contre le prisonnier des charges suffisantes. Ce dernier, s'il en exprime le désir, est assisté de son conseil : il peut citer des témoins à décharge, fournir des explications. Mais il est libre, s'il le préfère, de garder le silence. Les parties entendues, le magistrat prononce. Si les charges ne lui paraissent pas suffisamment établies, il ordonne la mise en liberté; dans le cas contraire, il prononce le renvoi devant un grand jury.

106. — Pendant la durée de cette procédure d'instruction, les garanties ne cessent de se multiplier en faveur de l'accusé. Les procédés arbitraires, les pouvoirs dictatoriaux dont les juges sont, en certains pays, assurés au cours de la période d'instruction, n'existent pas. Point de perquisitions générales, de saisies de pièces, de documents étrangers au procès. Aux termes du quatrième amendement à la constitution, tout citoyen a droit à la sécurité en ce qui concerne sa personne, sa maison, ses papiers, ses effets. Un mandat de perquisition ne peut être émis que sur une cause probable, établie sous serment, dans une déposition qui décrira d'une façon précise le lieu où la perquisition sera faite et les objets qu'il y aura lieu de saisir. La saisie des lettres et papiers de l'accusé serait d'ailleurs bien inutile : ils ne sauraient être employés contre lui en vertu du principe qu'un ne peut témoigner contre lui-même (V. Guérin, *Droits et libertés du citoyen aux Etats-Unis*, dans le *Bulletin de la Société de législation comparée*, 1892, p. 376 et s.). Le respect de la liberté individuelle exigerait que tout accusé fût jugé immédiatement, ou tout au moins que, mis en état d'arrestation, il fût tenu à la disposition de la justice, tout en conservant sa liberté absolue. On essaye de résoudre ce problème en permettant de demander la mise en liberté sous caution. Cette dernière est de droit quand il s'agit d'un délit. Pour les crimes, les règles varient suivant les Etats. Mais la constitution interdit au juge d'exiger de l'accusé des cautions excessives (huitième amendement à la constitution).

107. — L'instruction terminée, il appartient, dans la plupart des Etats, et conformément aux errements de la procédure anglaise, à un grand jury de décider s'il y a lieu à renvoi devant un jury de jugement. Sur le verdict affirmatif, un acte d'accusation est dressé, mais ce document ne doit contenir que le récit des faits délictueux, l'énoncé des charges et des présomptions qui ont amené le renvoi devant le jury de jugement. Devant ce jury, l'accusé continue de bénéficier de la présomption d'innocence établie en sa faveur. L'*attorney* du gouvernement chargé de soutenir l'accusation ouvre les débats en présentant au jury un exposé oral des faits qu'il se propose d'établir par témoins. Il fait aussitôt comparaître ses témoins dans l'ordre qu'il juge préférable. Quand l'*attorney* a fini d'*examiner* un témoin, la défense s'en empare à son tour, c'est la *cross-examination*. L'interrogatoire des témoins à charge achevée, l'avocat de l'accusé expose les moyens de défense et appelle ses témoins. Tout se passe comme pour l'accusation. Il y a interrogatoire, puis contre-interrogatoire par l'*attorney*. Le juge n'a point, comme le président des assises en France, à procéder à l'interrogatoire de l'accusé. Il se borne à faire la police de l'audience, à trancher les points de droit qui peuvent s'élever au cours du procès et à prononcer une sentence conforme au verdict du jury. Aucunes conclusions, résolutions ou preuves obtenues au cours d'une procédure suivie aux Etats-Unis ou dans un autre pays ne peuvent être offertes contre un accusé pour tourner contre celui qui les a fournies (Statuts revisés des Etats-Unis, sect. 8688). Enfin, le verdict du jury doit être rendu à l'unanimité.

108. — Indépendamment de toutes ces précieuses garanties, les Etats-Unis ont en outre emprunté à la mère-patrie les dispositions de l'act d'*Habeas corpus* (V. *infrà*, v° *Grande-Bretagne*). D'après la constitution fédérale, l'act d'*Habeas corpus* ne peut être suspendu qu'en cas de danger public, rébellion ou invasion (art. 1, § 9). Les constitutions de la Virginie, du Vermont, de la Louisiane et de la Caroline du Nord interdisent au contraire cette suspension, la constitution du Massachusetts en limite la durée à douze mois, celle du New-Hampshire à trois mois. En 1807, lors de la conspiration d'Aaron Burr, un bill suspendant pour trois mois l'*Habeas corpus* fut voté par le Sénat, mais repoussé par la chambre des représentants. Pendant la guerre de sécession, le président Lincoln prit sur lui de suspendre cette garantie. Un nommé John Merrymann, arrêté en vertu d'ordres militaires s'adressa à la cour de circuit du Maryland, alors tenue par Taney, chief justice de la Cour suprême. L'arrêt rendu par ce dernier conclut à l'illégalité de l'arrestation. Le congrès seul pouvant avoir le droit de prononcer cette suspension. Les motifs de cet arrêt célèbre furent reproduits par les autres cours de justice devant lesquelles la question se présenta, à l'exception toutefois de celle de l'Etat de Vermont. Le conflit ainsi né entre le pouvoir législatif et le pouvoir judiciaire fut tranché par une loi du 3 mars 1863, qui autorisa la suspension de l'*Habeas corpus* et régularisa les arrestations opérées pendant la période antérieure. — V. Hurd, *A treatise on the Right of personnal liberty*, chap. 4, sect. 1.

109. — Ce n'est pas seulement lorsqu'il s'agit de sa liberté que le citoyen des Etats-Unis se voit garanti par la constitution. Dans toute autre circonstance, elle le protège contre toute lésion ou tentative de lésion. S'agit-il du droit de propriété, elle déclare : que nul ne sera privé de sa propriété, si ce n'est d'après les règles établies par la loi (cinquième amendement). Et cette formule est interprétée par les jurisconsultes en ce sens qu'une loi même serait impuissante à déposséder un citoyen, si cet acte législatif n'était pas justifié par les principes d'un gouvernement libre. En 1889, quelques citoyens de New-York conçurent le projet de célébrer l'anniversaire de la découverte de l'Amérique par une exposition universelle. Les terrains sur lesquels cette exposition devait être établie appartenaient à des particuliers. Les uns consentirent à traiter à l'amiable, d'autres se refusèrent à entrer en pourparlers. La question se posa de savoir s'il était possible, au moyen d'une loi de procéder contre eux par voie d'expropriation. Les jurisconsultes auxquels on s'adressa répondirent que la mainmise sur la propriété ne pouvait être justifiée que par la nécessité d'assurer le bien public. Condition qui n'est réalisée que lorsque le besoin public qu'il s'agit de satisfaire est impératif, c'est-à-dire d'une nature telle que le public ne puisse s'en passer sans compromettre les fins essentielles que toute société a pour but d'atteindre. Ils en concluaient que le projet d'une exposition ne rentrait pas dans cette catégorie et qu'en conséquence une loi qui ordonnerait l'expropriation pour cet objet serait contraire à la constitution. — V. de Chambrun, *Droits et libertés des citoyens aux Etats-Unis*.

110. — La liberté religieuse est peut-être plus respectée encore que la liberté individuelle et le droit de propriété. Et cela est d'autant plus remarquable que l'intolérance régnait dans les treize Etats primitifs lorsqu'éclata la guerre de l'Indépendance. Le premier amendement à la constitution dispose que le congrès ne fera aucune loi relative à l'établissement d'une religion d'Etat en prohibant le libre exercice d'une religion. Ces dispositions libérales passèrent dans la constitution des Etats. En 1806, l'Etat de New-York abolissait les dernières dispositions qui fermaient aux catholiques l'accès des fonctions publiques. Le Connecticut en 1816, le Massachusetts en 1823 se décidèrent à adopter des mesures analogues. Aujourd'hui toutes les constitutions d'Etat garantissent la liberté religieuse (V. Carlier, *La république américaine*, t. 3, p. 461). « Le libre exercice et la libre jouissance de la foi religieuse et du culte, sans distinction de préférence, dit la constitution de l'Etat de Californie (de 1879), seront à jamais garantis dans cet Etat ; nul ne sera, en raison de ses opinions en matière de religion, rendu incapable d'être témoin ou juré ; mais la liberté de conscience assurée par la constitution ne sera pas entendue de manière à exercer les actes licencieux ou à justifier les pratiques incompatibles avec la paix ou la sécurité de l'Etat » (Déclaration des droits, sect. 4 ; même disposition dans la constitution de New-York de 1846, art. 17, sect. 3). « Il n'est imposé à personne, sans son consentement d'assister aux exercices d'un culte et de participer à ses dépenses. » — Colorado, *Constitution de 1875*, art. 17. sect. 4.

111. — Du principe posé plus haut on a déduit les conséquences suivantes : 1° l'Etat ne peut *établir* ni prohiber aucune religion ; 2° toutes sectes et dénominations doivent être traitées également par la loi. Ainsi serait nulle l'ordonnance municipale qui autoriserait à une secte un privilège refusé aux autres (Cooley, *Constitutional limitations*, p. 584 et note) ; 3° personne ne peut être contraint de participer aux exercices d'un culte ; 4° un citoyen ne peut être obligé de contribuer aux dépenses d'un culte auquel il n'appartient pas d'un aucun culte ne peut être subventionné par l'Etat, les comtés, les villes, etc., parce que ces subventions seraient prises sur des fonds provenant de l'impôt ; 5° personne ne peut être gêné dans la pratique de son culte par la parole ou la presse, à moins que ce culte ne soit immoral (celui des Mormons, par exemple) ; 6° personne ne peut être contraint à un acte contraire à ses croyances religieuses, pourvu que les scrupules ne constituent pas une obstruction à la vie publique, telle qu'elle résulte de la croyance commune de la nation. Jugé en conséquence qu'un israélite ne peut obtenir la remise d'une affaire le concernant par le motif qu'elle est appelée un samedi, ni soutenir que l'ordonnance municipale qui défend de vendre le dimanche porte atteinte à sa liberté de conscience. — Carlier, *op. cit.*, p. 466.

112. — Ce sont ces principes qui ont réglé la situation faite aux associations religieuses. Elles sont placées sous le régime du droit commun, interprété dans son sens le plus large, avec toutes ses conséquences. Pour se constituer et acquérir la personnalité civile, la corporation religieuse n'est astreinte à aucune formalité autre que celles imposées par les lois à toute association naissante. Une fois constituée, elle peut acquérir, aliéner, ester en justice, sans être soumise à aucune entrave ou tutelle administrative. Elle règle elle-même les questions d'administration intérieures comme le fait une banque ou une compagnie de chemins de fer. Dans ses rapports avec les autres citoyens, avec l'Etat, elle est régie par les règles qui s'appliquent à tous. Aux litiges dans lesquels elle est partie, aux délits qu'elle a commis, les tribunaux appliquent les dispositions dont ils font l'application journalière.

113. — Le droit de se réunir, de s'associer sont absolus, à condition toutefois que les réunions soient paisibles et que l'association ait un but licite. Si ces conditions cessaient d'exister, la réunion ne serait plus protégée par la constitution et tomberait sous le coup de mesures répressives. Il en est de même du droit de parler et de publier sa pensée. Ce droit ne reçoit d'autres restrictions que celles qu'imposent le maintien de l'ordre public et les règles sur la diffamation. A ce sujet, il y a lieu de remarquer : qu'il n'existe pas de législation spéciale prévoyant la diffamation ou l'injure par la voie de la presse, le droit commun suffit ; que la critique des actes du gouvernement fédéral ne peut donner lieu à aucune répression pénale (ce point a été moins nettement établi en ce qui concerne les Etats) ; que certains actes diffamatoires ou calomnieux échappent à toute action civile ou pénale (communication adressée au tribunal par l'une des parties, plaidoyers d'avocats, discours des membres d'une assemblée délibérante, etc.). En ce qui concerne les fonctionnaires et les candidats aux fonctions publiques diffamés dans une réunion de citoyens, il a été affirmé dans certains Etats qu'il n'existait pas de privilèges protégeant l'articulation diffamatoire ; ce point a été nié dans d'autres.

114. — Par suite, toute publication qui, par le moyen de l'écriture, de l'imprimerie ou du dessin tend à diffamer un tiers constitue un *libelle* et fait présumer qu'il y a intention coupable de la part de l'auteur. Il incombe donc à la personne diffamée de prouver seulement la publication du libelle. Au défendeur, il appartient de se justifier et de prouver qu'il existe des circonstances de nature à atténuer ou à annuler sa responsabilité pénale. D'après la jurisprudence de la Cour suprême, il y a lieu au renversement de la preuve quand il s'agit de communication privilégiée. La charge est alors pour le plaignant qui classe la culpabilité de l'intention. Ainsi le droit constitutionnel garantit la liberté de la parole et celle de la presse ; il interdit de voter des lois ayant pour objet de restreindre ou de limiter cette liberté. Celui qui en abuse devient responsable, mais au cas de poursuites peut établir devant le jury la vérité des faits diffamatoires ; si le jury décide que les faits sont vrais ou que la publication a été faite dans une intention justifiable, l'accusé est acquitté. — Guérin, *op. cit.*, p. 38.

115. — Deux questions intéressantes se sont présentées à ce sujet, et il n'est pas inutile d'indiquer comment elles ont été résolues. Le plaidoyer de l'avocat qui attaque la partie adverse est protégé par le privilège de l'orateur, avons-nous dit. Mais en est-il de même du journal qui le reproduit ? On a dit avec raison que le privilège personnel de l'orateur cesse avec les circonstances qui lui ont donné naissance. Cependant, sous la pression des faits, la jurisprudence a été amenée à autoriser la reproduction des débats judiciaires quand le compte-rendu publié est impartial et exact. Les articles publiés par les journaux à l'occasion d'un procès criminel ont pu être lus par les jurés, les avoir déjà aidés à se former une opinion sur l'affaire. Par suite de la difficulté qu'il y aurait à réunir douze citoyens n'ayant lu aucun article relatif au procès sur lequel ils vont être appelés à se prononcer, on se contente de demander à chaque juré de déclarer que, malgré les articles publiés, il entendra l'affaire sans préjugés et prononcera le verdict avec impartialité. — Sur ces questions et d'autres analogues, V. Cooley, *op. cit.*, sect. 414 à 465.

116. — Enfin, parmi les garanties accordées aux droits individuels, on peut classer le droit reconnu aux tribunaux dont nous avons déjà parlé de prononcer la caducité de toute loi contraire à la Constitution. — Sur les dispositions relatives aux droits individuels et contenues dans les constitutions des Etats, *infra*, chap. 3.

CHAPITRE III.

LES ÉTATS.

Section I.
Généralités.

117. — Il existe entre les divers Etats qui composent l'Union de grandes différences quant à l'étendue et à la population. Le Texas est le plus vaste de tous avec ses 265,780 milles carrés; le plus petit est l'Etat de Rhode-Island avec une superficie de 1,250 milles carrés seulement. L'Etat le plus peuplé est celui de New-York avec 5,997,853 habitants. Celui qui a la plus faible population est le Nevada qui compte seulement 45,761 habitants. Ces Etats peuvent être ethniquement répartis en cinq groupes distincts : 1° Etats de la Nouvelle-Angleterre (Massachusetts, Connecticut, Rhode-Island, New-Hampshire, Vermont, Maine); 2° Etats du Centre (New-York. New-Jersey, Pennsylvanie, Delaware, Maryland, Ohio, Indiana); 3° Etats du Sud (Virginie occidentale, Caroline du Nord, Caroline du Sud, Géorgie, Alabama, Floride, Kentucky, Tennessee, Mississipi, Louisiane, Arkansas, Missouri, Texas); 4° Etats du Nord-Ouest (Michigan, Illinois, Wisconsin, Minnesota, Iowa, Nebraska, Kansas, Colorado, Dakota du Nord, Dakota du Sud, Wyoming, Montana, Idaho); 5° Etats du Pacifique (Californie, Nevada, Oregon, Washington).

118. — Chacun de ces groupes présente des caractères distinctifs, dont on retrouve la trace dans les institutions et le gouvernement. La Nouvelle-Angleterre est le siège du puritanisme, dont les traces, malgré l'immigration des Irlandais et des Canadiens français, sont encore très-visibles. Les Etats du Sud, les anciens Etats à esclaves, portaient encore l'empreinte de l'institution à laquelle leur constitution économique était autrefois si étroitement liée. Les Etats du Nord-Ouest, pays neufs, agricoles, sont le théâtre des expériences législatives. Les Etats dits « du Pacifique » contiennent une riche région minière. Les grandes fortunes s'y élèvent rapidement mais s'évanouissent souvent aussi vite. Mais ces classifications ont toujours un caractère un peu artificiel et ne sont exactes qu'en grandes masses. Il ne faut pas perdre de vue, en effet, que les limites des Etats ne sont pas des frontières naturelles, ni même des frontières historiques. Ce sont de simples délimitations, souvent tracées au cordeau, géométriquement semblables à celles que fait un spéculateur cupide à distingue sur une propriété des lots de terrains à bâtir. Seuls les Etats primitifs de la Nouvelle-Angleterre, grâce à la Sierra-Nevada, ont des frontières au sens où l'on entend ce mot de l'autre côté de l'Atlantique.

119. — Chacun de ces Etats, sous la seule réserve imposée par la constitution de garder la forme républicaine, se gouverne lui-même sans aucune intervention de l'Union ou des autres Etats. Chacun d'eux a donc une constitution qui lui est propre. Cette constitution n'est pas toujours très-organisée, mais elle est plus souvent calquée sur celle des Etats-Unis ou d'un Etat plus ancien. Mais elle n'en est pas moins la marque d'une indépendance en vertu de laquelle chaque Etat possède en propre : une constitution; un pouvoir exécutif, composé d'un gouverneur et de divers officiers; un pouvoir législatif comprenant deux chambres; un système de gouvernement local; des impôts d'Etats et des impôts locaux; une dette particulière; un corps de droit civil, criminel et de procédure; des tribunaux; une nationalité, qui peut être acquise aux conditions fixées par l'Etat et qu'il est nécessaire d'obtenir afin de devenir citoyen des Etats-Unis. Les conditions d'obtention sont déterminées librement par chaque Etat, pourvu que les quatorzième et quinzième amendements de la constitution fédérale soient respectés.

120. — Le pouvoir de l'Etat sur toutes les communautés qui existent à l'intérieur de ses limites est absolu. Il lui est possible d'accorder ou de refuser le droit de jouir du gouvernement local. La ville de Providence comprend plus du tiers de la population de l'Etat de Rhode-Island ; la ville de New-York plus du quart de celle de l'Etat de New-York. Cependant, la législation de l'Etat de Rhode-Island ou celle de l'Etat de New-York peut retirer à ces puissantes cités leur corps municipal, les faire gouverner par une commission nommée par elle ou même les laisser sans gouvernement. Elle peut régler leur administration comme nos Chambres françaises règlementent celles de Paris et de Lyon. De même, l'Etat a le droit d'exiger de ses citoyens obéissance et fidélité ; il peut les punir pour trahison. Ce droit a été rarement exercé, car la fidélité à l'Etat est considérée, depuis la guerre de sécession, comme subordonnée à celle due à l'Union. Mais elle existe encore et la trahison contre l'Etat est possible.

121. — Mais depuis la guerre de sécession ce pouvoir souverain des Etats a subi une importante restriction. Avant cette guerre, ce fut pendant de longues années l'objet de vives controverses que la question de savoir jusqu'à quel point la souveraineté particulière de chaque Etat avait été aliénée par l'adhésion à la constitution. Les uns considéraient qu'en entrant dans l'Union, chaque Etat avait accepté de la réduire à la législation intérieure et à l'exercice de l'autorité administrative sur les matières qui n'étaient pas réservées au congrès. D'autres soutenaient que le droit de souveraineté était simplement paralysé par la constitution fédérale, mais qu'il revivait par le fait qu'un Etat désirait se séparer de l'Union. Le conflit, qui devint aigu dès 1830, quand la Caroline du Sud réclama le droit de *nullification*, aboutit à la guerre dite de sécession. Il fut tranché par l'épée. Et l'on admet généralement aujourd'hui que par l'expression de « *souveraineté des Etats* » on doit entendre que chaque Etat a les droits et pouvoirs afférents à tout gouvernement indépendant, à l'exception toutefois du droit de se séparer de l'Union, qui ne peut plus être réclamé depuis la guerre, et de tous les pouvoirs que la constitution lui a retirés ou a réservés expressément au gouvernement fédéral.

Section II.
Constitution des Etats.

122. — Le gouvernement de chacun des Etats qui composent l'union américaine est organisé par la *Constitution*, c'est-à-dire par une loi ou par un groupe de lois fondamentales, émanant directement du peuple de l'Union et ne pouvant être modifiées que par lui et non par ses représentants. De même que la constitution des Etats-Unis est au-dessus du congrès fédéral, de même la constitution de chaque Etat est au-dessus de sa législature et ne peut être modifiée par cette dernière. Les constitutions des Etats sont les monuments les plus anciens de l'histoire politique des Etats-Unis, car elles sont pour plusieurs la suite de la représentation des chartes royales, en vertu desquelles fut établi le gouvernement local des établissements anglais. Quand en 1776, les treize colonies se déclarèrent Etats indépendants, la charte coloniale devint naturellement la constitution dans la plupart des cas avec de larges modifications. Dans trois Etats, la charte a subsisté pendant longtemps sans autres altérations que celles relatives à l'autorité de la couronne d'Angleterre : au Massachusetts, jusqu'en 1780, au Connecticut jusqu'en 1818 et dans le Rhode-Island jusqu'en 1842. Actuellement, chaque loi qui admet un nouvel Etat dans l'Union, autorise le peuple à se réunir et à voter une constitution, sous certaines conditions, une charte préexistante déjà existante. Le congrès peut imposer certaines conditions que la constitution de l'Etat doit remplir, mais l'autorité de la constitution de l'Etat ne découle pas du congrès, seulement de l'acceptation par les citoyens de l'Etat.

123. — Pendant la période révolutionnaire, quelques constitutions furent votées par les législatures des Etats agissant avec des pouvoirs spéciaux ; mais plus généralement le peuple a agi par l'intermédiaire d'une *convention*, c'est-à-dire d'un corps spécialement choisi par les électeurs et investi des pleins pouvoirs, non seulement pour rédiger, mais encore pour adopter la constitution. Depuis l'exemple donné par le Michigan en 1835, les États du Nord choisissent une convention qui rédige la constitution et la présentent à l'adoption des citoyens qui votent par *oui* ou *non*. Habituellement, le corps électoral doit adopter ou rejeter en bloc; cependant il arrive quelquefois qu'un vote particulier est émis sur quelques points. Dans les États du Sud, la pratique varie. En général, cependant la rédaction de la constitution y est confiée au peuple. Cependant, en 1890, le Mississipi fut doté d'une nouvelle constitution par une convention seule; en 1891, dans le Kentucky, après que le projet préparé par la constitution eut été ratifié par le vote populaire, la convention se réunit de nouveau et apporta à son œuvre primitive diverses modifications sur lesquelles les électeurs ne furent pas consultés.

124. — Le peuple de chaque État retient, tout à fait indépendant du Gouvernement national, le pouvoir d'altérer la constitution particulière qu'il s'est donnée. Quand il y a lieu de modifier celle existante, l'initiative vient généralement de la législature qui, soit par une majorité simple, soit par une majorité des deux tiers, soit par une majorité dans deux législatures successives, suivant que le pacte constitutionnel le prescrit, soumet la question aux électeurs. Tantôt le pouvoir législatif propose aux électeurs certains amendements, tantôt il leur demande de décider par un vote direct s'il y a lieu d'appeler une convention pour reviser la constitution existante. Dans le premier cas, les citoyens se prononcent directement sur les amendements proposés; dans le second, le pouvoir législatif, dès que la réunion de la convention est décidée, prend les mesures nécessaires pour l'élection des membres qui doivent la composer. Aussitôt élue, la convention se met au travail et soumet son œuvre à la ratification des électeurs. Dans le petit État de Delaware seul, la législature possède le droit d'annuler la constitution sans ratification par les électeurs; mais les changements pour être définitifs doivent être adoptés par deux législatures successives, dont la seconde n'est élue qu'après que les changements proposés ont été portés à la connaissance des électeurs. Dans quelques États même, les électeurs sont consultés à intervalles fixes (sept ans, dix ans, seize ans, vingt ans) sur l'opportunité d'une revision. En général, il suffit pour rendre valable la modification de la majorité des suffrages exprimés. Cependant quelquefois la majorité de tous les électeurs inscrits ou un *quorum* différent est exigé (majorité des trois cinquièmes dans le Rhode-Island, majorité d'au moins du nombre des électeurs qui ont pris part aux précédentes élections générales dans le Kentucky).

125. — Aussi les constitutions des États sont-elles l'objet de remaniements incessants. La tendance des dernières années est même de rendre ces modifications plus faciles encore, en décidant qu'il suffira de la proposition d'une seule législature et non plus de deux. Dans les constitutions récentes du Dakota du Sud, du Montana, de l'Idaho, du Wyoming, de Washington, du Mississipi, l'amendement qui réunit une majorité des deux tiers dans chaque Chambre est proposé aux électeurs. Dans le Kentucky, cette majorité est même de trois cinquièmes. Dans le Dakota du Nord, il suffit d'une majorité simple dans chaque Chambre, pourvu qu'à la législature suivante, les modifications soient adoptées de nouveau par la majorité de tous les membres des deux Chambres.

126. — Une constitution d'État se divise habituellement en cinq parties : 1° fixation des limites de l'État (on ne rencontre pas de disposition de cette nature dans les constitutions des anciens États); 2° déclaration des droits, énumération des droits primordiaux qui appartiennent aux citoyens, en ce qui concerne la liberté des personnes et la sécurité des biens. Cette déclaration figure en général en tête de la constitution. Dans quelques États, cependant, elle se trouve à la fin; 3° dispositions relatives au gouvernement, c'est-à-dire, les noms, pouvoirs et fonctions des corps législatifs, leur mode de nomination, les règles relatives au pouvoir exécutif et à l'organisation judiciaire; 4° dispositions diverses, visant certains points d'administration et de législation (instruction publique, armée, impôts, dettes publiques, gouvernement local, régime pénitentiaire, assistance publique, lois criminelles, etc.), ainsi que les formes suivant lesquelles la constitution peut être modifiée. La tendance des constitutions récentes est d'incorporer de plus en plus de matières de ce genre dans l'acte constitutionnel, ce qui explique la fréquence des amendements; 5° la *cédule* qui contient les dispositions relatives

à la méthode de soumettre la constitution au vote populaire et assurer le passage d'une ancienne constitution à la nouvelle. Étant temporaire de sa nature, la cédule ne fait pas, à proprement parler, partie de la constitution.

127. — La partie la plus intéressante des constitutions est celle qui contient les déclarations des droits. Mais comme ces dispositions présentent un fonds commun qui est celui que l'on retrouve en tout pays, on ne peut que mentionner ici un certain nombre de dispositions remarquables.

128. — Toutes les constitutions reconnaissent la liberté des opinions religieuses et des cultes et proclament l'égalité devant la loi de toutes les confessions. Beaucoup prohibent l'établissement d'une religion d'État et déclarent que les deniers publics ne peuvent être employés au profit d'un corps religieux. La constitution de Delaware affirme « qu'il est du devoir des hommes de s'assembler fréquemment pour un culte public. » Le Vermont ajoute que toute confession chrétienne doit observer le sabbat ou le jour du seigneur. Treize États déclarent qu'on ne peut invoquer la liberté de conscience pour excuser des actes licencieux ou justifier des pratiques inconciliables avec la liberté et la sécurité de l'État, le Mississipi ajoutant que cette disposition n'a pas pour but d'exclure la Bible des écoles (Const. de 1890) et l'Idaho dénonçant la bigamie et la polygamie comme crimes punissables.

129. — La Louisiane (Const. de 1879) pose en principe « que tout gouvernement légal est issu du peuple, est fondé sur sa volonté seule et est constitué pour le bien commun; que sa seule fin légitime est la protection des citoyens quant à leur vie, leurs biens, leur liberté. » Quand l'État assume d'autres fonctions, il n'y a qu'usurpation et oppression.

130. — Trente et un États proclament que tous les hommes ont un droit naturel, inhérent et inaliénable à la protection et à la défense de la vie et de la liberté. Sauf le Missouri, ils ajoutent tous « un droit naturel à arriver au bonheur. »

131. — Vingt-deux autres déclarent que tous les hommes ont un droit naturel à acquérir et posséder la propriété.

132. — Le Kentucky (Const. de 1891) affirme qu'un pouvoir arbitraire absolu sur les vies, liberté et propriété des citoyens ne peut exister dans une république, même au profit de la plus forte majorité. Tous les hommes quand ils forment un corps social, sont égaux. Tout pouvoir réside dans le peuple, toute autorité duquel sont fondés tous les gouvernements libres institués pour garantir la paix, la sécurité, le bonheur et protéger la propriété. Pour obtenir ce but le gouvernement peut être réformé, modifié ou amendé.

133. — Toutes les constitutions garantissent sous une forme ou sous une autre la liberté de parler et d'écrire. Quelques-unes ajoutent même que la vérité d'un écrit diffamatoire peut être prouvée (V. sur les dispositions permettant au jury de se prononcer en matière de diffamation en droit comme en fait, Mississipi, 1890, Kentucky, 1891, Wyoming, 1889).

134. — Presque toutes garantissent le droit de réunion et celui de pétition. D'après la constitution de la Floride, le peuple a le droit de se réunir pour se consulter sur le bien commun, instruire ses représentants et présenter des pétitions au pouvoir législatif pour le redressement des griefs (Const. de 1886; V. Kentucky, Const. de 1891).

135. — Beaucoup disposent qu'aucune loi ne sera votée avec effet rétroactif, ni modifiant les obligations résultant des contrats, et que la propriété privée ne peut être acquise par l'État sans juste compensation.

136. — Beaucoup également interdisent la création des titres de noblesse.

137. — Après avoir proclamé le droit du citoyen de porter des armes, la plupart reconnaissent que s'il est nécessaire, des dispositions seront ajoutées pour remédier aux inconvénients de l'habitude de porter des revolvers. Le Tennessee reconnaît à la législation le pouvoir de réglementer le port des armes afin de prévenir les crimes (Const. de 1870). De même, le Texas et six autres États (Caroline du Nord, Mississipi, Missouri, Louisiane, Colorado, Montana) autorisent le pouvoir législatif à prohiber les armes cachées.

138. — Quelques États décident que les biens des suicidés seront dévolus suivant l'ordre habituel des successions; la plupart proclament que la condamnation pour trahison n'entraîne ni corruption du sang ni confiscation des biens.

139. — Huit États prohibent la réunion dans les mêmes écoles

ÉTATS-UNIS. — Chap. III.

des enfants blancs et des enfants de couleur, tandis le Wyoming décide qu'aucune distinction basée sur le sexe, la race ou la couleur ne doit être faite dans les écoles publiques.

140. — Quelques constitutions prohibent l'emprisonnement pour dettes, si ce n'est en cas de fraude et assurent la mise en liberté sans caution, sauf pour les crimes les plus graves; abolissent les concessions d'honneur, privilèges ou traitements héréditaires.

141. — On trouve aussi dans quelques constitutions récentes des dispositions qui déclarent que les monopoles sont contraires au génie d'un État libre et par suite doivent être abolis.

142. — Indépendamment de ces traits généraux, quelques constitutions présentent des particularités qu'il est intéressant de signaler. La Caroline du Nord déclare que les droits politiques et les privilèges sont indépendants de la fortune et ne doivent pas être modifiés par elle. Le même État prohibe les sociétés secrètes.

143. — Le Massachusetts insère dans sa constitution des principes moraux et affirme que la pratique des vertus est nécessaire pour maintenir un gouvernement libre.

144. — Le Dakota du Sud et le Wyoming reconnaissent aux étrangers les mêmes droits qu'aux citoyens. Le Montana accorde la même faveur en ce qui concerne les mines. Washington interdit aux étrangers la propriété foncière, sauf pour l'exploitation des mines.

145. — La constitution de 1889, du Dakota du Nord déclare coupable de délit toute personne physique ou morale qui empêcherait un citoyen d'obtenir un emploi ou de jouir de celui qu'il aurait obtenu.

146. — Le Maryland (Const. de 1867) déclare que la continuité dans les départements exécutifs est dangereuse pour la liberté; qu'en conséquence, un roulement dans ces départements est une des meilleures garanties pour la liberté. La même constitution déclare nulles, si elles ne sont sanctionnées par la législature, toute donation pour fins religieuses. Sont toutefois exceptées de la mesure, les dons de terrains destinés à l'érection d'une église, d'un presbytère ou d'un cimetière et n'excédant pas 5 ares.

147. — Le Montana et l'Idaho considèrent l'usage du sol pour les mines ou l'irrigation comme soumis à un règlement d'État.

148. — Ces quelques exemples suffisent pour montrer quelle variété peuvent présenter les déclarations de droits qui figurent dans les constitutions parlementaires des États de l'Union.

149. — Le 14e amendement à la Constitution des États-Unis établit que toute personne née aux États-Unis ou ayant acquis la naturalisation américaine est soumise à la juridiction du pays, comme citoyen des États-Unis et citoyen de l'État particulier où elle réside. Cet amendement avait pour but de définir la situation politique des nègres nouvellement émancipés. Mais divers jurisconsultes affirmèrent qu'il avait également pour but d'accorder le droit de suffrage aux femmes. Aussi, dans divers États, plusieurs parmi ces dernières se firent inscrire et allèrent voter, mais on ne tint pas compte de leurs suffrages. L'une d'elles fut même arrêtée et condamnée à payer une amende pour vote illégal. Cette affaire eut pour conséquence une décision de la Cour suprême qui déclara que les droits politiques des femmes étaient placés sous le contrôle de leurs États respectifs. Les femmes n'ont donc acquis d'autres droits politiques que ceux qui leur ont été conférés par la législature des États.

150. — Aujourd'hui, la plupart des États reconnaissent aux femmes le droit de suffrage en ce qui concerne les questions scolaires. Huit seulement leurs refusent ce droit (Arkansas, Delaware, Géorgie, Maryland, Carolines du Nord et du Sud, Virginie et Virginie occidentale). Les États qui confèrent aux femmes le droit de voter dans certains cas et spécialement dans les questions d'éducation sont les suivants : Alabama, Californie, Colorado, Connecticut, Floride, Illinois, Idaho, Indiana, Iowa, Kansas, Kentucky, Louisiane, Maine, Massachusetts, Michigan, Minnesota, Mississipi, Missouri, Montana, Nebraska, Nevada, New-Hampshire, New-Jersey, New-York, Dakota du Nord, Tennessee, Texas, Ohio, Oregon, Pennsylvanie, Rhode-Island, Dakota du Sud, Utah, Vermont, Washington, Wisconsin et Wyoming. Dans trois États, Colorado, Utah et Wyoming, les femmes jouissaient de la plénitude des droits électoraux et occupent des fonctions publiques, soit électives, soit gouvernementales. Aux élections de 1896, trois femmes furent élues membres de la législature de l'État de Colorado et une membre de la législature

de l'Utah. En même temps, dans ces deux États, les femmes prirent part à l'élection des électeurs présidentiels. Dans le Kansas, les femmes peuvent être nommées membres du jury. — V. Hanson Robinson, *Le mouvement féministe aux États-Unis dans la Revue politique et parlementaire*, août 1898.

151. — Les Constitutions des États, comme la Constitution fédérale, se développent par la coutume et l'interprétation. Toutefois, ces éléments d'expansion ont moins d'influence sur elles. Elles sont plus fréquemment remaniées et leurs dispositions sont plus précises que celle du pacte fédéral, qui, par la généralité et la fixité de son texte est plus susceptible de devenir l'objet de constructions juridiques durables. Les règles d'interprétation sont les mêmes que celles appliquées à la Constitution fédérale. Toutefois, il convient de noter une différence importante. Le gouvernement fédéral, création artificielle, ne possède d'autres pouvoirs que ceux qui lui sont expressément conférés par la Constitution. Le gouvernement de l'État est au contraire un pouvoir naturel et quand la question se pose de savoir s'il peut légiférer sur un point donné, l'affirmative doit être présumée. C'est à celui qui conteste le bien fondé de cette faculté qu'il appartient d'établir qu'une limitation constitutionnelle restreignait ici le pouvoir de l'État. La Constitution de l'État est considérée par les juristes américains non comme conférant des pouvoirs définis et spécifiés, mais au contraire comme réglementant et limitant les pouvoirs absolus des représentants du peuple (V. Cooley, *Constitutional Limitations*, p. 108). Il en résulte que les juges devront donner la préférence, s'il y a doute en faveur de la constitutionnalité d'une loi, à la solution qui la considère comme mesure législative régulière. Si quelque faculté est laissée au législateur, ils décideront qu'un usage raisonnable en a été fait. Si la construction d'une loi est douteuse, ils adopteront l'interprétation qui s'harmonise avec la Constitution et lui permet d'avoir effet. Mais ils ne doivent pas s'enquérir des motifs du législateur, ni refuser d'appliquer une loi parce qu'ils ont lieu de suspecter qu'elle a été obtenue par fraude ou corruption ou parce qu'ils la considèrent comme contraire à la justice.

152. — Le droit de se prononcer sur la constitutionnalité qui permet aux tribunaux de se prononcer sur la validité des lois des États aussi bien que sur celle des *acts* du congrès fédéral n'est pas sans entraîner des inconvénients dans la pratique. La profusion des lois votées par les législatures des États, la hâte avec laquelle sont votées la plupart d'entre elles rend fort difficile aux citoyens la question sans cesse renaissante de savoir s'ils doivent ou non obéissance à la mesure que les Chambres ont votée. Pour remédier à cette incertitude, quelques États (Massachusetts, Maine, New-Hampshire, Rhode-Island, Colorado, Floride, Dakota du Sud, Vermont) décident que les juges de la Cour suprême peuvent être appelés par le gouverneur ou par les Chambres pour donner leur avis sur les questions de constitutionnalité, sans attendre que ces questions soient soulevées dans une instance judiciaire. Mais, dans la plupart des États où ces dispositions existent, les juges consultés ont déclaré que l'avis exprimé par eux ne les liait point pour l'avenir, lorsque la question se présenterait devant eux de nouveau, sous la forme d'un débat judiciaire.

SECTION III.
Le gouvernement des États.

153. — On ne peut songer ici à décrire les différences de détail qui existent dans l'organisation gouvernementale des 44 États de l'Union. Mais on se bornera à indiquer les grandes lignes de sa structure qui restent partout les mêmes. Chaque État possède un gouverneur, chef du pouvoir exécutif; des fonctionnaires de l'ordre administratif; une législature composée de deux Chambres; des cours de justice; enfin des communautés locales se gouvernent elles-mêmes (comtés, villes, *township*, villages, districts scolaires, etc.).

154. — Le gouverneur et les principaux fonctionnaires étaient d'après les anciennes constitutions désignés par la législature. Ils sont aujourd'hui élus par le peuple et tenus aussi séparés que possible du pouvoir législatif. En général, ils ne peuvent siéger dans aucune des deux Chambres. En outre, dans aucun État, on ne rencontre de ministres ayant comme dans les États de l'Europe continentale, mission de relier le pouvoir exécutif au pouvoir législatif. C'est d'ailleurs ce dernier qui est aujourd'hui dans tous les Etats le pouvoir prépondérant et dont il convient de parler tout d'abord.

155. — *Le pouvoir législatif.* — La législature d'un Etat se compose toujours de deux Chambres. La moins nombreuse porte le nom de Sénat. Celle qui comprend le plus de membres porte en général le nom de Chambre des représentants (*House of representation*) : cependant dans six Etats elle est appelée l'Assemblée, et dans trois la Chambre des délégués (*House of Delegates*). Cette dualité du pouvoir législatif repose sur un axiome de la science politique aux Etats-Unis, d'après lequel toute chambre unique est considérée comme devant promptement devenir tyrannique et corrompue. Les trois Etats qui avaient fait à l'origine l'expérience d'une seule assemblée n'ont pas tardé à y renoncer (Pennsylvanie, Géorgie, Vermont). Les deux Chambres sont élues par le suffrage populaire, par les mêmes électeurs. L'Illinois par la constitution de 1870 et le Michigan par une loi de 1889 ont créé un système de représentation proportionnelle au moyen d'un vote cumulatif : chaque électeur pouvant donner à un seul candidat autant de votes qu'il y a de représentants de la circonscription, on répartit ses votes entre les candidats.

156. — Les principales différences entre les deux Chambres sont les suivantes : 1° les circonscriptions électorales sont plus étendues pour le Sénat que pour la Chambre basse. Le nombre des sénateurs est naturellement aussi plus petit que celui des représentants ; 2° en général, la durée du mandat d'un sénateur est plus longue que celle du mandat du représentant. Dans vingt-huit Etats, le sénateur est élu pour quatre ans, dans un Etat (New-Jersey), pour trois ans, dans treize pour deux ans, dans deux Etats (Massachusetts et Rhode-Island) pour un an seulement. Les représentants sont généralement élus pour deux ans; 3° dans la plupart des cas, le Sénat, au lieu d'être entièrement renouvelé comme la Chambre est renouvelé partiellement, par séries ; 4° dans quelques Etats, pour être éligible au Sénat, un âge plus avancé est nécessaire. Dans un Etat même (Delaware), il est en outre nécessaire de posséder 200 acres de terre, ou des biens meubles et immeubles d'une valeur de 25,000 fr.; encore dans certains Etats sont inéligibles les membres du clergé, les fonctionnaires publics, les fonctionnaires des Etats-Unis et les membres du congrès. D'après une coutume très-répandue appliquée aux deux Chambres, sont également inéligibles les personnes qui ne résident pas dans la circonscription. Quelques Etats poussent si loin l'application de cette règle, que le fait de la cessation de cette résidence entraîne *ipso facto* la déchéance de l'élu.

157. — La règle presque générale est le suffrage universel, limité par certaines incapacités atteignant les personnes coupables de crimes (notamment de corruption électorale et de bigamie) et les indigents. Les restrictions basées sur la propriété ou l'obligation d'acquitter un certain chiffre d'impôts ont presque entièrement disparu. Cependant cinq Etats (Delaware, Massachusetts, Pennsylvanie, Tennessee et Mississipi) exigent encore que l'électeur soit inscrit au rôle des contribuables de l'Etat ou du comté ; mais la restriction est de peu d'importance, car chaque parti acquitte les impôts de ceux de ses partisans qui seraient ainsi exclus. Le Massachusetts exige que l'électeur puisse lire la constitution en anglais et écrire son nom ; le Connecticut qu'il puisse lire la constitution et jouir d'une bonne réputation. Le Mississipi exige même que l'électeur, non seulement lise un article de la constitution, mais encore en donne une interprétation raisonnable. En outre, une résidence d'une certaine durée est requise dans beaucoup d'Etats. Il est nécessaire de rappeler à ce sujet que d'après la constitution fédérale, le droit de suffrage pour la nomination des électeurs présidentiels et des membres du congrès sera exercé dans chaque Etat par tous ceux qui prennent part à l'élection de la Chambre la plus nombreuse.

158. — Le nombre des membres de la législature varie suivant les Etats. Le Sénat le moins nombreux (Delaware) comprend 9 membres; le plus nombreux (Illinois), 57. La plus faible Chambre des représentants (Delaware), compte 21 membres ; la plus forte (New-Hampshire), 321. Les deux Chambres de l'État de New-York comprennent respectivement 32 et 128 membres; celles de Pennsylvanie 50 et 201 ; celles de Massachusetts 40 et 240. Dans tous les Etats, les membres des deux Chambres reçoivent un salaire égal, consistant souvent en une somme annuelle variant de 150 dollars (750 fr.), dans le même à 1,500 dollars (environ 7,500 fr.), à New-York la moyenne était de 600 dollars 2,500 fr.). Cependant il est aussi très-répandu d'allouer une indemnité pour chaque jour de session, variant de 1 dollar (5 fr.), dans le Rhode-Island, à 8 dollars (40 fr.) dans la Californie, par séance, plus une allocation kilométrique pour frais de déplacement. Les Etats qui ont adopté ce mode de rétribution par leurs représentants limitent également la durée des sessions qui, en général, ne peuvent dépasser des termes assez courts (40 jours dans le Nebraska, Origon, Géorgie, 150 jours dans la Pennsylvanie). Autrefois, les sessions législatives étaient annuelles. L'expérience de l'excès de la législation a eu pour conséquence de les rendre biennales dans tous les Etats, sauf cinq : Massachusetts, Rhode-Island, New-York, New-Jersey, Caroline du Sud. Mais presque partout, le gouverneur peut convoquer en cas d'urgence les Chambres en session extraordinaire.

159. — Les propositions de loi peuvent être indistinctement faites dans l'une ou l'autre Chambre. Toutefois, dans 21 Etats, les lois qui engagent les finances doivent passer d'abord par la chambre des représentants. Comme le Sénat fédéral, le Sénat des Etats siège comme cour de justice pour juger les fonctionnaires de l'État, accusés de trahison par la chambre des représentants, et dans beaucoup d'Etats possède le pouvoir de confirmer ou d'infirmer les nominations faites par le gouverneur. A d'autres égards les pouvoirs des deux Chambres sont identiques. Le gouverneur n'a aucun pouvoir de dissoudre les Chambres ; il ne peut même pas les ajourner, à moins qu'il ne s'agisse de départager les Chambres, d'accord sur le principe de l'ajournement mais non sur la date. Au contraire, les Chambres, par leurs comités, pareils à ceux du congrès (V. *suprà.* n. 60 et s.) exercent un contrôle sur ses fonctionnaires des divers départements. Quatre Etats (Rhode-Island, Delaware, Caroline du Nord et Ohio) accordent force de loi à toute mesure votée dans les deux Chambres. Tous les Etats exigent que la mesure votée soit présentée au gouverneur qui peut la renvoyer aux Chambres avec ses objections. S'il use de ce droit de veto, il faut pour qu'il soit passé outre : dans huit Etats, une majorité des trois cinquièmes dans chaque Chambre; dans vingt-sept Etats, une majorité des deux tiers dans chaque Chambre ; dans neuf Etats, une majorité absolue de tous les membres élus dans chaque Chambre ; dans deux Etats, une majorité des deux tiers de tous les membres élus.

160. — Les Constitutions des Etats imposent au pouvoir législatif d'importantes restrictions. Elles se présentent sous deux aspects : 1° il est interdit aux Chambres de voter des lois sur certains sujets énumérés dans la Constitution. Ainsi sont prohibées les lois : incompatibles avec les principes démocratiques, par exemple, celle accordant des titres de noblesse, favorisant une confession religieuse, etc. ; contre l'ordre public, par exemple, celles autorisant les loteries, les jeux de hasard, usant les contrats, etc. ; relatives à certaines matières énumérées soigneusement dans la Constitution; accroissant la dette publique au delà d'un chiffre déterminé ; 2° des formes particulières doivent être observées pour le vote de certaines lois, quelquefois même de toutes. Ainsi, en certains Etats : une certaine majorité est requise pour le vote de certaines lois, spécialement celles qui engagent les finances, tantôt une majorité du nombre total des représentants, tantôt une majorité excédant la majorité absolue ; certains procédés de vote sont imposés, par exemple, le vote nominal ; les lois doivent être votées en plusieurs lectures et un intervalle est imposé entre chacune des lectures ; les projets de lois doivent être lus en entier et publiquement, et envoyés à un comité ; les sessions secrètes sont interdites (Idaho); les lois votées n'entrent en vigueur qu'un certain temps après la clôture de la session, quatre-vingt-dix jours par exemple (Kentucky, Dakota du Sud) ; chaque projet ne vise qu'un seul objet, lequel doit être indiqué par le titre, etc., etc. Les multiples restrictions sont généralement jugées insuffisantes et en maint Etat, on réclame de nouvelles restrictions au pouvoir législatif. Ajoutons enfin que, quoique les législatures d'Etat n'aient point à intervenir dans les affaires étrangères, elles peuvent voter des résolutions sur ce sujet, par exemple exprimant leur sympathie pour une autre nation, ou le mécontentement des procédés d'un gouvernement étranger.

161. — *Le pouvoir exécutif.* — Le pouvoir exécutif se compose d'un gouverneur (dans tous les Etats), d'un lieutenant-gouverneur (dans 32 Etats) et de deux fonctionnaires. Le gouverneur originairement choisi par la législature, est aujourd'hui partout élu par le suffrage populaire direct, et non par un collège d'électeurs. La durée de son mandat est de quatre ans dans 19 Etats, de trois ans dans 2 Etats, de deux ans dans 21 Etats, et de un an dans 2 Etats (Massachusetts et Rhode-Island). Son traitement varie selon les Etats de § 10,000 (environ 50,000 fr.) à New-York et en Pennsylvanie, à $ 1,000 (environ 5,000 fr.) dans le Michigan. Quelques Etats limitent la rééligibilité du gouverneur. Dans lesautres, on applique généralement la règle fédérale qui prohibe le troisième mandat. Les constitutions primitives lui associaient un conseil exécutif. Cet usage a disparu, sauf dans le Massachusetts, le Maine et la Caroline du Nord. Il exerce seul ses fonctions aujourd'hui dans la plus grande partie de l'Union.

162. — Le gouverneur est chargé de l'exécution des lois et des jugements rendus par les cours de justice. Il a exercé, dans presque tous les Etats, le droit de grâce, sauf en cas de trahison (et de meurtre dans le Vermont); dans quelques Etats, d'autres autorités lui sont associées pour l'exercice de cette prérogative. Il commande la force armée, peut convoquer la milice, réprimer une insurrection. Il ne nomme qu'un petit nombre de fonctionnaires, rarement à de hauts postes, et dans beaucoup d'Etats avec l'approbation du Sénat seulement. Il a le droit d'ouvrir des enquêtes contre les agents du pouvoir exécutif. A l'égard des Chambres, il a le droit de communiquer ses vues sur l'état du pays, de recommander le vote de certaines mesures, mais il ne peut déposer aucun projet de loi. Dans un petit nombre d'Etats, il présente un projet de budget : mais dans tous, sauf quatre, il a un droit de veto sur les lois votées par les Chambres. Une certaine majorité parlementaire peut passer outre à ce veto. — V. *suprà*, n. 159.

163. — Le lieutenant-gouverneur, comme le vice-président des Etats-Unis est généralement président du Sénat. En dehors de cela, ses fonctions sont assez insignifiantes et se bornent à faire partie de quelques conseils exécutifs et à remplacer le gouverneur en cas de mort ou de cessation inopinée de ses fonctions.

164. — Les noms et les fonctions des autres membres du pouvoir exécutif varient suivant les Etats. Dans tous, il y a un secrétaire d'Etat et un trésorier. Presque partout, on trouve un attorney général, un contrôleur, un auditeur des comptes, un surintendant de l'instruction publique. Dans quelques Etats, on rencontre un ingénieur, un surintendant des prisons, etc. D'autres ont remis à des corps (*boards*) la surveillance des chemins de fer, des ponts, des terres publiques, de l'agriculture, du travail, de l'immigration, etc. Dans presque tous les Etats, ces fonctionnaires sont élus; quelquefois ils sont choisis par le législateur ou nommés par le gouverneur avec confirmation par le Sénat. Leurs salaires, qui varient selon l'emploi et l'Etat, excèdent rarement 25,000 fr. par an. Ils restent en fonctions pendant le même temps que le gouverneur, sauf dans le New-Jersey où le secrétaire et l'attorney général sont choisis pour cinq ans, et dans le Tennessee où l'attorney général, comme à la Cour suprême de l'Etat est élu pour huit ans. Il est inutile de remarquer que ces fonctionnaires ne constituent pas auprès du gouverneur un cabinet, au sens européen du mot. Ils exercent leur emploi sans prendre ses avis ni ses ordres, ne sont responsables ni envers lui, ni envers la législature, seulement envers le peuple. Chacun a son propre département à administrer et comme aucun n'a de caractère politique, il est inutile qu'ils aient à se concerter dans une action commune.

165. — *Le pouvoir judiciaire*. — Il existe dans chaque Etat trois ordres de tribunaux : 1° une Cour suprême ou d'appel; 2° des cours supérieures de *record*; 3° des cours locales. Mais les noms donnés à ces tribunaux, leurs relations entre eux, la compétence en matière criminelle varient dans chaque Etat. On retrouve dans les Etats de langue anglaise l'antique organisation judiciaire de la métropole (V. *infrà*, v° *Grande-Bretagne*) et comme en Angleterre avec les mêmes noms et les mêmes attributions d'abondance d'organes judiciaires : cours des plaids commun, de *probate*, de *surrogate*, d'*oyer* et *terminer*, de comtés, de *quarter sessions*, etc. (à l'exception des cours d'amirauté, les questions de la compétence de ces derniers sont de la compétence des tribunaux fédéraux). Toutefois, en ce qui concerne la distinction fondamentale en Angleterre, entre les cours de loi commune et celles d'équité (V. *infrà*, v° *Grande-Bretagne*), on rencontre aux Etats-Unis une grande diversité de pratique. La plupart des treize colonies originaires possédaient des cours d'équité et les conservèrent longtemps après la séparation; elles furent imitées par quelques Etats nouveaux, tels que le Michigan, l'Arkansas, le Missouri. Mais quelques Etats de la Nouvelle-Angleterre partagèrent l'aversion que professait au XVIIIe siècle le parti populaire contre la juridiction d'équité et la repoussèrent : le Massachusetts, par exemple, qui cependant fut obligé d'autoriser ses juges de loi commune, à juger d'après les règles de l'équité ; de même la Pennsylvanie, New-York, avaient des cours de chancellerie qui ont enrichi la jurisprudence américaine de remarquables décisions, mais qui furent abolies par la constitution de 1846. Aujourd'hui on rencontre encore dans quelques Etats de l'Est et du Sud (Delaware, New-Jersey, Vermont, Tennessee, Alabama, Mississipi), des cours de chancellerie. Cependant, quatre Etats seulement sont arrivés à la fusion complète de la loi commune et de l'équité (New-York, Caroline du Nord, Californie, Idaho). Plusieurs autres ont décidé que la distinction entre les deux espèces de procédure serait absolue. Dans les nouveaux Etats, la tendance est en faveur de l'établissement de tribunaux d'arbitrage et de conciliation.

166. — Les tribunaux des Etats jugent en dernier ressort les affaires civiles et criminelles. On ne peut interjeter appel de leurs décisions devant les tribunaux fédéraux, si ce n'est dans le cas où les tribunaux d'Etat ont appliqué la constitution ou les lois fédérales. On a vu plus haut que certaines affaires sont réservées aux tribunaux fédéraux avec lesquels les tribunaux d'Etat exercent dans certains cas une juridiction concurrente. Tous les crimes, sauf ceux qui sont punis par les lois fédérales sont justiciables des tribunaux d'Etats. Ce qui dans beaucoup d'Etats donne de grandes facilités pour empêcher dans bien des cas les verdicts de culpabilité rendus par le jury de recevoir leur exécution, en soulevant quelques-uns de ces moyens de procédure si nombreux dans la loi et la pratique anglaises. Chaque Etat reconnaît les jugements rendus par les tribunaux des autres Etats de l'Union, accorde pleine créance aux actes publics de ces Etats et leur remet les délinquants qui ont échappé par la fuite à leur juridiction.

167. — Le droit appliqué par les tribunaux des Etats provient d'éléments assez divers. Le fond en est formé (sauf en Louisiane, où les codes sont basés sur les codes français) par la loi anglaise, plus ou moins modifiée dans chaque Etat d'une manière plus ou moins profonde par l'interprétation de la jurisprudence et les statuts votés par la législature. On tient compte aussi pour éclairer la religion du juge dans les cas douteux, de la jurisprudence nouvelle des tribunaux anglais et de celle des autres Etats. En outre, dans un assez grand nombre d'Etats, certaines matières, la procédure civile notamment, ont été codifiées. Ces codes en général fondent ensemble le droit de la *Common law* et celui des statuts, en y ajoutant quelques dispositions nouvelles. Les juristes critiquent généralement cette tendance nouvelle et accusent les codes de créer des divergences dans les législations particulières des Etats, qui vont sans cesse en s'accentuant, au lieu que sous l'empire du droit coutumier, une véritable harmonie finissait par s'établir entre la jurisprudence des divers tribunaux. L'on tendait ainsi vers une unité de législation que la codification rend impossible. Cependant, la codification est populaire parmi la masse des justiciables qui en espèrent une loi plus claire, une justice moins coûteuse et plus rapide.

168. — Il faut noter aussi quelques dispositions adoptées dans certains Etats tendant à restreindre le fléau de la justice anglo-saxonne : la longueur des procès. Quand le juge n'est pas présent à l'audience une demi-heure après le moment fixé pour l'ouverture, les attorneys d'une partie peuvent choisir une autre personne comme juge et lui soumettre le litige. En Californie, le magistrat ne touche ses appointements qu'après avoir affirmé sous serment qu'aucune affaire n'est restée plus de quatre-vingt-dix jours pendante devant lui.

169. — D'après les constitutions primitives, les juges étaient choisis soit par la législature, soit par le gouverneur, avec le consentement du conseil, ou par la législature et le gouverneur agissant conjointement. Seul l'Etat de Géorgie confiait au peuple l'élection des magistrats. Cet exemple fut suivi par les nouveaux Etats admis dans l'Union, et ne tarda pas à entraîner les anciens. New-York par sa constitution de 1846 confia à l'élection populaire la nomination de tous les membres de l'ordre judiciaire. A l'heure actuelle dans trente et un Etats, comprenant presque tous ceux de l'Ouest et du Sud-Ouest, plus New-York, la Pennsylvanie et l'Ohio, les juges sont élus par le peuple. Dans cinq Etats (Rhode-Island, Vermont, Virginie, Caroline du Sud, Géorgie) ils sont élus par la législature. Dans huit autres (Massachusetts, Connecticut, New-Hampshire, Delaware, Maine, Mississipi, New-Jersey, Louisiane), le choix appartient au gouverneur, mais il doit être confirmé soit par le conseil, soit par les deux Chambres, soit par une seule.

170. — Originairement, comme en Angleterre depuis la Révolution de 1688, les juges étaient nommés à vie et n'étaient révocables que pour mauvaise conduite, c'est-à-dire en cas de condamnation pour trahison ou quand leur révocation était demandée par les deux Chambres. Une majorité des deux tiers dans chaque chambre était même nécessaire à cet effet. Mais actuellement, quatre Etats seulement (Massachusetts, Rhode-Island, New-Hampshire, Delaware) sont restés fidèles à ce système. Dans les autres, les magistrats sont élus pour un temps qui varie de deux ans dans le Vermont, à vingt et un dans la Pennsylvanie. La durée habituelle de leur mandat est de huit à dix ans. Mais ils sont toujours rééligibles.

171. — Le salaire des magistrats dans les cours supérieures varie de $ 8,500 (environ 42,500 fr.) dans la Pennsylvanie, de $ 10,000 (environ 50,000 fr.) à New-York, à $ 2,000 (environ 10,000 fr.), dans l'Orégon. La moyenne serait de $ 4,000 à $ 5,000 (environ 20 à 25,000 fr.). Les magistrats des cours inférieures reçoivent des salaires plus modestes; cependant dans les grandes villes, ils parviennent à se créer des émoluments tout à fait hors de proportion avec leur situation.

SECTION IV.

Le gouvernement local.

§ 1. *Towns et comtés.*

172. — Les institutions locales, aux Etats-Unis ne relèvent en rien de la loi fédérale ; elles constituent une matière exclusivement réglée par la législation particulière à chaque Etat qui établit les autorités locales, rurales ou urbaines jugées les meilleures et leur donne les pouvoirs nécessaires. Il en résulte une immense variété. Chaque Etat possède son système de circonscriptions administratives et de rouages locaux, présentant quelquefois avec celui de l'Etat voisin des différences considérables. Il ne saurait donc être question ici de retracer avec quelque détail ce que peut être l'organisation intérieure de chacun des Etats. Tout ce que l'on peut faire, c'est d'essayer de déterminer les principaux types que l'on peut démêler au milieu de cette variété, d'en décrire les grandes lignes, et d'essayer de montrer l'influence que le développement et le caractère populaire de l'administration locale exercent sur la situation générale du peuple américain.

173. — Tout d'abord, il importe de mettre en lumière un fait essentiel par lequel les institutions locales des Etats de l'Union se différencient de celles des Etats de l'Europe continentale. Il ne faut point s'attendre à y rencontrer de circonscriptions administratives régulières, rentrant les unes dans les autres, comme le sont les provinces, les départements, préfectures, sous-préfectures, etc., administrées par des fonctionnaires agents d'un pouvoir central, payés en raison de leurs services et responsables devant lui. Aux Etats-Unis, comme en Angleterre, ce que l'on remarque dès que l'on aborde l'étude de la vie locale, ce sont des circonscriptions irrégulières, consacrées pour la plupart par la tradition ; en outre, le plus souvent l'administration est confiée à des corps élus (V. *infrà*, v° *Grande-Bretagne*).

174. — On peut distinguer aux Etats-Unis trois types de gouvernement local rural suivant l'étendue de la circonscription locale qui en est la base (V. Bryce, *op. cit.*, t. 1, chap. 48). Le premier est établi sur la division en agglomérations et territoires qui les comprennent (*towns* et *township*) ; il existe dans les six Etats de la Nouvelle-Angleterre. Le second repose sur une unité beaucoup plus étendue, le comté (*county*) ; il prévaut dans les Etats du Sud. Enfin, le troisième combine ensemble la division en comtés et en *towns*; on le rencontre avec une considérable variété de formes dans les Etats du Centre et du Nord-Ouest.

175. — Les premiers colons de la Nouvelle-Angleterre, anglais d'origine, puritains de religion étaient accoutumés à la vie urbaine, et municipale de la mère-patrie, aux assemblées de paroisses. Ils établirent leurs communautés le long de la mer ou des fleuves, se protégeant par des palissades contre les agressions des Indiens. Chacune de ces communautés était obligée de se suffire à elle-même, étant séparée des autres par des forêts, rochers ou autres obstacles naturels. Il se formait ainsi une série de petits centres à la fois politiques et religieux. L'église occupait le milieu de l'enceinte fortifiée, autour de laquelle des communaux, défrichés, étaient réservés à la vaine pâture. Dans ces centres, l'égalité qui formait le principe de la société religieuse dite *congrégation*, était appliquée à la solution des affaires civiles qui étaient traitées dans les assemblées auxquelles prenaient part tous les membres de la communauté. Chacun de ces centres, de ces établissements était appelé *town* ou *township*, et constituait une République en miniature, exerçant une véritable suzeraineté sur les biens et les personnes de ses membres, car il n'y avait point encore d'Etats et le gouvernement de la colonie était souvent trop éloigné pour intervenir, mais exerçait la suzeraineté d'après des principes strictement et absolument démocratiques.

176. — Ainsi chacun de ces centres de vie locale se composait d'un groupe de maisons souvent entouré d'un fossé ou d'un mur, et d'un espace de terrain comprenant parfois plusieurs milles carrés, qui se couvrit de fermes et de hameaux à mesure que les indiens se retiraient. Le nom de *town* (ville) fut alors appliqué à toute la circonscription, dont l'étendue n'était jamais telle que les habitants ne pussent se rendre aux assemblées qui avaient lieu au centre primitif. Cette organisation étroitement close, fortifiée par les besoins de la défense subsista pendant de longues années, et pénétra dans les mœurs. Et quoiqu'aujourd'hui les *towns* soient incorporés dans des comtés, et que le gouverneur de la colonie et après 1776 l'Etat, aient commencé à exercer sur eux une autorité supérieure, elles n'en sont pas moins resté l'unité de la vie politique dans la Nouvelle-Angleterre, le fondement de ce *selfgovernment* anglais si solidement implanté dans cette région. C'est ainsi que jusqu'en 1821, les towns constitua ient dans le Massachusetts, les seuls corps politiques, et jusqu'en 1857 elles formaient, comme elles le font encore aujourd'hui dans le Connecticut la base de la représentation dans l'assemblée de l'Etat, chaque *town*, quelque petite qu'elle fût élisant au moins un membre de cette assemblée.

177. — Les Etats du Sud se formèrent à la vie locale dans des circonstances absolument différentes. Des premiers colons qui occupèrent la Virginie et les Carolines beaucoup étaient des aventuriers qui n'apportaient ni l'expérience ni l'attachement des institutions du self-government. Ils s'établissaient dans une région où les tribus indiennes étaient relativement pacifiques et dans lesquelles il n'était pas nécessaire de se réunir pour la défense commune. Le climat était trop chaud pour permettre le travail européen ou il fallut importer des esclaves pour cultiver la terre. Les propriétés particulières avaient une étendue considérable. Grâce à la fertilité du sol, les propriétaires s'enrichirent rapidement. Ainsi se constitua peu à peu une société à demi-féodale dans laquelle l'autorité appartenait aux propriétaires du sol, devenus chacun le centre d'un petit groupe d'hommes libres et d'un grand nombre d'esclaves. Il y eut donc peu de communautés urbaines, la vie présentant surtout le caractère rural. Les habitations des planteurs étaient éloignées les unes des autres et lorsque les premières circonscriptions furent créées, elles furent assez vastes pour comprendre une étendue considérable de territoire et un certain nombre de propriétaires fonciers. C'est ainsi que s'établir des comtés, sur le modèle des comtés anglais. Il y eut aussi quelques divisions plus petites : *hundreds* ou paroisses. Mais les *hundreds* disparurent bientôt, et les paroisses furent réduites au rôle de simples divisions ecclésiastiques, leurs assemblées n'ayant plus d'autres attributions que celles relatives aux affaires religieuses.

178. — Dans ces Etats du Sud, le comté resta donc pratiquement la seule unité administrative importante, celle à laquelle étaient attachées les diverses fonctions et qui n'était contrôlée que par le gouvernement de l'Etat. Les affaires du comté étaient habituellement réglées par un *bureau* (*board*) de commissaires élus, mais non pas comme dans la Nouvelle-Angleterre par une assemblée primaire, car dans cette société aristocratique, les riches planteurs conservaient une influence prépondérante. Moins démocratique, le comté virginien, quoique beaucoup plus étendu que le *town*, ne fut jamais un organe aussi important que cette dernière. Tandis que la Nouvelle-Angleterre peut être considérée comme une agrégation de *towns*, les comtés n'ayant jamais eu une vie propre et s'étant trouvés de bonne heure réduits à l'état de simples circonscriptions administratives ou financières.

179. — Dans les Etats du Centre, dont la colonisation est

ÉTATS-UNIS. — Chap. III.

lieu à une date plus récente, le comté fut la base originaire de la vie locale. Mais comme il ne s'y développa point d'aristocratie de propriétaires fonciers, le cours des événements prit une direction différente. Grâce au commerce et à l'industrie, la population s'y montra rapidement plus douce que dans les États du Sud. L'influence de la Nouvelle-Angleterre et de ses institutions devint prépondérante et se fit sentir encore plus profondément dans les nouveaux États tels que l'Ohio et le Michigan. Il en résulta une sorte de compromis entre le régime des towns et celui des comtés. Souvent les deux systèmes ont été fondus. Dans les États de New-York, Pennsylvanie, Ohio, le comté est regardé comme la véritable circonscription administrative, et le *township*, comme une subdivision du comté. Mais dans les États, les *township* sont des organismes vigoureux qui repoussent le comté au second plan et donnent au gouvernement local un aspect général analogue à celui qu'il possède dans la Nouvelle-Angleterre.

180. — Actuellement, la *Town*, dans les districts ruraux est la plus petite circonscription locale. Sa superficie excède rarement cinq milles carrés. Sa population est très-variable; ainsi dans le même État (le Massachusetts) une *town*, New-Arhford compte 125 habitants et une autre Pittsfield 17,281. La moyenne est de 3,000 habitants environ. La *town* est administrée par une assemblée de tous les électeurs (*town meeting*) qui résident dans ses limites, laquelle se réunit au moins une fois l'an, en été, et en outre quand il est nécessaire. Il y a, en général, trois ou quatre réunions par an. Avis est donné au moins dix jours d'avance non seulement du jour, du lieu et de l'heure de la réunion, mais encore des affaires qui y seront traitées. Cette assemblée possède le pouvoir d'élection et celui de législation. Elle élit les *selectmen*, les membres des comités scolaires, les fonctionnaires pour l'année qui s'ouvre. Elle promulgue des ordonnances et des règlements pour les affaires locales, reçoit les rapports des *selectmen* et des comités, reçoit et approuve les comptes, vote le budget et les impôts locaux. En outre, elle statue sur l'administration des biens communaux, notamment des terres communes, et sur toutes les questions locales, même celles de police et d'hygiène.

181. — Chaque électeur résidant dans les limites de la *town* a le droit de faire partie de l'assemblée, d'y prendre la parole et d'y voter. Le président de l'assemblée porte le nom de *Moderator*. Les séances se tiennent soit dans une salle bâtie à cet effet, si la *town* en possède une, soit dans une église ou école, soit même souvent en plein air. Les discussions sont souvent conduites avec beaucoup de sens et d'à-propos; elles ont toujours un caractère pratique. Quand l'assemblée comprend principalement des Américains nés et établis dans le pays et que le nombre des membres n'est pas trop considérable, on les considère généralement comme la meilleure école dans laquelle on puisse se former à la vie publique (V. Hosmer, *Vie de Samuel Adam*, chap. 23; Green, *La town de Groton, passim*). Mais quand l'assemblée comprend plus de 700 ou 800 membres, quand les fermiers y sont remplacés par les ouvriers des fabriques, la plupart émigrants arrivés depuis peu, il n'en est pas toujours de même. Les Américains eux-mêmes reconnaissent qu'alors le mécanisme ne fonctionne plus aussi parfaitement et que ces assemblées se laissent facilement entraîner par des agitateurs.

182. — Le pouvoir exécutif dans les *towns* est confié à des *selectmen*, au nombre de trois, cinq, sept ou neuf selon les districts. Ils sont élus chaque année par l'assemblée et dirigent toutes les affaires selon les décisions votées dans la dernière assemblée. Il y a également : un secrétaire (*town-clerck*) chargé de la rédaction des procès-verbaux, de la garde des archives et qui est aussi le plus souvent officier de l'état civil, chargé de dresser les actes de naissance et de décès; un trésorier, des assesseurs, auxquels on confie l'évaluation des propriétés pour l'assiette de l'impôt; un percepteur (*collector*) chargé de l'encaissement des taxes et d'autres fonctionnaires selon les besoins locaux. Il faut aussi mentionner un comité des écoles, chargé de tout ce qui concerne l'instruction publique. Parmi ces fonctionnaires et les membres de ces comités, quelques-uns sont payés (les *selectinen* notamment); beaucoup exercent leurs fonctions gratuitement et peuvent seulement réclamer le montant des dépenses qu'elles leur ont causé.

183. — Au-dessus de la *town* se trouve le comté. La superficie et la population de chaque comté varient énormément suivant les États. Le Massachusetts, avec une superficie de 8,040 milles carrés comprend 14 comtés ; Rhode-Island, avec 1,085 milles carrés en a 5. Le Maine, avec 29,985 milles carrés en comprend 16, ayant en moyenne une superficie de 1,100 milles carrés, tandis que dans le Rhode-Island la superficie d'un comté est de 217 milles carrés seulement en moyenne. De même la population varie de 4,000 à 50,000, étant en moyenne de 20 à 40,000 âmes, quand il n'existe pas de grandes villes dans les limites du comté. Originairement, le comté n'était autre chose qu'une agrégation de *towns* réunies ensemble pour l'administration de la justice. Il est encore, à l'heure actuelle principalement, une circonscription judiciaire dans laquelle les tribunaux civils et criminels tiennent des sessions et dans laquelle certains officiers de justice sont élus. Mais la police, comme il a été dit plus haut, appartient aux *towns* et non aux comtés.

184. — Les principaux fonctionnaires administratifs des comtés sont les *commissaires du comté* (*county commissioners*), en nombre variable (par exemple les Massachusetts, trois élus pour trois ans, un pour chaque année) et un trésorier du comté. Ce sont des fonctionnaires salariés. Ils ont l'administration, la surveillance des bâtiments du comté (locaux pour les tribunaux et prisons), le pouvoir d'ouvrir des routes assurant les communications entre les *towns*, d'accorder des licences, de rechercher si les taxes sont suffisantes pour couvrir les dépenses, et de répartir la taxe de comté entre les *towns* et les villes du comté. Mais sauf en ce qui touche ce dernier point, les autorités du comté n'ont aucun pouvoir sur les *towns*. En outre, on ne rencontre pas, comme en Angleterre, de conseils de comté. Il en résulte qu'en fait le comté ne joue qu'un faible rôle dans la vie locale et tend de plus en plus à devenir exclusivement une circonscription pour l'administration de la justice et la construction et l'entretien des grandes routes.

185. — Dans le Sud, le comté joue un peu plus important. Il est l'unité administrative (la paroisse dans la Louisiane). Originairement circonscription judiciaire et financière (pour la perception de la taxe de comté), il a reçu quelques autres fonctions : la surveillance des écoles publiques, l'assistance publique et le soin des grandes routes. Les fonctionnaires y ont des noms et des attributions un peu différents. Ce sont : un bureau ou cour des commissaires de comté, un assesseur qui répartit les taxes, un percepteur, un trésorier, un directeur de l'instruction publique, un directeur des routes, ayant outre les attributions indiquées par leur nom, le soin de la police, de l'assistance publique, des travaux publics, des ponts et des routes. Tous ces fonctionnaires sont salariés et élus (sauf dans quelques États, la Floride, par exemple), où certains d'entre eux sont choisis par le gouverneur, généralement pour un an ou deux. Il y a aussi des juges de comtés, un sheriff et un coroner recrutés également par l'élection.

186. — Dans ces États du Sud, il existe aussi diverses circonscriptions locales plus petites que le comté. Leur nom et leurs attributions varient dans chaque État, mais elles n'ont aucune autorité analogue à celle dont jouit l'assemblée de la town dans la Nouvelle-Angleterre, et leurs fonctionnaires n'ont que des pouvoirs strictement limités, contrôlés par le comté. Le plus important de ces petits corps locaux est le comité scolaire qui existe dans chaque district scolaire. Mais déjà dans quelques États on rencontre des *township*, et la tendance paraît être aujourd'hui dans le Sud, de se modeler sur la Nouvelle-Angleterre. Cette tendance coïncide avec le développement de la population, le progrès des manufactures et des classes ouvrières. L'école devient maintenant dans le Sud le noyau du *selfgovernment*, comme l'église l'avait été dans la Nouvelle-Angleterre deux siècles auparavant. Ce phénomène est surtout marqué dans la Virginie et dans la Caroline du Nord.

187. — Le troisième type de gouvernement local est moins facile à caractériser et les formes sous lesquelles il apparaît sont plus variées encore. Cependant on peut y remarquer deux traits principaux : l'importance du comté, qui, dans beaucoup d'États apparaît avant toute autre circonscription plus petite; l'activité de la *township* (terme usité au lieu de *town* dans les États du Centre et du Nord-Ouest) qui a plus d'indépendance et d'attributions que dans le Sud. De ces traits, le premier est plus marqué et prédominant dans les États de Pennsylvanie, New-Jersey, New-York, Ohio, Indiana, Jowa, le second dans le Michigan, l'Illinois, le Wisconsin, le Minnesota, les deux Dakotas (V. sur le développement de ces éléments divers, les causes qui les ont engendrés et les conséquences qu'elles ont entraînées, deux importantes monographies publiées par l'Université de John Hopkins : le gouvernement local de l'Illinois par Albert Shaw, et le gouvernement local dans le Michigan, par E.-W. Benin. L'importance du comté tend à diminuer en proportion de l'extension donnée dans l'État aux *township*. Il reste cependant plus important que dans la Nouvelle-Angleterre. Le comté possède fréquemment un agent qui inspecte les écoles et lève les taxes pour aider les écoles dans les *township* pauvres. Il a la direction des travaux publics et quelquefois un droit de surveillance sur les finances des *township*. Dans le Michigan et l'Illinois, le bureau des commissaires de comté se compose des *supervisors* de tous les township des comtés; dans le Wisconsin et la Minnesota ils sont choisis directement à l'élection de comté.

188. — La Pennsylvanie, l'Ohio, l'Indiana, l'Iowa, peuvent être choisis comme exemple d'un système de compromis adopté par un groupe d'États. L'assemblée primaire n'y existe pas; les *township* peuvent y avoir plus ou moins d'importance, ses membres ne se réunissent point. L'administration est aux mains de fonctionnaires élus, les électeurs n'y prennent aucune part directe. Dans l'Ohio, il y a trois *trustees* du *township*, auxquels incombe la charge entière des affaires locales, un secrétaire et un trésorier. Dans la Pennsylvanie le township est gouverné par deux ou trois *supervisors*, élus pour trois ans, un chaque année, un assesseur chargé de la répartition des taxes locales, un secrétaire, trois auditeurs des comptes, six directeurs de l'enseignement élus pour trois ans, deux chaque année, et s'il y a lieu, deux commissaires des pauvres. Les supervisors peuvent lever une taxe n'excédant pas un pour cent de la valeur des propriétés pour l'entretien des routes et des ponts, et les commissaires des pauvres peuvent, avec le consentement de deux juges, établir une semblable taxe. Mais comme l'assistance publique est en général une charge du comté et que tout contribuable peut acquitter la taxe de voirie en journées de travail, les attributions financières des *township* sont peu importantes.

189. — Dans presque tous ces États, le comté est plus important que le *township*. Dans la Pennsylvanie, par exemple, chaque comté est administré par un bureau de trois commissaires élus pour trois ans, d'après un système ayant pour but d'assurer une représentation à la minorité, chaque électeur n'étant admis à voter que pour deux candidats. En outre, il y a un shériff, un coroner, un protonotaire, un conservateur des testaments, trois auditeurs des comptes, un greffier du tribunal, un *attorney* de district, tous élus par le suffrage populaire pour trois ans. Tout comté qui compte au moins 40,000 habitants constitue un district judiciaire et a le pouvoir d'élire un juge de comté pour dix ans. Outre l'administration des prisons et ses attributions relatives aux routes et aux ponts, le comté a encore dans ses attributions l'instruction et l'assistance publique, il lève sur chaque *township* une taxe de comté et les taxes de l'État au moyen de collecteurs nommés par lui. Les emprunts et la création de nouveaux impôts sont soumis au referendum.

§ 2. Les villes (*cités*).

190. — Le développement des agglomérations urbaines est un des traits les plus saillants de l'évolution des États-Unis depuis un siècle. D'après le recensement de 1790, il existait dans l'Union six villes seulement ayant plus de 8,000 habitants et une seule ayant plus de 40,000 habitants. En 1880, il y avait 286 villes d'une population supérieure à 8,000 habitants, 40 dépassant 40,000 habitants, 20 dépassant 100,000 habitants. Le recensement de 1890, le dernier effectué constatait l'existence de 443 villes ayant plus de 8,000 habitants, dont 74 ayant plus de 40,000 habitants et 28 ayant plus de 100,000 habitants. La population des villes ayant plus de 8,000 habitants qui représentait en 1790, 3,5 p. 0/0 de la population totale, comprenait en 1890, 29,12 p. 0/0 de cette population. Il s'est donc constitué depuis un siècle de nombreux centres de population qui, pour la plupart ne peuvent se modeler sur l'organisation locale, reposant sur le town et sur le comté. En général, les villes sont séparées de *towns* ou *township*, mais elles restent membres du comté, supportant les taxes et prenant part aux élections du comté. Souvent la ville absorbe le comté, comme Chicago a fait du comté de Cook et Cincinnati de celui de Hamilton. Quelquefois aussi, la ville est érigée en can. comté particulier. Néanmoins il s'est en général constitué pour l'administration de ces agglomérations des règles particulières de gouvernement municipal qu'il est intéressant de connaître, parce qu'elles ont mis les grandes villes en fait et souvent en droit (quand la constitution contient pour elles des dispositions particulières) en dehors de l'organisation locale rurale.

191. — La diversité est encore ici, s'il est possible, plus grande encore que dans les autres parties de l'organisation administrative. Non seulement chaque État possède un système qui lui est propre pour l'administration des villes, mais dans les limites mêmes de chaque État, il y a peu d'uniformité entre ces diverses constitutions municipales. Les grandes villes ne sont point organisées de la même manière que les petites; en outre une grande ville est rarement organisée comme une autre. Sur les dix villes actuellement les plus grandes de l'Union, quatre seulement : Baltimore, New-Orléans, New-York et Philadelphie étaient en 1820 des corporations municipales. Aujourd'hui, chaque *city* est dotée d'une constitution municipale accordée par l'État dont elle fait partie et qui porte le nom de charte (*charter*); constitutio. peut être plus fréquemment modifiée encore que celle de l'État. Primitivement, chaque cité obtenait une charte distincte. Aujourd'hui, il y a dans la législation de presque tous les États des lois générales constituant des chartes-types. Les villes sont dressées en classes suivant leur étendue et l'importance de leur population et à chaque classe correspond une de ces chartestypes. Toutefois on a encore fréquemment recours à des chartes particulières à chaque ville, spécialement dans ce qui concerne les grandes agglomérations.

192. — À travers cette diversité dans le gouvernement municipal, on peut cependant distinguer certains traits généraux. C'est ainsi que l'on trouve dans toutes les plus grandes villes : un maire (*mayor*) chef du pouvoir exécutif, élu directement par les électeurs de la ville; certains fonctionnaires ou corps, chargés également de certaines attributions exécutives, les uns nommés par le suffrage direct, les autres choisis par le maire ou le législateur municipal; une assemblée délibérante, comprenant tantôt deux chambres, tantôt une seule, élue directement par les électeurs; des juges, tantôt élus par les électeurs, tantôt nommés par l'État. Ces gouverneurs municipaux (car les villes comme New-York constituent de véritables États) sont soumis à trois règles générales importantes : ils n'ont d'autres pouvoirs que ceux qui leur ont été conférés par l'État; ils ne peuvent déléguer les pouvoirs qui leur ont été confiés; enfin leur action est limitée par la constitution et les lois de l'État auquel ils appartiennent, ainsi que par la constitution et les lois fédérales. Ces constitutions locales, dans leur diversité sont en général inspirées soit par la constitution fédérale, soit par les constitutions locales.

193. — Le maire est la plus importante de toutes les autorités municipales. Il est nommé quelquefois pour une année (généralement dans les villes de second ordre et à Boston), mais plus fréquemment pour deux ans (à New-York, Brooklyn, Chicago, Baltimore, San-Francisco, Cincinnati et généralement dans les plus grandes villes), trois ans ou même cinq ans (Philadelphie, Saint-Louis). Dans certaines villes il n'est pas rééligible. Il est élu directement par le suffrage populaire et généralement ne doit pas être membre de la législation municipale (cette règle reçoit des exceptions notamment à Chicago et à San-Francisco). Le maire possède presque partout sur les décisions des assemblées municipales un droit de veto, qu'une majorité des deux tiers seule peut écarter. Dans beaucoup de villes, il nomme les chefs des services administratifs, parfois seul, tantôt le plus souvent avec l'approbation d'une chambre ou de deux chambres. La charte de Brooklyn reconnaît au maire le droit de procéder à ces nominations sans intervention de l'assemblée et New-York en 1884, a suivi cet exemple. Récemment, certaines chartes ont déclaré le maire généralement responsable de tous les services qu'il dirige sous le contrôle de la législature, et susceptible par conséquent d'être mis en jugement pour mauvaise gestion. En outre, le maire est chargé de maintenir l'ordre, de réprimer les émeutes, et s'il est nécessaire d'appeler la milice sous les armes. Il est chargé de faire exécuter la loi et peut même à sa discrétion appliquer ou non certaines mesures, les lois sur la fermeture des magasins le dimanche, par exemple. Son salaire est trèsélevé et atteint quelquefois $ 10,000 (plus de 50,000 fr.). On voit d'ailleurs dans une ville comme New-York et Chicago quelle peut être la situation de ce monarque temporaire.

194. — Les indications générales qui précèdent ne peuvent que donner une idée générale des pouvoirs et de la situation des maires. Mais un exemple permettra de se rendre compte de l'infinie variété qui existe non seulement entre les Etats, mais dans les limites du même Etat. Dans l'Etat d'Ohio, les pouvoirs du maire sont différents dans les six principales villes de l'Etat (Anumiati, Toledo, Dayton, Cleveland, Columbus et Springfield). Il y a des pouvoirs qui lui appartiennent à Cincinnati seulement, non dans les autres villes ; des pouvoirs que le maire possède dans toutes les villes, sauf à Cincinnati ; d'autres ne peuvent être exercés qu'à Cincinnati et à Toledo seulement, d'autres à Cleveland, Toledo, Columbus. Dayton et Springfield seulement ; d'autres à Cleveland et Toledo seulement ; d'autres à Toledo seulement ; d'autres enfin à Columbus et à Dayton seulement. Ces divergences sont le résultat de la législation d'Etat.

195. — Le travail de l'administration locale incombe à un certain nombre de départements ayant à leur tête : tantôt une seule personne, tantôt une commission ou bureau (*board*). Les plus importants sont élus directement par les électeurs pour un, deux, trois ou quatre ans. Quelques-uns cependant sont choisis soit par la législature de la ville, soit par le maire avec l'approbation de la législature. Dans beaucoup de villes les chefs de ces différents services n'ont aucun lien entre eux, si ce n'est leur commune dépendance financière de la législature, avec laquelle d'ailleurs ils ne communiquent que par l'intermédiaire de ses comités chargés chacun d'une branche de l'administration.

196. — L'instruction publique forme généralement un service à part, de la gestion duquel le maire et la législature sont également écartés. Il est confié à une commission (*Board of Education*) dont les membres sont le plus souvent élus par les électeurs (cependant à Brooklyn ils sont nommés par le maire). Le bureau a le droit d'établir une taxe scolaire (sans cependant pouvoir la percevoir lui-même), pourvoir aux dépenses de l'instruction et à un personnel spécial pour remplir les fonctions qui lui incombent.

197. — La législature municipale se compose ordinairement d'une Chambre dans les petites villes, de deux dans les grandes. Cependant New-York et Brooklyn, Chicago, San-Francisco n'ont qu'une seule Chambre. La Chambre haute, qui correspond au Sénat de l'Etat porte généralement le nom de bureau des Alderman, la Chambre basse qui correspond à la chambre des représentants le nom de conseil commun (*common council*). L'une et l'autre sont élues par les citoyens réparties en quartiers (*wards*) ; cependant le bureau des Alderman est souvent élu par districts ou même au scrutin de liste (*general ticket*) dans toute la ville. Certaines villes, comme Chicago et Philadelphie, en adoptant ce dernier système, l'ont complété par un essai de représentation des minorités, chaque électeur ne pouvant voter que pour deux candidats lorsqu'il y a trois places à remplir (1). Le conseil commun est généralement élu pour un an, deux ans au plus. Le bureau des Alderman est le plus souvent nommé pour une période plus longue. Les fonctions d'*alderman* ou de membres du Conseil sont généralement gratuites dans les petites villes, salariées dans les plus importantes. A Saint-Louis, le salaire est de $ 300 (environ 1,500 fr. par an), à Baltimore de $ 1,000 (environ 5,000 fr.). A Boston, Cincinnati et New-York, la gratuité est la règle, mais non à Brooklyn.

198. — Toute la législation locale, ordonnances, règlements locaux (*bye-laws*), emploi des deniers municipaux, appartient au bureau des Alderman et au Conseil, sauf le droit réservé souvent au maire d'opposer son veto. A l'exception de quelques villes gouvernées par de très-récentes chartes, les conseils exercent un contrôle sur les agents municipaux, surtout sur les agents inférieurs. Ce contrôle est exercé, non par le conseil tout entier, mais par des comités, suivant la méthode du travail pratiquée par la législature fédérale et par celle des Etats.

199. — Les juges se rattachent plutôt au gouvernement municipal en ce sens qu'ils sont élus par les citoyens, dans la plupart des grandes villes, comme les autres principaux fonctionnaires. Généralement, les magistrats d'un rang supérieur sont élus pour cinq ans ou plus. Mais les magistrats inférieurs, juges de police, sont généralement élus pour des termes plus courts. Cependant, il existe à cette règle des exceptions. A New-Haven, par exemple, dans le Connecticut, les constables, juges de paix, sheriffs, sont élus par les citoyens, mais les tribunaux d'un ordre supérieur tiennent leur existence de la législature de l'Etat.

---

(1) A New-York, on a tenté d'introduire un procédé analogue, mais la Cour d'appel de l'Etat l'a déclaré inconstitutionnel.

200. — Les attributions qui incombent au gouvernement municipal peuvent se diviser en trois classes : *a*) les parties du pouvoir de coercition et d'administration de l'Etat qui sont déléguées par lui à la ville, telle que la police, le pouvoir d'accorder des licences et de veiller à l'exécution de certaines lois, celles sur les falsifications par exemple ; *b*) les pouvoirs réservés spécialement aux autorités municipales par des lois générales, comme constituant particulièrement des attributions locales, telles que l'instruction et l'assistance publique ; *c*) enfin celles qui concernent les parties de l'administration locale qui ont le caractère d'entreprise, telles que le pavage des rues, la construction des égouts, la distribution de l'eau, l'éclairage. Eu égard aux deux premiers groupes, la ville peut être considérée comme une entité politique : mais pour ce qui concerne le troisième, elle est plutôt assimilée par les Américains à une société anonyme, dont les contribuables sont les actionnaires, qui a pour mission d'accomplir des travaux que chacun pourrait faire par soi-même, mais qui seront accomplis plus facilement et plus économiquement par la communauté.

201. — Ces trois sortes de fonctions sont remplies par des fonctionnaires et par une législature élus par des personnes dont la plus grande partie ne paie pas de taxes directes. L'instruction cependant, comme il a été dit plus haut, est dans beaucoup d'endroits, soustraite à ce système et confiée à un corps séparé. Quelques tentatives ont été récemment faites pour assurer à la police le même régime que l'instruction publique. Un exemple remarquable en est donné par la ville de Boston, où depuis 1885 le département de la police a le pouvoir de réglementer la vente des liqueurs fortes, confié à un bureau spécial composé de trois personnes nommées pour cinq ans par le gouverneur de l'Etat et de conseil de la ville. Les deux partis politiques doivent être représentés dans ce bureau, sur la réquisition duquel la ville paie toutes les dépenses de la police. A New-York, le soin de la police était confié à quatre commissaires choisis par le maire. Mais afin de maintenir cette branche de l'administration locale en dehors des partis, la coutume imposait au maire l'obligation de choisir deux démocrates et deux républicains. Actuellement, il n'y a plus que trois commissaires dont deux appartiennent au parti dominant.

202. — Les impôts, dans les villes comme dans les districts ruraux, sont établis sur les biens meubles et immeubles. Mais il existe une infinie variété entre l'Etat et les villes quant à l'assiette des impôts établis sur la propriété et de ceux qui complètent les ressources financières. En général, la propriété n'est réelle que personnelle est, paraît-il, taxée dans les villes bien au-dessous de sa valeur. A New-York, par exemple, on ne représenterait pas plus de 60 p. 100 et à Chicago, pas plus de 20 ou 30 p. 100 seulement de la valeur réelle (gouvernement de la ville de Philadelphie, dans les publications de l'Université de John Hopkins, p. 323). Ce résultat serait dû non seulement aux réticences des contribuables, mais encore au patriotisme local des répartiteurs qui cherchent à alléger le fardeau qui pèse sur les membres de leur communauté. Les impôts sont en outre, en général, plus lourds dans les grandes villes que dans les districts ruraux ou les plus petites municipalités ; ce qui amène une émigration de riches contribuables sur les districts où le fardeau des taxes est moins lourd. Ce qui entraîne comme conséquence un fardeau plus difficile à supporter pour ceux qui sont obligés de rester dans les limites de la ville.

Section V.

Les territoires. Le district fédéral.

203. — Indépendamment des quarante-quatre Etats, le territoire des Etats-Unis comprend encore : trois territoires possédant une organisation particulière : *Arizona, Nouveau Mexique, Oklahoma* ; deux territoires dépourvus de cette organisation : l'*Alaska* et le *territoire indien*, à l'ouest de l'Arkansas, et le *district fédéral de Columbia*. Il n'y a que peu de mots à dire de ces derniers. Seuls les territoires possédant une organisation particulière peuvent retenir l'attention.

204. — *District fédéral.* — Ce district ne comprend que le territoire de la ville de Washington, siège du gouvernement fédéral. La ville de Washington est administrée par trois commissaires nommés par le président des Etats-Unis. Elle ne possède ni législature locale, ni gouvernement municipal. La seule

autorité législative est pour elle le congrès qui vote les mesures nécessaires au district fédéral.

205. — *Territoires sans organisation particulière.* — L'Alaska et le territoire indien sont également sous l'autorité directe de fonctionnaires nommés par le président des États-Unis. Les lois qui les intéressent sont votées par le congrès. Ce mode d'administration s'explique par le fait que ces territoires sont principalement habités par des tribus indiennes. Il est à remarquer que sur le territoire indien, cinq tribus (*Cherokees, Choctaws, Chickasaws* et *Seminoles*) sont parvenues à un assez haut degré de civilisation. « Chaque tribu administre ses propres affaires d'après une Constitution modelée sur celle des États-Unis. Chacune a un système d'écoles publiques, soutenues par les Indiens eux-mêmes. D'après les fonctionnaires locaux, dans les tribus de Cherokees, tous les Indiens de six à quinze ans savent aujourd'hui lire et écrire (Rapport du commissaire pour l'éducation, 1886).

206. — *Territoires ayant une organisation particulière.* — Jusqu'en 1889, ils formaient une large bande de terrain s'étendant du Canada au Mexique et séparant les États de la vallée du Mississipi de ceux de la côte du Pacifique. Depuis cette époque, diverses lois votées par le congrès ont élevé la plupart d'entre eux au rang d'États. Il ne reste plus aujourd'hui que ceux ci-dessus mentionnés(1), qui présentent une forme intéressante d'autonomie ou de gouvernement local différente de celle qui existe dans les États, organisée par une série de lois dont la première en date est la « *Grande ordonnance de 1787 pour le gouvernement des territoires au Nord-Ouest de l'Ohio.* » Depuis cette ordonnance, beaucoup d'autres ont été rendues en exécution des pouvoirs conférés au congrès par la Constitution fédérale (art. 4, § 3).

207. — La loi fondamentale de chaque territoire, comme de tout État, est la Constitution fédérale. Mais les territoires n'ont point de Constitutions particulières : elles sont remplacées par les lois fédérales qui établissent leur gouvernement et en règlent la forme. Cependant presque tous ont créé une sorte de Constitution en promulguant une déclaration des droits (*Bill of Rights*). Les pouvoirs exécutif, législatif et judiciaire sont séparés. Le pouvoir exécutif comprend un gouverneur nommé pour quatre ans par le président des États-Unis, avec le consentement du Sénat et révocable par lui, un secrétaire, un trésorier, un auditeur et généralement un surintendant de l'Instruction publique et un bibliothécaire. Le gouverneur commande la force armée, il a un droit de veto sur les actes de la législature, qui ne peut être écarté (excepté dans l'Utah et l'Arizona) que par une majorité des 2/3 dans chaque Chambre. Il est responsable envers le gouvernement fédéral. Il adresse chaque année au président un rapport sur l'état du territoire qu'il administre. Il adresse en outre un message à la législature au commencement de chaque session.

208. — Le pouvoir législatif comprend deux Chambres : un conseil de 12 membres (dans l'Oklahoma, 13) et une chambre des représentants de 24 (dans l'Oklahoma, 26). Elles sont élues pour deux années, pendant lesquelles elles ne tiennent qu'une session, dont la durée est limitée à 60 jours. Les appointements des membres des Chambres s'élèvent à $4 (environ 20 fr.) par jour. La franchise électorale est fixée par les lois locales, mais la législation fédérale impose au chaque membre l'obligation de résider dans le district qu'il représente. Ces Chambres ont le droit de légiférer sur toutes les matières, sauf quelques-unes spécialement réservées au congrès. En outre ce dernier peut, au moyen d'une loi votée par lui, annuler ou modifier celle votée par les Chambres des territoires. Dans quelques territoires même, toute loi votée doit être soumise au congrès et approuvée par lui. Le pouvoir judiciaire est confié à des juges nommés pour quatre ans par le président des États-Unis, avec le consentement du Sénat (salaire $ 3,000, environ 15,000 fr. par an), un attorney de district et un marshal. Les appels quand il y a lieu à des degrés de juridiction, sont portés devant la Cour suprême fédérale. Le droit appliqué par ces tribunaux comprend les lois fédérales, et les lois locales votées par les Chambres propres aux territoires. — V. sur l'organisation de la Cour suprême dans l'Oklahoma, *Ann. de légist. étrang.*, t. 24, p. 895.

209. — Les territoires n'envoient au congrès ni sénateurs ni représentants. Ils ne prennent point part aux élections présidentielles. La chambre des représentants admet dans son sein un représentant de chacun d'eux qui a le droit de siéger et de parler, mais non celui de voter. Le citoyen des territoires possède tous les droits et immunité qui appartiennent à tout citoyen de l'Union. Mais au point de vue politique, sa capacité est moins complète, puisqu'il ne prend pas part aux élections fédérales. La situation à cet égard est analogue à celle d'un Australien sujet de la Couronne britannique qui jouit, quant aux droits civils, d'une pleine capacité, qui prend part au gouvernement de la colonie qu'il habite, mais qui ne participe pas au gouvernement de l'Empire britannique, quoique personnellement éligible au parlement de Washington et capable d'occuper tout emploi de la couronne.

CHAPITRE IV.

LÉGISLATION.

210. — Comme on a pu le voir par ce qui précède l'activité législative du Congrès des États-Unis est limitée à un petit nombre de matières, la plupart administratives et financières. Les lois fédérales d'un intérêt général sont en petit nombre et ne portent que sur les quelques points réservés par la Constitution. On peut cependant citer, indépendamment des lois sur le régime douanier : les lois sur la propriété littéraire et artistique des 3 mars 1891 (*Ann. de légist. étrang.*, t. 21, p. 899), 3 mars 1893 (*Ann. de légist. étrang.*, t. 23, p. 774), 2 mars 1895 (*Ann. de légist. étrang.*, t. 25, p. 999), 6 janv. et 3 mars 1897 (*Ann. de légist. étrang.*, t. 27, p. 871, 874 et 875); les lois sur brevets d'invention, notamment celles du 3 mars 1897 (*Ann. de légist. étrang.*, t. 27, p. 875), et du 28 févr. 1899 ; la loi du 4 févr. 1897, sur le commerce entre les États (*Interstate commerce bill*). Sur cette importante loi, V. *Ann. de légist. étrang.*, t. 17, p. 847, et *Bull. soc. légist. comp.*, 1887, p. 337 ; la loi du 1er juill. 1898, sur les faillites.

211. — Diverses tentatives pour agrandir le cercle de la législation fédérale, notamment pour arriver à l'établissement d'une législation uniforme sur le mariage et le divorce, applicable à tous les États, sont restées jusqu'ici infructueuses.

212. — Les mesures qui présentent un véritable intérêt législatif sont, à part celles qui viennent d'être énumérées ci-dessus, du ressort des États. Chacun d'eux possède une législation très-complète, mais présentant souvent des différences notables avec celles des États voisins. Ces législations furent pendant très-longtemps (à l'exception de celle de la Louisiane) exclusivement composées, comme en Angleterre, des dispositions purement coutumières complétées et modifiées par des législations votées. Cependant, depuis une vingtaine d'années, un mouvement très-marqué de codification s'est produit dans la plupart des États et aujourd'hui beaucoup d'entre eux possèdent, soit des Codes particuliers s'appliquant à une branche spéciale du droit, soit quelquefois des Codes dits généraux, embrassant un certain nombre de matières.

213. — C'est ainsi que l'on trouve : dans la Californie, un Code politique, un Code civil et un Code de procédure, un Code pénal ; dans la Caroline du Nord, un Code de procédure civile ; dans la Dakota, un Code civil, un Code de procédure, un Code des testaments, un Code d'organisation judiciaire, un Code pénal et un Code de procédure pénale ; dans la Géorgie, un Code politique, un Code civil, un Code de procédure, un Code pénal ; dans l'Iowa, un Code de droit public, un Code de droit privé, un Code de procédure civile, un Code pénal ; dans la Louisiane, un Code civil ; dans le Mississipi et le Maryland, des Codes généraux ; dans l'État de New-York, un Code de procédure civile, un Code de procédure pénale, un Code pénal ; dans l'Ohio, un Code de procédure civile et un Code criminel ; dans le Tennessee et la Virginie, un Code général et un Code pénal ; dans l'État de Washington, un Code de procédure civile, un Code criminel, un Code des testaments ; ces codes n'ont point la fixité des nôtres ; ils sont l'objet à chaque législature de nombreux remaniements qui nécessitent, pour qu'on puisse les consulter utilement, le détenteur de l'édition la plus récente.

---

(1) Des projets soumis au congrès en 1894, avaient pour but de les élever au rang d'États, ce qui aurait fait disparaître complètement cette catégorie de territoires. Ces projets n'ont pas été votés. V. *Ann. de légist. étrang.*, t. 24, p. 891.

ÉTRANGER.

ÉTIQUETTES. — V. Dessins et modèles. — Propriété industrielle.

ÉTRANGER.

Législation.

C. civ., art. 7 et s., 170, 726, 912, 980, 2123, 2128; — C. proc. civ., art. 166, 546, 585, 905; — C. comm., art. 201, 312; — C. instr. crim., art. 5 et s., 381; — C. pén., art. 272, 418, 426; — C. for., art. 105.

Décr. 10-11 juin 1793 (*concernant le mode de partage des biens communaux*), sect. 2, art. 1 et 3; — L. 18 germ. an X (*relative à l'organisation des cultes*), art. 1, 16, 21, 32; — L. 25 vent. an XI (*contenant organisation du notariat*), art. 9, 35; — Décr. 16 janv. 1808 (*qui arrête définitivement les statuts de la Banque de France*), art. 3; — Décr. 7 févr. 1809 (*sur l'exécution des jugements rendus au profit des étrangers dans les matières pour lesquelles il y a recours au Conseil d'Etat*); — L. 21 avr. 1810 (*concernant les mines, les minières et les carrières*), art. 13; — L. 14 juill. 1819 (*relative à l'abolition du droit d'aubaine et de détraction*); — L. 9 mars 1831 (*qui autorise la formation d'une légion d'étrangers en France, et de corps militaires composés d'indigènes et d'étrangers hors du territoire continental*); — L. 21 avr. 1832 (*portant fixation du budget des recettes*), art. 12; — Ord. 20 août 1833 (*sur le personnel des consulats*), art. 18, 40; — Ord. 29 oct. 1833 (*sur les fonctions des consuls dans leurs rapports avec la marine commerciale*), art. 23, 32 et 34; — L. 31 mai 1841 (*sur l'expropriation pour cause d'utilité publique*), art. 29; — Ord. 25 mai 1844 (*portant règlement pour l'organisation du culte israélite*), art. 57; — L. 5 juill. 1844 (*sur les brevets d'invention*), art. 27 et s.; — L. 9 juill. 1845 (*relative aux douanes*), art. 11; — Décr. 3 juill. 1848 (*relatif au renouvellement des conseils municipaux et des conseils d'arrondissement et du département*), art. 14; — L. 3 déc. 1849 (*sur la naturalisation et le séjour des étrangers en France*), art. 3, 7 et s.; — L. 15 mars 1850 (*sur l'enregistrement*), art. 78; — L. 7 août 1850 (*portant fixation du budget des recettes*), art. 77; — Décr. 5 déc. 1850 (*sur les conditions auxquelles les étrangers peuvent être admis à enseigner en France*); — L. 1er juin 1853 (*sur les conseils de prud'hommes*), art. 6; — L. 23 juin 1857 (*sur les marques de fabrique et de commerce*), art. 5 et 6; — Décr. 5 mars 1859 (*qui dispose que les titres conférés à des Français par des souverains étrangers ne peuvent être portés en France qu'avec l'autorisation du Chef de l'Etat*); — Décr. 1er oct. 1862 (*sur les agents de change*), art. 2; — L. 27 juin 1866 (*concernant les crimes, les délits et les contraventions commis à l'étranger, contenant aussi une disposition sur l'opposition aux jugements correctionnels*); — L. 22 juill. 1867 (*relative à la contrainte par corps*), art. 1; — L. 10 août 1871 (*relative aux conseils généraux*), art. 6; — Décr. 22 janv. 1872 (*qui détermine le mode d'élection des membres des chambres de commerce et des chambres consultatives des arts et manufactures*), art. 1; — L. 30 mars 1872 (*relative... aux droits sur les titres émis par les villes, provinces et établissements publics étrangers*); — Décr. 24 mai 1872 (*portant règlement d'administration publique pour l'exécution de la loi du 30 mars 1872 relative aux droits sur les titres émis dans les villes, provinces et corporations étrangères et pour tout établissement public étranger*); — L. 21 nov. 1872 (*sur le jury*), art. 1; — L. 26 nov. 1873 (*relative à l'établissement d'un timbre spécial destiné à être apposé sur les marques commerciales et de fabrique*), art. 9; — L. 24 févr. 1875 (*relative à l'organisation du Sénat*), art. 3; — L. 12 juill. 1875 (*relative à la liberté de l'enseignement supérieur*), art. 9. — L. 30 nov. 1875 (*organique sur l'élection des députés*), art. 6. — Décr. 25 janv. 1876 (*portant règlement d'administration publique pour l'exécution de la loi du 12 juill. 1875, relative à la liberté de l'enseignement supérieur*), art. 8; — L. 1er août 1879 (*relative à des modifications à introduire dans l'organisation de l'Eglise de la confession d'Augsbourg, par suite des cessions du territoire de 1872*), art. 3; — Décr. 22 juill. 1880 (*portant promulgation de la convention conclue le 30 sept. 1879, entre la France et le Grand-Duché de Luxembourg, pour régler l'admission réciproque à l'exercice de leur art, des médecins, chirurgiens, accoucheurs, sages-femmes et vétérinaires établis dans les communes frontières des deux Etats*); — Décr. 6 nov. 1880 (*concernant la négociation en France des valeurs étrangères*); — Décr. 27 janv. 1881 (*portant promulgation de la convention conclue le 12 janv. 1881, entre la France et la Belgique, pour régler l'admission réciproque des médecins, etc., établis dans les communes frontières des deux Etats*); — Décr. 30 mars 1881 (*qui organise le service de l'émigration à la Réunion*); — L. 30 juin 1881 (*sur la liberté de réunion*), art. 2; — L. 29 juill. 1881 (*sur la liberté de la presse*), art. 6; — Décr. 21 avr. 1882 (*relatif à l'exclusion des marins étrangers des examens de capitaine au long cours et de maître au cabotage*); — L. 23 nov. 1883 (*portant modification de l'art. 105, C. for., relatif au partage des bois d'affouage*); — L. 8 déc. 1883 (*relative à l'élection des juges consulaires*), art. 1 et 8; — L. 21 mars 1884 (*relative à la création des syndicats professionnels*), art. 4; — L. 5 avr. 1884 (*sur l'organisation municipale*), art. 14, 164; — Décr. 15 avr. 1885 (*modifiant la disposition du décret du 9 juill. 1874, sur le cabotage algérien*), art. 10; — L. 29 oct. 1885 (*portant création de succursales de la caisse nationale d'épargne à l'étranger*); — L. 20 juill. 1886 (*relative à la caisse nationale des retraites pour la vieillesse*), art. 14; — L. 30 oct. 1886 (*sur l'organisation de l'enseignement primaire*), art. 4; — Décr. 18 janv. 1887 (*ayant pour objet l'exécution de la loi organique de l'enseignement primaire*), art. 181-185; — Décr. 18 févr. 1887 (*portant organisation des écoles nationales vétérinaires*), art. 2; — L. 1er mars 1888 (*ayant pour objet d'interdire la pêche aux étrangers dans les eaux territoriales de France et d'Algérie*); — Décr. 19 août 1888 (*sur la police de la navigation relative aux bateaux de pêche étrangers circulant dans les eaux territoriales*); — Décr. 2 oct. 1888 (*relatif aux étrangers résidant en France*); — L. 2 avr. 1889 (*tendant à réserver au pavillon national la navigation entre la France et l'Algérie*); — L. 26 juin 1889 (*sur la nationalité*), art. 3, 8, n. 5; — L. 15 juill. 1889 (*sur le recrutement de l'armée*), art. 3; — Décr. 25 juill. 1889 (*qui prescrit la promulgation de la convention conclue à Paris, le 29 mai 1889, entre la France et la Suisse*); — Décr. 13 août 1889 (*portant règlement d'administration publique pour l'exécution de la loi du 26 juin 1889, sur la nationalité*); — Décr. 12 juill. 1892 (*qui approuve la déclaration signée à Madrid, le 16 mars 1892, entre la France et l'Espagne, en vue de modifier l'art. 5 de la convention consulaire du 7 janv. 1862*); — L. 2 nov. 1892 (*sur le travail des enfants, des filles mineures et des femmes dans les établissements industriels*), art. 1; — L. 30 nov. 1892 (*sur l'exercice de la médecine*), art. 5, 14, 28; — L. 27 déc. 1892 (*sur la conciliation et l'arbitrage facultatif en matière de différends collectifs entre patrons et ouvriers ou employés*), art. 15; — Décr. 9 mai 1893 (*portant règlement d'administration publique en exécution de l'art. 4, L. 16 mars 1893, relative à la publicité à donner aux décisions prononçant interdiction ou nommant un conseil judiciaire*), art. 1; — L. 15 juill. 1893 (*relative au séjour des étrangers en France et à la protection du travail national*); — Décr. 1er déc. 1893 (*modifiant l'art. 4, Décr. 6 févr. 1880, concernant la négociation en France des valeurs étrangères*); — Décr. 21 juin 1896 (*portant règlement, pour le temps de guerre, des conditions d'admission et de séjour des bâtiments français et étrangers dans les mouillages et ports du littoral français*); — Décr. 22 juill. 1896 (*relatif aux pigeons-voyageurs*); — Décr. 10 août 1896 (*concernant l'émission et la négociation en France de valeurs étrangères*); — L. 30 nov. 1896 (*complétant le décret-loi du 11 nov. 1807, relatif à la fabrication des monnaies de billon étrangères*); — L. 24 déc. 1896 (*sur l'inscription maritime*), art. 55, 80; — L. 1er avr. 1898 (*relative aux sociétés de secours mutuels*), art. 3, 26; — L. 9 avr. 1898 (*concernant les responsabilités des accidents dont les ouvriers sont victimes dans leur travail*), art. 3; — L. 13 avr. 1898 (*portant fixation du budget général des dépenses et des recettes*), art. 12; — Décr. 22 juin 1898 (*portant règlement d'administration publique pour l'application de l'art. 12 de la loi de finances du 13 avr. 1898*).

Bibliographie.

Ouvrages généraux. — Alef, *Dissertatio de diversorum statutorum concursu eorumque conflictu*, Heidelberg, 1840. — Anzilotti, *La codificazione del diritto internazionale privato*, Florence, 1899, 5 br. in-8°. — Asser et Rivier, *Eléments de droit international privé*, 1884, in-8°. — Aubry et Rau, *Cours de droit civil français*, 5e éd., en cours de publication. 3 vol. in-8° parus, t. 1, § 31, p. 129 et s., 4e éd., 8 vol. in-8°. t. 8, § 748 bis, p. 135 et s. — Audinet, *Principes élémentaires du droit international privé*, 1894, in-18. — Azpiroz, *La liberté civile comme base du droit international privé*, Mexico, 1896, 1 br. in-8°. — Bar (Von), *Encyclopédie de Holtzendorff : Internationales privatrecht*, 1882. — Bard. *Précis de droit international pénal et privé*, 1883, in-8°. — Bartin, *Études de droit international privé*, 1899, gr. in-8°. — Basilesco, *Études de droit international privé*, 1884, in-8°. — Baudry-Lacantinerie, *Précis de droit civil*, 1898-1900, 7e éd., 3 vol. gr. in-8°, t. 1, n. 192 et s. — Baudry-Lacantinerie et Houques-Fourcade, *Des personnes*, 1896, t. 1, 1 vol. in-8°, n. 596 et s. — Berlauld, *Questions pratiques et doctrinales du Code Napoléon*, 1869, 2 vol. in-8°, t. 1, p. 1 et s. — Beudant, *L'état et la capacité des personnes*, 1896, t. 1, n. 73 et s. — Bioche, *Dictionnaire de procédure civile et commerciale*, 1867, 5e éd., 6 vol. in-8°, v° *Étranger*. — Boileux, *Commentaire sur le Code civil*, 1866, 6e éd., 7 vol. in-8°, t. 1, p. 53 et s. — Boullenois, *Traité de la personnalité et de la réalité des lois, coutumes ou statuts*, 1766, 2 vol. in-4°. — Brocher, *Cours de droit international privé*, 1882-1885, 3 vol. in-8°; — *Nouvelle étude sur le principe de droit international privé*, 1876, in-8°; — *Nouveau traité de droit international privé*, 1876, in-8°. — Calvo, *Dictionnaire de droit international public et privé*, 1885, 2 vol. gr. in-8°. — Catellani, *Del conflitto tra norme di diritto internazionale privato*, 1897, 1 br. in-8°; — *Il diritto internazionale privato e suoi recenti progressi, storia del diritto internazionale privato*, 1 vol. in-8°, Rome. — Coin-Delisle, *Traité de la jouissance et de la privation des droits civils*, 1846, 2e éd., in-4°. — Demante et Colmet de Santerre, *Cours analytique du Code civil*, 1881-1896, 9 vol. in-8°, t. 1, n. 41 et s. — Demolombe, *Cours de Code civil*, 32 vol. in-8°, t. 1, n. 239 et s. — Despagnet, *Précis de droit international privé*, 1898, 3e éd., in-8°. — Diena, *Il diritto reale considerato nel diritto internazionale privato*, 1 vol. in-8°, Turin, 1895. — Du Caurroy, Bonnier et Roustain, *Commentaire théorique et pratique*, 1851, 2 vol. in-8°, t. 1, n. 54 et s. — Dudley Field (trad. Rolin), *Projet d'un Code international*, Paris et Gand, 1881-1882. — Durand, *Essai de droit international privé*, 1884, in-8°. — Duranton, *Cours de droit français suivant le Code civil*, 1844, 4e éd., 22 vol. in-8°, t. 1, n. 140 et s. — Ernst, *De statutis eorumque conflictu*, Mayence, 1732. — Favard de Langlade, *Répertoire de la nouvelle législation civile, commerciale et administrative*, 1823, 5 vol. in-4°, v° *Étranger*. — Fiore (trad. Antoine), *Le droit international privé*, 1889-1890, 2e éd., 2 vol. in-8°. — Fœlix et Demangeat, *Traité du droit international privé*, 1866, 4e éd., 2 vol. in-8°. — Foote, *A concise treatise of private international jurisprudence based on the decisions in the english courts*, 2e éd., Londres, 1890. — Fuzier-Herman et Darras, *Code civil annoté*, 1881-1898, 4 vol. gr. in-8°, t. 1, sur les art. — Glard, *De la condition des meubles en droit international privé*, 1 vol. in-8°. — Hall, *Treatise international law*, Londres, 1885. — Heffter et Bergson, *Le droit international de l'Europe*, 1883, 4e éd., in-8°. — Hosach, *Treatise on the conflict of laws of England and Scotland*, Londres, 1847. — Huc, *Commentaire théorique et pratique du Code civil*, 1891-1898, 15 vol. in-8°, t. 1, n. 267 et s. — Lainé, *Introduction au droit international privé*, 1888-1891, 2 vol. in-8°. — Laurent, *Le droit civil international*, 1880-1882 10 vol. in-8°; — *Principes de droit civil français*, 1893, 5e éd., 33 vol. in-8°, t. 1, p. 83 et s., 405 et s. — Leroy, *Exposé élémentaire des principes du droit international privé*, 1897, in-8°. — Lawrence, *Commentaire sur les éléments du droit international*, 1868-1880, 4 vol. in-4°. — Mailher de Chassat, *Traité des statuts d'après le droit ancien et le droit moderne*, 1845, in-8°. — Marcadé et Pont, *Explication théorique et pratique du Code Napoléon*, 1872-1884, 7e éd., 13 vol. in-8°, t. 1, p. 109 et s. — Massé et Vergé, sur Zachariæ, *Le droit civil français*, 1854-1860, 5 vol. in-8°, t. 1, § 58 et s., p. 75 et s. — Merlin, *Répertoire universel et raisonné de jurisprudence*, 1827-1828, 5e éd., 18 vol. in-4°, ad. verbo; — *Recueil alphabet de questions de droit*, 4e éd., 8 vol. in-8°, v° *Étranger*; — Milone, *Intorno i principi e le regole del diritto privato internazionale*, Bologne, 1871. — Niemeyer (Th.), *Vorschläge und Materialien zur Kodification des internationalen Privatrechts*, 1 vol. in-8°, Leipzig, 1895. — Olive, *Étude sur la théorie de l'autonomie en droit international privé*, 1899, in-8°. — Pierantoni (Aug.), *Il diritto internazionale privato e la conferenza diplomatica all'Aja*, 1 br. in-8°. — Pillet, *Le droit international privé considéré dans ses rapports avec le droit international public*, 1892, br. in-8°. — Planiol *Traité élémentaire de droit civil*, 1899, 1 vol. in-8°, paru, t. 1, n. 164 et s. — Pothier, *Œuvres* (éd. Bugnet), 1861-1890, 11 vol. in-8° (*Traité des personnes*), t. 9, n. 43 et s. — Roguin,

Conflit des lois suisses en matière internationale et intercantonale; Commentaire du traité franco-suisse du 15 juin 1869, 1891, in-8°. — Rolin, *Principes de droit international privé*, 1896, 3 vol. in-8°. — Ruben de Couder, *Dictionnaire de droit commercial*, 1877-1881, 3e éd., 6 vol. in-8°, suppl. 1897-1898, 2 vol. in-8°, v° *Étranger*. — Saredo, *Trattato delle leggi, dei loro conflitti di tempo, di luogo, della loro interpretazione e applicazione*, Florence, 1874. — Story, *Commentaire on the conflict of laws foreign and domestic in regard to contracts, rights and remedies, and especially in regard to marriage, divorces, wills, successions and judgements*, Boston, 1872. — Surville et Arthuys, *Cours élémentaire de droit international privé*, 1899, 3e éd. gr. in-18. — Taulier, *Théorie raisonné du Code civil*, 1840-1846, 7 vol. in-8°, t. 1, p. 105 et s. — Torres Campos, *Principios de derecho internacional privato o de derecho extraterritorial de Europa y America, en sus relacione con el derecho civil de España*, Madrid, 1883; — *La conferencias de derecho internacional privado en el Haya*, Madrid, 1 broch. in-8°. — Travers-Twis, *The law of nations*, Londres, 1861-1863. — Trouiller, *Du rôle du consentement dans les actes juridiques, études de droit international privé*, Valence, 1894, 1 vol. in-8°. — Valette, *Cours de Code civil*, 1872, in-18, t. 1, p. 16 et s. — Vareilles-Sommières (de), *Des lois d'ordre public et de la dérogation aux lois*, 1899, 1 vol. in-8°; — *La synthèse du droit international privé*, 1897, 2 vol. in-8°. — Vigié, *Cours elémentaire de droit civil français*, 1889-1891, 3 vol. in-8°, t. 1, n. 179 et s. — Vincent et Pénaud, *Dictionnaire de droit international privé avec deux suppléments*, 1887-1889, 3 vol. in-8°, passim. — Weiss, *Traité élémentaire de droit international privé*, 1890, 2e éd., in-8°. — Weiss, *Traité théorique et pratique de droit international privé*, 1892-1898, 3 vol. in-8° parus. — Westlake, *Lehrbuch des internationales Privatrechts*, Berlin, 1884. — Wharton, *Treatise on the conflict of law, or private international law*, 1884, Philadelphie.

OUVRAGES SPÉCIAUX. — Alauzet, *De la qualité de Français, de la naturalisation et du statut personnel des étrangers*, 1880, 2e éd., in-8°. — Andréani, *La condition des étrangers en France et la législation sur la nationalité française*, 1895, in-8°. — Azais, *De la condition juridique des étrangers en France*, 1876, in-8°. — Barbarin, *De la compétence des tribunaux français en matière de succession*, Giard et Brière, 1 vol. in-8°. — Barbier, *La police des étrangers en France et la taxe de séjour*, 1 vol. in-8°. — Bérillon, *Code pratique du Français à l'étranger*, 1896, 1 vol. in-8°. — Bernard, *De la compétence des tribunaux français à l'égard des étrangers et de l'exécution des jugements étrangers*, 1900, in-8°. — Bès de Berc, *De l'expulsion des étrangers*, 1888, in-8°. — Binoche (E.), *De la compétence des tribunaux français dans les contestations entre étrangers*, 1 vol. in-8°. — Blanchot, *De l'asile et du droit d'expulsion*, Lausanne, 1890. — Boisseau, *De la compétence des tribunaux civils français entre étrangers*, Poitiers, in-8°. — Bonfils, *De la compétence des tribunaux français à l'égard des étrangers*, 1865, in-8°. — Born, *Étude sur la condition des étrangers en France*, Bar-le-Duc, 1880, in-8°. — Bruel, *Les étrangers en France*, 1898, in-8°. — Caicedo-Arroyo (M.), *Condición de los extranjeros en Colombia*, Bogota, 1896, 1 broch. in-18. — Chantre, *Du séjour et de l'expulsion des étrangers*, Genève, 1891, in-8°. — Cimbali, *Il matrimonio dello straniero*, 1898, 1 vol. in-8°. — Clerc, *Les métèques athéniens, étude sur la condition légale, la situation morale et le rôle social et économique des étrangers domiciliés à Athènes*, 1 vol. in-8°. — Copineau et Henriet, *Du séjour des étrangers en France*, 1895, gr. in-8°. — Corréa Bravos, *Los estranjeros ante la ley chinela*, 1894, Santiago de Chile, 1 broch. in-8°. — Demangeat, *Histoire de la condition civile des étrangers en France*, 1844, in-8°. — Dragoumis, *De la condition civile des étrangers en France*, 1864, gr. in-8°. — Ducrocq, *De la personnalité civile en France du Saint-Siège et des autres puissances étrangères*, 1894, gr. in-8°. — Durand, *Code de l'étranger en France*, 1888, in-18; — *Les étrangers devant la loi française*, 1890, in-8°; — *Les étrangers en Algérie. Commentaire du décret du 21 juin 1890*. — Esperson, *Condizione giuridica dello straniero secondo le legislazioni e le giurisprudenze italiana ed estere*, Turin, 1889, 1 vol. — Fedozzi, *Gli enti colettivi nel diritto internazionale privato, con speciale riguardo al diritto di successione*, 1896. — Féraud-Giraud, *Droit d'expulsion des étrangers*, 1889, in-8°. — Ferrata, *Manual de la législacion española sobre extranjeros*, Barcelone, 1848. — Fiore (P.), *Della legge che deve regolare il* regime dei beni dei coniugi stranieri, Naples, 1 broch. in-8°. — Fiore, *Sulla competenza dei tribunali italiani di giudicare e decidere controversie relative alla successione di uno straniero apertasi all'estero*, Naples, 1894, 1 broch. in-8°. — De Folleville, *De la condition civile des étrangers en France*, 1880, in-8°. — Fuchs-Henel e Doberentz, *Gesetz und Vorschriften für die Ausländer in Rumanien*. 1 broch. in-8°. — Gand, *Code des étrangers*. 1853, in-8°. — Garnot, *Condition de l'étranger dans le droit public français*, 1885 in-8°. — Gaschon, *Code diplomatique des aubins, ou du droit conventionnel entre la France et les autres puissances relativement à la capacité réciproque d'acquérir*, 1818, in-8°. — Gianzana, *Lo straniero nel diritto civile italiano*, Turin, 1884. — Guénée, *Quelques questions de droit international privé à propos de la succession du duc de Brunswick*, 1889, broch. in-8°. — Guillet, *De la condition civile des étrangers à Rome et en France*, 1863, in-8°. — Haus, *Du droit privé qui régit les étrangers en Belgique ou du droit des gens privés considéré dans ses principes fondamentaux et dans ses rapports avec les lois civiles des Belges*, Gand, 1874. — Hepp, *De la condition légale des étrangers en France*, Strasbourg, 1862, in-8°. — Jandin (de), *Des professions que les étrangers peuvent exercer en France*, 1899, 1 vol. in-8°. — Jarassé, *De la substance et des effets des conventions en droit international privé*, 1886, in-8°. — Jay, *De la jouissance des droits civils au profit des étrangers*, 1836, in-8°. — Lachau, *De la compétence des tribunaux français à l'égard des étrangers en instance civile et commerciale*, 1892, in-8°. — Lachau (Ch.), *Projet de traité entre la France et la Belgique sur la compétence judiciaire des tribunaux dans les litiges internationaux et sur l'exécution réciproque des jugements en matière civile et commerciale*, 1898, 1 broch. in-8°. — Lardenois, *De la condition civile des étrangers en France*, 1860, in-8°. — Legat, *Code des étrangers ou traité de législation française concernant les étrangers*, 1832, in-8°. — Lehmann, *De la condition civile des étrangers en France*, 1861, in-8°. — Lescœur, *La condition légale des étrangers et particulièrement des Allemands en France*, 1898, in-8°. — L'Esprit, *Situation des étrangers en France, dans les colonies et protectorats au point de vue du recrutement*, Nancy, 2e éd, 1 vol. in-8°. — Lessona (C.), *Sulla prova delle disposizioni di una legge straniera nei giudizi avanti i tribunali italiani*, 1 broch. in-8°. — Lippens, *Exposé du système de la législation civile en Belgique dont les étrangers jouissent en Belgique*, in-8°. — Mandy (G.-A.), *La caution judicatum solvi, les étrangers devant la justice en droit international privé*, 1897, 1 vol. in-8°. — Monzani, *Il diritto di espellere gli stranieri considerato nella dottrina, nella legislazione e nella giurisprudenza*, 1899, 1 vol. in-8°. — Moutier, *De la condition des questions di stato, les lois d'ordre public françaises*, 1892, in-8°. — Okey, *Droits, privileges et obligations des étrangers dans la Grande-Bretagne*, 1829, 4 éd., in-12. — De Paepe, *Etude sur la compétence civile à l'égard des Etats étrangers et de leurs agents politiques diplomatiques ou consulaires*, Bruxelles, in-8°. — Palombo, *Questioni di diritto. Della competenza dei tribunali rispetto agli stati stranieri*, Naples, 1896, 1 broch. — Pappafava, *Historische Notizen über die bürgerliche Rechtsstellung der Fremden*, Vienne, 1892, 1 broch. in-8°; — *Sulla condizione civile degli stranieri*, Trieste, 1882 — Pey, *La situation des étrangers en France, l'immigration étrangère, les projets de loi*, Grenoble, 1894, broch. in-8°. — Pittard, *La protection des étrangers à l'étranger*, Genève, 1896, in-8°. — Pütter, *La pratique du droit des étrangers en Europe*, Leipzig, 1845. — Ramirez, *Codigo de los extrunjeros, diccionario del Derecho internacional publico y privado de la Republica Mexicana*, Mexico, 1870. — Rignano, *La nuova legge sulle istituzioni di beneficenza e gli stranieri residenti nel regno*, Livourne, 1890, broch. in-8°. — De Royer, *De la condition civile des étrangers*, 1874, in-8°. — Saldias, *Les étrangers résidant au Rio de la Plata devant le droit international*, 1889, broch. in-8°. — Salinas, *Manuel des droits civils et commerciaux du Français en Espagne et des étrangers en général*. — Sander-Lotzbeck, *Sur l'état et la capacité des étrangers*, 1824, in-8°. — Sapey, *Les étrangers en France*, 1843, in-8°. — Scaduto, *Riconoscimento degli enti morali stranieri e personalita di diritto internazionale*, Turin, 1899, broch. — Schutzemberger, *Condition civile des étrangers en France*, 1852, 2 vol. in-8°. — Soignie, *Traité du droit des étrangers en Belgique*, Bruxelles. 1873. — Soloman, *Essai sur la condition civile des étrangers dans les législations anciennes et le droit moderne*, 1844, in-8°. — Lorisio, *Lo straniero ed il suo trattamento nella storia et nella législazione*, Turin, 1 broch. in-8°. — Trochon, *Des étrangers devant la justice française*, 1867, in-8°. — Wanlaër, *La taxe sur les étrangers*, 1894, 1 broch. in-8°. — Vincent. *Les étrangers devant les tribunaux français*, 1858, in-8°. — Wagner, *De la condition juridique des étrangers dans les deux législations anciennes et le droit moderne*, Toulouse, 1873, in-8°. — Westoby, *The legal Guide for residents in France*, Paris, 1858.

REVUES. — ANNALES DE L'ÉCOLE LIBRE DES SCIENCES POLITIQUES. — *De la condition des étrangers en Alsace-Lorraine* (Véran), 1893, p. 118 et s. — *Le droit international privé et la conférence de La Haye* (Renault), 1894, p. 310 et s.

ANNALES DE L'ENSEIGNEMENT SUPÉRIEUR DE GRENOBLE. — *De l'ordre public en droit international privé* (Pillet), 1890, t. 2, n. 2.

ANNALES DE LA « MATITZA SERBE. » — *Le droit et le devoir de protection internationale des Etats à l'égard de leurs sujets créanciers d'un autre Etat, en cas que celui-ci, dans son rôle de débiteur, ne remplit pas ses obligations* (Guerchitch), mars 1894.

ARCHIVES DIPLOMATIQUES. — *Différend relatif à la succession Zappa, consultation pour le gouvernement royal hellénique* (A. Lainé), 2e sér., t. 48, p. 135.

ARCHIVIO GIURIDICO. — *Il principio della scuola italiana nel diritto internazionale privato* (Fusinato), t. 33, n. 5 et 6. — *La condizione giuridica dello straniero nel passato e nel presente* (Gemma), 1892, p. 369 et s. — *Competenza dei tribunali di una nazione a decidere le questioni di stato, di capacità personale et di rapporti di famiglia sorte tra stranieri* (Esperson), t. 52, p. 154 et s. — *Dei diritti della persona straniera secondo la legge italiana* (Elena), 1897, p. 512 et s.

BELGIQUE JUDICIAIRE. — *Etudes sur la compétence civile à l'égard des Etats étrangers et de leurs agents politiques, diplomatiques ou consulaires* (de Paepe), 1894, p. 1 et s.

BOLLETINO DEL MINISTERO DEGLI AFFARI ESTERI. — *Processo storico sulla condizione giuridica degli stranieri nel Venezuela* (Magliano), août 1893, p. 139 et s.

BULLETIN DE LA SOCIÉTÉ DE LÉGISLATION COMPARÉE. — *Communication sur la condition des étrangers en Angleterre* (Edmond Bertrand), 1872, p. 71 et s. — *Note sur la législation et les coutumes relatives à l'expulsion des étrangers, dans les divers Etats de l'Europe* (Millet), 1882, p. 588 et s. — *Etude sur la condition légale des étrangers en Colombie* (Porras), 1886, p. 407 et s. — *Etude sur la situation des étrangers en Pologne, avant et après son partage* (Lipinski), 1888, p. 404 et s. — *La condition des étrangers d'après la Constitution et les lois de la République mexicaine* (E. Velasco), 1892, p. 683 et s. — *Etude sur la condition civile des étrangers en Italie* (Pappafava, trad. de M. Baudouin-Bugnet), 1893, p. 363 et s. — *Note sur la condition des étrangers d'après la constitution et les lois de la République mexicaine* (Velasco), 1893, p. 623 et s. — *Etude concernant la loi fédérale Suisse du 25 juin 1891, sur les rapports de droit civil des citoyens établis ou en séjour* (Lainé), 1894, p. 128 et 129, 209 et s. — *Projet de traité entre la France et la Belgique sur la compétence des tribunaux dans les litiges internationaux et sur l'exécution réciproque des jugements en matière civile et commerciale, revision du traité franco-suisse du 15 juin 1869* (Lachau), 1896, p. 476 et s.

IL CONSULENTE COMMERCIALE. — *La prova delle leggi estere* (Lessona), 1891, p. 289.

DALLOZ, *Des tribunaux français compétents pour connaître des affaires dans lesquelles un étranger est assigné comme défendeur à raison de dettes nées à l'étranger au profit de français* (De Boech), 1891, 2e part., p. 265 et s. — *De la compétence des tribunaux français et spécialement des tribunaux algériens pour statuer sur les questions d'Etat nées entre étrangers* (M. B.), 1892, 1re part., p. 489 et s. — *Les questions de compétence soulevées par le procès Civry contre la ville de Genève, à l'occasion de la succession du duc de Brunswich* (Despagnet), 1894, 2e part., p. 513 et s.

Les tribunaux français sont-ils compétents pour connaître d'un procès dans lequel un souverain étranger joue le rôle de défendeur et consent à être justiciable des tribunaux français? Les Etats protégés et leur souverain jouissent-ils de l'immunité de juridiction (Valéry), 1897, 1re part., p. 305 et s. — *Théorie du renvoi* (Bartin), 1898, 2e part., p. 283 et s.

ECONOMISTE FRANÇAIS. — *Les étrangers en France et la naturalisation* (Arthur Mangin), 1885, t. 1, p. 356 et s. — *Les devoirs et les droits des nations envers les étrangers* (Paul Leroy-Beaulieu), 1887, 2e sem., p. 129 et s., 134 et s.

IL FILANGIERI. — *Leggi personali e leggi territoriali. Studi di diritto internazionale privato* (Lomonaco), 1885, p. 154 et s. — *Della prova in giudizio delle leggi straniere e della loro retta applicazione* (Contuzzi), 1890, p. 649 et s. — *Il diritto internazionale privato nel sistema del diritto internazionale* (Catellani), 1892, p. 284 et s. — *L'applicabilità della legge di rinvio nel diritto internazionale privato* (Lué), t. 23, p. 721 et s.

IL FORO ITALIANO. — *La giurisdizione dei tribunali italiani nelle questioni di diritto privato in confronto di in governo straniero* (N. Cianci di San Severino), t. 21, p. 849 et s.

FRANCE JUDICIAIRE. — *De la compétence des tribunaux français entre étrangers* (E. Glasson), t. 5, 1re part., p. 211 et s. — *Les lois réelles et les lois personnelles* (Fiore), t. 6, 1re part., p. 117 et s. — *De la loi qui doit régler la compétence et les formes de la procédure, d'après les principes du droit international* (P. Fiore), 1888, 1re part., p. 1 et s. — *Questions relatives à la loi sur le séjour des étrangers en France* (Copineau et Henriet), t. 19, 1re part., p. 261 et s.

GAZETTE DES TRIBUNAUX. — *De la loi applicable aux étrangers en France quant à la capacité de disposer à titre gratuit* (Moutier), 17 juin 1892.

J. LE DROIT. — *Les étrangers devant les tribunaux français. Clause du « libre et facile accès, »* 17 déc. 1887. — *De la situation légale des étrangers en Russie* (J. Revel), 22 oct. 1893. — *Principaux effets juridiques de la résidence ou du domicile de fait des étrangers en France* (Ch. Lachau), 2 mai 1894.

JOURNAL DU DROIT INTERNATIONAL PRIVÉ. — *Des progrès du droit international public et privé* (Pradier-Fodéré), 1874, p. 112 et s. — *De la faculté d'actionner les Français devant les tribunaux d'Italie, dans ses rapports avec la faculté pour les Français d'actionner les Italiens devant les tribunaux de France* (Cesare Norsa), 1874, p. 174 et s. — *De l'utilité de rendre obligatoires pour tous les Etats, sous la forme d'un ou de plusieurs traités internationaux, un certain nombre de règles générales du droit international privé pour assurer la décision uniforme des conflits entre les différentes législations civiles et criminelles* (Mancini), 1874, p. 221 et s., 285 et s.; 1876, p. 425 et s. — *Des valeurs mobilières étrangères dans la nouvelle législation fiscale* (A. P.), 1876, p. 245 et s.; 1877, p. 26 et s. — *De la compétence des tribunaux nationaux à l'égard des gouvernements et des souverains étrangers* (G. Spée), 1876, p. 329 et s., 435 et s. — *Incompétence des tribunaux nationaux pour ordonner une saisie-arrêt sur des biens appartenant aux gouvernements et aux souverains étrangers* (de Holtzendorf), 1876, p. 431 et s. — *De la compétence des tribunaux français dans les contestations entre étrangers* (Ch. Demangeat), 1877, p. 109 et s. — *De la compétence des tribunaux belges relativement aux étrangers* (F. Laurent), 1877, p. 496 et s. — *Statistique et droit international privé* (E. Dubois), 1877, p. 511 et s. — *Des bases théoriques du droit international privé* (Ch. Brocher), 1878, p. 225 et s. — *Etudes sur le droit international privé* (Laurent), 1878, p. 309 et s., 421 et s.; 1879, p. 5 et s. — *De la condition légale des étrangers au Pérou* (Pradier-Fodéré), 1878, p. 345 et s., 577 et s.; 1879, p. 41 et s., 250 et s. — *Un étranger peut-il pratiquer en France une saisie foraine contre un autre étranger?* 1879, p. 84. — *Le traité franco-suisse du 15 juin 1869* (A. Martin), 1879, p. 117 et s. — *Le droit international privé dans la législation italienne. La condition juridique de l'étranger en Italie* (Esperson, trad. Antoine), 1879, p. 329 et s.; 1880, p. 245 et s., 327 et s.; 1882, p. 154 et s.; 1883, p. 263 et s.; 1884, p. 168 et s. — *Révision du traité franco-suisse du 15 juin 1869* (E. Lehr), 1879, p. 533 et s. — *Un étranger est-il recevable à porter une plainte en adultère contre son conjoint devant un tribunal français?* 1880, p. 94 et s. — *De la compétence des tribunaux français pour connaître des contestations entre étrangers* (Féraud-Giraud), 1880, p. 137 et s., 225 et s. — *Le droit international privé* (Charles Brocher), 1880, p. 279 et s. — *De la condition légale des étrangers en Autriche* (Félix Stœrk), 1880, p. 329 et s. — *Droit international privé ou conflit des lois au point de vue historique, analytique, particulièrement en Angleterre* (Harrisson), 1880, p. 417 et s., 533 et s. — *De la condition légale des étrangers en Suède* (P. Dareste), 1880, p. 434 et s. — *Etude sur les principes généraux consacrés par le Code civil français comme base du droit international privé* (Ch. Brocher), 1881, p. 5 et s. — *De la compétence des tribunaux français entre étrangers* (E. Glasson), 1881, p. 105 et s. — *De la prescription libératoire en droit international privé* (Flandin), 1881, p. 230 et s. — *La doctrine anglaise en matière de droit international privé* (J. Westlake), 1881, p. 312 et s.; 1882, p. 5 et s. — *De la compétence des tribunaux suisses en matière de contestations entre français* (F. Nessi), 1881, p. 343 et s. — *De la saisie-arrêt pratiquée en France par un étranger sur un Français* (Clunet), 1882, p. 55 et s. — *Les tribunaux français peuvent-ils se déclarer compétents sur la demande d'un étranger appartenant à une nation qui a fait avec la France un traité exprès de compétence judiciaire et dans un cas où, d'après ce traité, ils sont incompétents* (Lehr), 1882, p. 62 et s. — *De la compétence des tribunaux français dans les contestations entre étrangers en matière commerciale* (Demangeat), 1882, p. 238 et s. — *De la condition légale des étrangers en Prusse* (Félix Stœrk, trad. Beauchet), 1883, p. 5 et s. — *Droits de mutation par décès sur les biens dépendant de la succession d'un étranger en France et en Suisse* (Lehr), 1883, p. 13 et s. — *Capacité civile au point de vue du droit international privé dans la législation fédérale suisse* (A. Martin), 1883, p. 29 et s. — *De la condition juridique des étrangers en Serbie* (G. Paulovitsch), 1884, p. 5 et s., 140 et s. — *De la situation légale des enfants d'étrangers en Allemagne* (Dr Hœnel, trad. Weiss), 1884, p. 477 et s. — *Conflit entre la loi nationale du juge saisi et une loi étrangère relativement à la détermination de la loi applicable à la cause* (Labbé), 1885, p. 5 et s. — *Le droit international privé en France considéré dans ses rapports avec la théorie des statuts* (Lainé), 1885, p. 129 et s., 249 et s.; 1886, p. 146 et s.; 1887, p. 21 et s. — *De la compétence des tribunaux français pour connaître des contestations entre époux étrangers* (Féraud-Giraud), 1885, p. 225 et s., 375 et s. — *De la compétence des cours anglaises, particulièrement à l'égard des étrangers* (A. Pavitt), 1885, p. 505 et s. — *De la compétence des tribunaux allemands pour connaître des actions intentées contre les gouvernements et les souverains étrangers* (Ludovic Beauchet), 1885, p. 645 et s. — *L'expulsion des étrangers* (L. von Bar), 1886, p. 5 et s. — *Du régime de la propriété immobilière et du droit, pour les étrangers d'acquérir en Turquie* (Rougon), 1886, p. 57 et s., 527 et s. — *De la condition légale des étrangers dans la République argentine* (Daireaux), 1886, p. 286 et s., 415 et s. — *Du régime matrimonial des Suisses mariés en France et du tribunal compétent pour déterminer les effets juridiques de ce régime* (Roguin), 1886, p. 404 et s.; 1887, p. 303 et s. — *L'assistance judiciaire et les étrangers en France* (Rouard de Card), 1887, p. 143 et s., 273 et s. — *Du droit pour les étrangers d'ester en justice devant les tribunaux russes* (J. Barkovski), 1887, p. 169 et s. — *Esquisse du droit international privé* (L. von Bar), 1887, p. 257 et s.; 1888, p. 5 et s., 441 et s. — *De la condition en France des petits-fils de Belges* (E. Roche), 1887, p. 303 et s. — *De la condition des étrangers en Roumanie* (Ch. Suliotis), 1887, p. 430 et s., 559 et s. — *De la police des étrangers en France* (Charles Bertheau), 1887, p. 583 et s. — *De l'effet extraterritorial de la loi pénale* (A. Gauvain), 1887, p. 713 et s. — *Régime légal des immeubles possédés par des étrangers dans la principauté de Monaco* (C. Jolivot), 1887, p. 729 et s. — *La question des étrangers en France au point de vue économique* (Paul Leroy-Beaulieu), 1888, p. 169 et s. — *De la compétence des tribunaux à l'égard des souverains et Etats étrangers* (Gabba), 1888, p. 180 et s.; 1889, p. 538 et s.; 1890, p. 27 et s. — *De la situation légale des étrangers en Portugal d'après le droit commun et d'après le nouveau projet de Code de commerce de 1887* (Lehr), 1888, p. 352 et s. — *L'ordre public en droit international privé* (Despagnet), 1889, p. 5 et s., 207 et s. — *De la police des étrangers* en Allemagne (Böhm), 1889, p. 21 et s. — Du droit d'expulsion des étrangers en Angleterre (W.-F. Craies), 1889, p. 557 et s. — Notes pratiques sur les conditions de séjour et de résidence des étrangers en France (Durand), 1889, p. 517 et s. — De la personnalité des lois comme principe du droit international privé (Surville), 1889, p. 528 et s. — Condition juridique des étrangers dans la principauté de Monaco (de Roland), 1890, p. 54 et s., 236 et s. — De l'expulsion des étrangers en Italie (T. Canonico), 1890, p. 219 et s. — Du recours en cassation pour violation de la loi étrangère (Colin), 1890, p. 406 et s., 794 et s. — Réglementation de l'expulsion des étrangers en France (Féraud-Giraud), 1890, p. 414 et s. — Les tribunaux français sont-ils compétents pour prononcer l'interdiction d'un étranger habitant la France depuis de longues années, alors que cet étranger n'a ni domicile réel ni domicile élu en pays étranger, et qu'il est impossible de savoir à quel tribunal étranger on pourrait demander de statuer sur cette question d'état? 1890, p. 464 et s. — Projet de taxe de séjour sur les étrangers en France (Thiébaut), 1890, p. 837 et s. — Etude sur les sources du droit international privé (A. Pillet), 1891, p. 5 et s. — Histoire de la condition des étrangers dans la législation espagnole (Torrès-Campos), 1891, p. 108 et s. — Rapatriement des nationaux et des étrangers (Ch. de Boeck), 1891, p. 725 et s. — Des droits d'enregistrement dans les rapports internationaux (Wahl), 1891, p. 1055 et s.; 1892, p. 834 et s.; 1894, p. 677 et s., 1896, p. 991 et s. — De la déchéance de la puissance paternelle considérée au point de vue international (Pillet), 1892, p. 5 et s. — De la condition juridique des prêtres étrangers en France (Dejamme), 1892, p. 116 et s. — De la capacité des Etats étrangers pour recevoir par testament en France (P. Moreau), 1892, p. 337 et s. — La litispendance dans les relations internationales (Victor Yseux), 1892, p. 862 et s. — De la condition des étrangers en Roumanie (T. G. Djuvara), 1892, p. 1120 et s. — Le droit international privé. Sa définition, son origine rationnelle, son domaine, ses conditions générales et son but (A. Pillet), 1893, p. 5 et s., 318 et s. — De la compétence des tribunaux ottomans à l'égard des étrangers (R. Salem, Observations de MM. Manassé et Pallamary), 1893, p. 44 et s., 610 et s. — La loi du 26 mars 1891, sur l'atténuation et l'aggravation des peines, dite loi Bérenger, est-elle applicable aux étrangers ? Quelles sont les particularités que l'application de cette loi peut offrir dans les conflits de nature internationale, 1893, p. 109 et s. — Des personnes morales en droit international privé (A. Lainé), 1893, p. 273 et s. — De la compétence des tribunaux français à l'égard des étrangers d'après le projet de réforme du Code de procédure civile (Maurice Moutier), 1893, p. 331 et s. — Du droit pour les Etats étrangers de posséder des immeubles en Allemagne. Consultation fournie par la Faculté de droit de Berlin à l'occasion de la succession Zappa, 1893, p. 727 et s. — Des droits en Roumanie d'un Etat étranger appelé par testament à recueillir la succession d'un de ses sujets (Arthur Desjardins), 1893, p. 1009 et s. — Du droit pour une personne morale étrangère de recueillir par succession un immeuble situé en France (Louis Renault), 1893, p. 1118 et s. — Du droit pour une personne morale étrangère de recueillir par succession un immeuble situé en Belgique (Ch. Woeste et Le Jeune), 1893, p. 1123 et s. — La conférence de la Haye relative au droit international privé (A. Lainé), 1894, p. 5 et s., 236 et s.; 1895, p. 465 et s., 734 et s. — De la protection des créanciers d'un Etat étranger (M. S. Kebedgy), 1894, p. 59 et s., 261 et s., 504 et s. — De la condition juridique des étrangers d'après les lois et traités en vigueur sur le territoire de l'Empire d'Allemagne (Joseph Keidel), 1894, p. 72 et s., 152 et s. — Des droits en Roumanie d'un Etat étranger appelé par testament à recueillir la succession d'un de ses sujets, Réponse à M. Desjardins (Flaischlen), 1894, p. 282 et s. — Le droit international privé. Essai d'un système général de solution des conflits de lois (A. Pillet), 1894, p. 417 et s., 711 et s.; 1895, p. 241 et s., 500 et s., 629 et s.; 1896, p. 5 et s. — La question de la compétence dans l'affaire Zappa (Missir), 1894, p. 776 et s. — De la condition des étrangers en Colombie (E. Champeau), 1894, p. 929 et s. — De l'expulsion des étrangers en Suisse (A. Chantre), 1894, p. 978 et s. — Du conflit entre la loi du domicile et la loi de la nationalité (Von Bar), 1895, p. 22 et s. — De la compétence civile à l'égard des Etats étrangers et de leurs agents politiques, diplomatiques ou consulaires (de Paepe), 1895, p. 31 et s. — De la condition légale des étrangers au Canada (Taschereau), 1895, p. 55 et s. — De la dation d'un conseil judiciaire à un étranger en France (P. Tournade), 1895, p. 485 et s. — De la nationalité et du droit d'expulsion (R. Hubert), 1895, p. 524 et s.; 1896, p. 320 et s. — Des principes de compétence dans les conflits internationaux, spécialement en matière de succession (Wahl), 1895, p. 705 et s. — Des conflits de lois en matière de compensation des obligations (A. Sacerdoti), 1896, p. 57 et s. — De l'application des lois étrangères en France et en Belgique (A. Lainé), 1896, p. 241 et s., 481 et s. — Séjour des étrangers. De la condition des étrangers en France au point de vue de la résidence et de la profession (Ch. Copineau et M. Henriet), 1896, p. 261 et s., 502 et s. — Le domaine de la loi d'autonomie en droit international privé (Aubry), 1896, p. 465 et s., 721 et s. — Du rôle international du domicile (Chausse), 1897, p. 5 et s. — Quelques considérations sur l'idée d'ordre public international (Fedozzi), 1897, p. 69 et s., 495 et s. — De l'expulsion des étrangers appelés à devenir Français par le bienfait de la loi (A. Lainé), 1897, p. 449 et s., 701 et s., 963 et s.; 1898, p. 57 et s., 675 et s. — La cession et la mise en gage des créances en droit international (Despagnet), 1897, p. 671 et s. — D'une nouvelle dénomination de ce qu'on appelle droit international privé et de ses effets fondamentaux (Despagnet), 1898, p. 5 et s. — Aperçu de la condition des étrangers en Russie (Pierre Kazansky), 1898, p. 225 et s. — Des conflits de lois relatifs à la qualification des rapports juridiques (Despagnet), 1898, p. 253 et s. — De la condition des étrangers au Klondyke (Yukon) notamment au point de vue minier (Pierre Beullac), 1898, p. 633 et s. — Du droit des étrangers de transmettre par succession en Turquie (E.-R. Salem), 1898, p. 665 et s., 1030 et s.; 1899, p. 961 et s. — Etranger, France, admission à domicile, expiration du délai de cinq ans, ajournement de la demande de naturalisation, séjour des étrangers, loi du 8 août 1893, non application : 1898, p. 705 et s. — L'admission à domicile des étrangers en France et la loi du 26 juin 1889 sur la nationalité (A. Weiss), 1899, p. 5 et s. — Quelques mots sur le droit fiscal international et les immunités des souverains (E. Lehr), 1899, p. 311 et s. — De la loi qui doit régir les obligations contractuelles d'après le droit international privé (de Reuterskiöld), 1899, p. 462 et s., 654 et s. — De la poursuite pour infraction à un arrêté d'expulsion dirigée contre une personne précédemment acquittée de ce chef, au cours du même séjour en France (R. Hubert), 1899, p. 724 et s. — La synthèse du droit international privé (de Vareilles-Sommières), 1900, p. 5 et s., 258 et s. — De la loi qui, d'après les principes du droit international, doit régir les engagements qui se forment sans convention (P. Fiore), 1900, p. 449 et s. — De la condition juridique des étrangers et de l'organisation judiciaire au Siam (Dauge), 1900, p. 461 et s.

JOURNAL DE LA JURISPRUDENCE DE LA COUR D'ALGER. — Quelle est la condition légale des étrangers en Algérie, au point de vue de la compétence des tribunaux français en matière de contestations relatives à leur statut personnel (Robe), 1895, p. 101 et s.

JOURNAL LA LOI. — La loi du 11 déc. 1849 sur le séjour des étrangers en France. Droit d'expulsion reconnu au pouvoir exécutif. Projet d'abrogation de cette loi (Emile Jamais), 4-5 mars 1881. — Contestations en matière mobilière et personnelle entre Français et Suisses, traité franco-suisse du 15 juin 1869 (Moutier), 23 nov. 1892. — De l'application aux étrangers de passage ou aux étrangers ne faisant en France que des séjours de très courte durée de la loi du 8 août 1893 sur le séjour des étrangers (Lenoble H.), 2-4 août 1896.

JOURNAL DU MINISTÈRE PUBLIC. — En accordant à un étranger l'autorisation d'établir son domicile en France, le gouvernement pourrait-il modifier le nom inscrit sur les actes de l'état civil produits à l'appui de la demande, t. 17, 1874, p. 270 et s.

JOURNAL DES PARQUETS. — Questions relatives à l'application de la loi sur les étrangers en France (Copineau et Henriet), 1895, p. 68 et s.

JOURNAL DE PROCÉDURE CIVILE ET COMMERCIALE. — Rapport fait à la conférence de MM. les juges de paix de Paris, sur les opérations de scellés intéressant les étrangers (Diouis du Séjour), 1861, p. 135 et s.

JOURNAL DES TRIBUNAUX. — Les Allemands devant les tribunaux belges (Léon Du Bus), 23 janv. 1896.

KOSMODIKE. — *Vereinbarungen über die Zuständigkeit der Gerichte* (Inhülsen), janvier 1899.

LA LEGGE. — *Il riconoscimento degli ente morali stranieri* (L. Ratto), 3 mars 1898. — *La competenza dell'autorita giudiziaria circa le convenzioni internazionali* (Saredo), 16 mars 1899.

LOIS NOUVELLES. — *Les étrangers en France*, 1894, 1re part., p. 325 et s. — *Les étrangers en France. Commentaire de la loi du 8 août 1893* (Copineau et Henriet), 1895, 1re part., p. 157 et s. — *La loi du 28 déc. 1895 sur le droit de timbre des valeurs étrangères* (Chevresson), 1896, 1re part., p. 93 et s.

MÉMORIAL DIPLOMATIQUE. — *De la personnalité civile en France des Etats et souverains étrangers* (Bottou), 31 mars 1894. — *De la déclaration de résidence imposée aux étrangers en France* (Bottou), 15 avr. 1894.

MONITORE DEI TRIBUNALI. — *Il diritto dello straniero di adire i tribunali italiani* (Pasq.-Fiore), 1891, p. 93 et s.

NOUVELLE REVUE. — *La question des étrangers* (Marcas), 15 oct. 1898.

PANDECTES FRANÇAISES. — *L'étranger qui assigne un Français devant un tribunal étranger ne peut plus saisir les tribunaux français de la même demande, alors que le Français a accepté la juridiction étrangère*, 1890, 2e part., p. 193 et s. — *Des recours en cassation pour violation de la loi étrangère* (Weiss et Louis Lucas), 1890, 3e part., p. 41 et s. — *Du tribunal compétent dans les actions dirigées par une société étrangère contre un actionnaire français* (Chausse), 1894, 2e part., p. 161 et s. — *De la capacité pour le pape de recueillir des biens en France* (Mérignhac), 1894, 4e part., p. 1 et s. — *Questions de compétence soulevées par la ville de Genève à l'occasion du testament du duc de Brunswick* (X. P.), 1895, 3e part., p. 33 et s.

LA PROPRIÉTÉ INDUSTRIELLE. — *Des moyens pratiques d'assurer l'accès des tribunaux aux étrangers en matière de propriété industrielle* (Jitta Josephus), 31 oct. 1899.

QUESTIONS DIPLOMATIQUES ET COLONIALES. — *La question des étrangers en Algérie* (Le Myre de Vilïers), 1899, p. 65 et s.

RECUEIL DE L'ACADÉMIE DE LÉGISLATION DE TOULOUSE. — *De la compétence des tribunaux français pour connaître des actions civiles entre étrangers* (Pascaud), 1888-89, t. 37, p. 109 et s. — *De l'admission et de l'expulsion des étrangers par l'Etat* (Pascaud), 1888-89, t. 37, p. 317 et s.

RECUEIL DE L'ACADÉMIE DES SCIENCES MORALES ET POLITIQUES. — *La conférence de droit international privé de la Haye* (Legrand), février 1894.

RECUEIL PÉRIODIQUE DE PROCÉDURE. — *De la compétence des tribunaux français à l'égard des demandes en garantie formées entre étrangers* (Beauchet), 1884, p. 145 et s.

REVISTA DE LOS TRIBUNALES. — *Contratos en el estranjero y con estranjero* (Revilla), 4 août 1894. — *Historia juridica del estranjero en España hasta la conquista arabe* (Conde y Luque), 19 oct. 1895. — *La legislacion convencional franco-española vigente en materia de derecho internacional privado* (Champcommunal), 4 sept. 1897.

REVISTA GENERAL DE LEGISLACION Y JURISPRUDENCIA. — *Capacidad de las personas juridicas extranjeras en Italia* (G. Bruni), t. 95, p. 26. — *De la ley que, segun los principios del derecho internacional, debe regular las obligaciones que nacen sin contrato* (Fiore), t. 95, p. 256.

REVUE CATHOLIQUE DES INSTITUTIONS ET DU DROIT. — *La situation des étrangers en France, l'immigration étrangère, les projets de loi* (Pey), février et mars 1894.

REVUE CRITIQUE. — *De l'application du statut personnel à l'étranger en France* (Delsol), t. 32, p. 481 et s. — *Examen doctrinal. Jurisprudence en matière d'enregistrement. Meubles étrangers, vente, droit de mutation en France* (Wahl), 1892, p. 199 et s., 834 et s. — *L'étranger fils d'un ex-Français peut-il, nonobstant un arrêté d'expulsion, avoir un domicile en France* (Accarias), 1896, p. 95 et s. — *Examen doctrinal de jurisprudence en matière de droit international. Séjour des étrangers non admis à domicile en France. Loi du 8 août 1893* (F. Surville), 1896, p. 213 et s. — *Condition des étrangers en France. Contrainte par corps. Loi du 22 juill. 1867. Examen doctrinal de jurisprudence* (Surville), 1898, p. 280 et s. — *La question du renvoi dans les litiges internationaux* (Surville), 1899, p. 245 et s. — *Interprétation de l'art. 11, C. civ. Droit pour les étrangers d'exercer en France les fonctions de tutelle* (Surville), 1899, p. 222 et s. — *Traité franco-suisse du 15 juin 1869, art. 1. Société anonyme suisse. Défaut de résidence en France* (Surville), 1899, p. 228 et s. — *Traité franco-suisse du 15 juin 1869. Questions d'Etat. Compétence des tribunaux français* (F. Surville), 1899, p. 232 et s.

REVUE DES DEUX-MONDES. — *La loi de 1849 et l'expulsion des étrangers* (Arthur Desjardins), 1er avr. 1882.

REVUE DE DROIT INTERNATIONAL ET DE LÉGISLATION COMPARÉE. — *Exposé et critique des principes généraux en matière de statuts réel et personnel d'après le droit français* (Laurent), 1869, p. 244 et s. — *Nouvelles études sur les principes fondamentaux du droit international privé* (Brocher), 1876, p. 35 et s. — *Le problème final du droit international* (Lorimer), 1877, p. 161 et s. — *Prolégomènes d'un système raisonné de droit international* (Lorimer), 1878, p. 339 et s. — *De l'application de la loi au point de vue international* (Holland), 1880, p. 565 et s. — *Le fondement du droit international* (Martens), 1882, p. 244 et s. — *Le droit des étrangers en Suisse et le congrès socialiste universel* (Alois d'Orelli), 1882, p. 473 et s. — *La doctrine de la reconnaissance, fondement du droit international* (Lorimer), 1884, p. 333 et s. — *Des principes naturels du droit international privé* Brocher de la Fléchère), 1885, p. 313 et s. — *Les principes philosophiques du droit international* (Rolin-Jaequemyns), 1885, p. 517 et s.; 1886, p. 49 et s. — *Incompétence des tribunaux nationaux à l'égard des gouvernements étrangers et de la situation spéciale du Congo et de la Belgique* (Cuvelier), 1888, p. 109 et s. — *Droit d'expulsion des étrangers* (Rolin-Jaequemyns), 1888, p. 498 et s. — *De la compétence des tribunaux dans les procès contre les Etats et souverains étrangers* (Hartmann), 1890, n. 5. — *Les recours en cassation pour violation d'une loi étrangère* (Féraud-Giraud), 1892, p. 233 et s. — *De la codification du droit international privé* (L. Olivi), 1894, p. 311 et s. — *De la compétence des tribunaux concernant les questions d'état, de capacité personnelle et de rapports de famille s'élevant entre étrangers* (Esperson), 1895, p. 171 et s., 362 et s. — *Le statut personnel en matière de droit pénal* (Albéric Rolin), 1899, p. 43 et s. — *Convention franco-belge sur la compétence judiciaire et l'exécution des jugements* (X...), 1899, p. 368 et s.

REVUE DU DROIT PUBLIC ET DE LA SCIENCE POLITIQUE. — *De la personnalité civile en France du Saint-Siège et des autres puissances étrangères* (Ducrocq), 1894, p. 47 et s. — *Du nouveau rôle de l'assistance internationale et du droit de séjour des étrangers* (Tchernoff), 1899, p. 86 et s., 109 et s.

REVUE GÉNÉRALE DE DROIT. — *Le for de succession d'après le traité franco-suisse de 1869* (Combothecra), 1899, p. 53 et s.

REVUE GÉNÉRALE DU DROIT INTERNATIONAL PUBLIC. — *De la capacité en France des personnes morales étrangères et en particulier du Saint-Siège* (Michoud), 1894, p. 193 et s. — *Perse et Russie, Arrangements relatifs à l'arrivée des étrangers en Perse* (X...), 1895, p. 364 et s. — *L'incompétence des tribunaux français à l'égard des Etats étrangers et la succession du duc de Brunswick* (Audinet), 1895, p. 385 et s.

REVUE JUDICIAIRE DU MIDI. — *Les lois relatives aux étrangers* (J. Bédarride), t. 3, p. 41 et s.

REVUE DU NOTARIAT ET DE L'ENREGISTREMENT. — *Statut personnel des étrangers résidant en France* : 1872, t. 13, p. 513 et s. — *Etranger. Acte passé à l'étranger. Usage. Tarif* : 1876, t. 17, p. 411 et s.

REVUE POLITIQUE ET LITTÉRAIRE. — *Un côté de la question des étrangers* (Em. Berr), 27 nov. 1888.

REVUE PRATIQUE. — *Du droit d'obtenir justice pour les étrangers* (Jay), t. 3, p. 197 et s.

REVUE PRATIQUE DE DROIT INTERNATIONAL PRIVÉ. — *De la compétence des tribunaux français à l'égard des étrangers* (René Vincent), 1890-91, 2ᵉ part., p. 66 et s. — *Les étrangers et l'application des lois dans l'État indépendant du Congo* (Vauthier), 1890-91, 2ᵉ part., p. 179 et s. — *Le traité franco-suisse du 15 juin 1869, commentaire théorique et pratique* (X...), 1890-91, 2ᵉ part., p. 1 et s., 33 et s.. 85 et s., 162 et s.; 1892, 2ᵉ part., p. 16 et s. — *L'affaire de la succession du duc de Brunswick et la convention franco-suisse de 1869* (Roguin), 1892, 2ᵉ part., p. 95 et s.

REVUE WOLOWSKI. — *Condition légale des étrangers en France* (Hennequin), 1852, t. 45, p. 72 et s.

LA SEMAINE JUDICIAIRE DE GENÈVE. — *De la situation des étrangers en Suisse d'après la loi sur les rapports du droit civil du 25 juin 1891* (G. Odier), 25 févr. 1895.

SIREY ET JOURNAL DU PALAIS. — *À quelles conditions les transmissions à titre onéreux d'objets mobiliers sont-elles soumises au droit proportionnel en France lorsqu'elles portent sur des biens situés à l'étranger ou qu'elles sont réalisées par actes passés à l'étranger* (Wahl), 1891, 1ʳᵉ part., p. 481 et s. — *Du recours en cassation pour violation d'une loi étrangère* (A. Pillet), 1893, 4ᵉ part., p. 9 et s. — *De l'interprétation des lois étrangères et du contrôle de la Cour de cassation* (Pillet), 1895, 1ʳᵉ part., p. 449 et s. — *Des différentes questions de droit international soulevées en matière de compétence par le procès entre la ville de Genève et les consorts de Civry, à l'occasion de la succession du duc de Brunswick* (A. Pillet), 1896, 1ʳᵉ part., p. 225 et s. — *De l'application des lois du statut personnel en matière de divorce d'étrangers* (Pillet A.), 1896, 1ʳᵉ part., p. 401 et s. — *Du recours en cassation pour violation d'une loi étrangère, spécialement dans le cas où les juges du fond ont substitué l'application d'une loi française à celle d'une loi étrangère* (Pillet A.), 1899, 1ʳᵉ part., p. 178 et s. — *La loi du 24 juill. 1889, sur la déchéance de la puissance paternelle est-elle applicable aux étrangers* (Audinet), 1899, 2ᵉ part., p. 57 et s. — *Théorie du renvoi* (Audinet), 1899, 2ᵉ part., p. 105 et s.

SOCIOLOGIE CATHOLIQUE. — *Le pape peut-il hériter en France* (Coulazou), juin, juillet et août 1894.

LO SPEDALIERI. — *Di una nuova denominazione del così detto diritto internazionale privato e dei suoi effetti fondamentali* (E. Cimbali), t. 2, p. 1.

ZEITSCHRIFT FUR INTERNATIONALES PRIVAT- UND STRAFRECHT. — *Die Zustandigkeit der italienischen Gerichte gegenüber fremden Staaten* (Auxilotti), t. 5, p. 24 et s., 139 et s. — *Zur Verlassenschaftabhandlung nach in Oesterreich verstorbenen Auslandern* (Kochmann), 1899, p. 109 et s.

ZEITSCHRIFT FUR SCHWEIZERISCHES RECHT. — *La condition civile des étrangers en Suisse* (Wolf), t. 13, n. 1 et 2.

INDEX ALPHABÉTIQUE.

Abordage, 721.
Accidents du travail, 125.
Acquittement, 190.
Acte administratif, 634.
Acte authentique, 986, 1015.
Acte de l'état civil, 78, 796, 1077.
Acte de naissance, 135.
Acte notarié, 78, 152, 986.
Acte passé à l'étranger, 984 et s.
Acte sous seing privé, 986, 1015.
Action en justice, 118.
Action mixte, 824.
Actionnaire, 772, 777 et s., 910.
Actionnaires français, 644, 648.
Action personnelle mobilière, 880 et s., 892.
Action réelle immobilière, 608, 626, 705, 823, 913 et s., 956.
Adjoint, 61.
Adjudication, 1023.
Administration provisoire, 846.
Administration publique, 702.
Admission à domicile, 71, 98, 130 et s., 198, 211, 232, 384 et s., 460, 621, 668 et s., 695, 821, 944.
Adoption, 127 et s.
Affouage, 115.
Agent consulaire, 75, 283.
Agent de change, 76.
Agent diplomatique, 74, 205, 233, 234, 702, 717, 718, 1011.
Algérie, 60, 93, 142 et s., 206, 207, 292, 819 et 820.
Aliments, 837, 812 et s.
Allemagne, 113, 201, 276.
Amende, 226, 267, 271, 289, 291, 1075.
Angleterre, 201.
Appel, 764, 803.
Appréciation souveraine, 488, 757, 776.
Arbitrage, 67, 79, 771 et s., 810.
Arrêté d'expulsion, 179 et s.
Arrêté illégal, 186.
Artisans, 235.
Artistes, 235.
Assistance judiciaire, 125.
Assistance publique, 95 et 96.
Assurances, 999.
Assurance maritime, 780.
Assurance pour compte, 680.
Aubain, 19 et s.
Autorisation expresse, 138.
Autorisation tacite, 139 et s.
Avocat, 77.
Avocat au Conseil d'État, 76.
Bade, 938.
Banque de France, 121.
Banquier, 704, 996.
Barbares, 18.
Bavière, 200.
Belgique, 92, 941 et s., 974.
Biens hors du commerce, 440, 531.
Bolivie, 199.
Bonne foi, 279 et s.
Brésil, 163, 201, 975.
Brevet d'invention, 120, 597, 836, 1000.
Cabotage, 93.
Caisse de retraite pour la vieillesse, 123.
Caisse municipale, 291.
Capacité, 365 et s., 478.
Casier judiciaire, 135.
Cassation, 804.
Cause du contrat, 533 et s.
Caution *judicatum solvi*, 112, 118, 319, 610, 766, 886 et 887.
Certificat de coutume, 584.
Certificat d'immatriculation, 255 et s., 269, 284 et 285.
Cession de biens, 114.
Cession de créances, 471, 677 et s.
Chambre de commerce, 65.
Chemin de fer, 702, 782.
Chirurgien dentiste, 91 et 92.
Chose jugée, 640, 646, 764, 814.
Circonstances atténuantes, 290.
Clause pénale, 508.
Colombie, 201.
Colonies, 208.
Commandant, 208.
Commandement (déclaration de), 990.
Commis, 235.
Commissaire de police, 220.
Commissaire-priseur, 76.
Commission rogatoire, 1073.
Commis-voyageur, 501.
Communauté conjugale, 808, 921, 922, 1055 et s.
Communauté religieuse, 236.
Commune, 291, 308, 711.
Comparution volontaire, 645, 811.
Compensation, 562 et 563.
Compétence, 111, 127 et s., 275, 605 et s.
Complice, 357.
Compte courant, 996.
Conciliation, 811 et 812.
Concurrence déloyale, 834.
Condamnation, 171, 407 et 408.
Condamnation à l'étranger, 380.
Condition, 508.
Condition résolutoire, 552.
Conférence de la Haye, 350.
Confirmation, 518.
Conflit des lois, 321 et s.
Connaissement, 781, 783.
Connexité, 252.
Conseil d'État, 179 et s.
Conseil de fabrique, 72.
Conseil de famille, 127 et s.
Conseil judiciaire, 378, 732, 799.
Conseiller d'arrondissement, 57.
Conseiller général, 57.
Conseiller municipal, 57, 60.
Consentement, 523 et s.
Consignation, 557.
Consul, 75, 215, 233 et 234.
Contrainte par corps, 114.
Contrat, 477 et s., 510 et s., 624, 898.
Contrat de mariage, 437, 445, 1005.
Contrats (formation des), 484 et s.
Contrat illicite, 534 et s.
Contrat par correspondance, 493, 504.
Contrat par intermédiaire, 500 et s.
Contrat synallagmatique, 498.
Contrat unilatéral, 498.
Contrebande, 548 et s.
Contrefaçon, 835.
Convention consulaire, 962.
Convention des parties, 652 et s.
Costa-Rica, 199.
Cour d'assises, 63.
Cour de cassation, 750.
Cour martiale, 68.
Courtier maritime, 76.
Créances, 463, 464, 471, 674 et s.
Créance (droit de), 126.
Créancier, 314.
Crédit (ouverture de), 1009.
Curatelle, 127 et s.
Débiteur, 314.
Déclaration (défaut de), 267.
Déclaration collective, 244.
Déclaration de résidence, 210 et s.
Déclaration écrite, 221.
Déclaration fausse, 271.
Déclaration tardive, 267.
Défendeurs (pluralité de), 852, 853, 931, 956.
Défense au fond, 645.
Délai, 144, 246 et s., 987, 988, 990, 1054.
Délit, 574 et s., 624, 720, 832 et s., 898 et 899.
Demande reconventionnelle, 932, 949.
Département, 308.
Député, 57 et 58.
Désaveu de paternité, 795.
Désistement, 765.
Dessaisissement, 767, 937 et s.
Dessin de fabrique, 116.
Distinction de biens, 439.
Divorce, 730, 811, 812, 840 et s., 866.
Domestique, 234 et 235.
Domicile à l'étranger, 376, 619, 661, 694, 860 et s., 883, 943.
Domicile commun, 492.
Domicile conjugal, 858.
Domicile de secours, 96.
Domicile élu, 785, 909, 910, 947, 948, 1008.
Domicile en France, 881.
Domicile inconnu, 905.
Domicile légal, 127 et s.
Dommages-intérêts, 191, 192, 513, 515, 704, 724.
Donation, 1010, 1027 et 1028.
Donation (révocation de), 723.
Donations entre époux, 400 et s., 396, 436, 454, 466.
Don manuel, 1034.
Dons et legs, 305.

ÉTRANGER.

Douaire, 445.
Droits civils, 6 et s., 97 et s
Droit d'acte, 979 et 980.
Droit de mutation, 979, 980, 1043 et s.
Droit d'obligation, 1070.
Droit de soulte, 1012 et s.
Droit de titre, 1065.
Droit de transcription, 1069.
Droit fixe, 981, 982, 1027, 1031, 1066.
Droits naturels, 7, 104 et s.
Droits politiques, 4, 56 et s., 152.
Droits privés. — V. *Droits civils*.
Droit proportionnel, 981, 982, 1018, 1026 et s., 1066.
Droits publics, 5, 83 et s.
Droit réel, 444 et s., 468.
Duplicata, 259.
Echange, 1022.
Echelles du Levant, 622.
Effets de commerce, 678 et s., 401, 1079.
Effets du contrat, 510 et s.
Église catholique, 310 et s.
Émigré, 379.
Emprisonnement, 175 et s., 226, 272, 289.
Emprunt étranger, 703, 704, 710.
Endossement, 678 et s.
Enfants, 157 et s., 214, 217.
Enfant naturel, 728.
Engagement militaire, 174, 216.
Enquête, 135.
Enregistrement, 977 et s.
Enseignement privé, 88.
Enseignement public, 87.
Équateur, 199.
Escroquerie, 419.
Espagne, 70, 164, 205, 962.
Établissement d'utilité publique, 308.
Établissement public, 308.
État des personnes, 365 et s.
État étranger, 306 et s., 317, 381, 487, 613, 697 et s., 784.
État fédéral, 712 et 713.
Étranger défendeur, 655 et s.
Étranger demandeur, 609 et s.
Étranger naturalisé, 58, 614 et s., 663 et s.
Exception, 854.
Excès de pouvoirs, 180 et s., 184.
Exécution de jugement, 639.
Exécution forcée, 453, 472.
Exequatur, 643, 768.
Expert, 80.
Expropriation pour cause d'utilité publique, 64, 441.
Expulsion, 155, 166 et s., 226, 270, 273 et s.
Expulsion (retrait de l'), 174.
Faillite, 687, 733, 737, 738, 886, 929, 955.
Femme, 193, 194, 217, 243 et s.
Femme étrangère, 445, 455 et s., 592, 672, 673, 729.
Femme mariée, 137, 157 et s.
Filiation naturelle, 426 et 427.
Fonds des actes, 988, 1001, 1035 et 1036.
Forme des actes, 478, 603.
Français, 182, 187, 190.
Français et étranger, 375 et s.
Frontière, 239.
Gage, 469, 471.
Garantie, 637, 746, 770, 856 et s., 912, 949.
Garde des enfants, 840.
Gens de mer, 94.
Gestion d'affaires, 502, 576 et 577.
Gouverneur, 208.
Gouverneur général, 207.
Grande-Bretagne, 965.
Greffier, 76.
Guatemala, 199.
Héritier, 662.
Hommes de couleur, 429.

Honduras, 199.
Huissier, 76.
Hypothèque, 394, 446, 468, 1006 et s.
Hypothèque légale, 127 et s., 455 et s.
Immeuble, 394 et s., 435 et s., 599, 600, 725, 985, 1006 et s., 1014 et s.
Impôt foncier, 442 et 443.
Infraction à un arrêt d'expulsion, 175 et s.
Incompétence, 180, 190, 800 et 801.
Incompétence relative, 883.
Indigent, 257.
Indivisibilité, 508.
Inscription hypothécaire, 450 et 451.
Institution contractuelle, 398.
Intention, 286.
Interdiction, 732, 790.
Interdiction du territoire français, 271 et s.
Intérêts, 516, 517, 704.
Intérêts moratoires, 513, 516.
Interprétation, 507, 633, 636.
Interprète, 81.
Intervention, 855.
Italie, 964.
Jeu de Bourse, 544.
Jeu et pari, 542 et s.
Jouissance légale, 127 et s., 455 et s.
Journaux, 85.
Juge, 62 et s.
Juge de paix, 227.
Jugement étranger, 418, 419, 643, 850, 859, 1065, 1066, 1076.
Jugement par défaut, 646, 768, 940.
Jury, 63.
Jury d'expropriation, 64.
Langue, 486.
Légion étrangère, 69, 174, 216.
Légitimité (contestation de), 795.
Lettre de change, 417, 559, 699, 829, 830, 997.
Lettre missive, 504.
Liberté de circulation, 83.
Liberté de conscience, 84.
Liberté de la presse, 85.
Liberté du commerce, 89 et s., 369 et s.
Liberté du travail, 89 et s.
Liberté individuelle, 83.
Liberté religieuse, 428.
Liquidation judiciaire, 82.
Lois (personnalité des), 342 et s.
Lois (territorialité des), 324 et s.
Loi constitutionnelle, 355.
Loi de compétence, 855.
Loi de la situation, 435 et s., 461 et s.
Loi de procédure, 355.
Lois d'ordre public, 352 et s.
Loi du débiteur, 497.
Loi du domicile, 368, 369, 372, 376, 388 et s., 460, 492.
Loi du lieu de l'exécution, 495.
Loi du lieu du contrat, 494.
Loi du pavillon, 465.
Loi étrangère, 380.
Loi étrangère (preuve de la), 579 et s.
Loi française, 435 et s.
Loi impérative, 521 et s.
Loi interprétative, 485 et s.
Loi nationale, 370 et s., 382, 460, 491, 492.
Loi pénale, 356 et s.
Loi personnelle, 156. — V. aussi *Loi nationale*.
Loi supplétive, 485 et s.
Loterie, 540 et 541.
Louage de services, 1065.
Luxembourg, 92.
Lyon (ville de), 220.
Madagascar, 818.

Maire, 61, 220, 252, 268.
Mandat, 500, 688, 703.
Manœuvres frauduleuses, 420 et s.
Marche, 1038.
Mariage, 126, 377, 429, 672, 673, 729, 797, 866.
Marin étranger, 238.
Marque de fabrique, 116, 1000.
Matière commerciale, 826 et s.
Médecin, 91 et 92.
Mesure conservatoire, 951.
Mesure provisoire, 951.
Meubles, 459 et s., 1024 et s.
Meubles corporels, 985, 1031 et s.
Meubles incorporels, 991 et s.
Mines, 122.
Mineur, 137, 157 et s., 195, 196, 214, 217, 242, 244, 245, 731.
Mineur étranger, 409 et s., 455 et s.
Ministère public, 189.
Ministre, 191.
Ministre de l'Intérieur, 169.
Ministre du Culte, 71 et s.
Modèle de fabrique 89, 116.
Monnaie, 558 et 559.
Mort civile, 379, 430 et 431.
Nationalité, 2, 184, 188, 189, 227, 275, 591 et 592.
Nationalité (changement de), 617, 674, 793 et 791.
Nationalité incertaine, 387.
Naturalisation, 2, 131 et s., 149, 150, 614 et s., 663 et s., 730, 897.
Navigation, 93.
Navire, 94.
Nicaragua, 205.
Nom commercial, 116.
Non-garantie (clause de), 538.
Notaire, 76.
Notaire étranger, 1008.
Novation, 561.
Nullité, 552.
Obligation, 409 et s.
Officier de police judiciaire, 268.
Offres réelles, 557.
Opposition, 940.
Ordre public, 302, 831 et s., 883.
Ordre public international, 353 et s., 424 et s.
Ordre public interne, 353.
Ouvriers, 235.
Ouvrier agricole, 266.
Pacte commissoire, 589.
Pacte sur succession future, 545.
Paiement, 556 et s.
Paiement avec subrogation, 560.
Pape, 310 et s., 318.
Paris (Ville de), 220.
Partage, 631, 1039 et s.
Passeport, 83, 1078.
Patrons, 276 et s.
Pays étranger, 375 et s.
Pêche maritime, 93.
Pension alimentaire, 722.
Pensionnat, 71.
Percepteur, 235.
Pérégrinus, 52 et s.
Pérou, 199.
Personne morale, 620.
Personne morale étrangère, 298 et s., 612, 657, 693.
Perte de la chose, 553.
Pétition, 86.
Portugal, 962.
Préfet, 169, 182, 186, 194, 207, 220.
Préfet de police, 220, 252.
Préfet du Rhône, 252.
Préjudice à un Français, 409 et s.
Prescription, 127 et s., 228.
Prescription acquisitive, 452, 473 et s., 560.
Prescription libératoire, 564 et s.
Présomption, 489.
Preuve à charge de la, 580.
Privilège, 447, 470.
Professeur, 235.
Propriété, 226, 314, 441, 448 et s.

Propriété artistique et littéraire, 119.
Propriété industrielle, 314.
Propriété littéraire, 314, 1000.
Promesse d'égalité, 399.
Puissance paternelle (déchéance de la), 433.
Quasi-contrat, 576, 577, 624, 720, 898.
Quasi-délit, 574, 575, 624, 720, 832 et s., 898.
Question d'état, 625, 638, 726 et s., 854, 865, 866, 877 et s., 903, 970 et 971.
Question préjudicielle, 188.
Ratification, 503.
Récépissé, 224.
Recherche de paternité, 425 et s.
Recours contentieux, 179.
Recouvrement des droits, 1074.
Réfugiés politiques, 172.
Registre d'immatriculation, 253.
Relégation, 358.
Remise de la dette, 554.
Renonciation, 755 et s.
Renonciation anticipée, 769 et s.
Rente viagère, 1010.
Renvoi, 388 et s.
Reprises de la femme, 1055 et s.
Rescision, 552.
Rescision pour lésion, 528 et s.
Résidence, 145 et s., 212, 237 et s., 225, 260, 269.
Résidence (changement de), 217, 225, 260, 269.
Résidence (déclaration de), 1080.
Résidence en France, 882.
Responsabilité civile, 280.
Réunion publique, 85.
Revendication, 527.
Révocation d'autorisation, 148.
Russie, 203, 962.
Sage-femme, 91 et 92.
Saisie, 78, 900.
Saisie-arrêt, 700, 724, 849 et s., 902, 950.
Saisie immobilière, 453.
Salvador, 199.
Sceau (droits du), 135.
Scellés, 847.
Séjour (prolongation de), 190.
Sénateur, 57 et 58.
Séparation de biens, 524.
Séparation de corps, 730, 811, 812, 840 et s.
Séquestre, 901.
Serbie, 162, 962, 975.
Service militaire, 69.
Servitude, 411.
Signature, 221, 253.
Société, 629 et s., 649, 679, 733, 910, 934 et s., 998.
Société anonyme, 303.
Société anonyme étrangère, 612.
Société commerciale, 303.
Société de secours mutuels, 124, 153.
Société étrangère, 641, 648, 734, 743, 772, 775, 777 et s., 884.
Solidarité, 562.
Souverain étranger, 714 et s.
Statut personnel, 328 et s., 345 et s.
Statut réel, 328 et s., 345 et s.
Subrogation légale, 561.
Succession, 113, 117, 154, 316 et s., 454, 466, 629 et s., 676, 690, 733, 735, 736, 745, 881, 886, 954.
Succession mobilière, 460.
Succursale, 713.
Suisse, 92, 204, 257, 892 et s., 966 et s.
Sursis à statuer, 227, 854.
Syndic de faillite, 82, 687, 763.
Syndicat professionnel, 153.
Tarif international, 224.
Taxe de séjour, 229.
Témoin, 78, 152.

Testament, 396, 436, 454, 466, 554, 926 et s.
Timbre, 1075 et s.
Tradition, 448.
Traduction, 1013.
Traité diplomatique, 160 et s., 199, 315, 595, 885 et s.
Transmission, 449.
Travailleur étranger, 231 et s.
Tribunal civil, 188, 191.
Tribunal correctionnel, 275, 288.
Tribunal criminel, 188, 899.
Tribunal de commerce, 65, 622, 651.
Tribunal de la résidence, 627, 882.
Tribunal de la situation de l'immeuble, 824.
Tribunal de l'ouverture de la succession, 745.
Tribunal de police, 288.
Tribunal du domicile, 111, 627, 733, 740 et 741.
Tribunal du domicile du défendeur, 881, 894, 894, 942.
Tribunal du domicile du demandeur, 905.
Tribunal du lieu du contrat, 742, 906 et s., 945.

Tribunal du lieu du paiement, 742, 933.
Tribunal du siège social, 744, 910, 934.
Tribunal étranger, 630 et s., 652 et s., 758 et s.
Tribunaux, 170, 183, 186 et 187.
Tribunaux étrangers, 582.
Tribunaux français, 320.
Tunisie, 817.
Tutelle, 127 et s., 798, 887, 929, 963.
Tuteur, 136, 731, 846.
Vagabondage, 175.
Valeurs à lot, 541.
Valeurs mobilières, 991, 1029 et s., 1050 et s.
Vente entre époux, 395.
Vente d'immeubles, 1023.
Visa, 260, 261, 264, 269, 284 et 285.
Vœux religieux, 431.
Voiturier, 538, 601.
Volonté des parties, 479 et s.
Voyage d'affaires, 213.
Voyages d'agrément, 213.
Voyageurs de commerce, 231.

DIVISION.

TITRE I. — DE LA CONDITION DES ÉTRANGERS EN FRANCE.

CHAP. I. — Notions générales et historiques.
 Sect. I. — **Notions générales** (n. 1 à 10).
 Sect. II. — **Notions historiques.**
  § 1. — *Droit romain* (n. 11).
   1° Conditions des pérégrins (n. 12 à 17).
   2° Conditions des barbares (n. 18).
  § 2. — *Ancien droit français.*
   1° Époque féodale (n. 19 à 26).
   2° Époque monarchique (n. 27 à 51).
  § 3. — *Droit intermédiaire* (n. 52 à 55).

CHAP. II. — Droits des individus étrangers en France.
 Sect. I. — **Droits politiques et droits publics.**
  § 1. — *Droits politiques* (n. 56 à 82).
  § 2. — *Droits publics* (n. 83 à 96).
 Sect. II. — **Droits civils ou privés** (n. 97 à 99).
  § 1. — *Étrangers ordinaires* (n. 100 à 110).
   1° Droits expressément refusés aux étrangers (n. 111 à 116).
   2° Droits expressément accordés aux étrangers (n. 117 à 125).
   3° Droits reconnus aux étrangers bien que la loi ne les leur accorde pas expressément (n. 126).
   4° Droits contestés (n. 127 à 129).
  § 2. — *Étrangers autorisés à établir leur domicile en France* (n. 130 à 134).
   1° Conditions (n. 135 à 150).
   2° Effets (n. 151 à 159).
  § 3. — *Traités diplomatiques* (n. 160 à 165).
 Sect. III. — **Restrictions au séjour des étrangers en France.**
  § 1. — *Droit d'expulsion* (n. 166 à 208).
  § 2. — *Déclaration de résidence* (n. 209).
   1° Décret du 2 oct. 1888 (n. 210).
    A. — A quels étrangers s'applique le décret de 1888 (n. 211 à 217).

   B. — Formalités à remplir (n. 218 à 225).
   C. — Sanction (n. 226 à 228).
   2° Loi du 8 août 1893 (n. 229 et 230).
    A. — Règles applicables aux étrangers (n. 231).
     a) A quels étrangers s'applique la loi de 1893 (n. 232 à 245).
     b) Formalités (n. 246 à 266).
     c) Sanctions (n. 267 à 275).
    B. — Règles applicables aux personnes qui emploient des étrangers (n. 276 à 292).
   3° Combinaisons du décret de 1888 et de la loi de 1893 (n. 293 à 297).

CHAP. III. — Des droits des personnes morales étrangères en France.
 Sect. I. — De l'existence des personnes morales étrangères en France (n. 298 à 313).
 Sect. II. — Des droits des personnes morales étrangères en France (n. 314 à 320).

TITRE II. — DE LA LOI APPLICABLE AUX ÉTRANGERS.

CHAP. I. — Principes généraux (n. 321 à 323).
 Sect. I. — Système de la territorialité des lois (n. 324 à 327).
 Sect. II. — Système des statuts (n. 328 à 341).
 Sect. III. — Système de la personnalité des lois (n. 342 et 343).
 Sect. IV. — Système adopté par le Code civil (n. 344 à 351).

CHAP. II. — Lois d'ordre public (n. 352 à 364).

CHAP. III. — Lois relatives a l'état et a la capacité des personnes.
 Sect. I. — Principes généraux (n. 365 à 374).
 Sect. II. — Français en pays étranger (n. 375 à 381).
 Sect. III. — Étrangers en France (n. 382 à 433).

CHAP. IV. — Lois relatives aux biens (n. 434).
 Sect. I. — Loi applicable aux immeubles (n. 435 à 458).
 Sect. II. — Loi applicable aux meubles (n. 459 à 476).

CHAP. V. — De la loi applicable aux conventions ou contrats.
 Sect. I. — Principes généraux (n. 477 à 483).
 Sect. II. — Formation et effets des contrats (n. 484).
  § 1. — *Lois supplétives ou interprétatives* (n. 485 à 499).
   1° Contrat par intermédiaire (n. 500 à 503).
   2° Contrat par correspondance (n. 504 à 520).
  § 2. — *Lois impératives* (n. 521).
   1° Condition d'existence et de validité des contrats (n. 522).
    A. — Vices du consentement (n. 523 à 530).
    B. — Objet (n. 531 et 532).
    C. — Cause (n. 533).
   2° Contrats sur causes illicites (n. 534 à 551).
 Sect. III. — Extinction des obligations (n. 552 à 555).
  § 1. — *Paiement* (n. 556 à 561).
  § 2. — *Compensation* (n. 562 et 563).
  § 3. — *Prescription libératoire* (n. 564 à 573).
 Sect. IV. — Des engagements qui se forment sans convention (n. 574 à 577).

CHAP. VI. — DE LA PREUVE DES LOIS ÉTRANGÈRES ET DU RECOURS EN CASSATION POUR VIOLATION D'UNE LOI ÉTRANGÈRE (n. 578).

Sect. I. — **Preuve des lois étrangères** (n. 579 à 586).

Sect. II. — **Recours en cassation pour violation de la loi étrangère** (n. 587 à 604).

TITRE III. — DE LA COMPÉTENCE DES TRIBUNAUX FRANÇAIS A L'ÉGARD DES ÉTRANGERS (n. 605 à 608).

CHAP. I. — ÉTRANGER DEMANDEUR (n. 609 à 654).

CHAP. II. — ÉTRANGER DÉFENDEUR (n. 655 à 639).

Sect. I. — **Des personnes qui peuvent se prévaloir de l'art. 14** (n. 660 à 690).

Sect. II. — **Contre quelles personnes l'art. 14 peut être invoqué** (n. 691 à 696).

§ 1. — *Etats étrangers* (n. 697 à 713).

§ 2. — *Souverains étrangers* (n. 714 à 716).

§ 3. — *Agents diplomatiques étrangers* (n. 717 et 718).

Sect. III. — **A quelles matières s'applique l'art. 14** (n. 719 à 738).

Sect. IV. — **Tribunal compétent** (n. 739 à 754).

Sect. V. — **Renonciation au bénéfice de l'art. 14** (n. 755 à 785).

CHAP. III. — DES CONTESTATIONS ENTRE ÉTRANGERS (n. 786 et 787).

Sect. I. — **Système de la jurisprudence. — Règle générale** (n. 788 à 814).

Sect. II. — **Exceptions. — Cas où les tribunaux français sont compétents dans les contestations entre étrangers** (n. 815 à 867).

Sect. III. — **Appréciation du système de la jurisprudence** (n. 868 à 884).

CHAP. IV. — TRAITÉS DIPLOMATIQUES (n. 885 à 887).

Sect. I. — **Traités relatifs aux contestations entre Français et étrangers** (n. 888).

§ 1. — *Traités qui accordent aux étrangers la jouissance des droits civils* (n. 889 et 890).

§ 2. — *Traités relatifs à la compétence judiciaire* (n. 891).

1° Traité franco-suisse (n. 892 à 940).

2° Traité franco-belge (n. 941 à 956).

§ 3. — *Conventions diverses* (n. 957 à 959).

Sect. II. — **Traités relatifs aux contestations entre étrangers** (n. 960 à 976).

TITRE IV. — ENREGISTREMENT ET TIMBRE.

CHAP. I. — ENREGISTREMENT.

Sect. I. — **Généralités** (n. 977 à 983).

Sect. II. — **Actes entre-vifs passés à l'étranger et concernant des biens situés en France.**

§ 1. — *Règle à suivre* (n. 984 à 991).

§ 2. — *Nationalité des valeurs* (n. 992 à 1013).

Sect. III. — **Actes entre-vifs passés en France ou à l'étranger et concernant des biens situés à l'étranger.**

§ 1. — *Immeubles* (n. 1014 à 1023).

§ 2. — *Meubles* (n. 1024 à 1038).

Sect. IV. — **Partage** (n. 1039 à 1059).

Sect. V. — **Actes passés en France en conséquence d'actes passés à l'étranger** (n. 1060 à 1064).

Sect. VI. — **Jugements.**

§ 1. — *Jugements étrangers* (n. 1065 et 1066).

§ 2. — *Jugements français* (n. 1067 à 1073).

Sect. VII. — **Recouvrement des droits en pays étranger** (n. 1074).

CHAP. II. — TIMBRE (n. 1075 à 1081).

TITRE I.

DE LA CONDITION DES ÉTRANGERS EN FRANCE.

CHAPITRE I.

NOTIONS GÉNÉRALES ET HISTORIQUES.

SECTION I.

Notions générales.

1. — Est étranger quiconque n'est pas Français, soit par sa naissance, soit par suite d'un fait postérieur, ou a perdu la nationalité française.

2. — Nous ne dirons pas ici comment la nationalité française est acquise ou perdue : nous renvoyons l'étude de ces questions aux mots *Nationalité* et *Naturalisation*.

3. — L'étranger doit-il jouir dans un pays des mêmes droits que les nationaux? Pour répondre à cette question, il faut distinguer entre les droits politiques, les droits publics et les droits privés.

4. — Les droits politiques ne doivent pas appartenir aux étrangers : ils n'ont aucune qualité à participer, à un titre quelconque, au gouvernement du pays qui leur donne l'hospitalité, ou à y être investis d'une portion de l'autorité publique; pour régir, à quelque degré que ce soit, les intérêts d'un Etat, comme de toute association, la première condition est d'en être membre.
— V. *infrà*, n. 56 et s.

5. — Les droits publics, au sens strict du mot, se distinguent des droits politiques parce qu'ils ne confèrent aucune portion de l'autorité publique; ils dépassent la sphère des droits privés, parce que, s'ils appartiennent à l'individu, ils se rattachent à l'organisation sociale : tels sont, par exemple, le droit à la liberté individuelle, à la liberté religieuse, le droit d'enseigner, etc. Ce sont là des droits de l'homme plutôt que du citoyen, et ils doivent être reconnus aux étrangers aussi bien qu'aux nationaux, sous la réserve toutefois de certaines restrictions qui peuvent être nécessaires dans l'intérêt de l'ordre public.

6. — Les droits privés ou droits civils sont les droits relatifs au patrimoine, à l'état des personnes ou à l'organisation de la famille qui appartiennent aux individus dans leurs rapports entre eux, et quelquefois dans leurs rapports avec l'Etat. Les diverses législations positives consacrent ces droits et les règlent de façon souvent très-diverses; elles ne leur donnent pas l'existence; ils existent indépendamment d'elles; ils tiennent à la nature même de l'homme et lui sont nécessaires pour assurer son existence et l'entier développement de ses facultés : les étrangers doivent en jouir, aussi bien que les nationaux, parce qu'ils ont la même nature et le même droit à l'existence.

7. — Nous ne croyons même pas que l'on doive, au point de vue rationnel, distinguer parmi les droits privés ceux qui, consacrés par les lois de tous les pays, sont communs à tous les hommes, et qui devraient appartenir aux étrangers aussi bien qu'aux nationaux (droits naturels ou droits des gens), et ceux qui au contraire (droits civils *stricto sensu*) auraient leur source dans les lois particulières de chaque Etat, et ne devraient, par suite, appartenir qu'à ses nationaux, à l'exclusion des étrangers. Cette distinction est vague et arbitraire; aucun principe ne fournit un *criterium* certain pour distinguer les droits civils des droits naturels. et en fait, les mêmes droits ont été rangés, suivant les législations et suivant les époques, dans l'une ou l'autre catégorie. D'ailleurs, si la loi du pays auquel l'étranger appartient ne lui accorde pas le droit qu'il réclame, cela peut être une raison pour le lui refuser; mais si ce droit est également consacré par la loi nationale de l'étranger et par celle du pays où il se trouve, qu'importe que les lois d'autres pays ne l'aient pas admis? Il n'y a pas là de motif pour lui en contester la jouissance.

8. — L'histoire montre cependant que l'on n'a pas toujours, à beaucoup près, reconnu aux étrangers tous les droits que nous venons de leur attribuer. La méfiance et l'hostilité à l'égard de l'étranger, la réserve jalouse, au profit des nationaux, des droits que consacre la loi, caractérisent toutes les législations de l'antiquité. Aucun peuple ancien n'a reconnu tous les droits aux étrangers, et surtout n'a reconnu de droits à tous les étrangers. Ce n'est qu'après l'établissement et sous l'influence du christianisme que la condition des étrangers s'est améliorée d'un mouvement continu, pour se rapprocher de plus en plus de celle des nationaux.

9. — Actuellement, dans les pays civilisés, la condition des étrangers, relativement aux droits civils ou privés, diffère peu de celle des nationaux. Les législations les plus récentes leur accordent les mêmes droits; à une époque où les voyages sont si fréquents et si rapides, où les pays les plus éloignés ont entre eux des relations plus faciles et plus fréquentes qu'en avaient autrefois deux provinces de France, où le commerce, la culture des sciences et des arts, la recherche de la distraction et du plaisir, attirent et fixent hors de leur pays un si grand nombre d'étrangers, il ne serait plus possible d'élever contre eux des barrières ou de les reléguer dans une condition inférieure. Les lois hostiles aux étrangers, qui pouvaient être sans inconvénients ou même offrir des avantages pour les peuples de l'antiquité ou du moyen âge, seraient aujourd'hui contraires aux besoins et aux intérêts des peuples mêmes qui voudraient les édicter.

10. — Depuis un certain nombre d'années, cependant, dans certains pays et notamment en France, une tendance moins favorable aux étrangers s'est manifestée. Le désir de protéger contre la concurrence les travailleurs nationaux, et les dangers qu'ont paru présenter pour la sécurité du pays ou même pour l'unité nationale, une agglomération trop compacte d'étrangers sur certains points du territoire ou des colonies, ont inspiré des lois ou des projets destinés à diminuer le nombre des étrangers en France ou à restreindre les droits dont ils jouissent. — V. infrà, n. 209 et s.

Section II.

Notions historiques.

§ 1. Droit romain.

11. — La loi romaine ne reconnaissait à l'origine aucun droit aux étrangers : « *Extrarius est qui extra forum, sacramentum jusque sit* » (Festus, *De verborum signif.*, v° *Extrarius*). « Et la loi des XII Tables fait une application de cette idée dans le texte célèbre : *Adversus hostem æterna auctoritas* » (Lex XII tab., tabl. 3a). Le droit romain dut cependant se relâcher de ses rigueurs à l'égard des peuples voisins de Rome, qui étaient avec elle en relations régulières, en attendant d'être les premiers conquis; il fallut donc, pour déterminer la condition des étrangers à Rome, distinguer entre les peuples auxquels on reconnaissait des droits plus ou moins étendus, et que les textes appellent *pérégrins*, et ceux auxquels on n'en reconnaissait aucun : les *barbares*.

1° Condition des pérégrins.

12. — A l'origine, on entend par pérégrins des peuples indépendants de Rome; parmi eux on reconnaît des droits plus ou moins étendus à ceux qui sont unis aux Romains par les liens de l'*amicitia*, de l'*hospitium* ou de l'alliance (*fœdus*) (Dig., L. 5, *De capt. et postlimin.*, 49, 15). Les peuples de l'ancien *Latium*, *latini veteres*, jouissaient avant la guerre latine, de la plupart des prérogatives reconnues aux citoyens; aux autres peuples les concessions qui leur étaient faites variaient avec les traités.

13. — Dans le droit classique, le terme de pérégrins désigne principalement, presque exclusivement, les peuples vaincus, incorporés à l'empire sans avoir obtenu le *jus civitatis*. Leur condition n'est pas toujours la même; ils peuvent, en effet, avoir reçu avec le bénéfice du *jus latii* la concession de certains des avantages attachés au droit de cité; nous laisserons de côté ces situations particulières, pour ne nous occuper que de la condition commune des pérégrins. Elle se résume, comme on sait, dans la distinction du *jus civile*, réservé aux seuls citoyens, et du *jus gentium* dont les pérégrins avaient la jouissance.

14. — Le *jus civile* est le droit propre à chaque cité : « *Quod quisque populus ipse sibi jus constituit, id ipsius proprium est, vocaturque jus civile quasi jus proprium civitatis* » (Gaïus, Cons. 1, § 1). Le *jus civile quiritium*, dont les citoyens romains seuls pouvaient jouir et dont les pérégrins étaient privés, comprenait les prérogatives suivantes : 1° Le *jus suffragii et honorum*, c'est-à-dire les droits politiques; 2° dans la sphère des droits privés, le *connubium*, c'est-à-dire le droit de contracter un mariage qui eût le caractère des *justæ nuptiæ* et qui en produisît les conséquences, telles que la *manus*, qui pouvait être établie sur la femme, la puissance paternelle sur les enfants, l'agnation ou parenté civile. La tutelle et la curatelle, qui se rattachaient à l'organisation de la famille, étaient aussi des institutions de droit civil; 3° le *commercium* qui comprenait : le droit d'avoir la propriété quiritaire (*dominium ex jure quiritium*); d'acquérir la propriété par les modes du droit civil (mancipation, *ex jure cessio*, usucapion); de figurer dans un testament comme testateur, héritier institué, légataire ou témoin ; de stipuler dans la forme *spondesne spondeo*; de devenir créancier par le contrat *litteris*, de s'obliger, par le même contrat dans la forme de la *transcriptio a persona rei personam*.

15. — L*° jus gentium* est celui qui est commun à tous les peuples : « *Quod naturalis ratio inter omnes homines constituit, id apud omnes populos peræque custoditur vocaturque jus gentium quasi quo jure omnes gentes utuntur* » (Gaïus, Comm. 1, § 1). Les pérégrins en avaient la jouissance aussi bien que les Romains; et de la sorte, ils jouissaient de la plupart des droits privés; il faut bien remarquer que, sous ce rapport, leur infériorité à l'égard des citoyens était, pour les droits patrimoniaux surtout, plus apparente que réelle.

16. — Ils pouvaient contracter un mariage valable (*matrimonium sine connubio*), inférieur aux justes noces, mais supérieur au concubinat, qui rendait punissable l'adultère de la femme, et donnait aux enfants une filiation certaine. A défaut du *dominium ex jure quiritium*, ils pouvaient avoir l'*in bonis*, seule propriété dont fussent susceptibles les fonds provinciaux, et qui, même pour les fonds italiques finit par n'offrir plus qu'une différence presque nominale avec la propriété quiritaire ; ils pouvaient acquérir par les modes du droit des gens, notamment par la tradition, qui rigoureusement ne s'appliquait qu'aux *res nec mancipi* corporelles, mais qui mettait *in bonis* les *res mancipi*, et dont le préteur étendit l'application aux choses incorporelles, usufruit et servitudes. A la place de l'usucapion, ils pouvaient invoquer la *longi temporis præscriptio*; enfin ils pouvaient devenir créanciers et débiteurs par contrats, quasi-contrats ou pactes, sauf les exceptions que nous avons signalées pour l'une des formes de la stipulation et pour le contrat *litteris*.

17. — Le pérégrin, cependant, ne trouvait dans le *jus gentium* aucun équivalent à certains des droits civils dont il était privé, tels que le testament, l'adoption, la tutelle ou la curatelle. Mais lorsqu'il appartenait à une cité déterminée (*certa civitas*), il pouvait exercer ces droits suivant les lois de son pays d'origine; c'est du moins ce qui résulte, pour le testament, d'un texte d'Ulpien (Rég., t. 20, § 15), et ce que Gaïus paraît admettre pour la tutelle (Com., 1, § 189 et 193). — V. aussi Cons., t. 3, § 96 et 120).

2° Condition des barbares.

18. — Si les pérégrins jouissaient une façon presque complète des droits privés, soit d'après le *jus gentium*, soit d'après les lois de leurs cités, il en était tout autrement des barbares; vis-à-vis des romains, on ne leur reconnaissait aucun droit, pas même le droit à la liberté, puisque le barbare tombé au pouvoir des Romains, en dehors de toute guerre déclarée, devenait esclave, aussi bien que le Romain tombé au pouvoir des barbares (L. 5, § 2, Dig., *De capt. et postlim.*, t. XLIX, § 15). Il faut seulement remarquer que le nombre des barbares diminuait, à mesure que l'empire étendait ses frontières, et s'annexait des peuples nouveaux.

§ 2. *Ancien droit français.*

1° *Époque féodale.*

19. — A l'époque féodale, l'étranger, appelé aubain et quelquefois épave, est l'homme qui est né hors de la seigneurie où il vient se fixer. Le droit d'aubaine est le droit qui appartient au seigneur à l'égard de l'aubain.

20. — L'aubain qui vient se fixer dans une seigneurie doit, dans le délai d'un an et un jour, faire aveu au seigneur, à peine de confiscation totale ou partielle de ses biens. — Demangeat, *Histoire de la condition des étrangers*, p. 76.

21. — La condition de l'aubain variait suivant les coutumes, et peut être aussi suivant la volonté du seigneur de qui il tenait la terre sur laquelle il se fixait, et qui pouvait lui donner, soit une censive ou tenure roturière, soit une tenure servile ou de mainmorte; mais le plus souvent, sinon toujours, l'aubain était regardé comme serf, ou du moins sa condition ne différait pas de celle des serfs. — Pothier, *Traité des personnes et des choses*, n. 48.

22. — L'aubain, en sa qualité de mainmortable, était attaché à la terre; il était homme de poursuite; le seigneur pouvait le revendiquer s'il allait se fixer hors de son domaine; il vendait avec la propriété du sol ses droits sur les aubains. — Demangeat, p. 98; Durand, *Essai de droit international privé*, n. 57.

23. — L'aubain payait diverses redevances. C'étaient : 1° celles qu'il devait, en raison de la terre qu'il tenait du seigneur, de même que tout roturier même né sur le territoire de la seigneurie; 2° le droit de *chevage*, impôt de capitation, par tout aubain chef de famille (Demangeat, p. 100); 3° le droit de *formariage*, dû par l'aubain qui, même pour avoir l'autorisation du seigneur, épousait une femme d'une autre condition que la sienne ou appartenant à un autre seigneurie. — Pothier, *Traité des personnes et des choses*, n. 48; Demangeat, p. 103.

24. — L'aubain était incapable soit de transmettre sa succession *ab intestat*, soit de tester. A sa mort, les biens qu'il tenait du seigneur, à titre de mainmorte, devaient faire retour à celui-ci. C'est là l'origine de l'incapacité la plus grave dont les étrangers aient été frappés, presque jusqu'à nos jours, et qui constituait, au sens restreint du mot, le *droit d'aubaine*. On admit, toutefois que les enfants légitimes de l'aubain pourraient lui succéder *ab intestat*, d'où la maxime que « épave ou aubain mort ne peut avoir d'héritier que de son corps ». On permit aussi à l'aubain de disposer par testament jusqu'à concurrence de cinq sols, sans doute afin qu'il pût faire des legs pieux, pour le salut de son âme. — Demangeat, p. 107 et s.

25. — L'aubain était également incapable de recueillir une succession *ab intestat* ou testamentaire. — Demangeat, p. 107 et s. — *Contra*, Durand, n. 66.

26. — Enfin, nul n'était admis à plaider devant un seigneur autre que le sien s'il n'avait tout d'abord fourni *plèges* ou caution. C'est l'origine d'une règle qui existe encore aujourd'hui. — Demangeat, p. 81. — V. *suprà*, v° *Caution judicatum solvi*.

2° *Époque monarchique.*

27. — Dans la longue lutte que les rois soutinrent contre la féodalité, le droit d'aubaine fut un de ceux qu'ils parvinrent à enlever aux seigneurs. Soutenus dans leurs prétentions par les légistes, ils firent admettre, tout d'abord, que l'aubain qui, en arrivant en France, leur ferait aveu, échapperait par là même à la puissance du seigneur, puis ils soutinrent que l'étranger ne pourrait, en France, avoir d'autre seigneur que le roi. Ces revendications de la royauté, commencées dès le début du XIIIe siècle, n'avaient pas tout à fait complètement triomphé au XVIe. Gui Coquille (*Coutume de Nivernais*, Œuvres, p. 303, 356 et s.) et Dumoulin (Œuvres, t. 11, p. 707) soutenaient encore le droit des seigneurs, et plusieurs des coutumes rédigées à cette époque le consacrèrent. Mais la plupart d'entre elles attribuaient expressément au roi le bénéfice du droit d'aubaine, et dans le dernier état de l'ancien droit, la prérogative royale ne soulevait plus, à cet égard, aucune contestation. — Weiss, *Traité théorique et pratique de droit international privé*, t. 2, p. 57 et s.; Demangeat, p. 86.

28. — La substitution du roi aux seigneurs eut pour résultat de restreindre la catégorie des aubains. L'aubain n'est plus celui qui est né hors de la seigneurie où il est établi, mais celui qui est né hors du royaume. — Pothier, *Traité des personnes et des choses*, n. 47; Weiss, t. 2, p. 58.

29. — Les aubains avaient cessé d'être assimilés aux serfs ou mainmortables. Les droits de chevage et de formariage tombèrent en désuétude. Plusieurs fois cependant, les rois frappèrent les étrangers de taxes exceptionnelles, et Louis XIV encore, pour motiver ses exigences invoquait, comme subsistant les droits autrefois perçus sur les aubains. — Demangeat, p. 105 et s.)

30. — Les étrangers restaient cependant frappés d'incapacités nombreuses dans l'ordre du droit public et dans l'ordre du droit privé.

31. — Dans l'ordre du droit public, les étrangers étaient incapables de posséder aucun bénéfice ecclésiastique, de tenir aucun office de justice, de finance ou de guerre, dépendant du roi ou des seigneurs, d'exercer aucune fonction publique, de quelque nature qu'elle fût. Ils n'étaient pas reçus au serment d'avocats; ils ne pouvaient pas être principaux ni régents dans les universités; on ne leur conférait les degrés ou grades universitaires qu'à la condition de n'en pas faire usage dans le royaume. Ils ne pouvaient être témoins dans certains actes solennels, tels que les testaments. — Pothier, *Traité des personnes et des choses*, n. 49.

32. — Dans l'ordre du droit privé, les étrangers restaient frappés d'incapacités que nous avons déjà signalées; ainsi, pour plaider comme demandeurs devant les tribunaux français, ils devaient fournir une caution d'origine féodale, mais qu'on appela, par une réminiscence du droit romain, caution *judicatum solvi*. Cette caution était, même encore au XVIe siècle, exigée du Français qui plaidait devant un parlement dans le ressort duquel il n'était pas domicilié; mais un arrêt du Parlement de Paris de 1569 décida que les Français ne seraient jamais tenus de fournir caution. — Pothier, *loc. cit.*; Demangeat, p. 81.

33. — Les étrangers étaient incapables de transmettre et de recueillir par succession *ab intestat* ou testamentaire, et de disposer ou de recevoir par testament ou par donation à cause de mort (Pothier, *loc. cit.*). Cette incapacité était la plus grave de celles dont les étrangers étaient atteints. On lui appliquait spécialement le nom de droit d'aubaine. Dans un sens plus précis encore, cette expression désignait l'incapacité de transmettre la succession. Le droit d'aubaine était le droit qu'avait le roi de recueillir la succession des étrangers.

34. — Les étrangers pouvaient cependant transmettre leurs successions à leurs enfants légitimes, pourvu que ceux-ci fussent nés dans le royaume (car alors ils étaient Français de plein droit), ou qu'ils eussent été naturalisés, et qu'ils résidassent en France. De même, dans ce cas, les enfants légitimes qui n'étaient pas Français recueillaient la succession concurremment avec ceux de leurs frères qui l'étaient, à la seule condition de résider en France. La présence d'enfants français empêchait l'exercice du droit d'aubaine, et « le roi pouvait bien opposer aux enfants français la loi du royaume, qui les excluait de la succession de leurs père et mère, mais les enfants ne pouvaient se l'opposer entre eux. » — Pothier, *loc. cit.*, et *Traité des successions*, chap. 4, sect. 2, art. 11, § 10.

35. — Les étrangers naturalisés n'étaient plus soumis au droit d'aubaine, mais ils ne pouvaient transmettre leur succession, *ab intestat* ou par testament, qu'à des héritiers français. — Pothier, *op. cit.*, n. 55.

36. — Le droit d'aubaine comportait de nombreuses exceptions (V. Merlin, *Rép.*, v° *Aubaine*, n. 5 et s.) : 1° En vertu de concessions royales et anciens usages il ne s'appliquait pas dans certaines provinces, telles que le Languedoc, la Guyenne, la Provence, le Dauphiné, appartenant aux pays de droit écrit, où, d'ailleurs, cette institution coutumière n'avait pas été complètement admise. En dehors même de ces pays, les villes de Calais, de Dunkerque, etc., et la province d'Artois jouissaient du même privilège. — Weiss, t. 2, p. 67; Demangeat, p. 191 et s.

37. — 2° Les étrangers propriétaires de rentes créées par le roi « à la charge qu'elles seraient exemptes du droit d'aubaine, » pouvaient transmettre par succession ces rentes à leurs parents. L'intérêt du crédit et le désir de faciliter l'émission des emprunts publics expliquaient cette exemption. — Pothier, *op. cit.*, n. 49.

38. — 3° Les rois avaient formellement affranchi du droit d'aubaine diverses catégories d'étrangers : les marchands qui venaient à certaines foires; ceux « des nations de Brabant, Flandres, Hollande et Zélande » et de la Hanse Teutonique qui venaient en France pour leur commerce ; les écoliers étrangers qui venaient étudier dans les universités françaises, aux termes d'une ordonnance de Louis X ; mais ce privilège leur était contesté ; enfin, les ambassadeurs et agents diplomatiques, d'après l'opinion qui avait fini par prévaloir. Dans ces différents cas, la partie mobilière de la succession était seule soustraite au droit d'aubaine ; les immeubles situés en France restaient soumis aux règles communes. — Demangeat, p. 167 et s., 189, 225.

39. — 4° Les sujets de différents pays jouissaient également de l'exemption du droit d'aubaine. Ces pays étaient de trois sortes.

40. — *a)* Ceux qui avaient appartenu aux rois de France, ou sur lesquels ils prétendaient avoir des droits, comme la Flandre, le Milanais, et avant leur réunion à la France, la Bretagne, la Franche-Comté, Metz, Toul et Verdun. L'existence de ces privilèges soulevait, d'ailleurs, des controverses. — Demangeat, p. 202.

41. — *b).* Les pays auxquels les rois de France avaient accordé cette exemption spontanément et par acte unilatéral ; Genève (lettres patentes de 1596) ; l'Angleterre (lettres patentes de 1739 et déclaration de 1787). — Demangeat, p. 209 et 221.

42. — *c)* Les pays fort nombreux avec lesquels les rois de France avaient conclu des traités portant suppression réciproque, totale ou partielle, du droit d'aubaine. L'une des premières de ces conventions était intervenue entre Henri IV et les États de Hollande ; les autres avaient été conclus, pour la plupart, dans la seconde moitié du XVIII° siècle avec la Sardaigne (1760) ; l'Espagne et les Deux-Siciles (1762) ; la Toscane (1768) ; la Suisse et le Danemarck (1772) ; les Pays-Bas (1773) ; la Pologne (1777), le Portugal et les États-Unis (1778), la Russie (1787) et de nombreux États d'Allemagne. A la veille de la Révolution, le droit d'aubaine n'était plus appliqué intégralement qu'aux sujets d'un très-petit nombre d'États (V. la liste de ces traités dans le rapport de Rœderer : Locré, t. 2, p. 117 et s.).

43. — Ces traités cessaient de s'appliquer en temps de guerre, et une stipulation formelle était nécessaire pour les remettre en vigueur lors de la conclusion de la paix. — Demangeat, p. 217. — V. cep. Weiss, t. 2, p. 70. — L'exemption qu'ils accordaient était, d'ailleurs, plus ou moins étendue. Quelquefois elle était complète ; d'autrefois le droit d'aubaine était remplacé par le *droit de détraction,* c'est-à-dire par un prélèvement de 5, 10 ou 20 p. 0/0 effectué, au profit du roi, sur la valeur de la succession.

44. — En règle générale, ces diverses exceptions ne portaient que sur le droit d'aubaine au sens restreint du mot. L'étranger devenait capable de transmettre sa succession, mais non de succéder lui-même. — Cass., 2 prair. an IX, Bastard, [S. et P. chr.] ; — 28 déc. 1825, Robion, [S. et P. chr.] — En voici les conséquences : la succession laissée en France par un étranger passait à ses héritiers légitimes, même étrangers ; le roi ne pouvait plus exercer le droit d'aubaine, la succession devait suivre son cours naturel ; mais s'il existait des héritiers français et des héritiers étrangers, les Français excluaient les étrangers ; le roi avait faire renoncé, pour son compte, à ses droits sur la succession, mais il n'avait pas accordé aux héritiers étrangers une capacité qu'ils pussent se prévaloir contre les héritiers français. Enfin l'étranger ne pouvait recueillir la succession de ses parents français ; ici, en effet, le droit d'aubaine était hors de cause, l'incapacité de succéder subsistait dans son entier, et c'était par droit de déshérence que la succession, à défaut d'héritiers, était attribuée au roi. Par exception, cependant, la capacité de succéder était accordée à certains étrangers : aux Hollandais (arrêt du Parlement de Paris du 20 févr. 1715) et aux Anglais (lettres patentes de 1787). — V. rapport de Rœderer au Conseil d'État (Locré, t. 2, p. 115) ; Merlin, *Rép.,* v° *Aubaine,* n. 8. — V. rapport Rœderer, Locré, t. 2, p. 117 et s.; Audinet, n. 49.

45. — Les légistes et la jurisprudence avaient rattaché l'incapacité, d'origine féodale et coutumière, dont les étrangers étaient frappés en matière de succession, à l'ancienne distinction du *jus civile* et du *jus gentium* ; les étrangers, ainsi qu'autrefois les pérégrins, étaient considérés comme incapables des actes du droit civil et capables des actes du droit des gens (Pothier, *Traité des personnes et des choses,* n. 49). C'était un emprunt peu heureux fait au droit romain. Outre que cette distinction en elle-même est arbitraire, l'état social où elle avait pris naissance avait subi des changements trop profonds pour qu'on pût l'appliquer telle qu'elle existait à Rome, et comme elle ne reposait sur aucun texte formel, elle resta toujours vague et indécise en droit français.

46. — Les étrangers étaient capables des actes du droit des gens ; ils pouvaient se marier, être propriétaires, contracter, etc. On admettait généralement que les actes entre-vifs, même à titre gratuit, étaient du droit des gens. Toutefois quelques auteurs décidaient que certains actes entre-vifs étaient du droit civil. — Pothier, *loc. cit.*

47. — Les étrangers étaient incapables des actes de droit civil et l'on considérait, en particulier, les actes à cause de mort comme étant du droit civil. Cette distinction entre les actes entre-vifs et les actes à cause de mort soulevait, d'ailleurs, plusieurs difficultés : ainsi l'on se demandait si le don mutuel entre conjoints et si l'institution contractuelle ou la donation de biens présents et à venir par contrat de mariage était des actes entre-vifs ou à cause de mort, du droit des gens ou du droit civil. — Pothier, *loc. cit.*

48. — Aux termes de l'ordonnance de 1667, les étrangers étaient soumis à la contrainte par corps dans les cas même où les Français n'y étaient pas assujettis, et ils n'étaient pas admis pour y échapper au bénéfice de la cession de biens. — Pothier, *loc. cit.*

49. — Les étrangers ne pouvaient exercer le droit de garde-noble ou bourgeoise, admis par quelques coutumes ; on l'assimilait à la puissance paternelle qui, à Rome, était de droit civil, et dont les pérégrins n'avaient pas la jouissance. — Demangeat, p. 151.

50. — Ils ne pouvaient pas non plus être investis de la tutelle, au moins de la tutelle dative, qui existait seule dans la plupart des coutumes. — Pothier, *op. cit.*, n. 153.

51. — On discutait la question de savoir si les étrangers pouvaient invoquer le bénéfice de la prescription. La solution affirmative était généralement admise pour la prescription libératoire (Demangeat, p. 152) ; mais fallait-il assimiler la prescription acquisitive à l'*usucapion* du droit romain, qui était du droit civil, ou à la *præscriptio longi temporis*, qui était du droit des gens ? Pothier, dans son traité *De la prescription* (n. 20) en refuse, d'une façon absolue le bénéfice aux étrangers, mais dans le traité des personnes et des choses (*loc. cit.*), il leur permet d'invoquer la prescription trentenaire. Les opinions contradictoires d'un même auteur montrent assez combien la question paraissait douteuse.

§ 3. *Droit intermédiaire.*

52. — L'Assemblée constituante, par la loi du 6 juin 1790, déclara le droit d'aubaine et celui de détraction abolis pour toujours. Peut-être ce décret fameux avait-il voulu attribuer, sous tous les rapports, aux étrangers les mêmes droits de succession qu'aux Français ; cependant, et conformément aux précédents, on l'interpréta comme abolissant le droit d'aubaine dans le sens strict du mot, c'est-à-dire le droit qu'avait le roi de recueillir la succession des étrangers décédés en France, mais sans leur donner la capacité de succéder. — Cass., 2 prair. an IX, Bastard, [S. et P. chr.] — Merlin, *Rép.,* v° *Héritiers*, sect. 6, § 3.

53. — Le décret du 8 avr. 1791 compléta le précédent en décidant que les étrangers étaient capables de recueillir en France les successions de leurs parents, même Français, de recevoir et de disposer par tous les moyens autorisés par la loi. La constitution de 1791 (tit. 6) et celle de l'an III (art. 355) reconnurent de nouveau et formellement aux étrangers le droit qui leur avait été ainsi attribué.

54. — Si les lois de la période intermédiaire avaient ainsi effacé l'incapacité la plus grave dont les étrangers étaient frappés, elles avaient cependant laissé subsister une certaine inégalité entre leur condition et celle des Français. D'abord, il va sans dire qu'elles ne leur avaient pas accordé la jouissance des droits politiques. — Demangeat, p. 246. — Ensuite la loi du 28 vend. an VI (art. 7) permettait au pouvoir exécutif d'expulser du territoire français les étrangers dont il jugeait la présence susceptible de troubler l'ordre et la tranquillité publique. — V. *infrà*, n. 166 et s.

55. — Avec le Code civil la situation des étrangers s'affirma dans certains textes mais qui sans faire disparaître toute controverse leur accordait ou leur refusait expressément certains droits. Mais le Code civil ne pouvait envisager que les droits civils. D'autres lois qu'il importe de connaître ont réglé leur situation sur un grand nombre de parties du droit public ou politique. Enfin, postérieurement au Code civil, d'autres lois, même sur le terrain du droit civil, ont modifié leur situation. Il importe de les faire connaître.

CHAPITRE II.

DROITS DES INDIVIDUS ÉTRANGERS EN FRANCE.

Section 1.

Droits politiques et droits publics.

§ 1. *Droits politiques.*

56. — Les étrangers ne jouissent pas en France des droits politiques; ils ne peuvent accomplir aucun acte, ni remplir aucune fonction, qui les ferait participer, à un degré quelconque, à l'exercice de la puissance publique; ils ne peuvent non plus remplir les fonctions ou accomplir les actes pour lesquels la loi exige la jouissance des droits politiques ou la qualité de Français, bien que ces actes ou fonctions n'aient pas, à proprement parler, un caractère politique ; les étrangers autorisés à fixer leur domicile en France (C. civ., art. 13) ne jouissent, à ce point de vue, d'aucune prérogative particulière.

57. — Les étrangers ne sont ni électeurs ni éligibles aux Chambres législatives et aux conseils généraux d'arrondissement et municipaux (L. 5 avr. 1884, art. 14 ; 24, 28 févr. 1875, art. 3 ; 30 nov. 1875, art. 6 ; 10 août 1871, art. 6 ; Décr. 3 juill. 1848, art. 14).

58. — Les étrangers naturalisés eux-mêmes ne sont éligibles aux assemblées législatives que dix ans après le décret de naturalisation, à moins qu'une loi spéciale n'abrège ce délai, qui peut être réduit à une année (L. 26 juin 1889, art. 3). — V. *infrà*, v° *Nationalité, Naturalisation.*

59. — Mais la participation d'un étranger à une élection ne constitue, à sa charge, aucun délit, si c'est par erreur, et sans aucune demande ni démarche de sa part, qu'il a été inscrit sur la liste électorale. — Cass., 5 août 1875, Vecchi, [S. 75.1.480, P. 75.1203, D. 76.1.228]

60. — Par dérogation à ces principes, les étrangers résidant en Algérie étaient, dans certaines limites, électeurs et éligibles aux conseils municipaux, aux termes d'un arrêté du chef du pouvoir exécutif du 16 août 1848; mais la loi sur l'organisation municipale du 5 avr. 1884 (art. 164), déclarée applicable en Algérie, a enlevé ce droit aux étrangers et soumis, à cet égard, l'Algérie à la règle commune. — V. *suprà*, v° *Algérie*, n. 614 et 703.

61. — L'étranger ne peut être maire ou adjoint. — Cons. d'Ét., 19 févr. 1892, Elect. de Fort-de-France, [S. et P. 94.3.9]

62. — Il ne peut faire partie d'une cour ou d'un tribunal à aucun degré de juridiction.

63. — Notamment, il ne peut faire partie d'un jury criminel (C. instr. crim., art. 381 ; L. 20 nov. 1872, art. 1) ; et l'arrêt de la cour d'assises est nul, lorsqu'un étranger était au nombre des jurés qui y ont participé, ou même lorsqu'il figurait sur la liste du jury dressée par la session, alors du moins que cette liste ne comprenait pas plus de trente noms. — V. *infrà*, v° *Jury*, n. 73 et s.

64. — Il ne peut non plus siéger dans un jury d'expropriation (L. 3 mai 1841, art. 29) ; néanmoins, la Cour de cassation a décidé que la présence d'un étranger dans le jury n'entachait pas de nullité ses opérations. — Cass., 1er mai 1861, Blanchet, [S. 61. 1.994, P. 62.772, D. 61.1.397]

65. — Il n'est ni éligible ni électeur aux tribunaux de commerce (L. 8 déc. 1883, art. 1 et 8), et le scrutin peut être annulé, lorsque la participation d'étrangers a influé sur la formation de la majorité. — Douai, 26 janv. 1874, Trystram, [S.74.2.56, P. 74.329, D. 74.2.111] — La même règle s'applique aux élections aux chambres de commerce françaises (Décr. 22 janv. 1872, art. 1).

66. — Il n'est également ni électeur ni éligible aux conseils de prud'hommes (L. 1er juin 1853, art. 6).

67. — Il ne peut concourir comme arbitre ou délégué à la décision des différends d'ordre collectif qui peuvent survenir entre patrons et ouvriers L. 27 déc. 1892, art. 15).

68. — Il ne peut être juge dans une cour martiale, alors même qu'il ferait partie d'un corps d'armée admis à servir en France. — Cass., 2 févr. 1871, Chenet, [S. 71.1.169, P. 71.463, D. 71.1.121]

69. — Les étrangers ne sont pas admis à servir dans l'armée française (L. 15 juill. 1889, art. 3), si ce n'est dans la légion étrangère, créée par la loi du 9 mars 1831. — V. *infrà*, v° *Légion étrangère.*

70. — Une exception a cependant été apportée à ce principe par les traités conclus entre la France et l'Espagne. Aux termes de la convention consulaire du 7 janv. 1862 (art. 5) (S. L. annotées, 1862, p. 21), modifiée sur ce point par la déclaration du 2 mai 1892 (S. L. annotées, 1894, p. 718), les Espagnols nés en France qui, ayant atteint l'âge de vingt ans, y seraient compris dans le contingent militaire, devront produire aux autorités compétentes un certificat établissant qu'ils ont tiré au sort en Espagne ; à défaut de ce document en bonne forme, ils seront compris dans le contingent de la commune où ils sont nés : des étrangers sont ainsi, dans ce cas, appelés à faire leur service militaire dans l'armée française.

71. — En principe, les étrangers ne peuvent exercer les fonctions ecclésiastiques reconnues et rétribuées par le gouvernement français. Aux termes de la loi du 18 germ. an X (articles organiques du concordat) (S. L. annotées, de l'an X, p. 571), les archevêques et évêques (art. 16) et les vicaires généraux (art. 21) doivent être originaires français, et aucun ecclésiastique ne peut être employé dans les fonctions du ministère ecclésiastique sans la permission du gouvernement (art. 32). Malgré la généralité des termes de ce dernier article, on admet que la permission dont il parle et qui est essentiellement révocable ne saurait être accordée pour l'exercice de fonctions inamovibles, comme celles des curés (Déc. min. de 1814). — Dejamme, *De la condition juridique des prêtres étrangers en France* (Journ. du droit international privé, 1892, p. 118). — ... Ou des chanoines (Circ. min. 30 juill. 1887). — Dejamme, *op. cit.*, p. 120. — Elle peut, au contraire, s'appliquer aux desservants et aux vicaires, qui sont révocables par l'évêque (L. 18 germ. an X, art. 31) ; mais d'après la circulaire précitée, le ministre des Cultes n'accorde cette permission qu'aux étrangers qui ont été préalablement autorisés à établir leur domicile en France, aux fins d'une naturalisation ultérieure, et elle serait retirée, si ces ecclésiastiques ne sollicitaient pas la naturalisation ou si elle leur était refusée.

72. — Les étrangers seraient même incapables de faire partie des conseils de fabrique, suivant une décision du ministre des cultes du 24 févr. 1870, [S. 71.2.226, P. 71.688]

73. — Les ministres du culte protestant (L. 18 germ. an X, articles organiques des cultes protestants, art. 1 ; 1er août 1879, art. 3) et ceux du culte israélite (Règl. 10 déc. 1806 ; Ord. 25 mai 1844, art. 57 : S. Lois ann. de 1844, p. 802) doivent aussi être Français. Mais il a été jugé que l'étranger qui exerce indûment en France les fonctions de ministre protestant n'est passible d'aucune peine. — Cass., 13 nov. 1851, Lenoir, [S. 52.1.71, P. 52.1.692, D. 52.1.127] — V. *suprà*, v° *Cultes*, n. 754 et 755.

74. — Les étrangers ne peuvent être investis par le gouvernement français de fonctions diplomatiques. — Pradier-Fodéré, *Traité de droit international public*, t. 3, n. 1298. — V. *suprà*, v° *Agent diplomatique et consulaire*, n. 94.

75. — ... Ou des fonctions de consuls, vice-consuls, chanceliers, de consulats (Ord. 20 août 1833, art. 18, 40 : S. Lois ann. de 1833, p. 200). Ils peuvent cependant remplir celles d'agents consulaires. — Pradier-Fodéré, *op. cit.*, t. 2, n. 2037.

76. — Les étrangers ne peuvent exercer les fonctions ou professions de greffiers, huissiers, notaires (L. 25 vent. an XI, art. 35), avoués (V. *suprà*, *loc. verb.*, n. 37), avocat au Conseil d'État et à la Cour de cassation (V. *suprà*, *loc. verb.*, n. 16), commissaire-priseur (V. *suprà*, *loc. verb.*, n. 37), agent de change (Décr. 1er oct. 1862, art. 2), courtier maritime (V. *suprà*, v° *Courtier*, n. 15). — V. cep. Alger, 16 nov. 1874, [*Journ. du droit international privé*, 76.268]

77. — Suivant une pratique et une jurisprudence consiante, les étrangers ne sont pas admis, en France, à prêter le serment d'avocat et à exercer la profession (V. *suprà*, v° *Avocat*, n. 90 ; V. aussi Weiss, t. 2, p. 50). Certains auteurs, cependant, n'admettent pas cette incapacité, qui n'est fondée, il est vrai, sur aucun texte formel. — Legat, *Code des étrangers*, p. 69 ; Demangeat, p. 296.

78. — Les étrangers sont incapables d'être témoins dans les actes notariés (L. 25 vent. an XI, art. 9 ; C. civ., art. 980). —

V. *suprà*, v° *Acte notarié*, n. 148 et s. — ... Ou dans une procédure de saisie (C. proc. civ., art. 585). Mais ils peuvent être témoins dans les actes de l'état civil. — V. *suprà*, v° *hoc. verb.*, n. 181.

79. — L'étranger peut-il être choisi comme arbitre ? Nous avons admis l'affirmative, *suprà*, v° *Arbitrage*, n. 354.

80. — Il pourrait également être commis par la justice pour procéder à une expertise, à moins cependant qu'il ne s'agisse d'une expertise médicale; les fonctions de médecins experts près les tribunaux ne peuvent, en effet, être remplies que par des docteurs en médecine français (L. 30 nov. 1892, art. 14).

81. — L'étranger peut être choisi comme interprète devant une juridiction répressive. — Cass., 2 mars 1827, Tap, [S. et P. chr.]. — *Sic*, Faustin Hélie, *Traité de l'instruction criminelle*, t. 7, n. 3441.

82. — ... Ou comme liquidateur judiciaire ou syndic de faillite. — Nancy, 8 mai 1875, [*Journ. du dr. int. privé*, 77.144] — Weiss, t. 2, p. 159.

§ 2. Droits publics.

83. — En principe et sauf exception, l'étranger jouit en France des droits publics comme le Français lui-même. La liberté individuelle lui est garantie; il peut librement pénétrer et se fixer sur le territoire français. Les lois du 28 mars 1792 et du 28 vend. an VI, qui obligeaient les étrangers pénétrant en France à être porteurs de passe-ports, sans avoir jamais été abrogées, sont, de fait, tombées en désuétude et ne reçoivent plus aucune application (V. *Journ. du dr. int. privé*, 1888, p. 493). — Sur les restrictions aux conditions apportées au droit de séjour des étrangers, V. *infrà*, n. 209 et s.

83 bis. — De nombreux traités diplomatiques ont formellement stipulé, au profit des étrangers qu'ils concernent, et avec réciprocité au profit des Français, « la faculté de voyager, de résider, de s'établir partout où ils le jugeront convenable pour leurs intérêts. » — V. Weiss, t. 2, p. 100, n. 2.

84. — Les étrangers, quelle que soit leur croyance, jouissent d'une liberté de conscience absolue; ils doivent seulement, en ce qui concerne l'exercice public de leur culte, se soumettre, s'il n'est pas reconnu en France, aux conditions déterminées par la loi française. — V. *suprà*, v° *Cultes*, n. 68 et s.

85. — Les étrangers bénéficient des lois qui assurent en France la liberté de la presse (L. 29 juill. 1881) et la liberté des réunions publiques (L. 30 juin 1881); toutefois ils ne peuvent être gérants de journaux ou écrits périodiques (L. 29 juill. 1881, art. 6), ni faire la déclaration préalable à une réunion publique (L. 30 juin 1881, art. 2). — V. *infrà*, v° *Journaux et écrits périodiques*, n. 101 et 340.

86. — Ils ont le droit d'adresser des pétitions aux pouvoirs publics, et en particulier aux assemblées législatives (Weiss, t. 2, p. 114). Cependant, d'après certains auteurs, ils ne pourraient exercer ce droit que relativement à leurs intérêts privés. Toute pétition émanée d'un étranger et concernant les intérêts généraux du pays, ses affaires intérieures ou extérieures, sa constitution, sa législation devrait être écartée par une fin de non-recevoir. — Ducrocq, *Cours de droit administratif*, t. 3, n. 575.

87. — Le droit d'enseigner fait partie des droits publics; mais les instituteurs et professeurs des établissements d'instruction publique (écoles primaires, lycées et collèges, universités) sont des fonctionnaires publics, et à ce titre, ils doivent être Français. — Décr., 5 déc. 1850, art. 7, [S. *Lois annotées* de 1850, p. 193]

88. — Par contre, les étrangers peuvent diriger des établissements d'enseignement libre, primaire, secondaire ou supérieur, aux conditions suivantes : 1° De jouir en France des droits civils, c'est-à-dire avoir été autorisés à fixer leur domicile en France (C. civ., art. 13); 2° d'être spécialement autorisés par le ministre de l'Instruction publique, après avis du conseil départemental pour les écoles primaires (L. 30 oct. 1886, art. 4; Décr. 18 janv. 1887, art. 184-185), et après avis du conseil supérieur de l'instruction publique, pour les écoles secondaires (L. 15 mars 1850, art. 78; Décr. 5 déc. 1850, art. 1) ou les facultés libres (L. 12 juill. 1875, art. 9; Décr. 25 janv. 1876, art. 8). — V. *infrà*, v° *Instruction publique*, n. 1583 et s., 1809 et s.

89. — L'étranger jouit, comme le Français, de la liberté du travail, du commerce et de l'industrie; sauf les restrictions résultant de la loi relative au séjour des étrangers en France, que nous indiquerons *infrà*, n. 229 et s.

90. — Nous avons vu cependant (*suprà*, n. 76 et 77), que l'étranger ne peut exercer certaines professions pour lesquelles la loi exige la jouissance des droits politiques; il en est d'autres que la loi lui interdit, ou dont elle soumet l'exercice à certaines conditions.

91. — Ainsi, aux termes de la loi du 30 nov. 1892, art. 5, [S. *Lois annotées*, 1893, p. 489], les médecins, les chirurgiens, dentistes et les sages-femmes diplômés à l'étranger, quelle que soit leur nationalité, ne peuvent exercer leur profession en France qu'à la condition d'y avoir obtenu le diplôme de docteur en médecine, de dentiste ou de sage-femme, en se conformant aux dispositions de la loi française. Néanmoins, les médecins et sages-femmes étrangers qui, antérieurement à la loi de 1892, avaient été autorisés à exercer leur profession en France, ont continué à jouir de cette autorisation, dans les conditions où elle leur avait été accordée (L. de 1892, art. 28). — V. *infrà*, v° *Médecine et chirurgie*, n. 51 et s.

92. — D'autre part, des conventions intervenues avec le grand duché de Luxembourg (30 sept. 1879 : S. *Lois annotées*, 1880, p. 581), la Belgique (12 janv. 1881 : S. *Lois annotées* de 1881, p. 101), la Suisse (29 mai 1889 : S. *Lois annotées*, 1891, p. 94), ont autorisé les médecins et sages-femmes appartenant à ces pays et établis dans les communes limitrophes de la France, à exercer leur profession dans les communes françaises situées près de la frontière. Réciproquement les médecins et sages-femmes français, résidant dans les communes limitrophes, ont reçu le même droit dans les communes étrangères limitrophes.

93. — La navigation n'est pas entièrement libre pour les étrangers dans les eaux territoriales françaises; ils ne peuvent s'y livrer à la pêche en deçà d'une limite fixée à trois milles marines, au large de la laisse de basse mer (L. 1er mars 1888, art. 1 : S. *L. annotées*, 1889, p. 573), ni faire le cabotage sur les côtes de France (Décr. 21 sept. 1793, art. 4; V. *suprà*, v° *Cabotage*, n. 33 et s.); d'autre part, la navigation entre la France et l'Algérie ne peut s'effectuer que sous pavillon français (L. 2 avr. 1889, art. 1 : S. *L. annotées*, 1890, p. 609). — Vincent et Pénaud, v° *Cabotage*, n. 3 et s.

94. — L'étranger ne peut être officier ou mécanicien à bord d'un navire français (Décr. 21 avr. 1882, art. 1 et 2. — A. Desjardins, *Traité de droit commercial maritime*, t. 1, n. 49; Weiss, t. 2, p. 128. — ... Ni être propriétaire pour plus de moitié d'un navire français (L. 9 juin 1845, art. 11). — V. *infrà*, v° *Gens de mer*, n. 81, 98 et s.

95. — Les étrangers peuvent recevoir les secours donnés par les institutions d'assistance publique. — V. *suprà*, v° *Assistance publique*, n. 3453 et s. — V. aussi *suprà*, v° *Enfants assistés*, n. 90 et s.

96. — Cependant, aux termes de la loi du 15 juill. 1893 [S. *L. annotées*, 1894, art. 1], l'assistance médicale gratuite, à domicile ou dans un établissement hospitalier, n'est due qu'aux Français; les étrangers malades et privés de ressource ne sont, à cet égard, assimilés aux Français que lorsque le gouvernement aura passé un traité d'assistance réciproque avec leur nation d'origine. Mais il résulte des travaux préparatoires que si le législateur n'a pas voulu établir, au profit des étrangers, un droit à l'assistance gratuite, il n'a pas cependant entendu qu'ils ne puissent être secourus, en cas de maladie, comme ils l'ont toujours été, en fait, jusqu'alors. — Weiss, t. 2, p. 140. — V. *suprà*, v° *Domicile de secours*, n. 393 et s.

Section II.

Droits civils ou privés.

97. — La Révolution avait supprimé le droit d'aubaine; et ainsi, elle avait effacé la différence la plus importante qui existait, sous le rapport du droit privé, entre les étrangers et les Français. Les rédacteurs du Code civil eurent à se demander s'ils conserveraient ce système libéral, ou s'ils reviendraient aux mesures restrictives et rigoureuses de l'ancien droit, en particulier s'ils feraient revivre les incapacités qui, traditionnellement, avaient frappé les étrangers en matière de succession. Ils n'envisagèrent pas cette question du point de vue humanitaire où s'était placé le législateur de 1790; ils recherchèrent uniquement dans quelle mesure l'intérêt des Français conseillait de reconnaître aux étrangers la jouissance des droits civils. Or les autres pays n'avaient pas suivi l'exemple qui leur avait été donné. Les Français restaient frappés, à l'étranger, des incapacités dont les étrangers étaient exonérés chez nous; la France était ainsi la dupe de sa générosité. Le moyen d'amener les autres nations à se montrer plus libérales, était, pensa-t-on, de n'accorder, en France, les droits civils, à leurs sujets qu'autant qu'elles useraient de réciprocité au profit des Français. Encore une réciprocité purement législative fût-elle jugée insuffisante; on voulut qu'elle fût établie par des traités diplomatiques, qui ne pourraient être modifiés que du consentement des deux parties intéressées. Tel a été le système consacré par l'art. 11, C. civ. : « l'étranger jouira en France des mêmes droits civils que ceux qui sont ou seront accordés aux Français par les traités de la nation à laquelle cet étranger appartiendra. » — V. rapport de Rœderer, au Conseil d'État (Locré, t. 2, p. 115).

98. — D'autre part, aux termes de l'art. 13, le gouvernement peut, en autorisant un étranger à établir son domicile en France, lui conférer la jouissance des droits civils.

99. — Il faut donc distinguer trois catégories d'étrangers que nous passerons successivement en revue : 1° les étrangers ordinaires, qui ne bénéficient ni d'une autorisation de domicile, ni des stipulations d'un traité; 2° les étrangers autorisés à établir leur domicile en France; 3° les étrangers qui bénéficient de traités diplomatiques conclus entre la France et la nation à laquelle ils appartiennent.

§ 1. *Étrangers ordinaires.*

100. — D'après l'art. 11, les étrangers jouissent en France des mêmes droits civils que les traités conclus avec leur pays reconnaissent aux Français; il résulte de là que, en l'absence de traités, les étrangers ne jouissent pas en France des droits civils.

101. — Que faut-il entendre par droits civils? Le plus souvent, on désigne par là les droits relatifs à la personne, au patrimoine, à l'organisation de la famille. Si tel est ici le sens de ce mot, il faut en conclure que les étrangers ne jouissent pas en France des droits de cette sorte, ce qui est certainement faux. En dehors même de ceux qui leur sont expressément reconnus par la loi (V. *infra*, n. 117 et s.), on admet unanimement que les étrangers jouissent en France de la plupart des droits privés; sous ce rapport, la différence entre eux et les Français est peu sensible. L'art. 11 n'a donc pas une portée aussi étendue que celle qu'il paraît tout d'abord présenter, et son interprétation offre une sérieuse difficulté; elle porte sur le sens qu'il convient d'attribuer aux mots *droits civils*. Plusieurs systèmes se sont partagé les auteurs et la jurisprudence.

102. — 1° Suivant un premier système, les mots *droits civils* ont bien ici leur sens usuel, et l'art. 11 veut bien dire que les étrangers ne jouissent pas en France des droits privés; mais il ne faudrait appliquer ce principe qu'avec un tempérament qui en restreint singulièrement les conséquences : les étrangers qui en France tous les droits que la loi française leur confère, soit expressément, ce qui est évident, soit même implicitement. Or, indépendamment de ceux qu'elle leur accorde en termes formels, la loi française reconnaît implicitement aux étrangers la plupart des droits privés. Ainsi, l'art. 3 dit que les immeubles, même ceux possédés par des étrangers, sont régis par la loi française; les art. 13 et 14 règlent la compétence des tribunaux français à l'égard des étrangers demandeurs ou défendeurs : c'est donc que les étrangers peuvent être, en France, propriétaires d'immeubles et devenir créanciers ou débiteurs. De même, l'art. 170 détermine les conditions de validité des mariages entre Français et étrangers; les art. 12 et 19 déterminent les conséquences du mariage relativement à la nationalité de la femme étrangère qui épouse un Français et de la femme française qui épouse un étranger : ces articles reconnaissent par là que l'étranger est capable de contracter un mariage valable. Mais les étrangers ne jouissent pas en France des droits civils que la loi française ne leur accorde pas soit expressément, soit implicitement, en en réglant l'exercice ou les conséquences. — Demolombe, t. 1, n. 240 et s. — V. Cass., 14 août 1844, Guesnot, [S. 44.1.755, P. 44.2.337]

103. — Ce système ne nous paraît pas acceptable. Il n'est pas exact, en effet, de dire que la loi française accorde, d'une façon générale, aux étrangers tous les divers textes supposent qu'ils exercent. Ce qui résulte uniquement des textes précités, c'est que certains étrangers jouissent des droits dont la loi a réglé les conditions d'exercice et les conséquences; il ne s'ensuit pas nécessairement que tous en jouissent. Mais alors si la loi n'accorde pas implicitement aux étrangers ces droits relatifs à la personne ou aux biens, il en résulte qu'ils n'en auraient aucun, à l'exception de ceux, en petit nombre, qui leur ont été expressément concédés. Or l'art. 11 ne peut être entendu dans ce sens absolu, et, comme, d'autre part, le tempérament qu'on propose de lui apporter n'est pas admissible, il faut en conclure que les mots *droits civils* ne doivent pas être entendus dans leur sens usuel et large, et ne désignent pas ici l'ensemble des droits privés.

104. — Suivant un autre système, suivi par beaucoup d'auteurs et souvent consacré par la jurisprudence, l'art. 11, en refusant les droits civils aux étrangers, aurait pris ces mots dans leur sens restreint et par opposition aux droits naturels ou droits des gens. Nous avons vu, en effet, que l'ancien droit avait adopté cette distinction, plus ou moins exactement empruntée au droit romain; il est vraisemblable que les rédacteurs du Code civil ont voulu la reproduire; ils se sont exprimés, à cet égard, dans des termes qui ne laissent guère de place au doute : « Il est des droits, disait Portalis, qui ne sont point interdits aux étrangers; ces droits sont tous ceux qui appartiennent bien plus au droit des gens qu'au droit civil » (*Exposé des motifs au Corps législatif*, Locré, t. 1, p. 330), et Siméon : « Ce qui caractérise essentiellement le droit civil, c'est d'être propre et particulier à un peuple, et de ne point se communiquer aux autres nations. Au contraire, les effets du droit naturel se communiquent partout, à l'étranger comme au citoyen. Pour en jouir, il n'est pas nécessaire d'être membre d'une certaine nation plutôt que d'une autre, il suffit d'être homme. En un mot, le droit civil proprement dit est celui de chaque cité ou de chaque nation; le droit civil général est celui de tous les hommes civilisés » (Locré, t. 2, p. 243, 247). Les étrangers ne jouiront donc pas, en France, des droits civils, mais ils jouiront des droits naturels. — Aubry et Rau, 5° éd., t. 1, § 78, p. 497; Demante et Colmet de Santerre, t. 1, n. 27; Laurent, *Principes de droit civil*, t. 1, n. 405 et s., et *Droit civil international*, t. 1, n. 4 et s.; Brocher, *Cours de droit international privé*, t. 1, p. 160 et s.; Rolin, *Principes du droit international privé*, t. 1, n. 16.

105. — Lorsqu'il s'agit des droits expressément accordés ou refusés aux étrangers, on n'a pas à rechercher dans quelle catégorie il convient de les ranger; la loi elle-même a tranché la question; ces hypothèses mises à part, on doit considérer comme droits naturels ceux qui sont admis et réglés dans les législations de tous les peuples, comme le droit de se marier, avec ses diverses conséquences, de contracter, d'acquérir ou de transmettre la propriété, etc.; et comme droits civils, ceux qui ne se rencontrent pas partout, mais que la loi française a créés, et qui constituent, pour la France, des institutions strictement nationales; telles seraient l'adoption, la tutelle, l'hypothèque légale, etc. Les juges auront à apprécier le caractère des droits prétendus par les étrangers; la loi ne leur a tracé, à cet égard aucune règle rigoureuse. — Les rédacteurs du Code paraissent être partis de l'idée que du jour où une institution, successivement admise par les différents peuples civilisés, se trouverait mentionnée par le consentement unanime de tous et serait ainsi devenue une institution de droit des gens, le principe de la réciprocité exigerait que les étrangers puissent invoquer en France le bénéfice de cette institution, tout comme les Français seraient admis à le réclamer à l'étranger. Ils pensaient que la barrière à opposer aux prétentions des étrangers ne devait pas être fixée d'une manière immuable par le législateur, et qu'il fallait laisser à la jurisprudence et à la doctrine la possibilité du déplacer, suivant la marche progressive du droit des gens. » — Aubry et Rau, 5° éd., t. 1, § 78, p. 500, note 15. — Pour la jurisprudence, V. *suprà*, v° *Adoption*, n. 563, *Domicile*, n. 590, et *infra*, v° *Hypothèque*, n. 258 et 1233, *Puissance paternelle*, *Tutelle*.

106. — Le système de la jurisprudence nous paraît exact dans son principe; nous croyons que, en effet, l'art. 11 emploie les mots « droits civils » avec le sens restreint qui est traditionnel en cette matière; mais l'application qui en est faite de ce principe soulève de graves objections. S'il dépend du juge de déterminer les droits qui appartiennent aux étrangers, leur condition n'offrira aucune certitude; elle variera, non seulement avec le temps, et, dans une certaine mesure, sous l'empire de l'opinion publique que les circonstances rendent tantôt plus, tantôt moins favorable aux étrangers, mais aussi avec les lieux et les tendances des tribunaux qui pourront n'être pas les mêmes sur tous les points du territoire. Il pouvait en être ainsi dans l'ancien droit, où le législateur n'avait formulé aucune règle, relativement à la condition des étrangers, et où la distinction des droits civils et des droits naturels était tout entière l'œuvre de la doctrine et de la jurisprudence; mais dès lors que la loi actuelle a voulu régler elle-même les droits des étrangers, il est difficile d'admettre qu'elle ne l'ait pas fait d'une façon précise et complète.

107. — Aussi, tout en admettant que l'art. 11 a voulu reproduire et consacrer la distinction des droits civils et des droits naturels, admet-on dans un troisième système consacré par d'importantes autorités que les seuls droits civils sont ceux dont la loi a, par des textes exprès, refusé la jouissance aux étrangers; les autres sont tous des droits naturels et doivent leur appartenir. — Weiss, t. 2, p. 189; Durand, n. 111; Surville et Arthuys, *Cours élémentaire de droit international privé*, 3e éd., n. 120; Audinet, *Principes élémentaires du droit international privé*, n. 68. — Il est vrai que l'art. 11, ainsi interprété, n'est plus qu'un texte de renvoi ; il signifie simplement que les étrangers jouiront des droits que la loi leur refuse en règle générale lorsqu'un traité les leur accordera; mais il résulte des travaux préparatoires que le législateur, dans l'art. 11, n'a voulu que poser un principe général, dont il se réservait de déterminer plus tard les conséquences. Dans toute la discussion de cet article on n'est préoccupé uniquement de la capacité de succéder; on n'a donc pas cru inutile de l'édicter pour trancher, sans retard, une question importante, sans préjuger, cependant, le Code devait revenir. Grenier le disait formellement au Tribunat : « Les droits civils sont ceux qui seront établis successivement dans les recueils de nos lois. Les droits dont les étrangers sont privés seront marqués successivement dans les titres du Code qui y auront trait. » Mais dans un titre où il s'agit seulement de la jouissance et de la privation des droits civils, cette énumération n'était pas nécessaire. — Fenet, *Travaux préparatoires du Code civil*, t. 7, p. 240.

108. — Ce dernier système aboutit à cette conséquence que les étrangers jouissent en France de tous les droits privés, excepté ceux que la loi leur a expressément retirés. — Demangeat, p. 248 et s.; Valette, *Explic. somm. du liv. I du C. Nap.*, p. 408; Despagnet, *Précis de droit international privé*, n. 41; de Vareilles-Sommières, *La synthèse du droit international privé*, t. 1, n. 554 et s. — Cette solution paraît contraire au texte de l'art. 11, d'après lequel les étrangers ne jouissent pas en France des droits civils, mais cette objection repose uniquement sur l'équivoque que présentent les mots : droits civils. Signifient-ils droits privés? Ils appartiennent, en effet, presque tous aux étrangers, et en fait, tout le monde l'admet plus ou moins; les droits contestés aux étrangers dans un système et reconnus dans l'autre sont peu nombreux. Les droits civils sont-ils les droits propres à la nation française? On peut parfaitement admettre qu'ils n'appartiennent pas aux étrangers; on se trouve ainsi d'accord avec le texte; seulement on l'interprète en disant que les seuls droits de cette nature sont ceux que la loi refuse expressément aux étrangers.

109. — Au surplus, si les étrangers ne peuvent exercer leurs droits en France que dans la mesure où la loi française les leur accorde, il faut ajouter qu'ils ne jouissent, du moins en règle générale, que de ceux qui leur sont reconnus par leur propre loi nationale.

110. — La controverse que soulève l'art. 11, C. civ., malgré son intérêt théorique, n'a qu'une importance pratique restreinte. C'est ce que nous allons constater en énumérant : 1° les droits expressément refusés aux étrangers; 2° ceux qui leur sont expressément reconnus; 3° ceux qui, malgré le silence de la loi leur sont unanimement reconnus; 4° ceux pour lesquels il y a doute, et qui sont, on le verra, peu nombreux.

1° Droits expressément refusés aux étrangers.

111. — 1° L'étranger défendeur contre un Français, ne peut invoquer, à son profit la règle : *actor sequitur forum rei*. Le Français demandeur a le droit de citer devant le tribunal de son propre domicile l'étranger même résidant hors de France (C. civ., art. 14).

112. — 2° L'étranger n'est admis à plaider comme demandeur contre un Français qu'à la condition de fournir la caution *judicatum solvi* (C. civ., art. 16). Il ne peut l'exiger s'il est défendeur contre un autre étranger. — V. *suprà*, v° *Caution judicatum solvi*.

113. — 3° Aux termes des art. 726 et 912, C. civ., les étrangers étaient incapables de succéder et de recevoir par testament ou donation entre-vifs. Cette incapacité, la plus grave de celles dont ils étaient frappés, a été supprimée par la loi du 14 juill. 1819, art. 1. Cependant l'art. 2 de la même loi apporte une restriction aux droits des étrangers appelés à une succession en concours avec des Français. Les héritiers français, en effet, ont le droit de prélever sur les biens situés en France une portion égale à la valeur des biens situés en pays étrangers dont ils seraient exclus, à quelque titre que ce soit, en vertu des lois et coutumes locales. — V. *infrà*, v° *Succession*.

114. — 4° Les étrangers ne sont pas admis à faire cession de biens pour échapper à la contrainte par corps (C. proc. civ., art. 905). La privation de ce droit était surtout sensible tant que les étrangers ont été soumis, en toute matière, à la contrainte par corps (L. 17 avr. 1832, art. 14). Mais aujourd'hui les étrangers ne sont plus soumis à cette voie d'exécution que dans les cas rares où les Français le sont eux-mêmes (L. 22 juill. 1867, art. 1).

115. — 5° Les étrangers ne participent pas aux affouages (L. 23 nov. 1883). — V. *suprà*, v° *Affouage*, n. 137 et s.

116. — 6° Les étrangers ne peuvent invoquer le bénéfice des lois qui protègent en France la propriété du nom commercial, des marques, dessins ou modèles de fabrique que si la loi de leur pays assure le même avantage aux Français (L. 26 nov. 1873, art. 9). La loi de 1873 n'exige plus, comme l'art. 11, la réciprocité diplomatique; elle se contente de la réciprocité législative. En outre, les étrangers obtiennent pour les marques de fabriques la même protection que les Français lorsqu'ils ont en France un établissement industriel (L. 23 juin 1857, art. 5). — V. *suprà*, v°s *Dessins et modèles industriels*, n. 212 et s., et *infrà*, v° *Marque de fabrique*, n. 230 et s.

2° Droits expressément accordés aux étrangers.

117. — 1° Les étrangers sont capables de transmettre et de recevoir par succession *ab intestat*, testaments ou donations (L. 14 juill. 1819, art. 1).

118. — 2° Ils ont le droit d'intenter en France une action en justice contre un Français (C. civ., art. 15), sauf à fournir la caution *judicatum solvi*.

119. — 3° Ils ont en France les mêmes droits de propriété artistique ou littéraire que les Français (Décr. 28-31 mars 1852). Mais de nombreux traités sont intervenus pour régler, à cet égard, leur condition. — V. *infrà*, v° *Propriété artistique ou littéraire*.

120. — 4° Ils peuvent obtenir en France des brevets d'invention (L. 5 juill. 1844, art. 27, 28 et 29). — V. *suprà*, v° *Brevet d'invention*, n. 1860 et s.

121. — 5° Ils peuvent acquérir des actions de la Banque de France (Décr. 26 janv. 1808, art. 3). — V. *suprà*, v° *Banque d'émission*, n. 170.

122. — 6° Ils peuvent être concessionnaires de mines (L. 21 avr. 1810, art. 13). — V. *infrà*, v° *Mines, minières et carrières*, n. 239.

123. — 7° Ils peuvent, lorsqu'ils résident en France, faire des versements à la caisse des retraites pour la vieillesse et jouir des pensions payées par cette caisse (L. 20 juill. 1886, art. 14). Mais ils ne peuvent obtenir les bonifications de pensions prévues par l'art. 11 de la même loi. — V. *suprà*, v° *Caisse nationale des retraites pour la vieillesse*, n. 19 et 74.

124. — 8° Ils peuvent faire partie des sociétés de secours mutuels constituées entre Français ou en établir entre eux. Mais ces dernières sociétés ne peuvent exister qu'en vertu d'un arrêté ministériel toujours révocable. En outre, ils ne peuvent être administrateurs ou directeurs des sociétés dont les Français font partie (L. 1er avr. 1898, art. 3 : S. *Lois annotées*, 1899, p. 729). Les pensions qui leur sont allouées sur le fonds commun de la société ne leur sont servies que s'ils résident sur le territoire français (art. 26).

125. — 9° Les étrangers victimes d'accident en France ont droit à une indemnité dans les cas et conditions prévus par les lois (L. 9 avr. 1898, art. 5 : S. *Lois annotées*, 1899, p. 761); pour l'obtenir, ils jouissent comme les Français du bénéfice de l'assistance judiciaire (art. 22). Mais s'ils cessent de résider sur le territoire français, la rente qui leur avait été allouée ne leur est plus payée, et ils reçoivent, pour toute indemnité, un capital égal à trois fois le montant de cette rente. D'autre part, les représentants de l'ouvrier étranger ne reçoivent aucune indemnité, si, au moment de l'accident, ils ne résident pas en France.

3° *Droits reconnus aux étrangers bien que la loi ne les leur accorde pas expressément.*

126. — Indépendamment de ceux que nous venons d'énumérer, et que la loi leur accorde expressément, les étrangers jouissent en France, sans contestation, de la plupart des droits privés, relatifs à la personne, à la famille et au patrimoine : droit de se marier, avec ses diverses conséquences, droit de propriété et ses démembrements, droits de créance, etc. Nous allons indiquer les droits contestés aux étrangers ; tous les autres, que nous n'entreprenons pas d'énumérer, leur sont unanimement reconnus.

4° *Droits contestés.*

127. — La discussion relative aux droits des étrangers se limite, en pratique, aux points suivants : 1° les père et mère étrangers ont-ils la jouissance légale des biens situés en France et appartenant à leurs enfants mineurs ? 2° les étrangers peuvent-ils adopter et être adoptés ? 3° Peuvent-ils être tuteurs, curateurs, membres du conseil de famille de mineurs français ? 4° les femmes, mineurs ou interdits étrangers ont-ils une hypothèque légale sur les immeubles situés en France et appartenant à leurs maris ou tuteurs ? 5° les étrangers peuvent-ils avoir en France un domicile légal ? 6° les tribunaux français sont-ils compétents pour juger les contestations entre étrangers ? 7° enfin la question de savoir si les étrangers peuvent invoquer la prescription, autrefois discutée (V. *suprà*, n. 51), est aujourd'hui encore débattue par les auteurs ; mais l'affirmative est unanimement adoptée. — Weiss, t. 2, p. 343.

128. — C'est pour résoudre ces questions controversées qu'il est nécessaire de prendre parti sur l'interprétation de l'art. 11, C. civ. Dans le système que nous avons adopté, il suffit de constater qu'aucun texte n'a refusé aux étrangers ces diverses prérogatives pour que nous devions les leur reconnaître.

129. — La jurisprudence, au contraire, considère généralement la jouissance légale des père et mère, l'adoption, la tutelle, l'hypothèque légale, la faculté d'avoir en France un domicile légal comme des droits qui n'appartiennent pas aux étrangers. De même les tribunaux français se déclarent habituellement incompétents pour connaître des contestations entre étrangers. Nous examinerons plus loin cette dernière question (V. *infrà*, n. 786 et s.). Quant aux autres que nous venons d'indiquer, nous ne les discuterons pas ici, et nous renvoyons aux matières auxquelles elles se rapportent. — V. *suprà*, v° *Adoption*, n. 563, *Domicile*, n. 590 et s., et *infrà*, v° *Hypothèque*, n. 258 et 1233, *Puissance paternelle*, *Tutelle*.

§ 2. *Etrangers autorisés à établir leur domicile en France.*

130. — Aux termes de l'art. 13, C. civ., l'étranger autorisé par décret à fixer son domicile en France y jouit des droits civils.

131. — Suivant la constitution de l'an VIII, sous l'empire de laquelle le Code civil a été rédigé, l'étranger était naturalisé de plein droit, par une résidence de dix années en France. S'il devait attendre la fin de ce long stage pour acquérir les droits de citoyen, l'art. 13 permettait du moins au gouvernement de lui conférer, avant son expiration, la jouissance des droits civils, en l'autorisant à fixer son domicile en France.

132. — Les lois des 13-21 nov. 1849 (art. 1) et des 29 juin-5 juill. 1867 (art. 1) firent de l'autorisation de domicile le préliminaire indispensable de la naturalisation ; mais l'étranger pouvait aussi l'obtenir sans avoir l'intention de devenir jamais Français ; elle constituait alors une condition intermédiaire entre celle des étrangers et celle des Français, et beaucoup d'étrangers jugeaient l'autorisation du domicile plus avantageuse pour eux que la naturalisation, parce qu'elle leur conférait, au moins dans l'ordre du droit privé, les prérogatives de la nationalité française, sans leur imposer les charges qui y sont attachées, et notamment le service militaire.

133. — Aux termes de la loi du 26 juin 1889 (C. civ., art. 8, 5° al. 1° et 2°), l'autorisation de domicile n'est plus nécessaire pour obtenir la naturalisation, mais elle la facilite en abrégeant

la résidence nécessaire pour y parvenir (V. *infrà*, v° *Nationalité*, *Naturalisation*). C'est même là aujourd'hui sa seule fonction ; elle prend fin de plein droit si, dans un certain délai, la naturalisation n'est pas sollicitée ou si elle est refusée (L. 26 juin 1889 ; C. civ., art. 13, 2° al.). La loi a voulu ainsi déjouer les calculs intéressés de ceux qui préféraient l'autorisation de domicile à la naturalisation. — V. pour la critique de cette innovation, Weiss, *L'admission à domicile des étrangers en France et la loi du 26 juin 1889 sur la nationalité* (*Journ. du dr. int. pr.*, 1899, p. 5).

134. — Nous allons étudier les conditions et les effets de l'autorisation de domicile.

1° *Conditions.*

135. — L'étranger qui veut obtenir l'autorisation de fixer son domicile en France doit adresser au ministre de la Justice une demande sur papier timbré, accompagnée de son acte de naissance et de celui de son père, de la traduction de ces actes, s'ils sont en langue étrangère, ainsi que d'un extrait du casier judiciaire français (Décr. 13 août 1889, art. 1). La demande doit contenir un engagement d'acquitter les droits de sceau, s'élevant à la somme de 175 fr 25, et dont il peut être fait remise en tout ou en partie. La remise totale n'est accordée qu'à titre exceptionnel, en considération de services publics, d'actes de courage et de dévouement, de distinction acquise dans les arts, les sciences et les lettres (Note ministérielle sur l'admission à domicile, etc., *Lois nouvelles*, 1889, p. 741). Il est statué sur la demande par décret du Président de la République, après une enquête administrative sur la moralité et les moyens d'existence du postulant.

136. — La loi de 1889 n'a, pas plus que le texte primitif du Code civil, déterminé la capacité nécessaire pour obtenir l'autorisation de domicile. Il a été jugé, antérieurement à cette loi, que les représentants légaux du mineur peuvent demander et obtenir en son nom l'autorisation de domicile. — Bordeaux, 24 mai 1876, Héritiers Forgo, [S. 77.2.109, P. 77.471, D. 78.2.79] — *Sic*, Le Sueur et Dreyfus, *La nationalité*, p. 58 ; Stemler, *Application pratique de la nouvelle loi sur la nationalité par l'administration* (*Journ. du dr. int. pr.*, 1890, p. 393). — *Contrà*, Cohendy, J. *Le Droit*, 3 nov. 1889 ; Vincent, *Lois nouvelles*, 1889, 1re part., p. 815.

137. — Nous pensons que la capacité requise pour obtenir l'autorisation de domicile doit se mesurer sur celle qui est nécessaire pour avoir en France un domicile légal. La femme mariée ne pourra obtenir cette autorisation que si elle est séparée de corps, ou si son mari lui-même est domicilié en France ; elle devra, dans ce dernier cas, être habilitée conformément à sa loi nationale. Le mineur étranger ne pourra obtenir l'autorisation que s'il est émancipé, ou si son père ou son tuteur, qui fera la demande en son nom, est lui-même domicilié en France. — Audinet, *Principes élémentaires du droit international privé*, n. 73, et *Du changement de nationalité des mineurs* (*Rev. crit.*, 1891, p. 51) ; Weiss, t. 1, p. 320.

138. — L'autorisation de domicile doit être expresse, et rien ne peut remplacer le décret qui doit la conférer. — Lyon, 16 juin 1873, Wiedmann, [S. 73.2.197, P. 73.852, D. 74.2.120] — Les termes actuels de l'art. 13 ne laissent aucun doute sur ce point. Mais la rédaction primitive et moins précise du Code civil avait déterminé, dans la jurisprudence, une tendance à admettre que l'autorisation de domicile pourrait n'être que tacite et s'induire d'actes qui ne laisseraient pas de doute sur la volonté du gouvernement d'autoriser l'étranger à fixer son domicile en France, par exemple de sa nomination à une fonction publique. — Alger, 16 nov. 1874, Neilson, [Clunet, 76.268] — V. Av. Cons. d'Et., 29 prair. an XI, [D. *Rép.*, v° *Droits civils*, p. 35]

139. — Il a été jugé aussi que l'autorisation d'établir son domicile en France résultait implicitement, mais nécessairement, au profit des habitants des pays anciennement réunis à la France, des dispositions de la loi du 14 oct. 1814, qui leur conféraient la faculté, sous certaines conditions, d'acquérir ou de conserver la qualité de Français. — Cass., 20 févr. 1838, Comm. d'Avioth, [S. 38.1.280, P. 38.1.360]

140. — Plusieurs arrêts ou jugements ont même admis qu'un étranger qui réside en France depuis de longues années, qui y exerce un commerce important et qui paie patente doit être assimilé à l'étranger autorisé à établir son domicile en France, et que, en conséquence, il peut exercer les prérogatives réservées aux Français, par exemple citer devant un tribunal français son adversaire étranger, même résidant hors de France. — Aix, 28 août 1872, Riffel et Plicque, [S. 73.2.265, P. 73.1091] — Trib. Rouen, 22 juin 1864, Hérit. Armston, [D. 65.3.13] — Trib. comm. Marseille, 8 déc. 1896, Rosès, [Clunet, 97.759] — V. Proudhon, *De l'état des personnes*, t. 1, p. 190 et s. — V. aussi Besançon, 25 juin 1860, Comm. de Trévillers, [S. 60. 2.394, P. 61.630, D. 60.2.151] — V. *suprà*, v° *Affouage*, n. 137.

141. — Mais cette solution est certainement inexacte; ce n'est pas, en effet, le domicile établi en France, mais l'autorisation accordée par le gouvernement qui, d'après l'art. 13, confère la jouissance des droits civils. Le fait même qu'un étranger a perdu tout esprit de retour dans son pays, qu'il a vécu en France et y a accompli tous les actes de la vie civile, ne peut être considéré comme suppléant à la formalité de l'autorisation exigée par la loi. — Paris, 14 juill. 1871, Bergold, [S. 71.2.141, P. 71. 505, D. 72.2.65] — Demolombe, t. 1, n. 268; Aubry et Rau, 5° éd., t. 1, § 79, p. 524, note 5.

142. — La théorie d'après laquelle l'autorisation de domicile pourrait résulter tacitement des faits et circonstances, avait été soutenue, en particulier, à l'égard des étrangers domiciliés en Algérie. La législation spéciale à cette colonie confère aux étrangers qui y sont domiciliés certains droits dont ils ne jouissent pas en France. Ainsi ils sont dispensés de fournir la caution *judicatum solvi*, lorsqu'ils sont demandeurs contre un Français, et peuvent l'exiger, lorsqu'ils sont défendeurs contre un autre étranger (Ord 16 avr. 1843, art. 19 : S. *Lois ann.*, 1843, p. 744); ils sont admis au bénéfice de la cession de biens (même Ord., art. 21). De ces textes et d'autres encore, dont quelques-uns, d'ailleurs, sont aujourd'hui abrogés, comme l'arrêté du 16 août 1848, qui les rendait, sous certaines conditions, électeurs et éligibles aux conseils municipaux, on avait cru pouvoir conclure que les étrangers étaient autorisés virtuellement, et sans qu'il fût besoin d'octroi spécial, à établir leur domicile en Algérie, dès lors qu'ils y avaient fixé leur résidence et s'y étaient créé des intérêts sérieux, et que, par conséquent, ils devraient alors jouir de tous les droits civils, même de ceux que la législation spéciale à l'Algérie ne leur aurait pas expressément concédés. — Alger, 21 mars 1860, Fruitzel, [S. 61.2 63, P. 61.629]

143. — La Cour de cassation avait justement repoussé cette opinion. Si les étrangers fixés en Algérie jouissent de certains droits réservés aux Français dans la métropole, ces faveurs exceptionnelles laissent cependant subsister la règle générale. Il n'était pas possible de conclure de ces concessions partielles, dont chacune se renferme dans son objet spécial, que les étrangers résidant en Algérie jouissent de ceux des droits civils que ces concessions ne comprennent pas. — Audinet, *De la compétence des tribunaux français d'Algérie à l'égard des étrangers* (Revue algérienne et tunisienne), 1887, 1re part., p. 218). — V. Alger, v° *Algérie*, n. 2206 et 2207. — V. Cass., 18 janv. 1892, Suissa, [S. 92.1.407, D. 92.1.489] — Alger, 4 mars 1874, Puig y Thomas, [S. 74.2.103, P. 74.470, D. 75.2.62]; — 25 mars 1895, Attard, [S. et P. 96.2.299, D. 96.2.381]

144. — Au surplus, si la question a été discutable, elle ne l'est plus aujourd'hui. La loi du 26 juin 1889 est déclarée applicable à l'Algérie (art. 2). Dans cette colonie, aussi bien que dans la métropole, l'autorisation de domicile ne peut être tacite ou implicite; elle résulte nécessairement d'un décret du Président de la République.

145. — Si le domicile établi par l'étranger en France ne suffit pas, indépendamment de l'autorisation, pour lui donner la jouissance des droits civils, d'autre part, cette autorisation, d'autre part, est inefficace, si elle n'est pas accompagnée de l'établissement effectif du domicile en France. — Cass, 10 mars 1897, Cassob, [D. 97. 1.443] — Douai, 9 déc. 1829, Trudin-Roussel, [S. et P. chr.] — Bordeaux, 14 juill. 1845, Palmer, [S. 46.2.394, P. 46.2.676, D. 46.2.163] — Paris, 15 févr. 1898, Louderback, [Clunet, 98.717] — Sic, Demolombe, t. 1, n. 270; Aubry et Rau, 5° éd., t. 1, § 79, p. 524, note 6; Weiss, *Traité élémentaire de droit international privé*, p. 130; Despagnet, n. 44.

146. — L'étranger perd le bénéfice de l'autorisation et la jouissance des droits civils s'il cesse de résider en France. — Trib. Seine, 17 nov. 1897, Follak, [Clunet, 98.124]

147. — Néanmoins une absence momentanée ne suffirait pas pour entraîner cette déchéance. — Demolombe, t. 1, n. 170; Aubry et Rau, 5° éd., t. 1, § 79, p. 525, texte et note 8; Laurent, *Principes du droit civil*, t. 1, n. 456; Demante et Colmet de Santerre, t. 1, n. 28 bis-I.

148. — L'autorisation de domicile accordée à l'étranger est toujours révocable. C'est ce qui résulte de la loi des 13-21 nov. 1849 (art. 3). La révocation est prononcée par décret, sur l'avis du Conseil d'État. — V. dans le même sens, Av. du Cons. d'Ét., du 20 prair. an XI, précité. — Trib. Seine, 12 oct. 1833, Vecchiarelli, [S. 35.2.47] — Aubry et Rau, 5° éd., t. 1, p. 525, texte et note 7; Demolombe, t. 1, n. 270.

149. — En outre, et aux termes du nouvel art. 13, C. civ. (L. 26 juin 1889), l'autorisation cesse de plein droit d'avoir effet au bout de cinq ans, si, à l'expiration de ce délai, l'étranger n'a pas sollicité sa naturalisation ou si sa demande a été rejetée. Pour ceux qui avaient obtenu l'autorisation antérieurement à la loi de 1889, le délai de péremption a commencé à courir du jour de sa promulgation (L. 26 juin 1889, Disposition transitoire).

150. — On a tiré de ces dispositions une conséquence à laquelle les législateurs n'avaient peut-être pas songé. Considérant l'autorisation de domicile comme n'étant plus que le préliminaire de la naturalisation, l'administration la refuse aux étrangers qui n'en ont pas besoin pour acquérir la nationalité française, par exemple à ceux qui justifient d'une résidence non interrompue de dix années en France, aux enfants majeurs de l'étranger naturalisé, aux descendants des familles chassées de France par la révocation de l'Édit de Nantes, aux individus nés de parents dont l'un a perdu la qualité de Français (C. civ., art. 8, 5° al., 2°, 10 et 12, 2° al.; L. 26 juin 1889, art. 4). — Weiss, *Journ. du dr. int. privé*, 1899, p. 10.

2° Effets.

151. — L'étranger autorisé à établir son domicile en France jouit des mêmes droits civils que les Français; il acquiert les prérogatives que la loi refuse expressément aux étrangers ordinaires, et il est affranchi des mesures exceptionnelles qu'elle prend contre eux (V. *suprà*, n. 111 et s.; V. aussi *infra*, n. 209 et s.). Il jouit également, sans contestation, des droits qu'on estime dans le troisième système que nous avons exposé *suprà*, n. 107 et s., dans le silence de la loi, appartenir à tous les étrangers, mais que la jurisprudence leur refuse ordinairement, comme la jouissance légale des biens des enfants mineurs, la tutelle, l'adoption, l'hypothèque légale. — V. *suprà*, n. 127 et s.

152. — La situation des étrangers autorisés à établir leur domicile en France reste cependant, sous beaucoup de rapports, très-différente de celle des Français. Ainsi : 1° il est bien entendu qu'ils ne jouissent pas des droits politiques et ne peuvent remplir les fonctions ni exercer les professions pour lesquelles la jouissance de ces droits est requise. Ils ne peuvent pas être témoins dans les actes notariés. — V. *suprà*, n. 56 et s.

153. — 2° Ils ne peuvent non plus exercer ceux des droits publics ou des droits civils pour lesquels la loi exige formellement la nationalité française. Ils ne peuvent, par exemple, être chargés de l'administration ou de la direction d'un syndicat professionnel (L. 21 mars 1884, art. 4), ou d'une société de secours mutuels (L. 1er avr. 1898, art. 3).

154. — Ils ne peuvent exercer, dans une succession, à l'encontre d'autres étrangers, le prélèvement institué par la loi du 14 juill. 1819 (art. 2). — Aubry et Rau, 5° éd., t. 1, § 79, p. 526; 4° éd., t. 6, § 592, p. 278, note 10; Despagnet, 3° éd., n. 45; Surville et Arthuys, 3° éd., n. 349; Audinet, n. 629. — *Contra*, Weiss, t. 2, p. 358. — V. *infra*, v° *Succession*.

155. — 3° Le gouvernement conserve le droit de les expulser de France par mesure administrative (L. des 13-21 nov., 3 déc. 1849, art. 7). — V. *infrà*, n. 198.

156. — 4° Enfin la loi personnelle de l'étranger autorisé à fixer son domicile en France reste la loi étrangère; cette loi régit son état et sa capacité et continue de s'appliquer dans tous les cas où l'étranger est soumis, en France, à sa loi nationale. C'est ce que nous établirons ultérieurement.

157. — À l'égard de quelles personnes l'autorisation de domicile produit-elle ses effets? Suivant une première opinion, ces effets seraient strictement individuels. Ils ne s'étendraient pas à la femme ni aux enfants mineurs de l'étranger qui a obtenu l'autorisation. — Weiss, t. 1, p. 321; Demolombe, t. 1, p. 431; Laurent, *Principes de droit civil*, t. 1, n. 457; Vincent, *Lois nouvelles*, 1889, 1re série, p. 818; Huc, *Commentaire du Code civil*, t. 1, n. 269.

158. — Suivant un autre système, la femme et les enfants mineurs bénéficieraient de l'autorisation accordée à leur mari ou à leur père et acquerraient, en même temps que lui, la jouissance des droits civils, à la condition de résider en France avec lui. — Bordeaux, 14 juill. 1845, précité. — Paris, 13 août 1889, sous Cass., 23 mai 1892, Roukia-Ben-Aïad, [S. et P. 92.1.521, D. 90.2.161] — *Sic*, Aubry et Rau, 4e éd., t. 1, § 79, p. 313, texte et note 20; Demante et Colmet de Santerre, t. 1, n. 28 *bis*-III.

159. — La question nous paraît tranchée dans ce dernier sens par la loi du 26 juin 1889. Le dernier alinéa que cette loi a ajouté à l'art. 13, dispose que : « En cas de décès avant la naturalisation, l'autorisation et le temps de stage qui a suivi profiteront à la femme et aux enfants qui étaient mineurs au moment du décret d'autorisation. » La femme et les enfants mineurs profitent donc, à cet égard, de l'autorisation de domicile accordée à leur mari ou à leur père; ils doivent aussi, croyons-nous, en profiter sous tout autre rapport. D'ailleurs la naturalisation du père confère aux enfants mineurs la nationalité française; à plus forte raison doivent-ils bénéficier de l'autorisation de domicile. — Aubry et Rau, 5e éd., t. 1, § 79, p. 327, texte et note 20; Despagnet, 3e éd., n. 45; Surville et Arthuys, 3e éd., n. 128; Audinet, n. 74; Le Sueur et Dreyfus, *La nationalité*, p. 62; Siemler, *Journ. du droit international privé*, 1890, p. 394.

§ 3. *Traités diplomatiques.*

160. — Les étrangers jouissent en France des droits civils, lorsqu'ils leur ont été conférés par les traités conclus avec la nation à laquelle ils appartiennent, à charge de réciprocité au bénéfice des Français (C. civ., art. 11). Ces traités sont de deux sortes : les uns accordent aux étrangers tous les droits civils, et les autres quelques-uns d'entre eux seulement.

161. — Les traités qui accordent aux étrangers en France la plénitude des droits civils sont peu nombreux. Ce sont : 1° la convention consulaire conclue avec l'Espagne le 7 janv. 1862 (art. 2), aux termes de laquelle « les Français en Espagne et les Espagnols en France auront les mêmes droits (excepté les droits politiques) et les mêmes privilèges que ceux qui sont ou seront accordés aux nationaux » (S. L. annotées, 1862, p. 24). — V. Cass., 3 juin 1885, Corchon, [S. 85.1.417, P. 85.1.1023, D. 85.1.409] — Trib. comm. Seine, 5 nov. 1896, Colmenares, [Clunet, 97.120]

162. — 2° Le traité de commerce du 18 janv. 1883, entre la France et la Serbie, dont l'art. 4 est conçu à peu près dans les mêmes termes que l'art. 2 précité du traité franco-espagnol (S. L. annotées, 1884, p. 676).

163. — 3° Par voie de conséquence la jouissance de tous les droits civils, accordée par les précédents traités, doit être aussi reconnue en France aux ressortissants des pays dont les traités ont stipulé, sous ce rapport, au bénéfice de leurs ressortissants le traitement de la nation la plus favorisée. Tel est le traité conclu avec le Brésil le 7 juin 1826 (art. 6). — Trib. Seine, 13 mars 1889, Levord, [Clunet, 89.803] — V. de Clos Frias, *De l'adoption entre Français et Brésiliens* (*Journ. du dr. intern. pr.*, 1889, p. 764).

164. — Les traités qui accordent aux étrangers certains des droits civils concernent notamment les tutelles, les successions, les hypothèques légales, la compétence judiciaire, l'exécution des jugements, la propriété littéraire, artistique ou industrielle; ils ont été ou seront étudiés dans les matières auxquelles ils se rapportent.

165. — Enfin un grand nombre de traités, que nous ne croyons pas devoir énumérer ici (V. Weiss, t. 2, p. 100, n. 2), traités d'établissements, conventions consulaires, traités de commerce, stipulent au profit des étrangers qui résident en France ou y sont de passage la liberté d'aller et de venir, la liberté de conscience, le droit de faire le commerce, celui de posséder des biens, l'exemption du service militaire, sans rien ajouter, à cet égard, aux facultés dont les étrangers jouissent en France, de droit commun. Ils ont cependant l'avantage de mettre les étrangers à l'abri des modifications restrictives de leurs droits qui pourraient être apportées à la loi française.

SECTION III.

Restrictions au séjour des étrangers en France.

§ 1. *Droit d'expulsion.*

166. — Le gouvernement peut expulser de France les étrangers dont la présence serait dangereuse pour l'ordre public. On ne saurait lui contester sérieusement ce droit. Il serait injuste et d'une mauvaise politique de repousser les étrangers et de leur interdire l'entrée des frontières; mais l'hospitalité qui leur est offerte peut leur être retirée s'ils en abusent pour nuire aux intérêts du pays qui les a accueillis.

167. — On a cependant critiqué le caractère discrétionnaire du pouvoir qu'exerce, en pareille matière, le gouvernement (V. Weiss, t. 2, p. 90). L'Institut de droit international, dans sa session de Genève (1892), a élaboré un projet de règlement, déterminant, d'une façon d'ailleurs assez large, les causes pour lesquelles l'expulsion pourrait être légitimement prononcée. — *Annuaire de l'Institut de droit international*, t. 12, p. 218.

168. — Le droit d'expulsion avait été accordé au gouvernement par l'art. 7, L. 28 vend. an VI, ainsi conçu : « Tous étrangers voyageant dans l'intérieur de la République, ou y résidant, sans y avoir une mission des puissances neutres et amies, reconnue par le gouvernement, ou sans y avoir acquis le titre de citoyen, sont mis sous la surveillance spéciale du directoire exécutif, qui pourra leur retirer leurs passeports et leur enjoindre de sortir du territoire français, s'il juge leur présence susceptible de troubler l'ordre et la tranquillité. » L'art. 272, C. pén., a consacré de nouveau le droit d'expulsion, mais seulement en ce qui concerne les étrangers condamnés pour vagabondage, La loi des 13-24 nov., 3 déc. 1849 (art. 7 et 8) l'a enfin réglementé d'une façon générale. Depuis lors, le gouvernement a déposé, le 4 mars 1882, un projet de loi qui limitait le droit d'expulsion, en donnant certaines garanties aux étrangers (*Doc. parlementaires*, Chambre des députés, 1882, p. 485). Ce projet, adopté à la Chambre des députés le 29 juin 1882, n'a jamais été délibéré par le Sénat. Il paraît être, en fait, abandonné. — V. Bès de Berc, *De l'expulsion des étrangers* (Thèse), p. 103 et s.

169. — Aux termes de la loi de 1849, le ministre de l'Intérieur peut, par mesure de police, enjoindre immédiatement à tout étranger voyageant ou résidant en France de sortir immédiatement du territoire français, et le faire conduire à la frontière. Dans les départements frontières, le sous-préfet dispose du même droit, mais seulement à l'égard des étrangers non résidant, et à charge d'en référer immédiatement au ministre de l'Intérieur. — V. Circ. min. Int., 17 déc. 1885, [*Journ. du dr. intern. pr.*, 1886, p. 497]

170. — L'expulsion ne peut être prononcée que par les autorités administratives. Elle ne pourrait l'être par l'autorité judiciaire, même dans le cas prévu par l'art. 272, C. pén. (V. cep. art. 3, § 3, L. 8 août 1893, *infra*, n. 274). Le tribunal devrait alors se borner à statuer sur l'inculpation de vagabondage, sans pouvoir ordonner que le condamné, à l'expiration de la peine, serait conduit à la frontière. C'est à l'autorité administrative d'y pourvoir d'office, si elle le croit nécessaire. — Cass., 9 sept. 1826, Muzzioli, [S. et P. chr.] — Paris, 1er mai 1874, Ferou, [Clunet, 75.352] — Féraud-Giraud, *Réglementation de l'expulsion des étrangers en France* (*Journ. du dr. intern. pr.*, 1896, p. 418).

171. — La loi laisse à la discrétion du ministre d'apprécier les causes qui justifient l'expulsion; le pourront être celles qui sont prévues par la loi du 28 vend. an VI, art. 7, précité, ou par l'art. 272, C. pén. Même en dehors de l'hypothèse prévue par ce dernier article on ouvrira une instruction à fin d'expulsion contre tout étranger condamné correctionnellement, à moins qu'il ne s'agisse de condamnations minimes, et pour des délits de peu d'importance, ou dont la nature ne constitue pas un danger pour l'ordre public. — Circ. min., 20 juill. 1893, [*Journ. du dr. int. pr.*, 93.980]

172. — L'arrêté d'expulsion en fait ordinairement connaître la cause; il fixe le délai dans lequel il devra être exécuté, et la frontière où l'expulsé sera conduit. Les réfugiés politiques, s'ils sont expulsés, ne doivent pas être reconduits à leurs frontières nationales, ce qui ne serait qu'une extradition déguisée. Au contraire, les condamnés de droit commun, et les personnes dont la présence peut être dangereuse, en raison de leur dénûment

ÉTRANGER — Titre I. — Chap. II.

absolu ou de toute autre cause, doivent être dirigés sur leur pays d'origine. La plupart des puissances, en effet, se refusent, en pareil cas, à recevoir les expulsés qui leur sont étrangers. — Féraud-Giraud, *op. cit.*, p. 422 et 423.

173. — Cette règle a été expressément consacrée dans un arrangement entre la France et l'Allemagne, aux termes duquel les individus de l'un ou de l'autre pays, frappés d'un arrêté d'expulsion, ne pourront franchir la frontière, par l'effet de cette mesure, que s'il ne subsiste aucun doute sur leur nationalité. La preuve en résultera des pièces authentiques qu'ils pourront produire; à défaut, elle sera établie à la suite d'une correspondance diplomatique. — Circ. min. Int., [*Journ. du dr. int. pr.*, 92. 334]

174. — L'arrêté d'expulsion ne peut être révoqué que par l'autorité compétente de qui il émane; il n'est donc pas permis d'induire des circonstances qu'il a été implicitement révoqué, dans le cas, par exemple, où l'étranger aurait été ultérieurement admis à s'engager dans la légion étrangère. — Besançon, 9 mars 1892, Fatla, [D. 92.2.424]

175. — L'infraction à un arrêté d'expulsion est punie d'un emprisonnement d'un à six mois. Après l'expiration de sa peine, l'étranger est reconduit à la frontière (L. de 1849, art. 8). Cette peine s'applique également lorsque l'expulsion est prononcée à la suite d'une condamnation pour vagabondage (C. pén., art. 272); elle a remplacé, dans ce cas, la peine portée par l'art. 45, C. pén., qui, antérieurement à la loi de 1849, était la sanction de l'art. 272. — Cass., 27 mars 1852, Kuhu, [S. 52.1.380, P. 52. 2.362 D. 52.1.128] — Colmar, 17 déc. 1862, Mame, [S. 63.2. 105] — Amiens, 24 mars 1876, Rack, [S. 76.2.132, P. 76.591] — Trib. corr. d'Hazebrouck, 5 févr. 1859, Merveille, [D. 59.3. 22] — V. Circ. min. Just., 18 mai 1858, [D. 59.3.21], et Cass., 8 janv. 1885, Brion, [Clunet, 85.672]

176. — Cette condamnation sera encourue non seulement par l'étranger, qui après être sorti de France, en exécution de l'arrêté d'expulsion, y serait rentré sans autorisation du gouvernement, mais aussi par celui qui, après avoir reçu notification de l'arrêté qui le frappe, aura continué à résider en France. L'art. 8 de la loi de 1849 est formel en ce sens : « Tout étranger *qui se serait soustrait à l'exécution des mesures énoncées dans l'article précédent*, ou qui, *après être sorti de France par suite de ces mesures, y serait rentré*, sera traduit devant les tribunaux, etc. » La loi prévoit donc les deux hypothèses et édicte la peine pour l'une et l'autre. On allèguerait vainement que la notification n'est pas une mesure d'exécution de l'arrêté, mais une mesure préparatoire de l'exécution. — Paris, 13 nov. 1897, L..., [S. et P. 98.2.70, D. 99.2.75] — Douai, 21 déc. 1893, [S. et P. 98.2.70, *ad notam*, D. 94.2.251, et la note de M. Despagnet].

177. — La loi du 8 août 1893 a cependant fait naître un doute sur ce point. Suivant l'art. 3, 2° al., de cette loi, « l'étranger qui aura fait sciemment une déclaration (de résidence) fausse ou inexacte, sera passible d'une amende, et, s'il y a lieu, de l'interdiction temporaire ou indéfinie du territoire français; » et le troisième alinéa poursuit : « L'étranger expulsé du territoire français, *et qui y serait rentré* sans l'autorisation du gouvernement, sera condamné à un emprisonnement d'un à six mois. » Ne faut-il pas conclure de là que la peine ne sera dorénavant encourue que si l'étranger, après être effectivement sorti de territoire français, y est rentré, et non plus dans le cas où il aurait continué d'y séjourner, au mépris de l'arrêté prononcé contre lui?

178. — Ce serait là, cependant, une conclusion inexacte. Le sens et la portée de l'art. 3, § 3, L. 8 août 1893, sont fort obscurs. Cette loi a-t-elle voulu attacher une sanction pénale à l'interdiction de résider en France qui sera prononcée par le tribunal correctionnel? La peine qu'elle édicte sera-t-elle encourue que si l'étranger, condamné pour infraction à la loi du 8 août, a été, en outre, expulsé de France par la voie administrative (Copineau et Henriet, *De la condition des étrangers en France au point de vue de la résidence et de la profession: Journ. du dr. intern. privé*, 1896, p. 281)? En admettant même que la loi de 1893 se réfère ainsi, sur ce point, à la même hypothèse que celle de 1849 (art. 8), la plus récente de ces deux lois n'aurait abrogé l'autre qu'autant qu'elle serait inconciliable avec elle. Or, l'art. 8 de la loi de 1849 prévoit deux hypothèses : 1° celle où l'étranger s'est soustrait à l'exécution de l'arrêté d'expulsion; 2° celle où l'étranger, après s'être conformé, volontairement ou par la force, aux prescriptions de l'arrêté d'expulsion, rentre en France sans autorisation. De ces deux cas, la loi de 1893 n'a visé que le dernier, pour reproduire textuellement les dispositions de l'art. 8 de la loi de 1849. Les dispositions de ce dernier article ont donc conservé toute leur force relativement à la première hypothèse, que la loi de 1893 a laissée en dehors de ses prévisions. — Paris, 13 nov. 1897, précité.

179. — Existe-t-il quelque recours ouvert contre les arrêtés d'expulsion? Il est certain tout d'abord qu'ils ne peuvent faire l'objet, devant le Conseil d'État, d'un recours contentieux proprement dit, fondé sur la lésion d'un droit par un acte administratif et justifié, par exemple, par l'inexactitude des motifs de l'arrêté. Ces arrêtés sont des actes de gouvernement et de haute police qui ne sont pas susceptibles d'être attaqués par la voie contentieuse. — Cons. d'Ét., 4 août 1836, Naundorff, [S. 36.2. 445, P. adm. chr.]; — 8 déc. 1853. Dame de Solms, [S. 54.2.409]; — 24 janv. 1867, Radziwill, [Leb. chr., p. 94]; — 8 déc. 1882, Laflon, [D. 84.3.69] — V. cep. Bès de Berc, p. 75.

180. — Le Conseil d'État a même décidé, pendant longtemps, que l'arrêté d'expulsion ne pouvait lui être déféré, même pour incompétence ou excès de pouvoir. — Cons. d'Ét., 8 déc. 1882, précité.

181. — Mais plus récemment, le Conseil d'État a admis implicitement qu'un arrêté d'expulsion pouvait être l'objet d'un recours pour excès de pouvoir. — Cons. d'Ét., 14 mars 1890, Ribes, [S. et P. 92.3.85, D. 91.3.92] — *Sic*, Laferrière, *Traité de la juridiction administrative*, t. 2, p. 480; Féraud-Giraud, *op. cit.*, p. 424; de Lalande, *Revue pratique de droit intern. pr.*, 1892, 2° part., p. 67. — V. aussi les conclusions de M. le commissaire du gouvernement Levavasseur de Précourt, sur Cons. d'Ét., 14 mars 1884, Morphy, [S. 86.3.2, P. adm. chr.]. — V. *suprà*, v° *Acte administratif*, n. 29 et 45.

182. — L'excès de pouvoir pourrait résulter, notamment, de ce que l'arrêté d'expulsion aurait été pris par un préfet, alors qu'il aurait dû l'être par le ministre, ou encore de ce que l'individu expulsé comme étranger serait, en réalité, français. — De Lalande, *op. cit.*, p. 66.

183. — Mais dans ce dernier cas, le Conseil d'État ne pourrait admettre la requête à fin d'annulation de l'arrêté, que si l'allégation du requérant qu'il se prétend français était, ou évidemment démontrée, ou encore dépourvue de toute vraisemblance. Si la nationalité était sérieusement contestée, les tribunaux de l'ordre judiciaire seuls seraient compétents pour la trancher. — De Lalande, *op. cit.*, p. 66. — V. aussi note sur Cons. d'Ét., 14 mars 1890, [*Journ. du dr. int. privé*, précité].

184. — D'autre part, il a été jugé que l'individu expulsé ne serait pas recevable à former un recours pour excès de pouvoir, au cours d'une poursuite, pour infraction à l'arrêté d'expulsion, intentée contre lui. Il pourrait alors, en effet, faire reconnaître par le tribunal correctionnel l'illégalité de l'acte qui lui fait grief. — Cons. d'Ét., 14 mars 1884, Morphy, [S. 86.3.2, P. adm. chr., D. 85.3.9]

185. — Mais cette décision nous paraît critiquable. M. Laferrière (*Traité de la juridiction administrative*, t. 2, p. 480) fait observer que le droit qu'a le contrevenant d'invoquer, pour sa défense, l'illégalité de l'arrêté d'expulsion ne saurait être considéré comme l'équivalent de l'action en annulation qu'il a le droit d'exercer devant le Conseil d'État. Il n'est ni juridique ni équitable d'exiger que la partie lésée soit réduite à la défense devant le juge de répression, au lieu de prendre l'offensive devant le juge de l'excès de pouvoir.

186. — Les tribunaux judiciaires, saisis d'une poursuite pour infraction à un arrêté d'expulsion, sont compétents pour apprécier la légalité de cet arrêté. Ils se refuseront, par exemple, à l'appliquer s'il a été pris par un préfet, en dehors des pouvoirs que lui confère la loi de 1849. — Douai, 25 juill. 1853, Dulaurier, [D. 57.2.67] — Cons. d'Ét., 14 mars 1884, précité.

187. — Ils ne devront non plus prononcer aucune condamnation s'il est établi que le prétendu étranger est en réalité Français. — Cons. d'Ét., 14 mars 1884, précité. — Cette solution, d'ailleurs incontestée, est implicitement affirmée par les nombreux arrêts qui examinent, pour l'admettre ou la repousser, le moyen de défense que l'individu poursuivi tire de sa nationalité. — V. notamment Cass., 7 déc. 1883, Gillebert, [S. 85.1. 89, P. 85.1.182, D. 84.1.209]; — 7 août 1891, Cros, [D. 92.1. 197]; — 19 déc. 1891, Casana, [S. et P. 92.1.107, D. 93.1 329]; — 22 déc. 1894, Pornezano, [S. et P. 95.1.455, D. 95.1.136]; —

31 janv. 1896, Procureur général de Douai, [S. et P. 96.1.537, D. 96.1.337]; — 9 déc. 1896, Lorent, [S. et P. 97.1.297, D. 97.1.161]; — 22 avr. 1898, Pelosi, [S. et P. 99.1.473] — Paris, 11 juin 1883, Gillebert, [S. 83.2.177, P. 83.1.897]; — 6 févr. 1884, Frischkuecht, [S. 85.2.215, P. 85.1.1247, D. 85.2.44] — Aix, 25 avr. 1895, Sordelle, [S. et P. 96.2.296, D. 96.2.335] — Amiens, 19 mars 1896, Lorent, [S. et P. 96.2.296, D. 96.2.336] — Aix, 3 nov. 1897, sous Cass., 24 janv. 1898, Panieri, [S. et P. 98.1.255, D. 99.1.321]; — 27 août 1897, Crotagli, [Clunet, 98.133] — Paris, 4 févr. 1898, sous Cass., 30 mars 1898, Laug, [D. 99.1.321]

188. — La question de nationalité soulevée par l'étranger est alors de la compétence du juge de répression lui-même, qui ne peut en renvoyer l'examen au tribunal civil. — Paris, 11 juin 1883, précité. — V. aussi les arrêts cités *suprà*, n. 187 (Sol. impl.). — Bertauld, *Questions et exceptions préjudicielles en matière criminelle*, n. 77.

189. — Et c'est au ministère public qu'il appartient de faire la preuve de l'extranéité du prévenu, cette extranéité étant l'un des éléments constitutifs du délit. — Paris, 11 juin 1883, précité. — Féraud-Giraud, *op. cit.*, p. 426.

190. — L'individu acquitté du chef d'infraction à un arrêté d'expulsion, parce que le tribunal correctionnel lui aurait reconnu la nationalité française, et qui aurait continué à résider en France, ne pourrait plus être l'objet d'une nouvelle poursuite, à moins qu'un second arrêté d'expulsion n'intervint contre lui. La prolongation du séjour en France ne peut être, en effet, considérée que comme la continuation du délit pour lequel il a été acquitté, et non comme constituant une infraction nouvelle. — Trib. Marseille, 8 janv. 1898, Gatto, [Clunet, 99.730] — Trib. Nice, 13 janv. 1899, [*Ibid.*, 1899, p. 556] — Raymond Hubert, *De la poursuite pour infraction à un arrêté d'expulsion* (*Journ. du dr. intern. pr.*, 1899, p. 724).

191. — L'étranger qui se prétendrait illégalement expulsé pourrait-il intenter, devant les tribunaux civils, une action en dommages-intérêts contre le ministre ou le préfet, auteur de l'arrêté d'expulsion? Les tribunaux se déclarent généralement incompétents pour connaître de semblables recours ; ils se fondent sur ce que l'arrêté d'expulsion est un acte gouvernemental, accompli par le pouvoir exécutif dans l'exercice de la puissance publique, et qui échappe à la connaissance et à l'appréciation de l'autorité judiciaire. — Paris, 29 janv. 1876, Prince Jérôme Napoléon, [S. 76.2.297, P. 76.1218, D. 76.2.44] — V. *suprà*, v° *Acte administratif*, n. 29 à 45.

192. — Mais il nous semble, au contraire, que l'action en dommages-intérêts trouverait alors un appui dans les art. 114 et 117, C. pén., aux termes desquels des dommages-intérêts peuvent être demandés par la voie civile contre les fonctionnaires publics, qui auraient ordonné ou fait quelque acte arbitraire ou attentatoire à la liberté individuelle. Or un arrêté d'expulsion présente ces caractères, lorsqu'il a été pris illégalement, c'est-à-dire par un préfet, dans les cas où le ministre seul pouvait le faire, ou contre un Français. Mais le tribunal ne pourrait statuer que si la nullité de l'arrêté avait été préalablement prononcée, pour excès de pouvoir, par le Conseil d'Etat, à moins cependant qu'elle ne résultât de la nationalité française de l'expulsé, dont l'autorité judiciaire seule est juge. — Labbé, note sous Paris, 29 janv. 1876, [S. 76.2.297, P. 76.1218] — Bès de Berc, p. 73; de Lalande, *op. cit.*, p. 63. — V. les conclusions de M. Levasseur de Précourt, sous Cons. d'Et., 14 mars 1884, Morphy, [S. 86.3.2, P. adm. chr.]

193. — L'expulsion peut être prononcée contre tous les étrangers, sans exception. Ainsi elle peut être prononcée contre les femmes aussi bien que contre les hommes (V. Cons. d'Et., 8 déc. 1853, Dame de Solms, [S. 34.2.409], et alors même que la femme, française d'origine, ne serait devenue étrangère que par son mariage avec un étranger. — Féraud-Giraud, *op. cit.*, p. 420.

194. — Mais réciproquement, l'arrêté d'expulsion cesserait d'avoir effet, si la femme étrangère épousait un Français. — Féraud-Giraud, *loc. cit.*

195. — Les étrangers mineurs peuvent être expulsés aussi bien que les majeurs. — Paris, 19 déc. 1891, précité ; — 22 déc. 1894, précité. — Paris, 6 févr. 1884, précité. — Cons. d'Et., 14 mars 1884, précité.

196. — Et il en est ainsi, alors même que les parents du mineur habiteraient la France et y auraient leur domicile. — Paris,

6 févr. 1884, précité. — Renault, *Examen doctrinal*, *Revue critique*, 1885, p. 586.

197. — Les étrangers peuvent encore être expulsés, bien qu'ils aient une vocation légale à la nationalité française, dans les cas prévus par les art. 8, § 4, 9 et 10, C. civ. Cette situation a fait naître de graves difficultés qui seront examinées, *infra*, v° *Nationalité*, *Naturalisation*.

198. — Les étrangers qui ont été autorisés à établir leur domicile en France peuvent, eux aussi, être l'objet d'un arrêté d'expulsion. Ils jouissent, cependant, d'une garantie particulière. La mesure prise contre eux cesse d'avoir effet, de plein droit, à l'expiration d'un délai de deux mois, si, avant ce temps, l'autorisation qui leur avait été accordée n'a pas été révoquée, dans les formes indiquées ci-dessus, n. 148 (L. des 13-21 nov., 3 déc. 1849, art. 7, 2° al.). — V. *Journ. du dr. int. privé*, 1892, p. 402 (chronique).

199. — Divers traités diplomatiques ont réglementé et restreint le droit d'expulsion. Ce sont : 1° les traités conclus avec la Bolivie, 9 déc. 1834, art. 3, § 2 [S. *Lois annotées*, 1837, p. 377]; Costa-Rica, 10 mars 1848 [S. *Lois annotées*, 1849, p. 53]; l'Equateur, 6 juin 1843, art. 4, § 4 [S. *Lois annotées*, 1845, p. 12]; le Guatémala, 8 mars 1848, art. 4, § 4 S. *Lois annotées*, 1849, p. 50]; le Honduras, 22 févr. 1856, art. 4, § 4 [S. *Lois annotées*, 1857, p. 147]; le Salvador, 2 janv. 1858, art. 5, § 2 [S. *Lois annotées*, 1860, p. 14]; le Pérou, 9 mars 1861, art. 3, § 3 [S. *Lois annotées*, 1862, p. 15] — Aux termes des stipulations, toutes semblables, de ces conventions, les étrangers qu'elles concernent ne peuvent être expulsés de France que pour des motifs graves et de nature à troubler la tranquillité publique ; ces motifs et les documents qui les établissent doivent être préalablement communiqués aux agents diplomatiques ou consulaires des gouvernements intéressés, et l'on doit accorder aux inculpés le temps nécessaire, plus ou moins long, suivant les circonstances, pour présenter leurs moyens de justification ; et aussi, d'après le traité conclu avec le Pérou, pour prendre, de concert avec les agents diplomatiques ou consulaires de leurs pays, les mesures nécessaires à la conservation de leurs biens et de ceux des tiers qui existeraient entre leurs mains.

200. — 2° La convention conclue avec la Bavière, le 30 mai 1868 [S. *Lois annotées*, 1868, p. 320], qui a été remise en vigueur par l'art. 18 de la convention additionnelle au traité de Francfort du 11 déc. 1871 [S. *Lois annotées*, 1872, p. 162], présente une particularité. Avant d'expulser un sujet Bavarois (et réciproquement), le gouvernement français doit, au préalable, constater sa nationalité et communiquer à la légation ou au consulat compétent en original ou en copie authentique, tous les papiers dont l'expulsé était nanti et qui pourraient aider à établir sa nationalité. La légation ou le consulat, en visant la feuille de route remise à l'expulsé, et qui désigne le point de la frontière où il est tenu de passer pour se rendre dans son pays d'origine, doit indiquer qu'il n'existe aucun obstacle à son rapatriement. Les deux gouvernements s'engagent à reprendre tout individu expulsé, qui aura été considéré à tort comme sujet du pays auquel il a été rendu, aussitôt que l'erreur aura été reconnue.

201. — 3° Les garanties accordées par les traités précédents s'étendent, par voie de conséquence, aux nationaux des Etats dont les traités ont stipulé, pour l'établissement de leurs sujets en France, le traitement de la nation la plus favorisée, et qui sont le Brésil (Traité du 7 juin 1826, art. 6), l'Allemagne (Traité de paix du 10 mai 1871, art. 11, S. *Lois annotées*, 1872, p. 48), l'Angleterre (Traité du 28 févr. 1882, art. 1, S. *Lois annotées*, 1883, p. 304), la Colombie (Traité du 30 mai 1892, art. 1, S. *Lois annotées*, 1894, p. 716).

202. — Il est d'autres traités dont l'interprétation et la portée, au point de vue qui nous occupe, ont fait naître des doutes. Tel est, d'abord, le traité entre la France et la Russie, du 1er avr. 1874, [S. *Lois annotées*, 1874, p. 553, art. 1, 3° al.], qui stipule que « les Russes en France, comme les Français en Russie, pourront ... entrer, voyager, ou séjourner en toute liberté, en quelque partie que ce soit des territoires et possessions respectifs... ils jouiront, à cet effet, pour leurs personnes et leurs biens, de la même protection et sécurité que les nationaux. »

203. — Cette assimilation des Russes aux Français, au point de vue du séjour en France ne doit-elle pas avoir cette conséquence que les Russes ne pourront pas être expulsés, pas plus que les Français ne pourraient l'être eux-mêmes ? Ce serait

ÉTRANGER. — Titre I. — Chap. II. 121

là, cependant, une interprétation extensive et inexacte. Elle est expressément condamnée par le dernier alinéa de l'art. 1, d'après lequel les stipulations précédentes ne dérogent en rien aux lois, ordonnances et règlements spéciaux... en vigueur dans chacun des deux pays, et applicables à tous les étrangers en général. — Weiss, t. 2, p. 95; Bès de Berc, p. 89.

204. — Le traité d'établissement du 23 févr. 1882, entre la France et la Suisse, stipule (art. 1) que les Français seront reçus et traités, dans chaque canton de la confédération, relativement à leurs personnes et à leurs propriétés, sur le même pied et de la même manière que le sont ou pourront l'être les ressortissants des autres cantons, et que les Suisses (art. 3) jouiront en France des mêmes droits et avantages. Mais cette convention n'apporte aucune restriction au droit d'expulsion, dont elle prévoit elle-même l'exercice (art. 6). — Trib. féd. Suisse, 1882, [Clunet, 83.537, et 93.661] — *Contrà*, Bléteau, *De l'asile et du droit d'expulsion* (Thèse), p. 365.

205. — D'autres traités stipulent, comme celui qui a été conclu avec le Nicaragua le 11 avr. 1859 (art. 4, § 4, [S. *Lois annotées*, 1860, p. 3], que « les sujets et citoyens des deux pays auront le droit de se transporter en tous lieux sur le territoire de l'un et l'autre pays, » ou encore comme le traité avec l'Espagne du 7 janv. 1862 (art. 1), que les ressortissants des deux États auront la faculté « de voyager, de résider, de s'établir partout où ils le jugeront convenable. » Mais ces clauses ne suffisent pas pour enlever aux gouvernements des deux pays le droit de prononcer l'expulsion des étrangers. — Durand, p. 517; Bès de Berc, p. 93.

206. — La loi de 1849 n'a jamais été promulguée en Algérie; on pourrait se demander si elle y est applicable (V. la note de M. L. Hamel : *Revue algérienne et tunisienne de législation*, 88.2.24 ; Bès de Berc, p. 95). Mais la solution affirmative est admise sans difficulté par la pratique et par la jurisprudence. Les arrêts d'expulsion pris en Algérie visent toujours la loi de 1849, et les tribunaux en appliquent les pénalités, en cas d'infraction, à la place de celles, plus sévères, qu'édictait antérieurement l'arrêté du gouvernement général du 14 juin 1844. — Estoublon et Lefébure, *Code de l'Algérie*, p. 18. — V. *suprà*, vº *Algérie*, n. 2209.

207. — Le gouverneur général et les préfets d'Oran et de Constantine exercent, en Algérie, le droit d'expulsion. Ce droit, conféré au gouverneur par les arrêtés ministériels du 1er nov. 1834 (art. 15) et du 2 août 1836 (art. 10), lui a été, en dernier lieu, implicitement reconnu par l'arrêté du chef du pouvoir exécutif du 16 déc. 1848 (art. 6). Quant aux préfets, on sait qu'ils tiennent leurs pouvoirs de la loi de 1849 (art. 7, *in fine*).

208. — La loi des 29 mai-10 juin 1874 a déclaré applicable aux colonies (sans parler de l'Algérie) la loi du 3 déc. 1849. Les droits conférés par cette loi au ministre de l'Intérieur sont exercés, aux colonies, par le gouverneur ou le commandant. — V. *suprà*, vº *Colonie*, n. 567.

§ 2. *Déclaration de résidence.*

209. — Le nombre des étrangers fixés en France est considérable, et, pendant de longues années, il n'a cessé de s'accroître. En vingt-cinq ans, il s'était élevé de 635,495, représentant 1,67 p. 0/0 de la population totale (recensement de 1866 : *Journ. du dr. int. pr.*, 1889, p. 519) à 1,130,211 soit environ 3 p. 0/0 de la population totale (recensement de 1891). — Weiss, t. 2, p. 102, n. 4. — Cette progression rapide a préoccupé, non sans raison, l'opinion et les pouvoirs publics. Ces étrangers font, au travail national, une concurrence d'autant plus dangereuse qu'ils ne sont pas soumis au service militaire; à un autre point de vue la présence de certains d'entre eux n'est pas sans danger pour l'ordre public. La criminalité, parmi les étrangers, est sensiblement plus forte que parmi les Français (V. *J. du dr. intern. pr.*, 1889, p. 520). Pour atténuer les inconvénients de cette situation, le gouvernement et le pouvoir législatif ont adopté différentes mesures. Il en est une, la principale peut-être, que nous nous bornerons à signaler ici, c'est celle qu'a réalisée la loi du 26 juin 1889. Elle a eu pour but de diminuer le nombre des étrangers, en conférant la nationalité française à ceux qui sont nés et fixés en France (V. L. 26 juin 1889; C. civ., art. 8, § 3 et 4). Les autres, qui ne tendent pas à exclure de France les étrangers, mais seulement à soumettre leur séjour à certaines conditions, ont fait l'objet du décret du 2 oct. 1888 et de la loi du 8 août 1893.

1º *Décret du 2 oct. 1888.*

210. — Le décret du 2 oct. 1888 oblige tous les étrangers qui viennent se fixer en France à faire une déclaration à la mairie de la commune où ils se proposent d'établir leur résidence. Le gouvernement peut ainsi connaître les étrangers résidant en France et les soumettre plus facilement à sa surveillance. Nous rechercherons : 1º à quels étrangers s'applique cette disposition; 2º quelles formalités elle les oblige à remplir; 3º quelle en est la sanction.

211. — A. *A quels étrangers s'applique le décret de 1888.* — Aux termes de l'art. 1 du décret, « tout étranger non admis à domicile qui se propose d'établir sa résidence en France devra, etc. » Cette prescription ne s'applique donc pas aux étrangers qui ont été autorisés à établir leur domicile en France.

212. — Sauf cette exception, tous les étrangers y sont soumis, lorsqu'ils veulent fixer leur résidence en France. Il faut entendre par résidence un établissement définitif, ou dont le terme est incertain, ou tout au moins éloigné (Rapport du ministre de l'Intérieur, sur le décret du 2 oct. 1888 : *Journ. du dr. intern. pr.*, 1888, p. 571). — J. Durand, *Notes pratiques sur les conditions de séjour des étrangers en France* : *ibid.*, 1889, p. 523.

213. — Mais ces dispositions ne concernent pas les étrangers de passage en France, ou qui y séjournent momentanément pour leurs affaires ou leurs plaisirs (Rapport du ministre de l'Intérieur précité). — Circ. min. Int., 3 oct. 1888, [*Journ. du dr. int. privé*, 1888, p. 573] — Tels sont, par exemple, les voyageurs de commerce (Durand, *Journ. du dr. int. privé*, p. 526), ou les étrangers qui viennent passer une saison dans une station balnéaire ou hivernale; il suffit pour ceux-là de la déclaration qui doit être faite sur leur compte par les hôteliers ou logeurs chez lesquels ils habitent, conformément aux lois et règlements (V. Décr., 21 juin 1890, relatif aux étrangers arrivant en Algérie, art. 1, dernier al.). — *Journ. du dr. int. privé*, 1890, p. 534. — V. aussi même journal, 1888, p. 575.

214. — La déclaration prévue par le décret de 1888 n'est pas obligatoire pour les enfants mineurs étrangers placés par leurs parents ou tuteurs dans un pensionnat français. Ce n'est pas, en effet, de leur propre volonté qu'ils ont choisi la France pour le lieu de leur résidence, et d'autre part, cette résidence n'est que temporaire. — Cass., 4 août 1893, Catelin, [S. et P. 93 1.444, D. 94.1.85] — *Contrà*, Durand, *Code de l'étranger en France*, p. 37 et 38.

215. — Les agents diplomatiques et consulaires sont dispensés de la déclaration. D'après les principes du droit international leur séjour en France n'a jamais le caractère d'une résidence fixe et ne les soumet pas aux conditions imposées aux étrangers qui viennent s'établir dans ce pays. — Circ. min. Int., 3 oct. 1888, précitée.

216. — Les étrangers qui s'enrôlent dans la légion étrangère n'ont pas non plus à faire de déclaration de séjour. — Copineau et Henriet, *Le séjour des étrangers en France*, n. 12; *Lois nouvelles*, 1895, t. 1, p. 162.

217. — Mais le décret ne distingue pas suivant le sexe ou l'âge. Les femmes aussi bien que les hommes, les mineurs aussi bien que les majeurs sont soumis à ces prescriptions. — Copineau et Henriet, *De la condition des étrangers en France au point de vue de la résidence et de la protection*, [*Journ. du dr. int. privé*, 1896, p. 263] — V. cependant, quant aux mineurs, *suprà*, n. 214. — Toutefois, lorsque les femmes et les enfants mineurs viennent se fixer en France avec leur mari ou leur père, ils ne sont pas tenus à faire une déclaration individuelle; ils doivent, en effet, être mentionnés sur celle qui fait le chef de la famille.

218. — B. *Formalités à remplir.* — L'étranger qui se propose d'établir sa résidence en France doit faire une déclaration de séjour, dans la commune où il veut se fixer (Décr. de 1888, art. 1). Cette déclaration doit être faite dans un délai de quinze jours, et le point de départ de ce délai se place au jour où l'intéressé est arrivé dans cette commune et non au jour de son entrée en France. — Cass., 4 août 1893, Heintz, [S. et P. 94.1. 111, D. 94.1.86]

219. — Ce délai était d'un mois pour les étrangers résidant en France à la date du 2 oct. 1888 (art. 4); et il a même été prorogé pour eux jusqu'au 1ᵉʳ janv. 1889 (Décr. 27 oct. 1888). — *Journ du dr. int. privé*, 1888, p. 705.

220. — La déclaration doit être reçue par le maire (art. 1), qui peut, s'il le juge à propos, et dans les localités où il y en a un, se faire remplacer par le commissaire de police. A Paris, la déclaration est reçue par le préfet de police; à Lyon, par le préfet du Rhône (art. 2).

221. — Le décret n'exige pas qu'elle soit faite par écrit (V. cep. Durand, *Journ. du dr. int. pr.*, 89.722); mais il est utile qu'elle soit signée si l'étranger sait et peut le faire. — Copineau et Henriet, *Journ. du dr. int. pr.*, 1889, p. 264.

222. — La déclaration doit contenir les énonciations suivantes (art. 1) : 1° Noms et prénoms du déclarant et de ses père et mère ; 2° Nationalité ; 3° Lieu et date de sa naissance ; 4° Lieu de son dernier domicile ; 5° Profession ou moyens d'existence ; 6° Noms, âge et nationalité de sa femme et de ses enfants mineurs, lorsqu'il est accompagné par eux.

223. — L'étranger doit produire à l'appui de sa déclaration les pièces justificatives propres à établir son identité et sa nationalité. S'il n'en est pas porteur, il pourra obtenir un délai pour se les procurer (art. 1). Ces pièces, qui ne sont pas autrement précisées, seront, par exemple, un extrait de naissance, ou, à défaut, les autres pièces, qui, d'après la loi du pays d'origine de l'étranger, établiraient son identité, ou une attestation du consul de sa nation. — J. Durand, *Code de l'étranger en France*, et *Journ. du dr. int. pr.*, 1889, p. 523.

224. — Il est délivré gratuitement à l'intéressé un récépissé de sa déclaration (art. 1, *in fine*).

225. — Au cas où l'étranger change de domicile (ou plus exactement de résidence), il doit faire une nouvelle déclaration devant le maire de la commune où il fixe sa nouvelle résidence (art. 3).

226. — C. *Sanction.* — Les infractions au décret de 1888 sont punies des peines de simple police, sans préjudice du droit d'expulsion qui appartient au ministre de l'Intérieur (art. 5). Les peines de simple police applicables sont celles qu'édicte l'art. 471, § 15, C. pén., visé dans le préambule du décret, c'est-à-dire une amende de 1 à 5 fr., et en cas de récidive, un emprisonnement d'un à trois jours (C. pén., art. 474). — Copineau et Henriet, *Journ. du dr. int. pr.*, 1896, p. 268.

227. — Si le prévenu excipe de sa nationalité française, le juge de simple police n'est pas, en principe, compétent pour connaître de l'incident. Toutefois, on pourrait admettre ici la distinction qui a prévalu, dans la jurisprudence, à propos des contestations relatives à la confection des listes électorales. Si la nationalité fait l'objet d'une contestation sérieuse, le juge doit surseoir à statuer jusqu'à ce qu'elle ait été jugée par le tribunal compétent ; au cas contraire, il doit passer outre et statuer immédiatement. — Copineau et Henriet, *op. cit.*, p. 266. — V. aussi, sur le contentieux en matière de nationalité, *infrà*, v⁰ˢ *Nationalité*, *Naturalisation*.

228. — Les contraventions au décret de 1888 se prescrivent par le délai d'un an, comme toutes les contraventions de simple police ; et le point de départ de cette prescription se place au jour où est expiré le délai imparti pour faire la déclaration. La contravention, en effet, n'a pas le caractère d'une contravention successive, se renouvelant chaque jour, tant que l'étranger n'a pas fait sa déclaration ; elle consiste uniquement dans le défaut de déclaration dans le délai légal, et elle est commise et consommée le jour même où expire ce délai. — Cass., 2 juin 1892 (2 arrêts), 1ʳᵉ espèce : *Boom* ; 2ᵉ espèce, *Milianaty*, [S. et P. 93.1.60, D. 93.1.161] — Weiss, t. 2, p. 104, n. 1 ; Muteau, *Prescription*, p. 206 ; Le Poitevin, *Dictionnaire des parquets*, 2ᵉ éd., v⁰ *Étranger*, p. 241 et 244 ; Copineau et Henriet, *op. cit.*, p. 268. — *Contra*, Chausse, *Examen doctrinal : Revue critique*, 1889, p. 302. — Trib. police Dunkerque, 22 oct. 1891, [*Mon. des juges de paix*, 92.71]

2° *Loi du 8 août 1893.*

229. — Le décret de 1888 n'avait pas donné satisfaction aux plaintes que soulevaient l'affluence des étrangers en France et surtout la concurrence qu'ils font aux ouvriers français. La Chambre des députés était saisie de diverses propositions de lois ayant pour but d'édicter les mesures défensives contre cette sorte d'invasion (V. S. *L. annotées*, 1894, p. 713, note, § 11). En particulier, il avait été question d'établir une taxe de séjour sur les étrangers, ou de frapper d'un impôt spécial les patrons qui emploieraient des ouvriers étrangers (V. *Journ. du droit int. pr.*, 1890, p. 837). La loi du 8 août 1893 est issue de ces diverses propositions, dont on a écarté toutes les dispositions relatives aux impôts spéciaux dont auraient été frappés les étrangers ou ceux qui les emploient ; elle se borne à consacrer législativement, à l'égard de certains étrangers, l'obligation de faire une déclaration de résidence, déjà imposée par le décret du 2 oct. 1888, en y attachant une sanction plus rigoureuse.

230. — Les dispositions de la loi de 1893 concernent les unes les étrangers qui viennent en France exercer un métier ou une profession, les autres les personnes qui emploient des étrangers.

231. — A. *Règles applicables aux étrangers.* — Aux termes de l'art. 1, L. 8 août 1893, tout étranger, non admis à domicile, arrivant dans une commune pour y exercer une profession, un commerce ou une industrie, devra faire à la mairie une déclaration de résidence. Nous déterminerons : 1° à quels étrangers cette obligation est imposée ; 2° quelles formalités ils doivent remplir ; 3° quelle en est la sanction.

232. — *a) A quels étrangers s'applique la loi de 1893.* — Il résulte du texte même de la loi qu'elle n'est pas applicable aux étrangers qui ont été autorisés à fixer leur domicile en France.

233. — Elle ne s'applique pas non plus aux agents diplomatiques ou consulaires étrangers. — Circ. min., 24 oct. 1893, [*Journ. du dr. int. pr.*, 1894, p. 616] — Copineau et Henriet, *Lois nouvelles*, 1895, 1ʳᵉ édit., p. 162, n. 11. — Toutefois, nous croyons qu'on devrait y soumettre les étrangers qui, venus en France pour y faire le commerce ou y exercer une industrie, seraient investis par leur gouvernement des fonctions consulaires. — V. *suprà*, v⁰ *Agents diplomatiques et consulaires*, n. 1253.

234. — En outre, d'après la circulaire précitée, l'immunité dont jouissent les agents diplomatiques et consulaires ne s'étendrait pas aux domestiques ou serviteurs de l'ambassade ou du consulat. — V. *suprà*, v⁰ *Agents diplomatiques et consulaires*, n. 1210 et s.

235. — Parmi les étrangers, la loi de 1893 ne concerne que ceux qui sont venus en France pour exercer une profession, un commerce ou une industrie. Ces expressions sont d'ailleurs employées dans un sens très-large. Ainsi la loi s'applique aux artistes, artisans, ouvriers industriels ou agricoles, professeurs, précepteurs, employés, domestiques, etc. — Trib. corr. Chambéry, 8 janv. 1894, Maifredi et autres, [S. et P. 95.2.20, D. 94.2.248]

236. — Doit-on y comprendre les membres des ordres religieux ? Il faut distinguer suivant la congrégation à laquelle ils appartiennent. Se livre-t-elle à des travaux ou à des occupations qui lui procurent un bénéfice pécuniaire ? On peut dire que ses membres exercent une profession ou une industrie, et par suite sont tenus de faire la déclaration prévue par la loi de 1893. Mais il en serait autrement s'il s'agissait d'un ordre purement contemplatif. — Trib. corr. Troyes, 20 févr. 1895, Barras, [S. et P. 96.2.219] — Trib. corr. Mortagne, 7 avr. 1897, G..., [*Journ. du dr. int. privé*, 1898, p. 755] — V. Circ. 24 oct. 1893. — Copineau et Henriet, *Lois nouvelles*, 1895, 1ʳᵉ part., p. 161, n. 9, et *Journ. du dr. int. privé*, 1896, p. 270.

237. — Les étrangers dont il s'agit doivent faire une déclaration de résidence ; il faut donc, non seulement qu'ils exercent une profession en France, mais qu'ils y résident (V. cependant Circ. 24 oct. 1893), et par exemple, cette déclaration ne serait pas obligatoire pour un ouvrier qui viendrait en France accomplir un travail déterminé et d'une durée limitée (dans l'espèce, monter des machines) et qui devrait retourner dans son pays après l'avoir terminé. — Trib. corr. Château-Thierry, 10 mai 1895, [*Journ. du dr. int. privé*, 1896, p. 271, n. 1]

238. — Il en est de même des marins étrangers qui ne font qu'un court séjour en France pour le chargement et le déchargement de leurs navires. — Circ. min. Int., 17 juill. 1894, [citée par Copineau et Henriet, *Lois nouvelles*, 1895, 1ʳᵉ part., p. 163, n.15]

239. — Les tribunaux apprécieront, en fait, si le séjour de l'étranger en France a le caractère d'une véritable résidence. Ainsi il a été jugé qu'un ouvrier étranger doit faire la déclaration, lorsqu'il vient chaque jour travailler dans une commune française, située près de la frontière, bien qu'il prenne pension sur le territoire étranger, et retourne chaque soir pour y passer la nuit. — Nancy, 5 avr. 1894, Helbig, [S. et P. 95.2.156, D. 95.2.57] ; — 12 avr. 1894, Silbermann, [Clunet, 94.876] — *Sic*, Circ., 24 oct.

1893. — *Contrà*, Copineau et Henriet, *Lois nouvelles*, 1895, 1re part., p. 159, n. 6.

240. — D'autres arrêts ou jugements sont allés plus loin encore. Ils ont admis, notamment, qu'un étranger est soumis aux obligations imposées par la loi de 1893, lorsqu'il vient périodiquement, tous les mois, par exemple, et d'une façon régulière, exercer en France sa profession. — Douai, 30 juin 1896, Hope, [S. et P. 96.2.233, D. 97.2.12] — ... Ou même lorsque, ayant établi un chantier en France, il y vient de temps à autre surveiller les ouvriers. — Trib. corr. Valenciennes, 2 nov. 1894, Chéron, [S. et P. 96.2.219, D. 95.2.57] — La loi de 1893 se propose de protéger le travail national en révélant aux autorités françaises l'existence, en France, d'étrangers qui y exercent une profession quelconque; or ce but ne serait pas atteint, et l'intention du législateur serait méconnue, s'il suffisait à un étranger, pour échapper aux dispositions de la loi, de ne pas faire en France de séjour prolongé, et, après y avoir passé quelques jours, de retourner dans son pays d'origine, pour revenir peu de temps après sur le territoire français. — V. Circ. 24 oct. 1893.

241. — Mais ces décisions ont soulevé des critiques. En admettant qu'elles soient en harmonie avec l'esprit de la loi, elles ne sont pas conformes à son texte. Des séjours réitérés, mais tous passagers, ne sauraient constituer une résidence. D'ailleurs, la loi laisse un délai de huitaine à l'étranger pour effectuer sa déclaration; il semble bien résulter de là qu'un séjour d'une moins longue durée, fût-il répété, n'y donnera jamais lieu. La loi ne paraît pas avoir prévu l'hypothèse dont nous parlons, et comme c'est une loi pénale, on ne peut en étendre l'application en dehors de ses dispositions formelles. — V. la note sous Douai, 30 juin 1896, [S. et P. 96.2.233]; Copineau et Henriet, *Lois nouvelles*, 1895, 1re part., p. 159, n. 6.

242. — La loi du 8 août 1893 s'applique à tous les étrangers qui exercent sur le territoire français un métier ou une profession, sans distinction de sexe ni d'âge; elle s'applique donc aux femmes mariées et non aussi bien qu'aux mineurs (Circ. min. Int., 24 oct. 1893). — Cass. 19 juill. 1893, Navello, [S. et P. 95.1.537, D. 95.1.520] — Douai, 5 mars 1895, Regge, [S. et P. 95.2.136] — Trib. corr. Chambéry, 8 janv. 1894, Maifredi et autres, [S. et P. 95.2.20, D. 94.2.248] — Trib. corr. Seine, 26 juin 1896, Caracculti, [S. et P. 96.2.285]

243. — Mais la loi ne s'applique pas à la femme mariée qui s'occupe exclusivement des soins de son ménage. — Trib. corr. Chambéry, 8 janv. 1894, précité. — Si elle aide son mari dans l'exercice de sa profession ou de son commerce, les juges apprécieront, en fait, si on peut la considérer comme exerçant elle-même une profession ou un commerce. — Copineau et Henriet, *Lois nouvelles*, 1895, 1re part., p. 161, n. 8.

244. — Lorsque la femme mariée ou les enfants mineurs exercent, personnellement, un métier ou une profession, ils sont tenus de faire une déclaration de résidence individuelle; la déclaration collective faite par leur mari ou leur père ne serait pas suffisante ni valable à leur égard (Circ. min. Int., 24 oct. 1893). — Cass. 19 juill. 1893, précité. — Douai, 5 mars 1895, précité. — Trib. corr. Seine, 26 juin 1896, précité. — Copineau et Henriet, *Journ. du dr. int. pr.*, 1894, p. 272. — *Contrà*, Trib. corr. Chambéry, 8 janv. 1894, précité. — Surville, *Rev. crit.*, 1896, p. 217.

245. — Toutefois, on pourrait admettre le mari à faire la déclaration au nom de sa femme, et le père au nom de ses enfants mineurs, mais à la condition qu'il y ait autant d'immatriculations distinctes de personnes exerçant un métier ou une profession. Copineau et Henriet, *Lois nouvelles*, 1895, 1re part., p. 162, n. 13.

246. — *b) Formalités*. — L'étranger qui arrive dans une commune française pour y exercer une profession, un commerce ou une industrie doit faire une déclaration de résidence, dans le délai de huit jours à partir de son arrivée (L. de 1893, art. 1).

247. — Ce délai commence à courir du jour de l'arrivée de l'étranger dans la commune où il se propose de résider, et non pas du jour de son arrivée en France. — Trib. Remiremont, 16 avr. 1896, Belloni, [S. et P. 96.2.249] — Copineau et Henriet, *Lois nouvelles*, 1895, 1re part., p. 164, n. 17, et *Journ. du dr. int. pr.*, 1896, p. 273.

248. — Le jour même de l'arrivée de l'étranger ne compte pas dans ce délai; la déclaration serait donc valablement faite le neuvième jour. — Même jugement. — Copineau et Henriet, *Journ. du dr. int. pr.*, 1896, p. 264.

249. — Certains tribunaux ont cependant admis que le délai courrait, non pas du jour de l'arrivée de l'étranger, mais du jour où il aurait réellement commencé l'exercice de sa profession. — Trib. corr. Valenciennes, 2 nov. 1894, Chéron, [S. et P. 96.2.219] — Trib. corr. Lille, 11 mai 1895, Lenders, [S. et P. 96.2.219, D. 96.2.43] — Surville, *Revue critique*, 1896, p. 218. — V. aussi note sous Trib. Lille, 11 mai 1895. [*Pandectes françaises*, 95.5.46]

250. — Mais cette interprétation se heurte au texte même de la loi de 1893, qui vise, non pas tout étranger exerçant une profession, mais tout étranger arrivant dans une commune pour y exercer une profession; la loi ne tient compte que de l'intention de l'étranger, sans se préoccuper de savoir s'il l'a réalisée. D'ailleurs, si l'on n'acceptait pas cette interprétation, les étrangers pour qui la surveillance est la plus nécessaire, ceux qui ayant une profession apparente ne cherchent pas à l'exercer et vivent du vagabondage et de la mendicité, échapperaient aux prescriptions de la loi. — Copineau et Henriet, *Journ. du dr. int. pr.*, 1896, p. 273.

251. — Le délai de huitaine a été porté à un mois, à partir de la promulgation de la loi, pour les étrangers résidant en France à cette époque (L. de 1893, art. 5).

252. — La déclaration est reçue par le maire de la commune (L. 8 août 1893, art. 1); cependant elle est faite, à Paris devant le préfet de police, à Lyon devant le préfet du Rhône; c'est du moins ce que décide l'arrêté ministériel du 23 août 1893, qui a emprunté cette disposition au décret du 2 oct. 1888 (V. *suprà*, n. 220). — Copineau et Henriet, *Lois nouvelles*, 1895, 1re part., p. 163, n. 14.

253. — La déclaration est inscrite sur un registre d'immatriculation (art. 1). L'arrêté ministériel précité a réglé les formes de la déclaration; elle doit énoncer : les nom et prénoms de l'étranger; les lieu et date de sa naissance; son état civil; les nom et prénoms de son conjoint; la profession qu'il se propose d'exercer en arrivant dans la commune. Elle est signée du déclarant, s'il sait et peut le faire.

254. — Le déclarant doit justifier de son identité (art. 1). La loi n'a pas d'ailleurs déterminé les pièces que l'étranger devrait produire; il appartiendra aux maires d'apprécier la valeur des documents présentés. — V. *suprà*, n. 223.

255. — Le maire doit délivrer à l'étranger, pour lui servir de titre, un extrait du registre d'immatriculation « dans la forme des actes de l'état civil, » comme le dit la loi. C'est là, d'ailleurs, une expression tout à fait impropre; elle signifie, sans doute, que cet extrait doit être délivré dans les mêmes formes que les extraits des registres de l'état civil (C. civ., art. 45). Il résulte de là, en particulier, que la signature du maire doit être légalisée par le président du tribunal de première instance. — Copineau et Henriet, *Lois nouvelles*, 1895, 1re part., p. 165, n. 21, et *Journ. du dr. int. pr.*, 1896, p. 275.

256. — La délivrance de cet extrait donne lieu au paiement des mêmes droits que les extraits des registres de l'état civil, c'est-à-dire d'un droit fixe de timbre de 1 fr. 80, et d'un droit de délivrance qui est de 30 ou de 50 cent. (LL. 13 brum. an VII, art. 19; 28 avr. 1816, art. 63), suivant que la commune a moins ou plus de 50.000 habitants (Décr. 12 juill. 1807; Circ. min. 2 sept. 1893, *Journ. du dr. int. pr.*, 1894, p. 202), et, à Paris, de 75 cent. (Circ. du préfet de police, *Journ. du dr. int. pr.*, 1893, p. 1002).

257. — La France a conclu des traités avec certains pays pour la délivrance aux indigents, sur papier libre, des actes de l'état civil. Il résulte de la circulaire du 24 oct. 1893 que les nationaux de ces pays ne jouiront pas de la même faveur relativement aux extraits du registre d'immatriculation; mais les maires peuvent accorder aux étrangers un délai pour le paiement des droits. On pourrait soutenir cependant que les Suisses sont exonérés de ce paiement en vertu des art. 1 (dern. al.) et 3 du traité d'établissement du 23 févr. 1882, d'après lequel tout genre d'industrie ou de commerce permis au Français l'est également aux Suisses en France, « sans qu'on puisse exiger d'eux aucune condition pécuniaire; » il est cependant douteux que la perception du droit d'immatriculation soit contraire à cette stipulation. — V. Copineau et Henriet, *Lois nouvelles*, 1895, 1re part., p. 166, n. 22, et *Journ. du dr. int. pr.*, 1896, p. 277.

258. — L'étranger est tenu de retirer l'extrait du registre d'immatriculation et d'en payer les droits; sa déclaration ne serait pas valable sans cette condition. En effet, l'art. 3, 1er al., de la loi de 1893 punit de la même peine l'étranger qui n'aurait pas fait la déclaration prescrite, dans le délai déterminé, et celui qui ne présenterait pas, à première réquisition, le certificat d'immatriculation. L'obtention de ce certificat est donc obligatoire pour l'étranger aussi bien que la déclaration elle-même. — Pau, 21 avr. 1894, Ornat, [S. et P. 94.2.160, D. 95.2.57]

259. — Bien que la loi ne le dise pas, on peut admettre que les étrangers auront le droit d'obtenir un duplicata de leur certificat d'immatriculation, moyennant le paiement des droits de timbre et de délivrance, comme on peut obtenir plusieurs expéditions d'un même acte de l'état civil. Le maire devra, d'ailleurs, vérifier avec soin l'identité de l'étranger, et s'assurer qu'il est bien le même qui avait fait la déclaration. — Copineau et Henriet, *Lois nouvelles*, 1895, 1re part., p. 167, n. 23, et *Journ. du dr. int. pr.*, 1896, p. 278.

260. — L'étranger qui change de résidence doit faire viser le certificat d'immatriculation dont il est porteur dans la nouvelle commune où il vient se fixer (art. 1, 3e al.). Il ne lui est accordé, pour obtenir ce visa, qu'un délai de deux jours à partir de son arrivée; le point de départ doit en être déterminé comme il a été dit ci-dessus, n. 247.

261. — Mais l'étranger ne serait pas tenu de faire viser son certificat d'immatriculation dans une commune où il se fixerait momentanément, et tout en conservant l'intention de revenir dans celle où il aurait fait sa déc'aration. — Trib. Auxerre, 8 (ou 13) févr. 1895, Bréon, [S. et P. 95.2.149] — Copineau et Henriet, *Lois nouvelles*, 1895, 1re part., p. 169, n. 26, et *Journ. du droit int. pr.*, 1896, p. 278. — *Contrà*, note sous Trib. Auxerre, 8 (ou 13) févr. 1895, précité.

262. — Les formalités précédentes doivent être remplies dans la forme où la loi les a prescrites; elles ne pourraient être remplacées par d'autres démarches, que l'on considérerait comme équivalentes, parce qu'elles feraient connaître l'intention de l'étranger de se fixer en France pour l'exercice d'un commerce ou d'une profession : par exemple, par une demande d'autorisation adressée au préfet, et se rattachant à cet exercice. — Alger, 13 juill. 1893, Jacomino, [S. et P. 96.2.131, D. 96.2.13]

263. — La déclaration faite par l'étranger n'a d'effet que pour la durée de son séjour actuel en France. Si, après avoir quitté le territoire français, il revient de nouveau s'y fixer, il doit faire une nouvelle déclaration (Circ. 24 oct. 1893). — Besançon, 31 janv. 1895, P..., [S. et P. 95.2.149, D. 95.2.196] — Trib. pol. Magny-en-Vexin, 16 mars 1895, Durand, [S. et P. 95.2.219, D. 96.2.13] — Surville, *Examen doctrinal : Rev. crit.*, 1896, p. 214; Copineau et Henriet, *Lois nouvelles*, 1895, 1re part., p. 169, n. 126, et *Journ. du dr. int. pr.*, 1896, p. 278.

264. — Mais si, après avoir quitté la commune où il a fait sa déclaration, pour se fixer dans une autre commune française, il revenait dans celle de sa résidence primitive, il ne serait soumis qu'à un visa de son certificat d'immatriculation, et n'aurait pas à faire une nouvelle déclaration. — V. cep. Besançon, 31 janv. 1895, précité; mais, V. dans notre sens la note sous l'arrêt.

265. — Au surplus, une déclaration nouvelle ne sera exigée qu'autant que les séjours successifs de l'étranger en France seront véritablement distincts les uns des autres. Les juges devront examiner en tenant compte des circonstances de la cause, et notamment de la durée des motifs de l'absence, et de l'intention manifestée par l'étranger, si son éloignement momentané de sa résidence primitive a comporté, de sa part, abandon de cette résidence. — Besançon, 31 janv. 1895, précité. — V. aussi *suprà*, n. 263.

266. — Ainsi l'on doit considérer comme astreint à une nouvelle déclaration l'ouvrier étranger qui, après avoir travaillé en France pendant la durée d'une campagne agricole, et être retourné ensuite dans son pays, revient en France pour travailler dans la même commune. — Trib. pol. Magny-en-Vexin, 16 mars 1895, précité. — Sur l'application de la loi de 1893 aux ouvriers agricoles V. S. *Lois annotées*, 1894, p. 715, note 1, P. *Lois, décr.*, etc., 1894, p. 715, n. 1.

267. — c) *Sanction*. — La loi punit d'une amende de 50 à 200 fr. : 1° l'étranger qui n'a pas fait la déclaration imposée par la loi, ou qui l'a faite après l'expiration du délai fixé (art. 3, al. 1).

268. — 2° L'étranger qui n'a pas produit son certificat d'immatriculation, à la première réquisition (art. 3, al. 1). La loi, d'ailleurs, n'a pas déterminé les fonctionnaires qui doivent veiller à l'observation de ses prescriptions, et requérir des étrangers la production des certificats. Il faut reconnaître ce droit et cette obligation aux divers officiers de la police judiciaire, aussi bien qu'aux fonctionnaires et agents de l'ordre administratif. En particulier, la circulaire du 24 oct. 1893 prescrit aux maires de signaler au procureur de la République de leur ressort les étrangers qui, à l'expiration du délai imparti par la loi, n'auraient pas satisfait aux obligations qu'elle impose. — Copineau et Henriet, *Lois nouvelles*, 1895, 1re part., p. 179, n. 37 et 185, n. 49.

269. — La peine édictée contre l'étranger qui n'a pas fait, ou n'a fait que tardivement la déclaration prescrite, n'atteint pas celui qui, après un changement de résidence, s'abstient de faire viser son certificat d'immatriculation, dans le délai fixé, par le maire de la commune où il vient s'établir. Il est vrai que l'obligation imposée, à cet égard, par la loi se trouvera ainsi dépourvue de sanction; l'étranger sera, en fait, libre de s'y soumettre ou d'y échapper, et la loi elle-même manquera, en partie, son but, puisque si l'étranger, tout en restant en France, s'éloigne de sa première résidence, il ne sera pas possible d'en suivre la trace. Mais la loi de 1893 est une loi pénale qui doit être interprétée et appliquée littéralement; on ne peut étendre, par voie d'analogie, les peines qu'elle prononce, à des hypothèses qu'elle n'a pas textuellement prévues, si raisonnable, d'ailleurs, que cela paraisse. Or la loi du 8 juin 1893, dans son art. 1, prescrit deux formalités distinctes, qu'elle qualifie de noms différents et dont les délais ne sont pas les mêmes : la déclaration, lors de l'arrivée dans une commune française, et le visa du certificat d'immatriculation, en cas de changement de résidence. De ces deux formalités, l'art. 3 n'en prévoit et n'en sanctionne qu'une seule : la déclaration. Il est impossible d'étendre à l'autre, c'est-à-dire au visa, la pénalité qu'il prononce. S'il y a, sur ce point, une lacune dans la loi, il n'appartient ni au juge ni à l'interprète de la combler. — Cass., 7 nov. 1895, Bisotti, [S. et P. 96.1.112, D. 95.1.544] — Aix, 21 juin 1895, Bisotti, [S. et P. 95.2.253, D. 95.2.559] — Trib. corr. Doullens, 3 avr. 1894, X..., [S. et P. 94.2.318, D. 95.2.5] — Trib. corr. Die, 30 août 1894, sous Grenoble, 8 nov. 1894, Crais, [S. et P. 95.2.207, D. 95.2.196] — Trib. corr. Toulon, 30 nov. 1894. G..., [S. et P. 95.2.54] — Trib. corr. Auxerre, 8 (ou 13) févr. 1895, Brion, [S. et P. 95.2.149] — Trib. corr. Bayonne, 11 janv. 1897, [Clunet, 99.393] — *Sic*, Copineau et Henriet, *Lois nouvelles*, 1895, 1re part., p. 177, n. 34, et *Journ. du dr. int. pr.*, 1896, p. 282; Surville, *Examen doctrinal : Rev. crit.*, 1895, p. 75. — *Contrà*, Chambéry, 24 janv. 1894, Broggi, [S. et P. 95.2.30, D. 95.2.19] — Grenoble, 8 nov. 1894, précité. — Trib. corr. Valenciennes, 18 oct. 1894, Depert, [S. et P. 94.2.318, D. 95.2.58] — Trib. corr. Compiègne, 4 déc. 1894, Deridder, [Clunet, 95.115] — Trib. corr. Lille, 7 déc. 1894, X..., [S. et P. 95.2.54, D. 95.2.197] — Trib. corr. Orthez, 11 déc. 1894, [Clunet, 95.115] — Trib. corr. Seine, 4 févr. 1895, Bataille, [S. et P. 95.2.149, D. 95.2.199] — Le Poittevin, *Dict. des parquets*, 2e éd., v° *Etrangers*, p. 241. — V. Laborde, *Examen doctrinal : Rev. crit.*, 1896, p. 84.

270. — Au surplus, en l'absence de sanction judiciaire, le gouvernement n'est pas désarmé contre l'étranger qui ne se serait pas soumis à l'obligation du visa. Le ministre de l'Intérieur pourrait prendre contre lui un arrêté d'expulsion.

271. — L'étranger qui a fait sciemment une déclaration fausse ou inexacte est passible d'une amende de 100 à 300 fr. et le tribunal correctionnel peut, s'il le juge à propos, mais non y étant obligé, prononcer contre lui l'interdiction temporaire ou indéfinie du territoire français (art. 3, 2e al.).

272. — Aux termes de l'art. 3, 3e al., « l'étranger expulsé du territoire français, et qui y serait rentré sans l'autorisation du gouvernement, sera condamné à un emprisonnement d'un à six mois. Il sera, après l'expiration de sa peine, reconduit à la frontière. » La loi n'a pas suffisamment précisé l'hypothèse qu'elle a en vue dans cette disposition. On serait porté à croire, à première vue, qu'elle a pour but de sanctionner l'interdiction du territoire français, prononcée par le tribunal correctionnel, conformément à l'alinéa précédent, et telle a pu être, en effet, l'intention du législateur.

273. — Mais s'il en est ainsi, les expressions dont il s'est servi ont mal répondu à sa pensée. Les mots « l'étranger expulsé, » employés sans autre précision, désignent celui qui a été frappé d'expulsion par mesure administrative, et non pas celui auquel le territoire français aurait été interdit par jugement du tribunal. Et comme les lois pénales doivent être interprétées *stricto sensu*, il en résulte que la peine prévue par l'art. 3, al. 3, ne pourra être prononcée, qu'autant que l'étranger, frappé d'une interdiction de séjour par le tribunal correctionnel, aura été ensuite l'objet d'un arrêté d'expulsion, et que, si l'autorité administrative, s'abstenait de prendre cet arrêté, l'interdiction prononcée par le tribunal serait sans sanction, et n'aurait, en fait, aucune conséquence. Ainsi entendu, le 3e al. de l'art. 3 n'aurait d'autre but que de rappeler les dispositions de la loi de 1849; la pénalité qu'il prononce est, d'ailleurs, précisément celle qu'édicte l'art. 8 de cette loi. — Copineau et Henriet, *Lois nouvelles*, 1895, 1re part., p. 182 et 183, n. 42-44, et *Journ. du dr. intern. pr.*, 1896, p. 281.

274. — L'art. 3, 3e al., de la loi de 1893 n'est pas, cependant, identique à l'art. 8 de la loi de 1849. Tandis que celui-ci punit l'étranger qui s'est soustrait à l'exécution des mesures d'expulsion, aussi bien que celui qui, après être sorti de France, y serait rentré, la loi de 1893 vise uniquement le cas où l'étranger expulsé serait rentré en France, au mépris d'un arrêté d'expulsion déjà exécuté contre lui. Cette différence n'est peut-être due qu'à un accident de rédaction; elle serait inexplicable si elle était intentionnelle, et au surplus, elle n'a aucune portée réelle. L'individu qui aurait enfreint l'arrêté d'expulsion en restant en France pourrait toujours être condamné, sinon en vertu de la loi de 1893, du moins en vertu de celle de 1849. — V. Paris, 13 nov. 1897, Laime, [S. et P. 98.2.70, D. 99.2.76]

275. — Si l'individu poursuivi pour infraction à la loi de 1893, excipe de sa qualité de Français, le tribunal correctionnel est compétent pour juger la question d'état ainsi soulevée. — V. *infrà*, v¹⁰ *Nationalité, Naturalisation*.

276. — B. *Règles applicables aux personnes qui emploient des étrangers.* — « Toute personne qui emploiera sciemment un étranger non muni du certificat d'immatriculation sera passible des peines de simple police » (L. 8 août 1893, art. 2). Le législateur a voulu rendre la loi plus efficace, en obligeant les employeurs à refuser du travail aux étrangers qui ne seraient pas en règle; et l'on voit aussi apparaître dans cette disposition la préoccupation de protéger le travail national, en subordonnant l'emploi des étrangers à certaines conditions, peu efficaces, d'ailleurs, semble-t-il, pour restreindre la concurrence.

277. — Ces pénalités s'appliquent quelles que soient la qualité, la nationalité, l'âge ou le sexe de l'employeur. — Copineau et Henriet, *Lois nouvelles*, 1895, 1re part., p. 170, n. 27, et *Journ. du dr. intern. pr.*, 1896, p. 502.

278. — Il n'est pas nécessaire que le patron ait eu l'étranger à son service d'une façon permanente. Il suffit qu'il l'ait employé périodiquement et d'une façon régulière, quoiqu'avec intervalles. — Trib. police Paris, 14 avr. 1894, Bounardel, [S. et P. 94.2.182, D. 95.2.57]

279. — Mais la condamnation n'est encourue que par la personne qui a employé *sciemment* un étranger non pourvu du certificat d'immatriculation. On aurait pu concevoir que la loi édictât la peine sans tenir compte de la bonne foi du contrevenant suivant la règle habituellement suivie en matière de contravention; mais cette rigueur aurait eu des conséquences excessives, elle aurait obligé les patrons à s'enquérir de la véritable nationalité des ouvriers qui se présentent chez eux, et des Français auraient pu se voir refuser du travail, faute de la preuve, quelquefois difficile à établir, de leur nationalité: la loi ne serait ainsi retournée contre les travailleurs français que l'on prétend protéger. — V. Le Poittevin, note sous Cass., 6 nov. 1896, Hiolin, [S. et P. 98.1.153]

280. — Il faut donc d'abord que le patron ait connu l'admission dans son établissement de l'ouvrier étranger. Il n'encourrait aucune peine si cet ouvrier avait été engagé, à son insu, par le directeur ou gérant de son industrie; il pourrait seulement être civilement responsable des actes accomplis par son préposé. — Trib. police Paris, 10 mai 1885, Ceralet, [D. 95.2.560]

281. — Il faut, en outre, que le patron ait su que l'ouvrier était étranger. Et même d'après les considérants d'un arrêt de la Cour de cassation du 6 nov. 1896, Hiolin, [S. et P. 98.1.153, D. 97.1.303], il suffit qu'il ait connu l'extranéité de l'ouvrier pour qu'en l'employant sans immatriculation préalable, il encoure la pénalité prévue par la loi. Il ne serait pas nécessaire alors d'établir contre lui qu'il a connu l'absence de déclaration. — V. Trib. police 14 avr. 1894, précité.

282. — Mais cette interprétation, qui exagère la rigueur de la loi, ne nous paraît pas conforme à son texte. Le patron doit avoir employé *sciemment un étranger*, non muni du *certificat d'immatriculation*. Le mot *sciemment* se rapporte aux deux circonstances qui suivent : l'extranéité et l'absence de certificat, et la prévention doit établir contre l'inculpé qu'il a connu l'une et l'autre. - Le Poittevin, note sous Cass., 6 nov. 1896, précité; Copineau et Henriet, *Journ. du dr. int. pr.*, 1896, p. 504. — Au surplus, l'arrêt précité de la Cour de cassation n'est pas décisif dans le sens que nous combattons; il n'a pas eu, en effet, à trancher directement la question, car, dans l'espèce, l'inculpé avait été informé du défaut d'immatriculation. — V. Cass., 19 juill. 1895, Navello, [S. et P. 95.4.527, D. 95.4.520]

283. — Si le patron savait que l'ouvrier employé par lui n'était pas muni du certificat personnel d'immatriculation, il ne pourrait arguer de sa bonne foi, en alléguant que le nom de cet ouvrier figurait dans le certificat d'immatriculation de son père : une semblable mention ne satisfait pas aux prescriptions de la loi. — Cass., 19 juill. 1895, précité.

284. — Mais le patron ne tomberait pas sous le coup de la loi s'il employait, même sciemment, un étranger qui, après avoir fait une déclaration régulière, n'aurait pas fait viser son certificat d'immatriculation dans sa nouvelle résidence. L'étranger lui-même n'encourant, dans ce cas, aucune peine, celui qui l'emploie ne saurait être traité plus rigoureusement. — Copineau et Henriet, *Lois nouvelles*, 1895, 1re part., p. 171, n. 29, et *Journ. du dr. int. pr.*, 1896, p. 505. — V. *suprà*, n. 269.

285. — Mais il faudrait adopter la solution contraire dans l'opinion qui considère l'absence de visa comme punissable de la même façon que le défaut de déclaration. — Trib. police Magny-en-Vexin, 15 sept. 1894, Schüriger, [S. et P. 95.2.55, D. 95.2.272]

286. — Il suffit d'ailleurs, pour être punissable, que le patron ait connu l'extranéité de son employé et l'absence de déclaration ; il n'y a pas à rechercher, en outre, s'il a agi dans une intention coupable, que le législateur n'a pas exigée, et qu'il serait assez difficile de définir. Si l'on entendait le mot sciemment comme impliquant cette intention, l'art. 2 de la loi de 1893 deviendrait à peu près lettre morte, car il arriverait bien rarement que des personnes employassent des étrangers dans l'intention réfléchie de faire fraude à la loi. — Cass., 6 nov. 1896, précité, le rapport de M. le conseiller Bard et la note de M. Le Poittevin. — *Contrà*, Trib. simple police Douai, 18 juin 1896, sous Cass., 6 nov. 1896, précité.

287. — Le patron peut avoir été de bonne foi lorsque l'étranger est entré chez lui, et n'apprendre que plus tard que son employé ou son domestique est étranger et n'a pas fait la déclaration prescrite. Il encourt alors la peine édictée par la loi s'il conserve en connaissance de cause cet individu à son service. C'est là une solution rigoureuse sans doute, mais qui paraît commandée par le texte de la loi. Il serait cependant équitable d'admettre que le patron n'est coupable d'aucune infraction, lorsque, aussitôt après avoir appris l'irrégularité de sa situation, il fait faire à son employé les démarches nécessaires pour obéir à la loi. — V. Trib. police Douai, 18 juin 1896, précité, et la note de M. Le Poittevin, sous Cass., 6 nov. 1896, précité.

288. — La personne qui a employé un étranger non muni du certificat d'immatriculation est punie de peines de simple police, tandis que l'étranger lui-même est puni de peines correctionnelles. Cette différence dans la pénalité aura pour résultat de saisir deux juridictions distinctes de poursuites qui ont leur origine dans un même fait : l'absence de déclaration, qui risque ainsi d'être appréciée de façons divergentes par les deux tribunaux compétents. — Copineau et Henriet, *Lois nouvelles*, 1895, 1re part., p. 173 et 174, n. 30 et 31, et *Journ. du dr. intern. pr.*, 1896, p. 506.

289. — Il peut, d'ailleurs, arriver et c'est une inconséquence de la loi, que le patron soit frappé d'une peine plus sévère que l'étranger qu'il emploie. En effet, en l'absence d'autre précision les peines de simple police dont parle l'art. 2 sont celles que prononce l'art. 464, C. pén., c'est-à-dire l'emprisonnement de un à cinq jours et l'amende de 1 à 15 fr. Le patron pourra ainsi être condamné à la prison, tandis que l'étranger qu'il emploie ne sera jamais passible lui-même que d'une amende. — Copineau et Henriet, *loc. cit.* — *Contrà*, Trib. pol. Magny-en-Vexin, 15 sept. 1894, précité. — D'après ce jugement, les peines de simple police que prononce l'art. 2 de la loi de 1893, seraient uniquement celles de l'art. 471-15°, C. pén., c'est-à-dire l'amende de 1 à 5 fr.

290. — L'art. 463, C. pén., relatif aux circonstances atténuantes, est applicable à toutes les infractions prévues par la loi de 1893 (art. 3, 4e al.).

291. — Il faut enfin signaler la disposition exceptionnelle de l'art. 4, aux termes duquel les produits des amendes prévues par la loi du 1893 sont attribués à la caisse municipale de la commune de la résidence de l'étranger qui en sera frappé. Il en sera évidemment de même dans le cas où le contrevenant sera un patron français. En étendant aux amendes correctionnelles une règle que l'art. 466, C. pén., ne formule que pour les amendes de simple police, le législateur a voulu intéresser les maires et les agents municipaux à la constatation des infractions commises. La loi n'a pas désigné la commune qui bénéficierait de l'amende dans le cas où l'étranger n'aurait en France aucune résidence fixe. Peut-être faudra-t-il l'attribuer à celle sur le territoire de laquelle il aura été arrêté. — Copineau et Henriet, *Lois nouvelles*, 1895, 1re part., p. 184, n. 47, et *Journ. du dr. intern. pr.*, 1896, p. 508.

292. — Le décret du 7 févr. 1894 (*Journ. du dr. int. pr.*, 1894, p. 191) a déclaré exécutoire en Algérie la loi du 8 août 1893.

3o Combinaison du décret de 1888 et de la loi de 1893.

293. — Le décret du 2 oct. 1888, comme nous l'avons vu, concernait tous les étrangers qui viennent fixer leur résidence en France. La loi du 8 août 1893 a visé uniquement les étrangers qui viennent en France pour y exercer une profession, un commerce ou une industrie. La déclaration qu'elle les oblige à faire diffère, sous plusieurs rapports, de celle que prescrit le décret; en particulier, elle a une sanction plus rigoureuse. Il résulte de là que les étrangers, déjà fixés en France antérieurement au 8 août 1893, et qui avaient déjà fait la déclaration de résidence prévue par le décret, ont dû néanmoins faire celle que prescrit la loi, dans le délai d'un mois, conformément à l'art. 5. — Pau, 21 avr. 1894, Ornat, [S. et P. 94.2.160, D. 95.2.57] — Trib. corr. Chambéry, 8 janv. 1894, Maifredi, [S. et P. 95.2.20, D. 94.2.248]

294. — Mais l'étranger qui, étant arrivé en France postérieurement au 8 août 1893, y aurait fait la déclaration de résidence prescrite par le décret de 1888 doit-il, si plus tard il commence à exercer une profession, un commerce ou une industrie, faire une nouvelle déclaration, dans les termes de la loi de 1893? Les circulaires ministérielles des 2 sept. et 24 oct. 1893 admettent l'affirmative. — Surville, *Revue critique*, 1895, p. 66.

295. — On peut cependant faire observer en sens contraire, que, d'après l'art. 1 de la loi de 1893, les étrangers ne sont obligés de faire la déclaration qu'elle prescrit qu'autant qu'ils arrivent en France, pour y exercer une profession, un commerce ou une industrie, et doivent le faire dans les huit jours qui suivent leur arrivée; aucun texte ne parle de ceux qui, arrivés en France sans avoir l'intention d'y exercer une profession, commenceraient ultérieurement à s'y livrer, et il serait impossible, sans étendre abusivement les termes de la loi, de déterminer le point de départ du délai qui leur serait imparti. L'art. 5 de la loi de 1893 ne parle que des étrangers déjà résidant en France lors de la promulgation de la loi, et non pas de ceux qui y sont venus plus tard. Ceux-ci n'encourraient donc, croyons-nous, aucune peine, si, n'étant pas, lors de leur arrivée, dans les conditions voulues pour l'application de la loi de 1893, ils s'y trouvaient ultérieurement placés. — Trib. corr. Orthez, 27 févr. 1894, sous Pau, 21 avr. 1894, précité. — Copineau et Henriet, *Lois nouvelles*, 1895, 1re part., 188, n. 53, et *Journ. du dr. int. pr.*, 1896, p. 512.

296. — La loi de 1893 est seule applicable aux étrangers qui arrivent en France pour exercer une profession, etc.; ils n'ont pas à faire la déclaration prescrite par le décret de 1888. Mais, d'autre part, ce décret n'a pas été abrogé et reste toujours obligatoire pour les étrangers qui viennent en France sans avoir l'intention d'y exercer une profession (Circ. 24 oct. 1888). — Douai, 5 mars 1895, Regge, [S. et P. 95.2.136] — Copineau et Henriet, *Lois nouvelles*, 1895, 1re sér., p. 187, n. 52, et *Journ. du dr. int. pr.*, 1896, p. 510. — *Contra*, note sous Trib. corr. Chambéry, 8 janv. 1894, précitée.

297. — La législation spéciale à l'Algérie fournit, en tant que de besoin, un argument en faveur de cette solution. Le décret du 7 févr. 1894, qui a rendu exécutoire en Algérie la loi du 8 août 1893, maintient expressément toutes les dispositions du décret du 21 juin 1890 (identique à celui du 2 oct. 1888), qui ne sont pas contraires à cette loi.

CHAPITRE III.

DES DROITS DES PERSONNES MORALES ÉTRANGÈRES EN FRANCE.

SECTION I.

De l'existence des personnes morales étrangères en France.

298. — Les personnes morales étrangères sont celles auxquelles la personnalité a été reconnue par une loi étrangère, ou conférée par une autorité étrangère compétente. — Weiss, t. 2, p. 392.

299. — L'existence des personnes morales étrangères ne s'impose pas comme celle des individus. Avant donc de savoir quels droits ont en France les personnes morales étrangères, il faut d'abord rechercher si elles sont susceptibles d'en avoir, c'est-à-dire si elles existent.

300. — Suivant une première opinion, les personnes morales étrangères ne pourraient exister en France qu'en vertu de la reconnaissance expresse ou tacite qui leur serait donnée par la loi française ou par l'autorité française compétente, conformément à cette loi. En dehors de cette reconnaissance, elles n'auraient, en France, aucune existence et ne pourraient exercer aucun droit. Les personnes morales, en effet, sont des êtres fictifs; elles ne tiennent leur existence que de la loi qui les a créées; or la loi qui leur a donné la vie n'a aucune autorité au delà des limites du pays qu'elle régit. Leur fiction universelle, créée par la volonté d'un législateur local, est une impossibilité juridique. — Cass., 1er août 1860, Caisse franco-suisse, [S. 60.1.865, P. 61.101, D. 60.1.444] — Laurent, *Droit civil international*, t. 4, n. 72 et s.; Weiss, t. 2, p. 396; *Journ. du dr. int. privé*, 1892, p. 149, *Questions et solutions pratiques*; Baudry-Lacantinerie et Colin, *Des donat. entre-vifs et testam.*, t. 1, n. 339; Rolin, *Droit international privé*, t. 1, n. 28. — V. aussi Cass. Rome, 10 juill. 1889, Caisse des cultes, [S. 91.4.5, P. 91.2.7]

301. — Cette opinion, qui est d'ailleurs la moins répandue, ne nous paraît pas exacte. On qualifie habituellement les personnes morales de fictives, pour indiquer qu'elles n'ont pas d'existence physique; mais il ne faut pas croire que ce soit des créations arbitraires, sans réalité et n'ont d'autre principe et de raison d'être que dans la loi qui les établit; sous cette fiction, se cache une réalité vivante : les individus. L'existence des personnes morales a son fondement dans la nature même, elle est indispensable pour assurer aux individus l'entier exercice de leurs droits et donner satisfaction à leurs besoins et à leurs intérêts. Dès lors, pourquoi ne pas reconnaître aux étrangers les droits et les avantages attachés à la personnalité morale, de même qu'on doit leur reconnaître les autres droits relatifs à la personne ou au patrimoine? Les étrangers, pris individuellement, peuvent être propriétaires, contracter, etc. On ne voit pas pourquoi on leur refuserait ces droits lorsqu'ils se sont associés pour les exercer. On allègue que la jouissance de la souveraineté qui a créé la personne morale s'arrête à la frontière et ne peut s'étendre au delà; mais on pourrait en dire autant des lois qui régissent les droits des individus; et cependant l'on est d'accord, à peu près, pour admettre qu'elles peuvent et doivent s'appliquer même sur un territoire étranger. C'est là l'idée fondamentale du droit international privé. Or si cela est vrai des lois qui régissent les droits des personnes prises individuellement nous ne voyons pas pourquoi cela ne serait pas également vrai de celles qui régissent les droits de ces mêmes personnes groupées et associées. Nous croyons donc que les personnes morales légalement établies dans un pays, existent et peuvent exercer leurs droits même en pays étranger. — Merlin, *Rép.*, v° Main-morte, § 7, n. 2; Brocher, *Cours de droit international privé*, t. 1, p. 187; Fœlix et Demangeat, t. 1, n. 31, p. 65 et la note; Despagnet, 3e éd., n. 47; Surville et Arthuys, 3e éd., n. 137; Audinet, n. 82; de Vareilles-Sommières, *La synthèse du droit international privé*, t. 2, n. 715; Lainé, *Des personnes morales en droit international privé* (*Journ. du dr. int. privé*, 1893, p. 273).

302. — Toutefois, l'existence des personnes morales étrangères ne saurait être admise dans un pays, si elle y est contraire à l'ordre public; on ne devrait pas, par exemple, reconnaître, en France, la personnalité à une corporation étrangère, si la loi française défendait de la conférer aux corporations semblables qui sont établies en France. — Despagnet, n. 47; Surville et Arthuys, n. 137; Audinet, n. 84.

303. — La loi française ne parle pas, d'une façon générale, des personnes morales étrangères. Elle ne s'occupe, en termes exprès, que des sociétés anonymes et des autres associations commerciales soumises à l'autorisation du gouvernement établi à l'étranger. Aux termes de la loi des 30 mai-11 juin 1857, ces sociétés peuvent exercer leurs droits en France lorsqu'elles y ont été admises par un décret rendu en Conseil d'État, qui n'est pas, d'ailleurs, spécial à chacune d'elles, mais s'applique à toutes celles d'un même pays (ou, *à fortiori*, par une loi ou par un traité diplomatique). Il ne suffit donc pas qu'elles existent légalement à l'étranger pour jouir de la personnalité civile en France; il faut qu'une autorisation collective émanée du gouvernement français leur ait conféré l'existence et la personnalité. — V. *infrà*, v° *Société*.

304. — Quant aux sociétés de commerce qui ne rentrent pas dans la catégorie prévue par la loi de 1857 (V. *infrà*, v° *Société*), et d'une façon générale, quant aux autres personnes morales étrangères, la jurisprudence et la majorité de la doctrine admettent qu'elles existent de plein droit en France et peuvent exercer leurs droits. — V. les auteurs cités, *suprà*, n. 301, et *infrà*, v° *Société*.

305. — C'est ainsi qu'un avis du Conseil d'État (12 janv. 1854, D. 56.3.16), admet que les personnes morales étrangères peuvent recevoir en France des dons ou des legs, et par suite leur reconnaît l'existence. — V. à cet égard, *suprà*, v° *Dons et legs*, n. 2560 et s.

306. — On admet aussi que les États étrangers jouissent, en France, de la personnalité civile. Ainsi, ils peuvent devenir créanciers, soit en émettant des emprunts publics, soit en contractant avec des particuliers, ils peuvent ester en justice, etc. En reconnaissant la personnalité politique de l'État étranger, l'État français lui a par là même reconnu la personnalité civile qui en est inséparable. — Trib. Montdidier, 4 févr. 1892, sous Amiens, 21 févr. 1893, Saint-Père le pape Léon XIII, [S. et P. 95.2.57]. — Cass. Turin, 18 nov. 1882, Héritiers Morillet, [S. 83.4.13, P. 83.2.24] — Laurent, *Droit civil international*, t. 4, n. 126 et 127; Weiss, t. 2, p. 399; Michoud, *De la capacité en France des personnes morales* (*Rev. gén. de dr. int. publ.*, 1894, p. 203 et s.); Ducrocq, *De la personnalité civile en France des forges* (*Rev. de dr. publ.*, 1894, p. 49); Renault, *Du droit pour une personne morale étrangère de recueillir par succession un immeuble situé en France*; Pillet, note sous Amiens, 21 févr. 1893, [S. et P. 95.2.57]; Surville, *Examen doctrinal* (*Rev. critique*, 1894, p. 268); Despagnet, n. 49; Bonfils et Fauchille, *Manuel de droit international public*, n. 283; Fiore, *De la personnalité civile de l'État* (*Rev. gén. de dr. int. publ.*, 1894, p. 347). — *Contrà*, Moreau, *De la capacité des États étrangers pour recueillir par testament en France* (*Journ. du dr. int. pr.*, 1892, p. 346).

307. — Mais les États étrangers ne jouissent de la personnalité civile, en France, qu'autant qu'ils ont été reconnus par le gouvernement français. La reconnaissance est, en effet, indispensable pour qu'un État puisse exercer ses droits dans les rapports internationaux. On a cependant soutenu que l'on devait toujours reconnaître le gouvernement de fait comme représentant la personnalité civile de l'État, sans qu'il y ait à rechercher s'il a été ou non reconnu. — Paris, 9 juill. 1891, Société des forges et chantiers de la Méditerranée, et les conclusions de M. l'avocat général Sarrut, [S. et P. 95.2.305, D. 92.2.394] — Mais cette opinion est inexacte. Un gouvernement ne représente l'État, à l'égard des autres pays, que lorsqu'il a été reconnu par eux, et c'est au pouvoir exécutif seul, et non pas aux tribunaux, qu'il appartient d'accorder la reconnaissance. — Weiss, t. 2, p. 398, n. 9.

308. — Suivant une opinion, les départements, les communes et autres circonscriptions administratives étrangères jouiraient en France de la personnalité civile, comme les États eux-mêmes, parce qu'ils vivent de leur vie et se confondent en réalité avec eux, tandis que les autres établissements publics ou d'utilité publique créés et investis de la personnalité par les États ne pourraient revendiquer le même bénéfice. — Weiss, t. 2, p. 398; Rolin, t. 1, n. 28.

309. — La jurisprudence ne fait pas cette distinction. Elle admet que tout établissement étranger qui, d'après la loi en vigueur à l'étranger, a la personnalité civile et le droit d'ester en justice, a, par application du statut personnel, le même droit en France, d'après la loi française. — Paris, 26 mars 1891, sous Cass., 12 juill. 1893, Cie générale transatlantique, [S. et P. 93.1.443].

310. — L'église catholique doit-elle être considérée, en France, comme une personne morale? C'est une des questions discutées à propos de la célèbre affaire du testament de la marquise du Plessis-Bellière, sur laquelle nous reviendrons plus loin. Il faut bien comprendre comment elle se pose. Il ne s'agit pas de savoir si la partie française de l'église catholique, l'église gallicane comme on disait autrefois, est investie de la personnalité civile par les lois françaises, ce qui est une question de droit public interne; il s'agit de savoir si l'église catholique prise dans son universalité et représentée par son chef suprême, le Pape, jouit en France de la personnalité civile, ce qui est une question de droit international dont on ne doit pas rechercher la solution dans la législation française des cultes, ni dans les actes qui règlent, en France, la situation de l'église catholique. — V. sur cette question, la note de M. Pillet, sous Amiens, 21 févr. 1893, précité.

311. — Or, l'église catholique n'est pas un État, il lui manque pour cela une condition essentielle, un territoire distinct délimité, et le Pape a cessé d'être le souverain d'un État temporel (V. cep. Trib. Montdidier, 4 févr. 1892, sous Amiens, 21 févr. 1893, précité). Mais la pratique internationale n'en reconnaît pas moins au souverain pontife, même depuis qu'il a perdu toute souveraineté temporelle, le caractère et les droits d'une personne souveraine, agissant comme telle dans les rapports internationaux; c'est ainsi, par exemple, qu'il signe des traités, qu'il envoie et qu'il reçoit des ambassadeurs; et si l'on reconnaît au Pape les prérogatives de la souveraineté, c'est que l'on reconnaît à l'Église dont il est le chef une personnalité politique distincte égale à celle des États.

312. — C'est à bon droit, d'ailleurs; car l'église catholique est une communauté distincte, organisée en France, avec laquelle les États, à moins de méconnaître ses caractères essentiels, ne peuvent traiter autrement que d'égal à égal. — Pasquale-Fiore, *Droit international codifié*, trad. Chrétien, p. 178 et s., art. 440 et s.; Chrétien et Nachbaur, *Principes de droit international public*, n. 77; Michoud, *De la capacité en France des personnes morales étrangères* (*Rev. gén. de dr. int. publ.*, 1894, p. 213); Imbart-Latour, *La papauté en droit international*, p. 12 et s.; Mérignhac, *Pandectes françaises*, 1894, 5° part., p. 1. — V. Bompard, *Le pape et le droit des gens*, p. 29 et s.; Pillet, note précitée. — *Contrà*, Geffcken et Heffter, *Le droit international de l'Europe* (trad. Bergson, p. 116); Bluntschli, *Droit international codifié* (trad. Lardy), p. 68, art. 26 et note; Klüber, *Droit des gens moderne de l'Europe*, §87; Pradier-Fodéré, *Traité de droit international*, t. 1, n. 81; Brusa, *La juridiction du Vatican* (*Rev. de dr. intern. et de législation comparée*, 1883, p. 145); Despagnet, *Cours de droit intern. publ.*, n. 158; Bonfils, *Manuel de dr. intern. publ.*, n. 391 et s.; Ducrocq, *De la personnalité civile en France du Saint-Siège* (*Rev. de dr. publ. ic*, 1894, p. 49); Surville, *Examen doctrinal* (*Rev. crit.*, 1894, p. 269. — En reconnaissant à l'église catholique une personnalité politique égale à celle des États, on lui reconnaît, par là même, la personnalité civile. — *Contrà*, Amiens, 21 févr. 1893, précité.

313. — Plusieurs auteurs, tout en déniant à l'église catholique la personnalité politique et civile, admettent cependant, sous ce double aspect, la personnalité internationale du Saint-Siège. — Ducrocq, *op. cit.*, p. 52; Despagnet, n. 154; Weiss, t. 2, p. 408; Surville, *Rev. crit.*, 1894, p. 268. — *Contrà*, Moreau, *Journ. du dr. int. pr.*, 1892, p. 337.

SECTION II.

Des droits des personnes morales étrangères en France.

314. — Les personnes morales étrangères ont en France les mêmes droits que ceux qui sont reconnus aux individus étrangers. Ils peuvent être propriétaires, même d'immeubles (V. Serrigny, *Acquisition d'immeubles en France par des établissements publics étrangers* : *Rev. crit.*, 1854, p. 356), être créanciers, débiteurs, jouir des droits de propriété littéraire, artistique, industrielle. — Weiss, t. 2, p. 402; Darras, *Du droit des auteurs et des artistes dans les rapports internationaux*, n. 471.

315. — Les traités qui règlent les droits des étrangers en France s'appliquent aux personnes morales aussi bien qu'aux individus. — Cass., 14 mai 1895, Banque d'Alsace-Lorraine, [S. et P. 96.1.464, D. 96.1.249] — Rouen, 22 juill. 1896, Banque d'Alsace-Lorraine, [S. et P. 97.2.115]

316. — Ces personnes bénéficient également des dispositions de la loi du 14 juill. 1819, qui déclare les étrangers capables de succéder en France. Il ne peut être question pour elles de succéder *ab intestat*, mais elles peuvent acquérir, soit par testament soit par donation entre-vifs, des biens situés en France (V. Av. Cons. d'Et., 12 janv. 1854, précité), et en fait, elles exercent ce droit en France sans opposition (V. par exemple le décret du 21 févr. 1893, autorisant une commune italienne à accepter un legs universel comprenant des immeubles situés en France). — *Journ. du dr. int. pr.*, 1895, p. 790. — V. *suprà*, v° *Dons et legs aux établissements publics*, n. 2360 et s.

317. — On a cependant contesté aux Etats étrangers le droit d'être institués héritiers ou légataires d'immeubles situés en France, mais nous pensons que l'État étranger reconnu politiquement doit être considéré en France comme jouissant des mêmes prérogatives qu'une personne civile étrangère. — V. *suprà*, v° *cit.*, n. 2602 et s.

318. — La capacité de recevoir des dons et des legs doit être reconnue en France au Saint-Siège, aussi bien qu'aux Etats étrangers. — Weiss, t. 2, p. 408; Despagnet, n. 49; Lainé, *Journ. du dr. int. pr.*, 1893, p. 294; Michoud, *Rev. gén. du dr. int. publ.*, 1894, p. 193 et s. — V. *suprà*, v° *cit.*, n. 2621 et s.

319. — Si les personnes morales étrangères doivent jouir, en France, de tous les droits reconnus aux étrangers par les lois et les traités, leurs droits subissent, réciproquement, les mêmes restrictions que ceux des individus étrangers. Ainsi, si elles sont demanderesses contre un Français, elles devront fournir la caution *judicatum solvi*. — V. *suprà*, v° *Caution judicatum solvi*, n. 31 et 33.

320. — Et le Français, demandeur contre elles pourra les citer devant les tribunaux français, même lorsqu'elles n'auront pas de siège social en France. — Cass., 19 mai 1863, Soc. anglo-française de Saint-Godens, [S. 63.1.353, P. 63.1022, D. 63. 1.218]; — 14 nov. 1864 (1re esp.), Trône et Raffin (2e esp.), Jourde, [S. 65.1.135, P. 65.290, D. 64.1.466] — Paris, 9 mars 1892, Chem. de fer de Saragosse à la Méditerranée, [D. 92.2. 284]

TITRE II.

DE LA LOI APPLICABLE AUX ÉTRANGERS.

CHAPITRE I.

PRINCIPES GÉNÉRAUX.

321. — Nous avons vu quels sont les droits dont jouissent les étrangers; il faut maintenant rechercher la loi qui les régit dans l'exercice de ces droits.

322. — Il est d'abord une solution incontestable : les étrangers sont soumis aux lois du pays où ils se trouvent toutes les fois qu'elles intéressent l'ordre public. Il n'est pas toujours facile, il est vrai, de déterminer avec précision les lois qui présentent ce caractère; nous nous efforcerons de le faire plus loin; mais le principe même est hors de doute. — Laurent, *Droit civil international*, t. 2, p. 185 et s.; Brocher, t. 1, p. 106 et s.; Fiore, *Le droit international privé*, 2e éd., trad. Antoine, t. 1, p. 59 et s., 266 et s.; Savigny, *Traité de droit romain*, t. 8, p. 34 et s.; Rolin, t. 1, p. 276 et s.; Weiss, t. 3, p. 83 et s.; Despagnet, n. 107; Surville et Arthuys, n. 25, p. 37; Audinet, n. 296, 341 et s.; Despagnet, *L'ordre public en droit international privé (Journ. du dr. int. pr.*, 1889, p. 5 et s., 207 et s.); Pillet, *De l'ordre public en droit international privé*; Boissarie, *La notion de l'ordre public en droit international privé* (Thèse); Esperson, *Le droit international privé dans la législation italienne* (*Journ. du dr. int. pr.*, 1880, p. 253 et s.); Surville, *De la personnalité des lois envisagée comme principe fondamental du droit international privé* (Même journ., 1889, p. 528 et s.); Pedozzi, *Quelques considérations sur l'idée d'ordre public international* (Même journ., 1897, p. 69 et s., 493 et s.). — V. *infrà*, n. 352 et s.

323. — Les lois qui ne sont pas comprises dans cette catégorie s'appliquent-elles également aux étrangers, ou restent-ils soumis, dans le pays où ils se trouvent, à leur loi nationale, ou à la loi de leur domicile? Pour résoudre cette question, on a proposé et suivi de nombreux systèmes. Nous nous contenterons d'exposer ici les principaux, en insistant surtout sur celui que la loi française a adopté. — Pour ceux dont nous ne parlerons pas, V. notamment Savigny, t. 8, chap. 1, p. 12 et s.; Pillet, *Le droit international privé; Essai d'un système général de solution des conflits de lois* (*Journ. du dr. int. pr.*, 1894, p. 417 et 711; 1895, p. 241, 500 et 929; 1896, p. 5); Despagnet, n. 105 et s.

SECTION I.

Système de la territorialité des lois.

324. — On pourrait d'abord concevoir que toutes les lois, sans distinction, s'appliquassent dans chaque pays aux étrangers, aussi bien qu'aux nationaux, mais sans jamais s'appliquer au dehors, même à ceux qui leur sont soumis par leur nationalité. Comme la souveraineté dont elles sont une émanation, les lois, quel qu'en fût l'objet, exerceraient un empire absolu dans le territoire où elles ont été édictées, mais n'auraient aucune autorité au delà des frontières. Ce système était suivi dans le droit féodal, qui admettait comme un axiôme que « toutes coutumes sont réelles. » — Lainé, *Introduction au droit international privé*, t. 1, p. 270 et s.; Weiss, t. 3, p. 7. — V. aussi de Vareilles-Sommières, *La synthèse du droit international privé*, t. 1, p. 8.

325. — Le principe de la territorialité des lois est encore admis aujourd'hui en Angleterre et aux Etats-Unis. — Westlake, *A treatise ou private international law*, 1re éd., § 402; Story, *Commentaries on the conflict of laws*, § 499.

326. — La territorialité des lois trouve cependant un tempérament dans la *comitas gentium* ou courtoisie internationale. On applique assez fréquemment les lois étrangères, surtout à l'état et à la capacité des personnes, que la jurisprudence anglaise considère habituellement comme régies par la loi de leur domicile (Westlake, *La doctrine anglaise en matière de droit international privé* : *Journ. du dr. intern. pr.*, 1881, p. 312; Dicey, trad. par E. Stocquart, *Le statut personnel anglais*, art. 21 et s.); mais cette application n'a rien d'obligatoire, c'est une concession purement gracieuse, que chaque Etat est libre de faire ou de ne pas faire et que les autres n'ont pas le droit d'exiger de lui.

327. — Ce système est peu satisfaisant, au point de vue rationnel comme au point de vue pratique. Il méconnaît l'unité de la personne, dont l'état et la capacité varieront avec les pays où elle se trouvera, et qui, par exemple, sera considérée ici comme majeure et là comme mineure. Or une personne a, ou n'a pas, l'aptitude nécessaire pour gérer ses affaires et sa conduite : mais sa condition, à cet égard, doit être partout identique. La *comitas gentium* atténue les vices du système, mais elle ne les fait pas cependant disparaître; les étrangers ne peuvent, en effet, compter d'une façon certaine sur l'application de leur loi personnelle, puisqu'elle dépend entièrement du bon plaisir de l'Etat, ou plutôt des tribunaux. Ce qui leur est accordé aujourd'hui peut leur être retiré demain. Ce n'est pas, d'ailleurs, par courtoisie ou par bienveillance qu'un Etat doit permettre chez lui l'application des lois étrangères; c'est parce que, dans certains cas au moins, cette application est commandée par la justice et par la raison. — V. Weiss, t. 3, p. 183; Lainé, *De l'application des lois étrangères en France et en Belgique* (*Journ. du dr. intern. pr.*, 1896, p. 483); *Etude sur le titre préliminaire du projet de révision du Code civil belge* (*Bulletin de la société de législ. comp.*, 1890, p. 385).

SECTION II.

Système des statuts.

328. — Le système des statuts peut se résumer ainsi : les lois qui concernent les biens immeubles, et qui forment le statut réel, s'appliquent à tous les immeubles situés dans leur ressort, quels que soient la nationalité et le domicile de leurs propriétaires; elles ne s'appliquent pas à ceux qui n'y sont pas situés. Les lois relatives à l'état et à la capacité des personnes, constituent le statut personnel, s'appliquent pas, dans un pays, aux étrangers, mais elles suivent ceux qu'elles régissent, en raison de leur nationalité ou de leur domicile, même lorsqu'ils se trouvent dans un pays étranger. C'est du moins à cette distinction que le système des statuts a fini par aboutir, après de nombreuses vicissitudes et c'est sous cette forme qu'il est aujourd'hui enseigné. — V. pour l'histoire et l'exposé du système des statuts, Lainé, *Introduction au droit international privé*, t. 1 et 2.

329. — Le système des statuts a pris naissance en Italie vers les xiiie et xive siècles, et il emprunta son nom aux statuts locaux des villes italiennes dont Bartole et les jurisconsultes de l'école des postglossateurs étudiaient les conflits soit entre eux, soit avec le droit romain, considéré comme droit commun. Ces auteurs, dont les doctrines étaient, d'ailleurs, très-variables, ne se bornaient pas à distinguer le statut relatif aux immeubles de celui qui concerne l'état et la capacité des personnes ; ils passaient en revue ceux qui concernent les contrats, les délits, les successions, les testaments, etc.

330. — En France, trois grands jurisconsultes : Dumoulin, Guy Coquille et d'Argentré, le premier et le dernier surtout, ont développé au xvie siècle, sans avoir à beaucoup près le même esprit, le système des statuts. C'est principalement sous l'influence d'Argentré que l'opposition du statut réel et du statut personnel devient le principe essentiel de cette doctrine et le cadre obligé de toutes les théories sur le conflit des lois.

331. — Les nombreux jurisconsultes qui, dans l'ancien droit ont étudié ces questions avaient surtout en vue les conflits entre les diverses coutumes locales d'un même pays ; mais on appliquait les mêmes principes à la solution des conflits, plus rares sans doute, entre les lois françaises et les lois étrangères. — Lainé, *op. cit.*, t. 1, p. 74 et s. ; Surville et Arthuys, n. 19.

332. — Le statut personnel est donc celui qui régit l'état et la capacité de la personne, et qui est déterminé, suivant nos anciens auteurs, par son domicile ; le statut réel est celui qui régit les biens immeubles et qui est déterminé par leur situation ; il est réel dans un double sens parce qu'il a des choses pour objet et parce qu'il est territorial.

333. — Il est rare que les dispositions légales ou coutumières concernent exclusivement soit les personnes, soit les immeubles. En cas de doute, et lorsque la loi concerne simultanément les personnes et les choses, dans quelle catégorie devait-on les ranger ? Bartole dans un passage souvent cité et critiqué, sans avoir toujours été bien compris, s'attachait à l'ordre des termes employés par le législateur pour déterminer le caractère du statut ; il était réel ou personnel suivant que la loi parlait d'abord des choses ou des personnes (V. Lainé, *op. cit.*, t. 1, p. 155 et s.). Un semblable critérium n'avait rien de rationnel suivant l'opinion générale. Pour déterminer le caractère du statut, on tenait compte de son objet principal, il était personnel lorsqu'il avait pour objet principal les personnes ; réel, lorsqu'il avait pour objet principal les choses. — Pothier, *Introduction aux coutumes*, n. 6 ; Lainé, t. 1, p. 237.

334. — Au surplus, la réalité des statuts était regardée comme la règle, la personnalité comme une exception ; dans le doute, on considérait le statut comme réel. — Lainé, *op. cit.*, t. 2, p. 69.

335. — L'extension qu'il convenait d'attribuer au statut personnel avait soulevé de vives controverses. Ainsi, l'on s'était demandé si la capacité nécessaire pour aliéner un immeuble, et généralement pour passer les actes relatifs aux immeubles, devait être fixée par la loi du domicile de la personne ou par celle de la situation de l'immeuble. D'Argentré enseignait que, dans ce cas, le statut était réel ; mais l'opinion contraire finit par triompher. Au xviiie siècle, la jurisprudence des parlements, aussi bien que la doctrine des auteurs, admirent la personnalité de la loi qui régit la capacité de la personne, même pour les actes relatifs aux immeubles. — Lainé, t. 2, p. 131, 133 et s.

336. — D'Argentré enseignait aussi que le statut n'était personnel qu'autant qu'il avait en vue l'état et la capacité de la personne envisagés d'une façon universelle ; le statut était réel, s'il réglait la capacité en vue d'un acte déterminé. Ici encore l'opinion favorable à la personnalité du statut finit par être plus généralement adoptée ; toutefois, elle ne s'introduisit que lentement et son triomphe ne fut pas complet. — Lainé, t. 2, p. 131, 140 et s.

337. — Certaines lois ne rentraient, à proprement parler, ni dans le statut personnel, ni dans le statut réel ; c'étaient les lois relatives aux meubles, à la forme des actes, aux contrats. Quant aux meubles, on admettait, sans hésiter, qu'ils étaient soumis à la loi du domicile de leur propriétaire ; mais tous les auteurs n'en donnaient pas le même motif. Suivant les uns, le patrimoine mobilier était considéré comme situé au domicile de son propriétaire, et si les meubles étaient soumis à la loi de ce domicile, c'est qu'elle était celle de leur situation, non pas réelle mais fictive ; suivant les autres, les lois relatives aux meubles étaient une dépendance du statut personnel : « *Mobilia sequuntur personam.* » — Lainé, t. 11, p. 225 et s.

338. — La forme des actes était régie par la loi du lieu où ils étaient faits. L'acte conforme à cette loi devait être regardé comme valable et devait produire ses effets même en pays étranger. C'est ce qu'on exprimait par l'adage : « *locus regit actum.* » Mais on n'était pas d'accord sur la nature de cette règle. Les uns la rangeaient dans le statut réel, d'autres dans le statut personnel (Lainé, t. 2, p. 329 et s.). D'autres, avec plus de raison, estimaient qu'elle n'appartenait ni à l'une ni à l'autre catégorie ; ils en faisaient une troisième espèce de statuts. — V. Pothier, *Introduction aux coutumes*, n. 25. — V. *infrà*, v° *Forme des actes*.

339. — Quelle loi devait régir l'interprétation et les effets des contrats ? La question avait été discutée surtout à propos des conventions matrimoniales et du régime auquel la coutume soumettait les biens des époux. Dumoulin admettait que les conventions arrêtées entre les parties suivant la loi de leur domicile, ou si elles n'avaient pas le même domicile, suivant la loi que, d'après les circonstances, elles auraient voulu adopter, produiraient leurs effets sur les biens, en quelque pays qu'ils fussent situés. C'est en vertu d'une convention tacitement intervenue entre les parties que leur contrat est soumis à l'une ou l'autre de ces lois, et cette convention tacite doit avoir la même force et les mêmes effets qu'une convention expresse. D'Argentré, au contraire, admettait, sauf en ce qui touche les conventions expresses, et en particulier celles qui sont relatives au régime matrimonial, produisent leurs effets sur les biens, quelle qu'en soit la situation ; mais il n'admettait pas l'opinion de la loi qui doit régir les biens des époux résultât d'une convention tacite. Suivant lui, le statut de communauté étant réel, la coutume qui l'avait établi ne devait point avoir d'effet hors de son ressort (Lainé, t. 2, p. 228 ; Weiss, t. 3, p. 27). L'opinion de Dumoulin avait, d'ailleurs, fini par triompher. — V. Pothier, *Traité de la communauté*, p. 11 et s.

340. — La théorie des statuts, que nous venons d'exposer au point de vue historique, a été également soutenue dans le droit moderne par des auteurs considérables. — V. Fœlix, notamment, t. 1, n. 19 et s. ; Aubry et Rau, 5e édit., t. 1, p. 133 et s. ; Demolombe, t. 1, n. 68 et s. ; Barde, *Théorie traditionnelle des statuts* ; de Vareilles-Sommières, *La synthèse du droit international privé* (notamment, t. 1, 1re part.). — Mais les auteurs modernes déterminent généralement le statut personnel, non plus par le domicile, mais par la nationalité de la personne dont il s'agit. — V. cep. Fœlix, t. 1, n. 27 et s.

341. — La théorie des statuts renferme une grande part de vérité. Elle repose sur une idée exacte : la distinction parmi les lois d'un État, de celles qui exercent, sur leur territoire, un empire absolu, sans s'étendre jamais au delà, et de celles qui n'ont pas ce caractère territorial ; elle a le mérite d'avoir reconnu l'unité de la loi qui doit régir l'état et la capacité de la personne. Enfin, il est exact que, sous beaucoup de rapports, les immeubles sont régis par la loi du pays où ils sont situés, quelle que soit la nationalité de leur propriétaire. Toutefois, cette théorie ne donne pas une solution complètement satisfaisante du conflit des lois ; elle mérite plusieurs critiques graves. Ainsi, d'abord, la distinction du statut réel et du statut personnel est un cadre trop étroit pour embrasser toutes les lois. Celles qui concernent les meubles, aussi bien que les lois relatives aux contrats ou à la forme des actes, restent en dehors. Ce n'est que par une assimilation forcée qu'on a pu les ranger dans l'un ou l'autre statut. D'autre part, il n'est pas toujours facile de distinguer la nature personnelle ou réelle d'un statut. Les nombreuses discussions qui se sont élevées autrefois sur ce point sont toujours susceptibles de se renouveler. Enfin, on reproche avec raison à ce système d'attribuer à la situation des immeubles trop d'influence sur les droits de leurs propriétaires. Les lois semblent avoir les biens pour objets immédiats et n'atteindre les personnes que par voie de conséquence ; or, il est beaucoup plus vrai que les lois sont faites pour les personnes, et, en thèse générale, s'appliquent aux biens en raison de leurs rapports avec les personnes.

Section III.
Système de la personnalité des lois.

342. — Chaque individu doit être régi par sa loi nationale en quelque pays qu'il se trouve. L'État est avant tout une association de personnes; la souveraineté de l'État s'exerce sur les personnes, et elle suit ceux qui lui sont soumis, en raison de leur nationalité, même au delà des frontières. Les étrangers doivent donc être régis par leurs lois nationales, comme ils restent soumis à la souveraineté de leur pays, dont ces lois émanent, sans qu'il y ait à distinguer entre celles qui concernent l'état et la capacité des personnes et celles qui concernent les biens. Il y a d'autant plus de raison d'appliquer à chaque personne sa loi nationale, que cette loi doit être mieux faite pour elle que toute autre et convenir le mieux à ses qualités et à sa manière d'être. Ce système, d'abord soutenu par les jurisconsultes italiens, compte aujourd'hui le plus grand nombre de partisans parmi les auteurs contemporains, du moins sur le continent européen. — Mancini, *De l'utilité de rendre obligatoires un certain nombre des règles générales du droit international privé : Journ. du dr. int. pr.*, 1874, p. 221 et s., 285 et s. (notamment p. 291 et s.); Pasquale Fiore, t. 1, n. 53 et s.; Esperson, *Le droit international privé dans la législation italienne (Journ. du dr. int. pr.*, 1880, p. 248 et s.); Laurent, *Droit civil international*, t. 1, n. 423 et s.; Weiss, t. 3, p. 65; Durand, n. 120 et s.; Surville et Arthuys, n. 22, 25 et s.; Audinet, n. 291 et s.

343. — L'application à chaque personne de sa loi nationale, même en pays étranger, n'est cependant pas absolue; elle comporte, trois limitations importantes : 1° comme nous l'avons déjà dit, les lois d'ordre public doivent, dans chaque État, s'appliquer aux étrangers aussi bien qu'aux nationaux; 2° les actes volontaires, et particulièrement les contrats, ne sont pas nécessairement régis par la loi nationale des parties, mais bien par celle qu'elles ont choisie elles-mêmes expressément ou tacitement ; 3° la forme des actes est régie par la loi du pays où ils sont faits, en ce sens que l'acte qui a suivi les prescriptions de cette loi est toujours valable, même s'il n'est pas conforme à la loi nationale des parties. — V. *infrà*, v° *Forme des actes*.

Section IV.
Système adopté par le Code civil.

344. — Le Code civil français a-t-il adopté l'un des systèmes que nous venons d'esquisser à grands traits et quel est-il? Le Code ne s'est occupé que rarement du conflit entre la loi française et les lois étrangères; l'art. 3 seul formule, à cet égard, des règles générales, contenues dans ces trois proportions : 1° les lois de police et de sûreté obligent tous ceux qui habitent le territoire; 2° les immeubles, même ceux possédés par des étrangers, sont régis par la loi française ; 3° les lois concernant l'état et la capacité des personnes régissent les Français, nés ou résidant en pays étranger. Ces dispositions sont très-incomplètes; elles ne parlent pas des lois relatives aux meubles, aux contrats, à la forme des actes. Elles sont, en outre, d'une excessive brièveté; pour en déterminer le sens et la portée il est nécessaire de savoir quel système le Code a voulu adopter.

345. — Nous croyons que c'est le système des statuts. Cela résulte des termes mêmes de l'art. 3, dont les deux derniers alinéas reproduisent les deux règles les plus importantes de l'ancienne doctrine, celles qui en étaient, en quelque sorte, la formule; cela résulte encore des déclarations produites dans les travaux préparatoires, notamment par Portalis, qui rattachait ainsi le système du Code à la tradition : « On a toujours distingué les lois qui sont relatives à l'état et à la capacité des personnes d'avec celles qui sont relatives aux biens. Les premières sont appelées personnelles et les secondes réelles » (Locré, t. 1, p. 304); et par le tribun Faure : « L'art. 3 consacre les principales bases d'une matière connue dans le droit sous le titre de statuts personnels et de statuts réels » (Locré, t. 1, p. 317). Il faut donc recourir à l'ancienne théorie pour fixer la portée des termes que le Code civil emploie, et auxquels, on doit le croire, il a voulu laisser leur signification traditionnelle. — V. les auteurs cités ci-dessus, n. 340. — V. Brocher, t. 1, n. 41 et s. ; Laurent, *Droit civil international*, t. 2, n. 39-44; Surville et Arthuys, n. 24 ; Audinet, n. 301 et s.

346. — On a contesté cependant qu'il fallût rattacher l'art. 3, C. civ., à la théorie des statuts ; rien n'indique que ses auteurs aient eu l'intention de la reproduire, alors qu'ils n'ont même pas employé les termes consacrés de statut réel et de statut personnel, et qu'ils ont laissé de côté volontairement bon nombre de questions que nos anciens auteurs étudiaient toujours à propos de la distinction des statuts. Il faudrait donc interpréter les termes de l'art. 3 tels qu'ils sont, dans leur sens le plus rationnel, mais sans se laisser guider par la tradition. Ainsi, en particulier, on donnerait aux mots « lois qui régissent les immeubles » un sens bien plus restreint qu'on ne le faisait autrefois. On entendrait par là les lois qui régissent les immeubles considérés en eux-mêmes, celles qui président à l'organisation de la propriété foncière, mais non pas, par exemple, les lois relatives aux successions immobilières. C'est dans cette interprétation restrictive du second alinéa de l'art. 3 que se trouve le principal intérêt de ce système. — V. Weiss, t. 3, p. 136; Despagnet, *Précis de droit international privé*, n. 194, et *Théorie des statuts dans le Code civil (Revue critique*, 1884, p. 487); Durand, n. 124.

347. — Nous n'insisterons pas sur la discussion d'une opinion, ingénieuse à coup sûr, mais qui nous semble paradoxale. Elle se propose surtout de concilier l'art. 3, C. civ., avec le système de la personnalité des lois, auxquels les rédacteurs de notre article ne songeaient certainement pas, tandis que le système des statuts leur était familier et était le seul auquel ils pussent songer, dès lors qu'ils se préoccupaient du conflit des lois et des solutions dont il est susceptible.

348. — Mais si les deux règles que l'art. 3, C. civ., a consacrées sont manifestement empruntées à la théorie des statuts, nous ne croyons pas que le Code ait entendu reproduire cette théorie dans son intégrité, ou du moins le silence de la loi ne nous autorise pas à l'affirmer (V. cependant Laurent, *Droit civil international*, t. 2, n. 39-44; Fœlix, *loc. cit.*; Barde, *loc. cit.*; de Vareilles-Sommières, *loc. cit.*). Il est impossible de croire que le législateur ait voulu rendre obligatoires les règles autrefois enseignées par les auteurs ou suivies par la jurisprudence sur des points auxquels il n'a même pas fait allusion. Le juge et l'interprète sont donc libres d'adopter, en ces matières, les opinions qui leur paraissent les meilleures et les plus rationnelles; il n'en est aucune qui leur soit légalement imposée. — En d'autres termes, on doit recourir à la tradition pour interpréter l'art. 3, mais non pas pour le compléter. — Surville et Arthuys, n. 24; Audinet, n. 304.

349. — Sur les points mêmes que l'art. 3 a touchés, nous ne pouvons considérer comme légalement consacrées que les solutions qui étaient hors de doute dans le dernier état de l'ancien droit. Quant aux controverses qui avaient persisté jusqu'à la fin, à moins qu'elles ne soient tranchées par l'art. 3 lui-même, on est évidemment libre d'adopter l'opinion la meilleure et la plus rationnelle.

350. — Le Code civil n'a tracé que d'une façon incomplète les règles à suivre pour résoudre les conflits des lois. Elles pourraient être mieux et plus complètement déterminées par des conventions internationales. Une tentative a été faite récemment dans ce but. Une conférence où étaient représentés la plupart des États de l'Europe continentale s'est réunie à La Haye en 1893 et 1894, et elle a élaboré un projet concernant le mariage, la tutelle, la faillite, les successions et enfin la procédure civile. — V. le texte des résolutions adoptées par ces conférences, *Journ. du dr. int. pr.*, 1893, p. 1276, et 1895, p. 197. — V. aussi Lainé, *La conférence de La Haye relative au droit int. pr.* (Même journal, 1894, p. 5 et 236; 1895, p. 465 et 734). — Des divers projets élaborés par la conférence, celui qui concerne la procédure a seul jusqu'à présent fait l'objet d'une convention internationale conclue à La Haye le 14 nov. 1896 entre la France, la Belgique, l'Espagne, l'Italie, l'Allemagne, l'Autriche-Hongrie, la Russie, la Suisse, etc., etc. — *Journ. du dr. int. pr.*, 1899, p. 626.

351. — Nous allons maintenant étudier la loi applicable en France aux étrangers, et plus généralement les solutions que doivent recevoir les conflits de lois, en passant en revue : 1° les lois d'ordre public; 2° les lois qui concernent les biens ; 3° les lois qui concernent l'état et la capacité des personnes; 4° les lois relatives aux contrats. Sur les lois relatives à la forme des actes, V. *suprà*, n. 343, et *infrà*, v° *Forme des actes*. —Nous parlerons, enfin, de la preuve des lois étrangères, du caractère obligatoire, en France, de leur application et du recours en cassation auquel leur violation peut donner lieu.

CHAPITRE II.

LOIS D'ORDRE PUBLIC.

352. — Aux termes de l'art. 3 (1er al.) du Code civil, les lois de police et de sûreté obligent tous ceux qui habitent le territoire; c'est ce qu'on exprime sous une autre forme en disant que les lois d'ordre public s'appliquent, en France, même aux étrangers, ou encore que les lois étrangères ne peuvent s'appliquer en France, lorsqu'elles sont contraires à l'ordre public. Le principe est incontestable, mais la notion de l'ordre public est peu précise, et la difficulté est de savoir quelles sont les lois auxquelles on doit reconnaître ce caractère.

353. — Il faut d'abord remarquer que la notion de l'ordre public est plus compréhensive, lorsqu'on l'envisage par rapport aux nationaux, que lorsqu'on l'envisage par rapport aux étrangers. On trouve la base de cette distinction dans le rapprochement des art. 3 (1er al.) et 6, C. civ. D'après l'art. 6, C. civ., « on ne peut déroger par des conventions particulières aux lois qui intéressent l'ordre public et les bonnes mœurs. » Il est cependant certain que certaines lois auxquelles les Français ne peuvent déroger par des conventions particulières ne s'imposent pas aux étrangers. Ce sont principalement celles qui régissent l'état et la capacité des personnes. Il y a donc lieu de distinguer d'ordre public interne, pour les nationaux; ce sont celles dont parle l'art. 6, C. civ.; et d'autres qui sont d'ordre public international, pour les étrangers aussi bien que pour les nationaux; ce sont celles que l'art. 3 appelle lois de police et de sûreté. Il est bien entendu que toutes les lois d'ordre public international sont, à fortiori, d'ordre public interne; mais la réciproque n'est pas vraie, et certaines lois sont d'ordre public interne, sans être d'ordre public international. — Brocher, t. 1, p. 106 et s.; Laurent, *Droit civil international*, n. 193; Weiss, t. 3, p. 84; Despagnet, n. 108, et *Journ. du dr. int. pr.*, 1889, p. 207; Boissarie, *op. cit.*, p. 146; Surville et Arthuys, n. 25, p. 39. — Certains auteurs cependant repoussent la distinction de l'ordre public interne et de l'ordre public international. — V. Pillet, *L'ordre public en droit international*, p. 27 et s.; de Vareilles-Sommières, t. 1, n. 168 et s.

354. — La difficulté est donc de savoir quelles sont les lois d'ordre public international et à quel critérium on les reconnaîtra. Nous n'essaierons pas d'en donner une définition; nous croyons préférable d'indiquer quelles sont les lois auxquelles, en pratique, on reconnaît ce caractère.

355. — Sont d'ordre public, en premier lieu, toutes les lois comprises dans ce qu'on appelle le droit public : lois constitutionnelles administratives, lois relatives à l'organisation des pouvoirs publics, et spécialement à l'organisation et à la compétence des tribunaux, ainsi qu'à la procédure suivie devant eux.

356. — Les lois pénales, qui d'ailleurs font partie du droit public, sont aussi des lois d'ordre public. Les étrangers peuvent être punis des peines portées par la loi française, pour les infractions qu'ils commettent en France, alors même qu'elles ne seraient pas prévues ou qu'elles seraient punies de peines différentes par leur loi nationale. — Cass., 16 juill. 1874, Simon-Jacob, [S. 75.1.136, P. 75.307, D. 74.1.497] — Faustin Hélie, *Instruction criminelle*, t. 2, n. 627 et s.; Normand, *Traité élémentaire de droit criminel*, n. 148; Garraud, *Traité théorique et pratique de droit pénal français*, t. 1, n. 135.

357. — Et comme le complice est justiciable des mêmes tribunaux que l'auteur principal, un étranger peut être poursuivi devant les tribunaux français, comme complice d'un délit commis en France, alors même que le fait constitutif de la complicité, notamment le recel d'un objet volé, se serait produit en pays étranger. — Cass., 13 mars 1891, Laterner, [S. 91.1.240, P. 91. 1.561, et la note]; — 7 sept. 1893, Philippe, [S. et P. 94.1.249, D. 96.1.434] — Garraud, t. 1, n. 135, texte et n. 19. — *Contra*,

note sous Cass., 7 sept. 1893, [S. et P. 94.1.249]; Gardeil, *Examen doctrinal : Revue critique*, 1892, p. 10 et s.

358. — Il a été jugé que la loi du 27 mai 1885, sur la relégation des récidivistes, s'applique aux étrangers aussi bien que toutes les autres lois pénales, et l'on ne comprend guère qu'un doute ait pu se produire sur ce point. — Cass., 3 mars 1886, Lobodrinski, [S. 86.1.327, P. 86.1.770, D. 86.1.138] — Limoges, 11 févr. 1886, Laplace, [S. 86.2.138, P. 86.1.814, D. 86.2.49] — Grenoble, 17 mars 1886, Grotti, [S. 86.2.138, P. 86.1.814] — Normand, *op. cit.*, n. 476.

359. — Sont également d'ordre public les lois qui garantissent les libertés essentielles assurées aux étrangers, aussi bien qu'aux Français, par le droit public de la France, ou qui en règlent l'exercice.

360. — Telle est, par exemple, la loi des 2-17 mars 1791 qui a consacré le principe de la liberté commerciale. Aussi la Cour de cassation (25 mars 1894, Bonnet, S. et P. 94.1.481), rejetant un pourvoi formé contre un arrêt de la cour d'Aix (19 déc. 1892, Morley, S. et P. 93.2.201), a-t-elle jugé qu'un étranger ne pouvait obtenir des tribunaux français la réparation du préjudice qu'un Français lui aurait causé, en portant atteinte au monopole des opérations de banque qui lui avait été concédé et dont il jouissait en pays étranger. La loi étrangère qui a établi ce monopole ne peut être appliquée en France, comme étant contraire à l'ordre public. — V. dans le même sens, la note de M. G. Naquet, sous Aix, [S. et P. 93.2.201]

361. — Cette décision n'est cependant pas à l'abri de toute critique. C'est en France que la loi de 1791 a voulu assurer la liberté du commerce, et il est bien certain qu'un étranger ne pourrait prétendre exercer en France un monopole qui lui aurait été concédé dans son pays. Mais, dans l'espèce, c'était sur le territoire étranger que ce monopole s'exerçait et qu'un Français y avait porté atteinte; et nous ne pensons pas qu'une loi étrangère, restrictive de la liberté commerciale, puisse être considérée comme contraire en France à l'ordre public, alors que ses effets ne se produisent pas dans ce pays. On demandera, il est vrai, aux tribunaux français de prononcer une condamnation en vertu de cette loi; mais cette condamnation n'était pas de nature à gêner, en France, l'exercice de la liberté commerciale : elle pouvait empêcher seulement le Français de faire à l'étranger, dans son propre pays, une concurrence illicite, d'après les lois de ce pays. Et d'autre part, on ne saurait considérer une loi étrangère contraire à la liberté commerciale comme une de ces lois attentatoires à la moralité publique qu'il ne saurait être permis d'invoquer devant un tribunal français. — Lyon-Caen, note sous Cass., 29 mai 1894, [S. et P. 94.1.481] — Weiss, t. 3, p. 90, n. 3.

362. — Les lois qui font partie du droit public ne sont pas les seules lois d'ordre public international. La Cour de cassation de Florence a cependant jugé que les dispositions des lois étrangères qui doivent être inapplicables dans un pays, comme contraires à l'ordre public, sont uniquement celles qui sont contraires aux règles destinées à protéger l'organisation de l'État, à l'exclusion de celles qui contrarient des principes d'intérêt privé; en d'autres termes, que les lois relatives aux intérêts de l'État peuvent seules être d'ordre public international; celles qui concernent des intérêts privés ne peuvent être que d'ordre public interne. — Cass. Florence, 12 déc. 1893, de Bersa, [S. et P. 97.4.17]

363. — Mais c'est là une façon certainement trop étroite d'envisager l'ordre public international (V. la note sous l'arrêt précité). Il est hors de doute que des lois de droit privé, et qui ne concernent directement que les intérêts privés, sont cependant d'ordre public international, et obligatoires pour les étrangers aussi bien que pour les nationaux, parce qu'elles touchent, soit à la morale, comme les empêchements au mariage fondés sur l'existence d'une première union, ou sur la parenté ou l'alliance au degré prohibé, soit, indirectement, aux intérêts de l'État comme celles qui prohibent les substitutions ou qui président à l'organisation de la propriété foncière, soit encore au maintien du bon ordre et de la tranquillité publique.

364. — Il n'est pas d'ailleurs possible d'énumérer ici, même incomplètement, les lois qui présentent ce caractère, et qui se rencontrent dans presque toutes les matières du droit. Le législateur ne les a pas indiquées lui-même; il a laissé à l'appréciation du juge le soin de les déterminer. — Weiss, t. 3, p. 93; Surville et Arthuys, n. 25.

CHAPITRE III.

LOIS RELATIVES A L'ÉTAT ET A LA CAPACITÉ DES PERSONNES.

Section I.
Principes généraux.

365. — L'état d'une personne est l'ensemble des qualités juridiques qui la caractérisent et qui constituent sa condition dans la famille et dans la société. La capacité de la personne est son aptitude à accomplir certains actes. L'organisation de la famille et les droits qui en dérivent sont une dépendance de l'état des personnes; les mesures destinées à les protéger, comme la tutelle et la curatelle, se rattachent à leur capacité.

366. — L'état et la capacité de la personne doivent être régis, en quelque pays qu'elle se trouve, par une loi unique. Cette règle a son fondement dans la nature. La personne est partout la même; son état et sa capacité, et par suite la loi qui les régit doivent être aussi partout les mêmes. C'était, comme nous l'avons vu, un principe déjà admis dans l'ancien droit. On peut le considérer aujourd'hui comme au-dessus de toute contestation. Dans tous les pays, si l'on en excepte l'Angleterre et les Etats-Unis, la législation l'a consacré et la doctrine le considère comme le seul rationnel.

367. — Mais cette loi unique sera-t-elle celle du domicile de la personne ou celle de sa nationalité? Les auteurs et les législations se sont partagés entre les deux systèmes.

368. — Dans l'ancien droit, le statut personnel était régi par la loi du domicile. Les conflits qu'on avait alors en vue, du moins le plus souvent, se produisaient entre les diverses lois ou coutumes intérieures dans la même souveraineté. On ne pouvait donc, pour les réprimer, tenir compte de la nationalité qui était la même pour toutes les personnes régies par ces différentes lois; c'était le domicile qui les rattachait à une province et les plaçait sous l'empire de sa coutume.

369. — Dans le droit moderne, certaines législations, qui seront indiquées plus loin, et plusieurs auteurs ont adopté le même principe. — Savigny, t. 8, § 359 et 362, p. 97, 133; Fœlix et Demangeat, t. 1, n. 27 et s.; Demangeat, *Condition des étrangers*, p. 414, et *Du statut personnel* (*Revue pratique de droit français*, 1856, t. 1, p. 65). — V. sur les raisons qui conduiraient à appliquer la loi du domicile, Chausse, *Du rôle international du domicile* (*Journ. du dr. int. pr.*, 1897, p. 15).

370. — Mais l'opinion qui régit l'état et la capacité de la personne par sa loi nationale est aujourd'hui la plus répandue. C'est elle que les législations les plus récentes ont adoptée (C. civ. ital., Dispositions préliminaires, art. 6; C. civ. esp., art. 9). — En Allemagne, en particulier, où les lois et la doctrine avaient été jusqu'à présent favorables à la loi du domicile, le nouveau Code civil a donné la préférence à la loi nationale (Loi d'introduction, art. 7). — V. Keidel, *Le droit international privé dans le nouveau Code civil allemand* (*Journ. du dr. int. pr.*, 1898, p. 883). — C'est là, en effet, la solution la plus rationnelle.

371. — La loi nationale d'une personne est celle à laquelle elle est naturellement soumise; elle est mieux appropriée que toute autre à ses besoins, à ses aptitudes, à sa manière d'être. Le domicile n'établit, au contraire, qu'un lien accidentel entre une personne et un pays. Il est moins stable que la nationalité et change plus souvent et plus facilement; or l'état et la capacité de la personne doivent être fixes et, autant que possible, à l'abri des changements. — Laurent, *Droit civil international*, t. 2, n. 97 et s.; Fiore, t. 1, n. 41 et s.; Weiss, t. 3, p. 51 et s.; Rolin, t. 1. n. 98 et s.; Despagnet, n. 226; Surville et Arthuys, n. 142, 144; Audinet, n. 316.

372. — Ce n'est pas à dire cependant que le domicile d'une personne n'ait jamais aucune influence sur son état et sa capacité. Par la force des choses, c'est la loi du domicile qui seule pourra s'appliquer lorsque la personne n'aura pas de nationalité certaine. — *Institut de droit international*, session d'Oxford, 1880, *Annuaire de l'Institut*, t. 5, p. 56; Weiss, t. 3, p. 72; Surville et Arthuys, n. 143; Rolin, t. 1, n. 101 et s.; Audinet, n. 316; Lainé, *Bulletin de la société de législation comparée*, 1890, p. 385.

373. — La loi qui régit l'état et la capacité changera, si la personne vient à changer de nationalité; toutefois ce changement n'aura d'effet que pour l'avenir et ne portera pas atteinte aux droits acquis soit à cette personne elle-même, soit à des tiers. — V. *infrà*, v^{is} *Nationalité, Naturalisation*.

374. — Le Code civil (art. 3, 2e al.) décide que l'état et la capacité de la personne sont régis par sa loi nationale. Nous allons étudier l'application de ce principe : 1° aux Français qui se trouvent en pays étranger; 2° aux étrangers qui se trouvent en France.

Section II.
Français en pays étranger.

375. — Les lois qui concernent l'état et la capacité des personnes régissent les Français même en pays étranger : c'est ce que dit expressément le deuxième alinéa de l'art. 3, C. civ. Nous n'avons pas à développer ici les conséquences de ce principe; on les rencontre dans de nombreuses parties du droit, notamment à propos du mariage, de la filiation légitime ou naturelle, de la tutelle, de l'interdiction, etc.

376. — On a cependant soutenu que le Français *domicilié* à l'étranger ne serait pas régi par la loi française, mais par celle de son domicile. On appuie cette opinion sur le texte même de l'art. 3, d'après lequel les lois concernant l'état et la capacité... « régissent les Français même *résidant* en pays étranger; » donc, *à contrario*, elles ne régiraient pas ceux qui y sont domiciliés. — Demangeat, sur Fœlix, t. 1, p. 58, note *b* et p. 105, note *a*.

377. — Nous n'insisterons pas sur la réfutation d'un système qui n'a pas trouvé d'adhérents. Rien n'indique que le législateur, en parlant, dans l'art. 3, des Français *résidant* en pays étranger, ait voulu les opposer aux Français domiciliés. Le mot *résidant* est un terme large, qui désigne tous les Français qui se trouvent en pays étranger. Au surplus, l'art. 170, qui applique au mariage le principe général de l'art. 3, ne permet de faire aucune distinction entre les Français domiciliés ou non domiciliés à l'étranger; il soumet également les uns et les autres à la loi française en ce qui concerne les conditions de fond du mariage. — Weiss, t. 3, p. 140; Surville et Arthuys, n. 146; Audinet, n. 319.

378. — Ce ne sont pas seulement les incapacités résultant directement de la loi française qui atteignent les Français en pays étranger; ce sont aussi celles qui résultent de jugements conformes à la loi. Ainsi, le Français pourvu en France d'un conseil judiciaire est incapable de faire seul, à l'étranger, les actes pour lesquels l'assistance de ce conseil est nécessaire. — Amiens, 6 déc. 1888, Spulher, [Clunet, 89.457]

379. — Cependant, peu de temps après la promulgation du Code civil, il a été jugé que les émigrés ne devaient pas être considérés, en pays étranger, comme frappés de la mort civile prononcée contre eux par les lois de la période révolutionnaire. Cette décision s'explique, sans doute, par le caractère exclusivement politique de cette déchéance. — Cass., 26 janv. 1807, Ficheux, [S. et P. chr.]

380. — L'application d'une loi étrangère ne peut jamais modifier l'état ou la capacité d'un Français. Les déchéances résultant de condamnations spéciales atteignent les Français dans le pays où cette condamnation a été prononcée, mais elles n'ont aucun effet au regard de la loi française. et le Français n'est pas considéré, en France, comme incapable. — Cass., 14 avr. 1868, Blanchard, [S. 68.1.183, P. 68.418, D. 68.1.262] — Demolombe, t. 1, n. 198; Weiss, t. 3, p. 377; Audinet, n. 320; Le Poittevin, *Des crimes ou délits commis par des français à l'étranger* (*Journ. du dr. int. pr.*, 1894, p. 214).

381. — Observons enfin que les Etats étrangers ne permettant pas chez eux l'application des lois françaises qu'ils jugeraient contraires à l'ordre public; mais il n'y aura, en France, aucun compte à tenir de cette restriction. — Trib. Seine, 14 mars 1879, Paumier, [Clunet, 79.284]

Section III.
Etrangers en France.

382. — L'état et la capacité de l'étranger qui se trouve en France sont régis par sa loi nationale. C'est un principe que l'on peut considérer comme incontesté (V. cep. Alauzet, *De la* *qualité de français*, 2ᵉ éd., p. 180 et s.). Le Code, il est vrai, ne l'a pas expressément formulé ; mais il résulte implicitement de l'art. 3. Les deux premiers alinéas parlent de lois qui régissent tout à la fois les Français et les étrangers, mais ils ont soin de le dire expressément. Le troisième alinéa déclare que les lois qui gouvernent l'état et la capacité régissent les Français ; par cela seul qu'il ne parle pas des étrangers, il indique suffisamment qu'ils ne sont pas soumis à l'empire de ces lois. D'ailleurs, on ne comprendrait pas que le législateur français, qui revendique, à juste titre, le droit de régir l'état et la capacité des Français à l'étranger, ne respectât pas le droit semblable qu'a le législateur étranger de régir ses nationaux en France. La réciprocité s'impose en cette matière ; et d'ailleurs, dans le système des statuts, que l'art. 3 a suivi, on a toujours admis que si les lois de statut personnel suivent ceux quelles régissent en quelque pays qu'ils se trouvent, en revanche, elles ne s'appliquent pas aux étrangers. La jurisprudence est constante. Nous ne citerons que les arrêts les plus récents. — Cass., 17 janv. 1899, de Bari, [S. et P. 99.1.177] — Paris, 8 févr. 1883, liquidateur Lesage et Bironneau, [S. 83.2.169, P. 83.1.883, D. 84.2.24] ; — 26 mars 1891, sous Cass., 10 juill. 1893, Compagnie générale transatlantique, [S. et P. 95.1.443, D. 95.1.145] ; — 31 juill. 1895, Cumming, [S. et P. 99.2.105] — *Sic*, Demolombe, t. 1, n. 98 et 99 ; Laurent, *Principes du droit civil*, t. 1, n. 383 et s. ; *Droit civil international*, t. 2, n. 97 et 98 ; Aubry et Rau, 5ᵉ éd., t. 1. § 31, p. 143, texte et note 23 ; Brocher, t. 1, p. 98 ; Rolin, t. 1, n. 85 et s. ; Weiss, t. 3, p. 149 ; Despagnet, n. 230 ; Surville et Arthuys, n. 148 et 149 ; Audinet, n. 321 et 322 ; de Vareilles-Sommières, t. 2, p. 95.

383. — L'étranger est régi par sa loi nationale alors même qu'il est fixé en France sans esprit de retour. — Cass., 25 févr. 1818, Gundi, [P. chr.] — Paris, 13 juin 1814, Styles, [S. et P. chr.] — Chambéry, 15 juin 1869, Fernex, [S. 70.2.214, P. 70.895] — Orléans, 17 juill. 1895, Sachet, [S. et P. 97.2.310, D. 96.2.43] — V. les auteurs cités au numéro précédent. — *Contra*, Proudhon, *Traité des personnes*, t. 1, p. 190 et s. ; Tournade, *De la dation d'un conseil judiciaire à un étranger en France*, (*Journ. du dr. int. pr.*, 1895, p. 493). — V. Alger, 20 févr. 1875, Schwilk, [Clunet, 75.275]

384. — Et il en serait encore ainsi dans le cas où il aurait été autorisé à établir son domicile en France. Les étrangers qui ont obtenu cette autorisation jouissent en France des droits civils, c'est-à-dire qu'ils peuvent exercer les droits qui, de droit commun, leur seraient refusés (V. *suprâ*, n. 151 et s.) ; mais l'art. 13 n'a pas pour objet de dire par quelle loi ils seront régis dans l'exercice de ces droits, ni de déroger au principe d'après lequel l'état et la capacité des étrangers en France sont régis par leur loi nationale. — Paris, 13 juin 1814, précité. — Trib. Vesoul, 15 déc. 1896, Weck, [Clunet, 97.335] — V. aussi Chambéry, 15 juin 1869, précité. — Demolombe, t. 1, n. 266 ; Aubry et Rau, 5ᵉ éd., t. 1, § 31, p. 144, note 24 ; Weiss, t. 3, p. 164 ; Surville et Arthuys, n. 148 ; Despagnet, n. 230 ; Audinet, n. 233 ; de Vareilles-Sommières, t. 1, n. 601. — *Contra*, Demangeat, *Condition des étrangers*, p. 414, et sur Fœlix, t. 1, p. 58, note *b* ; Bertauld, *Questions théoriques et pratiques de Code Napoléon*, t. 1, n. 9 *ter*.

385. — Quelques auteurs pensent cependant que, lorsqu'il s'agit d'un droit propre à la loi française et inconnu dans sa législation personnelle, l'étranger qui, aux termes de l'art. 13, C. civ., peut en réclamer le bénéfice, l'exercera suivant les conditions de capacité déterminées par la loi française. — Demante et Colmet de Santerre, t. 1, n. 28 *bis*-II ; Bertauld, *op. cit.*, t. 1, n. 9 *ter* ; Weiss, t. 3, p. 162.

386. — Mais nous ne croyons pas devoir admettre cette dérogation au principe général. L'application à l'état et à la capacité des étrangers de leur loi nationale doit avoir cette conséquence qu'ils ne peuvent exercer aucun droit qui ne leur serait pas accordé par cette loi. Tout ce qui résulte de l'autorisation prévue par l'art. 13, c'est qu'aucun obstacle, venant de la loi française, n'empêchera les étrangers d'exercer les droits qui leur sont conférés par la loi de leur pays. — Surville et Arthuys, n. 148.

387. — Les étrangers domiciliés en France seront néanmoins régis par la loi française lorsqu'ils n'auront pas de nationalité certaine. — Trib. Seine, 23 févr. 1883, Lacki, [Clunet, 83.388] — Cass. Florence, 25 avr. 1881, Gouvernement de Tunis, [S. 84.4.21, P. 84.2.34] — Aubry et Rau, 5ᵉ éd., t. 1, § 31, p. 144,

note 24, *in fine* ; Rolin, t. 1, n. 102 ; Weiss, t. 3, p. 160 ; Despagnet, n. 232, *in fine* ; Surville et Arthuys, n. 148 ; Audinet, n. 323.

388. — Faudrait-il aussi appliquer à l'étranger domicilié en France la loi française, dans le cas où sa propre loi nationale déciderait que l'état et la capacité des personnes sont régis par la loi de leur domicile ? C'est la question, que l'on peut aujourd'hui sans exagération appeler célèbre, du renvoi. Elle ne se pose pas seulement en ce qui concerne l'état et la capacité des personnes, mais encore toutes les fois que, dans un conflit entre la loi française et une loi étrangère, la loi française prescrit d'appliquer la loi étrangère, tandis que la loi étrangère elle-même donne la préférence à la loi française : par exemple en matière de succession mobilière. Ce que nous allons dire ici, à propos des lois relatives à l'état et à la capacité, s'applique également aux autres hypothèses.

389. — Suivant une opinion qui, depuis un certain nombre d'années, a pris faveur dans la jurisprudence, l'étranger domicilié en France, serait régi par la loi française lorsque la loi du pays auquel il appartient appliquerait à l'état et à la capacité des personnes, non pas la loi de la nationalité, mais celle du domicile. En effet, le juge français, pour apprécier l'état et la capacité d'un étranger, doit se reporter à sa loi nationale. Or, si cette loi décide que le statut personnel dépend de la loi du domicile, on est ainsi ramené très-logiquement à la loi française, en l'appliquant, on obéit aux prescriptions de la loi nationale de l'étranger. Il n'y a aucune raison pour appliquer la loi étrangère. Le législateur français a reconnu, au moins implicitement et par voie de réciprocité, au législateur étranger le droit de régler en France l'état et la capacité de ses nationaux ; mais si celui-ci s'en remet de ce soin à la loi française, on ne voit pas pourquoi nos tribunaux soumettraient les étrangers à une loi que refuse elle-même d'étendre en France son empire sur ses nationaux, et reconnaîtrait ainsi de la souveraineté étrangère une prérogative qu'elle ne prétend pas exercer. Enfin, si les tribunaux français appliquaient à l'étranger domicilié en France sa loi nationale, leur jugement serait en contradiction avec cette loi elle-même, et ne pourrait sans doute pas avoir d'effet dans le pays étranger. Au contraire, si les tribunaux français appliquent la loi du domicile, comme les tribunaux du pays étranger l'auraient fait s'ils avaient été saisis du litige, on évitera toute espèce de conflit. — Cass., 24 juin 1878, Hérit. Forgo, [S. 78.1.429, P. 78.1.102, D. 79.1.56] ; — 22 févr. 1882, Ditchl, [S. 82.1.393, P. 82.1.993, D. 82.1.301] — Toulouse, 22 mai 1880, Hérit. Forgo, [S. 80.2.294, P. 80.1.111, D. 81.2.93] — Paris, 23 mars 1888, Rorke, [D. 89.2.117] — Trib. Seine, 19 mai 1888, Fenwick, [Clunet, 88.791] ; — 26 juill. 1894, Weddel, [S. et P. 99.2.105, *ad notam*] — Bruxelles, 14 mai 1881, Bigwood, [S. 81.4.41, P. 81.2.68 et la note] — V. Paris, 31 juill. 1895, Cumming, [S. et P. 99.2.105] — *Sic*, Brocher, t. 1, p. 167 ; Weiss, t. 3, p. 77 ; Rolin, t. 4, n. 105 ; de Vareilles-Sommières, t. 2, n. 786 *bis* ; Chausse, *Examen doctrinal* (*Rev. crit.*, 1888, p. 196, et *Journ. du dr. int. pr.*, 1897, p. 23). — V. *Loi d'introduction au C. civ. allemand*, art. 27 ; *Protocole de la conférence de La Haye, relative au dr. int. pr.* (*Journ. du dr. int. pr.*, 1894, p. 239, et 1895, p. 197).

390. — Nous ne croyons pas devoir admettre cette opinion. Nous pensons que les tribunaux français doivent appliquer aux étrangers leur loi nationale, toutes les fois que la loi française prescrit de le faire, sans avoir à tenir compte de la préférence que la loi étrangère accorde à la loi du domicile. — Trib. Seine, 10 févr. 1893, X..., [Clunet, 93.530] — Trib. Dieppe, 2 avr. 1896, Eastabrook, [D. 98.2.281] — V. aussi Trib. féd. Suisse, 23 juin 1894, Fischel, [Clunet, 94.1095] — Labbé, note sous Cass., 22 févr. 1882, [S. 82.4.393, P. 82.1.993], *La question d'un conflit entre la loi nationale du juge saisi et une loi étrangère* (*Journ. du dr. int. pr.*, 1885, p. 5) ; Lainé, *La conférence de La Haye relative au droit int. pr.* (Même journ., p. 247) ; *De l'application des lois étrangères en France et en Belgique* (Même journ., 1896, p. 211 et 481) ; Surville et Arthuys, n. 30 ; Surville, *Examen doctrinal* (*Rev. crit.*, 1899, p. 215) ; Audinet, n. 324, et note sous Paris, 31 juill. 1895, [S. et P. 99.2.105] ; Laurent, note sous Bruxelles, 14 mai 1881, précité ; Chrétien, sous Fiore, *Journ. du dr. int. pr.*, 1886, p. 174, note 2 ; Pillet, *Le droit international privé* (Même journ., 1894, p. 721) ; Tournade, Même journ., 1895, p. 488 ; Loyseau, *Du domicile comme principe de compétence législative*, p. 189 ; Bartin, *Les conflits entre les dispositions législatives de droit in-*

ternational privé (Revue de droit international, 1898, p. 272), et note sous Trib. Dieppe, 2 avr. 1896, précité.

391. — Le système que nous repoussons, en effet, repose sur une équivoque qu'une distinction suffit à dissiper. Dans chaque législation, à côté des dispositions de droit interne, il y a des règles de droit international privé; celle qui soumet l'état de la personne à la loi de son domicile appartient à cette catégorie. Or, quand la loi d'un pays décide que l'état et la capacité d'un étranger seront régis par sa loi nationale, elle renvoie aux dispositions de droit interne, qui, dans le pays de l'étranger régissent l'état et la capacité des personnes. Les arrêts que nous avons cités *supra*, n. 389, interprètent cette règle comme si elle renvoyait aux dispositions de droit international privé édictées, dans le pays étranger, pour résoudre le conflit des lois. La confusion est manifeste. Si, d'ailleurs, tel était le sens de la règle, elle n'aurait, en réalité, aucune portée. Elle signifierait simplement que le législateur français ne veut donner lui-même aucune solution au conflit des lois, et qu'il accepte d'avance les décisions que fourniront les législations étrangères, les tenant pour également bonnes ou pour indifférentes. Un pareil système n'engendrerait qu'incertitude et confusion et n'aboutirait à aucune solution. La loi étrangère, compétente, d'après les principes du droit français, pour régir l'état et la capacité de la personne, renverrait cette compétence à la loi française; mais celle-ci, à son tour, la renverrait à la loi étrangère, et ainsi de suite. Ce serait un cercle vicieux dans lequel on tournerait sans fin. On dit bien que la loi étrangère, en appliquant la loi du domicile, renvoie aux dispositions internes de la loi française, et non pas aux règles de droit international privé qu'elle adopte. Mais, si l'on admet que la loi étrangère renvoie aux dispositions de droit interne de la loi française, il faut aussi admettre que la loi française, en appliquant à l'étranger sa loi nationale, renvoie à des dispositions de droit interne. C'est une contradiction d'interpréter dans des sens opposés, dans un cas la référence à la loi de la nationalité, et dans l'autre la référence à la loi du domicile.

392. — Au surplus, si la loi française admet que l'état et la capacité des étrangers doivent être régis, en France, par leur loi nationale, ce n'est pas pour donner satisfaction aux réclamations de la souveraineté à laquelle ils sont soumis; ce n'est pas une offre courtoise qu'elle fait aux Etats étrangers, et que ceux-ci sont libres d'accepter ou de décliner. Le législateur français a estimé juste et rationnel que la personne restât partout régie par la même loi et que cette loi fût celle de la nationalité et non celle du domicile. Peu importe dès lors que la loi du pays auquel l'étranger appartient ait donné une autre solution au conflit. La règle qui ressort de l'art. 3, C. civ., est rigoureusement obligatoire, et le juge français ne peut en observer une autre.

393. — Enfin il n'est pas certain que l'application de la loi du domicile offre l'avantage de mettre les jugements des tribunaux français en harmonie avec les lois étrangères, et d'en assurer ainsi l'efficacité dans le pays de l'individu dont il s'agit. En fait, ce sera parfois le contraire. Ainsi plusieurs des arrêts ou jugements rendus qui ont appliqué la loi française aux Anglais domiciliés en France ont dû rester sans effet en Angleterre (V. Lainé, Journ. du dr. int. privé, 1896, p. 489). D'ailleurs, est-on bien sûr que les jugements français seront toujours inefficaces dans un pays étranger parce qu'ils auront appliqué la loi de ce pays à l'un de ses nationaux? Et en admettant qu'il en fût ainsi, pourrait-on voir là une objection décisive au système que nous adoptons. A moins de refuser à chaque législateur le droit de consacrer les règles de droit international privé qui lui paraissent les plus exactes, il faut se résigner à les trouver en désaccord avec celles qui sont admises dans d'autres pays, tant que l'uniformité désirable et possible en cette matière n'aura pas été obtenue.

394. — La capacité de l'étranger est régie par sa loi nationale, même lorsqu'il s'agit d'actes accomplis sur un immeuble situé en France. Un arrêt déjà ancien de la Cour de cassation a cependant admis que la capacité nécessaire pour hypothéquer un immeuble situé en France dépendait uniquement de la loi française. — Cass., 17 juill. 1833, Hervas, [S. 33.1.663, P. chr.] — Mais cette opinion est aujourd'hui complètement abandonnée. — Laurent, *Droit civil international*, t. 8, n. 251; Rolin, t. 1, n. 106.

395. — La loi nationale de l'étranger régit la capacité spéciale pour certains actes déterminés, aussi bien que la capacité générale. C'est ainsi, par exemple, que la prohibition de la vente entre époux, que l'on doit considérer comme une incapacité spéciale, dépend uniquement de leur loi nationale. — V. Cass., 19 avr. 1832, de la Roche Aymon, [S. 32.1.801, P. 32.2.44, D. 52.1.243]

396. — On a cependant soutenu que la capacité nécessaire pour disposer par testament ou par donation entre-vifs devait être déterminée par la loi française, du moins en ce qui concerne les immeubles situés en France. — *Contra*, la note de Demangeat.

397. — Et la jurisprudence s'est plus d'une fois refusée à considérer comme des règles de statut personnel les dispositions de lois étrangères qui interdisent certaines libéralités permises par la loi française.

398. — Ainsi, il a été jugé qu'une institution contractuelle faite par un Espagnol, au profit de sa fille, dans son contrat de mariage, était valable à l'égard des immeubles situés en France, par application de l'art. 1082, C. civ., bien qu'une semblable disposition ne fût pas autorisée par la loi nationale des parties. — Cass., 2 avr. 1884, Antonnelli, [S. 86.1.121, P. 86.1.265, D. 84.1.277] — *Contra*, Paris, 12 mars 1884, [S. et P. sous Cass., 2 avr. 1884, précité, D. 81.2.137] — Renault, *Examen doctrinal (Revue critique*, 1882, p. 712, 1885, p. 584).

399. — Il a été jugé également que la promesse d'égalité faite en France par un père étranger, dans le contrat de mariage de l'un de ses enfants également étranger, doit être déclarée valable par les juges français, même lorsqu'elle est prohibée par la loi étrangère, dont les tribunaux n'ont pas alors à tenir compte, parce qu'il ne s'agit pas de la capacité des étrangers. — Cass., 20 févr. 1882, Becker, [S. 82.1.145, P. 82.1.353, et la note Labbé, D. 82.1.119]

400. — La Cour de cassation a encore décidé que la prohibition des donations entre époux, édictée par diverses législations étrangères, et notamment par l'art. 1034, C. civ. italien (dans l'espèce, l'art. 1188, C. Albertin) est un statut réel, parce qu'elle a pour objet de restreindre la disponibilité des biens, et que, par conséquent, la donation faite par un italien au mépris de cette prohibition est valable, en tant qu'elle porte sur des biens situés en France. — Cass., 4 mars 1857, Fraix, [S. 57.1.247, P. 57.1.143, D. 57.1.102] — V. aussi Cass., 8 mai 1894, Zammaretti, [Clunet, 94.562] — V. sur les conflits de lois relatifs aux donations entre époux, *supra*, v° *Donation*, n. 7494 et s.

401. — La Cour de Paris a admis, au contraire, que la loi qui interdit les donations entre époux pendant le mariage a pour objet principal l'état et la capacité des personnes, et par suite, la validité d'une donation faite en France entre époux et étrangers doit être appréciée d'après la loi nationale des conjoints. Il n'en sera ainsi, cependant, qu'en ce qui concerne les biens meubles. Quant aux immeubles situés en France, la validité de la donation devra être appréciée d'après la loi française. L'art. 3, § 2, C. civ., en effet, ne permet pas de les soumettre à l'empire d'une loi étrangère. — Paris, 27 mai 1892, Zammaretti, [S. et P. 96.2.75, D. 92.2.553, et la note de Loynes] — V. Alger, 2 mai 1898, Bussutil, [D. 98.2.457, et la note de M. Bartin]

402. — Nous adoptons sans hésiter la solution consacrée par ce dernier arrêt, tout au moins dans son principe. Il ne faut pas confondre les lois qui établissent une réserve au bénéfice de certains héritiers, avec celles qui interdisent certaines libéralités. Les premières, d'après le système suivi par l'art. 3, appartiennent au statut réel; mais les autres doivent être considérées comme restreignant la capacité du donateur. Il en est ainsi, en particulier, de celles qui prohibent les donations entre époux. Elles ont, en effet, pour objet, aussi bien que la dignité des époux, de protéger chacun d'eux contre sa propre faiblesse. — Despagnet, n. 387; Surville et Arthuys, n. 375; Pillet, note sous Paris, 27 mai 1892, [S. et P. 96.2.73] — V. aussi Renault, *Revue critique*, 1882, p. 712, et 1885, p. 584.

403. — Ce principe admis, il n'y a pas lieu de distinguer suivant que la donation a pour objet des meubles ou des immeubles. Cette distinction pourrait être fondée si l'on rattachait la prohibition des donations entre époux au statut réel; elle ne l'est pas, dès lors qu'il faut y voir une règle de capacité; la capacité est régie par la loi nationale étrangère, même lorsqu'il s'agit de l'aliénation des immeubles situés en France; et s'il résulte de l'art. 3, § 2, que la transcription de ces immeubles par donation ou testament, aussi bien que par succession *ab intestat*, est régie par la loi française, cela ne doit pas s'entendre de la capacité nécessaire pour en disposer. — V. les auteurs cités au numéro précédent.

404. — Bien que, en principe, les incapacités, mêmes spéciales, dont il est frappé par sa loi nationale, suivent l'étranger en France, il en serait autrement de celles qui auraient un caractère purement politique, et dont les effets devraient rester limités au territoire du pays où elles ont été édictées. Telle serait, par exemple, l'interdiction de souscrire des effets de commerce, faite par certaines législations aux membres des familles souveraines, et dont il n'y aurait pas à tenir compte en France. — Paris, 26 nov. 1850, Jeanisset, [S. 50.2.666 P. 51.2.379, D. 51. 2.43] — V. *infrà*, v° *Lettre de change*, n. 2201.

405. — Il faut reconnaître, à l'étranger, non seulement l'état et la capacité qui résultent directement de sa loi nationale, mais encore ceux qui lui ont été attribués par un jugement rendu conformément à cette loi. C'est ainsi, par exemple, que l'étranger frappé d'interdiction par un jugement rendu dans son pays sera incapable en France. Nous n'insistons pas ici sur ce point, qui a déjà été établi *suprà*, v° *Chose jugée*, n. 1474 et s., et qui est encore traité *infrà*, v° *Jugement étranger*, n. 44 et s.

406. — Cependant, on se refuserait à reconnaître, en France, les effets d'une déchéance qui, en raison de ses motifs ou de la façon dont elle aurait été prononcée, aurait le caractère d'une mesure politique, plutôt que d'une incapacité civile. — Paris, 16 janv. 1836, le duc de Cambridge, [S. 36.2.70, P. chr.].

407. — Suivant certains auteurs, l'incapacité des étrangers n'aurait pas d'effet en France, lorsqu'elle résulterait d'une condamnation pénale prononcée contre eux dans leur pays. Les lois pénales, dit-on, sont rigoureusement territoriales, et la condamnation ne peut s'exécuter sur le territoire d'une souveraineté autre que celle de qui elle émane. — Valette, sur Proudhon, *Etat des personnes*, p. 133 note *a*; Demolombe, t. 1, n. 198; Aubry et Rau, t. 1, § 31, p. 152, texte et note 40. — V. Cass., 14 avr. 1868, Blanchard, [S. 68.1.183, P. 68.418, D. 68.1.262]

408. — Nous n'acceptons pas cette opinion. S'il est vrai qu'une condamnation pénale ne peut s'exécuter sur un territoire étranger, c'est seulement dans la mesure où l'application de la peine exige le concours de la force publique; or, son intervention n'est pas nécessaire pour que les déchéances provenant de ces condamnations produisent leurs effets. Lorsqu'un jugement établit une incapacité, il n'y a pas de raison de distinguer suivant qu'il émane d'un tribunal civil ou d'un tribunal de répression. — Weiss, t. 3, p. 381; Demangeat, *Condition des étrangers*, p. 375, et sur Fœlix, t. 2, p. 316, note *a*; Moreau, *Effets internationaux des jugements*, p. 52; Audinet, n. 326; de Vareilles-Sommières, t. 2, n. 811.

409. — La loi étrangère, relative à la capacité des personnes, doit-elle encore s'appliquer en France, lorsqu'il en résultera un préjudice pour un Français? Nous touchons ici à une des questions les plus délicates et les plus controversées de cette matière. Il est facile de comprendre, tout d'abord, comment l'application de la loi étrangère peut causer un préjudice à un Français. Il en sera ainsi toutes les fois qu'elle permettra l'annulation d'un acte qui, suivant la loi française, aurait été valable; par exemple, si un étranger, âgé de plus de vingt et un ans, mais encore mineur d'après la loi française, demande l'annulation d'une obligation qu'il a contractée en France, avec un Français.

410. — Suivant une première opinion, qui compte, d'ailleurs, peu de partisans, l'étranger ne pourrait jamais se prévaloir en France des lois qui régissent son état et sa capacité, lorsqu'il en résulterait un préjudice pour un Français. L'étranger, majeur de vingt et un ans, devrait donc être considéré comme capable, à l'égard des obligations qu'il contracterait en France avec un Français, bien qu'il fût encore mineur d'après la loi de son pays. — Paris, 15 mars 1831, Bonar, [S. 31.2.237, P. chr.]; — 17 juin 1834, Fontellas, [S. 34.2.371, P. chr.]; — 15 oct. 1834, Selles, [S. 34.2.657, P. chr.] — Valette, sur Proudhon, *Etat des personnes*, t. 1, p. 85; Demangeat, *Condition des étrangers*, p. 373 et 374 (le même auteur a adopté l'opinion contraire dans ses notes sur Fœlix, t. 1, p. 204, note *a*).

411. — En effet, dit-on, l'art. 3 ne décide pas que l'état et la capacité de l'étranger en France sont régis par sa loi nationale. Si l'on peut admettre que le législateur permet, en pareil cas, d'appliquer les lois étrangères en France, il est raisonnable, cependant, de penser qu'il ne veut pas que les Français puissent en souffrir. Les lois étrangères ne sont pas obligatoires pour les Français, qui ne sont pas tenus de les connaître, et n'en ont généralement pas le moyen. Si l'application de ces lois se faisait à leur détriment elle leur causerait un préjudice contre lequel ils ne devaient ni ne pouvaient se mettre en garde.

412. — Suivant une autre opinion, il faudrait bien admettre, en principe, que l'on doit appliquer, en France, à l'état et à la capacité des étrangers, leur loi nationale, même lorsqu'il en résulterait un préjudice pour un Français; mais il en serait autrement toutes les fois que le Français aurait pu, sans imprudence, ignorer la condition véritable et l'incapacité de l'étranger avec qui il aurait contracté. ce que les juges apprécieront en fait et d'après les circonstances. — Demolombe, t. 1, n. 102; Aubry et Rau, t. 1, § 31, p. 147 et 148, texte et note 30; de Vareilles-Sommières, t. 2, n. 869.

413. — La jurisprudence a adopté ce système. On en trouve, en particulier, une application frappante des deux arrêts, en apparence contradictoires, rendus par la Cour de cassation et par la cour de Paris, à propos du même individu, sujet mexicain, majeur d'après la loi française, mais mineur d'après sa loi nationale, qui avait contracté, en France, diverses obligations. La cour de Paris a jugé que les lettres de change que lui avait souscrites, en reconnaissance d'emprunts qu'il avait contractés, étaient nulles : un prêteur ne peut, en effet, sans imprudence, ignorer la nationalité et la capacité véritable de celui auquel il a prêté de l'argent. — Paris, 20 févr. 1858, de Lizard, [S. 61.1.305, à la note, P. 62.427, en note]

414. — Mais la Cour de cassation a décidé, au contraire, que les engagements contractés par ce même mineur étranger, envers un marchand français, pour fournitures à lui faites, étaient valables, dès lors que le Français avait agi sans légèreté, sans imprudence et avec bonne foi, dans l'ignorance de l'extranéité de celui qui lui faisait ses fournitures, et qui étant majeur, d'après la loi française, devait lui paraître pourvu d'une capacité suffisante. — Cass., 16 janv. 1861, de Lizardi, [S. 61.1.305, et la note de M. Massé, P. 62.427, D. 61.1.193] — V. aussi Paris, 8 févr. 1883, Liquid. Lesage et Biromuau, [S. 83.2.169, P. 83. 1.883, D. 84.2.24]

415. — ... Et qu'il devait en être ainsi, alors surtout que les engagements contractés auraient profité au mineur. — Mêmes arrêts.

416. — De même, un mineur étranger, non accompagné de ses parents, peut s'engager valablement pour les dépenses d'aliments et de loyers qu'il a faites pendant son séjour en France. — Paris, 19 oct. 1854, Husson, [S. 54.2.679, P. 55.1.222]; — 6 janv. 1835, Aslan, [S. 52.2.37, P. 55.1.222, D. 55.2.169] — Trib. Seine, 1er juill. 1886, Gache, [Clunet, 87.178]

417. — Le souscripteur d'une lettre de change ou d'un billet à ordre, majeur d'après la loi française, ne pourrait opposer au tiers porteur de bonne foi l'incapacité résultant de ce qu'il était encore mineur d'après sa loi étrangère. Le tiers porteur ne connaît que son endosseur immédiat; il n'a été en rapport ni avec le tireur ni avec les autres endosseurs; il n'a aucune raison de les croire étrangers, surtout si la lettre a été tirée ou endossée en France; il serait excessif d'exiger de lui qu'il se renseignât sur leur personnalité et sur leur nationalité. — Cass., 16 janv. 1861, précité. — Paris, 17 juin 1834, précité; — 15 oct. 1834, précité; — 10 juin 1879, Santo-Véccia, [Clunet, 79. 488]; — 8 févr. 1883, précité; — 20 mars 1890, Lalandre, [D. 92.2.79] — V. *infrà*, v° *Lettre de change*, n. 2189.

418. — L'étranger ne pourra non plus invoquer, en France, au préjudice d'un Français, le jugement d'un tribunal étranger qui l'a rendu incapable, si ce jugement a pu être légitimement ignoré en France. — Paris, 20 mars 1890, précité. — Trib. Seine, 5 avr. 1895, Piocca, [Clunet, 95.607] — Aubry et Rau, t. 1, § 31, p. 152, texte et note 38. — *Contrà*, Paris, 21 mai 1885, Oppenheim, [D. 86.2.14]

419. — Nous ne croyons pas devoir nous rallier à cette jurisprudence. Nous adoptons une troisième opinion, d'après laquelle l'état et la capacité des étrangers en France doivent toujours être régis par leur loi nationale, même si l'application de cette loi est contraire à l'intérêt d'un Français. Le juge doit statuer d'après le droit des parties, et non d'après l'intérêt de l'une d'elles; or c'est le droit de l'étranger, incapable d'après sa loi nationale, de jouir en France de la protection que cette loi lui assure. D'ailleurs, c'est là l'intérêt des Français eux-mêmes : on les exposerait à des mesures de rétorsion dans les autres pays, si l'on refusait d'admettre en France les incapacités qui résultent des lois étrangères. On dit que le Français n'est pas tenu de connaître ces lois et les incapacités qu'elles établissent. Mais n'a-t-il pas pu aussi ignorer, avec une entière bonne foi, l'incapacité d'un autre Français : par exemple, trompé par les apparences, le croire majeur, alors qu'il était encore mineur ? Et s'il est difficile de connaître le jugement, rendu à l'étranger, qui a modifié la capacité d'un étranger, en le frappant d'interdiction ou en lui donnant un conseil judiciaire, cette difficulté n'est souvent pas moins grande, en fait, lorsqu'il s'agit d'un jugement français, malgré la publicité légale qu'il a reçue, et dont l'effet est forcément restreint à un certain rayon. Dans ce cas, cependant, le Français qui a contracté avec l'incapable n'est pas recevable à exciper de son ignorance, si absolue et si invincible qu'elle ait été. — Orléans, 3 juill. 1835, Gillet, [S. 35.2.417, P. chr.] — Pourquoi en serait-il autrement lorsque l'incapacité résulte d'un jugement étranger ? La jurisprudence, il est vrai, n'écarte l'application de la loi étrangère que si, en fait, le créancier Français a pu ignorer *sans imprudence* la condition de son débiteur étranger ; mais même dans cette mesure, nous ne pensons pas qu'on ait à tenir compte de l'intérêt des Français ; l'appréciation à laquelle se livrent alors les tribunaux est, en effet, fort difficile, et leurs décisions risquent de devenir arbitraires. — Trib. Seine, 2 juill. 1878, Pellin-Perron, [Clunet, 78.502] — Fœlix, t. 1, n. 88; Laurent, *Dr. civ. int.*, t. 2, n. 48-51 ; Weiss, t. 3, p. 149; Despagnet, n. 232 ; Surville et Arthuys, n. 151 ; Audinet, n. 331 ; Rolin, t. 1, n. 89 et s.; Renault, *Examen doctrinal* (Rev. crit., 1884, p. 721); Chausse, *Examen doctrinal* (Rev. crit., 1892, p. 297); Pillet, Journ. du dr. int. pr., 1895, p. 503.

420. — Toutefois, l'étranger ne pourrait plus se prévaloir de son incapacité, s'il avait eu recours à des manœuvres frauduleuses pour dissimuler sa condition. — Trib. Seine, 2 juill. 1878, précité. — Paris, 4 mars 1890, Chaumier, [Clunet, 91.205] — Aix, 4 mars 1890, Synd. Régal, [Rev. prat. de dr. intern. pr., 1890-91, p. 310] — Demangeat, sur Fœlix, t. 1, p. 204, note a; Weiss, t. 3, p. 150; Despagnet, n. 232 ; Surville et Arthuys, n. 151 ; Audinet, n. 332 ; Nouguier, *Des lettres de change*, t. 2, n. 1415 ; Chrétien, *De la lettre de change en droit international privé* (Thèse), n. 19; Renault, *Revue critique*, 1884, p. 723. — V. Paris, 16 nov. 1898, Capella, [D. 99.2.239]

421. — Il n'est pas nécessaire que les manœuvres employées aient le caractère d'une escroquerie. — Weiss, t. 3, p. 150. — V. cep. Fœlix, t. 1, n. 88, p. 202.

422. — Mais, d'autre part, il ne suffirait pas que l'étranger se fût abstenu de faire connaître sa nationalité et son incapacité, il faut qu'il ait eu recours à des manœuvres positives pour induire les tiers en erreur. — Paris, 14 nov. 1887, Van-der-Brouck, [D. 88.2.225] — Chrétien, n. 19.

423. — Enfin, si l'incapable étranger a tiré un bénéfice du contrat qu'il a fait, il sera obligé de le rendre au moins jusqu'à concurrence de ce profit. — V. *supra*, n. 415. — *Adde*, Cass., 23 févr. 1891, Vve de Graffenried, [D. 92.1.29]

424. — La loi étrangère qui régit l'état et la capacité d'une personne ne pourra plus s'appliquer en France lorsqu'elle y sera contraire à l'ordre public international. — Aubry et Rau, t. 1, § 31, p. 150; Demolombe, t. 1, n. 100; Laurent, *Principes de droit civil*, t. 1, n.85; Rolin, t. 1, n. 220; Weiss, t. 3, p. 381 ; Despagnet, n. 231 ; Surville et Arthuys, n. 150 ; Audinet, n. 327. — Nous ne pouvons indiquer ici toutes les conséquences de ce principe incontestable; nous nous bornerons à l'éclairer par quelques exemples. — V. aussi *supra*, v° *Divorce*, n. 5298 et s.

425. — Ainsi, parmi les lois relatives à l'état des personnes, il faudrait considérer comme contraires à l'ordre public celles qui permettraient la recherche de la paternité naturelle, en dehors du cas prévu par l'art. 340, C. civ. — Cass., 23 mai 1868, de Civry, [S. 68.1.365, P. 68.939] — Paris, 2 août 1866, de Civry, [S. 66.2.342, P. 66.1245, D. 67.2.41]

426. — Mais il faut bien remarquer que ce n'est pas la preuve de la filiation paternelle naturelle, mais bien la recherche de cette filiation, c'est-à-dire l'instance qui a pour but de la découvrir, qui est contraire en France à l'ordre public. On devrait donc la regarder comme établie si le jugement qui la constaterait avait été rendu en pays étranger. — Paris, 2 août 1866, précité. — Pau, 17 janv. 1872, Etchevest, [S. 72.2.233, P. 72.936, D. 73.2.193]

427. — Mais si les tribunaux français peuvent constater la reconnaissance d'une paternité naturelle, faite dans les formes voulues par la loi étrangère, ce n'est qu'autant que l'aveu explicite ou implicite de la paternité résulte d'une pièce publique ou privée émanée du prétendu père, ou, si cette loi admet comme preuve de la filiation la possession de l'état d'enfant naturel, qu'autant que cette possession est constatée. Il en est autrement si les faits allégués comme établissant la reconnaissance ne constituent en réalité que des présomptions et les éléments d'une recherche de paternité. — Paris, 2 août 1866, précité.

428. — D'autre part, certaines incapacités seraient contraires à l'ordre public, et à ce titre ne pourraient avoir d'effet en France. Telles sont celles qui sont en opposition avec le principe de la liberté religieuse, comme l'incapacité de succéder dont les lois d'un pays frapperaient les adeptes d'une religion. — Weiss, t. 3, p. 383 ; Savigny, t. 8, § 365, p. 160; Laurent, *Droit civil international*, t. 6, n. 182. — *Contrà*, Antoine, *De la succession légitime et testamentaire en droit international privé*, n.74.

429. — ... Ou celles qui contredisent le principe de l'égalité civile, comme la prohibition du mariage entre blancs et personnes de couleur, qui existe notamment à la Louisiane (L. 5 juill. 1894 : *Annuaire de législation étrangère*, 1895, p. 907). — Weiss, t. 3, p. 383.

430. — Les conséquences de la mort civile résultant d'une condamnation pénale ne se produiraient pas non plus en France. Une semblable déchéance, depuis que la loi française l'a abolie, serait certainement contraire à l'ordre public. — Demolombe, t. 1, n. 198; Bertauld, *Questions pratiques*, t. 1, n. 159 ; Laurent, *Droit civil international*, t. 6, n. 177; Weiss, t. 3, p. 382; Audinet, n. 327. — *Contrà*, Antoine, *loc. cit.*, n. 74.

431. — Il en serait de même de la mort civile résultant des vœux de religion. — Laurent, *op. cit.*, t. 6, n. 178; Weiss, t. 3, *loc. cit.*; Audinet, *loc. cit.* — *Contrà*, Demolombe, *loc. cit.*; Savigny, t. 8, p. 160, note a; Antoine, *op. et loc. cit.* — Ce n'est pas que ces vœux, à notre avis, aient rien en eux-mêmes de contraire à l'ordre, ni surtout à la morale publique; ce qui est contraire à l'ordre public, c'est l'existence d'un individu qui n'aurait pas de personnalité.

432. — Nous avons déjà dit (*supra*, n. 404 et 406) que certaines incapacités ou déchéances d'ordre purement politique étaient sans effet en France. On peut les considérer comme contraires à l'ordre public.

433. — Parmi les lois relatives à l'état et à la capacité des personnes qui sont d'ordre public, il faut encore citer la loi du 24 juill. 1889 sur la déchéance de la puissance paternelle. Cette déchéance peut ou doit, dans les cas prévus par la loi et sous les distinctions qu'elle établi, être prononcée contre les étrangers qui habitent en France. — Douai, 10 déc. 1895, Lefèvre-Guéter, [S. et P. 99.2.57] — Aix, 8 mars 1897, di Meglio, [S. et P. 99.2.57, D. 97.2.157]; — 15 nov. 1897, Crudeli, [S. et P. 99.2.57, D. 98.2.233, et la note de M. Audinet] — Surville et Arthuys, n. 319 bis; Audinet, n. 584; Pillet, *De la déchéance de la puissance paternelle, considérée au point de vue du droit international* (Journ. du dr. int. pr., 1892 p. 19); Taudière, *Traité de la puissance paternelle*, p. 348. — V. *infra*, v° *Puissance paternelle*.

CHAPITRE IV.

LOIS RELATIVES AUX BIENS.

434. — Aux termes de l'art. 3, 2° al., les immeubles situés en France, même lorsqu'ils appartiennent à des étrangers, sont régis par la loi française. La loi ne parle pas des meubles. Nous aurons d'abord à déterminer le sens et la portée du principe posé par l'art. 3, relativement aux immeubles, et ensuite à étudier la loi applicable aux meubles.

Section I.

Loi applicable aux immeubles.

435. — L'art. 3, 2° al., ne parle que des immeubles situés en France et appartenant à des étrangers; quant aux immeubles situés à l'étranger et appartenant à des Français, le Code n'avait pas à dire par quelle loi ils seraient régis, mais il est certain qu'il ne prétend pas s'y appliquer. Le statut réel n'a point d'effet hors de son territoire. — Cass., 18 juill. 1876, Wyse, [S. 76. 1.451, P. 76.1.1154, D. 76.1.497]; — 5 avr. 1887, Messimy, [S. 89.1.387, P. 89.1.939] ; — 26 juill. 1894, Direction des finances tunisiennes, [S. et P. 96.1.449, D. 95.1.5]; — 18 mars 1895, Ville de Tunis, [S. et P. 96.1.449, D. 95.1.336] — Trib. Seine, 14 mars 1894, Soc. anonyme des mines de la Doubowaïa Balka, [Clunet, 94.815] — Trib. comm. Seine, 5 mars 1892, Berrut, [Clunet, 93.166])

436. — Malgré la généralité des termes de l'art. 3, il ne faut pas croire que la loi française doive s'appliquer toutes les fois qu'il s'agit d'un acte accompli ou d'un droit exercé sur un immeuble situé en France. Ainsi nous avons déjà dit que la capacité requise pour disposer d'un immeuble est régie par la loi nationale du disposant, et non par la loi de la situation de l'immeuble. — V. suprà, n. 394. — Laurent, *Dr. civ. int.*, t. 7, n. 251; Rolin, t. 1, n. 106.

437. — De même les effets de contrats relatifs aux immeubles ne dépendent pas de la loi de leur situation, mais bien de la loi qui régit le contrat et que nous déterminons, *infrà*, n. 477 et s. C'est principalement à propos des conventions matrimoniales et de leurs effets sur les immeubles que la jurisprudence a admis ce principe. — V. suprà, v° *Contrat de mariage*, n. 1160 et s. — V. cep. Fœlix, n. 60. D'après cet auteur, les obligations qui naissent de la vente d'un immeuble seraient régies par la loi de sa situation.

438. — La loi française ne s'applique donc nécessairement aux immeubles situés en France et appartenant à des étrangers, que lorsqu'il s'agit de l'influence de la loi elle-même sur les immeubles, abstraction faite de la capacité et de la volonté des parties; comme aussi, dans le même cas, elle ne s'applique pas aux immeubles situés à l'étranger et appartenant à des Français. Voici, en nous plaçant à ce point de vue, les matières qui font partie du statut réel.

439. — 1° La distinction des biens. C'est la loi de leur situation qui décide si les biens sont meubles ou immeubles et dans quelle catégorie d'immeubles il faut les ranger. — Cass., 5 avr. 1887, précité. — Trib. Seine, 14 mars 1894, précité. — Laurent, *Droit civil international*, t. 6, n. 141 et s.; Audinet, n. 341; Surville et Arthuys, n. 178.

440. — 2° La détermination des immeubles qui sont ou ne sont pas dans le commerce. — Cass., 18 juill. 1876, précité.

441. — 3° Les limitations apportées au droit de propriété, ou les charges qui doivent le grever, en vertu de la loi elle-même, soit au profit des particuliers, comme les servitudes naturelles ou légales, soit au profit du public, comme les servitudes légales d'utilité publique, l'expropriation pour cause d'utilité publique, etc. — Weiss, *Traité élémentaire*, 2e éd., p. 589 et 601 ; Surville et Arthuys, n. 166; Audinet, n. 341.

442. — Seraient également régis par la loi de la situation des immeubles, les impôts et charges publiques dont ils peuvent être grevés et les obligations imposées aux propriétaires en cette qualité, et, par suite, les conditions et le délai de la prescription en matière d'impôt foncier. — Cass., 26 janv. 1894, précité; — 18 mars 1895, précité.

443. — Mais la Cour de cassation nous paraît ici avoir exagéré les conséquences du statut réel. L'impôt foncier, n'est pas une charge réelle qui affecte l'immeuble lui-même; c'est une obligation de l'occasion de l'immeuble et qui grève le propriétaire en cette qualité, mais c'est une obligation personnelle : or, les obligations personnelles dont sont tenus les propriétaires d'immeubles ne sont pas nécessairement régies par la loi de leur situation. Il est bien vrai que l'obligation de payer l'impôt foncier et la prescription de cette dette sont régies par la loi du pays où l'immeuble est situé, mais c'est parce que les lois relatives au paiement des impôts sont des lois d'ordre public; et l'inconvénient de rattacher cette solution au principe du statut réel, c'est que l'on semble ainsi restreindre à l'impôt foncier l'application d'une règle qui doit être la même pour tous les impôts. — Audinet, note sous Cass., 26 juill. 1894, [S. et P. 96.1. 449]

444. — 4° La détermination des droits réels immobiliers et de leur étendue. Il ne peut être établi sur un immeuble d'autres droits réels que ceux que la loi énumère limitativement. — Cass., 4 avr. 1881, Lesieur, [S. 83.1.65, P. 83.1.139, D. 81.1. 381]; — 20 avr. 1891, Memmi, [S. et P. 94.1.450, D. 91.1.277] — Aubry et Rau, 5e éd., t. 1, § 31, p. 135; Surville et Arthuys, n. 166; Audinet, n. 341.

445. — La Cour de cassation, dans l'arrêt précité du 4 avr. 1881, a, croyons-nous, tiré une conséquence inexacte du principe qu'elle a posé, en décidant qu'une femme étrangère, mariée dans son pays sous l'empire de sa loi nationale, ne peut réclamer sur un immeuble de son mari, situé en France, le douaire légal ou conventionnel qui lui appartiendrait d'après la loi étrangère. Le douaire n'est pas un droit réel *sui generis* qui ne peut grever un immeuble qu'autant qu'il est admis par la *lex rei sitæ*. Il ne s'agissait, dans l'espèce, que d'une conséquence du régime matrimonial établi entre les parties par la convention ou par la loi, et ses conséquences dépendent de la loi à laquelle ce régime est soumis, et non pas de la loi de la situation des immeubles. — V. suprà, v° *Contrat de mariage*, n. 1160 et s.

446. — Les droits réels établis sur des immeubles situés en France ne peuvent, non plus, avoir plus d'étendue et d'autres conséquences que celles que la loi française leur attribue. Ainsi, il ne pourra être constitué par convention une hypothèque générale sur des immeubles situés en France, et les effets des hypothèques, soit au point de vue du droit de préférence soit au point de vue du droit de suite seront exclusivement réglés par la loi française. — Laurent, *Dr. civ. intern.*, t. 7, n. 366 et s.; Weiss, *Traité élémentaire*, 2e éd., p. 621; Surville et Arthuys, n. 376; Audinet, n. 341; Despagnet, n. 408.

447. — 5° Les privilèges immobiliers, qui sont établis par la loi elle-même et ne peuvent l'être par la convention. Les étrangers peuvent invoquer sur les immeubles situés en France tous les privilèges accordés par la loi française; ils ne pourraient pas, toutefois, invoquer ceux qui leur seraient accordés par leur loi nationale, s'ils n'étaient pas admis par la loi française. — Laurent, *Dr. civ. intern.*, t. 7, n. 370; Weiss, *Traité élémentaire*, 2e éd., p. 617; Bertauld, *Questions pratiques*, t. 1, n. 139; Despagnet, n. 418; Surville et Arthuys, n. 379, 384; Fiore, t. 2, n. 933.

448. — 6° Les conditions requises pour la transmission de la propriété des immeubles, entre les parties ou à l'égard des tiers. La propriété d'un immeuble situé en France sera transférée, entre les parties, par le seul effet de la convention (C. civ., art. 1138), même si la loi sous l'empire de laquelle la convention a été contractée en exigeait la tradition ; réciproquement, la tradition sera nécessaire pour transférer la propriété, si elle est requise par la loi du pays étranger où l'immeuble est situé. — Aubry et Rau, 5e éd., t. 1, § 31, p. 156; Fœlix, n. 1, n. 96; Fiore, t. 2, n. 832; Surville et Arthuys, n. 168; Audinet, n. 341. — Contrà, Laurent, *Dr. civ. intern.*, t. 7, n. 283 ; Despagnet, n. 395. — Ces auteurs pensent que l'effet de la convention, au point de vue de la translation de la propriété, dépend de la loi qui régit le contrat.

449. — A l'égard des tiers, la propriété n'est transférée que par la transcription du contrat à titre gratuit (C. civ., art. 939), ou à titre onéreux (L. 23 mars 1855). Il n'est pas douteux que cette mesure de publicité s'impose dès lors que l'immeuble est situé en France, quels que soient la nationalité des parties, le lieu où a été fait le contrat et la loi qui le régit. — Laurent, *Dr. civ. intern.*, t. 7, n. 287; Aubry et Rau, 5e éd., t. 1, § 31, p. 156; Weiss, t. 3, p. 158, et *Tr. élém. de dr. intern. pr.*, 2e éd., p. 591; Despagnet, n. 395; Surville et Arthuys, n. 168; Audinet, n. 341; Fiore, t. 2, n. 840.

450. — La publicité des hypothèques dépend également de la loi de la situation des immeubles qui en sont grevés. L'inscription est nécessaire dans tous les cas où cette loi l'exige. — Laurent, *Dr. civ. intern.*, t. 7, n. 414 ; Weiss, *Traité élémentaire*, 2e éd., p. 616; Surville et Arthuys, n. 376; Despagnet, n. 416; Audinet, n. 341.

451. — Réciproquement, l'inscription n'est pas nécessaire, lorsque la loi de la situation de l'immeuble ne l'exige pas. C'est ainsi qu'une femme italienne peut exercer son hypothèque légale sur un immeuble, sans l'avoir fait inscrire, bien que, d'après le Code civil italien (art. 982), cette hypothèque soit soumise à la formalité de l'inscription. — Cass., 5 nov. 1878, Abudarham, [D. 78.1.476] — Laurent, *Droit civil international*, t. 7, n. 417; Audinet, n. 341. — Contrà, Weiss, *Traité élémentaire*, 2e éd., p. 616, note 1.

452. — 7° La prescription immobilière dans ses diverses applications : prescription acquisitive de la propriété et des servitudes ; prescription extinctive des hypothèques et des servitudes. — Cass., 13 juill. 1829, Broglie, [S. et P. chr.]. — 20 avr. 1891, précité. — Lyon, 19 juill. 1877, Comm. de Leschaux, [D. 78.2. 254] — Laurent, *Droit civil international*, t. 8, n. 232; Weiss, *Traité élémentaire*, 2e éd., p. 593; Surville et Arthuys, n. 168; Despagnet, n. 420; Audinet, n. 341; Fiore, t. 2, n. 809.

453. — 8° Les voies d'exécution sur les immeubles et tout ce qui est relatif à la saisie immobilière. — Surville et Arthuys, n. 169.

454. — 9° Enfin la transmission des immeubles par succession *ab intestat*, testament ou donation, est régie par la loi du pays où ils sont situés. Ce n'est pas là, sans doute, le système le plus rationnel, mais c'est le plus conforme à la tradition et celui que l'art. 3, 2e al., a, croyons-nous, voulu adopter (V. *suprà*, n. 345 et 346). Nous ne nous arrêterons pas ici à établir l'exactitude de cette interprétation ni à en développer les conséquences. — V. à cet égard *suprà*, v° *Donations*, n. 7386 et s.; et *infrà*, v° *Succession*, *Testament*.

455. — Sur certains points, l'application de la loi de la situation des immeubles est controversée. Est-ce cette loi, par exemple, qui doit régir la jouissance légale des père et mère et l'hypothèque légale des femmes, mineurs et interdits ? En admettant qu'on ne refuse pas aux étrangers la jouissance de ces droits est-ce la loi française qui décidera s'ils doivent leur appartenir relativement aux immeubles situés en France ?

456. — Il est certain, tout d'abord, que les père et mère étrangers ne pourraient prétendre exercer la jouissance légale que leur loi nationale leur accorderait, comme aussi les femmes, mineurs et interdits ne pourraient se prévaloir d'une hypothèque légale sur les immeubles situés dans un pays où la loi n'aurait pas établi et organisé le droit d'usufruit ou l'hypothèque n'admettrait pas la loi, ou bien n'autoriserait l'hypothèque pût résulter directement de la loi. — V. *suprà*, n. 444.

457. — Mais il ne suffit pas que la loi de la situation de l'immeuble accorde le droit de jouissance légale ou l'hypothèque légale pour que les étrangers puissent en bénéficier, il faut encore qu'ils leurs soient conférés par leur loi nationale. En d'autres termes, et sous la réserve que nous avons indiquée au numéro précédent, nous considérons que ces droits dépendent du statut personnel et non du statut réel. Les dispositions relatives au droit de jouissance légale n'ont pas les biens pour objet principal; elles ne se rattachent pas à l'organisation de la propriété, mais bien à l'organisation de la famille. Cet usufruit est une conséquence et un accessoire de la puissance paternelle ; or la puissance paternelle est soumise à la loi qui régit l'état des personnes ; il est donc logique que ses conséquences, mêmes relatives aux biens, soient régies par la même loi. — Cass., 14 mars 1877, Benchinol, [S. 78.1.25, P. 78.38, et la note de M. Renault] — Laurent, *Principes de droit civil*, t. 1, n. 96; Demangeat, *Condition des étrangers*, p. 380; Demangeat, sur Fœlix, t. 1, p. 151, note *b*, et *Revue pratique*, t. 1, p. 55 et s.; Weiss, *Traité élémentaire*, p. 573; Fiore, t. 2, n. 618; Despagnet, n. 401; Surville et Arthuys, n. 319; Audinet, n. 593. — V. Aubry et Rau, 5e éd., t. 1, § 31, p. 137 et 138, texte et note 18. — *Contra*, Proudhon, *État des personnes*, t. 1, p. 91; Troplong, *Des hypothèques*, t. 2, n. 429; Colmet-Daage, *Revue de droit français et étranger*, 1844, p. 406.

458. — De même, la loi qui confère à la femme ou au mineur une hypothèque légale sur les immeubles appartenant à son mari ou à son père, ne se rattache pas à l'organisation de la propriété foncière, mais bien aux effets du mariage et à l'organisation de la tutelle ; elle a pour objet la protection des incapables. Or le mariage aussi bien que la tutelle dépend de la loi personnelle des étrangers, et la loi française n'a pas à assurer aux incapables étrangers une protection plus complète que leur propre loi nationale. Ils n'auront donc d'hypothèque légale sur les immeubles situés en France que si cette loi la leur accorde. — Bordeaux, 23 juill. 1897, Quintin, [S. et P. 1900.2.99, et la note de M. Audinet] — Demangeat, *Condition des étrangers*, p. 380 et s.; Demangeat, sur Fœlix, t. 1, p. 153, note *b*; Laurent, *Dr. civ. int.*, t. 7, n. 396 et 397; Fiore, t. 2, n. 897 et s.; Weiss, t. 3, p. 340; Despagnet, n. 416; Surville et Arthuys, n. 385; Durand, n. 210; Audinet, n. 549. — *Contra*, Rodière et Pont, *Contrat de mariage*, t. 1, n. 193; Pont, *Priv. et hyp.*, t. 1, n. 433. — V. *infrà*, v° *Hypothèque*, n. 258 et s., 1233 et s.

SECTION II.
Loi applicable aux meubles.

459. — L'art. 3, C. civ., ne dit pas par quelle loi seront régis les meubles, et cette omission paraît avoir été volontaire. En effet, un article du projet du Code civil portant que le mobilier du Français à l'étranger est réglé par la loi française comme sa personne a disparu lors de la rédaction définitive. Le Code n'ayant ainsi imposé aucune solution, on doit adopter la plus rationnelle, sans être obligé de suivre celles qui avaient prévalu dans notre ancien droit.

460. — La doctrine et la jurisprudence font une distinction entre l'hypothèse où l'on envisage le mobilier d'une personne dans son universalité, et celle où l'on considère les meubles individuellement. S'agit-il du mobilier envisagé dans son universalité, et notamment, comme faisant l'objet d'une transmission héréditaire ? On admet, de même que dans l'ancien droit, qu'il est régi par la loi personnelle de son propriétaire. Mais la loi personnelle est aujourd'hui celle de la nationalité, et non plus celle du domicile : c'est donc la loi nationale du *de cujus* qui devra régir la succession mobilière. Toutefois la jurisprudence admet plutôt, en principe, que la succession est régie par la loi du domicile, mais que l'étranger n'a en France de domicile légal, au moins à ce point de vue, que lorsqu'il a été autorisé à l'y fixer ; s'il n'a pas obtenu cette autorisation, il aura conservé son domicile dans son pays, et c'est la loi de ce pays qui devra s'appliquer. — V. Aubry et Rau, 5e éd., t. 1, § 31, p. 158 et 159; Demolombe, t. 1, n. 94; Laurent, *Principes de droit civil*, t. 1, n. 120; *Dr. civ. int.*, t. 7, n. 167 et 168; Brocher, t. 1, n. 48; Surville et Arthuys, n. 344; Audinet, n. 343; de Vareilles-Sommières, t. 2, n. 932.

461. — S'agit-il, au contraire, des meubles considérés individuellement, ils seront régis, comme les immeubles par la loi de leur situation, c'est-à-dire par la loi française lorsqu'ils se trouvent en France. — Demolombe, t. 1, n. 96; Aubry et Rau, 5e éd., t. 1, § 31, p. 158; Surville et Arthuys, n. 163; de Vareilles-Sommières, t. 2, n. 922; Brocher, t. 1, n. 48 et 117.

462. — D'autres auteurs rejettent la distinction entre les meubles considérés comme formant une universalité ou individuellement ; cependant ils aboutissent, à peu près, au même résultat. en décidant que les meubles seront régis par la loi du pays où ils se trouvent toutes les fois qu'il s'agit de dispositions d'ordre public, et en appliquant le principe aux mêmes hypothèses où, suivant l'autre système, les meubles sont envisagés individuellement. — Laurent. *Droit civil international*, t. 2, n. 173, et t. 7, p. 177; Despagnet, n. 99; Audinet, n. 347.

463. — Lorsqu'il s'agit de meubles corporels, leur situation est facile à déterminer. Il n'en est pas de même lorsqu'il s'agit des créances ; ce n'est que par une fiction qu'on peut leur attribuer une situation. Suivant les uns il faudrait les considérer comme situés au domicile du débiteur. — Despagnet, n. 396; Lainé, t. 2, p. 265.

464. — Suivant d'autres, au domicile du créancier, et c'était l'opinion la plus répandue dans le dernier état de l'ancien droit (Lainé, t. 2, p. 262 et s.). On peut alléguer en ce sens, que c'est au point de vue actif, et par conséquent dans ses rapports avec le créancier, que la créance est un bien et un élément du patrimoine. — Surville et Arthuys, n. 163; Surville, *La cession et la mise en gage des créances en droit international privé (Journ. du dr. int. pr.*, 1897, p. 671).

465. — Parmi les meubles corporels eux-mêmes, il en est qui se trouvent dans une condition particulière ; ce sont les navires. Malgré leur extrême mobilité, il y a un lieu, différent de celui où ils se trouvent actuellement, où ils sont toujours réputés présents ; c'est leur port d'attache, qui leur constitue une sorte de domicile ; d'autre part, ils ont une nationalité, dont leur pavillon est le signe extérieur. Suivant une opinion très-répandue, c'est la loi de leur pavillon qui leur serait partout et seule applicable. — V. *infrà*, v° *Navire*.

466. — Les meubles sont régis par la loi du pays où ils sont situés dans les mêmes cas et sous les mêmes rapports où les immeubles le sont eux-mêmes, sauf bien entendu en ce qui concerne les successions *ab intestat* ou testamentaires et les donations.

467. — 1° Ainsi d'abord, comme nous l'avons déjà dit, c'est cette loi qui décidera quels objets sont meubles. — V. *suprà*, n. 439.

468. — 2° La même loi déterminera les droits réels dont les meubles sont susceptibles. Un meuble ne peut faire, en France, l'objet d'une hypothèque, quelles que soient, à cet égard, les dispositions de la loi de son propriétaire, et il ne serait pas tenu compte de celle dont il aurait été frappé en pays étranger, en vertu d'une loi étrangère. — Cass., 19 mars 1872, Craven, [S. 72.1.238, P. 72.560, D.74.1.465] — Caen, 12 juill. 1870, Craven, [S. 71.2.57, P. 71.269, D. 74.1.465, sous Cass., 19 mars 1872] — Laurent, *Droit civil international*, t. 7, p. 385 ; Weiss, *Traité élémentaire*, 2° éd., p. 615 ; Despagnet, n. 408 ; Surville et Arthuys, n. 376 ; Audinet, n. 344.

469. — Et les droits réels dont les meubles sont susceptibles ne pourront exister, en France, que sous les conditions prescrites par la loi française. Par exemple, le créancier-gagiste ne pourra se prévaloir de son droit, que s'il a été mis en possession du meuble qui lui a été donné en gage, et si le gage a été constaté par un acte écrit, suivant l'art. 2074, bien que sa loi nationale, ou celle du pays où le contrat de gage a été passé n'exige pas ces conditions. — Laurent, *Dr. civ. intern.*, t. 7, n. 203 ; Fiore, t. 2, n. 925 et 926 ; Rolin, t. 3, n. 1428 et 1429 ; Despagnet, n. 406 ; Surville et Arthuys, n. 174.

470. — 3° Il ne peut y avoir sur les meubles situés en France d'autres privilèges que ceux que la loi française établit, et les créanciers, même étrangers, peuvent se prévaloir de tous ceux que cette loi leur accorde, en raison de la qualité de leurs créances. — Cass., 19 mars 1872, précité. — 23 nov. 1879, Barbaresos, [S. 80.1.257, P. 80.603, D. 80.1.56] — Rouen, 22 juill. 1873, Lanel, [D. 74.2.180] — Aix, 22 mai 1876, Barbaresos, sous Cass., 25 nov. 1879, précité. — Douai, 11 déc. 1891, Bremer, Wolf-Kammerei, [D. 94.2.193] — Laurent, *Dr. civ. intern.*, t. 7, n. 184 ; Fiore, t. 2, n. 933 et 934 ; Brocher, t. 2, n. 260 ; Weiss, *Traité élémentaire*, 2° éd., p. 617 ; Despagnet, n. 418 ; Surville et Arthuys, n. 384 ; Audinet, n. 344. — V. Rolin, t. 2, n. 1456 et 1457.

471. — 4° Les formalités nécessaires, dans certains cas exceptionnels, pour que la transmission de la propriété d'un meuble, ou la constitution de droits réels mobiliers soit opposable aux tiers sont régies par la loi française à l'égard des meubles situés en France. On appliquera ce principe à la vente et à la mise en gage d'une créance, qui sont rendues publiques par la notification ou l'acceptation de la cession ou de la constitution du gage, ou par son acceptation. Pour que ces formalités doivent être acceptées, il n'est pas nécessaire que le créancier et le débiteur soient l'un et l'autre en France, et que la cession y soit effectuée ; il suffit que le débiteur habite dans ce pays. — Trib. comm. de la Seine, 5 mars 1892, Berrut, [Clunet, 93.166] — Aubry et Rau, 5° éd., t. 1, § 31, p. 158 ; Laurent, *Dr. civ. intern.*, t. 7, n. 231 ; Fiore, t. 2, n. 838 ; Despagnet, n. 396 ; Surville et Arthuys, n. 174 ; Surville, *Journ. du dr. int. pr.*, 1897, p. 688 ; Audinet, n. 344. — V. Cass. Rome, 7 nov. 1894, William Schulze, [S. et P. 95.4.13] — Trib. Empire d'Allemagne, 23 mars 1897, Bœcker, [S. et P. 99.4.29] — Rolin, t. 2, n. 1209 ; Brocher, t. 2, n. 193. — V. *infrà*, v° *Gage*, n. 785 et s.

472. — 5° Les voies d'exécution sur les meubles sont également régies par la loi de leur situation, qui décide, en particulier, si les meubles sont ou ne sont pas saisissables. — Cass., 19 mars 1872, précité. Trib. Seine, 12 janv. 1899, Luc et C°, [Clunet, 99.346] — Aubry et Rau, 5° éd., t. 1, § 31, p. 158 ; Demolombe, t. 1, n. 96 ; Laurent, *Principes du dr. civ.*, t. 1, n. 121 ; Weiss, *Traité élémentaire*, 2° éd., p. 610 ; Surville et Arthuys, n. 171 ; Audinet, n. 344.

473. — 6° Les conditions et la durée de la prescription acquisitive des meubles sont fixées par la loi du pays où ils sont situés. Ainsi la règle : « En fait de meubles possession vaut titre » n'est applicable en France, quelle que soit la nationalité de celui qui invoque cette maxime ou de celui auquel elle est opposée. — Trib. Seine, 17 avr. 1885, Duc de Frias, [Clunet, 86.593] ; — 21 déc. 1895, Abdy, [Clunet, 96.1032] — Laurent, *Dr. civ. intern.*, t. 7, n. 236 ; Rolin, t. 2, n. 1504 ; Weiss, *Traité élémentaire*, 2° éd., p. 593 ; Despagnet, n. 420 ; Surville et Arthuys, n. 171 ; Audinet, n. 344.

474. — Les déplacements des meubles font naître des difficultés qui ne se présentent pas pour les immeubles. Il ne suffit pas, en effet, de dire que la prescription acquisitive sera régie, en ce qui les concerne, par la loi de leur situation ; ils peuvent avoir plusieurs situations successives et être, à ce point de vue, soumis successivement à plusieurs lois qui seront, de la sorte, en conflit. Par exemple, l'acquéreur de bonne foi d'un meuble pourra-t-il invoquer le droit que la possession lui avait conféré en France, s'il le transporte dans un pays où un certain délai est nécessaire pour la prescription acquisitive des meubles ; et réciproquement, si, après l'avoir acquis de bonne foi dans ce pays, et avant que la prescription ne soit accomplie, il le transporte en France, bénéficiera-t-il de la règle de l'art. 2279 ?

475. — Il faut admettre tout d'abord que le droit acquis par prescription dans un pays, doit être respecté partout, même dans un autre pays où les conditions de la prescription seraient plus rigoureuses. L'acquéreur de bonne foi d'un meuble situé en France, devenu propriétaire par le seul fait de la possession, pourra donc repousser la revendication intentée contre lui-même dans un pays où le délai exigé pour la prescription ne serait pas expiré. — Savigny, t. 8, § 367, p. 185 ; Despagnet, n. 420, *in fine* ; Surville et Arthuys, n. 174 ; Fiore, t. 2, n. 819, *in fine* ; Rolin, t. 2, n. 1504, 1505. — *Contrà*, Laurent, *Droit civil international*, t. 7, n. 212.

476. — D'autre part, et sous la réserve des droits acquis irrévocablement dans un pays, nous admettrons que la prescription est régie par la loi du pays où le meuble est actuellement situé. L'acquéreur de bonne foi d'un meuble, qui le transporte en France, en sera donc immédiatement propriétaire, en vertu de la règle : « En fait de meubles, possession vaut titre, » bien que, d'après la loi du pays où il l'a acquis, le délai de la prescription ne fût pas encore achevé. — Trib. Seine, 17 avr. 1885, précité. — Weiss, *Traité élémentaire*, p. 594 ; Despagnet, n. 420, *in fine* ; Surville et Arthuys, n. 174. — V. cep. Savigny, t. 8, § 367, p. 185.

CHAPITRE V.

DE LA LOI APPLICABLE AUX CONVENTIONS OU CONTRATS.

Section I.

Principes généraux.

477. — Bien que les mots *convention* et *contrat* ne soient pas synonymes, et que la convention soit un genre dont le contrat est une espèce, nous emploierons cependant ici ces deux expressions l'une pour l'autre, suivant en cela l'exemple du législateur. Au surplus, les conflits de lois se produisent de la même façon, et ils doivent recevoir les mêmes solutions, soit qu'il s'agisse des conventions en général soit spécialement des contrats. — V. *suprà*, v° *Contrat*, n. 2.

478. — Nous ne reviendrons pas sur les règles relatives à la capacité des parties contractantes et nous ne parlerons pas de celles qui concernent la forme extérieure du contrat (V. *infrà*, v° *Forme des actes*) ; nous ne nous occuperons que des règles qui régissent le fond des contrats : leur formation, leurs effets et l'extinction des obligations.

479. — En principe, les contrats sont régis par la loi que les parties contractantes ont choisie, ou qu'elles sont présumées avoir choisie. En effet, les conventions légalement formées tiennent lieu de lois à ceux qui les ont faites. Pour les rapports que les conventions établissent entre elles, les parties se font à elles-mêmes leur propre loi ; cette volonté doit être appliquées dans tous les pays et par tous les tribunaux. Dès lors que la volonté est connue, peu importe en quel pays elle a été manifestée. Les juges doivent partout en assurer le respect.

480. — Mais les contractants n'expriment pas la plupart du temps toutes les conséquences de leurs conventions. Le législateur intervient alors pour suppléer à leur silence. La plupart des dispositions légales relatives aux contrats n'ont pour but que d'interpréter la volonté des parties ou d'y suppléer. Elles ne leur sont pas imposées, mais seulement proposées ; elles ne s'appliquent que parce que les contractants ont entendu s'y référer. Il faut donc savoir quelle est la loi dont ceux-ci ont voulu suivre les dispositions, et il y a doute, et par conséquent conflit, toutes les fois que les parties sont de nationalités différentes, ou qu'elles ont contracté hors de leur pays, ou enfin que le contrat doit être exécuté dans un lieu autre que celui où il a été conclu.

481. — Or, les parties, qui sont libres de régler comme bon leur semble leurs conventions, sont libres aussi de choisir la loi qui doit les régir ; elles pourraient le faire en en reproduisant textuellement les dispositions ; elles peuvent le faire aussi par une référence générale, et le choix qu'elles auront ainsi fait aura la même portée que les autres clauses de la convention, c'est-à-dire que la loi adoptée devra s'appliquer en quelque pays que la convention soit appréciée. Si les parties n'ont pas expressément indiqué leur choix, on devra chercher à le connaître par une interprétation de leur volonté, et leur convention tacite aura la même force qu'une convention expresse. — Fœlix, t. 1, n. 73 et 96 ; Laurent, *Droit civil international*, t. 2, n. 212 et s., et t. 7, n. 427 et s.; Rolin, t. 1, n. 244; Weiss, *Traité élémentaire*, 2ᵉ éd., p. 628; Despagnet, n. 293; Surville et Arthuys, n. 217 et s.; Audinet, n. 376 et 377; de Vareilles-Sommières, t. 1, n. 87-89.

482. — Toutefois, même en matière de contrats, la souveraineté de la volonté n'est pas absolue. La loi n'a pas seulement pour objet de l'interpréter ou d'y suppléer, elle pose aussi des règles obligatoires pour les contractants, soit qu'elle formule les conditions en dehors desquelles la convention n'existera pas, ou ne sera pas valable, soit qu'elle prohibe certains contrats ou certaines stipulations. Ces dispositions impératives donneront aussi lieu à des conflits : il est indispensable, en effet, de connaître la loi à laquelle les contractants ont été soumis et dont ils ont dû respecter les prescriptions. On ne peut pas, pour résoudre ce conflit, appliquer la loi que les parties ont voulu choisir ; il s'agit, en effet, de restriction à leur liberté. Nous devrons, en passant en revue ces diverses dispositions et en en analysant la nature, déterminer la loi qui leur est applicable. — Despagnet, *loc. cit.*; Audinet, n. 392; de Vareilles-Sommières, t. 1, n. 399 ; Aubry, *Le domaine de la loi d'autonomie en droit international privé* (Journ. du dr. int. pr., 1896, p. 465).

483. — Nous allons traiter successivement : 1° de la formation et des effets des contrats; 2° de l'extinction des obligations.

SECTION II.
Formation et effets des contrats.

484. — Nous étudierons : 1° les conflits que soulève l'application des lois supplétives ou interprétatives de la volonté des contractants ; 2° les conflits entre les lois impératives.

§ 1. *Lois supplétives ou interprétatives.*

485. — Lorsqu'il s'agit des dispositions purement supplétives ou interprétatives de la volonté des contractants, la loi qui régit le contrat est celle qu'ils en ont voulu choisir ; et s'ils ne l'ont pas expressément déterminée (ce qui sera le plus fréquent), il faudra rechercher celle qu'ils ont entendu adopter, en interprétant leur volonté, d'après les termes du contrat et les circonstances où il a été conclu. — Laurent, *Droit civil international*, t. 7, n. 431 et 432; Weiss, *Traité élémentaire*, 2ᵉ éd., p. 628; Despagnet, n. 294; Surville et Arthuys, n. 221 ; Audinet, n. 379 ; de Vareilles-Sommières, t. 1, n. 90.

486. — Ainsi, il a été jugé que les contractants doivent être considérés comme ayant entendu soumettre leur contrat à la loi du pays dont ils avaient employé la langue. — Trib. comm. Hambourg, 17 oct. 1865, [Clunet, 77.360] — *Contrà*, Trib. sup. Leipzig, 16 juin 1863, J. H. et Cᵉ, [Clunet, 86.213]

487. — ... Et que la personne privée qui traite avec un Etat étranger se soumet par là même aux lois de cet Etat. — Trib. Seine, 3 mars 1875, Gouvernement ottoman (motifs), [S. 77.2.25, P. 77.199]

488. — Les juges du fait interprètent souverainement, à cet égard, la volonté des contractants, et leur appréciation échappe à la censure de la Cour de cassation. — Cass., 19 mai 1884, Vorbe, [S. 85.1.113, P. 85.1.252, et la note de M. Lacointa, D. 84.1.286]

489. — Si le juge ne trouve pas dans le contrat lui-même ou dans les circonstances qui l'accompagne, d'éléments de décision, il aura recours à certaines présomptions, que les auteurs ont formulées et que la jurisprudence a consacrées. Mais il faut bien remarquer que non seulement ces présomptions admettent la preuve contraire, mais qu'elles ne constituent même pas de présomptions légales, puisque la loi française, différente en cela d'autres législations plus récentes, n'a tracé aucune règle à ce sujet. On ne doit y recourir qu'à défaut d'autre indication sur la volonté des contractants.

490. — On doit présumer que les parties ont voulu suivre la loi que l'une et l'autre ont le mieux connue, ou qu'elles ont pu le plus facilement connaître. Partant de là, on distingue suivant que les contractants ont la même nationalité, ou sont de nationalités différentes.

491. — Lorsque les parties sont de même nationalité, on présume qu'elles ont voulu soumettre leur convention à leur loi nationale commune. — Besançon, 11 janv. 1883, [S. et P. sous Cass., 19 mai 1884, précité, D. 83.2.211] — Fœlix, t. 1, n. 96, p. 227; Laurent, *Droit civil international*, t. 7, n. 433 ; Weiss, *Traité élémentaire*, p. 629 ; Despagnet, n. 294; Surville et Arthuys, n. 223; Audinet, n. 380; de Vareilles-Sommières, t. 1, n. 90.

492. — Faut-il admettre la même présomption dans le cas où les contractants de même nationalité sont domiciliés l'un et l'autre dans le pays étranger où ils passent leur contrat? (V. en ce sens, Surville et Arthuys, n. 223). N'est-il pas, au contraire, plus raisonnable de croire qu'ils ont connu mieux que toute autre la loi du pays où ils sont établis, surtout s'ils y sont fixés depuis longtemps, et que, par suite, c'est celle qu'ils ont voulu suivre. — *Sic*, Asser et Rivier, *Eléments de droit international privé*, n. 34 ; Weiss, *Traité élémentaire*, 2ᵉ éd., p. 629 ; Rolin, t. 1, n. 320. — On ne saurait donner à cet égard une solution absolue. Le juge, qui doit rechercher, en fait la volonté des parties, pourra, dans cette hypothèse décider, d'après les circonstances, que les parties ont donné la préférence à la loi de leur domicile commun.

493. — On appliquera la loi nationale commune des parties, même si le contrat a été conclu par correspondance entre deux personnes de même nationalité, mais habitant des pays différents, alors surtout qu'il doit être exécuté dans leur patrie commune. — Douai, 11 déc. 1891, Bremer-Woll-Kammerei, [D. 94.2.193]

494. — Lorsque les parties ne sont pas de même nationalité, on décide généralement que le contrat est régi par la loi du pays où il a été formé. — Cass., 10 juin 1857, Diab, [S. 59.1.751, P. 57.934, D. 59.1.194]; — 23 févr. 1864, Cᵉ Péninsulaire et Orientale de Londres, [S. 64.1.385, P. 64.225, D. 64.1.166]; — 18 déc. 1872, Banque de l'Allemagne du Nord, [S. 73.1.35, P. 73.66] ; — 5 févr. 1873, Delattre, [S. 73.1.105, P. 73.238] ; — 31 mars 1874, Chemin de fer d'Alsace-Lorraine, [S. 74.1.385, P. 74.946]; — 4 juin 1878, Chemin de fer de l'Est, [S. 80.1.428, P. 80.1067, D. 78.4.368] — Paris, 2 mars 1892, Hutchinson, [S. et P. 96.2.37] — Montpellier, 26 juin 1895, Goutelle, [Clunet, 96.1066] — Rouen, 31 juill. 1895, Autenheinier, [Clunet, 95.1088] — Douai, 17 juin 1897, Stubbe, [S. et P. 98.2.202] — Aubry et Rau, 5ᵉ éd., t. 1, § 31, p. 163, texte et note 63; Fœlix, t. 1, n. 96 ; Massé, *Le droit commercial dans ses rapports avec le droit des gens*, t. 1, n. 578 ; Laurent, *Dr. civ. intern.*, t. 7, n. 434 et s. ; Brocher, t. 2, n. 153; Fiore, t. 1, n. 264 et 265; Weiss, *Traité élémentaire*, 2ᵉ éd., p. 632; Despagnet, n. 294; Surville et Arthuys, n. 227; Audinet, n. 380; de Vareilles-Sommières, t. 1, n. 90.

495. — Suivant un autre système, la convention serait régie par la loi du pays où elle doit être exécutée (Savigny, t. 8, p. 243 et s.); à l'appui de son opinion, cet illustre jurisconsulte allègue que, la juridiction compétente pour connaître de l'obligation étant habituellement celle du lieu de son exécution, la convention doit, par une conséquence naturelle, être soumise à la loi de ce même lieu. — Trib. Empire d'Allemagne, 15 juill. 1892, [Clunet, 94.154] — Trib. supérieur Colmar, 27 mars 1896, X..., [S. et P. 98.4.9]

496. — Nous n'admettons pas cette solution. Il n'existe aucun lien nécessaire entre la compétence du tribunal qui doit connaître de l'exécution et la loi applicable ; un tribunal peut très-bien être appelé à appliquer une loi étrangère. D'ailleurs, le temps de l'exécution est postérieure à la formation du contrat ; le lieu en est incertain, puisqu'il dépend le plus souvent du domicile du débiteur. Il n'est pas vraisemblable que les parties aient entendu soumettre leur convention, dès sa naissance, à une loi inconnue d'elles et qui ne pourra être déterminée qu'à une date plus ou moins éloignée. En outre, il dépendrait du débiteur, en changeant de domicile, de changer le lieu de l'exécution, et par suite, la loi applicable; or il n'est pas à supposer que les contractants aient laissé à l'un d'eux le droit de choisir cette loi, suivant son bon plaisir. Enfin le système que nous combattons ne permet pas de déterminer la loi qui régit un contrat synallagmatique ; il y a alors deux débiteurs, deux obligations susceptibles de s'exécuter dans deux endroits différents, et finalement il y aurait deux lois applicables au même contrat, et le conflit entre elles serait insoluble.

497. — On a proposé aussi d'appliquer à l'obligation la loi personnelle du débiteur, « car il est présumable que celui qui s'oblige a voulu, pour déterminer les effets de son obligation, se référer à la loi qui régit sa capacité de s'obliger. » — Demante, *Cours anal. du dr. civ.*, t. 1, n. 10 *bis*-VI; Fœlix, t. 1, p. 159 et 227. — V. Trib. Empire d'Allemagne, 19 mai 1893, Leugemann, [Clunet, 93.1230]

498. — Ce système serait inapplicable aux conventions synallagmatiques, où chacun des contractants est également créancier et débiteur, et pourrait, par suite prétendre appliquer au contrat sa propre loi. Quant aux contrats unilatéraux eux-mêmes, il est peu conforme à l'intention probable des parties. Il n'y a pas de motif pour appliquer la loi de l'un des contractants, plutôt que celle de l'autre. Si le débiteur a pensé s'obliger dans les termes et dans la mesure de sa loi nationale, qu'il connaît mieux que toute autre, le créancier qui ne connaît pas cette loi a pu compter, avec autant de raison, sur les avantages qui lui étaient assurés par la sienne propre. L'application de la *lex loci contractus* que les deux parties ont pu aussi facilement connaître, a l'avantage de maintenir entre elles l'égalité.

499. — Mais si le contrat doit être régi par la loi du lieu où il a été formé, la détermination de ce lieu, qui n'offre pas de difficulté quand le contrat est intervenu entre parties présentes dans un même endroit, soulève au contraire, des controverses, lorsque le contrat a été conclu entre absents, c'est-à-dire entre parties qui ne se sont pas rencontrées, mais qui ont traité par un intermédiaire ou par correspondance.

1° Contrat par intermédiaire.

500. — L'intermédiaire qui participe à la conclusion d'un contrat peut se trouver dans trois conditions : 1° c'est le mandataire de l'une des parties. En ce cas, comme le mandant s'identifie avec le mandataire, il est réputé avoir été présent au lieu où le mandataire a parlé en son nom. C'est donc dans le lieu où le contrat s'est formé. — Laurent, *Dr. civ. int.*, t. 7, n. 454; Fœlix, t. 1, n. 105, p. 244; Fiore, t. 1, n. 128; Rolin, t. 1, n. 448; Massé, *Le droit commercial dans ses rapports avec le droit des gens*, t. 1, n. 582; Weiss, *Tr. élém.*, p. 635; Despagnet, n. 300; Surville et Arthuys, n. 233; Audinet, n. 384. — V. en faveur de l'application de la *lex loci executionis*, Trib. sup. Colmar, 27 mars 1896, précité. — V. *infrà*, v° Mandat, n. 1434 et s.

501. — 2° L'intermédiaire avait été chargé d'offrir des marchandises sans avoir reçu pouvoir de les vendre. C'est le cas du commis-voyageur qui recueille des commandes et les transmet à son patron. Dans ce cas, l'intermédiaire est le mandataire du vendeur, non de l'acheteur. Le contrat ne prend naissance que par l'assentiment du vendeur aux propositions qui lui sont transmises ; c'est donc où le vendeur donne son consentement que le contrat est formé. — Laurent, *Dr. civ. int.*, t. 7, n. 456; Massé, *loc. cit.*; Surville eArthuys, n. 232; Audinet, n. 385. — V. Fiore, t. 1, n. 133.

502. — 3° Enfin l'intermédiaire a traité sans avoir reçu mandat de l'une des parties, soit qu'il ait agi spontanément comme gérant d'affaires soit qu'il ait outrepassé le mandat qui lui avait été donné. Dans ce cas, celui au nom duquel l'acte a été conclu se l'approprie en le ratifiant, et la ratification, donnée après coup, a le même effet que le mandat : le contrat sera donc réputé formé au lieu où a traité le gérant d'affaires, ou le mandataire qui a excédé son mandat. — Fœlix, t. 1, n. 105, p. 244; Fiore, t. 1, n. 131; Rolin, t. 1, n. 448; Surville et Arthuys, n. 234; Weiss, *Tr. élém.*, p. 636; Despagnet, n. 301; Audinet, n. 385.

503. — Nous n'admettons donc pas la solution proposée par d'autres auteurs, et d'après laquelle le contrat serait formé au lieu où est donnée la ratification. — V. Laurent, *Droit civil international*, t. 7, p. 457.

2° Contrat par correspondance.

504. — Lorsque les parties ont traité entre elles par lettre, ou par le télégraphe, ou par le téléphone, à quel moment, et par suite en quel lieu la convention a-t-elle été formée ? C'est une question très-controversée, non pas seulement au point de vue du droit international privé, mais d'une façon générale. — V. sur cette question et sur la loi applicable aux contrats par correspondance dans les rapports internationaux, *infrà*, v° Lettre missive, n. 903 et s.

505. — Un contrat est régi par la loi que les parties ont choisie, le plus souvent par la loi du pays où il a été formé, lorsqu'il intervient entre personnes de nationalité différente; il faut maintenant indiquer sous quels rapports cette loi s'appliquera.

506. — Elle s'applique : 1° aux conditions d'existence et de validité du contrat, en ce sens que le contrat n'est pas valable, s'il ne satisfait pas aux exigences de la loi des parties ont adoptée. Toutefois cette loi n'est pas la seule dont on doive tenir compte en cette matière, et il ne suffit pas toujours, pour assurer la validité du contrat, que les contractants en aient observé les prescriptions.

507. — 2° A l'interprétation du contrat.

508. — 3° Elle détermine la nature du contrat et de l'obligation qui en découle, ainsi que les conséquences de la solidarité, de l'indivisibilité, des diverses modalités dont l'obligation peut être affectée : conditions, terme ou clause pénale. — V. *infrà*, n. 552.

509. — 4° Elle fixe l'étendue des obligations des parties. C'est ainsi que, dans un contrat de transport, les obligations du voiturier, les soins qu'il est tenu de donner à la chose, la responsabilité en cas de perte ne dépendent pas de la loi du pays où les marchandises ont dû être transportées, mais de celle du lieu d'où elles ont été expédiées et où le contrat a été formé. — Cass., 23 févr. 1864, Compagnie péninsulaire et orientale de Londres, [S. 64.1.385, P. 64.225, D. 64.1.166]; — 5 févr. 1873, Delattre, [S. 73.1.105, P. 73.238]; — 31 mars 1874, Chemin de fer d'Alsace-Lorraine, [S. 74.1.385, P. 74.946]; — 4 juin 1878, Chemins de fer de l'Est, [S. 80.1.428, P. 80.1067, D. 78. 1. 368] — Montpellier, 26 juin 1895, Goutelle, [Clunet, 96.1066] — Rouen, 31 juill. 1895, Autenheimer, [Clunet, 95.1088] — Douai, 17 juin 1897, Stubbe, [S. et P. 98.2.202]

510. — 5° La même loi règle les effets du contrat ou de l'obligation. Mais quelques auteurs font ici une distinction entre les effets proprement dits et les suites du contrat. — Fœlix, t. 1, n. 109.

511. — Les *effets* du contrat sont les conséquences qui en résultent directement; ce sont « les droits et obligations que les parties ont positivement entendu créer, les droits et obligations inhérents au contrat, c'est-à-dire qui y sont contenus expressément ou implicitement ou qui en résultent médiatement ou immédiatement. » Telles seraient, par exemple, dans la vente, l'obligation de payer le prix dont l'acheteur est tenu, l'obligation de délivrance et celle de garantie qui sont à la charge du vendeur. Les effets du contrat sont régis par la loi du pays où il a été formé. — Fœlix, *loc. cit.* — V. Fiore, t. 1, n. 146 et 147.

512. — Les *suites* sont des conséquences indirectes et accidentelles du contrat. Ce sont des obligations et des droits qui ne naissent pas du contrat lui-même, mais que le législateur fait naître à l'occasion de son exécution. Elles résultent d'événements postérieurs au contrat, et qui surviennent à l'occasion des circonstances dans lesquelles le contrat a placé les parties. Elles sont régies par la loi du pays où se produisent les faits dont elles découlent. — Fœlix, *loc. cit.* — V. *suprà*, v° Contrat, n. 73.

513. — Parmi les suites du contrat, il faut ranger en particulier l'obligation où est le débiteur de réparer le préjudice causé par sa faute, ou par le retard apporté à l'exécution du contrat, lorsqu'il a été mis en demeure. C'est par la loi du pays où le débiteur a commis le fait qui a engagé sa responsabilité que seraient fixés le montant des dommages-intérêts et le taux des intérêts moratoires dont il serait tenu. — V. Cass., 13 avr. 1885, Benaïad, [S. 86.1.454, P. 86.1.369, D. 85.1.412]

514. — Il nous paraît difficile d'admettre cette distinction. Il nous semble plus logique de décider que toutes les obligations qui ont leur source et leur principe dans le contrat doivent être soumises à la loi qui a présidé à sa formation, c'est-à-dire, dans l'hypothèse où nous nous plaçons, à la loi du pays où il a été formé. — Laurent, *Droit civil international*, t. 7, n. 463 et s., et t. 8, n. 214; Rolin, t. 1, n. 330; Despagnet, n. 303; Surville et Arthuys, n. 242; Audinet, n. 390.

515. — Il en est ainsi, particulièrement, en ce qui concerne les dommages-intérêts dus en cas d'inexécution ou de mise en demeure. Les parties auraient pu en fixer le montant dans le contrat lui-même, au moyen d'une clause pénale, la loi qui en détermine le calcul a donc pour but de suppléer à leur silence et d'interpréter leur volonté; par conséquent cette loi doit être celle à laquelle les parties se sont référées au moment où elles ont contracté. — Rolin, t. 1, n. 331; Despagnet, n. 303; Surville et Arthuys, n. 243; Audinet, n. 390.

516. — Nous en dirons autant relativement aux intérêts moratoires, qui ne sont que des dommages-intérêts dus pour le retard apporté à l'exécution de l'obligation, lorsqu'elle a pour objet le paiement d'une somme d'argent. Cependant, il y a lieu de se demander dans ce cas si l'on peut appliquer la *lex loci contractus* quand elle fixe les intérêts moratoires à un taux supérieur à celui qui est fixé par la loi du tribunal saisi de la demande en paiement. Nous étudions cette question en parlant des intérêts expressément stipulés. — V. *infrà*, n. 547.

517. — Il faut seulement remarquer qu'un premier contrat peut devenir l'occasion d'autres contrats qui s'y rattachent, tout en restant distincts. Tel serait, par exemple, le cautionnement destiné à garantir le paiement du prix dû au vendeur par l'acheteur : cet acte sera régi par la loi du lieu où il sera conclu, non pas en vertu d'une distinction que l'on devrait établir entre les effets et les suites de la vente (V. cep. Fœlix, n. 109, p. 254), mais parce que c'est un contrat qui a, en réalité, son existence propre et séparée. — Surville et Arthuys, n. 244.

518. — Nous admettons aussi que l'acte confirmatif d'une convention annulable ou rescindable est régi par la loi du pays où il est fait; mais nous n'en donnons pas cette raison qu'il y aurait là une suite, un effet du contrat. En réalité, la confirmation est un nouveau contrat, qu'il faut envisager séparément du premier, pour déterminer, suivant les règles ordinaires, la loi qui lui est applicable. — Surville et Arthuys, *loc. cit.* — V. Laurent, *Dr. civ. int.*, t. 7, n. 466 et s.; Despagnet, n. 304.

519. — Dans deux cas, enfin, on ne devra pas appliquer aux effets du contrat la loi du pays où il aura été formé. Il en sera ainsi : 1° lorsque ses effets sont contraires à l'ordre public dans le pays où ils doivent se produire. Nous verrons plus loin dans quels cas cette contrariété peut se présenter.

520. — 2° Les contrats ne sont pas seulement naître des obligations. Ils peuvent aussi transférer la propriété ou établir des droits réels. Or nous avons vu, *suprà*, n. 448, que les conditions auxquelles sont subordonnées la transmission de la propriété et l'établissement des droits réels dépendent de la loi du pays où les biens sont situés. C'est donc cette loi qui, à ce point de vue, régit les effets du contrat.

§ 2. *Lois impératives.*

521. — Pour résoudre les conflits qui s'élèvent entre les dispositions impératives des lois relatives aux contrats, il faut, avons-nous dit, examiner séparément ces diverses dispositions et en analyser la nature. C'est ce que nous allons faire, en traitant : 1° des conditions essentielles à l'existence et à la validité des contrats; 2° des contrats ou des clauses illicites.

1° *Conditions d'existence et de validité des contrats.*

522. — Ces conditions, d'après l'art. 1108, C. civ., sont : le consentement de la partie qui s'oblige; la capacité de contracter; un objet certain et une cause licite. Nous n'avons pas à revenir sur le conflit de lois relatives à la capacité, qui, d'ailleurs, n'est pas exigée pour l'existence, mais seulement pour la validité de l'obligation. Quant aux trois autres conditions, il ne peut y avoir de conflit au sujet de leur nécessité : nulle part on ne concevra une convention sans consentement, sans objet ou sans cause. Mais le conflit peut porter sur les points suivants : 1° dans quels cas le consentement est-il vicié? 2° l'objet est-il juridiquement possible? 3° la cause est-elle suffisante?

523. — A. *Vices du consentement.* — Quelle loi faut-il appliquer pour savoir à quelles conditions le consentement sera considéré comme vicié par le dol, la violence ou l'erreur? C'est là une question très-controversée.

524. — Suivant une opinion qui, peut-être, est la plus répandue, il faudrait appliquer ici la loi qui régit le contrat, d'après la volonté expresse ou tacite des parties, c'est-à-dire, le plus souvent, la loi du pays où il a été formé. « Quand il s'agit de se rendre compte des effets réguliers d'un contrat, c'est la loi de ce contrat qu'il faut envisager; pourquoi ne pas l'interroger aussi pour déduire les conséquences de faits qui, étant un obstacle à sa formation normale, contrarient la régularité de ses conséquences? » — Savigny, t. 8, p. 266, 269; Brocher, t. 2, n. 157; Weiss, *Tr. élém.*, 2° éd., p. 642; Surville et Arthuys, n. 238; Jarrassé, *Essai sur la substance et les effets des conventions en dr. int. pr.*, n. 122 et s.

525. — Nous ne croyons pas devoir adopter une solution qui repose, à notre avis, sur une véritable pétition de principes. Lorsqu'il s'agit des vices du consentement, la difficulté est de savoir si les parties ont eu une volonté éclairée et libre, et par conséquent si leur contrat est valable, et si le choix qu'elles auraient fait de la loi qui doit le régir est sérieux et efficace; nul ne saurait, pour résoudre cette difficulté, à la loi que les parties ont voulu adopter, c'est résoudre la question par la question. Quelle que soit ici la loi applicable, elle s'impose aux contractants; il ne dépend pas d'eux de la choisir. — Aubry, *Le domaine de la loi d'autonomie en dr. int. pr.* (*Journ. du dr. int. pr.*, 1896, p. 471); Audinet, n. 394; Rolin, t. 1, n. 251 et 291.

526. — Nous ne croyons pas que cette loi, obligatoire pour les contractants, puisse être celle du pays où le contrat est passé. La loi d'un pays, en effet, ne s'applique nécessairement aux actes faits par des étrangers sur son territoire que dans ses dispositions d'ordre public : ce n'est pas le cas de celles qui concernent les vices du consentement. — V. cepend. de Vareilles-Sommières, t. 2, n. 909; Rolin, t. 2, n. 292.

527. — Nous sommes ainsi conduits à admettre que les questions relatives aux vices du consentement devront être décidées d'après la loi nationale des parties contractantes : soit d'après leur loi nationale commune, si elles sont de même nationalité et c'est l'hypothèse la plus simple; soit, dans l'hypothèse inverse, d'après sa propre loi nationale, si elles sont de nationalités différentes. Il faudra donc alors tenir compte de deux lois pour apprécier la validité du contrat, et c'est une complication, mais nous n'apercevons pas d'autre solution possible. Au surplus, il est logique d'appliquer ici la même loi qui régit la capacité des parties. Entre l'incapacité et le consentement, l'analogie est certaine. De part et d'autre, c'est l'imperfection du consentement qui entraîne la nullité de l'acte; de part et d'autre, le législateur intervient pour protéger les individus contre les dangers que présente l'insuffisance de leur connaissance et de leur liberté, qu'elle provienne de l'âge, de la faiblesse d'esprit ou de circonstances accidentelles. Donc, dans les deux cas, la loi nationale des parties décidera si leur consentement est suffisamment libre, éclairé et exempt de vices. — Laurent, *Droit civil international*, t. 8, n. 158; Despagnet, n. 304; Audinet, n. 395; Aubry, *Journ. du dr. int. pr.*, 1896, p. 492. — V. aussi n. 292; de Vareilles-Sommières, t. 2, n. 908.

528. — Nous déterminerons d'après les mêmes principes la loi applicable à la rescision pour cause de lésion, que le Code civil n'admet, d'ailleurs, que dans le partage, dont nous n'avons pas à nous occuper ici (V. *infrà*, v° *Partage*, *Succession*). et dans la vente d'immeubles au profit du vendeur. Ce n'est pas par une interprétation de la volonté des parties que la vente est rescindable, puisqu'il ne dépend pas d'elles d'exclure cette cause de nullité; c'est par la volonté même du législateur; il n'appartient donc pas aux contractants de choisir ici la loi applicable. — V. cep. Savigny, t. 8, p. 269; Aubry et Rau, 5° éd., t. 4, § 31, p. 136; Weiss, *Traité élémentaire*, 2° éd., p. 642; Surville et Arthuys, n. 238. — Ces auteurs appliquent à la rescision pour cause de lésion, comme aux vices du consentement, la loi du contrat.

529. — Suivant une opinion, la rescision de la vente pour cause de lésion, n'étant admise qu'en matière immobilière, se rattacherait au statut réel et serait régie par la *lex rei sitæ*. — Fœlix, t. 1, n. 93; Brocher, t. 2, n. 291, p. 895.

530. — Mais c'est là, à notre avis, méconnaître le véritable motif qui, dans la pensée du législateur français, justifie la rescision pour cause de lésion. La lésion entraîne la rescision de la vente, parce qu'elle révèle un vice du consentement : la liberté du vendeur a été altérée par une situation gênée, par un besoin pressant d'argent : voilà pourquoi l'art. 118 en parle dans la section consacrée au consentement. Il faut donc appliquer à la lésion, que la même loi qu'aux vices du consentement ; la loi nationale du vendeur décidera s'il peut, pour ce motif, demander la rescision de la vente. — Laurent, *Droit civil international*, t. 8, n. 144 et s.; Demangeat, sur Fœlix, t. 1, p. 217, note a; Despagnet, *op. et loc. cit.*; Aubry, *loc. cit.*; Audinet, n. 396.

531. — B. *Objet*. — La possibilité matérielle de l'objet ne dépend pas de la loi et ne peut soulever aucun conflit. La possibilité juridique est déterminée par la loi du lieu où l'obligation doit être exécutée. Si, dans ce pays, cet objet est juridiquement impossible, si, par exemple, c'est un bien hors du commerce, il est certain, dès l'instant même où les parties ont voulu contracter, que l'obligation ne pourra jamais recevoir d'exécution ; elle est elle-même impossible, c'est-à-dire inexistante. — Cass., 18 juill. 1876, Whise, [S. 76.1.451, P. 76.1.154, D. 76.1.497]

532. — D'autre part, il suffira, pour la validité du contrat, que son objet soit possible et licite d'après la loi du pays où il doit être exécuté, même s'il est prohibé par la loi du pays où le contrat est formé, à moins cependant que cette prohibition ne tienne à des raisons de morale publique. Ainsi on pourrait conclure en France une vente qui aurait pour objet une certaine quantité de tabac livrable dans un pays où le commerce de cette denrée est libre. — Audinet, n. 401. — V. *infrà*, n. 554.

533. — C. *Cause*. — Pour savoir si le contrat a une cause suffisante, il faut appliquer la loi qui le régit, d'après la volonté expresse ou présumée des parties. En effet, elles seront réputées n'avoir pas voulu contracter d'obligation sérieuse, si elles se sont engagées pour une cause que cette loi déclare insuffisante. Et d'autre part, si, d'après cette loi la cause est suffisante, les parties sont liées par le contrat qu'elles ont formé. Il en serait autrement, cependant, si la cause était considérée comme illicite hors du pays où la convention est passée.

2º Contrats ou clauses illicites.

534. — Pour savoir si un contrat est prohibé, ou si, dans une convention par ailleurs permise, une stipulation est illicite, il faut d'abord tenir compte de la loi à laquelle les parties ont soumis leur contrat; en adoptant cette loi, elles en ont accepté les conséquences, et en particulier, elles doivent en respecter les prohibitions. Toute convention prohibée par cette loi sera donc inefficace, en quelque pays qu'on en poursuive l'exécution. — V. cependant, pour le cas où l'objet est illicite d'après la *lex loci contractus*, *suprà*, n. 531.

535. — Mais à l'inverse, il ne suffit pas, pour que le contrat soit valable, qu'il soit considéré comme licite par la loi que les parties ont adoptée; ces prohibitions sont l'œuvre de la loi ellemême, et non pas celle des contractants dont elles restreignent la liberté, et il ne peut dépendre d'eux, en se soumettant, de préférence à telle ou telle loi, de rendre permis ce qui ne l'est pas.

536. — Dans certains cas, ces prohibitions peuvent être regardées comme de véritables incapacités relatives à une convention ou à une clause spéciale; à ce point de vue, chacune des parties doit respecter celles qui sont édictées par sa loi nationale. — V. *suprà*, vº *Contrat de mariage*, n. 1118 et s.

537. — Un contrat ne peut avoir d'effet dans un pays où il est contraire à l'ordre public. Pour savoir si les juges peuvent ordonner l'exécution d'une convention prohibée par leur propre loi, mais autorisée par la loi nationale des contractants, ou par celle du pays où l'acte a été fait, il faut donc rechercher si cette prohibition a le caractère d'une règle d'ordre public, ce qui arrivera, — Laurent, *Droit civil international*, t. 8, n. 95; Fiore, t. 1, n. 167 et s.; Weiss, *Traité élémentaire*, 2e éd., p. 637; Despagnet, n. 305; Surville et Arthuys, n. 247; Audinet, n. 399.

538. — Ainsi il a été jugé que la clause de non-garantie par laquelle, dans un contrat de transport, le transporté s'exonérerait complètement de la responsabilité de sa faute est contraire à l'ordre public et ne peut avoir d'effet en France. — Cass., 31 mars 1874, Chemin de fer d'Alsace-Lorraine, [S. 74.1.385, P. 74.946] — 4 juin 1878, Chemin de fer de l'Est, [S. 80.1.428, P. 80.1067, D. 78.1.368] — 12 juin 1894, Crowley et Lettle, [S. et P. 95.1.161, D. 95.1.41]

539. — Serait également en France contraire à l'ordre public le pacte commissoire prohibé par l'art. 2078, C. civ., d'après lequel le créancier gagiste pourrait réaliser le gage sans recourir à la justice. — Weiss, *Traité élémentaire*, p. 637; Despagnet, n. 305. — *Contrà*, Trib. Seine, 3 mars 1875, Gouvernement ottoman, [S. 77.2.25, P. 77.199]

540. — La loi du 21 mai 1836 (art. 1) prohibe, en France, toute espèce de loteries (sauf les exceptions prévues par l'art. 5). Cette prohibition s'applique même aux loteries étrangères, dont il est défendu de vendre ou de colporter les billets en France (art. 4); elle constitue donc, sans aucun doute, une règle d'ordre public, et les tribunaux français ne pourraient accueillir l'action en paiement du prix d'un billet de loterie vendu dans un pays étranger où cette opération est licite. — Paris, 25 juin 1829, Aguier et Folleville, [S. et P. chr.] — Bruxelles, 27 mai 1886, Caisse générale des familles, [Clunet, 88 838] — Fœlix, t. 1, n. 99; Laurent, *Dr. civ. intern.*, t. 8, n. 112; Massé, *op. cit.*, t. 1, n. 570; Weiss, *Traité élémentaire*, p. 657; Despagnet, n. 306; Audinet, n. 309. — V. cep. Fiore, t. 1, n. 471. — V. *infrà*, vº *Loterie*, n. 315 et s.

541. — Il faut assimiler à une loterie l'émission d'obligations à lots étrangères. La cession de pareilles obligations est donc nulle. — V. *infrà*, vº *Loterie*, n. 323.

542. — De même la loi du 18 juill. 1836 (tit. 10, art. 1), qui interdit en France la tenue des maisons de jeu, est fondée sur des motifs de moralité publique, qui s'opposent à ce qu'on reconnaisse en France validité à un contrat ou à une association qui aurait pour objet l'exploitation de semblables établissements, même s'ils étaient situés dans un pays étranger où la loi en permet l'existence et si l'association avait été formée dans ce pays. — Frèrejouan du Saint, *Jeu et pari*, n. 272; Weiss, *Traité élémentaire*, p. 683, n. 1; Despagnet n. 306; Surville et Arthuys. n. 248. — *Contrà*, Larombière, *op. cit.*, art. 1133, n. 41; Fuzier-Herman, *Code civil annoté*, art. 1133, n. 12; *Questions et solutions pratiques*, *Journ. du dr. intern. pr.*, 1893, p. 810. — V. *infrà*, vº *Jeu et pari*, n. 740.

543. — D'après l'art. 1965, C. civ., la loi n'accorde aucune action pour une dette de jeu ou pour le paiement d'un pari. Il est admis à peu près unanimement que les tribunaux français devront accueillir l'exception de jeu, alors même que la convention de jeu ou de pari aurait été formée dans un pays où la loi la regarderait comme licite et la munirait d'une action. — V. *infrà*, vº *Jeu et pari*, n. 378.

544. — Il faudrait appliquer le même principe aux obligations nées d'un marché par différence fait à la Bourse d'un pays où la loi en reconnaît la validité, et dont on poursuivrait le règlement devant les tribunaux d'un pays où la loi le déclare nul, ou du moins ne le sanctionne pas par une action en justice. — V. *infrà*, vº *Jeu et pari*, n. 743 et s.

545. — La prohibition des pactes sur succession future, qu'elle soit, d'ailleurs, bien ou mal fondée, se rattache certainement, dans la pensée du législateur, à des raisons de morale publique ; aucune convention de ce genre, même si elle était valable d'après la loi du pays où elle a été faite, ne pourrait donc avoir d'effet en France. — Trib. Seine, 18 juill. 1885, Hamida, [*Journ. du dr. int. pr.*, 1886, p. 208] — Bertauld, *Questions pratiques*, t. 1, n. 46; Brocher, t. 1, n. 137; Weiss, *Traité élémentaire*, 2e éd., p. 637; Despagnet, n. 305. — V. Rolin, t. 1, n. 293 et s. — *Contrà*, Cass. Florence, 12 déc. 1895, de Bersa, [S. et P. 97. 4.17] — Laurent, *Droit civil international*, t. 6, n. 300.

546. — La loi du 3 sept. 1807 fixe à 5 p. 100, en matière civile et à 6 p. 100 en matière commerciale le taux maximum de l'intérêt légal ou conventionnel. Cette limitation a été, depuis lors, supprimée en matière commerciale par la loi du 12 janv. 1886; d'autre part, le taux de l'intérêt légal a été abaissé à 4 p. 100 en matière civile, et 5 p. 100 en matière commerciale, par la loi du 7 avr. 1900. Mais l'interdiction de stipuler un intérêt supérieur à 5 p. 100 subsiste toujours en matière civile, et c'est incontestablement une règle d'ordre public interne. Cependant la jurisprudence n'en fait pas une règle d'ordre public international, et elle décide en conséquence qu'une convention, licitement faite à l'étranger, et stipulant un intérêt supérieur à 5 p. 100, devra s'exécuter en France. — V. *infrà*, vº *Intérêts*, n. 796 et s.

547. — Il faudrait aussi admettre logiquement que le taux de l'intérêt moratoire est fixé par la loi du pays où le contrat a été passé, même s'il est supérieur à celui que détermine la loi française. — V. *suprà*, n. 516, et *infrà*, v° *Intérêts*, n. 808 et s.

548. — Les conventions relatives à la contrebande font naître également des difficultés. Il est à peine besoin de dire qu'une convention (par exemple la formation d'une société), qui aurait pour but la contrebande à faire en France et au préjudice de l'État français serait illicite, et que les tribunaux français ne pourraient pas intervenir pour en assurer l'exécution. Mais en serait-il de même, si la convention, passée en France ou à l'étranger, avait pour objet la contrebande qui serait exercée au préjudice d'un État étranger?

549. — Les opinions sont partagées sur ce point. Plusieurs auteurs et des arrêts déjà anciens ont admis qu'une convention qui aurait pour objet de faire la contrebande au préjudice d'un État étranger, ne devrait pas être considérée, en France, comme illicite, et que les tribunaux français pourraient en connaître et en assurer l'exécution. On allègue, en ce sens, qu'un État ne peut pas être obligé de faire respecter les tarifs douaniers de ses voisins; qu'il ferait, d'ailleurs, un métier de dupe, car la contrebande existe partout et se pratique dans tous les États au préjudice des autres; et qu'enfin, il existe, entre les États, une sorte de guerre douanière et commerciale, permanente, dans laquelle la contrebande est une arme dont il n'est pas défendu d'user. — Cass., 25 août 1835, Lacrouts, [S. 35.1.673, P. chr.] — Aix, 30 août 1833, Boy de la Tour, [S. 34.2.161, P. chr.] — Pau, 11 juill. 1834, sous Cass., 25 août 1835, précité. — Valin, *Commentaire sur l'ordonnance de 1681*, titre *Des assurances*, art. 49; Émérigon, *Traité des assurances*, art. 8, § 5; Pardessus, *Droit commercial*, t. 5, n. 1492; Aubry et Rau, t. 1, § 31, p. 162; Massé, *op. cit.*, t. 1, n. 368; Fœlix, t. 1, p. 236, note 1.

550. — Nous préférons nous ranger à une autre opinion, qui était déjà celle de Pothier (*Traité du contrat d'assurance*, n. 58). La contrebande est un délit puni par les lois de tous les pays. Sans doute, un État n'est pas tenu de la réprimer chez lui, quand il est commis au préjudice d'un pays voisin; mais il ne peut ni encourager la contrebande ni la considérer comme licite, pas plus qu'il ne peut encourager les infractions aux lois quelconques des États étrangers, sans manquer au respect qu'il doit à leur souveraineté. S'il est vrai que la contrebande se pratique dans tous les pays, cela ne la justifie pas, et ce serait plutôt une raison pour la réprimer partout, d'autant plus que les moyens qu'elle emploie sont, la plupart du temps souvent, en eux-mêmes immoraux et criminels. Et quant à la prétendue guerre commerciale qui existerait entre les États, outre que cette idée n'est pas exacte, on peut répondre que même la guerre tous les moyens de nuire ne sont pas également permis. — Bruxelles, 17 févr. 1886, T..., [Clunet, 87.244.] — Trib. d'appel Stuttgard, 25 sept. 1891, [Clunet, 94.896.] — Demangeat, sur Fœlix, t. 1, p. 236, note *a*; Laurent, t. 8, n. 114 et s.; Weiss, *Traité élémentaire*, p. 638; Despagnet, n. 307; Surville et Arthuys, n. 250.

551. — Il faut observer que le tribunal saisi peut, dans certains cas, sanctionner un contrat, bien qu'il soit illicite d'après sa propre loi : il en sera ainsi lorsque l'interdiction tient à l'objet du contrat, et que cet objet est licite d'après la loi du pays où la prestation doit en être faite : ainsi, l'on pourrait réclamer devant les tribunaux français le paiement d'une certaine quantité de tabac livrable en Belgique. — Despagnet, n. 305; Audinet, n. 401. — V. *suprà*, n. 531 et 532.

Section III.

Extinction des obligations.

552. — Parmi les modes d'extinction des obligations, il en est plusieurs dont l'examen ne doit pas nous retenir. D'abord, pour quelques-uns d'entre eux, les principes que nous avons déjà posés suffisent à déterminer la loi applicable. Ainsi, la condition résolutoire, comme les autres modalités du contrat, est régie par la loi à laquelle les parties se sont soumises (V. *suprà*, n. 508). De même, en étudiant les conditions d'existence et de validité du contrat, et les prohibitions qui le rendent illicite, nous avons déterminé la loi applicable, au moins dans la plupart des cas, aux actions en nullité ou en rescision.

553. — Quelquefois l'extinction de l'obligation résulte d'une impossibilité matérielle ou juridique qui s'oppose à son exécution, et qui ne peut soulever aucun conflit, parce qu'elle existe forcément dans tous les pays. C'est le cas de la perte de la chose due et même de la confusion. Le fait dont celle-ci résulte, et qui est le plus souvent une succession, est soumis à sa loi propre, indépendante de celle qui régit l'obligation.

554. — Dans d'autres cas, enfin, l'obligation est éteinte par une convention nouvelle, et l'on déterminera la loi qui lui est applicable, suivant les règles précédemment posées, sans tenir compte de celle qui régissait l'obligation préexistante. C'est ce qui arrivera pour la novation, et aussi pour la remise de la dette, lorsqu'elle est conventionnelle; lorsqu'elle est testamentaire, on doit appliquer les règles du testament.

555. — Ces divers modes d'extinction ainsi mis à part, il nous reste à étudier : 1° le paiement; 2° la compensation; 3° la prescription libératoire. C'est ce que nous ferons, en tenant compte de la distinction que nous avons déjà présentée entre les lois interprétatives ou supplétives de la volonté et les lois impératives.

§ 1. *Paiement.*

556. — Le paiement n'est autre chose que l'exécution de l'obligation : c'est la prestation de la chose due. Or pour savoir quelle chose est due et comment elle est due, et par conséquent quelle chose doit être payée et comment elle doit l'être, il faut évidemment consulter la volonté des contractants. Le paiement est donc régi par la loi qu'ils ont choisie expressément ou tacitement : leur loi nationale ou la loi du lieu du contrat, suivant les cas. Cette loi décidera notamment si le paiement peut être partiel, en quel lieu il doit être fait, quelle doit être la qualité des choses payées, etc. — Surville et Arthuys, n. 265; Audinet, n. 404. — V. cep. Fiore, t. 1, n. 193. — Cet auteur applique au paiement, d'une façon générale et sans distinction, la loi du lieu où il doit être fait.

557. — Mais la loi du lieu du paiement en régit la forme et la procédure. — Nîmes, 9 juill. 1881, Naquet, [Clunet, 82.216]. — Elle régit également la procédure des offres et consignations; enfin c'est, bien entendu, la seule loi qui puisse déterminer les moyens d'exécution auquel le créancier aura le droit de recourir. — Fiore, t. 1, n. 193; Surville et Arthuys, n. 265; Despagnet, n. 314; Audinet, n. 402.

558. — Le paiement doit être fait, en règle générale, avec la monnaie en cours dans le lieu de l'exécution. Si cependant les parties avaient expressément stipulé que le paiement serait fait dans une monnaie déterminée, cette convention devrait recevoir son exécution, et le créancier ne pourrait pas refuser la monnaie indiquée. — Cass., 18 nov. 1895, Cie italienne des chem. de fer de la Méditerranée, [D. 96.1.341].

559. — Mais comme d'autre part, la loi qui règle la circulation monétaire et attribue, en France, force libératoire à la monnaie française, est une loi d'ordre public à laquelle il ne peut être dérogé par des conventions particulières, même entre étrangers, nous pensons que le débiteur peut toujours se libérer valablement en monnaie française. Seulement il devra fournir au créancier, en tenant compte du cours du change, une somme suffisante pour se procurer celle qui a été convenue en monnaie étrangère. — Fiore, t. 1, n. 194; Surville et Arthuys, n. 494 et 495; Audinet, n. 748; Labbé, note sous Aix, 23 nov. 1871, [S. 72.2.161, P. 72.757] — Au surplus les difficultés relatives à cette hypothèse, comme aussi à celle où les parties auraient exclu une certaine monnaie, ayant cours, mais dépréciée au lieu de l'exécution, se produisent surtout à l'occasion du paiement de la lettre de change. — V. *infrà*, v° *Lettre de change*, n. 2298 et s.

560. — Le paiement peut être accompagné de la subrogation, légale ou conventionnelle. Le droit de consentir à la subrogation est, pour le créancier ou pour le débiteur, une conséquence de la convention primitivement intervenue entre eux ; l'exercice de ce droit, comme les effets de la subrogation, seront donc subordonnés à la loi qui régit la convention. Mais les conditions requises pour la validité de la subrogation par l'art. 1220, C. civ., devront être toujours observées lorsqu'elle sera consentie en France; ces conditions, en effet, sont exigées dans l'intérêt des tiers. — Fiore, t. 1, n. 196; Despagnet, n. 312; Audinet, n. 404. — V. cep. Surville et Arthuys, n. 266.

561. — Nous appliquerons aussi la loi qui régit la convention à la subrogation légale, qui est une modalité de paiement. — Surville et Arthuys, *loc. cit.*; Audinet, *loc. cit.* — V. cep. Despagnet, *loc. cit.* — Cet auteur applique à la subrogation légale la loi du lieu du paiement.

ÉTRANGER. — Titre II. — Chap. V.

§ 2. Compensation.

562. — La compensation suppose deux créances qui prennent naissance successivement; la première s'éteint, jusqu'à due concurrence, par l'effet de la loi elle-même et indépendamment de la volonté des parties. Tel est, du moins, le système du Code civil français (art. 1290). Lorsque les deux créances sont régies par des lois différentes, quelle est celle qui décide si la compensation doit se produire? Celle qui régit l'obligation la plus ancienne? — *Sic*, Trib. Empire d'Allemagne, 1er juill. 1890, [Clunet, 91.981] — ... Ou celle qui régit l'obligation la plus récente? — *Sic*, Despagnet, n. 316.

563. — Nous pensons qu'il faut tenir compte de ces deux lois et que la compensation ne se produira que si elle est admise par l'une et l'autre. La compensation est un effet de l'obligation la plus récemment contractée; elle ne peut donc avoir lieu si la loi qui régit cette obligation ne l'admet pas; mais, d'autre part, si la loi de la première obligation n'admet pas la compensation légale, il serait injuste de priver le créancier de son droit par suite de circonstances qu'il n'a pas pu prévoir. — Surville et Arthuys, n. 267; Audinet, n. 405.

§ 3. Prescription libératoire.

564. — Quelle loi doit, en cas de conflit, régler les conditions et la durée de la prescription extinctive ou libératoire? Cette question a soulevé de vives controverses et donné naissance à de nombreux systèmes.

565. — *1er système*. — La prescription serait régie par la loi du domicile du créancier. On attribue généralement cette opinion à Pothier (*Traité de la prescription*, n. 251). Mais il n'est pas certain que le passage où on a cru la trouver concerne bien la prescription libératoire. — V. Baudry-Lacantinerie et Tissier, *Traité de la prescription*, n. 977; Surville et Arthuys, n. 271. — Quoi qu'il en soit, ce système n'a aujourd'hui aucun défenseur.

566. — *2e système*. — La prescription serait régie par la loi du pays où le débiteur est domicilié au moment des poursuites. La prescription, en effet, est un moyen de défense donné au débiteur contre les prétentions du créancier; il est rationnel de la soumettre à la loi du pays où ces poursuites doivent être intentées. Ce système paraît être le plus en faveur dans la jurisprudence française. — Cass., 13 janv. 1869, Albrecht, [S. 69.1.49, P. 69.1.113, D. 69.1.135] — Besançon, 11 janv. 1883, sous Cass., 19 mai 1884, Vorbe, [S. 85.1.113, P. 85.1.252, D. 83.2.211] — Paris, 26 janv. 1888, Ahmed et Faker Ben-Aïad (Clunet, 88.390] — Trib. Seine, 18 juill. 1885, Hamida, [Clunet, 86.202]; — 11 déc. 1893, Noto, [Clunet, 94.145] — Merlin, *Rép.*, v° *Prescription*, sect. 1, § 3, n. 7 ; *Questions de droit*, v° *Prescriptions*, § 15; Fœlix, t. 1, n. 100. — V. Trib. Seine, 28 nov. 1891, Werhle, [Clunet, 92.712].

567. — *3e système*. — Le système précédent soulève une objection : en ne tenant compte que du domicile actuel du débiteur, il permet à celui-ci de varier, à son profit, le délai de la prescription. Aussi a-t-on proposé d'appliquer la loi du pays où le débiteur était domicilié lors de la formation du contrat, quel que soit son domicile actuel. — Pardessus, *Droit commercial*, t. 4, n. 1495 *bis*; Surville et Arthuys, n. 271.

568. — *4e système*. — La prescription de l'obligation dépend de la loi du pays où elle doit être exécutée : la prescription, en effet, est un obstacle opposé à l'exécution. — Aix, 20 juin 1866, [Clunet, 67.1.116] — Trib. Marseille, 22 juin 1865, [*Journ. Marseille*, 66.1.26] — Trib. Seine, 19 févr. 1889, Gillet, [Clunet, 89.624] — Troplong *De la prescription*, n. 38.

569. — *5e système*. — La prescription est régie par la *lex fori*, c'est-à-dire par la loi du juge saisi de la demande, sans que l'on ait à distinguer suivant que le débiteur est ou non actionné au lieu de son domicile. La loi qui établit la prescription est, en effet, une loi d'ordre public dont les tribunaux, dans chaque pays, doivent faire l'application à toutes les contestations qui leur sont soumises. — Alger, 17 janv. 1889, X..., [S. 89.2.104, P. 89.1.579] — Trib. sup. Leipzig, 18 mars 1875, Wiernsowski, [Clunet, 77.243] — Cour Bois-le-Duc, 21 mars 1882, de Behr, [S. 83.4.9, P. 83.2.17] — Brocher, t. 2, p. 409 ; Labbé, note sous Cass., 13 janv. 1869, [S. 69.1.49, P. 69.1.113]; Baudry-Lacantinerie et Tissier, *Traité de la prescription*, n. 980; *Questions et solutions pratiques* (*Journ. du dr. int. pr.*, 1895

p. 67 et s.); Westlake, *La doctrine anglaise en matière de dr. int. priv.* (Même journ., 1882, p. 14).

570. — *6e système*. — La prescription est réglée par la loi qui régit le contrat lui-même, d'après la volonté expresse ou tacite des parties, et qui peut être, suivant les cas, leur loi nationale commune, ou celle du lieu où le contrat s'est formé. — Trib. Anvers, 17 mai 1884, Caramano, [Clunet, 86.373] — Trib. Tunis, 26 déc. 1889, Degiorgio, [Clunet, 98.557]; — 15 juin 1891, Attal, [Clunet, 91.1238] — Trib. comm. Bordeaux, 27 avr. 1891, Canharéroa, [Clunet, 92.1004] — V. aussi Rennes, 30 mai 1899, Fritze et Cie, [Clunet, 99 998] — Demangeat, *Condition des étrangers*, p. 358 ; Ballot, Demangeat, Plocque et de Vatimesnil, *Consultation* (Rev. prat., t. 8 1859, p. 333 et s.); Fiore, t. 1 n. 165 ; Flandio, *De la prescription libératoire en dr. int. pr.* (*Journ. du dr. int. pr.*, 1881, p. 230); Picard, *De la valeur et de l'effet des actes passés en pays étrangers* (Même journ., 1881, p. 476); Lehr, *De la prescription extinctive en dr. int. pr.* (*Rev. de dr. int.*, 1881, p. 316 et s.). — V. aussi Laurent, t. 8, n. 254 ; Savigny, t. 8, p. 270. — Ce dernier auteur applique aussi à la prescription du contrat, mais, d'après lui, c'est celle du lieu de l'exécution.

571. — A notre avis, la meilleure solution se trouve dans la combinaison des deux derniers systèmes. En effet, pour déterminer la loi applicable à la prescription libératoire, il faut bien en préciser le but et la raison d'être; or la prescription est établie, tout à la fois dans l'intérêt général et dans l'intérêt particulier du débiteur. Elle est établie dans l'intérêt général, pour prévenir la multiplicité des procès ; par là elle est d'ordre public, et il faut admettre que l'obligation est prescrite, toutes les fois que le délai fixé par la loi du juge saisi de la poursuite est expiré.

572. — Mais la prescription est aussi établie dans l'intérêt du débiteur. Elle le protège contre les réclamations qu'élèverait un créancier de mauvaise foi à une époque où la preuve de la libération peut, sans négligence répréhensible, être perdue. Or le débiteur a certainement cru bénéficier de cette protection, à l'expiration du délai fixé par la loi sous l'empire de laquelle il a contracté. Il s'est obligé sous cette condition, qu'après ce délai toute action contre lui serait éteinte. On ne doit pas le priver d'un avantage sur lequel il a pu légitimement compter. La prescription sera donc toujours acquise à l'expiration du temps fixé par la loi qui régit l'obligation, même si, d'après la loi du juge saisi, le délai était plus long. S'il en était autrement, d'ailleurs, dans certains cas, et notamment dans celui prévu par l'art. 420, C. comm., où le créancier peut porter son action, à son choix, devant plusieurs tribunaux, il dépendrait de lui d'allonger la prescription au détriment du débiteur.

573. — En définitive, la prescription est accomplie à l'expiration du délai le plus court fixé, soit par la loi qui régit le contrat, soit par la *lex fori*. — Aubry et Rau, t. 1, § 31, p. 165, texte et n. 68, et p. 166, texte et n. 69; Rolin, t. 1, n. 338 et 339; Weiss, *Traité élémentaire*, p. 644 et 645 ; Despagnet, n. 377; Audinet, n. 408 ; Aubry, *Journ. du dr. int. pr.*, 1896, p. 474 et s. — V. Mérignhac, *Comment doit être déterminé le délai de la prescription extinctive des obligations en droit international privé* (*Revue critique*, 1884, p. 113).

Section IV.
Des engagements qui se forment sans convention.

574. — Lorsqu'il s'agit des obligations nées des délits ou des quasi-délits, on applique la loi du pays où s'est produit le fait qui leur a donné naissance. — Cass. 16 mai 1888, Comp. d'assurances maritimes *la Bâloise* et autres, [S. 91.1.509, P. 91.1.1253, D. 88.1.303] — Aix 19 déc. 1892, Morley Uuwier, [S. et P. 91.2.201] — Trib. sup. Cologne, 27 févr. 1894, L... [S. et P. 96.4.4] — Laurent, *Droit civil international*, t. 7, n. 10; Brocher, t. 2, n. 182; Despagnet, n. 222; Surville et Arthuys, n. 262. — V. Rolin, t. 1, n. 363-365 ; Weiss, *Traité élémentaire*, p. 247.

575. — La loi du lieu du délit ou du quasi-délit ne pourrait cependant pas s'appliquer en France si elle était contraire à l'ordre public. — Cass., 29 mai 1894, Bonnet, [S. et P. 94.1.481] — Aix, 19 déc. 1892, précité. — Trib. Cologne, 27 févr. 1894, précité.

576. — On applique aussi à l'obligation née d'un quasi-contrat la loi du lieu où il s'est formé. Toutefois, il faut tenir compte, en cette matière, notamment lorsqu'il s'agit de la gestion d'affaires, de la volonté de la partie qui s'oblige, et l'on pourrait admettre que l'obligation ne serait pas régie par la loi où elle a pris naissance, si le gérant avait manifesté l'intention de soumettre à une autre loi qu'il accomplit. — Rolin, t. 1, n. 338; Surville et Arthuys, n. 232; Brocher, t. 2, n. 181.

577. — Plusieurs auteurs appliquent à la gestion d'affaires la loi nationale commune des parties lorsque le gérant et le *dominus* ont la même nationalité; ils n'appliquent la loi du lieu où l'acte a été fait que lorsque les parties sont de nationalité différente. — Laurent, *Droit civil international*, t. 8, n. 2 et s.; Weiss, *Traité élémentaire*, p. 646; Despagnet, n. 321.

CHAPITRE VI.

DE LA PREUVE DES LOIS ÉTRANGÈRES ET DU RECOURS EN CASSATION POUR VIOLATION D'UNE LOI ÉTRANGÈRE.

578. — Il résulte de ce que nous venons de dire en étudiant la loi applicable aux étrangers en France, et d'une façon générale les solutions que doivent recevoir les conflits de législation, que les juges français auront fréquemment à appliquer une loi étrangère; cette application est commandée tantôt par la loi française elle-même (V. notamment les art. 41, 170, 999, C. civ.), relatifs à la forme d'actes faits en pays étranger), tantôt par les principes du droit international privé. L'obligation qui s'impose alors au juge d'appliquer la loi étrangère a-t-elle les mêmes conséquences et la même sanction que celle dont il est tenu relativement à la loi française? Doit-il appliquer d'office la loi étrangère, alors même que la partie qui l'invoque n'apporte pas la preuve de ses dispositions? La non-application ou la fausse interprétation de la loi étrangère ouvre-t-elle le recours en cassation?

Section I.
Preuves des lois étrangères.

579. — De très-nombreuses décisions de la jurisprudence, en France et dans d'autres pays, ont admis que l'existence et l'application d'une loi étrangère est pour le juge une pure question de fait. — V. les arrêts et jugements cités aux numéros suivants. — Fœlix, t. 1, n. 18; Westlake, *A treatise on private international law*, § 334 et 335.

580. — De cette idée on a tiré les conséquences suivantes : 1° C'est à la partie qui invoque à son profit les dispositions d'une loi étrangère d'en faire la preuve. — Cass., 16 juill. 1888, Towar, [*Pand. franç.*, 88.1.496] — Pau, 14 févr. 1882, Fouché, [S. 84.2.129, P. 84.1.722] — Paris, 26 janv. 1888, Amned et Faker, Ben Aïad, [Clunet, 88.390] — Trib. Seine, 17 avr. 1885, de Frias, [Clunet, 86.593]; — 18 juill. 1886, Hamida, [Clunet, 86.202] — Trib. comm. Seine, 14 oct. 1891, Caneors, [Clunet, 92.681] — Trib. empire Allemand, 14 févr. 1871, [Clunet, 74.80] — Haute-Cour d'Angleterre, division du banc de la Reine, 3 févr. 1891, Fiske Fay, [Clunet, 91.257] — Cass. Florence, 20 févr. 1890, Neilson, [Clunet, 93.630] — Turin, 9 nov. 1891, Conexa, [Clunet, 91.601] — C. app. Gênes, 10 déc. 1894, Fraissinet et C¹ᵉ, [S. et P. 96.4.9]

581. — Le juge n'est pas tenu de vérifier d'office l'existence et les dispositions de la loi étrangère, pas plus que tout autre fait invoqué devant lui. Faute d'en faire la preuve, la partie succombera dans sa prétention. — Trib. Seine, 17 avr. 1885, précité. — ou le juge appliquera au litige sa propre loi. — Pau, 14 févr. 1882, précité. — Trib. Empire Allemand, 14 févr. 1871, précité. — Haute-Cour d'Angleterre, division du banc de la Reine, 3 févr. 1891, précité. — Demangeat, sur Fœlix, t. 1, p. 220, note *a*.

582. — Ce système est généralement repoussé dans la doctrine, et nous le croyons pas devoir l'adopter. Sans doute, la partie qui se prévaut d'une loi étrangère doit faire, en cas de doute, la preuve de son existence et de l'interprétation qu'elle prétend lui donner, comme de toutes les autres raisons de fait ou de droit qu'elle allègue en sa faveur; mais l'application de la loi étrangère est obligatoire pour le juge; il ne peut se refuser à la faire, sous prétexte qu'il n'est pas assez éclairé, ni substituer à cette loi sa propre loi nationale. Si les indications des parties sont insuffisantes, il est tenu de se procurer à lui-même les connaissances nécessaires pour asseoir son jugement. — Laurent, *Droit civil international*, t. 2, n. 269; Brocher, t. 1, p. 153; Weiss, t. 3, p. 167; Fiore, t. 1, n. 261; Rolin, t. 1, n. 319; Despagnet, n. 19, *in fine;* Audinet, n. 411.

583. — Par quels moyens les parties pourront-elles prouver les dispositions des lois étrangères qu'elles invoquent et les juges eux-mêmes pourront-ils en acquérir la connaissance? Le législateur n'a établi, à cet égard, aucun mode de preuve spécial. Les documents les plus probants seront évidemment les textes authentiques des lois étrangères elles-mêmes. Mais il a été jugé qu'il ne suffirait pas de produire une copie manuscrite dont rien n'établirait l'origine et en garantirait l'authenticité. — Bordeaux, 1ᵉʳ mars 1889, Simon, [D. 90.2.189]

584. — On pourrait encore établir l'existence et le sens de la loi, au moyen d'un certificat de coutume, délivré par l'autorité publique étrangère, ou d'une consultation émanée de jurisconsultes étrangers. — V. Chambéry, 23 févr. 1883, Lathoud, [Clunet, 85.665] — ... Ou enfin des décisions rendues par les tribunaux étrangers. — V. Weiss, t. 3, p. 168. — V. *suprà*, v° *Certificat de coutume*.

585. — Mais l'interprétation donnée à la loi étrangère par les jurisconsultes, ou même par les tribunaux et par les autorités publiques étrangers n'a qu'une valeur purement doctrinale pour les tribunaux français, qui ne sont nullement obligés de l'adopter. — Montpellier, 28 janv. 1895, Ibrahim Freige, [Clunet, 93.618] — Il en serait autrement, cependant s'il s'agissait d'une interprétation législative, donnée par une autorité compétente à cet effet. — V. Pillet, note sous Cass., 2 août 1893, Freige, [S. et P. 95.1.449]

586. — En résumé, la connaissance et la preuve des lois étrangères rencontrent de sérieuses difficultés. L'institut de droit international (cession de Heidelberg, 1887) a émis le vœu que les gouvernements s'engagent à se communiquer les lois déjà en vigueur ou qui seraient promulguées ultérieurement dans leurs États respectifs (*Annuaire de l'Institut de dr. intern.*, t. 9, p. 311), et, d'autre part, il a proposé d'organiser un système de lettres rogatoires, au moyen desquelles les juges de chaque pays se renseigneraient officiellement sur l'existence et la teneur des lois étrangères qu'il leur est nécessaire de connaître (session de Hambourg, 1891, *Annuaire*, t. 11, p. 328). Ces propositions n'ont, jusqu'à présent, aucune suite, du moins en ce qui concerne la France.

Section II.
Recours en cassation pour violation de la loi étrangère.

587. — Dès lors que l'application de la loi étrangère peut être obligatoire pour le juge français, et qu'elle constitue, non pas seulement une question de fait, mais une question de droit, cette obligation devrait avoir la même sanction que celle qui assure l'application des lois françaises; et la décision qui aurait refusé ou aurait mal à propos d'appliquer une loi étrangère ou qui l'aurait faussement interprétée, devrait encourir la censure de la Cour de cassation. — Weiss, t. 3, p. 177; Rolin, t. 1, n. 507 et s.; Fiore, t. 1, n. 273; Despagnet, n. 20; Surville et Arthuys, n. 28; A. Colin, *Du recours en cassation pour violation de la loi étrangère* (*Journ. du dr. intern. pr.*, 1890, p. 404 et 406); Pillet, note sous Cass. belg., 4 juin 1891, Wertheim, [S. et P. 93.4.91], sous Cass., 2 août 1893, précité, 17 janv. 1899, Comte de Bari, [S. et P. 99.1.177] — Demangeat, *Journ. du dr. intern. pr.*, 1874, p. 12; de Vareilles-Sommières, t. 2, n. 1106 et s., 1110 et s.

588. — Mais la jurisprudence de la Cour suprême se prononce, d'une façon constante, pour la solution contraire; elle a décidé, par de très-nombreux arrêts que la non-application ou la fausse interprétation d'une loi étrangère ne peut donner lieu au recours en cassation, à moins qu'il n'en résulte une violation de la loi française elle-même. La Cour de cassation, en effet, n'a été instituée que pour assurer l'unité de la loi française par l'uniformité de la jurisprudence. Elle n'a pas à remplir une semblable mission à l'égard de la loi étrangère : tel est, du moins, le motif que l'on invoque en ce sens. — V. *suprà*, v° *Cassation* (mat. civ.), n. 2944 et s. — V. aussi Cass., 26 févr. 1890, Préfet du Nord, [S. et P. 93.1.126]; — 23 nov. 1892, Héritiers Schneider, [S. et P. 94.1.444, D. 93.1.201] — 12 févr. 1895, Loutbi, [S. et P. 96.1.401] — Cass. Florence, 25 avr. 1881, Gouv. de Tunis,

[S. 84.4.21, P. 84.2.34] — Cass. belg., 9 mars 1882, Bigwood, [S. 82.4.17], P. 82.2.25]; — 16 mai 1889, Boutemy, [Clunet, 89. 890]; — 23 mai 1889, Leterymann, [Clunet, 89.891]; — 4 juin 1891, Wertheim, [S. et P. 93.4.9]; — 1ᵉʳ févr. 1895, Mumwissen, [Clunet, 97.205] — Aubry et Rau, t. 1, § 31, p. 153 ; Laurent, *Dr. civ. intern.*, t. 2, n. 281 ; Brocher, t. 1, p. 154 ; Asser et Rivier, n. 14.

589. — Toutefois, le tempérament que reçoit le principe en restreint valablement la portée. La violation de la loi étrangère donne ouverture à cassation, lorsqu'elle a pour conséquence la violation de la loi française elle-même; ce qui peut arriver dans plusieurs cas.

590. — 1° Lorsqu'un texte formel de la loi française prescrit l'application de la loi étrangère. Ainsi, les art. 47, 170, 999, C. civ., disposent que les formes des actes de l'état civil, du mariage, du testament authentique, seront régies par la loi du pays où ces actes sont faits : l'arrêt qui refuserait d'apprécier d'après la loi étrangère la validité de ces actes violerait directement ces articles, et encourrait le cas de chef la cassation. — Cass., 12 févr. 1879, Duhamel, [S. 79.1.121, P. 79.281, D. 79.1.84]

591. — De même, lorsque l'art. 17 dispose que le Français perd sa nationalité lorsqu'il a été naturalisé à l'étranger, ou lorsqu'il a acquis la nationalité étrangère par l'effet de la loi, oblige à appliquer la loi étrangère pour apprécier la validité de cette acquisition. — V. Cass., 26 févr. 1890, précité. — V. cep. Cass., 9 nov. 1846, Auger, [S. 47.1.55, P. 47 2.118, D. 46.1.337]

592. — La même obligation résulte de l'art. 19, d'après lequel la femme française qui épouse un étranger suit la nationalité de son mari, à moins que son mariage ne lui confère pas la nationalité de son mari. Le changement de nationalité est ainsi subordonné aux dispositions de la loi étrangère, que le juge français doit forcément appliquer et interpréter. — V. la note de M. Pillet, sous Cass., 2 août 1893, précité.

593. — La cassation peut donc être prononcée lorsque, dans ces différents cas, le juge a refusé d'appliquer la loi étrangère ; mais on a prétendu que le jugement ou l'arrêt serait à l'abri de toute censure si, tout en appliquant la loi étrangère, il l'avait faussement interprétée. — Cass., 15 avr. 1864, Leitz, [S. 61.1.721, P. 62.516, D. 61.1.421]; — 2 août 1897, Vital, [Clunet, 98.127]

594. — Nous ne saurions admettre cette manière de voir. Quand la loi française ordonne d'appliquer la loi étrangère, il s'agit évidemment d'une application exacte. Il est inadmissible que le juge, tenu d'appliquer une loi, soit en même temps libre de la dénaturer, même sciemment, par une interprétation inexacte. — V. les auteurs cités *suprà*, n. 587. — V. aussi Audinet, n. 413.

595. — 2° L'obligation d'appliquer la loi étrangère est également formelle lorsqu'elle résulte d'un traité diplomatique, et dans ce cas encore, l'arrêt qui n'aurait pas appliqué, ou, à notre avis, celui qui aurait faussement interprété cette loi serait sujet à cassation. — Cass., 15 juill. 1811, Champeaux-Gramont, [S. et P. chr.].

596. — 3° D'autres fois, l'obligation d'appliquer la loi étrangère, sans être expressément imposée par la loi française, en résulte cependant implicitement ; dans ce cas aussi, la violation de la loi étrangère aurait pour conséquence, au moins indirecte, la violation de la loi française.

597. — Par exemple, d'après l'art. 29, L. 5 juill. 1844, sur les brevets d'invention, la durée du brevet pris en France, pour une invention déjà brevetée à l'étranger, ne peut excéder celle de ce dernier brevet. La fausse application de la loi étrangère qui fixe cette durée, ou qui détermine les causes de déchéance du brevet, aurait donc pour conséquence la violation de la loi française elle-même. — Lyon-Caen, note sous Cass., 27 juin 1881, [S. 81. 1.409, P. 81.1.1031] — Renault, *Examen doctrinal* (*Revue critique*, 1882, p. 715). — V. cep. Cass., 28 juin 1881, Patterson et Betts, [S. 81.1.409, P. 81.1.1051, D. 82.1.252]

598. — Serait encore sujet à cassation l'arrêt qui aurait apprécié d'après la loi française l'état et la capacité d'un étranger. Le sens de l'art. 3, c'est que les lois françaises relatives à l'état et à la capacité ne s'appliquent qu'aux Français, de sorte qu'il y a violé si on les applique aux étrangers. — Cass., 26 févr. 1860, Bulkley, [S. 60.1.210, P. 60.338, D. 60.1.57]; — 17 janv. 1899, Comte de Bari, [S. et P. 99.1.177, D. 99.1.329] — Il est à remarquer que, dans ce dernier arrêt, la Cour suprême a prononcé la cassation pour violation de l'art. 339, parce que la cour d'appel l'avait appliqué, à tort, dans une contestation relative à l'état d'un étranger. Si la cour persiste dans cette jurisprudence ce motif permettrait d'admettre le pourvoi toutes les fois que les tribunaux auraient appliqué la loi française, alors que les principes du droit international privé commanderaient d'appliquer la loi étrangère.

599. — Le même art. 3 (2ᵉ al.) applique la loi française aux immeubles situés en France. On peut en conclure, par réciprocité, que les immeubles situés à l'étranger ne doivent pas être régis par cette loi. En conséquence, serait encore sujet à cassation l'arrêt qui appliquerait la loi française pour décider si un immeuble situé à l'étranger est ou non dans le commerce. — Cass., 18 juill. 1876, Whyse, [S. 76.1.431, P. 76.1.154. D. 77.1.497]

600. — ... Ou pour fixer la durée de la prescription immobilière relativement à un immeuble situé à l'étranger. — Cass., 26 juill. 1894, Direction des finances tunisiennes, [S. et P. 96.1.449, D. 95.1.5] ; — 18 mars 1895, Ville de Tunis, [S. et P. 96.1.449, D. 95.1.336]

601. — Il faut encore mentionner la cassation d'un arrêt qui avait apprécié d'après la loi française la responsabilité d'une compagnie de transport, pour la perte de bagages chargés par un Français dans un pays soumis à la loi anglaise. La Cour suprême a pensé que cette décision violait l'art. 1134, d'après lequel « la convention légalement formée fait la loi des parties. » — Cass., 23 févr. 1864, Comp. péninsulaire et orientale de Londres, [S. 64.1.385, P. 64.225. D. 64.1.166] — Il faut cependant avouer que si les principes du droit international privé étaient méconnus, on a peine à apercevoir une contravention à l'art. 1134, qui ne dit pas que la convention soit soumise à la loi du lieu où elle a été passée.

602. — Il y a mieux : on peut citer des hypothèses où la cassation prononcée ne se rattache à aucun texte de loi. Telle est celle d'un arrêt qui avait appliqué la loi française à la succession mobilière d'un étranger non autorisé à établir son domicile en France. Cette solution était, sans doute, contraire aux principes du droit international privé, tels qu'ils sont admis dans la jurisprudence française ; mais elle ne violait aucun texte, puisqu'il n'en est aucun qui se soit préoccupé de la loi applicable aux meubles. — Cass., 5 mai 1875, Héritiers Forgo, [S. 75.1.409, P. 75.1036, D. 75.1.343]

603. — Il faut enfin citer une décision de la Cour suprême qui a cassé un arrêt de la cour de Paris pour violation de la règle *locus regit actum*, qui n'est cependant écrite nulle part, en termes généraux, dans la loi française. — Cass., 23 mai 1892, Princesse Roukia, [S. et P. 92.1.321, D. 92.1.473]

604. — En résumé, il ressort de ces décisions, que, tout en déclarant inadmissible le pourvoi fondé sur la violation de la loi étrangère, la Cour de cassation, n'a pas toujours appliqué rigoureusement les conséquences de cette règle. La force des choses, en quelque sorte, l'a conduite à admettre le pourvoi formé contre certaines décisions, dont l'inexactitude juridique lui a paru certaine, alors que, d'après le principe qu'elle a formulé, elle aurait dû le rejeter. La logique commanderait d'aller plus loin encore et d'admettre le pourvoi pour violation de la loi étrangère dans tous les cas où son application est imposée, non seulement par une loi française formelle, mais par les principes certains du droit international privé.

TITRE III.

DE LA COMPÉTENCE DES TRIBUNAUX FRANÇAIS A L'ÉGARD DES ÉTRANGERS.

605. — Pour déterminer la compétence des tribunaux français à l'égard des étrangers, il faut distinguer deux cas : 1° celui où la contestation s'élève entre un Français et un étranger ; 2° celui où la contestation s'élève entre deux étrangers. La première hypothèse seule a été prévue par le Code civil (art. 14 et 15) ; la seconde n'a pas été, et la question qu'elle fait naître est vivement débattue dans la doctrine et dans la jurisprudence.

606. — D'autre part, il faut distinguer les règles de compétence qui résultent du droit commun de celles qui ont été établies par les traités diplomatiques. Nous étudierons successivement : 1° La compétence des tribunaux français dans les contestations entre Français et étrangers ; 2° la compétence de ces tribunaux dans les contestations entre étrangers seulement; 3° les traités diplomatiques relatifs à la compétence.

607. — Les tribunaux français sont compétents pour juger les contestations entre Français et étrangers, soit que l'étranger soit demandeur (art. 15), ou qu'il soit défendeur (art. 14). Nous allons étudier ces deux situations.

608. — Observons immédiatement que ces deux articles précités du Code civil ne concernent pas les actions réelles immobilières, dans lesquelles la compétence dépend uniquement de la situation de l'immeuble litigieux. Les tribunaux français sont compétents si cet immeuble est situé en France; ils sont incompétents, s'il est situé à l'étranger, quand bien même le demandeur ou le défendeur est un Français.

CHAPITRE I.

ÉTRANGER DEMANDEUR.

609. — Aux termes de l'art. 15, C. civ., « un Français pourra être traduit devant un tribunal de France pour des obligations par lui contractées en pays étranger, même avec un étranger. » Les auteurs du Code civil ont présenté cette disposition comme une preuve de leur impartialité et de leur esprit de justice à l'égard des étrangers « ... Nous ne voulons pas que l'étranger soit victime de la mauvaise foi du Français. On ne peut pas pousser plus loin l'esprit de justice et d'impartialité » (Fenet, t. 2, p. 146). La vérité est que l'art. 15 n'accorde aux étrangers une faveur exceptionnelle. Il ne fait qu'appliquer le droit commun, au moins lorsque le défendeur Français est domicilié en France. S'il y déroge lorsque le défendeur est domicilié à l'étranger, c'est au profit du Français plutôt que de l'étranger.

610. — Le droit reconnu à l'étranger d'agir en justice, contre un Français, devant les tribunaux français, subit une restriction par l'obligation qui lui est imposée, quand il est demandeur, de fournir la caution *judicatum solvi*. Cette caution, d'après l'art. 16, C. civ., n'était pas exigée en matière commerciale; cette exception a été supprimée par la loi du 5 mars 1895; la caution doit aujourd'hui être fournie en toute matière. — *V. supra*, v° *Caution judicatum solvi*.

611. — Ce droit est accordé à l'étranger sans condition de réciprocité; il devrait en jouir en France quand même dans son pays, il serait refusé aux Français. — Colmar, 27 avr. 1816, Schachtrupp, [S. et P. chr.] — Massé, t. 1, n. 674; Fœlix, t. 1, n. 130; Gerbaud, *De la compétence des tribunaux français à l'égard des étrangers*, n. 9.

612. — Les personnes morales étrangères peuvent, aussi bien que les individus, bénéficier des dispositions de l'art. 15; c'est une conséquence de l'existence que nous leur avons reconnue en France (V. supra, n. 314 et s.). Quant à celles qui, bien que régulièrement constituées en pays étrangers, ne seraient pas réputées exister en France, il va sans dire qu'elles ne pourraient ester en justice. Il en serait ainsi, en particulier, des sociétés anonymes étrangères qui n'auraient pas obtenu l'autorisation prévue par la loi du 30 mai 1857. — Cass., 1er avr. 1860, Caisse franco-suisse, [P. 61.101] — Paris, 13 avr. 1867, Gouvernement espagnol, [D. 67.2.49] — Trib. Seine, 3 mars 1875, Gouvernement ottoman, [S. 77.2.25. P. 77.199] — Aubry et Rau, t. 8, § 748 *bis*, p. 143; Weiss, *Tr. élém.*, p. 754; Surville et Arthuys, n. 403; Gerbaut, n. 11 et s.

613. — Un État étranger, en particulier, pourrait poursuivre son débiteur devant un tribunal français. — V. sur la compétence des tribunaux français à l'égard des États étrangers, *infra*, n. 697 et s.

614. — L'étranger peut exercer le droit que lui confère l'art. 15, contre tous Français, sans qu'il y ait à distinguer, à cet égard, entre les Français de naissance et ceux qui ont acquis cette nationalité par la naturalisation. — Cass., 27 mars 1833, Stachoel, [S. 33.1.262, P. chr.]; — 16 janv. 1867, Mahmoud-ben-Ayard, [S. 67.1.129, P. 67.377, D. 67.1.308] — Aubry et Rau, *loc. cit.*; Massé, t. 1, n. 675; Weiss, *Tr. élém.*, p. 754; Despagnet, n. 175; Surville et Arthuys, n. 403; Gerbaud, n. 27 *bis*.

615. — Et les tribunaux français sont compétents en pareil cas, bien que l'obligation soit antérieure à la naturalisation.

616. — Mais il en serait autrement, et l'art. 15 ne s'appliquerait pas, si la nationalité française n'avait été acquise qu'au cours de l'instance, postérieurement à l'assignation qui l'a engagée. — V. Cass., 15 juin 1885, Fifi-ben-Amond-ben-Turkias, [S. 87.1.259, P. 87.1.624, D. 86.1.214] — V. *infra*, vⁱˢ *Nationalité, Naturalisation*.

617. — Réciproquement, si le défendeur était Français au moment de l'assignation, il ne serait pas fondé, en alléguant qu'il a perdu cette qualité au cours de l'instance, à décliner la compétence du tribunal français. La compétence du tribunal est fixée au moment de l'assignation; elle constitue dès lors, pour les parties, un droit acquis, auquel le changement de nationalité de l'une d'elles ne peut porter atteinte. — Cass., 4 févr. 1891, Bourbon, [S. 91.1.449, P. 91.1.1100, et la note de M. Meynial, D. 91.1.113] — Paris, 2 déc. 1891, Dame Merle, [Clunet, 92.193] — Orléans, 16 mars 1892, Bourbon, [S. et P. 92.2.105, D. 92.2.190] — V. *infra*, vⁱˢ *Nationalité, Naturalisation*.

618. — Il suffit, pour que le tribunal français soit compétent, que le défendeur soit Français au moment de l'action est intentée contre lui, alors même qu'il serait poursuivi comme héritier d'un étranger. — Gerbaut, n. 29. — *Contra*, Trib. Seine, 22 mars 1872, Suretti, [Clunet, 74.33]

619. — Le Français pourra être poursuivi devant les tribunaux de son pays, alors même qu'il aurait son domicile légal en pays étranger. L'art. 15, en effet, n'est pas une simple application du droit commun et de la règle *actor sequitur forum rei*; il pose une règle générale de compétence, fondée sur la nationalité du défendeur, abstraction faite de son domicile. — Cass., 6 mars 1877, Hourlier, [S. 79.1.305, P. 79.763, D. 77.1.289] — Trib. Genève, 6 juin 1893, Morel, [S. et P. 97.4.20] — Weiss, *Traité élémentaire, loc. cit.*; Despagnet, *loc. cit.*; Gerbaut, n. 28.

620. — Les personnes morales françaises aussi bien que les individus, peuvent être poursuivis par un étranger devant un tribunal français. — Trib. Seine, 24 févr. 1847, Simonis, [D. 47.3.68]

621. — La règle de l'art. 15 s'applique aux étrangers autorisés à établir leur domicile en France aussi bien qu'aux Français.

622. — Il faut remarquer que l'expression « tribunal de France, » employée par l'art. 15, désigne également les tribunaux consulaires établis dans les pays, tels que l'empire ottoman, le Maroc, la Chine, etc., où existent nos sortes de juridiction (V. *supra*, v° *Échelles du Levant*). C'est donc devant ces tribunaux que devront être cités les Français domiciliés dans leur ressort. — Cass., 16 janv. 1867, Mahmoud-ben-Ayad, [S. 67.1.159, P. 67.377, D. 67.1.308]; — 11 mai 1897, Duboul, [S. et P. 97.1.325, D. 97.1.296] — Aix, 3 juin 1865, Messageries impériales, [S. 68.2.252, P. 68.987, D. 69.2.34] — Trib. Marseille, 21 mai 1875, Ibrahim Fahldry Bey, [Clunet, 76.271] — Poitiers, 16 avr. 1891, Lemoyne, [Clunet, 91.491]

623. — D'après les termes de l'art. 15, le tribunal français ne serait compétent pour connaître de la demande intentée par un étranger contre un Français, que si cet étranger poursuivait l'exécution d'une obligation contractée à l'étranger, mais tout le monde est d'accord pour reconnaître que l'art. 15 ne comporte pas cette interprétation restrictive. Et d'abord le tribunal français est certainement compétent lorsque l'obligation a été contractée en France même. Si l'art. 15 n'a pas parlé de cette hypothèse, c'est précisément parce qu'elle ne pouvait faire aucun doute. — Weiss, *Tr. élém.*, p. 754; Gerbaut, n. 33.

624. — Et le tribunal français est compétent, même si l'obligation n'est pas née d'un contrat, mais a sa source dans un quasi-contrat, un délit ou un quasi-délit. — Cass., 3 juill. 1865, Robinson, et 5 juill. 1865, Chemin de fer de l'Est, [S. 65.1.441, P. 65.591, D. 65.1.347]

625. — Il serait encore compétent si la demande intentée par l'étranger intéressait l'état des personnes, soit qu'elle eût pour objet de contester l'état du Français ou de faire reconnaître à l'étranger lui-même un certain état. Les actions relatives à l'état des personnes ne forment pas, en effet, une classe spéciale au point de vue de la compétence, qui est la même en ce qui les concerne que pour toutes les actions en matière personnelle. — Cass., 6 mars 1877, précité. — Paris, 22 juin 1841, Préfet de la Seine, [P. 41.1.357] — Douai, 3 août 1858, Hauël, [S. 58.2.513, P. 58.1110, D. 58.2.218]

626. — L'étranger pourra également saisir un tribunal français d'une action réelle mobilière dirigée contre un Français; la compétence, pour ces sortes d'actions, est en effet réglée comme pour les actions personnelles. — Paris, 4 janv. 1856, Beurdeley, [S. 56.2.170, P. 56.1.9, D. 56.2.139]

627. — Le demandeur étranger saisira de son action le tribunal du domicile du Français défendeur, et si celui-ci, à défaut de domicile, a une résidence en France, le tribunal de sa résidence. Il pourrait aussi, en matière commerciale, saisir, en France, l'un des tribunaux désignés par l'art. 420, C. proc. civ.

628. — Mais si le défendeur français n'a, en France, ni domicile ni résidence, et si, d'autre part, les tribunaux désignés par l'art. 420, C. proc. civ., ne se trouvent pas en France, quel sera le tribunal compétent? Nous croyons que, dans ce cas, le demandeur pourrait saisir, à son gré, l'un quelconque des tribunaux français.

629. — L'art. 15 doit-il encore s'appliquer dans les cas où, d'après l'art. 59, C. proc. civ., le tribunal compétent ne serait pas celui du domicile du défendeur? S'appliquerait-il, par exemple en matière de succession et de société, si le lieu d'ouverture de la succession ou le siège de la société se trouvaient hors de France?

630. — Il a été jugé que les dispositions de l'art. 15 doivent s'appliquer en toute matière (sauf, bien entendu, la réserve faite ci-dessous pour les actions réelles immobilières). Les art. 59 et 420, C. proc. civ., ont pour but de régler la compétence des tribunaux français dans leurs rapports entre eux, mais non d'en déterminer la compétence par rapport aux tribunaux étrangers. Peu importe donc que les tribunaux désignés par ces articles se trouvent à l'étranger. Les tribunaux français sont compétents dès lors que le défendeur est Français. — Rennes, 26 déc. 1879, Liquidateur de la Cie Limited General Floating, [S. 86.2.81, P. 81.1.449, D. 80.2.52] — Trib. Poitiers, 29 déc. 1874, Podowski, [Clunet, 75.441] — Gerbaud, n. 102.

631. — Ainsi les créanciers et légataires étrangers d'une succession ouverte à l'étranger pourront poursuivre les héritiers français devant les tribunaux de France; et les héritiers étrangers pourraient même intenter, devant ces tribunaux, l'action en partage contre les héritiers français. — Trib. Poitiers, 29 déc. 1874, précité. — Gerbaud, n. 102 bis. — V. infrà, v° Succession.

632. — De même l'action intentée contre les associés français par une société ayant son siège à l'étranger, ou par les associés étrangers contre les associés français, pourrait être portée devant les tribunaux français. — Gerbaud, loc. cit.

633. — Le tribunal français sera compétent pour apprécier et pour interpréter les actes produits par les parties, au cours d'une instance engagée par un étranger contre un Français, encore que ces actes aient été passés à l'étranger entre étrangers. Le tribunal ne doit pas en renvoyer l'examen aux tribunaux étrangers. — Cass., 23 nov. 1892, Héritiers Schneider, [S. et P. 94.1.441, D. 93.1.201]

634. — Le tribunal français ne devrait pas renvoyer les parties devant la juridiction étrangère, même s'il s'agissait d'apprécier la valeur et les conséquences d'actes administratifs émanant d'un gouvernement étranger. — Cass., 1er mars 1875, Brocard, [S. 76.1.309, P. 76.754]

635. — Le tribunal français est également compétent pour connaître de la contestation qui s'élèverait, incidemment à l'instance principale, entre l'étranger demandeur et un autre étranger. — Cass., 2 févr. 1832, de Fuentès, [S. 32.1.133, P. chr.] — V. aussi les arrêts cités aux numéros suivants.

636. — Il en est ainsi, par exemple, lorsqu'un étranger intervient dans l'instance, alors même que cette intervention aurait pour effet de désintéresser le Français, défendeur à l'action principale, de sorte que, par suite, la contestation ne s'agirait plus qu'entre deux étrangers. — Cass., 19 mai 1830, Toaffe, [S. et P. chr.]; — 7 juill. 1843, Steiger, [S. 45.1.738, P. 45.2.206, D. 45.1.334]; — 1er avr. 1873, Girard, [D. 73.1.101]

637. — En est-il de même lorsqu'un étranger, actionné par un Français devant un tribunal français, recourt en garantie contre un autre étranger? — V. sur cette question, infrà, n. 856 et s.

638. — Le tribunal français est compétent pour statuer sur la contestation incidente qui s'élèverait entre deux étrangers, même lorsqu'il s'agit d'une question d'état. — Cass., 15 avr. 1861, Seitz, [S. 61.1.721, P. 62.516, D. 61.1.420] — Trib. Seine, 26 déc. 1894, les fils de J. Mathieu, [Clunet, 95.587]

639. — L'étranger peut renoncer au droit que lui confère l'art. 15. Ainsi, il ne pourra plus se prévaloir des dispositions de cet article, lorsqu'il aura lui-même assigné son adversaire français devant les tribunaux de son pays et obtenu contre lui un jugement définitif; il n'aurait plus alors le droit de former une nouvelle demande devant les tribunaux français; il pourrait seulement leur demander d'ordonner l'exécution du jugement étranger. — Trib. comm. Seine, 24 juin 1893, Shorter Clément et Shorter, [Clunet, 93.1149]

640. — Mais l'étranger qui introduirait une nouvelle instance devant les tribunaux français, ne pourrait être repoussé par l'exception de chose jugée qu'autant qu'il y aurait véritablement identité entre cette demande et celle qui aurait déjà été jugée par le tribunal étranger. — Cass., 16 mai 1888, Comp. d'assurances maritimes la Bâloise, [S. 91.1. 509, P. 91.1.1253, D. 88.1.305]

641. — Une société étrangère dont les statuts stipulent que les contestations entre les associés seront soumises aux tribunaux compétents du siège social renonce par là même à invoquer contre les actionnaires français les dispositions de l'art. 15; et ceux-ci pourraient contester la compétence des tribunaux français s'ils étaient poursuivis devant eux. — Rennes, 14 janv. 1892, Liquidateurs des forges et ateliers de la Biesme, [Clunet, 92.431] — Trib. comm. Seine, 17 mars 1892, Liquidation crédit foncier Luxembourgeois, [Clunet, 93.526]

642. — Nous avons jusqu'ici envisagé, dans l'art. 15, le droit qu'il confère à l'étranger ; mais il en résulte aussi un droit pour le Français. Le législateur qui a voulu reconnaître de compétence qu'aux seuls tribunaux français, à l'exclusion des tribunaux étrangers, pour connaître d'une demande formée contre un Français. — Rennes, 26 déc. 1879, Liquidateur de la Comp. Limited general Floating, [S. 81.2.81, P. 81.1.449, D. 80. 2.52] — Trib. Seine, 4 févr. 1880, [Clunet, 80.104] — Gerbaut, n. 103. — Contra, Paris, 1er déc. 1879, Compagnie d'assurances maritimes la Moderazione, [S. 81.2.185, P. 81.1.803]

643. — En conséquence, le jugement rendu par un tribunal étranger contre un Français ne pourra être revêtu de l'exequatur en France, en raison de l'incompétence de la juridiction dont il émane. — Audinet, n. 477; Gerbaut, n. 103 bis. — V. infrà, v° Jugement étranger, n. 84.

644. — Mais c'est une solution aujourd'hui unanimement admise que la disposition de l'art. 15 n'est pas d'ordre public; elle n'a pour but que de sauvegarder les intérêts du Français : c'est une mesure de protection à laquelle celui-ci peut renoncer. — Cass., 13 août 1879, Chemins de fer de l'Ouest, [S. 81.1.225, P. 81.1.534, D. 80.1.85] — Aix, 23 nov. 1858, Féraud, [S. 59.2.600, P. 60.332]; — 8 déc. 1858, Isnard Blanc et Dijon, 19 mars 1868, Société de Bonnevie, [S. 68.2.333, P. 68.1231] — Hennes, 26 déc. 1879, précité. — Paris, 28 janv. 1885, Liquidateur de la Saint-Nazaire Co, [Clunet, 85.539] — Trib. Seine, 30 mars 1886, Abraham, [Clunet, 87.615] — Paris, 27 juill. 1886, Moreau, liquidation Peltier et Paillard, [Clunet, 86.712] — Weiss, Traité élémentaire, p. 755 ; Despagnet, n. 173; Surville et Arthuys, n. 403; Audinet, n. 419; Gerbaut, n. 104. — Contra, Grenoble, 3 janv. 1829, Ovel, [S. et P. chr.] — Paris, 11 juin 1877, Coignet et Cie, [S. 77.2.313, P. 77.1266]

645. — Et cette renonciation résultera suffisamment du fait que le Français, cité devant un tribunal étranger, aura comparu et se sera défendu au fond, sans se prévaloir de l'incompétence de ce tribunal. — Aix, 23 nov. et 8 oct. 1858, précitées. — Paris, 27 juill. 1886, précité. — Trib. Seine, 30 mars 1886, précité.

646. — Mais il en sera autrement lorsque le Français aura fait défaut devant le tribunal étranger et que le jugement rendu contre lui sera passé en force de chose jugée : le silence gardé par le défendeur ne suffit pas à faire présumer qu'il ait accepté la compétence de ce tribunal. — Bonfils, op. cit., n. 115 ; Gerbaud, n. 105. — Contra, Aix, 23 nov. 1858, précité; — 8 déc. 1858, précité.

647. — La renonciation peut encore résulter d'une clause formelle du contrat intervenu entre un Français et un étranger, qui stipule que les contestations auxquelles cette convention donnera lieu seront jugées par un tribunal étranger. — Cass., 13 août 1879, précité.

648. — Le Français est aussi réputé avoir renoncé au bénéfice de la juridiction française, lorsqu'il fait partie, en qualité d'associé ou d'actionnaire, d'une société dont les statuts attribuent formellement compétence au tribunal du lieu où elle est établie. — Dijon, 19 mars 1808, précité. — Rennes, 14 janv. 1892, précité.

649. — Mais le seul fait que le Français fait partie d'une société dont le siège est à l'étranger n'impliquerait, de sa part, aucune renonciation au droit que lui confère l'art. 15. — Rennes, 26 déc. 1879, précité.

650. — L'art. 15, comme nous venons de le voir, donne : 1° au demandeur étranger le droit de citer le défendeur Français, même domicilié hors de France, devant un tribunal français ; 2° au défendeur Français le droit de décliner la compétence du tribunal étranger. Il faut admettre qu'il en serait de même, à fortiori, si la contestation s'élevait entre deux Français ; le demandeur aurait le droit de citer son adversaire devant un tribunal français, même s'il n'était pas domicilié en France, ou à l'occasion d'un acte passé à l'étranger. — Lyon, 17 oct. 1886, Ract, [Clunet, 87.186] — Bordeaux, 7 mars 1893, Charrière, [Clunet, 93.525] — Trib. comm. Seine, 7 janv. 1899, Eyneéoud, [Clunet, 99.354]

651. — Mais si le défendeur était domicilié à l'étranger, dans le ressort d'un tribunal consulaire français, c'est devant ce tribunal qu'il devrait être assigné par un autre Français. Les tribunaux de la métropole seraient incompétents à son égard. — Poitiers, 16 avr. 1891, Lemoyne, [Clunet, 91.491]

652. — Les parties françaises peuvent aussi, d'un commun accord, soumettre leur contestation au jugement d'un tribunal étranger. — Cass., 19 déc. 1864, Falguières, [S. 65.1.217, P. 65.524, D. 65.1.425] — Nîmes, 20 août 1866, Sauzay, [S. 67.2.177, P 67.693, D. 68.2.18]

653. — La question, cependant, avait d'abord paru douteuse, parce que l'art. 2 de l'édit de juin 1778, qui n'a jamais été abrogé, interdit aux Français, voyageant ou faisant le commerce en pays étranger, d'y traduire d'autres Français devant les juges ou officiers du pays. On en avait conclu qu'un tribunal étranger ne pouvait statuer, même du consentement de toutes les parties, qu'un objet de la compétence exclusive des tribunaux français et qu'on ne pouvait opposer devant ces derniers l'exception de la chose ainsi incompétemment jugée. — Colmar, 17 févr. 1824, Demer, [P. chr.] — V. Paris, 24 avr. 1815, Delacroix, [P. chr.] — Rennes, 2 janv. 1832, M..., [P. chr.]

654. — Mais d'autres arrêts plus récents ont repoussé cette interprétation trop rigoureuse de l'édit de 1778. On a considéré que cette prohibition s'appliquait seulement au cas où un défendeur français aurait été appelé contre son gré devant un tribunal étranger, mais ne l'empêchait pas de s'y soumettre volontairement, et qu'en outre la disposition de l'édit se trouvait aujourd'hui remplacée par l'art. 15, C. civ. Il faut ajouter que si l'édit de 1778, relatif à la juridiction des consuls français à l'étranger, est toujours en vigueur dans les pays régis par les capitulations ou autres traités analogues, il n'est, par la force des choses, susceptible d'aucune application dans les pays (et c'est le droit commun) où les consuls n'ont pas de compétence judiciaire. — Cass., 19 déc. 1864, précité. — Nîmes, 20 août 1866, précité.

CHAPITRE II.

ÉTRANGER DÉFENDEUR.

655. — Aux termes de l'art. 14, C. civ., l'étranger, même non résidant en France, peut être cité devant les tribunaux français, pour l'exécution des obligations qu'il a contractées avec un Français, soit en France, soit à l'étranger.

656. — Dans les travaux préparatoires du Code civil, on a présenté la règle de l'art. 14 comme établissant une juste réciprocité entre l'étranger et le Français : de même que l'étranger peut citer devant les tribunaux français le Français qui s'est obligé envers lui, même à l'étranger, de même aussi le Français peut citer devant les tribunaux, l'étranger qui s'est obligé envers lui, même à l'étranger. — Locré, t. 2, p. 226.

657. — En réalité, la réciprocité entre les deux hypothèses est purement apparente, ou plutôt elle n'existe pas. L'art. 15 ne fait qu'appliquer le droit commun au Français défendeur contre un étranger, ou s'il y déroge, lorsque le Français est domicilié hors de France, c'est pour lui assurer le bénéfice de la juridiction nationale. L'art. 14, au contraire, déroge gravement au droit commun, en refusant à l'étranger défendeur contre un Français et domicilié hors de France, le bénéfice de la règle : *Actor sequitur forum rei*, et en l'obligeant à venir défendre à l'action intentée contre lui devant le propre tribunal du demandeur.

658. — Le législateur, dans l'art. 14, a obéi à un sentiment de méfiance pour les tribunaux étrangers ; il a voulu, pour protéger les intérêts de ses nationaux, les soustraire à la juridiction de tribunaux dont il a suspecté l'impartialité. Mais cette disposition est très-généralement critiquée. L'intérêt des Français ne saurait l'emporter sur le droit des étrangers ; or l'équité, comme le droit de tous les pays, donne au défendeur le droit d'être cité devant le tribunal de son domicile.

659. — Du reste, il n'y a pas de raison pour suspecter les tribunaux étrangers, du moins ceux des pays dont la civilisation est à peu près la même que la nôtre ; on ne saurait attribuer aux tribunaux français le monopole de la justice et de l'impartialité. Enfin, l'art. 14 expose à des représailles les Français qui contractent avec des étrangers (V. L. belge, 25 mars 1876, art. 52 ; C. proc. civ. italien, art. 105). — Weiss, *Traité élémentaire*, p. 729 ; Despagnet, n. 177 ; Surville et Arthuys, n. 398 ; Audinet, n. 426 ; Gerbaut, n. 130 *bis*.

Section I.

Personnes qui peuvent se prévaloir de l'art. 14.

660. — Le droit de citer le défendeur étranger devant un tribunal français, alors même qu'il n'est pas domicilié, est accordé par l'art. 14 aux Français et à eux seuls.

661. — Le Français peut user de ce droit bien qu'il soit lui-même domicilié à l'étranger. — Cass., 26 janv. 1836, Bertin, [S. 36.1.17, P. chr.] — Paris, 26 janv. 1858 Walter-Westrup, [D. 58.2.28] — Trib. comm. Marseille, 29 nov. 1886, Guibert, [Clunet, 88.512] — Aubry et Rau, t. 8, § 748 *bis*, p. 136 ; Demolombe, t. 1, n. 249 ; Weiss, *Traité élémentaire*, p. 732 ; Audinet, n. 427 ; Gerbaut, n. 132. — *Contrà*, Paris, 28 févr. 1814, Straulino, [S. et P. chr.] ; — 20 mars 1834, Bertin, [S. 34.2.159, P. chr.]

662. — ... Et bien que l'étranger ignoré la nationalité du Français avec qui il a contracté. — Paris, 3 juin 1872, Mellerio, [S. 72.2.293, P. 72.1185, D. 72.2.124]

663. — L'étranger naturalisé Français jouit, comme le Français de naissance, du droit que confère l'art. 14, et nous croyons qu'il peut citer son adversaire étranger devant les tribunaux français pour l'exécution des obligations contractées envers lui antérieurement à la naturalisation, lorsqu'il était encore étranger. — Cass., 9 mars 1863, Formann, [S. 64.1.225, P. 64.433, D. 63.1.176] — Aix, 24 juill. 1826, Caen, [S. et P. chr.] — Paris, 20 févr. 1864, sous Cass., 13 déc. 1865, de Brunswick, [S. 66.1.157, P. 66.403, D. 64.2.102] — Trib. Seine, 10 avr. 1878, Dame Saint Yves, [Clunet, 78.492] — V. Cass., 13 déc. 1865, précité. — Felix, t. 1, n. 176 ; Bonfils, *De la compétence des tribunaux français à l'égard des étrangers*, n. 63 ; Weiss, *loc. cit.*, 2° éd., p. 732 ; Despagnet, n. 178, *in fine* ; Audinet, n. 429. — V. *infrà*, v° *Nationalité, Naturalisation*.

664. — On objecte que l'art. 14, en parlant d'obligations contractées avec un Français, suppose que le créancier était déjà Français au moment où l'obligation a pris naissance, et que cette disposition ayant un caractère exceptionnel ne saurait comme telle être étendue au delà de ses termes stricts. D'ailleurs, ajoute-t-on, la naturalisation du créancier en France n'a pas pu porter atteinte au droit qu'avait son débiteur d'être cité devant les juges de son domicile. L'étranger naturalisé français bénéficiera donc de l'art. 14 sur les créances nées à son profit après la naturalisation, mais non celles qui existent déjà antérieurement. — Paris, 5 juin 1829, Despine, [S. et P. chr.] ; — 4 janv. 1847, sous Cass., 19 juill. 1848, de G..., [S. 48.1.535, D. 47.2.34] ; — 11 déc. 1847, Kubu, [S. 48.2.20, P. 48.577, D. 48.2.49] — Massé, t. 1, n. 682 *bis* ; Bertauld, *Questions pratiques*, t. 1, n. 169 et 170 ; Aubry et Rau, t. 8, § 748 *bis*, p. 136, texte et n. 4 ; Gerbaut, note 131 *bis* ; Renault, note sous Cass., 2 août 1876, Denève, [S. 77.1.97, P. 77.241]

665. — Ce raisonnement ne nous paraît pas décisif. La volonté du législateur veut que les Français puissent toujours saisir de leurs contestations avec des étrangers les tribunaux de leur pays ; il faut, pour qu'elle reçoive satisfaction, que le demandeur, dès lors qu'il est actuellement français, puisse s'adresser aux tribunaux français. Au surplus, s'il est vrai que la naturalisation ne peut porter atteinte aux droits acquis à des tiers,

ÉTRANGER. — Titre III. — Chap. II.

le débiteur, pas plus que le créancier, n'ont un droit acquis à être jugés par le tribunal qui serait compétent au moment où l'obligation prend naissance. Cette compétence pourrait être changée par une loi nouvelle ; bien plus, le débiteur lui-même pourrait, en déplaçant son domicile, transférer la compétence d'un tribunal à un autre, même au détriment du créancier ; il n'est pas surprenant que la naturalisation du créancier en France puisse aussi changer la compétence du tribunal, bien que le débiteur ait à en souffrir.

666. — Mais bien entendu, la naturalisation du créancier en France, survenue au cours d'une instance déjà engagée devant un tribunal étranger, n'attribuerait pas compétence au tribunal français. C'est un point sur lequel nous n'avons pas à revenir.

667. — Les personnes morales françaises aussi bien que les individus bénéficient de la disposition de l'art. 14. — Paris, 11 mars 1873, sous Cass., 23 févr. 1874, C¹ᵉ des messageries maritimes, [S. 74.1.145, P. 74.369] — Weiss, loc. cit.; Gerbaut, n. 133.

668. — L'étranger autorisé à établir son domicile en France, et jouissant à ce titre des droits civils, peut également invoquer à son profit aussi bien qu'un Français, et alors même que son débiteur serait de la même nationalité que lui. — Cass., 12 nov. 1872, Imperial land Cᵒ of Marseille, [S. 73.1.17, P. 73.24] ; — 14 mars 1883, Busch et Cⁱᵉ, [S. 83.1.259, P. 83.1.625, D. 83. 1.377]. — Paris, 17 juill. 1890, Gontron, [Clunet, 92.901] ; — 27 mai 1893, Lahousse, [Clunet, 93.849] — Trib. comm. Havre, 27 mai 1874, Busch, [Clunet, 75.187] — Aubry et Rau, t. 1, § 79, p. 526 ; Demolombe, t. 1, n. 266 ; Weiss, loc. cit.; Audinet, n. 427 ; Gerbaut, n. 138; Surville et Arthuys, n. 398. — V. aussi *suprà*, n. 151 et s. — *Contrà*, Massé, t. 1, n. 683.

669. — Il suffit, d'ailleurs, que l'étranger ait joui de l'autorisation de domicile au moment où il a intenté l'action ; il importe peu qu'il en ait perdu le bénéfice au cours de l'instance, en laissant écouler le délai de cinq ans fixé par l'art. 13, C. civ. (L. 26 juin 1889), sans solliciter ni obtenir la naturalisation. — Paris, 27 mai 1895, précité.

670. — Mais ce droit ne saurait appartenir à l'étranger établi en France, ayant un esprit de retour, s'il n'a pas obtenu l'autorisation du gouvernement. — Douai, 22 janv. 1890, Strauss, [Clunet, 92.903] — Paris, Aix, 28 août 1872, Rieffel et Plicque, [S. 73.2.164, P. 73.1091] — Trib. comm. Marseille, 8 déc. 1896, Rosés, [Clunet. 97.789]

671. — Le Français qui a perdu sa nationalité ne peut plus se prévaloir de l'art. 14, même pour réclamer l'exécution d'obligations contractées envers lui, alors qu'il était encore Français. C'est la réciproque de la solution que nous avons adoptée, pour le cas où un étranger est naturalisé Français.

672. — Toutefois, plusieurs arrêts ont admis que la femme française qui a épousé un étranger peut former devant les tribunaux français une demande en nullité de mariage contre son mari. On ne peut écarter la compétence de ces tribunaux en alléguant que la femme est devenue étrangère par son mariage, la question, en effet, est précisément de savoir si la femme est valable, et, par conséquent, si la femme est devenue étrangère. — Poitiers, 7 janv. 1845, de Maynard, [S. 45.2.245] — Paris, 13 juin 1857, Tirauty, [S. 57.2.379, P. 57.590] ; — 2 mars 1868, G..., [S. 69.2.332, P. 69.1288] ; — 28 mai 1880, Mensurius Rey, [Clunet, 80.300] — Trib. Agen, 6 juill. 1860, Taillandier, [S. 60. 2.253] — Trib. Seine, 2 juill. 1872, Morgan, [S. 72.2.248, P. 72. 952] ; — 21 juin 1873, Tripet, et 2 juill. 1873, French, [Clunet, 74.73] — Fœlix, t. 1, n. 175; Aubry et Rau, t. 8, § 748 bis, p. 144, texte et note 38 ; Féraud-Giraud, *De la compétence des tribunaux français pour connaître des contestations entre étrangers* (Journ. du dr. int. pr., 1880, p. 151).

673. — On a cependant critiqué cette jurisprudence, en faisant observer qu'un acte existe et continue de produire ses effets, tant que la nullité n'en a pas été prononcée ; la femme, française d'origine, doit donc être réputée étrangère, tant que la nullité de son mariage n'a pas été prononcée par la justice. On préjuge le fond du droit, quand on permet à la femme de se prévaloir, pour intenter son action devant les tribunaux français, d'une qualité qui ne peut lui appartenir que par l'effet du jugement qui prononcera la nullité de son mariage. — Gerbaut, n. 134.

674. — Il peut arriver qu'une créance, née au profit d'un étranger, ait été, au moment de la poursuite, transmise à un Français, soit par succession, soit par cession à titre particulier ;

et réciproquement, qu'une créance née au profit d'un Français ait été transmise à un étranger. Dans ce cas, à quelle époque faut-il se placer pour savoir si l'art. 14 doit s'appliquer ? A l'époque où la créance est née, ou à celle où l'action est intentée ? Le Français successeur d'un étranger peut-il saisir un tribunal français de sa demande contre un débiteur étranger ? L'étranger qui a acquis la créance d'un Français a-t-il acquis en même temps le droit de se prévaloir des dispositions de l'art. 14 ?

675. — Il faut, croyons-nous, considérer uniquement le moment où l'action est intentée. Comme nous l'avons déjà fait observer, la règle de l'art. 14 constitue une mesure de protection dont le demandeur doit bénéficier, dès lors qu'il est actuellement Français, mais dont il ne peut profiter s'il est actuellement étranger. Mais la jurisprudence n'admet pas cette solution d'une façon absolue ; elle fait, au contraire, une double distinction.

676. — Elle distingue d'abord, suivant que la créance a été transmise dans une succession, ou cédée à titre particulier. Au premier cas, l'héritier français d'un étranger peut citer devant les tribunaux français les créanciers étrangers de la succession. — Cass., 17 févr. 1873. Otto-Stern, [D.73.1.483] ; — 2 août 1876, Denève, [S. 77.2.97, P. 77.241, D. 77.1.107] — Bordeaux, 18 déc. 1846, Durand et Hodriguez, [D. 47.2.43] — Paris, 12 mai 1882, Stern, [D. 83.2.23]. — V. en ce sens les auteurs cités, *infrà*, n. 685. — *Contrà*, Bertauld, *Questions pratiques*, t. 1, n. 170 ; Renault, note sous Cass., 2 août 1876, [S. 77.2.97, P. 77.241] ; Gerbaut, n. 143.

677. — S'agit-il d'une cession de créance à titre particulier ? La jurisprudence fait une nouvelle distinction, suivant qu'il s'agit ou non d'une créance négociable par voie d'endossement.

678. — La créance est-elle constatée par un titre à ordre, négociable par voie d'endossement, le porteur français peut citer le débiteur étranger devant un tribunal français. Il importe peu que le premier endosseur de la lettre de change ou du billet à ordre ait été un étranger. C'est, en effet, un principe que le souscripteur d'un titre à ordre est réputé s'obliger directement envers le porteur, quel qu'il soit, et que, du moins en général, les droits de ce porteur à l'égard du débiteur doivent s'apprécier comme s'il avait été créancier dès l'origine. — Cass., 25 sept. 1829, Arnold, [S. et P. chr.] ; — 26 janv. 1833, Juglie, [S. 33. 1.100, P. chr.] ; — 18 août 1856, Wieldon, [S. 57.1.586, P. 58. 481, D. 57.1.39] — Douai, 25 janv. 1834, Bridel, [S. 47.2.6] — Paris, 15 oct. 1834, Seller, [S. 34.2.657, P. chr.] ; — 27 mars 1835, Dounare, [S. 35.2.248, P. chr.] ; — Douai, 12 mars 1846, Cary, [S. 47.2.5] — Paris, 7 mai 1856, M..., [S. 58.2.41, P. 57. 643, D. 58.2.221] — Orléans, 15 mai 1856, Debest, [D. 56.2. 135] — Paris, 28 janv. 1858, Walter-Westrup, [P. 59.263, D. 58.2.28] ; — 14 avr. 1860, Cloudt-Aulet, [D. 61.5.196] — Paris, 30 juin 1888, Koller, [D. 89.2.88] — Trib. comm. Seine, 1ᵉʳ juill. 1875, Salin, [Clunet, 76.356] — V. les auteurs cités, *infrà*, n. 685. — V. Aubry et Rau, t. 8, § 748 bis, p. 140, texte et note 17 ; Demolombe, t. 1, n. 25 ; Fœlix, t. 1, n. 172; Massé, t. 1, n. 688 ; Bertauld, *Questions pratiques*, t. 1, n. 173.

679. — Il faut appliquer la même solution au cas où la créance résulte d'une obligation négociable émise par une société. — Trib. Seine, 12 mars 1898, Iguasi et de Sailly, [Clunet, 98. 1032]. — V. Paris, 25 janv. 1899, Cⁱᵉ des chem. de fer Andalous, [Clunet, 99.995]

680. — Il a encore été jugé que dans le cas où une assurance a été faite pour le compte de qui il appartiendra, le propriétaire français des objets assurés peut citer l'assureur étranger devant un tribunal français, bien que celui qui a conclu l'assurance fût étranger. — Aix, 5 juill. 1833, Aquaroum, [S. 34.2.143, P. chr.]

681. — Mais s'il était établi, en fait, que l'endossement n'a pas été sérieux, et n'a eu d'autre but que d'attribuer compétence aux tribunaux français, le Français qui ne serait alors que le prête-nom de l'étranger, ne pourrait poursuivre le débiteur devant les tribunaux. — Paris, 12 janv. 1832, Blaqui, [P. chr.] ; — 10 févr. 1853, Detope, [S. 53.2.400, P. 54.2.436, D. 54.2.91] ; — 2 mars 1853, Seymour, [Ibid.] — Paris, 8 mars 1853, Godchaux, [P. 53.1.392, D. 53.2.76] — Trib. Seine, 9 juill. 1890, Ulindel, [Clunet, 93.816]

682. — Supposons, au contraire, que la créance ait été transmise par voie de cession civile. Il est à peine besoin de dire que si le cédant est Français, aussi bien que le cessionnaire, celui-ci pourra se prévaloir de la disposition de l'art. 14. — Cass., 5 nov. 1873, Glissenti, [S. 74.1.433, P. 74.1097, D. 75.1.70]

683. — Mais si le cédant est étranger, la jurisprudence admet que l'art. 14 ne devra pas s'appliquer. Le cessionnaire n'a pas plus de droits que le cédant; or le cédant ne pouvait pas citer le débiteur, domicilié hors de France, devant un tribunal français ; le cessionnaire ne le pourra donc pas davantage. Au surplus, la cession consentie par le créancier ne doit pas aggraver la condition du débiteur, ni le priver de la juridiction de ses tribunaux natio aux. — Cass., 26 janv. 1833, précité. — Douai, 27 févr. 1828, Hermesy, [S. et P. chr.] — Poitiers, 5 juill. 1832, Boesche, [S. 32.2.441, P. chr.] — Paris, 27 mars 1835, Doumere, [S. 35.2.218, P. chr.]; — 24 avr. 1852, Benais, [P. 52.691]; — 1er mars 1856, Landsberg [S. 57.2.109, P. 56.1.131]; — 14 avr. 1860, précité. — Trib. Seine, 26 oct. 1895, Gouret, Liquidateur de la Banque romaine, [Clunet, 96.595] — *Sic,* Aubry et Rau, t. 8, § 748 *bis,* p. 139, texte et note 16 ; Demolombe, t. 1, n. 250; Fœlix, t. 1, n. 173; Bertauld, *Quest. prat.,* t. 4, n. 169 et s.; Renault, note sous Cass., 2 août 1876, [S. 77.1.97, P. 77. 241] — Gerbaut, n. 146 et s.

684. — Mais le cessionnaire français d'un créancier étranger aurait le droit de porter son action devant les tribunaux français, si elle était intentée, non pas contre le débiteur étranger, mais contre un cessionnaire français de ce débiteur. — Trib. Seine, 14 mars 1894, Société anonyme des mines de la Doubowaïa-Balka, (Clunet, 94.815)

685. — Nous croyons que le cessionnaire français d'un étranger peut toujours citer son débiteur étranger devant le tribunal français. Il ne faut pas, en effet, considérer le droit accordé par l'art. 14 comme un accessoire de la créance, ou comme une garantie destinée à en assurer le paiement, mais bien, ainsi que nous l'avons déjà dit, comme une protection personnelle accordée au Français : peu importe dès lors que le cédant lui-même en ait joui. D'ailleurs, la distinction faite par la jurisprudence entre la transmission à titre universel et la transmission à titre particulier des créances manque de logique : l'héritier ne peut avoir plus de droits que son auteur, et si cependant, on lui reconnaît le droit de poursuivre des créanciers héréditaires devant les tribunaux français, bien que le *de cujus* fût étranger, c'est qu'on ne prend en considération que la nationalité du créancier actuel ; nous ne voyons pas pour quelle raison on suivrait la règle contraire, en cas de transmission à titre particulier. Enfin si, pour déterminer la compétence du tribunal, on envisage exclusivement le moment où la créance est née, il faudra, à peine de manquer de logique, reconnaître au cessionnaire étranger d'un Français le droit de citer le débiteur devant un tribunal français, ce que cependant personne n'admet ; c'est donc que le bénéfice de l'art. 14 est indépendant de la transmission de la créance, et qu'il n'y a pas à tenir compte, dans un cas plus que dans l'autre, de la nationalité du créancier originaire. — Demangeat et Fœlix, loc. cit., n. 358, note *a;* Testoud, *Rev. crit.,* 1877, p. 609; Weiss, *Tr. élém.,* p. 734; Despagnet, n. 178, p. 373; Surville et Arthuys, n. 398, p. 437; Audinet, n. 428. — V. Paris, 23 nov. 1883, Cie *le Gresham,* [Clunet, 84.284]

686. — Mais le Français peut se prévaloir de l'art. 14, c'est uniquement lorsqu'il est devenu lui-même créancier ; il en serait autrement s'il agissait au nom et comme exerçant les droits de l'étranger, demeuré créancier. Ainsi les créanciers français d'un étranger, poursuivant, en vertu de l'art. 1166, C. civ., un débiteur étranger de leur propre débiteur ne pourraient pas le citer devant un tribunal français. — Aubry et Rau, t. 8, § 748 *bis,* p. 139, texte et note 14; Gerbaut, n. 142.

687. — De même, lorsqu'un étranger, exerçant en France le commerce, y est déclaré en faillite, le syndic, fût-il français et représentât-il une masse composée en grande majorité, ou même en totalité, de créanciers français, n'a pas le droit de poursuivre devant les tribunaux de France les débiteurs étrangers du failli. — Cass., 12 janv. 1875, Syndic Lethbridge, [S. 75.1.124, P. 75.286, D. 76.1.317] — Aubry et Rau, t. 8, § 748 *bis,* p. 139, texte et note 15; Gerbault, *loc. cit.*

688. — *A fortiori* le Français, mandataire ou représentant légal d'un étranger, ne pourrait pas poursuivre les débiteurs étrangers de celui-ci devant les tribunaux français. — Gerbaut, *loc. cit.* — V. cep. Cass., 9 mars 1883, précité.

689. — Supposons maintenant qu'une créance née au profit d'un Français soit transmise à un étranger, les principes que nous avons adoptés nous conduisent, par réciprocité, aux solutions inverses de celles que nous venons de donner.

690. — Ainsi l'étranger, héritier d'un Français, ne pourra pas poursuivre les débiteurs étrangers de la succession devant les tribunaux français, et il en sera de même s'il se rend acquéreur par un mode civil ou commercial, d'une créance ayant appartenu à un Français. — Aubry et Rau, t. 8, § 748 *bis,* p. 140, texte et note 19; Weiss, *loc. cit.;* Audinet, n. 429; Gerbaut, n. 155.

Section II.
Contre quelles personnes l'art. 14 peut être invoqué.

691. — Tout étranger, défendeur contre un Français, peut être cité par lui devant les tribunaux français, soit qu'il réside ou non en France, et alors même qu'il ne se trouverait pas dans le pays au moment où l'action est intentée contre lui. — Cass., 7 sept. 1808, Jugelheim, [S. et P. chr.]; — 1er juill. 1829, Vérac, [S. et P. chr.] — Paris, 16 germ. an XIII, Barington, [S. et P. chr.]

692. — L'étranger peut encore être cité devant les tribunaux français lorsqu'il est l'héritier d'un Français, et qu'il est poursuivi en cette qualité et pour l'exécution d'obligations contractées par son auteur. — Montpellier, 12 juill. 1826, de Travy, [S. et P. chr.] — Limoges, 6 avr. 1854, de Rouillé, [S. 55.2.188, P. 54.2.508]

693. — Les personnes morales étrangères, aussi bien que les individus, peuvent être poursuivies devant les tribunaux français, pour les obligations qu'elles ont contractées envers un Français. — Cass., 19 mai 1863, Soc. anglo-française Saint-Gaudens, [S. 63.1.353 P. 63.1022, D. 63.1.218]; — 14 nov. 1864, Jourde, [S. 65.1.135, P. 65.290, D. 64.1.466]; — 14 nov. 1864, Trône, [*Ibid.*] — 23 févr. 1874, Cie des messageries maritimes, [S. 74.1.145, P. 74.369]; — 9 déc. 1878, Van der Zée et Cie, [S. 79.1.269, P. 79.1034]; — 4 mars 1885, Banque impériale ottomane, [S. 85.1.169, P. 85.1.393, D. 85.1.353] — Rouen, 23 nov. 1863, Picquot, [S. 63.2.268, P. 64.145, D. 63. 5.355] — Amiens, 2 mars 1865, Trône, [S. 65.2.210, P. 65.855, D. 65.2.105] — Paris, 9 mai 1865, Chem. de fer russes, [S. 65. 2.210, P. 65.855, D. 65.2.106]; — 8 nov. 1865, Chem. de fer autrichien, [S. 66.2.117, P. 66.475, D. 67.2.23] — Aix, 16 janv. 1883, Banque impériale ottomane, [S. 84.2.180, P. 84.1.910, D. 84.2.88] — Limoges, 29 juin 1885, Chem. de fer du Nord de l'Espagne, [S. 87.2.81, P. 87.1.458, D. 85.2.265] — Paris, 9 mars 1892, Cie de chem. de fer de Saragosse à la Méditerranée, [D. 92.2.282]; — 25 janv. 1899, Cie des chem. de fer Andalous, [Clunet, 99.995] — Trib. Seine, 20 déc. 1890, sous Paris, 2 mars 1892, Hutchinson, [S. et P. 96.2.37] — V. aussi Paris, 5 juill. 1894, Soc. d'éclairage électrique de Badajoz, [S. et P. 96. 2.210] — Trib. Seine, 12 mars 1898, Igussi et de Sailly [Clunet, 98.1052] — Aubry et Rau, t. 8, § 748 *bis,* p. 138 et 141; Fœlix, t. 4, n. 175; Lyon-Caen, *De la condition légale des sociétés étrangères en France,* n. 37; Gerbaut, n. 162. — V. aussi *infra,* n. 697.

694. — La règle de l'art. 14 ne concerne pas les actions intentées contre des Français domiciliés en pays étrangers. — Mais nous avons vu qu'ils peuvent être cités devant les tribunaux français, par un autre Français aussi bien que par un étranger, en vertu de l'art. 15, C. civ.

695. — L'art. 14 ne s'applique pas non plus aux étrangers autorisés à établir leur domicile en France, qui sont assimilés aux Français quant à la jouissance des droits civils ; mais cette observation est purement théorique. Ces étrangers, en effet, étant domiciliés en France, les tribunaux français sont compétents à leur égard, ils sont défendeurs, en vertu du droit commun.

696. — L'art. 14 soulève une question délicate : doit-on en appliquer les dispositions aux actions intentées par un Français soit contre un Etat, soit contre un souverain, soit enfin contre un agent diplomatique étranger ?

§ 1. Etats étrangers.

697. — Suivant une jurisprudence constante, les tribunaux français sont incompétents pour connaître des actions intentées aux Etats étrangers. Il serait contraire à la souveraineté et à l'indépendance réciproque des Etats d'être soumis à la juridiction des tribunaux d'un pays étranger ; d'ailleurs, les jugements rendus contre un Etat étranger resteraient sans effet, car si l'Etat qui avait succombé se refusait à les exécuter, il n'y aurait pas de moyen de l'y contraindre. — Cass., 22 janv. 1849, Gouvernement espagnol, [S. 49.1.81, P. 49.1.166, D. 49.1.5]; — 5 mai 1885, Carratier-Terrasson. [S. 86.1.353, P. 86.1.876, et la note de M. Chavegrin, D. 85.1.341] — Paris, 23 août 1870, Masset, [S. 71.2.6, P. 71.73, D. 71.2.9] — Nancy, 31 août 1871, Luchmann, [S. 71.2.129, P. 71.2.485, D. 71.207] — Paris, 26 févr. 1880, sous Cass., 21 avr. 1886, Bernet et autres, [S. 89. 1.459, P. 89.1.1154, D. 86.1.393] — Trib. Havre, 25 mai 1827, Blanchet, [S.49.1.81, *ad notam*, P. 49.1.146, *ad notam*, D. 49.1.5, *ad notam*] — Trib. Seine, 2 mai 1828, Ternaux, [*Ibid.*]; — 11 juill. 1840, M..., [*Ibid.*]; — 16 avr. 1847, Solon, [*Ibid.*] — Aubry et Rau, t. 8, § 748 *bis*, p. 141, texte et note 21; Demolombe, t. 1, n. 251 *bis;* Fœlix, t. 1, n. 212; Chauveau, sur Carré, *Lois de la procédure*, t. 4, quest. 1923 *bis;* Roger, *Traité de la saisie-arrêt,* n. 264 *bis;* Gerbaut, n. 165; Chrétien, *Principes de dr. int. publ.*, p. 247.

698. — Les Etats mi-souverains, vassaux ou protégés, jouissent, à cet égard, de la même immunité que ceux dont la souveraineté est entière; et il en serait ainsi dans le cas même où l'action serait intentée devant les tribunaux de l'Etat souverain ou protecteur. — Cass., 21 janv. 1896, Mahmoud-ben-Aïad, [S. et P. 96.1.221, D. 97.1.305] — Paris, 16 avr. 1847, précité; — 14 déc. 1893, Bey de Tunis, [S. et P. 95.2.11, D. 94.2.421] — C. sup. just. Angleterre (cour d'appel), 29 nov. 1893, [S. et P. 94.4.17, et la note de M. Pillet] — Pillet, note sous Cass., 1er juill. 1895, [S. et P. 96.1.225]; Surville, *Examen doctrinal (Rev. crit.,* 1896, p. 229).

699. — Et les tribunaux français seraient incompétents alors même que l'obligation contractée par l'Etat étranger aurait un caractère commercial, et résulterait, par exemple, de la souscription d'une lettre de change. — Cass., 22 janv. 1849, précité.

700. — Les tribunaux français seraient également incompétents pour connaître de la validité d'une saisie-arrêt pratiquée en France sur des sommes appartenant à un gouvernement étranger par un créancier français de ce gouvernement. Une pareille saisie est nulle et ne peut produire aucun effet ni contre le gouvernement étranger ni contre le tiers saisi. — Cass., 22 janv. 1849, précité; — 5 mai 1885, précité. — Trib. Havre, 25 mai 1827, précité. — Trib. Seine, 2 mai 1828, précité; — 11 juill. 1840, précité; — 16 avr. 1847, précité. — V. les auteurs cités, *suprà*, n. 697. — V. aussi Chavegrin, note sous Cass., 5 mai 1885, Carratier-Terrasson, [S. 86.1.353, P. 86.1.876] — Laurent, *Dr. civ. intern.*. t. 3, n. 40; Fiore, *De la compétence des tribunaux en ce qui concerne les gouvernements et les souverains étrangers (France judiciaire,* 1883-1884, 1re part., p. 138).

701. — La jurisprudence étrangère se prononce aussi très-généralement contre la validité de la saisie. — V. notamment, Bruxelles, 30 déc. 1840, N..., [S. 49.1.81, *ad notam*] — Cour chancellerie d'Angleterre, 27 mai 1869, Smith, [Clunet, 76.125] — Trib. Anvers, 11 nov. 1876, [Clunet, 76.340] — Cour just. Berlin, 14 janv. 1882, [Clunet, 85.654]

702. — Les tribunaux français sont aussi incompétents à l'égard des agents qui représentent les Etats étrangers (Nancy, 31 août 1871, précité) ou des administrations publiques qui en dépendent, par exemple de la direction d'un chemin de fer appartenant à l'Etat. — Cass., 5 mai 1885, précité.

703. — ... Et à l'égard des mandataires des Etats étrangers. Ainsi les souscripteurs d'un emprunt, émis en France par un gouvernement étranger ne peuvent pas actionner en responsabilité devant les tribunaux français, à raison de fautes commises par eux dans l'accomplissement de leur mandat, des agents financiers et banquiers, membres de la commission de surveillance instituée par ce gouvernement, qui ont participé à l'émission de l'emprunt, en vertu de la délégation et d'après les ordres du pouvoir étranger. — Paris, 26 févr. 1880, sous Cass., 21 avr. 1886, précité.

704. — Cependant les tribunaux français sont compétents pour statuer sur la demande en paiement d'intérêts et en dommages-intérêts formée par les souscripteurs d'un emprunt étranger, contre le banquier chargé par le gouvernement étranger de l'émission et du service de l'emprunt, alors que la demande se fonde, indépendamment du mandat reçu par le banquier du gouvernement étranger, sur l'existence d'un engagement personnel du banquier envers les souscripteurs, résultant de convention ou de quasi-délit. Peu importe que la condamnation prononcée contre le banquier soit de nature à ouvrir en sa faveur un recours contre le gouvernement étranger. — Paris, sous Cass., 14 août 1878, Dreyfus et Gellinard, [S. 78.1.345, P. 78.878]

705. — L'incompétence des tribunaux français à l'égard des Etats étrangers n'est cependant pas sans exception. Ainsi, si un Etat étranger est défendeur en matière réelle immobilière, le tribunal français dans le ressort duquel est situé l'immeuble litigieux est certainement compétent. — Bluntschli, *Droit international codifié,* § 139; Weiss, *Traité élémentaire,* p. 757, note 1; Despagnet, n. 179; Gerbaut, n. 169; Bonfils et Fauchille, *Manuel de droit international*, n. 270; Glasson, *Compétence des tribunaux français entre étrangers (Journ. du dr. intern. pr.*, 1881, p. 123).

706. — Les tribunaux français sont également compétents, si les Etats étrangers ont eux-mêmes accepté leur juridiction, soit expressément, soit tacitement. — Paris, 13 avr. 1867, le Gouvernement espagnol, [D. 67.2.49] — Ainsi, un Etat étranger qui aurait lui-même saisi un tribunal français, aurait par là accepté d'une façon complète la juridiction du tribunal pour toutes les questions litigieuses entre son adversaire et lui, et il ne pourrait pas en décliner la compétence pour les demandes reconventionnelles qui seraient formées contre lui par le défendeur.

707. — La jurisprudence dont nous venons de rapporter les principales décisions nous paraît trop absolue. Nous ne croyons pas que l'incompétence des tribunaux français soit également justifiée dans tous les cas où elle a été admise. Nous adoptons de préférence une opinion aujourd'hui très-répandue dans la doctrine, et qui distingue suivant les actes que l'Etat accomplit comme souverain et les actes qu'il fait comme personne morale. — Gand, 14 mars 1879, Rau, [Clunet 80.82] — Cour de Lucques, 22 mars 1887, Hamspohn John, [Clunet, 89.335] — Demangeat, sur Fœlix, t. 1, p. 416, note *a;* Bonfils, *De la compétence des tribunaux français à l'égard des étrangers,* n. 57; Weiss, *Traité élémentaire,* p. 737; Despagnet, *loc. cit*; Surville et Arthuys, n. 398, p. 441; Pradier-Fodéré, *Traité de droit international public,* t. 3, n. 1589; Heffter-Geffcken, *Droit international,* § 53-VI; Chavegrin, note sous Cass., 5 mai 1885, précité; Pillet, note sous Cour suprême de justice d'Angleterre, 29 nov. 1893, [S. et P. 94.4.17], et sous Cass., 1er juill. 1895, [S. et P. 96.1.225]; Audinet, *L'incompétence des tribunaux français à l'égard des Etats étrangers (Rev. gén. de dr. int. publ.,* 1895, p. 393); Fiore, *France judiciaire,* 1883-1884, 1re part., p. 135. — V. Institut de droit international, session de Hambourg, 1891, *Annuaire,* t. 11, p. 436. — V. aussi Féraud-Giraud, *Etats et souverains devant les tribunaux étrangers,* t. 1, p. 75 et s.

708. — Lorsque l'Etat est poursuivi en raison d'un acte accompli dans l'exercice de sa souveraineté, les tribunaux étrangers sont incompétents à son égard. Nous estimons qu'ils ne peuvent, en aucun cas, contrôler, ni entraver l'exercice d'une souveraineté étrangère. Il serait ainsi, par exemple, si la demande en dommages-intérêts était fondée sur des mesures de police douanière, ou de police sanitaire, ou sur tout autre acte, prétendu arbitraire, d'un gouvernement étranger. — V. Paris, 23 août 1870, Masset, [S. 71.2.6, P. 71.73, D. 71.2.9]

709. — Au contraire, lorsque l'Etat étranger a agi comme personne morale, nous croyons qu'il devrait être justiciable des tribunaux français, au même titre et dans les mêmes cas qu'un simple particulier ou toute autre personne morale. Il en serait ainsi, notamment, d'un Etat qui passerait des marchés de fournitures (V. Cass., 22 janv. 1849, Gouvernement espagnol, S. 49. 1.81, P. 49.1.166, D. 49.1.5); ou qui exploiterait des chemins de fer ou autres moyens de transport (V. Cass., 5 mai 1885, précité). — En pareil cas, les droits de l'Etat vis-à-vis de l'autre partie contractante seraient les mêmes que ceux d'une personne privée; l'autre partie doit aussi avoir contre lui les mêmes droits qui lui appartiendraient contre un débiteur quelconque. Il n'est pas exact, d'ailleurs, que le seul fait être soumis à la juridiction d'un tribunal étranger soit contraire à la souveraineté de l'Etat; cette règle, si elle était vraie, ne comporterait pas d'exception. Or, nous avons vu que, en matière réelle immobilière, tout au moins, un Etat étranger peut être cité comme défendeur devant un tribunal français; si sa souveraineté n'en reçoit alors aucune atteinte, il est difficile de voir pourquoi il en serait autrement en matière personnelle mobilière.

710. — Il faut cependant ajouter que, dans certains cas, le Français qui aura traité avec un Etat étranger, aura renoncé tacitement à l'actionner devant les tribunaux français. Il en est ainsi, notamment, de ceux qui souscrivent aux emprunts émis par les Etats étrangers. Les arrérages de l'emprunt ne sont payables qu'autant que le pouvoir législatif a voté les fonds nécessaires pour y subvenir. Le souscripteur de l'emprunt a accepté cette condition et n'aurait pas le droit de demander aux tribunaux français de déclarer l'Etat débiteur et de le condamner au paiement. — Trib. Seine, 3 mars 1875, Gouvernement ottoman, [S. 77.2.25, P. 77.199] — Féraud-Giraud, *op. cit.*, t. 1, p. 89. — V. Paris, 26 févr. 1880, sous Cass., 21 avr. 1886, Bernet et autres, [S. 89.1.459, P. 89.1.1134, D. 86.1.393]

711. — En admettant que les Etats étrangers ne puissent pas être justiciables des tribunaux français, une semblable immunité n'appartient pas aux communes ou aux autres circonscriptions administratives qui font partie des Etats étrangers; poursuivies devant les tribunaux français, elles ne sont pas admises à en décliner la compétence. — Paris, 19 juin 1894, sous Cass., 1er juill. 1895, Ville de Genève, [S. et P. 96.1.225, et la note de M. Pillet]

712. — Il résulte du même arrêt que les divers Etats particuliers dont la réunion constitue un Etat fédéral étranger (dans l'espèce, les divers cantons suisses), ne sont pas exempts de la juridiction des tribunaux français. Ces divers Etats, en effet, n'ont pas d'existence internationale distincte. Seul, l'Etat fédéral, envisagé dans son ensemble, peut décliner la compétence des tribunaux français, parce que seul, dans ses rapports avec les puissances étrangères, il peut se prévaloir de la qualité de puissance souveraine. — Paris, 19 juin 1894, précité.

713. — Mais cette solution nous paraît trop absolue. D'abord il n'est pas toujours vrai que les divers Etats particuliers compris dans un Etat fédéral n'aient aucune souveraineté propre ni aucune souveraineté distincte dans les rapports internationaux. Les Etats fédéraux ne sont pas tous semblables, et l'on ne peut, à cet égard, formuler une règle absolue. Mais, sans tenir compte des exceptions, et dans l'hypothèse ordinaire où les Etats particuliers sont, dans les rapports internationaux, entièrement absorbés par l'Etat fédéral, le système admis par la cour de Paris ne nous paraît vrai que lorsque l'action intentée contre un Etat particulier est relative à son patrimoine et à ses intérêts pécuniaires, ce qui était le cas, dans l'espèce. Mais il en serait autrement si la contestation était relative à un acte de souveraineté; et nous croyons que le tribunal français serait alors incompétent. Dans un Etat fédéral, en effet, la souveraineté se partage. Pour certaines matières, elle est exercée par le gouvernement fédéral, pour d'autres, par les gouvernements particuliers de chacun des Etats. Or, un acte de souveraineté ne doit jamais être soumis à l'appréciation d'un tribunal étranger. Peu importe qu'il émane du gouvernement fédéral, ou de celui d'un Etat particulier; c'est la nature même de l'acte qui détermine l'incompétence des tribunaux étrangers. D'ailleurs, s'il en était autrement, l'incompétence des tribunaux, à l'égard des Etats fédéraux étrangers, se limiterait aux matières qui sont dans le domaine du pouvoir fédéral; tandis que d'autres matières qui, par leur nature, doivent rationnellement échapper à la juridiction des tribunaux étrangers, s'y trouveraient, au contraire, soumises parce qu'elles rentreraient dans les attributions des Etats particuliers. Or, la condition spéciale des Etats fédéraux ne doit pas accroître la compétence des tribunaux étrangers, en l'étendant à des actes qu'il ne leur serait pas permis de juger, s'ils avaient été faits dans un seul Etat. — Audinet, *Rev. gén. de dr. int. publ.*, 1895, p. 392; Pillet, note sous Cass., 1er juill. 1895, précité.

§ 2. *Souverains étrangers.*

714. — Les tribunaux français sont incompétents pour connaître des actions intentées, en matière personnelle mobilière, contre des souverains étrangers. — Cass., 21 janv. 1896, Mahmoud-ben-Aïad, [S. et P. 96.1.221, D. 97.1.305] — Paris, 2 janv. 1810, Petan, [S. et P. chr.] — 23 août 1870, précité; — 15 mars 1872, Hérit. de l'empereur Maximilien, [S. 72.2.68, P. 72.350, D. 73.2.24]; — 14 déc. 1893, Bey de Tunis, [S. et P. 95.2.11, D. 94.2.421] — C. sup. just. Angleterre (C. d'app.), 29 nov. 1893, [S. et P. 94.4.17] — V. Fœlix, t. 1, n. 209; Pradier-Fodéré, t. 3, n. 1581; Bonfils et Fauchille, *Manuel de dr. int. publ.*, n. 642 et s.; Weiss, *Traité élémentaire*, p. 736; Despagnet, n. 179; Surville et Arthuys, n. 398, p. 440; Audinet, n. 437; Féraud-Giraud, *Etats et souverains devant les tribunaux étrangers*, t. 1, p. 203 et s.; Fiore, *France judiciaire*, 1883-84, 1re part., p. 123. — V. aussi Gabba, *De la compétence des tribunaux à l'égard des Etats étrangers* (Journ. du dr. int. pr., 1888, p. 180; 1889, p. 538; 1890, p. 27).

715. — Il a cependant été jugé que les tribunaux français seraient compétents pour connaître des obligations contractées par les Etats étrangers dans leur intérêt particulier, et cette solution nous paraît devoir être approuvée. — Paris, 3 juin 1872, Mellerio, [S. 72.2.293, P. 72.1185, D. 72.2.124] — Trib. Seine, 24 nov. 1871, Lemaître, [S. 71.2.225, P. 71.683] — Aubry et Rau, t. 8, § 748 *bis*, p. 141, n. 21; Pradier-Fodéré, t. 3, n. 1582; Féraud-Giraud, *op. cit.*, t. 1, p. 205 et s.; Laurent, *Droit civil international*, t. 3, n. 41; Fiore, *France judiciaire*, 1883-1884, 1re part., p. 125; Weiss, *Traité élémentaire*, p. 736; Surville et Arthuys, n. 398, p. 440; Audinet, n. 437.

716. — Les souverains étrangers peuvent renoncer à l'immunité qui leur appartient et accepter la compétence des tribunaux français; mais cette renonciation doit être interprétée restrictivement. — Cass., 21 janv. 1896, précité. — Paris, 14 déc. 1893, précité.

§ 3. *Agents diplomatiques étrangers.*

717. — Les agents diplomatiques étrangers ne peuvent être cités comme défendeurs devant les tribunaux français même pour les obligations qu'ils ont contractées dans leur intérêt privé. Nous n'insistons pas ici sur cette immunité qui est étudiée *suprà*, v° *Agent diplomatique et consulaire*, n. 1099 et s.

718. — Nous devons remarquer seulement que le privilège de l'exterritorialité, reconnu à ces agents, ne suffirait pas à expliquer la dérogation que subit, à leur profit, la règle de l'art. 14. Ils sont fictivement réputés domiciliés en pays étranger; mais s'ils y étaient réellement domiciliés, ils n'en seraient pas plus justiciables des tribunaux français; or, la fiction ne peut avoir plus d'effet que n'en aurait la réalité elle-même. La nécessité d'assurer la complète indépendance des agents diplomatiques explique seule qu'ils soient affranchis de la juridiction des tribunaux du pays où ils résident. Il est permis de croire, d'ailleurs, que cette immunité est trop absolue et qu'elle devrait se limiter aux cas où l'agent diplomatique serait poursuivi comme représentant de son gouvernement.

Section III.

A quelles matières s'applique l'art. 14.

719. — L'art. 14 permet au Français de citer son adversaire étranger devant les tribunaux de France, pour l'exécution des *obligations* qu'il a *contractées* envers lui. Il résulterait de ces termes, si on les entendait strictement, que l'art. 14 s'applique seulement dans le cas où l'action du Français est fondée sur un droit de créance, et où cette créance est née d'un contrat. Nous sommes d'accord pour repousser cette interprétation restrictive de l'art. 14. — Aubry et Rau, t. 8, § 748 *bis*, p. 137, texte et n. 5; Demolombe, t. 1, n. 250; Demante et Colmet de Santerre, t. 1, n. 29 *bis*-II; Brocher, t. 1, p. 31, n. 6; Weiss, *Traité élémentaire*, 2e éd., p. 744; Despagnet, n. 178, p. 373; Surville et Arthuys, n. 398, p. 435; Audinet, n. 431; Despagnet, n. 190 et s.

720. — Ainsi, le créancier français pourra citer son débiteur étranger devant un tribunal français, non seulement quand l'obligation sera née d'un contrat, mais aussi quand elle aura sa source dans un quasi-contrat, un délit ou quasi-délit. — Cass., 13 déc. 1842, Cie du Britonnia, [S. 43.1.14, P. 43.1.407]; — 12 août 1872, Cie d'assurances Industrie française, [S. 72.1.323, P. 72.849, D. 72.1.293] — Poitiers, 8 prair. an XIII, Hielsus, [S. et P. chr.] — Paris, 17 nov. 1834, Imbert, [S. 36.2.174, P. chr.]; — 7 août 1840, Domercq, [P. 40.2.747] — Rouen, 6 févr. 1841, Cie du Britonnia, [S. 41.2.129, P. 41.1.309] — Caen, 2 févr. 1874, Simon, [Clunet, 75.112]; — 6 juin 1882, Bossière et Cie, [S. 84.2.138, P. 84.1.738, D. 84.2.13] — Limoges, 29 juin 1885, Chem. de fer du Nord de l'Espagne, [S. 87.2.81, P. 87.1.458, D. 85.2.265] — Besançon, 29 juin 1885, Chem. de fer du Jura-Berne-Lucerne, [S. 86.2.229, P. 86.1.1225] — Rennes, 21 déc. 1887, Kendrick, Wilson et Cie, [S. 88.2.25, P. 88.1.194, et la note de M. Lyon-Caen, D. 89.2.145, et la note de M. Cohendy] — Paris, 1er avril 1894, C..., [Clunet, 94.997] — Rouen, 5 août 1896, Lanbroso et Hœpli, [Clunet, 97.523] — Trib. comm. Seine, 27 mai

1896, Choquenet et C¹⁰, [Clunet, 97.124] — *Contrà*, Paris, 5 juin 1829, Despine, [S. et P. chr.]

721. — En particulier, le tribunal français sera compétent lorsque la demande en dommages-intérêts formée contre un étranger aura pour cause un abordage, survenu par la faute de celui-ci. — Cass. 12 août 1872, précité. — Caen, 2 févr. 1874, précité. — Rennes, 21 déc. 1887, précité. — Aix, 28 févr. 1889, C¹⁰ Transatlantique, [D. 90.2.59]

722. — Le demandeur français peut également se prévaloir de l'art. 14, lorsque l'obligation dont il poursuit l'exécution est née directement de la loi. — Paris, 1ᵉʳ août 1894, précité. — ... Par exemple, lorsque la demande est relative à une pension alimentaire. — Cass., 13 déc. 1865, de Brunswick, [S. 66.1.157, P. 66.403]

723. — Un Français pourrait aussi former devant les tribunaux français une demande en révocation d'une donation faite à un étranger. — Cass., 2 août 1876, Denève, [S. 77.2.97, P. 77.241, D. 77.1.107]

724. — Cependant les tribunaux français seraient incompétents pour connaître d'une demande en nullité de saisies-arrêts pratiquées en Espagne, à la requête d'une société espagnole, contre un débiteur français, ou d'une demande en dommages-intérêts, fondée sur la nullité de cette saisie; la saisie-arrêt faite à l'étranger doit, en effet, être régie, comme toute saisie de meubles ou de créances, par la loi territoriale du pays où elle est pratiquée. — Limoges, 29 juin 1885, précité.

725. — D'autre part, il n'est pas nécessaire que la demande intentée par le Français soit relative à un droit de créance, pour qu'il puisse se prévaloir de l'art. 14. Ainsi l'action en revendication d'un immeuble situé en pays étranger, intentée contre un étranger par un Français, peut être portée devant les tribunaux français, lorsque cette action est tout à la fois personnelle et réelle. — Douai, 3 avr. 1848, Deballet, [S. 48.2.625, P. 49.1.46, D. 48.2.187]

726. — La disposition de l'art. 14 ne concerne pas seulement les actions relatives aux biens, elle s'applique encore aux questions d'état. Ainsi, le tribunal français est compétent pour juger une question de cette nature, si l'étranger la soulève incidemment à l'instance engagée contre lui. — Cass., 13 déc. 1865, précité.

727. — Mais il y a plus : un Français pourrait saisir un tribunal de France d'une contestation qui aurait pour objet principal l'état et la capacité d'un étranger. Dans un semblable litige, il est vrai, le demandeur ne poursuit pas l'exécution d'une obligation, et par là cette hypothèse paraît échapper aux principes de l'art. 14; mais les contestations relatives à l'état des personnes sont soumises aux mêmes règles de compétence que les actions nées des créances, et l'intention du législateur a été de donner au Français le droit de saisir le tribunal de son pays, toutes les fois qu'il est demandeur contre un étranger, au moins en matière personnelle mobilière. — Weiss, *Traité élémentaire*, p. 747; Despagnet, n. 178; Audinet, n. 431; Gerbaut, n. 194.

728. — Ainsi, l'enfant naturel français qui prétend avoir pour mère une étrangère, peut porter son action en déclaration de maternité devant les tribunaux français. — Cass., 19 juill. 1848, [S. 48.1.529, P. 48.2.609, D. 48.1.129]

729. — Nous avons déjà vu (*supra*, n. 672) qu'une femme, française d'origine, peut former devant les tribunaux français une demande en nullité de mariage contre son mari étranger.

730. — Pareillement, lorsque l'un des conjoints se fait, au cours du mariage, naturaliser en pays étranger, l'époux resté français peut former contre lui une demande en séparation de corps ou en divorce devant les tribunaux français. — Chambéry, 27 août 1877, X..., [S. 78.2.15, P. 78.101, D. 78.2.184] — Paris, 12 mai 1889, Comtesse Menabrea, [D. 94.2.324] — Trib. Seine, 9 nov. 1892, Comte Menabrea, [Clunet, 92.1155] — Labbé, note sous Cass., 19 juill. 1875, de R..., [S. 76.1.289, P. 76.721] — *Contrà*, Fœlix, t. 1, n. 171.

731. — Les tribunaux français sont compétents pour statuer sur l'action intentée dans l'intérêt d'un mineur français, contre son tuteur étranger. — Cass., 22 déc. 1874, Zamille, [D. 75.1.316]

732. — Ils seraient encore compétents pour connaître d'une demande en dation de conseil judiciaire ou en interdiction, formée par un Français contre un étranger. — Paris, 1ᵉʳ août 1894,

C..., [Clunet, 94.997] — Trib. Versailles, 11 mai 1897, Epoux Granger, [Clunet, 97.794]

733. — En résumé, le tribunal français est compétent, lorsqu'un Français est demandeur contre un étranger, dans tous les cas où de droit commun le tribunal compétent serait celui du domicile du défendeur. Mais, d'après l'art. 59, C. proc. civ., la règle *actor sequitur forum rei* ne s'applique pas toujours, et le tribunal du domicile du défendeur n'est pas toujours compétent. C'est ainsi que, en matière de société, le tribunal compétent est celui du siège social ; en matière de succession, celui du lieu où elle est ouverte ; en matière de faillite, celui du domicile du failli. Il faut admettre que l'art. 14 déroge à ces attributions spéciales de compétence, aussi bien qu'à la règle générale. Toutes les fois qu'un Français est demandeur, il peut exercer son action devant un tribunal de France, même si le tribunal compétent, d'après l'une des dispositions de l'art. 59, C. proc. civ., se trouve à l'étranger. Comme nous l'avons déjà dit, cet article a pour but de régler la compétence des tribunaux français entre eux, mais non par rapport aux tribunaux étrangers. — Aubry et Rau, t. 8, § 748 *bis*, p. 138; Demangeat, sur Fœlix, t. 1, p. 359, note *a*; Massé, t. 1, n. 687; Weiss, *Traité élémentaire* p. 746; Audinet, n. 431; Gerbaut, n. 204 et s.

734. — Ainsi, le Français qui fait partie d'une société étrangère, ou qui en est créancier, n'est pas tenu de porter son action contre la société ou contre les autres associés devant le tribunal du siège social, à l'étranger ; il peut l'intenter devant un tribunal français. — Cass., 3 juill. 1840, Ricardo, [S. 40.1.866, P. 40.2.506]; — 6 févr. 1878, Boutourlier et Pimpinelli, [S. 80.1.79, P. 80.163] — Rouen, 1ᵉʳ avr. 1881, Crédit industriel, [S. 82.2.153, P. 82.1.815, D. 82.2.92] — Paris, 25 janv. 1899, Comp. des chemins de fer Andalous, [Clunet, 99.995] — Trib. Seine, 12 mars 1898, Ignosi et de Sailly, [Clunet, 98.1032]

735. — De même, une succession s'est ouverte en pays étranger, le créancier ou le légataire français peut poursuivre devant les tribunaux français l'héritier étranger. — Cass., 19 avr. 1859, Guichard, [S. 59.1.411, P. 60.445, D. 59.4.277] — Paris, 11 déc. 1847, Kuhn, [S. 48.2.549, P. 48.2.577, D. 48.2.49] — Orléans, 18 nov. 1896, Letts, Kemps et Kohen, [Clunet, 97.326]

736. — L'héritier français pourrait même demander devant les tribunaux français, contre ses cohéritiers étrangers, le partage d'une succession mobilière ouverte à l'étranger. — Paris, 17 nov. 1834, Imbert, [S. 36.2.171, P. chr.] — Mais il en serait autrement à l'égard des immeubles situés en pays étranger. — V. au surplus, *infrà*, v° *Succession*.

737. — L'art. 14 s'applique encore en matière de faillite. La jurisprudence admet que le tribunal français est compétent pour déclarer, à la requête de créanciers français, la faillite d'un commerçant étranger, domicilié à l'étranger, soit que celui-ci ait en France une succursale ou un établissement secondaire, soit même qu'il n'y ait aucun établissement de ce genre, lorsqu'il a fait, en pays de ce pays, des opérations commerciales. — Cass., 29 avr. 1885, Imperial land C°, [S. 86.1.118, P. 86.1.260, D. 85.1.225]; — 5 juill. 1897, Dasnières, [D. 97.1.524] — Paris, 7 mars 1878, Syndic Hoffmann, [S. 79.2.164, P. 79.704] — Aix, 3 avr. 1884, Imperial Land C° of Marseille, [Clunet, 85.81] — Paris, 19 juin 1891, Pittau, [Clunet, 91.1198]; — 3 juill. 1896, sous Cass., 5 juill. 1897, précité.

738. — Les créanciers français auraient également le droit de citer devant les tribunaux français un commerçant étranger, déjà déclaré en faillite dans son pays. — Cass., 12 nov. 1872, The imperial land C° of Marseille, [S. 73.1.17, P. 73.24, D. 74.1.168] — Colmar, 11 mars 1820, Kolb, [S. et P. chr.] — Bordeaux, 2 juin 1874, Changeur, [S. 75.2.37, P. 75.211, D. 75.2.209] — Aix, 15 mars 1870, Chatteris et autres, [S. 70.2.297, P. 70.1151, D. 70.2.204] — Paris, 13 août 1875, Maynard, [Clunet, 77.40] — Nous nous bornons, d'ailleurs, à signaler, sans la discuter, la jurisprudence relative à la compétence en matière de faillite. — V. *infrà*, v° *Faillite*.

Section IV.

Tribunal compétent.

739. — L'art. 14 se borne à dire que le demandeur français pourra citer le défendeur étranger devant les tribunaux français; mais il n'indique pas quel est, parmi ces tribunaux, celui qui doit être saisi du litige. Ce silence a fait naître certaines difficultés.

740. — Il est des cas, cependant, où l'application du droit commun suffit à fournir la solution. Si, par exemple, le défendeur étranger a un domicile de fait ou une résidence en France, c'est devant le tribunal de ce domicile ou de cette résidence qu'il doit être assigné. — Cass. 26 janv. 1836, Bertin, [S. 36.1. 217, P. chr.]; — 9 mars 1863, Formann, [S. 63.1.225, P. 64. 433, D. 63.1.176]; — 7 juill. 1874, Spehct, [S. 75.1.19, P. 75. 28, D. 75.1.271]; — 2 août 1876, Denève, [S. 77.1.97, P. 77. 241, et la note de M. Renault, D. 77.1.107]; — 4 mars 1885, Banque impériale ottomane, [S. 85.1.169, P. 85.1.393, et la note de M. Lyon-Caen, D. 85.1.353] — Nîmes, 31 juill. 1885, Banque impériale ottomane, [S. 85.2.180, P. 85.1.993] — Rennes, 3 juill. 1894, Wesby-Ingram, [S. et P. 96.2.210]

741. — Il a même été jugé que lorsque le défendeur ne réside plus en France, mais y a jadis résidé, il doit être assigné devant le tribunal de son ancienne résidence. — Trib. Orthez, 18 juill. 1890, Saubade, [Clunet, 95.813] — *Contrà*, Amiens, 29 mars 1892, Léon, [Clunet, 92.1137]

742. — S'il s'agit d'une contestation en matière commerciale, et que le défendeur n'ait pas de résidence en France, on devra assigner devant le tribunal dans l'arrondissement duquel l'obligation a été contractée et doit être exécutée, ou devant le tribunal du lieu du paiement, lorsque l'un ou l'autre se trouve en France (C. proc. civ., art. 420). — Bordeaux, 28 janv. 1891, Marineaud, [S. et P. 96.2.209] — Grenoble, 2 févr. 1892, de Torrès, [Clunet, 93.124] — Rouen, 19 juill. 1893, Hardel et Wautier, [Clunet, 93.1152] — Trib. comm. Nantes, 4 sept. 1897, de la Brosse-Simore et autres, [Clunet, 98.894]

743. — L'action intentée contre une société étrangère qui a en France une succursale importante, doit être portée devant le tribunal dans l'arrondissement duquel se trouve cette succursale, qui peut être considérée comme la résidence légale de la société étrangère en France. — Cass., 4 mars 1885, précité. — Nîmes, 31 juill. 1885, précité. — *Contrà*, Aix, 16 janv. 1883, Banque impériale ottomane, [S. 84.2.180, P. 84.1.910, D. 84.2.88]

744. — L'action intentée par une société française, ou par des associés français, contre des associés étrangers, sera portée en France devant le tribunal du siège de la société. — Weiss, *Tr. élém.*, p. 748; Audinet, n. 433.

745. — L'action des créanciers et légataires français contre l'héritier étranger d'une succession ouverte en France sera intentée devant le tribunal du lieu d'ouverture de la succession. — Limoges, 5 avr. 1854, de Rouillé, [S. 55.2.188, P. 54. 2.508]

746. — Le recours en garantie formé incidemment par un Français contre un étranger sera naturellement jugé par le tribunal saisi de l'action principale. — Cass., 22 déc. 1869, Kuhn (2 arrêts), [S. 70.1.202, P. 70.509, D. 70.1.55] — Montpellier, 6 juin 1895, C¹ᵉ de fer de Tarragone à Barcelone, [Clunet, 96.142]

747. — Enfin les parties ont pu, dans l'acte même, attribuer compétence à un tribunal français déterminé, pour connaître de l'exécution de l'obligation ; c'est alors ce tribunal qui devra être saisi de la demande formée contre le débiteur étranger. — Cass., 22 d. 1869 (2 arrêts), précités.

748. — Mais il peut arriver qu'aucun des tribunaux compétents pour l'une des raisons précédentes ne se trouve en France; quel est alors celui qui doit être saisi? La loi ne donne, à cet égard, aucune indication. Plusieurs systèmes ont été proposés.

749. — D'après certains auteurs, le demandeur aurait alors le choix entre tous les tribunaux français. Celui qu'il jugerait à propos de saisir serait par là même compétent. — Fœlix, t. 1, n. 171; Demolombe, t. 1, n. 232; Laurent, *Princ. de dr. civ.*, t. 1, n. 435. — Nous ne saurions admettre ce système; en principe, la compétence du tribunal ne dépend pas de la volonté des parties; et une semblable prérogative, reconnue au demandeur, sans qu'aucun texte la lui confère, ajouterait encore au privilège si exorbitant que lui donne l'art. 14.

750. — Nous n'admettons pas non plus une autre opinion, d'après laquelle le demandeur devrait s'adresser tout d'abord à la Cour de cassation qui désignerait le tribunal compétent (Carré, *Lois de l'organisation judiciaire et de la compétence*, t. 3, p. 295, art. 228). Aucune loi n'a prévu cette procédure, et la Cour de cassation ne peut être appelée à statuer sur un règlement de juges qu'autant que plusieurs tribunaux français sont déjà saisis d'une même contestation.

751. — Un arrêt a décidé que le défendeur devrait être assigné devant le tribunal le plus voisin de la frontière. — Colmar, 30 avr. 1863, Wencker, [S. 63.2.125, P. 63.357, D. 63.2.172] — V. Surville et Arthuys, n. 398, p. 438 et 439. — Cette solution est arbitraire et elle a de plus l'inconvénient d'obliger les deux parties à un déplacement.

752. — La jurisprudence a adopté un autre système, qui est le seul rationnel : le demandeur français assignera le défendeur devant le tribunal de son propre domicile. Dès qu'on écarte le tribunal du domicile du défendeur, il est naturel de porter le débat au domicile de l'autre partie, du demandeur. Cela, d'ailleurs, paraît conforme à l'intention du législateur, qui renverse, en quelque sorte, au profit du demandeur français, la règle *actor sequitur forum rei*. Il est dans l'esprit de la loi que les deux parties ne soient pas obligées de se déplacer. — Cass., 9 mars 1863, Forman, [S. 63.1.225, P. 64.433, D. 63.1.176]; — 4 mars 1885, précité. — Chambéry, 16 mars 1869, de Sonnaz, [S. 69.2.331, P. 69.1.286, D. 74.5.441] — Bastia, 27 déc. 1875, Ardua, [S. 76. 2.67, P. 76.324, D. 76.2.203] — Aix, 16 janv. 1883, précité; — 26 févr. 1889, C¹ᵉ Transatlantique, [Clunet, 89.798] — Bordeaux, 28 janv. 1891, précité. — Amiens, 29 mars 1892, précité. — Bordeaux, 7 mars 1893, Charrière, [Clunet, 93.525] — Rennes, 3 juill. 1894, Wesley Ingram, [S. et P. 96.2.210] — Rouen, 5 août 1896, Lombroso et Hœpli, [Clunet, 97.523] — Trib. comm. Rouen, 8 févr. 1875, Remuteau, [Clunet, 76.102] — Trib. Seine, 10 avr. 1878, Dame Saint-Yves, [Clunet, 78.492] — Trib. comm. Seine, 22 févr. 1899, Gévin, [Clunet, 99.354] — Demangeat et Fœlix, t. 1, p. 351, note *a*; Massé, t. 1, n. 710; Bonfils, *Compétence des tribunaux français à l'égard des étrangers*, n. 297; Weiss, *Tr. élém.*, p. 749; Despagnet, n. 180; Surville et Arthuys, n. 398, p. 438; Audinet, n. 433; Gerbaut, n. 199.

753. — Si le demandeur n'avait pas de domicile en France, il pourrait assigner son adversaire devant le tribunal de sa résidence. — Toulouse, 27 juill. 1874, de R..., [S. 76.2.149, P. 76. 677] — Chambéry, 27 août 1877, X..., [S. 78.2.15, P. 78.101, D. 78.2.184]

754. — Enfin, si le demandeur français n'avait, en France, ni domicile ni résidence, il faudrait bien admettre, par la force des choses, qu'il pourrait saisir du litige le tribunal de son choix, sauf à décider aussi que ce choix ne serait pas valable, si la seule volonté de nuire au défendeur l'avait inspiré. — Audinet, n. 433; Gerbaut, n. 201.

SECTION V.

Renonciation au bénéfice de l'art. 14.

755. — La règle de l'art. 14 n'est pas d'ordre public ; elle constitue, au profit du Français, un privilège dont il peut renoncer à se prévaloir, et dans ce cas les tribunaux français seraient incompétents pour statuer sur l'action qu'il intenterait à son débiteur étranger. — Cass., 24 févr. 1846, Bonneau, [S. 46. 1.474, P. 46.2.360, D. 46.1.153]; — 21 nov. 1860, Couillard-Fautrel, [S. 61.1.331, P. 61.732, D. 61.1.166]; — 11 déc. 1860, Jenny, [*Ibid.*]; — 19 déc. 1864, Falguières, [S. 65.1.217, P. 65. 524, D. 65.1.425]; — 29 févr. 1888, Société Florès-Bubatinio, [S. 89.1.150, P. 89.1.362]; — 1ᵉʳ juill. 1896, Leflère et C¹ᵉ, [S. et P. 1900.1.355]; — 12 avr. 1897, Chemin de fer du Nord [S. d'Espagne, [S. et P. 1900.1.356] — Paris, 11 janv. 1865, Migout, [S. 66.2.147, P. 66.598, D. 65.2.188] — Nîmes, 20 août 1866, Sauzay (motifs), [S. 67.2.177, P. 67.693] — Chambéry, 1ᵉʳ déc. 1866, Chem. de fer Victor Emmanuel, [S. 67.2.182, P. 67.702] — Pau, 13 janv. 1896, Comp. du Nord de l'Espagne, [S. et P. 98.2.14] — Aubry et Rau, t. 8, § 748 *bis*, p. 442; Demolombe, t. 1, n. 251 ; Fœlix, t. 1, n. 181; Massé, t. 1, n. 694; Bonfils, *op. cit.*, n. 83; Weiss, *Traité élémentaire*, p. 750; Despagnet, n. 178; Surville et Arthuys, n. 398, p. 439 ; Audinet, n. 434; Gerbaut, n. 209; Fuzier-Herman et Griffond, *C. civ. annoté*, *Suppl.*, art. 14, n. 86.

756. — La renonciation peut être expresse ou tacite. Mais de quelque façon qu'elle ait lieu, il faut que l'intention de renoncer à sa prérogative soit certaine de la part du Français, et c'est au défendeur qu'il appartient d'en faire la preuve. — Cass., 9 déc. 1878, Van der Zée et C¹ᵉ, [S. 79.1.401, P. 79.1054, D. 79.

1.176]; — 1er juill. 1896, précité; — 12 avr. 1897, précité. — Rennes, 26 déc. 1879, Liquidateur de la Comp. Limited general floating, [S. 81.2.81, P. 81.1.449, D. 80.2.52] — Pau, 13 janv. 1896. précité. — Trib. Nantes, 25 déc. 1895, Lehnemann, [Clunet, 96.625]

757. — Il appartient aux juges du fond d'apprécier souverainement les faits et circonstances d'où résulte cette renonciation. — Cass., 9 déc. 1878, précité; — 14 mars 1883, Busch et Cie, [S. 83.1.259, P. 83.1.625, D. 83.1.377]; — 16 mars 1885, Goutelle et Cie, [S. 85.1.313, P. 85.1.762, D. 86.1.103]; — 29 févr. 1888, précité; — 1er juill. 1896, précité; — 13 janv. 1897, Comp. des chemins de fer du Nord de l'Espagne, [Clunet, 97.1014]; — 12 avr. 1897, précité. — Sic, Fuzier-Herman et Griffond, C. civ. ann., Suppl., art. 14, n. 109.

758. — On considérera généralement que le Français a renoncé au bénéfice de l'art. 14, lorsqu'il aura lui-même cité son adversaire devant un tribunal étranger; il ne sera plus alors recevable à saisir de nouveau de sa demande un tribunal français. — Cass., 15 nov. 1827, Delamme, [S. et P. chr.]; — 14 févr. 1837, Cabanon, [S. 37.1.251, P. 37.1.162]; — 24 févr. 1846, précité; — 13 févr. 1882, Dreyfus frères et Cie, [S. 82.1.341, P. 82.1.839, D. 82.1.129] — Paris, 3 mai 1834, Hermet, [S. 34.2.305, P. chr.]; — 22 nov. 1851, Baudon, [S. 51.2.783, P. 52.1.343, D. 52.2.209] — Caen, 2 juill. 1890, Hubert, [Clunet, 92.915] — Paris, 17 juin 1896, Vauderheyden, [Clunet, 97.521] — Contrà, Paris, 22 juin 1843, Prince de Capoue, [S. 43.2.316, P. 43.2.143] — ... Alors surtout que le Français a fait appel de la décision du tribunal étranger devant la juridiction d'appel étrangère, bien que postérieurement il ait agi devant un tribunal français, s'il n'a pas donné suite a son action. — Cass., 1er juill. 1896, précité. — Il en serait ainsi, alors même que des réserves auraient été faites devant la juridiction étrangère en ce qui concerne la compétence des tribunaux français. — Même arrêt. — Contrà, Orléans, 18 nov. 1896, Letts, Camps et Kohm, [Clunet, 97.326]

759. — Toutefois, cette présomption n'est pas absolue, et le Français qui a d'abord poursuivi son adversaire devant un tribunal étranger n'a pas toujours, par cela même, renoncé au droit de l'actionner devant un tribunal français. — Cass., 27 déc. 1852, Todesco, [S. 53.4.94, P. 53.1.216, D. 52.1 313]; — 23 mars 1859, de Nécess, [S. 59.1.289, P. 60.443, D. 59.1.265]; — 9 déc. 1878, précité.

760. — Et d'abord, il faut que le Français ait cité l'étranger devant les tribunaux étrangers volontairement et spontanément, et non pas sous l'empire de circonstances qui ne lui laissaient pas la liberté du choix. — Paris, 22 nov. 1851, précité. — Trib. d'Aubusson, 31 déc. 1884, sous Limoges, 29 juin 1885, Chemin de fer du Nord de l'Espagne, [S. 87.2.81, P. 87.1.458]

761. — Par exemple, le Français ne sera pas réputé avoir renoncé à son droit, lorsqu'au moment où il a formé sa demande devant le tribunal étranger, son débiteur ne possédait en France aucune propriété susceptible d'assurer l'exécution du jugement qui aurait été rendu en France. Si plus tard le créancier découvre que son débiteur est propriétaire, en France, de biens saisissables, il sera recevable à renouveler sa demande devant le tribunal français. — Cass., 27 déc. 1852, précité. — Rouen, 19 juill. 1842, Lederer, [S. 42.2.389, P. 42.2.131] — Lyon, 1er juin 1872, Fermo-Conti, [S. 72.2.674, P. 72.780, D. 73.5.242] — Trib. Seine, 7 août 1890, Héritiers Mallez, [Clunet, 92.968]

762. — De même, le fait qu'un Français a intenté, devant les tribunaux d'un pays étranger et contre un étranger, une action relative à des travaux qu'il exécutait dans ce pays, ne saurait être considéré, de la part de ce Français, comme une renonciation à se prévaloir de la disposition de l'art. 14, dans une instance en nullité de salaire, par lui ultérieurement introduite contre le même défendeur étranger. — Trib. d'Aubusson, 31 déc. 1884, précité.

763. — En tout cas, la renonciation serait inopposable au syndic de la faillite de ce Français. — Limoges, 29 juin 1885, précité.

764. — Il a été jugé qu'on ne saurait non plus considérer comme une renonciation au bénéfice de l'art. 14 l'appel interjeté par un Français contre une décision rendue par une juridiction étrangère devant laquelle il avait plaidé comme défendeur, alors qu'il n'a usé de cette voie de recours que dans le but d'empêcher cette décision d'acquérir à l'étranger autorité de chose jugée. — Orléans, 18 nov. 1896, précité. — Mais l'arrêt du 1er juill. 1896, précité, paraît infirmer cette jurisprudence.

765. — Serait également recevable à introduire une nouvelle demande devant les tribunaux français, le Français qui s'est désisté de l'action intentée par lui devant les tribunaux étrangers, bien que ce désistement n'ait pas été accepté. — Douai, 3 avr. 1848, Debaillet, [S. 48.2.625, P. 49.1.46, D. 48.2.187]

766. — ... Ou celui qui, après avoir été condamné par le tribunal étranger à fournir une caution judicatum solvi, ne s'est pas soumis à cette condamnation, et n'a pas donné suite à la demande qu'il avait formée devant le tribunal étranger. — Cass., 23 mars 1859, précité.

767. — Il en sera de même si, après la demande formée devant le tribunal étranger, ce tribunal a été dessaisi de l'affaire, qui a été ensuite jugée en pays étranger par des arbitres sans pouvoir. — Cass., 31 déc. 1845, Prince de Capoue, [S. 45.1.362]

768. — L'instance engagée par un Français devant un tribunal étranger ne lui enlèvera pas non plus le droit de saisir ensuite les tribunaux français, si cette instance n'a pas été contradictoire, de sorte que le défendeur n'a ni accepté ni répudié la juridiction étrangère et que aucun contrat judiciaire ne s'est formé entre les parties. En pareil cas, le Français peut renoncer au bénéfice du jugement qu'il a obtenu à l'étranger et se désister de l'action en exequatur qu'il avait déjà engagée, pour recommencer une action nouvelle devant le juge français. — Rouen, 2 avr. 1885, Cie Hambourgeoise américaine, [Clunet, 86.190]

769. — Le Français peut aussi renoncer par avance, et dans l'acte même qu'il passe avec un étranger, à la faculté que lui accorde l'art. 14, C. civ. — Cass., 16 mars 1885, Goutelle et Cie, [S. 85.1 313, P.85.1.762 D. 86.1.103]; — 29 févr. 1888, Société Florès-Bubatinio, [S. 89.1.150, P. 89.1.362, D. 88.1.483]; — 13 mars 1889 Cie d'assurances maritimes l'Italia, [S. 89.1.200, P. 89.1.493, D. 89 1.420]

770. — Et une semblable renonciation peut être invoquée par le débiteur étranger, même lorsqu'il est actionné en garantie par son créancier Français, contre lequel une demande principale est formée par un autre Français, devant un tribunal français. — Cass., 21 nov. 1860, Couillard-Fautrel, [S. 61.1.331, P. 61.732, D. 61.1.166]; — 16 mars 1885, précité.

771. — On interprétera notamment, comme impliquant renonciation au bénéfice de l'art. 14 la clause d'une convention, intervenue entre un Français et un étranger en pays étranger, par laquelle il est stipulé que les contestations auxquelles cette convention pourra donner lieu seront portées devant un tribunal arbitral, constitué dans le lieu même du contrat. — Cass., 21 nov.1860, précité. — Paris, 11 janv. 1865, Migot, [S. 86.2.147, P. 66.598, D. 65.2.188] — Chambéry, 1er déc. 1866, Chemin de fer Victor-Emmanuel, [S. 67.2.182, P. 67.702] — Paris, 9 mars 1887, Moraisne, [S. 87.2.97, P. 90.1.4180, D. 88.2.49] — Paris, 2 mars 1892, Hutchinson, [S. et P. 96.2.37]

772. — ... Ou l'acceptation par un Français, actionnaire d'une société étrangère, de la clause des statuts sociaux, attribuant juridiction, pour les questions soulevées entre les actionnaires et la société, à des arbitres nommés et procédant suivant les règles de la procédure commerciale étrangère. — Paris, 9 mars 1887, précité.

773. — On a prétendu, cependant, qu'une telle clause compromissoire serait nulle en France, comme ne désignant ni l'objet du litige, ni le nom des arbitres. — Paris, 8 nov. 1865, Chemin de fer autrichien, [S. 66.2.117, P. 66.476] — Trib. comm. Rouen, 7 févr. 1879, Boyntoc, [Clunet, 80.102]

774. — Mais cette objection n'est pas fondée; il suffit, en effet, que cette stipulation réunisse les conditions de validité requises par la loi étrangère, à laquelle la partie française s'est soumise en acceptant la juridiction étrangère. — Cass., 21 nov. 1860, précité. — Paris, 11 janv. 1865, précité. — Chambéry, 1er déc. 1866, précité. — Paris, 9 mars 1887, précité; — 2 mars 1892, précité. — Lyon-Caen, De la condition légale des sociétés étrangères en France, p. 111; Gerbaut, n. 214.

775. — Cependant si deux Français, qui fondent une maison de commerce en pays étranger, attribuent compétence à des arbitres, pour trancher les contestations pouvant résulter de leur association, cette stipulation serait plutôt destinée à exclure la compétence des tribunaux étrangers et, en admettant que la société ainsi formée fût une société étrangère, chacun des associés pourrait l'assigner devant les tribunaux français. — Pau, 8 juin 1891, Léon Meunier, [D. 92.2.91]

776. — En tout cas, les juges du fait ne font qu'user de leur pouvoir souverain d'appréciation, lorsqu'ils décident que, étant donné les circonstances, le Français n'a pas, par l'effet de la clause compromissoire, renoncé au bénéfice de l'art. 14, C. civ. — Cass., 6 févr. 1878, Boutourlin et Pimpinelli, [S. 80.1.79, P. 80.163]

777. — Lorsque les statuts d'une société étrangère portent que les actionnaires seront justiciables des tribunaux du siège social pour toutes les contestations relatives à la société, les actionnaires français sont réputés avoir renoncé au droit de citer la société devant les tribunaux français. — Cass., 24 août 1869, Chem. de fer Victor-Emmanuel, [S. 70.1.204, P. 70.507, D. 69.1.500] — Paris, 9 mars 1887, précité. — Trib. comm. Seine, 10 juin 1874, Balla, [Clunet, 75.440]; — 28 avr. 1884, Aragon, [Clunet, 84.520]

778. — Mais il en serait autrement si l'appel de fonds adressé à l'actionnaire français ne faisait aucune allusion à l'art. 14, C. civ., et si, d'ailleurs, la date où les titres lui avaient été délivrés était antérieure à celle des statuts. — Cass., 28 févr. 1877, Chem. de fer du Nord-Est de l'Autriche, [S. 77.1.260, P. 77.657, D. 77.1.474]

779. — D'une façon générale, le Français ne renonce pas au bénéfice de l'art. 14 par le seul fait qu'il souscrit des actions dans une société étrangère, alors même que la loi du siège social attribuerait compétence, en matière de société, au juge du lieu où elle est établie. L'actionnaire, en effet, a pu ignorer la règle de compétence établie par la législation étrangère. — Paris, 29 avr. 1876, sous Cass., 28 févr. 1877, précité.

780. — On a encore considéré comme impliquant renonciation au droit de citer le défendeur étranger devant les tribunaux français, l'acceptation de la clause de la police d'assurance maritime d'une compagnie étrangère, attribuant compétence au tribunal étranger du lieu où la police a été souscrite, pour connaître des difficultés qu'elle peut soulever, quel que soit le domicile de l'assuré, à l'étranger ou ailleurs. — Cass., 13 mars 1889, Cⁱᵉ d'assurances maritimes l'*Italia*, [S. 89.1.200, P. 89.1.493, D. 89.1.420]

781. — Ou l'acceptation des termes d'un connaissement portant que toute demande quelconque en dommages-intérêts contre la compagnie étrangère transporteur devra être portée devant le tribunal du port d'attache du navire dont le capitaine est estimé responsable du dommage, « la compétence du tribunal du lieu où la marchandise a été chargée ou consignée restant ainsi d'un commun accord exclue. » — Cass., 29 févr. 1888, Soc. Florès-Bubatinio, [S. 89.1.150, P. 89.1.362, D. 88.1.483] — Rennes, 4 mai 1891, Cⁱᵉ générale transatlantique, [Clunet, 92.907] — Trib. comm. Marseille, 17 déc. 1894, Duraute, [Clunet, 95.591]

782. — Ou l'acceptation d'un tarif international, arrêté entre plusieurs compagnies de chemins de fer, aux termes duquel, en cas d'accident, perte ou retard, le dommage sera réglé au lieu de destination, et s'il y a litige, devant le tribunal de ce lieu. Cette clause, obligatoire pour les compagnies, l'est aussi pour l'expéditeur qui y adhère, en réclamant pour le transport de ses marchandises le tarif dans lequel elle est inscrite. — Cass., 13 août 1879, Chem. de fer de l'Ouest, [S. 81.1.225, P. 81.1.534, D. 80.1.85]; — 16 mars 1885, Goutelle et Cⁱᵉ, [S. 85.1.313, P. 85.1.762, D. 86.1.103] — Amiens, 11 août 1880, Chem. de fer de l'Ouest, [S. 81.2.103, P. 81.1.572] — *Contrà*, Paris, 11 juin 1877, Coignet, [S. 77.2.313, P. 77.1266, D. 78.2.209] — V. Pau, 13 janv. 1896, Chem. de fer du Nord de l'Espagne, [S. et P. 98.2.14]

783. — Mais on ne saurait interpréter dans le même sens le connaissement signé d'un expéditeur français qui règlerait la manière de formuler les réclamations auxquelles il peut donner lieu et les délais dans lesquels elles doivent être produites, mais sans attribuer ni expressément ni tacitement, une compétence exclusive à certains tribunaux étrangers pour juger ces litiges. — Trib. comm. Seine, 7 mars 1896, Hernu, Pérou et Cⁱᵉ, [Clunet, 96.586]

784. — Il a été jugé, mais cette solution nous paraît trop absolue, que le seul fait de traiter avec un Etat étranger soumettait un Français aux juridictions de cet Etat. — Trib. Seine, 3 mars 1875, Gouvernement ottoman, [S. 77.2.25, P. 77.199]

785. — Enfin, l'élection de domicile faite par le créancier français, pour l'exécution du contrat, dans le pays du débiteur étranger, pourrait s'interpréter, suivant les circonstances, comme attribuant compétence aux tribunaux de ce pays, à l'exclusion des tribunaux étrangers. — Massé, t. 1, n. 691.

CHAPITRE III

DES CONTESTATIONS ENTRE ÉTRANGERS.

786. — Les tribunaux français sont-ils compétents pour juger les contestations entre étrangers? La loi n'a pas prévu la question, qui, par suite, est très-controversée. La jurisprudence admet, en principe, que les tribunaux français sont, en pareil cas, incompétents; mais ce principe reçoit de nombreuses exceptions; les unes sont admises sans contestation; les autres, au contraire, très-discutées. D'autre part, le principe même de la jurisprudence est vivement combattu par une grande partie de la doctrine.

787. — Nous allons d'abord exposer le système de la jurisprudence, en traitant premièrement de la règle générale, et en second lieu des exceptions. Enfin, nous apprécierons ce système et nous ferons connaître celui que beaucoup d'auteurs lui préfèrent.

Section I.

Système de la jurisprudence. Règle générale.

788. — En principe, les tribunaux français sont incompétents pour connaître des contestations entre étrangers; autrement, le droit de recourir aux tribunaux français, pour en obtenir la décision d'un débat, est un de ces droits civils dont l'art. 11 refuse la jouissance aux étrangers. Les tribunaux français, en effet, ne sont institués que pour rendre la justice à leurs nationaux; aucun texte ne leur attribue de compétence pour juger les contestations où les étrangers sont seuls intéressés, et, par conséquent, aucun texte ne donne aux étrangers le droit de s'adresser à leur juridiction. Enfin, les tribunaux français sont institués pour appliquer la loi française; ils ne sont pas tenus de connaître les lois étrangères, et, pourraient, dans leur application, commettre des erreurs, préjudiciables à l'intérêt des parties et à la dignité du juge lui-même. — Cass., 22 janv. 1806, Mount, [S. et P. chr.]; — 8 avr. 1818, Davet, [S. et P. chr.]; — 28 juin 1820, Hunter, [S. et P. chr.]; — 6 févr. 1822, Orrock, [S. et P. chr.]; — 30 juin 1823, Zafbiroff, [S. et P. chr.]; — 17 juill. 1826, Descande, [S. et P. chr.]; — 2 avr. 1833, Bloom, [S. 33.1.435, P. chr.]; — 14 mai 1834, Despirac, [S. 34.1.847, P. chr.]; — 18 août 1847, Vrity, [S. 47.1.643, P. 47.2.725, D. 47.1.345]; — 27 janv. 1857, Hope, [S. 57.1.161, P. 57.544, D. 57.1.142]; — 10 mars 1858, Rachel, [S. 58.1.529, P. 58.1145, D. 58.1.313]; — 6 mars 1877, Hourlier, [S. 79.1.305, P. 79.763]; — 17 juill. 1877, Cⁱᵉ London Chatham and Dover Railway, [S. 77.1.149, P. 77.1198, D. 78.1.366]; — 15 janv. 1878, Chemin de fer de Berg et March, [S. 78.1.300, P. 78.755, D. 78.1.170]; — 18 juill. 1892, Suissa, [S. et P. 92.1.407, D. 92.1.489] — Paris, 4 vent. an XIII, Mount, sous Cass., 22 janv. 1806, précité. — Colmar, 13 déc. 1813, Hœfily, [S. et P. chr.]. — Rouen, 11 janv. 1817, Porsell, [S. et P. chr.]. — Paris, 6 août 1817, Story, [S. et P. chr.]. — Bordeaux, 16 août 1817, Lewis, [S. et P. chr.]. — Paris, 28 avr. 1823, Ely, [S. et P. chr.]. — Metz, 3 juin 1823, N..., [S. et P. chr.]. — 6 juin 1823, Lodehay, [S. et P. chr.]. — Aix, 13 juill. 1831, Asseretto, [S. 33.2.45, P. chr.]. — Rouen, 29 févr. 1840, Demaestris, [S. 40.2.256, P. 40.1.533] — Paris, 24 avr. 1841, Louzada, [S. 42.2.537, P. 41.1.696] — Bourges, 8 déc. 1843, Luzuriaga, [S. 44.2.491, P. 44.2.322] — Douai, 12 juill. 1844, André, [S. 44.2.491, P. 44.2.324] — Paris, 13 mars 1849, Dehœst, [S. 49.2.637, P. 49.1.555, D. 49.2.211] — Rouen, 23 avr. 1855, Nottebohm, [S. 57.2.383, P. 57.200, D. 55.2.167] — Lyon, 25 févr. 1857, Rachel, [S. 57.2.625, P. 58.1145] — Paris, 23 juin 1859, Dausoigne-Méhul, [S. 60.2.261, P. 60.86, D. 60.2.213] — Angers, 20 févr. 1861, Couzette, [S. 61.2.409, P. 62.33] — Metz, 26 juin 1865, Raucq, [S. 66.2.337, P. 66.922, D. 65.2.160] — Pau, 2 févr. 1870, Rey, [S. 70.2.139, P. 70.579] — Paris, 7 mai 1875, sous Cass., 30 juin 1879, Catana, [S. 81.1.397, P. 81.1.1031, D. 76.2.137]; — 24 août 1875, Duyk, [S. 76.2.224, P. 76.933]; — 13 mars 1879, Grobscheid, [S. 79.2.289, P. 79.1137, D. 80.2.113] — Chambéry, 11 févr. 1880, Sandino, [S. 81.

ÉTRANGER. — Titre III. — Chap. III.

2.237, P. 81.1.1125] — Amiens, 24 août 1880, Duquesne, [S. 82. 2.80, P. 82.1.447] — Bordeaux, 10 avr. 1883, Davis, [S. 83.2. 160, P. 83.1.881] — Aix, 4 mai 1885, Botok, [S. 87.2.234, P. 87. 1.1234, D. 86.2.129] — Dijon, 7 avr. 1887, X..., [S. 88.2.93, P. 88.1.477] — Besançon, 30 nov. 1887, Monthieu, [S. 90.2.59, P. 90.1.343] — Amiens, 12 déc. 1888, Coignet, [S. 89 2.12, P. 89.1. 97, D. 91.2.39] — Douai, 22 janv. 1890, Strauss, [Clunet, 92.903] — Paris, 31 oct. 1890, Castello de Riso, [S. et P 92.2.239, D. 91.2.199] — Aix, 3 janv. 1894, Brindesi, [S. et P. 94.2.81, D. 95.2.36] — Paris, 12 déc. 1893, Hirsch, [S. et P. 95.2.299, D. 95.2.316]; — 31 janv. 1895, Auderssen, [Clunet, 95.585] — Grenoble, 26 oct. 1897, Dame Assunta, [D. 98.2.436] — Amiens, 16 nov. 1897, Musa, [Clunet, 98.895] — Trib. Lille, 25 avr. 1895, Paret, [Clunet, 96.599] — Aubry et Rau, t. 8, § 748 *bis*, p. 143 ; Demolombe, t. 1, n. 261 ; Demante et Colmet de Santerre, t. 1, n. 29 *bis*-IV ; Féraud-Giraud, *De la compétence des tribunaux français pour connaître des contestations entre étrangers* (Journ. du dr. int. pr., 1880, p. 137; 1885, p. 225).

789. — Peu importe que dans le pays auquel appartiennent les parties, ou l'une d'elles, les tribunaux soient dans l'habitude de juger les contestations entre Français; les tribunaux français ne sont pas tenus de se déclarer compétents, à titre de réciprocité. — Cass., 12 janv. 1806, précité.

790. — Peu importerait également que l'une des parties ait eu autrefois la nationalité française, dès lors qu'elle l'a perdue, avant que l'instance ne fût engagée. — Cass., 17 juill. 1826, précité. — Paris, 13 mars 1879, précité. — Amiens, 24 août 1880, précité; — 16 nov. 1897, précité.

791. — Mais si le défendeur, français au moment de l'assignation, vient à changer ultérieurement de nationalité, il ne peut exciper de sa nouvelle qualité d'étranger pour décliner la compétence du tribunal français. — Cass., 4 févr. 1891, Consorts de Bourbon, [S. 91.1.449, P. 91.1.1100, D. 91.1.113]

792. — Les tribunaux français seraient encore incompétents s'il s'agissait de l'exécution de conventions qui auraient été conclues et qui devraient être exécutées en France. — Cass., 22 janv. 1806, précité. — Rouen, 23 avr. 1835, précité. — Paris, 12 déc. 1893, précité. — V. cep. Montpellier, 9 mai 1890, Thierney, [S. et P. 92.2.240, D. 91.2.197], et *infrà*, n. 826.

793. — Et il en serait ainsi dans le cas même où le défendeur aurait en France une résidence ou un domicile de fait. La plupart des arrêts qui ont admis l'incompétence sont intervenus dans cette hypothèse. — V. notamment, Cass., 28 juin 1820, précité; — 30 juin 1823, précité; — 17 juill. 1826, précité; — 2 avr. 1833, précité; — 10 mars 1858, précité. — Colmar, 30 déc. 1815, précité. — Rouen, 29 févr. 1840, précité. — Lyon, 25 févr. 1857, précité. — Besançon, 30 nov. 1887, précité. — Amiens, 16 nov. 1897, précité. — V. cependant *infrà*, n. 860.

794. — Les tribunaux français se déclarent, en particulier, incompétents pour connaître des contestations relatives à l'état et à la capacité des étrangers, notamment en matière de séparation de corps ou de divorce. — Cass., 30 juin 1823, précité; — 14 mai 1834, précité; — 18 juill. 1892, précité. — Paris, 28 avr. 1823, précité. — Lyon, 25 févr. 1857, précité. — Paris, 23 juin 1859, précité. — Angers, 20 févr. 1861, précité. — Metz, 26 juill. 1865, précité. — Paris, 7 mai 1875, sous Cass., 30 juin 1879, précité. — Amiens, 24 août 1880, précité. — Dijon, 7 avr. 1887, précité. — Amiens, 12 déc. 1888, précité. — Paris, 31 oct. 1890, précité. — Aix, 3 janv. 1894, précité. — Amiens, 16 nov. 1897, précité. — Trib. Lille, 25 avr. 1895, précité. — V. *suprà*, v° *Divorce*, n. 597. — V. aussi *infrà*, n. 866.

795. — ... En matière de désaveu de paternité. — Trib. Seine, 12 janv. 1859, [*Gaz. des Trib.*, 2 janv.]; — 25 juin 1875 et Paris, 4 févr. 1876, sous Cass., 6 mars 1877, précité. — Ou de contestation de légitimité. — Paris, 26 juill. 1852, Bonici, [P. 53.1.470, D. 52.1.249]

796. — ... De rectification d'acte de l'état civil. — Cass., 14 mai 1834, précité. — V. cep. *infrà*, n. 833.

797. — ... De nullité de mariage. — Grenoble, 26 oct. 1897, précité. — Trib. Seine, 23 févr. 1883, [J. *Le Droit*, 2 mars 1883]

798. — ... De tutelle. — Besançon, 30 nov. 1887, Monthieu, [S. 90.2.59, P. 90.1.343]

799. — ... D'interdiction ou de nomination d'un conseil judiciaire. — Alger, 4 mars 1874, Puig y Thomas, [S. 74.2.103, P. 74.470, D. 75.2.62] — Lyon, 6 mars 1889, Gourd, [D. 89.2. 273] — Trib. Seine, 22 nov. 1881, Femme Kulerick, [Clunet, 82. 300]

800. — Toutefois, l'incompétence des tribunaux français pour juger les contestations entre étrangers n'est pas absolue; c'est une incompétence *ratione personæ* qui peut être couverte si les parties consentent à accepter la juridiction de ces tribunaux. — Cass., 4 sept. 1811, Salis Holdeinstein, [S. et P. chr.]; — 30 juin 1823, Zaffroff, [S. et P. chr.]; — 5 mars 1879, Mazy, [S. 79.1.208, P. 70.507, D. 80.1.9] — Rouen, 12 mai 1875, Beuveguen, [S. 77. 2.105, P. 77.463] — Nancy, 16 mars 1878, Mazy, [S. 78.2.200, P. 78.842] — Alger, 24 juill. 1882, Beringuer, [S. 84.2.27, P. 84. 1.199] — Dijon, 7 avr. 1887, [S. 88.2.93, P. 88.1.477] — V. aussi les arrêts cités aux numéros suivants. — V. *suprà*, v° *Divorce*, n. 5157.

801. — Il a été jugé cependant que l'incompétence est absolue lorsque la contestation a pour objet principal une question d'état. — Grenoble, 26 oct. 1897, précité.

802. — De ce que l'incompétence des tribunaux français n'est pas absolue, il résulte que le défendeur doit l'invoquer *in limine litis* et avant toute défense au fond. — Douai, 7 mai 1828, Williams Robert, [S. et P. chr.]; — 17 juin 1853, sous Cass. 23 juill. 1855, Collett, [S. 56.1.148, P. 57.220] — Rouen, 12 mai 1875, précité. — Nancy, 15 mars 1878, précité. — Amiens, 24 août 1880, Duquesne, [S. 82.2.80, P. 82.1.447] — Alger, 24 juill. 1882, précité. — Amiens, 12 déc. 1888, Coignet, [S. 89.2.12, P. 89.1.97, D. 91.2.39] — Paris, 26 mars 1889, Galli, [S. 89.2. 116, P. 89.1.600, D. 90.2.128] — Bourges, 18 déc. 1896, Hirt, [Clunet, 98.355] — Trib. Seine, 6 mars 1888, Galli, [S. 88.2.94. P. 88.1.586] — *Contrà*, Trib. Narbonne, 23 mai 1897, Dame M..., [Clunet, 98.131]

803. — L'exception d'incompétence n'est donc plus recevable en appel. — Cass., 3 frim. an XIV, Eberstein, [S. et P. chr]; — 5 mars 1879, précité. — Paris, 13 févr. 1858, Bauer, [S. 58. 2.72, P. 58.444, D. 58.2.56] — 8 avr. 1865, Heutgen, [S. 65.2. 110, P. 65.918] — Alger, 24 juill. 1882, Obadia, [Contrà, Paris, 28 avr. 1823, Ely, [S. et P. chr.] — Alger, 4 mars 1874, précité.

804. — A plus forte raison, elle ne peut être proposée pour la première fois devant la Cour de cassation. — Cass., 4 sept. 1811, précité; — 30 juin 1823, précité; — 15 avr. 1861, Seitz, [S. 61.1.721, P. 62.516, D. 61.1.420]

805. — Les parties étrangères peuvent aussi se soumettre par anticipation, et avant même que l'action ne soit intentée, à la juridiction du tribunal français. Elles ne peuvent plus alors en décliner la compétence. — Paris, 12 déc. 1893, Hirsch (Sol. impl.), [S. et P. 93.2.299, D. 95.2.316]

806. — Il en est ainsi lorsqu'un contrat a été passé en France par deux étrangers qui y sont domiciliés de fait, que l'exécution de ce contrat doit nécessairement avoir lieu en France, et qu'il ressort de ces conventions intervenues entre les parties qu'elles ont entendu se soumettre à la juridiction française. — Montpellier, 9 mai 1890, Thierney, [S. et P. 92.2.240, D. 91.2.197]

807. — En particulier, les tribunaux français sont compétents pour connaître, entre époux étrangers, d'une demande en séparation de biens, lorsque les parties ont stipulé, dans leur contrat de mariage passé en France, qu'elles entendaient se soumettre aux obligations et profiter des avantages de la loi française. — Cass., 7 mars 1870, Kaehler, [S. 72.1.361, P. 72.974, D. 72.1.326] — Douai, 15 févr. 1886, Mullier, [Clunet, 86.349] — Aix, 23 mai 1887, Botok, [S. 88.2.104, P. 88.1.575, D. 88. 2.200]

808. — Mais il ne suffirait pas que les époux se fussent mariés en France, en déclarant, dans leur contrat, adopter le régime de la communauté, tel qu'il est établi par le Code civil; il ne s'ensuivrait pas qu'ils eussent entendu attribuer compétence aux tribunaux français relativement à l'exécution de leurs conventions matrimoniales. — Paris, 13 mars 1879, Grabscheid, [S. 79.2.289, P. 79.1137, D. 80.2.113] — Amiens, 24 août 1880, précité.

809. — Le seul fait que la convention qui a donné lieu au procès est intervenue en France n'impliquerait pas non plus, de la part des parties, renonciation à se prévaloir de l'incompétence des tribunaux français. — Paris, 12 déc. 1893, précité.

810. — Et cette renonciation ne résulterait pas davantage du consentement donné par le défendeur à la constitution d'un arbitrage composé de personnes de nationalité française, pour connaître des contestations pouvant naître de l'inexécution de la convention. — Même arrêt.

811-812. — Sur le point de savoir ce qu'on doit considérer comme début de l'instance en matière de divorce, s'il faut s'en tenir à cet égard à l'assignation ou s'attacher au contraire à l'instance en conciliation, V. *suprà*, v° *Divorce*, n. 5177 et s.

813. — Alors même que les parties étrangères sont d'accord pour accepter sa juridiction, le tribunal français n'est pas tenu de connaître de la contestation, et il peut se déclarer d'office incompétent. — Cass., 8 avr. 1818, Davet, [S. et P. chr.]; — 29 mai 1833, Obrié, [S. 33 1.522, P. chr.]; — 27 janv. 1837, Hope, [S. 57.1.161, P. 57.544, D. 57.1.142]; — 10 mars 1858, Rachel, [S. 58.1.529, P. 58.1145, D. 58.1.313]; — 17 juill. 1877, Comp. London Chatham and Dower Railway, [S. 77.1.149, P. 77.1198, D. 78.1.366] — Rouen, 23 avr. 1855, Nottebohm, [S. 57.2.383, P. 57.200, D. 55.2.167] — Paris, 28 févr. 1891, précité.

814. — Quelle que soit, d'ailleurs, la nature de l'incompétence des tribunaux français, et en admettant même qu'elle soit absolue, le jugement qui a statué sur un litige entre deux étrangers n'est pas nul de plein droit; il acquiert, au contraire, l'autorité de la chose jugée, s'il n'a pas été attaqué en temps utile par la partie contre laquelle il a été rendu. — Cass., 29 janv. 1866, Joyaux, [S. 66.1.105, P. 66.268]

Section II.

Exceptions. Cas où les tribunaux français sont compétents dans les contestations entre étrangers.

815. — Si, en règle générale, les tribunaux français sont incompétents pour connaître des contestations étrangères. Ce principe comporte de nombreuses exceptions.

816. — Parmi ces exceptions, il en est, d'abord, qui résultent de textes formels ou de principes incontestés. Les tribunaux français sont alors compétents en raison de règles spéciales, soit au tribunal saisi du litige, soit aux parties en cause, soit à la nature de l'action.

817. — Il est d'abord des tribunaux auxquels des textes formels ont donné compétence à l'égard des étrangers. Ce sont : 1° les tribunaux français institués en Tunisie. La loi du 27 mars 1883, portant organisation de la juridiction française en Tunisie, n'a donné de compétence aux tribunaux qu'elle établissait qu'à l'égard des Français et des protégés français; mais aux termes de l'art. 2 (3e al.), leur compétence pouvait être étendue à toute autre personne par des arrêtés ou décrets du Bey, rendus avec l'assentiment du gouvernement français (S. L. annotées, 1883, p. 44). A la suite des arrangements conclus entre la France et les puissances étrangères, par lesquelles celles-ci ont consenti à supprimer leurs juridictions consulaires (V. le texte de ces arrangements, *Revue algérienne et tunisienne de législation et de jurisprudence*, 1885, p. 3, n. 50), le décret du Bey du 31 juill. 1884 a étendu la compétence des tribunaux français à tous les cas où les Européens sont en cause, en matière civile ou commerciale (*Revue algérienne et tunisienne*, 1885, p. 3, n. 50).

818. — 2° Les tribunaux français à Madagascar, aux termes du décret du 28 déc. 1895, portant organisation de la justice à Madagascar (art. 1), les tribunaux français de cette colonie connaissent de toutes les contestations entre Européens et assimilés, sans distinction de nationalité. S. L. annotées, 1896, p. 14).

819. — 3° Les tribunaux français d'Algérie. Ces tribunaux sont également compétents pour connaître des contestations entre étrangers. En effet, l'ordonnance du 10 août 1834, qui a organisé la justice française, porte (art. 27) : « Les tribunaux français connaissent de toutes les affaires civiles et commerciales entre Français, entre Français et indigènes ou étrangers, entre indigènes et étrangers, entre étrangers » (*Revue algérienne et tunisienne*, 1887, p. 1, n. 220). Et l'art. 33, Ord. 26 sept. 1842, qui a remplacé la précédente, dit en termes plus brefs, mais aussi compréhensifs : « Les tribunaux français connaissent entre toutes personnes de toutes les affaires civiles et commerciales, à l'exception de celles dans lesquelles les musulmans sont seuls parties » (S. L. annotées, 1842, p. 734)

820. — La Cour de cassation et la cour d'Alger décident cependant que les tribunaux français d'Algérie ne sont compétents, pour juger les contestations entre étrangers, qu'autant qu'elles présentent un intérêt purement pécuniaire. Ils seraient incompétents, au contraire, pour connaître des litiges relatifs à l'état et à la capacité des personnes (V. *suprà*, v° *Algérie*, n. 2222 et s.). Cette jurisprudence est d'ailleurs des plus contestables; nous pensons, au contraire, que les dispositions précitées des ordonnances de 1834 et 1842 sont absolues et ne comportent aucune distinction. — V. Audinet, *De la compétence des tribunaux français d'Algérie dans les contestations entre étrangers* (*Revue algérienne et tunisienne*, 1887, p. 1, n. 211 et 270), et *suprà*, v° *Algérie*, n. 2244 et s.

821. — En raison de la qualité personnelle des parties, les tribunaux français sont compétents, lorsque l'une d'elles, le demandeur ou le défendeur, est un étranger autorisé à établir son domicile en France. — Cass., 24 avr. 1827, Dréve, [S. et P. chr.]; — 23 juill. 1855, Collett, [S. 56.1.148, P. 57.220, D. 55.1.353] — Metz, 17 janv. 1839, Thon, [S. 39.2.473, P. 39.1.411] — Rennes, 27 avr. 1847, Appleyard, [S. 47.2.444, P. 47.2.319, D. 47.2.170] — V. *suprà*, n. 151.

822. — Il en est de même des étrangers auxquels la jouissance des droits civils a été concédée par les traités diplomatiques, et dont nous parlerons bientôt.

823. — Cependant en raison de la nature du litige, les tribunaux français sont compétents pour juger les contestations en matière réelle immobilière, relatives à des immeubles situés en France, bien que les parties soient l'une et l'autre des étrangers. Dans ce cas, en effet, la situation de l'immeuble détermine seule la compétence du tribunal, abstraction faite des personnes en cause. — Paris, 23 therm. an XII, Devilt, [S. et P. chr.] — Aubry et Rau, t. 8, § 748 *bis*, p. 143; Demolombe, t. 1, n. 261; Fœlix, t. 1, n. 160; Féraud-Giraud. *Journ. du dr. int. pr.*, 1880, p. 146; Bonfils, *Compétence des tribunaux français à l'égard des étrangers*, p 147; Bertauld, *Quest. prat.*, t. 1, n. 178; Surville et Arthuys, n. 408; Audinet, n. 440; Gerbaut, n. 871.

824. — La compétence des tribunaux français est également certaine en matière mixte; le demandeur saisit du litige le tribunal de la situation de l'immeuble. — Bordeaux, 18 déc. 1846, Durand et Rodriguez, [P. 47.1.648, D. 47.2.43] — Aubry et Rau, *loc. cit.*; Fœlix, *loc. cit.*; Surville et Arthuys, *loc. cit.*; Audinet, *loc. cit.*; Gerbaut, n. 272.

825. — Indépendamment des cas précédents, où les tribunaux français sont compétents pour juger les contestations entre étrangers, en vertu de textes formels ou de principes certains, la jurisprudence limite elle-même l'application de la règle générale qu'elle a adoptée par un assez grand nombre d'exceptions qu'elle admet aujourd'hui d'une façon plus ou moins constante.

826. — 1° En matière commerciale, les tribunaux français appliquent l'art. 420, C. proc. civ., et se déclarent compétents dès lors que l'obligation a été contractée et doit être exécutée en France, ou que le paiement doit être fait dans ce pays. — Cass., 24 avr. 1827, précité; — 26 avr. 1832, Hogdes [S. 32.1.456, P. chr.]; — 9 mars 1863, Formann, [S. 63.1.225, P. 64.433, D. 63.1.176]; — 10 juill. 1863, Mommers, [S. 65.1.350, P. 65.886]; — 22 nov. 1875, Mohr, [S. 76.2.113, P. 76.514, D. 77.1.373]; — 19 déc. 1881, Waters, [S. 83.1.64, P. 83.1.139, D. 82.1.272] — Paris, 30 mai 1808, Sturt, [S. et P. chr.] — 24 mars 1817, Austro, [S. et P. chr.] — Rennes, 28 déc. 1820, Augore, [S. et P. chr.] — Paris, 11 janv. 1825, Drive, [S. et P. chr.]; — 10 nov. 1825, Omaly, [S. et P. chr.] — Aix, 17 mai 1831, Hugdes, [S. 31.2.109, P. chr.] — Montpellier, 23 janv. 1841, Ryau, [S. 41.2.193, P.41.2.466] — Bordeaux, 5 août 1868, Pipe, [S. 69.2.77, P. 69.351] — Chambéry, 11 févr. 1880, Saudino, [S. 81.2.237, P. 81.1.1125] — Rennes, 15 déc. 1891, Davées, [Clunet, 92.912]; — 19 janv. 1892, Thompson, [Clunet, 93.841] — Trib. Brest, 4 sept. 1897, sous Rennes, 30 mai 1899, Fritze et C° [Clunet, 99.998].

827. — Et les tribunaux français sont compétents, non seulement lorsque l'obligation est née d'un contrat, mais aussi lorsqu'elle est née, en France, d'un quasi-contrat commercial : par exemple, de la réception d'un paiement indû dans une liquidation judiciaire. — Bordeaux, 1er juin 1898, Tideman, [Clunet, 98.1036]

828. — Mais les tribunaux français sont incompétents, même en matière commerciale, pour connaître de l'action dirigée par un étranger contre un autre, à raison de contrats qui ont été passés et qui doivent être exécutés à l'étranger. — Pau, 2 févr.

ÉTRANGER. — Titre III. — Chap. III.

1870, Rey, [S. 70.2.139, P. 70.579] — Caen, 17 janv. 1871, sous Cass., 12 janv. 1875, Syndics Lethbridge, [S. 75.1.124, P. 75. 286]

829. — Par exemple, ils seraient incompétents pour connaître de l'action en paiement d'une lettre de change, tirée, acceptée et payable à l'étranger, alors surtout que le défendeur n'avait pas sa résidence en France au moment du contrat. — Bordeaux, 10 avr. 1883, Davis, [S. 82.2.160, P. 83.1.881]

830. — Ils ne seraient pas compétents non plus si la lettre de change avait été souscrite en France, pour valeurs reçues en France, mais était payable à l'étranger. — Cass., 6 févr. 1822, Orrock, [S. et P. chr.]

831. — 2° Les tribunaux français sont compétents pour connaître des contestations entre étrangers toutes les fois qu'elles intéressent l'ordre public; et la jurisprudence applique ce principe d'une façon très-large.

832. — Tout d'abord, ils sont compétents pour connaître des actions nées de délits ou de quasi-délits commis en France. — — Cass., 22 juin 1826, Wilson, [S. et P. chr.] — Bordeaux, 11 août 1842, Tukest, [S. 43.2.216, P. chr.] — Douai, 22 juill. 1852, Treed, [S. 53.2.223, P. 53.2.362, D. 53.2.121] — Lyon, 13 déc. 1889, Giegy, [Clunet, 92.479] — Grenoble, 26 oct. 1897, Dame Assunta, [D. 98.2.456] — Rouen, 24 nov. 1897, Blandy frères, [Clunet, 98.344]

833. — Par exemple, pour connaître de l'usurpation d'un nom ou d'un titre, dans les registres de l'état civil, commise en France par un étranger, même au préjudice d'un autre étranger. — Paris, 21 mars 1862, de Rohan Fénis, [S. 62.2.411, P. 62.555]

834. — ... D'un délit de concurrence déloyale, résultant de la mise en vente de produits portant une fausse indication d'origine; peu importe que la fausse marque ait été apposée hors de France, dès lors que l'expéditeur est introduit en France la marchandise et a participé sciemment au délit de mise en vente qui a été commis sur le territoire français. — Rouen, 24 nov. 1897, précité.

835. — ... Du délit d'introduction et de vente en France de produits brevetés contrefaits. — Lyon, 13 déc. 1889, précité.

836. — Au surplus, les lois sur les brevets d'invention étant des lois d'ordre public, les tribunaux français pourront être saisis par un étranger breveté de toutes les actions qu'il exercera, même contre un autre étranger, pour la sauvegarde de ses droits, y compris, d'une action en annulation de brevet. — Lyon, 13 déc. 1889, précité. — Trib. Seine, 26 juill. 1879, Paris Skating rink, [S. 80.2.218, P. 80.995, D. 80.3.39]

837. — Ces tribunaux sont encore compétents pour connaître, entre étrangers, d'une action fondée sur un principe de morale publique : par exemple d'une demande d'aliments intentée par une femme contre son mari. — Paris, 19 déc. 1831, Favre, [S. 34.2.384, P. chr.] — Aubry et Rau, t. 8, § 748 bis, p. 146.

838. — ... D'une demande en réintégration du domicile conjugal, intentée par un mari, domicilié en France. contre sa femme. — Bastia, 21 mai 1856, Arota, [S. 71.2.45, ad notam, P. 74.131, ad notam, D. 57.2.14] — Alger, 6 juin 1870, Periths, [S. 74.2.45, P. 74.131, D. 70.2.214] — Trib. Evreux, 18 mai 1871, Rey, [S. 71.2.45, ad notam, P. 71.131, ad notam]

839. — La jurisprudence considère également que les mesures urgentes nécessaires pour la sécurité de la personne ou la conservation des biens intéressent l'ordre public, même lorsqu'il s'agit d'étrangers, en conséquence, les tribunaux se déclarent compétents pour les ordonner, bien qu'ils s'abstiennent de statuer sur le fond du litige. — Cass., 27 nov. 1822, Zaffiroli, [S. et P. chr.] — Lyon, 25 févr. 1857, Rachel, [S. 57.2.625, P. 58.1145] — Angers, 20 févr. 1864, Cougetti, [S. 61.2.409, P. 62. 33] — Metz, 26 juill. 1865, Raucq, [S. 66.2.237, P. 66.922, D. 65. 2.160] — Bastia, 21 mai 1856, précité. — Alger, 6 juin 1870, précité. — Paris, 24 août 1875, Duyk, [S. 76.2.212, P. 76.933] — Amiens, 24 août 1880, Duquesne, [S. 82.2.80, P. 82.1 447] — Ager, 18 mai 1886, Suisse, [Rev. algér., 87.2.347] — Besançon, 30 nov. 1887, Monthieu, [S. 90.2.59, P. 90.1.343] — Amiens, 12 déc. 1888, Coignet, [S. 89.2.12, P. 89.1.97, D. 91. 2.39] — Paris, 26 mars 1889, Galli, [S. 89.2.116, P. 89.1.600. D. 90.2.128] — Trib. Seine, 16 juill. 1886, sous Paris, 28 févr. 1891, Dame Zamoyoka, [D. 92.2.321]; — 11 janv. 1888, sous Paris, 31 oct. 1890, Costello de Riso, [S. 92.2.239, P. 91. 2.499]; — 6 mars 1889, Galli, [S. 88.2.94, P. 88.1.586]; — 23

avr. 1888, Dame Colelough, [Clunet, 90.887] — Fœlix, t. 1, n. 162; Aubry et Rau, t. 8, § 748 bis, p. 146; Gerbaut, n. 323 et s.; Féraud-Giraud, Journ. du dr. int. pr., 1880, p. 169.

840-845. — Ce sont des points que nous avons longuement étudiés suprá, v° Divorce, n. 5215 et s., et sur lesquels nous n'avons pas à revenir.

846. — On les retrouve également en d'autres matières, notamment en matière de tutelles, ou en toute autre matière. Si les tribunaux français n'ont pas le droit de prononcer la destitution du tuteur étranger d'un mineur qui est aussi étranger, ils ont compétence pour nommer un administrateur provisoire aux biens de ce mineur, et même pour prendre des mesures relatives à sa personne. — Besançon, 30 nov. 1887, précité. — V. aussi Paris, 10 juill. 1855, X..., [S. 55.2.677, P. 56.1 411]

847. — C'est ainsi qu'ils peuvent ordonner une apposition de scellés, au cours d'un litige entre étrangers. — Amiens, 24 août 1880, précité.

848. — Enfin, les tribunaux français, compétents pour ordonner ces mesures provisoires, le sont également pour les rétracter. — Trib. Seine, 16 juill. 1886, précité.

849. — C'est encore en raison du caractère conservatoire de cette mesure que les tribunaux français se reconnaissent compétents pour autoriser, au profit d'étrangers, une saisie-arrêt sur des deniers ou des marchandises qui se trouvent en France. — Cass., 23 mars 1868, Potocki, [S. 68.1 328, P. 68.876, D. 68.1. 369] — Aix, 6 janv. 1831, Ruidi, [S. 33.2.43, P. chr.] — Paris, 5 août 1832, Hanète, [S. 33.2.40, P. chr.]; — 19 janv. 1859, Hamal, [S. 50.2.462, P. 50.2.285, D. 51.2.125]; — 8 avr. 1874, Fromann, [S. 76.2.145 P. 76.3 8, et la note de M. E. Dubois]; — 26 mars 1889, précité. — Fœlix, t. 1, n. 162; Demangeat, sur Fœlix. t. 1, p. 341, note a; Aubry et Rau, t. 8, § 748 bis, n. 147 et 150; Bertauld, Questions pratiques, t. 1, n. 202 et s.; Massé, t. 1, n. 668; Féraud-Giraud Journ. du dr. int. pr., 1880, p. 234 et 235; Gerbaut, n. 329. — Contra, Paris, 6 août 1817, Story, [S. et P. chr.] — Bordeaux, 16 août 1817, Lewis, [S. et P. chr.] — Aix, 13 juill. 1831, Asseretto, [S. 33.2.45, P. chr.] — Paris, 24 avr. 1841, Louzada, [S. 41.2.537, P. 41.4.696] — Douai, 12 juill. 1844, André, [S. 44.2.491, P. 44.2.324]

850. — ... Ou pour statuer sur la validité d'une saisie-arrêt pratiquée en France, en vertu de titres exécutoires, ou de jugements rendus en pays étranger. — Aix, 6 janv. 1831, précité. — Paris, 5 avr. 1832, précité; — 8 avr. 1874, précité; — 26 mars 1889, précité.

851. — Mais si une contestation s'élève sur l'existence même de la créance qui sert de cause à la saisie-arrêt, les juges français doivent impartir au demandeur un délai pour exercer son action devant le tribunal étranger, et surseoir à statuer jusqu'à ce que la décision sur le fond ait été rendue par ce tribunal. — Cass., 23 mars 1868, précité, 8 avr. 1874, précité.

852. — 3° L'application de certaines règles de procédure conduit aussi les tribunaux français à connaître, dans différents cas, de contestations entre étrangers. Ainsi, aux termes de l'art. 59, 2° al., C. proc. civ., s'il y a plusieurs défendeurs, l'action est portée devant le tribunal du domicile de l'un d'eux, au choix du demandeur. Si donc l'un des défendeurs est un Français ou un étranger autorisé à établir son domicile en France, le demandeur étranger pourra exercer son action devant les tribunaux français, même contre les défendeurs étrangers. — Cass. 14 mars 1883, Busch et Cie, [S. 83.1.259, P. 83 1.625, D.83.1.377] — Paris, 28 mars 1873, Haucka, [Clunet, 75.18]; — 20 mars 1879, Schaffauser, [S. 80.2.49, P. 80.219, D. 80.2.193] — Lyon, 13 déc. 1889, Giegy, [Clunet, 92.479] — Orléans, 16 mars 1892, de Bourbon, [S. 92.2.105, D. 92.2.190] — Rouen, 24 nov. 1897, Blandy frères, [Clunet, 98.344]

853. — Toutefois il est évident qu'autant que la demande a le même principe à l'égard de toutes les parties, et qu'il n'apparaît pas que les Français aient été introduits dans l'instance pour distraire les étrangers de leurs juges naturels. — Paris, 20 mars 1879, précité. — Rouen, 24 nov. 1897, précité.

854. — Le juge de l'action est le juge de l'exception. Le tribunal français compétent, en raison des circonstances du litige, pour connaître d'une contestation entre étrangers sera donc aussi compétent pour connaître entre eux de toutes les questions qui se présenteront incidemment, par voie d'exception ou de défense à la demande principale, fussent-elles même relatives à l'état des personnes. — Lyon, 21 juin 1871, François des Guidi, [S. 72.2.201,

Répertoire. — Tome XXI.   21

P. 72.900] — Trib. Perpignan, 24 juill. 1893, N..., [Clunet, 93. 1158] — V. aussi *infrà*, n. 638 et 726.

855. — Les tribunaux français sont compétents pour statuer sur une demande en intervention formée par un étranger contre un autre, au cours d'un procès dont ces tribunaux sont compétemment saisis, notamment au cours d'un procès entre un étranger et un Français. — V. *suprà*, n. 636.

856. — En serait-il de même d'un recours en garantie? Sur ce point, la jurisprudence est divisée. La Cour de cassation a jugé que les tribunaux français étaient incompétents, même pour connaître d'un recours en garantie formé par un étranger contre un autre, à l'occasion d'une demande principale formée par un Français ou de toute autre contestation pendante devant ces tribunaux. — Cass., 27 janv. 1857, Hop, [S. 57.1.101, P. 57. 544, D.57.1.142]; — 17 juill. 1877, C° London Chatham and Dover Railway, [S. 77.1.149, P. 77.1198, D. 78.1.366]; — 15 janv. 1878, Chem. de fer de Berg et March, [S. 78.1.300, P. 78. 755, D. 78.1.170] — Aubry et Rau, t. 8, § 748 *bis*, p. 147.

857. — D'autres décisions, au contraire, ont admis que le recours en garantie, incidemment formé par un étranger contre un autre, pourrait être porté devant le tribunal français. — Douai, 10 mars 1870, Chem. de fer Rhénan, [S. 70.2.288, P. 70. 1090, D. 70.2.158] — Trib. comm. Seine, 30 sept. 1875, sous Cass., 15 janv. 1878, précité. — Montpellier, 6 juin 1895, Comp. des chem. de fer de Tarragone à Barcelone et France, [Clunet, 96.142]

858. — Du moins en est-il ainsi lorsque l'étranger appelé en garantie est réputé avoir été partie au contrat intervenu avec le demandeur français, et qui sert de base à l'action de ce dernier. — Douai, 10 mars 1870, précité. — Aubry et Rau, t. 8, § 748 *bis*, p. 148.

859. — Aux termes des art. 2123, C. civ., et 546, C. proc. civ., les jugements des tribunaux étrangers ne sont susceptibles d'exécution en France, qu'autant qu'ils auront été rendus exécutoires par un tribunal français. Ce tribunal sera compétent pour statuer sur la demande en *exequatur*, même lorsqu'elle sera intentée par un étranger contre un autre, et il aura, pour réviser le jugement étranger, les mêmes pouvoirs que si un Français était en cause. — V. *infrà*, v° *Jugement étranger*, n. 141 et s.

860. — 4° Le domicile de fait ou la résidence des parties étrangères en France a souvent aussi été pris en considération pour attribuer compétence aux tribunaux français.

861. — Quelques arrêts déjà anciens ont même admis que l'étranger qui a en France un domicile permanent, peut, pour ce seul motif, être assigné devant les tribunaux français par un autre étranger. — Cass., 30 nov. 1814, Parke, [S. et P. chr.] — Trèves, 18 mars 1807, Bacchiochi, [S. et P. chr.] — Paris, 11 juin 1812, Parke, [S. et P. chr.] — Aix, 14 janv. 1825, Koutloumousiano, [S. et P. chr.] — Paris, 28 juin 1834, Windt, [S. 34.2.385, P. chr.] — Pau, 3 déc. 1836, Giovanelli, [S. 37.2. 363, P. 37.1.569]

862. — La jurisprudence ne s'est cependant pas fixée en ce sens. Mais elle admet que les tribunaux français devront connaître de l'action intentée par un étranger à un autre, toutes les fois qu'une déclaration d'incompétence risquerait d'aboutir à un déni de justice, parce que le demandeur ne trouverait pas à l'étranger de tribunal compétent pour juger la contestation.

863. — Il en sera ainsi, principalement dans le cas où le défendeur, sans avoir acquis la nationalité française, aura perdu sa nationalité primitive, lorsque sa nationalité était française. — Paris, 5 déc. 1890, Oberhauser, [S. et P. 92.2.233, D. 92.5. 299]; — 7 déc. 1894, Fritz von Morgenstern, [S. et P. 95.2.298] — Trib. Seine, 12 mai 1892, Lenthé, [Clunet, 92.937]

864. — En outre, le tribunal français doit se déclarer compétent, toutes les fois que le défendeur ne justifie pas avoir conservé dans son pays un domicile, devant les juges duquel le demandeur puisse utilement porter son action. — Cass., 8 avr. 1851, Moser, [S. 51.1.335, P. 52.1.90, D. 51.1.137]; — 7 mars 1870, Kœhler, [S. 72.1.361, P. 72.974, D. 71.1.326] — Caen, 5 juin 1846, Weatbley, [S. 47.2.438, P. 46.1.731, D. 46.2.169] — Paris, 6 juill. 1886, Seliverskoff, [Clunet, 86.328] — Montpellier, 9 mai 1900, Thierney, [S. et P. 92.2.240, D. 91.2.197]; — 14 nov. 1894, Tierney, [Clunet, 95.586] — Trib. Seine, 30 janv. 1892, Earnshaw, [Clunet, 92.433]; — 21 juill. 1892, Le Scheick Abdul-Brassoul, [Clunet, 92.899]

865. — Les arrêts que nous venons de citer ont tous été rendus dans des contestations relatives à des intérêts purement pécuniaires; lorsque le litige concernait l'état de la personne, les tribunaux français se sont pendant longtemps déclarés incompétents, bien que le défendeur eût en France un domicile de fait. — Cass., 30 juin 1823, Zaffiroff, [S. et P. chr.] — Lyon, 25 févr. 1857, Rachel, [S. 57.2.625, P. 58.1145] — Besançon, 30 nov. 1887, Monthieu, [S. 90.2.59, P. 90.1.343] — Amiens, 12 déc. 1888, Coignet, [S. 89.2.12, P. 89.1.97, D. 91.2.39]

866. — Mais la jurisprudence est allée plus avant dans la voie où elle s'était engagée. Des arrêts encore récents et déjà assez nombreux ont admis que les tribunaux français étaient compétents pour connaître d'une contestation relative à l'état des personnes, notamment d'une instance en divorce ou en nullité de mariage entre étrangers, domiciliés de fait en France, lorsque le défendeur ne justifiait pas d'un domicile. — Dijon, 7 avr. 1887, X..., [S. 88.2.93, P. 88.1.477] — Paris, 8 août 1890, Garlet, [S. et P. 92.2.235, P. 92.2.197]; — 4 nov. 1890, de Looz, [*ibid.*]; — 12 mars 1891, de Jasinski, [S. et P. *Ibid.*, D. 92.2. 324]; — 5 déc. 1890, Oberhauser, [S. et P. 92.2.233, D. 92.5.299]; — 18 mai 1892, Van Cuyck, [S. et P. *Ibid.*, D. 92.2.321]; — 28 févr. 1891, Zamoyska, [S. et P. 92.2.237, D. 92.2.321] — Paris, 28 juin 1893, Jahn, [S. et P. 95.2.298] — Lyon, 19 mars 1894, Delucchi, [S. et P. 95.2.298] — Paris, 7 déc. 1894, précité; — 14 janv. 1896, Dame Wilhelm, [Clunet, 96.149]; — 19 janv. 1897, de la Gandara, [Clunet, 97.362] — Trib. Seine, 4 mars 1895, Dame S..., [Clunet, 96.602]; — 21 janv. 1897, Dame Keller, [Clunet, 97.362]; — 3 févr. 1897, Dame Saville, [Clunet, 97.331]; — 8 févr. 1897, Dame Papadekry, [Clunet, 97.533]; — 24 mai 1897, Zacchiri, [Clunet, 98.111] — V. Paris, 12 déc. 1893, Hirsch, [S. et P. 95.2.299, D. 95.2.316] — V. *suprà*, v° *Divorce*.

867. — Et il ne suffit pas que le défendeur établisse qu'il n'a fait aucun acte susceptible de lui faire perdre son domicile légal à l'étranger, s'il ne prouve pas que le tribunal de ce domicile peut être utilement saisi de la demande. — Paris, 18 mai 1892, précité. — Trib. Seine, 24 mai 1897, précitée; — Contrà, Paris, 31 oct. 1890, Castello de Rivo, [S. et P. 92.2.239, D. 91.2.199] — Amiens, 16 nov. 1897, Muse, [Clunet, 98.895]

Section III.

Appréciation du système de la jurisprudence.

868. — Le système de la jurisprudence, que nous venons d'exposer, soulève de nombreuses critiques dans la doctrine. On fait observer d'abord qu'il manque, sous beaucoup de rapports, de logique et d'harmonie. Les applications de la règle générale et les exceptions qu'elle reçoit ne sont pas toujours d'accord avec le principe sur lequel elle repose.

869. — Ainsi, comme nous l'avons vu, l'incompétence des tribunaux pour juger les contestations entre étrangers n'est pas absolue. Ils sont tenus de se dessaisir si leur compétence est déclinée par le défendeur; au cas contraire, ils peuvent, suivant appréciation, ou rester saisis ou se déclarer incompétents. Mais si l'incompétence des tribunaux français est fondée sur l'extranéité des plaideurs étrangers, elle ne peut être qu'absolue et d'ordre public.

870. — Ou les étrangers ont le droit de soumettre leurs différends au jugement des tribunaux français, ou ils ne l'ont pas; s'ils ont ce droit, ces tribunaux ne peuvent pas refuser de les juger. Mais si, comme l'admet la jurisprudence, les étrangers n'ont pas ce droit, leur volonté ne peut se le leur conférer, ni attribuer aux tribunaux français une compétence que la loi ne leur a pas donnée. Le système de l'incompétence relative ou facultative est inadmissible. — Glasson, *De la compétence des tribunaux français entre étrangers (France judiciaire, 1880-1881, 1re partie, p. 243 et s.)*; Laurent, *Dr. civ. intern.*, t. 4, n. 31; Despagnet, n. 184; Audinet, n. 447; Gerbaut, n. 379.

871. — Il faut faire une remarque analogue au sujet de la plupart des exceptions que subit la règle générale. Si l'on met à part celle que nous avons indiquée en première ligne et qui résulte de la loi elle-même, aussi bien que celle qui est relative à l'*exequatur* des jugements étrangers, toutes les autres sont de véritables inconséquences. Ou bien les règles de compétence édictées par le Code de procédure civile ne concernent que les Français ou bien elles concernent également les étrangers. Le principe admis par la jurisprudence, c'est que la règle fondamentale de l'art. 59, 1er al. (*actor sequitur forum rei*), est inapplicable aux étrangers, par cela seul qu'elle n'en parle pas. Comment donc alors peut-on admettre que le 2e al. du même article (pluralité de défendeurs), ou l'art. 420, en matière commerciale, attribuent compétence aux tribunaux français à l'égard des étrangers, dont ils ne parlent pas davantage ? — Glasson, *France jud.*, 1880-81, 1re part., p. 244, 261 ; Bonfils, *op. cit.*, n. 197 ; Bertauld, *op. cit.*, n. 191 ; Laurent, *Dr. civ. int.*, t. 4, n. 29 ; Despagnet, n. 183, p. 390 ; Audinet, n. 446 ; Gerbaut, n. 360.

872. — Ce n'est pas avec plus de logique, étant donné le principe, qu'on admet la compétence des tribunaux français pour le cas où le défendeur ne justifie pas d'un domicile à l'étranger. Le tribunal est incompétent en raison de la nationalité des plaideurs et non de leur domicile. Le défendeur a donc justifié son exception, dès lors qu'il a établi son extranéité, ainsi que celle du demandeur. C'est lui imposer une preuve qui ne saurait être à sa charge de lui demander de prouver qu'il existe à l'étranger un tribunal devant lequel la demande pourrait être portée. — Audinet, n. 445 ; Gerbaut, n. 307.

873. — La vérité est que la jurisprudence a été conduite à admettre ces tempéraments au principe qu'elle a adopté, parce que les conséquences rigoureuses qu'elle en aurait tirées auraient été manifestement injustes, ou préjudiciables à la France elle-même, par exemple en créant des entraves aux étrangers qui viennent y faire le commerce. Mais une fois le principe posé, on ne peut, sans contradiction, en répudier les conséquences, et c'est le principe même qui est très-contestable.

874. — Examinons, en effet, les raisons alléguées pour établir l'incompétence des tribunaux français à l'égard des étrangers : aucune ne nous paraît décisive. On dit d'abord que les étrangers n'ont pas le droit de soumettre leurs différends aux tribunaux français, parce qu'aucun texte n'établit cette compétence. Ce raisonnement serait exact si les étrangers n'avaient pas d'autres droits que ceux que la loi leur a expressément conférés ; mais c'est ce que personne ne soutient. Si on veut reconnaît, comme nous le croyons plus rationnel, tous les droits privés, excepté ceux que la loi leur refuse expressément, il suffit qu'aucun texte ne dise le contraire pour que les tribunaux français soient compétents à leur égard (V. *suprà*, n. 108). Si l'on admet, dans le même sens que la jurisprudence, la distinction des droits civils et des droits naturels, il faut considérer le recours aux tribunaux comme un droit naturel, au moins lorsqu'il a pour trait-ment des droits qui ont eux-mêmes ce caractère. A de très-rares exceptions près, on reconnaît, de commun accord, aux étrangers presque tous les droits privés, relatifs à la personne ou aux biens ; ne seront-ils pas lettre-morte, si les tribunaux français sont incompétents pour en assurer la sanction ? On renvoie les parties à se pourvoir devant leurs juridictions nationales ; mais dans la pratique, la distance, la pauvreté des plaideurs, et d'autres considérations encore, rendront le plus souvent ce recours impraticable. De telle sorte que, en définitive, on reconnaît en France des droits aux étrangers, mais sans leur donner le moyen d'en assurer le respect. C'est une contradiction. Les dispositions qui règlent la condition des étrangers ne s'opposent donc pas à ce qu'ils soumettent leurs différends aux tribunaux français.

875. — On ajoute une raison tirée de ce que les tribunaux ne sont institués que pour rendre la justice aux Français. C'est une pure affirmation, déjà détruite par ce qui précède. Il est, d'ailleurs, une considération qu'il ne faut pas négliger : ce n'est pas dans un intérêt privé, c'est dans l'intérêt général que les tribunaux sont institués. Toute personne doit avoir la possibilité d'assurer judiciairement la sauvegarde de ses droits, afin d'empêcher qu'elle ne se fasse justice elle-même, au grand préjudice de la paix et de l'ordre public. Les tribunaux n'ont donc pas seulement pour mission de juger les Français, mais de trancher toute contestation qui se produit en France, quelle que soit la nationalité des adversaires.

876. — Enfin, s'il est vrai que les étrangers doivent souvent être jugés d'après la loi étrangère, ce n'est pas une raison pour qu'ils ne soient pas jugés par les tribunaux français. Il n'y a pas d'indivisibilité entre la nationalité de la loi et celle du tribunal chargé de l'appliquer. On a vu, d'ailleurs, précédemment que, dans plusieurs cas, les tribunaux français sont obligés d'appliquer les lois étrangères. Nous ne croyons donc pas que, d'après

la loi française, l'extranéité des parties soit, pour les tribunaux français, une cause d'incompétence absolue ou relative. — Fœlix, t. 1, n. 157 ; Bertauld, t. 1, n. 177 et s. ; Glasson, *France judiciaire*, 1880-1884, 1re part., p. 241 ; Bonfils, *op. cit.*, n. 176 et s. ; Laurent, *Droit civil international*, t. 4, n. 57, 61 ; Weiss, *Traité élémentaire*, p. 788 ; Despagnet, n. 182 ; Surville et Arthuys, n. 410 ; Audinet, n. 447, 449 ; Gerbaut, n. 291 et s.

877. — Il n'y a pas de différence à faire, à ce point de vue, entre les contestations relatives au patrimoine et celles qui concernent l'état ou les capacités des étrangers. Pour établir, à l'égard de ces dernières, l'incompétence des tribunaux français, on s'appuie d'ordinaire sur ce que l'état des étrangers doit être régi, même en France, par leur loi nationale (V. *suprà*, n. 382 et s.). Nous avons déjà répondu à cette raison. Au surplus, il est des cas où les tribunaux français sont certainement compétents pour connaître de l'état d'un étranger : il suffit de supposer, ou bien qu'il a été autorisé à fixer son domicile en France, ou bien qu'il est défendeur contre un Français. Il est incontestable que le tribunal devra alors appliquer la loi étrangère ; donc, sous ce rapport, rien ne s'oppose à ce qu'un tribunal français soit juge de l'état d'un étranger.

878. — Une autre raison, cependant, inspire quelque doute sur cette compétence. Ce ne sont pas seulement les personnes qui sont intéressées dans les contestations relatives à leur état, l'intérêt général de la nation dont elles sont membres s'y trouve, jusqu'à un certain point, engagé. On comprendrait donc que les tribunaux de chaque pays fussent exclusivement compétents pour connaître de l'état de ses nationaux. Mais cette considération n'est pas décisive. D'abord, il n'est pas toujours facile de tracer la ligne de démarcation entre les contestations relatives au patrimoine et les questions d'état. Elles peuvent se trouver mêlées dans un même débat. En outre, si les questions d'état sont, sous un rapport, d'intérêt général, elles sont aussi, et principalement, d'intérêt privé. Or, l'intérêt des étrangers fixés dans un pays, c'est, quel que soit l'objet du litige, de trouver des juges là où ils sont domiciliés.

879. — Les tribunaux français devraient donc être compétents, par exemple, pour juger les questions relatives à la filiation ou au mariage d'un étranger ; pour prononcer entre deux étrangers le divorce ou la séparation de corps ; pour prononcer l'interdiction d'un étranger ou lui donner un conseil judiciaire ; mais, bien entendu, dans tous ces cas, ils devraient appliquer aux étrangers leur loi nationale. — Bonfils, *op. cit.*, n. 198 ; Laurent, *Droit civil international*, t. 4, n. 57 ; Audinet, n. 450 ; Gerbault, n. 395 et 396 ; Weiss, *Traité élémentaire*, p. 790 ; Pillet, note sous Paris, 5 déc. 1890 et 18 mai 1892, [S. et P. 92.2. 233]

880. — En résumé, il faut suivre, pour les étrangers, en matière personnelle mobilière les mêmes règles de compétence que pour les Français. Elles sont formulées principalement dans l'art. 59, C. proc. civ., et nous devons distinguer trois situations.

881. — 1o Le défendeur est étranger et domicilié en France, même sans autorisation : le tribunal de son domicile est nécessairement compétent, sans pouvoir, à aucun titre, se dessaisir.

882. — 2o Le défendeur réside en France. Le tribunal de sa résidence pourra être compétent, mais seulement dans le cas où il n'aurait pas de domicile connu en pays étranger.

883. — 3o Le défendeur n'a en France ni domicile ni résidence. Alors les tribunaux français seront incompétents, en raison, non de l'extranéité des parties, mais du domicile du défendeur, comme ils seraient incompétents envers un Français qui ne serait pas domicilié dans leur ressort. L'incompétence sera purement relative ; et le tribunal français serait alors compétent, s'il s'agissait d'une matière d'ordre public, en prenant, comme on l'a vu plus haut, ces mots dans leur sens le plus large.

884. — On suivra aussi entre étrangers les règles particulières de compétence qui se trouvent dans le même art. 59, C. proc. civ. Par exemple, le tribunal français sera compétent, si une société étrangère a en France un établissement qu'on puisse considérer comme son siège social, ou à la succession d'un étranger s'est ouverte en France. Bien entendu, on devra également appliquer, en matière commerciale, l'art. 420, C. proc. civ.

CHAPITRE IV.

TRAITÉS DIPLOMATIQUES.

885. — Le Code civil, nous l'avons vu, déroge aux règles ordinaires de compétence, pour le jugement des contestations entre Français et étrangers, en donnant au demandeur français le droit de citer le défendeur étranger devant un tribunal français, et en décidant que le défendeur français sera assigné devant un tribunal français, même s'il n'est pas domicilié en France. D'autre part, en ce qui concerne les contestations entre étrangers, la compétence des tribunaux français est formellement déniée, du moins en principe, par la jurisprudence; et quoique cette solution soit, à notre avis, inexacte, il faut cependant reconnaître que la question est discutable. Les traités dont nous allons analyser les stipulations, d'une part, font cesser, en tout ou en partie, les dérogations apportées au droit commun, relativement aux contestations entre Français et étrangers; d'autre part, affirment la compétence des tribunaux français, relativement aux contestations entre étrangers.

886. — Nous ne nous occupons pas ni des traités ou des clauses qui concernent la caution *judicatum solvi* (V. *suprà, hoc verb.*), ni de ceux qui règlent spécialement la compétence en matière de succession (V. Traité entre la France et la Russie, 1ᵉʳ avr. 1874, art. 10; Traité entre la France et la Suisse, *infrà*, n. 918; Traité entre la France et la Belgique, *infrà*, n. 954); ou en matière de tutelle et de faillite (Traité entre la France et la Suisse, *infrà*, n. 929; Traité entre la France et la Belgique, *infrà*, n. 935). Les règles de ces conventions seront exposées en traitant des matières qu'elles concernent. — V. *infrà*, vⁱᵉˢ *Faillite, Succession, Tutelle.*

887. — Nous indiquons seulement que deux traités, qui n'ont pas pu être signalés ci-dessus, ont supprimé pour les étrangers qu'ils concernent l'obligation de fournir la caution *judicatum solvi* : 1° la convention conclue à La Haye le 14 nov. 1896 entre la France, la Belgique, l'Espagne, l'Italie, le Luxembourg, les Pays-Bas, le Portugal et la Suisse, et à laquelle ont adhéré l'Allemagne, l'Autriche-Hongrie, le Danemarck, la Roumanie, la Russie, la Suède et la Norvège (art. 11, *Journ. du dr. intern. pr.*, 1899, p. 627); la convention conclue entre la France et la Russie le (5) 27 juill. 1896 (Même journal, 1899, p. 633).

Section I.
Traités relatifs aux contestations entre Français et étrangers.

888. — Les traités relatifs aux contestations entre Français et étrangers sont de deux sortes : les uns dérogent implicitement à la règle exceptionnelle de l'art. 14, en accordant à certains étrangers la jouissance des droits civils en France; les autres y dérogent expressément en réglant d'une façon formelle la compétence des tribunaux français à l'égard des étrangers.

§ 1. Traités qui accordent aux étrangers la jouissance des droits civils.

889. — Nous avons précédemment énuméré les traités qui accordent aux étrangers la jouissance des droits civils; par le fait même qu'ils accordent aux étrangers la jouissance des droits civils en France, ils leur rendent inapplicable l'art. 14, C. civ. et leur restituent le bénéfice de la règle *actor sequitur forum rei*. Les étrangers, défendeurs contre des Français, devront donc être cités devant les tribunaux de leur propre pays, à moins, bien entendu, qu'ils ne soient eux-mêmes domiciliés en France. — Surville et Arthuys, n. 400; Audinet, n. 435.

890. — Si la règle de l'art. 14 ne peut plus être appliquée au préjudice d'étrangers admis par traité à la jouissance des droits civils, il faut remarquer qu'ils peuvent eux-mêmes en invoquer le bénéfice, pour poursuivre leur adversaire étranger devant un tribunal français. — Weiss, *Traité élémentaire*, p. 732; Audinet, n. 427; Gerbaut, n. 140. — V. cep. Chausse, *Examen doctrinal* (Rev. crit., 1886, p. 679).

§ 2. Traités relatifs à la compétence judiciaire.

891. — Pendant longtemps la Suisse était le seul pays avec lequel la France eût conclu un traité relatif à la compétence judiciaire (Traités, 18 juill. 1828, et 15 juin 1869 : S. *L. ann.*, 1828, p. 1196, et 1869, p. 429). Tout récemment un autre traité, ayant le même objet, vient d'être conclu avec la Belgique (8 juill. 1899).

1° *Traité franco-suisse.*

892. — Aux termes de l'art. 1, Traité 15 juin 1869, « dans les contestations en matière mobilière et personnelle, civile ou de commerce, qui s'élèveront, soit entre Français et Suisses, soit entre Suisses et Français, le demandeur sera tenu de poursuivre son action devant les juges naturels du défendeur. » Il faut entendre par juges naturels ceux du domicile. — Cass., 11 juin 1879, Weiss, [S. 80.1.33, P. 80.51, D. 80.1.21] — Roguin, *Conflit des lois suisses*, n. 506.

893. — Si donc (comme il arrivera le plus souvent), le défendeur suisse est domicilié en Suisse, c'est devant un des tribunaux de ce pays, et non pas devant un tribunal français que le demandeur français devra l'assigner. Et il en sera ainsi, réciproquement, si un Suisse est demandeur contre un Français domicilié en Suisse. De la sorte, l'art. 1 du traité de 1869 écarte la règle exceptionnelle de l'art. 14, C. civ., pour appliquer, dans les rapports entre Suisses et Français, le principe général : *actor sequitur forum rei*.

894. — Si le défendeur suisse était domicilié en France, c'est devant le tribunal français de son domicile qu'il devrait être assigné; de même, le défendeur français domicilié en Suisse devrait être assigné, dans ce pays, devant le tribunal de son domicile. — Trib. comm. Seine, 8 mai 1894, Pascal, [Clunet, 94. 999] — Trib. fédéral suisse, 17 janv. 1894, Mœder, [Clunet, 94. 1093]; — 27 déc. 1895, Héritiers Monnier, [Clunet, 99.875] — Roguin, n. 522, 524; Vincent, *Le traité franco-suisse du 15 juin 1869* (Rev. prat. de dr. int. pr., 1890-91, 2ᵉ part., p. 8, n. 16).

895. — L'art. 1 du traité de 1869 s'applique, d'ailleurs, exclusivement aux contestations entre Suisses et Français; il ne concerne pas celles qui s'élèveraient entre deux Français, dont l'un serait domicilié en Suisse, ou entre deux Suisses, dont l'un serait domicilié en France. Les lois respectives des deux pays détermineraient seules alors la compétence. — Bourges, 19 janv. 1899, Barral, [Clunet, 99.996] — Cour just. civ. Genève, 1ᵉʳ oct. 1892, Armand, [Clunet, 93.639] — Trib. fédéral suisse, 4 nov. 1892, de Villermont, [*Ibid.*]; — 5 nov 1892, Meyer, [Clunet, 93. 243] — Roguin, n. 528 et 529; Vincent, *Rev. prat. de dr. int. pr.*, 1890-91, 2ᵉ part., p. 33, n. 35.

896. — Cet article ne s'applique pas non plus aux contestations entre un Français ou un Suisse et une autre personne d'une autre nationalité; le défendeur ne peut alors se prévaloir des stipulations du traité, pour décliner la compétence du tribunal français, devant lequel il a été assigné. — Cour Lyon, 13 déc. 1889, [Clunet, 89.479] — Alger, 12 janv. 1898, Burke, [Clunet, 99.133] — Trib. Seine, 12 janv. 1899, Leu et Cⁱᵉ, [Clunet, 99.345]; — 24 mai 1898, Société *The commercial bank of manitoba*, [Clunet, 99.538] — Trib. fédéral suisse, 26 mars 1881, Luinat, [S. 81.4.28, P. 81.2.46] — Cour just. Genève, 6 avr. 1895, Hahur, [S. et P. 97.4.18] — V. aussi Cass., 1ᵉʳ juill. 1895, Ville de Genève, [S. et P. 96.1.225, D. 95.1.344] — V. cep. Trib. comm. Seine, 5 sept. 1893, Prenclès, [Clunet, 93.1151] — Roguin, n. 470 et s.

897. — Le défendeur pourrait décliner la compétence du tribunal français, même s'il était en France naturalisé en Suisse. En serait-il encore ainsi, s'il s'était fait naturaliser en fraude de la loi française, uniquement en vue d'échapper à la juridiction française. La jurisprudence approuvée par la majeure partie de la doctrine fait prévaloir avec raison sur ce point la solution négative. — Cass., 19 juill. 1875, de R..., [S. 76.1.489, P. 76. 721, D. 76.1.5] — Toulouse, 27 juill. 1874, de R..., [S. 76.2. 149, P. 76.677] — Mais c'est une question délicate que nous signalons seulement en passant et qui est traitée *infrà*, vⁱˢ *Nationalité, Naturalisation*.

898. — L'art. 1 du traité de 1869 s'applique à toutes les actions personnelles et mobilières, quel qu'en soit l'objet. Il ne concerne pas seulement celles qui naissent des contrats, mais aussi celles qui ont leur source dans les quasi-contrats, les délits ou les quasi-délits. — Besançon, 29 juin 1885, Chem. de fer du Jura-Berne-Lucerne, [S. 86.2 219, P. 86.1.1225] — Trib. Saint-Julien en Genevois, 8 août 1895, Favre, [Clunet, 96.355] — Trib. civ. Genève, 21 févr. 1891, Dˡˡᵉ Jordan, [Clunet, 91.618]

— Roguin, n. 553. — *Contrà*, Lyon, 13 déc. 1889, précité. — Vincent, *loc. cit.*

899. — Nous pensons cependant que le traité ne s'appliquerait pas au cas où l'action en réparation du délit aurait été portée devant un tribunal répressif; le traité de 1869 n'a pas pour objet de régler la compétence en matière pénale. — Trib. Gex, 13 avr. 1897, P..., [Clunet, 97.530] — Roguin, n. 551; Vincent, *Rev. prat. de dr. int. pr.*, 1890-91, p. 51, n. 58.

900. — Il a été jugé que l'art. 1er du traité s'opposerait à ce qu'un juge suisse ordonnât une saisie provisionnelle sur des biens possédés par un Français sur le territoire suisse. — Trib. fédéral suisse, 2 déc. 1881, Maire, [S. 82.4.13, P. 82.2.31]

901. — ... Et à ce qu'un tribunal suisse ordonnât un séquestre, en Suisse, au profit d'un Suisse contre un Français domicilié en France. — Trib. fédéral suisse, 7 juin 1889, Michaud, [S. 90.4.6, P. 90.2.10]

902. — Mais il a été jugé, en sens contraire, qu'un juge suisse peut ordonner la saisie-arrêt contre un Français domicilié en France, sauf à ne procéder à l'exécution que lorsque le juge français aurait tranché le fond du débat. — Trib. Genève, 6 janv. 1881, Delage, [Clunet, 82.256]; — 19 août 1882, Baretsa, [Clunet, 83.551] — Cette solution paraît être préférable. — Roguin, n. 757; *Journ. du dr. int. pr.*, 1882, p. 337, et 1885, p. 553; Vincent, *Rev. prat. de dr. int. pr.*, 1890-91, p. 43, n. 48.

903. — La règle de l'art. 1 du traité de 1869 s'appliquera-t-elle si la contestation est relative à l'état des personnes? C'est un point que nous examinerons bientôt.

904. — La règle qui, dans les contestations entre Suisses et Français, en matière personnelle et mobilière, attribue compétence au tribunal du domicile du défendeur, n'est pas absolue. Elle reçoit différentes exceptions.

905. — 1° Si le défendeur n'a pas de domicile ou de résidence connue en Suisse, il pourra être cité devant le tribunal du domicile du demandeur (art. 1, al. 1, *in fine*). La règle de l'art. 14, C. civ. fr., reprend alors son empire, et le traité la consacre expressément. Il faut remarquer qu'elle s'appliquera même dans le cas où le défendeur aurait un domicile connu dans un pays autre que la Suisse ou la France. — V. Surville et Arthuys, n. 399, p. 444.

906. — 2° Si l'action a pour objet l'exécution d'un contrat consenti par le défendeur hors de son domicile, en France ou en Suisse, elle pourra être portée devant le tribunal du lieu où le contrat a été passé, si les parties y résident au moment où le procès a été engagé (art. 1, al. 2).

907. — Le traité du 18 juill. 1828, que celui de 1869 a remplacé, contenait sur ce point une disposition plus vague et qui avait fait naître des difficultés : il dispensait le demandeur de suivre son action devant les juges naturels du défendeur, lorsque les parties étaient « présentes dans le lieu même où le contrat a été stipulé ». On s'était demandé s'il suffisait que les parties fussent présentes au lieu du contrat, au moment où il avait été passé, pour attribuer compétence au tribunal de ce lieu. — Colmar, 20 févr. 1849, Péregeon, [S. 52.2.349, P. 50.2.573, D. 52.2.12]; — 7 avr. 1857, Zurbach, [S. 57.2.638, P. 57.231] | ... Ou s'il fallait qu'elles y fussent encore présentes au moment où l'action était intentée. — Nancy, 2 avr. 1849, Pingeon, [S. 49.2.330, D. 49.2.171]

908. — C'est dans ce dernier sens, le plus raisonnable, que le traité de 1869 a résolu la question. Le tribunal du lieu du contrat ne sera donc compétent que si les parties résident en ce lieu au moment où le procès doit s'engager. Il ne suffit pas, d'ailleurs, que le défendeur se trouve momentanément, et comme de passage, dans le pays où le contrat a été stipulé ; il faut qu'il y ait une résidence équivalente à domicile, ou même simplement temporaire, mais qui ne soit pas purement accidentelle (Protocole annexe au traité du 15 juin 1869 : S. *Lois annotées*, 1869, p. 430). — Cass., 3 juin 1874, Oger, [S. 75.1.245, P. 75.599, D. 75.1.30] — Angers, 4 févr. 1875, Oger, [S. 75.1.245, *ad notam*, P. 75.599, *ad notam*, D. 76.2.126] — Lyon, 16 avr. 1879. Salmarine, [Clunet, 80.107] — Paris, 7 avr. 1897, Tropenard, [S. et P. 98.2.190] — Cour Genève, (1874, M..., [S. 75.2.111, P. 75.469, D. 74.2.173] — Trib. civ. Genève, 21 févr. 1891, précité.

909. — 3° Si les parties ont fait élection de domicile dans un lieu autre que celui du domicile du défendeur, le tribunal du domicile élu sera seul compétent pour connaître des difficultés auxquelles l'exécution du contrat pourra donner lieu.

— Chambéry, 25 janv. 1878, [Clunet, 78.373] — Il faut remarquer que l'art. 4 du traité, en attribuant une compétence exclusive au tribunal du domicile élu, déroge à l'art. 59, al. 5, C. proc. civ., d'après lequel, en cas d'élection de domicile, le demandeur peut saisir, à son choix, le tribunal du domicile élu ou celui du domicile réel du défendeur. — V. cep. Rogun, n. 542; Brocher, t. 3, n. 14. — V. Vincent, *Rev. prat. de dr. int. pr.*, 1890 91, p. 90, n. 69.

910. — On peut considérer comme ayant fait élection de domicile en France le citoyen suisse, actionnaire d'une société française, dont les statuts attribuent compétence au tribunal du siège social. — Trib. comm. Seine, 25 avr. 1891, Bourgeois, Comp. d'assurances *La ville de Lyon*, [Clunet, 93.367]

911. — Le traité de 1869 contient encore des dispositions relatives à des hypothèses où, d'après le Code de procédure civile français, le tribunal compétent n'est pas celui du domicile du défendeur.

912. — 1° En matière de garantie, le défendeur devra être assigné devant le tribunal de son domicile, quel que soit le tribunal où la demande originaire sera pendante (art. 1, 1er al., *in medio*). D'après l'art. 59 (8e al.), C. proc. civ., le tribunal saisi de la demande originaire est, au contraire, compétent pour connaître de l'action en garantie, à l'exclusion du tribunal du domicile du défendeur.

913. — 2° En matière réelle ou immobilière, l'action sera suivie devant le tribunal du lieu de la situation des immeubles (art. 4). C'est l'application du droit commun. Mais le traité attribue une compétence exceptionnelle à ce tribunal, en décidant qu'il connaîtra « des actions personnelles concernant la propriété ou la jouissance d'un immeuble. »

914. — D'après le protocole annexé au traité, en parlant de ces actions personnelles, on a voulu prévoir les cas « où un Français propriétaire en Suisse, ou un Suisse propriétaire en France, serait actionné en justice, soit par des entrepreneurs qui ont fait des réparations à l'immeuble, soit par un locataire troublé dans sa jouissance, soit par toutes personnes qui, sans prétendre droit à l'immeuble même, exercent contre le propriétaire, et à raison de sa qualité de propriétaire, des droits purement personnels. — V. aussi Trib. fédéral suisse, 9 nov. 1893, Chevrette, [Clunet, 95.194]

915. — Mais on ne saurait comprendre dans cette catégorie l'action en paiement de marchandises vendues en Suisse, alors même qu'elles seraient destinées à la construction d'un immeuble situé en France. Cette action ne doit pas être portée devant le tribunal de la situation de l'immeuble, mais bien devant celui du domicile du défendeur. — Même jugement.

916. — L'art. 4 du traité ne concerne pas non plus les actions exercées par le propriétaire contre son locataire. — V. Trib. Gex, 19 juin 1895, D..., [Clunet, 96.592] — Roguin, n. 663. — *Contrà*, Vincent, *Rev. prat. de dr. int. pr.*, 1890-91, p. 95, n. 76.

917. — Il faudrait aussi, du moins d'après la jurisprudence suisse, porter les actions réelles mobilières devant le tribunal de la situation de l'objet litigieux. — Trib. fédéral suisse, 14 nov. 1894, Thurel et fils, [Clunet, 95.899] — Roguin, n. 556; Brocher, t. 3, n. 13, p. 77; Vincent, *Rev. prat. de dr. int. pr.*, 1890-91, p. 42, n. 46.

918. — 3° Les actions relatives à la liquidation et au partage des successions testamentaires et *ab intestat* sont portées devant le tribunal de l'ouverture de la succession, c'est-à-dire, s'il s'agit d'un Français mort en Suisse, devant le tribunal de son dernier domicile en France, et s'il s'agit d'un Suisse décédé en France, devant le tribunal de son lieu d'origine en Suisse. On devra, pour le partage, la licitation ou la vente des immeubles, se conformer aux lois du pays de la situation (art. 5). Nous n'expliquerons pas ici cette disposition, qui a fait naître de sérieuses difficultés, et la règle tout à la fois la compétence et la loi applicable en matière de succession.

919. — Il convient, d'ailleurs, de ne pas en exagérer la portée. Ainsi, cette disposition s'applique pas aux contestations qui pourront s'élever entre les héritiers et des personnes étrangères à la succession, relativement à la propriété d'objets déterminés. — Cass., 1er avr. 1873, Girard, [D. 73.1.101]

920. — ... Ni aux actions intentées par les créanciers du défunt aux héritiers ou légataires, qui doivent, conformément à l'art. 1 du traité, être portées, en Suisse ou en France, devant le tribunal du domicile du défendeur. — Cass., 11 juin 1879,

Weiss, [S. 80.1.33, P. 80.51] — Lyon, 26 avr. 1879, précité. — Trib. fédéral suisse, 1er juin 1877, de Lagorrée. [Clunet, 78.71]; — 5 déc. 1890, Mestral, [S. 91.4.12, P. 91.2.14, D 92.2.30] — Roguin, n. 270; Brocher, t. 3, n. 16, p. 99; Vincent, *Rev. prat. de dr. int. pr.*, 1892, 2e part., p. 21, n. 102.

921. — L'art. 5 du traité de 1869 ne concerne pas non plus les actions relatives à la liquidation et au partage de la communauté d'un époux suisse décédé en France, ou d'un époux français décédé en Suisse. — Cass., 2 juin 1874. Oger, [S. 75.1. 245, P. 75.599, D. 75.1.30] — Angers, 4 févr. 1875, Oger, [S. 75.1.245, *ad notam*, P. 75.599 *ad notam*, D. 76.2.126] — Trib. fédéral suisse, 16 déc. 1875, Kapps, [Clunet, 75.509] — Trib. civ Genève, 26 févr. 1889, Dame Ribeiro, [Clunet, 92.524] — C. just. civ. Genève, 22 juin 1895, Epoux Glauser, [Clunet, 95. 1108] — Brocher, t. 3, n. 16, p. 100; Vincent, *Rev. prat. de dr. int. pr.*, 1892, 2e part., p. 18, n. 98.

922. — D'après la Cour de cassation (3 juin 1874, précité), l'action en liquidation et en partage de la communauté d'un époux suisse décédé en France devra être portée devant les tribunaux français, lorsque le mariage a été contracté dans ce pays, et que les parties y résident au moment du procès, par application de l'art. 1 (2e al.) du traité. Les tribunaux suisses, considérant cette hypothèse comme étant complètement en dehors des prévisions du traité, décident que le tribunal compétent pour connaître de la liquidation et du partage de la communauté d'un époux français décédé en Suisse, sera celui de son dernier domicile dans ce pays. — Trib. civ. Genève, 26 févr. 1889, précité. — C. just. civ. Genève, 22 juin 1895, précité.

923. — D'autre part, le traité ne s'applique pas et n'attribue pas compétence au tribunal de l'ouverture de la succession quand il s'agit de la succession d'un Français mort en France, ou d'un Suisse décédé en Suisse. — Trib. fédéral, 20 nov. 1875, Bell, [Clunet, 76.509] — Roguin, n. 228; Vincent, *Rev. prat. de dr. int. pr*, 1890-91, 2e part., p. 165, n. 85.

924. — ... Ni quand il s'agit de la succession d'un Suisse mort en France. ou d'un Français mort en Suisse, alors qu'il y était simplement de passage. — Trib. fédéral, 27 oct. 1888, Rave, [S. 89.4.15, P. 89.2.39] — Vincent, *Rev. prat. de dr. int. pr.*, 1890-91, p. 166, n. 86.

925. — ... Ni quand il s'agit de la succession d'un étranger décédé dans l'un ou l'autre pays. — Cass., 1er juill. 1895, Ville de Genève, [S. et P. 96.1.225, D. 95.1.344] — Roguin, n. 225.

926. — Quel est alors le tribunal compétent pour statuer sur l'action intentée par les héritiers français ou prétendus tels, contre les héritiers ou légataires suisses (ou réciproquement), en particulier sur une demande en nullité de testament, formée par un Français contre un légataire suisse? Dans l'espèce où est intervenu l'arrêt précité de la Cour de cassation, on avait soutenu au nom du légataire suisse (la ville de Genève) que l'action en nullité de testament devait être considérée comme une action personnelle mobilière, et que, par suite, elle échappait à la compétence des tribunaux français, en vertu de l'art. 1 du traité. Mais une action en nullité du testament et en pétition d'hérédité n'est pas une action personnelle mobilière; elle n'est donc pas de celles auxquelles s'applique l'art. 1 du traité. — Même arrêt.

927. — Etant donné que l'action en nullité du testament d'un étranger échappait, sous tous les rapports, et pour les raisons que nous venons de dire, aux prévisions du traité, on a soutenu que l'art. 1 du traité formulait une règle de compétence générale, applicable à toutes les actions qui ne tombent pas sous le coup des autres articles de la convention, et que, en conséquence, dans tous les cas où une autre compétence n'avait pas été formellement déterminée, le tribunal du domicile du défendeur, en Suisse ou en France, devait seul être compétent. — V. plaidoirie de M. Martini pour la ville de Genève, [*Gaz. des Trib.*, 8 juin 1894]

928. — C'était là une thèse difficilement admissible la cour de Paris et la Cour de cassation ont l'une et l'autre rejetée. Un traité a pour objet de déroger au droit commun; dans toutes les hypothèses qu'il n'a pas formellement prévues, le droit commun de chacun des deux Etats contractants doit reprendre son empire. L'art. 14, C. civ., continuera donc de s'appliquer dans les rapports entre Français et Suisses toutes les fois qu'une disposition du traité ne l'aura pas écarté; les demandeurs français en nullité du testament d'un étranger pourront citer devant les tribunaux français les défendeurs suisses, et si, comme il a été jugé dans l'espèce, la succession a été ouverte en France, c'est le tribunal du lieu de l'ouverture qui devra être saisi. — Cass., 1er juill. 1895, précité. — Paris, 19 juin 1894, sous Cass., 1er juill. 1895, Ville de Genève, [S. et P. 96.1.225, D. 94.2.513, et la note de M. Despagnet] — V. Pillet, note sous Cass., 1er juill. 1895, [S. et P. 96.1.225]

929. — Nous nous bornons à signaler les dispositions des art. 6 à 9, relatives à la faillite qui pourra être déclarée par les tribunaux suisses, pour les Français résidant et ayant un établissement de commerce en Suisse, et par les tribunaux français pour les suisses résidant et ayant un établissement de commerce en France, et celles de l'art. 10, d'après lequel les contestations en matière de tutelle doivent être portées devant le tribunal du pays d'origine du mineur. — Pour plus de détails sur tous ces points, V. *infra*, vis *Faillite*, *Tutelle*.

930. — Le traité de 1869 n'a cependant pas prévu tous les cas où le Code de procédure civile attribue exceptionnellement compétence à un tribunal autre que celui du domicile du défendeur. Le silence qu'il a gardé sur plusieurs points a fait naître des difficultés, et les solutions que la jurisprudence leur a données ne concordent pas toujours très-bien entre elles.

931. — Que décider, d'abord, lorsque parmi plusieurs défendeurs il se trouve un Suisse? Celui-ci pourra-t-il être cité devant le tribunal du domicile de l'un quelconque de ses co-défendeurs, en France, conformément à l'art. 59, al. 2, C. proc. civ., ou le tribunal de son propre domicile pourra-t-il seul être compétent à son égard, par application de l'art. 1 du traité? C'est dans ce dernier sens que la jurisprudence s'est le plus souvent prononcée. — Cass., 27 août 1835, Piguet, [S. 35.1.794, P. chr.] — Par interprétation de l'art. 3 du traité du 18 juill. 1828 : Besançon, 29 juin 1885, Chem. de fer du Jura-Berne-Lucerné, [S. 86.2.229, P. 86.1.1225] — Trib. Seine, 5 mai 1893, Comp. des chem. de fer de l'Ouest, [Clunet, 93.843] — Roguin, n. 576; Vincent, *Rev. prat. de dr. int. pr.*, 1890-91, p. 10, n. 18. — *Contrà*, Lyon, 13 déc. 1889, Guy, [Clunet, 89.479]

932. — Au contraire, il a été jugé que le tribunal saisi de l'action accessoire est aussi compétent pour connaître de la demande reconventionnelle formée contre le demandeur, suisse ou français, sans que celui-ci puisse prétendre à être jugé par le tribunal de son domicile. — Trib. suisse, 1er mai 1867, [cité par Vincent, *Rev. prat.*, 1890-91, p. 12] — Trib. comm. Genève, 27 juill. 1891, Freysoh, [Clunet, 92.524] — Trib. comm. Bergerac, 28 déc. 1891, Escher, Wyss et Cie, [Clunet, 93.125] — Roguin, n. 574. — V. Vincent, *Rev. prat. de dr. int. pr.*, 1890-91, p. 12, n. 20.

933. — Le traité de 1869 déroge-t-il à l'art. 420, C. proc. civ.? La Cour de cassation a admis la négative : 29 janv. 1883, Gougoltz, [S. 85.1.482, P. 85.1.115, D. 83.1.314] — Un Suisse, même non domicilié en France, pourrait donc être cité, en matière commerciale, devant le tribunal français dans le ressort duquel l'obligation aurait été contractée et devrait être exécutée, ou le paiement devrait être effectué. — *Contrà*, Trib. comm. Marseille, 11 févr. 1897, Dreyfus et Cie, [Clunet, 99.537]; — 9 mars 1898, Jonquet frères, [Clunet, 99.116] — Roguin, n. 554; Vincent, *Rev. prat. de dr. int. pr.*, 1890-91, p. 12, n. 21.

934. — On a admis également que le traité de 1869 ne déroge pas à l'art. 59, al. 5, C. proc. civ., qui, en matière de société, attribue compétence au tribunal du siège social. Un suisse, membre d'une société française, peut donc être actionné devant le tribunal français de ce siège. — Cass., 4 mai 1868, Kobler, [S. 68.1.333, P. 68.885, D. 68.1.313]; — 25 févr. 1879, Vautier et autres, [S. 81.1.461, P. 81.1.187, D. 80. 1.20] — Trib. Seine, 28 juill. 1878, et Paris, 13 déc. 1881, Gubler-Labhard, [S. 82.2.111, P. 82.1.585] — *Contrà*, Roguin, n. 567.

935. — La société doit être considérée comme française dès lors qu'elle a son siège en France ; peu importe que tous les associés soient suisses. — Trib. féd. suisse, 12 nov. 1892, Benoît, [Clunet, 93.840]

936. — Une société suisse pourrait aussi être assignée, en France, devant le tribunal dans le ressort duquel elle a une succursale; mais il faudrait alors que cette succursale eût été effectivement établie. Le Suisse venu en France pour établir une ne deviendrait pas, de ce chef, justiciable des tribunaux français, si, d'ailleurs, ce projet n'avait pas été réalisé. — Paris, 7 avr. 1897, Société Raoul Pictet, [S. et P. 98.2.190]; — 16 oct. 1897, Société Raoul Pictet, [Clunet, 98.116]

937. — Il reste, enfin, une question à examiner : le tribunal français ou suisse, saisi d'une action intentée à un citoyen de l'un ou l'autre pays, contrairement aux stipulations du traité, devra se dessaisir, si sa compétence est déclinée par le défendeur; pourra-t-il, au contraire, connaître du litige, si le défendeur accepte sa juridiction?

938. — Il semble, tout d'abord, que la question soit tranchée par l'art. 11 du traité, aux termes duquel « le tribunal français ou suisse devant lequel sera portée une demande qui, d'après les articles précédents, ne serait pas de sa compétence, devra, d'office et même en l'absence du défendeur, renvoyer les parties devant les juges qui en doivent connaître. » Et l'on a, en effet, conclu de ce texte que le tribunal devrait se dessaisir d'office, même si le défendeur, comparaissant devant lui, s'abstenait de décliner sa compétence. — Paris, 8 juill. 1870, Golay, [S. 74.2.177, P. 74.830, D.74.2.14]; — 28 mai 1884, Demole et Deigvielle, [Clunet, 84.604] — Lyon, 5 juin 1886, Maudrillon, [Clunet, 87.337] — Paris, 30 juill. 1890, [Rev. prat. de dr. int. pr., 1890-91, t. 1, p. 105] — Lehr, *Questions et solutions pratiques* (*Journ. du dr. int. pr.*, 1882, p. 62); Weiss, *Traité élémentaire*, p. 743.

939. — Cette solution est cependant contestable. Les stipulations du traité de 1869 n'ont pour but de sauvegarder les intérêts privés des citoyens des États contractants. On s'expliquerait difficilement que ceux-ci fussent tenus d'en revendiquer le bénéfice, s'ils jugent plus avantageux pour eux de ne pas s'en prévaloir. Il ne paraît pas, d'ailleurs, que le traité ait voulu obliger les parties à se soumettre aux règles de compétence qu'il stipulait, puisqu'il leur permet, ainsi que nous l'avons vu, d'attribuer compétence au tribunal de leur choix, en faisant élection de domicile (V. *suprà*, n. 909). Reste le texte de l'art. 11 ; mais s'il en résulte incontestablement que le tribunal français ou suisse est tenu de se déclarer d'office incompétent, si le défendeur ne comparaît pas, il ne s'ensuit pas nécessairement qu'il soit obligé de le faire, si le défendeur comparaît, et s'abstient de décliner la compétence du tribunal. Sous l'empire du traité de 1828, les tribunaux français retenaient la cause et la jugeaient par défaut, toutes les fois que le défendeur ne comparaissait pas et ne déclinait pas leur compétence. C'est pour mettre fin à cet état de choses que l'art. 11 a été stipulé dans le traité de 1869. D'après les termes du protocole annexe, on a voulu que le défendeur ne fût pas tenu de se présenter à la barre pour soulever le moyen d'incompétence, mais qu'il pût adresser au président du tribunal de commerce ou au procureur de la République près le tribunal civil des notes et observations propres à éclairer les juges sur l'application à la cause des stipulations des traités, et à appeler l'attention du tribunal sur sa propre compétence. — Rouen, 12 mai 1875, Benveguen, [S. 77.2.105, P. 77.463] — Lyon, 12 août 1881, Fesch, [Clunet, 82.62] — Chambéry, 19 mars 1888, Granjux, [S. 88.2.195, P. 88.1.1096] — Besançon, 18 déc. 1896, Hirt, [D. 98 2.4] — Trib. comm. Seine, 25 avr. 1891, Bourgeois, *Cie d'assurance la Ville de Lyon*, [Clunet, 93.367 et s.] — Trib. fédéral suisse, 2 juill. 1875, [Clunet, 76.227] — Brocher, t. 3, n. 19, p. 106.

940. — Il faut remarquer que le défendeur suisse qui a envoyé les notes et documents mentionnés au protocole précité, peut néanmoins être déclaré défaillant; et le jugement rendu contre lui, si le tribunal retient l'affaire, est un jugement par défaut, et comme tel susceptible d'opposition. — Cass., 11 juin 1879, Weiss, [S. 80.1.33, P. 80.51]

2° Traité franco-belge.

941. — La France a conclu avec la Belgique, à la date du 8 juill. 1899, un traité relatif à la compétence judiciaire (tit. 1), à l'autorité et à l'exécution des décisions judiciaires, des sentences arbitrales et des actes authentiques (tit. 2). Ce traité a été ratifié le 26 juill. 1900. Nous allons analyser les stipulations du tit. 1, relatif à la compétence, en signalant seulement celles qui concernent les tutelles, les successions et la faillite.

942. — Le principe fondamental du traité (art. 1, § 1), c'est que « en matière civile et commerciale, les Belges en France et les Français en Belgique sont régis par les mêmes règles de compétence que les nationaux. » L'art. 14, C. civ., ne s'appliquera donc plus dans les rapports entre Français et belges ; le demandeur français devra assigner le défendeur belge devant le tribunal de son domicile, en Belgique ou en France, et réciproquement.

943. — L'art. 15, C. civ., cesse également de s'appliquer. Si le défendeur français est domicilié en Belgique, le demandeur belge ne pourra le citer devant un tribunal de France, et le Français n'aura pas le droit de décliner la compétence du tribunal belge de son domicile, devant lequel il sera assigné (art. 1, § 3).

944. — L'assimilation établie, en matière de compétence, entre les Français et les Belges, ne va pas cependant jusqu'à donner aux Belges le droit d'invoquer eux-mêmes l'art. 14 pour traduire d'autres étrangers devant les tribunaux français, à moins cependant qu'ils n'aient été autorisés à établir leur domicile en France (art. 1, § 2).

945. — La compétence ainsi reconnue au tribunal du domicile du défendeur comporte cependant des exceptions. L'une d'elles déroge aux règles générales : « Si le défendeur n'a ni domicile ni résidence en Belgique ou en France, le demandeur, français ou belge, peut saisir de la contestation le juge du lieu où l'obligation est née, a été ou doit être exécutée » (art. 2).

946. — D'autres sont des applications du droit commun. Ainsi, en matière commerciale, les tribunaux désignés par l'art. 420, C. proc. civ., seront compétents (art. 2, *in fine*).

947. — En cas d'élection de domicile, le tribunal du domicile élu sera compétent ; toutefois, l'art. 3, § 1, du traité ne reproduit pas simplement l'art. 59, 9e al., C. proc. civ. Il décide que les juges du domicile élu seront seuls compétents, à l'exclusion de ceux du domicile réel ; à moins cependant que l'élection de domicile n'ait été faite que dans l'intérêt de l'une des parties, qui a alors le droit de saisir du litige tout autre tribunal compétent.

948. — De plus, tout industriel ou commerçant, toute société civile ou commerciale de l'un des deux pays, qui établit une succursale dans l'autre, est réputé faire élection de domicile, pour le jugement de toutes les contestations concernant les opérations de la succursale, au lieu où celle-ci a son siège (art. 3, § 2).

949. — Le juge devant lequel la demande originaire est pendante connaît des demandes en garantie et des demandes reconventionnelles, à moins qu'il ne soit incompétent à raison de la matière (art. 4, § 2).

950. — Le juge français ou belge, compétent pour statuer sur la demande en validité ou en mainlevée d'une saisie-arrêt, l'est également pour connaître de l'existence de la créance, à moins qu'il ne soit incompétent à raison de la matière, et sauf le cas de litispendance (art. 5).

951. — Les juges des deux pays peuvent, en cas d'urgence, ordonner les mesures provisoires ou conservatoires, organisées par les législations française ou belge, quel que soit le juge compétent pour connaître du fond (art. 9).

952. — Comme complément aux règles précédentes, il faut ajouter que les tribunaux de chacun des Etats contractants doivent, si l'une des parties le demande, renvoyer devant les tribunaux de l'autre pays les contestations dont ils sont saisis, quand ces contestations y sont déjà pendantes, ou quand elles sont connexes à d'autres contestations soumises à ces tribunaux. Le traité applique ainsi, dans les rapports des deux Etats, les règles de la litispendance et de la connexité (art. 4, § 1).

953. — En matière de tutelle, le tribunal compétent est celui du lieu où la tutelle s'est ouverte (art. 6).

954. — En matière de succession, le tribunal compétent est celui du lieu où elle est ouverte. Le traité comprend formellement, parmi les actions qui devront être portées devant ce tribunal, les actions des légataires et les créanciers contre les héritiers ou l'un d'eux (art. 7).

955. — En matière de faillite, le tribunal seul compétent pour la déclarer est celui du domicile du commerçant, français ou belge, dans l'un ou l'autre des deux pays ; et s'il s'agit d'une société de commerce, le tribunal du siège social. En outre, un commerçant de l'une des deux nations peut être déclaré en faillite dans l'autre, bien qu'il n'y soit pas domicilié, s'il y possède un établissement commercial. Le tribunal compétent est alors celui du lieu de l'établissement (art. 8, § 1).

956. — Enfin dans tous les cas où la convention n'établit pas de règles de compétence commune, la compétence est réglée, dans chaque pays, par la législation qui lui est propre (art. 10). Il en serait ainsi, par exemple, au cas où il y aurait plusieurs défendeurs, dont le traité n'a pas parlé (C. proc. civ., art. 59, al. 2), comme aussi pour les actions réelles immobilières, qui sont restées en dehors de ses prévisions.

§ 3. — Conventions diverses.

957. — Les traités dont nous venons de parler sont les seuls qui dérogent aux art. 14 et 15, C. civ. On s'est demandé, cependant, si l'on ne devait pas trouver une semblable dérogation dans la convention sur l'exécution des jugements conclue entre la France et le Grand-Duché de Bade le 16 avr. 1846, étendue à l'Alsace-Lorraine par la convention additionnelle au traité de Francfort du 11 déc. 1871 (art. 18), et dont les art. 1 et 2. sont ainsi conçus : art. 1. « Les jugements rendus en matière civile ou commerciale par les tribunaux compétents de l'un des deux pays contractants... seront exécutoires dans l'autre ...; » art. 2. « Sera réputé compétent le tribunal dans lequel le défendeur a son domicile ou sa résidence ... » Le jugement rendu en France contre un sujet badois ou alsacien, non domicilié dans ce pays, émanera d'un tribunal incompétent et ne pourra être rendu exécutoire dans les termes du traité; et le Français, demandeur contre un Badois et un Alsacien, qui voudra se réserver le moyen de faire exécuter, dans le Grand-Duché ou en Alsace-Lorraine, le jugement qu'il aura obtenu ne pourra saisir de sa demande un tribunal français; il devra nécessairement intenter son action devant le tribunal du domicile du défendeur à l'étranger. Dans cette mesure, le traité déroge à la compétence établie par l'art. 14, C. civ. — V. *infrà*, v° *Jugement étranger*, n. 341 et s.

958. — Mais il ne suit pas de là que le tribunal français saisi de cette demande doive se déclarer incompétent. Le traité de 1846, en effet, n'a pas pour objet propre de régler la compétence respective des juridictions française et badoise, mais de déterminer les conditions de compétence que les jugements devront remplir pour être déclarés exécutoires. Le demandeur conserve donc le droit, que lui confère l'art. 14, C. civ., de former, devant un tribunal français, sa demande contre le défendeur étranger ; mais il est prévenu d'avance qu'il ne pourra amener à exécution le jugement qu'il obtiendrait, dans le pays de son adversaire. — Colmar, 11 déc. 1861, Baër, [S. 62.2.205, P. 62.126] — Paris, 20 mars 1879, Schaffauser, [S. 80.2.49, P. 80.219, D. 80.2.193] — Trib. Orthez, 10 juill. 1890, Saubade, [Clunet, 95.813] — Surville et Arthuys, n. 440; Gerbaut, n. 431.

959. — Nous ne pensons pas non plus que les conventions qui assurent aux étrangers, demandeurs ou défendeurs, un libre accès devant les tribunaux français (V. *infrà*, n. 962), dérogent à la règle de l'art. 14, dont les dispositions n'entravent nullement le droit des étrangers de se défendre devant les tribunaux français. — Trib. Seine, 3 août 1895, Société des *Fundiciones del norte*, [Clunet, 96.145] — Trib. comm. Seine, 26 févr. 1899, Gévin, [Clunet, 99.254] — V. cependant Surville et Arthuys, n. 400. — Il faut observer que, dans l'espèce sur laquelle a statué le jugement précité du tribunal de commerce de la Seine, l'étranger espagnol avait le droit de décliner la compétence du tribunal français, en vertu de l'art. 2 du traité du 7 janv. 1862, qui confère aux Espagnols en France la jouissance des droits civils.

959 bis. — Une société de chemins de fer espagnole, qui s'est engagée à transporter d'Espagne en France des marchandises reçues d'un expéditeur espagnol pour un destinataire qu'elle savait français, et qui a accepté la stipulation faite à son profit par l'expéditeur, peut, en cas de difficultés touchant le contrat de transport, être traduite par le destinataire devant les tribunaux français, conformément à l'art. 14, C. civ. Il importe peu que la convention conclue le 6 avr. 1864 entre la France et l'Espagne, pour le service de surveillance et de douane sur les chemins de fer du Midi de la France et du Nord de l'Espagne, ait concédé à chacune des parties contractantes l'action administrative et la surveillance de la voie qui lui était réservée sur la route internationale entre les stations d'Irun et d'Hendaye, cette convention ayant pris soin de spécifier que la compétence des tribunaux aurait pour limite la frontière des deux Etats. — Cass., 12 avr. 1897, Cⁱᵉ des chem. de fer du Nord de l'Espagne, [S. et P. 1900.1.356]

Section II.
Traités relatifs aux contestations entre étrangers.

960. — Les traités qui attribuent, implicitement ou expressément, compétence aux tribunaux français pour juger les contestations entre les étrangers qui en bénéficient, et réciproquement, sont de trois sortes.

961. — 1° Les traités qui accordent aux étrangers en France la jouissance des droits civils.

962. — 2° Les traités — conventions consulaires ou traités de commerce — qui renferment ce qu'on nomme la clause du libre accès, c'est-à-dire qui stipule que les Français à l'étranger, et réciproquement les étrangers en France, « auront un libre et facile accès auprès des tribunaux de justice, tant pour réclamer que pour défendre leurs droits, à tous les degrés de juridiction, et jouiront, sous ce rapport, des mêmes droits et avantages déjà accordés ou qui seront accordés aux nationaux. » Ces traités sont nombreux. Nous citerons, en particulier, ceux qui ont été conclus avec l'Espagne (convention consulaire du 7 janv. 1872 art. 2 : S. *L. ann.*, 1862, p. 21); le Portugal (27 déc. 1853, art. 1 : S. *L. ann.*, 1854, p. 6); la Russie (traité de commerce du 1ᵉʳ avr. 1874, art. 2 : S. *L. ann.*, 1874, p. 533); la Serbie (18 juin 1883, art. 4) et plusieurs Etats de l'Amérique. — V. *infrà*, n. 975.

963. — Les nationaux de ces pays, pouvant réclamer et défendre leurs droits, comme les Français eux-mêmes, devant les tribunaux français; il en résulte que ces tribunaux sont compétents pour juger les contestations qui s'élèvent entre eux, sans qu'il y ait à distinguer entre les actions relatives au patrimoine et les questions d'état. — Cass., 3 juin 1885, Corchon, [S. 85. 1.417. P. 85.1.1023, D. 85.1.400] — Aix, 29 déc. 1890, Pui y Solar, [Clunet, 95.582] — Alger, 13 janv. 1892, Piaero, [S. et P. 92.2.151, D. 92.2.479] — Trib. Seine, 6 déc. 1887, Dominguès, [Clunet. 96.354]; — 5 mars 1892, Dame Hubegseeck, [Clunet, 92.661]; — 12 mai 1892, Lenthé, [Clunet, 92.937] — V. aussi Vincent, *Les étrangers devant les tribunaux français*; Weiss, *Traité élémentaire*, p. 781 ; Surville et Arthuys, n. 411; Audinet, n. 441.

964. — Mais on ne doit pas considérer comme attribuant cette compétence aux tribunaux français le traité conclu entre la France et la Sardaigne le 24 mars 1860, confirmé par la déclaration du 11 sept. 1860, et qui stipule (art. 22) que « pour être admis en jugement, les sujets respectifs ne seront tenus de part et d'autre qu'aux mêmes cautions et formalités qui s'exigent de ceux du propre ressort, suivant l'usage de chaque tribunal. » Cette clause exonère les Italiens en France, et réciproquement, de fournir la caution *judicatum solvi*, mais elle ne règle pas la compétence des tribunaux. — Trib. Lyon, 7 juin 1888, Héritiers Tamiotti, [Clunet, 91.489] — Trib. Seine, 7 et 14 nov. 1879, Capra, [Clunet, 79.542]

965. — Il a été jugé, avec raison, qu'aucun traité ne donnait aux sujets anglais le droit de saisir de leurs différends les tribunaux français. Ils ne peuvent invoquer, en ce sens, à leur profit ni l'art. 8 du traité d'Utrecht... — Cass., 27 janv. 1857, Hope, [S. 57.1.161, P. 57.544, D. 57.1.142] — ... Ni le traité de 1862, conclu entre la France et la Grande-Bretagne. — Cass., 17 juill. 1877. Comp. London Chatanaud and Dover railway, [S. 77.1.449, P. 77.1198, D. 78.1.366]

966. — 3° L'art. 2 du traité franco-suisse de 1869 porte que « dans les contestations entre Suisses qui seraient tous domiciliés ou auraient un établissement commercial en France, et dans celles entre Français, tous domiciliés ou ayant un établissement commercial en Suisse, le demandeur pourra aussi saisir le tribunal du domicile ou du lieu de l'établissement du défendeur, sans que les juges puissent se refuser de juger ou se déclarer incompétents, à raison de l'extranéité des parties contractantes. » Il en sera de même si un Suisse poursuit un étranger, domicilié ou résidant en France, devant un tribunal français, et réciproquement si un Français poursuit en Suisse un étranger, domicilié ou résidant en Suisse, devant un tribunal suisse. »

967. — Ainsi les tribunaux français sont compétents pour juger les contestations entre deux Suisses, ou même entre un Suisse et un autre étranger, et réciproquement; non seulement le tribunal ne pourra pas refuser de juger, mais le défendeur ne pourra pas décliner sa compétence, et le demandeur ne pourrait saisir un autre tribunal. — Surville et Arthuys, n. 412, p. 470. — V. cep. Vincent, *Rev. prat. de dr. int. pr.*, 1890-91, part. 1, p. 39, n. 41.

968. — Mais il faut que les parties soient l'une et l'autre domiciliées soit en France, soit en Suisse. — Paris, 8 juill. 1870, Golay, [S. 71.2.177, P. 71.830, D. 71.2.11]; — 25 nov. 1886, Banque de Genève, [*Rev. prat. de dr. int. pr.*, 1890-91, p. 36, n. 3]

969. — Les tribunaux français sont-ils compétents pour connaître d'une contestation entre deux Suisses domiciliés en France (et réciproquement) lorsqu'elle concerne l'état et la capacité des personnes ?

970. — On l'a contesté. Les art. 1 et 2 du traité règlent la compétence des tribunaux français ou suisses « en matière mobilière et personnelle, civile ou de commerce. » Or de semblables expressions désignent uniquement les actions relatives au patrimoine; celles qui concernent l'état des personnes ne sont pas, à proprement parler, des actions personnelles, et surtout elles ne sont pas des actions mobilières puisqu'elles n'ont pas les biens pour objet. D'ailleurs, l'art. 10 du traité dénote l'intention d'établir une corrélation entre la juridiction compétente et la loi applicable; et comme l'état et la capacité des personnes sont régies par leur loi nationale, il est juste que les contestations qui s'y rapportent ne puissent être jugées que par les tribunaux de leur pays. — V. dans ce sens en France : Angers, 20 févr. 1861, Couzette, [S. 61.2.409, P. 62.33] — Paris, 28 avr. 1882, Algerli, [Clunet, 82.546]; — 26 mars 1889, Galli, [S. 89.2.116, P. 89.1.600, D. 90.2.128] — Besançon, 18 déc. 1896, Hirt, [Clunet. 98.355] — Trib. Seine, 12 août 1881, Favre, [Clunet, 82.627]; — 13 févr. 1883, Kursteiner, [Clunet, 83.294]; — 10 mars 1888, Galli, [S. 88.2.94. P. 88.1.586]; — 23 avr. 1888, Colelongh. [*Ibid.*]; — 29 févr. 1892. Colelagbi, [Clunet, 93.573]; — 10 mai 1897, Dame Lacombe, [Clunet, 98.115] — En Suisse : Trib. fédéral suisse, 18 oct. 1878, Surrugus, [Clunet, 79.96] — Trib. civ. Genève, 28 déc. 1879, Epoux Jurine, [Clunet, 80.403] — Trib. fédéral suisse, 15 nov. 1886, Ficon, [Clunet, 87.111] — Cour just. civ. Genève, 16 déc. 1893 G..., [Clunet, 95.671] — Brocher, t. 3, n. 13, p. 83; Roguin, n. 77, et *Journ. du dr. int. pr.*, 1886, p. 561; Lehr, *Des demandes en séparation de corps entre étrangers* (*Journ. du dr. int. pr.*, 1878, p. 247); Féraud-Giraud *Compétence des tribunaux français dans les contestations entre époux étrangers* (Même journ., 1885, p. 381); Vincent, *Rev. prat. de dr. int. pr.*, 1890-91, p. 45, n. 50 et s.

971. — Nous pensons, au contraire, que les stipulations des art. 1 et 2 du traité de 1869 ont une portée générale, et qu'elles doivent s'appliquer aux contestations relatives à l'état des personnes, bien qu'à celles qui concernent le patrimoine. Le traité a emprunté, pour qualifier les actions, la terminologie du Code de procédure civile français, qui ne fait pas une classe à part des questions d'état, mais les range, au point de vue de la compétence, parmi les actions personnelles mobilières. D'ailleurs, les tribunaux français peuvent très-bien appliquer la loi suisse (et réciproquement) ; et si l'art. 10 du traité établit, dans une hypothèse particulière, une corrélation entre le tribunal compétent et la loi applicable, rien n'indique que cette solution doive être généralisée. — V. 2e juill. 1878, Benveguen, [S. 88.2. 94, *ad notam*, P. 88.1.586, *ad notam*, D. 80.1.12] — Rouen, 12 mai 1875, Benveguen, [S. 77.2.105, P. 77.463] — Paris, 20 mars 1891, Epoux Crouson, [Clunet, 98.1060] — Cour just. civ. Genève, 6 mai 1876, [Clunet, 76.227] ; — 21 janv. 1878, [D. 79.2.145] — Demangeat, *Des demandes de séparation de corps entre étrangers* (*Journ. du dr. int. pr.*, 1878, p. 450); Surville et Arthuys, n. 412, p. 470 ; Audinet, n. 441; Gerbaut, n. 274 ter.

972. — Les règles relatives aux attributions de compétence dont nous avons parlé (*supra*, n. 912) s'appliquent aux contestations entre parties de même nationalité, comme à celles qui s'élèvent entre parties de nationalités différentes.

973. — Lorsque le tribunal français ou suisse est incompétent pour connaître d'une contestation entre Suisses ou entre Français, soit parce que l'une des parties n'est pas domiciliée en France ou en Suisse, soit, dans l'opinion que nous avons combattue, parce qu'il s'agit d'une question d'état, quel est le caractère de l'incompétence du tribunal français ou suisse? Nous avons déjà examiné cette question *supra*, n. 937 et s. Nous pensons que cette incompétence n'est pas d'ordre public. Le tribunal devra se dessaisir d'office si le défendeur fait défaut, conformément à l'art. 11 du traité; mais il pourra connaître du litige si les parties comparaissent et acceptent sa juridiction. — Sic, Roguin, n. 485. — V. *supra*, n. 938 et 939. — V. dans le sens de l'incompétence absolue, Paris, 26 mars 1889, précité. — Trib. Seine, 10 mars 1888, précité; — 23 avr. 1888, précité; — 29 févr. 1892, précité.

974. — 3° Le traité franco-belge du 8 juill. 1899 décide, comme nous l'avons vu, que, en matière civile et commerciale, les Belges en France et les Français en Belgique sont régis par les mêmes règles de compétence que les nationaux ; les tribunaux français seront donc compétents pour connaître d'une contestation entre Belges, ou même entre un Belge et un étranger d'une autre nationalité, dès lors que le défendeur belge sera domicilié en France. Le tribunal français pourra même être compétent, bien que le défendeur ne soit pas domicilié en France, si l'on se trouve dans l'une des hypothèses prévues par le traité, et, à défaut de traité, par la loi française où la compétence n'est pas déterminée par le domicile du défendeur.

975. — 4° Les stipulations des traités franco-suisse et franco-belge s'appliqueront, par voie de conséquence, aux nationaux des pays qui ont stipulé, sous ce rapport, le traitement de la nation la plus favorisée, tel que le Brésil (Traité du 7 juin 1826, art. 6). — Cass., 21 juill. 1886, de Fouseca y Guimarès, [S. 87. 1.69. P. 87.1.147, D. 87.1.224] — ... La Serbie (Traité du 18 juin 1883, art. 4 : S. *Lois annotées* de 1884, p. 676).

976. — Mais il a été jugé avec raison que l'art. 11 du traité de Francfort, aux termes duquel le gouvernement français et le gouvernement allemand s'assurent, dans leurs relations commerciales, le traitement de la nation la plus favorisée, ne saurait avoir pour effet de donner aux tribunaux français une compétence obligatoire à l'égard des Allemands, surtout pour le jugement des questions d'état. — Alger, 16 mai 1888, Dame Schwartz, [D. 90.2.93]

TITRE IV.

ENREGISTREMENT ET TIMBRE.

CHAPITRE I.

ENREGISTREMENT.

Section I.
Généralités.

977. — Le droit fiscal international a pris depuis le commencement du siècle une importance considérable, par suite de la facilité des communications et des relations plus fréquentes entre personnes de différentes nationalités. Ce droit n'est pas encore assis sur des bases bien établies : il se forme tous les jours, au moyen des lois spéciales et de la jurisprudence de tous les Etats : de là le défaut d'homogénéité, les hésitations, les variations, parfois même les contradictions de la législation sur la matière. Tout impôt est territorial. Les auteurs sont unanimes à poser ce principe surtout en matière fiscale. — Championnière et Rigaud, *Tr. des dr. d'enreg.*, n. 3791 ; Demante, t. 2, n. 285 ; Fœlix et Demangeat, *Dr. intern.*, t. 2, n. 285 ; Maton, *Princ. du dr. fiscal*, t. 1, n. 181 et 311 ; Naquet, *Tr. des dr. d'enreg.*, t. 1, n. 53 ; Bastiné, *Théorie du droit fiscal*, t. 1, n. 694. — ... Et la jurisprudence a consacré cette doctrine : « Le droit proportionnel est un impôt réel qui ne peut être perçu qu'au profit du souverain dans le territoire duquel sont les biens sont situés. » — Cass., 11 déc. 1820, Kohlaas, [S. et P. chr.]. — Dans le même sens, Cass., 21 avr. 1828, Grassière, [S. et P. chr.]; — 3 avr. 1844, Cortambert, [S. 44.1.335, P. 44.1.516]; — 31 mai 1848, Taphinon, [S. 48.1. 444, P. 48.2.123, D. 48.1.108]; — 23 janv. 1849, Barbet, [S. 49. 1.193, D. 49.1.42]; — 2 juill. 1849, Ochou, [S. 49.1.640, P. 49.2. 165, D. 49.1.240]

978. — Mais l'application de ce principe aux droits d'enregistrement se heurte à un grand nombre de difficultés. Ces droits frappent non seulement les mutations de propriété immobilière même non constatées par un écrit, mais encore les faits juridiques relatés dans un acte présenté à la formalité ; maintes distinctions étant faites suivant le cas où l'acte est authentique ou sous seing privé ; où il en est fait usage en justice ou non. Il s'agit de savoir si, dans toutes ces applications, l'impôt de l'enregistrement doit rester territorial.

979. — Plusieurs réponses ont été faites à cette question. Championnière et Rigaud (*Tr. des dr. d'enreg.*, n. 3791 et s.) ont distingué suivant qu'il s'agissait de droits d'acte ou de droits de mutation. Ceux-ci, dus indépendamment de la rédaction de tout écrit, ne peuvent évidemment frapper que les mutations des biens situés en France; la loi française n'a aucune qualité pour imposer des immeubles qui ne font pas partie de son territoire. Au contraire, les droits d'acte sont dus dès qu'il y a rédaction d'un écrit : lors donc que cet écrit est présenté à la formalité soit volontairement, soit obligatoirement (quand il est authentique ou produit en justice), il doit subir les droits fixés par la loi française, quelle que soit la situation des biens meubles ou immeubles qui en font l'objet.

980. — Cette doctrine ne peut être admise. La distinction des droits en droits d'acte et droits de mutation est en effet absolument arbitraire, et a toujours été repoussée avec raison par l'administration de l'enregistrement. Ce n'est pas ici le lieu de la réfuter : c'est un point que nous examinons *supra*, v° *Enregistrement*, n. 535 et s. ; faisons seulement remarquer que ses partisans se méprennent sur le sens de la loi. Quand celle-ci soumet au droit un acte, c'est l'opération juridique constatée par cet acte qu'elle vise, et non l'écrit lui-même, l'*instrumentum*; sans cela le droit devrait être le même pour tous les actes. Dans ces conditions, il semble impossible d'assujettir aux impôts français des mutations de biens étrangers, pour la seule raison que ces mutations sont constatées par un écrit produit en France : les mutations verbales étant considérées comme exemptes, par application du principe supérieur de la territorialité de l'impôt, il ne peut en être autrement des mutations ayant fait l'objet d'un acte.

981. — Une autre distinction, proposée par M. Wahl (*Journ. du dr. int. pr.*, 1891, p. 1068 et s.) sépare les droits fixes, salaire de la formalité, devant être perçus chaque fois que cette formalité est requise, quel que soit l'objet de l'acte, des droits proportionnels, qui ne peuvent frapper que des mouvements de valeurs s'opérant en France, sous la protection de la loi française. Cette distinction serait excellente si les droits fixes étaient restés vraiment ce que les avait faits la loi de frimaire, c'est-à-dire le salaire de la formalité. On doit s'y attacher encore dans tous les cas où leur caractère n'a peu varié. Mais les besoins du Trésor ont amené le législateur à modifier le caractère des droits fixes, à les augmenter de façon à ce qu'ils ne soient plus aucunement proportionnés au service rendu, et à les graduer suivant l'importance relative des actes : dans la majorité des cas les droits fixes sont devenus de véritables impôts.

982. — A notre avis, la territorialité de l'impôt devrait faire repousser absolument tout droit sur des actes ou mutations dont l'objet est situé hors du territoire. Au cas où de pareils actes seraient soumis à la formalité en France, un seul droit fixe devrait être perçu, celui des actes innommés (3 fr.), qui représente réellement que le salaire de la formalité. En revanche, les actes passés à l'étranger et concernant des biens français devraient être soumis aux mêmes règles que s'ils avaient été passés en France.

983. — Nous allons rechercher comment la législation française a résolu ces diverses questions, et nous examinerons d'abord : 1° les actes passés à l'étranger concernant des biens français; 2° les actes passés ou produits en France, concernant des biens étrangers. Nous insisterons ensuite sur certains points spéciaux, et sur les mutations réalisées en dehors de toute rédaction d'acte.

Section II.

Actes entre-vifs passés à l'étranger et concernant des biens situés en France.

§ 1. *Règle à suivre.*

984. — Les actes passés à l'étranger, concernant des meubles ou des immeubles situés en France, sont assujettis aux mêmes droits que si l'acte avait été passé en France. — Cass., 31 janv. 1876, Whetnall, [S. 76.1.425, P. 76.1078, D. 76.1.209] — Trib. Montauban, 15 nov. 1888, [Garnier, *Rép. pér.*, n.7325] — ... sans qu'il y ait lieu de rechercher la nationalité des parties, qui importe seulement dans les transmissions par décès. — Sic, Championnière et Rigaud, *Traité des dr. d'enreg.*, t. 1, n. 13; Demante, *Principes de l'enreg.*, n. 13.

985. — La nationalité des immeubles se détermine facilement par leur situation ; il en est de même des meubles corporels. La question est plus délicate quand il s'agit des meubles incorporels ; nous l'examinons *infra*, n. 992 et s.

986. — Tous les actes passés à l'étranger, même authentiques, sont assimilés aux actes sous seing privé, pour la perception de l'impôt. En conséquence, ils peuvent être enregistrés dans tous les bureaux indistinctement (L. 22 frim. an VII, art. 26), à moins qu'ils ne soient annexés à un acte notarié : dans ce cas, ils ne peuvent être enregistrés qu'au bureau compétent pour l'acte principal (Délib. Enreg., 14 juill. 1856; *Rép. pér.*, n. 786; Instr. gén., n. 2077 et 2508, § 1). On ne peut donc considérer que comme contenant une erreur de rédaction un arrêt de la Cour de cassation du 15 mars 1899, portant « qu'un acte passé en pays étranger est inexistant à l'égard de l'enregistrement » *Société anonyme française des charbonnages du Tonkin*, [S. et P. 99.1.369, et la note de M. Wahl] — Cette affirmation est fausse à tous points de vue, qu'il s'agisse d'un acte concernant des biens français (nous venons de le voir) ou qu'il s'agisse d'un acte ayant pour objet des biens étrangers, car cet acte est passible d'un droit proportionnel en cas d'usage en France (*infra*, n. 1014 et s.); or aucune perception ne serait possible si l'acte était inexistant. L'expression a évidemment faussé la pensée du rédacteur de l'arrêt. — V. *infra*, n. 1046 et s.

987. — Pour les actes constatant des transmissions mobilières, l'enregistrement n'est obligatoire qu'en cas d'usage public ou de production en justice en France. Au contraire ceux qui constatent une mutation d'immeubles en propriété ou en usufruit doivent être soumis à la formalité dans un délai préfix. Ce délai est de six mois si l'acte a été fait en Europe, d'un an s'il a été fait en Amérique, de deux ans s'il a été fait en Asie, en Afrique ou en Océanie (L. 22 frim. an VII, art. 22). Ces délais sont réduits à trois mois en cas de mise en possession de l'acquéreur, à compter de la prise de possession, en vertu de l'art. 4, L. 27 vent. an IX, et des art. 11 et 14, L. 23 août 1871. L'augmentation du délai à raison des distances n'a plus, en effet, de raison d'être dans cette hypothèse, puisque l'acte a reçu son exécution en France.

988. — Les mêmes règles sont applicables aux actes constatant la transmission de fonds de commerce situés en France : les délais sont donc de six mois, un an ou deux ans. La loi du 28 févr. 1872, dans son art. 8, fixant à trois mois le délai d'enregistrement, n'a pas, il est vrai, accordé de délais supplémentaires à raison de l'extranéité de l'acte, mais comme le législateur avait pour but d'assimiler complètement, au point de vue de l'impôt, le fonds de commerce aux immeubles, il n'est pas douteux que les délais ne doivent être les mêmes pour les deux sortes de biens. Trois mois seraient d'ailleurs insuffisants dans la plupart des cas, pour permettre aux parties de se conformer à la loi. — Tr. alph., v° *Etranger*, n. 14.

989. — Les deux droits en sus établis par la loi du 23 août 1871, en cas d'enregistrement tardif, et le délai supplémentaire d'un mois accordé à l'ancien possesseur par l'art. 14 de cette loi, sont aussi applicables aux actes qui nous occupent. Dans tous les cas, les pénalités sont celles qu'il s'agissait d'un acte sous seing privé passé en France. — V. *supra*, v° *Acte sous seing privé*, n. 420 et s.

990. — D'après l'art. 68, § 1, n. 24, L. 22 frim. an VII, la *déclaration de command* doit être notifiée à la régie dans les vingt-quatre heures du contrat, si les parties veulent éviter un double droit de mutation (V. *suprà*, v° *Command*, n. 112). Il ne peut évidemment en être de même, quand ce contrat est passé à l'étranger, et la majorité des auteurs décide que le délai de vingt-quatre heures ne court que du jour de l'enregistrement de l'acte principal en France (*Traité alph.*, v° *Etranger*, n. 16). Il est impossible, en effet, d'adopter l'opinion de ceux qui fixent arbitrairement ce délai à la moitié de celui accordé par l'art. 73, C. proc. civ., pour les ajournements signifiés à des personnes résidant à l'étranger. — *Dict. Enreg.*, v° *Etranger*, n. 66.

991. — Les actes passés à l'étranger et concernant des mutations d'immeubles ou de fonds de commerce en France sont enregistrés suivant le tarif en vigueur *à leur date*.

§ 2. *Nationalité des valeurs.*

992. — La situation des meubles incorporels, auxquels a été réservée la dénomination de *valeurs mobilières*, tels que les créances, rentes, actions et obligations des sociétés, etc..., est purement fictive, et plusieurs systèmes ont été proposés pour la déterminer. N'ont pas prévalu ceux qui considèrent un droit comme situé au lieu où il s'est formé, au lieu de l'exécution, au domicile du créancier. Il est communément admis, à l'heure actuelle, que les valeurs incorporelles sont censées situées au domicile du débiteur. — En ce sens, Av. Cons. d'Et., 11 mars 1829, [Instr. gén., n. 1282, § 6] — Cass., 29 août 1837, Froëlich, [S. 37.1.762, P. 37.2.274]; — 31 mai 1848, Taphinon, [S. 48.1.444, P. 48.2.423, D. 48 1.108]; — 23 janv. 1849, Barbet, [S. 49.1.193, D. 49.1.42]; — 2 juill. 1849, Ochon, [S. 49.1.640, P. 49.2.165, D. 49.1.240]; — 20 janv. 1858, de Riviers de Mauny, [S. 58.1.309, P. 58.866, D. 58.1.318] — Sol. rég. 2 déc. 1865, [P. 66.863]; — déc. 1890, Wahl, [*Journ. du dr. int. pr.*, 1891, p. 1074 et s.]

993. — La jurisprudence a fait maintes fois l'application de cette règle en droit fiscal. Nous citerons les espèces suivantes, dont beaucoup sont intervenues au sujet de la perception du droit de mutation par décès, mais qui n'en tranchent pas moins la question de principe dans tous les cas.

994. — Les fonds publics étrangers sont des valeurs étrangères, parce qu'ils sont censés situés au siège du gouvernement débiteur, et cela, quand bien même les titres seraient émis et cotés en France, quand même le service des intérêts et de l'amortissement s'effectuerait en France. — Cass., 23 janv. 1849, précité; — 2 juill. 1849, précité.

995. — La nationalité des actions et obligations des sociétés est fixée par la situation du lieu du siège social de la société, quel que soit l'Etat où celle-ci opère. — Trib. Le Havre, 21 mars 1862, [Garnier, *Rép. pér.*, n. 1022] — Déc. min. Fin., 7 févr. 1834, [Instr. gén., n. 1458, § 6]

996. — Les sommes dépendant d'une succession ouverte en pays étranger et déposées en compte courant dans une maison de banque établie en France par des étrangers, constituent des valeurs françaises. — Trib. Seine, 31 janv. 1863, Pedrosa y Echeverria, [P. *Bull. Enreg.*, art. 852]

997. — Une lettre de change tirée de l'étranger sur la France constitue une valeur française dans le sens de la loi sur l'enregistrement, alors même que le tireur est étranger et qu'elle n'a pas été acceptée en France par le tiré. — Cass., 29 nov. 1858, Meynier, [S. 59.1.263, P. 59.1083, D. 58.1.471] — *Sic*, G. Demante, *Princ. d'enreg.*, n. 785 et s., et les observations en note sous l'arrêt précité.

998. — Lorsqu'il est stipulé, dans l'acte d'une société formée entre Français pour l'exploitation d'une entreprise située à l'étranger, que la part du prémourant appartiendra au survivant contre le remboursement de sa valeur déterminée par le dernier inventaire, la somme qui forme, au cas échéant, le prix de cette cession constitue une valeur française. — Cass., 24 mai 1873, Houiller, [S. 73.1.424, P. 73.1015, D. 74.1.28]

999. — Le capital dû par une compagnie française d'assurances à un assuré étranger décédé hors de France constitue une valeur française. — Cass., 24 févr. 1869, de Luttwitz, [S. 69.1.140, P. 69.313, D. 69.1.425] — Sol. 23 juill. 1883, [*J. Enreg.*, n. 22.236]; — 16 août 1895, [*Rev. Enreg.*, n. 1071] — *Contrà*, Sol. 6 déc. 1899, [*Rev. Enreg.*, n. 2327]

1000. — Les droits réels incorporels, tels que les brevets d'invention, les marques de fabrique, la propriété littéraire, sont censés étrangers dans le pays étranger qui les a concédés et qui les protège. — Sol. 28 juill. 1850, [*J. Enreg.*, n. 18180-1°]

1001. — Un fonds de commerce est aussi une valeur incorporelle, tout au moins en ce qui concerne la clientèle, l'achalandage. Un fonds dont les propriétaires sont étrangers mais qui à son exploitation en France, doit-il être considéré comme bien étranger? La jurisprudence a décidé que ce point est français, l'élément corporel l'emportant ici sur l'élément incorporel. — Cass. 9 nov. 1891, Veil-Picard, [S. et P. 92.1.209, D. 92.1.549] — Trib. Seine, 27 janv. 1899, Decap, [*Rev. Enreg.*, n. 1977] — Sol. 13 déc. 1899, [*Rev. Enreg.*, n. 2260] — Cette doctrine se trouve d'ailleurs implicitement consacrée par la loi du 1ᵉʳ mars 1898 (*Bull. Enreg.*, 1943, n. 34127) qui a fixé au lieu de l'exploitation l'accomplissement des formalités nécessaires à la constitution d'un nantissement sur les fonds de commerce.

1002. — Il nous paraît nécessaire d'apporter une exception au principe d'après lequel une créance est située au domicile du débiteur, quand le contrat fixe un lieu de paiement, et que le tribunal de ce lieu est compétent pour connaître de l'exécution du contrat : le lieu du paiement détermine alors la situation, et par suite la nationalité de la créance. — Trib. Seine, 17 juill. 1865, [*J. Enreg.*, n. 18081] — Sol. 2 déc. 1865, [P. 66.863] — *Sic*, Ed. Clerc, t. 1, n. 555 et 804.

1003. — Malgré les décisions ci-dessus, on doit reconnaître que la jurisprudence est encore hésitante sur cette question de détail. Au contraire l'administration de l'enregistrement a formellement adopté le tempérament que nous venons d'indiquer, dans une solution du 6 déc. 1899, [*Rev. Enreg.*, n. 2327], rendue en matière d'assurances sur la vie.

1004. — Réciproquement la régie considère comme valeur française toute créance dont l'exécution est garantie par la loi française; il en est ainsi lorsque la convention conclue entre des étrangers, hors de France, attribue compétence aux tribunaux français. « En résumé, ne constituent des valeurs étrangères, pour la régie, que les créances qui ne peuvent être exécutées que hors de France. » — Trib. Seine, 23 juin 1866, de Castries, [S. 67.2.241, P. 67.846] — *Tr. alph.*, v° *Étranger*, n. 83.

1005. — La Cour de cassation a jugé en ce sens que si, dans le contrat de mariage de sa fille passé en France avec un Français, un étranger, résidant temporairement en France, a constitué en dot à la future une somme d'argent et autres choses fongibles livrables le jour de la célébration du mariage en France, laquelle vaudra décharge pour le constituant, cette donation est soumise au droit proportionnel, en ce que son exécution doit être réputée devoir avoir lieu en France. — Cass., 10 mars 1868, de Castries, [S. 68.1.272, P. 68.661, D. 68.1.465]

1006. — La situation des immeubles affectés à la garantie hypothécaire d'une créance n'a aucune influence sur la nationalité de celle-ci. La jurisprudence est bien fixée en ce sens, ainsi qu'il résulte des décisions suivantes.

1007. — La créance résultant d'une obligation passée en France, entre personnes domiciliées en France, et pour l'exécution de laquelle juridiction est attribuée aux tribunaux français, ne cesse pas d'être une valeur française par cela seul qu'elle est garantie par une hypothèque prise sur des biens situés en pays étranger. — Cass., 20 janv. 1858, de Riviers de Mauny, [S. 58.1.309, P. 58.866, D. 58.1.318] — Trib. Seine, 3 janv. 1857, de Riviers de Mauny, [P. *Bull. Enreg.*, art. 422]

1008. — La créance due par un Français en vertu d'un titre notarié passé en pays étranger, est une valeur française, encore bien que les parties aient fait élection de domicile chez le notaire étranger pour l'exécution de l'acte, et que les biens hypothéqués pour sûreté de la créance soient situés en pays étranger. — Trib. Valenciennes, 9 août 1860, Desmont, [P. *Bull. Enreg.*, n. 681] — La régie a elle-même décidé que l'affectation hypothécaire d'immeubles français à la garantie d'une créance due par un débiteur étranger n'avait pas pour effet de donner à la créance le caractère de valeur française. — Sol. 2 mai 1894, [*Rev. Enreg.*, n. 788]

1009. — L'acte d'ouverture d'un crédit consenti en France par une société y ayant son siège, au profit d'une personne y étant également domiciliée, est passible du droit d'obligation établi par la loi française, bien que le remboursement du crédit ait été garanti par une affectation hypothécaire sur un immeuble situé en pays étranger. — Cass., 15 nov. 1869, Caron, [S. 70.1.134, P. 70.303, D. 70.1.340]

1010. — La donation, par un étranger, à un Français domicilié en France, d'une rente viagère payable au cours de la Bourse et chez un banquier de Paris, pour objet une valeur française, bien que la rente soit garantie par des immeubles étrangers, et il y a lieu de percevoir le droit proportionnel applicable aux valeurs ayant leur assiette en France. — Cass., 21 août 1872, de Rainneville, [S. 72.1.441, P. 72.1156]

1011. — Ajoutons que par suite de la fiction de l'exterritorialité, les hôtels des agents diplomatiques et les biens mobiliers y contenus sont censés faire partie de l'Etat que représentent ces agents.

1012. — La détermination de la nature mobilière ou immobilière d'un bien est une question très-importante au point de vue fiscal international; nous le verrons plus bas à l'étude de cette question. Lorsque la loi française et la loi étrangère ne sont pas d'accord pour déterminer la nature d'un bien, il faut s'attacher à la loi de la situation. — Cass., 5 avr. 1887, Messimy, [S. 89.1.387, P. 89.1.939, D. 87.1.65] — Cette règle doit s'appliquer même aux biens mobiliers immobilisés en vertu de la loi par la volonté du propriétaire. — *Traité alph.*, v° *Étranger*, n. 62. — *Contrà*, Cass., 28 juill. 1862, Dubarry de Merval, [S. 62.1.988, P. 63.310, D. 62.1.372]; — 15 juill. 1885, Hutchinson, [S. 86.1.225, P. 86.1.535, et la note de M. G. Demante, D. 85.1.451]

1013. — Mentionnons ici que les traductions en langue française des actes passés en pays étranger, certifiées et signées par un traducteur-juré, sont exemptes de l'enregistrement. — Trib. Strasbourg, 10 août 1857, Hahnemann, [P. *Bull. Enreg.*, art. 457]— Délib., 27 août 1858, [P. *Bull. Enreg.*, art. 532] — Sic, Rolland de Villargues, *Rép. du not.*, v° *Traduction*, n. 21 et s. — Pour le droit de timbre, V. *infrà*, n. 1075 et s.

SECTION III.
Actes entre-vifs passés en France ou à l'étranger et concernant des biens situés à l'étranger.

§ 1. *Immeubles.*

1014. — Lorsque l'acte a été passé à l'étranger, l'impôt ne peut être perçu en France que s'il en est fait usage par acte public ou en justice, alors même qu'il s'agirait d'une mutation immobilière. Le principe de la territorialité ne permet pas au législateur français de frapper la circulation des biens situés au delà des frontières. Il est à peine utile d'ajouter que la même règle s'impose, à plus forte raison, pour les mutations verbales d'immeubles : c'est un point qui a déjà été élucidé. — V. *suprà*, n. 979 et 980.

1015. — Si l'acte est passé en France dans la forme sous seing privé, même solution. Mais si les parties ont eu recours à la forme authentique, les délais spéciaux fixés par l'art. 29, L. 22 frimaire an VII, doivent être observés si un droit est exigible.

1016. — Au sujet du tarif à percevoir sur ces actes, le cas échéant, la législation a beaucoup varié. La loi du 22 frim. an VII, art. 4 et 23, ne distinguait pas entre les immeubles français et étrangers : tous étaient taxés uniformément. Mais aussitôt après, un avis du Conseil d'Etat en date des 6 vend.-10 brum. an XIV, décida que lorsque les actes concernant des biens étrangers avaient été passés à l'étranger, ils n'étaient passibles que du droit fixe des actes innommés (L. 22 frim. an VII, art. 68, § 1, n. 51) en cas de présentation à la formalité. Un autre avis des 15 nov.-12 déc. 1806 se prononça dans le même sens pour les actes de cette nature passés en France. Le Conseil d'Etat consacrait ainsi absolument la doctrine que nous avons admise sur la territorialité de l'impôt.

1017. — Sous la pression des nécessités budgétaires, la loi du 28 avr. 1816, ne tenant aucun compte des principes, édicta que les actes passés à l'étranger et concernant des biens étrangers seraient assujettis aux mêmes droits que s'ils avaient pour objet des biens français (art. 58). Elle ne parlait pas des actes de même nature passés en France. Consulté, le Conseil d'Etat fut d'avis (21 août 1818, Instr. gén., n. 859) que le régime était le même pour ceux-ci que pour ceux-là, puisque la loi de 1816 avait abrogé son avis de l'an XIV, et par suite celui de 1806. Mais, à cette époque, les avis du Conseil d'Etat n'avaient pas force de loi, comme avant 1815; et la Cour de cassation décida au contraire que les actes passés en France restaient passibles du droit fixe; 20 déc. 1820, Kohlaas, [S. chr.] — L'administration se rallia à cette opinion qui était cependant absolument illogique (Instr. 978).

1018. — La loi du 16 juin 1824, art. 4, frappe d'un droit fixe de 10 fr. toutes les transmissions des biens étrangers, quel que soit le lieu où a été rédigé l'acte qui les constate. La loi du 28 fév. 1872, art. 1, n. 2, a changé ce droit fixe en un droit gradué, qui est devenu un droit proportionnel de 0 fr. 20 p. 100 depuis la loi du 28 avr. 1893 (art. 19).

1019. — Actuellement donc, toutes les mutations de biens immeubles étrangers, relatées dans des actes passés en France ou au dehors, sont assujetties au droit de 0 fr. 20 p. 100. Bien que ce droit soit modéré, il fait échec au principe de la territorialité. En tout cas, il n'y a jamais lieu à la perception du droit de transcription.

1020. — Le droit se liquide, pour les mutations à titre onéreux, sur le prix augmenté des charges en capital, et à défaut sur la valeur déclarée par les parties; pour les mutations à titre gratuit, sur la valeur en capital des biens transmis, à déclarer par les intéressés : la capitalisation du revenu ne doit pas être appliquée ici, il y a lieu de suivre le mode de liquidation édicté par la loi de 1872, art. 1, n. 2, dont la loi de 1893 n'a fait que modifier le tarif. Le droit commun s'applique en ce qui concerne la perception sur les sommes arrondies de 20 fr. en 20 fr., et le minimum de 0 fr. 25 par acte; il en est de même pour les dissimulations et les insuffisances (L. 28 avr. 1893, art. 21).

1021. — Les dispositions diverses formant l'accessoire de la transmission taxée à 0 fr. 20 p. 0/0 sont exemptes de droit suivant la règle générale : il en est ainsi de la quittance du prix contenue dans l'acte de vente, alors même que le paiement aurait été effectué en valeurs mobilières françaises ou étrangères. — Délib., 9 avr. 1825, [Contr. Enreg., 1887 ; *J. Enreg.*, n. 8055; *Rec. Fessard*, n. 1115] — Trib. Valenciennes, 24 févr. 1841, [*J. not.*, 11146] — Sol. rég., 30 janv. 1860.

1022. — *Echange*. — L'échange d'un immeuble français contre un immeuble étranger est assimilé à une vente et comme tel assujetti au tarif de 5,50 p. 100 sur la valeur vénale. — Délib. 20 oct. 1840. — Sol. 17 déc. 1868, [*J. Enreg.*, n. 15348-2°] — Sol. 26 mai 1875. — La soulte à payer par le propriétaire du lot sis en France serait passible du droit de 0 fr. 20 p. 100.

1023. — *Adjudication*. — Si l'adjudication a lieu par lots, la perception est faite distinctement sur chaque lot. — Sol. 27 oct. 1836, [*J. Enreg.*, n. 11653 3°; *Contr. Enreg.*, n. 4440]

1023 bis. — *Vente simultanée d'immeubles français et étrangers*. — L'art. 9, L. 22 frim. an VII, autorisant, à défaut de ventilation, la perception du plus fort droit sur le prix total d'une vente de meubles et d'immeubles, ne peut s'appliquer aux ventes comprenant des immeubles français et étrangers, et il y a lieu d'exiger des parties une ventilation. — Cass., 24 vent. an X, [D. *Rép.*, v° *Enreg.*, n. 3241] — Délib., 16 mars 1827, [*J. Enreg.*, n. 8692; *Contr. Enreg.*, n. 1502] — Le droit réduit de 0 fr. 20 p. 100 est seul perçu sur la valeur des immeubles étrangers, bien que le contrôle de l'administration soit impossible relativement à ces immeubles. — *Traité alph.*, v° *Étranger*, n. 34.

§ 2. *Meubles.*

1024. — *Nécessité de l'enregistrement*. — L'enregistrement d'un acte concernant des meubles étrangers n'est obligatoire que dans les cas spécifiés ci-dessus, n. 1014 : aucune différence n'est à signaler entre les meubles et les immeubles sur ce point. Ici, comme en matière immobilière, la législation a beaucoup varié. La loi de frimaire, logique avec elle-même, frappait les transmissions de meubles étrangers du même droit que les transmissions de meubles français. Deux idées justifiaient, aux yeux du législateur, cette façon de voir : la première, qu'en matière mobilière, ce n'est pas la transmission elle-même qui est taxée, mais l'acte qui la constate ; la seconde, que les meubles n'ayant pas d'assiette fixe, il est impossible de connaître leur situation réelle au moment où la formalité est donnée. Nous avons vu *suprà*, n. 980, combien la première proposition est erronée ; la seconde aussi a été examinée. — V. *suprà*, n. 985 et 992.

1025. — Un avis du Conseil d'Etat des 15 nov.-12 déc. 1806 décida que l'avis du 10 brum. an XIV (droit fixe; V. *suprà*, n. 1016) s'appliquait « aux actes passés en la forme authentique, seulement *dans les pays étrangers*, contenant obligation ou mutation d'objets mobiliers, lorsque les prêts et placements auront été faits ou les livraisons promises et effectuées en objets de ces pays, et stipulées payables dans les mêmes pays et dans les monnaies qui y ont cours. » Le droit proportionnel s'appliquait donc aux actes passés en France, et à ceux passés à l'étranger ne remplissant pas les conditions spéciales que nous venons d'indiquer.

1026. — L'art. 58, L. 28 avr. 1816, assujettit au droit proportionnel ordinaire tous les actes, passés à l'étranger et produits en France, portant mutation de biens meubles, sans distinction.

1027. — La loi du 16 juin 1824 (dont l'art. 4 frappait du *droit fixe* toutes *les transmissions d'immeubles*) ne faisait aucune mention des actes translatifs de meubles. Elle semblait donc ne modifier en rien la loi de 1816 (Inst. gén., n. 1156, § 2; — Déc. min. Fin., 29 oct. 1824 et 27 oct. 1826 : *J. Enreg.*, n. 8565). Cependant, la Cour de cassation en décida autrement et prétendit que les actes *translatifs* de biens meubles n'étaient passibles que du droit fixe de 10 fr. (21 avr. 1828, Grassière, S. et P. chr.). — La régie se rallia à cette interprétation (Instr. gén., n. 1256, § 3), mais n'appliqua le droit fixe qu'aux actes translatifs. C'est ainsi qu'un marché à exécuter à l'étranger est passible du droit proportionnel. — Cass., 25 nov. 1868, Comp. Transatlantique, [S. 69.1.137, P. 69.309, D. 69.1.233]; — 22 déc. 1868, Chem.

de fer du Nord de l'Espagne, [S. 69.1.137, P. 69.309, D. 69.1.235]

1028. — En vertu de la loi du 18 mai 1850 (art. 7), une nouvelle complication s'est trouvée introduite : les donations *au profit d'un Français* de fonds publics étrangers et d'actions des compagnies ou sociétés d'industrie ou de finance étrangères sont devenues passibles du droit proportionnel. La même règle a été étendue aux donations d'obligations des sociétés étrangères, par l'art. 11, L. 13 mai 1863. C'était l'oubli complet de tout principe en matière d'impôt.

1029. — Par la loi du 23 août 1871 (art. 3), les donations de *valeurs mobilières étrangères quelconques, faites à un Français*, sont assujetties au droit proportionnel. De plus, l'art. 4 de cette loi frappe du même droit toutes transmissions entre-vifs, à titre onéreux ou gratuit, de ces valeurs, lorsqu'elles s'opèrent en France. Enfin, l'art. 1, n. 2, L. 28 févr. 1872, abroge l'art. 4, L. 16 juin 1824.

1029 bis. — *Valeurs mobilières*. — De cette législation compliquée, on tire les règles suivantes : 1° actes entre-vifs portant transmission *à titre onéreux* de valeurs mobilières étrangères : si l'acte est passé en France, droit proportionnel (L. de 1871, art. 4) ; si l'acte est passé à l'étranger, droit proportionnel encore, car l'art. 1, L. 28 févr. 1872 ayant abrogé l'art. 4, L. 16 juin 1824, l'art. 58, L. 28 avr. 1816 retrouve son application. — Cass. 31 janv. 1876, Whettnall, [S. 76.1.425, P. 76.1079, D. 76.1.209] — Trib. Seine, 22 juill. 1893, [*Rép. Enreg.*, n. 537] — Nous repoussons la distinction faite par le *Dict. Enreg.* (n. 111 et s., v° *Etranger*), qui applique l'avis du Conseil d'Etat de 1806 (V. *suprà*, n. 1025), aux actes passés à l'étranger en la forme authentique et remplissant les conditions exigées par ce texte pour bénéficier du droit fixe. Il nous semble, en effet, hors de doute que l'avis de 1806 a été complètement abrogé par la loi de 1816 (V. la loi et le comité de législation, 21 août 1818 ; Instr. gén., n. 859 ; et Instr., n. 2542, § 3, p. 40). — 2° Actes entre-vifs portant transmission *à titre gratuit* de valeurs mobilières étrangères : droit proportionnel, que le donataire soit un Français (L. de 1871, art. 3) ou un étranger (acte passé en France, L. de 1871, art. 4, al. 2 ; acte passé à l'étranger, L. 28 avr. 1816, art. 58). — Sol. 25 oct. 1893 (Seine). — Trib. Seine, 25 juin 1896, [*Rép. Enreg.*, n. 1248] — Donc, dans tous les cas, perception du droit proportionnel, comme s'il s'agissait de meubles français. — *Traité alph.*, v° *Etranger*, n. 45.

1030. — S'il s'agit d'actes *non translatifs* de valeurs mobilières étrangères, la loi de 1871 ne s'applique plus et, pour les motifs donnés ci-dessus, il faut recourir à l'art. 58 de la loi de 1816. Le droit proportionnel est encore exigible. — Cass. 21 août 1872, de Rainneville, [S. 72.1.441, P. 72.1157] ; — 17 mars 1875, Jacquet, [S. 75.1.325, P. 75.764, D. 75.1.328] ; — 15 mars 1899, Charbonneau du Tonkin, [S. 99.1.369] — Sol. rég., 2 mai 1892, [*Rev. Enreg.*, n. 132]

1031. — *Meubles corporels*. — La loi de 1871 ne parlait que des *valeurs mobilières étrangères* : cette expression ne pouvait comprendre les meubles corporels. L'administration a cependant hésité (Inst. n. 2413 et 2433), et la jurisprudence a varié. Tandis que par un arrêt du 5 avr. 1887, Messiny, [S. 89.1.387, P. 89.1.939, D. 87.1.65] la Cour suprême a déclaré que les meubles corporels ne sont assujettis qu'au droit fixe, attendu qu'ils ont une assiette bien déterminée, d'autres tribunaux les ont considérés comme atteints par la loi de 1871. — Trib. Seine, 14 févr. 1874, [*Rép. pér.*, n. 3849 ; *J. Enreg.*, n. 19432 ; *J. not.*, n. 21105] — Trib. Valence, 25 juin 1884, [Garnier, *Rép. pér.*, n. 6392] — Trib. Lyon, 19 août 1884, [Garnier, *Rép. pér.*, n. 6618], et de nombreux auteurs ont adopté cette dernière interprétation. — Garnier, v° *Etranger*, n. 33 ; *Rép. pér.*, n. 6618] ; Dict. *Enreg.*, *eod. verb.*, n. 105 et s. ; Naquet, *Traité des dr. d'enreg.*, n. 59.

1032. — Il nous paraît plus juridique de dire que la loi de 1871 ne vise pas les meubles corporels, mais que ceux-ci n'en sont pas moins assujettis au droit proportionnel, en vertu de l'art. 58 de la loi de 1816 (actes passés à l'étranger) ou de l'art. 23 de la loi de frimaire interprété par l'avis du Conseil d'Etat de 1806 (actes passés en France). C'est d'ailleurs en ce sens que la question a été résolue par un arrêt des chambres réunies de la Cour de cassation en date du 17 déc. 1890, Messimy, [S. 91.1.481, P. 91.1.1154, D. 91.1.126] — V. aussi *Traité alph.*, v° *Etranger*, n. 50.

1033. — En résumé, tous les actes entre-vifs, à titre gratuit ou onéreux, passés en France ou à l'étranger, translatifs ou non translatifs, ayant pour objet des meubles étrangers de toute nature, sont assujettis en France au droit proportionnel qui frappe les meubles français. Le législateur a donc enfreint d'une manière absolue le principe de la territorialité ; mais il a pour excuse que la règle contraire, par suite de l'importance considérable des valeurs étrangères qui circulent en France, exonérerait d'impôt une trop grande partie de la fortune publique, en accordant une faveur notable aux valeurs étrangères au préjudice des valeurs nationales.

1034. — *Don manuel*. — Un don manuel fait à l'étranger, en valeurs étrangères, et reconnu par le donataire dans un acte authentique passé en France, est passible du droit de mutation (Sol. 14 sept. 1882). Il est reconnu en effet, que la base de l'impôt, en matière de don manuel, se trouve dans l'acte qui en contient reconnaissance par le bénéficiaire. — V. *suprà*, v° *Don manuel*.

1035. — *Fonds de commerce*. — Il a été jugé que lorsqu'un fonds de commerce situé à l'étranger est cédé à titre onéreux, par un acte authentique passé en France, le droit d'enregistrement applicable au prix des marchandises neuves comprises dans ce fonds, n'est pas le droit de 0 fr. 50 p. 0/0, établi par l'art. 7, L. 28 févr. 1872, sur le prix des marchandises garnissant un fonds de commerce, la loi de 1872 ne concernant que les fonds de commerce situés en France. En ce cas, le droit applicable est le droit d'acte, c'est-à-dire, dans l'espèce, le droit de 2 p. 100 édicté par l'art. 69, § 5, L. 22 frim. an VII, pour les transmissions de meubles à titre onéreux. — Trib. Lyon, 18 nov. 1887, Gancel et Simonet, [S. 88.2.47, P. 88.1.238, D. 89.5.112]

1036. — La régie a résolu la question dans le même sens par deux sol. des 6 sept. 1887 et 28 déc. 1891, [*Rev. Enreg.*, n. 34 ; *J. Enreg.*, n. 23961] — Elle se fonde sur ce que la loi du 28 févr. 1872 n'a édicté la réduction de tarif sur les marchandises neuves que comme compensation de l'obligation de faire enregistrer la cession dans un délai déterminé : cette obligation n'existant plus pour les fonds de commerce étrangers, le bénéfice du tarif réduit s'évanouit. Ces raisons ne nous semblent pas convaincantes : la prétendue relation établie par la loi entre la fixation d'un délai et l'atténuation d'impôt est une simple affirmation, qui ne se base sur rien ; en outre, il paraît inadmissible que des biens étrangers, normalement exempts d'impôts français, puissent se trouver assujettis à ces impôts à un taux plus élevé que les biens français. — *Tr. alph.*, v° *Fonds de commerce*, n. 45.

1037. — *Vente simultanée de meubles et d'immeubles étrangers*. — Si, dans une vente simultanée de meubles et d'immeubles étrangers, un seul prix a été stipulé pour le tout, il n'y a pas lieu d'appliquer l'art. 9, L. 22 frim. an VII, ordonnant de percevoir sur le prix total au taux réglé pour les immeubles : les parties doivent fournir une ventilation du prix (Sol. août 1878, et oct. 1890). Le taux applicable aux immeubles est en effet plus élevé que celui applicable aux meubles ; il serait contraire à l'esprit de la loi d'étendre à notre hypothèse la règle de l'art. 9 ; cet article d'ailleurs est une disposition d'exception qui ne réglemente que les cas expressément visés.

1038. — *Marché*. — Cette dernière raison explique encore que ce soit le droit de 2 p. 100 qui soit dû sur un marché passé à l'étranger avec une ville étrangère, et non le droit réduit établi par l'art. 51, n. 3, L. 28 avr. 1816. — Sol. septembre 1878.

1038 bis. — *Tarif*. — Les actes authentiques passés en France pour des mutations de biens étrangers, sont enregistrés au tarif en vigueur à leur date. Si l'acte concernant de pareilles transmissions est passé à l'étranger, ou s'il est passé en France dans la forme sous seing privé, le tarif applicable est celui en vigueur au moment de la présentation à la formalité ou de la production en justice. — Cass., 31 janv. 1876, précité.

Section IV.

Partages.

1039. — En vertu de l'art. 19, L. 28 avr. 1893, les partages de biens français sont assujettis au droit de 0 fr. 15 p. 100 sur l'actif net partagé. Quand il s'agit de biens étrangers, le droit doit encore être liquidé sur l'actif net, mais on peut se demander si le taux n'est pas celui de 0 fr. 20 p. 100 fixé pour les mutations à titre onéreux d'immeubles étrangers ; ce système se baserait sur le caractère translatif du partage de biens étrangers qui constitue le premier titre de la mutation en France ; le caractère déclaratif reconnu, en droit, aux partages n'aurait d'effet que quand il s'agit de biens français.

1040. — Quoique ce système soit enseigné par le savant auteur du *Traité alphabétique*, tout au moins en cas de partage comprenant à la fois des biens français et étrangers (*Partage*, n. 219 bis), nous ne saurions nous y rallier et nous pensons que le partage de valeurs indivises étrangères, mobilières ou immobilières, corporelles ou incorporelles, n'est soumis qu'au droit de 0 fr. 15 sur l'actif net, dès lors qu'il est justifié de la copropriété (L. 22 frim. an VII, art. 68, § 3, 2°).

1041. — En conséquence, si des biens français et étrangers sont partagés par le même acte, l'actif net est calculé sur la masse totale. — Cass., 3 mars 1884, Bennoud, [S. 85.1.177, P. 85.1.407, D. 84.1.422] ; — 11 août 1884, Pirmez, [S. 85.1.177, P. 85.1.407, D. 85.4.169] — Trib. Nice, 28 mai 1883, [*J. Enreg.*, n. 22138]

1042. — Le droit de soulte étant perçu au taux réglé pour les ventes (L. 22 frim. an VII, art. 68, § 3, n. 2, et 69, § 5, n. 7, et § 7, n. 5), le droit à percevoir sera de 0 fr. 20 p. 0/0 si la soulte représente une part d'immeubles étrangers ; si elle représente des biens mobiliers étrangers, le taux sera le même que s'il s'agissait de meubles français. — V. *suprà*, n. 1033.

1043. — Le droit de mutation est aussi perçu sur la plus-value de l'un des lots, même en l'absence de soulte stipulée. Et à ce sujet il y a lieu d'examiner une question spéciale très-intéressante. Il peut arriver que dans un partage comprenant des biens français et étrangers certains cohéritiers reçoivent, en biens français, une part plus grande que celle à laquelle ils auraient droit dans ces biens considérés isolément, mais que cette inégalité soit compensée par une attribution moindre en biens étrangers, de sorte qu'en définitive les lots soient absolument égaux. Il semble bien qu'aucun droit de soulte ne puisse être perçu dans cette circonstance, et c'est ce qu'ont décidé la plupart des auteurs et quelques tribunaux. — Douai, 5 nov. 1841, [*J. des not.*, n. 11161] — Trib. Lille, 9 août 1838, [*J. Enreg*, n. 12641] — Trib. Charolles, 2 avr. 1842, [*J. des not.*, n. 11480] — Trib. Saint-Omer, 15 juin 1844, [*J. des not.*, n. 12107] — Championnière et Rigaud, *Tr. des dr. d'enreg.*, supp., n. 578 à 583 ; Naquet, *op. cit.*, t. 1, n. 41

1044. — Mais presque tous les tribunaux et la Cour suprême, par une jurisprudence que nous n'est jamais démentie, ont déclaré qu'il y avait lieu de liquider les droits dans ce cas comme si deux successions s'étaient ouvertes, l'une en France, l'autre à l'étranger, et que le droit de soulte était dû sur la portion de biens français reçue par un cohéritier en sus de sa part *dans lesdits biens français*, considérés comme existants seuls. Prenons un exemple : Une succession, dont les trois enfants, comprend 60,000 fr. de biens étrangers et 120,000 fr. de biens français ; l'un des enfants prend les 60,000 fr. de biens étrangers et les deux autres se partagent les 120,000 fr. de biens français : en réalité, il y a égalité absolue. La Cour de cassation décide cependant que chaque enfant n'avait droit en France qu'à 40,000 fr. ; or, deux de ces enfants reçoivent 120,000 fr. ; il y a soulte jusqu'à concurrence de 40,000 fr. — Cass., 14 nov. 1838, Nédouchel, [S. 38.1.970, P. 38.2.539] ; — 8 déc. 1840, Wattelet, [S. 41.1.56, P. 41.1.38] ; — 22 déc. 1843, Bissengen, [S. 44.1.74, P. 44.1.218] ; — 3 avr. 1844, Cortambert, [S. 44.1.333, P. 44.1.516] ; — 11 nov. 1844, Wattelet, [S. 44.1.838, P. 44.2.497] ; — 15 juin 1847, Laigle, [S. 47.1.625, P. 47.1.645, D. 47.1.216] ; — 29 août 1848, Feuchères, [S. 48.1.624, P. 48.2.207] ; — 10 févr. 1869, Basilewsky, [S. 69.1.230, P. 69.544, D. 69.1.357] ; — 23 juill. 1875, Sterbey, [S. 73.1.478, P. 73.1198, D. 74.1.260] ; — 21 juin 1875, Basilewski, [S. 75.1.378, P. 75.903, D. 75.1.429] ; — 11 août 1884, précitée. — Trib. Reims, 21 juill. 1841, [*J. Enreg.*, n. 12808, § 3] — Trib. Gex, 14 août 1850, [*J. Enreg.*, n. 15020] — Trib. Périgueux, 24 août 1850, [*J. Enreg.*, n. 15027] — Trib. Versailles, 2 janv. 1851, [*J. Enreg.*, n. 15419 et 15443] — Trib. Avesnes, 4 déc. 1868, [Garnier, *Rép. pér.*, n. 2885] ; — 1er avr. 1882, [Garnier, *Rép. pér.*, n. 6103] — Trib. Bourg, 20 août 1882, [Garnier, *Rép. pér.*, n. 5981] — Trib. Avesnes, 12 mai 1888, [Garnier, *Rép. pér.*, n. 23113] — Sol. rég., 26 août 1873, 8 mars et 5 nov. 1880.

1045. — Malgré la juste autorité attachée aux décisions de la Cour suprême, cette jurisprudence nous semble fort contestable. Il n'est pas possible de prétendre que deux successions se soient ouvertes à la mort de la même personne, sous prétexte que sa fortune immobilière est située partie en France et partie à l'étranger. L'unité du patrimoine est un principe indiscutable. D'ailleurs il ne s'agit pas ici du droit de mutation par décès, mais d'un droit de soulte ; du moment que les lots des copartageants sont égaux, il est absolument contraire aux textes et à l'équité de leur faire supporter un droit de mutation à titre onéreux : la loi ne s'occupe pas, en effet, des valeurs qui entrent dans la composition des lots ; quelle que soit la nature de ces valeurs, pourvu que chaque cohéritier reçoive en capital une part égale, le droit de partage est seul dû.

1046. — La prétention de la régie consiste à regarder comme inexistants les biens étrangers. Or cette prétention est insoutenable depuis que les partages sont assujettis à un droit proportionnel qui frappe de la même façon les biens situés en France et ceux situés en dehors du territoire. « Il importe peu en effet que le droit auquel sont soumises les valeurs étrangères soit un droit gradué, un droit proportionnel ou un droit de mutation : il suffit qu'elles soient frappées d'après leur quotité par une tarification quelconque pour qu'elles ne puissent être regardées comme inexistantes à l'égard du fisc. » Ces motifs d'un jugement du Trib. Bordeaux, 21 juin 1899, [*Rev. Enreg.*, n. 2152], rendu au sujet de valeurs mobilières, s'appliquent à toute espèce de biens étrangers.

1047. — Une autre raison, sur laquelle s'appuie l'administration pour justifier sa perception, à savoir que son contrôle ne peut s'exercer au delà des frontières et que les parties éluderaient facilement les droits en faisant figurer des biens fictifs à l'étranger, ne saurait prévaloir contre les arguments de texte que nous avons invoqués : d'ailleurs l'expertise de biens étrangers peut être ordonnée par les tribunaux français (*Tr. alph.*, v° *Étranger*, n. 111), et la consistance des biens situés à l'étranger peut être établie même par d'autres moyens que l'expertise.

1048. — La Cour de cassation a donné la même solution dans l'hypothèse où l'un des cohéritiers reçoit pour sa part le produit de la licitation des immeubles étrangers. — Cass., 15 juin 1847, précité.

1049. — Remarquons que le droit de soulte à 4 p. 100 ne peut porter que sur les biens français. Si donc il y a 40,000 fr. de biens français, 30,000 de biens étrangers et deux héritiers dont l'un reçoit les 30,000 fr. de biens étrangers et 30,000 fr. de biens français, à charge de payer une soulte de 25,000 fr., le droit de soulte au taux de 4 p. 100 ne portera que sur 10,000 fr., différence entre ce que reçoit cet héritier et la moitié à laquelle il avait droit (20,000 fr.) dans les biens français (*J. Enreg.*, n. 15259-4°). Le surplus de la soulte (15,000 fr.) ne supportera que le droit de 0,20 p. 100.

1050. — *Valeurs mobilières.* — Les valeurs mobilières étrangères dépendant d'une succession régie par la loi française sont assujetties au droit de mutation par décès. On ne peut plus, dès lors, les considérer comme biens étrangers quand elles sont l'objet d'un partage en France, et la jurisprudence analysée ci-dessus ne s'applique plus en cas d'inégalité des lots relativement aux biens français, lorsque cette inégalité est compensée par l'attribution de valeurs mobilières étrangères ayant supporté le droit de mutation par décès. — V. Cass., 21 juin 1875, *J. Enreg.*, n. 15020], précité. — Trib. Seine, 19 mai 1866, [Garnier, *Rép. pér.*, n. 2334 ; *J. Enreg.*, n. 18279] ; — 22 févr. 1875, Odier, [S. 73.2.122, P. 73.479] — Bordeaux, 21 juin 1899, [*Rev. Enreg.*, n. 2152]

1051. — *Déduction des soultes.* — Lorsque, dans le cas visé plus haut, le droit de soulte et celui du mutation à titre onéreux sont déduites de l'actif net pour la liquidation du droit de partage. L'impôt ne peut être perçu deux fois sur la même somme. — Délib. enreg., 13 août 1872.

1052. — Deux exemples feront mieux comprendre la perception.

Premier exemple. — A et B partagent par moitié une masse composée de :

1° Immeubles français.	80,000f
2° Immeubles étrangers.	20,000
Total.	100,000f

dont moitié est de 50,000.

A reçoit en biens français.	50,000f
B reçoit en biens français. 30,000	
— en biens étrangers. 20,000	50,000

ÉTRANGER. — Titre IV. — Chap. I.

Les lots sont égaux. Mais dans les biens français, A n'avait droit qu'à moitié, soit à 40,000 fr.; il en reçoit pour 50,000 fr. : il y a soulte pour 10,000 fr. D'où la perception suivante :

1° Droit de soulte à 4 p. 100 sur 10 000 fr.	
2° Droit de partage sur.	100,000ᶠ
moins la soulte.	10,000
soit à 15 p. 100 sur.	90,000ᶠ

(Comparer avec la perception enseignée au *Traité alph.*, v° *Partage*, n. 219 *bis*; que nous avons critiquée ci-dessus, n. 1040).
Deuxième exemple. — A et B partagent par moitié une masse ainsi composée :

I. — Biens français.		
1° Meubles corporels.	20,000ᶠ	
2° Immeubles.	100,000	
		120,000ᶠ
II. — Biens étrangers.		
1° Meubles corporels.	6,000	
2° Immeubles.	24,000	30,000ᶠ
Total. . . .		150,000ᶠ
Actif net.		50,000ᶠ

On attribue les 120,000 fr. de biens français à A, à charge de payer 95,000 fr. du passif. B reçoit les 30,000 fr. de biens étrangers et paie le surplus du passif, soit 5,000 fr. La perception doit être faite de la façon suivante. Dans les biens français, A n'avait droit qu'à 60,000 fr. ; il en reçoit 120,000 fr.; il y a soulte pour 60,000 fr., imputable, 1° sur les meubles corporels pour 20,000 fr. à 2 p. 100; 2° sur les immeubles pour 40,000 fr. à 4 p. 100. Aucun droit de partage ne sera perçu, car le droit de 0 fr. 15 p. 100 ne frappe que *l'actif net*, et dans le cas ci-dessus la soulte de 60,000 fr. dépasse l'actif net qui n'est que de 50,000 fr.

1053. — Qu'il s'agisse d'une soulte représentant des biens français ou des biens étrangers, l'imputation doit être faite (comme dans le second exemple ci-dessus) de la façon la plus favorable aux parties, c'est-à-dire quelle le soulte soit compensée d'abord avec les biens qui sont tarifés au taux le plus bas pour remonter aux taux les plus élevés. — V. *infrà*, v° *Partage*.

1054. — *Délai.* — Le seul fait de l'existence d'un partage excluant certains héritiers d'une partie des biens auxquels ils avaient droit en France, opère mutation immobilière, et par conséquent doit faire l'objet d'une déclaration au bureau de l'enregistrement dans les trois mois de la mutation : si un acte a été rédigé, il doit être enregistré dans les trois mois de sa date. Si donc les énonciations d'un acte révèlent qu'une personne fondée pour moitié dans un immeuble est devenue propriétaire de l'autre moitié en vertu d'un partage, fait à l'étranger et qui a attribué à ses cohéritiers des biens étrangers, les droits simples et en sus sont dus par le partage de la moitié réputée acquise par suite de licitation, c'est-à-dire au taux de 4 p. 100. — Cass., 12 déc. 1843, précité. — Trib. Thionville, 27 avr. 1842, [J. Enreg., n. 13014]; Garnier, *Rép. pér.*, n. 6511]

1055. — *Partage de communauté.* — Toutes les règles que nous venons d'indiquer s'appliquent aussi bien aux partages de communauté qu'aux partages de succession. La question est délicate en ce qui concerne l'exercice des reprises des époux; elle a été diversement résolue par la jurisprudence. C'est ainsi que la Cour de cassation, dans l'hypothèse d'une communauté se composant de biens situés partie en France et partie en pays étranger a décidé que la circonstance que les biens étrangers ne comptent point pour la perception des droits d'enregistrement, n'a pas pour résultat de faire, lorsque les biens étrangers ont été prélevés par la femme pour le paiement de ses reprises, et les biens français partagés ensuite également entre la femme d'une part, et d'autre part les représentants du mari, qu'un droit de soulte doive être perçu à l'occasion du partage. On prétendrait à tort que les biens étrangers devant être considérés comme non existants, les biens français étaient affectés au prélèvement des reprises de la femme; et que les représentants du mari ayant cependant reçu la moitié de ces biens, quoiqu'une portion de cette moitié appartient de droit à la femme, c'était en paiement de cette portion que les biens étrangers avaient été abandonnés à la femme et que sur ce paiement il y avait lieu de percevoir un droit de soulte. — Cass., 15 déc. 1858, Niay, [S. 59.1.237, P. 59.858, D. 59.1.16]

1056. — La cour s'est fondée sur ce que le prélèvement des reprises est un acte préparatoire au partage et ne se confond pas avec lui. A notre avis, l'arrêt est bien rendu, mais les motifs en sont erronés et la décision est inconciliable avec la jurisprudence ordinaire de la cour, et la pratique suivie par la régie. La Cour suprême elle-même a jugé que, bien que simple créancière de ses reprises, la femme qui les prélève sur la communauté n'en agit pas moins comme copartageante et que, en conséquence, ces prélèvements ne peuvent être assujettis au droit proportionnel de mutation. — Cass., 24 déc. 1860, Baulaye, [S. 61.1.189, P. 61.490, D. 61.1.24]; — 30 nov. 1869, Esnault, [S. 70.1.136, P. 70.306, D. 70.1.137] — Sol. 6 juill. 1891, [*Rev. Enreg.*, n. 408] — V. *suprà*, v° *Communauté conjugale*, n. 3570 et s. — Puisque la femme est considérée ordinairement comme copartageante en droit fiscal, on ne voit pas pourquoi il n'en serait pas de même dans l'espèce qui a donné lieu à l'arrêt du 15 déc. 1858. Logique avec elle-même, l'administration n'a pas pris pour règle l'arrêt précité et perçoit le droit de soulte dans l'hypothèse que nous avons examinée.

1057. — C'est encore en se basant sur le principe inexact de la dualité des successions que la jurisprudence a décidé qu'il n'y a aucun compte à tenir des reprises à exercer par suite d'actes relatifs à des biens étrangers. — Trib. Saint-Jean d'Angély, 27 déc. 1867, [J. Enreg., n. 18490; Garnier, *Rép. pér.*, n. 2730] — Trib. Montargis, 9 mars 1869, [Garnier, *Rép. pér.*, n. 2950] — L'administration continue à appliquer cette jurisprudence : cependant, les décisions précitées ne contiennent même pas une déduction logique du principe sur lequel elles s'appuient. Le montant de l'aliénation des biens étrangers a pu, en effet, se convertir en valeurs françaises; c'est ce qui arrive si le prix d'aliénation est dû par un Français. D'autre part, si la créance est une valeur étrangère, par l'effet de la situation du domicile du débiteur, elle supporte le droit de mutation par décès si la succession s'est ouverte en France, et par conséquent on doit en tenir compte dans le partage (V. *suprà*, n. 1030). La Cour de cassation n'a pas été appelée à se prononcer sur cette hypothèse.

1058. — Quoi qu'il en soit, la régie ne tient aucun compte des reprises, qu'elles soient exercées sur des biens étrangers ou bien quelles le soient au contraire sur des biens français en vertu d'actes concernant les biens étrangers. — *Tr. alph.*, v° *Étranger*, n. 118.

1059. — *Partage d'ascendant.* — Les partages d'ascendants portant sur des immeubles sont tarifés à 0 fr. 20 p. 100, puisqu'ils sont translatifs (L. 28 avr. 1893, art. 19). Pour la perception du droit de soulte on suit les mêmes règles que pour les partages ordinaires. — V. Cass., 23 juill. 1873, Skerbey, [S. 73.1.478, P. 73.1198, D. 74.1.260]

SECTION V.

Actes passés en France en conséquence d'actes passés à l'étranger.

1060. — Les notaires ou officiers publics français qui agissent en conséquence d'un acte passé à l'étranger sans le faire timbrer et enregistrer, encourent une amende de 10 fr. (LL. 22 frim. an VII, art. 42, et 16 juin 1824, art. 10). Mais l'usage en justice ou devant une autorité constituée rend seulement l'enregistrement obligatoire, sans aucune pénalité contre les contrevenants. — *Tr. alph.*, v° *Acte passé en conséquence*, n. 56.

1061. — La formalité n'est évidemment nécessaire que lorsque l'acte étranger sert de base à l'acte passé en France, et non quand il y est seulement énoncé à titre accessoire (V. *suprà*, v° *Acte passé en conséquence d'un autre*, n. 114). Mais lorsque, dans la première hypothèse, l'acte étranger est susceptible d'avoir enregistré, il peut arriver qu'il mentionne lui-même un troisième acte en vertu duquel il est fait : on ne doit pas dans ce cas insister sur l'enregistrement de ce troisième acte, sans cela on remonterait ainsi indéfiniment. — *Contrà*, *Dict. Enreg.*, v° *Étranger*, n. 203. — L'administration a fait l'application de cette règle dans les cas suivants. Le jugement étranger ordonnant chez un notaire français et ordonnant l'exécution d'une clause d'un contrat de mariage passé à l'étranger, est passible du droit proportionnel ; mais le contrat de mariage en est exempt (Sol. 10 juin 1876). De même un notaire a pu recevoir un partage dans lequel un cohéritier rapportait une somme donnée dans un contrat de mariage étranger non enregistré : le rapport avait lieu en effet en vertu du paiement de la somme donnée, et ce paiement résultait, non du contrat de mariage, mais de la seule déclaration du donataire. — Trib. Seine, 20 mars 1869, [Garnier, *Rép. pér.*, n. 2942 ; *Contr. Enreg.*, n. 14441]

1062. — La régie est même allée plus loin et a autorisé les parties à ne faire enregistrer qu'un extrait des actes en vertu desquels elles agissent, extrait relatant seulement les dispositions utilisées dans l'acte passé en France. Ces décisions sont toutes d'équité. — Déc. min. Fin., 4 nov. 1882 ; Sol. 19 oct. 1892, [*Rev. Enreg.*, n. 364]

1063. — Les actes étrangers peuvent être annexés aux actes notariés (L. 16 juin 1824, art. 13) : il appartient au receveur de percevoir les droits exigibles. Lorsque l'impôt a été perçu sur ces actes sans qu'ils fussent représentés, on peut en faire usage à nouveau sans avoir à payer une seconde fois les droits : il suffit de justifier du paiement antérieur. — Délib. enreg., 27 août 1825, [*J. not.*, n. 5456 ; *Contr. Enreg.*, n. 997]

1064. — Bien entendu, il y a exemption d'impôt lorsque la mention d'actes étrangers est faite dans un inventaire ou tout autre acte énonciatif.

Section VI.

Jugements.

§ 1. *Jugements étrangers.*

1065. — Les jugements étrangers ne sont exécutoires en France qu'après avoir reçu l'*exequatur* d'un tribunal français (C. proc. civ., art. 546) ; il est admis que ce tribunal peut dans certains cas tout au moins réviser au fond la décision du juge étranger (V. *infra*, v° *Jugement étranger*). Avant d'être présenté à l'*exequatur*, le jugement doit être enregistré (LL. 22 frim. an VII, art. 23 ; 28 avr. 1816, art. 58) : il est passible des mêmes droits que s'il avait été rendu en France (L. 28 avr. 1816, art. 58). — Déc. min. Fin., 5 déc. 1828, et 27 mars 1839, [*J. Enreg.*, n. 9245 ; *Rép. pér.*, n. 2435 ; Instr. n. 1274] — La loi de 1816, en déclarant assujettis à l'impôt les actes étrangers, a en effet employé le mot acte dans le sens le plus large, comprenant même les jugements. — Cass., 14 avr. 1834, Stanpoole, [S. 34.1.270, P. chr.]

1065 bis. — Cependant il y a lieu de faire ici, relativement au *droit de titre* à percevoir sur le jugement, la remarque suivante. Il peut se faire que, si un écrit avait constaté la convention dont le jugement fait titre, cet acte n'eût été passible que d'un droit réduit par suite de l'extranéité de son objet (vente d'immeubles étrangers, 0 fr. 20 p. 100) ; dans ce cas, le droit de titre dû sur le jugement étranger est le même que celui qui aurait été perçu si un acte avait été rédigé. — *Traité alphab.*, v° *Étranger*, n. 65.

1066. — Le jugement français qui accorde l'*exequatur* est en réalité une nouvelle sentence, étant donné le droit de révision du tribunal ; il est donc passible des droits ordinaires. Mais en vertu de la règle *non bis in idem*, de nouveaux droits ne peuvent être perçus sur les dispositions qui ont déjà subi l'impôt lors de l'enregistrement du jugement étranger. Si donc l'*exequatur* est donné purement et simplement, droit fixe ; si, au contraire, il y a eu révision, le droit proportionnel est perçu sur les dispositions *nouvelles* contenues dans le jugement français ; la perception d'un droit proportionnel interdit d'ailleurs toute perception de droits fixes sur les dispositions maintenues du jugement étranger (L. 26 janv. 1892, art. 11, al. 2).

§ 2. *Jugements français.*

1067. — Le jugement français qui intervient au sujet d'une convention formée en pays étranger ou à exécuter à l'étranger est passible des mêmes droits que s'il interprétait des conventions conclues ou exécutoires en France, sauf ce qui a été dit *suprà*, n. 1065 bis, relativement au droit de titre. C'est conformément à cette règle qu'ont été rendues les décisions suivantes.

1068. — Le tarif réduit dont bénéficient les actes translatifs de propriété ou de jouissance de biens situés en pays étranger n'est pas applicable à des marchés contenant louage de services ou d'industrie. Si donc il est fait usage de ces traités devant les tribunaux français, les droits proportionnels ordinaires de 1 p. 100 sont exigibles, en vertu de l'art. 58, L. 28 avr. 1816.

— Cass., 23 nov. 1868, Comp. transatlantique, [S. 69.1.137, P. 69.1.309, D. 69.1.234] ; — 22 déc. 1868, Chemin de fer du Nord de l'Espagne, [S. 69.1.137, P. 69.1.309, D. 69.1.235] ; — 17 mars 1875, Jacquet, [S. 75.1.325, P. 75.1.764, D. 75.328]

1069. — Le jugement qui condamne une compagnie à payer à un entrepreneur le montant des travaux par lui faits en pays étranger est passible du droit de 1 p. 100. — Cass., 22 déc. 1868, précité. — Trib. Seine, 20 janv. 1869, [Garnier, *Rép. pér.*, n. 2918]

1070. — Le jugement qui reconnaît au profit d'un étranger l'existence d'une dette contractée par un Français à l'étranger, et exprimée en monnaie étrangère, est passible du droit d'obligation. — Trib. Seine, 20 mars 1868, [Garnier, *Rép. pér.*, n. 2649] ; — 26 juin 1869, [Garnier, *Rép. pér.*, n. 3306]

1071. — Le jugement portant condamnation à payer le prix d'une cargaison de blé vendue à l'étranger paie 2 p. 100. — Trib. Marseille, 5 janv. 1872, [cité par *Dict. Enreg.*, v° cit., n. 188]

1072. — La décision qui constaterait une mutation verbale d'immeubles étrangers serait passible du droit de titre de 0 fr. 20 p. 100.

1073. — Les actes nécessaires à l'exécution des commissions rogatoires émanant des gouvernements étrangers doivent être rédigés sur papier libre et enregistrés gratis. — Déc. min. Fin., 27 mars 1829, [Instr. gén., n. 1274]

Section VII.

Recouvrement des droits en pays étranger.

1074. — En vertu des règles précédemment exposées, un étranger peut se trouver débiteur du Trésor français. Celui-ci peut-il poursuivre le redevable sur ses biens sis à l'étranger ? En théorie pure, on admet généralement aux tribunaux étrangers le recouvrement d'impôts qui lui sont dus, afin d'obtenir un titre exécutoire sur des biens étrangers. Le principe de la territorialité de l'impôt n'est pas en contradiction avec cette solution, car, étant admis que la créance du fisc est légitimement acquise, on ne voit pas pourquoi on ne pourrait la faire valoir même à l'étranger, comme un créancier ordinaire. Mais en pratique, l'application de cette règle rencontrerait trop souvent un obstacle venant de ce que les tribunaux étrangers refuseraient de sanctionner la créance du fisc en déclarant l'impôt établi contrairement aux règles du droit international et de l'ordre public. Aussi la régie ne s'adresse jamais aux tribunaux étrangers pour obtenir un titre exécutoire hors du territoire (Sol. 12 oct. 1877), et réciproquement les tribunaux français refusent toute action en France pour recouvrement en France d'un impôt étranger. — Trib. Seine, 16 mars 1864, [*J. Enreg.*, n. 17798]

CHAPITRE II.

TIMBRE.

1075. — Il ne peut être fait en France aucun usage d'un acte passé à l'étranger, sans que cet acte ait acquitté le droit de timbre au tarif français ; l'usage est assimilée toute déclaration faite en vertu d'un pareil acte (L. 13 brum. an VII, art. 13). Mais aucune amende n'est encourue par le particulier ou le notaire qui fait usage d'un acte étranger non timbré. — Cass., 8 mai 1882, Crédit lyonnais, [S. 84.1.37, P. 84.1.59, D. 82.1.425] — Sol. 18 avr. 1891, [*Rép. Enr g.*, n. 573] — V. cependant pour les effets de commerce, *infrà*, n. 1079.

1076. — Les jugements des tribunaux étrangers dont l'exécution est poursuivie en France paient les mêmes droits de timbre que les jugements français. Les expéditions ne peuvent être timbrées qu'à 1 fr. 80, même si le format de la feuille est inférieur à celui du moyen papier. — V. Sol. 6 nov. 1895, [*Rép. Enreg.*, n. 1061]

1077. — Les certificats délivrés par les officiers de l'état civil étrangers sont soumis aux droits de timbre des expéditions (*J. Enreg.*, n. 13591) ; mais les traductions d'actes de l'état civil en France sont exemptes de timbre (Délib. Enreg., 27 août 1858). Les pièces étrangères produites *à un comptable public* peuvent être établies sur papier libre. — Déc. min. Fin., 17 avr. 1895, [*Rép. Enreg.*, n. 937]

1078. — Les passeports délivrés par les ambassadeurs ou consuls étrangers à leurs nationaux sont exempts de timbre. — Déc. min. Fin., 31 déc. 1831, [*J. Enreg.*, n. 10212]

1079. — Les effets négociables ou non négociables venant de l'étranger et payables en France sont, avant toute négociation, soumis au timbre de 0 fr. 05 p. 0/0 (LL. 13 brum. an VII, art. 15; 5 juin 1850, art. 1 et 3; 23 août 1871, art. 2; 19 févr. 1874, art. 3 et 4; 22 déc. 1878, art. 1; 29 juill. 1881, art. 5). Les effets tirés de l'étranger sur l'étranger et circulant en France paient 0 fr. 50 par 2,000 fr. ou fraction de 2,000 fr. (LL. 23 août 1871, art. 2; 22 déc. 1872, art. 3). La contravention à ces dispositions est punie d'une amende de 6 p. 0/0, et le notaire en faute supporte personnellement une amende de 20 fr. (L. 24 mai 1834, art. 23).

1080. — La déclaration de résidence en France, à souscrire par les étrangers en vertu de la loi du 8 août 1893, est inscrite sur un registre exempt de timbre, mais l'extrait qui en est délivré y est assujetti (Instr. n. 2849; *Rev. Enreg.*, n. 563).

1081. — L'acte passé à l'étranger par des Français, pour des conventions à exécuter en France, peut être écrit sans contravention sur papier non timbré.

ÉTUDIANT. — V. INSTRUCTION PUBLIQUE.

ÉVASION.

LÉGISLATION.

C. pén., art. 237 à 248; C. instr. crim., art. 518 à 520; C. just. milit. pour l'armée de terre, 9 juin 1857, art. 180, 216; C. just. milit. pour l'armée de mer, 4 juin 1858, art. 232, 294.

Décr. 8 janv. 1810 (*concernant les préposés responsables de l'évasion des détenus dans les hôpitaux civils ou militaires*); — Décr. 1er mars 1854 (*portant règlement sur l'organisation et le service de la gendarmerie*), art. 289 et 392 et s.; — L. 30 mai 1854 (*sur l'exécution de la peine des travaux forcés*), art. 7 et s.; — Décr. 12 juill. 1865 (*déterminant la gratification qui doit être allouée pour la capture des condamnés correctionnels évadés des prisons de l'Algérie*); — Décr. 19 sept. 1866 (*déterminant la gratification qui doit être accordée pour la reprise des condamnés évadés des maisons centrales de force et de correction, ou des pénitenciers agricoles*); — L. 25 mars 1873 (*qui règle la condition des déportés à la Nouvelle-Calédonie*), art. 3; — L. 27 mai 1885 (*sur les récidivistes*), art. 14; — Décr. 18 févr. 1888 (*portant organisation des groupes et détachements des relégués à titre collectif*), art. 10; — Décr. 30 juin 1891 (*fixant les éléments constitutifs du délit d'évasion commis pour les réclusionnaires coloniaux*); — Décr. 25 avr. 1893 (*fixant les éléments constitutifs du délit d'évasion commis par les libérés des travaux forcés condamnés à l'emprisonnement ou à la réclusion*); — Décr. 12 avr. 1893 (*relatif à l'administration et à la comptabilité de la gendarmerie*); — Décr. 22 sept. 1893 (*qui organise dans la colonie pénitentiaire de la Guyane, une surveillance spéciale à la sortie des navires, en vue d'empêcher les évasions des transportés, des relégués et des réclusionnaires coloniaux*); — Décr. 29 mai 1895 (*approuvant l'arrêté du gouverneur de la Guyane en date du 30 janv. 1895, sur l'application du décret du 22 sept. 1893, relatif à la visite des navires quittant la colonie*); — L. 24 déc. 1896 (*sur l'inscription maritime*), art. 77 et 78; — Décr. 6 janv. 1899 (*portant détermination des lieux dans lesquels les relégués collectifs subissent la relégation, et relatif au délit d'évasion commis par les relégués de cette catégorie*).

BIBLIOGRAPHIE.

Blanche et Dutruc, *Etudes pratiques sur le Code pénal*, 1891, 2e éd., 7 vol. in-8°, t. 4, n. 161 et s. — Bourguignon, *Jurisprudence des Codes criminels*, 1825, 3 vol. in-8°, t. 3, p. 234 et s.; — *Dictionnaire raisonné des lois pénales de la France*, 1811, 3 vol. in-8°, v° *Evasion*. — Carnot, *Commentaire sur le Code pénal*, 1836, 2 vol. gr. in-8°, t. 1, p. 676 et s. — Chauveau, Faustin-Hélie et Villey, *Théorie du Code pénal*, 1888, 6 vol. in-8°, t. 3, n. 1011 et s. — Dutruc, *Mémorial du ministère public*, 1871, 2 vol. in-8°, v° *Evasion de détenus*. — Duvergier, *Code pénal annoté*, 1833, in-8°, sur les art. C. pén. cités. — Faustin Hélie, *La pratique criminelle des cours et tribunaux*, 1877, 2 vol. in-8°, t. 2, n. 418 et s. — Garraud, *Traité théorique et pratique du droit pénal français*, 1898, 2e éd., 6 vol. in-8°, t. 4, n. 1352 et s. — Lautour, *Code usuel d'audience*, 1890, 2e éd., 2 vol. gr. in-8°, t. 1, p. 87 et s. — Le Poittevin, *Dictionnaire formulaire des parquets*, 1895, 2e éd., 3 vol. in-8°, v° *Evasion*. — Massabiau, *Manuel du ministère public*, 1885, 4e éd., 3 vol. in-8°, t. 3, n. 4591 et s. — Merlin, *Répertoire universel et raisonné de jurisprudence*, 1827, 5e éd., 18 vol. in-4°, v° *Evasion des prisonniers*, et aussi vis *Condamné, Forçat*. — Morin, *Répertoire général et raisonné du droit criminel*, 1850, 2 vol. gr. in-8°, v° *Evasion*. — Mouton, *Les lois pénales de la France*, 1868, 2 vol. gr. in-8°, t. 1, p. 360 et s. — Rauter, *Traité théorique et pratique du droit criminel français*, 1836, 2 vol. in-8°, t. 1, p. 527 et s. — Rolland de Villargues, *Les Codes criminels*, 1877, 2 vol. gr. in-8°, sur les art. C. pén. et C. instr. crim., cités. — Vallet et Montagnon, *Manuel des magistrats du parquet*, 1890, 2 vol. in-8°, t. 2, n. 1332 et s.

Quelles personnes sont punissables à raison de l'évasion d'un détenu? Le gardien ou conducteur est-il condamnable pour la moindre négligence dans le cas où le détenu s'est tué en voulant s'évader? Journ. du dr. crim., 1866, p. 65.

INDEX ALPHABÉTIQUE.

Accusé, 14.
Acquittement, 180.
Actes d'accusation, 95.
Alliance, 183 et 184.
Amende, 88, 125.
Appréciation souveraine, 171.
Armes, 129, 150.
Arrestation illégale, 24 et s.
Asile, 165.
Assassinat, 95.
Autorité administrative, 74.
Bandit, 168 et 169.
Bris de prison, 3, 4, 37 et s., 92, 125, 128, 142, 149 et 150.
Camisole de force, 45.
Cannes, 130 et s.
Caserne, 30.
Chaîne, 41.
Chambre de sûreté, 51.
Circonstances aggravantes, 97, 119, 124.
Circonstances atténuantes, 56, 96, 119.
Ciseaux, 130 et s.
Clandestinité, 163.
Colonie pénitentiaire, 8, 9, 22.
Commandants, 97.
Compétence, 72 et s.
Complicité, 47, 52 et s., 78, 81, 92, 94, 125 et s., 141.
Complot, 47 et 48.
Concierges, 99, 101. 112 et s.
Connexité, 67 et 73.
Connivence, 107, 110, 115 et s., 120, 134, 146 et 147.
Contrainte par corps, 19 et s., 151.
Contravention, 16, 108.
Contumace, 15, 109, 169, 182.
Corruption de fonctionnaires, 46, 146, 148.
Coups et blessures, 58.
Cour d'assises, 42, 72, 95, 97, 101, 102, 119, 124.
Couteaux, 130 et s.
Crime, 73, 77, 120 et s., 143 et s., 160.
Cumul des peines, 65 et 66.
Décès, 187, 181.
Dégradation, 43.
Déguisement, 165.
Délai, 181.
Délit, 73, 107, 143.
Délit continu, 162.
Déportation, 4, 13, 75 et s., 81, 85.
Dépôt de mendicité. 85 bis.
Destruction de clôture, 60 et s.
Détention préventive, 63 et 64.
Discipline, 117.
Domestique, 152.
Dommages-intérêts, 19, 21, 154 et s.
Douanes, 26.
Droits civils, civiques et de famille, 125.
Emprisonnement, 3, 4, 8, 10, 57, 88, 95, 98, 107, 120, 121, 125, 143 et s., 160.
Escalade, 45.
Évadé (reprise de l'). 133 et s.
Excuses, 55, 118 et 119.
Extradition, 16, 23.
Forçats libérés, 76, 78 et 79.
Force majeure, 111.
Frais de justice, 51.
Gardien, 28, 99 et s., 107.
Gendarmerie, 90, 109.
Geôliers, 99.
Grosse, 26.
Guichetier, 102, 103, 114, 116 et 117.
Guyane, 87 et s.
Homicide, 58.
Hospices et hôpitaux, 33, 34, 104.
Huissiers, 99.
Identité, 84 et s., 172.
Incendie, 59.
Infirmier, 105.
Insoumis, 98.
Instruments, 125 et s., 149.
Intention coupable, 55, 112, 115.
Interdiction de séjour, 158.
Ivresse, 17.
Justice maritime, 75 et s., 86, 106.
Justice militaire, 82, 86, 106.
Maire, 100.
Maison de correction, 22, 74.
Mandat d'arrêt, 26.
Menaces, 57.
Mensonge, 85.
Mineur de seize ans, 74.
Motifs de jugement, 66.
Navire, 87 et s.
Négligence, 100 et s., 107, 110 et s., 118 et s., 141, 157.
Notoriété publique, 175 et s.
Opium, 45.
Parenté, 151 et s., 183 et 184.
Peine, 57 et s.
Peine afflictive, 18, 120, 144, 152, 173 et s.
Peine, 18, 121, 145.
Peine capitale, 18, 121, 145.
Peine infamante, 18, 143.
Peine perpétuelle, 18, 121, 145.
Préposés des hôpitaux, 104.
Prescription, 71.
Présomptions, 111, 115.
Préveau, 14.
Prime, 90 et 91.
Prison militaire, 32.
Prisonnier de guerre, 18, 82, 83, 107, 143.

ÉVASION. — Chap. I.

Prostitution, 35, 62.
Recel, 106, 152, 153, 160.
Récidive 67 et s., 88.
Réclusion, 4. 8. 120.
Relégation, 4, 40, 75, 80. 85.
Relégation collective, 9, 11, 12, 44.
Relégation individuelle, 11.
Ruse, 45.
Secours. 166 et s.
Tentative. 3, 4, 7, 39, 49 et s., 59, 61, 78 et s., 93, 98, 127, 147 et 148.
Tiers, 141 et s.
Travaux forcés, 4 et s., 75 et s., 85.
Travaux forcés à perpétuité, 129.
Travaux forcés à temps, 121.
Tribunal maritime, 85.
Tribunal correctionnel, 73, 74. 80, 85.
Violence, 3. 4, 37 et s., 92, 125, 128, 142, 149 et 150.
Vol, 66.

DIVISION.

CHAP. I. — Délit des détenus qui se sont évadés.
Sect. I. — *Caractères généraux du délit* (n. 3 à 13).
Sect. II. — *Détenus punissables à raison du délit d'évasion* (n. 14 à 36).
Sect. III. — *Violences et bris de prison* (n. 37 à 48).
Sect. IV. — *Tentative et complicité* (n. 49 à 54).
Sect. V. — *Excuses* (n. 55 et 56).
Sect. VI. — *Pénalités*.
  § 1. — *Généralités* (n. 57 à 62).
  § 2. — *Imputation de la durée de la détention préventive* (n. 63 et 64).
  § 3. — *Non-cumul des peines* (n. 65 et 66).
  § 4. — *Récidive* (n. 67 à 70).
  § 5. — *Prescription* (n. 71).
Sect. VII. — *Compétence* (n. 72 à 86).
Sect. VIII. — **Mesures tendant à empêcher les évasions ou à assurer la capture des évadés** (n. 87 à 91).

CHAP. II. — Délit des personnes qui ont favorisé l'évasion.
Sect. I. — *Règles générales* (n. 92 à 98).
Sect. II. — *Responsabilité des gardiens*.
  § 1. — *Généralités* (n. 99 à 106).
  § 2. — *Négligence et connivence du gardien* (n. 107 à 124).
  § 3. — *Complicité des gardiens qui ont fourni des instruments ou des armes* (n. 125 à 132).
  § 4. — *Suspension des poursuites en cas de reprise de l'évadé* (n. 133 à 140).
Sect. III. — **Responsabilité des tiers étrangers à la garde des détenus ayant favorisé l'évasion** (n. 141 à 153).
Sect. IV. — *Dispositions accessoires* (n. 154 à 159).

CHAP. III. — Recel des criminels (n. 160 à 184).

CHAP. IV. — Droit comparé (n. 185 à 232).

1. — L'évasion est le fait d'un détenu qui s'échappe des mains d'un agent de la force publique ou du lieu où il était renfermé.

2. — L'évasion des détenus a été classée par le Code parmi les actes de désobéissance à l'autorité publique. Il peut en résulter trois délits distincts : le délit des détenus qui se sont évadés, le délit des personnes qui ont favorisé l'évasion, et enfin le délit des individus qui ont recélé les individus évadés.

CHAPITRE I.

DÉLIT DES DÉTENUS QUI SE SONT ÉVADÉS.

SECTION I.

Caractères généraux du délit.

3. — Le désir de la liberté est si naturel à l'homme que l'on ne saurait déclarer que celui-ci devient coupable, qui, trouvant la porte de sa prison ouverte, en franchit le seuil. Il n'existe de délit à l'égard du détenu que lorsqu'il s'évade à l'aide de violence ou de bris de prison. C'est ce qui résulte de l'art. 245, C. pén., lequel est ainsi conçu : « A l'égard des détenus qui se seront évadés ou qui auront tenté de s'évader par bris de prison ou par violence, ils seront, pour ce seul fait, punis de six mois à un an d'emprisonnement, et subiront cette peine immédiatement après l'expiration de celle qu'ils auront encourue pour le crime ou délit à raison duquel ils étaient détenus, ou immédiatement après l'arrêt ou jugement qui les aura acquittés ou renvoyés absous dudit crime ou délit : le tout sans préjudice de plus fortes peines qu'ils auraient pu encourir pour d'autres crimes qu'ils auraient commis dans leurs violences. » Nous reviendrons d'ailleurs bientôt avec détails sur ce point.

4. — Cet article ne vise que les individus condamnés aux travaux forcés ou à la réclusion. Quant aux condamnés aux travaux forcés, à la relégation, à la déportation, le fait de l'évasion ou de la tentative est réprimé encore qu'il ait été commis sans violence ni bris de prison. — V. LL. 30 mai 1854, art. 7 et 8 ; 25 mars 1873, art. 3 ; 27 mai 1885, art. 14. — V. infrà, n. 75 et s., 87 et s. — V. aussi suprà, v° *Déportation*, n. 65.

5. — Ainsi, aux termes de l'art. 7, L. 30 mai 1854 sur l'exécution de la peine des travaux forcés, « tout condamné qui, à dater de son embarquement se sera rendu coupable d'évasion, sera puni de deux ans à cinq ans de travaux forcés. Cette peine ne se confondra pas avec celle antérieurement prononcée. La peine pour les condamnés à perpétuité sera l'application à la double chaîne pendant deux à au moins et cinq ans au plus. » — V. infrà, v° *Justice maritime*, n. 1686 et s.

6. — Ainsi encore, d'après l'art. 8 de la même loi, « tout libéré coupable d'avoir, contrairement à l'art. 6 de ladite loi, quitté la colonie sans autorisation ou d'avoir dépassé le délai fixé par l'autorisation sera puni de la peine d'un an à trois ans de travaux forcés. »

7. — Cette peine est afflictive et infamante. Par suite, est applicable à cette infraction l'art. 2, C. pén., qui assimile la tentative de crime au crime lui-même. — Cass., 8 janv. 1898, Dedieu, [S. et P. 98.1.380]

8. — D'autre part, aux termes du décret du 30 juin 1891, complétant l'art. 245, C. pén. : « Seront, en outre, réputés en cas d'évasion, les individus transportés dans les colonies pénitentiaires pour y subir la peine de la réclusion, conformément au décret du 20 août 1853, qui seront restés pendant douze heures éloignés du lieu où ils sont détenus ou employés, ou seront parvenus à se soustraire à la surveillance des agents préposés à leur garde. » Et un décret du 25 avr. 1893 a étendu cette disposition applicable aux transportés libérés des travaux forcés ayant à subir des peines de réclusion et d'emprisonnement.

9. - Les dispositions de ce § 2, art. 245, C. pén., ne concernant que les condamnés transportés dans les colonies pénitentiaires conformément au décret du 20 août 1853, exclusivement applicable aux condamnés d'origine africaine ou asiatique, il s'ensuit que ce paragraphe est étranger au relégué collectif français qui s'est évadé pendant qu'il subissait la peine de la réclusion prononcée contre lui par la juridiction de la relégation visées par ledit décret. — Cass., 23 avr. 1898, Niel, [S. et P. 98.1.379, D. 98.1.31]

10. — Mais si ce relégué a quitté le territoire de la relégation, la peine de deux mois d'emprisonnement prononcée contre lui est justifiée par l'art. 14, L. 27 mai 1885. — Même arrêt. — En effet, aux termes de ce dernier article, « le relégué qui, à partir de l'expiration de la peine se sera rendu coupable d'évasion, celui qui sans autorisation sera rentré en France ou aura quitté le territoire de la relégation, sera puni d'un emprisonnement de deux ans au plus » (S. *Lois annotées* de 1885, p. 819 ; P. *Lois, décrets*, etc. de 1885, p. 1363).

11. — En exécution de l'art. 18 de la même loi, un décret en date du 26 nov. 1885 a créé deux catégories de relégations : la relégation individuelle et la relégation collective. 1° La relégation individuelle consiste dans l'internement aux colonies d'individus admis à y résider en état de liberté, à la charge par eux de se soumettre aux mesures d'ordre et de surveillance prescrites ; 2° la relégation collective consiste dans l'internement sur un territoire déterminé des relégués jugés indignes d'être classés à la relégation individuelle et qui sont réunis dans des établissements où l'administration pourvoit à leur subsistance et les astreint au travail. A la suite des nombreuses évasions de relégués collectifs qui se sont produites, principalement à la Guyane, et des condamnations infligées à ces individus par le tribunal correctionnel de la colonie, en exécution de l'art. 14 de la loi de 1885, la Cour de cassation a déclaré que le fait, pour un relégué collectif, d'avoir été rencontré en dehors du camp où il était interné, ne constituait pas le délit d'évasion, alors qu'il n'était pas constaté qu'il se trouvait en dehors des limites du territoire affecté à la relégation. — V. not. Cass., 22 oct. 1897 et 23 avr. 1898, Tollèle et Niel, [S. et P. 98.1.379, D. 98.1.31]; — 23 avr. 1898, précité.

12. — D'autre part, ni dans la loi du 27 mai 1885, ni dans le décret disciplinaire du 22 août 1887, où sont pourtant énumérés les faits passibles de punitions contre les relégués collectifs, ne se trouvent indiquées les punitions qu'il convient d'infliger à ceux de ces individus qui se sont rendus coupables d'absence illégale. Il a paru qu'il y avait là une lacune qu'il convient de combler afin de prévenir les graves inconvénients et les véritables dangers que l'insuffisance de la législation sur la matière pouvait faire naître pour la sécurité des colonies pénitentiaires. Tel est le but qu'on a poursuivi en s'inspirant des dispositions du décret du 18 févr. 1888, portant organisation des groupes et sections mobiles de relégués, c'est-à-dire de relégués à titre collectif, choisis parmi les détenus ayant non seulement une bonne constitution, mais présentant encore des garanties de bonne conduite et par cela même plus dignes d'intérêt que la généralité des relégués de cette dernière catégorie. Or, l'art. 10 du décret susvisé dispose que tout relégué de ces sections mobiles qui s'est éloigné sans autorisation des chantiers ou de l'exploitation où il est employé sera réputé en état d'évasion douze heures après la constatation de sa disparition. A cet effet, un décret du Président de la République, du 6 janv. 1899 (*J. off.* du 11), a disposé que « les lieux dans lesquels les relégués collectifs subissent la relégation sont les dépôts de préparation et les établissements de travail dans lesquels ils sont placés. Tout relégué collectif qui s'est éloigné, sans autorisation, du dépôt de préparation ou de l'établissement de travail dans lequel il a été placé est réputé en état d'évasion douze heures après la constatation de sa disparition. »

13. — Sur l'évasion des condamnés à la déportation, V. *suprà*, v° *Déportation*, n. 61 et s.

Section II.
Détenus punissables à raison du délit d'évasion.

14. — Le mot générique « détenus » comprend, en principe, toutes les personnes qui sont renfermées dans les prisons, les condamnées pour délits et pour crimes aussi bien que les inculpés, prévenus et accusés. La loi ne distingue pas. — Chauveau, F. Hélie et Villey, t. 3, n. 1013; Garraud, t. 4, n. 1358.

15. — En ce qui concerne les individus condamnés, il n'y a pas à distinguer suivant qu'ils l'ont été définitivement ou par contumace. — V. Cass., 18 vend. an XIV, Perron, [S. et P. chr.]

16. — Mais les art. 237 et s., C. pén., relatifs à l'évasion des détenus, et, en particulier, l'art. 245, s'appliquent-ils aux détenus pour contraventions de simple police? La négative nous paraît devoir être suivie. Elle est l'application du principe d'après lequel il n'existe point de peine sans texte, *nulla pœna sine lege*. Or, il résulte de la contexture de l'art. 245, C. pén., que cet article, qui prévoit et punit l'évasion et la tentative d'évasion par bris de prison, vise la détention pour « crimes et délits », à l'exclusion des « contraventions. » En outre, l'expression générique de détenus, dont il use, s'applique seulement aux trois catégories de détenus visées par les art. 238, 239 et 240 du même Code. La seule difficulté pourrait venir de l'addition des mots « de police » au mot délit, dans l'art. 238. Cette addition est-elle de nature à altérer le sens juridique de l'expression « délit », et à lui donner une signification extensive, contraire à tous les principes de la matière pénale? La Cour de cassation s'est prononcée dans le sens de la négative. Elle a décidé (V. *infrà*, n. 17) que le mot « délit » de l'art. 238 doit être interprété d'après la règle de l'art. 1, C. pén., c'est-à-dire désigner une infraction punie de peines correctionnelles; que les infractions correctionnelles sont des délits de police, comme les tribunaux correctionnels sont des tribunaux de police; qu'on ne peut, par suite, donner au mot « délit de police » de l'art. 238 une interprétation extensive comprenant les contraventions de simple police; que, quand la loi parle des délits de police, elle n'envisage absolument que les délits de police correctionnelle, et non point des contraventions de simple police. Cette interprétation est conforme à l'esprit de la loi, car la détention des prévenus de simples contraventions n'offre point assez d'intérêt à l'ordre social pour qu'il soit nécessaire d'en garantir la durée par une sanction pénale. Si l'on suppose, au contraire, que la loi a omis de s'occuper de l'évasion de tels détenus, au lieu de l'écarter volontairement de ses prévisions, il suffira, pour expliquer ce silence, de rappeler qu'il est fréquent, même en matière beaucoup plus grave; quand, par exemple, un prisonnier est détenu pour être extradé, alors même qu'il s'agirait d'un individu chargé de crimes, la Cour de cassation décide que, si l'acte par lequel l'évasion a été favorisée est répréhensible, néanmoins il n'est pas puni par la loi. — V. en ce sens, Cass., 17 nov. 1894, Perrette, [S. et P.1.152, D. 98. 1.438] et *infrà*, n. 23. — V. Carnot, *Comment. du Code pénal*, observ. sur l'art. 238; Chauveau, F. Hélie et Villey, n. 1028; F. Hélie, *Prat. crim.*, t. 2, n. 423; Blanche, t. 4, n. 175; Laborde, *Rev. crit.*, 1895, p. 159. — V. cependant en sens contraire, Rauter, t. 1. p. 529; Garraud, t. 4, n. 1358, note 9.

17. — Il a été jugé, conformément à l'opinion que nous venons de développer, que ne sont pas coupables du délit d'évasion par bris de prison les détenus qui, trouvés en état d'ivresse manifeste dans un lieu public et conduits à la geôle municipale, s'étaient évadés en descellant les barreaux d'une fenêtre. — Cass., 28 juin 1895, [*Bull. crim.*, n. 189] — V. aussi Trib. Bruxelles, 8 avr. 1874, [*Pasicr. belg.*, 74.3.229]

18. — En somme, les dispositions du Code pénal qui répriment les évasions des détenus n'ont en vue : dans l'art. 238, que celles des prisonniers de guerre et des prévenus de délits de police ou de crimes simplement infamants; dans l'art. 239, celles des prévenus ou accusés de crimes de nature à entraîner une peine afflictive à temps, ou des condamnés pour l'un de ces crimes; dans l'art. 240, que celles des prévenus ou accusés de crimes de nature à entraîner la peine de mort ou des peines perpétuelles ou des condamnés à l'une de ces peines. Elles n'en prévoient pas d'autres. — Blanche, t. 4, n. 167.

19. — Remarquons que la jurisprudence ancienne, attestée par Farinacius (quest. 30°, n. 25 et 81) et Jousse (*Tr. des matières crim.*, t. 4, p. 86), atteignait l'évasion des détenus pour dettes. Il y a, disait-on, dans l'un et l'autre cas, désobéissance à la loi, rébellion envers la justice. Tous les jugements, alors même qu'ils n'intéressent que des particuliers, s'exécutent au nom du souverain. Le créancier ne peut faire détenir son débiteur ailleurs que dans la maison spécialement déterminée par le gouvernement. Le détenu pour dettes y est placé comme le détenu pour délit, sous la foi de l'autorité publique. Une garantie est due au créancier contre toute évasion violente de la part du débiteur. L'action en dommages-intérêts contre le gardien ne saurait tenir lieu d'une disposition pénale, soit parce que sa solvabilité pourrait être insuffisante, soit parce que l'évasion pourrait, en certains cas, avoir lieu sans qu'il y eût faute ou négligence de sa part. La loi prononce des peines contre la rébellion opposée aux officiers ministériels agissant dans un simple intérêt privé : ne doit-elle pas ici la même protection aux particuliers? Le préjudice est le même dans les deux cas pour l'ordre social : la répression doit être identique.

20. — Comment faut-il résoudre aujourd'hui cette question qui, d'ailleurs, offre moins d'intérêt depuis que la loi du 24 juill. 1867, a supprimé la contrainte par corps en matière civile et commerciale? (V. *suprà*, v° *Contrainte par corps*, n. 23 et s.) Par application du principe que ne sont réprimées que les évasions des catégories de détenus spécialement déterminées par la loi, il est communément admis que nos textes ne sont pas applicables aux évasions des détenus pour dettes et que, par suite, ces évasions demeurent impunies. — Cass. 20 août 1824, Carnot, [S. et P. chr.] — Rauter, t. 1, n. 391; Bourguignon, sur l'art. 237, t. 3, p. 234; Morin, v° *Evasion*, n. 2; Chauveau, F. Hélie et Villey, t. 3, n. 1013; Blanche, t. 4, n. 168; Garraud, t. 4, n. 1358. — V. *infrà*, n 51, 53 et 54.

21. — « En effet disent Chauveau, F. Hélie et Villey, il ne suffit pas qu'il y ait désobéissance et en quelque sorte rébellion à la justice de la part du détenu qui s'évade, il faut encore que cette évasion cause un préjudice » à l'ordre social. Or, l'évasion d'un prisonnier pour dettes ne lèse que les intérêts de son débiteur. La loi pénale n'a donc point dû la comprendre dans ses dispositions. » D'autre part, Carnot (sur l'art. 237, C. pén., t. 1, p. 676, n. 3) fait remarquer que cet article parlant des détenus d'une manière générale, on pourrait croire que les détenus pour dettes y sont nécessairement compris : « Mais si l'on se reporte, dit-il, aux art. 238 et s., qui ne sont que des corollaires de l'art. 237, il est facile de se convaincre qu'il ne peut être question, dans cet article, que de l'évasion des détenus pour crimes ou délits, aucun article du Code ne prononçant de peines pour le cas d'évasion d'emprisonnés pour dettes civiles; ce qui doit être, néanmoins, entendu en ce sens qu'il s'agira d'une simple évasion et non de celle qui aurait été le résultat d'un crime ou délit; comme aussi que cela ne pourra libérer les gardiens des dommages-intérêts que la fuite de l'emprisonné aura fait éprouver à ses créanciers. » — V. infrà, n. 154 et s.

22. — Par application des mêmes principes, l'art. 245, C. pén., et plus généralement les art. 237 et s., ne sauraient être appliqués : ni à l'évasion de jeunes détenus qui, après avoir été acquittés des fins de poursuites dirigées contre eux, ont été envoyés pour y être élevés pendant un certain temps dans une maison de correction ou colonie pénitentiaire de jeunes détenus. — Dutruc, *Mémor. du min. publ.*, v° *Evasion de détenus*, t. 1, p. 529.

23. — .. Ni à l'évasion d'un détenu à fin d'extradition. — Cass., 30 juin 1827, de la Grainville, [S. et P. chr.] — Nancy, 15 mars 1852, Jeroeb, [S. 52.2.507, P. 52.1.565, D. 53.2.95] — Bourguignon, *Jurisprudence des Codes crim.*, t. 3, p. 234 ; Carnot, sur l'art. 237, C. pén., t. 1, p. 676, n. 3; Le Sellyer, *Dr. crim.*, t. 5, n. 1952; Morin, v° *Evasion*, n. 10 ; Chauveau, F. Hélie et Villey, t. 3, n. 1024; Blanche, t. 4, n. 169; Garraud, t. 4, n. 1358, note 13 ; Le Poittevin, v° *Evasion*, n. 2. — La jurisprudence belge s'est aussi prononcée presque unanimement en ce sens. — Cass. belg., 5 sept. 1856, Danobly, [*Pasicr. belg.*, 36.1.449] — Bruxelles, 28 juin 1856, Damhly, [*Pasicr. belg.*, 56.2.435] — Trib. Bruxelles, 10 janv. 1856,[*Belg. jud.*, 56.175] — *Contra*, Cass. belg., 18 mai 1828, X..., [*Pasicr. belg.*, 28.180] — V. aussi *suprà*, n. 16.

24. — On distinguait autrefois entre les individus détenus pour une juste cause et ceux qui l'étaient pour une cause illégale. Les docteurs allaient même jusqu'à soutenir qu'il était permis à celui qu'une injuste détention retenait dans les fers d'exercer des violences contre les gardiens pour se sauver. D'après les dispositions du Code pénal de 1791, les complices et fauteurs d'une évasion n'étaient également punissables que dans le cas où la détention était légale.

25. — Quoique le Code de 1810 ne reproduise pas cette expression, il est évident qu'on doit décider encore aujourd'hui que l'évasion d'un individu détenu arbitrairement et contrairement à la loi ne saurait être punie d'aucune peine. En pareil cas, disent avec raison MM. Chauveau, F. Hélie et Villey (t. 3, n. 1013), l'évasion du détenu, loin de préjudicier à la société, est au contraire une sorte de bienfait pour elle puisque cette évasion met un terme à un acte odieux, à l'exécution d'un délit (V. *suprà*, v° *Arrestation et détention arbitraire ou illégale*). Et comme l'ajoute avec raison M. Garraud (t. 4, n. 1358), il n'est pas douteux que la législation actuelle ne fasse de la légalité de la détention « une condition tacite de la culpabilité des évadés ou des auteurs de l'évasion. La loi en effet ne reconnaît que les détentions ordonnées en vertu de ses dispositions et dans les formes qu'elle prescrit, par les autorités compétentes : celui-là seul qui se trouve soumis à une détention semblable, c'est-à-dire à une prévention ou à une condamnation régulière, est pour la loi un détenu. » — V. aussi Rauter, t. 1, p. 529; Carnot, t. 1, p. 599, n. 11; Le Poittevin, v° *Evasion*, n. 2.

26. — Ainsi il a été jugé que la détention qui suit l'arrestation illégale opérée par les agents de l'administration des douanes en vertu d'un prétendu jugement de condamnation, alors qu'ils n'étaient porteurs, ni de la grosse de ce jugement, ni de l'ordre d'arrestation délivré à sa charge, étant elle-même illégale, il en résulte que le défit d'avoir facilité l'évasion du détenu ne constitue pas le délit prévu par l'art. 238, § 2, C. pén. — Douai, 22 nov. 1839, Delarue et Deroubaix, [P. 46.2.126]

27. — Toutefois, ces principes ne s'appliquent qu'à une détention arbitraire et non à la détention, régulière en la forme, d'un individu innocent du délit qui lui est reproché. Le premier devoir de tout citoyen est, en effet, de respecter les mandats de la justice et d'obéir aux autorités légalement constituées. Voici comment s'exprimait sur ce point l'orateur du gouvernement au Corps législatif : « Le détenu a dû se soumettre à la perte de sa liberté jusqu'à ce que les tribunaux aient porté sur lui un jugement définitif, et la loi lui défend de se soustraire à une détention qu'elle prescrit. Pour ce qui le concerne, la loi ne fait point d'exception; qu'il soit innocent ou qu'il soit coupable du premier délit qu'on lui imputait, le second sera également puni. »

28. — D'autre part, si, en principe, l'évasion réprimée par nos dispositions est celle des personnes détenues légalement, il ne faut pas cependant conclure de là que l'évasion devrait rester impunie parce que l'évadé se trouvait déposé provisoirement entre les mains d'un agent qui n'aurait pas qualité pour en opérer l'arrestation. Décidé à ce propos que l'application de la pénalité établie par les art. 237 et 239, C. pén., contre ceux qui, par négligence, laissent évader des prévenus dont la garde leur était confiée, n'est pas subordonnée à la légalité de l'arrestation du prévenu évadé; il suffit que l'ordre d'arrestation émane d'un officier de police judiciaire. — Cass., 3 mai 1855, Sié, [S. 55.1.680, P. 61.421, D. 55.1.256] — *Sic*, Blanche, t. 1, n. 165; Chauveau et Villey, t. 3, n. 1024; Le Poittevin, v° *Evasion*, n. 3.

29. — Pour constituer le délit d'évasion par bris de prison, il faut que le lieu de détention d'où le prévenu s'est évadé soit une prison ou ait été légalement désigné pour en tenir lieu. — Poitiers, 2 janv. 1832, Picault, [P. chr.] — Chauveau et Villey, t. 3, n. 1017; Garraud, *loc. cit.*

30. — Par suite, l'individu détenu dans la chambre de sûreté d'une caserne de gendarmerie, à défaut de maison de justice ou d'arrêt, doit être considéré comme étant légalement détenu. Cette chambre de sûreté a été formellement autorisée par l'art. 85, L. 28 germ. an VI, puis par l'art. 372. Décr. 1er mars 1854. En conséquence, celui qui s'évade en ce lieu avec bris ou violence. — Cass., 28 avr. 1836, Solassol, [S 36.1.702, P. chr.] — Lyon, 2 janv. 1884, Teyssier, [S. 87.2.68, P. 87.1.447, D. 86.2.40] — Chauveau, F. Hélie et Villey, t. 3, n. 1017; Blanche, t. 4, n. 166; Le Poittevin, *loc. cit.*

31. — Il a même été décidé qu'il n'est pas nécessaire, pour l'existence du délit d'évasion par bris de prison, que le local d'où le détenu s'est évadé ait reçu par une décision administrative le caractère légal de prison : il suffit que ce local ait été affecté par l'administration municipale à la détention des gens provisoirement arrêtés. — Montpellier, 12 oct. 1860, Poujol, [S. 61.2.191, P. 61.1088, D. 61.5.198] — V. Nîmes, 22 févr. 1838, Guibal, [P. 38.1.423] — Mais cette solution paraît douteuse. — V. Garraud, t. 4, n. 1358, note 14, *in fine*.

32. — Les locaux disciplinaires du corps ne peuvent être assimilés aux prisons militaires légalement établies. L'évasion par bris d'un de ces locaux ne peut donc être légalement qualifiée d'évasion par bris de prison, alors surtout que ladite évasion a eu lieu avant que le général commandant la circonscription ait donné l'ordre d'informer et l'ordre d'écrouer. — Cons. de révis. de Paris, 17 juin 1881 ; Cons. de révis. d'Alger, 19 oct. 1884, [cités par Leclerc et Coupois, *C. just. milit.*, t. 2, p. 300 et 390] — Sur le pouvoir disciplinaire de la justice maritime, V. *infrà*, v° *Justice maritime*, n. 1580 et s.

33. — La loi elle-même a désigné les hospices comme pouvant, en cas de maladie des prévenus ou condamnés, être substitués aux prisons, comme lieu de détention. « Les administrateurs municipaux, porte l'art. 13, L. 4 vend. an VI, et tous autres ayant la police des maisons d'arrêt, de justice et des prisons, ne pourront faire passer dans les maisons de santé, sous prétexte de maladie, les détenus, que du consentement, pour les maisons d'arrêt, du directeur du jury; pour les maisons de justice, du président du tribunal criminel, et pour les prisons, de l'administration centrale du département, sur le siège dans le lieu où se trouvent les prisons ; à défaut, l'on prendra l'avis et consentement du commissaire du pouvoir exécutif auprès de la municipalité. » Les hospices sont donc appelés, par la volonté expresse de la loi, et sans qu'il soit besoin d'une affectation spéciale, à servir de prison pour les détenus malades. Et il en est si bien ainsi qu'un décret du 8 janv. 1810 a été spécialement rendu pour régler la responsabilité pénale des préposés des hôpitaux en cas d'évasion des détenus qui auraient été transférés dans ces hôpitaux; aussi les auteurs sont-ils d'accord pour reconnaître que, dans l'énumération. faite par l'art. 237, C. pén., des personnes qui peuvent être déclarées responsables de l'évasion d'un détenu, il faut comprendre les employés des hôpitaux, chargés spécialement de la garde des prévenus qui y sont transférés. — V. Chauveau, F. Hélie et Villey, t. 3, n. 1025; Blanche, t. 4, n. 171; Le Poittevin, v° *Évasion*, n. 3.

34. — Jugé, en ce sens, que l'hospice dans lequel un détenu malade est transféré, par application de l'art. 15, L. 4 vend. an VI, doit être considéré comme une dépendance ou une annexe de la prison elle-même, sans qu'il y ait à rechercher si cet hospice a été institué comme lieu de détention par décision de l'administration publique. Par suite, se rend coupable du délit d'évasion avec bris de prison, prévu et puni par l'art. 245, C. pén., le détenu qui, transféré dans un hospice, s'en évade en descellant les barreaux et le grillage d'une fenêtre. — Grenoble, 10 juill. 1890, F..., [S. 91.2.16, P. 91.1.102, D. 91.2.341]

35. — Mais les dispositions de l'art. 245 ne sauraient être appliquées à la fille soumise qui, placée en vertu d'un règlement administratif dans un hôpital pour y être soignée d'une maladie vénérienne, tente de sortir par bris d'une porte intérieure de cet hôpital. — Orléans, 26 août 1894, [*Gaz. Pal.*, 94.2.486]

35 bis. — Un dépôt de mendicité n'étant pas un lieu de détention, le fait de s'en évader ne constitue aucun délit. — V. *infrà*, v° *Mendicité*, n. 58.

36. — Le Code, en cette matière, entend par détenus non seulement les individus écroués dans les prisons, mais aussi ceux qui ne sont encore qu'appréhendés au corps et remis entre les mains des agents chargés d'en opérer la conduite ou le transport. C'est assurément la pensée de la loi, puisqu'elle applique les peines qu'elle prononce aussi bien aux conducteurs qu'aux gardiens de ceux qu'elle appelle détenus. — Bordeaux, 12 oct. 1849, Sabatté, [P. 50.2.543] — Rauter, t. 1, n. 394; Blanche, t. 4, n. 163; Garraud, t. 4, n. 1358, note 9. — V. *infrà*, n. 99 et s.

Section III.
Violences et bris de prison.

37. — Le délit d'évasion n'est puni, avons-nous dit (*suprà*, n. 3), qu'autant qu'il y a eu par bris de prison ou par violence. Que faut-il entendre par ces expressions? Il y a bris de prison toutes les fois que le détenu use de violences matérielles dans la prison et contre les clôtures de la prison. Aussi, le bris de clôture existe quand le détenu a arraché les barreaux des fenêtres, enfoncé les portes, descellé une pierre, commis enfin une effraction de nature à faciliter sa sortie. — Chauveau, F. Hélie et Villey, t. 3, n. 1015; Boitard, n. 292; Garraud, t. 4, n. 1359.

38. — Les violences sont toutes les voies de fait qui ont pour objet de paralyser la garde et la surveillance des préposés de la prison ou de la force armée qui escorte les prévenus. Il ne peut y avoir de violences, dans le sens de la loi, qu'autant qu'elles sont exercées sur la personne des préposés à la garde des détenus. — Rauter, t. 2, n. 394, p. 530; Carnot, t. 1, p. 689; Blanche et Dutruc, t. 4, n. 195; Chauveau, F. Hélie et Villey, *loc. cit.*; Garraud, *loc. cit.*

39. — Mais notre article vise-t-il aussi bien les violences *morales* que les violences *physiques*, en sorte qu'il réprimerait aussi bien les simples *menaces* que les voies de fait accomplies? La question est controversée. La négative est enseignée par Garraud (*loc. cit.*, n. 1359, texte et note 17), par le motif que l'expression « violence » a, dans le Code pénal, un sens ordinairement limité aux voies de fait proprement dites, c'est-à-dire à l'emploi illégitime de la force. Aussi, suivant cet auteur, les menaces adressées par un détenu à un gardien, s'il ne s'y joignait aucune voie de fait, ne pourraient être considérées comme un élément constitutif du délit d'évasion; tout au plus pourraient-elles en constituer la tentative. — V. en sens contraire, Chauveau, F. Hélie et Villey, *loc. cit.*

40. — Jugé que lorsque le détenu, un relégué, par exemple, s'est évadé pendant qu'il était en dehors de la prison sous l'escorte et la conduite de la force armée, son évasion n'est punissable qu'autant qu'elle a eu lieu par violences exercées sur la personne des préposés à la garde. — Cass. 23 avr. 1898, Niel, [S. et P. 99.1.478] — Rauter, t. 2, n. 394; Morin, v° *Évasion*, n. 5, *in fine*; Chauveau, F. Hélie et Villey, *loc. cit.*

41. — Le bris d'une chaîne qui maintenait le prisonnier ne pourrait manifestement être considéré comme une violence au sens de l'art. 245. Ainsi jugé que l'évasion d'un détenu n'étant punissable, aux termes de l'art. 245, qu'autant qu'elle a lieu par bris de prison ou avec violence, et cette dernière expression devant s'entendre de violences exercées sur les personnes, le fait d'un détenu qui, dans le trajet entre la prison et le palais de justice, où il était conduit par la gendarmerie, s'évade en forçant le cadenas servant à fermer la chaîne de sûreté qui le retenait captif, ne saurait constituer le délit d'évasion prévu et puni par l'art. 245, C. pén. — Douai, 18 janv. 1897, Gobhe, [S. et P. 97.2.248]

42. — Jugé encore, par application des règles précédentes, que lorsque, indépendamment de la déclaration rendue sur le fait principal, un accusé a été reconnu coupable, par le jury, de s'être évadé par violence des mains de la force armée qui le détenait, la cour d'assises ne peut, à peine de nullité, se dispenser de le condamner aux peines portées par l'art. 245, C. pén., pour qu'il les subisse à l'expiration de la peine principale. — Cass., 5 avr. 1832, Saint-Béranger, [S. 32.1.719, P. chr.]

43. — ... Que le fait d'un détenu qui s'évade sans commettre aucune effraction ni bris de prison destinés à faciliter son évasion, et en causant seulement des dégradations involontaires, échappe à toute répression. — Poitiers, 18 mars 1887, Clavier, [S. 88.2.93, P. 88.1.568, D. 87.2.162] — V. Chauveau, F. Hélie et Villey, t. 3, n. 1015.

44. — ... Que ne peut être puni pour évasion le relégué collectif qui, subissant une peine d'emprisonnement, s'est évadé de la prison par un trou pratiqué dans le mur de la prison, mais non par lui, et est arrêté sur le territoire de la relégation (L. 27 mai 1885, art. 14). — Cass., 23 avr. 1898, précité.

45. — Ainsi encore le détenu qui s'évade en employant la ruse, le mensonge, un déguisement, une supercherie quelconque, ne commet pas de délit. Il en est encore de même s'il a simplement escaladé les murs de sa prison, sans commettre aucune effraction, ou même s'il a arraché sa camisole de force, brisé ses entraves, ces faits ne pouvant être considérés comme un bris de prison, ou encore s'il a dérobé les clefs d'un de ses gardiens pendant son sommeil et est sorti de la prison en ouvrant les portes mais sans violence. — Chauveau, F. Hélie et Villey, *loc. cit.*; Garraud, t. 4, n. 1359.

46. — Enfin si le détenu a tenté de corrompre ses gardiens dans le but de s'évader, il ne peut être puni en vertu de l'art. 245. — Chauveau, F. Hélie et Villey, *loc. cit.*; F. Hélie, *Prat. crim.*, t. 2, n. 418; Garraud, *loc. cit.* — V. *suprà*, v° *Corruption de fonctionnaires*, n. 235.

47. — Notre Code n'a pas incriminé, comme l'avait fait le droit romain et comme le font encore certaines législations étrangères, le complot formé entre détenus pour s'évader. Si donc l'évasion de plusieurs prisonniers est la suite d'un concert arrêté à l'avance, chacun d'eux, pour être incriminé, doit avoir commis lui-même, en qualité de coauteur les violences ou le bris de prison, ou y avoir participé dans les conditions constitutives de la complicité légale. De même, le fait que des détenus plus ou moins nombreux se sont évadés en bande, profitant d'une négligence d'un gardien ou de toute autre circonstance, n'est pas à lui seul constitutif du délit d'évasion. C'est encore ici une évasion simple, qui, affranchie des circonstances de bris de prison ou de violence, ne donne lieu à aucune répression. — Chauveau, F. Hélie et Villey, t. 3, n. 1016; Garraud, t. 4, n. 1362.

48. — Cependant, d'après un arrêt, il n'est pas nécessaire, pour que l'art. 245 devienne applicable, qu'il y ait coopération personnelle de chacun des individus au fait de bris de prison : il suffit qu'il y ait emploi des moyens de violence pratiqués par quelques-uns, dans le but d'une évasion concertée en commun avant son exécution. — Paris, 26 déc. 1835, Caillé, [P. chr.] — Et les peines prononcées par la loi contre les détenus évadés à l'aide de bris de prison, de clôture ou à l'aide de violences, sont indistinctement applicables à tous, encore bien qu'il n'y ait pas de coopération manuelle et personnelle de chacun d'eux, s'il résulte de l'instruction la preuve que tous ont dû en avoir connaissance, et que les travaux employés à cet effet n'ont pu s'opérer que par le concours des détenus renfermés dans le même bâtiment et dans la même cour. — Même arrêt.

Section IV.
Tentative et complicité.

49. — La loi réprime la simple tentative d'évasion. Toutefois l'art. 245 n'atteint la tentative légale du délit qu'autant que cette tentative réunit les caractères prescrits par l'art. 2, C. pén., et par conséquent, dans le seul cas où la volonté de s'évader s'est manifestée par le bris de prison ou les violences, mais n'a pu s'accomplir par suite d'un événement imprévu. — Chauveau, F. Hélie et Villey, t. 3, n. 1014; Garraud, loc. cit. — V. aussi infrà, v° Jugements et arrêt (mat. crim.), n. 475.

50. — Il a été jugé que le fait par un détenu, arrêté pour délit et contravention, et écroué à raison de ces faits dans une prison municipale, d'avoir détaché les vis de la porte d'entrée, brisé un des jambages ainsi qu'une pièce de bois nécessaire à sa fermeture et d'avoir résisté à la force armée qui voulait le faire entrer dans un autre local de la prison, constitue le délit de tentative d'évasion par bris de prison; et ces faits ne peuvent changer de caractère à raison des chances plus ou moins légères ou même nulles qu'avait le prévenu de réussir dans sa tentative. — Caen, 21 juill. 1879, [Rec. de Caen et Rouen, 80.1.59]

51. — Mais, par application de la règle établie suprà, n. 20, il n'y a pas tentative du délit d'évasion prévu par l'art. 245, C. pén., dans le fait par un individu d'arracher, pour essayer de se sauver, une des planches de la porte d'une chambre de sûreté où il a été enfermé, en attendant sa translation dans la prison où il doit subir sa peine, s'il n'est ainsi détenu que pour purger une contrainte par corps pour paiement de frais de justice, car ces frais ont le caractère d'une dette civile. — Trib. corr. Vervins, 25 nov. 1885, [Gaz. Pal., 86.1.154]

52. — La complicité est soumise, en cette matière, aux règles du droit commun, sauf le cas de dérogation expresse. — Garraud, t. 4, n. 1362. — V. suprà, v° Complicité.

53. — Jugé, en conséquence, que, quoique le prisonnier pour dettes qui s'évade ou tente de s'évader ne soit passible d'aucune peine à raison de ce fait (V. suprà, n. 20), il n'en est pas moins punissable des peines portées par l'art. 245, C. pén., s'il se rend complice d'une tentative d'évasion d'un détenu pour crime ou délit. — Cass., 29 sept. 1831, Dutheil, [S. 32.1.240, P. chr.]

54. — Et il a été jugé, d'autre part, que l'art. 238, C. pén., qui punit le complice de l'évasion de tout individu prévenu de délits de police ou de crimes simplement infamants, est applicable même au cas où la personne évadée se trouvait en état d'arrestation pour défaut de paiement d'une simple amende fiscale, à laquelle elle avait été condamnée pour contravention aux règlements de l'octroi. — Rennes, 6 janv. 1841, B..., [S. 41.1.172] — Sic, Le Poittevin, v° Évasion, n. 2, qui fait observer qu'en pareil cas le détenu subit en réalité une condamnation pour délit. — V. suprà, n. 20.

Section V.
Excuses.

55. — Les anciens jurisconsultes avaient établi des excuses dont quelques-unes, suivant Chauveau, F. Hélie et Villey (t. 3, n. 1021), devraient encore être suivies. C'est ainsi que le détenus qui n'ont brisé la prison pour s'évader que parce qu'elle était le théâtre d'un incendie, d'une inondation ou d'une maladie contagieuse, et pour fuir un péril certain, ne sauraient être l'objet d'une poursuite. Les prisonniers qui s'évaderaient pour se dérober à des traitements atroces exercés sur eux devraient également être excusés si ces faits étaient vérifiés. On cite l'exemple d'une fille à l'honneur de laquelle un gardien aurait attenté. — V. Farinacius, quest. 30, n. 171 et s., 190. — Cette solution, exacte en elle-même, paraît mal justifiée en ce sens qu'il semble difficile d'admettre une excuse non expressément édictée par le Code (art. 65, C. pén.). Mais on peut lui appliquer un fondement juridique incontestable en faisant observer que c'est la volonté, de la part du détenu, de recouvrer sa liberté par la force et d'échapper au châtiment, que la loi punit dans le délit d'évasion. Le seul fait matériel de briser les clôtures matérielles de la prison, ou d'user, pour en sortir, de violence vis-à-vis des gardiens ne suffirait pas à établir la culpabilité, et s'il était démontré que celui-ci n'a quitté la prison, même par violence ou effraction, que pour l'un des motifs précédemment indiqués, il devrait être relaxé à raison de l'absence d'intention délictueuse. — Garraud, t. 4, n. 1360.

56. — Mais on ne pourrait admettre que celui qui, après avoir brisé la prison, revient de lui-même sur-le-champ, doive être exempté de toute peine (Julius Clarus, quest. 21, n. 27); son retour est sans doute une circonstance atténuante, mais il ne pourrait effacer le délit; il prouve le repentir de l'agent, il ne détruit pas son action. — Chauveau, F. Hélie et Villey, t. 3, n. 1021; Garraud, t. 4, n. 1361. — V. infrà, n. 133 et s.

Section VI.
Pénalités.

§ 1. Généralités.

57. — Aux termes de l'art. 245, C. pén., la peine de l'évasion est d'un emprisonnement de six mois à un an, en ce qui concerne les condamnés aux travaux forcés, à la relégation et à la déportation. — V. suprà, n. 4 et s.

58. — Du reste, si les violences commises par le détenu (V. suprà, n. 38) sont d'une nature assez grave pour constituer un délit ou un crime distinct, si par exemple, les détenus ont frappé, blessé ou tué l'un des gardiens, s'ils ont mis le feu à la prison, ce fait est puni, non plus à titre de simples violences constitutives du délit d'évasion mais comme crime ou délit sui generis passible de la peine appliquée par la loi aux crimes ou délits de cette nature. Tel est l'objet de la réserve peut-être inutile de l'art. 245 qui punit les détenus, « le tout, sans préjudice de plus fortes peines qu'ils auraient pu encourir pour d'autres crimes qu'ils auraient commis dans leurs violences. » — Chauveau, F. Hélie et Villey, t. 3, n. 1015; Garraud, t. 4, n. 1359.

59. — Il a été décidé, par la Cour de cassation, dans un arrêt d'espèce, que le fait de mettre volontairement le feu à un édifice habité ou servant à l'habitation constitue le crime d'incendie, quel que puisse être le but de l'auteur de ce fait. Ainsi, il y a tentative d'incendie, et non pas seulement tentative d'évasion, dans le fait de détenus qui, pour s'évader, mettent le feu à une porte de la prison. Mais la tentative d'incendie n'est pas punissable, et il n'y a que tentative d'évasion, si les détenus éteignent d'eux-mêmes l'incendie. — Cass., 21 août 1845, Faure, [S. 45.1.848, P. 46.1.145, D. 45.4.502] — V. Garraud, t. 4, n. 1359, note 16.

60. — Il semble, d'ailleurs, que le détenu qui ne peut être puni pour délit d'évasion par bris de prison, à raison de ce que l'une quelconque des conditions d'imputation de l'infraction fait défaut, peut, suivant les circonstances, être déclaré passible des peines portées soit par l'art. 456, soit par l'art. 479, n. 1, C. pén., pour destruction de clôtures ou dommages causés volontairement aux propriétés mobilières d'autrui. — V. suprà, v° Destruction et dégradation de clôtures, n. 105 et s.

61. — Il a été jugé, à cet égard, que le tribunal correctionnel, saisi par le ministère public d'une poursuite pour tentative d'évasion, a le droit, en vertu de l'art. 191, C. instr. crim., de rechercher s'il ne convient pas d'appliquer à ces faits une autre qualification légale, notamment celle de bris de clôture, et de prononcer, s'il y échet, une condamnation basée sur l'art. 459, C. pén., qui vise ce délit. — Trib. corr. Vervins, 25 nov. 1885, [Gaz. Pal., 86.1.154]

62. — Jugé, d'autre part, que la fille soumise qui, dans le cas prévu suprà, n. 35, ne commet pas le délit d'évasion, commet celui de bris de clôture réprimé par l'art. 456, C. pén. — Orléans, 26 août 1894, [Gaz. Pal., 94.2.486]

§ 2. Imputation de la durée de la détention préventive.

63. — Y a-t-il lieu à imputation de la détention préventive sur la durée de la peine, au cas de condamnation pour évasion? En principe, les individus détenus préventivement exécutent, pendant la durée de la prévention, la peine prononcée contre eux à raison d'une autre infraction. Mais, comme on le fait observer, cette règle ne s'applique pas ici, en ce sens qu'il n'y aura pas lieu d'imputer la peine de l'évasion sur la détention préventive que subissait le condamné, puisque, aux termes de l'art. 245, C. pén., cette peine ne doit être subie qu'après l'arrêt ou le jugement qui aura acquitté le détenu ou l'aura renvoyé absous du fait qui avait motivé son arrestation. — Garraud, t. 4, n. 1365. — V. aussi Blanche, t. 1, n. 133, et t. 4, n. 197. — V. *infrà*, n. 65 et 66

64. — Sur les règles concernant en général l'imputation de la détention sur la durée de la peine, V. L. 15 nov. 1892, et *suprà*, v° *Détention préventive*, n. 96 et s.

§ 3. *Non-cumul des peines.*

65. — Aux termes de l'art. 245, « les condamnés pour évasion ou tentative d'évasion subiront cette peine immédiatement après l'expiration de celle qu'ils auront encourue pour le crime ou délit à raison duquel ils étaient détenus, ou immédiatement après l'arrêt ou jugement qui les aura acquittés ou renvoyés absous dudit crime ou délit. » — Sur cette disposition, V. *suprà*, v° *Cumul des peines*, n. 25 et s.

65 bis. — Depuis, il a été décidé que la dérogation que l'art. 245 établit au principe du non-cumul des peines consacré par l'art. 365 consiste en ce que la peine prononcée pour évasion doit être cumulativement subie avec celle encourue par le prévenu pour le crime ou délit à raison duquel il était détenu. Conséquemment l'art. 245, C. pén., ne peut recevoir d'application qu'autant que la détention du prévenu était motivée par l'infraction poursuivie concurremment avec le délit d'évasion. En conséquence, doit être annulé pour défaut de motifs l'arrêt qui prononce deux peines distinctes à raison des délits de vol et d'évasion par bris de prison imputés au prévenu, sans constater que le délit de vol poursuivi ait été la cause de la détention du prévenu à la prison de laquelle il s'est évadé. — Cass., 21 déc. 1894, Lamolet, [*Bull. crim.*, n. 328]

66. — De même, si l'art. 245, C. pén., qui punit le délit d'évasion avec violences, prescrit exceptionnellement le cumul de la peine de ce délit avec celle qui était encourue pour le crime ou le délit motivant la détention, ni cette disposition, ni aucune autre n'ont étendu cette exception au cas où la poursuite de faits concomitants à l'évasion aurait été jointe à la poursuite relative au délit de celle-même. — Cass., 30 avr. 1897, Bellanger, [S. et P. 98.1.112] — Ainsi, lorsqu'un vol a été commis en même temps que l'évasion et est poursuivi avec l'évasion, la confusion des peines doit être prononcée. — Même arrêt.

66 bis. — De même, et par application du même principe, la peine des faits concomitants à l'évasion ne se confonde avec la peine antérieurement prononcée pour le crime ou délit qui avait motivé la détention. — Cass., 2 mars 1889, Badinier et autres, [S. 91.1.138, P. 91.1.312]

§ 4. *Récidive.*

67. — La condamnation prononcée pour évasion ne peut pas être aggravée en raison de la condamnation précédente que le détenu était en voie de purger au moment où il a commis le délit d'évasion. — Chauveau, F. Hélie et Villey, t. 3, n. 1020; Garraud, t. 2, n. 192, et t. 4, n. 1365; Le Poittevin, v° *Évasion*, n. 18.

68. — Ainsi jugé que l'évasion effectuée par bris de prison après une condamnation à plus d'une année d'emprisonnement, ne peut constituer le prévenu passible de l'aggravation de peine portée par l'art. 56 et s., C. pén. — Cass., 22 févr. 1828, Joubeyran, [S. et P. chr.] — Paris, 29 avr. 1835, Lelouttre, [P. chr.] — Ce délit, par sa nature et les dispositions spéciales qui le régissent, est en dehors des règles ordinaires établies pour les autres délits. — Cass., 9 mars 1837, Hubert, [S. 37.1.368, P. 37.1.389] — 14 avr. 1864, Delacroix, [S. 64.1.370, P. 64.922, D. 64.1.248] — Caen, 21 avr. 1875, Brûlé, [S. 76.2.6, P. 76.86, D. 76.2.108] — Lyon, 2 janv. 1884, Teyssier, [S. 87.2.68, P. 87.1.447, D. 86.2.40] — Paris, 24 mai 1886, Bisotzki, [D. 88.5.412]

69. — Si l'évadé n'est pas passible de la peine de la récidive, il n'en est pas de même en ce qui concerne ceux qui ont facilité l'évasion; les règles ordinaires du droit criminel leur sont applicables. — Le Poittevin, v° *Évasion*, n. 18.

70. — Du reste, comme le fait très-exactement observer un auteur, si un condamné pour évasion commettait une seconde fois le même délit il serait en état de récidive. — Garraud, t. 2, n. 192. — V. art. 57 et 58, C. pén., modifiés par la loi du 26 mars 1891.

§ 5. *Prescription.*

71. — La prescription du délit est de trois ans ou de dix ans, suivant qu'il est un délit ou un crime à raison des circonstances qui l'accompagnent. Le délai court du jour de l'évasion. — Cass., 20 juill. 1827, Lafille, [S. et P. chr.]; — 5 févr. 1835, Hayman, [P. chr.] — Le Poittevin, v° *Évasion*, n. 19.

SECTION VII.
Compétence.

72. — En général, le délit d'évasion est connexe au délit principal dont il avait pour but de procurer l'impunité. Il doit donc être soumis à la même juridiction quand on ne juge pas à propos d'en faire l'objet d'une poursuite séparée. Ainsi, un accusé qui a tenté de s'évader peut être jugé simultanément par la cour d'assises pour le crime à raison duquel il était détenu et pour le délit d'évasion. — Cass., 5 avr. 1832, Saint-Béranger, [S. 32.1.719, P. chr.] — Massabiau, t. 3, n. 4597.

73. — Toutefois, cette simultanéité de jugement ne saurait avoir lieu quand l'évasion, par ses circonstances, constitue un crime, tandis que le fait principal n'est qu'un simple délit de la compétence des tribunaux correctionnels. — Massabiau, *loc. cit.* — V. du reste à cet égard les explications détaillées données *suprà*, v° *Connexité*, n. 251, 261, 349, 378, 402.

74. — Remarquons qu'il n'appartient pas au tribunal correctionnel d'ordonner la réintégration d'un prévenu, mineur de seize ans, dans une maison de correction d'où il s'était évadé (V. *suprà* n. 22) : c'est là une mesure rentrant exclusivement dans les attributions de l'autorité administrative. — Rennes, 2 déc. 1863, [*Journ. du min. publ.*, t. 7, n. 92]

75. — Des règles spéciales de compétence ont été édictées en ce qui concerne les forçats, les relégués et les déportés. Les forçats sont justiciables du tribunal spécial maritime établi dans la colonie à raison du délit d'évasion et du fait d'avoir quitté la colonie sans autorisation ou d'avoir dépassé le délai fixé par l'autorisation (L. 30 mai 1854, art. 10). — V. *infrà*, v° *Justice maritime*, n. 1672 et s.

76. — Des tribunaux maritimes spéciaux ont été institués par un décret du 4 oct. 1889 (S. *Lois annotées* de 1891, p. 63), qui dans son art. 1 déclare justiciables des tribunaux maritimes spéciaux : 1° les condamnés aux travaux forcés poursuivis en exécution de l'art. 7, L. 3 mai 1854; 2° les libérés des travaux forcés qui se rendent coupables du crime d'évasion prévu par l'art. 8 de ladite loi.

77. — Jugé, dès avant la loi de 1854, que le fait d'évasion d'un forçat est de la compétence des tribunaux maritimes spéciaux, et que, par suite, ces tribunaux ont le droit de connaître en même temps des crimes qui ont accompagné cette évasion. — Cass., 23 févr. 1837, Godet, [S. 37.1.313, P. 37.1.365]

78. — Aux termes de l'art. 2, Décr. 4 oct. 1889, sont également justiciables des tribunaux maritimes spéciaux, tous les individus prévenus de complicité dans l'évasion ou la tentative d'évasion des condamnés aux travaux forcés et des libérés.

79. — Aux termes de l'art. 8 du décret précité du 4 oct. 1889, « en cas d'annulation d'un jugement du tribunal maritime spécial pour tout autre motif que l'incompétence, l'affaire est renvoyée, sur l'ordre du gouverneur, devant un tribunal maritime spécial de la colonie qui n'en a pas connu, ou, à défaut, devant le même tribunal composé d'autres juges, ou même devant celui d'une autre colonie. » Par application de cette disposition, il a été jugé que le conseil de révision d'une colonie, saisi d'un recours en annulation contre la décision du tribunal maritime spécial qui avait condamné des forçats libérés pour tentative d'évasion, doit, s'il prononce l'annulation sur le motif que la tentative d'évasion n'est pas punissable, renvoyer la cause devant un autre tribunal maritime. — Cass., 8 janv. 1898, Dedieu et autres, [S. et P. 98.1.380]

80. — Le relégué poursuivi pour évasion ou tentative d'évasion doit être traduit devant le tribunal correctionnel du lieu de son arrestation ou devant celui du lieu de relégation (L. 27 mai 1885, art. 14).

81. — Le déporté poursuivi comme s'étant rendu coupable d'évasion ou de tentative d'évasion, de même que les individus prévenus de complicité dans l'évasion ou la tentative, sont justiciables des conseils de guerre (art. 3, et arg. art. 2, L. 25 mars 1873). — V. *suprà*, v° *Déportation*, n. 70 et s.

82. — Les conseils de guerre sont également compétents pour connaître de l'évasion des militaires ou assimilés et des prisonniers de guerre (C. just. milit., art. 56, et arg. art. 180).

83. — Les conseils de guerre maritimes connaissent de l'évasion des marins ou assimilés et de celle des prisonniers de guerre placés sous l'autorité maritime (C. just. marit., art. 77 et s., et arg. art. 232).

84. — Les règles de droit commun relatives à la reconnaissance de l'identité de l'individu évadé et repris sont tracées par les art. 518 à 520, C. instr. crim. — V. à cet égard, *infrà*, v° *Identité*. — V. aussi *suprà*, v° *Compétence criminelle*, n. 259 et s.

85. — Nous ajouterons que la reconnaissance d'identité est faite, pour les forçats évadés du bagne, soit par le tribunal maritime spécial établi dans la colonie, soit par la cour qui a prononcé la condamnation (L. 30 mai 1854, art. 9) ; pour les relégués, par le tribunal correctionnel appelé à prononcer la peine de l'évasion et qui est celui soit du lieu de l'arrestation, soit du lieu de la relégation (L. 27 mai 1885, art. 14], et, enfin, pour les déportés, par la cour qui a prononcé la condamnation (C. instr. crim., art. 518).

86. — En ce qui concerne la reconnaissance de l'identité des évadés qui avaient été condamnés par les tribunaux maritimes ordinaires et par les conseils de guerre, V. *infrà*, v^{le} *Justice maritime*, n. 1091 et s., et *Justice militaire*, n. 322 et s.

Section VIII.

Mesures tendant à empêcher les évasions ou à assurer la capture des évadés.

87. — Un décret du 22 sept. 1893 organise, dans la colonie pénitentiaire de la Guyane, une surveillance spéciale à la sortie des navires, en vue d'empêcher les évasions des transportés, des relégués et des réclusionnaires coloniaux.

88. — Un surveillant militaire, accompagné d'un autre agent de la force publique régulièrement assermenté, peut se rendre à bord de tout bâtiment autre que les navires de guerre, avant sa sortie d'un port ou rade de la Guyane française. Il est enjoint à tout capitaine, maître ou patron, de leur ouvrir, en cas de besoin, les chambres, armoires ou cales du bâtiment, afin qu'ils puissent s'assurer qu'il ne s'y trouve ni transporté ni relégué (art. 1). En ce qui concerne les caboteurs français naviguant entre la Guyane française et Mapa ou les points intermédiaires du territoire contesté entre la France et le Brésil, un des agents préposés à la visite peut y rester embarqué jusqu'à l'arrivée du bâtiment à l'embouchure du Mahury (art. 2). Le commissaire de l'inscription maritime ou son représentant, en ce qui concerne les navires français, le capitaine du port ou son délégué, pour les navires étrangers, doivent transmettre au service de la police, aussitôt leur réception, tous les renseignements qui leur sont fournis relativement à la date du départ du bâtiment, au nombre d'hommes d'équipage, de passagers (art. 3). Quiconque a contrevenu aux dispositions du présent décret, soit en s'opposant à la visite, soit par de fausses déclarations, soit d'une amende de 100 fr. à 500 fr., sans préjudice, s'il y a lieu, des peines prévues à l'art. 4, Décr. 19 mars 1852, sur le rôle d'équipage et de celles édictées pour la complicité d'évasion. En cas de récidive, le maximum de cette amende est appliqué et peut même être porté au double; une peine d'emprisonnement de six jours à un mois peut en outre être prononcée. L'art. 460, C. pén., est applicable (art. 4).

89. — Un arrêté du gouverneur de la Guyane, du 30 janv. 1895, approuvé par un décret du 29 mai 1895, a réglementé dans les termes suivants la visite des navires quittant la colonie. La visite de tous les navires et embarcations français et étrangers autres que les navires de guerre, quittant un port ou rade de la Guyane française, est faite : 1° à Cayenne, à Saint-Laurent du Maroni, aux îles du Salut, aux Roches de Kourou, à Saint-Jean, à la Montagne-d'Argent et aux Hattes, par deux surveillants militaires; 3° dans les communes et bourgs, par un surveillant militaire et un agent de police ; à défaut de surveillant militaire, par un gendarme et un agent de police. Dans les communes ou bourgs où il n'existe ni poste de surveillant militaire ni brigade de gendarmerie, la visite est faite par deux agents régulière-

ment assermentés (art. 1). A Cayenne, dès que le commissaire de l'inscription maritime ou son représentant, le capitaine du port ou son délégué ont transmis au service de la police les renseignements concernant le départ : le premier, des navires français, le second, des navires étrangers, ce service doit en informer aussitôt l'administration pénitentiaire et désigner un agent pour accomplir, de concert avec un surveillant militaire, la visite réglementaire. Sur les établissements pénitentiaires extérieurs et les communes les dispositions relatives à la visite sont prises par les chefs d'établissement ou chantiers et les maires (art. 2). Dans le cas où un navire aurait quitté la rade avant l'heure fixée pour le départ, les agents préposés à la visite ou le capitaine du port en aviseraient immédiatement le gouverneur, le directeur de l'intérieur, le chef du service administratif des colonies, le chef du service judiciaire, le directeur de l'administration pénitentiaire et le commandant de l'aviso de la station navale ou leurs représentants. Le service du port signale également à la police tout navire ou embarcation qui aurait été autorisé à retarder son départ ou le retarderait volontairement. Avis du retard non autorisé est donné aussitôt l'expiration de l'heure fixée pour le départ. Dans ces deux cas, les mêmes formalités de visite sont de rigueur. Toute infraction aux dispositions qui précèdent est punie, s'il n'y a pas eu autorisation, des peines édictées à l'art. 4, Décr. 22 sept. 1893 (art. 3). Un poste de gendarmerie et un nombre de canotiers suffisant est établi au Mahuri. Il a pour mission de surveiller les navires suspects et de les visiter en cas de besoin (art. 4). En attendant que le poste dont il est question en l'article précédent soit installé dans un logement qui sera préparé à cet effet, deux agents de l'administration pénitentiaire doivent se rendre au Dégrad-des-Cannes toutes les fois qu'un navire suspect a été signalé quittant clandestinement la rade de Cayenne (art. 5). Les administrations intéressées prennent, en outre, toutes les mesures de détail que pourrait nécessiter la recherche des transportés évadés à bord des navires (art. 6).

90. — Les art. 283 et 284, Décr. 18 févr. 1863, sur la gendarmerie modifiés par les décrets des 2 juill. 1877 et 12 avr. 1893, allouent une prime de 50 fr. au cas de capture d'un évadé, quel que soit le lieu de l'arrestation, qu'il s'agisse d'un forçat ou de tout autre condamné adulte, que l'établissement pénitentiaire d'où il s'est évadé relève du ministère de la marine et des colonies ou du ministère de l'intérieur (V. Décr. 12 avr. 1883, art. 188). Les formalités à remplir pour toucher la prime sont indiquées par l'art. 285, Décr. 18 févr. 1863 et par l'art. 189, Décr. 12 avr. 1893. Et l'art. 286 du décret de 1863 fixe le délai d'un an pour la réclamation de la prime, sous peine de déchéance (V. aussi Décr. 12 avr. 1893, art. 192).

91. — Une prime de 50 fr. est allouée par un décret du 12 juill. 1865, à tout individu, quel qu'il soit, qui arrêtera et ramènera un condamné à un emprisonnement simple de plus d'un an et évadé d'un des établissements pénitentiaires (art. 1) ; cette prime sera payée par le préfet ou par le greffier de la prison suivant les circonstances (art. 2 et 3). Enfin un décret du 19 sept. 1866 alloue une prime de 50 fr. à tout individu qui aura arrêté et ramené un condamné évadé de force et de correction ou d'un pénitencier agricole (art. 1) ; il en sera de même si l'évasion a eu lieu pendant le transfèrement du condamné (art. 2). La somme sera comme précédemment payée par le préfet ou par le greffier de la prison suivant les circonstances.

CHAPITRE II.

DÉLIT DES PERSONNES QUI ONT FAVORISÉ L'ÉVASION.

Section I.

Règles générales.

92. — Ceux qui favorisent l'évasion d'un détenu se rendent coupables d'un crime ou d'un délit particulier. Seulement il y a lieu de distinguer suivant que le fait émane des personnes chargées de la garde des détenus ou de personnes étrangères à cette garde. Mais deux règles générales s'appliquent à l'une et à l'autre hypothèse : 1° la simple évasion du détenu suffit, sans qu'il y ait eu violence ou bris de prison, pour constituer le délit à l'égard des personnes qui la favorisent par négligence ou connivence; 2° il est nécessaire qu'il s'agisse d'un détenu, expression comprenant, comme on l'a déjà dit, *supra*, n. 14, non seulement les individus écroués dans une prison, mais aussi ceux qui ne sont encore qu'appréhendés au corps et remis aux mains des agents chargés d'en opérer la conduite ou le transport. — Garraud, t. 4, n. 1366.

93. — Les peines des art. 238 à 240 ne sont édictées que pour le cas d'évasion consommée, non pour celui de simple tentative. C'est ce qui ressort du rapprochement des termes de ces articles avec l'art. 241 dont les premiers mots sont ainsi conçus : « si l'évasion a eu lieu ou a été tentée. » — Chauveau, F. Hélie et Villey, t. 3, n. 1029; Garraud, t. 4, n. 1369, texte et note 32.

94. — Comme on le verra ci-après, les peines prononcées en cas d'évasion, soit contre les tiers complices de cette évasion, soit contre les individus préposés à la garde du détenu qui s'est évadé, sont graduées, d'abord, suivant la gravité de la prévention dirigée ou de la condamnation prononcée contre ce dernier.

95. — Spécialement, en ce qui concerne la prévention, il a été jugé que lorsqu'il résulte de l'acte d'accusation qu'un détenu dont l'évasion a été favorisée par un tiers était accusé d'empoisonnement et d'assassinat, le jury doit être interrogé, à peine de nullité, sur cette circonstance, qui est de nature à influer sur la gravité de la peine encourue par le complice. — Cass., 3 frim. an XIII, Couderc, [P. chr.]

96. — En ce qui concerne l'hypothèse où le détenu évadé était condamné, Garraud (t. 4, n. 25, texte et note 40) enseigne que la loi se préoccupe, en pareil cas, non de la nature du fait pour lequel la condamnation est encourue, mais seulement de la peine prononcée. En conséquence, si l'évadé, par suite des circonstances atténuantes, avait été condamné à une peine correctionnelle pour crime de nature à entraîner la peine de la réclusion, le fait resterait prévu par l'art. 238, et ne tomberait pas sous l'application de l'art. 239.

97. — Mais les circonstances résultant de la gravité de l'accusation ou de la condamnation sont-elles constitutives ou aggravantes de l'évasion? Suivant Garraud (t. 4, n. 1369, texte et note 41), ces circonstances seraient aggravantes en sorte que le jury ne pourrait pas être interrogé par une seule question sur le fait de l'évasion et sur la nature de l'accusation ou de la condamnation dont le détenu évadé était l'objet. — V. aussi Blanche, t. 4, n. 180; Chauveau, F. Hélie et Villey, t. 3, n. 1026. — V. cep. *supra*, v° *Cour d'assises*, n. 3449 et s.

98. — La loi atteint même ceux qui favorisent l'évasion d'individus soumis à l'inscription maritime. A cet égard, la loi des 24-27 déc. 1896 (S. *Lois annotées* de 1897, p. 209, P. *Lois, décrets*, etc. de 1897, p. 209) dispose (art. 77) que quiconque est convaincu d'avoir favorisé l'évasion d'un insoumis est puni d'un emprisonnement d'un mois à un an. Et, suivant l'art. 78, il en est de même de la tentative.

SECTION II.

Responsabilité des gardiens.

§ 1. *Généralités*.

99. — Les personnes déclarées responsables de l'évasion par la loi sont : les huissiers, les commandants en chef ou en sous-ordre de la force armée, les concierges, gardiens, geôliers et tous autres préposés à la conduite, au transport ou à la garde des détenus (C. pén., art. 237).

100. — Le maire, en sa qualité d'officier de police judiciaire, n'étant pas chargé de la garde ou de la conduite des détenus, ne saurait être puni, en cas d'évasion, pour négligence, à raison de ce qu'il aurait omis de prendre les précautions qui auraient pu empêcher l'évasion. — Cass., 27 août 1824, [D. *Rép.*, v° *Evasion*, n. 44]

101. — Il a été jugé, d'autre part, avant la promulgation du Code pénal, qu'un individu remplissant les fonctions de concierge dans une maison de justice, qui avait laissé évader des détenus, n'était passible des peines édictées par la loi du 4 vend. an VI contre les préposés à la garde des détenus qu'autant qu'il était justifié qu'il avait une commission de concierge. Du moins était-il nécessaire que le jury eût déclaré qu'il avait été légalement et spécialement chargé de la garde des détenus. — Cass., 16 therm. an VI, [D. *Rép.*, v° *Evasion*, n. 37-2°]

102. — ... Qu'en déclarant un guichetier coupable de négligence sur l'accusation d'avoir laissé évader des détenus, un jury déclarait suffisamment que ce guichetier était chargé de la garde des détenus. — Cass., 10 therm. an VI, [D. *Rép.*, v° *Evasion*, n. 37-3°]

103. — ... Qu'on ne saurait considérer comme préposé à la garde des détenus le détenu qui, achevant sa peine dans une prison, y était employé comme guichetier. — Cass., 1er therm. an IV, [D. *Rép.*, v° *Evasion*, n. 43]

104. — On doit comprendre dans l'énumération de l'art. 237 les préposés des hôpitaux dans le cas où les détenus y ont été transférés pour cause de maladie; toutefois, la responsabilité ne pèse que sur les personnes chargées de la police de ces hôpitaux (L. 4 vend. an VI, art. 15 et 16 ; Décr. 8 janv. 1810, art. 1 et 11). — Chauveau, F. Hélie et Villey, t. 3, n. 1025 ; Blanche, t. 4, n. 171.

105. — Décidé que l'infirmier d'un hôpital, aux soins duquel un condamné à l'emprisonnement a été momentanément confié, n'est pas rangé dans la catégorie des préposés à sa garde. et n'est pas, dès lors, en cas d'évasion de ce condamné, soumis aux dispositions pénales des art. 237 et 238, C. pén. — Nîmes, 15 nov. 1855, Barty, [S. 56.2.424, P. 56.1.405]

106. — Sur l'application des art. 237 et s., aux individus appartenant au service de l'armée de mer et de l'armée de terre, V. *infrà*, v¹ˢ *Justice maritime*, n. 1297, et *Justice militaire*, n. 362.

§ 2. *Négligence et connivence des gardiens*.

107. — L'art. 238 établit le premier degré de l'échelle répressive : « Si l'évadé, porte cet article, était prévenu de délits de police ou de crimes simplement infamants. ou condamné pour l'un de ces crimes, s'il était prisonnier de guerre, les préposés à sa garde ou conduite seront punis, en cas de négligence, d'un emprisonnement de six jours à deux mois, et, en cas de connivence, d'un emprisonnement de six mois à deux ans »

108. — Les mots « délits de police » comprennent-ils les contraventions? Nous avons vu que la question est controversée, mais que la négative nous paraît devoir être suivie. — V. *supra*, n. 16 et s.

109. — Au point de vue de l'application de notre article la loi ne distingue pas entre les condamnés définitifs et les condamnés par contumace. Il avait déjà été jugé, avant la promulgation du Code pénal, que le gendarme qui laisse évader un condamné par contumace qu'il était chargé d'escorter est justiciable des tribunaux auxquels la loi attribue le jugement du délit dont il s'agit. — Cass., 18 vend. an XIV, Perron, [S. et P. chr.] — V. aussi *supra*, n. 15.

110. — La loi distingue entre le cas où il y a eu négligence et celui où il y a eu connivence. La négligence est une simple contravention matérielle, consistant dans l'infraction de l'agent à son devoir de surveillance, mais sans qu'il ait eu l'intention de favoriser l'évasion. — Chauveau, F. Hélie et Villey, t. 3, n. 1027.

111. — La négligence est ici présumée par la loi. Tel est le sens de l'art. 237 : « Toutes les fois qu'une évasion de détenus aura lieu, les préposés seront punis ainsi qu'il suit. » Mais il faut que de la négligence soit constatée et que, par exemple, il soit prouvé que le préposé a omis quelques précautions qu'il était de son devoir de prendre. Le gardien peut être tenu de prouver qu'il n'y a pas eu faute de sa part. Ainsi déjà l'art. 6, L. 13 brum. an II, portait qu'aucune peine ne pourrait être prononcée si les prévenus prouvaient que l'évasion n'avait eu lieu que par l'effet d'une force majeure et imprévue. — Chauveau, F. Hélie et Villey, t. 3, n. 1027. — V. Garraud, t. 4, n. 1368.

112. — En cas d'évasion de détenus, la seule négligence du concierge ou du guichetier étant délictueuse est passible des peines prononcées par la loi sans qu'il y ait lieu de se préoccuper de la question intentionnelle. — Cass., 10 therm. an VI, [D. *Rép.*, v° *Evasion*, n. 37-4°]

113. — Il a été jugé que le concierge de maison d'arrêt qui, dans l'évasion d'un condamné à mort, a commis la double faute : 1° de laisser entrer, avec sa fille et sa domestique, l'épouse du condamné, pour qui seule il y avait permission d'entrer; 2° de ne pas découvrir le visage des personnes qui sortaient de chez le condamné, de celle notamment qui paraissait répandre des larmes, peut être déclaré non coupable du délit de négligence prévu et puni par l'art. 240, C. pén. — C. d'ass. Seine, 24 avr. 1816. Roquette, [S. et P. chr.]

114. — ... Mais qu'il y a négligence coupable dans le fait du guichetier qui, préposé spécialement à la garde du condamné, laisse ouvertes plusieurs portes intérieures de la prison confiée à sa garde, s'en repose sur la présence du concierge, pour ne pas examiner attentivement les personnes sortant d'auprès du prisonnier, et n'exécute qu'imparfaitement l'ordre à lui donné en dernier lieu de se mettre à la poursuite de l'évadé. — Même arrêt.

115. — Il y a connivence lorsque l'évasion est due à la volonté du gardien, à son intention coupable de favoriser la fuite. La connivence ne se présume d'ailleurs pas. Elle doit être prouvée par le ministère public qui l'allègue. — Chauveau, F. Hélie et Villey, t. 3, n. 1027; Garraud, t. 4, n. 1368. — V. suprà, v° *Cour d'assises*, n. 4451.

116. — Il a été jugé que le seul fait, de la part du guichetier, de faire sortir un détenu de la prison, constitue un délit punissable si l'évasion s'en est suivie, alors même que ce ne serait pas dans le but de cette évasion que la sortie aurait été facilitée. — Cass., 30 nov. 1837, Beaumont, [P. 38.2.501] — Sic, Blanche, t. 4, n. 172; Le Poittevin, v° *Évasion*, n. 4.

117. — Mais cette théorie est combattue par Garraud (t. 4, n. 1368, texte et note 34) d'après lequel, pour que la responsabilité pénale du gardien puisse être engagée, s'il est suffisant que la mise en liberté du détenu ait été le but poursuivi par le gardien, cette condition est, tout au moins, nécessaire; et il ne faudrait pas considérer et punir comme des évasions ces sorties temporaires de prison, parfois tolérées par les gardiens, mais qui n'ont pas pour objectif la mise en liberté du détenu. Un fait de ce genre constitue une faute de discipline, mais non un délit pénal. Dire, en effet, que le détenu est un évadé par cela seul que, même accompagné de son gardien, il met le pied hors de la prison c'est évidemment exagérer la notion de l'évasion.

118. — Suivant certains auteurs, le prévenu de connivence pourrait demander que la question relative à la négligence fût posée. Ce serait, en effet, une sorte d'excuse légale du délit. — V. Carnot, sur l'art. 321, C. pén., t. 2, p 73, n. 11; Chauveau, F. Hélie et Villey, t. 3, n. 1027; F. Hélie, *Pratique criminelle*, t. 2, n. 422.

119. — Mais, comme le fait observer Garraud (t. 4, n. 1368), la nature même des choses répugne à ce que la connivence soit une circonstance aggravante d'une évasion par négligence, et la négligence l'atténuation d'une évasion par connivence, car la négligence est exclusive de la connivence et réciproquement. Il y a là, si l'on veut, *deux qualifications suffisantes d'un même fait*, mais non deux circonstances soit aggravantes, soit atténuantes de l'évasion. De là conclut le savant professeur : 1° en cas de poursuite devant la cour d'assises du conducteur ou gardien pour avoir coopéré à l'évasion d'un détenu, le fait de n'y avoir concouru que par négligence pourrait être posé par le président des assises sous forme de question subsidiaire, comme résultant des débats; 2° mais l'accusé n'aurait pas le droit de demander que le jury fût interrogé sur une sorte d'excuse résultant de ce que l'évasion n'aurait eu lieu que par négligence. — Cass., 10 avr. 1819, Denat, [S. et P. chr.] — V. aussi Blanche, t. 4, n. 182.

120. — Un nouveau degré de criminalité est prévu par l'art. 239, aux termes duquel « si les détenus évadés ou l'un d'eux étaient prévenus ou accusés d'un crime de nature à entraîner une peine afflictive à temps, ou condamnés pour l'un de ces crimes, la peine sera, contre les préposés à la garde ou conduite, en cas de négligence, un emprisonnement de deux mois à six mois; en cas de connivence, la réclusion. »

121. — Enfin, d'après l'art. 240, « si les évadés ou l'un d'eux sont prévenus ou accusés de crimes de nature à entraîner la peine de mort ou des peines perpétuelles, ou s'ils sont condamnés à l'une de ces peines, leurs conducteurs ou gardiens seront punis d'un an à deux d'emprisonnement, en cas de négligence, et des travaux forcés à temps en cas de connivence. »

122. — La loi maintenant, dans nos articles, la distinction entre le cas de négligence et celui de connivence, nous ne pouvons que renvoyer à nos explications précédentes sur les caractères constitutifs de l'une et de l'autre.

123. — Les seules personnes nommées par nos articles sont les *conducteurs* et les *gardiens* ; mais on doit admettre que toutes les personnes énumérées dans l'art. 237 (V. suprà, n. 90 et s.), seraient responsables. — Chauveau, F. Hélie et Villey, t. 3, n. 1029.

124. — La nature du crime ou du délit dont les évadés sont prévenus, ou pour lequel ils sont condamnés, forme une circonstance aggravante à l'égard de celui qui a procuré l'évasion, et il est dès lors nécessaire de la soumettre au jury. — Cass., 3 frim. an XIII, Coudère, [S. et P. chr.]

§ 3. — *Complicité des gardiens qui ont fourni des instruments ou des armes.*

125. — Si l'évasion a eu lieu ou a été tentée avec violence ou bris de prison, les peines contre ceux qui l'auront facilitée en fournissant des instruments propres à l'opérer, seront, si le détenu qui s'est évadé se trouve dans le cas prévu par l'art. 238, trois mois à deux ans d'emprisonnement; au cas de l'art. 239, un an à quatre ans d'emprisonnement, et au cas de l'art. 240, deux ans à cinq ans de la même peine, et une amende de 50 à 2,000 fr. Dans ce dernier cas, les coupables pourront, en outre, être privés des droits mentionnés en l'art. 42, C. pén. (V. suprà, v° *Droits civils, civiques et de famille*, n. 64 et s.), pendant cinq ans au moins et dix ans au plus, à compter du jour où ils auront subi leur peine (C. pén., art. 241).

126. — Il est d'abord nécessaire, pour que le délit existe, que la remise des instruments propres à opérer l'évasion ait été effectuée par une personne sachant qu'ils devaient servir à ce résultat. — Garraud, t. 4, n. 1369.

127. — Il faut, en outre, que le détenu à qui les instruments ont été remis en ait fait usage. D'ailleurs, ainsi que cela résulte du texte lui-même, la tentative dans notre espèce est assimilée à l'évasion perpétrée. — Chauveau, F. Hélie et Villey, t. 3, n. 1030; Garraud, *loc. cit.*

128. — Ainsi, incontestablement, il ne s'agit pas ici de l'évasion par négligence ou connivence, mais seulement de celle qui s'est opérée par bris de prison ou par violence : notre texte est encore formel sur ce point. — Chauveau, F. Hélie et Villey, *loc. cit.*; Garraud, *loc. cit.*

129. — Aux termes de l'art. 243, si l'évasion par violence a été favorisée par transmission d'armes, les gardiens et conducteurs qui y ont participé sont punis des travaux forcés à perpétuité.

130. — Le mot *armes* doit-il être restreint aux armes proprement dites et qui reçoivent cette dénomination dans l'acception commune, ou bien comprend-il aussi, comme dans l'art. 101, C. pén. (V. suprà, v° *Armes*, n. 32 et s.), toutes machines, tous instruments ou ustensiles tranchants, perçants ou contondants? Peut-il s'étendre aux couteaux et ciseaux de poche, aux simples cannes, dont on se serait servi pour assurer l'évasion? Selon nous, disent Chauveau, F. Hélie et Villey (t. 3, n. 1031), les armes puisent leur caractère non pas tant dans la matière qui les forme que dans l'usage auquel on les destine. Si donc les instruments transmis, quoique n'ayant pas le caractère d'armes proprement dites, rentrent dans les termes de l'art. 101, et sont destinés à favoriser une évasion à force ouverte, nul doute que l'art. 243 soit applicable; si, au contraire, ces instruments n'ont pour but que de favoriser une effraction matérielle de la prison, l'art. 241 devrait seul être invoqué. — V. Garraud, *loc. cit.*

131. — Suivant un auteur, le mot *armes* doit être pris ici avec son sens vulgaire. — Carnot, t. 1, sur l'art. 243.

132. — Du reste, il ne suffirait pas, pour l'application de l'art. 243, que les armes eussent été remises avec la pensée qu'elles dussent servir à la fuite du détenu ; il faut encore que l'évasion avec bris ou violence ait été opérée à l'aide de ces armes. L'évasion à main armée, voilà le fait matériel ; la remise des armes pour la favoriser, voilà la criminalité du fait. — Chauveau, F. Hélie et Villey, t. 3, n. 1031 ; Garraud, *loc. cit.*

§ 4. — *Suspension des poursuites au cas de reprise de l'évadé*

133. — Aux termes de l'art. 247, C. pén., « les peines d'emprisonnement ci-dessus établies contre les conducteurs et les gardiens, en cas de négligence seulement, cesseront lorsque les évadés seront pris ou représentés, pourvu que ce soit dans les quatre mois de l'évasion, et qu'ils ne soient pas arrêtés pour d'autres crimes ou délits commis postérieurement. »

134. — Du texte même de notre disposition il résulte avec certitude que l'immunité qu'elle établit au profit du gardien est inapplicable au cas où l'évasion a eu lieu par la connivence de celui-ci.

135. — Selon Massabiau (t. 3, n. 4610), l'immunité accordée aux gardiens condamnés pour simple négligence, dans le cas où les évadés sont repris avant l'expiration des quatre mois, cesse de pouvoir être invoquée du moment que ceux-ci ont commis de nouveaux crimes ou délits depuis leur évasion, encore bien que leur arrestation n'ait pas été opérée à raison de ces derniers faits, soit qu'ils n'aient pas été dénoncés et poursuivis, soit même qu'ils n'aient pas encore été connus au moment de l'arrestation.

136. — Mais cette doctrine rigoureuse paraît contraire au texte même de l'art. 247. Et il a été jugé que les conducteurs ou gardiens de détenus évadés se trouvent affranchis de toute peine, dès l'instant que les évadés ont été repris dans les quatre mois, quand même les évadés auraient commis de nouveaux crimes ou délits depuis leur évasion, si d'ailleurs leur arrestation n'a pas eu lieu à raison de ces nouveaux crimes ou délits, mais a eu pour cause unique leur évasion. — Cass., 30 déc. 1843, Richard, [S. 44.1.339, P. 46.2.617] — *Sic*, Carnot, sur l'art. 347 n. 7; Garraud, t. 4, n. 1370, texte et note 43 : Chauveau, F. Hélie et Villey, t. 3, n. 1032; Blanche, t. 4, n. 201; Le Poittevin, v° *Evasion*, n. 16.

137. — Le décès du prisonnier évadé, dans les quatre mois de son évasion, doit être assimilé à sa réintégration ou représentation, qui a pour effet d'exonérer de toute peine le gardien négligent. — Trib. Tarascon, 22 août 1854, sous Aix, 16 nov. 1854, Hambert, [S. 55.2.39, P. 55.1.380, D. 56.2.286] — Il en est ainsi, du moins, au cas où le détenu évadé s'est noyé dans sa fuite, et où son cadavre a été retrouvé dans les quatre mois de l'évasion. — Même arrêt.

138. — Quoi qu'il en soit, le gardien qui, par négligence, laisse évader un détenu, doit être immédiatement poursuivi et jugé. Il n'y a pas lieu, dans ce cas, d'attendre l'expiration des quatre mois pendant lesquels, l'évadé venant à être repris ou se représentant, les peines portées contre le gardien cessent de produire effet. — Lyon, 17 mars 1837, Moniet, [S. 38.2.53, P. 37.1.530] — *Sic*, Le Poittevin, v° *Evasion*, n. 16; Garraud, *loc. cit.*

139. — Si la condamnation n'est pas encore prononcée au moment où l'évadé est repris, y a-t-il lieu d'arrêter les poursuites? Si le tribunal n'est pas encore saisi, il n'y a pas lieu à renvoi devant lui; à quoi bon, en effet, faire des frais inutiles? Si le tribunal est saisi, à notre avis il devra prononcer le renvoi des prévenus des fins de la plainte, le fait n'étant plus réprimé par la loi pénale, la situation est la même que si une amnistie était intervenue en faveur de ces prévenus. — Le Poittevin, v° *Evasion*, n. 16.

140. — Sur la condamnation du gardien aux dépens, V. *suprà*, v° *Dépens*, n. 3844 et s.

Section III.
Responsabilité des tiers étrangers à la garde des détenus ayant favorisé l'évasion.

141. — Les personnes étrangères à la garde des détenus peuvent être inculpées d'avoir favorisé leur évasion non par négligence, mais seulement par complicité avec les détenus ou leurs gardiens ou par un acte spontané de leur volonté. — Garraud, t. 4, n. 1366 et 1371.

142. — Le Code pénal atteint tous les actes ayant eu pour effet de préparer ou d'aider l'évasion. Peu importe, du reste, que cette évasion se soit effectuée avec ou sans violence, avec ou sans effraction. L'excuse que l'évadé peut faire valoir, dans le cas d'une évasion sans circonstances aggravantes, ne peut être invoquée par les tiers. — Chauveau, F. Hélie et Villey, t. 3, n. 1033.

143. — La loi a gradué les peines encourues par les tiers suivant la gravité du délit qui avait causé l'incarcération et suivant la gravité des circonstances de l'évasion que le tiers a facilitée ou procurée. Ainsi ces personnes sont punies de six jours à trois mois d'emprisonnement, si l'évadé était prévenu de délits de police ou de crimes simplement infamants ou condamné pour l'un de ces crimes, ou enfin s'il était prisonnier de guerre (C. pén., art. 238).

144. — La peine est de trois mois à deux ans d'emprisonnement, lorsque les évadés ou l'un d'eux sont prévenus ou accusés de crimes de nature à entraîner une peine afflictive à temps ou condamnés pour l'un de ces crimes (C. pén., art. 239).

145. — L'emprisonnement est d'un an au moins et de cinq ans au plus, lorsque les évadés ou l'un d'eux sont prévenus ou accusés de crimes de nature à entraîner la peine de mort ou des peines perpétuelles, ou s'ils sont condamnés à l'une de ces peines (C. pén., art. 240).

146. — Lorsque les tiers qui auront procuré ou facilité l'évasion y seront parvenus en corrompant les gardiens ou geôliers, ou de connivence avec eux, ils seront punis des mêmes peines que lesdits gardiens et geôliers (C. pén., art. 242).

147. — Ce texte supposant que l'évasion a été consommée, que décider si elle a été simplement tentée? Ou bien il y a eu, de la part des tiers étrangers à la garde du détenu, connivence avec les gardiens, et dans ce cas il n'y aura point de répression. — Garraud, t. 4, n. 1371.

148. — ... Ou bien il y a eu corruption et le deuxième paragraphe de l'art. 179, C. pén., qui ne prononce qu'un simple emprisonnement quand la tentative de corruption n'a eu aucun effet, serait applicable. — Chauveau, F. Hélie et Villey, t. 3, n. 1034; Garraud, *loc. cit.*

149. — Les dispositions de l'art. 241 (V. *suprà*, n. 143 et s.,) punissant ceux qui ont favorisé en fournissant des instruments propres à l'opérer, sont communes aux gardiens et aux tiers. Ainsi ces peines seraient seules applicables, malgré la gravité de l'infraction, à des tiers qui feraient évasion par la force dans la prison et mettraient les personnes en liberté. — Chauveau F. Hélie et Villey, t. 3, n. 1035.

150. — Si les tiers ont transmis des armes pour favoriser une évasion avec bris de prison ou violences ils sont punis des travaux forcés à temps (C. pén., art. 243).

151. — Existe-t-il une excuse au profit de ceux qui, n'étant pas chargés de la garde du détenu, ont favorisé son évasion si ce sont ses proches? L'ancienne jurisprudence admettait cette excuse dans les deux cas : de nombreux arrêts, rapportés par Mornac, par Julius Clarus et par Jousse (t. 4, p. 75); ont affranchi de toutes peines une femme, des enfants, de proches parents qui avaient arraché des mains des archers leur mari, leur père, leur frère.

152. — Dans notre droit actuel l'art. 248, § 2, dispose, il est vrai, que sont exceptés de la peine du recélé des personnes qui les savaient avoir commis des crimes emportant peine afflictive les ascendants ou descendants, époux ou épouse même divorcés, frères ou sœurs des criminels recélés ou leurs alliés au même degré (V. *infrà*, n. 183). Ce dernier paragraphe est-il, par analogie, applicable au cas où des parents ont facilité l'évasion d'un détenu? Dans le sens de l'affirmative il a été jugé que la femme et le domestique prévenus d'avoir facilité l'évasion de son mari et de son maître, qu'ils savaient avoir commis un crime emportant peine afflictive, ne peuvent, à raison de leur qualité et de l'obéissance passive qu'elle suppose, être considérés comme coupables d'une participation volontaire et active aux faits de l'évasion. — Paris, 15 mars 1816, Lavalette, [S. et P. chr.]

153. — Mais la négative nous paraît préférable. Comme le fait observer M. Le Poittevin (v° *Evasion*, n. 17), il y a une grande différence entre le recel et l'évasion; on ne peut évidemment obliger un père ou une femme à chasser son fils ou son mari, à le livrer à la justice; l'évasion, au contraire, suppose une entreprise directe contre les actes de l'autorité. Les parents qui recèlent restent dans l'inaction : ceux qui facilitent l'évasion prennent un rôle actif. Nous pensons donc que le délit ne disparaît pas; le tribunal ne pourra trouver dans la qualité de parents qu'une cause d'atténuation. — Massabiau, t. 3, n. 4603; Garraud, t. 4, n. 1374. — Toutefois, suivant Villey, Chauveau et F. Hélie (t. 3, n. 1036), on doit peut-être regretter que la loi pénale n'ait point étendu formellement aux parents du détenu, qui ont favorisé son évasion, l'exception établie par le §2, art. 248. L'affection qui naît de la parenté constitue une excuse que le législateur ne peut pas plus méconnaître dans le cas de l'évasion que dans celui du recélement.

Section IV.

Dispositions accessoires.

154. — La loi fait peser une responsabilité civile sur tous ceux qui sont coupables de connivence dans l'évasion d'un détenu. Ils doivent être condamnés solidairement envers la partie civile, à titre de dommages-intérêts, à tout ce que celle-ci aurait eu droit d'obtenir du détenu (C. pén., art. 244). Ce n'est là, comme on le voit, qu'une application particulière et rigoureuse des principes généraux du droit civil (C. pén., art. 244; C. civ., art. 1382). L'ancien droit admettait une semblable responsabilité ; peut-être même l'étendait-il plus loin : *Eximens debitorem ex carcere tenetur solvere de proprio debitoris creditoribus non oliter ac si fuisset ipsius debitoris fidejussor.* — Farinacius, quest. 50, n. 107.

155. — Est-il nécessaire, pour faire naître cette action, que la partie civile se soit constituée avant l'évasion ? Non, pourvu qu'elle fût dans les délais utiles pour se constituer encore ; car rien ne la forçait de le faire avant l'expiration de ces délais, et elle ne peut perdre son recours quand elle n'a aucune faute à s'imputer.

156. — Mais la partie lésée qui n'a pas figuré aux débats dans lesquels le détenu a été condamné peut-elle, en vertu de cet article, former un recours par la voie civile, à raison des dommages-intérêts auxquels elle avait droit mais qu'elle n'avait pas réclamés ? Les auteurs de la *Théorie du Code pénal* enseignent, avec raison selon nous, l'affirmative. « La loi, disent-ils (t. 3, n. 1037), n'a point limité la voie que la partie lésée doit choisir pour faire valoir ses droits : il suffit qu'ils soient fondés et que l'évasion l'ait empêchée de les exercer, pour qu'elle puisse diriger son action contre le fauteur de cette évasion, lequel, suivant l'expression de Farinacius, s'est porté, par le fait de sa complicité, la caution du détenu qu'il a fait évader. » — V. *supra*, v° *Action civile*, n. 543 et s. — Blanche, t. 4, n. 194; Le Poittevin, v° *Évasion*, n. 14.

157. — Les termes de notre article ne visent que les personnes qui ont connivé à l'évasion. Mais il résulte des art. 1382 et 1383 que, malgré les termes employés par notre article, ceux qui auront facilité l'évasion par leur négligence seront aussi bien responsables du préjudice qui en sera la suite, que ceux qui l'auront favorisée par leur connivence. — Blanche, t. 4, n. 193.

158. — Aux termes de l'art. 246, « quiconque sera condamné pour avoir favorisé une évasion ou des tentatives d'évasion, à un emprisonnement de plus de six mois, pourra, en outre, être mis sous la surveillance spéciale de la haute police pour un intervalle de cinq à dix ans. » On sait que la peine de la surveillance a été supprimée et remplacée par la défense faite au condamné de paraître dans les lieux dont l'interdiction lui a été signifiée par le gouvernement (L. 27 mai 1885, art. 19). — V. *infra*, v° *Interdiction de séjour*, n. 21 et s., et 57.

159. — Remarquons que l'art. 246, comme l'art. 244, est applicable, non seulement aux conducteurs et aux gardiens des détenus, mais aussi aux tiers qui favorisent une évasion. — Blanche, t. 4, n. 198.

CHAPITRE III.

RECEL DES CRIMINELS.

160. — Aux termes de l'art. 248, C. pén., ceux qui ont recélé ou fait recéler des personnes qu'ils savaient avoir commis des crimes emportant peine afflictive, sont punis de trois mois d'emprisonnement au moins et de deux ans au plus.

161. — Comme le font observer Chauveau, F. Hélie et Villey (t. 3, n. 1039), l'art. 248 diffère de l'art. 61, qui prévoit aussi un cas de recel de personnes, en ce qu'à la différence de ce dernier il ne punit point l'habitude de recéler, mais un acte isolé ; en ce qu'il ne considère pas cet acte comme un acte de participation au crime commis, mais comme un délit distinct et spécial ; enfin, en ce qu'il n'est point limité au recèlement d'une classe de malfaiteurs, mais qu'il s'étend à celui de toutes personnes qui ont commis des crimes.

162. — Le recel est un délit continu dont la prescription court, par conséquent, non du jour où le recel commence, mais du jour où il prend fin. — Haus, t. 1, n. 368 ; Garraud, t. 4, n. 1373, note 47.

163. — Le délit de recel de criminels prévu et réprimé par l'art. 248, C. pén., n'implique pas nécessairement la clandestinité des actes qui le constituent. — Cass., 25 janv. 1894, Paoli, [*Bull. crim.*, n. 24]

164. — Le recel doit-il s'entendre seulement du fait d'avoir fourni au criminel un asile matériel, ou bien de tout autre fait propre à mettre l'évadé à l'abri de l'action de la justice? C'est en ce dernier sens que s'est prononcé un jugement du tribunal correctionnel de la Seine du 24 déc. 1890, aff. Labruyère, sous Cass., 1er mai 1897, Perretti, [S. et P. 98.1.112, *ad notam*], sur la poursuite intentée contre une personne prévenue d'avoir fait sortir de France un individu présumé coupable d'assassinat, par ce motif que le mot « recel » de l'art. 248 ne signifie pas uniquement « cacher dans une maison » ou « cacher dans un lieu de retraite ; » que ce mot « recel » a une signification beaucoup plus large que les mots « logement, lieu de retraite, lieu de réunion, » employés par les art. 61 et 93, C. pén. ; que, d'une manière générale, dans le langage juridique, le mot « receler » s'applique à tout fait par lequel on s'approprie le produit ou l'objet d'un délit en le dissimulant aux recherches de la justice ; que, dans l'espèce de l'art. 248, le mot « recel » est applicable à tout acte et surtout à toute série d'actes combinés pour dissimuler ou soustraire à l'action de la loi un criminel non détenu. Telle paraît être, aussi, la solution de l'arrêt du 1er mai 1897, précité, d'après lequel le recel s'entend « d'un asile donné aux criminels, ou d'actes ayant pour objet de les mettre à l'abri de l'action de la justice. »

165. — Ainsi, le fait de recevoir chez soi un condamné après son évasion pour que, de là, il puisse gagner l'étranger, de préparer ses gîtes sur la route, de lui fournir les moyens de se déguiser, et de le conduire ainsi sain et sauf au-delà des frontières, constitue le délit de recel dans le sens de l'art. 248, C. pén. — C. d'ass. Seine, 24 avr. 1816, Bruce, [S. et P. chr.]

166. — Mais, d'autre part, il a été jugé que le seul fait de procurer à un prévenu le moyen de se soustraire à la justice, sans lui donner un asile ou un refuge, ne tombe pas sous l'application de l'art. 248, C. pén. — Cass., 27 juill. 1867, Carcepino, [S. 68.1.43, P. 68.72, D. 67.1.437] — V. aussi Trib. corr. Seine, 20 mars 1896, Dupar et Royère, en note sous Cass., 1er mai 1897, précité.

167. — En doctrine, on enseigne également que les termes de la loi ne s'appliquent qu'au refuge donné ou procuré, et non pas au secours qui aurait pu être offert au réfugié (Chauveau, F. Hélie et Villey, t. 3, n. 1042), alors même que ce fait aurait eu pour but et pour résultat de l'empêcher de tomber aux mains de la justice. — Garraud, t. 4, n. 29 a.

168. — Il est d'ailleurs certain que celui qui fournit occasionnellement de simples secours alimentaires, par exemple, à un bandit dont il connaît les crimes, ne commet pas le délit de recel puni par l'art. 248. — Cass., 1er mai 1897, précité.

169. — Jugé encore que la condition essentielle d'avoir donné un asile ou un refuge est suffisamment constatée à la charge d'un prévenu, si les juges déclarent en fait, comme résultant de l'instruction et des débats, que ledit prévenu, *receleur avéré* d'un malfaiteur contumax, qu'il *hébergeait* et escortait en armes, *recélait*, en outre, un second bandit recherché par la justice. — Cass., 31 oct. 1896, Giovanni, [*Gaz. des Trib.*, 7 nov. 1896]

170. — D'autre part, le recel n'impliquant pas nécessairement, comme nous l'avons dit *suprà*, n. 163, la clandestinité des actes qui le constituent, des individus ont pu légalement être condamnés pour avoir recélé ou fait recéler l'auteur de crimes emportant peine afflictive, s'ils ont entretenu des relations constantes avec lui et si leur principal souci était de faire séjourner le criminel le plus souvent et le plus longtemps possible dans une commune, et pour lui assurer un asile où il ne pût être inquiété par les recherches de la justice, de faire recéler par leurs amis les plus dévoués. — Cass., 25 janv. 1894, précité.

171. — Du reste, en déclarant que la preuve des faits de recel retenus à la charge d'un prévenu résultent des débats et de l'instruction, les juges du fond se livrent à une appréciation souveraine échappant au contrôle de la Cour de cassation. — Cass., 31 oct. 1896, précité.

172. — Une condition essentielle du délit de recélé est, évidemment, qu'il y ait identité entre le coupable ou le prétendu coupable et celui dont la fuite a été favorisée. — V. Paris, 17 et

30 janv. 1891, [*Gaz. des Trib.*, 18 et 31 janv. 1891]) — V. aussi *suprà*, n. 84.

173. — Pour que le délit prévu par l'art. 248 existe, il faut en outre que la personne recélée ait commis un crime emportant une peine afflictive. Et à cet égard, suivant une opinion, la personne ne pourrait être considérée comme convaincue d'un crime qu'après avoir été condamnée de ce chef. — Chauveau, F. Hélie et Villey, t. 3, n. 1041.

174. — Mais, d'après la plupart des auteurs, cette interprétation est repoussée par les termes mêmes du texte, auquel elle enlèverait d'ailleurs presque toute son utilité, puisqu'après la condamnation, les condamnés sont presque toujours sous la main de justice. — Blanche, t. 4, n. 204; Rauter, t. 1, p. 533; Boucard, n. 300.

175. — Suivant un autre auteur, il suffit, mais il faut qu'il y ait eu contre la personne recélée une prévention établie ou tout au moins une poursuite; la connaissance personnelle qu'aurait le receleur du crime commis, ou celle que lui donnerait la notoriété publique ne suffiraient pas pour l'obliger à refuser un asile. — Garraud, t. 4, n. 1373. — V. aussi Boitard, *loc. cit.*

176. — La jurisprudence est hésitante. D'une part, il a été décidé qu'une connaissance acquise par voie de notoriété n'est point, d'après le texte ou l'esprit de la loi, la connaissance exigée pour que la peine du recèlement soit encourue, parce que, pour entendre le mot *criminel* dont se sert l'art. 248 et la rubrique sous laquelle il se trouve, dans le sens d'une personne non encore condamnée, mais seulement recherchée, poursuivie ou accusée par l'autorité, il faudrait violer le principe d'éternelle justice qui répute innocent tout prévenu ou tout accusé aussi longtemps qu'il n'a pas été l'objet d'une condamnation irrévocable. — Rennes, 5 juin 1833, sous Cass., 27 déc. 1833, Duguiny, [S. 34.1.591, P. chr.]

177. — ... Que l'art. 248, C. pén., n'est applicable qu'autant que le receleur avait une connaissance personnelle de la culpabilité de l'individu recélé; que la connaissance par la notoriété publique d'une prévention dirigée contre cet individu ne suffirait pas. — Cass., 15 oct. 1853, Volmar et Saint-Preux, [S. 54.1.153, P. 54.2.523, D. 54.1.85]

178. — ... Qu'au surplus, s'il est nécessaire que le receleur ait eu personnellement connaissance du crime commis par la personne recélée et emportant peine afflictive, peu importe la manière dont il a acquis cette connaissance. — Cass., 25 janv. 1894, Paoli, [*Bull. crim.*, n. 35]

179. — D'autre part, il a été jugé l'art. 248, C. pén. ne restreint pas la culpabilité du receleur au seul cas où le criminel recélé aurait été condamné; que cette disposition réprime également le recel d'un individu simplement prévenu ou accusé. — Dijon, 17 févr. 1853, Cordelier, [D. 53.2.60] — Trib. Seine, 24 déc. 1890, [*Gaz. des Trib.*, 25 décembre] — Cette dernière décision, infirmée, mais sur un autre point, par arrêt de la cour de Paris du 17 janv. 1891, [*Gaz. des Trib.*, 18 janvier], porte : Attendu que si le législateur avait en vue de ne punir seulement que le recel d'un condamné à titre définitif, il aurait pu très-facilement et très-clairement exprimer sa pensée, et qu'alors il aurait dit « personne condamnée à une peine afflictive pour crime, » tandis qu'il dit, au contraire, « personne ayant commis un crime emportant peine afflictive; » — Attendu que le rapprochement des art. 237 et 247, et leur comparaison avec l'art. 248, fait très-nettement comprendre quelle a été la pensée du législateur; — Attendu qu'en effet, il est à remarquer d'abord que les art. 237 à 248 sont placés sous la rubrique « § 4, *Evasion de détenus, Recélement de criminels*; » — Attendu que les dix premiers articles de ce paragraphe se réfèrent tous à l'évasion de détenus, soit déjà condamnés, soit simplement prévenus ou accusés. — V. aussi Cass., 15 oct. 1853, précité. — 27 juill. 1867, Carcopino, [S. 68.1.45, P. 68.72, D. 67.1.457]

180. — Le résultat des poursuites doit rester sans influence sur le caractère délictueux du fait (Garraud, t. 4, n. 1373). Aussi a-t-il été jugé l'art. 248, C. pén., s'applique même au cas où l'individu poursuivi et recélé est plus tard acquitté. — Bastia, 8 avr. 1875, Pietri, [S. 75.2.298, P. 75.1131, D. 75.2.104]

181. — Il a été jugé également, sous le régime de la mort civile, que le receleur est punissable alors même que le criminel recélé serait ultérieurement décédé *integri status* dans le délai de cinq années de grâce accordé par l'art. 31, C. civ. — Bastia, 20 déc. 1844, [P. 45.1.323, D. 45.2.20] — V. *suprà*, v° *Contumace*, n. 205 et s.

182. — Du reste, à quelque parti que l'on se rattache pour la solution de ces questions, l'on ne saurait, semble-t-il, contester que la loi réprime le recel d'un individu condamné par contumace. — V. comme applications, Cass., 31 oct. 1896 (3 arrêts), Giovanni, Bartoli et Simontpiétri, [*Gaz. des Trib.*, 7 nov. 1896] — V. *suprà*, n. 169.

183. — Aux termes de l'art. 248, § 2, C. pén., sont exceptés de cette disposition les ascendants ou descendants, époux ou épouse même divorcés, frères ou sœurs des criminels recélés, ou leurs alliés aux mêmes degrés.

184. — Comme toute excuse, celle de l'art. 248 est de droit étroit et ne saurait, par suite, être étendue ni à d'autres parents ou alliés que ceux dont il est question ni à d'autres délits que celui dont il s'agit ici (C. pén., art. 65). — Garraud, t. 4, n. 1374. — V. *infrà*, v° *Excuse*, n. 9.

CHAPITRE IV.

DROIT COMPARÉ.

§ 1. ALLEMAGNE.

185. — Quiconque, avec intention, libère ou aide à se libérer un prisonnier de la maison où il est détenu, ou de la force armée ou des fonctionnaires chargés de le surveiller, de l'accompagner ou de le garder, est passible d'emprisonnement jusqu'à trois ans; la tentative est punissable (C. pén., § 120).

186. — Quiconque, avec intention, laisse s'évader ou aide à s'évader un prisonnier qu'il est chargé de surveiller ou d'accompagner, encourt également trois années d'emprisonnement, au plus. Si l'évasion a été facilitée par la simple négligence du gardien, la peine est un emprisonnement jusqu'à trois mois ou une amende jusqu'à 300 marcs (371 fr.) (§ 121). Le fonctionnaire public qui, intentionnellement, laisse s'évader, fait s'évader ou aide à s'évader un prisonnier qu'il est chargé de surveiller, d'accompagner ou de garder, est passible de réclusion jusqu'à cinq ans; s'il y a des circonstances atténuantes, la peine ne peut descendre au-dessous d'un mois d'emprisonnement. Si l'évasion a été facilitée ou favorisée par sa négligence, la peine est un emprisonnement jusqu'à six mois ou une amende jusqu'à 600 marcs (742 fr.) (§ 347).

§ 2. ANGLETERRE.

187. — Quiconque, sciemment et avec l'intention de la faire échapper à ses juges ou à la peine encourue, permet à une personne dont il est légalement le gardien de recouvrer sa liberté autrement qu'en vertu de la loi, ou aide à s'évader de sa prison, commet le délit de *voluntary escape* ou de *rescue* et se rend coupable de haute trahison, de *felony* ou délit (*misdemeanor*), suivant que le prisonnier évadé était sous l'inculpation d'une infraction de l'une ou l'autre de ces espèces (art. 14 et 15, Vict., c. 100, § 29).

188. — Est coupable de *negligent escape* celui qui, par négligence de son devoir ou par ignorance de la loi, permet à une personne dont il a légalement la garde de recouvrer sa liberté autrement qu'en vertu de la loi; l'évadé est réputé avoir reconquis sa liberté aussitôt qu'il est hors de vue de la personne qui le gardait, et non auparavant.

189. — Commet une *felony*, punissable de servitude pénale soit à vie, soit pour quatorze ou sept ans, ou d'emprisonnement avec ou sans travail forcé pour deux ans au plus, quiconque aide un prisonnier de guerre, même libre sur parole, à s'échapper du lieu où il était détenu ou interné (52, Geo. III, c. 156, § 1).

190. — Commet également une *felony*, punissable d'emprisonnement avec travail forcé pour cinq ans au plus, quiconque aide un prisonnier à s'évader de sa prison ou qui, en vue de faciliter son évasion, lui procure un déguisement ou des lettres ou papiers à cet effet (28 et 29, Vict., c. 126, § 37).

191. — La loi prévoit aussi des peines sévères contre les prisonniers eux-mêmes qui s'évadent (V. St. 14 et 15, Vict., c. 100, § 29; 1 et 2, Vict., c. 82, § 12; 5 et 6, Vict., c. 29, § 24; 6 et 7, Vict., c. 26, § 22). — V. J. F. Stephen, *A Digest of the criminal law*, art. 143 et s.

§ 3. Autriche-Hongrie.

192. — I. *Autriche.* — Commet un crime celui qui, par ruse ou par force, aide à s'évader une personne arrêtée à raison d'un crime ou qui met des obstacles aux recherches entreprises par les autorités pour la ressaisir (C. pén., § 217).

193. — Si l'assistance a été donnée par quelqu'un qui avait le devoir de garder le prisonnier, ou si la personne qui a prêté son assistance savait que le prisonnier était accusé ou reconnu coupable de haute trahison, de falsification de titres ou de monnaies, de meurtre, de vol qualifié ou d'incendie, le coupable encourt les travaux forcés (*schwerer Kerker*) de cinq à dix ans, s'il s'agissait des deux premiers crimes; de un à cinq ans, s'il s'agissait de l'un des trois derniers (§ 218).

194. — Si le prisonnier était poursuivi ou condamné pour une autre infraction que celles énumérées ci-dessus, ou si la personne qui l'a aidé à s'évader n'a manqué à aucun devoir professionnel, elle encourt la réclusion (*Kerker*) pour une période de six mois à un an (§ 219).

195. — II. *Hongrie.* — Quiconque aide un prisonnier à s'échapper de prison ou à se soustraire à la surveillance de l'autorité, commet un crime et est passible de deux ans de réclusion au maximum. La peine peut s'élever à trois ans pour celui qui, pour faire évader un prisonnier, lui procure des armes, clefs ou autres instruments (C. pén., L. V de 1878, art. 447).

196. — Tout garde, surveillant ou représentant de l'autorité qui, intentionnellement, fait évader un prisonnier confié à sa surveillance, est passible de cinq ans de maison de force, au maximum. Si c'est par négligence qu'il l'a laissé évader, il est passible de six mois de prison au maximum. Dans les deux cas, il encourt, outre la peine principale, la destitution d'emploi (§ 448).

§ 4. Belgique.

197. — En cas d'évasion de détenus, si l'évadé était poursuivi ou condamné pour un délit, ou s'il était prisonnier de guerre, les personnes préposées à sa conduite ou à sa garde sont punies, en cas de négligence, d'un emprisonnement de huit jours à trois mois et, en cas de connivence, d'un emprisonnement de six mois à deux ans (C. pén., art. 332 et 333).

198. — Si l'évadé était poursuivi ou condamné pour crime, ou s'il était arrêté en vertu de la loi sur les extraditions, les préposés encourent un emprisonnement de quinze jours à un an ou de un à cinq ans, suivant qu'ils ont été négligents ou complices (art. 334).

199. — Ceux qui ont procuré ou facilité l'évasion d'un détenu sans être chargés de sa garde ou de sa conduite sont passibles d'un emprisonnement de quinze jours à un an ou de trois mois à deux ans, suivant qu'il s'agissait d'un délit (art. 333), ou d'un crime (art. 334). Sont exceptés de cette disposition les ascendants ou descendants, les époux ou épouses même divorcés, les frères et sœurs de l'évadé, ou leurs alliés aux mêmes degrés (art. 335). — V. *suprà*, n. 183.

200. — Si l'évasion a eu lieu ou a été tentée avec violence, menaces ou bris de prison, les peines contre les complices sont, dans le cas de l'art. 333, un emprisonnement de deux à cinq ans contre les préposés, et trois mois à deux ans contre d'autres personnes; dans le cas de l'art. 334, la réclusion contre les préposés, un emprisonnement de six mois à trois ans contre d'autres personnes (art. 336). Ces peines sont aggravées s'il y a eu de la part des complices transmission d'armes (V. art. 337). — V. *suprà*, n. 125 et s.

§ 5. Espagne.

201. — Le fonctionnaire public, coupable de connivence dans l'évasion d'un prisonnier dont la conduite ou la garde lui avait été confiée, est puni : 1° dans le cas où l'évadé avait été condamné à une peine, de la peine inférieure de deux degrés à celle-ci et de l'incapacité (*inhabilitacion*) temporaire spéciale à son degré supérieur jusqu'à l'incapacité spéciale à perpétuité; 2° de la peine inférieure de trois degrés à celle que prévoit la loi à raison du délit pour lequel l'évadé était poursuivi, et, en outre, de l'incapacité spéciale à temps (C. pén., art. 373).

202. — Le particulier qui, se trouvant chargé de la conduite ou de la garde d'un prisonnier ou d'un détenu, commet l'un des délits prévus en l'article précédent, est passible des peines immédiatement inférieures à celles qui frapperaient un fonctionnaire (art. 374).

203. — En dehors de ces cas, où il y a violation d'un devoir précis, ceux qui font évader un détenu ou qui l'aident à s'évader d'un établissement pénitentiaire sont passibles d'une peine allant de l'*arresto mayor*, en son degré supérieur, à la prison correctionnelle, en son degré inférieur, s'ils ont usé de violence, d'intimidation ou de subornation, et de la peine de l'*arresto mayor*, s'ils ont usé d'autres moyens. Si l'évasion du détenu a eu lieu en dehors d'un établissement pénitentiaire, en surprenant ceux qui étaient chargés de le conduire, on applique les mêmes peines en leurs degrés inférieurs (art. 274).

§ 6. Italie.

204. — Quiconque, étant légalement arrêté, s'évade à l'aide de bris ou de violences, est puni de la détention de trois à dix-huit mois (C. pén., art. 226).

205. — Le condamné qui s'évade dans ces conditions encourt une augmentation de durée de la peine qu'il subissait, augmentation qui se calcule de façon différente, suivant la nature de la peine (art. 227). Cette augmentation est réduite, si l'évadé réintègre spontanément sa prison (art. 232).

206. — Quiconque procure ou facilite l'évasion d'un individu en état de détention préventive ou d'un condamné, est puni de la réclusion ou de la détention de six mois à trente mois, en tenant compte de la gravité de la prévention ou de la nature et de la durée de la peine qui reste à subir; si le condamné subissait la peine de l'*ergastolo*, de la réclusion ou de la détention, de trente mois à quatre ans. Si le coupable a procuré ou facilité l'évasion à l'aide de bris ou de violences, la peine, lorsque l'évasion a eu lieu, est de deux à cinq ans, et, lorsque l'évasion n'a pas eu lieu, d'un mois à trois mois, en tenant compte, dans les deux cas, de la gravité de la prévention ou de la condamnation prononcée. La peine est diminuée d'un tiers, si le coupable est un proche parent du détenu ou du condamné (art. 228).

207. — Toutes ces peines sont, au contraire, aggravées, lorsque celui qui a procuré ou facilité l'évasion est un fonctionnaire public, chargé de la garde ou du transfèrement de l'évadé. Il encourt, en outre, l'interdiction perpétuelle ou temporaire des fonctions publiques. Le Code prévoit naturellement une peine atténuée, lorsque le fonctionnaire a péché par simple négligence, mais il encourt toujours l'interdiction temporaire des fonctions publiques (art. 229).

208. — Si le fonctionnaire chargé de garder ou de conduire un détenu lui a permis de s'éloigner, même temporairement, du lieu où il devait rester, il encourt une détention d'un mois à un an, plus l'interdiction temporaire des fonctions publiques; si, par suite de la permission, l'individu s'évade, la détention est de six mois à quatre ans (art. 231).

209. — Est exempt de peine le fonctionnaire négligent ou trop facile (art. 229, *in fine* et 234), si, dans les trois mois à dater de l'évasion, il procure la capture des évadés ou les fait se représenter devant l'autorité (art. 233).

§ 7. Pays-Bas.

210. — Celui qui, avec intention, délivre ou aide à se libérer une personne privée de sa liberté par l'autorité publique ou par justice, est passible d'un emprisonnement de deux ans au plus (C. pén., art. 191). Si le fait est commis par un fonctionnaire public, la peine peut s'élever jusqu'à trois ans. S'il est simplement imputable à sa négligence, elle comporte un emprisonnement de deux mois au plus ou une amende jusqu'à 300 fl. (630 fr.) (art. 367).

211. — Le capitaine d'un navire néerlandais qui, avec intention, laisse échapper ou met en liberté un prévenu ou un condamné qu'il avait reçu à son bord sur réquisition légale, ou qui contribue à la délivrance ou à l'évasion dudit prévenu ou condamné, est puni d'un emprisonnement de trois ans au plus. S'il est simplement coupable de négligence, il encourt une détention de deux mois au plus, ou une amende de 300 fl. au plus (art. 413).

§ 8. Portugal.

212. — Si quelqu'un délivre ou tente de délivrer un prisonnier, au moyen de violences ou de menaces à l'autorité publique, à ses fonctionnaires ou agents, ou à un particulier, dans les cas où celui-ci avait qualité pour intervenir, il encourt la peine de la prison correctionnelle et une amende dont la durée varie suivant la gravité des circonstances (V. l'art. 186, relatif au délit de résistance à l'autorité). Si la délivrance a eu lieu à l'aide de manœuvres frauduleuses, la prison ne peut excéder une année, tandis que, dans le cas précédent, elle peut être prononcée pour deux ans (V. art. 190).

213. — Le simple prévenu qui s'évade est puni des peines disciplinaires prévues par les règlements de la prison ou de la maison d'arrêt dont il s'est échappé; et, si plus tard, il est condamné, son évasion est considérée comme une circonstance aggravante (art. 191).

214. — Le Code prévoit ensuite, dans de très-longs articles, les cas où l'évasion est imputable à ses fonctionnaires ou agents spécialement préposés à la garde de l'évadé et où ils ont favorisé sa fuite, soit par connivence et par des moyens plus ou moins criminels ou doloisifs, soit par imprudence et « sans qu'ils puissent prouver le cas fortuit ou la force majeure » (art. 192 à 194 et leurs §§).

215. — Les individus, non fonctionnaires ou agents de l'autorité, qui, à l'aide d'effraction, d'escalade, de bris de clôture, de fausses clefs ou d'autres moyens violents, aident un prisonnier à s'évader ou lui fournissent des instruments à cet effet, encourent la « prison majeure cellulaire, » de deux à huit ans, ou la déportation temporaire. Mais ses ascendants ou descendants, son conjoint, ses frères et sœurs ou ses alliés au même degré qui lui ont fourni des armes ou autres instruments, n'encourent une responsabilité criminelle que s'il en a fait usage contre une personne (§§ 1 et 2, art. 194).

§ 9. Russie.

216. — Quiconque commet une effraction dans un établissement pénitentiaire et libère ou entraîne les prisonniers en usant de violence envers les gardiens, est passible de la perte de tous les droits civiques et de quinze à vingt ans de travaux forcés dans les mines; s'il y a eu mort d'homme ou incendie, cette dernière peine peut être prononcée à perpétuité (C. pén., art. 308).

217. — Si l'effraction a eu lieu sans aucune violence à l'égard des gardiens, la peine afflictive est de huit à dix ans de travaux forcés dans une forteresse (ibid.).

218. — Si ce sont les prisonniers eux-mêmes qui se sont concertés pour commettre une effraction et s'échapper en usant de violence envers leurs gardiens, ils encourent de ce chef la privation de tous les droits civiques, de douze à quinze ans de travaux forcés dans les mines, ou celle dernière peine à perpétuité lorsqu'il y a eu mort d'homme ou incendie. Si les évadés n'ont usé d'aucune violence envers leurs gardiens, ils sont internés dans les gouvernements reculés de la Sibérie (art. 309).

219. — Celui qui, usant de violence, libère pendant leur transfèrement les personnes en état d'arrestation, encourt la privation de tous les droits civiques et de vingt ans de travaux forcés dans les mines, ou quinze à vingt ans, ou à perpétuité s'il y a eu mort d'homme. A défaut d'actes de violence, la peine afflictive consiste en les travaux forcés dans des fabriques pour une période de six à huit ans (art. 310).

220. — Si ce sont les personnes arrêtées elles-mêmes qui se sont libérées, elles sont passibles des travaux forcés dans les mines pour douze ou quinze ans, ou à perpétuité en cas de mort d'homme (art. 311).

221. — Le prévenu ou condamné qui, sans violences envers ses gardiens, s'échappe du lieu où il était retenu, doit être enfermé dans un local séparé et soumis aux mesures de précaution permises par la loi en vue de prévenir toute nouvelle tentative de fuite. S'il a usé de violences, il s'expose à être interné en Sibérie ou incorporé dans une compagnie de discipline ; sans préjudice, dans ces divers cas, de l'hypothèse où plus rigoureuse, et où l'on applique alors les règles générales sur le concours de délits (art. 312, 152). Le Code prévoit, d'autre part, les peines qui doivent frapper les condamnés qui s'évadent des contrées plus ou moins reculées où ils étaient internés (art. 313).

§ 10. Suède.

222. — Quiconque délivre par force un prisonnier d'entre les mains de ceux qui l'ont arrêté ou qui le détiennent, ou le fait évader, au moyen d'effraction, de la prison ou maison d'arrêt, encourt les travaux forcés pour quatre ans au plus ou, en cas de circonstances très-atténuantes, l'emprisonnement. La tentative qui n'a échoué qu'à raison d'événements indépendants de la volonté de l'auteur, le rend passible de deux années de travaux forcés (L. 28 oct. 1887).

223. — Quiconque délivre un prisonnier sans user de violence encourt une peine qui varie de six mois d'emprisonnement à deux ans de travaux forcés, ou, en cas de circonstances très-atténuantes, une amende de 50 rixdalers (280 fr.) au plus (Même loi).

224. — Dans toutes les hypothèses, il doit être tenu compte de la nature des infractions pour lesquelles l'évadé était poursuivi ou condamné (Même loi).

225. — Le fonctionnaire qui, chargé de la garde d'individus arrêtés ou détenus, les met volontairement en liberté ou les aide à s'évader, est passible de destitution et des travaux forcés pendant six mois à quatre ans, avec incapacité absolue d'être employé désormais au service de l'État. En cas de simple négligence, il encourt soit les travaux forcés jusqu'à deux ans, soit un emprisonnement jusqu'à six mois, soit une simple amende (C. pén. de 1864, c. 25, § 14).

§ 11. Suisse.

226. — I. *Droit fédéral.* — D'après le Code pénal fédéral de 1853, quiconque favorise par artifice ou violence l'évasion d'une personne détenue par ordre d'un fonctionnaire ou d'une autorité fédérale, est puni d'une amende et, en outre, dans les cas graves, d'un emprisonnement qui peut durer jusqu'à deux ans (art. 50).

227. — II. *Législations cantonales.* — L'évasion de prisonniers est prévue et punie par tous les Codes cantonaux. Il nous paraît superflu d'analyser ici, en détail, leurs dispositions qui, sauf l'échelle des peines, variable suivant les cantons, présentent les plus grandes analogies soit entre elles, soit avec les législations étrangères résumées ci-dessus.

228. — Nous nous bornerons à y relever les points suivants.

229. — En général, et si l'on fait abstraction du Code de *Lucerne*, art. 105, le fait de favoriser ou de procurer une évasion est puni plus ou moins rigoureusement en raison des éléments propres du délit : violences envers les personnes, effraction, manœuvres frauduleuses, violation par des gardiens officiels de leur devoir professionnel, etc., mais non en raison de la gravité de l'infraction commise par l'inculpé ou le condamné qui a réussi à s'échapper.

230. — A *Bâle-Ville* (C. pén., art. 55), à *Schaffhouse* (C. pén., art. 117), en *Thurgovie* (C. pén., art. 252), à *Zurich* (C. pén., art. 83), si plusieurs détenus se concertent pour se soustraire à leur captivité, au besoin à l'aide de violences, ils encourent les peines spéciales prévues par la loi en matière de mutinerie ou de rébellion (*Meuterei*, *Aufruhr*).

231. — A *Berne* (C. pén., § 77) et à *Fribourg* (C. pén., art. 320), lorsque les personnes qui ont procuré ou facilité l'évasion sont de très-proches parents ou alliés de l'évadé, la peine est pour elles réduite de moitié. Le Code de Fribourg statue dans le même sens en cas de recel de l'évadé par ses proches (art. 321). Le Code pénal de *Genève* (art. 241) n'admet une réduction de peine que dans ce second cas.

232. — En *Valais* (C. pén., art. 145), les détenus qui se sont évadés ou qui ont tenté de s'évader, au lieu d'être comme de coutume traduits devant les tribunaux pour y répondre de cette nouvelle infraction spéciale, sont punis directement par le Conseil d'État, conformément au règlement sur l'administration des prisons. — V. Stoos, *Les codes pénaux suisses rangés par ordre de matières*, 1890, p. 319 et s.

ÉVÊQUE-ÉVÊCHÉ.

Législation.

L. 18 germ. an X (*relative à l'organisation des cultes, promulguant la Convention du 26 messidor an IX entre le gouvernement français et Sa Sainteté Pie VII*), art. 4 à 6 ; — L. 18 germ. an X (*relative à l'organisation des cultes, articles organiques de la Convention du 26 mess. an IX*), art. 13 et s., 33 et 34, 42 et 43 ; — Décr. 24 mess. an XIII (*relatif aux cérémonies publiques,* préséances, honneurs civils et militaires), tit. I, art. 1, 5, 9; tit. XIX, art. 9 et 10; — Décr. 7 germ. an XIII (concernant l'impression des livres d'églises, des heures et des prières); — Décr. 7 janv. 1808 (portant que l'autorisation de Sa Majesté est nécessaire à tout ecclésiastique Français pour poursuivre la collation d'un évêché in partibus); — Décr. 28 févr. 1810 (contenant des dispositions relatives aux lois organiques du Concordat), art. 5 et 6; — L. 20 avr. 1810 (sur l'organisation de l'ordre judiciaire et l'administration de la justice), art. 10; — Décr. 13 févr. 1813 (portant promulgation du concordat de Fontainebleau comme loi de l'Empire), art. 4; — Décr. 25 mars 1813 (relatif à l'exécution du concordat de Fontainebleau), art. 2 à 4; — Décr. 6 nov. 1813 (sur la conservation et l'administration des biens que possède le clergé dans plusieurs parties de l'Empire), art. 29 et s.; — Ord. 7 avr. 1819 (concernant le mobilier des archevêchés et évêchés); — Ord. 3 févr. 1830 (relative au mode d'exécution de l'art. 8, L. 26 juill. 1829, qui prescrit la formation d'un inventaire du mobilier fourni, soit par l'Etat, soit par les départements, à des fonctionnaires publics), art. 8; — Ord. 25 déc. 1830 (qui détermine les conditions d'admission aux fonctions d'évêque, vicaire général, chanoine et curé, et de professeur dans les facultés de théologie), art. 2; — Ord. 4 janv. 1832 (relative au récolement annuel du mobilier des archevêchés et évêchés); — Ord. 13 mars 1832 (qui détermine l'époque de jouissance du traitement alloué aux titulaires d'emplois ecclésiastiques, et contient des dispositions sur leur absence temporaire du lieu où ils sont tenus de résider), art. 3 et 4.

BIBLIOGRAPHIE.

V. suprà, v° *Cultes*.

INDEX ALPHABÉTIQUE.

Abus ecclésiastique, 67, 68, 73.
Acceptation provisoire, 183 et s.
Achats, 241.
Action en justice, 180 et s.
Administration, 172 et s.
Age, 6.
Aliénation d'immeuble, 188, 205, 206, 208.
Appellation, 38.
Archevêques, 105 et s.
Aumônier, 63.
Autorisation de plaider, 174, 182.
Autorisation préalable, 131 et s.
Auxiliaires, 134.
Bref, 19, 133.
Brefs de pénitencerie, 76.
Bulle, 20 et s., 93, 95, 122, 132.
Bulles (enregistrement des), 20 et s.
Bulle *sub plumbo*, 16 et s.
Capacité, 9 et s., 14.
Capacité civile, 166 et s.
Cardinal, 45, 82, 91, 121.
Cessation des pouvoirs, 149, 162.
Chanoine, 142, 157.
Chanoine titulaire, 11.
Chapitre, 51, 152, 153, 155, 171.
Chef de l'Etat, 4.
Coadjuteurs, 134.
Commissaire administrateur, 189 et s.
Communauté religieuse, 49.
Conciles provinciaux, 117 et 118.
Concordat, 5.
Conseil de préfecture, 178.
Conseiller de préfecture, 228.
Conseiller général, 228.
Consistoire secret, 19.
Contributions directes, 222.
Costume, 37, 69.
Cour d'appel, 46.
Curé, 10, 11, 59.
Démission, 97 et s.
Département, 219, 223, 229.
Députation, 103 et s.
Député, 45.
Desservant, 10, 11, 58.
Diocèse, 1, 166 et 167.
Diocèse (changement de), 65.

Discipline ecclésiastique, 65.
Dommages-intérêts, 176.
Dons et legs, 168, 183 et s.
Doyen du chapitre, 154.
Droit de régale, 202 et s.
Ecole congréganiste, 186.
Eglise collégiale, 49.
Emprunt, 187.
Entente préalable, 30 et s.
Etablissement public, 166.
Etat, 220 et s.
Evêché, 163 et s., 216 et s.
Evêque du diocèse, 7.
Evêques *in partibus*, 124 et s.
Evêques titulaires, 124 et s.
Exarques, 123.
Exeat, 65.
Exploit, 180.
Fabrique, 171.
Fonctions (cessation des), 96 et s.
Fonctions épiscopales, 54.
Frais de bulle, 93, 95, 122.
Frais d'établissement, 93 et s.
Frais d'information canonique, 93, 122.
Frais d'installation, 122.
Frais d'institution canonique, 95.
Franchise postale, 78, 141.
Héritier, 196.
Honneurs et préséances, 40 et s., 110.
Information canonique, 13 et s., 93, 122.
Insignes, 53.
Installation, 32, 33, 122.
Institution canonique, 12 et s., 95.
Institution canonique (refus d'), 24 et s.
Inventaire, 173, 227 et s.
Juge de paix, 191.
Juridiction, 2, 48 et s., 64 et s., 115 et 116.
Légat apostolique, 55.
Lettres pastorales, 72 et s.
Licencié en théologie, 10.
Liturgie, 51.
Livres d'églises, 51.
Mandements, 74 et 75.

Mense épiscopale, 167, 169.
Métropolitain, 26.
Ministre des cultes, 189.
Mobilier, 223 et s.
Moralité, 7, 14.
Nationalité, 6.
Noblesse, 39, 109.
Nomination, 4 et s., 106, 155.
Nonce apostolique, 14, 55.
Obsèques, 43.
Officialité, 67.
Palais épiscopal, 211 et s.
Pallium, 107.
Pape, 12.
Patriarches, 123.
Pavoisement, 216 et s.
Pensions, 150.
Prédications, 52.
Préfet, 7, 228.
Prêtre étranger, 56.
Prêtre sans diocèse, 66.
Primats, 123.
Prise de possession, 199.
Procès-verbal, 199.
Propriété, 212.
Propriété nationale, 213 et 214.
Province ecclésiastique, 111.
Récolement annuel, 228 et s.
Référé, 206.
Rente sur l'Etat, 208 et 209.

Réparations, 195 et s., 221, 241.
Résidence, 80 et s., 147.
Responsabilité pécuniaire, 238.
Retenue de traitement, 85.
Révocation, 148.
Sacre, 34 et s.
Scellés, 191 et 192.
Séminaire, 61, 62, 188.
Sénateur, 45.
Serment, 34, 35.
Signature, 141.
Sous-préfet, 228.
Stations, 52.
Suffragant, 111 et s.
Suppression de titre, 102.
Titres et papiers, 173.
Traitement, 33, 90 et s., 120, 121, 144 et s., 161.
Translation, 36, 65, 96.
Usufruit, 179, 216.
Vacance du siège, 118, 151 et s., 189 et s.
Valeurs mobilières, 209.
Vicaire, 58.
Vicaires capitulaires, 149, 151 et s., 201.
Vicaires généraux, 11, 60, 119, 135 et s., 151 et s., 201.
Vicaires généraux honoraires, 139.
Visite pastorale, 86 et s., 117.

DIVISION.

CHAP. I. — DES ECCLÉSIASTIQUES ATTACHÉS AU SERVICE DIOCÉSAIN.

Sect. I. — **Evêques**.

§ 1. — *Nomination, institution canonique, installation, sacre* (n. 4 à 36).

§ 2. — *Droits honorifiques* (n. 37 à 47).

§ 3. — *Fonctions, droits, devoirs, traitement, cessation de fonctions* (n. 48 à 104).

Sect. II. — **Archevêques** (n. 105 à 123).

Sect. III. — **Archevêques et évêques in partibus ou titulaires; coadjuteurs** (n. 124 à 134).

Sect. IV. — **Vicaires généraux d'archevêque et d'évêque** (n. 135 à 150).

Sect. V. — **Vicaires généraux capitulaires** (n. 151 à 162).

CHAP. II. — DE L'ÉVÊCHÉ.

Sect. I. — **Notions générales** (n. 163 à 168).

Sect. II. — **Mense épiscopale**.

§ 1. — *Dotation de l'évêché* (n. 169 à 171).

§ 2. — *Administration de la mense épiscopale* (n. 172 à 188).

§ 3. — *Administration en cas de vacance de siège* (n. 189 à 210).

Sect. III. — **Palais épiscopal; mobilier** (n. 211 à 241).

---

1. — Le territoire de la France, ainsi que nous l'avons déjà dit (V. *suprà*, v° *Diocèse*), est, sous le rapport de la circonscription religieuse, partagé en diocèses. Et l'art. 9, L. 18 germ. an X, contenant les articles organiques de la Convention du 26 mess. an IX, porte que le culte catholique est exercé sous la direction des évêques et archevêques dans leurs diocèses.

2. — En outre, aux termes de l'art. 10, tout privilège portant exemption ou attribution de la juridiction épiscopale est aboli. A ce principe absolu, et qui a pour effet de consacrer qu'en France il n'y a plus de pays de nul diocèse (V. *suprà*, v° *Diocèse*, n. 42), il y a eu pourtant une exception tant qu'a subsisté l'institution de la grande aumônerie. — V. *suprà*, v° *Aumônier*, n. 11 et s.

3. — En ce qui concerne l'établissement des diocèses, leur organisation ainsi que leur existence civile, V. *suprà*, v° *Diocèse*. — Nous n'avons à considérer ici que ce qui a trait aux ecclésiastiques préposés au gouvernement du diocèse et aux biens affectés au titre ecclésiastique, c'est-à-dire à l'évêché.

CHAPITRE I.

DES ECCLÉSIASTIQUES ATTACHÉS AU SERVICE DIOCÉSAIN.

SECTION I.
Évêques.

§ 1. *Nomination, institution canonique, installation, sacre.*

4. — I. *Nomination.* — Toutes les conventions passées entre le Saint-Siège et le gouvernement français ont toujours réservé au chef de l'État la nomination des évêques, sauf à l'ecclésiastique promu à cette dignité à obtenir ensuite du Souverain Pontife son institution canonique.

5. — En dernier lieu, le concordat du 26 mess. an IX, par ses art. 4 et 5, déclara que la nomination des évêques aux sièges de l'Église de France appartiendrait au gouvernement français, et qu'ensuite les élus devraient se pourvoir auprès du Saint-Siège, chargé de leur conférer l'institution canonique suivant les formes établies pour être élevé à l'épiscopat, conditions déterminées France. Le concordat ne s'occupa point, du reste, des conditions nécessaires pour être élevé à l'épiscopat, conditions déterminées depuis, tant par les lois organiques que par divers décrets ou ordonnances que nous allons rappeler.

6. — Pour pouvoir être nommé évêque, il faut avoir trente ans au moins et être originairement français, c'est-à-dire qu'il ne suffirait pas d'avoir été naturalisé français (L. 18 germ. an X, articles organiques, art. 16).

7. — D'après l'art. 17, L. 18 germ. an X, « avant l'expédition de l'arrêté de nomination, celui ou ceux qui sont proposés sont tenus de rapporter une attestation de bonnes vie et mœurs, expédiée par l'évêque dans le diocèse duquel ils ont exercé les fonctions du ministère ecclésiastique, et ils seront examinés sur leur doctrine par un évêque et deux prêtres commis par le gouvernement, lesquels adresseront le résultat de leur examen au conseiller d'État chargé de toutes les affaires concernant les cultes. » Dans la pratique, ces dispositions ne sont pas appliquées. Le gouvernement se borne, avant d'élever un prêtre à l'épiscopat, à prendre l'avis de l'évêque de son diocèse, de son *ordinaire*, ainsi que celui du préfet de son département, pour s'éclairer sur la moralité, les tendances et la doctrine du candidat.

8. — En dehors des conditions d'âge, de nationalité et de moralité, la loi du 18 germ. an X n'avait imposé aucune condition de capacité pour être appelé à la collation de la dignité épiscopale.

9. — Cependant les décrets de l'Église, confirmés par le concile de Trente, exigeaient que l'ecclésiastique promu à l'épiscopat fût revêtu du titre de docteur ou licencié en théologie et en droit canon. Jusqu'à ce qu'on exige positivement ce titre, le décret du 23 vent. an XII, art. 4, établit que nul ne pouvait être élu évêque sans avoir subi un examen public, et rapporté un certificat de capacité sur les objets déterminés par l'art. 2 de ce décret.

10. — Ces prescriptions n'ont jamais été rigoureusement suivies, même sous l'Empire, et elles étaient depuis longtemps tombées en désuétude lorsqu'elles furent remplacées par les dispositions de l'ordonnance du 25 déc. 1830. Aux termes de cette ordonnance, nul ne peut être nommé évêque s'il n'a obtenu le grade de licencié en théologie, ou s'il n'a rempli pendant quinze ans les fonctions de curé ou de desservant (Ord. 25 déc. 1830, art. 2).

11. — Mais ces prescriptions sont également tombées en désuétude. Cependant, dans ces quinze dernières années, le gouvernement s'est imposé comme règle de ne choisir les évêques que parmi les prêtres remplissant les fonctions de vicaire général, chanoine titulaire, curé ou desservant.

12. — Si le Président de la République a le choix de l'évêque, il ne peut néanmoins lui conférer le caractère sacré; il est donc nécessaire que l'institution canonique soit donnée à l'élu par le Souverain Pontife, et, en effet, l'art. 18 de la loi organique porte expressément que le prêtre nommé par le premier consul doit faire les diligences nécessaires pour obtenir l'institution du Pape.

13. — Le décret du 25 mars 1813, relatif à l'exécution du concordat de Fontainebleau, prescrivait qu'au lieu de correspondre directement avec le Saint-Siège, l'évêque ou l'archevêque nommé devait se pourvoir d'abord auprès du métropolitain, ou, s'il s'agissait du métropolitain lui-même, auprès du plus ancien évêque de la province et lui apporter les certificats de bonnes vie et mœurs indiqués à l'art. 17 des organiques (V. *suprà*, n. 7). A cet effet, le décret établit que désormais ce serait au métropolitain ou au plus ancien évêque suffragant que l'arrêté de nomination serait expédié par le ministre des Cultes, et qu'en conséquence le prélat, sur le reçu de cet arrêté, devait faire procéder à l'enquête indiquée à l'art. 17 des organiques et en adresser le résultat au Saint-Siège. Si la personne nommée était dans le cas de quelque exclusion ecclésiastique, il devait le faire connaître au gouvernement (Décr. 25 mars 1813, art. 4).

14. — Mais on sait que le concordat de 1813, ou concordat de Fontainebleau, ne fut pas accepté par le Saint-Siège (V. *suprà*, v° *Concordat*, n. 68 et s.). En fait, il est procédé à l'information canonique par le Nonce apostolique à Paris. C'est à lui qu'une ampliation du décret de nomination de l'évêque est transmise par l'intermédiaire du ministre des Affaires étrangères. L'évêque nommé est autorisé à correspondre avec le nonce en vue de cette information, et c'est à lui qu'il se présente avec deux témoins qui attestent sa moralité et sa doctrine.

15. — Après qu'il a été procédé aux informations, dont les pièces sont transmises par le Nonce, le Souverain Pontife, sur le vu du décret de nomination qui lui est communiqué par l'ambassadeur de France, est appelé à procéder à l'institution canonique de l'évêque nommé.

16. — Cette institution canonique doit être donnée en consistoire secret par grandes Bulles *sub plumbo* et non par simples Brefs.

17. — C'est là un privilège constant de la France comme des autres grandes nations catholiques (Italie, Autriche, Espagne), et le concordat de 1801 l'a expressément maintenu par ses art. 4 et 5 ainsi conçus : « Art. 4. « Le premier consul de la République nommera, dans les trois mois qui suivront la publication de la Bulle de Sa Sainteté, aux archevêchés et évêchés de la circonscription nouvelle; Sa Sainteté conférera l'institution canonique suivant les formes établies par rapport à la France avant le gouvernement. » — Art. 5. « Les nominations aux évêchés qui vaqueront dans la suite seront également faites par le premier consul, et l'institution canonique leur sera donnée par le Saint-Siège, en conformité de l'article précédent. »

18. — Conformément à ces prescriptions, les évêques français ont toujours reçu l'institution canonique en consistoire par grandes Bulles *sub plumbo*.

19. — On ne connaît que deux exceptions à cette règle : en 1871, à un moment où la France et les États pontificaux étaient envahis par les armées allemandes ou italiennes; mais le gouvernement français n'a admis ces exceptions que sous les plus expresses réserves, et seulement en raison des circonstances qui rendaient alors difficile la réunion de consistoires (Lettres des 15 et 26 juill., 6 sept., 2 et 13 oct. et 7 nov. 1871).

20. — L'évêque ainsi institué canoniquement ne peut exercer aucune fonction avant que la bulle portant son institution ait reçu l'attache du gouvernement (L. 18 germ. an X, art. 18). Il ne peut notamment prendre possession de son siège. Cette attache consiste dans l'enregistrement de la Bulle par le Conseil d'État sur les registres duquel elle est transcrite en latin et en français. Cet enregistrement est constaté par un décret du Président de la République, en Conseil d'État, qui autorise la réception et la publication de ladite Bulle, sous les réserves d'usage. Pour la forme de cet enregistrement et de ce décret, ainsi que pour les frais des bulles d'institution canonique à payer à la *Dataria romaine*, V. *suprà*, v° *Bulle-Bref*, n. 24 et s.

21. — Autrefois, les bulles d'institution des évêques étaient enregistrées par les parlements; on les rendait en original aux prélats après y avoir inscrit la mention de l'enregistrement. Une circulaire ministérielle du 9 therm. an XIII prescrivit que l'on délivrerait aux évêques une expédition de l'arrêté d'enregistrement, dans lequel on insérerait la teneur des bulles qui étaient déposées dans les archives du gouvernement.

22. — Actuellement, on est revenu aux anciens usages : la

Bulle, après avoir été enregistrée et transcrite au Conseil d'État, est rendue en original à l'évêque après que mention y a été faite de l'enregistrement.

23. — La rédaction des Bulles d'institution canonique a quelquefois soulevé des difficultés qui ont été relevées à l'occasion de leur enregistrement au Conseil d'État. En 1872, notamment, les Bulles d'institution canonique délivrées à l'évêque de Quimper contenaient ce passage : « *Cum ipse dilectus filius noster Adulphus* (Thiers) *le..... nobis per suas patentes litteras presentaverit,* » au lieu de « *to..... nominaverit.* » Une difficulté analogue se présenta lors de l'enregistrement de la Bulle délivrée à la même époque pour l'évêché de Saint-Denis (Ile de la Réunion) et qui contenait l'expression *nobis nominaverit*. Une correspondance fut échangée entre le ministre des Affaires étrangères et le cardinal Antonelli en vue de la suppression du mot *nobis*, à la suite de laquelle le décret du 27 sept. 1872 ne reçut la Bulle que sous toutes réserves. La formule *nobis nominaverit* ayant encore été employée de nouveau dans la bulle du 23 déc. 1872, portant institution canonique pour l'évêché d'Autun, le décret du 6 févr. 1873 qui la reçut mentionna les mêmes réserves en se référant au décret du 27 sept. 1872. Depuis cette époque, le gouvernement semble avoir renoncé à cette querelle de mots, et toutes les Bulles d'institution canonique contiennent la formule « *nobis nominaverit.* » On se borne à maintenir dans le décret d'enregistrement les réserves d'usage.

24. — Les concordats, en attribuant la nomination des évêques aux chefs du gouvernement et l'institution canonique au Pape, n'ont pas prévu le cas où les deux gouvernements ne pourraient se mettre d'accord sur le choix à faire.

25. — Pour sortir de cette difficulté, Napoléon réunit en 1811 un concile des évêques de France à Paris et le leur soumit. Le concile pensa que, dans le cas de refus de la cour de Rome d'instituer un Évêque, sans motif canonique, la nécessité devait faire passer outre, et que l'institution pouvait alors être donnée par le métropolitain ou par le plus ancien évêque suffragant (V. *suprà*, n. 13). Le concile exprimait néanmoins le désir que cette décision fût sanctionnée par le Pape. Le Pape l'approuva par un bref donné à Savone le 20 sept. 1811; Napoléon ne publia pas ce bref dont la forme ne le satisfaisait pas; mais il reproduisit la décision du concile dans le concordat de Fontainebleau.

26. — Aux termes de ce concordat, le Pape devait donner l'institution canonique dans les six mois qui suivraient la notification d'usage de la nomination par le chef de l'État. « Les six mois expirés, sans que le Pape ait accordé l'institution, le métropolitain, ou à son tour, ou s'il s'agit du métropolitain, l'évêque le plus ancien de la province, assisté des évêques de la province ecclésiastique, procède à l'institution de l'évêque nommé, de manière qu'un siège ne soit jamais vacant plus d'une année. »

27. — Le concordat de Fontainebleau, signé par le Pape et par l'Empereur, le 25 janv. 1813, a été publié comme loi de l'État par décret du 13 février suivant; l'exécution en a été de nouveau ordonnée et réglée par un décret du 25 mars de la même année. La chute du gouvernement impérial est survenue peu de temps après ces actes, et on sait que le Saint-Siège a protesté contre la signature qu'il avait apposée comme contraint et forcé au concordat de Fontainebleau. — Vuillefroy, *Adm. du culte catholique*, v° *Diocèse*. — V. *suprà*, v° *Concordat*, n. 67 et s.

28. — En fait, les prescriptions du concordat de Fontainebleau n'ont pas été appliquées et il n'a jamais été suppléé au refus d'institution canonique par le Pape. Si cette institution est refusée, c'est le conflit entre la cour de Rome et le gouvernement français.

29. — L'exemple le plus connu et le plus récent d'un conflit de cette nature s'est produit en 1867, à l'occasion de la nomination par décret du 16 mai 1867, du curé de Saint-André de Grenoble, à l'évêché d'Agen. Le Pape ayant refusé l'institution canonique et le gouvernement français ayant maintenu sa nomination, l'évêché d'Agen resta sans titulaire jusqu'à la chute de l'Empire.

30. — Depuis cette époque, et pour éviter les inconvénients résultant d'un refus d'institution canonique, le système de « l'entente préalable » a prévalu; c'est-à-dire, qu'avant de nommer un évêque, le gouvernement s'assure auprès du nonce que le Pape lui donnera l'institution canonique.

31. — Aux termes de l'art. 6 du concordat, les évêques, avant d'entrer en fonctions, doivent prêter directement, entre les mains du chef de l'État, le serment de fidélité. Jusqu'au 4 sept. 1870, les nouveaux évêques ont toujours prêté ce serment et la formule signée d'eux était conservée dans les archives de l'administration des cultes. Mais depuis le décret du 5 sept. 1870 qui a supprimé le serment politique, les évêques ne prêtent plus serment au gouvernement après leur nomination. Nous ne pensons pas cependant que le décret du 5 sept. 1870 ait pu abroger l'art. 6 du concordat et nous avons expliqué *suprà*, v° *Concordat*, n. 34, pour quelles raisons le gouvernement serait fondé à exiger de nouveau des évêques la prestation du serment prévu par cet article.

32. — II. *Installation*. — Lorsque l'évêque a reçu du gouvernement l'ampliation du décret enregistrant sa bulle d'institution canonique et l'original de ladite bulle revêtu de la mention d'enregistrement, il peut, sans plus de retard, prendre possession de son siège, soit par lui-même, soit par procureur.

33. — Le procès-verbal de cette prise de possession, dressé par le chapitre, est envoyé au ministre des Cultes, et ce n'est qu'à partir de sa date que l'évêque a droit au traitement de l'État.

34. — III. *Sacre*. — Enfin, l'évêque doit se mettre en mesure de recevoir la consécration religieuse du sacre pour acquérir la plénitude du caractère épiscopal. La consécration est donnée par un archevêque ou évêque choisi par le nouvel élu, généralement celui du diocèse auquel il appartient, assisté de deux autres évêques appelés *assistants*.

35. — Au cours de cette cérémonie, le nouvel élu prête le serment suivant au Saint-Siège : « Je N... élu pour l'Église de N... serai dès à présent et à jamais fidèle et obéissant à l'apôtre saint Pierre, à la Sainte Église romaine, à notre Saint-Père le Pape N... et à ses successeurs légitimes. Je ne contribuerai ni par mes conseils, ni par mon consentement, ni par mes actions, à leur ôter la vie, non plus qu'à aucun mauvais traitement qu'on voudrait exercer contre eux, sous quelque prétexte que ce pût être. Et à l'égard des secrets qu'ils m'auront confiés, soit par eux-mêmes, soit par leurs nonces, ou par écrit, je ne les révélerai à personne à leur préjudice. Je les aiderai contre tous, autant que mon rang le pourra permettre, à conserver et à défendre le Siège de Rome et les droits souverains de saint Pierre. Je traiterai avec honneur le Légat du Siège apostolique dans ses voyages, et le secourrai dans ses nécessités. J'aurai soin de conserver, de défendre et d'augmenter les droits, honneurs, privilèges et autorité de la Sainte Église romaine, de notre Saint-Père le Pape et de ses successeurs ; et je n'entrerai, ni par moi, ni par mes conseils, dans aucun traité dans lequel on entreprendrait contre le Saint-Père ou l'Église romaine quelque chose de désavantageux ou de préjudiciable à leurs personnes, droits, honneurs, États et autorité; et si je découvre de pareilles entreprises, je m'y opposerai de tout mon pouvoir, et j'en donnerai avis, le plus tôt que je pourrai, ou à notre Saint-Père même, ou à quelque autre qui puisse le lui faire savoir. J'observerai et ferai observer, autant qu'il me sera possible, les règles des Saints-Pères, les décrets, ordonnances, réserves, provisions et mandats apostoliques. Lorsque je serai appelé au Concile, je m'y rendrai, à moins qu'il n'y ait quelque cause légitime qui m'en empêche. J'irai visiter tous les quatre ans l'église des Saint-Apôtres, et je rendrai compte à notre Saint-Père le Pape, et à ses successeurs, de mon ministère, de l'état de mon église, du régime de mon diocèse, et de tout ce qui regarde le salut des âmes qui ont été confiées à ma conduite ; et ensuite je recevrai humblement les ordres du Saint-Père, et les exécuterai avec tout le soin possible. Que si je ne suis pas en état de faire ce voyage, j'y suppléerai en envoyant quelqu'un chargé de ma procuration, soit chanoine ou dignitaire de mon église, ou, à leur défaut, un prêtre de mon diocèse, ou enfin un autre prêtre séculier ou régulier d'une vertu et probité reconnues, qui sera instruit de toutes ces choses, et de causes légitimes qui m'auront empêché d'y aller moi-même. Je ferai connaître cet empêchement, et en apporterai les preuves légitimes, qui seront transmises par le prêtre susdit au cardinal de la Sainte Église romaine, chargé de proposer les affaires dans la Sacrée Congrégation du Concile. Je promets aussi, à l'égard des biens de mon evêché, de ne les vendre, donner, engager, inféoder de nouveau, ni aliéner en quelque manière que ce puisse être, même avec le consentement du chapitre de mon église, sans la participation de notre Saint-Père, et s'il m'arrive d'en user autrement, je me soumets aux peines portées par les constitutions. »

36. — IV. *Changement de siège*. — Quelquefois il arrive que par

ÉVÊQUE-ÉVÊCHÉ. — Chap. I.

des raisons particulières, telles que motifs de santé, par exemple, un titulaire est changé de siège ecclésiastique ; dans ce cas, toutes les formalités ci-dessus indiquées ainsi, bien entendu, celle qui a trait à la consécration épiscopale, doivent être remplies. Il faut, du reste, remarquer que ces translations de siège, contraires à l'esprit de l'Eglise, ne doivent avoir lieu qu'avec une grande réserve. — V. *infrà*, n. 96 et s.

§ 2. *Droits honorifiques.*

37. — L'évêque a, dans l'exercice public du culte, des habits et ornements particuliers qu'aucun autre ecclésiastique ne peut prendre. En dehors de l'exercice du culte, il porte la croix pastorale et les bas violets (L. organ. 18 germ. an X, art. 42 et 43).

38. — La même loi porte, art. 12 : « Il est libre aux archevêques et évêques d'ajouter à leur nom le titre de citoyen ou celui de monsieur. Toutes autres qualifications sont interdites. » Néanmoins, l'usage s'est établi de donner aux archevêques et évêques le titre de Monseigneur. Ce titre leur fut même donné à diverses reprises dans la correspondance officielle, notamment sous la Restauration, la fin du gouvernement de Juillet, le second Empire, et jusqu'en 1881. Mais depuis 1881, les archevêques et évêques sont appelés dans la correspondance officielle : Monsieur l'archevêque, Monsieur l'évêque (V. à ce sujet séance de la Chambre des députés du 25 janv. 1881, question posée au min. des Cultes, par M. Guillot : *Journ. off.* du 26 janvier).

39. — Le décret du 1er mars 1808 rangea les évêques parmi les dignitaires de l'empire à qui le titre de baron pouvait être conféré avec transmission à leurs neveux.

40. — Le décret du 24 mess. an XII, sur les préséances, assure aux évêques certains honneurs civils et militaires, comme aussi un rang déterminé dans les cérémonies publiques. En ce qui concerne les honneurs militaires, le décret du 23 oct. 1883, portant règlement sur le service dans les places de guerre et les villes de garnison, n'ayant pas reproduit les dispositions antérieures concernant les membres du clergé, aucun honneur militaire n'est plus rendu aux archevêques et évêques. Mais les honneurs civils (visites de corps, visites individuelles) prévus par le décret du 24 mess. an XII sont toujours dus aux archevêques et évêques lors de la prise de possession de leur siège épiscopal. — V. *infrà*, v° *Honneurs et préséances*, n. 176.

41. — Le décret de 24 messidor ne prévoit que le cas de la première entrée de l'évêque dans sa ville épiscopale ; il ne stipule aucun honneur spécial pour la première visite d'un évêque dans une autre ville de son diocèse. Cependant, à diverses reprises, on a admis que, dans ce dernier cas, l'évêque avait droit aux mêmes honneurs que lorsqu'il entre pour la première fois dans sa ville épiscopale. Mais la jurisprudence administrative est aujourd'hui en ce sens que les visites officielles après convocation par le préfet ne sont dues que lors de la prise de possession de l'évêque. Lorsque l'évêque entre pour la première fois dans une ville de son diocèse autre que sa ville épiscopale, le décret de messidor ne prévoyant aucun honneur, il y a lieu seulement à des visites de déférence et aucune convocation officielle n'est faite (Décis. min. Cultes, 1881 ; 4 mai 1888 ; 15 mai 1900).

42. — Il en est de même pour l'entrée d'un archevêque ou évêque dans sa ville épiscopale ou dans une autre ville de son diocèse après son élévation au cardinalat (Lettres min. Cultes, 26 avr. 1888 ; 2 mai 1896).

43. — Depuis le décret du 23 oct. 1883, les honneurs militaires ne sont plus rendus aux obsèques des archevêques et évêques, même cardinaux. En ce qui concerne les honneurs civils, si le chapitre invite le préfet, celui-ci prévient les autorités désignées au décret de messidor (Lettre min. Cultes au ministre de la Guerre, 13 juill. 1896 ; Lettre min. Cultes au préfet de la Savoie, 13 mai 1893).

44. — Dans les cérémonies publiques, les évêques prennent rang immédiatement avant les généraux de brigade (Décr. 24 mess. an XII, art. 1). — V. au surplus, *infrà*, v° *Honneurs et préséances*, n. 30.

45. — Le gouvernement de l'Empire appela plus d'une fois des hauts dignitaires de l'Eglise à faire partie du Sénat ; sous la Restauration, il y avait à la Chambre des pairs un banc des évêques ; l'art. 23 révisé de la charte de 1830 ne rangea pas l'épiscopat parmi les titres d'aptitude à la pairie. Sous le second Empire, l'art. 20 de la constitution du 14 janv. 1852 appelait les cardinaux français au Sénat comme membres de droit. Actuellement, les sénateurs et députés étant nommés à l'élection, la dignité d'archevêque ou évêque ne confère plus, à ce point de vue, aucun privilège, mais il n'y a pas incompatibilité entre la qualité d'archevêque ou d'évêque et celle de sénateur ou député. — V. *suprà*, v° *Cardinal*, n. 22 et s.

46. — Enfin la loi du 20 avr. 1810, art. 10, a, par exception, déféré aux cours d'appel le jugement des délits correctionnels commis par les évêques.

47. — Les évêques jouissent en outre des exemptions des charges personnelles qui sont, de droit commun, accordées à tout ecclésiastique. — V. *suprà*, v° *Cultes*, n. 324 et s.

§ 3. *Fonctions. Droits. Devoirs. Traitement.*
Cessation de fonctions.

48. — L'évêque est le chef du diocèse, et son autorité s'étend sur tous les établissements religieux que le diocèse peut renfermer, tout privilège portant exemption ou attribution de la juridiction épiscopale étant, ainsi que nous l'avons dit plus haut, aboli. — V. *suprà*, n. 2.

49. — Ainsi, la constitution actuelle de l'Eglise de France ne reconnaît plus d'abbés chefs d'ordre, ayant une juridiction indépendante de celle de l'évêque du lieu, ni d'églises collégiales affranchies de la juridiction de l'ordinaire. — V. *suprà*, v° *Communauté religieuse*, n. 209 et 210.

50. — L'autorité de l'évêque s'étend au territoire et non aux personnes ; il n'y a pas de diocèses personnels, pas plus que de cures personnelles. Néanmoins, l'Empire et la Restauration avaient consacré une dérogation à ce principe par l'établissement de la grande aumônerie. — V. *suprà*, v° *Aumônier*, n. 11.

51. — C'est à l'évêque qu'il appartient de régler la liturgie, et c'est par application de ce principe que l'art. 1, Décr. 7 germ. an XIII, veut que les livres d'église ne puissent être imprimés ou réimprimés qu'avec son autorisation. Cette permission doit être rapportée textuellement et imprimée en tête de chaque exemplaire (Même article). Elle doit être renouvelée à chaque édition (Déc. min. 4 sept. 1810). — V. sur ce point, *infrà*, v° *Livres d'église*.

52. — C'est parce que les évêques sont chargés de la direction de l'enseignement religieux des diocèses que les curés et desservants sont tenus de soumettre à leur approbation le choix qu'ils ont fait relativement aux ecclésiastiques chargés de donner une suite d'instructions religieuses connues sous le nom de *stations*.

53. — Chef unique du diocèse, seul, l'évêque a droit d'y officier avec les insignes de l'épiscopat ; un autre évêque n'y peut revêtir les mêmes insignes qu'avec son autorisation.

54. — A plus forte raison, il peut seul y exercer les fonctions épiscopales, et si parfois un autre évêque y remplit quelques-unes de ces fonctions, ce ne peut être que par délégation de l'évêque titulaire, et toujours révocable.

55. — Néanmoins, il ne pourrait sans l'autorisation du gouvernement accorder le droit de faire acte de juridiction épiscopale dans son diocèse à un légat, nonce, légat, vicaire ou commissaire apostolique étranger au territoire : c'est, en effet, un principe de notre droit public que nul ne peut faire sur le sol français acte d'autorité religieuse sans l'autorisation du gouvernement (L. organ., 13 germ. an X, art. 2). — V. *suprà*, n. 5.

56. — De là, il suit qu'un évêque ne peut sans la même autorisation conférer une fonction à un prêtre non français (L. organ., art. 32).

57. — Mais, à part cette restriction, l'évêque doit être entièrement libre dans le choix des ecclésiastiques à qui doivent être confiées les fonctions ecclésiastiques du diocèse, sous cette réserve qu'à l'égard de certaines fonctions, il faut que son choix soit confirmé par le gouvernement.

58. — Ainsi, c'est lui qui nomme les vicaires et desservants, sans que cette nomination ait besoin de l'approbation du gouvernement, et il les interdit et révoque à volonté, sans qu'il puisse résulter de cet interdit ou révocation un cas d'abus.

59. — Au contraire, si les évêques nomment et instituent les curés, néanmoins ils ne doivent manifester leur nomination et donner l'institution canonique qu'après que cette nomination a été agréée par le gouvernement (L. organ., art. 19). — V. *suprà*, v° *Curé-Cure*, n. 431 et s.

60. — Cette approbation est encore nécessaire, lorsqu'il s'agit des auxiliaires qu'ils veulent se donner pour la direction générale du diocèse, c'est-à-dire les vicaires généraux. — V. *infrà*, n. 137.

61. — Les évêques peuvent, avec l'autorisation du gouvernement, établir dans leurs diocèses des chapitres cathédraux et des séminaires (L. organ., art. 11). — V. *suprà*, v° *Chanoine*, n. 9, et *infrà*, v° *Séminaire*.

62. — Les évêques sont chargés de l'organisation de leurs séminaires, sauf à soumettre à l'approbation du gouvernement les règlements de cette organisation (Même loi, art. 23).

63. — Ils ont le choix des aumôniers chargés du service religieux dans les établissements d'instruction publique et les prisons.

64. — L'évêque exerce à l'égard des ecclésiastiques de son diocèse un droit de juridiction établi par les canons et reconnu par les lois de l'État, pourvu, bien entendu, que les peines prononcées soient entièrement spirituelles et canoniques.

65. — L'autorité de l'évêque sur les ecclésiastiques de son diocèse a été garantie par la disposition de l'art. 34 de la loi organique qui veut qu'aucun prêtre ne puisse quitter son diocèse pour aller desservir dans un autre sans la permission de son évêque. Tout prêtre qui veut changer de diocèse doit donc obtenir de son évêque un *exeat*, c'est-à-dire une autorisation formelle qui lui permette d'aller remplir les fonctions du ministère sacré dans un autre diocèse. Il ne faut pas confondre, du reste, l'exeat avec le démissoire qui est l'autorisation de recevoir les ordres sacrés d'un autre évêque que le sien propre.

66. — D'ailleurs « toute fonction est interdite à tout ecclésiastique, même Français, qui n'appartient à aucun diocèse » (L. organ., art. 33). On regarde comme prêtres n'appartenant à aucun diocèse ceux qui sont sortis de leur diocèse naturel sans la permission de l'évêque diocésain, et qui changent arbitrairement de domicile sans être avoués par un évêque. — Portalis, *Rapport sur les articles organiques*.

67. — Quelle que soit l'autorité de l'évêque sur les ecclésiastiques de son diocèse, cependant ceux-ci ne restent pas entièrement livrés à son bon plaisir. Ils ont, contre les décisions rendues par lui, deux voies de recours, suivant la matière qui fait l'objet de la condamnation : l'une purement canonique devant le métropolitain ; l'autre devant l'autorité séculière, le Conseil d'État. — V. *suprà*, v° *Abus ecclésiastique*.

68. — Les décisions des évêques en matière disciplinaire ne peuvent être critiquées devant les tribunaux : la partie lésée n'a de recours, en cas d'abus, que devant le Conseil d'État. Ces décisions conservent donc force et effet tant qu'elles n'ont pas été réformées par l'autorité compétente, et l'appel comme d'abus n'en suspend pas l'exécution. — Cass., 24 juin 1852, Lacan, [S. 52.1.673, P. 52.2.220]; — 10 mai 1873, Junqua, [S. 73.1.230, P. 73.544, et le rapport de M. le conseiller Barbier]

69. — L'interdiction de porter le costume ecclésiastique rentre dans les attributions disciplinaires des évêques, dont la juridiction, à cet égard, s'étend sur tous les membres du clergé catholique qui habitent le diocèse, quels que soient d'ailleurs leur domicile ou leur nationalité. — Bordeaux, 6 avr. 1870, Gall, [S. 71.2.159, P. 71.536, D. 71.2.196]

70. — Les pouvoirs des évêques sont strictement renfermés dans les limites de leurs diocèses respectifs, et ne peuvent être exercés publiquement qu'envers leurs diocésains. — Cons. d'Ét., 16 août 1863, Archevêque de Cambrai, [S. 63.2.181]

71. — Les archevêques et évêques ne peuvent délibérer ensemble et prendre des résolutions communes, sans la permission expresse du gouvernement. — Même décret.

72. — Les lettres pastorales que les évêques peuvent adresser aux fidèles de leur diocèse ne doivent avoir pour objet que de les instruire de leurs devoirs religieux. — Cons. d'Ét., 29 mars 1861, Évêque de Poitiers, [S. 61.2.309]; — 16 août 1863, précité. — V. *suprà*, v° *Abus ecclésiastique*, n. 189 et s.

73. — Par application de ces principes, il a été décidé qu'il y a abus dans la lettre pastorale collective adressée par un archevêque et ses évêques suffragants au clergé et aux fidèles de leurs diocèses, laquelle a été lue en chaire et avait pour objet non d'instruire les fidèles de leurs devoirs religieux, mais de les inciter à « parler, écrire, agir » contre les lois de l'État et spécialement à former des comités électoraux en vue d'acquérir, au moyen des élections, « la possession du pouvoir. » « Aux termes de l'art. 9, L. 18 germ. an X, est-il dit dans le décret du Conseil

d'État, chaque évêque ne peut exercer son autorité que dans les limites de sa circonscription diocésaine, et d'après l'art. 4 de la même loi, les archevêques et leurs suffragants ne peuvent délibérer ensemble et prendre des résolutions communes sans la permission expresse du gouvernement. En adressant au clergé et aux fidèles une lettre pastorale qui est une œuvre collective et qui a été écrite dans le but de censurer publiquement une législation à laquelle ils doivent obéissance et respect, les auteurs de cette lettre ont commis une double contravention aux lois de la République et un excès de pouvoir. » — Cons. d'Ét., 5 mai 1892, Archevêque d'Avignon et Évêques de Montpellier, Valence, Viviers et Nîmes, [Leb. chr, p. 1013]

74. — Dans l'intérêt de la surveillance que l'autorité supérieure exerce sur les actes publics des évêques, une circulaire du 4 mars 1812 leur a prescrit de transmettre au ministère des cultes deux exemplaires des mandements et lettres pastorales qu'ils publient. Des circulaires ministérielles des 28 avr. 1879, 31 mars 1892 et 26 avr. 1894, ont invité les préfets à faire directement cet envoi.

75. — Les évêques ne sont, du reste, soumis à aucune autorisation préalable en ce qui concerne ces actes, pour l'intitulé desquels une circulaire du 24 mess. an XII les a engagés à adopter une formule uniforme, leur indiquant celle que le temps avait consacrée : « Par la miséricorde divine et la grâce du Saint-Siège apostolique. »

76. — Mais, sauf pour ce qui concerne les brefs de pénitencerie, aucune expédition de la cour de Rome, même ne concernant que les particuliers, ne peut être reçue et publiée par les évêques sans l'autorisation du gouvernement. — V. *suprà*, v° *Bulle-Bref*, n. 23 et s.

77. — Les fonctions des évêques s'étendent, avec une action plus ou moins large, sur l'administration des biens affectés au culte et les dotations dont il peut être l'objet.

78. — Pour faciliter l'administration des évêques et leur éviter les frais d'une correspondance multipliée, il leur est, dans certaines limites, accordé un droit de franchise et de contreseing. — V. *infrà*, v° *Ministère public*, n. 569 et s., et v° *Postes, télégraphes et téléphones*.

79. — Conformément aux règles du droit canonique, et pour mieux assurer la surveillance et l'action de l'évêque, qui s'exerce sur son diocèse dans des circonstances si multiples et d'une manière si continue, les lois organiques leur ont imposé deux devoirs principaux : 1° la résidence ; 2° la visite pastorale.

80. — Quant à la première de ces obligations, l'art. 20 de la loi de l'an X porte que les évêques sont tenus de résider dans leurs diocèses, et qu'ils ne peuvent en sortir qu'avec la permission du gouvernement. Le devoir de résider a été imposé aux évêques par les canons, et, il leur a été rappelé par les lois de l'État (Ord. d'Orléans, art. 5 ; Ord. de Blois, art. 14). Cette disposition a été renouvelée d'âge en âge par les arrêts de règlement des cours souveraines. — Portalis, *Rapport sur les articles organiques*.

81. — Il n'y a eu sous le gouvernement impérial aucune dérogation à la disposition relative à la résidence ; on s'y est encore conformé en 1814 ; mais il résulte d'un rapport au roi, du 16 mai 1831, qu'à dater de 1815, et sauf quelques rares exceptions, elle est tombée en désuétude. Depuis 1831 les dispositions de l'art. 20, L. 18 germ. an X, ont été remises en vigueur. — Vuillefroy, v° *Diocèse*, p. 258.

82. — En tout cas, aujourd'hui, l'évêque-cardinal ne pourrait plus, comme autrefois, se prévaloir de la dignité du cardinalat pour s'exempter du devoir de la résidence dans son diocèse, et séjourner, d'une façon permanente, à Rome ou au siège romain de sa dignité cardinalice.

83. — L'obligation pour les évêques d'obtenir l'autorisation du gouvernement pour pouvoir s'absenter de leur évêché, a été rappelée par diverses circulaires (28 janv. 1830 ; 9 juin 1841 ; 11 avr. 1879 ; 5 déc. 1881 ; 4 oct. 1891).

84. — Mais, en fait, cette autorisation n'est demandée que pour le cas où l'évêque quitte, non seulement son diocèse, mais encore la France, par exemple pour se rendre à Rome (V. *suprà*, n. 33). Elle est donnée par décision du Président de la République sur le rapport du ministre des Cultes.

85. — Comme sanction de cette obligation, le gouvernement a usé, à diverses reprises, de la retenue de traitement. C'est ainsi notamment qu'en 1891 une retenue de dix-sept jours de traitement a été infligée à l'évêque de Carcassonne qui avait

ÉVÊQUE-ÉVÊCHÉ. — Chap. I.

quitté son diocèse sans autorisation pendant ce laps de temps pour aller à Rome. En 1892, retenue de vingt-huit jours à l'évêque de Viviers pour le même motif. — Sur la question de savoir si cette mesure est ou non légale, V. supra, v° *Cultes*, n. 442 et s.

86. — Quant à la visite pastorale, elle a été, dans tous les temps, prescrite par les lois de l'État (Ord. d'Orléans, art. 6; Ord. de Blois, art. 32; Édit de 1695, art. 14). L'art. 22 de la loi de l'an X en renouvelle l'obligation en disposant que les évêques doivent visiter annuellement et en personne une partie de leur diocèse, et dans l'espace de cinq ans le diocèse entier; et qu'en cas d'empêchement légitime, la visite doit être faite par un vicaire général. Le terme de cinq ans, dit le rapport de Portalis sur les articles organiques, plus long que celui indiqué dans les précédentes ordonnances, est relatif à la plus grande étendue de nos diocèses actuels. Si un évêque peut, par lui-même ou par ses délégués, faire la visite en moins d'années, il est libre de s'abandonner au mouvement de son zèle; mais aux yeux de la loi civile, il ne sera exposé à aucun reproche s'il ne le fait pas.

87. — Les évêques dans le cours de leurs visites sont obligés d'examiner si les églises sont garnies de tous les effets mobiliers nécessaires au service divin, et si les effets qui existent répondent à la décence qu'il faut garder dans les choses saintes; aucune église paroissiale ou non paroissiale ne peut être soustraite à l'inspection des évêques; ils ont même le droit de visiter les chapelles particulières, les chapelles domestiques, et de les interdire si elles ne sont pas convenablement tenues (Lettre du directeur des cultes à l'empereur, 2 déc. 1806).

88. — L'attention des évêques, au cours de leur visite pastorale, ne doit pas se borner à l'examen des choses employées dans le service divin; elle doit encore porter sur les personnes. Les curés et les autres ecclésiastiques ont-ils les mœurs et les qualités de leur état? remplissent-ils exactement leurs fonctions? Tout cela ne saurait être indifférent à la sollicitude pastorale et conséquemment ne saurait être étranger à l'inspection des évêques. Ainsi spécialement, aux termes de la lettre ministérielle, il n'y a « aucune raison qui puisse fermer aux évêques l'entrée des chapelles établies dans les établissements consacrés à l'instruction publique... Un évêque a le droit de s'enquérir si l'aumônier d'un lycée ou de toute autre école s'acquitte fidèlement de l'emploi religieux qui lui est confié » (*Ibid.*).

89. — Pour subvenir aux frais que leur occasionne leur visite diocésaine annuelle, il était alloué aux évêques une indemnité variant suivant l'étendue du diocèse, ou pour mieux dire suivant le nombre des départements qu'il comprend. Cette indemnité, réduite par une circulaire du 27 mai 1831 à 750 fr. pour les diocèses composés d'un seul département, à 1,000 fr. pour ceux qui en renferment deux, avait été par une autre circulaire du 19 avr. 1832 reportée à 1,000 fr. et 1,500 fr., comme elle l'était précédemment. Elle a été supprimée complètement par la loi de finances du 29 déc. 1883 comme n'étant pas prévue par les articles organiques du concordat.

90. — Le traitement des évêques, fixé d'abord à 10,000 fr. par l'art. 65 de la loi organique, porté par l'ordonnance du 9 avr. 1817 à 15,000 fr., a été depuis, en 1832, ramené au chiffre de 10,000 fr. Un décret du 15 janv. 1853 porta ce traitement à 12,000 fr. et enfin un décret du 23 déc. 1857 le fixa à 15,000 fr. Mais la loi du 26 déc. 1879 ramena ce traitement à 10,000 fr., sauf pour les évêques d'Oran et de Constantine, dont le traitement était de 12,000 fr. La loi de finances du 21 mars 1885 fit disparaître cette exception, et aujourd'hui le traitement des évêques est uniformément de 10,000 fr., chiffre fixé par la loi du 18 germ. an X.

91. — Les évêques revêtus de la dignité de cardinal recevaient autrefois un supplément de traitement de 10,000 fr. Ce supplément a été supprimé par la loi de finances du 28 déc. 1880.

92. — Aux termes de l'ordonnance du 4 sept. 1820, le traitement des évêques ne court que du jour de la prise de possession. — V. *supra*, n. 33.

93. — Outre le traitement, et à l'époque de leur nomination, les nouveaux évêques recevaient : 1° 300 fr. pour frais d'information canonique (Ord. 3 août 1825); 2° 3,333 fr. 35 pour frais d'obtention des bulles d'institution canonique (Décr. 25 vent. an XIII; Ord. 12 sept. 1819); 3° enfin, une somme pour frais d'établissement ou d'installation (Ord. 4 sept. 1820).

94. — Le chiffre de cette indemnité de premier établissement, qui fut de 10,000 fr. sous l'Empire et la Restauration, a été réduite à 8,000 fr. en 1831. Un décret du 12 oct. 1857 fixa cette indemnité à 10,000 fr. pour les évêques nouvellement promus et à 4,000 fr. pour les évêques transférés à un autre siège. L'évêque ne devait aucun compte de cette somme, qui avait pour objet les frais de déplacement, d'achat de voitures, de vêtements et de ce qu'on appelle la chapelle de l'évêque. Jamais on a songé à appliquer cette gratification au mobilier de l'évêché (Déc. min. 19 janv. 1813).

95. — La loi de finances du 29 déc. 1883 a supprimé cette indemnité, de même que les frais d'institution canonique et les frais de bulles, qui demeurent à la charge personnelle de l'évêque.

96. — En principe général, la mort seule met fin aux pouvoirs de l'évêque, que les règles de l'Église regardent dans leur rigueur comme uni à son diocèse par un lien indissoluble. Toutefois, et par dérogation à ce principe, on admet et on autorise depuis longtemps les translations de siège, soit qu'il s'agisse d'une promotion à l'archiépiscopat, soit même d'un simple changement de siège; translations qui ne peuvent du reste avoir lieu que du consentement du titulaire et avec l'assentiment du Saint-Siège. En acceptant sa translation à un autre évêché ou sa promotion à un titre archiépiscopal, par cela même l'évêque renonce au titre dont il était auparavant revêtu.

97. — Si la translation de son siège est contraire aux principes du droit canonique, il n'en est pas de même de la démission; tout titulaire d'un diocèse peut résigner ses fonctions, et du moment où cette démission librement donnée est régulièrement acceptée par l'autorité compétente, le siège devient vacant.

98. — Mais quelle est l'autorité à laquelle cette démission doit être adressée? Une lettre du ministre des affaires ecclésiastiques de l'année 1828 résout la question en ces termes : « En France, deux pouvoirs concourent à placer un évêque à la tête d'un diocèse, le roi qui le nomme, le pape qui l'institue; deux pouvoirs doivent donc concourir pour rompre le lien qui l'attache à son siège, le roi qui agrée la démission, le pape qui l'accepte : aussi est-ce parmi nous une règle constante, et sans exception, que les titulaires des bénéfices à la nomination du roi ne peuvent se démettre qu'entre les mains du roi lui-même, ou du moins de son consentement. Un arrêt du Conseil du 13 mai 1676 l'a déclaré en termes exprès, et c'est le consentement unanime de tous les canonistes. L'agrément du roi doit nécessairement précéder l'acceptation du Pape, de même que la nomination a précédé l'institution. Il n'y a pas de raisons canoniques qui puissent empêcher l'acceptation, à Rome, d'une démission agréée par le roi, comme il n'y a que des motifs canoniques qui puissent invalider une nomination royale et empêcher l'institution du sujet désigné. C'est le ministre des Cultes qui reçoit l'acte, en constate l'authenticité, qui le transmet à Rome par la voie du ministre des Affaires étrangères et de l'ambassadeur de France, lequel seul en sollicite l'acceptation au nom de sa cour... Que, dans cette occasion importante, l'évêque écrive au Pape pour le supplier d'accepter la démission au roi, — rien de plus juste; mais que cette formalité soit tellement nécessaire qu'à son défaut l'acte de démission soit frappé d'une nullité radicale, c'est ce qu'il est impossible d'admettre, ce qui n'est fondé sur aucune disposition canonique, ce qui porterait même atteinte à la dignité royale. »

99. — La même lettre conclut donc qu'un évêque qui s'est démis entre les mains du roi ne peut plus retirer sa démission, sous prétexte qu'elle n'aurait pas encore été acceptée par le Pape... Et qu'une démission qui serait envoyée directement au Souverain Pontife par un évêque ne pourrait être valable, si Sa Sainteté n'avait été officiellement informée que cette démission a été préalablement acceptée et consentie par le monarque.

100. — Conformément à ces principes de la législation civile, un avis du Conseil d'État du 15 mars 1900 rappelle que la « législation exige que la démission du titulaire soit remise entre les mains du chef de l'État, agréée par lui et transmise au Pape par la voie ordinaire de l'ambassade de France, lequel seul en sollicite l'acceptation au nom du Gouvernement. »

101. — Mais la démission doit être toujours volontaire : quel que soit l'âge d'un évêque, de quelque infirmité qu'il soit atteint, il n'appartient à aucune autorité séculière de lui donner un successeur.

102. — Une grave question est celle de savoir si l'évêque peut se trouver dépouillé de son titre par la suppression de son titre épiscopal opérée sans son consentement. Ce cas ne s'est guère présenté en France qu'au commencement de ce siècle, et l'on sait que plusieurs des évêques ainsi dépossédés protestèrent contre la résolution du Saint-Siège ainsi prise sans leur consentement, à l'effet d'établir une nouvelle circonscription du royaume. Quelque parti que l'on prenne sur cette difficulté, il faut remarquer qu'en fait, et lorsqu'il s'agira de supprimer ou de modifier la circonscription d'un diocèse, le gouvernement et le Saint-Siège, en cas de refus du titulaire, suspendront jusqu'à la mort de ce dernier, la réalisation de leur projet.

103. — Mais il est certainement un cas où l'évêque peut être, sans son consentement, dépouillé de son titre épiscopal, c'est celui où sa conduite et ses actes le rendent indigne de conserver plus longtemps la direction du diocèse et justifient sa déposition.

104. — La déposition ne peut avoir lieu que dans les cas prévus par les lois canoniques, et après les formalités nécessaires pour établir les faits qui sont de droit; elle ne peut, du reste, être opérée que par le concours des deux autorités : du gouvernement qui demande ou consent à la déposition demandée, du Pape qui la prononce et du gouvernement encore qui en prescrit l'exécution. Observons toutefois que, pour prévenir le scandale résultant de la déposition, et lorsqu'elle est imminente, il est préférable d'inviter le titulaire à résigner son titre.

Section II.
Archevêques.

105. — Parmi les évêques, il en est qui sont revêtus d'un titre supérieur, et dont le siège prend le titre de métropole ; ce sont les archevêques, autrement dits prélats métropolitains.

106. — Nous avons peu de chose à dire sur la dignité et les fonctions de l'archevêque, soumis aux mêmes conditions de nomination que l'évêque, dont il ne diffère ni par l'ordre, ni par le caractère ; et à ce sujet, il importe d'observer que si en fait les archevêques sont choisis parmi les évêques déjà en exercice, cet usage ne constitue pas une règle, et qu'en conséquence tout ecclésiastique, même non évêque, peut être immédiatement promu à l'archiépiscopal, pourvu, bien entendu, qu'il réunisse les qualités nécessaires pour l'épiscopat. Mais les nominations faites dans ces conditions sont très-rares.

107. — L'évêque promu à l'archiépiscopat, de même que celui qui est changé de diocèse, n'a donc pas besoin de consécration nouvelle. La seule formalité canonique qui lui soit imposée dans ce cas, outre la translation canonique, est la réception du *pallium*, insigne particulier conféré directement par le Souverain Pontife.

108. — L'archevêque est avant tout le chef d'un diocèse particulier, et sous ce rapport il ne diffère en rien des autres évêques pour ce qui a trait à l'administration de ce diocèse, si ce n'est par certains droits honorifiques, tels que celui du port de la croix devant lui, etc.

109. — Aux termes du décret du 1er mars 1808, les archevêques pouvaient être revêtus du titre de comte de l'empire avec transmission à leurs neveux. Mais cette disposition n'a plus d'application aujourd'hui.

110. — Dans les cérémonies publiques ils prennent rang immédiatement après les premiers présidents de cour d'appel (Décr. 24 mess. an XII, tit. 1, art. 1). Le même décret leur accorde encore certains honneurs comme certains droits qui diffèrent en quelques points de ceux accordés aux évêques.

111. — L'archevêque est investi, soit par les canons de l'Eglise, soit par les lois de l'Etat, de certains droits sur les évêques titulaires, qui prennent à son égard le nom de suffragants, et les diocèses de ces mêmes évêques, dont la réunion forme la province ecclésiastique du prélat métropolitain. L'évêque suffragant, alors même qu'il serait cardinal, ne peut s'affranchir de reconnaître l'autorité de son métropolitain, même non revêtu de cette dignité. Autrefois, il est vrai, en France, il existait certains évêques (tel, par exemple, celui du Puy) qui prétendaient, en vertu de privilèges particuliers, relever directement du Saint-Siège ; mais lors de la nouvelle organisation religieuse de la France, aucune exception n'a été rappelée ou créée.

112. — Autrefois aussi certains évêques relevaient de métropolitains étrangers au royaume, comme il pouvait arriver encore que des métropolitains français eussent juridiction sur des sièges étrangers. Aujourd'hui il n'en est plus ainsi ; tout évêque d'un diocèse de France ne peut relever que d'un métropolitain français, comme aussi aucun archevêque de France n'exerce juridiction sur des sièges étrangers.

113. — Les archevêques consacrent et installent leurs suffragants. En cas d'empêchement ou de refus de leur part, ils sont suppléés par le plus ancien évêque de l'arrondissement métropolitain (L. organ., art. 13). Ils peuvent déléguer cette fonction à tout autre évêque, même étranger à la province ecclésiastique ; et en fait, lorsqu'ils ne président pas eux-mêmes à la cérémonie, ils se font le plus souvent suppléer par un prélat désigné par l'évêque nommé. — V. *suprà*, n. 34.

114. — Les archevêques veillent au maintien de la foi et de la discipline dans les diocèses dépendant de leur métropole (L. organ., art. 14). Tel a toujours été l'esprit de l'Eglise ; c'est ainsi qu'entre autres prescriptions, le concile de Trente enjoignait aux métropolitains de veiller à ce que les évêques suffragants fussent exacts à résider dans leurs diocèses, et à les administrer avec soin. Cependant il importe de faire observer que les canons de l'Eglise enjoignent aux suffragants de reconnaître l'autorité de leur métropolitain, et de n'entreprendre aucune affaire importante sans avoir pris son avis, d'un autre côté ils prescrivent à ce dernier de ne rien faire de considérable dans la province, sans en avoir conféré avec ses suffragants.

115. — Les archevêques connaissent des réclamations et des plaintes portées contre la conduite et la décision des évêques suffragants (L. organ., art. 13) ; ceci, sans préjudice des appels comme d'abus, lesquels appartiennent à un ordre d'idées entièrement distinct, et se portent directement au Conseil d'Etat. — V. *suprà*, n. 67.

116. — Du reste, l'archevêque n'a aucune autorité quant à ce qui concerne l'administration temporelle des évêchés suffragants ; il n'a juridiction qu'en matière spirituelle et en cas de recours (Décis. min., n. 1813). L'archevêque ne peut exercer aucune juridiction ni office sur le diocèse de son suffragant, sinon du consentement de celui-ci.

117. — De même, aux termes du concile de Trente, « les métropolitains, après avoir achevé tout à fait la visite de leur propre diocèse, ne visiteront point les églises cathédrales ni les diocèses des évêques de leur province, si ce n'est pour cause dont le concile provincial ait pris connaissance et qu'il ait approuvée. »

118. — L'histoire de l'Eglise de France nous offre plus d'un exemple de ces conciles provinciaux, qui, au surplus, ne pouvaient avoir lieu qu'avec l'autorisation du souverain, prescription implicitement reproduite par l'art. 4, L. organ., portant qu'aucune assemblée d'évêques ne peut avoir lieu sans la permission expresse du gouvernement (V. *suprà*, v° *Conciles*, n. 17 et s.).
— Quant aux droits des archevêques pendant la vacance des sièges épiscopaux relevant de leur métropole, V. *infrà*, n. 151 et s.

119. — Nous verrons encore (*infrà*, n. 137) que la différence dans la dignité a fait établir une distinction entre les sièges archiépiscopaux et les sièges épiscopaux, quant au nombre des vicaires généraux qui peuvent prendre part à l'administration du diocèse.

120. — De même, il existe entre les archevêques et les évêques une distinction quant au traitement. Aux termes de l'art. 64, L. 18 germ. an X, le traitement des archevêques est de 15,000 fr. L'ordonnance du 9 avr. 1817 l'avait porté à 25,000 fr. En 1831, il fut ramené à 15,000 fr., sauf pour l'archevêque de Paris. Le décret du 15 janv. 1853 porta le traitement des archevêques à 20,000 fr. et à 50,000 fr. pour l'archevêque de Paris. La loi de finances du 21 déc. 1879 ramena ce traitement à 15,000 fr., sauf pour l'archevêque de Paris (45,000 fr.) et l'archevêque d'Alger (20,000 fr.). Mais depuis la loi de finances du 21 mars 1885, le traitement de tous les archevêques a été rigoureusement fixé au chiffre, prévu par les articles organiques, soit 15,000 fr.

121. — Le supplément de 10,000 fr. alloué aux archevêques revêtus de la dignité de cardinal a été également supprimé comme pour les évêques par la loi de finances du 28 déc. 1880.

122. — D'autres différences existaient encore en ce qui concerne les indemnités allouées extraordinairement et en sus du traitement fixe. Ainsi, ils recevaient 400 fr. pour subvenir aux frais de l'information canonique (Ord. 3 août 1825); 5,000 fr. pour le paiement des bulles d'institution (Décr. 23 vent. an XIII; Ord. 12 sept. 1819); 10,000 fr., puis 15,000 fr. pour leurs frais d'installation. Comme pour les évêques, toutes ces allocations ont été supprimées par la loi de finances du 29 déc. 1883.

123. — Mentionnons en terminant qu'outre les archevêques, et en rang supérieur, les constitutions de l'Église admettent encore l'institution de patriarches, exarques, primats, prélats supérieurs aux métropolitains, et qui ont juridiction sur plusieurs archevêchés ou évêchés. Les dignités du patriarchat et de l'exarchat n'ont jamais été conférées en France ; au contraire, quelques églises archiépiscopales, notamment celle de Lyon, étaient en possession du titre d'églises primatiales. L'archevêque de ce siège a continué à ajouter dans ses actes officiels à son titre archiépiscopal celui de primat des Gaules, mais ce titre purement honorifique ne lui confère aucun droit en dehors de la province ecclésiastique de sa métropole.

Section III

Archevêques et évêques in partibus ou titulaires. Coadjuteurs.

124. — En outre des évêques appelés à gouverner une circonscription ecclésiastique, l'Église a consacré l'existence d'archevêques et évêques titulaires et qui cependant ne sont chargés d'aucun diocèse actuel.

125. — Pendant longtemps ces prélats ont porté le nom d'archevêques ou d'évêques *in partibus infidelium*. Sous cette dénomination l'on désignait les sièges épiscopaux d'antique origine qui, en suite de l'occupation du pays par une puissance non chrétienne, ne sont plus confiés à un titulaire effectif. Cette formule exprimait à la fois la condition politique des sièges n'ayant plus qu'une existence fictive dans un pays occupé par des infidèles, et le fait de l'absence de toute juridiction chez celui qui en portait le titre. En 1882, un décret de la sacrée congrégation de la propagande, approuvé par le Souverain Pontife, décida que dorénavant, pour définir la même situation, on emploierait la qualification d'évêché ou d'évêque titulaire. Les sièges sont ainsi classés en deux catégories : les sièges à résidence (*sedi residenziali*) et ceux qui ne conférent que le titre (*sedi titolari*).

126. — La principale raison de ce changement est que, par suite des modifications survenues dans la distribution des territoires, un certain nombre de sièges qualifiés d'évêchés *in partibus infidelium*, ne se trouvent plus en pays soumis à la domination des infidèles, notamment en Grèce, dans l'île de Chypre, dans la Bulgarie, la Bosnie et en Afrique. Ces nouvelles dénominations ont été consacrées par l'annuaire pontifical (*La gerarchia Catholica*).

127. — En France, la royauté ne se montra jamais très-disposée à augmenter le nombre des prélats *in partibus* ; et le clergé, qui considérait la multiplication des titres d'évêque comme tendant à avilir l'épiscopat, avait même soumis à cet égard des remontrances à Rome, en 1655. A part les coadjuteurs, au moment de la Révolution de 1789, on n'en comptait que cinq.

128. — L'institution des évêques *in partibus* ne fut point consacrée par le concordat et les lois organiques ; il résulte même d'un rapport présenté à l'empereur le 24 févr. 1804 par le ministre des Cultes que l'intention de ne jamais reconnaître d'évêques *in partibus* nommés par le Pape. Un motif particulier et tiré des circonstances où l'on se trouvait alors, à savoir l'existence des anciens évêques dépossédés, pouvait exercer une grande influence sur la détermination du gouvernement. Néanmoins l'institution des évêques *in partibus* fut consacrée par le gouvernement impérial lui-même, et le décret du 7 janv. 1808 eut pour but d'en prévenir l'abus, en imposant les conditions suivantes à la collation directe par le Saint-Siège de cette dignité à des Français.

129. — L'art. 1 de ce décret dispose que : « En exécution de l'art. 17, C. civ., nul ecclésiastique français ne pourra poursuivre ni accepter la collation d'un évêché *in partibus* faite par le pape, s'il n'a été préalablement autorisé par nous, sur le rapport de notre ministre des Cultes. » Et l'art. 2 : « que nul ecclésiastique français, nommé à un évêché *in partibus*, conformément aux dispositions de l'article précédent, ne pourra recevoir la consécration avant que ses bulles n'aient été examinées au Conseil d'État, et que le gouvernement n'en ait permis la publication. »

130. — En effet, « quoique ce titre ne suppose pas nécessairement un territoire à administrer, une juridiction à exercer, il donne au titulaire le droit d'être consacré, et la consécration lui donne la puissance d'ordre, d'où résulte un ministère assez respectable et assez étendu pour être rangé dans la classe des fonctions publiques » (Déc. min., 1828).

131. — Décidé que le bref portant institution d'un évêque *in partibus* ne peut être reçu et publié en France que lorsque l'ecclésiastique qui en fait l'objet a obtenu du gouvernement français l'autorisation requise par l'art. 1, Décr. 7 janv. 1808 ; qu'en conséquence, il y a lieu de surseoir à statuer sur le projet de décret tendant à la réception d'un bref de cette nature jusqu'à ce qu'il ait été justifié du décret qui accorde cette autorisation. — Cons. d'Ét., 20 déc. 1887, Mgr Jourdan de la Passardière ; — 31 oct. 1889, Mgr Poiron.

132. — ... Et que cette autorisation doit être antérieure à la Bulle conférant à l'ecclésiastique le titre d'évêque *in partibus*. — Cons. d'Ét., 6 oct. 1898, Gilbert ; — 15 févr. 1900, Larue.

133. — ... Que l'autorisation d'accepter le titre d'évêque *in partibus* est par sa nature un acte essentiellement politique que le gouvernement doit accomplir dans la plénitude de ses attributions ; que les considérations tirées de la conduite antérieure du prêtre, de son attitude actuelle, des services qu'il peut être appelé à rendre soit en France, soit à l'étranger, ne sauraient être appréciées et discutées par le Conseil d'État ; qu'en conséquence, cette autorisation ne peut être accordée par une disposition spéciale du décret portant réception du bref en France ; que c'est seulement lorsque le gouvernement a accordé l'autorisation, que le Conseil d'État doit intervenir pour statuer sur la demande de réception et d'enregistrement du bref, et que la décision qui l'accorde est ensuite visée dans le décret relatif à la réception du bref. — Cons. d'Ét., 20 déc. 1887, Mgr Jourdan de la Passardière.

134. — Le gouvernement a quelquefois provoqué lui-même du Saint-Siège la collation de titres d'évêques *in partibus* dans diverses circonstances : par exemple, afin de pourvoir à l'administration de diocèses dont le titulaire cessait de résider, sans néanmoins avoir résigné son titre. Mais le plus souvent le titre d'évêque *in partibus* est conféré à la demande du titulaire d'un évêché ou archevêché à qui son âge ou ses infirmités ou autres circonstances rendent nécessaire l'assistance d'un auxiliaire. Nous avons examiné, *supra*, v° *Coadjuteur*, tout ce qui concerne les évêques *in partibus* ainsi nommés en qualité soit de coadjuteurs soit de simples auxiliaires.

Section IV

Vicaires généraux d'archevêque et d'évêque.

135. — Les vicaires généraux sont des ministres auxiliaires que les évêques ou archevêques choisissent pour les aider ou les suppléer dans l'administration de leurs diocèses ; les fonctions de ces ministres auxiliaires sont connues depuis longtemps dans l'Église.

136. — Les évêques et archevêques ne sont pas obligés de déléguer ainsi leurs pouvoirs, mais ils le doivent quand ils ne peuvent suffire par eux-mêmes au gouvernement ou à l'administration de leur diocèse : cela est laissé à leur conscience ; c'est ce qui fait que l'art. 21, L. 18 germ. an X, s'est contenté de leur donner la faculté de s'adjoindre de pareils vicaires, mais sans leur imposer aucune obligation à cet égard.

137. — Chaque évêque peut nommer deux vicaires généraux et chaque archevêque peut en nommer trois : ils doivent les choisir parmi les prêtres ayant les qualités requises pour être évêques (L. organ., art. 21 ; L. 23 vent. an XII, art. 4 ; Ord. 25 déc. 1830, art. 2). Leur nomination doit être agréée par le Président de la République.

138. — Du principe que ce n'est qu'après l'obtention des bulles d'institution canonique et sa prise de possession que l'évêque a le droit d'exercer sa juridiction (V. *supra*, n. 20), il suit qu'il ne peut valablement conférer auparavant à un ecclésiastique le titre de vicaire général ; mais il a cette faculté aussitôt après la prise de possession du siège, sans qu'il soit nécessaire qu'il soit déjà sacré. — André, *Dict. de dr. can.*, v° *Vicaire*, § 1, p. 1207.

139. — Du reste, il est libre aux évêques de se donner un plus grand nombre de coopérateurs que celui fixé par l'art. 21, L. 18 germ. an X, pourvu que leur mandat ne comprenne point des actes qui aient besoin de la sanction du gouvernement pour être exécutoires ; il peut y avoir, en conséquence, des vicaires généraux agréés par le gouvernement et des vicaires généraux honoraires. Mais le gouvernement, dans sa relation avec le diocèse, ne peut connaître que les vicaires généraux par lui agréés, dans les limites ci-dessus tracées : les vicaires généraux non agréés sont sans qualité officielle et ne peuvent faire que les actes de juridiction spirituelle qui ne touchent qu'à la solution des cas de conscience, à la décision des points théologiques, et au maintien de la discipline (Décis. min., 29 brum. an XII).

140. — Le rang des vicaires généraux est déterminé par l'évêque. Cette distinction n'est pas sans importance quant à la question du traitement à l'égard des vicaires généraux d'archevêchés.

141. — Une circulaire du ministre des Cultes du 10 mai 1837 a engagé les évêques à lui faire connaître d'une manière authentique la signature des vicaires généraux agréés. Cette signature a seule été admise par l'administration des postes sur les plis circulant en franchise.

142. — Les vicaires généraux ont la préséance sur les chanoines (Décis. min., 21 germ. an XI), mais ils ne font pas partie du chapitre. Les règlements qui leur donnent le titre de chanoines ne peuvent s'entendre que des honneurs et fonctions extérieures, et nullement d'un titre réel et permanent qui tienne l'organisation des chapitres toujours incertaine et variable (Décis. min., 28 mai 1813 et 1827).

143. — Les vicaires généraux ne sont, dans l'ordre ecclésiastique, que les représentants de l'évêque. Leur pouvoir est uniquement le résultat d'une délégation ; ce pouvoir peut être plus ou moins étendu, il peut être limité à certaines choses, cela dépend de la volonté des évêques. Il est des fonctions qui appartiennent exclusivement à l'épiscopat ; ces fonctions ne peuvent être déléguées par les évêques qu'à d'autres évêques ; elles ne peuvent l'être à d'autres prêtres vicaires-généraux (Portalis, *Rapport sur les articles organiques*). En résumé, « les pouvoirs du grand vicaire se règlent d'un côté sur les dispositions générales du droit, et de l'autre sur le contenu de sa commission qui supplée à ce que le droit n'exprime point et quelquefois retranche de ce qu'il exprime ; car l'évêque peut dans la commission limiter le pouvoir du grand vicaire et lui défendre de prendre connaissance de certaines affaires qui sont d'ailleurs censées comprises dans les commissions générales. » — L'abbé André, § 1, p. 1203.

144. — Les vicaires généraux agréés reçoivent sur les fonds de l'État un traitement dont le taux, fixé d'abord, par la loi du 14 vent. an X, à 2,000 fr. pour le premier vicaire général d'archevêché, 1,500 fr. pour tous les autres vicaires généraux, a été porté, par une ordonnance du 28 mai 1818, de 2,000 fr. à 3,000 fr. et de 1,500 fr. à 2,000 fr. D'après un décret du 22 janv. 1853, le traitement du premier vicaire général de Paris est de 4,500 fr. ; celui des deux autres et des premiers vicaires généraux des autres archevêques, de 3,500 fr. ; le traitement des deux autres vicaires généraux des archevêchés et des vicaires généraux des évêques est de 2,500 fr. Les sept vicaires généraux des trois diocèses de l'Algérie reçoivent chacun un traitement de 3,600 fr.

145. — La suppression du traitement des vicaires généraux a été demandée à diverses reprises, ce traitement n'étant pas prévu par la loi du 18 germ. an X. La question a encore été posée au cours de la discussion du budget des cultes pour l'exercice 1900, à la Chambre des députés (séance, 7 déc. 1899, *Journ. off.*, 8 décembre ; V. également séance, 21 janv. 1893, *Journ. off.*, 20 janvier). Cette suppression a toujours été repoussée. On a fait remarquer, à ce sujet, que le droit d'agrément de l'État, en ce qui concerne les vicaires généraux, ne dérivant que de la loi qui leur accorde un traitement, l'État se priverait ainsi de tout droit de contrôle.

146. — Le traitement court du jour de la prise de possession ou installation constatée du chapitre (Ord. 13 mars 1832). tAuparavant, et d'après l'ordonnance du 9 janv. 1816, le traitement leur était payé à compter du jour de leur nomination.

147. — Comme tous les autres ecclésiastiques, ils sont soumis à la règle de la résidence ; et toutes les fois que l'absence n'est pas autorisée suivant les règles voulues, il y a lieu à décompte sur leur traitement (Ord. 13 mars 1832, art. 3). — V. encore, Circ. min. 2 avr. 1832.

148. — C'est un principe incontestable que les vicaires généraux sont essentiellement révocables, et que l'évêque, qui librement les a choisis pour les associer à ses travaux et les rendre coopérateurs de son ministère, peut avec la même liberté leur enlever les fonctions qu'il leur avait confiées. Ce pouvoir de l'évêque est absolu et il serait contraire aux règles du droit ecclésiastique que l'évêque pût s'interdire cette faculté de révocation. Cette révocation peut résulter ou d'une déclaration formelle de l'évêque, ou implicitement encore de la présentation faite par l'évêque au gouvernement d'un ecclésiastique nouveau pour les fonctions de grand vicaire.

149. — Les pouvoirs des grands-vicaires cessent également avec ceux de l'évêque qui les a nommés. Il est vrai que l'art. 36, L. 18 germ. an X, portait qu'au cas de vacance de siège, les vicaires généraux continueraient leurs fonctions pendant ladite vacance. Mais cette prescription, contraire aux canons de l'Eglise, a été abrogée par le décret du 28 févr. 1810, qui a rétabli l'institution des vicaires généraux capitulaires.

150. — Deux jours auparavant (le 26 févr. 1810), un autre décret était intervenu, dont les dispositions ont été depuis à peu près textuellement reproduites dans l'ordonnance du 29 sept. 1824, laquelle est conçue en ces termes : « Lorsqu'un vicaire général, jouissant, en cette qualité, d'un traitement sur notre Trésor, aura perdu sa place, après trois ans consécutifs d'exercice, soit par suite d'un changement d'évêque, soit en raison de son âge et de ses infirmités, nous nous réservons d'accorder audit vicaire général hors d'exercice, s'il n'est pas pourvu d'un canonicat, un secours de 1,500 fr. par an jusqu'à sa nomination au premier canonicat vacant dans le chapitre diocésain, soit à un autre titre ecclésiastique susceptible d'être présenté à notre agrément, et jusqu'à ce que nous puissions lui conférer, dans tout autre diocèse, une chanoinie à nous due, à cause du serment de fidélité, de joyeux avènement ou de droit de régale, et qu'il en ait été mis en possession. » Tous les ans, à cet effet, une allocation spéciale est portée au budget des cultes.

Section V.
Vicaires généraux capitulaires.

151. — L'art. 36 de la loi organique, prévoyant le cas de vacance de siège épiscopal, ordonnait que jusqu'à remplacement les vicaires généraux en fonctions conserveraient leurs pouvoirs. Le métropolitain, et à son défaut le plus ancien des évêques suffragants, devait pourvoir au gouvernement du diocèse pendant la vacance. Enfin, les métropolitains et chapitres cathédraux étaient tenus, sans délai, de donner au gouvernement avis de la vacance du siège, ainsi que des mesures prises pour le gouvernement du diocèse vacant.

152. — Cette disposition des lois organiques, contraire aux règles toujours suivies dans l'Eglise, fut une de celles qui excita le plus de réclamations ; sur la demande des évêques, réunis par ordre de l'empereur à Paris, pour examiner les modifications à faire aux lois organiques, elle fut formellement rapportée par l'art. 5, Décr. 28 févr. 1810. L'art. 6 de ce décret porte que : « Pendant les vacances des sièges, s'il s'agissait des archevêchés comme des évêchés), il sera pourvu conformément aux lois canoniques au gouvernement des diocèses, et que les chapitres présenteront au ministère des cultes les vicaires généraux qu'ils auront élus, pour leur nomination être reconnue par le gouvernement. »

153. — Ainsi fut rétablie l'institution des vicaires généraux capitulaires de tout temps connue dans l'Eglise comme le mode d'administration des diocèses pendant la vacance du siège épiscopal. Dès lors, si la vacance du siège confère au chapitre le droit d'administrer directement : il excéderait donc ses pouvoirs en ôtant à un ecclésiastique ses fonctions (Déc. min. 28 janv. 1811).

154. — Si l'élection des vicaires capitulaires n'est pas approuvée par le gouvernement, l'administration du diocèse passe non pas au chapitre pris collectivement, mais au doyen du chapitre.

155. — Suivant les lois canoniques, le délai dans lequel le chapitre doit procéder à la nomination des vicaires généraux capitulaires est de huit jours *a die vacationis*. Le décret de 1810 n'avant point rétabli expressément cette disposition, il n'y aurait évidemment pas nullité si la nomination avait eu lieu postérieurement aux huit jours ; néanmoins il est dans l'esprit du décret, et dans l'usage cela se pratique toujours ainsi, que la nomination des vicaires généraux capitulaires ait lieu sans aucun retard. Vuillefroy (*Diocèse*, p. 244) dit, en se fondant sur l'art. 36, L. 18 germ. an X, que si le chapitre négligeait de faire cette nomination, il devrait y être pourvu par le métropolitain ou plus ancien évêque suffragant.

156. — Quant au nombre des vicaires généraux capitulaires et aux conditions qu'ils doivent remplir, il y a lieu d'appliquer les règles que nous avons exposées plus haut sur les vicaires généraux ordinaires. — V. *suprà*, n. 137.

157. — La qualité de vicaire général capitulaire étant, par sa nature même, essentiellement temporaire, lorsque le chapitre confère la qualité de vicaire général capitulaire à un chanoine, cette nomination ne lui fait pas perdre son titre de chanoine ; d'où il suit que lorsqu'il cesse de remplir les fonctions de vicaire général, il reprend ses fonctions de chanoine (Décis. min. 28 mai 1813).

158. — A raison également de ce même caractère d'administrateurs temporaires, les vicaires généraux capitulaires ne peuvent se permettre aucune innovation dans les usages et coutumes du diocèse : c'est, au surplus, ce que la loi organique avait statué elle-même par son art. 28 à l'égard des administrateurs des diocèses vacants. Comme aussi lorsqu'il s'agit de fonctions qui exigent impérieusement le caractère épiscopal, telles, par exemple, que l'ordination de prêtres ou l'imposition du sacrement de confirmation, les vicaires généraux capitulaires doivent avoir recours à un autre évêque. Mais, à part ces restrictions, le pouvoir des capitulaires pour le gouvernement du diocèse est absolu ; ainsi, ils ont, comme l'évêque ou l'archevêque qu'ils suppléent, le droit de prononcer contre les ecclésiastiques qui ont encourues les peines canoniques. — V. au surplus, pour plus amples détails, l'abbé André, v° *Siège*, § 2. — V. aussi Rapp. min. 9 nov. 1819.

159. — Toutefois, nommés simultanément et conjointement, ils ne peuvent exercer la juridiction métropolitaine ou épiscopale que collectivement et non isolément ; d'où Vuillefroy (v° *Vicaire*, p. 519, note c) conclut qu'un seul d'entre eux ne pourrait, sans abus, statuer, par exemple, sur une poursuite canonique, quand bien même il serait revêtu du titre d'official, la juridiction de l'official n'étant point aujourd'hui reconnue par les lois civiles.

160. — Enfin, si les vicaires généraux capitulaires sont chargés de l'administration du diocèse, ils n'ont aucun pouvoir quant à l'administration des biens de l'évêché. — V. *infrà*, n. 189 et s.

161. — Le traitement des vicaires généraux capitulaires est le même que celui des vicaires généraux. Ce traitement court à partir du jour de leur nomination par le chapitre, mais ils ne peuvent le recevoir qu'après l'agrément de leur nomination par le Président de la République. L'ordonnance du 13 mars 1832, portant que les vicaires généraux ne recevront leur traitement qu'après leur nomination et à partir de leur prise de possession, n'est pas applicable aux vicaires généraux capitulaires. Dès lors elle n'a point dérogé à la règle antérieurement suivie, d'après laquelle leur traitement était acquis à compter du jour de leur élection par le chapitre, mais après l'approbation de cette élection par ordonnance royale. — Av. Cons. d'Et., 27 nov. 1840. — Vuillefroy, *loc. cit.* — En effet, dit un rapport au ministre du 16 nov. 1840, la position des vicaires généraux capitulaires est bien différente de celle des vicaires généraux non capitulaires et autres titulaires ecclésiastiques. Ceux-ci n'entrent ou ne doivent entrer réellement en fonctions qu'après l'approbation de leur nomination ; quant aux vicaires généraux capitulaires, il est de toute nécessité qu'ils entrent en fonctions aussitôt après le décès ou la démission de l'évêque. Il est donc juste que leur traitement remonte au jour où ils ont été réellement chargés du service diocésain.

162. — Du moment où le siège épiscopal cesse d'être vacant, le pouvoir des vicaires généraux capitulaires prend fin : or le siège est réputé n'être plus vacant du moment où le nouvel évêque a vu ses bulles d'institution canonique enregistrées au Conseil d'Etat, attendu que dès ce moment il peut prendre possession du siège (Décis. min. 29 sept. 1807).

CHAPITRE II

DE L'ÉVÊCHÉ.

Section I.

Notions générales.

163. — Il ne faut pas confondre l'évêché ou l'archevêché, qui est le titre ecclésiastique institué pour le gouvernement du diocèse, avec le diocèse lui-même, dont il se distingue comme la cure à l'égard de la paroisse.

164. — Les biens que les évêchés possédaient autrefois furent, comme ceux de tous les établissements religieux, confisqués par les lois révolutionnaires, et aliénés pour la plupart à titre de biens nationaux. — V. *suprà*, v° *Biens nationaux*.

165. — Le concordat et les lois organiques, en rétablissant les évêchés, ont-ils entendu les reconstituer tels qu'ils existaient autrefois, c'est-à-dire non pas seulement comme office, mais comme personne civile capable de posséder ? Telle est la question que nous avons déjà examinée à l'égard des cures et où nous avons dit que si quelques doutes pouvaient exister sur ce point, ils ne seraient plus possibles depuis le décret du 6 nov. 1813. — V. *suprà*, v° *Cure-Curé*, n. 67 et s. — Telle est aussi la solution qu'il convient d'adopter quant aux évêchés.

166. — Comme les cures, au surplus, les évêchés ont été formellement désignés par l'ordonnance de 1817 comme devant être rangés parmi les établissements religieux que la loi du 2 janv. 1817 avait déclarés devoir être considérés comme établissements publics, aptes à recevoir par legs et donations, à acquérir et à posséder toutes sortes de personnes, meubles et immeubles, avec l'autorisation du gouvernement. C'est là une différence notable avec le diocèse, au moins d'après la jurisprudence actuelle du Conseil d'Etat.

167. — Nous avons, en effet, expliqué antérieurement (*suprà*, v° *Diocèse*, n. 43 et s.) que la capacité civile, reconnue au diocèse par un avis du Conseil d'Etat du 13 mai 1874, lui est actuellement déniée par le Conseil d'Etat (Av. Cons. d'Et., 6 avr. 1880), qui déclare que la personnalité civile n'appartient qu'à l'évêché considéré comme *mense épiscopale*. — V. *suprà*, v° *Dons et legs*, n. 279 et s.

168. — De ce que les évêchés constituent une personne morale, faut-il en conclure qu'ils peuvent recevoir tous dons et legs, notamment des dons et legs faits dans un but de charité, de bienfaisance ou d'instruction publique ? Ceci touche à la question de la capacité des personnes morales. — V. *suprà*, v° *Dons et legs aux établissements publics*, n. 1313 et s., 1489 et s.

Section II.

Mense épiscopale.

§ 1. *Dotation de l'évêché*.

169. — La dotation de l'évêché, ou mense épiscopale, se compose : 1° des biens qui lui ont été affectés par l'Etat ; 2° de ceux qui lui proviennent de dons et legs acceptés avec l'autorisation de l'Etat ; 3° de ceux acquis par l'évêché avec la même autorisation. Elle se compose encore : 1° des traitements et indemnités allouées par l'Etat au titulaire sur le Trésor public ; 2° de l'usufruit du palais épiscopal que l'Etat doit lui procurer et du mobilier qui y est placé ; 3° des subventions qui peuvent être allouées par le département.

170. — C'est l'évêque qui représente l'évêché ; c'est lui qui acquiert, possède, accepte les dons et les legs, et administre, sous les conditions et les formes déterminées par les lois et ordonnances, les biens qui en forment la dotation. — V. *suprà*, v° *Dons et legs aux établissements publics*, n. 276 et s. — V. en ce qui concerne les traitements et indemnités, *suprà*, n. 90 et s., et pour les subventions des départements, *suprà*, v° *Culte*.

171. — Il faut aussi distinguer avec soin les biens de la cathédrale ou du chapitre, possédés et administrés, les uns par la fabrique de la cathédrale, les autres par le chapitre (V. *suprà*, v° *Chapitre*, et *infrà*, v° *Fabrique*), de ceux de l'évêché.

§ 2. *Administration de la mense épiscopale.*

172. — Quant aux biens de l'évêché qui constituent à proprement parler la mense épiscopale, les archevêques et évêques ont, relativement à leur administration, les mêmes droits que les curés sur les biens de la cure (Décr. 6 nov. 1813, art. 29). Nous nous bornerons donc, après avoir renvoyé à cet égard aux indications que nous donnons *suprà*, v° *Curé-Curé*, n. 79 et s., à rapporter quelques dispositions spéciales aux archevêchés et évêchés.

173. — Ainsi, aux termes du décret du 6 nov. 1813 (art. 30), « les papiers, titres, documents concernant les biens de ces menses, les comptes, les registres, les sommiers, sont déposés aux archives du secrétariat de l'archevêché ou évêché. » L'art. 31 ajoute : « Il est dressé un inventaire des titres et papiers ; il est formé un registre-sommier, conformément à l'art. 36 du règlement des fabriques. » Enfin, suivant l'art. 32 : « Les archives de la mense sont renfermées dans des caisses ou armoires, dont aucune pièce ne peut être retirée qu'en vertu d'un ordre souscrit par l'archevêque ou évêque, sur le registre-sommier, et au pied duquel doit être le récépissé du secrétaire. Lorsque la pièce est rétablie dans le dépôt, l'archevêque ou évêque met la décharge en marge du récépissé.

174. — L'autorisation de plaider est nécessaire aux évêques pour plaider relativement à leur mense épiscopale, lorsqu'il s'agit des droits fonciers qui y sont attachés, et non lorsqu'il ne s'agit que d'une action purement mobilière. — V. *suprà*, v° *Autorisation de plaider*, n. 962 et s.

175. — Les évêques ne peuvent, sans autorisation du gouvernement, grever les biens de leur mense épiscopale. — Colmar, 2 avr. 1833, Évêque de Strasbourg, [S. 34.2.124, P. chr.]

176. — Mais l'inexécution, par suite d'annulation, des engagements des évêques ayant pour effet de grever leur mense épiscopale au préjudice de leurs successeurs, ne peut donner lieu, contre les évêques qui les ont contractés en leur qualité, à une condamnation à des dommages-intérêts. — *Même arrêt.*

177. — Toutefois, les évêques sont tenus, en leur propre et privé nom, de garantir la restitution des titres à eux remis par suite du contrat annulé, avec tous les droits, privilèges et prérogatives qui y étaient attachés. Et, à défaut de restitution des titres, le titulaire doit être tenu, toujours en son propre et privé nom, à restituer le montant des titres avec les intérêts échus, ainsi que les frais et dépens. — *Même arrêt.*

178. — Bien que le décret du 6 nov. 1813 ne parle pas d'une manière expresse de la compétence des tribunaux administratifs à l'égard des difficultés relatives au revenu des menses épiscopales, comme lorsqu'il s'agit des cures, leur compétence ne nous en paraît pas moins incontestable. — V. *suprà*, v° *Conseil de préfecture*, n. 192. — Serrigny. *Tr. de dr. adm.*, t. 2, n. 893.

179. — L'évêque, lorsqu'il est en possession de son siège et des biens de la mense, est à la fois l'administrateur et l'usufruitier des biens de la mense épiscopale. — Limoges, 13 août 1888, Préfet de la Haute-Vienne, [S. 90.2.201, P. 90.1.1165, D. 89.2.57] — *Sic*, Gaudry, *Tr. de la lég. des cultes*, t. 3, p. 405 et s., n. 1163 et s.

180. — Dès lors, un évêque, qui, dans un exploit introductif d'instance, a déclaré agir en sa qualité d'évêque et pour le diocèse, a pu être déclaré recevable dans son action, en tant que représentant légal de l'évêché. — Cass., 23 avr. 1883, Ville de Mont-de-Marsan, [S. 85.1.373, P. 85.1.910, D. 84.1.251]

181. — En qualité de représentant de l'évêché, l'évêque peut poursuivre en justice, soit l'exécution, soit la résiliation avec dommages-intérêts, d'un contrat par lequel un de ses prédécesseurs, en abandonnant à une ville le montant d'un legs régulièrement recueilli par lui, avait stipulé de cette ville l'engagement d'acheter une maison et de l'affecter à l'établissement d'une école de Frères. — *Même arrêt.*

182. — L'engagement pris par la ville n'étant que l'accessoire de la destination donnée à l'immeuble acquis et n'étant pas une constitution d'usufruit, il en résulte que la demande de l'évêque, qui invoque cette concession de jouissance, n'implique aucune revendication de droit foncier, et n'a pas, dès lors, besoin d'être l'objet d'une autorisation préalable. — *Même arrêt.*

183. — Aucun texte de loi n'investit l'évêque du droit d'accepter provisoirement les dons et legs faits à la mense épiscopale. — Bordeaux, 18 févr. 1891, Évêque de Périgueux et de Saint-Exupéry, [S. et P. 92.2.89]

184. — Néanmoins, l'évêque ayant, en qualité de représentant légal de la mense épiscopale, le droit d'accomplir tous les actes nécessaires à la conservation des biens de la mense, puise dans ce droit le pouvoir d'accomplir l'acte juridique qui peut mettre obstacle par la rétractation d'une stipulation pour autrui faite au profit de l'évêché comme condition d'une donation faite à un tiers; il n'y a là de la part de l'évêque qu'un acte purement conservatoire rentrant dans ses pouvoirs d'administrateur légal de la mense. — *Même arrêt.*

185. — Spécialement, et encore bien que la mense épiscopale n'ait pas été autorisée à recueillir le bénéfice de la stipulation faite à son profit, l'assignation donnée par l'évêque, après le décès du stipulant, aux fins de réclamer le bénéfice de cette stipulation, a pour effet de mettre obstacle à ce que l'héritier du stipulant puisse la rétracter. — *Même arrêt.*

186. — Lorsqu'un acte de donation faite à une ville pour l'entretien d'écoles sous la direction de Frères des écoles chrétiennes stipule que, pour le cas où la direction des écoles serait enlevée aux Frères, le bénéfice de la donation reviendrait à l'évêché, l'autorisation d'accepter donnée par décret à la ville n'a pas pour effet d'habiliter l'évêché à accepter la stipulation faite accessoirement à son profit. — *Même arrêt.*

187. — Par application du principe de la spécialité admis par le Conseil d'Etat (V. *suprà*, v° *Dons et legs aux établissements publics*, n. 1050 et s.), un emprunt par une mense épiscopale ne saurait être autorisé lorsque le produit doit en être affecté à une œuvre qui ne rentre pas dans ses attributions légales, par exemple, lorsqu'il a pour objet de pourvoir aux travaux d'agrandissement d'une maison destinée à recevoir des prêtres malades. — Note Cons. d'Ét., 26 déc. 1882, Mense épiscopale de Fréjus.

188. — De même, on ne peut autoriser l'aliénation d'un immeuble appartenant à une mense épiscopale dont le produit doit être employé au profit du séminaire. — Av.Cons. d'Ét., 10 juin 1882, Mense épiscopale de Fréjus.

§ 3. *Administration au cas de vacance de siège.*

189. — Le décret du 6 nov. 1813 a réglé l'administration de la mense épiscopale, en cas de vacance du siège. Au décès de chaque archevêque ou évêque, il est nommé par le ministre des Cultes un commissaire pour l'administration des biens de la mense épiscopale pendant la vacance. Ce commissaire doit prêter devant le tribunal de première instance le serment de remplir cette commission avec zèle et fidélité (art. 34 et 35).

190. — Il doit tenir deux registres, dont l'un est le livre-journal de sa recette et de sa dépense ; dans l'autre, il doit insérer, de suite et à leur date, une copie des actes de sa gestion, passés par lui ou à sa requête. Ces registres doivent être cotés et paraphés par le président du même tribunal (art. 36).

191. — Le juge de paix du lieu de la résidence d'un archevêque ou évêque doit faire d'office, aussitôt qu'il a connaissance de son décès, l'apposition des scellés dans le palais ou autres maisons qu'il occupait. Dans le cas où les scellés auront été apposés d'office par le juge de paix, et dans celui où le scellé aurait été apposé à la requête des héritiers, des exécuteurs testamentaires ou des créanciers, le commissaire de la vacance doit y mettre son opposition, à fin de conservation des droits de la mense, et notamment pour sûreté des réparations à la charge de la succession (art. 37 et 38).

192. — Les scellés sont levés et les inventaires faits à la requête du commissaire, les héritiers présents ou appelés, ou à la requête des héritiers en présence du commissaire (art. 39).

193. — Aussitôt après sa nomination, le commissaire est tenu de la dénoncer aux receveurs, fermiers ou débiteurs, qui sont tenus de verser dans ses mains tous deniers, denrées ou autres choses provenant des biens de la mense, à la charge par lui en tenir compte à qui il appartiendra (art. 40).

194. — Le commissaire est tenu, pendant sa gestion, d'acquitter toutes les charges ordinaires de la mense ; il ne peut renouveler les baux, ni couper aucun arbre-futaie, en masse ou épars, ni entreprendre au delà des coupes ordinaires de bois taillis et de ce qui en est la suite ; il ne peut déplacer les titres, papiers et documents que sous son récépissé (art. 41).

195. — Le commissaire fait incontinent après la levée des scellés visiter, en présence des héritiers ou eux appelés, les palais, maisons, fermes et bâtiments dépendants de la mense par deux experts nommés d'office par le président du tribunal. Ces experts font mention dans leur rapport du temps auquel ils estiment que doivent se rapporter les reconstructions à faire ou les dégradations qui y ont donné lieu ; ils font les devis et estimation des réparations ou reconstructions (art. 42).

196. — Les héritiers sont tenus de remettre, dans les six mois après la visite, les lieux en bonne et suffisante réparation ; sinon les réparations sont adjugées au rabais, au compte des héritiers, à la diligence du commissaire (art. 43).

197. — Les réparations dont l'urgence se fait sentir pendant la gestion du commissaire sont faites par lui sur le revenu de la mense, par voie d'adjudication au rabais si elles excèdent 300 fr. (art. 44).

198. — Le commissaire régit depuis le jour du décès jusqu'au temps où le successeur nommé par le gouvernement s'est mis en possession. Les revenus de la mense sont au profit du successeur à compter du jour de sa nomination (art. 45).

199. — Il est dressé procès-verbal de la prise de possession par le juge de paix ; ce procès-verbal doit constater la remise de tous les effets mobiliers, ainsi que de tous titres, papiers et documents concernant la mense, et que les registres du commissaire ont été arrêtés par ledit juge de paix, ces registres sont déposés avec les titres de la mense. Les poursuites contre les comptables, soit pour rendre les comptes, soit pour faire statuer sur les objets de contestations, sont faites devant les tribunaux compétents par la personne que le ministre a commise pour recevoir les comptes (art. 46 et 47).

200. — La rétribution du commissaire est réglée par le ministre des Cultes ; elle ne peut excéder 5 cent. pour franc des revenus et 3 cent. pour franc du prix du mobilier dépendant de la succession, en cas de vente, sans pouvoir rien exiger pour les vacations ou voyages auxquels il est tenu tant que cette gestion le comporte (art. 48).

201. — Jugé que, pendant la vacance du siège épiscopal, l'administration de la mense appartient à l'administrateur provisoire nommé par le gouvernement, et non aux vicaires capitulaires désignés par le chapitre, que le gouvernement ne leur a pas confié cette administration. — Trib. Limoges, 24 juill. 1888, sous Limoges, 13 août 1888, Préfet de la Haute-Vienne, [S. 90.2.201, P. 90.1.1165, D. 89.2.57]

202. — On a soutenu et jugé que pendant la vacance du siège, les revenus des biens épiscopaux appartiennent au gouvernement, en vertu de l'art. 39, Décr. 6 nov. 1813, ainsi conçu : « Le droit de régale continue d'être exercé..., ainsi qu'il l'a été de tout temps par les souverains nos prédécesseurs. »

203. — Décidé que le droit de régale, tel qu'il existait sous l'ancien régime, s'exerce au profit de l'Etat, pendant la vacance du siège épiscopal, comme une dépendance de la souveraineté. — Limoges, 13 août 1888, précité. — V. Gaudry, *Tr. de la légist. des cultes*, t. 3, n. 1146 ; Brémond, *Rev. crit.*, ann. 1889, p. 680. — V. en sens contraire, *Gaz. des Trib.* du 31 août 1888.

204. — Mais, dans la pratique, l'Etat n'use pas de son droit de régale en ce qui concerne les revenus. Tous les revenus perçus pendant la vacance, déduction faite des dépenses et des honoraires du commissaire-administrateur, sont remis au nouvel évêque lors de sa prise de possession.

205. — Le gouvernement peut-il, en vertu du droit de régale, aliéner, pendant la vacance du siège, les immeubles dépendant de la mense épiscopale? — V. pour l'affirmative, les conclusions de M. le procureur général Beaudoin, rapportées sous Limoges, 13 août 1888, précité. — Contrà, Brémond, *op. cit.*, p. 679 et s.

206. — Jugé, à cet égard, que le droit de régale étant inhérent à la puissance publique, l'autorité judiciaire est sans compétence pour en régler ou en contrôler l'exercice ; en conséquence, lorsque le commissaire administrateur a été autorisé, par un décret pris par le chef de l'Etat, dans l'exercice de son droit régalien, à vendre les immeubles de la mense, le juge des référés est incompétent pour ordonner, sur la demande de l'évêque nommé, qu'il sera sursis à la vente des immeubles. — Limoges, 13 août 1888, précité. — Mais ce système a été vivement combattu par plusieurs auteurs, qui ont soutenu que les pouvoirs conférés au représentant du gouvernement par le décret de 1813 ne sont autres que ceux d'un simple administrateur, qui, bien loin d'avoir le droit de disposition, a pour principal devoir celui de conserver et de rendre, comme tous les administrateurs du bien d'autrui. — Brémond, *op. cit.*, p. 681 et s. ; *Gaz. des Trib.* du 31 août 1888.

207. — Le Conseil d'Etat décide que le commissaire administrateur nommé au décès d'un évêque conformément à l'art. 34, Décr. 7 nov. 1813, pour l'administration des biens de la mense épiscopale pendant la vacance, est chargé de procéder à la régularisation de la dotation de cet établissement. — Av. Cons. d'Et., 30 oct. 1884, Aliénation par la mense épiscopale de Langres ; — 4 avr. 1889, Régularisation du patrimoine de la mense épiscopale de Nîmes. — Décr. 14 févr. 1900, Mense épiscopale de Grenoble.

208. — Le Conseil d'Etat décide même actuellement que les immeubles possédés par la mense épiscopale et qui ne concourent pas au but légal de cet établissement, c'est-à-dire à l'amélioration de la condition des titulaires successifs du siège épiscopal, doivent être vendus aux enchères publiques et le prix employé en rentes sur l'Etat immatriculées au nom de la mense épiscopale. — Cons. d'Et., 11 déc. 1884, Mense épiscopale de Verdun ; — 30 oct. 1884, Langres ; — 29 janv. 1885, Le Mans ; — 24 déc. 1885, Fréjus ; — 23 déc. 1886, Laval ; — 21 juin 1888, Limoges ; — 9 août 1888, Poitiers ; — 4 avr. 1889, Nîmes ; — 27 févr. 1896, Avignon. — Décr. 14 févr. 1900, Grenoble.

209. — Les valeurs mobilières de la mense épiscopale sont également transformées en rentes nominatives sur l'Etat. — Cons. d'Et., 27 févr. 1896, précité. — Décr. 14 févr. 1900, Mense épiscopale de Grenoble.

210. — Les pouvoirs du commissaire administrateur qui, d'après l'art. 45, Décr. 6 nov. 1813, ne doit régir que jusqu'à la prise de possession par le nouvel évêque, ont même été parfois, en ces dernières années, prorogés au delà de ce terme pour permettre la régularisation du patrimoine de la mense épiscopale. — Cons. d'Et., 26 juin 1884, Régularisation du patrimoine de la mense épiscopale de Tours ; — 29 janv. 1885, Aliénation par la mense épiscopale du Mans ; — 9 août 1888, Régularisation du patrimoine de la mense épiscopale de Poitiers. — Décr. 14 févr. 1900, Mense épiscopale de Grenoble.

Section III.

Palais épiscopal. Mobilier.

211. — Comme tous les autres biens ecclésiastiques, les palais épiscopaux avaient été confisqués par les lois révolutionnaires et étaient ainsi devenus la propriété de l'Etat, qui avait conservé les uns, aliéné les autres. Après le concordat, le gouvernement rendit à leur première destination, c'est-à-dire au logement des évêques, ceux de ces édifices qui n'avaient pas été aliénés et qui étaient encore disponibles.

212. — On a élevé la question de savoir à qui appartient la propriété des palais épiscopaux, et la même question se représente encore pour les séminaires et les presbytères (V. *infrà*, v° *Presbytère*). Nous rappellerons qu'en 1837, une circulaire de l'archevêque de Paris, qui avait pour objet de protester contre la disposition, faite par l'Etat qui s'en prétendait propriétaire, des terrains sur lesquels était construit l'ancien palais archiépiscopal, fut déférée au Conseil d'Etat, et donna lieu à une déclaration d'abus (Ord. 21 mars 1837).

213. — La décision du Conseil d'Etat était fondée sur les considérations suivantes : « L'art. 12 du concordat met à la disposition des évêques toutes les églises métropolitaines, cathédrales, paroissiales et autres non aliénées nécessaires au culte. Cette stipulation ne contient pas un abandon plein et entier, un dessaisissement absolu ; c'est une simple affectation au service du culte des édifices nécessaires à ses besoins, faite par l'Etat comme propriétaire de ces édifices. L'Etat ne fait qu'en concéder l'usage ; il ne renonce pas à sa propriété. Si son droit demeure certain à l'égard des objets dont parle la disposition précitée du concordat, il est bien plus incontestable encore à l'égard de ceux sur lesquels cette disposition garde le silence. Or, il n'est aucunement question, dans l'art. 12, des édifices destinés à l'habitation des évêques ; bien plus, l'art. 74 de la loi du 18 germ. an X faite pour la mise en vigueur du concordat, dit, en termes exprès, que les conseils généraux des départements sont *autorisés* à procurer aux archevêques et évêques des logements convenables. »

214. — Conformément à cette décision, on est généralement d'accord aujourd'hui pour admettre que les palais épiscopaux remis à la disposition des évêques appartiennent à l'Etat. — Chauveau, *Journ. de droit administratif*, t. 10, p. 479 ; Ducrocq,

Traité des édifices publics, p. 65, et *Cours de droit administratif*, t. 2, n. 1024 et 1531 ; Campion, p. 567.

215. — Ce point établi, à quel titre les évêques détiennent-ils les bâtiments affectés à leur logement ? Ont-ils sur ces bâtiments un droit analogue à celui des curés sur les presbytères ?

216. — Un arrêt de la cour d'Angers du 25 janv. 1883 (Évêque d'Angers, D. 83.2.174), a résolu cette question par l'affirmative. D'après cet arrêt, l'évêque a sur le palais épiscopal un droit d'usufruit *sui generis*, et un préfet n'a pas le droit de faire pavoiser et illuminer un palais épiscopal pour une fête nationale, sans le consentement de l'évêque, pas plus qu'il ne le pourrait s'il s'agissait d'un édifice appartenant en propriété ou en jouissance à un particulier.

217. — Cette solution a été combattue par M. Ducrocq (note sous Poitiers, 29 juin 1883, D. 83.2.169). Il a fait remarquer qu'il n'y a aucune affectation primitive des palais épiscopaux aux termes du concordat et des articles organiques; qu'il y a une différence essentielle à cet égard entre les curés, auxquels ont été remis les presbytères, et les évêques pour lesquels aucune remise ni restitution n'est prévue. Cette différence ressort très-nettement des art. 71 et 72, L. 18 germ. an X, dont le premier, relatif au logement des évêques, garde le silence sur la remise des palais épiscopaux, tandis que le second stipule en termes formels la remise aux curés des presbytères et jardins non aliénés, et n'autorise les communes à fournir à ces ecclésiastiques un logement nouveau que dans le cas où les anciens n'existeraient plus dans le domaine public. D'autre part, le décret du 30 déc. 1809, qui a imposé aux communes l'obligation de fournir un logement aux curés et desservants, ne dit rien des évêques et n'impose, à leur égard, aucune obligation aux départements. Enfin, le décret du 6 nov. 1813, sur les biens des menses et ceux des menses épiscopales, ne comprend pas dans ces derniers les palais épiscopaux, d'où il résulte que l'usufruit des menses ne peut s'étendre à ces palais. Il n'existe donc, au profit des évêques, sur l'immeuble domanial affecté à leur logement, ni droit réel d'usufruit ou d'habitation, ni droit personnel résultant d'un contrat de bail. Il n'y a là qu'une affectation administrative dont les règles échappent à la compétence de l'autorité judiciaire.

218. — Ce système a été confirmé par le tribunal des conflits à l'occasion de l'affaire jugée par l'arrêt de la cour d'Angers. Ce tribunal a décidé que les palais épiscopaux qui appartiennent à l'Etat sont affectés administrativement à l'évêque pour son habitation personnelle, et que l'autorité judiciaire est incompétente pour connaître des droits et obligations qui résultent de cette affectation spéciale; qu'en conséquence aucune action ne peut être intentée devant la juridiction civile à raison d'arrêtés préfectoraux qui, conformément aux ordres ministériels, prescrivent le pavoisement et l'illumination d'un palais épiscopal le jour de la fête nationale. — Trib. confl., 14 avr. 1883, Evêque d'Angers, [S. 85.3.17, P. adm. chr., et les conclusions de M. le commissaire du gouvernement Chante-Grellet, D. 83.3.85]

219. — La restitution des palais épiscopaux non aliénés, pour servir de résidence aux évêques, se fit sans aucune difficulté ; mais à l'égard de ceux aliénés, et dont, par conséquent, la restitution devenait impossible, il fallait aviser à un autre moyen pour y suppléer. En conséquence, aux termes de l'art. 74, L. 18 germ. an X, les conseils généraux de département furent autorisés à procurer aux archevêques et évêques un logement convenable.

220. — Depuis, cette charge a cessé d'être imposée aux départements, et c'est l'Etat qui assure le logement des évêques.

221. — L'Etat, en sa qualité de propriétaire des palais épiscopaux, pourvoit à leurs réparations et à leur entretien au moyen de crédits inscrits chaque année, pour cet objet, au budget des cultes.

222. — Les palais épiscopaux et archiépiscopaux sont exempts de la contribution foncière. Mais Vuillefroy dit que l'évêque est, comme usufruitier, tenu du paiement de la contribution personnelle et mobilière et de la contribution des portes et fenêtres du bâtiment servant à son habitation (L. 21 avr. 1832, art. 27). — V. *suprà*, v° *Contributions directes*, n. 5643 et s.

223. — L'Etat fournit à l'évêque non seulement le logement, mais le mobilier qui doit se trouver dans le palais épiscopal ; il se charge en outre de l'entretien de ce même mobilier. Toutefois, et bien que l'Etat reste seul chargé du mobilier épiscopal, il est loisible aux départements de voter pour le même objet des fonds à prendre sur les centimes additionnels (L. 15 mai 1818, art. 68).

224. — L'ameublement des évêchés se compose : 1° des meubles meublants servant à la représentation, tels que glaces, consoles, secrétaires, tentures, lustres, tapis, sièges et autres objets qui garnissent les salons de réception, la salle à manger et le cabinet du prélat ; 2° de l'ameublement d'un appartement d'habitation d'honneur ; 3° du mobilier de la chapelle de l'évêché ; 4° des crosses épiscopales et des croix processionnelles des évêques » (Ord. 7 avr. 1819, art. 1). « Dans plusieurs diocèses, les fonds alloués antérieurement à 1819 avaient été appliqués à l'achat de meubles d'une nature ou destinés à des pièces, autres que celles énoncées ici... Mais depuis 1819 aucune partie des fonds accordés n'a pu être employée de cette manière... Les objets existants, une fois hors de service, n'ont pu être remplacés » (Cir. min. 23 avr. 1819 ; 22 août 1822 ; 22 mars 1831).

225. — L'énumération faite par l'art. 1 de l'ordonnance de 1819 n'est pas absolument limitative : ainsi « cet article offre une lacune puisqu'il ne fait pas mention de la chambre à coucher de l'évêque, qui entre nécessairement dans la composition du logement accordé par l'Etat au titulaire du siège ; cette pièce a toujours été ajoutée dans la pratique. » D'autre part, « l'appartement d'honneur s'entend de celui réservé aux étrangers de distinction qui séjournent à l'évêché. Il se réduit ordinairement à une chambre à coucher de maître et à une pièce adjacente, autant que possible, pour loger le domestique. » L'ameublement de la chapelle de l'évêque, dont fait mention le § 3, ne comprend que les tentures, tapis, sièges, chandeliers d'autel et autres objets de même nature (Cir. min. 22 mars 1831). — V. encore Circ. 14 mai 1841.

226. — Il ne faut pas confondre la crosse épiscopale de tout évêque ou archevêque, ou la croix processionnelle de l'archevêque, avec la croix que le gouvernement a donnée à tous les évêques, et que l'on doit tenir pour un don fait, non à la personne, mais au siège (Décis. min. 15 vent. an XIII).

227. — L'état et la valeur du mobilier de chaque évêché sont demeurés arrêtés tels qu'ils ont été portés au 1er janv. de l'année 1819 dans les inventaires et devis estimatifs dressés en vertu des ordres du ministre de l'Intérieur (chargé alors des cultes) et approuvés par lui (Ord. 7 avr. 1819, art. 2). A l'égard des évêchés érigés depuis, comme aussi « dans les évêchés où l'ameublement n'a été formé que postérieurement à cette ordonnance, ce sont les seuls devis approuvés par le ministre qui établissent la valeur primitive, déduction faite des économies obtenues, lors de la réalisation des achats, sur les prix des objets. Au surplus, de quelque manière que cette valeur primitive ait été établie, elle est invariable à l'égard de chaque article en particulier comme à l'égard du mobilier en général. Les réformes mêmes des objets usés ne lui font éprouver aucune altération, au moyen du mode prescrit pour leur remplacement » (Circ. min. 22 mars 1831).

228. — Les inventaires dont il a été question *suprà* doivent être récolés à la fin de chaque année et à chaque mutation d'évêque « par le préfet ou un conseiller de préfecture nommé par lui, assisté de deux membres du conseil général désignés d'avance par le conseil, concurremment avec le titulaire, ou, en cas de vacance du siège, avec les capitulaires administrateurs du diocèse. Dans les départements où le chef-lieu du diocèse est différent de celui de la préfecture, le préfet peut se faire représenter par le sous-préfet de l'arrondissement dont fait partie la ville épiscopale » (Ord. 7 avr. 1819, art. 6 ; 4 janv. 1832, art. 2).

229. — Le récolement doit contenir mention, non seulement du mobilier placé par l'Etat, mais aussi des meubles qui auraient pu être acquis sur les fonds alloués par le département (Ord. 4 janv. 1832, art. 3).

230. — Ainsi encore, « les objets qui ont été acquis, bien qu'ils n'entrent pas dans la composition du mobilier légal, doivent cependant continuer d'être compris au récolement annuel. Toutefois, ces objets devront former un chapitre séparé, afin de laisser toujours connaître la valeur réelle du mobilier de l'évêché proprement dit » (Circ. min. 23 avr. 1819).

231. — « Lorsqu'il y a des changements, ou dans les cas de mutation d'évêques, les états des récolements annuels ou accidentels doivent être rédigés en forme d'inventaire, c'est-à-dire indiquer exactement les pièces où les meubles sont placés, soit pour rappeler les prix pour lesquels ils sont portés, soit dans l'inventaire de 1819, soit dans les états d'achats postérieurs et les fonds sur lesquels la dépense d'achat a été minutée, de manière que le dernier de ces récolements puisse toujours au besoin servir lui-même d'inventaire. Les récolements doivent continuer de comprendre (mais seulement pour mémoire, et sans que le montant doive concourir à déterminer le chiffre de la valeur du mobilier) les objets qui auraient été distraits des inventaires, par application de l'art. 525, C. civ. (c'est-à-dire les glaces, tableaux et autres objets scellés dans les murs, ou les statues placées dans les niches pratiquées exprès pour les recevoir, qui sont réputés faire corps avec l'immeuble) » (Circ. min. 21 mars 1831).

232. — Cependant, « lorsque l'état ne doit être que la copie littérale de celui de l'année précédente, il est inutile de dresser, tous les ans, un état complet. Il suffit d'un procès-verbal constatant la représentation exacte des objets décrits au précédent inventaire approuvé » (Circ. min. 29 nov. 1835).

233. — Les états de récolement sont signés par le préfet, par les deux membres du conseil général et par les parties intéressées, et sont dressés en quadruple expédition, dont l'une est déposée au secrétariat de l'évêché, une autre à la préfecture, la troisième transmise au ministre secrétaire d'État de l'intérieur, et la quatrième à la direction du domaine où se trouve le chef-lieu du diocèse (Ord. 7 avr. 1819, art. 6 ; 3 févr. 1830, art. 8).

234. — Une circulaire du 6 mai 1867 oblige en outre les préfets, en exécution de la loi du 8 déc. 1848, à adresser au ministre des Cultes, pour la Cour des comptes, un second exemplaire du procès-verbal de récolement ou de l'inventaire dont il s'agit. Une autre circulaire du 30 nov. 1880 invite les préfets à se conformer à ces prescriptions, et à veiller à ce que ces deux exemplaires soient signés par tous les membres de la commission qui ont procédé à l'opération (Rec. circ. des cultes, t. 4, p. 284).

235. — Cette circulaire indique en outre les pièces à produire, à l'appui du procès-verbal de récolement, pour les réformes, pour l'achat de nouveaux meubles, pour les réparations.

236. — Le procès-verbal de récolement de l'inventaire doit être adressé au ministre des Cultes avant le 31 janvier de chaque année, ainsi que toutes les pièces relatives aux réformes, achats et réparations (Circ. min. Cultes, 20 déc. 1833 ; 30 nov. 1880).

237. — Suivant l'ordonnance du 7 avr. 1819, art. 6, en cas de mutation par décès ou autrement, il est procédé par le préfet ou un conseiller de préfecture désigné par lui, assisté de deux membres du conseil général désignés d'avance par le conseil, à l'inventaire et au récolement estimatif du mobilier ; la succession du défunt, ou l'évêque sortant et l'évêque nommé, peuvent s'y faire représenter par des fondés de pouvoirs. « La pratique a démontré qu'il est presque toujours impossible de combiner l'époque de ce récolement, de manière que la succession de l'évêque décédé et le représentant du nouveau prélat puissent y concourir. Cette mesure exigerait quelquefois un long ajournement, qui laisserait en souffrance les intérêts des héritiers et rendrait inaccessibles les appartements ; on doit donc procéder au récolement dans le plus bref délai, sauf ensuite au survenant à provoquer une nouvelle opération s'il ne lui suffit pas d'une reconnaissance personnelle (Circ. min. 22 mars 1831).

238. — Les évêques ne sont point responsables de la valeur des meubles, et sont tenus seulement de les représenter (Ord. 7 avr. 1819, art. 7). Mais, aux termes de la circulaire précitée du 22 mars 1831, à défaut de représentation en nature ou par un équivalent jugé admissible par la commission et par le ministre, le prélat, sauf les accidents et cas de force majeure non reprochables à lui ou aux siens, doit compte au Trésor public d'une somme égale au prix pour lequel l'objet ou les objets non représentés sont cotés, soit à l'inventaire, soit aux états d'achat, s'il n'a point été fait d'inventaire. Ces obligations s'exercent naturellement aux objets qui auraient été distraits de l'inventaire par application de l'art. 525, C. civ.

239. — Le procès-verbal de récolement annuel doit contenir encore l'évaluation des sommes jugées nécessaires, soit pour achats, soit pour frais d'entretien, et doit servir aux propositions à faire pour les nouveaux achats de meubles (Ord. 7 avr. 1819, art. 7). En effet, « lorsque la valeur du mobilier arrête, comme nous venons de le dire, ne s'élève pas à une somme équivalente à une année du traitement du titulaire, le ministre peut autoriser, au fur et à mesure des besoins, de nouveaux achats de meubles, jusqu'à concurrence de cette somme (Ord. 7 avr. 1819, art. 1).

240. — De ce que la valeur du mobilier accordé soit restreinte au maximum du traitement, il ne faut pas conclure qu'il y ait lieu de prescrire des réductions là où l'ameublement aurait une plus grande valeur (Ord. 7 avr. 1819, art. 3). Seulement le remplacement des objets devenus hors de service n'a lieu que tant que le mobilier légal n'a pas atteint le maximum (Circ. min. 22 mars 1831). — Vuillefroy, p. 271.

241. — Les allocations nécessaires aux réparations ou achats de mobilier sont accordées par le ministre des Cultes sur le crédit spécial inscrit à cet effet au budget de son département. Pour l'exercice 1900, ce crédit est de 20,000 fr. Une circulaire du 9 nov. 1886 indique les pièces à produire à l'appui de ces dépenses (Circ. cultes, t. 4, p. 591).

ÉVICTION. — V. Dot. — Échange. — Faillite. — Legs. — Lésion. — Paiement. — Partage. — Partage d'ascendant. — Possession. — Vente.

ÉVIER.

1. — La servitude d'évier consiste dans l'obligation pour un fonds de recevoir les eaux ménagères qui s'écoulent d'un autre fonds par un conduit, généralement pratiqué dans un mur.

2. — C'est une servitude conventionnelle, établie par le fait de l'homme. — V. sur les caractères des servitudes de cette nature, *infrà*, v° *Servitude*. — V. aussi Pau, 12 déc. 1887, Moulié, [D. 89.2.230] — V. *supra*, v° *Eaux*, n. 266 et s.

3. — C'est une servitude apparente lorsqu'elle se manifeste par un ouvrage extérieur. — V. C. civ., art. 689. — V. *infrà*, v° *Servitude*.

4. — C'est en tout cas une servitude discontinue ; car il est bien évident qu'elle a « besoin du fait actuel de l'homme pour être exercée » (C. civ., art. 688), le fonds servant ne recevant que les eaux versées dans l'évier par le propriétaire du fonds dominant. — Cass., 19 juin 1865, d'Hierast, [S. 65.1.337, P. 65.865, D. 65.1.478] ; — 17 févr. 1875, Cistac, [S. 75.1.74, P. 77.134, D. 76.1.504] — Aix, 31 janv. 1838, Lions, [S. 38.2.348, P. 38.2.171] — Colmar, 17 avr. 1866, [*Journ. Colmar*, 1866, p. 98] — Bordeaux, 31 août 1866, Bauguel, [S. 67.2.136, P. 67.570] — Riom, 8 mars 1888, Arnaud, [D. 88.2.215] — Pau, 29 janv. 1890, Domec, [D. 91.2.122] — Lyon, 28 janv. 1896, [*Mon. jud. Lyon*, 16 juin 1896] — Trib. Rouen, 9 août 1851, Lecœur, [*Rec. Caen et Rouen*, 1854, p. 172] — V. aussi Cass., 15 juill. 1883, Gayon, [S.87. 1.429, P. 87.1.1057, D. 86.1.316] — Limoges, 15 juin 1891, Estrade, [S. et P. 96.2.295, D. 96.2.362] ; — 23 mai 1894, Dubois-Golfier, [D. 96.2.362] — *Sic*, Duranton, consultation sous Aix, 31 janv. 1838, précité, [S. 38.2.348] ; Dupret, *Rev. de dr. fr. et étr.*, 1846, t. 3, p. 820 ; Daviel, *Cours d'eau*, t. 2, n. 710, et t.3, n. 942 ; Perrin et Rendu, *Code des constr.*, n. 1504 et 1948 ; A. Bourguignat, note sous Cass., 19 juin 1865, [S. 65.1.337, P. 65. 865] ; Aubry et Rau, t. 3, § 248, texte et note 9 ; Dayras, *Rev. prat*, 1876, t. 4, p. 364 ; Laurent, t. 8, n. 132.

5. — L'opinion contraire soutient un peu trop subtilement que l'homme ne fait que jeter les eaux à l'évier ; ce qui ne constitue pas la servitude : celle-ci ne commence que par l'écoulement à l'extrémité du tuyau, écoulement auquel l'homme reste étranger, et qui ne se produirait même pas si le conduit était obstrué. On ajoute que c'est une serv tude odieuse, qui exclut toute idée de tolérance de la part du propriétaire du fonds assujetti. On remarque enfin que la servitude de vue et celle d'aqueduc, qui sont continues toutes deux, ne peuvent cependant s'exercer que par le fait renouvelé de l'homme : la présence du tuyau de conduite, menace permanente, et les traces laissées sur le sol par l'écoulement des eaux offrent la preuve de la continuité. — Trib. Caen, 23 août 1825, Frilay, et 20 janv. 1835, Letot, [cités par Demolombe, t. 12, n. 712, p. 227] — Troplong, *De la prescription*, n. 140 ; Demolombe, t. 12, n. 712 ; Baudry-Lacantinerie et Chauveau, *Des biens*, n. 1089.

6. — Nous répondrons que si l'écoulement subsiste pendant un temps, d'ailleurs court, après le fait initial de l'homme, ce fait initial est cependant nécessaire pour que la servitude s'exerce ; que si le conduit est obstrué, ce n'est pas seulement en jetant l'eau, mais en débouchant le conduit pour lui permettre de couler, que l'homme exercera son fait actuel ; que le caractère odieux de la servitude est un motif pour ne pas l'imposer facilement au voisin qui peut en souffrir ; que la servitude de vue enfin consiste, non pas dans le fait de regarder, mais dans l'existence d'une fenêtre, que la servitude d'évier consiste dans l'écoulement de l'eau, et non pas dans l'existence d'un tuyau ni des résidus qui subsistent après l'écoulement, c'est-à-dire après l'exercice de la servitude. Quant à la servitude d'aqueduc, qui ne s'exerce que si l'homme lève la vanne qui retient l'eau, elle ne peut être assimilée à la servitude d'évier : ici le fait de l'homme est à la fois l'occasion et la cause, le fait initial, car c'est lui qui apporte et jette les eaux ménagères, tandis que l'ouverture de la vanne n'est que la suppression d'un obstacle qui s'opposait à ce que la servitude d'aqueduc s'exerçât, suppression qui peut même être accidentelle et ne point provenir du fait de l'homme.

7. — L'art. 688, en rangeant les égouts parmi les servitudes continues, n'a pu avoir en vue que l'égout des toits, qui en effet transmet les eaux pluviales sans le concours de la volonté du propriétaire dominant. — Daviel, t. 2, n. 740. — V. *suprà*, v° *Égout des toits*.

8. — Du caractère à la fois apparent et discontinu de la servitude d'évier, il résulte notamment qu'elle ne peut pas être acquise sans titre et par simple possession ni faire l'objet d'une action possessoire. — V. les arrêts cités, *suprà*, n. 4. — V. art. 691, C. civ. et *infrà*, v° *Servitude*. — En sens contraire, Trib. Caen, 23 août 1825 et 20 janv. 1835, précités.

9. — ... Et qu'en vertu de l'art. 694, C. civ., si le propriétaire de deux héritages entre lesquels il existe un signe apparent de servitude d'évier dispose de l'un de ses héritages, la servitude continue d'exister sur le fonds aliéné ou à son profit. — Cass., 8 nov. 1886, Petit, [D. 87.1.388] — Nancy, 28 nov. 1895, [*Rec. de Nancy*, 1896, p. 119] — V. *infrà*, v° *Servitude*.

10. — Il en est du reste ainsi, soit que le contrat ne contienne aucune convention relative à la servitude, soit même qu'il y soit énoncé que le fonds assujetti est vendu franc et quitte de toute servitude. — Cass., 8 déc. 1824, Carra, [S. et P. chr.] — V. Perrin et Rendu, *Code des constr.*, n. 1803.

11. — Le mode d'établissement du débouché des éviers sur la voie publique est soumis à l'autorisation administrative. — V. notamment Ord. 24 déc. 1823, tit. 2, sect. 10, art. 19.

ÉVOCATION.

LÉGISLATION.

C. proc. civ., art. 473; C. comm., art. 601; C. instr. crim., art. 213, 215.

BIBLIOGRAPHIE.

V. *Appel* (mat. civ.).

INDEX ALPHABÉTIQUE.

Acquiescement, 18.
Action civile, 31 et s.
Affaire en état, 22.
Compétence, 12, 13, 18, 22, 23, 25, 33.
Conclusions au fond, 13, 22.
Confirmation, 12 et 13.
Demande reconventionnelle, 23.
Diffamation, 26.
Discipline, 39.
Dommages-intérêts, 26.
Effet dévolutif, 18, 19, 26.
Enquête, 24.
Excès de pouvoirs, 35.
Expertise, 25.
Fin de non-recevoir, 19.
Incident, 3.
Infirmation, 20 et s.
Instruction criminelle, 35.
Intérêt (défaut d'), 34.
Juge de paix, 14, 16.
Jugement interlocutoire, 3, 18.
Matière civile, 10 et s.
Matière répressive, 27 et s.
Ministère public, 31, 35.
Prescription, 28.
Remise de cause, 30.
Sursis, 31.
Tribunal civil, 14.
Tribunal de commerce, 12 et 13.
Tribunal correctionnel, 27 et s.
Vice de forme, 20, 28 et s.

DIVISION.

§ 1. — *Notions générales et historiques* (n. 1 à 9).
§ 2. — *Évocation en matière civile* (n. 10 à 26).
§ 3. — *Évocation en matière correctionnelle et de simple police* (n. 27 à 39).

§ 1. *Notions générales et historiques.*

1. — On entend par *évocation* l'action d'appeler à soi, pour le juger définitivement, le fond d'un litige qui n'a pas subi le premier degré de juridiction. Par cette mesure, le juge supérieur prive le juge inférieur de la connaissance d'une affaire de sa compétence, afin d'arriver plus vite à une décision définitive.

2. — Les lois romaines n'admettaient pas l'évocation, elles étaient contraires à tout ce qui dérangeait l'ordre régulier des juridictions. Mais d'autres principes prévalaient en France sous l'ancienne monarchie.

3. — A l'époque de la féodalité, la maxime « Nul ne peut être distrait de ses juges naturels » existait, mais c'était moins dans l'intérêt des justiciables que dans celui des seigneurs eux-mêmes, qui considéraient le droit de rendre la justice comme une propriété. Aussi de cette première maxime en avait-on fait découler une autre, à savoir qu'on ne pouvait soumettre au juge d'appel que le point jugé en première instance, *in tantum appellatum, in quantum judicatum*. Telle était la double garantie destinée à protéger les juridictions inférieures contre les entreprises et les envahissements des cours supérieures; mais cette barrière fut impuissante, et il arriva que les juges souverains devant lesquels une cause était portée à l'occasion d'un incident, d'un interlocutoire, etc., la retenaient pour la juger au fond, quoique l'instruction ne fût pas complète. De la sorte, les tribunaux inférieurs étaient dépouillés, sans que pour cela les affaires fussent jugées avec plus de célérité.

4. — C'était là un abus grave et malheureusement très-fréquent. Aussi nos rois essayèrent-ils de le réprimer; dès le principe, ils voulurent que chaque juge ordinaire conservât la connaissance des affaires de son ressort; mais quoique souvent renouvelées, les ordonnances n'obtinrent pas grand succès et ne tardèrent pas à tomber en désuétude. Henri III crut être plus heureux en permettant d'évoquer, mais seulement dans le cas où le fond serait vidé immédiatement. « Pour le regard de nos cours souveraines, dit-il, leur défendons, en procédant au jugement des causes d'appel, d'évoquer le principal de la matière, si ce n'est pour le vider sur-le-champ » (Ord. Blois, art. 149).

5. — Son ordonnance ayant fini, comme les précédentes, par tomber dans l'oubli, Louis XIV la renouvela en ces termes : Défendons aussi à tous juges, sous peine de nullité des jugements qui interviendront, d'évoquer les causes, instances et procès pendants aux sièges inférieurs ou autres juridictions, sous prétexte d'appel ou connexité, si ce n'est pour juger définitivement à l'audience, et sur-le-champ, par un même jugement (Ord. de 1667, tit. 6, art. 2). Mais il faut remarquer que, malgré la sévérité de ce texte, le conseil du roi donnait lui-même l'exemple du mépris de l'ordonnance et se permettait des évocations fréquentes qui, tantôt sous le nom d'évocations de grâce, tantôt sous celui d'évocations de justice, tendaient toujours, en définitive, à changer l'ordre des juridictions.

6. — Les auteurs du Code de procédure ont tari avec raison la source de ces abus, et si, dans un cas unique, ils ont attribué aux juges supérieurs la faculté d'évoquer, ils ont eu soin de la restreindre de telle sorte qu'elle ne pût être exercée que dans l'intérêt des justiciables et de l'ordre public, qui ne peut que gagner à ce que les affaires soient jugées avec une grande célérité.

7. — C'est ce qu'avait compris l'Assemblée constituante lorsqu'elle avait promulgué la disposition suivante : « L'ordre constitutionnel des juridictions ne pourra être troublé, ni les justiciables distraits de leurs juges naturels par aucune contestation, ni par d'autres attributions ou évocations que celles qui seront déterminées par la loi » (L. 24 août 1790, tit. 2, art. 17).

8. — Cette détermination n'ayant été faite que par le Code de procédure, jusqu'en 1807 on est resté dans le vague quant à l'application des principes posés par l'ordonnance de 1667 en matière d'évocation.

9. — Cependant la Cour de cassation jugeait à cette époque : 1° qu'il y avait lieu à renvoi devant les juges *a quo* toutes les fois qu'ils n'avaient pas été mis en état de juger ; 2° que le tribunal de second degré pouvait évoquer, et même qu'il le devait, lorsque le tribunal compétent avait été mis en état de juger et qu'il ne l'avait pas fait ; 3° que l'évocation n'était pas autorisée lorsque les juges supérieurs infirmaient la sentence d'appel comme incompétemment rendue.

§ 2. *Évocation en matière civile*

10. — Aujourd'hui l'évocation en matière civile est régie par les dispositions de l'art. 473, C. proc. civ., d'après lequel « lorsqu'il y aura appel d'un jugement interlocutoire, si le jugement est infirmé, et que la matière soit disposée à recevoir une décision définitive, les cours royales (cours d'appel) et autres tribunaux d'appel pourront statuer en même temps sur le fond définitivement par un seul et même jugement. Il en sera de même dans le cas où les cours royales (cours d'appel) et autres tribunaux infirmeraient, soit pour vice de forme, soit pour toute autre cause, des jugements définitifs. »

11. — Nous avons traité spécialement, *suprà*, v° *Appel* (mat. civ.), n. 3567 et s., de l'évocation en matière civile, et des conditions qui sont nécessaires pour que cette faculté puisse s'exercer. Nous rappelons qu'il faut : 1º que le jugement dont est appel soit infirmé ; 2º que la cause soit en état de recevoir une solution définitive ; 3º que le tribunal d'appel, quand il évoque, statue sur l'évocation et sur le fond par un seul et même jugement (Garsonnet, t. 5, p. 316 et s.). Nous n'insisterons pas davantage ici sur le triple caractère des conditions mêmes de l'évocation. Nous nous contenterons de relever divers arrêts de la Cour de cassation et des cours d'appel qui n'ont fait que confirmer ces principes en ces dernières années.

12. — C'est ainsi qu'il a été jugé que le droit d'évocation ne pouvant être exercé que dans le cas où la décision de première instance est infirmée (V. *suprà*, v° *Appel* [mat. civ.], n. 3587 et s.), la cour d'appel qui confirme un jugement d'incompétence rendu par un tribunal de commerce ne peut évoquer le fond. — Cass., 21 mars 1893, Mouret, [S. et P. 96.1.358, D. 93.1.318]

13. — ... Que l'allégation, en pareil cas, de l'intimé, que les deux parties auraient l'une et l'autre conclu au fond devant la cour et auraient renoncé au premier degré de juridiction, est inopérante, si, aux conclusions de l'intimé tendant à la fois à la confirmation du jugement d'incompétence, au fond, au rejet de la demande de l'appelant et à une condamnation à son profit, l'appelant a répondu en demandant exclusivement la réformation du jugement par lequel le tribunal de commerce avait déclaré son incompétence. — Même arrêt.

14. — ... Que le tribunal civil, saisi de l'appel d'un jugement par lequel le juge de paix s'est déclaré compétent pour connaître d'une affaire de la compétence des tribunaux de commerce, ne peut, en accueillant l'exception d'incompétence, juger l'affaire par voie d'évocation. — Cass., 18 nov. 1890, Aracile, [S. et P. 92.1.235, D. 91.1.108]

15. — Cette solution ne semble pas devoir faire difficulté. Pour que le droit d'évocation puisse s'exercer, il faut que la juridiction d'appel soit, en tant que juge d'appel, le juge naturel du procès. Jugé, en ce sens, que la faculté d'évoquer n'appartient au juge d'appel que dans les cas où, par application des règles qui déterminent sa compétence, il a le pouvoir de juger, en dernier ressort, la contestation dont il se saisit par l'évocation. — Cass., 17 mars 1896 (2 arrêts), L. Bourdin et Rouvier, [S. et P. 1900.1.134]

16. — Spécialement, le tribunal civil ne saurait, après avoir, en appel, infirmé pour incompétence la sentence d'un juge de paix rendue sur une question de propriété d'une valeur indéterminée, évoquer le fond, et ainsi statuer définitivement sur un litige dont il ne pouvait connaître qu'en premier ressort. — Mêmes arrêts.

17. — ... Alors, d'ailleurs, qu'il n'est pas établi que les parties aient manifesté l'intention de renoncer au bénéfice des deux degrés de juridiction. — Cass., 17 mars 1896 (1ᵉʳ arrêt), précité.

18. — Décidé également qu'il n'y a pas lieu à évocation de la part d'un tribunal qui maintient la compétence du premier juge et la sentence interlocutoire validée par l'acquiescement du défendeur, alors surtout que le premier juge avait statué au fond. Toutefois, la mention du tribunal qu'il a évoqué le fond ne vicie pas sa décision, puisque, par l'effet dévolutif de l'appel, il a pu juger la contestation. — Cass., 8 mai 1889, Cédoz, [S. 91. 1.309, P. 91.1.755, D. 90.1.296] — V. *suprà*, v° *Appel* (mat. civ.), n. 3570 et s.

19. — ... Que lorsque les premiers juges ont rejeté une demande par une fin de non-recevoir se liant au fond du droit, la cour se trouve saisie en entier par l'effet dévolutif de l'appel, sans qu'il y ait lieu de recourir à une évocation. — Paris, 11 déc. 1895, de Brossard, [S. et P. 98.2.9]

20. — L'art. 473, C. proc. civ., n'a pas distingué entre les diverses causes d'infirmation ; que, dès lors, les juges d'appel peuvent évoquer le fond même quand ils infirment la décision des premiers juges pour vice de forme. — Cass., 29 juin 1899, Aunac et Drapé, [S. et P. 1900.1.420] — V. *suprà*, v° *Appel* (mat. civ.), n. 3581.

21. — En conséquence, la cour d'appel peut, après avoir annulé, comme n'ayant pas été précédé d'un rapport du juge-commissaire un jugement rendu en matière de faillite, et après avoir déclaré la cause en état, juger le fond, soit en exécution de l'art. 473, C. proc. civ., soit en vertu de l'effet dévolutif de l'appel et des conclusions respectives des parties. — Même arrêt.

22. — Jugé qu'un arrêt, en infirmant le jugement qui s'est à tort déclaré incompétent, peut statuer au fond par voie d'évocation, lorsque l'affaire est en état, les parties ayant conclu au fond. — Cass., 30 janv. 1894, Huet, [S. et P. 98.1.266, D. 94. 1.152] — V. en ce sens, Cass., 28 oct. 1896, Arnoud et Guériot, [S. et P. 97.1.436, D. 97.1.583] — V. aussi *suprà*, v° *Appel* (mat. civ.), n. 3615 et s.

23. — ... Que le juge d'appel, qui infirme un jugement de première instance par lequel le tribunal s'est à tort déclaré incompétent sur une demande reconventionnelle, ne peut statuer sur elle par voie d'évocation, dès lors qu'il n'y a eu de défense au fond sur cette demande, ni en première instance, ni en appel, et qu'ainsi la matière n'était pas disposée à recevoir une solution définitive. — Cass., 24 nov. 1897, Bourgey, [S. et P. 98. 1.342, D. 98.1.173]

24. — ... Que les juges d'appel, qui infirment un jugement d'avant faire droit ordonnant une enquête, peuvent évoquer le fond, lorsque les conclusions prises devant les premiers juges ont mis la cause en état de recevoir une solution sur le fond ; et qu'il en est ainsi alors même que ces conclusions n'ont pas été reprises devant les juges du second degré par l'intimé, et que celui-ci s'est borné à conclure devant eux à la confirmation de l'interlocutoire. — Cass., 9 avr. 1895, Consul, [S. et P. 96.1. 81, D. 95.1.239]

25. — ... Que l'exercice du droit d'évocation emporte pour le juge d'appel, qui infirme la décision du juge du premier degré, l'obligation de terminer définitivement le litige par un seul et même arrêt ; et que lorsque le juge d'appel, évoquant le fond, dont le premier juge n'avait pas abordé l'examen dans sa décision, constate la nécessité d'une mesure d'instruction destinée à éclairer sa religion, et ordonne à cette fin une expertise, il y a nullité. — Cass., 17 mai 1893, Comm. de Fumay et autre, [S. et P. 93.1.304, D. 94.1.120] — V. aussi Cass., 24 juill. 1889, Haussineau, [S. 89.1.434, P. 89.1.1065, D. 90.1.264]

26. — ... Que le juge du second degré, saisi de l'appel d'un jugement par lequel le premier juge, statuant sur les conclusions réciproques des parties, a rejeté une action en dommages-intérêts pour diffamation comme prescrite, se trouve ainsi saisi, en vertu de l'effet dévolutif de l'appel, de la connaissance d'une demande que les premiers juges n'ont entièrement rejetée : n'ayant point dès lors, en ce cas, à faire usage du droit d'action, les juges d'appel ne sont point obligés de statuer sur le tout par un seul et même arrêt, et ils peuvent, après avoir rejeté le moyen de prescription, renvoyer à une audience ultérieure pour vider le fond du litige. — Cass., 8 avr. 1893, Grégoire, [S. et P. 93.1. 334, D. 94.1.360]

§ 3. *Evocation en matière correctionnelle et de simple police.*

27. — Aux termes de l'art. 215, C. instr. crim., si le jugement est annulé pour violation ou omission des formes prescrites par la loi à peine de nullité, la cour statuera sur le fond. Ici encore on trouvera les applications de cette règle, *suprà*, v° *Appel* (mat. répressive), n. 1397 et s., de sorte que nous nous bornerons à relever les décisions les plus récentes.

28. — Il a été jugé que les termes de l'art. 215, C. instr. crim., sont généraux et absolus ; que, par conséquent, dans tous les cas, sauf celui où l'incompétence est reconnue par les juges du second degré, les cours d'appel, quand elles annulent un jugement correctionnel pour violation ou omission des formes prescrites par la loi doivent évoquer le fond. — Cass., 26 janv. 1893, Bayle, [D. 94.1.112]

29. — ... Qu'il en est ainsi soit que l'irrégularité s'attache à l'instruction ou au jugement, soit qu'elle se réfère aux actes mêmes en vertu duquel le tribunal a été saisi. — Cass., 13 juin 1890, Etcheverry et Pochelon, [S. 91.1.491, P. 91.1.434, D. 90. 1.281]

30. — ... Que, notamment, c'est à bon droit que la cour d'appel évoque et statue sur le fond, après avoir annulé un jugement correctionnel par le motif que la remise de l'affaire qui a précédé ce jugement, ayant été prononcée en l'absence des prévenus régulièrement cités, ceux-ci avaient été condamnés sans avoir été avertis du renvoi ordonné, ni cités à comparaître à l'audience indiquée. — Même arrêt.

31. — ... Que, par suite, dans le cas où la cour d'appel, saisie d'un jugement de sursis, et réformant ce jugement, se trouve, en vertu de l'évocation qui lui est imposée par l'art. 215, C. instr. crim., tenue de remplir directement le rôle des juges du premier degré, elle est investie comme eux, même en l'absence de tout appel du ministère public, de la mission de statuer tant sur l'action publique que sur l'action civile. — Cass., 21 mai 1896, Mouret, [S. et P. 97.1.157]. — ... Qu'en conséquence, le prévenu, sans avoir à interjeter appel et sur l'appel de la partie civile, est fondé à demander son relaxe. — Même arrêt.

32. — Le juge d'appel, lorsqu'il n'est saisi que par l'appel de la partie civile, ne peut statuer que sur les intérêts civils. — V. *suprà*, v° *Action civile*, n. 817 et s. — V. not., Montpellier, 10 nov. 1894 (motifs), Marty, [S. et P. 96.2.201] — Mais il n'en est ainsi qu'en ce qui concerne les décisions par lesquelles les premiers juges ont statué au fond ; et la jurisprudence tend à admettre que, sur le seul appel de la partie civile, la cour d'appel, au cas d'infirmation d'un jugement ne statuant pas au fond, peut, en évoquant le fond, statuer tant sur l'action publique que sur l'action civile. Ainsi il a été jugé que le juge d'appel, qui déclare irrecevable, faute d'avoir été interjeté dans le délai légal, l'appel du ministère public contre un jugement prononçant un sursis, peut, sur l'appel de la partie civile, en infirmant ce jugement et en évoquant le fond, statuer tant sur l'action publique que sur l'action civile. — V. Limoges, 4 avr. 1889, Magadoux, [S. 90.2.81, P. 90.1.460, D. 91.2.301]

33. — Jugé aussi que, lorsque la partie civile interjette appel du jugement par lequel un tribunal s'est déclaré incompétent, l'appel a pour effet, même en l'absence d'un appel du ministère public, de faire remettre en question, de saisir la cour de la cause tout entière, de la mettre en demeure de statuer tant sur la compétence que sur le fond en cas de réformation, et, de l'investir, dans ce dernier cas, dans les mêmes conditions que les premiers juges, par suite de l'évocation qui lui est imposée par l'art. 215, C. instr. crim., de la mission de prononcer aussi bien sur l'action publique que sur l'action civile. — Limoges, 28 juill. 1887, sous Cass., 3 nov. 1887, Peignaud, [S. 90.1.550, P. 90.1.1308, D. 89.1.221] — V. *suprà*, v° *Appel* (mat. répressive), n. 1444 et 1445.

34. — Jugé, d'ailleurs, que le prévenu est sans intérêt et par suite non recevable à se plaindre de ce que la cour, saisie par son appel et par l'appel du ministère public d'un jugement qui avait statué sur le fond et qui était régulier en la forme, a cru devoir recourir à la forme à l'évocation, alors qu'elle pouvait statuer au fond par l'effet dévolutif de l'appel et ainsi faire. — Cass., 3 févr. 1888, Pommier, [S. 88.1.400, P. 88.1.960] — V. dans le même sens, en matière civile, Cass., 17 juin 1873, Gaspari, [S. 74.1.379, P. 74.935, D. 73.1.475] ; — 12 janv. 1887, de Damrémont, [S. 88.1.55, P. 88.1.124]

35. — Jugé, d'autre part, que lorsque la cour d'appel annule le jugement d'un tribunal correctionnel, à raison d'un excès de pouvoir par lui commis (délégation donnée au juge d'instruction pris comme tel), elle peut, en évoquant le fond, conformément à l'art. 215, C. instr. crim., ordonner qu'il sera procédé par un de ses membres à une information complémentaire, ou autoriser le ministère public à faire entendre les témoins à l'audience. — Cass., 1er avr. 1892, Noël, [S. et P. 92.1.333, D. 92.1.525] — V. aussi sous cet arrêt le rapport de M. le conseiller Sallantin.

36. — L'art. 215, C. instr. crim., n'est point applicable aux tribunaux correctionnels, jugeant en appel les sentences des tribunaux de simple police ; il résulte implicitement de l'art. 174 du même Code que les appels de ces sentences doivent être jugées conformément aux règles tracées par l'art. 473, C. proc. civ.

37. — Ainsi jugé que lorsqu'un jugement d'un tribunal de simple police statue sur le déclinatoire d'incompétence soulevé devant lui, ainsi que sur le fond même de la poursuite, et que l'inculpé interjette appel de cette décision, sans limiter la portée de cet acte, le tribunal correctionnel est saisi par suite de l'effet dévolutif de l'appel de l'ensemble des questions et des faits sur lesquels le juge de simple police avait statué. — Cass., 3 févr. 1888, Brenot, [D. 89.1.48]

38. — V., au surplus, sur l'évocation en matière de simple police, *suprà*, v° *Appel* (mat. répressive), n. 201 et s.

39. — Remarquons, enfin, que l'art. 215, C. instr. crim., n'est pas applicable en matière disciplinaire. — V. *suprà*, v° *Discipline judiciaire*, n. 593.

ÉVOLAGE. — V. ÉTANG.

EXAMEN. — V. INSTRUCTION PUBLIQUE.

EXCAVATION. — V. CHEMIN VICINAL. — ÉCLAIRAGE. — MINES, MINIÈRES, CARRIÈRES. — OCCUPATION TEMPORAIRE. — PROPRIÉTÉ. — RÈGLEMENT DE POLICE. — TRAVAUX PUBLICS.

EXCEPTIONS ET FINS DE NON-RECEVOIR. — V. APPEL (mat. civ.). — BÉNÉFICE D'INVENTAIRE. — CASSATION (mat. civ.). — CAUTION judicatum solvi. — CAUTIONNEMENT. — COMMUNICATION DE PIÈCES. — COMPÉTENCE CIVILE ET COMMERCIALE. — CONNEXITÉ. — DÉCLINATOIRE. — EXPLOIT. — GARANTIE. — LITISPENDANCE. — NULLITÉ. — RÈGLEMENT DE JUGES. — RENVOI D'UN TRIBUNAL A UN AUTRE.

EXCÈS DE POUVOIR (MATIÈRE ADMINISTRATIVE).

LÉGISLATION.

L. 7-14 oct. 1790 (*qui règle différents points de compétence des corps administratifs en matière de grande voirie*) ; — Arr. 5 niv. an VIII (*pour l'organisation du Conseil d'Etat*), art. 11 ; — L. 16 sept. 1807 (*relative à l'organisation de la Cour des comptes*), art. 17 ; — Décr. 2 nov. 1864 (*relatif à la procédure devant le Conseil d'Etat en matière contentieuse et aux règles à suivre par les ministres dans les affaires contentieuses*), art. 1 ; — L. 20 août 1871 (*relative aux conseils généraux*), art. 88 ; — L. 24 mai 1872 (*portant réorganisation du Conseil d'Etat*), art. 9 ; — L. 5 avr. 1884 (*sur l'organisation municipale*), art. 63 et 67 ; — L. 15 juill. 1889 (*sur le recrutement de l'armée*), art. 32 ; — L. 13 avr. 1900 (*portant règlement du budget pour l'exercice 1900*), art. 24 ; — L. 17 juill. 1900 (*portant modification de la loi du 25 oct. 1888*), art. 3.

BIBLIOGRAPHIE.

Aucoc, *Conférences sur l'administration et le droit administratif*, 1882, 2e éd., 3 vol. gr. in-8°, t. 1, n. 295 et s., 367. — Batbie, *Traité théorique et pratique de droit public et administratif*, 2e éd., 1885, 9 vol. in-8°, t. 7, p. 454 et s. — Béquet, Dupré et Laferrière, *Répertoire de droit administratif* (en cours de publication), v° *Contentieux administratif*, n. 345 et s. — Blanche, *Dictionnaire général de l'administration*, 1884-91, 2 vol. gr. in-8°. — Block, *Dictionnaire de l'administration française*, 4e éd., 1 vol. gr. in-8°, v° *Excès de pouvoir*. — Cabantous et Liégois, *Répétitions écrites sur le droit administratif*, 1881, 6e éd., 1 vol. in-8°, n. 851. — Clément (R.), *Exposé pratique de la procédure suivie devant le Conseil d'Etat*, 1882, 1 vol. in-8°, p. 124 et s. — Colin (M.), *Cours élémentaire de droit administratif*, 1890, p. 116 et s. — Cretin, *Du contentieux administratif*, 1884, 1 vol. in-8°, p. 9 et s. — Ducrocq, *Cours de droit administratif*, 6e éd., 1881, 2 vol. in-8°, t. 1, p. 236 et s. ; — *Traité de droit administratif* (en cours de publication), 3 vol. parus, t. 2, p. 29 et s. — Dufour, *Traité général de droit administratif appliqué*, 1868-70, 3e éd., 8 vol. in-8°, t. 2, p. 279 et s., et passim. — Foucart, *Eléments de droit public et administratif*, 4e éd., 1856, 3 vol. in-8°, t. 3, n. 1888 et s. — Hauriou, *Précis de droit administratif*, 3e éd., 1897, 1 vol. in-8°, p. 307 et s. — Jacquelin, *Les principes dominants dans le contentieux administratif*, 1898, 1 vol. in-18, p. 227 et s. — Laferrière, *Traité de la juridiction administrative*, 2e éd., 1896, 2 vol. in-8°, t. 2, p. 396 et s. — Serrigny, *Traité de l'organisation de la compétence et de la procédure en matière contentieuse administrative*, 1865, 3 vol. in-8°, t. 1, n. 224 et s. — Simonet, *Traité élémentaire de droit public et administratif*, 1885, 1 vol. in-8°, n. 349 et s.

Lefournier (J.), *Du recours au Conseil d'Etat pour excès de pouvoir*, 1891, 1 vol. in-8°.

Du droit de contrôle du Conseil d'Etat sur les décisions de la section du contentieux et les actes administratifs sujets à annulation pour excès de pouvoir (Cotelle) : Rev. crit., t. 1, p. 373 et s. — *Origine et développement historique du recours pour excès de pouvoir* (Laferrière) : Rev. crit., 1876, p. 303 et s.

INDEX ALPHABÉTIQUE.

Abus ecclésiastique, 27.
Acquiescement, 192 et 193.
Actes administratifs, 38, 40.
Actes de gestion, 290.
Actes de pure administration, 71 et s.
Actes diplomatiques, 59, 65.
Actes gouvernementaux, 58.
Actes législatifs, 41 et s.
Actes réglementaires, 38.
Adjudication, 278, 308.
Algérie, 43, 158.
Aliéné, 217.
Alignement, 126, 224, 271, 300 et s.

EXCÈS DE POUVOIR (MATIÈRE ADMINISTRATIVE).

Allumettes chimiques, 321.
Architecte, 285.
Arrêté de police, 168.
Arrêté ministériel, 207 et 208.
Arrêté municipal, 210, 332 et s.
Arrêté préfectoral, 27, 75, 133 et s., 165, 206, 209, 218, 219, 284, 285, 299.
Association syndicale, 27, 201, 218.
Aubergiste, 129.
Autorisation de bâtir, 102, 332.
Autorisation de plaider, 231 et s.
Autorité judiciaire, 11 et s.
Avocat, 159 et 160.
Bains, 305.
Barrage, 280.
Battues, 114 et s., 304.
Boissons, 212.
Boucherie, 74.
Cabaret, 85. 150.
Café, 85. 150.
Canal, 331.
Carrière, 206.
Cassation, 190, 239.
Chambres législatives, 56 et 57.
Chemin de fer, 76, 128, 137, 207, 320.
Chemin de halage, 245.
Chemin vicinal, 260, 286.
Chose jugée, 310, 360 et s.
Cimetière, 124, 130.
Circulaire ministérielle, 268 et 269.
Colonie, 43, 265.
Comice agricole, 324.
Commission départementale, 23, 25, 101, 132, 162, 173, 182, 258, 260.
Commission de plus-value, 151.
Commission municipale scolaire, 152.
Commune, 54, 97, 131 et s., 158, 167, 209, 212, 232, 233, 236, 256, 257, 261, 285, 293, 309, 310, 326 et s., 368.
Comptable de deniers publics, 311.
Concession, 72, 208, 211, 328, 331.
Concours régional, 297.
Conseil académique, 95.
Conseil d'enquête, 273.
Conseil de préfecture, 19, 95, 200 et s., 208, 210, 211, 232 et 233.
Conseil de révision, 151.
Conseil supérieur de l'instruction publique, 95.
Conseil général, 23, 101, 137, 182, 260, 285.
Conseil municipal, 75, 133 et s., 216, 281, 286.
Conseiller de préfecture, 253.
Conservateur des hypothèques, 213.
Consistoire, 145.
Construction, 102, 245, 332.
Conseil général, 27.
Contrat, 188, 214, 295.
Contravention, 223 et s.
Contributions directes, 195, 200.
Contributions indirectes, 195, 203.
Costume, 87.
Coup d'État, 61.
Cours d'eau, 250, 269, 276, 284.
Curage, 202, 249.
Débit de boissons, 85, 150.
Déchéance, 208.
Décision ministérielle, 99 et 100.
Décret, 138, 216, 234 et s., 250, 251, 282 et 283.
Décrets-lois, 42, 44, 46.
Délai, 53, 94, 165, 174 et s., 229, 230, 297, 342, 346.
Délégation, 253 ci s.
Démission, 78.
Département, 154, 217.
Dépens, 347 et s.
Détournement de pouvoirs, 17, 224, 318 et s.

Discipline, 72 .
Dommages-intérêts, 357.
Domaine public, 139, 299.
Dons et legs, 214, 294.
Eaux, 211, 248, 370.
Eaux minérales, 323.
École congréganiste, 136.
École normale, 79.
Écurie, 298.
Église, 138, 285.
Élargissement de cours d'eau, 250.
Élections, 95, 195, 277.
Employé d'octroi, 81.
Emprunt communal, 69, 216.
Enquête, 272, 275 et s., 284, 286.
Enregistrement, 161, 351.
Enseignement primaire, 135.
Entrée (droits d'), 212.
Établissement d'aliénés, 217.
Établissement industriel, 141.
Étang, 281.
État, 54, 214.
Étranger, 60, 227.
Évaluation industrielle, 132.
Évocation, 354.
Examen, 79.
Exception, 222 et s.
Exécution, 355 et s., 365.
Expertise, 272.
Expropriation pour utilité publique, 54, 164, 189, 190, 247, 275, 296.
Expulsion, 60, 227.
Extraction de matériaux, 195.
Facteur aux halles, 142.
Faculté de droit, 147.
Foire, 129.
Formes (violation des), 14.
Frais, 20, 161 et s.
Garde particulier, 80.
Gare, 76, 128, 320.
Gaz, 82, 326, 328.
Grâce, 66 et s.
Grêle, 307.
Guerre, 61.
Guyane, 265.
Halles, 142, 334.
Hôpital, 145.
Hospice. 148.
Immeuble, 357.
Importation (droit d'), 204.
Imprimeur, 46.
Inaliénabilité, 139.
Incompétence, 6, 14, 22, 187, 192, 239 et s., 322, 334.
Indemnité, 61 et s., 127, 151, 195, 221.
Inhumation, 124, 138.
Inscription d'office, 97, 167, 293, 310.
Intervention, 340 et s.
Journal, 296.
Lac, 140.
Légion d'honneur, 264, 317.
Libraire, 46.
Loueur de voitures, 172.
Maire, 83 et s., 85, 123, 126, 135, 150, 256, 257, 261, 271, 285, 298, 332 et s.
Mer, 283.
Mine. 254, 331, 371.
Ministre, 76, 78, 94, 96 et s., 104, 134, 151, 152, 157, 158, 174 et s., 212, 213, 219, 251, 252, 264, 265, 323, 336.
Ministre de la Justice, 66.
Mitoyenneté, 379.
Mont-de-piété, 306.
Moulin, 211.
Mur mitoyen, 359 .
Nomination aux emplois, 72.
Notaire, 146.
Nullité, 266.
Observations du ministre, 100.
Occupation temporaire, 195.
Octroi, 205.
Octroi de mer, 158.
Officier, 78, 312 et s.

Ordonnance de soit communiqué, 338.
Ordre public, 266, 335.
Passage (droit de), 133.
Permission de bâtir, 102, 332.
Pétition (droit de), 68.
Place forte, 252.
Plantations, 245.
Pouvoir exécutif, 42 et s.
Préfet, 23, 27, 81, 82, 97, 101 et s., 123, 150, 245, 253, 261, 280, 281, 285, 293, 306, 310, 322, 324.
Presse, 57.
Prise d'eau, 269, 276, 284.
Professeur, 147.
Publicité, 57, 297.
Question préjudicielle, 215.
Recevabilité, 29 et s.
Recours hiérarchique, 174 et s., 218.
Recours parallèle, 194 et s.
Refus de statuer, 263 et s.
Règlement administratif, 223 et s.
Règlement d'administration publique, 38, 47 et s.
Remboursement, 356.
Requête, 337.
Rétroactivité, 270 et s.
Rivage de la mer, 305.
Rivière non navigable, 245, 249.
Saint-Domingue, 64.
Salubrité, 72.

Secrétaire général de préfecture, 253 et s.
Section de commune, 97.
Sel, 251.
Séparation des pouvoirs, 15.
Service public, 87.
Servitude, 245.
Silence de l'administration, 91 et s., 263.
Signature, 100.
Société d'agriculture, 144.
Sous-officier, 316.
Sous-préfet, 80.
Stationnement (droits de), 205.
Store, 303.
Sursis à statuer, 165.
Surtaxe d'octroi, 205.
Syndicat, 74, 143.
Tierce-opposition, 343 et s., 372.
Timbre, 20, 161, 351.
Tonnage (droits de), 205.
Travaux publics, 54, 208, 209, 221.
Tribunaux judiciaires, 195, 203 et s.
Trottoir, 191, 210.
Tutelle administrative, 72.
Uniforme, 87.
Urgence. 279.
Usine, 248, 269, 276, 322.
Vente à la criée, 333.
Vice de forme, 267 et s.
Voirie, 123, 271, 325.
Voitures, 320.

DIVISION.

CHAP. I. — Principes généraux. — Origine du recours pour excès de pouvoir (n. 1 à 34).

CHAP. II. — Conditions de recevabilité (n. 35).

Sect. I. — *Nature de l'acte attaqué* (n. 36 à 40).

§ 1. — *Actes législatifs* (n. 41 à 53).

§ 2. — *Actes administratifs accomplis en forme de loi* (n. 54 à 57).

§ 3. — *Actes gouvernementaux et diplomatiques* (n. 58 à 69).

§ 4. — *Actes ne produisant pas d'effet juridique* (n. 70).

§ 5. — *Questions concernant les actes dits « de pure administration »* (n. 71 à 90).

§ 6. — *Silence de l'administration* (n. 91 à 108).

Sect. II. — *Qualité de la partie* (n. 109 à 152).

Sect. III. — **Formes et délais du recours.**

§ 1. — *Formes.*

1° Recours *omisso medio* (n. 153 à 158).

2° Dispense de constitution d'avocat (n. 159 et 160).

3° Frais (n. 161 à 164).

§ 2. — *Délais.*

1° Règles générales (n. 165 à 173).

2° Cas où le recours pour excès de pouvoir est précédé du recours hiérarchique (n. 174 à 193).

Sect. IV. — **Existence d'un recours parallèle.**

§ 1. — *Exposé général de la théorie du recours parallèle* (n. 194 à 199).

§ 2. — *Application de la doctrine précédente* (n. 200 à 217).

§ 3. — *Exceptions à l'application de la doctrine du recours parallèle.*

1° Cas où le recours parallèle serait un recours administratif ou hiérarchique (n. 218 et 219).

2° Cas où le recours n'est point parallèle et direct (n. 220 à 230).

3° Recours contre les actes concernant les autorisations de plaider (n. 231).

Répertoire. — Tome XXI

EXCÈS DE POUVOIR (matière administrative). — Chap. I.

A. — Arrêtés des conseils de préfecture.
    a) Arrêtés refusant l'autorisation de plaider (n. 232).
    b) Arrêtés accordant l'autorisation (n. 233).
B. — Décrots.
    a) Décret refusant l'autorisation (n. 234 et 235).
    b) Décret accordant l'autorisation (n. 236).

CHAP. III. — Conditions de fond (n. 237 et 238).
Sect. I. — **Incompétence.**
§ 1. — *Principes généraux* (n. 239 à 244).
§ 2. — *Empiétement sur les attributions d'une autorité d'ordre différent* (n. 245 à 248).
§ 3. — *Empiétement sur les attributions d'une autre autorité administrative.*
  1° Empiétement sur les attributions d'une autorité supérieure (n. 249 à 258).
  2° Empiétement sur les attributions d'une autorité inférieure (n. 259 à 261).
  3° Empiétement sur les attributions d'une autorité de même rang (n. 262).
§ 4. — *Refus de statuer* (n. 263 à 265).
§ 5. — *Caractère de la nullité résultant de l'incompétence* (n. 266).

Sect. II. — **Vice de forme.**
§ 1. — *Principes généraux* (n. 267 à 274).
§ 2. — *Cas où les formalités ont été omises* (n. 275 à 281).
§ 3. — *Cas où les formalités ont été irrégulièrement remplies* (n. 282 à 287).

Sect. III. — **Violation de la loi et des droits acquis** (n. 288 à 317).

Sect. IV. — **Détournement de pouvoirs** (n. 318 à 335).

CHAP. IV. — Procédure.
  1° Recours *omisso medio* (n. 336).
  2° Communication de la requête (n. 337 à 339).
  3° Intervention (n. 340 à 342).
  4° Tierce-opposition (n. 343 à 345).
  5° Délai de la décision (n. 346).
  6° Dépens (n. 347 à 351).

CHAP. V. — Nature et effets de la décision statuant sur le recours pour excès de pouvoir.
Sect. I. — **Nature de la décision** (n. 352 à 359).
Sect. II. — **Effets de la décision** (n. 360).
§ 1. — *Effets de la décision à l'égard de la partie qui a formé le recours* (n. 361 et 362).
§ 2. — *Effets de la décision à l'égard de l'administration.* (n. 363 à 365).
§ 3. — *Effets de la décision à l'égard des tiers* (n. 366 à 372).

CHAPITRE I.

Principes généraux. Origine du recours pour excès de pouvoir.

1. — En étudiant les attributions contentieuses du Conseil d'Etat, nous avons mis au nombre de ses attributions comme unique degré de juridiction le jugement des « recours pour excès de pouvoir. » — V. *suprà*, v° *Conseil d'Etat*, n. 421 à 423.

2. — Le recours au Conseil d'Etat peut avoir pour but, soit la réformation de l'acte attaqué, soit seulement l'annulation, la mise à néant de celui-ci. En ce dernier cas le recours rentre dans le *contentieux de l'annulation*.

3. — C'est ce qui a lieu lorsqu'il s'agit de recours soulevés à l'occasion d'actes de commandement et de puissance publique. Ces actes ne peuvent être réformés par la juridiction administrative, ils ne peuvent être qu'annulés, et seulement pour illégalité, non pour fausse appréciation des faits. Cette action en annulation porte le nom de recours pour excès de pouvoir. — Laferrière, *Traité de la juridiction administrative*, t. 1, p. 17.

4. — Appartiennent également au contentieux de l'annulation les recours formés contre les décisions juridictionnelles qui émanent des tribunaux administratifs statuant en dernier ressort. Il en a été traité en examinant le rôle du Conseil d'Etat comme Cour de cassation (V. *suprà*, v° *Conseil d'Etat*, n. 482 et s.). Contrairement, à l'opinion précédemment émise par plusieurs auteurs, mais conformément à celle de M. Laferrière, nous plaçons le jugement des recours pour excès de pouvoir dirigés contre les actes administratifs au nombre des attributions du Conseil d'Etat comme unique degré de juridiction. — V. *eod. verb.*, n. 423.

5. — Les décisions dont il s'agit sont d'une nature toute différente : les unes sont des actes émanant de l'administration active, les autres des jugements en dernier ressort rendus par les tribunaux administratifs. Mais les recours auxquels elles donnent lieu sont toujours fondés sur l'application des lois qui régissent la compétence de toute autorité ou juridiction administrative, qui déterminent les formes et les conditions fondamentales de légalité de leurs actes et jugements. — Laferrière, *op. cit.*, p. 18 et 19.

6. — On reconnaît généralement comme origine du recours pour excès de pouvoir la loi des 7-14 oct. 1790, d'après laquelle « les réclamations d'incompétence à l'égard des corps administratifs seront portées au roi, chef de l'administration générale ».

7. — Le motif de l'attribution de ces affaires au Conseil d'Etat se conçoit facilement : le roi, investi de la puissance exécutive, et chef de l'administration générale du royaume, avait nécessairement le droit d'empêcher les excès de pouvoir de ses agents, et pour exercer une pareille autorité, il avait besoin des lumières du Conseil d'Etat. — Serrigny, n. 224.

8. — Il est cependant à remarquer que les arrêts rendus sous le premier Empire et sous la Restauration n'ont pas mentionné la loi des 7-14 oct. 1790. C'est seulement après 1830 que le Conseil d'Etat a pris l'habitude de la viser dans ses décisions; elle apparaît pour la première fois dans l'arrêt du 28 déc. 1832, Ministre de l'Intérieur, [P. adm. chr.]; les auteurs s'abstiennent aussi, jusqu'à cette époque, d'indiquer cette loi comme base du recours pour excès de pouvoir. — Laferrière, t. 2 p. 402 et s.

9. — La loi 7-14 oct. 1790 n'a donc pas eu, dès le début, une grande influence sur la théorie du recours pour excès de pouvoir. Cela tient à ce qu'elle était moins une loi de principe qu'une sorte de résolution de l'Assemblée nationale ; son préambule indique qu'elle a eu pour but de résoudre des difficultés d'interprétation et d'exécution auxquelles les lois précédentes avaient donné lieu et spécialement de régler des contestations survenues entre le directoire du département de la Haute-Saône et la municipalité de Gray au sujet d'une route royale traversant cette ville. On conçoit que le Conseil d'Etat ait pu ne pas voir immédiatement en elle un texte formel, instituant le recours pour excès de pouvoir en matière administrative, comme d'autres textes l'avaient établi en matière judiciaire. — Laferrière, *loc. cit.*

10. — A défaut de la loi 7-14 oct. 1790, les anciens arrêts semblaient admettre que la compétence du Conseil d'Etat comme juge des excès de pouvoir était inhérente à son institution même, et s'inspirer des traditions de l'ancien conseil du roi qui était chargé de régler souverainement les compétences, de réprimer tous les empiétements et de vider tous les conflits survenus entre les dépositaires de l'autorité publique.

11. — D'ailleurs les attributions générales conférées au Conseil d'Etat par l'art. 52 de la constitution de l'an VIII pour les difficultés s'élevant en matière administrative pouvaient servir de base à la jurisprudence. En outre, l'art. 11, Règl. 5 niv. an VIII, qui le chargeait de prononcer sur les conflits s'élevant entre l'administration et les tribunaux lui permettait certainement d'annuler les actes administratifs empiétant sur les fonctions judiciaires.

12. — Aussi trouve-t-on d'assez nombreux exemples d'arrêts annulant les décisions administratives qui avaient statué sur des questions réservées aux tribunaux. — Cons. d'Et., 28 mars 1807, Dupuy-Briacé, [S. chr., P. adm. chr.]; — 22 janv. 1808,

Hours, [S. chr., P. adm. chr.]; — Même date, Delamotte, [S. chr., P. adm. chr.]; — 25 mai 1811, Outin, [S. chr., P. adm. chr.] — Laferrière, t. 2, p. 407.

13. — On trouve également des exemples d'arrêts annulant des actes administratifs qui avaient empiété non pas sur le domaine de l'autorité judiciaire, mais sur les attributions d'un autre administrateur ou d'un juge administratif. — V. Cons. d'Et., 1er sept. 1807, Lavocat, [S. chr., P. adm. chr.]; — 7 oct. 1807, Hameau de Pré-L'Evêque, [P. adm. chr.]; — 14 janv. 1811, Habitants de Montgard, [S. chr., P. adm. chr.]; — 25 janv. 1813, Pellerin, [S. chr., P. adm. chr]; — 18 nov. 1818, Egret-Thomassin, [S. chr., P. adm. chr.].

14. — L'incompétence a certainement été le premier cas d'excès de pouvoir dont la jurisprudence ait fait application. Mais celle-ci a de très-bonne heure mis également au nombre des cas d'excès de pouvoir la violation des formes substantielles, et spécialement l'omission des mesures d'instruction prescrites par les lois et règlements. — Cons. d'Et., 2 juill. 1820, Biberon, [S. chr., P. adm. chr.]; — 10 août 1828, Rodier, [P. adm. chr.].

15. — La doctrine de l'excès de pouvoir ainsi créée par le Conseil d'Etat présentait une grande analogie avec celle de la Cour de cassation. Y rentraient l'atteinte à la séparation des pouvoirs, l'empiètement d'une autorité sur une autre, la violation des formes substantielles.

16. — Mais on n'assimilait pas encore à l'excès de pouvoir la violation ou la fausse application de la loi; on n'y a été conduit que plus tard, dans les conditions que nous examinons *infrà*, n. 288 et s.

17. — L'idée d'excès de pouvoir, en matière administrative, s'est ainsi trouvée considérablement élargie. La jurisprudence du Conseil d'Etat l'a même étendue, en introduisant un quatrième cas, dont l'application a permis de soumettre à un contrôle, au point de vue de leur légalité, les actes émanant du pouvoir discrétionnaire de l'administration. Elle a admis que les actes discrétionnaires peuvent être annulés comme illégaux lorsqu'ils sont accomplis dans un but étranger à celui que la loi a eu en vue : c'est une branche particulière d'excès de pouvoir que l'on appelle le *détournement de pouvoir*. — V. *infrà*, n. 318 et s.

18. — Tel a été le développement de cette jurisprudence qu'on a qualifiée quelquefois, avec raison, de « prétorienne » (Laferrière, t. 2, p. 411). Il est en effet impossible de ne pas reconnaître que la théorie du recours pour excès de pouvoir est l'œuvre de la jurisprudence. Créé ainsi tout d'abord de toutes pièces par le Conseil d'Etat, elle a été plus tard consacrée par la loi.

19. — L'art. 9, L. 24 mai 1872, dispose en effet que « le Conseil d'Etat statue souverainement sur les demandes d'annulation pour excès de pouvoir formées contre les actes des diverses autorités administratives. » Et sans nul doute, le législateur a entendu donner à cette expression le sens que lui avait déjà attribué la jurisprudence.

20. — Antérieurement, le décret du 2 nov. 1864, réglant une question de procédure, avait dispensé de tous autres frais que les droits de timbre et d'enregistrement « les renvois portés devant le Conseil d'Etat en vertu de la loi des 7-14 oct. 1790, pour incompétence ou excès de pouvoir. »

21. — On peut remarquer que les textes orthographient le mot « pouvoir » les uns au singulier, les autres au pluriel; il en est de même des auteurs (V. les indications données à ce sujet par M. Laferrière, t. 2, p. 366, note 1). Le singulier tend à prévaloir, et non sans raison, car c'est l'orthographe adoptée dans la langue judiciaire, à laquelle le droit administratif a emprunté l'expression « excès de pouvoir. » Toutefois, la plupart des arrêts du Conseil d'Etat postérieurs à 1852 avaient employé le pluriel, alors que le singulier a définitivement prévalu depuis 1891.

22. — Divers auteurs, en traitant le recours pour excès de pouvoir devant le Conseil d'Etat le désignent sous le nom de recours *pour incompétence ou excès de pouvoir* (V. notamment, Ducrocq, *Cours de droit administratif*, t. 2, n. 430 et *passim*). Cette expression se conçoit en matière judiciaire, lorsqu'il s'agit des pourvois en cassation. Car, selon la Cour de cassation, l'excès de pouvoir est une espèce particulièrement grave d'incompétence, inversement, toute incompétence n'est pas un excès de pouvoir. L'empiètement sur les attributions d'un tribunal civil d'arrondissement n'est pas un excès de pouvoir de la part d'un juge de paix; c'est une simple incompétence. Il n'y a excès de pouvoir que dans l'empiètement sur les fonctions de l'administration ou sur le pouvoir législatif. — V. Aucoc, *Conférences*, n. 295.

23. — Remarquons aussi qu'il est des textes où on rencontre les mots « recours pour excès de pouvoir, *violation de la loi ou d'un règlement d'administration publique*. » La loi du 10 août 1871 sur les conseils généraux se sert notamment de cette expression : 1° pour qualifier le recours *administratif* que le préfet peut former, dans le délai de vingt jours à partir de la clôture de la session, contre les délibérations définitives du conseil général (art. 47); 2° pour déterminer les cas où les quatre décisions de la commission départementale, prises en vertu des art. 86 et 87, pourront être déférées au Conseil d'Etat *statuant au contentieux* (art. 88).

24. — Comme nous avons déjà eu occasion de le faire observer (V. *suprà*, n. 16), et comme nous le verrons également en plus détail, *infrà*, n. 288 et s., la violation de la loi est encore un cas d'excès de pouvoir à l'égard des *actes* administratifs. Mais ce n'est qu'à une époque relativement récente que la jurisprudence du Conseil d'Etat a fait cette assimilation; c'est ce qui explique la double expression.

25. — L'excès de pouvoir ne doit pas être confondu avec la fausse appréciation des faits. Entre ces deux irrégularités susceptibles d'entacher une décision, opposition très-nette est faite par l'art. 88 précité, L. 10 août 1871 : le recours contentieux pour fausse appréciation des faits n'est pas ouvert devant le Conseil d'Etat contre les décisions de la commission départementale. — Cons. d'Et., 16 avr. 1886, Dussouchet, [S. 88.3.6, P. adm. chr., D. 87.3.103]

26. — Le recours pour excès de pouvoir ne doit pas non plus être confondu avec le recours en annulation par la voie administrative. Ces recours, de même que le recours pour excès de pouvoir, tendent à faire tomber un acte administratif : mais ils en diffèrent en ce qu'ils provoquent une annulation administrative, non une annulation contentieuse, et en ce que, distinction qui ne se présente que depuis la disparition de la justice retenue, le Conseil d'Etat en connaît comme corps consultatif, non comme cour souveraine statuant par arrêt. — Laferrière, t. 2, p. 413. — V. ce que nous avons dit *suprà*, v° *Conseil d'Etat*, n. 267 et s., à propos des matières qu'on avait voulu qualifier de « mixtes. »

27. — Les recours en annulation par la voie administrative sont les suivants : 1° le recours pour abus formés par application des art. 6 et 7, L. 18 germ. an X; 2° les recours des préfets tendant à l'annulation des délibérations des conseils généraux (L. 10 août 1871, art. 33, n. 47); 3° les recours formés en vertu de l'art. 13, L. 11 juin 1865, par les associations syndicales, contre des arrêtés préfectoraux créant une association autorisée en dehors des cas où cette forme de syndicat est prévue par la loi.

28. — Enfin le recours pour excès de pouvoir diffère du recours prévu par l'art. 40, Décr. 22 juill. 1806, qui tend à faire rapporter ou réformer, par la voie administrative, un décret rendu après délibération en Conseil d'Etat.

29. — La partie qui forme devant le Conseil d'Etat un recours pour excès de pouvoir ne peut obtenir gain de cause que si son recours satisfait à deux conditions. Il doit : 1° être *recevable*; 2° être *fondé*... Recevable, c'est-à-dire de nature à ce que le juge le *reçoive* et l'examine dans ses moyens et conclusions... Fondé, c'est-à-dire appuyé sur des moyens et conclusions bien justifiés.

30. — Il en résulte que le juge doit examiner d'abord la recevabilité du recours avant de l'étudier au fond. Et il importe, au cas où le recours est rejeté, de distinguer nettement le rejet pour irrecevabilité, du rejet pour défaut de fondement du recours.

31. — Le propre du recours non recevable, c'est de se heurter à une fin de non-recevoir qui dispense le Conseil d'Etat d'examiner les moyens d'annulation proposés, de rechercher s'ils ont quelque valeur en droit ou en fait. — Laferrière, t. 2, p. 419 et s.

32. — La distinction du recours non recevable et du recours non fondé n'a pas toujours été exactement observée en pratique; on peut citer de nombreux arrêts qui déclarent des recours non recevables, bien qu'ils ne les écartent pas par une fin de non-recevoir proprement dite, mais qu'ils les rejettent comme dénués de moyens suffisants. On est même quelquefois allé jusqu'à dire qu'un recours n'est pas recevable parce qu'il n'est pas fondé. — Laferrière, *op. et loc. cit.*

33. — Il importe d'éviter ces confusions : elles peuvent être dangereuses. Nous verrons *infrà*, n. 71 et s., comment, en ce qui touche les actes dits « de pure administration, » la jurisprudence avait été parfois conduite à déclarer les recours non recevables, alors qu'en réalité, ce qu'il fallait dire, c'est que l'autorité administrative ayant agi dans les limites des pouvoirs qui lui sont conférés par la loi, elle n'avait pu porter atteinte aux droits des parties intéressées; celles-ci succombaient donc, non sur une prétendue irrecevabilité résultant de la nature de l'acte attaqué, mais sur le défaut de justification, au fond, de leurs prétentions.

34. — Afin d'établir nettement cette importante distinction, nous diviserons en deux groupes les conditions d'admission du recours pour excès de pouvoir, et nous étudierons successivement : 1° les conditions de recevabilité; 2° les conditions de fond.

CHAPITRE II.

CONDITIONS DE RECEVABILITÉ.

35. — Les conditions de recevabilité du recours pour excès de pouvoir sont relatives : 1° à la nature de l'acte; 2° à la qualité des parties qui l'attaquent; 3° aux formes et aux délais du recours; 4° à l'existence d'un recours parallèle ouvert devant une autre juridiction.

Section I.

Nature de l'acte attaqué.

36. — Aux termes de l'art. 9, L. 24 mai 1872, le Conseil d'Etat statue souverainement... sur les demandes d'annulation pour excès de pouvoir formées *contre les actes des diverses autorités administratives*.

37. — Il résulte de ce texte que le recours pour excès de pouvoir est largement et libéralement ouvert contre tous les actes émanant de ces diverses autorités.

38. — Il est ouvert contre les actes réglementaires aussi bien que contre les actes administratifs proprement dits. — Ducrocq, n. 232. — V. toutefois, *infrà*, n. 47 et s., l'exception pour les règlements d'administration publique.

39. — Il est ouvert non seulement contre les actes émanés des agents administratifs, mais aussi contre les actes des conseils, même électifs (*Ibid.*).

40. — Mais, pour qu'un acte puisse être attaqué par la voie du recours pour excès de pouvoir, il faut que cet acte constitue un acte administratif. Nous sommes ainsi amenés à rechercher quels sont les actes qui, n'ayant pas ce caractère, ne peuvent donner ouverture au recours.

§ 1. *Actes législatifs*.

41. — Le recours pour excès de pouvoir n'est pas ouvert contre les actes législatifs.

42. — Les actes législatifs émanés du chef de l'Etat ne sont pas non plus susceptibles de recours pour excès de pouvoir. Cette classe d'actes comprend : ... 1° les décrets dits « dictatoriaux » ou « décrets-lois » qui ont été rendus à des époques où, par suite de circonstances politiques exceptionnelles, le pouvoir législatif se trouvait confondu avec le pouvoir exécutif.

43. — ... 2° Les décrets réglant les matières sur lesquelles la Constitution ou les lois ont conféré au chef de l'Etat la puissance législative ; notamment les matières de législation algérienne et coloniale.

44. — Ces deux sortes de décrets exigent une remarque générale. De ce que le chef de l'Etat a été investi, à certaines époques, de la puissance législative, de ce qu'il en est investi encore actuellement à l'égard de certaines parties du territoire français, il ne s'ensuit pas que les actes accomplis par lui dans ces circonstances exceptionnelles ou pour ces possessions sur lesquelles il lui appartient de légiférer aient tous le caractère législatif. Selon les circonstances, la même autorité peut prononcer comme législateur, comme gouvernement ou comme autorité administrative supérieure. Aussi les tribunaux judiciaires ou administratifs ont-ils le droit de vérifier, pour la solution des litiges dont ils sont saisis, quel est le caractère des actes invoqués devant eux. — V. *infrà*, v° *Lois et décrets*, n. 1149 et s.

45. — Les prescriptions qui, d'après les règles ordinaires de notre droit public ne pourraient être édictées que par le législateur, seront réputées législatives; celles qui rentreraient dans les attributions du pouvoir exécutif seront assimilées à des décrets, qui eux-mêmes seront ou non susceptibles de recours par la voie contentieuse suivant qu'ils auront le caractère d'actes de gouvernement ou d'actes d'administration. — Laferrière, t. 2, p. 8.

46. — Ainsi, un arrêt du Conseil d'Etat du 4 avr. 1879, [Leb. chr., p. 84], a reconnu le caractère législatif au décret du gouvernement de la Défense nationale en date du 10 sept. 1870, déclarant libres les professions d'imprimeur et de libraire.

47. — Il faut ajouter aux actes contre lesquels on ne peut former de recours pour excès de pouvoir, les règlements d'administration publique faits en vertu d'une délégation du législateur.

48. — Il a été jugé, en effet, que ces règlements ne sont pas susceptibles d'être attaqués au contentieux, sauf au particulier poursuivi pour contravention à soutenir, devant le juge compétent, que la disposition invoquée contre lui n'est pas obligatoire. — Cons. d'Et., 20 déc. 1872, Fresneau, [S. 74.2.224, P. chr., D. 74.3.42]; — 1er avr. 1892, Comm. de Montreuil-sous-Bois, [S. et P. 94.3.25]

49. — C'est que la délégation législative qui provoque un règlement d'administration publique a le caractère d'un mandat donné par le législateur, qui communique à son mandataire une partie de la puissance législative. Cela est si vrai que le chef de l'Etat peut, en vertu de ce mandat spécial, édicter des dispositions qui excéderaient son pouvoir réglementaire, notamment des dispositions pénales. Il résulte de là que les règlements d'administration publique faits en vertu d'une délégation spéciale ont un caractère mixte : ils participent, dans une mesure variable, à la puissance législative et à l'exécutive. Ce caractère mixte suffit pour qu'ils échappent à tout recours contentieux. — Laferrière, t. 2, p. 11.

50. — Mais il appartient à la juridiction chargée d'appliquer les règlements d'en vérifier l'existence légale et la force obligatoire. C'est ce que le Conseil d'Etat a reconnu dans l'espèce suivante : Un décret du 22 déc. 1886, qui portait par erreur la mention « le Conseil d'Etat entendu, » bien qu'il eût été signé par le Président de la République sans avoir été soumis au Conseil d'Etat, contenait certaines modifications au règlement d'administration publique du 20 mars 1876, déterminant les grades des élèves de l'École polytechnique placés dans les services publics par assimilation à la position qu'ils occupent dans les services auxquels ils appartiennent. L'un des intéressés ayant eu connaissance de l'irrégularité commise, a formé un recours non pas contre le règlement lui-même, mais contre la décision du ministre de la Guerre refusant de lui conférer le grade auquel lui avait donné droit le règlement antérieur, et il a obtenu gain de cause. Il a été jugé que le décret de 1886 n'ayant pas été rendu en Conseil d'Etat, n'avait pu valablement modifier le règlement de 1876. — Cons. d'Et., 6 janv. 1888, Salle, [S. 89. 3.62, P. adm. chr., D. 89.3.37] — V. les observations de M. Romieu, [Rev. gén. d'adm., 88.1.487] — Laferrière, *loc. cit.*

51. — Il en résulte que si le règlement d'administration publique n'est pas susceptible d'être déféré au Conseil d'Etat par la voie du recours pour excès de pouvoir, la partie intéressée peut néanmoins se pourvoir par les voies de droit contre les mesures qui seraient prises en exécution de ce règlement. — Cons. d'Et., 1er avr. 1892, précité.

52. — En vain prétendrait-on que la signature du décret par le Président de la République et son insertion au *Bulletin des Lois* enlève à la juridiction chargée de l'appliquer le droit de vérifier s'il y a une existence légale. Le règlement d'administration publique, en pareil cas, n'existe pas; il n'y a à sa place qu'un décret simple, non délibéré en Conseil d'Etat, sans aucun caractère obligatoire. — Observations de M. Romieu, précitées.

53. — Il n'est pas inutile de faire remarquer que la garantie ainsi accordée aux particuliers est encore plus large que le recours pour excès de pouvoir puisqu'elle existe en dehors de toute condition de délai. — Mêmes observations.

§ 2. *Actes administratifs accomplis en forme de lois*.

54. — Certains actes d'administration, à raison de leur nature même, ne peuvent être déférés au Conseil d'Etat; nous voulons parler des actes administratifs accomplis en forme de lois : déclaration d'utilité publique, autorisation et concession de travaux publics, actes concernant l'administration de l'Etat, des départements ou des communes, dans les cas où des lois sont nécessaires pour réaliser ces divers actes. Ces décisions sont de nature administrative et non législative, car elles ont pour but d'appliquer la législation existante, non de faire ou de modifier des lois. Cette distinction est importante au point de vue des obligations que la législation générale impose au Parlement. En matière législative, le Parlement peut toujours déroger par une loi particulière à la législation existante : en matière administrative, il est obligé, comme le pouvoir exécutif, d'observer les lois qui régissent l'acte administratif qu'il a mission d'accomplir. Ainsi la loi, comme le décret, ne peut régulièrement prononcer une déclaration d'utilité publique qu'après les enquêtes et avis prévus par la législation des travaux publics ; elle ne peut modifier une circonscription communale que dans les formes prescrites par la loi du 5 avr. 1884 (V. suprà, v° *Commune*, n. 103 et s.). — Laferrière, t. 2, p. 16 et s.

55. — Mais si un acte d'administration émané du Parlement peut être entaché d'irrégularité, il ne s'ensuit pas qu'il puisse être attaqué devant le Conseil d'Etat : l'autorité parlementaire, même quand elle fait des actes d'administration, n'est pas au nombre des « corps administratifs, » des « diverses autorités administratives » dont le Conseil d'Etat peut annuler les actes, en vertu des lois des 7-14 oct. 1790 et du 24 mai 1872. — Laferrière, *op. et loc. cit.*

56. — Spécialement, les décisions par lesquelles les présidents des Chambres législatives règlent l'admission du public ou de la presse aux séances de ces assemblées ne sont pas de nature à être déférées au Conseil d'Etat pour excès de pouvoir. — Cons. d'Et., 24 nov. 1882, Merley, [S. 84.3.62, P. adm. chr., D. 84.3.40]

57. — Il est évident qu'on ne saurait ranger parmi les actes susceptibles de recours les règlements pris, soit par les Chambres législatives, soit par leurs présidents, leurs commissions ou leurs bureaux, à l'égard des membres de ces assemblées, de leurs auxiliaires ou autres. — V. suprà, v° *Chambre des députés*, n. 155 et 156.

§ 3. *Actes gouvernementaux et diplomatiques.*

58. — Le recours pour excès de pouvoir est irrecevable également contre les actes gouvernementaux. — Sur les questions que soulève la définition de l'acte de gouvernement, et les applications que la jurisprudence en a faites, V. suprà, v° *Compétence administrative*, n. 665 et s.

59. — Le recours pour excès de pouvoirs est irrecevable contre les actes diplomatiques. Ainsi, il a été décidé qu'un particulier n'était pas recevable à former un recours pour excès de pouvoir contre les arrêtés municipaux par lesquels il avait été requis, en exécution de la convention signée à Ferrières le 11 mars 1871, de mettre sa maison à la disposition de l'autorité militaire pour y loger des officiers d'occupation. — Cons. d'Et., 14 mars 1873, Goulet, [S. 75.2.87, P. adm. chr., D. 73.3.76] — Notons que l'autorité judiciaire ne pourrait davantage connaître des difficultés de cette nature. — V. la décision du Tribunal des conflits du 14 déc. 1872, Goulet, [S. 73.2.124, P. adm. chr., D. 73.3.10] — rendue dans la présente affaire.

60. — Mais la même jurisprudence n'est pas applicable aux arrêtés d'expulsion que le ministre de l'Intérieur peut prendre contre les étrangers, en vertu de l'art. 7, L. 3 déc. 1849. Ces arrêtés, sans doute, sont inattaquables quant aux motifs qui les inspirent ; mais ils peuvent faire l'objet d'un recours en annulation par la voie contentieuse, s'ils sont entachés de vice de forme ou pour excès de pouvoir, notamment si, par erreur, ils sont pris contre un Français. — Laferrière, t. 2, p. 51, note 2. — V. suprà, v° *Etranger*, n. 179 et s.

61. — Il est des autorités dont les actes échappent à tout recours au fond par la voie contentieuse, telles que les commissions instituées à certaines époques pour régler diverses indemnités et contre les décisions desquelles le législateur n'a pas ouvert la voie de l'appel. — V. Cons. d'Et., 12 juin 1874, Monnié, [S. 76.2.125, P. adm. chr., D. 75.3.58] ; — 6 juill. 1883, Allegoi, [Rev. gén. d'adm., 1883, t. 3, p. 64]

62. — Mais il ne faut pas oublier la distinction entre le recours au fond et le recours pour excès de pouvoir qui ne tend qu'à l'annulation pour incompétence ou vice de forme de l'arrêt attaqué. L'arrêt précité du 12 juin 1874, qui était relatif à la répartition des indemnités pour dommages résultant des événements de 1870-71, admettait la recevabilité de ce dernier recours. L'arrêt du 6 juill. 1883 concernant les indemnités aux victimes du 2 décembre a laissé non résolue cette question de recevabilité.

63. — M. Le Vavasseur de Précourt, dans ses observations à la suite de cet arrêt (Rev. gén. d'admin., 1883, t. 3, p. 66), la résout affirmativement, et nous partageons son opinion. Les commissions de ce genre, en effet, ne sont pas des autorités législatives puisqu'elles ne sont pas nommées par les Chambres ; et si les causes qui en ont amené l'institution sont d'ordre politique, leurs attributions consistant à répartir des indemnités sont purement administratives. Le recours contentieux proprement dit a été rejeté parce que les lois elles-mêmes organisant ces commissions que celles-ci devaient statuer en dernier ressort : mais la recevabilité du recours pour excès de pouvoir restait intacte. — V. Cons. d'Et., 21 mars 1873, Trubert, [S. 75.2.121, P. adm. chr., D. 73.3.85]

64. — La jurisprudence ne paraît pas aussi libérale en ce qui touche les décisions des commissions instituées pour répartir les indemnités obtenues par voie diplomatique. On peut, il est vrai, citer un arrêt qui a admis la recevabilité du recours pour excès de pouvoirs à l'égard de la commission des indemnités aux colons de Saint-Domingue. — Cons. d'Et., 22 juill. 1835, Garnichon, [P. adm. chr.]

65. — Mais M. Laferrière (op. cit., t. 2, p. 47) estime que la répartition de toutes indemnités constitue un acte diplomatique. Il ne serait pas exact de dire, fait-il observer, que l'exécution de la convention diplomatique prend fin par la remise des fonds au gouvernement français ; celui-ci reçoit pour distribuer à des tiers : cette distribution constitue de sa part l'exécution de la convention.

66. — La question de recevabilité du recours au Conseil d'Etat s'est posée relativement à l'exercice du droit de grâce. Le ministre de la Justice commet-il un excès de pouvoir lorsqu'il refuse ou s'abstient de transmettre un recours en grâce au Président de la République ? Le Conseil d'Etat s'est déclaré incompétent pour statuer sur une question de ce genre. — Cons. d'Et., 16 mai 1890, de Condinguy, [S. et P. 92.3.106] — Il a été jugé que la juridiction administrative peut notamment ordonner qu'il soit sursis à l'exécution d'une condamnation judiciaire jusqu'à ce que le recours en grâce du condamné ait été soumis au Président de la République. — Même arrêt.

67. — Il est sans difficulté que la juridiction administrative ne peut, sans porter atteinte au principe de la séparation des pouvoirs, mettre obstacle à l'exécution d'une condamnation judiciaire. D'autre part, l'exercice du droit de grâce conféré au Président de la République échappe à tout recours contentieux. On peut se demander toutefois s'il est conforme à l'esprit de la loi constitutionnelle qu'un fonctionnaire, si élevé qu'il soit, puisse, en refusant de transmettre un recours en grâce, empêcher le Président de la République d'user de sa prérogative. Mais le Conseil d'Etat, on le voit, a pensé qu'un refus pareil refus d'agir de la part d'un ministre ou de son délégué ne relevait pas de la juridiction contentieuse. — V. infrà, v° *Grâce*, n. 34.

68. — C'est seulement par voie de pétition aux Chambres que les particuliers qui se prétendraient lésés en pareil cas pourraient obtenir satisfaction. — V. les observations sur l'arrêt précité, [Rev. gén. d'adm., 1890, t. 2, p. 202]

69. — Indépendamment même de toute question politique ou diplomatique, il y a lieu d'écarter les recours formés contre des actes qui n'émanent pas d'autorités administratives. Il en est ainsi d'une commission organisée par un préfet pour recevoir les souscriptions à un emprunt communal. — Cons. d'Et., 29 juin 1870, Olivier, [D. 72.3.50]

§ 4. *Actes ne produisant pas d'effet juridique.*

70. — Outre les actes qui ne peuvent être attaqués par la voie du recours pour excès de pouvoir à raison de leur caractère soit gouvernemental, soit législatif, soit judiciaire, il est des actes administratifs eux-mêmes qui échappent également à ce recours. Tels sont les actes ne produisant pas d'effet juridique, les actes préparatoires. — V. à ce sujet suprà, v° *Compétence administrative*, n. 779 et s.

§ 5. *Questions concernant les actes dits « de pure administration. »*

71. — Faut-il ajouter aux actes qui précèdent certains actes désignés en doctrine et en jurisprudence sous le nom d'*actes de pure administration?*

72. — On appelle souvent ainsi les actes que l'administration accomplit d'après sa libre appréciation, afin de pourvoir aux intérêts généraux ou particuliers, et non pour satisfaire à des droits ou à la loi. Tels sont les règlements administratifs, les mesures de police, spécialement celles qui ont été prises pour la salubrité et la sécurité publiques, les actes de tutelle administrative, les nominations et révocations de fonctionnaires, lorsqu'il n'existe pas de lois qui fixent leur état et leurs droits à l'avancement; les mesures disciplinaires; les suspensions ou dissolutions de corps administratifs électifs, le refus ou le retrait d'autorisations ou de concessions révocables, etc.

73. — Il ne faudrait pas croire cependant que la jurisprudence ait entendu par là écarter d'une manière absolue les recours dirigés contre toute une catégorie d'actes d'administration. Ce que le Conseil d'État a voulu dire, c'est que ces sortes d'actes présentant un caractère facultatif et discrétionnaire ne peuvent pas être attaqués pour violation de la loi et des droits acquis; c'est pour cela que les mêmes arrêts déclaraient que ces actes n'étaient pas susceptibles de « recours contentieux », c'est-à-dire d'un recours fondé sur un droit lésé; mais on a pu de tout temps en demander l'annulation pour incompétence ou vice de forme. C'est ce que le Conseil d'Etat a reconnu dans les considérants des arrêts qui suivent. — Cons. d'Et., 10 juill. 1874, de Grandmaison, [S. 76.2.158, P. adm. chr., D. 75.3.65]; — 17 janv. 1879, Spindler, [Leb. chr., p. 8] — Laferrière, t. 2, p. 423 et s. — V. *suprà*, v° *Etablissements dangereux*, n. 291 et s.

74. — Ne sont pas susceptibles d'être déférés au Conseil d'Etat pour excès de pouvoir, les décisions du préfet de police et du ministre du Commerce annulant les pouvoirs d'un syndicat élu pour la boucherie parisienne, par une réunion précédemment autorisée, alors que ces décisions ont été prises dans l'exercice des pouvoirs conférés à l'administration par l'art. 2, L. 14-17 juin 1791. — Cons. d'Et., 20 févr. 1868, Couder, [S. 68.2.93, P. adm. chr., D. 68.3.65]

75. — ... L'arrêté préfectoral portant refus d'approuver une délibération par laquelle un conseil municipal a voté une imposition extraordinaire. — Cons. d'Et., 14 nov. 1873, Comm. de Sarrians, [S. 75.2.276, P. adm. chr., D. 74.3.66]; — bien que ce fût par suite d'une erreur que le préfet avait refusé d'approuver la délibération du conseil municipal, en se fondant uniquement sur ce que, le conseil ayant voté au scrutin secret, le maire président n'avait pas eu voix prépondérante. En cas de semblable refus du préfet, il n'est ouvert de recours que devant le préfet lui-même mieux informé ou devant le ministre, son supérieur hiérarchique.

76. — ... La décision par laquelle le ministre des Travaux publics, usant des pouvoirs que lui confère l'art. 50 des cahiers des charges des compagnies de chemins de fer, fixe l'heure de fermeture des gares. — Cons. d'Et., 16 janv. 1885, Galbrun, [S. 86.3.47, P. adm. chr., D. 86.3.81]

77. — ... Et le pouvoir doit être déclaré non recevable, alors même qu'il est fondé sur ce que la décision attaquée, en fixant des heures différentes, suivant qu'il s'agit de bagages et marchandises apportés par des camionneurs ou provenant des bureaux de ville de la compagnie, aurait porté atteinte au principe de la libre concurrence et d'égalité entre les diverses entreprises de transports, garantis par le § 2 de l'art. 53 du cahier des charges. — Même arrêt.

78. — De même encore, aucune disposition législative ou réglementaire n'ayant limité le pouvoir du gouvernement en ce qui concerne l'acceptation des démissions données par les officiers de terre et de mer, le refus par le ministre de la Guerre d'accepter la démission d'un médecin aide-major ne constitue pas un acte susceptible d'être attaqué pour excès de pouvoir. — Cons. d'Et., 27 janv. 1888, Germain, [S. 90.3.4, P. adm. chr., D. 89.3.36]

79. — En principe, les décisions prises par les jurys d'examen des écoles préparatoires de l'État quant à l'admissibilité des élèves, ne sont susceptibles d'aucun recours, et c'est ce qu'a décidé, notamment, le décret du 14 déc. 1862, en ce qui touche les examens de l'école navale. Ainsi, il a été jugé que dans le cas où le jury d'examen d'une école du gouvernement (par exemple, de l'école navale) a prononcé l'inadmissibilité d'un élève à la suite d'un examen de fin d'année, la décision par laquelle le ministre refuse de statuer sur la réclamation élevée contre cette mesure est un acte d'administration non susceptible de recours par la voie contentieuse; que cette voie de recours n'est pas ouverte davantage contre l'arrêté par lequel le ministre de la Marine a, en vertu du décret du 14 déc. 1862, réglé le mode de procéder du jury d'examen de l'école navale. — Cons. d'Et., 11 août 1869, de Dampierre, [S. 70.2.302, P. adm. chr., D. 71.3.108] — Il semble certain, toutefois, que, ainsi que l'a reconnu dans l'espèce le ministre de la Marine, les décisions par lesquelles ces jurys statueraient en dehors des limites de leur compétence pourraient être attaquées devant le Conseil d'État pour excès de pouvoir.

80. — N'est pas susceptible de recours pour excès de pouvoir le refus du sous-préfet d'agréer un garde particulier. — V. *infrà*, v° *Garde particulier*, n. 15.

81. — ... Ni le refus par le préfet de révoquer un employé d'octroi. — Cons. d'Et., 17 févr. 1882, Granger, [S. 84.3.11, P. adm. chr., D. 83.3.53]

82. — Un particulier auquel le préfet a refusé l'autorisation d'établir sous le sol d'une route des tuyaux destinés à la conduite du gaz, n'est pas recevable à discuter devant le Conseil d'État, par la voie de recours pour excès de pouvoir, les motifs qui ont déterminé ce refus. — Cons. d'Et., 25 janv. 1884, Le Blanc et Georgi, [D. 85.3.86]

83. — Même solution pour le refus par un maire d'autoriser une conduite d'eau sous le sol d'un chemin rural. — Cons. d'Et., 6 mars 1885, Bonhomme, [S. 86.3.56, P. adm. chr., D. 86.3.113]

84. — L'arrêté par lequel le maire accorde une permission de police à un particulier ne peut être attaqué par des tiers devant le Conseil d'État. — Cons. d'Et., 8 janv. 1875, Trouette, [S. 76.2.276, P. adm. chr., D. 75.3.93]

85. — Ne peut non plus être portée devant le Conseil d'État par la voie du recours pour excès de pouvoir l'appréciation des motifs à raison desquels le maire fixe la distance entre les débits de boissons et les écoles. — Cons. d'Et., 7 août 1883, V° François, [D. 85.3.64]; — 4 juill. 1884, Blanc et Delcasso, [S. 86.3.24, P. adm. chr., D. 85.3.122]

86. — On peut se demander si parmi les actes de pure administration, il n'en est pas qui échappent à tout recours par la voie contentieuse, même pour incompétence ou vice de forme, à cause de leur caractère général et impersonnel qui fait disparaître pour toute personne l'intérêt du recours.

87. — Tels seraient les règlements qui déterminent la marche d'un service public, qui tracent des règles aux subordonnés pour le fonctionnement de ce service, mais qui n'adressent aucune prescription aux personnes étrangères à l'administration; spécialement une décision du ministre de la Guerre déterminant l'uniforme d'un corps de troupe. — Cons. d'Et., 13 nov. 1885, Sévigny, [Leb. chr., p. 829]; — Même date, Dalard, [*Ibid.*]

88. — Mais la fin de non-recevoir se rattache plutôt ici à la qualité des parties qu'à la nature même de l'acte; distinction qui n'est pas négligeable, car il ne faut pas confondre la fin de non-recevoir absolue tirée de la nature de l'acte avec la fin de non-recevoir relative tirée du défaut de qualité du demandeur. — Laferrière, t. 2, p. 426.

89. — On est ainsi conduit à n'admettre la formule « tel acte n'est pas de nature à être attaqué par la voie contentieuse, » qu'en présence des actes qui échappent absolument à tout recours devant le Conseil d'État, quelle que soit la partie qui le défère ou l'illégalité dont on le prétend entaché. — Laferrière, *loc. cit.*

90. — D'ailleurs, en maintes circonstances, les prétendues non-recevabilités qu'on a cru voir opposées dans certains arrêts ne sont en réalité que des rejets au fond, motivés par cette considération que l'autorité administrative a statué dans les limites des pouvoirs qui lui sont conférés, n'a violé aucune loi ni aucun droit acquis. — V. *infrà*, n. 288 et s.

§ 6. Silence de l'administration.

91. — Nous venons de voir (§§ 4 et 5) que les actes qui n'ont pas le caractère de décisions exécutoires ne sont pas susceptibles de recours par la voie contentieuse. A plus forte raison le silence gardé par l'administration, le fait qu'elle reste dans l'inaction, ne sauraient, en principe, donner ouverture à une réclamation contentieuse; ce serait permettre à la juridict on d'intervenir par voie d'injonction dans le domaine de l'administration active. — Laferrière, t. 2, p. 429.

92. — Cependant le silence et l'abstention systématique de l'administration peuvent avoir quelquefois pour effet de léser un droit. C'est ce qui se produit notamment en cas de demandes de liquidation d'une créance sur l'Etat, ou d'une pension de retraite, ou d'une demande d'alignement, ou de recours formé devant le supérieur hiérarchique contre un acte d'un de ses subordonnés, demandes en recours auxquelles l'autorité saisie s'abstiendrait de donner suite.

93. — On serait tenté, en pareil cas, de voir dans ce silence un véritable excès de pouvoir. Néanmoins, en vertu de la règle qui sépare l'action de la juridiction, un texte seul peut permettre aux parties intéressées, en pareille hypothèse, de saisir la juridiction contentieuse.

94. — Tout d'abord à l'égard des ministres, il a été édicté une disposition assimilant leur silence prolongé à une décision de rejet et permettant de recourir contre cette décision supposée. L'art. 7, Décr. 2 nov. 1864, est ainsi conçu : « Lorsque les ministres statuent sur des recours contre les décisions d'autorités qui leur sont subordonnées, leur décision doit intervenir dans le délai de quatre mois à dater de la réception de la réclamation au réclamant, le délai ne court qu'à dater de la réception de ces pièces. Après l'expiration de ce délai, s'il n'est intervenu aucune décision, les parties peuvent considérer leur réclamation comme rejetée et se pourvoir devant le Conseil d'Etat (V. S. *L. annotées*, 1864, p. 67; P. *Lois, décrets*, etc., 1864, p. 116).

95. — Les art. 11 et 12, Décr. 16 mars 1880, relatifs aux élections du conseil supérieur de l'instruction publique et des conseils académiques, contiennent une disposition analogue lorsque le ministre de l'Instruction publique n'a pas, dans le délai d'un mois, statué sur les protestations. — V. aussi l'art. 38, § 4, L. 5 avr. 1884, relatif aux protestations formées devant le conseil de préfecture en matière d'élections municipales.

96. — Il a été jugé que la disposition précitée du décret du 2 nov. 1864 est générale et s'applique à toutes les réclamations formées devant le ministre contre les décisions de ses subordonnés.

97. — Ainsi le préfet est incompétent pour statuer sur la demande d'une section de commune tendant à faire inscrire au budget de la commune, pour être affecté dans l'intérêt exclusif de cette section, le montant annuel des revenus lui appartenant en propre ; et dans les cas où le ministre n'a pas statué dans le délai de quatre mois sur le recours de la section contre le refus du préfet de prononcer sur cette demande, la section peut demander directement au Conseil d'Etat l'annulation de cette décision. — Cons. d'Et., 7 mai 1886, Sect. de Saint-Symphorien, [D. 87.3.107]

98. — Mais cette disposition, qui a pour but de donner aux parties des garanties contre les lenteurs excessives qui seraient apportées à l'instruction des réclamations formées devant les ministres, suppose, comme on le voit, que le ministre compétent a été saisi d'un recours contre une décision d'une autorité administrative. Elle ne peut, dès lors, être invoquée lorsqu'il s'agit d'une réclamation dont le ministre pouvait connaître directement, sauf recours au Conseil d'Etat. — Cons. d'Et., 19 juill. 1872, Drouard, [Leb. chr., p. 488] ; — 20 avr. 1877, Wittersheim, [S. 79.2.124, P. adm. chr., D. 77.3.73] ; — 12 avr. 1878, Villain-Moisnel et de Massongue, [S. 80.2.60, P. adm. chr., D. 78.3.92] ; — 27 mai 1881, Ville de Beauvais, [D. 82.3.100] ; — 16 déc. 1887, Morelli, [D. 89.3.15] — Il faut remarquer, du reste, que lorsque le ministre statue sur le compte d'un fournisseur ou d'un entrepreneur ou lorsqu'il connaît des réclamations formées contre le Trésor public, il agit plutôt comme administrateur que comme juge, et il n'est pas entré dans la pensée du décret de 1864 d'appeler le Conseil d'Etat à se substituer au ministre pour le règlement d'affaires de cette nature.

99. — Lorsque, le pourvoi ayant été introduit à tort *de plano* devant le Conseil d'Etat, le ministre déclare que les observations par lui présentées en réponse au pourvoi constituent une décision, elle est recevable à former un recours contre cette décision. — Cons. d'Et., 21 mars 1879, Mercier, [S. 80.2.306, P. adm. chr., D. 79.3.75] — V. aussi Cons. d'Et., 8 août 1873, Robert, [Leb. chr., p. 763]

100. — Pour éviter des lenteurs de procédure, le Conseil d'Etat a même admis que les observations sur le pourvoi, si elles sont signées par le ministre, peuvent être considérées comme une décision, à condition que le ministre n'oppose pas la fin de non-recevoir tirée du défaut de décision régulière, et qu'en

concluant au fond il ait entendu statuer sur le litige. — Cons. d'Et., 27 nov. 1891, Morton, [S. et P. 93.3.111, D. 93.3.19] — V. Cons. d'Et., 20 janv. 1882, Fournier, [D. 83.3.50]

101. — Jusqu'à la loi du 17 juill. 1900, la fiction du décret de 1864 ne s'appliquait qu'aux ministres ; elle était applicable aux autres autorités, sans qu'il y eût lieu de distinguer si ces autorités étaient subordonnées aux ministres, comme les préfets, ou étaient seulement placées sous leur surveillance, comme les conseils généraux et les commissions départementales. — Laferrière, t. 2, p. 430.

102. — Cependant le Conseil d'Etat paraissait avoir admis, dans un cas où le préfet de la Seine, saisi d'une demande en permission de bâtir, s'était abstenu de répondre à la partie de la demande relative aux indications concernant la salubrité publique, que cette omission de statuer pouvait être considérée comme une décision négative, et qu'il était permis, en conséquence, de l'attaquer dans les formes établies par l'art. 7, Décr. 2 nov. 1864 (sol. impl.). — Cons. d'Et., 23 janv. 1868, Vogt, [S. 68.2.236, P. adm. chr., D. 68.3.69] — Mais il y a lieu de remarquer qu'en l'espèce, ce qui était attaqué, c'était non le silence de l'administration, mais l'arrêté par lequel le préfet de la Seine avait refusé l'autorisation de construire, sur le motif que les plans ne satisfaisaient point aux conditions réglementaires de salubrité publique ; et que la demande du particulier, réclamant l'indication des modifications à apporter à ces plans, était restée sans réponse.

103. — Aucun texte n'ayant prévu le cas où des réclamations seraient formées contre le refus du préfet de statuer sur une demande qui lui était soumise, alors que ce refus résultait seulement du silence gardé par ce fonctionnaire, le Conseil d'Etat n'était pas compétent dans cette dernière hypothèse. Mais la jurisprudence avait étendu le décret du 2 nov. 1864 (art. 7) dans un sens favorable aux parties ; elle avait admis que, lorsque le préfet laissait sans réponse une demande qui lui était adressée, l'intéressé pouvait saisir le ministre compétent et former ultérieurement, s'il y avait lieu, un pourvoi devant le Conseil d'Etat, conformément au décret de 1864. — Cons. d'Et., 10 févr. 1869, Broutin, [S. 70.2.04, P. adm. chr.] — V. Cons. d'Et., 11 janv. 1866, Chabanne, [S. 66.2.335, P. adm. chr., D. 66.3.70] — « Le refus de statuer du préfet et le refus de statuer du ministre ne font qu'un, » avait dit le commissaire du gouvernement, M. Aucoc, dans ses conclusions (Leb. chr., p. 22).

104. — M. Laferrière estimait cependant qu'il ne fallait pas trop étendre cette jurisprudence. Le décret de 1864 ne parlant pas du silence des agents de l'administration autres que les ministres, il était impossible, par suite, de déterminer après quel délai le silence du préfet pourrait être assimilé à une décision susceptible d'être déférée au ministre (*op. cit.*, t. 2, p. 431). Sans doute, faisait remarquer cet auteur, le silence des autorités subordonnées au ministre, de même que l'attribution du ministre lui-même dans les cas non prévus par le décret de 1864, pouvait constituer un véritable déni de justice, et être assimilé à un excès de pouvoir ; mais, suivant M. Laferrière, de telles innovations, si jamais elles semblaient nécessaires, ne pouvaient être l'œuvre de la jurisprudence ; elles ne pouvaient résulter que d'une loi.

105. — La réforme a été réalisée par la loi du 17 juill. 1900 portant modification de la loi du 25 oct. 1888 relative à la création d'une section temporaire du contentieux au Conseil d'Etat. Aux termes de l'art. 3 de cette loi, « dans les affaires contentieuses qui ne peuvent être introduites devant le Conseil d'Etat que sous la forme de recours contre une décision administrative, lorsqu'un délai de plus de quatre mois s'est écoulé sans qu'il soit intervenu aucune décision, les parties intéressées peuvent considérer leur demande comme rejetée et se pourvoir devant le Conseil d'Etat. Si des pièces sont produites après, le délai ne court qu'à dater de la réception de ces pièces.

106. — Ainsi disparaissent les deux restrictions que comportait le texte du décret de 1864 : 1° la nouvelle disposition s'applique à toutes les autorités administratives et non pas seulement aux ministres ; 2° elle s'étend à toutes les décisions, qu'il s'agisse de décisions à prendre directement par l'autorité ainsi dirigée, ou de recours formés contre les actes des autorités subordonnées.

107. — Le même article de la loi de 1900 prévoit certaines formes de procédure. « La date du dépôt de la réclamation et des pièces, s'il y a lieu, est constatée par un récépissé délivré conformément aux dispositions de l'art. 5, Décr. 2 nov. 1864. A défaut de décision, le récépissé doit, à peine de déchéance, être produit par les parties à l'appui de leur recours au Conseil d'Etat. »

108. — « Si l'autorité administrative est un corps délibérant les délais ci-dessus seront prorogés, s'il y a lieu, jusqu'à l'expiration de la première session légale qui suivra le dépôt de la demande ou des pièces. »

SECTION II.
Qualité de la partie.

109. — Comme toute action, le recours pour excès de pouvoir doit, pour être recevable, être formé par une partie ayan qualité pour agir. Nous avons examiné les conditions générales auxquelles on peut présenter un recours devant le Conseil d'Etat (V. *suprà*, v° *Conseil d'Etat*, n. 638 et s.). Nous devons étudier ici la question spécialement au point de vue de la recevabilité du recours pour excès de pouvoir.

110. — Pour qu'une partie soit recevable à former un recours pour excès de pouvoir, il faut qu'elle ait un intérêt « direct et personnel » à l'annulation de cet acte. Il n'est pas nécessaire qu'elle invoque à la fois un droit et un intérêt, comme lorsqu'il s'agit d'action en justice; si l'on eût exigé, pour la recevabilité d'un tel recours, que la partie se prévalût d'un droit contre l'acte administratif attaqué, on n'aurait en réalité ouvert ce recours que contre les actes qui lèsent les droits acquis; ceux qui ne lèsent que des intérêts auraient échappé au recours, alors même qu'ils auraient été entachés d'incompétence ou de vice de forme; or chacun a le droit d'exiger, dans toute décision qui le touche, l'observation de ces règles, qui sont la garantie commune des intéressés. — Laferrière, t. 2, p. 436.

111. — L'intérêt, avons-nous dit, doit être direct et personnel; l'intérêt général et impersonnel que tout citoyen peut avoir à ce que l'administration observe la légalité, est insuffisant pour justifier l'action devant une juridiction contentieuse. — Laferrière, *loc. cit.*

112. — Mais cet intérêt direct et personnel n'est pas nécessairement un intérêt pécuniaire et matériel; un intérêt moral peut suffire. — Laferrière, *loc. cit.*

113. — Aussi la jurisprudence admet-elle aujourd'hui que les particuliers peuvent demander l'annulation d'un acte déjà exécuté par l'administration — Cons. d'Et., 1er avr. 1881, Schneider, [S. 82.3.27, P. adm. chr., D. 81.3.41]; — Même date, Gravier, [Leb. chr., p. 360]; — Même date, Larochefoucaud-Doudeauville, [*Ibid.*].

114. — Spécialement, sont recevables les recours pour excès de pouvoir formés contre des arrêtés préfectoraux, ordonnant des battues dans les bois de particuliers, bien que ces battues soient déjà exécutées. — Mêmes arrêts.

115. — Il faut toutefois noter que la jurisprudence sur ce point n'est qu'implicite : il a été passé outre au jugement du pourvoi, bien que les actes attaqués aient reçu toute l'exécution dont ils étaient susceptibles. — Laferrière, t. 2, p. 437, note 1.

116. — Suivant nous, la juridiction contentieuse a une question de fait à examiner dans les cas de ce genre : l'intérêt moral est-il suffisamment établi pour justifier l'action? Il est peut-être permis de dire que dans les affaires précitées relatives à des battues, l'intérêt n'était pas purement moral : l'annulation pour excès de pouvoir des arrêtés pris sur ce point faisait reconnaître à l'administration l'irrégularité qu'elle avait commise à l'égard des propriétaires de la région, et pouvait mettre ceux-ci à l'abri, pour l'avenir, de nouveaux actes du même genre.

117. — On peut citer plusieurs arrêts en sens contraire qui ont déclaré non recevables les pourvois en Conseil d'Etat contre des actes administratifs exécutés. — Cons. d'Et., 25 févr. 1815, Vogneau-Duplessis, [S. chr., P. adm. chr.]; — 16 juill. 1817, Montagnon, [S. chr., P. adm. chr.]; — 31 mars 1819, Humbert, [S. chr., P. adm. chr.]; — 23 juin 1819, Mabon et Morel, [S. chr., P. adm. chr.].

118. — Il est des cas où l'intérêt du recours est présumé complètement disparaître, et où le Conseil d'Etat déclare non pas que le recours est non recevable, s'il avait sa raison d'être au moment où il a été formé, mais qu' « il n'y a pas lieu de statuer. »

119. — Il en est ainsi du moins pour excès de pouvoir formé contre un acte administratif qui a depuis été rapporté. — Cons. d'Et., 21 juin 1878, Gorias, [D. 78.3.93]; — 9 août 1880, Hosp. de Chaumont, [Leb. chr., p. 773]; — 26 déc. 1885, Comm. des Gins, [Leb. chr., p.995]

120. — ... Ou annulé par le supérieur hiérarchique. — Laferrière, t. 2, p. 438.

121. — Ainsi, il n'y a lieu à statuer sur un recours formé contre la disposition d'un arrêt préfectoral annulé par une décision ministérielle. — Cons. d'Et., 22 nov. 1889, Patureau-Miran, [S. et P. 92.3.12]

122. — Il en est encore de même du recours dirigé contre un acte administratif, alors qu'un acte postérieur a modifié dans un sens conforme à la demande du requérant, celles des dispositions contre lesquelles était formé le pourvoi, et que ce dernier acte n'a été l'objet d'aucun recours. — Cons. d'Et., 9 févr. 1883, Evêque de Versailles, [D. 84.3.68]

123. — ... Ou contre l'arrêté d'un maire refusant à un particulier une permission de voirie, lorsque le préfet, en vertu de l'art. 98, L. 5 avr. 1884, a accordé l'autorisation refusée par le maire. — Cons. d'Et., 6 févr. 1885, Comm. de Briscous, [D. 86. 5.4.1]

124. — ... Ou contre un acte qui, à raison d'une loi postérieure au pourvoi, a cessé de produire aucun effet; c'est ce qui a été décidé notamment à l'occasion du recours formé contre un arrêté désignant dans le cimetière l'emplacement où se ferait l'inhumation des protestants, arrêté qui n'était pas susceptible d'exécution depuis la loi du 14 nov. 1881. — Cons. d'Et., 16 juin 1882, Comm. d'Isserval Tartre, [D. 83.3.123]

125. — L'intérêt du recours peut être réputé direct et personnel, sans que l'auteur de ce recours soit nommément désigné dans l'acte attaqué; il suffit qu'il soit atteint. — Laferrière, *loc. cit.*

126. — Ainsi lorsqu'un maire, en l'absence d'un plan d'alignement régulièrement approuvé, a autorisé un propriétaire à avancer ses constructions sur une place dépendant des voies publiques d'une commune, les propriétaires des maisons ayant leur principal accès sur la place dont il s'agit sont recevables à déférer au Conseil d'Etat l'arrêté du maire. — Cons. d'Et., 21 mai 1867, Cardeau, [S. 68.2.127, P. adm. chr., D. 69.3.27]

127. — Il peut arriver que l'intérêt qui donne ouverture au recours soit très-différent du droit à indemnité pour dommage, car tel propriétaire qui ne pourrait réclamer aucun droit à indemnité parce qu'il ne subit aucun dommage direct et matériel, n'en serait pas moins recevable à former un recours pour excès de pouvoir en invoquant une moindre commodité caractérisée, n'affectant que la commodité de son immeuble. — Laferrière, t. 2, p. 438.

128. — Ainsi encore, qualité a été reconnue... à des négociants voisins d'une gare de chemin de fer pour attaquer une décision déplaçant cette gare. — Cons. d'Et., 20 août 1864, [Leb. chr., p. 828]

129. — ... A des aubergistes établis près d'un champ de foire pour recourir contre un arrêté modifiant l'emplacement de celui-ci et entraînant pour eux une diminution de clientèle. — Cons. d'Et., 14 août 1865, Habitants de Richelieu, [S.66.2.245, P. adm. chr., D. 66.3.4]

130. — ... Aux habitants d'une commune pour demander l'annulation d'un arrêté prescrivant la translation du cimetière. — Cons. d'Et., 13 déc. 1878, [D. 79.3.35]

131. — Mais faudrait-il aller jusqu'à dire que les habitants d'une commune peuvent agir *ut universi* pour la défense des intérêts généraux de celle-ci? La jurisprudence s'est refusée à étendre ainsi la notion de l'intérêt personnel qui seule peut donner qualité au requérant. Il n'y a que les représentants légaux de la commune qui puissent agir en son nom.

132. — On trouve un exemple d'actions que la commune a qualité pour exercer, par l'organe de ses représentants, dans le recours contre la délibération par laquelle la commission départementale modifie le tarif des évaluations cadastrales voté par le conseil municipal. — Cons. d'Et., 2 déc. 1887, Comm. de Féron, [S. 89.8.32, P. adm. chr., D. 89.3.9]

133. — Mais les habitants d'une commune ne sont pas recevables à déférer au Conseil d'Etat un arrêté préfectoral approuvant une délibération du conseil municipal relative à l'aliénation d'un droit de passage sur un chemin privé. — Cons. d'Et., 17 juill. 1885, Guillon, [Leb. chr., p. 685]

134. — Un membre du conseil municipal agissant en cette qualité et ne justifiant d'aucun intérêt personnel n'est pas recevable à déférer au Conseil d'Etat un arrêté par lequel le ministre a refusé de ratifier un arrêté préfectoral intervenu entre la commune et un entrepreneur. — Cons. d'Et., 9 août 1880 Bourgeois, Vincent et Pillot, [D. 82.3.35]

135. — Même solution au sujet d'un recours contre un arrêté préfectoral désignant d'office un délégué, en vertu de l'art. 10, L. 20 mars 1883, sur l'enseignement primaire, pour accomplir certains actes que le maire et le conseil municipal refusent d'exécuter. — Cons. d'Et., 15 juin 1888, Comm. de Rieux, [S. 90.3.38, P. adm. chr., D. 89.3.94]

136. — D'un recours contre une délibération du conseil municipal établissant une rétribution scolaire à percevoir sur les enfants fréquentant une école congréganiste créée en vertu d'un acte de donation, alors que ce recours était formé par des conseillers municipaux ne justifiant, ni en cette qualité, ni comme habitants de la commune, d'aucun intérêt direct et personnel de nature à leur donner qualité pour déférer cette décision au Conseil d'Etat. — Cons. d'Et., 15 juill. 1887, [Leb. chr., p. 574]

137. — ... D'un recours formé par un habitant d'une commune qui devait être desservie par une ligne de chemin de fer, contre la délibération du conseil général modifiant le tracé de cette ligne. — Cons. d'Et., 30 nov. 1877, Richard, [D. 78.3.30]

138. — ... D'un recours dirigé contre un décret autorisant une inhumation dans l'église paroissiale. — Cons. d'Et., 8 août 1873, Delucq, [S. 75.2.275, P. adm. chr., D. 74.3.44]

139. — Il a encore été jugé qu'un propriétaire n'a pas qualité pour déférer au Conseil d'Etat les actes administratifs préparant et approuvant l'aliénation d'une parcelle de terrain faite en faveur d'un propriétaire voisin, en se fondant sur ce que cette aliénation serait contraire au principe de l'inaliénabilité du domaine public. — Cons. d'Et., 30 mai 1884, Dufour, [D. 85.3.106]

140. — ... Qu'il est également sans qualité pour attaquer les actes par lesquels l'administration a autorisé un propriétaire voisin, sous la réserve des droits des tiers, à exécuter des travaux dans un lac. — Même arrêt.

141. — Que le propriétaire du terrain sur lequel un industriel se propose de créer un établissement n'a pas qualité pour déférer au Conseil d'Etat un arrêté préfectoral refusant d'autoriser un établissement. — Cons. d'Et., 19 déc. 1884, Kremer et de Pommereu, [D. 86.3.70] — V. suprà, v° *Etablissements insalubres*, n. 415.

142. — Lorsque des règlements interviennent à l'égard d'associations, de corporations, de professions, les individus qui font partie de ces groupes peuvent attaquer ces actes, mais à la condition qu'une atteinte directe soit portée à leur intérêt personnel. Ainsi, les facteurs à la Halle de Paris ont été déclarés recevables à déférer au Conseil d'Etat pour excès de pouvoir le décret du 22 janv. 1878 portant réorganisation du service des Halles et spécialement du factorat. — Cons. d'Et., 30 juill. 1880, Brousse, [S. 82.3.8, P. adm. chr., D. 81.3.73]

143. — Un syndicat professionnel constitué en vertu de la loi du 21 mars 1884 a également qualité pour déférer au Conseil d'Etat, par la même voie de recours, un règlement de police relatif à la profession exercée par ses membres. — Cons. d'Et., 25 mars 1887, Synd. prof. des propr. de bains, [S. 89.3.7, P. adm. chr., D. 88.3.57]

144. — Mais les membres d'une société d'agriculture n'ont pas été considérés comme recevables, en cette seule qualité, à attaquer devant le Conseil d'Etat des règlements imposant certaines précautions aux agriculteurs dans un département où ils ne sont eux-mêmes ni propriétaires ni domiciliés : la société dont ils font partie n'est pas non plus recevable à former un semblable recours. — Cons. d'Et., 30 mars 1867, Soc. centr. d'apiculture, [D. 68.3.1]

145. — Un consistoire israélite n'a pas non qualité pour déférer au Conseil d'Etat, comme entachée d'excès de pouvoir, une délibération de la commission administrative d'un hôpital, approuvée par le préfet, portant suppression du régime alimentaire précédemment établi pour les malades israélites. — Cons. d'Et., 1er août 1884, Consist. israélite d'Oran, [D. 86.3.22]

146. — Ont encore été déclarés non recevables les recours formés par un notaire contre un décret nommant, dans le canton où il exerce ses fonctions, un notaire ne réunissant pas les conditions d'aptitude exigées pour le notariat. — Cons. d'Et., 7 juill. 1863, Bonnet, [S. 64.2.23, P. adm. chr.]

147. — ... Par les professeurs d'une faculté de droit contre la nomination d'un professeur. — Cons. d'Et., 23 oct. 1835, Bugnet, Demante et Duranton, [S. 35.2.547, P. adm. chr.]

148. — ... Par les membres de la commission administrative d'un hospice contre un arrêté préfectoral nommant un membre de cette commission. — Cons. d'Et., 2 nov. 1888, [*Rev. gén. d'admin.*, 1888, t. 3, p. 416]

149. — Une autorité administrative n'est pas recevable à attaquer, pour excès de pouvoir, l'arrêté d'un supérieur hiérarchique annulant un arrêté qu'elle aurait pris. — Cons. d'Et., 29 janv. 1886, Maire de Wassy, [S. 87.3.46, P. adm. chr.] — V. suprà, v° *Chasse*, n. 239.

150. — ... Ni l'acte du même supérieur hiérarchique rendant une décision en son lieu et place. Ainsi il avait déjà été jugé, antérieurement à la loi du 5 avr. 1884, qu'un maire n'était pas recevable à se pourvoir contre un arrêté par lequel le préfet avait, sur son refus, réglementé les heures d'ouverture et de fermeture des cafés, cabarets et autres lieux publics de la commune. — Cons. d'Et., 13 janv. 1853, Barrau, [S. 53.2.320, P. adm. chr., D. 53.3 39] — C'est une jurisprudence dont l'intérêt se trouve encore accru depuis la dernière loi municipale, qui en a augmenté les cas d'application.

151. — Les ministres peuvent-ils former des recours pour excès de pouvoir contre les actes des autorités qui ressortissent à leurs départements ministériels respectifs? Cette question se pose rarement en pratique, les ministres ayant en général le droit d'annuler eux-mêmes les actes de ces autorités ou tout au moins d'en provoquer l'annulation par décret. Il a fallu toutefois leur reconnaître qualité pour former ce recours. Il est, en effet, des autorités dont les actes ne peuvent pas être annulés administrativement et ne peuvent l'être que par la voie contentieuse : telles sont les autorités administratives ayant le caractère de juridiction : conseils de révision, commissions spéciales de plus-value prévues par la loi du 16 sept. 1807, commissions chargées de régler certaines indemnités. — Cons. d'Et., 26 août 1842, Minault, [S. 42.2.547, P. adm. chr.]

152. — De même, avant que la loi du 30 oct. 1886 (art. 59) eût soumis les décisions des commissions municipales scolaires, instituées par la loi du 28 mars 1882, à un appel devant les conseils départementaux de l'instruction publique, qualité a été reconnue au ministre de l'Instruction publique pour former recours pour excès de pouvoir contre ces décisions. — Cons. d'Et., 21 mars 1883, Ministre de l'Instruction publique, [Leb. chr., p. 286; *Rev. gén. d'adm.*, 1883, t. 2, p. 67, et les conclusions de M. le commissaire du gouvernement Marguerie]

SECTION III.

Formes et délais du recours.

§ 1. *Formes.*

1° *Recours omisso medio.*

153. — Le recours pour excès de pouvoir peut être formé *omisso medio*, sans recours préalable au ministre. C'est ce que la jurisprudence a reconnu de tout temps. — Cons. d'Et., 25 mars 1835, Kribs, [P. adm. chr.]; — 4 févr. 1836, de Saint-Didier, [P. adm. chr.]; — 6 mai 1853, Perrale, [S 54.2.71, P. adm. chr.]

154. — A l'époque où la doctrine du ministre juge de droit commun était en faveur (V. suprà, v° *Conseil d'Etat*, n. 435 et s., et v° *Compétence administrative*, n. 833 et s.) on invoquait, pour justifier cette règle, des motifs tirés de la nécessité de réprimer promptement les actes d'incompétence qui troublent plus ou moins l'ordre public. — Serrigny, t. 1, n. 226.

155. — Cette raison est très-contestable : d'ailleurs elle perd beaucoup de sa valeur si l'on remarque que le recours direct au Conseil d'Etat est une simple faculté pour la partie, et que celle-ci peut toujours demander au ministre l'annulation de la décision de son subordonné. Or, il est difficile d'admettre, ainsi que le fait remarquer M. Laferrière (t. 2, p. 452), qu'il puisse dépendre des parties de rétablir un degré de juridiction que des raisons d'ordre public auraient fait supprimer.

156. — Il est plus exact de rattacher la faculté de recourir *omisso medio* au Conseil d'Etat dans le cas d'excès de pouvoir, à la nature même de la juridiction du Conseil d'Etat sur tous les actes administratifs qui violent la loi des droits acquis. — Laferrière, *loc. cit.*

157. — Quoi qu'il en soit, la jurisprudence du Conseil d'Etat sur ce point est, ainsi que nous venons de le dire, très-ancienne. La partie qui veut attaquer un acte pour excès de pouvoir peut toujours agir directement *de plano* devant le Conseil d'Etat, si elle ne préfère en demander d'abord l'annulation au ministre compétent. Nous verrons tout à l'heure dans quelles conditions elle peut, si elle prend ce second parti, se pourvoir au Conseil d'Etat contre la décision du ministre qui croirait devoir maintenir l'acte de son subordonné. — V. *infra*, n. 174 et s.

158. — On ne pourrait considérer comme contraire à ce principe une décision visant les lois des 7-14 oct. 1790, et 24 mai 1872, et portant que l'arrêté par lequel un préfet de l'Algérie répartit entre les communes du département les produits de l'octroi de mer, ne peut être déféré directement au Conseil d'Etat par l'une de ces communes, et que cette dernière doit, avant de saisir le Conseil d'Etat, porter sa réclamation devant le ministre de l'Intérieur. — Cons. d'Et., 12 juill. 1882, Comm. de Philippeville, [S. 84.3.46, P. adm. chr., D. 84.3.14] — La requête de la commune tendait, en effet, non pas à l'annulation, mais à la réformation de l'arrêté attaqué. Se fondant sur les états de recensement de la population qui, d'après elle, devaient être appliqués pour l'année considérée, elle concluait à ce que la somme qui devait lui être allouée fût élevée à un chiffre déterminé.

2° *Dispense de constitution d'avocat.*

159. — Aux termes de l'art. 1, Décr. 2 nov. 1864, « seront jugés sans autres frais que les droits de timbre et d'enregistrement : 1° les recours portés devant le Conseil d'Etat en vertu de la loi des 7-14 oct. 1790, contre les actes des autorités administratives pour incompétence ou excès de pouvoir. »

160. — Les recours pour excès de pouvoir sont donc dispensés de constitution d'avocat : les parties peuvent, en cette matière, présenter elles-mêmes leurs requêtes. — V. *supra*, v° *Avocat au Conseil d'Etat*, n. 62.

3° *Frais.*

161. — Il résulte du même texte que si le recours peut être formé sans l'assistance d'un avocat, il n'en est pas moins assujetti au timbre et à l'enregistrement. Le recours n'est donc pas recevable si la requête est présentée sur papier non timbré et si les droits d'enregistrement ne sont pas acquittés. — Cons. d'Et., 12 juill. 1878, Bellocq, [D. 78.5.146]; — 13 mars 1885, Teste, [D. 86.5.113]

162. — Toutefois, le recours pour excès de pouvoir est complètement exempt de frais dans deux cas : 1° aux termes de l'art. 88, L. 10 août 1871, les décisions prises par la commission départementale sur les matières énumérées aux art. 86 et 87 de la même loi, peuvent être déférées au Conseil d'Etat statuant au contentieux pour cause d'excès de pouvoir ou de violation de la loi ou d'un règlement d'administration publique. Le recours au Conseil d'Etat « peut être formé sans frais. »

163. — Mais cette exemption de tous frais ne s'applique qu'aux recours formés contre les décisions prises « sur les matières énumérées aux art. 86 et 87. » Si le recours est formé contre une décision prise sur une autre matière, la règle générale du timbre et de l'enregistrement doit être suivie. — Laferrière, t. 2, p. 449.

164. — 2° L'art. 58, L. 3 mai 1841, sur l'expropriation pour cause d'utilité publique, porte que les plans, procès-verbaux, certificats, significations, jugements, contrats, quittances « et autres actes » faits en vertu de la présente loi seront visés pour timbre et enregistrés gratis, lorsqu'il y a lieu à la formalité de l'enregistrement. La jurisprudence en a induit la dispense de frais pour les recours formés contre les décrets et arrêtés portant déclaration d'utilité publique. — Laferrière, *loc. cit.*

§ 2. *Délais.*

1° *Règles générales.*

165. — Il y a lieu d'appliquer les règles générales résultant des textes qui régissent la procédure devant le Conseil d'Etat. Ainsi l'art. 11 du décret du 22 juill. 1806, fixant à trois mois le délai du recours au Conseil d'Etat, s'appliquait au recours pour excès de pouvoir. — Cons. d'Et., 6 juill. 1863, Laulet, [S. 63. 2.182, P. adm. chr.]; — 31 août 1863, Dupuy-Choffray, [S. 63. 2.269, P. adm. chr.] — V. *supra*, v° *Conseil d'Etat*, n. 680 et s. — Ce délai est aujourd'hui réduit à deux mois par l'art. 24, § 4, de la loi de finances du 13 avr. 1900.

166. — Par application du principe précédent, il a été décidé que, spécialement, est non recevable le pourvoi formé pour excès de pouvoir, par une commune, contre un arrêté préfectoral prescrivant la liquidation d'une pension de retraite à la charge de la caisse municipale, si ce pourvoi a été formé plus de trois mois (aujourd'hui deux mois) après le jour où l'arrêté, notifié par le préfet au maire, a été porté par ce dernier à la connaissance du conseil municipal. — Cons. d'Et., 20 mars 1863, Ville de Châlons-sur-Marne, [S. 63.2.92, P. adm. chr., D. 65.3. 63] — V. dans le sens de l'opinion contraire complètement abandonnée : Dufour, *Dr. adm. appl.*, 2° éd., t. 1, n. 449; Foucart, *Elém. de dr. publ.*, 2° éd., t. 3, n. 1978 et s. — V. aussi Cormenin, *Dr. adm.*, 5° éd., v° *Rejet des requêtes*, § 4, t. 1, p. 138 et s.

167. — Le recours pour excès de pouvoir est déclaré irrecevable, lorsqu'il est dirigé contre un acte qui n'est que la mise à exécution d'un acte antérieur non attaqué dans les délais. C'est ce qui arrive notamment quand il s'agit de recours formé contre des actes portant inscription d'office d'une dépense au budget communal, lorsque le montant de cette dépense a été fixé par un acte antérieur. — Cons. d'Et., 27 juill. 1883, Ville de Saint-Etienne, [Leb. chr., p. 684]; — 1er févr. 1895, Ville de Nantes, [*Rev. gén. d'adm.*, 1895, t. 2, p. 38]

168. — Toutefois, un intéressé est recevable à déférer au Conseil d'Etat pour excès de pouvoir, dans les délais du règlement, un arrêté de police lui faisant grief, même dans celles de ses dispositions qui ne font que reproduire les dispositions d'un arrêté antérieur (Sol. impl.). — Cons. d'Et., 9 avr. 1886, Merlat, Arguellier et autres, [S. 88.3.5, P. adm. chr., D. 88.3.20]; — 18 mars 1887, Martin, [S. 89.3.5, P. adm. chr., D. 88.3.20]

169. — Le fait qu'un tribunal a sursis à statuer sur une affaire portée devant lui jusqu'à ce que le Conseil d'Etat ait prononcé sur un recours pour excès de pouvoir formé par la partie, ne met pas obstacle à ce que ce recours soit déclaré non recevable, s'il a été introduit après l'expiration du délai. — Cons. d'Et., 14 mars 1884, Morphy, [S. 86.3.2, P. adm. chr., D. 85.3.9]

170. — Mais, si le Conseil d'Etat était appelé à connaître de la régularité ou de la légalité d'un acte administratif par suite d'un renvoi formel de l'autorité judiciaire, il pourrait statuer lors même que le délai légal serait expiré. — V. Cons. d'Et., 28 avr. 1882, Ville de Cannes, [S. 84.3.27, P. adm. chr.]

171. — Les règles relatives au point de départ du délai ont été étudiées *supra*, v° *Conseil d'Etat*, n. 743 et s. Ainsi qu'il a été dit, ce point de départ est, en général pour les actes susceptibles de notification individuelle, la date de cette notification. Pour les actes qui ne sont pas susceptibles d'être portés de cette manière à la connaissance des intéressés, il y a lieu de tenir compte seulement à dater du jour où ils ont été portés à la connaissance du public par un mode de publication approprié à la nature de l'acte. Cette observation est d'un grand intérêt pratique en matière de recours pour excès de pouvoir, car ce recours peut être formé contre un grand nombre d'actes qui, tels que les actes réglementaires, ne sont pas susceptibles de notification individuelle.

172. — Toutefois, il n'a pas été admis que la publication pût remplacer la notification lorsqu'il s'agit d'un règlement applicable à une catégorie déterminée d'intéressés, tels que des propriétaires ou commerçants que l'administration peut connaître. Ainsi le Conseil d'Etat a décidé que l'arrêté municipal par lequel il est imposé aux loueurs de voitures des exigences spéciales en ce qui concerne l'exercice de leur industrie, étant susceptible de notification individuelle, le point de départ du délai de recours compte seulement à dater de cette notification ; que, dès lors, la simple publication dudit arrêté au *Bulletin municipal* et son affichage aux lieux accoutumés sont inopérants pour faire courir le délai. — Cons. d'Et., 9 août 1893, Chambre syndicale des entrepreneurs de voitures, [Leb. chr., p. 676]

173. — Une disposition spéciale qui, sous l'empire du décret du 22 juill. 1806, réduisait déjà exceptionnellement le délai à deux mois, lorsqu'il s'agissait des recours formés *contre* les décisions des commissions départementales, énumérées aux art. 86 et 87 de la loi du 10 août 1871, fait partir le délai à dater de la communication de la décision attaquée (Même loi, art. 88). — V. *supra*, n. 162, et v° *Commission départementale*, n. 129 et s.

EXCÈS DE POUVOIR (MATIÈRE ADMINISTRATIVE). — Chap. II.

2° *Cas où le recours pour excès de pouvoir est précédé du recours hiérarchique.*

174. — Le droit qui appartient aux parties, de former, à leur choix, le recours pour excès de pouvoir *de plano* devant le Conseil d'Etat, ou de demander au ministre l'annulation de l'acte de son subordonné (V. *suprà*, n. 157), a fait naître une question qui a été très-discutée. En effet, nous l'avons dit, le délai de recours pour excès de pouvoir est le délai ordinaire du recours au Conseil d'Etat. Mais le ministre peut, en vertu de son pouvoir hiérarchique, prononcer l'annulation à toute époque. La question qui se pose est la suivante : les parties qui pour former le recours au Conseil d'Etat *omisso medio*, sont assujetties à la règle du délai, pourraient-elles toujours, lorsque ce délai est expiré et sans encourir la même déchéance, déférer l'acte au ministre, et, au cas où celui-ci ne leur donnerait pas gain de cause, se pourvoir alors dans les délais légaux, à dater de la notification de sa décision, devant le Conseil d'Etat pour la faire annuler. Trois systèmes ont été proposés sur cette question, et deux, complètement différents l'un de l'autre, ont été successivement suivis par la jurisprudence.

175. — *Premier système.* — *La règle du décret de 1806 ne concerne que le recours direct au Conseil d'Etat : aucun délai n'étant imposé au recours hiérarchique, il en résulte que les parties peuvent former celui-ci à toute époque, et porter ensuite, dans le délai du règlement, le recours au Conseil d'Etat contre la décision ministérielle rejetant leur réclamation, ainsi que contre l'acte attaqué considéré comme faisant corps avec cette décision.* — Tel est le système de l'ancienne jurisprudence du Conseil d'Etat. Toutefois, c'est seulement après le décret du 2 nov. 1864 qu'on en rencontre l'application. Avant ce décret, le silence du ministre n'était pas assimilé à une décision, et les recours étaient peu nombreux.

176. — Un premier arrêt du 5 juin 1862, d'Andigné de Resteau, [P. adm. chr.], avait déclaré non recevable, par application de l'art. 11, Décr. 22 juill. 1806, un recours directement formé devant le Conseil d'Etat contre un arrêté préfectoral rendu cinq ans auparavant. Le réclamant alla porter devant le ministre le recours que le Conseil d'Etat avait considéré comme tardif; le ministre l'ayant rejeté à son tour, la partie intéressée revint devant le Conseil d'Etat qui l'accueillit, en décidant que, bien qu'un recours au Conseil d'Etat formé par un particulier, pour excès de pouvoir, contre un arrêté préfectoral, ait été déclaré non recevable comme introduit après l'expiration des délais, ce particulier peut encore déférer le même arrêté au ministre compétent et se pourvoir ensuite au Conseil d'Etat contre la décision ministérielle qui l'a confirmé. — Cons. d'Et., 9 févr. 1865, d'Andigné de Resteau, [S. 65.2.316, P. adm. chr., D. 63.3.66, et les conclusions de M. le commissaire du gouvernement L'Hôpital.]

177. — Jugé, dans le même sens, que la partie qui n'a pas déféré au Conseil d'Etat, dans le délai légal, un arrêté préfectoral pour excès de pouvoir, est néanmoins recevable à se pourvoir contre la décision par laquelle le ministre a confirmé ledit arrêté (Décr. 22 juill. 1806, art. 11). — Cons. d'Et., 2 févr. 1877, Comm. de Sotteville, [S. 79.2.32, P. adm. chr., D. 77.3.44].

178. — Les conclusions de M. le commissaire du gouvernement L'Hôpital, bien que conformes à l'arrêt, ne dissimulaient pas la « bizarrerie » de la solution. En effet, le recours déclaré tardif parce qu'il était formé cinq ans après l'acte attaqué, cessait de l'être en se reproduisant trois ans plus tard. Le délai de trois mois, applicable si le recours était formé *de plano* devant le Conseil d'Etat, ne l'était plus si la partie prenait la précaution d'aller d'abord devant le ministre au lieu de recourir devant le Conseil d'Etat. En réalité, le recours était perpétuellement ouvert, la règle de l'art. 11 du décret de 1806 disparaissait.

179. — Comment une telle solution pouvait-elle se justifier ? On l'appuyait non sur des raisons juridiques, mais sur des considérations d'ordre politique. Le gouvernement, disait-on, sur qui retombe la responsabilité des fautes de ses agents, a grand intérêt à ce que les plaintes qu'elles soulèvent puissent arriver jusqu'à lui, parce que les griefs les plus minimes peuvent, en se multipliant, assurer de graves mécontentements. Il y a là une soupape de sûreté qui doit rester toujours ouverte. — conclusions de M. Aucoc, commissaire du gouvernement, 13 mars 1867, Bizet, [S. 68.2.94, P. adm. chr.] — V. aussi les conclusions de M. Charles Robert, 21 juill. 1864, Académie des beaux

arts, [S. 65.2.86, P. adm. chr.] — Ce système se rattachait donc à la responsabilité du chef de l'Etat devant le pays, ainsi que l'établissait la Constitution impériale. — Laferrière, t. 2, p. 463 et 464.

180. — *Deuxième système.* — *Le délai de trois mois (aujourd'hui deux mois) est imposé aux parties pour recourir « devant le Conseil d'Etat » : peu importe que le recours au Conseil d'Etat soit ou non précédé d'un recours au ministre. Il en résulte qu'il y a toujours forclusion lorsque le recours au Conseil d'Etat est formé plus de trois mois après le point de départ du délai qui est, suivant les cas, la publication ou la notification de l'acte attaqué.* — Autant le système précédent était large ou plutôt exagéré dans le sens des garanties données aux justiciables, autant, au contraire, ce second système est rigoureux. Il n'a d'ailleurs jamais été appliqué en jurisprudence.

181. — Ce système est trop absolu. La partie doit avoir l'option entre le recours hiérarchique devant le ministre et le recours direct devant le Conseil d'Etat. Ce serait lui enlever cette option que de ne pas tenir compte du recours au ministre; car la partie ne peut matériellement obtenir une décision ministérielle assez tôt pour se pourvoir au Conseil d'Etat dans un délai de trois mois à dater du point de départ ci-dessus rappelé.

182. — Il ne faudrait pas considérer comme une application du système dont il s'agit la jurisprudence suivie par le Conseil d'Etat en ce qui concerne les recours formés contre les décisions des commissions départementales. L'art. 88, L. 10 août 1871, prévoit en certains cas deux recours contre les décisions : elles peuvent être déférées en appel au conseil général, elles peuvent aussi être déférées au Conseil d'Etat. Il a été jugé que l'appel au Conseil d'Etat est entièrement distinct du recours au Conseil d'Etat et que pour ce dernier recours le délai accordé aux parties ne peut être prorogé par un appel au conseil général (V. *suprà*, v° *Commission départementale*, n. 131). Mais il faut remarquer que l'appel au conseil général et le recours au Conseil d'Etat ne sont pas prévus pour les mêmes motifs : le premier peut être formé pour inopportunité ou fausse appréciation des faits; le second doit être fondé sur l'excès de pouvoir ou la violation de la loi ou d'un règlement d'administration publique. Au contraire, le recours formé devant le ministre ou devant le Conseil d'Etat s'appuie toujours sur les mêmes moyens.

183. — *Troisième système.* — *Le délai de trois mois (aujourd'hui deux mois) est donné aux parties pour attaquer l'acte soit devant le Conseil d'Etat, soit devant le ministre. La partie conserve le droit de provoquer en tout temps, par la voie administrative, l'annulation de l'acte en vertu du pouvoir hiérarchique du ministre; mais si celui-ci rejette le recours hiérarchique, la partie ne peut plus former de recours devant le Conseil d'Etat.* — C'est le système de la jurisprudence actuelle du Conseil d'Etat, approuvée pour la première fois à la date du 13 avr. 1881, par un arrêt qui a décidé que l'art. 11, Décr. 22 juill. 1806, s'applique au recours pour excès de pouvoir porté devant les supérieurs hiérarchiques du fonctionnaire qui a rendu la décision attaquée; qu'en conséquence la partie qui, au lieu de déférer directement au Conseil d'Etat, pour excès de pouvoir, un arrêté du maire, le défère d'abord au préfet et au ministre compétent, n'est recevable à attaquer ensuite devant le Conseil d'Etat pour excès de pouvoir les décisions confirmatives que si le recours au supérieur hiérarchique a été formé dans le délai de trois mois (aujourd'hui deux mois). — Cons. d'Et., 13 avr. 1881, Bansais, [S. 82.3.29, P. adm. chr., D. 82.3.49] — V. les conclusions de M. le commissaire du gouvernement Le Vavasseur de Précourt (*loc. cit.*), et aussi les observations du même, sur cet arrêt dans la *Revue générale d'administr.*, 1881, t. 2, p. 68 et s.; Laferrière, t. 2, p. 464 et s.

184. — Cette jurisprudence a été confirmée par des décisions plus récentes. Ainsi, la partie qui, au lieu de se pourvoir directement devant le Conseil d'Etat contre un arrêté préfectoral, a déféré cet arrêté au ministre, n'est pas recevable à former ensuite, devant le Conseil d'Etat, un recours pour excès de pouvoir, si la réclamation devant le ministre n'avait pas été formée dans le délai de trois mois (aujourd'hui deux mois) à partir du jour où l'arrêté attaqué lui a été notifié et a été exécuté à son égard. — Cons. d'Et., 14 janv. 1887, l'Union des gaz, [S. 88.3.52, P. adm. chr., D. 88.3.54]; — 14 mars 1890, Ville de Constantine, [S. et P. 92.2.83].

185. — Il en résulte que lorsque le recours n'a pas été formé dans le délai, le ministre n'en a pas moins le droit de statuer, mais sa décision, rendue à titre purement gracieux, ne peut être attaquée pour excès de pouvoir devant le Conseil d'Etat.

186. — Ce système a été l'objet de critiques sérieuses. S'il a l'avantage, a-t-on dit, de soumettre à un délai unique l'exercice du recours pour excès de pouvoir devant quelque autorité que ce recours soit porté, il a le grave inconvénient de créer une déchéance, en appliquant, par voie d'extension, l'art. 11, Décr. 22 juill. 1806, à une hypothèse qu'il n'a pas en vue. On sait, en effet, que ce texte, inséré dans le décret sous la rubrique « Des instances introduites devant le Conseil d'Etat à la requête des parties, » se borne à dire que le pourvoi au Conseil d'Etat contre la décision d'une autorité qui y ressortit n'est pas recevable après trois mois du jour où cette décision a été notifiée. Cette disposition est donc étrangère au cas où il s'agit d'un recours formé, par la voie hiérarchique, devant le ministre contre un arrêté préfectoral. — Aucoc, *Gazette des tribunaux*, 24 déc. 1886, et *Revue critique de législation et de jurisprudence*, janv. 1887, p. 63; Liouville, J. *Le Droit*, 4 mars 1887. — V. aussi, dans ce dernier sens, la dissertation insérée au *Recueil des arrêts du Conseil d'Etat*, 1887, p. 43.— M. Ducrocq a également critiqué cette même jurisprudence dans son cours professé pour le doctorat à la Faculté de Paris. Quoi qu'il en soit, les étranges conséquences auxquelles conduisait la thèse qui avait précédemment triomphé devant le Conseil d'Etat obligent à accepter cette interprétation rationnelle, bien qu'extensive, du décret du 22 juill. 1806. Elle n'est point préjudiciable aux parties, ainsi que l'avait soutenu M. Aucoc (articles précités), par suite d'une confusion entre le deuxième et le troisième systèmes. La jurisprudence actuelle ne dit pas qu'on est déchu de son pourvoi contre une décision administrative si on ne l'a pas attaquée devant le Conseil d'Etat dans le délai du règlement; elle dit qu'on est déchu si l'on n'a formé dans ce délai, ni recours au Conseil d'Etat, ni recours au ministre. Les parties ont ainsi le même délai pour attaquer les arrêtés des préfets et des maires que pour attaquer un décret ou une décision ministérielle; les garanties des justiciables restent, à l'égard de ces divers actes, identiquement les mêmes.

187. — Que faudrait-il décider si le recours était formé devant un ministre incompétent? M. Laferrière (p. 469 et s.) propose une distinction : si la matière est telle qu'aucun recours hiérarchique ne pouvait jamais être formé contre la décision, il y a lieu d'appliquer la règle générale d'après laquelle les forclusions et déchéances ne sont pas évitées par un recours formé devant une autorité incompétente. Tel serait le cas si l'on demandait au ministre de l'Intérieur d'annuler une délibération d'un conseil général qui ne peut être annulée que par décret, ou bien un arrêté préfectoral annulant ou refusant d'annuler une délibération du conseil municipal, alors que l'art. 67. L. 5 avr. 1884, n'autorise qu'un recours direct au Conseil d'Etat contre cet arrêté. — Cons. d'Et., 21 nov. 1890, Comm. de Fagnières, [S. et P. 92.3.145] — Mais si l'acte comporte un recours au ministre et s'il y a eu simplement erreur sur la détermination du département ministériel compétent, cette erreur n'aura pas pour effet de supprimer la prorogation du délai de recours pour excès de pouvoir.

188. — Il peut arriver que la partie forme son recours dans le délai légal et que pourtant ce recours ne soit pas recevable parce que l'acte est devenu définitif et inattaquable. C'est ce qui a lieu lorsque l'acte administratif a été suivi de décisions ou de contrats qui ont créé des droits acquis et dont il ne peut être séparé. Ainsi les délibérations des conseils municipaux et les actes des autorités administratives qui les approuvent peuvent être entachés d'excès de pouvoir; mais si ces délibérations sont relatives à un contrat de droit civil, par exemple à une aliénation ou à un bail, et si ce contrat a été réalisé, le recours ne peut plus être formé. — Cons. d'Et., 9 janv. 1867, Verdier, [S. 68.2.32, P. adm. chr., D. 68.5.84]; — 1er août 1867, Delaplane, [Leb. chr., p. 726]; — 21 juill. 1870, Pointeau, [Leb. chr., p. 916]; — 9 avr. 1868, Rivolet, [S. 69.2.95, P. adm. chr.]; — 13 nov. 1874, Comm. de Sainte-Marie-du-Pont, [Leb. chr., p. 854]

189. — Il en est de même des actes déclaratifs d'utilité publique; ils ne peuvent plus être l'objet de recours pour excès de pouvoir, lorsqu'ils ont été suivis d'un jugement d'expropriation qui a créé des droits à la fois à l'expropriant et à l'exproprié. — Cons. d'Et., 22 mai 1885, Fénaud, [D. 86.5.223]

190. — Le pourvoi en cassation n'étant pas suspensif, le jugement d'expropriation subsiste même au cas d'un pourvoi formé et encore pendant. Une solution contraire semblerait, au premier abord, résulter implicitement de quelques arrêts du Conseil d'Etat qui ont paru se fonder, pour rejeter le recours, sur ce que le pourvoi en cassation avait été lui-même rejeté, ou avait pris fin par un désistement, et sur ce que l'expropriation demeurait ainsi consommée. — Cons. d'Et., 13 févr. 1874, André et Champetier, [S. 76.2.27, P. adm. chr., D. 75.3.41]; — 31 mai 1878, Touchy, [D. 79.5.215]; — 31 juill. 1885, de Fresne de Beaucourt, [D. 86.5.223] — Il y avait dans ces affaires une circonstance décisive qui assurait au jugement un caractère définitif. Mais la décision n'aurait pas dû être différente au cas d'un pourvoi encore pendant; car la juridiction administrative ne peut anéantir indirectement le jugement en lui retirant l'appui de la déclaration d'utilité publique. — Laferrière, t. 2, p. 472, note 1.

191. — Toutefois, a été déclaré recevable le recours pour excès de pouvoir contre un arrêté préfectoral déclarant d'utilité publique l'établissement de trottoirs le long d'une route nationale dans la traverse d'une ville, alors que les trottoirs étaient déjà établis. — Cons. d'Et., 7 août 1886, Besnier, [S. 88.3.35, P. adm. chr., D. 87.3.117]

192. — L'acquiescement de la partie à l'acte administratif entaché d'excès de pouvoir le rend définitif à son égard, et il en résulte une fin de non-recevoir pour le recours que cette partie formerait ultérieurement (Laferrière, p. 472). Il en est ainsi alors même que l'acte serait vicié d'une nullité d'ordre public, telle que l'incompétence (*Ibid.*).

193. — L'acquiescement peut être exprès ou tacite : il résultera le plus souvent de l'exécution de l'acte consentie par la partie. Mais aucun acte d'exécution sans réserve, de soumission absolue à l'acte administratif ne doit être considéré comme un acquiescement lorsqu'il s'agit d'un règlement administratif sanctionné par l'art. 471, § 15, C. pén. Les particuliers ne peuvent, en effet, être obligés de commettre des contraventions pour sauvegarder leur droit de recours. — Laferrière, t. 2, p. 473. — V. d'ailleurs sur l'acquiescement en matière administrative, *suprà*, v° *Acquiescement*, n. 741 et s.

SECTION IV.

Existence d'un recours parallèle.

§ 1. *Exposé général de la théorie du recours parallèle.*

194. — La théorie dite « du recours parallèle » est l'œuvre de la jurisprudence : elle n'est énoncée dans aucun texte. La fin de non-recevoir qui en résulte peut se définir comme il suit : le recours pour excès de pouvoir ne peut être formé pour déférer au Conseil d'Etat une contestation dont le jugement est attribué par la loi à une juridiction déterminée.

195. — Les actes administratifs peuvent en effet être appréciés, suivant les cas, au point de vue de leur légalité, par des juridictions très-diverses. Ainsi les conseils de préfecture, juges du contentieux des contributions directes, prononcent sur la légalité des actes administratifs qui en règlent l'assiette et le recouvrement. Juges du contentieux électoral, ils apprécient les arrêtés de convocation des électeurs et les décisions qui divisent les communes en sections électorales. Juges du contentieux des occupations temporaires et des extractions de matériaux, ils connaissent des contestations soulevées par les arrêtés préfectoraux autorisant l'occupation. Les tribunaux civils, compétents en matière de contributions indirectes, apprécient la légalité des tarifs et des décisions administratives réglant la perception des actes. Les tribunaux de simple police et de police correctionnelle, saisis d'une poursuite pour infraction aux règlements administratifs, ont le droit de vérifier si ces règlements ont été légalement faits par l'autorité compétente. Le Conseil d'Etat lui-même jugeant, non plus en matière d'excès de pouvoir, mais en matière de contentieux de pleine juridiction, apprécie la légalité de divers actes administratifs quand il statue sur les élections des conseils généraux ou sur les actions en indemnité formées contre l'Etat, ou lorsqu'il connaît en appel des décisions des conseils de préfecture.

196. — Ainsi que nous venons de le dire, **la théorie du recours parallèle est l'œuvre de la jurisprudence du Conseil d'Etat**. Elle a é é l'objet de critiques de la part de plusieurs auteurs qui refusent d'admettre que le recours pour excès de pouvoir soit jamais paralysé par la faculté accordée à la partie de contester devant un tribunal administratif ou judiciaire la légalité de l'acte qui lui fait grief et d'obtenir qu'il soit tenu pour non avenu à son égard. D'après cette opinion, l'annulation peut toujours être demandée devant le Conseil d'Etat, quelles que soient les attributions de compétence à d'autres juridictions. — V. en ce sens, Dufour, t. 1, n. 463 et 721 ; Ducrocq, 6e éd., t. 1, p 237; Rozy, *Examen doctrinal de la jurisprudence du Conseil d'Etat* (*Rev. crit. de légis. et de jurispr.*, 1870, t. 2, p. 97 et s.); P. Collet, *Ibid.*, 1876, p. 225 et s. ; Choppin, note sous Cons. d'Et., 20 févr. 1868, Couder, [S. 68.2.93, P. adm. chr.]

197. — Ces auteurs font observer que le principe excluant le concours de deux actions ne se rencontre nulle part dans notre législation. Bien au contraire, il est admis que lorsqu'un particulier est lésé par un fait délictueux, il peut poursuivre la réparation du préjudice devant le tribunal de répression accessoirement à l'action publique ; mais il peut aussi introduire séparément son action devant le tribunal civil (C. instr. crim., art. 3). En matière de brevets d'invention, l'industriel qui veut faire prononcer la nullité ou la déchéance d'un brevet, peut saisir directement de sa demande le tribunal civil, ou opposer par voie d'exception cette nullité ou cette déchéance devant le tribunal correctionnel (P. Collet, *loc. cit.*). Il serait, ajoute M. Rozy, dans l'étude précitée, contraire à l'esprit de la loi des 7-14 oct. 1790, d'empêcher les réclamations d'arriver au Conseil d'Etat, juge souverain de la légalité des actes administratifs. Enfin, dit encore le même auteur, les autres contestations susceptibles de s'élever sur la légalité d'un acte administratif ne peuvent atteindre le même but que le recours pour excès de pouvoir ; car elles ne peuvent que prévenir les effets d'un acte illégal à l'égard d'une personne déterminée ou dans un cas spécial ; seul le recours pour excès de pouvoir peut produire l'annulation *ergà omnes* et supprimer l'acte d'où naît le litige.

198. — A ce système qui paraît, au premier abord, séduisant, on peut répondre qu'il revient à enlever aux tribunaux judiciaires et administratifs les compétences spéciales que la loi leur a données, pour remettre au Conseil d'Etat la connaissance générale de toutes les affaires sous la forme de l'appréciation de la légalité des actes administratifs. Sans doute, les compétences spéciales ne disparaîtraient pas absolument, puisqu'elles pourraient s'exercer concurremment avec celle du Conseil d'Etat, au choix des parties ; mais le recours pour excès de pouvoir constituant une action fort simple et peu coûteuse, celles ci ne manqueraient pas d'en user de préférence, et en pratique, les juridictions particulièrement instituées par la loi ne seraient que fort rarement saisies. Et le seraient-elles plus souvent, qu'il en résulterait un danger de conflit ; il pourrait arriver, en effet, que le Conseil d'Etat décidât que l'acte est valable et rejetât le recours, et que le tribunal du fond décidât le contraire et proclamât l'illégalité de l'acte. — Laferrière, t. 2, p. 477 et 478.

199. — On objectera encore qu'autre chose est d'obtenir la reconnaissance de son droit propre et de provoquer l'annulation de l'acte *ergà omnes*. Si l'on obtient, par exemple, la décharge d'une taxe reposant sur un acte illégal, on est sauvegardé personnellement contre cette imposition irrégulière ; mais si l'acte lui-même n'est pas annulé, on laisse en décharge laisse subsister l'imposition à l'égard des autres contribuables moins vigilants, qui pour le contribuable vigilant lui-même, qui devra renouveler sa demande à chaque perception. Mais, répond M. Laferrière (*loc. cit.*), il faut bien remarquer que le recours pour excès de pouvoir n'est point une sorte d'action publique, d'action populaire que chacun ait mission d'exercer en vue de l'intérêt de tous ; nous savons, au contraire, qu'il ne peut être fondé que sur l'intérêt direct et personnel (V. *supra*, n. 110 et s.). Sans doute, l'annulation provoquée par le recours opère « ergà omnes ; » mais c'est grâce à la force propre de l'annulation pour excès de pouvoir et en dehors de l'action du requérant. Et la partie ne saurait émettre la prétention d'être dispensée par le renouveler sa réclamation toutes les fois qu'elle serait atteinte par un acte susceptible d'applications successives ; une telle prétention ne reposerait que sur un intérêt à venir et éventuel, non sur l'intérêt né et actuel qui seul peut autoriser une action.

§ 2. Application de la doctrine précédente.

200. — La jurisprudence a fait de très-nombreuses applications de la théorie du recours parallèle. Ainsi, le conseil de préfecture étant juge de la légalité de l'imposition en matière de contributions directes, le recours pour excès de pouvoir est non-recevable contre les actes qui établissent les contributions extraordinaires. — Cons. d'Et., 12 janv. 1883, [Leb. chr., p. 27]

201. — Même solution pour les actes établissant toutes taxes recouvrées en la forme des contributions directes. Spécialement, en matière d'associations syndicales, les réclamations contre les décisions des commissions spéciales sur le classement des propriétés comprises dans un syndicat doivent être portées devant le conseil de préfecture ; par suite, elles ne peuvent être déférées au Conseil d'Etat par la voie du recours pour excès de pouvoir. — Cons. d'Et., 30 mai 1884, Comm. de Florans, [D. 83. 3.125] — V. *supra*, v° *Association syndicale*, n. 557.

202. — Même solution en ce qui concerne les actes mettant à la charge d'usiniers des frais de curage. — Cons. d'Et., 31 mars 1882, [Leb. chr., p. 30] ; — 19 nov. 1886, [*Gaz. Pal.*, 87.1.18] ; — 11 févr. 1887, Beau, [S. 88.3.58, P. adm. chr., D. 88.3.67]

203. — De même que le contentieux des contributions directes appartient au conseil de préfecture, de même le contentieux des contributions indirectes ressortit aux tribunaux judiciaires. De là l'irrecevabilité du recours pour excès de pouvoir en ce qui concerne les actes relatifs à ces dernières contributions.

204. — Ainsi n'est pas recevable le recours pour excès de pouvoir formé contre une décision du ministre des Finances refusant la restitution d'un droit d'importation. — Cons. d'Et., 3 mars 1876, [Leb. chr., p. 219]

205. — ... Contre une délibération d'un conseil municipal votant l'établissement d'une surtaxe d'octroi. — Cons. d'Et., 3 juill. 1885, Evrard-Memaul, [S. 87.3.17, P. adm. chr.] — V. en matière de droits de stationnement : Cons. d'Et., 16 juill. 1886, [Leb. chr., p. 615] ; — 11 mars 1887, [Leb. chr., p. 212] — ... De droits de tonnage : Cons. d'Et., 26 juin 1874, [Leb. chr., p. 603]

206. — Par application du même principe, un propriétaire n'est pas recevable à déférer au Conseil d'Etat pour excès de pouvoir l'arrêté préfectoral autorisant un entrepreneur à ouvrir une nouvelle carrière ; il appartient, en effet, au conseil de préfecture de décider si l'autorisation est régulière. — Cons. d'Et., 3 déc. 1880, [Leb. chr., p. 969]

207. — Il a été décidé, de même, que la ville de Boulogne-sur-Mer n'était pas recevable à déférer directement au Conseil d'Etat l'arrêté du ministre des Travaux publics approuvant le projet de raccordement destiné à permettre le trajet direct des trains de Paris à Calais sans entrer dans la gare de Boulogne, la décision attaquée ne faisant pas obstacle à ce que la ville soutienne devant le conseil de préfecture que l'exécution du raccordement direct dont il s'agit porte atteinte aux droits et obligations résultant pour la ville d'un engagement antérieur contenant de sa part une offre de concours pour l'exécution du chemin de fer de Boulogne à Calais. — Cons. d'Et., 24 mai 1889, Ville de Boulogne-sur-Mer, [S. 91.3.68, P. adm. chr., D. 90.3.93]

208. — L'arrêté ministériel déclarant déchu des droits un concessionnaire de travaux publics ne peut non plus être déféré au Conseil d'Etat pour excès de pouvoir ; c'est au conseil de préfecture qu'il appartient d'apprécier si le concessionnaire a encouru la déchéance. — Cons. d'Et., 27 févr. 1885, Cie nat. des canaux agricoles, [D. 86.3.87]

209. — Dans le cas où une commune serait fondée à soutenir qu'un traité passé par elle pour l'exécution d'un travail public n'a pas été approuvé dans les formes exigées par la loi, elle peut contester devant l'autorité compétente la validité de ce traité ; mais elle n'est pas recevable à déférer au Conseil d'Etat, pour excès de pouvoir, l'arrêté préfectoral qui a approuvé ce traité. — Cons. d'Et., 9 juill. 1880, Ville de Marseille, [S. 82.3.4, P. adm. chr.]

210. — L'arrêté par lequel le maire enjoint à un propriétaire de construire un trottoir au-devant de son immeuble ne fait pas obstacle à ce que ce dernier soutienne devant le conseil de préfecture qu'il n'est pas tenu d'exécuter ce travail ; cet arrêté ne peut, dès lors, être déféré au Conseil d'Etat pour excès de pouvoir. — Cons. d'Et., 16 janv. 1880, Lefebvre, [S. 81.3.45, P. adm. chr.] ; — 18 nov. 1881, Pascal, [S. 83.2.33, P. adm. chr.]

211. — Lorsque le soumissionnaire d'un service de distribution d'eau dans une ville soutient qu'une décision municipale lui refusant l'autorisation d'établir des branchements nouveaux, porte atteinte aux droits qui lui appartiennent en vertu d'une convention passée avec la ville, c'est devant le conseil de préfecture, et non devant le Conseil d'Etat statuant comme juge des excès de pouvoir, que la contestation doit être portée. — Cons. d'Ét., 26 juill. 1895, Société La Prévoyante, [Rev. gén. d'adm., 95.3.430]

212. — Les communes peuvent se pourvoir devant le ministre des Finances, et ensuite devant le Conseil d'État au contentieux, à l'effet de faire décider qu'à raison de leur population agglomérée elles ne doivent pas être assujetties aux droits d'octroi sur les boissons. Dès lors une commune n'est pas recevable à attaquer la décision par laquelle le ministre de l'Intérieur s'est borné à refuser de faire procéder à la rectification de son tableau de recensement. — Cons. d'Ét., 22 juin 1877, [D. 77.3.99]

213. — Le refus par le ministre des Finances de reconnaître au profit d'un conservateur des hypothèques le droit qu'il prétend avoir à des salaires, d'après les tarifs en vigueur, à raison des formalités auxquelles ont donné lieu les acquisitions faites par voie d'expropriation au nom de l'État pour la construction d'ouvrages publics, ne constitue pas un acte susceptible d'être déféré au Conseil d'État pour excès de pouvoir; c'est à l'autorité judiciaire qu'il appartient de statuer sur l'application des tarifs des salaires dus aux conservateurs des hypothèques et ni le refus du ministre, ni les décisions antérieures invoquées par lui, aux termes desquelles ses prédécesseurs auraient imposé aux conservateurs l'obligation d'effectuer gratuitement les formalités dont il s'agit, ne saurait faire obstacle à ce que le requérant porte sa demande devant les tribunaux. — Cons. d'Ét., 2 août 1878, Michel, [S. 80.2.122, P. adm. chr., D. 79.3.9]

214. — Les actes par lesquels l'autorité supérieure a autorisé, soit l'acceptation d'un don ou d'un legs, soit une sorte de contrat quelconque de droit commun par une commune ou un établissement public, ne sont pas susceptibles d'être déférés au Conseil d'État pour excès de pouvoir; c'est à l'autorité judiciaire à apprécier la validité de la donation, du testament ou du contrat. — Cons. d'Ét., 4 août 1882, Hérit. Dougier, [S. 84.3.52, P. adm. chr., D. 84.3.29]; — 27 mars 1885, Hutel, [D. 86.5.111]; — 11 mai 1888, Sect. de Malataverne, [D. 89.5.126]; — 21 nov. 1890, Comm. du Maz-d'Azil, [S. et P. 92.3.144]; — 30 juin 1893, Bloquel, [Leb. chr., p. 534]

215. — La juridiction administrative compétente pour statuer sur la validité de l'acte approbatif, ne peut le faire que si le juge du contrat lui renvoie cette question, sous forme de question préjudicielle reconnue nécessaire pour la solution du litige. — Laferrière, t. 2, p. 488.

216. — Un contribuable ne peut attaquer pour excès de pouvoir, ni la délibération par laquelle le conseil municipal a voté un emprunt et une imposition, ni l'arrêté ou le décret autorisant l'emprunt et l'imposition, en se fondant sur ce que la délibération n'aurait pas été prise régulièrement; c'est à lui, s'il croit que l'imposition est recouvrée en vertu d'actes irréguliers, à demander décharge de sa cotisation devant la juridiction compétente. — Cons. d'Ét., 30 nov. 1877, de Seré, [S. 79.2.276, P. adm. chr., D. 78.3.52]; — 2 mai 1880, Ponjard et Pelletur, [S. 81.3.63]; — 12 janv. 1883, Guicheux, [D. 84.3.76]

217. — L'autorité judiciaire étant seule compétente pour statuer sur les réclamations tendant à faire ordonner la sortie de toute personne placée dans un établissement d'aliénés, le département où la personne séquestrée a son domicile de secours n'est pas recevable à déférer au Conseil d'État, pour excès de pouvoir, l'arrêté par lequel le préfet d'un autre département a ordonné la séquestration en vertu de l'art. 18, L. 30 juin 1838. — Cons. d'Ét., 16 déc. 1884, Dép. de la Sarthe, [S. 83.3.41, P. adm. chr., D. 83.3.25]

§ 3. *Exceptions à l'application de la doctrine du recours parallèle.*

1° *Cas où le recours parallèle serait un recours administratif ou hiérarchique.*

218. — Lorsque le recours parallèle est, non pas un recours devant une juridiction, mais un simple recours administratif ou hiérarchique, le recours pour excès de pouvoir est recevable. Ainsi le recours spécial par la voie administrative, ouvert en vertu de l'art. 13, L. 21 juin 1865, contre les arrêtés préfectoraux autorisant les associations syndicales, n'empêche pas les intéressés de former un recours pour excès de pouvoir contre ces mêmes arrêtés. — Cons. d'Ét., 6 juin 1879, de Vilar, [S. 83.3.1, P. adm. chr., D. 79.3.90]

219. — De même le recours au ministre prévu par l'art. 6, Décr. 25 mars 1852, ne fait pas obstacle à ce que les arrêtés préfectoraux pris en vertu de ce décret soient déférés directement pour excès de pouvoir au Conseil d'État. — Cons. d'Ét., 24 juin 1881, Bougard, [S. 82.3.48, P. adm. chr., D. 82.3.51]

2° *Cas où le recours n'est point parallèle et direct.*

220. — Pour qu'il y ait lieu d'appliquer le principe que nous venons d'exposer, il faut également que le recours existant devant une autre juridiction soit réellement parallèle et direct : parallèle, c'est-à-dire qu'il conduise la partie au but auquel elle a le droit de tendre en vue de son intérêt personnel et direct, c'est-à-dire qu'il l'y conduise directement au moyen d'une action résultant de sa propre initiative. — Laferrière, t. 2, p. 481.

221. — Or, on peut signaler deux cas dans lesquels ces conditions ne seraient pas remplies. *a*) D'abord, le cas où la partie n'aurait, devant l'autre juridiction, qu'une action en indemnité. Par exemple, les déclarations d'utilité publique et les plans généraux d'alignement peuvent être attaqués pour excès de pouvoir, même par des parties qui auraient le droit, après la mise à exécution, de réclamer une indemnité pour dommages causés par les travaux publics : le droit qui appartiendrait à la partie lésée de réclamer une indemnité à l'État à raison d'un acte illégal et arbitraire ne fait pas obstacle au recours tendant à l'annulation de cet acte. — Laferrière, *loc. cit.*; Aucoc, *Conférences*, n. 299.

222. — *b*) Le second cas est celui où la partie lésée n'aurait à sa disposition qu'une *exception*, et non une *action* lui permettant de détourner les effets de l'acte administratif.

223. — La question se pose lorsqu'il s'agit de règlements administratifs sanctionnés par l'art. 471, § 15, C. pén. Il appartient à l'autorité judiciaire d'apprécier, avant de prononcer la peine prévue audit article, si le règlement a été légalement fait; les parties peuvent donc contester devant le tribunal de justice la légalité d'un tel règlement lorsqu'elles sont poursuivies pour y avoir contrevenu. Mais ce droit ne met pas à la disposition des particuliers une action qui leur permette de détourner les effets de l'acte administratif; ils n'ont qu'une exception, un moyen de défense à opposer à des poursuites; le recours n'est pas parallèle et direct.

224. — Cependant la jurisprudence du Conseil d'État antérieure à 1872 n'admettait pas que le recours pour excès de pouvoir pût être formé contre les règlements administratifs, la légalité de ces règlements pouvant être discutée devant les tribunaux judiciaires, juges de la contravention. — V. notamment, Cons. d'Ét., 4 févr. 1869, Mazet, [S. 70.2.92, P. adm. chr., D. 70.3.45]; — 10 juill. 1869, Heydenreich, [S. 70.2.254, P. adm. chr., D. 70.3.45] — M. Laferrière rappelle que néanmoins certaines réserves étaient faites dans le cas d'excès de pouvoir « flagrant, » c'est-à-dire d'un acte empiétant sur les attributions d'une autre autorité ou portant atteinte aux droits des citoyens sans qu'on puisse le rattacher à l'exercice des pouvoirs attribués par la législation à l'autorité dont il émane (*op. cit.*, t. 2, p. 482 et 483). — V. les conclusions de M. de Belbeuf, commissaire du gouvernement sur Cons. d'Ét., 4 févr. 1869, précité. — M. Laferrière fait observer que l'« excès de pouvoir flagrant » n'est autre que ce que l'on appelle aujourd'hui le « détournement de pouvoir, » c'est-à-dire le cas où une autorité abuse du son pouvoir réglementaire pour édicter des prescriptions étrangères au but que le législateur a eu en vue en instituant ce pouvoir. — V. les arrêts cités *eod. loc.*

225. — Bien qu'on rencontre encore un arrêt conforme à l'ancien système, en date du 30 avr. 1875, Marchal, [S. 77.2.93, P. adm. chr., D. 75.3.100], c'est réellement de 1872 que date le dernier état de la jurisprudence. Deux décisions du Conseil d'État, l'une du 29 nov. 1872, Baillergeau, [Leb. chr., p. 674], l'autre du 20 déc. 1872, Billette, [P. 74.2.222, P. adm. chr., D. 73.3.45], ont reconnu que le recours pour excès de pouvoir est toujours recevable, nonobstant la faculté qu'auraient les intéressés en cas de poursuite pour contravention. — V. aussi Cons. d'Ét., 18 janv. 1884, Belleau, [P. adm. chr.]; — 9 avr. 1886, Merlat Argellon, [S. 88.3.5, P. adm. chr.]

226. — Mais ni la faculté de recours pour excès de pouvoir, ni même le rejet de la requête par le Conseil d'État, ne font obstacle à ce que l'intéressé discute également la légalité de l'acte devant le tribunal judiciaire auquel il serait déféré pour contravention. — Laferrière, t. 2, p. 484 et 485.

227. — La recevabilité du recours pour excès de pouvoir doit-elle être écartée lorsque le réclamant n'attaque l'acte devant le Conseil d'État qu'après avoir été condamné ou tout au moins poursuivi devant le tribunal de répression? On pourrait dire que le recours au Conseil d'État semblerait être une sorte d'appel de la décision déjà rendue par le tribunal de répression sur la question de légalité de l'arrêté; ou bien, si la condamnation n'a pas encore été prononcée, une tentative pour influencer sa décision. Ainsi, il a été décidé qu'un recours pour excès de pouvoir contre l'arrêté expulsant un étranger du territoire français n'est pas recevable lorsque la requête est formée au cours de poursuites dirigées contre l'intéressé pour contravention à cet arrêté, et que c'est à l'autorité judiciaire qu'il appartient d'apprécier la légalité de l'arrêté. — Cons. d'Ét., 14 mars 1884, Marphy, [S. 86. 3.2, P. adm. chr., D. 85.3.9] — V. les conclusions du commissaire du gouvernement, [*Rev. gén. d'adm.*, 1884, t. 1, p. 420] — V. les conclusions sous Cons. d'Ét., 19 déc. 1879, Javet, [S. 81.3.33, P. adm. chr.]

228. — Mais cet arrêt de 1884, que nous avons d'ailleurs critiqué *suprà*, v° *Étranger*, n. 184 et 185, doit être considéré comme une décision d'espèce. Il a été rendu, en effet, dans cette circonstance exceptionnelle que le prévenu, après avoir opposé l'illégalité de l'arrêté devant le tribunal correctionnel, avait obtenu une remise de l'affaire avec mise en liberté provisoire pour faire juger la question par le Conseil d'État, de telle façon que celui-ci se trouvait indirectement saisi d'une sorte de question préjudicielle que le tribunal n'aurait pas pu lui renvoyer sans méconnaître sa propre compétence; compétence qui est d'ailleurs expressément rappelée dans les considérants de l'arrêt. — V. Laferrière, t. 2, p. 485 et note 2; *Rev. gén. d'admin.*, 1887, t. 2, p. 63 et s.

229. — D'autres arrêts ont d'ailleurs statué sur les recours, nonobstant des poursuites antérieures. — Cons. d'Ét., 26 nov. 1875, Pariset, [S. 77.2.311, P. adm. chr.]; — 3 août 1877, Chardin, [Leb. chr., p. 750] — En vain dirait-on que la raison qui a déterminé le Conseil d'État à admettre le recours pour excès de pouvoir contre les règlements administratifs afin d'éviter au requérant les risques d'une contravention, ne peut plus être invoquée en pareil cas puisque la contravention est commise. Tout intérêt n'est pas enlevé au recours pour excès de pouvoir; il peut encore avoir pour effet de prévenir d'autres contraventions et de rendre non punissables, d'après la jurisprudence de la Cour de cassation, celles qui auraient été commises et poursuivies même avant que le Conseil d'État ait annulé le règlement. — V. Cass., 25 mars 1882, Darsy, [S. 84.1.248, P. 84.1.579, D. 82.1.486] — D'autre part, il est impossible d'exiger que le Conseil d'État prenne connaissance de la procédure qui pourrait être engagée devant le tribunal de répression et se livre à des investigations dans ce but. Enfin, il serait regrettable que le délai déjà bref de trois mois, qui, nous l'avons vu, est même aujourd'hui réduit à deux mois, pût être encore abrégé par une poursuite peut-être légèrement intentée. — Laferrière, *loc. cit.*

230. — Un arrêt du Conseil d'État du 19 déc. 1879, Briet, [S. 81.3.34, P. adm. chr., D. 80.3.67] a cependant déclaré non recevable un recours pour excès de pouvoir en visant une condamnation prononcée pour contravention, mais en la visant uniquement comme point de départ du délai, et n'oppose pas la fin de non-recevoir tirée de l'art. 11 du décret de 1806; le recours avait été, en effet, formé plus de trois mois après le jour où une condamnation contradictoire avait été prononcée contre le requérant pour contravention au règlement attaqué. Le délai court, on le sait, pour les règlements qui ne sont pas susceptibles de notification individuelle, du jour où ils ont été publiés (V. *suprà*, v° *Conseil d'État*, n. 875 et s.). On peut donc dire que l'arrêté avait été doublement porté à la connaissance de l'intéressé, et par la publication que celui-ci n'avait pas dû ignorer, et par la poursuite et la condamnation dont le particulier avait eu l'objet. Et s'il est vrai que le commissaire du gouvernement, sans s'attacher à la question de délai, concluait à la non-recevabilité en invoquant purement et simplement le jugement déjà rendu, et cette considération que le recours n'était qu'une sorte d'appel contre la décision de l'autorité judiciaire (Leb. chr., p. 828); mais l'arrêt n'est, en réalité, fondé que sur l'expiration du délai.

3° *Recours contre les actes concernant les autorisations de plaider.*

231. — Une question du même genre a été soulevée en matière d'autorisation de plaider. Les arrêtés de conseils de préfecture et les décrets rendus en Conseil d'État pour accorder ou refuser ces autorisations aux communes peuvent-ils être attaqués pour excès de pouvoir, soit par les communes intéressées, soit par les particuliers qui se proposent d'intenter ou de soutenir des actions contre ces communes? Examinons successivement les divers cas qui peuvent se présenter.

232. — A. *Arrêtés des conseils de préfecture.* — a) *Arrêtés refusant l'autorisation de plaider.* — Il est évident qu'au cas de refus d'autorisation, l'adversaire de la commune n'a jamais d'intérêt à former de recours. Il est certain également que la commune, en cas de refus de l'autorisation, ne peut attaquer l'arrêté du conseil de préfecture pour excès de pouvoir; elle ne peut que se pourvoir devant le Conseil d'État par la voie administrative, conformément à l'art. 126, L. 5 avr. 1884, remplaçant l'art. 53, L. 18 juill. 1837. — Cons. d'Ét., 31 janv. 1879, [Leb. chr., p. 89] — V. les observations sur l'arrêt du 11 juill. 1884, dans la *Rev. gén. d'adm.*, 1884, t. 3, p. 428 et s. — V. *suprà*, v° *Autorisation de plaider*, n. 554.

233. — b) *Arrêtés accordant l'autorisation.* — Ici, c'est l'adversaire de la commune qui peut avoir intérêt à se pourvoir. Le recours administratif ne lui est pas ouvert; mais il peut soulever la question de validité de l'arrêté devant les tribunaux judiciaires; et d'après la jurisprudence la plus récente, cela suffit pour que le recours pour excès de pouvoir ne soit pas recevable (V. *suprà*, n. 19 et s.). — Cons. d'Ét., 2 mars 1877, Inst. catholique de Lilles, [Leb. chr., p. 221]; — 4 août 1882, Hérit. Dougier, [S. 84.3.52, P. adm. chr., D. 84.3.29] — V. toutefois, le décret du Conseil d'État, 30 mai 1868, [Leb. chr., p. 1103] — ... à moins qu'il ne soit impossible à l'adversaire de soulever la question de nullité de l'arrêté devant les tribunaux judiciaires; dans ce cas, il peut l'attaquer pour excès de pouvoir. — Cons. d'Ét., 9 févr. 1850, [Leb. chr., p. 150]; — 11 juill. 1884, Com. syndicale de Mazelet de la Prade, [D. 86.3.9] — V. *suprà*, v° *Autorisation de plaider*, n. 556 *bis*.

234. — B. *Décrets.* — a) *Décrets refusant l'autorisation.* — Ici, la commune est recevable à se pourvoir au Conseil d'État pour excès de pouvoir, le décret, à la différence de l'arrêté du conseil de préfecture, n'étant pas susceptible de recours devant une autorité déterminée. — Cons. d'Ét., 6 déc. 1860, [Leb. chr., p. 728]; — 8 juin 1877, [Leb. chr., p. 544]

235. — Mais dans les cas où les pourvois sont recevables en pareille matière, ils seront rarement accueillis au fond; ils ne peuvent être fondés que sur l'incompétence et le vice de forme; les motifs du refus d'autorisation ne peuvent être discutés devant le juge de l'excès de pouvoir. — Cons. d'Ét., 8 juin 1877, précité.

236. — b) *Décrets accordant l'autorisation.* — La partie adverse n'est pas recevable à attaquer pour excès de pouvoir le décret accordant à la commune l'autorisation de plaider. C'est devant le tribunal saisi de l'action que le particulier intéressé soulèvera, par voie d'exception, les griefs de nullité dont serait entaché ce décret, sauf au tribunal à renvoyer, s'il y a lieu, devant la juridiction administrative, l'examen préjudiciel de la validité de l'acte administratif dont la nullité sert de base à l'exception. — *Rev. gén. d'adm., loc. cit.*

CHAPITRE III.

CONDITIONS DE FOND.

237. — Après avoir examiné à quelles conditions le recours pour excès de pouvoir est recevable, il y a lieu de rechercher à quelles conditions il est fondé, c'est-à-dire quels sont les moyens qui peuvent être invoqués pour provoquer l'annulation de l'acte administratif.

238. — La jurisprudence du Conseil d'État admet qu'il y a excès de pouvoir dans quatre cas qui sont : 1° l'incompétence; 2° le vice de forme; 3° la violation de la loi ou des droits acquis; 4° le détournement de pouvoir.

Section I.
Incompétence.
§ 1. *Principes généraux.*

239. — D'après la jurisprudence du Conseil d'Etat, toute incompétence constitue un excès de pouvoir. Au contraire, d'après la Cour de cassation, l'excès de pouvoir est une espèce particulière et très-grave d'incompétence, mais toute incompétence n'est pas un excès de pouvoir. L'excès de pouvoir ne se manifeste que par l'empiétement de l'autorité judiciaire sur les fonctions de l'administration ou sur le pouvoir législatif. Il en résulte que le juge de paix ne commet pas un excès de pouvoir, mais une simple incompétence, en empiétant sur les attributions d'un tribunal d'arrondissement. — Aucoc, *Conférences*, n. 295.

240. — Cette remarque est intéressante, le pourvoi en cassation n'étant possible contre les décisions en dernier ressort des juges de paix que pour cause d'excès de pouvoir (L. 25 mai 1838, art. 15). La définition restrictive de la jurisprudence est d'accord avec l'intention du législateur qui a été de restreindre les pourvois devant la Cour de cassation. Ce grand corps judiciaire est chargé, non de redresser toutes les erreurs du juge, mais seulement de veiller au maintien de l'unité de législation : on a pensé que les excès de pouvoir nettement caractérisés devraient seuls motiver un pourvoi. Mais en matière administrative, lorsqu'il s'agit de litiges entre l'intérêt privé et l'intérêt général, l'esprit de la législation est de faciliter les recours, de ne jamais les interdire quelque minime que soit le chiffre de l'intérêt engagé, de les ouvrir à tous par des dispenses de frais en certains cas (V. *suprà*, n. 161 et s.). Aussi, la jurisprudence du Conseil d'Etat a-t-elle élargi la notion d'excès de pouvoir autant que la jurisprudence de la Cour de cassation l'a restreinte. — Aucoc, *loc. cit.* — V. *suprà*, v° *Cassation* (mat. civ. , n. 3483 et s.).

241. — L'incompétence peut donc être définie ici : l'inaptitude légale d'une autorité administrative à prendre une décision, à faire un acte non compris dans ses attributions. — Laferrière, t. 2, p. 496.

242. — Il existe d'ailleurs des cas d'usurpation de pouvoir tellement graves que les actes ainsi accomplis sont inexistants sans qu'il soit nécessaire, pour les mettre à néant, de suivre la procédure du recours pour excès de pouvoir. Tel serait l'acte émané d'une personne dénuée de toute autorité, soit parce qu'elle est placée en dehors de la hiérarchie administrative, soit parce qu'elle y remplit des fonctions qui ne lui confèrent aucun droit de décision, soit enfin parce qu'elle a cessé d'exercer ses fonctions d'une manière quelconque. Le Conseil d'Etat a parfois considéré de tels actes comme de simples prétentions dénuées par elles-mêmes de toute force exécutoire. — Cons. d'Et., 24 juin 1881, [Leb. chr., p. 635], — ... ou comme ne faisant pas obstacle à ce que l'intéressé agisse pour la reconnaissance de son droit, devant la juridiction compétente. — Cons. d'Et., 25 juill. 1884, de Briche, [S. 86.3.28, P. adm. chr., D. 86.3.6] — V. Laferrière, t. 2, p. 498.

243. — Dans ces cas d'usurpation de pouvoir manifeste, il pourrait y avoir lieu d'appliquer les art. 130 et 131, C. pén., qui frappent de certaines peines les administrateurs « qui se seront immiscés dans l'exercice du pouvoir législatif, ou qui entreprendront sur les fonctions judiciaires. »

244. — Mais il est d'autres cas où les limites de la compétence sont plus difficiles à tracer et où le Conseil d'Etat doit rechercher si l'empiétement a réellement été commis. C'est la mission qui lui incombe, en qualité de juge des excès de pouvoir. L'usurpation de pouvoir a lieu dès qu'une autorité administrative empiète sur les attributions, soit d'une autorité d'un ordre différent, législative ou judiciaire, soit d'une autre autorité administrative, supérieure ou même inférieure. — Aucoc, *Conférences*, n. 296.

§ 2. *Empiétement sur les attributions d'une autorité d'ordre différent.*

245. — L'autorité administrative usurpe le pouvoir législatif lorsqu'elle impose à la propriété privée une servitude que la loi n'établit pas. Ainsi, il n'appartient, ni au préfet ni au chef de l'Etat d'interdire aux riverains d'un cours d'eau non navigable, ni flottable, de faire aucune plantation ou construction sur un espace de terrain destiné à servir de chemin le long de ce cours d'eau. La servitude de halage, en effet, n'est établie par la loi qu'en ce qui concerne les cours d'eau navigables et flottables. — Cons. d'Et., 15 déc. 1853, Biennais, [S. 54.2.407, P. adm. chr., D. 54.3.23]

246. — De même, le préfet du Loiret n'a pu, sans excès de pouvoir, imposer, pour l'établissement des moulins à vent, une distance déterminée des routes, et défendre de réparer sans autorisation les moulins antérieurement établis à une moindre distance. Il existe sur ce point d'anciens règlements antérieurs à 1789 applicables à la généralité de Lille et à la province d'Artois, et encore en vigueur dans les territoires pour lesquels ils avaient été édictés. Mais ils ne sont pas applicables à d'autres régions et aucune disposition de loi n'autorise les préfets à imposer une servitude. — Cons. d'Et., 9 mai 1866, Rouillon, [S. 67.2.205, P. adm. chr.] — Aucoc, *loc. cit.*

247. — Le décret portant déclaration d'utilité publique est susceptible d'être attaqué pour excès de pouvoir dans les cas où les travaux ne pourraient être ordonnés que par une loi. — Cons. d'Et., 31 mai 1848, Meyronnet de Saint-Marc, [S. 48.2.409, P. adm. chr.]

248. — L'autorité administrative usurpe les pouvoirs de l'autorité judiciaire si un préfet ordonne l'abaissement de la retenue d'une usine sur la réclamation d'un usinier voisin : l'autorité judiciaire est, en effet, seule compétente pour statuer sur les contestations qui s'élèvent entre les parties intéressées au sujet de la jouissance des eaux. — Cons. d'Et., 13 mars 1867, [Leb. chr., p. 263]; — 21 mai 1867, [Leb. chr., p. 501]; — 13 avr. 1870, [Leb. chr., p. 445] — Aucoc, *loc. cit.* — On peut également voir dans ce fait un détournement de pouvoir, le préfet se servant de son pouvoir de police pour servir des intérêts particuliers. — V. *infrà*, n. 318 et s.

§ 3. *Empiétement sur les attributions d'une autre autorité administrative.*

1° *Empiétement sur les attributions d'une autorité supérieure.*

249. — Il est des décisions administratives qu'il appartient au préfet de prendre, il en est d'autres qui sont réservées à la compétence du pouvoir central. Ainsi, aux termes du décret du 13 avr. 1861, tabl. D, § 6, disposition remplacée par les art. 19 et s., L. 8 avr. 1898, le préfet a le pouvoir d'ordonner le curage des cours d'eau non navigables ni flottables, conformément aux anciens usages et règlements. Mais lorsque l'application de ces anciens usages et règlements présente des difficultés, ou lorsque des changements survenus exigent des dispositions nouvelles, il doit y être pourvu par un règlement d'administration publique, conformément à la loi du 14 flor. an XI (aujourd'hui abrogée) ; le préfet excède donc ses pouvoirs s'il fait un règlement pour modifier les anciens usages ou pour y suppléer. — Cons. d'Et., 12 avr. 1866, Corbière, [S. 67.2.163, P. adm. chr.]

250. — L'élargissement d'un cours d'eau ne pouvant être ordonné que par un décret qui déclare le travail d'utilité publique et permet d'exproprier les riverains, le préfet excède encore la limite de ses pouvoirs s'il ordonne cet élargissement. — Cons. d'Et., 1ᵉʳ déc. 1859, Bonnard, [P. adm. chr.]; — 22 déc. 1859, Gauchon, [P. adm. chr.]; — 9 févr. 1865, d'Andigné de Resteau, [S. 65.2.316, P. adm. chr., D. 65.3.66]; — 1ᵉʳ mars 1866, [Leb. chr., p. 197]

251. — Les ministres ne peuvent, par voie d'arrêtés, prendre des mesures qui ne peuvent être ordonnées que par décret du chef de l'Etat : par exemple, réglementer l'exploitation des mines de sel en vue de prévenir les éboulements. — Cons. d'Et., 4 mars 1881, [*Rev. gén. d'adm.*, 1881, t. 2, p. 189]

252. — ... Ou supprimer la rue militaire dans une place forte. — Cons. d'Et., 23 nov. 1888, [*Rev. gén. d'adm.*, 1889, t. 1, p. 56]

253. — L'incompétence disparaît si l'autorité inférieure a agi en vertu d'une délégation de l'autorité supérieure. Encore faut-il que cette délégation soit intervenue dans les cas prévus par la loi, car cette délégation n'a pas lieu librement, au gré du supérieur (Laferrière, t. 2, p. 500 et s.). Il y a également des cas où la suppléance a lieu de plein droit. Ainsi les préfets sont remplacés en cas d'absence ou d'empêchement sans qu'ils aient délégué l'administration, ou en cas de vacance de la préfecture, par le premier conseiller de préfecture dans l'ordre du tableau (Ord. 29 mars 1821). Mais ils peuvent, lorsqu'ils sont autorisés à s'absenter du chef-lieu de leur département, déléguer leurs fonctions à un conseiller de préfecture, ou au secrétaire général de la préfecture, à leur choix. La délégation doit être approuvée par le ministre de l'Intérieur, si le préfet sort du département (*Ibid.*). Le préfet peut également, même en dehors du cas d'absence ou d'empêchement, déléguer au secrétaire général sous sa direction une partie de ses attributions (Décr. 29 déc. 1854, art. 3).

254. — Le secrétaire général agissant, au cas précédent, sous la direction du préfet, celui-ci a le droit de rapporter les décisions qui auraient été prises contrairement à ses instructions ; mais la délégation confère au secrétaire général le droit de prendre des arrêtés ou autres décisions ; autrement, il n'y aurait pas de délégation véritable. — Laferrière, *loc. cit.*

255. — Le Conseil d'État a admis que ces délégations peuvent être purement verbales. — Cons. d'Et., 30 mai 1884, Paignon, [S. 86.3.19, P. adm. chr., D. 85.3.106] — Mais la question de preuve peut présenter certaines difficultés. Dans une affaire jugée le 20 févr. 1880, le Conseil d'État a admis que la décision du secrétaire général liait l'administration, bien qu'en l'espèce la régularité pût en être contestée (V. liev. gén. d'adm., 1880, t. 2, p. 66). Dans une autre affaire, l'arrêté du secrétaire général a été annulé pour incompétence, lorsqu'il était établi qu'il n'avait reçu aucune délégation du préfet, et il avait été formellement désavoué par ce dernier. — Cons. d'Et., 28 avr. 1882, Ville de Cannes, [S. 84.3.27, P. adm. chr., D. 83.3.89]

256. — En ce qui concerne les cas de remplacement du maire, V. *suprà*, v° *Commune*, n. 356 et s. Remarquons que la délégation d'une partie de ses fonctions, par le maire à un adjoint, ou à un conseiller municipal, ne peut avoir lieu verbalement ; l'art. 82 de la loi de 1884 exige, en effet, que cette délégation soit faite « par arrêté.

257. — La Cour de cassation a admis, tout en reconnaissant l'illégalité d'une délégation donnée par un maire à un conseiller municipal pour faire fonctions d'officier d'état civil, que les actes accomplis par ce délégué étaient valables, parce que le législateur n'a pas attaché à ces prescriptions la sanction de nullité, et que les nullités ne se suppléent pas (V. *suprà*, v° *Acte de l'état civil*, n. 26). Mais cette thèse doit être écartée en ce qui touche les actes administratifs faits par un délégué irrégulièrement désigné. La nullité des actes du délégué est de droit, puisqu'il était incompétent. — Laferrière, *loc. cit.*

258. — Les corps électifs ne peuvent déléguer leurs attributions que dans les cas prévus par la loi. Par exemple, ainsi qu'il a été dit, *suprà*, v° *Commission départementale*, n. 38 à 40, l'art. 77, L. 10 août 1871, n'a pas eu pour effet de conférer au conseil général le droit de renvoyer à la commission départementale toute une catégorie d'affaires non spécifiées.

2° *Empiètement sur les attributions d'une autorité inférieure.*

259. — L'excès de pouvoir pour incompétence existe, non seulement au cas où une autorité inférieure a empiété sur les attributions d'une autorité supérieure, mais également dans l'hypothèse inverse, où le supérieur hiérarchique a pris directement une décision dans une affaire qui relevait d'un de ses subordonnés. Le pouvoir hiérarchique donne le droit au supérieur d'annuler les décisions prises, et aussi de les réformer dans les cas spécialement prévus (Décr. 25 mars 1852, art. 6) ; il lui permet aussi d'indiquer, de conseiller et même de prescrire les décisions à prendre ; mais il ne l'autorise pas à prendre lui-même une décision, à signer un arrêté dans une matière attribuée au fonctionnaire inférieur. Les compétences ont été créées par la loi ; il n'appartient pas aux autorités administratives d'en mettre à néant la répartition. — Laferrière, t. 2, p. 511.

260. — Ainsi, le conseil général est incompétent pour interpréter un arrêté de classement d'un chemin vicinal ordinaire aux lieu et place de la commission départementale ; et la décision du conseil général en cette matière doit être annulée pour excès de pouvoir. — Cons. d'Et., 16 mai 1884, [Leb. chr., p. 383]

261. — Toutefois, la loi municipale a prévu des cas où le préfet peut se substituer au maire pour agir à sa place. — V. à cet égard, *suprà*, v° *Commune*, n. 360 et s.

3° *Empiètement sur les attributions d'une autorité du même rang.*

262. — L'incompétence peut résulter de l'empiètement d'une autorité sur les attributions d'une autre autorité de même rang.

A ce genre d'incompétence se rattache l'incompétence territoriale ou *ratione loci*. Cette espèce d'incompétence est peu fréquente ; les limites des circonscriptions territoriales sont en effet déterminées très-nettement, et il est rare qu'elles soient contestées. Au cas où une difficulté de ce genre serait soulevée devant le Conseil d'État, il y a lieu d'admettre qu'il lui appartiendrait de rechercher lui-même les limites, la vérification du ressort territorial où l'autorité peut agir étant liée étroitement à la vérification de sa compétence. — Cons. d'Et., 7 août 1883, [Leb. chr., p. 741]

§ 4. *Refus de statuer.*

263. — Il y a lieu de voir une incompétence dans le fait d'une autorité qui refuse de statuer sur une question rentrant dans ses attributions. Il ne faut pas confondre le silence avec le refus de statuer. Nous avons examiné, *suprà*, n. 91 et s., dans quels cas le silence d'une autorité administrative qui serait compétente pour statuer sur une réclamation déterminée, peut donner ouverture à un recours. La décision portant refus de statuer peut toujours être déférée au Conseil d'État, qui l'annule si elle a été rendue à tort.

264. — Il a été ainsi jugé à l'égard d'une décision du ministre de la Justice déclinant toute autorité hiérarchique à l'égard du grand Chancelier de la Légion d'honneur. — Cons. d'Et., 1er mai 1874, Lezeret de la Maurinie, [S. 76.2.91, P. adm. chr., D. 75.3.36]

265. — ... D'une décision du ministre des colonies se déclarant incompétent pour réformer une décision du gouverneur de la Guyane. — Cons. d'Et., 23 nov. 1883, Soc. des mines d'or de la Guyane française, [D. 85.3.47]

§ 5. *Caractère de la nullité résultant de l'incompétence.*

266. — La nullité résultant de l'incompétence est d'ordre public, et peut être prononcée d'office. — Cons. d'Et., 27 févr. 1880, [Leb. chr., p. 211] — C'est une différence entre la matière administrative et la matière judiciaire. Dans le droit civil, l'incompétence *ratione materiæ* est seule d'ordre public ; l'incompétence *ratione personæ* ou *loci* peut être couverte par l'adhésion de la partie, et cette adhésion est présumée lorsque l'exception d'incompétence n'a pas été soulevée *in limine litis*. Au contraire, en matière administrative, toute espèce d'incompétence est d'ordre public. C'est qu'en cette matière, l'autorité qui accomplit un acte en dehors de sa compétence sort spontanément de ses attributions tandis que l'incompétence du tribunal *ratione personæ* ou *loci* résulte du fait de la partie qui a assigné devant lui. En outre, ce n'est plus l'intérêt des particuliers, mais bien l'intérêt public qui, en matière administrative, a déterminé les compétences.

SECTION II.

Vices de forme.

§ 1. *Principes généraux.*

267. — Dans les cas fréquents, l'autorité administrative est obligée, pour statuer sur certaines affaires, de suivre des formes déterminées, soit d'ouvrir une enquête pour recueillir l'opinion et les réclamations des intéressés, soit de consulter les conseils placés auprès d'elle, soit d'observer certaines règles de procédure préalable ou certaines formes de rédaction. Ces formalités constituent, dans la pensée du législateur, des garanties offertes aux particuliers et à l'administration elle-même contre les décisions hâtives et mal étudiées. Cette obligation de statuer suivant certaines formes est donc une des limites du pouvoir des autorités administratives. Dès que les formes imposées n'ont pas été suivies, il y a excès de pouvoir. — Aucoc, *Conférences*, n. 297 ; Laferrière, t. 2, p. 520.

268. — Mais les formalités prescrites par des dispositions législatives ou réglementaires sont les seules obligatoires ; celles qui ne sont pas imposées par des circulaires ou d'instructions ministérielles ne le sont pas, et leur omission ne constitue pas un vice de forme pouvant entraîner l'annulation de l'acte. — Cons. d'Et., 30 juin 1853, Dumas, [P. adm. chr.] ; — 19 mars 1868, Champy, [S. 69.2.92, P. adm. chr.] ; — 14 déc. 1883, Lacroix, [S. 85.3.63, P. adm. chr., D. 85.3.74] — V. *infrà*, v° *Lois et décrets*, n. 1333 et s.

269. — Toutefois, il est des circulaires ministérielles qui, à raison de certaines circonstances de fait existant à l'époque où elles sont intervenues, ont été considérées comme ayant force réglementaire. Telle est la circulaire du 19 therm. an VI sur les usines et prises d'eau. — Cons. d'Ét., 25 juin 1864, [Leb. chr., p. 573]; — 22 mars 1866, [Leb. chr., p. 275]; — 28 juill. 1867, [Leb. chr., p. 689] — V. *infrà*, v° *Lois et décrets*, n. 1338.

270. — Que faut-il décider à l'égard des décisions qui étaient en cours de préparation au moment où une loi nouvelle vient exiger de nouvelles formalités ou modifier les règles établies ? On s'accorde à reconnaître que le principe de non-rétroactivité des lois ne s'applique pas aux lois de procédure et que la validité des actes administratifs est régie tout entière par les lois qui sont en vigueur au moment où l'acte s'accomplit. — V. *infrà*, v° *Lois et décrets*, n. 841 et s.

271. — Toutefois il semble qu'il y ait lieu de faire une distinction. Si la loi la plus récente exige une formalité nouvelle, il convient de procéder au supplément d'instruction résultant de la nouvelle législation. Ainsi, il a été décidé qu'un arrêté préfectoral statuant sur un alignement ou une permission de voirie dans la traverse d'une agglomération ne doit être pris qu'après l'avis du maire, conformément à l'art. 98, L. 5 avr. 1884, bien que la demande d'autorisation et l'instruction fussent antérieures à cette loi. — Cons. d'Ét., 11 déc. 1885, [Leb. chr., p. 943]; — 26 nov. 1886, Larbaud, [S. 88.2.42, P. adm. chr., D. 88.3.22]

272. — Mais si l'innovation de la loi consiste à modifier les formes suivant lesquelles il doit être procédé, par exemple, à une enquête ou à une expertise qui auraient déjà été faites sous l'empire de la loi ancienne, il est permis de dire que ces formalités ayant été régulièrement remplies à leur date, la loi nouvelle ne les infirme pas rétroactivement et que la décision peut s'appuyer légalement sur elles.

273. — C'est au Conseil d'État qu'il appartient de rechercher et de constater le vice de forme; le juge de l'excès de pouvoir a le droit de vérifier par lui-même les diverses circonstances dont l'irrégularité peut dépendre, telles que la composition d'un conseil d'enquête en matière militaire. — Cons. d'Ét., 10 févr. 1882, Brun, [S. 84.3.7, P. adm. chr., D. 83.3.59]

274. — L'excès de pouvoir pour vice de forme peut se présenter de deux manières : ou bien les formalités prescrites ont été omises, ou bien elles ont été irrégulièrement remplies.

§ 2. *Cas où les formalités ont été omises.*

275. — Le Conseil d'État a annulé pour excès de pouvoir... le décret portant déclaration d'utilité publique sans qu'il eût été procédé à l'enquête préalable. — Cons. d'Ét., 9 juin 1849, [Leb. chr., p. 335]; — 28 janv. 1858, Hubert, [S. 59.2.117, P. adm. chr., D. 59.3.42]

276. — ... Des décisions réglant des usines et prises d'eau, rendues également sans qu'il eût été procédé à enquête, cette formalité étant exigée par la circulaire du 19 therm. an VI. — V. *supra*, n. 269.

277. — De même, les projets de modification de circonscriptions territoriales des communes doivent être soumis à l'enquête prescrite par l'art. 4, L. 5 avr. 1884; lorsqu'un projet de cette nature a été abandonné, le gouvernement ne peut, sans excès de pouvoir, en approuver un autre différant essentiellement du premier avant d'avoir au préalable procédé à une nouvelle enquête. — Cons. d'Ét., 18 mai 1888, Comm. de Cherré, [S. 90.3.35, P. adm. chr., D. 89.3.83]. — V. *supra*, v° *Commune*, n. 103 et s.

278. — La question s'est posée de savoir s'il y a lieu de distinguer entre les formalités établies dans l'intérêt des parties et celles qui sont prescrites exclusivement dans l'intérêt de l'administration. En matière d'adjudication, il avait été décidé que la nécessité de produire un certificat de capacité constituant une formalité étrangère aux rapports des soumissionnaires les uns vis-à-vis des autres; que, dès lors, les concurrents évincés ne pouvaient demander la nullité d'une adjudication prononcée au profit d'un concurrent, en se fondant sur ce que ce dernier n'aurait pas produit le certificat de capacité. — Cons. d'Ét., 29 nov. 1866, [Leb. chr., p. 1085] — Mais on peut dire que les formalités imposées à un acte administratif l'ont été dans l'intérêt de l'acte lui-même, dans un but de bonne administration et non dans l'intérêt de telle ou telle partie. Enfin, dans une espèce analogue, le Conseil d'État semble être revenu sur cette jurisprudence; il a statué en fait, après avoir examiné le moyen au fond.

— Cons. d'Ét., 9 janv. 1868, Servat, [S. 68.2.327, P. adm. chr., D. 70.3.106] — V. Aucoc, *Conférences*, t. 2, p. 292 et 293; Laferrière, t. 2, p. 495.

279. — L'urgence de la décision à prendre ne saurait dispenser l'administration de l'accomplissement des formes prescrites. Il n'appartient qu'au législateur de simplifier ou d'abréger en cas d'urgence les formalités qu'il a ordonnées; c'est ce qui a lieu en cas de péril imminent provenant d'édifices menaçant ruine; la simplification de procédure ne peut émaner ni de l'administration ni du juge. — V. *supra*, v° *Édifices menaçant ruine*, n. 80 et s.

280. — Il n'y a pas lieu de voir une exception à cette règle dans un arrêt du Conseil d'État du 27 juill. 1883 [Leb. chr., p. 697], qui a décidé qu'un préfet avait pu, à raison de l'urgence, ordonner la suppression d'un barrage sans enquête préalable; car cet arrêt constate, en fait, que l'ouvrage dont il s'agit devait, d'après les rapports des ingénieurs, amener à bref délai un débordement, et se fonde, pour rejeter le recours, sur le pouvoir de police du préfet, distinct du droit d'autorisation proprement dit. — Laferrière, *loc. cit.*

281. — En certains cas, l'autorité administrative doit non seulement prendre l'avis de certains corps délibérants, mais encore se conformer à cet avis. En statuant autrement, elle commet un excès de pouvoir. Ainsi le préfet ne peut sans excès de pouvoir ordonner la suppression d'étangs marécageux et insalubres contrairement à la délibération du conseil municipal de la commune intéressée. — Cons. d'Ét., 8 août 1882, Bacquetol et Miconnet, [S. 84.3.55, P. adm. chr., D. 84.3.5] — ... Ni malgré l'opposition du conseil général. — Cons. d'Ét., 22 nov. 1889, Patureau-Miran, [S. et P. 92.3.12, D. 91.3.37] — On peut même faire observer que dans ces cas, il y a plus qu'un vice de forme, il y a une véritable incompétence de la part de l'autorité à qui la loi défend de statuer contrairement aux avis dont il s'agit. — V. *supra*, v° *Étang*, n. 279 et s.

§ 3. *Cas où les formalités ont été irrégulièrement accomplies.*

282. — L'acte administratif peut être vicié par une irrégularité commise dans l'accomplissement des formalités. Ainsi, est entaché d'excès de pouvoir le décret qui, devant être délibéré par l'assemblée générale du Conseil d'État, ne l'a été que par une section. — Cons. d'Ét., 13 mars 1867, [Leb. chr., p. 282]; — 20 mai 1868, Carrieu, [S. 69.2.186, P. adm. chr.]

283. — ... Le décret portant fixation des limites de la mer, lorsque les opérations ont pris pour base une marée influencée par des circonstances météorologiques exceptionnelles. — Cons. d'Ét., 10 mars 1882, Duval, [S. 84.3.15, P. adm. chr., D. 83.3.73]

284. — ... L'arrêté préfectoral autorisant une prise d'eau, lorsque l'enquête qui l'a précédée n'a pas été régulière. — Cons. d'Ét., 1er avr. 1892, Plugente, [Leb. chr., p. 340]

285. — ... La délibération du conseil général et l'arrêté préfectoral relatifs à la part contributive des communes dans les dépenses de reconstruction d'une église, lorsque l'architecte chargé de la rédaction des plans a été nommé, non par le préfet mais par le maire, et qu'en outre le devis de l'entreprise n'a pas été dressé en présence des délégués des communes intéressées, conformément à l'art. 95, Décr. 30 déc. 1809. — Cons. d'Ét., 3 juill. 1885, Comm. de Chemin-d'Aisey et de Bremur-et-Vaurois, [Leb. chr., p. 632]

286. — Il est cependant des formalités qui n'ont pas de caractère substantiel, et dans l'accomplissement desquelles une irrégularité n'entraîne pas l'annulation de l'acte. Ainsi a été jugée régulière l'enquête relative à l'ouverture d'un chemin vicinal, bien que le commissaire-enquêteur ait été membre du conseil municipal. — Cons. d'Ét., 14 janv. 1887, [Leb. chr., p. 22] — V. aussi, pour d'autres irrégularités affectant les enquêtes : Cons. d'Ét., 4 déc. 1874, Comm. de Villemoutiers, [Leb. chr., p. 944]

287. — Mais ces exceptions, dit M. Laferrière (p. 526), ne doivent être admises qu'avec beaucoup de réserve et s'il y a doute sur l'influence que l'irrégularité a pu exercer, on doit préférer la solution la plus conforme à l'exécution littérale de la loi.

Section III.
Violation de la loi et des droits acquis.

288. — Ainsi qu'il a été dit *supra*, n. 16, la violation de la loi n'a été assimilée à l'excès de pouvoir qu'à une époque relativement récente. Sans doute, le Conseil d'État a toujours admis que les parties peuvent demander l'annulation des actes faits en violation de la loi et portant atteinte à leurs droits, mais on ne considérait pas ces recours comme des recours pour excès de pouvoir; on les qualifiait de « recours contentieux » ou « de recours par la voie contentieuse, » et on les fondait, non sur la loi des 7-14 oct. 1790, mais sur le principe général d'après lequel l'acte administratif qui porte atteinte à un droit peut donner naissance à une réclamation devant le juge administratif (Laferrière, t. 2, p. 532). L'œuvre de la jurisprudence a donc moins consisté à créer le recours pour excès de pouvoir fondé sur la violation de la loi et des droits acquis, qu'à l'assimiler au recours pour excès de pouvoir au point de vue de sa procédure et de ses effets (*Ibid.*).

289. — C'est après le décret du 2 nov. 1864 que le Conseil d'État a pris l'habitude de viser la loi des 7-14 oct. 1790 dans les arrêts rendus sur les réclamations de cette nature. Le décret précité, en effet, permettait de former sans le ministère d'un avocat, et sans autres frais que les droits de timbre et d'enregistrement, « les recours portés devant le Conseil d'État en vertu de la loi des 7-14 oct. 1790, contre les actes administratifs pour incompétence et excès de pouvoir; » le Conseil d'État trouva juste d'étendre cette procédure à toutes les demandes d'annulation d'actes administratifs, que cette annulation soit demandée pour incompétence ou vice de forme, ou pour violation de la loi et des droits acquis, car ces recours tendent tous à l'annulation de l'acte attaqué, non à sa réformation.

290. — Mais l'extension dont il s'agit, et par conséquent la dispense de constitution d'avocat, ne peut s'appliquer qu'aux recours en annulation formés contre les actes administratifs proprement dits, contre les actes de puissance publique, et non contre les actes de gestion. Ces derniers, sans doute, peuvent être attaqués pour violation des formes de la loi, pour atteinte aux droits acquis; mais les recours auxquels ils donnent lieu ne sont pas des recours pour excès de pouvoir. Ces actes sont soumis, suivant l'expression de M. Laferrière, « au Contentieux de pleine juridiction; » le Conseil d'État est appelé à les réformer, et non pas seulement à les mettre à néant. C'est donc la nature de la décision attaquée, et non pas le moyen invoqué, qui permet de reconnaître de quel recours il s'agit.

291. — Ce n'est pas seulement, d'ailleurs, l'application de la règle relative à la dispense de constitution d'avocat, qui rend nécessaire la distinction du recours contentieux proprement dit et du recours pour excès de pouvoir (V. *supra*, n. 159). Le Conseil d'État statuant sur le recours pour excès de pouvoir n'a pas le droit de réformation, il ne peut substituer sa décision à l'acte qu'il annule. — V. *infra*, n. 352 et s.

292. — Le moyen d'excès de pouvoir dont nous traitons en ce moment ne se définit pas seulement « violation de la loi; » il faut y ajouter « et des droits acquis. » L'atteinte à un droit acquis ou à la loi n'est un moyen d'annulation que si elle constitue en même temps une atteinte à un droit.

293. — Ainsi le refus par le préfet d'inscrire d'office un crédit au budget d'une commune pour assurer le paiement d'une créance ne peut être attaqué pour excès de pouvoir par le créancier qui sollicite cette inscription : celui-ci ne peut, en effet, la réclamer que sous son droit. — Cons. d'Ét., 15 janv. 1875, de Lanalde, [S. 76.2.277, P. adm. chr., D. 75.3.94] — Si, au contraire, le préfet accorde l'inscription d'office dans un cas où la dépense n'est pas obligatoire, ici un droit est violé, le droit de la commune : celle-ci, s'opposant légalement à l'inscription à son budget d'une dépense qui n'est pas obligatoire, peut attaquer l'arrêté préfectoral pour excès de pouvoir. — Cons. d'Ét., 18 juin 1880, [*Rev. gén. d'adm.*, 1880, t. 3, p. 203]

294. — De même, les actes autorisant des établissements publics à accepter des dons et legs ne peuvent être attaqués pour excès de pouvoir lorsqu'ils ont été accomplis avec les formalités prescrites par les lois et règlements. — Cons. d'Ét., 13 juill. 1870, Fabrique de Vieil-Baugé, [D. 73.3.100] ; — 11 déc. 1874, Blanc, [D. 72.3 45]

295. — Il en est de même de l'acte qui autorise une commune à effectuer un contrat de droit civil. — Cons. d'Ét., 1er juin 1870, du Hardaz d'Hauteville, [D. 72.3.47]

296. — Les insertions prescrites par la loi du 3 mai 1841 sur l'expropriation pour cause d'utilité publique, le sont exclusivement dans l'intérêt des expropriés. Par suite, le directeur d'un journal dans lequel le préfet a fait insérer l'arrêté désignant les territoires traversés par une voie ferrée, ne peut soutenir que son droit a été violé par un autre arrêté préfectoral ordonnant l'insertion, dans un autre journal, de l'arrêté de cessibilité. — Cons. d'Ét., 8 août 1888, Lamiot, [S. 90.3.57, P. adm. chr., D. 89.3.114]

297. — Lorsque l'acte qui a réglé les conditions d'un concours régional n'a pas déterminé le mode de publicité à donner à ce concours, un particulier ne peut se prévaloir de ce que cette publicité aurait été insuffisante pour faire décider par la voie contentieuse que les délais fixés par la publication des pièces exigées n'étaient pas obligatoires pour lui, et faire annuler la décision ministérielle qui a refusé, à raison de la production tardive desdites pièces, de l'admettre à concourir. — Cons. d'Ét., 29 janv. 1875, Riverain Colin, [S. 76.2.306, P. adm. chr., D. 75.3.99]

298. — Le Conseil d'État n'hésite pas à annuler les actes administratifs qui ont porté atteinte au droit de propriété. Ainsi, il a été décidé que s'il appartient au maire, en vertu de ses pouvoirs de police, d'enjoindre à un propriétaire de faire disparaître les causes d'insalubrité provenant d'une écurie, aucune disposition de loi ne l'autorise à déterminer la nature des travaux nécessaires, et encore moins à ordonner la suppression de l'écurie. — Cons. d'Ét., 12 mai 1882, Palazzi, [S. 84.3.37, P. adm. chr., D. 83.3.121]

299. — De même, ont été annulés pour excès de pouvoir..., l'arrêté préfectoral qui, prétendant délimiter le domaine public, tranche une question de propriété. — Cons. d'Ét., 20 mai 1881, [Leb. chr., p. 554]

300. — ... L'arrêté portant refus d'alignement. — Cons. d'Ét., 26 déc. 1862, [Leb. chr., p. 874]; — 12 janv. 1883, [Leb. chr., p. 32]

301. — Et spécialement, la décision refusant à un particulier l'autorisation de bâtir sur un terrain devant être ultérieurement occupé pour l'exécution de travaux déclarés d'utilité publique, alors que ce terrain n'a pas fait l'objet d'un arrêté de cessibilité. — Cons. d'Ét., 12 janv. 1883, [*Rev. gén. adm.*, 83.1.198]

302. — L'administration, ne peut, par voie de modification aux plans généraux d'alignement et d'assujettissement des maisons à la servitude de reculement, réaliser un élargissement qui équivaudrait à l'ouverture d'une nouvelle voie (solut. impl.). — Cons. d'Ét., 27 mai 1881, [Leb. chr., p. 558; *Rev. gén. d'adm.*, 81.2.307]

303. — A été annulé pour excès de pouvoir : l'arrêté par lequel le préfet de la Seine ayant prescrit la suppression des bannes existant au devant des magasins de la rue de Rivoli en vertu d'autorisations anciennes régulièrement obtenues, a subordonné les autorisations nouvelles à l'adoption d'un modèle uniforme de stores déterminé par l'administration. — Cons. d'Ét., 11 mai 1888, [*Rev. gén. d'adm.*, 88.2.188]

304. — ... L'arrêté préfectoral ordonnant des battues pour la destruction des cerfs et lapins qui ne rentrent pas dans la catégorie des animaux nuisibles auxquels l'arrêté du 19 pluv. an V est applicable. — Cons. d'Ét., 10 avr. 1881, Schneider, [S. 82.3 27, P. adm. chr., D. 81.3.41]; — 3 août 1888, [Leb. chr., p. 693]

305. — ... L'arrêté municipal imposant aux baigneurs l'obligation de payer une taxe à l'établissement de bains organisé par la commune, alors même qu'ils ne se servaient pas des cabines de cet établissement, l'accès au rivage de la mer constituant un droit pour tous. — Cons. d'Ét., 19 mai 1858, Vernes, [P. adm. chr., D. 59.3.51]

306. — Le préfet ne peut encore, sans excès de pouvoir..., prononcer la dissolution du conseil d'administration d'un mont-de-piété établi à titre purement charitable et prêtant gratuitement ou à un intérêt inférieur au taux légal (art. 2, L. 24 juin 1851). — Cons. d'Ét., 3 juin 1881, Repert, [S. 83.3.8, P. adm. chr., D. 82.3.161]

307. — ... Ou modifier les statuts d'une caisse de secours contre la grêle, qui, fonctionnant en vertu de statuts particuliers même approuvés par le préfet et au moyen de ressources propres, ne saurait être assimilée à un établissement départemental. — Cons. d'Ét., 29 juin 1888, Caisse de secours du dép. de la Marne, [S. 90.1.42, P. adm. chr., D. 89.3.81]

308. — Les entrepreneurs qui se sont présentés à une adjudication et qui n'en ont été exclus que pour avoir refusé d'accepter les clauses du cahier des charges relatives à la limitation de la journée du travail et à la fixation du salaire minimum des ouvriers, clauses qui sont illégales, sont fondés à demander l'annulation des arrêtés approuvant les adjudications faites en faveur d'entrepreneur ayant offert un rabais moins fort que celui souscrit par eux. — Cons. d'Et., 21 mars 1890, [*Rev. gén. d'adm.*, 1890, t. 2, p. 59]

309. — La violation d'un droit peut être invoquée par des collectivités, telles que les habitants d'une commune, les citoyens exerçant une profession industrielle ou commerciale; ceux-ci peuvent demander l'annulation de décisions générales, de règlements de police. — Cons. d'Et., 28 mars 1885, [Leb. chr., p. 388]; — 23 mars 1887, Synd. prof. des propriét. de bains de Paris, [D. 88.3.57]

310. — La violation de la chose jugée doit être assimilée à la violation de la loi; la chose jugée crée en effet des prescriptions légalement obligatoires (Laferrière, t. 2, p. 537). Ainsi est entaché d'excès de pouvoir l'arrêté préfectoral inscrivant d'office au budget d'une commune une somme destinée au paiement d'une dette dont la commune a été déclarée valablement et définitivement libérée par des décisions judiciaires passées en force de chose jugée. — Cons. d'Et. 26 janv. 1854, Ville de Bastia, [Leb. chr., p. 56] — V. Cons. d'Et., 21 févr. 1867, Ville de Montbéliard, [Leb. chr., p. 186]; — 15 avr. 1888, Robineau, [Leb. chr., p. 411]

311. — De même, lorsque la Cour des comptes a rendu un arrêt de « gestion » à l'égard d'un comptable, le ministre des Finances ne peut déclarer le comptable responsable d'une partie des dépenses figurant dans les éléments de la comptabilité sur laquelle il a été statué par la cour. Le ministre doit, avant tout, s'il s'y croit fondé, se pourvoir devant la Cour des comptes en révision de l'arrêt. Toutefois M. Laferrière fait observer (*loc. cit.*, note 2) que d'autres décisions rendues en pareille matière n'ont pas visé les lois des 7-14 oct. 1790 et 24 mai 1872; il s'agit en effet de recours contre les actes de gestion. — Cons. d'Et., 3 juill. 1885, de Bonardi, [S 87.3.16, P. adm. chr., D. 87.3.3]

312. — Il est des fonctions, grades et titres qui constituent une véritable propriété, les décisions qui y portent atteinte doivent être annulées pour excès de pouvoir. Ainsi, aux termes de la loi du 19 mai 1834, le grade constitue l'état de l'officier qui ne peut le perdre que pour l'une des causes limitativement prévues par la loi (V. *suprà*, v° *Etat des officiers*). Aussi, dès que le décret nommant un officier a été inséré au *Journal militaire officiel*, cette nomination ne peut pas être rapportée, alors même que le brevet n'a pas encore été délivré, sous prétexte que l'officier a démérité; la décision annulant cette nomination, n'étant fondée sur aucune des causes limitativement prévues par la loi de 1834, a été rendue en violation de cette loi. — Cons. d'Et., 13 mars 1852, Mercier, [S. 52.2.372, P. adm. chr.]; — V. Cons. d'Et., 20 mai 1887 (2 arrêts), Prince Henri d'Orléans, duc d'Aumale, et Murat, [S. 89.3.10, P. adm. chr., D. 88.3.105]

313. — Le Conseil d'Etat a admis, par application de ces règles, que l'officier qui avait un droit acquis à une nomination à l'ancienneté pourrait attaquer, pour fausse application des lois sur l'avancement et comme portant atteinte à son droit, la nomination d'un officier moins ancien que lui. — Cons. d'Et., 30 juill. 1840, Périès, [P. adm. chr.]; — 20 mars 1862, Petit, [P. adm. chr.]; — 24 juill. 1884, Caillet, [S. 76.2.188, P. adm. chr., D. 75.3.17] — En ce sens, conclusions de M. Charles Robert, sur l'arrêt du 20 mars 1862, précité.

314. — Ce système est rejeté par M. Laferrière (t. 2, p. 544). par le motif que l'officier moins ancien qui a été nommé par erreur a acquis la propriété de son nouveau grade, et ne peut en être privé que dans les cas prévus par la loi de 1834.

315. — La conciliation de ces deux droits a été faite dans la mesure où elle pouvait l'être par l'ordonnance du 16 mars 1838 qui dispose (art. 36) que lorsqu'un officier n'a pas obtenu l'avancement auquel il avait droit par son ancienneté, il est nommé à la première vacance qui survient, et il compte son ancienneté dans son nouveau grade du jour où l'emploi qui lui appartenait a été conféré à un officier moins ancien que lui, ce dernier conservant son ancienneté. Cette ordonnance établit un véritable contentieux de pleine juridiction, qui permet au Conseil d'Etat, non seulement d'annuler une décision illégale, mais encore de la réformer et de fixer le rang d'ancienneté contesté. Les lois des 7-14 oct. 1790 et 24 mai 1872 ne doivent donc pas être visées dans les arrêts rendus en cette matière. — Laferrière, p. 542.

316. — Il en est de même de l'application de l'art. 24, § 5,

L. 18 mars 1889, sur le rengagement des sous-officiers. Cet article est relatif à l'obtention des emplois civils par les sous-officiers rengagés. Il ouvre à ceux-ci un recours qui n'est pas un recours pour excès de pouvoir, mais un recours contentieux proprement dit.

317. — Il faut encore rapprocher de cette question de la propriété des grades les droits acquis aux membres de la Légion d'honneur. Le recours au Conseil d'Etat, formé contre le décret portant exclusion d'un légionnaire par application du décret du 9 mai 1874, est-il un recours pour excès de pouvoir, ne laissant au Conseil d'Etat que l'examen du vice de forme, ou un recours contentieux proprement dit, lui permettant l'appréciation des faits? Le premier système a été adopté par un arrêt du 26 mai 1876, Randoing, [Leb. chr., p. 493]; mais la seconde opinion paraît prévaloir dans la jurisprudence la plus récente. — Cons. d'Et., 2 févr. 1883, Grillet, [Leb. chr., p. 116]; — 1er mai 1891, Bucarisse, [Leb. chr., p. 325]

Section IV.
Détournement de pouvoir.

318. — On appelle détournement de pouvoir le cas où une autorité administrative, tout en faisant un acte de sa compétence et en suivant les formes prescrites par la législation, use de son pouvoir discrétionnaire dans un but et pour des motifs autres que ceux en vue desquels ce pouvoir lui a été attribué (Aucoc, *Conférences*, n. 298). Cette expression s'est introduite à une époque relativement récente, dans la langue du contentieux administratif. La jurisprudence en a fait et en fait chaque jour des applications très nombreuses.

319. — Cependant il faut reconnaître que l'appréciation de ce cas d'excès de pouvoir est particulièrement délicate. Pour l'établir, il faut en effet rechercher les intentions de l'administrateur, les motifs qui l'ont guidé dans l'acte qu'il a accompli. Le Conseil d'Etat se reconnaît compétent pour le faire; toutefois il ne lui appartient pas d'ordonner des investigations dans ce but. Il faut que les motifs à rechercher ressortent des documents de la cause. Il peut se faire qu'ils aient été insérés dans la décision elle-même ou qu'ils apparaissent soit dans la correspondance qui l'a précédée ou suivie, soit dans les instructions du supérieur hiérarchique, soit dans les observations du ministre ou dans les rapports des agents autorisés répondant à la communication du pourvoi. Le Conseil peut aussi se fonder sur les circonstances de fait révélées par l'instruction écrite; mais il ne pourrait ordonner des mesures d'instruction pour rechercher lui-même quelles ont été ces circonstances. — Laferrière, t. 2, p. 549 et 550.

320. — Pour citer des exemples de détournement de pouvoir, il nous suffira de rappeler tout d'abord un exemple très-souvent rapporté, l'ordonnance du 15 nov. 1846 donne aux préfets, par son art. 1, le pouvoir de régler l'entrée, le stationnement et la circulation des voitures dans les cours des gares. Cette attribution ne leur a été donnée et ne doit s'exercer que dans un intérêt de police, à l'effet de maintenir le bon ordre dans un lieu destiné à un usage public. Si donc un préfet use de ce pouvoir pour assurer le monopole de la correspondance entre une gare de chemin de fer et une ville à un entrepreneur de voitures publiques avec lequel la compagnie a traité, s'il interdit à toutes les voitures autres que celles de cet entrepreneur l'entrée de la gare, il commet un détournement de pouvoir parce qu'il se sert de ce pouvoir dans un but autre que celui que le législateur a en vue. — Cons. d'Et., 25 févr. 1864, Lesbats, [S. 64.2.307, P. adm. chr., D. 64.3.25]; — 7 juin 1865, Même partie, [S. 65.2.218, P. adm. chr., D. 65.3.29] — V. *suprà*, v° *Chemin de fer*, n. 1640 et s.

321. — A été considéré également comme constituant un détournement de pouvoir l'arrêté préfectoral ordonnant la fermeture d'une fabrique d'allumettes chimiques, non point dans le but de sécurité publique qu'a fait édicter la législation des ateliers dangereux ou insalubres, mais dans l'intérêt du monopole attribué à l'Etat par la loi du 2 août 1872. — Cons. d'Et., 26 nov. 1875, Pariset, [S. 77.2.311, P. adm. chr., D. 76.3.41]; — Même date, Laumonier Carriol, [*ibid.*] — Remarquons à ce sujet que la juridiction administrative, loin d'être plus rigoureuse à l'égard des particuliers que celle des tribunaux judiciaires, admet à l'égard des actes administratifs des moyens d'annulation que la Cour de cassation se refuse à admettre. — V. Cass., 24 août 1874, Pariset, [S. 75.1.483, P. 75.1208, D. 76.1.87]

322. — On peut voir également un cas de détournement de pouvoir dans l'acte d'un préfet réglant la retenue d'une usine, non dans un intérêt général, mais pour trancher entre deux usiniers un différend relevant de l'autorité judiciaire. Ainsi qu'il a été dit *supra*, n. 248, cet acte, qui peut être considéré comme une incompétence, est plutôt un détournement de pouvoir. D'autre part, l'illégalité du détournement de pouvoir tient à ce que l'administrateur poursuit un but qui lui est interdit comme étant en dehors des attributions de l'administration ; en ce cas, le détournement de pouvoir constitue une véritable incompétence et c'est par ce lien que la jurisprudence l'a d'abord rattaché à la doctrine de l'excès de pouvoir.

323. — Le ministre ne peut non plus, sans excès de pouvoir, refuser d'autoriser la vente des eaux d'une source minérale dans le seul but de protéger contre la concurrence une source voisine appartenant à l'État. — Cons. d'Ét., 6 déc. 1878, Larbaud, [S. 80.2.156, P. adm. chr., D. 79.3.33]

324. — Le détournement de pouvoir a encore été reconnu dans l'acte d'un préfet retirant l'autorisation donné à un comice agricole. — Cons. d'Ét., 4 févr. 1881, d'Argent, [S. 82.3.41, P. adm. chr., D. 82.3.68]

325. — En ce qui concerne les permissions de voirie que l'administration est appelée à accorder ou à retirer dans l'intérêt de la police du domaine public, il a été décidé que les autorisations d'établir des canalisations ne peuvent être retirées dans un intérêt financier, par exemple pour obliger le permissionnaire à se soumettre à une redevance dont il conteste la légalité. — Cons. d'Ét., 29 nov. 1878, Debaynin, [S. 80.2.155, P. adm. chr., D. 79.3.33]; — 23 mars 1880, Comp. centrale du gaz, [D. 80.3.109]; — 15 juin 1883, Société du matériel agricole, [Leb. chr., p. 578]

326. — ... Ou parce qu'il refuse de consentir une réduction du prix du gaz, que la commune réclamait en vertu de clauses du marché contestées par le concessionnaire. — Cons. d'Ét., 4 janv. 1895, Comp. du gaz d'Agen, [S. et P. 97.2.20]

327. — ... Ou parce que l'administration voulait réserver l'usage du sous-sol à un particulier, à une compagnie, et même à une commune agissant dans l'intérêt de son domaine privé. — Cons. d'Ét., 18 mars 1868, Dubour, [S. 69.2.62, P. adm. chr.]; — 12 févr. 1886, Chanet, [S. 87.3.49, P. adm. chr., D. 87.3.74]

328. — Au contraire, lorsqu'il s'agit, non du retrait d'une autorisation déjà accordée, mais du refus d'une autorisation nouvelle, la jurisprudence est différente. Elle admet qu'une commune peut s'interdire par des engagements pris envers le concessionnaire d'un service public d'eau ou de gaz, la faculté d'accorder à d'autres intéressés la permission d'établir des canalisations dans le sous-sol des voies publiques communales. — Cons. d'Ét., 17 nov. 1882, Cⁱᵉ générale des eaux, [S. 84.3.58, P. adm. chr., D. 84.3.17]

329. — On avait décidé même, d'une manière plus générale, qu'un refus d'autorisation n'est pas de nature à être déféré à la juridiction contentieuse par application des lois des 7-14 oct. 1790 et 24 mai 1872. — Cons. d'Ét., 6 mars 1885, Bonhomme, [S. 86.3.56, P. adm. chr., D. 86.3.113] — Mais, comme le fait observer avec juste raison M. Laferrière, la décision précitée veut dire simplement qu'un refus d'autorisation est une décision entièrement discrétionnaire qui ne peut être attaquée ni pour violation de la loi, ni pour détournement de pouvoir; la formule « ... n'est pas de nature à être déféré ... » est trop générale, car la décision pourrait être déférée pour incompétence ou vice de forme.

330. — La distinction entre les retraits et les refus d'autorisation pourrait être critiquée (V. note sous Cons. d'Ét., 6 mars 1885, Leb. chr., p. 266). Mais on peut dire dans un cas il y a suppression d'un état de choses existant, et atteinte directe portée aux droits de la partie qui a engagé des dépenses pour profiter de l'autorisation accordée; dans l'autre cas, il y a simple refus d'une faveur, et lésion seulement des intérêts purement éventuels du pétitionnaire, dans l'espoir qu'il pouvait se former des bénéfices à retirer de l'autorisation. — V. Laferrière, t. 2, p. 553.

331. — Est entaché d'excès de pouvoir un arrêté préfectoral qui interdit à un concessionnaire de mine d'exploiter sous un canal, non pour prévenir un danger dont serait actuellement menacé le canal, mais en vue d'amener le concessionnaire à renoncer à une clause d'un contrat aux termes duquel l'État aurait pris à sa charge toutes les réparations à faire au canal par suite des travaux souterrains de la mine. — Cons. d'Ét., 15 févr. 1893, Société des mines de Lens, [*Rev. gén. d'adm.*, 95.1.428]

332. — Il y a encore détournement de pouvoir ... dans l'arrêté d'un maire soumettant une autorisation de bâtir à des conditions particulières, en vue d'assurer l'exécution d'une transaction passée entre la ville et l'ancien propriétaire du terrain. — Cons. d'Ét., 25 juin 1880, Chabaud et Mille, [S. 82.3.2, P. adm. chr., D. 81.3.33]

333. — ... Dans l'arrêté municipal réglant la vente à la criée dans le but de favoriser certaines catégories de vendeurs au détriment du commissaire-priseur. — Cons. d'Ét., 3 déc. 1875, Clairouin, [S. 77.2.341, P. adm. chr., D. 76.3.41] — V. *infrà*, v° *Halles, foires et marchés*, n. 113.

334. — ... Dans l'arrêté par lequel le maire a réglementé la vérification et la vente des poissons, crustacés et coquillages, lorsqu'en prenant cette mesure le maire n'avait pas pour but d'assurer la commodité de la circulation et de la salubrité publique, mais qu'il a agi en vue de l'intérêt financier de la commune et du concessionnaire de la halle. — Cons. d'Ét., 15 févr. 1895, [*Rev. gén. d'adm.*, 95.1.431]

335. — Le détournement de pouvoir n'est pas un moyen d'ordre public qui puisse être relevé d'office; l'annulation de l'acte ne peut être prononcée pour ce motif qu'autant qu'il a été invoqué par la partie à qui la preuve en incombe. Toutefois, il en serait autrement dans le cas où le détournement de pouvoir constituerait une véritable incompétence et dont nous avons cité un exemple *supra*, n. 322.

CHAPITRE IV.

PROCÉDURE.

1° Recours omisso medio.

336. — Le recours pour excès de pouvoir, ainsi qu'il a été dit, peut être formé « de plano » devant le Conseil d'État. Sans doute, les parties intéressées peuvent demander au supérieur hiérarchique d'annuler l'acte qui leur préjudicie; mais elles n'y sont pas obligées, elles peuvent agir directement devant le Conseil d'État. D'autre part, le recours préalable au ministre, s'il est exercé, ne fait pas obstacle au droit de recours au Conseil d'État (V. *suprà*, n. 157). — Pour les formes générales de la procédure, V. *suprà*, n. 153 et s., et v° *Conseil d'État*.

2° Communication de la requête.

337. — Le recours pour excès de pouvoir n'est pas un procès entre parties : la requête est dirigée contre la puissance publique, le demandeur n'a pas en face de lui, à proprement parler, un défendeur. — Laferrière, t. 2, p. 564 et s.

338. — Sans doute, l'acte attaqué est défendu par un délégué de la puissance publique, mais celui-ci n'est pas une partie dans le sens juridique du mot (Laferrière, *loc. cit.*). Il en résulte qu'il n'y a pas d'ordonnance de soit-communiqué, mais seulement une communication par la voie administrative. C'est au ministre auquel ressortit l'acte attaqué que se fait cette communication.

339. — Le recours peut être également communiqué à des personnes ayant un intérêt direct et personnel au maintien de l'acte attaqué; mais ces communications à des particuliers ne sont pas obligatoires, elles dépendent de l'appréciation de la section du contentieux. — Laferrière, *loc. cit.*

3° Intervention.

340. — Les intéressés qui ne sont pas appelés au débat par une communication peuvent s'y présenter spontanément par la voie de l'intervention. — V. *suprà*, v° *Conseil d'État*, n. 1092 et s.

341. — Le droit d'intervention ne s'étend pas aux autorités publiques, spécialement à celles qui ont pris la décision attaquée. — Cons. d'Ét., 11 janv. 1878, Badaroux, [Leb. chr., p. 33]

342. — L'intervention peut avoir lieu pour prêter appui au recours aussi bien que pour y défendre. Toutefois, les conclusions par lesquelles un intervenant s'associe à un recours pour excès de pouvoir ne diffèrent guère d'un véritable recours ; aussi le Conseil d'Etat les déclare-t-il non recevables si elles ne sont pas présentées dans le délai de trois mois. — Cons. d'Et., 30 juill. 1880, Brousse, [S. 82.3.8, P. adm. chr., D. 81.3.73] — Laferrière, t. 2, p. 564.

4° Tierce-opposition.

343. — On a vu, *suprà*, v° *Conseil d'Etat*, n. 1320 et s., dans quel cas les décisions du Conseil d'Etat peuvent être attaquées par la voie de la tierce-opposition. Une corrélation facile à justifier existe entre le droit d'intervention et celui de tierce-opposition dans les matières contentieuses ordinaires. Faut-il l'étendre au cas de recours pour excès de pouvoir ? Le Conseil d'Etat a paru l'admettre dans un arrêt du 28 avr. 1882, Ville de Cannes, [S. 84.3.27, P. adm. chr., D. 83.3.89] ; il a considéré comme recevable une tierce-opposition formée contre un arrêt antérieur, en se fondant sur ce que la ville qui formait cette tierce-opposition avait qualité pour intervenir dans l'instance qui avait donné lieu au premier arrêt. Mais dans une autre espèce, la tierce-opposition dut être rejetée. — Cons. d'Et., 8 déc. 1899, Ville d'Avignon, [J. *Le Droit*, 3 janv. 1900).

344. — Il ne faut pas oublier que le Code de procédure et le décret du 22 juill. 1806 en vue des parties ayant des « droits » à faire valoir à l'encontre du jugement qu'elles frappent de tierce-opposition (C. proc. civ., art. 474) ; tandis qu'en matière d'excès de pouvoir, l'intervention est permise à ceux qui justifient d'un simple intérêt, insuffisant pour autoriser la voie de la tierce-opposition. S'il en était autrement, presque tous les arrêts rendus en matière d'excès de pouvoir pourraient être remis en question par des tiers susceptibles de se dire intéressés. — Laferrière, t. 2, p. 565.

345. — La tierce-opposition devra, au contraire, être déclarée recevable, au cas où il sera justifié que l'arrêt a préjudicié à un droit. Tel serait le cas où le Conseil d'Etat aurait annulé pour excès de pouvoir un acte ayant conféré des droits à des tiers. — Laferrière, p. 566.

5° Délai de la décision.

346. — Pas plus que pour les autres requêtes, le Conseil d'Etat au contentieux n'est obligé de statuer dans un délai déterminé sur les recours pour excès de pouvoir. On peut rappeler qu'une proposition de loi présentée par M. Louis Passy (Chambre, session extraordinaire de 1869, n. 127), tendait à fixer un délai dans lequel devaient être jugés par le Conseil d'Etat les recours dont il s'agit. Cette proposition a donné lieu à un rapport sommaire de M. Rabier (session 1890, n. 389), mais n'a pas reçu d'autre suite.

6° Dépens.

347. — Ainsi qu'il a été dit, *suprà*, v° *Conseil d'Etat*, n. 1265 et s., l'administration ne peut jamais être condamnée aux dépens envers la partie qui obtient une annulation pour excès de pouvoir.

348. — D'autre part, si l'administration ne doit jamais de dépens, elle ne peut non plus en réclamer aux parties qui succombent, puisque le ministre conclut sans exposer aucun frais. — Cons. d'Et., 2 juill. 1875, Bornot, [Leb. chr., p. 653]

349. — La question de dépens pourrait se soulever lorsque des intéressés ont été mis en cause par la section du contentieux (V. *suprà*, n. 339) ou sont intervenus spontanément aux débats (V. *suprà*, n. 340). Il y a lieu d'appliquer alors la règle d'après laquelle la partie qui succombe supporte les dépens. — V. Laferrière, t. 2, p. 567.

350. — Les parties dans l'intérêt desquelles l'acte annulé avait été fait ne doivent pas de dépens si elles n'ont pas pris la défense de cet acte devant le Conseil d'Etat. — Cons. d'Et., 29 nov. 1878, Petit, [Leb. chr., p. 949] ; — 30 déc. 1878, Fiquet, [Leb. chr., p. 1039]

351. — Les dépens ne peuvent d'ailleurs comprendre que le droit de timbre et d'enregistrement, puisque la procédure d'excès de pouvoir est dispensée de tous autres frais (V. *suprà*, n. 161 et s.) ; encore est-il des cas où il y a dispense de tous frais (V. *suprà*, *eod. loc.*), et où aucune condamnation aux dépens ne peut être prononcée.

CHAPITRE V.

NATURE ET EFFETS DE LA DÉCISION STATUANT SUR LES RECOURS POUR EXCÈS DE POUVOIR.

Section I.
Nature de la décision.

352. — Nous avons dit, dès le début, que le recours pour excès de pouvoir ne tend qu'à l'annulation de l'acte attaqué. Il en résulte que la décision du Conseil d'Etat statuant sur un recours pour excès de pouvoir recevable et fondé ne peut que prononcer l'annulation de l'acte ; elle ne peut le réformer. Le Conseil d'Etat ne peut donc modifier ou amender l'acte attaqué ; ce serait faire un acte administratif nouveau et empiéter sur les attributions de l'administration active. — Laferrière, t. 2, p. 568 et s.

353. — Mais le Conseil d'Etat peut ne prononcer qu'une annulation partielle, soit que le demandeur ait lui-même limité sa demande d'annulation à certaines dispositions de l'acte, soit que parmi les dispositions, il y en ait seulement quelques-unes d'illégales, et que le Conseil d'Etat se borne, en conséquence, à prononcer l'annulation de celles-ci. L'annulation partielle se rapproche beaucoup de la réformation ; elle s'en distingue cependant en ce qu'elle se borne à supprimer certains éléments de l'acte sans créer aucun élément nouveau. L'administration est libre, soit de maintenir les éléments restant de la décision, soit de la rapporter tout entière et de la refaire en évitant les irrégularités relevées par l'arrêt. — Laferrière, *loc. cit.*

354. — Le Conseil d'Etat n'ayant pas en cette matière le droit de réformation, n'a pas, à plus forte raison, le droit d'évocation, c'est-à-dire le droit de créer une décision administrative là où il n'en existe aucune.

355. — Ainsi, lorsque le Conseil d'Etat annule un acte comme entaché d'excès de pouvoirs, il ne lui appartient pas de prescrire les mesures auxquelles cette annulation peut donner lieu. — Cons. d'Et., 16 janv. 1874, Frères des écoles chrétiennes, [S. 75.2.340, P. adm. chr., D. 74.3.100] ; — 5 févr. 1875, Labarbe, [S. 76.2.307, P. adm. chr., D. 75.3.103] ; — 28 juill. 1876, Comm. de Giry, [S. 78.2.309, P. adm. chr., D. 77.3.3] ; — 13 juill. 1877, Hospices de Gray, [S. 79.2.189, P. adm. chr., P. 77.3.108] ; — 25 juin 1880, Chabaud et Mille, [S. 82 3.2, P. adm. chr., D. 81.3.33] ; — 13 mai 1881, Brissy, [S. 82.3.34, P. adm. chr., D. 81.3.97]

356. — Spécialement, il n'appartient pas au Conseil d'Etat de prescrire le remboursement des sommes qui ont été payées en exécution de l'acte annulé pour excès de pouvoir. — Cons. d'Et., 28 juill. 1876, précité.

357. — ... Ni d'ordonner par voie de conséquence la réintégration du demandeur dans la possession d'un immeuble, ni de lui allouer des dommages-intérêts. — Cons. d'Et., 29 juin 1883, Archevêque de Sens, [S. 85.3.35, P. adm. chr., D. 84.3.89]

358. — De même encore, lorsque le Conseil d'Etat annule un arrêté portant interdiction pour un propriétaire d'ouvrir des jours sur une voie publique, il ne peut faire droit à des conclusions tendant à ce que cette autorisation soit accordée. — Cons. d'Et., 25 juin 1880, précité.

359. — On peut toutefois citer un arrêt du 12 mars 1860 [Leb. chr., p. 456] qui, après avoir annulé un arrêté du préfet de la Seine refusant à un propriétaire l'autorisation de réparer un mur mitoyen, donne lui-même cette autorisation. Cette décision, d'ailleurs isolée, et critiquable sans doute a été le résultat des efforts que faisait le Conseil d'Etat pour protéger les particuliers contre les expédients de l'administration (Laferrière, t. 2, p. 570, note 1). Nous avons rapporté des arrêts nombreux d'après lesquels la jurisprudence est fixée en sens contraire.

Section II.
Effets de la décision.

360. — Les règles de l'autorité de la chose jugée, telles qu'elles résultent de l'art. 1351, C. civ., sont applicables à la décision qui prononce sur un recours pour excès de pouvoir. Toutefois, s'il en est ainsi en principe, certaines réserves sont nécessaires. Il y a lieu d'examiner successivement les effets de la décision : 1° à l'égard de la partie qui a formé le recours; 2° à l'égard de l'administration ; 3° à l'égard des tiers.

§ 1. *Effets de la décision à l'égard de la partie qui a formé le recours.*

361. — Ici l'application des règles générales ne souffre pas de difficulté. Si le recours est rejeté, l'exception de chose jugée est opposable à une nouvelle demande qui émanerait de la même partie agissant en la même qualité, qui aurait le même objet et serait fondée sur le même moyen.

362. — Mais la partie peut, à raison de la décision même dont l'annulation lui a été refusée, former une demande d'indemnité ou agir en une autre qualité, par exemple au nom d'une commune comme maire ou comme contribuable, après avoir agi en son nom personnel; ou former le recours sur un autre moyen d'annulation. Toutefois le cas d'un second recours tendant au même objet que le premier ne se présentera guère, car le délai de ce nouveau recours sera certainement expiré quand le premier aura été jugé. — Laferrière, t. 2, p. 571.

§ 2. *Effets de la décision à l'égard de l'administration.*

363. — Le rejet du recours a pour effet le maintien de l'acte dont la validité n'a d'ailleurs pas été atteinte par le pourvoi qui n'a pas d'effet suspensif (V. *suprà*, v° *Conseil d'Etat*, n. 926 et s.). Ce rejet ne fait pas obstacle, au surplus, à ce que l'acte soit rapporté par son auteur ou annulé par le supérieur hiérarchique.

364. — Si l'annulation de l'acte est prononcée par le Conseil d'Etat, cet acte cesse aussitôt d'exister et l'administration doit veiller à ce qu'il ne reçoive aucune exécution.

365. — Que doit-il se passer dans le cas où l'acte a déjà été exécuté? Il faut distinguer : si cette exécution peut être réparée par des mesures contraires, celles-ci sont la conséquence même de l'annulation. Sans doute, nous l'avons vu, le Conseil d'Etat ne peut les ordonner ; mais elles incombent néanmoins à l'administration qui devra, suivant les cas, soit prescrire des réintégrations de fonctionnaires, soit délivrer les alignements qui auraient été refusés. Mais si l'acte a reçu, avant l'annulation, toute l'exécution dont il était susceptible, si la mesure prise n'est pas réparable, le particulier intéressé ne pourra avoir droit qu'à une indemnité. Pour l'obtenir, il faudra une nouvelle instance, car l'annulation pour excès de pouvoir n'entraîne pas par elle-même le droit à indemnité. C'est ce qui pourrait le sauver, notamment, au cas de démolition d'édifices menaçant ruine. De la l'utilité des sursis d'exécution dont il est traité *suprà*, v° *Conseil d'Etat*, n. 940 et s.

§ 3. *Effets de la décision à l'égard des tiers.*

366. — En cas de rejet du recours une autre partie pourrait, en théorie, attaquer le même acte pour la même cause : *res inter alios judicata aliis non nocet*. Mais dans ce cas comme dans celui d'une nouvelle requête présentée par la même partie, le recours sera non recevable, par suite de l'expiration du délai. — V. *suprà*, n. 362.

367. — Si, au contraire, l'annulation a été prononcée, cette annulation produit ses effets *erga omnes*, parce qu'elle fait disparaître l'acte administratif. — Laferrière, p. 573 et 574.

368. — Ainsi, l'annulation pour excès de pouvoir d'un règlement de police municipale doit profiter à tous les habitants de la commune, et non pas seulement à ceux qui avaient formé le recours.

369. — Et cette annulation fait tomber de plein droit les poursuites engagées à raison d'infractions antérieures à l'arrêt du Conseil d'État. — Cass., 25 mars 1882, Darsy, [S. 84.1.248, P. 84.1.579, D. 82.1.486]

370. — L'annulation a effet à l'égard de tous, sans distinguer si l'acte attaqué profitait ou nuisait aux tiers. Ainsi, un décret de répartition d'eau qui serait annulé à la requête d'un riverain, le serait aussi à l'égard d'autres riverains favorisés par la répartition. — Laferrière, *loc. cit.*

371. — Les tiers qui pourraient invoquer de véritables droits et non plus de simples intérêts, seraient-ils dans la même situation? Il y a lieu de répondre affirmativement, l'acte étant devenu inexistant. Par exemple, si un décret de concession de mine est annulé, l'annulation est opposable au tiers qui se serait rendu acquéreur de la mine, alors même qu'il aurait été étranger à l'instance. — Laferrière, *loc. cit.*

372. — Mais nous avons vu que la tierce-opposition lui serait ouverte. — V. *suprà*, n. 345.

EXCÈS DE POUVOIR (MATIÈRE CIVILE ET CRIMINELLE). — V. ABUS DE POUVOIR. — ARRESTATION ARBITRAIRE ET ILLÉGALE. — CASSATION (mat. civ.). — DÉNI DE JUSTICE. — PRISE A PARTIE. — REQUÊTE CIVILE. — VIOLATION DE DOMICILE.

EXCITATION A LA DÉBAUCHE. — V. ATTENTAT AUX MŒURS.

EXCITATION A LA HAINE OU AU MÉPRIS D'UNE CLASSE DE CITOYENS. — V. PRESSE.

EXCITATION AU MEURTRE ET AU PILLAGE. — V. PRESSE.

EXCLUSION DE COMMUNAUTÉ (clause d'). — V. COMMUNAUTÉ CONJUGALE.

EXCUSES.

LÉGISLATION.

C. pén., art. 65, 67, 69, 100, 108, 114, § 2, 116, 135, § 2, 138, 144, 190, 213, 247, 248, § 2, 284, 285, 288, 321 à 326, 343, 348, 357, 380, 441; — C. instr. crim., art. 339, 367, 396 à 398; — C. proc. civ., art. 265.

BIBLIOGRAPHIE.

Berriat Saint-Prix, *Analyse du Code pénal*, 1855, in-8°, passim. — Bertauld, *Cours de Code pénal et leçons de législation criminelle*, 1873, 4° éd., 1 vol. in-8°, 18° leçon. — Blanche et Dutruc, *Études pratiques sur le Code pénal*, 1891, 2° éd., 7 vol. in-8°, t. 2, n. 166 et s. — Boitard, de Linage et Villey, *Leçons de droit criminel*, 1896, 13° édit., 1 vol. in-8°, n. 153 et s. — Bourguignon, *Jurisprudence des codes criminels*, 1825, 3 vol. in-8°, sur les articles cités; — *Dictionnaire raisonné des lois pénales de la France*, 1811, 3 vol. in-8°, v° *Excuse*. — Carnot, *Commentaire sur le Code pénal*, 1836, 2 vol. in-8°, sur les articles cités. — Chauveau, Faustin Hélie et Villey, *Théorie du Code pénal*, 1888, 6° éd., t. 1, n. 317 et s. — Duvergier, *Code pénal annoté*, 1833, 1 vol. in-8°, sur les articles cités. — Garraud, *Précis de droit criminel*, 1898, 6° éd., 1 vol. in-8°, n. 232 et s.; — *Traité théorique et pratique du droit pénal français*, 1899, 2° éd., 6 vol. in-8°, t. 2, n. 603 et s. — Haus, *Principes généraux du droit pénal belge*, 1885, 3° éd., 2 vol. in-8°, t. 2, n. 823 et s. — Hélie (F.), *Traité de l'instruction criminelle*, 1867, 2° éd., 8 vol. in-8°, t. 8, n. 3645 et s.; — *La pratique criminelle des cours et tribunaux*, 1877, 2 vol. in-8°, t. 2, n. 117 et s. — Laborde, *Cours de droit criminel*, 1898, 2° éd., 1 vol. in-8°, n. 480 et s. — Lautour, *Code usuel d'audience*, 1887-1890, 2° éd., 2 vol. in-8°. C. pén. sur les articles cités. — Lefort, *Cours de droit criminel*, 1897, 2° éd., 1 vol. in-8°. p. 226 et s. — Legraverend et Duvergier, *Traité de la législation criminelle en France*, 1830, 3° éd., 2 vol. in-4°. t. 1, p. 223 et s., et 261 et s. — Le Poittevin, *Dictionnaire-formulaire des parquets*, 1895, 2° éd., 3 vol. in-8°, v° *Excuses légales*. — Le Sellyer, *Traité de la criminalité, de la pénalité*, 1874, 2 vol. in-8°, n. 302 et s. — Massabiau, *Manuel du ministère public*, 1885, 4° éd., 3 vol. in-8°, t. 1, n. 1966 et s., et t. 2, n. 3872, 3963, 3997, 4009. — Merlin, *Répertoire universel et raisonné de jurisprudence*, 1827, 5° éd., 18 vol. in-4°, v° *Excuse*. — Molinier et Vidal, *Traité théorique et pratique de droit pénal*, 1894, 3 vol. in-8°, t. 2, p. 110 et s. — Morin, *Répertoire général et raisonné du droit criminel*, 1850, 2 vol. gr. in-8°, v° *Excuse*. — Mouton, *Les lois pénales de la France*, 1868, 2 vol. gr. in-8°, t. 1, p. 29, 39 et s. — Nicolas Nicolini, *Principes philosophiques et pratiques de droit pénal*, trad. Flotard, 1851, p. 156 et s. — Ortolan, *Éléments de droit pénal*, 1886, 5° éd., 2 vol. in-8°, t. 1, n. 1081 et s. — Rauter, *Traité théorique et pratique du droit criminel français*, 1836, 2 vol. in-8°, t. 1, p. 153, 163 et s. — Rolland de Villargues, *Les Codes criminels*, 1877, 2 vol. gr. in-8°, v° C. pén., sur les articles cités. — Rossi, *Traité de droit pénal*, 1872,

4ᵉ éd., 2 vol. in-8°, t. 2, p. 7 et s. — Trébutien, Laisné-Deshayes et Guillouard, *Cours élémentaire de droit criminel*, 1883, 2ᵉ éd., 2 vol. in-8°, t. 1, p. 305 et s. — Vallet et Montagnon, *Manuel des magistrats du parquet*, 1890, 2 vol. in-8°, t. 2, n. 1190 et s. — Villey, *Précis d'un cours de droit criminel*, 1890, 5ᵉ éd., 1 vol. in-8°.

Duverger, *Des causes d'atténuation des peines*, Poitiers, 1883. — Lasserre, *Etude sur les cas de non-culpabilité et les excuses en matière pénale*, 1879. — Peyssonnié (P.), *Le meurtre excusable (Discours)*, 1898. — De Sarrau de Boynet, *Des excuses légales en droit pénal*, 1875.

Etude sur la théorie des excuses, d'après le Code pénal italien, le Code pénal espagnol et le projet de Code pénal italien (Sarraute) : Bull. de la société de législation comparée, 1884, t. 13, p. 249 et s. — *Note sur la légitime défense, sur les conditions et ses limites d'après le droit musulman Loutsy* (Omar Bey) : Bull. de législ. comparée, 1897, p. 600. — *De l'intention, de l'ignorance, de l'erreur et de la bonne foi en matière pénale* (Villey) : Fr. judiciaire, t. 1, p. 313. — *Fait d'excuse. Réfutation d'un arrêt de la Cour de cassation, par un magistrat* (C. Marchand) : Gaz. des Trib., 29-30 juill. 1833. — *Quel est le nombre de voix nécessaire pour établir en faveur de l'accuse l'existence d'un fait d'excuse* (Masson) : Gaz. des Trib., 19 janv. et 9-10 sept. 1833. — *De la légitime défense* (Berriat Saint-Prix) : J Le Droit, 27 sept. et 2 oct. 1849. — *De l'effet des excuses et des circonstances atténuantes sur la nature des infractions* (Ad. Braas) : La Belgique judic., 1885, n. 34. — *Des excuses* Molinier) : Rev. crit., 1851, p. 425. — *Des excuses* (Paul Bernard) : Rev. crit., 1862, t. 12, p. 321 et s. — *De l'imputabilité du délit et des excuses péremptoires et atténuantes* (Tissot) : Rev. crit., t. 13, p. 110 et s. — *Importance de la distinction des contraventions et des délits pour l'admission et le rejet des excuses* (Perrot de Chezelles) : Rev. crit., t. 14, p. 70 et s. — *Des excuses en droit criminel* (Desjardins) : Rev. crit., t. 14, p. 517 et s. ; t. 15, p. 212 et s. — *Excuse* (Suède) : Rev. de droit international et de législation comparée, 1871, p. 184 et s. — *Excuse* (C. pén. Genevois) : Rev. de droit international et de législation comparée, 1875, p. 233 et s. — *L'admission de l'excuse peut-elle empêcher d'admettre les circonstances atténuantes* (Bourdon) : Rev. Wolowski, t. 6, p. 443. — *Est-ce à la cour d'assises ou le jury qui est juge du fait d'excuse et la cour peut-elle le faire résulter des débats* (Grellet-Dumazeau) : Rev. Wolowski, t. 43, p. 169.

INDEX ALPHABÉTIQUE.

Absolution, 8.
Abus d'autorité, 31.
Acquittement, 8, 20.
Acte d'accusation, 86.
Adultère, 44, 74.
Affiche, 36.
Age, 20, 53.
Agent de la force publique, 39 et 40.
Alliés, 34, 50.
Angleterre, 98 et s.
Arrestation, 28, 29, 81, 84, 87.
Arrestation illégale, 46.
Arrêté municipal, 61.
Assassinat, 41.
Attentat à la liberté, 25 et 26.
Attroupement, 32.
Autriche, 103 et s.
Balayage, 61.
Bandes armées. 23.
Belgique, 110 et s.
Blessures, 45.
Bonne foi, 27, 30, 53, 63, 65 et 66.
Boulangerie, 68.
Bruits, 62.
Cabaret, 64.
Calomnie, 49.
Castration, 46.
Chef d'accusation, 87 et 88.
Circonstances atténuantes, 9 et s., 16, 18.
Co-auteur, 93.
Compétence, 76 et s.

Complexité, 87.
Complice, 93.
Complicité, 36, 56, 72, 84, 87.
Complot, 24, 84.
Conclusions, 83.
Conjoint, 34, 50, 71 et 72.
Contravention, 54 et 55.
Contrefaçon de billets de banque, 87.
Contrefaçon du sceau de l'Etat,29.
Contributions indirectes, 65.
Coups, 37 et s., 43, 73.
Cour d'assises, 7 et s., 40, 43, 46, 72, 77, 78, 80 et s., 83, 84 et s.
Culpabilité, 1, 4 et s., 8.
Débats, 86.
Dégradation, 57.
Délit, 57.
Dénonciation, 28 et 29.
Diffamation, 49.
Discernement, 20, 75.
Distribution d'imprimés, 35.
Dommages aux champs, 54.
Effraction, 37 et s.
Enfant, 47.
Escalade, 37.
Espagne, 115 et s.
Evasion, 33, 69.
Excuses absolutoires, 3, 22.
Excuses atténuantes, 1, 3, 8 et s., 20, 22.
Excuses générales, 20.

Excuses spéciales, 21.
Faiblesse d'esprit, 58.
Fait justificatif, 4, 6, 7, 30, 37, 55, 76.
Fausse monnaie, 27, 28, 81, 87.
Faux, 30.
Finlande, 166 et s.
Flagrant délit, 44, 74.
Force majeure, 55.
Genève, 183 et s.
Homicide, 71, 73.
Hospice, 47.
Imprimerie, 35.
Infanticide, 58.
Injures, 52.
Interdiction de séjour, 22 et s., 28, 32, 46.
Italie, 130 et s.
Ivresse, 13.
Jeu, 64.
Juridiction d'instruction, 6, 76.
Jury, 18.
Justice maritime, 59.
Légitime défense, 37 et s.
Mariage, 48.
Menaces, 58.
Meurtre, 37 et s., 42 et s., 72.
Mineur, 20.
Mineur de seize ans, 17.
Ministère public, 89.
Ministre, 24.
Misère, 14.
Négligence, 69.
Neuchatel, 189 et s
Obéissance, 25, 31, 56 et 57.
Outrage à la pudeur, 45.
Parents, 34, 50
Parricide, 71, 75.
Pâturage, 66.
Pays-Bas, 139 et s.

Peine, 90 et s.
Père, 73 et 74.
Pièces d'artifice, 63.
Pillage, 51.
Plainte, 48.
Portugal, 143 et s.
Pouvoir du juge, 5.
Préméditation, 58, 85.
Prescription, 92.
Presse, 25.
Preuve, 49.
Provocation, 13, 36 et s., 41 et s., 51, 52, 72 et s., 85.
Publication, 35.
Question, 18, 87.
Rapt, 48.
Rébellion, 32.
Recèlement de criminels, 34.
Récidive, 12.
Réclusion, 51.
Règlement de police, 60.
Réparation civile, 50.
Restitution, 65 *bis*.
Révélation, 24.
Russie, 155 et s.
Saint-Gall, 196 et s.
Sédition, 23.
Séquestration, 46.
Signature surprise, 26.
Suède, 172 et s.
Suisse, 181 et s.
Tapages, 62.
Théâtre, 55.
Tribunal correctionnel, 77 et 78.
Usage, 70.
Violence, 42, 43, 45, 72.
Violences légères, 52.
Voies de fait, 59.
Voirie, 57, 60.
Vol, 13, 50.

DIVISION.

CHAP. I. — NOTIONS GÉNÉRALES (n. 1 à 18).

CHAP. II. — DES DIFFÉRENTES SORTES D'EXCUSES.

  Sect. I. — **Excuses admises par la loi** (n. 19 à 52).

  Sect. II. — **Excuses non prévues par la loi** (n. 53 à 70).

  Sect. III. — **Excuses rejetées par la loi** (n. 71 à 75).

CHAP. III. — COMPÉTENCE ET PROCÉDURE (n. 76 à 89).

CHAP. IV. — EFFETS DES EXCUSES (n. 90 à 93).

CHAP. V. — DROIT COMPARÉ (n. 94 à 201).

CHAPITRE I.

NOTIONS GÉNÉRALES.

1. — On entend par le mot excuse, dans le langage ordinaire, toute raison alléguée par quelqu'un pour sa justification. Le sens légal est plus étroit. « On appelle excuse, dit M. Garraud (t. 2, n. 603), une circonstance qui diminue, sans la faire disparaître, la criminalité d'une action, ou la culpabilité de son auteur. » F. Hélie (*Traité de l'instruction criminelle*, t. 8, n. 3645) définit l'excuse « tout fait qui, lorsqu'il est déclaré constant, emporte soit l'exemption, soit la mitigation de la peine. » — V. aussi Chauveau, F. Hélie et Villey, t. 1, n. 311.

2. — Les excuses, d'après l'art. 65, C. pén., sont déterminées par la loi elle-même.

3. — On peut présenter des excuses une double classification : il y a des excuses générales qui s'appliquent à toutes les infractions, et des excuses spéciales, qui ne sont admises que pour des infractions limitativement désignées. Il y a, d'autre part, des excuses absolutoires ou péremptoires, qui ont pour effet d'exempter le prévenu de toute peine, et des excuses atténuantes, qui diminuent seulement la peine applicable.

4. — La définition que nous avons donnée laisse entendre que l'excuse n'efface pas l'infraction et n'a d'influence que sur la peine. Cette remarque permet d'établir une distinction essentielle entre les excuses absolutoires et les faits justificatifs, qui suppriment l'élément injuste de l'infraction et rendent le fait légitime. On ne doit pas confondre non plus les excuses avec les causes de non-culpabilité, qui font disparaître la responsabilité de l'agent.

5. — Plusieurs conséquences pratiques se lient à cette classification : 1° les faits d'excuse sont limitativement déterminés par la loi ; les juges ont, au contraire, à rechercher si les circonstances qui leur sont révélées ne constituent pas des faits justificatifs, des causes de non-culpabilité, même lorsqu'on la loi ne les a pas prévus. Car il ne peut y avoir de poursuite et de condamnation qu'autant que tous les éléments de l'infraction sont réunis ; or, parmi ces éléments figurent l'injustice du fait et la responsabilité de l'agent. — Garraud, t. 2, n. 606-a ; Molinier et Vidal, t. 2, p. 112.

6. — 2° Les juridictions d'instruction ont le droit et l'obligation d'examiner et d'apprécier les faits invoqués comme causes de justification et de non-imputabilité. Si elles constatent l'existence d'un fait ayant ce caractère, elles doivent écarter la poursuite. Au contraire, quand il s'agit d'une excuse, la juridiction d'instruction a bien encore le devoir d'éclairer ce point du débat ; mais quels que soient les résultats de ces investigations il faudra déférer le prévenu aux juridictions de jugement qui décideront sur le fond de l'affaire. — Garraud, t. 2, n. 606-b. — V. infrà, n. 76 et s.

7. — 3° Quand la cour d'assises se trouve saisie, le jury, appelé à trancher la question de culpabilité, est, par cela seul, investi du droit d'examiner s'il n'existe pas une cause de justification ou de non-imputabilité : il n'est pas nécessaire qu'une question spéciale lui soit posée de ce chef. Au contraire, si un fait est allégué comme excuse, la cour doit vérifier s'il rentre dans la série légale des excuses, et, en ce cas, le fait devient nécessairement l'objet d'une question distincte. — Garraud, t. 2, n. 606-c. — V. suprà, v° Cour d'assises, n. 3095 et s.

8. — 4° La conséquence du verdict de non-culpabilité est l'acquittement. Si le verdict porte qu'il existe un cas d'excuse au profit de l'accusé reconnu coupable, il y a lieu, suivant les cas, de lui appliquer une peine atténuée ou de prononcer son absolution (V. suprà, v° Acquittement, n. 2 et s.). — Garraud, Précis de dr. crim., n. 262 ; Traité théorique et pratique, t. 2, n. 606-d.

9. — Les excuses atténuantes se différencient des circonstances atténuantes à plusieurs points de vue : 1° tandis que les causes d'excuses sont énumérées dans la loi, et s'appliquant exclusivement aux infractions qu'elle détermine, les circonstances atténuantes sont librement appréciées par le juge, et celui-ci peut, en général, déclarer qu'elles existent, quelle que soit l'infraction poursuivie. — V. suprà, v° Circonstances aggravantes et atténuantes, n. 43.

10. — 2° En cour d'assises, toute excuse fait l'objet d'une question spéciale, expressément adressée aux jurés ; la déclaration du jury relative aux circonstances atténuantes est, au contraire, spontanée. — V. suprà, v° Circonstances aggravantes et atténuantes, n. 59 et s., et v° Cour d'assises, n. 3404 et s.

11. — 3° Le partage des voix des jurés emporte pour l'accusé le bénéfice de l'excuse ; le bénéfice des circonstances atténuantes ne peut lui être accordé qu'à la majorité. — V. sur ces deux points, suprà, v° Cour d'assises, n. 3095 et s., 4021 et s.

12. — 4° Les effets de la récidive varient suivant que le prévenu en état de récidive peut se prévaloir d'une excuse ou qu'il obtient seulement une déclaration de circonstances atténuantes. — V. infrà, v° Récidive. — V. aussi Garraud, t. 2, n. 606-II.

13. — L'examen des décisions de jurisprudence antérieures au Code d'instruction criminelle n'offre plus qu'un intérêt historique (V. suprà, v° Cour d'assises, n. 3096 et 3097). Il nous suffira de recueillir certains arrêts caractéristiques rendus sous l'empire du Code de brumaire an IV qui ne contenait aucune définition de l'excuse. La Cour de cassation a dû déclarer qu'un crime n'était pas excusable à raison de la persuasion intime qu'aurait eue l'accusé qu'il était ensorcelé. — Cass. 16 frim. an IX, Gabet, [S. chr.] — ...Ni à raison de l'ivresse de l'accusé. — V. sur ce point une dissertation au tome 1 de la Thémis, et infrà, v° Ivresse, n. 43 et s. — La Cour suprême rejetait encore la provocation comme excuse d'un vol. — Cass., 15 therm. an XII, Vachtern, [S. et P. chr.].

14. — Mais elle jugeait, d'un autre côté, que la question de savoir si la misère de l'accusé était un motif d'excuse devait être tranchée par les jurés et non par le tribunal criminel. — Cass., 14 germ. an VII, Colin, [S. et P. chr.]

15. — Le Code de 1810 a fait cesser cet abus par son art. 65 ainsi conçu : « Nul crime ou délit ne peut être excusé, ni la peine mitigée, que dans les cas et dans les circonstances où la loi déclare le fait excusable, ou permet de lui appliquer une peine moins rigoureuse. » Les cas et les circonstances auxquels la loi reconnaît le caractère d'excuse sont, d'ailleurs, assez nombreux et se trouvent répartis dans une série d'articles du Code pénal.

16. — La loi du 28 avr. 1832, en donnant au jury le droit de déclarer qu'il y a des circonstances atténuantes, dans toutes les affaires criminelles, et en conférant aux juges le même pouvoir, en matière correctionnelle et de police, a fait disparaître le vice de la législation antérieure consistant dans la limitation rigoureuse des cas d'excuse. En effet, il est une foule de circonstances qui, sans constituer par elles-mêmes et nécessairement des motifs d'excuse, et sans pouvoir, en raison de leur multiplicité, de leur variabilité et de leur insaisissabilité, faire l'objet d'une disposition légale, précise et permanente, viennent néanmoins affaiblir l'immoralité de l'acte et la culpabilité de l'agent. La loi a dû les prendre en considération, et, ne pouvant les prévoir ni les définir, elle en a laissé, sous le nom de circonstances atténuantes, l'appréciation souveraine et discrétionnaire aux jurys et aux tribunaux correctionnels ou de police. Les règles qu'elle a tracées à cet égard sont renfermées dans les art. 463, pour les crimes et les délits, et 483 pour les contraventions. — V. suprà, v° Circonstances aggravantes et atténuantes.

17. — Sur les causes de justification et de non-culpabilité, V. suprà, v° Abus d'autorité, n. 34 et s.; Aliéné-Aliénation mentale, n. 498 et s.; Crimes, délits et contraventions, n. 110 et s.; et infrà, v° Force majeure, Peine. — V. aussi infrà, n. 35.

18. — Ainsi que nous venons de le voir, l'application du système des circonstances atténuantes, généralisée par la loi de 1832, a fait perdre presque toute son importance à l'art. 65, C. pén., puisque les faits desquels on voudrait faire résulter une excuse, quoique le Code ne les considère point spécialement comme tels, constituent au moins des motifs d'atténuation, et rentrent, par conséquent, dans l'appréciation des circonstances atténuantes que le juge ou le jury peut toujours admettre ; néanmoins, la disposition de l'art. 65, C. pén., est encore utile : l'art. 339, C. instr. crim., imposant au président l'obligation de poser, à peine de nullité, les questions d'excuse lorsque le fait est admis comme tel par la loi, on aurait pu croire qu'il avait la faculté de les poser, alors même que la loi n'en fait l'objet d'aucune disposition. L'art. 65 prévient une semblable interprétation. — V. suprà, v° Cour d'assises, n. 3095 et s.

CHAPITRE II.

DES DIFFÉRENTES SORTES D'EXCUSES.

Section I.

Excuses admises par la loi.

19. — Nous nous bornerons, sur les causes d'excuse admises par le Code pénal, à fournir des notions générales et succinctes, chacune de ces excuses étant l'objet d'explications détaillées.

20. — La première excuse et la seule générale, c'est-à-dire s'appliquant à tous les faits prévus par le Code pénal, est celle que consacrent les art. 66 à 69, C. pén. L'accusé ou le prévenu mineur de seize ans, s'il est reconnu qu'il a agi sans discernement, est nécessairement acquitté : car il ne peut y avoir d'infraction en l'absence d'une volonté éclairée. S'il est décidé qu'il a agi avec discernement, l'infraction existe, mais l'âge du coupable constitue à son profit une excuse atténuante. — V. à ce sujet suprà, v° Age, n. 6, et v° Discernement.

21. — Toutes les autres excuses sont spéciales, et, par suite, restreintes aux crimes et délits pour lesquels elles ont été admises. Nous allons indiquer chacun des articles du Code qui les consacrent, sauf à renvoyer pour la solution des questions qu'ils soulèvent, aux mots sous lesquels chaque matière est spécialement traitée.

22. — Parmi ces excuses, il en est une qui est simplement atténuante : c'est la provocation ; les autres sont absolutoires. Ces dernières sont fondées sur des considérations variées, que nous ferons ressortir plus à propos, en étudiant chacune d'elles. Il convient de faire remarquer que, dans un certain nombre de cas, la loi, tout en supprimant la peine attachée à l'infraction commise, en considération de l'excuse qu'elle consacre, permet au juge de renvoyer le coupable sous la surveillance de la haute police. Cette mesure, d'ordre administratif et préventif, a fait place à l'interdiction de paraître en certains lieux, aux termes de l'art. 19, L. 27 mai 1885. — V. *infrà*, v° *Interdiction de séjour*.

23. — L'art. 100 dispense de toute peine, pour fait de sédition, ceux qui ayant fait partie des bandes armées dont il est question aux art. 96 et s., sans y exercer aucun commandement et sans y remplir aucun emploi ni fonctions, se sont retirés au premier avertissement des autorités civiles ou militaires, ou même depuis, lorsqu'ils n'ont été saisis que hors des lieux de la réunion séditieuse sans opposer de résistance, et sans armes. Néanmoins l'interdiction de paraître dans les lieux dont la liste leur sera notifiée peut être prononcée contre eux. — V. *suprà*, v° *Bandes armées*, n. 49, 69, 73 et s., et *infrà*, v° *Interdiction de séjour*, n. 67 et s.

24. — L'art. 108 exempte des peines prononcées contre les auteurs de complots ou d'autres crimes attentatoires à la sûreté intérieure ou extérieure de l'État ceux des coupables qui, avant toute exécution ou tentative de ces complots ou de ces crimes, et avant toutes poursuites commencées, en ont les premiers donné connaissance au gouvernement ou aux autorités administratives ou de police judiciaire, et fait connaître leurs auteurs ou complices, ou qui, même depuis le commencement des poursuites, ont procuré l'arrestation de ces auteurs ou complices. Ces individus peuvent également être frappés de l'interdiction de séjour. — V. *suprà*, v° *Attentats et complots contre la sûreté de l'État*, n. 362, et *infrà*, v° *Interdiction de séjour*, n. 67 et s., et *Révélation de complots*.

25. — D'après l'art. 114, le fonctionnaire, agent ou préposé du gouvernement qui a ordonné ou fait un acte arbitraire ou attentatoire soit à la liberté individuelle, soit aux droits civiques des citoyens, soit à la constitution, est exempt de toute peine s'il justifie qu'il a agi par ordre de ses supérieurs pour des objets du ressort de ceux-ci, sur lesquels il leur était dû obéissance hiérarchique. — V. *suprà*, v° *Attentat à la liberté*, n. 43 et s.

26. — L'art. 116 permet aux ministres prévenus d'avoir ordonné ou autorisé un acte contraire à la constitution, et qui prétendent que la signature à eux imputée leur a été surprise, de s'affranchir de toutes poursuites personnelles, en faisant cesser l'acte et en dénonçant l'auteur de la surprise. — V. *suprà*, v° *Attentat à la liberté*, n. 49 et 50.

27. — L'art. 135 ne considère point comme coupables de participation à l'émission, exposition ou introduction de monnaies contrefaites, altérées ou colorées dans le sens des art. 132, 133 et 134, ceux qui ayant reçu pour bonnes des pièces de monnaie contrefaites ou altérées, les ont remises en circulation : néanmoins il les punit d'une simple amende s'ils en avaient connu le vice avant de les émettre. C'est là un cas d'excuse légale. — V. *infrà*, v° *Fausse monnaie*, n. 146.

28. — D'autre part, l'art. 138 exempte de peine les personnes coupables des crimes mentionnés aux art. 132 et 133, si, avant la consommation de ces crimes et avant toutes poursuites, elles en ont donné connaissance et révélé les auteurs, ou si, elles ont, depuis les poursuites, procuré l'arrestation des coupables. Elles peuvent d'ailleurs être frappées d'interdiction de séjour. — V. *infrà*, v° *Fausse monnaie*, n. 72 et s.

29. — L'art. 144 déclare les dispositions de l'art. 138 applicables aux crimes de contrefaçon du sceau de l'État, effets du Trésor, billets de banque, en cas d'usage desdits ouvrages contrefaits. — V. *suprà*, v° *Contrefaçon des sceaux de l'État*, n. 27.

30. — L'art. 163 porte que l'application des peines portées contre ceux qui ont fait usage de monnaies, écrits, timbres, ou autres objets faux, cessera, s'ils n'avaient point connu le faux. Cet article n'est qu'une application de la règle générale et qui domine tout le Code pénal, d'après laquelle il n'y a point de crime sans intention. Le défaut d'intention est donc une justification et non une excuse. — V. *infrà*, v° *Faux*.

31. — L'art. 190 contient, pour les cas d'abus d'autorité commis contre la chose publique par les fonctionnaires publics, agents ou préposés du gouvernement, une disposition analogue à celle de l'art. 114, et ne les punit point s'ils ont obéi à leurs supérieurs. — V. *suprà*, v° *Abus d'autorité*, n. 80 et s.

32. — L'art. 213 rend, au cas de rébellion avec bande ou attroupement, l'art. 100 applicable aux rebelles qui, sans fonctions ni emplois dans la bande, se sont retirés au premier avertissement, « ou même depuis, » s'ils n'ont été saisis que hors du lieu de la rébellion, et sans nouvelle résistance et sans armes. Par conséquent, ces individus sont dispensés de peine, sauf l'interdiction de séjour, que le juge peut ordonner. — V. *suprà*, n. 23, et *infrà*, v° *Rébellion*.

33. — L'art. 247 fait cesser les peines d'emprisonnement prononcées contre les conducteurs ou gardiens de détenus évadés, en cas de négligence seulement, lorsque ces évadés sont repris ou représentés dans les quatre mois de l'évasion, et qu'ils ne sont pas arrêtés pour d'autres crimes ou délits commis postérieurement. — V. *suprà*, v° *Évasion*, n. 133 et s.

34. — Le § 2, art. 248, excepte des personnes à poursuivre pour recèlement des criminels, les ascendants ou descendants, conjoints même divorcés, frères ou sœurs, et alliés aux mêmes degrés, des criminels recélés. — V. *suprà*, v° *Évasion*, n. 183 et 184.

35. — L'art. 284 réduit à des peines de simple police celle prononcée pour publication ou distribution d'écrits ou imprimés ne portant le nom ni de l'auteur ni de l'imprimeur, lorsque les distributeurs, crieurs, etc., ont fait connaître la personne de qui ils tiennent l'écrit imprimé, ou l'imprimeur, ou lorsque l'imprimeur en a fait connaître l'auteur. Cette disposition paraît avoir été abrogée par la loi du 29 juill. 1881, sur la liberté de la presse.

36. — Il en est de même de l'art. 285, C. pén., aux termes duquel « si l'écrit imprimé contient quelques provocations à des crimes ou délits, les crieurs, afficheurs, vendeurs et distributeurs seront punis comme complices des provocateurs, à moins qu'ils n'aient fait connaître ceux dont ils tiennent l'écrit contenant la provocation. En cas de révélation ils n'encourront qu'un emprisonnement de six jours à trois mois, et le jugement de complicité ne restera applicable qu'à ceux qui n'auront point fait connaître les personnes dont ils auront reçu l'écrit imprimé, et à l'imprimeur, s'il est connu ». — V. *suprà*, v° *Colportage*, n. 287 et 288.

37. — Les art. 321 et 322 diminuent la peine du meurtre ou des blessures et coups, lorsqu'ils ont été provoqués, ou ont eu lieu en repoussant pendant le jour l'escalade ou l'effraction des clôtures, murs, ou entrée d'une maison habitée. — V. *suprà*, v° *Coups et blessures*, n. 46, 182, et *infrà*, v¹° *Légitime défense*, n. 9 et s., 81, *Homicide*, n. 43, *Provocation*, *Vol*.

38. — Lorsque l'homicide a été commis, les blessures faites et les coups portés en repoussant l'escalade et l'effraction pendant la nuit, il y a plus qu'une excuse, il y a, aux termes de l'art. 329, C. pén., défense légitime, et le fait cesse d'être une infraction. — V. *infrà*, v° *Légitime défense*, n. 71 et s.

39. — Il est de jurisprudence que l'excuse de provocation violente, établie par l'art. 321, C. pén., est exclusivement applicable aux meurtres et violences commis sur des particuliers, et ne peut être étendue au meurtre et aux actes de violence commis envers un agent de la force publique dans l'exercice de ses fonctions. — Cass., 13 mai 1817, Boissin, [S. et P. chr.]; — 30 avr. 1847, Piétri, [S. 47.1.627, P. 47.2.267]; — 29 nov. 1835, Lenclume, [S. 56.1.272, P. 57.386, D. 56.1.96]; — 26 déc. 1836, Basta, [S. 57.1.224, P. 58.446, D. 57.1.96] — C. d'ass. de Constantine, 29 juin 1880, Philippini, [S. 80.2.330, P. 80.1235] — *Sic*, Blanche et Dutruc, *Études sur le Code pénal*, t. 4, n. 131. — *Contrà*, Chauveau, F. Hélie et Villey, t. 4, n. 1281; Carnot, *Comment., C. pén.*, sur l'art. 186, n. 6, et *Instr. crim.*, sur l'art. 337, n. 20; Rauter, *Dr. crim.*, t. 2, p. 47, n. 463; Trébutien, Laisné-Deshayes et Guillouard, *Cours de dr. crim.*, t. 1, p. 160; Coffinières, *De la lib. indiv.*, t. 2, p. 389 et 408; Garraud, t. 2, n. 615. — Toutefois, le jury pouvant écarter la circonstance aggravante de l'exercice des fonctions, et le fait ne constituant plus alors qu'un meurtre ordinaire, la cour d'assises doit, si la demande en est faite par l'accusé, poser subsidiairement la question de provocation, pour le cas de réponse négative à la circonstance aggravante de l'accusation. — Cass., 26 déc. 1836, précité. — C. d'ass. de Constantine, 29 juin 1880, précité.

40. — La jurisprudence fonde sa thèse sur deux arguments : le premier est déduit de la place qu'occupe l'art. 321 dans le Code. Il est rangé sous la rubrique : « Des crimes et délits contre les particuliers, ». et on lui donnerait une sphère d'application excessive si on le transportait à la matière des violences commises contre des agents de la force publique. En outre, la Cour de cassation appuie sa doctrine sur la présomption naturelle que les agents de la force publique agissent dans les limites et pour l'exécution de la loi. Il n'a pas paru à la majorité des auteurs que ces raisons fussent suffisantes. Le plus récent ouvrage de droit pénal les réfute et conclut que l'excuse de provocation peut être admise au cas d'homicide ou de voies de fait commis contre un agent de la force publique, au moins dans le cas d'illégalité flagrante. « Lorsque cette condition se rencontre, la qualité de fonctionnaire chez le provocateur est de nature à rendre plus excusable le sentiment de colère de l'agent du délit. » — Garraud, *op. et loc. cit.*

41. — Sur une autre question encore la doctrine et la jurisprudence sont en désaccord. Il a été jugé, en effet, que le meurtre commis avec préméditation, c'est-à-dire l'assassinat, est excusable, s'il a été provoqué par des violences graves envers les personnes. — Cass. Belge, 15 mai 1897, Van Wynendaele, [S. et P. 97.4.30] — Et la Cour de cassation de France s'est également prononcée en ce sens par un arrêt du 20 déc. 1883 | *Bull. crim.*, n. 289] — Parmi les auteurs, Dutruc, t. 3, n. 35, p. 43, note 1; Chauveau, F. Hélie et Villey, t. 4, n. 1438, p. 153, note 1. se bornent à citer la décision de l'arrêt de cassation du 20 déc. 1883. — Cette thèse est combattue par Haus, *Dr. pén. belge*, t. 2, n. 832; Nypels, *C. pén. interprété*, t. 2, p. 368; Garraud, t. 2, n. 614, texte et note 9.

42. — Quel que soit le champ qu'on assigne à l'excuse de provocation, elle n'est admissible qu'autant qu'il s'agit d'une provocation violente, telle qu'elle est spécifiée par l'art. 321, C. pén. — Cass., 4 sept. 1828, Bernadini, [S. et P. chr.]

43. — Il a été jugé que l'art. 321, C. pén., s'applique aussi bien aux coups qu'aux violences. — Cass., 30 juin 1859, Berthon, [S. 59.1.874, P. 60.1024, D. 59.1.327] — *Sic*, Chauveau, F. Hélie et Villey, t. 4, n. 1435; Boitard, de Linage et Villey, n. 359; Trébutien, Laisné-Deshayes et Guillouard, *C. pén.*, t. 1, n. 574 et s.; F. Hélie, *op. cit.*, t. 8, n. 3647 et 3648; Morin, *Rép.*, v° *Provoc.*, n. 1 et s. — En conséquence, la cour d'assises, tenue seulement d'interroger le jury sur les faits d'excuse admis par la loi, peut refuser de poser la question de provocation alléguée comme excuse d'un meurtre, lorsque l'accusé se borne à induire la provocation de coups envers sa personne, sans les qualifier de graves. — Même arrêt. — *Contrà*, Garraud, t. 2, n. 613, note 19.

44. — L'art. 324, § 2, excuse le meurtre de l'épouse par l'époux qui la surprend en flagrant délit d'adultère. — V. *suprà*, v° *Adultère*. n. 354 et s., 381 *bis*, 384.

45. — On ne considère comme meurtre ou blessures excusables le crime de castration s'il a été immédiatement provoqué par un outrage violent à la pudeur. — V. *suprà*, v° *Castration*, n. 38 et s.

46. — L'art. 343 diminue la peine portée contre les auteurs d'arrestations illégales ou séquestrations de personnes, si avant d'être poursuivis ils ont remis en liberté la personne arrêtée ou séquestrée dans les dix jours, sauf l'interdiction de séjour, qui peut être prononcée pour cinq ans au moins et dix ans au plus. — V. *suprà*, v° *Arrestation et détention arbitraire*, n. 68 et s.

47. — L'art. 348 porte qu'aucune peine ne sera prononcée contre ceux qui ont porté à un hospice un enfant de moins de sept ans, qui leur avait été confié, si, ne s'en étant point chargés gratuitement, personne ne l'avait défrayés. — V. *suprà*, v° *Enfants*, n. 162 et s.

48. — L'art. 357 ne permet de poursuivre le ravisseur qui a épousé la fille qu'il a enlevée, que sur la plainte des personnes qui peuvent demander la nullité du mariage, et de le condamner qu'après la nullité de mariage prononcée. — V. *suprà*, v° *Détournement de mineur*, n. 87 et s. — Mais il s'agit bien plutôt, dans cette disposition, de déterminer les conditions d'exercice de l'action publique, que d'établir une excuse. — V. encore *suprà*, v° *Action publique*, n. 378 et s.

49. — On ne peut pas davantage trouver un cas d'excuse dans l'art. 370, abrogé par la loi du 17 mai 1819 (art. 26), qui mettait à l'abri de toute peine le prévenu de calomnie, lorsque le fait imputé était légalement prouvé vrai. Nous en dirons autant, aujourd'hui, de l'art. 35, L. 29 juill. 1881. Dans les cas où la preuve du fait diffamatoire est réservée, le prévenu est renvoyé des fins de la plainte, s'il rapporte la preuve du fait par lui allégué. C'est qu'alors un des éléments constitutifs du délit, — la fausseté du fait diffamatoire — n'existe pas, et qu'ainsi l'infraction elle-même disparait. — V. *suprà*, v° *Diffamation*, n. 431 et s., et *infrà*, v° *Presse*.

50. — L'art. 380 ne permet de prononcer que des réparations civiles, pour les soustractions commises par des époux, enfants ou ascendants, ou par des alliés aux mêmes degrés. — V. *infrà*, v° *Vol*.

51. — Enfin, l'art. 441 édicte que les auteurs de pillages commis en bande et à force ouverte, qui pourront avoir été entraînés par des provocations ou sollicitations, pourront n'être punis que de la réclusion. Est-ce là une nouvelle excuse? La Cour de cassation a résolu la question dans le sens de la négative. — Cass., 14 déc. 1850, [*Bull. crim.*, n. 421] — *Sic*, Blanche, t. 6, n. 121. — *Contrà*, Garraud, t. 5, n. 679, note 9. — Au surplus, V. *infrà*, v° *Pillage*, *Provocation*.

52. — Aux causes d'excuse contenues dans le Code pénal et que nous venons d'énumérer, on doit ajouter : 1° l'excuse de provocation admise en matière d'injures, soit publiques, soit non publiques, d'abord par l'art. 471, C. pén., et aujourd'hui, par l'art. 33, § 2, L. 29 juill. 1881 ; 2° la même excuse, admise en matière de violences légères (L. 3 brum. an IV, art. 605, n. 8). — V. *suprà*, v° *Coups et blessures*, n. 256, et *infrà*, v° *Injure*, n. 92 et s., 222 et s.

Section II.
Excuses non prévues par la loi.

53. — La jurisprudence a fait une fréquente application de l'art. 65, surtout dans des circonstances où la bonne foi des prévenus, leur jeunesse, avaient déterminé les juges à excuser les actes dont ils s'étaient rendus coupables ; toujours la Cour de cassation a annulé de semblables décisions où le juge, créant des motifs d'excuse en dehors des prévisions de la loi, excédait évidemment ses pouvoirs. Il ne semble pas utile de recueillir la longue série de ces décisions. Nous négligerons, notamment, celles qui se rapportent à des lois qui ont cessé d'être en vigueur.

54. — Remarquons d'ailleurs que la règle est générale et s'applique aussi bien aux contraventions qu'aux crimes ou aux délits (Chauveau, F. Hélie et Villey, t. 1, n. 317 ; Blanche et Dutruc, t. 2, n. 240 ; Garraud, t. 2, n. 607). Ainsi, l'individu prévenu d'avoir fait passer une charrette sur le terrain d'autrui chargé de récoltes ne peut être renvoyé de la poursuite, à raison d'excuses non prévues par la loi (C. pén., art. 475, n. 10). — Cass., 5 août 1824, Marry, [S. et P. chr.]

55. — L'arrêt suivant ne déroge pas au principe. Il a pu être décidé très-juridiquement que l'empêchement provenant d'un cas de force majeure fait exception à la culpabilité, en matière de police, comme en toute autre matière et que, notamment, la fermeture d'un spectacle après l'heure fixée par l'autorité municipale ne constitue point une contravention, si le retard provient de faits étrangers au directeur du théâtre et à la troupe dramatique. — Cass., 8 août 1840, Lefebvre, [S. 41.1.549, P. 41.1.726] — En effet, il s'agit, dans cette hypothèse, non pas d'admettre une excuse non prévue par la loi, mais de tenir compte d'un fait justificatif dont la portée est générale. — V. au surplus *suprà*, v° *Crimes, délits et contraventions*, n. 110 et s.

56. — Entre autres exemples du principe posé plus haut il a été jugé que l'obéissance qu'un domestique doit à son maître ne pouvant s'étendre à ce qui blesse les lois et l'ordre public, l'état de domesticité n'excuse pas la complicité du délit commis par le maître. — Cass., 13 août 1807, Laukar, [P. chr.] ; — 8 nov. 1811, Lacase, [P. chr.] — Carnot, sur l'art. 65, C. pén., t. 1, p. 250, n. 9.

57. — ... Qu'un délit, notamment d'anticipation ou de dégradation d'un chemin public, ne peut trouver son excuse dans les ordres donnés à celui qui l'a commis, mais qu'il y a lieu, au moins, d'examiner jusqu'à quel point la bonne foi de celui-ci, lorsqu'il n'a été qu'un simple manœuvrier, permet de faire remonter la culpabilité jusqu'aux auteurs du mandat qu'il a exécuté. — Cass., 20 juin 1828, Fauvelle, [P. chr.]

58. — ... Qu'on ne peut considérer comme excuse d'un infanticide ni des menaces, ni l'empire que quelqu'un avait sur l'accusée, ni sur sa faiblesse d'esprit, quand, du reste, elle avait été reconnue avoir agi volontairement et avec préméditation. — Cass., 6 vent. an IX, Rigollet, [S. et P. chr.] — V. aussi *infrà*, v° *Infanticide*, n. 51 et 52.

59. — ... Que le conseil de guerre maritime qui reconnaît un matelot coupable d'avoir levé la main contre un officier pour le frapper ne peut l'acquitter sous le prétexte qu'il a été purifié de ce fait par le baptême du feu. — Cass., 24 sept. 1831 (intérêt de la loi), Prunet, [P. chr.]. — V. *infrà*, v° *Justice maritime*, n. 1316 et s.

60. — ... Que le fait par un individu d'avoir, nonobstant un arrêté de police et de fréquents avertissements de s'y conformer, négligé d'enlever le tuyau de son poêle sortant sur la rue, à la hauteur fixée par l'autorité municipale, ne peut être excusé, sous le prétexte qu'avant la comparution de l'inculpé à l'audience, où il était traduit à ce sujet, le tuyau en question avait reçu l'élévation prescrite. — Cass., 14 mars 1833, Berthelin, [S. 33.1.488, P. chr.].

61. — ... Que lorsqu'un procès-verbal régulier non combattu par la preuve contraire constate qu'un individu a contrevenu à un arrêté municipal qui lui imposait l'obligation de balayer le devant de sa maison à une certaine heure (V. *supra*, v° *Balayage*, n. 1 et s.), le contrevenant ne peut être excusé sur le motif qu'il était encore dans le délai pour satisfaire au règlement de police. — Cass., 27 mars 1845, Berland, [P. 45.2.573, D. 46.4.427].

62. — ... Que les auteurs de bruits ou tapages injurieux ou nocturnes ne peuvent pas être excusés à raison de leur jeunesse et de leur bonne conduite habituelle; et que, lorsque la contravention est prouvée, le tribunal de simple police commet un excès de pouvoir en s'abstenant de prononcer la peine de l'amende, et en se bornant à condamner les prévenus aux dépens. — Cass., 22 nov. 1811, Thirault, [P. chr.]. — V. au surplus *supra*, v° *Bruits et tapages*, n. 36 et s., 48, 88.

63. — ... Que l'individu qui a tiré des pétards dans l'intérieur d'une ville, contrairement à un arrêté de police, ne peut être excusé sous le prétexte qu'ayant obtenu l'autorisation du commandant d'armes, il a agi de bonne foi (C. pén., art. 471, § 2). — Cass., 28 août 1829, Giroy, [P. chr.].

64. — ... Que le fait d'avoir tenu dans un cabaret un jeu de hasard ne peut pas être excusé, sous le prétexte qu'il n'a été joué qu'un coup de dé, et que le profit du jeu avait servi à alléger les peines d'un malheureux. — V. *infrà*, v° *Jeu et pari*, n. 395 et s. — V. aussi Merlin, *Rép.*, v° *Loterie*, § 2, n. 4 ; Carnot, sur l'art. 310, C. pén., t. 2, p. 400 et 402, n. 4 et 14.

65. — ... Qu'en matière fiscale, l'ignorance et la bonne foi ne peuvent servir d'excuse en faveur des contrevenants : l'existence du fait matériel suffit pour constituer la contravention et pour obliger les juges à appliquer la peine prononcée par la loi. — Orléans, 7 juill. 1838, Dutertre, [S. 38.2.476, P. 38.2.199]. — V. *supra*, v° *Contributions indirectes*, n. 1057 et s., et v° *Douanes*, n. 1732 et s.

65 bis. — Ajoutons qu'en cas d'escroquerie ou de vol la restitution des choses volées ou escroquées n'est pas une cause d'excuse légale susceptible de faire disparaître le délit. — V. *supra*, v° *Escroquerie*, n. 337 et s., et *infrà*, v° *Vol*.

66. — Sur les excuses se rapportant au délit de pâturage, V. *supra*, v° *Délit rural*, n. 123, 124, 127 et s.

67. — Sur l'excuse de la bonne foi en matière de vente de comestibles gâtés, corrompus ou nuisibles, V. *supra*, v° *Comestibles gâtés*, n. 4 et s., 64 et s.

68. — Sur les excuses en matière de boulangerie, V. *supra*, v° *Boulangerie* (régime du commerce de la), n. 124 et s.

69. — Sur l'excuse tirée de la négligence des gardiens des détenus, V. *supra*, v° *Evasion*, n. 133 et s.

70. — Il va d'ailleurs sans dire qu'on ne peut se créer un droit au moyen d'un délit; par suite, un usage, même immémorial, n'excuserait pas la violation d'une loi qui serait restée en pleine vigueur. — Cass., 3 oct. 1828, Douditz, [S. et P. chr.].

Section III.
Excuses rejetées par la loi.

71. — Il est quelques cas dans lesquels la loi a déclaré qu'aucune excuse ne serait admise : ce sont ceux notamment du parricide (C. pén., art. 323), et du meurtre commis par l'un des époux sur l'autre, si la vie de celui qui l'a commis n'était pas en péril dans le moment même où le meurtre a eu lieu (C. pén., art. 324).

72. — Il a été décidé, à cette occasion, que l'époux complice du meurtre commis sur son conjoint ne peut, dans aucun cas, profiter de l'excuse qui pourrait exister en faveur de l'auteur du crime. Dès lors, il ne peut fonder un moyen de cassation sur ce que la cour d'assises aurait refusé de poser la question d'excuse légale résultant de violences graves exercées par celui qui a succombé. — Cass., 19 janv. 1838, Musard, [S. 38.1.126 P. 38.1.393] — Sur le principe, V. *supra*, v° *Complicité*, n. 649 et s.

73. — Il a été jugé que la provocation violente ne rendait pas plus excusables les coups portés par un fils à son père que l'homicide commis sur sa personne. — Bruxelles, 16 mars 1815, de N..., [P. chr.]; — 28 sept. 1822, N...., [S. et P. chr.].

74. — Mais la Cour de cassation s'est prononcée en sens contraire. — Cass., 10 janv. 1812, Ciampi, [S. et P. chr.]. — V. *infrà*. v° *Provocation*. — Telle est la doctrine professée par M. Garraud (t. 2, n. 616), qui décide également « que l'homicide involontaire, commis, sans intention de donner la mort, par un enfant sur ses parents (C. pén., art. 309, *in fine*), profiterait du bénéfice de l'excuse, s'il avait été provoqué : ce n'est pas là un parricide. » La place de l'art. 323, à la suite des art. 321 et 322, qui s'occupe de l'excuse de provocation, indique même que, malgré les expressions dont il s'est servi, c'est seulement la provocation dont il est question dans ces articles, qui n'est pas admise comme cause d'excuse du parricide. « Je refuserais donc, dit le même auteur, d'étendre ce texte, quoique la question soit douteuse, au cas de provocation prévu par l'article qui suit, c'est-à-dire en cas de meurtre commis sur un ascendant surpris par son fils en flagrant délit d'adultère. »

75. — Il semble que, malgré la prohibition de l'art. 323, on devrait accorder au coupable de parricide, mineur de seize ans et reconnu avoir agi avec discernement, le bénéfice de l'excuse établie par l'art. 67. Cette excuse est générale et ne paraît se prêter à aucune exception. — Chauveau, F. Hélie et Villey, t. 4, n. 7443 ; Garraud, *loc. cit.* — V. *supra*, v° *Discernement*, n. 179, et *infrà*, v° *Parricide*.

CHAPITRE III.
COMPÉTENCE ET PROCÉDURE.

76. — Nous avons déjà indiqué (*supra*, n. 6) que les juridictions d'instruction, lorsque les circonstances invoquées par le prévenu pour sa défense sont justificatives, notamment dans le cas de démence, de légitime défense, etc., peuvent et doivent les apprécier et renvoyer le prévenu de la plainte.

77. — Si, au contraire, la circonstance indiquée constitue une excuse simple, le jury ou le tribunal correctionnel peuvent seuls y statuer. Ce principe, admis par la doctrine sans contestation, a été consacré par plusieurs arrêts de cassation. — Cass., 9 oct. 1812, Lefondré, [S. et P. chr.]; — 8 janv. 1819, Cazelles, [S. et P. chr.]; — 21 févr. 1828, Delmar, [S. et P. chr.]; — 30 avr. 1829, Couronne, [S. et P. chr.]; — 22 mai 1830, Dupré, [P. chr.]; — 8 juill. 1831, Noël, [S. 31.1.428, P. chr.]. — Merlin, *Rép.*, v° *Excuse*, n. 6, et *Quest.*, v° *Accusation*; Legraverend, *Lég. crim.*, t. 1, ch. 11, p. 432; Bourguignon, *Jur. C. crim.*, t. 1, p. 501; Carnot, *Instr. crim.*, sur l'art. 221, n. 3; Deseres, *Man. C. d'ass.*, t. 1, p. 199; Blanche et Dutruc, t. 1, n. 609; Chauveau, F. Hélie et Villey, t. 2, n. 542; Desjardins, *Rev. crit.*, t. 10, 1881, p. 177. — V. aussi *supra*, v° *Chambre des mises en accusation*, n. 98 et s.; *Cour d'assises*, n. 3104 et s., 4544 et s., 4601 et s. — V. toutefois Garraud, *Précis*, n. 262 ; *Traité théor. et prat.*, t. 2, n. 606-6°. — D'après cet auteur, « si l'excuse est telle qu'elle n'autorise même pas le juge à renvoyer le prévenu ou l'accusé sous la surveillance de la haute police, aujourd'hui remplacée par l'interdiction de séjour, peut-être appartiendrait-il aux juridictions d'instruction d'examiner si elle existe, pour arrêter une poursuite qui ne pourrait aboutir qu'à une déclaration platonique de culpabilité. »

78. — Il a été jugé notamment que, quoique excusable, le meurtre excède la compétence des tribunaux de police correctionnelle, et ne peut être poursuivi que devant le jury. — Cass., 22 mai 1830 (règlem. de juges), Dupré, [P. chr.]

79. — Du reste, les chambres d'accusation non seulement peuvent, mais doivent faire mention dans leurs arrêts de mise en accusation des faits qui peuvent rendre les crimes excusables; car autrement, l'exposé du fait ne serait pas complet (C. instr. crim., art. 232 et 234). — Carnot, *C. instr. crim.*, sur l'art. 221, n. 1; Merlin, v° *Chambre d'accusation*, § 3. — V. à cet égard ce que nous avons dit *supra*, v° *Acte d'accusation*, n. 50 et s. — V. au surplus, sur ces divers points, *supra*, v° *Chambre des mises en accusation*, n. 92 et s.

80. — Une fois la cour d'assises saisie, c'est le jury qui devient juge des questions d'excuses légales proposées par l'accusé. Mais avant de soumettre au jury la question d'excuse, la cour a le droit d'apprécier si le fait proposé comme excuse légale a ou non ce caractère. — Cass., 7 mai 1846, Simon, [P. 49.2.453, D. 46.4.129] — V. *supra*, v° *Cour d'assises*, n. 3095 et s., et 3135 et s.

81. — En vertu de cette distinction il a été jugé, à bon droit, qu'une cour d'assises usurpe les attributions du jury lorsque, après la déclaration de celui-ci, elle se livre à l'examen des pièces de la procédure, et se fonde sur l'interrogatoire subi par un accusé pour en conclure que cet accusé a procuré l'arrestation d'un autre coupable et en conséquence mérité l'exemption de peine accordée, en matière de fausse monnaie, par l'art. 138, C. pén. — Cass., 22 juill. 1847, Caharel, [P. 47.2.570] — V. *supra* n. 28.

82. — ... Qu'il y a lieu d'annuler l'arrêt qui prononce une réduction de peine sur la simple déclaration du jury portant que le crime est excusable, sans spécifier aucun des faits déterminés par la loi. — Cass., 6 vent. an IX, Rigollet, [S. et P. chr.] — 16 juin 1815, Lacoste, [S. et P. chr.] — V. Carnot, sur l'art. 339, C. instr. crim., t. 2, p. 609, n. 7. — V. *supra*, n. 15.

83. — ... Que les juges appelés à prononcer sur une accusation doivent, à peine de nullité, statuer sur les réquisitions de l'accusé relatives aux circonstances susceptibles, soit de dépouiller le fait de toute criminalité, soit de faire modifier la peine. — Cass., 24 oct. 1822, Salicetti, [S. et P. chr.]

84. — ... Qu'ainsi, dans une accusation de complot, la question de savoir si les accusés ont procuré l'arrestation des auteurs ou complices du crime doit être soumise au jury, et que la peine ne peut être modifiée, s'il y a lieu, que d'après sa décision (C. instr. crim., art. 337 et 338). — Cass., 29 avr. 1819, Leguérel, [S. et P. chr.]. — *Sic*, quant au principe, Chauveau, F. Hélie et Villey, t. 1, n. 318. — V. au surplus *supra*, v° *Cour d'assises*, n. 3104 et s.

85. — ... Que la question de préméditation résultant de l'acte d'accusation n'est point un obstacle à ce que celle de la provocation, lorsqu'elle est reconnue résulter des débats, soit posée au jury. — Cass., 15 nov. 1818, Vanderstraeten, [S. et P. chr.] — ... Que, du reste, les cours d'assises ont essentiellement le droit de juger si les faits de provocation allégués par un accusé sont de nature à produire une excuse légale, et par suite de juger s'il y a lieu de soumettre aux jurés la question de provocation. — Même arrêt.

86. — La cour d'assises n'est d'ailleurs pas tenue de poser des questions sur toutes les circonstances du fait principal, propres à en modifier le caractère et la gravité, quand ces circonstances ne sont pas mentionnées dans l'acte d'accusation, et qu'elles résultent seulement des débats. — Cass., 16 avr. 1819, Denat, [S. et P. chr.]; — 20 avr. 1860, Goyffon, [S. 60.1.925, P. 61.400, D. 60.1.290] — V. *supra*, v° *Cour d'assises*, n. 3130 et s., et 3157.

87. — Une excuse se rattachant à plusieurs chefs d'accusation doit, comme chaque chef principal, être l'objet d'une question distincte et séparée au jury. Ainsi lorsqu'une accusation de contrefaçon de billets de banque comprend des chefs distincts la question d'excuse légale, prévue par les art. 138 et 144, C. pén., doit, à peine de nullité pour vice de question, être posée relativement à chaque chef. — Cass., 21 août 1873, Leroy-Degranval, [S. 74.1.184, P. 74.434, D. 74.1.491] — V. Nouguier, *Cours d'assises*, t. 4, n. 29 et 30. — Et dans le cas où un accusé a été reconnu coupable : 1° de contrefaçon de billets de banque ; 2° de complicité dans l'usage des billets de banque contrefaits, l'excuse résultant de ce qu'il a procuré l'arrestation d'un coauteur de la contrefaçon ne peut avoir pour effet de l'exempter de la peine encourue à raison des faits de complicité d'usage relativement auxquels la question d'excuse a été négativement résolue. — Même arrêt. — V. aussi *supra*, v° *Cour d'assises*, n. 3405 et s.

88. — Mais lorsqu'une question d'excuse a été posée au jury, non sur la demande de l'accusé, mais d'office, par le président, et comme résultant des débats, il appartient à ce dernier d'apprécier si cette question résultait des débats à l'égard de tous les chefs d'accusation ; et s'il ne l'a posée que relativement à un seul, il y a présomption légale qu'elle ne lui a pas paru résulter des débats relativement aux autres. En conséquence, l'accusé qui n'a élevé aucune réclamation, et n'a pris aucunes conclusions à cet égard au moment de la position des questions, n'est pas fondé à se faire un moyen de cassation de ce que, le président n'ayant posé la question d'excuse que sur un chef d'accusation, cette position, ainsi restreinte, était illusoire et ne pouvait produire aucun résultat à l'avantage de l'accusé. — Cass., 15 avr. 1847, Grimaldi dit Torto, [P. 49.2.320, D. 47.4.135]

89. — Le ministère public qui ne s'oppose pas à la position d'une question d'excuse illégalement soumise au jury se rend-il par là non recevable à requérir qu'il ne soit pas fait état, dans la condamnation, de la réponse affirmative du jury sur cette question d'excuse (arg. nég.)? — Cass., 30 avr. 1847, Piétri, [S. 47.1.627, P. 47.2.267]

CHAPITRE IV.

EFFETS DES EXCUSES.

90. — Il n'est pas dans notre plan de dresser le tableau des pénalités qui doivent être appliquées, d'après le Code pénal de 1810, lorsque les faits d'excuse sont prouvés. — V. sur ce point *supra*, v° *Discernement*, n. 172 et s., et les articles consacrés aux différentes infractions qui sont susceptibles d'excuses spéciales. — V. aussi *infra*, v° *Peine*.

91. — Par l'effet d'une excuse légale admise en sa faveur, un accusé traduit en cour d'assises peut voir dégénérer la peine qui lui est légalement applicable en une peine correctionnelle.

92. — La durée de la prescription de l'action publique est-elle modifiée dans le cas où la peine encourue cesse d'être, par suite de l'admission d'une excuse légale, une peine criminelle, pour n'être plus qu'une peine correctionnelle ? — V. sur ce point *infra*, v° *Prescription*.

93. — Les effets de l'excuse sont-ils rigoureusement personnels, ou bien, au contraire, les coauteurs et les complices en peuvent-ils bénéficier ? — V. sur ce point, *supra*, v° *Complicité*, n. 151 et s., 649 et s., où est établie la distinction, admise tout à la fois par la doctrine et la jurisprudence, entre les motifs d'excuse inhérents au fait lui-même et tirés des circonstances dans lesquelles il a été accompli, et les cas d'excuse légale inhérents à la personne même du délinquant.

CHAPITRE V.

DROIT COMPARÉ.

94. — La notion de l'excuse, en droit pénal, n'est pas circonscrite dans tous les Codes de la même façon. On y trouve souvent confondues l'absence d'imputabilité, les excuses proprement dites, qui présupposent l'imputabilité, et les circonstances simplement atténuantes (V. *supra*, n. 4 et s.). Il est traité *supra*, v° *Circonstances aggravantes ou atténuantes*, des causes d'atténuation auxquelles le législateur n'a pas expressément attribué le caractère d'excuses légales et qui sont abandonnées à l'appréciation du juge. Mais nous indiquerons sommairement, dans les paragraphes suivants, certaines circonstances d'où résulte plutôt l'absence d'imputabilité que l'excuse proprement dite, lorsque, dans l'économie de la législation étrangère étudiée, il nous paraîtra que la disposition en question ne trouverait pas sa place ailleurs. — Pour les cas d'excuse non traités ici, V. *supra*, v° *Aliéné-Aliénation mentale*, n. 710 et s., *Discernement*, n. 209 et s., et *infra*, v° *Ivresse*, n. 195 et s.

§ 1. ALLEMAGNE.

95. — Il n'existe point d'acte punissable, lorsque l'auteur a été contraint à commettre l'acte par une force irrésistible ou par une menace à laquelle se liait un péril immédiat, et inéluctable autrement, pour sa personne ou sa vie, ou pour ceux d'un de ses « proches, » c'est-à-dire d'un parent ou allié en ligne ascendante ou descendante, de parents ou d'enfants adoptifs, du conjoint, de frères et sœurs, de beaux-frères et belles-sœurs, ou du fiancés (§ 52).

96. — De même encore, il n'y a point d'acte punissable lorsque l'acte était commandé par la nécessité de se défendre, soi-même ou un tiers, contre une attaque actuelle et injuste. Le fait d'avoir été au delà de ce qui était strictement nécessaire n'est pas punissable lorsque l'auteur a agi de la sorte sous l'empire de l'émotion, de la crainte ou de l'effroi (§ 53). En dehors du cas de légitime défense proprement dite, un fait n'est plus punissable lorsqu'il a été commis dans un cas de détresse, dont on n'est pas responsable et d'où l'on ne pouvait se tirer autrement, pour sauver la personne ou la vie de l'auteur ou de l'un de ses proches d'un danger actuel (§ 54).

97. — La provocation n'est pas indiquée comme une excuse dans le chapitre du Code consacré à l'examen des causes qui excluent ou atténuent la culpabilité. Mais dans celui qui traite du meurtre, le § 213 porte que, si le meurtrier, sans nulle faute de sa part, a été excité à la colère par de mauvais traitements ou une grave offense infligés par la victime à lui-même ou à ses proches, et entraîné par là et au moment même à lui porter le coup fatal, il est passible, non plus de réclusion pour un minimum de cinq années, mais simplement d'emprisonnement pour un minimum de six mois.

§ 2. Angleterre.

98. — N'est pas punissable l'acte commis par une personne qui, au moment où elle le commettait, était empêchée par une maladie affectant son intelligence de se rendre compte de la nature et de la portée de l'acte et de savoir que l'acte était criminel. Mais un acte peut être criminel, encore que l'intelligence du coupable soit atteinte par la maladie, si, en fait, cette maladie n'a pas produit sur son esprit les effets qui viennent d'être indiqués. Au surplus, toute personne étant présumée raisonnable, c'est à l'accusé à prouver éventuellement le trouble mental qu'il allègue comme excuse.

99. — Un acte qui, fait librement, serait punissable, peut ne pas l'être : 1° s'il a été commis sous l'empire de la menace actuelle de mauvais traitements ou, *a fortiori*, d'assassinat; 2° si l'auteur peut démontrer qu'il a uniquement agi en vue de conséquences inéluctables et périlleuses pour lui, qu'il n'a fait que ce qui était strictement indispensable pour les détourner, et que le mal causé par lui était moindre que le mal évité.

100. — L'ignorance de la loi ne peut jamais être invoquée comme excuse ; il en est autrement de l'erreur de fait, quand elle est commise de bonne foi et ne constitue pas une ignorance volontaire ou provenant de négligence. — J.-F. Stephen, *A Digest of the criminal law*, art. 25 à 33.

101. — L'homicide cesse d'être punissable comme un meurtre et devient un simple *manslaughter* lorsqu'il a été commis ensuite de provocation, c'est-à-dire de violences ou de graves offenses subies par l'auteur, d'une violente querelle et de voies de fait réciproques, d'une séquestration arbitraire, de la flagrante constatation par le mari de l'adultère de sa femme, ou par le père d'un acte de sodomie sur la personne de son enfant. Des actes ne lésant que le patrimoine de l'auteur du fait ne constituent jamais une excuse.

102. — La provocation n'innocente l'homicide qu'autant que la personne provoquée est, au moment où elle le commet, mise par la provocation dans un état qui l'empêche d'exercer aucun contrôle sur elle-même ; et, pour apprécier cette circonstance, il faut tenir compte de la nature de l'acte qui a entraîné la mort, du temps qui s'est écoulé entre l'offense et l'homicide, de l'attitude du meurtrier dans cet intervalle et, en général, de toutes les circonstances qui peuvent révéler son état mental. — J.-F. Stephen, *op. cit.*, art. 224 et 225.

§ 3. Autriche-Hongrie.

103. — I. *Autriche.* — Un fait ou une omission n'est pas imputable à crime : 1° lorsque son auteur est absolument privé de sa raison ; 2° lorsque, l'aberration mentale se produisant par accès, le fait s'est produit durant un accès ; 3° lorsque le fait s'est produit dans un moment d'étourdissement ou de perversion accidentelle des sens, sans que l'auteur ait eu auparavant l'intention de le commettre ; 4° lorsque l'auteur n'a pas quatorze ans accomplis ; 5° lorsqu'il y a eu une erreur telle qu'il était impossible de reconnaître l'acte comme criminel ; 6° lorsque le mal est résulté d'un cas fortuit, d'une négligence ou de l'ignorance des suites de l'acte ; 7° lorsque le fait a été commis sous l'empire d'une contrainte irrésistible ou en cas de légitime défense (C. pén., § 2).
— V. très-spécialement pour l'Autriche, *suprà*, v° *Circonstances aggravantes et atténuantes*, n. 171 et s.

104. — Il n'y a « légitime défense » qu'autant que, de la qualité des personnes, de l'époque, du lieu, de la nature de l'agression ou de toutes autres circonstances, il est permis de conclure que l'auteur n'a fait que ce que commandait sa préservation pour repousser une atteinte illégitime à sa vie, à sa liberté, à sa fortune ou à celles d'autrui, ou qu'il n'a franchi les bornes de ce qui était indispensable à cet effet que sous l'empire de l'émotion, de la crainte ou de l'effroi.

105. — Néanmoins, dans ce cas, l'abus peut donner lieu éventuellement à des poursuites pour négligence coupable (Même §).

106. — II. *Hongrie.* — Un acte n'est pas imputable à celui qui le commet inconsciemment, ou dont les facultés intellectuelles étaient troublées au point qu'il n'avait plus son libre arbitre (C. pén., § 76), ou qui y a été contraint soit par une force irrésistible, soit par une menace qui exposait à un danger immédiat sa vie ou sa personne, ou celles de quelqu'un de ses proches, lorsque ce danger ne pouvait être détourné autrement (§ 77).

107. — Le Code hongrois considère comme proches, dans le sens de cet article, tous les ascendants ou descendants, les parents jusqu'au quatrième degré, les alliés jusqu'au deuxième, le conjoint, les parents ou enfants adoptifs, les parents nourriciers et les nourrissons (§ 78).

108. — L'imputabilité est encore exclue : 1° par la légitime défense, c'est-à-dire par celle qui est nécessaire pour repousser une attaque ou menace, injuste et immédiate, contre la personne ou les biens de l'auteur ou d'un tiers ; le fait de dépasser, par crainte, effroi ou émotion, les bornes de la légitime défense n'est pas punissable (§ 79) ; 2° lorsque l'acte a été commis en cas de nécessité absolue, pour prévenir un danger immédiat, menaçant la vie de l'auteur ou de ses proches, ne pouvant être écarté autrement et qu'il n'a pas fait naître lui-même (§ 80).

109. — L'ignorance ou la fausse interprétation de la loi pénale n'exclut pas l'imputabilité (§ 81) ; mais les circonstances de fait, constitutives ou aggravantes, ne peuvent être imputées à l'auteur, s'il les ignorait (§ 82).

§ 4. Belgique.

110. — Il n'y a pas d'infractions : 1° lorsque le fait était ordonné par la loi ou commandé par l'autorité (C. pén., art. 70) ; 2° lorsque l'inculpé était en état de démence au moment du fait ; 3° lorsqu'il a été contraint par une force à laquelle il n'a pu résister (art. 71) ; 4° lorsqu'un homicide, des blessures ou des coups étaient commandés par la nécessité actuelle de la légitime défense de soi-même ou d'autrui, c'est-à-dire, en repoussant pendant la nuit l'escalade ou l'effraction des clôtures, murs ou entrées d'une habitation, ou en se défendant contre les auteurs de vol ou de pillage exécutés avec violence envers les personnes (art. 416 et 417).

111. — Nul crime ou délit ne peut être excusé si ce n'est dans les cas déterminés par la loi (art. 78).

112. — Nous citerons, parmi les motifs d'excuse : le fait d'avoir agi par ordre de ses supérieurs dans les limites où l'obéissance hiérarchique leur était due (art. 152, 260) ; le fait d'avoir, avant toute émission, révélé à l'autorité la fabrication de monnaies ou papier contrefaits ou altérés (art. 192) ; le fait d'avoir, avant toute tentative, révélé à l'autorité l'existence de bandes ou associations formées dans le but d'attenter aux personnes ou aux propriétés (art. 326) ; le fait d'avoir porté à l'hospice un enfant qu'on n'avait aucune obligation d'entretenir gratuitement (art. 366) ; le fait d'avoir commis un homicide ou tel acte analogue, en repoussant, pendant le jour, l'escalade ou l'effraction des clôtures, murs ou entrées d'une habitation, ou en suite de provocation par des violences graves envers les personnes, ou lorsqu'il a pour auteur un des époux à l'instant où

EXCUSES. — Chap. V.

il surprend l'autre en flagrant délit d'adultère (art. 411 à 413).

113. — Dans les cas prévus par ces trois derniers articles, le fait d'excuse n'a pas pour conséquence d'exempter le coupable de toute peine, ainsi que la loi l'ordonne dans les hypothèses antérieures, mais de réduire considérablement la peine qui lui est applicable.

114. — L'excuse ne peut jamais être invoquée à l'égard du père, de la mère, légitimes ou naturels, et des autres ascendants légitimes (art. 414 et 415).

§ 5. Espagne.

115. — Le Code pénal espagnol de 1870 énumère très-minutieusement : 1° les circonstances qui excluent la responsabilité criminelle (art. 8) ; 2° celles qui ne font que l'atténuer (art. 9). Nous avons déjà indiqué ces dernières *suprà*, v° *Circonstances aggravantes et atténuantes*, n. 192 et s. ; plusieurs d'entre elles sont de celles auxquelles d'autres législations donnent nettement le caractère d'excuses.

116. — Nous ne mentionnerons ici, pour compléter notre exposé, que les premières.

117. — « Ne commettent point de délit et, par conséquent, sont exempts de responsabilité criminelle : 1° l'imbécile ou le dément, à moins qu'il n'ait agi dans un intervalle lucide, » sauf au juge le droit, si le délit était grave en lui-même, d'interner l'individu dans un hospice d'aliénés dont il ne pourra désormais sortir sans l'autorisation du même tribunal ; pour les délits moins graves, le juge a le choix d'ordonner ce même internement ou de le confier à la garde de sa famille.

118. — 2° Le mineur de neuf ans.

119. — 3° L'enfant âgé de plus de neuf ans et de moins de quinze, à moins qu'il n'ait agi avec discernement, ce qui devra être expressément décidé. — V. *suprà*, v° *Discernement*, n. 225 et 226.

120. — 4° Celui qui agit pour défendre sa personne et ses droits, pourvu que les circonstances suivantes se trouvent réunies : *a*) agression légitime ; *b*) nécessité rationnelle du moyen employé pour la prévenir ou la repousser, *c*) absence de provocation suffisante de la part de celui qui se défend.

121. — 5° Celui qui agit pour défendre la personne ou les droits de son conjoint, de ses ascendants, descendants ou frères et sœurs légitimes, naturels ou adoptifs, de ses alliés au même degré, de ses parents, jusques et y compris le quatrième degré, pourvu que les deux premières circonstances énumérées au 4° se trouvent réunies et que, s'il y a une provocation de la part de la personne attaquée, le défenseur n'y ait pas pris part.

122. — 6° Celui qui agit pour défendre la personne ou les droits d'un étranger, pourvu que les deux premières circonstances énumérées au 4° se trouvent réunies et que le défenseur ne soit poussé par la vengeance, le ressentiment ou tel autre mobile illégitime.

123. — 7° Celui qui, pour éviter un mal, fait un acte nuisible à la propriété d'autrui, pourvu que les circonstances suivantes se trouvent réunies : *a*) réalité du mal qu'il s'agit d'éviter ; *b*) qu'il ne soit plus grand que le dommage causé pour l'éviter ; *c*) que, pour l'empêcher, il n'y ait pas d'autre moyen praticable et moins préjudiciable.

124. — 8° Celui qui, en accomplissant un acte licite avec la diligence voulue, cause un mal par pur accident, sans faute ni intention de le causer.

125. — 9° Celui qui agit contraint par une force irrésistible.

126. — 10° Celui qui agit sous l'empire de la crainte insurmontable d'un mal égal ou plus grand.

127. — 11° Celui qui agit dans l'accomplissement d'un devoir ou l'exercice d'un droit, d'un office ou d'une charge.

128. — 12° Celui qui agit à raison de l'obéissance qu'il doit.

129. — 13° Celui qui commet une omission, se trouvant empêché par une cause légitime ou insurmontable (C. pén., art. 8).

§ 6. Italie.

130. — Le Code pénal italien consacre un titre distinct à « l'imputabilité et aux causes qui l'excluent ou la diminuent » (art. 44 et s.). Nous analysons les dispositions du Code relatives à l'atténuation de responsabilité et, par conséquent, de peine résultant de l'infirmité mentale, de l'ivresse, de la provocation ou du jeune âge (C. pén., art. 47, 48, 50, 51, 54 à 56) *suprà*, v° *Circonstances aggravantes et atténuantes*, n. 198 et s., v° *Discernement*, n. 227 et 228. et *infra*, v° *Ivresse*, n. 221 et s.

131. — Nul ne peut invoquer pour sa propre excuse l'ignorance de la loi (art. 44).

132. — Nul ne peut être puni à raison d'un délit s'il n'a pas voulu le fait qui le constitue, à moins que la loi ne le mette, à sa charge, comme conséquence de son action ou de son omission. Dans les contraventions, chacun répond de son action ou de son omission encore qu'il ne soit pas démontré qu'il ait voulu se mettre en opposition avec la loi (art. 45).

133. — N'est pas punissable celui qui, au moment où il a commis le fait, se trouvait dans un état mental de nature à lui enlever la conscience ou la liberté de ses actions, sauf le droit du juge, s'il voit des dangers à son élargissement, de le remettre à l'autorité compétente en vue des mesures légales (art. 46).

134. — Quand quelqu'un, par erreur ou par quelque autre cause accidentelle, commet un délit au préjudice d'une personne autre que celle qu'il se proposait d'atteindre, on ne peut mettre à sa charge les circonstances aggravantes résultant de la qualité de la personne réellement lésée, et l'on tient compte des circonstances qui auraient fait diminuer la peine si le délit avait été commis au préjudice de la personne qui avait été visée (art. 52).

135. — Le sourd-muet est au bénéfice d'une excuse analogue à celle dont peut se prévaloir le mineur (art. 57 et 58). — V. *suprà*, v° *Discernement*, n. 227 et 228.

136. — D'autre part, n'est pas punissable celui qui a commis le fait : *a*) en vertu d'une disposition de la loi ou d'un ordre, qu'il était obligé d'exécuter, de l'autorité compétente ; *b*) s'il a été contraint de repousser une violence actuelle et injuste, exercée contre lui-même ou contre un tiers ; *c*) s'il a été contraint par la nécessité de sauver lui-même ou un tiers de péril grave et imminent pour la personne, péril qui n'était pas la conséquence d'un acte volontaire de sa part et qui ne pouvait être autrement évité. Dans la première de ces trois hypothèses, si le fait commis par ordre constitue une infraction, la peine encourue est appliquée à celui qui a donné l'ordre (art. 49).

137. — En ce qui concerne spécialement l'homicide et les lésions corporelles, n'est pas punissable celui qui les a commis contraint par la nécessité : *a*) de défendre ses propres biens contre les auteurs d'extorsions accompagnées de violence, de séquestration, en vue d'arracher une rançon, ou de pillage (V. art. 406, 407, 408, 410) ; *b*) de repousser les auteurs d'une escalade, d'une effraction ou d'un incendie dans une habitation, lorsque ces faits ont lieu la nuit, ou que l'habitation est isolée et qu'il y a lieu de craindre pour la sécurité personnelle des gens qui s'y trouvent (art. 376). La peine est simplement diminuée, au lieu d'être supprimée, s'il y a excès dans la défense ou si le fait prévu au § *a*) n'est pas accompagné des circonstances y relatées (Même art.).

138. — Si le fait est commis par un conjoint ou un ascendant, ou par un frère ou une sœur, sur la personne de son conjoint, d'une descendante, d'une sœur ou de leur complice, ou de tous deux, au moment où ils sont surpris en flagrant délit d'adultère ou de commerce illégitime, la peine est réduite à moins d'un sixième, avec substitution de la détention à la réclusion et de la détention d'un à cinq ans à l'*ergastolo* (art. 377).

§ 7. Pays-Bas.

139. — Quiconque commet un fait qui ne peut lui être imputé, à raison du développement incomplet ou du trouble maladif de son intelligence, n'est pas punissable ; mais le juge peut ordonner le placement de l'auteur dans un hospice d'aliénés pendant un temps d'épreuves ne dépassant pas la durée d'une année (C. pén., art. 37).

140. — N'est pas punissable celui qui commet un acte auquel il a été contraint par une force irrésistible (art. 40), ou que commandait la défense nécessaire soit de sa propre vie, de son honneur ou de ses biens, soit de ceux d'autrui, contre une attaque soudaine et illégitime, encore pour l'acte, sous l'empire de l'émotion violente causée par l'attaque, ait dépassé les limites de la défense indispensable (art. 41).

141. — N'est pas punissable non plus celui qui commet un acte en exécution d'une disposition de la loi (art. 42), ou en vertu d'un ordre officiel donné par l'autorité compétente (art. 43).

142. — L'ordre donné par une autorité incompétente ne supprime pas la criminalité, à moins que l'auteur ne se soit mépris de bonne foi sur cette question de qualité (Même art.).

§ 8. PORTUGAL.

143. — « Sont des circonstances exclusives de toute responsabilité criminelle : 1° le défaut d'imputabilité ; 2° la justification du fait » (C. pén., art. 41).

144. — Ne sont pas susceptibles d'imputation : 1° les mineurs de dix ans (V. *suprà*, v° *Discernement*, n. 230 et s.) ; 2° les aliénés qui n'ont point d'intervalles lucides (art. 42).

145. — Le fait est justifié : 1° pour ceux qui ont agi contraints par une force extérieure, physique et irrésistible ; 2° pour ceux qui ont agi sous l'empire de la crainte insurmontable d'un mal égal ou supérieur, imminent ou commencé ; 3° pour les inférieurs qui agissent en vertu de l'obéissance qu'ils doivent légalement à leurs supérieurs légitimes, à moins qu'il n'y ait de leur part excès dans les actes ou dans le mode d'exécution ; 4° pour ceux qui ont agi en vertu d'une autorisation légale, dans l'exercice d'un droit ou dans l'accomplissement d'une obligation, pourvu qu'ils aient procédé avec la diligence requise ou que le fait fût un résultat purement accidentel ; 5° pour ceux qui ont agi en état de légitime défense pour eux-mêmes ou pour autrui ; 6° pour ceux qui ont commis un acte dont la criminalité provient uniquement de circonstances spéciales se rencontrant dans la personne de la victime ou dans l'acte, s'ils ignoraient ou n'étaient pas tenus de connaître l'existence de ces circonstances spéciales ; 7° en général, pour ceux qui ont agi sans intention criminelle et sans faute (art. 44).

146. — La justification, dans le cas prévu au 2° de l'article précédent, ne peut être invoquée que moyennant le concours des conditions suivantes : 1° réalité du mal ; 2° impossibilité de faire appel à la force publique ; 3° impossibilité de la légitime défense ; 4° absence de tout autre moyen moins préjudiciable que le fait accompli ; 5° efficacité probable du moyen employé (art. 45).

147. — Dans le cas prévu au 5° de l'art. 44, la justification ne peut être invoquée que moyennant le concours des conditions suivantes : 1° agression illégale, commencée ou imminente, qui ne soit pas motivée par une provocation, offense ou infraction actuellement commise par celui qui se défend ; 2° impossibilité de faire appel à la force publique ; 3° nécessité rationnelle du moyen employé pour prévenir ou suspendre l'agression (art. 46).

148. — Les aliénés qui sont considérés comme exempts de responsabilité au criminel sont rendus à leur famille pour être gardés par elle, ou placés dans un hospice spécial si leur manie est criminelle ou si leur état exige des précautions plus grandes (art. 47).

149. — La privation volontaire et accidentelle de l'exercice de l'intelligence, y compris l'ivresse volontaire et complète, au moment de la perpétration du délit, n'exempte pas de la responsabilité au criminel, encore qu'elle n'ait pas été spécialement amenée en vue de ladite perpétration. Mais elle peut constituer une circonstance atténuante si elle a été complète et imprévue ou si, étant complète, elle a été amenée sans intention criminelle et antérieurement au projet du délit (art. 50). — V. *infrà*, v° *Ivresse*, n. 234 et s.

150. — L'exemption de responsabilité au criminel n'implique pas exemption de responsabilité au civil, s'il y a lieu (art. 51).

151. — L'homicide et les coups et blessures sont, non pas excusés, mais mis au bénéfice d'une atténuation de peine, lorsqu'ils ont été commis, sans préméditation, en suite d'une violente provocation (V. art. 370).

152. — Il en est de même s'ils ont été commis en repoussant, de jour, soit une effraction ou une escalade dans une habitation soit un voleur qui s'y était introduit (art. 371).

153. — Le mari qui surprend sa femme en flagrant délit d'adultère et qui tue ou maltraite gravement elle et son complice, n'encourt que six mois d'interdiction de séjour dans le district (*comarca*). Il en est de même de la femme qui surprend son mari avec une concubine entretenue par lui dans le domicile conjugal. En cas de lésions légères, nulle peine n'est encourue (art. 372 et §§ 1 et 2).

154. — Les mêmes dispositions s'appliquent aux parents, relativement à leurs filles âgées de moins de vingt et un ans et à leurs séducteurs, si elles vivent sous la puissance paternelle et que leurs parents ne les aient pas eux-mêmes excitées ou encouragées à la débauche (art. 372, § 3).

§ 9. RUSSIE.

155. — I. *Russie proprement dite.* — Les raisons pour lesquelles un acte n'entraîne aucune responsabilité au criminel sont : 1° la parfaite légitimité de l'acte, dont le mal qu'il a causé n'a été que la suite accidentelle et non prévue ; 2° un bas-âge tel que l'inculpé ne pouvait se rendre aucun compte de la nature de l'acte (V. *suprà*, v° *Discernement*, n. 235 et s.) ; 3° l'imbécillité, la démence ou un état maladif, amenant des accès de délire, ou une complète inconscience ; 4° une erreur accidentelle ou produite par une tromperie ; 5° une contrainte causée par une force prépondérante et irrésistible ; 6° la légitime défense (C. pén., art. 92).

156. — Le mal causé accidentellement et d'une façon imprévue n'est point imputé à son auteur. Toutefois, si l'acte qui l'a produit était en lui-même contraire aux lois, l'auteur est passible d'une peine, mais seulement pour ce qu'il avait entendu faire ; dans certains cas spéciaux, il est soumis, en outre, à une pénitence ecclésiastique « afin de rendre la paix à sa conscience » (art. 93).

157. — Les infractions commises par un individu imbécile ou dément de naissance ne lui sont pas imputées, s'il est avéré qu'il n'avait aucune notion de la criminalité et même de la nature de l'acte commis. Mais, s'il s'agit d'un crime grave en lui-même, l'aliéné doit être interné dans un asile, alors même que ses parents offriraient de veiller sur lui et de le faire soigner (art. 95).

158. — Dans le même ordre d'idées, on ne saurait imputer à un malade les infractions qu'il a commises dans un accès nettement prouvé de délire ou d'aberration mentale, sauf à le confier, en première ligne, à ses proches et, s'ils n'offrent point suffisamment de garanties de vigilance et de sollicitude, à un hospice (V. art. 96). On assimile aux actes commis par un malade dans un accès de délire ceux dont l'auteur est privé de l'exercice de ses facultés par suite de vieillesse ou d'infirmités, et ceux qui sont somnambules, pendant un accès (V. art. 97).

159. — Les sourds-muets de naissance et ceux qui ont été atteints de cette infirmité dans leur bas-âge ne sont pas punissables, s'il est avéré qu'ils n'ont pu recevoir par une éducation appropriée aucune notion du devoir et de la loi (art. 98).

160. — Un acte ne doit pas être imputé à celui qui a commis une infraction : 1° uniquement parce qu'il ignorait complètement, par suite d'une erreur accidentelle ou provoquée par une tromperie, les circonstances qui rendaient ledit acte délictueux ; il peut seulement, dans certains cas, être soumis à une pénitence ecclésiastique (art. 99) ; 2° sous la contrainte d'une force irrésistible et uniquement pour éviter un danger imminent menaçant ses jours et impossible à détourner autrement (art. 100).

161. — En cas de légitime défense, on ne peut être recherché à raison des moyens, même violents, employés pour repousser l'agression, ni du meurtre ou des lésions corporelles de l'agresseur, alors même que, par l'agression et dans l'impossibilité de faire appel pour se protéger aux autorités du lieu, la vie, la santé ou la liberté de celui qui se défend a été réellement mise en péril, ou que l'agression a eu pour auteur un voleur ou un brigand, ou que l'agresseur s'est introduit violemment dans la demeure de celui qui se défend. La défense est également légitime lorsque le malfaiteur, surpris tandis qu'il volait ou endommageait la propriété d'autrui, a résisté violemment à ceux qui voulaient s'emparer de sa personne ou l'interrompre dans ses méfaits. Toutefois, en règle générale, dans ces divers cas, celui qui exerce le droit de légitime défense doit mettre immédiatement ses voisins au courant des circonstances et la informer aussitôt que possible les autorités les plus proches ; d'autre part, tout mal fait inutilement à l'agresseur, alors que le danger a disparu, constitue un abus du droit de légitime défense et expose son auteur à une peine mesurée selon les circonstances de la cause (art. 101, V. art. 1467).

162. — Est réputée légitime la défense qu'une femme oppose à celui qui veut attenter à sa pudeur et à son honneur (art. 102).

163. — Dans les divers cas prévus aux art. 101 et 102, la légitime défense s'entend aussi bien de ce qu'on fait dans l'intérêt d'un tiers que de ce qu'on fait pour soi-même (art. 103).

164. — N'est passible d'aucune peine celui qui donne la mort à quelqu'un, non seulement sans nulle préméditation, mais encore sans avoir commis aucune imprudence (art. 1470).

165. — Un homicide n'est pas non plus imputé à crime : 1° quand il a lieu en cas de légitime défense, ou pour protéger l'honneur d'une femme ou la vie d'un tiers, sous les réserves posées aux art. 101 à 103; 2° quand un employé de lazaret tue une personne qui essaie d'en sortir au mépris des règlements de quarantaine; 3° lorsqu'un douanier, s'étant d'ailleurs strictement conformé aux règles de ses fonctions, tue un contrebandier qui cherchait à se soustraire à sa poursuite; 4° quand une sentinelle ou un gardien tue une personne qui l'attaquait ou s'attaquait à ce qu'il avait mission de garder, ou tue un prisonnier sur le point de s'évader, s'il n'y avait aucun autre moyen de s'opposer à sa fuite (V. art. 1471).

166. — II. *Finlande*. — N'est pas punissable l'acte commis par un dément ou par une personne privée de sa raison par suite d'affaiblissement sénile ou par toute autre cause ; celui qui tombe accidentellement dans un égarement d'esprit qui lui enlève toute conscience de ses actes n'est pas puni non plus pour l'acte commis par lui dans cet état (§ 3).

167. — Si le délinquant, sans jouir de l'usage entier de sa raison, ne peut être réputé irresponsable, il encourt une peine, mais diminuée (§ 4). — V. *infrà*, v° *Ivresse*, n. 237 et s.

168. — Nul n'est punissable à raison d'un événement résultant plutôt d'un cas fortuit que d'un fait volontaire (§ 5).

169. — Est en état de légitime défense et n'encourt aucune peine : 1° celui qui, pour protéger sa personne ou ses biens, ou la personne ou les biens d'un tiers, contre une agression injuste commencée ou imminente, a commis une action qui, bien que punissable en elle-même, est devenue pour repousser cette agression (§ 6); 2° celui qui repousse un individu qui s'est introduit chez lui sans permission ou qui, en cas de flagrant délit, cherche à reprendre son bien des mains d'un individu qui lui oppose de la résistance (§ 7.

170. — Celui qui, dans l'exercice de ce droit, commet un excès, est passible d'une peine graduée suivant les circonstances ; toutefois, lorsque la nécessité était tellement pressante qu'il n'avait pas le temps de la réflexion, aucune peine ne lui encoure (§ 9).

171. — La provocation résultant « d'un outrage grossier ou d'une violence grave de la part de la victime » n'innocente pas l'auteur d'un meurtre ou de voies de fait, mais lui vaut une diminution de peine (V. c. 21, §§ 2 et 4).

§ 10. Suède.

172. — N'est pas punissable l'infraction commise par un individu ne jouissant pas de ses facultés, ou qui, par suite de maladie ou de décrépitude, est privé de l'usage de sa raison, ou qui, sans sa faute, se trouve dans le trouble d'esprit qu'il n'a plus conscience de ses actes (§ 5, L. 20 juin 1890).

173. — Si le dit individu, sans pouvoir être considéré comme complètement irresponsable, n'a pourtant manifestement, par suite de maladie ou de vieillesse, qu'un usage limité de ses facultés intellectuelles, il est au bénéfice d'une réduction de peine (§ 6).

174. — Est en état de légitime défense et exempt de peine celui qui agit sous le coup de violences ou de menaces constituant un danger imminent, ou qui repousse un individu s'introduisant sans permission et de nuit dans une maison habitée, ou qui est contraint de jour ou de nuit de l'expulser dans l'intérêt de sa résistance, ou qui cherche à reprendre son bien à celui qui le lui enlève indûment (V. § 7).

175. — De même, un fonctionnaire chargé d'une arrestation ou préposé à la garde d'un détenu d'une personne arrêtée a le droit d'employer la force nécessaire pour s'emparer de l'inculpé, maintenir la détention ou empêcher une fuite ; il a le même droit contre les tiers qui interviendraient dans l'intérêt de la personne arrêtée (§ 8, L. 20 juin 1890).

176. — Si, dans les cas des §§ 7 et 8, quelqu'un excède les limites de la légitime défense, le tribunal décide si et dans quelle mesure il y a lieu de prononcer une peine contre lui. Si le danger était tellement imminent que le temps de la réflexion faisait défaut, l'inculpé peut être acquitté (V. § 9, L. 20 juin 1900).

177. — Si, en dehors de ces cas, quelqu'un emploie la force pour résister à une attaque contre la personne ou les biens, commencée ou immédiatement imminente, ou exerce des voies de fait contre celui qui s'introduit illégalement dans la propriété d'autrui, et si la violence ne dépasse pas la mesure nécessaire et n'est pas disproportionnée au dommage pouvant résulter de l'attaque, l'auteur de cette violence n'est pas punissable (§ 10 et même loi).

178. — Celui qui vient en aide à une personne se trouvant en état de légitime défense n'est pas punissable (§ 11).

179. — Nul ne peut être puni pour un fait qui aura été reconnu résulter plutôt d'un accident que d'une faute personnelle (§ 12).

180. — Le fait qu'un meurtre ou des voies de fait ont été la conséquence d'une provocation résultant, sans nulle faute de leur auteur, d'injures ou violences graves de la part de la victime, a pour effet non de supprimer la peine, mais de la faire réduire dans une forte mesure (V. C. 14, §§ 3 et 5).

§ 11. Suisse.

181. — Les questions d'imputabilité et d'excuses, étant à la base du droit pénal, sont nécessairement traitées dans toutes les législations criminelles de la Suisse, dans le Code pénal fédéral de 1853 et dans les diverses lois ou codes des vingt-cinq cantons et demi-cantons. Partout, les enfants au-dessous d'un certain âge sont exempts de toute responsabilité au criminel, et ceux qui dépassent cet âge sans avoir atteint celui du plein développement intellectuel ne sont punissables qu'autant qu'ils ont agi avec discernement (V. *suprà*, v° *Discernement*, n. 245 et s.). Partout, la même exemption de peine est accordée aux imbéciles et déments, ou aux auteurs d'infractions qui n'ont agi que sous l'empire d'une contrainte irrésistible, d'une nécessité inéluctable, ou en état de légitime défense. Partout enfin, la provocation de la part de la victime est pour le délinquant, sinon un motif de justification, du moins une cause d'atténuation de la peine encourue.

182. — I. *Code fédéral*. — Nulle infraction n'est punissable : 1° lorsqu'au moment où il la commet l'agent était, sans qu'il y eût de sa faute, privé de l'usage de sa raison ou de sa libre volonté (art. 27); 2° lorsqu'elle a été commise par un fonctionnaire ou par un employé en suite d'un ordre formel donné compétemment par ses supérieurs hiérarchiques, sauf, dans ce cas, la responsabilité de ceux-ci (art. 28); 3° lorsqu'elle a été commise en état de légitime défense, pour protéger sa personne, sa vie, sa propriété, sa liberté ou celles de son prochain (art. 29); 4° lorsque son auteur n'a pas douze ans révolus ou que, en ayant douze et moins de seize, il a agi sans discernement ; s'il a agi avec discernement, son âge n'en constitue pas moins une circonstance atténuante (art. 30).

183. — II. *Codes cantonaux*. — A. *Genève*. — Il n'y a point d'infraction lorsque l'auteur de l'acte était, au moment de la perpétration, en état d'aliénation mentale ou s'il a été contraint par une force à laquelle il n'a pu résister (art. 52); 2° lorsque le fait était ordonné par la loi et commandé par l'autorité légale (art. 53).

184. — Il n'y a pas non plus d'infraction lorsque le fait était commandé par la nécessité actuelle de la légitime défense de soi-même ou d'autrui, ou s'il a eu lieu soit en repoussant pendant la nuit l'escalade ou l'effraction dans une habitation, soit en se défendant contre des auteurs de vol ou pillage exécutés ou tentés avec violence (art. 54 et 55).

185. — Nul crime ou délit ne peut être excusé si ce n'est dans les cas déterminés par la loi (art. 56).

186. — L'homicide et les lésions corporelles sont excusables s'ils ont été immédiatement provoqués par des coups ou violences graves envers les personnes ; les coups et violences légères sont excusables s'ils ont été immédiatement provoqués par des injures ou diffamations graves.

187. — Les mêmes infractions sont excusables si elles ont été commises en repoussant pendant le jour l'escalade ou l'effraction d'une habitation. Le crime de castration, notamment, est excusable s'il a été immédiatement provoqué par un outrage violent à la pudeur (art. 57 à 59).

188. — L'excuse prouvée a pour conséquence une notable atténuation de la peine encourue (V. art. 60).

189. — B. *Neuchâtel*. — La loi ne punit que les délits commis avec une intention coupable, ou du moins par imprudence, négligence ou inobservation des règlements (C. pén. de 1891, art. 68).

190. — Nul ne peut s'excuser en alléguant qu'il ignore ou qu'il a mal compris la loi pénale; si l'auteur de l'infraction ignorait l'existence de circonstances qui en constituent le caractère délictueux ou qui en aggravent la peine, ces circonstances ne lui sont point imputées (art. 69).

191. — Il n'y a pas délit : 1° lorsque l'auteur, au moment de l'action, était en état de démence ou, sans sa faute, en état d'irresponsabilité intellectuelle; lorsque la responsabilité intellectuelle est seulement diminuée, il doit en être tenu compte dans l'appréciation de l'intention délictueuse et dans l'application de la peine (art. 70); 2° lorsque l'auteur a été contraint par une force à laquelle il n'a pu résister (art. 72); 3° lorsqu'il agissait pour la légitime défense de lui-même ou d'autrui, pourvu qu'il s'en soit tenu aux moyens nécessaires pour repousser une agression immédiate et injuste ; s'il a dépassé les bornes de la légitime défense, il encourt une peine mitigée, pour peu que l'excès ne soit pas suffisamment justifié par la crainte ou l'émotion causée par l'agression (art. 73); 4° lorsque, même hors le cas de légitime défense, l'auteur se trouvait dans un état de détresse auquel, pour sauver d'un péril imminent sa personne ou sa vie ou celles d'un tiers, il ne pouvait s'y soustraire autrement (art. 74).

192. — L'individu qui commet une infraction en obéissant à un ordre donné par le magistrat ou fonctionnaire compétent peut, selon les circonstances, être libéré de toute peine (art. 75).

193. — Il n'y a pas de poursuite contre l'époux ou les proches parents ou alliés qui, sans s'y être engagés à l'avance, recèlent l'auteur d'un délit ou favorisent sa fuite (V. art. 76).

194. — La provocation est une excuse motivant une atténuation de peine en matière d'injures et de voies de fait peu graves (V. art. 87).

195. — Mais, même en matière de meurtre, s'il est démontré que l'auteur du meurtre a agi sous l'empire d'une violente irritation, provoquée, sur le moment même, sans sa faute, par des mauvais traitements ou par des injures graves dont lui ou l'un de ses proches auraient été l'objet, un simple emprisonnement d'un an peut être substitué à la peine de la réclusion (art. 296).

196. — C. *Saint-Gall*. — D'après le Code pénal de 1885, qui est le plus récent de la Suisse allemande, un acte n'est punissable qu'autant qu'il a été commis intentionnellement, ou du moins par imprudence ou négligence (V. art. 22).

197. — La contrainte (*Zwang*) ou la nécessité (*Noth*) n'exclut toute peine qu'autant que l'auteur de l'infraction commise n'était pas libre de choisir ou, tout au moins, était menacé d'un mal aussi grave que celui qu'il s'est déterminé à infliger à autrui (art. 25).

198. — Celui qui, pour défendre lui-même ou un tiers contre une agression injuste dirigée contre la personne, la possession, la propriété ou le domicile, ou pour récupérer immédiatement une chose enlevée injustement, ou pour s'assurer de la personne de l'agresseur, commet au moment même contre celui-ci un acte punissable, agit en état de légitime défense et ne peut être puni, s'il s'en tient à ce qui était nécessaire pour atteindre le but ou ne dépasse la mesure que sous l'empire de l'émotion, de la crainte ou de l'effroi. S'il a tué ou blessé l'agresseur dans ces circonstances, il est tenu d'en informer immédiatement lui-même les autorités compétentes (art. 26).

109. — L'ignorance de la loi n'est point une excuse (art. 27).

200. — Celui qui commet une infraction sans préméditation en suite d'une grave provocation et sous l'empire de la colère qu'il en a ressentie, peut être puni d'une peine moins rigoureuse (art. 40 *b*).

201. — V. sur l'ensemble de la matière, Stoos, *Les codes pénaux suisses (comparés entre eux)*, 1 vol. in-8°, Bâle, 1890, notamment p. 24 et s., 80 et s., 214 et s. — V. aussi *suprà*, v° *Discernement*, et *infrà*, v° *Ivresse*.

EXÉCUTEUR DES ARRÊTS CRIMINELS. — V. Exécution capitale.

EXÉCUTEUR TESTAMENTAIRE.

Législation.

C. civ., art. 1025 et s.

Bibliographie.

Amiaud, *Traité formulaire du notariat*, 1897-98, 5 vol. gr. in-8°, v° *Testament*, n. 47 et s. — André, *Dictionnaire de droit civil, commercial*, etc., 1887-90, 4 vol. in-8°, v° *Exécuteur testamentaire*. — Aubry et Rau, *Cours de droit civil français*, 1869-79, 4° éd., 8 vol. in-8°, t. 7, p. 447 et s. — Baudry-Lacantinerie, *Précis de droit civil*, 1899, 7° éd., t. 2, n. 624 et s. — Baudry-Lacantinerie et Colin, *Traité des donations entre-vifs et des testaments*, 1894-95, 2 vol. in-8°, t. 2, n. 2579 et s. — De la Bègne de Villeneuve et Henry, *Éléments de droit civil*, 2 vol. in-8°, parus, 1883-87, t. 2, sur les art. 1025 et s. — Boileux, *Commentaire du Code civil*, 1866, 6° éd., 7 vol. in-8°, t. 4, p. 168 et s. — Delfaux, Harel et Dutruc, *Encyclopédie des huissiers*, 1888-96, 12 vol. in-8°, v° *Exécuteur testamentaire*. — Delvincourt, *Cours de Code civil*, 1834, 5° éd., t. 2, p. 95 et s., 589 et s. — Demante et Colmet de Santerre, *Cours analytique du Code civil*, 1881-96, 9 vol. in-8°, t. 4, n. 270 et s. — Demolombe, *Cours de Code civil*, 31 vol. in-8°, t. 22, n. 1 et s. — Duranton, *Cours de droit français*, 1844, 4° éd., 22 vol. in-8°, t. 9, p. 369 et s. — Favard de Langlade, *Répertoire de la nouvelle législation civile, commerciale et administrative*, 1823, 5 vol. in-4°, v° *Exécuteur testamentaire*. — Fuzier-Herman et Darras, *Code civil annoté*, 1881-97, 4 vol. gr. in-8°, sur les art. 1025 et s. — Garnier, *Répertoire général et raisonné de l'enregistrement*, 7° éd., 6 vol. in-4°, v° *Exécuteur testamentaire*. — Grenier et Bayle-Mouillard, *Traité des donations et testaments*, 4° éd., 1847, 4 vol. in-8°, t. 3, p. 4 et s. — Huc, *Commentaire théorique et pratique du Code civil*, 1894-97, 8 vol. in-8°, t. 6, p. 451 et s. — Lansel et Didier *Encyclopédie du notariat*, 1879-98, 24 vol. gr. in-8°, v° *Exécuteur testamentaire*. — Laurent, *Principes de droit civil français*, 1869-78, 3° éd., 33 vol. in-8°, t. 14, n. 322 et s. — Maguero, *Traité alphabétique des droits d'enregistrement*, 1897, 4 vol. in-4°, v° *Exécuteur testamentaire*. — Marcadé et Pont, *Explication théorique et pratique du Code pénal*, 1872-84, 7° éd., 13 vol. in-8°, t. 4, p. 108 et s. — Massé et Vergé, sur Zachariæ, *Le droit civil français*, 1854-60, 5 vol. in-8°, t. 3, p. 256 et s. — Merlin, *Répertoire universel et raisonné de jurisprudence*, 1827-28, 5° éd., 18 vol. in-4°, v° *Exécuteur testamentaire*. — Michaux, *Traité pratique des testaments*, 1887, 3° éd., 1 vol. in-8°, n. 1575 et s. — Poujol, *Traité des donations entre-vifs et des testaments*, 1840, 2 vol. in-8°, t. 2, p. 251 et s. — Rogron, *Le Code civil expliqué*, 1884, 20° éd., 2 vol. in-18, sur les art. 1025 et s. — Rolland de Villargues, *Répertoire de la jurisprudence du notariat*, 1840-45, 9 vol. in-8°, v° *Exécuteur testamentaire*. — Saintespès-Lescot, *Des donations entre-vifs et des testaments*, 1853-61, 5 vol. in-8°, t. 5, p. 2 et s. — Taulier, *Théorie raisonnée du Code civil*, 1840-46, 7 vol. in-8°, t. 4, p. 164 et s. — Thiry, *Cours de Code civil*, 1840-46, 7 vol. in-8°, t. 2, p. 435 et s. — Toullier et Duvergier, *Droit civil français*, 1844-48, 6° éd., 21 vol. in-8°, t. 5, n. 575 et s. — Troplong, *Commentaire du titre des donations et testaments*, 1872, 4 vol. in-8°, t. 3, n. 1990 et s. — Vazeille, *Résumé et conférence des commentateurs du Code civil sur les successions, donations et testaments*, 1847, 3 vol. in-8°, t. 3, p. 88 et s. — Vigié, *Cours élémentaire de droit civil français*, 1889-91, 3 vol. in-8°, t. 2, n. 882 et s.

L. Dulac, *Développement historique et théorie de l'exécution testamentaire*, 1899, Toulouse, 1 vol. in-8°. — H. Lefort, *Des exécuteurs testamentaires*, Genève, 1878, in-8°. — Max Vincent, *Des exécuteurs testamentaires*. — E.-V. Williams, *A treatise on the law of executors and administrators*, Londres, 1879, 8° éd., 2 vol. in-4°.

Dissertation sur la liberté du testateur en ce qui concerne ses dispositions, leur exécution et sur le caractère et l'étendue des pouvoirs de l'exécuteur testamentaire (Le Gentil) : Dissert. jurid., t. 1, p. 133 et s. — *Exécuteurs testamentaires* (Paultre) : Rev. du notar. et de l'enreg., 1860, t. 1, p. 197, 264, 358, 443 et t. 2, p. 105.

Index alphabétique.

Absents, 172.
Acceptation, 14 et s., 27, 46.
Acceptation bénéficiaire, 150, 151, 176, 182.
Accroissement, 39.
Actes conservatoires, 172 et s.
Action possessoire, 122, 124.
Administrateur provisoire, 123.
Administration légale, 19.
Aliéné, 63.

EXÉCUTEUR TESTAMENTAIRE.

Allemagne, 253 et s.
Appel, 85.
Arrérages, 135.
Assurances, 205.
Autorisation de justice, 51 et 52.
Autorisation maritale, 51, 54, 58 et 59.
Autriche, 283.
Bail (droit au), 134.
Belgique, 284.
Bénéfice d'inventaire, 150 et s., 176, 182.
Cadocité, 41, 56, 62, 243.
Capacité, 44 et s.
Capitaux, 109.
Caution, 25, 64, 157.
Chose jugée, 90.
Codicille 29.
Commissaire-priseur, 178.
Communauté conjugale, 57 et 58.
Commune, 68.
Compétence, 193, 214 et 215.
Complainte, 122.
Compte (reddition de), 208 et s., 240.
Conditions, 88.
Conjoint, 48.
Conseil judiciaire, 63.
Créances, 202.
Créances (recouvrement des), 137 et s.
Créanciers, 95.
Curateur, 17, 60, 61, 185, 213.
Curé, 64 et 65.
Décès, 236 et s.
Déconfiture, 235, 249.
Délai, 158 et s., 167.
Délivrance, 83, 127 et s.
Destitution, 235, 247.
Détournement, 84, 233.
Dettes, 94 et s.
Diamant, 38, 236.
Dommages - intérêts, 93, 200, 231.
Donation, 89.
Dot, 55.
Droits incessibles, 133.
Envoi en possession, 120.
Espagne, 285 et s.
Étranger, 49, 198.
Évocation, 89.
Expert, 37.
Faillite, 235, 249.
Femme, 50.
Femme mariée, 41, 51 et s.
Fidéicommissaire, 7.
Fonds, 22, 66, 68, 164.
Frais, 80, 217 et s.
Fruits, 129, 135.
Funérailles, 104 et 105.
Grande-Bretagne, 303 et s.
Gratuité, 35 et s.
Héritier, 8, 17, 74, 77, 84, 89, 93, 94, 118, 121, 125 et s., 139, 142, 151, 154 et s., 172, 175, 177 et s., 182, 188 et s., 201, 205, 213, 236, 237, 24², 252.
Héritier bénéficiaire, 152, 176, 182.
Héritier réservataire, 100, 123, 131, 146 et s., 179, 181.
Homologation, 81 et 82.
Immeubles, 92, 143 et s., 167, 183, 194, 196.
Incapacité de recevoir, 42, 43, 47 et s.
Inscription hypothécaire, 184.
Insolvabilité, 64 et 65.
Institution contractuelle, 213.
Interdiction, 63, 172, 174, 235.
Intérêts, 229.
Intervention, 80 et s.
Inventaire, 176 et s., 189, 216.
Irrévocabilité, 21.
Italie, 339 et s.
Jouissance légale, 19.

Juge de paix, 67.
Légataire, 74.
Légataire particulier, 83.
Légataire universel, 23, 34, 83, 150, 186, 213.
Legs, 15, 16, 23, 38 et s., 48, 55 et s., 62, 88, 93, 94, 119, 125 et s., 130, 155, 166, 184, 185, 188, 201, 224, 227 et 228.
Liquidation, 170.
Maire, 66.
Mandat, 8, 9, 12 et s., 44, 103 et s., 116.
Mandataire, 112.
Mari, 59.
Médecin, 22, 42, 48, 66.
Meubles, 93, 117, 188 et s., 231.
Meubles incorporels, 133.
Mineur, 19, 20, 41, 60 et s., 172, 174, 241.
Mineur émancipé, 61.
Ministre du culte, 42, 75.
Mise en cause, 89, 90, 127, 139.
Nomination, 14, 26 et s., 44 et s.
Notaire, 42, 71, 73, 178, 180.
Nullité, 62, 88, 153, 191, 250.
Offres réelles, 157.
Paiement, 94.
Papiers domestiques, 106 et s.
Paraphernaux, 55.
Partage, 101, 189.
Pauvres, 22, 67.
Pays-Bas, 347 et s.
Personne morale, 68.
Pluralité d'exécuteurs, 26 et s., 39, 113 et s., 231 et s.
Portugal, 365 et s.
Possession, 120 et s.
Prescription, 205.
Preuve, 211.
Promesse de vente, 153.
Quittances, 223.
Recel, 142.
Refus, 14 et s.
Régime dotal, 55.
Remploi, 204, 206.
Renonciation, 235, 245.
Rentes, 91, 135.
Rente viagère, 203.
Réserve, 100, 123, 131, 146 et s., 179, 181.
Responsabilité, 127, 199 et s., 213 et s.
Restitution du mobilier, 166.
Révocation, 13, 30 et s., 247 et s.
Roumanie, 383.
Russie, 384.
Saisine, 64, 116 et s., 171, 173, 176, 183, 192, 207, 210, 239, 242, 244.
Saisine (cessation de la), 154 et s.
Salaires, 35 et s., 248.
Scellés, 172 et s., 177, 189.
Séparation de biens, 51 et 52.
Séparation de corps, 53.
Serment, 3.
Solidarité, 231 et s.
Succession, 82, 87, 100 et s., 123, 170.
Succession vacante, 185, 213.
Suède, 401.
Suisse, 402 et s.
Témoins, 43, 70, 72.
Testament, 19, 29, 30, 43, 70, 73, 74, 108, 120, 160, 169, 191, 222, 250 et 251.
Tierce-opposition, 22, 139.
Titres au porteur, 99.
Titres nominatifs, 99, 136.
Transaction, 81.
Transfert, 136.
Tuteur, 48, 60, 74, 174.
Usufruit, 186.
Vente, 92, 93, 188 et s., 194.

DIVISION.

Sect. I. — **Notions générales et historiques** (n. 1 à 43).

Sect. II. — **Qui peut être exécuteur testamentaire** (n. 44 à 75).

Sect. III. — **Droits et pouvoirs de l'exécuteur testamentaire** (n. 76 à 78).

§ 1. — *Exécuteur testamentaire non saisi* (n. 79 à 115).

§ 2. — *Exécuteur testamentaire saisi* (n. 116 à 170).

Sect. IV. — **Obligations de l'exécuteur testamentaire** (n. 171).

§ 1. — *Mesures conservatoires* (n. 172 à 186).

§ 2. — *Actes d'exécution* (n. 187 à 198).

§ 3. — *Responsabilité* (n. 199 à 207).

§ 4. — *Reddition du compte de gestion* (n. 208 à 233).

Sect. V. — **Cessation de l'exécution testamentaire** (n. 234 à 252).

Sect. VI. — **Droit comparé** (n. 253 à 407).

Section I.

Notions générales et historiques.

1. — On trouve dans le droit romain des traces de l'usage qui s'était introduit de nommer des personnes pour veiller à l'exécution des dernières volontés des testateurs (Nov. 68). — Furgole, *Testam.*, chap. 10, sect. 4, n. 11 ; Domat, *Lois civ.*, liv. 3, tit. 1, sect. 11, n. 2; Toullier, *Dr. civ.*, t. 5, n. 576 ; Delaurière, *Dictionnaire*, v° *Exécuteur testamentaire*, et *Coutume de Paris*, sur l'art. 297 ; Grenier, Bayle-Mouillard, *Traité des donat. et des test.*, t. 3, p. 326. — Mais l'objet tout individuel de ces nominations n'avait rien qui permette de comparer les dispositions où on les rencontre à l'institution que réglementent les art. 1025 et s., C. civ., et qui a pour but d'assurer, non pas l'accomplissement d'une volonté particulière du défunt, comme ses funérailles, par exemple, mais d'exécuter toutes les dispositions du testament et d'incarner, pour ainsi dire, le testateur dans la personne de son exécuteur testamentaire.

2. — Dans les pays de droit écrit, les testateurs nommaient rarement des exécuteurs testamentaires, parce que l'héritier étant saisi de plein droit de tous les effets de la succession, c'était lui qui naturellement devait prendre la main à l'exécution du testament. — Merlin, *Rép.*, v° *Exécuteur testamentaire*, n. 5; Favard de Langlade, *Rép.*, v° *Exécuteur testamentaire*, et les autorités citées au numéro précédent.

3. — C'est dans le droit canonique qu'il semble que l'on doive chercher l'origine de cette institution. L'Église y trouvait un moyen à la fois plus efficace et plus sûr de garantir le paiement des fondations pieuses et des legs dont elle était appelée à bénéficier. — Baudry-Lacantinerie et Wahl, *Donat. entre-vifs et test.*, t. 2, n. 2581.

4. — La pratique s'en était répandue dans les pays coutumiers, où les dispositions universelles n'étaient relatives qu'aux legs sujets à délivrance; on était dans l'usage de nommer des exécuteurs testamentaires pour tenir la main à l'exécution des dernières volontés du défunt; et il n'y avait point de coutume qui ne contint quelque disposition sur cette matière. — Merlin, *Rép.*, *loc. cit.*; Favard de Langlade, *loc. cit.*; Beaumanoir, *Coutumes de Beauvoisis*, chap. 12; Dulac, *Développement historique et Théorie de l'exécution testamentaire*.

5. — Un testament est exécutoire par la force que lui ont imprimée le législateur et la volonté du testateur, aussitôt après le décès de celui-ci et l'accomplissement, dans certains cas, de formalités qui n'ajoutent rien à sa force exécutoire. En d'autres termes, il se suffit absolument à lui-même. Aussi tel n'est pas le but de l'institution dont nous parlons, dont l'usage est d'ailleurs exceptionnel, et qui a pour unique objet de confier à un tiers le soin de surveiller l'accomplissement des volontés du testateur ou même de les exécuter directement s'il lui a donné la saisine. Le testateur y a recours lorsqu'il a quelque raison de craindre que ses intentions soient méconnues par ses héritiers, par négligence, mauvaise foi ou cupidité. L'exécuteur testamentaire est, à raison de la nature et des conditions de sa mission, un ami qui a reçu les confidences et les instructions du testateur, avec qui il a conféré des difficultés qu'il a pu prévoir. Il se survit ainsi à lui-même en la personne de celui qu'il a investi de sa confiance et aussi de son autorité. — Toullier, *Le droit civil*, t. 5, n. 576; Coin-Delisle, *Donat. et testam.*, sur l'art. 1025, n. 1; Demolombe, *Donat. et testam.*, t. 2, n. 2; Baudry-Lacantinerie et Colin, *Donat. et testam.*, t. 2, n. 2582.

6. — L'attribution à l'exécuteur testamentaire du droit d'action principale et personnelle offre une utilité particulière quand il s'agit d'accomplir des actes que le défunt a prescrits dans son intérêt personnel, comme l'ordre de ses funérailles, les services religieux pour le repos de son âme, l'édification d'un monument. Comme on l'a dit avec trop juste raison, des dispositions de ce genre resteraient souvent à l'état de lettre morte si l'exécuteur testamentaire ne pouvait pas prendre l'initiative de leur exécution. — Demolombe, t. 22, n. 80; Baudry-Lacantinerie et Colin, n. 2658.

7. — L'exécuteur testamentaire ne doit pas être confondu avec un autre représentant du défunt, chargé par lui d'une mission d'un ordre tout particulier; nous voulons parler du fidéicommissaire. Le fidéicommis est une manière de disposer par laquelle un donateur ou un testateur charge son donataire, son héritier institué, son légataire ou même son héritier *ab intestat* de remettre à un tiers tout ou partie des biens qu'il lui a donnés ou laissés. Le fidéicommis a le plus souvent pour but de faire fraude à la loi en laissant transmettre le bénéfice de la disposition à une personne déclarée incapable par la loi, par celui qui, d'après l'acte constitutif de la libéralité, en est le bénéficiaire apparent. C'est le cas de la donation déguisée ou par personne interposée. — V. *suprà*, v° *Dons et legs aux établissements publics*, n. 504 et s.

8. — D'après les notions qui précèdent, on peut donc dire que l'exécuteur testamentaire est un mandataire imposé par le testateur à ses héritiers ou légataires universels dans le but d'obtenir une plus sûre, plus exacte et plus diligente exécution de ses dernières volontés. — Aubry et Rau, *Cours de droit civil*, t. 7, p. 447, § 711. — L'exécuteur testamentaire est un mandataire du défunt imposé aux héritiers et légataires en ce sens que, loin de les représenter à un degré quelconque, il doit, pour accomplir la volonté du défunt, surveiller et contrôler leurs actes. — Lyon, 15 mars 1854, Roux, [S. 55.2.424, P. 56.1.47] — Toullier, t. 5, n. 577; Duranton, t. 9, n. 390; Coin-Delisle, *Observat. prélim.*, n. 4; Bayle-Mouillard. sur Grenier, t. 3, n. 327, note *a*; Massé et Vergé, sur Zachariæ, t. 3, p. 259, § 491, note 10; Saintespès-Lescot, t. 5, n. 1536; Demolombe, t. 22, n. 5; Baudry-Lacantinerie, *Précis*, t. 2, n. 624; Aubry et Rau, t. 7, n. 711, p.447. — *Contrà*, Vazeille. sur l'art. 1025, n. 1. — V. aussi Laurent, t. 14, n. 323. — Bourges, 17 janv. 1829, Bréchard, [S. 32.1.360]

9. — M. Huc a proposé de l'exécuteur testamentaire une autre définition qui semble avoir pour but d'exclure l'idée de mandat. L'exécuteur testamentaire serait, d'après lui, un fonctionnaire d'ordre privé chargé de procurer l'exécution d'une loi également d'ordre privé. — T. Huc, *Code civil*, t. 7, n. 357.

10. — Fonctionnaire, l'exécuteur testamentaire ne l'est pas; cette qualité implique la permanence de la fonction, et chez celui qui la remplit l'habitude de la remplir, abstraction faite de la personne au profit de laquelle elle est remplie. Or, ce double caractère ne se rencontre pas dans l'exécution testamentaire.

11. — L'exécution testamentaire est donc un mandat : cela est hors de discussion. A ce titre il est soumis aux règles générales de cette nature de contrat qui trouvent ici leur application en tant qu'elles sont compatibles avec le fonctionnement de l'institution et que la loi n'y a pas dérogé. La mission toute particulière dont l'exécuteur testamentaire est investi impliquant certaines règles spéciales qui font l'objet des art. 1025 et s., C. civ.

12. — Tout d'abord nous rencontrons une particularité qui a pu faire douter qu'il s'agit bien d'un mandat : c'est que le mandat de l'exécuteur testamentaire diffère des mandats ordinaires en ce que, au lieu de finir par la mort du mandant (V. *infrà*, v° *Mandat*, n. 842 et s.), il ne commence au contraire qu'au moment de sa mort. — Furgole, ch. 10, sect. 4, n. 12 et s.; Pothier, *Donat. et test.*, ch. 5, sect. 1, art. 3; Duranton, t. 9, n. 390; Grenier, t. 1, n. 327; Toullier, t. 5, n. 577; Delvincourt, t. 2, p. 371; Merlin, *Rép.*, v° *Exécut. test.*, n. 2; Marcadé, *Explic. C. civ.*, sur l'art. 1025; Vazeille, *ibid.*, n. 1; Troplong, *Donat. et test.*, t. 4,

n. 1991 et 1992; Massé et Vergé, sur Zachariæ, *Dr. civ. fr.*, t. 3, p. 257, § 491, note 3; Demolombe, t. 5, n. 5; Baudry-Lacantinerie et Colin, n. 2610.

13. — Il en résulte que le mandat conféré à l'exécuteur testamentaire est irrévocable à dater du décès, puisque d'une part le testateur qui l'a élu ne peut plus désormais le révoquer et que ses héritiers n'ont pas le pouvoir de faire annuler sa mission. — V. cependant *infrà*, n. 247.

14. — L'exécuteur testamentaire n'étant point une charge publique (V. *suprà*, n. 10) est, comme tout mandat, facultatif : celui qui est nommé peut refuser d'accomplir le mandat, et n'est pas même tenu de motiver son refus (L. 12. § 4, ff., *De relig. et sumptibus funer*). — Merlin, *Rép.*, v° *Exécuteur testamentaire*, n. 2; Furgole, *Testament*, t. 4, ch. 10, sect. 4, n. 20; Grenier, n. 327; Toullier, t. 5, n. 577; Duranton, t. 9, n. 301; Coin-Delisle, *Donat. et test.*, sur l'art. 1025, n. 11; Massé et Vergé, sur Zachariæ, t. 3, p. 257, § 491, note 4; Saintespès-Lescot, t. 5, n. 1543; Demolombe, t. 22, n. 7; Laurent, t. 14, n. 330; Baudry-Lacantinerie, *Précis*, t. 2, n. 624; Baudry-Lacantinerie et Colin, *Donations et test.*, t. 2, n. 2586.

15. — Il y a exception quand un legs a été fait à l'exécuteur testamentaire en considération de la charge de l'exécution. S'il a accepté le legs, il ne peut plus refuser de remplir la mission qui lui a été confiée. — Furgole, *Testam.*, ch. 10, sect. 4, n. 20 et 21; Merlin, v° *Exécut. testam.*, n. 2; Delvincourt, t. 2, p. 331; Grenier, n. 327; Duranton, t. 9, n. 391; Rolland de Villargues, *Rép. du not.*, v° *Exécut. test.*, n. 45; Coin-Delisle, sur l'art. 1025, n. 12; Vazeille, *Donat. et testam.*, n. 2; Massé et Vergé, sur Zachariæ, t. 3, § 491, p. 257, note 6; Aubry et Rau, t. 7, § 711; Baudry-Lacantinerie et Colin, *Des donat. et testam.*, t. 2, n. 2594 et s.; Max Vincent, p. 118 et s.; Lefort, *Des exécut. testam.*, p. 78. — La majorité des auteurs estime que c'est une question d'intention laissée à l'appréciation du juge. — Toutefois, la règle n'est applicable qu'autant que le legs a été fait comme condition ou en vue de l'exécution testamentaire, ce qui doit d'ailleurs se présumer. La règle cesse quand le legs a été fait expressément ou tacitement comme indépendant de la charge. — Ricard, *Donat.*, part. 3, n. 236; Massé et Vergé, sur Zachariæ, t. 3, p. 257, § 491, note 6; Toullier. t. 5, p. 602; Demolombe, t. 22, n. 13 et s. — Le plus ou le moins d'importance de la libéralité permettra souvent de résoudre la difficulté. — V. *infrà*, v° *Legs*, n. 46.

16. — On s'est demandé ce qu'il faudrait décider si le testateur, au lieu de laisser un legs ou un présent à celui même qu'il nomme son exécuteur testamentaire, laisse ce présent ou ce legs au fils ou à la fille de celui-ci. Ces légataires pourront-ils réclamer le legs nonobstant le refus de leur père d'accepter le mandat? L'affirmative devrait être admise si rien dans le testament ne révélait que le legs fait à l'enfant ne l'eût été qu'en considération de la charge imposée au père. — Ricard, *Des disposit. condit.*, tr. II, ch. IV, n. 69 et l'arrêt de la grand'chambre d'Orléans du 27 avr. 1655 cité par lui; Davot et Bannelier, livre III, traité IV, ch. 20, n. 4; Demolombe, t. 22, n. 19 *bis*; Max Vincent, p. 126.

17. — Lorsque l'exécuteur testamentaire n'accepte pas la mission à laquelle l'a appelé le testateur les héritiers de celui-ci se trouvent nécessairement investis, par leur seule qualité d'héritiers, des droits et obligations de l'exécuteur testamentaire renonçant; ils ne peuvent, contre leur gré, être remplacés par un curateur nommé en justice. — Caen, 13 janv. 1823. Josse, [S. et P. chr.] — Laurent, t. 14, n. 322; Baudry-Lacantinerie et Colin, *Donat.*, t. 2, n. 2587.

18. — Nous avons dit qu'il appartenait au testateur seul de choisir son exécuteur testamentaire, s'il juge à propos d'en élire un. De même, autrefois, les coutumes ne suppléaient point au défaut de nomination d'exécuteurs testamentaires, mais quand ceux qui avaient été nommés par le testateur ne voulaient pas accepter cette charge, certaines coutumes permettaient aux juges de leur substituer d'autres personnes, surtout lorsque les héritiers ne voulaient pas se charger d'exécuter le testament dans l'an et donner caution à cet effet. — Merlin, *Rép.*, v° *Exécuteur testamentaire*, n. 2.

19. — Sous l'empire du Code civil, il a été jugé, au cas où une clause d'un testament enlève à un père, non seulement la jouissance, mais encore l'administration des biens légués à son fils mineur, que si le tiers auquel le testateur a confié, avec le titre d'exécuteur testamentaire, l'administration des biens légués. refuse cette mission, les juges peuvent, même d'office et incidemment à la demande en partage de la succession, en désigner

EXÉCUTEUR TESTAMENTAIRE.

un autre pour assurer au mineur légataire le bénéfice des prescriptions du testament, alors qu'ils ne confèrent au tiers par eux nommé, ni le titre ni les pouvoirs légaux d'un exécuteur testamentaire. — Cass., 3 juin 1872, Baraton, [S. 72.1.273, P. 72.684, D. 72.1.241] — V. sur le principe, Pothier, *Donations et testaments*, n. 233 ; Grenier et Bayle-Mouillard, *Donations et testaments*, t. 3, n. 327 et 334 ; Toullier, t. 5, n. 577 ; Delvincourt, t. 2, p. 95 et 589 ; Vazeille, *Donat. et testam.*, t. 3, sur l'art. 1025, n. 1 et 4 ; Poujol, *Id.*, t. 2, sur l'art. 1025, n. 2, et sur l'art. 1032 ; Saintespès-Lescot, *Id.*, t. 5, n. 1536, 1543, 1545 ; Duranton, t. 9, n. 390 et 403 ; Troplong, *Donat. et testam.*, t. 3, n. 1991 et 2035 ; Demante et Colmet de Santerre, *Cours anal.*, t. 4, n. 170 bis-1 et XI ; Coin-Delisle, *Donat. et testam. Observat. prélim.*, n. 3 et 14. et chap. 5, sect. 7 ; Boileux, *Comment.*, t. 4, n. 168 et 169 ; Demolombe, *Donat. et testam.*, t. 5, n. 41 et 108 ; Aubry et Rau, t. 7, p. 457, § 711 ; Massé et Vergé, sur Zachariæ, t. 3, § 491, note 3 ; Marcadé, sur l'art. 1025 ; Baudry-Lacantinerie et Colin, *Donations et test.*, t. 2, n. 2588.

20. — ... Surtout s'il est reconnu, par interprétation souveraine du testament, que le testateur n'a pas voulu confier exclusivement à l'exécuteur testamentaire qu'il désignait le soin d'accomplir les mesures par lui prescrites, ni en subordonner l'observation soit à l'existence, soit à l'acceptation de celui-ci, mais bien qu'il a été dans ses intentions qu'il fût pourvu au moyen d'en assurer l'application dans l'intérêt du mineur, tant que l'administration des biens de ce dernier appartiendrait à son père. — Même arrêt.

21. — L'exécuteur ne peut être autorisé à se démettre que dans les conditions prévues par l'art. 2007, C. civ., et pour des causes graves et justifiées. — V. *infra*, n. 245.

22. — La qualité d'exécuteur testamentaire résulte plutôt de la nature du mandat et de la mission donnée au mandataire institué que de la qualification expresse d'exécuteur testamentaire. Ainsi lorsqu'un testament porte qu'une somme sera remise au curé de la paroisse pour être distribuée par lui aux pauvres de cette paroisse, cette disposition constitue non pas une fondation, mais une simple charge de l'hérédité dont l'exécution peut être poursuivie directement par le curé de paroisse investi d'un mandat analogue à celui de l'exécuteur testamentaire. V. Trib. Toulouse, 21 mars 1888, [*Gaz. Pal.*, 88 ; Suppl., 113] — Orléans, 4 juill. 1885, Bodin et Dlle Torterue, [S. 87.2.43, P. 87.1.230, D. 86.2.196] — V. *supra*, v° *Dons et legs aux établissements publics*, n. 1549 et s., et *infra*, v° *Legs*, n. 105 et s.

23. — De même, les juges du fond peuvent, par interprétation des dispositions d'un testament, reconnaître qu'une personne, malgré la qualité de légataire universel qui lui est assignée, n'est, en réalité, qu'un simple exécuteur testamentaire, ne pouvant, dès lors, être tenu, sur ses biens personnels, du paiement d'un legs particulier. — Cass., 29 juin 1899, Lechat, [D. 99.1.472] — V. aussi Cass., 26 janv. 1886, Cons. Guillon, [S. 87.1.214, P. 87.1.517, D. 86.1.241] — V. *infra*, v° *Legs*, n. 88.

24. — Le testateur peut, en règle générale, donner à celui qu'il désigne comme exécuteur testamentaire un mandat spécial encore que ce mandat ne se rattache pas à l'exécution d'un legs. La règle en pareille matière veut que l'expression des dernières volontés du défunt soit respectée du moment qu'elles ne contiennent rien de contraire à la loi, à l'ordre public ou aux bonnes mœurs. — V. *infra*, n. 100 et s.

25. — De ce que l'exécution testamentaire n'est pas une charge publique, et que la nomination des exécuteurs est un effet de la confiance du testateur, il suit qu'ils ne sont pas tenus de donner caution. — Merlin, *Rép.*, v° *Exécuteur testamentaire*, n. 2.

26. — Le testateur peut nommer un ou plusieurs exécuteurs testamentaires (C. civ., art. 1025). En nommant plusieurs exécuteurs testamentaires, il peut diviser leurs fonctions (C. civ., art. 1033).

27. — Lorsque le testateur a nommé plusieurs exécuteurs testamentaires, et que tous n'ont pas accepté, cette circonstance n'empêche point que ceux ou celui qui a accepté n'agissent en exécution du testament. La doctrine est généralement fixée en ce sens. — Furgole, n. 44 ; Vazeille, *Donat. et testam.*, sur l'art. 1033, n. 1, p. 106 ; Bayle-Mouillard, sur Grenier, t. 3, n. 329, note 2 ; Troplong, t. 3, n. 2043 ; Saintespès-Lescot, t. 5, n. 1586 ; Aubry et Rau, t. 7, § 711, p. 458, note 49 ; Marcadé, sur l'art. 1033, n. 2 ; Colmet de Santerre, t. 4, n. 178 bis ; Demolombe, t. 22, n. 37 et 38 ; Laurent, t. 14, n. 379 ; Baudry-Lacantinerie et Colin, t. 2, n. 2682 et s. ; Huc, t. 6, n. 365 ; Max Vincent, p. 150 ; Lefort, p. 71. — *Contrà*, Delvincourt, t. 2, p. 373 ; Duranton, t. 9, n. 423 ; Mourlon, *Répét. écrites*, t. 2, n. 875. — V. *infra*, n. 113 et s.

28. — Quelquefois aussi le testateur nomme des exécuteurs testamentaires *honoraires*, c'est-à-dire qui ne sont obligés que de veiller à ce que le testament soit exécuté par les autres exécuteurs testamentaires. — Merlin, *Rép.*, v° *Exécuteur testamentaire*, n. 2. — Mais c'est là une superfétation que rien ne justifie et qui a disparu de la pratique, à moins que la mesure ne trouve sa justification dans quelque circonstance spéciale.

29. — L'institution de l'exécuteur testamentaire ne peut être faite que par un des modes de disposition de dernière volonté. C'est là une dérogation aux principes généraux du droit français. L'exécution testamentaire est, en effet, un contrat qui appartient au type du mandat, lequel peut être donné par devant notaire, par acte sous seing privé, par lettre missive, ou même verbalement. Néanmoins, on s'accorde à reconnaître que le testament est la seule forme valable de nomination de l'exécuteur testamentaire. Il en était ainsi dans l'ancien droit. — Pothier, *Introduction au tit. 16 de la coutume d'Orléans*, n. 25. — *Contrà*, Furgole, n. 10. — V. aussi Coin-Delisle, sur l'art. 1025, n. 6 ; Grenier, sur Bayle-Mouillard, t. 3, n. 329, note a ; Marcadé, sur l'art. 1025 ; Saintespès-Lescot, t. 5, n. 1535 ; Aubry et Rau, t. 7, § 711, p. 447 ; Demolombe, t. 5, n. 21 ; Laurent, t. 14, n. 324 ; Baudry-Lacantinerie et Colin, t. 2, n. 3598 ; Max Vincent, *Exécuteur testamentaire*, p. 127 ; Lefort, *Exécuteur testamentaire*, p. 57 ; Michaux, *Traité des testaments*, n. 1596. — La nomination serait également faite régulièrement par codicille. — Coin-Delisle, *loc. cit.* ; Aubry et Rau, *loc. cit.* ; Demolombe, t. 5, p. 22 ; Michaux, n. 1597. — *Contrà*, Laurent, *loc. cit.*

30. — Comme la nomination, la révocation du mandat d'exécuteur testamentaire ne peut émaner que du testateur lui-même (V. *infra*, n. 247). La révocation peut avoir lieu dans la même forme que le testament lui-même, c'est-à-dire, aux termes de l'art. 1035, C. civ., par un testament postérieur ou par un acte devant notaire portant déclaration du changement de volonté. — Coin-Delisle, *Observ. prél.*, n. 6 ; Demolombe, t. 5, n. 21 ; Baudry-Lacantinerie et Colin, t. 2, n. 2598 ; Max Vincent, *op. cit.*, n. 127.

31. — Le testateur, sans révoquer entièrement la nomination qu'il avait faite, peut se borner à révoquer une partie des pouvoirs qu'il avait conférés à son exécuteur testamentaire ou même restreindre son mandat à certains objets, le soumettre à des conditions déterminées. — Demolombe, t. 22, n. 34 ; Max Vincent, *op. cit.*, n. 145.

32. — La nomination d'un exécuteur testamentaire ne doit point être considérée comme implicitement révoquée par la nomination d'un autre exécuteur testamentaire portée dans un testament postérieur. Sauf et sauf le pouvoir du juge d'interpréter la volonté du testateur, les deux exécuteurs désignés coexistent comme s'ils avaient été nommés dans la même disposition ainsi que le prévoit l'art. 1025. — Coin-Delisle, sur l'art. 1025, n. 7 ; Demolombe, t. 22, n. 34.

33. — Il a été jugé, à cet égard, que la nomination d'un exécuteur testamentaire par un premier testament n'est pas révoquée par le fait de l'institution universelle, depuis annulée, résultant d'un testament postérieur, alors d'ailleurs que les autres dispositions de ce testament ne renferment ni une révocation expresse, ni une révocation tacite résultant d'incompatibilité. — Limoges, 13 mai 1867, Planet, [S. 67.2.314, P. 67.1125, D. 67.2.8] — Demolombe, t. 22, n. 34.

34. — ... Que le legs particulier qu'un testateur fait à son légataire universel, à raison de la charge qu'il lui a imposée d'être son exécuteur testamentaire, n'opère point la révocation du legs universel pour cause d'incompatibilité, surtout si le légataire ne peut retirer aucun avantage du legs particulier. — Cass., 29 mai 1832, Bragade, [S. 32.1.436, P. chr.]

35. — De sa nature, l'exécution testamentaire est gratuite ; mais l'exécuteur peut recevoir un salaire fixé par le testateur. C'est donc à tort qu'on qualifierait cette condition d'essentielle, comme l'a fait un jugement du tribunal d'Anvers du 10 juill. 1869, [*Belg. jud.*, 69.1414] — Duranton, t. 9, n. 395 ; Coin-Delisle, *loc. cit.*, n. 12 ; Rolland de Villargues, *Rép.*, v° *Exécuteur testamentaire*, n. 39 et s. ; Colmet de Santerre, t. 4, n. 170 bis-II ; Saintespès-Lescot, t. 5, n. 1544 ; Aubry et Rau, t. 7, p. 448, § 711 ; Demolombe, t. 22, n. 12 ; Baudry-Lacantinerie, *Précis*, t. 2, n. 624; Baudry-Lacantinerie et Colin, *Donat. et test.*, t. 2, n. 2593.

36. — Le mandat est gratuit alors même qu'une rémunération est la conséquence ordinaire de l'exercice de la profession de l'exécuteur testamentaire et alors même qu'il aurait été choisi à raison de son aptitude professionnelle. Ainsi l'avocat, le notaire, l'avoué ou toute autre personne s'occupant d'affaires, nommé exécuteur testamentaire, sans que le testateur lui ait alloué de salaire, ne peut pas réclamer d'indemnité pour ses soins et vacations. — *Monit. du notar.* (belge), t. 23, 1869, p. 217; *Journ. de proc.* (belge), t. 23, 1870, p. 31; Baudry-Lacantinerie et Colin, n. 2591.

37. — Il a été jugé toutefois, en sens contraire, que l'exécuteur qui joint à ce titre une autre qualité, comme celle d'expert, le mettant à même de rendre aux héritiers des services spéciaux, en les faisant profiter de son habileté professionnelle, a droit de ce chef à une rémunération qu'il appartient au juge de déterminer.—Paris, 3 avr. 1900, Mannheim, [J. *Le Droit*, 27 juin 1900]

38. — En tout cas, il est dans l'usage que le testateur fasse à son exécuteur testamentaire un legs particulier d'importance minime, nommé *diamant*, en reconnaissance des soins qu'implique la mission qui lui est confiée, mission souvent pénible et qui l'expose parfois à des difficultés et à des ennuis personnels. — Furgole, *Testam.*, ch. 10, sect. 4, n. 20 et 21; Merlin, v° *Exécut. testam.*, n. 2; Toullier, t. 5, n. 602; Duranton, t. 9, n. 391; Grenier et Bayle-Mouillard, t. 3, n. 327; Coin-Delisle, *Observ. prélim.*, n. 12; Rolland de Villargues, *loc. cit.*; Massé et Vergé, sur Zachariæ, t. 3, p. 257, n. 491, note 6; Aubry et Rau, t. 7, p. 448, note 5, et p. 449, § 711; Demolombe, t. 22, n. 13 et s. — Les deux idées de service et de rémunération sont tellement liées que, dans le cas d'un legs de cette nature spéciale fait à une personne choisie par le défunt comme exécuteur testamentaire, le légataire ne peut pas recevoir cette rémunération s'il refuse la mission dont elle est le prix. — V. *suprà*, n. 15.

39. — Lorsque le testateur, en nommant plusieurs exécuteurs testamentaires, leur a légué conjointement une somme à partager entre eux, la portion de ceux qui refusent la charge doit accroître à ceux qui acceptent. Toutefois la circonstance que les fonctions auraient été divisées entre les exécuteurs testamentaires serait, en cas de doute, un argument sérieux contre le droit d'accroissement. Il y a lieu, dans tous les cas, pour le juge à rechercher l'intention du disposant. — Nouveau Denisart, v° *Exécut. testam.*, p. 222, n. 4; Toullier, t. 5, n. 602; Demolombe, t. 22, n. 18; Lefort, p. 80.

40. — Un legs laissé à un exécuteur testamentaire en reconnaissance des soins et peines que devait lui occasionner l'exécution du testament et en témoignage de l'amitié du testateur, ne peut pas être annulé par le motif que, postérieurement au décès de celui-ci, le légataire se serait rendu indigne de la confiance des héritiers par des actes tellement contraires à l'honneur et à la délicatesse qu'ils lui avaient fait retirer par jugement l'exécution testamentaire. — Liège, 11 févr. 1834, N.... [P. chr.] — V. *infrà*, n. 247.

41. — Sur le point de savoir s'il y aurait également caducité du legs lorsqu'il a été fait à une personne incapable d'être exécuteur testamentaire, tel qu'un mineur, une femme mariée non autorisée, V. *infrà*, n. 56 et 62. — V. aussi Bayle-Mouillard, sur Grenier, *loc. cit.*; Poujol, sur l'art. 1025, n. 3; Vazeille, sur l'art. 1030, n. 2; Coin-Delisle, *Observ. prélim.*, n. 13; Saintespès-Lescot, *loc. cit.*; Demolombe t. 22, n. 16 et s.

42. — La rémunération modique attachée au mandat d'exécuteur testamentaire n'en altère pas la gratuité en principe. C'est pourquoi, d'après l'opinion qui prévaut, une personne qui serait frappée par la loi de l'incapacité de recevoir une libéralité du testateur pourrait néanmoins être choisi comme exécuteur testamentaire et recevoir une rémunération à ce titre. — V. *suprà*, v° *Donation entre-vifs*, n. 1238, et *infrà*, n. 48.

43. — De même, c'est seulement lorsqu'un véritable salaire a été expressément attribué au mandat d'exécuteur testamentaire, que la jurisprudence a décidé que ce mandat ne pouvait se concilier avec la qualité de notaire récepteur du testament. Mais au cas ordinaire de gratuité, mitigée ou non, de ce que les incapacités et nullités ne peuvent être suppléées et de ce qu'aucune disposition légale ne défend formellement et sous peine de nullité au notaire qui reçoit un testament d'en être nommé l'exécuteur, on déduit qu'un tel choix doit être tenu pour valable. — Gand, 12 avr. 1839, [D. *Rép.*, v° *Dispos. entre-vifs*, n. 335-4°] — Sic, Massé et Vergé, sur Zachariæ, *loc. cit.*; Saintespès-Lescot, *loc. cit.*; Demolombe, *loc. cit.*; Laurent, t. 14, n. 328. — *Contrà*, Baudry-Lacantinerie et Colin, *loc. cit.* — V. encore, quant aux témoins du testament, Fuzier-Herman, *C. civ. ann.*, sur l'art. 971, n. 25 et 26.

Section II.

Qui peut être exécuteur testamentaire.

44. — Pour être exécuteur testamentaire, il faut être capable de s'obliger. Cela résulte de ce que ce mandat est générateur d'obligations à la charge de l'exécuteur (V. *infrà*, n. 171 et s.). « Celui qui ne peut s'obliger ne peut pas être exécuteur testamentaire. » Telle est la disposition expresse de l'art. 1028, C. civ. Il faut donc une capacité plus grande que pour être mandataire, puisque les mineurs et les femmes mariées peuvent remplir un mandat (C. civ., art. 1990). En principe, il n'est pas nécessaire d'être capable de s'obliger pour remplir un mandat puisque le mandataire n'agit pas pour son compte mais pour celui du mandant, et qu'à l'égard des tiers c'est ce dernier qui seul est engagé dans la mesure des pouvoirs qu'il a conférés à son représentant. Le mandataire s'engage bien envers le mandant à raison de la manière dont il exécute son mandat, mais le mandant ne peut s'en prendre qu'à lui-même si le représentant qu'il a choisi compromet ses intérêts. Il peut au surplus, et à tout moment, le révoquer s'il trahit sa confiance; au contraire, l'exécuteur testamentaire, dont le choix est étranger aux héritiers du testateur, ne peut être révoqué par ceux-ci (V. *suprà*, n. 13). Leur droit se borne à exiger de lui de leur rendre compte de sa gestion, dont il est d'ailleurs responsable envers eux, comme nous le verrons plus loin. C'est pourquoi le législateur a voulu que ce mandataire qui leur est imposé, en quelque sorte, à vrai dire, le leur, quoiqu'il y soit préposé à leurs affaires, présentât au moins, dans leur intérêt, la garantie de sa responsabilité personnelle. C'est encore l'une dérogation des plus notables aux règles ordinaires du mandat. — Demolombe, *loc. cit.*, n. 24; Mourlon, *Répétitions*, t. 2, n. 444; Baudry-Lacantinerie et Colin, n. 2599.

45. — Toute personne capable de s'obliger peut être désignée comme exécuteur testamentaire, alors même qu'elle n'aurait pas capacité pour exercer une fonction publique (V. *infrà*, n. 49). — Baudry-Lacantinerie et Colin, *loc. cit.*, n. 2607. — V. Pothier, *Donation*, n. 207.

46. — La capacité de l'exécuteur testamentaire doit être appréciée à l'époque du décès du testateur et non à l'époque de la confection du testament. C'est ce qui résulte du texte même des art. 1028, 1029 et 1030, qui parlent, non de l'incapacité de *nomination*, mais de celle d'*acceptation*. — Toullier, t. 5, n. 578; Duranton, t. 9, n. 393; Coin-Delisle, *Observat.*, n. 8; Marcadé, sur l'art. 1028; Troplong, *Donat. et test.*, t. 4, n. 2008; Aubry et Rau, t. 7 p. 448, § 711; Demolombe, t. 22, n. 24 et 31; Baudry-Lacantinerie et Colin, *Donat. et test.*, t. 2, n. 2609.

47. — Pour pouvoir être exécuteur testamentaire, il n'est pas nécessaire d'être capable de recevoir du testateur; les incapacités ne s'étendent pas d'une matière à une autre. — Pothier, *loc. cit.*; Ricard, part. 2, n. 67; Toullier, n. 580; Favard de Langlade, v° *Exécuteur testamentaire*; Grenier, n. 335; Rolland de Villargues, n. 28; Vazeille, sur l'art. 1028, n. 3; Coin-Delisle sur l'art. 1025, n. 9; Troplong, t. 4, n. 2010; Massé et Vergé, sur Zachariæ, t. 3, p. 260, § 491, note 17.

48. — Une personne que la loi déclare incapable de recevoir un legs du testateur peut donc remplir le mandat d'exécuteur testamentaire; tels sont notamment le tuteur de son pupille, le médecin du malade qui l'a soigné dans sa dernière maladie, le conjoint en secondes noces qui aurait déjà reçu de son conjoint tout ce que la loi lui permet de lui donner. — Pau, 24 août 1825, Guimet, [S. et P. chr.] — Pothier, *loc. cit.*, n. 211; Toullier, t. 5, *loc. cit.*, chap. 5, sect. 7, observ. n. 9; Aubry et Rau, t. 7, § 711, p. 448, texte et note 5; Demolombe, *loc. cit.*, n. 11; Laurent, t. 14, n. 329; Lefort, *loc. cit.*, p. 58; Max Vincent, *loc. cit.*, p. 117; Duranton, t. 9, n. 395; Vazeille, sur l'art. 1028, n. 3; Troplong, *Donations et test.*, t. 4, n. 2010; Demante et Colmet de Santerre, t. 4, n. 170 bis-I; Saintespès-Lescot, t. 5, n. 1555; Massé et Vergé, sur Zachariæ, t. 3, p. 260, § 491, note 17. — *Contrà*, Baudry-Lacantinerie et Colin, n. 2595. — V. en ce qui concerne le notaire, *infrà*, n. 71.

49. — Un étranger peut être mandataire; il peut également être exécuteur testamentaire pourvu qu'il soit capable de s'obliger. Ce n'est pas là en effet une fonction ou charge publique (V. *suprà*, n. 10) et il n'est pas besoin pour la gérer d'avoir la jouissance des droits politiques. Sa capacité à cet égard est déterminée par son statut personnel. C'était l'avis de Pothier (*Donat.*, n. 207); il est généralement suivi sous le régime du Code civil. — Colmar, 8 nov. 1824, Stœckel, [S. et P. chr.] — Paris, 12 janv. 1858, Vieira, [S. 58.2.542, P. 58.369] — Vazeille, sur l'art. 1028; Massé et Vergé, sur Zachariæ, t. 3, p. 261, § 491, note 14; Saintespès-Lescot, t. 5, n. 1557; Favard de Langlade, *Rép.*, n. 3; Troplong, *Donat. et test.*, t. 3, n. 2009; Demolombe, t. 22, n. 9; Laurent, t. 14, n. 325; Michaux, *loc. cit.*, n. 1615; Max Vincent, p. 115; Lefort, p. 60; Baudry-Lacantinerie, *Précis*, t. 2, n. 624; Baudry-Lacantinerie et Colin, *Donations*, t. 2, n. 2607.

50. — La femme non mariée, majeure et non interdite, ayant, en un mot, pleine capacité de s'obliger, peut être nommée exécutrice testamentaire. — Ricard, part. 2, n. 67; Pothier, chap. 5, sect. 1, art. 1; Grenier, *Donat. et test.*, t. 1, n. 332.

51. — La femme mariée commune en biens ne peut accepter l'exécution testamentaire qu'avec l'autorisation de son mari. A défaut de celle du mari, l'autorisation de justice ne saurait en principe l'habiliter que si elle est séparée de biens, soit par contrat de mariage, soit par jugement (C. civ., art. 1029). — Baudry-Lacantinerie et Colin, n. 2601 et 2602.

52. — La raison de ce que l'on a donnée de cette différence est que, dans le premier cas, le législateur a veillé aux sûretés des héritiers en ne permettant pas que la femme puisse se faire autoriser par justice, attendu que, pendant la durée du mariage, la femme mariée sous le régime de la communauté, qui s'est obligée avec l'autorisation de la justice, ne peut être poursuivie que sur la nue-propriété de ses immeubles personnels; dans le second cas, la loi permet à la femme de recourir à l'autorisation de la justice, parce qu'il n'est plus permis d'avoir autant de confiance en la personne du mari, ou parce que celui-ci n'a plus autant d'intérêt à l'acceptation ou au refus de la femme (Grenier et Bayle-Mouillard, *loc. cit.*). Il est plus simple de dire que le mari n'ayant pas, sous le régime de la séparation, la jouissance des biens de la femme, il n'est pas atteint par les conséquences des engagements qu'elle peut contracter à l'occasion de sa gestion (art. 1449, 1536 et 1538, C. civ.). C₃ que le législateur exige n'est pas seulement que l'exécuteur testamentaire puisse s'obliger, c'est encore que l'obligation tqu'il contracte en acceptant le mandat offre aux héritiers et aux légataires la garantie d'une pleine responsabilité pécuniaire. Avec l'autorisation de justice seulement, ses créanciers n'auraient pour gage, que la nue-propriété de ses biens, puisque le mari en a la jouissance. — Demolombe, t. 22, n. 25; Laurent, t. 14, n. 327; Max Vincent, *loc. cit.*, p. 130; Baudry-Lacantinerie et Colin, n. 2601 et 2602. — V. *suprà*, v° *Autorisation de femme mariée*, n. 311 et s.

53. — Notons que depuis la loi du 6 févr. 1893, qui a modifié l'art. 311, C. civ., l'art. 1029 ne reçoit plus son application quant à la femme séparée de corps.

54. — Si la femme est mariée sous tout autre régime que celui de la séparation de biens ou le régime dotal avec paraphernaux, elle a toujours besoin de l'autorisation maritale, alors même qu'elle ne serait pas commune en biens. Mais elle peut toujours accepter, sous quelque régime que ce soit, l'exécution qu'elle obtient l'autorisation de son mari. C'est la règle qui ressort de l'art. 1029. — Baudry-Lacantinerie et Colin, n. 2600; Duranton, t. 9, n. 394; Delvincourt, t. 2, n. 376.

55. — Ce que nous venons de dire de la femme séparée de biens il faut aussi le dire pour la femme mariée sous le régime dotal dont tous les biens seraient paraphernaux, car cette situation offre beaucoup d'analogie avec la précédente. Si les rédacteurs du Code n'en ont rien dit, c'est qu'à l'époque où ils s'occupaient de la matière dont nous traitons, ils ignoraient encore si le régime dotal serait admis dans le Code civil, ce qui était encore très discuté. — Saintespès-Lescot, *loc. cit.*, n. 1548; Massé et Vergé, sur Zachariæ, *loc. cit.*; Marcadé, sur l'art. 1029; Troplong, t. 3, n. 2015; Aubry et Rau, t. 7, p. 448, § 741; Colmet de Santerre, t. 4, n. 174 *bis*-I; Demolombe, *loc. cit.*, n. 27; Laurent, t. 14, n. 327; Baudry-Lacantinerie, *Précis*, n. 625; Baudry-Lacantinerie et Colin, *Donations*, t. 2, n. 2603; Huc, t. 6, n. 360; Max Vincent, *loc. cit.*, p. 132. — On pourrait même en dire autant de la femme dotale dont quelques biens seulement seraient paraphernaux, car, en pareil cas, l'autorisation de la justice équivaut à peu près à l'autorisation maritale au point de vue de l'efficacité des obligations contractées par la femme. Mais la question est controversée. — Baudry-Lacantinerie et Colin, n. 2604.

56. — Si un legs a été fait à la femme à la condition qu'elle exécuterait les dispositions du testateur, et que le mari refuse son autorisation nécessaire, on décide que le legs n'est pas pour cela caduc, parce que, aux termes de l'art. 900, la condition d'accepter l'exécution testamentaire serait réputée non écrite; à moins que l'on ne reconnût que ce legs n'était que le salaire du service que le testateur voulait qu'on lui rendît. — Demolombe, *loc. cit.*, n. 17. — Suivant une autre opinion, le legs n'aurait aucun effet, dans le but d'éviter qu'au moyen d'une collusion entre le mari et la femme, ils recueillent le legs sans la charge. — Delvincourt, t. 2, p. 100. — V. les auteurs cités *suprà*, n. 41.

57. — Si le legs fait à la femme tombe dans la communauté, l'obligation résulta..t de la charge d'exécuteur testamentaire se poursuit sur tous les biens de la communauté, sur ceux de la femme et même sur ceux du mari. Si, au contraire, le legs reste propre à la femme, on ne poursuivra son obligation que sur les biens personnels de la femme (Arg. de l'art. 1413). — Delvincourt, *loc. cit.*

58. — Mais si la femme n'a pas reçu de legs, quel sera l'effet de l'autorisation maritale? Obligera-t-elle le mari sur les biens de la communauté? — On pourrait décider l'affirmative par argument de l'art. 1409, où il est dit que le passif de la communauté comprend les dettes contractées par la femme avec l'autorisation de son mari. Cependant, dans l'espèce, la raison de décider n'est pas la même que dans le cas prévu par l'art. 1409; on n'a pas à craindre ici que le mari contracte une dette sous le nom de sa femme. — Duranton, t. 9, n. 394.

59. — En règle générale, on admet que l'autorisation du mari ne le rend pas personnellement responsable des obligations que sa femme aurait contractées ou encourues dans l'accomplissement de son mandat d'exécuteur testamentaire. — Duranton, t. 9, de son mandat d'exécuteur testamentaire. — Duranton, t. 9, n. 394; Poujol, *Donat. et test.*, sur l'art. 1029; Saintespès-Lescot, t. 5, n. 1549; Bayle-Mouillard, sur Grenier, t. 3, n. 332, note *a*; Troplong, t. 3, n. 2016; Massé et Vergé, sur Zachariæ, t. 3, p. 260, § 491, note 16. — *Contrà*, Vazeille, sous l'art. 1029, n. 1; Coin-Delisle, sur l'art. 1029, n. 1; Laurent, t. 22, n. 79.

60. — « Le mineur ne peut être exécuteur testamentaire, même avec l'autorisation de son tuteur ou curateur » (art. 1030, C. civ.). La raison en est que le mineur ne peut pas s'obliger (art. 1028). L'intervention du tuteur ne saurait effacer l'incapacité légale de son pupille. Et si le tuteur offrait d'accomplir le mandat à la place du mineur on lui répondrait que ce mandat est personnel et que c'est le mineur lui-même qui a été choisi, et non son tuteur; qu'en outre, dans notre droit, sa fonction n'est pas d'autoriser son pupille mais d'agir à sa place (art. 450). — Marcadé, sur l'art. 1030; Demolombe, *loc. cit.*, n. 28; Baudry-Lacantinerie et Colin, n. 2605; Max Vincent, p. 140. — Remarquons, à propos de l'art. 1030, que le texte ne dit pas que le mineur ne peut pas être *nommé* exécuteur, mais qu'il ne peut pas l'*être*, c'est-à-dire en exercer les fonctions; s'il est majeur au moment de l'ouverture de la succession, la nomination produira tous ses effets. — V. sur le principe, *suprà*, n. 46.

61. — Des termes mêmes de l'article il ressort que le mineur émancipé ne peut être exécuteur testamentaire, puisqu'il n'y a que les mineurs émancipés qui aient un curateur. La diversité d'opinions qui divisait, à cet égard, l'ancienne jurisprudence, a disparu. — Pothier, *Donat. testam.*, chap. 5, sect. 1, art. 1; Grenier, n. 332; Delvincourt, t. 2, p. 376, notes; Demolombe, n. 29; Laurent, t. 14, n. 326; Baudry-Lacantinerie et Colin, n. 2605.

62. — Si le legs a été fait au mineur sous la condition qu'il serait exécuteur testamentaire, la condition affecte de nullité la nomination; mais cette condition ne devrait-elle pas être réputée non écrite? Suivant une opinion, il faudrait distinguer : si le testateur connaissait la minorité de l'institué, le legs serait valable et la condition réputée non écrite (C. civ., art. 900). Dans l'autre hypothèse, le legs serait caduc parce que la condition ne pourrait pas être remplie. — Delvincourt, t. 2, p. 376, n. 9; Duranton, t. 9, n. 391. — Cette solution est généralement rejetée. — Poujol, sur l'art. 1025, n. 3; Vazeille, sur l'art. 1030. n. 2; Coin-Delisle, n. 13; Bayle-Mouillard, sur Grenier, t. 3, n. 327, note *c*,

Troplong, *Donat.*, t. 3, n. 2018; Demolombe, t. 22, n. 16; Lefort, p. 78.

63. — *Quid* de l'interdit? Bien que la loi soit muette sur ce point, il n'est pas douteux que l'art. 1030 est applicable à ce cas, puisque l'interdit est incapable de s'obliger, et que l'art. 1028 pose comme règle générale que pour être exécuteur testamentaire, il faut être capable de s'obliger. La nomination est donc nulle. Il faut en dire autant quant à l'individu pourvu d'un conseil judiciaire, et quant à celui qui a été placé dans un établissement d'aliénés. — Grenier, t. 3, n. 332; Demolombe, t. 22, n. 30; Baudry-Lacantinerie et Colin, n. 2606.

64. — La médiocrité de fortune d'un individu ni même son insolvabilité, ne sauraient être une raison pour qu'il ne pût être choisi pour exécuteur testamentaire. La capacité de s'obliger est tout ce qu'exige la loi; la solvabilité qui lui fait défaut peut être remplacée, suivant l'expression de Furgole, par la fidélité et l'exactitude. Dans le silence des textes, il faut donc décider qu'un homme, même notoirement insolvable, est capable, comme un autre mandataire, d'être investi de ce mandat spécial. En ce cas les héritiers et légataires ne seraient pas fondés à exiger une caution, encore que la saisine lui ait été conférée. — Furgole, chap. 10, sect. 4, n. 48 et s.; Pothier, *Donat. testament.*, chap. 5, sect. 1, art. 1; Grenier, n. 333; Saintespès-Lescot, t. 5, n. 1560; Demolombe, t. 22, n. 32; Baudry-Lacantinerie et Colin, n. 2607; Max Vincent, p. 142; Lefort, p. 59. — V. encore Fuzier-Hermau, *C. civ. ann.*, sur l'art. 1025, n. 8.

65. — Certains auteurs ont cependant pensé que cette question ne comporte pas une solution absolue. Si l'insolvabilité s'est produite dans l'intervalle de la confection du testament à l'ouverture de la succession et que le testateur l'ait connue et ait cependant persisté dans son choix, rien ne saurait autoriser les héritiers à en contester la validité. — Saintespès-Lescot, t. 5, n. 1560; Coin-Delisle, *Observat.*, n. 10; Max Vincent, p. 142; Lefort, p. 59. — Si, au contraire, le testateur avait ignoré le changement survenu dans les affaires de l'exécuteur testamentaire, on doit supposer qu'il ne l'aurait pas choisi, s'il eût connu sa déconfiture. On invoqua en ce sens l'art. 2003, C. civ., qui indique la faillite et la déconfiture comme des causes de cessation du mandat. — V. *infra*, v° *Mandat*, n. 882 et s.). — Pothier, *loc. cit.*; Vazeille, sur l'art. 1028, n. 2; Troplong, t. 3, n. 2013; Duranton, t. 9, p. 402; Demolombe, t. 22, n. 33; Bayle-Mouillard, sur Grenier, n. 333, note *a*.

66. — On admet d'ordinaire que la mission d'exécuteur testamentaire peut être confiée aux titulaires successifs d'une même fonction, par exemple à ceux qui se succéderont dans l'office de maire, de curé de la paroisse, qui peuvent être désignés, notamment, comme distributeurs des annuités d'une fondation instituée par le testateur. On s'est demandé si l'on ne pouvait pas considérer ces distributeurs comme les exécuteurs testamentaires. — V. en ce sens, Cass., 14 juin 1875, Bonnabaud, [S. 75.1.467, P. 75.1.180, D. 76.1.132] — *Contrà*, Toulouse, 4 nov. 1890, Bureau de bienfais. de Graulhet (motifs), [S. 91.2.151, P. 91.4.877] — V. *suprà*, v° *Dons et legs*, n. 1549 et s.

67. — Spécialement, les membres successivement titulaires d'une justice de paix ne sont pas incapables d'accepter et de remplir le mandat d'exécuteur testamentaire. Ainsi la mission confiée par un testateur aux juges de paix d'une ville, qu'il a nommés ses exécuteurs testamentaires, de désigner les vieillards pauvres qui rempliraient les conditions déterminées par le testament, ne peut être considérée que comme le mode d'exécution de libéralités faites à des personnes certaines, et n'a pas pour effet de substituer à la volonté du testateur un pouvoir arbitraire d'élire confié à des exécuteurs testamentaires. — Cass., 14 juin 1875, précité.

68. — Une personne morale ne saurait assumer le mandat de faire exécuter un testament ayant pour objet une fondation comportant des prestations indéfinies. C'est ainsi qu'il a été jugé qu'une commune ne peut être exécutrice testamentaire. Elle ne peut ni ne doit, pas plus qu'un établissement public, recevoir la nouvelle perpétuelle de gérer des biens soumis étrangers aux services dont elle est investie par la loi, pour en remettre les revenus à un tiers ou à un autre établissement public légalement représenté, sans en retirer elle-même aucun bénéfice. — Bruxelles, 16 avr. 1883, Ville d'Arlon, [D. 85.2.27]

69. — Le testateur peut encore choisir pour exécuteur testamentaire la personne qui possédera telle dignité au jour de son décès, comme le président de tel tribunal. Quoique la personne revêtue de la dignité au moment du décès ne l'eût pas encore été à l'époque du testament, elle n'en serait pas moins capable d'exécuter le testament et de recueillir le legs qui serait attaché à la charge. En pareil cas, l'exécution du testament est confiée moins à l'individu revêtu de telle qualité, qu'à la qualité qui ne meurt point et qui passe à un autre après lui. — Toullier, t. 5, n. 596; Nouv. Denisart, v° *Exécuteur testamentaire*, n. 14; Rolland de Villargues, *Rép. du notar.*, *eod. verb.*, n. 31.

70. — Il n'y a pas d'incompatibilité entre l'exercice du mandat d'exécuteur testamentaire et certains actes qui s'y rattachent. Ainsi, l'un des témoins instrumentaires du testament pourrait être pris pour exécuteur testamentaire. — Duranton, t. 9, n. 395; Demolombe, n. 11; Laurent, t. 14, n. 328; Baudry-Lacantinerie et Colin, n. 2592.

71. — Il en faut dire autant du notaire qui aurait reçu le testament, attendu qu'il s'agit là non d'une faveur pour le notaire, mais d'une charge dans l'intérêt du testateur ou plutôt de sa succession. Les art. 8 et 10 de la loi du 25 vent. an XI, non plus que l'art. 973, C. civ., ne sauraient y faire obstacle. — Cass., 4 juin 1883, Ville de Montargis, [S. 84.1.233, P. 84.1.553, D. 84.1.54] — V. aussi Gand, 24 janv. 1856, [*Pasicr. belge*, 57.2.170] — *Dict. du not.*, v° *Exécuteur testamentaire*, n. 6; Ma-sé et Vergé, sur Zachariæ, t. 3, p. 260; Aubry et Rau, t. 7, § 711, p. 448; Saintespès-Lescot, n. 1555; Demolombe, n. 11; Laurent, t. 14, n. 328; Baudry-Lacantinerie et Colin, n. 2592; Max Vincent, p. 117; Lefort, p. 58; de Belleyme, *Référés*, t. 1, p. 356, et t. 2, p. 232. — *Contrà*, Rolland de Villargues, *Rép. du notariat*, v° *Exécuteur testamentaire*, n. 29.

72. — Aucune raison de droit ne peut non plus faire obstacle à ce que le notaire soit choisi, par le président du tribunal, comme dépositaire du testament qui le nomme exécuteur testamentaire. La pratique, sous ce rappport, est d'accord avec la doctrine. — De Belleyme, *Des référés*, t. 1, p. 356, et t. 2, p. 252 et 253; *Rev. du not. et de l'enreg.*, t. 1, n. 121; Demolombe, n. 23.

73. — Mais il a été jugé qu'un testament authentique où figure comme témoin un parent ou un allié au degré prohibé de l'exécuteur testamentaire est nul, si cet exécuteur testamentaire y est gratifié, à ce titre, d'une somme même modique, cette gratification ne pouvant être considérée que comme un legs. — Paris, 5 févr. 1833, Mallèvre, [S. 33.2.178, P. chr.] — V. *infrà*, v° *Testament*.

74. — Les fonctions de tuteur des enfants du testateur et celles d'exécuteur testamentaire ne sont point incompatibles. — Paris, 15 mess. an XII, Dupucé, [S. et P. chr.] — Colmar, 8 nov. 1821, Stœckel, [S. et P. chr.] — *Sic*, Troplong, *Donat. et test.*, t. 3, n. 10; Max Vincent, *loc. cit.*, p. 116. — Elles ne le sont pas non plus avec le titre d'héritier ou de légataire. Mais par l'acceptation du mandat, l'héritier ou le légataire se rend non recevable à critiquer le testament. — Denisard, *Rép.*, v° *Exécut. testam.*, § 1, n. 6; Saintespès-Lescot, t. 5, n. 1559; Toullier, t. 5, n. 579; Bayle-Mouillard, t. 3, n. 333, note *b*; Troplong, t. 4, n. 2011; Aubry et Rau, t. 7, p. 448, § 711; Demolombe, t. 22, n. 9; Laurent, t. 14, n. 328; Max Vincent, *loc. cit.*, p. 115; Lefort, *loc. cit.*, p. 58; Michaux, *loc. cit.*, n. 1616.

75. — Les fonctions d'exécuteur testamentaire combinées avec la charge d'employer l'universalité des biens de la succession à célébrer des messes, ne doivent pas être considérées comme une libéralité déguisée, lorsqu'elles sont conférées à un prêtre qui dirigeait la conscience du testateur, qui l'a assisté dans ses derniers moments. — Pau, 24 août 1825, Guimet, [S. et P. chr.]

Section III.

Droits et pouvoirs de l'exécuteur testamentaire.

76. — Les droits et pouvoirs de l'exécuteur testamentaire résultent soit des dispositions générales de la loi, soit des dispositions particulières prises par le testateur.

77. — La règle générale de la matière est que l'exécuteur testamentaire ne représente le testateur que quant à l'exécution des volontés dernières par lui exprimées, et dans la mesure où elles sont conformes à la loi, soit qu'il s'agisse de libéralités posthumes ou d'un acte à accomplir, tel que les funérailles, l'édification de son tombeau, etc. Mais il est de principe qu'aucun lien de droit n'existe entre l'exécuteur testamentaire et les héritiers naturels ou institués. L'exercice de son mandat ne saurait donc, ni directement ni indirectement, entraver ou limiter leurs droits, quant à la propriété des biens délaissés par le testateur ou à la possession de ces biens, à leur administration, à leur jouissance et à la perception des revenus — Gand, 23 févr. 1870 [*Pasicr. belge*, 70.2.224] — *Sic*, Troplong, n. 2005 ; Aubry et Rau, t. 7, p. 433, § 717 ; Demolombe, t. 22, n. 69. — V. *infrà*, n. 90.

78. — En ce qui concerne les droits et pouvoirs conférés par le testateur, ils varient nécessairement d'après volonté de celui-ci. A cet égard, on peut diviser les exécuteurs testamentaires suivant que le testateur les a laissés sous l'empire du droit commun ou qu'il a étendu leurs pouvoirs en leur conférant la saisine du mobilier. Nous étudierons successivement les deux situations.

§ 1. *Exécuteur testamentaire non saisi.*

79. — D'après la loi, l'exécuteur testamentaire a le droit de provoquer toutes les mesures et de faire tous les actes nécessaires pour parvenir à l'accomplissement de la mission qui lui est confiée.

80. — Il s'ensuit que, conformément aux termes de l'art. 1031-3° : 1° les exécuteurs testamentaires sont recevables à intervenir dans les contestations qui touchent au maintien des volontés testamentaires dont ils sont les gardiens, toutes les fois qu'ils le jugent nécessaire pour l'accomplissement de leur mandat. — Paris, 20 déc. 1850, Collet, [S. 50.2.625, P. 51.1.251, D. 51.2.1] ; — 2° mais si leurs moyens sont les mêmes que ceux de l'héritier demandeur, leur présence faisant double emploi dans la cause, où ils n'apportent aucun droit particulier, les frais de leur intervention doivent rester à leur charge. — Même arrêt.

81. — Spécialement, l'exécuteur testamentaire a qualité pour intervenir sur la demande en homologation d'une transaction passée entre l'héritier légitime et le légataire mineur. — Bourges, 28 flor. an XIII, Tardif, [S. et P. chr.]

82. — Mais il n'est pas recevable à frapper de tierce-opposition un jugement homologuant l'état liquidatif de la succession du testateur ; il ne peut prendre part aux règlements de comptes des créanciers de la succession que si ces règlements de comptes ont pour objet de porter frauduleusement atteinte aux dispositions testamentaires. — Trib. Seine, 31 juill. 1897, [*J. Le Droit*, 9 décembre]

83. — L'exécuteur testamentaire qui intervient dans l'instance introduite par un légataire particulier contre un légataire universel, à fin de délivrance et restitution de certains objets de valeurs compris dans le legs particulier, n'est pas recevable à conclure incidemment contre ce légataire universel à ce qu'il soit tenu de faire connaître et de déposer les valeurs mobilières par lui réalisées : une telle demande, dépassant les limites et les limites de la demande principale, ne peut elle-même être formée que principalement. — Limoges, 13 mai 1867, Planet, [S. 67.2.314, P. 67.1.1125, D. 67.2.81]

84. — On s'accorde à peu près à reconnaître que l'exécuteur testamentaire a qualité pour intervenir dans les contestations entre l'héritier et un débiteur de la succession ou un détenteur de biens héréditaires, lorsqu'il s'aperçoit que l'héritier, de concert avec des tiers, essaye de dissimuler, au détriment des légataires, l'actif réel de la succession. Mais suivant quelques auteurs, son rôle doit se borner à prévenir les légataires de la collusion qu'il soupçonne. — Toullier, t. 5, n. 591 ; Duranton, t. 9, n. 413. — Suivant d'autres, son devoir est d'intervenir directement, car il s'agit de l'exécution des legs compris au testament ; or, c'est bien veiller à son exécution que d'empêcher le détournement des valeurs destinées à y satisfaire. — Saintespès-Lescot, t. 5, n. 1574 ; Demolombe, t. 22, n. 79 ; Laurent, t. 14, n. 361 ; Max Vincent, p. 199.

85. — L'intervention de l'exécuteur testamentaire est recevable aussi bien en appel qu'en première instance. — Cass., 15 avr. 1817, Trouessart, [S. 67.1.207, P. 67.505, D. 67.1.295] — Paris, 20 déc. 1850, précité. — Rennes, 12 juill. 1864, Trouessart, [S. 64.2.181, P. 64.810] — Demolombe, t. 22, n. 78 ; Max Vincent, p. 197. — V. art. 466, C. proc. civ.

86. — L'intervention, alors même qu'elle est utile, n'est pas d'ailleurs une obligation pour l'exécuteur : l'art. 1031 dit seulement qu'il *pourra* intervenir. S'il a été mis en cause il aura à apprécier si les légataires défendent suffisamment leurs droits et si les conditions du débat sont telles qu'il doive demander sa mise hors de cause. — Liège, 11 juin 1851, [*Pasicr. belg.*, 51.2.211] — Laurent, t. 14, n. 360.

87. — Le droit d'intervention ou même celui d'action directe ne donnent pas à l'exécuteur testamentaire qualité pour représenter la succession en justice, pas plus comme demandeur que comme défendeur. En effet, du jour du décès, la succession a un représentant légal qui s'identifie avec elle. — Lyon, 15 mars 1834, Roux, [S. 55.2.424, P. 56.1.471] — Metz, 13 juill. 1865, Chalupt et Bujon, [S. 66.2.29, P. 66.200, D. 65.2.126] — *Sic*, Toullier, t. 5, n. 591 ; Aubry et Rau, t. 7, § 711, p. 453 ; Demolombe, t. 22, n. 75 et 80 ; Laurent, t. 14, n. 361 ; Baudry-Lacantinerie et Colin, n. 2659 ; Max Vincent, p. 198. — V. Cass., 15 avr. 1867, précité. — Rennes, 12 juill. 1864, précité. — Toullier, t. 5, n. 591 ; Duranton, t. 9, n. 415.

88. — Par suite, il est sans qualité pour défendre à l'action en nullité d'une condition apposée à un legs ; cette action doit être intentée directement contre l'héritier. — Lyon, 15 mars 1834, précité.

89. — De son côté, l'héritier est en droit d'intervenir dans les actions existant entre les tiers et l'exécuteur testamentaire. Ainsi, les héritiers légitimes sont essentiellement intéressés dans les contestations élevées entre un donataire entre-vifs et un exécuteur testamentaire, soit sur la validité de la donation, soit sur le titre d'exécuteur testamentaire ; en conséquence, ils doivent être appelés en cause. La cour d'appel qui ordonne cette mise en cause, refusée par les premiers juges, peut en même temps évoquer l'affaire au fond. — Bruxelles, 2 pluv. an XIII, Vanobstuyen, [S. et P. chr.]

90. — La chose jugée contre l'exécuteur testamentaire seul, qui n'a pas mis en cause l'héritier ou le légataire universel, ne peut pas préjudicier à ceux-ci. — Trib. Lyon, 27 juin 1888, [*Monit. jud. de Lyon*, 14 août 1888] — Troplong, t. 3, n. 2005 ; Aubry et Rau, t. 7, § 711, p. 453 ; Demolombe, t. 22, n. 69. — Jugé cependant qu'alors même que les héritiers ou légataires n'ont pas été mis en cause, l'arrêt rendu contre l'exécuteur testamentaire leur profite. — Bourges, 17 janv. 1829, sous Cass., 5 déc. 1831, Bréchard, [S. 32.1.360, P. chr.] — Bayle-Mouillard, sur Grenier, t. 3, n. 331, note *c*; Troplong, *loc. cit.*; Aubry et Rau, *loc. cit.*; Demolombe, *loc. cit.*; Max Vincent, p. 183.

91. — Le testateur peut valablement donner à son exécuteur testamentaire le pouvoir de recevoir des capitaux de rentes, de les replacer, et de soutenir tous les procès que l'administration des biens pourrait occasionner. Mais tous ces droits et pouvoirs doivent n'avoir trait qu'à l'exécution du testament, et non aux droits dépendant du patrimoine. Ils devraient être réputés non écrits s'ils avaient tout autre chose pour objet, alors surtout qu'ils atteindraient les droits des héritiers ou légataires ou ceux des tiers.

92. — L'exécuteur testamentaire a surtout, d'une façon générale, la mission d'assurer l'acquittement des legs ; toutefois, cette mission, en ce qui concerne les immeubles, est plutôt de surveillance et de contrôle. A raison de la nature même de l'objet qui leur est légué, les légataires d'immeubles n'ont pas besoin des mêmes garanties que les légataires d'objets ou de valeurs mobilières. — Sur le point de savoir si l'exécuteur testamentaire peut provoquer la vente des immeubles, V. *infrà*, n. 103 et s.

93. — Le paiement des legs est fait par l'exécuteur testamentaire, pour le compte des héritiers, au moyen des deniers qui se trouvent dans la succession, et en cas d'insuffisance, sur le produit de la vente du mobilier. C'est pourquoi les héritiers ont le droit de participer à ces opérations, de les contrôler et de les critiquer si leur intérêt le veut. — Coin-Delisle, sur l'art. 1031, n. 4 ; Demolombe, t. 22, n. 72 ; Laurent, t. 14, n. 363 ; Baudry-Lacantinerie et Colin, n. 2650 et 2651. — L'exécuteur testamentaire qui négligerait de s'assurer le concours des héritiers s'exposerait, le cas échéant, à une action en dommages-intérêts. - V. *infrà*, n. 201.

94. — Sous l'empire de la coutume de Paris (art. 2975), l'action en paiement des dettes de la succession ne pouvait être dirigée contre l'exécuteur testamentaire : elle devait l'être directement contre l'héritier..; surtout si, par le testament, l'exécuteur n'avait pas été chargé du paiement des dettes. En conséquence, était nul et ne pouvait être opposé à l'héritier le jugement qui condamne l'exécuteur testamentaire au paiement d'une dette de la succession. Peu importait d'ailleurs que le jugement eût été rendu et que la succession se fût ouverte aux colonies. — Cass., 18 avr. 1825, Baudenon, [S. et P. chr.]

95. — Aujourd'hui encore, le mandat de l'exécuteur testamentaire ne comprend, en général, que le paiement des legs ; il est exclusif de l'acquittement des dettes héréditaires. Telle est l'opinion presque unanime des auteurs. — Grenier et Bayle-Mouillard, t. 3, n. 331; Toullier, t. 5, n. 591; Coin-Delisle, sur l'art. 1031, n. 6; Duranton, t. 9, n. 415; Marcadé, sur l'art. 1031, n. 2; Aubry et Rau, t. 7, p. 356, § 711; Demolombe, loc. cit. p. 75 et 76; Laurent, loc. cit., n. 373; Colmet de Santerre, t. 4, n. 176 bis. — V. Baudry-Lacantinerie et Colin, n. 2660. — V. cep. Troplong, t. 3, n. 2004; Saintespès-Lescot, t. 5, n. 1572; Pothier, chap. 5, sect. 1, art. 2, § 2. — Mais s'il n'a pas directement pour mission d'acquitter le passif, il sera par la force même des choses amené à provoquer la liquidation, puisque ce n'est qu'après cette opération préalable que les legs peuvent être payés. — Colmet de Santerre, loc. cit ; Baudry-Lacantinerie et Colin, loc. cit.

96. — De ce que nous venons de dire il résulte que ce n'est pas à l'exécuteur testamentaire que les créanciers doivent s'adresser puisqu'il serait sans qualité pour répondre à leur demande, sauf sa mise en cause à fin de jugement commun. — Cass., 18 avr. 1825, précité. — Troplong, t. 3, n. 2005; Aubry et Rau, t. 7, § 711, p. 453; Laurent, t. 14, n. 373.

97. — On estime quelquefois que les dettes privilégiées pourraient être payées par l'exécuteur testamentaire, alors même qu'il n'en aurait pas reçu mandat du testateur, mais seulement sur les deniers comptants (Duranton, n. 414). Il y a intérêt, en effet, pour le prompt règlement de la succession, à admettre que l'exécuteur testamentaire pourrait avoir la faculté de faire les règlements d'importance modique et d'un caractère urgent qui ont trait à l'administration de la succession. — V. Baudry-Lacantinerie et Colin, loc. cit.

98. — D'après quelques auteurs le testateur pourrait charger expressément son exécuteur de payer ses dettes; mais pour accomplir valablement cette mission, celui-ci devrait, mieux encore que pour le paiement des legs (V. suprà, n. 93), requérir le concours des héritiers et légataires universels, à moins qu'il n'y eût contre eux jugements passés en force de chose jugée. — Toullier, t. 5, n. 591; Marcadé, sur l'art. 1031, n. 2; Duranton, t. 9, n. 415; Coin-Delisle, sur l'art. 1031, n. 6; Troplong, t. 3, n. 2205. — Contrà, sur le principe même, Massé et Vergé, sur Zachariæ, t. 3, p. 263, § 491, note 27; Aubry et Rau, t. 7, p. 456, § 711, note 39; Demolombe, t. 22, n. 88; Baudry-Lacantinerie et Colin, n. 2661.

99. — En tout cas, l'exécuteur testamentaire auquel le testateur n'a pas conféré la saisine est sans qualité pour obtenir la conversion en titres au porteur de titres nominatifs immatriculés au nom du de cujus et dépendant de la succession. — Paris, 27 juin 1878, Pauthonnier, [S. 80.2.245, P. 80.959, D. 79.2.100]

100. — On s'est demandé si le testateur a le pouvoir, en thèse générale, alors surtout qu'il n'y a pas d'héritiers réservataires, d'étendre à son gré les attributions de son exécuteur testamentaire en dehors de celles qui lui sont énoncées dans l'art. 1031, C. civ., en d'autres termes, de l'investir d'une sorte de mandat général pour le règlement de sa succession. Malgré le caractère tout spécial du mandat de l'exécuteur testamentaire on est porté à l'admettre en principe, surtout en jurisprudence, tout en reconnaissant que ce pouvoir doit avoir des limites en ce qu'il admet de sa part une ingérence et une immixtion dans les affaires de la succession, que le texte de la loi ne comporte pas toujours. Il appartient d'ailleurs aux juges du fait d'apprécier si la mission donnée par le testateur est expressément impliquée dans l'exécution proprement dite du testament.

101. — Jugé, à cet égard, qu'il n'est pas au pouvoir d'un testateur d'autoriser l'exécuteur testamentaire à liquider la succession. — Bruxelles, 26 févr. 1818, Mulié, [S. et P. chr.]; — 16 mars 1814, Guerinch, [S. et P. chr.] — ... Sauf dans le cas où le testateur ne laisse pas d'héritier à réserve. — Cass., 8 août 1848, Bouche, [S. 49.1.66, P. 48.2.649, D. 48.1.188]; — 17 avr. 1855, Gardin et Buré, [S. 56.1.233, P. 56.1.253, D. 55.1.201] — Douai, 26 août 1847, Bouche, [S. 49.1.66, sous Cass., 8 août 1848, P. 48.1.81, D. 47.2.209]

102. — ... Qu'un testateur ne peut donner à son exécuteur testamentaire le pouvoir de diriger le partage de l'hérédité, selon le mode qu'il trouvera le plus convenable, et que l'exécuteur testamentaire ne peut, en vertu de cette clause, qui doit être réputée non écrite, intervenir aux opérations du partage. — Bruxelles, 1er juin 1816, Proot, [S. et P. chr.] — V. Metz, 13 mai 1864, [S. 64.2.132, P. 64.1133, D. 64.2.169] — Sic, Demolombe, t. 22, n. 87; Max Vincent, p. 215.

103. — Mais on estime qu'il y aurait lieu d'admettre la validité de la clause par laquelle le testateur, qui ne laisse pas d'héritier à réserve, charge son exécuteur testamentaire de convertir en argent tout l'actif mobilier et immobilier pour en faire la répartition entre ses légataires dans la proportion des attributions qu'il leur en a faites. Cette disposition peut être inspirée par le désir légitime d'éviter aux intéressés les lenteurs et les difficultés que le défunt pouvait craindre ou prévoir. — Cass., 8 août 1848, précité; — 17 avr. 1855, précité. — Douai, 26 août 1847, précité; — 27 janv. 1864, Castrique, [S. 64.2.225, P. 64 1055] — Sic, Vazeille, sur l'art. 1031, n. 12; Duranton, t. 9, n. 411; Massé et Vergé, sur Zachariæ, t. 3, p. 265; Demolombe, t. 22, n. 91; Max Vincent, p. 216. — Contrà, Laurent, t. 14, n. 308.

104. — On admet aussi que le testateur peut conférer à l'exécuteur testamentaire un mandat spécial qui ne se rattache pas à l'exécution d'un legs, à la condition que le mandat se rattache à l'exécution d'une disposition de dernière volonté. Ce principe a reçu spécialement son application en matière d'inhumation avant la loi du 18 nov. 1887 sur la liberté des funérailles. — V. infrà, v° Inhumation et sépulture, n. 51 et s.

105. — Il avait déjà été jugé, avant la loi du 18 nov. 1887, que le choix du lieu de sépulture dépend, avant tout, de la libre volonté du défunt qui a pu exercer ce droit par lui-même; d'où la conséquence qu'il a pu valablement charger un mandataire d'en surveiller l'exécution. — Trib. Amiens, 17 déc. 1881, Cailly, [S. 82.2.118, P. 82.1.710] — Cour de Parme, 9 mai 1882, Scotti-Anguissola, [S. 85.4.5, P. 85.2.7]

106. — Le testateur, qui n'a pas d'héritiers à réserve, pouvant librement disposer de ses biens, peut charger un tiers de trier et détruire ses papiers et ses lettres inutiles. — Cass., 26 janv. 1886, Guillon, [S. 87.1.214, P. 87.1.517, D. 86.1.241]

107. — Et les juges du fait qui déclarent que cette clause a eu pour effet d'attribuer au tiers la pleine propriété des papiers et lettres, et lui reconnaissent, par suite, en ce qui touche les papiers et lettres, la qualité d'exécuteur testamentaire avec les droits et les pouvoirs que le défunt y a attachés lui-même, ne font que se livrer à une interprétation d'acte qui leur appartient. — Même arrêt.

108. — Dans ce cas, l'héritier, dépouillé par le testament de tout droit sur les papiers et lettres à trier et à détruire, ne saurait se plaindre de ce qu'il soit procédé à cette opération en dehors de lui. — Même arrêt. — V. aussi infrà, v° Legs, n.982.

109. — Jugé que l'exécuteur testamentaire peut être autorisé à recevoir et placer les capitaux. — Bruxelles, 18 nov. 1815, Coormans, [P. chr.] — Sic, sur le principe, Duranton, t. 9, n. 412; Coin-Delisle, sur l'art. 1031, n. 5; Troplong, t. 3, n. 2002; Massé et Vergé, sur Zachariæ, t. 3, § 494, p. 263, note 27; Demolombe, t. 22, n. 84 et s. — Contrà, Laurent, t. 14, n. 332 et s. — V. Aubry et Rau, t. 7, § 711, p. 450 et 453.

110. — En résumé, on admet la validité, en principe, des attributions et mandats spéciaux donnés par le testateur, à condition : 1° que les pouvoirs qu'il confère à son exécuteur testamentaire aient pour but l'exécution d'une disposition du testament; 2° que ces attributions et mandats ne soient pas contraires aux textes impératifs ou prohibitifs de la loi; 3° qu'ils ne soient pas non plus contraires à l'ordre public.

111. — Spécialement en ce qui concerne cette troisième condition, on ne saurait admettre la validité de dispositions extravagantes ou impies de nature à troubler l'ordre public, que le testateur aurait pu recommander à son exécuteur testamentaire d'observer lors de ses funérailles ou dans des circonstances analogues. — Demolombe, t. 22, n. 99.

112. — L'exécuteur testamentaire n'est pas tenu d'agir en personne; il peut faire remplir, par un fondé de pouvoir spécial, tous les devoirs qui lui sont imposés par le testament. Il a cette faculté, lors même que le testateur a nommé un exécuteur testamentaire subsidiaire ou à défaut du premier. — Cass., 26 mai 1829, Gélis, [S. et P. chr.] — Ce point ne fait pas de doute quand le testateur a donné à son exécuteur le pouvoir de substituer. — Colmar, 8 nov. 1824, Stœckel, [S. et P. chr.] — Quand le testateur ne lui a pas accordé cette faculté, l'exécuteur ne peut se substituer un tiers dans l'exercice de son mandat ; ce serait donner au testateur un exécuteur qu'il n'aurait pas choisi en même temps que répudier partiellement l'exécution. Mais toute différente est la portée du mandat que l'exécuteur peut donner à un tiers de faire en son nom tel ou tel acte; c'est lui qui agit par son représentant dont il reste responsable. — Bayle-Mouillard sur Grenier, t. 3, n. 329, note *d;* Massé et Vergé, sur Zachariæ, t. 3, p. 265; Aubry et Rau, t. 7, § 711, p. 449 ; Demolombe, t. 22, n. 41; Laurent, t. 14, n. 331; Max Vincent, *loc. cit.*, p. 152.

113. — Lorsqu'il y a plusieurs exécuteurs testamentaires qui tous ont accepté, un seul peut agir à défaut des autres, à moins que le testateur n'ait divisé leurs fonctions (C. civ., art. 1033). — V. *suprà*, n. 87.

114. — Si les fonctions ont été divisées, chacun des acceptants peut agir dans les limites qui lui sont tracées, nonobstant le refus de ses co-mandataires. — Chacun n'a de pouvoir que relativement à l'objet qui lui est assigné, et pourvu qu'il se soit renfermé dans les limites de cet objet, sa responsabilité ne s'étend pas au delà. — Duranton, t. 9, n. 423 ; Demolombe, t. 22, n. 36; Aubry et Rau, t. 7, § 711, p. 458.

115. — Si, au contraire, les fonctions n'ont pas été divisées, la loi, pour prévenir les embarras et les retards qui se produiraient infailliblement si aucun acte d'exécution ne pouvait être fait que par tous les mandataires réunis, reconnaît à chacun d'eux, d'après l'intention présumée du testateur, le droit d'agir à défaut des autres ; en sorte que chaque exécuteur se trouve avoir tous les pouvoirs, exactement comme s'il avait été seul choisi. — Pothier, *Donat. et test.*, art. 11, § 14 ; Marcadé, sur l'art. 1033, n. 1 ; Aubry et Rau, t. 7, 711, p. 458 ; Demolombe, n. 37 et 38 ; Bayle-Mouillard, sur Grenier, t. 3, n. 329, note *b* ; Coïmet de Santerre, t. 4, n. 178 *bis;* Saintespès-Lescot, t. 5, n. 1586.

§ 2. *Exécuteur testamentaire saisi.*

116. — Les fonctions de l'exécuteur testamentaire, avons-nous dit, varient suivant qu'il a ou n'a pas la saisine : dans le premier cas sa mission est active et c'est à lui qu'il appartient d'exécuter le testament en acquittant les legs mobiliers ou d'accomplir tout autre mandat conféré par le testateur. Dans le second cas il est seulement chargé de veiller à l'exécution du testament. — Baudry-Lacantinerie et Colin, *Donat. et test.*, t. 2, n. 2611, et *Précis de dr. civ.*, t. 2, n. 628. — Sous le bénéfice de cette distinction, tout ce qui vient d'être dit au sujet de l'exécuteur testamentaire muni seulement des pouvoirs généraux que lui confère la loi comme conséquence directe de sa mission, s'applique *a fortiori* au cas où le testateur lui a conféré la saisine; qu'il ait donc ou n'ait pas la saisine, l'exécuteur ne peut rien faire en dehors de son mandat légal et le testateur lui-même n'a pas le droit d'élargir ce mandat ni de dispenser l'exécuteur testamentaire de l'accomplissement des formalités que la loi a prescrites dans l'intérêt des héritiers. — Baudry-Lacantinerie et Colin, *Donat. et test.*, n. 2610. — V. *suprà*, n. 100 et s.

117. — Aux termes de l'art. 1026, C. civ., le testateur peut donner à son exécuteur testamentaire la saisine de tout ou seulement d'une partie de son mobilier; mais s'il ne l'a pas donnée, l'exécuteur ne peut l'exiger. — Cet article apporte une innovation à l'ancien droit, en ce sens que sous l'empire du Code civil, et contrairement à ce qu'admettaient certaines coutumes, l'exécuteur testamentaire n'a la saisine que dans le cas où elle lui a été formellement donnée par le testament. Quelques coutumes étendaient même la saisine de droit aux immeubles. — Douai, 17 mars 1815, Despret, [S. et P. chr.] — Cass. belge, 6 juill. 1874, [*Pasicr.*, 74.1.236] — Merlin, *Rép.*, v° *Exécut. test.;* Duranton, t. 9, n. 396; Demolombe, t. 22, n. 44 et 54 *bis ;* Laurent, t. 14, n. 335; Massé et Vergé, *Précis*, t. 2, n. 626 ; Baudry-Lacantinerie et Colin, *Donat et test.*, n. 2612 et s.

118. — Si la saisine est subordonnée à la volonté du testateur, il faut, pour qu'elle soit conférée, que cette volonté soit certaine, car la saisine porte atteinte aux droits des héritiers et constitue pour eux une gêne par cela même qu'elle paralyse dans quelque mesure leur saisine légale et ne leur permet pas d'appréhender les biens. Toutefois, pour l'instituer, aucune forme sacramentelle n'est de rigueur, l'intention du testateur peut s'induire de l'ensemble des dispositions du testament. — Bruxelles, 8 nov. 1842, [*Pasicr. belge*, 42.2.320]: — 7 juin 1848, [*Ibid.*, 51.2.339] — Demolombe, t. 22, n. 54 *bis ;* Laurent, t. 14, n. 336; Baudry Lacantinerie et Colin, n. 614 et 615. — Il a même été jugé qu'elle pourrait résulter de la nature même de la mission donnée à l'exécuteur testamentaire. — Pau, 13 janv. 1890, Regnault [D. 91.2.51] — V. *suprà*, n. 107.

119. — L'objet de la saisine est d'assurer le paiement des legs mobiliers et l'accomplissement des volontés du défunt, en prévenant le détournement des effets qui doivent servir à acquitter ces legs ou à exécuter ces volontés. C'est une sorte de séquestre qui confère à l'exécuteur testamentaire le droit d'appréhender de lui-même le mobilier. — Pothier, *Donat. et test.*, ch. 5, art. 2, § 1, n. 212 ; Toullier, t. 5, n. 582 ; Duranton, t. 9, n. 396.

120. — La saisine permet à l'exécuteur testamentaire de se mettre en possession matérielle des meubles héréditaires, en tout ou en partie, suivant l'étendue que le testateur a donnée à la saisine; il peut les appréhender de sa propre autorité si le testament qui le nomme est un testament authentique. Mais si ce testament est olographe ou mystique, il semble indispensable, par analogie de la situation des légataires, que l'exécuteur se fasse envoyer en possession conformément à l'art. 1008, C. civ. — Huc, *Code civ.*, t. 6, n. 358 ; Baudry-Lacantinerie et Colin, n. 2626.

121. — L'exécuteur testamentaire qui a la saisine du mobilier n'en a pas pour cela la possession. Il n'est qu'un détenteur précaire possédant au nom de l'héritier ou du légataire universel, qui conserve la saisine légale de toute la succession, et il lui doit compte des capitaux et revenus qu'il a pu percevoir. — Toullier, t. 5, n. 582 ; Duranton, t. 9, n. 396; Grenier, t. 1, n. 338; Troplong, t. 5, n. 1998; Aubry et Rau, *loc. cit.*, p. 455 ; Pothier, sur la cout. d'Orléans, tit. 16, art. 290; Marcadé, sur l'art. 1026; Troplong, t. 4, n. 1998 ; Massé et Vergé, sur Zachariæ, t. 3, p. 264, § 491, note 28; Saintespès-Lescot, t. 5, n. 1538 ; Aubry et Rau, t. 7, § 711, p. 455; Demolombe, *Donat. et test.*, t. 22, n. 55, et *Successions*, t. 13, n. 136 ; Laurent, t. 14, n. 339; Baudry-Lacantinerie, *Précis*, t. 2, n. 627 ; Baudry-Lacantinerie et Colin, n. 2624 et 2625.

122. — De ce que l'exécuteur n'a pas la possession légale, mais une simple détention, il s'ensuit qu'il ne peut intenter la complainte contre celui qui le trouble. Il n'a qu'une action en *factum* pour laquelle il demande qu'on fasse défense de le troubler dans la saisine qui lui est utile pour veiller à l'exécution du testament. — Toullier, ch. 5. sect. 1, art. 2 ; Ricard, part. 2°, n. 63; Delvincourt, t. 2, p. 372, notes.

123. — En tous cas, les effets de la saisine dative, ou de fait, sont tels que lorsque l'exécuteur testamentaire a été investi de cette saisine, les héritiers à réserve sont inadmissibles à demander la nomination d'un administrateur provisoire de la succession. — Paris, 18 déc. 1871, Aubertot, [S. 72.2.169, P. 72.770, D. 73.2.15]

124. — L'exécuteur testamentaire auquel l'héritier refuse la possession effective des biens dont la saisine lui a été donnée par le testateur ne peut pas agir au possessoire pour l'obtenir. — Delvincourt, t. 2, p. 99.

125. — Si le paiement des legs est la fin de l'exécution testamentaire et l'objet principal de cette nature de mandat, il ne s'ensuit pourtant pas, comme conséquence nécessaire, que ce soit à l'exécuteur testamentaire que les légataires doivent adresser leur demande en délivrance. Il n'est chargé que de l'accomplissement matériel de la disposition, c'est-à-dire de la délivrance de fait conforme à la saisine de fait dont il est investi. Mais la saisine de droit et comme conséquence juridique la remise de droit, celle qui rend le légataire propriétaire de la chose comprise dans son legs et en implique l'exécution, appartiennent à l'héritier ou légataire universel et c'est à lui que régulièrement le légataire doit s'adresser. — Merlin, *Rép.*, v° *Exécut. test.*, n. 7; Massé et Vergé, sur Zachariæ, t. 3, § 491, p. 268, note 29; Aubry et Rau, t. 7, § 711, p. 453; Demolombe, t. 22, n. 69 et 70; Laurent, t. 14, n. 370; Baudry-Lacantinerie et Colin, n. 2632.

126. — Cependant les auteurs admettent que l'exécuteur a qualité pour répondre à une demande en délivrance et que les légataires peuvent s'adresser indistinctement à lui ou à l'héritier (Pothier, *Donat. et test.*, chap. 5, sect. 3, art. 1, n. 245 ; Toullier, t. 5, n. 553; Aubry et Rau, *loc. cit.*, texte et note 38). Mais cette solution est contestée et l'on va jusqu'à décider que la demande formée contre l'exécuteur testamentaire ne serait pas recevable. — Grenier, t. 3, n. 338; Demolombe, t. 22, n. 70; Laurent, t. 14, n. 370; Baudry-Lacantinerie, *Précis*, t. 2, n. 600; Baudry-Lacantinerie et Colin, n. 2632.

127. — En admettant que l'action soit facultative pour le légataire, s'il l'a dirigée contre l'exécuteur testamentaire, celui-ci, pour payer utilement, doit requérir le concours et le consentement de l'héritier si le paiement peut avoir lieu à l'amiable, et le mettre en cause si une action en délivrance a été formée. Autrement il engagerait sa responsabilité tant à l'égard de l'héritier que du légataire. — Furgole, chap. 10, sect. 4, n. 47; Ricard, part. 2, n. 79; Pothier, *Donat. et test.*, chap. 5. sect. 1, art. 3, n. 228; Favard de Langlade, *Rép.*, v° *Exécut. test.* § 2, n 5; Troplong, t. 3, n. 2003; Coin-Delisle, sur l'art. 1031, n. 8; Toullier. t. 5, n. 589; Duranton, t. 9, n. 413; Aubry et Rau, t. 7, § 711, p. 456; Demolombe, t. 22, n. 68; Laurent, t. 14, n. 369; Baudry-Lacantinerie et Colin, n. 2650; Max Vincent, p. 182; Lefort, p. 93. — V. *suprà*, n. 93, et *infrà*, n. 195.

128. — Par suite de ce qui précède, l'exécuteur testamentaire auquel un legs a été fait ne saurait se payer valablement lui-même; il est tenu d'obtenir de l'héritier la délivrance de son propre legs. — Demolombe, t. 22. n. 74; Laurent, t. 14, n. 47; Max Vincent, p. 186. — *Contrà*, Toullier, t. 5, n. 542; Duranton, t. 9, n. 421; Coin-Delisle, sur les art. 1014 et 1015; Aubry et Rau, t. 7, § 718, p. 478; Piédelièvre, *De l'exécut. des legs particuliers*, p. 79.

129. — L'art. 1014, C. civ., accordant les fruits ou intérêts au légataire particulier du jour de sa demande en délivrance, Pothier estime que la demande faite à l'exécuteur testamentaire ici l'héritier, fait courir ces fruits et intérêts, alors même que l'exécuteur testamentaire aurait tardé à dénoncer à l'héritier la demande qui lui a été faite. — Pothier, ch. 5, sect. 1, art. 2, § 4. — Il pouvait être ainsi décidé dans l'ancien droit; mais il en est autrement sous l'empire du Code civil. Les intérêts ne peuvent courir qu'à partir d'une demande régulièrement et valablement formée, et si le débiteur est en demeure. Or, nous avons reconnu qu'il n'y a pas d'autre débiteur que l'héritier. — Grenier, t. 3, n. 338; Demolombe, t. 22, n. 70; Laurent, t. 14, n. 371; Max Vincent, p. 185; Piédelièvre, *De l'exéc. des legs partic.*, p. 92.

130. — Le testateur ayant la faculté de restreindre la saisine de l'exécuteur testamentaire à une partie du mobilier, il peut se faire que cette partie ne soit pas suffisante pour assurer l'accomplissement des dispositions testamentaires. Dans ce cas, l'exécuteur n'en doit pas moins veiller à leur stricte exécution, et pour cela il peut exiger de l'héritier ce qui est nécessaire pour l'entier accomplissement du testament. — Pothier, ch. 5, sect. 1 art 2, § 3. — Au surplus, il appartient au juge du fait d'interpréter, à cet égard, la volonté du testateur. — Baudry-Lacantinerie et Colin, n. 2619.

131. — Il a été jugé qu'un testateur peut donner la saisine de tout son mobilier à son exécuteur testamentaire, aussi bien dans le cas où il laisse des héritiers à réserve que dans celui où il n'en laisse pas. — Paris, 18 déc. 1871, Aubertot, [S. 72. 2.169, P. 72.770, D. 73.2.15] — Lyon, 20 mai 1896, Chaudière, [S. et P. 99.2.209, D. 96.2.273] — Mais la question est controversée en doctrine. — V. dans le sens des arrêts: Demolombe, *Donat. et test.*, t. 22, n. 51; Demante et Colmet de Santerre, t. 4, n. 171 *bis*-V; Dutruc, *Rev. du notar.*, 1871, p. 642 et s.; Laurent, t. 14, n. 340; Baudry-Lacantinerie et Colin, n. 2616. — D'après une autre opinion, le testateur ne peut pas donner la saisine de tout le mobilier à son exécuteur testamentaire, lorsqu'il y a des réservataires et que la succession étant toute ou presque toute mobilière, la réserve doit nécessairement porter sur le mobilier; dans ce cas, le testateur doit se borner à donner la saisine d'une partie de mobilier suffisante à l'acquittement des dispositions qui n'entament pas la réserve. — Duranton, t. 9, n. 401; Vazeille, *Success., donat. et test.*, t. 36, sur l'art. 1026, n. 2; Taulier, t. 4, p. 867; Massé et Vergé, sur Zacharie, t. 3, § 491, note 20, p. 261; Aubry et Rau, t. 7, § 711, p. 453, texte et note 28.

132. — Dans tous les cas, toutes les fois qu'il n'y aura pas de réservataire. la saisine pourra être donnée sur tout le mobilier, alors même qu'il serait plus que suffisant pour acquitter les dispositions du testament (Arg. de l'art. 1026).

133. — Le mot *mobilier* employé par l'art. 1026, C. civ., doit être pris dans son sens le plus large, celui qu'il a dans le langage juridique ordinaire (C. civ., art. 535). Il comprend donc non seulement les meubles corporels, le numéraire ou les espèces métalliques et billets de la Banque de France, les bijoux, etc., mais encore les biens incorporels, en un mot tout ce qui n'est pas immeuble. C'est ainsi qu'on l'entendait déjà dans l'ancien droit. Toutefois, comme l'objet principal de la saisine est de faciliter la réalisation du mobilier pour l'acquittement des legs, les droits incessibles n'en font pas partie. — Ricard, *Donations entre-vifs.* 2e part., p. 78; Bacquet, *Droits de bâtardise*, chap. 7, n. 5; Demolombe, t. 22. n. 52; Laurent, t. 14, n. 337.

134. — On a même été jusqu'à y comprendre tous les droits mobiliers quelconques dont le défunt aurait pu disposer, et notamment le droit au bail appartenant au testateur au jour de son décès, à moins que par une clause expresse du contrat il n'ait été interdit au preneur de céder ledit droit sans le consentement exprès du bailleur. — Gand, 23 févr. 1870, [*Pasicr. belge*, 70.2.244]

135. — Le mot mobilier s'entend-il aussi des arrérages de rentes et des fruits des immeubles, même échus depuis le décès du testateur, et des actions mobilières? La question est controversée. La négative était suivie dans l'ancien droit. — Ferrière, sur l'art. 297 de la *Coutume de Paris*; Furgole, *Testament*, t. 4, chap. 10, sect. 4, n. 40; Ricard, *Donat.*, part. 2, chap. 2, n. 77. — La majorité des auteurs est dans ce sens. — V. Fuzier-Herman, *C. civ. ann.*, sous l'art. 1026, n. 6; Max Vincent, *loc. cit.*, p. 163; Lefort, *loc. cit.*. p. 85. — La raison en est que les revenus qui viennent à échoir pendant l'année de la saisine n'ont jamais appartenu au testateur. — *Contrà*, Toullier, n. 586.

136. — Bien que la saisine s'applique aux titres nominatifs dépendant de la succession, c'est au nom de l'héritier que doit se faire le transfert de ces valeurs et non pas au nom de l'exécuteur testamentaire. — Orléans, 5 févr. 1870, Laveine, [S. 70. 2.257, P. 70.979, D. 70.2.49] — Bioche, *Journ. de proc. civ.*, art. 9565.

137. — Pour faciliter à l'exécuteur testamentaire la réalisation de l'actif mobilier, la doctrine lui reconnaît qualité, en vertu de la saisine, pour suivre en justice le recouvrement des créances héréditaires. — Pothier, *Donat. et test.* chap. 5, sect. 1, art. 2, § 4; Toullier, t. 5, n. 588; Duranton, t. 9, n. 401; Coin-Delisle, sur l'art. 1031, n. 5; Troplong, t. 3, n. 2002; Aubry et Rau, t. 7, p. 455, § 711; Demolombe, t. 22, n. 56; Laurent, t. 14, n. 350; Baudry-Lacantinerie et Colin, n. 2628; Max Vincent, *loc. cit.* p. 165; Saintespès-Lescot, t. 5, n. 1571. — *Contrà*, Bruxelles, 3 janv. 1824, [*Pasicr. belge*, 1824, p. 5] — Pothier déclare même que l'exécuteur testamentaire serait responsable de l'insolvabilité des débiteurs, lorsque des poursuites, exercées en temps utile auraient pu éviter que la succession souffrît de cette insolvabilité. — V. *infrà*, n. 202.

138. — Toutefois, l'exécuteur testamentaire n'est pas obligé, pour recouvrer des créances dues au testateur, d'intenter des procès de nature à se prolonger jusqu'après l'expiration de son mandat. — Agen, 17 avr. 1807, Lalont, [S. et P. chr]

139. — Jugé qu'un exécuteur testamentaire chargé d'administrer une succession et d'en percevoir les revenus, peut, en sa qualité, réclamer une créance de cette succession, sans être obligé de justifier de l'existence et de la capacité de ceux auxquels il devra rendre compte. — Rennes, 12 févr. 1811, N..., [S. et P. chr.]

140. — Si le débiteur contestait, l'héritier devrait être mis en cause; sinon le jugement serait considéré comme non avenu, ou pourrait au moins être attaqué par la tierce-opposition. — Pothier, chap. 5, sect. 1, art. 2, § 4; Furgole, n. 44; Toullier, t. 5, n. 588; Delvincourt, t. 2, p. 372, notes. — V. *suprà*, n. 90.

141. — L'exécuteur testamentaire ne peut, dit Laurent (t. 14, n. 330), user de ce droit qu'autant que cela serait nécessaire pour assurer le paiement des legs. S'il y a des deniers suffisants il n'aurait plus qualité; car il n'agirait plus comme exécuteur, mais comme représentant des héritiers, ce qui est en dehors de sa mission.

142. — Si l'héritier avait recélé des objets de la succession, il pourrait être poursuivi par l'exécuteur testamentaire comme débiteur de cette succession. — Toullier, t. 5, n. 592.

143. — Le testateur peut-il donner la saisine de ses biens immobiliers à l'exécuteur testamentaire? La négative est généralement admise. — Lyon, 26 août 1864, Portanier, [S. 65.2.254, P. 65.1008]; — 20 mai 1896, Chaudière, [S. et P. 99.2.209, D. 96.2.273] — Bruxelles, 8 août 1864, [*Pasicr. belg.*, 64.2. 411] — Telle était aussi l'opinion des anciens auteurs. — Pothier, *Donat.*, chap. 5, sect. 1, art. 2, § 3; Ricard, part. 2, ch. 3, n. 78; Merlin, *Rép.*, v° *Héritier*, sec. 7, § 2 *bis*. — V., dans le même sens, Bayle-Mouillard, sur Grenier, t. 3, n. 331; Coin-Delisle, sur l'art. 1026, n. 2; Marcadé, sur l'art. 1026, n. 2; Mourlon, *Répét. écr.*, citant Valette, t. 2, n. 867; Troplong, t. 3, n. 995; Saintespès-Lescot, t. 5, n. 1337; Massé et Vergé, sur Zacharie, t. 3, p. 264, § 491; Aubry et Rau, t. 7, p. 453, § 711; Demolombe, t. 22, n. 47; Laurent, t. 11, n. 458, et t. 14, n. 338; Baudry-Lacantinerie, *Précis*, t. 2, n. 603; Colmet de Santerre

t. 4, n. 171 bis-II; Huc, Comment. théor. et prat., t. 6, n. 358; Max Vincent, p. 156; Lefort, p. 83; Baudry-Lacantinerie et Colin, n. 2620. — Contrà, Delvincourt, t. 2, p. 95; Vazeille, sur l'art. 1026, n. 2.

144. — Conformément à l'opinion dominante, il a été jugé que la disposition par laquelle un testateur investit son exécuteur testamentaire du droit d'administrer des immeubles dépendant de sa succession, de la manière la plus absolue, jusqu'au décès d'un tiers auquel l'usufruit est légué, constitue, au profit de cet exécuteur testamentaire, une véritable saisine prohibée par la loi, en ce que, d'une part, elle est indéterminée dans sa durée, et que, de l'autre, elle porte sur des immeubles. Dès lors, une telle disposition doit être réputée non écrite. — Cass., 20 mai 1867, Jomand, [S. 67.1.292, P. 67.753, D. 67.1.200] — Lyon, 26 août 1864, précité. — V. Aix, 30 août 1811, Giraud, [S. et P. chr.]

145. — Nous avons vu que l'exécuteur testamentaire a qualité pour provoquer la vente du mobilier, si les deniers comptants sont insuffisants. En ce qui concerne les immeubles on ne saurait à notre avis lui accorder ce pouvoir. — V. infrà, n. 196.

146. — Mais ce pouvoir que l'art. 1031 lui refuse implicitement, le testateur pourrait-il le leur conférer? Nombre d'auteurs l'admettent dans le cas où le testateur ne laisse pas d'héritier réservataire, et c'est aussi l'opinion qui prévaut en jurisprudence et même chez un grand nombre d'auteurs qui refusent au testateur le droit de confier la saisine des immeubles à l'exécuteur testamentaire. — Cass., 8 août 1848, Bouche, [S. 49.1.66, P. 48. 2.649, D. 48.1.188]; — 17 avr. 1855, Petit-Villermont, [S. 55. 1.253, P. 56.2.211, D. 56.1.201] — Douai, 27 janv. 1864, Castrique, [S. 64.2.225, P. 64.1065] — Bruxelles, 2 août 1809, Jacquard, [S. et P. chr.] — Douai, 26 août 1847, Bouche, [S. 49. 1.66, sous Cass., 8 août 1848, P. 48.1.81, D. 47.2.209] — Aubry et Rau, t. 7, § 711, p. 450; Demolombe, t. 22, n. 90; Poujol, sur l'art. 1031, n. 5; Colmet de Santerre, t. 4, n. 176 bis-VII; Saintespès-Lescot, t. 5, n. 1575; Duranton, t. 9, p. 41; Vazeille, sur l'art. 1031, n. 12; Troplong, t. 4, n. 2026. — Contrà, Baudry-Lacantinerie et Colin, n. 2654; Laurent, t. 14, n. 364; Coin-Delisle, sur l'art. 1031, n. 7; Colmet de Santerre, t. 4, n. 176 bis-IV; Huc, t. 6, n. 362. — V. au surplus Fuzier-Herman, C. civ. annoté, sur l'art. 1031, n. 13 et s.

147. — Ainsi jugé que le testateur qui ne laisse pas d'héritiers à réserve peut, après avoir institué des légataires, conférer à un exécuteur testamentaire le pouvoir de faire procéder (même sans en indiquer le mode) à la vente de tous les immeubles de la succession), pour en verser ensuite le prix entre les mains des légataires, après l'acquittement des charges. — Douai, 27 janv. 1864, précité.

148. — ... Que l'exécuteur testamentaire investi d'une telle mission a le droit de l'accomplir même que les héritiers et les légataires offriraient de payer toutes les charges et démontreraient l'inutilité de la vente; qu'il suffit que la volonté du testateur soit exprimée d'une manière claire et précise, pour que le juge doive en ordonner l'exécution. — Même arrêt. — V. cep. infrà, n. 156.

149. — ... Qu'est valable la clause par laquelle un testateur, qui ne laisse pas d'héritiers à réserve, prescrit à son exécuteur testamentaire de vendre ses immeubles, même sans formalités de justice, pour en distribuer le prix, après l'acquittement des charges, entre ses héritiers naturels, qu'il appelle à sa succession dans la proportion déterminée par la loi. — Metz, 13 mai 1869, Bocquillon, [S. 70.2.20, P. 70.296, D. 69.2.192]

150. — ... Que le testateur qui ne laisse pas d'héritiers à réserve peut, après avoir institué plusieurs légataires universels, conférer à un exécuteur testamentaire le pouvoir de faire procéder dans une forme indiquée à la vente de tous les immeubles de la succession, pour en verser ensuite le prix entre les mains des légataires universels après l'acquittement des charges, et qu'il en est ainsi, alors même que quelques-uns des légataires universels n'auraient accepté la succession que sous bénéfice d'inventaire; ces légataires ne sont pas fondés à prétendre que, dans ce cas, la vente doit avoir lieu selon les formes prescrites pour les immeubles dépendant d'une succession bénéficiaire. — Cass., 17 avr. 1855, Deschamps, [S. 56.1.253, P. 56.2.211, D. 55.1.201]

151. — Mais l'exécuteur testamentaire, auquel le testateur a donné pouvoir de réaliser, dans la forme qu'il avisera, tout son actif mobilier et immobilier, sans lui assigner aucun délai, ne peut, alors que la succession a été acceptée bénéficiairement par les héritiers, procéder à l'amiable à la vente partielle des immeubles, malgré l'opposition des héritiers. — Lyon, 20 mai 1896, précité.

152. — En pareil cas, les héritiers bénéficiaires sont fondés à demander qu'il soit procédé à la vente en justice de tous les immeubles dépendant de la succession. — Même arrêt.

153. — De ce que le pouvoir donné par le testateur à son exécuteur testamentaire de vendre les immeubles est valable, on en a conclu qu'est également valable la promesse de vente d'un immeuble faite par l'exécuteur testamentaire, en vertu du pouvoir que lui confère le testament, de vendre cet immeuble pour en distribuer le prix à divers légataires...; du moins, en un tel cas, et lorsque les héritiers ne réclament pas contre cette vente, l'acquéreur ne peut en demander la nullité, sous prétexte que l'exécuteur testamentaire lui aurait vendu la chose d'autrui (C. civ., art. 1599). — Douai, 27 déc. 1848, Allart, [S. 49.2.164, P. 49.2.58, D. 49. 5.393]

154. — L'héritier ou le légataire peut demander la cessation de la saisine de l'exécuteur, si l'exécution des volontés du défunt était accomplie avant la fin de l'an et jour (Arg. de l'art. 1027, in fine). — Delvincourt, t. 2, p. 373.

155. — Ils pourraient également faire cesser la saisine, en justifiant du paiement des legs mobiliers, ou en offrant de remettre à l'exécuteur testamentaire somme suffisante pour acquitter ces legs (C. civ., art. 1027). Cette disposition s'explique par le motif que la saisine a, avant tout, pour objet de s'assurer l'exécution des legs (V. suprà, n. 119). Du moment que l'héritier ou légataire justifie avoir payé les legs ou fournit les fonds nécessaires pour le faire, la saisine n'a plus d'objet. De reste un seul des héritiers peut se charger de cette exécution sans le concours de ses cohéritiers. — Bruxelles, 15 mars 1817, [Pasicr. belge, 1817, p. 347] — V. Laurent, t. 14, p. 347.

156. — Il a même été jugé que si les héritiers légataires offrent une somme suffisante pour l'acquittement des legs, l'exécuteur testamentaire n'a point à s'immiscer dans la succession, encore qu'il ait été chargé par le testament de vendre les biens. — Bruxelles, 16 mars 1811, Géérinek, [S. et P. chr.] — Sic, Vazeille, sur l'art. 1027, n. 1; Duranton, t. 9, n. 397; Demolombe, t. 22, n. 57; Laurent, n. 345; Baudry-Lacantinerie et Colin, n. 2632. — V. cep. suprà, n. 148.

157. — Jugé aussi que dans le cas où, entre trois héritiers, dont l'un a été institué exécuteur testamentaire avec saisine de biens meubles, des difficultés se sont élevées, à raison, principalement, de prétentions excessives de l'exécuteur testamentaire qui s'exagérait ses droits en cette qualité, c'est à bon droit que le juge (même avant l'expiration de l'année après le décès du de cujus) en donnant acte aux deux autres héritiers de ce qu'ils se déclarent prêts à mettre à la disposition de l'exécuteur testamentaire la portion d'un titre de rente indivis de la succession, qui sera nécessaire pour payer les legs particuliers, ordonne, sur la demande de ces deux héritiers, le partage et la liquidation de la succession. — Cass., 23 mai 1898, Damay, [S. et P. 1900.1. 44, D. 99.1.199]

158. — Mais les héritiers ne pourraient pas, comme autrefois sous l'empire de certaines coutumes, faire cesser la saisine en donnant caution pour l'exécution des legs. — Laurière, sur Loysel, Institut. coutum., L. 2. tit. 4. n. 15; Coin-Delisle, sur l'art. 1027, n. 3; Troplong, t. 3, n. 2006; Saintespès-Lescot, t. 5, n. 1541; Bayle-Mouillard, sur Grenier, t. 3, n. 330, note b; Demolombe, t. 22, n. 5. — Ce sont des offres réelles qu'exige l'art. 1027. — Demolombe, t. 22, n. 57; Laurent, t. 14, n. 345; Baudry-Lacantinerie, Précis, t. 2, n. 627; Baudry-Lacantinerie et Colin, n. 2630.

159. — La saisine ne peut durer au delà de l'an et jour, à compter du décès du testateur (C. civ., art. 1026).

160. — Mais il peut arriver que l'entrée en fonctions de l'exécuteur soit retardée par une opposition des héritiers, des créanciers ou des autres intéressés à élever des contestations soit contre la validité du testament ou de ses dispositions, soit contre l'exécution testamentaire elle-même. Le délai, dans ce cas, ne peut courir qu'à dater du jour où l'exécuteur a pu entrer en possession des choses dont la saisine lui a été conférée. — Poitiers, 23 vent. an XIII, Benoît, [S. et P. chr.] — Grenier et Bayle-Mouillard, loc. cit.; Duranton, t. 9, n. 399; Delvincourt, t. 2, p. 95, note 6; Marcadé, t. 4, sur l'art. 1026, n. 2, in fine;

Toullier, t. 3, n. 594 ; Baudry-Lacantinerie et Colin, *loc. cit.;* Troplong, *Tr. des don. et test.*, t. 4, n. 1999; Vazeille, *Success., don. et test.*, t. 3, sur l'art. 1026, n. 3; Colmet de Santerre, *Cours anal. de C. civ.* (contin. de A.-M. Demante), t. 4, n. 171 *bis*-IV; Demolombe, *Tr. des don. et test.*, t. 5, n. 50; Laurent, *Princ. de dr. civ.*, t. 14, n. 343; Fuzier-Herman, *C. civ. annoté*, sur l'art. 1026, n. 17.

161. — Si le testament n'avait pas été découvert dès l'instant du décès, ou s'il s'était élevé des contestations sur le testament, le délai ne prendrait date que du jour de la découverte du testament ou de la cessation des difficultés. — Poitiers, 23 vent. an XIII, précité. — V. Dumoulin, sur la *Coutume de Paris*, n. 76 ; Ricard, 2ᵉ part., p. 74 ; Pothier, *loc. cit.;* Duranton, t. 9, n. 399 ; Toullier, t. 3, n. 594 ; Grenier et Bayle-Mouillard, *loc. cit.;* Delvincourt, t. 2, p. 374, notes ; Marcadé, sur l'art. 1026, n. 2; Colmet de Santerre, t. 4, n. 171 *bis*-IV; Aubry et Rau, *loc. cit.*, p. 455, texte et note 33; Demolombe, t. 22, p. 160; Lefort, p. 88; Baudry-Lacantinerie et Colin, n. 2622.

162. — Le testateur pourrait-il accorder une saisie qui se prolongeât au delà de l'an et jour? Pour l'affirmative, on dit qu'il serait absurde que celui qui peut disposer de son mobilier, au préjudice de l'héritier ou des légataires, ne puisse ordonner que ce même mobilier restera en dépôt dans les mains de l'exécuteur testamentaire pendant plus d'un an et un jour. On ajoute que l'héritier, pouvant faire cesser la saisie quand il voudra (V. *suprà*, n. 155), il n'y a pas d'inconvénient à admettre cette solution (Duranton, t. 9, n. 400). Mais on répond, avec raison, selon nous, que l'art. 1026 est formel pour empêcher la saisie de se prolonger au delà de l'an et jour, et que, dans la section chargée de l'examen du projet de loi, il fut entendu que, dans aucun cas, la saisie ne pourrait durer au delà de ce délai.

163. — Aussi s'accorde-t-on aujourd'hui à reconnaître que l'art. 1026, en fixant la durée de la saisie à l'an et jour à compter du décès du testateur, a imposé un délai de rigueur ; le testateur est impuissant à l'étendre au delà. — Cass., 20 mai 1867, Iomand, [S. 67.1.192, P. 67.753, D. 67.1.200] — Pau, 7 déc. 1861, Harambous, [S. 62.2.257, P. 63.906, D. 63.5.164] — Alger, 20 janv. 1879, Héritier Michel, [S. 79.2.71, P. 79.331, D. 79.2.143] — Lyon, 20 mai 1896, Chaudière, [S. et P. 99.2.209, D. 96.2.273] — *Sic*, Marcadé, sur l'art. 1026, n. 2; Rolland de Villargues, *Rép. du notar.*, vº *Exécut. test.*, n. 63 ; Troplong, *Donat. et test.*, t. 4, n. 2000; Bayle-Mouillard, sur Grenier, *Idem*, n. 330, note d; Colmet de Santerre, contin. de Demante, *Cours analyt.*, t. 4, n. 171 *bis*-III ; Saintespès-Lescot, *Donat. et test.*, t. 5, sur l'art. 1026, n. 1540 ; Zachariæ, Massé et Vergé, t. 3, § 491, p. 266, texte et note 35 ; Aubry et Rau, 3ᵉ éd., t. 6, § 711, p. 436, texte et note 25 ; Demolombe, t. 22, n. 50 ; Laurent, t. 14, n. 343 ; Baudry-Lacantinerie et Colin, *Donat. et test.*, t. 2, n. 2621 et s. — V. aussi les observations du Tribunal, sur l'art. 1026 (Fenet, t. 12, p. 380 ; Locré, t. 11, p. 327). — *Contrà*, Delvincourt, t. 2, p. 591, note 6, éd. de 1819 ; Duranton, t. 9, n. 400 ; Vazeille, *Donat. et test.*, sur l'art. 1026, n. 2 (qui restreint cette doctrine au cas où il n'y a pas d'héritiers à réserve); Poujol, sur le même article, n. 3.

164. — Ainsi doit être annulée la disposition par laquelle le testateur, en créant une fondation à perpétuité, charge de l'administration de cette fondation plusieurs exécuteurs testamentaires dont il proroge indéfiniment la saisie en les investissant du pouvoir de se donner des successeurs au décès les uns des autres. — Pau, 7 déc. 1861, précité. — Lyon, 26 août 1864, Portanier, [S. 65.2.254, P. 65.1008] — Alger, 20 janv. 1879, précité.

165. — Quelles que soient les exigences paraissant résulter des circonstances du fait, le délai de la saisie ne peut être prorogé non plus par l'autorité judiciaire. — Pothier, *Donat.*, chap. 5, sect. 11, art. 4; Ricard, 2ᵉ part., p. 74 ; Toullier, t. 5, n. 594 ; Vazeille, sur l'art. 1026, n. 4; Bayle-Mouillard, sur Grenier, t. 3, n. 330, note d; Saintespès-Lescot, t. 5, n. 1540 ; Demolombe, t. 22, n. 49; Aubry et Rau, t. 7, § 711, p. 484 ; Baudry-Lacantinerie et Colin, n. 2623 ; Max Vincent, p. 160; Lefort, p. 87. — *Contrà*, Grenier, t. 3, n. 330 ; Troplong, t. 4, n. 1999 ; Massé et Vergé, sur Zachariæ, t. 3, p. 266, § 491.

166. — Si, après l'an et jour, des legs mobiliers n'étaient point encore acquittés, le légataire universel ou l'héritier légitime pourrait demander la restitution des objets compris dans la saisie, sans être tenu de fournir somme suffisante pour leur acquittement. — Duranton, n. 397.

167. — Jugé, en ce qui concerne les immeubles de la succession, qu'en admettant que le testateur puisse conférer la saisine de ses biens immobiliers à son exécuteur testamentaire (V. *suprà*, n. 143 et s.), il ne saurait le faire sans se conformer, pour la réalisation de cette partie de son actif, aux conditions d'exécution et aux délais déterminés par les art. 1026 et 1027, C. civ. — Lyon, 20 mai 1896, Chaudière, [S. et P. 99.1.209, D. 96.2.273]

168. — La saisine donnée à l'exécuteur testamentaire est tout à fait distincte du mandat qui lui est conféré pour assurer l'exécution du testament. Ce mandat n'a d'autre terme que celui de l'exécution même : d'où il suit qu'il continue après même que la saisine a pris fin régulièrement par l'expiration d'une année à compter du décès. — Cass., 15 avr. 1867, Trouessart, [S. 67.1.207, P. 67.505, D. 67.1.295] — Rennes, 12 juill. 1864, Même partie, [S. 64.2.181, P. 64.810] — Trib. Lyon, 30 juin 1877, Jouve, [D. 78.3.88] — Bruxelles, 4 août 1852, [*Pasicr.*, 53.2.26] — Merlin, *Rép.*, vº *Exécuteur testamentaire*, n. 8 ; Toullier, t. 3, n. 595; Coin-Delisle, *Observat. prétim.*, n. 15 ; Bayle-Mouillard, sur Grenier, t. 3, n. 337, note b; Demolombe, t. 22, n. 83; Laurent, t. 14, n. 344; Delvincourt, t. 2, p. 373 ; Marcadé, sous l'art. 1031, n. 4; Colmet de Santerre, t. 4, n. 176 *bis*, et 476 *bis*-IV: Baudry-Lacantinerie et Colin, n. 2655. — V. aussi Aubry et Rau, t. 7, p. 432, § 711.

169. — Jugé que l'exécuteur testamentaire peut encore, après l'année de la saisine, poursuivre l'entérinement et l'exécution du testament, surtout si les contestations suscitées par l'héritier ont absorbé ce premier délai. — Poitiers, 23 vent. an XIII, Benoît, [S. et P. chr.]

170. — Un arrêt ordonne valablement la liquidation judiciaire d'une succession, malgré la réclamation légataire universel *de cujus* qui a confié à un tiers en qualité d'exécuteur testamentaire, le pouvoir de faire cette liquidation, s'il constate notamment que la saisine attribuée à ces tiers, à titre d'exécution testamentaire, a pris fin par l'expiration de l'an et jour, conformément à l'art. 1026, C. civ. — Cass., 19 juin 1895, Gougeon, [D. 95.1.466]

Section IV.

Obligations de l'exécuteur testamentaire.

171. — Nous avons vu que si, d'une façon générale, on veut caractériser la différence qui existe entre les fonctions de l'exécuteur testamentaire saisi et celles de l'exécuteur testamentaire non saisi, on peut dire que le premier est chargé d'*exécuter* le testament en payant les legs mobiliers, tandis que le second a seulement pour mission de *veiller à l'exécution* du testament (V. *suprà*, n. 116). Au surplus l'art. 1031 qui détermine les fonctions générales de l'exécuteur, et dont nous allons aborder l'examen, n'établit aucune distinction apparente entre ces deux catégories de mandataires. Mais il est certain qu'il vise plus spécialement l'exécuteur pourvu de la saisine. — Baudry-Lacantinerie et Colin, n. 2633. — Les fonctions auxquelles a trait l'art. 1031 ont pour objet : 1º les mesures conservatoires ; 2º les mesures d'exécution ; 3º la reddition du compte. Nous aurons en outre à examiner l'étendue de la responsabilité de l'exécuteur testamentaire.

§ 1. *Mesures conservatoires.*

172. — Dès son entrée en fonctions, l'exécuteur testamentaire doit faire apposer les scellés s'il y a des héritiers mineurs, interdits ou absents (C. civ., art. 1031, § 1). — Cette mesure est toute dans l'intérêt des héritiers et non dans celui des légataires, qui peuvent d'ailleurs requérir aussi l'apposition des scellés, s'ils y trouvent avantage. — Aubry et Rau, t. 7, § 711, p. 431; Demolombe, t. 22, n. 61; Baudry-Lacantinerie et Colin, n. 2636. — *Contrà*, Marcadé, sur l'art. 1031, n 1.

173. — L'exécuteur fait apposer les scellés soit que le testateur ait ou non accordé la saisine. — Malleville, sur l'art. 1031; Toullier, t. 5, n. 584. — Cependant, suivant Marcadé, sur l'art. 1031, n. 1, l'obligation relative à l'apposition des scellés ne concernerait que l'exécuteur saisi.

174. — Il est généralement admis en doctrine que l'apposition des scellés n'est indispensable à l'égard des mineurs ou interdits qu'autant qu'ils ne sont pas pourvus de tuteurs. L'art. 1031, C. civ., doit en effet être combiné avec les art. 910 et 911, C. proc. civ., qui ne parlent que des incapables non légalement représentés. — Grenoble, 5 avr. 1863, Gaillard, [D. 63-2. 181] — Duranton, t. 9, n. 404 ; Bayle-Mouillard, sur Grenier, t. 3, n.330, note a; Colmet de Santerre, t. 4, n. 176 bis-11; Demolombe, t. 22, n. 61 ; Laurent, t. 14, n. 353 et 354; Boitard et Colmet-Daage, *Leçons de procédure*, n. 1132; Garsonnet, *Traité de la proc.*, t. 6, n. 1244 et la note 2 ; Dutruc, *Supplément aux lois de la procédure*, v° *Scellés*, n. 36 ; Rousseau et Laisney, *Dictionn. de procéd.*, v° *Scellés*, n. 8 ; Max Vincent, p. 172; Baudry-Lacantinerie et Colin, n. 2637. — *Contrà*, Troplong, *Donat. et test.*, t. 4, n. 2020 ; Saintespès-Lescot, t. 5, n. 1561; Massé et Vergé, sur Zachariæ, t. 3, § 491, p. 262, note 21.

175. — Jugé qu'en cas de contestation sur la question de savoir à la requête de qui, de l'héritier ou de l'exécuteur testamentaire même avec saisine des biens, les scellés doivent être apposés, l'apposition doit se faire à la requête de l'héritier. Il en est de même pour la levée des scellés. — Bruxelles, 9 août 1808, Venfrasson, [S. et P. chr.] — L'exécuteur testamentaire peut dans tous les cas se assister à toutes les vacations de la levée des scellés, en personne ou par mandataire (art. 932, C. proc. civ.). — V. Dutruc, *Suppl. aux lois de la procéd.*, v° *Scellés*, n. 2.

176. — Les exécuteurs testamentaires doivent faire, en présence de l'héritier présomptif, ou lui dûment appelé, l'inventaire des biens de la succession (art. 1031). L'inventaire peut d'ailleurs être exigé par l'héritier alors même qu'il ne serait qu'héritier bénéficiaire et que l'exécuteur testamentaire aurait la saisine. — Bruxelles, 9 août 1808, précité. — Grenier et Bayle-Mouillard, t. 1, n. 330.

177. — Mais à la requête de qui, de l'exécuteur testamentaire ou de l'héritier, cet inventaire doit-il être fait, et lequel des deux appartient-il de choisir le notaire et les autres officiers publics qui doivent procéder à cet inventaire ? On a décidé qu'en cas de contestation entre l'exécuteur testamentaire et l'héritier sur le point de savoir à la requête de qui auraient lieu la levée des scellés et la confection de l'inventaire, l'héritier doit avoir la préférence. — Même arrêt. — La plupart des auteurs laissent l'initiative au plus diligent. — Bayle-Mouillard, sur Grenier, t. 3, n. 330, note c; Massé et Vergé, sur Zachariæ, t. 3, p. 262, § 491, note 22 ; Saintespès-Lescot, t. 5, n. 1566. — V. Baudry-Lacantinerie et Colin, n. 2639; Rousseau et Laisney, *Dict. de proc.*, v° *Scellés et inventaire*.

178. — Dès que l'on reconnaît que c'est à l'exécuteur testamentaire qu'est impartie la mission de faire dresser l'inventaire, il s'ensuit logiquement qu'il a le droit de choisir les officiers ministériels, notaire et commissaire-priseur, par lesquels il doit y être procédé. — Il ne peut cependant pas empêcher les héritiers d'adjoindre aux officiers ministériels désignés par lui des officiers ministériels de leur choix. — Paris, 6 févr. 1806, Picquais, [S. et P. chr.] — Toullier, t. 5, n. 584; Aubry et Rau, t. 7, § 711, p. 451 ; Duranton, t. 9, n. 405; Demolombe, t. 22, n. 64.

179. — Mais cette solution ne saurait être admise qu'au cas où il n'y aurait pas conflit. On a objecté, non sans quelque raison, que la loi n'attribue aucune préférence, pour la désignation des officiers ministériels, soit à l'exécuteur testamentaire, soit aux héritiers ou au légataire universel, et que l'art. 935, C. proc. civ., en termes précis, attribue au président du tribunal le soin de nommer d'office les officiers ministériels en question. — Cass., 26 janv. 1886, Guillon, [S. 87.1.214, P. 86. 1.442, D. 86.1.241] — Bordeaux, 15 avr. 1835, Dubois, [P. chr.] — Rouen, 21 janv. 1879, Lévesque et Deslandes, [S. 79.2.101, P. 79.458, D. 79.2.179] — Vazeille, sur l'art. 1031, n. 3 ; Coin-Delisle, sur l'art. 1031, n. 1 ; Bayle-Mouillard, sur Grenier, t. 3, n. 330, note c ; Saintespès-Lescot, t. 5, n. 1567 ; Laurent, t. 14, n. 337; Demolombe, t. 22, n. 64; Max Vincent, p. 180; Lefort, p. 96; Baudry-Lacantinerie et Colin, n. 2644. — *Contrà*, dans le sens absolu de la prérogative de l'exécuteur, lorsqu'il n'existe pas d'héritier à réserve : Merlin, *Répert.*, v° *Exécut. test.*; Delvincourt, t. 9, p. 375 et note; Toullier, t. 5, n. 584 ; Duranton, t. 9, n. 405; Poujol, sur l'art. 1031, n. 2 ; Aubry et Rau, t. 7, § 711, p. 451, note 19.

180. — Le testateur peut-il attribuer le choix du notaire à son exécuteur? L'affirmative a été jugée par un arrêt qui, pour le décider ainsi, se fonde sur l'art. 1026. — Gand, 8 févr. 1838, {*Pasicr. belge*, 38.2.27] — V. en ce sens : Demolombe, t. 5, n. 64; Max Vincent, p. 180. — Mais Laurent fait observer avec raison que l'art. 1026 ne parle pas des officiers publics dont le ministère est requis pour dresser l'inventaire.

181. — Le testateur pourrait-il dispenser l'exécuteur testamentaire de faire inventaire ? La question était controversée dans l'ancien droit et elle l'est encore aujourd'hui. Suivant les uns la dispense est possible s'il n'y a point d'héritier à réserve et que l'exécuteur ne soit pas incapable de recevoir du testateur. — Furgole, *Testament*, t. 4, chap. 10, sect. 4, n. 27 ; Merlin, *Rép.*, v° *Exécuteur testamentaire*, n. 4 ; Ricard, *Donations*, part. 2, chap. 2, n. 87 et s. ; Delvincourt, t. 2, p. 393, Toullier, t. 5, n. 604 ; Duranton, t. 9, n. 406 ; Massé et Vergé, sur Zachariæ, t. 3, p. 258, note 9 : Marcadé, sur l'art. 1031, n. 3. — V. Aubry et Rau, t. 7, § 711, p. 451, note 18. — En sens contraire on décide que l'obligation de faire inventaire procède de la loi et que le testateur est sans droit pour en dispenser son exécuteur testamentaire. Cette opinion réunit le plus de suffrages. — Bauquet, *Droit de bâtardise*, chap. 17, n. 17; Pothier, *Donat. et test.*, chap. 5, sect. 1, art. 3, § 1 ; Grenier et Bayle-Mouillard, t. 3, n. 337; Coin-Delisle, sur l'art. 1031, n. 31 ; Taulier, t. 4, p. 169; Demolombe, t. 22, n. 63 : Laurent, t. 14, n. 358, Baudry-Lacantinerie et Colin, n. 2640 à 2643.

182. — Toutefois cette dispense en faveur de l'exécuteur testamentaire, ne saurait, ce nous semble, exclure le droit pour les héritiers d'exiger que l'inventaire soit fait à leurs frais et même aux frais de la succession. Car si la dispense devait avoir cet effet, les héritiers pourraient être indirectement privés de la faculté d'accepter sous bénéfice d'inventaire, ce qui est inadmissible. — Aubry et Rau, t. 7, § 711, p. 451, note 18, et § 612, texte et note 4.

183. — En imposant à l'exécuteur testamentaire l'obligation de dresser inventaire, l'art. 1031 n'établit aucune différence entre l'exécuteur à qui le testateur a donné la saisine et celui qui ne l'a pas. Au contraire cet article prévient toute équivoque en spécifiant que cet inventaire porte sur les biens de la succession, ce qui entraîne les deux conséquences suivantes : 1° qu'il ait ou non la saisine, l'exécuteur doit faire inventaire, car si cette obligation était subordonnée à la saisine, le législateur aurait limitée aux seuls biens dont l'exécuteur peut avoir la saisine ; 2° l'inventaire doit comprendre aussi bien les immeubles que les meubles. On a donc raison de dire qu'il n'y a aucune relation de droit entre la saisine et l'inventaire. — Toullier, t. 5, n. 584; Troplong, t. 3, n. 2022 et s. ; Saintespès-Lescot, t. 5, n. 1563; Colmet de Santerre, t. 4, n. 176 bis-XII ; Laurent, t. 14, n. 356; Max Vincent, p. 174; Baudry-Lacantinerie et Colin, n. 2638. — *Contrà*, Pothier, *loc. cit.*, chap. 5, sect. 1, art. 3, p. 226 ; Demolombe, t. 22, n. 62 et 102. — V. aussi Furgole, *loc. cit.*, chap. 10, sect. 4, n. 27 et 28; Marcadé, sur l'art. 1031, n. 1.

184. — En dehors des mesures conservatoires dont il vient d'être parlé, il entre dans la mission de l'exécuteur testamentaire de prendre toutes autres mesures que les circonstances particulières pourraient rendre nécessaires. C'est ainsi que pour assurer le droit de préférence des légataires, on lui reconnaît la faculté, en cas d'insuffisance du mobilier pour le paiement des legs, de prendre inscription sur les immeubles de la succession en vertu des art. 1017 et 2111, C. civ. — Duranton, t. 9, n. 417; Aubry et Rau, t. 7, § 711, p. 452; Laurent, t. 14, n. 359; Demolombe, t. 22, n. 65; Baudry-Lacantinerie et Colin, n. 2645; Max Vincent, p. 181.

185. — C'est ainsi également que si la succession devient vacante, l'exécuteur doit y faire nommer un curateur et faire ordonner contradictoirement avec lui la délivrance des legs avant de les acquitter. — Toullier, t. 5, n. 590 ; Duranton, t. 9, n. 416; Bayle-Mouillard, sur Grenier, t. 3, n. 331, note c ; Demolombe, t. 22, n. 66; Baudry-Lacantinerie et Colin, n.2646; Max Vincent, p. 181.

186. — Dans cet ordre d'idées la cour d'Orléans a jugé qu'un exécuteur testamentaire qui ne devait entrer en fonctions qu'au décès d'un tiers institué légataire universel de l'usufruit, pouvait et devait même, pour couvrir sa responsabilité, procéder à tous les actes conservatoires intéressant l'exécution du testament, et, notamment, exiger du légataire universel d'usufruit la caution que l'art. 601, C. civ., oblige tous les usufruitiers à fournir. — Orléans, 19 juin 1884, [J. *Le Droit*, 10 août 1884; *Rev. du notar.*, n. 6997]

§ 2. *Actes d'exécution.*

187. — L'exécuteur testamentaire doit veiller à ce que le testament soit exécuté (C. civ., art. 1031, § 4). C'est là une obligation dont il doit compte. Il est investi à cet effet et en règle générale d'un pouvoir de contrôle et d'un droit d'action, suivant les cas, qui peut l'autoriser à intervenir dans les opérations de la succession toutes les fois qu'il reconnaît que l'exécution des volontés du défunt est en cause (V. *suprà*, n. 80 et s.). La doctrine est unanime sur ce point. — V. notamment, Delvincourt, t. 2, p. 373; Colmet de Santerre, t. 4, n. 176 *bis*; Demolombe, t. 22, n. 83; Baudry-Lacantinerie et Colin, n. 2655.

188. — La mission de l'exécuteur testamentaire ayant pour objet, le plus ordinairement, de payer les légataires, il doit se préoccuper tout d'abord de constituer une masse active mobilière suffisante à cet effet, après l'acquittement préalable des dettes de la succession; ce qui comprend, comme nous l'avons dit, tout ce qui a qualité de meuble et spécialement l'argent comptant et le mobilier. L'exécuteur testamentaire doit donc provoquer la vente du mobilier, à défaut de deniers suffisants pour acquitter les legs (C. civ., art. 1031, § 3). La vente du mobilier à laquelle l'exécuteur testamentaire doit faire procéder en cas d'insuffisance de deniers doit avoir lieu en présence des héritiers, ou eux dûment appelés. Des termes formels de notre article on doit conclure que l'exécuteur ne peut pas procéder seul et à l'amiable à la vente du mobilier. A défaut de consentement de l'héritier, la vente se fera sur l'ordre du juge. Si la vente d'une partie seulement du mobilier est nécessaire, c'est à l'héritier qu'il appartient de choisir les meubles qu'il veut conserver. — Coin-Delisle, sur l'art. 1031, n. 4; Demolombe, t. 22, n. 72; Laurent, t. 14, n. 363; Baudry-Lacantinerie et Colin, n. 2651.

189. — Les héritiers pouvant, avons-nous vu (*suprà*, n. 155), empêcher la vente des meubles en remettant à l'exécuteur testamentaire les deniers nécessaires pour payer les legs, l'exécuteur testamentaire qui a reçu du testateur le mandat de vendre tous les biens de la succession et de la liquider, ne peut exiger dans ce cas la levée des scellés, ni la confection d'un inventaire, ni s'opposer à un partage. — Bruxelles, 16 mars 1811, Géérinck, [S. et P. chr.] — Laurent, t. 14, n. 363.

190. — Si les héritiers s'opposaient à la vente et ne justifiaient pas de l'acquittement des legs ou n'offraient pas somme suffisante pour cet acquittement, les tribunaux devraient l'ordonner, mais seulement jusqu'à concurrence de ce qui est nécessaire à l'exécution du testament. — Dumoulin, cité par Pothier, chap. 5, sect. 1, art. 2, § 4; Ricard, part. 2, n. 94; Duranton, t. 9, n. 410; Troplong, t. 3, n. 2024; Demolombe, t. 22, p. 72 et 73; Laurent, t. 14, p. 363; Max Vincent, p. 187.

191. — L'art. 1031, C. civ., qui autorise l'exécuteur testamentaire à provoquer la vente du mobilier, s'applique même au cas où le testament est attaqué pour cause de nullité. — Amiens, 13 therm. an XII, Seigneur, [S. et P. chr.]

192. — Le montant du mobilier vendu est remis à l'exécuteur testamentaire s'il a la saisine. Au cas contraire, il est versé dans les mains de l'héritier. — Toullier, t. 5, n. 585.

193. — Les tribunaux français sont compétents pour statuer sur l'étendue des droits de l'exécuteur testamentaire en ce qui touche les biens meubles même situés en pays étranger. Spécialement, ils sont compétents pour mettre fin aux pouvoirs de l'exécuteur testamentaire, même sur les biens meubles situés à l'étranger et pour autoriser le légataire français à en prendre possession. — Cass., 19 avr. 1859, Guichard, [S. 59.1.411, P. 60. 445, D. 59.1.27]

194. — Lorsque le produit des meubles ne suffit pas à l'acquittement des dettes et à l'accomplissement des charges imposées par le testateur, il a été jugé et enseigné qu'il rentre dans les conditions normales du mandat de l'exécuteur testamentaire, de provoquer la vente des biens immeubles. — Pau, 24 août 1825, Guimet, [S. et P. chr.] — Sic, Ferrière, *Glossaire*, n. 2, 9; Furgole, chap. 10, sect. 4, n. 41; Toullier, t. 5, n. 593; Favard, *Rép.*, n. 4; Duranton, t. 9, n. 411; Poujol, sur l'art. 1031, n. 7; Troplong, t. 4, n. 2025; Vazeille, sur l'art. 1031, n. 12; Massé et Vergé, sur Zachariæ, t. 3, p. 262 et 263; Demolombe, t. 22, n. 74 et s. — Mais beaucoup d'auteurs pensent qu'un pouvoir aussi étendu et aussi contraire aux droits des héritiers ne rentre pas dans le mandat de l'exécuteur testamentaire, et que le silence de l'art. 1031 sur ce point est décisif. — Coin-Delisle, sur l'art. 1031, n. 7; Duranton, t. 9, n. 410 et 411; Delvincourt, t. 2, p. 100; Bayle-Mouillard, sur Grenier, t. 3, n. 331, note *c*; Colmet de Santerre, t. 4, n. 176 *bis*-IV; Aubry et Rau, t. 7, § 711, p. 450; Laurent, t. 14, p. 364; Baudry-Lacantinerie et Colin, n. 2653. — Sur la question de savoir si le testateur peut donner le pouvoir de vendre les meubles, V. *suprà*, n. 102.

195. — Encore bien que l'exécuteur testamentaire puisse être chargé par le testateur de vendre tous les biens de la succession et d'employer le prix de la vente à payer les légataires, néanmoins, s'il existe des héritiers légitimes seuls saisis de la succession, la vente ne doit pas être faite en leur absence et tant qu'ils n'ont pas consenti la délivrance. Dans ce cas, les légataires peuvent contraindre l'exécuteur testamentaire à appeler les héritiers, et jusque-là s'opposer à la vente. — Bruxelles, 2 août 1809, Jacquard, [S. et P. chr.]; — 16 mars 1811, Hérit. Isabeau Mets, [S. et P. chr.] — Vazeille, sur l'art. 1031, n. 12; Duranton, t. 9, n. 411; Massé et Vergé, sur Zachariæ, t. 3, § 491, p. 262, note 24.

196. — L'obligation qu'a l'exécuteur de payer les legs doit s'entendre des objets mobiliers en nature, dépendant de l'hérédité, aussi bien que des sommes en argent. En ce qui concerne les immeubles sa mission est uniquement de surveillance et de contrôle. — Demolombe, t. 22, n. 67; Laurent, t. 14, n. 369; Max Vincent, p. 182; Baudry-Lacantinerie et Colin, n. 3648 et 3649. — V. Grenier, t. 3, n. 331.

197. — Nous avons vu *suprà*, n. 87 et s., que c'est par les héritiers que le testament doit être exécuté et que l'exécuteur testamentaire doit obtenir le consentement de ces héritiers à l'acquittement des legs (V. aussi *suprà*, n. 127). Si ceux-ci s'y refusent, il est nécessaire de les contraindre judiciairement. L'exécuteur testamentaire est armé par la loi du droit d'agir en justice pour faire exécuter le testament en cas de contestation sur la validité ou l'exécution du legs. — Metz, 13 juill. 1865, Chalupt et Bujon, [S. 66.2.29, P. 66.200, D. 65.2.126] — Colmet de Santerre, t. 4, n. 176 *bis*-VI; Aubry et Rau, t. 7, § 711, p. 452; Demolombe, t. 22, n. 78. — Il se garantit ainsi de l'action en dommages-intérêts que les héritiers pourraient intenter contre lui, si le legs venait à être annulé postérieurement. — Furgole, chap. 10, sect. 4, n. 47; Ricard, n. 79; Pothier, ch. 5, sect. 1, art. 3, § 2; Toullier, t. 5, n. 589; Favard de Langlade, n. 4; Duranton, n. 413; Delvincourt, t. 2, n. 375.

198. — L'exécuteur testamentaire, en tant que chargé de faire exécuter le testament, doit avoir à sa disposition tous les moyens d'assurer cette exécution qui se trouvent dans la succession. — Spécialement, l'héritier ne peut exiger de lui la remise de documents trouvés dans la succession et nécessaires à la solution d'un litige qui a été élevé par cet héritier sur la validité du testament, avant que ces documents puissent sortir, sans danger pour le sort de ce testament, des mains de l'exécuteur testamentaire. — Cass., 9 janv. 1872, Pinel, [S. 72.1.107, P. 72.258, D. 72.1. 128]

§ 3. *Responsabilité.*

199. — La responsabilité de l'exécuteur testamentaire est la même que celle du mandataire ordinaire, et comme telle réglée par les art. 1991 à 1997, C. civ. (V. *infrà*, v° *Mandat*). Cette responsabilité devra être plus sévèrement appréciée si sa mission n'est pas purement gratuite, c'est-à-dire s'il a reçu du testateur un legs destiné à le rémunérer des soins et des ennuis que cause souvent une semblable mission. Nous avons vu qu'un *diamant* qui n'aurait d'autre valeur que celle d'un souvenir pourrait ne pas modifier le caractère gratuit de l'exécution testamentaire (V. *suprà*, n. 42). — Paris, 7 févr. 1850, Demay, [P. 50.1.622, D. 52.2.46] — Demolombe, t. 22, n. 109; Laurent, t. 14, n. 376; Max Vincent, p. 232; Baudry-Lacantinerie et Colin, n. 2700.

200. — L'exécuteur testamentaire qui accepte le mandat à lui confié par le défunt est tenu de son exécution comme tout autre mandataire, et répond, comme lui, de l'inexécution de ce mandat ainsi accepté et des dommages-intérêts résultant de sa faute et de sa négligence : on prétendrait donc à tort qu'il n'est obligé que dans le for intérieur et comme ne relevant que de sa conscience. — Cass., 27 août 1855, Gertrude, [S. 55.1.695, P. 56.1.94, D. 55.1.371] — Furgole, chap. 10, sect. 4, n. 12 et s.; Grenier, t. 4, n. 327; Pothier, *Donat. et test.*, chap. 5, sect. 1, art. 1; Toullier, t. 5, n. 577; Delvincourt, édit. 1819, t. 2, p. 594, notes, p. 96, note 5; Troplong, t. 4, n. 1993; Aubry et Rau, t. 7, § 711, p. 458; Demolombe, t. 22, n. 109; Laurent, t. 14, n. 375; Baudry-Lacantinerie et Colin, n. 2699.

201. — L'exécuteur testamentaire engage sa responsabilité lorsqu'il effectue des paiements ou des délivrances de legs sans avoir au moins appelé à y concourir les héritiers ou légataires universels et constaté leur mise en demeure. — V. *suprà*, n. 127.

202. — L'exécuteur testamentaire répond également des créances qui se sont perdues par sa faute. — Toullier, t. 5, n. 588. — V. *suprà*, n. 137 et s.

203. — L'exécuteur testamentaire est responsable envers le légataire particulier d'une rente viagère, du défaut de placement du capital destiné à en assurer le service, alors que le testament prescrivait ce placement, soit sur l'Etat, soit sur particuliers. Il ne suffirait pas que le légataire universel eût pris l'engagement de payer la rente dont il s'agit. Et on ne saurait voir une renonciation aux mesures prescrites par le testament, de la part du légataire particulier, dans ce fait qu'il a reçu directement du légataire universel, pendant plusieurs années, le montant de la rente. — Paris, 7 févr. 1850, précité.

204. — Jugé, enfin, qu'un exécuteur testamentaire, chargé par le testament de faire valoir la somme léguée à usure pupillaire, peut être condamné, faute d'emploi, aux intérêts des intérêts, ainsi qu'aurait pu l'être le tuteur envers son pupille. — Cass., 22 avr. 1808, [D. *Rép.*, v° *Dispositions entre-vifs*, n. 4100]

205. — En principe, l'exécuteur testamentaire est responsable des conséquences des omissions qui ont compromis la conservation des choses dont il a la saisine de fait, comme d'assurer le mobilier contre l'incendie, de faire les actes interruptifs de la prescription. Il ne faut cependant pas perdre de vue qu'il incombe aux héritiers ou au légataire universel de prendre eux-mêmes les mesures de prudence indiquées et qu'ils pourraient difficilement faire grief à l'exécuteur testamentaire d'omissions qu'ils auraient eux-mêmes commises. C'est encore là de ces circonstances de fait dont l'appréciation souveraine est laissée à la prudence du juge.

206. — Le principe de la responsabilité des fautes d'omission ne pourrait, dans tous les cas, trouver son application et de pareilles fautes ne pourraient être imputables à l'exécuteur testamentaire qu'autant que l'acte dont l'omission lui est reprochée rentrerait dans le cercle des devoirs que le testament lui impose. — V. Chambéry, 6 juill. 1892, [*France jud.*, 93.2.261] — Guillouard, *Mandat*, n. 105. — C'est ainsi que sous prétexte de réglementer des remplois de valeurs imposés à certains légataires, un arrêt ne pourrait soumettre l'exécuteur à des obligations et à des responsabilités qui ne sont point écrites ni dans le testament ni dans la loi. — Cass., 24 janv. 1899, [*Rec. Gaz. des Trib.*, 1er sem. 1899, p. 192]

207. — L'exécuteur testamentaire non saisi est responsable comme l'exécuteur testamentaire saisi, et cela bien qu'il n'ait pas à faire acte de gestion et soit dispensé de rendre compte. La responsabilité incombe à tous ceux qui ont une obligation à remplir quoiqu'ils n'aient pas de compte à rendre. — Paris, 7 févr. 1850, précité. — *Sic*, Laurent, t. 14, n. 377.

§ 4. Reddition du compte de gestion.

208. — L'exécuteur testamentaire, de même que tout autre, doit, à l'expiration de l'année du décès du testateur, rendre compte de sa gestion et de l'emploi des choses qui y ont été comprises. Telle est la règle formulée par l'art. 1031, § 3, C. civ.

209. — Mais l'exécuteur testamentaire honoraire n'a aucun compte à rendre (Merlin, *Rép.*, v° *Exécuteur testamentaire*, n. 2). C'est là une conséquence nécessaire de ce qu'il n'a que le titre d'exécuteur *ad honorem*. — V. *suprà*, n. 28.

210. — Il résulte de même du texte de l'art. 1031, § 3, C. civ., et du rapprochement du délai de la saisine et de celui de la reddition de compte que l'obligation de rendre compte ne pèse que sur les exécuteurs testamentaires qui ont la saisine. Les mots « à la fin de l'année du décès » signifient seulement à la fin de l'année de la saisine. Tout compte comportant un chapitre de recettes et un de dépenses, l'exécuteur qui n'a pas la saisine n'a rien à porter en recette et par conséquent en dépense, à moins qu'il n'ait fait des avances, qui le constitueraient créancier et non comptable. — Demolombe, t. 22, n. 112; Colmet de Santerre, t. 4, n. 176 bis-XIV; Laurent, t. 14, n. 385; Baudry-Lacantinerie et Colin, n. 2663; Max Vincent, p. 224.

211. — L'exécuteur testamentaire peut-il être dispensé par le testateur de l'obligation de rendre compte de sa gestion ? — V. à cet égard, *suprà*, v° *Compte* (reddition de), n. 28 et 29.

212. — L'exécuteur testamentaire doit rendre son compte à l'expiration de l'année du décès du testateur, à moins toutefois que la durée de ses fonctions n'ait été prolongée. Le compte devrait même être rendu avant la fin de l'année, si les héritiers avaient fait cesser la saisine (Duranton, t. 9, n. 418), ou si l'exécuteur avait rempli sa mission avant ce temps (Grenier, n. 337). Le compte devrait encore être immédiatement rendu, si les fonctions de l'exécuteur testamentaire venaient à cesser par une des autres causes indiquées *infrà*, n. 254 et s.

213. — Il va de soi que le compte doit être rendu à ceux qui sont propriétaires du mobilier dont l'exécuteur testamentaire a eu la gestion momentanée, à ceux qui sont intéressés à connaître et à contrôler cette gestion, c'est-à-dire, l'héritier, le légataire universel, l'institué contractuel, le curateur à la succession vacante s'ils y ont renoncé. L'exécuteur a intérêt aussi, de son côté, à régulariser sa situation vis-à-vis d'eux et à les obliger à recevoir son compte et à lui en donner *quitus*. — Toullier, t. 5, n. 599; Duranton, t. 9, n. 422; Demolombe, t. 22, n. 113; Max Vincent, p. 204; Baudry-Lacantinerie et Colin, n. 2662.

214. — Le compte peut être rendu amiablement ou en justice (V. *suprà*, v° *Compte* (reddition de)). Si le compte n'est pas réglé à l'amiable, l'action en reddition doit, dans une opinion, être portée devant le tribunal du domicile de l'exécuteur testamentaire conformément à l'art. 527, C. proc civ., comme s'agissant d'une action personnelle. — Paris, 2 juill. 1839, Bonnevaux, [S. 39.2.372, P. 39.2.335] — *Sic*, Duvergier, sur Toullier, t. 5, n. 603, note *a*; Duranton, t. 9, n. 422; Rolland, *Rép. du not.*, v° *Exécution testamentaire*, n. 117; Carré, *Lois de la procéd.*, quest. 264-5°; Troplong, t. 3, n. 2029; Laurent, t. 14, n. 388; Baudry-Lacantinerie et Colin, n. 2666; Max Vincent, p. 203.

215. — Mais il a été jugé, en sens contraire, que l'exécuteur testamentaire doit être assigné en reddition de compte au lieu de l'ouverture de la succession. — Paris, 17 août 1809, Briens-Lacatherie, [S. et P. chr.] — Toullier, t. 5, n. 603; Vazeille, sur l'art. 1031, n. 9; Poujol, sur l'art. 1031, n. 9; Coin-Delisle, sur l'art. 1031, n. 9; Bayle-Mouillard, sur Grenier, t. 3, n. 337, note *b*; Saintespès-Lescot, t. 1, n. 1578; Demolombe, t. 22, n. 114. — V. *suprà*, v° *Compte* (reddition de), n. 106 et 106 *bis*.

216. — Ce compte doit être revêtu des formes communes à toutes espèces de comptes; il se divise en recettes et en dépenses. C'est évidemment l'inventaire qui en forme la base, puisque c'est là que se trouvent les éléments de l'actif mobilier dont l'exécuteur a eu la saisine et dont il ne prendra possession qu'après l'avoir fait dresser contradictoirement avec les intéressés (art. 1031, C. civ.). Le compte de recettes comprend tout le mobilier et les autres biens portés dans l'inventaire, toutes les rentrées et tous les remboursements reçus par l'exécuteur pendant sa gestion. — V. Furgole, t. 4, n. 68.

217. — Le compte de dépenses comprend tous les frais faits dans l'exercice des fonctions de l'exécuteur testamentaire. L'art. 1034 s'exprime ainsi sur ce point : « Les frais faits par l'exécuteur testamentaire pour l'apposition des scellés, l'inventaire, le compte et les autres faits relatifs à ses fonctions, sont à la charge de la succession. »

218. — Dans les autres frais relatifs aux fonctions de l'exécuteur entrent les dépenses des procès soutenus, et les paiements qu'il a été obligé de faire aux créanciers et légataires. — V. Furgole, n. 69 et s.; Ricard, part. 2, n. 95 et 96; Toullier, n. 599 et s.; Duranton, n. 419 et s.; Saintespès-Lescot, t. 3, n. 1589; Demolombe, t. 22, n. 115; Max Vincent, p. 206.

219. — Mais il a été jugé que l'art. 1034, C. civ., n'est point applicable aux frais des contestations suscitées à l'exécuteur testamentaire. — Paris, 10 nov. 1812, Dupré, [P. chr.] — Baudry-Lacantinerie et Colin, n. 2669 et 2670.

220. — Si, à propos de sa mission, l'exécuteur testamentaire soulevait des contestations jugées mal fondées les dépens en pourraient être laissés soit à la charge de la succession, soit à la charge personnelle de l'exécuteur testamentaire, s'il est reconnu qu'il a engagé une instance témérairement. Il y a là au surplus un point laissé à l'appréciation souveraine du juge. — Duranton, t. 9, n. 419; Laurent, t. 14, n. 387.

221. — Ainsi l'exécuteur testamentaire qui s'opposerait au mode adopté pour l'exécution du testament par l'héritier légitime et le légataire pourrait être condamné personnellement aux dépens, lorsqu'il succombe, dans le cas où une contestation serait évidemment mal fondée. — Bourges, 28 flor. an XIII, Tardif, [S. et P. chr.]

222. — Lorsque l'exécuteur testamentaire s'est borné à réclamer en justice l'exécution littérale du testament, il ne peut être condamné aux dépens. — Lyon, 7 avr. 1835, Rapin et Baudet, [P. chr.]

223. — Les dépenses doivent être établies par des quittances ou autres preuves légales. Toutefois, les menues dépenses pour lesquelles il n'est pas d'usage de retirer une preuve par écrit, peuvent être admises sur le serment de l'exécuteur. — Furgole, n. 70.

224. — Dans les dépenses doit être porté le montant du legs qui a pu être fait à l'exécuteur testamentaire, sauf la réduction au marc le franc, si les deniers ne sont pas suffisants pour payer les autres legs particuliers. — Toullier, t. 5, n. 602.

225. — Bien que l'exécuteur testamentaire ne puisse point exiger de salaire, il peut porter dans son compte de dépenses les sommes par lui déboursées pour se faire assister dans l'intérêt de l'exécution de son mandat. — Furgole, n. 53 et s.; Ricard, part. 2, n. 95 et s.; Pothier, chap. 5, sect. 1, art. 3, § 3; Toullier, t. 5, n. 600 Favard, *loc. cit.*; Duranton, n. 422; Maleville, sur l'art. 1031; Bayle-Mouillard, sur Grenier, t. 3, n. 329, note *d*; Massé et Vergé, sur Zachariæ, t. 3, p.265; Aubry et Rau, t. 7, § 711, p. 449; Demolombe, t. 22, n. 41. — *Contrà*, Laurent, t. 14, n. 331. — V. *suprà*, n. 112.

226. — L'exécuteur testamentaire est tenu de faire l'avance des frais du compte de gestion. — Furgole (p. 173) était de cet avis qui est partagé par Rolland de Villargues, v° *Exécuteur testamentaire*, n. 122 — Mais il faut l'entendre en ce sens que cette avance sera faite sur le reliquat de son compte.

227. — Après que l'exécuteur testamentaire a rendu son compte, il est obligé de remettre entre les mains de l'héritier les effets qu'il a de reste, et de lui payer le reliquat du compte, sans pouvoir retenir le fonds des legs qui ne sont pas encore échus. Mais si l'exécuteur a fait des avances pour le paiement des legs, il peut, pour sa sûreté, retenir les meubles, du moins jusqu'à concurrence de la valeur de ce qui lui est dû. — Merlin, *Rép.*, v° *Exécuteur testamentaire*, n. 9.

228. — On était dans l'usage, sous l'ancien droit, de laisser à l'exécuteur testamentaire la disposition des meubles et deniers qui resteraient entre ses mains après le paiement des legs et pour l'accomplissement des volontés particulières du défunt, et cette clause était considérée comme valable. — Furgole, *Des testam*, ch. 10, n. 51 et s.; Nouveau Denisart, v° *Exécuteur testamentaire*. — Une telle clause ne saurait être admise sous le Code, par cette considération qu'un legs ne doit émaner que de la volonté du disposant, et non point de l'arbitraire d'un tiers; en outre, parce que les légataires doivent être connus de ceux qui ont intérêt à faire accepter la disposition; enfin, parce qu'il y aurait danger pour l'État à ce qu'on pût ainsi faire parvenir frauduleusement à des corporations ou comme ou des biens qu'elles sont incapables de recevoir. — Cass., 12 août 1841, Laugier, [S. et P. chr.] — Duranton, t. 9, n. 408.

229. — Quant aux sommes dont il se trouve reliquataire, on doit les intérêts à partir du jour où il a été mis en demeure de régler son compte, conformément aux art. 1996 et 2001 du C. civ. — Demolombe, t. 22, n. 117; Max Vincent, p. 208. — V. *infrà*, v° *Mise en demeure*, n. 10.

230. — L'exécuteur testamentaire peut, même avant d'avoir rendu ses comptes au légataire universel, traiter avec lui de l'hérédité, acquérir de lui les droits qui lui compètent dans la succession du défunt. Il ne s'applique pas l'art. 472, C. civ. — Paris, 10 mai 1808, Geisler, [S. et P. chr.]

231. — Lorsqu'il y a plusieurs exécuteurs testamentaires qui ont accepté, ils sont solidairement responsables du compte du mobilier qui leur a été confié, à moins que le testateur n'ait divisé leurs fonctions, et que chacun d'eux ne se soit renfermé dans celle qui lui était attribuée (C. civ., art. 1033). — V. *suprà*, n. 114. — D'après le texte de cet article la solidarité des exécuteurs testamentaires ne s'applique qu'au compte du mobilier, et non au mobilier lui-même. On ne saurait étendre la solidarité aux dommages-intérêts auxquels un des exécuteurs testamentaires aurait été condamné, sans violer l'art. 1202, C. civ., qui ne permet pas d'étendre la solidarité d'un cas à un autre.

232. — La solidarité établie par l'art. 1033 est une exception aux principes du mandat ordinaire, par lequel les co-mandataires ne sont solidaires qu'autant qu'il y a eu convention à cet égard (art. 1995). La raison de cette différence tient à ce que les héritiers et légataires ne choisissant pas les exécuteurs testamentaires, il est juste qu'ils aient plus de garantie. Il y a donc lieu de distinguer entre la responsabilité des faits relatifs à l'exécution testamentaire, à l'égard desquels la solidarité n'existe pas, chaque exécuteur ne répondant que de ses actes, et la responsabilité toute différente du compte du mobilier, à l'égard duquel la solidarité est formellement établie par l'art. 1033. — Duranton, t. 9, n. 423; Bayle-Mouillard, sur Grenier, t. 3, n. 329, note *b*; Troplong, t. 3, n. 2041; Saintespès-Lescot, t. 3, n. 1587; Aubry et Rau, t. 7, § 711, p. 458 et 459; Demolombe, t. 22, p. 39; Laurent, t. 14, n. 380, p. 445; Max Vincent, p. 151; Baudry-Lacantinerie et Colin, p. 2685 et s. — V. cep. en sens contraire, Delvincourt, t. 2, p. 375; Coin-Delisle, sur l'art. 1033; Marcadé, sur l'art. 1033, n. 1.

233. — D'où il faut tirer cette conséquence que si, par exemple, l'un des exécuteurs venait à détourner tout ou partie du mobilier, ses coexécuteurs rendront un compte du mobilier suffisant pour dégager leur responsabilité en rapportant la preuve du détournement, démontrant ainsi qu'ils sont exempts de faute. Cette preuve une fois faite, il leur suffira de porter en compte la valeur dérobée ou perdue, comme si elle l'avait été par un autre que l'un des exécuteurs testamentaires. — Demolombe, t. 22, n. 40; Laurent, t. 14, n. 380; Baudry-Lacantinerie et Colin, n. 2687; Max Vincent, p. 151.

SECTION V.

Cessation de l'exécution testamentaire.

234. — En règle générale, les fonctions de l'exécuteur testamentaire cessent par les mêmes causes qui font cesser le mandat (Delvincourt, t. 2, p. 374; Duranton, t. 9, n. 402; Demolombe, t. 22, n. 103 et s.). Plus exactement les pouvoirs de l'exécuteur testamentaire expirent lorsqu'ils sont devenus sans utilité par la délivrance des legs aux légataires, qu'il n'y a plus d'instances pendantes dans lesquelles il ait intérêt à intervenir, qu'en un mot les volontés et instructions du testateur ont reçu leur exécution complète. — Cass., 19 avr. 1859, Guichard, [S. 59.1.411, P. 60.445, D. 59.1.277] — Sic, Merlin, *Rép.*, v° *Exéc. test.*, n. 8; Aubry et Rau, t. 7, § 711, p. 457; Demolombe, t. 22, n. 107; Laurent, t. 14, n. 381; Baudry-Lacantinerie et Colin, n. 2690.

235. — Bien que l'art. 1032, C. civ., n'indique qu'une seule cause de la cessation de l'exécution testamentaire, la mort de l'exécuteur testamentaire, il en est plusieurs autres qui peuvent y mettre fin; ce sont, notamment, sa faillite ou déconfiture, son interdiction, sa renonciation non intempestive.

236. — En premier lieu se place le décès de l'exécuteur testamentaire. Aux termes de l'art. 1032, C. civ., ses pouvoirs ne passent point à ses héritiers (C. civ., art. 1032). Néanmoins l'art. 2010, C. civ., leur est applicable et ils doivent être déclarés responsables de la gestion commencée, comme les héritiers d'un mandataire. Par suite, ils sont tenus de faire connaître le décès de leur auteur aux personnes intéressées afin qu'elles prennent en mains la mission qui lui avait été confiée, et jusque-là ils doivent pourvoir à ce que les circonstances exigent. Dans ces conditions, le mandat de l'exécuteur testamentaire est considéré, à l'égard de ses héritiers, comme accompli, et le legs fait à leur auteur comme récompense des soins qui lui avaient été confiés leur est dû. — Duranton, t. 9, n. 402; Toullier, t. 5, n. 602; Delvincourt, t. 2, p. 374, notes; Coin-Delisle, *Observ. prélim.*, n. 14, *ad notam*; Bayle-Mouillard, sur Grenier, t. 3, n. 337; Aubry et Rau, t. 7, § 711, p. 457, note 45; Demolombe, t. 22, n. 105; Laurent, t. 14, n. 382; Baudry-Lacantinerie et Colin, n. 2691; Max Vincent, p. 227.

237. — Les termes, absolus en la forme, de l'art. 1032 ne sauraient avoir pour effet de mettre obstacle à ce que les pouvoirs conférés à l'exécuteur testamentaire puissent passer à ses héritiers si telle avait été la volonté exprimée par le testateur et que ces héritiers fussent capables de s'obliger. L'art. 1032 s'applique au cas où le testateur n'a pas prévu le décès de son exécuteur. Mais lorsqu'il s'est préoccupé de cette éventualité sa volonté devient la seule règle à suivre. Une telle disposition n'aggrave pas la situation qu'il a voulu faire à ses héritiers. Maître de nommer plusieurs exécuteurs chargés, à défaut les uns des autres, de faire respecter sa volonté, il pouvait logiquement prévoir le cas où l'exécuteur investi de sa confiance serait empêché de mener à fin sa mission et désigner pour l'achever aussi bien les héritiers de l'exécuteur qu'un étranger.

238. — Les pouvoirs de l'exécuteur passent à son successeur, quand le testateur a pris en considération la qualité de la personne désignée par lui plutôt que la personne elle-même : par exemple, quand il a nommé pour exécuteur testamentaire le chef d'un établissement déterminé, le doyen des avocats, le curé de la paroisse. Dans ce cas, dit Pothier, l'exécution testamentaire ne finirait pas par la mort, parce que l'exécution n'était pas confiée à la personne qui est morte, mais à sa qualité qui ne meurt pas et passe après lui à un autre. — Pothier, *Donat.*, chap. 5, sect. 1, art. 4, n. 233; Furgole, n. 43 et s.; Ricard, part. 2, n. 09 et s.; Toullier, n. 396; Marcadé, sur l'art. 1032 ; Troplong, t. 3, p. 373 ; Teuillier, t. 5, n. 381 ; Vazeille, sur l'art. 1031, § 491, et note 36; Coin-Delisle, *Observ. prélim.*, n. 14; Bayle-Mouillard, sur Grenier, t. 3, n. 337, note *b*; Demolombe, t. 22, n. 106 ; Saintespès-Lescot, t. 5, n. 1582 Max Vincent, p. 227; Baudry-Lacantinerie et Colin, n. 2092. — V. *suprà*, n. 66 et s.

239. — C'est improprement que l'on écrit quelquefois que l'expiration de l'année du décès du testateur met également fin au mandat de l'exécuteur testamentaire (Arg. des art. 1026 et 1031, C. civ.). C'est, avons-nous déjà dit. la saisine seule qui expire après l'an et jour (V. *suprà*, n. 168). Le Code civil a distingué expressément les deux situations juridiques en faisant de la saisine une modalité de l'exécution elle-même. — Delvincourt, t. 2, p. 373 ; Toullier, t. 5, n. 381 ; Vazeille. sur l'art. 1031, n. 13 ; Coin-Delisle, *Observ. gén.*, n. 15 ; Demolombe, t. 22, n. 83; Laurent, t. 14, n. 595; Colmet de Santerre, t. 4, n. 170 *bis*-VI; Max Vincent, p. 196.

240. — Les art. 1031 et 1026 ne prévoient qu'un mandat restreint dans sa durée ; si donc le testateur avait inséré dans son testament des dispositions dont l'exécution devra, par leur nature même, excéder les limites et la durée ordinaire de cette sorte de mandat, l'obligation de l'exécuteur ne pourrait pas s'étendre indéfiniment, à moins que le testateur n'eût voulu lui imposer cette charge insolite et qu'il l'eût lui-même acceptée. Normalement, l'exécuteur doit rendre compte à l'expiration de l'année; il peut, même avant, prendre l'initiative de son apurement et mettre en demeure les héritiers de le recevoir et lui donner décharge; *à fortiori* il le peut lorsque le délai légal est expiré.

241. — Il a été jugé qu'un testateur peut, en léguant des biens à un enfant mineur sous la puissance de son père, disposer que les biens seront administrés par un exécuteur testamentaire jusqu'à la majorité du légataire. — Rennes, 9 févr. 1828, Dusable, [S. et P. chr.]

242. — L'exécution testamentaire cesse-t-elle par cela seul que l'héritier ou le légataire a fait finir la saisine, conformément à l'art. 1027? Non, cet article suppose au contraire que l'exécution continue après la fin de la saisine; car il ordonne le versement, dans les mains de l'exécuteur, des deniers suffisants à l'acquittement des legs (V. *suprà*, n. 155 et s.). D'ailleurs l'art. 1026 suppose également la fonction d'exécuteur sans la saisine, puisqu'il donne à l'héritier la faculté de l'accorder. — Trib. Sens, 2 déc. 1842, Poulain.

243. — Une disposition testamentaire ne devient pas caduque par le prédécès de l'exécuteur testamentaire. Le testateur qui a survécu et qui n'en a pas nommé un nouveau est censé s'en être référé à la volonté de la loi pour l'exécution de ses dispositions. — Toulouse, 10 juill. 1827, Roquebrune, [S. et P. chr.] — Ricard, *loc. cit.*; Furgole, *loc. cit.*; Pothier, *loc. cit.*; Toullier, *loc. cit.*

244. — Lorsque le testament est complètement exécuté, le mandat de l'exécuteur n'ayant plus d'objet se trouve nécessairement accompli. Il en serait ainsi alors même que ce résultat se produirait avant l'expiration légale du délai de saisine accordée à l'exécuteur testamentaire. Ce n'est d'ailleurs que l'application à l'exécuteur testamentaire d'une règle générale à laquelle tout mandat est soumis. — Merlin, *Rép.*, n. 8 ; Aubry et Rau, t. 7, § 711, p. 457; Demolombe, t. 22, n. 107; Laurent, t. 14, n. 381 ; Baudry-Lacantinerie et Colin, n. 2694; Max Vincent, p. 228. — V. Cass., 19 avr. 1859, précité.

245. — En principe, l'exécuteur testamentaire peut, comme tout mandataire, se démettre de son mandat, mais il ne peut le faire que dans les conditions énoncées en l'art. 2007, C. civ. (V. *infrà*, v° *Mandat*, n. 837 et s.). On pourrait même dire que l'obligation de mener le mandat à fin est plus rigoureuse pour l'exécuteur testamentaire que pour tout autre mandataire,

parce que le mandant se trouve, par la nature spéciale de l'acte pour lequel il a obtenu les bons offices du mandataire, dans l'impossibilité de pourvoir lui-même à l'exécution du mandat. C'est, croyons nous, affaire d'appréciation de fait laissée à la prudence du juge. — V. Furgole, n. 32 ; Duranton, t. 9, n. 392; Grenier, t. 3, n. 328 ; Delvincourt, t. 2, p. 371 et 372, notes; Favard de Langlade, *Rép.*, n. 2 ; Toullier, t. 5, n. 377; Troplong, t. 4, n. 1993; Massé et Vergé, sur Zachariæ, t. 3, § 391, p. 257 ; Aubry et Rau, t. 7, § 711, p. 448; Colmet de Santerre, t. 4, n. 170 *bis*-II; Demolombe, t. 22, n. 8; Max Vincent, p. 115; Baudry-Lacantinerie et Colin, n. 2694. — *Contrà*, Saintespès-Lescot, t. 5, n. 1543; Laurent, t. 14, n. 330.

246. — L'exécuteur testamentaire qui se fait décharger de son mandat en cours d'exécution est sans qualité pour en confier la continuation à une personne de son choix. C'est aux héritiers que revient nécessairement désormais l'exécution du testament. — Baudry-Lacantinerie et Colin, n. 2695.

247. — L'exécution testamentaire étant un mandat peut être révoquée sur la demande des héritiers, si l'exécuteur testamentaire se rend indigne de confiance ou compromet les intérêts qui lui sont confiés. Mais les héritiers ne peuvent révoquer eux-mêmes directement l'exécuteur parce qu'il tient ses pouvoirs du défunt et non pas de leur propre volonté. Ceux-ci ne peuvent que s'adresser à justice pour obtenir sa révocation. — Liège, 20 juill. 1817, [*Pasicr. belge*, 1817, p. 467] ; — 26 juill. 1823, N..., [S. et P. chr.]. — 11 févr. 1834, N..., [P. chr.] — Grenier, t. 3, n. 333 ; Colmet de Santerre, t. 4, n. 177 *bis* ; Aubry et Rau, t. 7, § 711, 457; Demolombe, t. 22, n. 107; Max Vincent, p. 228; Baudry-Lacantinerie, *Précis*, t. 2, n. 604; Baudry-Lacantinerie et Colin, n. 2696; Huc, t. 6, n. 366; Michaux, n. 1604. — *Contrà*, Laurent, t. 14, n. 383.

248. — Il a même été jugé que lorsque le mandat confié à l'exécuteur testamentaire a pour effet de gêner les droits de jouissance et de propriété des héritiers institués, ils peuvent le faire révoquer, sauf aux tribunaux à apprécier s'il lui est dû un salaire, conformément aux intentions du testateur. — Lyon, 7 avr. 1835, Rapin et Baudet, [P. chr.]

249. — Bien que le défaut de fortune d'un individu ne soit pas une raison de l'exclure de l'exécution testamentaire que lui a confiée le testateur, cependant la plupart des auteurs ont pensé que si, depuis sa nomination, ses affaires s'étaient considérablement dérangées, si, par exemple, il avait fait faillite ou était tombé en déconfiture, sa mission pourrait lui être retirée; car il y aurait alors lieu de croire que le testateur ne l'eût pas nommé (V. *suprà*, n. 64 et 65). Mais cet effet n'aurait pas lieu de plein droit, conformément à l'art. 2003, C. civ., et la révocation de l'exécuteur devrait être prononcée par le tribunal. — Lyon, 7 avr. 1835, précité. — Furgole, chap. 10, sect. 4, n. 48 et s. ; Pothier, *Donat. et test.*, chap. 5, sect. 1, art. 1 ; Grenier, n. 333 ; Pothier, sur la cout. d'Orléans, introd. au tit. 16, n. 125; Merlin, *Rép.*, v° *Exécut. test.*, n. 2; Duranton, t. 9, n. 402; Vazeille, sur l'art. 1032, n. 2; Troplong, t. 4, n. 2013 ; Zachariæ, Massé et Vergé, t. 3, p. 267, § 491, note 34 ; Aubry et Rau, t. 7, § 711, p. 449; Demolombe, t. 22, n. 107-4°; Colmet de Santerre, t. 4, n. 177 *bis*; Baudry-Lacantinerie et Colin, n. 2697. — *Contrà*, Coin-Delisle, n. 10; Laurent, t. 14, n. 384; Max Vincent, p. 279, qui estiment que l'art. 2003, C. civ., ne saurait être appliqué dans l'espèce.

250. — Est-il besoin de mentionner comme cause de cessation de l'exécution testamentaire la nullité, prononcée par le tribunal, du testament lui-même? Il est de toute évidence que l'exécution testamentaire n'ayant d'existence que par le testament ne saurait lui survivre. — Baudry-Lacantinerie et Colin, n. 2698.

251. — L'action révocatoire dirigée contre un testament n'est donc pas paralysée par la présence d'un exécuteur testamentaire. — Demolombe, t. 22, n. 267 *bis*; Baudry-Lacantinerie et Colin, n. 2804.

252. — Il ne peut appartenir dans aucun cas aux tribunaux de remplacer, même sur la demande des héritiers ou légataires, par un étranger choisi par eux, celui dont la mission viendrait à cesser par une des causes qui viennent d'être énoncées. Ce droit est réservé exclusivement au testateur et la mission de l'exécuteur ne peut avoir d'autre fondement que la volonté du défunt. Dans les circonstances ici prévues, c'est aux héritiers que revient le soin d'accomplir les volontés du *de cujus*. — Caen, 13 janv. 1823, Josse, [S. et P. chr.] — Coin-Delisle, n. 4 ; Grenier et Bayle-Mouillard, t. 3, n. 334; Saintespès-Lescot, t. 5, n. 1545;

Troplong, t. 4, n. 2036; Aubry et Rau, t. 7, § 711, p. 457; Demolombe, t. 22, n. 108; Laurent, t. 14, n. 382; Max Vincent, p. 231.

Section VI.
Droit comparé.

§ 1. *Allemagne.*

253. — L'institution des exécuteurs testamentaires (*Testamentsvollstrecker*), qui était inconnue à Rome, a ses racines dans d'anciennes coutumes germaniques; elle a pris, d'ailleurs, depuis, presque autant de développement dans les pays latins que dans ceux de droit allemand. En Allemagne, elle est à peu près contemporaine des testaments eux-mêmes. Néanmoins, les auteurs de ce pays ne sont pas d'accord sur la nature juridique de la mission de l'exécuteur testamentaire; les uns font de lui le mandataire ou le fondé de pouvoir du testateur; les autres, le mandataire des héritiers; d'autres, enfin, le représentant de la masse héréditaire. Il ne nous est pas possible de les suivre ici dans cette controverse, toute théorique et sans grand intérêt pour les jurisconsultes étrangers. En général, nous nous en tiendrons à l'analyse des dispositions, déjà fort longues, du nouveau Code civil allemand. — V. pour les législations antérieurement en vigueur : Stobbe, *Deutsches Privatrecht*, §§ 308 et 309 ; Ernest Lehr, *Traité de droit civil germanique*, t. 2, n. 1510 et s.

254. — Le Code civil allemand consacre aux exécuteurs testamentaires les §§ 2197 à 2228.

255. — I. *Nomination de l'exécuteur*. — L'exécuteur testamentaire peut être désigné : 1° par le testateur. Le *de cujus* a le droit d'en instituer par son testament un ou plusieurs, appelés à agir soit concurremment, soit à défaut les uns des autres (§ 2197).

256. — 2° Par un tiers à qui le défunt a donné mandat à cet effet; le mandat doit être donné en la forme d'une déclaration authentique présentée au tribunal de la succession. Le droit du tiers s'éteint par l'expiration d'un délai que ledit tribunal lui impartit, sur la demande des intéressés, pour faire la désignation (§ 2198).

257. — 3° Par l'exécuteur lui-même, si le défunt l'a autorisé à s'adjoindre des collègues ou à désigner, s'il y a lieu, son successeur (§ 2199).

258. — 4° Par le tribunal de la succession, si le défunt a exprimé dans son testament le désir qu'il en soit ainsi; le tribunal est tenu, dans ce cas, de prendre l'avis préalable des intéressés, s'il le peut sans trop de retards ou de frais (§ 2200).

259. — La nomination de l'exécuteur est nulle et de nul effet si, au moment où il devrait entrer en fonctions, il est privé de sa capacité juridique, ou restreint dans sa capacité, ou assisté lui-même d'un curateur (§ 2201).

260. — II. *Acceptation ou refus des fonctions.* — Les fonctions de l'exécuteur commencent à partir du moment où il les a acceptées. L'acceptation ou le refus se fait au moyen d'une déclaration au tribunal de la succession, déclaration qui ne peut avoir lieu qu'après l'ouverture de la succession et qui ne vaut qu'à la condition d'être pure et simple. Si l'exécuteur tarde à se prononcer, le tribunal peut lui fixer un délai, à l'expiration duquel il est réputé avoir refusé s'il n'a pas accepté auparavant (§ 2202).

261. — III. *Attributions.* — L'exécuteur testamentaire a qualité : 1° pour assurer la réalisation des dernières volontés du défunt (§ 2203).

262. — 2° Pour faire procéder, quand il y a plusieurs héritiers, au partage de la succession entre eux, après les avoir préalablement entendus sur le plan qu'il a élaboré à cet effet (§ 2204).

263. — 3° Pour administrer la masse héréditaire et, par conséquent, en prendre possession et disposer des objets qui la composent, sous cette seule réserve qu'il ne peut en disposer à titre gratuit que pour remplir un devoir moral ou de convenance (§ 2205).

264. — 4° Pour contracter, au compte de la masse, des obligations en tant que cela est nécessaire à la bonne administration de la succession; l'héritier est tenu de donner son assentiment aux obligations à contracter ainsi, sans préjudice du droit de faire valoir la limitation de sa responsabilité quant aux dettes de la succession (§ 2206). Il est, d'ailleurs, loisible au *de cujus* d'affranchir l'exécuteur testamentaire de toute limitation dans le droit de contracter des obligations ; mais, même dans ce cas, l'exécuteur ne peut s'engager à une pure libéralité que dans la mesure indiquée au § 2205 (§ 2207).

265. — L'exécuteur testamentaire n'a point ces quatre attributions en tant que le défunt entendait qu'il ne les eût pas. Lorsqu'il n'est pas personnellement chargé d'exécuter les volontés du défunt, il peut exiger que l'héritier s'acquitte de cette tâche, si le défunt n'y a pas pourvu autrement (§ 2208).

266. — IV. *Limitation des fonctions à l'administration de la masse.* — Le *de cujus* peut instituer un exécuteur testamentaire pour administrer la succession, sans lui conférer aucune autre attribution ; il peut aussi disposer que l'exécuteur devra continuer à l'administrer, même après s'être complètement acquitté de ses autres missions. Dans le doute, on admet que l'exécuteur a les pouvoirs définis au § 2207 (§ 2209). Une semblable disposition devient caduque au bout de trente ans à partir de l'ouverture de la succession; sauf le droit du *de cujus* de disposer expressément que l'administration de l'exécuteur se prolongera jusqu'à son décès ou à celui de l'héritier, ou jusqu'à ce qu'un autre événement se produisant dans la personne de l'un ou de l'autre. Si l'héritier est une personne morale, le délai est de trente ans au maximum (§ 2210; V. § 2163, al. 2).

267. — L'héritier n'a pas le droit de disposer d'un objet héréditaire soumis à l'administration de l'exécuteur testamentaire (§ 2211).

268. — D'autre part, l'exécuteur seul a qualité pour faire valoir un droit soumis à son administration (§ 2212).

269. — Au contraire, une demande dirigée contre la masse peut être introduite en justice soit contre l'héritier, soit contre l'exécuteur testamentaire ; si ce dernier n'a pas l'administration, elle ne peut l'être que contre l'héritier. Un héritier à réserve ne peut jamais réclamer sa réserve que de l'héritier, encore qu'il y ait un exécuteur testamentaire chargé de l'administration. Si un créancier personnel actionne l'héritier, il peut aussi s'en prendre à l'exécuteur en vue de la contrainte à subir l'exécution forcée sur les objets soumis à son administration (§ 2213). Les créanciers de l'héritier qui ne sont pas en même temps créanciers de la succession n'ont aucun droit sur les objets héréditaires soumis à l'administration de l'exécuteur testamentaire (§ 2214).

270. — V. *Obligations de l'exécuteur testamentaire.* — L'exécuteur testamentaire est tenu : 1° de délivrer aux héritiers immédiatement après son acceptation une liste des objets héréditaires soumis à son administration, ainsi qu'un état des dettes, et de leur faciliter autant que possible la rédaction de l'inventaire définitif ; les documents qu'il a à fournir doivent être faits en la forme authentique, si les héritiers l'exigent (V. § 2215).

271. — 2° D'administrer la succession en bon père de famille, en se conformant aux instructions du *de cujus* en tant que le tribunal de la succession ne les a pas reconnues préjudiciables après avoir entendu les intéressés (V § 2216).

272. — 3° De mettre à la libre disposition de l'héritier les objets dont il sait n'avoir pas besoin pour satisfaire à ses obligations et attributions ; son droit d'administration sur lesdits objets s'éteint *ipso facto*. L'exécuteur ne peut pas se refuser à délivrer les objets à l'héritier, sous prétexte d'obligations ne découlant que d'un legs ou d'une charge, ou bien à raison de legs ou de charges conditionnelles ou à terme, si l'héritier donne des sûretés pour l'exécution des obligations ou pour l'acquittement des legs et charges (§ 2217).

273. — VI. *Relations entre l'exécuteur testamentaire et les héritiers.* — Ces relations sont régies par les règles du mandat posées aux §§ 664, 666 à 668, 670, 673, 674, et traduites, *infra*, v° *Mandat*, n. 1258 et s. Lorsque l'administration de l'exécuteur se prolonge, l'héritier peut réclamer de lui un compte annuel (§ 2218).

274. — L'exécuteur qui manque à ses obligations est, lorsqu'il est en faute, passible de dommages-intérêts, soit envers l'héritier, soit envers les légataires lésés. S'il y a plusieurs exécuteurs testamentaires, et qu'ils soient en faute, ils sont tenus solidairement (§ 2219).

275. — Le *de cujus* n'est pas libre d'affranchir l'exécuteur testamentaire des obligations découlant pour lui des §§ 2215, 2216, 2218 et 2119 (§ 2220).

276. — Sauf disposition contraire de la part du défunt, l'exécuteur testamentaire a droit, pour sa gestion, à une équitable rémunération (§ 2221), ainsi qu'au remboursement de ses frais.

277. — VII. *Exécuteurs testamentaires à des fins spéciales.* — Le *de cujus* a le droit de nommer un exécuteur testamentaire aux fins de prendre provisoirement la place et de remplir les obligations d'un héritier substitué (*Nacherbe*), jusqu'au moment où la substitution fidéicommissaire produira son effet (§ 2222), ou bien aux fins de veiller à ce qu'un légataire s'acquitte exactement d'une charge qui lui est imposée (§ 2223).

278. — VIII. *Pluralité d'exécuteurs testamentaires.* — Lorsqu'il y a plusieurs exécuteurs testamentaires, ils fonctionnent conjointement ; en cas de dissentiment, le tribunal de la succession statue. Si l'un d'eux vient à disparaître, les autres continuent à remplir leur mandat. Le tout, sauf disposition contraire du défunt. Tout exécuteur testamentaire a le droit de prendre sans l'assentiment des autres les mesures conservatoires nécessaires (§ 2224).

279. — IX. *Cessation des fonctions de l'exécuteur testamentaire.* — Ces fonctions prennent fin lorsqu'il meurt ou qu'il survient un événement à raison duquel, d'après le § 2201, sa nomination serait sans effet (§ 2225).

280. — D'un autre côté, il peut en tout temps résigner ses fonctions, moyennant une déclaration faite au tribunal de la succession, sous la seule condition que ce ne soit pas à contre-temps (§ 2226; V. § 671, al. 2).

281. — Enfin, le tribunal de la succession peut, sur la demande de l'un des intéressés et pour des raisons graves, désigner l'exécuteur testamentaire ; l'une de ces raisons serait, notamment, un grossier manquement à ses devoirs ou une incapacité notoire. L'exécuteur testamentaire doit, autant que possible, avoir été préalablement entendu (§ 2227).

282. — X. *Disposition générale.* — Le tribunal de la succession doit admettre toute personne y ayant un intérêt juridique, à prendre connaissance des déclarations mentionnées aux §§ 2198, 2199, 2202 et 2226 (§ 2228).

§ 2. Autriche.

283. — Le Code civil ne renferme sur les exécuteurs testamentaires (*Testaments-Vollzieher*) que deux courtes dispositions : « § 816. Si le testateur a nommé un exécuteur de ses dernières volontés, celui-ci est libre d'accepter ou de décliner cette mission. Lorsqu'il l'a acceptée, il est tenu soit d'accomplir lui-même, comme un fondé de pouvoirs, les dispositions du défunt, soit de pousser à s'y conformer les héritiers négligents. — § 817. S'il n'y a point d'exécuteur testamentaire, ou si la personne désignée décline cette mission, il incombe directement à l'héritier d'accomplir les dernières volontés du défunt, ou d'en assurer l'accomplissement, et d'en justifier vis-à-vis du juge compétent. »

§ 3. Belgique.

284. — La Belgique est régie à cet égard par le Code civil français.

§ 4. Espagne.

285. — Le Code civil de 1888-1889 consacre aux exécuteurs testamentaires (*albaceas, testamentarios*), les art. 892 à 911.

286. — I. *Nomination.* — Le testateur peut nommer un ou plusieurs exécuteurs (art. 892).

287. — Ne peut remplir les fonctions celui qui n'a pas la capacité requise pour s'obliger. La femme mariée est admise à les remplir avec l'autorisation du mari ; cette autorisation n'est pas requise quand elle est légalement séparée. Le mineur ne peut être exécuteur testamentaire, même avec l'autorisation de son père ou de son tuteur (art. 893).

288. — Il y a des exécuteurs universels ou particuliers. En tout état de cause, les exécuteurs peuvent être nommés conjointement, successivement ou solidairement (art. 894).

289. — II. *Pluralité d'exécuteurs.* — Quand il y a plusieurs co-exécuteurs, nul acte ne vaut que s'ils l'ont fait de concert, ou si l'un d'eux a fait l'acte avec l'autorisation régulière des autres, ou si, en cas de dissentiment, il a été fait d'accord avec la majorité (art. 895).

290. — Dans les cas d'extrême urgence, l'un des co-exécuteurs peut faire, sous sa responsabilité personnelle, les actes nécessaires, à charge d'en rendre immédiatement compte à ses collègues (art. 896).

291. — Si le testateur n'a pas expressément déclaré solidaires les co-exécuteurs, ni fixé l'ordre dans lequel ils doivent remplir leurs fonctions, ils sont réputés avoir été nommés conjointement et devoir s'acquitter de leur mission conformément aux deux articles précédents (art. 897).

292. — III. *Acceptation ou renonciation.* — La mission d'exécuteur testamentaire est une charge volontaire. La personne nommée est réputée l'avoir acceptée si elle ne la décline pas dans les six jours qui suivent celui où elle a été informée de sa nomination ou, si elle en avait déjà connaissance, dans les six jours à compter du décès du testateur (art. 898).

293. — L'exécuteur testamentaire qui accepte cette charge s'oblige par là même à la remplir ; mais il peut y renoncer plus tard, en alléguant une juste cause, à l'équitable appréciation du juge (art. 899). Celui qui ne l'accepte pas ou qui y renonce sans juste cause, perd ce que lui a laissé le testateur, sauf, bien entendu, le droit qu'il peut avoir à une légitime (art. 900).

294. — IV. *Attributions.* — Les exécuteurs testamentaires ont toutes les attributions que leur a conférées le testateur et qui ne sont pas contraires aux lois (art. 901). Si le testateur n'a pas expressément défini ces attributions, ils ont, notamment, les suivantes : 1° régler et payer les funérailles selon les instructions laissées par le testateur et, à défaut, selon l'usage local ; 2° acquitter les legs en numéraire, avec l'agrément de l'héritier ; 3° veiller à l'exécution des autres dispositions inscrites dans le testament et à soutenir, si cela est juste, la validité en justice et extrajudiciairement ; 4° prendre les précautions nécessaires pour la conservation et la garde des biens, d'accord avec les héritiers présents (art. 902).

295. — S'il n'y a pas dans la succession assez d'argent comptant pour payer les funérailles et les legs et si les héritiers ne sont pas disposés à en avancer, l'exécuteur testamentaire fait vendre les effets mobiliers ; et, si cela ne suffit pas, les immeubles, mais avec l'intervention des héritiers. Si un mineur, un absent, une corporation ou un établissement public est intéressé dans la succession, la vente s'opère avec les formalités prévues par la loi pour des cas semblables (art. 903).

296. — V. *Délais.* — L'exécuteur dont le testateur n'a pas limité les fonctions à une période déterminée, doit s'en acquitter dans l'année, à compter de son acceptation ou de la fin des litiges relatifs à la nullité ou à la validité du testament soit de quelqu'une de ses dispositions (art. 904).

297. — Si le testateur désire allonger le délai légal, il doit indiquer expressément de combien il le prolonge ; sinon, le délai est réputé prolongé d'un an. Si à l'expiration de cette prolongation, les volontés du testateur ne sont pas intégralement exécutées, le juge a le droit d'accorder le supplément que les circonstances peuvent rendre nécessaire (art. 905). D'autre part, les héritiers et légataires ont aussi la faculté de proroger ledit délai d'un commun accord ou à la majorité des suffrages (V. art. 906).

298. — VI. *Compte à rendre.* — Les exécuteurs testamentaires doivent rendre compte de leur mission aux héritiers ; s'ils ont été nommés, non pour délivrer les biens à des héritiers déterminés, mais pour les répartir conformément aux instructions du testateur, dans la mesure où la loi le laisse libre à cet égard, c'est au juge que le compte doit être rendu. Le testateur ne peut déroger à ces règles (art. 907).

299. — La charge d'exécuteur est gratuite ; néanmoins le testateur est libre d'y attacher une rémunération, sans préjudice de ce qui serait dû pour des travaux spéciaux. Si le testateur a affecté une somme à tous les exécuteurs conjointement, la part de ceux qui n'acceptent pas la charge accroît à celle des autres (V. art. 908).

300. — L'exécuteur testamentaire ne peut pas déléguer ses fonctions sans y avoir été expressément autorisé par le testateur (art. 909).

301. — VII. *Cessation des fonctions.* — Les fonctions de l'exécuteur prennent fin par sa mort, par l'impossibilité où il se trouve de les remplir, par sa renonciation ou par sa révocation ; puis, par l'expiration du délai fixé par le testateur, par la loi ou, suivant les cas, par les intéressés (art. 910).

302. — Dans les cas prévus à l'article précédent, ou si l'exécuteur n'a pas accepté ses fonctions, c'est aux héritiers qu'incombe le devoir d'exécuter les volontés du testateur (art. 911).

§ 5. GRANDE-BRETAGNE.

303. — I. *Angleterre*. — Lorsque le *de cujus* use de son droit de régler par acte de dernière volonté la dévolution de ses biens, il n'est pas besoin de nommer un exécuteur testamentaire (*executer*) s'il ne s'agit que d'immeubles ; car l'héritier (*heir in law*) est immédiatement saisi de ces immeubles, *volens, nolens*, et l'intervention d'un exécuteur serait complètement superflue.

304. — Il en est autrement quant à la succession mobilière. Pendant des siècles, un testament n'a été valable, par rapport aux effets mobiliers du défunt, qu'à la condition qu'un exécuteur y fût désigné expressément ou implicitement (*In re Bell*, L. Rep., 4 Prob. D., 85).

305. — C'est l'exécuteur, en effet qui, d'après les principes de la législation anglaise, est investi de ces biens, à l'exclusion des membres de la famille comme tels, avec mandat de les employer, après paiement des dettes, conformément aux instructions du testateur ; c'est lui qui représente légalement le défunt, et la présence d'un semblable représentant est absolument indispensable.

306. — Toutefois, si l'usage pour les testateurs de désigner un ou plusieurs exécuteurs est resté général, l'omission de désignation n'est plus une cause de nullité du testament ; la loi y a pourvu en donnant à la justice le droit d'y suppléer suivant certaines règles, tout comme elle nomme les administrateurs de successions non réglées par testament.

307. — A. *Nomination de l'exécuteur*. — Tout individu capable de tester peut être nommé exécuteur testamentaire. Le choix du testateur peut porter, en outre, sur certaines personnes plus ou moins dépourvues de capacité personnelle : par exemple, sur un mineur et même sur un enfant simplement conçu. Si le testateur ne nomme qu'un seul exécuteur et désigne à cet effet un mineur, cet exécuteur n'a pas qualité pour remplir lui-même son office tant qu'il n'a pas atteint sa majorité ; jusqu'à cette époque il y est suppléé par son tuteur ou par toute autre personne désignée par la *Probate division* de la Haute-Cour (*administrator durante minore estate*). — St. 38, Geo. III, c. 87, § 6.

308. — Jusqu'à ces dernières années, une femme mariée ne pouvait accepter les fonctions d'exécutrice qu'avec l'autorisation de son mari ; ou du moins, si elle les acceptait sans cette autorisation, elle était incapable de faire sans son assistance aucun acte de nature à porter préjudice au droit du mari, tandis que celui-ci pouvait, sans consulter sa femme, faire remise de dettes dues au défunt ou faire cession du *personal estate* de ce dernier ; les deux époux ne faisant qu'un en droit civil, le pouvoir effectif et la responsabilité reposaient sur la tête du mari. La femme mariée n'avait guère, en vertu de son titre d'exécutrice, d'autre prérogative personnelle que celui de pouvoir disposer par testament du *personal estate* du défunt, son exécuteur testamentaire à elle devenant alors celui du testateur primitif ; c'est, en effet, une règle générale que, si un exécuteur meurt avant d'avoir achevé son œuvre, l'exécuteur désigné par lui pour sa propre succession a, tout à la fois, le droit et le devoir de terminer la distribution de l'*estate* du précédent testateur. — Williams, *Treatise on the law of executors*, 6e éd., Londres, 1879, I, 2, 4, § 2 ; I, 3, 1 ; III, 1, 4, *Brooke c. Haynes*, L. Rep., 6 Eq., 25 M. R.

309. — Depuis la loi de 1882 qui, complétant celle de 1870, a créé, au profit de la femme mariée et relativement à sa fortune mobilière, un véritable état de séparation de biens, elle n'a plus besoin d'aucune autorisation maritale pour accepter ces fonctions ; la loi l'assimile à une femme non mariée (St. 45 et 46, Vict., c. 75, §§ 18 et 23).

310. — B. *Pluralité d'exécuteurs*. — Le plus souvent, le testateur institue plusieurs exécuteurs testamentaires à la fois. Dans ce cas, la loi les regarde comme ne formant qu'une seule personne ; par suite, l'un quelconque d'entre eux, pourvu qu'il soit majeur, peut, du vivant de ses collègues, accomplir sans leur assistance tout acte ordinaire d'administration : par exemple, délivrer des quittances, faire des paiements, vendre ou céder des objets héréditaires. — Sheppard, *Touchstone*, 484.

311. — Mais il est nécessaire qu'ils interviennent tous personnellement, même les mineurs, lorsqu'il s'agit d'introduire une action relative à l'*estate*. — Williams, *ouvr. cité*, II, 1, 2.

312. — Par suite, si le testateur a désigné comme exécuteur unique, ou parmi ses exécuteurs, l'un de ses débiteurs, cette désignation emporte, *at law*, en droit strict, remise de la dette ; car, une dette étant une chose *in action*, un homme ne peut, ni seul, ni conjointement avec d'autres, introduire une action contre lui-même. Toutefois, *in equity*, en équité, le débiteur même exécuteur n'en reste pas moins tenu de bonifier à l'*estate* du défunt le montant de sa dette. — *Freakley c. Fox*, 9 B. et Cress., 130 ; *Simmons c. Gutteridge*, 13 Ves., 264.

313. — Au décès de l'un des co-exécuteurs, la charge continue à reposer sur les survivants. Jusqu'au milieu de ce siècle, si l'un d'eux se retirait du vivant des autres, il pouvait toujours changer d'avis et reprendre sa place parmi eux ; s'il se démettait après le décès des autres ou si, sans qu'il se fût démis, l'administration avait été lors de ce décès confiée à une autre personne, il n'était plus admis à s'immiscer dans la gestion. *Hensloe's case*, 9 Rep., 36 ; *Cresswick c. Woodhead*, 4 Mann. et Gran., 811 ; *Venables c. East India Co*, 2 Ex. Rep., 633.

314. — Depuis le *Court of Probate act* de 1857 (20 et 21, Vict., c. 77), § 79, la démission donnée par un exécuteur est définitive et irrévocable ; l'administration de l'*estate* se règle comme si le démissionnaire n'en avait jamais été investi. Une loi de l'année suivante (21 et 22, Vict., c. 95), § 16, assimile au cas de démission celui où l'exécuteur meurt avant le testateur, mais avant l'homologation du testament, et celui où, dûment cité pour faire homologuer le testament, l'exécuteur ne se présente pas.

315. — Lorsque tous les co-exécuteurs désignés par le testateur viennent à mourir, l'exécuteur désigné par le dernier survivant est, de droit, exécuteur testamentaire du testateur précédent ; et ainsi de suite à l'infini, pourvu que chaque exécuteur ne meure qu'après avoir été régulièrement investi de sa mission. — St. 25, Edw. III, st. 5, c. 5.

316. — C. *Exécuteur de son tort*. — On désigne sous cette expression ou sous celle d'*executor of his own wrong* toute personne qui s'immisce sans droit dans l'administration des biens du testateur ou qui s'ingère illégalement dans les fonctions de l'exécuteur attitré.

317. — Cet « exécuteur de son tort » est tenu des réclamations des créanciers de la succession comme s'il était investi d'un mandat régulier, c'est-à-dire jusqu'à la concurrence des *assets* parvenus entre ses mains.

318. — La différence essentielle entre lui et un exécuteur nommé régulièrement a été longtemps qu'il ne pouvait tirer aucun profit de son ingérance, tandis que celui-ci avait le droit, s'il était créancier du testateur, de se payer par préférence aux autres créanciers de la même catégorie. — Williams, *op. cit.*, I, 3, 5 ; III, 2, 2, § 6.

319. — Mais il est douteux que ce privilège subsiste encore en présence du *Supreme Court of Judicature act* de 1875 (St. 38 et 39, Vict., c. 77), § 10. d'après lequel l'*estate* d'un testateur qui laisse des dettes doit aujourd'hui être administré, dans l'intérêt de ses créanciers, suivant les règles prescrites en matière de faillite. — J. Williams, *Principles of the law of personal property*, 10e éd., Londres, 1878, 372.

320. — L'exécuteur de son tort ne peut introduire une action du chef du défunt ; mais il peut être actionné lui-même et répond de tous les dommages causés par son ingérance (St. 43, Eliz., c. 8). — *Sykes c. Sykes*, L. Rep., 5 C. Pl., 113 ; *Rowsell c. Morris*, L. Rep., 17 Eq., 20.

321. — Il va, d'ailleurs, sans dire qu'on ne saurait assimiler à une immixtion illégale des actes faits simplement par nécessité ou par humanité, tels que la surveillance exercée sur les biens du défunt en l'absence de tout gardien attitré, ou le fait d'avoir pourvu à la sépulture du défunt. — *Serle c. Waterworth*, 4 Mee, et W., 9.

322. — D. *Fonctions de l'exécuteur testamentaire*. — L'exécuteur représente en matière mobilière la personne du défunt, tout comme le *heir*, l'héritier, la représente en matière de *real estate*, pour la fortune immobilière. Il a sur les biens meubles les mêmes droits que le défunt lui-même, y compris le droit d'action. En revanche, il est tenu *ipso jure* des obligations non strictement personnelles du défunt jusqu'à concurrence du montant des *assets*, c'est-à-dire des biens héréditaires soumis à son administration (St. 4, Edw. III, c. 7 ; 3 et 4, Guill. IV, c. 42).

323. — Pour divers actes de son administration, il n'est pas tenu d'attendre l'homologation du testament qui l'a institué ; à la différence de l'administrateur d'une succession *ab intestat*, qui ne peut commencer ses fonctions qu'après délivrance de ses lettres d'administration. — *Whitehead c. Taylor*, 10 Ad. et El., 210 ; *Lucy c. Walrond*, 3 Bing., N. C., 841.

324. — L'exécuteur qui rencontre dans l'exercice de son mandat une difficulté quelconque, a toujours le droit de s'adresser aux tribunaux pour qu'ils lui donnent leurs instructions ou qu'ils fassent au besoin administrer l'*estate* sous leur propre direction (St. 15 et 16, Vict., c. 86, §§ 45 et 46 ; 22 et 23, Vict., c. 35, § 30 ; 23 et 24, Vict., c. 38, § 9).

325. — Le premier devoir de l'exécuteur testamentaire est de donner au défunt une sépulture convenable ; les dépenses nécessaires sont payables par préférence à toutes autres dettes ou charges. — *Hancock c. Podmore*, 1 Barn. et Adol., 260. — Mais les extravagances, même en cette matière spéciale, constitueraient un *devastavit* et resteraient au compte de l'exécuteur, sans jouir d'aucun privilège. — *Shelley's case*, 1 Salk., 296.

326. — L'exécuteur est tenu de faire un inventaire de tout l'avoir mobilier du défunt, *in possession* et *in action*, et de le remettre à la cour sous serment, si et dès qu'il en est requis (St. 21, Henr. VIII, c. 5).

327. — Il doit rassembler et faire rentrer tous les biens ainsi inventoriés et, à cet effet, actionner les personnes qui les détiennent. D'autre part, ces biens constituant entre ses mains des *assets* destinés avant tout à rembourser les dettes du défunt, il peut en vendre la quantité nécessaire pour atteindre ce but, en tenant compte du numéraire en caisse. Comme on l'a vu plus haut, s'il y a deux ou plusieurs exécuteurs régulièrement institués, les ventes, quittances ou remises souscrites par l'un d'eux sont parfaitement valables sans l'intervention des autres (V. *suprà*, n. 310). Toutefois, d'après le St. 33 et 34, Vict., c. 71, § 23, la Banque d'Angleterre peut exiger qu'ils interviennent tous personnellement en cas de transfert des fonds appartenant chez elle au défunt.

328. — La plupart de ces actes étant considérés comme de pure administration et simplement préparatoires, il est admis que l'exécuteur a la faculté d'y procéder même avant l'homologation du testament. Mais, quand il est mis en demeure de justifier du droit qu'il s'arroge de s'immiscer dans la gestion de l'*estate*, il ne peut le faire qu'en produisant l'acte d'homologation ; à partir de cet acte, il ne peut poursuivre aucune action en justice à partir du moment où, d'après les lois de procédure, il est tenu de fournir ses preuves. — Williams, *Treatise on the law of executors*, 1, 4, 1, § 2 ; *Stuart c. Burrowes*, 1 Drury, 265, 274.

329. — La plus importante des attributions de l'exécuteur est de payer, à l'aide des biens dont il est investi, les dettes du défunt. La loi lui donne à cet égard les pouvoirs les plus étendus, quelles que puissent être les dispositions prises par le défunt et, notamment, ses libéralités testamentaires (*Ewer c. Corbet*, 2 P. Wms, 148). Il a le droit de payer une dette héréditaire sur telle justification qu'il juge suffisante, d'accepter des débiteurs telle composition ou sûreté qu'ils lui offriraient, d'accorder des délais, de consentir à un arbitrage, de se prêter à tout arrangement ou concession pour éviter les pertes qui en résulteraient pour l'hoirie (St. 23 et 24, Vict., c. 145, § 30 ; 44 et 45, Vict., c. 41, § 37). Il est même libre de rembourser une dette prescrite (*In re Greaves, Bray c. Tofield*, L. Rep., 18, Ch. II, 551). Mais, à part cela, il est tenu de payer les dettes héréditaires dans l'ordre qui leur est respectivement assigné par les lois (V. St. 17, Geo. II, c. 38 ; 32 et 33, Vict., c. 46 ; 38 et 39, Vict., c. 60 § 7).

330. — Une fois les dettes payées, il procède à l'acquittement des legs.

331. — Quand il a acquitté les dettes et les legs, il présente son compte général au *Board of Inland Revenue*, afin de fixer la balance d'après laquelle est dû le droit de succession ; ce droit se paie sur le solde actif et sur les legs particuliers.

332. — Puis il verse le reliquat actif (*residuum*) entre les mains du légataire universel, s'il y en a un, et, à défaut, du *next of kin*, vis-à-vis duquel il fait jusqu'au versement fonctions de *trustee*. Si, d'après le *Statute of distribution* (22 et 23, Car. II, c. 10), il n'y a pas non plus de *next of kin* ; le reliquat appartient en propre à l'exécuteur testamentaire en sa qualité même. En tout état de cause, il n'est pas tenu de remettre le reliquat aux ayants-droit avant l'expiration d'une année à partir du décès ; ce délai lui est accordé pour payer les créanciers qu'il connaît et rechercher, avant de se dessaisir des fonds, ceux qu'il ne connaîtrait pas (Même loi, § 8). — V. sur l'ensemble de la matière, Ernest Lehr, *Eléments de droit civil anglais*, n. 1003 à 1034 ; Stephen, *Comment. on the laws of England*, 9ᵉ éd., t. 2 p. 191 et s. ; *Every man's own lawyer*, 1897, p 494 et s.

333. — II. *Ecosse.* — Le but ordinaire, sinon absolument indispensable, d'un testament est la nomination d'un exécuteur testamentaire, c'est-à-dire d'un *trustee* chargé de prendre en main la masse mobilière, *moveable estate*, de la succession, tant à son propre profit qu'à celui des autres intéressés.

334. — Si le testateur n'a pas désigné d'exécuteur, la loi y pourvoit par ce qu'on appelle, en Ecosse, un *executor-dative* ou un *executor-creditor* ; l'*executor-dative* est ce qu'on appelle administrateur en Angleterre ; l'*executor-creditor* est un administrateur désigné par les créanciers héréditaires.

335. — L'exécuteur a droit, de par la loi, à un tiers de l'avoir mobilier du défunt, toutes dettes et libéralités testamentaires payées ; si le testateur lui a fait un legs, le montant s'en impute sur ce tiers. Lorsque le testament est muet sur l'emploi des deux autres tiers restant après paiement des dettes et charges, l'exécuteur est réputé en être *trustee* (comptable envers le *next of kin*, plus proche parent *ab intestat*. — Bell, *Principles of the law of Scotland*, n. 1870.

336. — L'exécuteur désigné par le testateur (*executor-nominate*) tient ses pouvoirs du testament même ; mais cet acte, accompagné d'un inventaire complet, doit être présenté au magistrat compétent, lequel délivre à l'exécuteur un *decree*, connu sous le nom de *Confirmation of a testament-testamentar* (St. 48, Geo. III, c. 49, § 38 ; 55, Geo. III, c. 184 ; 4, Geo. IV, c. 98).

337. — L'exécuteur a pour première mission de faire rentrer les créances héréditaires ; il représente même à cet égard la veuve et les enfants du défunt, lesquels n'ont point d'action directe contre les débiteurs et ne peuvent s'en prendre qu'à l'exécuteur.

338. — Ensuite il est chargé de payer les dettes de la succession. Il ne peut payer les créanciers qu'en vertu d'un ordre de justice (*decree*), et ceux-ci n'ont pas le droit d'exiger ce paiement avant l'expiration d'un délai de six mois à compter du décès. Il n'est tenu, du reste, que dans la mesure où il a des fonds à sa disposition, et il doit les répartir proportionnellement entre les créanciers qui ont réclamé leur paiement dans ce délai. Après les six mois, il peut payer valablement *primo venienti*. Toutefois, de simples légataires ne sauraient être payés avant les créanciers ; et, s'il existe entre ces derniers un ordre légal de préférence, l'exécuteur est obligé d'en tenir compte. Dans tous les cas, les créanciers du défunt priment ceux de l'héritier (*next of kin*). — Bell, *op. cit.*, n. 1893, 1899 et 1900.

§ 6. *Italie.*

339. — Le Code civil italien consacre aux exécuteurs testamentaires les art. 903 à 911.

340. — I. *Nomination.* — Le testateur peut nommer un ou plusieurs exécuteurs art. 903).

341. — Celui qui ne peut pas contracter d'obligations ne peut être exécuteur testamentaire ; le mineur ne peut l'être, même avec l'autorisation du père, du tuteur ou du curateur (art. 904 et 905).

342. — II. *Pluralité d'exécuteurs testamentaires.* — S'il y a plusieurs exécuteurs ayant accepté la charge, un seul peut agir à défaut des autres ; mais ils sont tenus solidairement de rendre compte des biens mobiliers qui leur ont été confiés, à moins que le testateur n'ait divisé leurs fonctions et que chacun d'eux ne se soit limité à celle qui lui était attribuée (art. 910).

343. — III. *Attributions.* — Le testateur peut concéder à l'exécuteur testamentaire la possession immédiate de tout ou partie de ses biens meubles, pour une année au maximum à compter de l'ouverture de la succession (art. 906). L'héritier peut faire cesser cette possession, en offrant de remettre à l'exécuteur la somme nécessaire pour acquitter les legs de biens meubles, ou en justifiant qu'il les a acquittés lui-même, ou en assurant le paiement suivant le mode et aux époques fixés par le testateur (art. 907).

344. — Lorsqu'il y a parmi les héritiers des mineurs, des interdits, des absents, ou une personne morale, les exécuteurs font apposer les scellés. Puis ils font dresser l'inventaire des biens héréditaires, en présence de l'héritier ou après l'avoir dûment cité. S'il n'y a pas assez de numéraire pour l'acquittement des legs, ils provoquent la vente des meubles. En général, ils veillent à l'exacte exécution du testament et peuvent, s'il y a contestation, intervenir en justice pour soutenir la validité de l'acte. A l'expiration de l'année à partir du décès du testateur, ils sont tenus de rendre compte de leur administration (art. 908).

345. — Les attributions de l'exécuteur testamentaire ne passent pas à ses héritiers (art. 909).

346. — IV. *Remboursement des frais.* — Les frais faits par l'exécuteur testamentaire pour l'inventaire et la reddition des comptes, ainsi que les autres frais indispensables pour l'exercice de ses fonctions, sont à la charge de la succession (art. 911). Le Code est muet sur la question des honoraires.

§ 7. PAYS-BAS.

347. — Le Code civil néerlandais consacre aux exécuteurs testamentaires proprement dits et aux administrateurs désignés par le testateur les art. 1052 à 1069.

348. — I. *Nomination des exécuteurs testamentaires.* — Le testateur peut en nommer un ou plusieurs, soit par testament, soit par acte sous seing privé écrit en entier, daté et signé de lui, soit par un acte notarié distinct. Il peut aussi en nommer plusieurs aux fins seulement qu'ils se remplacent successivement (art. 1032). Nul n'est tenu d'accepter la charge; mais celui qui l'a acceptée doit la remplir jusqu'à la fin (art. 1068, al. 1).

349. — Lorsqu'il y a plusieurs exécuteurs ayant accepté la charge, un seul peut agir à défaut des autres; mais ils sont solidairement responsables de leur gestion, à moins que le testateur n'ait divisé leurs fonctions et que chacun d'eux ne se soit renfermé dans celle qui lui était attribuée (art. 1063).

350. — Les femmes mariées, les mineurs même émancipés, les interdits, et tous ceux qui sont incapables de s'obliger ne peuvent être exécuteurs testamentaires (art. 1053).

351. — II. *Saisine.* — Le testateur peut donner à l'exécuteur testamentaire la saisine de tout ou partie de sa succession; dans le premier cas, elle s'étend aux immeubles comme aux meubles. La saisine ne dure de droit qu'une année à partir du jour où l'exécuteur a pu se mettre en possession (art. 1054). Si tous les héritiers sont d'accord, ils peuvent faire cesser cette saisine, à charge de mettre l'exécuteur à même d'acquitter les legs purs et simples ou de justifier qu'ils les ont acquittés eux-mêmes (art. 1055).

352. — III. *Attributions des exécuteurs testamentaires.* — Les exécuteurs font apposer les scellés, s'il y a des mineurs ou interdits non pourvus de tuteurs ou curateurs, ou s'il y a des héritiers non présents en personne ni par fondé de pouvoirs (art. 1056).

353. — Ils font faire ensuite l'inventaire des biens, en présence des héritiers qui se trouvent dans le royaume, ou ceux-ci dûment appelés (art. 1057).

354. — En général, ils veillent à ce que le testament reçoive sa pleine exécution, et, s'il y a lieu, ils peuvent intervenir pour en soutenir la validité (art. 1058).

355. — A défaut de deniers suffisants pour acquitter les legs, ils peuvent faire vendre, publiquement et conformément à l'usage local, les biens meubles de la succession et aussi, s'il est besoin, un ou plusieurs des immeubles. Toutefois les immeubles ne peuvent être vendus que du consentement des héritiers et, à défaut, avec l'autorisation du juge. Les héritiers sont libres de prévenir cette vente en avançant les fonds dont l'exécuteur a besoin. Sauf les dispositions concernant les mineurs ou interdits, les ventes peuvent aussi avoir lieu de gré à gré, si tous les héritiers sont d'accord (art. 1059). Il n'est pas loisible aux exécuteurs de procéder à une vente de biens uniquement en vue de procéder au partage de la succession (art. 1061, al. 1).

356. — Les exécuteurs qui ont la saisine ont le droit de poursuivre en justice le paiement des dettes échues et exigibles durant cette saisine (art. 1060).

357. — A la fin de leur gestion, les exécuteurs testamentaires doivent rendre leurs comptes aux intéressés, leur restituer tous les biens et effets de la succession et leur verser le reliquat pour permettre aux héritiers de procéder au partage; ils doivent aider les héritiers dans le partage, s'ils en sont requis (art. 1061, al. 2).

358. — Toute disposition les dispensant de dresser inventaire ou de rendre compte est nulle de plein droit (art. 1065).

359. — Les pouvoirs de l'exécuteur ne passent pas à ses héritiers (art. 1062).

360. — IV. *Frais et honoraires.* — Les frais faits par l'exécuteur testamentaire pour l'apposition des scellés, l'inventaire, le compte, etc., sont à la charge de la succession (art. 1064).

361. — A défaut de rémunération octroyée par le testateur ou à défaut de legs spécial, les exécuteurs ont droit aux honoraires attribués par l'art. 522 aux administrateurs des biens des absents, c'est-à-dire à 2 1/2 p. 0/0 des recettes et 1 1/2 p. 0/0 des dépenses (art. 1068, al. 2).

362. — V. *Administrateurs de succession.* — Il est également loisible au *de cujus* de nommer, par testament ou par un acte notarié spécial, un ou plusieurs administrateurs, pour gérer les biens légués aux héritiers ou légataires pendant leur vie ou pendant un temps déterminé, à la condition qu'il ne soit pas porté atteinte à la libre disposition de la réserve des héritiers (art. 1066). Faute par le testateur d'avoir pourvu au remplacement d'administrateurs défaillants, le tribunal d'arrondissement y procède, le ministère public entendu (art. 1067).

363. — VI. *Cessation des fonctions d'exécuteur testamentaire.* — En principe, comme on l'a vu plus haut, celui qui a accepté ces fonctions doit les remplir jusqu'à la fin. Elles ne cessent donc que par sa mort, par l'incapacité où il est d'en continuer l'exercice ou par l'expiration du délai normal ou fixé.

364. — Mais, en outre, les exécuteurs ou administrateurs peuvent être destitués pour les mêmes causes que les tuteurs (art. 1069).

§ 8. PORTUGAL.

365. — Le Code civil portugais traite des exécuteurs testamentaires (*testamenteiros*) aux art. 1885 à 1909.

366. — I. *Nomination.* — Le testateur peut en désigner un ou plusieurs. Ne peuvent remplir ces fonctions que les personnes capables de s'obliger par contrat; la femme mariée ne peut être exécutrice testamentaire sans l'autorisation de son mari, à moins qu'elle ne soit judiciairement séparée de corps et de biens ou que, mariée sous le régime de la séparation de biens, elle n'ait été autorisée par justice; le mineur non émancipé ne peut être exécuteur testamentaire, même avec l'autorisation de ses père et mère ou de son tuteur (art. 1885 à 1888).

367. — La personne désignée peut refuser la mission; mais, en ce cas, elle perd le legs qui lui avait été fait en considération de ce service (art. 1889). L'exécuteur qui veut s'excuser, doit le faire dans les trois jours qui suivent celui où il a eu connaissance du testament et devant l'autorité compétente, sous peine de dommages-intérêts; celui qui a accepté ne peut se démettre que pour une raison valable, et sur ordonnance rendue par le juge contradictoirement avec les intéressés; le tout, sous la même peine (art. 1890-91).

368. — En cas d'empêchement ou d'excuse de l'exécuteur testamentaire, le soin d'exécuter le testament incombe aux héritiers (V. art. 1893).

369. — II. *Attributions.* — L'exécuteur testamentaire a les attributions que, dans les limites légales, lui a conférées le testament (art. 1894).

370. — Si le testateur laisse des héritiers à réserve, il ne peut autoriser l'exécuteur testamentaire à se mettre en possession de la succession; il peut seulement obliger les héritiers à le laisser s'en saisir, si ce n'est pour faire inventaire après avoir dûment cité l'exécuteur. S'il ne laisse que des héritiers non réservataires, il peut autoriser l'exécuteur à se mettre en possession, mais non le dispenser de faire inventaire; encore lesdits héritiers ont-ils le droit de prévenir cette prise de possession en remettant à l'exécuteur les sommes dont il a besoin pour l'acquittement des dépenses à sa charge (art. 1895-1897).

371. — Lorsqu'il n'y a pas dans la succession assez de numéraire pour pourvoir auxdites dépenses et que les héritiers ne peuvent ou ne veulent pas faire les avances nécessaires, l'exécuteur peut provoquer la vente du mobilier et, au besoin, celle d'un ou plusieurs immeubles, mais toujours après avoir entendu les héritiers; si l'un de ces derniers est mineur, absent ou interdit, la vente doit être faite aux enchères publiques (art. 1898).

372. — Les devoirs de l'exécuteur testamentaire, lorsque le testateur ne les a pas spécifiés, sont les suivants : 1° il pourvoit à l'inhumation et aux obsèques du testateur conformément à ses instructions ou, à défaut, à l'usage local; 2° il fait inscrire au bureau compétent le testament, s'il est en son pouvoir, dans les huit jours à compter de celui où il a eu connaissance du décès du testateur; 3° il veille à l'exécution des dispositions du testament et en soutient, au besoin, la validité devant la justice ou ailleurs ; 4° il facilite aux intéressés l'étude du testament, s'il est en son pouvoir, et en laisse prendre des expéditions régulières, lorsqu'elles sont demandées (art. 1899).

373. — Si tous les héritiers sont majeurs, l'exécuteur ne fait pas faire inventaire en justice, à moins qu'il n'en soit requis par l'un des intéressés : toutefois il ne peut se mettre en possession des biens du testateur avant d'en avoir fait dresser état par un greffier ou un notaire, en présence des intéressés ou eux appelés (art. 1900).

374. — Lorsqu'il y a des héritiers ou légataires mineurs, interdits ou absents, l'exécuteur testamentaire informe le juge compétent de l'ouverture de la succession ou de l'ouverture du legs (art. 1901).

375. — S'il est chargé par le testament d'appliquer le produit d'une certaine portion de la succession à quelque fondation, œuvre pie, ou œuvre d'utilité publique, il doit faire inventorier et vendre aux enchères publiques les biens dont il s'agit, en présence du ministère public et après une citation des intéressés ou de leurs représentants légaux (art. 1902).

376. — A défaut d'un délai d'exécution fixé dans le testament, l'exécuteur doit assurer l'exécution du testament dans l'année à compter du jour où sa gestion a commencé ou du jour où s'est terminé le litige sur la validité ou la nullité du testament ; il conserve, d'ailleurs, toujours le droit de veiller à l'exécution des dispositions non observées et de requérir les mesures conservatoires jugées nécessaires ; dans le cas de l'art. 1902, il continue, en outre, l'exécution du testament pendant tout le temps nécessaire pour atteindre l'objet du legs, si le testateur en a ainsi ordonné. L'exécuteur qui, pouvant remplir sa mission dans le délai fixé, ne le fait pas, perd la rétribution assignée par le testateur, et le testament doit être exécuté par ceux qui en auraient été chargés à défaut d'exécuteur testamentaire (art. 1903).

377. — Les fonctions de l'exécuteur testamentaire ne passent point à ses héritiers et ne peuvent être déléguées (art. 1906).

378. — III. *Pluralité d'exécuteurs testamentaires.* — Lorsqu'il y a plusieurs exécuteurs acceptants et que l'un ou quelques-uns d'entre eux se sont, depuis, abstenus de participer à l'exécution du testament, ce que font les autres est valable ; mais tous sont solidairement responsables des biens de la succession qui leur ont été confiés. Si les co-exécuteurs ne peuvent s'entendre sur la manière d'exécuter le testament, la disposition qui les a nommés devient caduque, et l'exécution du testament incombe aux personnes qui en auraient été chargées à défaut d'exécuteurs testamentaires (art. 1904).

379. — IV. *Compte à rendre.* — Les exécuteurs testamentaires doivent rendre compte de leur gestion aux héritiers ou à leurs représentants légaux et, dans le cas de l'art. 1902, à l'autorité administrative compétente (art. 1905).

380. — V. *Honoraires et frais.* — La mission de l'exécuteur est gratuite, à moins que le testateur n'y ait attaché une rétribution (art. 1892) ; lorsque le testateur a légué aux exécuteurs conjointement une rétribution, la part de ceux qui refusent ou ne peuvent pas accepter la mission, accroît à celle des autres (art. 1907).

381. — Les dépenses faites par l'exécuteur pour l'accomplissement de sa mission sont à la charge de la succession ; les mêmes dépenses dont il n'est pas d'usage de retirer quittance, lui sont remboursées sur sa déclaration faite sous serment (art. 1908).

382. — VI. *Responsabilité.* — L'exécuteur coupable de dol répond des dommages-intérêts et peut être révoqué par jugement, à la requête des intéressés (art. 1909).

§ 9. ROUMANIE.

383. — Les art. 910 à 919 du Code civil roumain sont la traduction littérale des art. 1025 à 1034, C. civ. franc., à cela près que l'art. 911 (1026, C. fr.) ne reproduit pas la seconde phrase : « S'il ne la leur a pas donnée (la saisine), ils ne pourront l'exiger. »

§ 10. RUSSIE.

384. — I. *Caractères généraux de la fonction.* — D'après le droit civil russe, l'exécuteur testamentaire est un simple mandataire du défunt, chargé d'accomplir les volontés de ce dernier, et non les siennes propres. Intermédiaire entre le testateur et les héritiers, il n'a que momentanément l'administration des biens,

jusqu'à ce que les héritiers aient pu être mis en possession de ce qui leur revient. — Dép. civ. de cass., 1879, n. 205 ; 1882, n. 81.

385. — Personnellement, il n'a le droit de se mettre en possession d'une partie quelconque des biens héréditaires qu'autant qu'elle lui a été léguée à lui-même. — Dép. civ. de cass., 1870, n. 917.

386. — D'autre part, le testateur ne peut lui laisser la liberté de disposer des biens à sa convenance ; ainsi que son nom l'indique, l'exécuteur testamentaire est uniquement chargé de veiller à l'accomplissement des volontés exprimées dans le testament d'une manière claire et précise. — Dép. civ. de cass., 1881, n. 116 ; 1885, n. 132.

387. — A défaut d'exécuteur testamentaire, les testaments sont exécutés : 1° par les héritiers ; 2° dans certains cas spéciaux par les autorités et corporations chargées de la garde du testament (*Lois civiles*, Svod, t. 10, part. 1, art. 1084, 1087 et 1088).

388. — II. *Nomination.* — L'exécuteur testamentaire entre en fonctions aussitôt que le testament a été homologué. — Dép. civ. de cass., 1869, n. 612.

389. — L'acceptation de ces fonctions n'est jamais obligatoire (Dép. civ. de cass., 1871, n. 863). Si l'une des personnes désignées conjointement pour les remplir les refuse ou vient à mourir, le testament est exécuté par les soins des autres et, s'il n'en reste point, par les héritiers eux-mêmes, ainsi qu'on l'a vu plus haut. — Dép. civ. de cass., 1868, n. 308 ; 1875, n. 27.

390. — Rien n'empêche le testateur de confier à l'un des héritiers mêmes les fonctions d'exécuteur testamentaire (Dép. civ. de cass., 1879, n. 205). L'héritier ainsi désigné n'en conserve pas moins le droit d'attaquer celles des dispositions du testament qui seraient contraires à ses intérêts ou aux lois. — Dép. civ. de cass., 1878, n. 195.

391. — Lorsqu'il a été institué conjointement plusieurs exécuteurs testamentaires, ils ne forment ni un collège, ni une personne morale ; toutes leurs décisions doivent être prises d'un commun accord, ou tout au moins à la majorité des voix. — Cour d'appel de Saint-Pétersbourg. *Journ. jud.*, 1873, n. 88.

392. — Les employés des lazarets ne peuvent être désignés comme exécuteurs testamentaires par des personnes qui ont fait leur testament dans l'un de ces établissements (*Svod.*, *loc. cit.*, art. 1085).

393. — III. *Attributions.* — Le premier devoir de l'exécuteur testamentaire est de mettre les biens dans un état qui permette le prompt accomplissement des volontés du testateur, sans qu'il ait à s'arrêter aux intérêts particuliers de certaines personnes. — Dép. civ. de cass., 1883, n. 132.

394. — Il est loisible au testateur de lui donner, à cet égard, telles instructions que bon lui semble. — Dép. civ. de cass., 1871, n. 863.

395. — En général, l'exécuteur testamentaire n'a pas qualité pour introduire en justice des actions relativement aux biens dont il est l'administrateur. — Dép. civ. de cass., 1885, n. 132.

396. — Nonobstant toute dispense du testament, l'exécuteur est tenu de rendre compte aux héritiers de la façon dont il s'est acquitté de son mandat et des dispositions qu'il a prises relativement aux biens. — Dép. civ. de cass., 1878, n. 263.

397. — Il leur doit ce compte, alors même que les biens ne leur auraient été légués qu'à partir d'un certain délai ou sous condition et que le délai et la condition ne seraient pas encore accomplis. — Dép. civ. de cass., 1871, n. 847 ; 1881, n. 116.

398. — IV. *Responsabilité.* — Conformément aux règles générales du mandat, l'exécuteur testamentaire est responsable des dommages causés par sa négligence ou sa mauvaise gestion, sans préjudice du droit qu'a l'héritier lésé par une aliénation illégale d'attaquer directement l'acquéreur. — Dép. civ. de cass., 1869, n. 227 ; 1874, n. 1264 ; 1879, n. 134.

399. — L'exécuteur est aussi passible de dommages-intérêts s'il tarde indûment à délivrer au destinataire le capital légué. — Dép. civ. de cass., 1869, n. 339.

400. — V. *Incompatibilités.* — La même personne ne peut être tout à la fois témoin testamentaire et exécuteur testamentaire (*Svod, loc. cit.*, art. 1034-3°). — Ernest Lehr, *Eléments de droit civil russe*, t. 2, n. 646, 694 à 699.

§ 11. SUÈDE.

401. — Le *Rikeslag* de 1734 ne renferme aucune disposition sur les exécuteurs testamentaires.

§ 12. Suisse.

402. — En Suisse, toute la matière des successions est encore du domaine de la législation cantonale. Les cantons qui n'ont pas de Code civil, à l'exception de Bâle-Ville et de Saint-Gall, ne connaissent point l'institution des exécuteurs testamentaires. Les Codes de la Suisse centrale (Argovie, Berne, Lucerne, etc.) n'y consacrent aucune disposition, et c'est, dans une certaine mesure, comme dans les cantons de Fribourg et de Vaud, l'autorité chargée d'homologuer les testaments qui en surveille l'exécution. Toutefois, à Berne et à Lucerne tout au moins, le silence de la loi n'a pas la portée d'une interdiction, et les exécuteurs qui seraient régulièrement désignés par le testateur pourraient remplir leur mandat.

403. — A *Genève*, le Code civil français est resté, à cet égard, textuellement en vigueur. Les Codes de *Neuchâtel* (art. 738 à 742) et du *Valais* (art. 741 à 751) en reproduisent les dispositions en les abrégeant. Le Code du *Tessin*, qui traite la matière aux art. 472 et s., s'écarte du droit français, notamment sur les points suivants : 1° une femme peut être désignée comme exécutrice testamentaire par son mari (art. 472, al. 2); 2° les exécuteurs nommés ensemble ne peuvent agir que conjointement, à moins d'une autorisation expresse du testateur, auquel cas ils ne répondraient chacun que de leurs propres actes (art. 477); 3° l'exécuteur testamentaire peut renoncer à ses fonctions en tout temps, encore qu'il ait commencé à les exercer (art. 479).

404. — A *Saint-Gall*, la loi successorale (du 9 déc. 1808) renferme, dans ses art. 109 et 110, les dispositions suivantes : Le *de cujus*, peut instituer des exécuteurs testamentaires, qui sont à considérer comme ses mandataires, aux fins indiquées dans le testament. S'il leur a confié en même temps l'administration et le partage de la succession, ils sont responsables de leurs actes envers ceux qui ont des droits sur cette succession, et sont tenus de leur rendre compte de leur gestion.

405. — A *Bâle-Ville*, le § 73 de la loi matrimoniale et successorale (du 10 mars 1884) porte que le testateur qui n'a pas d'héritiers nécessaires peut, dans son testament ou dans un codicille valable, nommer un ou plusieurs exécuteurs testamentaires, qui, à défaut de dispositions plus précises de sa part, sont chargés de pourvoir à l'accomplissement de toutes ses dernières volontés et de procéder, en conséquence, à la liquidation de sa succession.

406. — D'après le Code civil des *Grisons*, § 513, si le testateur nomme des exécuteurs testamentaires, c'est pour eux une simple affaire de conscience d'accepter ou de décliner ce mandat; ils ont seulement le devoir de faire connaître immédiatement leur décision aux héritiers. S'ils acceptent le mandat, ils ont qualité pour prendre, autant que possible d'accord avec les héritiers, toutes les mesures nécessaires pour le remplir, et, en tant que besoin, pour administrer la masse héréditaire. En cas de retards indus de leur part, il est loisible aux héritiers de recourir contre eux auprès du juge compétent. Dans tous les cas, ils doivent aux héritiers compte de leur gestion.

407. — Enfin, l'institution des exécuteurs testamentaires est sanctionnée dans les codes du groupe zuricois (*Schaffhouse*, §§ 196³ et s.; *Zoug*, § 312; *Zurich*, §§ 1038 à 1040). Voici les dispositions du nouveau Code civil de Zurich : « 1038. Le testateur peut désigner dans son testament un ou plusieurs exécuteurs testamentaires. — 1039. L'exécuteur testamentaire qui accepte son mandat est admis à faire tous les actes et à exercer tous les droits nécessaires pour arriver à l'exécution des dernières volontés du défunt; il peut même, en tant que besoin, prendre possession de l'hérédité et l'administrer. Mais ses attributions ne vont pas au delà de ce que comporte l'accomplissement de son mandat. — 1040. L'exécuteur testamentaire est responsable de sa gestion envers les héritiers, et les légataires ont le droit de réclamer de lui la délivrance de leur legs. — C'est lui qui, d'après l'art. 1014, est tenu de donner avis à ces derniers des libéralités faites en leur faveur. — Ernest Lehr, *Code civil du canton de Zurich* de 1887, traduit et annoté (*Collection des principaux codes étrangers*), Paris, Imprimerie nat., 1890; Huber, *System und Geschichte des schweiz. Privatrechtes*, t. 2, § 63, B, c.

EXÉCUTION CAPITALE.

Législation.

C. civ., art. 83 ; — C. pén., art. 12, 14, 25 et s.; — C. instr. crim., art. 375 et s.; — Décr. 18 juin 1811 (*sur les frais de justice criminelle*), art. 3 § 4, 52, 53, 71 § 9, 114 et 132 ; — Décr. 25 nov. 1870 (*sur les exécuteurs des hautes œuvres*).

Bibliographie.

Ch. Berriat Saint-Prix, *De l'exécution des jugements et arrêts et des peines*, 1846, 1 vol. in-8°, passim. — Blanche et Dutruc, *Études sur le Code pénal*, 1888-91, 2° éd., 7 vol. in-8°, t. 1, p. 128 et s. — Block, *Dictionnaire de l'administration française*, 4° éd., 1898, 1 vol. gr. in-8°, v° *Exécuteur des arrêts criminels*. — Boitard, *Leçons de droit criminel*, 1890-96, 1 vol. in-8°, p. 58 et s. — Bourguignon, *Dictionnaire raisonné des lois pénales de France*, 1811, 3 vol. in-8°, vᵢₑ *Exécuteur des arrêts criminels*, *Mort* (peine de). — Carnot, *Commentaire sur le Code pénal*, 1836, 2° éd., 2 vol. in-4°, t. 1, p. 43, 50, 63 et s., 74 et s., 114 et 115. — Carrara, *Programme du cours de droit criminel*, 1876, in-8°, § 659 et s. — A. Chauveau, *Code pénal progressif* 1832, 1 vol. in-8°, p. 79 et s. — Chauveau, F. Hélie et Villey, *Théorie du Code pénal*, 1887-1868, 6° éd. in-8°, t. 1, p. 270 et s. — De Dalmas, *Des frais de justice en matière criminelle*, 1834, in-8°, passim. — Garofalo, *La criminologie*, 2° éd., 1890, in-8°, p. 231 et s. — Garraud, *Traité théorique et pratique du droit pénal français*, 2° éd. (en cours de publication), t. 2, p. 2 et s., 306 et s. — Haus, *Droit pénal belge*, 1885, 2 vol. in-8°, t. 2, n. 723 et s. — F. Hélie, *Pratique criminelle des cours et tribunaux*, 1877, 2 vol. in-8°, t. 2, n. 29 et s. — Laborde, *Cours de droit criminel*, 2° éd., 1898, in-8°, n. 218 et s. — Lefort, *Cours de droit criminel*, 2° éd., 1897, 1 vol. in-8°, p. 520 et 521. — Legraverend, *Traité de la législation criminelle*, 1830, 2 vol. in-4°, t. 2, p. 276 et 277. — Le Poittevin, *Dictionnaire-formulaire des parquets*, 1894-95, 2° éd., 3 vol. in-8°, v° *Exécution capitale*. — Massabiau, *Manuel du ministère public*, 4° éd., 1876, 3 vol. in-8°, t. 2, n. 3449 et s. — Merlin, *Répertoire universel et raisonné de jurisprudence*, 1827-28, 5° éd., 18 vol. in-4°, v° *Exécution des jugements criminels*, n. 6 et s. — Molinier et Vidal, *Traité théorique et pratique de droit pénal*, 1893, t. 1, p. 308 et s., 493 et s. — Morin, *Répertoire général et raisonné de droit criminel*, 1851, 1 vol. in-4°, v° *Exécution*. — Normand, *Traité élémentaire de droit criminel*, 1896, 1 vol. in-8°, n. 203 et s. — Ortolan, *Éléments de droit pénal*, 1885, 2 vol. in-8°, t. 2, n. 1356 et s., 2395. — Rauter, *Traité théorique et pratique de droit criminel français*, 1836, 2 vol. in-8°, p. 31 et 32. — Rossi, *Traité de droit pénal*, 1835, 2 vol. in-8°, t. 2, p. 282 et s. — Tarde, *Philosophie pénale*, p. 521 et s. — Thiry, *Cours de droit criminel*, 1892, in-8°, p. 197 et s. — Trébutien, Laisné-Deshayes et Guillouard, *Cours élémentaire de droit criminel*, 1878-83, 2° éd., 2 vol. in-8°, p. 178 et s. — Vallet et Montagnon, *Manuel des magistrats du parquet*, 2 vol. in-8°, 1890, t. 1, n. 679 et s.

Barret de Neufchâteau, *Essai sur la peine de mort*, 1821, in-8°. — Bédarride, *De la peine de mort*, 1867, 2° édit. — Brissot, *De la suppression de la peine de mort*, 1849, 1 broch. in-8°. — Bujon (P.), *La peine de mort devant l'histoire et devant la science*, 1888, in-8°. — Chassagny, *De la peine de mort et de son influence*, 1891, in-8°. — Delacroix, *Opinion du « Spectateur français » sur la peine de mort*, Versailles, 1828, in-8°. — Desprez, *De la peine de mort*, 1870, 1 broch. in-18. — Foullée (Ch.), *Sur la peine de mort*, 1817, in-8°. — Garnier (A.), *De la peine de mort*, 1827, in-8°. — Goudard (A.), *Méditation sur la peine de mort*, 1870, in-12. — Guizot (F.), *De la peine de mort en matière politique*, 1822, in-8°. — Haus, *De la peine de mort*, 1866. — Heiberg, *De la peine de mort*, 1867, in-8°. — Hetzel, *Die Todesstrafe in Kulturgeschichtlicher Entwicklung*, 1869. — Holtzendorff (von), *Das Verbrechen des Mordes und die Todesstrafe*, Berlin, 1875. — Laget Valdeson, *La pétition contre la peine de mort*, 1867, broch. in-8°. — Lucas (Ch.), *Du système pénal répressif en général et particulièrement de la peine de mort*, 1827. — Lucas (Ch.), *Recueil des débats des assemblées législatives de la France sur la question de la peine de mort*, 1831. — Lucas, *De l'état anormal de la répression en France et des moyens d'y remédier*, 1885. — L. de M. (Em.), *Nécessité de la peine capitale*, 1828, in-8°. — Mazel (B.), *Discours sur l'abolition de la peine de mort*, 1825, in-8°. — Mittermaier (trad. Leven), *De la peine de mort*, 1865. — Modderman, *L'abolition de la peine de mort*, La Haye, 1881, 1 broch. in-8°. — B. Montagu, *The opinions of different authors upon the punishment of death*, Londres, 1816, 3 vol. in-8°. — D'Olivecrona, *Notice statistique sur l'application de la peine de mort en Norvège*, 1870, 1 broch. in-8°. — D'Olivecrona (trad. Beauchet), *De la peine de mort*, Paris, 1893. — Pierantoni, *Moirmento storico della legislazione interno l'abolizione della pena di morte dell' anno 1865 sino al 1872*. Rome, 1872. — J.-B. Salaville, *De la peine de mort*, 1827, in-8°. — Torres Campos, *La pena de muerte y su applicacion en Espana*, Madrid, 1879, in-8°. — Tougard, *Mémoire sur l'abolition de la peine de mort*, 1828, in-8°. — Ulin de la Pommeraye, *Discours contre la peine capitale*, 1828, in-8°. — Valant (H.), *Nouveaux essais sur la peine de mort*, 1827, in-8°. — X..., *De la nécessité d'abolir la peine de mort*, 1823, in-8°.

Les exécutions capitales et leur publicité (Bull. soc. des prisons) : 1886, p. 155 et s., p. 1003 et s. — *De la peine de mort* (Duvergier) : Gaz. Trib., 7 févr. 1829. — *Médecine extra-légale, supplice de la décollation* (Breton) : Gaz. Trib., 23-24 sept. 1833. — *De l'abolition de la peine de mort en matière politique* : Journ. du dr. crim., 1849, p. 33 et s. — *De l'abolition immédiate ou graduelle de la peine de mort* : Journ. du dr. crim., 1867, p. 257 et s. — *Des exécutions capitales et de leur publicité* : Journ. du dr. crim., 1879, p. 97 et s. — *De la peine de mort* (Ortolan) : J. Le Droit, 17 sept. 1848. — *Rapport sur la suppression de la publicité des exécutions capitales* : J. Le Droit, 2 juill. 1890. — *Notice présentant le relevé et la désignation des personnes et des associations qui ont pris la part la plus notable au mouvement abolitioniste de la peine de mort* : Rev. crit., t. 31, p. 322. — *Quelques mots sur l'état de la question de la peine de mort en Suède* (Ch. Lucas) : Rev. crit., t. 32, p. 413. — *Rapport à l'Académie des sciences morales et politiques sur l'abolition de la peine de mort en Portugal* (Ch. Lucas) : Rev. crit., t. 35, p. 28. — *La peine de mort et l'unification pénale en Italie* (Ch. Lucas) : Rev. crit., 1873-1874, p. 222, 774. — *Sur l'expérience obtenue par la suppression de la peine de mort dans le Grand-Duché de Finlande* (d'Olivecrona) : Rev. crit., 1882, p. 665. — *La place de la Roquette. Le quartier des condamnés à mort et l'échafaud* (Maxime du Camp) : Rev. des Deux-Mondes, 1er janv. 1870. — *De l'abolition de la peine de mort en Belgique* (Ch. Lucas) : Rev. Fœlix, t. 2, p. 271. — *De l'application du décret du gouvernement provisoire relatif à l'abolition de la peine de mort en matière de crimes politiques* (Molinier) : Rev. Fœlix, t. 5, p. 273 et s. — *Quelle est la peine qui doit remplacer la peine de mort abolie par le décret du 26 avr. 1848* : Rev. Fœlix, t. 16, p. 796 et s. — *Discours de Lamartine sur l'abolition de la peine de mort* : Rev. Wolowski, t. 4, p. 62 et s. — *De la peine de mort* (Wolowski) : Rev. Wolowski, t. 33, p. 111 et s.

Index alphabétique.

Abus d'autorité, 88.
Acte de décès, 30.
Aides-exécuteurs, 63 et s.
Aliments, 60, 74 et 75.
Allemagne, 98 et s.
Angleterre, 104 et 105.
Autopsie, 34.
Autopsie municipale, 20 et s.
Autriche-Hongrie, 106 et s.
Belgique, 116 et s.
Bois de justice, 85.
Bois de justice (transport des), 77, 86.
Cession, 62.
Coalition, 95.
Commune, 85.
Compétence, 93.
Conseil de guerre, 6.
Corse, 65.
Cour d'assises, 16, 17, 19, 21.
Déclaration du condamné, 24 et 25.
Délai, 1.
Emprisonnement, 90.
Espagne, 121 et s.
Excès de pouvoir, 19, 21.
Exécuteurs, 50 et s.
Exposition publique, 92.
Fournitures, 72.
Frais, 36, 71, 73.
Greffier, 27 et s.
Grève, 95.
Guillotine, 4.
Huissier, 26.
Indemnité, 80.
Indemnité de déplacement, 69 et s.
Inhumation, 33, 35.
Jour férié, 10.
Juge de paix, 25.
Lieu de l'exécution, 12 et s.
Logement de l'exécuteur, 79 et s.
Maire, 23.
Ministère public, 23, 78, 80 et s.
Ministre de la Justice, 59.
Mise en demeure, 93.
Norvège, 125 et s.
Nullité, 17, 62.
Ouvriers, 89 et s.
Parricide, 5.
Peine, 90 et s.
Pension alimentaire, 74 et 75.
Procès-verbal, 27, 29, 30, 94.
Procureur de la République, 7, 31 et 32.
Publicité de l'exécution, 37 et s.
Récidive, 90.
Recours en grâce, 2, 7, 32.
Rente, 62.
Réquisitions, 80 et s., 86, 89 et s.
Responsabilité, 87.
Russie, 128 et s.
Secours alimentaires, 60.
Suède, 133 et s.
Suisse, 136 et s.
Sursis à exécution, 2, 9.
Traitement des exécuteurs, 66.
Violences, 88.
Voiturier, 97.

Division.

Sect. I. — **Formes et délais des exécutions capitales** (n. 1 à 49).
Sect. II. — **Des exécuteurs des arrêts criminels** (n. 50 à 97).
Sect. III. — **Droit comparé** (n. 98 à 140).

Section I.

Formes et délais des exécutions capitales.

1. — En principe, la condamnation devrait être exécutée dans les vingt-quatre heures qui suivent les délais prévus par l'art. 373, C. instr. crim. (art. 375, C. instr. crim.). — V. *infrà*, n. 9.

2. — En ce qui concerne les exécutions capitales, cette prescription n'est pas observée. Autrefois, un recours en grâce n'était jamais un motif de retarder l'exécution, à moins que le ministre de la Justice n'eût envoyé l'ordre de surseoir (Circ. min. 10 vend. an XI, et 13 mess. an XIII). Aujourd'hui, d'après une circulaire ministérielle du 27 sept. 1830, il doit être sursis à l'exécution de tout jugement prononçant une condamnation capitale, quand même il n'existerait aucun recours du condamné, jusqu'à réception des ordres du ministre de la Justice. Une circulaire du 2 mai 1854 contient les mêmes prescriptions (Rec. de la chancel., t. 2, p. 267).

3. — De plus, si une femme condamnée à mort se déclare et s'il est vérifié qu'elle est enceinte elle ne subit sa peine qu'après sa délivrance (C. pén., art. 27).

4. — Aux termes de l'art. 12, C. pén., « tout condamné à mort aura la tête tranchée. » L'exécution s'opère, depuis 1792, à l'aide d'un instrument appelé guillotine du nom de son inventeur le Dr Guillotin. Deux machines avec leurs nécessaires de rechange sont entretenues à Paris et une à Alger, en état d'être immédiatement transportées partout où il est nécessaire (Décr. 25 nov. 1870, art. 3).

5. — La mort n'est jamais aggravée par des tortures. Toutefois l'exécution de la peine capitale a lieu, en ce qui concerne le parricide, selon des formes spéciales. — V. *infrà*, v° *Parricide*.

6. — Quand la condamnation à mort est prononcée par un conseil de guerre l'exécution du condamné est fusillé (C. just. militaire pour armée de mer, art. 239 ; C. just. militaire pour armée de terre, art. 187). — V. *infrà*, v° *Justice maritime*, n. 1113.

7. — Lorsqu'une condamnation à mort a été prononcée, le procureur de la République du lieu de l'exécution reçoit, par l'intermédiaire du procureur général, l'avis de rejet du recours en grâce, puis le garde des sceaux lui fait connaître directement la date de l'arrivée de l'exécuteur.

8. — Dès que l'exécuteur est arrivé, le procureur de la République fixe la date et l'heure de l'exécution.

9. — L'exécution doit avoir lieu, en principe, dès que la condamnation est devenue définitive et le recours en grâce rejeté, s'il a été formé (Décis. 22 févr. 1833, et 12 avr. 1833) ; V. encore de Dalmas, sur l'art. 115, Décr. 18 juin 1811). L'exécution ne pourrait, sous prétexte de la rendre plus exemplaire, être retardée de manière à la faire coïncider avec un jour de marché (Circ. 22 nov. 1847).

10. — Cependant aucune condamnation capitale ne peut être exécutée les jours de fêtes nationales et religieuses (C. pén., art. 25).

11. — Pour le maintien de l'ordre, le procureur de la République réquisitionne le commandant de gendarmerie de l'arrondissement, et si le corps de gendarmerie est insuffisant, il s'adresse au commandant d'armes qui envoie un détachement de troupes de ligne (Ord. 20 oct. 1820, art. 54 et 55 ; Décr. 1er mars 1854, art. 91 et s., 109 et s.). La force ainsi requise ne doit servir que comme garde de police appelée pour prêter main-forte à la justice : sa mission est donc d'empêcher que les officiers de justice chargés de l'exécution de l'arrêt ne soient troublés dans leurs fonctions (Même ord., art. 59 et 69 ; Décr. de 1854, art. 109). — Le Poittevin, *Dict. des parquets*, v° *Exécution capitale*, n. 8.

12. — Le Code de brumaire exigeait d'une manière formelle que l'exécution se fît sur l'une des places publiques de la commune où le tribunal avait tenu ses séances. Aujourd'hui, il n'y a pas de nécessité que l'exécution soit faite au lieu de la cour qui a prononcé la condamnation; l'art. 26, C. pén., porte qu'elle le sera au lieu indiqué par l'arrêt, ce qui laisse à la cour qui prononce la condamnation toute latitude à cet égard.

13. — Jugé, dès lors, qu'une cour d'assises peut ordonner que des deux condamnés à mort par le même arrêt et à raison du même crime, l'un soit exécuté dans tel lieu et son coaccusé dans tel autre. — Cass., 17 janv. 1812, N..., [P. chr.]

14. — ... Et même, que la faculté accordée aux cours d'assises, par l'art. 26, C. pén., d'ordonner que l'exécution de leurs arrêts se fera sur la place publique du lieu qu'elles indiqueront, s'entend même des lieux situés hors de leur ressort. — Cass., 22 déc. 1826, Heurtaux, [S. et P. chr.] — *Sic*, Blanche, t. 1, n. 813; Garraud, 2ᵉ édit., t. 2, n. 488, note 12. — *Contrà*, Chauveau, F. Hélie et Villey, *Théor. du C. pén.*, t. 1, n. 160.

15. — Il a été jugé aussi que la Cour des pairs pouvait, par arrêt de condamnation, désigner le lieu où devait se faire l'exécution. — Cour des pairs, 15 févr. 1836, Fieschi, Morey, Pépin, Boireau et Bescher, [P. chr.]

16. — Si l'arrêt ne désigne aucun lieu spécial, son silence n'a d'autre effet que de laisser l'exécution se faire sur l'une des places publiques de la ville où siège la cour d'assises. — Circ. 20 févr. 1868 et 27 juin 1874. — Le Poittevin, *Dict. des parquets*, vᵒ *Exécution capitale*, n. 3.

17. — Jugé, en ce sens, que lorsque l'arrêt d'une cour d'assises portant condamnation à la peine capitale n'indique pas le lieu où doit se faire l'exécution, cette omission n'entraîne aucune nullité. L'exécution doit alors avoir lieu sur l'une des places publiques de la commune dans laquelle a siégé la cour. — Cass. 21 janv. 1847, Annet Debas, [S. 49.1.720, P. 49.1.661, D. 47.4.369]; — 17 nov. 1859, Vailand, [S 60.1.192, P. 60.875, D. 59.4.379]; — 20 mars 1862, Klopfenstein, [D. 62.5.242]; — 4 janv. 1866, Ducré, [D. 66.5.346]; — 8 mars 1867, Ramsamy, [D. 68.1.237]; — 26 déc. 1873, [*Bull. crim.*, n. 315] — *Sic*, Chauveau, F. Hélie et Villey, *Th. du C. pén.*, t. 1, n. 160; Trébutien, Laisné-Deshayes et Guillouard, t. 1, p. 213; Ch. Berriat Saint-Prix, *Exéc. des jug.*, n. 46; Morin, *Rép. du dr. crim.*, vᵒ *Exécution*, n. 8; Blanche et Dutruc, t. 1, n. 139; Garraud, t. 2, n. 27; Laborde, n. 256.

18. — Une circulaire du ministre de la Justice en date du 27 juin 1874 prescrit, du reste, aux officiers du ministère public de requérir formellement que l'exécution de la peine ait lieu dans la ville où la condamnation est prononcée. — V. aussi Circ. 20 févr. 1868.

19. — Dans le cas où un arrêt n'avait pas désigné le lieu de l'exécution, il a été jugé que la cour d'assises ne pouvait, sans commettre un excès de pouvoir, désigner par un arrêt postérieur un autre lieu d'exécution que celui de la ville où elle avait siégé. — Cass., 3 août 1843, Kornemann et Cuny, [S. 43.1.743, P. 44.1.452] — *Sic*, Garraud, 2ᵉ éd., t. 2, n. 488.

20. — Les cours d'assises, autorisées à indiquer le lieu où sera exécutée la peine capitale qu'elles prononcent, ne peuvent que désigner la commune, non la place publique même où devra se faire l'exécution : cette dernière désignation appartient qu'à l'autorité municipale. — Cass., 17 sept. 1857, Maurin, [S. 57.1.880, P. 58.672. D. 57.1.450]; — 30 août 1883. Person, [*Bull. crim.*, n. 229]; — 25 août 1887, Duplâtre, [*Bull. crim.*, n. 321]; — 16 avr. 1891, Sarrebourse, [*Bull. crim.*, n. 88] — *Sic*, Chauveau, F. Hélie et Villey, *loc. cit.*; Ch. Berriat Saint-Prix, *Exécut. des jugements*, etc., p. 36.

21. — En conséquence, constitue un excès de pouvoir et un empiétement sur les attributions de l'autorité municipale la disposition de l'arrêt de la cour d'assises (ou de la cour criminelle) qui n'indique pas seulement le lieu, c'est-à-dire la commune, mais encore l'emplacement où devra s'accomplir l'exécution de la peine de mort prononcée. — Cass., 16 avr. 1891, précité; — 29 mars 1895, Chorottechonder-Bhottacharjo, [S. et P. 95.1.200]; — 22 mars 1900, Belkasem-ben-Salah.

22. — Mais il n'y aurait pas empiétement sur les pouvoirs de l'autorité municipale dans la disposition d'un arrêt ordonnant que l'exécution aura lieu *sur la place publique de la ville désignée par l'arrêt*, sans autre spécification. — Cass., 6 juin 1861, Bellagny, [D. 61.5.356]

23. — Dans tous les cas, l'exécution doit avoir lieu sur une place publique, et la désignation de cette place appartient à l'autorité municipale. Si donc une place publique n'avait pas été affectée d'avance aux exécutions, le ministère public devrait s'adresser au maire de la commune pour en faire désigner une. — Ch. Berriat Saint-Prix, p. 36.

24. — Aux termes de l'art. 377, C. instr. crim., « si le condamné veut faire une déclaration, elle sera reçue par un des juges du lieu de l'exécution, assisté du greffier. » En exécution de cette prescription, le juge d'instruction accompagne toujours le procureur de la République dans la cellule du condamné au moment de l'exécution. — V. *infrà*, n. 31.

25. — Lorsque l'exécution capitale ne se fait pas dans la ville où siège la cour qui a prononcé la condamnation, et si elle n'a pas lieu dans un chef-lieu d'arrondissement, le juge de paix du canton peut être délégué pour aller recevoir la déclaration du condamné. — Décis. min., 16 oct. 1829, [Gillet, *Analyse des circulaires*, n. 2259]

26. — Un huissier devra assister à l'exécution des arrêts criminels, et rester près du lieu de l'exécution. — Circ. min. 10 janv. 1812. — En fait, cette formalité n'est remplie que pour l'exécution des parricides (art. 13, C. pén.).

27. — Le greffier du tribunal, et dans les cantons où il n'y a pas de tribunal, le greffier de la justice de paix, est tenu d'assister à l'exécution et d'en dresser procès-verbal, sous peine de 100 fr. d'amende (C. instr. crim., art. 378).

28. — A cet effet, il se rend soit à l'hôtel de ville, soit dans une maison située sur la place publique où se fait l'exécution et qui lui est désignée par l'autorité municipale (Décr. 18 juin 1811, art. 52, § 2).

29. — Le procès-verbal de l'exécution doit être transcrit par le greffier, dans les vingt-quatre heures, au pied de la minute de l'arrêt. La transcription signée par lui et il fait mention du tout, sous peine de 100 fr. d'amende, en marge du procès-verbal. Cette mention, prescrite par l'art. 378, C. instr. crim., sera également signée et la transcription fera preuve comme le procès-verbal même. — V. *infrà*, n. 45.

30. — Après l'exécution, le greffier renvoie au parquet l'arrêt accompagné de son procès-verbal, et le procureur de la République veille à ce que tous les renseignements nécessaires pour la rédaction de l'acte de décès soient adressés par le greffier à l'officier de l'état civil du lieu où le condamné a été exécuté (C. civ., art. 83). — V. *supra*, vᵒ *Acte de l'état civil*, n. 565 et s. — Sur les indemnités qui sont allouées aux greffiers, V. *supra*, vᵒ *Dépens*, n. 3458.

31. — Le matin de l'exécution, le procureur de la République ou l'un de ses substituts doit aller à la prison donner avis au condamné du rejet de son pourvoi et de son recours en grâce et lui faire connaître que l'arrêt qui l'a condamné va être exécuté. — V. *infrà*, vᵒ *Ministère public*, n. 1023.

32. — Le procureur de la République n'est jamais tenu de se rendre sur le lieu même de l'exécution. La présence du greffier est seule exigée. — Le Poittevin, *Dict. du parquet*, vᵒ *Exécution capitale*, n. 11.

33. — Le corps du supplicié est rendu à sa famille, si elle le réclame, à la charge par elle de le faire inhumer sans aucun appareil (C. pén., art. 14). Il suit de là que l'autorité peut interdire d'élever un monument funèbre au condamné. — Garraud, t. 2, n. 487. — Mais le corps pourrait même être porté à l'église et inhumé avec les cérémonies du culte. Cela résulte des travaux préparatoires de l'art. 14, C. pén. (Locré, t. 29, p. 116). — Le Poittevin, n. 13; Vallet et Montagnon, n. 685.

34. — Si la famille ne réclame pas le cadavre, il est livré aux expériences scientifiques de la faculté de médecine. Toutefois, lorsque le condamné a manifesté sa volonté de ne pas être autopsié, cette volonté est respectée. — Garraud, *loc. cit.* — V. *infrà*, n. 46.

35. — Lorsque le corps n'est pas réclamé, l'inhumation a lieu aux frais de la commune (Décr. 18 juin 1811, art. 3, § 4).

36. — L'Etat supporte les frais d'exécution mis à sa charge, sans pouvoir exercer aucun recours contre les héritiers du condamné (Décr. 18 juin 1811. art. 132).

37. — Une proposition de loi adoptée par le Sénat le 5 déc. 1898, et dont la discussion a été entamée à la Chambre des députés dans la session ordinaire de 1900, tend à modifier considérablement les règles relatives à la publicité des exécutions capitales.

38. — En faveur de cette proposition, qui paraît devoir aboutir, on fait valoir que la publicité actuelle est fictive; en effet, en vertu du décret du 25 nov. 1870, les bois de justice ne sont plus dressés, comme autrefois, sur une plate-forme élevée de plusieurs mètres : ils reposent sur le sol. De plus l'exécution a lieu à l'aube naissante, de sorte que la foule placée derrière les troupes ne voit pas le condamné et n'assiste à l'expiation suprême que par la pensée. Dans ces conditions, le public ne peut être moralisé par la vue du supplice, puisqu'il n'est le témoin ni de la réalité de l'exécution, ni même de l'identité du supplicié, et, comme l'officier du ministère public chargé de faire exécuter l'arrêt criminel n'est obligé par aucun texte de loi d'admettre des témoins oculaires dans le carré, quelquefois très-spacieux, formé par le service d'ordre, on peut dire qu'aujourd'hui la publicité des exécutions capitales n'est qu'un mot; dans la réalité des choses, elle n'existe pas (V. rapp. de M. Castillard, à la Chambre des députés, séance du 22 déc. 1898, annexe n. 576).

39. — La publicité des exécutions présente, d'ailleurs, plusieurs inconvénients dont le plus grave provient, en province comme à Paris, de la présence aux exécutions capitales d'une foule toujours composée en majeure partie de la lie de la population. Cette foule, qui ne peut retirer aucun enseignement utile d'une publicité devenue illusoire, n'est là le plus souvent que pour provoquer par ses propos cyniques, ses cris inhumains et son attitude révoltante, un scandale qui ôte toute majesté au châtiment suprême, et constitue un véritable danger pour la moralité publique (*Ibid.*).

40. — D'autre part, on ne peut songer à rétablir les procédés anciens qui ont été abolis parce qu'ils ont été jugés barbares. L'usage s'est établi d'exécuter les sentences capitales à une heure très matinale afin de troubler le moins possible la paix publique, de ne pas obliger les personnes faibles et craintives, les femmes, les enfants habitant le lieu de l'exécution à être les spectateurs involontaires de l'appareil de la justice criminelle et afin d'éviter aussi que le travail soit suspendu dans ce lieu pendant toute une journée. D'autre part, on a jugé nécessaire, pour différents motifs, de supprimer l'échafaud et de placer l'instrument de supplice au ras du sol. Souvent le condamné, entravé trop étroitement ou fléchissant sur ses jambes sous l'empire de la terreur, ne pouvait gravir les marches conduisant à la plate-forme, il fallait le porter au milieu des vociférations de la foule et on a dû renoncer à l'emploi d'un appareil barbare qui « transformait l'expiation légale en un spectacle hideux » (*Ibid.*).

41. — Dans ces conditions, il est préférable de transporter l'emplacement des exécutions capitales dans l'enceinte des prisons en y organisant un système de publicité présentant toutes garanties au point de vue de la réalité de l'application de la peine et de l'identité du supplicié (*Ibid*.).

42. — Consultés sur ce point, en 1885, la Cour de cassation, 16 cours d'appel sur 26, 22 procureurs généraux sur 27 ont exprimé l'avis qu'il serait préférable de procéder aux exécutions dans l'enceinte des prisons, comme cela a lieu en Angleterre, en Allemagne, en Autriche, en Hongrie, en Suède, aux Etats-Unis, etc. (*Ibid.*). — V. *infra*, n. 101, 105, 110, 114, 122, 127, 133.

43. — Le texte de la proposition de loi dont il s'agit, est ainsi conçu : « Art. 1. L'art. 26, C. pén., est abrogé et remplacé par les dispositions suivantes : Art. 26. L'exécution se fera au chef-lieu de la cour d'assises, dans l'enceinte de la prison ou dans l'enceinte de la prison la plus voisine qui sera désignée par la cour sur un tableau préalablement dressé par arrêté du ministre de l'Intérieur. Dans ce cas, le transfert du condamné aura lieu dans les vingt-quatre heures qui suivront l'expiration du délai du pourvoi en cassation. L'exécution devra avoir lieu en présence des personnes ci-après désignées : 1° Le délégué du préfet chargé d'assurer toutes les mesures d'ordre; 2° l'officier du ministère public désigné par le procureur général pour faire procéder à l'exécution; 3° le greffier qui a siégé à la cour d'assises ou, en cas d'empêchement, un greffier de la cour ou du tribunal; 4° le directeur de la circonscription pénitentiaire ou son suppléant; 5° le médecin de la prison ou l'un de ses suppléants; 6° l'officier commandant la gendarmerie; 7° le commissaire central ou le chef de la police de sûreté dans les villes où il en existe; 8° le commissaire de police de la circonscription. Seront admis : 1° les ministres des divers cultes; 2° les magistrats, les médecins légistes, les professeurs des facultés et écoles de médecine, les docteurs en médecine qui y seront autorisés par le procureur général; 3° le défenseur et les membres du conseil de l'ordre d'avocats; 4° les maires, adjoints, conseillers municipaux de la commune où le crime a été commis et de celle où l'exécution a lieu; 5° les témoins qui ont déposé devant la cour d'assises; 6° les représentants de la presse politique et scientifique, au nombre de quarante au plus et sans que les journaux puissent être représentés par plus d'un rédacteur. Le ministre de l'Intérieur pourra ordonner que tout ou partie des hommes condamnés et détenus dans la prison du lieu où le crime puni de mort aura été commis, assisteront à l'exécution. »

44. — « Art. 2. Avis de l'exécution sera donné vingt-quatre heures à l'avance par le ministère public au préfet, au commandant de la force publique et aux personnes dont la présence à l'exécution est nécessaire, et à celles dont la présence est autorisée par le procureur général. »

45. — « Art. 3. L'art. 378, C. instr. crim., est modifié ainsi qu'il suit : « Art. 378. Le procès-verbal d'exécution sera, sur-le-champ, dressé par le greffier, signé par lui et par les personnes dont la présence à l'exécution est nécessaire. Immédiatement après l'exécution, le procès-verbal sera imprimé et affiché dans les divers lieux indiqués par l'art. 36, C. pén., ainsi que dans les maisons centrales et dans les prisons du ressort de la cour d'appel. Ledit procès-verbal sera, sous peine de 100 fr. d'amende, transcrit par le greffier, dans les vingt-quatre heures, au pied de la minute de l'arrêt. La transcription sera signée par lui, et il sera mention du tout, sous la même peine, en marge du procès-verbal. Cette mention sera également signée et la transcription fera preuve comme le procès-verbal lui-même. »

46. — « Art. 4. Si le corps du supplicié n'est pas réclamé par sa famille, il sera remis, aussitôt après l'exécution, aux représentants désignés de la faculté ou de l'école de médecine du ressort. En tout état de cause, l'autopsie en sera faite par les professeurs desdites facultés ou écoles, qui adresseront au procureur général le rapport de leurs constatations.

47. — Ce n'est pas seulement la publicité de l'exécution qui a donné lieu à de vives discussions entre les criminalistes mais encore la légitimité même de la peine de mort. Un mouvement abolitionniste très-accentué se dessine depuis longtemps en Europe; néanmoins, la question est toujours agitée et ne paraît pas encore sur le point d'être tranchée.

48. — Pour ceux qui admettent la légitimité de la répression il paraît difficile de refuser au pouvoir social le droit d'infliger la mort, peine exactement proportionnée à la gravité du crime et à la culpabilité du criminel. L'inviolabilité de la vie humaine fléchit devant la nécessité d'assurer l'existence des membres de la société; ici, comme ailleurs, le droit individuel a pour limite les droits d'autrui. Le reproche adressé à la peine de mort de causer un mal irréparable peut, à vrai dire, s'appliquer à toutes les peines, et la possibilité d'erreurs judiciaires, d'autant plus retentissantes qu'elles sont plus rares, devrait aboutir à la suppression de toute pénalité. Quoi qu'on en ait dit, la peine de mort contient une menace efficace pour détourner du crime. La meilleure raison qu'on en puisse donner est que les nations qui ont aboli la peine de mort ont été amenées à imaginer des châtiments plus terribles peut-être que la mort même, et que quelques autres, après l'avoir abolie, se sont vu dans l'obligation de la rétablir (V. *infra*, n. 136 et s.). — V. Garraud, t. 2, n. 332. — V. sur ce point spécial les nombreux auteurs cités à la *Bibliographie*.

49. — Toutefois, la peine de mort a été abolie en matière politique depuis 1848. — V. *suprà*, v° *Attentat et complots contre la sûreté de l'État*, n. 25, et v° *Crimes, délits et contraventions*, n. 67.

Section II.
Des exécuteurs des arrêts criminels.

50. — On appelle *exécuteur des arrêts de justice criminelle*, l'agent chargé de mettre à exécution les arrêts portant condamnation à mort.

51. — Le titre d'exécuteur des arrêts de justice criminelle a été introduit dans le langage légal actuel par le décret du 13 juin 1793; l'exécuteur des arrêts de justice criminelle était autrefois désigné sous le nom de bourreau, exécuteur des hautes œuvres, exécuteur de la haute justice, parce que les hautes justices étaient les seules qui eussent droit de glaive; mais déjà en 1787 un arrêt du conseil du 12 janvier avait fait défense expresse de donner aux exécuteurs la qualification de bourreau.

52. — Chez le peuple juif il n'y avait point d'office spécial d'exécuteur. « Dieu avait commandé à ce peuple que les sentences de mort fussent exécutées par tout le peuple ou par les accusateurs du condamné, ou par les parents de l'homicide, si la condamnation était pour homicide, selon les circonstances. Le prince donnait souvent à ceux qui étaient près de lui, et surtout aux jeunes gens, la commission d'aller mettre quelqu'un à mort ; on en trouve nombre d'exemples dans l'écriture ; et loin qu'il y eût aucune infamie attachée à ces exécutions, chacun se faisait un mérite d'y avoir pris part. » — *Encycl. méthod.*, v° *Exécuteur de la haute justice.*

53. — Aristote (liv. 6 de sa *Politique*, chap. dernier) met l'exécuteur au nombre des magistrats. Il dit même que, par rapport à sa nécessité, on doit tenir cet office comme un des principaux.

54. — A Rome, les licteurs étaient les exécuteurs ordinaires ; quelquefois même ce ministère était rempli par des soldats, non seulement à l'armée, mais même dans la ville, sans qu'aucun déshonneur en résultât pour eux.

55. — A la différence de ce qui avait lieu chez les peuples de l'antiquité, les nations modernes considèrent, du moins généralement, l'office d'exécuteur comme infamant. Et sur ce point, en France surtout, le préjugé est tel que plus d'une fois l'office de l'exécuteur étant vacant, on a été contraint, pour y pourvoir, de gracier des criminels condamnés, qui, en échange de la vie et de la liberté, acceptaient les fonctions d'exécuteurs. — Parlem. Bordeaux, 13 avr. 1764.

56. — Il n'était même point permis à l'exécuteur de demeurer dans la ville, à moins que ce ne fût dans la maison du pilori, où son logement lui était donné gratuitement. — Parlem. Paris, 31 août 1709.

57. — Il paraît que sous le règne de saint Louis, des femmes étaient parfois chargées de quelques-unes des fonctions ordinaires du bourreau. On lit, en effet, dans une ordonnance rendue par ce roi contre les blasphémateurs : « Celui qui aura méfait ou médit sera battu par la justice du lieu tout de verges en appert : c'est à savoir li homme par homme, et la femme par seule femme, sans présence d'hommes. »

58. — Du reste, l'exécuteur jouissait de nombreux privilèges ; c'est ainsi qu'il percevait notamment sur les grains, fruits nouveaux, gâteaux, certains droits connus sous le nom de hâvage et riflerie. Ces droits, supprimés par arrêt du conseil du 3 juin 1755, furent définitivement abolis par le décret du 13 juin 1793.

59. — Un décret du 22 flor. an II, non inséré au *Bulletin des lois*, attribuait la nomination des exécuteurs au commissaire des administrations civiles, police et tribunaux, aujourd'hui ministre de la Justice. L'ordonnance du 7 oct. 1832 (art. 4) a depuis déféré au même ministre la nomination des aides-exécuteurs.

60. — Maître de nommer les exécuteurs et leurs aides, le ministre a également le droit de les révoquer, soit pour motifs graves et sans préjudice des peines qu'ils peuvent encourir dans certains cas, soit même pour des causes qui n'impliquent aucune faute de leur part. Tel serait, par exemple, le cas de maladie ou d'infirmités, sauf au ministre à faire à l'exécuteur ainsi révoqué application du bénéfice des dispositions de l'art. 116, Décr. 18 juin 1811, qui permet de lui accorder des secours alimentaires. — V. *infra*, n. 74 et 75.

61. — Aujourd'hui, les nominations, révocations, privations disciplinaires de partie des gages, et tout ce qui concerne la police et la discipline des exécuteurs, est placé dans les attributions du directeur des affaires criminelles au ministère de la justice, sous l'autorité du ministre (art. 2, Décr. 25 nov. 1870).

62. — Les fonctions d'exécuteurs des jugements criminels sont des fonctions publiques qui ne sont pas dans le commerce et ne peuvent être l'objet d'une cession. En conséquence, est nul et de nul effet l'obligation prise par le cessionnaire de servir une rente au cédant comme prix de la cession faite par ce dernier de ses fonctions d'exécuteurs des jugements criminels. — Lyon, 21 juill. 1856, Desmarets, [P. 56.2.336, D. 56.2.263]

63. — Le décret du 13 juin 1793 avait, par son art. 1, fixé le nombre des exécuteurs à un par département, résidant auprès du chef-lieu judiciaire, et le décret du 3 frim. an II avait accordé, en outre, à chacun d'eux deux aides. Celui de Paris en obtint quatre. Ce nombre a d'abord été réduit par l'ordonnance du 7 oct. 1832 ; « jusqu'à ce que (porte l'art. 1) le nombre actuel des exécuteurs des arrêts de justice criminelle se trouve réduit de moitié, notre garde des sceaux, ministre de la Justice, est autorisé à ne pas pourvoir à leur remplacement au fur et à mesure des extinctions. »

64. — Un arrêté du gouvernement provisoire du 9 mars 1849 a ensuite statué que désormais il n'y aurait plus qu'un seul exécuteur en chef dans chaque ressort de cour d'appel, et placé dans la ville, siège de la cour. Un exécuteur adjoint était institué au chef-lieu judiciaire de chacun des autres départements. Quant aux aides, l'arrêté en prononçait la suppression immédiate, excepté de deux dans le département de la Seine et d'un en Corse.

65. — En dernier lieu, il n'a été maintenu pour toute la France qu'un exécuteur en chef et cinq exécuteurs adjoints. Leur résidence est fixée dans la capitale, sauf ordre contraire émané du ministre de la Justice (art. 2, Décr. 25 nov. 1870). Le décret de 1870 a été étendu au département de la Corse par un décret du 31 juill. 1875.

66. — Les exécuteurs reçoivent annuellement et par douzième, sans retenue, des gages fixés : pour l'exécuteur en chef, à 6,000 francs par an ; pour deux adjoints de première classe, à 4,000 francs chacun, et pour trois adjoints de deuxième classe, à 3,000 francs chacun (art. 2, Décr. 25 nov. 1870).

67. — En cas de vacance de l'emploi d'exécuteur, si un aide lui était attaché, cet aide jouit des gages attachés à la place en titre, jusqu'au moment où le nouvel exécuteur est nommé (Décr. min. juillet 1813 ; 1er sept. 1821 ; 19 nov. 1822). Mais aussi pendant tout le temps où l'aide jouit des gages de l'exécuteur en titre, il ne doit plus lui être délivré de mandat pour ses gages personnels (Décr. min., 27 avr. 1822).

68. — Les exécuteurs comme leurs aides ont droit à leurs gages du jour de leur nomination, à moins qu'ils n'aient touché postérieurement des gages à un autre titre, ou qu'ils n'aient trop tardé à se rendre à leur poste : auquel cas les gages ne courent qu'à partir du jour où leur commission est enregistrée au greffe de la cour où ils doivent exercer leurs fonctions (Décr. min., 29 déc. 1821 ; 20 mars 1824 ; 10 déc. 1824).

69. — Indépendamment de leurs gages ordinaires, les exécuteurs, en cas de déplacements, doivent recevoir chacun une indemnité de huit francs par jour, frais de transport non compris (art. 4, *ibid*).

70. — L'indemnité n'est due à l'exécuteur qu'autant qu'il se déplace pour procéder à une exécution, et non, par exemple, pour se rendre à son poste lors de sa nomination (Décr. min., 1er avr. 1815).

71. — Rien n'est dû aux exécuteurs pour le lavage des bois de justice (Décr. min., 14 août 1818).

72. — L'exécuteur en chef doit pourvoir aux fournitures nécessaires à l'exécution des arrêts criminels (Décr. 25 nov. 1870, art. 4).

73. — A la date du 15 juill. 1875, et en vertu de l'art. 3, Décr. 25 nov. 1870, un abonnement d'une durée de six années a été passé avec l'exécuteur en chef pour l'entretien des bois de justice et les frais d'exécution. Le prix a été fixé à la somme annuelle de 10,000 fr. Cet abonnement a été depuis lors renouvelé aux mêmes conditions. — Le Poittevin, *Dict. des parquets*, v° *Exécution capitale*, n. 5.

74. — De même que le décret du 13 juin 1793 avait accordé aux exécuteurs qu'il supprimait un secours annuel de 600 livres, porté à 1,000 livres par le décret du 3 niv. an II, l'ordonnance de 1832 leur a accordé un secours alimentaire qui est, du reste, purement facultatif de la part de l'autorité, et à prendre sur les économies résultant de l'ordonnance (Ord. 7 oct. 1832, art. 1).

75. — L'art 8, Décr. 25 nov. 1870, décide que « chaque année, un état des secours alimentaires nécessaires aux exécuteurs relevés de leurs fonctions, ou aux veuves non remariées et âgées de soixante ans des exécuteurs morts en exercice, sera dressé par le directeur des affaires criminelles dans les proportions et suivant les usages consacrés par les règlements en vigueur. »

76. — Toutes les fois qu'il y a lieu de procéder, en dehors de Paris, à l'exécution d'un condamné, l'exécuteur en chef est tenu de se transporter au lieu indiqué avec l'un de ses adjoints. S'il y a plus d'un condamné, il prend, au quatrième bureau de la direction criminelle du ministère de la justice, l'autorisation d'emmener le nombre d'adjoints jugé nécessaire (Décr. 25 nov. 1870, art. 4).

77. — Les exécuteurs sont transportés, avec les instruments de justice, en chemins de fer, par trains directs ou rapides. Les frais, qui ne sont pas prévus par les cahiers des charges des compagnies, sont compris et mandatés dans les mémoires périodiquement présentés au ministre de la Justice par les compagnies (Même art.).

78. — Une décision du ministre de la Justice en date du 7 juill. 1836 porte que l'assistance des exécuteurs ou aides étrangers est certifiée par le ministère public du lieu de l'exécution.

79. — L'exécuteur n'a droit au logement gratuit ni dans la commune où il réside habituellement, ni dans celle où il peut se trouver temporairement appelé pour une exécution (Déc. min., 29 juill. 1817 et 17 juill. 1822).

80. — Si l'exécuteur ne trouvait pas de propriétaire ou de logeur consentant à traiter avec lui d'un logement à l'amiable, il entre dans les attributions du ministère public de lui en procurer un par voie de réquisition, sauf, bien entendu, la juste indemnité qui devrait être payée par l'exécuteur au propriétaire atteint par la réquisition (Décr. 18 juin 1811, art. 114). Dans ce cas le ministère public agit par voie de réquisition par écrit à l'autorité municipale. — V. *infrà*, v° *Ministère public*, n. 1022.

81. — Le décret de 1811 dispose même que le refus d'obtempérer à la réquisition du ministère public en pareille circonstance sera poursuivi et puni comme le refus des ouvriers en matière d'exécution, prévu par la loi du 22 germ. an IV. — V. *infrà*, n. 90.

82. — Sous ce rapport, la légalité du décret a été contestée par quelques criminalistes à qui il a paru qu'un simple décret n'avait pu établir de pénalité. — Chauveau, F. Hélie et Villey, t. 1, p. 216]; de Molènes, *Fonctions du procureur du roi*, t. 1, n. 162.

83. — Mais cette opinion est généralement rejetée, et la plupart des auteurs qui se sont occupés de la question décident, au contraire, que le refus d'obtempérer aux réquisitions du ministère public, en pareil cas, doit être poursuivi et puni conformément aux prescriptions de l'art. 114, Décr. 18 juin 1811. — V. *infrà*, n. 90 et s.

84. — Dans tous les cas, il se borne l'action du ministère public, il ne pourrait, par exemple, agir par la voie civile pour contraindre les propriétaires à déférer à sa réquisition ; c'est ce qui a, du reste, été formellement décidé par la Cour de cassation. — Cass., 28 déc. 1829, Maillet, [S. et P. chr.]

85. — Du reste, les communes qui veulent soustraire leurs habitants à l'obligation de loger chez eux l'exécuteur (ou les bois de justice) peuvent acheter ou faire construire un bâtiment pour l'affecter à cet usage, sauf à recevoir de l'exécuteur le loyer des locaux occupés ; mais, dans aucun cas une semblable construction ou acquisition ne peut concerner le ministère de la justice, qui ne doit pas, par conséquent, en faire les frais (Décis. min., 17 juill. 1822).

86. — Mentionnons enfin la disposition du décret de 1870 qui décide que « les magistrats des parquets, juges de paix, maires et autres officiers de police judiciaire sont tenus de pourvoir sur les lieux, par ordres ou réquisitions, aux transports, fournitures ou travaux de toute espèce nécessaires à l'exécution des arrêts criminels et au logement des exécuteurs et des instruments de justice, sur la production de l'ordre reçu par l'exécuteur » (Décr. 25 nov. 1870, art. 5).

87. — L'exécuteur est responsable, du moins en principe, non seulement de son fait propre, mais de celui de ses agents.

88. — L'exécuteur qui, dans l'exercice de ses fonctions, aurait, sans motif légitime, usé ou fait user de violences envers les personnes, fût-ce eventuellement le condamné, encourrait les peines prévues et portées par les art. 186 et 198, C. pén., contre les abus d'autorité commis par les dépositaires de la force ou de la puissance publique.

89. — La loi du 22 germ. an IV autorise le procureur général à requérir les ouvriers de faire les travaux jugés nécessaires à l'exécuteur pour parvenir à l'exécution.

90. — En cas de refus d'obéir, les ouvriers requis doivent être condamnés à trois jours de prison, et dans le cas de récidive à un mois (L. 22 germ. an IV, art. 1 et 2).

91. — MM. Garnier-Dubourgneuf et Chanoine (*Lois de l'instr. crim.*, t. 4, p. 228) soutiennent, il est vrai, que les dispositions de cette loi ont été abrogées et remplacées par celles de l'art. 475, n. 12, C. pén., qui punit d'une amende de 6 à 10 fr. ceux qui refusent d'obéir à une réquisition de l'autorité compétente ; mais nous pensons avec M. de Dalmas (*Des frais de justice en matière crim.*, p. 312) que ce dernier article n'est applicable qu'aux cas d'accidents ou de troubles imprévus. Faisons d'ailleurs observer que la loi de l'an IV, régissant spécialement une matière dont les rédacteurs du Code pénal ne se sont pas occupés, a conservé toute sa force aux termes mêmes de l'art. 484, C. pén. Il convient enfin d'ajouter que l'art. 114, Décr. 18 juin 1811, fixant le tarif des frais en matière de justice criminelle, porte que la loi du 22 germ. an IV continuera d'être exécutée. — Sic, Carnot, sur l'art. 376, C. instr. crim., n. 4 ; Chauveau, F. Hélie et Villey, *Théor. du C. pén.*, t. 1, n. 152 ; Ch. Berriat

Saint-Prix, p. 34 ; Massabiau, n. 2505 ; Morin, *Rép. du dr. crim.*, v° *Exécution*, n. 10 ; de Molènes, *Traité des fonct. du min. publ.*, t. 1, p. 231.

92. — Il a été jugé, en ce sens, que la loi du 22 germ. an IV, et l'art. 114, Décr. 18 juin 1811, sur les réquisitions que le ministère public est autorisé à faire pour l'exécution des condamnations en matière criminelle, n'a point cessé d'être en vigueur : et que, dès lors, le ministère public avait le droit de désigner, suivant les circonstances et les localités, les ouvriers qu'il jugeait devoir être employés aux travaux préparatoires qu'exigeait l'exposition publique des individus condamnés à cette peine. — Cass., 13 mars 1835, Segond, [S. 35.1.570, P. chr.]

93. — La même doctrine résulte implicitement de deux arrêts d'après lesquels les ouvriers qui auraient refusé d'obéir aux réquisitions du ministère public d'avoir à ériger l'échafaud destiné à l'exécution d'une condamnation capitale, n'encourent les peines édictées par la loi du 22 germ. an IV, qu'autant qu'il est établi qu'ils ont été requis au nom de l'autorité compétente et mis légalement en demeure de se conformer aux injonctions de cette autorité. — Cass., 28 janv. 1870, Leclercq, [S. 70.1.440, P. 70.1144, D. 70.1.318] ; — 28 janv. 1870, Liélard, [*Ibid.*]

94. — Il s'ensuit qu'il appartient au tribunal de répression de reconnaître et déclarer souverainement, par appréciation des témoignages produits devant lui, soit par le ministère public en l'absence de procès-verbal, soit par les prévenus contre les énonciations du procès-verbal dressé, si les réquisitions légales ont été faites. — Mêmes arrêts.

95. — Mais le procureur général ne pourrait pas, comme l'énonce Carnot (sur l'art. 376, C. instr. crim.), requérir la force publique de se saisir des ouvriers refusant et de la contrainte à faire les travaux qui leur seraient commandés. Cependant, en cas de coalition des ouvriers pour interdire le travail dans l'atelier requis, il pourrait y avoir lieu de diriger contre eux des poursuites en vertu de l'art. 415, C. pén., qui a atteinte à la liberté du travail résultant des violences, menaces ou manœuvres frauduleuses prévues audit article. — V. aussi Ch. Berriat Saint-Prix, p. 34 ; Chauveau et F. Hélie, *loc. cit.*

96. — Les réquisitions sont données par écrit aux ouvriers de la localité et à tour de rôle ; elles doivent être adressées de préférence à ceux dont la profession a pour objet des travaux analogues à ceux qu'il s'agit d'exécuter.

97. — Ces règles s'appliquent également aux voituriers dont le concours est nécessaire pour le transport soit des échafauds, soit des condamnés jusqu'au lieu de l'exécution. — Merlin, *Rép.*, v° *Exécution*, n. 11 ; Ch. Berriat Saint-Prix, n. 35.

SECTION III.

Droit comparé.

§ 1. ALLEMAGNE.

98. — Les jugements portant condamnation capitale n'ont besoin d'aucune confirmation pour être exécutoires. Néanmoins, la peine ne peut être exécutée que lorsque le chef de l'État ou, s'il s'agit d'affaires jugées en première instance par le Tribunal de l'empire, l'Empereur a déclaré qu'il n'entend pas user du droit de grâce (C. proc. crim. all., art. 483).

99. — Aucun jugement de l'espèce ne peut être exécuté contre les femmes enceintes ou contre les personnes atteintes d'aliénation mentale (Même art.).

100. — Aux termes de l'art. 13, C. pén., tout condamné à mort doit avoir la tête tranchée.

101. — L'exécution a lieu dans un endroit clos, en présence de deux membres du tribunal régional (ou du Tribunal de l'empire, si c'est de lui qu'émane la sentence), d'un officier du ministère public, d'un greffier, d'un fonctionnaire des prisons, et de douze représentants ou notables de la commune, délégués par le conseil municipal du lieu où la peine doit être exécutée. On admet, en outre, à assister à l'exécution : un ministre du culte auquel se rattache le condamné, son défenseur, et telles autres personnes que le fonctionnaire chargé de présider à l'exécution juge convenable d'y admettre (C. proc. crim., art. 486).

102. — Il est dressé procès-verbal des détails de l'exécution, sous la signature de l'officier du ministère public et du greffier (Même art.).

103. — Le corps du supplicié est remis à la famille, si elle le demande, pour qu'elle le fasse inhumer sans aucune solennité (Même art.).

§ 2. ANGLETERRE.

104. — Lorsqu'une condamnation à mort est prononcée, la sentence précise toujours le mode d'exécution. Mais, de temps immémorial, ce mode est la pendaison : le condamné est pendu par le cou « jusqu'à ce que mort s'ensuive. » — Sir J.-F. Stephen, *A digest of the criminal law*, art. 2 ; J. Stephen, *Comment. on the laws of England*, t. 4, liv. 6, c. 19.

105. — L'exécution a toujours lieu dans l'intérieur de la prison, en présence d'un certain nombre de fonctionnaires désignés à cet effet. C'est le *shérif* qui est responsable de l'exécution de la sentence, et c'est le *coroner* qui constate le décès. — V. *infrà*, v° *Grande-Bretagne*, n. 654 et 661.

§ 3. AUTRICHE-HONGRIE.

106. — I. *Autriche.* — Les condamnés à mort sont pendus, de même qu'en Angleterre (C. pén., § 13). Ils ne sont fusillés que s'ils sont condamnés par des tribunaux extraordinaires (*Standrecht*), notamment pour avoir entraîné des soldats à la violation de leurs devoirs militaires (§ 222 ; C. pén. milit., § 317 ; C. proc. crim., art. 429 et s.).

107. — L'exécution a lieu le lendemain du jour où le condamné a été averti du rejet de son recours en grâce ; cette annonce lui est faite au palais de justice en présence du président, de deux juges et du ministère public (C. proc. crim., art. 403).

108. — Le tribunal doit veiller à ce que l'exécution n'ait lieu ni un dimanche, ni un jour férié, ni un jour qui soit un jour de fête dans la religion du condamné et à ce que rien ne s'y oppose au jour fixé (Même art.).

109. — Après avoir averti le condamné de sa fin prochaine, le tribunal lui donne un ministre de son culte pour l'assister s'il n'en choisit pas un lui-même. L'accès auprès de lui n'est permis, en dehors des personnes appelées par leurs fonctions, qu'à ses parents ou aux personnes qu'il désire voir (Même art.).

110. — L'exécution a lieu derrière les murs de la prison ou dans un autre lieu clos, en présence d'une commission judiciaire composée d'au moins trois membres de la cour et du greffier, en présence du ministère public, du médecin attaché à la cour et de l'ecclésiastique accompagnant le condamné. Le défenseur, le président et les membres du conseil communal de la localité doivent être avertis du lieu et de l'heure, afin de pouvoir assister à l'exécution. Peuvent également y assister les fonctionnaires de la cour, du parquet et du service de sûreté, les plus proches parents du condamné et des personnages dignes de considération spécialement autorisés à cet effet (art. 404).

111. — Quand le jugement prononce la peine de mort contre plusieurs individus, on veille à ce qu'aucun d'eux n'assiste à l'exécution d'un autre (Même art.).

112. — Le jugement est imprimé avec un court exposé des faits, et distribué après l'exécution (Même art.).

113. — Le corps du supplicié doit être enterré, de nuit et sans bruit, à une place spécialement désignée à cet effet ; il peut aussi, en général, être délivré à la famille, si elle le réclame ; dans ce cas également, l'inhumation doit se faire sans bruit et sans éclat (Même art.).

114. — II. *Hongrie.* — La peine de mort est exécutée, comme en Autriche, dans un lieu non public, par voie de pendaison (C. pén., art. 21).

115. — Le projet du code, qui portait « par voie de décapitation, » a été modifié par la Chambre des seigneurs. Le projet contenait, en outre, un article aux termes duquel une femme enceinte ne pouvait être exécutée qu'après son accouchement ; cet article a été supprimé comme renfermant une règle d'application étrangère au droit pénal proprement dit. — *C. pén. hongrois*, trad. P. Dareste, art. 21, n. 1, p. 30.

§ 4. BELGIQUE.

116. — Tout condamné à mort a la tête tranchée (C. pén., art. 8). Mais il convient de remarquer que la peine de mort est abolie en fait, aucune exécution n'ayant eu lieu depuis 1863. — Garraud, t. 2, p. 8.

117. — L'exécution a lieu publiquement, dans la commune indiquée par l'arrêt de condamnation ; le condamné, accompagné du ministre du culte dont il a réclamé ou admis le ministère, est transporté au lieu du supplice dans une voiture cellulaire ; il en est extrait au pied de l'échafaud et immédiatement exécuté (art. 9).

118. — Le corps du supplicié est délivré à sa famille, si elle le réclame, à la charge par elle de le faire inhumer sans aucun appareil (art. 10).

119. — Aucune condamnation ne peut être exécutée les jours de la fête nationale ou religieuse, ni les dimanches (Même art.).

120. — Lorsqu'il est vérifié qu'une femme condamnée à mort est enceinte, elle ne subit sa peine qu'après sa délivrance (art. 11).

§ 5. ESPAGNE.

121. — Les condamnés à mort sont étranglés à l'aide d'un collier de fer *garrote*). L'exécution ne peut avoir lieu un jour de fête religieuse ou nationale (C. pén., art. 102).

122. — D'après le même article, elle devait avoir lieu sur un échafaud, dans les vingt-quatre heures de la notification de la sentence, de jour, publiquement, et dans le lieu consacré par l'usage ou fixé par le juge. Les Cortès viennent (avril 1900) de remanier cette disposition dans un sens plus conforme aux idées modernes ; il a été décidé, d'une part, que dorénavant les condamnés seront exécutés dans l'intérieur des prisons et, d'autre part, que le nombre des heures pendant lesquelles ils devront être « mis en chapelle » pour se préparer à la mort, sera réduit de vingt-quatre à dix-huit, ce qui abrège d'autant le supplice moral qui leur est encore imposé.

123. — La suppression de la publicité du supplice entraîne nécessairement celle de l'exposition prolongée du corps sur l'échafaud. L'inhumation a lieu par les soins des parents ou amis, s'ils réclament le corps ; mais toute pompe est interdite (C. pén., art. 104).

124. — La peine de mort ne doit pas être exécutée contre une femme enceinte, ni le jugement qui la condamne lui être notifié, moins de quarante jours après son accouchement (art. 105).

§ 6. NORVÈGE.

125. — Nulle condamnation à mort ne peut être exécutée avant que l'arrêt n'ait été soumis au roi, avec l'avis du tribunal (C. proc. crim. de 1887, § 473).

126. — L'exécution est ajournée si la personne condamnée est une femme enceinte ou bien si elle a été frappée d'aliénation mentale (§ 474).

127. — Le condamné est décapité. L'exécution a lieu dans un endroit clos de murs, en présence de divers fonctionnaires désignés par la loi. Le corps peut être remis à la famille, pour être inhumé sans nul éclat (§ 476).

§ 7. RUSSIE.

128. — Le mode d'exécution de la peine de mort est déterminé par le tribunal dans sa sentence (C. pén., art. 18).

129. — C'est au procureur impérial qu'il appartient de prendre les mesures nécessaires pour l'exécution du condamné (C. proc. crim., art. 948).

130. — L'exécution doit avoir lieu aussitôt que le jugement est devenu définitif (art. 957). Toutefois un jugement concernant un noble, un fonctionnaire, un ecclésiastique ou une personne décorée d'un ordre russe doit, avant d'être exécuté, être soumis à l'Empereur (art. 945) ; et, d'autre part, l'exécution de la peine est suspendue à l'égard des femmes enceintes, jusqu'au quarantième jour après leur accouchement (art. 959-2°).

131. — Le condamné à mort est admis à voir son conjoint, ses parents et ses amis (art. 962) ; un ecclésiastique de sa confession est appelé à le préparer à la mort et à l'assister jusqu'au moment du supplice (art. 963-1°).

132. — Le condamné est conduit au supplice dans une haute voiture noire, revêtu du costume des prisonniers et portant sur la poitrine un écriteau indiquant son crime ; les parricides ont la tête couverte d'un voile noir. Dès que le condamné est arrivé sur l'échafaud, l'exécuteur lui donne la mort conformément à ce qui est ordonné dans la sentence (art. 963-2°, 6°).

§ 8. Suède.

133. — En vertu d'une loi du 10 août 1877, qui modifie le C. pén., c. 2, § 2, la peine de mort est exécutée par décapitation dans la cour de la prison. Il est laissé au condamné le temps nécessaire pour se préparer à la mort.

134. — L'exécution a lieu en présence du directeur de la prison, du chapelain, du médecin de la prison ou de la province, du *Kronofogde* ou d'un membre de la municipalité, d'un employé désigné par le préfet pour dresser procès-verbal, ainsi que de toutes autres personnes désignées à cet effet par le même fonctionnaire. En outre, la commune sur le territoire de laquelle l'exécution a lieu désigne également douze personnes pour y assister.

135. — Le corps du supplicié est inhumé sans appareil dans le cimetière le plus voisin. — *Ann. de législ. étrang.*, t. 7, p. 663, trad. de M. Pierre Dareste.

§ 9. Suisse.

136. — La Constitution fédérale de 1874 avait complètement aboli la peine de mort, sauf les dispositions du Code pénal militaire en temps de guerre (art. 65). Cet article a été modifié, le 28 mars 1879, en ce sens que la peine de mort n'est plus abolie qu'*en matière politique*, ce qui a permis aux cantons de la rétablir pour les délits de droit commun, s'ils le jugeaient à propos.

137. — En suite de cette modification dans la Constitution fédérale, la peine de mort a été rétablie dans les cantons et demi-cantons : d'*Appenzell* (R. Int.), par décision de la *Landsgemeinde*, du 25 avr. 1880 ; d'*Obwalden*, par loi du 25 avr. 1880 ; d'*Uri*, par décision de la *Landsgemeinde* du 2 mai 1880 ; de *Zoug*, par la loi du 1er juin 1882 ; de *Saint-Gall*, par loi du 2 déc. 1882 ; de *Schwytz*, par le Code pénal de 1881 ; de *Lucerne*, par loi du 6 mars 1883 ; du *Valais*, par loi du 24 nov. 1883.

138. — L'exécution a lieu par décapitation dans les États d'Obwalden, de Saint-Gall, de Schwitz, de Lucerne et du Valais.

139. — Elle doit être pubique à Schwytz et à Lucerne.

140. — Elle n'a lieu qu'avec une « publicité restreinte » c'est-à-dire dans un endroit clos, en présence de certains témoins désignés par la loi, dans les cantons d'Uri, de Zoug, de Saint-Gall. Les autres lois ne se prononcent pas expressément sur cette question de publicité. — V. Stoos, *Die schweiz. Strafgesetzbücher zu Vergleichung zusammengestellt*, Bâle, 1890, p. 108 et s.

EXÉCUTION DES ACTES ET JUGEMENTS (matière civile).

Législation.

C. civ., art. 877 ; — C. proc. civ., art. 122, 123, 155, 156, 163, 164, 442, 472, 545 et s., 1037 ; — Décr. 2 sept. 1871 (*relatif à la formule exécutoire des arrêts et jugements, etc.*).

Bibliographie.

Berriat Saint-Prix, *Cours de procédure civile*, 1855, 7e éd., 2 vol. in-8°, t. 2, p. 565 et s. — Bioche, *Dictionnaire de procédure civile et commerciale*, 1884, 6e éd., 6 vol. in-8°, v° *Exécution des jugements et actes*. — Boitard, Colmet-Daage et Glasson, *Leçons de procédure civile*, 1890, 15e éd., 2 vol. in-8°, t. 2, p. 243 et s. — Carré et Chauveau, *Lois de la procédure civile et commerciale*, 5e éd., 7 vol. in-8°, sur les articles cités. — Chauveau et Glandaz, *Formulaire général de procédure civile et commerciale*, 1892, 2 vol. in-4°, t. 4, p. 459 et s. — Deffaux, Harel et Dutruc, *Encyclopédie des huissiers*, 1888-1896, 12 vol. in-8°, v° *Exécution des actes et jugements*. — Demiau-Crouzilhac, *Explication sommaire du Code de procédure civile*, 1825, 1 vol. in-8°, p. 230 et s. — Dutruc, *Supplément alphabétique aux lois de procédure de Carré et Chauveau*, 1888, 2e éd., 4 vol. in-8°, v° *Exécution forcée des jugements et actes*. — Favard de Langlade, *Répertoire de la nouvelle législation civile, commerciale et administrative*, 1823, 5 vol. in-4°, v° *Exécution des jugements et actes civils*. — Garsonnet, *Traité théorique et pratique de procédure*, 1884-1896, 7 vol. in-8°, t. 3, p. 442 et s. — Lansel et Didio, *Encyclopédie du notariat*, 1879-1898, 24 vol. gr. in-8°, v° *Exécution des actes et jugements*. — Merlin, *Répertoire universel et raisonné de jurisprudence*, 1827-1828, 5e éd., 8 vol. in-4°, v° *Exécution des jugements civils* ; — *Questions de droit*, 4e éd., 8 vol. in-4°, v° *Exécution des jugements en matière civile*. — Pigeau et Crivelli, *La procédure civile des tribunaux de France*, 1837, 2 vol. in-4°, t. 2, p. 12 et s. — Pigeau et Poncelet, *Commentaire sur le Code de procédure civile*, 1827, 2 vol. in-4°, sur les articles cités. — Rodière, *Cours de compétence et de procédure en matière civile*, 1878, 5e éd., 2 vol. in-8°, t. 2, p. 185 et s. — Rogron, *Code de procédure civile expliqué*, 1892, 11e éd., 2 vol. in-18, sur les articles cités. — Rolland de Villargues, *Répertoire de la jurisprudence du notariat*, 1840-1845, 2e éd., 9 vol. in-8°, v° *Exécution des actes et jugements*. — Rousseau et Laisney, *Dictionnaire théorique et pratique de procédure*, 1886, 9e éd., 9 vol. in-8°, v° *Exécution des jugements et actes*. — Thomine-Desmazures, *Commentaire sur le Code de procédure civile*, 1832, 2 vol. in-4°, sur les articles cités. — E. Weber, *L'exécution forcée en droit français et en droit allemand*, 1 vol. in-8°.

Le créancier porteur d'un acte notarié peut-il, sous prétexte de rendre son titre exécutoire en vertu de l'art. 877, C. civ., faire à ses débiteurs la signification de cet acte sans assumer sur lui la responsabilité des frais frustratoires qui en résultent : Corr. des just. de paix, 1880, 2e sér., t. 27, p. 8. — *Les poursuites exercées en vertu de grosses revêtues seulement de l'ancienne formule exécutoire sont-elles nulles? L'addition de la nouvelle formule pour un greffier de justice de paix sur la grosse d'un jugement émané d'un tribunal civil est-elle nulle* (Bioche) : Journ. de proc. civ. et comm., 1853, t. 19, p. 164 et s.

V. aussi *infrà*, v° *Formule exécutoire*.

Index alphabétique.

Abus de confiance, 518.
Acheteur, 85, 247.
Acquit à caution. 268.
Acte administratif, 263 et s.
Acte authentique, 162, 168, 169, 281 et s., 526.
Acte conservatoire, 378, 398.
Acte d'avoué à avoué, 592.
Acte de commerce, 339 et s.
Acte de décès, 444, 446.
Actes de l'Hôtel, 226, 228.
Acte de notoriété, 245, 444, 446.
Acte en brevet, 178, 243.
Acte exécutoire, 159 et s.
Acte notarié, 15, 37, 80, 166, 198 et s., 239 et s., 597.
Acte sous seing privé, 163, 251 et s., 280, 450, 526.
Action personnelle, 82.
Action réelle, 82.
Adjudication, 150, 232, 274, 276, 316, 371, 402.
Affiche, 601.
Aliments, 105.
Alternative, 323.
Appel, 56, 67, 192, 298, 303, 319, 377, 380, 468, 470, 472 et s., 482, 575, 576, 582 et s., 603 et 604.
Approbation souveraine, 603.
Apurement de comptes, 106, 108.
Arbitrage, 328, 359, 568, 598.
Arbitre, 221.
Arrêt par défaut, 311.
Arrêté, 273.
Arrêté administratif, 350.
Arrêté préfectoral, 267, 271.
Assignation, 338.
Assignation à jour fixe, 361.
Associés, 338.
Astreinte, 482.
Attroupement, 70.
Autorisation, 161.
Autorisation de femme mariée, 223.
Avis du Conseil d'État, 266.
Avoué, 67, 185, 360, 380, 464 et s., 542.
Ayant-cause, 64, 72.
Bail, 276 et 277.

Bail authentique, 131, 167.
Bailleur, 109, 136.
Bénéfice d'inventaire, 420, 425.
Biens communaux, 276 et 277.
Billet à ordre, 340.
Bonne foi, 83.
Budget, 94, 96.
Cahier des charges, 402.
Caisse des dépôts et consignations, 315, 461.
Capacité, 22.
Cassation, 126, 127, 141, 185, 238, 343 et 344.
Caution, 25, 77, 146, 306, 311, 457, 498.
Cautionnement, 353.
Certificat de l'avoué, 464 et s.
Certificat du greffier, 374, 462, 472 et s.
Cession de créance, 80, 81, 447.
Cessionnaire, 64, 445, 447, 449 et 450.
Chemin vicinal, 271.
Chose jugée, 574.
Codébiteurs, 77.
Codébiteurs solidaires, 401.
Commandement, 52, 80, 81, 277, 366 et s., 381, 419, 422, 428 et s., 447, 448, 524.
Communauté conjugale, 403, 588.
Commune, 70, 92, 97, 98, 267.
Communication de pièces, 323, 384.
Compensation, 355.
Compétence, 483, 495, 561 et s.
Comptable, 96.
Comptabilité publique, 95.
Compte (reddition de), 25, 104, 109, 355, 372, 497.
Conciliation, 235.
Conclusions, 584.
Concordat, 590.
Condition, 103, 308, 356.
Condition résolutoire, 336.
Confirmation, 596.
Congrégation religieuse, 482.
Connaissance personnelle, 408 et s.
Conseil d'État, 221, 348.
Conseil de famille, 288.
Conseil de préfecture, 221.

Conseil judiciaire, 574 et 575.
Conservateur des hypothèques, 469.
Contrainte administrative, 222, 268 et s.
Contrainte par corps, 30, 40, 41, 114, 115, 156, 520, 523, 559.
Contrat de mariage, 242.
Contravention, 115.
Contribution, 227, 498.
Contributions directes, 271 et 272.
Copartageants, 124.
Copie, 184 et s., 385, 386, 392.
Copie d'expédition, 183.
Copie de grosse, 183.
Corps certain, 82.
Couvent, 482.
Créance conditionnelle, 103.
Créance contestée, 123.
Créance éventuelle, 103, 105, 233.
Créance liquide, 9, 107 et s., 148 et s., 355.
Créance non liquide, 158.
Créancier, 61, 64, 75, 85.
Créancier gagiste, 47.
Créancier subrogé, 65. — V. *Subrogation.*
Crédi-rentier, 136.
Crime, 115.
Cumul d'actions, 38.
Cumul des voies d'exécution, 39 et s.
Date certaine, 254, 530.
Débet, 267.
Décès, 35, 394 et s., 540, 574.
Déchéance, 327.
Défenses, 319.
Délai, 81, 146, 293, 368, 395 et s., 420, 428 et s., 435, 436, 440, 468, 482.
Délai de grâce, 323 et s.
Délaissement, 320, 333, 481.
Délégation, 165.
Délit, 115.
Demande nouvelle, 590.
Démolition, 141.
Dénonciation du décès, 407.
Dépens. — V. *Frais et dépens.*
Dépôt chez un notaire, 254.
Dernier ressort, 316, 347, 493 et 494.
Désaveu d'officier ministériel, 517, 519, 521.
Descente sur les lieux, 497.
Désignation, 79.
Désistement, 537, 539.
Dette liquide, 355. — V. *Créance liquide.*
Discussion (bénéfice de), 311.
Discussion des meubles, 45.
Division (bénéfice de), 311.
Divorce, 588.
Dol, 314.
Domicile, 468.
Domicile conjugal, 41.
Domicile élu, 469. — V. *Élection de domicile.*
Dommages, 70.
Dommages-intérêts, 23, 115, 118, 128, 129, 141, 144, 145, 304, 333, 390, 477, 562, 602 et s.
Dommages-intérêts comminatoires, 142 et 143.
Donataire, 64, 87.
Donné acte, 216, 257.
Douanes, 268.
Échevins, 289.
Effet rétroactif, 58.
Élection de domicile, 391, 469, 542.
Emprisonnement, 208, 446, 520, 523.
Endossement, 64, 66, 544.
Enfants, 423.
Enfants naturels, 427.
Enquête, 227, 497.
Enregistrement, 270, 526, 598.
Envoi en possession, 446.
Époux, 423.

Erreur, 187, 386.
Établissements publics, 92, 267.
État, 92.
Étranger, 59, 161, 249, 250, 288, 290, 597.
Exception, 56, 584.
Excès de pouvoir, 345 et s., 349, 376.
Exécuteur testamentaire, 388.
Exécution forcée, 23.
Exécution illégale, 60, 602.
Exécution parée, 27, 49.
Exécution par suite d'instance, 25.
Exécution provisoire, 24, 298, 317, 318, 486 et s., 604.
Exécution volontaire, 22.
Exécutoire, 111, 124, 231.
Exequatur, 598.
Exigibilité, 117.
Expédition, 197.
Expert, 234, 587.
Expertise, 500.
Expulsion, 134, 390 et 391.
Fabriques, 92.
Faillite, 75, 305, 459, 590.
Faux incident, 313.
Faux principal, 310.
Femme commune, 403.
Femme mariée, 404, 590.
Fermages, 131, 423.
Fermier, 109.
Fonctionnaire public, 165, 496.
Force publique, 161, 512.
Formule exécutoire, 162, 171 et s., 214, 240, 448, 569.
Frais et dépens, 25, 50 et s., 110, 111, 124, 125, 196, 218, 301, 346, 360, 366, 437 et s., 476, 491, 492, 600.
Français, 161.
Fraude, 314, 315, 518, 523.
Frères et sœurs naturels, 427.
Fruits, 82, 550.
Gage, 47.
Garant, 457.
Garantie, 80, 81, 83, 573.
Gouvernements étrangers, 93.
Greffe, 470, 585.
Greffier, 228 et s., 472 et s., 498.
Grosse, 176, 178, 194 et s., 240, 241, 244, 450, 515 et s.
Guadeloupe, 204.
Habitant, 98.
Héritier, 35, 63, 86, 394 et s.
Héritier réservataire, 245, 252.
Homologation, 329, 484 et 485.
Hôpitaux, 92.
Huissier, 387, 390, 504 et s., 555.
Hypothèque, 46, 49, 55, 90, 254, 290, 414.
Hypothèque générale, 85.
Hypothèque légale, 242, 590.
Incompétence, 346.
Infirmation partielle, 585.
Immeuble hypothéqué, 131.
Indivisibilité, 78.
Insaisissabilité, 120.
Inscription hypothécaire, 378, 398, 469.
Insolvabilité, 423.
Interdit, 74.
Interdiction légale, 288.
Intérêts, 49.
Interrogatoire sur faits et articles, 362, 497.
Intervention, 70.
Inventaire, 69, 245, 413, 420, 440, 444, 499.
Jour férié, 516, 550 et 551.
Juge-commis, 237, 497, 503, 511, 587.
Juge de paix, 26, 177, 224, 224, 235, 236, 296, 347, 479, 565, 579.
Juges étrangers, 161.
Jugements, 213 et s.
Jugement avant faire droit, 24.
Jugement contradictoire, 324.
Jugement par défaut, 297, 299, 302,

324, 364, 462, 471 et s., 476, 599.
Légalisation, 200 et s., 210, 212.
Légataire, 63, 388 et 389.
Légataire à titre universel, 87, 424.
Légataire particulier, 88.
Légataire universel, 87, 91, 245, 246, 424, 446.
Lettre de change, 66, 389, 341 et 342.
Licitation, 232, 591.
Liquidation, 237, 329, 499.
Magasins généraux, 459.
Magistrat, 496 et s.
Maire, 62, 98, 275 et s.
Mandant, 540.
Mandat, 96.
Mandat de collocation, 227.
Mandataire, 61.
Mandataire général, 536.
Marchandises, 573.
Marchandises-warrantées, 459.
Mari, 41, 62.
Mention d'appel, 470.
Meubles, 137, 391.
Mineur, 45, 74, 329, 415, 416, 482, 484 et 485.
Ministère public, 70.
Ministre, 221, 349.
Minute, 177, 178, 181.
Mise en accusation, 310.
Navire, 290.
Notaire, 165, 247, 499, 551, 587.
Notification, 86, 375, 394 et s.
Notification individuelle, 273.
Nuit, 552 et s.
Nullité, 60, 98, 118, 179, 193, 203, 206, 262, 277, 284, 314, 360, 370, 371, 379, 388, 390, 392, 396, 397, 429, 430, 432, 434, 521, 523, 537, 545, 556 et 557.
Obligation de faire, 138, 146.
Officier ministériel, 496, 502.
Offres réelles, 356, 360.
Opposition, 298, 300 et s., 341, 364, 365, 368, 369, 371, 377, 462, 472 et s., 542, 548, 599.
Option, 323, 326.
Ordonnance du juge, 228, 229, 234.
Ordre, 85, 227, 414, 419.
Ordre public, 192, 284, 576.
Outrages, 510 et 511.
Ouverture des portes, 503.
Paiement, 85, 95, 542 et s.
Paratis, 11 et s., 173.
Parenté naturelle, 427.
Partage, 329, 484, 499, 586 et 587.
Pension alimentaire, 105.
Percepteur, 96.
Police municipale, 273.
Porte-fort, 545.
Possession, 320, 388.
Pouvoir, 514 et s.
Pouvoir en blanc, 532.
Préfet, 62, 221, 274, 277, 349.
Préjudice, 143.
Prescription, 37, 51, 421, 422, 594 et 595.
Président du tribunal, 578.
Prestation, 271.
Preuve, 522.
Privilège, 272.
Procès-verbal, 234 et s., 390, 391, 510, 529, 601.
Procuration, 533.
Procureur de la République, 512.
Prorogation de juridiction, 224.
Protêt, 544.
Prud'hommes, 26, 566.
Publications, 273.
Purge, 85.
Qualification erronée, 316.
Quittances, 541.
Radiation d'hypothèque, 590.
Rapport d'expert, 585.
Ratification, 545.
Récoltes, 550.
Reconnaissance de dette, 595.
Reconnaissance de signature, 236.

Rectification d'acte de l'état civil, 223.
Récusation, 374.
Référé, 116, 157, 158, 177, 181, 226, 315, 351, 352, 354, 356, 357, 459, 461, 489, 508, 549, 580.
Remise de pièces, 360, 518 et s.
Renonciation, 48, 57.
Renonciation à succession, 439 et 440.
Renvoi, 373.
Réparations civiles, 601.
Requête civile, 321.
Résidence, 419.
Résiliation, 144.
Restitution, 126 et 127.
Revendication, 83.
Saisie, 29, 112, 123, 131, 147, 215 et s., 372, 524, 557.
Saisie abandonnée, 538.
Saisie-arrêt, 42, 48, 105, 230, 287, 346, 441, 442, 494, 498.
Saisie conservatoire, 119.
Saisie-exécution, 47, 98, 124, 167, 560.
Saisie foraine, 230.
Saisie immobilière, 42, 54, 55, 150 et s., 184, 272, 304, 312, 316, 366, 402, 434, 435, 463, 520, 537, 545, 560.
Saisie mobilière, 152, 304.
Sceau du tribunal, 198.
Sceau du tribunal, 205 et s.
Scellés, 68.
Seconde grosse, 194 et s.
Sentence arbitrale, 328, 359, 568.
Séparation de corps, 105, 588.
Serment, 313, 323.
Serment décisoire, 363.
Signature, 216, 228 et s., 238, 247, 257, 283.
Signification, 36, 185, 295, 297, 375, 447 et s., 464 et s., 492, 598.
Signification à avoué, 383.
Simulation, 314.
Solidarité, 78, 338, 401.
Sous-locataire, 167.
Subrogation, 42, 64, 65, 85, 89, 90, 543 et 544.
Subrogé-tuteur, 484.
Substitution de nom, 523.
Successeurs irréguliers, 63, 426, 444.
Succession, 68, 86 et s., 484.
Succession irrégulière, 426.
Sursis, 112, 113, 116, 147, 149, 158, 199, 210, 211, 319, 348, 349, 352, 370.
Suspension des poursuites, 295 et s.
Suspicion légitime, 373.
Syndic, 62, 75, 459, 590.
Terme, 309, 539.
Testament, 250, 286, 446.
Testament authentique, 245.
Testament mystique, 246.
Testament olographe, 252.
Tierce-opposition, 320, 344.
Tiers, 71, 83, 99, 453 et s.
Tiers acquéreur, 481.
Tiers détenteur, 82 et s., 242, 458.
Timbre, 601.
Titre authentique, 459.
Titre exécutoire, 68, 86 et s.
Transaction, 539.
Tribunaux, 165.
Tribunaux administratifs, 567.
Tribunaux de commerce, 26, 221, 325, 339 et s., 478, 564, 589.
Tuteur, 62, 74, 329, 415 et 416.
Urgence, 547, 577.
Usure, 352.
Vendeur, 135.
Vente, 112 573.
Vente de biens de mineurs, 232. — V. *Mineurs.*
Vente de meubles, 550.
Vente publique de meubles, 247.
Veuve, 415.
Violences, 510, 518.

EXÉCUTION DES ACTES ET JUGEMENTS (MAT CIV.). — Chap. I.

DIVISION.

CHAP. I. — NOTIONS GÉNÉRALES ET HISTORIQUES.
Sect. I. — **Notions historiques** (n. 1 à 17).
Sect. II. — **Notions générales** (n. 18 à 60).

CHAP. II. — PAR QUI ET CONTRE QUI L'EXÉCUTION PEUT ÊTRE POURSUIVIE.
Sect. I. — **Par qui l'exécution peut être poursuivie** (n. 61 à 71).
Sect. II. — **Contre qui l'exécution peut être poursuivie** (n. 72 à 99).

CHAP. III. — POUR QUELLES CRÉANCES ON PEUT EXÉCUTER (n. 100 à 158).

CHAP. IV. — EN VERTU DE QUELS ACTES ON PEUT PROCÉDER A UNE EXÉCUTION FORCÉE.
Sect. I. — **Généralités** (n. 159 à 212).
Sect. II. — **Jugements et actes judiciaires** (n. 213 à 238).
Sect. III. — **Actes notariés** (n. 239 à 262).
Sect. IV. — **Actes administratifs** (n. 263 à 277).
Sect. V. — **Jugements et actes étrangers**.
§ 1. — *Jugements étrangers* (n. 278).
§ 2. — *Actes et contrats passés en pays étrangers* (n. 279 à 291).

CHAP. V. — DES CAUSES QUI SUSPENDENT OU NON L'EXÉCUTION (n. 292 à 294).
Sect. I. — **Cas dans lesquels il doit y avoir suspension des poursuites** (n. 295 à 311).
Sect. II. — **Suspension facultative** (n. 312 à 342).
Sect. III. — **Cas où l'exécution n'est pas suspendue** (n. 343 à 374).

CHAP. VI. — FORMALITÉS PRÉALABLES A L'EXÉCUTION.
Sect. I. — **Exécution contre le débiteur** (n. 375 à 393).
Sect. II. — **Exécution contre les héritiers du débiteur** (n. 394 à 432).
Sect. III. — **Exécution contre les tiers** (n. 433 à 495).

CHAP. VII. — PERSONNES CHARGÉES DE L'EXÉCUTION (n. 496 à 545).

CHAP. VIII. — JOURS, HEURES ET LIEUX OÙ L'EXÉCUTION PEUT ÊTRE FAITE (n. 546 à 560).

CHAP. IX. — JUGES COMPÉTENTS POUR CONNAÎTRE DES DIFFICULTÉS SUR L'EXÉCUTION DES ACTES ET JUGEMENTS (n. 561 à 592).

CHAP. X. — EFFETS DE L'EXÉCUTION DES ACTES ET JUGEMENTS (n. 593 à 604).

CHAPITRE I.

NOTIONS GÉNÉRALES ET HISTORIQUES.

SECTION I.
Notions historiques.

1. — Chez toutes les nations, l'exécution des obligations est garantie par la loi et assurée par la force publique. Mais les voies d'exécution et de contrainte varient avec le génie, la civilisation et les institutions de chaque peuple.

2. — Tandis qu'aujourd'hui la créance issue d'une sentence judiciaire est munie de force exécutoire, « à Rome la *sententia judicis*, œuvre d'un simple particulier, n'était à l'origine qu'un acte purement privé; aussi lorsque le défendeur condamné se refusait à exécuter volontairement la sentence, le demandeur devait intenter l'*actio judicati*.

3. — La sanction de cette *actio judicati* se trouvait, en dernière analyse, dans la procédure de *manus injectio* qui consistait dans la mainmise sur le débiteur par le créancier dans des formes déterminées, *manus injectio* qui pouvait aboutir à la vente comme esclave du débiteur ou à sa mise à mort.

4. — Rome, qui d'abord avait laissé à chacun de ses citoyens le soin de procéder à l'exécution matérielle des condamnations que le pouvoir du magistrat avait sanctionnées, vit plus tard s'organiser dans son sein des intermédiaires publics qui a menaient à exécution les droits des créanciers.

5. — On retrouve dans les lois des Visigoths des officiers chargés de donner les ajournements, d'amener les récalcitrants devant les juges et de procéder à l'exécution des sentences. Ils s'appelaient saïons à cause de la *saie* dont ils étaient revêtus. — *A saio vel sago*, dit Ducange (v° *Saions*), *ipsorum veste proprid nuncupari videntur*. — V. aussi Boncenne, *Théor. de la procéd. civ.*, t. 1, p. 530.

6. — Au commencement de la troisième race, la jurisprudence était toute en procédés, dit Montesquieu (*Esprit des lois*, liv. 28, chap. 19); tout fut gouverné par le point d'honneur. Si l'on n'avait pas obéi au juge, il poursuivait l'offense qui lui était faite.

7. — Avec les *Établissements de saint Louis*, nous voyons que le juge cessa de s'immiscer dans l'exécution de sa sentence, et que les parties intéressées à obtenir la satisfaction de ce jugement leur avait accordée durent recourir à l'intermédiaire de préposés officiels nommés huissiers, sergents, etc.

8. — Soit pour procurer au créancier une exécution d'une réalisation plus facile et plus prompte, soit par suite de l'intérêt si grand qui s'attachait alors à la propriété immobilière, et de la faible importance de la propriété mobilière, certaines coutumes avaient tracé pour l'exécution forcée des jugements une marche dont le sergent ne pouvait s'écarter sans engager sa responsabilité.

9. — Des améliorations et modifications furent introduites successivement par les ordonnances d'Orléans de 1560, de Roussillon de 1563, de Blois de 1579 dans l'exécution des actes et jugements. Les coutumes établirent, de leur côté, des règles conservées dans notre législation moderne. Ainsi la coutume de Paris, art. 166, imposait au créancier l'obligation de ne procéder par voie d'exécution qu'autant que la chose ou somme était certaine et liquide en sommes ou espèces. La même prescription fut répétée par l'art. 2, tit. 33, Ord. de 1667. Dans tous les cas, la loi, jalouse de la dignité de l'homme, ne laissait pas au créancier le droit de se faire justice à lui-même.

10. — Les jugements étaient exécutoires dans tout le ressort de la juridiction qui les avait rendus, mais si la partie voulait les faire exécuter dans un autre ressort, l'ordonnance de 1667 lui fournissait trois moyens.

11. — 1° Elle pouvait obtenir du grand sceau un *pareatis* général ou mandement d'obéir, qui la dispensait de demander aucune permission aux cours dans le ressort desquelles il voulait faire exécuter le jugement. — Merlin, *Rép.*, v° *Exécution parée*, § 2; Guyot, *Rép.*, v° *Exécution*.

12. — 2° Elle pouvait encore se pourvoir à la chancellerie du parlement dans le ressort duquel elle voulait faire mettre l'arrêt à exécution, et y demander un *pareatis* que le garde des Sceaux de cette chancellerie était obligé de sceller sur la simple présentation de la décision et sans en vérifier le bien fondé, à peine d'interdiction. — Merlin, *loc. cit.*; Guyot, *loc. cit.*

13. — 3° Enfin la même partie avait la faculté de présenter une requête au juge du lieu de l'exécution, à l'effet d'être autorisé à exécuter. La permission était accordée au bas de la requête. Dans ce dernier cas, il n'était exigé aucun *pareatis*, soit du grand sceau, soit des petites chancelleries. — Guyot, *loc. cit.*; Merlin, *loc. cit.*

14. — Une obligation faite et passée sous le scel royal était exécutoire sur les biens meubles et immeubles de l'obligé (Coutume de Paris, art. 164).

15. — Ainsi les contrats passés devant notaires, étant revêtus du scel royal, avaient la même force que les sentences et jugements, et par conséquent emportaient exécution parée, c'est-à-dire, étaient exécutoires sans l'autorité ou la permission du juge, dans le ressort de la juridiction du sceau de laquelle ils étaient munis; mais s'ils n'étaient scellés ils n'étaient pas exécutoires, car c'était le sceau qui leur donnait cette force (*Parlem. de Paris*, 1er déc. 1552; Ferrière, *Comment. sur la coutume de Paris*, t. 1, p. 361). Mais, ajoute le même auteur, comme le sceau d'une juridiction n'étend pas son autorité hors d'icelle, pour mettre à exécution un acte passé sous le scel royal hors le ressort, il fallait avoir la permission du juge du lieu, si c'était en même parlement, et si c'était en un autre parlement, il fallait avoir lettres de *pareatis*.

16. — Les obligations passées sous le scel authentique mais non royal d'une juridiction subalterne ou seigneuriale, étaient exécutoires dans le ressort de la juridiction, pourvu que les parties y eussent été domiciliées au jour où l'obligation y avait été passée; autrement ces obligations étaient valables, mais elles ne devenaient exécutoires qu'en vertu de lettres de chancellerie appelées lettres *de debitis*, par lesquelles il était permis de les mettre à exécution en saisissant, exécutant et vendant les biens des obligés. — Ferrière, *op. cit.*, t. 1, p. 362.

17. — Les contrats et obligations passés sous le scel ecclésiastique n'étaient pas exécutoires en France sans la permission du juge du lieu où le débiteur était trouvé. — Ferrière, *loc. cit.*

Section II.
Notions générales.

18. — Il n'aurait pas suffi au créancier d'avoir un titre qui constatât son droit; le législateur devait lui assurer les moyens de contraindre le débiteur à satisfaire à ses obligations. C'est ce qu'il a fait par les art. 545 et s., C. proc. civ., compris sous la rubrique : règles générales sur l'exécution forcée des jugements et actes.

19. — « Exécuter un acte, » c'est remplir les obligations qu'on y a prises. « Exécuter un jugement » c'est faire ce qu'il ordonne.

20. — L'exécution peut consister dans l'accomplissement ou dans l'abstention d'un fait.

21. — Elle est volontaire ou forcée.

22. — Dans le premier cas, elle se règle à l'amiable entre le débiteur et le créancier, mais sous la condition que les parties aient la libre disposition de leurs droits, car si l'une d'elles est incapable, la loi détermine certaines formes dont la surveillance est confiée aux tribunaux.

23. — Dans le second cas, l'exécution a lieu contre le gré du débiteur, sans qu'il puisse s'y opposer par aucun appel ou recours. Elle se pratique à l'aide de poursuites et contraintes exercées à la requête du créancier.

24. — Nous ne nous occupons ici que de l'exécution forcée des jugements définitifs et des actes. Nous laissons de côté l'exécution provisoire, qui a lieu malgré le recours dont le jugement peut être l'objet (V. *infrà*, v° *Exécution provisoire*) et l'exécution des jugements d'avant dire droit, laquelle est examinée sous chacune des matières comportant une explication spéciale. — V. notamment, *suprà*, v^{is} *Délibéré*, *Enquête*, et *infrà*, v^{is} *Expertise*, *Instructions par écrit*.

25. — Les juges ordonnent parfois de faire quelque chose, avant l'exécution définitive de leur sentence, sur les biens ou sur la personne de la partie condamnée. C'est l'exécution forcée « *par suite d'instance*, » laquelle prépare l'exécution forcée proprement dite, en ce sens qu'elle a pour but d'établir le quantum des créances dont le principe seul a été posé par le jugement, et de procurer au créancier les garanties qui lui sont accordées jusqu'à l'exigibilité de sa créance; elle se fait par le règlement des dépens, la liquidation des dommages-intérêts et des fruits, les redditions de compte, la réception des cautions, tandis que l'exécution forcée, proprement dite, se fait au moyen de poursuites et contraintes exercées contre le débiteur. — V. en ce sens, Carré et Chauveau, *L. proc. civ.*, t. 4, p. 416 et 417; Garsonnet, *Tr. théor. et prat. de proc.*, t. 3, § 494, p. 358, 1re éd.

26. — Entre les exécutions, il existe deux différences caractéristiques : l'une, quant à la compétence, l'autre, quant à la nature des titres en vertu desquels l'exécution peut être poursuivie. Ainsi, s'agit-il de contestations sur l'exécution par suite d'instance, la connaissance en appartient au tribunal, quel qu'il soit, qui a rendu le jugement, tandis qu'au cas d'exécution forcée, c'est aux tribunaux d'arrondissement, lesquels constituent la juridiction de droit commun, qu'il appartient de statuer, alors même que le jugement émanerait d'un tribunal de commerce, d'un juge de paix, ou d'un conseil de prud'hommes. D'autre part, l'exécution par suite d'instance est spéciale aux décisions de justice, aux jugements, et l'exécution forcée est susceptible d'être poursuivie, non seulement en vertu de jugements, mais encore en vertu d'actes ayant par eux-mêmes force exécutoire. — Garsonnet, *loc. cit.*

27. — On appelle « exécution parée » l'exécution qui, comme l'indique l'étymologie de son qualificatif, implique « obéissance, » et se poursuit en vertu de la seule force imprimée au titre par le mandement de justice dont il est parlé, *infrà*, v° *Formule exécutoire*.

28. — L'exécution forcée se poursuit contre le débiteur sur ses biens, et parfois sur sa personne.

29. — ... Sur les biens, meubles ou immeubles, par voie de saisie, de vente, et par la distribution du prix entre les créanciers. — V. *suprà*, v° *Distribution par contribution*, et *infrà*, v^{is} *Ordre*, *Saisie-arrêt*, *Saisie-brandon*, *Saisie-exécution*, *Saisie immobilière*.

30. — ... Sur la personne, par l'emprisonnement ou la contrainte par corps. — V. *suprà*, v° *Contrainte par corps*.

31. — Ainsi, les divers modes d'exécution tendent tous à contraindre le débiteur à vendre, ou même à faire vendre, à la requête du créancier, les biens qu'il possède, pour se libérer. — Rousseau et Laisney, *op. cit.*, n. 9.

32. — Le mode d'exécution d'une obligation est tracé, en général, par la loi ou par la convention. — Bioche, n. 6; Rousseau et Laisney, n. 10.

33. — Mais, parfois aussi, il est déterminé par le juge. — Mêmes auteurs.

34. — Si, par exemple, s'agissant d'une obligation de faire, la loi et la convention sont muettes sur son mode d'exécution, il faudra bien recourir au tribunal) pour fixer les parties à cet égard. — V. *infrà*, v° *Obligations*.

35. — A partir de quel moment peut-on procéder à l'exécution forcée? Si le créancier est porteur d'un acte notarié, il peut commencer les poursuites dès l'échéance de la dette, à moins que, le débiteur étant décédé, les poursuites ne doivent être intentées contre ses héritiers. — V. *infrà*, n. 411 et s.

36. — Est-il nanti d'un jugement, il peut le mettre à exécution immédiatement après l'avoir fait signifier, sous la réserve des causes de suspension dont il est question *infrà*, n. 311 et s.

37. — Pendant combien de temps peut-on procéder à l'exécution forcée? Pour les actes notariés, tant que le titre n'est pas prescrit, et, pour les jugements, pendant trente ans, excepté dans les cas où la loi en a disposé autrement, comme l'a fait en matière de séparation de biens (C. civ., art. 1244) et pour les jugements par défaut. — V. *infrà*, v° *Jugement et arrêt* (mat. civ.), n. 3378 et s.

38. — Il est généralement admis que le créancier qui a plusieurs actions, pour la même cause et contre la même chose, ne peut les cumuler en principe et les porter simultanément ou successivement devant la justice. — V. notamment Bioche, *Dict. de proc. civ. et comm.*, v° *Exécut. des jugem. et actes*, n. 3; Rousseau et Laisney, *cod. verb.*, n. 4. — V. aussi *suprà*, v° *Action* (en justice), n. 383 et s. — V. cep. Garsonnet, qui enseigne que les « actions civiles » peuvent se cumuler. — Garsonnet, *op. cit.*, t. 1, § 141, p. 607. — Le motif qu'il en donne est qu'il suffit au créancier d'avoir un jugement de condamnation.

39. — En tout cas, il est permis de cumuler les voies d'exécution forcée, parce que, si l'une est inefficace pour obliger le débiteur à payer, il est possible qu'une autre l'y contraigne utilement. — Bioche, *loc. cit.*; Rousseau et Laisney, *loc. cit.*

40. — Ainsi, l'exercice de la contrainte par corps n'empêche, ni ne suspend la poursuite et les exécutions sur les biens (C. civ., art. 2069).

41. — Ainsi, encore, lorsqu'un mari a été autorisé à employer la contrainte par corps pour faire réintégrer le domicile conjugal par sa femme, le juge peut, si ce moyen est insuffisant, en ajouter un autre plus approprié à la circonstance, pourvu que ce nouveau moyen ne soit repoussé, ni par la loi, ni par les mœurs. Il n'y a pas là violation de la maxime *non bis in idem*. — Colmar, 4 janv. 1817, Boissard, [S. et P. chr.]

42. — Et il a été jugé que le créancier, bien que subrogé à une saisie-arrêt, peut procéder contre le débiteur par voie de saisie immobilière. — Bordeaux, 20 déc. 1831, Deglanne, [P. chr.]

43. — Mais on ne peut faire une exécution sur une exécution, c'est-à-dire qu'on ne peut saisir un objet déjà saisi (Berriat Saint-Prix, p. 513; Rousseau et Laisney, *op. cit.*, n. 6; Garsonnet, t. 3, n. 555, p. 563); la loi permet seulement au second créancier qui se présente pour mettre son titre à exécution de prendre des mesures conservatoires de ses droits (C. proc. civ., art. 611, 719 et 720].

44. — La loi fait quelques exceptions au principe d'après lequel il est permis de cumuler les voies d'exécution.

45. — Ainsi, le créancier d'un mineur doit discuter ses meubles avant de saisir ses immeubles (C. civ., art. 2206).

46. — Celui qui a une hypothèque spéciale sur certains immeubles doit discuter ces immeubles avant d'attaquer les autres (C. civ., art. 2209).

47. — Le créancier gagiste ne peut agir par voie de saisie-exécution pour faire vendre le gage dont il est nanti (C. civ., art. 2078).

48. — Mais le créancier, qui renonce aux suites d'une saisie-arrêt, conserve le droit de poursuivre de toute autre manière. — Poitiers, 14 janv. 1831, Papillault, [S. 31.2.281, P. chr.] — *Sic*, Roger, *Saisie-arrêt*, n. 44.

49. — On a agité autrefois la question de savoir si le créancier, porteur d'un titre exécutoire, est libre de renoncer à l'exécution parée et d'assigner son débiteur en jugement de condamnation. Aujourd'hui, l'affirmative est généralement admise, mais sous la condition qu'il y ait intérêt : par exemple, pour demander la capitalisation des intérêts échus (V. *suprà*, v° *Anatocisme*, n. 20 et s.), pour obtenir une hypothèque générale qui grève tous les biens du débiteur, alors que son titre ne lui en confère pas, ou que celle conférée porte sur des immeubles déterminés et peut-être insuffisants. — V. *suprà*, v° *Action* (en justice), n. 86 et s.

50. — Les frais d'une pareille demande ne sont donc pas frustratoires, et n'incombent pas au créancier, qui n'a agi en justice que par suite des exceptions invoquées contre lui. — Cass., 13 déc. 1831, Desson, [P. chr.]

51. — Il en est de même bien que le créancier ait déjà obtenu un jugement de condamnation, si la prescription pouvait être opposée à ce jugement. — Cass., 6 nov. 1832, Dupuy, [S. 32.1.824, P. chr.] — V. *suprà*, n. 37.

52. — Ou si le titre est contestable, et qu'un commandement de payer soit resté infructueux. — Cass., 1er févr. 1830, Gaignerot, [S. et P. chr.]

53. — Le débiteur ne serait recevable à se plaindre des frais que cette action aurait occasionnés qu'autant qu'il serait en mesure de remplir son obligation ou qu'il offrirait le paiement de sa dette. — Orléans, 17 mars 1837, V..., [S. 37.2.291, P. 37.2.697]

54. — En général, et sauf quelques cas très-rares, l'exécution a lieu en vertu de l'obligation du débiteur constatée authentiquement par un acte exécutoire, et non à raison des sûretés qu'il a données (C. civ., art. 2093 et 2094).

55. — En effet, le germe, la cause de l'expropriation forcée se trouve bien plus dans l'obligation du débiteur que dans les garanties accessoires. Dès lors, le créancier porteur d'un titre exécutoire peut faire saisir les immeubles de son débiteur bien que son titre n'emporte pas hypothèque. — Nancy, 9 juill. 1824, Villemain, [S. et P. chr.]

56. — L'exception résulte de ce que le créancier porteur d'un titre paré aurait dû agir par voie d'exécution et non par voie d'action ordinaire, est dirigée contre le mode d'exercice du droit, et non contre le droit lui-même ; dès lors, elle doit être opposée avant toute défense au fond, et ne peut, conséquemment, être invoquée pour la première fois en appel. — Bordeaux, 24 août 1831, sous Cass., 6 nov. 1832, précité. — Orléans, 17 mars 1837, précité. — *Sic*, Pigeau, *Proc. civ.*, t. 1, quest. 154; Garsonnet, *op. cit.*, t. 1, § 118, p. 471 et s. — *Contrà*, Cass., 4 avr. 1810, Fasciaus, [S. et P. chr.] — Carré, *L. proc. civ.*, quest. 751, pour qui ladite exception peut être opposée en tout état de cause.

57. — Rien ne s'oppose à ce que le créancier renonce à une voie d'exécution entamée pour en suivre une autre qu'il croit meilleure.

58. — Ajoutons que l'illégalité de l'exécution d'un arrêt n'entraîne pas la nullité de cet arrêt. — Cass., 30 sept. 1826, Bissette, [S. et P. chr.]

59. — Il est enseigné par tous les auteurs que l'exécution forcée des actes et jugements est régie par la loi en vigueur au moment de l'exécution. — V. *infrà*, v° *Lois et décrets*, n. 870 et s.

60. — En ce qui concerne l'exécution des jugements étrangers ou des actes passés par des étrangers en France ou à l'étranger ou par des Français à l'étranger, V. *suprà*, v° *Etranger*, n. 984 et s., *infrà*, n. 295 et s., et v¹⁹ *Forme des actes*, *Jugement étranger*.

CHAPITRE II.

PAR QUI ET CONTRE QUI L'EXÉCUTION PEUT ÊTRE POURSUIVIE.

Section I.

Par qui l'exécution peut être poursuivie.

61. — L'exécution peut être poursuivie par le créancier lui-même, ou par son mandataire, pourvu que ce dernier agisse au nom de son mandant, car, en France, on ne peut pas plus exécuter que plaider par procureur (V. *suprà*, v° *Action* [en justice], n. 146 et s.). — Bioche, n. 13; Rousseau et Laisney, n. 16.

62. — L'exécution appartient aussi aux représentants légaux du créancier, tels que syndic de faillite, tuteur, mari (sauf, pour ce dernier, le cas de séparation de biens ou de paraphernalité), préfet, quand il s'agit de l'État ou d'un département, maire, s'il s'agit d'une commune.

63. — ... A ses successeurs universels, héritiers légitimes ou successeurs irréguliers, héritiers purs et simples ou bénéficiaires, légataires universels ou à titre universel.

64. — ... A ses successeurs à titre particulier, comme subrogés, cessionnaires à titre onéreux, donataires, légataires, endosseurs et même créanciers, sauf à ces divers représentants à indiquer au débiteur en quelle qualité ils agissent (Bioche, n. 14; Rousseau et Laisney, n. 15; Garsonnet, t. 3, § 535, p. 475 et 476), et sous la condition de faire signifier au débiteur le titre servant de base à la poursuite.

65. — Le créancier subrogé exerce tous les droits du créancier qu'il a payé et peut suivre les mêmes voies d'exécution. — Chauveau, sur Carré, quest. 1398 *ter*; Rousseau et Laisney, n. 20.

66. — Et il a été jugé que l'endosseur d'une lettre de change, qui en a remboursé le montant en vertu d'un jugement rendu contre le tiré, peut poursuivre l'exécution de ce jugement, bien qu'il n'y ait pas été partie. — Bordeaux, 18 juin 1835, Fontemoing, [P. chr.] — *Sic*, Bioche, n. 15; Chauveau, sur Carré, *loc. cit.*; Garsonnet, t. 3, § 535, p. 475, note 2.

67. — Il a été jugé, par application du même principe, qu'un avocat de première instance a besoin d'un mandat spécial pour exécuter un jugement, qui contient, contre son client, des dispositions susceptibles d'appel; qu'il ne saurait dépendre de lui de priver sa partie du droit de recourir au second degré de juridiction. — Paris, 3 janv. 1810, N..., [P. chr.] — *Sic*, Berriat Saint-Prix, p. 351; Carré, *Lois de la procédure*, t. 1, p. 825; Favard de Langlade, v° *Désaveu*, § 1, n. 4. — Ce dernier professe lui-même que le désaveu ne devrait avoir lieu autrement si le jugement était en dernier ressort. Mais il est combattu par Chauveau (t. 9, v° *Désaveu*, n. 11). — Nous rappelons que l'avocat ne pouvant régulièrement accepter aucun mandat (V. *suprà*, v° *Avocat*, n. 613 et s.), l'acquiescement à un jugement ne peut émaner que de l'avoué. — Sur les conditions dans lesquelles l'acquiescement de l'avoué lie sa partie, V. *suprà*, v° *Acquiescement*, n. 175 et s.

68. — Le créancier d'une succession, porteur d'un titre exécutoire, peut faire apposer immédiatement le scellé sur les meubles de la succession. — Bioche, n. 23; Rousseau et Laisney, n. 25.

69. — Toutefois, l'inventaire étant achevé, ce droit lui échappe, à moins que l'inventaire ne soit attaqué et qu'il n'en soit ainsi ordonné par le président du tribunal (C. proc. civ., art. 923). — Bioche, *loc. cit.*; Rousseau et Laisney, n. 26.

70. — Lorsque la commune a été condamnée, sur la provocation du ministère public, à réparer les dommages causés sur son territoire, par des attroupements, la partie lésée a le droit, bien qu'elle n'ait pas figuré dans les instances suivies par le ministère public, d'intervenir sur l'appel des jugements rendus à son profit, et d'en poursuivre l'exécution. — Cass., 4 juill. 1834, Comm. de Boussenac, [S. 34.1.817, P. chr.]

71. — Nous verrons aussi que l'exécution peut être poursuivie par des tiers dans les cas que spécifie l'art. 548, C. proc. civ.

Section II.

Contre qui l'exécution peut être poursuivie.

72. — De même que le créancier ou son représentant légal peut seul poursuivre l'exécution, de même cette exécution ne peut être poursuivie que contre le débiteur ou son représentant légal ; il est de règle, en effet, que les actes et jugements ne peuvent être exécutés que contre les parties condamnées, leurs représentants, leurs héritiers et leurs ayants-cause, successeurs particuliers quant à l'objet de l'acte ou du jugement (C. civ., art. 1134 et 1351).

73. — Les représentants légaux du débiteur ayant le droit d'agir pour lui sont les mêmes que ceux désignés *suprà*, n. 62, pour le créancier.

74. — Ainsi, les actes exécutoires contre un mineur ou un interdit sont mis à exécution contre le tuteur seul.

75. — Le failli étant dessaisi de l'administration de ses biens, et nul ne pouvant, après la faillite, se faire une situation préférable à celle de la masse, les créanciers d'une faillite ne peuvent plus agir contre le failli, mais uniquement contre les syndics ; et encore doivent-ils observer avec soin les délais et les autres conditions imposées par la loi des faillites. — V. *infrà*, v° *Faillite*.

76. — Le créancier légalement averti du changement d'état du débiteur doit toujours diriger ses poursuites, ou contre le débiteur, s'il d'incapable il devient capable, ou contre son représentant légal, si de capable qu'il était il devient incapable. Mais cette obligation n'existe pour le créancier que du moment qu'il résulte d'un acte légalement signifié qu'il a eu connaissance du changement d'état du débiteur ; autrement il est présumé ignorer ce changement, et l'exécution poursuivie contre le débiteur, conformément à la qualité qui lui est donnée dans le titre exécutoire, est valable (Arg. C. proc. civ., art. 345). — Pigeau, t. 2, p. 14 ; Bioche, v° *Exécution des jugements et actes*, n. 17.

77. — L'exécution est autorisée contre les cautions du débiteur et contre ses codébiteurs (C. civ., art. 1318, 2011). — V. *suprà*, v° *Cautionnement*, n. 424 et s.

78. — Ainsi, le créancier est libre de poursuivre ensemble ou individuellement les débiteurs solidaires, ceux de dettes indivisibles, sans que son droit puisse être limité à tel ou tel autre des débiteurs. — V. *infrà*, v^{is} *Obligations, Solidarité*.

79. — Lorsqu'un créancier a accepté l'engagement d'un tiers, qui lui a é é délégué par son débiteur, il peut, s'il n'a pas déchargé ce dernier, poursuivre l'un ou l'autre à son choix (C. civ., art. 1275). — Bioche, n. 18 ; Rousseau et Laisney, n. 24. — V. *suprà*, v° *Délégation*, n. 43 et s.

80. — Celui qui, en cédant une créance par acte notarié, a promis de payer à défaut du débiteur, ne peut être poursuivi par voie de commandement. Dans ce cas, le cessionnaire a seulement contre le cédant une action ordinaire en garantie à intenter devant les tribunaux. — Troplong, *Tr. de la vente*, n. 950.

81. — Il en est de même, lorsque le cédant s'est porté garant pour le cas où le débiteur ne paierait pas dans un délai déterminé. Il ne peut, à l'expiration de ce délai, être, sur un simple commandement, poursuivi par la voie exécutoire. — V. *suprà*, v° *Cession de créances*, n. 465 et s.

82. — Lorsque la dette est d'un corps certain et déterminé, qui est passé entre les mains d'un tiers, alors que l'action personnelle était déjà intentée contre le débiteur, le créancier peut exercer l'action réelle contre le tiers détenteur. — Bioche, n. 9.

83. — Sur l'action en revendication intentée contre lui, le tiers détenteur peut appeler son auteur en garantie, et invoquer sa bonne foi pour faire les fruits siens. — Pigeau, *Proc. civ.*, t. 2, n. 31 et 32 ; Bioche, n. 22. — V. *suprà*, v° *Bonne foi*, et *infrà*, v° *Possession*.

84. — Si la dette résulte d'un jugement obtenu contre le débiteur, ce jugement n'est pas exécutoire de plein droit contre le tiers détenteur. — Bioche, n. 21.

85. — Le créancier à hypothèque générale a le droit de poursuivre son remboursement sur le prix de tels biens du débiteur qu'il lui plaît de choisir, et l'acquéreur, qui a payé sans purger, ne peut s'y soustraire par le motif que le créancier a négligé de se faire colloquer dans d'autres ordres et s'est mis dans l'impossibilité de se subroger dans ses droits. — Bourges, 31 juill. 1829, Dufraigne, [S. et P. chr.] — V. *infrà*, v° *Hypothèque*, n. 3270 et s.

86. — Les titres exécutoires contre le défunt le sont aussi *de plano* contre ses héritiers, sous la condition de notification que nous avons déjà réservée (C. civ., art. 877), et que nous retrouverons, *infrà*, n. 394 et s.

87. — Les titres exécutoires contre l'héritier, le sont par la même raison contre les successeurs à titre universel, qui sont *loco heredis*, par exemple contre les légataires, donataires universels ou à titre universel. — Bioche, n. 32 ; Rousseau et Laisney, n. 38. — V. *infrà*, v° *Legs*, n. 1006 et s., 1116 et s.

88. — Mais il en est autrement au regard du légataire particulier qui, ne représentant le défunt pour aucune quote-part de la succession, ne peut être tenu de ses dettes personnelles, alors même qu'elles auraient trait à la chose léguée (Pigeau, *op. cit.*, p. 28). Il y a lieu de procéder contre lui par voie d'action en justice pour le faire condamner à restituer la chose léguée, ou à en payer la valeur. — Bioche, n. 34 ; Rousseau et Laisney, n. 40. — V. *infrà*, v° *Legs*, n. 1641 et s.

89. — Il va de soi que, dans cette dernière hypothèse, le successeur à titre particulier a son recours contre l'héritier (Mêmes auteurs) ; et, s'il est condamné à désintéresser le créancier, il est subrogé à ses droits.

90. — Lorsque l'objet légué est un immeuble hypothéqué, le légataire à titre particulier est tenu, comme tout détenteur, des charges qui pèsent sur la chose qui lui a été transmise. C'est ainsi qu'il peut être poursuivi hypothécairement (Rousseau et Laisney, n. 41). Mais il va sans dire que, s'il désintéresse le créancier, il sera subrogé à ses droits. — Bioche, n. 34. — V. *infrà*, v° *Hypothèque*, n. 3212.

91. — Le légataire universel ou à titre universel ne peut être poursuivi qu'autant qu'il est saisi par la délivrance ou par son acceptation. Jusque-là, les créanciers du défunt doivent agir contre l'héritier, qui est son représentant naturel et présomptif. — Bioche, n. 33 ; Rousseau et Laisney, n. 39. — V. *infrà*, v° *Legs*, n. 1023 et 1024.

92. — Bien que la voie d'exécution parée soit, en général, ouverte au créancier, il est certains débiteurs contre lesquels les principes de notre droit public ne permettent pas de procéder ainsi : tels sont l'État, les administrations publiques, les communes, les fabriques, les établissements publics, tels que les hôpitaux, qui ne peuvent disposer de leur actif sans l'assentiment de l'administration, ou même sans une autorisation donnée par une loi. — Rousseau et Laisney, n. 41 ; Garsonnet, t. 3, § 540, p. 491.

93. — Il en est de même des gouvernements étrangers « qu'on ne saurait saisir en France sans violer le droit des gens qui ne permet pas aux autorités d'un pays d'entraver la liberté et de toucher au crédit d'une puissance étrangère. » Garsonnet, *loc. cit.* — V. Cass., 22 janv. 1849, Le gouvernement espagnol, [S. 49.1.81, P. 49.1.166, D. 49.1.5] ; — 5 mai 1885, Caratier-Terrasson, [S. 86.1.353, P. 86.1.876, D. 85.1.341] — Ducrocq, *Cours de dr. adm.*, t. 2, n. 1477. — V. d'ailleurs, *suprà*, v° *Étranger*, n. 697 et s.

94. — Les créanciers de l'État, des départements, des communes, des administrations et établissements publics doivent se borner à faire porter leurs créances au budget de ces débiteurs. — Av. Cons. d'Ét., 12 août 1807 ; — 26 mai 1813. — *Sic*, Favard de Langlade, t. 2, p. 475 ; Bioche, n. 35 ; Rousseau et Laisney, n. 41.

95. — Ces dettes ne peuvent être payées que suivant les règles de la comptabilité publique (Décr. 31 mai 1862, art. 501 et s., 555 et s.). — Garsonnet, *op. cit.*, p. 492, texte et note 26. — V. *suprà*, v° *Comptabilité publique*, n. 41.

96. — Lorsque la dette a été inscrite au budget des dépenses, elle est recouvrée en vertu du rôle annuel ou du rôle spécial par le percepteur, de la même manière que les contributions publiques ou communales. Puis le créancier touche ce qui lui est dû en vertu des divers mandats qui lui sont délivrés. — V. *infrà*, v° *Liquidation et ordonnancement*.

97. — Il n'appartient donc pas au tribunal qui condamne une commune de dresser le rôle de répartition entre les divers habitants ou propriétaires de la commune (Arr. du gouvernement, 12 brum. an XI). — Favard de Langlade, t. 2, p. 475.

98. — Une saisie-exécution, pratiquée pour le recouvrement d'une dette de la commune, serait viciée de nullité, si elle était faite par le maire ou par tout autre habitant de cette commune, lesquels ne sont pas tenus *ut singuli*.

99. — Nous verrons aussi que l'exécution peut être pour-

EXÉCUTION DES ACTES ET JUGEMENTS (mat. civ.). — Chap. III.

suivie contre les tiers, dans les cas déterminés par l'art. 548, C. proc. civ. — V. *infrà*, n. 453 et s.

CHAPITRE III.

POUR QUELLES CRÉANCES ON PEUT EXÉCUTER.

100. — Pour qu'il puisse y avoir lieu à exécution forcée, le législateur ne se préoccupe ni de l'origine, ni de l'importance de la créance. — Garsonnet, t. 3, § 542, p. 500.

101. — Ce qu'il veut, c'est que la créance soit : 1° certaine; 2° liquide; 3° exigible (C. civ., art. 2203; C. proc. civ., art. 551).

102. — a) *Créance certaine*. — L'existence certaine de la créance doit résulter du titre. — Bioche, n. 36 et 38; Rousseau et Laisney, n. 42 et 43; Garsonnet, *op. cit.*, lettre A, texte et note 16.

103. — Une créance éventuelle ou conditionnelle ne suffirait pas. Il faut que l'événement dont elle dépend soit arrivé, ou que la condition à laquelle elle est subordonnée se soit réalisée. — Mêmes auteurs.

104. — Ainsi, on ne peut saisir-exécuter en vertu d'un jugement qui décide qu'un compte est dû; car tant que ce compte ne sera pas apuré, on ignorera s'il se solde en faveur du prétendu créancier. — Bioche, n. 38; Garsonnet, *loc. cit.*

105. — Spécialement, la femme qui poursuit sa séparation de corps, et qui demande une pension alimentaire, ne peut, en prévision des condamnations à intervenir, faire pratiquer une saisie-arrêt sur son mari, pour assurer le paiement de cette pension; il n'y a là qu'une simple éventualité de créance. — Lyon, 5 févr. 1869, Rave, [S. 69.2.250, P. 69.1003, D. 70.2.130]

106. — Ainsi encore, les titres de créance de tout comptable, dont les comptes ne sont pas apurés, ne peuvent être ramenés à exécution avant l'apurement de ses comptes (Arg. aff.). — Toulouse, 17 mars 1827, Mesan, [S. et P. chr.]

107. — b) *Créance liquide*. — Il est indispensable que les parties soient fixées sur le *quantum* de la créance : le débiteur, pour savoir ce qu'il doit payer ou offrir pour arrêter les poursuites, et le créancier, pour ne pas continuer la vente des objets saisis, lorsque se produit l'hypothèse prévue par l'art. 622, C. proc. civ. — Berriat Saint-Prix, p. 509, note 13, n. 2; Bioche, n. 39; Garsonnet, *op. cit.*, p. 502-1°.

108. — Il résulte de là qu'on ne peut exécuter en vertu d'un compte non apuré, malgré la certitude qu'il se soldera en faveur du poursuivant. En effet, si la créance est certaine, elle n'est pas liquide. — Garsonnet, *loc. cit.*

109. — Il a été jugé, il est vrai, que lorsqu'un arrêt passé en force de chose jugée, a ordonné qu'il serait compté entre un bailleur et son fermier, pour déterminer les sommes dont ce dernier serait redevable par suite de son bail, et que ce compte n'a pas eu lieu par refus du fermier d'y procéder, celui-ci est non recevable à attaquer la saisie sous le prétexte que la créance n'est pas déterminée et que son *quantum* dépend d'un compte à faire. — Cass., 23 mars 1825, Prioux, [S. et P. chr.] — On pourrait peut-être en conclure qu'une créance est réputée liquide, lorsque la liquidation en a été empêchée par la faute du débiteur. Mais telle n'est pas, ce nous semble, la portée juridique de cet arrêt. S'il mentionne le refus du débiteur, que relevait la cour d'appel, il constate également que les poursuites ont été faites en vertu d'un acte public et authentique; que la créance était fixe et déterminée; qu'il est justifié qu'elle a été reconnue par les débiteurs; et c'en est assez, croyons-nous, pour ne pas voir de dérogation au principe posé *supra*, n. 107.

110. — Jugé, par application de ces principes, que les poursuites commencées en vertu d'un jugement condamnant le débiteur à payer capital et intérêts, qui ont été soldés, ne peuvent être continuées, à raison des dépens, dont ils fussent compris dans la condamnation, s'ils ne sont pas encore liquidés. — Paris, 2 janv. 1834, Gentil, [P. chr.] — *Sic*, Garsonnet, *loc. cit.*

111. — Le paiement de ces dépens ne peut être poursuivi qu'en vertu d'un exécutoire. — Bioche, n. 43. — V. *infrà* n. 218.

112. — Faisons observer que, d'après les art. 2213, C. civ., et 551, C. proc. civ., il est permis de saisir bien que la créance n'ait pas une somme d'argent pour objet; le sursis qu'ils imposent porte seulement sur la vente et sur les poursuites ultérieures, tant que la créance n'a pas été liquidée. — Bioche, n. 40; Garsonnet, *op. cit.*, texte et note 26.

113. — Le sursis prononcé par ces deux articles était nécessaire : 1° pour assurer l'exécution de l'art. 622, C. proc. civ., qui veut que dans le cas où la valeur des effets mobiliers saisis excède le montant des causes de la saisie et des oppositions, il ne soit procédé qu'à la vente des objets suffisants à fournir la somme nécessaire pour le paiement des créances et frais; — 2° pour mettre la loi de procédure en harmonie avec l'art 2213, de façon à ce que l'adjudication d'un immeuble ne puisse être faite qu'après la liquidation; — 3° enfin, pour assurer l'exécution de l'art. 2212, C. civ., qui autorise le juge à suspendre l'expropriation de l'immeuble, lorsque le débiteur justifie par baux authentiques que le revenu net et libre de ses immeubles pendant une année suffit au paiement de la dette, et en offre la délégation au créancier. — V. *infrà*, n. 150 et s.

114. — La liquidation de la créance doit même être faite en argent pour l'exercice de la contrainte par corps à raison d'un objet susceptible de liquidation (C. proc. civ., art. 552).

115. — Cette disposition, qui garantissait, avant l'abolition de la contrainte par corps (L. 22 juill. 1867), les restitutions de fruits et de titres (V. notamment, art. 2060, C. civ., n. 2, 6 et 7), trouve encore aujourd'hui son application lorsqu'il s'agit de dommages-intérêts alloués à raison d'une créance résultant d'un délit, ou d'une contravention, en sorte que, si ces dommages-intérêts doivent être fixés par état, la liquidation devra en être faite avant l'exercice de la contrainte par corps. — Garsonnet, p. 504 et 505, texte et notes 28 et 29.

116. — Lorsque la créance n'est pas liquide, le débiteur peut, même en référé, obtenir un sursis à l'exécution. — Cass., 27 déc. 1810, N..., [P. chr.] — Bioche, n. 42; Rousseau et Laisney, n. 47; Garsonnet, *op. cit.*, p. 504, texte et note 26.

117. — c) *Créance exigible*. — Il faut aussi que la créance soit exigible, c'est-à-dire qu'elle ne soit soumise à aucun terme (C. civ., art. 1186). — Garsonnet, p. 502, texte et note 12.

118. — Les trois conditions, que nous venons d'examiner successivement, sont requises à peine de nullité et de dommages-intérêts. — Boitard, Colmet-Daage et Glasson, *Leç. de proc. civ.*, t. 1, n. 806; Garsonnet, *op. cit.*, p. 502, texte et note 12.

119. — Mais ces conditions sont complètement étrangères aux saisies conservatoires, qui n'entraînent pas la vente des objets saisis, et qui n'ont d'autres effets que de placer ces objets sous la main de justice pour empêcher le débiteur d'en disposer au préjudice de ses créanciers. — Rodière, *Compét. et proc.*, t. 1, p. 193; Garsonnet, t. 3, § 542, p. 502, texte et note 14, et § 532, p. 464.

120. — Il nous paraît presque superflu de dire qu'à ces trois conditions, il convient d'en ajouter deux autres, à savoir : 1° que les biens saisis appartiennent au débiteur; 2° qu'ils soient saisissables.

121. — Du principe que l'on ne peut invoquer un jugement dans les dispositions qui lui sont favorables, sans exécuter religieusement les charges qui lui sont imposées, il résulte que le créancier doit avoir soin de remplir les conditions apposées à la condamnation prononcée en sa faveur avant de contraindre son débiteur à l'exécution de cette condamnation.

122. — Spécialement, s'il est tenu de faire une affirmation, le jugement ne peut être exécuté qu'après cette affirmation. — Paris, 26 janv. 1813, Lion, [P. chr.]

123. — Garsonnet (t. 3, p. 505, lettre C) pose la question de savoir s'il est permis de saisir en vertu d'une créance contestée, et la résout, en principe, dans le sens de la négative, par le motif que la créance n'est pas certaine, si son existence est contestée, et qu'elle n'est pas liquide, si la contestation porte sur son *quantum*. Puis, faisant remarquer que la loi ne subordonne pas et ne pouvait pas subordonner la validité des saisies à la reconnaissance des créances par les débiteurs, et s'en référant aux travaux législatifs sur la compensation, il arrive à conclure qu'une dette, dont le débiteur a la preuve en main et peut fournir une prompte justification, équivaut à une dette certaine, et qu'une dette promptement et facilement liquidable équivaut à une dette actuellement liquidée; c'est là une question de fait et d'appréciation laissée à la prudence du juge. — Il a été décidé, en ce sens, qu'une saisie est valable, bien qu'elle ait été pratiquée en vertu d'un compte contesté en partie. — Poitiers, 28 janv. 1878, Crédit agricole, [S. 78.2.301, P. 78.1250, D. 78. 2.145] — ... Mais qu'il y a lieu d'annuler une saisie à laquelle il a été procédé en vertu d'une créance qu'on demandait à établir par une enquête et par l'examen des livres de la partie adverse. — Poitiers, 12 déc. 1876, Fragmand, [S. 78.2.39, P. 78.208, D. 77.2.231]

124. — Jugé également qu'un exécutoire de dépens ne constitue pas un titre suffisant pour procéder à une saisie-exécution, lorsque le jugement, en condamnant plusieurs copartageants aux dépens, a ordonné que ces dépens seraient répartis entre eux à raison de l'étendue des terrains qui leur seraient attribués, si aucune des décisions intervenues ne contient la liquidation ou la répartition desdits dépens. — Rennes, 6 août 1853, Chesnel, [S. 54.2.495, P. 55.1.41, D. 55.2.314] — Sic, Rousseau et Laisney, n. 49.

125. — Lorsqu'un jugement a été exécuté par le paiement en capital, intérêts et frais liquidés, montant des causes de la condamnation prononcée, la partie gagnante a-t-elle besoin d'un nouveau jugement pour poursuivre l'exécution forcée des frais non liquidés et des frais de mise à exécution légalement taxés? La cour de Paris a tranché la question en deux sens différents par ses arrêts du 10 janv. 1854, Pujolle, [S. 54.2.253, P. 54.1. 270, D. 54.5.399]; — 4 juill. 1853, Rey, [S. 54.2.137, P. 53.2. 395, D. 54.2.66] — V. à cet égard *suprà*, v° *Dépens*, n. 2706 et 2707.

126. — Il a été jugé qu'un arrêt de cassation ne condamnant pas et ne pouvant pas condamner une partie à restituer les sommes qui lui avaient été payées en vertu de la décision cassée, la partie intéressée ne saurait voir, dans cet arrêt, un titre lui permettant de poursuivre cette restitution par voie d'exécution forcée; elle doit se pourvoir, à cet effet, par action judiciaire. — Lyon, 29 mars 1855, Paris et consorts, [S. 55.2.372, P. 55. 2.206, D. 56.2.107]

127. — Jugé, au contraire, par la Cour suprême, que l'effet légal et nécessaire d'un arrêt par lequel elle casse, est d'astreindre la partie qui a obtenu paiement en vertu de la décision cassée, à restituer toutes les sommes qui lui ont été ainsi payées. — V. notamment, Cass., 30 août 1859, Louvrier, [S. 71.1.156, P. 71.1.442, D. 71.1.45] — Sic, Rousseau et Laisney, n. 44. — V. *suprà*, v° *Cassation* (mat. civ.), n. 4943 et s.

128. — Mais on ne peut procéder par voie d'exécution forcée, en vertu d'un jugement qui alloue des dommages-intérêts à fixer par état, si le *quantum* n'en est pas déterminé. — Garsonnet, *loc. cit.*

129. — Peu importe que la liquidation de ces dommages-intérêts doivent se faire par un juge, ou par un arbitre à ce commis. — Montpellier, 18 déc. 1810, Laffont, [P. chr.] — V. pourtant, Liège, 7 août 1811, Blaimont, [S. et P. chr.]

130. — De même, lorsque la créance consiste en denrées ou corps certains *in genere*, l'exécution n'est possible qu'autant que la créance est nettement déterminée. — Garsonnet, *loc. cit.*

131. — Mais le propriétaire porteur de bail authentique, qui saisit un immeuble hypothéqué pour sûreté de ses fermages, n'est pas obligé d'obtenir un jugement qui détermine et liquide le montant des fermages dus; car le titre portant le prix annuel des fermages, la créance se trouve liquide et certaine par suite de l'évaluation donnée au fermage annuel. — Carré et Chauveau, quest. 1912.

132. — Dans notre droit, il n'est pas nécessaire, comme l'enseignaient les jurisconsultes romains, que toute condamnation soit pécuniaire, pour être exécutée par voie d'exécution parée. — Garsonnet, t. 3, § 526, p. 443.

133. — Toutefois, comme le dit très-bien ce savant auteur (*loc. cit.*), « les procédés d'exécution doivent varier nécessairement suivant l'objet d'un procès et le dispositif du jugement. » Par exemple, « le jugement qui ordonne de délaisser un immeuble ne s'exécute pas comme celui qui condamne à payer une somme d'argent déterminée.

134. — Ainsi, le saisi peut être expulsé de la maison en vertu du jugement de l'exproprié.

135. — Le vendeur est tenu, en vertu de l'acte de vente, de quitter les lieux qu'il a vendus, et ses meubles peuvent être mis dehors.

136. — De même encore, le crédi-rentier, le bailleur peuvent poursuivre, par exécution parée, le paiement des arrérages, des fermages dus en nature, par exemple la remise des denrées qui leur sont dues, et ce en vertu de l'acte authentique qui leur sert de titre.

137. — Celui qui a été déclaré propriétaire d'une chose mobilière, peut s'en faire mettre en possession par voie parée.

138. — Si la condamnation emporte obligation de faire, par exemple, de construire, de démolir, de rétablir un état de lieux, etc., etc., le tribunal doit, par le jugement de condamnation, ou par un jugement postérieur, régler le mode à suivre et toutes les obligations du condamné, ordonner que les travaux seront surveillés, du même arbitre qu'il lui a promise et non une autre (V. L. 2, § 1, ff., *De reb. cred.*; C. civ., art. 1243).

141. — Lorsque la partie, au lieu d'exécuter l'arrêt lui enjoignant de démolir des travaux, se pourvoit en cassation, elle peut être condamnée à indemniser son adversaire du préjudice que lui a causé le retard apporté à la démolition, alors même que l'arrêt aurait autorisé celui-ci à faire, à défaut de la partie condamnée, procéder à ladite démolition, le pourvoi en cassation, quoique non suspensif, n'en constituant pas moins un acte de résistance, qui rend prudente l'abstention du bénéficiaire de l'arrêt. — Cass., 5 févr. 1868, Frichot, [S. 68.1.224, P. 68.533, D. 68. 1.343] — V. *suprà*. v° *Cassation* (mat. civ.), n. 1934.

142. — Il arrive aussi que le juge alloue contre la partie condamnée des dommages-intérêts par chaque jour de retard. — Garsonnet, *op. cit.*, § 528, p. 453, texte et note 17. — V. *suprà*, v° *Dommages-intérêts*, n. 106.

143. — Une partie est valablement condamnée à remettre un titre dont elle s'est emparée par des moyens indélicats, à payer une certaine somme par chaque jour de retard, encore qu'aucun préjudice ne puisse résulter du retard dans la remise de cette pièce. — Cass., 29 janv. 1834, Normand, [S. 34.1.129, P. chr.]

144. — Le créancier peut ne pas demander l'exécution directe des obligations incombant au débiteur. Il est libre de se contenter de dommages-intérêts et de demander la résolution du contrat qui n'a pas été exécuté. — Garsonnet, t. 3, § 527, p. 446.

145. — Mais la même faculté n'est pas accordée au débiteur; il n'est pas libre soit de ne pas exécuter et de payer des dommages-intérêts, soit de ne pas exécuter et de désintéresser le créancier. — Garsonnet, *op. cit.*, notes 3 et 6. — V. sur ces divers points, *infrà*, v° *Obligations*.

146. — Mais, le tribunal qui ordonne à une partie d'exécuter une obligation de faire, peut condamner cette partie d'une manière alternative, à son choix, ou à faire la chose dans un délai déterminé, ou à fournir une caution comme garantie du dommage que l'inexécution de l'obligation pourrait entraîner pour le créancier. — Besançon, 4 juin 1846, Dubost, [S. 47.2.534, P. 47.2.673]

147. — Le jugement qui condamne une partie à remettre au liquidateur d'une société des exemplaires d'un ouvrage, avec fixation du prix auquel chaque exemplaire pourra être vendu, ne peut pas être exécuté par voie de saisie et de vente du mobilier de la partie condamnée. La sentence, dans ce cas, ne prononçant pas de condamnation d'une somme en argent, il doit être sursis, après la saisie, à toutes poursuites ultérieures jusqu'à ce que l'appréciation en ait été faite. — Paris, 20 janv. 1843, Cauvin, [P. 43.1.198] — C'est l'application de l'art. 551, C. proc. civ.

148. — Il résulte, en effet, de cet article que tout créancier est libre de poursuivre l'exécution d'une créance liquide, bien qu'elle ne soit pas d'une somme d'argent (V. *suprà*, n. 132 et 133), et que, même, il peut faire procéder à toute saisie avant que sa créance soit évaluée en argent. — V. *suprà*, n. 112.

149. — Si donc il s'agit d'une créance qui ne consiste pas en une somme d'argent, il doit être sursis, après la saisie, à toute poursuite ultérieure, jusqu'à la liquidation de la créance en argent.

150. — Antérieurement déjà le législateur avait décrété (C. civ., art. 2213) qu'au cas de saisie immobilière pour une créance en espèces non liquidées, si la poursuite était valable, l'adjudication ne pourrait avoir lieu qu'après la liquidation.

151. — Du rapprochement de ces deux art. 551. C. proc. civ., et 2213, C. civ., qui ont été conçus dans le même but, l'intérêt du débiteur, découle la question de savoir si, depuis la promulgation du Code de procédure civile, on doit, en matière de saisie immobilière, faire application de l'art. 551, dont les mots « après la saisie, » semblent généraux et absolus, et, dès lors, surseoir à toute exécution à partir de la saisie, ou si, pour ce, le créancier ne peut pas attendre, selon les termes de l'art. 2213, jusqu'au moment de l'adjudication.

152. — Les auteurs ne sont pas d'accord ; d'après Delaporte (t. 2, p. 140), l'art. 551 ne concernerait que les saisies mobilières, et l'art. 2213 autoriserait les poursuites de saisie immobilière jusqu'à ce que la créance fût liquidée. Mais cet auteur ne tient pas ainsi compte des termes de l'art. 551, qui vise spécialement, dans son premier paragraphe, la saisie mobilière et la saisie immobilière.

153. — Aussi, presque tous les auteurs estiment que cette dernière saisie ne peut, pas plus que les autres, être suivie d'aucune poursuite avant la liquidation de la créance. — V. notamment, Favard de Langlade, *Rép.*, t. 2, n. 481-4°; Thomine-Desmazures, t. 2, p. 52 ; Duranton, t. 21, n. 41 ; Carré et Chauveau, quest. 1913 ; Pont, *Priv. et hyp.*, t. 2, *Expropriation forcée*, n. 60; Rodière, *Compét. et proc.*, t. 2, p. 194 ; Aubry et Rau, t. 8, p. 467, § 798, texte et note 39 ; Boitard, Colmet-Daage et Glasson, t. 2, n. 806 ; Garsonnet, t. 3, § 542, p. 504 ; Baudry-Lacantinerie et de Loynes, *Nantissement, Priv. et hyp. et Expropr. forcée*, p. 813, n. 2678. — V. *infrà*, v° *Saisie immobilière*. — Ces auteurs ont pour raison, selon nous du moins, qu'après la saisie immobilière, le créancier peut en faire la dénonciation et la transcription, ces deux actes étant le complément de la saisie, et ne constituant pas des poursuites nouvelles, en sorte que l'art. 551 ne diffère guère de l'art. 2213. — V. *suprà*, n. 112 et 113.

154. — Faisons remarquer que Favard de Langlade (*loc. cit.*), et Duranton (*loc. cit.*), n'autorisent, après la saisie, que sa dénonciation, parce que c'est seulement à partir de cet acte que le saisi cesse d'avoir la libre disposition de l'immeuble dont l'exécution est poursuivie, et que Chauveau, sur Carré (*loc. cit.*), ne verraient pas d'inconvénient à ce que ce tempérament fût admis par les tribunaux.

155. — Disons enfin que, d'après l'arrêt de Bordeaux, 8 févr. 1817, Ythier, [S. et P. chr.], il n'y a pas opposition entre les art. 551 et 2213, et que, dans l'un comme dans l'autre, le vœu manifeste du législateur est que les poursuites soient commencées, et que la vente ou l'adjudication ne puisse avoir lieu avant la liquidation de la créance.

156. — Cet arrêt est critiqué à bon droit, ce nous semble, par Chauveau, sur Carré (*loc. cit.*) ; en effet, si le législateur a eu pour but principal d'interdire la vente et l'adjudication avant la liquidation de la créance, il défend aussi, d'une manière formelle, d'exercer des poursuites postérieurement à la vente.

157. — Si le créancier a la faculté de poursuivre l'exécution d'une créance liquide, bien qu'elle ne consiste pas en une somme d'argent, et même de procéder par voie de saisie, nous avons vu qu'il est fait exception à la règle pour l'exercice de la contrainte par corps. — V. *suprà*, n. 114 et 115.

158. — Ordinairement les difficultés d'exécution matérielles sont levées en référé, à raison de leur peu d'importance et de leur urgence. — V. *suprà*, n. 116.

CHAPITRE IV.

EN VERTU DE QUELS ACTES ON PEUT PROCÉDER
A UNE EXÉCUTION FORCÉE.

Section I.

Généralités.

159. — On ne peut procéder à une exécution forcée qu'en vertu d'actes exécutoires.

160. — On appelle ainsi tout acte qui permet au créancier de recourir immédiatement à la force publique, sans être obligé de demander un titre à la justice, pour l'exercice de son droit. — V. Rousseau et Laisney, n. 52 ; Garsonnet, t. 3, § 541, p. 493.

161. — Le porteur d'un titre exécutoire peut donc, en principe, faire appel à la force publique pour obtenir ce à quoi il a droit. Et il a été jugé que, si l'édit de 1778 défend à un Français d'en assigner un autre devant des juges étrangers, il ne lui interdit pas de demander à ces juges l'autorisation d'employer la force publique par l'exécution de son titre. — Cass., 11 déc. 1809, Leguen, [S. et P. chr.]

162. — Un acte n'est susceptible d'exécution que s'il est authentique et revêtu de la formule exécutoire (V. ce mot). — Bioche, n. 49 ; Rousseau et Laisney, n. 52.

163. — Par conséquent, le porteur d'un acte sous seing privé ne peut, du moins en principe, en poursuivre l'exécution forcée. Nous verrons *infrà*, n. 251 et s., ce qu'il doit faire pour donner l'authenticité à son titre.

164. — L'autorité publique a, seule, le droit de délivrer des titres exécutoires *de plano*. — Bioche, n. 46 ; Garsonnet, t. 3, § 541, p. 493.

165. — Ce droit est délégué par le législateur, dans l'ordre privé ou civil, aux tribunaux et aux notaires, et dans l'ordre public et administratif à certains fonctionnaires qui sont les représentants du pouvoir exécutif.

166. — Il n'existe, en effet, que deux sortes d'actes qui emportent exécution forcée : les jugements et les actes notariés. — Garsonnet, *op. cit.*, p. 493 et 494.

167. — Un titre exécutoire obtenu contre une personne peut avoir le même caractère contre une autre qui lui a été substituée avec les mêmes obligations.

168. — Par exemple, le propriétaire peut saisir-exécuter des meubles d'un sous-locataire en vertu d'un bail authentique passé entre lui et le locataire principal. — Paris, 10 mai 1849, Villette, [S. 49.2.430, P. 49.2.98, D. 49.2.179] — *Sic*, Garsonnet, *op. cit.*, note 6.

169. — Si de ce que le pouvoir de rédiger les actes exécutoires a été conféré à certains fonctionnaires, officiers ministériels ou corps constitués, il suit que les actes exécutoires émanés des officiers publics compétents sont authentiques, il ne faut pas en conclure que tout acte authentique soit un acte exécutoire.

170. — Ces actes authentiques auront, comme toute autre convention des parties, légalement prouvée, une force obligatoire ; ils établiront le lien de droit qui astreint une partie à faire ou à ne pas faire, à donner ou à ne pas donner, mais la formule exécutoire, seule, leur donnera cette force exécutoire qui oblige tout fonctionnaire, tout agent de la force publique, légalement requis, à prêter ses mains à l'exécution de l'acte.

171. — La validité de l'exécution parée dépend donc, non seulement de la nature du titre et de la qualité de celui qui l'a dressé, mais encore des conditions extrinsèques, dont l'une des plus importantes est la formule exécutoire.

172. — Aux termes de l'art. 545, C. proc. civ., « nul jugement ni acte ne pourront être mis à exécution, s'ils ne portent le même intitulé que les lois et ne sont terminés par un mandement aux officiers de justice, ainsi qu'il est dit art. 146. »

173. — Dans notre ancienne France où, comme nous l'avons dit, existait la nécessité du *pareatis* (V. *suprà*, n. 11 et s.), l'autorité judiciaire était de ce fait souvent entravée par le refus ou les retards que suscitait la jalousie des corps judiciaires. L'art. 547, C. proc. civ., a mis fin à cet état de choses en prescrivant que les jugements rendus et les actes passés en France sont exécutoires dans tout le royaume sans visa ni *pareatis*, encore que l'exécution ait lieu hors du ressort du tribunal par lequel les jugements ont été rendus ou dans le territoire duquel les actes ont été passés.

174. — Ainsi, aujourd'hui, l'acte revêtu de la formule exécutoire doit, en général, être exécuté sans que nul fonctionnaire ni magistrat puisse s'y opposer ; à moins que la loi ne l'y autorise expressément. — Favard de Langlade, t. 2, p. 472.

175. — Sur le point de savoir en quoi consiste cette formule, V. *infrà*, v° *Formule exécutoire*.

176. — La grosse d'un jugement, d'une ordonnance de juge, ou d'un acte authentique, est le seul titre qui puisse servir de base à une exécution forcée (Bioche, n. 66 ; Rousseau et Laisney, n. 72). Mais, comme nous le verrons *infrà*, il a été parfois dérogé à ce principe.

177. — Néanmoins, en cas de nécessité absolue, le juge des référés (C. proc. civ., art. 811), le juge de paix (L. 25 mai 1838, art. 12), et même les tribunaux, d'après la jurisprudence, peuvent ordonner l'exécution de leurs décisions sur la minute (V. *infrà*, v° *Exécution provisoire*, et v° *Jugement et arrêt* [mat. civ.]. n. 2725). — *Sic*, Bioche, n. 68.

178. — La formule exécutoire est apposée sur la grosse, à moins que le juge n'ait déclaré sa décision exécutoire sur minute, ou qu'il s'agisse d'un acte notarié rédigé en brevet, qui a été déposé en l'étude du notaire pour l'apposition de la formule exécutoire. — Garsonnet, t. 3, § 544, p. 498, texte et notes 38 et 39. — V. *infrà*, v° *Formule exécutoire*, n. 8.

179. — L'inobservation de ces formalités entraîne la nullité, non de l'acte même, en vertu duquel il a été procédé à l'exécution, mais seulement des actes d'exécution qui en ont été la suite (Bonnier, *Proc.*, n. 1300; Rodière, *Compét. et proc.*, t. 2, p. 186; Garsonnet, *op. cit.*, texte et note 40). Encore, ce dernier auteur dit-il, dans sa note, que la nullité ne doit pas être exagérée.

180. — Il a été jugé que, en général, les ordonnances des juges ne sont exécutoires qu'autant que leur expédition est conforme à l'art. 545, C. proc. civ. — Bruxelles, 22 mars 1810, Vermeulen, [S. et P. chr.]

181. — Cependant, les ordonnances de référé exécutoires sur minute sont nécessairement exécutées sans être revêtues de la formule exécutoire, qui ne peut être inscrite que sur les expéditions (C. proc. civ., art. 811). — Carré et Chauveau, quest. 1898-oct., 588 ter.

182. — Jugé que l'exécution d'un jugement ne peut, à peine de nullité, être poursuivie en vertu de la copie de l'expédition ou de la grosse d'un jugement lors même que le président l'aurait déclarée exécutoire, car cette copie n'est pas la grosse, dont la signature du greffier peut seule garantir l'authenticité. — Pigeau, t. 1, p. 554. — V. aussi Berriat Saint-Prix (p. 506), qui constate que l'usage contraire était suivi sous l'ordonnance de 1667. — Chauveau, sur Carré, quest. 1898-sex., 2198, 1557.

183. — Mais, à côté de ces solutions, qui nous paraissent devoir être adoptées sans contestation, il en est d'autres qui ne sont peut-être pas à l'abri de la critique.

184. — Ainsi, il a été jugé qu'on peut poursuivre une saisie immobilière en vertu de la copie signifiée d'un arrêt qui contient des dispositions distinctes au profit de plusieurs parties, et dont l'exécution sur cette copie a été autorisée par ordonnance de la cour rendue au bas de la requête. — Toulouse, 17 déc. 1829, Ducros, [S. et P. chr.] — *Contra*, Chauveau, sur Carré, quest. 1898-6°.

185. — Qu'il n'y a lieu à cassation de la disposition d'un arrêt qui porte qu'il pourra être exécuté sur copie signifiée seulement à avoué. — Cass., 14 juill. 1830, Dorlan, [S. et P. chr.]

186. — Que, si un arrêt renferme des dispositions au profit de chacune des parties, la copie signifiée par celle qui a levé la grosse de cet arrêt forme un titre exécutoire pour l'autre partie. — Bruxelles, 18 nov. 1822, Cuelenaere, [P. chr.] — *Sic*, Carré, *Jurispr.*, sous l'art. 545, C. proc. civ.

187. — ... Qu'une erreur ou omission dans les termes de la formule exécutoire n'entraîne pas la nullité des actes d'exécution qui en ont été la suite. — Bourges, 28 juin 1813, Pilon, [P. chr.]

188. — Que la copie de la signification à avoué d'un jugement n'est pas nulle, par cela seul qu'elle ne relate pas en entier la formule exécutoire, et qu'elle se termine par les mots « et cætera ». — Rennes, 12 déc. 1817, Rabiou, [P. chr.]

189. — Que la formule exécutoire n'est pas nulle, parce qu'elle porte : Napoléon, Empereur, « pour les constitutions, » au lieu de : pour la constitution de la République. — Bordeaux, 14 août 1832, Halyan, [P. chr.]

190. — ... Qu'il en est de même, si, aux mots : « A tous présent et à venir, salut » on a substitué les suivants : « à tous ceux qui ces présentes verront, salut. » — Même arrêt.

191. — Que la formule d'un exécutoire de dépens, qui ne reproduit pas tous les termes de la formule légale, est suffisante, si elle en contient la substance, par exemple, si elle porte : « Louis-Philippe, roi de France, à tous ceux .... , mandons et ordonnons à tous huissiers sur ce requis..... contraindre..... » — Riom, 12 mars 1844, N..., [S. 44.2.445] — *Contra*, Besançon, 12 févr. 1810, Boutechoux, [S. et P. chr.] — Metz, 31 déc. 1819, Quinard, [S. et P. chr.]

192. — ... Que l'irrégularité de la formule exécutoire n'est pas une nullité de procédure à produire avant toute autre exception, qu'elle touche à l'ordre public, et peut être proposée, pour la première fois, devant la cour d'appel. — Nancy, 14 mars 1826, Goublin, [*Jurispr.* Nancy, v° *Exéc. de jugem. et actes*, n. 31] — *Sic*, Rousseau et Laisney, n. 81.

193. — Mais décidé qu'à supposer que l'omission de la formule exécutoire sur la signification d'un arrêt doive faire annuler ladite signification, cette nullité serait couverte par la partie qui aurait demandé l'exécution sans se prévaloir de l'omission et sans faire de réserves expresses. — Cass., 28 nov. 1827, Comm. de Proroz, [S. et P. chr.] — *Sic*, Carré, *Jurispr.*, sous l'art. 545; Rousseau et Laisney, n. 82.

194. — Une seconde grosse, même revêtue de la formule exécutoire, ne peut servir de base à une exécution, que si la délivrance en a été faite suivant les formalités requises par l'art. 844, C. proc. civ. — V. *infrà*, v° *Grosses et expéditions*, n. 48 et s.

195. — Toutefois, l'exécution ne peut être suspendue que par la justice; les parties ne sont pas juges de l'irrégularité de la délivrance. — Bioche, n. 83.

196. — Mais c'est au créancier, porteur d'une grosse déclarée irrégulière, qu'incombent les frais d'exécution. — Bioche, *loc. cit.*

197. — Si une seconde grosse ne peut, en principe, être délivrée sans les formalités de l'art. 844, C. proc. civ., il ne saurait en être ainsi d'une seconde expédition, laquelle ne peut nuire au débiteur. — Rennes, 13 mars 1826, Ricquiers, [S. et P. chr.] — *Sic*, Rolland de Villargues, *Rép. du notar.*, v° *Grosse*, n. 84; Berriat Saint-Prix, p. 629, notes 9 et 12.

198. — Un acte notarié ne peut être mis à exécution que s'il porte le nom du notaire (L. 25 vent. an XI, art. 27). — V. Garsonnet, p. 498. — V. aussi v° *Acte notarié*, n. 221 et s.

199. — Mais, à défaut de cette formalité, l'exécution n'est pas nulle; le tribunal a seulement le droit, s'il doute de l'authenticité de la grosse, de surseoir à l'exécution jusqu'à ce que ce doute soit levé. — Carré et Chauveau, quest. 1904; Garsonnet, *loc. cit.*

200. — Au surplus, le tribunal d'exécution a toujours le droit d'exiger la légalisation des actes notariés dans les hypothèses prévues par l'art. 28, L. 25 vent. an XI, s'il a des doutes sur l'authenticité des signatures produites. — Carré et Chauveau, quest. 1903; Bonnier, n. 1300; Garsonnet, *op. cit.*, note 47. — V. *infrà*, v° *Légalisation*, n. 60 et s.

201. — Mais cette légalisation diffère essentiellement des anciens *visa* et *pareatis*, dont nous avons parlé *suprà*, n. 11 et s. — Chauveau, sur Carré, quest. 1902; Garsonnet, p. 499.

202. — D'ailleurs, elle n'est pas constitutive de l'authenticité de l'acte, elle n'en est que la preuve. — Cass., 22 oct. 1812, Boschi, [S. et P. chr.]

203. — Par suite, elle n'est pas requise à peine de nullité. — Poitiers, 15 janv. 1822, Garreau, [P. chr.] — 19 mars 1822, Sibga, [S. et P. chr.] — *Sic*, Thomine-Desmazures, t. 2, p. 44; Merlin, *Rép.*, v° *Légalisat.*; Toullier, t. 8, p. 15, n. 59; Carré et Chauveau, quest. 1902; Rodière, t. 2, p. 187; Bonnier, n. 1300; Garsonnet, *loc. cit.*

204. — Cependant, il a été jugé que, d'après l'arrêté du 8 vent. an XII et celui du 8 janv. 1813, les actes provenant de France ou des pays étrangers doivent être légalisés, à la Guadeloupe, par l'autorité compétente, pour en faire un usage public dans ladite colonie. — Cass., 10 mai 1825, Lalanne, [S. et P. chr.] — *Sic*, Rousseau et Laisney, n. 56.

205. — Il n'est pas exigé, non plus, à peine de nullité, que les grosses des jugements portent le sceau du tribunal. — Thomine-Desmazures, t. 2, p. 44; Carré et Chauveau, quest. 1904.

206. — Dès lors, le défaut de cette formalité n'entraîne pas la nullité de la procédure suivie sur l'exécution de ces actes.

207. — Cette formalité avait été prescrite par l'arrêté du 21 pluv. an XII, mais il a été jugé qu'en ne le reproduisant pas, l'art. 141 des constitutions du 28 floréal de la même année avait dérogé à cette disposition. — Lyon, 7 mai 1825, Châtelard, [S. et P. chr.]

208. — D'où la conséquence que l'expédition d'un jugement, quoique non revêtue du sceau du tribunal, peut servir de base à des poursuites, même à un emprisonnement. — Même arrêt.

209. — Jugé, au contraire, qu'il y a nullité de l'exécution d'un jugement, si le jugement mis à exécution ne porte pas l'empreinte du sceau du tribunal qui l'a rendu. — Rouen, 4 févr. 1819, Talon, [S. et P. chr.]

210. — Certains auteurs enseignent qu'il appartient aux juges d'apprécier s'il y a lieu de surseoir, pour non apposition du sceau ou pour défaut de légalisation. — Toullier, *loc. cit.*; Carré et Chauveau, quest. 1903.

211. — Mais la raison veut que cette concession soit faite plus facilement à celui qui, n'ayant pas figuré à l'acte, ne peut se rendre compte, comme la partie elle-même, si la signature de l'acte est bien celle y apposée par le notaire. — V. Carré et Chauveau, quest. 1903.

212. — Le défaut de légalisation ne pourrait donc pas être opposé, sous prétexte que cette formalité n'aurait été remplie que depuis le commencement des poursuites. N'ayant d'autre but que de constater une authenticité préexistante, elle ne devient nécessaire, que si la contestation porte sur la sincérité même de la signature. — Chauveau, sur Carré, quest. 1903, *in fine*.

SECTION II.
Jugements et actes judiciaires.

213. — Ainsi que le dit Meyer, *Esprit, Origine des institutions judiciaires* (livr. 8, ch. 30, t. 5, p. 521 et 522), le pouvoir législatif, comme le pouvoir judiciaire, émane directement de la souveraineté; rien, par conséquent, de plus juste que d'attacher aux jugements la même force obligatoire qu'à ses lois, avec cette différence que l'effet de la loi est général, tandis que celui de la sentence ne s'étend pas au delà des parties qui y sont désignées. Soit que le jugement ou l'acte soient précédés, intitulés et suivis de la même formule qui sert aux promulgations de la loi, soit que cette formalité soit sous-entendue, c'est toujours au nom du souverain qu'ils doivent être exécutés; c'est l'autorité suprême qui doit y veiller, et tous les fonctionnaires, sans distinction d'ordre ou de rang, tous les citoyens même sont obligés d'y tenir la main; ils ne peuvent examiner la justice de la sentence qui leur est représentée, pas plus qu'ils n'ont la faculté de rechercher si une loi est utile. Le souverain a parlé par l'organe du magistrat, du fonctionnaire public, et le devoir des autres fonctionnaires et des sujets c'est l'obéissance.

214. — Donc, les jugements des tribunaux et les arrêts des cours sont exécutoires, dès lors qu'aux termes des art. 146 et 470, C. proc. civ., ils sont revêtus de la formule exécutoire.

215. — Mais tous les jugements peuvent-ils servir de base à une saisie?

216. — Pour constituer un titre exécutoire de cette nature, les jugements doivent prononcer une condamnation; ceux-là seuls forment un titre de créance, et il n'y a qu'un créancier qui ait le droit de poursuivre par voie de saisie. — Garsonnet, t. 3, p. 494. texte et note 7. — Jugé, en ce sens, que le jugement, qui se borne à donner acte de l'aveu de la signature apposée sur un acte sous seing privé, ne pourrait être considéré comme un titre exécutoire, qu'autant qu'il porterait condamnation. — Agen, 18 déc. 1814, Marmiesse, [S. et P. chr.] — *Sic*, Berriat Saint-Prix, t. 506, note 4; Carré, n. 440, sous l'art. 551; Bioche, n. 52; Rousseau et Laisney, n. 66.

217. — Il faut, en outre, que la condamnation principale soit susceptible d'être liquidée. — Carré et Chauveau, quest. 1911. — V. *suprà*, n. 107 et s.

218. — En conséquence, un jugement qui ne prononce point de condamnation principale susceptible de liquidation, mais qui condamne une partie aux frais de la levée du jugement, ne peut servir de titre à une saisie-exécution en paiement de ces frais : il faudra obtenir un exécutoire de frais (C. proc. civ., art. 551). — Mêmes auteurs. — V. *suprà*, n. 111.

219. — Mais, de ce qu'un jugement, qui ne prononcerait pas de condamnation principale, ne peut servir de base à une saisie, il ne faudrait pas conclure qu'il ne comporte pas d'exécution parée. En effet, nous avons déjà dit (V. *suprà*, n. 132 et s.), que les procédés d'exécution forcée varient nécessairement avec l'objet du litige et le dispositif du jugement, et nous verrons bientôt que certaines décisions sont susceptibles d'exécution par voie parée, bien qu'elles ne contiennent pas de condamnation pouvant être liquidées en argent.

220. — Le mot « jugement » doit, au point de vue qui nous occupe, être pris dans un sens aussi large et aussi étendu que possible.

221. — Ainsi, peu importe que la décision émane d'un juge de paix, d'un tribunal civil de première instance, d'un tribunal de commerce, d'une cour d'appel, d'un tribunal administratif (conseil de préfecture, Conseil d'État, etc.), d'arbitres, dont la décision a été rendue exécutoire par le président du tribunal. — Bioche, n. 65; Rousseau et Laisney, n. 91; Garsonnet, p. 494, texte et note 13. — ... d'un seul juge statuant en matière contentieuse, d'un préfet, d'un ministre, d'une commission, pourvu que l'autorité qui a statué ait agi régulièrement et dans la limite de ses attributions. — V. Bioche, n. 73 et s.; Rousseau et Laisney, n. 98; Garsonnet, p. 494.

222. — Les contraintes administratives emportent aussi exécution forcée, lorsqu'elles n'ont pas été frappées d'opposition. — Garsonnet, p. 494 et 495, texte et note 16. — V. *suprà*, v° *Contrainte administrative*, n. 130, et *infrà*, n. 268.

223 — Doivent être rangés dans la catégorie des actes exécutoires auxquels obéissance est due, sauf, toutefois, les droits des tiers auxquels ces jugements ne peuvent jamais préjudicier, les jugements rendus sur requête dans les cas, par exemple, où il y a lieu à rectifier un acte de l'état civil, ou à autoriser une femme à ester en jugement en l'absence de son mari.

224. — Les jugements rendus par un juge de paix dont la juridiction a été prorogée hors des limites de sa compétence par suite de la volonté des parties, et conformément à l'art. 7, C. proc. civ. — Cass., 3 frim. an IX, Delimming, [S. et P. chr.] — *Sic*, Rousseau et Laisney, n. 68; Garsonnet, p. 494

225. — Et dès lors, un tel jugement peut faire la base d'une poursuite en expropriation. — Rouen, 18 janv. 1806, Mascarel, [S. et P. chr.]

226. — ... Les ordonnances de référé, même celles que le juge rend en son domicile privé, et qui sont appelées aussi de l'hôtel.

227. — ... Et, en général, toutes les ordonnances émanées d'un seul juge, par exemple les mandats de collocation dans un ordre ou dans une contribution (C. proc. civ., art. 671 et 771). — *Sic*, Rousseau et Laisney, n. 88. — Et les ordonnances de taxes en matière d'enquête, bien qu'elles soient faites sur de simples copies d'assignation aux témoins (C. proc. civ., art. 277). — Rousseau et Laisney, n. 89.

228. — La plupart des ordonnances du juge sont signées par le magistrat qui les rend et non par le greffier; car elles ne sont que des actes de l'hôtel, c'est-à-dire des actes qu'à raison de leur urgence et de leur peu d'importance, le juge est autorisé à faire en sa demeure, où il peut être assisté du greffier. — Aix, 15 nov. 1824, Gaston, [S. et P. chr.] — Nîmes, 4 mai 1824, Vendilhan, [S. et P. chr.] — Bonceane, t. 1, p. 509; Thomine-Desmazures et Pigeau, sur l'art. 1040, C. proc. civ.

229. — Jugé, néanmoins que l'ordonnance qui commet un huissier pour l'exécution d'un jugement, doit contenir, à peine de nullité, l'indication du lieu où elle a été rendue, et être signée par le greffier du tribunal. — Toulouse, 13 janv. 1823, Mana, [S. et P. chr.]; — 27 juill. 1824, Roumangeux, [S. et P. chr.]

230. — C'est dans le premier sens qu'on procède à Paris, où la signature du greffier n'est jamais apposée au bas des ordonnances qui commettent un huissier autorisé à pratiquer une saisie-arrêt ou une saisie-foraine, etc.

231. — L'exécutoire de dépens est par lui-même susceptible d'exécution parée indépendant du jugement auquel il se rapporte, et dont il liquide les dépens. — Bioche, v° *Exécution des jugements*, n. 64; Rousseau et Laisney, n. 48 et 90.

232. — Parmi les actes judiciaires exécutoires, il faut compter les jugements d'adjudication rendus sur licitation ou par suite de vente de biens de mineur par le juge tenant l'audience des criées.

233. — Si une créance éventuelle ne peut servir de base à une exécution forcée (V. *suprà*, n. 117 et s.), il en est autrement du titre exécutoire consenti pour sûreté d'une pareille créance; il est exécutoire dès que la dette est devenue exigible. — Bruxelles, 29 mai 1806, Walkiers, [S. chr.]

234. — Il en est de même d'un procès-verbal d'experts nommés par les parties que le juge a rendu exécutoire sur la demande de l'une d'elles, bien que lesdits experts n'aient pas été investis de la qualité d'arbitres. Ce procès-verbal demeure titre exécutoire, tant que le rapport de l'ordonnance du juge n'a été ni demandé ni prononcé. — Bruxelles, 20 frim. an XI, Vanthournot, [S. chr.]

235. — Mais, n'ont pas force exécutoire : ... les procès-verbaux de conciliation dressés en justice de paix. — Bioche, n. 53; Rousseau et Laisney, n. 67; Garsonnet, p. 494. — V. *suprà*, v° *Conciliation*, n. 488 et s., 502.

236. — Jugé, spécialement, qu'on ne peut considérer comme jugement le procès-verbal d'un juge de paix qui se borne à donner acte d'une reconnaissance de signature par le débiteur, sans mentionner que le créancier était présent à la reconnaissance, ni qu'il en avait requis acte ou jugement. — Cass., 22 déc. 1806, Wevenier-Choenven, [S. et P. chr.].

237. — Il en est de même du procès-verbal de liquidation, dressé par le juge-commissaire, tant que cette liquidation n'a été confirmée ou homologuée par jugement du tribunal. — Cass., 8 frim. an XII, Ardenne, [S. et P. chr.] — *Sic*, Pigeau, *Comment.*, t. 2, p. 139; Carré et Chauveau, n. 440, sous l'art. 551.

238. — Doit être considéré comme étant un jugement l'acte inscrit sur les registres du tribunal duquel il émane, et portant les signatures de droit. En conséquence, s'il mentionne à tort qu'il a été rendu en dernier ressort, l'exécution ne peut en être arrêtée que par l'autorité de la Cour de cassation, quelque graves que soient les soupçons qui s'élèvent contre la légitimité de son inscription. — Cass., 14 flor. an IX, Galy, [S. et P. chr.].

Section III.

Actes notariés.

239. — Les actes notariés n'émanent pas directement de la souveraineté, comme les jugements et actes judiciaires. Mais ils sont dressés par des officiers publics ayant pour mission de leur donner l'authenticité; ils constatent que le débiteur a voulu s'engager par devant notaire; cette volonté fait loi, aux termes de l'art. 1134, C. civ., entre les parties, et le législateur a voulu qu'à ces divers titres, ils eussent la même force exécutoire que les jugements. — V. Garsonnet, p. 493. — V. *suprà*, v° *Acte notarié*, n. 770.

240. — Comme les jugements, ils ne reçoivent la formule exécutoire que sur l'expédition, qui prend le nom de grosse (L. 25 vent. an XI, art. 25). — V. *infrà*, v° *Grosses et expéditions*.

241. — Il ne peut être délivré d'expédition ou de grosse d'un acte notarié que par le notaire qui a rédigé cet acte et qui en possède la minute (Même loi, art. 21 et 26).

242. — Le contrat de mariage, ne pouvant être qu'un acte notarié (V. *suprà*, v° *Contrat de mariage*, n. 463), est un titre emportant exécution parée. En conséquence la femme peut, en vertu de ce contrat, poursuivre contre les tiers détenteurs l'expropriation des biens grevés de son hypothèque légale. — Bordeaux, 22 juill. 1843, Friedling, [S. 44.2.199, P. 43.2.42]

243. — L'art. 20, L. 25 vent. an XI, permettant aux notaires de ne pas garder minute des certificats de vie, procurations, actes de notoriété, quittances de fermages, de loyers, de salaires, arrérages de pension et rentes et autres actes simples, qui d'après les lois peuvent être délivrés en brevet, il n'y a pas possibilité pour le notaire dessaisi de l'acte en brevet d'en donner une grosse. — V. *suprà*, v° *Brevet* (acte en), n. 175 et s.

244. — Mais si l'acte en brevet a été déposé pour minute, le dépositaire peut, s'il y a lieu, délivrer une expédition ou une grosse. — Bioche, n. 74. — V. *suprà*, v° *Brevet* (acte en), n. 177 et s.

245. — Tous les actes notariés, bien que reçus en minute, ne sont pas par là même susceptibles d'exécution parée : tels sont les actes de notoriété, les inventaires, les reconnaissances d'enfants naturels, les testaments mystiques, même les testaments authentiques, sauf le cas où le testateur ne laisse pas d'héritiers à réserve et institue un légataire universel. — Bioche, v° *Execution des jugements*, n. 54. — V. Garsonnet, p. 493, texte et notes 21 et 22.

246. — Dans ce dernier cas, en effet, le légataire universel n'est tenu de demander la délivrance de son legs, il en est saisi de plein droit dès du décès du testateur (C. civ., art. 1006 et 1008).

247. — Il en est de même des ventes publiques de meubles auxquelles il est procédé par un notaire, lorsqu'elles ne portent pas la signature de l'acheteur. — Bruxelles, 22 mars 1810, Vermeulen, [P. chr.] — *Sic*, Bioche, n. 53. — En effet, si les notaires sont autorisés à faire de telles ventes, concurremment avec les huissiers et greffiers, aucun texte de loi ne porte que leurs procès-verbaux auront force exécutoire, s'ils ne sont revêtus des formalités voulues pour constituer des actes emportant exécution parée.

248. — Dans ce cas, le créancier n'a qu'une action en justice. — Carré, t. 2, p. 338.

249. — Lorsque l'acte notarié est exécutoire *de plano*, il n'y a pas à distinguer suivant qu'il intéresse des Français ou des étrangers. L'acte passé en France, même entre étrangers, est régi par la loi française. — Carré, n. 438, sous l'art. 547. — V. *infrà*, v° *Forme des actes*.

250. — Mais il est interdit au juge français de déclarer exécutoire ou d'homologuer le testament d'un étranger, s'il ne porte pas sur des immeubles situés en France ou si la succession s'est ouverte en pays étranger. — Paris, 22 juill. 1815, Lainé, [S. et P. chr.] — *Sic*, Carré et Chauveau, quest. 1901.

251. — Si les actes notariés sont doués de la force exécutoire, il ne saurait en être ainsi, en principe du moins, des actes sous seing privé. En effet, qu'un acte de cette nature ait ou non date certaine, il n'en émane pas moins de simples particuliers; il n'est pas l'œuvre de ces fonctionnaires publics auxquels la loi a départi la mission de rendre la justice ou d'imprimer aux conventions une force exécutoire, et n'engendre qu'une action préalable en justice. — Bioche, n. 50; Rousseau et Laisney, n. 61 et 62.

252. — Et cette règle est applicable, lors même qu'il s'agit d'un testament olographe, et même en supposant que le testateur n'ait pas laissé d'héritiers à réserve.

253. — Par conséquent, si le créancier en vertu d'un acte sous seing privé veut agir contre son débiteur par voie d'exécution parée, il doit, notamment, obtenir, à son encontre, un jugement de condamnation, qui lui servira de titre exécutoire. — Garsonnet, § 541, p. 493.

254. — Mais le dépôt de l'acte chez un notaire, dans de certaines conditions, ne peut-il pas produire le même résultat pour le créancier? La question a été controversée. On a dit, à l'appui de la négative, qu'aux termes de l'art. 1317, C. civ., les notaires ne peuvent donner l'authenticité qu'aux actes par eux reçus. — V. notamment, Loiseau, *Tr. des enf. naturels*, p. 472; Favard de Langlade, *Rép.*, v° *Acte notar.*, § 1; Delvincourt, t. 3, p. 159; Delaporte, *Pand. franç.*, sur l'art. 2127, C. civ. — Et il a été jugé, comme conséquence, qu'un pareil dépôt ne peut avoir d'autre effet que de donner date certaine à la convention des parties et ne saurait conférer hypothèque. — Metz, 24 mars 1819, Seuillette, [S. et P. chr.]

255. — Nous estimons que la doctrine contraire doit être préférée; et, de fait, elle nous paraît être aujourd'hui hors de toute discussion. — V. notamment, Cass., 11 juill. 1815, Degas, [S. et P. chr.]; — 27 mars 1821, Richard, [S. et P. chr.]; — 7 nov. 1843, Greffulhe, [S. 43.1.872, P. 43.2.841]; — 26 mai 1873, Giboulet, [S. 73.1.295, P. 73.748, D. 73.1.480] — Nîmes, 24 août 1812, Arbousset (Sol. impl.), [P. chr.] — Bourges, 27 juin 1823, Blanchard, [S. et P. chr.] — Caen, 22 juin 1824, Laisné, [S. et P. chr.] — Dijon, 4 juin 1872, Giboulet, [S. 72.2.177, P. 72.784, D. 73.2.975] — V. Merlin, *Rép.*, v° *Acte sous seing privé*, § 4, et *Hypoth.*, sect. 2, § 2, note 12; Toullier, t. 8, n. 200; Grenier, *Hypoth.*, t. 1, n. 66 et 67; Troplong, *Id.*, n. 206; Persil, sur l'art. 2127; Chauveau, sur Carré, quest. 2198; Paignon, *Comment. sur les ventes judic.*, t. 1, p. 57, § 9; Rolland de Villargues, *Rép. du notar.*, v° *Acte authent.*, n. 42; Larombière, *Tr. théor. et prat. des oblig.*, sur l'art. 1317; Bioche, n. 51; Rousseau et Laisney, n. 63 et 64; Garsonnet, § 541, p. 493. — V. *suprà*, v° *Acte authentique*, n. 61.

256. — Nous croyons toutefois qu'il faut distinguer suivant que le dépôt a été fait, soit contradictoirement par toutes les parties et après reconnaissance de l'écriture, soit par le débiteur, seul, avec autorisation au notaire d'en délivrer des copies ou extraits à qui il appartiendra, soit, enfin, par le créancier, seul, sans mandat du débiteur, et en l'absence de ce dernier. Dans les deux premiers cas, il y a accord des parties pour authentiquer l'acte; dans le troisième, il ne saurait dépendre de la seule volonté du créancier de convertir en un acte authentique un acte qui est pour lui-même, sans force exécutoire.

257. — Jugé qu'un acte sous seing privé devient authentique par le dépôt que les parties en ont fait d'accord en l'étude d'un notaire, avec autorisation d'en délivrer une grosse au créancier. — Cass., 27 mars 1821, précité.

258. — ... Qu'il en est de même, lorsque pareil dépôt a

été fait par le débiteur. — Bourges, 27 juin 1823, précité.

259. — Nous avons vu *suprà*, n. 216, qu'un jugement, qui se borne à donner acte de la reconnaissance, par le débiteur, de la signature apposée sur un acte sous seing privé, ne permet pas au créancier de poursuivre l'exécution parée de son titre. Il en est autrement, ... si le jugement ordonne en même temps l'exécution de l'acte. — Toulouse, 27 juill. 1824. Balard, [S. et P. chr.] — *Sic*, Bioche, n. 52; Rousseau et Laisney, n. 65.

260. — ... Si la teneur de l'acte sous seing privé est littéralement reproduite dans le jugement qui déclare que cet acte est authentique. — Cass., 23 mai 1873, [*Journ. des huiss.*, t. 55, p. 39] — *Sic*, Rousseau et Laisney, n. 64.

261. — ... Et même, si le jugement de reconnaissance est rendu après l'échéance de la dette; il contient alors une condamnation implicite. — Garsonnet, p. 493, note 4.

262. — Il nous paraît évident que, bien qu'un contrat public ne soit pas revêtu des formes nécessaires à sa validité, les juges peuvent, sans que leur décision doive être cassée, ordonner l'exécution de ce contrat, soit parce que, s'il est signé par les parties, il vaut comme acte sous signature privée, soit parce qu'en tout cas il subsiste tant que la nullité n'en est pas demandée. — Cass., 28 brum. an XIV, Billois, [S. et P. chr.] — C'est dire qu'un contrat rédigé en la forme authentique a force exécutoire tant que la nullité n'en est pas demandée, et que, ne fût-il pas revêtu des formalités voulues, il vaut comme acte sous seing privé, s'il porte la signature des parties; or l'art. 1134, C. civ., autorise le juge à en ordonner l'exécution. Seulement, dans la première hypothèse, l'acte n'a pas, par lui-même, force d'exécution parée, et, dans la seconde, l'exécution en est prescrite par le juge.

Section IV.

Actes administratifs.

263. — On a agité, pendant un certain temps, la question de savoir si les décisions des tribunaux administratifs doivent ou non, pour être exécutoires, être revêtues de la formule exécutoire.

264. — L'affirmative s'appuie sur les termes généraux de l'art. 545, C. proc. civ., *nul acte...* et elle est adoptée par Carré, quest. 1894; Pigeau, t. 2, p. 139; Favard de Langlade, t. 2, p. 472; Proudhon, *Tr. du dom. publ.*, t. 1, p. 219; Macarel, *Des tribun. admin.*, p. 561, n. 287.

265. — Mais, d'après la doctrine contraire, qui a prévalu, « les titres exécutoires que confère l'autorité administrative émanant de l'autorité chargée spécialement de faire exécuter tous les actes publics; ils sont censés rendus par le souverain, et portent pour ainsi dire avec eux l'ordre que la puissance publique donne à ses agents de prêter main-forte à leur exécution » (V. Chauveau, sur Carré, quest. 1894; Garsonnet, p. 495 et 496); d'où la conséquence que de pareils titres, pour être exécutoires, peuvent n'être revêtus, ni de l'intitulé des lois, ni de la formule exécutoire. Tel est le sens de l'avis émis, le 5 févr. 1836, par le Conseil d'Etat, réuni en Assemblée générale (reproduit par Cormenin, donné *infrà*). — V. aussi Dubois, p. 104; Lerat de Magnitot et Huard Delamarre, v° *Exécut. parée*, n. 1, p. 567; Coteile, t. 1, p. 181, n. 16; Foucart, *Dr. administr.*, t. 3, p. 318, n. 373; Serrigny, t. 2, p. 295, n. 941; Cormenin, t. 1, p. 180; Favard de Langlade, *Rép.*, t. 2, p. 412; Chauveau, sur Carré, *loc. cit.*; Bioche, n. 73 et s.; Rousseau et Laisney, n. 98; Garsonnet, *loc. cit.* — V. *suprà*, v° *Acte administratif*, n. 163 et s.

266. — Faisons observer toutefois que, quand les décisions du Conseil d'Etat contiennent seulement de simples avis, la force exécutoire ne s'y attache qu'autant qu'elles ont reçu l'approbation du chef de l'Etat.

267. — Les arrêtés préfectoraux, qui fixent le débet des comptables des communes et des établissements publics, n'ont besoin, ni de la formule exécutoire, ni de l'intervention des tribunaux pour être exécutoires sur tous les biens de ces comptables et pour conférer hypothèque sur leurs immeubles. — Favard de Langlade, v° *Execution*, n. 3; Bioche, n. 74-2°.

268. — Il en est de même des contraintes délivrées en matière de douanes, pour le recouvrement des droits pour le paiement desquels il a été accordé terme aux redevables ou pour le refus de rapporter les acquits à caution (L. 22 août 1791, tit. 13, art. 23, 32, 33; Av. Cons. d'Et., 46 therm. an XII; 29 oct. 1811;

24 mars 1812). — Favard de Langlade, v° *Exécution*, n. 3; Bioche, v° *Exécution des jugements*, n. 75; Rousseau et Laisney, n. 100. — Ces contraintes n'ont pas à proprement parler le caractère de jugements, mais elles reçoivent leur force d'exécution parée, tant du visa judiciaire auquel elles sont assujetties que de la soumission expliquant le redevable.

269. — Mais il en est autrement, lorsque les contraintes sont, non des actes de juridiction, mais une sorte de commandement ou sommation expliquant la demande. — Bioche, n. 77.

270. — Ainsi, les contraintes décernées en matière d'enregistrement ne portent pas condamnation d'une somme certaine et liquide; elles ne sont que des actes préalables de poursuites dont on peut toujours arrêter les effets en se pourvoyant par opposition devant les tribunaux. — Carré, t. 2, p. 534; Bioche, n. 79. — V. *suprà*, v° *Contrainte administrative*, n. 118, et v° *Enregistrement*, n. 3924 et s.

271. — Les rôles des contributions directes sont rendus exécutoires par arrêté du préfet, conformément aux lois de finances, et recouvrés sans que la formule exécutoire soit inscrite en tête. Il en est de même des rôles des prestations pour les chemins vicinaux. — V. *suprà*, v° *Chemin vicinal*, n. 1275 et s., et v° *Contributions directes*, n. 1070 et s.

272. — Le privilège attribué au Trésor public, pour le recouvrement des contributions directes, sur les fruits et revenus (V. *suprà*, v° *Contributions directes*, n. 1531 et s.), ne préjudicie pas aux droits qu'il peut exercer sur les biens des redevables, comme tout autre créancier; ainsi, en vertu d'un rôle de contributions déclaré exécutoire par le préfet, un redevable de contributions directes peut être poursuivi par voie de saisie immobilière. — Cass., 23 mars 1823, Migneau, [S. et P. chr.]

273. — Les arrêtés de police municipale ne sont exécutoires qu'après avoir été portés à la connaissance des intéressés, soit par voie de publications et d'affiches s'ils contiennent des dispositions générales et, dans les autres cas, par voie de notification individuelle (L. 5 avr. 1884, art. 96).

274. — Les préfets avaient, à l'origine, adopté l'usage de recevoir, comme officiers publics, les adjudications d'immeubles, de travaux publics, de marchés, etc., et d'en poursuivre l'exécution par voie d'exécution parée. Mais cet empiétement sur les attributions des notaires leur a été interdit par un avis des comités réunis du Conseil d'Etat, du mois de novembre 1833 (Bioche, n. 80). C'est qu'en effet de pareils actes constituent, non des actes administratifs, mais de simples contrats de droit commun passés entre une personne morale et un particulier, c'est-à-dire des actes privés, et, à ce titre, il est indispensable qu'ils soient reçus par des notaires pour avoir force exécutoire. Sinon l'exécution n'en peut être poursuivie qu'en s'adressant aux tribunaux conformément à la règle générale (V. *suprà*, n. 254). — Chauveau, sur Carré, quest. 1894; *Instruct. administr.*, n. 850; *Princip. de compét.*, t. 1, p. 188, et t. 3, p. 465; Troplong, *Privil. et hypoth.*, t. 2, p. 251, n. 305 *bis*; *Journal des conseill. municip.*, 156; *Consultat.*, t. 2, p. 205; Bioche, n. 80; Rousseau et Laisney, n. 102. — V. *suprà*, v° *Acte administratif*, n. 164, et *infrà*, v° *Marché administratif*.

275. — Cependant Lerat de Magnitot et Delamarre (*op. cit.*, v° *Exécut.*, t. 1, p. 566) estiment que les actes des maires ont force exécutoire, lorsqu'ils ont été approuvés par le préfet, mais cette circonstance est indifférente à ce point de vue, une approbation ultérieure ne pouvant, en effet, modifier la nature et les effets d'un acte.

276. — C'est ce qui a été jugé, spécialement, pour les adjudications des baux à ferme de biens communaux, passés devant le maire. Il a été jugé que, bien qu'ils soient revêtus de l'approbation du préfet, l'exécution de ces baux ne doit pas être suivie par voie de commandement; que le maire doit intenter une demande judiciaire contre l'adjudicataire qui n'acquitte pas ses fermages. — Cass., 27 nov. 1833, Comm. de Doissac, [P. chr.] — V. Limoges, 14 janv. 1837, [*Journ. des avoués*, t. 52, p. 118] — *Sic*, Bioche, n. 82; Rousseau et Laisney, n. 104. — V. aussi *suprà*, v° *Acte administratif*, n. 165.

277. — ... Que le commandement fait en vertu d'un bail de biens communaux, que le maire a passé en la forme administrative, est nul comme ayant pour cause une créance incertaine, et que l'approbation ultérieure du préfet n'a pu le rendre valable. — Orléans, 11 avr. 1840, Comm. d'Avoine, [P. 40.2. 356]

Section V.

Jugements et actes étrangers.

§ 1. *Jugements étrangers.*

278. — Il est de jurisprudence constante que l'indépendance et le principe de la souveraineté s'opposent à ce qu'un jugement rendu à l'étranger puisse être exécuté en France avant d'avoir été révisé, tant en la forme qu'au fond, par les juges français. C'est encore ce qui a été décidé récemment par le tribunal civil de la Seine, 19 janv. 1899. Mortens, et 9 juin suivant, Maurac, [J. *La Loi*, 7 juill. 1899]. — V. à cet égard, *infrà*, v° *Jugement étranger.*

§ 2. *Actes et contrats passés en pays étranger.*

279. — Si les jugements rendus en pays étranger sont soumis à certaines conditions pour pouvoir être exécutés en France, il tombe sous le sens que les actes passés ou reçus à l'étranger, ne sauraient avoir, par eux-mêmes, force exécutoire en France.

280. — Cela ne saurait faire doute pour les actes sous seing privé, dont la seule efficacité est de pouvoir faire preuve des conventions y contenues, lorsque les signatures y apposées ne sont pas contestées. — V. notamment, Fœlix et Demangeat, *Tr. de dr. international privé*, 4° éd., t. 1, p. 225.

281. — La solution doit-elle être la même pour les actes qui ont été reçus par des officiers publics et conformément aux règles tracées par les lois du pays? On pourrait être tenté de répondre négativement par le motif que lesdits actes étant authentiques et exécutoires dans toute l'étendue du territoire sur lequel ils ont été passés, le principe *locus regit actum* veut qu'ils produisent le même effet en France. A notre avis, cette argumentation ne saurait être accueillie. Pothier a dit, avec beaucoup de raison, que si de pareils actes doivent avoir « une autorité de créance » (Pothier, *Comment. sur la cout. d'Orléans*, n 9), et si, dès lors, ils doivent faire preuve des énonciations qu'ils contiennent, comme les actes authentiques reçus en France, ils n'ont pas, du moins, « l'autorité de pouvoir » qui est nécessaire pour entraîner une exécution parée.

282. — C'est qu'en effet, il ne faut pas confondre la *force probante* d'un acte avec sa *force exécutoire*. La première découle de ce qu'il a été reçu par un fonctionnaire public institué à l'effet de lui conférer l'authenticité, et la seconde ne peut être imprimée que par l'autorité du souverain sur le territoire duquel il est procédé à son exécution. Or, si un souverain étranger a le droit d'imprimer cette force sur toute l'étendue du pays qu'il gouverne, sa puissance ne saurait s'étendre au delà sans violer le principe de l'indépendance nationale. Par conséquent, les actes authentiques passés à l'étranger ne sont pas exécutoires *de plano* en France, et telle est, en effet, l'opinion générale. — V. notamment. Toullier, t. 10, n. 86 ; Pardessus, *Dr. comm.*, n. 1486 ; Bioche, *Dict.*, v° *Exécut. des jugements et actes*, n. 106 ; Troplong, *Privil. et hyp.*, t. 2, n. 511 ; Fœlix et Demangeat, *op. cit.*, t. 1, n. 230, et t. 2, n. 475 ; Demolombe, t. 1, n. 264 *bis* ; Boitard, Colmet-Daage et Glasson, *Leçons de proc.*, t. 2, n. 801 ; Aubry et Rau, t. 8, § 769 *ter*, p. 420 et 421, texte et note 20 ; Rousseau et Laisney, *Dict. de proc.*, v° *Exéc. d'actes et jugements* u. 119 ; Weiss, *Tr. élem. de dr. intern. privé*, p. 817 ; Baudry-Lacantinerie et de Loynes, *Tr. des privil. et hyp.*, t. 2, n. 1419 et s. ; Garsonnet, *Tr. théor. et prat. de proc.*, t. 7, § 1431. — V. sur la force probante des actes étrangers, *supra*, v° *Acte authentique*, n. 619 et s.

283. — En tout cas, pour qu'un acte authentique passé en pays étranger fasse foi en France, il faut que la vérité extérieure de cet acte soit constatée. On doit donc avoir, à cet égard, la précaution de faire certifier la signature de l'officier public, qui certifie la copie de l'acte authentique, par une légalisation, c'est-à-dire par la déclaration d'un fonctionnaire (du consul français dans le pays où l'acte a eu lieu), à laquelle le gouvernement français ajoute foi, et qui déclare, d'une part, que celui qui a signé cette copie a bien réellement la fonction qu'il dit avoir, et, d'autre part, que sa signature est véritable (Ord. sur la marine, liv. 1, tit. 9, art. 23). — Legat, p. 383 ; Pardessus, n. 1454 et 1486 ; Fœlix, *Tr. de dr. intern. privé*, n. 179 et 171 ; *Rev. franç. et étr.*, 8° année, 2° sér., t. 4, p. 950 et s.

284. — Si l'acte authentique reçu en pays étranger, quoique régulier en la forme, contenait des dispositions contraires à nos lois, à nos mœurs, à l'ordre public français, il devrait être alors frappé d'une nullité radicale, réduit à une impuissance absolue. — Cass., 15 juill. 1811, Champeaux, [S. et P. chr.]

285. — Mais quelle est la véritable situation du créancier qui veut obtenir, en France, l'exécution du titre authentique à lui consenti en pays étranger, et que doit-il faire pour que le tribunal français déclare son titre exécutoire ? Nous avons déjà examiné la question, avec les controverses qui s'y rattachent, *suprà*, v° *Acte authentique*, n. 598 et s. — Nous rappelons que dans une opinion, le créancier devra solliciter des juges français un jugement de condamnation. — Aux auteurs cités, *Adde*, Grenier, *Hypothèque*, t. 1, n. 16, p. 26 ; Troplong, *Ibid.*, t. 2, n. 512 *bis* ; Boitard, Colmet-Daage et Glasson, *Leç. de proc.*, t. 2, n. 801 ; Fœlix et Demangeat, *op. cit.*, t. 2, n. 215 et s. ; Ruben de Couder, *Dict. de dr. comm., industr. et marit.*, v° *Jugement étrang.*, n. 28 ; Lyon-Caen, *Et. de dr. int. pr. marit.*, p. 29 et 30. — Dans une autre opinion on admet qu'un acte étranger peut être rendu exécutoire en France comme un jugement étranger. — Aux auteurs cités, *Adde*, Demolombe, t. 1, n. 264 *bis* ; Aubry et Rau, t. 8, § 769 *ter*, p. 420-5° et 414. — Nous ne relèverons ici que quelques décisions relatives à la valeur, en France, d'actes ou de contrats passés en pays étrangers.

286. — Il a été jugé, à cet égard, qu'est valable un testament fait en Angleterre (où il n'existe pas d'officiers publics spécialement chargés de recevoir les actes de dernière volonté), alors qu'il a été, conformément à la loi anglaise, signé, scellé et publié en présence de quatre témoins, qui l'ont également signé et scellé. — Cass., 6 févr. 1843, de Bonneval, [S. 43.1.209, P. 43.1.288] — *Contrà*, Laurent, *Dr. civ. intern.*, t. 8, p. 26 et s.

287. — ... Qu'est nulle la saisie-arrêt pratiquée en France, en vertu d'un acte étranger qui n'y a pas été déclaré exécutoire. — Rouen, 11 janv. 1817, Peyts et autres, [S. et P. chr.]

288. — ... Qu'un acte (dans l'espèce une délibération d'un conseil de famille) prononçant l'interdiction légale d'un étranger ne pourrait être exécuté en France contre cet étranger qu'autant qu'il aurait été déclaré exécutoire par les tribunaux français. — Paris, 18 sept. 1833, Chaltas, [P. chr.]

289. — ... Que des actes passés devant les échevins de Bruxelles, qui n'avaient pas été déclarés exécutoires lors de la réunion de la Belgique à la France, ont pu l'être ultérieurement par les tribunaux établis. — Bruxelles, 15 mess. an XIII, Hulinz, [S. et P. chr.]

290. — ... Qu'un contrat passé en pays étranger, qui confère hypothèque sur un navire étranger, ne peut être exécuté en France, qu'autant qu'il y a été déclaré exécutoire, et ce, alors même que le créancier se serait borné à demander sa part dans la distribution du prix de vente de ce navire. — Cass., 25 nov. 1879, Barbaressos, [S. 80.1.257, P. 80.603, D. 80.1.56] — Grenoble, 11 mai 1881, Mêmes parties, [S. 81.2.225, P. 81.1.1105, D. 83.2.65]

291. — Il a été jugé que dans le cas où un acte authentique a été passé en un pays étranger où il n'a pas force exécutoire par lui-même et où cette force ne pouvait lui être conférée que par une procédure spéciale qui n'a pas été suivie, comme il n'existe, en France, aucune procédure permettant de lui imprimer cette force, il ne saurait y être déclaré exécutoire ; le juge français peut seulement, s'appuyant sur sa force probante, condamner à l'exécuter. — Trib. Seine, 28 déc. 1878, Dallinger, [*Gaz. des Trib.*, 30 et 31 déc. 1878] — Cette solution nous paraît parfaitement exacte. Il ne s'agit, en notre matière, que d'étendre en France l'exécution d'un acte étranger ; par conséquent, à défaut de disposition contraire des traités diplomatiques, un acte authentique passé à l'étranger ne peut être déclaré exécutoire en France, qu'autant qu'il est exécutoire dans le pays où il a été reçu. C'est donc à tort ce que jugement est cité à l'appui de la doctrine d'après laquelle le créancier doit demander aux tribunaux français, non de déclarer son titre exécutoire en France, mais de prononcer une condamnation contre le débiteur. — V. *suprà*, n. 285.

CHAPITRE V.

DES CAUSES QUI SUSPENDENT OU NON L'EXÉCUTION.

292. — S'il est de principe que l'exécution d'un titre exécutoire ne saurait être indéfiniment paralysée, il est constant en fait qu'entre un acte et son exécution, il s'écoule fatalement un certain laps de temps.

293. — Le législateur, en effet, ne pouvait pas autoriser le porteur d'un titre exécutoire à exercer immédiatement des poursuites. C'eût été permettre, souvent, des rigueurs inutiles, et parfois des dommages irréparables pour le débiteur. Il a donc, dans certains cas, soumis ces poursuites à des délais et conditions que nous allons parcourir.

294. — Dans certains cas, la suspension est de droit ou doit être ordonnée; dans d'autres, elle est abandonnée à la souveraine appréciation du juge; tels faits ou circonstances enfin ne sont pas de nature à l'entraîner.

SECTION I.
Cas dans lesquels il doit y avoir suspension des poursuites.

295. — Les jugements contradictoires peuvent être exécutés vingt-quatre heures après la signification s'ils sont en dernier ressort.

296. — Au contraire, un jugement rendu en premier ressort ne peut être exécuté dans la huitaine de sa date (C. proc. civ., art. 449 et 450), et ce, à peine de nullité. — Boitard, Colmet-Daage et Glasson, t. 2, n. 686; Garsonnet, t. 5, § 932, p. 141. — V. *suprà*, v° *Appel* (mat. civ.), n. 1884 et s. — Quant aux jugements des juges de paix, V. *infrà*, v° *Juge de paix*, n. 1821.

297. — Un jugement par défaut ne peut être exécuté dans la huitaine de la signification qui en est faite (C. proc. civ., art. 155). — V. *infrà*, v° *Jugement et arrêt* (mat. civ.), n. 3378 et s.

298. — ... Pourvu, bien entendu, dans ces deux hypothèses, que l'exécution provisoire, nonobstant opposition ou appel, n'ait pas été ordonnée par le juge (C. proc. civ., art. 135). — V. *infrà*, v° *Exécution provisoire*.

299. — Par contre, ne peut plus être exécuté le jugement par défaut, faute de comparaître, qui n'a pas été exécuté dans les six mois de son obtention (C. proc. civ., art. 156). — V. *infrà*, v° *Jugement et arrêt* (mat. civ. et comm.). n. 3379 et s.

300. — L'opposition suspend l'exécution d'un jugement qui n'a pas été déclaré exécutoire par provision (C. proc. civ., art. 159). — V. *infrà*, v° *Jugement et arrêt* (mat. civ.), n. 4101 et s.

301 — Mais l'exécution d'un titre authentique et paré n'est point suspendue par une simple opposition aux poursuites. — Poitiers, 29 juill. 1831, Cornilleau, [S. 31.2.567, P. 31.2.660, D. 31.2.210] — Une opposition déclarée fondée n'a d'autre conséquence que de faire supporter les frais de poursuite par le créancier. — Même arrêt.

302. — Doit être suspendue l'exécution d'un jugement qui déboute de l'opposition à un précédent jugement par défaut. — Cass., 2 mars 1896, Reumaux, [S. et P. 97.1.179] — En effet, cette opposition n'était pas recevable (C. proc. civ., art. 165), le jugement qui y statue équivalant à un jugement contradictoire, et l'art. 450 dudit Code s'applique tout aussi bien à de tels jugements qu'à ceux qui ont été rendus contradictoirement en premier ressort. — V. dans le même sens, Douai, 4 nov. 1895, Hubux, [S. et P. 96.2.109]

303. — L'exécution d'un jugement est également suspendue par l'appel (C. proc. civ., art. 457). — V. *suprà*, v° *Appel* (mat. civ.), n. 2876 et s.

304. — Par suite, sont nulles et donnent lieu à des dommages-intérêts les saisies mobilières ou immobilières faites en vertu d'un jugement non exécutoire par provision, et dont il a été interjeté appel (C. proc. civ., art. 457).

305. — La faillite du débiteur suspend aussi l'exécution forcée à son encontre; elle crée un tel état de choses qu'aucun créancier ne peut, du moins en principe, améliorer sa situation au préjudice des autres. — V. *infrà*, v° *Faillite*.

306. — L'exécution d'un jugement, qui impose au poursuivant l'obligation de donner caution, est suspendue, tant que cette caution n'a pas été fournie. — Bioche, n. 116; Rousseau et Laisney, n. 139.

307. — Il en est ainsi, lorsque la même obligation est imposée par la loi ou par la convention. La suspension est de droit. — Mêmes auteurs.

308. — La suspension est encore de droit, si l'obligation est conditionnelle, jusqu'à l'arrivée de la condition. — Rousseau et Laisney, n. 136.

309. — ... Si l'obligation est à terme, jusqu'à l'expiration du terme, à moins que le débiteur ne soit déchu du bénéfice de ce terme (C. civ., art. 1185 et 1188). — V. *suprà*, n. 117.

310. — ... S'il y a plainte en faux principal; dans ce cas, la suspension commence à partir de la mise en accusation (C. civ., art. 1319).

311. — ... Si la caution invoque le bénéfice de la discussion ou de la division, jusqu'à ce que se soient produits les effets de ces mesures (C. civ., art. 2021, 2028). — V. *suprà*, v° *Cautionnement*, n. 462 et s.

SECTION II.
Cas de suspension facultative.

312. — Le tribunal peut suspendre l'exécution, en matière de saisie immobilière, lorsque le débiteur justifie, par baux authentiques, que le revenu net et libre de ses immeubles pendant une année suffit pour le paiement de la dette en principal, intérêts et frais, et s'il en offre la délégation au créancier (C. civ., art. 2212). — V. *infrà*, v° *Saisie immobilière*.

313. — En cas de faux incident, suivant les circonstances (C. civ., art. 1319) : par exemple, lorsqu'il s'agit de l'exécution d'un jugement définitif rendu après la prestation du serment déféré d'office, si ce serment est argué de faux et attaqué par la voix du faux incident civil. — Turin, 7 avr. 1812, Ponte, [S. et P. chr.] — V. *infrà*, v° *Faux incident*.

314. — ... Si le titre est attaqué par action principale, comme entaché de nullité pour fraude, dol ou simulation. — Bordeaux, 13 févr. 1806, Sarrasac, [S. et P. chr.] — Paris, 29 févr. 1836, Delaunoy, [S. 36.2.180, P. chr.] — *Sic*, Rousseau et Laisney, n.129.

315. — Mais il a été jugé, avec plus de raison, ce nous semble, sous la loi des 29 sept.-6 oct. 1791, que l'exécution d'une obligation notariée ne pouvait être suspendue lorsque cette obligation était attaquée, sur de simples soupçons de fraude. — Cass., 23 brum. an XIII, Pélissier, [S. et P. chr.] — Et nous ne voyons pas de motif pour qu'il en soit autrement sous notre Code civil art. 1319), quelle que soit la gravité des présomptions de fraude invoquées ou offertes. — V. Duranton, t. 13, n. 84; Toullier, *Dr. civ.*, t. 8, n. 62 et s.; Gagneraux, Comment., § 4, n. 38 et s.; Merlin, *Quest. de dr.*, t. 3, v° *Exécution parée*; Bioche, n. 124.

315 bis. — Il a été décidé que, si le titre ayant servi de base à l'exécution est revêtu de toutes les formalités requises pour être exécutoire, et que le juge des référés le reconnaisse, il ne peut pas, bien qu'il ordonne la continuation des poursuites, autoriser le débiteur à les arrêter en déposant à la Caisse des consignations le montant de la somme pour laquelle il était poursuivi. — Paris, 24 oct. 1812, Bidermann, [S. et P. chr.] — V. *infrà*, n. 353 et s.

316. — ... Lorsque le jugement a été mal à propos qualifié en dernier ressort (C. proc. civ., art. 457) : par exemple, s'il s'agissait d'un jugement ainsi qualifié, ordonnant de passer outre à l'adjudication, en matière de saisie immobilière. — Cass., 12 août 1828, Laloutte, [S. et P. chr.]

317. — ... Si l'exécution provisoire n'a pas été ordonnée dans les cas où elle est autorisée (C. proc. civ., art. 438). — V. *infrà*, v° *Exécution provisoire*.

318. — ... Si cette exécution a été ordonnée hors des cas prévus par la loi (C. proc. civ., art. 439).

319. — Sous l'ordonnance de 1667, les tribunaux d'appel n'avaient pas le droit de surseoir à l'exécution des jugements de première instance, avant de statuer définitivement sur l'appel de ces décisions. — Cass., 18 pluv. an XII, Estieu, [S. et P. chr.]; — 29 janv. 1806, Vischère, [S. et P. chr.] — Merlin, *Quest. de droit*, v° *Exécution parée*. — Au contraire, notre Code de procédure les autorise, dans certains cas et sous certaines conditions, à accorder des défenses provisoires à l'exécution des jugements attaqués. — V. *suprà*, v° *Appel* (mat. civ.), n. 2952 et s., et *infrà*, v° *Exécution provisoire*, n. 310 et s.

320. — Ils le peuvent notamment en cas de tierce-opposition, suivant la gravité des circonstances, pourvu qu'il ne s'agisse pas du dessaisissement de la possession d'un héritage (C. proc. civ., art. 478). — V. *infrà*, v° *Tierce-opposition*.

321. — Ils le peuvent aussi quand il y a requête civile, dans les cas prévus par l'art. 494, C. proc. civ. — Rennes, 12 juill. 1810, Loncle, [P. chr.] — *Sic*, Carré et Chauveau, quest. 1897, *in fine*. — V. *infrà*, v° *Requête civile*.

322. — Outre les causes de suspension de l'exécution des jugements et actes dont il a été déjà parlé, il en est plusieurs autres, spéciales au pouvoir du juge. Nous allons les parcourir.

323. — L'art. 122, C. proc. civ., autorise le juge à fixer un délai pour l'exécution de ses jugements : par exemple, lorsqu'il ordonne des travaux, lorsqu'il fait dépendre la condamnation d'une alternative, d'une option, lorsqu'il ordonne une prestation de serment, un apport de pièces, etc.

324. — Avant le Code, le délai fixé par le juge pour l'exécution d'un jugement définitif ne courait que du jour de la signification. Ainsi, les actes faits avant l'expiration du délai, mais après la signification du jugement, étaient nuls. — Turin, 28 vent. an XII, Ruffino, [S. et P. chr.] — Aujourd'hui l'art. 123, C. proc. civ., distingue suivant que le jugement est contradictoire ou par défaut. Dans le premier cas, le point de départ du délai est le jour du jugement, et, dans le second, c'est celui de sa signification.

325. — Ainsi, le délai fixé par un jugement contradictoire émané d'un tribunal de commerce, court du jour de la prononciation du jugement. — Rennes, 9 mars 1810, N..., [P. chr.].

326. — Il en est de même du délai fixé par un jugement, pour opter entre deux chefs de condamnation. — Nîmes, 7 mai 1813, Bouteille, [S. et P. chr.].

327. — L'art. 123 s'applique non seulement au cas d'une simple condamnation à exécuter, mais encore à celui d'une déchéance à encourir. — Toulouse, 1er juill. 1813, Noual et Sandrac, [P. chr.].

328. — Mais cet article n'est pas applicable aux sentences arbitrales. Les délais ne courent que du jour de la signification des dites sentences, bien qu'elles soient contradictoires. — Bordeaux, 30 nov. 1825, Pilte-Grenet, [S. et P. chr.].

329. — Le juge qui veut accorder un délai pour l'exécution de son jugement doit le faire par le même jugement (C. proc. civ., art. 122); néanmoins, l'exécution d'un premier jugement peut être suspendue par un second, si les choses ne sont pas entières. Par exemple, quoiqu'un jugement ait homologué une liquidation, sur laquelle aucune contestation ne s'était élevée, et dont l'homologation n'était requise qu'à cause de la minorité de l'un des copartageants, il y a lieu d'ordonner qu'il sera sursis à son exécution, s'il survient une demande en complément de liquidation, qui, mettant en question la validité du partage, tend à faire disparaître l'acte constitué au profit du mineur, et si la solvabilité de son tuteur est incertaine. — Rouen, 19 avr. 1837, Maneville, [P. 38.1.244]

330. — Lorsque le délai accordé n'est pas un délai de grâce, mais un délai nécessité par la nature de l'affaire et de l'exécution ordonnée, le défaut d'exécution dans le délai emporte-t-il déchéance ou le délai est-il purement comminatoire? — V. suprà, v° *Délai*, n. 160 et s.

331. — En général, le délai fixé par le juge est purement comminatoire. Pour qu'il en soit autrement, le juge doit s'en expliquer, sinon en termes formels, du moins assez explicitement pour que sa volonté soit certaine. — Cass., 28 déc. 1824, Hobert, [S. et P. chr.]; — 7 août 1826, Commis, [S. et P. chr.] — Bordeaux, 4 juill. 1829, Navarre, [S. et P. chr.]; — 8 janv. 1839, Garitay, [P. 39.1.389] — V. également Rennes, 18 mars 1826, Pécot, [S. et P. chr.].

332. — Il a été jugé, par interprétation des termes d'un jugement, que le délai prescrit à une partie, par un arrêt contradictoire, pour faire une option, était de rigueur; que les juges ne peuvent le déclarer comminatoire sans violer la chose jugée. — Cass., 1er avr. 1812, Caminet, [S. et P. chr.] — Sic, Carré, *Lois de la proc.*, t. 1, p. 287; Perrin, *Des nullités*, p. 236; Merlin, *Quest.*, v° *Délai*, § 6.

333. — Mais est purement comminatoire la disposition d'un arrêt qui, en allouant une somme à titre de dommages-intérêts, ordonne qu'à défaut de paiement, la partie condamnée fera le délaissement à son créancier d'une certaine quotité d'immeubles jusqu'à due concurrence; elle ne doit être considérée que comme indicative d'un mode d'exécution qu'autorisait anciennement le droit romain (nos lois n'admettent que l'expropriation comme mode d'exécution forcée), et, dès lors, elle ne peut entraîner la cassation de l'arrêt, alors surtout qu'il s'agit d'un procès qui a dû être jugé d'après les lois romaines. — Cass., 6 avr. 1826, Viterbi, [S. et P. chr.].

334. — En tout cas, la disposition par laquelle un jugement ou arrêt ordonne qu'il sera exécuté dans un délai déterminé, et prononce une peine contre la partie condamnée, à défaut d'exécution dans ce délai, doit être réputée sans effet, si les parties ont fait depuis des conventions particulières, sur la manière d'exécuter la condamnation. — Paris, 26 déc. 1811, Cheff, [P. chr.]

335. — Si le juge peut ordonner qu'il sera sursis à l'exécution pendant un délai déterminé, il ne pourrait cependant, par cette voie détournée, arriver à rétracter ses décisions (V. suprà, v° *Jugement et arrêt* [mat. civ.], n. 2934 et s.); de là il suit que l'exécution d'un jugement antérieur ne peut être indéfiniment suspendue à raison de ce que celui qui l'a obtenu a refusé de se présenter en personne à la barre, devant le même tribunal, mais dans un autre procès. — Paris, 9 mars 1810, Lanchère, [P. chr.] — Chauveau, sur Carré, quest. 1897.

336. — Une condition résolutoire expresse doit être exécutée à la rigueur, si l'événement arrive, de telle sorte que les juges ne peuvent en modifier l'efficacité, et, par exemple, accorder un délai au débiteur. — Grenoble, 13 juin 1821, Dumas, [P. chr.] — Toullier, *Droit civil*, t. 6, n. 550 et s. — V. cependant Merlin, *Rép.*, v° *Clause résolutoire*.

337. — On a vu (suprà, v° *Délai*, n. 104 et s.) que le juge peut accorder des délais de grâce. Jugé que l'art. 1244, C. civ., qui autorise les tribunaux à accorder des délais de grâce aux débiteurs malheureux, s'applique même au cas où la dette résulte d'un acte non contesté. — Agen, 6 déc. 1824, Pignères, [S. et P. chr.] — V. suprà, v° *Délai*, n. 122 et 123. — Jugé au contraire, que ce n'est qu'autant que le juge confère lui-même à un titre le droit d'exécution qu'il peut accorder un délai au débiteur. Il n'a plus le même pouvoir quand le débiteur est poursuivi en vertu d'un titre exécutoire. — Colmar, 30 août 1809, Kertz, [S. et P. chr.] — V. suprà, v° *Délai*, n. 124 et 125.

338. — Les juges, quant à la faculté d'accorder des délais de grâce, jouissent d'un pouvoir discrétionnaire (V. suprà, v° *Délai*, n. 142). Dès lors un associé ne peut, nonobstant la solidarité qui existe entre lui et son coassocié, se plaindre d'un délai ait été mal à propos accordé à ce dernier. — Cass., 20 févr. 1809, Jougla, [S. et P. chr.] — V. infrà, v° *Solidarité*.

339. — Bien qu'aujourd'hui, les art. 135 et 137, C. comm., ne défendent d'accorder de délai, en matière commerciale, que pour le paiement des lettres de change, cette interdiction a été étendue, dans une opinion, à toutes les affaires qui ressortissent à cette juridiction (V. suprà, v° *Délai*, n. 130 et s.). — V. en sens contraire, suprà, v° *Délai*, n. 133.

340. — Jugé que l'art. 1244, C. civ., ne s'applique pas aux matières commerciales, et que les tribunaux consulaires ne peuvent accorder de délai pour le paiement de billets à ordre. — Cass., 22 juin 1812, Delaporte, [S. et P. chr.]

341. — ... Qu'un tribunal civil, en prononçant sur l'opposition à des poursuites faites en vertu d'un jugement d'un tribunal de commerce portant condamnation pour le montant d'une lettre de change, ne peut accorder au débiteur des délais pour le paiement. — Colmar, 19 août 1816, Boeringer, [S. et P. chr.]

342. — Jugé pourtant que, dans des circonstances malheureuses, les tribunaux de commerce peuvent accorder au débiteur un délai pour le paiement d'une lettre de change, lorsqu'il est reconnu qu'elle a été souscrite pour cause civile, et que les parties sont de proches parents. — Colmar, 22 nov. 1811, Heilman, [P. chr.]; — 20 nov. 1813, Mara et Weyl, [P. chr.]

Section III.

Cas où l'exécution n'est pas suspendue.

343. — Le pourvoi en cassation ne suspend jamais l'exécution (Décr. 27 nov. 1790, art. 16). — V. suprà, v° *Cassation* (mat. civ.), n. 1933 et s.

344. — Ainsi un tribunal ne peut ordonner qu'il sera sursis à l'exécution d'un arrêt, sous le prétexte qu'il a été formé une tierce-opposition ou un recours en cassation contre cet arrêt. — Paris, 7 janv. 1812, Ragoulleau, [S. et P. chr.] — Carré, *Analyse*, t. 2, p. 55, et *Lois de la proc.*, quest. 1732; Demiau-Crouzilhac, p. 338; Favard de Langlade, t. 5, n. 615; Berriat Saint-Prix, p. 446; Rousseau et Laisney, n. 140 bis. — Autrement, ce serait permettre à un tribunal de première instance de surseoir à l'exécution d'une décision rendue par un juge supérieur.

345. — Au surplus, l'exécution d'un jugement appartient au juge qui l'a rendu (V. infrà, n. 361 et s.). Un tribunal civil ex-

EXÉCUTION DES ACTES ET JUGEMENTS (MAT. CIV.). — Chap. V.

cède donc ses pouvoir en défendant l'exécution d'un jugement rendu par un autre tribunal. — Cass., 17 févr. 1817, Garde, [S. et P. chr.] — Sic, Rousseau et Laisney, n. 123.

346. — Spécialement, il y a excès de pouvoir de la part d'un tribunal civil qui, compétent pour statuer sur une demande en paiement de frais, mais incompétent pour apprécier la valeur d'une saisie-arrêt pratiquée à raison de cette créance, défend l'exécution d'un jugement compétemment rendu sur ce dernier point par un autre tribunal, et non soumis, d'ailleurs, à son autorité. — Même arrêt.

347. — Il en est de même, et pour ce dernier motif, lorsqu'un tribunal civil interdit l'exécution d'un jugement qui avait été rendu par un juge de paix, et qui n'était pas susceptible d'appel. — Cass., 11 niv. an X, Intérêt de la loi, [S. et P. chr.]

348. — A plus forte raison, l'exécution d'un arrêt souverain ne peut-elle être suspendue par une ordonnance de référé, même alors qu'elle serait basée sur un conflit élevé par l'autorité administrative. — Paris, 20 août 1810, Dacosta, [S. et P. chr.]

349. — De même, la partie condamnée par un jugement ne peut, par voie de référé, obtenir un sursis à cette condamnation. — Paris, 11 avr. 1810, Bourdon-Neuville, [S. et P. chr.] — Sic, Carré, Lois procéd., quest. 2760; Thomine-Desmazures, t. 2, p. 394.

350. — De même, le pourvoi en Conseil d'État contre les arrêtes des conseils de préfecture n'a pas d'effet suspensif (Décr. 22 juill. 1806, art. 3). — V. suprà, v° Conseil d'État, n. 926 et s. — Mais cet article confère au Conseil d'État le droit de suspendre l'exécution de la décision qui lui est soumise, comme les art. 457 et s., C. proc. civ., autorisent, dans certains cas, les cours d'appel à défendre l'exécution des jugements qui ont été déclarés exécutoires nonobstant opposition ou appel (V. suprà, n. 319). — V. suprà, v° Conseil d'État, n. 941 et s.

351. — Le droit de surseoir n'appartient qu'au Conseil d'État. Un préfet ou un ministre excéderaient leurs pouvoirs en accordant un sursis. — Cons. d'Ét., 20 juill. 1812, Bidard, [P. adm. chr.] — Cormenin, Quest. de dr. administratif, t. 1, 4° éd., p. 73; Foucart, t. 3, n. 426.

352. — Tant que l'arrêté administratif rendu par un maire n'a pas été réformé par l'autorité supérieure, un tribunal ne peut, sous aucun prétexte, en suspendre l'exécution. — Cass., 20 pluv. an XII, Bucheron, [S. et P. chr.] — Sic, Bioche, n. 126; Rousseau et Laisney, n. 124.

353. — L'exécution d'un titre paré ne peut être suspendue... ni par l'offre d'un cautionnement. — Rennes, 3 janv. 1826, Amcie, [S. et P. chr.]

354. — ... Ni par une citation à comparaître en référé. cet acte constituant seulement un avertissement au créancier qu'il s'expose à de plus amples dommages-intérêts, si c'est à tort qu'il a passé outre. — Caen, 10 avr. 1827 Langlois, [S. et P. chr.] — Sic, Chauveau, sur Carré, quest. 4897; Rousseau et Laisney, n. 131.

355. — Nous avons vu suprà, n. 107 et s., que celui qui se prétend créancier, et qui, même, a cette qualité, en vertu d'un compte dont le reliquat n'est pas liquide, ne peut agir par voie d'exécution parée. Par conséquent, lorsque le créancier est fondé en titre exécutoire, ses poursuites ne peuvent être arrêtées par une demande en compte formée contre lui pour des sommes peu importantes. — Bourges, 11 juin 1841, Pigenet, [P. 42.4.661]. — La constatation que la dette était peu importante et, en principe, sans valeur aucune, car, en demandant à compter, le débiteur reconnaissant que sa prétendue créance n'était pas liquide, et il ne pouvait pas éteindre ainsi, par compensation, des créances qui résultaient de titres exécutoires.

356. — L'exécution d'un titre paré ne peut non plus être suspendue par des offres réelles. mais conditionnelles, que le débiteur fait en référé. — Paris, 12 déc. 1820. Deschamps, [S. et P. chr.] — Chauveau, sur Carré, loc. cit. — V. infrà, n. 360, et v° Offres réelles.

357. — Mais il peut obtenir sursis, s'il est survenu une cause qui ait opéré la réduction de la créance, alors que, cette réduction empêchant ladite créance d'être liquide, le titre cessait d'avoir force exécutoire (V. suprà, n. 107 et s). — Cass., 5 déc. 1810, Laudié, [S. et P. chr.] — Carré, L. de la proc., quest. 2755.

358. — L'exécution d'un titre paré ne peut être suspendue ni par la demande en réduction d'intérêts usuraires stipulés dans cet acte. — Liège, 4 mars 1809, Dacheren, [S. chr.]

359. — Ni par la demande en nullité d'un jugement arbitral rendu en premier ressort, et revêtu de l'ordonnance d'exequatur. — Paris, 14 sept. 1808, Barbazan, [S. et P. chr.]

360. — ... Ni par une demande en nullité de la taxe et la liquidation des dépens, ni par la prétention que l'avoué porteur de l'exécutoire n'a pas remis toutes les pièces dont il était chargé, ni par des offres réelles d'une partie de la somme à laquelle ces dépens sont taxés. — Paris, 30 juill. 1812, Selves, [P. chr.] — Chauveau, sur Carré, quest. 4897.

361. — ... Ni par une ordonnance portant permission d'assigner à jour fixe le créancier, toutes choses jusqu'à ce demeurant en état, si ce jour-là la cause n'a pas été portée à l'audience. — Riom, 19 déc. 1814, Champaresse, [P. chr.]

362. — ... Ni par l'interrogatoire sur faits et articles ordonné par le juge sur l'opposition à poursuites. — Turin, 12 déc. 1809, Armandi et Giovalli, [S. et P. chr.] — Sic, Chauveau, sur Carré, loc. cit.

363. — ... Ni par la délation de serment décisoire contre et outre le contenu d'un acte authentique. — Turin, 10 niv. an XIV, Guilliers-Vernaud, [S. et P. chr.] — Sic, Chauveau, sur Carré, loc. cit.

364. — ... Ni par l'opposition à un jugement par défaut, qui sert de base à l'exécution, si elle a été formée sur le procès-verbal d'exécution et qu'elle n'ait pas été réitérée conformément à l'art. 162, C. proc. civ.; et, dans ce cas, le créancier peut poursuivre l'exécution de droit, sans avoir besoin d'une autorisation de justice. — Cass., 12 nov. 1806. Bouchard, [S. et P. chr.]; 10 juill. 1843, Chafère, [P. 43.2.585] — Sic, Bioche, v° Jugement par défaut, n. 259.

365. — ... Ni par une simple opposition aux poursuites. — Colmar, 14 avr. 1815, Languerrau, [S. et P. chr.] — Sic, Rousseau et Laisney, n. 131. — V. suprà, n. 304.

366. — En effet, ce commandement constitue, non un acte d'exécution, mais un acte de mise en demeure contre la partie à laquelle il est signifié. — Bordeaux, 10 août 1830, Billard, [P. chr.]

367. — Et, comme la loi n'a pas déterminé le délai pour l'admission ou le rejet des oppositions aux commandements faits en vertu d'actes obligatoires, une opposition de cette nature est toujours recevable. — Lyon, 16 pluv. an XI, Roux, [S. et P. chr.]

368. — Si l'opposition à des poursuites exercées en vertu d'un titre paré n'est pas recevable en ce sens qu'elle ne suspend pas l'exécution, il en est autrement de l'opposition faite au commandement d'exécuter un jugement, bien qu'elle soit fondée uniquement sur l'irrégularité de l'acte. — Toulouse, 11 janv. 1831, de Sansac, [S. 31.2.217, P. chr.]

369. — Un tribunal de première instance ne peut différer de statuer sur une demande qui dérive de l'exécution d'un arrêt, par le motif que l'arrêt est argué de nullité. — Cass., 25 mai 1813, Carozzo, [S. et P. chr.]

370. — Ainsi, lorsqu'un arrêt par défaut, portant qu'il serait exécuté nonobstant opposition, a ordonné qu'il serait procédé à une adjudication définitive, le jugement d'adjudication prononcé pendant les délais de l'opposition ne peut être attaqué comme rendu contrairement à l'art. 2215, C. civ., lorsque d'ailleurs aucun moyen de nullité n'a été proposé contre l'adjudication devant les premiers juges. — Cass., 26 mai 1840, Couchond, [S. 40.1.975, P. 40.2.481]

371. — Lorsqu'un créancier a obtenu contre son débiteur un jugement de condamnation en vertu duquel il a fait saisir des marchandises lui appartenant, et que, par un autre jugement, un tiers a été constitué gardien judiciaire de ces marchandises avec mandat de les vendre et d'en consigner le prix, le nouveau jugement qui condamne le créancier à une reddition de compte envers le débiteur n'a point pour lui-même pour effet de paralyser l'exécution de ceux précédemment rendus. — Cass., 8 juin 1849, Brafio, [P. 51.1.15]

372. — L'exécution n'est pas suspendue non plus, par le motif qu'en appel, une partie a déclaré qu'elle avait l'intention de se pourvoir en cassation pour cause de suspicion légitime. — Cass. 19 déc. 1831, Liétot, [S. 32.1.33, P. chr.]

373. — En effet, il n'existe pas de loi qui oblige une cour d'appel à surseoir en pareille circonstance, alors surtout qu'elle a constaté que la partie avait eu plus que le temps nécessaire pour demander son renvoi devant une autre tribunal. Il faut que la demande en renvoi ait été engagée aux formes de droit, et que la Cour de cassation ait ordonné la communication de la requête ou prononcé le sursis. — Toulouse, 8 août 1827, Rességuier, [S. et P. chr.] — Bastia, 23 déc. 1837, Patrimenio, [P. 38.1.497].

374. — Il n'y aurait pas lieu à suspension, alors même que la demande en récusation serait régulièrement constatée par un certificat du greffier de la Cour de cassation. — Cass., 21 févr. 1848, Curmer, [S. 38.1.208. P. 38.1.196] — *Sic*, Bioche et Goujet, *Dict. de proc.*, v° *Cassation*, n. 208. — V. *infrà*, v° *Renvoi d'un tribunal à un autre*.

CHAPITRE VI.
FORMALITÉS PRÉALABLES A L'EXÉCUTION.

SECTION I.
Exécution contre le débiteur.

375. — Il est nécessaire que le débiteur sache en vertu de quel titre on veut le poursuivre; par conséquent, ce titre doit, en général, lui être notifié avant toute poursuite, et c'est ce qui résulte notamment des art. 147, 583, 634, 636,673, 780, C. proc. civ., et 2214. C. civ. — V. *infrà*, v° *Signification*.

376. — En général, tout jugement doit, à peine de nullité, avant l'exécution, être signifié à l'avoué et à la partie (C. proc. civ., art. 147).

377. — Il y a donc excès de pouvoir dans la mise à exécution d'un jugement immédiatement après sa prononciation. — Cass., 19 avr. 1806, Jean Chio, [S. et P. chr.]

378. — Cependant le jugement n'étant susceptible ni d'opposition ni d'appel, l'exécution pourrait en être suivie, aussitôt après sa transcription sur le registre d'audience.

379. — Et la signification est inutile, lorsqu'il s'agit de procéder à des actes conservatoires : par exemple, de prendre une inscription hypothécaire. — Cass., 18 juin 1823, Duquesney, [S. et P. chr.]

380. — Jugé que la disposition de l'art. 147, C. proc. civ., qui interdit d'exécuter un jugement avant qu'il ait été signifié à avoué et à partie, est générale et absolue et s'applique aux arrêts de cours d'appel, comme aux jugements de première instance. — Dijon, 9 août 1894, Devichet, [S. et P. 97.2.206, D. 95.2.365]

381. — ... Que, pour servir de fondement à une mesure d'exécution, même au commandement qui la précède, une décision qui porte condamnation doit être portée régulièrement, et par voie de signification à personne ou domicile, à la connaissance de la partie condamnée. — Cass., 8 août 1893, Lalande, [S. et P. 96. 1.438, D. 94.1.433]

382. — La signification du jugement confirmé ne supplée pas à celle de l'arrêt confirmatif, bien qu'elle soit accompagnée de la mention sommaire de cet arrêt. — Même arrêt.

383. — Du reste, le débiteur peut demander à l'huissier l'exhibition du titre, dont il doit être porteur. — Bioche, n. 129; Rousseau et Laisney, n. 144.

384. — A l'inverse, l'exécution d'un jugement, confirmé par arrêt, est nulle, lorsqu'elle a eu lieu sur la signification de l'arrêt confirmatif seulement, sans sur celle du jugement. Dès lors, on doit considérer comme illégale la possession, prise de vive force par le légataire particulier, d'une maison d'habitation, en vertu d'un jugement confirmé par arrêt, si elle n'a été précédée de la signification du jugement aux exécuteurs testamentaires résistants, et si le légataire s'est borné à faire signifier l'arrêt confirmatif. — Bordeaux, 29 févr. 1840, Niort, [P. 41.1.129]

385. — Dans ce cas, la demande que le légataire pourrait former à fin d'enlèvement des meubles de l'hérédité garnissant l'immeuble légué ne devrait pas être considérée comme incidente à la demande en nullité de la prise de possession formée par les exécuteurs testamentaires. Dès lors, elle ne serait valablement intentée que par action principale. — Même arrêt. — *Contrà*, Turin, 1er févr. 1811, Ponte Lombriasco, [S. et P. chr.], pour le cas où l'appel est déclaré non recevable.

386. — L'exécution violente et avant les vingt-quatre heures de la signification du jugement qui autorise l'expulsion d'un propriétaire par l'éjection des meubles sur le carreau, peut faire annuler le procès-verbal et donner lieu à des dommages-intérêts contre l'huissier. — Colmar, 7 juill. 1809, Weiss, [S. et P. chr.]

387. — Mais le procès-verbal d'éjection n'est pas soumis aux mêmes formalités que le procès-verbal de saisie-exécution. Il n'est pas nécessaire qu'il contienne la désignation des meubles qui en sont l'objet, ni l'élection de domicile prescrite par l'art. 584, C. proc. civ. — Même arrêt.

388. — Il est certains jugements dont la signification à avoué n'est pas nécessaire. Cette signification n'est obligatoire qu'à l'égard des jugements qui mettent une obligation quelconque à la charge de la partie.

389. — Jugé, notamment, que si le tribunal rejette, par un jugement contradictoire, une demande incidente en communication de pièces, il peut statuer au fond, par défaut, sans que le jugement sur l'incident ait été signifié. — Cass. 22 juill. 1884, Labrosse, [S. 86.1.344, P. 86.1.860, D. 85.1.253]

390. — De même que les jugements et arrêts, les autres titres exécutoires doivent être notifiés avant qu'il puisse être procédé à l'exécution. La copie du titre à notifier doit être exacte et complète. — Bioche, n. 128; Rousseau et Laisney n. 142.

391. — Jugé, toutefois, que l'erreur ou l'inexactitude de ladite copie n'est pas une cause de nullité, lorsque le débiteur n'a pu être induit en erreur par cette inexactitude, et qu'elle n'a d'ailleurs entraîné aucune conséquence dommageable pour lui. — Cass., 8 févr. 1832, Hardyn, [S. 32.1.596, P. chr.] — *Sic*, Rousseau et Laisney, n. 142.

392. — Aucune loi ne prescrit, à peine de nullité, de donner copie des actes d'exécution d'un jugement ou autre titre de créance, et, si les nullités ne se suppléent pas, il dépend moins encore d'une partie d'imposer au législateur des formalités que la loi n'a pas établies. — Rennes, 14 août 1813, Depincé, [P. chr.]

393. — Outre la signification, la créancier doit faire au débiteur commandement de payer, attendu qu'il faut bien que ce dernier sache qu'il est menacé sérieusement, et qu'il apprécie s'il ne doit pas se libérer pour éviter toute poursuite. — V. à cet égard, *supra*, v° *Commandement*.

SECTION II.
Exécution contre les héritiers du débiteur.

394. — Si le débiteur est décédé, que doit faire le créancier vis-à-vis de sa succession, pour obtenir l'exécution de son titre? La réponse se trouve dans le second alinéa de l'art. 877, C. civ. qui prescrit au créancier de notifier son titre à la personne ou au domicile de l'héritier, huit jours au moins avant d'en poursuivre l'exécution.

395. — Ce délai de huitaine doit être franc. — Delvincourt, t. 2, p.54, note 3; Chabot, sur l'art. 877, n. 4, *in fine*; Marcadé, sur l'art. 1877, n. 1; Demolombe, t. 17, n. 54; Le Sellyer, t. 3, n. 1669; Huc, *Comment. théor. et prat. du C. civ.*, t. 5, n. 408; Baudry-Lacantinerie et Wahl, *Tr. des success.*, t. 3, n. 3080.

396. — Mais il n'est pas susceptible d'être augmenté à raison des distances; l'art. 1033, C. proc. civ., est limitatif. — Cass. belge, 11 nov. 1886, [*Pas. belg.*, 86.1.407] — Tr. b. civ. Bruxelles, 27 févr. 1886, [*Pas. belg.*, 86.3.153] — *Sic*, Huc, *loc. cit.*; Baudry-Lacantinerie, *loc. cit.*

397. — L'art. 877, C. civ., ne porte pas expressément que la notification doit être faite, à peine de nullité des poursuites, dans le délai qu'il fixe; mais cette solution ressort manifestement de son texte comme de son esprit. Le législateur a pas voulu que l'héritier fût exposé à subir les rigueurs du créancier par la voie parée, avant d'être averti légalement de la dette de son auteur. — Rennes, 5 juill. 1817, Babuaud, [S. et P. chr.]

398. — Mais nous rappelons que cette notification n'est pas obligatoire : lorsqu'il s'agit de mesures conservatoires, comme de prendre une inscription d'hypothèque. — V. *supra*, n. 379.

399. — ... Si le créancier agit contre l'héritier par action principale ou par action simple; il suffit, dans ces cas, de signifier à l'héritier le jugement obtenu contre lui, et d'en poursuivre l'exécution, sans être tenu d'attendre l'expiration du délai de huitaine. — Cass., 9 août 1841, Hérit. de Villequier, [S. 41.1.796, P. 41.2.347] — Bruxelles, 15 mess. an XIII, Huilins, [S. et P. chr.] — Rennes, 22 nov. 1816, N..., [S. et P. chr.] — *Sic*, Demolombe, t. 17, n. 53; Garsonnet, t. 3, p. 346, § 490, note 6; Baudry-Lacantinerie et Wahl, *Tr. des success.*, t. 3, n. 3078 et 3085. — V. *infrà*, n. 451 et 452.

400. — ... Si les poursuites sont faites en vertu de titres rendus exécutoires contre l'héritier lui-même, et non contre son auteur. — Cass., 13 juin 1894, Berdoulive, [S. et P. 98.1.433, D. 94.1.531] — *Sic*, Garsonnet, t. 3, p. 346, § 490, note 6; Baudry-Lacantinerie et Wahl, *op. cit.*, n. 3078 et 3085.

401. — ... Si les héritiers laissés par le défunt sont des codébiteurs solidaires. —Dissertat., *Journ. des avoués*, 1882, p. 520.

402. — ... Si, lors du décès du débiteur, la procédure d'exécution était en état, notamment s'il avait été procédé à une saisie immobilière suivie de la publication d'un cahier des charges indiquant les conditions de l'adjudication. — Caen, 7 juill. 1890, [*Rec. Rouen*, 91.2.90] — *Sic*, Baudry-Lacantinerie et Wahl, *op. cit.*, n. 3083.

403. — ... Si les poursuites sont exercées contre une femme commune pour dette de communauté. — Baudry-Lacantinerie et Wahl, *Tr. des successions*. t. 3, n. 3090. — *Contrà*, Trib. civ. Seine, 26 avr. 1887, [J. *Le Droit*, 7 juin 1887; *Rép. gén. du not.* 1887, art. 3914]

404. — Mais la notification du titre devrait être faite à la femme, si elle était poursuivie comme héritière de son mari, car cette qualité la ferait entrer dans la catégorie des personnes vis-à-vis desquelles l'art. 877, C. civ., prescrit de signifier le titre. — Baudry-Lacantinerie et Wahl, *loc. cit.*

405. — Il en serait de même encore, en cas de décès du créancier dans les conditions de procédure spécifiées au numéro qui précède. — Baudry-Lacantinerie et Wahl. *op. cit.*, n. 3084.

406. — Mais cette solution ne saurait concerner le cas où la procédure d'exécution n'était pas en état au moment du décès. — Orléans, 15 févr. 1876, Hérit. de Meyendorff, [S. 76.2.265, P. 76.1009, D. 76.2.103]

407. — Le créancier est tenu de notifier son titre à l'héritier. Il exciperait en vain de ce que le décès du débiteur lui aurait pas été dénoncé conformément à l'art. 344, C proc. civ. En pareille occurrence, il n'y a pas lieu à reprise d'instance; l'art. 877, C. civ., n'est subordonné en rien à la dénonciation du décès, il se suffit à lui-même et n'a nul besoin d'être complété. — Orléans, 15 févr. 1876, précité. — *Sic*, Chabot, *Succes.*, t. 2, sur l'art. 877, n. 2; Laurent, *Principe du dr. civ.*, t. 11, n. 75; Baudry-Lacantinerie et Wahl, *op. cit.*, n. 3086.

408. — Le créancier est-il obligé de notifier son titre avant toute exécution, lorsque l'héritier en avait eu connaissance d'une autre façon? On pourrait être tenté de répondre par la négative en se rapportant au motif principal qui a dicté l'art. 877, C. civ. Ce serait cependant, à notre avis, une erreur. Ce que veut le législateur, c'est non seulement que l'héritier connaisse la dette de la succession, mais encore qu'il en soit sérieusement menacé d'être exécuté pour voie parée, et il n'en acquiert la preuve certaine, incontestable et légale que par la notification prescrite par l'art. 877 ,Baudry-Lacantinerie et Wahl, *op. cit.*, n. 3087). Qu'importe qu'il ait eu autrement connaissance de la dette, de l'obligation, de l'engagement contracté par son auteur? Pour nous, ces trois mots, qu'on trouve sans cesse sous la plume des auteurs, et parfois aussi dans les arrêts, sont de véritables synonymes, et l'héritier serait-il fixé sur le *quantum* de la dette, il n'en résulterait pas la preuve qu'il savait que le titre était exécutoire, et encore moins que des poursuites étaient imminentes contre lui. — Baudry-Lacantinerie et Wahl, *op. cit.*, n. 3087.

409. — Ces derniers auteurs enseignent même que le créancier doit notifier son titre, bien que le débiteur ait reconnu, par un acte formel, qu'il avait connaissance du titre exécutoire invoqué contre son auteur. Cette connaissance, ajoutent-ils, ne constitue pas un avertissement énergique des poursuites.

410. — Notre question doit donc, pour rendre la pensée complète desdits auteurs, être posée comme suit : le créancier peut-il être dispensé de notifier son titre s'il ne rapporte pas la preuve certaine que le débiteur savait, à n'en pas douter, que ce titre était exécutoire, et devait penser que l'exécution en était imminente contre lui?

411. — La jurisprudence ne nous semble pas s'être préoccupée de ce dernier point. Cependant, d'après quelques arrêts, l'art. 877, C. civ., aurait pour but, non seulement de porter le titre à la connaissance de l'héritier, mais encore de mettre ce dernier en situation de se soustraire à l'exécution. — V. notamment, Riom, 6 août 1879, sous Cass., 28 févr. 1883, Lavigne-Gardy, [S. 83.1.304, P. 83.1.746]

412. — En tout cas, la jurisprudence est en désaccord sur un point, à savoir si la notification du titre peut être suppléée par la connaissance que l'héritier aurait eue de ce titre par une autre voie. — V. dans le sens de l'affirmative, Angers, 21 mars 1834, Prudhomme, [S. 34.2.230, P. chr.] — *Contrà*, Pau, 3 sept. 1829, Ballade, [S. et P. chr.] — Rennes, 16 févr. 1875, Faugeyroux, [S. 77.2.38, P. 77.216] — V. Bélost-Jolimont, sur Chabot, *Observ.*, 2; Massé et Vergé, t. 2, § 384, note 10; Demolombe, t. 17. n. 53; Laurent, *Principes de dr. civ.*, t. 11, n. 75; Aubry et Rau, t. 6, p. 444, § 617.

413. — Pour que la notification soit ainsi suppléée, il est nécessaire que la connaissance du titre soit « positive, incontestable et complète. » — Orléans, 15 févr. 1876, Hérit. de Meyendorff, [S. 76.2.265, P. 76.1009, D. 76.2.103] — Spécialement, la mention à l'inventaire, dressé après le décès du débiteur, en présence de ses héritiers, qu'il est dû telle somme au créancier, est insuffisante pour faire connaître la dette avec toutes ses conditions de validité, d'atermoiement, d'exigibilité, et d'arrérages courus ; par suite, la notification du titre ne saurait être considérée comme inutile et frustratoire, par le motif que les débiteurs connaissaient et ne déniaient pas leur dette. — Même arrêt.

414. — Mais jugé que l'héritier de l'adjudicataire d'un immeuble hypothéqué ne peut se prévaloir du défaut de notification, lorsqu'il a comparu dans l'ordre ouvert pour la répartition du prix, et que l'ordonnance de clôture de cet ordre lui a été signifiée, ainsi que les bordereaux délivrés contre son auteur, avec sommation d'en payer le montant. — Douai, 7 déc. 1893, Cons. Herbau, [D. 94.2.321] — *Sic*, Baudry-Lacantinerie et Wahl, *op. cit.*, n. 3086.

415. — La connaissance personnelle, qui réunirait les caractères énumérés *suprà*, n. 413, serait-elle suffisante, si elle avait été requise en une qualité autre que celle d'héritier ou de représentant de l'héritier? *Quid*, par exemple, si la veuve, agissant au nom de ses enfants mineurs, héritiers de leur père, alléguait le défaut de notification du titre? Pourrait-on lui opposer qu'elle en avait nécessairement connaissance, puisque, originairement, elle s'était engagée conjointement avec son mari.

416. — La négative est enseignée par MM. Baudry-Lacantinerie et Wahl (*op. cit.*, n. 3087), mais il a été jugé, dans le sens de l'affirmative, que les mineurs, incapables, par eux-mêmes et en dehors de leur mère, de prendre aucune mesure pour arrêter l'exécution du titre, n'avaient aucun intérêt à ce que ce titre leur fût personnellement signifié, du moment que leur tutrice était antérieurement et légal ment au courant de la situation. — Trib. civ. Saint-Pol, 30 août 1884, Vasseur, [*Gaz. Pal.*, 84. 2.417] — Retenons, à l'appui de cette solution, que la mère, qui avait agi comme tutrice à l'inventaire dressé après le décès de son mari, y avait fait mentionner l'obligation dont il s'agit.

417. — Il est encore des cas où la notification du titre est inutile et serait même frustratoire ; si, par exemple, le créancier laisse plusieurs héritiers, chacun d'eux a le droit de se faire délivrer une grosse du titre pour agir personnellement contre le débiteur. — Loret, *Élém. de la science notar.*, t. 2, p 765; Toullier, t. 8, n. 450; Baudry-Lacantinerie et Wahl, *op. cit.*, n. 3084. — Il est évident qu'alors, chaque héritier du créancier a un titre spécialement exécutoire contre le débiteur, et qu'une notification ferait double emploi.

418. — Il en serait de même si le débiteur était décédé laissant plusieurs héritiers. — Loret, *loc. cit.*; Toullier, *loc. cit.*; Baudry-Lacantinerie et Wahl, *loc. cit.*; Pigeau, *Proc.*, t. 2, p. 330; Rolland de Villargues, *Rép.*, v° *Ampliation*, n. 104; Clerc, *Tr. du notar.*, t. 2, n. 1874; Lansel et Didio, *Encyclop. du notar.*, v° *Ampliation*, n. 10.

419. — En prescrivant au créancier de notifier son titre à la personne ou au domicile de l'héritier, l'art. 877, C. civ., n'a pas voulu créer un mode spécial et unique de porter ce titre à la connaissance de l'héritier ; il n'a eu qu'un but, interdire des poursuites contre un débiteur pouvant ignorer l'existence de ce titre. Peu importe, dès lors, que la notification ait été faite à une résidence du débiteur, s'il a nécessairement connu le titre par suite d'une procédure d'ordre où il était intéressé contre le poursuivant, et que, d'ailleurs, le commandement a été fait à la personne même du débiteur et contenait la copie entière du titre. — Limoges, 29 avr. 1869, Lafaurie, [D. 69.2.214]

420. — Rien ne s'oppose à ce que la notification prescrite par l'art. 877 se fasse durant les délais pour faire inventaire et délibérer; elle sera même plus utile aux héritiers durant ce temps intermédiaire, puisqu'elle leur fera connaître la véritable situation du défunt. — Paris, 29 déc. 1814, Chaumin, [S. et P. chr.] — *Sic*, Chabot, t. 3, p. 622; Belost-Jolimont, sur Chabot,

Observ., 4; Delvincourt, t. 2, p. 374, note 2; Vazeille, sur l'art. 877, n. 20; Poujol, t. 2, p. 300; Bioche, n. 27; Duranton, t. 7, n. 458; Hureaux, *Success.*, t. 3, n. 38; Massé et Vergé, t. 2, p. 328, note 10; Demolombe, t. 17, n. 59; Aubry et Rau, t. 6, p. 443 et 444, § 617; Garsonnet, t. 2, p. 489, § 540. — V. *suprà*, v° *Bénéfice d'inventaire*, n. 142. — Sur la question de savoir si l'exécution doit être suspendue jusqu'à l'expiration des délais pour faire inventaire et délibérer lorsque l'héritier oppose l'exception dilatoire, V. *suprà*, v° *Bénéfice d'inventaire*, n. 144 et s.

421. — La prescription de la créance, établie par un acte exécutoire, n'est, ni interrompue, ni suspendue par la notification préalable de ce titre, que le créancier a faite à l'héritier du débiteur en conformité de l'art. 877, C. civ. — Bordeaux, 11 janv. 1856, Robert, [S. 56.2.724, P. 57.707, D. 57.2.46] — *Sic*, Troplong, *Prescript.*, t. 2, n. 576; Demolombe, t. 17, n. 58; Huc, *Comment. théor. et prat. du C. civ.*, t. 5, p. 493, n. 406. — *Contrà*, Toulouse, 27 mars 1835, Rozès, [S. 35.2.471, P. chr.] — Riom, 14 janv. 1843, Daude, [S. 43.2.93, P. chr.] — L'hypothèse de l'art. 877, C. civ., ne figure pas en effet parmi les causes susceptibles de suspendre ou d'interrompre la prescription (C. civ., art. 2242 et s.). — V. *infrà*, v° *Prescription*.

422. — Mais elle est interrompue par le commandement de payer qui a été fait à l'héritier, encore bien que ce commandement n'ait pas été précédé de la notification du titre. — Cass., 22 mars 1832, Conduché, [S. 32.1.248, P. chr.] — Riom, 3 déc. 1844, Chabrier, [S. 45.2.169, P. 46.2.255] — *Sic*, Massé et Vergé, t. 2, § 384, note 5; Demolombe, *loc. cit.* — V. *suprà*, v° *Commandement*, n. 171. — En effet, c'est seulement pour l'exécution du titre que la notification en est exigée à peine de nullité.

423. — De ce que le créancier ne peut exécuter son titre contre l'héritier sans lui en avoir fait la notification, il résulte que, dans le cas où, après la mort d'une femme, débitrice conjointe de fermages avec son mari, sur des poursuites de saisie exercée contre dernier, un procès-verbal de carence a constaté son insolvabilité, ces poursuites ne peuvent être continuées contre les enfants, bien qu'ils n'aient pas cessé d'habiter avec leur père, si le propriétaire n'est resté quarante jours, après le décès de la femme, sans exercer ses droits. — Orléans, 1er juill. 1813, N..., [P. chr.]

424. — Le créancier est-il tenu de notifier son titre à tous les successeurs du défunt : héritiers légitimes, purs et simples ou bénéficiaires, légataires universels ou à titre universel, successeurs irréguliers? Pas de difficulté pour les héritiers légitimes purs et simples, ainsi que pour les légataires universels ou à titre universel : l'art. 877 s'applique. — V. notamment, Demolombe, t. 17, n. 55; Baudry-Lacantinerie et Wahl, *op. cit.*, n. 3088.

425. — L'art. 877, C. civ., doit également être observé vis-à-vis des héritiers bénéficiaires. — Baudry-Lacantinerie et Wahl, n. 3089.

426. — Pour les successeurs irréguliers, trois systèmes sont en présence. On dit, dans une première opinion, que le créancier est en face, non d'une personne, mais des biens de la succession, et qu'il a besoin d'un jugement pour agir. — Laurent, *Principes de dr. civ.*, t. 11, n. 70; Théry, *Code civil*, t. 2, n. 236; Taudière, *Rev. gén. du dr.*, 1892, p. 489. — Suivant un second système, l'art. 877, C. civ., doit recevoir application pour les biens héréditaires, mais il faut un jugement pour les biens poursuivis chez le successeur. — Marcadé, *Code civil*, art. 877; Demante, *Cours analytique de Code civil*, t. n. 2, 81 *bis*-1. — Enfin, d'après une troisième opinion, qui nous semble devoir être préférée, les successeurs irréguliers ont droit à la notification du titre. L'art. 877, C. civ., est placé sous le chap. 6, qui porte pour rubrique « Du partage et des rapports » et les dispositions de ce chapitre sont applicables à tous les successeurs; d'ailleurs il ne fait aucune distinction entre les diverses catégories de successeurs aux biens. — V. en ce sens, Demolombe, t. 17, n. 60; Vavasseur, *Rev. prat.*, t. 30, 1870, p. 177; Le Sellyer, *op. cit.*, t. 3, n. 1670; Baudry-Lacantinerie et Wahl, *op. cit.*, n. 3089.

427. — Les héritiers naturels créés par la loi du 25 mars 1896 (nouvel art. 724, C. civ.), et qui ont la saisine, enfants naturels, père et mère naturels, et même frères et sœurs de l'enfant naturel, sont également visés par l'art. 877, C. civ. — Baudry-Lacantinerie et Wahl, *op. cit.*, n. 3089. — V. aussi Thomas, *Rev. gén. de dr.*, 1897, p. 218.

428. — On sait que toute mesure d'exécution doit être précédée d'un commandement (C. proc. civ., art. 583, 626, 636, 673). Par conséquent, outre la notification de son titre le créancier doit faire au débiteur commandement de payer. Ce commandement peut-il être fait avant l'expiration du délai de huitaine fixé par l'art. 877, C. civ.? Oui, s'il ne constitue pas un acte d'exécution. Non, dans le cas contraire. Il y a controverse à cet égard, et la Cour de cassation a résolu la question dans les deux sens. Elle a décidé d'abord que le commandement ne fait pas partie de la poursuite en expropriation forcée, qu'il constitue seulement un acte préparatoire de la poursuite. — Cass., 5 févr. 1811, Chateaubourg, [S. et P. chr.] — Elle a ensuite jugé le contraire suivant arrêt du 31 août 1825, Sacaze, [S. et P. chr.], et, par arrêt du 22 mars 1832, Conduché, [S. 32.1.248, P. chr.], elle est revenue à sa première doctrine. — V. dans le sens que le commandement est un acte d'exécution, outre les arrêts et auteurs cités, *suprà*, v° *Commandement*, n. 139 : Bruxelles, 10 mars 1810, Berkmans, [P. chr.] — Rennes, 5 juill. 1817, Rossary, [S. et P. chr.] — Trib. Seine, 19 janv. 1894, Verny, [*Gaz. Pal.* 94.1.221] — *Sic*, Fouet de Conflans, sur l'art. 877, n. 2; Duranton, t. 7, n. 457; Chabot, sur l'art. 877; Chauveau, sur Carré, quest. 2200; Bioche, *Dict.*, v° *Saisie immobil.*, n. 38, et *Exécut. de jugem.*, n. 25 et s. et 38; Massé et Vergé, t. 2, p. 328, § 384, note 10; Baudry-Lacantinerie et Wahl, *Successions*, t. 3, p. 436, n. 3081. — V. en sens contraire, Colmar, 6 juin 1840, Abriot de Grusse, [P. 41.1.184, D. 41.2.132] — Bordeaux, 9 févr. 1886, Boutin, [*Gaz. Pal.* 86.2.75] — Trib. Mont-de-Marsan, 30 juill. 1886, [*La Loi*, 7 août 1886] — Trib. Courtrai, 10 nov. 1888, [*Pasicr. belg.* 90.3.175] — Trib. Chambéry, 30 mars 1892, [*Journ. de Chambéry*, 93.38] — *Sic*, Favard de Langlade, *Rép.*, v° *Saisie immobil.*, § 3, n. 4; Le Sellyer, *Comment. du titre des success.*, t. 3, n. 1652; Demolombe, t. 17, n. 57; Aubry et Rau, t. 6, p. 44, § 617, note 11; Huc, *op. cit.*, n. 406. — V. *suprà*, v° *Commandement*, n. 137 et s.

429. — Il a été jugé, conformément à la doctrine qui voit dans le commandement un acte d'exécution que ce commandement est nul, si, huit jours au moins auparavant, il n'avait été précédé de la notification du titre. Et ce, bien qu'il n'ait été suivi de poursuites qu'après huitaine; que, dans ce cas, les héritiers doivent recevoir personnellement un autre commandement, en sorte qu'un délai de trente jours leur est acquis à partir de ce commandement. — Trib. Aurillac, 13 févr. 1892, Roussy, [*Gaz. Pal.* 92.1.334] — *Contrà*, Riom, 28 juin 1892, [*Gaz. Pal.* 92.2.314] — V. *suprà*, v° *Commandement*, n. 139 et 140.

430. — ... Et que, dans ce cas encore, alors même qu'un commandement pourrait être considéré comme un acte d'exécution permettant de reprendre, contre les héritiers, les poursuites commencées contre leur auteur, la saisie devrait être déclarée nulle pour inobservation des délais légaux, si, déduction faite du temps écoulé entre le décès du débiteur et l'expiration de la huitaine accordée aux héritiers à partir de la notification du titre, il arrive que la saisie a été faite moins de trente jours après le commandement. — Trib. Aurillac, 13 févr. 1892, précité.

431. — L'art. 673, C. proc. civ., prescrit que de tout commandement tendant à saisie immobilière, « il sera donné copie entière du titre en vertu duquel elle est faite. » Cette signification supplée-t-elle à la notification de l'art. 877, C. civ.? Si l'on considère un commandement comme un acte d'exécution, la négative s'impose, puisqu'aux termes de ce dernier article, l'exécution ne peut être poursuivie que huit jours après sa notification. — V. *suprà*, v° *Commandement*, n. 146.

432. — Jugé, toutefois, que la signification n'est pas nulle, par cela qu'elle contient commandement de payer, si ce commandement n'impose l'obligation de payer que dans la huitaine, à peine d'y être contraint par les voies de droit, et si aucune poursuite n'a réellement eu lieu avant ce délai; qu'en tout cas cette nullité serait couverte par les défenses au fond. — Grenoble, 22 juin 1826, Mercier, [S. et P. chr.] — V. Bioche, *Exécution des jugements*, n. 15.

433. — ... Que, s'il a été fait commandement au débiteur originaire et que le décès de ce dernier se soit produit entre ledit commandement et la saisie pratiquée sur son héritier, la notification du titre devait lui être faite conformément à l'art. 877, C. civ. — Cass., 28 févr. 1883, Lavigne, [S. 83.1.304, P. 83.1.746] — ... Alors même qu'elle avait déjà été donnée dans un premier commandement. — Même arrêt.

434. — Que s'il a été procédé à une saisie immobilière en vertu d'un tel commandement, cette saisie est nulle, faute de notification du titre dans la huitaine. — Cass., 31 août 1825, précité. — Rennes, 5 juill. 1817, précité.

435. — Si l'on admet qu'en l'absence de texte prohibitif, la notification et le commandement à fin de saisie immobilière peuvent être faits par le même acte, quel délai devra-t-on observer pour procéder à l'exécution? La cour d'Angers, par arrêt du 21 mars 1834, Prodhomme, [S. 34.2.230, P. chr.], a jugé que le délai de huitaine de la notification et celui de trente jours pour le commandement doivent être cumulés, en sorte que l'exécution ne pourrait avoir lieu que trente-huit jours après la notification. Demolombe (t. 17, n. 57), qui critique cette solution, estime que le délai de trente jours commence à courir du jour du commandement, qu'il suffit qu'aucune exécution effective n'ait lieu dans la huitaine de la signification du titre. — V. dans le sens de ce dernier point, Cass., 22 mars 1832, précité. — Grenoble, 22 juin 1826, précité. — Rouen, 9 avr. 1834, Molle, [S. 34.2.656, P. chr.] — En sorte que, d'après ce savant jurisconsulte, la notification de l'art. 877, C. civ., serait, pour ainsi dire, suppléée par la copie donnée en tête du commandement.

436. — Mais est-il nécessaire, pour résoudre notre question, de s'appuyer sur ce que le commandement est, ou n'est pas, un acte d'exécution? On peut penser que cela est inutile et argumenter ainsi pour justifier la décision de la cour d'Angers : La notification du titre, prescrite par l'art. 877, C. civ., et sa signification en tête du commandement exigée par l'art. 673, C. proc. civ., sont des actes qui sont faits en vertu de deux procédures essentiellement distinctes et séparées, et, pour avoir le délai régulier, il faut observer tout à la fois les prescriptions qui leur sont spécialement applicables. Or, d'après l'art. 877, C. civ., l'exécution ne peut avoir lieu que huit jours après la notification du titre, et l'art. 674, C. proc. civ., ne l'autorise que trente jours après le commandement; donc, il faut un délai de trente-huit jours.

437. — A quelle partie incombent les frais de la notification? C'est demander, ce nous semble, si elle est prescrite dans l'intérêt de l'héritier ou dans celui du créancier. Or, nous avons dit *suprà*, n. 408 et s., que la notification a pour but de porter à la connaissance de l'héritier un titre dont il peut ignorer l'existence; donc, il doit en supporter les frais. — Trib. Chartres, 14 août 1877, [*Journ. des avoués*, t. 103, p. 422] — Trib. Grenoble, 2 févr. 1884, Berger, [S. 85.2.218, P. 85.1.719] — Trib. Montpellier, 28 mars 1896 [*Monit. judic. du Midi*, 12 juill. 1896] — *Sic*, Carré et Chauveau, quest. 1896, *Suppl.; Dutruc, Suppl. aux lois de la proc. civ.*, v° *Exécut. forcée des jugem. et actes*, n. 137 et s.; Audier, *Journ. des avoués*, 1884, p. 246; Baudry-Lacantinerie et Wahl, *op. cit.*, n. 3091.

438. — Rolland de Villargues (*Jurispr. du notar.*, 1830, p. 400) n'admet cette solution que si l'héritier ne s'est pas exécuté sur la notification, ou n'a pas offert de le faire avant le commandement. Ces exceptions à la doctrine ci-dessus nous paraissent condamnées par les motifs qui lui servent de base.

439. — Nous croyons toutefois, avec Baudry-Lacantinerie et Wahl (*loc. cit.*), que le créancier devrait supporter les frais de sa notification, si l'héritier renonçait à la succession ; en effet, dans ce cas, il ne serait pas débiteur, et il serait inutile de lui notifier le titre.

440. — Il a été jugé que ces frais incombent à l'héritier, même renonçant, si sa renonciation est postérieure à l'expiration du délai pour faire inventaire et délibérer. — Trib. Montpellier, 28 mars 1896, précité.

441. — Les prescriptions de l'art. 877, C. civ., doivent-elles être observées en matière de saisie-arrêt? En d'autres termes, le créancier du défunt, qui veut procéder contre l'héritier par la voie de saisie-arrêt, est-il tenu de lui notifier son titre? L'affirmative a été jugée, par le motif que la saisie-arrêt est un moyen offert au créancier pour l'exécution de son titre; que si, à son début, elle a plutôt le caractère d'une mesure conservatoire que celui d'une exécution, elle n'en atteint pas moins le débiteur dès qu'elle est formée, en mettant sous la main de justice les titres et valeurs qui lui appartiennent; que, dans tous les cas, elle perd son caractère originaire du jour où le débiteur est appelé à comparaître devant le tribunal pour en voir prononcer la validité. — Trib. Orléans, 17 janv. 1848, Grimault, [P. 60.635, D. 48.3.13] — *Sic*, Roger, *Saisie-arrêt*, n. 136.

442. — Le caractère juridique de la saisie-arrêt ressort très-nettement de l'argumentation qui précède; mais alors nous en concluons que le créancier n'est tenu de signifier son titre, s'il est *exécutoire* (l'art. 877 vise seulement ceux-là), qu'à partir du moment où la saisie-arrêt devient un acte d'exécution. Quel est ce moment? La question est controversée. — V. dans le sens de nos observations, Trib. Saint-Omer, 22 mars 1860, Oudart, [P. 60.634] — Liège, 16 avr. 1859 Toussaint, [P. 60.634, *ad notam*, D. 60.2.17] — *Sic*. Bioche, *Dict.*, v° *Saisie-arrêt*, n. 43 ; Garsonnet, t. 3, p. 840, § 635, note 11 ; Baudry-Lacantinerie et Wahl, *op. cit.*, n. 308. — V. à cet égard, *infrà*, v° *Saisie-arrêt*.

443. — Les poursuites d'exécution ne sont pas toujours exercées par le créancier originaire. Ce dernier peut être décédé et avoir pour représentants ses successeurs universels (héritiers légitimes ou irréguliers), ses légataires universels ou à titre universel. Il a pu céder ses droits à titre gratuit ou à titre onéreux. Ses créanciers peuvent aussi les exercer en vertu de l'art. 1166, C. civ., et enfin, il peut être représenté par un mandataire légal ou conventionnel. Que doit faire le poursuivant dans ces diverses hypothèses?

444. — Sa première obligation est de justifier du titre, de la qualité qui l'investit; il faut bien que le créancier ou ses héritiers apprécient s'il a qualité pour agir. — V. notamment Garsonnet, t. 3, p. 475 et s., § 535. — Se prétend-il héritier du créancier originaire, il est tenu de signifier l'acte de décès avec un acte de notoriété et l'intitulé de l'inventaire qu'il a fait dresser. Poursuit-il comme donataire ou comme légataire, il doit produire l'acte qui l'investit (donation ou testament), et, dans ce dernier cas, l'acte de délivrance, s'il est obligé de le faire envoyer en possession. Quant au successeur irrégulier, il a également à justifier de son envoi en possession. — V. notamment Rousseau et Laisney, n. 17 et 18 ; Garsonnet, *loc. cit.*

445. — Le poursuivant cessionnaire, ayant les mêmes droits que son cédant, est soumis aux mêmes obligations ; il doit donc notifier à celui qu'il poursuit le titre en vertu duquel il agit ; par conséquent, vis-à-vis des héritiers du débiteur, il est tenu de remplir la formalité prescrite par l'art. 877, C. civ. — V. Garsonnet, t. 3, p. 485, § 538.

446. — Jugé, à raison de sa qualité, qu'un légataire universel peut faire procéder à l'emprisonnement d'un débiteur de son auteur après avoir notifié le testament qui l'institue, sans y joindre l'acte de décès, un acte de l'envoi en possession, ni un acte de notoriété constatant qu'il n'existe pas d'héritier à réserve. — Paris, 19 mai 1825, Beautier, [P. chr.]

447. — ... Que le créancier qui poursuit à la fois en vertu de titres personnels et comme cessionnaire des droits d'un tiers, n'est pas tenu, à peine de nullité, de signifier en tête du commandement copie entière de l'exploit de notification du transport. — Rennes (Metz), 29 févr. 1820, de Sepecourt, [S. et P. chr.]

448. — ... Qu'un acte de cession qui a été notifié au débiteur sans la formule exécutoire peut autoriser le créancier à faire un commandement, et que ce commandement est valable lorsque le titre cédé est notifié, dûment revêtu de la formule exécutoire. — Toulouse, 11 janv. 1831, de Sausac, [S. 32.2.217, P. chr.]

449. — ... Que le cessionnaire qui agit en vertu des titres de son cédant n'a pas à les signifier par acte séparé avant de faire commandement au débiteur; qu'il suffit que le transport ou la subrogation soit notifié avec le premier acte de poursuite, attendu que nulle loi ne le défend; que cette marche est moins dispendieuse, et peut être nécessaire à la prescription est sur le point de s'accomplir. — Cass., 31 août 1825, Sacaze, [S. et P. chr.] — V. Tarrible, *loc. cit.*; Duranton, t. 21, n. 49; Grenier, *loc. cit*; Carré, quest. 2202; Aubry et Rau, t. 8, p. 468; Garsonnet, *op. cit.*, p. 486, texte et note 24.

450. — ... Que l'exécution d'un titre authentique est poursuivie en vertu de la grosse de ce titre, alors même que le transport de la créance serait sous seing privé ou non expédié en forme exécutoire, car la cession, étrangère au débiteur, n'a pour effet que de saisir le cessionnaire. — Chauveau, sur Carré, quest. 1898 *bis* et 2202. — V. Persil, *Quest. sur les privil. et hyp.*, t. 2, p. 152; Pont, *Privil. et hyp.*, t. 2; *Expropriation*, n. 58; Aubry et Rau, t. 8, p. 468; Garsonnet, *op. et loc. cit.*, p. 485 et 486, texte et note 19. — *Contra*, Tarrible, dans Merlin, *Rép.*, v° *Saisie immobil.*, § 5, n. 2; Grenier, *Hypoth.*, t. 2, n. 483. — V. aussi Cass., 16 nov. 1840, Girardot, [S. 40.1.961, P. 40.2.674] — Bourges, 17 avr. 1839, Même partie, [S. 39.2.449, P. 41.2.649]

451. — Le créancier du défunt n'a pas de notification à faire à ses héritiers, s'il n'a pas de titre exécutoire; il doit procéder contre eux par voie d'assignation, mais peut-il recourir à cette dernière voie s'il n'est nanti d'un titre exécutoire? En d'autres termes, a-t-il le choix entre l'exécution parée et une demande en condamnation? Il a été jugé qu'il ne peut agir que par la voie parée. — Metz, 12 mai 1818, Sarrazin, [S. et P. chr.] — Amiens

31 août 1826, d'Essataux, [S. 37.2.292, *ad notam*, P. chr.] — Montpellier, 12 janv. 1832, Julien, [S. 32.2.528, P. chr.] — *Sic*, Coulon, *Quest. de dr.*, t. 2, p. 318; Massé et Vergé, t. 2, p. 328, § 384, note 8; Demolombe, t. 17, n. 52; Le Sellyer, *Comment. du titre des success.*, t. 3, n. 1166; Baudry-Lacantinerie et Wahl, *op. cit.*, n. 3079. — Il est hors de doute que s'il ne devait rien obtenir de la justice en dehors de ce qui lui est attribué par ses titres, il occasionnerait ainsi des frais qui ne sauraient incomber au débiteur, et qui, dès lors, seraient frustratoires; d'ailleurs, il n'aurait pas d'intérêt à agir de la sorte, et comme l'intérêt est la mesure des actions, sa demande devrait être rejetée comme n'étant pas recevable.

452. — Mais il peut avoir intérêt à faire condamner son débiteur personnellement. — V. notamment, Metz, 12 mai 1818, précité. — V. aussi les cas et espèces mentionnés *suprà*, v° *Citation en justice*, n. 85 et s. — Et alors il est recevable à demander une condamnation. — V. notamment, en ce sens, Pigeau, *Proc. civ.*, t. 1, p. 66; Carré et Chauveau, quest. 1898; Garsonnet, *op. cit.*, t. 1, § 118.

SECTION III.

Exécution contre les tiers.

453. — Aux termes de l'art. 548, C. proc. civ., « les jugements qui prononceront une mainlevée, une radiation d'inscription hypothécaire, un paiement ou quelque autre chose à faire par un tiers ou à sa charge, ne seront exécutoires par les tiers ou contre eux, même après les délais de l'opposition ou de l'appel, que sur le certificat de l'avoué de la partie poursuivante, contenant la date de la signification du jugement faite au domicile de la partie condamnée, et sur l'attestation du greffier constatant qu'il n'existe contre le jugement ni opposition ni appel. » L'art. 549 ajoute : « A cet effet l'avoué de l'appelant fera mention de l'appel dans la forme et sur le registre prescrits par l'art. 163. »

454. — Bien que les art. 548 et 549, C. proc. civ, soient placés au titre sixième, sous la rubrique « *Règles générales sur l'exécution forcée des jugements et actes*, » il est hors de doute que les formalités qu'ils prescrivent concernent exclusivement les jugements. — Housseau et Laisney, n. 150.

455. — Ainsi, les engagements contractés pour ou contre des tiers, en vertu des art. 1120 et 1121, C. civ., sont régis, quant à leur exécution, par des modes distincts de ceux applicables aux jugements qui les concernent comme tiers. Du reste, l'art. 548 ne parle absolument que « *des jugements* », et les formalités qu'il impose sont matériellement inapplicables à tous les actes en général.

456. — En général, on appelle « tiers, » par opposition à ayant-cause, toute personne qui est restée étrangère à l'acte dont l'exécution est en jeu. — Sur la distinction entre les tiers et les ayants-cause, V. *suprà*, v° *Ayant-cause*. — La présente appellation concerne tous ceux qui, sans avoir un intérêt direct et personnel au procès, sont tenus néanmoins, à raison de leur qualité ou de leurs fonctions, qu'ils soient, ou non, en cause, de concourir à l'exécution du jugement. — V. notamment, Carré et Chauveau, quest. 1903; Rousseau et Laisney, *loc. cit.*; Garsonnet, t. 3, p. 592 et 593, § 565.

457. — Ainsi, il n'y a pas lieu d'appliquer les dispositions de l'art. 548 au garant et à la caution d'une dette. Ils ne sont pas des tiers au sens dudit article, et le jugement obtenu contre le débiteur principal est exécutoire contre eux, sous la seule condition qu'il leur sera fait commandement avec notification du titre. — D. *Rép. gén.*, v° *Jugement*, n. 524.

458. — *Quid* à l'égard du tiers détenteur? La question a été résolue dans les deux sens par la jurisprudence. Ainsi jugé qu'il est un véritable tiers, et que, dès lors, il a le droit d'exiger la production des certificats visés par l'art. 548. — Colmar, 7 mars 1835, Plumer, [S. 35.2.416, P. chr.] — *Contrà*, Bourges, 23 mars 1841, Guillemet, [P. 41.2.676] — V. *infrà*, v° *Jugement et arrêt* (mat. civ.), n. 4182.

459. — Ne doit pas être considérée comme tiers, dans le sens de l'art. 548, C. proc. civ., la compagnie des magasins généraux, dépositaire de marchandises warrantées appartenant à un négociant failli, qui, sur son refus de livrer au porteur du warrant sans l'autorisation du syndic, a été appelée en référé, comme défenderesse, alors que cette instance s'est terminée par une ordonnance prescrivant la remise desdites marchandises au porteur du warrant sans le concours du syndic. — Cass., 21 janv. 1879, Magasins généraux, [S. 79.1.213, P. 79.1.519, D. 79.1.376] — Dans ce cas, la compagnie dépositaire ne peut, sans engager sa responsabilité, retarder la livraison jusqu'à la présentation d'un certificat de non-opposition ni appel. — Même arrêt.

460. — Jugé, aussi, que la Caisse des dépôts et consignations, n'étant autorisée à se dessaisir des fonds dont elle est dépositaire, qu'autant que les réclamants fournissent complètement la preuve de leurs droits, peut se refuser à verser lesdits fonds sur la seule production d'une ordonnance de référé à laquelle elle n'a pas été partie, et des certificats prescrits par l'art. 548. — Cass., 29 nov. 1882, Caisse des consignations, [S. 83.1.414, P. 83.1.1046, D. 83.1.109] — V. *suprà*, v° *Caisse des dépôts et consignations*, n. 533.

461. — Mais si la Caisse des dépôts et consignations a été partie à l'ordonnance de référé, elle ne peut se prévaloir de l'art. 548, C. proc. civ., Et la disposition n'a été établie qu'en faveur des tiers. — Cass., 23 mars 1864 (Motifs), Caisse des consignations, [S. 64.1.181, P. 64.664, D. 64.1.220]; — 23 déc. 1867 (Ch. réun.), Caisse des consignations, [S. 68.1.37 P. 68. 126, D. 68.1.9] — V. *suprà*, v° *Caisse des dépôts et consignations*, n. 533 et s.

462. — Il est évident que les règles prescrites par les art. 548-550, C. proc. civ., pour le cas où un jugement doit être exécuté contre un tiers, sont étrangères au cas où l'exécution est poursuivie contre la partie condamnée elle-même (Chauveau, sur Carré, quest. 1909 *bis*). Dès lors, le certificat du greffier constatant qu'il n'existe pas d'opposition à un jugement ou à un arrêt par défaut n'est pas nécessaire quand on exécute ce jugement ou cet arrêt contre les parties mêmes. — Besançon, 23 mars 1827, Tonnet, [P. chr.]

463. — Spécialement, le tiers saisi, qui a été condamné personnellement à payer, à concurrence des sommes dont il a été reconnu débiteur envers le saisi, ne peut se prévaloir de l'art. 548, pour écarter l'exécution par voie de saisie immobilière, sous prétexte que les formalités de cette saisie n'ont pas été remplies vis-à-vis de lui. — Même arrêt.

464. — Voyons maintenant quelles formalités doivent être remplies pour l'exécution de pareils jugements. L'art. 548 exige d'abord un certificat de l'avoué de la partie poursuivante, contenant la date de la signification du jugement au domicile de la partie condamnée, et ensuite une attestation du greffier que le jugement n'est frappé ni d'opposition, ni d'appel. Examinons successivement ces deux prescriptions :

465. — Il a été jugé que le certificat de l'avoué peut être remplacé par la production de l'original de l'exploit de signification. Cette production nous paraît, en effet, au moins aussi probante que le certificat de l'avoué. — Limoges, 4 juill. 1850, précité. — *Sic*, Housseau et Laisney, n. 155. — V. *infrà*, v° *Jugement et arrêt* (mat. civ.), n. 4177.

466. — Cette solution est combattue, à tort selon nous, par Chauveau, sur Carré (*Suppl.*, quest. 1909), et par Dutruc (*Suppl. aux lois de la proc. civ.*, v° *Expropriation forcée de jugem.*, n. 17), lesquels se fondent sur le texte même de l'art. 548, et sur l'art. 90 du tarif de 1807, qui alloue une vacation à l'avoué pour donner le certificat dont il s'agit. La seule induction à tirer de ces articles est que le législateur a prescrit un certificat de l'avoué, il n'a pas interdit les autres modes susceptibles de le remplacer.

467. — On pourrait peut être aussi en induire que, si le tiers exigeait autre chose que le certificat de l'avoué, la partie poursuivante aurait le droit de s'y refuser.

468. — Et il a été jugé, par analogie, que le tiers serait mal fondé à demander la preuve que le jugement a été signifié au domicile de la partie, lorsque la signification à avoué suffit pour faire courir le délai de l'appel, car ce que veut la loi, c'est la preuve que le délai de l'appel est expiré. — Caen, 29 déc. 1851, [*Journ. des avoués*, t. 77, p. 382, art. 1306] — *Sic*, Chauveau, sur Carré, *loc. cit.* — V. aussi Cass., 21 févr. 1854, Caisse des consignations, [S. 54.1.773, P. 54.1.378, D. 54.1.398]

469. — D'ailleurs le mot « domicile » de l'art. 548 doit s'entendre du domicile *réel* et non du domicile élu. Décidé, en conséquence, que le conservateur des hypothèques peut refuser de radier une inscription hypothécaire, lorsque le jugement qui a ordonné cette radiation n'a été signifié qu'au domicile élu. — Cass., 29 août 1803, Varry, [S. et P. chr.] — La Martinique, 19 mars 1842 (Motifs), N..., [S. 44.2.29]

470. — Quel est l'avoué chargé par la loi de mentionner l'appel sur le registre tenu par le greffier en vertu de l'art. 549,

EXÉCUTION DES ACTES ET JUGEMENTS (MAT. CIV.). — Chap. VI.

C. proc. civ.? Au premier abord, le contexte de cet article semble dire que cet avoué est celui qui occupe en appel. Ce serait croyons-nous, en faire une interprétation erronée, et les auteurs qui ont examiné la question enseignent que cette mission est donnée à l'avoué qui a occupé pour l'appelant en première instance. — Delaporte, t. 2, p. 139; Comment. des annales du notar., t. 3, p. 509; Thomine-Desmazures, n. 603; Carré et Chauveau, quest. 1908; Boncenne, t. 3, p. 142; Boitard, Colmet-Daage et Glasson, t. 2, n. 803. — En effet, la mention devant être faite sur le registre tenu par le greffier du tribunal civil, il est tout naturel qu'elle émane de l'avoué exerçant près ce tribunal, et qui, étant sur les lieux, n'aura pas, comme l'avoué d'appel, une distance plus ou moins grande à parcourir pour se rendre au greffe. Telle a dû être la pensée du législateur; sa rédaction, seule, est vicieuse.

471. — On s'est demandé comment il faudrait procéder, si le jugement avait été rendu par défaut, faute de constitution d'avoué. Carré et Chauveau (loc. cit.) répondent avec raison, que nous semble que l'appelant chargera un avoué de son tribunal de faire ladite mention.

472. — On sait qu'aux termes des art. 163 et 164, C. proc. civ., il est tenu, au greffe du tribunal civil, un registre spécial sur lequel, en cas d'opposition au jugement par défaut, l'avoué de l'opposant doit faire une mention sommaire de l'opposition, et qu'aucun jugement de cette nature ne peut être exécuté à l'égard d'un tiers que sur un certificat du greffier constatant qu'il n'y a pas d'opposition sur ce registre (V. infrà, v° Jugement et arrêt [mat. civ.], n. 4173 et s.). Les art. 548 et 550 du même Code étendent cette disposition à l'appel. C'est une heureuse innovation de notre législation, car, sous l'ordonnance de 1667, les délais d'opposition et d'appel n'étaient pas déterminés d'une manière invariable, et l'exécution avait lieu sur un certificat du procureur constatant qu'à sa connaissance personnelle, le jugement n'avait été frappé ni d'opposition, ni d'appel. Il pouvait résulter de là, que, par suite d'une erreur ou de la mauvaise foi de l'avoué, le tiers se trouvait soumis éventuellement à des conséquences désastreuses, tandis qu'aujourd'hui il lui suffit de consulter le registre du greffier pour apprécier s'il peut agir avec sécurité.

473. — Mais cette sécurité est-elle complète, absolue ? Non, si le certificat du greffier a été délivré avant l'expiration du délai d'opposition ou d'appel, car il peut se faire que, postérieurement à sa délivrance, il survienne une nouvelle décision qui modifie complètement la première, et que l'exécution de celle-ci ait déjà produit des effets irréparables. Supposons, par exemple, que le premier jugement ait prononcé le divorce, en enjoint à la Caisse des dépôts et consignations de vider ses mains entre celles du réclamant. Si, dans l'ignorance de l'appel, on a transcrit le jugement de divorce, ou si la caisse s'est dessaisie des fonds, qu'importera que la cour rende un arrêt infirmatif, et annule, par voie de conséquence, les actes d'exécution auxquels il aurait déjà été procédé? Le mariage n'en sera pas moins dissous, et peut-être les fonds seront-ils dissipés. Il est donc d'un puissant intérêt de savoir si la loi impose au greffier de ne délivrer son certificat qu'après l'expiration du délai d'opposition ou d'appel, ou si la délivrance peut en être faite antérieurement. La question est controversée. — V. en ce qui concerne les jugements par défaut, infrà, v° Jugement et arrêt (mat. civ.), n. 4184 et s.

474. — Pour justifier qu'un jugement contradictoire, non passé en force de chose jugée, ne peut être exécuté qu'après l'expiration du délai d'appel, on fait remarquer que, ni dans les art. 163, 164, 548 et s., C. proc. civ., ni dans les art. relatifs à l'appel, ni dans aucun autre, il n'est dit expressément que l'exécution du jugement ne pourra avoir lieu qu'après l'expiration du délai d'appel; solution conforme, du reste, aux principes généraux, d'après lesquels l'exécution peut avoir lieu contre la partie condamnée, dès lors que le jugement lui a été signifié, et tant qu'elle n'en a pas interjeté appel. Au surplus, l'art. 548 dit « même après les délais d'opposition ou d'appel » et le membre de phrase est aussi probant que possible. Car, si le législateur impose certaines conditions au bénéficiaire d'un jugement qui l'exécute après l'expiration des délais d'opposition ou d'appel, a fortiori les impose-t-il en cas d'exécution avant l'expiration desdits délais. Ce qui implique que, si ces délais sont expirés, il doit être procédé à l'exécution, comme s'ils ne l'étaient pas encore. Donc, il suffit que le certificat du greffier constate qu'au moment de sa délivrance, il n'y avait trace, sur son registre, ni d'opposition ni

d'appel. — Domiau-Crouzilhac, p. 377; Pigeau, Procéd., t. 2, p. 427, et Comment., t. 2, p. 144; Carré, quest. 1906; Berriat Saint-Prix, t. 2, p. 569; Thomine-Desmazures, t. 2, n. 602; Coffinières, Journ. des avoués, t. 3, p. 255; Boncenne, t. 3, p. 143; Rodière, t. 2, p 190; Rousseau et Laisney, n. 189; Locré, t. 22, p. 383 et s. — La jurisprudence est en ce sens — V. suprà, v° Appel (mat. civ.), n. 2882 et s., et infrà, v° Jugement et arrêt (mat. civ.), n. 4184.

475. — Dans une autre opinion on enseigne que l'art. 2157, C. civ., qui, en vue d'une hypothèse analogue, exige que le jugement soit en dernier ressort, ou passé en force de chose jugée, révèle l'esprit du législateur. En dehors du certificat à délivrer par le greffier, l'art. 548, dit-on, exige, en outre, de l'avoué, qu'il précise la date de la signification, et c'est manifestement dans le but d'indiquer le point de départ du délai de l'appel, et de faire savoir à l'intéressé si le jugement pouvait être encore possible. Où serait son utilité, si le jugement pouvait être exécuté avant l'expiration dudit délai. Par conséquent, pour que le tiers ne puisse pas se refuser à l'exécution du jugement, il faut, non seulement, qu'appel n'en ait pas encore été interjeté, mais encore qu'il ne puisse plus l'être, c'est-à-dire que les délais soient expirés. — Delvincourt, t. 2, p. 620 ; Pers[i], Régime hypothécaire, sur l'art. 2157, n. 14, et Quest., t. 2, p. 22; Grenier, Hypothèque, n. 526; Troplong, Ibid., n. 739; Favard de Langlade, Rép., v° Exécution des jugements, § 2, n. 3; Baudot, Formul. hypoth., n. 986; Le Pratic. franç., t. 4, p. 76; Hautefeuille, p. 314 ; Carou. Procéd. des jug. de paix; Chauveau, sur Carré, quest. 1906; Bioche, v° Jugement par défaut, n. 408 ; Mailher, Dissert., Bibliothèque du barreau, part. 1, t. 3, p. 29; Boitard, Colmet-Daage et Glasson, t. 2, p. 261 et s. ; Poncet, Tr. des jugements, n. 370 ; Dutruc, Formul. des huissiers, t. 1, p. 442, note 53, et Observ., S. 59.2.393 ; Garsonnet, t. 5, p. 177 et s., n. 948. — V. infrà, v° Jugement et arrêt (mat. civ.), n.4186.

476. — Plusieurs auteurs précités, tout en exigeant que le certificat du greffier ne soit délivré qu'après l'expiration des délais d'opposition ou d'appel, font une exception pour le cas d'un jugement par défaut faute de constitution d'avoué, dont la seule disposition est une chose à faire par un tiers et qui ne prononce aucune condamnation aux dépens. — V. notamment Chauveau, sur Carré, loc. cit.; Dutruc, loc. cit.; Boitard, Colmet-Daage et Glasson, loc. cit. — En effet, disent-ils, supposons que le jugement ait ordonné, « sans dépens » la radiation d'une inscription hypothécaire, la mainlevée d'une opposition à mariage. Si ce jugement n'est pas exécuté dans les six mois de son obtention, il est périmé. Or, il ne peut pas dépendre du tiers contre lequel, seul, le jugement peut être exécuté, d'en entraîner la péremption par son refus de l'exécution ; par conséquent, il doit procéder à son exécution, sous la double condition qu'il a été signifié et qu'il lui est justifié par les moyens légaux qu'il n'y a été formé aucune opposition. Il va de soi que cette exception ne s'applique pas pour l'opposition; le cas d'appel ne présente pas les mêmes difficultés, et les principes généraux y sont seuls applicables. — Chauveau, sur Carré, loc. cit.

477. — Quid, si le tiers a connu l'opposition ou l'appel par un moyen autre que celui prescrit par l'art. 548, C. proc. civ.? Par exemple, si ces actes lui ont été notifiés? Il est fixé sur l'état de la procédure, il doit donc, sous peine de dommages-intérêts, se refuser à l'exécution du jugement. — Thomine-Desmazures, t. 2, p. 50 ; Pigeau, Comment., t. 2, p. 144; Chauveau, sur Carré, quest. 1906-3°.

478. — Les art. 548 et s., C. proc. civ., sont-ils applicables aux jugements rendus par les tribunaux de commerce? En d'autres termes, le bénéficiaire d'un jugement émanant de la juridiction commerciale est-il tenu, pour le faire exécuter, de fournir au tiers les certificats prescrits par l'art. 548? — V. sur la question infrà, v° Jugement et arrêt (mat. civ.), n. 4379 et s. — Adde, dans le sens du système de la Cour suprême : Favard de Langlade, Rép., v° Opposition, § 3, n. 4; Carou, Jurid. des juges de paix, t. 1, p. 642; E. Olivier, Rev. prat., 1839, p. 135; Dutruc, Formul. des huiss., t. 1, p. 443, n. 62; Rousseau et Laisney, Dict. de proc., v° Exécut. des jugem. et actes, n. 134. — Contrà, Pigeau, Comment., t. 1, p. 40; Chauveau, sur Carré, Suppl., quest. 1908-6°, et Suppl. alphab., v° Exécut. forcée des jugem., n. 45, et s; Boita d, Colmet-Daage et Glasson, t. 2, n 803; Rodière, t. 2, p. 192.

479. — La même question se pose pour l'exécution des jugements rendus par les juges de paix. Elle doit se résoudre d'après les mêmes principes. — V. dans le sens de la doctrine consacrée par la Cour de cassation : Favard de Langlade, *loc. cit.;* Carou, *loc. cit.* — *Contrà.* Pigeau, *loc. cit.;* Chauveau, sur Carré, *loc. cit.;* Rodière, *loc. cit.*

480. — Pour qu'un jugement soit exécutoire contre un tiers, est-il absolument nécessaire qu'il le mentionne d'une façon expresse? Nous ne le pensons pas : il suffit, croyons-nous, qu'il renferme une disposition dont cette exécution soit la conséquence implicite et forcée.

481. — Décidé, en tout cas, que le jugement qui ordonne le délaissement d'un immeuble est exécutoire, non seulement contre la partie condamnée, mais encore contre le tiers auquel l'immeuble a été vendu, alors surtout que cette vente a eu lieu pendant le procès. — Agen, 9 juin 1806, Saignes, [S. et P. chr.] — En effet, ce qui est jugé contre la partie condamnée l'est aussi contre ses ayants-cause, et l'exécution contre cette partie implique et entraîne fatalement celle contre le tiers.

482. — Il est de principe, consacré par l'art. 548, C. proc. civ., que les jugements qui ordonnent quelque chose à faire par des tiers sont exécutoires contre eux, comme s'ils avaient été parties. Jugé, en ce sens, qu'une cour d'appel peut, pour l'exécution d'un arrêt antérieur par lequel elle avait ordonné la remise d'une mineure confiée à des dames religieuses, condamner les supérieures du couvent, bien qu'elles n'eussent point figuré dans le premier arrêt, à faire ladite remise, dans un délai déterminé, sinon et faute de ce faire, les condamner, comme moyen d'exécution, à payer une somme de......, par chaque jour de retard. — Paris, 23 août 1834, Supérieure du couvent X..., [S. 35.2.342, P. chr.]

483. — On prétendrait en vain que cette demande était une demande principale qui aurait dû subir les deux degrés de juridiction, et que, par suite, la cour n'était pas compétente pour en connaître. Elle n'était que la suite de l'exécution ordonnée par un premier arrêt, qui avait infirmé la décision des premiers juges, et la connaissance en revenait à la cour. — Même arrêt.

484. — Le jugement qui homologue la liquidation et le partage d'une succession intéressant un mineur, ne peut être exécuté contre le subrogé tuteur de ce dernier qu'après qu'il lui a été signifié et après l'accomplissement des formalités prescrites par l'art. 548, C. proc. civ. Peu importe qu'il ait été rendu sans qu'aucune contestation se soit élevée entre les copartageants et sur leur requête collective. — Paris, 10 août 1838, Banque de France, [S. 38.2.425, P. 38.2.126]

485. — Les jugements sur requête qui homologuent une transaction intéressant un mineur ne peuvent être exécutés contre les tiers que sur la production d'un certificat de non-opposition ou d'appel. — Paris, 8 juill. 1859, sous Cass., 11 juill. 1860, Bouclot, [S. 60.1.971, P. 61.504, D. 60.1.305] — *Sic,* Rousseau et Laisney, n. 162.

486. — Les art. 548 et s., C. proc. civ., sont-ils applicables aux jugements dont l'exécution provisoire a été ordonnée, nonobstant opposition ou appel? En d'autres termes, les tiers, à la charge desquels l'exécution ne concerne, sont-ils fondés à ne pas les exécuter, tant qu'on ne leur a pas fourni les certificats prescrits par l'art. 548 susvisé? — V., sur la question, *infrà*, v° *Exécution provisoire,* n. 18 et s., et v° *Jugement et arrêt* (mat. civ.), n. 4191.

487. — A l'appui de la négative, on dit que l'art. 135, C. proc. civ., qui autorise l'exécution provisoire dans certains cas déterminés, ne distingue pas entre les jugements qui ne concernent que les parties en cause et ceux dont l'exécution intéresse les tiers; dès que l'exécution provisoire a été ordonnée, l'appel cesse d'être suspensif (C. proc. civ., art. 457); autrement, quelle serait l'utilité de l'art. 135? Il dépendrait du caprice de l'une des parties de suspendre l'exécution des jugements à l'égard des tiers, en en faisant appel. — V. en ce sens, Paris, 9 oct. 1812, Dupin, [P. chr.] — Bordeaux, 21 août 1839, Hirogoyen, [S. 41.1.497, *ad notam,* P. 41.2.428] — *Sic,* Thomine-Desmazures, t. 2, n. 805; Chauveau, sur Carré, quest. 1906 *bis,* et *Suppl.,* v° *Exécut. forcée des jugem. et actes,* quest. 1906 *bis;* Rousseau et Laisney, n. 161.

488. — On enseigne avec raison, dans un autre système, que l'art. 548 est spécial au cas d'une chose à faire par un tiers en vertu d'un jugement auquel il n'a pas été partie, tandis que l'art. 135 concerne plutôt l'effet d'un jugement entre les parties au procès ; que les termes de l'art. 548 sont généraux et absolus; que, dès lors, peu importe la nature du jugement; que les conséquences de son exécution malgré l'appel peuvent être aussi désastreuses dans un cas que dans l'autre, et que, par suite, les tiers ont droit à la garantie que l'art. 548 leur donne. — V. en ce sens, Cass., 25 mai 1841, Baylac, [S. 41.1.497, P. 41.2.37]; — 2 juill. 1849, Marchand, [S. 49.2.539, P. 52.2.165, D. 51.5.238]; — 9 juin 1858, Jeannin, [S. 59.1.621, P. 58.1.167, D. 58.1.246] — Pau, 14 mars 1837, Baylac, [S. 37.2.276, P. 37.2.294] — Grenoble, 8 févr. 1849, Neyret et Chevrier, [S. 49.2.539, P. 50.1.181, D. 49.2.253] — Rennes, 14 oct. 1853, [J. *des av.,* t. 79, p. 589, art. 1.50] — *Sic,* Bioche, *Dict.,* v° *Jugement,* n. 267; Dutruc, *Formul. annoté,* p. 443, n. 57; Garsonnet, t. 5, p. 213 et 214, texte et note 10.

489. — La doctrine que nous avons adoptée pour les jugements déclarés exécutoires par provision s'impose également pour les ordonnances de référé dont l'exécution a été ordonnée sur minute et nonobstant appel. — Cass., 9 juin 1858, précité. — Turin, 15 juill. 1809, Fassy, [S. et P. chr.] — Paris, 7 juin 1861, Chemin de fer du Nord, [S. 61.2.400, P. 61.928, D. 61.2.169]; — 14 janv. 1878, sous Cass., 21 janv. 1879, Comp. du Magas. et entrep. génér., [S. 79.1.215, P. 79.518, D. 79.1.376]

490. — L'art. 550, C. proc. civ., semble dire que la production du certificat dressé par le greffier suffit pour que le tiers soit tenu d'exécuter le jugement. S'il en était ainsi, il y aurait une sorte de contradiction avec l'art. 548 du même Code; or, il nous paraît évident que les deux certificats, exigés par ce dernier article doivent être représentés simultanément, car, isolés, ils sont sans force aucune. — Favard de Langlade, t. 2, p. 476; Chauveau, sur Carré, quest. 1909. — Il n'y a donc lieu de s'arrêter ni à l'opinion de Lepage (*Quest.,* p. 377, ni à celle de Carré (*loc. cit.*), qui enseignent, le premier, que le greffier ne doit pas fournir son certificat sans avoir entre les mains celui de l'avoué, et le second, que c'est le seul moyen de procurer simultanément l'exécution des deux articles susvisés. Il suit de là que les séquestres conservateurs et autres personnes désignées en l'art. 550, C. proc. civ., peuvent exiger, avant d'exécuter le jugement, qu'on leur représente, outre le certificat du greffier, constatant qu'il n'y a ni opposition ni appel, celui de l'avoué constatant que le jugement a été signifié à la partie condamnée.

491. — Dans le cas où ces certificats n'ont pas été copiés en tête du premier acte de poursuite, il est équitable d'annuler ces poursuites lorsque le tiers s'empresse d'exécuter le jugement dès que cette omission a été réparée : de le maintenir au contraire au condamner le tiers aux dépens, s'il persiste dans son refus depuis la notification des certificats. — Chauveau, sur Carré, quest. 1909-4°.

492. — La cour de Paris a validé les poursuites, mais en condamnant le poursuivant aux dépens de première instance, antérieurs à la signification régulière. — Paris, 15 févr. 1825, Hagot, [S. et P. chr.] — La cour de Colmar en a annulées sans aucune distinction. — Colmar, 7 mars 1835, Pflummer, [S. 35.2.415, P. chr.]

493. — La disposition de l'art. 457, C. proc. civ., qui permet d'exécuter, nonobstant appel, un jugement mal à propos qualifié en dernier ressort, est-elle applicable aux jugements qui ordonnent quelque chose à faire par un tiers? Nous ne connaissons qu'un seul arrêt sur cette question, et il a tranché dans le sens de la négative, par le motif que l'application de cet article doit être restreint aux parties et ne pas être étendue aux tiers ; de pareils jugements ne peuvent être ramenés à exécution contre les tiers, qu'autant qu'ils ont acquis l'autorité de la chose jugée, ce qui n'existait pas dans l'espèce. — Pau, 22 mars 1834, Casabat, [S. 34.2.432, P. chr.]

494. — Jugé, spécialement, que le tiers saisi peut se refuser à l'exécution d'un jugement qui annule une saisie-arrêt, qui a été mal à propos qualifié en dernier ressort, et à raison duquel la cour n'a pas accordé les défenses qui lui étaient demandées. — Même arrêt. — *Sic,* Chauveau, sur Carré, quest. 1906-8°.

495. — Si l'exécution contre les tiers soulève des difficultés, elles sont instruites et jugées conformément à l'art. 472, C. proc. civ. — Paris, 23 août 1834, P..., [S. 35.2.342, P. chr.] — V. *suprà,* v° *Appel* (mat. civ.), n. 3778 et s.

CHAPITRE VII.

PERSONNES CHARGÉES DE L'EXÉCUTION.

496. — L'exécution est confiée tantôt à un magistrat, tantôt à un fonctionnaire public, le plus souvent à un officier ministériel, dans les fonctions desquels rentrent les actes qui doivent accompagner cette exécution. Quelquefois aussi l'exécution est confiée à un simple particulier investi passagèrement d'un pouvoir public.

497. — Ainsi l'exécution est faite par un juge, pour les jugements qui ordonnent un acte d'instruction : par exemple, une enquête, une descente sur les lieux, un interrogatoire sur faits et articles, une reddition de compte ; ce magistrat est commis, suivant les cas, par le tribunal tout entier, ou par son président.

498. — ... Par le greffier du tribunal, lorsque le jugement prescrit, soit de fournir caution, soit d'ouvrir une contribution, soit de recevoir la déclaration et l'affirmation du tiers saisi, en matière de saisie-arrêt.

499. — ... Par un notaire, s'il s'agit de procéder à des inventaires, comptes, liquidation et partage, que le tribunal a renvoyés devant lui.

500. — ... Par un simple particulier, lorsque le tribunal a ordonné une expertise. — V. *infrà*, v° *Expertise*.

501. — L'agent investi de la mission d'exécuter est désigné par le jugement ou l'acte qu'il s'agit de mettre à exécution, ou bien il est choisi par la partie poursuivante.

502. — Quelquefois encore, dans le cas, par exemple, de l'art. 486, C. comm., c'est la justice qui désigne la classe d'officiers ministériels dont le concours sera nécessaire, et c'est la partie poursuivante qui choisit dans cette classe celui auquel elle veut confier ses pouvoirs. — V. sur le point ci-dessus : Bioche, *Dict.*, v° *Exécut. des jugem. et actes*, n. 138 et s. ; Garsonnet, t. 3, p. 444 et 445, § 526.

503. — Lorsque, dans le cours des opérations faites par le juge commis pour l'accomplissement de sa mission, il s'élève des difficultés qui empêchent de passer outre, le juge doit renvoyer les parties devant le tribunal, à moins que ce dernier ne lui ait délégué ses pouvoirs pour statuer provisoirement (Bioche, *Dict.*, v° *Exéc. de jugem.*, n. 88), ou qu'il n'y soit autorisé par la loi.

504. — Quant aux huissiers, dont l'art. 556, C. proc. civ., s'occupe spécialement, la mission qui leur est donnée a pour but immédiat de contraindre l'obligé à faire ce dont il est tenu. — Bioche, n. 144.

505. — Eux seuls, parmi les mandataires susdésignés, ont le droit de procéder à l'exécution forcée. — Garsonnet, *op. cit.*, p. 445, texte et note 14.

506. — Si les huissiers ont le droit exclusif de procéder à l'exécution forcée, la loi leur impose, sous peine d'être punis, ainsi qu'aux fonctionnaires publics, administrateurs et juges, qui procèdent à l'exécution des jugements et actes, de traiter avec humanité les citoyens, et de s'abstenir de toute rigueur inutile. — V. notamment, Bioche, *op. cit.*, n. 153 ; Rousseau et Laisney, n. 173 ; Garsonnet, t. 3, p. 445, texte et notes 15 et 16.

507. — En effet, l'art. 10, L. 17 avr. 1791, porte : si un fonctionnaire public, administrateur, juge, officier ministériel d'exécution, exerçait sans titre légal quelque contrainte contre un citoyen, ou si, même avec un titre légal, il employait ou faisait employer des violences inutiles, il sera responsable de sa conduite et puni sur la plainte de l'opprimé, portée et poursuivie selon les formes prescrites. — V. *suprà*, v° *Abus d'autorité*, n. 546 et s., et v° *Huissier*, n. 303.

508. — Par contre, si les parties condamnées ou débitrices croient devoir résister à l'exécution, elles ne doivent le faire qu'en employant les voies légales, la voie du référé. — V. notamment, Bioche, n. 149 ; Rousseau et Laisney, n. 174 ; Garsonnet, t. 3, p. 445, texte et note 19.

509. — Ainsi, les citoyens ne doivent pas s'opposer violemment, ni par paroles ni par actions, à l'exécution des mandements de justice. — V. *infrà*, v° *Rébellion*.

510. — L'officier ministériel illégalement empêché dans l'exercice de ses fonctions dresse procès-verbal, soit des outrages, soit des violences et voies de fait dont il a été l'objet ; puis il est procédé, suivant les formes du Code d'instruction criminelle, contre l'auteur de la rébellion ou des outrages (C. proc. civ., art.

555). — Bioche, *op. cit.*, n. 150 ; Rousseau et Laisney, n. 175 ; Garsonnet, *op. cit.*, p. 445, *in fine*, et la note 20, p. 446.

511. — Si l'outrage s'adressait à un juge-commissaire, le magistrat pourrait faire immédiatement déposer le délinquant dans la maison d'arrêt, pour être jugé ensuite par le tribunal. — Bioche, *Dict.*, v° *Exécution de jugements*, n. 152. — V. *infrà*, v° *Outrage*.

512. — L'huissier a le droit de réquisition pour se faire assister, s'il y a lieu, par un ou plusieurs agents de la force publique. Si l'officier qui commande la force publique refuse de déférer à la réquisition faite par l'huissier, ce dernier peut s'adresser au procureur de la République, que l'art. 5, tit. 8, Décr. des 16-24 août 1791, arme suffisamment à cet effet. — Favard de Langlade, v° *Exécut.*, § 2, n. 7 ; Lepage, *Quest.*, p. 377 ; Bioche, n. 148 ; Garsonnet, *op. cit.*, p. 445, texte et note 18.

513. — Si l'huissier a le droit, dans les cas ci-dessus, de requérir la force publique, la loi lui confère-t-elle le pouvoir de faire ouvrir, par des ouvriers *ad hoc*, les portes qui seraient impitoyablement fermées ? L'affirmative est enseignée par plusieurs auteurs (V. notamment Rousseau et Laisney, n. 166), qui ajoutent : « Mais le refus d'obtempérer à l'injonction de l'huissier n'est pas punissable » N'est-ce pas dire que l'huissier est sans qualité pour faire une pareille réquisition ? N'y a-t-il pas là deux idées qui se heurtent et même se contredisent ? En tout cas, la Cour de cassation se fonde sur l'addition susvisée, pour décider qu'il n'y a pas contravention à la loi, dans le fait, par l'ouvrier, de refuser son concours à l'huissier qui requiert de lui un acte de sa profession, sans l'ordre direct et immédiat d'un officier public ou magistrat dépositaire de l'autorité publique. — Cass. crim., 20 févr. 1830, Sourrisseaux, [S. et P. chr.] — La raison en est que les art. 1 et 2, L. 22 germ. an IV, confèrent au ministère public, seul, le droit de réquisition dont il s'agit, et que ce droit qui lui est confirmé par l'art. 114, Décr. 20 juin 1811, lequel dit formellement que la loi de germinal continuera d'être exécutée. — V. en ce sens, Garsonnet, t. 3, p. 447, note 7, § 527. — V. *suprà*, v° *Exécution capitale*, n. 89 et s.

514. — L'huissier ne peut évidemment s'immiscer d'office dans les affaires d'autrui ; aussi ne peut-il agir sans un pouvoir formel ou tacite, suivant la nature des actes d'exécution qu'il a à accomplir.

515. — En général, la remise de la grosse à l'huissier vaut pouvoir de faire tous actes d'exécution, même les saisies mobilières (C. proc. civ., art. 556). — Thomine-Desmazures, t. 2, p. 53 ; Favard de Langlade, t. 2, p. 475 ; Bioche, n. 145 ; Carré et Chauveau, quest. 1917 ; Rousseau et Laisney, n. 168. — V. *infrà*, v° *Huissier*, n. 189 et s.

516. — Le débiteur ne saurait donc prétendre que l'huissier agit sans pouvoir lorsqu'il est porteur de la grosse et n'est pas désavoué, car il y a présomption que la remise a été faite par le créancier. — Boitard, p. 330 ; Thomine-Desmazures, t. 2, p. 53 ; Chauveau, sur Carré, quest. 1917 et les auteurs ci-dessus.

517. — Il y a également présomption, contre le désaveu du créancier, que l'huissier a reçu la grosse directement du créancier ou d'un tiers par son ordre. — Mêmes auteurs.

518. — ... Sauf toutefois au créancier qui dénie le mandat à démontrer qu'il n'a pas été donné, et que la remise des pièces a eu un tout autre but, ou bien que ces pièces lui ont été extorquées par fraude, violence ou abus de confiance. — Chauveau, sur Carré, n. 1917.

519. — D'où il suit que la remise des pièces, qui n'a pas été faite directement par la partie à l'huissier, ne confère pas à ce dernier le pouvoir d'agir, et alors, le désaveu est valable, lorsque l'huissier a exploité à l'insu du poursuivant, et sans prendre les précautions nécessaires pour savoir son aveu. — Paris, 31 janv. 1815, Lefrançois, [S. et P. chr.] — *Sic*, Demiau-Crouzilhac, sur l'art. 352, C. proc. civ. ; Carré et Chauveau, *loc. cit.*

520. — Si, en général, la remise des pièces à l'huissier vaut, pour lui, mandat d'exécuter, il n'en est pas de même en matière d'emprisonnement et de saisie immobilière. Ces deux mesures sont d'une gravité exceptionnelle, et l'art. 556, C. proc. civ., exige que, dans ces cas, l'huissier soit nanti d'un pouvoir spécial. — V. *infrà*, v° *Huissier*, n. 206.

521. — Autrement, le désaveu est admis et la nullité prononcée, par cela seul que l'huissier ne représente pas de pouvoir. — V. Paris, 31 janv. 1815, précité.

522. — En résumé, s'agit-il d'un mode d'exécution ordinaire, la remise des pièces à l'huissier, d'où qu'elle vienne, établit, en sa faveur, la présomption qu'il a ait mandat d'agir, et aucune preuve n'est à sa charge, en sorte que, d'une part, le débiteur ne peut, ni réclamer la représentation d'un pouvoir, ou, s'il y en a, saisie, l'arguer de nullité, et que, d'autre part, si le créancier dénie le mandat et désavoue l'huissier, il devra démontrer que, contrairement à la présomption qui protège cet officier ministériel, la remise des pièces a été faite dans un tout autre but que l'exécution. S'agit-il d'une saisie immobilière ou d'un emprisonnement, les rôles sont intervertis. L'huissier doit représenter un pouvoir spécial; s'il ne le fait pas, la présomption est contre lui, il est censé avoir agi sans mandat légal; et alors, d'une part, le débiteur peut s'opposer à l'exécution et demander la nullité de la saisie qui aurait été pratiquée, et le créancier désavouer l'officier ministériel, sans que ni l'un ni l'autre aient la moindre preuve à faire. Ce sera à l'huissier, pour détruire la présomption qui s'élève contre lui, à faire la preuve contraire. Dans ces deux hypothèses inverses, il y a donc une question de preuve d'une certaine importance.

523. — Jugé que l'emprisonnement est nul, si l'huissier instrumentaire a, par fraude, dans le pouvoir donné par le créancier, substitué son nom à celui d'un confrère, qui avait été choisi. — Rouen, 4 févr. 1819, Talon, [S. et P. chr.] — *Sic*, Chauveau, sur Carré, quest. 1918.

524. — Ce pouvoir spécial n'est exigé que pour la saisie et non pour le commandement qui la précède : la remise de la grosse en tient lieu. — Cass., 12 mai 1813, Cauchois, [S. et P. chr.] — Besançon, 16 déc. 1812, Champreux, [P. chr.]; — *Sic*, Merlin, *Rép.*, v° *Saisie immob.*, § 6, art. 1, n. 1 *in fine*; Chauveau, sur Carré, quest. 1918.

525. — Il suffit, pour remplir le vœu de la loi, que le pouvoir de l'huissier puisse être représenté à la première réquisition du débiteur, soit qu'il s'agisse de saisie immobilière ou d'emprisonnement. — Cass. 6 janv. 1812, Chauffer-Lonlaville, [S. et P. chr.]; — 10 août 1814, Poirson, [S. et P. chr.] — Rennes, 31 mars 1814, Mahé, [P. chr.] — *Sic*, Garsonnet, t. 2, p. 638, § 822, texte et note 15.

526. — Il peut être sous seing privé; il n'est pas nécessaire qu'il soit authentique ni même enregistré avant la saisie. — Cass., 12 juill. 1814, Sirandin, [S. et P. chr.]; — 15 avr. 1822, Barbery, [S. et P. chr.] — Orléans, 6 déc. 1833, Barbery, [S. 43.2.398, P. chr.] — Favard de Langlade, t. 2, p. 479, n. 8; Chauveau, sur Carré, quest. 1918; Bioche, v° *Saisie immobilière*, n. 169; Rodière, t. 2, p. 194. — V. cependant Chauveau, sur Carré qui, tout en admettant la première doctrine conseille cependant, pour éviter toute difficulté, de faire enregistrer le pouvoir avant la saisie. — Garsonnet, t. 2, p. 638, § 822, texte et note 15.

527. — L'huissier n'a pas à justifier de ce pouvoir avant d'agir. Le débiteur ne peut se plaindre si ce pouvoir lui est représenté lorsqu'il le réclame. — Metz, 2 sept. 1812, Gaignat, [P. chr.] — Bourges, 14 avr. 1813, Beson, [S. et P. chr.] — Rennes, 20 févr. 1817, Guillet, [S. et P. chr.] — Orléans, 6 déc. 1833, précité. — *Sic*, Thomine-Desmazures, t. 2, p. 56; Favard de Langlade, t. 2, p. 478, n. 7; Boitard, Colmet-Daage et Glasson, t. 2, p. 269. n. 810. — *Contra*, Orléans, 6 déc. 1812, en matière d'emprisonnement, [J. *des avoués*, t. 8, p. 627] — Coffinières, [J. *des avoués*, t. 20, p. 238]; Persil, *Quest.*, t. 2, p. 319.

528. — Il n'est pas nécessaire que ce pouvoir soit signifié au saisi. — Cass., 4 oct. 1814, Joannes, [S. et P. chr.]; — 12 janv. 1820, Tardy, [S. et P. chr.]

529. — Ni qu'il soit mentionné au procès-verbal de saisie. — Besançon, 18 mars 1808, Marchand, [S. et P. chr.]

530. — Il suffit que sa date soit certaine et antérieure à la saisie. — V. les auteurs cités *suprà*, n. 526.

531. — Mais est insuffisant, faute de précision, le pouvoir d'exécuter un acte « en toutes formes exécutoires. » — Chauveau, sur Carré, quest. 1918. — V. pourtant en sens contraire, Bruxelles, 13 juin 1807, Vanderbogt, [S. et P. chr.]

532. — Ce pouvoir peut être délivré en blanc à l'huissier, pourvu qu'il soit clair, spécial, sans équivoque, qu'il soit régularisé au commencement des poursuites, alors même que cet officier ministériel n'aurait pas encore été investi de ses fonctions, lorsque le pouvoir lui a été remis. — Riom, 7 mai 1818, Ruines, [S. et P. chr.]

533. — Il n'est pas nécessaire qu'il soit le seul compris dans l'écrit; il peut être intercalé dans une procuration relative à d'autres affaires. L'important est qu'il soit spécial. — Paris, 2 août 1811, Bardoullot, [S. et P. chr.] — *Sic*, Chauveau, sur Carré, quest. 1918.

534. — Le pouvoir est valable, bien qu'il ne désigne pas nominativement tel huissier; il peut s'adresser à tout huissier qui en sera porteur. — Carré et Chauveau, quest. 1919.

535. — Ces auteurs enseignent même (*loc. cit.*), qu'une saisie est valable quoique l'huissier qui a procédé ne fût porteur que d'un pouvoir donné à un tiers pour charger tout huissier de saisir tel immeuble. C'est qu'en effet, disent ces auteurs, le mot « spécial » de l'art. 556 porte, non sur la personne de l'huissier qui doit agir, mais sur la saisie à opérer. — V. en ce dernier sens, Rousseau et Laisney, n. 172.

536. — Le pouvoir spécial peut-il être donné par le mandataire général du saisissant, bien que ce dernier ne l'y ait pas spécialement autorisé? La question a été discutée. — V. dans le sens de l'affirmative, Besançon, 28 déc. 1820, Dépheliens, [S. et P. chr.], lequel se fonde sur ce que le mandataire général, étant chargé d'administrer, doit nécessairement avoir à sa disposition tous les moyens voulus pour assurer les recettes, qui sont destinées à pourvoir aux dépenses. — Carré et Chauveau, quest. 1918; Delfaux et Harel, *Encyclop. des huissiers*, v° *Saisie immobilière*. n. 176. — *Contra*, Colmar, 5 mars 1832, Ruth, [S. 32. 2.373, P. chr.], lequel s'appuie particulièrement sur l'art. 556, C. proc. civ., qui exige un pouvoir spécial pour l'emprisonnement et la saisie immobilière. — Chauveau, sur Carré, quest. 2918, p. 403, *Suppl.*, quest. 1918 *bis*, et *Suppl. alphab.*, v° *Exécution forcée des jugements*, n. 107; Troplong, *Tr. du mandat*, n. 319; Rousseau et Laisney, *Dict.*, v° *Vente judic. d'imm.* n. 257; Dutruc, *Formul. des huissiers*, t. 2, p. 819, note 4.

537. — Bien que le créancier se soit désisté de la procédure, pour cause de nullité de la procédure, le pouvoir qu'il avait donné continue de subsister, et l'huissier peut en faire usage pour procéder valablement à une seconde saisie, qui se substitue pour ainsi dire à la première. — Nîmes, 30 mai 1812, sous Cass., 4 oct. 1814, Johannes, [S. et P. chr.] — Trib. Nevers, 24 avr. 1853. [*Journ. des avoués*, t. 78, p. 99] — *Sic*, Chauveau, sur Carré, quest. 1918, et *Suppl. alphab.*, v° *Exécution forcée des jugements*, n. 101.

538. — Il en est de même lorsque la première saisie a été abandonnée. Il suffit, en tout cas, qu'il soit déclaré en fait, par le juge, que l'huissier avait un pouvoir valable pour procéder à une seconde saisie. — Cass., 4 oct. 1814, précité.

539. — Mais un pouvoir nouveau serait nécessaire pour une seconde saisie si le désistement était basé sur une transaction au fond ou sur une concession de terme. Il y aurait là, en effet, une saisie nouvelle. — Chauveau, sur Carré, quest. 1918.

540. — Lorsqu'une saisie immobilière est pratiquée à la requête de plusieurs créanciers, il est indispensable que chaque créancier ait donné à l'huissier un pouvoir spécial. Aucun d'eux ne peut se porter fort pour les autres; et peu importe leur ratification ultérieure, la saisie est nulle à leur égard, elle n'est valable qu'au regard de ceux qui avaient donné leur pouvoir. — Cass., 20 avr. 1818, Housmann, [S. et P. chr.] — Metz, 29 janv. 1861, Dureffe, [S. 61.2.390, P. 61.543, D. 61.2 184] — Toutefois, certains auteurs enseignent que la nullité de la saisie est couverte par la ratification ultérieure du créancier. — V. *infrà*, v° *Saisie immobilière*.

541. — Il n'est nul besoin du pouvoir spécial pour autoriser l'huissier, chargé de saisir, à subroger dans les droits du saisissant le tiers qui a payé pour le saisi. — Colmar, 21 déc. 1830, Hirsch, [S. et P. chr.] — *Sic*, Bioche et Goujet, *Dict. de proc.*, v° *Huissier*, n. 123.

542. — La subrogation a lieu de plein droit, en vertu des protêts par intervention, en faveur du tiers qui paie pour un endosseur ou pour le tiré.

543. — L'huissier porteur de pièces a qualité pour recevoir et donner quittance sans que le pouvoir lui en confère cette qualité; tel est, en effet, l'objet de l'exécution. — Carré et Chauveau, quest. 1921. — V. *infrà*, v° *Huissier*, n. 198 et s.

544. — Le pouvoir subsiste même après le décès du mandant et tant que l'officier ministériel l'ignore, et, dès lors, un tel pouvoir couvre la validité de la saisie (C. civ., art. 2008). — Chauveau, sur Carré, quest. 1918.

545. — Mais ce pouvoir cesse après que l'huissier a rempli son ministère. Ainsi, est nul et non libératoire vis-à-vis du créancier le paiement fait à l'huissier depuis l'opposition aux

CHAPITRE VIII.

JOURS, HEURES ET LIEUX OÙ L'EXÉCUTION PEUT ÊTRE FAITE.

546. — L'art. 1037, C. proc. civ., interdit, en principe, toute exécution les jours de fête légale. — Sur la sanction de cette prohibition, V. infrà, v° *Jour férié*, n. 71 et s.

547. — Toutefois, la prohibition peut être levée par le président du tribunal dans les cas d'urgence ou de péril en la demeure : par exemple, si le débiteur enlève son mobilier pour le soustraire aux poursuites (Arg. de l'art. 828, C. proc. civ.). — Bioche, n. 153; Rousseau et Laisney, n. 177.

548. — Cette autorisation se demande par simple requête, sans qu'il soit besoin d'appeler l'adversaire (Bioche, n. 156; Rousseau et Laisney, n. 178), et l'ordonnance du juge est exécutée nonobstant toute opposition. — Pigeau, *Comment.*, t. 2, p. 42.

549. — Mais alors le débiteur peut, soit se pourvoir en référé pour demander la suspension des poursuites, soit agir au principal, quant à leur nullité, à la condition toutefois de prouver que le péril est imaginaire. — Pigeau, n. 84; Bioche, n. 157; Rousseau et Laisney, n. 179.

550. — Cependant, il est certains actes d'exécution que la loi prescrit ou permet de faire les jours fériés; telles sont les ventes de meubles, fruits et récoltes (C. proc. civ., art. 617 et 632), mais c'est dans l'intérêt du débiteur lui-même, pour assurer aux ventes la plus grande publicité possible. — Bioche, n. 158. — V. infrà, v° *Jour férié*, n. 44 et 45.

551. — Les notaires peuvent aussi exercer leurs fonctions les jours fériés.

552. — L'exécution ne peut avoir lieu durant la nuit. A cet effet, l'art. 1037, C. proc. civ., fixe la durée de la nuit du 1er octobre au 31 mars, depuis six heures du soir, jusqu'à six heures du matin, et du 1er avril au 30 septembre, depuis neuf heures du soir jusqu'à quatre heures du matin.

553. — Les dispositions de cet article sont absolues, et n'admettent pas d'exceptions. — Bioche, n. 160; Rousseau et Laisney, n. 182 et 183; Garsonnet, t. 2, p. 118.

554. — Peu importe qu'il y ait péril en la demeure; le juge lui-même ne peut y déroger; le domicile des citoyens est inviolable pendant la nuit; la permission que donne le juge se réfère seulement à l'interdiction d'instrumenter les jours fériés. — Thomine-Desmazures, n. 1273; Berriat Saint-Prix, p. 144, note 3; Carré et Chauveau, quest. 3422; Carou, *Jurid. des juges de paix*, t. 2, n. 1256; Boitard, Colmet-Daage et Glasson, t. 2, n. 1219; Garsonnet, t. 2, p. 118. — V. pourtant, Pigeau (*Comment.*, t. 1, p. 473), qui enseigne qu'on peut, avec la permission du juge, signifier des exploits pendant la nuit. — En tout cas, rien ne s'oppose à ce que la maison soit surveillée jusqu'à l'heure où la loi permet d'y entrer. — V. sur ce dernier point, Pigeau, *loc. cit.*; Carré et Chauveau, *loc. cit.*; Garsonnet, *op. cit.*, note 23.

555. — Il suit de là que l'huissier, chargé de procéder à une saisie-exécution, ne peut se faire ouvrir les portes du lieu où sont placés les meubles à saisir, soit avant, soit après l'heure légale, par les autorités compétentes. On invoquerait en vain les dispositions de l'art. 587 C. proc. civ.; cet article est spécial au cas où l'huissier instrumente en temps voulu. — Garsonnet, t. 2, p. 118 et 119, note 23. — L'huissier peut seulement, comme il vient d'être dit, faire garder les portes pour empêcher tout détournement.

556. — Mais il va de soi que si le débiteur ne résistait ni à la signification de l'exploit, ni à l'accomplissement des poursuites pendant le temps de nuit, il n'y aurait pas nullité, vu que les dispositions dont il s'agit ont été édictées dans l'intérêt exclusif du débiteur. — Chauveau, sur Carré, *loc. cit.*, *in fine*.

557. — Et il a été jugé que la prohibition de l'art. 1037, C. proc. civ., ne fait pas obstacle à ce qu'une saisie, commencée à une heure légale au domicile du débiteur, soit continuée après cette heure et la saisi n'y a pas mis opposition. — Cass., 17 déc. 1856, Bâton, [S. 57.1.846, P. 58.335, D. 57.1.200]

558. — Il est évident que l'exécution ne peut être demandée hors du lieu où elle doit s'effectuer. Si, par exemple, le débiteur a été condamné à livrer une chose dans un lieu déterminé, le créancier ne serait pas fondé à en demander la livraison dans un autre; ce serait demander plus qu'il n'est dû.

559. — Il est, en outre, des lieux où certains modes d'exécution ne peuvent être employés : l'arrestation en vue de l'emprisonnement, par exemple. — V. suprà, v° *Contrainte par corps*, n. 147.

560. — Les mêmes motifs de décence et de respect doivent, à notre avis, s'opposer à ce que, dans les mêmes lieux, il soit procédé à une saisie-exécution d'objets appartenant au débiteur. — V. infrà, v° *Saisie-exécution*.

CHAPITRE IX.

JUGES COMPÉTENTS POUR CONNAÎTRE DES DIFFICULTÉS SUR L'EXÉCUTION DES ACTES ET JUGEMENTS.

561. — L'exécution des actes et jugements n'étant pas sans donner lieu parfois à des difficultés, le législateur devait déterminer les tribunaux qui pourraient en connaître. C'est ce qu'il a fait; mais il ne s'en est pas moins produit quelques divergences sur la portée des dispositions législatives.

562. — En principe, c'est au tribunal qui a rendu la décision qu'il s'agit d'exécuter, qu'il appartient de statuer sur les difficultés que cette exécution fait naître. Il va de soi que les difficultés dont il s'agit doivent provenir d'une exécution en cours, d'une exécution commencée, et non d'une exécution déjà accomplie, car, dans cette dernière hypothèse, il y aurait lieu à une action et à une instance nouvelles qui se régleraient d'après le droit commun. — V. Bruxelles, 12 mars 1827, Godart, [P. chr.] — Decidé que, s'il y a eu exécution, nonobstant appel, d'un jugement qui n'avait pas été déclaré exécutoire par provision, la partie, se prétendant lésée par cette exécution, doit porter sa demande en dommages-intérêts, non devant le tribunal de première instance, mais devant la cour saisie de l'appel, seule compétente pour en connaître. — Bruxelles, 5 mars 1829, Clsokspoor, [P. chr.]

563. — Comme le dit très-bien Garsonnet (t. 1, p. 654, § 153, et p. 697, § 166), « aucun tribunal n'est mieux placé pour statuer sur ces difficultés d'exécution) que celui qui, ayant rendu un jugement, en connaît le sens et la portée. » Donc, d'après la logique, tous les tribunaux, quels qu'ils soient, même ceux qu'on a l'habitude d'appeler « tribunaux d'exception, » pour les distinguer de ceux qui exercent une juridiction ordinaire, devraient avoir qualité pour statuer sur les difficultés que fait naître l'exécution de leurs décisions.

564. — Cependant le législateur n'a pas voulu qu'il en fût ainsi pour tous les tribunaux, et il a édicté que « les tribunaux de commerce ne connaîtront pas du point de l'exécution de leurs jugements » (art. 442, C. proc. civ.), et que « les contestations élevées sur l'exécution des jugements des tribunaux de commerce seront portées au tribunal de première instance du lieu où l'exécution se poursuivra » (art. 553, même Code). — V. sur ce qui concerne la compétence des tribunaux de commerce, suprà, v° *Compétence civile et commerciale*, n. 968 et s.

565. — Pareille incompétence existe pour les tribunaux de paix. — V. infrà, v° *Juge de paix*, n. 1835 et s.

566. — Il en est de même pour les conseils de prud'hommes. — V. notamment, Bioche, v° *Conseil de prud'hommes*, n. 108; Garsonnet, *op. cit.*, note 23. — ... A moins pourtant qu'il ne s'agisse de prud'hommes pêcheurs, lesquels peuvent connaître de l'exécution de leurs jugements. — Garsonnet, *op. cit.*, et p. 700. — V. infrà, v° *Prud'hommes*.

567. — En ce qui concerne les tribunaux administratifs, V. suprà, v° *Compétence administrative*, n. 813.

568. — Pour les sentences arbitrales, V. suprà, v° *Arbitrage*, n. 1124 et s.

569. — L'exception apportée par les art. 442 et 553, C. proc. civ., à la règle générale, s'applique à tout acte ou titre revêtu de la formule exécutoire, tout aussi bien qu'à un jugement rendu par un tribunal de commerce. — Besançon, 9 avr. 1897, Précheur, [D. 97.2.432]

570. — D'où il faut conclure que, si, pour l'exécution de leur convention, les parties ont fait attribution de juridiction à un tribunal, c'est à ce tribunal, et non à celui visé par l'art. 553, C. proc. civ., qu'appartient la connaissance des difficultés soulevées par l'exécution de l'acte. — V. Rousseau et Laisney, v° *Compét. des trib. civils*, n. 38.

571. — L'incident soulevé à propos de l'exécution ne doit pas être un moyen détourné de faire modifier un jugement qui, une fois rendu et ayant, jusqu'à nouvel événement, l'autorité de la chose jugée, ne peut plus être l'objet d'aucun changement. En conséquence les tribunaux, compétents pour statuer sur les contestations relatives à l'exécution des jugements et arrêts, ne peuvent dans l'exercice de cette attribution enlever à une partie le bénéfice d'une décision passée en force de chose jugée. — Cass., 3 juill. 1883, Comp. gén. des eaux, [S. 84.1.286, P. 84.1. 691, D. 84.1.135] — V. *infra*, v° *Jugement et arrêt* (mat. civ.), n. 2934 et s., 2894 et s., 3046 et s.

572. — Si la partie condamnée se refuse à exécuter le jugement qui a été prononcé contre elle et confirmé sur appel, son adversaire peut demander au juge de première instance de le condamner à lui payer une somme de... à titre de sanction complémentaire de la première condamnation. — Paris, 18 janv. 1889, Laufer. [D. *Rép.*, *Suppl.* v° *Jugement*, n. 475]

573. — Ce n'est pas, dit l'arrêt, une difficulté née à l'occasion de l'exécution considérée en elle-même, mais plutôt une demande nouvelle tendant à obtenir un nouveau moyen d'exécution pour vaincre la résistance obstinée de la partie à accomplir un acte de justice.

574. — Le remplacement d'un conseil judiciaire décédé est un acte d'exécution du jugement qui l'avait nommé, alors qu'il ne s'agit pas d'examiner à nouveau l'état du prodigue, et qu'il n'y a aucune contestation sur l'existence matérielle ou légale du jugement. Dès lors, c'est au tribunal qui avait nommé le conseil judiciaire, et non à celui du domicile actuel du prodigue, qu'il appartient de remplacer le conseil décédé. — Nîmes, 25 janv. 1876, Despaux, [S. 77.2.294, P. 77.1.166, D. 77.2.187] — *Contrà*, Chauveau, sur Carré, t. 7, quest. 3041 *ter*.

575. — Mais, si le conseil avait été nommé par un arrêt infirmatif de la décision des premiers juges, c'est à la cour qu'il appartiendrait de pourvoir à son remplacement. — Nancy, 26 nov. 1868, de la Ruelle, [S. 70.2.184, P. 70.724, D. 69.2.199] — C'est l'application de la règle posée par l'art. 472, C. proc. civ. — V. *infra*, n. 582 et s.

576. — La règle d'après laquelle les tribunaux ordinaires connaissent de l'exécution de leurs jugements est d'ordre public, et peut être invoquée en tout état de cause, et pour la première fois en appel. — Nîmes, 25 janv. 1876, précité.

577. — Aux termes de l'art. 554, C. proc. civ., « si les difficultés élevées sur l'exécution des jugements ou actes requièrent célérité, le tribunal du lieu y statuera provisoirement et renverra la connaissance du fond au tribunal de l'exécution. »

578. — Si l'exécution se poursuit simultanément dans divers lieux et y suscite des contestations, le président du tribunal de chacun de ces lieux est également compétent pour y statuer dans les termes de l'art. 554. — Pigeau, t. 2, p. 38.

579. — Quelle est la portée des mots « tribunal du lieu » de l'art. 554, C. proc. civ.? La compétence appartient-elle exclusivement au tribunal civil, ou ne doit-elle pas être étendue au juge de paix? — V. en ce dernier sens, Thomine-Desmazures, t. 2, p. 54 et 55; Carré et Chauveau, quest. 1915; Bioche, *Dict.*, v° *Exéc. des jugem.* et arr., n. 166; Rousseau et Laisney, *eod. verb.*, n. 197; Boitard, Colmet-Daage et Glasson, t. 2, n. 1068.

580. — Du reste, l'art. 806, C. proc. civ., autorise le mode plus rapide encore en permettant au juge des référés de statuer provisoirement sur les difficultés. Aussi, dans la pratique, c'est cette dernière voie qui est suivie le plus souvent. — V. notamment, Paris, 13 nov. 1894, Vatin, [D. 95.2.152]

581. — Mentionnons que la loi elle-même attribue quelquefois compétence à un autre tribunal que celui qui en devrait normalement connaître. — V. spécialement les art. 525, 541, 567, 606 et 608, C. proc. civ., et 2210, C. civ.

582. — Lorsqu'il y a eu appel du jugement, on sait que, suivant l'art. 472, C. proc. civ, l'exécution appartient au tribunal dont appel si le jugement a été confirmé, et si le jugement a été infirmé, à la cour ou à un autre tribunal indiqué par elle. — V. à cet égard, *supra*, v° *Appel* (mat. civ.), n. 3778 et s.

583. — Il a été jugé, encore, sur ce point, que l'attribution de juridiction faite par l'art. 472, C. proc. civ., au profit de la cour, en cas d'arrêt infirmatif, constitue une exception que les juges doivent soulever d'office, lorsque les parties n'y ont pas conclu. — Pau, 8 févr. 1898, Pédarribes, [S. et P. 99.2.291]

584. — Que, par suite, l'exception tirée de ce que le tribunal de première instance a été indûment saisi d'une demande relative à l'exécution de son jugement infirmé, n'est pas couverte parce que le défendeur n'a invoqué cette incompétence qu'après avoir conclu au fond. — Même arrêt. — V. *supra*, v° *Appel* (mat. civ.), n. 3854.

585. — ... Que l'art. 472, C. proc. civ., aux termes duquel, en cas d'infirmation d'un jugement, l'exécution appartient à la cour ou au tribunal par elle indiqué, est applicable, en cas d'infirmation partielle, aux chefs infirmés, à moins qu'ils ne constituent qu'un simple accessoire (V. sur ce point controversé, *supra*, v° *Appel* [mat. civ.], n. 3810 et s.); qu'en conséquence, la cour d'appel qui, en confirmant la nomination d'un expert, modifie la mission à lui donnée par le premier juge, infirme partiellement la décision qui lui est soumise, et peut ordonner, dès lors, que le rapport de l'expert sera déposé au greffe de la cour. — Cass., 13 févr. 1894, Gilly, [S. et P. 98.1.397, D. 95.1.31]

586. — ... Que l'art. 472, C. proc. civ., exceptant de la règle d'après laquelle, en cas d'infirmation d'un jugement, l'exécution entre les mêmes parties appartient à la cour d'appel qui a prononcé ou à un autre tribunal désigné par elle, les cas dans lesquels la loi attribue juridiction (V. *supra*, n. 581), l'arrêt d'une cour d'appel, qui infirme un jugement rendu en matière de partage, doit renvoyer les parties devant le tribunal même qui a rendu le jugement infirmé (le tribunal de l'ouverture de la succession). — Cass., 20 juin 1898, Touraillon, [S. et P. 99.1.513] — V. sur la question, *supra*, v° *Appel* (mat. civ.), n. 3835 et s.

587. — ... Que l'arrêt qui, en infirmant un jugement rendu en matière de partage, renvoie les opérations du partage devant le tribunal qui a rendu le premier jugement, ne peut être considéré comme retenant et déléguant à la fois l'exécution de son arrêt, par cela seul qu'il charge le tribunal de nommer un juge-commissaire, un notaire et un ou plusieurs experts, et qu'il indique les opérations usuelles en pareil cas; que, sur le premier point, loin de reconnaître ou de restreindre le droit du tribunal, il l'affirme, et, sur le second point, ne contient qu'une indication énonciative, sans porter atteinte à la liberté d'appréciation du tribunal sur la nécessité ou l'opportunité des opérations. — Même arrêt.

588. — ... Qu'en prononçant la séparation de corps par infirmation d'un jugement qui avait rejeté une demande de divorce transformée, en appel, en séparation de corps, la cour a pu renvoyer les époux devant le tribunal pour l'exécution de son arrêt, sur laquelle le juge de première instance n'avait pas eu à statuer. — Cass., 5 juill. 1892, Daniel, [S. et P. 92.1.504, D. 93.1.412]

589. — Une cour d'appel, à laquelle est déféré un jugement d'un tribunal de commerce, statue en matière commerciale, et ne peut prescrire, pour les difficultés soulevées quant à l'exécution, de mesures dont la demande a été faite, pour la première fois, devant elle. — Rennes, 20 mai 1893, Goinguiné, [D. 93.2.334]

590. — Spécialement, lorsque la femme d'un failli a pris part au vote du concordat consenti à son mari, si, plus tard, ce concordat est révoqué, la cour qui a fait que la femme fasse inscrire son hypothèque légale, le syndic ne peut demander, pour la première fois, en appel, la radiation de cette inscription. Ce n'est pas là une demande nouvelle que l'art. 464, C. proc. civ., autorise à former en appel. — Même arrêt.

591. — Lorsqu'un créancier, dont le titre se trouve dans un jugement, demande, en vertu de l'art. 1166, C. civ., la licitation des biens de son débiteur, ne s'agissant pas de l'exécution du jugement qui lui sert de titre, il n'y a pas lieu de faire application de l'art. 472, C. proc. civ., et, par suite, l'assignation doit être donnée, non pas devant le tribunal qui a rendu le jugement, mais bien devant le tribunal de la situation des biens à liciter. — Cass., 19 juin 1888, Guégan, [S. 89.1.109, P. 89.1.261, D. 88. 1.449]

592. — La demande relative aux difficultés que soulève l'exécution d'un arrêt constitue un incident de la précédente instance et peut être dès lors régulièrement formée par acte d'avoué à avoué. — Lyon, 26 nov. 1881, Desgarets, [S. 84.2.43, P. 84.1.309, D. 82.2.231] — *Sic*, Thomine-Desmazures, sous l'art. 1038, n.1276; Bioche, v° *Avoué*, n. 165 et s.; Rousseau et Laisney, v° *Avoué*, n. 341.

CHAPITRE X.

EFFETS DE L'EXÉCUTION DES ACTES ET JUGEMENTS.

593. — L'exécution d'un acte ou jugement produit des effets importants qu'il est nécessaire de spécifier.

594. — Hors le cas d'insolvabilité complète, l'exécution forcée procure au créancier l'accomplissement total ou partiel de l'obligation contractée à son profit, et alors, elle est interruptive de la prescription (C. civ., art. 2244).

595. — Lorsque l'exécution est volontaire, mais seulement *parte in qua*, elle produit le même effet quant à la prescription, car elle constitue une véritable reconnaissance de la dette (C. civ., art. 2248).

596. — De là il résulte qu'elle rend les deux parties non recevables à critiquer ultérieurement l'acte qui en est la base, et dont elle est une véritable confirmation (C. civ., art. 1338). — V. *suprà*, v° *Confirmation et ratification*, n. 116 et s.

597. — Aussi a-t-il été jugé que dans les pays où les actes notariés n'emportaient pas exécution parée, les parties ne pouvaient plus, après s'être présentées devant un tribunal pour requérir l'exécution d'un titre selon sa forme et teneur, appeler de la condamnation à l'exécution de ce titre. — Cass., 21 frim. an IX. Bosquillon, [S. et P. chr.]

598. — De même, la partie qui a volontairement exécuté une sentence arbitrale ne peut pas, plus tard, décliner les conséquences de cette exécution, sous prétexte que la sentence n'aurait été ni enregistrée et déposée au greffe, ni revêtue de l'ordonnance d'*exequatur*. — Bourges, 21 déc. 1838, Clayeux et Jeaudet, [P. 39.1.620]

599. — L'exécution forcée a parfois aussi pour effet de rendre définitif un jugement par défaut qui n'était plus susceptible d'opposition pour avoir été exécuté dans les termes de l'art. 159, C. proc. civ. — Garsonnet, t. 3, p. 442, § 525, texte et note 2. — V. *infrà*, v° *Jugement et arrêt* (mat. civ.), n. 3378 et s.

600. — Le débiteur est tenu de payer les frais de l'exécution tels qu'ils sont taxés par le tarif ou par une loi spéciale, mais il n'en doit pas d'autres.

601. — Spécialement, l'affiche d'un jugement prononcé contre une partie non comme peine, mais à titre de réparation civile envers son adversaire, n'étant passible que du droit de timbre de 10 cent. par exemplaire, et aucune loi ne prescrivant de le constater par des procès-verbaux, des droits de timbre plus élevés, ainsi que les procès-verbaux d'apposition qui auraient été dressés, ne peuvent être à la charge de la partie condamnée, et celle-ci a fait des offres suffisantes en offrant seulement les frais d'impression et de 10 cent. par exemplaire pour timbre. — Poitiers, 14 juill. 1819, Labastière, [S. et P. chr.]

602. — Au surplus, la loi laisse à la conscience du juge le soin de fixer les dommages-intérêts dus aux débiteurs pour l'exécution illégale faite au nom des créanciers.

603. — Ainsi, lorsque le créancier exécute, pendant l'appel, le jugement prononcé à son profit, le juge apprécie souverainement, quand l'acte d'appel soit nul, le chiffre des dommages-intérêts qui peuvent être dus à l'appelant. — Rennes, 20 févr. 1828, Philippe, [S. et P. chr.]

604. — Cependant, lorsqu'un jugement portant exécution provisoire à raison des condamnations qu'il prononce est réformé sur l'appel de la partie condamnée, celle-ci n'est pas fondée à réclamer des dommages-intérêts à raison de cette exécution. — Aix, 19 mai 1825, Mourret, [S. et P. chr.] — V. *infrà*, v° *Exécution provisoire*.

EXÉCUTION DES ARRÊTS ET JUGEMENTS (MATIÈRE CRIMINELLE).

LÉGISLATION.

C. pén., art. 25, 475-12°; — C. instr. crim., art. 165, 172 et s., 197, 203, 373 et s., 472; — L. 22 germ. an IV (*qui autorise la réquisition des ouvriers pour les travaux nécessaires à l'exécution des jugements*); — Décr. 18 juin 1811 (*sur les frais de justice criminelle*), art. 114.

BIBLIOGRAPHIE.

Bourguignon, *Dictionnaire raisonné des lois pénales de France*, 1811, 3 vol. in-8°, v° *Exécution*; — *Jurisprudence des codes criminels*, 1825, 3 vol. in-8°, t. 2, p. 222 et s. — Carnot, *De l'instruction criminelle*, 1836, 4 vol. in-4°, t. 1, p. 613, 646, 697; t. 2, p. 778 et s. — F. Hélie, *Traité de l'instruction criminelle*, 1866-1867, 2e éd., 8 vol. in-8°, t. 6, p. 417 et 418. 726 et 727; t. 8, p. 574 et s. — Lefort, *Cours de droit criminel*, 1897 1 vol. in-8°, p. 518 et s. — Legraverend, *Traité de la législation criminelle*, 1830, 2 vol. in-4°, t. 2, p. 273 et s. — Le Poittevin, *Dictionnaire-formulaire des parquets*, 2e éd., 1894, 3 vol. in-8°, v° *Ministère public*. — Massabiau, *Manuel du ministère public*, 3 vol. in-8°, 4e éd., 1876, t. 2, p. 206, 283 et s., 378 et s. — Merlin, *Répertoire universel et raisonné de jurisprudence*, 1827-1828, 5e éd., 18 vol. in-4°, v° *Exécution des jugements criminels*. — Morin, *Répertoire général et raisonné du droit criminel*, 1851, 1 vol. in-4°, v° *Exécution*. — Ortolan, *Éléments de droit pénal*. 1885, 2 vol. in-8°, t. 2, n. 2387 et s. — Rauter, *Traité théorique et pratique du droit criminel français*, 1836, 2 vol. in-8°. — Vallet et Montagnon, *Manuel des magistrats du parquet*, 2 vol. in-8°, 1890, t. 1, p. 334, n. 332 et s., et p. 489, n. 599 et s.

Ch. Berriat Saint-Prix, *De l'exécution des jugements et arrêts et des peines*, 1846, 1 vol. in-8°.

INDEX ALPHABÉTIQUE.

Acquiescement, 80.
Acquittement, 30, 92.
Acte conservatoire, 75.
Acte respectueux, 57.
Adultère, 9.
Affiche, 87 et 88.
Amende, 8, 42 et s.
Amnistie, 6.
Appel, 4, 5, 30, 90 et s., 95, 100.
Arrêt de renvoi, 84.
Atelier (police de l'), 58.
Audience (police de l'), 57 et 58.
Avoué, 3.
Bannissement, 87.
Casier judiciaire, 68.
Cassation, 4, 28, 70, 71, 74 et s., 93, 97, 101, 104.
Commandant de recrutement, 68.
Commissaire de police, 18.
Communication de pièces, 3.
Compétence, 25 et s.
Condamnations civiles, 37 et s.
Condamné en fuite, 65.
Conservateur des forêts, 49.
Contrainte administrative, 44.
Contrainte par corps, 42 et s., 54, 74.
Contributions indirectes, 8.
Contumace, 22, 99, 102.
Cour d'appel, 57.
Cour d'assises, 27.
Décès du condamné, 10.
Dégradation civique, 87.
Délai, 5, 83 et s., 90, 91, 93, 100, 101, 103 et 104.
Délai de la peine, 34.
Délai de l'exécution, 70 et s.
Délit de pêche, 49.
Délit forestier, 49.
Déportation, 87.
Dernier ressort, 1, 2, 93, 96, 101, 104.
Désistement, 78 et 79.
Détention, 27, 87.
Difficultés d'exécution, 25 et s.
Dommages-intérêts, 52.
Douanes, 8.
Effet suspensif, 7.
Élargissement, 47, 49.
Élève, 67.
Emprisonnement, 34.
Excès de pouvoir, 26, 97.
Exécution illégale, 11.
Exécution par effigie, 22.
Exécution provisoire, 1, 3 et s., 95.
Expiration de la peine, 33.

Extrait des arrêts et jugements, 23, 62.
Faillite, 60.
Fausse monnaie, 63.
Fonctionnaire public, 62.
Frais de justice, 10, 38, 52, 76.
Grâce, 6.
Grâce (recours en), 98.
Insolvable, 47, 49.
Instituteur, 63.
Irrévocabilité, 2.
Jour férié, 89.
Juge de paix, 3, 58 et 59.
Jugement par défaut, 3, 99 et s.
Jugement préparatoire, 4.
Légion d'honneur, 63.
Maire, 88.
Membre de l'Université, 67.
Ministère public, 12 et s.
Ministres, 62 et s.
Mise en liberté, 28, 30, 35, 92.
Mort (peine de), 87.
Opposition, 3, 100, 101, 103 et 104.
Ordonnances des juges d'instruction 61.
Outrage, 57.
Partie civile, 54, 77.
Pêche, 49.
Peine, 33, 34, 41.
Peine pécuniaire, 42 et s.
Percepteur, 42, 51.
Pourvoi irrégulier, 81 et s.
Pourvoi tardif, 83 et s.
Premier ressort, 85, 100, 103.
Prescription, 6, 33.
Prison, 41.
Procureur de la République, 20, 43 et s., 50 et 51.
Procureur général, 67, 68, 78, 83.
Prud'hommes, 58 et 59.
Receveur des finances, 50 et 51.
Réclamation, 7.
Réclusion, 87.
Recrutement, 66, 68.
Recteur d'académie, 67.
Remboursement, 38.
Remise de la peine, 33.
Restitutions civiles, 53.
Révision, 76.
Scellés, 76.
Signalement, 65.
Signification, 72, 100, 101, 103 et 104.
Simple police, 94 et s., 103.
Sursis à exécution, 5, 77, 90.
Transaction, 7 et 8.

EXÉCUTION DES ARRÊTS ET JUGEMENTS (mat. crim.).

Travaux forcés, 27, 87.
Tribunal civil, 37, 38, 40, 55, 57.
Tribunal correctionnel, 19 et s.
Tribunal de commerce, 58 et 59.
Tribunal de simple police, 18, 36, 49.
Troubles d'audience, 57 et 58.
Université 67.
Vagabondage, 9.
Voies de recours, 2.

DIVISION.

Sect. I. — Notions générales (n. 1 à 11).
Sect. II. — Fonctionnaires chargés de l'exécution des jugements criminels et de certaines diligences qu'ils doivent remplir.
  § 1. — Fonctionnaires chargés de l'exécution des jugements criminels (n. 12 à 61).
  § 2. — Diligences à remplir en matière d'exécution des arrêts et jugements criminels (n. 62 à 68).
Sect. III. — Règles, formes, délais de l'exécution des jugements et arrêts.
  § 1. — Jugements et arrêts contradictoires (n. 69 à 98).
  § 2. — Jugements et arrêts par défaut (n. 99 à 104).

Section I.
Notions générales.

1. — En principe, les jugements rendus en matière criminelle ne sont pas exécutoires par provision, lors même qu'ils ont été rendus en dernier ressort. La raison en est simple, c'est qu'en général, à la différence des jugements rendus en matière civile, l'exécution en est irréparable. — Cass., 2 juill. 1807, Moineaux, [S. et P. chr.] — Carnot, *Code pén.*, 2ᵉ éd., t. 1, p. 177 et 654; Ch. Berriat Saint-Prix, *De l'exécution des jugements et arrêts et des peines*, p. 13; Faustin Hélie, *Traité de l'instruction criminelle*, t. 8, n. 4085. — V. sur le principe en matière de simple police, *suprà*, v° *Appel* mat. répress.), n. 1172, et, en matière correctionnelle, *suprà*, v° *Appel* (mat. répress.), n. 749.

2. — La première condition pour qu'un jugement ou arrêt criminel soit exécutoire est qu'il soit devenu irrévocable; et il n'acquiert ce caractère d'irrévocabilité que lorsqu'il ne reste aux condamnés aucune voie légale de recours.

3. — Néanmoins, ce principe souffre quelques exceptions. Ainsi, il y a lieu à l'exécution provisoire des jugements intervenus dans les cas déterminés par les art. 10, 11 et 12, C. proc. civ., relatifs aux condamnations prononcées par les juges de paix contre ceux qui se seront rendus coupables de manque de respect envers la justice, ou d'insulte ou irrévérence grave envers le juge; par l'art. 191 du même Code qui autorise certaines condamnations contre l'avoué en retard de rétablir les pièces qui lui ont été communiquées; enfin, par l'art. 188, C. instr. crim., qui permet au tribunal correctionnel prononçant sur opposition à un jugement par défaut, d'accorder une provision. — V. *suprà*, v° *Appel* (mat. répress.), n. 176, 747 et 748.

4. — Il ne s'applique pas non plus aux jugements préparatoires ou d'instruction, qui doivent être exécutés aussitôt leur prononciation, sauf à être frappés d'appel ou de pourvoi conjointement avec le jugement ou arrêt définitif. — Ch. Berriat Saint-Prix, *loc. cit.* — V. sur le principe que l'appel est suspensif quand il est dirigé contre un jugement qui n'est pas de simple instruction, *suprà*, v° *Appel* (mat. répress.), n. 725 et s.

5. — Ainsi jugé que la disposition de l'art. 203, C. instr. crim., qui veut que pendant le délai de l'appel il soit sursis à l'exécution des jugements correctionnels, n'est pas applicable au jugement par lequel un tribunal correctionnel a ordonné la jonction de deux causes. — Cass., 22 janv. 1825, Pepin, [S. et P. chr.] — V. *suprà*, v° *Appel* (mat. répress.), n. 746.

6. — Il faut observer aussi que l'exécution des jugements et arrêts criminels peut être anéantie ou modifiée par les effets de l'amnistie, de la grâce et de la prescription de la peine. — V. *suprà*, v° *Amnistie*, n. 300 ct s., *infrà*, v° *Grâce*, n. 124 et s., et v° *Prescription* (mat. crim.).

7. — ... Et qu'elle peut l'être également par les effets des transactions autorisées par la loi dans certains cas. — V. *suprà*,
v° *Chasse*, n. 1790 et s., v° *Délit forestier*, n. 972 et s., et *infrà*, v° *Pêche fluviale*.

8. — Ainsi, l'administration des contributions indirectes et celle des douanes peuvent transiger en tout état de cause avec les contrevenants, même après la condamnation de ceux-ci. Toutefois, ce droit ne peut être exercé par ces administrations, d'une manière absolue, qu'en ce qui concerne les condamnations pécuniaires. Quant aux condamnations corporelles, c'est au chef de l'État seul qu'il appartient de les remettre ou de les modérer. — V. au surplus, *suprà*, v° *Contributions indirectes*, n. 1350 et s., et v° *Douanes*, n. 1620 et s., 1639 et s., 1643.

9. — Il est encore deux circonstances dans lesquelles un jugement peut ne pas être suivi d'exécution. La première concerne les vagabonds nés en France et condamnés comme tels (art. 273, C. pén.) (V. *infrà*, v° *Vagabondage*); la seconde, les femmes condamnées pour adultère (art. 337-2°). — V. *suprà*, v° *Adultère*, n. 348 et s.

10. — Quant à la question de savoir si le décès d'un condamné qui s'est pourvu en cassation, avant qu'il ait été statué sur son pourvoi, empêche l'exécution de l'arrêt en ce qui concerne les frais de justice, V. *suprà*, v° *Dépens*, n. 3681 et s.

11. — Faisons au surplus observer que l'illégalité de l'exécution d'un arrêt n'entraîne point la nullité ou l'illégalité de l'arrêt lui-même. — Cass., 30 sept. 1826, Bissette, Fabien et Volny, [S. et P. chr.] — V. *suprà*, v° *Cassation* (mat. crim.), n. 1223 et s.

Section II.
Fonctionnaires chargés de l'exécution des jugements criminels et de certaines diligences qu'ils doivent remplir.

§ 1. *Fonctionnaires chargés de l'exécution des jugements et arrêts.*

12. — L'exécution des jugements et arrêts rendus par les tribunaux de répression est confiée aux soins et à la vigilance des officiers du ministère public (C. instr. crim., art. 165, 197 et 376). — V. *infrà*, v° *Ministère public*, n. 1018 et s.

13. — Cette mission des officiers du ministère public est d'institution déjà ancienne. On en trouve des traces dans une ordonnance de Charles VIII, de juillet 1493, et il en est aussi fait mention dans les ordonnances de Louis XII, de mars 1498, et de François Iᵉʳ, de décembre 1540. — Ch. Berriat Saint-Prix, p. 9.

14. — D'après l'ordonnance criminelle de 1670, les jugements et arrêts portant condamnation devaient aussi être exécutés par les soins des gens du roi sous l'autorité des parlements et des cours souveraines.

15. — Sous l'empire du décret du 16 sept. 1791, l'exécution des jugements criminels était confiée au commissaire du roi qui pouvait à cet effet requérir l'assistance de la force publique; mais ce décret ne s'occupait que de l'exécution des jugements criminels proprement dits, sans rien prescrire relativement à l'exécution des jugements correctionnels et de ceux de simple police.

16. — Le Code de brumaire an VI (art. 151 à 166) combla cette lacune en ce qui concernait les jugements correctionnels; et le Code d'instruction criminelle vint enfin pourvoir à l'exécution des décisions des trois juridictions criminelles dont il a réglé la procédure (art. 165, 197, 376).

17. — Les officiers du ministère public chargés de l'exécution des jugements sont ceux qui sont attachés au tribunal qui a prononcé la condamnation. — Ch. Berriat Saint-Prix, p. 12.

18. — Ainsi, pour les tribunaux de simple police, l'officier du ministère public chargé de l'exécution du jugement est le commissaire de police de la commune où siège le tribunal (C. instr. crim., art. 144). — Lorsqu'il y a plusieurs commissaires de police, ce soin appartient à celui d'entre eux qui a été délégué par le procureur général pour remplir les fonctions du ministère public près le tribunal de simple police (*Ibid.*). — V. *infrà*, v° *Ministère public*, n. 70. — V. au cas d'empêchement du commissaire de police, *suprà*, v° *Commissaire de police*, n. 155 et s., et *infrà*, v° *Ministère public*, n. 77 et s.

19. — Pour les tribunaux correctionnels et les cours d'assises ce sont les officiers du ministère public attachés près ces cours ou tribunaux.

20. — Cependant les procureurs de la République près les tribunaux de première instance qui ne sont pas des sièges de cours d'assises sont quelquefois chargés d'assurer l'exécution des arrêts criminels.

21. — Il en est ainsi, par exemple : 1° quand la cour d'assises a ordonné que cette exécution aurait lieu dans leur arrondissement (C. pén., art. 26). — V. *suprà*, v° *Exécution capitale*, n. 13 et s.

22. — ... 2° Quand il s'agit de l'exécution par effigie des arrêts rendus par contumace pour des crimes commis dans leur arrondissement ; exécution qui a lieu par l'affichage des arrêts à la porte de la maison commune du chef-lieu de cet arrondissement et à celle du dernier domicile des condamnés (C. instr. crim., art. 472).

23. — Dans ces deux cas, un extrait de l'arrêt leur est transmis par les magistrats du parquet de la cour qui l'a prononcé, car l'exécution ne peut avoir lieu que sur le vu de l'arrêt.

24. — Les art. 165, 197 et 376, qui confient aux officiers du ministère public le soin de veiller à l'exécution des jugements criminels, sont simplement attributifs de fonctions et ne déterminent rien en ce qui concerne la limite des pouvoirs attribués à ces fonctionnaires.

25. — Faut-il en conclure que l'intention du législateur ait été d'accorder à ces fonctionnaires le droit de trancher seuls toutes les difficultés, même contentieuses, que pourrait faire naître l'exécution des jugements criminels ?

26. — C'est ce que avait d'abord décidé la jurisprudence. Ainsi il avait été jugé que le tribunal qui statue sur le mode d'exécution d'une condamnation pénale empiète sur un droit qui n'appartient qu'au ministère public et commet un excès de pouvoir. — Cass., 11 juin 1829, Callois, [S. et P. chr.].

27. — Qu'une cour d'assises excède ses pouvoirs en ordonnant que la peine des travaux forcés qu'elle prononce contre un individu sera subie qu'après l'expiration de la détention qu'il subit actuellement, en vertu d'une première condamnation, par le motif que l'art. 376 charge de l'exécution des arrêts les officiers du ministère public. — Cass., 6 avr. 1827, Sebillotte, [S. et P. chr.].

28. — ... Ou en ordonnant que l'accusé sera mis en liberté nonobstant le pourvoi en cassation du ministère public. — Cass., 20 juill. 1827, Louis Laffite, [S. et P. chr.].

29. — M. Ch. Berriat Saint-Prix (*loc. cit.*) cite encore un arrêt de la cour d'Angers, du 19 mars 1822, qui décide qu'en matière d'exécution, les tribunaux sont incompétents et doivent se borner à dénoncer à l'autorité compétente les abus de pouvoir du ministère public.

30. — De même, avant le Code d'instruction criminelle, il avait aussi été jugé qu'un tribunal de police correctionnelle ne peut ordonner qu'un individu acquitté sera mis sur-le-champ en liberté, soit parce qu'il doit être sursis à l'exécution, à cause de la faculté d'appeler réservée au ministère public, soit parce qu'il n'appartient qu'au ministère public de faire exécuter le jugement. — Cass., 3 germ. an XI, Prouteau, [S. et P. chr.].

31. — Cette jurisprudence allait trop loin, car elle tendait à rendre le ministère public juge souverain de toutes les difficultés que pourrait présenter l'exécution des jugements, même de celles qui auraient offert un caractère contentieux. Or, comme le font observer avec raison MM. Chauveau et Hélie (*Théor. du C. pén.*, t. 1, n. 173), si l'exécution d'un arrêt, tant qu'elle ne donne lieu à aucune contestation, est une opération purement administrative, et rentre dès lors dans les attributions du ministère public, il n'en peut être de même s'il s'élève un incident contentieux. Dans ce dernier cas, la seule autorité du ministère public ne doit plus suffire, et c'est alors au seul pouvoir duquel émane l'arrêt qu'il appartient, soit de l'interpréter, soit de prononcer sur les incidents contentieux que son exécution fait naître. — V. dans ce sens, Ch. Berriat Saint-Prix, *loc. cit.*, p. 11. — V. aussi Rauter, t. 2, n. 642.

32. — Aussi est-il maintenant de principe que c'est au tribunal qui a prononcé le jugement et non au ministère public qu'il appartient de statuer sur les incidents contentieux qui s'élèvent au sujet de leur exécution. — Cass., 27 juin 1845, Intérêt de la loi, [S. 45.1.543. P. 45.2.636].

33. — ... Que les questions relatives notamment, soit à la prescription, soit à la remise, soit à l'expiration de la peine, ont un caractère contentieux qui excède les fonctions du ministère public et doivent être soumises aux tribunaux. — Cass., 23 févr. 1833, Puylaroque, [S. 33.1.358].

34. — ... Spécialement, que le tribunal qui a prononcé une condamnation à l'emprisonnement est compétent pour décider les questions relatives à la durée de la peine, et notamment celle de savoir si les condamnations à plusieurs mois d'emprisonnement doivent être subies par périodes égales de trente jours, comme les condamnations à un seul ; qu'il ne peut refuser de statuer par le motif que c'est une question d'exécution dans les attributions exclusives du ministère public. — Cass., 27 juin 1845, précité.

35. — Mais une ordonnance de mise en liberté ne peut être exécutée que de l'autorité du ministère public. — Cass., 24 avr. 1807, François, [S. et P. chr.] ; — 8 mai 1807, Perchette, [S. et P. chr.]

36. — De même, c'est au ministère public, et non au juge qui a consommé son office en jugeant, qu'il appartient de pourvoir à l'exécution des jugements de simple police. — Cass., 14 juill. 1809, Intérêt de la loi, [S. et P. chr.]

37. — Quant aux difficultés et incidents qui s'élèvent sur l'exécution des jugements criminels, relativement aux condamnations civiles, ils sont de la compétence des tribunaux civils. — Rauter, *Tr. dr. crim.*, t. 2, n. 642. — V. aussi Carnot, *Instr. crim.*, sur l'art. 2, n. 26 ; Bourguignon, *Juripr. C. crim.* sur l'art. 2. C. instr. crim., n. 4.

38. — Un arrêt a décidé que les contestations purement civiles qui peuvent s'élever, par suite des événements postérieurs aux arrêts des cours spéciales, soit relativement à l'exécution de ces arrêts quant aux prestations et indemnités, sont de la compétence des tribunaux civils ordinaires ; qu'en conséquence, une cour spéciale est incompétente pour connaître de la demande de la veuve et des héritiers tendant à se faire décharger des frais de la procédure au remboursement desquels leur auteur a été condamné. — Cass., 5 déc. 1806, Fournel, [S. et P. chr.]

39. — Il s'agissait, dans cette espèce, ainsi qu'on peut le voir, d'un arrêt rendu par une cour spéciale, et la solution ne pouvait souffrir de difficulté, car on sait que les tribunaux d'exception ne peuvent pas connaître de l'exécution de leurs jugements. Mais dans son réquisitoire prononcé par lui devant la Cour de cassation, Merlin a exprimé l'opinion formelle que la même solution devrait être admise lorsqu'il s'agissait d'arrêts de cour de justice criminelle ordinaire. — Merlin, *Rép.*, v° *Frais des procès criminels*, n. 4.

40. — Jugé, en ce sens, qu'un tribunal de simple police excède ses pouvoirs en prenant connaissance de l'exécution d'un de ses jugements portant condamnation de dommages-intérêts dont la partie poursuivie soutient s'être libérée ; que la contestation doit être jugée par le tribunal civil. — Cass., 23 trim. an XIV, Dumesnil, [S. et P. chr.] — V. aussi Cass., 28 mars 1807, Meriel et Partey, [S. et P. chr.]

41. — Sur le rôle que la loi confère au ministère public, dans l'intérieur même des prisons, pendant toute la durée de la peine et pour en surveiller l'exécution, V. *infrà*, v° *Ministère public*, n. 441 et s. — V. aussi *infrà*, v° *Régime pénitentiaire*.

42. — En ce qui concerne l'exécution des peines pécuniaires, l'action du ministère public est loin d'être la même qu'en ce qui touche les peines corporelles. Le ministère public ne fait exécuter qu'en ce qui concerne la contrainte par corps (V. *suprà*, v° *Contrainte par corps*, n. 136 et 144). Les poursuites jusqu'à cette contrainte, autrefois confiées à l'administration de l'enregistrement, sont faites aujourd'hui par les percepteurs (L. 29 déc. 1873, art. 25, modifiant l'art. 197, C. instr. crim.). Sur le recouvrement des amendes par les percepteurs, qui ont remplacé à ce point de vue l'administration de l'enregistrement, il convient de consulter, notamment, les instructions annexées à la circulaire du 14 août 1876 (*Bull. off. min. Just.*, 1876, p. 159). — V. aussi Instr. min. Fin., 5 juill. 1895, sur le service des amendes et condamnations pécuniaires, et *suprà*, v° *Amende*, n. 352 et s.

43. — Toutefois, même dans ce cas, l'administration des finances ne peut procéder qu'au nom du procureur de la République (C. instr. crim., art. 197).

44. — Ainsi jugé que la contrainte pour le recouvrement d'une amende doit, à peine de nullité être décernée au nom du procureur. — Rennes, 16 déc. 1819, Audicq, [S. et P. chr.]

45. — Jugé encore, avant la loi du 29 déc. 1873, que les poursuites dirigées contre un individu condamné correctionnellement pour le recouvrement de l'amende prononcée et des frais, doivent être faites à la requête de la direction générale de l'enregistrement agissant au nom du procureur, et non à la requête du procureur, poursuites et diligences de la direction générale. — Cass., 30 janv. 1826, Gauchol, [S. et P. chr.] — V. encore dans ce sens, Cass., 8 janv. 1822, Audicq, [S. et P. chr.] — V. cependant Cass., 6 juin 1809, Chaix, [S. et P. chr.]

46. — M. Ch. Berriat Saint-Prix (p. 121) critique cet état de choses qui lui paraît rompre l'unité d'action du ministère public, à qui appartient essentiellement l'exécution des jugements de condamnation, et qui peut en outre conduire à une inégalité fâcheuse entre les condamnés. Cette direction dans l'exécution des amendes semble en outre au même auteur faire, pour ainsi dire perdre aux amendes leur caractère pénal et les changer en une espèce d'impôt.

47. — Quoi qu'il en soit, en l'état, lorsque le trésorier général décide que la contrainte exercée envers un insolvable a assez duré, le procureur n'a qu'à donner des ordres pour la radiation de l'écrou et l'élargissement du débiteur. — Instr. approuvée par le ministre des Finances, 20 sept. 1875, n. 84, [Rec. des circ. du min. de la Justice, t. 3, p. 187] — Instr. min. Fin., 5 juill. 1895, art. 391. — Lettre min. Just., 30 avr. 1884. — V. *suprà*, v° *Contrainte par corps*, n. 126 et s.

48. — Cette mesure, laissée à l'appréciation du trésorier général en ce qui concerne les condamnés insolvables, par des considérations d'humanité, peut aussi être prise à l'égard des condamnés solvables, s'ils fournissent à l'administration des garanties suffisantes de paiement. — Instr. 5 juill. 1895, art. 391.

49. — Quand il s'agit de délits forestiers et de pêche fluviale, l'amende, en cas d'insolvabilité justifiée, se résolvant alors en emprisonnement, la mise en liberté doit être concertée avec le conservateur des forêts, si la contrainte par corps a été exercée, sur la demande des agents forestiers, ou avec le procureur de la République, si l'emprisonnement a eu lieu sur sa désignation. — V. *suprà*, v° *Délit forestier*, n. 987.

50. — En tout cas, les condamnés insolvables sont mis en liberté à l'expiration du temps fixé par le réquisitoire d'incarcération. — Instr. min. Fin., 5 juill. 1895, art. 385.

51. — Au surplus, les percepteurs doivent prévenir le procureur de la République lorsque, par suite de la libération d'un redevable susceptible d'être contraint par corps, la réquisition d'incarcération décernée antérieurement contre lui est devenue sans objet. De leur côté, les parquets sont tenus de renvoyer, dans le délai maximum de deux mois, aux receveurs des finances, l'extrait du jugement annexé à la réquisition du percepteur, après avoir mentionné, en marge de ce document, la date de l'écrou, ou, à défaut, les motifs de la non-exécution de la contrainte. — Circ. min. Just., 6 avr. 1899, n. 84, [Bull. off. min. Just., 99.32]

52. — Le recouvrement des frais se poursuit de la même manière que le recouvrement des amendes, quoique l'art. 197 ne s'en soit pas formellement expliqué. Il y a paria te identité de motifs. — Teulet, d'Auvilliers et Sulpicy, *Codes annotés*, sur l'art. 197, n. 4.

53. — Le ministère public doit aussi veiller à l'exécution des arrêts qui ordonnent la restitution des objets pris au propriétaire. — Ch. Berriat Sain -Prix, p. 131.

54. — Lorsqu'il y a une partie civile en cause, c'est à elle seule qu'il appartient de faire exécuter les condamnations pécuniaires qui lui ont été adjugées (C. instr. crim., art. 197). Toutefois, elle doit recourir au ministère public pour l'exercice de la contrainte par corps. — V. *suprà*, v° *Contrainte par corps*, n. 136.

55. — De même, lorsque, pour la réparation civile du préjudice résultant d'un fait qualifié délit par la loi, la partie lésée saisit la juridiction ordinaire, le mode d'exécution des condamnations prononcées contre le défendeur est nécessairement le même que celui qui serait ordonné par la juridiction criminelle. — Paris, 16 nov. 1833, Barre, [S. 34.2.17, P. chr.]

56. — Les tribunaux criminels ne sont pas les seuls dont les décisions ne soient exécutables que par le ministère public ou la partie civile. Il est certaines condamnations qui, bien qu'émanant des juridictions civiles, doivent être également exécutées par les soins du ministère public.

57. — C'est ce qui a lieu, notamment, lorsqu'une peine a été prononcée par une cour d'appel ou un tribunal de première instance dans les cas prévus par les art. 157, C. civ. (acte respectueux), 90 et 91, C. proc. civ. (troubles d'audience, outrages) et 504 à 508, C. instr. crim. (troubles d'audience).

58. — ... Ou encore lorsqu'une peine a été prononcée, soit par un tribunal de commerce, en vertu des art. 504 et 506, C. instr. crim. (troubles d'audience), soit par un juge de paix siégeant civilement, en vertu des art. 10 et 12, C. proc. civ. (trouble d'audience), soit enfin par un conseil de prud'hommes d'après les décrets du 11 juin 1809, art. 33 à 35 (trouble d'audience) et du 3 août 1810, art. 4 (police de l'atelier), et que ces condamnations n'ont pas été exécutées immédiatement, comme la plupart peuvent l'être, par les ordres des magistrats qui les ont prononcées.

59. — Dans ces derniers cas, en effet, ces condamnations demeureraient sans résultat, les tribunaux de commerce, les juges de paix et les conseils de prud'hommes étant incompétents pour les faire exécuter après le prononcé, si le procureur de la République de l'arrondissement ne prêtait son concours à cette exécution. — Ch. Berriat Saint-Prix, p. 134; de Molènes, *Man. du proc. du roi*, t. 2, p. 47.

60. — De même, aux termes de l'art. 460, C. comm., « les dispositions qui ordonneront le dépôt de la personne du failli dans une maison d'arrêt pour dettes ou la garde de sa personne, seront exécutées à la diligence soit du ministère public, soit des syndics de la faillite. » — V. *infrà*, v° *Faillite*, et v° *Ministère public*, n. 801 et s.

61. — Enfin, les ordonnances des juges d'instruction, lorsqu'elles prononcent des condamnations en vertu des art. 34, 80, et 86, C. instr. crim., sont, comme toutes celles de ces fonctionnaires, exécutées par les soins du procureur de la République (art. 28).

§ 2. *Diligences à remplir en matière d'exécution des jugements et arrêts criminels.*

62. — Les officiers du ministère public doivent envoyer des extraits des jugements de condamnation prononcés contre certains fonctionnaires ou individus aux ministres du département duquel ces fonctionnaires ou individus dépendent. — Ch. Berriat Saint-Prix, p. 135.

63. — Ainsi ils doivent adresser au garde des sceaux, qui les transmet aux ministres compétents (Circ. du garde des sceaux, 6 déc. 1840), des extraits des jugements définitifs qui concernent: 1° des membres de la Légion d'honneur; 2° des instituteurs condamnés correctionnellement et disciplinairement. En ce qui concerne les faux-monnayeurs, l'envoi d'un extrait, prescrit par cette circulaire, a été remplacé par l'avis du résultat des poursuites qui doit être adressé à l'administration de la Monnaie avec les pièces fausses et les instruments de fabrication qui ont été saisis. — Circ. min. Just., 1er juill. 1899, [Bull. off. du min. de la Just., 1899, p. 174]

64. — Ils doivent aussi adresser au même ministre tous les trois mois une copie du registre tenu au greffe, en vertu des art. 600 et 601, C. instr. crim. — Même circulaire. — V. *infrà*, v° *Ministère public*, n. 499 et s.

65. — Ils doivent encore adresser au ministre de l'Intérieur les signalements des condamnés en fuite avec la date et la teneur des jugements qui les concernent. — Même circulaire.

66. — ... Au préfet du département, des extraits des jugements prononçant des peines en matière de recrutement. — Même circulaire.

67. — Ils doivent donner avis au procureur général (qui en informe le garde des sceaux) et au recteur de l'académie, de toute condamnation prononcée contre un élève ou un membre de l'université (Décr. 15 nov. 1811, art. 162). — V. *infrà*, v° *Ministère public*, n. 440 bis.

68. — Enfin, ils doivent adresser, soit au procureur général, soit à l'autorité administrative et au commandant de recrutement, des extraits rédigés en forme de bulletins (dits bulletins n. 1 du casier judiciaire) et destinés à constituer, soit le casier judiciaire, soit le casier électoral et militaire des condamnés. Il y a lieu de se reporter, à ce sujet, aux prescriptions de la loi du 5 août 1899 et du décret du 12 décembre suivant, sur le casier judiciaire. — V. aussi Circ. garde des sceaux, 15 déc. 1899. — V. *infrà*, v° *Ministère public*, n. 467.

Section III.
Règles, formes, délais de l'exécution des jugements et arrêts.

§ 1. *Jugements et arrêts contradictoires.*

69. — I. *Arrêts criminels.* — Sous l'empire de l'ordonnance de 1670, il était passé en maxime que l'accusé condamné ne devait

EXÉCUTION DES ARRÊTS ET JUGEMENTS (MAT. CRIM.).

pas coucher sur son jugement, ce qui était fondé sur l'art. 21, tit. 25 de cette ordonnance. L'arrêt s'exécutait le jour même où il avait été rendu. — Carnot, sur l'art. 375, C. instr. crim.

70. — Aujourd'hui, aux termes de l'art. 375, C. instr. crim., la condamnation doit être exécutée dans les vingt-quatre heures qui suivent les délais mentionnés en l'art. 373 s'il n'y a point eu de recours en cassation, ou, en cas de recours, dans les vingt-quatre heures de la réception de l'arrêt de la Cour de cassation qui a rejeté la demande.

71. — ... Et il ne suffit pas que la Cour de cassation ait prononcé le rejet, il faut encore que l'arrêt de rejet soit parvenu officiellement au procureur général. — Carnot, *loc. cit.*

72. — Toutefois, il n'est pas nécessaire que la signification de cet arrêt soit faite au condamné. — Cass., 31 mai 1834, Paulin, [S. 34.1.562, P. chr.]

73. — Au surplus, la loi ne prononce aucune peine pour le défaut d'exécution dans les vingt-quatre heures. — Teulet, d'Auvilliers et Sulpicy, *Codes annotés*, sur l'art. 375, n. 4.

74. — Un arrêt ou jugement portant condamnation n'est, on le voit, exécutoire que quand il est devenu définitif. — V. *infrà*, v° *Exécution provisoire*, n. 38 et s. — Le recours en cassation, notamment, est suspensif de l'exécution de l'arrêt de condamnation. — V. à cet égard, *suprà*, v° *Cassation* (mat. crim.), n. 676 et s. — Le pourvoi en cassation est suspensif de son exécution, alors même qu'il est dirigé contre la condamnation civile, quoiqu'il en soit autrement en matière civile. Ainsi, celui qui a obtenu une condamnation pécuniaire ne peut la mettre à exécution par la voie de la contrainte par corps, au mépris d'un pourvoi en cassation. — V. *suprà*, v° *Contrainte par corps*, n. 70.

75. — S'il ne s'agissait que de simples actes conservatoires, on peut soutenir qu'ils ne constituent pas une exécution; qu'il suffit d'avoir un titre pour pouvoir les accomplir, et qu'en ordonnant seulement de surseoir à l'exécution, la loi n'interdit pas les mesures de précaution. — V. *suprà*, v° *Cassation* (mat. crim.), n. 705.

76. — Jugé cependant qu'un jugement ou arrêt attaqué en cassation ne peut autoriser même une simple apposition de scellés pour la conservation des frais de la poursuite. — Rouen, 17 flor. an XIII, Fauresse, [S. et P. chr.]

77. — Mais le recours de la partie civile peut-il arrêter l'exécution de l'arrêt de condamnation relativement à la vindicte publique? Suivant Carnot *loc. cit.*), l'art. 375 parlant sans restriction du cas où il y a recours en cassation, et voulant qu'alors l'exécution de l'arrêt ne puisse avoir lieu qu'après que l'arrêt de rejet sera parvenu au procureur général, il faut en conclure qu'il suffit d'un recours quel qu'il soit contre l'arrêt de condamnation pour qu'il doive nécessairement être sursis à son exécution.

78. — Il est, dans tous les cas, hors de doute que la disposition qui veut que le pourvoi en cassation soit suspensif en matière criminelle, est applicable à celui du ministère public comme à celui du condamné (V. *suprà*, v° *Cassation* [mat. crim.], n. 683). Et le procureur général ne pourrait, même en se désistant du pourvoi qu'il aurait formé, faire mettre l'arrêt à exécution. Il faut que la cour statue. — Carnot, sur l'art. 375, C. instr. crim., n. 5.

79. — De même l'arrêt ne pourrait pas être exécuté au préjudice du recours en cassation exercé par la partie condamnée, lors même qu'elle s'en serait désistée : *nemo auditur perire volens*. — Carnot, *ibid.*

80. — L'acquiescement de l'accusé n'autoriserait pas non plus la mise à exécution de l'arrêt de condamnation, avant l'expiration du délai du pourvoi en cassation, l'acquiescement étant inefficace dans les matières d'ordre public (V. *suprà*, v° *Acquiescement*) sur l'art. 373, C. instr. crim., n. 7.

81. — Mais suffirait-il qu'il y eût déclaration de recours en cassation, pour qu'il dût être sursis à l'exécution de l'arrêt, lors même que le recours serait irrégulier?

82. — S'il y avait simple irrégularité dans la déclaration du recours, il faudrait certainement surseoir ; car la Cour de cassation est la seule autorité compétente pour juger la validité de la déclaration. — Carnot, *ibid.*, n. 10.

83. — Mais qu'en est-il si le recours a été déclaré hors de délai ? Le procureur général ne peut évidemment se rendre le juge des motifs du retard ; d'autre part, n'y aurait-il pas de grands inconvénients à permettre à la partie condamnée à arrêter par cette voie indirecte l'exécution de l'arrêt qui aurait prononcé la condamnation ? Dans ce cas, selon Carnot (*loc. cit.*), il devrait être encore

sursis à l'exécution, puisque l'expiration des délais déterminés par l'art. 373 n'est pas en définitive un empêchement radical à la réception du pourvoi en cassation ; et que d'ailleurs le Code d'instruction criminelle a paré à l'inconvénient précédemment signalé, en chargeant la Cour de cassation de prononcer, toutes affaires cessantes, sur les recours en matière criminelle. — V. *suprà*, v° *Cassation* (mat. crim.), n. 702 et s.

84. — Il a été jugé, en ce sens, que l'arrêt de mise en accusation portant renvoi à la cour d'assises ne peut être considéré comme un simple arrêt d'instruction, et qu'en conséquence, le pourvoi contre un tel arrêt, bien que formé tardivement, n'en est pas moins suspensif jusqu'aux débats exclusivement. — Cass., 5 juin 1841, Raynaud, [S. 42.1.183, P. 42.1.399] — Mais depuis la loi du 10 juin 1853, on décide que le pourvoi n'est pas suspensif lorsqu'il a été formé tardivement contre un arrêt de renvoi. — V. *suprà*, v° *Cassation* (mat. crim.), n. 716 et s.

85. — L'exécution du jugement attaqué ne devrait pas être suspendue, si le recours n'avait pas de base légale, s'il s'agissait, par exemple, d'un pourvoi en cassation contre un jugement en premier ressort ou d'un pourvoi en cassation après un arrêt de rejet. Dans ces cas, il devrait être passé outre ; autrement les jugements ne pourraient être exécutés que lorsqu'il plairait aux condamnés de cesser leurs pourvois et leurs oppositions. — Ch. Berriat Saint-Prix, *Ibid.*, p. 16.

86. — Bien qu'en principe les arrêts criminels doivent être exécutés dans les vingt-quatre heures qui suivront les délais accordés pour le recours en cassation, néanmoins il doit être sursis à l'exécution dans le cas des art. 27, C. pén., concernant les femmes condamnées à mort qui sont reconnues être enceintes (V. *suprà*, v° *Exécution capitale*), 379, 443, 444 et 445, C. instr. crim., relatifs soit aux accusés qui pendant les débats ont été inculpés de délits ou crimes emportant des peines plus graves, soit à la faculté de former devant la Cour de cassation des demandes en révision.

87. — Tous arrêts qui condamnent à la peine de mort, aux travaux forcés, à la déportation, à la détention, à la réclusion, à la dégradation civique et au bannissement, doivent être imprimés par extrait et affichés dans la ville centrale du département, dans celle où l'arrêt a été rendu, dans la commune du lieu où le crime a été commis, dans celle où doit se faire l'exécution et dans celle du domicile du condamné (C. pén., art. 36).

88. — A cet effet, le ministère public près la cour qui a rendu l'arrêt en envoie un extrait en forme de placard au procureur de la République de l'arrondissement où il doit être affiché, et celui-ci le transmet au maire de chacune des communes désignées, lequel donne les ordres convenables pour que cet extrait soit affiché conformément à la loi. Les frais de ces affiches sont à la charge des communes (Arr. 27 brum. an VI, art. 9 et 10 ; Décr. 18 juin 1811, art. 3, n. 5, et art. 104 et s. ; Instr. gén., 30 sept. 1826, n. 98).

89. — Les jugements criminels ne peuvent être exécutés les jours de fêtes nationales et religieuses. — V. *infrà*, v° *Jour férié*, n. 164 et s.

90. — II. *Jugements et arrêts correctionnels.* — L'art. 203, C. instr. crim., veut qu'il soit sursis à l'exécution des jugements correctionnels pendant le délai d'appel et pendant l'instance d'appel. — V. *suprà*, n. 1. — Mais le législateur a-t-il entendu viser le délai de deux mois ou celui de dix jours?) V. sur cette question, *suprà*, v° *Appel* (mat. répress.), n. 729 et s.

91. — Le délai passé sans qu'il y ait appel, le jugement peut être mis à exécution. — Carnot sur l'art. 203, *C. instr. crim.*, n. 15 ; Ortolan, *Du ministère public*, t. 2, p. 148 ; Ch. Berriat Saint-Prix, p. 14, *op. cit.*, p. 14.

92. — D'après les dispositions du Code d'instruction criminelle, la mise en liberté des prévenus acquittés pouvait être suspendue pendant trois jours, afin que le ministère public eût le temps d'examiner sur la minute du jugement s'il y avait lieu pour lui d'en relever appel. Toutefois leur mise en liberté pouvait être différée plus longtemps, si aucun appel n'avait été déclaré ou notifié pendant ce délai. Aujourd'hui, par suite des dispositions de la loi du 14 juill. 1865, qui a modifié le texte de l'art. 206, C. instr. crim., en cas d'acquittement, le prévenu doit être immédiatement, et nonobstant appel, mis en liberté.

93. — Quant aux jugements et arrêts correctionnels rendus en dernier ressort, l'exécution peut avoir lieu le cinquième jour après le prononcé, lorsqu'il n'y a pas eu de pourvoi (C. instr.

crim., art. 177, 216 et 373). En effet, le délai du pourvoi étant de trois jours francs, ce pourvoi est encore recevable le quatrième jour ; le jugement ou l'arrêt ne devient donc exécutoire que le cinquième jour.

94. — III. *Jugements de simple police.* — Les jugements de simple police rendus contradictoirement sont exécutoires le onzième jour qui suit leur prononcé (C. instr. crim., art. 172, 173 et 174, modifié par la loi du 6 avr. 1897). — V. *infrà*, v° *Tribunal de simple police*.

95. — Bien que l'art. 173 se borne à déclarer l'appel suspensif, sans statuer sur le temps intermédiaire depuis le prononcé ou la signification du jugement, jusqu'à l'expiration du délai d'appel, tandis que l'art. 203, qui s'occupe de l'appel des jugements correctionnels, porte au contraire qu'il sera sursis à leur exécution pendant le délai de l'appel et pendant l'instance d'appel, on ne peut conclure de cette différence de rédaction entre les deux articles qu'il ait été dans l'intention du législateur que les jugements émanés du tribunal de police puissent être mis à exécution pendant le délai de l'appel. En effet, les jugements de police ne sont pas plus susceptibles d'exécution provisoire que les jugements correctionnels, ceux-ci comme ceux-ci n'étant pas réparables en définitive. — Carnot, sur l'art. 173, *C. instr. crim.*, n. 1. — V. *suprà*, n. 1.

96. — C'est ainsi qu'il a été jugé qu'un tribunal de simple police excède ses pouvoirs en ordonnant l'exécution provisoire de son jugement. — Cass., 21 therm. an XII, Houdel, [S. et P. chr.] ; — 2 juill. 1807, Moineaux, [S. et P. chr.] ; — 14 juill. 1809, Intérêts de la loi, [S. et P. chr.] — Toulouse, 29 août 1834, Malé et Casaux, [S. 35.2.170, P. chr.] — Bourguignon, *Man d'instr. crim.*, t. 1, p. 267; Carnot, *instr. crim.*, t. 1, p. 646, n. 28 ; Legraverend, t. 2, ch. 3, p. 352; Carnot, t. 1, p. 719, n. 1 et s.

97. — Si le jugement est rendu en dernier ressort, la règle est la même que pour les jugements et arrêts correctionnels rendus aussi en dernier ressort. — V. *suprà*, n. 93.

98. — L'exécution des décisions rendues en matière criminelle, correctionnelle ou de simple police peut être suspendue par l'existence d'un recours en grâce adressé par le condamné, ou en sa faveur, au chef de l'État. — V. *infrà*, v° *Grâce*, n. 125 et s., et v° *Ministère public*, n. 125.

§ 2. Jugements et arrêts par défaut.

99. — I. *Arrêts criminels*. — V. à cet égard, *suprà*, v° *Contumace*, n. 186 et s.

100. — II. *Jugements et arrêts correctionnels*. — Les jugements correctionnels rendus en premier ressort sont exécutoires le onzième jour qui suit la signification du jugement à personne ou domicile, outre un jour par cinq myriamètres, lorsque dans l'intervalle il n'y a eu contre le jugement ni opposition ni appel. En matière correctionnelle, en effet, les délais d'opposition et d'appel courent simultanément. — Ch. Berriat Saint-Prix, *Ibid.*, p. 13. — V. *suprà*, v° *Appel* (mat. répress.), n. 373.

101. — Pour les arrêts et les jugements rendus en dernier ressort, l'exécution peut avoir lieu le dixième jour après la signification qui en a été faite à personne ou à domicile, ce qui comprend le délai de cinq jours pour former opposition et celui de trois jours francs (quatre jours par conséquent ; V. *suprà*, n. 93) pour le pourvoi en cassation, sans parler de l'augmentation d'un jour par cinq myriamètres.

102. — Suivant M. Ch. Berriat Saint-Prix (*Ibid.*, p. 53), l'art. 472 relatif à l'exécution par effigie des jugements de coutumace serait également applicable aux matières correctionnelles, en sorte qu'il y aurait lieu d'exécuter aussi par l'affiche les condamnations correctionnelles. Nous ne saurions adopter cette opinion. Il nous paraît résulter formellement du texte et de l'esprit de l'art. 472 que cette disposition doit être exclusivement restreinte aux matières criminelles.

103. — III. *Jugements de simple police*. — Les jugements par défaut rendus en premier ressort par les tribunaux de simple police sont exécutoires le onzième jour qui suit leur signification à personne ou domicile, pourvu qu'il n'y ait eu ni opposition ni appel (C. instr. crim., art. 151, 172, 173 et 174). Il y a lieu aussi à augmentation d'un jour par cinq myriamètres de distance.

104. — Si le jugement est rendu par défaut, il est exécutoire le huitième jour après la signification à personne et à domicile, ce qui comprend le délai de trois jours pour former opposition et celui de trois jours francs (quatre jours, *suprà*, n. 93, 101) pour se pourvoir en cassation, ce dernier délai ne pouvant courir que de l'expiration du premier, c'est-à-dire du moment où le jugement est devenu définitif. Le tout sans parler de l'augmentation d'un jour par cinq myriamètres (C. instr. crim., art. 151, 177, 373).

EXÉCUTION PROVISOIRE.

Législation.

Art. 135, 136, 137, 155, 439, 457, 458, 459, 460, C. proc. civ.; — art. 647, C. comm. ; — L. 25 mai 1838 (*sur les justices de paix*), art. 11 ; — L. 1er juin 1853 (*sur les conseils de prud'hommes*), art. 14.

Bibliographie.

Berriat Saint-Prix, *Cours de procédure civile*, 1855, 7e éd., 2 vol. in-8°, passim. — Bioche, *Dictionnaire de procédure civile et commerciale*, 1867, 6e éd., 1 vol. in-8°, v° *Jugement*, n. 225 et s. — Boitard, Colmet-Daage et Glasson *Leçons de procédure civile*, 1890, 13e éd., 2 vol. in-8°, t. 1, p. 288 et s. — Boncenne et Bourbeau, *Traité de la procédure civile*, 1837-1863, 2e éd., 7 vol. in-8°, t. 2, p. 573 et s. — Bonfils, *Traité élémentaire d'organisation judiciaire, de compétence et de procédure en matière civile et commerciale*, 1891, 2e éd., in-8°, p. 591 et s. — Bonnin, *Commentaire de la procédure civile*, 1843, in-8°, sur les art. cités. — Carré et Chauveau, *Lois de la procédure civile et commerciale*, 5e éd., 7 tomes en 9 vol. in-8°, sur les art. cités. — Chauveau et Glandaz, *Formulaire général et complet de procédure civile et commerciale*, 1892, 2 vol. in-8°, t. 1, p. 249 et 250. — Deffaux, Harel et Dutruc, *Encyclopédie des huissiers*, 1882-1892, 4e éd., 12 vol. in-8°, v° *Exécution provisoire*. — Delzers, *Cours de procédure civile et criminelle* 1843, 1 vol. in-8°, sur les art. cités — Demiau-Crouzilhac *Explication sommaire du Code de procédure civile*, 1825, 1 vol. in-8°, p. 74 et 75. — Dutruc, *Supplément aux lois de la procédure*, 1880, 2e éd., 4 vol. in-8°, v° *Exécution provisoire*. — Garsonnet, *Précis de procédure civile*, 1893, 2e éd., in-8°, n. 451 et s.; — *Traité théorique et pratique de procédure*, 1882-1896, 7 vol. in-8°, t. 5, § 956 et s. 969. — Lepage, *Nouveau style de la procédure civile*, 1806, 1 vol. in-4°, p. 116, 382, 864, 869. — Merlin, *Répertoire universel et raisonné de jurisprudence*, 1827-1828, 5e éd., 18 vol. in-4°, v° *Exécution provisoire des jugements*. — Mourlon et Naquet, *Répétitions écrites sur le Code de procédure*, 1885, 5e éd., gr. in-8°, p. 435 et s. — Pigeau et Poncelet, *Commentaire sur le Code de procédure civile*, 1827, 2 vol. in-4°, sur les art. cités. — Pigeau et Crivelli, *La procédure civile des tribunaux de France*, 1837, 5e éd., 2 vol. in-4°, t. 1, p. 595 et s. — Rodière, *Traité de compétence et de procédure en matière civile*, 1878, 2e éd., 2 vol. in-8°, t. 1, p. 286 et s. — Hogron, *Code de procédure expliqué*, 1891, 11e éd., sur les art. cités — Rolland de Villargues, *Répertoire de la jurisprudence du notariat*, 1840-1845, 9 vol. in-8°; v° *Jugement*, n. 61 et s. — Rousseau et Laisney, *Dictionnaire théorique et pratique de procédure civile et commerciale*, 1886, 2e éd., 9 vol. in-8°, v° *Exécution provisoire*. — Ruben de Couder, sur Goujet et Merger, *Dictionnaire de droit commercial*, 1877-1881, 6 vol. in-8°, v° *Jugement*, n. 126 et s. — Thomine-Desmazures, *Commentaire sur le Code de procédure civile*, 1832, 2 vol. in-4°, sur les art. cités.

Index alphabétique.

Absence, 170.
Abus de confiance, 346.
Acquiescement, 85, 136, 138, 227.
Acte d'avoué à avoué, 326.
Acte notarié, 59.
Actions de société, 151.
Action paulienne, 100.
Adjudication, 16, 88, 121.
Administrateur, 170.
Admission des créances, 69.
Aliéné, 170.
Aliments, 31, 174, 178, 185.
Appel, 2, 4, 6, 26, 31, 33, 35, 89, 144, 157 et s., 196, 200, 209, 211, 217, 218, 223 et s., 285 et s.
Arbitrage, 91
Arrérages, 89.
Assignation, 291, 302, 322, 325.
Assignation à bref délai, 58.
Associés, 85.
Audience, 38.
Aveu, 150.
Bail, 120, 167 et 168.
Bénéfice d'inventaire, 173.
Billets, 316.
Bordereau de collocation, 122 et 123.

Bref délai, 58.
Caisse des dépôts et consignations, 21.
Caissier, 83.
Capitation, 73, 112.
Cassation, 35.
Caution, 29, 33, 40 et s., 45, 49, 164, 175, 188 et s., 214 et s., 231, 232, 234, 250 et s., 299, 302, 343, 345.
Certification de caution, 174.
Chose jugée, 88. 139, 213.
Communauté conjugale. 177.
Compensation, 52, 53, 245.
Compte (reddition de), 82, 95, 171, 173, 180.
Compulsoire, 46.
Conciliation, 63 et s., 145 et s.
Conclusions. 191, 312.
Concordat. 68.
Condition, 127.
Condition suspensive, 105.
Conseil de prud'hommes, 306.
Conseil judiciaire, 170.
Constitution d'avoué, 324 et 325.
Consul, 62 et 63.
Contrainte par corps, 185.
Contrat de mariage, 84.
Cours d'eau. 60.
Créance exigible, 314.
Créancier, 78, 105.
Créancier hypothécaire, 67, 92, 122 et 123.
Curateur, 171.
Décès, 165.
Déclinatoire, 258.
Défaut, 149.
Défenses, 300, 340 et s.
Délai, 51, 56, 106, 243, 219, 298, 325.
Demande, 187 et s.
Demande nouvelle, 295.
Demande provisoire, 27.
Dépens, 12, 239 et s.
Dernier ressort, 289, 306, 311, 333.
Désaveu d'officier ministériel, 302.
Désistement, 194.
Divorce, 9.
Dol, 246, 305.
Dommages-intérêts, 11, 13, 156, 159, 173, 179, 224, 336, 342.
Donation, 110.
Dot, 86.
Écriture, 72 et s., 141 et s.
Effet suspensif, 2, 4, 38.
Emprisonnement, 183 et 184.
Enquête, 259.
Envoi en possession, 74, 81.
Étranger, 61 et s.
Exécution, 257 et s.
Expulsion, 85, 157.
Faillite, 68, 69, 83, 165.
Faux, 113, 305.
Fraude, 100, 104, 246, 305.
Fruits (restitution de), 79.
Gardien de saisie, 170.
Héritier, 77 et s., 118, 152.
Incompétence, 93, 342.
Inexécution des conditions, 102.
Inscription de faux, 113 et s., 248, 305.
Interdiction, 171.
Interdits, 170.
Intérêts, 69.
Interprétation, 106, 156.
Interprétation limitative, 176 et s.
Interrogatoire. 171.
Inventaire, 109, 165.
Juge de paix, 10, 64, 65, 145 et s., 280 et s., 306, 338.
Jugement, 61, 87 et s., 91, 93, 95, 109, 191 et 192.
Jugement contradictoire, 4 et s.
Jugement définitif, 57.
Jugement interlocutoire, 260.

Jugement par défaut, 7, 9, 26, 41, 42, 182, 193, 194, 201 et s., 230, 236 et 237.
Légataire universel, 74.
Legs, 112.
Licitation, 80.
Locataire, 166.
Meubles, 86.
Mineur, 110.
Ministère public, 323.
Minute, 10, 24 et s.
Mise en liberté, 183 et s.
Notaire, 70.
Nullité, 91, 110, 183, 184, 192, 202, 303, 342.
Offres réelles, 220 et s., 302.
Opposition, 2, 7, 33, 35, 130, 177, 201 et s., 236, 302.
Opposition à mariage, 182.
Ordonnance du président, 58.
Ordre, 14, 15, 92.
Paiement, 52, 53, 87, 213, 244 et 245.
Pension alimentaire, 31, 174, 178.
Porte fort, 153.
Possession, 86, 170.
Préjudice, 128.
Prescription, 244.
Prix, 103, 121.
Procès-verbal de conciliation, 64, 146.
Promesse reconnue, 136 et s., 242 et 243.
Provision alimentaire, 173.
Prud'hommes, 338.
Qualités, 192.
Réception de caution, 45, 175.
Récusation, 44.
Reddition de compte, 82, 95, 171, 173, 180.
Référé, 33, 135, 168, 302.
Règlement administratif, 60.
Remise de dette, 52 et 53.
Rente, 89.
Réparations, 166.
Requête civile, 131, 248.
Rescision, 100.
Résolution, 97 et s., 125, 313.
Restitution, 334.
Revendication, 124.
Saisie, 124.
Saisie immobilière, 16, 88.
Scellés, 165.
Séparation de corps, 174, 177 et 178.
Séquestre, 170.
Serment, 125.
Signature, 72, 73, 140 et s.
Signification, 10, 229, 228.
Société, 89.
Société en commandite, 151.
Solvabilité, 343.
Succession, 77 et s., 95.
Suggestion, 72, 112.
Sursis, 219, 229.
Syndic de faillite, 82 et 83.
Testament, 109, 112.
Testament mystique, 75.
Testament olographe, 70 et s.
Testament public, 70, 108.
Tierce-opposition, 132 et s., 168, 248, 304.
Tiers, 18 et s., 119 et s., 243, 304.
Tiers détenteur, 118.
Titre authentique, 51, 52, 55 et s., 242, 247, 313.
Trésor public, 47.
Tribunal civil, 349.
Tribunal de commerce, 231 et s., 306, 339 et s.
Tribunal de simple police, 36.
Tuteur, 110, 171.
Urgence, 166, 181, 297.
Usure, 246, 305, 346.
Vente, 97, 102.
Vérification d'écriture, 74.
Violences, 246.

EXÉCUTION PROVISOIRE. — Chap. I.

DIVISION.

CHAP. I. — NOTIONS GÉNÉRALES (n. 1 à 38).

CHAP. II. — DE L'EXÉCUTION PROVISOIRE DEVANT LES TRIBUNAUX DE PREMIÈRE INSTANCE.

Sect. I. — **Dans quels cas il y a exécution provisoire** (n. 39 à 43).

§ 1. — *Cas où l'exécution provisoire a lieu de plein droit* (n. 44 à 47).

§ 2. — *Cas où l'exécution provisoire est obligatoire* (n. 48 à 54).

1° Titre authentique (n. 55 à 135).

2° Promesse reconnue (n. 136 à 156).

3° Condamnation précédente par jugement dont il n'y a pas appel (n. 157 à 163).

§ 3. — *Cas où l'exécution provisoire est facultative* (n. 164 à 185).

Sect. II. — **Comment l'exécution provisoire doit être prononcée** (n. 186 à 211).

Sect. III. — **Effets de l'exécution provisoire** (n. 212 à 230).

CHAP. III. — DE L'EXÉCUTION PROVISOIRE DEVANT LES TRIBUNAUX DE COMMERCE (n. 231 à 279).

CHAP. IV. — DE L'EXÉCUTION PROVISOIRE DEVANT LES JUSTICES DE PAIX (n. 280 à 283).

CHAP. V. — DE L'EXÉCUTION PROVISOIRE DEVANT LES CONSEILS DE PRUD'HOMMES (n. 284).

CHAP. VI. — DE L'EXÉCUTION PROVISOIRE DEVANT LES TRIBUNAUX D'APPEL (n. 285 à 349).

CHAPITRE I.

NOTIONS GÉNÉRALES.

1. — L'exécution provisoire est l'exécution d'une décision judiciaire pratiquée nonobstant le recours exercé contre cette décision.

2. — En matière civile, l'appel et l'opposition suspendent, en général, l'exécution des jugements rendus par défaut ou en premier ressort seulement ; mais l'application absolue de ce principe tutélaire, eût souvent entraîné de graves inconvénients que prévient l'exécution provisoire, c'est-à-dire l'exécution des jugements malgré l'opposition ou l'appel.

3. — La loi a, en conséquence, déclaré avec beaucoup de sagesse que, dans certains cas déterminés, les juges pourraient, et que même, dans d'autres circonstances, ils devraient ordonner l'exécution provisoire de leurs décisions.

4. — Relativement aux jugements contradictoires, l'exécution provisoire déroge à deux règles de procédure : 1° à la règle d'après laquelle l'appel interjeté est suspensif (V. *suprà*, v° *Appel* [mat. civ.], n. 2877 et s.) ; 2° à la règle qui veut que l'exécution d'un jugement ne puisse avoir lieu pendant les huit jours qui suivent son prononcé (V. *suprà*, v° *Exécution des actes et jugements*, n. 296). — Boitard, t. 1, n. 288.

5. — L'art. 135, C. proc. civ., relatif à ces jugements, énumère, comme nous le verrons, un certain nombre de cas où l'exécution provisoire est tantôt imposée aux juges, tantôt laissée à leur appréciation.

6. — Enfin, contrairement à la règle générale d'après laquelle l'appel est toujours suspensif à moins que le juge ne prononce expressément l'exécution provisoire, il est des cas où l'exécution provisoire a lieu de plein droit. — Boitard, t. 1, n. 289. — V. *infrà*, n. 44 et s.

7. — Il peut également y avoir lieu à *exécution provisoire* en matière de jugements par défaut ; l'art. 135, C. proc. civ., prévoit même une double application de l'exécution provisoire : 1° le tribunal peut, en cas d'urgence, et dans l'un des cas indiqués par l'art. 135, C. proc. civ., ordonner l'exécution provisoire par exception à la règle d'après laquelle l'exécution des jugements par défaut n'est pas possible avant l'expiration d'un délai de huitaine à partir de la signification (V. à cet égard, *infrà*, v° *Jugement et arrêt* [mat. civ.], n. 3384 et s., 3775). Il convient d'ailleurs de faire remarquer que dans cette application il n'y a pas à faire, comme dans l'art. 135, C. proc. civ., la distinction entre l'exécution provisoire obligatoire et facultative (Boitard, t. 1, n. 320); 2° par dérogation à la règle qui veut que l'opposition, quand elle intervient, suspend l'exécution, l'art. 155-2°, C. proc. civ., dispose que le tribunal pourra autoriser l'exécution provisoire sans être renfermé dans les limites de l'énumération de l'art. 135, C. proc. civ., mais à la condition qu'il y ait péril en la demeure. — Boitard, t. 1, n. 311.

8. — Faisons d'ailleurs observer que les jugements par défaut déclarés exécutoires par provision n'ont pas besoin de constater expressément l'existence du péril en la demeure; il suffit qu'elle résulte des circonstances relevées par le jugement. — Cass., 3 avr. 1872, Raguideau, [S. 73.1.101, P. 73.233, D. 73.1.25] — *Contrà*, Turin, 20 mars 1812, Delfino, [S. et P. chr.].

9. — Il résulte de ce qui précède qu'en matière de jugements par défaut, le tribunal a de plus larges pouvoirs pour accorder l'exécution provisoire. Cela s'explique par ce fait que le tribunal peut très-bien soupçonner et reconnaître, d'après les circonstances de l'affaire, que le défaut du défendeur est de sa part un acte de calcul, à l'effet d'entraver les poursuites, de gagner du temps, et de trouver, au moyen de les retards combinés, la possibilité de dérober aux poursuites du demandeur les biens qui lui servaient de gage. — Boitard, t. 1, n. 321.

10. — L'exécution est dite *provisoire* en ce sens que : 1° elle est faite par provision, c'est-à-dire aussitôt après la signification du jugement, et, même sur la minute (V. *infrà*, n. 24), et par mesure de précaution et pour éviter le préjudice qu'un plus long retard pourrait causer; 2° elle n'est pas définitive, car si le jugement est infirmé, les actes d'exécution seront annulés, les paiements restitués, les travaux démolis, toutes choses, en un mot, remises en l'état où elles étaient avant le jugement. — Garsonnet, *Traité théor. et prat. de procédure*, t. 5, n. 955.

11. — De là découlent diverses conséquences : 1° L'exécution, nonobstant l'appel interjeté, d'un jugement exécutoire par provision, constitue une simple faculté que la partie use à ses risques et périls, et sauf à répondre du préjudice causé par cette exécution, en cas d'infirmation. — Cass., 27 avr. 1864, Leblanc, [S. 64.1.157, P. 64.1014, D. 64.1.303] — *Sic*, Garsonnet, *loc. cit.*

12. — 2° De même, et il en est ainsi devant toutes les juridictions, l'exécution provisoire ne peut avoir pour objet le paiement des dépens (C. proc. civ., art. 137), attendu que de ce chef l'exécution du jugement n'est jamais urgente. — Rennes, 16 juin 1808, N..., [S. et P. chr.] — Pau, 5 mai 1891, [D. 92.2.192] — *Sic*, Garsonnet, *loc. cit.*

13. — Et il en est ainsi même quand ils sont adjugés à titre de dommages-intérêts. — Rennes, 16 juin 1808, précité.

14. — 3° L'exécution provisoire n'est pas admise en matière d'ordre, où la rapidité de la procédure et la brièveté des délais la rendent moins nécessaire (C. proc. civ., art. 765). — Garsonnet, *loc. cit.*

15. — Jugé que l'exécution provisoire des jugements d'ordre ne peut être ordonnée; que l'art. 135, C. proc. civ., est inapplicable en cette matière..., même alors qu'il s'agit d'un jugement qui prononce seulement entre le créancier et le débiteur sur la quotité de la créance réclamée. — Pau, 22 déc. 1824, Viviez, [S. et P. chr.] — Bordeaux, 23 juill. 1842, Seguin, [S. 42.2.546, P. 42.2.697].

16. — 4° L'exécution provisoire n'autorise pas à consommer la saisie immobilière, car l'art. 2215, C. civ., qui permet de la pratiquer et de la mener jusqu'à l'adjudication en vertu d'un jugement exécutoire par provision, ajoute que l'adjudication même ne peut avoir lieu qu'en vertu d'un jugement passé en force de chose jugée, c'est-à-dire confirmé lorsqu'il a été frappé d'appel. — Garsonnet, *loc. cit.* — V. *infrà*, v° *Saisie immobilière.*

17. — 5° L'exécution provisoire n'a pas lieu toutes les fois qu'elle pourrait causer un dommage irréparable et auquel la responsabilité personnelle de l'intimé ne serait qu'un palliatif insuffisant. — Garsonnet, *loc. cit.*

18-20. — C'est par application de cette idée que la jurisprudence a décidé que les art. 548 et 549, C. proc. civ., dérogent aux règles de l'exécution provisoire et que les jugements exécutoires par provision ne peuvent être exécutés à l'égard des tiers qu'à l'époque de l'appel et aux conditions déterminées par ces articles. — V. *suprà*, v° *Exécution des actes et jugements* (mat. civ.), n. 486 et s.

21. — Par application de ce principe, il a été jugé qu'à défaut de représentation du certificat exigé par l'art. 548, la Caisse des consignations est bien fondée à refuser d'obtempérer à une ordonnance de référé déclarée exécutoire par provision, nonobstant opposition ou appel et sans signification préalable, qui prescrit le versement, entre les mains d'un séquestre, de sommes dont elle est dépositaire. — Cass., 9 juin 1858, Jomain, [S. 59.1. 621, P. 58.1157, D. 59.1.246] — V. aussi *suprà*, v° *Exécution des actes et jugements* (mat. civ.), n. 460.

22. — Dans tous les cas, il est certain que le tiers serait en droit de s'opposer à l'exécution provisoire, si elle devait lui être nuisible. — Rennes, 27 avr. 1819, Perrin, [P. chr.]

23. — En résumé, l'exécution provisoire n'est qu'une sorte de consignation imposée au débiteur prétendu; elle laisse subsister l'effet dévolutif de l'appel, et ne peut, en conséquence, porter atteinte au droit du juge du second degré d'examiner les moyens de fond qui lui sont proposés. — Poitiers, 27 juill. 1885, Banque des fonds publics, [S. 86.2.9, P. 86.1.93]

24. — La Cour de cassation décide que les tribunaux peuvent, dans le cas d'urgence, ordonner l'exécution de leurs jugements sur minute. — Cass., 27 janv. 1858, Bénard, [S. 58.1. 728, P. 59.178, D. 58.1.158]; — 2 déc. 1861, Valin, [S. 63.1.153, P. 63.659, D. 62.1.463]; — 3 avr. 1872, Raguideau, [S. 73.1.101, P. 73.232] — *Sic*, Pigeau, *Proc. civ.*, t. 1, p.623, *Comm.*, p. 140 et 498 ; Bioche, *Dict. de proc.* v° *Exécut. des actes et jugements*, n. 67. — V. *infrà*, v° *Jugement et arrêt* (mat. civ.), n. 2725, et *suprà*, v° *Exécution des actes et jugements* (mat. civ.), n. 177.

25. — Et l'urgence est alors suffisamment constatée par ces mots : « vu l'urgence. » — Cass., 27 janv. 1858, précité.

26. — L'exécution provisoire sur minute ordonnée pour un jugement par défaut, alors qu'elle n'avait pas été demandée dans l'assignation, est valablement maintenue par le jugement définitif, s'il statue sur des conclusions prises pour le maintien de ce mode d'exécution. — Cass., 13 mars 1876, Manheimer, [S. 76. 1.417, P. 76.1065] — *Sic*, Bioche, *Diction. de proc.*, v° *Jugement par défaut*, n. 312.

27. — Il ne faut pas confondre les demandes à fin d'exécution provisoire avec les demandes provisoires, bien que dans l'un et l'autre cas, il s'agisse en définitive d'une exécution provisoire (V. *suprà*, n. 10). Les premières portent sur le fond même du droit, c'est la condamnation définitive qui est exécutée. Le juge se trouve dessaisi de l'affaire, tandis que dans les autres il ne s'agit que de statuer sur un simple incident qui, par lui-même, ne présente rien de définitif et qui ne lie en aucune manière le juge dont il émane.

28. — Qu'en est-il des jugements qui statuent sur les demandes provisoires?

29. — D'après Garsonnet, l'exécution provisoire n'a pas lieu de plein droit pour les jugements provisoires; l'exécution provisoire en est simplement facultative et seulement lorsqu'il s'agit de nomination de séquestres et d'allocation de pension ou de provision alimentaire. — Garsonnet, t. 5, n. 957. — V. *infrà*, n. 169, 173.

30. — Jugé, en ce sens, que le jugement qui statue sur une demande provisoire (spécialement celui qui alloue une pension alimentaire ou une provision à l'un des époux en matière de séparation de corps) n'est pas de plein droit exécutoire nonobstant appel; que, par conséquent, si l'exécution provisoire n'a pas été ordonnée, l'appel est suspensif. — Bordeaux, 24 mai 1869, Grassin, [S. 70.2.23, P. 70.200] — Riom, 29 avr. 1884, [D. 85. 2.133]

31. — Néanmoins, la majorité des auteurs estime que les jugements rendus sur les demandes provisoires autres que celles des nominations de séquestre, d'allocation de pension ou de provision alimentaire, sont de plein droit exécutoires par provision, par ce motif qu'ils sont précisément pour objet d'obvier à l'inconvénient d'attendre le jugement définitif. — Bioche, v° *Jugement*, n. 280; Pigeau, *Comment.*, t. 2, p. 33; Chauveau et Carré, t. 1, quest. 584 et 585; Bonceune, t. 2, p. 564; Rodière, t. 1, p. 288; Bonnier, n. 323.

32. — ... Et sans qu'aucune caution puisse être exigée. — Pigeau, *loc. cit.*

33. — Les ordonnances de référé statuant toujours par provision, dans des cas urgents, sont exécutoires nonobstant appel, sans préjudicier au fond, et sans caution, à moins que le juge n'ordonne qu'il en soit fourni une. Elles ne sont pas susceptibles d'opposition (C. proc. civ., art. 806 et 809). — V. *infrà*, v° *Référé*.

34. — Les cas dans lesquels il y a lieu à exécution provisoire en matière civile sont déterminés : *a*) par l'art. 135, C. proc. civ., pour les tribunaux de première instance; *b*) par l'art. 11, L. 25 mai 1838, pour les juges de paix; *c*) par l'art. 439, C. proc. civ., pour les tribunaux de commerce; *d*) par l'art. 14. L. 1er juin 1853, pour les conseils de prud'hommes.

35-36. — En matière criminelle, correctionnelle et de simple police, l'exécution des jugements est toujours suspendue par l'opposition, l'appel ou le recours en cassation. Ce principe est rigoureux, et ne peut recevoir aucune atteinte. — V. *suprà*, v° *Exécution des arrêts et jugements* (mat. crim.), n. 1, 74, 90, 95 et 96.

37. — On ne saurait, en effet, sous aucun prétexte, infliger une peine à un individu qui a encore un moyen légal de prouver son innocence et de se faire décharger des condamnations prononcées contre lui.

38. — Toutefois, bien que l'appel des jugements rendus par les tribunaux de paix ou de première instance, pour délits d'audience, en vertu des art. 10, 11, 89 et 90, C. proc. civ., se porte devant le tribunal correctionnel, il n'est pas suspensif. — Cass., 25 mars 1813, Gaillard, [S. et P. chr.] — V. *suprà*, v° *Audience* (police de l'), n. 219).

CHAPITRE II.

DE L'EXÉCUTION PROVISOIRE DEVANT LES TRIBUNAUX DE PREMIÈRE INSTANCE.

Section I.

Dans quels cas il y a exécution provisoire.

39. — L'exécution provisoire est une mesure exorbitante du droit commun. Elle ne peut donc avoir lieu que dans les cas expressément prévus par le législateur.

40. — Il résulte du texte même de la loi que dans certains cas le juge doit ordonner l'exécution provisoire, et que dans ces cas l'exécution provisoire a lieu sans caution (art. 135-1°); dans d'autres hypothèses, l'exécution provisoire peut être ordonnée par le juge, avec ou sans caution (art. 135-2°).

41. — On a soulevé la question de savoir si l'exécution provisoire des jugements par défaut a lieu avec ou sans caution. La Cour de cassation a admis que les jugements par défaut déclarés exécutoires par provision sont exécutoires sans caution, quand la caution n'a pas été formellement prescrite. — Cass., 3 avr. 1872, Raguideau, [S. 73.1.101, P. 73.232, D. 73.1.125]

42. — Mais il a été jugé, en sens contraire, que les jugements par défaut déclarés exécutoires par provision, nonobstant opposition, ne peuvent être exécutés sans que la partie qui les a obtenus fournisse préalablement caution : cette partie ne pourrait se soustraire à cette obligation qu'autant qu'elle en aurait été dispensée par le jugement même. — Douai, 14 févr. 1852, Teinturier, [S. 52.2.347, P. 52.2.721, D. 52.2.232] — V. Chauveau, sur Carré, *Lois de la procédure*, suppl. sur l'art. 133, quest. 639.

43. — Quant aux hypothèses où il peut y avoir lieu à exécution provisoire, il n'y a pas à distinguer entre les matières ordinaires et les matières sommaires. — Garsonnet, t. 5, § 956.

§ 1. Cas où l'exécution provisoire a lieu de plein droit.

44. — Sont exécutoires de plein droit par provision les jugements qui prononcent sur la récusation des juges et des experts (C. proc. civ., art. 312 et 396).

45. — ... Ceux qui statuent sur la réception de cautions, d'après l'art. 521, C. proc. civ., qui abroge ainsi l'art. 135-5° aux termes duquel l'exécution provisoire serait simplement facultative en cette matière.

46. — ... Ceux qui interviennent sur les demandes à fin de compulsoire (C. proc. civ., art. 848). — V. *suprà*, v° *Compulsoire*, n. 60.

47. — ... Ceux qui sont rendus dans des instances où le Trésor public a été représenté par son agent judiciaire (L. 11 fruct. an VI, art. 1). — V. *suprà*, v° *Agent judiciaire du Trésor*, n. 61 et s.

§ 2. Cas où l'exécution provisoire est obligatoire.

48. — L'exécution provisoire, sans caution, doit être ordonnée s'il y a titre authentique, promesse reconnue, ou condamnation précédente par jugement dont il n'y ait pas appel (art. 135, § 1).

49. — Dans ces hypothèses la partie qui voudra exécuter le jugement ne sera pas tenue de donner caution à son adversaire.

50. — Il semble au premier abord qu'aucun débat ne puisse s'élever sur la réalité d'un droit attesté par un titre authentique ou par un titre privé dont l'adversaire a reconnu l'écriture ou même enfin par un jugement antérieur. Néanmoins un débat sur ce point peut se concevoir à divers égards.

51. — Ainsi un créancier a produit contre son adversaire un titre authentique mais non revêtu de la formule exécutoire, ou s'est en conséquence adressé au tribunal; l'adversaire, sans contester la dette, a seulement demandé des délais pour s'acquitter et le tribunal les lui a refusés. Dans ces conditions l'exécution provisoire sera accordée, car il n'y a à peu près aucune chance de reformation sur appel.

52. — Il se peut, au contraire, que l'adversaire, sans nier l'authenticité du titre de son créancier, prétende avoir payé la dette ou qu'il existe en sa faveur une cause de compensation, une remise de dette, etc. Si le tribunal croit devoir rejeter ces moyens, il devra accorder l'exécution provisoire, attendu que le titre authentique fournit en faveur du créancier une sérieuse présomption de vérité.

53. — Il faut en dire autant du titre privé lorsque l'adversaire, ayant reconnu la sincérité de l'écriture conformément à l'art. 1322, C. civ., a ensuite opposé en paiement, une compensation, une remise de dette qu'il n'a pas pu établir devant le tribunal.

54. — Des doutes plus sérieux se sont élevés lorsque le débat s'engage soit sur l'authenticité même du titre, soit sur son interprétation. Nous retrouverons la question *infrà*, n. 106 et s.

1° Titre authentique.

55. — L'expression *titre authentique* s'entend de l'écrit ainsi qualifié par l'art. 1317, C. civ. L'art. 135, C. proc. civ., conçu en termes absolus, n'établit aucune distinction entre les divers titres authentiques. — V. *suprà*, v° *Acte authentique*.

56. — Les divers titres authentiques entraînant exécution forcée peuvent être divisés en trois catégories : 1° titres exécutoires de plein droit; 2° titres authentiques rendus exécutoires en vertu d'une autorisation judiciaire; 3° titres authentiques non susceptibles d'exécution forcée. — Garsonnet, *Tr. de proc.*, t. 5, § 958.

57. — 1° Au nombre des titres exécutoires de plein droit il faut d'abord ranger les jugements définitifs ou d'avant faire droit. — Bioche, *Dict.*, v° *Jugement*, n. 244 et s., et 232; Garsonnet, *Tr. de proc.*, t. 5, n. 958.

58. — L'ordonnance du président qui permet d'assigner à bref délai est un titre authentique autorisant l'exécution provisoire. Il a été jugé, par conséquent, que le jugement qui rejette le moyen de nullité proposé contre l'ordonnance peut être déclaré exécutoire provisoirement, et sans caution. — Colmar, 18 déc. 1827, Thyss, [S. et P. chr.] — *Sic*, Garsonnet, *Tr. de proc.*, t. 5, § 958, note 1.

59. — Constituent des titres exécutoires de plein droit, les actes notariés quelle qu'en soit la nature. — Bioche, *Dict.*, v° *Exéc. prov.*, n. 247; Garsonnet, *Tr. de proc.*, t. 5, § 958. — V. *suprà*, v^{is} *Acte authentique*, n. 50 et s., *Acte notarié*, n. 769 et s.

60. — Aux actes notariés on doit ajouter les actes administratifs (V. *suprà*, v° *Acte authentique*, n. 20 et s.). Jugé spécialement que les règlements administratifs qui permettent à un particulier de faire des travaux sur un cours d'eau doivent être considérés comme des titres ayant l'effet de permettre aux juges d'ordonner l'exécution provisoire du jugement qu'ils rendent sur les contestations élevées au sujet des mêmes travaux. — Rouen, 7 mai 1821, Champigny, [S. et P. chr.] — Daviel, *Prat. des cours d'eau* et l'append., v° *Sursis*, n. 407 et s.

61. — 2° Constituent des titres authentiques dans le sens de l'art. 135, C. proc. civ., comme titres authentiques rendus exécutoires en France en vertu d'une autorisation judiciaire, les jugements rendus en pays étranger ou les actes authentiques passés en pays étranger et dans les formes requises dans ce pays. — V. *suprà*, v° *Acte authentique*, n. 568 et s., 630 et s.

62. — Il en est à plus forte raison ainsi des actes passés à l'étranger par un consul français. — Garsonnet, *Tr. de proc.*, t. 5, § 958, note 2.

63. — 3° Sont des titres authentiques non susceptibles d'exécution forcée, mais rentrant dans la catégorie des titres authentiques visés par l'art. 135, C. proc. civ., les procès-verbaux rédigés par les juges de paix lorsque les parties comparaissent devant eux en conciliation.

64. — Il est vrai que l'art. 54, *in fine*, C. proc. civ., déclare que « les conventions des parties insérées au procès-verbal ont force d'obligation privée; » mais, cette disposition a été édictée uniquement afin d'empêcher des contractants d'éluder les lois sur le notariat. Ces procès-verbaux des juges de paix étant des actes authentiques, un jugement peut les déclarer exécutoires par provision. — Garsonnet, t. 5, § 958, texte et note 9; Bioche, n. 271; Chauveau, sur Carré, quest. 580.

65. — En conséquence, lorsque la créance qui est l'objet de la condamnation a été reconnue en bureau de paix, elle peut autoriser l'exécution provisoire sans caution. — V. *infrà*, n. 145 et s.

66. — 4° Un certain nombre de titres ont enfin été assimilés aux titres authentiques visés par l'art. 135, C. proc. civ. La jurisprudence s'accorde à interpréter d'une manière large l'expression « titre authentique, » dont se sert l'art. 135, et elle admet que les textes qui régissent notre matière sont un peu élastiques et permettent de donner à cette expression une certaine extension.

67. — Signalons cependant que la cour de Colmar a décidé, par un arrêt qui se trouve en opposition avec tous ceux que nous allons rapporter, que l'art. 135 est limitatif, et qu'on ne saurait admettre d'équivalent au titre authentique. — Colmar, 2 déc. 1815, Sutter, [S. et P. chr.]

68. — Le concordat obtenu par un failli et régulièrement homologué est un titre authentique dans le sens de l'art. 135, C. proc. civ.; en conséquence, au cas de contestation sur la portée d'une clause d'un tel concordat, les juges doivent ordonner l'exécution provisoire de leur décision. — Cass., 2 déc. 1861, Valin, [S. 63.1.153, P. 63.659, D. 62.1.463]

69. — Le procès-verbal d'admission des créances dans une faillite forme, au profit du créancier admis, un titre authentique auquel est dû l'exécution provisoire. — Bordeaux, 2 déc. 1831, Gaudichaud, [S. 33.2.49, P. chr.] — *Sic*, Garsonnet, *Tr. de proc.*, t. 5, § 958, note 1.

70. — Le testament reçu par un notaire est un acte authentique proprement dit; il ne peut s'élever aucune difficulté à cet égard. Mais la question s'est posée à propos du testament olographe.

71. — Il a été jugé que le testament olographe, légalement reconnu, équivalait à un titre authentique dans le sens de l'art. 135, C. proc. civ. — Nîmes. 25 mars 1819, Jautel, [S. et P. chr.] — *Sic*, Bioche, v° *Jugement*, n. 258. — *Contrà*, Trib. Seine, 4 mars 1869, de Salis, [D. 69.3.66]

72. — ... Qu'il en est ainsi tout au moins lorsque ni l'écriture ni la signature ne sont attaquées. — Angers, 26 août 1852, Duplaisis, [S. 52.2.568, P. 53.2.434] — Bordeaux, 1er sept. 1853, [*Journ. des arrêts de Bordeaux*, 1853, p. 479] — *Sic*, Chauveau, sur Carré, quest. 588 *quater*.

73. — ... Que l'exécution provisoire sans caution d'un testament olographe, dont l'écriture et la signature ne sont pas méconnues, doit être ordonnée, lorsqu'il n'est attaqué que pour vice extrinsèque, par exemple pour suggestion ou captation. — Orléans, 30 déc. 1847, Godin, [S. 48.2.286, P. 48.1.379] — V. *infrà*, n. 112.

74. — En est-il de même lorsque l'écriture du testament est contestée? Spécialement, le légataire universel qui a obtenu l'envoi en possession provisoire du testament peut-il être maintenu en possession, lorsque les héritiers non réservataires dénient l'écriture du testament qui doit, dans ce cas, suivre la procédure en vérification d'écriture? — V. cette question, *infrà*, v° *Legs*, n. 940 et s., et n. 106 et s.

75. — En ce qui concerne le testament mystique il faut admettre également qu'il y a là un titre obligeant les juges à ordonner l'exécution provisoire sans caution. — Bordeaux, 9 sept. 1829, Goursier, [P. chr.] — Toullier, t. 3, p. 511.

76. — D'une façon générale, une qualité reconnue ou non contestée et de laquelle dérive nécessairement un droit ou une obligation peut également être considérée comme un titre authentique et donner lieu à l'exécution provisoire. — Carré et Chauveau, quest. 588 *quater*; Garsonnet, *Tr. de proc.*, t. 5, § 958, note 3.

77. — La qualité non contestée d'héritier peut-elle être regardée comme un titre authentique, autorisant les juges à prononcer l'exécution provisoire sans caution d'un jugement qui ordonne entre cohéritiers la licitation des biens héréditaires? (non résolu). — Cass., 3 avr. 1872, Raquideau, [S. 73.1.101, P. 73.233, D. 73.1.25]

78. — Il a été jugé, dans le sens de l'affirmative, que le cohéritier qui réclame contre son cohéritier une part de la succession a dans son titre même d'héritier un titre authentique. — Cass., 1er févr. 1815, Bournisien, [S. et P. chr.] — *Sic*, Thomine-Desmazures, *Comm. du C. proc. civ.* sect. 1, § 2, n. 22; Carré, *Lois de la proc.*, quest. 588 *quater*.

79. — ... Qu'il y a titre authentique dans le sens de l'art. 135, C. proc. civ., dans le cas où un héritier, en instance avec son cohéritier sur la liquidation de la succession qui leur est commune, justifie dès à présent qu'il sera en définitive déclaré créancier de son cohéritier, pour une somme considérable. — Cass., 26 juill. 1826, Duclos et Lemonaier, [P. chr.]

80. — Mais il a été décidé, au contraire, que la qualité d'héritier, même non contestée, ne peut être assimilée à un titre dans le sens de l'art. 135, C. proc. civ., et n'autorise pas, dès lors, les juges à ordonner l'exécution provisoire du jugement qui prononce, au profit de l'héritier, une restitution de fruits par ses cohéritiers. — Agen, 20 juill. 1830, Daguzan, [S. 32.2.441, P. chr.] — *Sic*, Chauveau, sur Carré, quest. 588 *quater*; Favard de Langlade, v° *Jugement*, sect. 1, § 2, n. 22.

81. — ... Que n'est pas susceptible d'exécution provisoire le jugement qui condamne le légataire universel, envoyé en possession, à délaisser les biens aux héritiers, la qualité d'héritier, paralysée par l'ordonnance d'envoi en possession, ne constituant pas un titre authentique, dans le sens de l'art. 135, C. proc. civ. — Douai, 23 août 1883, sous Cass., 23 mars 1885, Le Temple, [S. 85.1.491, P. 85.1.1167, D. 86.1.108]

82. — La qualité de syndic d'une faillite est pour les créanciers un titre dans le sens des art. 135 et 459, C. proc. civ., qui autorise les juges à prononcer contre ce syndic l'exécution provisoire du jugement lui ordonnant de rendre compte de sa gestion. — Paris, 1er mars 1831, Renaud, [S. 31.2.175, P. chr.] — *Sic*, Chauveau, sur Carré, quest. 588 *quater*.

83. — Les juges peuvent également, en condamnant le caissier d'une faillite, nommé par jugement, à rendre aux syndics les deniers par lui perçus, ordonner l'exécution provisoire du jugement; le jugement portant nomination du caissier est un titre suffisant pour autoriser l'exécution provisoire de celui qui ordonne la restitution. — Cass., 16 juill. 1817, Lordereau, [S. et P. chr.]

84. — Il y a lieu à exécution provisoire, lorsqu'un jugement ordonne l'exécution d'un contrat de mariage relativement à la restitution du principal et des intérêts de la dot. — Limoges, 3 avr. 1816, Bayle, [S. et P. chr.]

85. — ... Lorsqu'un arrêt, pour accorder une provision à l'un des associés, se fonde sur l'acte même d'association et sur ce que l'associé, ayant reçu seul les produits de l'association, en doit tenir compte à son associé. — Cass., 8 janv. 1837, Parmentier et Stiefvater, [P. 40.1.242]

86. — En matière de meubles, la possession vaut titre dans le sens de l'art. 135, C. proc. civ., et suffit, par suite, pour autoriser l'exécution provisoire. — Bordeaux, 21 déc. 1832, Francès, [S. 33.2.202, P. chr.]

87. — Il y a lieu à exécution provisoire, lorsque ce jugement n'est que l'exécution d'un autre jugement antérieur et qui n'a fait qu'il l'a confirmé. — Cass., 14 févr. 1828, Molhe-Lafon, [S. et P. chr.] — Carré et Chauveau, quest. 588 *quater*; Bioche, v° *Jugement*, n. 244.

88. — L'exécution provisoire doit encore être ordonnée par le jugement qui prononce sur un obstacle apporté à l'exécution d'un jugement rendu pendant l'instance, et qui a acquis l'autorité de la chose jugée par l'acquiescement des parties. — Cass., 12 mars 1845, Calvimont, [S. 45.1.748, P. 45.1.459, D. 54.5.335]

EXÉCUTION PROVISOIRE. — Chap. II.

89. — Il y a lieu également à exécution provisoire lorsqu'il s'agit d'un jugement ordonnant le paiement des arrérages d'une rente dont le titre est reconnu par des arrêts. — Rennes, 21 janv. 1813, Olive, [P. chr.]

90. — Lorsque le jugement fixe le jour de l'adjudication d'un immeuble saisi, après que toutes les demandes du saisi ont été rejetées par des jugements et arrêts inattaquables. — Cass., 14 févr. 1828, précité. — V. infrà, n. 157 et s.

91. — N'est pas au contraire exécutoire par provision : le jugement qui rejette la demande en nullité formée contre une sentence arbitrale. — Paris, 26 mai 1834, Julien, [P. chr.] — Carré et Chauveau, quest. 388; Bioche, n. 253. — Sur l'exécution provisoire des sentences arbitrales, V. suprà, v° Arbitrage, n. 1118 et 1119.

92. — ... Celui qui ordonne la collocation d'un créancier dans un ordre. — Pau, 22 déc. 1824 Factboat, [S. et P. chr.] — Grenoble, 23 févr. 1828, Vinay, [S. et P. chr.] — Sic, Bioche, v° Ordre, n. 289. — V. infrà, v° Ordre.

93. — Le jugement qui rejette une exception d'incompétence, et ordonne de plaider immédiatement au fond. — Nancy, 6 juill. 1844, Germain-Duval, [P. 44.2.572]

94. — L'exécution provisoire que l'art. 135, C. proc. civ., enjoint aux juges d'ordonner s'applique non seulement aux obligations explicites renfermées dans le titre authentique, mais encore aux droits qui en sont les conséquences.

95. — Spécialement, lorsqu'un jugement ou arrêt, passé en force de chose jugée, a ordonné le partage d'une succession, le jugement postérieur qui ordonne au détenteur des valeurs héréditaires de rendre compte, peut le condamner en même temps à payer une certaine somme à titre de provision à l'un des héritiers, peut ordonner l'exécution provisoire de cette dernière condamnation, bien que la consistance et le chiffre des sommes par lui détenues ne soient pas encore connus. — Cass., 5 juill. 1847, Renaudeau, [S. 48.1.343, P. 48.2.476. D. 48.1.148]

96. — Mais il faut que la créance constatée par le titre authentique soit liquide et exigible; en conséquence, n'est pas exécutoire par provision le jugement qui condamne au paiement d'une somme qui n'est ni certaine ni liquide, bien que le titre en soit authentique. — Rennes, 31 août 1819, N..., [P. chr.] — V. aussi Rennes, 29 août 1820, Dupuy. [P. chr.] — Bioche, Dict., n. 251; Garsonnet, Tr. de proc., t. 5, § 958, texte et note 7.

97. — L'exécution provisoire peut-elle être ordonnée non seulement lorsqu'il s'agit du maintien du titre litigieux, mais encore lorsqu'il s'agit d'en prononcer la résiliation? La question est discutée. Il a été jugé qu'un tribunal ne peut, en prononçant la résiliation d'un acte de vente authentique, en vertu de la clause résolutoire sous-entendue au cas d'inexécution et non exprimée dans l'acte (V. suprà, v° Condition, n. 741), ordonner l'exécution provisoire du jugement. — Toulouse, 8 déc. 1818, Suquet, [S. et P. chr.] — Sic, Garsonnet, t. 5, § 958, texte et note 5.

98. — ... Qu'il en est de même dans le cas où la résolution est prononcée en vertu d'une clause expresse du contrat; que ce n'est pas là, dans le sens de l'art. 135, C. proc. civ., avoir titre authentique, quant à la résolution. — Douai, 11 oct. 1834, N..., [S. 34.2.577, P. chr.]

99. — En d'autres termes, un tribunal ne peut, en annulant un titre authentique, ordonner l'exécution provisoire de son jugement : la disposition de l'art. 135, C. proc. civ., suppose une décision rendue dans le sens du titre. — Lyon, 1er oct. 1864, C° d'Unieux, [S. 65.2.262, P. 65.1020]

100. — Décidé, également, qu'un tribunal ne peut pas non plus ordonner l'exécution provisoire, nonobstant appel et sans caution, sur la demande formée par un créancier, en rescision d'un acte à titre onéreux fait par son débiteur en fraude de ses droits. — Poitiers, 19 août 1819, Pineau, [P. chr.]

101. — ... Que n'est pas exécutoire par provision le jugement qui prononce la résolution des clauses suspensives d'un traité passé entre des créanciers et leur débiteur, et qui autorise les premiers à reprendre l'exécution de leurs titres. — Riom, 12 oct. 1818, Forêt-Chapelle, [P. chr.]

102. — Décidé, au contraire, que les juges doivent ordonner l'exécution provisoire du jugement par lequel ils prononcent la résolution d'un acte authentique faute d'exécution, de même que dans le cas où ils auraient condamné à exécuter cet acte. — Nîmes, 4 juin 1829, Brincer, [P. chr.]

103. — ... Que l'exécution provisoire d'un jugement qui prononce la résolution d'une vente pour inexécution des conditions de la part de l'acquéreur doit être ordonnée, si l'acte de vente est en forme authentique. — Bordeaux, 19 juin 1835, Vicary, [S. 35.2.314, P. chr.]

104. — ... Que l'exécution provisoire d'un jugement qui prononce la résolution d'une vente pour défaut de paiement du prix peut être ordonnée quand la vente est constatée par acte authentique, alors surtout que la résolution est prononcée en vertu d'une clause expresse du contrat. — Cass., 25 mai 1852, Daillier, [S. 52.1.517, P. 53.1.583, D. 52.1.272] — Sic, Bioche, v° Jugement, n. 257.

105. — ... Que l'exécution provisoire doit être prononcée contre un acquéreur dont le titre est annulé comme frauduleux, et qui est condamné à remettre la chose vendue à un autre, devenu acquéreur en vertu de jugement; l'acquéreur n'étant que l'ayant-cause du vendeur lui-même, est passible, comme celui-ci, de l'exécution provisoire due au titre authentique. — Limoges, 10 août 1850, C.... [S. 52.2.385, P. 53.1.202, D. 53.2.184]

106. — Quand le titre authentique est contesté, soit en la forme, soit au fond, ou quand on lui oppose un autre titre, y a-t-il lieu à exécution provisoire? On a prétendu que l'art. 135 n'avait en vue que le titre reconnu, que l'exécution provisoire n'était qu'obligatoire qu'au cas où le débiteur se prétend libéré et ne demande qu'un délai, tandis qu'elle ne pourrait avoir lieu au cas où le débiteur contesterait la validité ou l'interprétation du titre. — V. en ce sens, Metz, 4 juin 1813, Berteaux, [S. et P. chr.] — Limoges, 16 mars 1816, Loullier, [P. chr.] — Rennes, 4 mars 1817, N..., [S. et P. chr.] — Rioun, 12 oct. 1818, Soret, [P. chr.] — Metz, 27 avr. 1824, Destable, [S. et P. chr.] — Montpellier, noble, 24 août 1824, Bonnefoi, [S. et P. chr.] — Montpellier, 24 févr. 1835, Miguel, [S. 35.2.381, P. chr.] — Carré, quest. 577; Berriat Saint-Prix, p. 57, note 69; Pigeau, t. 1, p. 821; Favard de Langlade, Rép., v° Jugement. sect. 1, § 2.

107. — Thomine-Desmazures (t. 1, p. 260), tout en approuvant la doctrine de Carré, enseigne cependant que, pour suspendre l'exécution provisoire, il faut que la contestation soit sérieuse ; autrement, un débiteur de mauvaise foi ne manquerait jamais d'attaquer le titre de son créancier.

108. — Il a été jugé, dans cet ordre d'idées, que dans le cas où l'authenticité seule du titre est contestée, l'exécution provisoire peut être ordonnée que sous la condition de fournir caution; que la décision s'applique à un jugement qui ordonne l'exécution d'un testament public, dont certaines parties sont attaquées comme manquant d'authenticité, en ce qu'elles ne seraient pas revêtues des formes prescrites par la loi. — Nîmes, 18 nov. 1807, Lunel, [S. et P. chr.] — Sic, Thomine-Desmazures, t. 1, p. 260. — V. aussi en ce sens. Talandier, De l'appel, n. 303.

109. — Un arrêt de Bruxelles du 23 mai 1832, N..., [P. chr.] décide encore que lorsque les contestations sont de nature à entraîner la nullité du testament, l'exécution provisoire ne doit être ordonnée qu'en prenant les précautions convenables pour conserver les droits des parties, telles, par exemple, qu'un inventaire. Mais c'est là ajouter à la loi.

110. — Jugé que la donation faite à un mineur et acceptée par son tuteur sans autorisation du conseil de famille, n'étant frappée que d'une nullité relative, le jugement qui la reconnaît peut ordonner l'exécution provisoire sans caution. — Metz, 27 avr. 1824, [P. chr.]

111. — Le système contraire a prévalu avec raison, et il a été jugé que l'exécution provisoire sans caution doit être ordonnée lorsqu'il y a titre authentique, bien que la validité du titre soit contestée. La loi ne distingue pas, et provision est due au titre. D'autre part, la loi ne subordonne l'exécution provisoire qu'à l'aveu du débiteur dans le cas d'une promesse verbale ou consignée dans un acte sous seing privé. D'ailleurs, quelque difficulté que le débiteur ait élevée sur le titre authentique qui existe contre lui, cette contestation disparaît devant le jugement qui la rejette. Enfin, le tribunal se contredirait en refusant l'exécution provisoire d'un titre dont il fixe le sens et dont il reconnaît la validité. — Nîmes, 25 mars 1819, Santet, [S. et P. chr.] — Agen, 5 mai 1824, M..., [P. chr.] — Bordeaux, 9 sept. 1829, Coursier [P. chr.] — Orléans, 11 févr. 1835, Courtemanche, [S. 35 2.240, P. chr.] — Bordeaux, 19 août 1835, Leribaud, [S. 36.2 52, P. chr.]; — 1er sept. 1840, Malétra, [S. 41. 2.29, P. 41.1.358] — Chauveau, sur Carré, quest. 577; Pigeau, Comm., t. 1, p. 320; Garsonnet, t. 5, § 958; Boitard, t. 1, n. 290.

112. — Spécialement, les juges doivent ordonner l'exécution provisoire sans caution d'un jugement ordonnant la délivrance du legs contenu dans un testament qui présente extérieurement les caractères d'authenticité déterminés par la loi...; encore bien que ce testament soit attaqué pour vices de forme et pour cause de suggestion et de captation. — Orléans, 11 févr. 1835, précité.

113. — Mais l'art. 135 cesse de recevoir son application quand l'acte sur lequel on se fonde est attaqué pour faux. L'exécution de l'acte authentique argué de faux est suspendue par l'inscription de faux. — Garsonnet, t. 5, § 958. — V. *suprà*, v° *Acte authentique*, n. 402 et s.

114. — A cet égard, l'art. 1319 a prévu deux cas : celui de la plainte en faux principal, et celui de l'inscription de faux faite incidemment. Dans le premier, l'exécution de l'acte argué de faux doit être suspendue par la mise en accusation ; dans le second, la loi s'en rapporte à la sagesse des tribunaux (Discuss. au Conseil d'État : Locré, t. 21, p. 84). — V. *infrà*, v° *Faux incident*.

115. — Jugé que l'exécution provisoire sans caution peut être ordonnée, lorsqu'il y a titre authentique, encore bien que ce titre ait été attaqué par la voie de l'inscription de faux, lorsque le jugement qui ordonne l'exécution provisoire rejette en même temps cette inscription de faux. — Toulouse, 31 août 1839, Taste, [S. 39.2.543]

116. — Mais les juges qui rejettent une inscription de faux dirigée contre un acte authentique ne sont pas tenus d'ordonner l'exécution provisoire sans caution ; ils ne doivent ordonner cette exécution qu'après avoir examiné si les circonstances sont telles, qu'il n'y a aucun inconvénient à la permettre ; pour ce cas, l'art. 135, C. proc. civ., est modifié par l'art. 1319, C. civ. — Bordeaux, 2 oct. 1832, Babin, [S. 33.2.216, P. chr.]

117. — Sur la question de savoir si l'exécution d'un titre paré et non contesté peut être suspendue par une opposition, V. *suprà*, v° *Acte authentique*, n. 406 et s.

118. — La disposition de l'art. 135, C. proc. civ., qui prescrit aux juges d'ordonner l'exécution provisoire de leurs jugements, sans bail de caution, lorsqu'il y a titre authentique, suppose que celui contre qui est rendu le jugement a été partie dans l'acte. L'exécution provisoire ne peut être ordonnée, si le condamné est un tiers étranger à cet acte. — Cass., 25 mai 1841, Caisse des consignations, [S. 41.1.397, P. 41.2.37] — Bordeaux, 28 août 1832, Lalande, [S. 33.2.280, P. chr.] — Rouen, 15 mai 1839, Langlet, [S. 41.2.29, P. 39.2.68] — Bordeaux, 12 mars 1843, Danfloux, [S. 46.2.536, P. 46.2.588, D. 46.4.418] — Caen, 27 sept. 1856. Formage, [S. 57.2.574, P. 57.1161, D. 58.2.72] — *Sic*, Pigeau, *Proc.*, t. 1, p. 524, et *Comment.*, t. 1, p. 321; Bioche, *Dict. proc.*, v° *Jug.*, n. 265; Rodière, p. 408.

119. — Spécialement, un tribunal qui, sur la demande de l'acquéreur d'un immeuble, prononce la résolution d'un bail du même immeuble antérieurement consenti par le vendeur au profit d'un tiers, ne peut, en se fondant sur l'authenticité de l'acte de vente produit par le demandeur, ordonner l'exécution provisoire de son jugement. — Caen, 27 sept. 1856, précité.

120. — De même, un jugement d'adjudication ne constitue pas un titre suffisant pour autoriser les juges à ordonner l'exécution provisoire de ce jugement contre l'adjudicataire qui a formé une demande en réduction du prix pour cause de détournement d'objets compris dans l'adjudication, alors que cette demande paraît appuyée de documents sérieux. — Grenoble, 20 mars 1867, Mallet-Faure, [S. 67.2.285, P. 67.1005, D. 68.2.16]

121. — Il en est de même des bordereaux de collocation délivrés aux créanciers hypothécaires ; au cas de contestation entre ces créanciers et l'adjudicataire, les juges ne peuvent ordonner l'exécution provisoire de leur décision, la délivrance des bordereaux étant pour l'adjudicataire *res inter alios acta*, et l'acte authentique ne faisant pleine foi qu'entre les parties contractantes. — Même arrêt.

122. — Toutefois cette opinion n'est pas unanimement admise; elle est contredite par quelques arrêts et certains auteurs. — Orléans, 31 janv. 1821, N.., [P. chr.] — Chauveau, sur Carré, quest. 578 *bis*; Talandier, *De l'appel*, n. 306 ; Garsonnet, t. 5, § 958, texte et note 2; Bioche, *Dict. de proc.*, v° *Jugement*, n. 248. — V. *infrà*, n. 145 et s.

123. — Ainsi il a été jugé que le bordereau de collocation délivré à un créancier hypothécaire est un titre authentique dans le sens de l'art. 135, C. proc. civ., et qu'en conséquence les juges doivent, en cas de contestation survenue entre le créancier et l'acquéreur contre lequel le bordereau a été délivré, ordonner l'exécution provisoire de leur décision ; que la circonstance que l'acquéreur n'est pas personnellement obligé à la dette ne change pas à cet égard le droit du créancier. — Grenoble, 22 août 1831, Michal, [S. 33.2.284, P. chr.]

124. — Juge, également, que l'exécution provisoire d'un jugement qui rejette une demande en revendication ou distraction d'effets saisis peut être ordonnée, si le saisissant est porteur d'un titre authentique contre le débiteur saisi, bien qu'il n'en ait aucun contre le tiers revendiquant. — Bordeaux, 5 mars 1831, Laborde, [S. 31.2.224, P. chr.]

125. — ... Que l'exécution provisoire d'un jugement prononçant la résolution d'une vente peut être ordonnée contre les tiers auxquels l'acquéreur a revendu. — Bordeaux, 19 juin 1835, Vicary, [S. 35.2.514, P. chr.]

126. — L'admission du serment contre la teneur d'un acte authentique n'est pas un obstacle à l'exécution provisoire de cet acte. — Turin, 20 févr. 1808, Turpini, [S. et P. chr.]

127. — Le porteur d'un titre authentique dont l'exécution résulte d'une condition qui est arrivée ne peut pas être arrêté dans l'usage qu'il en veut faire ; du moment qu'il s'adresse à un tribunal pour faire déclarer la condition prévue est arrivée, l'exécution provisoire est une conséquence nécessaire du jugement qui fait droit à sa demande. — Orléans, 14 août 1816, N..., [P. chr].

128. — Mais l'exécution provisoire d'un titre authentique peut être suspendue lorsqu'il apparaît au juge qu'il en doit être ainsi d'après les conventions des parties, ou d'après les faits et circonstances de la cause. — Cass. 29 nov. 1832, Syndic Frémon, [P. chr.] — V. aussi Cass., 26 janv. 1820, Deloche, [P. chr.] — 23 mars 1824, Aron Kerballet, [P. chr.]

129-130. — Il n'y a pas lieu non plus à l'exécution provisoire d'un jugement, même lorsqu'il y a titre, si cette exécution expose le condamné à un plus grand préjudice, en le forçant d'exécuter provisoirement, que celui que peut éprouver la partie qui a obtenu gain de cause en attendant l'événement de l'appel. — Thomine-Desmazures, *Comment. du C. proc. civ.*, t. 1, n. 154.

131. — Lorsque le jugement produit dans une cause pendante au un tribunal autre que celui qui l'a rendu est attaqué par la voie de la requête civile, le tribunal saisi de la cause dans laquelle il est produit peut, suivant les circonstances, passer outre au sursoir (C. proc. civ., art. 491) ; c'est-à-dire qu'il en est de même en ce cas que si le jugement était attaqué par la voie de la tierce-opposition.

132. — En cas de tierce-opposition à un jugement passé en force de chose jugée, les tribunaux peuvent, en effet, suivant les circonstances, en suspendre l'exécution, à moins qu'il ne s'agisse d'un jugement portant condamnation à délaisser la possession d'un héritage (C. proc. civ., art. 478). — V. *infrà*, v° *Tierce-opposition*.

133. — Mais la tierce-opposition formée au jugement en vertu duquel l'exécution provisoire est réclamée n'est pas un obstacle à ce qu'elle soit accordée. — Chauveau, quest. 577. — *Contrà*, Montpellier, 24 févr. 1834, Miquel, [P. chr.]

134. — Avant d'examiner le mérite de la tierce-opposition formée au jugement qui nomme un séquestre, les tribunaux peuvent ordonner que ce jugement sera provisoirement exécuté, s'il en est besoin pour provision. — Cass., 4 févr. 1834, Abauffret, [P. chr.]

135. — Jugé qu'un juge de référé, lorsqu'on lui demande l'exécution provisoire d'un titre frappé d'opposition, ne peut, en l'accordant, ordonner qu'il sera sursis à toutes poursuites pendant un certain temps. — Toulouse, 1er août 1829, Ricous, [S. et P. chr.]

2° *Promesse reconnue.*

136. — Selon une doctrine, l'expression « promesse reconnue » dans l'art. 135 C. proc. civ., relatif à l'exécution provisoire, doit s'entendre d'une promesse écrite, antérieure à l'instance, et non d'une promesse verbale, ou que l'on ferait résulter d'un acquiescement tacite également postérieur. — Carré, n. 578, qui cite Rennes, 14 oct. 1813.

137. — Mais cette définition est combattue par plusieurs auteurs. Selon eux, l'expression « promesse reconnue » s'applique également aux promesses verbales. — Chauveau, quest. 578 ;

Rodière, p. 407; Curasson, *Compét. des juges de paix*, t. 2, p. 564; Benech, *Tr. des just. de paix*, p. 364; Foucher, *Comm. de la loi des just. de paix*, n. 410; Bioche, *Dict.*, v° *Jugement*, n. 268; Garsonnet, *Tr. de proc.*, t. 5, § 958, texte et note 10.

138. — Jugé, en ce sens, que le mot « promesse » est générique et doit s'entendre tant de la promesse écrite que de la promesse verbale; que la loi ne distingue pas entre l'écrit et la promesse verbale; qu'un acquiescement antérieur à l'instance constitue donc la promesse. — Bordeaux, 23 mars 1842, Debans, [P. 42.2.67]

139. — Par promesse reconnue il faut donc entendre un engagement écrit ou verbal dont la réalité est volontairement reconnue ou judiciairement constatée par un jugement passé en force de chose jugée. — Garsonnet, t. 5, § 958.

140. — D'après certains auteurs, il n'y a promesse reconnue que si l'on reconnaît, non seulement la signature (s'il s'agit d'un engagement écrit) mais encore l'existence même de la dette, c'est-à-dire la loi qu'elle a été contractée valablement. — Garsonnet, t. 5, § 958, note 11; Bioche, v° *Jugement*, n. 270.

141. — Il a été jugé, au contraire, qu'il y a promesse reconnue dans le sens de l'art. 135, C. proc. civ., par cela seul que la partie reconnaît l'écriture et la signature de l'acte qui lui est opposé, bien qu'elle en conteste la validité en la forme et au fond; que les juges doivent donc, dans le cas où ils déclarent l'acte valable, ordonner l'exécution provisoire de leur jugement. — Grenoble, 18 juill. 1809, Blanchet, [S. et P. chr.] — Paris, 28 sept. 1809, Raby, [S. et P. chr.] — Bordeaux, 23 sept. 1829, Hosten, [S. et P. chr.]; — 8 mai 1835, Ithier, [S. 36.2.52, P. chr.] — *Sic*, Chauveau, sur Carré, t. 1, quest. 578.

142. — ... Qu'il y a promesse reconnue lorsque la partie avoue son écriture et sa signature bien que le débiteur demande la nullité de sa promesse pour défaut de lien légal. — Pau, 24 juill. 1823, Limendons, [S. et P. chr.]

143. — ... Qu'il en est de même lorsque l'écriture d'actes sous seing privé en vertu desquels l'action a été dirigée a été tenue pour reconnue aux termes de l'art. 194, C. proc. civ.; que cette reconnaissance, tant que subsiste le jugement, a la même force que la reconnaissance par le souscripteur lui-même. — Poitiers, 7 avr. 1837, Gillet, [S. 37.2.336, P. 37.2.316]

144. — Pourvu toutefois que le jugement de reconnaissance ne fût pas déjà attaqué par la voie de l'appel. — Orléans, 13 mai 1819, Châteaubrun, [P. chr.]

145. — La reconnaissance de la promesse peut avoir lieu devant le juge de paix, en conciliation. — Paris, 28 sept. 1809, Raby, [S. et P. chr.] — Bordeaux, 6 août 1833, Messager, [P. chr.] — Thomine-Desmazures, t. 1, p. 260; Bioche et Goujet, v° *Jugement*, n. 274; Garsonnet, *Tr. de proc.*, t. 3, § 958, note 12.

146. — Chauveau, sur Carré (quest. 580) n'admet cette solution qu'autant que la partie a signé son nom ou qu'il a été fait mention sur le procès-verbal qu'elle ne l'a pu ou su. Pigeau (n. 1, art. 1 chap. précité) accorde aussi en pareil cas l'exécution provisoire, mais en se fondant sur ce que l'acte qui la contient est un acte authentique. — V. *suprà*, n. 63 et s.

147. — Quant à nous, nous pensons qu'il faut distinguer entre le cas où les parties se sont conciliées et celui où, au contraire, il y a eu tentative infructueuse de rapprochement. Dans la première hypothèse, le procès-verbal de conciliation fait pleine foi, bien qu'il ne porte pas la signature de la partie qui a fait l'aveu; dans la seconde, la reconnaissance émanée d'elle ne saurait lui être opposée qu'autant qu'elle en a expressément consenti acte.

148. — La reconnaissance est expresse ou tacite. Elle peut être donnée indifféremment avant ou pendant l'instance. — Pigeau, t. 1, p. 498; Carré et Chauveau, quest. 579; Bioche, n. 269.

149. — Mais le simple défaut de la partie n'autoriserait pas l'exécution provisoire si la promesse n'était pas reconnue; car, faire défaut c'est contester. — Carré et Chauveau, *loc. cit.*; Bioche, *loc. cit.*

150. — La promesse reconnue peut encore consister dans un engagement dont on avoue l'existence par cela seul qu'on ne le nie pas, conformément à l'art. 252, C. proc. civ., qui permet de tenir pour confessés ou avérés les faits qu'une partie demande à prouver par témoins et que l'autre n'a pas déniés ou reconnus dans les trois jours. — Garsonnet, *loc. cit.*; Bioche, *op. cit.*, n. 269.

151. — L'acte de souscription d'actions dans une société en commandite constitue, lorsque la validité en est reconnue, un titre suffisant pour autoriser les juges à ordonner l'exécution provisoire du jugement portant condamnation au paiement du montant de ces actions. — Aix, 14 nov. 1860, Lhuillier, [S. 61. 2.296. P. 61.1037]

152. — Lorsqu'il y a promesse reconnue, d'après l'expression exposée *suprà*, n. 122 et s., peu importe, comme pour le titre authentique, que le jugement ne soit pas rendu contre le souscripteur du billet mais contre ses héritiers. — Garsonnet, *loc. cit.*

153. — ... Et même contre celui qui s'est porté fort pour lui. — Pau, 24 juill. 1823, précité.

154. — Peu importe, également, que l'existence actuelle ou la quotité de la dette soient contestées; cela n'empêche pas la promesse d'être reconnue et l'exécution provisoire d'être obligatoire. — V. *suprà*, n. 111. — Garsonnet, t. 5, § 958, note 17; Bioche, *loc. cit.*, n. 272.

155. — Il a été jugé, en ce sens, qu'il y a promesse reconnue, lorsque la promesse émane de celui à qui elle est opposée, ou de son auteur, et que la sincérité n'en est pas contestée; que, dès lors, l'exécution provisoire doit être ordonnée, quel que soit le débat qui s'engage sur la valeur de la promesse au fond. — Cass. (2 arrêts), 23 avr. 1888, Corpet, [S. 89.1.25, P. 89.1. 38, D. 89 1.233] — V. aussi Aix, 13 avr. 1867, Gastaud, [D. 67. 5.190] — Rodière, *Cours de compét. et de proc. en mat. civ.*, 4° éd., t. 1, p. 288; Garsonnet, *op. et loc. cit.*

156. — ... Qu'il y a lieu à exécution provisoire, lorsqu'un individu actionné en réparation d'un préjudice conteste seulement sur la quotité des dommages-intérêts réclamés. — Cass., 11 juill. 1826, Rigaud, [P. chr.]

3° Condamnation précédente par jugement dont il n'y a pas appel.

157. — L'exécution provisoire est obligatoire s'il y a condamnation précédente par jugement dont il n'y a pas appel, c'est-à-dire lorsqu'il s'agit d'une contestation élevée sur l'exécution d'un précédent jugement (Boncenne, t. 2, p. 574). Paul, par exemple, est condamné à payer 2,000 fr. à Pierre par jugement dont il n'appelle pas. Pierre, pour arriver à son paiement, fait saisir les meubles de son débiteur. Celui-ci demande la nullité de la saisie. Le jugement qui rejettera sa demande devra ordonner l'exécution provisoire. — Boitard, t. 1, n. 290; Bioche et Goujet, v° *Jugement*, n. 273.

158. — Il en est de même lorsque les juges sont appelés à trancher des difficultés sur l'interprétation de la condamnation précédente. — Boitard, *loc. cit.*; Bioche, *loc. cit.*

159. — Autre exemple. Un premier jugement condamne à payer des dommages-intérêts qui seront justifiés par état. Il n'est pas fait d'appel. Un second jugement statue sur l'évaluation. Il sera exécutoire par provision. — Mêmes auteurs.

160. — On voit, par ces exemples, qu'il s'agit toujours d'un titre authentique. Il semblerait donc qu'il eût suffi de dire que l'exécution provisoire serait ordonnée s'il y avait titre authentique. Nous avons vu en effet plus haut (n. 87 et s.), qu'un jugement définitif, exécutoire de plein droit, peut, à ce titre, être déclaré exécutoire provisoirement et sans caution.

161. — L'exécution provisoire doit être accordée, sans distinguer si le jugement a été rendu en dernier ressort ou si l'appel n'en est plus recevable. — Garsonnet, t. 5, § 958, texte et note 18.

162. — ... Sans distinguer s'il a été rendu sur l'objet de l'instance actuellement engagée ou sur un autre objet. — Bruxelles, 28 janv. 1827, [D. *Rép.*, v° *Jugement*, n. 632] — Garsonnet, t. 5, § 958, note 18.

163. — Peu importe aussi qu'il puisse être l'objet d'une voie de recours extraordinaire, et même qu'il puisse être attaqué par la voie de la tierce-opposition. — Garsonnet, t. 5, § 958, texte et note 19.

§ 3. *Cas où l'exécution provisoire est facultative.*

164. — L'exécution provisoire est facultative quand le juge peut la refuser purement et simplement ou ne l'accorder que moyennant caution s'il y a des doutes sur la solvabilité de la partie qui la demande. Dans tous les cas que nous allons énumérer, l'exécution provisoire est facultative; les juges ont également un pouvoir discrétionnaire pour exiger une caution ou pour dispenser d'en fournir.

165. — L'art. 135 énumère les cas où l'exécution provisoire est facultative. Elle peut être ordonnée lorsqu'il s'agit : 1° « d'apposition et de levée de scellés ou confection d'inventaire, » c'est-à-dire de mesures prises après décès ou en cas de faillite.

166. — ... 2° De « réparations urgentes » entre le locataire qui les demande et le propriétaire qui ne refuse ou le propriétaire qui veut les faire et le locataire qui refuse de s'y prêter.

167. — ... 3° « D'expulsion des lieux lorsqu'il n'y a pas de bail ou que le bail est expiré. »

168. — Jugé que la disposition de l'art. 135, C. proc. civ., qui autorise les juges à ordonner l'exécution provisoire de leurs jugements prononçant une expulsion de lieux, lorsqu'il n'y a pas de bail, étant une mesure exceptionnelle cesse d'être applicable au cas où l'existence du bail est reconnue par le propriétaire, quoique ce bail ne soit pas constaté par un acte écrit. Ce cas en effet ne rentre pas dans l'énumération de l'art. 135. — Caen, 25 oct. 1856, Ridel, [S. 57.2.574, P. 57.1249, D 59.5.164]

169. — En pratique, les trois premières dispositions de l'art. 135 s'appliquent très-rarement, attendu que les art. 802, 921, 928 et 944 ouvrent dans ces hypothèses aux parties, la voie plus rapide du référé.

170. — ... 4° De « séquestres, commissaires et gardiens, » c'est-à-dire de nomination et révocation de personnes commises à la garde d'objets saisis ou litigieux.

171. — ... 5° De « nomination de tuteurs, curateurs et autres administrateurs, et reddition de compte. » Il faut ranger au nombre de ces administrateurs des conseils judiciaires, les personnes envoyées provisoirement ou définitivement en possession des biens d'un absent, ou les administrateurs des biens d'une personne non interdite mais retenue dans un établissement d'aliénés. — Garsonnet, t. 5, § 959.

172. — Le paragraphe précité de l'art. 135, C. proc. civ., aux termes duquel l'exécution provisoire des jugements peut être ordonnée lorsqu'il s'agit de nomination de tuteurs, curateurs et autres administrateurs, n'est applicable que dans les cas où cette nomination fait l'objet principal du litige, et non dans celui où le débat porte sur une question dont la solution peut ne pas entraîner la nomination de l'un de ces administrateurs, telle que la question de savoir s'il y a lieu d'ordonner l'interrogatoire d'un individu dont l'interdiction est poursuivie. — Rennes, 30 sept. 1859, Levot, [S. 60.2.201, P. 60.94, D. 60.5.153]

173. — La disposition du même paragraphe, qui autorise les juges à ordonner l'exécution provisoire de leurs jugements lorsqu'il s'agit de reddition de compte, s'applique uniquement au cas où le jugement ordonne un compte à rendre, et non où, un compte ayant été rendu (spécialement un compte de bénéfice d'inventaire), les juges le déclarent irrégulier, et prononcent, par suite, contre celui qui l'a rendu, la peine attachée à cette irrégularité (spécialement, la déchéance du bénéfice d'inventaire). — Paris, 27 août 1857, Vassal, [S. 58.2.368, P. 57.1170]

174. — Elle ne s'applique pas non plus, par la même raison, au jugement qui condamne à payer un reliquat de compte ; le jugement qui ordonne de rendre compte est seul exécutoire par provision. — Metz, 2 août 1825, N..., [P. chr]

175. — ... 6° De « pensions ou provisions alimentaires » demandées, les unes aux personnes tenues de l'obligation alimentaire, les autres par des femmes en instance de divorce ou de séparation de corps. Jugé que l'art. 135, n. 7, C. proc. civ., qui autorise l'exécution provisoire, lorsqu'il s'agit de pensions et provisions alimentaires, ne s'applique qu'aux pensions et provisions basées sur l'obligation alimentaire dérivant de la loi ou d'une convention, et ne saurait être étendu aux dommages-intérêts accordés pour réparation d'un délit ou quasi-délit. — Riom, 27 janv. 1895, Chem. de fer de Paris-Lyon-Méditerranée, [S. et P. 1900.2.60] — Chauveau, sur Carré, *Lois de la proc.*, t. 1, quest. 585, p. 693 ; Garsonnet, t. 5, § 959, note 5.

176. — De même, il n'y a pas lieu d'ordonner l'exécution provisoire d'un jugement qui, pendant une instance en séparation de corps, fait mainlevée d'oppositions pratiquées par la femme sur les biens de la communauté, alors que la demande du mari n'est pas fondée sur la nécessité de se faire attribuer une provision alimentaire. — Paris, 22 août 1843, Redon, [P. 43. 2.787] — *Sic*, Garsonnet, t. 5, § 959, note 5.

177. — L'art. 135-5° décide que l'exécution provisoire peut être ordonnée lorsqu'il s'agit de réception de cautions et de certificateurs. Mais cette disposition a été abrogée par l'art. 521, C. proc. civ., qui déclare exécutoires de plein droit par provision les jugements rendus en matière de réception de cautions et certificateurs. — V. *suprà*, n. 45.

178. — Les dispositions de l'art. 135, C. proc. civ., contenant l'énumération des cas où l'exécution provisoire des jugements doit ou peut être ordonnée, sont limitatives. — Rennes, 30 sept. 1859 précité. — V. aussi Rennes, 24 nov. 1807, N..., [P. chr.] — Colmar, 2 déc. 1815, Sutter, [P. chr.] — Bonceune, t. 2, p. 577 ; Carré et Chauveau, quest. 585 ; Bioche, n. 2n0 ; Merlin, *Rép.*, t. 4, v° *Exécution provisoire*, p. 933 ; Garsonnet, t. 5, § 959 ; Boitard, Colmet-Daage et Glasson, t. 2, n. 291 ; Rodière, t. 2, p. 286.

179. — Ainsi, l'exécution provisoire ne peut être ordonnée : en matière de séparation de corps. — Angers, 18 juill. 1808, Dubois, [S. et P. chr.] — Poitiers, 10 août 1819, Guyot-Dervand, [S. et P. chr.] — Carré et Chauveau, quest. 585.

180. — L'exécution provisoire ne peut être ordonnée non plus lorsqu'il s'agit d'un jugement qui condamne à payer des dommages-intérêts. — Rennes, 27 avr. 1819, Perrin, [P. chr.] — V. *suprà*, n. 175.

181. — Conformément au principe d'interprétation restrictive il a été décidé que l'urgence ne figure pas au nombre des cas dans lesquels l'art. 135 autorise l'exécution provisoire. — Douai, 23 août 1883, sous Cass., 23 mars 1885, Le Temple, [S. 85.1.491, P. 83.1.1167] — *Sic*, Boitard, t. 1, n. 291.

182. — ... Que le peut être ordonnée l'exécution provisoire d'un arrêt par défaut, confirmatif d'un jugement de mainlevée d'opposition à mariage. — Besançon, 20 janv. 1874, de Beaumont, [S. 74.2.168, P. 74.729, D. 74.2.112] — V. cep. Nîmes, 31 déc. 1806, L'Enfant, [S. et P. chr.]

183. — ... Que l'exécution provisoire ne peut être ordonnée lorsqu'il s'agit d'un jugement qui prononce la nullité d'un emprisonnement. — Riom, 6 août 1824, Galant, [S. et P. chr.] — Nancy, 21 nov. 1831, Reydelet, [P. chr.] — ... ou la mise en liberté d'un prisonnier pour dettes. — Paris, 9 janv. 1808, Jarry, [S. et P. chr.] ; — 14 sept. 1808, Barbazan, [S. et P. chr.]

184. — ... Qu'un jugement qui prononce la nullité d'un emprisonnement ou d'une recommandation et ordonne la mise en liberté du détenu n'est pas du nombre de ceux dont il est permis d'ordonner l'exécution provisoire. — Toulouse, 3 déc. 1849, Blot, [S. 50.2.81, P. 51.494, D. 51.2.211] ; — 18 déc. 1849, Blot, [S. 50.2.84, P. 51.495, D. 51.2.212] — *Sic*, Chauveau, n. 2739 ; Pigeau, *Comm.*, t. 2, p. 482 ; Coin-Delisle, *Contr. par corps*, p. 62, n. 89 ; Garsonnet, t. 5, § 959, note 5. — *Contra*, Thomine-Desmazures, t. 2, p. 339.

185. — ... Que le jugement qui ordonne l'élargissement d'un détenu (pour consignation insuffisante d'aliments) n'est pas du nombre de ceux dont il est permis d'ordonner l'exécution provisoire. — Paris, 5 juill. 1861, Durandeau, [S. 61.2.512, P. 61. 669, D. 61.5.203]

Section II.

Comment l'exécution provisoire doit être prononcée.

186. — Quand l'exécution provisoire a lieu de plein droit il n'est besoin ni d'une demande qui la tende ni d'un jugement qui l'ordonne. — Garsonnet, t. 5, § 962.

187. — Lorsque l'exécution provisoire n'est pas de plein droit, elle doit avoir été demandée, elle ne peut être ordonnée d'office. Elle ne constitue pas en effet une mesure d'ordre public mais seulement une mesure organisée dans l'intérêt des parties. — Rennes, 9 juill. 1810, Codroly, [S. et P. chr.] — Toulouse, 4 févr. 1820, Dejean, [S. et P. chr.] — Grenoble, 15 déc. 1820, Trillat, [S. et P. chr.] — Bordeaux, 16 août 1833, Gimot, [S. 34.2.49, P. chr.] ; — 7 juin 1836, Bertrandet, [S. 37.2.365] — *Sic*, Carré, n. 583 ; Pigeau, *Proc. civ.*, t. 2, p. 501. et *Comm.*, t. 1, p. 322 ; Thomine-Desmazures, t. 1, p. 263 ; Boncenne, t. 2, p. 579 ; Favard de Langlade, t. 3, p. 162, n. 20 ; Boitard, t. 1, p. 556 ; Chauveau, sur Carré, *loc. cit.* ; Fréminville, *Organ. et comp. des cours d'appel*, t. 1, n. 557 ; Garsonnet, *loc. cit.* — V. aussi *suprà*, v° *Appel* (mat. civ.), n. 2946. — *Contra*, Limoges, 11 juin 1828, Chatard, [S. et P. chr.] — Delaporte, t. 1, p. 145 ; Loret, *Ann. du not.*, p. 269 et 270 ; Talandier, *De l'appel*, n. 302.

188. — En conséquence, bien que, d'après le dispositif d'un jugement, il semble résulter que l'exécution provisoire ait été ordonnée d'une manière régulière, il y a nullité s'il demeure prouvé, par les qualités, que cette exécution n'a pas été demandée avant la prononciation du jugement, et ne l'a été que par des conclusions ultérieures. — Toulouse, 4 févr. 1820, Dejean, [S. et P. chr.]

189. — De même, dans les cas d'exécution provisoire facultative, la caution n'est pas de droit, en ce sens qu'elle doit être demandée. — Garsonnet, t. 5, § 959. — *Contrà*, Rodière, t. 1, p. 289.

190. — Mais si elle l'a été et que les juges aient omis de l'accorder elle est due néanmoins. — Garsonnet, *loc. cit.*

191. — Jugé qu'il faut poser des conclusions spéciales tendant à la dispense de caution. — Rennes, 27 août 1819, Perrin, [P. chr.]

192. — La demande à fin d'exécution provisoire peut être formulée non seulement dans l'exploit introductif d'instance, mais encore au cours du procès; des conclusions tendant à l'exécution provisoire peuvent être posées en tout état de cause, pourvu que ce soit avant le jugement. — Carré et Chauveau, quest. 583 *bis* et 206; Garsonnet, *loc. cit.*

193. — La partie qui, dans son exploit introductif, n'a pas conclu à ce que le jugement à intervenir soit exécutoire par provision nonobstant opposition ou appel, peut donc conclure à cette exécution provisoire, alors même que, le défendeur ne comparaissant pas, il y a lieu à jugement par défaut faute de comparaître. — Limoges, 13 août 1824. Sirey, [S. et P. chr.] — *Sic*, Talandier, n. 320; Chauveau, sur Carré, quest. 583 *bis*.

194. — Mais une fois le jugement par défaut obtenu, le demandeur ne saurait se désister du bénéfice de ce jugement pour réclamer l'exécution provisoire dans une instance nouvelle. — Pigeau, *Comm.*, t. 2, p. 342; Bioche, v° *Désistement*, n. 13; Berriat Saint-Prix, p. 367, n. 2; Merlin, v° *Désistement*, n. 3.

195. — Dans tous les cas où les juges prononcent l'exécution provisoire, soit en vertu des dispositions impératives de la loi, soit par suite de la faculté qui leur est abandonnée, ils sont tenus de l'ordonner par le jugement même qui statue sur le fond (C. proc. civ., art. 136).

196. — S'ils ont omis de la prononcer, même dans un cas où la loi le prescrit, ils ne peuvent l'ordonner par un second jugement, sauf aux parties à la demander en appel (C. proc. civ., art. 136). — L'art. 136 n'étant que l'application d'une règle générale est d'ailleurs opposable devant toutes les juridictions. — Garsonnet, t. 5, § 962, note 4.

197. — Par la même raison, les juges ne peuvent suspendre, par un second jugement, l'exécution qu'ils avaient ordonnée par une précédente décision. — Rennes, 6 oct. 1810, N..., [P. chr.]

198. — Ni *a fortiori* retirer le bénéfice de l'exécution provisoire qu'ils ont accordé. — Garsonnet, *loc. cit.*, note 5; Carré, t. 1, quest. 587.

199. — Jugé toutefois qu'un tribunal qui a ordonné l'exécution provisoire d'un jugement peut régler le mode et l'exécution de sa première décision. — Rennes, 22 avr. 1826, Lucas, [P. chr.]

200. — Bien qu'il soit de principe que l'appel est dévolutif, c'est-à-dire dessaisit immédiatement les premiers juges pour saisir ceux d'appel de tout ce qui fait l'objet de la contestation (V. *suprà*, v° *Appel* [mat. civ.], n. 2818 et s.), c'est au tribunal qui a ordonné l'exécution provisoire qu'il appartient de juger les difficultés auxquelles elle peut donner lieu, et non à la cour saisie de l'appel. — Thomine-Desmazures, t. 1, p. 700; Carré et Chauveau, quest. 1655-4°.

201. — L'exécution provisoire qui n'a pas été ordonnée lors d'un jugement par défaut peut, sur l'opposition de la partie condamnée, être prononcée par le jugement qui déboute de l'opposition. — Cass., 16 août 1825, Thomas, [S. et P. chr.] — Orléans, 23 juill. 1818, Bernard, [S. et P. chr.] — Nîmes, 13 mars 1819, N..., [S. et P. chr.] — Paris, 1er mars 1831, Renaud, [S. 31.2.175, P. chr.] — 24 avr. 1849, Lemaire, [S. 49.2.345, P. chr. 1.571] — *Sic*, Pigeau, *Comm.*, t. 1, p. 324; Carré, sur l'art. 136; Thomine-Desmazures, t. 1, n. 156; Demiau-Crouzilhac, p. 122; Favard de Langlade, *Rép.*, v° *Jugement*, sect. 1, § 2, n. 23; Berriat Saint-Prix, t. p. 22, note 12; Chauveau, sur Carré, quest. 588 *quinq.*; Bioche, v° *Jugem. par déf.*, n. 312; Rodière, *Proc. civ.*, t. 1, p. 410.

202. — ... A condition toutefois que l'opposition fût régulièrement formée, car l'opposition nulle en la forme ne pourrait avoir pour effet de remettre en question le premier jugement. — Bordeaux, 30 avr. 1833, Gallenon, [S. 33.2.360, P. chr.] — Bioche, *op. cit.*, n. 312, *in fine*; Carré et Chauveau, *loc. cit.*

203. — Jugé que l'opposition formée à un jugement par défaut, exécutoire par provision, nonobstant opposition ou appel, remet tout en question devant les premiers juges, même l'exécution provisoire. — Paris, 7 nov. 1840, Lemarié, [P. 40.2.656]

204. — Il importerait peu, au surplus, que le premier jugement eût refusé au demandeur l'exécution provisoire; elle pourrait être ordonnée sur l'opposition. — Cass., 16 août 1825, précité. — Paris, 1er mars 1831, précité.

205. — Jugé, contrairement à ce qui précède, que l'exécution provisoire ne peut être ordonnée par le jugement qui déboute la partie condamnée de son opposition au premier jugement. — Bruxelles, 13 déc. 1810, Ghesquière, [S. et P. chr.]

206. — ... Alors, du moins, que ce jugement rejette l'opposition par un moyen de forme, sans statuer au fond. — Bruxelles, 13 déc. 1810, précité. — Bordeaux, 30 avr. 1833, Gallenon, [S. 33.2.360, P. chr.]

207. — La partie qui a formé opposition à un jugement par défaut déclaré exécutoire par provision, nonobstant opposition ou appel, peut, avant la décision sur le fond, demander au tribunal de rétracter la disposition relative à l'exécution provisoire : ou ne doit pas, à cet égard, se pourvoir devant la cour d'appel pour obtenir des défenses, cette cour ne pouvant en accorder qu'autant qu'elle est saisie du fond par appel. — Cass. belge, 10 juin 1834, de Rosée, [S. 34.2.402, P. chr.] — V. *infrà*, n. 316.

208. — L'exécution provisoire ordonnée par un jugement par défaut est tacitement maintenue par le second jugement qui intervient sur l'opposition et la déclare non recevable ou mal fondée. Ce second jugement n'a pas besoin d'être expressément déclaré exécutoire par provision. — Carré et Chauveau, quest. 588 *quinq.*

209. — Jugé, en ce sens, que lorsqu'un jugement par défaut a prononcé l'exécution provisoire sans caution, et qu'un jugement de débouté d'opposition a ordonné que le premier jugement serait exécuté selon sa forme et teneur, il n'est pas nécessaire, pour la validité des poursuites, que celui-ci soit lui-même déclaré exécutoire par provision et sans caution. — Paris, 25 nov. 1848, Rolland, [P. 49.1.89]

210-211. — Cependant il a été jugé que bien qu'un jugement par défaut, déclaré exécutoire par provision et nonobstant l'appel, ait été maintenu sur un second jugement déclarant l'opposition, néanmoins, si ce dernier jugement n'est pas également déclaré exécutoire par provision, l'appel qui en est interjeté rendant à l'opposition toute sa force, empêche, par suite, l'exécution provisoire accordée au jugement par défaut. — Bordeaux, 20 août 1832, Nègre, [S. 33.2.68, P. chr.]

Section III.
Effets de l'exécution provisoire.

212. — Le principal effet de la disposition du jugement qui prononce l'exécution provisoire est de permettre d'exécuter ce jugement, nonobstant l'opposition ou l'appel dont il est frappé.

213. — Mais nous avons vu qu'à l'égard des tiers, les jugements exécutoires par provision qui ordonnent, soit un paiement à faire, soit une radiation, ne peuvent être mis à exécution pendant les délais de l'opposition ou de l'appel. Il faut qu'ils aient acquis force de chose jugée. — V. *suprà*, n. 17 et s.

214. — Pour que le jugement qui prononce l'exécution provisoire permette l'exécution nonobstant opposition ou appel, il faut que le demandeur ait accepté toutes les conditions qui lui sont imposées, notamment qu'il ait fourni caution préalablement à toutes poursuites, si l'exécution n'a été accordée que sous caution. Une caution tardivement présentée serait insuffisante pour valider des poursuites.

215. — Ainsi jugé que, lorsque des poursuites à fin d'exécution sont commencées, en vertu d'un jugement, après que la caution a été fournie, l'appel de ce jugement ne peut arrêter les poursuites. — Paris, 6 mars 1850, Foucher, [P. 50.1.723]

216. — ... Mais que le jugement exécutoire par provision, à la charge de donner caution, ne peut être mis à exécution qu'autant que la caution a été préalablement fournie : il ne suffirait pas de la fournir postérieurement à l'exécution. — Cass., 4 nov. 1863, Gautherin, [S. 63.1.537, P. 64.209, D. 64.1.35] — *Contrà*, Carré et Chauveau, quest. 1652 *bis* et la note; Pigeau, *Comment.*, t. 2, p. 35.

217. — Au cas de confirmation, sur l'appel, d'un jugement exécutoire par provision, à charge de donner caution, il n'y a pas lieu de s'arrêter aux critiques élevées contre la régularité de la réception de la caution, le caractère définitif de l'exécution, qui d'abord n'était que provisoire, rendant les critiques sans intérêt. — Lyon, 24 mai 1860, sous Cass., 11 août 1862, Jacquet, [S. 62.1.1043, P. 63.105, D. 62.1.348]

218. — L'appel seul étant, en principe, suspensif, et non le délai d'appel, tant qu'il n'y a pas appel l'exécution d'un jugement exécutoire par provision et moyennant caution peut se poursuivre sans que la caution soit fournie; celle-ci ne devient nécessaire que lorsque l'appel est interjeté. — Carré et Chauveau, quest. 1652 bis et la note; Pigeau, t. 2, p. 35. — *Contrà*, Montpellier, 21 juill. 1824, Jouve, [S. et P. chr.]

219. — Le délai de huitaine, dans lequel une partie est autorisée par un jugement de condamnation rendu contre elle à fournir caution à fin d'obtenir un sursis à l'exécution provisoire de ce jugement, ne court qu'à partir de la signification qui lui en a été faite. — Paris, 30 oct. 1810, Robin, [S. et P. chr.]

220. — Des offres réelles faites par le débiteur, lors de l'exécution d'un jugement ordonné par provision, nonobstant appel et sans caution, ne sauraient, lorsqu'elles sont contestées, arrêter cette exécution. — Paris, 18 févr. 1829, Ranselant, [S. et P. chr.]

221. — Cependant, il ne faudrait pas appliquer cette règle d'une manière trop absolue. Pour que des offres ne puissent pas arrêter l'exécution provisoire, il faut non seulement qu'elles soient contestées, ce qui serait mettre le débiteur à la merci du créancier, mais qu'elles soient contestables.

222. — Ainsi, les offres réelles suffisantes et régulières, équivalant à un paiement, ont pour effet d'arrêter l'exécution provisoire. — Delfavre, Harel et Dutruc, v° *Exécut. prov.*, n. 16.

223. — Si l'exécution provisoire a été prononcée en vertu d'une condamnation précédente non frappée d'appel (V. *suprà*, n. 157 et s.), l'appel qui en serait postérieurement interjeté n'aurait pas pour effet de suspendre l'exécution des deux décisions. — Carré et Chauveau, quest. 1652-4°; Thomine-Desmazures, t. 1, n. 699.

224. — Lorsqu'un jugement, déclaré exécutoire par provision et confirmé depuis sur l'appel, a condamné un individu au paiement d'une certaine somme par chaque jour de retard dans l'exécution de la condamnation principale, cette indemnité est due à partir du jour fixé par le jugement, et non pas seulement du jour de l'arrêt confirmatif. — Paris, 17 août 1848, Dubochet et Pauwels, [S. 48.2.606, P. 48.2.483, D. 48.2.197] — Autrement, ce serait, comme le dit fort bien la cour de Paris dans les motifs de cet arrêt, rendre illusoire la disposition du jugement qui a ordonné l'exécution provisoire. De plus, la confirmation du jugement doit avoir pour effet de remettre les parties dans le même état que s'il n'y avait pas eu appel.

225. — L'exécution sur poursuites d'un jugement exécutoire par provision ne rend pas la partie non recevable à interjeter appel, car, en ce cas, l'exécution est forcée. — Cass., 4 mai 1818, Balloffet, [S. et P. chr.]; — 7 janv. 1838, Brun, [S. et P. chr.] — Paris, 22 févr. 1810, Michel, [S. et P. chr.] — Montpellier, 3 févr. 1816, Franc, [S. et P. chr.] — Metz, 28 avr. 1818, Charbonneau, [S. et P. chr.] — Paris, 12 juill. 1837, Schreiber, [P. 37.2.77] — Bruxelles, 21 févr. 1814, Demeyer, [P. chr.] — V. *suprà*, v° *Acquiescement*, n. 244 et s.

226. — Il en est surtout ainsi quand des réserves d'appel ont été faites. — Agen, 3 frim. an XII, Roumeguère, [S. et P. chr.] — V. *suprà*, v° *Acquiescement*, n. 253 et s.

227. — Mais l'exécution qui précède toutes poursuites emporte acquiescement, car elle est volontaire. — *Contrà*, Agen, 12 déc. 1818, Miraben, [S. et P. chr.] — V. *suprà*, v° *Acquiescement*, n. 237 et s.

228. — Peu importerait qu'elle eût lieu avant la signification du jugement. — Cass., 3 fruct. an XIII, Cante, [S. et P. chr.] — *Contrà*, Grenoble, 2 févr. 1818, Poncin, [P. chr.] — Agen, 12 déc. 1818, précité.

229. — Jugé que la partie qui a demandé au tribunal un sursis à l'exécution provisoire du jugement rendu contre elle, et qui, dans l'opposition par elle formée au commandement, a offert de se libérer après la liquidation de sa dette, peut néanmoins appeler de ce jugement. — Turin, 9 janv. 1808, Dandra, [P. chr.]

230. — ... Qu'on peut appeler, dans les délais de l'opposition, d'un jugement par défaut déclaré exécutoire nonobstant opposition — Turin, 20 mars 1812, Delfino, [S. et P. chr.] — V. aussi sur ce point, *suprà*, v° *Appel* (mat. civ.), n. 790 et s.

CHAPITRE III.

DE L'EXÉCUTION PROVISOIRE DEVANT LES TRIBUNAUX DE COMMERCE.

231. — L'art. 439, C. proc. civ., est ainsi conçu : « les tribunaux de commerce pourront ordonner l'exécution provisoire de leurs jugements, nonobstant l'appel, et sans caution, lorsqu'il y aura titre non attaqué ou condamnation précédente dont il n'y aura appel. Dans les autres cas, l'exécution provisoire n'aura lieu qu'à la charge de donner caution ou de justifier de solvabilité suffisante. »

232. — L'interprétation de cette disposition a donné lieu à des difficultés. Dans une première opinion il résulterait de l'art. 439, C. proc. civ. que l'exécution provisoire n'est jamais de droit en matière commerciale, qu'elle n'est même jamais obligatoire, mais que le tribunal peut toujours l'accorder et même dispenser le créancier de fournir caution lorsqu'il est muni d'un titre. — Metz, 3 févr. 1819, Devaux, [S. et P. chr.] — Bordeaux, 28 août 1827, Valade, [S. et P. chr.] — Liège, 29 juin 1807, Serey, [S. et P. chr.] — Bruxelles, 9 déc. 1807, Vinderrogel, [S. et P. chr.] — Berriat Saint-Prix, p. 426 ; *Le Praticien français*, t. 1, p. 409; Pigeau, *Comm.*, t. 1, p. 730; Poncet, t. 1, p. 438; Locré, t. 9, p. 523 (1ʳᵉ éd.) et t. 4 p. 363 (2ᵉ éd.); Rodière, *Proc. civ.*, t. 2, p. 273; Garsonnet, t. 5, § 961.

233. — On objecte à cette théorie que l'art. 647, C. comm., suppose tous les jugements commerciaux exécutoires de plein droit par provision, et, d'autre part, que l'exécution provisoire ne saurait être accordée, en matière commerciale où l'on vise à la rapidité de la procédure, moins largement qu'en matière civile.

234. — Aussi, d'après l'opinion généralement adoptée, il résulte de l'art. 439, C. proc. civ. que les décisions des juges consulaires sont de plein droit exécutoires par provision, nonobstant appel, en donnant caution ou en justifiant d'une solvabilité suffisante ; que, par conséquent, les tribunaux de commerce n'interviennent en cette matière que pour dispenser de fournir caution les créanciers déjà munis d'un titre.

235. — Cette solution qui, sous l'empire des ordonnances de 1663 et de 1673, et sous la loi du 24 août 1790, n'eût pu faire question, est aujourd'hui de jurisprudence constante. — Cass., 2 avr. 1817, Lapadu, [S. et P. chr.]; — 17 janv. 1865, Jouven, [S. 65.1.156, P. 65.396]; — 22 janv. 1867, Feniou, [S. 67.1.216, P. 67.520, D. 67.1.334] — Rouen, 3 juill. 1807, Cardon, [S. et P. chr.]; — 3 nov. 1807, Barrois, [S. et P. chr.] — Paris, 5 déc. 1807, Cantan, [S. et P. chr.] — Rennes, 29 janv. 1808, N..., [P. chr.] — Nîmes, 31 août 1809, Barre Desmon, [S. et P. chr.] — Lyon, 27 nov. 1832, Moulin, [S. 33.2.93, P. chr.] — Paris, 18 nov. 1844, Moissenet, [S. 44.2.624, P. 44.2.518] — Rouen, 19 févr. 1847, Henault, [S. 47.2.736] — Paris, 24 juill. 1847, [S. 48.2.382, P. 48.1.251] — Orléans, 31 août 1847, Pellé et Cardin, [S. 48.2.150] — Carré et Chauveau, quest. 1547; Bioche et Goujet, v° *Tribunal de commerce*, n. 126 ; Pardessus, t. 6, n. 1383; Favard de Langlade, t. 5, p. 517, n. 9; Thomine-Desmazures, t. 1, p. 661 ; Bioche, v° *Jugement*, n. 228; Boncenne, t. 6, n. 373 et s.; Boitard, Colmet-Daage et Glasson, t. 2, n. 663 ; Rivière, n. 276; Bédarride, *Jurid. comm.*, n. 496; Demangeat, sur Bravard, t. 6, p. 483.

236. — Lorsqu'elle est réclamée et qu'on se trouve dans un des cas prévus par la loi, les juges peuvent l'ordonner même par un jugement de défaut, et nonobstant l'opposition. L'art. 159, porte, en effet, que l'opposition arrête l'exécution si elle n'a pas été ordonnée nonobstant opposit on, d'où il résulte évidemment que l'exécution peut être ordonnée malgré l'opposition, et l'art. 643, C. comm., déclare cet article commun aux matières commerciales. Il y aurait, d'ailleurs, de graves inconvénients à interdire, dans tous les cas, l'exécution nonobstant l'opposition. On comprend parfaitement que le législateur n'ait pas voulu faire de cette exécution une règle de droit commun, mais on ne s'expliquerait pas comment il aurait défendu aux juges de l'accorder dans certains cas spéciaux. — Cass., 9 févr. 1813, Mêmes parties, [S. et P. chr.] — Besançon, 28 mars 1811, Pescheur, [S. et P. chr.] — Douai, 11 janv. 1813, Perrier, [S. et P. chr.] — Pigeau, *Comment.*, t. 2, p. 731 ; E. Vincens, *Législ. comm.*, t. 1. p. 106 ; Bioche, v° *Jugement par défaut*, n. 325; Nouguier, *Des trib. de comm.*, t. 4, p. 111 ; Cadrès, *Code proc. comm.*, p. 107.

237. — Il a été jugé toutefois que, si les jugements des tribunaux de commerce sont de plein droit exécutoires en donnant caution, c'est uniquement eu égard à l'appel; que l'opposition formée contre les sentences par défaut en suspend l'effet. La raison qu'on en donne est que l'art. 439 ne prononce l'exécution que nonobstant l'appel. D'ailleurs, ajoute-t-on, l'opposition ne saurait être de longue durée, puisqu'on peut revenir à l'audience le lendemain du jour où elle est signifiée, et dès lors il n'y a pas de motifs suffisants pour autoriser l'exécution provisoire dans les cas ordinaires. — Turin, 1er févr. 1813, Bosio, [S. et P. chr.]. — 14 sept. 1813, Giacommasso, [S. et P. chr.] — *Sic.* Pardessus, *Dr. comm.*, n. 1381 ; Orillard, *Compét. et procéd. des trib. de comm.*, n. 876 ; Thomine-Desmazures, t. 1, n. 481 ; Chauveau, sur Carré, quest. 1549 *bis*; Bourbeau, *contin. de Boncenne*, t. 2, p. 381.

238. — Tout ce qui concerne l'exécution provisoire en matière commerciale étant réglé par l'art. 439, C. proc. civ., on ne saurait appliquer aux jugements consulaires les règles tracées par l'art. 135 du même Code, pour les jugements des tribunaux de première instance. — Carré, quest. 570.

239. — Il a été jugé, spécialement, que l'art. 137, C. proc. civ., qui dispose de l'exécution provisoire ne peut être ordonnée pour les dépens est propre aux tribunaux civils (V. *suprà*, n. 12) et que l'exécution provisoire peut être ordonnée pour les dépens par les tribunaux de commerce. — Rouen, 11 déc. 1821, Julien, [S. et P. chr.]. — E. Cadrès, p. 85 ; Berriat Saint-Prix, p. 426 ; Chauveau, note sous l'art. 439; Pigeau, t. 1, p. 595; Orillard, n. 877.

240. — Jugé, en sens contraire, que l'art. 137, C. proc. civ. disposant que l'exécution provisoire ne pourra être ordonnée pour les dépens, s'applique aux tribunaux de commerce. — Paris, 7 janv. 1873, Raingo, [S. 74.2.24, P. 74.202, D. 73.2.120] — *Sic*, Carré, quest. 588-7°; Berriat Saint-Prix, p. 426 ; *Le Praticien français*, t. 1, p. 409.

241. — En conséquence, l'autorisation qui peut, aux cas d'exécution par provision des jugements des tribunaux de commerce, être exigé en vue de cette exécution, ne comprend pas les dépens. — Même arrêt.

242. — Des termes de l'art. 439, C. proc. civ., il semblerait résulter qu'aucun titre attaqué n'est susceptible d'exécution provisoire en matière commerciale. Mais cette interprétation serait erronée, car provision est due au titre authentique aussi bien qu'à la promesse reconnue. — Garsonnet, *op. et loc. cit.*

243. — Jugé, sur ce dernier point, que la disposition de l'art. 439, C. proc. civ., portant que les tribunaux de commerce pourront ordonner l'exécution provisoire de leurs jugements sans caution, lorsqu'il y aura titre non attaqué, s'applique également au cas où, à défaut de titre, il y a convention verbale reconnue par les parties. — Bordeaux, 28 août 1847, Laclaverie, [S. 48.2. 383, P. 48.1.410]

244. — Par ces mots de l'art. 439 titre « non attaqué », il faut entendre un titre dont la légitimité ne soit pas contestée, « celui, dit Carré, quest. 1548 *bis*), dont on ne conteste ni la substance ni la forme, en sorte que, sur la demande dont il est la base, l'on ne répond rien, ou l'on se borne à opposer ces fins de non-recevoir qui ne touchent pas à l'existence originaire du titre telles que le payement, la prescription. »

245. — Jugé que les tribunaux de commerce peuvent ordonner l'exécution provisoire de leurs jugements, nonobstant l'appel et sans caution, bien que le défendeur soutienne que le titre invoqué contre lui est prescrit, où éteint par payement ou par compensation, si d'ailleurs il n'en conteste pas l'existence légale. — Paris, 18 oct. 1871, Durand, [S. 74.2.246, P. 74.813, D. 72. 5.223] — *Sic*, Chauveau, *Lois de proc.*, t. 3, quest. 1548 *bis*.

246. — Il n'y a pas lieu, au contraire, à l'exécution provisoire, sans caution, si le titre est attaqué pour dol, fraude ou violence, ou pour usure. Du moment que le titre sous seing privé est attaqué, l'exécution sans caution ne peut plus être ordonnée.

247. — Mais il en est autrement si le titre est authentique. Il faut expliquer l'art. 439 par l'art. 1319, C. civ., et décider que les tribunaux de commerce ne peuvent, sous aucun prétexte, suspendre l'exécution d'un pareil titre ou y mettre des conditions hors des cas prévus par cet article. — Carré et Chauveau, quest. 1547; Pigeau, *Comment.*, t. 1, p. 731.

248. — Ce qui a été dit ci-dessus en cas d'inscription de faux, de requête civile ou de tierce-opposition, est, du reste, applicable en matière commerciale. — V. *suprà*, n. 113 et s., 131 et s.

249. — D'ailleurs, pour empêcher de prononcer l'exécution provisoire sans caution, les attaques contre le titre doivent être produites pendant l'instance devant le tribunal de commerce. — Paris, 30 août 1810, Rancès, [S. et P. chr.]; — 12 oct. 1825, Enault, [P. chr.]

250. — Il résulte de ce qui précède, qu'en matière commerciale, il n'y a d'autre distinction à établir entre les jugements que celle qui résulte de la nécessité ou de la dispense de la caution. — Carré et Chauveau, quest. 1547.

251. — Les jugements des tribunaux de commerce étant de plein droit exécutoires par provision moyennant caution, leur exécution provisoire n'a besoin d'être ordonnée que lorsqu'elle doit avoir lieu sans caution. — Cass., 17 janv. 1865, Jouven, [S. 65.1.169, P. 65.396, D. 65.1.57]; — 22 janv. 1867, Feniou, [S. 67.1.216, P. 67.520, D. 67.1.334]

252. — D'où on a tiré cette conséquence qu'il suffit que l'exécution provisoire ait été prononcée dans une espèce où la loi autorise la dispense de caution pour que la partie condamnée ne puisse obliger à en fournir une, quoique le tribunal ne se soit pas expressément expliqué à ce sujet. L'exécution avec caution étant en effet de droit commun, on doit supposer que la disposition spéciale insérée dans le jugement a eu pour but d'autoriser l'exécution sans caution. — Rennes, 29 janv. 1808, N..., [P. chr.] — Carré, quest. 1518.

253. — Mais il a été décidé, au contraire, que les jugements de tribunaux de commerce, lors même qu'ils sont expressément déclarés exécutoires par provision, nonobstant appel, ne peuvent être exécutés sans que la partie qui les a obtenus fournisse préalablement caution; cette partie ne pourrait se soustraire à l'obligation dont il s'agit, qu'autant qu'elle en aurait été formellement dispensée par le jugement même. — Douai, 20 juin 1853, Després, [S. 53.2.392, P. 53.1.460, D. 53.2.288] — V. Boitard, t. 2, n. 663, p. 39, note 1.

254. — Sont exécutoires par provision sans bail de caution, même les jugements qui ne prononcent pas de condamnations pécuniaires. — Cass., 17 janv. 1865, précité; — 22 janv. 1867, précité ; — 18 janv. 1870, Chem. de fer de l'Ouest, [S. 70.1.171, P. 70.396, D. 70.1 267]; — 20 mai 1879, Cie d'ass. terr. *Le Phénix*, [S. 81.1.452, P. 81.1.1172, D. 80.1.35] — Rouen, 3 juill. 1807, Cardon, [S. et P. chr.], — Caen, 22 févr. 1869, Chem. de fer de l'Ouest, [S. 69.2.333, P. 69.1.290, D. 70.2.22] — *Sic*, Thomine-Desmazures, t. 1, n. 482; Chauveau, sur Carré, quest. 1547; Pardessus, n. 1383.

255. — Tel est le cas où les juges ordonnent une simple mesure d'instruction. — Cass., 22 janv. 1867, précité.

256. — Et le cas où les juges, en rejetant un incident soulevé par l'une des parties, se bornent à ordonner qu'il soit plaidé au fond. — Cass., 17 janv. 1865, précité.

257. — ... Spécialement, le cas où les juges, après avoir repoussé une exception de déchéance, ordonnent de plaider au fond. — Cass., 20 mai 1879, précité.

258. — Sont également exécutoires par provision sans caution, les jugements qui ne font que rejeter un déclinatoire. — Rouen, 3 juill. 1807, précité.

259. — Il en est de même des jugements qui ordonnent une enquête. — Cass., 18 janv. 1870, précité. — Caen, 22 févr. 1869, précité.

260. — Et généralement de tous jugements interlocutoires. — Cass., 18 janv. 1870, précité.

261. — Comme en matière civile, il est indispensable que l'exécution provisoire sans caution soit expressément demandée, et qu'elle soit accordée par le jugement qui statue sur le fond. — V. *suprà*, n. 187 et s., 195 et s.

262. — La caution doit être donnée préalablement à toutes poursuites ; il ne suffit pas de l'offrir ultérieurement et après contestation. — Bordeaux, 28 août 1827, Valade, [S. et P. chr.] — V. *suprà*, n. 214 et s.

263. — Tout jugement non frappé d'appel est exécutoire *de plano* et sans caution. Ce n'est donc que lorsque l'appel est interjeté que la caution doit être fournie.

264. — Mais dans le cas où la partie qui poursuit l'exécution n'a pas été dispensée de fournir caution, les poursuites ne peuvent être continuées, une fois qu'il y a appel ou opposition, qu'à la charge de donner cette caution. — Orléans, 31 août 1847, Pellé, [S. 48.2.150, P. 47.2.546]

265. — Lorsqu'il y a lieu à bail de caution, l'exécution ne peut avoir lieu, à peine de nullité, qu'autant que la partie adverse a été mise à même de discuter la caution. — Paris, 20 oct. 1813, Dejuge et Debet, [S. et P. chr.] — Berriat Saint-Prix, p. 584; Carré et Chauveau, quest. 1550 ter.

266. — Si, par exception à la règle de l'effet suspensif de l'appel, les jugements des tribunaux de commerce peuvent être susceptibles, dans tous les cas, d'une exécution provisoire à la charge de donner caution, la réception de cette caution ne saurait avoir d'effet rétroactif. — Cass., 3 déc. 1884, Catillon, [S. 87. 1.300, P. 87.1.740, D. 85.1.189]

267. — Spécialement, la partie à laquelle, en matière de concurrence déloyale, il a été fait défense, par le tribunal de commerce, d'insérer certaines mentions dans ses annonces, à peine de payer un quantum fixe de dommages-intérêts par chaque contravention nouvelle, ne peut être contrainte, après la réception de la caution fournie par l'adversaire, à acquitter les sommes afférentes aux infractions par elle commises avant le jour où la caution a été fournie. — Même arrêt.

268. — La caution est reçue par le tribunal de commerce. — Garsonnet, t. 5, § 961.

269. — Elle est présentée par acte signifié au domicile de l'appelant, s'il demeure dans le lieu où siège le tribunal, sinon au domicile par lui élu en exécution de l'art. 422, avec sommation à jour et heure fixes de se présenter au greffe, pour prendre communication, sans déplacement, des titres de la caution, s'il est ordonné qu'elle en fournira, et à l'audience, pour voir prononcer sur l'admission, en cas de contestation (C. proc. civ., art. 440).

270. — Si l'appelant ne comparaît pas sur l'avenir qui lui a été signifié, ou ne conteste pas la caution, celle-ci fait sa soumission au greffe (art. 441).

271. — Si, au contraire, l'appelant conteste, il est statué sur la difficulté au jour indiqué (*Ibid.*).

272. — Dans tous les cas, le jugement qui intervient sur l'incident est exécutoire nonobstant opposition (*Ibid.*).

273. — Le délai de l'assignation donnée à l'effet d'assister à la réception de la caution offerte pour l'exécution provisoire d'un jugement par défaut du tribunal de commerce, et signifiée au domicile élu par le défendeur conformément à l'art. 422, C. proc. civ., n'est pas susceptible d'augmentation à raison de la distance entre le domicile réel du défendeur et le lieu où siège le tribunal. — Cass., 11 août 1862, Jacquet, [S. 62.1.1043, P. 63.405, D. 62. 1.348]

274. — Les contestations sur la réception d'une caution offerte pour l'exécution provisoire d'un jugement doivent être portées, en matière commerciale comme en matière civile, par voie d'incident devant le tribunal qui a rendu ce jugement, et non par voie d'action principale devant le tribunal du domicile de la partie condamnée. — Aix, 27 févr. 1843, Camalich, [S. 43.2.478, P. chr.]

275. — La caution peut être remplacée par le dépôt d'une somme suffisante pour garantir le paiement de la condamnation aux dommages-intérêts et aux frais. — Lyon, 8 août 1882, Fieux, [D. 83.2.76] — Garsonnet, t. 5, § 961.

276. — *A fortiori*, le cautionnement pour l'exécution provisoire d'un jugement rendu par le tribunal de commerce ne doit-il pas nécessairement être fourni en immeubles. — Pardessus, t. 5, p. 83; Carré et Chauveau, n. 1550; Thomine-Desmazures, t. 1, p. 662.

277. — Aux termes de l'art. 439, C. proc. civ., l'obligation de fournir caution peut même être remplacée par la justification d'une solvabilité suffisante. Sous l'ordonnance de 1667, on n'exigeait d'autre preuve de solvabilité d'un négociant que la notoriété de son crédit. Il en doit être de même aujourd'hui. — Pigeau, *Comm.*, t. 1, p. 712; Thomine-Desmazures, t. 1, p. 642; Carré et Chauveau, quest. 1497; Demiau-Crouzilhac, p. 317. — *Contrà*, Paris, 4 juill. 1807, N..., [P. chr.]

278. — Mais dans le cas où le crédit d'un négociant n'est pas notoire, il est laissé à la sagesse des tribunaux d'exiger telle ou telle justification. — Carré et Chauveau, quest. 1549.

279. — Cette justification peut se faire par titres, effets publics, récépissés de marchandises consignées ou production du dernier inventaire. — Garsonnet, t. 5, § 961, texte et note 18; Bourbeau, t. 6, p. 393; Rodière, t. 2, p. 10.

CHAPITRE IV.

DE L'EXÉCUTION PROVISOIRE DEVANT LES JUSTICES DE PAIX.

280. — Aux termes de l'art. 11, L. 25 mai 1838 (lequel abroge l'art. 17, C. proc. civ.), l'exécution provisoire doit être ordonnée dans tous les cas où il y a titre authentique, promesse reconnue, ou condamnation précédente dont il n'y a pas eu appel. Dans tous les autres cas, le juge peut ordonner l'exécution provisoire, nonobstant appel, sans caution, lorsqu'il s'agit de pension alimentaire ou lorsque la somme n'excédera pas 300 fr., et avec caution, au-dessus de cette somme. — V. sur le commentaire de cette disposition, *infrà*, v° *Juge de paix*, n. 1822 et s.

281. — Dans le cas du § 1 de l'art. 11 de la loi de 1838, l'exécution provisoire doit être ordonnée, mais il faut qu'elle soit demandée par la partie et prononcée par le juge. — Carré et Chauveau, quest. 80; Masson, n. 305; Carou, t. 1, n. 623, 2° éd.

282. — Dans tous les autres cas, elle est purement facultative. Mais il faut également qu'elle soit requise pour être accordée. — Carré et Chauveau, *loc. cit.* — V. *suprà*, n. 187 et s.

283. — L'exécution peut être ordonnée soit par un jugement par défaut, soit sur l'opposition formée à ce jugement, soit en appel, alors même qu'elle ne l'aurait pas été en première instance; en un mot, les principes généraux de l'exécution provisoire devant les tribunaux civils de première instance sont applicables devant les tribunaux de paix.

CHAPITRE V.

DE L'EXÉCUTION PROVISOIRE DEVANT LES CONSEILS DE PRUD'HOMMES.

284. — Les jugements des conseils de prud'hommes sont soumis à des règles spéciales; l'exécution provisoire n'y est jamais obligatoire, mais elle peut toujours être ordonnée avec caution au-dessus de 200 francs, et même sans caution au-dessous de cette somme (L. 1er juin 1853, art. 14). — Garsonnet, t. 5, § 960. — V. *infrà*, v° *Prud'hommes*.

CHAPITRE VI.

DE L'EXÉCUTION PROVISOIRE DEVANT LES TRIBUNAUX D'APPEL.

285. — Les dispositions de l'art. 135, C. proc. civ., ne sont en général, applicables que devant les tribunaux de première instance. — Carré et Chauveau, quest. 576; Favard de Langlade, t. 3, p. 162 n. 20.

286. — On ne comprendrait pas, en effet, l'utilité de l'exécution provisoire en appel, puisque les décisions des tribunaux d'appel sont exécutoires malgré le pourvoi en cassation, la requête civile ou la tierce-opposition, toutes voies qui ne sont pas suspensives.

287. — Chauveau (sur Carré, dans la note sous la quest. 576) se demande néanmoins si l'exécution provisoire, nonobstant opposition, n'est pas applicable aux arrêts par défaut, et renvoie à la question 588, mais la solution n'y apparaît pas. Il cite un arrêt de Metz du 30 août 1813, N..., [P. chr.], décidant qu'une cour, en rejetant des défauts, peut ordonner l'exécution provisoire de son arrêt, mais cela tient, dit-il avec raison, à ce que, aux termes de l'art. 457, paragraphe dernier, elle aurait pu ordonner l'exécution provisoire du jugement attaqué. La jurisprudence est donc muette sur cette question. Toutefois, l'affirmative nous paraît devoir être adoptée, les raisons d'ordonner cette décision étant, en pareil cas, les mêmes en appel qu'en première instance. Il a été jugé, par exemple, qu'une simple déclaration de pourvoi en cassation, ou une opposition avec saisie immobilière non réitérée dans la huitaine, ne pourraient arrêter l'exécution d'un arrêt par défaut, exécutoire par provision. — Cass., 15 juin 1826, Martinet, [S. et P. chr.] — V. *suprà*, v° *Appel* (mat. civ.), n. 2054.

288. — L'exécution provisoire peut être mise en question devant les juges d'appel à deux points de vue ; on peut se demander s'il est possible : 1° d'obtenir en appel l'exécution provisoire qui n'a pas été accordée en première instance ; 2° d'obtenir un sursis à l'exécution provisoire des jugements de première instance.

289. — 1° La première question se pose dans trois cas : a) le tribunal de première instance auquel l'exécution provisoire a été demandée, et qui pouvait ou devait l'accorder, l'a refusée ; l'appel a été interjeté et a suspendu l'exécution (C. proc. civ., art. 458) ; b) on n'a pas demandé l'exécution provisoire au tribunal de première instance parce que ce tribunal devait statuer en dernier ressort, et on ne prévoyait pas que son jugement pût être frappé d'appel ; mais il n'a pas qualifié son jugement ou l'a qualifié par erreur en premier ressort ; appel a donc été interjeté et l'exécution s'est trouvée suspendue (C. proc. civ., art. 457-3°) ; c) on a omis de demander l'exécution provisoire pour une cause ou une autre ; le jugement a été frappé d'appel et l'exécution est devenue par ce fait momentanément impossible. — Garsonnet, t. 5, § 969.

290. — Dans les deux premiers cas l'intimé s'adresse au tribunal saisi de l'appel et non au président seul, par un simple acte et se fait accorder l'exécution à l'audience, c'est-à-dire sans autres écritures. avant que l'appel soit jugé (art. 458). — Garsonnet, op. et loc. cit.

291. — Lorsque l'intimé demande l'exécution provisoire du jugement, conformément à l'art. 458, C. proc. civ., il n'est pas nécessaire qu'il assigne l'autre partie à cet effet. — Carré et Chauveau, quest. 1657 ; Garsonnet, op. et loc. cit.

292. — Faisant ce que les premiers juges auraient pu ou dû faire, les juges d'appel accordent l'exécution provisoire, ou la refusent s'ils en ont le droit et croient avoir des raisons de ne pas l'ordonner. — Garsonnet, op. et loc. cit. ; Carré, quest. 1658.

293. — Le tribunal d'appel doit d'ailleurs observer, pour accorder ou refuser l'exécution provisoire, les dispositions de l'art. 135, C. proc. civ., celles de l'art. 439, ou celles de l'art. 11, L. 25 mai 1838.

294. — Le tribunal d'appel qui constate que le jugement a été rendu en dernier ressort, dans le cas de l'art. 457-3°, rend un seul jugement par lequel tout à la fois il ordonne l'exécution immédiate et déclare l'appel non recevable. — Rodière, t. 2, p. 97.

295. — Le même pouvoir d'accorder ou de refuser l'exécution provisoire appartient aux juges d'appel dans le troisième cas ci-dessus mentionné ; on ne saurait opposer à la demande d'exécution provisoire l'art. 464 qui prohibe les demandes nouvelles en appel. — V. d'ailleurs sur le principe que l'exécution provisoire peut être demandée pour la première fois en appel, suprà, v° Appel (mat. civ.), n° 2947 et s. — V. aussi Rennes, 30 juill. 1894, Béasse, [S. et P. 97.2.145] — Garsonnet, op. et loc. cit.

296. — Jugé toutefois que l'exécution provisoire ne saurait être demandée pour la première fois en appel, si l'appelant fait défaut et n'a pas été averti de cette demande par un acte spécial. — Trèves, 31 mars 1813, Georges, [S. et P. chr.]

297. — Il a également été jugé que, s'il y a urgence et péril en la demeure, bien que l'appelant fasse défaut, l'exécution provisoire peut être ordonnée au profit de l'intimé qui n'y a pas conclu en première instance. — Bruxelles, 20 janv. 1813, Lacour, [S. et P. chr.]

298. — D'après la cour de Toulouse, on ne peut réclamer par acte d'avoué à avoué l'exécution provisoire d'un jugement dont est appel avant l'expiration du délai pour comparaître sur l'exploit d'appel. — Toulouse, 28 août 1831, N..., [P. chr.] — Mais nous croyons que c'est là une erreur. Le délai fixé par l'exploit d'appel est uniquement accordé pour constituer avoué, et du moment que cette formalité est remplie, l'appelant ou l'intimé sont recevables à porter à l'audience par acte d'avoué à avoué les incidents qu'ils jugent utiles de soulever.

299. — Enfin il est un quatrième cas où l'on peut s'adresser aux juges d'appel dans les conditions énoncées ci-dessus : il est ainsi lorsqu'ayant obtenu l'exécution provisoire à charge de donner caution, l'intimé demande au tribunal d'appel de l'en dispenser, soit que l'insolvabilité de l'intimé soit trop certaine pour qu'on exige cette garantie. — Paris, 5 déc. 1807, Contan, [P. chr.] — Garsonnet, op. et loc. cit. ; Chauveau, sur Carré, t. 4, quest. 1656 bis. — V. suprà, v° Appel (mat. civ.), n° 2944.

300. — 2° Pour mettre un terme aux abus de l'ancienne jurisprudence qui permettait d'arrêter, au moyen de défenses, l'exécution de jugements définitifs ou exécutoires par provision, l'art. 460 décide qu'il « ne pourra être accordé des défenses ni rendu aucun jugement tendant à arrêter directement ou indirectement l'exécution d'un jugement, à peine de nullité. »

301. — Ainsi donc, d'une part, le tribunal d'appel ne peut, soit à la demande des parties, soit d'office, défendre de commencer ou de continuer l'exécution d'un jugement définitif et non susceptible d'appel ou d'un jugement en premier ressort exécutoire par provision et non encore infirmé. — Garsonnet, op. cit., § 969.

302. — D'autre part, la partie contre laquelle cette exécution est poursuivie ne peut obtenir le même résultat par opposition extrajudiciaire : action en désaveu... — Paris, 16 mai 1835, Braff, [S. 35.2.423] — ... Offres partielles, conditionnelles ou contestées. — V. suprà, n. 220 et s. — Demande de compte. — Bourges, 11 juin 1841, Pignet, [P. 42.1.661] — ... Offre de fournir caution. — Rennes, 3 janv. 1826, Amice, [P. chr.] — ... Assignation en référé ou autres moyens de même nature qui tendraient à faire surseoir à cette exécution. — Turin, 12 déc. 1809, Armandi, [S. et P. chr.] — Rennes, 12 juill. 1810, Loncle, [P. chr.] — Paris, 12 oct. 1825, Ruault, [S. et P. chr.] — Sic, Garsonnet, op. et loc. cit.

303. — En sanctionnant de la nullité le principe qu'il édicte l'art. 460, C. proc. civ., veut dire que la partie contre laquelle a été rendue la décision portant défense à exécution provisoire a le droit de n'en pas tenir compte et de passer outre avant que la cassation en ait été prononcée. — Garsonnet, op. et loc. cit.

304. — Le principe de l'art. 460, C. proc. civ., subit quelques exceptions. D'abord il ne s'applique pas aux tiers contre lesquels on voudrait exécuter un jugement ; ceux-ci ont dans la tierce-opposition le moyen d'arrêter l'exécution en ce qui les concerne. — V. suprà, v° Appel (mat. civ.), n. 2977, et infrà, v° Tierce-opposition.

305. — D'un autre côté, l'art. 1319, C. civ., donne incontestablement aux juges d'appel le droit de suspendre l'exécution d'un jugement s'il est argué de faux (Carré et Chauveau, quest. 1667) ; mais à la condition que ce soit contre le jugement même que l'inscription de faux soit dirigée et non contre les pièces sur lesquelles aurait été rendu le jugement. Peu importerait encore que ces pièces fussent attaquées pour dol ou fraude ou comme entachées d'usure. — Paris, 30 août 1810, Rancés, [P. chr.] — Carré et Chauveau, quest. 1667.

306. — Enfin, et surtout, l'art. 460, C. proc. civ., souffre exception dans deux hypothèses spécialement visées par le législateur : 1° celle où les premiers juges ont qualifié en dernier ressort une décision susceptible d'appel, et où, l'appel ayant été interjeté, la partie qui a obtenu jugement n'en poursuit pas moins l'exécution (art. 457, § 2) ; 2° celle où le tribunal a accordé l'exécution provisoire sans qu'elle ait été demandée ou dans le cas où il n'avait pas le droit de la prononcer (art. 459) ; il en est encore ainsi lorsqu'un tribunal de commerce, un juge de paix ou un conseil de prud'hommes, qui ont toujours le droit d'accorder l'exécution provisoire pourvu qu'elle soit demandée, l'ont accordée d'office. — V. suprà, n. 261, 281.

307. — Dans ces deux hypothèses le législateur offre à l'appelant deux procédés pour arrêter l'exécution provisoire.

308. — En premier lieu, l'appelant peut hâter le jugement de l'appel. Ce procédé n'est indiqué ni par l'art. 647, C. comm., mais on admet qu'il convient à toutes les matières et à toutes les juridictions. — Garsonnet, op. et loc. cit. ; Rodière, t. 2, p. 98. — V. cependant Carré, t. 4, quest. 1668.

309. — A cet effet, l'appelant demande au tribunal d'appel la permission d'assigner extraordinairement à jour et à heure fixes, contrairement au droit commun, pour plaider sur le fond. On obtiendra ainsi à bref délai un jugement ou un arrêt qui confirmera ou infirmera la décision des premiers juges.

310. — Le second procédé consiste à se pourvoir devant le tribunal d'appel pour obtenir de lui des défenses, c'est-à-dire une décision d'avant faire droit qui fera défense à l'intimé de commencer ou de continuer l'exécution du jugement de première instance avant que l'appel ait été jugé au fond. Nous avons déjà examiné, suprà, v° Appel (mat. civ.), n. 2952 et s., un certain nombre de questions relatives à la matière des défenses ; sans y revenir, nous donnerons toutefois ici un exposé d'ensemble de la théorie.

311. — Les défenses ne peuvent être accordées par la cour que dans les deux circonstances ci-dessus indiquées, c'est-à-dire quand il y a jugement mal à propos qualifié en dernier ressort ou lorsque l'exécution provisoire a été ordonnée hors des cas où elle est autorisée. Dans aucune autre circonstance, avons-nous dit, il ne peut être rendu, sous aucun prétexte, de jugement tendant à arrêter directement ou indirectement l'exécution du jugement, à peine de nullité (C. proc. civ., art. 460). — V. *suprà*, n. 300.

312. — Il y a lieu d'accorder des défenses, si l'exécution provisoire a été prononcée sans que la partie y ait conclu; car on a vu, *suprà*, n. 187, 261, 281, que la loi exige qu'elle soit spécialement réclamée pour pouvoir être accordée. — Chauveau, quest. 1666. — *Contrà*, Carré, sur Chauveau, *loc. cit.* — Mais la partie qui n'y a pas conclu en première instance peut y conclure en appel, et si l'exécution provisoire a été prononcée dans un des cas prévus par la loi, on doit la maintenir.

313. — Jugé qu'une cour d'appel peut ordonner un sursis à l'exécution provisoire d'un jugement, lorsque le titre authentique sur lequel on s'est fondé pour autoriser l'exécution provisoire contient une clause résolutoire. — Grenoble, 24 août 1824, Bonnefoi, [S. et P. chr.]

314. — ... Ou quand l'appelant se fonde sur ce que la créance n'est pas exigible. — Nîmes, 3 janv. 1808, Eymard, [P. chr.]

315. — Mais de ce que le fond de la contestation aurait reçu une décision injuste, il ne s'ensuivrait pas qu'on fût hors des cas prévus par la loi, pourvu que cette décision, bonne ou mauvaise, eût été fondée sur l'une des circonstances qui autorisent l'exécution provisoire. — Paris, 9 oct. 1812, Dupin, [P. chr.] — Nîmes, 5 janv. 1808, précité. — *Sic*, Carré et Chauveau, quest. 1660 *bis*.

316. — Au surplus, c'est seulement lorsque la cour d'appel se trouve déjà investie du pouvoir de connaître de la question principale, par suite d'un appel, qu'on doit se pourvoir devant elle pour obtenir des défenses d'exécuter. — Bruxelles, 10 juin 1834, de Rosée, [S. 34.2.402, P. chr.] — Paris, 7 nov. 1840, Lemarié, [P. 40.2.656]

317. — Si l'appelant ne présentait aucun grief au fond, il ne serait pas évidemment recevable à se plaindre de l'exécution provisoire. — Rennes, 2 mai 1820, Lecuyadier-Després, [P. chr.] — V. *suprà*, v° *Appel* (mat. civ.), n. 2960.

318. — Ainsi, la partie contre laquelle a été rendu un jugement déclaré exécutoire par provision n'est pas recevable à prétendre que cette exécution provisoire a été ordonnée hors des cas prévus par la loi, alors qu'elle a déclaré ne pas s'opposer à l'exécution poursuivie par le demandeur. — Cass., 2 déc. 1861, Valin, [S. 63.1.453, P. 63.659, D. 62.1.464]

319. — Lorsqu'à la suite d'un jugement ordonnant l'exécution provisoire nonobstant opposition ou appel, l'exécution provisoire a eu lieu, la demande en défense à l'exécution provisoire, formée devant la cour, est sans objet et doit être déclarée non recevable. — Douai, 18 juill. 1892, P..., [S. et P. 93.2.41, D. 94.2.82] — V. *suprà*, v° *Appel* (mat. civ.), n. 2961.

320. — La demande de défenses est recevable en tout état de cause, c'est-à-dire tant que l'appelant a intérêt, et il n'y a plus aucun intérêt quand l'appel est à la veille d'être jugé ou que l'exécution est consommée. — Chauveau et Carré, t. 4, quest. 1669 *ter* ; Garsonnet, t. 5, § 969. texte et note 42.

321. — Les juges ne doivent donc plus accorder de défenses si la cause est en état sur le fond, car l'arrêt ne produirait aucun résultat utile. — Carré et Chauveau, quest. 1659; Favard de Langlade, t. 1, p. 180, n. 4. — La cour de Poitiers (19 août 1819, Pineau, P. chr.) a décidé le contraire, mais, en se fondant sur ce que la cause n'ayant pas été régulièrement distribuée, elle n'était pas saisie du fond.

322. — La demande de défense est formée par assignation à bref délai (C. proc. civ., art. 457 et 459). Elle ne saurait être présentée par requête non communiquée (C. proc. civ., art. 459).

323. — Cette disposition a pour but de remédier aux abus de l'ancienne jurisprudence, qui promettait, contrairement à la loi, d'accorder des défenses sur requête non communiquée à l'intimé. C'est donc à l'intimé que la communication doit être faite; quant à celle à faire au ministère public, elle est de droit. — Carré et Chauveau, quest. 1663; Favard de Langlade, t. 1, p. 180; Thomine-Desmazures, t. 1, p. 702.

324. — Lorsque l'appelant se pourvoit pour obtenir des défenses à l'exécution provisoire d'un jugement, l'intimé est obligé de constituer avoué dans le cas où il veut proposer des exceptions à cette demande. — Berriat Saint-Prix, p. 426; Carré, n. 1661; Favard de Langlade, t. 1, p. 180.

325. — Le sursis à l'exécution provisoire du jugement ne peut être demandé sur un simple placet : l'intimé doit être assigné à bref délai pour entendre prononcer sur cette demande, alors même que les délais de l'assignation sur l'appel seraient expirés sans constitution d'avoué de sa part. — Carré, quest. 1664.

326. — Jugé cependant que des défenses à l'exécution provisoire ordonnée par un jugement frappé d'appel peuvent être accordées sur simple requête d'avoué à avoué ; l'art. 459, C. proc. civ., qui dispose que les défenses pourront être obtenues sur assignation à bref délai, n'est pas exclusif de tout autre mode de procéder. — Bordeaux, 8 mai 1835, Ithier, [S. 36.2.52, P. chr.] — *Sic*, Garsonnet, *op. et loc. cit.* — V. *suprà*, v° *Appel* (mat. civ.), n. 2963 et 2964.

327. — L'autorisation d'assigner à bref délai pour obtenir des défenses doit être sollicitée par requête présentée au président (C. proc. civ., art. 72). — Carré et Chauveau, quest. 1654; Favard de Langlade, t. 1, p. 180; Boitard, t. 3, p. 117; Tallandier, n. 340; Pigeau, t. 1, p. 681; Bioche, v° *Appel*, n. 518. — V. *suprà* v° *Appel* (mat. civ.), n. 2962. — Mais le président de la cour d'appel ne peut, sur une requête à fin d'obtenir un arrêt de défenses à l'exécution provisoire d'un jugement, surseoir par son ordonnance à cette exécution, un tel sursis ne pouvant, d'après l'art. 459, C. proc. civ., être accordé, même à l'audience, que sur requête communiquée. — Orléans, 18 juill. 1835, Petit, [S. 35.2.484, P. chr.]

328. — La demande de défenses, suivant le degré d'urgence que l'affaire présente, est plaidée immédiatement ou jointe au fond. — Carré, quest. 1660; Garsonnet, t. 5, § 969.

329. — Mais en principe la demande à fin de défense d'exécuter provisoirement le jugement ne doit pas être jointe au fond. — Pigeau, t. 1, p. 577; Carré et Chauveau, quest. 1660. — V. *suprà*, v° *Appel* (mat. civ.), n. 2967 et s.

330. — Si, au jour indiqué pour plaider, l'appelant pour gagner du temps demande une remise, on peut déjouer son calcul en ordonnant que les choses demeureront en l'état jusqu'à ce qu'on ait pu statuer sur les défenses. — Garsonnet, *loc. cit.*

331. — Et il en est de même s'il fait défaut. — Carré, quest. 1652.

332. — Les dispenses ne peuvent être accordées ou refusées que pour des raisons tirées de ce que l'exécution provisoire a été bien ou mal ordonnée; le tribunal d'appel ne peut admettre ou rejeter la demande par des raisons tirées du fond. — V. *suprà*, v° *Appel* (mat. civ.), n. 2955.

333. — Si le tribunal d'appel accorde les défenses et confirme ensuite le jugement il annulera les actes d'exécution qui ont été faits s'il déclare que l'exécution provisoire a été accordée à tort. — Garsonnet, *loc. cit.*

334. — Lorsque les défenses sont obtenues, la partie qui a été contrainte à exécuter en tout ou en partie les condamnations prononcées contre elle, obtient la restitution de ce qu'elle a payé. — Pigeau, t. 1, p. 683; Bioche, v° *Appel*, n. 524. — V. *suprà*, v° *Appel* (mat. civ.), n. 2973.

335. — Au contraire, si le tribunal d'appel accorde les défenses et confirme ensuite le jugement il maintiendra les actes d'exécution qui ont été faits s'il déclare que les premiers juges ont à tort qualifié leur jugement de jugement en dernier ressort. — Garsonnet, *loc. cit.*; Rodière, t. 2, p. 96 et 97.

336. — L'intimé qui a mis à exécution le jugement qu'il a obtenu est passible de dommages-intérêts envers l'appelant, si, en définitive, celui-ci en obtient l'infirmation. — Bruxelles, 2 juin 1814, Vandoscelles, [P. chr.] — Carré et Chauveau, quest. 587 *bis*.

337. — Pigeau (*Comm.*, t. 2, p. 38) pense que le juge d'appel qui, par un arrêt par défaut ou contradictoire, aurait accordé des défenses, pourrait se réformer ; et il se fonde sur ce qu'il ne s'agit que d'une décision provisoire sur laquelle un juge peut toujours revenir. C'est évidemment une erreur : soit que le juge accorde ou refuse des défenses, sa décision est définitive, sauf le cas toutefois où il serait formé opposition au jugement par défaut.

338. — L'emploi des défenses est admis, par analogie, dans les procès jugés en première instance par les juges de paix et les conseils de prud'hommes.

339. — Mais les règles qui précèdent ne sont pas applicables en matière commerciale comme en matière civile.

340. — En cette matière, les cours d'appel peuvent seulement, suivant l'exigence des cas, accorder la permission de citer extraordinairement à jour et heure fixes pour plaider sur l'appel (C. comm., art. 647).

341. — Le législateur a pensé que les causes commerciales devant être jugées avec une extrême activité, il était superflu d'autoriser un incident, et qu'il valait mieux procéder immédiatement au jugement du fond.

342. — Ainsi, les cours d'appel ne peuvent, en aucun cas, à peine de nullité, et même de dommages-intérêts des parties, s'il y a lieu, accorder des défenses ni surseoir à l'exécution des jugements des tribunaux de commerce, quand même ils sont attaqués pour incompétence (C. comm., art. 647).

343. — On s'est demandé si dans le cas où le tribunal de commerce a accordé l'exécution provisoire sans caution, alors qu'il aurait dû exiger cette garantie ou une preuve de solvabilité suffisante, la cour peut ordonner que l'intimé fournira caution avant de commencer ou de continuer l'exécution. La question est vivement controversée. — V. à cet égard, *supra*, v° *Appel* (mat. civ.), n. 2979 et s.

344. — D'ailleurs, les jugements des tribunaux de commerce étant de plein droit exécutoires par provision, à la charge de donner caution (V. *supra*, n. 234), il n'y a jamais lieu de se pourvoir devant la cour afin de faire ordonner cette exécution. — V. cep. Garsonnet, § 969, *in fine*.

345. — Mais si le tribunal n'a pas dispensé de fournir caution dans un cas où la loi l'autorisait à le faire, l'intéressé peut obtenir cette dispense de la cour. L'art. 647, C. comm., se borne, en effet, à prohiber la défense en matière commerciale, et dès lors, il y a lieu d'appliquer les principes du droit commun sur la faculté de réclamer, en appel, l'exécution provisoire sans caution dans le cas où la loi autorise les juges de première instance à la prononcer. — V. *supra*, v° *Appel* (mat. civ.), n. 2987.

346. — L'exécution provisoire ordonnée par le tribunal de commerce, d'un jugement portant condamnation au paiement de billets, ne peut être arrêtée par cette circonstance que le débiteur aurait déposé une plainte en usure ou abus de confiance contre le créancier au sujet de ces mêmes billets. — Paris, 12 nov. 1825, Ruault, [S. et P. chr.].

347. — Jugé, d'autre part, que du principe que le criminel tient le civil en suspens, il suit que l'exécution d'un jugement du tribunal de commerce déclaré exécutoire par provision peut être suspendue par la cour d'appel malgré les interdictions de surseoir prononcées par la loi, notamment par l'art. 647, C. comm., alors que ce jugement a été prononcé à raison de billets formant l'objet d'une instance correctionnelle. — Paris, 28 sept. 1864, Delage, [S. 65.2.97, P. 65.466]

348. — ... Et alors aussi que la cour est saisie de l'appel d'autres jugements rendus contre les mêmes parties et ayant également pour cause des billets souscrits dans les mêmes circonstances. — Même arrêt.

349. — Les règles ci-dessus tracées sont applicables dans le cas où le jugement a été rendu par un tribunal civil faisant fonctions de tribunal de commerce. — Bioche, v° *Tribunal de commerce*, n. 140.

EXÉCUTOIRE DE DÉPENS. — V. Dépens. — Expertise. — Frais de jugement. — Greffe-Greffier. — Notaire. — Taxe.

EXEQUATUR. — V. Arbitrage. — Exécution des actes et jugements. — Jugement étranger.

EXERCICE. — V. Budget. — Comptabilité publique. — Cour des comptes.

EXERCICE (Contributions indirectes). — V. Boissons. — Contributions indirectes. — Débit de boissons.

EXERCICE ILLÉGAL DE LA MÉDECINE ou DE **LA PHARMACIE.** — V. Dentiste. — Droguiste. — Médecine ou chirurgie. — Pharmacie.

EXHAUSSEMENT. — V. Copropriété. — Mitoyenneté.

EXHÉRÉDATION. — V. Donations entre-vifs. — Legs. — Testament.

EXHUMATION. — V. Cimetière. — Inhumation et sépulture.

EXIL. — V. Bannissement.

EXONÉRATION DU SERVICE MILITAIRE. — V. Recrutement militaire.

EXPÉDIENT (Jugement d'). — V. Appel (mat. civ.). — Cassation (mat. civ.). — Jugement et arrêt (mat. civ. et comm.).

EXPÉDITEUR. — V. Chemin de fer. — Commissionnaire de transports. — Voiturier.

EXPÉDITION D'ACTES ET JUGEMENTS. — V. Exécution des actes et jugements (mat. civ.). — Grosses et expéditions. — Minute.

EXPERTISE.

Législation.

Art. 29, 302 et s., 429 et s., C. proc. civ.; art. 43, 44, C. instr. crim.; — L. 22 juill. 1889 (*sur la procédure à suivre devant les conseils de préfecture*), art. 13 et s.; — L. 30 nov. 1892 (*sur l'exercice de la médecine*), art. 14; — Décr. 21 nov. 1893 (*portant règlement d'administration publique en exécution de l'art. 14, L. 30 nov. 1892*); — Décr. 3 mai 1897 (*relatif aux experts médecins devant les tribunaux en Algérie*).

Bibliographie.

Berriat Saint-Prix, *Cours de procédure civile*, 1855, 7ᵉ éd., 2 vol. in-8°, t. 1, p. 339 et s. — Massabiau, *Manuel du ministère public*, 4ᵉ éd., 1876-1885, 3 vol. in-8°, t. 2, p. 40 et s. — Bioche, *Dictionnaire de procédure civile et commerciale*, 1867, 5ᵉ éd., 6 vol. in-8°, v° *Expert-Expertise*. — Boitard, Colmet-Daage et Glasson, *Leçons de procédure civile*, 1890, 15ᵉ éd., 2 vol. in-8°, t. 1, p. 565 et s.; t. 2, p. 26 et s. — Boncenne et Bourbeau, *Théorie de la procédure civile*, 1863, 2ᵉ éd., 7 vol. in-8°, t. 4, p. 451 et s. — Boufils, *Traité élémentaire de procédure civile*, 1883, in-8°, p. 710 et s. — Bravard-Veyrières et Demangeat, *Traité de droit commercial*, 1888-1890, 2ᵉ éd., 6 vol. in-8°, t. 6, p. 501 et s. — Carré et Chauveau, *Lois de la procédure civile et commerciale*, 5ᵉ éd., 9 vol. in-8°, t. 3, p. 77 et s., p. 552 et s. — Dellaux, Harel et Dutruc, *Encyclopédie des huissiers*, 1888-1892, 4ᵉ éd., 12 vol. in-8° v° *Expertise*. — Demiau-Crouzilhac, *Explication sommaire du Code de procédure civile*, 1828, in-8°, p. 139 et s. — Devilleneuve, Massé, Dutruc, *Dictionnaire du contentieux commercial et industriel*, 1875, 6ᵉ éd., 2 vol. in-8°, v° *Expert-Expertise*. — Durand-Morimbau, *La juridiction commerciale*, 1894, 1 vol. in-8°, p. 138 et s. — Dutruc *Supplément aux lois de la procédure*, 1888, 2ᵉ éd., in-8°, v° *Expertise*; — Mémorial du ministère public, 1871, 2 vol. in-8°, v° *Expertise*. — F. Hélie, *Traité de l'instruction criminelle*, 2ᵉ éd., 1866-1867, 8 vol. in-8°, t. 4, p. 524 et s. — Favard de Langlade, *Répertoire de la nouvelle législation civile, commerciale et administrative*, 1823, 5 vol. in-4°, v° *Rapport d'experts*. — Garsonnet, *Précis de procédure civile*, 1893, 2ᵉ éd., in-8°, p. 255 et s.; — *Traité théorique et pratique de procédure*, 2ᵉ éd. (en cours de publication), t. 3, p. 82 et s. — Isaure Toulouse, *Traité formulaire de procédure pratique*, 1888, 3ᵉ éd., 1 vol. in-8°, p. 52 et s. — Lansel et Didio, *Encyclopédie du notariat*, 1879-1898, 24 vol. in-8°, v° *Expertise*. — G. Leloir, *Code des parquets*, 1884, 1 vol. in-18, p. 62 et s. — Lyon-Caen et Renault, *Traité de droit commercial*, 2ᵉ éd. (en cours de publication), t. 1, p. 528 et s. — C. Maréchal, *Traité pratique de procédure en matière commerciale*, 1886, 1 vol. in-8°, p. 123 et s. — Merlin, *Répertoire universel et raisonné de jurisprudence*, 1827-1828, 3ᵉ éd., 18 vol. in-4°, v° *Expert*; — *Recueil alphabétique des questions de droit*, 4ᵉ éd., 8 vol. in-4°, v° *Expert*. — Mourlon et, Naquet, *Répétitions écrites sur le Code de procédure*, 1885, 5ᵉ éd., gr. in-8°, p. 593 et s., 694. — Nouguier, *Des tribunaux de commerce*, 1894, 3 vol. in-8°, t. 2, p. 58 et s. — Pardessus, *Cours de droit commercial*, 1856-1857, 6ᵉ éd., 4 vol. in-8°, t. 2, p. 308 et s.; t. 4, p. 58 et s. — Pigeau et Crivelli, *La procédure civile des tribunaux de France*, 1837, 5ᵉ éd., 2 vol. in-4°, t. 1, p. 367 et s. — Pigeau et Poncelet, *Commentaire sur le Code de procédure civile*, 1827, 2 vol. in-4°, t. 1, p. 557 et s., 722 et s. — Le Poittevin, *Dictionnaire-formulaire des parquets*,

1894-1895, 2e éd., 3 vol. in-8°, v° *Expertise*. — Rauter, *Cours de procédure civile*, 1834, in-8°, p. 234 et s. — Rodière, *Traité de compétence et de procédure en matière civile*, 1878 5e éd., 2 vol. in-8°, t. 1, p. 415 et s. — Rogron, *Code de procédure expliqué*, 1892, 11e éd., 2 vol. in-18, sur les articles cités. — Rolland de Villargues, *Répertoire de la jurisprudence du notariat*, 1840-1845, 2e éd., 9 vol. in-8°, v° *Expert*. — Rousseau et Laisney, *Dictionnaire théorique et pratique de procédure civile et commerciale*, 1886, 2e éd., 9 vol. in-8°, v° *Expertise*. — Ruben de Couder, sur Goujet et Merger, *Dictionnaire de droit commercial*, 1877-1881, 6 vol. in-8°, et Suppl., 2 vol. in-8°, 1897-1898, v° *Expertise*. — Thomine-Desmazures, *Commentaire sur le Code de procédure civile*, 1832, 2 vol. in-4°, t. 1, p. 504 et s., 651 et s.— Vallet et Montagnon, *Manuel des magistrats du parquet*, 1890, 2 vol. in-8°, t. 1, n. 224 et s.

Abric, *Guide des experts*, 1839, 1 vol. in-8°. — C..., *Réflexions sur les experts et les arbitres choisis par les tribunaux ou les parties*, 1816, in-8°. — Dejean, Flamand et Pelt er, *Traité théorique et pratique des expertises*, 3e éd., 1897, 1 vol. in-8°. — Durand-Morimbau, *Manuel des expertises civiles*, 1898, 1 vol. in-8°. — Pigeon, *Traité-formulaire des expertises*, 1886, 1 vol. in-8°. — Ravon, *Traité pratique et juridique de l'arbitrage et de l'expertise*, 1898, 1 vol. in-8°. — Ch. Vasserot, *Nouveau manuel des experts*, 1845, 1 vol. in-8°. — X..., *Manuel des experts en matière civile*, 1822. — X..., *Manuel des experts*, 1827.

Le vétérinaire peut-il, comme expert, rendre compte du fait dont il a été témoin (Couilhault Delavau) : Corr. des just. de paix, 1869, 2e sér., t. 16, p. 110. — *Un mineur peut-il être expert* : Journ. de procédure civile et commerciale, 1839, t. 25, p. 199. — *Le consentement donné par l'avoué de la partie à ce qu'un expert nommé par jugement soit dispensé du serment emporte-t-il acquiescement et rend-il cette partie non recevable à interjeter appel du jugement interlocutoire* : Journ. de proc. civile et commerciale, 1860, t. 26, p. 463 et s. — *Expertise en matière civile et commerciale* (Nicias Gaillard) : Rev. crit., t. 6, p. 97 et s. — *Des arbitres-rapporteurs en matière de commerce* : Rev. de législation, t. 14, p. 313 et s.

INDEX ALPHABÉTIQUE.

Abordage, 163, 336, 387 et s., 779.
Absence, 56.
Absence des parties, 855 et s.
Acquéreur, 38.
Acquiescement, 73, 108, 119, 139 et s., 158, 303, 533, 535, 567.
Acte authentique, 540 et s.
Acte d'avoué à avoué, 374 et 375.
Action principale, 67.
Action rédhibitoire, 572.
Adoption de motifs, 581.
Affirmation de procès-verbal, 292.
Agent forestier, 19, 100.
Algérie, 901 et s.
Alliance, 224.
Amende, 813 et s.
Analyse chimique, 412.
Appel, 75 et s., 117, 118, 145, 179, 181, 205, 210, 252, 254 et s., 366, 369, 377, 406, 408, 533, 534, 567, 569, 570, 685 et s., 695, 698, 878.
Appréciation souveraine, 227.
Arbitrage, 24 et s., 347.
Arbitre, 21.
Arbitre rapporteur, 688, 707 et s.
Architecte, 30, 702.
Arpenteur, 94.
Artisan, 701.
Artiste, 701.
Audience publique, 678 et s., 687.
Avarie, 774.
Avis écrit, 234.
Avis verbal, 234, 468 et s.. 646.
Avoué, 45 et s., 230, 312, 332, 370.
Avoué d'appel, 377.
Bail, 26, 343.
Bail verbal, 54.
Biens dotaux.
Blessure, 795.
Bornage, 895.
Cahier des charges, 697.
Capitaine de navire, 769, 773.
Cassation, 228, 298, 304, 579, 598, 599 625.
Certificat, 235 et s.
Chambre des mises en accusation, 791.
Chambre du conseil, 678 et s., 687, 877 et 878.
Chasse, 70.
Chemin vicinal, 897.
Chimiste, 842.
Choix des parties, 103 et s.
Chose jugée, 73, 117, 205, 528, 529, 560, 561, 655.
Commandement, 688.
Commencement de preuve par écrit, 585.
Commercial, 225, 247.
Commis greffier, 81.
Commissaire-expert, 98.
Commissaire-priseur, 97.
Commissionnaire de transport, 767 et 768.
Commission rogatoire, 112.
Commune, 168, 883.
Comparution personnelle, 141.
Compétence, 562, 687, 688, 692 et s.
Compte, 708.
Conciliation, 708.
Conclusions, 109.
Conclusions au fond, 369.
Conclusions du ministère public, 248 et 249.
Condamné, 225.
Conseil d'État, 881, 891.
Conseil de préfecture, 880 et s.
Conseil judiciaire, 88.
Consignation, 281 et s., 669 et 670.
Consul 770, 783.
Contrainte par corps, 513.
Contrefaçon, 54.
Contributions directes, 899.
Convocation des parties, 320.
Cour d'appel, 111, 504, 505, 537.
Cour d'assises, 797, 799, 800, 826, 827, 844 et s.
Courtier-juré, 288, 738.
Cultivateur, 94.
Date, 549.
Déboursés, 283.
Décès, 457 et 458.
Déclaration des parties, 191.
Dégradation civique, 83.
Délai, 163 et s., 202 et s., 208 et s., 413, 509, 677, 723, 725, 726, 742, 889 et s.
Délai de distance, 216, 378.
Délaissement maritime, 769.
Dépôt des experts, 269 et s.
Dépôt au greffe, 498 et s., 539.
Dépôt tardif, 509 et s.
Dernier ressort, 686.
Désaveu d'officier ministériel, 108, 516.
Descente sur les lieux, 21 et 22.
Dol, 554 et s.
Domestique, 225 et 226.
Dommages-intérêts, 27, 30, 34, 38, 54, 164, 179, 264 et s., 272.
Donataire, 225.
Donation, 29.
Dot, 38, 58.
Douanes, 98, 782.
Droits civiques, civils et de famille, 84.
Eau, 405.
Échange, 58.
Échantillon, 393.
Échelles du Levant et de Barbarie, 783.
Écrits calomnieux, 267.
Écriture, 449 et s.
Effet rétroactif, 565.
Enclave, 40.
Enquête, 398 et s., 575, 750.
Enquête sommaire, 248.
Enquête supplémentaire, 336.
Enregistrement, 515, 516, 608, 900.
Envoyé en possession provisoire, 56.
Erreur, 588, 651.
Estimation, 20, 57.
Étranger, 89 et s., 373, 770 et 771.
Évaluation insuffisante, 61.
Éviction, 58.
Excuse, 274.
Exécution de jugement, 23, 78, 137, 173, 174, 181, 232.
Exécution provisoire, 252, 253, 691.
Exécutoire, 621, 622, 665, 666, 671, 688, 876.
Experts, 110.
Expert (absence d'), 387 et s.
Expert-empêchement d'), 269 et s.
Expert convenu, 108 et s., 165 et s.
Expert décédé, 457 et 458.
Expert nommé d'office, 120 et s., 193.
Expert nouveau, 300.
Expert unique, 104 et s., 122 et s., 151 et s., 177.
Expert supplémentaire, 178, 278 et 279.
Expertise (refus d'), 52 et s.
Expertise amiable, 8.
Expertise irrégulière, 594 et s.
Expertise nouvelle, 617 et s., 870.
Expertise supplémentaire, 172, 641 et s.
Expropriation pour utilité publique, 568.
Failli, 867.
Faute, 554 et s.
Faux, 824.
Faux incident civil, 39.
Femme, 86.
Fin de non-recevoir, 366, 780.
Flagrant délit, 786 788.
Fonctionnaires, 883.
Force probante, 540 et s.
Forêts, 19, 100, 895.
Formalités substantielles, 440 et s.
Fortifications, 896.
Frais 27, 522 et s., 566, 628, 629, 875, 890, 905 et s.
Frais de voyage, 703, 704, 906.
Frais frustratoires, 272.
Fruits (restitution de), 43, 131.
Gage, 62.
Garantie, 38, 604.
Géomètre, 229.
Greffe, 191, 724, 757, 867.
Greffier des experts, 5, 149.
Greffier du juge de paix, 459 et s.
Greffier du tribunal, 310.
Haute-Cour, 804.
Héritier, 669.
Héritier présomptif, 225.
Homologation du rapport, 525 et s., 559, 561, 584, 587.
Honoraires, 281 et s., 665 et s., 875, 876, 891, 905.
Immeubles, 42.
Incident, 275 et 276.
Inscription de faux, 541, 543, 548, 551, 553.
Insolvabilité, 625.
Instruction criminelle, 785.
Instruction par écrit, 508.
Interdit, 88.
Interligne, 446.
Intervention, 133, 265, 690.
Jet à la mer, 774 et s.
Jouissance légale, 57, 97.
Jour férié, 271, 444 et 445.
Juge, 80.
Juge-commissaire, 313, 648.
Juge du fait, 227.
Juge d'instruction, 786, 787, 810, 811, 859, 862.
Juge de paix, 17, 18, 22, 307, 324, 506, 615, 706, 765.
Jugement, 379 et s, 490, 491, 560 et s.
Jugement contradictoire, 181, 220.
Jugement définitif, 220.
Jugement interlocutoire, 74.
Jugement par défaut, 181, 220.
Jugement préparatoire, 73.
Juré, 225.
Jury, 866, 868.
Justice militaire, 803.
Lapins, 70.
Lésion, 37, 41, 46 et s., 63, 610.
Licitation, 64, 154.
Lieu contentieux, 480 et s.
Liquidateur de société, 147.
Livres de commerce, 867.
Locataire, 34.
Lotissement, 155.
Maire, 663.
Mandat, 18, 14, 194.
Mandat ad litem, 203 et s.
Mandataire, 229, 731.
Marais, 893.
Marchandises, 708, 721, 734, 735, 763 et s.
Matières commerciales, 692 et s, 707 et s.
Matière sommaire, 248, 684.
Médecin 235, 341, 395, 822, 901 et s.
Mines, minières et carrières, 99, 894.
Mineur, 84, 87, 90, 102, 105, 106, 154, 507.
Mise en cause, 602 et s.
Mise en demeure, 187, 419 et 420.
Mitoyenneté, 52.

EXPERTISE. — Chap. I.

Motifs de jugement, 49, 50, 577 et s., 657.
Moyen nouveau, 143.
Navire, 769 et s.
Nombre d'experts, 120 et s.
Nomination après jugement, 165 et s.
Nomination d'arbitres, 723.
Nomination d'experts, 103 et s., 809 et s., 880.
Nomination d'office, 111 et s.
Notaire, 19, 94, 466, 467, 507.
Notification, 889 et 890.
Nullité, 316, 317, 320, 369, 409 et s., 428, 439 et s., 490, 491, 496, 497, 520, 594, 595, 599, 657, 680, 705, 747 et s., 766, 827, 830, 831, 833, 835, 836, 842, 855 et s., 864 et s., 886, 888.
Officiers de santé, 789, 792, 796.
Officier public, 287.
Opération chirurgicale, 55.
Opération matérielle, 392 et s.
Opinions motivées, 422 et s.
Opposition, 181, 273, 676 et s., 688, 690, 695, 698, 742, 876 et s.
Option, 182, 612, 613, 667.
Ouvrier, 843.
Papier timbré, 447.
Parenté, 209, 224.
Partage, 25, 47, 155, 527, 545, 574, 629, 669.
Partage d'ascendants, 41, 284.
Partie civile, 806 et 807.
Patente, 147.
Pouvoir du juge, 29 et s., 93, 468 et s.
Pouvoir spécial, 203 et s.
Prénoms des experts, 116.
Présence des parties, 474 et s.
Présidence du juge, 313 et 314.
Président d'assises, 799, 844 et s.
Président du tribunal, 112, 277, 309.
Présomptions, 585, 589 et 590.
Preuve par écrit (commencement de), 585.
Preuve testimoniale, 209.
Prisée, 97.
Procès avec l'expert, 231 et s.
Procès-verbal, 292, 836, 858, 859, 862.
Procureur de la République, 786 et s.
Profession des experts, 116.
Prononciation du jugement, 214 et s.
Propriété, 138.
Propriété littéraire, 54.
Radiographie, 395.
Rapport, 421 et s., 745 et s., 862, 863, 866.
Rapport écrit, 437.
Rapport séparé, 432 et s.
Rapport supplémentaire, 291, 364 et s., 640 et s.
Rapport verbal, 234, 468 et s., 646.
Rapporteur, 723 et s.
Ratification, 732.
Rature, 446.
Recours, 666.
Rectification, 501 et s.
Récusation, 15, 17, 192 et s., 660, 740 et s., 882, 884 et 885.
Référé, 65, 66, 151 et s., 418, 518, 591, 593.

Refus de service, 27, 52 et s., 813 et s.
Remplacement d'experts, 275 et s., 826 et 827.
Renvoi, 150.
Réparations, 34.
Requête, 215 et s.
Réquisition des parties, 381 et s.
Rescision pour lésion, 37, 41, 46 et s., 63.
Réserve, 408.
Responsabilité, 554 et s.
Revendication, 150.
Revenus immobiliers, 61.
Révocation, 194, 881.
Scellés, 60.
Serment, 159, 183, 196, 220, 221, 270 et s., 285 et s., 592, 626, 644, 660, 737 et s., 766, 771, 775, 828 et s., 872, 882.
Serment (dispense de), 294 et s.
Serviteur, 225 et 226.
Servitude de passage, 32.
Signature, 453 et s., 501, 544 et s., 756.
Signification, 217 et s., 677, 723, 742, 743, 758 et s.
Signification à domicile, 375.
Signification à partie, 376.
Signification au parquet, 373.
Signification de jugement, 71, 72, 188, 220.
Signification du rapport, 517 et s.
Société, 147.
Succession, 155, 671.
Supplément de rapport, 291, 364 et s., 640 et 641.
Surcharge, 446.
Tabac, 898.
Tarif, 700.
Taxe, 522 et 523.
Témoins, 206, 298 et s., 571, 662, 824, 825, 847 et s.
Testament, 601, 620.
Testateur, 20.
Tierce-opposition, 48.
Tiers, 551, 602 et s.
Tiers-expert, 296, 869.
Timbre, 447.
Titre, 44.
Titres (examen des), 361.
Travaux publics, 883.
Tribunal, 111 et s.
Tribunal civil, 29 et s., 716 et s.
Tribunal correctionnel, 797.
Tribunal de commerce, 144 et s., 175, 372, 374, 519, 692 et s.
Tribunal de simple police, 797.
Tuteur, 107 et 108.
Ultrà petita, 531.
Usine, 405.
Vacations, 7, 283, 448, 665 et s., 875.
Vacations ultérieures, 344.
Vente de biens de mineurs, 154, 507.
Vente d'immeuble, 63 et 64.
Vérification d'écritures, 45, 576, 579, 600, 601, 623, 624, 868.
Vétérinaire, 286.
Vice de construction, 30.
Vices rédhibitoires, 656.
Vigneron, 94.
Vins, 572.
Visite des lieux, 17, 355, 888.
Voiturier, 763 et s.
Vol, 801.

DIVISION.

CHAP. I. — NOTIONS GÉNÉRALES ET HISTORIQUES (n. 1 à 7).

CHAP. II. — DE L'EXPERTISE EN MATIÈRE CIVILE.

Sect. I. — Généralités (n. 8 à 28).

Sect. II. — De l'expertise ordonnée par les tribunaux civils.

§ 1. — *Dans quels cas les tribunaux civils peuvent ou doivent ordonner une expertise. — Comment elle est demandée. — Jugement qui l'ordonne.*

1° Dans quels cas les tribunaux civils peuvent ou doivent ordonner une expertise (n. 29 à 66).

2° Comment l'expertise est demandée (n. 67 à 70).

3° Jugement qui ordonne l'expertise (n. 71 à 78).

§ 2. — *Quelles personnes peuvent être nommées experts* (n. 79 à 101).

§ 3. — *De la procédure antérieure à l'expertise.*

1° Nomination des experts.
  I. — Désignation par les parties avant le jugement (n. 102 à 109).
  II. — Nomination d'office.
    A. — Dans quels cas il y a lieu à nomination d'office (n. 110 à 119).
    B. — Nombre des experts nommés d'office (n. 120 à 164).
  III. — Nomination par les parties après le jugement (n. 165 à 191).

2° Récusation des experts (n. 192 à 268).

3° Dépôt ou empêchement des experts. — Leur remplacement (n. 269 à 284).

4° Serment des experts (n. 285 à 314).

5° Avertissement aux parties des jours, lieux et heures de l'expertise (n. 315 à 378).

§ 4. — *Opérations des experts. — Dires et réquisitions des parties* (n. 379 à 420).

§ 5. — *Du rapport.*

1° Rédaction, écriture et signature du rapport (n. 421 à 473).

2° Lieu, jour et heure de la rédaction (n. 474 à 487).

3° Étendue des pouvoirs des experts (n. 488 à 497).

4° Dépôt du rapport (n. 498 à 516).

5° Signification du rapport. — Demande en homologation (n. 517 à 537).

6° Caractère du rapport et de la foi qui lui est dû (n. 538 à 553).

§ 6. — *Responsabilité des experts* (n. 554 à 562).

§ 7. — *Appréciation du rapport par les juges* (n. 563 à 616).

§ 8. — *Nouvelle expertise* (n. 617 à 664).

§ 9. — *Honoraires des experts* (n. 665 à 705).

Sect. III. — De l'expertise ordonnée par le juge de paix (n. 706).

CHAP. III. — DE L'EXPERTISE EN MATIÈRE COMMERCIALE (n. 707 à 783).

CHAP. IV. — DE L'EXPERTISE EN MATIÈRE CRIMINELLE (n. 784 à 878).

CHAP. V. — DE L'EXPERTISE EN MATIÈRE ADMINISTRATIVE (n. 879 à 900).

CHAP. VI. — ALGÉRIE (n. 901 à 907).

CHAPITRE I.

NOTIONS GÉNÉRALES ET HISTORIQUES.

1. — On nomme experts des personnes désignées par une décision de justice ou choisies par les parties elles-mêmes en raison de leurs connaissances spéciales, afin d'examiner ou d'estimer certaines choses. Le rapport d'experts est l'exposé de cette opération, c'est-à-dire des travaux, recherches, calculs auxquels les experts se sont livrés et de l'avis qu'ils ont formé d'après les résultats de ces travaux. — Carré, L. proc., préliminaire à l'art. 302.

2. — L'usage de nommer experts existait chez les romains. Outre les arpenteurs qui mesuraient les terres, et les huissiers priseurs qui estimaient les biens, on prenait des gens de chaque profession pour les choses dont la connaissance dépendait de la pratique de leur art. C'est ainsi qu'on voit dans la novelle 64 que l'estimation des légumes était faite par des jardiniers de Constantinople.

3. — En France, il n'y avait autrefois d'autres experts que ceux que choisissaient les parties, ou que les juges désignaient, sans que leur choix fût limité à certaines catégories de personnes.

4. — Plus tard, il y eut des experts créés en titre d'office par différents édits, notamment par celui du mois de mai 1690 aux termes duquel « les pourvus de ces sortes d'offices pouvaient être nommés experts, savoir ceux de la ville de Paris, tant dans la prévôté et vicomté que dans toutes les autres villes et lieux du royaume, ceux des villes où il y a parlement, tant dans les villes que dans l'étendue du ressort du parlement, ceux des autres villes, chacun dans les lieux de leur établissement et dans le ressort du présidial, ou autre juridiction ordinaire de ladite ville, pour y faire toutes les visites, rapports des ouvrages, tant à l'amiable qu'en justice en toute matière, pour raison de partages, licitations, servitudes, alignements, périls éminents, visite de carrières, moulins à vent et à eau, cours d'eau et chaussées desdits moulins, terrasses et jardinages, toisées, prisées, estimations de tous ouvrages de maçonnerie, charpenterie, couverture, menuiserie, sculpture, peinture, dorure, marbre, serrurrerie, vitrerie, plomb, pavé, et généralement de tout ce qui concerne et dépend de l'expérience des choses ci-dessus exprimées, avec défenses à toutes autres personnes de faire aucun rapport et autres actes qui concernent ces sortes d'opérations, et aux parties de convenir d'autres experts, juges d'en nommer d'autres d'office, et d'avoir égard aux rapports qui pourraient être faits par d'autres. » — Merlin, *Rép.*, v° *Expert*, n. 1; Favard de Langlade, *Rép.*, v° *Expertise;* Vasserot, *Man. des experts*, p. 2. — V. aussi Édit de juillet 1690 et Déclarat. du 3 mars 1705.

5. — La même organisation était appliquée aux greffiers des experts. — Favard de Langlade, *op. cit.*

6. — Les offices créés par cet édit et les édits du même genre qui l'avaient précédé ont été supprimés en 1790.

7. — La rétribution des experts en titre de Paris étaient de 6 livres pour chaque vacation de trois heures, quand ils travaillaient à Paris ou dans les faubourgs, et de 7 livres 10 sous, lorsqu'ils étaient obligés de se rendre dans la banlieue. Au delà de la banlieue, ils étaient payés à raison de 24 livres par jour Les vacations des experts des autres villes étaient fixées par un édit de juillet 1690 à raison de 3 livres ou de 5 livres chacune, suivant que l'expertise se faisait dans le lieu de leur résidence ou en dehors. — Merlin, *loc. cit.*

CHAPITRE II.

DE L'EXPERTISE EN MATIÈRE CIVILE.

Section I.

Généralités.

8. — L'expertise est amiable ou judiciaire. Lorsque les experts procèdent amiablement et en vertu d'une délégation qui leur est faite par les parties sans intervention de la justice, on doit les considérer comme de simples mandataires, responsables vis-à-vis des intéressés de l'exécution de leur opération. Les dispositions du Code de procédure sur les expertises sont étrangères à ce cas.

9. — Aussi a-t-il été jugé que les règles relatives aux arbitrages et expertises judiciaires ne sont pas applicables à des experts convenus par les parties pour estimer un immeuble; qu'ainsi, ces experts sont dispensés d'indiquer le jour de leur opération, de rédiger leur rapport sur les lieux, et de le déposer au greffe. — Besançon, 5 déc. 1811, Comm. de Bomparre, [P. chr.] — V. dans le même sens, avant le Code de procédure, Cass., 13 brum. an X, Choussy, [P. chr.]

10. — L'expertise est judiciaire lorsqu'elle est ordonnée par le juge, soit dans le cas où la loi exige impérativement qu'elle ait lieu, soit dans ceux où les tribunaux, usant d'une simple faculté, la prescrivent d'office ou sur la demande des parties. Les formalités en sont réglées par les art. 302 à 323, C. proc. civ.

11. — De même que les autres procédures en matière civile, celle dont nous nous occupons était régie, avant le Code de procédure, par l'ordonnance de 1667. La plupart des dispositions de l'ordonnance sur ce point ont passé dans le Code. Nous indiquerons, lorsque cela sera utile, quelles modifications ont été apportées à la législation antérieure.

12. — Les experts commis par les tribunaux tiennent de la justice une délégation qui leur fait emprunter sous certains rapports le caractère du juge. D'un autre côté, ce sont des témoins instruits qui viennent déposer sur les faits qui ont été soumis à leurs investigations. Aussi, la loi et la jurisprudence les ont-elles assimilés tantôt aux magistrats, tantôt aux témoins, selon qu'il y avait lieu de considérer leur caractère à l'un ou à l'autre de ces points de vue.

13. — Quant à leurs rapports avec les parties, il ne semble pas qu'il y ait aucun lien de droit entre eux et un simple particulier partie au procès, si l'expertise n'ayant pas lieu dans l'intérêt de ce dernier a été prescrite sans son assentiment. Mais lorsque les experts ont été nommés sur la poursuite des deux parties, ou de leur aveu et dans leur intérêt respectif, la doctrine et la jurisprudence les ont considérés comme mandataires des plaideurs. — Chauveau, sur Carré, *L. procéd.*, quest. 1207.

14. — Néanmoins, il n'y a dans ce cas qu'un mandat imparfait, et lorsque la nomination des experts par le tribunal étant devenue définitive, les opérations de l'expertise sont réputées commencées, ils ne peuvent être révoqués par les parties. — V. *infrà*, n. 194.

15. — Une opération ne constitue une expertise qu'autant qu'elle suppose l'examen de questions distinctes soumises tout d'abord à la personne qui en est chargée. Une simple assistance à une autre opération ne saurait recevoir ce nom.

16. — C'est ainsi qu'il a été jugé que, lorsqu'un jugement ordonne la descente, sur le lieu contentieux, d'un juge accompagné d'un homme de l'art pour l'éclairer, l'opération ne constitue pas une expertise de la part de ce dernier : d'où il résulte qu'il n'est pas récusable comme celui qui a réellement la qualité d'expert. — Colmar, 26 juin 1828, Thyss, [S. et P. chr.] — V. *supra*, v° *Descente sur les lieux*, n. 148.

17. — ... Que l'homme de l'art que désigne lui-même le juge-commissaire d'une enquête, et dont il se fait assister en vertu du pouvoir discrétionnaire que lui a confié à cet égard le tribunal, n'est pas astreint à l'accomplissement de toutes les formalités prescrites en matière d'expertise. — Bordeaux, 28 mars 1834, Comm. de Châtres, [P. chr.]

18. — ... Que ne violent pas les règles de l'expertise les juges qui, à raison de la nature des difficultés relatives à l'exploitation de forêts dépendant d'une succession, autorisent le notaire liquidateur à se faire assister d'un agent forestier, s'ils ne lui ont pas conféré la qualité et le mandat d'expert, ni délégué au notaire le pouvoir de les lui conférer, se bornant à donner à ce dernier la faculté de recourir, pour l'appréciation de questions spéciales, aux indications et aux renseignements d'un homme compétent et impartial. — Cass., 16 juill. 1890, de Neufchateau, [S. 91.1. 380, P. 91.1.948]

19. — ... Que la mission donnée par un testateur à des personnes déterminées, qui doivent être déterminées d'après un mode spécial, d'estimer les biens composant la succession, ne constitue pas une expertise judiciaire. Ainsi, les appréciateurs indiqués ne sont pas astreints à suivre les formes prescrites pour les expertises judiciaires, spécialement à convoquer les parties pour être présentes à leurs opérations. — Cass., 16 avr. 1861, Bonhore et autres, [S. 62.1.201, P. 62.892, D. 61.1.433]

20. — Il peut arriver qu'à raison de la personne chargée par un tribunal de procéder à une vérification, l'opération ne constitue pas une expertise, bien qu'il en soit dressé procès-verbal.

21. — Ainsi, un juge de paix chargé par un tribunal de visiter les lieux contentieux n'a pas le caractère d'expert, et les dispositions des lois qui règlent la matière de l'expertise ne lui sont pas applicables. — Cass., 17 janv. 1833, Comm. de Fourche-Fontaine, [S. 33.1.131, P. chr.] — Chauveau, sur Carré, *Lois proc.*, quest. 1163. — V. aussi *supra*, v° *Descente sur les lieux*, n. 68. — V. *infrà*, n. 615.

22. — Rappelons qu'il appartient au tribunal d'apprécier, d'après les circonstances de la cause, s'il convient d'ordonner une expertise plutôt que la descente d'un des juges sur les lieux contentieux ou toute autre voie d'instruction. — V. *supra*, v° *Descente sur les lieux*, n. 22 et s.

23. — On s'est demandé si, lorsqu'une expertise est non une voie d'instruction, mais seulement un mode d'exécution d'un arrêt ou jugement, l'opération est soumise aux règles tracées par les art. 302 et s., C. proc. civ. La Cour de cassation a jugé implicitement la négative. — Cass., 7 nov. 1838, Sect. de La-

Peyrelle et de Vitrac, [P. 38.2.461] — Mais cet arrêt est critiqué par MM. Boncenne (*Th. de la procéd.*, t. 4, p. 462) et Chauveau, sur Carré (*L. de la procéd.*, t. 3, quest. 1158), qui pensent qu'on ne trouve dans la loi aucune raison de traiter différemment l'expertise employée comme voie d'instruction et celle qui a pour but l'exécution d'un arrêt.

24. — On ne saurait confondre l'expertise avec l'arbitrage. L'expert n'est appelé qu'à donner un avis sur une question que le juge a pensé ne pouvoir résoudre par lui-même, avis que la justice peut ne pas accueillir s'il ne paraît pas fondé (V. *infra*, n. 563 et s.). L'arbitre au contraire tranche, en qualité de juge, les questions qui lui sont déférées. — V. *supra*, v° *Arbitrage*.

25. — Il a été décidé avec raison que des experts choisis amiablement pour procéder à un partage, et autorisés à nommer un tiers en cas de division, ne sont point assujettis aux règles des arbitrages, notamment en ce qui tient aux délais, surtout lorsqu'un jurisconsulte est nommé pour décider des difficultés. — Colmar, 12 janv. 1814, Peyret, [P. chr.]

26. — Au contraire, la clause d'un bail portant qu'en cas de contestations elles seront soumises à des experts qui jugeront sans recours à l'appel et à la voie de cassation, doit être interprétée en ce sens que les parties ont entendu se soumettre à des arbitres et non à des experts proprement dits. — Amiens, 15 juin 1824, Vasseur, [P. chr.]

27. — Le ministère des experts est libre, et nul ne peut être contraint de l'accepter. Seulement, si, après avoir accepté ces fonctions et avoir prêté serment en cette qualité, la personne désignée refusait de remplir sa mission, elle pourrait être condamnée à supporter les frais qui résulteraient de ce refus, et à payer des dommages-intérêts aux parties, s'il y avait lieu (C. proc. civ., art. 316). — Carré, *Lois de la procéd.*, t. 3, quest. 1189; Favard de Langlade, *Rép*, v° *Rapport d'experts*, t. 4, p. 704, n. 2; Thomine-Desmazures, t. 1, p. 518; Boncenne, t. 4, p. 478.

28. — Le principe de la liberté du ministère des experts était aussi reconnu sous l'empire de l'ordonnance de 1667. Duparc-Poullain (*Principes de droit*, t. 9, p. 484, n. 17) enseignait, sans distinction, que les fonctions d'expert étaient libres et qu'elles n'étaient pas regardées comme une charge publique. Jousse (sur l'art. 10, tit. 21 de l'ordonnance) était néanmoins d'un avis contraire, et il croyait que, dans certains cas de nécessité, on pouvait contraindre un individu à remplir la mission d'expert; mais son opinion ne paraît appuyée sur aucune autorité. — Carré, *Lois de la procéd.*, sur l'art. 316, quest. 1189.

Section II.
De l'expertise ordonnée par les tribunaux civils.

§ 1. *Dans quels cas les tribunaux civils peuvent ou doivent ordonner une expertise. Comment elle est demandée. Jugement qui l'ordonne.*

1° *Dans quels cas les tribunaux civils peuvent ou doivent ordonner une expertise.*

29. — Les tribunaux ont pleins pouvoirs pour ordonner une expertise toutes les fois qu'ils pensent avoir besoin du concours d'hommes spéciaux pour constater ou apprécier des faits imparfaitement établis. Ainsi jugé qu'un tribunal ordonne valablement l'expertise préalable pour apprécier les conditions imposées à un prétendu donateur, à l'effet de décider si l'acte ne doit point rentrer dans la classe des contrats commutatifs ordinaires. — Cass., 24 mai 1836, Fournier, [P. chr.]

30. — ... Que les juges peuvent prescrire une expertise pour fixer les dommages-intérêts dus par un architecte, et basés sur le vice de construction d'un édifice, encore bien que l'édifice ne fût pas en danger de périr. — Cass., 3 déc. 1834, Sannejouand, [S. 35.1.216, P. chr.]

31. — ... Que quand un individu soutient avoir le droit, en vertu d'un contrat, de faire certains travaux d'une manière, tandis que son adversaire prétend qu'ils doivent être faits d'une autre manière, les juges peuvent, sans excès de pouvoir, désigner un homme de l'art pour surveiller et diriger les travaux litigieux. — Cass., 16 juill. 1835, Drouot, [S. 35.1.799, P. chr.]

32. — ... Qu'en matière de servitude de passage, un tribunal peut ordonner une expertise, encore qu'une des parties prétende que les titres suffisent pour cette appréciation. — Rennes, 22 déc. 1820, Lebourg, [P. chr.]

33. — Mais l'expertise n'étant le plus souvent qu'un moyen d'instruction prescrit par les juges lorsqu'ils ne se regardent pas comme suffisamment éclairés, il est de principe qu'ils ne sont pas obligés d'ordonner cette mesure lorsque, sans y recourir, ils peuvent puiser les raisons de décider dans les documents qui sont produits devant eux. — Cass., 11 déc. 1812, Mériet, [P. chr.]; — 18 août 1836, Comm. de Gagnac, [P. chr.]; — 6 juill. 1857, Régnier, [S. 59.1.31, P. 59.321. D. 57.1.388]; — 20 avr. 1874, Magniet et Monghéal, [S. 75.1.56, P. 75.126]; — 29 juill. 1891, de Martin, [S. et P. 92.1.518] — *Sic*, Favard de Langlade, *Rép.*, v° *Rapport d'experts*, t. 4, p. 700; Berriat Saint-Prix, *Cours de proc.*, p. 301; Thomine-Desmazures, *Comm. C. proc. civ.*, t. 1, p. 505; Boncenne, *Th. de la proc. civ.*, t. 4, p. 457; Bioche, *Dict. de proc.*, v° *Expertise*, n. 7; Chauveau, sur Carré, t. 3, quest. 1155; Rodière, *Compét. et proc.*, t. 1, p. 415; Rousseau et Laisney, *Dict. de proc.*, t. 4, v° *Expertise*, n. 4; Dejean, *Traité de l'expertise*, p. 162; Garsonnet, *Traité de proc. civ.*, 2° éd., § 858. — V. anal. *infra*, n. 720 et 721

34. — Spécialement, les juges peuvent se dispenser d'ordonner l'expertise demandée par un locataire à l'appui d'une demande en dommages-intérêts pour le préjudice causé par un défaut de réparations à la charge du propriétaire, s'il est constaté que la maison louée n'a pas besoin de réparations. — Cass., 6 juill. 1857, précité.

35. — En d'autres termes les juges ont un pouvoir discrétionnaire pour ordonner, ou non, une expertise qui leur est demandée. — Cass., 15 juin 1880, Lésieux, [S. 82.1.403, P. 82.1.1011]

36. — Par suite, l'expertise étant un mode d'instruction purement facultatif pour les juges, sauf dans les cas où elle est déclarée obligatoire par une disposition expresse et formelle de la loi, les juges ne font qu'user de leur pouvoir d'appréciation, en décidant que, dans les circonstances de la cause, il est inutile de recourir à une expertise. — Cass., 29 févr. 1888, Agelasto, [S. 91.1.55, P. 91.1.124, D. 88.1.352]

37. — Il a été décidé, par application de cette règle : que les juges peuvent, sans expertise préalable, et alors même qu'il s'agit de l'intérêt d'un mineur, prononcer le rejet d'une action en rescision pour cause de lésion, lorsque la nature et les circonstances de l'acte leur paraissent devoir écarter toute présomption de dol ou de fraude. — Cass., 7 déc. 1819, Bosch, [S. et P. chr.]

38. — ... Que lorsqu'un tribunal, en se fondant sur les faits et circonstances du procès, a accordé des dommages-intérêts à un acquéreur de biens dotaux que le mari vendeur s'était obligé à garantir de tous dépens, dommages-intérêts, et qui a été évincé, cet acquéreur ne saurait se pourvoir en cassation contre cette décision sous prétexte que l'indemnité est trop faible, attendu qu'il n'y a pas eu d'experts nommés. — Cass., 17 mars 1819, de Montseveny, [P. chr.]

39. — ... Qu'en matière de faux incident, et quand il suffit de la seule inspection de l'acte pour prononcer sur le faux matériel dont on prétend cet acte entaché, les juges peuvent, sans avoir recours à l'expertise, déclarer s'il y a ou s'il n'y a pas faux. — Cass., 25 mars 1835, Guiraud, [S. 35.1.510, P. chr.]

40. — ... Que la question de savoir si un terrain est enclavé peut être décidée par une cour d'appel sans qu'il soit besoin d'ordonner une expertise, bien qu'elle ait été demandée par les parties. — Cass., 24 déc. 1835, Defayr, [S. 36.1.322, P. chr.]

41. — ... Que lorsqu'un acte de partage entre-vifs fait par un père entre ses enfants et l'objet d'une demande en rescision pour cause d'atteinte à la réserve légale, il n'y a pas lieu d'ordonner une expertise, si la lésion résulte des dispositions même de l'acte de partage. — Toulouse, 23 déc. 1835, Marty, [P. chr.]

42. — ... Que pour fixer la valeur d'un immeuble, les juges ne sont pas obligés d'ordonner une expertise ; qu'ils peuvent faire eux-mêmes cette appréciation s'ils en trouvent la base et les éléments dans les faits et les pièces du procès. — Colmar, 7 mai 1836, Ritzenthaler, Kœnig et Chauffour, [P. chr.]

43. — ... Que les juges qui prescrivent une restitution de fruits ne sont pas tenus d'ordonner une expertise lorsqu'ils trouvent dans la cause des éléments suffisants pour l'évaluation de ces fruits. — Cass., 27 juin 1849, Peyronnet de Mornac, [P. 51.1.598, D. 50.5.215]

44. — Au surplus, lorsque, après avoir énoncé un titre dans les premiers actes de la procédure, une partie n'en a fait aucun usage dans la suite du procès, il n'y a pas lieu d'ordonner en appel une expertise pour l'application de ce titre. — Riom, 13 juin 1850, Boutet, [P. 51.2.530]

45. — En matière de vérification d'écriture, l'expertise n'est pas non plus obligatoire. L'art. 195, C. proc. civ., dit que si la signature est déniée ou méconnue, la vérification en pourra être ordonnée, ce qui donne au juge un pouvoir discrétionnaire à cet égard. — Cass., 6 déc. 1827, Beauval, [P. chr.] — V. *infrà*, v° *Vérification d'écritures*.

46. — Par une conséquence nécessaire, si une expertise avait eu lieu entre les parties, le tribunal pourrait la prendre pour base de sa décision pour prononcer la rescision d'un partage pour cause de lésion, sans avoir recours à une expertise nouvelle. — Cass., 18 mai 1831, André, [P. chr.]

47. — La Cour de cassation a également jugé, par application du même principe, que les juges qui ont à statuer sur la tierce-opposition à un jugement qui a rescindé une vente pour cause de lésion, peuvent refuser d'ordonner une nouvelle expertise et prendre pour base de leur décision celle qui a été faite dans la première instance, lorsque les critiques dirigées contre cet acte leur paraissent mal fondées. — Cass., 1er août 1821, Delage, [S. et P. chr.]

48. — Le rejet de la demande tendant à une expertise est suffisamment motivé, lorsque la décision fait clairement connaître que les faits allégués n'ont pas paru assez vraisemblables aux juges pour qu'il convint d'en ordonner la vérification. — Cass., 20 avr. 1874, Magniet et Monghéal, [S. 75.1.56, P. 75.126]

49. — Aussi un arrêt qui, après avoir posé la question de savoir s'il y a lieu d'ordonner une nouvelle expertise, statue sur le fond sans résoudre cette question ne peut-il être annulé pour défaut de motifs. — Cass., 3 mai 1830, Cottin, [S. et P. chr.] — Chauveau, sur Carré, *loc. cit.* — V. *infrà*, v° *Jugement et arrêt* (mat. civ. et comm.), n. 2211 et s.

50. — Dans ces matières soumises aux règles du juge, les juges ont-ils encore le droit de se refuser à ordonner une expertise lorsqu'ils croient pouvoir résoudre eux-mêmes les questions que présente la cause?

51. — La cour de Rennes s'est prononcée pour la négative en jugeant que dans ces matières, les juges ne peuvent substituer leurs connaissances personnelles à un rapport d'experts; qu'ainsi dans le cas prévu par l'art. 662, C. civ., lorsqu'il s'agit du percement d'un mur mitoyen ou d'ouvrages qu'on veut y adosser, les juges ne peuvent se dispenser de nommer des experts. — Rennes, 5 juill. 1819, N..., [S. et P. chr.]

52. — Cet arrêt se fonde sur ce que les fonctions de juge et celles d'expert ne peuvent être remplies par la même personne par application de la maxime : *Non sufficit ut judex sciat, sed necesse est ut ordine juris sciat.* — V. en ce sens Boncenne, t. 4, p. 431.

53. — Mais nous croyons avec Chauveau, sur Carré (t. 3, quest. 1155 *bis*) qu'on ne peut refuser au juge le droit d'appliquer les connaissances qu'il a pu avoir personnellement et indépendamment du procès en cours, dans les matières soumises aux règles de l'art, sans porter atteinte à son pouvoir d'appréciation. La maxime sur laquelle se base l'arrêt précédent paraît d'ailleurs invoquée à tort dans l'opinion contraire, puisqu'elle veut seulement dire que le juge ne doit puiser les raisons de décider que dans les faits que l'audience lui révèle, ce qui est un principe certain.

54. — C'est en ce sens que la Cour de cassation décide qu'en matière de propriété littéraire, les tribunaux peuvent régler d'office, et sans qu'il soit besoin de recourir à une expertise, les dommages-intérêts qui peuvent être dus à l'auteur pour la contrefaçon de son ouvrage. — Cass., 30 janv. 1818, Chaumerot, [S. et P. chr.] — Toutefois la même cour avait antérieurement décidé le contraire (Cass., 6 niv. an XIII, Williams, P. chr.), mais avant la promulgation du Code.

55. — Il a été jugé de même que quand, pour apprécier une opération chirurgicale, on demande qu'une expertise soit faite par des gens de l'art, les juges peuvent refuser de l'accorder, par le motif que la quotité des honoraires à accorder au chirurgien repose non seulement sur l'opération même, mais encore sur la position des parties. — Orléans, 19 févr. 1812, Villemote, [P. chr.]

56. — Il est cependant des cas en matière civile où le juge ne peut se dispenser d'ordonner une expertise. Il en est ainsi : 1° lorsque, en matière d'absence, ceux qui ont obtenu l'envoi en possession provisoire des biens de l'absent requièrent pour leur sûreté qu'il soit procédé par un expert nommé par le tribunal à la visite des immeubles, à l'effet d'en constater l'état (C. civ., art. 126). — Vasserot, *Manuel des experts*, p. 5, n. 8. — V. *suprà*, v° *Absence*, n. 218 et s.

57. — ... 2° Lorsque le père ou la mère ayant la jouissance légale des biens du mineur et voulant garder le mobilier pour le remettre en nature doit faire l'estimation de ce mobilier par un expert nommé par le subrogé tuteur (C. civ., art. 453). — V. *infrà*, v° *Usufruit légal*.

58. — ... 3° Lorsqu'on demande l'autorisation d'échanger un immeuble dotal contre un autre immeuble. L'échange ne peut avoir lieu qu'après une expertise préalable ordonnée par le tribunal. Les experts ont alors à constater si l'échange est utile, et si l'immeuble offert en contre-échange vaut les quatre cinquièmes au moins de l'immeuble dotal (C. civ., art. 1559). — Vasserot, p. 6, n. 14. — V. *suprà*, v° *Dot*, n. 1992 et s.

59. — ... 4° Quand une contestation s'élevant sur le prix d'un bail verbal dont l'exécution a commencé et dont il n'existe pas de quittance, le locataire demande l'estimation par experts (C. civ., art. 1716). — Vasserot, p. 6, n. 14. — V. *suprà*, v° *Bail* (en général), n. 373 et s.

60. — ... 5° Lorsqu'il y a lieu de lever les scellés apposés sur des objets dépendant d'une succession, et de nommer, soit un ou deux notaires, soit un ou deux commissaires-priseurs ou experts pour l'estimation des objets, suivant leur nature (C. proc. civ., art. 935). — Vasserot, n. 15.

61. — ... 6° En cas d'insuffisance d'évaluation donnée aux revenus d'un immeuble transmis à tout autre titre qu'à titre onéreux, ou d'insuffisance du prix de vente déclaré d'un immeuble ou d'un fonds de commerce, ou des loyers des locations verbales d'un immeuble (LL. 22 frim. an VII, art. 17, 19; 23 août 1871, art. 11; 28 févr. 1872, art. 8). — V. *suprà*, v° *Enregistrement*, n. 4830 et s., 4859, 4899 et s.

62. — On ajoute parfois le cas où le créancier gagiste non payé veut se faire attribuer la propriété de l'objet donné en nantissement (C. civ., art. 2078). Mais la jurisprudence décide que, même dans ce cas, l'expertise est purement facultative. — V. *infrà*, v° *Gage*, n. 433 et s.

63. — En cas de rescision d'une vente d'immeuble pour cause de lésion de plus de sept douzièmes (C. civ., art. 1674, 1675, 1678, 1680), les auteurs décident que les tribunaux sont tenus d'ordonner d'office l'expertise. — Garsonnet, *op. cit.*, § 858; Aubry et Rau, t. 4, p. 416. — Mais il a été décidé que les juges peuvent refuser d'ordonner une expertise, même dans le cas d'une demande en rescision d'une vente pour cause de lésion, malgré les termes des art. 1678 et s., C. civ., qui ne semblent exiger d'une manière impérative qu'on procède à une expertise pour déterminer la valeur des biens. — Limoges, 14 févr. 1827, sous Cass., 15 déc. 1830, Blanc, [S. 31.1.33, P. chr.]. — V. Cass., 7 déc. 1819, précité.

64. — Avant la loi du 2 juin 1841, sur les ventes d'immeubles, les art. 955 et 971, C. proc. civ., forçaient les tribunaux à ordonner une expertise, soit quand il y avait lieu de vendre des immeubles appartenant à des mineurs, soit quand une licitation devait avoir lieu. Ces articles, modifiés par les tribunaux sont tenus prescrivent plus cette mesure dans les deux cas que d'une manière facultative pour le tribunal. L'art. 824, C. civ., auquel se référait l'ancien art. 955, C. proc. civ., s'est trouvé par suite indirectement modifié dans le même sens. — Vasserot, p. 6, n. 19. — V. *infrà*, v° *Licitation*, n. 138.

65. — Le président statuant en état de référé peut prendre toutes les mesures que nécessite l'urgence lorsqu'elle lui est signalée. Il a donc le droit de prescrire des expertises. Tel est du reste l'usage à Paris.

66. — Il a été jugé cependant que le juge tenant l'audience des référés ne peut ordonner une expertise; que, par suite, le tribunal statuant au principal ne peut homologuer celle qu'il a ordonnée. — Bourges, 7 avr. 1832, Quénisset, [S. 33.2.79, P. chr.]

2° *Comment l'expertise est demandée.*

67. — Il a été jugé qu'on peut conclure à une expertise par action principale, notamment pour faire constater, dans le but d'arriver à une demande en dommages-intérêts, les détériorations commises par des locataires au préjudice du propriétaire. — Paris, 20 mars 1835, Magu, [S. 45.2.630, P. chr., D. 46.2.29]; — 27 déc. 1836, Paillard, [*ibid.*]

68. — ... Qu'une pareille demande est suffisamment libellée, lorsque l'exploit introductif d'instance précise les points dont on demande la constatation et qui constituent le dommage donnant lieu à la demande en réparation. — Paris, 27 déc. 1836, précité. — V. en ce sens, Lyon, 5 juill. 1887. — Bordeaux, 11 févr. 1890, Mounet, [D. 91.2.103] — Orléans, 29 juill. 1896, Goussard de Mayolles, [D. 97.2.209] — Garsonnet, *op. cit.*, p. 858. — Au contraire, la jurisprudence du tribunal de la Seine est qu'on ne peut conclure à une expertise par action principale. Deux jugements par lui rendus dans ce sens ont été infirmés par les deux arrêts qui précèdent. Le tribunal se fonde sur ce qu'il résulte des termes de la loi et de la position qu'occupe dans le Code de procédure le titre 14, liv. II, que l'expertise n'est qu'une procédure incidente, accessoire, et se rattachant à une action principale sur le mérite de laquelle elle peut éclairer le juge, mais qui ne peut être elle-même le but de cette action principale.

69. — La Cour de cassation décide, en ce sens, qu'une demande en nomination d'experts ne saurait faire l'objet unique d'une action principale, et doit, dès lors, être déclarée irrecevable sous cette forme. — Cass., 25 oct. 1886, Reynaud, [S. 87. 1.471, P. 87.1.1159, D. 87.1.164] — Trib. Fontainebleau, 13 juill. 1864, Martin, [D. 65.3.21] — *Sic*, Carré et Chauveau, *Lois de la proc.*, t. 3, quest. 1157 *bis*; Dutruc, *Suppl. aux lois de la proc.*, de Carré et Chauveau, v° *Expertise*, n. 1. — V. Bioche, *Dict. de proc.*, t. 3, v° *Expert-Expertise*, n. 5. — Nous croyons que la Cour de cassation fait l'appréciation la plus exacte du caractère de la procédure d'expertise. On comprend difficilement quel objet pourrait avoir une voie d'instruction isolée et indépendante de toute demande principale.

70. — Jugé que la demande par laquelle un propriétaire, prétendant que ses récoltes sont détruites dans le gibier entretenu dans une chasse par le locataire de cette chasse, a assigné celui-ci à l'effet de s'entendre déclarer responsable des dommages dont il se plaint et de voir commettre des experts afin de visiter ses terres, d'évaluer le préjudice causé et de dire de qui il provient, a pour objet principal une action en dommages-intérêts bien déterminée, dont l'expertise n'est que l'accessoire; par suite, une telle action ne saurait être déclarée irrecevable comme ne renfermant pas de litige déterminé et comme ayant uniquement pour objet l'expertise sollicitée. — Cass., 17 juill. 1899, Thoureau, [S. et P. 99.1.512, D. 99.1.523]

3° *Jugement qui ordonne l'expertise.*

71. — Le jugement qui ordonne une expertise doit être signifié à la partie adverse, à peine de nullité de l'opération. — Besançon, 21 juin 1813, N..., [P. chr.]

72. — Mais la signification aux experts, du jugement qui ordonne l'expertise, n'est prescrite ni même autorisée par aucune loi. Les frais d'une telle signification doivent donc être rejetés de la taxe comme inutiles et frustratoires. — Douai, 8 mars 1844, Payen, [S. 44.1.466, P. 45.1.378, D. 45.4.288] — *Sic*, Sudraud-Desisles, *Manuel du juge taxateur*, p. 159; N. Carré, *Taxe en matière civile*, p. 125, n. 216, Dejean, *Traité de l'expertise*, § 184.

73. — Lorsque l'expertise n'a lieu que comme voie d'instruction et ne préjuge pas le fond, le jugement qui l'ordonne est simplement préparatoire. Spécialement, est simplement préparatoire le jugement qui, sur la demande à fin d'expertise formée par toutes les parties, mais dans un but différent, ordonne que cette expertise aura lieu suivant le mode proposé par chacune d'elles. Un tel jugement ne préjuge rien sur le bien ou mal fondé des demandes respectives; et, en conséquence, après l'expertise, les juges ne peuvent, pour accueillir l'une ou l'autre des demandes, se fonder uniquement sur l'acquiescement qui aurait été donné au jugement ordonnant l'expertise, et sur l'autorité de la chose jugée qu'aurait ainsi acquise ce jugement. — Cass., 27 févr. 1838, de Chauvelin, [P. 38.1.504] — V. *suprà*, v° *Appel* (mat. civ.), n. 845.

74. — Au contraire, si l'expertise préjuge le fond, le jugement qui l'ordonne n'est pas alors simplement préparatoire, mais interlocutoire. — V. *suprà*, v° *Appel* (mat. civ.), n. 901 et s., et *infrà*, v° *Jugement et arrêt* (mat. civ.), n. 204 et s.

75. — Une partie peut appeler du jugement qui ordonne une expertise, quoiqu'elle se soit trouvée à cette opération, mais sans y concourir ni manifester l'intention d'y participer. — Colmar, 5 janv. 1834, de Haussen, [P. chr.]

76. — Mais la partie qui a assisté sans réclamation à une expertise et qui a plaidé au fond lors de l'homologation du rapport n'est plus recevable à interjeter appel du jugement qui l'a ordonnée. — Lyon, 27 août 1833, Didier, [P. chr.]

77. — Décidé que le jugement qui, portant nomination d'experts, dit : « Par les sieurs..., experts agréés par les parties, etc. » ne prouve pas par ces derniers mots que les parties aient elles-mêmes nommé les experts et que, par suite, elles se soient rendues non recevables à appeler de ce jugement. — Agen, 22 mai 1812, Tujagu, [P. chr.]

78. — Conformément aux principes généraux, le jugement qui ordonne l'expertise est exécutoire, tant qu'il n'a pas été frappé d'appel. Jugé qu'une expertise ordonnée par un jugement peut être faite dans le délai de l'appel, pourvu qu'elle le soit après la huitaine de la prononciation de ce jugement et avant que l'appel en ait été interjeté. — Amiens, 25 nov. 1824, Polle, [P. chr.] — V. *suprà*, v° *Appel* (mat. civ.), n. 2882, et v° *Exécution des actes et jugements*.

§ 2. *Quelles personnes peuvent être nommées experts.*

79. — Aujourd'hui, les fonctions d'experts peuvent être remplies par tous ceux que la loi n'a pas déclarés incapables de les exercer, soit à raison d'une incompatibilité avec d'autres fonctions, soit pour toute autre cause. — Dejean, *Tr. théor. et prat. des expertises*, n. 68; Garsonnet, *op. cit.*, § 861.

80. — Les juges ne peuvent accepter les fonctions d'experts, car ces fonctions sont incompatibles avec le caractère dont ils sont revêtus. Le procès-verbal qui serait dressé par un juge d'une opération de ce genre dont il se serait chargé, aurait nécessairement une autorité que la loi n'attache pas aux rapports d'experts. Aussi n'y aurait-il pas expertise dans l'accomplissement d'une semblable mission. — Cass., 17 janv. 1833, Comm. de Fourche-Fontaine, [S. 33.1.131, P. chr.] — 17 févr. 1888 Marais, [D. 88.1.141] — Duparc-Poullain, *Principes de droit*, t. 9, p. 47; Chauveau, sur Carré, t. 3, quest. 1163; Dejean, *op. cit.*, n. 76; Garsonnet, *op. cit.*, § 862. — *Contrà*, Bioche, n. 63.

81. — En est-il de même des greffiers? Carré (quest. 1163) pense que les incompatibilités relatives aux juges étant en général communes aux greffiers (C. civ., art. 1597), ces derniers ne sauraient être experts. Il ajoute qu'il est dans l'esprit du Code de procédure sur l'expertise de les exclure de ces fonctions, et qu'il suffit pour s'en convaincre de lire les art. 312 et s., sur les rapports d'experts. Le greffier, dit-il, qui doit assister le juge dans tous ses actes et dont le poste est ou à l'audience ou au greffe ne peut faire des expertises. Le même auteur étend l'incapacité aux commis-greffiers assermentés, et, à l'égard des écrivains non assermentés, il enseigne que bien qu'ils puissent être nommés experts soit d'office, soit par les parties, cependant, lorsqu'ils travaillent habituellement au greffe, il convient de ne pas les nommer d'office, les rapports qu'ils y ont pouvant affaiblir la confiance des parties.

82. — D'autres auteurs pensent, au contraire, que les greffiers n'étant pas revêtus d'une autorité judiciaire, ne s'oppose à ce qu'ils soient nommés experts, qu'aucune loi ne leur interdit d'accepter cette qualité. — V. en ce sens, Bioche, *loc. cit.*; Chauveau, sur Carré, *loc. cit.*; Dejean, *op. cit.*, n. 77. — En l'absence de tout texte contraire, nous pensons que ce dernier avis doit être préférablement suivi. — V. *infrà*, v° *Greffe-Greffier*, n. 27.

83. — L'art. 34, C. pén., qui définit la peine de dégradation civique, comprend parmi les différents éléments de cette peine l'incapacité d'être expert. La dégradation civique elle-même résulterait, d'après l'art 28 du même Code, des condamnations aux peines des travaux forcés à temps, de la détention, de la réclusion et du bannissement, les individus qui auraient été condamnés à l'une de ces peines seraient frappés de cette incapacité à partir du jour où la dégradation civique serait encourue, c'est-à-dire du jour où la condamnation serait devenue irrévocable, et, en cas de condamnation par contumace, de celui de l'exécution par effigie.

84. — Aux termes de l'art. 42 du même Code relatif à l'interdiction des droits civiques, civils et de famille, la même incapacité peut être la conséquence d'une condamnation correctionnelle. — V. *suprà*, v° *Droits civils, civiques et de famille*.

85. — L'incapacité dans ces divers cas continuerait à subsister après l'accomplissement de la peine. — Boncenne, t. 4, p. 436.

86. — MM. Rolland de Villargues (*Rép. du not.*, v° *Femme*,

n. 21), Souquet (tabl. 214, coll. 5, n. 3) et Bioche (n. 61) pensent qu'une femme peut être expert par la raison qu'elle peut être mandataire (C. civ., art. 1990), et que l'expertise constitue le plus souvent un mandat. Nous croyons aussi que les femmes peuvent accepter les fonctions d'expert, quelque opinion d'ailleurs qu'on adopte sur le point de savoir si elles peuvent être arbitres. Seulement, s'il s'agissait d'une femme mariée, l'expertise pouvant être pour elle une cause de responsabilité, il pourrait y avoir dans certains cas nullité de l'opération accomplie sans autorisation maritale, et le tribunal ferait sagement de ne la commettre que du consentement des deux parties. — Bioche, n. 62; Garsonnet, *op. cit.*, § 862.

87. — Une expertise serait également valable si elle était confiée à un mineur, pourvu qu'il eût atteint l'âge de raison. Il serait cependant prudent de s'assurer d'avance de l'agrément des parties. — Garsonnet, *op. cit.*, § 862. — *Contra*, Vasserot, p. 19, n. 55.

88. — Mais une expertise ne pourrait être valablement confiée à un interdit, ni à une personne pourvue d'un conseil judiciaire. — Bioche, n. 61; Dejean, *op. cit.*, n. 84.

89. — Certains auteurs ont pensé que les étrangers ne pouvaient être chargés d'une expertise, par le motif qu'aux termes de l'art. 42, C. pén., le droit d'être expert est rangé parmi les droits civils, et que d'ailleurs les experts remplissent un ministère légal et public qui n'appartient qu'aux Français. — Chauveau, sur Carré, t. 3, quest. 1163; Rodière, *Cours de compétence et de procédure*, t. 1, p. 416; Bonnier, *Tr. des preuves*, n. 114; Pigeon, *Tr. et form. des expertises*, n. 8. — V. aussi Bioche, n. 61.

90. — Il est maintenant généralement admis que les tribunaux peuvent désigner un étranger comme expert, dans les procès où cela leur paraît nécessaire. — Nancy, 9 févr. 1885, Kientzy, [S. 87.2.40, P. 87.1.225, D. 87.2.25] Sic, Legat, *Code des étrangers*, p. 277 et 278; Massé, *Dr. comm.*, t. 1, n. 507; Ruben de Couder, *Dict. de dr. comm. industr. et marit.*, t. 3, v° *Etranger*, n. 21; Dutruc, *Dict. du content. commerc.*, t. 1, v° *Etranger*, n. 84, et *Suppl. aux lois de la proc.*, de Carré et Chauveau, t. 2 v° *Expertise*, n. 41; Rousseau et Laisney, *Dict. de proc.*, t. 4, v° *Expertise*, n. 15; Boitard et Colmet-Daage, *Leç. de proc.*, t. 1, n. 517; Mourlon et Naquet, *Rép. écr. sur la proc.*, n. 542; Bonfils, *Tr. élém. de proc.*, n. 1141; Garsonnet, *Tr. théor. et prat. de proc.*, t. 3, p. 862; Dejean, *Tr. théor et prat. des expertises*, n. 84; Weiss, *Dr. intern. pr.*, t. 2, p. 158. — V. *supra*, v° *Etranger*, n. 80.

91. — Ainsi jugé qu'aucune disposition de loi n'interdit aux étrangers, spécialement en matière criminelle, le droit de procéder à une expertise et d'en faire un rapport en justice; l'art. 42 § 7, C. pén. (relatif à l'interdiction de certains droits), n'est pas applicable aux étrangers, mais seulement aux personnes condamnées. — Cass., 16 déc. 1847, Peys, [P. 48.2.419, D. 47. 2.440]

92. — Un arrêt du Conseil d'Etat du 30 juill. 1880, Turquand, [D. 81.3.92], sans résoudre expressément la question, décide que l'incapacité de l'étranger est couverte quand les parties ont sans opposition laissé commencer l'expertise.

93. — Les tribunaux peuvent du reste désigner pour remplir les fonctions d'expert toute personne qui, en raison de sa profession ou de son expérience, leur paraît capable, et ils sont seuls juges de la valeur de leur choix. — Chauveau, sur Carré, t. 3, quest. 1155 *ter*; Boncenne, t. 4, p. 455.

94. — Aussi la Cour de cassation a-t-elle décidé qu'il n'y a pas nullité d'un procès-verbal de rapport d'experts en ce que, pour apprécier la nature d'un terrain et l'importance des plantations en oliviers et vignobles qu'il aurait reçues, le tribunal, au lieu de choisir des cultivateurs ou des vignerons, a cru devoir les prendre sur les lieux mêmes, aurait nommé trois experts parmi lesquels se trouvaient un notaire et un arpenteur, domiciliés à plus de deux lieues. — Cass., 10 août 1829, Hielly, [P. chr.]

95. — Les juges peuvent nommer, pour expert, un individu dont le choix est combattu par une partie, sans être tenus de donner aucun motif de cette nomination. Les allégations opposées ne constituent pas des causes de reproches, mais consistent en simples observations sur le plus ou moins de convenance de sa nomination. — Cass., 13 avr. 1840, Biadelli, [S. 40.1.409, P. 40.2.111]

96. — Il n'est pas nécessaire, par la même raison, que les experts choisis pour estimer les immeubles dépendant d'une succession ou d'une communauté soient domiciliés dans l'arrondissement où se trouve la majeure partie des propriétés à partager. — Bordeaux, 15 avr. 1836, de Pressigny, [P. chr.]

97. — On s'est demandé si lorsqu'il y a lieu de faire la prisée des meubles d'un mineur dont la jouissance appartient au survivant des père et mère (V. *supra*, n. 57), cette prisée doit être faite par un commissaire-priseur, quand il y en a dans le lieu où l'estimation s'opère, ou si un simple particulier peut être choisi comme expert dans ce cas. La question est controversée et l'on pense plus généralement que les commissaires-priseurs n'ont pas de privilège en cette hypothèse. — V. *supra*, v° *Commissaire-priseur*, n. 196 et s.

98. — Il existe des commissaires-experts institués pour les visites et estimations en matière de douanes. Aux termes de l'art. 63, L. 28 avr. 1816, les cinq experts formant le jury chargé de rechercher si des marchandises sont de fabrication étrangère doivent être pris dans la classe des fabricants et manufacturiers les plus connus. En dehors des cas pour lesquels est institué ce jury, on a recours à des commissaires-experts spéciaux (L. 27 juill. 1822, art. 19). — V. *supra*, v° *Douanes*, n. 205 et s.

99. — Lorsqu'une expertise doit avoir lieu en matière de mines, la loi du 21 avr. 1810, art. 88, veut que les experts soient pris parmi les hommes notables et expérimentés dans le fait des mines et de leurs travaux. — V. *infra*, v° *Mines, minières et carrières*, n. 1612 et s.

100. — Pour la délimitation et bornage des forêts de l'Etat et des propriétés riveraines, le préfet doit nommer un agent forestier comme expert dans l'intérêt de l'Etat (Ord. 1er août 1827, art. 57). — V. *infra*, v° *Forêts*.

101. — Les experts près les tribunaux, lorsqu'ils en font leur profession habituelle, sont soumis à la patente et compris dans la quatrième classe de patentables; les experts pour le partage et l'estimation des propriétés, dans la sixième classe. — V. *infra*, v° *Patente*.

§ 3. *De la procédure antérieure à l'expertise.*

1° *Nomination des experts.*

102. — I. *Désignation par les parties avant le jugement.* — On ne peut priver les parties du droit que la loi leur reconnaît de nommer leurs experts, soit avant tout jugement, soit lors du jugement et à l'audience, mais il faut admettre aussi qu'elles ne peuvent exercer cette faculté que si elles sont maîtresses de leurs droits. — Favard de Langlade, *Rép.*, v° *Rapport d'expert*, t. 4, p. 700; Bioche, n. 30

103. — Ainsi jugé que les experts chargés de procéder à l'estimation des biens d'une succession doivent toujours être choisis d'office par le tribunal lorsque des mineurs sont intéressés au partage. — Douai, 12 mai 1827, Broutin, [S. et P. chr.]

104. — Lorsque les parties sont maîtresses de leurs droits, elles peuvent s'en rapporter au jugement d'un seul expert, soit en n'en nommant qu'un, soit en requérant le tribunal de n'en nommer qu'un seul. En effet, en déterminant le nombre d'experts qui doivent procéder en exécution des jugements, le législateur n'a disposé que dans l'intérêt des parties colitigantes et non dans l'intérêt de l'ordre public. Il a été jugé, en conséquence, que, dans le cas où l'un des trois experts nommés par le tribunal ne prête pas serment, les parties peuvent donner mission aux deux autres de procéder à l'opération, sauf à s'adjoindre un tiers expert en cas de partage. — Nîmes, 15 juill. 1825, Paradan, [P. chr.] — *Sic*, Bioche, n. 47; Vasserot, p. 13, n. 31.

105. — Mais la convention tendant à ce que l'expertise soit faite par un seul expert n'est pas valable, s'il y a un mineur intéressé. — Carré, quest. 1159. — V. *Ann. du not.*, t. 2, p. 279; Demiau-Crouzilhac, p. 225; Hautefeuille, n. 169; Garsonnet, *op. cit.*, § 867-1°.

106. — Il semble que le tuteur ne doit pas avoir le droit de consentir pour le mineur à ce qu'il soit procédé par un expert au lieu de trois, car il ne peut priver le mineur de l'avantage que lui assure la loi en provoquant un plus grand nombre d'avis autorisés. — Demiau-Crouzilhac, p. 225; Hautefeuille, p. 169; Chauveau, sur Carré, t. 3, quest. 1159; Thomine-Desmazures, t. 1; Pigeau, *Comment.*, t. 1, p. 558; Bioche, n. 32.

107. — Toutefois, il a été jugé que la convention faite entre deux parties de nommer qu'un seul expert est valable, encore que l'une d'elles n'ait agi qu'en qualité de tuteur, si l'expert désigné par cette dernière partie a été agréé par l'autre. — Rennes, 24 mars 1813, Legasse, [S. et P. chr.]

108. — Lorsqu'un jugement portant nomination de trois experts constate qu'ils ont été convenus par les parties, l'une d'elles n'est plus recevable à critiquer cette nomination, encore bien qu'il était émané ce prétendu acquiescement à la nomination d'experts, parce que le jugement admettait ce désaveu est étranger à l'autre partie. — Agen, 3 janv. 1818, Kéarney, [P. chr.]

109. — Le choix des experts par les parties lors du jugement peut se faire dans les conclusions. Dans ce cas, la partie qui demande l'expertise propose trois experts désignés dans ses conclusions; la partie adverse, dans d'autres signifiées en réponse, déclare adhérer à l'expertise et à la nomination des experts proposés. Les parties peuvent aussi déclarer leur choix à l'audience même. — Bioche, n. 49; Pigeau, t. 1, p. 369; Vasserot, p. 12, n. 31.

110. — II. *Nomination d'office*. — A. *Dans quels cas, il y a lieu à nomination d'office*. — Si les parties n'ont pas cru devoir nommer les experts, soit avant tout jugement, soit devant le tribunal, il en est nommé trois d'office, aux termes des art. 303 et 305, sauf aux intéressés à en choisir d'autres, s'ils le veulent ensuite, dans les trois jours de la signification du jugement. — V. *infrà*, n. 165 et s.

111. — L'art. 305, C. proc. civ., à défaut par les parties de choisir elles-mêmes les experts, veut qu'ils soient nommés par jugement, et conséquemment par le tribunal lui-même et non par le président seul; mais cet article ne fait pas obstacle à ce qu'une cour d'appel donne commission rogatoire au président d'un tribunal et non au tribunal entier de procéder à une nomination d'experts. — Cass., 20 mars 1860, Bardey, [S. 61.1.61, P. 61.606, D. 60.1.398]; Chauveau, sur Carré, quest. 1167 *bis*.

112. — Si les parties ne tombaient d'accord devant le tribunal que sur le choix de deux experts seulement, il aurait alors devrait pas se contenter de désigner le troisième, il aurait alors à nommer les trois experts. C'est ce qui résulte des art. 304 et 305. — Delaporte, t. 1, p. 293; Favard de Langlade, t. 4, p. 700, n. 3; Thomine-Desmazures, t. 1, p. 508; Pigeau, *Comment.*, t. 1, p. 558; Chauveau, sur Carré, t. 3, quest. 1160; *Annales du notar.*, t. 2, p. 281.

113. — De même, lorsqu'une seule des parties nomme son expert, le juge doit en nommer trois d'office et non pas seulement les deux autres. — Rennes, 13 juill. 1813, Launai, [P. chr.]

114. — Néanmoins, le tribunal pourrait donner acte à chaque partie de la nomination qu'elle ferait de son expert, et nommer le tiers seulement, si elles déclaraient qu'elles lui en laissent le choix. — Favard de Langlade, *loc. cit.*; Thomine-Desmazures, t. 1, p. 508.

115. — De même, devant les tribunaux de commerce, le refus de l'une des parties de nommer un expert rend sans effet la désignation faite par l'autre, et, dans ce cas, le tribunal doit nommer les trois experts d'office, non pas seulement pour la partie qui a refusé de choisir le sien, mais pour les deux parties. — Bordeaux, 18 avr. 1839, Delmestre, [S. 39.2.494, P. 39.2.159] — Sic, Carré, n. 1533.

116. — Il a été jugé qu'est nul le jugement qui nomme d'office des experts sans désigner leurs prénoms et leur profession. Un tel jugement ne peut être rectifié que par les juges d'appel. — Bruxelles, 6 août 1808, N..., [S. et P. chr.] — Suivant nous cette solution est trop rigoureuse; tout porté des circonstances; l'omission des prénoms ou de la profession des experts n'entraîne pas la nullité du jugement qui les désigne, si d'ailleurs il est probable que les parties les connaissent. — V. en ce sens, Carré, quest. 1164. — A Paris notamment, où les experts sont choisis sur des listes dressées, à l'avance, par les tribunaux, et sont, par conséquent, toujours connus des parties ou de leurs représentants, cette mention est le plus généralement omise.

117. — La disposition du jugement qui choisit d'office des experts peut être attaquée par la voie de l'appel; ce n'est que quand le jugement qui les désigne a acquis l'autorité de la chose jugée qu'on est forcé de recourir à la voie de la récusation. — Agen, 11 déc. 1850, Poumiès, [S. 51.2.770, P. 52.1.425, D. 51. 2.54]. — Garsonnet, *op. cit.*, § 863.

118. — Il a été jugé que quand, sur l'appel d'un jugement qui ordonne une expertise, l'intimé demande, au moment du posé des qualités, qu'il soit nommé par la cour trois et non pas un expert, cette réformation peut être accordée sans prendre la voie de l'infirmation et sans faire supporter aucuns dépens à l'intimé, par la raison que l'appel avait pour but de faire réformer la mesure interlocutoire ordonnée par les premiers juges, et ne portait pas sur le mode de sa prononciation. — Orléans, 24 août 1824, Delarue, [P. chr.]

119. — Il n'y a pas d'acquiescement au jugement qui nomme un expert, par cela seul que l'avoué a consenti à la nomination d'un autre par un second jugement, s'il est d'ailleurs constant pour la partie qu'il n'était pas nécessaire de le remplacer, et si en conséquence elle n'a pas donné le pouvoir d'y consentir; dès lors, elle est recevable à appeler du jugement qui ordonne l'expertise. — Agen, 20 juin 1824, Dulon, [P. chr.]

120. — B. *Nombre des experts nommés d'office*. — La nomination des experts en nombre impair, prescrite par l'art. 303, C. proc. civ., est une disposition nouvelle. Sous l'empire de l'ordonnance de 1667, un tribunal se bornait presque toujours à ordonner, par le jugement qui prescrivait une expertise, qu'elle serait faite par des experts convenus par les parties, sinon qu'ils seraient nommés d'office, et la plupart du temps chacun des experts nommés par les parties embrassait aveuglément les intérêts de celle à qui il devait sa nomination. Puis un procès-verbal d'où résultait le partage étant dressé par eux, on revenait devant le tribunal pour obtenir la commission d'un tiers-expert. Le tiers-expert se réunissait aux deux premiers experts, et à la pluralité des voix, le rapport était enfin arrêté. C'est aux inconvénients de cette procédure que le Code a voulu mettre fin. — Carré, quest. 253.

121. — Ce n'est pas sans difficulté que le système consacré par l'art. 303. et consistant à commettre trois experts, a été introduit dans le Code de procédure. Bien qu'il eût déjà été adopté par le Code civil pour la preuve de la lésion en matière de vente d'immeubles (art. 1678), les rédacteurs du projet avaient proposé le maintien des dispositions de l'ordonnance. — Carré, *Ibid.*, note 2.

122. — Les tribunaux sont-ils tenus de se conformer rigoureusement à l'art. 303. C. proc. civ., qui fixe à trois le nombre des experts à commettre? La jurisprudence a varié sur cette question. La Cour de cassation avait jugé que quand trois experts ont été nommés à l'amiable, et que l'un d'eux ne se présente pas à l'opération, les deux autres ne peuvent opérer que du consentement de toutes les parties. — Cass., 2 sept. 1811, d'Ormasson et Claudin, [S. et P. chr.]

123. — Par arrêt du 15 juin 1830, elle a jugé, dans le même sens, qu'il y a lieu de casser l'arrêt qui, en déclarant dans une matière civile, qu'il doit être procédé à une expertise, nomme d'office un seul expert au lieu de trois. — V. dans le même sens, Paris, 11 févr. 1811, Pouse et Lemet, [S. et P. chr.] — Toulouse, 30 avr. 1810, Durieu, [S. et P. chr.] — Orléans, 27 mars 1822, Charbon-Duchêne, [P. chr.] — Poitiers, 3 janv. 1832, de Rochebrune, [P. chr.] — Colmar, 2 janv. 1834, de Hausser, [P. chr.]

124. — Mais depuis, la Cour de cassation a modifié sa jurisprudence en admettant une distinction : elle a décidé que, lorsqu'un tribunal ordonne d'office, sans que la loi l'exige et sans que les parties y aient conclu, une expertise pour obtenir des renseignements qui lui manquent, il peut ne nommer qu'un seul expert ; que la disposition de l'art. 303, C. proc. civ., ne s'applique pas à ce cas. — Cass., 10 juill. 1834, Boubée de Brouquens, [S. 34.1.503, P. chr.]

125. — ... Que, hors les cas où la nécessité d'une expertise résulte soit de la demande formelle de l'une ou de l'autre des parties, soit d'une disposition légale qui la prescrit, les juges, pour obtenir des renseignements, peuvent ne nommer qu'un seul expert, au lieu de trois, sans être tenus de laisser aux parties la faculté d'une option préalable, et sans avoir besoin non plus de leur consentement. — Cass., 22 févr. 1837, Comm. de Ciron, [S. 38.1.864, P. 37.2.382]; — 12 juin 1838, Pelissier Dugrès, [S. 38.1.864, P. 38.2.388]; — 28 févr. 1848, Hivière, [P. 48.1.355]; — 16 avr. 1855, La'anechère, [S. 57.1.109, P. 57.828, D. 55.1. 203]; — 25 mai 1859, L'Enfant, [S. 59.1.736, P. 60.294, D. 59.1. 463]; — 15 juill. 1861, Desmonts et consorts, [S. 62.1.256, P. 62. 1022, D. 62.1.31]; — 11 août 1868, Comm. de Saint-Vincent, [S. 68.1.413, P. 68.1102]; — 8 nov. 1869, Rey, [S. 70.1.80, P. 70. 164]; — 14 mai 1872, Comm. de Cormaranche, [S. 72.1.257,

P. 72.558, D. 73.1.216]; — 18 mars 1873, Angé-Colin, [S. 73.1 268, P. 73.655, D. 74.1.265]— Colmar, 8 mars 1837, Hommeur, [P. 38.2.599] — Poitiers, 3 févr. 1843, Martin, [P. 43.2.242] — Orléans, 24 avr. 1845, Pelgé, [P. 45.2.55] — Lyon, 24 mars 1876, Curron, [S. 77.2.200, P. 77.845]

126. — ... Que les art. 302 à 304, C. proc. civ., relatifs aux nominations d'experts, ne s'appliquent pas à l'expertise ordonnée d'office et purement facultative. — Cass., 15 nov. 1887, Akermann, [S. 90.1.471, P. 87.1.1123, D. 89.1.74]

127. — ... Que dans ce dernier cas, le juge est autorisé à ne nommer qu'un seul expert, sans qu'il soit besoin du consentement des parties. — Cass., 21 oct. 1895, Favier, [S. et P. 98.1.43, D. 96 1.417] — Bastia, 6 août 1892, Aicardi et Pittaluga, [S. et P. 93.2.224, D. 93.2.222]

128. — Mais cette faculté de nommer un seul expert doit être restreinte au cas où il ne s'agit pas d'une expertise impérativement prescrite par la loi ou formellement demandée par les parties. Les juges ne peuvent, au cas où ils ordonnent une expertise sur la demande d'une des parties, ne nommer qu'un seul expert : il y a obligation pour eux d'en nommer trois. — Cass., 20 nov. 1866, Teyssier, [S. 67.1.77, P. 67.160, D. 66.1.439] ; — 15 mars 1881, Comm. de Vaison, [S. 81.1.213, P. 81.1.514, D. 81.1.355] ; — 17 juin 1885, Ville de Paris, [S. 85.1.368, P. 85.1.902, D. 86.1.215]

129. — ... A moins de consentement de la part de toutes les parties à ce qu'il n'y en ait qu'un seul. — Mêmes arrêts. — Bastia, 6 août 1892, précité.

130. — Et il ne suffit pas que le demandeur ait conclu à la nomination d'un seul expert, s'il n'appert, en aucune façon, que le défendeur ait consenti à cette nomination. — Cass., 15 mars 1881, précité.

131. — Spécialement, l'expertise demandée par les parties pour déterminer, à défaut de mercuriales, le montant d'une restitution de fruits, doit avoir lieu dans la forme ordinaire des expertises par trois experts, convenus ou nommés d'office, à moins que les parties ne consentent qu'il y soit procédé par un seul expert ; les juges ne peuvent en conséquence ordonner d'office, et sans mettre les parties en demeure de s'expliquer, que l'expertise aura lieu par un seul expert désigné par eux à cet effet. — Cass., 15 janv. 1839, Constant, [S. 39.1.97, P. 39.1.169]

132. — Jugé, également, que les tribunaux, après avoir réservé aux parties le droit de convenir d'experts, ne sauraient, à l'expiration du délai accordé pour faire le choix (V. infrà, n. 165), réduire à un seul le nombre de ces experts; qu'ils ne peuvent que désigner le nombre d'experts déterminé par l'art. 303, C. proc. civ. — Caen, 19 févr. 1850, Fromage, [P. 50.1.734, D. 50.2.88] — Sic, Boncenne, Théor. de la proc., t. 4, p. 460; Carré, édit. Chauveau, t. 3, quest. 1158.

133. — Il a été jugé aussi qu'une expérience valablement confiée à un seul expert dans les termes de cette jurisprudence, est opposable même aux parties qui sont intervenues dans l'instance depuis qu'elle a été ordonnée, lesquelles ne sont pas recevables à contester une procédure régulière dans son principe. — Cass., 15 juill. 1861, précité.

134. — Boncenne (t. 4, p. 462 et s.) se rallie à la jurisprudence de la Cour de cassation, tout en convenant qu'elle est le résultat d'une interprétation peut-être un peu hasardée. Mais elle se justifie, à son avis, par ce droit de propre mouvement qu'il faut bien accorder aux juges, et dont les conditions de son exercice leur doivent naturellement appartenir, quand les parties se taisent et quand c'est à une source spéciale qu'ils veulent puiser des lumières. Dans ce cas, ajoute Boncenne, on irait à l'encontre du but que les juges se sont proposé ; car c'est l'avis de telle personne qu'ils veulent avoir, et non pas celui d'un autre. — Thomine-Desmazures, Man. des experts, n. 41; Dejean, op. cit., § 2103; Garsonnet, op. cit., § 867; Pigeau, t. 1, p. 558.

135. — Carré (t. 3, quest. 1158, 1191 ter, et 1533) pense au contraire que, soit qu'il s'agisse d'une véritable expertise, soit qu'il s'agisse d'un renvoi devant un homme compétent pour en obtenir quelque renseignement, l'opinion de la Cour de cassation doit être repoussée, quelque avantageux que puissent en être les résultats dans la pratique, parce que, dans le premier cas, elle viole formellement l'art. 303, C. proc. civ., et que, dans le second, elle consacre l'usurpation d'un pouvoir qui n'a été donné qu'aux tribunaux de commerce (V. infrà, n. 144). — Rodière, Proc. civ., t. 1, p. 160.

136. — MM. Chauveau, sur Carré (t. 3, quest. 1158), et Bioche (n. 32) estiment, également, que l'art. 303 ne comporte aucune restriction, même pour le cas où il ne s'agirait au procès que d'un intérêt modique.

137. — En tout cas, d'après la jurisprudence, la règle posée par l'art. 303 n'est applicable que s'il s'agit d'une expertise ordonnée comme mesure d'instruction. Ainsi, le jugement qui se borne à nommer un seul expert, malgré l'opposition d'une des parties, n'en est pas moins valable, alors qu'il s'agit uniquement de l'exécution du jugement lui-même, et non d'une mesure d'instruction. — Cass., 19 avr. 1870, Chautemps, [S. 72.1.420, P. 72.1121, D. 72.1.323] — V. aussi infrà, n. 173 et 174.

138. — Tel est le cas où un jugement, après avoir fixé les droits des parties au sujet de la propriété d'un terrain et ordonné la division de ce terrain par portions égales en fixant le point de départ de la ligne divisoire, commet un seul expert pour procéder à cette opération. — Même arrêt.

139. — En principe, l'acquiescement à la nomination d'un seul expert peut avoir lieu de trois doit s'opérer et résulter des conclusions prises, lorsque le tribunal ordonne une expertise à la demande des parties. Toutefois, l'acquiescement peut aussi être tacite.

140. — Ainsi, le consentement des parties à la désignation d'un expert unique résulte suffisamment de leur acquiescement, constaté par jugement, à ce que l'expert soit dispensé du serment. — Cass., 7 nov. 1888, Lambert, [S. 89.1.169, P. 89.1.393, D. 89.1.407] — Garsonnet, Tr. de proc. civ., t. 3, § 349.

141. — Jugé, également, qu'on ne peut annuler une expertise sur le double motif qu'elle aurait été faite par un seul expert nommé d'office par le tribunal, et que cet expert n'aurait pas attendu, pour opérer, l'expiration des délais fixés par l'art. 305, C. proc. civ., lorsqu'il résulte des faits constatés par le jugement que les parties ont donné leur acquiescement à ce mode de procéder. — Cass., 28 déc. 1831, Martin, [P. chr.] — Nancy, 11 mai 1832, Colle, [P. chr.]

142. — Mais la comparution de la partie est nécessaire pour qu'il y ait acquiescement tacite à la nomination d'un seul expert. La comparution de l'avoué en l'absence de la partie n'aurait pas un semblable effet (Bioche, n. 39). Ainsi lorsqu'un avoué, présent à la prestation du serment des experts nommés par un jugement, se borne à dire qu'il n'a aucun moyen de s'opposer à cette prestation, la partie n'est pas censée y acquiescer, et peut appeler du jugement. — Rennes, 9 mars 1810, Couedic, [S. et P. chr.]

143. — On n'est pas recevable à se plaindre pour la première fois devant la Cour de cassation de ce que les juges de première instance n'auraient nommé qu'un seul expert. — Cass., 12 févr. 1827, Delacroix, [P. chr.]

144. — La règle de l'art. 303, C. proc. civ., exigeant, lorsqu'il y a lieu à expertise, la désignation de trois experts, à moins que les parties ne consentent à ce qu'il en soit nommé qu'un seul, n'est pas applicable en matière commerciale. — Cass., 20 nov. 1854, Pernetty, [S. 56.4.27, P. 56.2.397, D. 53.1.233]; — 11 août 1856, Houlebrègue, [S. 59.1.30, P. 59.209, D. 53.4.366]; — 10 mars 1858, Chrestien, [S. 58.1.353, P. 58.995, D. 58.1.101]; — 8 janv. 1890, Pillion, [S. 90.1.436, P. 90.1.1063, D. 91.1.245]; — 10 févr. 1891, Théron et autres, [S. 91.1.260, P. 91.1.627, D. 91.1.207] — Sic, Locré, Esprit du Code de commerce, t. 2, p. 165; Dejean, Tr. théor. et prat. des expertises (2e édit.), p. 318, n. 1319; Rousseau et Laisney, Dict. de proc., t. 4, v° Expertise, n. 149.

145. — ... Même en cause d'appel. — Cass., 10 mars 1858, précité; — 16 juin 1874, Jackson, ad notam, sous Cass., 8 janv. 1890, précité; — 8 janv. 1890, précité. — Sic, Dejean, op. cit. (2e édit.), p. 319, n. 1320.

146. — Ainsi, dans une contestation entre entrepreneurs portée devant un tribunal de commerce, le tribunal, en ordonnant une expertise, peut ne nommer qu'un seul expert. — Cass., 10 févr. 1891, précité.

147. — La règle de l'art. 303, C. proc. civ., est également inapplicable quand il s'agit de nommer le liquidateur d'une société, ce liquidateur fût-il chargé de faire au juge un rapport, et fût-il qualifié d'expert par le jugement de nomination. — Cass., 8 janv. 1890, précité.

148. — Dans tous les cas, de ce que les juges n'auraient nommé qu'un seul expert pour procéder à une estimation, il ne s'ensuit pas que le jugement intervenu ultérieurement sur le fond soit nul et doive être cassé, si, d'ailleurs, il a été constaté que les juges n'ont point homologué le rapport de l'expert, et ont statué d'après leur propre appréciation. — Cass., 20 juill. 1825, Berry, [S. et P. chr.]

149. — De même, lorsqu'après une expertise par un seul expert, les juges en ordonnent une seconde par trois experts, ils peuvent aussi fonder leur jugement définitif sur la première qui a eu lieu par un seul expert, alors qu'ils avaient sous les yeux la seconde faite par trois, mais à laquelle ils n'étaient pas tenus de se rattacher (V. infrà, n. 564 et s.). En décidant ainsi, les juges ne violent pas l'art. 303, C. proc. civ., qui veut que l'expertise ait lieu par trois experts, à moins que les parties n'aient consenti à ce qu'il y fût procédé par un seul. — Cass., 11 avr. 1842, Basile, [S. 42.1.620, P. 42.1.101]

150. — En matière de revendication, lorsqu'une expertise est ordonnée et que le jugement a été infirmé sur appel, parce que les premiers juges n'ont nommé qu'un expert au lieu de trois, la cause est renvoyée à un autre tribunal, comme n'étant pas en état de recevoir une solution définitive, ce n'est pas à la cour, mais au nouveau tribunal saisi de la contestation qu'appartient le droit de nomination des trois experts. — Orléans, 29 août 1822, Baguet, [S. et P. chr.]

151. — A Paris, un usage constant permet au président, statuant en état de référé, de ne commettre qu'un expert dans les cas où il a le pouvoir d'ordonner des expertises. Cette dérogation au droit commun nous paraît suffisamment justifiée par l'urgence qui nécessite alors ces opérations. — V. infrà, v° Référé.

152. — Jugé, en ce sens, qu'en prescrivant une expertise en vue de constater, en cas d'urgence, un état des lieux qui pouvait être modifié d'un jour à l'autre, le président du tribunal de première instance jugeant en référé n'a pas dépassé ses pouvoirs. — Bordeaux, 4 déc. 1878, Cordes, [S. 79.2.180, P. 79.732]

153. — Toutefois, il a été jugé que si le président du tribunal peut en référé nommer un seul expert, ce droit ne lui appartient qu'autant que la demande principale à laquelle se rattache cette mesure rentre dans les attributions du même tribunal. — Bordeaux, 24 août 1875, [Journ. des arrêts de cette cour, t. 50, p. 291]

154. — En matière de vente de biens de mineurs et de licitation, les art. 955 et 974, C. proc. civ., modifiés par la loi du 2 juin 1841, permettent aux tribunaux de ne nommer qu'un expert. — Cass., 25 nov. 1895, Comm. de Peissey, [D. 96.1.37]

155. — Dans le cas où un partage de succession les cointéressés ne peuvent convenir de l'un d'entre eux pour faire le lotissement, les lots doivent être faits par un seul expert que le juge-commissaire désigne (C. civ., art. 834). — V. infrà, v° Partage.

156. — Les juges ne peuvent, à peine de nullité, nommer plus de trois experts pour procéder à une opération que pour eux ordonnée. — Colmar, 3 avr. 1830, Hanser, [S. 32.2.626, P. chr] — Sic, Delaporte, t. 1, p. 293; Le Praticien, t. 2, p. 231; Boncenne, t. 4, p. 460; Garsonnet, op. cit., § 867-2°.

157. — De même, les juges ne peuvent, après avoir nommé trois experts pour examiner des marchandises, et se les transportant avec les experts auprès de ces marchandises, se faire accompagner d'un quatrième expert qu'ils pensent plus en état de les apprécier. Est nul, en conséquence, le jugement rendu en suite de cette expertise à laquelle a concouru le quatrième expert. — Cass., 22 juill. 1850, Racquet, [S. 51.1.62, P. 51.2.671, D. 50.1.220]

158-164. — Toutefois, la nullité résultant de ce qu'il y a plus de trois experts peut être couverte par l'acquiescement des parties comme celle résultant de ce qu'il n'y en a qu'un seul. — Bioche, n. 48; Garsonnet, op. et loc. cit.

165. — III. *Nomination par les parties après le jugement*. — Aux termes de l'art. 305, C. proc. civ., « le tribunal ordonnera que les parties seront tenues de nommer des experts dans les trois jours de la signification du jugement. » Les parties ne peuvent être privées de ce droit. A la vérité, la disposition de l'art. 305 n'est pas prescrite à peine de nullité; mais dans ce cas, il s'agit moins d'une formalité d'un acte de procédure que de l'accomplissement d'une obligation qui tient à la substance du jugement par lequel les experts auraient été nommés d'office. — Carré, quest. 1161; Favard de Langlade, t. 4, p. 700, § 3; Thomine-Desmazures, t. 1, p. 509; Vasserot, p. 12, n. 30.

166. — Jugé, en ce sens, que la faculté accordée aux parties de convenir elles-mêmes dans le délai de trois jours ne peut leur être enlevée, et que la nomination d'experts que ferait le tribunal, sans accorder le délai prescrit par l'art. 305, serait nulle et non avenue. — Bruxelles, 6 août 1808, N.., [S. et P. chr] — Paris, 11 févr. 1811, Pouse et Lemet, [S. et P. chr.] — Bruxelles, 15 oct. 1829, N.., [P. chr.] — Colmar, 3 avr. 1830, Hanser, [S. 32.2.626, P. chr.]

167. — ... Que le jugement qui ordonne une expertise sur la demande des parties ou de l'une d'elles, doit, lorsqu'il désigne lui-même les experts chargés de procéder à l'opération, réserver expressément aux parties, à peine de nullité, la faculté de s'entendre entre elles pour choisir leurs experts dans le délai de trois jours de l'art. 305, C. proc. civ., c'est-à-dire dans les trois jours de la signification du jugement. — Cass., 20 nov. 1866, Teyssier, [S. 67.1.77, P. 67.160, D. 66.1.438]; — 15 mars 1881, Comm. de Vaison, [S. 81.1.213, P. 81.1.514, D. 81.1.355]; — 20 mai 1890, Akermann, [S. 90.1.468, P. 90.1.117, D. 90.5.248]; — 3 août 1896, Ville de Cahors, [S. et P. 97.1.330] — Bastia, 6 août 1892, Aicardi et Pittaluga, [S. et P. 93.2.224, D. 93.2.222]

168. — Mais jugé qu'un expert ne pouvant être nommé d'office pour une commune qu'autant qu'il ne lui en a pas déjà été désigné dans les formes administratives prescrites par la loi, il ne résulte aucune violation de loi de ce qu'un tribunal qui, dans l'ignorance d'une telle désignation, avait nommé un expert d'office, a postérieurement rapporté sa décision. — Cass., 11 avr. 1855, Lesenne, [S. 55.1.819, P. 56.2.372, D. 55.1.181]

169. — De la règle qui ne permet aux juges de nommer des experts d'office que pour les cas où les parties ne les désigneraient pas elles-mêmes, il suit que le tribunal, en nommant des experts d'office, ne peut les autoriser à opérer immédiatement, sans attendre le délai de trois jours accordé aux parties par l'art. 305, C. proc. civ. pour en nommer elles-mêmes. — Paris, 11 févr. 1811, Pause, [S. et P. chr.]

170. — Il a cependant été décidé que lorsqu'une des parties a formellement conclu à ce que des experts fussent nommés d'office par le tribunal, et que l'autre partie, présente, n'a rien opposé à cette demande, l'arrêt qui en infère que les parties ont implicitement renoncé à nommer les experts à l'amiable, et qui déclare valable la nomination d'office ne viole pas les art. 304 et 305, C. proc. civ. — Cass., 20 août 1828, Préf. de la Nièvre, [S. et P. chr.]

171. — ... Et qu'un tribunal peut nommer d'office des experts, si la partie citée pour en nommer fait défaut. — Aix, 14 juill. 1807, Vacion, [S. et P. chr.]

172. — Nous pensons avec Chauveau, sur Carré (t. 2, quest. 1161), que ces arrêts ne peuvent être approuvés. En effet, en accordant aux parties trois jours à partir de la signification du jugement, la loi a supposé que, bien qu'elles n'aient pu s'entendre sur le choix des experts devant le tribunal, la pensée de conciliation pourrait entrer plus tard dans leur esprit, et que c'est une chance qu'elle a voulu favoriser en accordant le délai. — Contrà, Bioche, n. 54.

173. — Mais d'après la jurisprudence, cette règle, comme celle de l'art. 303, n'est applicable que s'il s'agit d'une expertise ordonnée comme moyen d'instruction (V. supra, n 137). Ainsi, lorsqu'une cour d'appel charge des experts de procéder à la démarcation de deux propriétés qu'elle vient de reconnaître et déterminer suivant les titres, elle peut les nommer directement, et ne pas se borner à faire une désignation subsidiaire pour le cas où les parties ne tomberaient pas d'accord; en pareille circonstance, il ne s'agit point d'une voie d'instruction, mais bien de l'exécution d'un arrêt; et, dès lors, l'art. 305, C. proc. civ., n'est plus applicable. — Cass., 7 nov. 1838, Sect. de Lapeyrelle et de Vitrac, Comm. du Sillard, [S. 38.1.978, P. 38.2.464]

174. — Toutefois, Boncenne (t. 4, p. 462) et Chauveau, sur Carré (t. 3, quest. 1158), sont d'un avis contraire; ils font remarquer qu'on ne trouve dans la loi aucune raison de distinguer, quant aux formes, entre les expertises employées comme voie d'instruction et celles qui ont pour objet l'exécution d'un jugement ou arrêt définitif. Dans les deux cas, les parties ont le même intérêt et doivent avoir le même droit d'invoquer les garanties écrites dans les art. 302 et s.

175. — La disposition de l'art. 305, C. proc. civ , qui, au cas où une expertise est nécessaire, veut qu'il soit accordé aux parties un délai de trois jours pour nommer leurs experts, n'est pas applicable aux tribunaux de commerce. Ces tribunaux ont leur règle dans l'art. 429, qui n'impose pas l'obligation d'accorder un tel délai. — Bordeaux, 25 janv. 1831, Assur. marit., [S. 31.2.118, P. chr.] — V. suprà, n. 144.

176. — Rappelons que lorsque les parties ne peuvent s'accorder sur le choix de tous les experts, l'expertise doit être faite exclusivement par ceux nommés par le jugement, sans que l'une des parties puisse nommer son expert particulier. — Metz, 25 mars 1812, N..., [S. et P. chr.] — V. suprà, n. 112 et s.

177. — En consentant à ce qu'il soit procédé par un seul expert, les parties ne perdraient pas par cela seul le droit d'en nommer un à la place de celui que le tribunal aurait nommé d'office. Néanmoins, si le tribunal ne leur avait pas réservé cette faculté, on en conclurait facilement qu'elles y ont renoncé à l'audience. — Cass., 28 déc. 1831, Martin, [P. chr.] — Nancy, 11 mai 1832, Colle, [P. chr.] — Chauveau, sur Carré, t. 3, quest. 1161.

178. — Les juges qui, faute par les parties d'avoir fait choix d'experts en remplacement d'experts refusants, procèdent à leur nomination, peuvent désigner un expert supplémentaire pour le cas où l'un des autres experts n'accepterait pas. — Cass., 13 avr. 1840, Biadelli, [S. 40.1.409, P. 40.2.111]

179. — Lorsqu'un jugement, en condamnant une partie en des dommages-intérêts, nomme d'office des experts, avec le refus de cette partie d'en nommer elle-même, et que, sur l'appel interjeté par cette même partie, le jugement est confirmé purement et simplement, l'arrêt confirmatif est réputé s'être approprié et la constatation du refus de la partie et la nomination des experts en conséquence, de telle sorte que cette partie n'est plus recevable à prétendre au droit de nommer elle-même son expert. — Cass., 17 août 1846, Bailleul, [S. 46.1.790, P. 46.2.334]

180. — Il suffit qu'en exécution d'un arrêt qui désigne d'ores et déjà des experts pour le cas où les parties ne s'accorderaient pas sur une nomination amiable dans un délai déterminé, ces parties aient nommé les experts, pour qu'elles ne puissent se faire un moyen de ce que la cour aurait ordonné l'exécution de son arrêt, même avant sa signification. — Cass., 2 mars 1836, Roy et Duval, [P. chr.]

181. — La disposition de l'art. 305, relative au délai de trois jours, ne s'applique qu'aux jugements contradictoires et non attaqués par la voie de l'appel. Si le jugement était par défaut, le délai commencerait à courir de l'expiration de la huitaine donnée pour former opposition, ou à partir du jour du débouté de l'opposition. Si l'on interjetait appel du jugement, et que sur l'appel il fût confirmé, le délai ne courrait qu'à partir du jour de la signification de l'arrêt confirmatif. — Favard de Langlade, t. 4, p. 701, n. 4 ; Boncenne, t. 4, p. 459 ; Bioche, n. 55 ; Carré, quest. 1165 ; Dejean, op. cit., p. 223.

182. — Mais quand un jugement a prononcé contre les parties une condamnation au fond, avec faculté pour elles d'opter pour une expertise, les trois jours fixés pour opter des experts courent à partir de l'expiration du délai pour opter. — Orléans, 12 déc. 1810, N..., [P. chr.] — Sic, Hautefeuille, p. 171 ; Berriat Saint-Prix, p. 203 ; Chauveau, sur Carré, t. 3, quest. 1166 ; Bioche, n. 58.

183. — Lorsqu'un tribunal ordonne qu'il sera procédé à une opération par des experts qu'il nomme d'office, celle des parties qui veut s'en tenir à cette nomination peut faire aux experts la sommation nécessaire pour la prestation de serment avant même l'expiration du délai de trois jours accordé par la loi pour la nomination des experts à l'amiable. — Toulouse, 3 janv. 1816, Coste-Champeron, [P. chr.]

184. — On s'est demandé si, dans le cas où, postérieurement aux trois jours que donne l'art. 305 pour convenir d'experts, les parties, conformément à l'art. 306, déclaraient au greffe les noms des experts qu'elles auraient choisis, ces derniers devraient faire l'opération de préférence à ceux qui auraient été nommés d'office. Lepage (Questions, p. 507) et Delaporte (t. 1, p. 294) pensent que dans ce cas les experts nommés par les parties devraient opérer, et non ceux nommés d'office. Ils ajoutent cependant que le droit de nomination des parties cesse lorsque l'ordonnance du juge pour la prestation de serment a été délivrée ou même demandée. Carré (quest. 1169) et Favard de Langlade (t. 4, p. 701, n. 5) sont du même avis, mais ils reconnaissent le droit de nomination des parties jusqu'à la prestation de serment des experts nommés d'office. — V. aussi Vasserot, t. 1, p. 13, n. 32 ; Dejean, op. cit., p. 229.

185. — Boncenne (t. 4, p. 459), Chauveau, sur Carré (loc. cit.) et Thomine-Desmazures (t. 1, p. 509) soutiennent au contraire que cette faculté peut être exercée en tout état de cause, après l'ordonnance, après le serment et même après le commencement des opérations.

186. — Nous croyons la première opinion préférable ; s'il est vrai que le délai de l'art. 305 ne soit pas fatal, tout ce qu'on peut accorder aux parties, c'est de leur donner le droit de nomination amiable jusqu'à la prestation du serment, époque à laquelle les opérations de l'expertise doivent être réputées commencées. Autrement la désignation faite par le tribunal ne serait jamais définitive.

187. — Jugé que le délai accordé aux parties par le tribunal, suivant l'art. 305, C. proc. civ., pour convenir de leurs experts, sinon qu'il sera procédé à l'opération par les experts nommés d'office dans le jugement, est, en thèse générale, purement comminatoire, et n'empêche pas, dès lors, que la désignation faite par une partie après ce délai d'être valable. Il en est ainsi alors surtout que, dans le jugement qui fixe ce délai, intervenu en matière de commerce, le tribunal qui l'a rendu, comme les parties qui l'ont accepté, se sont mis en dehors de toutes les dispositions légales qui régissent la matière, en n'obéissant ni au vœu de la loi, qui prescrit de nommer les experts en nombre impair, ni aux art. 306 et 429, qui, ne voulant pas que le choix d'un expert puisse être imposé par l'une des parties à l'autre, subordonnent la désignation du juge au choix qui serait le résultat de leur commune intention. — Colmar, 2 avr. 1851, Bouché, [P. 53.1.638, D. 54.5.335]

188. — En admettant que le délai de l'art. 305 dût être considéré comme fatal, il ne peut courir contre la partie qui a signifié le jugement que par une mise en demeure de l'autre partie, résultant de la contre-signification dudit jugement. — Même arrêt.

189. — Si le tribunal, après avoir nommé des experts d'office, s'apercevait, par suite de circonstances particulières, que les personnes qu'il a désignées ne doivent pas lui inspirer de confiance, il pourrait rétracter sa nomination après l'expiration des trois jours. — Thomine-Desmazures, t. 1, p. 514 ; Bioche, n. 56 ; Carré, quest. 1162.

190. — La déclaration des parties qu'elles se sont accordées pour la nomination des experts doit être faite par chacune d'elles au greffe assistée de son avoué (art. 306, C. proc. civ.). — Carré, n. 1168. — V. Pigeau, t. 1, p. 291.

191. — Néanmoins, il n'est pas nécessaire que cette déclaration soit faite au greffe, à peine de nullité. — Carré, sur l'art. 306 ; Perrin, Des nullités, p. 236.

2° Récusation des experts.

192. — Les art. 308 à 311, C. proc. civ., déterminent les experts contre qui une récusation peut être proposée, comme aussi dans quel délai et pour quelle cause la récusation est recevable.

193. — « Les récusations, porte l'art. 308, C. proc. civ., ne pourront être proposées que contre des experts nommés d'office, à moins que les causes n'en soient survenues depuis la nomination et avant le serment. » Ainsi, en règle générale, les experts nommés par les parties ne peuvent être récusés. En effet, ainsi que le rappelle Carré (sous l'art. 308, prélim.), les parties en les choisissant ont dû les connaître, et s'il y avait contre eux des causes de récusation, on doit présumer les avoir considérées comme indifférentes. — Garsonnet, op. cit., § 864 a.

194. — Jugé qu'une partie ne peut, de sa seule volonté, révoquer l'expert qu'elle a nommé dans une instance. Ici ne s'appliquent pas les règles relatives à la révocation du mandat. — Cass., 16 juill. 1822, Garret, [S. et P. chr.]

195. — Toutefois, l'art. 308 fait une exception pour le cas où les motifs de récusation seraient survenus depuis la nomination et avant la prestation de serment.

196. — La disposition de l'art. 308 est-elle prescrite à peine de nullité, de telle sorte que dans aucun cas on ne puisse récuser des experts nommés à l'amiable après leur serment ? La cour d'Amiens s'est prononcée pour la négative en décidant que quand les causes de récusation sont survenues après la prestation de serment des experts, la partie n'a pas seulement trois jours pour proposer ces causes de récusation ou de nullité du rapport, qu'elle peut les proposer même après que le rapport a été déposé. — Amiens, 7 déc. 1822, Famin, [P. chr.]

197. — Cette cour a même été plus loin, et elle a jugé que le fait, de la part d'un expert, de boire et manger avec l'une des parties et à ses frais, durant le cours de ses opérations, le rend à l'instant incapable de continuer son expertise, et que si, après la prestation de serment, les experts ont bu et mangé chez l'une des parties et à ses frais, encore bien que cela ait eu lieu du consentement de l'une des parties adverses et avec elle, il y a lieu, sur la demande du litisconsort de celle-ci, lequel n'assistait pas au repas, de prononcer la nullité du rapport des experts. En vain dirait-on qu'il n'y avait point d'auberge sur les lieux contentieux, et qu'en agissant ainsi on avait pour but d'éviter les pertes de temps. — Même arrêt.

198. — Mais la doctrine de cet arrêt est tellement contraire au texte de l'art. 308 qu'elle ne saurait faire autorité. Les auteurs sont d'accord pour enseigner qu'aucune récusation postérieure au serment n'est admissible. Le tribunal peut seulement avoir égard aux circonstances qui, si elles étaient présentées ou avaient été invoquées avant cette époque, auraient été des causes de récusation, pour accorder moins de confiance au rapport des experts. — V. en ce sens, Favard de Langlade, t. 4, p. 702; Carré, t. 3, quest. 1173 ; Thomine-Desmazures, t. 1, p. 513; Lepage, *Quest.*, p. 107 et 208; Bioche, n. 74; Boncenne, t. 4, p. 472; Dejean, *op. cit.*, p. 240 et 242. — V. d'ailleurs *infrà*, n. 247.

199. — Thomine-Desmazures (t. 1, p. 513) et Chauveau, sur Carré (t. 3, quest. 1172 *bis*), enseignent que si les chefs de récusation, bien qu'antérieurs à la nomination, n'avaient pu être connus à cette époque, on pourrait les invoquer contre les experts choisis à l'amiable. Ils embrassent cette opinion en considérant l'esprit de l'art. 308, qui n'a prohibé la récusation des experts choisis à l'amiable pour des causes antérieures à ce choix que pour prévenir les effets de la versatilité des parties en leur faisant porter la peine d'une nomination inconsidérée. D'où il faut conclure que les causes de récusation dont la connaissance n'aurait pu être acquise avant la nomination doivent être regardées comme survenues depuis cette époque. — V. dans le même sens, Dejean, *op. cit.*, p. 239; Pigeau, *Comm.*, t. 1, p. 561.

200. — En ce qui concerne les experts nommés d'office, l'art. 309 porte que la partie qui aura des moyens de récusation à proposer sera tenue de le faire dans les trois jours de la nomination par un simple acte signé d'elle ou de son mandataire spécial, contenant les causes de récusation et les preuves, si elle en a, ou l'offre de les vérifier par témoins, et en outre que, le délai ci-dessus expiré, la récusation ne pourra être proposée, et l'expert prêtera serment au jour indiqué par la sommation.

201. — Une première observation à faire, c'est que la récusation ayant pour conséquence de faire surseoir à la prestation de serment, aux termes de l'art. 309, il en résulte que l'effet de la nomination est suspendu. Il en est autrement du témoin reproché dont la déposition est reçue nonobstant le reproche (art. 284). — Carré, t. 3, quest. 1176 ; Chauveau, *loc. cit.*; Favard de Langlade, t. 4, p. 702, n. 2; Boncenne, t. 4, p. 473.

202. — La nomination d'un expert faite par un jugement de première instance peut être attaquée par la voie de l'appel ; on n'est obligé de recourir à la voie de récusation qu'après que ce jugement est passé en force de chose jugée. — Agen, 11 déc. 1850, Poumiès, [S. 51.2.770, P. 52.1.425, D. 51.2.54] — Garsonnet, *op. cit.*, § 866.

203. — On s'est demandé si l'avoué peut exercer, au nom de son client, une récusation d'expert, sans pouvoir spécial. Les auteurs enseignent la négative. Les reproches contre les témoins, dit Pigeau (*Comm.*, t. 1, p. 562), peuvent être proposés par l'avoué sans qu'il soit obligé de justifier d'un pouvoir exprès. Les experts étant des témoins, il semble qu'il en devrait être de même ; cependant la loi exige la signature de la partie ou de son mandataire (art. 309), parce que les fonctions d'expert participant de celles du juge, elle a voulu que la voie à suivre pour leur récusation fût à leur égard aussi solennelle. — Boncenne, t. 4, p. 473 ; Chauveau, sur Carré, t. 3, quest. 1175 *ter*. — V. aussi Orléans, 11 mai 1821, Courtin, [P. chr.]

204. — Le contraire a cependant été jugé, par le motif que l'art. 309 ne prescrit pas un pouvoir spécial pour l'avoué à peine de nullité. — Bordeaux, 16 janv. 1833, Cacqueray de Dampierre, [P. chr.]

205. — Mais, ainsi que le fait observer Chauveau (*loc. cit.*), il s'agit ici moins d'une nullité que d'un vice qui ôte l'existence à l'acte, puisqu'il n'émane pas de la personne qui seule avait droit de proposer la récusation.

206. — Suivant Chauveau, sur Carré (t. 3, quest. 1175 *quater*), et Pigeau (*Comm.*, t. 1, p. 563), la partie qui peut prouver par témoins la cause de la récusation doit désigner ses témoins dans l'acte même de récusation. Ils décident ainsi en appliquant par analogie l'art. 289, C. proc. civ., qui exige cette désignation immédiate, lorsqu'il s'agit d'établir une cause de reproche contre les témoins d'une enquête. — V. *suprà*, v° *Enquête*, n. 1033.

207. — Jugé en tout cas qu'on ne peut pas proposer en appel, contre des experts, des moyens de récusation qu'on n'a pas présentés en première instance. — Bourges, 24 juill. 1832, Bénédit, [P. chr.]

208. — Le délai fixé par la loi pour faire la récusation est-il fatal? Dans le système où l'on admet l'affirmative on considère cette solution comme résultant des termes formels de l'art. 309. On fait remarquer, de plus, qu'aux termes de l'art. 1029, C. proc. civ., aucune déchéance n'est comminatoire. Sous ce rapport le délai de l'art. 309 diffère donc de celui de l'art. 305, qui n'est pas fatal, ainsi que nous l'avons dit (V. *suprà*, n. 184 et s.). — Metz, 25 mai 1812, N..., [P. chr.] — Rennes, 17 mai 1816, N..., [P. chr.] — Lepage, t. 1, p. 208; Favard de Langlade, t. 4, p. 702, n. 2, *Le Praticien français*, t. 2, p. 234; Pigeau, *Comm.*, t. 1, p. 562 ; Chauveau, sur Carré, t. 3, quest. 1175 *bis*.

209. — Jugé, en ce sens, qu'une récusation d'experts pour cause de parenté de la partie qui récuse avec l'un des experts est nulle et non avenue si elle a été faite après l'expiration du délai fixé par l'art. 309, et que les experts doivent, malgré cette récusation, procéder à l'expertise. — Bordeaux, 4 juill. 1832, Muller, [P. chr.]

210. — D'autres auteurs sont cependant d'avis contraire. Boncenne (t. 4, p. 472) estime que l'expiration du second délai n'emporte pas plus déchéance que ne le fait celle du premier.

211. — Thomine-Desmazures (t. 1, p. 514 et 515) soutient malgré les termes formels de l'art. 309, que si la cause de la récusation était grave, et si l'avoué justifiant qu'il n'a pu en temps utile se procurer le pouvoir de sa partie, les juges auraient la faculté d'admettre cette récusation tardive.

212. — On s'est encore demandé, au sujet de l'art. 309, s'il doit être entendu en ce sens que la récusation doive avoir lieu dans les trois jours de la prononciation du jugement qui nomme les experts, ou seulement dans les trois jours depuis l'expiration du délai accordé aux parties par l'art. 305 pour exercer leur droit de nomination (V. *suprà*, n. 163). Carré (quest. 1175) et Demiau-Crouzilhac (p. 228) enseignent que le délai commence à courir du jour de la prononciation du jugement. Le dernier de ces auteurs voit une incohérence dans le système que, suivant lui, la loi consacre, en ce que le délai pour la récusation déterminé par l'art. 309 ne devrait pas commencer à courir tant que le délai qui est accordé aux parties par l'art. 305 pour la nomination amiable n'est pas expiré. Cependant le contraire lui semble résulter de la comparaison des textes. Tel est aussi le sentiment de Favard de Langlade (t. 4, p. 703, n. 3). Néanmoins, ces auteurs limitent cette solution au cas où le jugement de nomination est contradictoire.

213. — Jugé que le délai pour récuser un expert court seulement du jour où sa nomination est connue de la partie qui le récuse. — Bordeaux, 16 janv. 1833, précité.

214. — Pigeau (*Comment.*, t. 1, p. 562) pense même que si la partie à laquelle doit être faite la signification demeurait dans une ville éloignée du lieu où aurait été rendu le jugement de nomination, le délai devrait être augmenté de ceux de distance, c'est-à-dire d'un jour par cinq myriamètres. — *Contra*, Bioche, n. 82.

215. — Jugé, d'une manière qui paraît absolue, que le délai court du jour de la nomination de l'expert. — Rennes, 17 juin 1816, N..., [S. et P. chr.]

216. — ...Et que la partie qui veut récuser un expert doit, à peine de nullité, le faire dans les trois jours du jugement de nomination, s'il est contradictoire, et non dans les trois jours de la signification de ce jugement. — Metz, 25 mars 1812, N..., [S. et P. chr.]

217. — La majorité des auteurs et des tribunaux pense au contraire que le délai ne court qu'à partir de la signification du jugement à partie. La nomination d'office n'est que conditionnelle pour le cas où les parties ne s'accorderaient pas dans les trois jours de la signification; elle ne devient absolue que lorsque ce délai est expiré. Or, on sait qu'en général les prescriptions et déchéances ne courent pas tant que les conditions restent en suspens. Il est donc dans l'esprit de la loi de donner six jours aux parties à partir de la signification du jugement pour s'informer de la moralité et de la qualité des experts et les récuser, s'il y a lieu. — Montpellier, 17 avr. 1822, Ginestou, [S. et P. chr.] — Aix, 9 déc. 1834, Decroze, [S. 35.2.54, P. chr.] — Nancy, 11 nov. 1841, Toussaint, [S. 42.2.245] — Paris, 5 mai 1875, Desbordes, [S. 76.2.44, P. 76.248, D. 76.2.120] — Thomine-Desmazures, t. 4, n. 361; Chauveau, sur Carré, n. 1175; Dejean, op. cit., p. 249; Rodière, Compét. et proc., t. 1, p. 421; Bioche, Dict. de proc., v° Experts, n. 79 et s.; Garsonnet, op. cit., § 865-a.

218. — Nous avons fait remarquer, sur l'art. 305, que la signification à partie du jugement ne fait courir le délai accordé par cet article à la partie pour nommer les experts qu'autant que le jugement est définitif. Si le jugement est par défaut, le délai ne court que du jour de l'expiration de celui qui est donné pour former opposition ou du jour du débouté de l'opposition, si elle a lieu. Si le jugement est contradictoire, mais sujet à l'appel, le délai est encore suspendu pendant la première huitaine qui suit la prononciation, huitaine pendant laquelle on ne peut exécuter le jugement (V. suprà, v° Exécution des actes et jugements [mat. civ.], n. 290), et de plus jusqu'au démis de l'appel, s'il est interjeté. Dans ces diverses hypothèses, le délai qu'accorde l'art. 309 pour la récusation des experts nommés d'office ne commencera donc à courir qu'à partir de l'expiration de celui donné pour la nomination amiable des experts. — Thomine-Desmazures, loc. cit.; Chauveau, sur Carré, loc. cit.; Delaporte, t. 1, p. 296; Favard de Langlade, t. 4, p. 703; Demiau-Crouzilhac, p. 227 et 228; Boncenne, t. 4, p. 470; Pigeau, Comment., t. 1, p. 562.

219. — Les trois jours donnés par l'art. 309 pour la récusation ne sont pas francs. Le jour de la nomination des experts ne compte pas, mais celui de l'échéance est compris dans le délai. — Carré et Chauveau, t. 3, quest. 1174; Favard de Langlade, t. 4, p. 702, n. 3; Bioche, n. 81; Dejean, op. cit., p. 232.

220. — La récusation n'est plus recevable après la prestation de serment de l'expert.

221. — Il a été décidé, il est vrai, que l'expert nommé d'office par le tribunal peut être récusé même après avoir prêté serment, si cette prestation a été faite immédiatement après sa nomination. — Bordeaux, 2 août 1833, Bernard, [P. chr.] — Mais il faut remarquer que, dans l'espèce de cet arrêt, la prestation de serment était irrégulière comme faite d'une manière trop hâtive.

222. — Aux termes de l'art. 310, les experts peuvent être récusés par les motifs pour lesquels les témoins sont reprochables (art. 310).

223. — Au lieu d'assigner les mêmes causes aux récusations des experts et aux reproches des témoins entendus dans une enquête, le législateur aurait pu assimiler les récusations d'experts à celles des juges. Il ne l'a pas voulu parce que les experts sont, avant tout, des témoins qui viennent déposer d'après les connaissances de leur art sur les faits que les juges leur ont donné mission de vérifier. — Carré, Lois de la procéd., sur l'art. 310, prélim.

224. — Toutes les circonstances qui, d'après l'art. 283, C. proc. civ., sont des causes de reproches pour les témoins sont donc également des motifs légitimes de récusation contre les experts. On peut, en conséquence, récuser les experts qui seraient parents ou alliés de l'une ou l'autre des parties jusqu'au degré de cousin issu de germain inclusivement; les experts parents ou alliés des conjoints des parties au degré ci-dessus ou dont les conjoints seraient parents ou alliés des parties; dans les deux cas si le conjoint est vivant ou si la partie dont l'expert en a des enfants vivants. Si le conjoint est mort, qu'il n'ait pas laissé de descendants, on peut récuser les experts qui seraient parents ou alliés des parties en ligne directe ou leurs frères ou beaux-frères (art. 283, 1ʳᵉ part.). — V. suprà, v° Enquête, n. 768 et s.

225. — On peut également récuser l'expert héritier présomptif ou donataire; celui qui aura bu ou mangé avec la partie et à ses frais, depuis la prononciation du jugement qui a ordonné l'expertise; celui qui a donné des certificats sur les faits relatifs au procès; les serviteurs et domestiques, l'expert en état d'accusation, celui qui a été condamné à une peine afflictive ou infamante, ou même à une peine correctionnelle pour cause de vol (art. 283, 2ᵉ part.). — V. suprà, v° Enquête, n. 795 et s.

226. — M. Vasserot (p. 17, n. 47) fait observer que l'expression générique « domestiques, » employée par l'art. 283, peut être appliquée à tous ceux qui vivent dans la maison d'une personne et mangent à sa table, tels que les bibliothécaires, secrétaires, précepteurs, intendants, commis. — V., à cet égard, suprà, v° Enquête, n. 867 et s.

227. — L'énumération que fait l'art. 283, C. proc. civ., des causes de reproches contre les témoins, est indicative et non limitative, aussi bien à l'égard des experts qu'à l'égard des témoins; les juges peuvent en admettre d'autres, toutes les fois qu'il existe des faits de nature à faire suspecter l'indépendance ou l'impartialité des experts. — Cass., 18 juill. 1888, C¹ᵉ des mines de la Roche-la-Molière et Firminy, [S. 90.1.57, P. 90.1.126] — Nancy, 11 nov. 1841, Toussaint, [S. 42.2.245, D. 41.2.233] — Sic, Bioche, n. 67. — V. suprà, v° Enquête, n. 933 et s. — Et leur décision en ce point n'est pas susceptible d'être révisée par la Cour de cassation. — Cass., 6 janv. 1897 (2 arrêts), Grawitz et Miray, [S. et P. 98.1.81, et la note de M. A. Tissier, D. 97.1.191]

228. — Toutefois, si les art. 310 et 283, C. proc. civ., qui indiquent les motifs pour lesquels les témoins et les experts peuvent être récusés, ne sont point limitatifs, et si les juges ont, à cet égard, un pouvoir d'appréciation discrétionnaire, ils ne doivent user de ce pouvoir qu'avec une grande réserve et n'étendre, par voie d'analogie, les cas de récusation ou de reproche que pour des motifs graves. — Trib. Seine, 11 juill. 1900, Remy Launay, [J. Le Droit, 29 sept. 1900]

229. — Les tribunaux ont eu souvent l'occasion d'user de ce pouvoir discrétionnaire en cette matière. Ainsi, il a été jugé qu'un expert peut être récusé comme étant le géomètre habituel d'une compagnie en cause et le mandataire habituel d'un des membres de cette compagnie. — Aix, 9 déc. 1834, Decroze, [S. 35.2.164, P. chr.]

230. — D'autre part, l'expert qui a été précédemment l'avoué de l'une des parties, n'est pas récusable de ce chef. — Cass., 24 janv. 1827, Soufflet, [S. et P. chr.]

231. — La circonstance que la partie qui récuse un expert se trouve en instance liée avec lui, ne peut non plus fonder un moyen de récusation. — Colmar, 12 nov. 1822, Préf. du Bas-Rhin, [S. et P. chr.]

232. — On ne pourrait davantage récuser un expert en se fondant sur ce que, plusieurs années avant l'expertise, il aurait fait exécuter contre l'une des parties un jugement de condamnation au paiement d'une somme pécuniaire. — Bordeaux, 10 janv. 1833, Cacqueray de Dampierre, [P. chr.]

233. — Mais la récusation proposée contre un expert qui aurait « plaidé et perdu un procès contre la partie, et se vanterait même de prendre une revanche, » ne peut être rejetée par l'unique motif « que les protestations faites contre cet expert ne sont pas recevables en droit, » alors que le jugement ne s'explique pas sur les raisons juridiques qui lui font prononcer l'irrecevabilité, ce motif vague ne permettant pas à la Cour de cassation d'exercer son droit de contrôle. — Cass., 8 janv. 1896, de Sainte-Aldegonde, [S. et P. 96.1.136, D. 96.1.491]

234. — On ne pourrait récuser un expert parce qu'il aurait donné antérieurement un avis verbal sur l'affaire. Il n'est récusable qu'autant qu'il aurait donné un avis écrit. Telle était l'opinion de Goupy, sur Desgodets, sur ce point, avant le Code de procédure. — Vasserot, p. 17, n. 49. — V. suprà, v° Enquête, n. 810 et s.

235. — Ne peut être récusé comme expert le médecin qui a délivré un certificat avant toute contestation, alors qu'il est constant que le certificat n'a point été donné en vue d'un procès qui n'existait pas et dont il n'était pas encore question. — Lyon, 24 mars 1876, Carron, [S. 77.2.200, P. 77.845]

236. — La présence à une contre-expertise ordonnée pendant les débats, d'un expert qui a déjà émis un avis lors de l'instruction, n'est pas interdite, et, dès lors, il n'en peut résulter aucune nullité. — Cass., 16 déc. 1847, Peys, [P. 48.2.419, D. 47.1.240]

237. — Le renvoi fait par l'art. 310, C. proc. civ., à l'art. 283 du même Code a donné lieu à la question de savoir si l'on doit assimiler au témoin qui a « donné des certificats sur les faits relatifs au procès, » l'expert qui a déposé antérieurement un rapport dans un précédent procès ayant le même objet, que l'une des parties a engagé devant un tribunal différent contre un autre adversaire. Cette question a été portée devant la Cour de cassation, laquelle a jugé que, par une exacte application de l'art. 283, C. proc. civ., les juges peuvent valablement repousser la récusation proposée contre des experts, en se fondant sur ce que le rapport antérieurement déposé par eux sur une question identique à celle formant l'objet du litige pendant ne peut être assimilé au certificat dont parle l'art. 283, et que, si l'on peut suspecter l'impartialité d'un témoin qui, spontanément ou sur les sollicitations de l'une des parties, lui fournit un moyen d'attaque ou de défense, la même suspicion ne saurait atteindre l'expert, qui, protégé par la garantie de serment et d'honneur professionnel, remplit, en rédigeant et en déposant un rapport, une mission de justice. — Cass., 6 janv. 1897, Grawitz, [S. et P. 98.1.81, et la note de M. A. Tissier]

238. — Cette doctrine doit être approuvée. En effet, une telle extension de l'art. 283 eût été contraire à une interprétation très-sage et très-judicieuse de cet article, depuis longtemps déjà admise en jurisprudence. La loi, en permettant de reprocher celui qui a donné des certificats sur les faits du procès, vise la personne qui, spontanément, ou du moins sur une simple demande de l'une des parties, délivre des certificats devant servir à celle-ci pour soutenir sa demande ou sa défense; son témoignage est à bon droit suspect; on ne doit pas non plus lui confier une expertise dans le procès où elle s'est déjà prononcée en faveur de l'une des parties. Mais l'art. 283 ne peut s'appliquer à celui qui a eu à faire une constatation ou même à exprimer son opinion sur les faits du procès en cours ou d'un procès analogue, en remplissant un devoir légal ou une mission à lui confiée par la justice; il n'y a plus alors de motif de soupçonner sa complaisance ou sa partialité; le plus souvent, on trouvera en lui un des témoins les plus utiles, un expert des plus compétents.

239. — On peut rapprocher de cette décision un arrêt aux termes duquel le certificat délivré par des experts, lorsqu'il ne concerne que les circonstances qui ont empêché que leur expertise ne fût faite au jour indiqué et en ont ainsi nécessité l'annulation, n'est pas le certificat sur les faits relatifs au procès, qui forme un moyen de reproche contre les témoins, et par suite contre les experts, aux termes des art. 283 et 310, C. proc. civ.; une déclaration spontanée et extrajudiciaire, telle que celle dont parle l'art. 283, est essentiellement différente d'une expertise ordonnée d'office par la justice et faite sous la foi du serment. — Cass., 12 nov. 1811, en sous-note sous Cass., 6 janv. 1897, précité.

240. — Jugé encore qu'on ne saurait trouver un motif de suspicion à l'égard des experts dans l'accomplissement du mandat dont ils ont déjà été chargés à l'occasion d'autres litiges soulevant des questions analogues, l'expert qui a rempli, sous la foi du serment, une mission légale, ne pouvant être assimilé au témoin qui, sur la sollicitation d'une des parties, a donné un certificat sur l'objet du procès. — Bordeaux, 29 juill. 1874, en sous-note sous Cass., 6 janv. 1897, précité.

241. — Il a été jugé également que la circonstance que des experts auraient d'abord procédé comme arbitres sur l'objet de la contestation, et auraient même préparé une sentence arbitrale restée sans effet et non communiquée d'ailleurs aux parties, n'est pas une cause de récusation; qu'on ne saurait, en un tel cas, considérer les experts comme ayant donné des certificats sur les faits relatifs au procès. — Chambéry, 10 mars 1871, sous Cass., 8 mai 1872, Dulau, [S. 72.1.237, P. 72.539]

242. — Jugé au contraire, dans la même question, qu'aussi bien que des certificats délivrés à la partie comme moyen d'attaque ou de défense, tout document écrit contenant des appréciations sur les faits de la contestation pendante en rend le signataire (témoin ou expert) suspect et justifie le reproche ou la récusation dirigée contre lui, par cette raison qu'il est « contraire à toute vraisemblance qu'une opinion formulée par des hommes de science, et après un long et mûr examen, à la suite de recherches et d'expériences multiples, ne soit pas chez eux le résultat d'une conviction trop profonde pour qu'ils puissent l'abandonner désormais. » — Rouen, 20 mai 1895, sous Cass., 6 janv. 1897 (2ᵉ arrêt), précité.

243. — En d'autres termes, la mission de l'expert, chargé, dans les matières qui demandent des connaissances techniques spéciales, de suppléer aux lumières du juge, présente avec la mission de ce dernier une corrélation étroite; la récusation qui, aux termes des art. 378, n. 8, et 380, C. proc. civ., s'impose au magistrat qui a écrit sur le différend soumis à son examen, ou qui en a précédemment connu comme juge ou comme arbitre, parait donc, par de semblables raisons, s'imposer également à l'expert.

244. — Même arrêt.

244. — Sur pourvoi la Cour suprême a décidé qu'elle n'avait pas de censure à exercer sur un arrêt qui, pour prononcer la récusation d'experts, se fonde sur ce que les experts ont, dans des expertises précédentes se rattachant à d'autres litiges analogues intéressant une des parties en cause, consigné leur avis dans des rapports par eux déposés, et sur ce que, par suite, leur opinion, formulée après un long et mûr examen, à la suite de recherches et d'expériences multiples, étant chez eux le résultat d'une conviction trop profonde pour qu'ils puissent l'abandonner désormais, on doit les considérer comme liés d'avance par leurs appréciations antérieures. — Cass., 6 janv. 1897 (2ᵉ arrêt), précité.

245. — D'autre part, sur un pourvoi élevé contre un arrêt de la cour de Caen, du 16 févr. 1894, elle a déclaré que son contrôle ne pouvait pas non plus s'exercer sur un arrêt constatant que rien n'autorise à suspecter les experts dont la récusation est demandée, et que leur science reconnue et leur honorabilité indiscutée donnent aux parties l'assurance d'un concours éclairé et indépendant, alors d'ailleurs que la partie qui propose la récusation ne relève contre eux d'autre grief que l'avis défavorable à certaines de ses prétentions consigné par eux dans le rapport déposé devant une autre cour d'appel dans un litige antérieur. — Cass., 6 janv. 1897 (1ᵉʳ arrêt), précité.

246. — La contradiction n'existe donc qu'entre les deux arrêts des cours d'appel. L'une des conséquences de la règle établie par la Cour de cassation est qu'une même difficulté peut être susceptible de solutions variées, suivant les tribunaux; la Cour suprême ne se reconnaissant, sur ce point, aucun pouvoir de direction, il ne saurait y avoir de solution fermement établie.

247. — Une partie ne peut pas reprocher des experts pour avoir bu et mangé chez la partie adverse et à ses frais, lorsqu'elle-même s'est mise à table avec eux. — Bourges, 30 mars 1829, Laforet, [P. chr.] — Vasserot, p. 17, n. 48. — V. au surplus, à cet égard, *supra*, v° *Enquête*, n. 798 et s. — V. cependant *supra*, n. 197.

248. — Quant aux formes dans lesquelles la récusation doit être jugée, l'art. 311 dispose que la récusation contestée sera jugée sommairement à l'audience sur un simple acte et sur les conclusions du ministère public; les juges pourront ordonner la preuve par témoins, laquelle sera faite dans la forme prescrite pour les enquêtes sommaires. — V. *supra*, v° *Enquête*, n. 1383 et s.

249. — L'art. 311 ne distingue pas, quant à l'audition du ministère public, entre le cas où la récusation est proposée contre les experts nommés d'office et celui où elle est dirigée contre des experts convenus. Dans les deux cas il doit être entendu. — Thomine-Desmazures, t. 1, p. 515; Carré et Chauveau, t. 3, quest. 1177; Pigeau, *Comment.*, t. 1, p. 364. — V. *supra*, v° *Communication au ministère public*, n. 280 et 281.

250. — L'acte de récusation n'est pas communiqué nécessairement aux experts ou à l'expert, comme celui dans lequel la récusation d'un juge est proposée doit l'être au magistrat récusé (C. proc. civ., art. 385). Pigeau (*Comment.*, t. 1, p. 373) fait observer que l'expert n'étant pas, comme le juge, revêtu d'une fonction publique, sa déclaration sur les causes de la récusation n'aurait pas eu le même poids. — V. aussi Bioche, n. 85.

251. — Le juge a la faculté de rejeter la récusation si elle ne paraît pas fondée; il a sous ce rapport une liberté complète d'appréciation, à moins que la cause de la récusation ne rentre dans l'un des cas explicitement prévus par l'art. 283. — Chauveau, sur Carré, t. 3, quest. 1177 *bis*; Pigeau, *Comment.*, t. 1, p. 564. — V. *supra*, n. 227 et 228.

252. — L'art. 312 ajoute que le jugement sur la récusation sera exécutoire nonobstant l'appel (V. *supra*, v° *Exécution provisoire*, n. 44). Il résulte de cet article que, si la récusation est rejetée, le jugement étant exécutoire nonobstant appel, il sera procédé à l'expertise; mais si le jugement était infirmé par la cour, le rapport de l'expert serait nécessairement nul. Au contraire, si la récusation est admise, le tribunal nomme d'office un nouvel expert que le jugement soit ou non exécutoire immédiatement. Dans ce cas, le rapport de cet expert serait valable, lors même que le jugement serait infirmé sur l'appel (si toutefois le nouvel expert n'est pas lui-même récusé). Le seul avantage qu'obtienne alors l'appelant est de faire supporter par la partie adverse les frais du procès. — Carré, *Lois proc.*, sur l'art. 312, prélim.

253. — De ce que le jugement qui rejette une récusation est exécutoire par provision, il résulte encore qu'on doit procéder comme si l'appel n'avait pas été interjeté. Le tribunal peut donc statuer sur le fond, sauf à prescrire une seconde expertise et à statuer ensuite par un nouveau jugement, si la cour réformait la décision par laquelle il aurait rejeté la récusation. — Favard de Langlade, t. 4, p. 703, n. 4; Chauveau, sur Carré, t. 3, quest. 1179; Bioche, n. 95. — Pigeau (*Procéd.*, t. 1, liv. 2, part. 2, tit. 3, chap. 1, § 3, art. 5, n. 12), qui professe cette opinion, croit cependant que la partie peut requérir, attendu l'urgence, qu'il soit procédé à l'expertise par un autre expert, par analogie avec ce qui se pratique en cas de récusation de juge, aux termes de l'art. 391.

254. — Si l'expertise avait été ordonnée dans une matière susceptible d'être jugée en dernier ressort, pourrait-on néanmoins interjeter appel du jugement rendu sur la récusation? La doctrine est divisée sur ce point. Certains auteurs décident la question en assimilant, sous ce rapport, la récusation de l'expert à celle du juge (C. proc. civ., art. 391), et ils pensent dès lors que dans tous les cas l'appel du jugement qui statue sur la récusation est recevable. — Carré et Chauveau, t. 3, quest. 1178; Favard de Langlade, t. 4, p. 703, n. 4; Pigeau, *Comm.*, t. 1, p. 565.

255. — Thomine-Desmazures (t. 1, p. 516) et Boncenne (t. 4, p. 474 et s.) estiment au contraire qu'il en doit être de ce cas comme de celui dans lequel un jugement a statué sur le reproche proposé contre un témoin, et qu'on ne peut dès lors appeler du jugement si l'affaire est au fond en dernier ressort.

256. — Que l'on adopte l'un ou l'autre de ces deux systèmes, il paraît certain lorsque l'appel est formé par l'expert et qu'il a demandé un chiffre de dommages-intérêts dépassant le dernier ressort, cet appel doit être déclaré recevable. — Chauveau, sur Carré, *loc. cit.* — V. *infrà*, n. 261.

257. — Si la récusation est admise, il doit être d'office, et par le même jugement, nommé un nouvel expert ou de nouveaux experts à la place de celui ou de ceux récusés. Cette nomination d'office doit être faite, soit que la récusation ait eu lieu contre un premier expert nommé d'office, soit qu'elle ait été faite contre un expert convenu et pour une cause postérieure à sa nomination. — Carré, sur l'art. 313, prélim. — V. *suprà*, n. 195 et s.

258. — Dans ce cas les parties ont-elles de nouveaux délais pour choisir d'autres experts? Carré et Chauveau (t. 3, quest. 1180) sont d'avis qu'il faut adopter la négative dans le silence de la loi et qu'on peut poursuivre sans attendre l'expiration des trois jours de l'art. 305 (V. *suprà*, n. 165). — *Contrà*, Demiau-Crouzilhac, t. 1, p. 329; Delaporte, t. 1, p. 298.

259. — Pigeau (*Comment.*, t. 1, p. 565) et Chauveau, sur Carré (t. 3, *Ibid.*, note) estiment que si, d'un commun accord, les parties renonçaient à se servir du jugement qui contiendrait la nomination d'office, rien ne s'opposerait, les choses étant entières, à ce que les experts qu'elles choisiraient procédassent à l'opération. Ils se fondent sur ce que les parties majeures ont oujours le droit de transiger.

260. — Les nouveaux experts nommés d'office en vertu de l'art. 313 aux lieux et place de ceux qui auraient été récusés seraient récusables eux-mêmes. Il n'y a rien dans la loi qui s'y oppose, et d'ailleurs il serait illogique, après avoir permis aux parties de récuser les premiers experts et de les écarter ainsi, de leur en imposer d'autres qu'il leur faudrait subir quels qu'ils fussent. — Pigeau, *Comm.*, t. 1, p. 565; Carré et Chauveau, t. 3, quest 1181; Favard de Langlade, t. 4, p. 703, n. 5.

261. — Enfin, aux termes de l'art. 314, si la récusation est rejetée, la partie qui l'aura faite doit être condamnée en tels dommages-intérêts qu'il appartiendra, même envers l'expert, s'il le requiert; mais dans ce dernier cas il ne pourra demeurer expert.

262. — Toutefois, Carré (*loc. cit.*) pense avec raison que si l'expert n'avait été récusé qu'à raison d'une parenté prétendue qui n'aurait pas été prouvée, il n'y aurait pas lieu de lui accorder des dommages-intérêts.

263. — Les tribunaux sont du reste appréciateurs souverains du préjudice que l'expert récusé prétendrait avoir éprouvé, et, par conséquent de l'indemnité qui pourrait lui être due suivant les circonstances. Lors de la rédaction du projet du Code de procédure, plusieurs cours avaient demandé qu'on indiquât et limitât les cas dans lesquels des dommages-intérêts pourraient être accordés. Le législateur a préféré s'en rapporter, sur ce point, à la conscience du juge. — Locré, t. 1, p. 527; Hautefeuille, p. 113.

264. — Conformément à la règle générale, le tribunal ne peut condamner d'office à payer les dommages-intérêts. Il faut qu'ils soient demandés. — Carré, *Commentaire* inséré aux *Annales du notariat*, t. 2, p. 304.

265. — La demande en dommages-intérêts doit être formée par l'expert par voie d'intervention dans l'instance, et il y doit être statué conformément aux règles qui sont établies au titre des incidents (V. *suprà*, v° *Demande incidente*). — Delaporte, t. 1, p. 299; Carré et Chauveau, t. 3, quest. 1183; Thomine-Desmazures, t. 1, p. 516. — Toutefois, Favard de Langlade (t. 4, p. 503, et t. 3, p. 119) semble croire que la demande doit être formée par action principale.

266. — La partie qui a proposé une récusation peut, en cas de rejet, être condamnée à des dommages-intérêts, non seulement envers l'expert dont l'honneur et la réputation auraient reçu une atteinte de cette récusation, mais même envers la partie adverse qui peut éprouver un préjudice du retard apporté à la confection de l'expertise par cette cause. — Pigeau, *Comment.*, t. 1, p. 566; Carré et Chauveau, t. 3, quest. 1182; Thomine-Desmazures, t. 1, p. 516.

267. — Le tribunal pourrait ordonner la suppression des écrits calomnieux qui auraient été produits à l'occasion de l'incident relatif à la récusation. Les tribunaux ont toujours ce droit (C. proc. civ., art. 1036). — Bioche, n. 93. — V. *suprà*, v° *Diffamation*, n. 1436 et s.

268. — L'art. 314 semble dire que l'expert ne doit être remplacé qu'autant qu'une condamnation à des dommages-intérêts aura été prononcée à son profit. Mais une pareille interprétation serait évidemment contraire à l'esprit de la loi; car, ainsi que le font observer Chauveau, sur Carré (t. 3, quest. 1184), et Favard de Langlade (t. 4, p. 703, n. 5), si l'expert avait éprouvé un échec par le rejet de sa demande, ce serait une raison de plus pour qu'on pût le soupçonner de partialité contre la partie récusante.

3° *Déport ou empêchement des experts. Leur remplacement.*

269. — Si quelque expert n'accepte pas la nomination, ou ne se présente pas soit pour le serment, soit pour l'expertise, aux jour et heure indiqués, l'art. 316 dispose que les parties s'accorderont sur-le-champ pour en nommer un autre à sa place; sinon la nomination pourra être faite d'office par le tribunal. L'expert qui, après avoir prêté serment, ne remplira pas sa mission pourra être condamné par le tribunal qui l'avait commis à des frais frustratoires, et même aux dommages-intérêts, s'il y échet.

270. — L'art. 316 prévoit deux cas où l'expert ne se présente pas : celui où il ne se présente pas lors du serment, et celui où il ne se présente pas lors de l'expertise. « Si l'expert ne se présente pas lors du serment, dit Chauveau, sur Carré (art. 316, prélim.), les parties doivent convenir d'un autre, non par déclaration au greffe, comme dans le cas de l'art. 306 (V. *suprà*, n. 190), mais devant le juge-commissaire. Lorsqu'une des parties n'est pas présente, ou, si toutes les parties étant présentes, elles ne s'accordent pas, la nomination est faite d'office par le tribunal. Si l'expert ne se présente pas à l'expertise et qu'un juge y assiste, celui-ci constate la non-présence de l'expert sur son procès-verbal. Les parties nomment devant lui un autre expert. Si elles ne s'accordent pas, il est nommé par le juge, quand celui-ci est autorisé à statuer sur les difficultés; sinon il renvoie devant le tribunal. Lorsqu'il n'y a pas de juge, la non-comparution est constatée par le greffier de la justice de paix du lieu (Arg. art. 317). — Pigeau, *Comment.*, t. 1, p. 568.

271. — Il résulte de l'économie de l'art. 315, que jusqu'à la prestation de serment le ministère des experts est libre, de sorte que celui qui ne voudrait pas exercer ces fonctions ne ferait qu'user de son droit. Mais lorsque la prestation de serment a eu lieu, l'expert est lié et sa responsabilité est engagée. C'est ce qu'a reconnu un arrêt en jugeant que l'expert qui a accepté sa commission et prêté serment ne peut se démettre sans motifs légitimes. — Besançon, 24 janv. 1807, Seguin, [S. et P. chr.] — Pigeau, t. 1, p. 296; Rodier, p. 406.

272. — Mais à part les condamnations qui pourraient intervenir dans ce cas contre l'expert, soit pour lui faire supporter les frais frustratoires, soit pour les dommages-intérêts dus aux parties, le ministère des experts est entièrement libre.

273. — L'expert contre lequel une demande en indemnité est formée pour refus de service doit être appelé à se défendre, conformément aux principes généraux. L'arrêt qui condamne un expert, dans les termes de l'art. 316, C. proc. civ., pour refus

EXPERTISE. — Chap. II.

d'accomplir sa mission après prestation de serment, peut donc, s'il a été rendu sans que cet expert ait été entendu ni même appelé, être attaqué par la voie de l'opposition. En conséquence, tant que la voie d'opposition est ouverte, le pourvoi en cassation contre un tel arrêt est non recevable. — Cass., 7 août 1872, Daumale, [S. 72.1.368, P. 72 896] — V. *suprà*, v° *Cassation* (mat. civ.), n. 656.

274. — Les auteurs s'accordent pour reconnaître que si, après la prestation du serment, l'expert avait une cause légitime d'excuse, si, par exemple, il ne pouvait procéder à l'opération sans éprouver un préjudice notable, le tribunal pourrait le dispenser et en commettre un autre. La condamnation prévue par le § 2, art. 316, n'est que facultative pour le tribunal. — Favard de Langlade, t. 4, p. 704, n. 2 ; Carré et Chauveau, t. 3, quest. 1191 ; Thomine-Desmazures, t. 1, p. 519 ; Boncenne. t. 4, p. 479 ; Pigeau, t. 1, p. 296 ; Garsonnet, *Traité de procéd.*, 2° éd., § 863.

275. — Lorsqu'il y a lieu à remplacement d'un expert qui ne peut procéder pour une cause quelconque, dans quelle forme la demande en remplacement doit elle être présentée au tribunal ? Il a été décidé que c'est sur simple requête communiquée à la partie adverse et non par voie d'incident ; que dès lors si la voie de l'incident a été employée, la demande ainsi formée doit être rejetée et que les dépens qu'elle a occasionnés ne doivent pas entrer en taxe. — Colmar, 4 juin 1835, N..., [S. 36.2.171, P. chr.]

276. — Il nous semble, avec Chauveau, sur Carré (quest. 1191 *bis*), que cet arrêt a jugé arbitrairement en annulant une procédure comme ayant été introduite par voie d'incident au lieu de l'être par voie de simple requête, alors que la loi est complètement muette sur la forme à laquelle il faut avoir recours en pareil cas. En admettant même que le mode de procéder adopté par la cour de Colmar fût préférable à celui qui avait été appliqué dans l'espèce, il semble que dans tous les cas il ne pouvait y avoir là une cause de nullité.

277. — A Paris, les experts sont remplacés par le président du tribunal sur simple requête. « Le président, dit M. de Belleyme (*Ordonnances*, t. 1, p. 125), commet par ordonnance sur requête un expert en remplacement d'un autre expert décédé, malade, absent ou empêché par toute autre cause, pour procéder à l'opération ordonnée par un jugement ou par une ordonnance de référé. L'usage a consacré ce mode de remplacement parce qu'il ne se justifiait pour un simple acte d'exécution le délai et les frais d'un jugement. Il se présente même des circonstances urgentes dans lesquelles il faut à l'instant pourvoir à ce remplacement. Cependant, pour effacer toute apparence d'irrégularité, le tribunal délègue ce pouvoir au président par une disposition que l'on insère dans le jugement ordonnant l'expertise. »

278. — Il a été décidé qu'en cas de désaccord des parties sur le choix d'experts à nommer en remplacement d'autres experts qui ont refusé la mission qui leur était confiée, le juge peut, en faisant d'office cette nomination, désigner un expert supplémentaire pour le cas où l'un des experts commis n'accepterait pas ; que ce mode de procéder n'est pas contraire à l'art. 316, C. proc. civ. — Cass., 13 avr. 1840, Biadelli, [S. 40.1.409, P. 40.2.111]

279. — Mais il nous semble que cette décision ne doit être adoptée qu'en ce sens que l'expert supplémentaire ne pourra fonctionner que dans le cas où les parties ne s'accorderaient pas sur le choix d'un expert pour remplacer, en cas de refus, ceux qui font l'objet de la nomination principale. Autrement, et si dans le cas de ce refus l'expert nommé supplémentairement devait avoir nécessairement mission de procéder, il y aurait violation de l'art. 316, C. proc. civ. qui ne donne aux tribunaux le droit de nommer l'expert suppléant que dans le cas où les parties n'ont pas usé de leur droit de nomination, et cela sans distinguer entre les nominations premières et celles qui sont faites en remplacement. Réduite à ces termes, la solution ci-dessus ne pourrait avoir pour résultat d'éviter des lenteurs et des frais.

280. — Lorsqu'un expert, ne s'étant pas présenté soit pour prêter serment, soit pour procéder à l'expertise, a été remplacé, la partie la plus diligente, après avoir pris le jour du nouvel expert et de ses collègues, doit en informer l'adversaire par acte d'avoué à avoué, à défaut, par les experts, de convenir d'un jour, elle doit les assigner à jour fixe pour commencer leurs opérations, s'ils n'aiment mieux indiquer eux-mêmes un autre jour et lui en donner avis. — Thomine-Desmazures, sur l'art. 316 ; Bioche, n. 120.

281. — Les experts ont-ils le droit de refuser d'opérer jusqu'à ce que les frais de leurs vacations leur aient été consignés ? Il est certain qu'avant la prestation du serment ils peuvent élever cette prétention, puisqu'ils peuvent refuser d'une manière absolue la mission qu'on veut leur confier (V. *suprà*, n. 272); mais on a élevé des doutes sur le point de savoir si après avoir prêté serment ils auraient le droit d'exiger cette consignation préalable. Dans ses observations sur le Code de procédure, la cour d'Orléans avait exprimé l'avis que des experts peuvent se refuser d'opérer si on ne leur donne l'assurance du paiement de leur rémunération. Cette cour demandait qu'il fût ordonné que la partie poursuivante consignerait au greffe telle somme qui serait arbitrée par le président du tribunal.

282. — Malgré cette observation, le Code de procédure garde sur ce point le même silence que l'ordonnance de 1667, sous l'empire de laquelle on tenait pour certain que les experts ne pouvaient être contraints à remplir leur mission tant qu'on n'avait pas, sur leur demande, consigné leurs vacations. — Rodier et Jousse, sur l'art. 15, tit. 21 de l'ordonnance ; Duparc-Poullain, *Principes de dr.*, t. 9, p. 479; Pothier, *Tr. de la procéd.*, ch. 3, art. 5.

283. — La plupart des auteurs pensent qu'il n'y a aucun motif pour introduire sur cette question une jurisprudence contraire à celle qui était suivie sous l'ordonnance de 1667. — V. *suprà*, v° *Dépens*, n. 67.

284. — Il a été néanmoins jugé que les experts ne sont pas fondés à demander la consignation préalable du montant de leurs vacations, par cette considération que ces vacations ne peuvent être évaluées que par la taxe, laquelle ne peut être faite qu'après le dépôt du rapport. — Cons. d'Et., 7 août 1875, Duvert et autres, [D. 76.3.37] — V. au surplus, sur cette question, *suprà*, v° *Dépens*, n. 66 et s.

4° *Serment des experts.*

285. — En principe, les experts doivent prêter serment, à peine de nullité de leur opération, lorsqu'ils n'en ont pas été dispensés par les parties. C'est ce qu'il résulte des diverses dispositions du Code de procédure civile sur l'expertise, et notamment de l'art. 307, qui porte : « Après l'expiration du délai fixé par les articles précédents, la partie la plus diligente prendra l'ordonnance du juge, et fera sommation aux experts nommés par les parties ou d'office, pour faire leur serment, sans qu'il soit nécessaire que les parties y soient présentes. »

286. — Aucun expert n'est légalement dispensé de prêter serment à moins qu'il ne soit officier public, et, dans ce cas, déjà assermenté. — Garsonnet, *op. cit.*, § 868. — V. *infrà*, n. 738.

287. — Il a été jugé que la loi de procédure qui impose aux témoins, aux experts et aux gens de l'art l'obligation du serment est une mesure générale et d'ordre public qui domine tous les cas où il y a lieu de recourir judiciairement à un témoignage, à une expertise, ou à un rapport de gens de l'art. — Cass., 29 janv. 1844, Avice, [S. 44.1.442, P. 44.1.796]

288. — ... Que, dès lors, des vétérinaires chargés de constater la cause de la mort d'un bœuf destiné au commerce de la boucherie doivent préalablement prêter serment, à peine de nullité de leur procès-verbal, encore bien que les anciens règlements et l'ordonnance de police du 26 mars 1830 gardent le silence à cet égard. — Même arrêt.

289. — Toutefois, par application du principe posé *suprà*, n. 137, il a été jugé que les tribunaux peuvent ordonner que certains travaux à exécuter auront lieu sous la direction d'un homme de l'art par eux désigné sans astreindre cette personne à une prestation de serment préalable ; que les règles relatives aux expertises sont ici sans application. — Cass., 16 juill. 1835, Drouot, [S. 35.1.799, P. chr.]

290. — ... Que le serment prescrit par l'art. 303, C. proc. civ., doit être prêté par les experts, convenus ou nommés d'office, dont le rapport est destiné à éclairer la décision des magistrats pour la solution d'un litige pendant ; mais que les juges ne sont pas tenus de soumettre à cette formalité l'agent auquel ils confient la surveillance de certains travaux qu'ils ordonnent. — Cass., 8 avr. 1879, Toutain, [S. 79.1.263, P. 79.647]

291. — Malgré la rigueur du principe ci-dessus posé, la Cour de cassation a jugé que, lorsqu'on demande aux experts en supplément de rapport pour préciser les bases sur lesquelles ils ont appuyé leur expertise, il n'est pas nécessaire qu'ils prêtent

EXPERTISE. — Chap. II.

serment pour cette seconde opération; et que, dans ce cas, les experts n'ont pas besoin d'indiquer aux parties le jour auquel ils doivent opérer. — Cass., 27 févr. 1828, Gauthier, [S. et P. chr.]; — 4 janv. 1843, Souhait, [S. 43.1.129. [P. 43.1.307]; — 2 déc 1868, Bailly, [S. 69.1.216, P. 69.520, D. 71.5.176]; — 17 mai 1873, Jaspari, [S. 74.1.379, P. 74.935]

292. — De même, quand les experts nommés pour procéder à l'estimation des biens d'une succession ont prêté serment de remplir fidèlement leur mission, ils ne sont pas tenus de prêter un second serment pour affirmer leur procès-verbal. — Rouen, 3 prair. an XII, Pillon, [S. et P. chr.]

293. — Mais l'expert chargé d'une expertise qui a quelque liaison avec une autre expertise dont il était précédemment chargé, mais qui ne porte pas sur les mêmes faits et les mêmes points, ne peut être dispensé de prêter serment pour cette seconde expertise, sous prétexte qu'il aurait prêté serment lors de la première. — Cass., 15 janv. 1839, Constant, [S. 39.1.97 P. 39.1.169]

294. — La prestation de serment par les experts, imposée par l'art. 305, C. proc. civ., ne constitue pas une formalité d'ordre public; les parties sont, au contraire, libres d'y renoncer soit expressément, soit tacitement. — Cass., 9 nov. 1858, Hervieux, [S. 59.1.116, P. 59.841, D. 58.1.467]; — 21 janv. 1874, Fournier, [S. 74.1.320, P. 74.805, D. 74.1.494]; — 5 juill. 1882, de Broglie, [S. 83.1.85, P. 83.1.173]; — 4 mai 1891, Ch. de fer de Paris-Lyon-Méditerranée, [S. 91.1.264, P. 91.1.633, D. 92. 1.388]; — 19 oct. 1898, Richard, [S. et P. 98.1.493, D. 99.1.187] — Paris, 28 nov. 1868, Carvalho, [S. 69.2.54, P. 69.327]

295. — Jugé, en ce sens, que lorsque les parties y ont donné leur consentement, la prestation peut ne pas avoir lieu, sans qu'il en résulte aucune nullité de l'opération. — Bourges, 13 juin 1820, Fillonière, [S. et P. chr.] — Bioche, n. 102; Garsonnet, op. et loc. cit.

296. — ... Que les parties qui ont nommé des experts et les ont dispensés du serment ne peuvent demander la nullité de leur opération, sous prétexte qu'ils ne l'ont pas prêté. — Florence, 23 juin 1810, Cheni, [S. et P. chr.] — Sic, Carré, t. 3, quest. 1172; Hautefeuille, p. 173.

297. — ... Que les parties qui ont consenti à ce qu'un tiers-expert, choisi par les deux experts qu'elles avaient nommés, opérât sans prestation préalable de serment, ne sont plus recevables ensuite à demander la nullité de l'expertise pour défaut de cette prestation. — Cass., 21 juill. 1830, Painfan, [P. chr.]

298. — ... Que les irrégularités qui peuvent vicier un procès-verbal d'expertise, et notamment le défaut de prestation de serment de la part du tiers-expert, sont couvertes par le consentement des parties. — Cass., 30 nov. 1824, Planchon, [S. et P. chr.]

299. — La renonciation à la prestation de serment des experts peut n'être que tacite (V. suprà, n. 294). L'arrêt qui induit cette renonciation des circonstances particulières de la cause, échappe à la censure de la Cour suprême. — Cass., 21 janv. 1874, précité.

300. — Et même, le jugement qui, en nommant des experts, les dispense, pour les parties, de l'obligation de prêter serment, est réputé le leur avoir dispensés que du consentement des parties elles-mêmes. — Cass., 14 juill. 1857, Regnier, [S. 58.1.666, P. 58.1229, D. 57.1.398]

301. — Mais la nullité résultant du défaut de prestation de serment des experts n'est point couverte, au regard d'une partie qui, ayant, il est vrai, figuré aux opérations de l'expertise, a déclaré toutefois ne comparaître devant l'expert que sous les plus expresses réserves de tous moyens, tant en la forme qu'au fond, à invoquer par toutes voies de droit contre le jugement ayant ordonné cette mesure. — Cass., 4 mai 1891, précité.

302. — La dispense du serment, consentie par les parties en faveur des experts nommés par un jugement, ne profite pas aux experts qui, en cas de refus des premiers, sont nommés en leur remplacement; alors surtout que ces nouveaux experts sont nommés d'office et hors de la présence de l'une des parties. En conséquence, est nul le rapport dressé sans prestation préalable de serment par ces experts. — Alger, 29 mai 1868, Tahar-ben-Abderrhaman, [S. 69.2.54, P. 69.329]

303. — Les motifs établissant l'acquiescement volontairement donné par une partie à un jugement interlocutoire ordonnant une expertise, justifient le rejet du chef des conclusions de cette partie, fondé sur ce que le jugement aurait commis une nullité substantielle, en dispensant d'office du serment l'expert par lui désigné. — Cass., 19 oct. 1898, Richard, [S. et P. 98.1.495]

304. — Dans tous les cas, on ne peut proposer pour la première fois devant la Cour de cassation le moyen pris de ce que les experts n'auraient pas prêté serment, quoiqu'ils n'en eussent pas été régulièrement dispensés. — Alger, 29 mai 1868, précité.

305. — L'usage est, à Paris, de dispenser les experts du serment, surtout lorsqu'il s'agit d'objets de peu d'importance. — Bioche, loc. cit.

306. — « Si quelqu'un des experts, dit Chauveau, sur Carré (t. 3, quest. 1185), ne se présente pas à l'heure indiquée pour la prestation du serment, ils ne peuvent convenir du jour ni de l'heure. Alors il faut les intimer de nouveau ou pour le jour où, soit le défaillant, soit son remplaçant prêtera serment, ou pour un jour quelconque que la partie leur assignera, sauf à eux à faire connaître celui qu'il leur conviendrait mieux de choisir. » — Bioche, n. 120.

307. — D'après le second paragraphe de l'art. 305, le juge de paix peut être désigné pour recevoir le serment des experts. — Aix, 14 juill. 1807, Vacion, [S. et P. chr.]

308. — Mais il ne paraît pas que cette disposition doive avoir pour effet d'interdire au tribunal la désignation de tout autre magistrat pour remplir cette mission. Ce n'est que per modum exempli que la loi parle seulement du juge de paix du lieu, et les tribunaux puisent dans l'art. 1035, C. proc. civ. le droit d'adresser des délégations du même genre au magistrat qu'indiquent les circonstances de chaque cause. — Favard de Langlade, t. 4, p. 700, n. 4; Chauveau, sur Carré, t. 3, quest. 1167 bis; Pigeau, Comment., t. 1, p. 559 et 560; Dejean, op. cit., p. 233.

309. — Dans le cas où le jugement qui a ordonné l'expertise a omis de désigner un magistrat pour recevoir le serment des experts, ce serment ne peut pas être reçu par le président du tribunal. — Bordeaux, 23 févr. 1858, [Recueil des arrêts de cette cour, t. 33, p. 83]

310. — Il n'est pas nécessaire de sommer la partie adverse d'être présente à la prestation de serment des experts. — Carré, quest. 1171; Bonccenne, t. 4, p. 471 et 480. — V. Lepage, t. 1, p.293; Ann. du not., t. 2, p. 293; Hautefeuille, p. 173; Pigeau, t. 1, p. 293. — V. suprà, n. 285.

311. — La présence de l'avoué à la prestation de serment des experts emporte acquiescement au jugement qui nomme ces experts : c'est évidemment consentir à l'exécution de ce jugement que de participer à une formalité qui doit précéder et légaliser l'exécution elle-même. — Rivoire. De l'appel, n. 113. — V. suprà, v° Acquiescement.

312. — Le tribunal peut ordonner, s'il y a lieu, que le juge-commissaire nommé pour recevoir le serment sera présent à l'expertise.

313. — En ce cas, dit Pigeau (t. 1, p. 292), on autorise le juge à ordonner par provision ce qu'il estimera convenable, soit pour prévenir les résistances, soit pour les réprimer, même à ordonner tout ce qu'il croira nécessaire pour mettre les experts en état de faire leur rapport, comme les ouvertures de portes, des fouilles, etc. — V. dans le même sens, Carré et Chauveau, t. 3, quest. 1167; Favard de Langlade, t. 4, p. 700, n. 1; Dejean, op. cit., p. 234.

314. — Décidé que les tribunaux peuvent ordonner qu'une expertise se fera sur les lieux contentieux, et qu'un de leurs membres s'y transportera pour présider à l'opération des experts. — Amiens, 29 déc. 1821, Maintenoy, [P. chr.]

5° *Avertissement aux parties des jours, lieux et heures de l'expertise.*

315. — L'art. 315, C. proc. civ., porte : « le procès-verbal de prestation de serment contiendra indication, par les experts, du lieu et des jour et heure de leur opération ; en cas de présence des parties ou de leurs avoués, cette indication vaudra sommation ; et en cas d'absence il sera fait sommation aux parties, par acte d'avoué, de se trouver aux jour et heure que les experts auront indiqués. »

316. — Il n'y aurait pas nullité du procès-verbal de la prestation de serment parce qu'il ne contiendrait pas l'indication du jour et de l'heure de l'expertise. Le procès-verbal est un acte de procédure, et, aux termes de l'art. 1030, C. proc. civ., aucun acte de cette nature ne peut être déclaré nul, si la loi n'en prononce formellement la nullité pour l'irrégularité qu'il contient. D'autre part, on ne peut pas dire que cette omission vicie la substance du procès-verbal. On peut donc, dans ce cas, assigner les experts devant le juge-commissaire pour qu'ils réparent l'omission. — Favard de Langlade, t. 4, p. 704, n. 1; Carré et Chauveau, t. 3, quest. 1185; Delaporte, t. 1, p. 299. — V. aussi *Comm.* inséré aux *Annales du notariat*, t. 2, p. 307 et 308. — *Contrà*, Bioche, v° *Expertise*, n. 220.

317. — La Cour de cassation a jugé, en ce sens, qu'une expertise n'est pas nulle, quoique le procès verbal de prestation de serment des experts n'indique point les lieux et heures de leur opération, surtout lorsqu'il a été suppléé à cette omission par une signification tendant à prévenir tout préjudice que cette irrégularité aurait pu causer. — Cass., 21 nov. 1820, Guliani, [S. et P. chr.]

318. — Jugé même qu'un expert peut, surtout dans le cas d'urgence, fixer le jour de son opération, avant d'avoir prêté serment. — Colmar, 24 déc. 1833; Garton, [S. 34.2.649, P. chr.]

319. — Dans ce cas, il doit être fait sommation par la partie poursuivante à l'autre, à l'effet d'instruire cette dernière des jour, lieu et heure choisis par l'expert. — Bioche, n. 119.

320. — Si, en effet, une partie n'ayant pas assisté au procès-verbal de prestation de serment n'était pas sommée de se trouver aux jour, lieu et heure fixés par le procès-verbal, il y aurait nullité de l'expertise à laquelle il serait procédé en son absence. — Hautefeuille, p. 175; Pigeau, *Procéd.*, t. 1, liv. 2, part. 2, tit. 5, chap. 1, § 3, art. 5, n. 1; Carré et Chauveau, t. 3, quest. 1186; Rodière, *Compét. et proc. civ.*, t. 1, p. 396, et t. 2, p. 17; Bioche, *Dict.*, v° *Experts*, n. 212; Garsonnet, *op. cit.*, § 870.

321. — Il n'y a aucune distinction à faire entre une première expertise et une seconde; il faut nécessairement que pour chaque opération les deux parties aient été mises à même de présenter leurs observations aux experts. — Chauveau, sur Carré, t. 3, quest. 1186.

322. — De nombreux arrêts ont décidé que la sommation d'assister à l'expertise, prescrite par l'art. 315, C. proc. civ., est une formalité substantielle qui, seule, peut donner connaissance légale du jour et de l'heure fixés pour l'expertise, et que son omission entraîne la nullité de l'expertise faite hors de la présence de la partie intéressée; qu'on allèguerait vainement que la partie qui n'a pas été sommée a eu connaissance, par une autre voie, du jour fixé par les experts. — Cass., 28 juin 1869, Biteau, [S. 69.1.422, P. 69.1091, D. 71.1.223]; — 15 juin 1870, Chem. de fer de Lyon, [S. 70.1.315, P. 70.794, D. 71.1.64]; — 5 nov. 1881, C¹ᵉ française du gaz, [D. 81.1.129] — Grenoble, 20 août 1825, Carcel, [S. et P. chr.] — Poitiers, 17 févr. 1830, Baudouin, [P. chr.] — Colmar, 11 juill. 1832, Brun, [P. chr.] — Pau, 25 janv. 1836, Perès et Dupouy, [S. 36.2.400, P. 37.142] — Orléans, 30 déc. 1865, Maulde, [S. 66.2.229, P. 66.851, D. 66.2.68] — Angers, 10 nov. 1869, Cornilleau et Gontard, [D. 69.2.205]

323. — ... Que, spécialement, au cas où une expertise a été ordonnée sur un ensemble de faits dont les uns concernent l'un des défendeurs et les autres une autre partie, l'expertise en laquelle il aurait été procédé à la diligence de cette dernière en ce qui touche les seuls faits qui la concernent, et sans que le demandeur eût été sommé d'assister aux opérations des experts, est nulle à l'égard de celui-ci, et comme incomplète et comme irrégulière. — Cass., 28 juin 1869, précité.

324. — ... Que la sommation de se trouver aux opérations des experts, qui doit être adressée aux parties dans le cas où elles n'ont pas assisté à la prestation de serment, est, même à l'égard des parties ordonnées par les juges de paix, une formalité substantielle, dont l'omission emporte nullité de l'expertise faite hors la présence de la partie. — Cass., 1ᵉʳ juill. 1874, Phelippon, [S. 74.1.484, P. 74.1230, D. 74.1.334]

325. — Il a été décidé que la nullité peut être opposée par celui-là même qui poursuivait l'expertise; l'autre partie doit s'imputer de ne lui avoir pas fait une sommation. — Poitiers, 17 févr. 1830, précité.

326. — Mais sur ce dernier point, il a été jugé par la Cour de cassation que la partie qui a elle-même demandé une expertise et poursuivi l'exécution de cette opération n'est pas recevable à se plaindre plus tard de ce que l'expertise n'a pas été précédée d'une citation donnée, en conformité de la loi, avec indication des lieu, jour et heure où il y serait procédé. — Cass., 24 niv. an XIII, Cheyron, [S. chr.]

327. — ... Que, bien qu'en thèse générale les expertises ordonnées même en justice de paix ne puissent être régulièrement faites sans que les parties y aient été appelées, conformément à l'art. 315, C. proc. civ., en tout cas celui qui a fixé ou fait fixer lui-même le jour et l'heure du commencement de l'expertise n'est pas recevable à se plaindre de l'omission de la formalité dont il s'agit. — Cass., 31 juill. 1876, Debasseux, [S. 77.1.52, P. 77.1.18, D. 77.1.108]

328. — Au surplus, il est beaucoup plus généralement admis que la nullité résultant du défaut d'avertissement officiel aux parties des jour, lieu et heure de l'expertise, n'étant pas d'ordre public, peut être couverte; elle ne pourrait être invoquée par la partie qui, bien que non présente à la prestation de serment et non sommée depuis, aurait été avertie de quelque autre manière. — Chauveau, sur Carré, *loc. cit.*

329. — Ainsi jugé que la partie qui a été présente sur les lieux, lors de l'expertise, n'est pas fondée à se prévaloir de ce que la sommation prescrite par l'art. 315, C. proc. civ., ne lui a pas été faite. — Montpellier, 27 mars 1824, Ferrand, [P. chr.] — Dijon, 11 mars 1828, Huot, [P. chr.]

330. — ... Que la présence des parties à l'expertise, sans réclamation, couvre les irrégularités antérieures, telles, par exemple, que le défaut d'enregistrement et de signification, tant aux parties qu'aux experts. — Cass., 30 nov. 1824, Planchon, [S. et P. chr.]

331. — ... Que la partie qui n'a pas été citée pour être présente à l'expertise, mais qui a été avertie par les experts eux-mêmes de se rendre sur les lieux, et qui a négligé de le faire, après avoir promis de s'y transporter, n'est plus recevable à demander une nouvelle expertise. — Rennes, 18 nov. 1815, Gouerin, [S. et P. chr.]

332. — ... Que lorsque le procès-verbal de prestation de serment des experts indiquant le lieu, le jour et l'heure de leurs opérations, a été rédigé en présence des avoués des parties, il n'est point nécessaire de faire aucune sommation aux parties. — Caen, 26 juin 1847, Société des Varechs, [P. 48.1.166]

333. — La déclaration de l'expert que la partie a assisté à l'opération, à défaut de la signature de cette dernière, faire preuve de sa présence et couvrir la nullité résultant du défaut d'avertissement. — Rennes, 17 avril 1812, Rosset, [P. chr.]

334. — La Cour de cassation a même jugé, d'une façon générale, que l'inobservation des formalités prescrites par les art. 315 et s., C. proc. civ., n'entraîne pas nécessairement la nullité de l'expertise. Cette nullité ne doit être prononcée que lorsque l'irrégularité commise a eu pour conséquence de porter atteinte au droit de la défense. — Cass., 18 déc. 1871, Colonna Cesari, [S. 72.1.275, P. 72.688, D. 71.1.297]; — 20 janv. 1891, Comp. gén. d'imprimerie, [S. 91.1.57, P. 91.1.126, D. 91.1.153]; — 14 déc. 1892, Legendre, [S. et P. 93.1.308, D. 93.1.231]; — 19 oct. 1898, Cⁱᵉ London Brigton and South Coast Railway, [S. et P. 99.1.32, D. 99.1.148]

335. — Par suite, le défaut de sommation aux parties de se trouver aux opérations des experts entraîne la nullité de l'expertise lorsque l'irrégularité commise a eu ce résultat. — Cass., 2 déc. 1868, Fauchet, [S. 69.1.55, P. 69.122]; — 5 févr. 1879, Fivel, [S. 79.1.247, P. 79.620, D. 79.1.126] — *Sic*, Rodière, *Comp. et procéd.*, t. 1, p. 396; Boitard, t. 1, p. 522.

336. — Il en est ainsi lorsque les parties n'ont pas été informées de la seconde visite que, avant de rédiger leur rapport, les experts commis à l'occasion d'un abordage ont cru devoir faire sur le lieu de l'abordage pour un supplément d'enquête, si, lors de cette visite, les experts n'ont reçu, à titre complémentaire, des dépositions de témoins déjà entendus et des dépositions nouvelles, à la suite desquelles ils ont répondu aux questions mêmes posées par les juges du fond et formulé des conclusions homologuées par ceux-ci pour déclarer l'une des parties responsable de l'abordage, et s'il importait ainsi à cette partie d'assister aux opérations des experts pour pouvoir contrôler, sur les lieux mêmes, les dires des témoins et faire toutes réquisitions et observations jugées utiles à ses intérêts. — Cass., 19 oct. 1898, précité.

337. — De même, la nullité doit être prononcée lorsque l'omission des formalités prescrites a pour effet d'enlever à une des parties la possibilité de faire aux experts des observations et réquisitions utiles à ses intérêts. — Cass., 14 déc. 1892, précité.

338. — Spécialement, lorsque, d'une part, loin d'avoir poursuivi toutes les opérations, elle a seulement requis la prestation de serment des deux experts, lesquels n'ont pu, en l'absence du troisième, faire connaître à aucun moment aux intéressés les jour, lieu et heure de leurs opérations, l'autre partie ayant fait procéder seule à la prestation de serment du troisième expert et fait signifier le rapport des experts à son adversaire, et lorsque, d'autre part, cette partie n'a été invitée à assister à aucune des opérations de l'expertise. — Même arrêt.

339. — Au contraire une expertise peut être déclarée valable, nonobstant le défaut de convocation des parties à des vérifications faites de nuit, lorsque les parties ont été avisées de l'expertise, ont été convoquées et ont assisté à plusieurs vacations, et ont été invitées à présenter toutes observations utiles sur les constatations faites, lorsqu'en outre les experts ont dû arriver la nuit à l'improviste sur les lieux pour déjouer des précautions artificieuses précédemment prises, et lorsqu'enfin les experts avaient été autorisés à s'entourer de tous les renseignements propres à la manifestation de la vérité. — Cass., 8 mai 1872, Dulau, [S. 72.1.237, P. 72.559] ; — 20 janv. 1891, précité.

340. — Il ne résulte de nullité : ni de ce que les parties n'ont pas été présentes aux renseignements que les experts étaient autorisés à prendre pour s'éclairer, ni de ce que, aux cas où l'expertise a pour objet la visite corporelle d'une personne blessée par l'imprudence d'un tiers, cette visite a eu lieu hors la présence de la partie adverse, une inégalité réelle dans la défense respective des parties ne pouvant résulter de cette circonstance. — Cass., 2 déc. 1868, précité.

341. — D'ailleurs, la visite par un médecin, de l'une des parties en cause, ordonnée d'office par les juges, ne constitue pas une expertise proprement dite, et peut, dès lors avoir lieu hors la présence des autres parties. — Cass., 2 déc. 1868, précité ; — 15 juin 1870, Chemin de fer de Lyon, [S. 70.1.315, P. 70. 794, D. 71.1.64]

342. — Mais l'expertise est nulle. quand l'expert procède à une opération décisive sans aucune indication préalable du lieu et du jour où cette opération devait s'accomplir, et en présence d'une seule des parties intéressées. — Cass., 7 juin 1869, Daniel, [D. 71.1.117]; — 23 août 1881, Richarme, [S. 82.1.317, P. 82.1.767, D. 81.1.479] — Nîmes, 12 févr. 1868, sous Cass., 7 juin 1869, précité. — Trib. Mantes, 9 janv. 1869, sous Paris, 18 juill. 1870, Coulon, [S. 71.2.152, P. 71.524, D. 71.2.14]

343. — Il en est ainsi, spécialement, quand, au cours d'une expertise ayant pour objet de vérifier si un établissement industriel, donné à bail, remplit certaines conditions d'aménagement exigées par le contrat, l'expert, après avoir annoncé qu'il visiterait, à titre de comparaison, un établissement de même nature, a procédé à cette visite en présence d'une seule partie, et sans avoir mis l'autre en mesure de présenter ses observations. — Cass., 23 août 1881, précité.

344. — On s'est demandé si, lorsque la première vacation n'a pas suffi pour terminer l'expertise, les parties doivent être prévenues du jour où elle sera continuée. Cette question ne saurait être douteuse plus que la précédente : ou bien, les experts, en terminant la première séance, ajournent les parties à jour et à heures fixes, et cette indication vaut sommation ; ou bien ils renvoient la continuation de leurs travaux à un jour indéterminé, et dans ce cas une sommation est nécessaire pour indiquer aux parties celui auquel l'opération sera reprise. — Chauveau, sur Carré, t. 3, quest. 1186 ; Vasserot, p. 24, n. 59. — V. aussi Paris, 30 flor. an X, Cordonnier [S. et P. chr.].

345. — Il y a indication suffisante des lieu, jour et heure où l'expertise doit se poursuivre, lorsque le procès-verbal constate que les experts, s'étant réunis pour procéder à l'expertise, avaient fixé la continuation de leurs opérations à un jour déterminé et en avaient averti les parties. — Cass., 21 déc. 1886, d'Ortoli, [S. 87.1.199, P. 87.1.491, D. 87.1.409] — Sic, Bioche, Dict. de proc., v° Expertise, n. 133 ; Carré et Chauveau, Lois de la proc., t. 3, quest. 1186 ; Pigeon, Tr. et formul. des expertises, n. 140.

346. — Si la loi n'a pas prescrit à peine de nullité la convocation des parties à toutes les opérations de l'expertise, elles n'en doivent pas moins être mises à même d'être présentes à toutes les constatations essentielles. Il ne suffit donc pas qu'une partie ait été présente à la première vacation employée à la visite générale des lieux, et à la fin de laquelle les experts se sont ajournés « au jour le plus prochain; » elle doit encore, à peine de nullité de l'expertise, être convoquée aux opérations suivantes consacrées aux constatations de détail. — Paris, 18 juill. 1870, Coulon, [S. 71.2.152, P. 71.524, D. 71.2.15]

347. — Spécialement, les parties doivent, à peine de nullité, être convoquées à la reprise d'une expertise momentanément transformée en arbitrage, alors qu'une nouvelle visite est nécessaire pour un examen complémentaire. — Cass., 5 févr. 1879, Fivel, [S. 79.1.247, P. 79.620, D. 79.1.126]

348. — Les juges ne peuvent valider l'expertise en se fondant sur ce que les parties avaient assisté aux premières et plus importantes opérations. — Même arrêt.

349. — Toutefois, il a été jugé que la sommation faite à une partie d'assister aux opérations d'une expertise n'a pas besoin d'être réitérée après la première vacation et pour les vacations suivantes. — Cass., 19 juin 1838, Lentz, [S. 38.1.609, P. 38.1.664]

350. — ... Que le procès-verbal des experts n'est pas nul par cela seul que l'une des parties, qui avait été présente aux premières opérations des experts, n'a pas assisté à des opérations subséquentes qui n'étaient que la suite et la conséquence nécessaire des premières, bien que les experts eussent omis d'indiquer les lieu, jour et heure où devaient se faire les dernières opérations. — Rouen, 15 mars 1844. Persac, [S. 44.2.635]

351. — L'observation des formalités prescrites en matière d'expertise par les art. 315 et s., C. proc. civ., n'étant pas prescrite à peine de nullité, et l'omission de ces formalités n'entraînant la nullité de l'expertise comme portant atteinte à la libre défense, que si elle avait pour effet d'enlever aux parties la possibilité de faire aux experts les observations et réquisitions utiles à leurs intérêts, il n'y a pas lieu à nullité lorsque, dans une expertise provoquée par l'administration de l'enregistrement, les défendeurs, bien que sommés de comparaître aux opérations des deux premiers experts choisis, l'un par eux-mêmes, l'autre par l'administration, n'ont pas comparu ni personne pour eux; que, sommés de comparaître à la première vacation des opérations du tiers-expert, ils y ont comparu, l'un en personne, l'autre par un mandataire; que le tiers-expert s'est transporté sur l'immeuble objet du litige, et y a entendu les explications des deux premiers experts, ainsi que celles de l'un des défendeurs ; et que les défendeurs n'ignoraient pas, à ce moment, sur quel point portait l'expertise (la question de savoir si, à l'époque du décès donnant lieu aux droits de succession, l'immeuble était encore en état d'être loué comme habitation ou ne pouvait plus être considéré que comme un terrain à bâtir). — Cass., 15 févr. 1899, Dasset, [S. et P. 99.1.371, D. 99.1.542]

352. — Dans ce cas, le défaut d'indications données aux parties pour se présenter aux vacations successives et suivantes des experts et du tiers-expert, n'a pas eu pour effet de leur enlever la possibilité de faire toutes observations utiles, de leur causer un préjudice et d'entraver leur droit de défense. — Même arrêt.

353. — Une expertise n'est pas nulle par cela seul qu'une des parties, après avoir assisté aux premières et plus importantes opérations de cette expertise, n'aurait pas reçu d'avertissement spécial pour être présente à des vérifications supplémentaires, s'il résulte des constatations et de l'examen de la cause que ces vérifications n'ont pu être faites qu'avec le concours de cette partie, et qu'ainsi elle a été à même de faire devant les experts tous dires et réquisitions utiles. — Cass., 7 juin 1869, Daniel, [S. 70.1.73, P. 70.153]

354. — Il n'y a pas nullité de l'expertise dont certaines opérations ont eu lieu en l'absence des parties, lorsque les experts ont annoncé aux parties et à leurs avoués l'intention de faire ces opérations, et qu'après ces mêmes opérations, les parties, appelées à s'expliquer devant les experts sur les résultats des observations faites en leur absence, n'ont élevé aucune réclamation. — Cass., 10 mars 1858, Chrestien, [S. 58.1.353, P. 58.995]

355. — D'ailleurs, la partie, qui a comparu à une visite des lieux lors d'une première vacation des experts, et qui, ayant été avertie de la date à laquelle une seconde visite aurait lieu, a fait défaut, ne peut pas se prévaloir de sa non présence aux opérations pour prétendre que les droits de la défense ont été méconnus, et pour demander la nullité de l'expertise. — Cass., 6 juin 1887, Roux, [S. 87.1.380, P. 87.1.927, D. 87.5.217]

356. — Il a même été décidé que, lorsque le défendeur à une expertise, sommé de se trouver aux lieux jour et heure indiqués par les experts, fait défaut, si ces derniers renvoient leur travail à une époque ultérieure, il n'est pas besoin de faire à ce défendeur une nouvelle sommation. — Bourges, 22 déc. 1843, Pingon, [S. 45.2.403, P. 45.1.186]

357. — ... Qu'il ne résulte pas nullité de l'expertise de ce que certaines opérations ont eu lieu en l'absence des parties, lorsque celles-ci, qui s'étaient d'abord présentées, n'ont point demandé

EXPERTISE. — Chap. II.

que ces opérations se fissent en leur présence. — Cass., 2 déc. 1868, Fauchet et Buret, [S. 69.1.55, P. 69.123]

358. — La partie qui a déclaré se tenir pour valablement avertie ne peut arguer de ce que, l'un des experts n'ayant pas comparu au lieu de l'expertise, les autres ont indiqué un nouveau jour pour l'opération et ont intimé les parties. — Bordeaux, 2 août 1833, Bernard, [P. chr.]

359. — Les experts peuvent, après une première visite de lieux, s'y transporter de nouveau pour dresser des plans ou prendre des renseignements, sans que les parties en soient averties. Dans tous les cas, un avertissement verbal suffirait. — Rennes, 11 août 1824, Gauthier, [P. chr.]

360. — Il a été jugé, en ce sens, que les experts, qui ont procédé à toutes leurs opérations tendant à l'évaluation d'un dommage, en présence de toutes les parties, peuvent, dans l'intervalle d'une vacation à l'autre, recueillir des renseignements sur l'importance de ce dommage, sans que ce procédé d'instruction, non interdit par la loi, qui ne l'assujettit à aucune forme spéciale, puisse avoir pour effet de vicier la substance de l'expertise et de paralyser le droit de la défense, alors que le rapport des experts contient, sur les éléments d'information qu'ils ont recueillis et sur les résultats auxquels cette information les a conduits, des détails amplement suffisants pour mettre les parties en situation d'exercer leur droit de contrôle et de critique, aussi utilement que si les renseignements avaient été recueillis en leur présence. — Cass., 15 nov. 1886, Delalande, [S. 87.1.205, P. 87.1.501, D. 87.1.495]

361. — ... Que les experts peuvent, en l'absence des parties, procéder à l'examen des titres qui leur ont été remis, et recueillir les renseignements dont ils sont autorisés à s'entourer; que ce sont là des mesures d'instruction accessoires, qui ne sont assujetties à aucune forme spéciale. — Cass., 9 août 1876, Barguillet, [S. 78.1.469, P. 78.1215, D. 78.1.18]

362. — ... Qu'il n'y a pas lieu de prononcer la nullité d'une expertise à raison de ce que les parties n'ont pas été présentes aux renseignements que les experts étaient autorisés à prendre pour s'éclairer. — Cass., 2 déc. 1868, Chem. de fer de l'Ouest, précité.

363. — ... Qu'une expertise ne peut être annulée, sur le motif que les objets qui ont servi de point de comparaison aux experts dans leurs opérations auraient été demandés et produits hors de leur concours et à l'insu des parties, sauf aux juges à contrôler la conduite de ces experts et à apprécier leurs motifs. — Gand, 12 avr. 1849, Van-Oye-van-Deurne, [P. 51.1.319]

364. — Que lorsque, après avoir procédé à un rapport, les experts sont chargés de faire un supplément à ce rapport pour donner des éclaircissements qu'ils avaient omis, ils peuvent même opérer sans en prévenir les parties, s'ils n'ont aucun renseignement à leur demander, par exemple, s'ils sont seulement chargés d'indiquer les circonstances qui ont servi de base à leur premier rapport. — Cass., 27 févr. 1828, Gauthier, [S. chr.]

365. — ... Que les parties, qui ont dûment assisté à l'expertise proprement dite, peuvent, sans qu'il en résulte nullité, n'être pas appelées à une opération des experts qui ne constitue qu'un simple procès-verbal supplémentaire. — Cass., 20 janv. 1891, Comp. d'imprimerie, [S. 91.1.57, P. 91.1.126, D. 91.1.153]; — 12 mai 1897, du Rozier, [S. et P. 97.1.320, D. 97.1.517] — Paris, 18 juill. 1870, Coulon, [S. 71.2.152, D. 71.2.14]

366. — Il est également inutile de convoquer les parties aux études préliminaires des experts. — Cass., 10 mars 1858, Chrétien, [D. 58.1.100]; — 9 août 1876, Barguillet, [S. 78.1.469, P. 78.1215, D. 78.1.18]; — 5 janv. 1881, Comp. française du gaz et autres, [D. 81.1.129] — Garsonnet, 2ᵉ éd., t. 3, § 870.

367. — ... Ou à leurs délibérations. — Bioche, n. 138; Bonnier, n. 668; Garsonnet, *op. et loc. cit.*

368. — La nullité de l'expertise à laquelle les parties n'ont pas été convoquées est couverte par les conclusions qu'elles prennent devant le tribunal pour soutenir ou combattre le rapport des experts. — Cass., 9 mai 1876, Chamerois-Pacquetet, [D. 77.1.491] — Trib. Alençon, 10 juill. 1894, sous Cass., 12 mai 1897, du Rozier, [D. 97.1.317] — Garsonnet, 2ᵉ éd., t. 3, § 870.

369. — Cette nullité ne peut être proposée pour la première fois en cause d'appel. — Cass., 5 août 1889, Launoy, [S. 90.1.199, P. 90.1.492] — Liège, 30 juill. 1859, [J. des av., t. 87, année 1862, p. 111] — Sic, Dutruc, *Supplém. aux lois de la proc.*, de Carré et Chauveau, t. 2, vᵒ *Expertise*, n. 93; Bioche, vᵒ *Expertise*, n. 215.

370. — Spécialement, la fin de non-recevoir tirée de ce qu'on n'aurait pas été présent ni appelé à une expertise supplémentaire ne peut être présentée pour la première fois en appel, alors qu'au fond on ne conteste ni l'exactitude des faits qui y sont mentionnés, ni aucune des circonstances qui en résultent. — Caen, 1ᵉʳ avr. 1848, Marie, [P. 50.1.438]

371. — Au cas où une sommation doit être signifiée, il faut qu'elle le soit régulièrement. Ainsi, une partie n'ayant pu être valablement citée pour assister à une expertise un jour de fête légale, il s'ensuit que l'opération des experts faite en son absence ledit jour est radicalement nulle. — Toulouse, 4 déc. 1806. Barutel, [S. et P. chr.]

372. — Les avoués des parties peuvent assister à l'expertise, mais chacun d'eux ne peut être payé des vacations qui lui seraient dues que par son client (Tarif, art. 92). — Bioche, n. 125.

373. — Les formalités dont nous venons de parler sont applicables en matière commerciale comme en matière civile. — V. *infrà*, n. 744 et s.

374. — La sommation faite à un étranger appelé en garantie, d'assister à une expertise ordonnée par un tribunal de commerce, doit, à peine de nullité, lui être notifiée au parquet du tribunal où est portée la demande. — Angers, 7 mars 1872, Lefèvre, [S. 72.2.140, P. 72.632] — *Sic*, Locré, *Esprit du C. comm.*, t. 9, p. 77; Carré et Chauveau, *Lois de la proc.*, quest. 374; Nouguier, *Trib. de comm.*, t. 3, p. 25; Orillard, *Dr. de comm.*, n. 701; Massé, *Dr. comm.*, t. 2, p. 719.

375. — Il paraît certain qu'une expertise n'est pas nulle parce qu'au lieu d'y avoir été appelée par acte d'avoué à avoué, comme le prescrit le § 3 de l'art. 315, C. proc. civ., la partie qui n'a point assisté au serment des experts y a été appelée par exploit à personne ou domicile. — Cass., 13 nov. 1832, Latuer, [S. et P. chr.]; — 18 déc. 1871, Colona. [S. 72.1.275, P. 72.688, D. 74.1.297] — Bourges. 14 mars 1821, Julien de Courcelles, [S. et P. chr.] — Orléans, 4 juin 1841, Franchet, [P. 41.2.218] — *Sic*, Bioche, vᵒ *Expertise*, n. 122.

376. — Jugé aussi que l'art. 261, C. proc. civ., qui veut que la partie soit assignée, pour être présente à l'enquête, à domicile de son avoué, n'est pas applicable au cas où il s'agit d'une véfication de lieux à faire par experts, dans les termes de l'art. 315, même Code, encore bien que pour cette vérification il y ait à entendre des témoins. Dans ce cas, la signification de l'arrêt qui ordonne la vérification et la sommation d'y être présent peut être valablement faite à la partie, alors même qu'elle aurait un avoué, surtout si ces actes ont lieu à la requête d'un préfet représentant l'Etat, lequel n'a pas constitué avoué. — Cass., 19 juill. 1837, Barrois, [S. 37.1.912, P. 40.1.517]

377. — Dans le cas où un rapport d'experts est ordonné par une cour d'appel, sur l'appel d'un jugement définitif, la sommation de se trouver sur les lieux, prescrite par l'art. 315, C. proc. civ., doit être notifiée non à l'avoué qui a occupé en première instance (dont le mandat a cessé), mais à celui qui occupe en appel. — Grenoble, 20 août 1825, Carcel, [S. et P. chr.]

378. — Lorsque les parties ne sont pas domiciliées dans le lieu où se poursuit l'expertise, les délais de distance prescrits par l'art. 1033, C. proc. civ., sont-ils applicables? La cour d'Orléans a résolu la question affirmativement. — Orléans, 30 déc. 1865, Maulde, [S. 66.2.229, P. 66.851, D. 66.2.68] — Sic, Chauveau, sur Carré, *Suppl.*, quest. 1186 *bis*. — *Contrà*, Rodière, t. 1, n. 421.

§ 4. Opérations des experts. Dires et réquisitions des parties.

379. — Aux termes de l'art. 317, « le jugement qui aura ordonné le rapport et les pièces nécessaires seront remis aux experts; les parties pourront faire tels dires et réquisitions qu'elles jugeront convenables; il en sera fait mention dans le rapport. »

380. — Les pièces dont parle l'art. 317 sont : la grosse du jugement qui ordonne l'expertise, la sommation d'assister à l'opération lorsqu'il en a été fait une, et les titres ou actes au moyen desquels doit se faire la constatation ou vérification, s'il y a lieu. — Vasserot, p. 21, n. 58.

381. — Il résulte des termes de la loi qu'on peut déclarer le rapport d'un expert irrégulier dans sa substance, en ce que les parties ont été mises hors d'état de requérir des apurements tendant à la découverte de la vérité. — Rennes, 16 juill. 1818, Buscher, [P. chr.]

382. — Mais on ne peut, après avoir été appelé à une expertise et sommé d'y produire ses titres, se faire un moyen de nullité contre l'expertise, de ce que l'on n'aurait pas présenté ses titres, ni fait ses observations devant les experts. — Amiens, 25 nov. 1824, Poile, [P. chr.]

383. — Un rapport d'experts qui contient en plusieurs endroits du procès-verbal les dires et les observations des parties, constate par cela même et implicitement leur assistance aux opérations des experts. — Orléans, 5 mai 1819, Cousin, [P. chr.]

384. — Mais un rapport d'experts n'est pas nul par cela seul qu'il ne mentionne pas que les diverses opérations de l'expertise ont eut lieu en présence des parties, où elles dûment appelées, lorsqu'il est, d'ailleurs, constant en fait que les parties ont été exactement informées de ces opérations, et qu'elles ont fourni toutes les observations qu'elles jugeaient utiles à leur cause. — Cass., 26 nov. 1866, Collongues, [S. 67.1.38, P. 67.57, D. 67.1.64]

385. — Les experts ne sont pas tenus d'avoir égard à toutes les réquisitions que leur font les parties; s'ils ne croient pas devoir déférer à une demande, ils doivent se contenter de la mentionner sur leur procès-verbal. S'il s'élevait devant eux des difficultés qu'ils ne leur appartiendrait pas d'apprécier, en ce que leur examen dépasserait leurs pouvoirs (V. *infra*, n. 488 et s.), ils devraient renvoyer les parties devant le tribunal. — Pigeau, *Comment.*, t. 1, p. 296; Thomine-Desmazures, t. 1, p. 521; Favard de Langlade, t. 4. p. 704, n. 3: Carré et Chauveau, t. 3, quest. 1192; Bonceune, t. 4, p. 480; Vasserot, p. 21, n. 61; Garsonnet, *op. cit.*, 2e éd., t. 3, § 870.

386. — D'autre part, un expert régulièrement commis ne peut être pris à partie et remplacé parce qu'indûment peut-être, mais de bonne foi, il a exigé la production de pièces qu'il croyait indispensables à l'accomplissement de son mandat. Le droit de la partie intéressée se borne, en pareil cas, à faire décider par justice, contradictoirement avec la partie adverse, si elle est tenue ou non de fournir les documents réclamés par l'expert. — Angers, 5 déc. 1877, Mélisson, [S. 78.2.256, P. 78.1019, D. 78.2.120]

387. — Tous les experts nommés doivent prendre part aux opérations. Est essentiellement irrégulière une expertise convenue entre les parties, pour vérifier l'existence et apprécier l'importance du préjudice dont l'une réclame réparation à l'autre, quand il y est procédé en l'absence de l'un des experts; il importe peu que l'expert défaillant ait été convoqué. — Cass., 20 févr. 1889, Lescot, [S. 90.1.409, P. 90.1.982, D. 89.1.419] — Sic, Carré et Chauveau, t. 3, quest. 1158.

388. — Jugé, spécialement, que lorsque trois experts ayant été nommés, l'un d'eux ne se présente pas à l'opération, les deux autres ne peuvent opérer que du consentement de toutes les parties. — Cass., 2 sept. 1811, d'Ormesson et Claudin, [S. et P. chr.] — Vasserot, p. 21, n. 59.

389. — ...Qu'on doit réputer nulle l'expertise qui devait être faite par deux experts nommés en commun par les parties, si un seul y a procédé, et que celui-ci ne peut procéder à la nouvelle expertise à faire à la place de la première. — Bruxelles, 31 juill. 1811, N..., [S. et P. chr.] — Carré, *Lois de la procédure*, t. 1, p. 773; Favard de Langlade, t. 4, p. 705.

390. — Mais le seul fait que l'un des trois experts commis pour procéder à une vérification n'aurait pas assisté à la dernière séance, ne suffit pas pour vicier l'expertise, si, d'ailleurs, l'examen fait dans cette séance n'a porté que sur des points accessoires au sujet desquels les deux autres experts se sont adjoints des hommes spéciaux choisis par tous; et alors surtout que cet examen a eu lieu en présence des parties intéressées et qu'il s'agissait d'une expertise dont les termes ne devaient pas lier le juge. — Cass., 13 nov. 1867, Ecoutin, [S. 68.1.19, P. 68.29, D. 68.1.214]

391. — Deux experts peuvent, en l'absence du troisième, recevoir des renseignements sur la cause, sauf à en donner plus tard connaissance à leur collègue absent. — Rennes, 11 août 1824, Gautier, [P. chr.]

392. — Les experts ont même le droit de déléguer l'un d'eux pour recueillir seul certains renseignements relatifs à l'expertise, sauf à la réserve de l'appréciation au fond, qui doit dans ce cas être faite par tous les experts réunis. — Rouen, 15 mars 1844, Persac, [S. 44.2.635]

393. — Spécialement, est régulière l'expertise où l'un des experts a été chargé par les autres de recueillir les échantillons des produits à examiner, s'il ne s'agissait là que d'une opération purement matérielle, et si tous les experts n'en ont pas moins concouru à l'œuvre commune; si, en outre, cette opération s'est accomplie sous les yeux des parties sans réclamation de leur part. — Cass., 15 mai 1876, Cie des mines de l'Escarpelle, [S. 76.1.305, P. 76.749, D. 76.1.376] — Dejean, *op. cit.*, n. 432.

394. — Il a même été décidé que des experts, en confiant, soit à l'un d'eux pris isolément, soit même à un tiers, une opération purement matérielle, ne comportant aucune appréciation, ne délèguent pas les pouvoirs qu'ils tiennent de leur mandat de justice puisqu'ils demeurent libres de tirer de cette opération matérielle les conclusions qu'elle peut entraîner pour l'accomplissement de leur mission. Ainsi en faisant l'application de ce principe à la radiographie, il a été jugé qu'une expertise ne saurait être annulée, par le motif que le médecin auquel elle était confiée, et qui était chargé d'examiner l'état d'un blessé, aurait fait photographier le pied du blessé au moyen des rayons X par un confrère, et aurait ainsi délégué illégalement ses pouvoirs d'expert à un tiers; il s'agit là d'une opération matérielle, ne comportant aucune appréciation, et dont l'auteur ne participe en rien, par conséquent, à la mission de l'expert. — Lyon, 12 avr. 1897, Cie des houillères de Saint-Etienne, [S. et P. 97.2.295, D. 97.2.304]

395. — Il en est ainsi surtout, alors que les pouvoirs conférés à l'expert étaient aussi larges que possible, les juges l'ayant autorisé à s'entourer de tous renseignements, à interroger toutes personnes pouvant l'éclairer, et à se faire communiquer toutes les pièces qu'il croirait utiles à consulter. — Même arrêt.

396. — Il a été également décidé avec raison que l'irrégularité tirée de ce que deux experts auraient, en l'absence du troisième, délibéré sur l'utilité ou la nécessité d'un nouveau transport sur les lieux est couverte par l'approbation donnée à leur détermination par leur collègue. — Rennes, 11 août 1824, Gautier, précité.

397. — On s'est demandé si les experts ont le droit, pour s'éclairer, d'avoir recours à une enquête faite par eux-mêmes et en vertu de leur caractère de délégués de la justice. On décide, à cet égard, dans un premier système, qu'il n'y a pas nullité en ce que les experts auraient procédé à une enquête. — Favard de Langlade, t. 4, p. 700, n. 1; Pigeau, *Procéd.*, liv. 2, part. 2, tit. 3, chap. 1, § 5, n. 8, p. 310. — Ce dernier auteur enseigne que les témoins qui seraient entendus par les experts pourraient être reprochés.

398. — Nous ne pensons pas qu'une procédure aussi insolite qu'une enquête faite par des experts puisse être considérée comme légale. Des hommes simplement chargés par un tribunal de l'éclairer de leur avis sur certaines questions ne peuvent jouer le rôle des juges-commissaires d'enquêtes ni en exercer les pouvoirs. — Bioche, n. 128; Bonceune, t. 4, p. 482; Chauveau, sur Carré, t. 3, quest. 1201 *bis*; Vasserot, p. 21, n. 59. — Jugé, en ce sens, que des experts, commis par le tribunal pour vérifier s'il a été fait des améliorations à un immeuble et en quoi elles consistent, ne peuvent entendre des témoins; le droit de faire enquête n'appartient qu'aux magistrats, et est hors du caractère et des attributions reconnues par la loi aux experts. — Orléans, 23 avr. 1823, N..., [P. chr.] — ...Qu'en ordonnant une expertise pour une vérification de lieux, les juges ne peuvent autoriser les experts nommés à entendre des témoins sur l'objet de leur mission : ce serait là admettre une enquête sans l'observation des formalités voulues par la loi. — Rennes, 8 janv. 1859, Rozier, [S. 59.2.320, P. 59.232, D. 59.2.107] — Riom, 29 août 1844, Vieillard, [S. 44.2.615]

399. — Mais les experts peuvent toujours, soit d'office, soit *a fortiori*, lorsqu'ils y ont été expressément autorisés par le jugement qui les nomme, recueillir et consigner dans leur rapport les informations qui leur paraissent utiles à la manifestation de la vérité; ils peuvent, spécialement, entendre des témoins à titre de renseignements. — Cass., 31 juill. 1872, Guilhon, [S. 73.1.20, P. 73.71, D. 73.1.489]; — 6 nov. 1888, Bournat, [S. 89.1.309, P. 89.1.576, D. 89.1.230] — Garsonnet, *op. cit.*, § 870.

400. — Il a été décidé, en ce sens, que des experts nommés par justice peuvent, alors surtout qu'ils y sont autorisés par le tribunal, s'éclairer à l'aide d'une enquête officieuse, qui, étant destituée des garanties légales, n'a pas l'autorité que la loi attache aux enquêtes, mais qui vaut à titre de simples renseignements. — Cass., 23 nov. 1857, Blondin, [S. 58.1.377, P. 58.1032, D.58.1.56] — ...Que les juges peuvent autoriser les experts nommés à s'adjoindre telles personnes qu'ils croient capables de fournir des renseignements utiles sur les lieux, sans qu'il soit permis aux parties d'alléguer que ces personnes, n'étant tenues par au-

EXPERTISE. — Chap. II.

cun serment devant la justice, n'offrent pas une garantie suffisante de l'impartialité de leurs renseignements. — Cass., 4 janv. 1820, Benezech, [S. et P. chr.] — ... Qu'ils peuvent autoriser les experts à entendre, pour s'éclairer, les personnes qu'il leur conviendrait d'appeler, cette sorte d'information n'ayant pas l'autorité d'une enquête, mais constituant de simples renseignements. — Cass., 17 nov. 1858, Audouy, [S. 59.1.728, P. 59.600, D. 59. 1.32] — ... Que si les juges ne peuvent, en ordonnant une expertise, autoriser les experts à entendre des témoins à titre d'enquête, il leur est loisible, du moins, d'autoriser les experts à entendre des témoins et à recueillir des informations à titre de renseignements. — Cass., 6 nov. 1888, Bournat, [S. 89.1.309, P. 89. 1.756, D. 89.1.230]

401. — ... Que, spécialement, les juges peuvent, en ordonnant une expertise pour vérifier les causes d'un accident, par exemple, d'un abordage, autoriser les experts à entendre les parties et leurs témoins à titre de renseignements, ce n'est pas là ordonner une enquête sans l'observation des formalités prescrites par la loi. — Cass., 19 nov. 1856, Cabanne, [S.57.1.33, P.57.871]

402. — ... Que le tribunal saisi d'une demande en dommages-intérêts contre le propriétaire ou locataire d'une chasse, à raison du préjudice causé par les lapins aux récoltes des propriétaires voisins, peut, en même temps qu'il prescrit une expertise pour l'évaluation du préjudice, et qu'il reconnaît l'impossibilité de procéder de visu pour la récolte enlevée, autoriser légalement les experts à procéder par voie de commune renommée, et à entendre des témoins à titre de renseignements. — Cass., 5 mai 1884, Parmentier, [S. 84.1.389, P. 84.1.976, D. 84.1.295]

403. — ... Que des experts nommés par justice peuvent prendre tous les renseignements et informations qui leur paraissent utiles pour remplir la mission dont ils sont chargés; qu'ainsi, des experts chargés par la justice d'estimer la plus grande dépense d'eau que peuvent entraîner les modifications faites à une usine par son propriétaire peuvent, pour l'accomplissement de leur mission, recueillir des renseignements sur l'état antérieur des lieux; que ce n'est pas là, de leur part, excéder leurs pouvoirs et convertir en une véritable enquête dépourvue des garanties légales la simple expertise que la justice leur avait confiée. — Cass., 22 avr. 1840, Germignez, [S. 40.1.740, P. 40.2.100]

404. — Par la même raison, lorsqu'une expertise est annulée pour vice de forme comme lorsqu'elle est reconnue insuffisante, il appartient aux juges d'ordonner, d'office, une nouvelle expertise et de nommer, d'office, un ou plusieurs experts, lesquels peuvent demander aux précédents experts tous renseignements utiles. — Cass., 15 nov. 1887, Akermann, [S. 90.1.471, P. 90.1. 1123, D. 89.1.74]

405. — En tout cas, une expertise dans le cours de laquelle des témoins, même nombreux, auraient été entendus, ne devrait pas être annulée comme ayant entrepris sur l'œuvre du juge, s'il résultat des termes du rapport que l'opinion des experts s'est fondée non seulement sur les témoignages recueillis, mais aussi sur leurs constatations personnelles. — Cass., 31 juill. 1872, précité. — Garsonnet, loc. cit.

406. — De plus, la partie qui, d'une part, a concouru elle-même à l'indication des témoins qui ont été entendus par les experts, et qui, d'autre part, n'a élevé à cet égard, devant le tribunal de première instance, aucune réclamation contre le rapport, devrait, comme ayant couvert la prétendue irrégularité commise, être déclarée non recevable à en exciper ultérieurement devant la cour d'appel. — Cass., 31 juill. 1872, précité. — Rennes, 11 août 1824, Gautier, [P. chr.]

407. — Au surplus, les experts auxquels a été donnée la faculté d'entendre diverses personnes à titre de renseignements ainsi des renseignements doivent intimer les parties à se trouver présentes aux séances où ces renseignements doivent être recueillis; à défaut de quoi leur rapport doit être annulé pour excès de pouvoir. — Orléans, 18 nov. 1825, N..., [S. et P. chr.]

408. — On ne peut se pourvoir par appel contre le mode de procéder des experts; il suffit de faire, à cet égard, des réserves à consigner dans le procès-verbal des experts. — Aix, 24 janv. 1832, Coullet, [P. chr.]

409. — Les formalités prescrites par l'art. 317, C. proc. civ., ne le sont pas à peine de nullité. — Cass., 8 mai 1872, Dulau, [S. 72.1.237, P. 72.559, D. 73.1.39]

410. — En tout cas, la nullité ne saurait être invoquée par la partie qui a été mise à même de présenter ses observations. — Même arrêt.

411. — Les irrégularités reprochées à une expertise ne peuvent en entraîner la nullité qu'autant qu'elles sont de nature à en vicier la substance, et notamment à paralyser le droit de la défense. — Cass., 3 janv. 1881, Comp. française du gaz et Dehaynin, [S. 81.1.345, P. 81.1.846, D. 81.1.129] — Sic, Chauveau, Lois de la proc., et Suppl., quest. 1199. — V. suprà, n. 334 et s.

412. — Ainsi une expertise n'est pas nulle, bien que l'analyse chimique, qui était l'un de ses objets, ait été faite en l'absence des parties, si cette analyse était terminée lorsque les parties contestantes ont demandé à y être admises, et si, d'ailleurs, ces parties ont assisté à toutes les opérations essentielles de l'expertise et que le rapport des experts sur l'analyse chimique, d'exercer utilement leur droit de contrôle et de critique. — Cass., 31 juill. 1872, Guilbon, [S. 73.1.20, P. 73.31, D. 73.1.489]

413. — La loi n'a pas fixé de délai dans lequel les parties soient tenues de faire procéder à l'expertise, et elle n'autorise pas le juge à en fixer un. Il en est autrement en matière d'enquête. La raison de cette différence est que l'expertise a pour but des faits qui sont réalisés et déterminés par l'état des lieux et qui dès lors ne peuvent pas varier par suite du délai plus ou moins long qui serait employé pour leur constatation. Il n'en est pas ainsi en matière d'enquête, les témoins pouvant se disperser ou disparaître par décès, éloignement, etc. — Carré. t. 3, quest. 1156; Chauveau, sur Carré, quest. 1157 ter; Garsonnet, op. cit., § 871.

414. — Aussi a-t-il été décidé que les juges ne peuvent, en ordonnant une expertise, prescrire qu'elle aura lieu dans tel délai, à peine de déchéance. — Rennes, 7 mai 1831, Filioux, [P. chr.]

415. — ... Que, notamment, si le demandeur qui a obtenu une expertise néglige de faire signifier et exécuter le jugement qui l'a ordonnée, le défendeur ne peut, sous prétexte de l'insolvabilité du demandeur, l'appeler pour voir juger qu'il l'exécutera dans tel délai, sous peine de déchéance; et qu'une pareille assignation ne peut surtout être donnée avant la signification à avoué du premier jugement. — Même arrêt.

416. — La même cour avait cependant décidé, par un précédent arrêt, que lorsqu'une expertise a été ordonnée, et que l'arrêt interlocutoire n'a été mis à exécution par aucune des parties, la cour a le droit de fixer un délai dans lequel la partie la plus diligente sera tenue de faire exécuter son arrêt. — Rennes, 17 déc. 1829, Roumain-Duplessix, [P. chr.]

417. — Jugé encore que le délai fixé pour procéder à une expertise n'est que comminatoire; qu'il n'y a pas déchéance contre la partie qui n'y a pas fait procéder dans ce délai. — Pau, 25 janv. 1836, Perès et Dupouy, [S. 36.2.400, P. 37.1.42] — Nîmes, 27 janv. 1880, Breysse, [S. 80.2.168, P. 80.673] — Chauveau, sur Carré, n. 1157 ter.

418. — Cependant, lorsqu'en cas d'urgence, on a recours à la juridiction du président du tribunal tenant l'audience des référés, pour en obtenir une commission d'experts, ce magistrat tient de la nature de sa compétence le droit d'ordonner que l'expertise qu'il prescrit sera mise à fin et le rapport déposé dans un délai qu'il fixe. C'est ce qui se pratique à Paris.

419. — Lorsqu'une expertise a été ordonnée par un jugement et que la partie qui l'a obtenue ne la fait pas faire, le défendeur, s'il ne veut pas poursuivre lui-même l'expertise ainsi qu'il en a le droit, doit mettre son adversaire en demeure d'y faire procéder dans un certain délai. — Dejean, op. cit., § 631.

420. — Par application de cette règle, il a été jugé que, lorsqu'un tribunal a ordonné une expertise, ce tribunal ne doit pas statuer au fond, avant que l'interlocutoire ait été vidé, ou tout au moins avant que le demandeur ait été mis en demeure d'exécuter l'expertise. — Bordeaux, 23 juin 1828, Papin de la Gaucherie, [P. chr.]

§ 5. Du rapport.

1° Rédaction, écriture et signature du rapport.

421. — L'art. 318 dispose ainsi qu'il suit : « Les experts dresseront un seul rapport ; ils ne formeront qu'un seul avis à la pluralité des voix ; ils indiqueront néanmoins, en cas d'avis différents, les motifs des divers avis sans faire connaître quel a été l'avis personnel de chacun d'eux. »

422. — L'art. 117, C. proc. civ., qui oblige les juges à se réduire à deux opinions, lorsque, dans leur délibération, ils émettent des avis différents, ne s'applique pas aux experts. L'art. 316 prévoyant le cas où chacun des experts aurait une conviction différente, permet à chacun d'eux de conserver la sienne et cet article veut même que dans ce cas chaque opinion soit motivée au procès-verbal. — Pigeau, *Comm.*, t. 1, p. 571 et 572; Carré et Chauveau, t. 3, quest. 1200; Dejean, *op. cit.*, § 524. — *Contrà*, Delaporte, t. 1, p. 305.

423. — Lorsque deux des experts partagent le même avis et que le troisième en adopte un différent, les opinions émises doivent-elles être motivées? M. Demiau-Crouzilhac (p. 231) pense qu'il résulte des termes de l'art. 318 que les avis différents ne doivent être motivés que lorsqu'il s'en est formé trois.

424. — Telle était aussi l'opinion soutenue par Pigeau dans sa *Procédure civile*; mais le même auteur, abandonnant cette opinion dans son *Commentaire* (t. 1, p. 571), enseigne que, même lorsque les avis des experts se réduisent à deux, ils doivent être motivés. Il ajoute que si les experts ne forment qu'un avis par des motifs différents, ils doivent exprimer ces motifs. — Chauveau, sur Carré, t. 3, quest. 1202; Dejean, *op. cit.*, § 526.

425. — Il est certain d'ailleurs que les experts doivent faire connaître les bases de leurs estimations, pour que les juges puissent en apprécier la justesse. — Chauveau, sur Carré, t. 3, quest. 1202.

426. — L'énonciation des motifs qui ont déterminé les avis différents des experts est-elle prescrite à peine de nullité? Il a été jugé, à cet égard, que des experts chargés de faire une estimation ne sont pas tenus, sous peine de nullité, de motiver leur estimation, autrement qu'en faisant connaître le total de l'évaluation des uns et le total de l'évaluation donnée par les autres. — Colmar, 5 mai 1812, N..., [P. chr.] — *Contrà*, Bruxelles, 20 nov. 1820, [C. proc. civ. annoté de Sirey, art. 318, n. 6]

427. — Il a été également jugé (avant le Code de procédure) que les experts chargés d'estimer une maison ne doivent pas, à peine de nullité de leur rapport, fixer la valeur séparée de chacun des objets en dépendant, qu'ils ont pris en considération pour l'évaluation du total. — Nîmes, 5 pluv. an XIII, Boule, [P. chr.]

428. — En tout cas, la nullité qui pourrait résulter de l'inobservation de l'art. 318, C. proc. civ., n'est pas d'ordre public, et est couverte par le silence des parties. — V. sur le principe, Cass., 13 août 1838, Delamotte, [S. 38.1.887, P. 38.1.113]; — 2 juill. 1889, Bertrand, [S. et P. 92.1.376, D. 90.1.479] — Garsonnet, *op. cit.*, t. 2 (1re éd.), § 351, p. 578.

429. — Chauveau, sur Carré (*loc. cit.*), dit que, comme l'insertion des motifs est requise principalement pour éclairer la justice, si les tribunaux trouvent par ailleurs des éléments suffisants pour juger, ils peuvent se contenter du procès-verbal non motivé; mais aussi que si, faute de motifs leur incertitude n'était pas dissipée, ils auraient incontestablement le droit d'ordonner une nouvelle expertise, et même d'annuler la première pour en faire retomber les frais sur les experts négligents. — Dejean, *op. cit.*, § 531.

430. — Jugé, en ce sens, que les motifs des divers avis seraient suffisamment énoncés, si les magistrats pouvaient en induire de la comparaison de chaque opinion. — Bourges, 19 mars 1822, de Brechard, [S. et P. chr.] — Bioche, n. 147.

431. — Une expertise est-elle nulle, lorsque les experts, ayant procédé en commun aux opérations de l'expertise, mais n'ayant pu se mettre d'accord sur un point en litige, sont convenus de rédiger séparément à cet égard leurs avis motivés?

432. — La question s'est posée devant la Cour de cassation, dans une espèce où deux des trois experts s'étaient prononcés en faveur de l'une des parties, tandis que le troisième avait persisté dans l'opinion contraire, en refusant d'en formuler les raisons. La cour ne l'a pas résolue dans cet arrêt. Toutefois elle avait précédemment jugé qu'il ne résulterait aucune nullité de ce que, en cas d'avis différents, les experts auraient rédigé chacun un rapport séparé. — Cass., 30 janv. 1849, Comm. de Bouzée, [S. 49.1.195, P. 49.1.348, D. 49.1.37]; — 1er févr. 1864, Comp. la Providence, [S. 64.1.62, P. 64.496, D. 64.1.135]

433. — ... Alors surtout que les experts avaient été dispensés par les parties d'observer les formes prescrites par la loi. — Cass., 1er févr. 1864, précité.

434. — En tout cas, et à supposer qu'un rapport dressé dans ces conditions doive être considéré comme vicié dans sa substance, il n'y aurait là qu'une nullité de forme qui n'est pas d'ordre public et à laquelle la partie qui pouvait s'en prévaloir est réputée avoir renoncé, si elle ne l'a pas invoquée avant toute autre défense devant les premiers juges. — Cass., 2 juill. 1889, précité.

435. — Jugé, au contraire, que quand, de trois experts, l'un, au lieu de concourir à la rédaction d'un seul rapport, veut consigner son avis dans un rapport distinct, il y aurait lieu de remplacer cet expert par un autre. — Orléans, 17 janv. 1863, Simon [S. 63.2.10. P. 63.135]

436. — Le fait par un des experts, en cas d'avis différents, de faire connaître son nom dans le procès-verbal, n'en emporte pas la nullité. — Aix, 7 févr. 1878, Tysikiewicz, [S. 78.2.291, P. 78.1141, D. 80.5.138]

437. — Aux termes de l'art. 317, C. proc. civ., la rédaction doit être écrite par l'un des experts et signée par tous; s'ils ne savent pas tous écrire, elle est écrite et signée par le greffier de la justice de paix du lieu où ils auront procédé. Par suite, on décide généralement que le rapport des experts doit être rédigé par écrit. — V. Carré et Chauveau, *Lois de la proc.*, t. 3, quest. 1191 *ter*; Dutruc *Suppl. aux lois de la proc.*, de Carré et Chauveau, v° *Expertise*, n. 106; Dejean, *Tr. des expertises*, n. 466; Pigeon, *Tr. et formulaire des expertises*, n. 163; Bioche, v° *Expertise*, n. 135; Rousseau et Laisney, v° *Expertise*, n. 81. — V. toutefois *infrà*, n. 468 et s., sur les circonstances où un rapport pourrait être fait oralement.

438. — C'est par leur procès-verbal de rapport que les experts doivent rendre compte de l'accomplissement de leur mission. Jugé que l'absence d'un écrit établissant que les experts auraient vaqué à leurs opérations ne peut être suppléée ni par la preuve testimoniale ni par une déclaration émanée des experts eux-mêmes. — Montpellier, 9 nov. 1844, Houlès, [S. 47.2.457, P. 45.1.540]

439. — La disposition de l'art. 317 n'étant pas prescrite à peine de nullité, on s'est demandé si l'expertise pouvait être annulée lorsqu'une ou plusieurs des formalités qu'il exige n'ont pas été observées. Il semble résulter des termes de l'art. 1030, C. proc. civ., que les tribunaux n'ont pas ce droit. C'est en ce sens que la cour de Besançon a décidé qu'un rapport d'experts n'est pas nul, quoiqu'il ne mentionne pas que les experts aient observé les formes légales. — Besançon, 18 juin 1812, N..., [P. chr.]

440. — Cependant les auteurs estiment qu'il est des formalités tellement essentielles qu'on peut les considérer comme des conditions d'existence du rapport, et dont l'observation paraît indispensable, bien qu'aucune nullité ne soit écrite dans la loi en ce qui les concerne. Aussi s'accordent-ils pour décider que l'expertise peut être déclarée nulle, lorsque des infractions à l'art. 317 ont été commises, mais seulement s'il y a eu omission de l'une des formalités dites substantielles. — Favard de Langlade, t. 4, p. 705, n. 5; Berriat Saint-Prix, p. 305, note 3; Pigeau, *Comment.*, t. 1, p. 576 et 577; *Le Pratic. franç.*, t. 2, p. 265; Demiau-Crouzilhac, p. 232; Chauveau, sur Carré, t. 3, quest. 1199.

441. — La jurisprudence paraît avoir accepté cette distinction entre les formalités substantielles et non substantielles, mais on ne peut se dissimuler que son esprit ne soit de restreindre les cas de nullités. Demiau-Crouzilhac (*loc. cit.*) s'élève avec force contre cette tendance de la jurisprudence à enlever presque toute sanction à la loi.

442. — Selon Chauveau, sur Carré (t. 3, quest. 1199), la forme est substantielle lorsqu'elle a pour but d'obtenir un rapport éclairé, consciencieux et authentique.

443. — Jugé qu'un rapport d'experts n'est pas nul, parce qu'il y aurait des omissions à lui reprocher; qu'en pareil cas, on peut seulement demander un supplément d'expertise. — Bordeaux, 26 mars 1841, Larrisson, [P. 41.2.668]

444. — Un rapport d'expert peut-il être dressé un dimanche ou un jour de fête légale? Avant le Code de procédure, les rapports dressés ces jours-là étaient tenus pour nuls; et le parlement de Provence, par arrêt du 18 nov. 1694, a ordonné qu'un rapport fait un jour de fête légale serait refait aux frais des experts. Cette doctrine est encore enseignée par Delaporte (t. 1, p. 304) et Pigeau (t. 1, p. 569). Et il a été jugé que l'expertise faite un jour de fête légale est nulle. — Toulouse, 4 déc. 1806, Brutel, [S. et P. chr.]

445. — Mais le contraire a été décidé par ce double motif que, d'une part, l'art. 1030 ne permet pas d'invalider les actes lorsque la loi ne les déclare pas nuls, et que, d'autre part, l'art. 1037

EXPERTISE. — Chap. II.

n'interdit de faire un jour de fête légale que les exécutions et significations. — Bourges, 30 mars 1829, Laforet, [P. chr.] — Favard de Langlade, t. 4, p. 705, n. 5; Carré et Chauveau, t. 3, quest. 118; Pigeau, *Comm.*, t. 1, p. 569; Dejean, *op. cit.*, § 546.

446. — Les rapports d'experts doivent être écrits sur papier timbré. sans blancs, surcharges ni interlignes. Les ratures, s'il y en a, doivent être approuvées à la fin de l'acte avec indication des mots rayés comme nuls. Les renvois doivent être reportés en marge et paraphés par tous les signataires du rapport. — Dejean, *op. cit.*, § 542.

447. — La loi du 13 brum. an VII, qui oblige (art. 12) les experts à écrire leurs rapports sur papier timbré, sous peine d'une amende de 5 fr. leur défend aussi (art. 24) « d'agir sur un acte, registre ou effet de commerce non écrit sur papier timbré du timbre prescrit, ou non visé par timbre. »

448. — Quand un rapport d'experts fait mention, lors de la clôture du procès-verbal, du nombre de vacations qui ont été employées, il est régulier quoiqu'il ne soit pas divisé par séances. — Orléans, 5 mai 1819, Cousin, [P. chr.] — V. *infra*, n. 859.

449. — Lorsque le rapport est écrit par un autre que l'un des experts, il y a dans ce fait une infraction à l'art. 317, mais cette infraction constitue-t-elle une nullité? La jurisprudence répond négativement. Elle exige seulement que le rapport soit écrit sous la dictée de l'un d'eux. — Cass., 7 mars 1843, de l'Ecluse et d'Aubigny, [S. 43.1.654, P 43.1.670] — Paris, 21 juin 1814, Millet, [S. et P. chr.] — Colmar, 2 juill. 1814, Bontems, [P. chr.] — Orléans, 12 juill. 1822, Boulet, [P. chr.] — Orléans, 6 mai 1824, Rotte, [S. et P. chr.] — Amiens, 6 janv. 1825, Pruvost, [S. et P. chr.] — Rouen, 6 juill. 1826, Angran, [S. et P. chr.]; — 24 juill. 1826, Hébert C..., [P. chr.] — Chauveau, sur Carré, L 3, quest. 1199; Bioche, n. 150; Dejean, *op. cit.*, § 486. — En fait. à Paris, il est d'usage que les experts-architectes, qui sont le plus fréquemment employés, se fassent assister d'un secrétaire, connu sous le nom de « greffier du bâtiment, » chargé non pas seulement d'écrire les rapports des experts sous leur dictée, mais de les rédiger entièrement sous l'inspiration des experts et avec leurs notes. On peut dire que cet usage est même légalement reconnu, puisque cette profession est imposée à la patente.

450. — Jugé qu'alors même que tous les experts savent écrire. le rapport non écrit de leur main est valable lorsqu'il est bien certain qu'il est leur œuvre personnelle. — Cass., 18 mai 1847, Brunier, [P. 48.2.641, D. 47.4.141] — Orléans, 9 janv. 1847, Coustard [S. 48.2.254, P. 48 1.671, D. 47.2.22] — Agen, 30 juill. 1828, Ardouin, [S. et P. chr.] — Dejean, *op. cit.*, § 483.

451. — Qu'un procès-verbal d'expertise n'est pas nul, par cela seul qu'il n'est pas écrit par un des experts, alors surtout qu'il est constant que la rédaction a été faite par l'expert et qu'il ne s'est servi d'un écrivain que pour le copier. — Rouen, 24 juill. 1826, précité. Garsonnet, *op. cit.*, § 871.

452. — ... Qu'il n'est pas nécessaire, à peine de nullité, que le rapport des experts soit écrit par l'un d'eux, ou par le greffier, si la récapitulation entière du rapport des experts a été écrite au moins de l'un d'eux et le rapport signé par tous. — Cass., 20 juin 1826, Bunel, [S. et P. chr.]

453. — La signature de tous les experts, prescrite par l'art. 317, n'est pas exigée à peine de nullité. En effet, l'avis des experts se formant à la majorité, le refus de signer de la part de l'un d'eux ne peut infirmer l'exactitude de ce qui est attesté par les deux autres, car autrement l'avis d'un seul prévaudrait sur celui de la majorité. Cette doctrine ne fait, du reste, qu'appliquer aux experts, par analogie, la disposition de l'art. 1016, C. proc. civ., aux termes duquel un jugement arbitral est régulier, bien que les arbitres aient refusé de signer la sentence. — Cass., 21 nov. 1820, Guliani. [S. et P. chr.]; — 30 nov. 1824, Planchon, [S. et P. chr.] — Sic, Bioche, v° *Expertise*, n. 151; Thomine-Desmazures, t. 1, p. 522; Favard de Langlade, t. 4, p. 705; Frémy-Ligneville, *Code des archit.*, n. 1428 et 1446; Dejean, *op. cit.*, § 484; Rousseau et Laisney, *Dict.*, v° *Expertise*, n. 88; Chauveau, sur Carré, t. 3, quest. 1539 *bis*; Garsonnet, *op. cit.*, § 871.

454. — Pigeau (*Comm.*, t. 1, p. 570) est néanmoins d'avis que, dans ce cas, l'expertise doit être recommencée, sauf aux nouveaux frais, après le remplacement de l'expert qui a refusé de signer. Cet auteur donne seulement aux parties une action en dommages-intérêts contre cet expert.

455. — Mais il a été jugé, dans le sens de la première opinion, que l'expertise est valable, quoique le rapport des trois experts ait été signé par deux d'entre eux seulement, le troisième ayant refusé de signer. — Cass., 21 nov. 1820, précité; — 30 nov. 1824, précité. — Orléans, 14 nov. 1817, Valin, [P. chr.]; — 9 janv. 1847, Constard, [S. 48.2.254, P. 48.1.671, D. 47.2.22]

456. — ... Qu'il suffit que le rapport signé de deux experts seulement constate que tous les trois ont coopéré à l'expertise. — Bourges, 19 mars 1822, de Bréchard, [S. et P. chr.] — Agen, 30 juill. 1828, Ardouin, [S. et P. chr.]

457. — Les prescriptions de l'art. 317, C. proc. civ., n'étant pas exigées à peine de nullité, un rapport d'experts conserve toute sa valeur, bien qu'il n'ait pas été signé par l'un des experts à raison de son décès, alors surtout qu'il est constaté en fait que les intérêts des parties ont été pleinement sauvegardés, et que, si l'un des experts est mort avant d'avoir signé le rapport, il a cependant pris part à toutes les opérations et a discuté les conclusions du rapport dans une réunion qui avait pour but de prendre une décision définitive. — Dijon, 24 mai 1893, Michaud, [S. et P. 93.2.128, D. 93.2.415]

458. — Il a été jugé, dans le même sens, que si l'un des experts est décédé avant la rédaction du rapport, il suffit de constater qu'il a pris part aux opérations et formulé son avis. — Bourges, 19 mars 1822, de Bréchard, [S. et P. chr.] — Sic, Garsonnet, *op. cit.*, § 871.

459. — D'après le second paragraphe de l'art. 317, il suffit qu'un seul des experts ne sache pas écrire pour que le procès-verbal doive être écrit et signé par le greffier de la justice de paix du lieu des opérations. — Lepage, *Quest.*, p. 211; Delaporte, t. 1, p. 303; Hautefeuille, p. 176; *Le Praticien*, t. 2, p. 241; Demiau-Crouzilhac, p. 231; Chauveau, sur Carré, t. 3, quest. 1194; Favard de Langlade, t. 4, p. 705, n. 6; Boncenne, t. 4, p. 490; Thomine-Desmazures, t. 1, p. 521; Dejean, *op. cit.*, § 487; Garsonnet, *op. cit.* § 871.

460. — Il a été jugé, dans une espèce où les experts avaient fait consigner dans le rapport qu'en raison de leur défaut d'habitude d'écrire, ce rapport avait été rédigé sur leurs notes et explications orales, et écrit en entier par le greffier de la justice de paix du lieu où ils avaient opéré, qu'en procédant ainsi les experts, loin de contrevenir à la loi, s'étaient conformés à la lettre et à l'esprit de l'art. 317, C. proc. civ. — Nîmes, 19 juill. 1832, Dartis, [P. 54.1.165]

461. — On doit réputer nul le rapport d'experts qui n'a pas été écrit par le greffier de la justice de paix lorsque l'un des experts ne sait pas écrire. A plus forte raison en est-il de même si l'expertise ayant été confiée à un seul expert, celui-ci ne sait pas même lire. — Orléans, 28 juill. 1848, Leroy, [P. 48.2.192, D. 49.2.24]

462. — Il n'est pas, du reste, nécessaire que, dans le cas de l'art. 317, § 2, le greffier écrive sous la dictée de l'expert; il suffit que la rédaction soit conforme à ce qui est exprimé pour que l'acte soit valable. Pigeau, *Comm.*, t. 1, p. 570; Favard de Langlade, t. 4, p. 705, n. 6; Carré et Chauveau, t. 3, quest. 1197; Dejean, *op. cit.*, § 495; Garsonnet, *op. et loc. cit.* — V. Cass., 18 mai 1847, Brunier, [P. 48.2.641, D. 47.4.241] — *Contrà*, Demiau-Crouzilhac, p. 231.

463. — Est-ce le greffier du lieu que les experts ont visité ou celui du lieu où ils auraient arrêté leur avis qui doit écrire le procès-verbal, lorsque l'un des experts ne sait pas écrire? Delaporte (t. 1, p. 303) pense que c'est le greffier du lieu de paix du lieu où les experts ont délibéré. Il se fonde sur ce que si l'on voulait que le procès-verbal fût écrit par le greffier du lieu contentieux, il deviendrait nécessaire que les experts restassent jusqu'à la rédaction de leur rapport dans le canton du lieu serait situé, puisque ce greffier ne peut exercer ses fonctions que dans son canton, ce qui augmenterait inutilement les lenteurs et les frais. — V. aussi *Comment.* inséré aux *Annales du notariat*, t. 1, p. 319; Bioche, n. 148.

464. — D'autres auteurs enseignent, au contraire. qu'en parlant du lieu où les experts ont procédé, l'art. 317 n'a pu vouloir désigner que le lieu contentieux. Il y a un motif spécial qui devait engager le législateur à vouloir que le procès-verbal fût rédigé par le greffier de la justice de paix du lieu où les experts ont opéré, c'est que des experts qui ne savent pas écrire ne pouvant conserver de notes pour la rédaction du procès-verbal, il importe, pour sa fidélité, qu'il fût rédigé dans le temps le plus voisin possible de l'opération. — Carré et Chauveau, t. 3, quest. 1195; Hautefeuille, p. 176; Thomine-Desmazures, t. 1, p. 521; Favard de Langlade, t. 4, p. 705, n. 6; *Le Praticien*, t. 2, p. 241; Dejean, *op. cit.*, § 493.

465. — Le système proposé par Delaporte, et que les auteurs de l'art. 317 paraissent condamner, était, cependant, appliqué sous l'empire de l'ordonnance de 1667. « Les experts, de retour chez eux, dresseront leur rapport, dit Pothier (*Tr. de la proc. civ.*, 1re part., chap. 3), sur les notes qu'ils ont pu faire sur les lieux, lors de leur visite. Le projet de l'ordonnance les obligeait à le dresser sur les lieux, de peur qu'à leur retour ils ne pussent être corrompus et changer d'avis; mais cet article a été retranché, et le motif qui a déterminé à le faire est que ces rapports demandant souvent un temps considérable pour être dressés, cela aurait arrêté trop longtemps les experts sur le lieu et augmenté considérablement les frais. »

466. — On a soulevé la question de savoir si les experts pourraient employer un notaire pour écrire leur procès-verbal. Boncenne (t. 4, p. 491) et Thomine-Desmazures adoptent l'affirmative sur ce point, par le motif que la loi n'a pas exigé, à peine de nullité, que le rapport fût écrit par l'un des experts ou, faute par eux de savoir écrire, par le greffier de la justice de paix du lieu. — Toulouse, 29 avr. 1813, Monna, [P. chr.] — V. Bioche, n. 148.

467. — Mais la plupart des auteurs pensent, avec raison, selon nous, que le procès-verbal ne peut faire foi qu'autant qu'il est écrit et signé par les personnes qui ont reçu de la loi la mission de lui donner l'authenticité, c'est-à-dire par l'un des experts, ou, s'ils ne savent pas écrire, par le greffier de la justice de paix; que dès lors cet acte doit être considéré comme en dehors des attributions des notaires. — Pigeau, *Comm.*, t. 1, p. 570; Carré et Chauveau, t. 3, quest 1196; Delaporte, t. 1, p. 384.

468. — Les tribunaux pourraient-ils ordonner des rapports oraux à l'audience? Carré et Chauveau (t. 3, quest. 1191 ter) pensent avec raison qu'il n'y a rien de régulier dans un pareil rapport, le Code de procédure n'autorisant pas un semblable mode de procéder. Les tribunaux ont sans doute une grande latitude dans le choix des moyens qu'ils emploient pour s'éclairer; mais il faut cependant que ces moyens soient légaux. — V. aussi Boncenne, t. 4, p. 487 et s.; Bioche, n. 135; Dejean, *op. cit.*, § 466.

469. — Néanmoins, Favard de Langlade (t. 4, p. 707, n. 10) pense qu'un rapport présenté sous cette forme serait valable, et à l'appui de son opinion il cite deux arrêts du Parlement de Paris des 26 juill. 1735 et 23 avr. 1785 qui ont jugé dans ce sens.

470. — En tout cas, les formalités édictées par les art. 317 et s., C. proc. civ., n'étant pas d'ordre public, les parties majeures et libres de leurs droits peuvent dispenser les experts de les accomplir et consentir à ce que les experts fassent leur rapport oralement à l'audience — Bordeaux, 15 déc. 1870, Collot, en sous-note sous Cass., 3 janv. 1887, Chem. de fer d'Orléans, [S. 87.1.263, P. 87.1.630. D. 71.5.175] — Sic, Dutruc, *op. et loc. cit.*; Dejean, *op. cit.*, n. 467; Pigeon, *op. et loc. cit.*; Rousseau et Laisney, *op. et loc. cit.*; Ruben de Couder, *Dict. de dr. comm., industr. et marit.*, t. 3, v° *Expertise*, n. 3. — V. Carré et Chauveau, *op. et loc. cit.*

471. — Par suite, s'il résulte des qualités du jugement, dont est appel, la preuve implicite que le demandeur a consenti à ce que l'expert, choisi par son adversaire et par lui, se dispensât de rédiger son rapport par écrit, et le fit oralement à l'audience; et s'il a accepté sans protestation, en première instance, cette forme irrégulière du rapport, il ne peut être autorisé, en appel, à relever une nullité qu'il a couverte par son silence approbatif. — Même arrêt.

472. — Cette décision doit surtout être admise, lorsqu'il s'agit d'un supplément d'expertise. Ainsi, lorsqu'une cour d'appel a cru devoir entendre dans leurs explications orales des experts commis par un tribunal de commerce, et ayant prêté le serment prescrit par l'art. 305, C. proc. civ., il n'y a pas là une enquête au sens de l'art. 432, C. proc. civ. — Cass., 3 janv. 1887, précité. — V. Boncenne, *Théor. de la proc. civ.*, t. 4, p. 501; Dejean, *op. cit.*, n. 468; Rousseau et Laisney, *op. et loc. cit.*

473. — En tout cas, si cette mesure d'instruction a eu lieu en présence et du consentement des parties intéressées, celles-ci ne sont pas recevables à se plaindre de ce que le supplément de rapport des experts n'a pas été fait dans les formes prescrites par l'art. 317, C. proc. civ. — Même arrêt. — Sic, Dutruc, *Suppl. aux lois de la proc.*, de Carré et Chauveau, v° *Expertise*,

n. 106; Rousseau et Laisney, v° *Expertise*, n. 81; Ruben de Couder, *op. cit.*, v° *Expertise*, n. 25.

2° Lieu, jour et heure de la rédaction.

474. — L'art. 317 exige que les experts indiquent le lieu, le jour et l'heure auxquels ils rédigeront leur rapport : d'où Houtefeuille (p. 175), Delaporte (t. 1, p. 303) et les auteurs du *Commentaire* inséré aux *Annales du notariat* (t. 2, p. 316) concluent que les parties et leurs avoués peuvent assister à cette rédaction, car, autrement, disent-ils, cette indication serait sans objet.

475. — Quant à Pigeau (*Comment.*, t. 1, p. 297), Carré et Chauveau (t. 3, quest. 1193), ils font à cet égard une distinction qui nous paraît fondée; le procès-verbal des experts contient deux parties; la première constate : 1° le transport et l'arrivée des experts et des parties; 2° la remise des pièces; 3° les dires et les réquisitions; 4° les opérations faites par les experts pour asseoir leur avis, comme toisés, vérifications, etc. Ces opérations, disent ces auteurs, se font en présence des parties, parce qu'elles appartiennent à l'instruction. C'est cette seule partie du procès-verbal qui doit être rédigée en présence des parties, en quelque lieu que se fasse la rédaction du rapport. Mais la seconde partie, qui est le résultat de la première, contient l'avis des experts. Elle doit être rédigée hors la présence des parties, car les experts prononcent à cet égard une espèce de jugement, et il convient de leur laisser la liberté la plus entière. — V. dans le même sens, Boncenne, t. 4, p. 484; Favard de Langlade, t. 4, p. 705, n. 4; Thomine-Desmazures, t. 1, p. 521.

476. — Lorsque les experts, contrairement aux prescriptions de l'art. 317, n'ont pas instruit les parties du jour où la rédaction s'opérera, cette irrégularité entraîne-t-elle la nullité de l'expertise? Chauveau, sur Carré (t. 3, quest. 1158 ter) et Boncenne (t. 4, p. 484) pensent que l'avertissement des jour et lieu de la rédaction du rapport doit être considéré comme une nullité substantielle de l'opération, cet avertissement leur paraissant indispensable pour donner aux parties les moyens de présenter leurs dires aux experts et d'en requérir l'insertion au procès-verbal.

477. — Dès lors, si la partie n'était pas présente au moment de l'indication faite par les experts du jour et du lieu de la rédaction de leur rapport, il faudrait l'en prévenir d'une manière officielle à peine de nullité, à moins toutefois qu'elle n'eût été régulièrement convoquée pour la séance dans laquelle l'indication aurait eu lieu, car dans ce cas elle aurait à s'imputer les conséquences de sa négligence. — Cass., 19 juin 1838, Lentz, [S. 38.1.609, P. 38.1.664] — Boncenne, t. 4, p. 485; Chauveau, sur Carré, *loc. cit.*; Bioche, n. 141.

478. — Jugé, de même, que la partie qui, par son propre fait, n'aurait pas reçu l'invitation d'être présente à la rédaction, n'est pas non plus fondée à induire de là un moyen de nullité. — Cass., 7 déc. 1826, Briant, [S. et P. chr.]

479. — La jurisprudence s'est prononcée, d'une façon générale, pour la validité des opérations et du procès-verbal, malgré l'omission de la formalité dont il s'agit, et un grand nombre d'arrêts ont décidé qu'il n'y a pas de nullité dans ce cas, lorsque d'ailleurs les parties ont été mises à même d'assister à l'expertise et que leurs observations et dires ont été insérées au procès-verbal. — Cass., 7 déc. 1826, Briant, [S. et P. chr.]; — 20 août 1828, Préfet de la Nièvre, [S. et P. chr.]; — 10 août 1829, Hielly, [P. chr.]; — 11 nov. 1829, Coudreux, [S. et P. chr.]; — Bourges, 2 août 1810, Faignon, [S. et P. chr.]; — 20 avr. 1825, Préfet de la Nièvre, [S. et P. chr.]; — 30 mars 1829, Laforet, [P. chr.]; — Colmar, 2 juill. 1814, Bontems, [P. chr.] — Toulouse, 19 mars 1817, Lapeyre, [P. chr.]; — 10 oct. 1823, Rouaie, [S. et P. chr.] — Orléans, 27 mai 1818, Maccurtin, [P. chr.] — Montpellier, 27 mars 1824, Ferrand, [P. chr.]; — Rennes, 11 août 1824, Gautier, [P. chr.] — Caen, 16 juill. 1828, Demande, [P. chr.] — Bordeaux, 2 août 1833, Bernard, [P. chr.] — Pau, 52 juin 1840, Lay, [P. 41.1.421]

480. — Jugé qu'il ne peut y avoir nullité du rapport si les parties n'ont pas été sommées d'assister à la rédaction du procès-verbal, lorsqu'elles n'ont point manifesté le désir d'y être présentes, et que le long temps écoulé entre le commencement des opérations et la clôture du procès-verbal leur a laissé toute latitude de faire telles réquisitions qu'elles jugeraient utiles. — Cass., 2 déc. 1868, Fauchet, [S. 69.1.55, P. 69.123]

481. — ... Que la nullité du procès-verbal ne peut être demandée pour défaut d'indication du jour où la rédaction en devait être faite par une partie qui a assisté à un certain nombre des opérations de l'expertise dans lesquelles elle a fait des dires. — Rouen, 15 mars 1844, Persac, [S. 44.2.635]

482. — ... Que n'est pas nul le rapport rédigé hors du lieu de l'expertise, et sans que les experts aient indiqué le lieu, le jour et l'heure de la rédaction, la disposition de l'art. 317, C. civ., qui exige cette indication, ne constituant pas une formalité substantielle. — Poitiers, 25 nov. 1872, Pradeau, [S. 73.2.149]

483. — ... Que l'art. 317, C. proc. civ., en permettant que le rapport des experts soit rédigé dans un lieu autre que le lieu contentieux, aux jour et heure indiqués par eux, n'exige nullement que cette indication soit notifiée spécialement au défaillant. — Cass., 21 oct. 1895, Tarbouriech, [S. et P. 97.1.102]

484. — ... Qu'en conséquence, celui-ci ne saurait de ce chef poursuivre la nullité de l'expertise, alors d'ailleurs qu'il a assisté à la prestation de serment des experts, qu'il a connu la date du commencement de l'expertise, en a suivi les opérations, a été mis à même de faire toute objection et de produire toute justification au cours de l'expertise, et enfin a été exactement informé de toutes les opérations des experts. — Même arrêt.

485. — ... Que lorsque les experts déclarent que la rédaction du procès-verbal se fera dans un autre lieu que le lieu contentieux, il n'est pas nécessaire, si l'une des parties fait défaut, de lui signifier, par exploit, l'indication des lieu, jour et heure de la rédaction. — Cass., 19 juin 1838, Enreg., [S. 38.1.609, P. 38.1.604] — *Sic*, Boncenne, t. 4, p. 483 et s.

486. — Jugé, au contraire, qu'un procès-verbal d'expertise est nul lorsqu'il a été rédigé hors du lieu de l'expertise, si ce lieu de rédaction n'a pas été indiqué d'avance, de manière que les parties intéressées aient pu y faire tels dires et réquisitions qu'elles jugeraient convenables. — Nancy, 10 sept. 1814, Choiseul, [P. chr.] — Besançon, 3 mars 1820, N..., [P. chr.] — Orléans, 18 nov. 1825, N..., [S. et P. chr.] — Bordeaux, 4 juill. 1832, Muller, [P. chr.] — *Sic*, Delaporte, t. 1, p. 303 ; Hautefeuille, p. 175 ; Pigeau, *Proc. civ.*, p. 310 ; Favard de Langlade, v° *Rapports d'experts*, sect. 1, § 3, n. 4 ; Boncenne, t. 4, p. 483 ; Thomine-Desmazures, t. 1, n. 370 ; Carré et Chauveau, t. 3, quest. 1193.

487. — Les procès-verbaux des séances des experts doivent, à peine de nullité, énoncer le lieu où ils ont été rédigés. — Orléans, 18 nov. 1825, N..., [S. et P. chr.]

3° *Etendue des pouvoirs des experts.*

488. — Les experts doivent se renfermer exactement dans leur mission. Ils ne doivent faire, dit Hautefeuille (p. 176), ni moins ni plus que ce qui leur est ordonné. Aussi ne peuvent-ils donner d'avis ni renseignements sur des objets non mentionnés dans le jugement qui ordonne l'expertise. — Carré et Chauveau, t. 3, quest. 1201 ; Boncenne, t. 4, p. 481. — Il a été jugé, en ce sens, que l'objet de toute expertise doit être clairement déterminé par le jugement qui l'ordonne, et qu'il n'est pas permis à l'expert nommé de porter ses recherches sur des faits placés en dehors de la mission qui lui a été confiée, à moins d'y être autorisé par le consentement de toutes les parties ; autrement, l'expertise est irrégulière. — Cass., 24 déc. 1883, Grange, [S. 85. 1.198, P. 85.1.491, D. 84.1.203]; — 22 oct. 1889, Degand, [S. 90. 55, P. 90.1.423, D. 90.1.63]

489. — Si donc le mandat des experts comporte, dans son exécution, une certaine latitude, et si les experts ont le droit de recueillir, par divers moyens, sur l'objet de l'expertise, les renseignements pouvant servir à la manifestation de la vérité (V. *suprà*, n. 399 et s.), ils n'ont le pouvoir de le faire que dans la limite des attributions à eux conférées par le juge, et ils ne peuvent, sans le consentement de toutes les parties, modifier l'objet de l'expertise, en l'étendant à d'autres faits que ceux soumis à leurs investigations. — Cass., 28 févr. 1884, Prince de Joinville, [S. 84.1.469, P. 84.1.1200, D. 84.1.300]

490. — L'irrégularité de l'expertise, à cet égard, entraîne la nullité du jugement qui se fonde uniquement sur le rapport de l'expert. — Cass., 24 déc. 1883, précité ; — 22 oct. 1889, précité.

491. — Par suite, doit être annulé le jugement fondé sur un rapport dans lequel les experts ont constaté des faits sur lesquels ils n'étaient point appelés à s'expliquer et sur lesquels les parties n'ont point présenté leurs observations contradictoires, alors que ce jugement s'appuie sur les faits ainsi constatés irrégulièrement. — Cass., 28 févr. 1881, précité.

492. — Mais les parties ne peuvent reprocher à un expert d'avoir porté ses investigations et donné son avis sur des points accessoires à sa mission, alors qu'il ne l'a fait que sur leur demande formelle et après avoir reçu leurs observations respectives. — Cass., 19 nov. 1878, Bouligaud, [S. 79.1.110, P. 79.263, D. 78.1.456]

493. — Jugé encore que les experts peuvent ajouter à leur rapport divers renseignements sur des faits non expressément compris dans l'expertise, alors que ces renseignements n'ont pu leur être fournis que par les deux parties, et qu'ils ont été, du consentement de celles-ci, examinés et rapportés par eux. — Cass., 1er mars 1881, Prince de Joinville, [S. 81.1.469, P. 81.1. 1200, D. 81.1.300]

494. — D'ailleurs les experts ne sont pas liés par les dispositions d'un jugement qui leur trace la marche à suivre pour l'accomplissement de leur mission, alors d'ailleurs que, bien que n'étant pas exactement conforme à ces prescriptions, l'expertise n'en répond pas moins à l'esprit et au but de la décision qui l'a ordonnée. — Cass., 18 déc. 1871, Colonna, [S. 72.1.275, P. 72. 688]

495. — Même lorsqu'ils se restreignent dans leur travail aux difficultés qui appartiennent au procès donnant lieu à l'expertise, ils doivent se borner à la constatation et à l'examen des choses de leur art, à moins cependant que l'appréciation du droit de chacune des parties ne se lie si intimement à leur opération qu'elle n'en soit inséparable, comme lorsqu'il s'agit de comptes, etc. Tel était aussi le principe admis sous l'empire de l'ordonnance de 1667. — Brodeau, sur Paris, art. 185, n. 7; Duparc-Poullain, *Principes de droit*, t. 9, p. 480 ; Jousse, sur l'art. 12, tit. 21 de l'ordonnance.

496. — Le rapport des experts qui ont outrepassé leurs pouvoirs n'est pas nécessairement nul pour le tout. Il peut être annulé seulement *parte in quâ*. Il a été jugé, de ce qu'une cour d'appel n'aurait annulé un rapport d'experts (prononçant sur une question en dehors de la mission à eux donnée) que dans la partie sur laquelle ils ont excédé leurs pouvoirs, il ne saurait résulter une nullité de son arrêt sur le fond, alors qu'indépendamment du rapport qui n'a été pour elle qu'un renseignement, elle a fondé son arrêt sur les actes du procès. — Cass., 17 juill. 1828, Comm. de Formignières, [P. chr.]

497. — ... Et que le rapport par lequel des experts, au lieu de surseoir à statuer sur une contestation élevée devant eux par les parties, en dehors de la mission qui leur était confiée, auraient prononcé sur cette contestation, ne doit pas nécessairement être annulé en totalité ; qu'il peut n'être annulé que dans la partie qui contenait un excès de pouvoir. — Montpellier, 2 mars 1827, sous Cass., 17 juill. 1828, précité.

4° *Dépôt du rapport.*

498. — Aux termes de l'art. 319, C. proc. civ., la minute du rapport doit être déposée au greffe du tribunal qui a ordonné l'expertise, sans nouveau serment de la part des experts.

499. — La mission de l'expert nommé par justice ne prend donc fin que par le dépôt régulièrement constaté de son rapport au greffe. — Cass., 5 juill. 1894, Fay-Mora, [S. et P. 98.1.442, D. 94.1.478]

500. — Par suite, le rapport n'est pas acquis aux parties et reste un simple projet, que l'expert peut compléter et corriger s'il y reconnaît des omissions ou des erreurs, tant qu'il n'a pas été déposé au greffe, et c'est seulement après ce dépôt qu'un nouveau jugement serait nécessaire, s'il y avait lieu de procéder à une nouvelle expertise pour compléter la première. — Même arrêt.

501. — D'après une autre opinion, lorsque les experts ont lu et signé leur rapport ils ne peuvent plus y apporter aucunes modifications. — Dejean, *op. cit.*, § 548 ; Garsonnet, *op. cit.*, t. 2 (1re éd.), § 352. — Il a été jugé, en ce sens, qu'on doit annuler toute modification ou correction faite d'office par les experts à leur premier travail. — Lyon, 14 févr. 1856, Grataloup, [D. 56. 2.229]

502. — Mais cette théorie, selon Chauveau (cité par Dutruc, *Suppl. aux lois de la procédure*, de Carré et Chauveau, t. 2, v°

Expertise, n. 126 et 127), est trop sévère; aucune disposition de loi ne trace de marge aux experts, à peine de nullité. L'art. 318 est inapplicable à la question. « Les experts dresseront un seul rapport, dit cet article; ils ne formeront qu'un seul avis à la pluralité des voix. » Mais cette disposition a pour seul objet d'éviter qu'il soit dressé trois rapports, un par chacun des experts; voilà le cas spécialement prévu; mais, de rectifications d'addition, de modification, il n'est rien dit par cette disposition qui, du reste, n'est pas prescrite à peine de nullité. Au surplus, on ne voit pas quel serait le motif de la défense faite à l'expert de compléter son rapport, et quel pourrait être l'inconvénient de ce mode de procéder.

503. — Vasserot (p. 15, n. 70) estime que s'il ne s'agissait que d'une rectification de chiffres ou d'une erreur de fait, les experts pourraient être admis à réparer l'erreur même après le dépôt.

504. — De la généralité des termes de l'art. 319, C. proc. civ., il résulte que le rapport doit être déposé au greffe de la cour d'appel, lorsque l'expertise a été ordonnée par un arrêt. — Carré et Chauveau, t. 3, quest. 1204 ; Favard de Langlade, t. 4, p. 705, n. 8 ; Berriat Saint-Prix, p. 306 ; Dejean, *op. cit.*, § 556.

505. — Jugé, en ce sens, que lorsque, sur l'appel d'un jugement, une expertise est ordonnée, le rapport de l'expert doit être déposé au greffe de la cour. — Paris, 2 déc. 1809, Lesieur, [S. et P. chr.]; — 18 janv. 1825, Borridon, [P. chr.]

506. — De même, la Cour de cassation a jugé que, dans une expertise ordonnée par un juge de paix en matière de domaine congéable, le rapport devait être déposé au greffe de la justice de paix. — Cass., 8 avr. 1845, Lagillardaie, [S. 45.1.497, P. 45. 1.456, D. 45.1.238]

507. — Il arrive souvent qu'un notaire est commis pour recevoir les enchères lorsqu'il s'agit de ventes de biens de mineurs. Dans ce cas, si la vente est précédée d'une expertise, en vue d'un lotissement, c'est en l'étude du notaire que les experts déposent leur rapport. — Vasserot, p. 26, n. 71.

508. — Quand l'affaire s'instruit par écrit, l'expédition du procès-verbal de rapport est remise au rapporteur par la voie du greffe (C. proc. civ., art. 102). — Carré et Chauveau, t. 3, quest. 1212 ; *Le Praticien*, t. 2, p. 247.

509. — La cour de Rennes, dans ses observations sur le projet du Code de procédure, demandait que le dépôt du rapport fût exigé dans le délai de trois jours à partir de sa clôture, dans la distance de cinq myriamètres, en ajoutant un jour par trois myriamètres au delà de cette distance (Carré et Chauveau, t. 3, quest. 1206). Le Code de procédure ne fixe à cet égard aucun délai ; seulement l'art 320 porte : « en cas de retard ou de refus par les experts de déposer leur rapport, ils pourront être assignés à trois jours, sans préliminaire de conciliation, par devant le tribunal qui les aura commis, pour se voir condamner, même par corps, s'il y échet, à faire ledit dépôt ; il y sera statué sommairement et sans instruction. »

510. — Bien que cet article parle des experts, il est certain que si le refus ou le retard provient d'un seul d'entre eux, cet expert.coupable ou négligent doit seul supporter la condamnation. — Carré, quest. 267.

511. — La cause devrait être portée devant le tribunal qui a ordonné l'expertise, bien qu'un autre tribunal eût été chargé de nommer les experts, car c'est en réalité du premier tribunal qu'ils tiendraient leur mission dans le cas. L'affaire doit être jugée avec célérité. — Chauveau, sur Carré, *loc. cit.*; Dejean, *op. cit.*, § 561.

512. — L'expert pourrait aussi être condamné à des dommages-intérêts envers la partie, s'il refusait de rédiger son rapport ou si, après l'avoir rédigé, il refusait de le déposer. — Pigeau, *Comment.*, t. 1, p. 576 ; Carré et Chauveau, t. 3, quest. 1210 ; Hautefeuille, p. 177 ; Favard de Langlade, t. 4, p. 706, n. 9 ; Thomine-Desmazures, t. 1, p. 523 ; Vasserot. p. 21, n. 62 ; Dejean, *op. cit.*, p. 564 ; Garsonnet, *op. cit.*, § 863.

513. — Il a été jugé, cependant, que les retards apportés par les experts dans le dépôt de leur rapport ne peuvent, du moins après que l'instance est terminée, donner lieu contre eux à une action en dommages-intérêts ; les parties n'ont que les moyens indiqués par l'art. 320, C. proc. civ., pour contraindre les experts à faire ce dépôt. — Besançon, 4 mars 1856, Comm. de Morez, [S. 56.2.607, P. 56.2.161, D. 57.2.23]

514. — Comme exemple des cas où la contrainte par corps pourrait être prononcée contre les experts, Boncenne (t. 4, p. 493) et Carré (quest. 1209) citent celui où il y aurait eu accord d'un des experts avec une partie, celui où un expert aurait manifesté l'intention de nuire ou de désobéir à la justice, etc. — Bioche, n. 171. — V. Montpellier, 10 févr. 1890, Marty, [D. 91.2.50]

515. — Les experts ne sont pas obligés de faire enregistrer leur procès-verbal. C'est au receveur à poursuivre le recouvrement du droit sur l'extrait du dépôt que lui fournit le greffier, et le tribunal ne peut connaître du rapport que lorsqu'il est revêtu de la formalité. — Thomine-Desmazures, t. 1, p. 522 ; Carré et Chauveau, t. 3, quest. 1205 ; Bioche, n. 158.

516. — Pigeau (*Comment.*, t. 1, p. 573), au contraire, se fondant sur l'art. 42, L. 22 frim. an VII, qui défend au greffier de recevoir le dépôt d'un acte privé non enregistré, estime que le rapport ne peut être déposé qu'après enregistrement. — Dejean, *op. cit.*, § 554. — Cette dernière opinion est consacrée par l'usage.

5° Signification du rapport. Demande en homologation.

517. — Le rapport est levé et signifié à avoué par la partie la plus diligente, l'audience est poursuivie sur un simple acte (art. 321).

518. — L'art. 321, C. proc. civ., d'après lequel, en cas d'expertise, le rapport de l'expert doit être levé et signifié avant l'audience, n'est pas applicable en matière de référés : le juge des référés peut ordonner qu'il sera statué par lui sur le dépôt au greffe du rapport de l'expert, et dispenser par là de la signification de ce rapport. — Cass., 30 mars 1858, Beaudemoulin, [S. 59. 1.160, P. 58.1043, D. 58.1.214]

519. — Si, en matière ordinaire et aux termes de l'art. 321, C. proc. civ., les rapports d'expert doivent être signifiés, la communication du rapport peut se faire par dépôt au greffe, notamment en matière de commerce. — Cass., 17 mars 1879, [*Gaz. des Trib.*, 19 mars 1879]

520. — Au surplus, si le rapport des experts doit être levé et signifié à avoué par la partie la plus diligente, la nullité de l'expertise n'est pas prononcée par suite de l'inaccomplissement de cette formalité. — Cass. 21 oct. 1895, Tarbouriech, [S. et P. 97.1.102] — V. Dijon, 24 mai 1893, Michaud, [S. et P. 93.2.128, D. 93.2.413]

521. — En tout cas, les parties qui ont discuté contradictoirement le rapport des experts dont elles ont entièrement pris connaissance, ne peuvent se plaindre de ce que les juges ont fait état d'un rapport non notifié. — Cass., 12 févr. 1877, Erintignac, [S. 80.1.24, P. 80.37]

522. — La loi exigeant un simple acte on ne passerait en taxe que les frais de cet acte. — Carré, quest. 1213 ; Dejean, *op. cit.*, § 638.

523. — Cependant, il peut y avoir des cas où il soit nécessaire de signifier des défenses, et en matière de partage notamment, il est d'usage de passer en taxe les requêtes en homologation ou en rejet. — Thomine-Desmazures, t. 1, p. 524 ; Boncenne, t. 4, p. 494 ; Chauveau, sur Carré, *loc. cit.*; Garsonnet, *op. cit.*, § 873.

524. — On s'est demandé si, lorsque la partie qui lève le rapport n'est pas celle qui a requis l'expertise, elle peut se faire délivrer exécutoire du montant de cette expertise et s'en faire rembourser comme de frais préjudiciaux. Un certain nombre d'auteurs se prononcent pour l'affirmative se fondant sur ce qu'une partie ne peut se refuser de payer préalablement les frais faits par son adversaire lorsqu'elle eût dû en faire les avances. — Pigeau, *op. cit.*, p. 300 ; Chauveau, *Comm. du tarif*, t. 1, p. 313, n. 48 ; Favard de Langlade, t. 4, p. 706 ; Carré et Chauveau, t. 3, quest. 1211 ; Dejean, *op. cit.*, § 641. — Thomine-Desmazures (t. 1, p. 523), et Boncenne (t. 4, p. 494), à la note, pensent, au contraire, qu'en disant que l'audience sera poursuivie par la partie la plus diligente, l'art. 321 entend que cette poursuite doit être aux risques et périls de cette partie.

525. — Relativement à la demande en homologation, Hautefeuille (p. 177) dit que l'audience est poursuivie sur un simple acte contenant les conclusions de la partie en homologation (ou en rejet) du rapport.

526. — Mais les auteurs sont généralement d'avis qu'il n'est pas nécessaire de demander au tribunal l'homologation ou le rejet du rapport d'experts, car les juges ont toujours le droit de statuer comme il leur paraît convenable sur les points qui font l'objet de l'expertise. — Pigeau, *Comment.*, t. 1, p. 500 ; Demiau-Crouzilbac, p. 233 ; Carré, quest. 1213 ; Bioche, n. 176 ; Dejean, *op. cit.*, § 643. — V. *infrà*, n. 538, 564 et s.

527. — Toutefois, on doit demander l'homologation dans le cas d'un partage de succession, pour que le rapport puisse devenir, par ce moyen, un titre pour chacun des copartageants, le jugement qui attribue à chacun son lot ne pouvant contenir les détails que renferme le rapport des experts. — Chauveau, sur Carré, loc. cit.; Bioche, op. cit., n. 176 ; Garsonnet, op. et loc. cit.

528. — C'est ici, comme le dit Chauveau, sur Carré, le lieu de rappeler que les jugements d'homologation des rapports d'experts n'ont pas l'autorité de la chose jugée; qu'ils ne font que constater que les opérations ou vérifications ordonnées ont eu lieu, et que lorsque les parties reconnaissent qu'il existe de fausses énonciations dans un rapport, elles peuvent toujours en demander la rectification tant que les choses sont entières. — Besançon, 2 janv. 1824, N..., [P. chr.] — Bioche, n. 180.

529. — Ainsi, lorsqu'un tribunal, par une décision passée en force de chose jugée, a homologué une expertise à laquelle était annexé un plan qui, par erreur, attribuait à l'une des parties un terrain autre que celui dont elles étaient convenues devant les experts, le même tribunal peut rectifier cette erreur sans violer l'autorité de la chose jugée. — Cass., 6 juin 1877, [Gaz. des Trib., 8 juin 1877]

530. — Lorsque le contrat judiciaire est formé par un jugement interlocutoire qui ordonne un rapport d'experts, le tribunal ne peut, après l'exécution de l'expertise, statuer sans qu'il soit donné avenir préalable, l'audience devant être poursuivie sur un simple acte, à la requête de la partie la plus diligente; autrement le jugement est radicalement nul. — Orléans, 20 nov. 1822, Royer, [P. chr.]

531. — Quand une expertise a été ordonnée sur une contestation concernant une somme demandée en paiement d'ouvrages, et que les experts élèvent la somme au-dessus de celle demandée, elle doit être payée ainsi qu'elle est fixée, si les juges adoptent le contenu au rapport d'experts. Il n'y a pas ultra petita dans leur sentence. La raison en est qu'en concluant à l'homologation du rapport le demandeur a demandé toute la somme fixée par les experts. — Orléans, 17 févr. 1818, Gautry, [P. chr.]

532. — N'est pas nul non plus le jugement qui, en homologuant un rapport d'experts, condamne l'une des parties à payer le montant de la somme exprimée dans ce rapport sans en désigner la quotité. — Cass., 20 flor. an XI, Constiat, [P. chr.]

533. — La partie qui déclare s'en rapporter à justice sur l'homologation d'un rapport d'experts ne se rend pas non recevable à interjeter appel du jugement qui prononce cette homologation, alors même que subsidiairement, et pour le cas où cette homologation serait prononcée, elle aurait conclu à l'exécution du rapport et que cette exécution aurait été ordonnée. On ne peut dire qu'il y ait eu, par le fait de ces conclusions subsidiaires, acquiescement anticipé à la décision des juges. — Cass., 19 déc. 1842, Comm. de Dogneville, [S. 43.2.250, P. 44. 2.97] — V. suprà, v° Appel (mat. civ.), n. 982.

534. — A plus forte raison, il suffit que devant les premiers juges il ait été conclu à l'annulation d'un procès-verbal de rapports d'experts, pour en faire détailler les moyens de nullité, pour qu'on soit recevable en appel à les détailler et à s'en prévaloir. — Bourges, 12 mai 1830, Simon, [P. chr.]

535. — Mais la partie qui demande l'homologation d'une expertise, et se borne à contester le chiffre de l'évaluation fixée par les experts, acquiesce nécessairement au mode suivi pour arriver à cette fixation, et ne peut plus, dès lors, la critiquer. — Cass., 4 janv. 1842, Meric, [P. 42.1.583]

536. — Par application du principe général posé suprà, v° Appel (mat. civ.), n. 3212 et s., il a été jugé que les cours d'appel ne peuvent admettre contre une expertise des moyens de nullité qui n'ont pas été présentés en première instance. — Cass., 6 oct. 1806, Laudan, [P. chr.]

537. — C'est à la cour d'appel qu'il appartient de connaître de l'entérinement d'un rapport d'experts ordonné par un arrêt confirmatif qui a commis en outre un des membres de la cour pour recevoir le serment de l'expert. Mais c'est au tribunal de première instance que doivent être renvoyés les autres chefs de conclusions relatifs à l'exécution du jugement confirmé. — Paris, 18 janv. 1825, Bosridon, [S. et P. chr.]

6° *Caractère du rapport, et de la foi qui lui est dû.*

538. — En principe, ainsi que nous l'avons déjà fait observer, le rapport des experts n'est autre chose qu'un document destiné à renseigner le tribunal sur certains points qu'il ne peut vérifier par lui-même, document que le tribunal peut toujours accueillir ou rejeter sans y avoir égard, selon qu'il le juge convenable. — V. infrà, n. 564 et s.

539. — Aussi la Cour de cassation a-t-elle décidé que si des parties se sont engagées à ne pas attaquer un rapport d'experts nommés par le tribunal, cette convention n'enlève pas à cet acte son caractère de rapport judiciaire; qu'en conséquence il n'est pas nécessaire d'en faire ordonner l'exécution par le président, et que le tribunal est régulièrement saisi, par la voie d'une demande en homologation, des difficultés élevées sur l'exécution de ce rapport. — Cass., 21 févr. 1843, Bédry et Expert, [P. 43. 1.695]

540. — Les experts étant commis par un tribunal pour remplir une mission qu'il leur confie, leur procès-verbal de rapport est un acte authentique qui fait foi de tout ce qu'ils avaient le pouvoir et le devoir de constater. — Favard de Langlade, t. 4, p. 704, n. 5 ; Bioche, n. 198; Boncenne, t. 4. p. 493 ; Carré et Chauveau, t. 3, quest. 1223; *Le Praticien français*, t. 2, p. 578 ; Garsonnet, op. cit., § 871. — Ce principe est passé en jurisprudence.

541. — Ainsi, il est de règle générale qu'un rapport d'experts fait foi jusqu'à inscription de faux de tout ce que les experts attestent s'être passé dans le cours de leurs opérations et des déclarations qu'ils certifient avoir été faites devant eux par les parties, lorsque ces énonciations rentrent dans l'objet de la mission des experts. — Parlem. d'Aix, 13 févr. 1796. — Agen, 25 juin 1824, Aillet, [S. et P. chr.] — Merlin, *Rép.*, v° Expert, n. 68; Vasserot, p. 25, n. 6 ; Dejean, op. cit., § 608.

542. — C'est également ce qu'enseigne Boncenne (*Théor. du Code de proc.*, t. 4, p. 495). « Mais, dit cet auteur, cette foi abstraite qui est due aux énonciations du rapport ne supplée pas toujours à son insuffisance, et quelquefois elle sert à prendre acte d'une irrégularité, d'une nullité substantielle. L'authenticité du rapport ne sauve ni la forme ni le fond. Cette observation est utile pour que l'on comprenne bien les droits des parties et le pouvoir des magistrats en ce qui touche la discussion et le jugement des expertises. »

543. — Jugé que les procès-verbaux ou rapports font foi jusqu'à inscription de faux de la présence et des dires des parties qui s'y trouvent énoncés. — Cass., 14 janv. 1836, Lornet, [S. 36.1. 756, P. chr.] — Amiens, 31 août 1826, d'Esseriaut, [P. chr.] — Sic, Carré et Chauveau, *Lois de la proc.*, t. 3, quest. 1223; Boncenne, *Cours de proc.*, t. 4, p. 495; Boitard. Colmet-Daage et Glasson, *Leç. de proc.*, t. 1, n. 520; Garsonnet, *Tr. théor. et prat. de proc.*, 2° éd., t. 2, p. 106, § 871, texte et note 6; Dutruc, *Suppl. aux lois de la proc.*, de Carré et Chauveau, v° *Expertise*, n. 137 ; Bonnier, *Tr. des preuves*, 5° éd., par Larnaude, n. 119; Durand-Morimbeau, *Manuel des expertises*, n. 165 ; Pigeon, *Tr. des expertises*, n. 196 et s.; Dejean, *Tr. des expertises*, 3° éd., par Flamand et Peltier, n. 698 et s.

544. — ... Encore bien qu'ils ne soient pas signés des parties elles-mêmes. — Agen, 25 juin 1824, précité. — Bourges, 11 juin 1839, Cordin, [S. 39.2.532]

545. — Cependant il a été jugé que la déclaration consignée au procès-verbal des experts chargés d'estimer des biens sur lesquels il y a instance en partage, et portant que toutes les parties ont consenti à ce qu'ils fussent vendus en justice, n'est pas obligatoire pour celle d'entre elles qui n'a pas signé le procès-verbal. — Bordeaux, 1er juin 1832, Bernard, [P. chr.]

546. — Les procès-verbaux des experts nommés judiciairement, en matière de partage, font foi des faits et des consentements des parties qu'ils énoncent, et leur caractère ne permet pas qu'on s'arrête à un simple désaveu. — Riom, 15 févr. 1816, Coyrier, [S. et P. chr.]

547. — Ainsi la relation des experts dans leur rapport « en présence et du consentement des parties, » fait foi. — Riom, 12 janv. 1815, Peyret, [P. chr.]

548. — On ne peut s'inscrire en faux contre un rapport d'experts, sur le simple motif qu'il constate la présence des experts les jours mêmes où, au lieu de se réunir pour l'objet de leur expertise, ils ont vaqué à d'autres opérations. — Paris, 14 mai 1810, Carpentier, [P. chr.]

549. — Les rapports d'experts font également foi de leur date. — Cass., 6 frim. an XIV, Makelot, [S. et P. chr.] — Vasserot, p. 25, n. 69; Trouillet, *Dict. de l'enreg.*, v° *Expertise*, § 4, n. 9 et 36 ; Merlin, *Rép.*, v° *Expert*, n. 6; Dejean, op. cit., § 611. — Instr. rég., 5 juin 1837, n. 1537.

550. — ... Même avant leur enregistrement. — Cass., 6 frim. an XIV, précité. — Rodière n'admettant pas que le rapport des experts soit un acte authentique, ne lui reconnaît date certaine qu'à l'égard des parties dont les experts sont les mandataires.

551. — Pigeau (*Comm.*, t. 1, p. 578) fait observer que le procès-verbal, qui fait pleine foi entre les parties, n'aurait pas le même privilège à l'égard d'un tiers qu'on prétendrait l'avoir signé et auquel on l'opposerait. Celui-ci n'aurait pas besoin de s'inscrire en faux pour infirmer les assertions du procès-verbal dont il aurait à se plaindre. Les experts, en effet, ne sont pas des officiers publics investis de la confiance de la loi; ils n'ont ce caractère que vis-à-vis des parties en cause et en vertu d'une décision du tribunal. — Dejean, *op. cit.*, § 609. — V. *supra*, n. 540.

552. — Un rapport d'expert n'est un acte authentique qu'en ce qui concerne les constatations; quant aux appréciations personnelles des experts, elles peuvent être combattues par toutes sortes de moyens et d'arguments. — Boitard et Colmet-Daage, t. 1, n. 520; Bonnier, n. 674, *Des preuves*, n. 119; Garsonnet, *op. cit.*, § 871; Pigeon. *loc. cit.*; Bonceinne, *loc. cit.*

553. — Jugé que la voie de l'inscription de faux ne saurait être ouverte aux parties pour établir les erreurs d'appréciation sur un état des lieux, que peuvent contenir les rapports d'experts commis par justice, ou les inexactitudes d'un plan joint au rapport; que cette procédure n'est autorisée que lorsqu'il s'agit de faits essentiellement personnels aux experts, qu'ils auraient faussement insérés dans leur rapport, ou bien encore s'il s'agit des dires et consentements des parties échangés et donnés en leur présence, qu'ils y auraient faussement consignés. — Pau, 22 févr. 1898, Maumus, [S. et P. 99.2.311]

§ 6. *Responsabilité des experts.*

554. — On s'est demandé si les experts devaient répondre des fautes par eux commises dans l'accomplissement de leur mission, ou bien s'ils n'étaient responsables que de leur dol.

555. — Carré (quest. 1216) et les auteurs du *Comment.* inséré aux *Annales du not.* (t. 2, p. 338) estiment que la responsabilité des experts n'est pas engagée tant qu'on ne prouve pas qu'ils ont agi avec mauvaise foi. — V. aussi en ce sens, Favard de Langlade, t. 4, p. 707, n. 1; *Le Praticien français*, t. 2, p. 258.

556. — Thomine-Desmazures (t. 1, p. 525), Demiau-Crouzilhac (p. 231 et 232) et Chauveau, sur Carré (*loc. cit.*), adoptent avec raison l'opinion contraire, et pensent que les experts ne pourraient se soustraire aux conséquences des fautes lourdes qu'ils auraient commises, lors même qu'on ne leur imputerait aucun dol. En effet, en acceptant la mission que le tribunal leur a déférée, ils doivent être réputés s'être reconnus eux-mêmes capables de la remplir, sinon ils devaient la refuser. Si donc ils ont opéré d'une manière évidemment vicieuse, les parties ont une action contre eux, en vertu de l'art. 1382, C. civ., notamment pour leur faire supporter les frais de l'expertise, qui devient inutile par leur faute. — Pigeau, t. 1, p. 576; Dejean, *op. cit.*, § 628.

557. — C'est en ce sens qu'il a été jugé que les experts ne sont responsables que de leurs fautes notables. — Rennes, 16 juill. 1812 Hélo, [P. chr.]

558. — ... Que les experts sont passibles de dommages-intérêts lorsqu'ils ont, ou commis des erreurs grossières, ou apporté des retards préjudiciables aux parties, ou manqué d'une manière essentielle aux devoirs de la prudence ou de la délicatesse dans l'accomplissement de leur mission. — Dijon, 25 juill. 1854, François, [S. 54.2.774, P. 55.2.240, D. 54.2.249]

559. — Mais un expert commis par justice pour constater et faire exécuter les travaux que réclame un immeuble ne saurait être actionné par le propriétaire, alors même que l'urgence de certains travaux ne serait pas démontrée, s'il est constant que ces travaux ont donné une plus-value à l'immeuble et ont été exécutés conformément aux règles de l'art. — Paris, 2 déc. 1878, (*Gaz. des Trib.*, 5 mars 1879)

560. — Il a été jugé que la responsabilité des experts à raison des erreurs graves qu'ils auraient commises dans leurs rapports, cesse du moment où ces rapports ont été sanctionnés par jugement passé en force de chose jugée : l'autorité de la chose jugée s'étend aux rapports des experts qui ont servi de base aux jugements. — Dijon, 25 juill. 1854, précité. — Pau, 30 déc. 1863, Chourrié, [S. 64.2.32, P. 64.415]

561. — Cette décision n'est-elle pas trop absolue? Sans doute, les experts sont protégés par la chose jugée lorsque leur rapport a été homologué par décision souveraine bien que leur prétendue faute eût été signalée. La sentence d'homologation paraît même devoir les protéger quand la partie condamnée n'a pas relevé leur erreur, alors que le rapport lui fournissait le document nécessaire pour la constater; on peut dire qu'alors le jugement d'homologation est plutôt la conséquence de la négligence de la partie que la faute des experts. Mais le jugement d'homologation ne saurait, ce nous semble, faire obstacle à une action en responsabilité, lorsque la faute grossière n'était pas indiquée dans le rapport et n'a été découverte qu'après le jugement. Il est vrai que ce dernier cas doit être fort rare; et, pour les cas ordinaires, la décision ci-dessus paraît fort sage.

562. — C'est devant le tribunal saisi du fond du procès qu'on doit assigner les experts pour faire prononcer contre eux les condamnations aux dommages et intérêts qu'ils pourraient avoir encourues. — Dejean, *op. cit.*, § 634.

§ 7. *Appréciation du rapport par les juges.*

563. — Sous l'ancienne jurisprudence, les juges pouvaient s'écarter de l'avis des experts. — V. cep. Cass., 27 avr. 1836, Couliet, [P. chr.]

564. — La règle de l'ancienne jurisprudence a été maintenue par le Code de procédure civile. L'art. 323 dispose, en effet, que les juges ne sont pas astreints à suivre l'opinion des experts, si leur conviction s'y oppose. — Cass., 7 mars 1832, Desteau, [S. 32.1.163, P. chr.]. — Sic. Dejean, *op. cit.*, § 662; Rodière, t. 1, n. 430; Bonnier, n. 674; Bioche, v° *Expert*, n. 199; Garsonnet, *op. cit.*, § 873.

565. — Il a été jugé que l'art. 323, C. proc. civ., portant que les juges ne sont point astreints à suivre l'avis des experts si leur conviction s'y oppose, n'était point introductif d'un droit nouveau : qu'en conséquence, il pouvait être appliqué sans effet rétroactif, bien qu'il s'agît d'un rapport d'experts antérieur au Code de procédure. — Cass., 10 juin 1818, Hérisson, [S. et P. chr.]

566. — Le principe de l'art. 323 a été fréquemment appliqué par la jurisprudence. — Cass., 22 mars 1813, Taullier et Fasset, [S. et P. chr.] — 4 mars 1824, Dorvaux, [P. chr.]. — 22 avr. 1840, de Germigny, [S. 40.1.740, P. 40.2.100] ; — 6 janv. 1891, Escoffier, [S. 95.1.28, D. 94.1.479]; — 3 mars 1891, Cie Fraissinet et Dauch, [S. et P. 94.1.390, D. 91.1.465]; — 23 déc. 1891, Chassagnolle, [S. et P. 96.1.491, D. 92.1.409]; — 9 janv. 1893, Maury, [S. et P. 94.1.138, D. 94.1.339]; — 5 août 1895, Mulaton et Declercq, [S. et P. 96.1.223, D. 96.1.157] — Grenoble, 18 janv. 1831, Sarpeille, [P. chr.] — Nancy, 8 févr. 1896, Rahier, [D. 97.2.110]

567. — Il a été jugé, par application de principe, qu'en toute matière, même dans le cas d'expropriation pour cause d'utilité publique, les juges sont les seuls appréciateurs du rapport des experts, et maîtres de le suivre ou de le rejeter. — Cass., 22 janv. 1829, Tristan, [P. chr.]

568. — ... Que l'art. 323 est applicable à une seconde expertise comme à une première, et de la part des juges d'appel comme de la part des juges de première instance. — Rennes, 5 juill. 1816, N..., [P. chr.]

569. — ... Qu'une cour d'appel, après avoir nommé trois experts sur la demande de l'une des parties, peut n'avoir aucun égard à leur rapport, et adopter les conclusions de l'expertise qui aurait eu lieu en première instance, encore bien que, provoquée également par l'une des parties, elle n'ait été faite que par un seul expert au lieu de trois, et que cet expert ait été nommé par une simple ordonnance de référé. — Cass., 11 avr. 1842, Basile, [S. 42.1.620, P. 42.2.101]

570. — ... Que nonobstant une expertise ordonnée par les premiers juges, et dont l'utilité est contestée par l'appelant, une cour d'appel peut juger la question de fond sans recourir à cette expertise, et cela quand bien même l'intimé aurait acquiescé à l'expertise ordonnée. — Cass., 2 juill. 1839, Levavasseur, [P. 39.2.474]

571. — ... Que les juges peuvent préférer les dépositions de témoins à un rapport d'experts qu'ils ont eux-mêmes ordonné. — Nîmes, 12 janv. 1825, sous Cass., 2 mai 1826, Aramon, [S. et P. chr.]

572. — ... Que les juges qui ont à apprécier la qualité ou les défauts d'une chose vendue, telle que des vins, pour savoir s'il y a

EXPERTISE. — Chap. II.

lieu d'admettre l'acheteur à exercer l'action rédhibitoire, ne sont pas plus liés par une expertise administrative en suite de laquelle la destruction des vins a été ordonnée par mesure sanitaire, qu'ils ne seraient liés par une expertise qu'ils auraient eux-mêmes ordonnée; ils peuvent dans ce cas, sans porter aucunement atteinte aux actes de l'administration, décider que l'action rédhibitoire n'est pas admissible, en ce que l'acheteur ne prouve pas que le vice des vins existât lors de la vente. — Cass., 24 juin 1835, Foa, [S. 35.1.617]

573. — Cependant, bien qu'en principe, les rapports d'experts ne lient pas les juges, ceux-ci ne sauraient s'en écarter d'une manière tout à fait arbitraire. — Bordeaux, 8 janv. 1830, Bernadeau, [S. et P. chr.] — Vasserot, p. 27, n. 72.

574. — Ainsi une expertise ne peut, surtout en matière de partage, être rejetée par le juge comme inexacte, lorsque cette inexactitude n'est pas clairement justifiée. — Cass., 3 févr. 1832, des Nétumières, [P. chr.]

575. — Il a même été jugé que dans les matières soumises aux règles de l'art, les juges ne peuvent substituer leurs connaissances personnelles à un rapport d'experts. — Rennes, 5 juill. 1819, N..., [S. et P. chr.] — Bonceune, t. 4, p. 432.

576. — Chauveau, sur Carré (quest. 1155 *bis*), admet bien la règle au cas d'une enquête, mais la rejette au cas où il s'agit d'une expertise.

577. — Si les juges ne sont pas astreints à suivre l'avis des experts, ni même à indiquer les raisons qui les font s'en écarter, encore faut-il qu'ils énoncent, aux conditions du droit commun, les motifs qui, en dehors de cet avis, ont déterminé leur conviction. — Cass., 11 juill. 1899, Garnier, [S. et P. 1900.1. 85]. — Sic, Favard de Langlade, *Rép.*, v° *Rapport d'experts*, p. 707; Rodière, *Cours de compét. et de proc.*, t. 1, p. 434; Bioche, *Dict. de proc.*, v° *Expertise*, n. 6; Garsonnet, *Tr. théor. et prat. de proc.*, 1re éd., t. 2, p. 582, § 352, texte et notes 28 et 29, et 2e éd., t. 3, p. 113 et 114, § 873, texte et notes 18 et 19.

578. — Berriat Saint-Prix (p. 306, note 30) et Favard de Langlade (t. 4, p. 707, n. 2) sont d'avis que les juges ne peuvent décider, d'une manière contraire aux conclusions d'un rapport d'experts, qu'en exprimant de la manière la plus explicite que leur conviction est opposée à l'opinion des experts.

579. — Cette manière de voir a été consacrée par un arrêt de la Cour de cassation portant que les juges ne peuvent s'écarter de l'avis de la pluralité des experts qu'en déclarant qu'ils ont la conviction personnelle de ce qu'ils se sont trompés; qu'ainsi doit être cassé l'arrêt d'une cour d'appel qui, au sujet d'une vérification d'écriture, faisant prévaloir l'opinion solitaire de l'un des experts sur celle des deux autres, n'a pas déclaré qu'elle se décidait d'après sa propre conviction, mais seulement parce que l'avis de l'expert dont elle a adopté l'opinion semblait rendre la question incertaine. — Cass., 7 août 1815, Dewinck, [S. et P. chr.] — Mais il faut remarquer que dans cette espèce la rédaction de l'arrêt était telle qu'on ne pouvait le considérer comme suffisamment motivé.

580. — Bonceune (t. 4, p. 508) et Chauveau, sur Carré (t. 3, quest. 1219) ne partagent pas cette opinion et font observer que, sans doute, les jugements ou arrêts qui statuent sans avoir égard à l'avis des experts doivent être motivés (C. proc. civ., art. 141), mais qu'il n'y a aucune raison pour imposer une formule sacramentelle de laquelle il ne puisse s'écarter, lorsque, du reste, il ressort clairement de sa décision qu'il n'a pas voulu suivre l'opinion des experts. — Bioche, n. 207.

581. — C'est en ce dernier sens que la Cour suprême a décidé que la cour qui, sans égard à l'expertise par elle ordonnée, se borne à confirmer le jugement de première instance, en adoptant les motifs de ce jugement, doit être considérée avoir, par là, implicitement exprimé (ainsi que la loi lui en faisait un devoir) que sa conviction était contraire à l'avis des experts. — Cass., 25 juill. 1833, Maraval, [S. 33.1.616, P. chr.]

582. — ... Que les juges ne sont obligés ni de régler leur jugement d'après l'avis des experts, ni de dire pourquoi ils ne le suivent pas, et qu'il suffit qu'ils indiquent qu'il existe dans la cause des éléments de conviction propres à les déterminer. — Cass., 2 juill. 1838, Dufou-Banneret, [P. 38.2.396]

583. — Il est certain, du reste, que l'arrêt qui homologue un rapport d'experts est suffisamment motivé lorsqu'il donne les raisons générales sur lesquelles il adopte le rapport. Il n'est pas nécessaire qu'il s'explique sur chacun des éléments qui ont servi de base au travail des experts. — Cass., 26 juill. 1838, Forbin-Janson, [P. 38.2.399]

584. — Est aussi suffisamment motivé le jugement qui s'approprie les termes d'un rapport d'experts et déclare qu'en droit comme en fait, il a bien et dûment réglé les difficultés pendantes entre les parties. Peu importe, d'ailleurs, que ce rapport se fonde sur des présomptions, s'il existe dans la cause un commencement de preuve par écrit qui autorise ce mode de preuve, ou que des appréciations de droit aient été formulées à côté des appréciations de fait, les éléments des rapports n'ayant de force juridique que par la sanction que les juges leur donnent. — Cass., 1er mai 1877, Gélis, [S. 77.1.263, P. 77.663]

585. — En d'autres termes, le jugement qui homologue un rapport d'expert se réfère par là d'une manière tacite, mais directe, aux considérations développées par l'expert, et il ne saurait dès lors être critiqué pour défaut de motifs, alors surtout que le jugement a ajouté à la formule d'homologation qu'il se fonde sur les investigations auxquelles l'expert s'est livré. — Cass., 14 août 1871, Vaysse, [D. 71.1.317]

586. — Toutefois, il avait été précédemment jugé qu'on doit déclarer nul pour défaut de motifs le jugement qui se borne à adopter les motifs d'un rapport d'experts, sans même énoncer les causes qui ont pu éclairer l'opinion de ces derniers. — Agen, 4 août 1847, Valdy, [S. 47.2.487, P. 48.1.139, D. 47.4.334]]

587. — Le tribunal n'a pas le droit de dénaturer le rapport, et il y aurait nullité si son jugement attribuait par erreur à un expert une inexactitude qu'il n'a pas commise. — Cass., 9 déc. 1893, Chem. de fer d'Orléans, [S. et P. 94.1.141, D. 94.1.274]

588. — Les juges, avons-nous dit, ne sont pas astreints à suivre l'avis des experts quand leur conviction s'y oppose; cette conviction peut se baser sur de simples présomptions, pourvu qu'elles soient tirées de faits sur lesquels les parties ont été mises en demeure de s'expliquer contradictoirement à l'audience. Et, pour refuser d'entériner l'expertise, les juges peuvent se fonder sur des considérations de fait parmi lesquelles est relevée la rétractation régulièrement produite aux débats de l'un des signataires du rapport. — Cass., 23 déc. 1891, Chassagnole, [S. et P. 96.1.491, D. 92.1.409]

589. — Mais si la conviction des juges peut se fonder sur des présomptions, ils ne sauraient se baser que sur des présomptions tirées de faits sur lesquels les parties ont été mises en demeure de s'expliquer contradictoirement à l'audience. En effet, la preuve ne peut résulter d'investigations personnelles au juge, poursuivies hors de l'audience et non portées à la connaissance des parties. — Cass., 13 avr. 1892, Beignet, [S. et P. 95.1.359]

590. — Les juges du fond peuvent pour élément de leur décision une expertise régulièrement prescrite, en cas d'urgence, par le juge des référés, à l'effet de constater un dommage, à laquelle il a été contradictoirement procédé entre les parties. — Cass., 28 août 1877, Saussine, [S. et P. 78.876]; — 22 juill. 1885, Arnould-Drappier, [S. 86.1.125, P. 86. 1.272, D. 86.1.318]; — 17 mai 1887, Bouvier, [S. 90.1.315, P. 90.1.766]

591. — En vain exciperait-on de ce que cette expertise n'émanerait que d'un seul expert; s'il est vrai qu'en général les tribunaux sont tenus de désigner trois experts (V. *supra* n. 120 et s.), cette règle ne met pas obstacle à ce qu'ils puisent les motifs de leur décision au principal dans une expertise antérieure faite par un seul homme de l'art. — Cass., 15 juin 1874, Bonnel et Boulabert, [S. 74.1.483, P. 74.1229]; — 24 juill. 1888, Viargues, [S. 89.1.106, P. 89.1.257, D. 89.1.207] — Il n'importe pas non plus, dans ce cas, que l'expert ait été dispensé d'office du serment. — Mêmes arrêts.

592. — Jugé, également, que le juge du fond peut prendre pour base de sa décision l'expertise prescrite en référé, vu l'urgence, à laquelle les défendeurs avaient été sommés d'assister, et dont ils ont discuté le rapport après en avoir pris connaissance. — Cass., 6 août 1894, Patureau-Miran, [S. et P. 98.1.518, D. 95.1.33]

593. — Les juges ne pourraient prendre pour base unique de leur décision un rapport d'expert entaché de nullité. — Cass., 20 févr. 1889, Lescot, [S. 90.1.409, P. 80.1.982, D. 89.1.449]

594. — Mais l'irrégularité des opérations d'une expertise ordonnée par les juges n'entraîne pas la nullité du jugement qui en consacre le résultat, alors qu'en dehors de l'expertise le jugement porte en termes exprès que « dans l'état des documents de la cause, le tribunal a des éléments suffisants d'appréciation. » — Cass., 16 mars 1868, de Bernetz, [S. 68.1.199, P. 68.491]; — 21 janv. 1874, Fournier, [S. 74.1.320, P. 74.805]

595. — Décidé, d'une façon générale, que les juges peuvent retenir, à titre de renseignement, une expertise irrégulière; que leur décision ne peut être annulée, si elle ne se base pas uniquement sur cette expertise. — Cass., 22 juill. 1885, précité.

596. — ... Que l'irrégularité d'une expertise ne fait point obstacle à ce que les tribunaux y puisent des éléments de décision si elle leur inspire confiance et leur fait suffisamment connaître les faits qui doivent servir de base à cette décision. — Caen, 26 juin 1847, Société des Varechs, [P. 48.1.166]

597. — ... Que l'irrégularité d'une expertise ne peut entraîner la cassation d'un arrêt (rendu en matière commerciale) qui ne s'est pas fondé exclusivement sur le rapport de l'expert et n'y a attaché d'autre force probante que celle d'un document discutable et pouvant être accepté comme un élément de présomptions. — Cass., 9 janv. 1877, Casanova, [S. 77.1.71, P. 77.151]

598. — ... Que n'est pas nul, comme ayant pris pour base unique ou même principale de sa décision une expertise en écriture par lui déclarée nulle, le jugement ou l'arrêt qui a, au contraire, motivé sa décision tant sur les faits et circonstances de la cause que sur une vérification minutieuse d'écritures à laquelle le juge a procédé lui-même. — Cass., 30 juill. 1896, Villebrun, [S. et P. 98.1.133, D. 97.1.98]

599. — ... Qu'une expertise, à laquelle il a été procédé en suite d'un arrêt cassé sur pourvoi, bien que n'ayant pas un caractère officiel, peut cependant être prise en considération et consultée à titre de renseignement par la cour de renvoi; qu'il en est ainsi surtout, alors que les évaluations des experts ne sont critiquées par aucune des parties, et qu'elles se trouvent confirmées par les autres documents de la cause. — Dijon, 11 févr. 1881, Comm. de Plancher-les-Mines, [S. 82.2.7]

600. — ... Qu'un tribunal peut, tout en annulant le rapport des experts par lui commis pour la vérification de l'écriture d'un testament olographe, déclarer que ledit testament comme n'émanant pas du défunt, en se fondant, non sur les résultats de l'expertise annulée, mais sur ceux d'une enquête et d'une vérification personnelle par les juges eux-mêmes de l'écriture contestée; que les juges peuvent, pour en décider ainsi, consulter l'expertise annulée à titre de renseignement. — Cass., 25 mai 1892, Martineau, [S. et P. 93.1.134, D. 92.1.607]

601. — L'expertise ordonnée avant la mise en cause d'un tiers et exécutée sans qu'il ait été appelé ni défendu devant les experts, est inopposable à ce tiers, alors surtout que les juges avaient précédemment décidé que le jugement ordonnant cette expertise ne lui serait pas commun. — Cass., 30 juin 1863, Monnet, [S. 63.1.475, P. 64.85, D. 63.1.275]

602. — Une telle expertise ne peut, dès lors, servir de base à une condamnation contre l'appelé en cause. Vainement le jugement prononçant cette condamnation objecterait-il que l'expertise dont il s'agit a au moins la valeur d'un renseignement que les juges peuvent consulter au même titre que les autres documents produits, surtout si ce jugement ne fait connaître ni la nature ni le degré d'efficacité de ces documents. — Même arrêt.

603. — Décidé, dans le même sens, que l'expertise ordonnée avant la mise en cause d'un tiers garant, et exécutée sans que ce garant ait été appelé et qu'il ait comparu devant les experts, n'est pas opposable à ce tiers, et ne peut servir de base à une condamnation contre lui. — Cass., 11 déc. 1888, Desprez, [S. 89.1.102, P. 89.1.250, D. 89.1.423]

604. — Jugé, toutefois, que des juges peuvent, sans violer les droits de la défense, appuyer leur décision sur une expertise à laquelle l'une des parties n'a été ni appelée ni représentée, alors qu'ils ne s'en servent qu'à titre de simple renseignement. — Cass., 9 févr. 1869, Dieusy, [S. 69.1.162, P. 69.398]; — 30 avr. 1877, Wohrmann, [S. 77.1 467, P. 77.1229]

605. — ... Que les juges peuvent même faire usage d'une expertise étrangère à la cause, s'ils ne s'en servent qu'à titre de renseignement. — Alger, 29 mai 1886, sous Cass., 1er avr. 1889, Gonthier, [S. 89.1.217, P. 89.1.521, D. 91.4.413]

606. — ... Que l'expertise non opposable à une partie peut néanmoins être retenue aux débats pour être interrogée à titre de renseignement et fournir les éléments de conviction; qu'en conséquence, l'arrêt mentionnant une telle expertise ne saurait être annulé, lorsque les juges, loin de l'avoir prise pour l'unique base de leur décision, ont contrôlé par d'autres documents les renseignements qu'elle fournissait, discuté et modifié notablement les évaluations de l'expert. — Cass., 5 août 1895, Mulaton, [S. et P. 96.1.223, D. 96.1.157]

607. — En tout cas, la nullité d'une expertise, ordonnée par le juge de paix en dehors de l'une des parties qui y est demeurée étrangère, est couverte, lorsque, postérieurement à cette mesure, la partie s'est fait représenter à une visite des lieux opérée par ce magistrat, et a défendu au fond. — Cass., 15 janv. 1900, Cheminade, [S. et P. 1900.1.190]

608. — Il y a exception au principe de l'art. 323, qui permet aux juges de s'écarter de l'avis des experts, en matière d'enregistrement (V. suprà, v° *Enregistrement*, n. 5347 et s.) et en matière de douane. — V. infrà, n. 782.

609. — Mais hormis ces hypothèses spéciales, que les juges sont obligés de se conformer à l'avis des experts. Dans tous les autres cas, l'art. 323, C. proc. civ., conserve son empire, même dans les hypothèses où l'expertise est obligatoire et imposée par la loi. — Merlin, *Rép.*, v° *Expert*, n. 2; Boncenne, t. 4, p. 504; Chauveau, sur Carré, t. 3, p. 142; Dejean, *op. cit.*, § 695.

610. — Ainsi, en matière de demande en rescision pour cause de lésion, les juges ne sont pas liés par le rapport des experts; ils peuvent même, s'ils le jugent convenable, ordonner une seconde expertise. — Nîmes, 12 pluv. an XIII, Valady, [P. chr.] — Grenoble, 18 avr. 1831, Sarpeille, [P. chr.] — V. infrà, v° *Lésion*, n. 367 et s.

611. — Boncenne (t. 4, p. 504 et s.), Chauveau, sur *Carré* .loc. cit.) et Merlin (*Rép.*, v° *Expert*, n. 2), approuvent la doctrine de ces deux arrêts : « d'une part, dit Merlin, l'art. 322, C. proc. civ., n'oblige pas les juges, mais il les autorise à ordonner une nouvelle expertise, lorsqu'ils ne trouvent pas, dans le rapport, des éclaircissements suffisants; de l'autre, l'art. 323 déclare expressément qu'ils ne sont pas assujettis à suivre l'avis des experts, si leur conviction s'y oppose; et ni l'un ni l'autre article n'excepte de sa disposition les cas où une expertise préalable est commandée par la loi. »

612. — Il a été jugé, cependant, que lorsqu'un tribunal a prononcé une condamnation à une somme déterminée, si mieux n'aimaient les parties à dire d'experts, il doit suivre leur avis comme règle de sa décision définitive. — Rennes, 7 août 1813, N..., [P. chr.]

613. — Cet arrêt se fonde sur ce que l'option étant consommée en faveur de l'expertise, la condamnation d'une somme fixe devient caduque, puisque les deux dispositions étaient alternatives et au choix des parties, et celle qu'elles ont admise doit nécessairement subsister avec tous ses effets, comme si l'autre n'avait pas été portée. — V. en ce sens, Carré et Chauveau, t. 3, quest. 1221.

614. — Mais, dans l'hypothèse prévue par la même décision lorsque les parties ont consommé leur option pour l'expertise, le tribunal pourrait ordonner d'office une nouvelle expertise, dans le cas où la première serait irrégulière ou n'offrirait pas de renseignements suffisants. « En effet, dit Carré (art. 333, quest. 1222), si, dans le cas d'option entre une somme fixe et celle à fixer par experts, c'est la dernière seule qui doit être la règle de la décision définitive, il s'ensuit que le jugement qui donnait cette option n'est considéré que comme un interlocutoire pour le cas où les parties n'eussent pas acquiescé à la fixation faite par le jugement. Or, par une conséquence nécessaire de ce caractère attribué au jugement qui accorde l'option, le tribunal ne se trouve pas dessaisi de l'affaire, et s'il s'élève des contestations sur l'expertise, rien ne s'oppose à ce qu'il en ordonne une nouvelle dans le cas prévu par l'art. 322. »

615. — Le juge de paix chargé par une cour ou un tribunal de prendre divers renseignements relatifs à des faits sur lesquels les parties ne sont pas d'accord ne saurait être assimilé à un expert; par suite, les juges peuvent s'écarter de l'avis qui lui émis dans son rapport, sans être obligés de déclarer expressément dans leur jugement qu'ils se décident d'après leur propre conviction. — Cass., 17 janv. 1833, Comm. de Fontaine-Fourche, [S. 33.1.131, P. chr.]

616. — Les parties qui, n'étant pas d'accord sur la valeur de travaux faits par l'une pour le compte de l'autre, nomment des experts pour fixer la valeur de ces travaux et conviennent que le montant de cette estimation sera payé à la partie qui a fait les travaux, sont liées par cette estimation, qui constitue non un simple avis, mais une décision donnant effet à une convention. — Cass., 30 janv. 1855, Levrain, [S. 57.1.110, P. 57.1242]

EXPERTISE. — Chap. II.

§ 8. *Nouvelle expertise.*

617. — L'art. 322 porte que si les juges ne trouvent pas dans le rapport les éclaircissements suffisants, ils pourront ordonner d'office une nouvelle expertise par un ou plusieurs experts qu'ils nommeront également d'office, et qui peuvent demander aux précédents experts les renseignements qu'ils jugeront convenables. — V. Orléans, 17 août 1809, N..., [P. chr.]

618. — Les juges peuvent ordonner un second rapport d'experts, quoiqu'une partie semble avoir renoncé à se plaindre d'un premier et l'ait exécuté. — Bourges, 2 août 1810, Paignon, [S. et P. chr.]

619. — Mais la partie qui a concouru à l'exécution d'un jugement, par lequel un rapport d'expert a été annulé et des experts nouveaux ont été nommés, ne peut appeler de ce jugement et prétendre que la première expertise doit être suivie. — Colmar, 5 mai 1812, N..., [P. chr.]

620. — On a émis des doutes sur le point de savoir si les dispositions du Code de procédure relatives à l'expertise s'appliquaient à la procédure de vérification d'écriture, et notamment si en cette matière les juges ont la faculté d'ordonner une seconde expertise. La jurisprudence s'est prononcée pour l'affirmative. — Rennes, 26 mars 1813, précitée. — Besançon, 26 juin 1812, Jolly, [P. chr.] — Rennes, 16 juill. 1817, N..., [S. et P. chr.]

621. — En effet, il ne résulte pas des art. 197 et 212, C. proc. civ., que la vérification d'écriture ne soit pas régie par les principes généraux pour toutes les difficultés qui n'ont pas été prévues par le titre 14 qui lui est spécial. Les écrivains ou autres personnes chargées de donner leur avis sur l'écriture méconnue sont d'ailleurs de véritables experts. — Carré et Chauveau, t. 3, quest. 1217; Dejean, *op. cit.*, § 758. — V. *infrà*, v° *Vérification d'écritures*.

622. — Jugé cependant que lorsqu'il résulte d'un procès-verbal d'experts légalement fait, explicite et précis, joint à diverses circonstances apprises, qu'un testament olographe n'a pas été écrit en entier de la main du testateur, on ne peut, avant faire droit, ordonner une nouvelle expertise. — Rennes, 12 févr. 1821, Legros, [P. chr.]

623. — L'art. 322 suppose par sa rédaction que la seconde expertise doit porter sur les faits qui ont été l'objet de la première.

624. — Aussi a-t-il été décidé qu'est sujet à cassation l'arrêt qui, hors du cas prévu par l'art. 322, C. proc. civ., nomme un seul expert dispensé du serment pour une expertise nouvelle applicable à des faits et actes postérieurs à une précédente expertise, quoique s'y rattachant par une nécessaire liaison. — Cass., 15 janv. 1839, Constant, [S. 39.1.97, P. 39.1.169]

625. — Si l'art. 322 donne aux tribunaux le droit de prescrire une nouvelle expertise, il ne leur en impose pas l'obligation. — Cass., 8 brum. an XIV, Mayer, Leroux et Barbier, [P. chr.]; — 20 août 1828, Préf. de la Nièvre, [S. et P. chr.]; — 7 mars 1832, Destrac, [S. 32.1.163, P. chr.]; — 9 avr. 1833, Fontan, Ganin et Gots, [S. 33.1.648, P. chr.]; — 2 août 1836, Laury, [P. chr.]; — 20 avr. 1838, Noguès, [P. 38.2.300] — Rennes, 19 mai 1812, Lucas, Pouahet, [P. chr.]

626. — Jugé qu'on ne pourrait demander l'infirmation du jugement qui a refusé de nommer de nouveaux experts, en prétendant que les juges ont eu tort de se considérer comme suffisamment éclairés par l'opération dont procès-verbal a été dressé. — Rennes, 26 mars 1813, Chauvin, [P. chr.] — Bioche, n. 182; Carré et Chauveau, t. 3, quest. 1218 et 1218 *ter*.

627. — La raison en est qu'une pareille appréciation appartient au tribunal de première instance, dont on ne peut prétendre régler la conscience, et qui ayant, aux termes de l'art. 322, un simple droit d'ordonner l'expertise d'office, n'est pas tenu de statuer sur les conclusions des parties tendant à ce qu'il soit procédé à une nouvelle opération.

628. — Les juges ne sont pas tenus d'ordonner une deuxième expertise demandée par l'une des parties, encore bien que celle-ci offre d'en avancer les frais. — Rennes, 14 janv. 1820, Leverger Beauvallon, [S. et P. chr.]

629. — Mais jugé qu'en matière de partage, lorsque le procès-verbal d'estimation ne présente pas les bases sur lesquelles les experts ont procédé, l'un des copartageants peut, de son chef, provoquer une seconde expertise, en offrant d'en avancer les frais. — Nîmes, 15 juill. 1829, Gely, [P. chr.]

630. — Il a été décidé par application du principe posé, que les juges, même après avoir déclaré inconcluantes les expériences

faites par les experts, et exécutées, suivant eux, d'une matière anormale, ne sont pas tenus d'ordonner une nouvelle expertise, et qu'ils peuvent se déterminer d'après toutes les circonstances de la cause. — Cass., 22 juill. 1885, Arnould-Drappier, [S. 86. 1.125, P. 86.1 272, D. 86.1.318]; — 24 mai 1894, Rochu, [S. et P. 94.1.309, D. 94.1.296]; — 3 mars 1897, Duret, [S. et P. 98. 1.13, D. 97.1.406]

631. — ... Que les tribunaux peuvent, en annulant un rapport d'experts, prononcer au fond, sans ordonner une nouvelle expertise, s'ils reconnaissent qu'il existe, dans la cause, des documents suffisants qui rendent cette expertise inutile. — Cass., 22 juill. 1885, précitée. — Dejean, *op. cit.*, n. 207, 226 et s.; Rousseau et Laisney, *Dict. de proc.*, t. 4, v° *Expertise*, n. 119.

632. — Le tribunal qui, d'après l'art. 322, peut ordonner une seconde expertise d'office, peut-il la prescrire à la demande des parties? — Pigeau (*Comment.*, t. 1, p. 300), et les auteurs du *Praticien* (t. 2, p. 247) prenant à la lettre les termes de cet article, expriment l'opinion que le tribunal ne peut ordonner l'expertise que d'office, par cette raison qu'il peut seul apprécier si elle est nécessaire ou non pour former sa conviction.

633. — Mais MM. Favard de Langlade (t. 4, p. 707, n. 1), Carré et Chauveau (t. 3, quest. 1214), Delaporte (t. 1, p. 308), Demiau-Crouzilhac (p. 234) et les auteurs du *Commentaire* inséré aux *Annales du notariat* (t. 2, p. 239) répondent avec raison qu'on ne peut refuser à un tribunal le droit de faire, à la demande des parties, ce qu'il peut faire d'office, et qu'en disant que les juges ordonneraient d'office la seconde expertise, l'art. 322 a seulement entendu exprimer qu'ils pourraient avoir recours à cette voie d'instruction, lors même qu'elle ne serait pas réclamée par les parties. — Cass., 18 févr. 1861, Sohiers, [D. 63.1.477]; — 24 mai 1894, précitée. — V. aussi Boncenne, t. 4, p. 497; Dejean, *op. cit.* § 723; Garsonnet, *op. cit.*, § 873.

634. — D'ailleurs les parties doivent produire aux juges la preuve de l'insuffisance du premier rapport. — Pigeau, t. 1, p. 509; Dejean, *op. cit.*, § 724.

635. — La même divergence d'opinions se manifestait sur une question semblable sous l'empire de l'ordonnance de 1667 : Jousse (sur l'art. 13, tit. 21 de l'ordonnance) estime que, lorsque les premiers experts nommés avaient fait un rapport uniforme, on ne pouvait demander une nouvelle expertise qu'autant que ce rapport était ambigu, suspect ou non concluant. D'autres auteurs soutenaient que les parties pouvaient toujours demander une seconde expertise. — Duparc-Poullain, *Princ. du dr.*, t. 9, p. 486, n. 25; Rousseaud de Lacombe, v° *Expert*.

636. — On pourrait se demander s'il n'y a pas lieu de distinguer entre l'expertise ordonnée d'office ou sur la demande de l'une seulement des deux parties, et l'expertise ordonnée sur la demande des deux parties, à la suite d'un accord intervenu entre elles. Dans le premier cas, le juge, qui pouvait à l'origine se refuser à ordonner cette mesure d'instruction, pourrait, une fois qu'elle a eu lieu et encore que son irrégularité ne lui permette pas d'en faire état, se refuser à en ordonner une nouvelle. Dans le second cas, il s'est formé en quelque sorte un contrat entre les parties, dont judiciaire dont le juge est tenu d'assurer l'exécution. Mais la différence n'est qu'apparente. Dans les deux cas, l'expertise est facultative pour le juge, qui n'est pas plus tenu de l'ordonner à la demande des deux parties qu'à la demande de l'une seule d'entre elles; il agit dans tous les cas d'un pouvoir discrétionnaire, dont la raison est que personne ne peut savoir mieux que le juge lui-même s'il a besoin de renseignements pour rendre sa décision. — V. Cass., 29 juill. 1891, de Martin, [S. et P. 92.1.518, D. 92.1.260]

637. — Il a été jugé que les tribunaux peuvent, en annulant un rapport d'experts, prononcer au fond, sans ordonner une nouvelle expertise, s'ils reconnaissent qu'il existe dans la cause des documents suffisants rendant cette expertise inutile, et qu'il en est ainsi, même lorsqu'il s'agit d'une expertise ordonnée sur la demande des deux parties. — Cass., 3 mars 1897, précitée.

638. — Quand les juges trouvent insuffisant un premier rapport d'experts, ils peuvent, en en ordonnant un nouveau, nommer d'office d'autres experts, même sans laisser aux parties la faculté de remplacer les experts ainsi désignés par des experts de leur choix. — Cass., 20 août 1828, Moreau, [S. et P. chr.]; — 15 nov. 1887, Akermann, [S. 90.1.471, P. 90.1.123, D. 89.1.74]

639. — Mais on a agité la question de savoir si les juges, investis par la loi du droit d'ordonner une nouvelle expertise, peu-

RÉPERTOIRE. — Tome XXI.

vent demander de nouveaux renseignements aux mêmes experts.

640. — On conçoit très-bien qu'un tribunal qui, après avoir annulé un premier rapport d'experts, ordonne une nouvelle expertise, ne la confie pas aux mêmes experts. Rien ne garantirait à la justice que la seconde opération, étant confiée aux mêmes individus, serait plus régulière, plus satisfaisante que la première. En second lieu, les termes de l'art. 322, C. proc. civ., paraissent indiquer que, lorsqu'il y a lieu à une seconde expertise dans la même affaire, l'opération doit être confiée à de nouveaux experts, puisque ceux-ci sont autorisés par cet article à demander aux précédents tous les renseignements qu'ils jugeront convenable. Mais, il n'en est pas de même lorsqu'il s'agit d'un supplément au premier rapport, et surtout de simples renseignements devenus nécessaires par suite de circonstances alléguées ou découvertes depuis la clôture du rapport; il est évident que, dans ce cas, cette nouvelle opération peut et doit même être confiée aux premiers experts, beaucoup plus en état de répondre à la confiance de la justice que des hommes nouveaux et restés jusqu'alors totalement étrangers à l'affaire. — V. en ce sens, Chauveau, sur Carré, quest. 1214 *bis*; Thomine-Desmazures, t. 1, p. 525; Garsonnet, *op. cit.*, § 873.

641. — Aussi a-t-il été jugé que, lorsque les juges, sans annuler le rapport des experts, ordonnent un supplément de rapport sur quelques points qui leur paraissent mériter des explications, et particulièrement sur des circonstances alléguées pour la première fois par l'une des parties depuis la clôture du travail des experts, ils peuvent nommer d'office les mêmes experts pour procéder à cette nouvelle opération. — Cass., 7 août 1827, Gory, [S. et P. chr.]; — 19 nov. 1833, Parmentier. [P. chr.]

642. — ... Que les juges qui, peu satisfaits d'une première expertise, en ordonnent une seconde, peuvent la confier aux mêmes experts pour le cas où les parties ne s'entendraient pas sur un nouveau choix, lorsque cette nouvelle opération n'a d'autre objet que de suppléer à l'insuffisance de la première. — Cass., 5 mars 1818, Roux. [S. et P. chr.]; — 1er févr. 1832, Lointier, [S. 32.1.745, P. chr.]; — 4 janv. 1843, Souhait, [S. 43.1. 129, P. 43.1.307]; — 8 nov. 1876, Chéry et Leveaux. [S. 77.1.76, P. 77.158] — Carré, *Lois de la proc.*, t. 1, p. 758; Favard de Langlade, t. 4, p. 707.

643. — ... Que si, sur le consentement des parties, l'expertise a été faite par un seul expert, le tribunal peut, malgré l'opposition de l'une des parties, qui même demande la nullité du rapport, charger le même expert de faire seul une nouvelle opération explicative et supplétive de ce rapport. — Montpellier, 27 mars 1824, Ferrand. [P. chr.]

644. — Lorsque les mêmes experts sont désignés pour faire la seconde expertise, ils ne sont pas tenus de prêter un nouveau serment. — Bioche, v° *Expert*, n. 188; Garsonnet, *op. et loc. cit.* — V. *suprà*, n. 291.

645. — Il en serait autrement si la seconde expertise devait porter sur des objets différents. — Garsonnet, *loc. cit.* — V. *suprà*, n. 293.

646. — Boncenne (t. 4, p. 501) pense qu'il y aurait un expédient plus simple, plus sûr, surtout moins coûteux et moins long qu'une deuxième expertise pour remédier à l'insuffisance et à l'obscurité d'un premier rapport : ce serait de faire venir à l'audience ceux qui l'ont rédigé, et d'obtenir de leur bouche les explications propres à compléter, éclaircir et à raccorder l'opération. — V. aussi Vasserot, p. 27, n. 74. — Cette opinion, qui consacrerait la légalité d'une sorte de rapport oral, ne paraît pas conforme à la loi. Nous ne croyons pas qu'elle doive faire autorité malgré les avantages que la pratique pourrait trouver dans ce système. — V. aussi *suprà*, n. 468 et s., ce que nous avons dit sur les rapports oraux. — Chauveau, sur Carré, t. 3, quest. 1191 *ter*.

647. — Jugé qu'une cour d'appel ne peut entrer dans l'examen des renseignements demandés à des experts par les premiers juges. — Bourges, 24 juill. 1832, Bénédit, [P. chr.]

648. — Toutefois, M. Garsonnet (*op. et loc. cit.*) admet que le tribunal peut faire interroger les experts sur les lieux par un juge-commissaire qui en fera son rapport à ses collègues.

649. — Quand les juges estimant qu'un rapport, d'ailleurs régulier en la forme, est insuffisant, ordonnent une seconde expertise, sont-ils obligés d'anéantir ce rapport? La doctrine et la jurisprudence ont résolu cette question par la négative. En effet, le tribunal peut puiser des lumières et des raisons de décider dans le rapprochement de deux rapports dressés dans la même affaire. — Berriat Saint-Prix, p. 307, n. 32; Merlin, *Rép.*, v° *Experts*, § 1; Chauveau, sur Carré, t. 3, quest. 1214 *ter*; Bioche, n. 186; Vasserot. p. 29, n. 79.

650. — Décidé, en ce sens, que, bien que les juges puissent, lorsqu'ils ne trouvent point dans un rapport d'experts, d'ailleurs régulier dans la forme, les éclaircissements suffisants, ordonner une nouvelle expertise, ils ne doivent point anéantir et supprimer de la procédure le premier rapport; que ce rapport doit, au contraire, rester au procès, pour servir aux juges de renseignements sur les points dans lesquels il est exact. — Limoges. 10 juin 1822, Dumas, [P. chr.]

651. — ... Que lorsqu'un rapport d'expert ne contient qu'une simple erreur dans l'estimation, le juge peut, sans en prononcer la nullité, ordonner d'office de nouveaux apurements tendant à le rectifier. — Rennes, 19 mai 1812, Lucas, [P. chr.]

652. — ... Que le tribunal qui déclare un premier rapport d'expert insuffisant et qui en ordonne un second peut, en statuant sur le résultat de celui-ci, prendre ce qu'il trouve de régulier dans celui-là et combiner les termes des procès-verbaux des deux expertises. — Orléans, 9 août 1816, N..., [P. chr.]

653. — ... Que les juges d'appel qui ordonnent une nouvelle expertise en déclarant insuffisante sur certains points celle qui a été faite devant les premiers juges, ne s'interdisent pas, par cela même, de puiser dans cette première expertise des indications utiles. — Cass., 14 janv. 1878, Burgay, [S. 78.1.176, P. 78.421]

654. — Le juge qui, après une première expertise, en ordonne d'office une seconde pour compléter et vérifier les indications de la première peut même, en statuant sur le fond, adopter les conclusions des premiers experts, sans violer l'autorité de la chose jugée par la décision ordonnant la seconde expertise. — Cass., 15 juin 1874, Bonnel, [D. 76.1.167]; — 30 avr. 1877, Wohrmann, [S. 77.1.467, P. 77.1229, D. 77.1.391] — Garsonnet, *op. cit.*, § 873.

655. — Spécialement, en matière d'action pour vices rédhibitoires, lorsque deux expertises ont été ordonnées, le tribunal peut baser son jugement sur la première, quelles que soient les conclusions du second rapport d'expertise. — Cass., 22 nov. 1842, Lazare, [S. 43.1.58, P. 43.1.127]

656. — Au surplus, une expertise, même déclarée nulle, ne doit pas être nécessairement recommencée, si le juge ne la requiert qu'à titre de renseignements. — Cass., 9 juill. 1879, [Gaz. des Trib., 13 juill. 1879]

657. — Le jugement qui ordonne la deuxième expertise doit-il mentionner l'insuffisance du premier rapport? Merlin (*Rép.*, v° *Experts*, t. 5, p. 30) et Carré (quest. 1215) enseignent l'affirmative, en se fondant sur ce que tout jugement doit être motivé. Mais nous pensons avec Chauveau, sur Carré (*loc. cit.*), que par cela seul qu'il y a lieu à nouvelle expertise aux yeux du tribunal, il est certain que, dans sa pensée, la première est insuffisante, et que, dès lors, il serait bien difficile d'annuler le second jugement pour défaut de motif. — Bioche, n. 181.

658. — Toutefois, il faut que l'insuffisance du rapport, si elle n'est pas constatée expressément dans le jugement, résulte clairement de ses motifs. — Dejean, *op. cit.*, § 727.

659. — Les tiers opposants peuvent demander que l'objet litigieux soit visité par de nouveaux experts. Dans ce cas il n'est pas nécessaire que le premier rapport soit déclaré insuffisant. — Cass., 5 avr. 1810, Praire, [S. chr.] — Merlin, *Quest. de droit*, t. 5, p. 439; Favard de Langlade, t. 4, p. 707; Carré et Chauveau, t. 3, p. 439.

660. — Le § 2 de l'art. 305 et l'art. 307, relatifs à la prestation de serment, les art. 308 à 314, relatifs à la récusation, l'art. 315, l'art. 316 (sauf les premiers paragraphes relatifs à l'accord des parties pour remplacer l'expert non acceptant), les art. 317 à 321 et l'art. 323 s'appliquent aux secondes expertises comme aux premières.

661. — Il résulte de l'art. 322 que, lorsque le tribunal ordonne une seconde expertise, les parties n'ont plus le droit de s'accorder, ni sur le nombre, ni sur le choix des experts. Les juges nomment d'office trois experts qui doivent se commettre un ou trois experts. — Cass., 15 nov. 1887, Akermann, [S. 90.1.471, P. 90.1.1123, D. 89.1.74] — Carré, sur l'art. 322, quest. 209; Garsonnet, *op. cit.*, § 873.

662. — Les juges d'appel qui, après avoir annulé pour vice de forme l'expertise faite précédemment, ordonnent une nouvelle expertise non réclamée par les parties, ni prescrite par la loi, peuvent désigner trois experts pour procéder à la nouvelle

EXPERTISE. — Chap. II.

expertise, en les autorisant à entendre tous témoins utiles, à s'entourer de tous les renseignements nécessaires, et, notamment, à les puiser dans la précédente expertise, consultée à titre d'indication seulement.

663. — Le jugement ou l'arrêt qui ordonne une nouvelle expertise peut disposer que les experts opéreront devant certaines personnes appelées à donner des renseignements : par exemple, devant le maire de la commune où est situé l'objet litigieux, et en présence des premiers experts. — Cass., 4 janv. 1820, Benezech, [S. et P. chr.] — Dejean, *op. cit.*, § 756.

664. — La cour de Bourges a jugé que la loi qui laisse aux juges la faculté d'ordonner une nouvelle expertise, lorsque la première ne leur offre pas les renseignements suffisants, n'autorise nulle part les parties à demander un amendement de rapport. — Bourges, 6 déc. 1815, Grégoire, [P. chr.] — Mais il semble qu'il n'était pas nécessaire que la loi donnât spécialement une pareille autorisation. — V. *supra*, n. 500 et s.

§ 9. *Honoraires des experts.*

665. — Aux termes de l'art. 319, C. proc. civ., les vacations des experts sont taxées par le président au bas de la minute du rapport, et il en est délivré exécutoire contre la partie qui aura requis l'expertise ou qui l'aura poursuivie, si elle a été ordonnée d'office. — V. *supra*, v° *Dépens*, n. 1592 et s.

666. — L'exécutoire requis par un expert pour ses vacations doit donc être maintenu lorsqu'il a été décerné contre celui qui a provoqué l'expertise, sauf le recours que la partie contre laquelle il est décerné peut exercer contre son adversaire, qui doit payer ces frais. — Bourges, 9 janv. 1832, Girard de Villesaison, [P. chr.]

667. — Lorsqu'une partie a demandé une expertise pour fixer le montant d'indemnité qu'elle réclame et que le tribunal, en déterminant d'office le *quantum* à payer comme indemnité, laisse néanmoins l'option à l'expertise, si la partie adverse faisant cette option veut que l'expertise ait lieu, elle devient demanderesse par exception et reste passible du paiement des frais et honoraires dus aux experts. — Orléans, 18 janv. 1816, Montansor, [P. chr.]

668. — On doit induire des termes de l'art. 319 que lorsque l'expertise a été ordonnée du consentement des parties, l'avance du montant des vacations doit être faite par portions égales entre parties ayant le même intérêt. — Besançon, 2 août 1822, Dubouchet, [P. chr.] — Chauveau, sur Carré, t. 3, quest. 1207 *bis*.

669. — Quand une expertise est ordonnée pour parvenir à un partage, chacun des héritiers peut, en offrant de consigner sa portion des frais présumés, faire ordonner que ses cohéritiers feront la même consignation. — Grenoble, 27 nov. 1810, Rafin, [P. chr.] — Carré, *Lois procéd.*, quest. 1211; Pigeon, t. 1, p. 314; Favard de Langlade, t. 4, p. 706; Chauveau, *Comm. du tarif*, t. 1, p. 311, n. 44.

670. — Sur le point de savoir si les experts peuvent exiger une consignation préalable pour leurs vacations. V. *supra*, n. 281 et s., v° *Dépens*, n. 66 et s.

671. — Celui qui a été chargé par des parties de procéder, comme expert, au partage d'une succession indivise entre elles, peut, pour le règlement de ses vacations, suivre la marche tracée par l'art. 319, C. proc. civ., bien que sa nomination ait eu lieu avant toute instance judiciaire, et se faire délivrer, en conséquence, exécutoire du montant de la taxe. — Cass., 17 avr. 1838, Barrère, [S. 38.1.439, P. 38.1.603]

672. — Lorsque l'instance est terminée, les experts ont le droit de poursuivre directement, pour leurs frais et honoraires, la partie qui a succombé et a été condamnée aux dépens dans lesquels sont compris les frais d'expertise, bien que l'expertise n'ait été, ni ordonnée, ni accomplie à sa requête. — Cass., 3 nov. 1886, Delbaye, [S. 87.1.69, P. 87.1.147, D. 87.4.151] — Trib. Grenoble, 25 janv. 1872, [*Journ. des avoués*, 1872, p. 88] — *Sic*, Pigeon, *Tr. form. des expertises*, n. 386; Dutruc, *Suppl. aux lois de la proc.*, de Carré et Chauveau, t. 2, v° *Expertise*, n. 149; Garsonnet, *op. cit.*, § 872. — V. cep. Dejean, *op. cit.*, n. 573, v° *Dépens*, n. 2461 et s.

673. — Peu importe que la condamnation aux dépens ait été prononcée contre la partie, pour tenir lieu de dommages-intérêts complémentaires à la partie adverse, si la condamnation n'en a pas moins conservé son caractère essentiel de condamnation aux dépens, la distraction ayant été accordée à l'avoué. — Cass., 3 nov. 1886, précité.

674. — Si la partie contre laquelle l'exécutoire a été délivré se trouvait insolvable, l'action résultant de l'art. 2002 pourrait être exercée par les experts contre les autres parties, dans l'hypothèse toutefois où cette action est ouverte.

675. — Sur le point de savoir si l'expert pour ses honoraires peut agir contre une partie seulement ou contre les deux. V. d'ailleurs *supra*, v° *Dépens*, n. 83 et s.

676. — L'ordonnance de taxe et l'exécutoire délivrés par le président sont susceptibles d'opposition. — Sur l'exercice de cette voie de recours, et les difficultés qu'elle soulève, V. *supra*, v° *Dépens*, n. 1598 et s.

677. — Les tribunaux et les auteurs ne font pas de distinction entre les parties et les experts quant au droit de former opposition à la taxe. — V. Ajaccio, 12 sept. 1811, Pasqualini, [S. et P. chr.] — Orléans, 19 juin 1855 (1er arrêt), Julienne, [S. 55.2.775, P. 55.2.252, D. 56.2.420] — Nîmes, 16 juill. 1861, [S. 62.2.11, P.62.1179] — Trib. Saint-Omer, 23 mars 1867, sous Douai, 29 avr. 1868, Lemetz, [S. 69.2.201, P. 69.849, D. 69.2.88] — Bonnescœur, *Man. de la taxe en mat. civ.*, p. 397; Chauveau et Godoffre, *op. cit.*, t. 2, n. 2676; Rousseau et Laisney, *Dict. de proc.*, v° *Taxe*, n. 42; Garsonnet, *op. cit.*, 1re éd., t. 3, p. 375, § 500; Rodière, *Cours de compét. et de proc.*, 4e éd., t. 2, p. 183. — Mais, quant au délai dans lequel l'opposition à taxe doit être formée par l'expert qui se plaint d'avoir été insuffisamment taxé, une question se pose. Le délai de l'opposition, fixé à trois jours par l'art. 6, 2e Décr. 16 févr. 1807, paraît avoir été en vue du cas où elle est formée par celui qui doit payer les frais, puisqu'il lui donne pour point de départ la signification de l'exécutoire à son avoué; il est de règle en effet qu'une signification ne fait courir un délai de déchéance qu'en faveur de la partie qui a signifié et non contre elle. Lorsque le législateur veut déroger à ce principe, il ne manque pas de le dire. Il faut donc rejeter l'opinion énoncée par quelques auteurs (Chauveau et Godoffre, *op. cit.*, t. 2, n. 2677; Rousseau et Laisney, *op. cit.*, v° *Taxe*, n. 43) et d'après laquelle la partie qui a obtenu la taxe devrait y former opposition dans les trois jours à compter de la signification de l'exécutoire à sa requête. Dans une espèce soumise à la cour de Riom, 13 mars 1889, sous Cass., 11 nov. 1890, Lejeune, [S. et P. 92.1.401, D. 90. 2.107], la partie contre qui l'expert avait poursuivi la taxe avait eu soin de lui signifier l'ordonnance, et avait pensé faire courir ainsi le délai de l'art. 6. La cour de Riom paraît s'être rangée à cette manière de voir, qui, pourrait être critiquée. En effet aucune déchéance ne saurait être étendue par analogie d'un cas à un autre, et, de ce que l'expiration du délai de trois jours à compter de la signification de l'exécutoire de dépens à l'une des parties fait courir contre elle le délai de trois jours, il ne suit pas que la signification à l'autre de l'ordonnance de taxe fasse courir contre cette dernière le même délai de déchéance. La seule conclusion est que la loi a fixé un délai pour l'opposition formée par la partie, et n'en a assigné aucun à l'exercice de cette voie de recours par celui à la requête de qui la taxe a été délivrée. Il serait donc recevable pendant trente ans, à moins qu'il n'eût acquiescé, soit expressément, soit tacitement, par exemple en signifiant sans réserve l'exécutoire de taxe (C. proc. civ., arg. art. 443). — En ce sens, Trib. Saint-Omer, 23 mars 1867, sous Douai, 29 avr. 1868, précité. — Bonnescœur, *op. cit.*, p. 397; Garsonnet, *op. cit.*, t. 3, p. 375, § 500.

678. — L'opposition doit-elle être portée devant la chambre du conseil ou à l'audience publique? — V. sur cette question controversée, *supra*, v° *Dépens*, n. 1608 et 1613.

679. — On décide, plus généralement, que la procédure de la chambre du conseil, telle qu'elle est organisée par le deuxième décret du 16 févr. 1807, pour les oppositions aux exécutoires de taxe, est applicable à tous les dépens dont le tarif a été fixé par le décret du même jour, et, notamment, aux frais et honoraires des experts. — Lyon, 20 mars 1884, Foray, [S. 85.2.131, P. 85.1.707, D. 85.2.237] — 18 déc. 1885, Comp. des mines de la Loire, [S. 86.2.153, P. 86.1.823, D. 87.1.76]

680. — ... Mais qu'il ne résulte aucune nullité de ce qu'il a été procédé à l'instruction et au jugement de ces affaires en audience publique. — Mêmes arrêts.

681. — ... Qu'il en est ainsi surtout... soit lorsque les parties ont été d'accord pour provoquer l'instruction et le jugement de l'affaire en audience publique. — Lyon, 20 mars 1884, précité.

682. — ... Soit lorsque les parties ont rendu nécessaires l'instruction et le jugement en audience publique (spécialement, si l'opposant a soutenu que l'exécutoire a été, au moins pour partie, délivré à tort contre lui)..... — Même arrêt.

683. — ... Soit, enfin, lorsque l'opposition porte principalement sur l'interprétation du jugement qui a nommé les experts et leur a conféré leurs pouvoirs. — Lyon, 18 déc. 1885, précité.

684. — L'art. 319, C. proc. civ., qui détermine la procédure à employer par les experts en matière civile à l'effet d'obtenir paiement de leurs frais et honoraires, ne distingue pas suivant qu'il s'agit d'une affaire ordinaire ou d'une affaire sommaire; doit-on en conclure, d'une part, qu'en matière sommaire, les experts peuvent, pour obtenir la taxe de leurs frais et honoraires sans attendre que le jugement soit rendu, invoquer la disposition de l'art. 319; d'autre part, que, si les experts n'ont pas demandé la taxe de leurs frais et honoraires avant que le jugement soit rendu, le montant de ces frais et honoraires devra être compris dans la liquidation des dépens faite au jugement, conformément à l'art. 543, C. proc. civ., et à l'art. 1, 2º Décr. 16 févr. 1807 ? Un arrêt de Nancy du 26 janv. 1889, Depret, [S. 90.2.13, P. 90. 1.201, D. 89.2.239], a énoncé que « le mode de liquidation des dépens d'experts est le même que celui des dépens dus aux avoués ou aux parties en cause; » d'où il semblerait résulter que le mode de taxation des frais d'expertise par le président, édicté par l'art. 319, serait spécial aux expertises en matière ordinaire, et qu'en matière sommaire, c'est le tribunal entier qui devrait, dans le jugement, comprendre la taxe de leurs frais et honoraires dans la liquidation des dépens qu'il doit contenir. Mais on doit faire observer que cette proposition n'avait d'autre but, dans la pensée des rédacteurs de l'arrêt, que de justifier l'application, à l'exécutoire de taxe délivré aux experts, des délais d'opposition édictés par l'art. 6, 2º Décr. 16 févr. 1807; et il paraît d'autant moins probable que leur intention ait été d'exclure en matière sommaire l'application des formalités de taxe des frais et honoraires d'experts édictées par l'art. 319, C. proc. civ., qu'il s'agissait, dans l'espèce, où d'ailleurs la procédure prescrite par cet article avait été suivie, d'une affaire commerciale, et par conséquent, d'une affaire sommaire. L'arrêt peut, au contraire, être interprété comme ayant implicitement admis que l'art. 319 était applicable en matière sommaire.

685. — Le jugement rendu sur opposition est-il susceptible d'appel lorsqu'il dépasse les limites du dernier ressort, lors même qu'il n'y a pas appel sur le fond? — V. *suprà*, vº *Dépens*, n. 1609 et 1617.

686. — Il a été jugé que, bien que la demande formée collectivement et dans le même exploit par trois exécutoires en paiement de leurs honoraires excède 1,500 fr., le jugement est en dernier ressort, si la part de chacun d'eux dans la créance est inférieure à ce chiffre. — Bordeaux, 14 janv. 1869, [*Journ. des arrêts de cette cour*, 1869, p. 75] — Cet arrêt se fonde sur ce que l'obligation de payer à des experts le montant de leurs honoraires ne présente aucun caractère de solidarité, et sur ce que, par suite, aucun d'eux n'a le droit de demander le montant total de la créance. — V. dans le même sens, Cass. (ch. réunies), 25 janv. 1860, Grimault [P. 60.534]

687. — La question de savoir si, en appel, l'arrêt doit être rendu en audience publique ou dans la chambre du conseil est la même qu'en première instance. Il a été décidé que, de même que le tribunal de première instance, la cour d'appel, jugeant en audience publique, est incompétente pour connaître de l'appel d'un jugement rendu par le tribunal, en chambre du conseil, sur l'opposition à un exécutoire délivré à un expert pour le recouvrement de ses frais et honoraires ; que l'appel doit être porté devant la cour jugeant en la chambre du conseil. — Paris, 13 nov. 1862, [*Journ. des av.* t. 87, p. 230]; — 27 nov. 1882, Thuilleux, [S. 83.2.56, P. 83.1.335, D. 83.2.217] — *Sic*, Dutruc, *Suppl. aux lois de la proc.*, de Carré et Chauveau, t. 2, vº *Expertise*, n. 155. — V. *suprà*, n. 679.

688. — La cour d'appel est incompétente pour connaître de la demande en débouté d'opposition à un commandement signifié en vertu d'un exécutoire de frais et honoraires délivré par le premier président à un arbitre rapporteur nommé par la cour. Une pareille demande doit être portée devant le tribunal du lieu où le commandement a été fait. — Colmar, 28 sept. 1848, Lorber, [P. 50.1.394]

689. — Les experts ne peuvent, en appel, élever leur demande de taxe. Ainsi, les experts qui, dans le mémoire présenté au tribunal, ont porté leurs vacations au chiffre indiqué pour les laboureurs et artisans ne peuvent, en appel, prétendre qu'ils devaient être taxés comme experts d'une catégorie supérieure. — Caen, 28 déc. 1866, Robin, [S. 67.2.259, P. 67.928]

690. — Un expert n'est pas recevable à intervenir en appel pour demander la réformation de la taxe de ses honoraires faite par le président du tribunal de première instance; la seule voie qui lui soit ouverte est celle de l'opposition devant le tribunal. — Rouen, 28 janv. 1870, [*Journ. des av.*, t. 97, p. 62]

691. — L'exécution provisoire n'étant jamais applicable au paiement des dépens (V. *suprà*, vº *Exécution provisoire*, n. 12) ne peut être ordonnée pour le paiement des honoraires d'experts. — Bordeaux, 18 mars 1864, Beaudenon, [S. 64.2.226, P. 64.587]

692. — S'il y a lieu à taxe de frais et honoraires d'expertise en matière commerciale comment devra-t-il y être procédé? Les affaires commerciales étant, au point de vue des dépens, assimilées aux affaires sommaires, il semblerait que les experts pussent, sans attendre que le jugement soit rendu, obtenir du président du tribunal de commerce la taxe de leurs frais et honoraires, dans les termes de l'art. 319, C. proc. civ. C'est ce que l'arrêt précité de Nancy, du 26 janv. 1889, a admis, tout au moins implicitement, puisqu'il a reconnu la légalité d'une taxe de frais et honoraires d'experts faite en matière commerciale par le président du tribunal. Malgré la généralité des termes employés par l'art. 319, C. proc. civ., pour fixer le mode de taxation des frais et honoraires des experts, et le grand avantage que présenterait cette solution, permettant aux experts d'obtenir un exécutoire contre la partie qui a requis l'expertise, par une procédure peu coûteuse et sans avoir à attendre l'issue de l'instance, il est généralement admis qu'il ne peut appartenir au président du tribunal de commerce de taxer, dans les formes prescrites par l'art. 319, C. proc. civ., les honoraires des experts. Cette opinion se fonde sur ce que les tribunaux de commerce ont une compétence exceptionnelle, et ne peuvent connaître que des contestations qui ont un caractère commercial; la jurisprudence a tiré la conséquence que la contestation relative au règlement des honoraires dus à des experts chargés de donner leur avis dans un litige commercial, n'ayant point par elle-même un caractère commercial, n'est pas de la compétence du tribunal de commerce. — V. Cass., 26 déc. 1859, Talaine, [S. 60.1.155, P. 60.565, D. 60.1.29] — On ne concevrait pas que le tribunal de commerce, incompétent pour connaître d'une action principale en paiement de frais et honoraires d'experts, pût taxer ces frais et honoraires et en délivrer un exécutoire par application de l'art. 319, C. proc. civ., et que le tribunal lui-même pût connaître de l'opposition à cet exécutoire, en vertu de l'art. 62, Décr. 16 févr. 1807. — V. *suprà*, vº *Compétence civile et commerciale*, n. 993 et s.

693. — Il a été jugé, en ce sens, que la contestation soulevée au sujet du règlement des honoraires dus à des experts chargés de donner leur avis sur un litige pendant devant le tribunal de commerce, est purement civile et, dès lors, de la compétence exclusive des tribunaux ordinaires. — Bordeaux, 3 juin 1867, Balguerie, [S. 68.2.40, P. 68.215] — *Sic*. Goujet et Merger, *Dict. de dr. comm.*, vº *Arbitrage en général*, n. 18; Lehir et Jay, *Man. de l'arbitre*, n. 103; Chauveau et Godoffre, *Comment. du tarif*, n. 2287; Dejean, *op cit.*, 3º éd., § 1559.

694. — ... Que le président du tribunal de commerce n'a point qualité pour rendre exécutoire la taxe de ces honoraires. — Même arrêt. — V. Chauveau et Godoffre, *loc. cit.*; Dejean, *loc. cit.*

695. — ... Que l'exécutoire indûment délivré par le magistrat ne peut être attaqué par voie d'opposition devant le tribunal de commerce, ni devant le tribunal civil; que le seul recours dont il soit susceptible est celui de l'appel. — Même arrêt. — V. *infrà*, n. 698.

696. — ... Que l'art. 319, C. proc. civ., qui autorise la taxe des vacations des experts par le président au bas de la minute de leur rapport, est inapplicable en matière commerciale devant les tribunaux de commerce. — Riom, 14 avr. 1897, Cavard, [S. et P. 99.2.65, D. 98.2.214]

697. — ... Que la clause par laquelle un cahier des charges administratif, en prescrivant une expertise, confie la désignation du tiers-expert au président du tribunal de commerce, ne confère pas à ce magistrat qualité pour taxer les salaires du tiers-expert et lui en délivrer exécutoire. — Caen, 13 mars 1871, Parquet, Dubourg et Cie, [S. 71.2.235, P. 71.795, D. 73.2.49]

698. — ... Que l'ordonnance de taxe et celle qui délivre l'exécutoire, en pareil cas, peuvent être attaquées par voie d'opposition devant le tribunal de commerce. — Même arrêt. — V. *suprà*, n. 695.

EXPERTISE. — Chap. III.

699. — ... Que le tribunal de commerce, saisi d'une pareille opposition, est incompétent, pour décider si le président n'a pas été investi, même comme particulier, du droit de taxer par un mandat des parties. — Même arrêt.

700. — Nous exposons *suprà*, v° *Dépens*, n. 1305 et s., le tarif des honoraires dus aux experts. Nous ne mentionnerons ici que quelques décisions rappelant les principes posés.

701. — Le taux de la vacation due aux experts chargés de la vérification d'une comptabilité commerciale est de 6 fr., et non pas seulement de 3 fr., ces experts devant être considérés comme artistes et non comme artisans, dans le sens de l'art. 159, Décr.-tar. 16 févr. 1807. — Pau, 2 janv. 1864, Saubert, [S. 64.2.134, P. 64.740, D. 64.2.55] — *Sic*, Chauveau et Godoffre, *Comment. du tarif*, t. 1, n. 1712.

702. — Jugé que l'art. 159 du tarif judiciaire est applicable seulement aux artistes appelés comme experts dans les contestations soumises aux tribunaux; mais que cet article ne peut servir à déterminer les honoraires dus à l'architecte pour études de lieux, composition de plans artistiques et devis estimatifs. — Douai, 18 mars 1841, Petiau, [P. 41.2.347] — V. à cet égard, l'arrêté officiel du 12 pluv. an VII, qui peut généralement être pris comme base équitable à suivre dans la fixation de ces sortes d'honoraires.

703. — Pour le calcul des frais de voyage des experts, et, notamment, pour le calcul de la distance de deux myriamètres, au delà de laquelle ces frais sont alloués, il faut ajouter la distance du retour à celle de l'aller. — Nancy, 4 déc. 1879, de Sucy, [S. 81.2.13, P. 81 1.98] — *Sic*, Bonnesœur, *Nouveau manuel de la taxe*, p. 233; Chauveau et Godoffre, *Comment. du tarif*, n. 1716; Boucher d'Argis et Sorel, *Nouveau dictionnaire de la taxe*, 2° éd., p 264 et 265.

704. — Mais les experts ne peuvent compter en vacations le temps par eux employé dans les transports inférieurs à deux myriamètres. — Même arrêt.

705. — Des experts qui, par leur faute, ont donné lieu à l'annulation de l'expertise, n'ont pas droit aux frais et honoraires applicables à cette opération, comme si elle avait été valable. — Cass. 15 nov. 1871, [J. Le Droit, 19 nov. 1871] — V. *suprà*, n. 556.

Section III.
De l'expertise ordonnée par le juge de paix.

706. — V. à cet égard, *infrà*, v° *Juge de paix*, n. 1667 et s.

CHAPITRE III.
DE L'EXPERTISE EN MATIÈRE COMMERCIALE.

707. — I. Notions générales et historiques. — L'art. 429, C. proc. civ., porte : « S'il y a lieu de renvoyer les parties devant des arbitres, pour examen de comptes, pièces et registres, il sera nommé un ou trois arbitres pour entendre les parties et les concilier, si faire se peut, sinon donner leur avis. S'il y a lieu à vision ou estimation d'ouvrages ou marchandises, il sera nommé un ou trois experts. Les arbitres et les experts seront nommés d'office par le tribunal, à moins que les parties n'en conviennent à l'audience. »

708. — D'après cet article, les comptes ou pièces doivent être examinés par des arbitres, et les ouvrages ou marchandises par des experts. Ces dénominations différentes s'appliquent à des personnes dont les fonctions sont presque identiques par leur nature. Cependant les arbitres dont il est ici question diffèrent des experts en ce que les premiers reçoivent directement du tribunal la mission de concilier les parties, si faire se peut, ce qui leur donne jusqu'à un certain point le caractère du juge. Les arbitres conciliateurs ou rapporteurs dont il est question dans l'art. 429 ont un ministère analogue à celui que remplissent les avocats ou les avoués devant lesquels les tribunaux renvoient en matière civile pour concilier les parties ou donner un avis sur l'affaire en cas de non-conciliation. — Thomine-Desmazures, t. 1, p. 631.

709. — Les arbitres-rapporteurs dont parle l'art. 429 forment, en matière de commerce, une institution d'une grande importance, et dont la création est antérieure de beaucoup à la promulgation du Code de procédure. A toutes les époques, les nécessités de l'administration de la justice forcèrent les juges à requérir le concours de simples particuliers pour l'expédition des affaires. A Rome, le judex ou juge du fait commis par le préteur avait la mission de concilier les parties avant tout jugement, si faire se pouvait, et, sous ce rapport, ses fonctions avaient quelque analogie avec celles que remplissent actuellement les arbitres-rapporteurs. — *Revue de législation*, t. 14, p. 313 et s.

710. — Dans notre ancien droit français, des délégations judiciaires de cette nature faisaient partie de l'organisation des diverses parties qui se partageaient le territoire. Les juges demandaient l'avis de simples particuliers qu'ils désignaient pour instruire les affaires difficiles et en rendre compte. Il y avait notamment des commissaires enquêteurs et examinateurs du Châtelet érigés en titre d'office, devant lesquels on renvoyait pour procéder aux enquêtes, interrogatoires, descentes de lieux, et pour l'examen des comptes produits par les parties. — *Revue de législation, loc. cit.*

711. — C'est dans la même pensée que furent créés les rapporteurs près les tribunaux consulaires, bien que la mission de ces rapporteurs fût moins étendue.

712. — Lorsqu'en 1563 le chancelier de L'Hôpital, voulant faire droit aux plaintes des marchands qui demandaient à être soustraits à la juridiction des tribunaux ordinaires, provoqua l'édit de la même année, par lequel les juges consuls furent institués à Paris, il fit insérer dans l'art. 3 de cet édit la disposition suivante : « Desquelles matières et différens nous avons, de notre pleine puissance et autorité royale, attribué et commis la connaissance, jugement et décision auxdits juges et consuls ou aux tiers d'eux... appelé avec eux, si la matière y est sujette, et en sont requis par les parties, tel nombre de personnes de conseil qu'ils aviseront. » Telle est l'origine des arbitres-rapporteurs en matière de commerce. — *Revue de législation*, t. 15, p. 317 et s.

713. — Ces personnes appelées avec les juges n'avaient pas voix délibérative. On déterminait leurs fonctions par la formule suivante : « tenu d'ouïr les parties, de les recorder, s'il se peut, et, à défaut, de donner son avis et de l'envoyer à la compagnie. » L'ordonnance de 1673 rendit l'édit de 1563 commun à tous les sièges de juges-consuls de France. — *Revue de législation, loc. cit.*

714. — Outre ces rapporteurs, les tribunaux consulaires avaient auprès d'eux des conseillers qui étaient en réalité des arbitres-rapporteurs permanents. Ces conseillers étaient, comme les juges eux-mêmes, nommés par les corps et communautés des marchands. Ils étaient choisis parmi les plus jeunes marchands. Les juges leur renvoyaient des affaires pour les examiner et concilier les parties, sinon donner leur avis. Ils n'avaient pas voix délibérative, bien qu'ils fussent tenus d'assister aux audiences, et n'avaient même voix consultative que lorsqu'ils étaient questionnés par les magistrats en charge (*Ibid.*).

715. — Les conseillers près les juges-consuls considéraient leurs fonctions comme un fardeau, et l'on fut contraint à deux reprises de leur enjoindre de les remplir, sous peine d'amende. Lorsque la Révolution française éclata, ils disparurent sans réclamation. Il n'en fut pas de même des arbitres-rapporteurs proprement dits auxquels la juridiction commerciale continua d'avoir recours en vertu de l'édit de 1563, et le Code de procédure, en consacrant par son art. 429 le droit pour les tribunaux de commerce de renvoyer devant arbitres, n'a fait que leur garantir la continuation d'un usage auquel ils étaient restés fidèles (*Ibid.*).

716. — Il faut remarquer, du reste, qu'avant le Code de procédure, l'usage de renvoyer devant des arbitres-rapporteurs ou des experts de la même qualité que ceux qu'indique l'art. 429 était généralement consacré, non seulement devant la juridiction commerciale, mais aussi devant les tribunaux ordinaires. — Carré, sur l'art. 1429, quest. 1533.

717. — Lepage (quest. 283) estime que cet usage n'a rien d'incompatible avec le système du Code de procédure sur les expertises. Mais cette opinion est repoussée par Pigeau (*Comment.*, t. 1, p. 421), Carré et Chauveau (t. 3, quest. 1533), Thomine-Desmazures (t. 1, p. 631), Merlin (v° *Arbitrage*, t. 1, p. 306), Boitard (t. 2, p. 513 et 514), qui considèrent le droit donné aux tribunaux de commerce par l'art. 429 comme dévolu exclusivement à cette juridiction. Cette dernière opinion se fortifie, suivant Pigeau, par cette considération que les art. 189, 190 et 191 du projet du Code de procédure donnaient aux tribunaux un droit général de renvoyer devant des arbitres pour concilier les parties, sinon donner leur avis mais que, lors de la révision du projet au Conseil d'Etat, le renvoi fut supprimé quant aux affaires civiles. — Pigeau, *loc. cit.*

718. — Toutefois, la cour de Riom paraît avoir décidé implicitement le contraire. — Riom, 27 juill. 1809, N..., [P. chr.]

719. — II. *Nomination.* — *Serment.* — *Récusation.* — Les art. 429 et s., C. proc. civ., ne tracent qu'un petit nombre de règles sur les opérations des experts ou arbitres-rapporteurs. On doit en conclure que pour les points qui n'ont pas été prévus par leurs dispositions, il faut recourir aux principes généraux qu'appliquent aux expertises, en matière ordinaire, les art. 302 et s. du même Code. — Thomine-Desmazures, t. 1, p. 652 et s.; Carré et Chauveau, t. 3, quest. 1135; Pardessus, t. 5, p. 64 et 65; *Comment.* inséré aux *Ann. du not.*, t. 2 p. 514; Favard de Langlade, t. 4, p. 716, n. 11; Pigeau, *Comment.*, t. 1, p. 713; Bioche, v° *Tribunal de commerce*, n. 104 ; Dejean, *op. cit.*, § 1315.

720. — Il résulte de l'art. 429 que le tribunal de commerce n'a recours à une nomination d'arbitres ou d'experts qu'autant qu'il le juge nécessaire. La loi ne lui en fait pas une obligation. — Dejean, *op. cit.*, § 1307. — V. anal. *suprà*, n. 33.

721. — Jugé, en ce sens, que le tribunal de commerce, saisi d'une contestation sur la qualité d'une marchandise, n'est pas tenu de la faire vérifier par des experts; qu'il peut l'apprécier lui-même sur l'apport des pièces. — Rouen, 23 déc. 1837, Facs, [P. 39.1.316]

722. — A l'inverse, il ne paraît pas que l'art. 429 soit limitatif quant aux cas dans lesquels il autorise les tribunaux de commerce à renvoyer, soit devant des arbitres, soit devant les experts. Ces tribunaux sont dans l'usage d'ordonner le renvoi devant arbitres-rapporteurs dans la plupart des affaires qui leur sont soumises. Ils peuvent aussi désigner des experts toutes les fois qu'ils ont besoin de recourir aux lumières d'hommes spéciaux. — Thomine-Desmazures, t. 1, p. 682; Carré et Chauveau, t. 3, quest. 1133 *bis* et 1134; Pardessus, t. 5. p. 64.

723. — C'est à l'audience même du tribunal que l'art. 429 oblige les parties à convenir d'arbitres ou experts; sinon le tribunal doit les nommer. Il en résulte qu'il n'y a pas dans cette matière, comme pour les expertises en matière civile, un délai de trois jours à partir de la signification du jugement pour la désignation amiable des experts par les parties. — Thomine-Desmazures, t. 1, p. 653. — V. *suprà*, n. 165 et s.

724. — Il n'y a pas lieu dès lors à faire cette nomination par acte dressé au greffe conformément à l'art. 306, C. proc. civ. — Thomine-Desmazures, *loc. cit.*; Locré, *Esprit du Code de procéd.*, t. 2, p. 168. — V. *suprà*, n. 190.

725. — Jugé, en ce sens, qu'en matière d'expertise, les tribunaux de commerce ne sont pas astreints, comme les tribunaux civils, à accorder aux parties un délai de trois jours pour nommer les experts. — Bordeaux, 25 janv. 1831, Foussat, [S. 31.2. 118, P. chr.] — Bioche, *Dict. de procéd.*, v° *Tribunal de commerce*, n. 100.

726. — Aussi est-ce à tort, et contrairement au texte formel de l'art. 429, que la cour d'Orléans a décidé que l'art. 429, relatif au délai de trois jours, s'appliquait en matière de commerce. — Orléans, 28 août 1824, Pasquier, [P. chr.]

727. — C'est également par erreur que M. Thomine-Desmazures (t. 1, p. 563) enseigne que la nomination faite en vertu de l'art. 429 n'est pas conditionnelle, pour le cas où les parties ne feraient pas un autre choix.

728. — En d'autres termes, la nomination des experts devant avoir lieu, en matière commerciale, non en vertu des art. 303 et s., C. proc. civ., mais en vertu de l'art. 429, la nomination d'experts faite d'office par le tribunal est régulière, alors que les parties ne sont pas convenues de leur choix à l'audience. — Cass., 20 nov. 1854, Pernetty, [S. 56.1.27, P. 56.2.396, D. 55.1.233] — Bordeaux, 25 janv. 1831, précité.

729. — Mais le tribunal de commerce ne peut désigner les experts qu'autant que les parties n'en conviennent pas à l'audience. — Cass., 11 août 1856, Haulebrèque, [S. 59.1.30, P. 59. 209, D. 58.1.366] — 10 mars 1858, Chrestien, [S. 58.1.353, P. 58.993, D. 58.1.101] — Orléans, 28 août 1824, précité. — Dejean, *op. cit.*, § 1323.

730. — Si les parties nommaient après l'audience d'autres arbitres ou experts que ceux désignés par le tribunal, les personnes ainsi nommées ne pourraient opérer légalement, à moins que le tribunal ne consentît à ratifier le choix des parties, ce qui pourrait équivaloir à une nomination d'office des personnes par elles choisies. — Thomine-Desmazures, t. 1, p. 653.

731. — En matière de commerce comme en matière civile, le refus de l'une des parties de nommer son expert rend sans effet la désignation faite par l'autre partie. Le tribunal doit alors nommer d'office, non pas seulement pour la partie qui refuse, mais pour toutes les deux. — Bordeaux, 18 avr. 1839, Delmestre, [S. 39.2.494, P. 39.2.159] — Locré, t. 2, p. 165; Carré et Chauveau, t. 2, quest 1535. — V. *suprà*, n. 112 et s.

732. — La partie qui se fait représenter à l'audience par un fondé de pouvoir peut autoriser son mandataire à convenir d'experts ou arbitres. — Locré, t. 2, p. 165; Dejean, *op. cit.*, § 1328.

733. — Le texte de l'art. 429 autorise évidemment le tribunal de commerce à ne désigner qu'un seul arbitre ou expert sans avoir besoin du consentement des parties. — Locré, t. 2, p. 165; Bioche, v° *Tribunal de commerce*, n. 101.

734. — L'art. 429 ne paraît pas permettre que le tribunal nomme plus de trois experts (V. *suprà*, n. 156 et 157). Mais si les marchandises étaient considérables et de nature différente, rien ne paraît s'opposer à ce que le tribunal de commerce n'ordonne autant d'expertises qu'il y a de marchandises d'une espèce distincte. — Dejean, *op. cit.*, § 1322.

735. — Les dispositions du Code de commerce relatives à la nomination des experts s'appliquent au cas où les experts sont nommés par le président, et, par exemple, le président du tribunal de commerce peut, dans le cas où, conformément à l'art. 106, C. comm., il y a lieu de vérifier des marchandises, ne nommer qu'un seul expert, alors d'ailleurs que les marchandises ne sont pas de nature différente. — Rouen, 16 déc. 1826, Rougier, [P. chr.]

736. — Le président peut aussi, dans ce cas, adjoindre un juge pour surveiller l'opération de l'expert, dans l'intérêt de l'une des parties absentes. — Même arrêt.

737. — En matière de commerce, de même qu'en matière civile ordinaire, les experts doivent prêter serment devant le juge-commissaire. — Orléans, 28 août 1824, précité. — V. *suprà*, n. 285 et s.

738. — Mais l'expert nommé par un tribunal de commerce n'est pas tenu, s'il est courtier-juré, de prêter serment pour l'opération particulière dont il est chargé. — Rennes, 17 août 1812, Rosset, [P. chr.] — V. *suprà*, n. 287.

739. — Les arbitres-rapporteurs ne paraissent pas soumis à la formalité du serment à raison de la nature de leur mission. L'opinion de ces arbitres repose, en effet, sur des documents ou pièces qui leur ont été produits et qui passent ensuite sous les yeux du tribunal qui peut se rendre compte des éléments de l'avis qu'ils ont formé. Il n'en est pas de même des experts qui attestent la vérité de faits dont ils n'ont été témoins et que le tribunal lui-même ne peut vérifier. — Carré et Chauveau, t. 3, quest. 1536; Locré, t. 2, p. 160 et 161; Pardessus, t. 5, p. 65; Montgalvé, *De l'arbitrage*, n. 109. — Dejean (*op. cit.*, § 1345) soutient l'opinion contraire; d'après lui les arbitres sont de véritables experts, et leur rapport doit inspirer la même confiance que ceux des experts proprement dits. Ils pourraient, d'ailleurs, être dispensés du serment, du consentement de toutes parties. Néanmoins dans la pratique les arbitres ne prêtent pas serment.

740. — Aux termes de l'art. 430, la récusation ne peut être proposée que dans les trois jours de la nomination. — Rennes, 4 févr. 1848, Riou-Kerhallet, [S. et P. chr.] — Dejean, *op. cit.*, § 1331. — V. *suprà*, n. 200 et s.

741. — Jugé qu'on ne peut récuser un arbitre-rapporteur par le motif qu'en qualité de consignataire il a été et peut-être est encore en procès avec l'une des parties. — Même arrêt. — V. *suprà*, n. 231 et 232.

742. — Le délai de la récusation court à partir du jour de la nomination, si elle est contradictoire; à partir du jour de la signification, si elle est par défaut; du jour où l'opposition est jugée. — Thomine-Desmazures, t. 1, p. 353; Carré, sur l'art. 430, quest. 356. — V. *suprà*, n. 220.

743. — Les art. 309, 310, 311, 312, 313 et 314, C. proc. civ., relatifs à la récusation en matière d'expertise ordinaire, s'appliquent à celles qu'autorise l'art. 429 et aux opérations des arbitres-rapporteurs. Il faut remarquer seulement que, dans tous les cas où, suivant ces articles, il doit être fait une signification d'avoué à avoué, c'est au domicile élu qu'il faudra faire la signification en matière commerciale. — Pigeau, *Comment.*, t. 1,

p. 723; Thomine-Desmazures, t. 1, p. 653; Carré et Chauveau, t. 3, quest. 1538; Demiau-Crouzilhac, p. 310; Dejean, *op. cit.*, § 1334.

744. — III. *Opérations des experts.* — En vertu du principe d'après lequel les expertises en matière commerciale sont soumises aux règles du droit commun, à moins de dérogation expresse ou implicite (V. *suprà*, n. 719), il a été jugé qu'il n'a pas été dérogé par le Code de commerce aux art. 315 et 317, C. proc. civ., en ce qu'ils imposent l'obligation de faire connaitre aux parties le lieu, le jour et l'heure des opérations des experts. — Rouen, 21 mai 1845, Lefort et Chevalier, [P. 46.1.244, D. 52.2.197]

745. — ... Que, les formalités prescrites par le Code de procédure, au titre des rapports d'experts, notamment celles qui ont pour objet de faire connaître aux parties l'époque de l'expertise et le contenu du rapport, sont applicables en matière commerciale comme en matière civile. — Nîmes, 3 janv. 1820, Perrier, [S. et P. chr.] — *Sic*, Dejean, *op. cit.*, § 1338. — V. *suprà*, n. 315 et s., 373, 374, 517 et s.

746. — ... Que lorsqu'un tribunal de commerce donne à des arbitres conciliateurs la mission d'experts pour le cas où la conciliation n'aurait pas lieu, il ne suffit pas que leur rapport constate qu'ils ont entendu les parties pour tâcher de les concilier; que s'il ne ressort pas de ce rapport que les arbitres, depuis qu'ils se sont occupés de leur mission d'experts, ont entendu les observations des parties, et leur ont fait donner sommation d'être présentes à leurs observations, on doit en conclure qu'il y a eu inobservation des formalités exigées par les art. 315 et 317, C. proc. civ. — Rouen, 21 mai 1845, précité.

747. — ... Que ces formalités doivent être considérées comme substantielles; que leur omission entraîne la nullité de l'expertise; et que cette nullité n'est point couverte par ce fait que la partie qui l'invoque aurait été présente à l'audience où le rapport a été lu, et n'aurait point pris de conclusions; qu'il suffit qu'elle soit produite le jour de la discussion. — Même arrêt.

748. — ... Qu'est nulle, en matière commerciale comme en matière civile, l'expertise faite en l'absence des parties intéressées et sans qu'elles y aient été rappelées. — Colmar, 5 déc. 1831, Kuchlin, [P. chr.]

749. — Conformément au principe posé *suprà*, n. 379, il a été jugé que l'arbitre nommé aux termes de l'art. 429, C. proc. civ., doit rapporter dans son avis les débats qui ont lieu entre les parties pour le règlement d'un compte. — Rennes, 10 déc. 1813, Chauvin, [P. chr.]

750. — Tout ce que nous avons dit ci-dessus relativement aux formalités substantielles et aux nullités de l'opération s'applique, par la même raison, aux expertises ordonnées par les tribunaux de commerce.

751. — C'est ainsi qu'il a été décidé qu'il n'appartient qu'aux tribunaux et aux juges commis de procéder à des enquêtes, et que, dès lors, un tribunal de commerce ne peut donner mission à des commissaires arbitres d'entendre des témoins. — Toulouse, 16 juill. 1827, Troy, [S. et P. chr.] — *Sic*, Carré, *Compét.*, quest. 234; Chauveau, sur Carré, *L. proc.*, t. 3, quest. 1131 bis. — V. *suprà*, n. 398 et s.

752. — Suivant un arrêt de la cour de Rennes, le tribunal de commerce ne peut s'adjoindre, pour juger, des hommes qui ne lui soient pas attachés en qualité de suppléants. — Rennes, 8 sept. 1845, Métairie, [S. et P. chr.]

753. — Il est donc certain que des arbitres-rapporteurs ne peuvent concourir à ses jugements. Cette décision s'applique évidemment aux experts. — Dejean, *op. cit.*, § 1364.

754. — Mais on admet que les juges pourraient, pendant l'instruction de la cause, demander des explications orales aux experts et aux arbitres-rapporteurs. — Dejean, *loc. cit.* — V. *suprà*, n. 646 et s.

755. — IV. *Rapport.* — Les arbitres ou experts doivent exprimer, dans leur rapport, une opinion précise. Il ne suffirait pas qu'ils fissent des observations sans que leur rapport contint des conclusions formelles. — Dejean, *op. cit.*, § 1353.

756. — Si la minorité des arbitres-rapporteurs ou des experts refusait de signer le rapport, il suffirait de la signature de ceux qui forment la majorité. Il ne saurait y avoir de difficultés sur ce point, car il est permis de procéder ainsi pour la signature d'une sentence arbitrale (C. proc. civ., art. 1016), acte dont l'autorité est bien plus grande que celle d'un simple rapport. — Chauveau, sur Carré, t. 3, quest. 1539 bis. — V. *suprà*, n. 453.

757. — Le dépôt du rapport des arbitres et experts doit être fait au greffe du tribunal (C. proc. civ., art. 431). — V. *suprà*, n. 498.

758. — On doit se conformer pour les rapports des arbitres ou experts dont parle l'art. 429 aux prescriptions des art. 319 et s. : dès lors, après le dépôt du rapport, la partie la plus diligente le lève et le signifie aux autres, avec sommation de comparaître à la prochaine audience (Carré, sur l'art. 431, quest. 357). Cette voie de procéder est du moins très-régulière. — V. *suprà*, n. 517 et s.

759. — Dans quelques tribunaux l'usage est de dénoncer seulement que le rapport est déposé pour que la partie adverse aille en prendre connaissance; puis on signifie une sommation de se trouver à la prochaine audience pour en entendre la lecture et voir procéder au jugement définitif. — Demiau-Crouzilhac, p. 311.

760. — La Cour de cassation a jugé que, si, en matière ordinaire, et aux termes de l'art. 321, C. proc. civ., les rapports d'experts doivent être levés et signifiés, la communication d'un rapport peut se faire par dépôt au greffe, notamment en matière de commerce. — Cass., 17 mars 1879, [*Gaz. des Trib.*, 19 mars 1879]

761. — La mission des arbitres conciliateurs est gratuite. Il est cependant d'usage de leur allouer des honoraires. — Thomine-Desmazures, t. 1, p. 652; Ruben de Couder, n. 26 et s. — V. *suprà*, v° *Dépens*, n. 1314.

762. — V. *Dans quels cas il y a lieu à expertise.* — Les art. 429 et s., C. proc. civ., s'occupent des expertises que les tribunaux peuvent prescrire en général en matière de commerce. Il est en outre des cas spéciaux prévus par le Code de commerce et qui donnent lieu à des nominations d'experts.

763. — L'art. 106, C. comm., relatif aux voituriers, porte : « En cas de refus ou contestation pour la réception des objets transportés, leur état est vérifié et constaté par des experts nommés par le président du tribunal de commerce ou, à son défaut, par le juge de paix, et par ordonnance au pied d'une requête. » — Vasserot, p. 8, n. 20.

764. — La disposition de cet article, resté en vigueur depuis la loi du 11 avr. 1888, qui n'a modifié que les art. 105 et 108, s'applique à tous les modes de transport que régissent, quant aux commissionnaires de transport, la section 3 du titre 6, C. comm., et, quant aux voituriers, la section 4 du même titre.

765. — En cas d'absence du président du tribunal de commerce, le juge le plus ancien peut nommer des experts à l'effet de vérifier l'état des marchandises qu'un destinataire refuse de recevoir du voiturier. Dans ce cas, il peut n'être nommé qu'un seul expert. — Rennes, 17 août 1812, Rosset, [P. chr.] — Colmar, 24 déc. 1833, Garton, [P. chr.] — Bioche, n. 102. — Ce n'est que dans le cas où il n'existe pas de tribunal de commerce dans la localité qu'il y a lieu de s'adresser au juge de paix. — Rouen, 10 déc. 1826, [*Journ. des arr. de Rouen et de Caen*, t. 10, p. 302] — Colmar, 24 déc. 1833, précité. — Duverdy, *Du contr. de transp.*, n. 102; Alauzet, *Comm. du Code de comm.*, t. 2, p. 408.

766. — Il a été jugé qu'il y a nullité du procès-verbal des experts nommés pour procéder à la vérification de marchandises, dans le cas prévu par l'art. 106, C. comm., si le serment a été par eux prêté devant le greffier du tribunal; la prestation doit avoir lieu devant le juge commis à cet effet, ou devant le juge de paix du canton où les experts doivent procéder. — Lyon, 27 août 1826, Pontravé, [S. et P. chr.]

767. — Lorsqu'une marchandise est successivement transportée par plusieurs commissionnaires, il ne peut être exigé que chacun d'eux fasse procéder à une expertise pour conserver son recours contre le commissionnaire qui lui remet cette marchandise, alors surtout qu'il n'y a ni déficit de poids ni avarie apparente. — Colmar, 29 avr. 1845, Canard et Damiron, [P. 45.2.728, D. 48.2.37] — Rennes, 24 nov. 1847, Riodu, [D. 49.2.99]

768. — L'art. 106, C. comm., n'exige pas que les parties intéressées soient présentes à l'expertise qu'il prescrit. Les commissionnaires qui ont successivement transporté une marchandise sont d'ailleurs suffisamment représentés à cette expertise par le dernier commissionnaire. — Colmar, 29 avr. 1845, précité. — V. d'ailleurs *suprà*, v° *Commissionnaire de transport*, n. 131 et s., et *infrà*, v° *Voiturier*.

769. — Les art. 237, 369 et 389, C. comm., prévoient deux cas où il est nécessaire de constater légalement, par des experts, l'innavigabilité d'un navire ; le besoin de vendre le navire, sans mandat du propriétaire, et le cas où le propriétaire veut en opérer le délaissement aux assureurs. — V. *suprà*, v⁰ *Capitaine de navire*, n. 217 et s., *Délaissement maritime*, n. 832 et s.

770. — En France, les experts sont nommés sur requête par le tribunal de commerce ou par le juge de paix, à l'étranger par le consul français, ou à défaut par un consul étranger, ou enfin s'il n'y a dans le pays où le navire a subi des avaries aucun consul français ou étranger, par un magistrat ou fonctionnaire du pays. — Dejean, *op. cit.*, § 1395.

771. — Les experts prêtent serment devant le tribunal ou le magistrat qui les a nommés, et procèdent à leur opération dans les formes ordinaires. En France, ils déposent leur rapport au greffe du tribunal ou de la justice de paix du lieu où ils ont opéré; à l'étranger, ils le remettent au consul, ou, à défaut du consul, au capitaine. — Dejean, *op. cit.*, § 1397.

772. — Le tribunal appelé à statuer sur le délaissement pour cause d'innavigabilité, pourrait, conformément à l'art. 322, C. proc. civ., ordonner une nouvelle expertise, si elle était encore possible. — Alauzet, *op. cit.*, p. 398.

773. — Aux termes de l'art. 195, C. comm., lorsqu'un capitaine doit payer des dommages-intérêts à l'affréteur du navire parce que ce navire a été arrêté ou retardé au départ, pendant la route ou au lieu de sa décharge, ces dommages-intérêts sont réglés par experts. — V. *suprà*, v⁰ *Affrètement*, n. 394 et s., *Capitaine de navire*, n. 348 et s.

774. — Si par tempête ou par la chasse de l'ennemi le capitaine se croit obligé, pour le salut du navire, de jeter en mer une partie de son chargement, de couper les mâts ou d'abandonner les ancres, l'état des pertes et dommages est fait, dans le lieu du déchargement du navire, à la diligence du capitaine et par experts. Ces experts sont nommés : par le tribunal de commerce si le déchargement se fait dans un port français; dans les lieux où il n'y a pas de tribunal de commerce, par le juge de paix; par le consul de France, et, à son défaut, par le magistrat du lieu, si la décharge se fait dans un port étranger (C. comm., art. 414). — V. *suprà*, v⁰ *Avarie*, n. 294 et s.

775. — Ils prêtent serment avant d'opérer. Les marchandises sont estimées suivant le prix du lieu du déchargement ; leur valeur est constatée par la production des connaissements et des factures, s'il y en a ; s'il n'y en a pas, par d'autres pièces supplétives, dignes de foi (art. 415).

776. — Les experts font la répartition des pertes et dommages ; cette répartition est rendue exécutoire par homologation du tribunal de commerce, et dans les pays étrangers par le consul de France, ou, à son défaut, par le tribunal compétent sur les lieux (art. 416). — Vasserot, p. 8, n. 23.

777. — Il est certain que l'entremise des experts n'est nécessaire que s'il n'y a pas règlement amiable. Et si les parties s'entendent pour la nomination des experts, elles ne sont pas obligées de recourir aux juges pour les désigner. — Alauzet, t. 5, p. 473 ; Bédarride, n. 1825 ; Dejean, *op. cit.*, § 1416.

778. — Les experts, après avoir dressé leur rapport, le déposent, en France, au greffe du tribunal de commerce, à l'étranger, au consulat français, ou à défaut au greffe du tribunal compétent sur les lieux, afin que la répartition soit homologuée et rendue exécutoire dans les termes de l'art. 416.

779. — Il y a également lieu à expertise en cas d'abordage de deux navires pour fixer l'estimation du dommage lorsque l'abordage a été fait par la faute de l'un des deux capitaines ou s'il y a doute sur les causes de l'abordage (C. comm., art. 407). — V. *suprà*, v⁰ *Abordage*, n. 176 et s.

780. — Les art. 435 et 436, C. comm., édictent certaines fins de non-recevoir opposables aux actions dirigées pour avaries contre les assureurs et les affréteurs (V. *suprà*, v⁰ *Avarie*, n. 327 et s.). Il a été jugé que dans les cas prévus par les art. 435 et 436, C. comm., relatifs aux fins de non-recevoir contre les actions en matière de commerce maritime, on peut considérer une expertise comme une protestation conservatoire de l'action. — Cass., 12 janv. 1825, Salavy, [P. chr.] — Bordeaux, 27 janv. 1829, Santos, [P. chr.]

781. — Jugé aussi que le transporteur ne peut être considéré comme ayant renoncé à se prévaloir des fins de non-recevoir des art. 435 et 436, par cela seul qu'il a assisté à l'expertise, alors que le demandeur en responsabilité n'avait encore formulé aucune prétention, et que le délai fixé par l'assignation commençait seulement à courir. — Cass., 13 mai 1889, Comp. gén. transatlantique, [S. 90.1.21, P. 90.1.33, D. 90.1.280]

782. — En matière de douanes, toutes les fois qu'il s'élève entre la régie et le commerce des difficultés sur l'espèce, l'origine ou la quantité des marchandises, les tribunaux sont tenus de renvoyer l'examen de ces difficultés aux commissaires-experts spéciaux institués par la loi du 27 juill. 1822, art. 19, sans pouvoir procéder eux-mêmes à cet examen, et substituer ainsi leur propre appréciation à l'appréciation de ces commissaires-experts. — V. *suprà*, n. 98, et v⁰ *Douanes*, n. 205 et s.

783. — L'ordonnance de 1778, qui règle la forme de procéder, dans les Echelles du Levant, pour connaître la valeur, l'état ou le dépérissement des marchandises, et qui notamment exige que les experts nommés par le consul prêtent serment, n'a pas été abrogée par l'ordonnance de 1781. — Cass., 8 mars 1831, Gros, [P. chr.] — V. *suprà*, v⁰ *Echelles du Levant et de Barbarie*, n. 131.

CHAPITRE IV.

DE L'EXPERTISE EN MATIÈRE CRIMINELLE.

784. — La justice criminelle est souvent dans la nécessité de commettre des experts pour faire constater les circonstances qui peuvent révéler l'existence d'un crime ou d'un délit, et dans tous les cas, pour s'éclairer par les résultats de leur examen.

785. — Cette mesure peut être ordonnée par chacun des pouvoirs qui concourent à l'instruction de l'affaire avant son renvoi devant le juge du crime ou du délit. Le droit de la prescrire est en effet une conséquence de celui de procéder à l'instruction, et elle est souvent l'élément le plus essentiel de la procédure.

786. — Il faut même remarquer qu'en cas de flagrant délit, si le fait est de nature à entraîner une peine afflictive ou infamante (C. instr. crim., art. 32 et s.), ou si un crime ou délit ayant été commis dans l'intérieur d'une maison, le chef de cette maison en requiert la constatation (art. 46), le procureur de la République peut faire par lui-même tous les actes d'instruction nécessaires, et notamment ordonner immédiatement une expertise (art. 43 et 44). Le même pouvoir appartient au juge d'instruction dans le même cas (art. 59). Le juge n'est pas tenu alors d'attendre les réquisitions du procureur de la République pour agir. — V. *infrà*, v⁰ *Flagrant délit*.

787. — En cas de flagrant délit, le procureur de la République, porte l'art. 43, C. instr. crim., se fera accompagner, au besoin, d'une ou de deux personnes présumées, par leur art ou profession, capables d'apprécier la nature et les circonstances du crime ou délit.

788. — L'art. 44 ajoute : « S'il s'agit d'une mort violente ou d'une mort dont la cause soit inconnue et suspecte, le procureur de la République se fera assister d'un ou de deux officiers de santé, qui feront leur rapport sur les causes de la mort et sur l'état du cadavre. »

789. — A part ces cas exceptionnels, le procureur de la République ne peut que donner au juge d'instruction de commettre des experts, conformément aux règles générales de l'instruction criminelle (C. instr. crim., art. 47).

790. — L'art. 43 ne fait que donner au procureur de la République le droit de se faire assister de gens de l'art, mais il ne lui en impose pas l'obligation (de Molènes, *Tr. des fonctions du procureur du roi*, t. 1, p. 290). « L'art et la science, dit cet auteur, sont mal à propos employés là où leur secours est inutile. En matière de faux, notamment, la seule inspection des pièces et les dépositions des témoins peuvent fréquemment suffire à l'établissement de la vérité. Il faut réserver les rapports d'experts pour les cas véritablement douteux, et même en faisant usage de ce moyen, le ministère public, de même que le juge d'instruction, manquerait à son devoir s'il renonçait à faire emploi de son sens personnel. »

791. — Toutefois, dans le cas de mort prévue par l'art. 44, on ne peut se dispenser d'appeler un ou deux médecins. Cet article est impératif.

792. — Mais, même dans ce cas, il y aurait abus si l'on appelait sans nécessité plus de deux médecins, car on augmenterait ainsi les frais d'une manière arbitraire. — De Dalmas, *Des frais de just. crim.*, p. 42.

793. — L'art. 44 voulait que, dans l'hypothèse qu'il régit, la visite fût faite par des officiers de santé. Il semblait qu'en s'exprimant ainsi il eût voulu trancher une question vivement

EXPERTISE. — Chap. IV.

débattue, celle de savoir si, en matière de médecine légale, on pouvait appeler indifféremment des docteurs en médecine ou en chirurgie, ou des officiers de santé. La plupart des auteurs étaient d'avis que s'il était préférable d'appeler des hommes que leur grade faisait présumer plus capables lorsque cela se pouvait, il était cependant loisible aussi de réclamer l'assistance de simples officiers de santé, qui pouvaient au besoin remplir les fonctions d'experts en matière criminelle. — Massabiau, *Manuel du procureur du roi*, t. 2, n. 1588. — La question a été tranchée par l'art. 14, L. 30 nov. 1892, qui dispose impérativement que les fonctions de médecins-experts près les tribunaux ne peuvent être remplies que par des docteurs en médecine français. — V. *suprà*, v° *Dépens*, n. 3177, et *infrà*, v° *Médecine et chirurgie*, n. 338 et s.

794. — Lorsqu'on soupçonne un empoisonnement, les officiers de police judiciaire doivent mettre sous les scellés les aliments trouvés dans l'estomac et dans les intestins, et les faire transporter dans un laboratoire de chimie ou autre lieu convenable, pour que les experts procèdent à leur analyse. — Massabiau, t. 2, n. 1604.

795. — Les art. 43 et 44, C. instr. crim., bien que paraissant s'appliquer à des cas particuliers, ont toujours été entendus comme régissant aussi des cas analogues à ceux qu'ils indiquent textuellement. — Duverger, t. 2, n. 221, p. 234.

796. — C'est ainsi qu'il serait nécessaire de constater, de la manière indiquée en l'art. 44, non seulement les cas de mort violente ou de mort dont la cause serait inconnue et suspecte, mais aussi les blessures graves; car ces blessures, suivant le caractère peuvent être mortelles ou absolument, ou relativement, ou accidentellement, et d'ailleurs elles donnent lieu à des poursuites criminelles ou correctionnelles. La conférence de l'art. 44 avec l'article précédent indiquerait suffisamment, au besoin, que telle a été l'intention du législateur. — Duverger, t. 2, n. 149, p. 84. — V. *infrà*, v° *Médecine et chirurgie*, n. 348 et s.

797. — La juridiction répressive peut, comme les juridictions d'instruction, requérir le concours d'experts lorsqu'elle juge une semblable opération indispensable pour la manifestation de la vérité. Ce droit appartient indistinctement aux cours d'assises, aux tribunaux correctionnels et à ceux de simple police. — V. *suprà*, v° *Cour d'assises*, n. 5329 et s.

798. — La chambre des mises en accusation, lorsqu'elle est saisie, peut aussi commettre des experts avant de se prononcer, si elle le juge nécessaire (C. instr. crim., art. 235).

799. — Enfin, dans les affaires criminelles le président de la cour d'assises peut commettre des experts en vertu de son pouvoir discrétionnaire. C'est une conséquence du droit qui lui appartient de diriger les débats. — V. *suprà*, v° *Cour d'assises*, n. 1424 et s.

800. — Devant la cour d'assises, les défenseurs des accusés peuvent demander qu'il soit procédé à une expertise médicale par tels ou tels médecins. En ce cas, la demande étant faite au président qu'il appartient d'ordonner l'expertise. — F. Hélie, *Tr. de l'instruction criminelle*, t. 7, n. 3306.

801. — Ce n'est pas, d'ailleurs, une obligation pour les juridictions répressives d'ordonner une expertise si elles jugent ce mode d'instruction inutile. Jugé, spécialement, qu'il n'est pas nécessaire, dans une accusation de vol avec effraction, d'appeler aux débats des serruriers-experts, lorsque d'ailleurs cette mesure n'a été réclamée ni par l'accusé, ni par le ministère public. — Cass., 4 nov. 1830, Netter, [S. 31.1.366]

802. — Les juridictions exceptionnelles paraissent avoir aussi la faculté de commettre des experts pour s'éclairer par le résultat de leurs travaux, même lorsqu'elles ne tiennent ce pouvoir d'aucune loi spéciale.

803. — Ainsi une expertise peut être ordonnée par les juridictions militaires. — V. *infrà*, v^{is} *Justice militaire*, n. 102, et *Justice maritime*, n. 10.

804. — La Chambre des pairs, lorsqu'elle se constituait en cour de justice dans les cas prévus par les art. 28, 29 et 47 de la charte constitutionnelle, pouvait faire faire par une commission prise dans son sein tous les actes que nécessitait l'instruction des affaires qu'elle était appelée à juger (*Cour des pairs*, 16 juill. 1821, Gauthier de Laverderie, affaire de la conspiration du 19 août 1820 ; 21 déc. 1830, affaire des ministres du roi Charles X). Par une conséquence de ce principe incontesté, elle aurait pu faire faire une expertise ou vérification.

RÉPERTOIRE. — Tome XXI.

805. — Le même pouvoir doit être reconnu actuellement à la Haute-Cour de justice et à la commission d'instruction prise dans son sein.

806. — D'une façon générale, en matière criminelle, les expertises sont régies, non par le Code de procédure civile, mais par les art. 43 et 44, C. instr. crim. — Cass., 16 févr. 1855, Escaraguel, [P. 57.93, D. 55.1 350]; — 12 mars 1857, Fabre, [S. 57.1.488, P. 57.1260, D. 59.1.267]; — 2 janv. 1858, Martineddu, [S. 58.1.161, P. 58.420, D. 58.1.47]; — 15 nov. 1894, Frank-Bertrand, [S. et P. 95.1.55]

807. — Cette règle est applicable, même aux expertises ordonnées pour servir de base à la fixation de l'indemnité réclamée par une partie civile. — Cass., 16 févr. 1855, précité.

808. — De là résultent les conséquences suivantes : 1° Il ne résulte aucune nullité, en matière de police, de ce que les art. 302 et 315, C. proc. civ., auraient été violés, parce que le tribunal a compris dans les dommages-intérêts adjugés à la partie civile des objets énoncés dans le rapport de l'expert pour lui nommé d'office, bien que cet expert n'eût, quant à cela, reçu de lui aucune mission. — Cass., 16 févr. 1855, précité.

809. — 2° Le tribunal saisi de la connaissance d'une contravention peut, pour en constater les circonstances, ne nommer qu'un ou deux experts au lieu de trois : la disposition de l'art. 305, C. proc. civ., en la supposant applicable en cette matière, ne pourrait être considérée comme prescrite à peine de nullité. — Cass., 23 juill. 1836, Lecoulteux, [S. 37.1.243, P. cbr.]

810. — 3° Lorsque, au cours d'une information, des experts sont nommés par le juge d'instruction, ce magistrat les désigne de sa propre autorité, sans qu'il y ait lieu d'en laisser le choix au prévenu (V. en ce sens, Faustin Hélie, *Tr. de l'instr. crim.*, 2° éd., t. 4, n. 1891 et 1897); il en est ainsi surtout alors qu'il s'agit d'examiner l'état mental du prévenu. — V. aussi *infrà*, n. 837, 855 et s., 866.

811. — Il faut remarquer que la loi n'exige pas, pour la validité des opérations des experts, qu'ils agissent en vertu d'une ordonnance du juge d'instruction. Quand le juge d'instruction réclame l'assistance d'experts, il les appelle par un simple avertissement ou par une simple lettre, sans citation. Cet avertissement est remis sans frais par un agent de police, par un garde champêtre ou par un gendarme (Circ. min. Just., 23 sept. et 30 déc. 1812 ; Instr. gén., 30 sept. 1826, p. 17). — Duverger, t. 2, n.149, p. 88 à la note. — V. *infrà*, v° *Médecine et chirurgie*, n. 332.

812. — L'avertissement est généralement conçu en forme de réquisitoire. Il doit énoncer la qualité du magistrat de qui il émane, les noms, profession et demeure de celui à qui il est adressé, le lieu où ce dernier devra se transporter, la nature de l'opération et la date. — Duvergier, *Traité de médecine légale*, t. 1, n. 10.

813. — L'art. 475, n. 12, C. pén., punit de 6 à 10 fr. d'amende ceux qui, le pouvant, auront refusé ou négligé de faire les travaux, le service, ou de prêter les secours dont ils auront été requis dans les circonstances d'accidents, tumulte, naufrage, inondation, incendie ou autres calamités, ainsi que dans les cas de brigandages, pillages, flagrant délit, etc.

814. — On s'est demandé si les personnes qui, étant requises, dans l'une de ces hypothèses, de prêter leur concours au magistrat instructeur ou au procureur de la République comme experts, refuseraient d'obtempérer à la réquisition, pourraient être passibles de l'amende portée en cet article.

815. — Il a été décidé par la Cour de cassation que lorsque les officiers de police auxiliaires du procureur du roi veulent se faire accompagner, dans les cas prévus par la loi, de personnes présumées par leur profession capables d'apprécier la nature et les circonstances du délit ou du crime à constater, ces personnes encourent les peines portées par l'art. 475, n. 12, C. pén., lorsqu'elles refusent ou négligent d'obtempérer aux réquisitions qui leur sont régulièrement adressées. — Cass., 6 août 1836, Ramanbordes, [P. 37.1.510]

816. — Toutefois cette décision est combattue par MM. Briant et E. Chaudé (*Manuel complet de médecine légale*, p. 17 et s.), qui citent en sens contraire un arrêt de la Cour de cassation belge du 4 juill. 1840, Cambrelin, dont ils donnent le texte.

817. — On s'est également demandé si dans des cas non prévus par l'art. 475, n. 12, ceux que les officiers du parquet manderaient pour faire une expertise seraient tenus de déférer à l'avertissement.

818. — Cette question paraît devoir être résolue négative-

46

ment. On ne pourrait soutenir que le ministère des experts est forcé en matière criminelle qu'en établissant une assimilation entre eux et les témoins, qui ne peuvent se dispenser de déposer lorsqu'ils ont été cités. Mais il existe des différences notables entre ces deux catégories de personnes, et l'on ne peut étendre une disposition pénale d'un cas à un autre. Le refus d'accepter les fonctions d'expert en dehors des cas indiqués par l'art. 475, n. 12, n'étant puni par aucune loi, on doit en conclure qu'en matière criminelle de même qu'en matière civile, le ministère des experts est libre. — Chauveau, F. Hélie et Villey, *Théorie du Code pén.*, t. 4, p. 424; Duverger, t. 2, n. 149, p. 91; Trébuchet. *Jurispr. de la médecine*, p. 9; Devergie, t. 1, p. 8.

819. — Les expertises qui se font pendant l'instruction sont évidemment destinées à exercer une influence considérable sur le jugement de l'affaire; aussi ne doivent-elles être confiées qu'à des hommes d'une capacité reconnue. Entre plusieurs experts également capables, la préférence doit être donnée à ceux qui sont sur les lieux ou à ceux qui en sont les moins éloignés (Instr. gén., 30 sept. 1826, n. 17; Circ. min., 23 sept. 1812, n. 5).

820. — Des instructions et circulaires invitent chaque procureur de la République ou chaque tribunal à faire choix à l'avance d'hommes expérimentés dans chaque partie, et à se les attacher en qualité d'experts (Circ. min. Just., 21 sept. et 30 déc. 1812; Instr. gén., 30 sept. 1826, n. 17).

821. — Le choix des experts est évidemment subordonné à la nature du crime ou du délit recherché. C'est ainsi que dans les cas de faux, de fausse monnaie, de vols qualifiés, le procureur de la République ou le juge d'instruction se fait assister d'essayeurs de monnaies ou d'orfèvres, d'experts écrivains, de serruriers, maçons, etc. Lorsqu'il s'agit d'attentat à la pudeur, de viol, de blessures, d'empoisonnement, etc., il y a lieu d'appeler des sages-femmes, des médecins, des chimistes ou des pharmaciens. — Duverger, *Manuel du juge d'instruction*, t. 2, n. 149, p. 83.

822. — Les expertises les plus fréquentes sont les expertises médicales. A cet égard, la législation antérieure a été modifiée par la loi du 30 nov. 1892, art. 14, et par le décret du 21 nov. 1893, qui réglementent les conditions d'aptitude à remplir pour être désigné comme expert. — V. pour cette réglementation, *suprà*, v° *Dépens*, n. 3175 et s., et *infra*, n. 902 et 903.

823. — Nous avons dit que les fonctions de juge et d'expert sont incompatibles (V. *suprà*, n. 80); le juge de police ne pourrait donc pas procéder lui-même à un supplément d'expertise en qualité de tiers-expert. — Cass., 17 févr. 1888, Marais, [S. 89.1. 134, P. 89.1.304. D. 88.1.141]

824. — Mais aucune loi n'établit d'incompatibilité entre la qualité d'expert dans une affaire et de témoin dans une autre. Par conséquent, l'individu entendu comme témoin dans une accusation de faux peut être expert dans une nouvelle affaire de faux concernant le même accusé. — Cass., 17 sept. 1833, Laidet, [P. chr.]

825. — Aucune disposition de la loi n'interdit même, soit à un témoin, soit à un juré qui ne fait point partie du jury de jugement, de procéder à une expertise ordonnée dans le cours des débats. — Cass., 29 août 1833, Marie Ajane, [P. chr.] — V. *infra*, n. 854.

826. — En cas de remplacement des experts empêchés il est pourvu par l'autorité de qui émanait leur nomination. Ainsi, lorsque la cour d'assises a, par arrêt, nommé des experts, le président de la cour n'est pas compétent pour procéder au remplacement de l'un des experts empêchés. Il en est ainsi, alors même que la démission de l'expert se produit hors session. — Cass., 19 juill. 1893, Gueytat, [S. et P. 96.1.59]

827. — La cour d'assises ne peut désigner un nouvel expert hors de la présence de l'accusé et de son défenseur. Par suite, le remplacement, hors session, par ordonnance du président de la cour d'assises, d'un expert nommé par arrêt de la cour d'assises, porte une atteinte aux droits de la défense, qui entraîne la nullité de l'arrêt de condamnation ultérieurement rendu. — Même arrêt. — V. *suprà*, v° *Cour d'assises*, n. 5546.

828. — Les experts requis en matière criminelle doivent, comme ceux requis en matière civile, prêter serment (art. 44. C. instr. crim.). — Cass., 9 mai 1844, Forneret, [S. 44.1.800]

829. — La juridiction de répression peut, avons-nous vu, prescrire des expertises toutes les fois que cette mesure lui paraît utile pour la manifestation de la vérité. Il est constant que le serment prescrit par l'art. 44 doit être prêté par les experts ainsi commis, bien que cet article paraisse s'appliquer plus particulièrement aux expertises qui se font pendant le cours de l'instruction.

830. — La prestation de serment des experts est indispensable pour donner à leur rapport l'authenticité qu'il doit avoir. Si cette formalité n'avait pas été remplie, le rapport ne pourrait servir qu'à titre de simples renseignements. — Carnot, *Instr. crim.*, t. 1, p. 254; Lagraverend, *Lég. crim.*, t. 1, p. 216; Duverger, t. 2, n. 149, p. 92; Schenck, *Traité du min. publ.*, t. 2, p. 57; Bornier, *Conf. des ord.*, t. 2, p. 69.

831. — La prestation de serment doit donc avoir lieu, à peine de nullité (V. *suprà*, v° *Cour d'assises*, n. 5559), et avant le commencement des opérations. — Cass., 17 mars 1864, Petitiot, [S. 64.1.432] — V. *suprà*, v° *Cour d'assises*, n. 5566.

832. — Les parties ne peuvent pas plus que les magistrats dispenser les experts de cette formalité. — F. Hélie, *Traité de l'instr. crim.*, t. 4, n. 1896. — V. *suprà*, v° *Cour d'assises*, n. 5560. — Jugé spécialement que la prestation de serment des experts est une formalité substantielle dont le tribunal de simple police ne peut les dispenser, même du consentement des parties, à peine de nullité de son jugement. — Cass., 27 nov. 1828, Jeoffrin, [S. et P. chr.]; — 27 déc. 1828, Coignet, [P. chr.]; — 29 janv. 1841, Mouton, [S. 42.1.134, P. 42.1.83]

833. — Le serment des experts, aux termes de l'art. 44, C. instr. crim., est celui de faire leur rapport et de donner leur avis en leur honneur et conscience. Mais cette formule n'est pas prescrite à peine de nullité, et peut être conçue en des termes équipollents. — Cass., 16 juill. 1829, Bellan, [S. et P. chr.]; — 10 janv. 1836, David, [S. 36.1.224, P. chr.] — V. *suprà*, v° *Cour d'assises*, n. 5596.

834. — Au surplus, il a été jugé que la mention qu'un expert en matière criminelle a prêté le serment voulu par la loi est suffisante, la loi ne prescrivant, en matière d'expertise, d'autre formule de serment que celle de l'art. 44, C. instr. crim. — Cass., 20 déc. 1855, Angèle, [S. 56.1.470, P. 56.2.315, D. 56.1.93]

835. — Que l'énonciation, dans le procès-verbal des débats, qu'un médecin ou officier de santé appelé à faire un rapport comme expert a prêté le serment en pareil cas requis, satisfait au vœu de la loi; qu'il n'est pas nécessaire à peine de nullité, de rappeler dans le procès-verbal les termes mêmes du serment. — Cass., 16 janv. 1836, Rivière, [S. 36.1.224, P. chr.]

836. — ... Que la mention, faite au procès-verbal des débats, que le président a reçu le serment des experts, exprime suffisamment que la prestation de serment a été accomplie d'une manière successive et individuelle. D'ailleurs il ne peut résulter une nullité de ce que des experts auraient été interpellés collectivement de prêter serment et l'auraient prêté de même. — Cass., 29 août 1833, Marie Ajame, [P. chr.]

837. — Les règles admises en droit civil sur le serment des experts, ne sont pas applicables devant la justice répressive. Notamment il n'est pas nécessaire que les parties soient présentes ou appelées à la prestation de serment. — Cass., 16 févr. 1855, Escaraguel, [P. 57.93, D. 55.1.350]; — 12 mars 1857, Fabre, [S. 57.1.488, P. 57.1260 D. 57.1.182]; — 2 janv. 1858, Martinedder, [S. 58.1.161, P. 58.420, D. 58.1.47]; — 24 oct. 1879, Vegud, [S. 81.1.487, P. 81.1.1230] — *Sic*, F. Hélie, *op. cit.*, t. 4, n. 1897.

838. — Les experts qui ont déjà opéré en vertu d'un serment, et qui font de nouvelles visites et de nouveaux rapports, n'ont pas besoin de prêter serment de nouveau avant de commencer chacune de leurs opérations : ils agissent encore sous la foi de leur premier engagement, qui mérite créance pour tous leurs actes postérieurs; il suffit dans ce cas que le rapport mentionne le serment prêté antérieurement entre les mains du juge d'instruction (Lettre du procureur général de Poitiers du 23 mai 1831) — Duverger, t. 2, n. 149, p. 92. — V. *suprà*, n. 644.

839. — Jugé que lorsqu'un expert qui a déjà prêté serment est chargé avec d'autres d'une mission ayant un seul et même objet avec celle qu'il a déjà accomplie, il n'est point nécessaire de lui faire prêter un nouveau serment. — Cass., 4 nov. 1836, Horner, [S. 37.1.65, P. 37.2.88] — V. *suprà*, v° *Cour d'assises*, n. 5562.

840. — Que dans le cas où, avant l'ouverture des débats, le président de la cour d'assises charge d'une nouvelle expertise le même expert qui a procédé à une précédente expertise, il peut ordonner que celui-ci procédera sous la foi du serment déjà par lui prêté lors de la première opération. — Cass., 20 déc. 1855, précité.

841. — Toutes les opérations confiées à des hommes spéciaux par le juge d'instruction ne sont pas indistinctement des expertises. C'est ainsi qu'il a été décidé qu'on ne doit pas considérer comme une opération d'expertise : 1° le plan visuel des lieux dressé avant l'arrêt de renvoi par le procureur du roi : c'est un simple acte d'instruction; 2° d'autres plans dressés par un ingénieur; 3° la reproduction de ces mêmes plans par la lithographie : ce sont de simples renseignements ou des copies dont l'accusé est admis à contester l'exactitude : aussi ni l'ingénieur ni les reproducteurs de ces plans n'ont dû être astreints à prêter serment. — Cass., 20 mai 1837, Denis et Robert, [P. 40.1.143]

842. — Mais le chimiste appelé à l'audience par la cour d'assises, du consentement des parties et du ministère public, pour donner, à titre de renseignements, des éclaircissements relatifs à des opérations chimiques, est un véritable expert qui ne peut pas être dispensé du serment, à peine de nullité. — Cass., 13 juin 1835, Pallas, [P. chr.]

843. — Il n'en est pas de même de l'ouvrier appelé dans le cours des débats pour une opération purement matérielle et qui, n'étant chargé d'aucune appréciation de fait ni vérification, n'a aucun rapport à faire. Cet ouvrier ne peut être considéré comme expert ni comme témoin et n'a, dès lors, aucun serment à prêter. — Cass., 18 avr. 1833, Demarcé et Royer, [P. chr.]

844. — Les personnes appelées en vertu du pouvoir discrétionnaire du président des assises pour donner leur opinion sur des questions d'art ou de science, doivent être entendues sans prestation du serment prescrit aux experts par l'art. 44, C. instr. crim., leurs déclarations n'étant reçues qu'à titre de simples renseignements, tout aussi bien que celles des personnes appelées en vertu du même pouvoir pour attester des faits dont elles ont connaissance. — Cass., 15 janv. 1829, Gingibre, [S. et P. chr.]; — 25 févr. 1831, Choleau, [S. 31.4.289, P. chr.]; — 2 avr. 1831, David, [S. 31.1.365, P. chr.]; — 20 févr. 1834 Ledoux, [S. 34.1.716, P. chr.]; — 16 janv. 1836, Rivière, [S. 36.1.224, P. chr.]; — 29 mai 1840, Lhérée, [S. 41.1.598]; — 4 juin 1864, Couty de la Pommerais, [S. 65.1.54, P. 65.158, D. 64.1.497] — V. aussi *supra*, v° *Cour d'assises*, n. 1426, 5583 et s.

845. — Ainsi, l'expert qui n'est appelé devant la cour d'assises qu'en vertu du pouvoir discrétionnaire du président, pour examiner les taches de sang existant sur les vêtements de l'accusé, et pour en rendre compte oralement, par voie de simple renseignement, n'est pas tenu, à peine de nullité, de prêter serment. — Cass., 10 avr. 1828, Derré, [S. et P. chr.]

846. — Toutefois, bien que les experts appelés par le président de la cour d'assises, en vertu de son pouvoir discrétionnaire, ne soient pas assujettis à la formalité du serment, comme des experts ordinaires, il ne saurait cependant résulter de nullité de ce qu'ils auraient prêté serment, si d'ailleurs le président a averti les juges des lois que leurs déclarations ne devaient être considérées que comme renseignements. — Cass., 4 nov. 1836, Hornier, [S. 37.1.988, P. 37.2.88] — V. aussi Cass., 21 août 1835, de la Roucière, [S. 35.1.604, P. chr.]; — 4 janv. 1840, Mercier, [S. 41.1.596]; — 30 avr. 1841, Fronteau, [S. 42.4.50, P. 42.1.246] — V. *supra*, v° *Cour d'assises*, n. 5592 et s.

847. — Les experts appelés aux débats sont-ils astreints au serment des témoins de l'art. 317, C. instr. crim.? — V. à cet égard *supra*, v° *Cour d'assises*, n. 5568 et s.

848. — Jugé encore, sur ce point, que le médecin appelé devant une cour d'assises pour démontrer la justesse de l'opinion par lui émise dans le cours de l'information, et après avoir prêté le serment prescrit par l'art. 44, C. instr. crim., ne doit pas prêter un nouveau serment à l'audience. — Cass., 15 janv. 1829, précité; — 24 août 1835, précité. — V. aussi *supra*, v° *Cour d'assises*, n. 5569.

849. — ... Qu'il n'est pas nécessaire de faire prêter à l'audience le serment exigé par l'art. 317, C. instr. crim., pour les témoins, aux individus qui ont figuré dans l'instruction en qualité d'experts, lorsque, d'ailleurs, il ne s'est élevé aucune réclamation sur leur audition à ce titre, et que le procès-verbal d'audience leur assigne cette qualité et constate que leurs déclarations n'ont été que la reproduction de leurs rapports; qu'il suffit que, dans ce cas, ils aient prêté serment comme experts. — Cass., 1er févr. 1838, Brissard, [P. 38.1.316]

850. — Mais jugé que les experts appelés aux débats comme témoins, et qui ne procèdent à aucune expertise nouvelle, doivent prêter le serment exigé par l'art. 317, C. instr. crim. — Cass., 8 janv. 1846, Boullet, [P. 46.2.120] — V. *supra*, v° *Cour d'assises*, n. 5572 et s.

851. — ... Que les experts appelés aux débats en qualité de témoins, pour rendre compte de leurs opérations antérieures et répondre aux questions qui leur seraient adressées comme s'y rattachant, doivent, à peine de nullité, et alors même que les exploits de citation et de notification visent leur qualité d'experts, prêter le serment prescrit par l'art. 317, C. instr. crim., sauf à prêter, en outre, celui de l'art. 44, même Code, si, au cours des débats, ils viennent à être chargés d'une expertise nouvelle. — Cass., 8 avr. 1869, Brelle, [S. 70.1.92, P. 70.186, D. 70.1.192]; — 26 août 1875, Chaussy, [S. 75.1.435, P. 75.1080, D. 76.4.407]; — 1er mars 1877, Fez, [S. 77 1.275, P. 77.569, D. 77.1.413] — Morin, n. 3; F. Hélie, *Instr. crim.*, t. 7, n. 3533; Nouguier, n. 2493.

852. — ... Que l'expert cité devant un tribunal correctionnel pour donner des explications sur son rapport, est un véritable témoin; que, par suite, il ne peut être ainsi entendu que sous la foi du serment prescrit par l'art. 155, C. instr. crim., à peine de nullité. — Cass., 15 déc. 1892, Adm. des contributions indirectes, [S. et P. 93.1.110, D. 94.1.254]

853. — Et la même doctrine est suivie pour l'expert appelé à rendre compte de ses opérations devant la cour d'assises. — Cass., 27 déc. 1878, Pierre, [S. 79.1.288, P. 79.687, D. 79.1.190]; — 27 janv. 1887, Deltil, [S. 87.1.188, P. 87.1.426, D. 89.4.249]

854. — En tout cas, l'individu qui a prêté serment en qualité de témoin, s'il est, pendant le cours des débats, chargé d'une mission comme expert (V. *supra*, n. 825), doit, à peine de nullité, prêter un nouveau serment en cette qualité. — Cass., 18 avr. 1840, de Saint-Blancard, [S. 40.1.303, P. 40.1.687] — V. *supra*, v° *Cour d'assises*, n. 5570.

855. — Nous avons déjà vu que les règles établies par le Code de procédure en matière d'expertise sont inapplicables dans les matières criminelles (V. *supra*, n. 800). En conséquence, il a été jugé qu'il ne saurait résulter nullité de ce qu'une expertise ordonnée par la cour d'assises a été faite en l'absence de l'accusé. — Cass., 12 mars 1857, Fabre, [S. 57.1.488, P. 57.1200, D. 57.1.182] — V. aussi Cass., 16 févr. 1853, Escaragnel, [P. 57.93, D. 55.1.350]

856. — ... Qu'en matière correctionnelle, les expertises sont régies non par le Code de procédure, mais par les art. 43 et 44, C. instr. crim., et qu'aucune disposition de ce Code n'exige la présence ou la convocation des parties aux opérations des experts commis par le juge d'instruction ou par le tribunal correctionnel. — Cass., 13 nov. 1844, Duhout, [P. 45.1.747]; — 15 mars 1845, Joyeux, [P. 46.1.372]; — 2 janv. 1858, Martinedau, [S. 58.1.161, P. 58.420, D. 58.1.48]; — 30 mars 1860, Bulot, [D. 61.5.203]; — 27 déc. 1879, Vegud, [S. 81.1.487, P. 81.1.1230]; — 15 nov. 1894, Frank-Bertrand, [S. et P. 95.1.551] — F. Hélie, *Instr. crim.*, t. 6, n. 2621. — V. aussi *supra*, v° *Cour d'assises*, n. 5548 et S 5549.

857. — ... Qu'il ne résulte aucune nullité de ce que l'expertise a eu lieu en l'absence de la partie condamnée, alors surtout que l'accusé avait lui-même demandé à ne pas assister à l'expertise, et que, lors de la reprise des débats, le président lui a donné connaissance de ce qui s'était passé durant son absence. — Cass., 12 mars 1857, précité.

858. — ... Que le fait par le président d'avoir autorisé un expert à accompagner le conseil de la partie civile au greffe pour lui indiquer sur les livres du failli les endroits de ces registres où se trouvaient les passages signalés dans son rapport n'emporte pas nullité qu'il n'est pas indispensable que cette opération ait lieu contradictoirement avec l'accusé. — Cass., 3 déc. 1836, Demianuv, [S. 38.1.82, P. 38.1.38]

859. — Quand il y a des interruptions dans les opérations des experts et qu'ils renvoient à un autre jour la continuation de l'expertise, ils doivent clore et signer leur procès-verbal jour par jour, et les matières sur lesquelles ils expérimentent doivent être enfermées pendant l'interruption dans un local fermé à clé. — Massabiau, t. 2, n. 1506.

860. — Le juge peut signaler aux experts les points qui lui paraissent devoir appeler leur attention, mais s'ils différaient d'avis avec lui à cet égard et qu'ils considérassent comme insignifiants des faits dont l'examen paraîtrait important au juge d'instruction, ce dernier ne pourrait forcer les experts à opérer comme il le désirerait, et il devrait se contenter de consigner ses observations dans son procès-verbal et appeler d'autres experts, s'il le jugeait à propos. — Ortolan et Ledeau, *Traité du min. publ.*, t. 2, p. 65.

861. — Les experts peuvent recueillir, soit de la bouche de différentes personnes, soit par un examen personnel, tous les renseignements propres à les éclairer sur les questions qui leur sont soumises. — Cass., 15 mars 1845, précité.

862. — Il a été décidé que l'introduction dans le cabinet des experts d'une personne étrangère à l'expertise, et la remise par elle faite de pièces prétendues relatives à l'expertise, ne peuvent entraîner la nullité de l'opération lorsque le ministère public et le conseiller commissaire ne s'y sont point opposés, et qu'il n'est pas établi que les experts se soient servis de pièces étrangères au procès, et dont il n'ait été fait ni inventaire ni description. — Cass., 31 août 1833, Létagé, [P. chr.]

863. — Les experts ne rempliraient pas convenablement leur mission s'ils se bornaient à donner dans leur rapport un avis ou des conclusions. Ils doivent relater avec un soin extrême tous les faits dont ils ont été témoins et desquels on pourrait induire l'existence ou l'absence du crime, car autrement il serait impossible de discuter plus tard leur opinion, les circonstances concommitantes du fait recherché ne pouvant être constatées la plupart du temps qu'au moment où elles se produisent. — Orfila, *Leçons de méd. lég.*, t. 1, p. 29 et 30; Devergie, *Traité de méd. lég.*, t. 1, p. 302; Duverger, t. 2, n. 149, p. 97; Jousse, t. 2, p. 37 et 41; Briant et E. Chaudé, *Manuel complet de méd. lég.*, p. 36.

864. — Les vérifications des experts peuvent être consignées dans le rapport même du juge d'instruction. Il est possible, d'ailleurs, qu'ils soient incapables de dresser un procès-verbal, bien que possédant, du reste, une aptitude suffisante pour apprécier judicieusement les questions qui leur sont soumises. — Duverger, t. 2, n. 149, p. 94; Carnot, t. 1, p. 257; Legraverend, t. 1, p. 216; Favard de Langlade, *Rép.*, v° *Procès-verbal*, t. 4, p. 583.

865. — Mais le rapport du juge ne contient pas habituellement le résultat des observations des médecins qui, ayant besoin de temps et de réflexion pour rédiger leur rapport, ne peuvent le remettre immédiatement. Alors le juge d'instruction se borne à raconter les faits, à donner l'indication de l'avis des experts, s'ils en ont formé un, et à mentionner qu'ils ont rédigé séparément leur rapport, qui sera annexé. — Duverger, t. 2, n. 149, p. 95; Schenck, t. 2, p. 67.

866. — Le Code d'instruction criminelle est muet sur les formes dans lesquelles doivent avoir lieu les expertises. Les rapports des experts ne pourraient donc être annulés comme irréguliers à moins que les conditions mêmes de la mission des experts n'eussent été méconnues, de telle sorte que leur opération ne dût mériter aucune foi. C'est ce que les tribunaux criminels doivent apprécier selon les circonstances.

867. — Jugé que le rapport des experts, en matière criminelle, n'est qu'un simple document destiné à éclairer la religion du jury et soumis à son examen et à son appréciation, et qu'en conséquence, la déclaration du jury ne peut être annulée sous prétexte qu'elle aurait été rendue sur un rapport des experts qu'on prétendrait irrégulier. — Cass., 2 avr. 1831, David, [P. chr.]

868. — ... Que les règles ordinaires sur la vérification d'écritures, ne pouvant s'appliquer à une expertise ordonnée séance tenante par la cour d'assises, il suffit, lorsqu'une pièce de comparaison est déniée par l'accusé, que le jury en soit averti. — Cass., 12 juin 1833, J. Perrin, [P. chr.]

869. — En cas de dissentiment entre les experts commis, le procureur du roi ou le juge d'instruction doivent appeler un tiers-expert pour les départager. — Duverger, t. 2, n. 149, p. 93; Schenck, *Traité min. publ.*, t. 2, p. 50.

870. — Les juges peuvent, en matière criminelle comme en matière civile, ordonner une nouvelle expertise, lorsque la première a été irrégulière ou insuffisante, et ils ont le droit de la confier au même expert. — Cass., 8 déc. 1860, Descheneux, [D. 61.5.204]. — V. *suprà*, n. 617 et s.

871-872. — Jugé qu'un expert qui a déjà concouru à une première expertise, en matière correctionnelle, peut être de nouveau nommé pour procéder à une seconde expertise dans la même affaire, surtout si cette seconde expertise n'est que le complément de la première. — Cass., 19 déc. 1833, Parmentier, [S. 35.1.56, P. chr.]

873. — Ils peuvent aussi refuser d'ordonner une nouvelle expertise, si les documents nouveaux produits, notamment les renseignements fournis par les experts entendus comme témoins, leur paraissent rendre inutile ce moyen d'instruction. — Cass., 2 juill. 1863 Masse, [D. 63.5.166]

874. — De nouveaux experts nommés par la cour d'assises pour procéder à l'examen et à l'appréciation des rapports et procès-verbaux d'une première expertise peuvent être autorisés à communiquer avec les premiers, lors de leur opération. — Cass., 21 juill. 1843, Dupont, [S. 44.1.90, P. 43.2.721] — V. *suprà*, n. 405.

875. — En ce qui concerne les honoraires et vacations des experts en matière criminelle une nouvelle législation est venue sur plusieurs points remplacer celle du décret du 18 juin 1811. On en trouvera l'exposé complet *suprà*, v° *Dépens*, n. 3182 et s.

876. — L'exécutoire que des experts commis par un tribunal correctionnel se font délivrer en vertu de l'ordonnance du président de ce tribunal qui taxe leurs honoraires, est susceptible d'opposition. — Cass., 22 déc. 1860, Masse, [S. 61.1.571, P. 61.426, D. 61.1.293] — Paris, 16 mars 1861, Masse, [S. 61.1.571, *ad notam*, P. 61.426, D. 61.2.127]; — 12 juill. 1860, Masse, [S. 60.2.630, P. 61.188, D. 60.2.153]

877. — Cette opposition doit être portée devant la chambre du conseil, et non à l'audience publique du tribunal correctionnel. — Mêmes arrêts.

878. — Et l'appel du jugement de la chambre du conseil statuant sur une telle opposition doit être porté, non devant une chambre civile de la cour, mais devant la chambre des appels de police correctionnelle. — Paris, 16 mars 1861, précité.

CHAPITRE V.

DE L'EXPERTISE EN MATIÈRE ADMINISTRATIVE.

879. — Les règles à suivre pour les expertises en matière administrative sont tracées par les art. 13 à 24, L. 22 juill. 1889. Nous les avons examinées *suprà*, v° *Conseil de préfecture*, n. 410 et s.; nous nous bornerons donc à rappeler ici quelques principes.

880. — D'après l'art. 14, L. 22 juill. 1889, les expertises devant le conseil de préfecture doivent être confiées à trois experts. Mais il a été jugé que cette règle ne fait pas obstacle à ce qu'il soit désigné autant d'experts qu'il y a de parties ayant un intérêt distinct. — Cons. d'Et., 25 juin 1897, Ville de Vannes, [S. et P. 99.3.68, D. 98.3.93] — V. aussi Cons. d'Et., 1er juill. 1892, V° Vaccaro, [S. et P. 94.3.59] — V. en ce sens, *suprà*, v° *Conseil de préfecture*, n. 449.

881. — Les arrêtés ordonnant une expertise ou statuant sur les divers incidents qu'elle provoque ne sont pas rendus dans l'intérêt des experts, mais seulement dans l'intérêt des parties. Aussi ces dernières seules peuvent-elles les attaquer; les experts n'ont point qualité à cet effet. Jugé qu'un expert désigné par une partie, et révoqué par un arrêté du conseil de préfecture, n'a pas qualité pour déférer cet arrêté au Conseil d'Etat et demander à rester chargé de l'expertise. — Cons. d'Et., 22 nov. 1895, Salarnier, [S. et P. 97.3.147, D. 96.3.94]

882. — Les experts en matière administrative doivent prêter serment comme devant les autres juridictions. Dans le cas où une expertise faite devant le conseil de préfecture a été annulée par le motif que l'expert n'avait pas prêté serment, le conseil de préfecture peut désigner un autre expert pour procéder à une nouvelle expertise, sans que cette désignation donne lieu à récusation. — Cons. d'Et., 2 févr. 1894, Della Casa, [S. et P. 96.3.6, D. 95.3.21]

883. — La règle d'après laquelle celui qui a exprimé une opinion sur l'affaire ne peut être désigné comme expert est applicable devant les juridictions administratives comme devant les autres. En conséquence, ne peut être désigné comme expert par une commune devant le conseil de préfecture le fonctionnaire qui a exprimé une opinion dans l'affaire ou pris part aux travaux publics communaux objets du litige. — Cons. d'Et., 29 avr. 1898 (sol. impl.), Selebran, [S. et P. 1900.3.45, D.99.3.77] — V. *suprà*, n. 234 et s.

884. — Mais le fait que des experts désignés par le conseil de préfecture auraient déjà procédé à une expertise annulée dans la même affaire n'est pas de nature à entraîner la nullité de l'expertise. — Cons. d'Et., 18 déc. 1896, Morra, [S. et P. 98.3.143, D. 98.3.32]

885. — Ne constitue pas une cause de récusation d'un expert désigné d'office dans l'instance où une ville est partie, le fait que cet expert habite la ville et y est porté au rôle des contributions. — Cons. d'Et., 29 avr. 1898, précité.

886. — Conformément au principe posé *suprà*, n. 193, les règles établies par le Code de procédure civile pour la récusation d'un expert ne sont applicables que dans le cas où l'expert a été désigné d'office par le conseil de préfecture, et non dans le cas où il a été nommé par les parties.

887. — Le premier devoir des experts est de vérifier par eux-mêmes les faits sur lesquels ils auront à fournir leur avis, on ne leur permet de déléguer cette vérification à l'un d'eux que pour les points de détail d'une minime importance. — Cons. d'Et., 11 mai 1894, Descours, [S. et P. 96.3.77, D. 95.3.132] — V. *suprà*, n. 187 et s.

888. — Toutefois, dans le cas où la seule irrégularité d'une expertise résulte du défaut de visite des lieux par les experts, le conseil de préfecture peut, sans annuler l'expertise, se borner à enjoindre aux experts de la compléter par la visite des lieux. — Cons. d'Et., 13 nov. 1896, Fortier, [S. et P. 98.3.122, D. 95.3.135.]

889. — L'art 15 de la loi de 1889 dispose que, lorsque les parties ne sont pas présentes à la séance où l'expertise est ordonnée et qu'elles n'ont pas dans leur mémoire désigné leur expert, elles sont, par la voie administrative, invitées à faire cette désignation dans le délai de huit jours. Ce texte, formel pour le cas qu'il prévoit, peut-il être étendu à d'autres cas et notamment à l'arrêté ordonnant un supplément d'expertise? Malgré son caractère exceptionnel le Conseil d'Etat a cru devoir l'étendre. Il a été jugé que l'arrêté du conseil de préfecture ordonnant un supplément d'expertise n'a pas besoin d'être notifié par ministère d'huissier ; qu'il suffit que les parties soient averties à temps du jour où il sera procédé au supplément d'expertise. — Même arrêt.

890. — L'arrêté du vice-président du conseil de préfecture liquidant les honoraires des experts doit être attaqué devant le conseil de préfecture dans les trois jours de la notification de l'arrêté ; il ne peut être déféré directement au Conseil d'Etat. — Cons. d'Et., 25 juin 1897, Ville de Vannes, [S. et P. 99.3.68, D. 98.3.93] — Un arrêt précédent (Cons. d'Et., 20 janv. 1894, Fercot, S. et P. 95.3.135) avait admis pour le recours devant le conseil de préfecture contre l'arrêté du vice-président de la liquidation des honoraires des experts le délai de huit jours de l'art. 66 de la loi de 1889. Après quelques hésitations sur ce point, le Conseil d'Etat a fixé sa jurisprudence par la décision ci-dessus.

891. — Le délai pour se pourvoir devant le conseil de préfecture contre l'arrêté du président liquidant les frais d'une expertise, court de la notification de cet arrêté à la partie. — Cons. d'Et., 24 déc. 1897, Bellom, [S. et P. 99.3.117]

892. — L'expertise est prescrite, dans certains cas, par des lois spéciales et soumise à des règles particulières.

893. — C'est ainsi qu'aux termes des art. 8 et 9, L. 16 sept. 1807, pour le dessèchement des marais, il y a lieu de procéder à une expertise pour fixer l'étendue, l'espèce et la valeur estimative des marais avant leur dessèchement (V. *infrà*, v° *Marais*, n. 115 et s., et 284). La même loi du 16 sept. 1807 règle, dans ses titres 7, 8 et 11, d'autres matières où il peut y avoir lieu à expertise. Ces titres sont relatifs aux travaux de navigation, des routes, des ponts, des rues, places et quais dans les villes, etc..., des travaux relatifs à l'exploitation des forêts et minières, et des indemnités dues pour occupation de terrains.

894. — La loi du 21 avr. 1810, sur les mines, minières, carrières et tourbières, contient aussi plusieurs dispositions relatives aux expertises. — V. *infrà*, v° *Mines, minières et carrières*, n. 1610 et s.

895. — Il y a lieu à expertise, en cas de délimitation et bornage entre les forêts de l'Etat et les propriétés riveraines, lorsqu'il s'agit d'une délimitation partielle, et que le propriétaire et l'Etat sont d'accord pour l'exécuter à l'amiable. Chacune des parties nomme alors un expert (art. 57 de l'ordonnance royale d'exécution du Code forestier). — V. *suprà*, v° *Bornage*, n. 456 et s., 526, 542 et s.

896. — Des expertises sont également prévues par la loi du 30 mars 1831, en matière d'occupations de terrains pour travaux urgents de fortifications.

897. — Il peut y avoir lieu à expertise, en matière de chemins vicinaux, dans les divers cas prévus par les art. 14, 15 et 17, L. 21 mai 1836. — V. *suprà*, v° *Chemin vicinal*, n. 772 et s., 1819 et s.

898. — Le classement des tabacs récoltés en France est opéré, conformément à la décision ministérielle du 17 oct. 1835, par une commission d'expertise. — V. *infrà*, v° *Tabac*.

899. — Sur les expertises en matière de contributions directes, V. *suprà*, v° *Contributions directes*, n. 2003 et s.

900. — Les art. 17, 18 et 19, L. 22 frim. an VII, sur l'enregistrement, donnent à la régie le droit de provoquer une expertise pour faire déterminer la valeur des biens qui donnent lieu à la perception d'un droit. — V. *suprà*, v° *Enregistrement*, n. 4828 et s.

CHAPITRE VI.

ALGÉRIE.

901. — Le décret du 7 août 1896 a rendu applicable à l'Algérie la loi du 30 nov. 1892 sur l'exercice de la médecine. Un décret en date du 3 mai 1897 [S. *Lois annotées*, 1897, p. 304] a déterminé les conditions spéciales d'application de la loi précitée à l'Algérie.

902. — Au commencement de chaque année judiciaire et dans le mois qui suit la rentrée, la cour d'appel d'Alger, en chambre du conseil, le procureur général entendu, désigne, sur les listes de propositions des tribunaux de première instance du ressort, des docteurs en médecine à qui elle confère le titre d'expert devant les tribunaux. La désignation de médecins militaires ne peut avoir lieu qu'avec l'approbation de l'autorité militaire supérieure dont ils dépendent (art. 1).

903. — Les propositions du tribunal et les désignations de la cour ne peuvent porter que sur les docteurs en médecine français demeurant soit dans l'arrondissement du tribunal, soit dans le ressort de la cour d'appel (art. 2).

904. — En dehors des cas prévus aux art. 43, 44, 235 et 268, C. instr. crim., les opérations d'expertise ne peuvent être confiées à un docteur en médecine qui n'aurait pas le titre d'expert. Toutefois, suivant les besoins particuliers de l'instruction de chaque affaire, les magistrats peuvent désigner un expert près un tribunal autre que celui auquel ils appartiennent. En cas d'empêchement des médecins experts résidant dans l'arrondissement, et s'il y a urgence, les magistrats peuvent, par ordonnance motivée, commettre un docteur en médecine français de leur choix (art. 3).

905. — Chaque médecin requis par des officiers de justice ou de police judiciaire ou commis par ordonnance, pour les cas prévus par le Code d'instruction criminelle, reçoit à titre d'honoraires : 1° pour une visite avec premier pansement, 8 fr. ; 2° pour toute opération autre que l'autopsie, 10 fr. ; 3° pour autopsie avant inhumation, 25 fr. ; 4° pour autopsie après exhumation, 35 fr. — Au cas d'autopsie d'un nouveau-né, les honoraires sont de 15 et 25 fr., suivant que l'opération a eu lieu avant inhumation ou après exhumation. Tout rapport écrit donne droit à une indemnité à une vacation de 5 fr. (art. 4).

906. — En cas de transport à plus de deux kilomètres de leur résidence, les médecins reçoivent, par kilomètre parcouru, en allant et en revenant : 1° vingt centimes si le transport a été effectué en chemin de fer ; 2° soixante centimes si le transport a eu lieu autrement (art. 7).

907. — Les art. 8 et 9, sur l'indemnité de déposition et de séjour forcé, sont identiques aux art. 8 et 9, Décr. 21 nov. 1893. — V. *suprà*, v° *Dépens*, n. 3186 et s.

EXPLOIT.

LÉGISLATION.

Code de procédure civile, art. 59 et s., 456, 470, 1037, 1039. — Code d'instruction criminelle, art. 145 et s., 182 et s. — L. 2 juill. 1862 (*portant fixation du budget général ordinaire des dépenses et des recettes de l'exercice 1863*), art. 20 ; — Décr. 30 juill. 1862 (*qui, en exécution de l'art. 20 de la loi de finances du 2 juill. 1832, détermine le nombre de lignes et de syllabes que devront contenir les copies des exploits, celles des significations d'avoués à avoués, et des significations de tous jugements, actes ou pièces*) ; — L. 8 mars 1882 (*ayant pour objet de modifier l'art. 69, § 9, C. proc. civ.*) ; — L. 15 févr. 1899 (*sur le secret des actes signifiés par huissier*) ; — L. 11 mai 1900 (*portant modification de l'art. 69 du Code de procédure civile*)

EXPLOIT.

BIBLIOGRAPHIE.

Berriat Saint-Prix, *Cours de procédure civile et criminelle*, 1855, 7e éd., 3 vol. in-8°, t. 1, p. 85, 212 et s. — Bioche, *Dictionnaire de procédure civile et commerciale*, 1867, 5e éd., 6 vol. in-8°, v° *Exploit*. — Boitard, Colmet-Daage et Glasson, *Leçons de procédure civile*, 1890, 15e éd., 2 vol. in-8°, t. 1, n. 123 et s. — Boncenne et Bourbeau, *Théorie de la procédure civile*, 1837-1863, 2e éd., 7 vol. in-8°, t. 2, p. 64 et s. — Bonfils, *Traité élémentaire d'organisation judiciaire, de compétence et de procédure en matière civile et commerciale*, 1891, 2e éd., in-8°, n. 444 et s. — Bonnin, *Commentaire de la procédure civile*, 1845, in-8°, p. 68 et s. — Carré et Chauveau, *Lois de la procédure civile et commerciale*, 1880-1888, 5e éd., 7 vol. in-8°, t. 1, p. 275 et s., quest. 253 et s. — Deffaux, Harel et Dutruc, *Encyclopédie des huissiers*, 1888-1892, 4e éd., 12 vol. in-8°, v° *Exploit*. — Delzers, *Cours de procédure civile et criminelle*, 1843, 2 vol. in-8°, t. 1, p. 192 et s. — Demiau-Crouzilhac, *Explication sommaire du Code de procédure civile*, 1828, in-8°, p. 41 et s. — Despagnet, *Précis de droit international privé*, 1898, 3e éd., in-8°, n. 171. — Dutruc, *Code général des huissiers*, 1893, 2 vol. in-18, t. 1, p. 80 et s.; — *Supplément alphabétique et analytique aux lois de la procédure*, 1888, 2e éd., 4 vol. in-8°, v° *Exploit*. — Favard de Langlade, *Répertoire de la nouvelle législation civile, commerciale et administrative*, 1823, 5 vol. in-4°, v^{ts} *Ajournement, Citation, Huissier*. — Garsonnet, *Précis de procédure civile*, 1892, 2e éd., in-8°, n. 97 et s.; — *Traité théorique et pratique de procédure*, 2e éd. (en cours de publication), 3 vol. in-8° parus, t. 2, § 564 et s., p. 286 et s. — Merlin, *Répertoire universel et raisonné de jurisprudence*, 1827-1828, 5e éd., 18 vol. in-4°, v^{ts} *Ajournement, Citation, Exploit, Huissier*. — Mourlon et Naquet, *Répétitions écrites sur le Code de procédure*, 1885, 5e éd., in-8°, p. 337 et s. — Picard, d'Hoffschmidt et Lecourt, *Pandectes belges* (en cours de publication), v^{is} *Exploit* (matière civile), *Exploit* (matière pénale). — Pigeau et Crivelli, *La procédure civile des tribunaux de France*, 1837, 5e éd., 2 vol. in-4°, t. 1, p. 178 et s. — Rauter, *Cours de procédure civile*, 1834, in-8°, n. 104 et 105, 171 et s. — Rodière, *Traité de compétence et de procédure en matière civile*, 1878, 5e éd., 2 vol. in-8°, t. 1, p. 185 et s. — Rousseau et Laisney, *Dictionnaire théorique et pratique de procédure civile, commerciale*, etc., 1885, 2e éd., 9 vol. in-8°, v° *Exploit*. — Thomine-Desmazures, *Commentaire sur le Code de procédure*, 1832, 2 vol. in-4°, t. 1, n. 78 et s. — Thubeuf, *De la signature des actes extrajudiciaires*, 1894, in-8°. — Tissier, Darras et Louiche-Desfontaines, *Code de procédure civile annoté*, 1900, 1 vol. gr. in-8° paru, v° sur les articles cités. — Vincent et Pénaud. *Dictionnaire de droit international privé avec deux supplements*, 1887-1889, 3 vol. in-8°, v° *Actes judiciaires et extrajudiciaires*. — Weiss, *Traité élémentaire de droit international privé*, 1890, 2e éd., p. 805 et 806.

Titre exécutoire; signification; frais frustratoires: Corr. de just. de paix, année 1870, t. 17, 2e sér., p. 264. — *La loi sur le secret des actes d'huissiers* (Guinard) : France jud., 1899, 1re part., p. 72. — *Loi sur le secret des actes signifiés par huissier* (Duparcq) : J. des huissiers, 1899, t. 80, p. 65 et s. — *Huissier, exploit (signification de); caserne de gendarmerie* : Journ. du min. publ., t. 7, 1864, p. 307. — *Presse, journal, société, gérant, délit, citation, remise de la copie, domicile* : Journ. du min. publ., t. 28, 1885, p. 63. — *En cas d'absence ou de refus du maire, l'apposition du visa sur l'original de l'exploit doit-elle être faite par l'adjoint, ou bien soit par le juge de paix, soit par le procureur du roi, à l'exclusion de l'adjoint?* Journ. de proc. civ. et comm., 1833, t. 1, p. 309. — *De la nécessité d'abroger l'art. 45 du décret du 14 juin 1843; observation sur la pénalité, la compétence et le mode de poursuites. Suffirait-il, pour cette abrogation, d'une ordonnance royale, ou une loi est-elle nécessaire?* Journ. de proc. civ. et comm., 1844, t. 10, p. 385. — *Lorsque l'huissier ne trouve ni la partie, ni aucun de ses parents ou domestiques, ni voisins qui veuille se charger de la copie, ni maire, ni adjoint, ni membre du conseil municipal, peut-il remettre la copie soit au parquet, soit au juge de paix?* Journ. de proc. civ. et comm., 1851, t. 17, p. 152. — *L'huissier qui procède à une vente publique et volontaire d'objets mobiliers, est-il tenu, sous peine d'amende, de mettre, à la fin de son procès-verbal, le coût de cet acte?* Journ. de proc. civ. et comm., 1856, t. 22, p. 23. — *L'huissier qui omet de mentionner, dans le coût de l'exploit, le détail des droits de copie des pièces revenant à l'avoué qui les a certifiées, est-il passible de l'amende prononcée par l'art. 67, C. proc. civ. et comm.*, 1859, t. 25, p. 8. — *Depuis le décret du 30 juill. 1862 peut-on établir la compensation d'une page ou d'une ligne à l'autre?* Journ. de proc. civ. et comm., 1863, t. 29, p. 265, 1865, t. 31, p. 5. — *Chaque excédant de syllabes dans les différentes lignes de la même page d'une copie d'exploit ne donne pas lieu à une amende distincte; il n'est dû qu'une amende par page pour l'ensemble de ces excédents* : Journ. de proc. civ. et comm., 1860, t. 32, p. 323. — *La loi du 15 févr. 1899 sur le secret des actes signifiés par huissier* (Schaffhauser et Chevresson) : Lois nouvelles, 1899, part. 1, p. 144 et s. — *La loi du 15 févr. 1899 sur le secret des actes signifiés par huissiers* : Moniteur des huissiers, 1899, part. 1, p. 97 et s. — *Le secret des actes signifiés par huissier. La proposition de M. Cruppi, modificative de la loi du 15 févr. 1899. Résumé de la jurisprudence* : Moniteur des huissiers, 1900, part. 1, p. 75 et s.

INDEX ALPHABÉTIQUE.

Abréviation, 56.
Absence, 245, 430.
Absence (constatation de l'), 770 et s.
Accident, 266.
Acquittement, 1345.
Acte authentique, 98 et s., 359.
Acte d'accusation, 144, 1489.
Acte d'appel, 6, 72, 130, 175, 193, 208, 210, 222, 226, 256, 267, 364, 469, 678, 679, 680, 687, 729, 761, 826 et s., 842, 959 et s. 1066 et s., 1195, 1224, 1252, 1265 et 1266.
Acte d'avoué à avoué, 365, 366, 702 et s., 1574.
Acte respectueux, 708.
Actionnaire, 855.
Adjoint, 582, 614, 761, 764 et s., 809, 1053, 1324 et s.
Adjudication, 116 et s., 129.
Administrateur délégué, 856.
Administrateur de société, 250, 251, 857.
Administrateur de succession, 1174.
Administrateur provisoire, 425, 430.
Administration publique, 249, 273, 1329.
Adultère, 1397.
Affiche, 965 et s., 1488 et s.
Agent de la force publique, 1454.
Agent diplomatique, 1010, 1019.
Agent judiciaire du Trésor, 754.
Ajournement, 3, 171, 177, 215, 298, 316, 363, 682, 826 et s.
Algérie, 973.
Aliéné, 425.
Allemagne, 1016, 1273.
Alliés, 19, 484, 500, 572, 1045.
Amende, 324, 325, 334, 336, 338, 347, 348, 397, 640, 681, 683, 695, 805, 834, 1380, 1525, 1614.
Année, 174 et s., 199 et s.
Appel, 43, 172, 317, 390, 391, 704, 936, 1021, 1171, 1348, 1466. — V. *Acte d'appel*.
Appréciation souveraine, 497, 565, 956, 1464 et s., 1497.
Arrêt d'admission, 195.
Arrêt de renvoi, 1444, 1489.
Arrondissement, 313, 314, 412, 758.
Assignation, 5, 75, 217, 978, 1258 et 1259.
Association en participation, 845.
Association syndicale, 799.
Associé, 816, 874, 876, 880, 1592.
Assurance, 470, 868.
Aubergiste, 534 et s.
Auditoire du tribunal, 405.
Autorisation maritale, 1192, 1213 et s.
Autriche-Hongrie, 1274.
Avenir, 211.
Aveu, 61 et s., 1098 et 1099.

Avocat, 462, 788, 822.
Avoué, 280, 369, 519, 521, 961, 1051, 1074, 1090.
Bailleur, 529 et s., 1080.
Bannis, 443.
Banque de France, 871.
Belgique, 1016, 1275 et s.
Belle-sœur, 1045.
Bibliothécaire, 513.
Biens communs, 478 et s.
Biens dotaux, 1208 et s.
Biens paraphernaux, 1210 et 1211.
Bref délai, 388.
Bureau de bienfaisance, 794.
Cachet de l'huissier, 646 et s.
Caisse d'épargne, 788.
Capitaine de navire, 898, 991, 1025.
Cassation, 30, 144, 168, 201, 202, 318, 618, 795, 918, 929, 951, 957, 1020, 1167, 1169, 1180, 1225.
Cédant, 1271.
Cessation de fonctions, 722.
Cession de créance, 125.
Cessionnaire, 1271.
Chambre d'accusation, 1501.
Chambre de commerce, 788.
Chasse, 1395, 1413, 1442.
Chef de gare, 870.
Chef de l'État, 755.
Chemin de fer, 868, 870.
Chose jugée, 1392.
Citation, 4, 62, 63, 677, 680, 688 et s., 1319 et s.
Citation directe, 1333.
Citoyen, 1079.
Citoyenneté, 1075 et 1076.
Clameur de haro, 14.
Clerc, 15, 384, 513, 518, 519, 700, 719, 1051.
Clerc principal, 1050.
Cocher, 513.
Cohéritier, 1264, 1581.
Colonies, 971 et s.
Colporteur, 893 et 894.
Commandement, 9, 47, 119, 128, 800, 984.
Commanditaire, 853.
Commandité, 853 et 854.
Commis, 513, 515, 547, 558, 1064, 1134.
Commis-voyageur, 942.
Commissaire de police, 1324, 1402, 1489.
Commission départementale, 756.
Commission syndicale, 784.
Communauté conjugale, 1178 et s., 1207.
Communauté d'huissiers, 788.
Communauté religieuse, 824.
Commune, 673, 759 et s., 809, 811, 841, 842, 1117, 1134.
Comparution volontaire, 1353 et s., 1448, 1449, 1508, 1514 et s.

EXPLOIT.

Concierge, 487, 523 et s., 591, 1046.
Conciliation, 166, 642.
Conclusions au fond, 1226.
Condamné, 445.
Condamné aux travaux forcés, 443 et 444.
Congé, 531.
Conseil judiciaire, 426 et s.
Conseil de famille, 701.
Conseiller de préfecture, 741, 742, 809.
Conseiller municipal, 619 et s., 767 et s., 809, 814.
Conservateur des hypothèques, 186.
Constitution d'avoué, 219, 363 et 364.
Consul, 1010.
Consulat, 1021.
Contrainte, 825.
Contrainte par corps, 1485 et 1486.
Contravention, 1416.
Contredit, 1190, 1218.
Contributions indirectes, 1329, 1438.
Contributions indirectes (administration des), 750, 787.
Convention de la Haye, 1314 et s.
Copie, 73 et s., 99, 107, 123, 146, 164 et s., 193, 267, 258, 332, 348, 356, 363, 380, 579, 631 et s., 662 et s., 778, 840 et s., 968, 969, 1017 et s., 1101, 1113 et s., 1346 et s., 1357, 1440 et s., 1512, 1527 et s., 1604.
Copies (intervention de), 74 et s.
Copie (nombre de), 70, 815, 1447 et s.
Copie (refus de la), 416, 417, 571 et s., 585, 723.
Copie autographiée, 1606.
Copie collationnée, 1598.
Copie irrégulière, 83 et s., 165 et s., 176.
Copies séparées, 94, 426 et s., 1143 et s., 1187 et s., 1264.
Copie séparée (mention de) 1227 et s.
Copie unique, 1178 et s.
Copreneau, 1520 et 1521.
Corse, 973.
Cour d'appel, 966 et 967.
Cour d'assises, 1322, 1326, 1444.
Coût de l'exploit, 324 et s., 1524 et s., 1525.
Couvent, 533.
Crayon, 28 et s.
Créancier, 121, 1262.
Créancier hypothécaire, 480.
Créancier inscrit, 1145.
Créancier poursuivant, 1146.
Curateur ad hoc, 427.
Curateur al of s., 443.
Date, 35, 43, 62 et s., 64, 71, 85, 89, 92, 99, 100, 153 et s., 340, 1349.
Date de l'audience, 1359 et s.
Date du délit, 1392 et s.
Décès de la partie, 471 et s.
Déclaration fausse, 1129 et s.
Défendeurs (pluralité de), 1149 et s.
Défense au fond, 1243 et s., 1452.
Délai, 43, 89, 91, 92, 144, 192, 218, 351, 388, 1509, 1528 et s.
Délai d'appel, 482.
Délai de comparution, 363 et 364.
Délai de distance, 1308 et 1369.
Délaissement hypothécaire, 1594.
Délit, 1223.
Délit forestier, 1438, 1443.
Demande collective, 1158.
Dénonciation de saisie, 46, 109, 381.
Dénonciation de surenchère, 76 et 77.
Département, 756 et 757.
Déportés, 413.
Désaveu, 122.
Désistement, 1573.
Détenu, 1462, 1519.

Diffamation, 1429.
Directeur des domaines, 729.
Directeur de société, 857 et s.
Distribution par contribution, 1594.
Divorce, 440, 642, 644, 615, 902, 940.
Domaine (administration des), 727 et s., 750, 787.
Domaine de la couronne, 755.
Domaine militaire, 734.
Domaine public, 726 et s.
Domestique, 513 et s., 536, 543, 558 et s., 571 et s., 670, 721, 779 et s., 1027, 1028, 1065 et s., 1076, 1087, 1089 et s., 1130, 1187, 1471 et s.
Domicile, 110, 433.
Domicile (changement de) 446 et s., 450 et s., 1463.
Domicile à l'étranger, 237, 1499.
Domicile ancien, 442 et s.
Domicile apparent, 151.
Domicile conjugal, 440 et 441.
Domicile connu (dernier), 906 et s.
Domicile du défendeur, 269 et s.
Domicile de la partie, 484 et s., 646.
Domicile de l'huissier, 297 et s.
Domicile d'origine, 897, 940.
Domicile d'un tiers, 409.
Domicile du requérant, 232 et s., 255 et s.
Domicile du voisin, 604 et s.
Domicile élu, 47, 223, 237, 269, 363, 364, 394, 437, 581, 710 et s., 747, 748, 801, 802, 812, 813, 904, 905, 947, 990 et s., 1154 et s., 1260, 1366 et s., 1437 et s.
Domicile inconnu, 108, 109, 436, 881 et s., 986, 1467, 1483 et s.
Domicile réel, 269, 437, 715, 801, 1260, 1366 et s.
Dommages-intérêts, 384, 640, 1422, 1256.
Donation, 1203.
Dot, 1208 et s., 1219.
Douane, 1329, 1438.
Douanes (administration des), 750, 787.
Droits (pluralité de), 1567 et s.
Droit proportionnel, 1562 et s.
Echelles du Levant, 1021.
Ecriture, 21.
Ecriture lisible, 23.
Ecriture manuscrite, 32 et 33.
Employé, 515, 1049, 1055, 1093 et 1094.
Employé de mairie, 613.
Employé de préfecture, 743 et 744.
Encre, 28.
Enfant, 1176.
Enonciation des faits, 1384 et s.
Enquête, 75, 157, 703, 1192.
Enregistrement, 69, 71, 91, 92, 178, 193, 204, 207, 216, 347 et s., 813, 1443, 1451 et s., 1527 et s.
Enregistrement (administration de l'), 750, 787.
Enregistrement (extrait de l'), 126 et s.
Enregistrement en débet, 1539 et s.
Enveloppe fermée, 290, 641 et s., 716, 1432.
Envoyé en possession, 430.
Envoyé en possession provisoire, 245.
Equipollents, 57 et s., 254 et s., 276 et s., 283 et s., 295, 296, 302 et s., 1212, 1358, 1363.
Erreur, 555, 1124 et s.
Erreur de qualité, 1129 et s.
Escroquerie, 1404, 1408.
Etablissement public, 788 et s.
Etablissement d'utilité publique, 821.

Etat, 673, 726 et s., 756, 757, 809 et 810.
Etranger, 236, 977, 991 et s., 997, 1150.
Etude, 717.
Evêque, 517, 798.
Exception, 1511 et s.
Excès de pouvoir, 1345.
Expertise, 999.
Exploitation commerciale, 892.
Exposé de moyens, 363.
Fabrique d'église, 792 et s., 800, 802, 819, 820, 827.
Faillite, 205, 879 et s.
Faux en écriture publique, 97.
Femme, 1052, 1072 et s., 1077.
Femme du maire, 780.
Femme mariée, 141, 223, 224, 424, 435, 440, 485, 489, 490, 510 et s., 547, 671, 981, 1056 et s., 1095, 1123, 1129, 1132, 1136, 1160, 1177 et s.
Femme mineure, 427, 1191.
Fermier, 541.
Fille, 501, 1133.
Fille de confiance, 1078, 1088.
Fils, 1138, 1152, 1261, 1449.
Fils du maire, 181.
Folle enchère, 71.
Fonctionnaire public, 248, 273.
Fonctions publiques, 465 et 466.
Fondé de pouvoirs, 522, 1081.
Force majeure, 134.
Force probante, 97 et s.
Forêts, 1329.
Forêts (administration des), 750, 787.
Frère, 509, 515, 1062, 1133, 1165, 1229.
Garde chasse, 14.
Garde forestier, 837.
Gendarmerie, 408.
Gendre, 484, 572.
Gens de mer, 1026, 1029.
Gérant, 250, 467, 1376, 1377, 1464.
Gérant de journal, 452, 1097.
Grande-Bretagne, 1286 et s.
Grèce, 1292 et s.
Greffe du tribunal, 387, 389, 394.
Greffier, 186.
Griffe, 629.
Guichet de prison, 445.
Héritiers, 278, 471, 475, 479 et s., 1155, 1167, 1170 et s., 1196, 1234.
Heure, 181 et s., 392 et s., 714, 718, 720, 1364.
Homme, 1085.
Homme d'affaires, 520.
Hospice, 789 et 790.
Hôtel de la préfecture, 735 et 736.
Hôtel garni 534 et s.
Hôtel meublé, 889 et s., 913, 948, 1485.
Huissier, 17 et s., 34 et s., 384, 393, 505, 636, 683, 685, 937 et s., 1256, 1257, 1408, 1454.
Huissier (affirmation de l'), 774 et 775.
Huissier audiencier, 299, 310, 312, 647 et s.
Huissier-commis, 320.
Hypothèque légale, 511, 512, 548.
Immatricule de l'huissier, 34, 36, 288, 305 et s., 1378, 1380.
Imprimeur, 1097.
Indivisibilité, 481, 1258 et s., 1267.
Indivision, 126.
Indû (répétition de l'), 337.
Ingénieur des ponts et chaussées, 733.
Injures, 1429.
Inscription de faux, 118, 1141.
Inscription hypothécaire, 480.

Inspecteur des forêts, 733.
Instance en cours, 923 et s.
Instruction, 1484 et s.
Interdiction, 20, 326, 337.
Interdit, 419 et s.
Interdit légal, 423, 443.
Interligne, 51.
Intérêts opposés, 529 et s.
Intérêts distincts, 1187 et s.
Intérêt personnel, 19.
Intervention, 1271.
Italie, 1016, 1298.
Jardinier, 514, 1054.
Jésuite, 1365.
Jour, 179, 212 et s.
Jour férié, 395 et s., 1456.
Journal, 452 et 453.
Juge de paix, 688, 805, 806, 810, 814, 815, 839, 841.
Jugement, 132, 144, 154, 167, 201, 205, 222.
Jugement par défaut, 127, 128, 225, 590, 634, 1153, 1204, 1459, 1470, 1480, 1505.
Jury d'expropriation, 955.
Langue française, 22.
Lecture, 401.
Légataire universel, 476.
Lettre de change, 111 et 112.
Lettre missive, 1275 et s., 1308, 1312.
Lex fori, 1306 et s.
Lieu, 187 et 188.
Lignes, 26 et 27.
Liquidateur, 252, 274 et 275.
Liste du jury, 1444.
Lits militaires, 872.
Locataire, 529.
Locataire principal, 537.
Loi pénale, 467 et s.
Luxembourg, 1016.
Lyon (ville de), 623, 783.
Magistrat municipal, 1053.
Maire, 567, 568, 571 et s., 582, 670, 789, 790, 809, 811, 815, 841, 842, 906 et s., 924 et s., 1053, 1118, 1324, 1401, 1171, 1477 et s., 1484, 1487, 1496.
Mandants (pluralité de), 1150.
Mandat, 122.
Mandataire, 469, 476, 521, 1249.
Mandataire conventionnel, 246, 247, 268.
Mandataire des actionnaires, 864.
Mandataire légal, 240 et s., 262 et s.
Mandataire unique, 1150.
Marchand forain, 893, 894, 943.
Mari, 223, 424, 435, 440, 442, 485, 489, 490, 510 et s., 586 et s., 611 et s., 671, 759 et s., 1056 et s., 1095, 1123, 1160, 1177 et s.
Mariage, 1221.
Mention de l'affiche, 968 et 969.
Mention des formalités, 652 et s., 1127 et s.
Mention du visa, 631 et s., 840 et s., 1017 et 1018.
Mention marginale, 335, 654.
Mère, 1052, 1132, 1229 et s.
Messieurs, 14.
Mesureur juré, 822.
Militaire, 442, 711, 1469.
Mineur, 241 et s., 263 et s., 419 et s., 427, 1191.
Mineur émancipé, 426 et s.
Ministère de la guerre, 734.
Ministère public, 691, 757, 1323 et s., 1362, 1424 et s.
Ministère des Affaires étrangères, 1010, 1012.
Ministre des Colonies, 925, 1011.
Ministre de la Marine, 1011, 1022.
Mois, 177, 178, 208 et s.
Moyen nouveau, 1225.
Mutation immobilière, 1565 et s.
Navire étranger, 1034.
Nièce, 1095, 1133.

Nom de la partie, 646.
Nom de l'avoué, 41 et 42.
Nom de l'huissier, 294 et s.
Nom du défendeur, 261 et s., 277 et 278.
Nom du parent, 1043 et s.
Nom du plaignant, 1362 et s.
Nom du prévenu, 1370 et s.
Nom du requérant, 229.
Nom du serviteur, 1043 et s.
Nom du voisin, 604 et s.
Notaire, 708, 720, 721, 1050.
Nullité, 282 et s., 352 et s., 393, 397, 399, 570, 575 et s., 584, 586 et s., 604 et s., 645, 674, 826 et s., 1100, 1194, 1216, 1224, 1226, 1235, 1237 et s., 1451, 1452, 1510 et s., 1530.
Nullité de fond, 1248.
Nullité de procédure, 1243 et s.
Nullité relative, 829 et s., 1511 et s.
Objet de la demande, 363 et 364.
Objet de l'exploit, 322.
Officier ministériel, 814, 717 et s., 822.
Offres réelles, 47, 120, 121, 1179, 1563.
Oncle, 1047.
Opposition, 205, 225, 1153, 1221, 1259, 1264, 1459, 1502.
Opposition à mariage, 259.
Ordonnance de renvoi, 1398.
Ordre, 134, 135, 704, 707, 1190, 1218, 1594.
Ordre du tableau, 777.
Ordre public, 1248.
Original, 73 et s., 123, 145 et s., 332, 579, 662 et s., 805, 1113 et s., 1346 et s., 1601 et 1602.
Original irrégulier, 78 et s.
Outrage, 1401, 1402, 1429.
Ouvrier, 542.
Palais nationaux, 582.
Papier libre, 25.
Papier timbré, 24.
Parenté, 19, 500 et s., 571 et s., 670, 779 et s., 1028, 1472 et s., 1582. — V. Alliés.
Paris (ville de), 623, 782.
Parlant à..., 28, 36, 280, 323, 340, 666 et s., 1035 et s., 1505 et s.
Parquet colonial, 975.
Parquet métropolitain, 975.
Partage, 186, 420.
Partie civile, 689, 1380, 1362.
Passager, 1026.
Patente de l'huissier, 39, 304, 321.
Patron, 542 et 543.
Pays-Bas, 1303 et 1304.
Pays étrangers, 971, 1272 et s.
Peine disciplinaire, 393.
Percepteur, 466.
Père, 266, 1148, 1152, 1261, 1449.
Péremption, 183, 184, 298, 746, 931.
Personne civilement responsable, 1447.
Personne morale, 726 et s.
Pescurs jurés, 822.
Pompes funèbres, 822.
Ponts et chaussées (administration des), 751 et s.
Poursuite disciplinaire, 462.
Préfet, 526, 728 et s., 756, 809.
Préfet de la Seine, 782.
Prénom du prévenu, 1371.
Prescription, 1525, 1622.
Prescription (interruption de la), 131, 1467, 1471.
Président du conseil d'administration, 859, 863.
Président du conseil de fabrique, 795 et 796.
Président du tribunal, 398.
Présomptions, 101, 134 et 135.
Presse, 1397, 1414, 1428, 1437.
Preuve, 123 et s., 359, 843, 985, 1233.

Preuve testimoniale, 68, 185, 1098 et 1099.
Prévenu, 1371, 1373, 1447 et s.
Procès-verbal, 698, 1431 et s., 1440 et s., 1512.
Procès-verbal de carence, 36, 102.
Procès-verbal de non conciliation, 171, 216, 363.
Procès-verbal de perquisition,1468.
Procès-verbal de saisie, 94.
Procureur de la République, 639, 670, 745 et s., 778, 805, 806, 810, 839, 911 et s., 930 et 1002, 1003, 1012, 1022, 1325.
Procureur général, 959 et s.. 1006 et s., 1017, 1121, 1326, 1501.
Prodigue, 426 et s.
Profession du défendeur, 272.
Profession du prévenu, 1373.
Profession du requérant, 231.
Propres immobiliers de la femme, 1197 et s.
Propres mobiliers de la femme, 1181 et s.
Propriétaire, 467.
Protectorat, 975.
Protêt, 120, 278, 415, 527, 708.
Purge, 141, 511, 512, 548, 1524.
Qualification des faits, 1413 et s.
Qualités (pluralité de), 1144 et s.
Qualité de la personne, 108.
Qualité de jugement, 131, 211, 345.
Rature, 4 et s.
Rébellion, 1403.
Récépissé, 1022, 1317.
Receveur de l'enregistrement, 325, 353, 843.
Receveur de l'hospice, 789 et 790.
Receveur général, 813.
Reconnaissance de dette, 111 et 112.
Recors, 13.
Rédacteur en chef de journal, 453.
Régime dotal, 1208 et s., 1219.
Remise de copie, 31, 101, 104 et s., 173, 194, 221, 270, 271, 323, 805, 814, 1103 et s., 1261, 1445 et s.
Renonciation, 1246.
Renvoi, 52 et s., 654, 664, 1354, 1116.
Réponse de la partie, 114 et s., 401.
Rescision, 420.
Réserves, 961.
Résidence, 433 et s., 888 et s. — V. Domicile.
Résidence (dissimulation de la), 922.
Résidence provisoire, 435.
Responsabilité civile, 266, 381, 505, 669, 683, 685, 1256, 1257, 1447.
Retard, 1014 et 1015.
Revendication, 1226.
Rôles (nombre de), 335.
Saisie, 46, 169, 200, 381.
Saisie (exécution de), 700.
Saisie-arrêt, 378, 530, 884.
Saisie-exécution, 47.
Saisie immobilière, 186, 389, 390, 591, 672, 886, 887, 905, 1199, 1203, 1205, 1206, 1226.
Saisie mobilière, 802, 1009.
Saisie revendication, 698.
Sceau de la mairie, 625.
Secrétaire, 513, 516 et 517.
Secrétaire de mairie, 625.
Secrétaire de syndicat professionnel, 877.
Secrétaire du procureur général, 1121.
Secrétaire général de la préfecture, 737 et s., 809 et 810.
Section de commune, 478, 785, 818.
Séparation de biens, 512, 1179, 1212 et s., 1262.

Séparation de corps, 435, 1222.
Serment, 20.
Serviteur des parents, 544 et s. — V. Domestique.
Siège social, 819 et s.
Siège social à l'étranger, 873, 878.
Signature, 552, 581 et s., 625 et s.
Signature (refus de), 583.
Signature de l'avoué, 380.
Signature de l'huissier, 295, 296, 339 et s., 380.
Signature du défendeur, 116 et s.
Signature du requérant, 258 et 259.
Signature manuscrite, 344.
Signification, 7, 30, 42, 43, 64, 71, 125, 127, 128, 132, 141, 168, 172, 195, 204, 218, 318, 345, 382 et s., 835 et s., 1454 et s.
Signification à avoué, 41, 388, 390, 488.
Signification à bord, 1024 et s.
Signification à domicile, 432 et s., 995 et s.. 1028, 1458 et s.
Signification à domicile élu, 710 et s.
Signification à partie, 110.
Signification à personne, 270, 271, 400 et s., 995 et s., 1027, 1458 et s.
Signification au parquet, 881 et s., 998 et s., 1468, 1483 et s.
Signification du jugement, 257, 482, 590, 593, 634, 794, 883, 902, 920, 978, 979, 990, 1173, 1258, 1311, 1312, 1468.
Société, 673, 926, 938.
Société à capital variable, 251.
Société anonyme, 855.
Société civile, 253, 274, 876.
Société commerciale, 250, 274, 279, 844 et s.
Société dissoute, 252.
Société en commandite, 853 et s., 854.
Société en liquidation, 874.
Société en nom collectif, 1162, 1376 et 1377.
Société étrangère, 856.
Solidarité, 224, 477, 478, 1163 et s., 1188, 1189, 1268 et s., 1520.
Sommation, 8, 80, 701, 909.
Subrogé tuteur, 242, 243, 264, 419 et s.

Substitut du procureur de la République, 807.
Succession en déshérence, 730 et 731.
Succursale, 868 et s.
Suisse, 1016.
Suppléant du juge de paix, 1324, 206.
Surcharge, 36 et s., 89, 95, 159, 206.
Surenchère, 76, 77, 259, 341, 1146, 1217.
Suspension, 20.
Syllabes, 26, 27, 1604.
Syndicat de faillite, 879 et s., 1120.
Syndicat professionnel, 877.
Taxe, 70, 709.
Tierce-opposition, 129.
Tiers détenteur, 1145, 1171.
Timbre, 24, 388, 1001 et s.
Timbre de copie, 1611.
Touriére, 533, 1084.
Traité diplomatique, 1016.
Transcription, 186.
Trésor public, 678, 754, 813, 830.
Trésorier de la fabrique, 792 et s., 802, 820.
Tribunal, 363.
Tribunal (indication du), 1381 et s.
Tribunal civil, 965 et s., 1490.
Tribunal correctionnel, 677, 680, 689 et s., 1321, 1325, 1390 et s.
Tribunal de commerce, 391, 965, 967, 999 et s.
Tribunal de police, 1320, 1324, 1385 et s., 1490.
Tuteur, 241 et s., 263, 264, 267, 419 et s., 701, 952 et s., 974, 1147 et 1148.
Usure, 1408.
Valet de chambre, 513. — V. Domestique.
Vente, 1188.
Veuve, 441, 1176, 1196.
Veuve commerçante, 1175.
Visa, 212, 213, 220, 361, 611 et s., 804 et s., 1002, 1117, 1267, 1477 et s.
Visa (mention du), 631 et s., 840 et s., 1017 et 1018.
Visa (refus de), 639 et 640.
Visa du mari, 343.
Voisin, 501, 504, 557 et s., 906 et s., 924 et s., 1028, 1477 et s.
Voiturier, 878.

DIVISION.

TITRE I. — **EXPLOIT EN MATIÈRE CIVILE**.

CHAP. I. — Notions générales et historiques (n. 1 à 16).

CHAP. II. — Règles communes a tous les exploits (n. 17 à 20).

Sect. I. — **Règles générales relatives à la rédaction des exploits** (n. 21 à 56).

Sect. II. — **Énonciations que doivent contenir les exploits. — Théorie des équipollents** (n. 57 à 72).

Sect. III. — **Copies des exploits** (n. 73 à 96).

Sect. IV. — **Force probante des exploits** (n. 97 à 122).

Sect. V. — **Preuve de l'existence des exploits** (n. 123 à 147).

CHAP. III. — Formalités des exploits (n. 148 à 151).

Sect. I. — **Formalités intrinsèques** (n. 152).

§ 1. — *Date* (n. 153 à 227).

§ 2. — *Désignation du requérant* (n. 228 à 259).

§ 3. — *Désignation de la personne contre qui l'on agit* (n. 260 à 280).
§ 4. — *Désignation de l'huissier* (n. 281 à 321).
§ 5. — *Objet de l'exploit* (n. 322).
§ 6. — *Indication du lieu où il a été remis et de la personne qui l'a reçu* (n. 323).
§ 7. — *Coût de l'exploit* (n. 324 à 338).
§ 8. — *Signature de l'huissier* (n. 339 à 345).
Sect. II. — **Formalités extrinsèques** (n. 346).
§ 1. — *Enregistrement* (n. 347 à 360).
§ 2. — *Visa* (n. 361).
Sect. III. — **Formalités spéciales aux ajournements et aux actes d'appel** (n. 362 à 364).
Sect. IV. — **Actes d'avoué à avoué** (n. 365 et 366).
Sec. V. — **Des exploits remis aux huissiers préalablement rédigés** (n. 367 à 381).
CHAP. IV. — Signification des exploits (n. 382 à 399).
Sect. I. — **Signification à personne** (n. 400 à 431).
Sect. II. — **Signification à domicile.**
§ 1. — *Généralités* (n. 432 à 482).
§ 2. — *Remise de la copie aux parents ou serviteurs* (n. 483 à 552).
§ 3. — *Remise de la copie au voisin, au maire ou au procureur de la République* (n. 553 à 640).
§ 4. — *Secret des actes d'huissier* (n. 641 à 709).
§ 5. — *Signification à domicile élu* (n. 710 à 723).
Sect. III. — **Signification aux personnes morales de droit public et aux collectivités** (n. 724).
§ 1. — *Signification aux personnes morales de droit public.*
1° Signification de l'exploit (n. 725 à 802).
2° Visa de l'exploit (n. 803 à 843).
§ 2. — *Signification à des collectivités* (n. 844 à 880).
Sect. IV — **Signification au parquet.**
§ 1. — *Domicile inconnu* (n. 881 à 969).
§ 2. — *Domicile à l'étranger ou aux colonies* (n. 970 à 1023).
Sect. V. — **Signification à bord d'un navire** (n. 1024 à 1034).
Sect. VI. — **Mention de la personne à qui la copie est remise** (n. 1035 à 1142).
Sect. VII. — **Nombre de copies** (n. 1143 à 1235).
CHAP. V. — Nullité des exploits (n. 1236 à 1271).
CHAP. VI. — Droit comparé et droit international privé.
Sect. I. — **Droit comparé** (n. 1272 à 1304).
Sect. II. — **Droit international privé** (n. 1305 à 1318).

TITRE II. — EXPLOIT EN MATIÈRE CRIMINELLE.

CHAP. I. — Notions générales (n. 1319 à 1330).
CHAP. II. — Formalités des exploits (n. 1331 à 1349).
Sect. I. — **Formalités intrinsèques** (n. 1350).
§ 1. — *Date* (n. 1351 à 1361).
§ 2. — *Désignation du plaignant* (n. 1362 à 1369).
§ 3. — *Désignation du prévenu ou de la personne citée comme responsable* (n. 1370 à 1378).
§ 4. — *Désignation de l'huissier* (n. 1379 et 1380).
§ 5. — *Indication du tribunal compétent* (n. 1381 à 1383).
§ 6. — *Énonciation des faits* (n. 1384 à 1438).

Sect. II. — **Formalités extrinsèques** (n. 1439).
§ 1. — *Copies de pièces* (n. 1440 à 1444).
§ 2. — *Remise de l'exploit et lieu où la copie doit être laissée* (n. 1445 à 1450).
§ 3. — *Enregistrement* (n. 1451 à 1453).
CHAP. III. — Signification des exploits (n. 1454 à 1457).
Sect. I. — **Signification à personne ou à domicile.**
§ 1. — *Généralités* (n. 1458 à 1471).
§ 2. — *Remise de la copie aux parents ou serviteurs* (n. 1472 à 1476).
§ 3. — *Remise de la copie au voisin ou au maire* (n. 1477 à 1481).
§ 4. — *Secret des actes d'huissier* (n. 1482).
Sect. II. — **Signification au parquet.**
§ 1. — *Domicile inconnu* (n. 1483 à 1498).
§ 2. — *Domicile à l'étranger* (n. 1499 à 1504).
Sect. III. — **Mention de la personne à qui la copie est remise** (n. 1505 à 1508).
Sect. IV. — **Délai des citations** (n. 1509).
CHAP. IV. — Nullités des exploits (n. 1510 à 1522).

TITRE III. — ENREGISTREMENT ET TIMBRE.

CHAP. I. — Généralités (n. 1523 à 1526).
CHAP. II. — Enregistrement.
Sect. I. — **Délai. — Formalité en débet ou gratis** (n. 1527 à 1556).
Sect. II. — **Tarif.**
§ 1. — *Droit fixe* (n. 1557 à 1561).
§ 2. — *Droit proportionnel* (n. 1562 à 1566).
Sect. III. — **Pluralité des droits.**
§ 1. — *Dispositions indépendantes* (n. 1567 à 1576).
§ 2. — *Nombre des parties* (n. 1577 à 1596).
Sect. IV. — **Copies** (n. 1597 à 1600).
CHAP. III. — Timbre.
Sect. I. — **Originaux** (n. 1601 à 1603).
Sect. II. — **Copies.**
§ 1. — *Limitation du nombre de lignes et de syllabes* (n. 1604 à 1610).
§ 2. — *Timbre spécial* (n. 1611 à 1619).
§ 3. — *Recouvrement et prescription des amendes* (n. 1620 à 1622).

TITRE I.

EXPLOIT EN MATIÈRE CIVILE.

CHAPITRE I.

NOTIONS GÉNÉRALES ET HISTORIQUES.

1. — Le mot exploit, dans son acception la plus générale, s'applique indistinctement à tous les actes du ministère de l'huissier : procès-verbaux, significations, sommations, commandements, offres, etc.

2. — On peut diviser tous les exploits en trois catégories selon qu'ils ont pour objet : 1° d'appeler une partie devant un tribunal; 2° de lui notifier un fait, un acte, ou de lui adresser une sommation quelconque; 3° de la forcer à exécuter une obligation ou une condamnation. Dans la première catégorie rentrent les assignations, les ajournements, les citations et les actes d'appel;

dans la seconde, les significations, sommations et commandements; dans la troisième, les procès-verbaux et actes relatifs aux saisies et aux ventes. — Bioche, *Dict. de procédure*, v° *Exploit*, n. 1 et s.; Garsonnet, *Tr. théor. et prat. de procédure*, 2° éd., t. 2 § 568, p. 291.

3. — On appelle *ajournement* l'acte par lequel une personne est appelée devant un tribunal de première instance ou de commerce. En pratique, on donne souvent à l'ajournement le nom d'*assignation*. — V. *suprà*, v° *Ajournement*.

4. — ... *Citation*, l'acte par lequel une personne est appelée, en qualité de défendeur ou de témoin, devant un juge de paix, un conseil de prud'hommes ou une juridiction pénale ou disciplinaire. — V. *suprà*, v° *Citation*.

5. — ... *Assignation*, l'acte d'appeler quelqu'un soit comme défendeur à l'audience de référé ou devant la Cour de cassation, soit comme témoin devant un tribunal de première instance ou de commerce.

6. — ... *Acte d'appel*, l'exploit d'assignation donné soit devant une cour d'appel, soit devant un tribunal jugeant en second ressort. — V. *suprà*, v° *Appel* (mat. civ.). n. 2360 et s.

7. — ... *Signification* l'acte par lequel on constate qu'on a donné à une partie copie de certaines pièces, d'un jugement par exemple.

8. — ... *Sommation* — L'exploit par lequel on enjoint à une partie de faire une chose ou de s'en abstenir. — V. *infrà*, v° *Sommation*.

9. — ... *Commandement*, l'acte par lequel un créancier ordonne à son débiteur de s'acquitter envers lui. — V. *suprà*, v° *Commandement*.

10. — Nous exposerons ici les règles générales communes à tous les exploits. Quant aux règles particulières à chaque catégorie d'exploits, on les trouvera développées dans l'étude consacrée à chacun de ces actes.

11. — Sous la monarchie, les assignations et significations furent longtemps verbales. C'est seulement l'ordonnance de Villers-Cotterets de 1539 qui prescrivit de rédiger les exploits et d'en laisser copie. L'art. 22 de cette ordonnance porte en effet que « de toutes commissions et ajournements seront tenus les sergents de laisser copie aux ajournés ou à leurs gens et serviteurs, ou de les attacher à la porte de leurs domiciles, et d'en faire faire mention par l'exploit. » — V. sur l'historique des ajournements, *suprà*, v° *Ajournement*, n. 1 et s.

12. — Pour exécuter ces dispositions, il fallait que les sergents sussent lire et écrire, et c'est ce qu'exigeaient les ordonnances; néanmoins, on voit dans le tit. 2, art. 14, de l'ordonnance de 1667, qu'à cette époque encore il y avait des sergents tout à fait illettrés et qu'il leur fut enjoint de se défaire de leurs offices dans un délai de trois mois.

13. — La même ordonnance, quoiqu'elle exigeât que les sergents sussent lire et écrire, voulait encore, pour la validité de l'exploit, la présence de deux recors. Cette dernière formalité fut supprimée lors de l'établissement du contrôle.

14. — Par exception quelques exploits se faisaient verbalement, tel que la clameur de Haro. Les gardes chasse assignaient verbalement ainsi que les sergents verdiers, les sergents dangereux et les messiers. — Guyot, *Répertoire universel et raisonné de jurisprudence*, v° *Exploit*.

15. — Plusieurs arrêts de règlement et notamment un arrêt du 22 janv. 1606 défendaient aux huissiers et sergents de faire faire aucune signification par leurs clercs, à peine de faux. Un règlement du 7 sept. 1654 défendait d'autre part aux procureurs, sous mêmes peines, de recevoir aucune signification que des mains des huissiers, mais ce règlement n'était pas rigoureusement observé.

16. — Autrefois la partie n'avait pas de recours contre l'huissier pour les nullités qu'il pouvait commettre, ce qui faisait dire, *a mal exploité point de garant*. Il n'en était autrement que lorsque la nullité emportait déchéance de l'action : dans ce cas l'huissier était responsable de sa faute.

CHAPITRE II.

RÈGLES COMMUNES A TOUS LES EXPLOITS.

17. — En général, les exploits ne peuvent être faits et signifiés que par les huissiers. Cependant, il est d'autres officiers publics qui ont, dans certains cas exceptionnels, le droit d'instrumenter. Il en est ainsi des notaires en matière d'actes respectueux, des préposés de l'administration en matière de contributions directes ou indirectes, de douanes, etc. — V. *infrà*, v° *Huissier*, n. 151 et s.

18. — L'huissier ne peut légalement instrumenter que dans les limites du ressort du tribunal auquel il est attaché. Il n'y a plus aujourd'hui, comme dans l'ancien régime, d'officiers publics ayant le droit d'instrumenter dans toute la France. — V. *infrà*, v° *Huissier*, n. 132 et s.

19. — L'huissier ne peut instrumenter pour ses parents et alliés et ceux de sa femme, en ligne directe à l'infini, ni pour ses parents et alliés collatéraux jusqu'au degré de cousin issu de germain inclusivement, le tout à peine de nullité (C. proc. civ., art. 66). Il ne le peut non plus, à plus forte raison, dans les affaires où il a un intérêt personnel, ni même dans celles où il s'agit d'exploiter pour une partie dont il est le mandataire. — V. *infrà*, v° *Huissier*, n. 221 et s.

20. — L'huissier ne peut instrumenter qu'après avoir prêté serment. Les exploits signifiés par un huissier qui, quoique nommé par le chef de l'État, n'aurait pas encore prêté serment, seraient nuls. Il en serait de même des exploits signifiés par un huissier interdit ou suspendu par mesure disciplinaire. — V. *infrà*, v° *Huissier*, n. 51 et s.

SECTION I.

Règles générales relatives à la rédaction des exploits.

21. — Nous avons vu que pendant longtemps en France les exploits se signifiaient verbalement. Aujourd'hui, au contraire, l'écriture est de l'essence de ces actes.

22. — Les exploits doivent être écrits en langue française (Arr. gouvern., 24 prair. an XI). Cette règle est prescrite à peine de nullité de l'acte, d'emprisonnement contre l'huissier et contre le receveur qui les a enregistrés. — Garsonnet, 2° éd., t. 2, § 567, p. 289; Deffaux, Harel et Dutruc, v° *Exploit*, n. 15 et 16.

23. — Ils doivent être écrits lisiblement (Décr. 14 juin 1813, art. 43). Les copies de pièces qu'ils renferment doivent également être correctes et lisibles, à peine, contre l'huissier, d'une amende de 25 fr. (Décr. 29 août 1813, art. 1 et 2). — V. *suprà*, v° *Copies de pièces*, n. 17 et 18, et *infrà*, v° *Huissier*. — V. aussi Cass., 30 déc. 1856, Hebert, [D. 57.1.203]

24. — Le papier employé pour la rédaction des exploits doit être du papier timbré, à peine d'amende. Et, d'autre part, les huissiers ne doivent pas, également à peine d'amende, écrire sur les empreintes du timbre ou les altérer. — V. *infrà*, n. 1601 et s.

25. — Mais l'exploit n'est pas nul bien qu'il ait été rédigé sur papier libre au lieu de l'être sur papier timbré, cette obligation étant purement fiscale. — Cass., 12 mars 1839, Fabrique de Sainte-Eulalie, [S. 39.1.281, P. 39.1.330] — Bastia, 17 janv. 1876, Cristiani, [S. 76.2.164, P. 76.087, D. 78.5.236]

26. — Les exploits ne peuvent contenir sur le petit papier plus de trente lignes à la page et de trente syllabes à la ligne; sur le moyen papier, plus de trente-cinq lignes à la page et de trente-cinq syllabes à la ligne; sur le grand papier, plus de quarante lignes à la page et de quarante syllabes à la ligne. La contravention à ces prescriptions rend l'huissier passible d'une amende de 25 fr. (Décr. 30 juill. 1862, art. 1). — V. Instr. rég., 5 août 1862, n. 2228, [S. 62.2.575] — V. *infrà*, n. 1604 et s.

27. — La compensation de page à page n'est pas admise et il y aurait autant de contraventions que de pages ou de lignes en excès. — Cass., 20 août 1866, [*Journ. des huiss.*, t. 47, p. 297] — Trib. Toulouse, 9 juill. 1863, [*Journ. des huiss.*, t. 44, p. 322]

28. — Les exploits peuvent-ils être écrits au crayon ? On a considéré longtemps qu'ils devaient nécessairement être écrits à l'encre parce que l'emploi du crayon a l'inconvénient de ne pas donner à l'exploit le caractère de fixité et d'indélibilité qu'exige la loi et que les mentions de l'exploit ainsi rédigé pourraient être facilement effacées ou modifiées; c'est ainsi qu'il a été décidé que tout exploit dont le *parlant à* est rempli au crayon est nul et doit être assimilé à celui dans lequel on l'aurait laissé en blanc. — Colmar, 25 avr. 1807, Dorey, [S. et P. chr.] — Grenoble, 6 août 1822, N..., [P. chr.] — 17 août 1822, Dupin de Valène, [S. et P. chr.] — Metz, 6 févr. 1840, Lenfant-Lemoine, [S. 48.2.32, *ad notam*, P. 40.1.729] — Bourges, 21 avr. 1847, Mariaux, [S. 48.2.32, P. 48.1.509, D. 48.2.31] — Sic, Carré, sur l'art. 61, § 6; Pigeau, t. 1, p. 178; Bioche, v° *Crayon*, n. 1, et v° *Exploit*, n. 167; Deffaux et Harel, v° *Exploit*, n. 21.

29. — Aujourd'hui on admet généralement que l'emploi de l'écriture à l'encre n'est pas exigé à peine de nullité. — Cass., 20 févr. 1878, Lecq, [S. 79.1.145, P. 79.369, D. 78.1.217] — Trib. Seine, 25 sept. 1888, [*Gaz. des Trib.*, 16 oct. 1888] — *Sic*, Chauveau, sur Carré, quest. 308 *ter*; Garsonnet, 2e éd., t. 2, § 574, p. 299; Rousseau et Laisney, Suppl., v° *Exploit*, n. 7; Deffaux, Harel et Dutruc, *Encycl. des huissiers*, Suppl., v° *Exploit*, n. 1 et 2.

30. — Ainsi, la signification d'un arrêt d'admission de la chambre des requêtes n'est pas nulle, bien que le nom de la personne ayant reçu cette signification ait été écrit au crayon sur la copie de l'exploit, si cette écriture au crayon subsiste dans ladite copie. — Cass., 20 févr. 1878, précité. — V. aussi Bioche, *loc. cit.* — V. aussi *supra*, v° *Acte*, n. 73.

31. — De même, un exploit est régulier et valable, bien que les mentions de la date et de la personne à qui la copie a été laissée aient été, dans cet acte, insérées au crayon, si d'ailleurs lesdites mentions sont exactes et lisibles. — Douai, 6 avr. 1894, [*Journ. des huiss.*, t. 79, p. 132]

32. — Il n'est même pas nécessaire que les exploits soient écrits à la main : les huissiers peuvent les faire autographier, lithographier ou imprimer; souvent, d'ailleurs, ils se bornent à employer ces procédés rapides pour la confection de modèles d'exploits, et pour chaque affaire particulière, ils remplissent les blancs à la main. — Garsonnet, 2e éd., t. 2, § 572, p. 297, note 4. — V. Déc. min. fin. 5 oct. 1825.

33. — Mais ces procédés ne peuvent être employés pour les parties de l'acte où l'on énonce des faits propres au ministère de l'huissier et dont la vérification n'est possible qu'au moment de l'acte; ces faits ne pouvant être notés que dans cet instant, il est naturel que ce soit par l'huissier, qui a seul caractère pour le faire. — Berriat Saint-Prix, t. 1, p. 89, n. 4; Rodier, tit. 2, art. 2, n. 3.

34. — Les exploits peuvent être écrits par toutes sortes de personnes : il n'est pas nécessaire qu'ils soient écrits par l'huissier. Ainsi un exploit n'est pas nul bien que l'huissier qui le signifie n'ait pas écrit de sa main l'immatriculation. — Rennes, 13 mai 1843, N..., [P. chr.] — *Sic*, Pigeau, t. 1, p. 178; Carré, t. 1, p. 156. — *Contrà*, Riom, 4 juill. 1829, Lauby, [S. et P. chr.]

35. — Ou le nom de la personne à qui l'exploit est signifié. — Turin, 2 germ. an XII, Colombo, [S. et P. chr.]

36. — Jugé de même qu'un huissier n'est pas plus tenu d'écrire lui-même l'immatricule, la date et le « parl-nt à » d'un acte, tel que procès-verbal de carence, dont la sincérité est d'ailleurs garantie par sa signature, qu'il n'est obligé d'écrire lui-même les autres parties de cet acte, et l'arrêt qui voit là une cause de nullité, doit être cassé. — Cass., 13 avr. 1831, Ravoux, [S. 31. 1.166, P. chr.]

37. — La loi du 25 vent. an XI, spéciale au notariat, veut que les actes rédigés par les notaires soient écrits sans surcharge, sans aucun blanc, lacune ou intervalle, et sans chiffres (V. *supra*, v° *Acte notarié*). Ces formalités ne sont pas communément à la disposition des huissiers: cependant il est très-convenable qu'ils se conforment à ces prescriptions fort sages. Leur propre intérêt le leur conseille. — Bioche, v° *Exploit*, n. 28; Garsonnet, 2e éd., t. 2, § 574, p. 298, texte et note 6; Deffaux et Harel, n. 28.

38. — Un arrêt a toutefois décidé que la nullité des mots surchargés, interlignés ou ajoutés, prononcée par la loi du 25 vent. an XI à l'égard des actes notariés, s'applique aussi à tous les officiers ministériels. — Lyon, 25 mai 1840, [D. *Rép.*, v° *Exploit*, n. 22-1°]

39. — Mais on admet généralement que les nullités ne peuvent être suppléées lorsqu'elles ne sont pas prononcées par la loi. Aussi est-ce seulement d'après les principes généraux qu'il faut trancher la question. A l'égard des surcharges il nous semble qu'on doit les considérer comme nulles sur l'original comme sur la copie quand elles sont le fait de l'huissier; et l'exploit lui-même est nul si les surcharges se rapportent à des mentions essentielles. — Rodière, t. 1, p. 221.

40. — Quant aux ratures, celles que la copie contient sans qu'elles aient été approuvées, on les considère comme nulles, parce qu'on présume qu'elles sont l'œuvre de la partie entre les mains de laquelle se trouve la copie. Si les ratures sont sur l'original, les mots rayés sont nuls, mais l'exploit n'est pas nul par cela seul que les ratures n'ont pas été approuvées. — Rodière, *loc. cit.*

41. — Jugé, à cet égard, que la rature ou surcharge non approuvée par l'huissier, et qui se trouve dans la signification du jugement à avoué sous le nom même de l'avoué, rend cette signification nulle et empêche le délai d'appel de courir. — Besançon, 8 déc. 1808, Pageot, [S. et P. chr.]

42. — ... Qu'on doit réputer nul l'exploit de signification d'un jugement dans lequel le nom de l'avoué auquel il a été signifié se trouve raturé et surchargé, et qu'on peut en demander la nullité sans recourir à l'inscription de faux. — Cass., 7 juill. 1808, Outhenin, [P. chr.]

43. — ... Que les ratures et surcharges non approuvées d'un exploit doivent être tenues pour non avenues, alors surtout que les nouvelles mentions sont en contradiction absolue avec celles de l'original; qu'ainsi, lorsque, dans la copie d'un exploit de signification de jugement, la date, conforme d'ailleurs à l'original, a été raturée et remplacée par une date postérieure, c'est de la première seule qu'il doit être tenu compte pour le délai de l'appel. — Toulouse, 18 juin 1875, sous Cass., 17 mars 1879, Hosp. de Pamiers, [S. 80.1.54, P. 80.122, D. 79.1.467] — *Sic*, Chauveau, sur Carré, t. 1, quest 327 *ter*.

44. — ... Que lorsque, sur une copie conforme à l'original qui est régulier, des mots sont raturés, mais sans approbation des ratures, ces ratures doivent être regardées comme non avenues. — Cass., 12 juin 1827, Roux, [P. chr.]

45. — Si, au contraire, les irrégularités, telles que ratures et surcharges, sont sans importance, elles n'emportent pas nullité. Ainsi, jugé qu'un exploit n'est pas nul pour contenir dans sa copie des ratures non approuvées, lorsqu'elles ne portent que sur des répétitions de mots. — Cass., 5 déc. 1836, Lacrouts, [S. 37. 1.71, P. chr.]

46. — ... Que les surcharges qui se trouvent dans la copie de la dénonciation d'un procès-verbal de saisie n'entraînent pas nullité s'il n'en résulte aucune ambiguïté, par exemple on a rayé et surchargé sans les approuver ces mots : *parlant à sa personne* pour y substituer ceux-ci : *parlant à sa femme*. — Besançon, 8 mai 1810, Grosperin, [S. et P. chr.]

47. — ... Que lorsque la copie du commandement qui précède une saisie-exécution contient une surcharge pour établir l'élection de domicile exigée par la loi dans la demeure de l'huissier instrumentaire, l'exploit n'est pas nul alors surtout que l'huissier a plus tard approuvé la surcharge en acceptant des offres réelles signifiées chez lui par suite de cette élection de domicile. — Cass., 6 févr. 1860, [*Journ. des huiss.*, t. 42, p. 165]

48. — ... Que si en principe les ratures et renvois non approuvés qui se trouvent dans la copie d'un exploit doivent être tenus pour non avenus, c'est à la condition que cette copie laisse place au doute sur les mentions substantielles de l'exploit et au cas où il ne peut y être suppléé par les énonciations mêmes de l'acte critiqué. — Paris, 2 févr. 1899, [*J. des huiss.*, 1899, p. 173]

49. — Par suite, il ne saurait entraîner la nullité de l'exploit lorsqu'il est constant que l'original et la copie ont été rédigés et écrits par l'huissier; que leurs mentions concordent, qu'il est constaté, par l'enregistrement, que l'appel a été interjeté en temps utile, et qu'enfin il est également justifié que la copie a bien été remise à son destinataire. — Même arrêt.

50. — La Cour de cassation a décidé d'autre part, en termes généraux, que l'approbation des ratures n'étant pas prescrite par la loi, le défaut d'approbation des ratures dans un exploit n'en entraîne pas nécessairement la nullité. — Cass., 21 nov. 1843, de Crozé, [S. 44.1.60, P. 43.2.798]

51. — Quant aux interlignes, le principe est le même; ceux insérés sans approbation dans un exploit d'huissier ne sont pas frappés de nullité absolue, comme ceux des actes notariés. En conséquence, l'exploit à la perfection duquel les interlignes sont nécessaires ne doit être annulé que lorsque ces interlignes existent sur l'original seulement, sans mention équivalente sur la copie; car alors on peut craindre une rectification après coup, dont l'assigné n'aurait pas connaissance. — Toulouse, 2 mai 1840, Astrié-Cousi, [P. 40.2.126]

52. — Les renvois doivent être paraphés par l'huissier. Ceux qui se trouvent sur l'original sont aussi paraphés par le receveur de l'enregistrement.

53. — Il suffit, pour la régularité des renvois marginaux renfermés dans les actes d'huissier (spécialement dans l'original de la notification d'un arrêt de renvoi), que ces renvois soient paraphés, sans que l'huissier soit tenu en outre de les approuver expressément avec signature, ni d'en indiquer le nombre au bas de l'acte par une mention spéciale. — Cass., 10 sept. 1869, Tailfer, [S. 70.1.47, P. 70.75, D. 80.1.141]

54. — Jugé même qu'il n'est pas nécessaire d'approuver un renvoi dès qu'il est inséré à la suite de l'acte et avant aucune signature. — Grenoble, 28 mai 1823, N..., [P. chr.] — *Sic*, Rodière, t. 1, p. 221.

55. — Au surplus, le défaut par l'huissier de parafer ou d'approuver les renvois n'est pas nécessairement une cause de nullité de l'exploit. — Orléans, 1er mars 1834, Creuzillet et autres, [P. 34.1.414]

56. — Les abréviations sont soumises à des règles spéciales, du moins depuis 1862. Se basant sur cette observation que la loi du 25 vent. an XI, qui en interdit l'usage aux notaires, ne s'appliquait pas aux exploits, on en était amené, dans les copies de pièces surtout, à les multiplier à un tel point, qu'il était souvent impossible aux parties de lire les significations qui leur étaient faites. Aussi la loi du 2 juill. 1862 a-t-elle eu pour objet de mettre fin à cet abus en défendant, sous peine d'une amende de 25 fr., de faire des abréviations dans les exploits. — V. *suprà*, v° *Abréviation*.

SECTION II.

Énonciations que doivent contenir les exploits. Théorie des équipollents.

57. — Les exploits doivent contenir certaines énonciations à peine de nullité. Mais il n'est pas nécessaire que l'accomplissement des diverses formalités prescrites par la loi, résulte de l'emploi de termes sacramentels : il suffit qu'il soit établi par les faits de la cause, joints aux énonciations de l'exploit, qu'il a été satisfait aux dispositions de la loi. Les erreurs ou les imperfections peuvent être rectifiées par des équipollents, dès que ceux-ci suffisent à lever les doutes, la loi ne se montrant exigeante que pour le fond, et non pour la forme. — Carré et Chauveau, quest. 281; Thomine-Desmazures, t. 1, p. 156 et 157; Garsonnet, 2e éd., t. 2, § 375, p. 30 ; Pigeau, t. 1, p. 178; Favard de Langlade, *Rép.*, v° *Ajournement*, § 2, n. 1; Rodière, t. 1 p. 189; Dutruc, *Suppl. aux lois de la proc.*, v° *Ajournement*, n. 180; Tissier, Darras et Louiche-Desfontaines, *Code de proc. civ. annoté*, art. 61, n. 56.

58. — Les tribunaux ont fait de nombreuses applications de ce principe et ils décident généralement que les erreurs ou les omissions dans les mentions d'un exploit peuvent être rectifiées par les autres énonciations de l'acte. — Cass., 23 nov. 1836, Copier, [S. 36.1.903, P. chr.]; — 15 mars 1882, Arnould-Drappier, [S. 82.1.270, P. 82.1.643]; — 9 févr. 1891, de Sancy, [S. et P. 94.1.355, D. 91.1.388]; — 2 mars 1892, Soc. des forces motrices, terrains et immeubles de la gare de Grenoble, [S. et P. 92.1.497] — 17 févr. 1896, Bourbis, [S. et P. 97.1.163, D. 96.1.181]

59. — Mais peut-on suppléer à l'insuffisance d'un exploit, quant aux mentions qui y sont requises à peine de nullité, à l'aide d'éléments pris en dehors de cet acte ? On peut constater sur cette question trois tendances divergentes dans la jurisprudence. D'après certains arrêts, les lacunes d'un exploit peuvent être comblées à l'aide de renseignements pris à une source quelconque. — Orléans, 6 août 1849, Chétien-Cuisinier, [S. 50.2.652, P. 50.2.136, D. 51.2.26]

60. — D'autres, permettent seulement de les puiser dans les documents et circonstances de la cause. — Cass., 1er mars 1841, Gourgeuil, [S. 41.1.252, P. 41.1.408] — Riom, 17 mai 1820, Gagnon, [S. et P. chr.] — Bourges, 21 mai 1839, Houdaille, [S. 39.2.529, P. 39.1.640] — Bordeaux, 2 mars 1843, Chevallier, [S. 43.2.295, P. chr.]

61. — Ainsi en est-il, dans ce système, de l'aveu fait par la partie adverse de la régularité de l'exploit. Spécialement, une cour d'appel ne viole aucune loi en considérant comme juridiquement établies, à défaut de représentation de l'original, l'existence et la régularité d'un exploit lorsqu'il est déclaré en fait par le jugement attaqué, dont elle adopte les motifs, que l'exploit a été régulièrement notifié et que ce point n'a été contesté par aucune des parties. — Cass., 26 févr. 1873, Landaud, [S. 73.1.257, P. 73.636, D. 73.1.195]

62. — Jugé de même que pour apprécier si une erreur de date doit entraîner l'annulation d'une citation, le juge peut se baser sur l'aveu judiciaire. — Cass., 29 juill. 1875, Aubin, [S. 75.1.424, P. 76.1061, D. 76.1.85]

63. — ... Que, spécialement, est valable la citation qui énonce par erreur qu'elle a été notifiée le 16 mai 1873 à une partie, alors que celle-ci reconnaît avoir reçu le 6 mai l'acte qui l'invitait à comparaître et lui fixait par cette énonciation le vendredi 9 mai. — Même arrêt.

64. — ... Que si l'omission de la date de la signification dans la copie d'un exploit, est une cause de nullité, malgré la régularité de l'original, cette nullité peut toutefois être couverte par la reconnaissance que fait le destinataire de l'exploit de l'exactitude de la date indiquée à l'original ; surtout lorsqu'à cette reconnaissance se joint la circonstance qu'un acte ultérieur mentionne ledit exploit en énonçant la date exacte. — Lyon, 29 juill. 1897, [*Journ. des huiss.*, t. 78, p. 260]

65. — D'autres arrêts enfin n'admettent pas qu'on puisse suppléer, en dehors de l'exploit lui-même ou des actes notifiés en même temps que lui, les mentions qu'il doit contenir à peine de nullité. — Cass., 24 déc. 1811, Dusautoir, [S. et P. chr.]; — 2 mars 1863, Boucaud, [S. 63.1.270, P. 63.574, D. 63.1.291] — Limoges, 1er mars 1844, Peyry, [S. 43.2.27] — Agen, 25 mars 1852, Sabathié, [S. 53.2.190, P. 54.1.311, D. 52.2.206] — Besançon, 23 août 1854, Demoulin, [S. 55.2.553, P. 55.1.305]

66. — Cette dernière opinion, adoptée par la plupart des auteurs, est seule conforme aux principes. Tout acte authentique, par cela même qu'il doit, à peine de nullité, être dressé dans certaines formes déterminées, doit porter en lui-même la preuve qu'elles ont été accomplies. C'est ce qu'on reconnaît généralement pour l'acte notarié (V. *suprà*, v° *Acte notarié*, n. 711 et 712), et spécialement pour le testament par acte public. Pourquoi en serait-il autrement en ce qui concerne les exploits ? — Bioche, v° *Exploit*, n. 160 et s.; Chauveau, sur Carré, quest. 280 et s.; Boncenne, t. 2, p. 101 et s.; Rodière, t. 1, p. 189; Garsonnet, t. 2, p. 183, § 234, texte et note 2.

67. — Jugé, en ce sens, qu'un exploit doit porter en lui-même la preuve que les formalités auxquelles il est assujetti ont été observées. — Liège, 24 juill. 1811, Akerman, [S. et P. chr.] — Orléans, 5 août 1848, Arthuys de Charpisay, [P. 48.2.190, D. 48.2.20]

68. — Ainsi, on ne peut être admis à prouver par témoins que l'huissier a accompli toutes les formalités voulues par la loi. — Liège, 24 juill. 1811, précité.

69. — De là il suit que la preuve de la délivrance des copies ne saurait s'induire de la perception du droit d'enregistrement basé sur le nombre des parties assignées. — Cass., 14 mars 1821, Rebattu, [S. et P. chr.] — V. *infrà*, n. 138 et s. — V. *cep.infrà*, n. 127.

70. — Les énonciations que contient un exploit quant au nombre des copies remises font seules foi de ce nombre, encore bien que la taxe n'y corresponde pas. — Chambéry, 16 juill. 1869, Cottet, [S. 70.2.79, P. 70.426]

71. — Jugé, d'autre part, que lorsqu'en matière de revente sur folle enchère l'exploit de signification à un enchérisseur porte une fausse date, les juges du fond peuvent recourir à des renseignements puisés dans un certificat du receveur de l'enregistrement, du moment qu'il ne s'agit pas de rétablir à l'acte faussement daté sa date véritable pour lui donner une valeur légale, mais seulement de rechercher si le fol enchérisseur avait eu connaissance du jour de la revente à temps pour faire valoir ses moyens de nullité. — Cass., 12 févr. 1896, Rolland, [S. et P. 97.1.271]

72. — Nous verrons les applications faites par la jurisprudence de cette théorie dite *des équipollents* lorsque nous étudierons les différentes mentions des exploits. Mais nous faisons remarquer dès maintenant que cette interprétation trouve surtout son application au cas où il s'agit d'acte d'appel ; il est admis que les lacunes ou inexactitudes de cet acte peuvent être comblées ou réparées à l'aide des énonciations du jugement de première instance signifié en même temps que lui. — V. *suprà*, v° *Appel* (mat. civ. et comm.), n. 2411 et s.

SECTION III.

Copies des exploits.

73. — Les exploits sont rédigés en double exemplaire : l'original, qui reste entre les mains du requérant, et la copie qui est remise par l'huissier à la personne contre laquelle l'exploit est rédigé. La rédaction de deux exemplaires n'est pas prescrite expressément par le Code de procédure, mais elle est sous-entendue puisque les art. 58 et 67 prescrivent certaines mentions qui doivent être faites sur l'original et sur la copie. Il est d'ailleurs facile de comprendre l'intérêt de cette règle : l'original restant entre les mains du requérant lui permet de prouver qu'il a exercé ses droits malgré la dénégation de son adversaire ; la copie, laissée à celui auquel est faite une signification, a pour but de lui donner connaissance des prétentions de l'autre partie. — Garsonnet, 2º éd., t. 2, § 572, p. 297 ; Boitard et Colmet-Daage, t. 1, n. 173.

74. — C'est pourquoi lorsqu'on agit contre plusieurs personnes il faut autant de copies que de parties ; l'intervention des copies, c'est-à-dire la remise à une partie d'une copie destinée à une autre partie, équivaut à la non-signification de l'exploit et entraîne sa nullité. — Cass., 27 avr. 1858, Monteilhet, [S. 59.1.125, P. 58.1.121, D. 58.1.223] ; — 28 janv. 1879, Desbarreaux-Verger, [S. 79.1.358, P. 79.900, D. 79.1.151] — Lyon, 5 mars 1887, [Mon. jud. Lyon, 14 juin] ; — 5 mars 1891, [Journ. des huiss., t. 73, p. 163] — Sic, Garsonnet, 2º éd., t. 2, § 572, p. 297, note 5.

75. — Ainsi l'interversion des copies d'un exploit, spécialement d'une assignation à fin d'assistance à une enquête, interversion par suite de laquelle la copie destinée à une partie a été remise à l'autre, et vice versa, entraîne nullité de l'assignation à l'égard de ces parties, et cela alors même qu'elles auraient un intérêt identique. — Cass., 27 avr. 1858, précité. — Lyon, 16 août 1861, Charlat, [S. 63.2.471, P. 63.407]

76. — De même la dénonciation d'une surenchère à l'avoué de l'adjudicataire est nulle si cet avoué a reçu la copie destinée à l'avoué de la partie poursuivante. — Cass., 28 janv. 1879, précité.

77. — Cependant les juges peuvent décider que la remise à l'avoué de l'adjudicataire de la copie d'une dénonciation de surenchère plus particulièrement destinée à l'avoué d'un des colicitants n'est pas de nature à entraîner la nullité de la dénonciation, et par suite, celle de la surenchère, s'il est constaté que l'avoué de l'adjudicataire, occupant exclusivement pour celui-ci, a reçu cependant une copie portant son nom, et l'a reçue en la seule qualité qu'il avait dans l'instance, en sorte qu'il a été réellement touché par l'exploit. — Cass., 17 févr. 1896, Bourhis, [S. et P. 97.1.163, D. 96.1.181]

78. — L'original et la copie doivent être conformes. Rigoureusement, la copie qui contiendrait des énonciations différentes de celles de l'original ne devrait donc pas faire foi de ces énonciations. La pratique, toutefois, n'applique pas cette règle avec rigueur, ou plutôt elle fait des distinctions. Si la copie est valable et que l'original soit irrégulier par suite de l'omission de quelqu'une des énonciations substantielles, elle admet que la nullité de l'original entraîne celle de la copie. Et cela en vertu de l'art. 1334, C. civ., qui déclare que les copies, lorsque le titre original subsiste, ne font foi que de ce qui est contenu au titre dont la représentation peut toujours être exigée. La doctrine est en ce sens. — Garsonnet, 2º éd., t. 2, § 614, p. 356 ; Boitard et Colmet-Daage, t. 1. n. 174 ; Rousseau et Laisney, Suppl., vº Exploit, n. 165. — Contrà Bioche, vº Exploit, n. 407 ; Carré et Chauveau, quest. 327 ; Rodière, t. 1, p. 220.

79. — Dès lors, et toujours en vertu de l'art. 1334, C. civ., la partie à qui une signification a été faite peut exiger la représentation de l'original de l'exploit, afin d'en constater et d'en signaler les irrégularités s'il y a lieu. — Rodier, Quest., loc. cit., art. 16, n. 13 ; Thomine-Desmazures, t. 1, p. 160 ; Boitard, Colmet-Daage et Glasson, t. 1, n. 174.

80. — Jugé que lorsqu'une partie ne représente pas la copie d'une sommation qui lui a été faite, si l'original est produit par la partie adverse, la première peut s'en prévaloir comme d'une pièce commune. — Rennes, 17 juin 1817, N...., [P. chr.]

81. — La raison en est que les irrégularités qui se trouvent dans l'original d'un exploit sont présumées de droit se trouver aussi dans la copie, sauf preuve contraire. — Cass., 16 févr. 1832, Martinau, [P. chr.]

82. — Il y a d'ailleurs dont l'accomplissement n'est constaté que sur l'original ; telles sont les formalités de l'enregistrement et du visa. — Berriat Saint-Prix, t. 1, p. 88. — V. infrà, n. 346 et s.

83. — Dans l'hypothèse inverse, c'est-à-dire si c'est l'original qui est régulier et que l'irrégularité se rencontre dans la copie, la pratique repousse l'application de l'art. 1334.

84. — Ainsi jugé que la copie, aussi bien que l'original d'un exploit d'huissier, constituant deux actes authentiques, la copie doit faire pleine foi de ses énonciations en faveur de la partie qui l'a reçue ; et que l'art. 1334, C. civ., édicté pour les actes destinés à constater des conventions, n'est pas applicable en cette matière. — Cass., 10 juin 1883, Autran et Campbell, [S. 86.1.310, P. 86.1.741, D. 86.1.222]

85. — ... Que la date énoncée dans la copie d'un exploit comme étant celle de cet acte doit être tenue pour certaine, alors d'ailleurs que cette copie ne renferme aucune mention permettant de contrôler ou de rectifier une erreur de date. — Alger, 16 mars 1893, [Journ. des huiss., t. 74, p. 239] — V. suprà, n. 65 et s.

86-87. — ... Plus généralement, que la copie d'un exploit tenant lieu d'original à la partie qui le reçoit, la partie à laquelle est signifié un exploit peut se prévaloir des irrégularités de la copie qui lui est remise, encore bien que l'original ne contienne aucune irrégularité ; en d'autres termes, que la régularité de l'original ne saurait couvrir la nullité dont la copie se trouverait entachée. — Cass., 1er brum. an XIII, Fardet, [S. et P. chr.] ; — 3 déc. 1856, Nathan et Hernsheim, [P. 57.578, D. 56.1.436] ; — 5 mai 1858, Audicq, [S. 59.1.41, P. 58.690. D. 58.1.286] ; — 20 juill. 1868, Tapis-Brune, [D. 68 1.372] ; — 4 nov. 1868, Cornaille, [S. 69.1.109, P. 69.261. D. 68.1.469] ; — 5 juill. 1882, Roumagnac, [S. 84.1.115, P. 84.1.255, D. 83.1.350] ; — 12 févr. 1884, Brun, [S. 86.1.25, P. 86.1.38, D. 84 1.325] ; — 21 juin 1886, Société d'assur. mut. Aunis et Saintonge, [S. 89.1.245. P. 89.1.616, D. 86.1.456] ; — 1er août 1888, Dupuis, [S. 91.1 66, P. 91.1.143, D. 88.1.119] : — 1er mars 1893, Braathen et Cie, [S. et P. 93.1.143, D.93.1.424] — Agen, 6 juill. 1812, Delcussot [P. chr.] — Lyon, 13 janv. 1825, Guillon, [P. chr.] — Grenoble, 5 juill. 1828, Bérardel, [P. chr.] — Colmar, 23 juill. 1835, Lévy, [P. chr.] — Rouen, 9 mars 1842, Hugues, [P. 42.2.15] — Orléans, 25 nov. 1851, Caillet, [D. 54.2.175] — Bordeaux, 13 mai 1863, Dusolier, [D. 63.5.169] — Pau, 7 janv. 1867, Chuhando, [S. 68.2.21, P. 68.1971] — Paris, 18 févr. 1879, Leveau, [D. 79.2.114] — Besançon, 23 janv. 1880, Chapuis, [S. 82.2.9, P. 82.1.91] — Poitiers, 16 févr. 1881, René, [S. 81.2.183, P. 81 1.962, D. 81.2.136] — Toulouse, 29 avr. 1882, Cros, [S. 84.2.145, P. 84.1.750] — Paris, 28 avr. 1883, Soc été financière de Paris, [D. 84.2.119] — Rennes, 21 juin 1887, [Gaz. Pal., 88.1.259] — Poitiers, 24 déc. 1888 Auzanneau, [S. 89.2.163, P. 89.1.871] — Bordeaux, 3 juin 1890, [Rec. Bordeaux, 90.1.546] — Riom, 30 déc. 1890, Foret, [D. 92.2.227] — Alger, 16 mars 1893. [Journ. des huiss., t. 74, p. 239] ; — 13 mai 1896, Garé fils, [D. 96.2.527] — Paris, 15 déc. 1899. Dessertine, [S. et P. 1906.2.31] — Trib. Lille, 2 juill. 1892, sous Douai, 18 juill. 1892. P...., [S. et P. 93.2.41] — Bruxelles, 21 juin 1893, Coppens, [D. 94.2.399] — La doctrine est dans le même sens. — Bonceune, t. 2, p. 101 ; Thomine-Desmazures, t. 1, p. 156 ; Chauveau et Carré, quest. 311 et 327 ; Merlin, Rép., vº Copie, § 2. n. 2 ; Boitard, Colmet-Daage et Glasson, loc. cit.; Garsonnet, loc. cit.; Rousseau et Laisney, Supplém., vº Exploit, n. 164 ; Rodière, t. 1, p. 220 ; Deffaux, Harel et Dutruc, vº Exploit, n. 543 ; Mourlon et Naquet, Rep. écr. sur la proc., n. 323 ; Bonfils, Tr. de proc., n. 603 ; Bioche, vº Exploit, n. 30, 408 et s.; Rousseau et Laisney, vº Exploit, n. 438.

88. — Jugé encore, dans le même sens que la copie d'un exploit signifiée à une partie ou à son avoué tenant lieu de l'original pour ceux-ci, les mentions contenues dans cette copie sont les seules qui puissent leur être opposées. — Cass., 1er mars 1893, précité.

89. — ... Que la copie d'un acte signifié tenant lieu d'original à la partie qui a reçu cette signification, c'est de la date indiquée sur cette copie que doit commencer à courir le délai imparti par l'arrêt ; et qu'il en est ainsi même si la date est surchargée, tant qu'elle n'est pas attaquée par la voie de l'inscription de faux. — Paris, 28 avr. 1883, précité.

90. — ... Que lorsque l'original énonce des faits qui sont contredits dans la copie, ces énonciations contradictoires ne méritent aucune créance. — Cass., 7 vent. an VII, Dumay, [S. et P. chr.]

91. — ... Spécialement que, s'il résulte de la date énoncée dans la copie d'un exploit que cet exploit n'aurait pas été enregistré dans le délai fixé par la loi, la partie peut en proposer la nullité, encore que, d'après la date donnée par l'original, l'enregistrement eût eu lieu dans le délai voulu. — Caen, 25 avr. 1826, Bardel. [S. et P. chr.]

92. — Jugé toutefois en sens contraire que, lorsque la copie et l'original d'un exploit ont une date différente, c'est à la date de l'original qu'il faut se reporter pour savoir si l'exploit a été enregistré en temps utile; qu'à ce cas ne s'applique pas la règle qui veut que, pour la partie qui l'a reçue, la copie tienne lieu de l'original. — Montpellier, 19 janv. 1841, Albouy, [S. 42.1.632. P. 42.2.182]

93. — Jugé en tous cas que lorsque l'imperfection d'un acte dérive d'une simple erreur de copiste, cette imperfection n'opère pas une nullité, encore qu'il s'agisse de l'observation d'une règle prescrite à peine de nullité, par exemple, du défaut de mention de la patente de l'huissier (supprimée depuis la loi de 1844), alors que cette mention se trouve dans l'original. — Cass., 2 niv. an IX, Corbin, [S. et P. chr.] — *Sic*, Bioche, v° *Ajournement*, n. 77; Boncenne, t. 2, p. 127.

94. — Et que, dans le cas de saisie pratiquée contre deux époux, cette énonciation de la copie du procès-verbal de saisie représentée par un des époux : « duquel procès-verbal, en parlant comme dessus j'ai laissé cette copie, » ne suffit pas pour détruire la constatation faite dans l'original de la remise des copies séparées aux deux parties saisies. — Caen, 8 mai 1873, [*Journ. des huiss.*, t. 55, p. 97]

95. — Jugé aussi que les surcharges non approuvées, qui se trouvent dans les copies des exploits, n'opèrent pas la nullité de la procédure, si d'ailleurs les originaux sont réguliers. — Paris, 16 nov. 1815, Bourdillon et Huguet, [P. chr.] — V. *suprà*, n. 39 et s.

96. — Mais si une partie excipe des nullités commises dans la copie de l'exploit qui lui a été signifié, elle doit la représenter, sinon l'original fait foi. Ainsi jugé que l'original d'un exploit fait preuve de sa régularité lorsque la copie prétendue irrégulière n'est pas représentée. — Chambéry, 15 mars 1892, Crédit foncier, [D. 93.2.275] — V. aussi Cass., 7 oct. 1825, Daumont, [P. chr.]

Section IV.
Force probante des exploits.

97. — Les exploits, lorsqu'ils sont faits par les huissiers suivant les formes prescrites par la loi et dans les limites de leur compétence territoriale, sont des actes authentiques (V. *suprà*, v° *Acte authentique*, n. 46). Par suite, l'huissier qui, dans un exploit, affirmerait des faits contraires à la vérité, commettrait un faux en écriture publique et se rendrait passible de la peine des travaux forcés à perpétuité. — Garsonnet, 2° éd., t. 2, § 610, p. 355.

98. — D'autre part, comme actes authentiques, les exploits font foi jusqu'à inscription de faux, de tout ce que l'huissier y atteste comme l'ayant accompli ou vu s'accomplir dans l'exercice de ses fonctions. Par suite, il faut distinguer les énonciations intrinsèques des énonciations extrinsèques de l'acte : les premières font foi jusqu'à inscription de faux; les dernières sortant des attributions des huissiers n'ont aucune force authentique. Ainsi, les exploits font foi jusqu'à inscription de faux : 1° de leur date; 2° du transport de l'huissier; 3° de la remise de la copie; 4° du lieu où elle a été déposée; 5° de la personne qui l'a reçue; 6° en cas d'absence, de l'acceptation par un voisin, ou du refus de ce voisin; en un mot, de toutes les circonstances qui ont rapport à la confection légale et à la remise matérielle de l'exploit. — Berriat Saint-Prix, p. 82, n. 60; Boncenne, t. 2, p. 243; Bioche, n. 394; Deffaux, Harel et Dutruc, n. 56 et s.; Garsonnet, *loc. cit.*; Boitard, Colmet-Daage et Glasson, t. 1, n. 174; Rodière, t. 1, p. 206; Rousseau et Laisney, *Suppl.*, v° *Exploit*, n. 8.

99. — Il a été jugé, en ce sens, que la copie signifiée d'un arrêt d'admission fait foi de sa date jusqu'à inscription de faux. — Cass., 5 juill. 1882, Roumagnac, [S. 84.1.115, P. 84.1.255, D. 83.1.350]

100. — ... Qu'un exploit fait foi de sa date jusqu'à l'inscription de faux, encore bien que l'huissier avoue l'antidate, et que, sur la provocation du ministère public, il ait subi une condamnation disciplinaire à ce sujet. — Riom, 14 mai 1827, Sabatier, [P. chr.]

101. — ... Que l'énonciation, contenue dans un original d'exploit, qu'une copie en a été remise, fait foi jusqu'à inscription de faux; que des présomptions ne peuvent ni la combattre ni la détruire, etque cette copie doit être présumée régulière jusqu'à preuve contraire. — Besançon, 13 avr. 1812, Froidot, [P. chr.]

102. — ... Que lorsqu'un procès-verbal de carence constate qu'il a été fait et rédigé sur les lieux, cette assertion fait foi jusqu'à inscription de faux. — Cass., 13 avr. 1831, Ravoux, [S. 31.1.166, P. chr.]

103. — ... Que lorsque l'huissier déclare dans un exploit qu'il n'a pas trouvé la partie aux domiciles qui lui ont été successivement indiqués et lorsqu'il relate dans l'acte les réponses qu'il a reçues à ces divers domiciles, ces énonciations font foi jusqu'à inscription de faux. — Alger, 18 janv. 1872, [*J. des huiss.*, t. 53, p. 274]

104. — ... Que tant qu'un exploit n'a pas été reconnu faux dans les formes légales, il fait preuve de ses énonciations, et par exemple de la remise de la copie à la partie, parlant à son domestique. — Cass., 2 flor. an IX, Faraud, [D. *Rép.*, v° *Exploit*, n. 35-1°]

105. — Les huissiers devant faire par eux-mêmes la remise des exploits et la loi leur prescrivant de constater l'accomplissement de cette formalité sur l'original et sur la copie, c'est la voie de l'inscription de faux qu'il faudrait employer pour prouver que l'huissier a fait remettre l'exploit par un tiers. — Toulouse, 18 janv. 1866, Garès et autres, [S. 66.2.107, P. 66.459] — Nimes, 3 août 1886, Guischard, [S. 87.2.153, P. 87.1.851, D. 87.2.101] — *Sic*, Boitard, Colmet-Daage et Glasson, t. 1, n. 172.

106. — Mais lorsque l'huissier ne cherche pas à se prévaloir de la foi due aux faits affirmés dans un exploit à cet égard, la partie n'a pas à recourir à ce mode spécial de procédure et les tribunaux peuvent tirer la preuve de la remise des exploits par des clercs du nombre des exploits signifiés dans la même journée. — Cass., 12 févr. 1878, Maxe et Cahen, [S. 78.1.153, P. 78.382, D. 78.1.417]

107. — Lorsque l'original et la copie d'un commandement énoncent qu'une copie de pièces a été donnée à la partie, il doit être ajouté foi à la déclaration de l'huissier qui a énuméré sur la copie représentée toutes les pièces qu'il a signifiées. — Grenoble, 13 déc. 1811, Gondrand, [P. chr.]

108. — Au contraire ne fait pas foi jusqu'à inscription de faux, la mention de la qualité de la personne à laquelle la copie d'un exploit a été remise. — Metz, 21 févr. 1860, Morel, [S. 60.2.484, P. 60.537, D. 61.2.33] — *Sic*, Boncenne, t. 2, p. 249; Deffaux, Harel et Dutruc, v° *Exploit*, n. 56.

109. — Ou la mention de la personne à qui l'exploit est signifié n'a en France ni domicile ni résidence connus, cette mention n'étant pas la constatation d'un fait matériel, mais une simple opinion de l'huissier sur un fait négatif. — Cass., 10 janv. 1843, Mullot, [S. 43.1.515, P. 43.2.629] — *Sic*, Garsonnet, 2° éd. t. 2, § 610, p. 356.

110. — De même, lorsqu'un exploit énonce qu'il a été signifié à la partie en son domicile chez telle personne, qu'il désigne seulement par son nom de famille, il n'est pas nécessaire de s'inscrire en faux pour être admis à prouver que la signification n'a eu lieu, non au domicile de la personne chez laquelle demeurait la partie, mais celui d'une autre personne du même nom, habitant la même localité. — Bourges, 9 juin 1841, de Montaignac, [P. 42.1.660]

111. — L'huissier chargé de faire le protêt d'une lettre de change n'a pas qualité pour constater, par sa seule attestation, que celui sur qui la lettre de change était tirée s'en est reconnu débiteur. — Cass., 17 nov. 1856, d'Albaret, [S. 58.1.733, P. 58.754, D. 57.4.57] — Bordeaux, 3 avr. 1832, Bonniot, [S. 32.2.437, P. chr.]

112. — Une telle attestation n'a d'effet (même en ce qui touche seulement la compétence), qu'autant qu'elle est signée du prétendu débiteur. — Bordeaux, 3 avr. 1832, précité.

113. — Les actes des huissiers ne font foi jusqu'à inscription de faux qu'en ce qui touche les faits qu'ils constatent et non en ce qui touche les causes de ce fait. — Trib. comm. Seine, 17 déc. 1856, [*Journ. des huiss.*, t. 38, p. 37]

114. — Les huissiers doivent-ils mentionner la réponse que la partie peut leur faire? Dans le projet du Code on exigeait que l'huissier constatât la réponse de la partie à laquelle il était chargé de faire une notification, mais cette disposition ne fut pas maintenue. On comprend aisément pourquoi. Une réponse improvisée à la réception d'un exploit est souvent dangereuse, parce qu'elle peut être surprise, mal réfléchie, mal saisie, mal rendue; elle est toujours inutile lorsque ce n'est ni un commandement, ni une sommation, mais un simple ajournement que l'huissier apporte. Il ne doit, dit Boncenne (t. 2, p. 244), ni la solliciter ni l'écrire (V. séance Cons. d'Et., 5 flor. an XIII). — Locré, t. 21, p. 256.

115. — Sans contester ni approuver cette opinion, on peut se demander quelle est la valeur de la réponse faite à l'huissier et constatée par lui. Cette réponse fait-elle foi jusqu'à inscription de faux? Non, certainement. On dirait vainement que l'huissier étant un officier public, ses rapports doivent être crus. La créance légale n'est due aux officiers publics que lorsqu'ils se renferment dans l'exercice légal de leurs fonctions. En toute autre matière, leur attestation n'a pas plus d'autorité que celle d'un simple particulier. — Chauveau, sur Carré, t. 1, quest. 311 bis.

116. — Lorsque le législateur a voulu déroger à la règle d'après laquelle la réponse de la partie ne doit pas être mentionnée dans l'exploit, il a pris soin de le dire expressément; ainsi, en matière d'offres réelles, l'art. 813, C. proc. civ., impose à l'huissier l'obligation de faire mention dans son procès-verbal de la réponse, du refus ou de l'acceptation du créancier; de même l'art. 174, C. comm., exige que l'huissier énonce dans le protêt les motifs du refus de payer. — V. infrà, vⁱˢ Offres réelles, Protêt.

117. — Dans l'ancien droit on ne regardait comme constatante la réponse consignée dans l'exploit que lorsqu'elle était revêtue de la signature de la partie à laquelle l'huissier l'attribuait. — Bouvot, v° Sergent, part. 1; Rodier, Quest., art. 16, n. 7; Chorier, liv. 2, sect. 1, art. 6.

118. — C'est encore la solution qu'il faut admettre aujourd'hui; par suite, les exploits ne font pas pleine foi des conventions qui s'y trouvent alléguées et des réponses faites par les parties lorsque celles-ci ne les ont pas certifiées par leur signature. — Bordeaux, 27 mai 1841, Barbot, [P. 41.2.301] — Caen, 27 janv. 1860, [Journ. des huiss., t. 42, p. 161] — Sic, Deffaux et Harel, v° Exploit, n. 59, 320 et 321, et Suppl., n. 27 et s.; Belg. jud., 1862, p. 1015.

119. — Jugé, également, que bien que les procès-verbaux d'offres dressés par les huissiers fassent foi jusqu'à inscription de faux de l'acceptation ou du refus desdites offres, les autres reconnaissances ou déclarations insérées dans ces procès-verbaux ne peuvent préjudicier au créancier qui refuse de les signer. — Douai, 31 janv. 1839, Deroide, [P. 41.2.268]

120. — Il a été jugé cependant que la réponse de la partie, constatée par l'huissier dans un exploit, par exemple dans une sommation, fait foi jusqu'à inscription de faux, quoiqu'elle ne soit pas signée. — Trib. Gand, 2 déc. 1861, [Journ. des huiss., t. 43, p. 282]

121. — ... Spécialement que celui qui, lors du commandement qui lui a été fait aux fins de payer des objets qu'on prétend lui avoir été fournis pour les revendre, a répondu à l'huissier n'être que commissionnaire et n'avoir pas acheté ces objets, ne peut plus tard en revendiquer la propriété, et qu'une telle réponse, quoique non signée de celui qui l'a faite, est, jusqu'à inscription de faux, suffisamment constatée par l'insertion qu'en fait l'huissier dans le commandement. — Bruxelles, 29 janv. 1825, Mertens, [P. chr.]

122. — Quant à l'affirmation par l'huissier qu'il avait mandat de faire les actes auxquels il a procédé, elle ne fait pas foi jusqu'à inscription de faux, mais seulement jusqu'à désaveu de l'huissier par la partie. — Garsonnet, 2ᵉ éd., t. 2, § 610, p. 355, note 1, et t. 3, § 912, p. 177.

Section V.

Preuve de l'existence des exploits.

123. — La preuve de l'existence d'un exploit s'établit, à l'égard du demandeur, par la représentation de la copie, et à l'égard du défendeur, par la représentation de l'original. Mais lorsque ces modes de preuve ne peuvent être employés à raison de la perte ou de la destruction de l'exploit, la question s'est posée dans la pratique de savoir comment il pouvait y être suppléé.

124. — La jurisprudence est divisée sur cette question : dans un premier système on admet que la représentation de l'original d'un exploit peut être suppléée par des équipollents, tels que l'extrait des registres de l'enregistrement ou du répertoire de l'huissier, la mention de l'exploit dans les qualités d'un jugement, et la production d'une des copies notifiées. — Bordeaux,

9 mai 1848, Boulau, [S. 48.2.549, P. 50.1.723] — Nimes, 16 févr. 1872, [Journ. des huiss., t. 55, p. 67]

125. — C'est ainsi qu'il a été jugé spécialement que, la preuve qu'une cession de créance a été signifiée au débiteur peut résulter d'autres actes que de l'exploit de signification lui-même. — Paris, 19 mai 1810, Papin, [S. et P. chr.]

126. — On a notamment invoqué comme preuve les registres du receveur de l'enregistrement. On pourrait donc prouver l'existence de l'exploit de signification d'un jugement par un extrait de l'enregistrement lorsqu'on ne rapporte pas l'exploit même. — Riom, 28 déc. 1808, Majeune, [S. et P. chr.]

127. — Ainsi jugé que l'existence et la régularité de la signification d'un jugement par défaut peuvent être prouvées, à défaut de la représentation du double de l'exploit, par l'extrait des registres du receveur de l'enregistrement surtout que la perte de l'exploit a été occasionnée par l'administration comme représentant la partie. — Cass., 22 mars 1820, [D. Rép., v° Exploit, n. 32-4°] — V. cep. suprà, n. 69.

128. — ... Alors même que cet extrait ne mentionnerait que l'enregistrement d'un commandement, il y aurait en conséquence de la signification si le jugement ordonnait que la signification et le commandement seraient faits par un seul et même acte. — Poitiers, 1ᵉʳ déc. 1875, Papin, [D. 77.2.226]

129. — ... Que, lorsqu'après une adjudication de ses biens, le saisi laisse écouler plusieurs années (dix ans, par exemple), sans réclamation et se pourvoit ensuite par tierce-opposition, sous prétexte que le commandement tendant à saisie immobilière et l'apposition de placards ne lui ont point été faits ou lui ont été faits irrégulièrement, si l'adjudicataire ne peut produire l'original de ces exploits, il suffit qu'il en établisse l'existence par un extrait des registres du receveur de l'enregistrement. Il y a, dans ce cas, présomption de régularité de la procédure. — Nancy, 23 nov. 1812, Bellanger, [S. et P. chr.]

130. — Décidé aussi que, lorsqu'une administration départementale a transcrit sur ses registres la copie d'un acte d'appel qui lui a été signifié, cette transcription constate en sa faveur l'existence de l'appel; il ne lui est pas absolument nécessaire de représenter la copie signifiée. — Cass., 8 prair. an XIII, Millot, [S. et P. chr.]

131. — Les juges peuvent, même en défaut de représentation d'un exploit qui aurait pour effet d'interrompre la prescription, et en présence d'un autre exploit donné après l'expiration des délais de prescription, décider, d'après les documents du procès constatés dans les qualités de l'arrêt attaqué, que l'acte non produit a réellement existé et qu'ainsi la prescription a été interrompue. — Cass., 27 nov. 1839, Broutin, [P. 40.1.151]

132. — La preuve de la signification d'un jugement peut résulter des énonciations d'un autre jugement qui se fonde sur ce que le premier a acquis l'autorité de la chose jugée, pour en faire la base de sa décision. — Cass., 2 févr. 1859, Comm. de Crésancey, [S. 59.1.726, P. 59.1.173, D. 59.1.264]

133. — ... Alors surtout que cette énonciation concorde avec les mentions des registres de l'administration de l'enregistrement. — Même arrêt.

134. — Les tribunaux sont même allés plus loin dans cette voie et il a été décidé que la représentation de l'original d'un exploit peut être suppléée par des présomptions graves, précises et concordantes, quand la perte de cet original provient d'un fait de force majeure. Il en est ainsi spécialement en matière d'ordre, lorsque l'original de l'exploit de dénonciation du règlement provisoire se trouve perdu par suite du décès du juge-commissaire. — Cass., 13 déc. 1853, Dubois, [S. 54.1.257, P. 54. 2.439]

135. — Dans ce cas, le délai pour contredire court à partir de la dénonciation dont l'existence est établie par présomptions, alors même que cette dénonciation aurait été réitérée après l'expiration de ce délai. — Même arrêt.

136. — En d'autres termes, la représentation d'un exploit n'est pas indispensable pour établir l'existence réelle de cet exploit, lorsque les documents de la cause ne permettent pas de douter qu'il ait existé. — Cass., 14 avr. 1885, de Castellane, [S. 87.1. 301, P. 87.1.741, D. 85.1.401]

137. — Mais on a répondu, dans un second système, que ces divers procédés ne pourraient qu'établir l'existence matérielle de l'exploit, non sa régularité qui lui donne seule une existence légale. « Je n'ai jamais conçu, dit Boncenne (t. 2, p. 242) que cette question ait été sérieusement agitée. L'accomplissement des formalités prescrites ne peut se vérifier que par l'acte lui-même, *non extrinsecùs*. L'enregistrement constate bien qu'un exploit a été enregistré, mais il ne prouve pas que cet exploit ait été régulièrement rédigé et signifié. » — Deffaux. Harel et Dutruc, n. 50; Chauveau, sur Carré, quest. 327 *bis*; Bioche, v° *Exploit*, n. 389 et s.; Garsonnet, 2° éd., t. 2, § 609, p. 354.

138. — Aussi a-t-il été décidé que l'extrait des registres de l'enregistrement qui mentionne un exploit ne dispense pas de représenter cet acte. — Cass., 29 oct. 1804, [*Journ. des huiss.*, t. 1, p. 139]; — 1er août 1810, Lempereur, [S. et P. chr.] — Toulouse, 23 nov. 1808, Rousse, [S. et P. chr.] — Grenoble, 11 juill. 1810, Albert, [S. et P. chr.] — Rennes, 22 avr. 1814, N..., [S. et P. chr.] — Colmar, 7 déc. 1816, Hirtz, [S. et P. chr.]

139. — ... Qu'un extrait de l'enregistrement d'un exploit de notification de jugement, qui ne porte pas la date de ce jugement, ne peut suppléer à la représentation de l'original de l'exploit. — Rennes, 17 mai 1815, Lemasson, [S. et P. chr.]

140. — ... Que les certificats des receveurs de l'enregistrement peuvent établir la date, mais non le contenu d'un exploit. — Besançon, 7 juill. 1808, Outhenin, [P. chr.]

141. — ... Que l'existence d'un exploit, notamment celle de la signification à la femme, pour la purge de son hypothèque légale, de l'acte de dépôt au greffe du contrat de vente de l'immeuble grevé de cette hypothèque, n'est pas suffisamment établie, à défaut de représentation de l'original ou de la copie de l'exploit, par la mention de l'enregistrement de cet exploit. — Agen, 12 juin 1834, Dardenne, [S. 54.2.364, P. 55.1.174, D. 55.2.27]

142. — ... Que la représentation de l'exploit de signification d'un jugement peut seule prouver si la signification a été régulière. Un certificat émané de l'administration de l'enregistrement, quoique constituant présomption suffisante que l'original non représenté a existé, ne saurait établir que la signification a été régulièrement faite. — Paris, 2 févr. 1825, Montchevrel, [S. et P. chr.]

143. — ... Que les tribunaux ne sont pas tenus de considérer les extraits des registres de l'enregistrement comme emportant nécessairement la preuve de l'existence des actes d'huissiers soumis à cette formalité. Ils peuvent donc refuser de trouver dans ces extraits la justification d'exploits invoqués comme interruptifs d'une prescription. — Cass., 25 févr. 1856, Guillaume, [S. 56.1. 816, P. 57.739]

144. — Jugé encore que la signification d'un jugement, invoquée comme ayant fait courir un délai, notamment celui du pourvoi en cassation, ne peut être établie que par la représentation de l'exploit. Des énonciations qui se trouveraient dans d'autres actes ne sauraient remplacer une telle pièce, puisque, quand même elles en établiraient l'existence, elles n'en prouveraient pas la validité. — Cass., 7 brum. an XIII, Portalis, [S. et P. chr.]

145. — Il ne suffit donc pas de prouver l'existence matérielle d'un exploit : la partie qui l'oppose doit encore en représenter l'original afin de prouver qu'il a été fait suivant les formalités exigées par la loi. — Cass., 31 mai 1836, [D. *Rép.*, v° *Exploit*, n. 31-7°]

146. — Lorsque l'existence d'un exploit est certaine, et que les parties refusent de représenter les copies qu'elles ont reçues, l'acte doit être tenu pour régulier, sauf à celui qui l'invoque sans le représenter, à affirmer sous la foi du serment que l'original en est véritablement adiré. — Nancy, 2 févr. 1832, [D. *Rép.*, v° *Exploit*, n. 32-3°]

147. — Jugé également que lorsqu'il est constant qu'un exploit de signification a eu lieu, il y a présomption de validité, encore que l'original ne soit point produit : c'est à la partie qui a reçu l'assignation d'établir la nullité, en produisant sa copie. — Riom, 28 déc. 1808, Majeune, [S. et P. chr.]

CHAPITRE III.

FORMALITÉS DES EXPLOITS.

148. — Le Code de procédure, imitant en cela l'ordonnance de 1667, n'a pas tracé les formes des exploits en général, mais seulement celles de l'ajournement ; cette lacune n'a rien de fâcheux ; on la supplée en observant pour la rédaction des exploits ordinaires toutes les formalités prescrites au titre *Des ajournements* et qui sont compatibles avec l'acte qu'il s'agit de signifier.

149. — Des diverses formalités exigées, les unes sont intrinsèques et les autres extrinsèques. Les formalités intrinsèques sont celles qui tiennent à la substance de l'acte lui-même, qui en sont comme les parties intégrantes, et dont l'omission emporte nullité de l'acte. Les art. 61, 64 et 68, C. proc. civ., indiquent ces formalités essentielles. — Carré et Chauveau, t. 1, p. 276.

150. — Les formalités extrinsèques sont celles qui ne sont prescrites qu'accessoirement, qui se rattachent à l'exploit, mais qui n'en font pas partie intégrante. Tels sont l'enregistrement, la copie du procès-verbal de non-conciliation ou la mention de la non-comparution, la copie des titres sur lesquels la demande est fondée, la mention du coût de l'exploit et le visa.

151. — On remarquera que, quoique seulement accessoires, quelques-unes des formalités extrinsèques des exploits sont considérées comme assez importantes pour que leur omission entraîne la nullité de l'exploit. Cependant il est vrai de dire qu'en général, lorsqu'il s'agit de pareilles formalités, la loi n'est pas si rigoureuse, et qu'elle se borne à prononcer une amende contre l'huissier qui contrevient à ses dispositions (C. proc. civ., art. 71).

Section I.
Formalités intrinsèques.

152. — Les formalités intrinsèques des exploits comprennent : 1° la date; 2° la désignation du requérant; 3° celle de la personne contre qui l'on agit; 4° celle de l'huissier; 5° l'objet de l'exploit; 6° l'indication du lieu où il a été remis et de la personne qui l'a reçu; 7° le coût, le nombre de feuilles de papier timbré qui ont été employées et le montant des droits de timbre dus à raison de la dimension de ces feuilles ; 8° la signature de l'huissier.

§ 1. *Date.*

153. — La première formalité essentielle exigée par l'art. 61, C. proc. civ., c'est que l'exploit soit daté. Cette formalité est très-importante, car elle permet de s'assurer si les délais prescrits par la loi ont été observés, si la partie requérante est capable, elle fixe le point de départ de la mise en demeure de la partie, elle fait enfin connaître si l'exploit a été signifié un jour utile. — Garsonnet, 2° éd., t. 2, § 570, p. 301; Rodière, t. 1, p. 189; Boitard, Colmet-Daage et Glasson, t. 1, n. 148; Deffaux, Harel et Dutruc, n. 87.

154. — Mais il n'est pas nécessaire que les actes relatés dans un exploit soient datés : ainsi l'exploit de signification d'un jugement serait valable quand même la date de ce jugement n'y serait pas rapportée. — Paris, 10 févr. 1879, Leveau, [D. 79.2. 114] — Sic, Garsonnet, 2° éd., t. 2, § 576, p. 301, note 1.

155. — On place ordinairement la date en tête de l'exploit; mais cela n'est pas absolument nécessaire. Ce qui importe, c'est que l'acte soit daté; libre ensuite à l'huissier de consigner cette date dans une partie quelconque de son exploit. — Bonnenne, t. 2, p. 102; Deffaux, Harel et Dutruc, n. 88; Boitard, Colmet-Daage et Glasson, *loc. cit.*; Bioche, v° *Exploit*, n. 47.

156. — La date contient la mention du jour, du mois et de l'année. L'exploit serait nul si la date était restée en blanc. — Bonnenne, t. 2, p. 102; Thomine-Desmazures, t. 1, p. 156.

157. — Ainsi l'assignation donnée pour assister à une enquête ordonnée dans une instance en séparation de corps, doit, à peine de nullité, contenir l'indication du jour, du mois et de l'année auxquels elle est signifiée. — Nancy, 27 mars 1827, Thouvenol, [P. chr.]

158. — La mention de la date dans un exploit est nécessaire en ce sens qu'il faut que celui qui reçoit la signification de l'exploit ne puisse se tromper sur le jour de cette signification; en conséquence, l'exploit est nul s'il ne porte nulle mention, aucune mention qui puisse y suppléer. — Bruxelles, 21 juin 1893, Coppens, [D. 94.2.599]

159. — Si la date est surchargée et que cette surcharge soit illisible, l'exploit est nul bien que la surcharge soit approuvée. — Pau, 10 août 1886, [*Gaz. Pal.*, 86.2, *Suppl.*, 82]

160. — Les nullités de procédure sont de droit étroit et le Code de procédure n'a pas prescrit à peine de nullité que la date fût énoncée en toutes lettres; il en résulte qu'elle pourrait être

EXPLOIT. — Titre I. — Chap. III.

indiquée en chiffres, sans entraîner la nullité de l'acte. — Besançon, 12 févr. 1810, Boutechoux, [S. et P. chr.] — *Sic*, Bonoenne, t. 2, p. 106; Deffaux, Harel et Dutruc, *Encyclopédie des huissiers*, v° *Exploit*, n. 89; Rodière, t. 1, p. 189; Bioche, v° *Exploit*, n. 35.

161. — Toutefois, dit Bioche (v° *Exploit*, n. 35), il convient de mentionner la date du mois surtout en toutes lettres, afin d'éviter toute surcharge ou altération. Il y a moins d'inconvénient pour la date de l'année; elle se met souvent en chiffres; tel est l'usage des receveurs de l'enregistrement.

162. — Si un exploit porte deux dates, l'une en lettres, l'autre en chiffres, c'est la première qui doit prévaloir sur la seconde. — Cass., 14 juill. 1832. [D. *Rép.*, v° *Exploit*, n. 22]

163. — La date des exploits doit, à peine de nullité, être énoncée conformément au calendrier grégorien; c'est ainsi qu'on a pu déclarer nul l'exploit portant la date du 15 févr. an V du règne de Napoléon. — Aix, 9 mai 1810, Bobonne, [S. et P. chr.] — *Sic*, Garsonnet, 2° éd. t. 2, § 567, note 2. p. 290, et § 576, note 3, p. 302; Bioche, v° *Exploit*, n. 36, et v° *Calendrier*, n. 4; Deffaux et Harel, n. 90. — V. Aubry et Rau, 5° éd., t. 1, p. 240, § 49, note 2. — V. *supra*, v° *Appel* (mat. civ.), n. 2433; *Calendrier*, n. 21 et 22; *Date*, n. 9.

164. — En vertu du principe que nous avons énoncé *supra*, n. 86 et s., d'après lequel la copie d'un exploit tient lieu de l'original, la copie, comme l'original, doit, à peine de nullité, offrir intégralement la triple date du jour, du mois et de l'an. — Cass., 4 déc. 1811, Grignart, [S. et P. chr.] — Metz, 18 juin 1819, Thierry et Rogelet. [S. et P. chr.] — Rennes, 20 févr. 1828, Philippe, [S. et P. chr.] — V. *supra*, v° *Acte*, n. 70 et s.; *Appel* (mat. civ.), n. 2417 et s.; *Date*, n. 6 et s., et *infrà*, n. 221 et s.

165. — Par suite, le vice résultant du défaut ou de l'inexactitude de date dans la copie d'un exploit n'est pas couvert par l'existence de la date dans l'original. — Cass., 4 déc. 1811, précité; — 10 déc. 1895, Satre, [D. 96.1.401]; — 14 mars 1900, [*Journ. des huiss.*, t. 81, p. 149] — Chambéry, 1er mai 1868, Périnet, [D. 68.2.111] — Bruxelles, 30 avr. 1807, Prau, [P. chr.]

166. — Ainsi est nulle la citation en conciliation dont la copie porte pour date l'an mil cent neuf au lieu de mil huit cent neuf, encore que l'original soit régulier. — Agen, 6 juill. 1812, Delcusso, [P. chr.] — V. *infrà*, n. 174 et s., 200 et s.

167. — ... L'exploit qui porte une date antérieure à celle du jugement dont il contient la signification, encore que cette fausse date ne soit pas celle de la copie. — Cass., 5 août 1807, Nanchourt, [P. chr.]; — 8 févr. 1809, Guérin, [S. et P. chr.] — Toulouse, 31 janv. Vergnes, [S. et P. chr.]

168. — ... La signification de l'arrêt d'admission d'un pourvoi en cassation, alors que la copie de l'exploit ne contient pas l'indication de sa date, et qu'il n'existe aucune énonciation de nature à réparer cette omission. — Cass., 1er août 1888, Dupuis, [S. 91.1.46, P. 91.1.143, D. 88.1.119]; — 14 mars 1900, précité.

169. — Jugé, au contraire, que l'erreur de date commise dans la copie de dénonciation d'une saisie immobilière ne constitue pas une nullité, si l'original est régulier. — Liège, 29 août 1810, Renard, [S. et P. chr.]

170. — ... Que lorsque la date de la copie d'un exploit est incomplète et diffère en cela de la date de l'original, il est permis de ne pas s'arrêter à la date de la copie, si la date portée dans l'original est établie d'ailleurs par les mentions renfermées dans l'acte. — Nîmes, 29 déc. 1810, Tauriac, [S. et P. chr.]

171. — ... Que, spécialement la date d'un exploit d'ajournement signifié le 29 d'après l'original, et le 19 selon la copie, doit être fixée au 29, si l'acte fait mention d'un procès-verbal de non-conciliation dressé le 24, dont il est constaté qu'il a été laissé copie. — Paris, 24 août 1810, Hugot, [S. et P. chr.]

172. — ... Que lorsque la date de la copie de la signification d'un arrêt n'est point conforme à celle de l'original, l'arrêt qui juge en fait que la date a été matériellement altérée dans la copie, mais qu'on ne peut douter, d'après les circonstances de la cause, et surtout d'après l'inspection de la copie et de l'original, que la vraie date est la même que celle de l'original, a pu, sans violation d'aucune loi, déclarer cette signification valable. — Cass., 6 nov. 1832, Dumiral et Mabru, [P. chr.]

173. — ... Que les juges ne violent aucune loi en se fondant sur les énonciations de la copie pour décider que la date qui lui a été donnée est erronée, que la remise a réellement eu lieu à la date indiquée par l'original, et que l'enregis-

trement en a été opéré en temps utile. — Cass., 23 mai 1842, Albouy, [S. 42.1.632, P. 42.2.182]

174. — La date doit être claire et précise, tellement que pour la connaître on ne soit pas obligé de recourir à des conjectures. Elle doit donc d'abord faire mention de l'année. Par suite est nul l'exploit dont la copie est datée de l'an dix-huit, au lieu de dix-huit cent huit. — Lyon, 28 déc. 1810, Comm. de Saint-Vulbas, [S. et P. chr.]

175. — ... L'acte d'appel renfermant une date ainsi exprimée : l'an mil huit, le 13 juillet, alors qu'il n'existe dans l'acte lui-même aucune énonciation qui puisse suppléer cette omission et faire connaître la véritable date de l'année (V. *infrà*, n. 200 et s.). — Limoges, 14 mars 1840, Pradier, [P. 43.1.548]

176. — La fausse date équivaut à l'absence de date. Est donc nul l'exploit dont la copie porte l'année mil huit cent cinquante et un au lieu de mil huit cent cinquante-deux. — Agen, 3 janv. 1853, [*Journ. des huiss.*, t. 34, p. 170] — V. aussi *supra*, v° *Appel* (mat. civ.), n. 2427 et s.

177. — L'énonciation du mois n'est pas moins nécessaire que celle de l'année. Aussi un exploit d'ajournement est nul, comme n'ayant pas une date complète, s'il ne contient pas l'indication du mois dans lequel il a été signifié. — Besançon, 12 août 1816, N..., [P. chr.] — Bordeaux, 9 déc. 1828, Reigner, [P. chr.]

178. — En vertu de la règle que nous avons exposée *supra*, n. 78 et s., à savoir que la régularité de l'original ne saurait couvrir les nullités de la copie il a été jugé que lorsque la copie d'un exploit, ne contient pas la date du mois et ne renferme pas d'énonciation qui puisse suppléer à cette omission (V. *infrà*, n. 208 et s.), l'exploit est nul, encore que l'original soit régulier. — Riom, 7 juill. 1819, Granchon, [S. et P. chr.]; — 15 juill. 1820, [*Journ. des huiss.*, t. 2, p. 41]; — 8 janv. 1824, Monteil, [S. et P. chr.] — Bordeaux, 9 déc. 1828, Reigner, [P. chr.] — Lyon, 25 mai 1853, [*Journ. des huiss.*, t. 34, p. 169] — V. aussi *supra*, v° *Appel* (mat. civ.), n. 2422 et s.

179. — L'indication du jour est également essentielle. Ainsi un exploit est nul s'il n'indique pas la date du jour où il a été signifié, bien qu'il indique le mois et l'année. — Liège, 31 juill. 1811, Gaillard de Fassignier, [S. et P. chr.] — Rennes, 20 févr. 1828, Philippe, [S. et P. chr.] — Pau, 23 août 1858, Mauvat, [D. 60.2.53]

180. — Un exploit est nul, si la copie remise à la partie assignée énonce seulement l'année et le mois, mais non le jour de la signification, alors qu'il ne se rencontre, dans la teneur dudit exploit, aucune énonciation suffisante pour suppléer à l'indication précise de la date (V. *infrà*, n. 212 et s.). — Cass., 3 déc. 1856, Nathan et Hernshiem, [P. 57.578, D. 56.1.436]; — 5 mai 1858, Audieu, [S. 59.1.41, P. 58.690, D. 58.1.286]; — 5 nov. 1890, Gigault de Marconnay, [S. et P. 93.1.143, D. 92.1.31] — Besançon, 15 mai 1866, Roussey, [D. 66.2.96] — Chambéry, 1er mai 1868, Périnet, [D. 68.2.111] — V. aussi *supra*, v° *Appel* (mat. civ.), n. 2419 et s.

181. — L'indication de l'heure n'est pas exigée dans les exploits; elle est même le plus souvent inutile, par cette raison la prescription et tous les délais de la procédure se comptent par jours et non par heures. — Boncenne, t. p. 405; Carré et Chauveau, quest. 283; Deffaux, Harel et Dutruc, n. 94; Garsonnet, 2° éd., t. 2, p. 302. § 576 ; Bioche, v° *Exploit*, n. 34.

182. — L'indication de l'heure aurait cependant l'avantage de faire connaître si l'exploit a été fait dans la limite des heures légales. Jugé qu'un exploit portant qu'il a été remis à telle heure du jour, sans indiquer si c'est le matin ou le soir, doit être présumé avoir été plutôt le matin que le soir, lorsque, dans la supposition contraire, il serait nul, comme fait hors du temps fixé par l'art. 1037, C. proc. civ. Cette présomption devient une certitude, si l'exploit a été enregistré le même jour. — Bruxelles, 2 févr. 1825, N..., [P. chr.]

183. — De plus, il peut être utile parfois d'indiquer, dans certains exploits, l'heure à laquelle ils ont été faits; par exemple, en matière de péremption, il pourrait se faire que la requête contenant la demande en péremption et un acte de poursuite d'instance eussent été signifiés le même jour, et qu'à défaut d'indication de l'heure à laquelle aurait été faite la signification de l'un et de l'autre de ces actes, il s'élevât des difficultés sur le point de savoir lequel aurait été signifié le premier, et par conséquent si la péremption serait ou non interrompue. — V. Garsonnet, 2° éd., t. 2, § 576, note 7, p. 302.

184. — Ainsi jugé que quand un acte de nature à couvrir la péremption porte la même date que l'exploit de demande tendant à la faire prononcer, et que ni l'un ni l'autre ne font mention de l'heure de la signification, le premier doit prévaloir. — Rennes, 26 janv. 1814, Leloroux, [S. et P. chr.]

185. — La preuve testimoniale est admissible pour établir que, de deux actes de procédure signifiés le même jour sans indication de l'heure, l'un est antérieur à l'autre. Ce n'est pas là admettre la preuve testimoniale contre et outre le contenu aux actes. — Cass., 15 juill. 1818, Cadena, [S. et P. chr.] — Sic, Toullier, t. 9, n. 223; Garsonnet, 2º éd., t. 2, § 576, p. 303, texte et note 11.

186. — L'indication de l'heure a d'ailleurs été exigée dans certains cas par le *législateur* : ainsi le conservateur des hypothèques doit indiquer l'heure à laquelle un procès-verbal de saisie immobilière a été présenté à la transcription (C. proc. civ., art. 679); de même le greffier doit viser l'original de l'exploit introductif d'une demande en partage doit faire mention de l'heure (art. 967).

187. — Quoique l'art. 61 n'exige que la date des jour, mois et an, il est prudent de mentionner le lieu où l'acte est fait. — Carré et Chauveau, quest. 284 *ter*.

188. — Certains auteurs pensent même que l'indication du lieu est requise à peine de nullité, comme elle l'est pour les actes notariés en vertu de l'art. 12, L. 25 vent. an XI. Il serait impossible, d'après eux, d'établir sans l'indication du lieu si l'huissier a bien instrumenté dans les limites de sa compétence territoriale. Si l'exploit a été signifié à domicile, l'indication du lieu figure nécessairement dans celle du domicile. S'il a été signifié à personne, l'indication du lieu est encore nécessaire pour permettre à la personne qui affirme ne l'avoir pas reçu, d'établir sa présence dans un autre lieu au moment de la signification. — Garsonnet, 2º éd., t. 2, p. 302, § 576, texte et note 6 ; Bioche, vº *Date*, n. 28. — V. Rodière, t. 1, p. 189.

189. — En résumé l'omission de l'année, du mois ou du jour, soit dans l'original, soit dans la copie, ou même un simple erreur dans l'une de ces indications peut suffire à entraîner la nullité de l'exploit, la date fausse ou erronée pouvant équivaloir à l'absence de la date. — Toulouse, 24 janv. 1846, [*Journ. des huiss.*, t. 7, p. 122]

190. — Mais en vertu de la théorie des équipollents, on admet aujourd'hui, tant en doctrine qu'en jurisprudence, qu'une erreur ou une omission dans l'indication de la date n'a pour effet de rendre l'exploit nul que s'il est impossible d'en déterminer la date avec exactitude.

191. — L'exploit est valable si les erreurs ou les omissions relatives à la date peuvent être réparées à l'aide des autres énonciations de l'exploit ou des pièces signifiées avec lui. — Cass., 18 juin 1845, Lecorge, [P. 45.2.112, D. 45.4.254]; — 20 avr. 1868, [*Journ. des huiss.*, t. 49, p. 245]; — 3 nov. 1890, Gigault de Marconnay, [S. et P. 93.1.143, D. 92.1.31] — Montpellier, 24 juill. 1816, Maux, [P. chr.] — Bourges, 29 avr. 1823, Raisonnier, [S. et P. chr.] — Nancy, 10 déc. 1868, Martin, [S. 69.2.47, P. 69.227] — Pau, 4 févr. 1884, Pepay, [S. 86.2.205, P. 86.4.1104, D. 85.2.249] — Paris, 16 janv. 1885, [*Gaz. Pal.*, 85.1.405] — Riom, 13 mai 1889, sous Cass., 1 nov. 1890, Lejeune, [S. et P. 92.1.401, D. 90.2.107] — Orléans, 2 avr. 1890, [*Gaz. Pal.*, 90.2.26] — Pigeau, t. 1, p. 178; Favard de Langlade, *Rép.*, vº *Ajournement*, § 2, n. 1; Boncenne, t. 2, p. 103; Garsonnet, 2º éd., t. 2, p. 304, § 576; Deffaux, Harel et Dutruc, n. 99 et s.; Bioche, vº *Exploit*, n. 37 et s.; Rousseau et Laisney, *eod. verb.*, n. 55 et s., *Suppl.*, n. 10 et s.; Carré et Chauveau, sur l'art. 61; Rodière, t. 1, n. 189; Boitard, Colmet-Daage et Glasson, t. 1, n. 148; Dutruc, *Suppl. aux lois de la proc.*, de Carré et Chauveau, vº *Ajournement*, n. 180.

192. — Ainsi jugé que l'omission de la date dans la copie d'un exploit destiné à faire courir un délai ne rend pas cet exploit nul, et ne l'empêche pas de produire son effet, si cette omission, qui n'existe pas dans l'original, est réparée dans la copie de l'acte par des énonciations qui ne laissent aucun doute sur la date réelle de la signification. — Cass., 18 juin 1845, précité.

193. — ... Que, lorsque la copie d'un acte d'appel peut, d'après les énonciations incomplètes qui s'y trouvent, se référer à deux dates différentes, cet acte est valable, s'il appert de tous les documents et éléments de décision de la cause, et notamment de l'enregistrement de l'original, dont la date est d'ailleurs complète, qu'un seul et unique exploit d'appel a été signifié par l'appelant à l'intimé. — Riom, 13 mai 1889, précité.

194. — ... Qu'un exploit n'est pas nul quoique la copie n'indique pas la date, si le moment de la remise est établi par les circonstances de la cause. — Bourges, 6 mess. an XIII, Bureau, [S. et P. chr.]

195. — ... Que l'erreur commise dans la date de la copie de l'exploit de la signification d'un arrêt d'admission n'est pas une cause de nullité quand la partie à laquelle cette copie a été remise a trouvé dans les énonciations mêmes qu'elle contenait le moyen de rectifier cette erreur qui n'a pu ainsi lui causer préjudice. — Cass., 4 déc. 1861, Mauchamp, [D. 62.1.73]

196. — Spécialement, l'erreur de la date ressort suffisamment des énonciations de la copie, lorsqu'à la date faussement indiquée l'huissier instrumentaire, qui la signifiait, n'avait pas encore la qualité d'huissier, et il est permis d'avoir égard, en ce cas, pour le rétablissement de la date véritable, aux énonciations d'un timbre humide surabondamment apposé par l'huissier sur ladite copie remise à l'intimé, qui n'a pu ainsi être induit en erreur sur la date réelle à laquelle l'huissier instrumentait vis-à-vis de lui. — Besançon, 2 févr. 1900, [*Journ. des huiss.*, t. 81, p. 86]

197. — Le juge doit s'abstenir de prononcer la nullité en pareil cas, alors surtout que la date fausse portée sur la copie, et la date vraie existant sur l'original se trouvant l'une et l'autre dans les délais de l'appel, l'intéressé ne peut ainsi exciper qu'aucun préjudice soit résulté pour lui de l'irrégularité commise. — Même arrêt.

198. — Mais une omission dans la date d'un exploit n'est suppléée par la mention exacte de la date dans un autre acte qu'autant que cet acte a été lui-même signifié à la partie qui invoque la nullité. — Toulouse, 14 févr. 1838, Francon, [P. 38.2.280]

199. — Il a été fait application de cette règle à la mention de l'année. Par suite l'omission de l'année dans la date d'un exploit ne suffit pas pour en entraîner la nullité, si les autres énonciations qu'il renferme ne laissent aucun doute sur l'époque à laquelle il a été signifié. — Cass., 7 niv. an XI, Teyssèdre, [S. et P. chr.] — Toulouse, 26 nov. 1811, Bernard, [P. chr.]

200. — Ainsi l'omission du mot *cent*, dans la date de la saisie n'entraîne pas nullité, lorsque cette date est précisée par d'autres énonciations contenues dans l'acte même. — Besançon, 14 août 1811, N.., [P. chr.]

201. — L'arrêt qui admet un pourvoi en cassation est valablement signifié, quoique la copie de la signification énonce une année pour une autre, si d'ailleurs on n'a pu se tromper sur sa véritable date; tel serait le cas de la copie portant 1800 au lieu de 1808. — Cass., 8 nov. 1808, Bousquet, [S. et P. chr.]

202. — Il en serait de même de la signification d'un arrêt d'admission, encore que la copie portât pour date l'an mil cent neuf, au lieu de l'an mil huit cent neuf. — Cass., 15 janv. 1810, Brouvet, [S. et P. chr.]

203. — De même d'un exploit qui porte pour date l'an mil huit dix ou dix huit onze au lieu de mil huit cent dix ou dix huit cent onze, est valable si l'année se trouve suffisamment déterminée dans le corps de l'acte. — Montpellier, 28 juill. 1812, Joffre, [S. et P. chr.] — Amiens, 2 juill. 1822, Chrétien, [S. et P. chr.] — Liège, 29 avr. 1810, Renard, [S. et P. chr.] — V. *suprà*, n. 174 et s.

204. — L'erreur commise dans les énonciations même essentielles d'un exploit n'étant pas une cause de nullité lorsque celui à qui il est adressé trouve dans d'autres parties de l'acte le moyen de rectifier l'erreur, l'exploit de signification d'un arrêt rendu le 26 janv. 1892 portant la date du 23 févr. 1891 ne saurait être annulé pour erreur de date alors que, l'indication du jour et du mois étant exacte, les autres énonciations de la copie, et spécialement la mention de l'enregistrement, ont mis la partie à laquelle cette copie était délivrée, en mesure de rectifier l'erreur commise dans l'indication du millésime de l'année. — Trib. Lille, 2 juill. 1892, sous Douai, 18 juill. 1892, P..., [S. et P. 93.2.41]

205. — De même lorsqu'un exploit, signifié le 5 juill. 1883, énonce qu'il s'agit d'une opposition à un jugement déclaratif de faillite rendu le 6 juin précédent, et que l'opposant est dans les délais légaux pour former opposition, cet exploit ne peut être annulé par le motif qu'il porte la date de 1880. — Pau, 4 févr. 1884, Pepay, [S. 86 2.205, P. 86.4.1104, D. 85.2.249]

206. — En cas de surcharge non approuvée du chiffre relatif à l'année, il faut considérer l'indication de la date de la signification d'un exploit comme suffisante si la désignation de

EXPLOIT. — Titre I. — Chap. III.

l'année ressort des faits rapportés dans l'exploit. — Cass., 21 août 1854, Billoin, [D. 54.5.339]

207. — Lorsque le doute que laisse l'omission dans un exploit, de la mention de l'année dans laquelle il a été fait, se réduit à savoir s'il a été fait, par exemple, en 1828 ou en 1829, on peut y suppléer, en recherchant dans le calendrier à laquelle de ces deux années correspondent le jour et la date du mois énoncés dans l'exploit; on pourrait d'ailleurs y suppléer par les énonciations de l'enregistrement qui a été payé aux droits ordinaires. — Bruxelles, 21 avr. 1831, Reyns, [P. chr.]

208. — Il en est de même en ce qui concerne l'erreur ou l'omission de l'indication du mois. Jugé qu'on peut suppléer, d'après les circonstances, à l'omission du nom du mois dans la copie d'un acte d'appel. — Bourges, 21 mars 1827, Rabien, [P. chr.]

209. — ... Qu'ainsi un exploit daté : l'an 1837, le 19, sans énonciation du mois, n'est pas nul si la date du mois se trouve mentionnée dans le corps de l'acte. — Paris, 21 mars 1837, Drouhet, [P. 37.2.389]

210. — ... Que l'omission de la désignation du mois, en tête d'un exploit, spécialement un acte d'appel, n'est pas une cause de nullité, lorsqu'il résulte des énonciations contenues dans le corps de l'acte, que l'intimé n'a pu se méprendre sur la véritable date de la signification. — Cass., 3 août 1819, Delarue, [S. et P. chr.]

211. — ... Que l'omission de l'indication du mois dans l'acte de signification de l'avenir en règlement de qualités pourrait être réparé à l'aide de l'énonciation de ce mois dans le texte de l'avenir. — Cass., 16 janv. 1888, Brousse, [S. 88.1.457, P. 88.1.1134, D. 88.1.69]

212. — Il en est de même en ce qui concerne l'indication du jour. Jugé que la date d'un exploit n'énonçant que l'an et le mois, non le jour, peut être déclarée suffisante, si le contexte de l'exploit fait connaître certainement le jour, si, par exemple, l'exploit a été visé, et que le visa soit daté du jour, du mois et de l'an. — Bourges, 17 nov. 1830, Plassat, [S. 31.2.156, P. chr.] — *Sic*, Boncenne, t. 2, p. 103-105; Thomine-Desmazures, t. 1, n. 87; Carré, n. 284.

213. — ... Que lorsque la copie d'un exploit porte une mention de date incomplète, on peut suppléer à l'insuffisance de la date par le visa du maire sur l'original qui déclare que la copie lui a été remise à la date exprimée par l'original; que la remise de la copie d'un exploit et l'apposition du visa sur l'original constituent en effet deux formalités liées l'une à l'autre par une étroite corrélation qui crée une indivisibilité de fait entre les énonciations de l'original et de la copie, lesquelles se complètent les unes par les autres. — Riom, 26 juill. 1887, Démartin, [D. 89.2.87]

214. — ... Que, bien que la copie d'un exploit soit seule régulateur de celui qui est assigné, si elle contient une erreur de date dans le jour du mois (le 20 août, par exemple, lorsqu'il y a le 21 août sur l'original), il n'est point pour cela frappé de nullité, lorsque le jour de la semaine qui se trouve annexé à la date erronée et que le jour correspond à sa véritable date énoncée sur l'original. — Orléans, 8 juill. 1812, N..., [P. chr.]

215. — ... Que l'assignation donnée pour l'audience de demain, 9 juillet, indique suffisamment que l'exploit a été signifié le 8; dès lors, un tel exploit ne peut être annulé pour défaut de date, bien que le quantième du mois en tête de l'exploit ait été laissé en blanc. — Cass., 7 mars 1833, Prévost, [S. 33.1.384, P. chr.]

216. — ... Qu'est valable un exploit enregistré le 30 mars, encore que la copie signifiée soit datée du 19 mars, si l'exploit original porte la véritable date du 29 mars, et si, d'ailleurs, il donne copie d'un procès-verbal de conciliation du 24 du même mois. — Paris, 24 août 1810, Hugot, [S. et P. chr.]

217. — ... Que l'assignation donnée pour le mercredi 23 n'est pas nulle, alors même que le 23 est un mardi, si l'ordonnance la signifiée en même temps que l'exploit permet d'assigner pour le 23, sans indication du jour, ce qui fait disparaître toute incertitude sur la date fixée par l'assignation. — Cass., 9 févr. 1891, de Sancy, [S. et P. 94.1.355, D. 91.1.388]

218. — Mais bien que l'omission de la date dans un exploit puisse être réparée par les énonciations de cet exploit, il ne suffirait pas qu'il résultât des énonciations contenues dans l'acte indiqué, si le jour même de cette signification est postérieure à un certain jour du mois indiqué, si le jour même de cette signification et par conséquent le point de départ du délai qu'elle est destinée à faire courir

restent incertains. — Cass., 18 juin 1845, Lecorge, [P. 45.2.112]; — 3 déc. 1856, Nathan, [D. 56.1.436]

219. — Il en serait ainsi alors même que l'avoué de l'intimé, dans sa constitution, aurait indiqué le jour où cet exploit a été notifié. — Besançon, 15 mai 1866, Roussey, [D. 66.2.96]

220. — Lorsque la copie d'un exploit ne mentionne pas le jour de sa signification et que l'indication de ce jour ne résulte pas des énonciations de l'acte, cet exploit est nul et l'on ne saurait considérer comme équipollente la mention faite sur la copie de la réquisition du visa du maire, mention insuffisante par elle-même et ne pouvant suppléer, sous peine d'une seconde nullité, la mention du visa lui-même. — Chambéry, 1er mai 1868, Périnet, [D. 68.2.111]

221. — De même, le défaut de date dans la copie ne peut être suppléé par la seule déclaration de la partie, écrite et signée par elle au bas de l'original, quoique non transcrite dans la copie, que cette copie lui a été remise à la date exprimée par l'original. — Lyon, 25 juill. 1851, [*Journ. des huiss.*, t. 33, p. 110]
— V. *suprà*, n. 164 et s.

222. — Lorsque la copie signifiée d'un acte d'appel contient une erreur de date dans l'indication du jugement attaqué, cet acte est nul, si, à raison de ce qu'un autre jugement a été rendu par le même tribunal entre les mêmes parties, dans le même mois, une erreur est possible sur le jugement attaqué. — Cass., 25 févr. 1890, Bertrand, [S. 90.1.264, P. 90.1.649, D. 91.1.24]

223. — Lorsqu'un exploit est signifié à une femme mariée et à son mari, l'omission de la date dans la copie remise à la femme ne peut être suppléée par la régularité de celle laissée au mari. — Montpellier, 29 nov. 1847, [*Journ. des huiss.*, t. 29, p. 142] — Bordeaux, 11 mars 1852, [*Journ. des huiss.*, t. 33, p. 212] — Pau, 23 août 1858, Mauvat, [D. 60.2.53]

224. — ... Alors même qu'une condamnation solidaire aurait été prononcée contre les deux époux. — Pau, 23 août 1858, précité.

225. — La nullité résultant de l'absence ou de l'erreur de date dans un exploit n'est pas couverte par l'opposition du défendeur au jugement par défaut rendu contre lui sur cet exploit, s'il a déclaré dans cette opposition se prévaloir de la nullité. — Lyon, 25 mai 1853, [*Journ. des huiss.*, t. 34, p. 169]

226. — La différence de date entre l'original et la copie d'un acte d'appel ne le rend pas nul, si l'une et l'autre dates se trouvent comprises dans le délai fixé pour appeler, et si l'intimé ne peut exciper d'aucun préjudice causé par cette irrégularité. — Caen, 8 avr. 1813, Laroche, [S. et P. chr.]

227. — Lorsqu'un exploit porte deux dates, il n'est clôturé qu'à la dernière, il n'est parfait qu'à cette date et cependant la signification en est complète pour chaque intéressé du jour où elle lui a été faite avec la remise de la copie. — Cass. belg., 8 juin 1893, Van Loon, [D. 94.2.600]

§ 2. *Désignation du requérant.*

228. — La désignation de la personne à la requête de qui l'exploit est fait a pour but de faire connaître à celui à qui il est signifié qui est le poursuivi. Aussi est-il de rigueur qu'il y ait un requérant et l'exploit serait nul s'il était signifié au nom d'une personne décédée. — Cass., 18 mars 1868, de Belost, [S. 68.1.205, P. 68.501, D. 68.1.229] — Bordeaux, 11 mars 1835, Thilhac, [P. chr.] — Aix, 8 févr. 1839, Assureurs, [P. 39.1.408] — Paris, 22 févr. 1870, d'Argence, [D. 71.2.165] — *Sic*, Garsonnet, 2e éd., t. 2, § 577, p. 304; Bioche, v° *cit.*, n. 49; Chauveau, sur Carré, quest. 291; Deffaux et Harel, v° *cit.*, n. 139. — V. aussi *suprà*, v° *Ajournement*, n. 68 et s.

229. — La désignation du requérant doit, aux termes de l'art. 61, C. proc. civ., comprendre l'énonciation de : 1° ses noms, c'est-à-dire ses nom et prénoms, ce qui est la manière la plus naturelle de le désigner. Et le prénom doit être écrit en toutes lettres. — Garsonnet, 2e éd., t. 2, § 577, p. 305. — V. *suprà*, v° *Ajournement*, n. 19 et s., *Appel* (mat. civ.), n. 2437 et s.

230. — Exception est faite pour les fonctionnaires agissant en cette qualité. Ainsi il a été jugé que l'assignation donnée à la requête d'un agent du Trésor est valable, quoiqu'elle ne contienne pas son nom, si ce fonctionnaire a agi en raison de ses fonctions. — Besançon, 11 janv. 1810, Dormoy et Lubert, [P. chr.]

231. — 2° Sa profession, ce qui permet de le distinguer de ses homonymes. Mais c'est l'énonciation de la profession qui est exigée par la loi, non celle de la qualité. Si donc le requérant n'exerce aucune profession, il faut le mentionner; s'il en exerce plusieurs, il suffit d'en énoncer une. — Garsonnet, *loc. cit.* — V. *suprà*, v¹ˢ *Ajournement*, n. 79 et s., *Appel* (mat. civ.), n. 2495 et s

232. — 3º Son domicile, ce qui permet de savoir à quelle adresse on peut lui répondre. Et il s'agit ici du domicile et non de la résidence; du domicile réel et non du domicile élu. — Garsonnet, 2ᵉ éd., t. 2, § 577, p. 305 et 306. — V. *suprà*, v¹ˢ *Ajournement*, n. 89 et s. *Appel* (mat. civ.), n. 2507 et s.

233. — Toutefois, il n'y a pas nullité alors que l'exploit énonce seulement le domicile élu lorsque le demandeur n'a pas de domicile en France et que tous les actes de procédure lui ont été signifiés au domicile élu. — Paris, 7 nov. 1887, [J. *Le Droit*, 23 nov. 1887]

234. — Le requérant domicilié dans une ville devra indiquer son adresse complète, le nom de la rue dans laquelle il habite et le numéro de sa maison. Il suffit cependant qu'aucun doute ne puisse s'élever sur son identité : si donc la ville est peu considérable, ces indications deviennent inutiles; il en est de même bien que la ville soit populeuse, si le demandeur est d'une notoriété telle qu'aucun doute ne puisse se produire. — V. *suprà*, v¹ˢ *Ajournement*, n. 98 et s., *Appel* (mat. civ), n. 2544 et s.

235. — Ainsi l'assignation dans laquelle le demandeur est indiqué comme domicilié dans telle ville est à bon droit considérée comme suffisante, alors qu'aucun doute ne s'élève sur son identité. — Cass., 20 nov. 1894, Lapierre, [S. et P. 93.1 142]

236. — Les énonciations relatives à la désignation du requérant s'appliquent aussi bien aux étrangers qu'aux Français qui résident en France (V. *suprà*, v¹ˢ *Ajournement*, n. 116, *Appel* [mat. civ.]. n. 2516 et s.). Est donc nul l'exploit qui n'indique pas la demeure réelle et actuelle du requérant à l'étranger mais se borne à énoncer sa dernière résidence en France. — Rennes, 4 févr. 1892, Mousnier, [D. 92.2.184]

237. — Ou tout au moins qui omet de faire connaître le domicile d'origine du requérant ou un domicile chez un mandataire spécial en France à défaut de la résidence à l'étranger. — Même arrêt.

238. — La simple mention « demeurant actuellement en Amérique, » sans autre précision de lieu, équivaut à un défaut d'indication de toute demeure ou résidence. — Même arrêt.

239. — S'il y a plusieurs requérants, chacun d'eux doit être désigné par l'énonciation de son nom, de sa profession et de son domicile. — V. *suprà*, v¹ˢ *Ajournement*, n. 34 et s., *Appel* (mat. civ.), n. 2445 et s.

240. — Si le requérant est le représentant légal d'une autre personne, comme un tuteur par exemple, l'exploit doit désigner ce représentant en indiquant à quel titre il agit, et la personne ou les personnes qu'il représente. — Garsonnet, 2ᵉ éd., t. 2, § 577, p. 307; Pigeau et Poncelet, *Comment. sur le Code de procéd.*, t. 2; Pigeau, *Proc. civ.*, t. 1, p. 179, note; Chauveau, sur Carré, quest. 292; Dutruc, *Suppl. aux lois de la procéd.*, vº *Ajournement*, n. 203; Rousseau et Laisney, vº *Exploit*, n. 88; Boncenne, t. 2, p. 135. — V. *suprà*, v¹ˢ *Ajournement*, n. 61 et s., *Appel* (mat. civ.), n. 2489 et s.

241. — Ainsi lorsqu'une femme agit en qualité de tutrice de ses enfants mineurs, l'assignation est nulle lorsqu'elle ne mentionne ni la qualité de tutrice de la demanderesse ni les noms des enfants mineurs qu'elle représente. — Cass., 5 janv. 1881, Felzer, [S. 81.1.266, P. 81.1.63b]

242. — Mais il a été jugé, en sens contraire, que dans le cas où l'assignation est donnée à la requête d'un tuteur ou d'un subrogé tuteur, il n'est pas nécessaire de mentionner individuellement les noms des mineurs. — Cass., 13 août 1851, Toussaint de Gérard, [S. 51.1.657, P. 52.1.481, D. 51.1.281] — Bruxelles, 31 mai 1827, [S. 91.1.49, *ad notam*, P. 91.1.113, *ad notam*] — V. anal. *infrà*, n. 263.

243. — ... Qu'il n'est pas exigé à peine de nullité que l'exploit par lequel le subrogé tuteur forme, dans l'intérêt des mineurs, contre le père de ceux-ci une demande en nomination de conseil judiciaire, indique les noms et domiciles des mineurs. — Cass., 20 janv. 1875. Meissonnier, [S. 75.1.217, P. 75.521]

244. — ... Que l'exploit signifié à la requête d'une veuve agissant tant en son nom personnel que comme tutrice de ses enfants mineurs est valable bien que les prénoms des mineurs ou même leur nombre ne soient pas indiqués. — Nancy, 28 juill. 1888, [*Gaz. Pal.*, 88.2.415]

245. — ... Qu'un exploit d'ajournement signifié par un envoyé en possession provisoire des biens d'un absent n'est pas nul pour défaut d'énonciation de cette qualité, par cela seul qu'elle n'y est pas formellement exprimée, lorsque d'ailleurs le jugement de déclaration d'absence et d'envoi en possession y est mentionné comme étant le titre sur lequel la demande est fondée. — Douai, 28 nov. 1853, Debril, [S. 54.2.431, P. 55.1.574, D. 56. 2.192]

246. — Si le requérant agit comme mandataire privé d'une personne, on pense, dans une opinion, qu'il est nécessaire que l'exploit soit signifié à la requête de la personne à qui appartient l'action et non à la requête du mandataire personnellement, en vertu de la règle *Nul ne plaide par procureur*. — V. *suprà*, v¹ˢ *Action* (en justice), n. 153, *Ajournement*, n. 40, *Appel* (mat. civ.), n. 1534 et s., 2486.

247. — Mais, dans un autre système, on admet qu'un exploit peut être fait à la requête d'un mandataire, en nom qualifié, c'est-à-dire comme agissant pour son mandant qu'il nomme, et non pas à la requête et au nom du mandant, poursuites et diligences du mandataire. — Carré, n. 290; Berriat Saint-Prix, p. 196, note 9; Merlin, *Quest.*, vº *Prescript*, t. 4, p. 96; Rodière, t. 1, p. 190. — V. *suprà*, v¹ˢ *Action* (en justice), n. 185 et s., *Ajournement*, n. 42.

248. — Cependant quelques exceptions doivent être apportées à ces principes : lorsqu'un fonctionnaire public agit en cette qualité, il doit être désigné par sa fonction et sa résidence officielle. Il en est ainsi, par exemple, d'un préfet agissant au nom de l'Etat, d'un maire au nom de sa commune. Mais si le fonctionnaire agit en son nom personnel on rentre dans le droit commun. — Garsonnet, *loc. cit.* — V. *suprà*, v¹ˢ *Ajournement*, n. 25 et 26, 71 et s., 114 et s., *Appel* (mat. civ.), n. 2449 et 2450, 2534 et s.

249. — Une administration publique est désignée par le nom de son chef et son siège légal : ainsi les administrations des douanes, de l'enregistrement, des contributions directes et indirectes sont valablement désignées par le nom de leurs directeurs ou administrateurs.

250. — Une société commerciale est désignée par sa raison sociale ou par le nom de ses directeurs et administrateurs et son siège social. Il en résulte que dans les sociétés en nom collectif et en commandite c'est au nom des gérants que l'exploit est rédigé, dans les sociétés anonymes, au nom des administrateurs, et dans les associations en participation, au nom du gérant de la participation. — V. *suprà*, v¹ˢ *Ajournement*, n. 54 et s., *Appel* (mat. civ.), n. 2451 et s.

251. — Encore ici peut-on suppléer à l'irrégularité d'une de ces mentions. Ainsi jugé que l'assignation délivrée à la requête d'une société commerciale à capital variable, avec mention du nom de cette société et de son siège social, est régulière quoiqu'elle n'indique pas les noms des administrateurs et ne contienne pas copie de la délibération leur donnant pouvoir d'agir. — Cass., 15 janv. 1896, Société coopérative de production et de consommation de la Charente-Inférieure, [D. 96.1.523] — V. *suprà* vº *Appel* (mat. civ.), n. 2459.

252. — Après la dissolution d'une société commerciale, c'est au nom du liquidateur que l'exploit est rédigé. Et il a été jugé à cet égard que l'exploit fait à la requête d'un liquidateur de société est valable bien qu'il n'indique ni sa profession ni son domicile s'il fait connaître sa qualité et contient élection de domicile au siège social. — Trib. Caen, 31 déc. 1888, [*Rec. Rouen*, 89.2.91] — V. *suprà*, vº *Ajournement*, n. 56 et 58. — V. *infrà*, n. 275.

253. — Quant aux sociétés civiles, comme elles ne constituent pas, d'après une certaine opinion, des personnes morales, chacun des associés doit être individuellement désigné dans l'exploit comme requérant, à moins que la société n'ait une existence légale en vertu de l'autorisation du gouvernement; le gérant ne pourrait donc pas signifier un exploit en son nom personnel. — V. cependant Cass., 23 nov. 1891, Banque génér. des Alpes-Maritimes, [D. 91.4.337]; — 2 mars 1892, Société des forces motrices, etc. de la gare de Grenoble, [D. 93.1.169] — V. *suprà*, v¹ˢ *Ajournement*, n. 45 et s., *Appel* (mat. civ.), n. 2463 et s., *Chasse*, n. 166 et s.

254. — La théorie des équipollents reçoit également ici son application ; il en résulte que la nullité de l'exploit n'est jamais prononcée lorsqu'il résulte de ses énonciations que l'identité du requérant est suffisamment établie. — Carré et Chauveau, quest.

285; Thomine-Desmazures, t. 1, p. 156 et 157; Garsonnet, 2ᵉ éd., t. 2, § 577, p. 307; Bioche, vᵒ cit., n. 72 et s., 92 et s., 122 et s. — V. suprà, vⁱˢ Ajournement, n. 17 et s., Appel (mat. civ.), n. 2434 et s.

255. — Ainsi jugé que l'erreur dans l'indication du domicile du demandeur n'entraîne pas nullité, lorsqu'il n'en est résulté aucun préjudice pour le défendeur, qui connaissait le véritable domicile de son adversaire. — Cass., 9 févr. 1891, de Sancy, [S. et P. 94.1.355, D. 91.1.388] — Paris, 6 mars 1895, Gaudet, [D. 95.2.328]

256. — ... Qu'on ne peut considérer comme une cause de nullité d'un acte d'appel l'indication inexacte du domicile de l'appelant que si cette inexactitude a induit l'intimé en erreur sur l'identité de l'appelant. — Paris, 27 nov. 1895, Quentin, [D. 96.2.95]

257. — ... Qu'est valable une assignation ou une signification de jugement faite au nom d'une personne dont le domicile est inexactement mentionné, d'ailleurs sans doute n'est possible sur l'identité de cette personne. — Cass., 20 nov. 1894, Lapierre, [S. et P. 95.1.142] — Bourges, 15 avr. 1889, Dumas, [D. 91.2.43]

258. — Il n'est pas nécessaire qu'un exploit soit signé de la partie à la requête de laquelle il est signifié : l'exploit est valable tant que l'officier ministériel instrumentant n'a pas été désavoué. — Besançon, 26 août 1808, Felixer, [S. et P. chr.]

259. — La signature du requérant est, par exception, exigée sur les actes d'opposition à mariage et de surenchère sur aliénation volontaire qui doivent être signés sur l'original et sur la copie par la partie ou par son fondé de pouvoirs. Il en est de même de la récusation de juges et de l'inscription de faux (art. 216, 218, 384, C. proc. civ.).

§ 3. *Désignation de la personne contre qui l'on agit.*

260. — La désignation de la personne contre laquelle on agit est essentielle, mais comme on ne pourrait exiger que le requérant connût avec précision ses noms, profession et domicile, le législateur s'est montré plus facile, et l'art. 61, C. proc. civ., n'exige que la mention des noms et demeure de la partie. — Garsonnet, 2ᵉ éd., t. 2, § 578, p. 308.

261. — Il faut donc énoncer : 1ᵒ *le nom* de la partie. Cette mention comprend le nom patronymique et les prénoms, mais lorsque le requérant ignore les prénoms de son adversaire il n'est pas tenu de les rechercher. — Garsonnet, *loc. cit.* — V. *suprà*, vⁱˢ *Ajournement*, n. 118 et s., *Appel* (mat. civ.), n. 2634 et s.

262. — Les incapables doivent être assignés dans la personne de leurs représentants légaux. Mais ceux-ci ne doivent pas figurer seuls et personnellement en leur nom : ils doivent figurer comme représentant tel ou tel incapable; en telle sorte que l'exploit doit contenir en même temps que le nom du représentant légal celui de l'incapable. — Rousseau et Laisney, vᵒ *Exploit*, n. 171; Garsonnet, 2ᵉ éd., t. 2, § 578, note 1, p. 308. — V. *suprà*, vᵒ *Ajournement*, n. 129 et 130, *Appel* (mat. civ.), n. 2635.

263. — La jurisprudence se prononce cependant en sens contraire. Il a été décidé notamment que dans le cas de signification faite à un tuteur, il n'est pas nécessaire d'indiquer les noms des mineurs; il suffit que le tuteur ait été assigné comme tuteur de ses enfants mineurs. — Cass., 16 avr. 1822, Tharel, [S. 91.1.49, *ad notam*, P. 91.1.113, *ad notam*] — V. *suprà*, n. 242 et s.

264. — ... Que l'assignation donnée par un tuteur à son pupille en nullité ou rescision d'un acte de partage est valablement signifiée au pupille en la personne et au domicile de son subrogé tuteur. — Agen, 4 juin 1861, Larée, [D. 61.5.514]

265. — ... Que lorsqu'une demande est formée contre un incapable, il n'est pas nécessaire que le nom de cet incapable figure dans l'exploit, pourvu que celui de son représentant y soit énoncé, et que les causes de l'ajournement soient clairement signifiées au libellé de l'exploit. — Nancy, 26 mai 1888, sous Cass., 13 janv. 1890, Périquet, [S. 91.1.49, P. 91.1.113]

266. — Ainsi jugé que l'assignation en responsabilité à raison d'un accident causé par un enfant mineur est valable si, d'une part, elle énonce les nom et demeure du père de l'enfant comme défendeur et si d'autre part, il résulte des motifs de l'exploit que le demandeur entend faire peser la responsabilité de l'accident non seulement sur le père personnellement comme civilement responsable, mais encore sur l'enfant; à défaut d'une qualification spéciale ajoutée à la simple énonciation des nom et demeure du père comme défendeur, celui-ci doit être considéré comme ayant été assigné en toutes les qualités en lesquelles il pouvait défendre à l'action, telle qu'elle était déterminée par les motifs de l'exploit, c'est-à-dire tout à la fois directement comme civilement responsable et indirectement comme administrateur légal des biens de l'enfant. — Même arrêt.

267. — Mais il y a nullité d'un acte d'appel, en ce qui concerne la qualité de tuteur de l'intimé, lorsque, bien que celui-ci soit actionné à la fois à ce titre et en son nom personnel dans l'original de l'exploit, la copie de cet exploit ne reproduit pas expressément la première qualification. — Cass., 20 févr. 1878, Bonard, [S. 78.1.366, P. 78.914]

268. — Quant aux mandataires conventionnels et à l'application qui leur est faite de la règle *nul ne plaide par procureur*, les règles sont les mêmes qu'à l'égard du requérant. — Garsonnet, 2ᵉ éd., t. 2, § 578, p. 310. — V. *suprà*, n. 246 et s.

269. — 2ᵒ *Sa demeure.* — Par la différence de rédaction entre les énonciations de l'art. 61, C. proc. civ., qui concernent le requérant et celles qui concernent la personne contre laquelle on agit, il est facile de voir que l'énonciation du domicile n'est pas requise. Le requérant peut ignorer le domicile de son adversaire, il lui suffira d'indiquer sa résidence. Mais on n'est pas d'accord sur la question de savoir si l'indication du domicile réel est nécessaire lorsque l'exploit est signifié au domicile élu. — Garsonnet, 2ᵉ éd., t. 2, § 578, p. 308 et 309. — V. *suprà*, vⁱˢ *Ajournement*, n. 140 et s.; *Appel* (mat. civ.), n. 2636 et s.

270. — La remise de l'exploit par l'huissier à la partie en personne le dispense-t-elle d'indiquer exactement la demeure de cette partie? On admet généralement que la partie qui a reçu elle-même, sans protestations ni réserves, la copie d'un exploit ne peut opposer la nullité résultant du défaut d'énonciation de sa demeure. — Nancy, 24 févr. 1892, Egler, [D. 92.2.293] — *Sic*, Deffaux et Harel, vᵒ *Exploit*, n. 252; Garsonnet, 2ᵉ éd., t. 2, § 578, note 3, p. 309. — V. *suprà*, vⁱˢ *Ajournement*, n. 150 et 151, *Appel* (mat. civ.), n. 2639 et 2640.

271. — *Jugé cependant* que l'exploit d'ajournement qui ne contient pas l'énonciation de la demeure du défendeur est nulle, alors même que la copie aurait été remise à personne. — Cass., 31 janv. 1887, Le aix, [S. 88.2.188, P. 88.1.991, D. 88.2.60]

272. — Il faut remarquer que la loi n'exige pas l'indication de la profession de celui contre qui l'on agit : par conséquent l'omission de cette profession ne peut entraîner la nullité de l'exploit, contrairement à ce qui a lieu en ce qui concerne le requérant. — Garsonnet, 2ᵉ éd., t. 2, § 578, p. 308. — V. *suprà*, vᵒ *Ajournement*, n. 136 et s.

273. — Quant aux fonctionnaires et aux administrations publiques il faut appliquer à leur égard les règles que nous avons déjà exposées lorsque la désignation lorsque l'exploit est rédigé à leur requête. — Garsonnet, 2ᵉ éd., t. 2, § 578, p. 310. — V. *suprà*, n. 249 et s., et vᵒ *Ajournement*, n. 134, 135, 166 et 167.

274. — De même, les sociétés civiles ou commerciales doivent être désignées, lorsque c'est contre elles que l'on agit, suivant les distinctions que nous avons exposées, *suprà*, n. 250. — Garsonnet, *loc. cit.* — V. *suprà*, vᵒ *Ajournement*, n. 131 et s.

275. — Jugé à cet égard, que l'assignation donnée à une société en liquidation au siège social est régulière, alors même qu'elle n'aurait pas été notifiée nominativement à la personne du liquidateur. — Cass., 3 janv. 1872, [*Bull. civ.*, n. 3]; — 26 févr. 1872, [*Bull. civ.*, n. 43]; — 14 août 1880, Sidero, [S. 82.4.176, P. 82.1.404, D 82.1.80]; — 28 juin 1893, Soc. du journ. *The Galignani's Messenger*, [S. et P. 95.1.260, D. 93.1.473] — V. *suprà*, n. 252.

276. — On admet également des équipollents dans la désignation de celui contre qui l'on agit; tout ce qu'il faut c'est qu'il soit désigné de manière à ne pouvoir douter que l'exploit s'adresse à lui : du moment que la rédaction de l'exploit satisfait à cette exigence, tous les équipollents peuvent et doivent être admis, et l'on ne pourrait arguer de nullité un exploit sur la destination duquel il est impossible de se tromper. — Garsonnet, 2ᵉ éd., t. 2, § 578, p. 309. — V. *suprà*, vᵒ *Ajournement*, n. 118 et s.

277. — Il a été jugé, en ce sens, qu'une personne peut être valablement citée sous le nom qu'elle prend dans l'exercice de sa profession s'il n'y a aucun doute sur son identité. — Aix, 18 mars 1886, [*Rec. d'Aix*, 86.437]

278. — ... Qu'est valable une dénonciation de protêt avec assignation, faite aux héritiers et représentants du débiteur pris collectivement, lorsqu'il n'a pu y avoir aucune incertitude sur la personne à laquelle s'adressait la signification. — Cass., 31 déc. 1873, Billion, [S. 74.1.156, P. 74.387, D. 74.1.85]

278. — ... Que lorsque dans l'exploit de signification d'un jugement la raison sociale de la société à laquelle a été faite la signification a été inexactement indiquée, il n'y a pas nullité de cet exploit lorsque ses autres énonciations et les pièces qui l'accompagnaient étaient de nature à réparer complètement l'erreur et qu'aucun doute n'était possible sur l'identité de la partie. — Pau, 4 juill. 1892, Dustan et Cie, [D. 94.2.31]

280. — ... Que l'erreur dans un acte d'appel (en matière de distribution par contribution), sur le nom de l'avoué au domicile duquel il doit être signifié, est rectifiée par la mention du même acte portant qu'il a été remis « parlant à la personne, » alors régulièrement dénommée, de cet avoué, et par le fait de la réception effective par celui-ci. — Cass., 2 mars 1892, Société des forces motrices, terrains et immeubles de la gare de Grenoble, [S. et P. 92.1.497]

§ 4. *Désignation de l'huissier*.

281. — Tout acte public doit faire connaître le fonctionnaire de qui il émane. C'est pour cela que l'art. 61, C. proc. civ., exige que l'exploit contienne les noms, demeure et immatricule de l'huissier qui le signifie. Ces énonciations sont destinées à faire connaître à la partie à laquelle l'exploit est signifié si le signataire de l'acte est véritablement huissier, et s'il avait qualité pour faire la signification. — Bioche, n. 126; Garsonnet, 2e éd., t. 2, § 579, p. 310; Deffaux et Harel, vo *Exploit*, n. 201.

282. — Les énonciations relatives au nom, à la demeure et à l'immatricule de l'huissier sont requises à peine de nullité. — Cass., 9 pluv. an XIII, Descamps, [S. et P. chr.]; — 20 janv. 1817, Manet, [P. chr.] — Paris, 5 févr. 1810, N..., [S. et P. chr.]

283. — Ainsi la signification d'un arrêt d'admission de la chambre des requêtes est nulle lorsque l'huissier a omis de mentionner dans la copie sa demeure et son immatricule. — Paris, 11 janv. 1895, Sallès, [S. et P. 97.2.273, D. 95.2.489, et la note de M. Glasson]

284. — Jugé cependant, mais cet arrêt est resté isolé, qu'un exploit n'est pas nul quoique dans la copie les nom, demeure et immatricule de l'huissier ne soient pas mentionnés si cette omission n'a pu causer aucun préjudice à la partie à laquelle l'exploit avait été signifié et ne l'avait pas empêchée de répondre. — Colmar, 23 janv. 1818, Barxel, [S. et P. chr.]

285. — En vertu de la règle que nous avons exposée, *suprà*, n. 190, 254, 276, les mentions relatives au nom, demeure et immatricule de l'huissier, peuvent être suppléées par des équipollents. — Agen, 23 mai 1873, Alayrac, [S. 74.2.11, P. 74.96, D. 74.5.245] — *Sic*, Favard de Langlade, *Rép.*, vo *Ajournement*, § 2, n. 3; Thomine-Desmazures, t. 1, n. 159; Merlin, *Quest.*, vo *Assignation*, § 5; Pigeau et Poncelet, *Comment. du C. de proc.*, t. 1, p. 177; Chauveau, sur Carré, quest. 305 *quater*; Bounier, *Élém. de proc. civ*, n. 97; Mourlon, *Répét. écr. sur le Code de proc.*, n. 123; Rodière, t. 1, p. 181; Garsonnet, 2e éd., t. 2, § 579, p. 311; Deffaux et Harel, vo *cit.*, n. 208 et s.

286. — Mais, pour rectifier les erreurs ou omissions d'un exploit quant aux nom, demeure et immatricule de l'huissier instrumentaire, il faut puiser dans cet exploit lui-même les énonciations qui sont de nature à ne pas permettre le doute sur l'identité de cet officier ministériel. — Cass., 20 févr. 1900, Scarpentini, [S. et P. 1900.1.216]

287. — C'est ainsi qu'on admettrait comme établissant suffisamment l'identité, la capacité et la compétence de l'huissier, la copie d'un autre acte du même huissier contenant les énonciations requises par la loi si cette copie accompagnait l'exploit incomplet, ou le fait que l'huissier chargé de signifier un acte d'appel incomplet a lui-même signifié le jugement de première instance par un exploit régulier. — Garsonnet, 2e éd., t. 2, § 579, p. 311; Bioche, vo *cit.*, n. 130; Deffaux et Harel, vo *cit.*, n. 210. — V. *suprà*, vo *Appel* (mat. civ.), n. 2627.

288. — Jugé, en ce sens, qu'un exploit qui ne contient pas la mention de l'immatricule de l'huissier n'est pas nul si dans le même acte se trouve la copie régulière d'un autre exploit du même huissier où cet immatricule est rapporté. — Nancy, 15 juill. 1837, [D. *Rép.*, vo *Exploit*, n. 147]

289. — ... Que lorsqu'un huissier a omis de mentionner dans la copie d'un exploit, ses noms, demeure et immatricule, l'exploit n'est pas nul s'il peut être suppléé à cette omission par les autres mentions de l'acte, si, par exemple, l'exploit critiqué se réfère à un autre exploit régulier et signifié par le même huissier. — Trib. Seine, 13 déc. 1899, [*Journ. des huiss.*, t. 81, p. 63]

290. — ... Ou lorsque cette vérification a encore pu être facilement faite d'après les mentions de l'enveloppe fermée sous laquelle la copie a été remise à un autre que l'assigné lui-même en se conformant aux prescriptions de la loi du 15 févr. 1899 (V. *infrà*, n. 611 et s.). — Même jugement.

291. — Mais il a été jugé que si l'on peut suppléer à l'omission des noms et prénoms de l'huissier par des équipollents, encore faut-il que ces énonciations se trouvent dans l'exploit et ne soient pas empruntées à des actes postérieurs. — Bordeaux, 1er juin 1894, [*Gaz. Pal.*, 96.2.582]

292. — Jugé, spécialement que l'omission de l'indication du domicile et de l'immatricule de l'huissier dans l'exploit ne peut être suppléée par l'existence de circonstances extrinsèques, notamment celle qu'un huissier déterminé est le seul officier ministériel résidant dans la commune où la partie qui a signifié l'exploit a son domicile, et qu'il est parfaitement connu de cette dernière, qui l'avait choisi quelque temps auparavant pour signifier un exploit d'ajournement dans la même instance. — Cass., 20 févr. 1900, précité. — V. cep. *infrà*, n. 303.

293. — Il n'est pas nécessaire que les nom, demeure et immatricule de l'huissier figurent dans le corps même de la copie : il suffit que ces indications résultent de l'apposition, en marge, d'un timbre humide. — Riom, 30 déc. 1890, Foret, [D. 92.2.227]

294. — *a) Noms.* — Il s'agit toujours ici du nom de famille et des prénoms, dont l'énonciation dans le corps de l'acte est nécessaire pour qu'il n'y ait pas de confusion sur la personne de l'huissier instrumentaire. — Bioche, vo *cit.*, n. 127; Garsonnet, 2e éd., t. 2, § 579, p. 310; Deffaux et Harel, vo *Exploit*, n. 202.

295. — Mais en vertu de la théorie des équipollents, l'omission de l'indication du nom de l'huissier et de sa demeure peut être réparée par sa signature très-lisiblement apposée au bas de la copie signifiée et par l'énonciation du tribunal près duquel il exerce. — Cass., 20 févr. 1900, précité. — Agen, 23 mai 1873, précité. — *Sic*, Garsonnet, *loc. cit.*; Bioche, *loc. cit.*; Chauveau, sur Carré, quest. 305 *quater*; Thomine-Desmazures, t. 1, p. 159; Rodière, t. 1, p. 195; Deffaux et Harel, vo *cit.*, n. 202 et *Suppl.*, n. 75.

296. — L'obligation imposée à l'huissier d'énoncer son nom dans l'exploit est, en effet, suffisamment remplie par la signature de l'huissier au bas de l'acte. — Rennes, 22 août 1814, Leballe, [S. et P. chr.] — Bastia, 7 juill. 1874, sous Cass., 14 avr. 1875, Guelfucci, [S. 75.1.173, P. 74.400, D. 76.1.155]

297. — *b) Demeure.* — La mention de la demeure de l'huissier est exigée afin que le défendeur puisse prendre des informations auprès de l'huissier ou faire des propositions d'arrangement. Aussi, cette indication doit être précise, quoiqu'il ne soit pas nécessaire qu'elle s'étende jusqu'à la désignation de la rue et du numéro de la maison — Carré et Chauveau, t. 1, quest. 305; Bioche, *vo cit.*, n. 128; Garsonnet, 2e éd., t. 2, § 579, p. 310; Deffaux et Harel, vo *cit.*, n. 204.

298. — Un exploit d'ajournement en péremption est nul, lorsque l'huissier n'a pas déclaré sa demeure dans la copie de l'assignation, et que rien dans cette copie, ne remplace la déclaration de l'accomplissement de cette formalité. — Besançon, 16 janv. 1821, Pecauld, [P. chr.]

299. — Mais l'exploit dans lequel l'huissier a dit, pour indiquer sa demeure : « Nous, huissier audiencier, près le tribunal de Villeneuve, y, rue Ninon, » contient une énonciation suffisante. quoique incorrecte de la résidence de cet officier ministériel. — Agen, 9 mai 1814, Capuran, [P. chr.]

300. — Lorsque l'huissier a indiqué son domicile, on ne peut dire qu'il ait omis d'indiquer sa demeure et qu'il y ait là une omission emportant nullité. — Cass., 10 août 1813, Deleuil, [S. et P. chr.] — *Sic*, Garsonnet, 2e éd., t. 2, § 579, p. 311; Bioche, vo *cit.*, n. 129.

301. — De même, un exploit n'est pas nul par cela seul que l'huissier y a indiqué le lieu de sa résidence réelle et non celui de son domicile légal, c'est-à-dire de la demeure qui lui est assignée par le tribunal près duquel il exerce ses fonctions. — Nîmes, 20 janv. 1819, Rochefort, [S. et P. chr.]

302. — D'une façon générale, l'omission de l'indication de la demeure de l'huissier n'emporte pas nullité, lorsque les énonciations contenues en l'exploit ne permettent pas de se méprendre sur la capacité et l'identité de l'huissier instrumentaire ; par exemple, lorsque l'huissier est dit patenté à la mairie de la ville de... — Cass., 17 mai 1843, Villatte, [S. 43.1.811, P. 43.2.564] — *Contrà*, Bourges, 1er avr. 1816, Bourbon, [P. chr.] — V. *suprà*, v° *Appel* (mat. civ.), n. 2624 et s.

303. — Il avait été jugé que l'exploit revêtu de la signature d'un huissier indiquant nettement les nom et prénom de celui-ci ne saurait être annulé comme n'énonçant pas la demeure de l'huissier lorsque cet officier ministériel réside dans le lieu même du domicile du défendeur et est le seul huissier ayant cette résidence, qu'il était parfaitement connu du défendeur et avait été, quelque temps auparavant, choisi par lui pour signifier un exploit d'ajournement dans la même affaire. — Aix, 29 avr. 1897, [*Journ. des huiss.*, t. 78, p. 271] — Mais nous avons vu que cette décision a été cassée par la Cour de cassation. — V. *suprà*, n. 292.

304. — Jugé déjà précédemment que l'exploit est nul lorsque, dans la signification qui en est faite, l'huissier a omis d'indiquer sa demeure. Et l'énonciation de la patente de l'huissier ne peut suppléer à cette omission. — Trèves, 27 mars 1812, Wasberg, [P. chr.]; — 15 juin 1812, N..., [S. et P. chr.] — *Sic*, Rodière, t. 1, p. 194.

305. — De même l'indication de l'immatricule de l'huissier ne saurait remplacer celle de la demeure : la loi exige expressément l'une et l'autre, car l'huissier pourrait avoir sa résidence ailleurs que dans la ville où siège le tribunal où il est immatriculé. — Cass., 9 pluv. an XIII, [S. et P. chr.] — *Sic*, Rodière, t. 1, p. 194.

306. — c) *Immatricule.* — L'immatricule, qu'il ne faut pas confondre avec la patente, se dit de l'inscription d'un huissier sur le tableau de ceux qui ont le droit d'instrumenter près d'un tribunal. L'indication en suffit pour faire connaître à la partie si l'huissier avait qualité pour instrumenter.

307. — Sous l'ordonnance de 1667, l'huissier était tenu, comme sous le Code de procédure, d'énoncer son immatricule, à peine de nullité de son exploit. — Cass., 27 juill. 1819, de Bauffremont, [S. et P. chr.]

308. — Avant la loi du 7 niv. an VII, il y avait beaucoup d'incertitude sur tout ce qui concernait l'immatricule des huissiers. Tantôt on jugeait qu'un acte d'huissier était valable, quoique cet officier y eût indiqué seulement son ancienne immatricule ; tantôt il était nul si l'huissier instrumentaire n'y avait indiqué ni son ancienne immatricule, ni le tribunal auquel il était attaché. Mais, plus tard, la jurisprudence se fixa, et depuis la loi du 7 niv. an VII, on jugeait que l'exploit était nul si l'huissier instrumentaire n'énonçait pas le tribunal dans le ressort duquel il exerçait son droit. — Cass., 11 therm. an IX, N..., [S. et P. chr.]; — 1er flor. an IX, Daydé, [S. et P. chr.]; — 23 flor. an IX, Bussy, [S. et P. chr.] — Paris, 29 avr. 1806, Desgrigny, [S. et P. chr.]

309. — Merlin, *Quest.*, v° *Assignation*, § 5.

310. — Aujourd'hui il est admis que l'immatricule de l'huissier est suffisamment exprimée par l'indication du tribunal près duquel il exerce. — Cass., 12 mai 1813, Hérit. Cauchois, [S. et P. chr.] — *Sic*, Garsonnet, 2e éd., t. 2, § 579, p. 311; Merlin, *Quest de dr.*, v° *Assignation*, § 5; Carré, quest. 303 *quater*; Thomine-Desmazures, t. 1, p. 59; Deffaux et Harel, v° *cit.*, n. 213; Rodière, t. 1, p. 194; Bioche, v° *cit.*, n. 132.

311. — Ainsi un huissier qui, dans un exploit d'appel, s'est borné à prendre la qualité d'huissier audiencier à la cour royale de..., exprime suffisamment son immatricule. — Cass., 5 déc. 1836, Lacrouts, [S. 37.1.71, P. chr.] — Lyon, 29 août 1825, Fond, [P. chr.]

312. — De même, l'exploit qui, au lieu de contenir l'immatricule de l'huissier, porte que l'exploitant est huissier près le tribunal de Pontoise satisfait aux prescriptions de la loi. — Cass., 12 févr. 1817, Jouenne, [P. chr.]

313. — Il en est de même si l'exploit énonce que l'huissier est audiencier près le tribunal de commerce. — Rennes, 4 août 1827, Garreau, [S. et P. chr.]

314. — On a encore tenu pour valable l'exploit dans lequel l'huissier déclarait exploiter dans l'arrondissement de... au lieu d'énoncer le tribunal dans cet arrondissement. — Cass., 14 brum. an X, N..., [S. et P. chr.]

315. — L'exploit dans lequel l'huissier instrumentaire se qualifiait d'officier ministériel, et mentionnait l'arrondissement, sans pourtant indiquer nommément le tribunal dans le ressort duquel il exerçait ses fonctions. — Paris, 6 flor. an X, Danneville, [S. et P. chr.]

315. — Au surplus, le mot *immatriculé* employé par l'art. 61, § 2, C. proc. civ., n'est pas sacramentel. Il peut au contraire être suppléé par équipollence. Par exemple un exploit n'est pas nul parce qu'au lieu de dire qu'il est immatriculé à tel tribunal, l'huissier aura dit qu'il est patenté au tribunal de... — Cass., 11 nov. 1823, Mijolla, [P. chr.]

316. — Mais si un exploit, par exemple un ajournement, contient de fausses énonciations dans l'immatricule de l'huissier, il est nul. — Lyon, 16 janv. 1811, Vervaux, [P. chr.] — *Sic*, Deffaux et Harel, v° *cit.*, n. 215.

317. — Ainsi, est nul l'appel d'un jugement d'un tribunal civil signifié par un huissier qui, dans son immatricule, a déclaré instrumenter près une justice de paix d'un autre arrondissement que celui où il a signifié cet exploit, et l'huissier est responsable de la nullité. — Grenoble, 12 avr. 1818 Cottin, [P. chr.]

318. — De même est nulle, et, par suite, ne saurait faire courir le délai de deux mois fixé pour le pourvoi en cassation, la signification de jugement, dont la copie est signée par un huissier autre que celui dont le nom est indiqué dans l'immatricule. — Cass., 21 juill. 1883, Bachelier, [S. 86.1.321, P. 86.1.759, D. 86.1.85] — *Sic*, Garsonnet, 2e éd., t. 2, § 581, p. 313, note 4.

319. — Il en est de même, si dans son immatricule l'huissier a omis de prendre cette qualité. — Rennes, 7 févr. 1810, N..., [S. et P. chr.]

320. — En tous cas, un huissier commis pour signifier un jugement par défaut est valablement désigné par son nom; il n'est pas nécessaire que le jugement indique son immatricule. — Besançon, 16 janv. 1811, Perrin, [P. chr.]

321. — Avant la loi du 7 mai 1844, l'huissier était astreint à la patente et devait faire mention de cette patente dans tous ses exploits. L'omission de cette formalité entraînait contre l'huissier la prononciation d'une amende, mais elle n'annulait pas l'exploit. La loi du 18 mai 1850 n'a pas à proprement parler rétabli la patente à l'égard des huissiers : elle les soumet seulement au payement d'un droit proportionnel au quinzième de leur loyer. Il ne saurait donc plus être question pour eux d'énoncer leur patente dans les exploits. — Garsonnet, 2e éd. t. 2, § 579, note 4, p. 310; Bioche, v° *cit.*, n. 138; Deffaux et Harel, v° *cit.*, n. 220 et s.

§ 5. *Objet de l'exploit.*

322. — L'objet de l'exploit est une mention essentielle car elle indique à la partie à qui il est signifié la nature et la raison d'être de l'acte. Cette partie de l'exploit, qui se nomme libellé, est exigée depuis l'ordonnance de 1539; avant cette époque le libellé faisait l'objet d'un acte distinct. Le libellé varie d'ailleurs selon chaque exploit. — V. *suprà*, v^ls *Ajournement*, n. 173 et s., *Appel* (mat. civ.), n. 2641 et s., *Cassation* (mat. civ.), n. 1562 et s., *Citation*, n. 4 et s.

§ 6. *Indication du lieu où il a été remis et de la personne qui l'a reçu.*

323. — L'exploit doit encore indiquer la personne à laquelle la copie a été laissée et le lieu où elle a été remise, et cela à peine de nullité. Cette énonciation généralement appelée la mention du *parlant* à sera étudiée avec les développements qu'elle comporte quand nous exposerons les règles des significations. — V. *infrà*, n. 382 et s.

§ 7. *Coût de l'exploit.*

324. — Les huissiers doivent mettre à la fin de l'original et de la copie de l'exploit le coût de cet acte, à peine de cinq francs d'amende payables à l'instant de l'enregistrement (C. proc. civ., art. 67).

325. — Bien que l'art. 67, C. proc. civ., exige que l'amende encourue par l'huissier pour contravention à cette disposition soit payable à l'instant de l'enregistrement, le receveur ne doit pas retenir l'exploit et arrêter ainsi le cours d'une procédure, l'art. 56, L. 22 frim. an VII, le lui interdit. Il peut seulement dresser procès-verbal de la contravention et décerner une contrainte. — Pigeau, *Comment.*, t. 1, p. 191; Chauveau, sur Carré, t. 1, quest. 345 *bis*; Garsonnet, 2e éd., t. 2, § 607, p. 351.

326. — A la peine portée par l'art. 67 du Code, le tarif du 16 févr. 1807 en ajoute une autre, il porte : « les huissiers qui auront omis de mettre au bas de l'original et de chaque copie des actes de leur ministère la mention du coût d'icelui, pourront, indépendamment de l'amende portée par l'art. 67, C. proc. civ., être interdits de leurs fonctions sur la réquisition d'office des procureurs généraux et des procureurs du roi (de la République) (art. 66, § 7). »

327. — Le coût de l'acte comprend la somme due pour le salaire de l'huissier et pour les droits de timbre et d'enregistrement. — Bioche, n. 186.

328. — Aucun des éléments du coût de l'exploit ne doit être omis dans la mention prescrite par l'art. 67, C. proc. civ. — Trib. Arras, 24 mai 1856, [*Journ. des huiss.*, t. 38, p. 22]

329. — Ainsi serait passible de l'amende portée par l'art. 67, l'huissier qui ne comprendrait pas dans le coût d'un exploit les frais de transport auxquels il avait droit ou qui n'annoncerait pas en avoir fait remise. — Trib. Seine, 13 mars 1857, [*Journ. des huiss.*, t. 39, p. 125]

330. — Mais l'obligation imposée à l'huissier par l'art. 67, C. proc. civ., sous peine de 5 fr. d'amende, de mentionner, à la fin des exploits par lui signifiés, le coût de ces exploits, doit s'entendre seulement de ce qui est dû personnellement à l'huissier pour émoluments et déboursés, et non des frais de copie, de timbre et d'envoi de pièces qui seraient dus à l'avoué. — Cass., 21 déc. 1858, Doutreligne, [S. 59.1.680, P. 59. 471, D. 59.1.17] — *Contrà*, Boucher-d'Argis, *Dict. de la taxe*, v° *Exploit*, n. 100 ; Bonnesœur, *Man. de la taxe*, p. 54.

331. — Le motif de la disposition de l'art. 67, C. proc. civ., est fort clair. Elle a pour but, d'abord, d'établir d'une manière précise, et dès le principe, quel est le montant du coût de l'exploit que le demandeur, s'il triomphe en définitive, pourra répéter contre le défendeur condamné aux frais de l'instance, en vertu de l'art. 130, C. proc. civ. Elle a pour but aussi d'empêcher que l'huissier n'exige de la partie un droit supérieur à celui que lui alloue le tarif, et de le forcer lui-même, en déclarant le droit qu'il a touché, à se mettre immédiatement sous la surveillance et la censure du tribunal, s'il a perçu un droit trop considérable. — Boitard et Colmet-Daage, t. 1, n. 167.

332. — Et il ne suffirait pas, comme on l'a fait parfois, d'indiquer au bas de la copie le coût de cette copie. Ce n'est pas là ce que veut la loi. Pour satisfaire à ses prescriptions il faut que l'huissier mentionne le coût entier de son exploit, et sur l'original et sur la copie. Toute autre mention est illusoire. — Bioche, n. 187; Garsonnet, 2° éd., t. 2, § 580, p. 312, note 4; Deffaux et Harel, v° *cit.*, n. 313.

333. — L'énonciation relative au coût de l'exploit doit être faite en toutes lettres. — Trib. Belfort, 12 août 1846, B..., [D. 47. 4.242] — Même date, N..., [*Ibid.*]

334. — Mais l'huissier qui aurait fait cette énonciation en chiffres ne pourrait encourir l'amende que les dispositions énumérées ci-dessus ne prononcent que pour défaut de mention. Et comme l'amende est ici une peine, on ne peut suppléer au silence de la loi. — Deffaux, Harel et Dutruc, *Suppl.*, n. 114.

335. — Non seulement l'huissier doit mentionner au bas de l'original et de la copie le coût de son exploit, mais il est tenu d'indiquer, en marge de l'original, le nombre de rôles des copies de pièces et d'y marquer le même détail des frais de l'acte. C'est ce qu'exige l'art. 48, Déc. 14 juin 1813, dans le but de faciliter la taxe (Favard de Langlade, *Instruction sur l'organisation des huissiers*, p. 125 et 126). Les receveurs de l'enregistrement sont chargés de veiller à l'exécution de cette disposition qui est absolument distincte de la mention du coût (Instr. gén., n.2040, p. 3).

336. — Suivant certains auteurs l'exploit qui ne contiendrait pas cette mention ne serait pas nul, mais l'huissier serait passible d'une amende de 5 fr. payable à l'instant de l'enregistrement (Arg. C. proc. civ., art. 67). — Harel et Deffaux, v° *Exploit*, n. 316. — L'administration de l'enregistrement admet au contraire qu'aucune amende n'est exigible, le décret ne portant pas de sanction : le préposé signale seulement le fait au directeur départemental qui avertit le parquet. — Sol. rég., 5 avr. 1878, [*J. Enreg.*, n. 20714]

337. — Si l'huissier négligeait de remplir cette formalité, il s'exposerait à être frappé de l'interdiction temporaire de ses fonctions (V. *suprà*, n. 326); il serait, de plus, judiciairement tenu du remboursement des sommes qu'il aurait indûment perçues. — Deffaux et Harel, v° *Exploit*, n. 318; Bioche, v° *Huissier*, n. 190; Garsonnet, 2° éd., t. 2, § 580, p. 312 ; Chauveau, sur Carré, quest. 345. — V. Déc. min., 31 juill. 1808.

338. — Indépendamment des mentions prescrites par l'art. 48, Déc. 14 juin 1813, et par l'art. 67, C. proc. civ., les huissiers sont tenus d'indiquer distinctement au bas de l'original et des copies de chaque exploit : 1° le nombre des feuilles de papier spécial employées tant pour les copies de l'original que pour les copies des pièces signifiées ; 2° le montant des droits de timbre dus à raison de la dimension de ces feuilles (L. 29 déc. 1873, art. 3). Les contraventions à cette disposition sont passibles d'une amende de 50 fr.

§ 8. *Signature de l'huissier.*

339. — La loi n'oblige pas les huissiers à signer leurs exploits. Mais il est certain que la signature de l'huissier est l'élément nécessaire, le complément indispensable des actes qu'il rédige, c'est la seule marque d'authenticité de l'exploit; jusqu'à ce qu'elle soit apposée il n'y a pas d'acte et la rédaction de l'exploit ne constitue qu'un simple projet. Aussi est-on d'accord en doctrine et en jurisprudence pour considérer le défaut de signature de l'huissier sur l'exploit comme une cause de nullité de cet acte. — Cass., 25 mars 1891, Comm. de la Poote, [S. 91.1. 245. P. 91.1.600, D. 91.1.223] — Besançon, 25 janv. 1810, N..., [P. chr.] — Grenoble, 26 janv. 1818, [D. *Rép.*, v° *Exploit*, n. 160-2°] — Poitiers, 13 août 1819, Duchastenier, [S. et P. chr.] — Grenoble, 16 août 1826, [D. *Rép.*, v° *cit.*, n. 1601-1°] — Bourges, 9 févr. 1829, Boisset, [P. chr.] — Rennes, 30 mai 1838, Mirabeau, [P. 40.2.332] — Paris, 17 mai 1866, [*Journ. des huiss.*, t. 47, p. 219] ; — 10 févr. 1879, Leveau, [D. 79.2.114] — Trib. Marseille, 10 sept. 1871, [*Journ. des huiss.*, t. 53, p. 9] — *Sic*, Bioche, v° *cit.*, n. 139 ; Rodière, t. 1, p. 201 ; Chauveau et Carré, quest. 305 *bis*; Dutruc, *Suppl. aux lois de la proc.*, v° *Ajournement*, n. 245, et v° *Exploit*, n. 9; Garsonnet, 2° éd., t. 2, § 581, p. 312; Deffaux et Harel, *v° cit.*, n. 223, et *Suppl.*, n. 79 ; Rousseau et Laisney, *v° cit.*, n. 160 et s.

340. — Il s'agit là de l'omission d'une formalité substantielle. On ne pourrait donc pas refuser de prononcer la nullité sous le prétexte que le « parlant à » et la date seraient de la main de l'huissier. — Bourges, 9 févr. 1829, précité.

341. — On a même considéré comme nul un exploit revêtu d'une signature, mais dont les caractères imparfaits différaient de la signature habituelle de l'huissier dont le nom était mentionné en tête de l'acte. — Bruxelles, 19 nov. 1828, N..., [P. chr.].

342. — Jugé cependant qu'il n'est pas indispensable que la copie de la notification d'une surenchère soit signée par l'huissier lorsque d'ailleurs elle est signée par le surenchérisseur, qu'il en résulté aucun dommage de l'absence de signature de l'huissier, et que l'original est revêtu de toutes les formalités prescrites. — Cass., 3 avr. 1832, Coifinet, [P. chr.]

343. — La nullité résultant de l'absence de la signature de l'huissier sur la copie signifiée d'un jugement n'est pas couverte, au cas spécial où la signification est faite à une commune, par le visa que le maire a apposé sur l'original, conformément aux art. 69 et 70, C. proc. civ., ou par la mention faite de ladite signification par le maire dans l'acte d'appel du jugement. — Cass., 25 mars 1891, précité.

344. — La signature de l'huissier doit être apposée à la main. Par suite, un exploit est nul lorsque la signature de l'huissier y a été apposée au moyen d'une griffe. — Cass., 10 janv. 1850, Besnard, [S. et P. 97.1.513, *ad notam*, D. 50.5. 216] — *Sic*, Deffaux et Harel, n. 229.

345. — De même est irrégulier et nul l'acte de signification des qualités d'un arrêt sur lequel le nom de l'huissier n'a pas été tracé par lui de sa main, mais a été imprimé par un procédé mécanique. — Cass., 20 janv. 1897, Société des boulonneries de Bogny-Braux, [S. et P. 97.1.513, D. 97.1.128]

SECTION II.
Formalités extrinsèques.

346. — Les formalités extrinsèques qui sont communes à tous les exploits sont l'enregistrement et le visa.

§ 1. *Enregistrement.*

347. — Les actes du ministère de l'huissier doivent être soumis à l'enregistrement dans les quatre jours de leur date, sous peine de nullité de l'acte et d'amende contre l'officier ministériel (LL. 22 frim. an VII, art. 20 et 26; 27 vent. an IX, art. 5). L'art. 23, L. 22 frim. an VII, assujettit également l'huissier à faire enregistrer les pièces dont il signifie copie, sous peine d'une amende de 50 fr.

348. — Lorsque, dans l'ancien droit, l'édit de 1669 supprima l'usage des recors, et autorisa les huissiers à signifier seuls, sans témoins, les exploits d'ajournement, le législateur substitua, à la garantie des recors qu'il abrogeait, la formalité du contrôle. Le contrôle n'était guère autre chose que ce qu'est actuellement notre enregistrement des exploits; c'était l'insertion sommaire sur les registres publics de la substance de l'exploit signifié par l'huissier. Mais il est à remarquer que le contrôle ou la mention sur un registre public de la remise d'un exploit n'attestait en aucune façon la vérité, la sincérité de cette remise; elle attestait uniquement qu'un original d'exploit avait été présenté par l'huissier dans les bureaux du contrôle; elle n'attestait pas que la copie avait été remise ni même qu'elle existait. Il en est de même de la formalité de l'enregistrement qui n'est, comme le contrôle, qu'une mesure fiscale. — Boitard, Colmet-Daage et Glasson, t. 1, n. 168; Garsonnet, 2ᵉ éd., t. 2, § 607, p. 352.

349. — Le délai court du jour de la date de l'acte, ou du jour de l'affirmation pour les procès-verbaux soumis à cette formalité. Lorsque l'acte a plusieurs dates et ne devient parfait que le dernier jour, c'est seulement de ce jour que part le délai; mais si la même opération dure plusieurs jours, chaque séance ou vacation close par la signature de l'huissier doit être enregistrée dans les quatre jours de sa date. — Déc. min. Fin. et Just., 18 mai, 21 juin 1808; Instr. gén., n. 390, § 13; Délib. Enreg., 22 nov. 1817 et 26 mars 1823, [J. Enreg., n. 7425]

350. — Le délai de l'enregistrement d'un exploit se compte en y comprenant le jour de l'échéance; on n'excepte que le jour où l'acte a été signifié. Ainsi un exploit signifié le 1ᵉʳ octobre doit être enregistré le 5 au plus tard. Si le jour de l'échéance tombe un jour férié, il est prorogé au lendemain (L. 22 frim. an VII, art. 25). — Cass., 23 flor. an IX, Mathevot, [S. et P. chr.] — Sol. rég., 26 oct. 1828, [Instr. gén., n. 1265, § 6] — V. Bonceenne, Th. de la proc. civ., t. 2, p. 241 et 242; Souquet, Dict. des temps légaux, vᵒ Exploit.

351. — L'enregistrement doit avoir lieu sur la présentation de l'original de l'exploit soit au bureau de la résidence de l'huissier, soit au bureau du lieu où il a instrumenté (L. 22 frim. an VII, art. 20).

352. — L'exploit qui n'a pas été enregistré dans le délai de quatre jours fixé par l'art. 20, L. 22 frim. an VII, est radicalement nul. — Limoges, 27 déc. 1893, Thomas, [D. 95.2.158¹

353. — Il en est ainsi alors même que le retard proviendrait du fait du receveur de l'enregistrement. — Bourges, 22 déc. 1816, Ferrand, [S. et P. chr.]

354. — Ou encore bien que l'enregistrement dont il a été revêtu plus tard ait eu lieu avant l'échéance du délai de l'action, et que, dès lors, l'abus d'une antidate ne soit pas à craindre. — Riom, 6 déc. 1830, Jurie, [S. et P. chr.]

355. — Par suite, est nulle et sans effet toute signification d'un acte soumis à l'enregistrement sur la minute ou l'original, faite avant que cet acte ait été revêtu de la formalité. — Cass., 3 prair. an IX, Pouëtre, [S. et P. chr.]

356. — Mais un exploit n'est pas nul par cela seul que la copie ne porte point qu'il a été enregistré. — Cass., 26 vend. an VIII, Douanes, [S. et P. chr.]

357. — Jugé également qu'une assignation n'est pas nulle pour ne pas faire mention de l'enregistrement des pièces dont elle contient la signification. — Turin, 20 flor. an XI, Bellotti, [S. et P. chr.]

358. — Un exploit d'huissier, non enregistré, ne peut être produit en justice comme emportant avec lui une justification légale. — Paris, 13 mars 1834, Lombardy, [P. chr.] — Bonceenne, t. 2, p. 242.

359. — Jugé que lorsque l'altération matérielle de la date apposée sur un exploit est dans une mention de l'enregistrement portée par l'huissier instrumentaire, et prouvée par un acte authentique, et avouée d'ailleurs par les parties, une cour d'appel a le droit de décider que la véritable date de l'enregistrement était celle primitivement écrite. — Cass., 6 févr. 1844, Revel, [P. 44.1.758]

360. — Le taux des droits d'enregistrement varie selon la nature des actes. Certains exploits sont même dispensés d'enregistrement.

§ 2. Visa.

361. — Le visa est encore une des formalités extrinsèques de l'exploit. D'après l'art. 1039, C. proc. civ., toutes significations faites à des personnes publiques préposées pour les recevoir doivent être visées par elles sans frais sur l'original. En cas de refus, l'original est visé par le tribunal de première instance de leur domicile. Les refusants peuvent d'ailleurs être condamnés, sur les conclusions du ministère public, à une amende qui ne peut être moindre de 5 fr. Nous reviendrons sur cette formalité. — V. infrà, n. 803 et s.

Section III.

Formalités spéciales aux ajournements et aux actes d'appel.

362. — Indépendamment des formalités que nous avons exposées et qui sont communes à tous les exploits, certains exploits, les ajournements et les actes d'appel, doivent encore contenir certaines mentions qui leur sont spéciales.

363. — L'ajournement doit contenir : 1ᵒ une constitution d'avoué (V. suprà, vᵒ Constitution d'avoué); 2ᵒ une élection de domicile (V. suprà, vᵒ Ajournement, n. 169 et s., et vᵒ Domicile [élection de]); 3ᵒ l'énonciation de l'objet de la demande, soumise à certaines formes spéciales en matière immobilière (V. suprà, vᵒ Ajournement, n. 173 et s.); 4ᵒ l'exposé des moyens de la demandeur (V. suprà, vᵒ cit., n. 226 et s.); 5ᵒ l'indication du tribunal qui doit connaître de la demande (V. suprà, vᵒ cit., n. 263 et s.); 6ᵒ l'indication du délai de comparution (V. suprà, vᵒ cit., n. 278 et s.); 7ᵒ la copie du procès-verbal de non conciliation et des pièces sur lesquelles on veut appuyer la demande (V. suprà, vᵒ cit., n. 448 et s.).

364. — L'acte d'appel doit contenir : 1ᵒ la constitution d'un avoué (V. suprà, vᵒ Appel [mat. civ.], n. 2572 et s.); 2ᵒ une élection de domicile (V. suprà, vᵒ cit., n. 2621 et 2622); 3ᵒ l'objet de la demande et l'énonciation des griefs (V. suprà, vᵒ cit., n. 2641 et s.); 4ᵒ l'indication d'un délai pour comparaître. — V. suprà, vᵒ cit., n. 2661 et s.

Section IV.

Actes d'avoué à avoué.

365. — On entend par actes d'avoué les actes de procédure que se signifient entre eux les avoués qui occupent dans la même cause. Rigoureusement, les significations d'actes d'avoué devraient être soumises à toutes les formalités exigées par l'art. 61, C. proc. civ.; car aucune loi n'a créé d'exception en leur faveur. Il est cependant d'usage général de faire ces significations dans une forme particulière et très-abrégée, et cet usage est consacré par la jurisprudence. — V. suprà, vᵒ Acte d'avoué à avoué.

366. — Outre les actes d'avoué, tels que les constitutions d'avoué, les avenirs, les significations de requête, de conclusions, de qualités, de jugement, etc., il est des actes de procédure qui doivent être signifiés à la partie au domicile de son avoué. Telle est l'assignation à la partie pour être présente à une enquête (C. proc. civ., art. 261). Ces actes ayant une importance particulière et ne constituant pas d'ailleurs des actes d'avoué, paraissent devoir être rédigés et signifiés conformément à l'art. 61, C. proc. civ.

Section V.

Des exploits remis aux huissiers préalablement rédigés.

367. — Quoique la rédaction et le libellé de l'exploit appartiennent à l'huissier, il peut se conformer au modèle qui lui est remis par l'avoué ou la partie. D'ailleurs, les huissiers peuvent être appelés à libeller des actes infiniment délicats, nécessitant des connaissances particulières qu'on peut ne pas toujours trouver dans l'huissier instrumentaire, et présentant des difficultés dont on ne peut triompher que par des études plus approfondies que celles exigées des huissiers. — Deffaux et Harel, vᵒ Exploit, n. 65.

368. — Jugé, en ce sens, qu'il n'est pas défendu aux huissiers de confier à des tiers la rédaction d'actes de leur ministère ni de faire à ce sujet la remise d'une partie des émoluments qui leur sont individuellement réservés. — Cass., 5 juin 1822, Huiss. d'Amiens, [S. et P. chr.]

369. — On s'est encore demandé si au lieu de remettre à l'huissier un modèle d'exploit, la partie ou son avoué étaient autorisés à remettre à cet officier ministériel un exploit tout préparé sur timbre en le chargeant seulement de le signifier. Cette question qui a donné lieu à de graves difficultés entre les avoués et les huissiers a été vivement controversée.

370. — D'une part on a pu dire que les parties ont toujours le droit de donner à leur demande la forme qui leur paraît la plus convenable, et d'en confier la rédaction à un tiers, spécialement à leur avocat ou à leur avoué. En conséquence, un huissier ne peut refuser de signifier un exploit qui lui est remis tout rédigé et sur timbre par le mandataire de la partie, à moins qu'il ne contienne des expressions contraires aux lois qui intéressent l'ordre ou les mœurs, et alors que le coût entier lui en est offert. Il n'y aurait exception que pour les mentions relatives soit aux noms et immatricule de l'huissier, soit à son transport et à la remise de l'exploit, qui ne doivent pas être préparées d'avance. Elles ne peuvent émaner que de l'huissier. — V. Dellaux et Carel, v° *cit.*, n. 78 et s.

371. — Jugé en ce sens que les huissiers ne peuvent se refuser à signifier les exploits qui leur sont remis sur papier timbré, écrits par la partie ou par son avoué, pourvu toutefois qu'ils ne contiennent rien d'illicite. — Cass., 8 mars 1848, Thomas, [S. 48.1.330, P. 48.1.570, D. 48.1.35] — Rennes, 15 févr. 1847, Verne, [S. 47.2.438, P. 47.1.385. D. 47.4.291] — Nîmes, 5 juill. 1847, Robert et Chamboredon, [S. 48.2.47, P. 48.1.496, D. 48.2.175] — Trib. Carcassonne, 17 nov. 1847, Fages, [S 47.2.640, P. 48.1.496. en note, D. 47.4.291] — Trib. Avesnes, 8 févr. 1854, [*Journ. des huiss.*, t. 37, p. 258] — Sic, [*Journ. des huiss.*, t. 27, p. 321 et s.

372. — Lorsque d'ailleurs on offre de leur en payer le coût en entier. — Cass., 8 mars 1848, précité. — Rennes, 15 févr. 1847, précité. — Trib. Rennes, 8 avr. 1861, Séguin, [D. 62.3.12]

373. — ... Que les huissiers ne peuvent, à moins de motifs graves qu'il appartient à la justice d'apprécier, refuser de reproduire dans leurs exploits la rédaction arrêtée par les parties, alors qu'il s'agit d'un acte introductif d'instance ou tenant au fond du droit. — Lyon, 5 août 1865 (motifs), L..., [S. 66.2.224, P. 66.842, D. 67.2.135] — V. aussi Cass., 15 avr. 1867, L..., [S. 68.1.82, P. 68.170, D. 67.1.389]

374. — Mais ce système n'a pas prévalu et il a été jugé, au contraire, que les huissiers peuvent se refuser à signifier les exploits qui leur sont apportés tout rédigés par les parties ou par leurs avoués. — Metz, 22 nov. 1830, [*Journ. des huiss.*, t. 12, p. 261] — Trib. Nevers, 10 mars 1847, Thibault, [S. 47.2.640, D. 47.4.292] — Trib. Foix, 11 août 1851, [*Journ. des huiss.*, t. 33, p. 19] — Trib. Montpellier, 19 déc. 1862, [*Journ. des huiss.*, t. 44, p. 176]

375. — ... Même lorsqu'on offre de leur en payer le coût en entier. — Trib. Alais, 24 nov. 1843, R..., [S. 47.2.438, D. 46.3.37]

376. — ... Que si les huissiers ne peuvent, à moins de motifs graves et qu'il appartient à la justice d'apprécier, refuser de reproduire dans leurs exploits la rédaction arrêtée par les parties, ils peuvent toutefois refuser de signifier les exploits qui leur sont remis tout rédigés sur papier timbré. — Cass., 20 janv. 1864, Rédarès, [S. 64.1.140, P. 64.121, D. 64.1.79]

377. — ... Que les huissiers peuvent se refuser à signifier les exploits, autres que ceux qui se rattachent à une instance, qui leur sont remis tout rédigés sur papier timbré par les parties ou par leurs avoués, lorsqu'on offre de leur en payer le coût en entier. — Montpellier, 29 nov. 1859, Couderc, [S. 62.2.407, P. 62.649, D. 61.2.237] — Nîmes, 17 juin 1861, Laracine, [S. 61.2.378, P. 61 798, D. 61.2.238]

378. — Et il en est ainsi, même d'un exploit de saisie-arrêt en vertu d'un jugement contenant assignation au débiteur saisi en validité de la saisie-arrêt et au tiers saisi en déclaration affirmative, ces deux parties de l'exploit n'étant qu'accessoires. — Montpellier, 29 nov. 1859, précité.

379. — Ces décisions sont fondées sur ce qu'il n'est pas compatible avec la dignité professionnelle des huissiers qu'ils soient réduits au rôle de simples porteurs de papiers lorsqu'ils sont chargés de signifier des exploits rédigés par les avoués, sans qu'il y ait de leur part remise d'émoluments. Et lorsqu'ils consentent à remettre aux avoués une partie des émoluments auxquels ils ont droit, on suppose qu'il y a entre les avoués et les huissiers des accords blâmables, que les tribunaux ne veulent ni favoriser ni sanctionner.

380. — Jugé d'ailleurs que si l'exploit remis tout rédigé sur timbre par un avoué à un huissier, contenait une copie de pièces que l'avoué aurait certifiée et signée, tandis que le certificat et la signature appartenaient exclusivement à l'huissier, celui-ci pourrait rayer la signature de l'avoué et y apposer la sienne. — Cass., 31 août 1831, [*Journ. des huiss.*, t. 12, p. 237] — Rouen, 20 janv. 1830, [*Journ. des huiss.*, t. 11, p. 37]

381. — L'huissier n'est pas responsable des nullités d'un exploit qui lui a été remis tout rédigé par l'avoué : cet officier ministériel seul est responsable des nullités qu'il a commises. Ainsi il a été jugé que l'huissier qui reçoit de son client un exploit de dénonciation de saisie tout rédigé avec mandat de le signifier tel quel n'est pas responsable de la nullité de cet acte. — Douai, 30 avr. 1851, [*Journ. des huiss.*, t. 32, p. 332]

CHAPITRE IV.

SIGNIFICATION DES EXPLOITS.

382. — Après avoir expliqué quelles sont les formes substantielles des exploits, il nous reste à faire connaître de quelle manière ils doivent être signifiés. La signification est, comme on sait, la remise faite par un huissier de la copie de l'exploit à la partie intéressée, afin qu'elle en ait connaissance. On voit dès lors toute l'importance que le législateur a dû attacher aux formalités qui sont destinées à assurer l'exacte remise des exploits. Il a voulu surtout prévenir à jamais le retour des abus sans nombre qui existaient sous l'ancien régime et que la sévérité des magistrats et la prévoyance du législateur n'avaient pu empêcher. A cet égard, grâce aux sages dispositions prises par les rédacteurs du Code, grâce à une meilleure organisation du corps des huissiers, grâce enfin aux changements apportés dans nos mœurs, les copies soufflées ne sont plus que des faits exceptionnels et très-rares, et encore le plus souvent, quand cela arrive, est-ce moins par un esprit de fraude et avec l'intention de nuire que parce que la stricte exécution de la loi est momentanément très-difficile.

383. — Sans nous étendre sur ces considérations, rappelons que le but du législateur a été d'assurer que l'exploit parviendra réellement au défendeur et d'avertir celui-ci des poursuites dirigées contre lui ; de là ces garanties, ces précautions, ces formalités essentielles qu'il nous reste à énumérer.

384. — En premier lieu, les huissiers doivent faire par eux-mêmes à peine de nullité, à personne ou domicile, la signification des exploits dont ils sont chargés. On ne peut méconnaître toutefois que l'usage s'est établi, à Paris et dans quelques grandes villes, de faire remettre les copies d'exploits par des clercs ; mais cette pratique, contraire aux prescriptions du décret de 1813, bien qu'elle soit tolérée par la Chancellerie et les appuyés au point de vue disciplinaire et qu'elle ait été admise pour ainsi dire comme nécessaire dans les travaux préparatoires de la loi du 15 févr. 1899, n'empêche pas qu'il n'y ait, de la part de l'huissier qui fait remettre par des clercs les copies des exploits dont la signification lui est confiée, un manquement à ses obligations professionnelles et ne met pas obstacle à l'action en nullité d'exploit ou en dommages-intérêts, qui peut être intentée par les intéressés. — V. *infrà*, v° Huissier, n. 338 et s.

385. — Aux termes de l'art. 68, C. proc. civ., tous les exploits doivent être signifiés à personne ou domicile.

386. — Il en était de même avant le Code de procédure. Aux termes de l'art. 3, tit 2, de l'ordonnance de 1667, une assignation devait aussi, à peine de nullité, être signifiée à personne ou domicile. — Cass., 4 juill. 1791, Dufresne, [P. chr.]; — 11 germ. an II, Throuillet, [S. et P. chr.]; — 27 vent. an V, Courdurier, [P. chr.]

387. — Par application de ce principe, il a été jugé qu'un exploit qui a été signifié au domicile, non point de la partie, mais d'un tiers dont le nom a de la similitude avec le sien, doit être annulé, alors même que le défaut de signification à la partie serait le résultat d'une erreur involontaire et parfaitement innocente de l'huissier, qui a été trompé par de fausses indications. — Nîmes, 15 mai 1855, Ducret, [P. 56.2.462, D. 55.2.221] — V. *infrà*, n. 411.

388. — ... Qu'une assignation à bref délai ne peut être signifiée à l'avoué de la partie assignée. — Grenoble, 9 sept. 1820, Boulet, [P. chr.] — *Contrà*, Metz, 3 juin 1811, Dunesmes, [P. chr.]

389. — ... Qu'en matière de saisie immobilière, l'exploit doit être signifié à personne ou domicile, à peine de nullité; qu'il ne suffirait pas qu'il eût été notifié au greffier du tribunal. — Rennes, 11 oct. 1817, Pincé, [P. chr.]

390. — ... Que l'appel d'un jugement qui a statué sur l'opposition à un commandement tendant à saisie immobilière est nul s'il a été signifié, non à personne ou à domicile, mais au domicile de l'avoué de la partie. — Limoges, 17 juin 1848, Petiniaud-Juriot, [P. 49.2.519, D. 49.2.179]

391. — ... Qu- l'acte d'appel d'un jugement du tribunal de commerce doit être signifié à personne ou à domicile réel; il ne saurait l'être valablement au domicile élu au lieu où siège le tribunal, ou, à défaut, au greffe, par application de l'art. 422, C. proc. civ. — Rennes, 29 août 1840, Leroi, [P. 41.1.107]

392. — Aucune signification d'exploit ne peut être faite depuis le 1er octobre jusqu'au 31 mars, avant six heures du matin et après six heures du soir, et depuis le 1er avril jusqu'au 30 septembre, avant quatre heures du matin et après neuf heures du soir (C. proc. civ., art. 1037). « On retrouve ici, dit Boncenne, sauf la majesté de l'expression, ce beau débris de la loi des Douze Tables : *Sol occasus suprema tempestas esto.* » — V *supra*, v° *Exécution des actes et jugements* (mat. civ.), n. 552 et s.

393. — La remise d'un exploit avant ou après l'heure légale telle qu'elle est fixée par l'art. 1037, C. proc. civ., n'emporte pas nullité de l'exploit; elle expose seulement l'huissier à des peines disciplinaires. — Cass., 29 juin 1819. Valet, [S. et P. chr.] — Bordeaux, 27 janv. 1837, Leseure, [S. 37.2.281]; — 28 oct. 1885, [Gaz. Pal., 86.1, Suppl., 140] — Trib. Seine, 25 juin 1895, sous Paris, 4 janv. 1899, [Journ. des huiss., 1899, p. 89] — *Sic*, Chauveau, sur Carré, quest. 3426 ; Deffaux et Harel, v° *Exploit*, n. 542 ; *Journ. des huiss.*, t. 22, p. 178 et s. ; Bioche, n. 212.

394. — La loi veut aussi qu'aucun exploit ne puisse être donné les jours de fêtes légales, si ce n'est en vertu de la permission du président du tribunal, dans le cas où il y aurait péril en la demeure (C. proc. civ., art. 1037, 2° alin.). — V. *supra*, v° *Exécution des actes et jugements* (mat. civ.), n. 346 et s.

395. — A une certaine époque on regardait comme sacrilèges ceux qui faisaient ou faisaient faire des significations le dimanche ou pendant les fêtes de Pâques. Dans la suite on se montra moins rigoureux, et l'on finit par considérer comme bous et valables les ajournements, quoique faits les jours de fête sans permission du juge.

396. — Mais il y eut une réaction dans la jurisprudence, et voici à quelle occasion : en 1722, les religieux bénédictins de Bernay, en Normandie, firent signifier au curé de la même ville une assignation qui lui fut donnée le jour de Pâques, au sortir de son église. Le clergé en fut grandement ému et adressa des représentations au roi et à son conseil. L'affaire eut beaucoup d'éclat, l'exploit fut déclaré nul, et l'huissier interdit pour six mois avec défense de récidiver, sous plus grandes peines. Depuis cette époque, dit Boncenne, les arrêts du Parlement de Paris et les auteurs de son ressort avaient progressivement penché vers le système de la prohibition, et c'est ce système que le Code a adopté.

397. — Toutefois, il ne résulte pas des termes prohibitifs dans lesquels sont conçus les art. 63 et 1037, C. proc. civ., que la signification d'un exploit un jour de fête légale emporte nullité. En effet, aux termes de l'art. 1030, le juge peut bien suppléer au silence de la loi, en appliquant une nullité qu'elle n'a pas prononcée; il devrait seulement prononcer la peine de l'amende contre l'huissier contrevenant. Cette opinion, qui est celle de M. Chauveau, sur Carré (t. 1, quest. 330), est consacrée par la jurisprudence. — V. *infrà*, v° *Jour férié*, n. 93 et s.

398. — Mais les art. 63 et 1037, C. proc. civ., autorisent le président ou le juge qui le remplace à lever extraordinairement la disposition prohibitive qu'ils contiennent. De quel président s'agit-il, de celui du tribunal auquel la cause appartient ou de celui du lieu où l'exploit doit être signifié? On admet généralement qu'il n'y a pas de règle fixe à cet égard. — V. *infrà*, v° *Jour férié*, n. 101 et s. — Sur la forme de l'autorisation, V. *supra*, v° *Exécution des actes et jugements* (mat. civ.), n. 548 et s.

399. — Terminons ces observations générales en faisant remarquer que les formalités prescrites par la loi pour la remise des exploits doivent être observées à peine de nullité. Peu importe que la partie ne souffre aucun préjudice de leur inaccomplissement : lorsque la loi prescrit certaines formalités à peine de nullité les tribunaux doivent se borner à examiner si elles ont été ou non remplies. — Montpellier, 1er févr. 1848, [Journ. des huiss., t. 29, p. 192]

Section I.

Signification à personne.

400. — L'art. 68, C. proc. civ., exige, avons-nous dit, que tout exploit soit fait à personne ou domicile (V. *suprà*, n. 383). Rien de plus net que cette disposition ; ainsi, lorsque l'huissier trouve, en quelque endroit que ce soit, la personne qu'il est chargé d'assigner, il lui remet à elle-même l'exploit, et il en fait mention sur l'original et sur la copie de l'exploit. C'est ce qui peut arriver de plus rassurant pour la justice.

401. — L'huissier qui signifie un exploit à personne doit seulement faire la remise de la copie sans être obligé d'en donner lecture à la partie, même si elle le réclamait. Lorsque celle-ci fait une réponse à l'huissier, cet officier n'a pas à en tenir compte, sauf dans certains cas déterminés par la loi. — V. à cet égard, *suprà*, n. 114 et s. — Deffaux et Harel, n. 320.

402. — Rodier (sur l'art. 3, tit. 2, Ord. de 1667) rappelle que suivant divers édits et arrêts des parlements, un exploit ne pouvait être valablement signifié à la partie intéressée dans une église, ou dans une procession, ou dans une salle d'audience *coràm judice*, ou à la bourse. — V. aussi Papon, liv. 18, tit. 5 n. 27.

403. — Certains auteurs sont également d'avis que, nonobstant le silence de l'art. 68, un exploit ne peut être signifié dans les édifices consacrés au culte pendant les exercices religieux, ni dans le lieu où les autorités constituées tiennent leurs séances durant le temps consacré aux délibérations. — Praticien franç, t. 1, p. 313 ; Pigeau, Proc., t. 1, p. 120, *Comment.*, t. 1, p. 186; Delaporte, t. 1. p. 76

404. — Sauf l'exception contenue dans l'art. 781, C. proc. civ. (V. *suprà*, v° *Asile*, n. 14 et 15), nous croyons cette opinion erronée : 1° parce qu'elle est contraire à l'art. 1030, C. proc. civ., qui défend aux juges d'annuler aucun exploit à moins que la nullité n'en soit formellement prononcée par la loi; 2° et par cette autre raison encore que, dans le projet du Code, il y avait un article qui reproduisait les prohibitions signalées par Rodier, et que cet article a été supprimé. — Locré, *Législ.*, t. 21, p. 257, n. 22; Deffaux et Harel, v° *Exploit*, n. 341.

405. — Jugé, en ce sens, que l'exploit d'appel signifié à un individu trouvé en personne dans l'auditoire d'un tribunal n'est pas nul. — Riom, 22 nov. 1820. Battut, [P. chr.]

406. — Mais ces réserves faites au point de vue du droit dans un intérêt purement théorique, nous nous empressons de reconnaître que les huissiers, par un sentiment naturel des convenances, doivent éviter de signifier leurs exploits dans les circonstances indiquées plus haut, car si cette signification n'est pas nulle, elle peut du moins faire scandale et causer des désordres fâcheux. L'huissier pourrait d'ailleurs encourir des peines au cas de trouble ou de scandale imprudemment occasionné. — Chauveau et Carré, t. 1, p. 346; Favard de Langlade, t. 1, p. 141, n. 2; Boncenne, t. 2, p. 195; Deffaux et Harel, v° *cit.*, n. 343.

407. — Dans tous les cas la copie d'un exploit ne peut être remise au ministre d'un culte, à un magistrat ou à tout autre fonctionnaire public pendant l'exercice de ses fonctions.

408. — Le ministre de la Guerre, par une circulaire du 6 nov. 1855, avait prescrit que les huissiers devaient, pour pénétrer dans une caserne de gendarmerie à l'effet d'y procéder à un acte de leur ministère, se munir d'une autorisation du commandant de gendarmerie. Aux termes d'une autre circulaire de l'année 1881, ces formalités s'appliquent pas à la remise des citations ou des significations. — Deffaux, Harel et Dutruc, *Suppl.*, v° *Huissier*, n. 454 et 455.

409. — On s'est demandé si un exploit pouvait être valablement signifié à la personne assignée trouvée au domicile d'un tiers, mais l'affirmative n'est pas douteuse. L'art. 1030 ne permettrait pas d'annuler une assignation ainsi délivrée. Seulement il est constant que l'huissier ne pourrait pas pénétrer dans le domicile du tiers pour y faire sa signification, si celui-ci refusait de le recevoir. Et l'huissier qui pénétrerait dans cette maison contre la volonté de l'occupant s'exposerait à se voir appliquer la peine portée par l'art. 184, C. pén. — Carré et Chauveau, quest.

347; Deffaux et Harel, n. 345; Bioche, n. 239; Garsonnet, 2ᵉ éd., t. 2, § 390, p. 323.

410. — Ainsi, il est vrai de dire qu'aujourd'hui les exploits sont valablement remis en tous lieux, pourvu qu'ils le soient aux mains de ceux auxquels ils s'adressent. Un exploit peut donc être valablement signifié à une personne en quelque lieu qu'on la trouve, soit dans une église, dans une procession, dans un auditoire de justice, dans un endroit public quelconque, etc. — Carré, quest. 346; Merlin, *Rép.*, vᵒ *Ajourn.*, n. 22; Garsonnet, 2ᵉ éd. t. 2, § 390, p. 323; Bioche, vᵒ *cit.*, n. 238; Boncenne, t. 2, p. 193; Rodière, t. 1, p. 204; Boitard et Colmet-Daage, t. 1, n. 170; Deffaux et Harel, n. 339.

411. — Seulement l'huissier ne doit remettre la copie à une personne trouvée hors de son domicile qu'autant qu'il la connaît lui-même. S'il faisait autrement, s'il remettait de confiance la copie de l'exploit à une personne qui se dirait être celle à laquelle la signification s'adresse, ou qui serait désignée comme telle, il s'exposerait à être trompé et pourrait voir annuler son acte par suite d'une inscription de faux. — Chauveau et Carré, t. 1, quest. 348; Bioche, n. 165 et 166; Deffaux et Harel, n. 346. — V. *suprà*, n. 387.

412. — L'exploit signifié au propriétaire d'une maison située sur la limite de deux arrondissements est valable si la signification a été faite à personne dans la partie de la maison située dans l'arrondissement où l'huissier exerce ses fonctions. Peu importe, dans ce cas, le lieu du domicile de la partie. — Cass., 22 janv. 1877, Michelet, [S. 78.1.341, P. 78.888, D. 77.1.310] — V. Merlin, *Rép.*, vᵒ *Domicile*, § 11; Toullier, t. 1, n. 378; Demolombe, *Domicile*, n. 346.

413. — Il a été jugé qu'un exploit peut être remis à la personne de l'assigné trouvé hors de son domicile, lors même que par jugement l'assignation à domicile a été ordonnée. — Rennes, 22 juill. 1814, Garbagny, [P. chr.]

414. — Mais il faudrait déclarer nul l'exploit dont le « parlant à » énoncerait qu'il a été signifié à une personne rencontrée hors de son domicile, et parlant à son avoué. — Besançon, 16 juin 1809, Jourdain, [P. chr.]

415. — Le principe d'après lequel tous les exploits de l'huissier peuvent être signifiés à personne, hors du domicile, souffre exception lorsqu'il s'agit d'un acte de protêt; en effet, comme le protêt doit être précédé de la sommation de payer, il est dans la nature des choses que la signification se fasse au lieu même indiqué pour le paiement, puisque c'est là que les fonds doivent se trouver. — V. *infrà*, vᵒ *Protêt*.

416. — La partie à qui un exploit est signifié n'a pas le droit de refuser la copie lorsque l'huissier le lui signifie parlant à elle-même. Mais si la partie ne voulait pas accepter la copie, l'huissier qui l'a rencontrée à son domicile peut laisser sa copie malgré le refus du signifié en constater sur l'original, et en laisser la copie au maire qui vise l'original; si l'huissier a rencontré la partie hors de son domicile, il doit au contraire, dans le cas où il éprouverait de sa part un refus de recevoir la copie, signifier l'exploit à domicile. — Deffaux et Harel, n. 351 et s. — V. Trib. Seine, 2 août 1854 (motifs), [*Journ. des huiss.*, t. 35, p. 286]

417. — Jugé que lorsque la partie à laquelle un exploit est destiné refuse, l'huissier a le choix entre deux partis : ou bien considérer la remise de l'exploit comme régulièrement faite, en la constatant sur l'original, ou bien procéder comme dans le cas où la partie ne se trouve pas à son domicile. — Aix, 1ᵉʳ avr. 1898, [*Journ. des huiss.*, t. 79, p. 194]

418. — Bien qu'il soit dans l'esprit de la loi que les exploits soient signifiés d'abord à personne avant de l'être à domicile, il est des cas où la signification ne peut pas être faite à la personne même que l'exploit concerne, mais seulement à une autre personne qui la représente, ou à son domicile.

419. — Ainsi, les mineurs et les interdits étant représentés par leur tuteur, c'est au tuteur que doivent être faites les significations qui les concernent. Au cas d'opposition d'intérêt entre le mineur et son tuteur, l'exploit serait signifié au subrogé tuteur qui remplace le tuteur dans ce cas. — Garsonnet, 2ᵉ éd., t. 2, § 586, p. 317; Deffaux et Harel, n. 443.

420. — Spécialement, lorsqu'un tuteur assigne son pupille en nullité ou en rescision d'un acte de partage, l'exploit est valablement signifié en la personne et au domicile du subrogé tuteur. — Agen, 4 juin 1861, Larée, [D. 61.5.514]

421. — L'art. 444, C. proc. civ., par exception à cette règle, ne fait courir le délai d'appel contre le mineur ou l'interdit qu'à compter du jour où le jugement est signifié tant au tuteur qu'au subrogé tuteur. — V. *suprà*, vᵒ *Appel* (mat. civ.), n. 2160 et s.

422. — Lorsque le mineur a atteint sa majorité ou lorsque l'interdit a recouvré sa capacité, les significations qui les concernent ne peuvent plus être faites à la personne de leur représentant légal; et c'est à l'ancien mineur ou à l'ancien interdit lui-même que l'exploit doit être signifié. — V. Bruxelles, 3 mai 1828, B..., [P. chr.] — Amiens, 19 févr. 1896, Damaye, [S. et P. 98. 2.31, D. 97.2.232] — V. aussi *suprà*, vᵒ *Appel* (mat. civ.), n. 1653 et s.

423. — Les condamnés à des peines afflictives et infamantes que la loi déclare être en état d'interdiction légale pendant la durée de leur peine ayant un tuteur, c'est à celui-ci qu'il faut signifier les exploits à leur adresse (C. pén., art. 29), en même temps qu'à eux-mêmes. — V. *infrà*, n. 443.

424. — La femme mariée est assignée tantôt en son nom personnel avec remise au mari d'une copie séparée, tantôt en la personne de son mari suivant les distinctions que nous établirons plus loin en étudiant la question du nombre de copies à laisser. — V. *infrà*, n. 1177 et s.

425. — Les significations concernant un individu placé dans un établissement d'aliénés doivent être faites à la personne de l'administrateur provisoire. — V. *suprà*, vᵒ *Aliénés*, n. 397 et s.

426. — L'exploit signifié à un mineur émancipé ou à un individu pourvu d'un conseil judiciaire, doit être rédigé en double copie, l'une étant remise à sa personne ou à son domicile, l'autre au curateur ou au conseil judiciaire. — Deffaux et Harel, n. 446. — V. *suprà*, vᵒ *Appel* (mat. civ.), n. 2209 et s.

427. — Ainsi la signification d'un jugement rendu dans une instance où un mari et sa femme, mineure émancipée par le mariage ont des intérêts opposés doit, pour être régulière au regard de la femme et faire courir contre elle le délai d'appel, être faite en même temps qu'à la femme à un curateur *ad hoc*. — Paris, 23 févr. 1898, [*Journ. des huiss.*, 1899, p. 15]

428. — Certains auteurs distinguent suivant qu'il est question d'actes pour lesquels le mineur émancipé ou le prodigue ont capacité suffisante pour agir seuls ou d'actes pour lesquels l'assistance du curateur est obligatoire. Au premier cas, il n'est besoin que d'une seule copie signifiée à la partie; au second cas, il faut laisser une copie à l'incapable et une au curateur. — Garsonnet, 2ᵉ éd., t. 2, § 586, p. 318; Bioche, n. 233; Chauveau, sur Carré, t. 1, quest. 348 *bis*; Rodière, t. 1, p. 196.

429. — Jugé que le mineur émancipé et son curateur qui ont le même domicile peuvent tous deux être assignés par un seul exploit signifié au mineur, au domicile du curateur et en parlant à ce dernier. — Cass., 17 flor. an XIII, Richon-Graumont et Brasier, [S. et P. chr.]

430. — L'absent doit être assigné en la personne ou au domicile de l'administrateur nommé par la justice pendant le temps de la présomption d'absence, et l'absence est déclarée, en la personne ou au domicile des envoyés en possession provisoire ou définitive.

431. — Ce que nous avons dit de l'absent pendant la présomption d'absence s'applique aussi au condamné par contumace : avant la condamnation, les exploits qui le concernent doivent être signifiés à la personne ou au domicile de l'administrateur nommé par la justice, et après la condamnation, à l'administration de l'enregistrement en la personne ou au domicile du directeur du lieu de la situation des biens.

Section II.

Signification à domicile.

§ 1. *Généralités.*

432. — Quoique la signification à personne soit certainement le mode qui remplit le mieux le but du législateur, comme on ne peut y recourir que rarement dans la pratique, et qu'il est toujours facile au défendeur de se dérober à l'approche de l'huissier, il a bien fallu permettre de suppléer à ce mode par un autre non moins efficace, nous voulons parler de la signification à domicile. C'est ce qui résulte de la disposition de l'art. 68, C. proc. civ.

433. — Par cette expression de l'art. 68 « tout exploit sera signifié à personne ou domicile, » le législateur indique le domicile légal, et non pas seulement la résidence de fait du défen-

EXPLOIT. — Titre I. — Chap. IV. 389

deur. — Cass., 14 avr. 1891, Ceccaldi, [S. et P. 94.1.391, D. 91.1. 329] — Douai, 30 avr. 1851, [Journ. des huiss., t. 32, p. 332] — Paris, 5 mars 1861, Ogier, [D. 61.2.49] — Riom, 21 nov. 1887, Chouvet, [D. 90.2.38] — Sic, Deffaux et Harel, n. 356 ; Garsonnet, 2ᵉ éd., t. 2, § 591, p. 324.

434. — Jugé, en ce sens, que la signification de l'exploit au domicile est exigée, à défaut de la signification à personne, et ne peut être remplacée par la signification faite à la simple demeure de la partie. Ainsi, la signification d'un arrêt à la résidence momentanée de la partie est irrégulière, et inhabile dès lors à faire courir les délais du pourvoi. — Cass., 14 avr. 1891, précité.

435. — Toutefois, par exception, les actes que le mari peut avoir intérêt à notifier à sa femme, au cours de l'instance en séparation de corps, doivent être signifiés au lieu de la résidence provisoire qui a été assignée à la femme. — Bastia, 12 juill. 1892, de Fontenailles, [S. et P. 94.2.116, D. 94.2.36] — Sic, Garsonnet, 2ᵉ éd., t. 2, p. 324, § 591, note 1. — V. suprà, vᵒ Divorce et séparation de corps, n. 1192 et s.

436. — La signification doit, par une autre exception, être faite à la résidence de la partie quand son domicile est inconnu. C'est un point sur lequel nous aurons à revenir.

437. — En outre, le législateur entend parler du domicile réel, et non du domicile élu.

438. — La signification est nulle, si la copie a été laissée dans une maison que le défaillant avait cessé d'habiter. — Toulouse, 22 janv. 1824. Blaise Jolly, [S. et P. chr.] — V. aussi Paris, 28 févr. 1807, Vacher-Lacour, [S. et P. chr.]

439. — L'huissier doit faire mention dans l'exploit qu'il s'est rendu au domicile de la partie; et l'exploit, dans lequel il n'est point constaté que l'huissier se soit transporté au vrai domicile de la partie, est nul. — Riom, 28 août 1820, Augerolles, [S. et P. chr.]

440. — C'est aux principes généraux exposés, suprà, vᵒ Domicile, qu'il faut se référer pour savoir où doit être faite une signification à domicile. Jugé, par application de ces principes, que si la signification s'adresse à une femme mariée, elle doit être faite au domicile conjugal, même lorsque c'est le mari qui la poursuit. Jugé même que la loi du 27 juill. 1880, qui a rétabli le divorce, et celle du 13 avr. 1886, qui a simplifié la procédure, que l'assignation donnée à la femme au domicile conjugal par le mari demandeur en divorce, est valable, bien que la femme ait de son consentement résidé dans un autre lieu. — Aix, 7 mai 1809, B..., [P. chr.]

441. — Lorsqu'une veuve n'a pas acquis légalement un autre domicile que celui de son mari défunt, c'est toujours à ce domicile que doivent lui être signifiés les exploits. — Lyon, 11 juill. 1889, [Mon. jud. Lyon, 21 novembre]

442. — Les militaires et marins doivent être assignés au domicile qu'ils avaient au moment de leur départ. — Rennes, 5 août 1812, Hautchemin, [S. et P. chr.] — Montpellier, 14 févr. 1848, [Journ. des huiss., t. 29, p. 117] — Sic, Carré et Chauveau, quest. 351 ; Boncenne, t. 2, p. 205 ; Rodière, t. 1, p. 217 ; Deffaux et Harel, n. 371. — V. aussi suprà, vᵒ Domicile, n. 396 et 397. — V. cep. pour les gens de mer, infrà, n. 1024 et s.

443. — Les bannis, les déportés, les condamnés aux travaux forcés sont assignés également au lieu de leur ancien domicile. — Commaille, t. 1, p. 143; Boncenne, t. 2, p. 204 ; Carré, quest. 357 ; Rodière, t. 1, p. 217 ; Deffaux et Harel, n. 373. — V. Cass., 16 frim. an XI, Doumere, [S. et P. chr.] — V. aussi suprà, vᵒ Domicile, n. 342 et s., 398 et 399.

444. — Jugé, à cet égard, (implicitement) que celui qui a été condamné aux travaux forcés à perpétuité peut être valablement assigné, pour intérêts civils, au domicile qu'il avait avant son arrestation. — Paris, 30 janv. 1817, Billaut, [S. et P. chr.]

445. — On peut assigner un prévenu dans la prison même pourvu que l'exploit lui soit remis entre les deux guichets, où il est réputé en liberté. La copie ne pourrait être remise aux employés de la prison ; mais elle le serait valablement aux parents ou aux serviteurs de l'assigné, trouvés à son ancien domicile. — Rodier, sur l'art. 3, tit. 2, quest. 7; Favard de Langlade, t. 1, p. 143; Boncenne, t. 2, p. 204 ; Carré et Chauveau, quest. 258 ; Deffaux et Harel, loc. cit.; Rodière, t. 1, p. 247. — V. infrà, n. 483 et s.

446. — De ce que la signification doit être faite au domicile de la partie, il résulte que lorsqu'une personne a légalement changé de domicile suivant les termes des art. 103 et s., C. civ.,

c'est à son nouveau domicile que les exploits doivent lui être signifiés.

447. — Il en résulte que lorsqu'une partie prend soin de faire connaître à son adversaire son changement de domicile, les exploits que celui-ci fait encore notifier à son ancien domicile ne peuvent être considérés comme valablement signifiés. Ainsi, l'assignation donnée à un domicile que l'assigné a déclaré régulièrement avoir quitté est nulle, surtout lorsque le requérant a reconnu le changement de domicile dans un acte antérieur. — Rennes, 9 août 1819, Decroix, [S. et P. chr.] — Sic, Bioche, vᵒ cit., n. 250 et s., Chauveau, sur Carré, quest. 355 ; Rodière, t. 1. p. 209 ; Garsonnet, 2ᵉ éd., t. 2, p. 135, § 591.

448. — Mais une partie ne peut être obligée de tenir compte pour la notification de ses exploits des changements de domicile qui lui sont annoncés par son adversaire que si ces changements de domicile se sont effectivement réalisés. Décidé, à cet égard, que, lorsque, dans un acte d'appel, l'appelant énonce un domicile autre que celui qu'il avait pendant le procès en première instance, l'intimé peut valablement l'assigner à son ancien domicile, si le changement n'est pas prouvé par les déclarations qu'exige l'art. 104, C. civ. — Cass., 13 germ. an XII, Simons, [S. et P. chr.]

449. — De même, bien qu'une partie ait déclaré à la mairie de son domicile et à la mairie d'un autre lieu qu'elle entendait changer de domicile, l'exploit est valablement signifié à son ancien domicile lorsqu'au moment de la signification la partie n'avait pas encore établi sa résidence dans son nouveau domicile. — Cass., 7 nov. 1832, [D. Rép., vᵒ Domicile, n. 25-3ᵒ]

450. — La déclaration de changement de domicile, sans indication d'un nouveau, ne suffit pas pour rendre nulles les significations qui seraient faites à l'ancien domicile. — Bruxelles, 29 juin 1808, Delavallée, [S. et P. chr.]

451. — De ce que l'on ne connaît pas toujours avec certitude le domicile d'une partie est né dans la pratique l'usage de valider les significations faites au domicile apparent, lorsque les tiers ont été induits en erreur par des raisons très-sérieuses sur le véritable domicile d'une personne. — V. suprà, vᵒ Domicile, n. 422 et s.

452. — Ainsi le gérant d'un journal doit être considéré, comme ayant son domicile dans les bureaux du journal, au moins en ce qui concerne les tiers et les actes de procédure relatifs aux publications dont il est légalement responsable ; par suite, les exploits lui sont valablement signifiés au bureau du journal. — Angers, 15 juin 1893, G..., [D. 93.2.579] — Sic, Garsonnet, 2ᵉ éd., t. 2, p. 325, § 591, note 4. — V. infrà, vᵒ Journaux et écrits périodiques, n. 356 et 357.

453. — De même on peut assigner à raison d'un article de journal le rédacteur en chef au domicile qu'il a élu dans les bureaux du journal conformément à l'annonce insérée dans le journal. — Bordeaux, 18 avr. 1894, C... et de V..., [D. 94.2.403]

454. — L'assignation donnée à un domicile indiqué par la partie intéressée n'est pas nulle, bien qu'il résulte des certificats de l'autorité administrative qu'elle soit domiciliée en un autre lieu. — Cass., 5 mai 1834, Fournier, [P. chr.]

455. — Jugé aussi que lorsqu'une partie a indiqué son domicile, c'est à ce domicile que les exploits doivent lui être signifiés et l'huissier ne saurait prétendre que la déclaration est mensongère. — Rennes, 13 mai 1893, Fichet, [D. 94.2.237]

456. — La jurisprudence a consacré en de nombreux arrêts cette théorie du domicile apparent au cas de changement de domicile. Ainsi elle a décidé qu'un exploit est valablement signifié à l'ancien domicile d'une partie qui n'a pas notifié son changement de domicile. — Paris, 30 janv. 1811, Houbé, [S. et P. chr.] — Sic. Bioche, vᵒ Exploit, n. 250 et s.; Chauveau, sur Carré, quest. 355; Rodière, t. 1, p. 209; Garsonnet, 2ᵉ éd., t. 2, p. 325, § 591.

457. — ... Quoique la partie à laquelle cette signification est faite ait acquis un autre domicile depuis plusieurs années. — Paris, 25 janv 1808, Estellé, [S. et P. chr.]

458. — ... Qu'une signification serait valablement faite au domicile connu du débiteur, en parlant à des personnes de sa famille, quoiqu'il alléguât avoir un nouveau domicile qu'il n'aurait pas d'ailleurs fait connaître. — Bruxelles, 25 févr. 1810, Delescailles, [P. chr.]

459. — ... Que l'assignation donnée à l'ancien domicile

connu, s'il n'a pas été changé dans la forme légale, est valable, surtout si l'exploit a été affiché à la porte de l'auditoire du tribunal et visé sur l'original par le représentant du ministère public. — Paris, 3 févr. 1812, Astrue d; Selves, [P. chr.] — Bourges, 6 mai 1822, Comm. de Saint-Germain-des-Bois, [P. chr.]

460. — *A fortiori*, la signification faite à un ancien domicile est-elle valable lorsque la partie assignée qui en avait pris un nouveau a continué à indiquer son ancien domicile dans plusieurs actes subséquents. — Limoges, 27 juill. 1816, Villontraix, [P. chr.]

461. — Des significations sont aussi valablement faites au dernier domicile connu, lorsqu'il n'y a eu aucun changement apparent de domicile, et alors surtout qu'il s'agit des erremens ou actes d'exécution d'une procédure dans laquelle la partie condamnée avait indiqué un domicile qu'elle est censée conserver jusqu'à notification contraire. — Douai, 8 juin 1841, Gruson-David, [P. 42.1.78]

462. — De même, un avocat, poursuivi disciplinairement devant la cour, à la requête du procureur général, et sur l'appel formé par ce magistrat, contre une décision du conseil de l'ordre, est valablement assigné par exploit signifié au domicile qu'il s'est lui-même attribué dans tout le cours de la procédure, et où il a reçu personnellement la copie de l'acte d'appel qui lui avait été notifié, alors, du moins, qu'il n'est intervenu, depuis, aucun acte qui pût faire légalement connaître au ministère public le changement de résidence ou de domicile du cité. Il n'importe que l'arrêt de la cour déclare que celui-ci est en fuite; cette énonciation n'impliquant pas en soi l'abandon définitif du domicile mentionné expressément à la suite. — Cass., 29 juill. 1884, Méric, [S. 87.1.11, P. 87.1.13, D. 85.1.237]

463. — Décidé cependant, en sens contraire, que celui qui assigne doit s'assurer du domicile actuel de la partie assignée. Si donc celle-ci a légalement transporté son domicile d'un lieu dans un autre, l'assignation au dernier domicile est nulle : le requérant ne peut s'excuser sur l'ignorance de ce changement. Peu importe que dans l'assignation il soit dit que la partie assignée n'a ni domicile ni résidence connus. — Nîmes, 30 mars 1808, Rose, [S. et P. chr.] — Paris, 10 juin 1811, Froidefond, [S. et P. chr.] — *Sic*, Deffaux et Harel, n. 361.

464. — Pourrait-on cependant, si la partie a quitté son domicile sans que l'on parvienne à connaître son nouveau domicile, la considérer comme sans domicile connu, ou devrait-on faire la signification à l'ancien domicile? C'est un point que nous réservons et sur lequel nous aurons à revenir. — V. *infrà*, n. 895 et s.

465. — Au reste, il n'est pas toujours nécessaire que le changement de domicile soit constaté par une déclaration. En effet, ce changement résulte de l'acceptation de fonctions publiques perpétuelles et irrévocables. — V. *suprà*, v° *Domicile*, n. 232 et s.

466. — Par suite, l'acceptation de fonctions publiques révocables n'entraînant pas le changement de domicile les significations à un percepteur de contributions sont valablement faites à son ancien domicile, car ses fonctions sont essentiellement révocables. — Cass., 11 mars 1812, Provost, [S. et P. chr.] — Paris, 17 août 1810, Gronier, [S. et P. chr.] — *Sic*, Deffaux et Harel, n. 370.

467. — Du moment que le Code exige que l'exploit soit signifié à personne ou domicile, il s'ensuit qu'une assignation donnée à un propriétaire, au domicile du gérant de ses propriétés, serait nulle. Jugé, en ce sens, que l'acte d'appel signifié au domicile de l'administrateur des biens de l'intimé est nul. — Bruxelles, 29 juill. 1809, Lorent, [S. et P. chr.] — V. aussi Cass., 17 vend. an VI, Gérard de Rayneval, [S. et P. chr.]

468. — ... Que l'assignation donnée à un individu non en sa personne, mais en celle de son agent, est nulle. — Cass., 4 therm. an V, Custine, [S. et P. chr.]

469. — Qu'un acte d'appel ne peut, à moins d'un consentement formel, être valablement signifié au domicile d'un mandataire. — Rennes, 28 janv. 1836, Préfet de la Loire-Inférieure, [P. chr.]

470. — D'après les mêmes motifs, on a déclaré nul l'arrêt signifié aux assurés en la personne et au domicile de celui qui a contracté dans une police d'assurance pour compte de qui il appartiendrait, si, par la procédure antérieure, l'assureur a connu les assurés et leur domicile. — Rennes, 16 avr. 1813, Biarrot, [P. chr.]

471. — Peut-on encore signifier à domicile, lorsque la personne à laquelle l'exploit est adressé est décédée? La jurisprudence établit sur cette question des distinctions très-simples. En thèse générale, on ne doit pas assigner une personne qu'on sait décédée. Ainsi l'acte d'appel ne peut être signifié à une partie décédée, lorsque son décès n'est pas ignoré de l'appelant; il faut dans ce cas intimer les héritiers en nom direct. — Grenoble, 22 mai 1812, Vitalis, [S. et P. chr.] — Bordeaux, 17 févr. 1826, Reymond, [S. et P. chr.] — *Sic*, Deffaux et Harel, n. 375.

472. — Mais à l'inverse, l'acte d'appel n'est pas nul pour avoir été signifié au domicile d'une partie décédée, lorsque le décès n'était pas connu de l'appelant. — Paris, 12 mai 1811, Hérit. Gentil, [P. chr.] — *Sic*, Deffaux et Harel, *loc. cit.*

473. — Jugé encore que l'huissier a pu valablement signifier un exploit à une personne décédée, s'il n'avait pas connaissance du décès, qui d'ailleurs n'était pas inscrit sur les registres de l'état civil. — Cass., 3 sept. 1811, Marquer, [S. et P. chr.]

474. — De même la signification d'un arrêt faite au domicile d'une personne décédée ne serait pas nulle si le décès n'avait eu lieu que postérieurement à cet arrêt, et s'il n'était constaté par aucune pièce que le demandeur eût connu le véritable domicile de l'héritier.

475. — Mais quand la partie qui a obtenu un jugement est décédée, l'acte d'appel de ce jugement ne peut pas être signifié à la personne et au domicile d'un fondé de pouvoir de ses légataires universels. — Paris, 2 août 1809, Mazoyer, [S. et P. chr.]

476. — Jugé qu'une assignation est valable, quoique donnée à des parties alors décédées, si elle a été en même temps dirigée contre d'autres parties solidaires. — Bordeaux, 22 août 1833, Lassus, [S. 34.2.173, P. chr.]

477. — Décidé, au contraire, que l'assignation de plusieurs intéressés solidaires signifiée à l'un d'entre eux n'est valable qu'à l'égard de celui qui a reçu la copie. — Bourges, 24 mars 1820, Cloix, [P. chr.] — Mais ces solutions sont fondées sur d'autres principes que ceux qui nous occupent ici. — V. *infrà*, v° *Solidarité*.

478. — Les exploits devant être signifiés à personne ou à domicile, il faut appliquer cette règle au cas de décès de la partie et signifier une copie à chacun des héritiers du défunt lorsqu'on les connaît. Mais à ce principe le législateur a lui-même apporté quelques dérogations fondées sur des raisons tirées de l'intérêt public.

479. — Ainsi d'après l'art. 2156, C. civ., les actions auxquelles les inscriptions hypothécaires peuvent donner lieu contre les créanciers doivent être intentées par exploits signifiés à leur personne ou au dernier domicile élu par eux, malgré leur décès.

480. — En matière indivisible, pour interrompre une prescription, il suffit d'assigner l'un des héritiers comme représentant toute la succession (Arg. art. 2249, C. civ.).

481. — De même, l'art. 447, C. proc. civ., permet de faire la signification du jugement destinée à faire courir le délai d'appel aux héritiers collectivement et sans désignation des noms et qualités.

482. — Décidé qu'on peut interjeter appel d'un jugement rendu au profit d'une personne décédée depuis peu, en notifiant l'exploit à la maison du défunt, aux héritiers collectivement, sans désignation de noms ni de qualités. — Bruxelles, 30 août 1810, de Burges, [S. et P. chr.]

§ 2. *Remise de la copie à des parents ou à des serviteurs.*

483. — En signifiant son exploit à domicile, il n'est pas nécessaire que l'huissier laisse la copie à la personne même à laquelle cet exploit est destiné; il peut, suivant l'art. 68 lui-même, le remettre à un parent ou serviteur.

484. — Mais pour que la copie soit valablement remise à un parent ou à un serviteur du défendeur, il faut que le parent ait été trouvé au domicile de celui-ci, et pour cela il faut qu'il soit établi que l'huissier s'est transporté à ce domicile. Ainsi, est nulle la notification faite au gendre du défendeur, s'il n'est pas indiqué que l'agent lui a remis la copie au domicile du défendeur, ni même qu'il se soit présenté à ce domicile. — Cass., 27 févr. 1889, Préfet des Hautes-Alpes, [S. 91.1.344, P. 91.1.1312, D. 91.5.290] — *Sic*, Garsonnet, 2° éd., t. 2, § 592, p. 326 et 327; Boitard, Colmet-Daage et Glasson, t. 1, n. 170; Bonceane, t. 2, p. 206; Thomine-Desmazures, t. 1, p. 169; Chauveau, sur Carré, t. 1, quest. 360 *ter*; Rodière, t. 1, p. 204. — V. aussi Cass., 26 fruct.

an XI, Lalande, [S. et P. chr.] — Rennes, 9 août 1819, Decroix, [S. et P. chr.]

485. — Par suite, la copie d'un exploit signifié à une femme mariée ne peut, à peine de nullité, être remise à son mari, trouvé hors de leur domicile. — Toulouse, 22 déc. 1830. Lescazes, [S. 31.2.226, P. chr.] — Sic, Deffaux et Harel, n. 349.

486. — De ce qu'un exploit ne peut être valablement remis à un parent ou serviteur qu'à la condition que celui-ci ait été rencontré au domicile de la partie, il suit qu'on doit déclarer l'exploit nul s'il ne résulte ni expressément ni implicitement des mentions qu'il renferme que l'huissier s'est présenté au domicile de la partie et que c'est à ce domicile qu'il a remis la copie. — Cass., 4 mai 1892, Syndic Lasne, [S. et P. 92.1.248, D. 93.1.77] — Rennes, 28 déc. 1812, Revel, [P. chr.]; — 16 avr. 1813, Barrot, [P. chr.]

487. — Ainsi jugé qu'est nul l'exploit d'appel remis à la portière de l'intimé, s'il ne porte pas que la remise a eu lieu au domicile de celui-ci. — Bruxelles, 27 juin 1810, Gaubert, [S. et P. chr.] — V. infrà, n. 523 et s.

488. — ... Que la signification à avoué parlant à son serviteur est nulle, si elle ne mentionne pas que c'est au domicile de l'avoué que la remise a eu lieu. — Liège, 19 mars 1812, Niezstrass, [S. et P. chr.]

489. — ... Qu'un acte d'appel est nul s'il ne dit pas formellement que la copie a été laissée au domicile de l'intimé, encore qu'il énonce que la copie a été remise à son épouse. — Montpellier, 3 déc. 1810, Descoins, [S. et P. chr.]

490. — Décidé, au contraire, que l'exploit est valablement remis à la femme de celui auquel il était destiné, bien qu'il n'énonce pas qu'elle ait été trouvée dans le domicile de son mari. — Agen, 8 mai 1809, Solmet, [S. et P. chr.]

491. — Un exploit portant la mention qu'il a été signifié à la partie demeurant à tel endroit, parlant à sa domestique, est d'ailleurs présumé avoir été remis au domicile même de la partie. — Limoges, 27 avr. 1847, Brandy-Lacroisille. [S. 52.2.430, P. 53.1.55, D. 52.5.259]

492. — Un exploit est valablement remis entre les mains d'un parent ou serviteur trouvé au domicile du défendeur, alors même que le défendeur s'y trouve; l'huissier n'est pas tenu de le rechercher. — Bioche, v° Exploit, n. 274; Rodière, t. 1, p. 204; Garsonnet, 2° éd., t. 2, § 592, p. 325 et 326; Boitard, Colmet-Daage et Glasson, t. 1, n. 170; Deffaux et Harel, n. 377; Rousseau et Laisney, n. 266; Bioche, n. 274.

493. — Jugé, à cet égard, que l'huissier peut remettre la copie de l'exploit signifié au maître, sans être tenu de s'assurer d'abord de l'absence de celui-ci. — Nancy, 26 juill. 1879, sous Cass., 2 mars 1880, Busy, [S. 80.1.297, P. 80.718, D. 80.1.211]

494. — La formalité de la remise de la copie de l'exploit est trop importante pour que l'art. 68 ne soit pas appliqué avec une certaine rigueur. Ainsi on doit déclarer nul l'exploit dont la copie est laissée au domicile de celui qu'il concerne, à une personne qui n'est ni son parent, ni son serviteur ni son allié. — Nîmes, 5 avr. 1808, Olivier, [S. et P. chr.] — Sic, Deffaux et Harel, n. 378.

495. — Si la copie d'un exploit peut être laissée au domicile de la partie, à ses parents ou serviteurs, n'est-il pas un âge, cependant, où ceux-ci doivent avoir pour que l'huissier puisse leur remettre valablement cette copie? Sous l'ancien droit, tous les auteurs reconnaissaient bien que la copie d'un exploit ne devait être laissée qu'à une personne d'âge suffisant; mais on était loin d'être d'accord sur ce qu'il fallait entendre par âge suffisant; cet âge, qui était de quatorze ans, suivant Fontanon, sur Mazuer (Pratica forensis, tit. 1, n. 3, p. 5), de treize ans, suivant Guenois, sur Imbert (Prat. judic., liv. 1, chap. 5, p. 45), était, suivant Pothier (Tr. de la proc. civ., chap. 1, art. 4, n. 18), et Jousse (Comment., Ord. de 1667, tit. 2, art. 3, n. 3), celui de la puberté. Néanmoins, Pothier et Guenois (loc. cit.) décidaient qu'on ne pouvait demander la nullité d'un exploit dont on avait laissé la copie à un impubère, qu'autant que cette copie n'était pas parvenue à la personne à qui elle était destinée. Sous le Code de procédure civile, les auteurs décident également que la copie d'un exploit ne peut être laissée qu'à une personne capable de discernement. Mais quel est l'âge auquel on a cette capacité? Suivant MM. Boncenne (Théor. de la proc. civ., t. 2, p. 207) et Berriat Saint-Prix (Cours de proc. civ., 5° éd., p. 202, note 33, §3), c'est celui que le Code de procédure civile (art. 285) exige pour que la déposition d'un témoin puisse faire foi, c'est-à-dire quinze ans révolus. Ces auteurs paraissent même faire de l'âge de quinze ans une condition absolue, en ce sens que l'exploit dont la copie aurait été laissée à un enfant au-dessous de cet âge devrait être déclaré nul, alors même que cette copie serait parvenue à sa destination.

496. — Jugé, en ce sens, que la copie d'un exploit n'est pas valablement laissée à un enfant âgé de sept ans, parce que la loi a voulu parler d'une personne ayant atteint l'âge de raison. — Montpellier, 27 déc. 1827, Couderq, [S. et P. chr.] — Dans l'espèce, il était cependant certain, en fait, que la copie avait été fidèlement remise par l'enfant.

497. — Mais d'autres auteurs pensent que faire de l'âge de quinze ans une condition absolue, c'est poser une règle arbitraire; l'huissier ne peut jamais connaître l'âge exact de la personne qu'il rencontre; il suffit donc, pour la remise de la copie, que la personne à qui elle est confiée soit visiblement sortie de l'enfance et puisse apprécier l'importance de la commission qui lui est confiée. Aussi admet-on généralement qu'il appartient aux tribunaux d'apprécier, d'après les circonstances du fait, si des personnes auxquelles des copies d'exploit ont été transmises, étaient capables de les recevoir et de les remettre à la partie à laquelle elles étaient destinées. — Cass., 6 déc. 1852, Barnier, [S. 53.1.76, P. 54.1.170, D. 53.1.319] — Poitiers, 25 mai 1825, N..., [S. et P. chr.] — Trib. Rennes, 3 mai 1890, Vigneron, [D. 93.2.86] — Bruxelles, 28 févr. 1853, [Journ. des huiss., t. 34, p. 116] — Favard de Langlade, Rép., v° Ajournement, § 3, n. 4; Carré et Chauveau, t. 1, quest. 359 et la note; Delzers, Cours de proc. civ., sur l'art. 68, p. 224; Deffaux et Harel, n. 328; Garsonnet, 2° éd., t. 2, § 592, p. 326, note 1; Boitard, Colmet-Daage et Glasson, t. 1, n. 170; Rodière, t. 1, p. 206.

498. — En conséquence, on peut déclarer valable l'exploit laissé à un enfant de neuf ans, alors surtout que cet exploit est parvenu à sa destination. — Cass., 6 déc. 1852, précité.

499. — Jugé, de même, qu'une signification peut être considérée comme valable, bien que la copie de l'exploit ait été remise à une jeune fille âgée seulement de treize ans, lorsqu'il n'y a aucune raison de douter du discernement de cet enfant, et qu'il résulte d'ailleurs des circonstances de la cause que le débiteur a dû nécessairement avoir connaissance des poursuites exercées contre lui. — Poitiers, 25 mai 1825, précité.

500. — a) Parents. — L'art. 68. C. proc. civ., autorise comme nous l'avons dit l'huissier à remettre la copie aux parents ou serviteurs de la partie trouvés à son domicile. Le degré de parenté importe peu : la loi ne fait aucune distinction. Du reste, le mot parent doit être pris dans son acception la plus générale, et il s'applique aux alliés. — Garsonnet, 2° éd., t. 2, § 592, p. 326; Rodière, t. 1, p. 205; Bioche, n. 237.

501. — Mais lorsque le domicile de la partie est fermé, le parent qui reçoit la copie le fait en qualité de voisin. Ainsi lorsque la fille de la partie reçoit la copie dans la cour, la nullité doit à peine de nullité être constatée sur l'original et sur la copie de l'exploit. — Montpellier, 1er févr. 1848, [Journ. des huiss., t. 29, p. 192]

502. — Certains auteurs pensent que, par le mot parent, on doit entendre, non pas d'une manière générale toutes les personnes que le lien du sang unirait au défendeur, mais bien les personnes qui, unies avec lui par ce lien, demeurent d'habitude, séjournent régulièrement dans sa maison, dans son domicile : qu'en un mot, l'exploit ne pourrait être remis valablement à un parent trouvé par hasard au domicile du défendeur. — Boitard et Colmet-Daage, t. 1, n. 170; Boncenne t. 2, p. 203; Favard de Langlade, Rép., v° Ajournement, § 3, n. 4; Garsonnet, 2° éd., t. 2, § 592, p. 327. — Dans le même sens, dans l'ancien droit : Gui-Pape, quest. 191 et 192; Rodier, sur l'art. 3, tit 2 de l'ordonnance de 1667; Boutaric, sur le même article.

503. — Ainsi jugé que la copie d'un exploit ne peut, au cas d'absence de la partie assignée, être remise à l'un de ses parents trouvé à son domicile, si ce parent ne s'y trouve qu'accidentellement et n'y est pas lui-même domicilié. — Colmar, 4 déc. 1807, Gougenheim, [S. et P. chr.] — Poitiers, 13 juill. 1813, Bouffet, [S. et P. chr.]; — 24 août 1834, Morat, [S. 34.2.517, P. chr.]

504. — ... A moins toutefois que ce ne soit en qualité de voisin (s'il est voisin). Mais dans ce cas, l'original de l'exploit devrait, à peine de nullité, être signé de lui. — Poitiers, 13 juill. 1813, précité.

505. — Néanmoins, l'huissier qui a remis l'exploit au parent trouvé accidentellement chez la partie assignée peut être déclaré non responsable de la nullité : il n'y a pas là faute grave de sa part. — Poitiers, 24 août 1834, précité.

506. — L'opinion contraire est enseignée par Chauveau, sur Carré (t. 1, quest. 360 bis) : « Il faut convenir, dit-il, que lorsque la loi indique les parents de l'assigné, elle ne distingue pas entre ceux qui habitent avec lui et ceux qui ne se trouvent que par hasard à son domicile; que les nullités ne peuvent être suppléées par les juges, et qu'en combinant les art. 68 et 70, C. proc. civ., on ne trouve pas de nullité pour le cas dont il s'agit. » — Thomine-Desmazures, t. 1, p. 169 et 170; Rodière, t. 1, p. 205; Bonnier, t. 1, n. 570; Deffaux et Harel, n. 383.

507. — Jugé, en ce sens, que la remise d'un exploit faite au parent de la partie assignée, trouvé au domicile de cette dernière, est valable, alors même qu'il n'y est pas lui-même domicilié, et que l'exploit constate qu'il n'y a été trouvé qu'accidentellement. — Cass., 14 mai 1838, Maurat, [S. 38.1.658, P. 38. 2.205] — Aix, 6 févr. 1826, Meyer, [S. et P. chr.] — Toulouse, 8 août 1850, Daunassans, [S. 51.2.118, P. 52.2.608. D. 51.2. 143] — Bruxelles, 13 févr. 1832, Winck, [P. chr.]

508. — Il en est ainsi surtout, quand l'huissier peut le croire, d'après les circonstances de la cause, que le parent et le défendeur demeuraient ensemble. — Toulouse, 8 août 1850, précité.

509. — Décidé, dans le même sens, que la copie d'une assignation peut être valablement remise par l'huissier au domicile du frère de la partie assignée au domicile de cette dernière, encore bien qu'il n'y soit pas lui-même domicilié. — Nîmes, 30 avr. 1850, Freydier-Laffont, [S. 50.2.513, P. 52.1.87]

510. — Nul doute que les époux ne soient compris dans le mot parent, personne n'offrant en effet plus de garantie qu'eux au législateur.

511. — Jugé cependant que les significations faites par l'acquéreur pour arriver à la purge de l'hypothèque légale d'une femme ne peuvent être laissées à la personne du mari, qui est alors adversaire de sa femme. — Paris, 25 févr. 1819, Létang, [P. chr.]

512. — Mais décidé que la notification du contrat faite à la femme, même séparée de biens, en parlant à son mari, trouvé dans son domicile, et avec lequel elle demeure, suffit pour purger l'hypothèque légale, qu'elle a, pour sa dot, sur les biens vendus par son mari, pourvu qu'il n'y ait ni dol ni fraude. — Cass., 14 juill. 1830, Doray, [P. chr.]

513. — b) *Serviteurs*. — Le mot serviteur dont se sert l'art. 68, C. proc. civ., doit être entendu *lato sensu*; il faut seulement que la personne qui reçoit la copie soit, avec la personne à qui l'exploit est signifié, dans des rapports journaliers. Ainsi, parmi les serviteurs, on doit ranger toutes les personnes demeurant avec le défendeur et employées à son service : dès lors, les secrétaires, commis, clercs, bibliothécaires, précepteurs, etc., de même que les domestiques, servantes, valets de chambre, cochers, etc., auraient qualité pour recevoir la copie. — Boitard, Colmet-Daage et Glasson, t. 1, n. 170; Favard de Langlade, *Rép.*, v° *Ajournement*, § 3, n. 4; Boncenne, t. 2, p. 205; Carré et Chauveau, quest. 361 ; Thomine-Desmazures, t. 1, p. 170; Rodière, t. 1, p. 205; Deffaux et Harel, n. 385; Rousseau et Laisney, n. 279; Garsonnet, 2° éd., § 592, p. 326.

514. — La copie pourrait être remise même au jardinier de la partie; encore bien que la partie n'ait été mis en séquestre, et que le propriétaire en ait été expulsé par le gardien judiciaire. — Cass., 26 mars 1822, Fresnais de la Briais, [S. et P. chr.]

515. — La copie pourrait de même être remise à un de ses commis ou employés. — Cass., 2 mars 1833, Brunet, [P. chr.] — Rouen, 5 janv. 1814, Thonin, [P. chr.] — Metz, 23 févr. 1820, Morel, [S. 32.2.598, P. chr.] — Bordeaux, 24 août 1831, Monneyra, [P. chr.]

516. — Elle pourrait l'être aussi à son secrétaire. Ainsi, est valable la signification d'un acte d'appel faite au domicile de l'intimé, à son secrétaire nanti d'une procuration générale à l'effet de le représenter devant toutes les juridictions. — Cass., 9 juin 1896, Souques, [S. et P. 98.1.390, D. 97.1.530]

517. — De même, la signification d'un jugement rendu contre un évêque est valablement faite au secrétariat de l'évêché. — Liège, 20 juill. 1880, Hérit. Brouwers, [S. 82.4.1, P. 82.2.1, D. 81.2.41]

518. — Les clercs doivent être assimilés aux serviteurs, auxquels la copie de l'exploit peut être remise dans les termes de l'art. 68, C. proc. civ. — Cass., 2 mars 1880, Busy, [S. 80.1.297, P. 80.718, D. 80.1.211] — Metz, 6 avr. 1865, Barthélemy, [S. 65. 2.267, P. 65.1028, D. 65.2.156]

519. — Spécialement, est valable la citation donnée à un avoué, curateur à une hoirie vacante, en son domicile, en parlant à son clerc. — Nîmes, 7 avr. 1812, Bruguier, [S. et P. chr.]

520. — Jugé encore qu'un exploit d'appel n'est pas nul, si la copie ayant été portée au domicile de l'intimé, a été laissée à un homme qui a paru pour lui en qualité d'homme d'affaires mais d'instruction de l'instance, et qui par conséquent pouvait être considéré comme attaché à son service, surtout lorsque l'intimé a reçu cette copie et la représente. — Besançon, 28 juin 1816, N..., [P. chr.]

521. — Mais est nul l'acte d'appel signifié, soit à une personne faussement qualifiée de procurateur de l'intimé, soit à l'ancien avoué des créanciers de l'intimé. — Rennes, 21 févr. 1820, Pihan, [P. chr.]

522. — De même la copie ne pourrait être valablement laissée à un fondé de pouvoirs qui se trouve par hasard au domicile de la partie, le fondé de pouvoirs ne pouvant être assimilé à un serviteur. — Limoges, 19 août 1818, Vaslet, [S. et P. chr.] — Deffaux et Harel, n. 387.

523. — Pourrait-elle l'être valablement à un concierge ou à un portier? La jurisprudence et les auteurs décident la question affirmativement. — Chauveau et Carré, t. 1, quest. 361 bis, addit.; Bioche, v° *Exploit*, n. 265; Boitard, Colmet-Daage et Glasson, t. 1, n. 170; Rodière, t. 1, p. 205.

524. — Deffaux et Harel (v° *Exploit*, n. 388) pensent, au contraire, que l'usage, qui s'est perpétué et a été consacré par la jurisprudence, de laisser aux portiers et concierges la copie des exploits concernant les locataires, n'est pas conforme à la loi. « La qualification de serviteur d'une personne, disent-ils, ne nous semble pouvoir être attribuée qu'à celui qui, moyennant un salaire, est attaché au service de cette personne ou employé à ses affaires. Or, le portier d'une maison ne sert nullement les locataires; ceux-ci ne le paient pas et n'ont aucun droit sur lui. Salarié par le propriétaire, il est à la disposition exclusive de ce dernier; c'est son agent, son mandataire spécial... Pour se conformer strictement à l'art. 68, ajoutent-ils, l'huissier, chargé de signifier un exploit à un individu qui habite une maison où il y a un portier, devrait se présenter chez le locataire, et ne se serait que dans le cas où il ne le trouverait pas à sa boutique, à son magasin ou à son appartement, ni aucun de ses parents ou serviteurs, qu'il pourrait laisser la copie au portier, non pas comme serviteur du locataire, mais en sa qualité de voisin ; ce qui l'obligerait à faire viser l'original par le portier. » Garsonnet, 2° éd., t. 2, § 592, p. 327.

525. — La jurisprudence s'est cependant prononcée dans le sens du premier système. Ainsi jugé qu'un portier d'une maison étant préposé au service de tous les locataires qui l'habitent, il s'ensuit qu'un exploit fait au portier de la maison est valable. — Besançon, 12 févr. 1810, Boutechoux, [S. et P. chr.] — Rouen, 5 janv. 1814, [P. chr.] — Riom, 10 févr. 1815, de la Bernardière, [S. et P. chr.] — Lyon, 25 mai 1816, Chevelu, [S. et P. chr.] — Bourges, 16 déc. 1828, Robin, [S. et P. chr.] — Paris, 9 nov. 1830, Bruyères, [P. chr.] — Dijon, 24 août 1844, Desfrancés, [P. 45.1.82, D. 45.4.256] — Lyon, 5 avr. 1889, [*Monit. jud. Lyon*, 2 juillet]

526. — ... Que le portier de la maison où le débiteur est domicilié étant, par la nature de ses fonctions, préposé au service de tous les locataires, on peut valablement lui laisser la copie du protêt, sur la déclaration que le débiteur n'est pas à domicile. — Lyon, 25 mai 1816, précité.

527. — ... Qu'un acte d'appel peut être valablement laissé pour un préfet et sa femme au concierge de la préfecture. — Toulouse, 10 mai 1826, Tobler, [P. 40.1.377]

528. — Mais un concierge ne peut plus être considéré comme ayant qualité pour recevoir les significations, lorsque les personnes qu'elles concernent ont cessé d'habiter la maison confiée à sa garde. — Nîmes, 29 nov. 1839, Michel, [P. 40.1.377]

529. — Lorsqu'il y a diversité d'intérêts, soit entre le propriétaire de la maison et ses locataires, soit entre ces locataires eux-mêmes, et que l'exploit remis au portier est relatif aux contestations qui les divisent, ce dernier peut-il être considéré comme le serviteur de celui auquel l'exploit est signifié?

530. — Cette question s'est présentée devant le tribunal de la Seine dans une espèce où une saisie-arrêt ayant été faite entre les mains des locataires contre leur propriétaire, les premiers n'avaient pas reçu la copie de cette opposition. On disait qu'en une semblable circonstance où il y avait diversité d'intérêts entre le propriétaire saisi et les locataires tiers saisis, le premier

EXPLOIT. — Titre I. — Chap. IV.

avait grand intérêt à faire disparaître les copies ; que le portier ne devait plus être considéré comme l'homme, comme le serviteur des locataires, puisqu'il était sous la dépendance immédiate du propriétaire, et qu'il y aurait une souveraine imprudence à l'huissier, qui ne peut ignorer ces circonstances, à mettre les copies entre les mains de la partie saisie. Toutefois, le tribunal, par jugement du 17 févr. 1829, déclara valable la remise faite au portier, même dans ce cas, et MM. Carré et Chauveau, quest. 361 bis, approuvent cette décision, sans néanmoins se dissimuler les inconvénients d'un pareil mode de procéder, et sauf aux locataires à se pourvoir par les voies de droit contre le propriétaire ou le portier, en cas de dol ou de fraude leur ayant causé préjudice.

531. — Mais il a été décidé, qu'en sens contraire, un congé signifié à un locataire par un propriétaire parlant au concierge de la maison n'est pas valable parce que le concierge étant le préposé du propriétaire est encore plus au service de celui-ci qu'au service des locataires et que la copie d'un exploit ne saurait être remise à une personne ayant un intérêt opposé à celui du défendeur. — Trib. Seine, 24 oct. 1837, [D. Rép., v° Exploit, n. 270]

532. — D'autre part, il a été jugé, mais antérieurement au Code de procédure, que l'exploit donné à une personne dans un couvent en parlant à la tourière devait être tenu pour nul. — Cass., 29 prair. an VII, Sirey, sous Cass., 19 vent. an IX, [S. et P. chr.]

533. — Aux termes de l'art. 1 d'une ordonnance royale du 20 août 1817, encore en vigueur à l'heure actuelle, les significations aux personnes qui ont leur résidence habituelle dans les palais ou châteaux royaux, dans les maisons royales et leurs dépendances, doivent être faites en parlant aux suisses ou concierges desdits palais ; ceux-ci ne peuvent d'ailleurs refuser de recevoir ces copies ; et il leur est enjoint de les remettre incontinent à ceux qu'elles concernent.

534. — Par une extension assez raisonnable de l'art. 68, on décide qu'un exploit peut être valablement laissé au maître d'un hôtel garni dans l'absence de la partie qui y demeure. — Caen, 4 mai 1813, Lecomte, [S. et P. chr.] — Paris, 19 janv. 1826, Housset de Catteville, [P. chr.] — Montpellier, 17 mai 1848, Falgons, [S. 50.2.51, P. 49.2.598, D. 50.2.42] — Nancy, 7 juill. 1849, Roget, [S. 50.2.52, P. 49.2.598, D. 50.2.42] — Sic, Rodière, t. 1, p. 203 ; Deffaux et Harel, n. 392 ; Carré et Chauveau, quest. 360, note.

535. — Ainsi, l'exploit signifié à un particulier logé en hôtel garni peut être laissé au maître de cet hôtel. On ne doit point considérer celui-ci comme un voisin qui doive signer la copie, aux termes de l'art. 68, C. proc. civ. — Nancy, 22 juin 1813, Dormer, [S. et P. chr.]

536. — La rigueur peut même être laissé aux domestiques de l'hôtel garni. Ainsi jugé que la copie d'un exploit signifié à Paris, dans un hôtel garni habité par la personne à laquelle la signification est adressée, peut être laissée à la portière de l'hôtel. — Riom, 10 févr. 1815, de la Bernardière, [S. et P. chr.] — Sic, Carré, quest. 360, note.

537. — La copie d'un exploit est valablement remise au principal locataire de la maison habitée par la personne à qui l'exploit est notifié, lorsqu'il est d'usage dans les lieux que le principal locataire se charge de recevoir les commissions pour ses sous-locataires. — Bruxelles, 18 juill. 1817, Debacque, [S. et P. chr.] ; — 27 mars 1819, N..., [S. et P. chr.]

538. — Mais le propriétaire n'a pas qualité pour recevoir un exploit signifié à son locataire. — Rennes, 23 août 1817, Allaire, [P. chr.] — Montpellier, 17 mai 1848, précité. — Nancy, 7 juill. 1849, précité. — Sic, Deffaux et Harel, n. 397 ; Garsonnet, 2° éd., t. 2, § 592, p. 326, note 3.

539. — Est donc nul l'exploit d'ajournement remis au propriétaire de la maison, dont la partie assignée habite une pièce, si les formalités prescrites pour la remise au voisin ne sont pas observées. — Rennes, 23 août 1817, précité. — V. infra, n. 553 et s.

540. — De même, la copie d'un exploit signifié à un propriétaire n'est pas valablement remise à son locataire, si les formalités prescrites pour la remise au voisin ne sont pas observées ; car le locataire n'a pas avec le propriétaire, encore bien qu'ils habitent l'un et l'autre la même maison, les rapports d'intimité voulus par la loi. Jugé, en ce sens, que le locataire ne peut, en cette seule qualité, être considéré comme étant de la famille du propriétaire de la maison qu'il habite : il ne peut, à ce titre, recevoir copie d'un exploit adressé au propriétaire de la maison. — Nîmes, 5 avr. 1808, Olivier, [S. et P. chr.] — Colmar, 15 juin 1837, Braun, [D. 58.2.173] — Sic, Deffaux et Harel, loc. cit.

541. — Un fermier ne peut être considéré comme le serviteur du propriétaire ; s'il reçoit un exploit destiné à celui-ci, il ne peut le faire que comme voisin et en signant l'original ; il importe peu qu'il habite la même maison que le propriétaire. — Limoges, 23 mars 1841, [D. Rép., v° Exploit, n. 263]

542. — Un maître n'a pas qualité pour recevoir un exploit destiné à son ouvrier. — Montpellier, 17 mai 1848, précité. — Nancy, 7 juill. 1849, précité. — Sic, Garsonnet, 2° éd., t. 2, § 592, p. 326, note 3.

543. — Mais il n'en est plus de même d'un maître à l'égard de son domestique : l'exploit adressé à ce dernier peut être remis au maître. La confiance que la loi a dans le serviteur pour remettre la copie au maître doit exister à plus forte raison dans le maître pour remettre la copie au domestique. — Bioche, v° Exploit, n. 270 ; Deffaux et Harel, n. 398.

544. — La remise de l'exploit faite à un serviteur n'est valable qu'autant qu'il s'agit d'un serviteur de la personne assignée ou de sa maison. — Jugé, à cet égard, qu'on doit considérer comme serviteur d'une partie, apte à recevoir une copie d'exploit, le serviteur du parent vivant avec cette partie dans un appartement et un ménage commun. — Cass., 2 mars 1880, Busy, [S. 80.1.297, P. 80.718, D. 80.1.211] — Sic, Favard de Langlade, Rép., v° Ajournement, p. 143. n. 4 ; Carré et Chauveau, t. 1, quest. 361 Suppl., p. 85 ; Bioche, v° Exploit, n. 261 ; Deffaux et Harel, n. 396 ; Dutruc, Formul. à l'usage des huissiers, t. 1, p. 166, n. 19 ; Housseau et Laisney, t. 4, v° Exploit, n. 293.

545. — Ainsi en cas de cohabitation de deux frères dans le même appartement, la copie d'un exploit signifié à l'un d'eux peut être remise au serviteur de l'autre. — Cass., 7 août 1807, Pène, [S. et P. chr.]

546. — Mais l'exploit remis à une femme attachée au service d'un parent de la personne assignée est nul s'il n'énonce pas que cette servante est aussi celle de la personne assignée, ou qu'il y a entre cette dernière et son parent cohabitation et commensalité. — Montpellier, 18 avr. 1844, [Journ. des huiss., t. 25, p. 171]

547. — Il a été jugé qu'est nul l'exploit dont la copie, destinée à une femme mariée, a été remise à un employé d'une maison de commerce de laquelle le mari, mais non la femme, fait partie, un tel employé ne pouvant être considéré comme un serviteur des époux dans le sens de l'art. 68. — Metz, 21 févr. 1860, Morel, [S. 60.2.484, P. 60.537, D. 61.2.33]

548. — Il en est ainsi alors surtout qu'il s'agit d'une notification tendant à la purge de l'hypothèque légale de la femme. — Même arrêt.

549. — Au reste, l'art. 68, C. proc. civ., ne doit pas être interprété avec une telle rigueur, qu'il n'y ait une des parents ou serviteurs du défendeur à qui l'on puisse laisser la copie de l'exploit sans exiger leur signature sur l'original. La copie peut également être remise à une personne qui habite la même maison que le défendeur, et qui, par la nature de ses relations avec lui, doit être réputée son commensale. — Cass., 23 nov. 1835, de Magnoncour, [S. 36.1.314, P. chr.] — Paris, 30 janv. 1817, Worbe, [S. et P. chr.] — Bordeaux, 17 juill. 1833, Bernard, [P. chr.] — Sic, Carré et Chauveau, quest. 360 ; Demiau-Crouzilhac, p. 63 ; Delaporte, Pand. franç., t. 1, p. 77 ; Favard de Langlade, Rép., v° Ajournement, § 3, n. 4 ; Deffaux et Harel, n. 394.

550. — Il n'est donc pas nécessaire que l'exploit remis à une personne vivant dans la même maison que la partie assignée contienne les formalités prescrites pour le cas où cet acte est remis à un voisin. — Lyon, 26 mars 1817, Buisson, [S. et P. chr.]

551. — Jugé, en ce sens, que la copie de l'exploit signifié à un individu peut, en son absence, être laissée à son commensal, sans que celui-ci soit tenu de signer l'original ; ainsi lorsqu'un exploit a été signifié au défendeur parlant au sieur... chez qui il demeure, et que ce dernier n'a pas signé l'original, il doit être présumé le commensal du défendeur, à moins que celui-ci ne prouve qu'il avait dans la même maison une habitation séparée, et qu'ainsi il était son voisin. — Cass., 23 nov. 1835, précité.

552. — L'huissier n'est pas tenu de requérir la signature des parents ou serviteurs à qui il remet la copie. — Chauveau, sur Carré, t. 1, quest. 363 bis ; Deffaux et Harel, n. 384.

§ 3. Remise de la copie au voisin, au maire ou au procureur de la République.

553. — Lorsque l'huissier ne trouve au domicile de la partie à laquelle il a une signification à faire ni cette personne, ni ses parents ou serviteurs, il doit faire mention de cette circonstance et constater ainsi l'impossibilité où il se trouve d'effectuer la mise telle qu'elle est exigée par la loi. Il doit ensuite remettre la copie à un voisin et lui faire signer l'original. Telle est la disposition de l'art. 68.

554. — Et si le voisin ne peut ou ne veut signer, l'huissier remettra la copie au maire ou adjoint de la commune.

555. — Au cas où l'erreur sur le domicile du requérant empêche l'huissier de la partie adverse de faire la signification de l'acte d'appel à personne ou à domicile, l'huissier doit procéder conformément aux dispositions de l'art. 68, C. proc. civ. — Bourges, 15 avr. 1889, Dumas, [D. 91.2.43]

556. — 1. *Voisins.* — Dans l'ancien droit, et même sous l'empire de l'ordonnance de 1667, l'huissier devait, dans ce cas, afficher la copie de son exploit à la porte du domicile et requérir la signature du plus proche voisin ; mais il suffisait de mentionner le refus de signature pour que la signification ainsi faite fût valable. Comme on le voit, cette double formalité n'offrait pas une grande garantie de la remise des exploits. Aussi, le Code a-t-il pris plus de précautions pour atteindre le but qu'il se proposait et assurer cette remise des copies.

557. — En général, on est d'avis que le mot « voisin » ne peut s'entendre que d'un chef de famille, d'un maître de maison, ou d'une personne établie dans un lieu dépendant du même corps de bâtiment, ou à la distance la moins éloignée possible du domicile du défendeur.

558. — On ne doit donc pas considérer comme voisins dans le sens de l'art. 68, les parents, les commis, les domestiques ou autres employés du chef de maison voisin de l'assigné. — Bioche, n. 276; Carré, quest. 367; Boncenne, t. 2, p. 215; Pigeau, *Comm.*, t. 1, p. 193; Demiau-Crouzilhac. p. 214; Garsonnet, 2ᵉ éd., t. 2, § 593, p. 328.

559. — Jugé, en ce sens, que la copie d'un exploit ne peut être valablement remise au domestique du voisin de la partie assignée. — Bruxelles, 19 févr. 1806, N..., [S. et P. chr.]; — 4 mai 1811, Moris, [S. et P. chr.]

560. — ... Ou à une femme se disant la domestique du voisin, surtout si cette femme n'a pas signé l'original, ni déclaré ne pouvoir le faire. — Rennes, 20 août 1820, Bihel, [S. et P. chr.]

561. — Toutefois Chauveau, sur Carré (t. 1, quest. 367) ne trouve aucun motif pour ne donner le titre de voisins qu'aux chefs de maisons ; aussi n'approuve-t-il pas la jurisprudence qui précède. « Notre droit, dit-il, est celui qui habite non loin de notre domicile, et qui, pour cela, trouvera et saisira l'occasion de nous transmettre ce qu'il a reçu pour nous. Peu importe que ce soit un fils de famille, un serviteur, une femme mariée, etc. » — Deffaux et Harel, n. 407 et 408.

562. — L'art. 4, tit. 11, de l'ordonnance de 1667, voulait que la copie fût remise au plus proche voisin, en sorte qu'il ne pouvait s'élever aucune difficulté de savoir si, à raison du plus ou du moins d'éloignement de la demeure de celui auquel cette remise était faite, il pouvait ou non être considéré comme voisin. Mais le Code, en ne faisant aucune distinction, peut rendre la question susceptible de contestations.

563. — Réputera-t-on voisin la personne qui habite en face de l'assigné, celle qui demeure dans une maison voisine, celle qui a son domicile dans la même rue à quelque distance que ce soit de qui l'a dans une rue contiguë? Si l'assigné occupe une maison isolée dans la campagne, considérera-t-on comme tel l'individu qui demeure à une longue distance, qui cependant serait le plus rapprochée?

564. — Toutes ces questions, dit Carré (quest. 368) peuvent se présenter. Nous croyons, que l'huissier, pour prévenir toute difficulté, doit remettre la copie au plus proche voisin ; et tel est l'avis des auteurs. — Pigeau, t. 1, p. 193; Favard de Langlade, t. 1, p. 143; Boncenne, t. 2, p. 213; Deffaux et Harel, n. 409.

565. — Au surplus, l'appréciation des circonstances constitutives du voisinage appartient aux juges saisis de la demande en nullité d'exploit. — Lyon, 17 mars 1882, Grisard-Delaroué, [S. 84.2.79, P. 84.1.419, D. 83.2.128] — *Sic,* Boncenne, t. 2, p. 212; Carré et Chauveau, quest. 368 ; Bioche, vᵒ *Exploit*, n. 277; Dutruc, *Suppl. aux lois de la proc.*, vᵒ de Carré et Chauveau, vᵒ *Exploit*, n. 143; Garsonnet, 2ᵉ éd., t. 2 § 593, p. 328; Rodière, t. 1, p. 207; Deffaux et Harel, n. 410.

566. — Il a été jugé que l'art. 68, C. proc. civ., n'entend pas exclusivement par voisin celui qui habite la maison adjacente ; et qu'ainsi, dans le cas où un individu a cessé d'habiter une maison par lui ou les siens, mais est censé y avoir encore son domicile, faute de déclaration de changement, un exploit à lui adressé pourrait valablement être remis, en qualité de voisin, à celui qui l'habite lors de la signification, s'il est prouvé qu'il y a demeuré simultanément avec la partie à laquelle l'exploit est signifié. — Bruxelles, 24 févr. 1831, Goubau, [P. chr.]

567. — Si le voisin le plus proche refuse de recevoir la copie, faut-il s'adresser à d'autres, ou l'huissier peut-il la porter directement au maire? Jugé que, dans ce cas, le vœu de la loi est rempli lorsqu'on s'est adressé au premier voisin. — Bruxelles, 12 juill. 1819, N..., [S. et P. chr.] — *Sic,* Pigeau, *Comment.*, t. 1, p. 193; Chauveau, sur Carré, quest. 368; Garsonnet, 2ᵉ éd., t. 2, § 593, p. 329; Deffaux et Harel, n. 412.

568. — ... Que l'art. 68, C. proc. civ., n'impose pas à l'huissier chargé de signifier un exploit à partie l'obligation de s'adresser successivement à deux ou plusieurs voisins dans le cas où le plus proche, chez lequel il s'est présenté, n'était pas à son domicile; et qu'en conséquence, est valable la signification énonçant seulement qu'ayant trouvé la porte de la partie fermée, ainsi que chez son plus proche voisin, il s'est transporté à la mairie. — Bourges, 7 nov. 1840, Delagogué, [P. 41.2.109] — *Sic,* Rodière, t. 1, p. 207.

569. — Mais il vaut mieux conseiller à l'huissier de ne pas se contenter de la première démarche, de faire plus d'un essai avant d'aller au maire et de constater toutes ces recherches, afin d'ôter par là tout prétexte à la chicane. — Deffaux et Harel, n. 414.

570. — Un arrêt en a même fait une obligation pour l'huissier en décidant que cet officier ministériel qui ne trouve personne au domicile de la partie et qui s'est vainement adressé à l'un des voisins du défendeur est tenu, à peine de nullité de l'exploit, de s'adresser à une autre maison voisine pour présenter son exploit à signer à l'habitant de cette maison. — Bruxelles, 28 juin 1810, Powits, [S. et P. chr.]

571. — Si l'huissier, qui fait une signification à domicile, y trouve des parents ou des domestiques, qui refusent de recevoir la copie, doit-il alors s'adresser au voisin ou au maire? Suivant la Cour de cassation, quand les domestiques trouvés au domicile de la partie assignée refusent de recevoir la copie de l'assignation, l'huissier peut remettre cette copie à un voisin ou au maire. — Cass., 24 janv. 1816, Jouenne, [S. et P. chr.]

572. — Jugé cependant que l'huissier qui, chargé de signifier un exploit, ne rencontre au domicile de la partie son gendre qui refuse de recevoir la copie, doit, avant d'avoir recours au maire, s'adresser, à peine de nullité, au voisin, et constater leur refus de recevoir la copie et de signer l'original. — Nancy, 18 juin 1838, Haunel, [P. 47.1.445]

573. — ... Que le refus par une personne de la maison de recevoir la copie au domicile de la partie ne dispense pas l'huissier de s'adresser au voisin avant de recourir au maire. — Cass., 2 avr. 1889, Contrib. indir., [S. 89.1.200, P. 89.1.494, D. 90.1.133]

574. — Jugé, au contraire, que dans ce cas la copie doit être remise au maire, et non à un voisin. — Bourges, 16 déc. 1828, Robin, [S. et P. chr.]

575. — Au reste, la remise de la copie de l'exploit au voisin n'est qu'une faculté subsidiaire laissée à l'huissier, faculté qui suppose l'absence de la partie et de ses serviteurs du domicile qu'ils habitent. Il est donc évident que cet officier ministériel doit nécessairement justifier cette remise, en prenant soin de constater dans son exploit qu'il n'a trouvé personne au domicile de la partie. Autrement ce défaut de mention, qui rend l'absence incertaine, frappe son exploit d'une irrégularité radicale, parce qu'à moins d'une absence bien constatée, l'exploit doit être remis à la personne ou à son domicile. Cette conséquence résulte du texte même de l'art. 68, C. proc. civ. L'huissier doit donc faire mention de l'absence de la partie et de ses serviteurs, et il le doit à peine de nullité, aux termes de l'art. 70, qui attache cette peine à l'inobservation de ce qui est prescrit par les art. 68 et 69. — Carré, quest. 366 ; Thomine-Desmazures, t. 1, n. 249; Rodière, t. 1, p. 208; Deffaux et Harel, n. 403; Bioche, n. 278.

576. — Jugé, en ce sens, qu'un exploit est nul, si l'huissier déclare qu'il a remis la copie à un voisin, sans énoncer qu'il s'est présenté au domicile de la partie, et qu'il n'y a trouvé ni celle-ci, ni aucun de ses parents ou serviteurs. — Cass., 25 mars 1812, Lambert, [S. et P. chr.]; — 1ᵉʳ août 1887, Préfet de la Corse, [S. 90.1.421, P. 90.1.1001, D. 89.1.79]

EXPLOIT. — Titre I. — Chap. IV.

577. — ... Que la signification d'un exploit au moyen de la remise d'une copie à un voisin de la partie assignée doit être déclarée nulle, si l'huissier n'a pas mentionné expressément dans l'exploit qu'il n'a pas trouvé cette partie elle-même personnellement à son domicile : il ne suffirait pas d'une mention portant que l'huissier n'a trouvé à ce domicile ni parents, ni domestiques, ni voisins de la partie assignée. — Bastia, 3 août 1854, Mastagli, [S. 54.2.574, P. 56.2.302, D. 56.2.170]

578. — Mais la mention, dans un exploit, que l'huissier n'a trouvé personne au domicile de la partie, établit suffisamment qu'il ne s'y est rencontré, ni la partie, ni parents, ni domestiques. — Cass., 3 févr. 1835, Lattier, [S. 35.1 624, P. chr.] — Bourges, 22 févr. 1855, Jean, [S. 55.2.143, P. 55.2.84, D. 55.2.180]

579. — Il a même été décidé qu'une signification n'est pas nulle lorsque l'huissier, en déclarant qu'il n'a trouvé personne au domicile de la partie, omet dans la copie le mot « personne » qui se trouve dans l'original. — Montpellier, 21 mai 1813, Labic, [P. chr.] — V. suprà, n. 78 et s.

580. — En tout cas, un exploit n'est pas nul parce que l'huissier, en remettant la copie au maire, après refus des parents, serviteurs et voisins, n'a pas désigné nominativement les parents, serviteurs et voisins auxquels il s'est adressé. — Cass., 24 janv. 1816, précité.

581. — Le voisin auquel l'huissier remet la copie de l'exploit doit signer l'original. Et il en est ainsi lors même que la signification serait faite à un domicile élu. — Cass., 29 mai 1811, Haindel, [S. et P. chr.]

582. — Est donc nulle la signification d'un exploit au moyen de la remise d'une copie au maire de la commune, non en sa qualité de maire, mais comme voisin de la personne assignée, lorsque le maire, au lieu de signer la copie ainsi qu'il devait le faire en sa qualité de voisin, s'est contenté d'y mettre son visa, comme s'il eût reçu la copie en qualité de maire; en pareil cas, la signature du maire ne serait pas valablement suppléée par celle de l'adjoint. — Bastia, 3 août 1854, précité.

583. — D'après l'art. 68, la copie n'est laissée au voisin que s'il consent à apposer sa signature sur l'original. Dans le cas contraire, c'est-à-dire sile voisin ne sait. ne peut ou ne veut signer, l'huissier ne doit pas se borner à constater, comme autrefois, le refus qu'il éprouve ; il doit alors remettre la copie au maire ou à l'adjoint de la commune, et requérir le visa de ce fonctionnaire.

584. — Ainsi, lorsque la copie est laissée par l'huissier à un voisin qui a déclaré ne savoir signer, l'exploit est nul — Rennes, 15 juill. 1818, N..., [P. chr.]

585. — Le refus d'un voisin de recevoir copie d'un exploit d'assignation ne doit pas nécessairement être constaté par sa signature ou sa déclaration de ne pouvoir ou vouloir signer : l'art. 68, C. proc. civ., ne prescrit cette mention que dans le cas où le voisin reçoit la copie. — Montpellier, 4 févr. 1811, Argiltiers, [S. et P. chr.] — Sic, Garsonnet, 2ᵉ éd., t. 2, § 393, p. 329, note 6.

586. — On s'est demandé si l'huissier qui ne trouve personne au domicile de l'assigné doit, à peine de nullité, indiquer dans l'exploit la demeure et le nom du voisin auquel il offre la copie. On peut dire pour l'affirmative que si les huissiers n'étaient pas tenus d'énoncer le nom et la demeure du voisin auquel la loi les oblige de remettre la copie, ils pourraient commettre toute espèce de faux impunément, puisqu'on ne pourrait jamais les en convaincre. On peut ajouter que n'étant pas les juges souverains des rapports qui constituent le voisinage (V. suprà, n. 565), ils doivent faire connaître les individus qu'ils ont jugés voisins, afin que les tribunaux puissent s'assurer que le vœu de la loi a été rempli. Bonceune (t. 2. p. 214) dit que le voisin auquel l'huissier a remis doit être désigné.

587. — Et il a été jugé que l'huissier qui dans un exploit déclare qu'un voisin n'a voulu ni dire son nom ni signer, et qu'il a, en conséquence, remis la copie au maire, doit, à peine de nullité, indiquer la demeure de ce voisin. — Bruxelles, 28 juin 1810, Powils, [S. et P. chr.]

588. — Toutefois, l'art. 1030, C. proc. civ., portant qu'aucun exploit ne peut être déclaré nul si la nullité n'est pas formellement prononcée par la loi, et l'art. 68 n'exigeant pas expressément l'indication du nom et de la demeure du voisin, les auteurs pensent généralement qu'on serait mal fondé à déclarer nul un exploit qui ne contiendrait pas cette indication. — Carré,
t. 1, quest. 364 ; Chauveau, loc. cit. ; Favard de Langlade, t. 1, p. 143.

589. — Et telle est la doctrine admise par la jurisprudence. — Ainsi, il a été jugé qu'un exploit est valable, quoiqu'il n'indique point le nom du voisin de la partie assignée qui a refusé de le recevoir en l'absence de celle-ci. — Cass., 3 févr. 1835, Lattier, [S. 35.1.624, P. chr.] — Bourges, 22 févr. 1855, Jean, [S. 55 2.143, P. 55.2.84] — Bruxelles, 11 janv. 1832, Q.... [P. chr.]

590. — .. Que l'huissier qui, n'ayant trouvé au domicile ni la partie, ni aucun de ses parents ou serviteurs, s'est adressé à un voisin qui n'a pas voulu signer l'original de l'exploit, ne doit pas, sous peine de nullité, énoncer le nom de ce voisin, ainsi que le numéro de sa maison. — Bruxelles, 12 juill. 1819, N..., [S. et P. chr.]

591. — ... Que l'huissier qui ne trouve pas un voisin auque il puisse laisser la copie d'un exploit n'est pas tenu de désigner par son nom ce voisin. — Orléans, 23 juin 1814, Dubois, [P. chr.]

592. — Mais un exploit est nul lorsqu'il a été remis à un voisin, sans donner la qualité de voisin à celui qui l'a reçu, quoique l'original en fasse mention. — Poitiers, 9 févr. 1830, Arginet, [S. et P. chr.]

593. — II. Maire ou adjoint. — Lorsqu'après s'être transporté au domicile de la personne qui doit recevoir l'exploit, l'huissier n'y a trouvé ni parents, ni serviteurs, et que s'étant adressé au voisin, celui-ci a refusé de signer l'original, c'est au maire alors que la copie doit être remise, et. dans ce cas ce magistrat est tenu de viser l'original en vertu de l'art. 68, C. proc. civ.

594. — La faculté de remettre la copie au maire ou à l'adjoint de la commune n'est que subsidiaire, et seulement pour le cas où il n'a pas été trouvé de voisin, ou si le voisin trouvé n'a pu ni voulu signer l'original. Par suite, l'huissier qui, ne se contente de l'absence de la partie et des personnes de la maison ou de refus de ces personnes de recevoir la copie d'un exploit, remet cette copie au maire de la commune, doit, à peine de nullité, constater qu'il a préalablement requis un voisin de la recevoir, et de plus, que celui-ci s'est refusé à recevoir ladite copie ou à signer l'original. — Cass., 2 avr. 1889, Contr. ind., [S. 89.1.200, P. 89.1.494, D. 90.1.133] — Montpellier, 12 août 1807, N...., [P. chr.] — Rouen, 1ᵉʳ août 1810, Barbey, [P. chr.] — Limoges, 1ᵉʳ juin 1814, N..., [S. et P. chr.] — Rennes, 21 août 1820, Bihel, [P. chr.] — Orléans, 20 juill 1827, Boudet, [S. et P. chr.] — Nancy, 18 juin 1838, [D. Rép., vᵒ Exploit, n. 325] — Aix, 12 déc. 1839 Laffé, [S. 40.2.176, P. 40.1.349] — Montpellier, 23 mars 1841, Combi, [P. 41.2.433] — Agen, 3 juill. 1873, Escoubès, [S. 73.2.281, P. 73.1217] — Grenoble, 25 juin 1875, Labrot, [S. 76.2.147, P. 76.674] — Lyon, 11 août 1881, Nebout, [S. 82.2.152, P. 82.1.814, D. 82.2.120] ; — 17 mars 1882, Grisard-Delarorie, [S 84.2.79, P. 84.1 419, D. 82.2.126] — Rennes, 9 août 1893, Vᵉ Brault, [D. 95.2.182] — Besançon. 20 nov. 1896, Vertey, [D. 97.2.348] — Trib. Nérac, 31 mai 1890, Vᵉ Capot, [D. 91.3.111] — Liège, 25 mars 1809, Furstemberg, [S. et P. chr.]

595. — Ainsi lorsque la personne assignée est absente de son domicile, qu'il ne s'y trouve aucun de ses parents ou serviteurs et que le voisin refuse de recevoir l'exploit, il faut que toutes ces circonstances soient constatées par l'huissier, sans cela, l'exploit est nul, alors même qu'il en aurait été laissé copie au maire de la commune. — Cass., 12 (21) juin 1822, Bernard, [S. et P. chr.] — Limoges, 4 janv. 1828, Doreau, [S. et P. chr.] — Douai, 5 mars 1827, Godrin, [S. et P. chr.]

596. — Par application de ces principes il a été jugé que quand l'huissier qui se présente au dernier domicile connu de la partie assignée y reçoit pour réponse qu'elle a quitté ce domicile et qu'elle n'habite plus la commune, cet officier, avant de remettre au maire la copie de son exploit, doit, à peine de nullité, constater l'impossibilité de la faire parvenir au voisin ou sous refus de la recevoir. — Orléans, 20 juill. 1827, Boudet, [S. et P. chr.]

597. — ... Qu'un exploit est nul lorsqu'il a été remis au maire, à défaut de voisin de la partie assignée, s'il ne constate pas qu'il n'y avait aucun voisin auquel la copie pût être remise. — Orléans, 29 juill. 1812, Millet, [P. chr.] — Agen, 17 mars 1812, Galles, [S. et P. chr.]

598. — ... Qu'on doit réputer nulle et inopérante, par suite, pour faire courir les délais de l'opposition, la signification d'un jugement par défaut, lorsque l'huissier n'ayant trouvé au domicile de la personne à laquelle elle était destinée aucun de ses parents ni de ses serviteurs, a remis la copie au maire sans s'être préalablement adressé à l'un des voisins du destinataire, et à son refus de signer l'original ou après sa déclaration de ne le pouvoir faire. — Rouen, 16 août 1844, Morin, [P. 45.1.510, D. 45. 4.256]

599. — ... Qu'est nul l'acte d'appel signifié par un huissier qui, après avoir constaté que l'intimé est absent de son domicile, ainsi que ses domestiques, mais qu'il existe un portier dans sa maison. n'a point offert la copie à ce dernier ni constaté son refus de la recevoir, et s'est contenté de la remettre au maire. — Dijon, 21 août 1844, Desfrances, [P. 45.1.82, D. 45.4.256]

600. — ... Un exploit dans lequel l'huissier, après avoir énoncé qu'il n'a trouvé personne au domicile de la personne assignée, et qu'il a requis l'un des voisins de recevoir la copie, se borne à ajouter : « Ce que vu, je l'ai portée et remise au maire. » Il n'est pas suffisamment constaté par cette déclaration que le voisin a refusé de signer et de recevoir la copie. — Toulouse, 22 avr. 1825, Desmonts, [S. et P. chr.]

601. — Est nulle également la signification d'un jugement, si l'huissier en a laissé copie au maire auquel il a parlé au domicile de la partie condamnée, en l'absence de celle-ci, sans faire mention qu'il n'y a pas trouvé des parents ou domestiques. — Trèves, 19 mars 1813, Eberhart, [S. et P. chr.]

602. — Et, s'il n'y a pas de voisin, ou que l'huissier n'en ait trouvé aucun, il doit, à peine de nullité, faire mention de cette circonstance, tant sur l'original que sur la copie. — Lyon, 17 mars 1882, précité.

603. — Mais la mention par l'huissier dans son exploit « que, n'ayant trouvé personne au domicile de la partie, il a offert la copie à sa voisine, qui l'a refusée, » suffit pour autoriser la remise de cette copie à l'officier municipal qui le remplace. — Caen, 21 févr. 1853, Brisollier, [P. 54.1.79, D. 53. 2.135]

604. — L'huissier qui, ne trouvant personne au domicile de la partie assignée, propose au voisin de se charger de la copie et de signer l'original de l'exploit, doit, si celui-ci refuse, faire mention de ce refus dans l'acte, à peine de nullité, et pour se soustraire à l'action récursoire que l'omission de cette formalité, l'huissier ne peut prétendre que la vaine tentative faite auprès du voisin est implicitement et suffisamment prouvée par la remise de la copie de l'exploit au maire et le visa de ce dernier au bas de l'original. — Rouen, 1er août 1810, Barbey, [S. et P. chr.] — V. infrà, n. 610.

605. — Il a été jugé cependant que l'exploit d'ajournement signifié à une personne absente de son domicile n'est pas nul, bien que l'huissier qui en a laissé la copie au maire n'ait pas constaté par une mention expresse qu'il ne s'est trouvé aucun voisin qui ait voulu recevoir et signer l'exploit. — Toulouse, 13 déc. 1809, Lucre-Montagnac, [S. et P. chr.]

606. — ... Que lorsque l'huissier a trouvé la partie à son domicile, mais que celle-ci a refusé d'ouvrir sa porte pour recevoir copie de l'exploit, cet officier, qui l'a reconnue au son de sa voix, peut, sur son refus réitéré de la recevoir, porter la copie au maire. — Rennes, 12 juin 1829, [D. Rép., v° Exploit, n. 326]

607. — D'une façon générale, chacune des formes de remise d'exploit indiquées par la loi est subsidiaire l'une à l'autre ; elle ne doit être suivie dans l'ordre où elle est inscrite à l'art. 68, C. proc. civ., que s'il y a impossibilité de se conformer à la disposition précédente et il est prescrit à l'huissier de mentionner la cause de cette impossibilité. — Rennes, 11 déc. 1893, [Journ. des huiss., t. 76, p. 9]

608. — Ainsi l'huissier qui ne trouve personne au domicile de la partie n'a la faculté de s'adresser au maire que s'il ne peut remettre la copie à un voisin, et il doit, à peine de nullité, indiquer la cause qui l'a empêché de suivre cette forme de notification. — Même arrêt.

609. — En admettant même que la distance qui sépare la demeure de la partie d'autres habitations soit assez éloignée pour que l'on puisse dire en fait qu'il n'existe pas de voisins, l'huissier doit constater qu'il n'y avait aucun voisin auquel la copie pût être remise.

610. — Il importe peu que le maire, en visant l'original, y ait inséré cette mention signée de lui, qu'il ne le faisait et ne recevait la copie que parce qu'aucun voisin n'avait voulu le recevoir et signer ; le maire n'a aucune qualité pour opérer cette mention sur l'exploit. — Même arrêt.

611. — Jugé, encore, que lorsque la partie refuse de recevoir l'exploit qui lui est destiné, l'huissier peut procéder comme si la partie ne se trouvait pas à son domicile ; mais que, dans ce cas, il doit rigoureusement et à peine de nullité, observer suivant leur ordre les prescriptions de l'art. 68, C. proc. civ., et la copie ne peut être réputée avoir été régulièrement portée et remise par lui au maire que s'il constate n'avoir pu la remettre à un voisin qui ait pu ou voulu la recevoir et signer l'original. — Aix, 1er nov. 1898, [Journ. des huiss., t. 79, p. 216]

612. — Le fonctionnaire qui, sur le refus des voisins, reçoit la copie d'un exploit d'assignation, est suffisamment désigné par l'énonciation de sa qualité de maire. Il n'est pas nécessaire de le désigner, en outre, par son nom. — Montpellier, 4 févr. 1811, Argilliers, [S. et P. chr.] — V. infrà, n. 1117 et s.

613. — Il a été jugé que l'huissier qui ne trouve pas un voisin auquel il puisse laisser la copie d'un exploit peut, après avoir fait viser l'original par le maire, remettre la copie à un employé de la mairie. — Orléans, 23 juin 1814, [P. chr.] — Metz, 10 nov. 1818, [D. Rép., v° Exploit, n. 317] — Sic, Bioche, v° Exploit, n. 296. — V. Garsonnet, 2e éd., t. 2, p. 332, § 594. — Contrà, Chauveau, sur Carré, quest. 368 bis. — V. infrà, n. 637.

614. — Jugé que l'huissier peut remettre l'exploit à l'adjoint sans s'adresser préalablement au maire ; l'art. 68 ne faisant aucune distinction entre eux, on peut en conclure qu'ils ont une qualité égale et parallèle pour recevoir les exploits. — Dijon, 1er août 1890, Potier, [D. 91.5.264]

615. — ... Que l'huissier chargé de notifier une assignation et qui ne trouve au domicile de l'assigné, ni lui, ni aucun parent ou serviteur, peut, lorsque le voisin auquel il présente la copie refuse de la signer, la remettre à l'adjoint en l'absence du maire. — Besançon, 20 janv. 1820, Monroz, [S. et P. chr.]

616. — ... Que le visa par l'adjoint sur l'original d'un exploit d'huissier (portant signification d'un arrêt de divorce) est régulier, alors que l'adjoint a été spécialement délégué par le maire pour remplir les fonctions d'officier de l'état civil et bien que l'arrêté de délégation n'ait pas été mentionné sur l'exploit. — Cass., 5 août 1890, Couly, [S. et P. 94.1.351, D. 91.1.277]

617. — Le seul mandataire légal qui, en l'absence de la personne à qui la signification est faite, puisse recevoir la copie de l'exploit, est le maire ou l'adjoint de la commune où cette personne est domiciliée. — Cass., 13 févr. 1884, Brun, [S. 86.1.25, P. 86.1.38, et la note de M. Ernest Chavegrin, D. 84.1.325]

618. — En conséquence, l'exploit, notifié au maire ou adjoint d'une autre commune, ne pourrait produire aucun effet, et, spécialement, ne saurait faire courir le délai du pourvoi en cassation. — Même arrêt.

619. — En cas d'absence du maire et de l'adjoint, la copie peut être remise au conseiller municipal qui les remplace ; et l'absence ou l'empêchement des conseillers qui précèdent dans l'ordre du tableau celui qui a reçu la copie se présume de plein droit, surtout quand la copie est remise à la mairie où se trouvait ce dernier (V. L. municipale, 5 avr. 1884, art. 84).

620. — Jugé, en ce sens, que dans le cas d'absence de la partie assignée et de refus des voisins de recevoir la copie de l'exploit, cette copie peut être valablement laissée à un conseiller municipal dans l'ordre du tableau, si le maire ou l'adjoint étaient eux-mêmes absents ou empêchés. — Montpellier, 28 juin 1834, Gratieux, [S. 35.2.152, P. chr.]

621. — Sans qu'il soit d'ailleurs nécessaire que leur absence soit mentionnée dans l'exploit. — Riom, 28 janv. 1839, Rocher, [S. 39.2.212, P. 39.1.618]

622. — On estime généralement que, lorsque l'huissier a tenté vainement de remettre l'exploit aux officiers municipaux que désigne la loi et que, s'étant adressé sans succès au conseiller municipal premier inscrit, il n'a pas à rechercher les autres conseillers municipaux jusqu'à épuisement de l'ordre du tableau ; on décide donc que l'exploit doit être porté au parquet du tribunal de première instance ; le procureur de la République doit en ce cas recevoir la copie et viser l'original. — Garsonnet, 2e éd., t. 2, p. 332, § 594. — V. infrà, n. 640.

623. — Les règles ordinaires de la remise des exploits aux maires ou adjoints éprouvent certaines modifications lorsque le défendeur est domicilié soit à Lyon, soit à Paris ; dans le premier cas, il résulte de la combinaison du décret du 11 juin 1881 (art. 2) avec la loi municipale du 5 avr. 1884 (art. 73) que ces exploits doivent être remis entre les mains des adjoints délégués à l'un des six arrondissements municipaux de Lyon ; il semble que, dans le second cas, les maires de chacun des vingt arrondissements de Paris ont compétence pour apposer leur visa sur les exploits. — V. Garsonnet, 2e éd., t. 2, § 594, p. 332, note 9.

624. — Le maire ou l'adjoint qui vise l'original d'un exploit par application des dispositions de l'art. 68 n'est pas tenu de faire parvenir la copie que leur a laissée l'huissier entre les mains de la partie ni de lui en donner avis. S'il est tenu de veiller à la conservation de cette copie, il remplit suffisamment ses devoirs en se conformant aux usages et règlements d'ordre intérieur qui régissent cette partie des services municipaux. — Nancy, 12 mars 1885, Renard, [D. 86.2.37] — Sic, Garsonnet, 2e éd., t. 2, § 594, p. 331, note 5.

625. — Le maire, avons-nous dit, doit viser l'original. Ce visa, qui est donné sans frais, a pour but d'éviter qu'il puisse s'élever un conflit entre la déclaration du maire que l'exploit ne lui a pas été présenté et l'affirmation contraire de l'huissier. Il consiste dans l'apposition d'un vu et de la signature de l'officier municipal. — Garsonnet, 2e éd., t. 2, § 594, p. 330 et 331.

626. — Le visa apposé par l'officier municipal n'a pas besoin d'être écrit en entier par lui, ni d'être revêtu du sceau de la mairie; sa signature suffit. — Caen, 21 févr. 1853, Brisollier, [P. 54.1.79, D. 53.2.135] — Sic, Deffaux et Harel, n. 440 et 441; Garsonnet, 2e éd., t. 2, § 594, p. 330, note 5.

627. — Il n'est soumis à aucune formule spéciale et sacramentelle et peut résulter de toute mention inscrite sur l'original par celui qui a reçu la copie et établissant que cet original lui a été présenté par l'huissier. — Montpellier, 13 déc. 1890, Jeanne Belot, [D. 91.2.374] — Sic, Garsonnet, 2e éd., t. 2, § 594, p. 331, note 5.

628. — Il peut résulter notamment de la signature apposée par le maire en marge de l'exploit, qui constate par une mention faisant foi jusqu'à inscription de faux, la remise de la copie au maire en son domicile. — Même arrêt.

629. — Mais il faut que signature de la main du maire et l'on ne saurait considérer comme suffisante l'apposition d'une griffe portant la signature de l'officier municipal.

630. — L'usage de cette griffe pouvant être confié à un employé, il en résulte que l'exploit ainsi visé établirait bien la présentation de l'acte à la mairie mais non au maire comme le veut la loi. — Cass., 17 avr. 1893, Gautreau, [S. et P. 93.1.292, D. 94.1.33, et la note de M. Glasson]

631. — Jugé qu'il n'est point nécessaire non plus, à peine de nullité, que la copie de l'exploit laissée au maire dans le cas de l'art. 68, C. proc. civ., contienne la mention du visa donné par ce fonctionnaire, alors que le visa se trouve réellement apposé sur l'original. — Paris, 29 nov. 1836, N..., [P. 37.1.463] — Sic, Bioche, n. 295; Rodière, t. 1. p. 208.

632. — Décidé au contraire que l'exploit remis au maire, en cas d'absence de la partie et de refus des voisins de le recevoir doit, à peine de nullité, contenir aussi bien sur la copie que sur l'original mention du visa du maire. — Cass., 19 mai 1830, Binet, [S. et P. chr.]; — 24 juill. 1863. Pédeucoig, [S. 63.1.412, D. 63.4.178, D. 63.1.425] — Aix, 7 mars 1836, Boyer, [S. 36 2. 300, P. 37.1.2.277] — Orléans, 5 août 1851. Delongraye, [S. 51.2.151] — Limoges, 19 juill. 1862, Pédeucoig, [S. 62.2. 307, P. 62.1019, D. 62.5.148] — Rennes, 9 août 1893, Vo Brault, [D. 95.2.482] — Sic, Berriat Saint-Prix, t. 2, p. 223, note 5; Chauveau, sur Carré, quest. 368 ter; Deffaux et Harel, n. 433 et s.

633. — Il ne suffirait pas de dire que le visa a été requis. Peu importe d'ailleurs qu'en réalité le visa existe sur l'original. — Cass., 19 mai 1830, précité, — 24 juill. 1863, précité. — Bourges, 16 déc. 1828, Robin, [S. et P. chr.] — Limoges, 19 juill. 1862, précité. — Riom, 30 déc. 1890, Foret, [D. 92.2.227] — Bruxelles, 15 juin 1849, [Journ. des huiss., t. 33, p. 25]

634. — Spécialement, la signification d'un jugement par défaut nulle si l'huissier, en avoir fait viser l'original conformément à l'art. 68, C. proc civ., a omis de faire mention du visa sur la copie. — Orléans, 5 août 1851, précité.

635. — L'huissier doit présenter lui-même l'exploit à la formalité du visa, sous peine de l'application de l'art. 43, Décr. 14 juin 1813. — V. infrà, vo Huissier, n. 354 et s.

636. — Le refus du visa par le maire ne le soumettrait pas à l'amende prononcée par l'art. 1039, C. proc. civ., cette disposition ne s'appliquant au maire que lorsque signification lui est faite comme représentant la partie, mais comme il faut cependant une sanction à l'art. 68, C. proc. civ., cet officier serait responsable suivant les termes de l'art. 1382, C. civ., du préjudice causé par son refus. — Deffaux et Harel, n. 443; Bioche, n. 299; Chauveau, sur Carré, quest. 3430.

637. — L'huissier est tenu, à peine de nullité, de faire mention, tant sur l'original que sur la copie, de la qualité du fonctionnaire auquel la copie a été remise. — Orléans, 12 juin 1841, de Saint-Thomas, [P. 41.2.215]

638. — Il est souvent d'usage dans les grandes villes de déposer l'exploit au secrétaire ou au concierge de la mairie, qui se charge de le faire viser à la date du jour où il le reçoit. Cette pratique, tolérée par suite des nécessités de l'organisation administrative, n'est pas conforme à la loi. L'huissier qui ne trouve pas le maire ou l'adjoint à la mairie devrait donc se présenter successivement au domicile particulier du maire, de l'adjoint, des conseillers municipaux dans l'ordre du tableau jusqu'à ce qu'il en rencontre un qui puisse viser l'original et recevoir la copie. — Deffaux et Harel, n. 437; Journ. des huiss., t. 35, p. 30.

639. — Jugé que l'exploit d'ajournement notifié à un maire, en son domicile, parlant à sa servante, est nul à défaut de visa. — Pau, 30 avr. 1840, Maire de Bordès, [P. 47.1.199]

640. — III. Procureur de la République. — On ne peut guère supposer que le maire ou l'adjoint refuse d'apposer le visa sur l'original de l'exploit; mais si cela arrivait, l'huissier devrait présenter l'original au procureur de la République de l'arrondissement, lui demander son visa et lui laisser la copie (C. proc. civ., art. 1039).

§ 4. Secret des actes d'huissier.

641. — Lorsque l'huissier ne trouvant pas la partie à son domicile laissait la copie de l'exploit à un serviteur ou même le plus souvent au concierge il en résultait de graves inconvénients par ce fait que, l'exploit étant remis à découvert, le dépositaire pouvait en prendre connaissance. Ainsi le crédit des commerçants, l'honneur des familles avaient souvent à souffrir de la divulgation des faits relatés dans cet acte. Il suffit de citer les ajournements donnés en police correctionnelle, en cas de citation directe, pour montrer le grave préjudice que pouvait causer aux parties en cause, et quelquefois même à des tiers, la publicité donnée à des allégations injurieuses ou calomnieuses.

642. — Ces inconvénients avaient à juste titre frappé le législateur et ses préoccupations à cet égard se sont manifestées dans la nouvelle rédaction donnée à l'art. 237, C. civ., par la loi du 18 avr. 1886 sur le divorce, rédaction en vertu de laquelle la citation en conciliation, destinée à l'époux défendeur, dans une instance en divorce, doit être remise sous pli fermé.

643. — Mais en dehors de cette hypothèse, l'ancienne pratique de la remise des exploits à découvert subsistait avec toutes ses conséquences fâcheuses. Aussi, pour éviter ces inconvénients, un membre de la Chambre des députés, M. Gamard, déposa-t-il le 1er juill. 1898 une proposition qui devint la loi du 15 févr. 1899. Cette loi ajoute à l'art. 68, C. proc. civ., le paragraphe suivant destiné à assurer le secret des actes d'huissier : « Lorsque la copie sera remise à toute autre personne que la partie elle-même ou le procureur de la République, elle sera délivrée sous enveloppe fermée, ne portant d'autre indication, d'un côté, que les nom et demeure de la partie, et, de l'autre, que le cachet de l'étude de l'huissier qui y aura lieu de signifier au cours d'une instance en divorce. »

644. — On s'accorde à admettre que la loi de 1899, dont la formule est générale, a modifié parte in quà les dispositions, quelque peu différentes du nouvel art. 237; il en résulte que, même pour le cas spécialement visé à l'art. 237, il ne suffit plus que l'acte d'huissier soit délivré sous pli fermé, il faut que cet acte soit remis sous enveloppe fermée lorsqu'il ne parvient à l'époux défendeur que par l'entremise des tiers dont s'occupe la loi de 1899. L'art. 237, C. civ., ne s'appliquait qu'à la citation en conciliation dans les instances de divorce; la nécessité d'une remise sous enveloppe fermée existe actuellement à l'égard de tous les actes d'huissier qu'il peut y avoir lieu de signifier au cours d'une instance en divorce.

645. — Il résulte encore de la substitution de la loi de 1899 à celle de 1886 une autre conséquence qui mérite attention : on estime généralement que l'inobservation de la mesure établie par la loi de 1886 n'avait pas pour résultat d'entraîner la nullité de l'exploit (V. suprà, vo Divorce et séparation de corps, n. 982). On se prononce de même dans un sens contraire en ce qui concerne la loi de 1899 (V. infrà, n. 660). Par suite, dans les cas où l'acte prévu par l'art. 237 est remis aux tiers dont la loi de

1899 a craint l'indiscrétion, la nullité doit être désormais prononcée lorsque l'exploit n'a pas été remis sous enveloppe fermée.

646. — La loi du 15 févr. 1899 exige, lorsque l'exploit n'est pas remis à la partie elle-même ou au procureur de la République, que la copie soit donnée sous enveloppe fermée, ce qui empêche désormais la remise sous bandes entrecroisées comme le permettait l'expression « pli fermé » employée dans l'art. 237, C. civ. Cette enveloppe ne doit porter aucune autre indication que d'un côté les nom et demeure de la partie, et de l'autre le cachet de l'étude de l'huissier apposé sur la fermeture du pli, cette dernière formalité, comme le faisait observer M. Garreau dans son rapport au Sénat, ayant pour but d' « attirer l'attention du tiers sur l'importance du pli, sur la nécessité de sa remise immédiate à l'intéressé et pour assurer, si possible, encore plus complètement le secret de l'acte. »

647. — Il a été jugé que la loi du 15 févr. 1899, en prescrivant que les actes signifiés par huissier soient remis sous enveloppe fermée, portant « le cachet de l'étude de l'huissier apposé sur la fermeture du pli, » a voulu seulement, par cette dernière formalité, que les parties puissent connaître l'officier ministériel qui instrumente et l'étude où elles pourront se procurer les renseignements nécessaires. — Paris, 27 janv. 1900, Morise, [S. et P. 1900.2.173]

648. — Par suite, il est satisfait à cette prescription, lorsqu'une citation devant le tribunal de police correctionnelle, délivrée sous enveloppe fermée, porte sur la fermeture du pli le cachet des huissiers audienciers près le tribunal de la Seine, les huissiers audienciers près ce tribunal ayant un bureau commun, où les parties peuvent se procurer utilement les renseignements qui leur sont utiles. — Même arrêt. — *Contrà*, Trib. Pontoise, 9 mars 1900, Leblond, [S. et P. 1900.2.180]

649. — Il en est ainsi surtout alors que le mot « correctionnels, » qui figurait dans le cachet, ayant été supprimé depuis la loi du 15 févr. 1899, le cachet ne contient aucune mention de nature à porter atteinte au secret des actes. — Même arrêt. — *Contrà*, Trib. Pontoise, 9 mars 1900, précité.

650. — Mais cette décision ne saurait être approuvée : on peut lui reprocher d'abord de violer le secret imposé par la loi en faisant connaître aux tiers que l'huissier qui reçoit la copie qu'il s'agit d'une instance correctionnelle, ce qui peut causer un dommage à la partie assignée. Ensuite le législateur a pris soin de préciser que c'est le cachet de l'étude de l'huissier qui doit être apposé sur l'enveloppe et non un autre. Or au lieu de son cachet personnel l'officier ministériel avait apposé le suivant : « tribunal de première instance, département de la Seine, huissiers audienciers des correctionnels. » — Bouvier, note sous Rennes, 17 juin 1900, [D. 1900.2.1]

651. — Malgré la formalité de l'enveloppe, le texte laisse subsister la nécessité de l'insertion, dans la copie signifiée, du *parlant à*, comme dans l'original (V. *infrà*, n. 1035 et s.); il en résulte que, le *parlant à* ne peut, par la force même des choses, être rédigé par avance, c'est en présence de la personne à qui la copie va être remise, que le *parlant à* doit être rédigé; pour assurer d'une manière plus complète le secret des actes d'huissiers, les chambres d'huissiers de Paris et de Laon avaient demandé que la mention du *parlant à* ne fût exigée que sur l'original; la commission de la Chambre des députés a repoussé cette innovation.

652. — Il résulte de la place même attribuée dans l'art. 68 à la disposition nouvelle qu'il ne suffit plus à l'huissier de rédiger le *parlant à* comme par le passé; il doit ajouter aux indications anciennes la constatation que la copie a été mise sous enveloppe fermée et que cette enveloppe portait d'un côté les nom et demeure de la partie intéressée et de l'autre le cachet de l'étude de l'huissier apposé sur la fermeture du pli. — A. Duparcq, *Commentaire de la loi du 15 févr. 1899*, Journ. des huissiers, 1899, p. 74; Schaffhauser et Chevresson, p. 158.

653. — Cette nécessité de la rédaction du *parlant à* en présence de la personne à laquelle la copie doit être remise est un des défauts caractéristiques de la loi de 1899, défaut inévitable par suite de l'obligation faite à l'huissier de mettre dans la copie toutes les énonciations renfermées dans l'original. Il eût été beaucoup plus simple de n'exiger ces mentions que sur l'original, ce qui aurait permis de mettre la copie d'avance sous enveloppe. Aussi un commentateur de la nouvelle loi a-t-il pu dire qu'elle est critiquable parce qu'elle « oblige l'huissier à remplir au domicile de la partie, en présence de ceux-là même dont on redoute l'indiscrétion, une foule de formalités qui sont loin d'assurer le secret qui est le but recherché. » — Albert Guinard, *France judic.*, 1899, 1re part., p. 72.

654. — Le tiers qui reçoit le pli fermé est tenu des mêmes devoirs et des mêmes obligations que celui qui jadis recevait la copie à découvert; les responsabilités de droit commun continuent à pouvoir s'appliquer au tiers qui ne pourvoit pas en temps utile, et par sa faute, à la remise de l'exploit à l'intéressé. — Garreau, rapp. au Sénat, *J. off.*, *Doc. parl.*, nov. 1898, p. 516; Schaffhauser et Chevresson, p. 137.

655. — La loi impose la nécessité de la remise sous enveloppe dès lors qu'elle s'effectue entre toutes autres mains que celles de la partie elle-même ou du procureur de la République; il est incontestable qu'il y a lieu d'observer les formalités de la loi nouvelle lorsque l'exploit est remis à un parent ou à un domestique du défendeur; il en est de même lorsque l'exploit, remis à un particulier, est définitivement confié à un officier municipal. — Alb. Guinard, *loc. cit.*; Schaffhauser et Chevresson, *La loi du 15 juill. 1899 sur le secret des actes signifiés par huissiers*, Lois nouvelles, 1899, 1re part., p. 147; Lebret. Rapp. suppl., *J. off.*, *Doc. parl.*, mai 1898, p. 945 ; Garreau, Sénat, séance du 7 nov. 1898, *Déb. parl.*, p. 855, 2e col. *in fine*. — Ce dernier point paraît résulter des travaux préparatoires de la loi. La commission de la Chambre des députés avait tout d'abord modifié le texte primitif de la proposition de la façon suivante : « La copie sera délivrée sous enveloppe fermée toutes les fois qu'elle sera remise à un parent ou serviteur trouvé au domicile de la partie ou à un voisin. » En adoptant cette rédaction nouvelle, on voulait spécifier d'une manière précise qu'il n'y aurait pas lieu à l'observation des formalités nouvelles dans les cas où les exploits concernant un habitant d'une commune seraient remis à un officier municipal (V. Lebret, premier Rapp. à la Chambre des députés : *Journ. off.*, *Doc. parl.*, févr. 1898, p. 93). Mais la commission a proposé au vote de la Chambre des députés un autre texte qui finalement est devenu celui de la loi nouvelle; et cette modification a eu pour but de comprendre parmi les cas où il y a lieu à la remise des exploits sous enveloppe, celui où l'exploit parvient à la partie intéressée par l'entremise d'un officier municipal (Lebret, Rapp. suppl., *Journ. off.*, *Doc. parl.*, mai 1898, p. 945).

656. — Mais nous pensons que la copie d'un exploit destiné à un être juridique comme l'Etat, le Trésor public, une commune ou une société, etc., ne doit pas être mise sous enveloppe fermée lorsqu'elle est déposée entre les mains de la personne qualifiée pour recevoir une telle signification. — V. cep. Alb. Guinard, p. 72.

657. — La disposition de la loi du 15 févr. 1889 s'applique alors même qu'un exploit, destiné à une femme mariée, est remis au mari, auquel il est signifié en même temps, tant en son nom personnel que comme débiteur solidaire et pour la validité, copie du même exploit. — Paris, 15 déc. 1899, Dessertini, [S. et P. 1900.2.51]

658. — Par suite, est nulle la dénonciation de saisie immobilière, dont la copie, signifiée à une femme mariée et remise au mari, — qui reçoit en même temps, tant en son nom personnel que comme codébiteur solidaire et pour la validité, copie du même exploit, — porte seulement qu'elle a été remise au domicile de la femme, parlant à la personne du mari, sans observation des formalités prescrites par la loi du 15 févr. 1899. — Même arrêt.

659. — Quelle est la sanction de l'inobservation des prescriptions de la loi du 15 févr. 1899? Cette loi ne s'est pas préoccupée d'en édicter. Aussi y a-t-il divergence entre les auteurs sur les conséquences de l'omission par l'huissier de la remise de la copie sous enveloppe fermée portant, d'un côté, les noms et demeure de la partie, et, de l'autre, le cachet de l'huissier. Une première opinion enseigne que l'inaccomplissement de ces formalités entraîne nullité de l'exploit. Dans cette opinion, on raisonne ainsi : La loi du 15 févr. 1899 complète l'art. 68, C. proc. civ., auquel elle s'incorpore ; or, l'art. 70, C. proc. civ., dispose que « ce qui est prescrit par les deux articles précédents (art. 68 et 69) sera observé à peine de nullité. » La nullité édictée par l'art. 70 sanctionne par suite les nouvelles dispositions que la loi du 15 févr. 1899 a introduites dans l'art. 68. — Duparcq, *Journ. des av.*, 1899, p. 105, et *Journ. des huiss.*, 1899, p. 75.

660. — L'unanimité des tribunaux s'est prononcée en ce sens et décide que l'inobservation des formalités prescrites par la loi du 15 févr. 1899, modifiant l'art. 68, C. proc. civ., pour assu-

EXPLOIT. — Titre I. — Chap. IV. 399

rer le secret des actes signifiés par huissier, emporte nullité de l'acte signifié. — Rennes, 17 juin 1899, Dumy, [S. et P. 99.2.249, D. 1900.2.1] — Montpellier, 12 déc. 1899, de Lacoste-Lareymondie, [S. et P. 1900.2.40, D. 1900.2.11] — Paris, 15 déc. 1899, Desertine, [S. et P. 1900.2.51] — Riom, 25 janv. 1900, Société générale, [S. et P. 1900.2.173] — Pau, 14 mai 1900, Rey, [S. et P. 1900.2.208]; — 6 juin 1900, Etcheverry, [Ibid.]; — 19 juin 1900, Gui de Lavalette, [S. et P. 1900.2 267] — Trib. Lille, 7 juin 1899, Carpentier, [S. et P. 99.2.249, D. 1900.2.7] — Trib. Bourg, 16 juin 1899, Joly, [S. et P. 99.2.249, D. 1900.2.7] — Trib. Tarbes, 14 juill. 1899, [Gaz. Pal., 99.2.405] — Trib. Dijon, 13 juill. 1899, Gassendi, [S. et P. 99.2.249, D. 1900.2.7] — Trib. Seine, 26 juill. 1899, précité. — Trib. Marmande, 8 mars 1900, V° C..., [S. et P. 1900.2.220] — Trib. Pontoise, 9 mars 1900 (motifs), précité. — Trib. Seine, 5 mai 1899, Z..., [S. et P. 99.2.253, D. 1900. 2.8] — Trib. corr. Evreux, 4 août 1899, [Gaz. des Trib., 1899, 2e sem., 2.490] — Trib. paix Le Croisic, 24 oct. 1899, V° Fromont, [D. 1900.2.9]

661. — ... Sans qu'il y ait à rechercher si la partie à laquelle l'acte a été signifié en a éprouvé un préjudice. — Trib. Bourg, 16 juin 1899, précité.

662. — Une seconde opinion se prévaut du silence de la loi du 15 févr. 1899, rapproché de la disposition de l'art. 1030 C. proc. civ., d'après lequel « aucun exploit ou acte de procédure ne pourra être déclaré nul, si la nullité n'en est formellement prononcée par la loi, » pour décider que l'inobservation des formalités prescrites par la loi du 15 févr. 1899 n'emporte pas nullité.

663. — Vainement, dit-on dans cette opinion, invoquerait-t-on la disposition de l'art. 70, C. proc. civ. Cet article ne vise que l'art. 68, tel qu'il était rédigé avant la loi du 15 févr. 1899; pour que la nullité qu'il édicte fût applicable à la disposition nouvelle introduite à l'art. 68 par la loi du 15 févr. 1899, il faudrait, conformément à ce que prescrit l'art. 1030, C. proc. civ., que le législateur de 1899 s'en fût formellement exprimé. On ajoute que, malgré la disposition de l'art. 70, C. proc. civ., et aussi des autres articles du titre *Des ajournements* qui sanctionnent de la peine de la nullité l'inaccomplissement des formalités qu'ils édictent, la jurisprudence se refuse néanmoins à prononcer la nullité, soit lorsqu'il peut être suppléé à la formalité omise par les autres énonciations de l'acte (V. suprà, n. 191), soit même lorsque, de l'omission de la formalité, il n'est résulté aucun préjudice pour la partie à laquelle l'exploit est signifié (V. suprà, n. 195, 256. On en conclut que l'inobservation des prescriptions de la loi du 15 févr. 1899 ne pourrait entraîner nullité que s'il s'agissait d'une formalité substantielle, à défaut de laquelle l'exploit manquerait d'un de ses caractères essentiels. Or, dit-on, l'exploit signifié à découvert n'en est pas moins un exploit d'huissier, remplissant complètement son but et se suffisant à lui-même. L'exploit ne sera donc pas nul, et l'huissier pourra seulement être condamné à une amende, par application de l'art. 1030, § 2, C. proc. civ. — Schaffhauser et Chevresson, op. cit., p. 159 et s.; Didio, *Rev. du notariat*, 1899, p. 496.

664. — En présence de l'unanimité des décisions de la jurisprudence se prononçant pour la nullité, une proposition de loi a été déposée à la Chambre des députés par M. Cruppi pour faire déclarer que les dispositions de la loi nouvelle ne sont pas prescrites à peine de nullité, ce qui permettrait une justice plus prompte, éviterait de nouveaux frais à la partie obligée de recommencer l'acte, délivrerait les huissiers d'une véritable obsession et les soustrairait dans bien des cas à des responsabilités hors de proportion avec l'importance d'irrégularités involontaires et quelquefois inévitables.

665. — Cette proposition est ainsi conçue : « L'art. 70, C. proc. civ., est modifié ainsi qu'il suit : Ce qui est prescrit par les deux articles précédents sera observé à peine de nullité, à l'exception des formalités des § 2 et 3, art. 68. En cas de manquement à ces prescriptions, les huissiers seront passibles de l'amende édictée par l'art. 1030. Ils pourront aussi être poursuivis de la partie lésée, conformément à l'art. 1382, C. civ., sans préjudice de l'action disciplinaire. »

666. — Cette seconde partie de la proposition n'est que la confirmation d'une responsabilité des maintenant certaine. Il résulte, en effet, de l'exposé des motifs qui a accompagné le dépôt de la proposition de loi qui est devenue celle du 15 févr. 1899 « qu'en cas de manquement à ses prescriptions, les huissiers seront passibles de l'amende édictée par l'art. 1030, C. proc. civ., et qu'ils pourront aussi être poursuivis par la partie lésée conformément à l'art. 1382, C. civ. » Proposition de loi de M. Guinard (J. off., Doc. parl., décembre 1897, p. 1457).

667. — Après avoir indiqué les différentes formalités à remplir par huissier, le législateur ajoute : « L'huissier fera mention du tout tant sur l'original que sur la copie. » De là est née la question de savoir en quels termes l'huissier doit faire cette mention, s'il est nécessaire d'indiquer toutes les formalités remplies successivement par l'huissier ou s'il suffit d'une mention générale.

668. — D'après un premier système il faudrait que l'huissier indiquât dans leur ordre toutes les formalités qu'il a dû remplir pour se conformer à la loi. Jugé, en ce sens, qu'un exploit, et spécialement un acte d'appel, est nul, si l'original et la copie qui a été remise à une personne autre que la partie portent seulement qu'il a été laissé copie « sous pli fermé, » sans spécifier que les noms et demeure de la partie n'ont été indiqués sur un côté de l'enveloppe, et que le cachet de l'huissier a été apposé sur la fermeture du pli. — Trib. Bourg, 16 juin 1899, Joly, [S. et P. 99.2.249. D. 1900.2.7]

669. — ... Que la mention « sous enveloppe fermée conformément à la loi » ne satisfait pas sur ce point aux prescriptions imposées à peine de nullité par la loi du 15 févr. 1899. — Trib. paix Le Croisic, 24 oct. 1899, V° Fromont, [D. 1900.2.8]

670. — ... Qu'en tout cas, lorsqu'une semblable mention est apposée en marge de l'exploit, et qu'elle n'est ni signée ni paraphée, elle doit être réputée constituer un renvoi inexistant. — Même jugement.

671. — Qu'il en est de même de la mention « sous enveloppe fermée et cachetée. » — Pau, 14 mai 1900, Rey, [S. et P. 1900.2.208]

672. — ... Qu'on ne saurait considérer comme satisfaisant aux prescriptions de la loi du 15 févr. 1899, l'exploit qui se borne à mentionner que la copie a été remise « sous enveloppe fermée, portant suscription et cachet conformément à la loi, » l'apposition d'un cachet quelconque ne pouvant suppléer à l'apposition du cachet de l'huissier instrumentaire, exigée par la loi. — Trib. Pontoise, 9 mars 1900, Leblond, [S. et P. 1900.2. 180]

673. — ... Qu'il en est de même de l'acte d'appel, dont l'original et la copie, qui a été remise à la femme de l'intimé, mentionnent seulement qu'il a été laissé copie « sous pli fermé, » sans spécifier que les noms et demeure de la partie ont été indiqués sur un côté de l'enveloppe, et que le cachet de l'huissier a été apposé sur la fermeture du pli. — Trib. Bourg, 16 juin 1899, précité. — Pau, 19 juin 1909, Gui de Lavalette, [S. et P. 1900. 2.267]

674. — Qu'est nul comme ne contenant pas mention suffisante de l'accomplissement de ces formalités l'exploit d'appel qui énonce seulement que « la copie a été remise sous enveloppe fermée conformément à la loi » mais ne mentionne en outre en aucune façon, soit expressément, soit par équipollents, que l'huissier n'ait inscrit au recto sur ladite enveloppe fermée que le nom et la demeure de l'intimé, et qu'il ait apposé au verso sur la fermeture de cette même enveloppe le cachet de son étude. — Riom, 25 janv. 1900, Soc. gén., [S. et P. 1900.2. 173]

675. — Un auteur enseigne même que l'expression : « sous pli fermé, » ne saurait être employée à la place de celle de : « sous enveloppe fermée, » qui se trouve dans la loi parce qu'elle pourrait paraître équivoque (V. suprà, n. 646). — Duparcq, *Journ. des av.*, 1899, p. 105 et 106; *Journ. des huissiers*, 1899, p. 75. — En ce sens, Pau, 6 juin 1900, Etcheverry, [S. et P. 1900.2.208]

676. — Mais ce système est beaucoup trop rigoureux, le législateur n'ayant dans aucun de nos Codes prescrit l'emploi de formules sacramentelles, sauf quelques exceptions comme dans l'art. 75, C. civ., pour la célébration du mariage. Aussi faut-il admettre, suivant les règles applicables en matière d'exploit, qu'il n'est pas nécessaire, pour la validité de l'exploit, que l'huissier énumère les diverses formalités prescrites par la loi du 15 févr. 1899 : « remise sous enveloppe fermée, ne portant d'autre indication d'un côté, que les noms et demeure de la partie, et, de l'autre, que le cachet de l'étude de l'huissier apposé sur la fermeture du pli, » dès lors qu'il est établi, en fait, que ces formalités ont été remplies. — Bouvier, note sous Rennes, 17 juin 1899, [D. 1900.2.1]

677. — La jurisprudence la plus récente s'est prononcée en faveur de ce système, et il a été décidé que la mention : « je lui ai laissé copie sous enveloppe fermée portant suscription et cachet conformément à la loi, » répond suffisamment au vœu de la loi du 15 févr. 1899. — Paris, 16 déc. 1899, D..., [S. et P. 1900.2.173] ; — 27 janv. 1900, Morise, [S. et P. 1900 2.173] — Trib. comm. Seine. 3 nov. 1899, [Gaz. du Pal., 8 févr. 1900] — Trib. corr. Seine, 25 nov. 1899, X..., [D. 1900.2.7]

678. — ... Qu'il en est de même de la mention de : « copie remise sous enveloppe fermée conformément à la loi. » — Paris, 16 déc. 1899, précité.

679. — ... Et des mentions « sous pli fermé avec inscription et mon cachet » ou « sous enveloppe fermée avec adresse et cachet conformément à la loi. » — Chambéry, 30 janv. 1900, Latreille, [S. et P. 1900.2.173]

680. — ... Qu'il faut considérer comme satisfaisant aux prescriptions de la loi du 15 févr. 1899, modifiant l'art. 6P, C. proc. civ., l'acte d'appel, remis à un employé de la partie, dont la copie mentionne qu'elle a été remise à cet employé « sous pli fermé conformément à la loi. » — Montpellier, 14 déc. 1899, Grès, [S. et P. 1900.2.6, D. 1900.2.11]

681. — En tout cas, à défaut de mention de l'accomplissement des formalités prescrites par la loi de 1899, il y a nullité. Jugé, en ce sens, que la nullité n'est pas encourue seulement au cas où lesdites formalités n'ont pas été effectivement remplies, mais encore lorsque l'accomplissement n'en a pas été formellement mentionné dans l'original et dans la copie. — Riom, 25 janv. 1900, précité. — Trib. corr. Seine, 5 mai 1899, Z..., [D. 1900.2.8]

682. — Et la mention portée seulement sur la copie est insuffisante, alors surtout qu'elle affecte la forme d'un simple renvoi, n'est pas dans l'écriture que celle du corps de l'exploit, et n'est point paraphée. — Même jugement.

683. — A l'inverse, lorsque l'original constate l'accomplissement des formalités de la loi de 1899, l'exploit est nul si aucune mention ne figure sur la copie, par application de ce principe qu'un exploit signifié à une partie tient lieu de l'original pour celle-ci et que les mentions qui y sont contenues sont les seules qui puissent lui être opposées. — Trib. Seine, 26 juill. 1899, [Journ. des avoués, 1899, p. 368] — V. supra, n. 78 et s.

684. — En conséquence, sont nuls : l'acte d'appel, dont la copie, remise à une personne au service de l'intimé, ne mentionne pas qu'elle ait été délivrée sous enveloppe fermée ne portant, d'un côté, que les noms et demeure de la partie, et, de l'autre, que le cachet de l'huissier sur la fermeture du pli. — Rennes, 17 juin 1899, Dumy, [S. et P. 99.2.249, D. 1900.2.1]

685. — ... La citation devant le tribunal de police correctionnelle, dont la copie, remise à la sœur de l'assigné, ne fait pas mention que l'enveloppe fermée ne porte d'autre indication, d'un côté, que les noms et demeure de l'assigné, et, de l'autre, que le cachet de l'étude de l'huissier, apposé sur la fermeture du pli. — Trib. Lille, 7 juin 1899, Carpentier, [S. et P. 99.2.249, D. 1900.2.2]

686. — Une autre difficulté soulevée par la loi du 15 févr. 1899, est celle de savoir à quels actes elle s'applique. Il y a une première catégorie d'actes d'huissier auxquels elle doit être étendue : ce sont les actes d'appel. En effet, l'acte d'appel est un ajournement qui doit, par suite (C. proc. civ., art. 456), satisfaire aux formalités prescrites par le Code de procédure pour les ajournements, et spécialement aux formalités prescrites par l'art. 68, C. proc. civ., auquel s'est incorporée la loi du 15 févr. 1899.

687. — Jugé, en ce sens, que les formalités édictées par la loi du 15 févr. 1899, modifiant l'art. 68, C. proc. civ., pour assurer le secret des actes signifiés par huissier, s'appliquent aux actes d'appel. — Rennes, 17 juin 1899 (sol. impl.), Dumy, [S. et P. 99.2.249, D. 1900.2.1] — Montpellier, 15 déc. 1899, de Lacoste-Lareymondie, [S. et P. 1900.2.40, D. 1900.2.11] — 14 déc. 1899, Grès, [S. et P. 1900.2.6, D. 1900.2.11] — Riom, 25 janv. 1900, Société générale, [S. et P. 1900.2.173] — Pau, 14 mai 1900, Rey et Boussat, [S. et P. 1900.2.208] — 6 juin 1900, Etcheverry, [Ibid.] ; — 19 juin 1900, précité. — Trib. Bourg, 16 juin 1899 (sol. impl.), Joly, [S. et P. 99.2.249, D. 1900.2.7]

688. — La loi du 15 févr. 1899 doit aussi être appliquée aux citations devant le juge de paix. — Trib. paix Le Croisic, 24 oct. 1899, Vᵉ Fromont, [D. 1900.2.8]

689. — Que décider pour les citations à comparaître devant le tribunal de police correctionnelle délivrées à la requête de la partie civile ? En principe, la jurisprudence décide que les citations en matière correctionnelle ne sont pas soumises aux règles tracées par le Code de procédure civile pour la validité des exploits. Mais elle n'en fait pas moins des emprunts au Code de procédure en ce qui concerne les formalités exigées par les art. 68 et s., C. proc. civ., pour la remise des exploits. La loi du 15 févr. 1899 se préoccupant uniquement de réglementer la remise des exploits, il semble bien, dès lors, qu'il en faut appliquer les dispositions à la remise des citations dont nous parlons. Il y a d'autant plus de raison de le décider ainsi que le motif qui a inspiré la loi, la nécessité d'assurer le secret des actes d'huissier, est plus impérieux encore pour les citations en matière pénale que pour les exploits en matière civile.

690. — Ainsi décidé que les formalités édictées par la loi du 15 févr. 1899, modifiant l'art. 68, C. proc. civ., pour assurer le secret des actes signifiés par huissier, s'appliquent aux citations données par la partie civile devant le tribunal de police correctionnelle. — Paris, 16 déc. 1899 (motifs), D..., [S. et P. 1900.2.173] ; — 27 janv. 1900 (motifs), Morise, [Ibid.] — Trib. corr. Seine, 5 mai 1899, Z..., [S. et P. 99.2.253, D. 1900.2.8] — Trib. Lille, 7 juin 1899, Carpentier, [S. et P. 99.2.249, D. 1900.2.7]

691. — Elles s'appliquent également aux citations devant le tribunal de police correctionnelle signifiées par huissier à la requête du ministère public. — Trib. Pontoise, 9 mars 1900 (sol. impl.), Leblond, [S. et P. 1900.2.180]

692. — Jugé, au contraire, que les formalités prescrites par le Code de procédure pour les assignations n'étant pas exigées pour les citations en police correctionnelle exclusivement régies par les art. 182 et s., C. instr. crim., les formalités nouvelles édictées par la loi du 15 févr. 1899 pour assurer le secret des actes signifiés par huissier ne s'appliquent pas à ces citations. En effet, aucune énonciation, soit dans le texte de la loi, soit dans la discussion qui l'a précédée, ne permet de supposer que le législateur ait entendu étendre les dispositions nouvelles aux actes régis jusqu'à ce jour par le Code d'instruction criminelle. — Riom, 14 déc. 1899, [Journ. des huiss., t. 81, p. 61]

693. — La loi du 15 févr. 1899 s'applique-t-elle aux actes signifiés par huissier qui ne contiennent pas ajournement ? La difficulté vient de ce que toutes les formalités prescrites par l'art. 68, C. proc. civ., pour les ajournements, ne sont pas nécessairement applicables aux autres exploits d'huissier. Ainsi, la jurisprudence décide que la nullité édictée par l'art. 68, C. proc. civ., relative à l'omission du visa du maire sur l'original et la copie d'un exploit, est exclusivement applicable aux exploits d'ajournement, et ne peut être étendue notamment aux significations de jugement. Nous estimons, cependant, que ce serait méconnaître la pensée des auteurs de la loi du 15 févr. 1899 que de restreindre l'application de cette loi aux exploits contenant ajournement. On a voulu, d'une manière générale, protéger les personnes auxquelles un acte est signifié par huissier contre les indiscrétions dont elles peuvent être victimes lorsque la copie de l'exploit est laissée à découvert entre les mains d'un tiers ; il importe donc peu que l'acte signifié contienne ajournement ; tout autre acte du ministère d'huissier présente, si ce contenu en est révélé à des tiers, les mêmes inconvénients pour la partie à laquelle il est destiné ; il y a donc mêmes raisons d'exiger la remise de la copie sous pli fermé. — Duparcq, Journ. des av., 1899, p. 103, et Journ. des huiss., 1899, p. 72. — V. aussi Schaffhauser et Chevresson, Lois nouvelles, 1899, 1ʳᵉ part., p. 146 ; Albert Guinard, France jud., 1899, 1ʳᵉ part., p. 72.

694. — Ainsi jugé que les formalités édictées par la loi du 15 févr. 1899, modifiant l'art. 68, C. proc. civ., pour assurer le secret des actes signifiés par huissier, sont générales, et s'appliquent, non seulement aux exploits d'ajournement, mais aussi à tous actes signifiés par un huissier. — Trib. Dijon, 13 juill. 1899, Gassendi, [S. et P. 99.2.249, D. 1900.2.7]

695. — Par suite, elles s'appliquent aux significations de jugement faites à la partie. — Chambéry, 30 janv. 1900 (sol. impl.), Latreille, [S. et P. 1900.2.173]

696. — Il y a cependant une série d'actes du ministère d'huissier pour lesquels le motif qui a présidé à la rédaction de la loi du 15 févr. 1899 perd une partie de sa valeur ; ce sont les actes qui comprennent une interpellation et une réponse de la part de la personne à laquelle l'exploit est délivré, tels les som-

EXPLOIT. — Titre I. — Chap. IV.

mations avec interpellation, les actes d'offres ou les protêts; ce sont aussi les actes du ministère d'huissier qui ont pour objet des constatations faites en la présence de la personne à laquelle la copie est remise, tels les procès-verbaux de saisie. Ces divers actes, en effet, se trouvent nécessairement connus de la personne à qui la copie est remise; n'est-il pas dès lors inutile de prémunir la partie contre les indiscrétions en délivrant la copie sous enveloppe fermée? On peut, à cette objection, répondre que la remise sous enveloppe de la copie, si elle n'assure pas en pareille circonstance le secret absolu de l'acte, met néanmoins la partie à l'abri des indiscrétions provenant de toute autre personne que celle à qui la copie a été délivrée. On peut ajouter que le titre même de la loi (*Loi sur le secret des actes signifiés par huissier*), rapproché du texte du § 1 de l'art. 68, C. proc. civ. « tous exploits faits à personne ou domicile, » démontre qu'il n'y a pas lieu de distinguer, et que tous exploits signifiés par huissier à personne ou domicile sont soumis aux prescriptions de la loi du 15 févr. 1899. — V. en ce sens, Schaffhauser et Chevresson, *op. cit.*, p. 157. — V. aussi Duparcq, *loc. cit.;* Albert Guinard, *op. et loc. cit.*

697. — La jurisprudence a admis ce système en décidant que les formalités de la loi de 1899 s'appliquent aux actes d'huissier important une interpellation ou un visa, ou rapportant des constatations faites en présence de la personne même à laquelle la copie est remise. — Trib. Dijon, 13 juill. 1899, précité.

698. — ... Spécialement, à une sommation à fin de paiement de loyers. — Même jugement.

699. — ... Et à un procès-verbal de saisie revendication de meubles. — Même jugement.

700. — ... A un commandement et exploit de saisie-exécution. — Trib. Tarbes, 14 juill. 1899, [*Gaz. Pal.*, 99.2.405]

701. — ... A la sommation faite à un tuteur, en conformité de l'art. 447, C. civ., d'être présent à la réunion du conseil de famille qui doit délibérer sur une demande en destitution de la tutelle. — Trib. Marmande, 8 mars 1900, V° C..., [S. et P. 1900. 2.220]

702. — La loi du 15 févr. 1899, se référant à l'art. 68, C. proc. civ., qu'elle complète par l'addition d'un paragraphe nouveau, fait conclure que c'est seulement aux exploits visés par ces articles, c'est-à-dire aux exploits signifiés à domicile, qu'elle doit être appliquée; il ne saurait être question d'en étendre les dispositions aux significations par huissier des actes d'avoué à avoué. — Schaffhauser et Chevresson, *op. cit.*, p. 157, note 1.

703. — Ainsi, les formalités édictées par la loi du 15 févr. 1899, modifiant l'art. 68, C. proc. civ., pour assurer le secret des actes signifiés par huissier, ne s'appliquent pas à l'assignation pour être présente à l'enquête, signifiée à la partie au domicile de son avoué, dans les termes de l'art. 261, C. proc. civ. — Nancy, 14 nov. 1899, Breton, [S. et P. 1900.2.47, D. 1900.2.10]

704. — ... Ni à l'appel en matière d'ordre, signifié, conformément à la disposition de l'art. 762, C. proc. civ., au domicile de l'avoué. — Bourges, 30 janv. 1900, Archambault, [S. et P. 1900.2.48]

705. — Par suite il n'y a pas nullité de l'acte d'appel en matière d'ordre, signifié au domicile de l'avoué de l'intimé bien que la copie ait été délivrée sous enveloppe fermée. — Même arrêt.

706. — Les formalités édictées par la loi du 15 févr. 1899 ne sont pas non plus applicables aux actes du palais lorsqu'au lieu d'être remise à l'avoué lui-même la copie est remise à un clerc de son étude. — Toulouse, 9 févr. 1900, [*Journ. des huiss.*, t. 81 p. 89]

707. — Il en est ainsi notamment pour la signification faite à avoué dans ces conditions d'un jugement d'ordre à l'audience. — Même arrêt.

708. — La loi du 15 févr. 1899 doit-elle être restreinte aux significations du ministère d'huissier? Doit-elle au contraire recevoir application aux significations qui rentrent exceptionnellement dans le ministère des notaires, telles que les protêts et les actes respectueux? On a prétendu qu'il en est ainsi pour les protêts, à moins qu'ils n'aient été rédigés dans la forme des actes notariés. — Didio, *Rev. du not. et de l'enreg.*, 1899, p. 407. — Quant aux actes respectueux, V. Didio, *op. cit.*, p. 409. — Bouvier, note Rennes, 17 juin 1900, [D. 1900.2.4]

709. — L'art. 2 de la loi de 1899, a chargé un règlement d'administration publique de déterminer, s'il y a lieu, les mesures d'exécution de cette loi. En vertu de cette disposition, le décret du 14 nov. 1899, a fixé à la somme de 0 fr. 15 cent. le montant de la taxe que les huissiers peuvent réclamer chaque fois qu'ils remettent un exploit sous enveloppe fermée.

§ 5. *Signification au domicile élu.*

710. — Lorsqu'un acte contient, de la part des parties ou de l'une d'elles, élection de domicile pour l'exécution de ce même acte dans un autre lieu que celui du domicile réel, les significations, demandes et poursuites relatives à cet acte peuvent être faites au domicile convenu et devant le juge de ce domicile.

711. — Lorsque la partie renonce ainsi au bénéfice de la signification des exploits à son domicile réel on peut faire cette signification au domicile qu'elle a indiqué. Ainsi un exploit peut être valablement signifié à un officier en activité dans le lieu de sa garnison, lorsque c'est lui-même qui a fourni les indications qui ont permis de faire cette signification, bien que ce lieu ne soit pas son domicile d'origine. — Besançon, 14 déc. 1892, Perrin, [D. 93.2.279]

712. — Il n'y a aucune différence à établir entre le domicile réel et le domicile conventionnellement élu, au point de vue des règles à suivre pour la signification des actes en ce qui concerne les conditions intrinsèques. Et il en est de même, en général, en ce qui concerne les conditions extrinsèques.

713. — Jugé à cet égard que l'art. 68, C. proc. civ., qui permet à l'huissier, au cas où il ne trouverait personne au domicile de la partie, de remettre la copie à un voisin, et, à défaut de celui-ci, au maire de la commune, s'applique aussi bien aux significations faites au domicile élu qu'à celles qui ont lieu au domicile réel. — Cass., 29 mai 1811, Haindel, [S. et P. chr.] — Caen, 8 janv. 1845, Charpentier, [P. 45.2.114] — *Sic*, Garsonnet, 2e éd., t. 2, § 393, p. 339, note 6.

714. — ... Que les règles à suivre pour la signification des actes au domicile conventionnellement élu, notamment en ce qui concerne les heures où l'exploit peut être fait et les personnes auxquelles la copie peut être remise, sont les mêmes que pour leur signification au domicile réel. — Cass., 1er juin 1893, Voisin et Perron, [S. et P. 96.1.133, D. 94.1.175] — V. cep. *infra*, n. 718.

715. — On admet toutefois que lorsqu'un exploit est fait à domicile élu, il doit néanmoins indiquer le domicile réel de la partie à laquelle la notification est faite. — V. *suprà*, v° *Ajournement*, n. 162 et s.

716. — La loi du 15 févr. 1899 sur le secret des actes signifiés par huissier s'applique aux exploits signifiés à domicile élu. — Schaffhauser et Chevresson, p. 157.

717. — Lorsqu'il a été élu domicile chez un officier ministériel, la signification doit être faite en l'étude même; faite au domicile privé de l'officier ministériel, elle serait, en principe, entachée de nullité. L'habitation du notaire, de l'avoué ou de l'huissier peut être, en effet, distincte et indépendante de son étude, lieu où l'officier public exerce ses fonctions, où les parties peuvent traiter avec sécurité leurs affaires confidentielles, où elles sont assurées de rencontrer l'officier ou du moins les clercs chargés, à l'exclusion de tous autres, de le remplacer. Aussi l'étude a-t-elle une sorte de caractère public qui la distingue de la demeure. De là il suit que la partie obligée de faire la signification en l'étude, en la faisant en son habitation, ne se conforme pas à la convention, en sorte que cette signification est nulle. — V. à cet égard, *suprà*, v° *Cassation* (mat. civ.), n. 11.

718. — L'exploit à signifier au cas d'élection de domicile en l'étude d'un officier ministériel devant être délivré à cette étude même, non à l'habitation particulière de l'officier public, les serviteurs auxquels la copie peut être remise, en conformité de l'art. 68, C. proc. civ., sont, non ceux attachés à cette habitation ou au service personnel du notaire, mais ceux au service de son étude, c'est-à-dire, en général aux clercs.

719. — Une autre conséquence découlant virtuellement de la convention d'élection de domicile dans une étude est que la signification des actes ne peut, semble-t-il, être faite aux parties ayant conclu cette convention qu'aux heures réglementaires d'ouverture de cette étude, malgré les termes de l'art. 1037, C. proc. civ., fixant les heures auxquelles en général peuvent être faites les significations. Cet article reçoit virtuellement exception au cas où l'acte doit être rempli ou signifié dans un lieu public dont les heures d'ouverture sont fixées réglementairement. La disposition de l'art. 1037, C. proc. civ., n'a, d'ailleurs, aucun caractère d'ordre public, en sorte que les parties sont libres d'y déroger.

720. — Jugé cependant qu'une dérogation au droit commun ne résulte pas nécessairement de ce que le domicile élu est l'étude d'un notaire. Par suite, en l'absence d'une clause dérogatoire dans la convention, la signification au domicile élu chez un notaire, après l'heure de la fermeture de son étude, peut être faite dans une pièce de l'habitation privée du notaire, alors qu'après la fermeture on accède à l'étude par l'habitation avec laquelle elle communique, en sorte qu'elles sont identifiées l'une avec l'autre. — Cass., 1er juin 1893, précité.

721. — Et l'exploit est valablement remis à la domestique du notaire, si, après l'heure de la fermeture de l'étude, elle était la personne préposée au service de l'étude, recevant les significations et les actes destinés au notaire. — Même arrêt.

722. — Au cas d'élection de domicile chez un officier ministériel, c'est à l'étude plutôt que chez l'officier ministériel que le domicile est élu, de sorte qu'en cas de cessation des fonctions de celui-ci, la copie est valablement laissée à l'étude à son successeur. — Grenoble, 9 mars 1853, [cité par Deffaux et Harel, n. 523] — *Sic*, Chauveau, sur Carré, t. 1, quest. 365 *ter*; Deffaux et Harel, n. 523. — V. *suprà*, v° *Domicile* (élection de), n. 264 et s.

723. — Lorsqu'une signification est faite à domicile élu chez un officier ministériel sans le consentement de celui-ci, il peut refuser la copie en déclarant qu'il n'a pas mandat de la partie. Dans ce cas il y a lieu d'appliquer l'art. 68, et l'huissier doit s'adresser aux voisins avant de présenter l'exploit au maire. — Trib. Seine, 2 août 1854, [*Journ. des huiss.*, t. 35, p. 286] — *Sic*, Chauveau, *Journ. des huiss.*, t. 36, p. 192 et s.; Deffaux et Harel, n. 526.

Section III.
Significations aux personnes morales de droit public et aux collectivités.

724. — L'art. 69 édicte des règles spéciales pour les significations à faire aux personnes morales de droit public comme l'État, les administrations publiques, et aux collectivités, c'est-à-dire aux réunions d'individus représentées par un mandataire légal, comme les sociétés de commerce et les faillites. Les exploits doivent être adressés à leur représentant légal; mais les significations faites à ces deux catégories de personnes se distinguent en ce que la formalité du visa est exigée pour les premières et n'est pas nécessaire pour les secondes.

§ 1. *Significations aux personnes morales de droit public.*

1° *Signification de l'exploit.*

725. — I. *État.* — L'État est représenté par le préfet; en effet, l'art. 69-1°, C. proc. civ., déclare que lorsqu'il s'agit de domaines et droits domaniaux, l'action est assignée en la personne ou au domicile du préfet du département où siège le tribunal devant lequel doit être portée la demande en première instance.

726. — Il a cependant été jugé (mais ces décisions sont restées isolées) que les significations relatives aux actions domaniales pouvaient être faites au siège de l'administration des domaines aussi bien qu'à l'hôtel de la préfecture. — Limoges, 8 juin 1814, Marchadier, [P. chr.].

727. — La jurisprudence sur le fondement de l'art. 69-1° lui a toujours refusé ce droit et reconnaît au préfet seul le droit de représenter l'État, tant comme demandeur que comme défendeur. — V. *suprà*, v° *Domaine public et de l'État*, n. 109 et s.

728. — Le préfet représente donc l'État dans les instances domaniales, bien que l'administration des domaines prétende avoir le même droit, ou tout au moins avoir le droit d'intervenir dans ces instances.

729. — Et l'on décide même que l'ordonnance du 6 mai 1838, d'après laquelle l'instruction des actions concernant les propriétés de l'État doit être suivie par les directeurs des domaines, de concert avec les préfets, ne déroge pas à l'art. 69, qui veut que les actions domaniales soient intentées et soutenues par les préfets; par suite, est nul l'acte d'appel qui, en pareille matière, est signifié au directeur des domaines, au lieu de l'être à la personne ou au domicile du préfet. — Cass., 28 juin 1869, Labry, [S. 70.1.463, P. 70.383, D. 71.1.51].

730. — Par application de ce principe il a été jugé que la demande à fin de remise d'une succession en déshérence appréhendée par l'État est valablement dirigée contre le préfet représentant l'État, et non contre l'administration des domaines. — Paris, 5 févr. 1875, Préfet de la Seine, [S. 75.2.75, P. 75.433, D. 75.2.100].

731. — ... Qu'en matière de succession en déshérence, le préfet étant seul représentant de l'État, la signification d'un jugement faite seulement au directeur de l'enregistrement et des domaines ne fait pas courir le délai de l'appel. — Paris, 12 août 1850, Franchini, [P. 51.1.232, D. 51.5.240].

732. — ... Que la notification nécessaire pour faire courir le délai du pourvoi doit être faite au préfet, et qu'une communication donnée à la régie des domaines serait insuffisante. — Cons. d'Ét., 23 déc. 1835, Comm. de Cléville, [S. 37.2.453, *ad notam*, P. adm. chr.]

733. — ... Que des représentants d'un autre service, un inspecteur des forêts, un ingénieur en chef des ponts et chaussées, seraient incompétents pour défendre, au nom de l'État, à une instance domaniale ou acquiescer au jugement rendu. — Cons. d'Ét., 15 juin 1825, Guyot, [S. chr., P. adm. chr.]; — 22 nov. 1826, Seyler, [P. adm. chr.]; — 16 août 1832, Ministre du commerce, [P. adm. chr.]

734. — Une exception à la règle d'après laquelle le préfet représente l'État en matière domaniale doit être faite pour le domaine militaire. C'est non au préfet, mais au ministre de la Guerre, que doivent être signifiés les exploits relatifs au domaine militaire parce que la loi a spécialement placé la conservation et l'administration de ce domaine sous la surveillance du ministre. — V. *suprà*, v° *Domaine public et de l'État*, n. 1109 et s.

735. — Il n'est point nécessaire dans les cas où la signification doit être faite aux préfets qu'elle s'opère par la remise de l'exploit entre les mains du préfet lui-même; la signification peut être faite à l'hôtel de la préfecture. Et il importe de faire remarquer que si l'hôtel de la préfecture se confond le plus souvent avec le domicile du préfet, il n'en est pas nécessairement ainsi puisque le préfet, fonctionnaire amovible, peut avoir son domicile en dehors du département qu'il administre. — Rodière, n. 1, p. 240; Chauveau, sur Carré, quest. 376 *quinquiés*; Bioche, n. 317; Garsonnet, 2e éd., t. 2, § 600, p. 340, note 6; Boitard, Colmet-Daage et Glasson, t. 1, n. 175; Tissier, Darras et Louiche-Desfontaines, *Code de procédure civile annoté*, art. 69, n. 14 et 15.

736. — Lorsque la signification n'est pas faite à la personne du préfet, c'est donc à sa résidence officielle, c'est-à-dire à l'hôtel de la préfecture qu'elle doit être faite. Décidé, à ce sujet, qu'en matière d'actions domaniales, les significations peuvent être faites non seulement à la personne du préfet, mais encore à son domicile. — Cass., 25 mai 1852, Comm. de Cannes, [S. 52.1.532, P. 52.2.563, D. 52.1.135]

737. — Si le préfet est absent l'exploit est signifié au secrétaire général de la préfecture qui le remplace. Mais si le préfet est seulement empêché, le secrétaire général ne remplit les fonctions de préfet qu'en vertu d'une délégation expresse de celui-ci.

738. — Dans ce dernier cas quel serait l'effet du défaut de délégation? Le secrétaire général pourrait-il encore recevoir la copie d'un exploit pour le préfet? On admet généralement que la délégation est facilement présumée; et l'on peut d'ailleurs justifier la remise de la copie au secrétaire général dans ce cas par application de l'art. 69-1°, ceux qui l'on trouve au domicile du cité, c'est-à-dire, dans l'espèce, à la préfecture, ayant qualité pour recevoir la copie. — Garsonnet, 2e éd., t. 2, § 600, p. 341, note 8.

739. — Ainsi jugé qu'une signification est valablement faite à la personne du secrétaire général de la préfecture, bien qu'il ne fût pas spécialement délégué par le préfet pour le remplacer; à cet égard, la délégation doit être présumée. — Cass., 25 mai 1852, précité.

740. — De même est valable un exploit signifié au préfet, au nom de l'État, en parlant au secrétaire général de la préfecture, lequel a visé l'exploit comme préfet, bien qu'il ne mentionne pas que ce dernier eût délégué ses fonctions au secrétaire général, et que la délégation ne soit pas représentée. En pareil cas, la délégation est légalement présumée, alors d'ailleurs que le préfet était dans l'habitude de déléguer le secrétaire général. Peu importe qu'on ne prouve pas qu'il y ait eu urgence, et que le préfet n'était pas absent, mais seulement non présent à son hôtel. — Metz, 27 août 1835, Comm. de Ham et Guerting, [P. chr.]

741. — Le préfet peut aussi déléguer ses pouvoirs à un con-

EXPLOIT. — TITRE I. — Chap. IV. 403

seiller de préfecture; ainsi l'assignation donnée à un préfet en sa qualité est valablement remise à un conseiller de préfecture et visée par lui, s'il déclare agir par autorisation. En un tel cas, il y a présomption légale de l'absence du préfet et de délégation de pouvoirs faite au conseiller de préfecture pour le remplacer. — Toulouse, 29 juin 1831, de Narbonne-Larra, [S. 31.2.327, P. chr.] — Sic, Garsonnet, 2e éd., t. 2, § 600, p. 341, texte et note 9.

742. — On estime même parfois que la copie est valablement remise à un conseiller de préfecture bien qu'il n'ait pas été désigné à cet effet pour remplacer le préfet ou le secrétaire général de la préfecture. — Garsonnet, 2e éd., t. 2, § 600, p. 341, note 9; Rodière, t. 1, p. 210.

743. — On décide de même que les exploits concernant l'Etat, qui doivent être notifiés aux préfets, peuvent être valablement remis entre les mains de l'employé préposé à cette fonction, sous l'obligation pour celui-ci d'en restituer dans un bref délai à l'huissier l'original revêtu du visa du préfet. — Boitard, Colmet-Daage et Glasson, t. 1, n. 175; Garsonnet, 2e éd., t. 2, § 600, p. 341.

744. — Mais certains auteurs blâment cette pratique. En cas d'absence ou d'empêchement du préfet, ce fonctionnaire est légalement remplacé par le secrétaire général ou un conseiller de préfecture qui a qualité pour recevoir les copies d'exploits tandis qu'aucune délégation de cette nature n'existe en faveur des employés de la préfecture quel que soit leur degré dans la hiérarchie. Comme, d'autre part, les exploits signifiés aux fonctionnaires publics ne peuvent l'être remis à leurs parents, serviteurs ou voisins, on peut se demander à quel titre l'employé recevrait la copie. — Deffaux, Harel et Dutruc, Suppl., v° Exploit, n. 194; Chauveau, sur Carré, Suppl., quest. 370 ter.

745. — Ajoutons que le préfet peut choisir les membres du ministère public comme mandataires en tant que représentant de l'Etat (V. supra, v° Domaine, n. 1164 et s., et infrà, v° Ministère public, n. 618). Ainsi, il a été jugé, qu'en matière domaniale, le procureur de la République qui a reçu du préfet, agissant dans l'intérêt de l'Etat, le mandat de le représenter dans une instance, est considéré comme le mandataire ad litem du préfet. — Toulouse, 27 mars 1844, Commune de Montmirail, [P. chr.]

746. — En conséquence, les significations d'actes de procédure au procureur de la République par la partie adverse régulièrement faites, et ont, dès lors, un effet interruptif de la péremption. — Même arrêt.

747. — Jugé aussi que le préfet peut élire domicile au parquet en même temps qu'il charge le ministère public de défendre les droits de l'Etat devant le tribunal. Dans ce cas les significations relatives aux actions intentées par ou contre l'Etat pourraient être faites au parquet. — Nancy, 12 févr. 1827, Préfet des Vosges, [S. et P. chr.]

748. — Mais il a été jugé au contraire que l'appel signifié au domicile élu par le préfet représentant l'Etat au parquet est nul, et qu'il doit courir les délais être signifié à la personne ou au domicile du préfet. — Rennes, 10 août 1820, Préfet du Finistère, [S. et P. chr.]

749. — Les actions domaniales ne sont pas les seules qui appartiennent à l'Etat ou qui puissent être dirigées contre lui; mais pour les autres actions il n'existe pas de texte général qui en confie expressément l'exercice à un fonctionnaire déterminé; ce fonctionnaire peut changer suivant la nature de l'action; il arrive même parfois que des textes législatifs ont attribué la personnalité civile à certains services généraux de l'Etat qui se trouvent ainsi séparés dans une mesure plus ou moins large de l'administration générale du pays : ces services sont alors compris dans la qualification très-large d'établissements publics, mais il n'en est pas toujours ainsi et certains services généraux constituent simplement l'un des organes même de l'administration de l'Etat, ne peut d'ailleurs qu'ils aient la capacité nécessaire pour ester en justice, bien qu'ils ne soient pas revêtus de la personnalité civile. — V. Wahl, Administration et propriété de l'Etat, passim. — Cass., 22 févr. 1893, Caisse des dépôts et consignations, [S. et P. 93.1.529]; Note sous Douai, 18 mai 1896, Préfet du Pas-de-Calais, [S. et P. 98.2.177]

750. — Le préfet ne représente plus l'Etat pour ceux des services publics auxquels la loi a donné le mandat d'intenter les actions en justice ou d'y défendre; il en est ainsi des administrations de l'enregistrement et des domaines, des douanes, des contributions directes, des contributions indirectes, des forêts. C'est alors aux agents de ces services que doivent être signifiés les exploits concernant les administrations publiques dont nous parlons. Il en sera ainsi lorsqu'il s'agira, par exemple, des procès relatifs aux revenus des domaines de l'Etat ou à la perception des impôts. — V. Garsonnet, 2e éd., t. 1, § 307, p. 515; Note sous Douai, 18 mai 1896, précité; Boitard, Colmet-Daage et Glasson, t. 1, n. 175; Rodière, t. 1, p. 210.

751. — Mais en est-il de même pour les divers services publics et peut-on admettre qu'en dehors de ceux que nous venons d'énumérer les agents de ces services prétendent représenter l'Etat tant en demandant qu'en défendant? La question s'est récemment posée pour le service des ponts et chaussées. Il a été jugé, à cet égard, que l'assignation donnée à l'administration des ponts et chaussées en la personne de son directeur ne peut avoir d'effet que si cette administration possède une personnalité civile, ou peut être considérée comme mandataire légal de l'Etat. — Douai, 18 mai 1896, Préfet du Pas-de-Calais, [S. et P. 98.2.177]

752. — Or, l'administration des ponts et chaussées, n'ayant jamais été reconnue par l'Etat en tant que personne civile, et n'ayant jamais possédé un patrimoine quelconque, ne constitue pas une personne civile. D'autre part, l'administration des ponts et chaussées n'est pas davantage mandataire légal de l'Etat; le mandat que cette administration possède en matière de pêche est, en effet, un mandat spécial, qui ne peut être étendu au delà de ses termes, et duquel on ne saurait conclure à l'existence d'un mandat général donné par l'Etat à l'administration des ponts et chaussées. — Même arrêt.

753. — En conséquence, le préfet, représentant de l'Etat, a seul qualité pour ester en justice au nom de l'administration des ponts et chaussées, et lui peut seul être assigné. — Même arrêt.

754. — Le Trésor public est assigné en la personne ou au bureau de l'agent judiciaire à qui la loi a donné pour mission de représenter le Trésor public dans toutes ses actions actives et passives devant les tribunaux (C. proc. civ., art. 69). — V. supra, v° Agent judiciaire du Trésor, n. 46 et s.

755. — L'art. 69-4° attribuait compétence au représentant du ministère public pour recevoir les exploits signifiés au roi pour ses domaines. La loi du 7 mars 1832, relative à la formation de la liste civile, ayant divisé le domaine du souverain en domaine privé et domaine public administrés par l'intendant du domaine privé et l'intendant de la dotation de la couronne, les exploits concernant le domaine royal durent être signifiés non plus au ministère public mais à l'un ou à l'autre de ces intendants suivant les cas. Le sénatus-consulte du 12 déc. 1852 attribua également compétence à l'administrateur du domaine impérial pour défendre aux actions contre ce domaine. Le domaine de la couronne a été supprimé par le décret du 6 sept. 1870 et les biens qui le composaient ont fait retour au domaine de l'Etat. Le 4° de l'art. 69 ne saurait donc plus aujourd'hui recevoir d'application.

756. — II. Département. — Le Code de procédure ne contient aucune disposition relativement aux procès dans lesquels les départements sont intéressés. La personnalité civile ne leur a été, en effet, reconnue que postérieurement à la promulgation de ce Code. En vertu de l'art. 34, L. 10 août 1871, les préfets représentent les départements en justice, à moins toutefois qu'il ne s'agisse d'un litige entre l'Etat et le département; en ce dernier cas, l'action est soutenue, au nom du département, par un membre de la commission départementale désigné par elle. Suivant cette distinction, les personnes compétentes pour figurer dans un procès dans l'intérêt d'un département sont par là même implicitement compétentes pour recevoir les assignations adressées au département. — Garsonnet, 2e éd., t. 2, § 600, p. 341, note 13; Boitard, Colmet-Daage et Glasson, t. 1, n. 179. — V. supra, v¹⁸ Commission départementale, n. 83; Conseil général, n. 303 et s.; Département, n. 205 et s.

757. — Jugé, en ce sens, qu'en cas de litige entre l'Etat et un département, l'action doit être intentée ou soutenue par le préfet au nom de l'Etat. Le préfet ne peut représenter le département, et faire représenter l'Etat par le ministère public. — Cass., 20 juill. 1842, Préfet de la Corse, [S. 42.1.606, P. 42.2.171]

758. — III. Arrondissements. — Les arrondissements ne constituent pas des êtres juridiques dans le système législatif français; ils ne peuvent donc figurer à aucun titre en justice, et il ne saurait être question de leur remettre des exploits. — Ducrocq, 6e éd., t. 2, n 1340; Garsonnet, 2e éd., t. 1, § 307, p. 516, note 5 in fine. — V. supra, v° Arrondissement, n. 30 et s.

759. — IV. Communes. — Les communes sont assignées en la personne ou au domicile du maire en vertu de l'art. 69. — V. supra, v° Commune, n. 874 et s.

760. — Et l'assignation est nulle si elle est donnée personnellement au maire et non à la commune en la personne de ce fonctionnaire. — Cass., 10 juin 1812, Fulcraud, [S. et P. chr.]

761. — Jugé aussi que dans un procès contre une commune, c'est au maire en sa qualité que doit être signifié l'acte d'appel, quoique le jugement contre lequel on interjette appel ait été rendu contre l'adjoint commis par le préfet pour suivre le procès en l'absence du maire. — Bourges, 31 mars 1829, Bourdiau, [S. et P. chr.]

762. — Mais l'exploit signifié à une commune en la personne du maire trouvé hors du territoire de la commune est valable, surtout lorsqu'au moment où la copie lui est remise, ce magistrat est dans l'exercice de ses fonctions. — Montpellier, 18 août 1847, [*Journ. des huiss.*, t. 29, p. 32]

763. — Pour le cas où le maire a des intérêts opposés à ceux de la commune, V. *suprà*, v° *Commune*, n. 888 et 889.

764. — En cas d'absence du maire, l'adjoint a-t-il qualité pour recevoir et viser la copie de l'exploit signifié à une commune? La question a été controversée. Pendant un certain temps, la jurisprudence de la Cour de cassation s'est prononcée et maintenue en ce sens, qu'en cas d'absence du maire, l'exploit ne pouvait être remis à l'adjoint, et qu'il fallait s'adresser au juge de paix ou au représentant du ministère public. Les motifs de cette interprétation de l'art. 69 étaient : 1° que, s'agissant d'un acte de procédure et des formalités nécessaires pour sa validité, il était inutile de s'occuper de la législation qui déterminait les fonctions et attributions des adjoints en cas d'empêchement des maires; 2° que, dans le concours d'une législation générale et d'une législation spéciale, il fallait s'arrêter à la législation spéciale, surtout quand des dispositions en étaient claires et expresses. — Cass., 10 juin 1812, précité, — 22 nov. 1813, Comm. d'Ennezat, [S. et P. chr.], — 10 févr. 1817, Maire de Reynel, [S. et P. chr.]; — 7 juill. 1828, Comm. d'Ambutrix, [S. et P. chr.]; — 12 mai 1830, Comm. de Loisia, [S. et P. chr.] — Lyon, 12 juin 1823, Ville de Nantua, [S. et P. chr.] — Riom, 14 mai 1827, Sabatier, [P. chr.] — Bourges, 17 nov. 1830, Plassat, [S. 31.2.156, P. chr.] — Nancy, 24 mai 1833, Comm. de Merville, [S. 34.2.623] — Nîmes, 17 déc. 1834, Delpuech, [S. 35.2.280, P. chr.] — Bordeaux, 14 juill. 1836, Comm. d'Izon, [S. 39.2.76, P. chr.]

765. — Toutefois d'autres arrêts décidaient que la copie d'une assignation donnée à une commune peut, en l'absence du maire, être valablement laissée à l'adjoint, qui peut viser l'original. — Lyon, 23 févr. 1825, Comm. d'Ambutrix, [P. chr.] — Poitiers, 10 (13) févr. 1827, Comm. d'Asnières, [S. et P. chr.] — Rennes, 31 juill. 1829, Deschampsneuf, [P. chr.] — Lyon, 25 mars 1830, Vignau, [P. chr.] — Grenoble, 19 août 1830, Comm. d'Ambutrix, [S. 31.2.90, P. chr.] — V. Tissier, Darras et Louiche-Desfontaines, *C. proc. civ. annoté*, art. 69, n. 102 et s.

766. — La Cour de cassation, après avoir adopté ce dernier système (Cass., 6 août 1832, Comm. d'Epieds, S.32.1.488, P. chr.), revint définitivement sur l'interprétation par elle donnée à l'art. 69 dans ses précédents arrêts (*suprà*, n. 764), et décida par arrêt solennel qu'en France les fonctions ne sont jamais vacantes, et que leurs titulaires, en cas d'absence, d'abstention, démission, mort ou maladie, sont toujours remplacés par ceux qui, dans la hiérarchie, viennent immédiatement après eux. En conséquence, elle déclara valable l'assignation donnée au domicile et en la personne de l'adjoint toutes les fois que l'absence du maire était légalement et régulièrement constatée. — Cass., 8 mars 1834, Comm. d'Ambutrix, [S. 34.1.161, P. chr.] — En ce sens, Cass., 24 août 1836, Delpech, [S. 36.1.792, P. 37.1.5] — Cons. d'Et., 22 nov. 1836, Morteaux, [S. 36.2.540, P. adm. chr.]

767. — En cas d'absence ou d'empêchement du maire, l'exploit adressé à une commune doit donc être remis, sous peine de nullité, à l'adjoint ou à l'un des conseillers municipaux, suivant l'ordre de leur inscription au tableau; ce n'est qu'au cas d'absence ou d'empêchement de ces diverses personnes publiques, que l'exploit peut être laissé au juge de paix. — Colmar, 11 déc. 1834, Bergheim, [S. 35.2.151, P. chr.] — Toulouse, 13 févr. 1835, Comm. de Montgiscard, [S. 36.2.54, P. chr.] — Caen, 21 févr. 1853, Brisollier, [P. 54.1.79, D. 53 2.135] — Lyon, 2 févr. 1871, Comm. de Châtillon, [S. 72.2.11, P. 72.95, D. 71.2.170] — Gand, 13 juin 1834, Comm. de Laerne, [P. chr.] — *Sic*, Carré et Chauveau, quest. 370 *octies*; Dutruc, *Suppl. aux lois de la procédure*, v° *Exploit*, n. 190; Rousseau et Laisney, v° *cit.*, n. 363;

Deffaux et Harel, v° *cit.*, n. 469; Rodière, t. 1, p. 212. — V. *suprà*, v° *Commune*, n. 890.

768. — Ainsi une assignation est valablement donnée à une commune, en la personne d'un conseiller municipal, qui reçoit la copie et vise l'original de l'exploit, en l'absence du maire, de l'adjoint et des conseillers municipaux placés avant lui dans l'ordre du tableau. — Cass., 20 nov. 1889, Comm. de Malval, [S. 90.1.205, P. 90.1.501, D. 90.1.380] — Montpellier, 20 juin 1887, Merle frères, [D. 88.2.303]

769. — Mais on s'est demandé comment l'huissier doit établir que l'exploit a été signifié à une personne compétente. En d'autres termes comment l'absence sera-t-elle régulièrement constatée?

770. — La jurisprudence s'est montrée d'abord assez rigoureuse. Il a été jugé à cet égard que l'exploit d'ajournement signifié à une commune ne peut être valablement laissé à un autre que le maire ou l'adjoint, qu'autant que l'absence de ces fonctionnaires est constatée par l'exploit lui-même, et que l'huissier déclare s'être transporté à leur domicile, et ne les avoir pas trouvés. — Bordeaux, 14 juill. 1836, Comm. d'Izon, [S. 39.2.76, P. chr.]

771. — Qu'un exploit n'est valablement signifié à une commune, en parlant au juge de paix, qu'autant qu'on a préalablement constaté, soit l'absence non seulement du maire, mais encore de tous les adjoints ou conseillers municipaux, soit le refus de l'un de ces fonctionnaires. — Colmar, 11 déc. 1834, précité.

772. — Un pareil système est inadmissible. En effet, les nullités sont de droit étroit. La validité des actes au contraire est toute favorable; or, pourquoi déclarer l'acte nul, quand la loi ne le dit pas, ou pourquoi ne pas s'en tenir à la lettre de la loi, surtout quand on fait attention que son but est rempli? Ce système aurait d'ailleurs, pour résultat de donner lieu à des difficultés sans nombre et toujours renaissantes lorsqu'il s'agirait de signifier des exploits à des communes. Il faudrait pour chaque commune, l'huissier connût non seulement le personnel de la municipalité, mais encore l'ordre de nomination ou d'élection de chacun des membres. — Deffaux et Harel, v° *cit.*, n. 471; *Journ. des huissiers*, t. 16, p. 93 et s., 352, t. 18, p. 54.

773. — Aussi a-t-il été jugé par la Cour de cassation que, bien que l'absence du maire, l'adjoint ait qualité pour recevoir la signification d'un exploit, l'huissier n'est obligé, ni de s'informer si l'absence du maire est telle que ses fonctions se trouvent dévolues à l'adjoint, ni de chercher le domicile de cet adjoint, avant de remettre au procureur du roi l'exploit destiné au maire. — Cass., 7 juill. 1834, Hospices de Paris, [S. 34.1.654, P. chr.] — *Sic*, Bioche, v° *Exploit*, n. 326.

774. — ... Que l'affirmation faite par l'huissier dans son exploit de l'absence du maire, de l'adjoint et des conseillers municipaux d'un rang antérieur dans l'ordre du tableau suffit à constater régulièrement et légalement cette absence. — Cass., 20 nov. 1889, précité.

775. — Que la mention faite par l'huissier qu'il a laissé la copie « au maire, en parlant au secrétariat de la mairie, à M..., conseiller municipal, qui a reçu ladite copie et visé l'original, en l'absence du maire et de l'adjoint, » suffit pour qu'on doive présumer, jusqu'à preuve contraire, que ce conseiller avait qualité à cet effet. — Lyon, 2 févr. 1871, Comm. de Châtillon, [S. 72.2.11, P. 72.95, D. 71.2.170]

776. — Que l'absence ou l'empêchement des conseillers municipaux qui précèdent, dans l'ordre du tableau, celui qui a reçu la copie se présume de plein droit, surtout quand la copie est remise à la mairie, où se trouvait ce dernier. — Caen, 21 févr. 1853, précité.

777. — En tout cas, la preuve de la qualité du conseiller municipal qui reçoit la copie d'un exploit et vise l'original à la place du maire peut être administrée en fait, dans le silence de l'exploit, par l'examen de son rang dans l'ordre du tableau. — Montpellier, 20 juin 1887, Merle frères, [D. 88.2.303]

778. — Lorsque, conformément à l'art. 69, C. proc. civ., l'original de l'exploit signifié à une commune constate que la copie a été laissée au procureur de la République qui a visé l'original en l'absence du maire et de l'adjoint, il n'est pas nécessaire que la mention de l'absence de ces deux fonctionnaires soit reproduite sur la copie; l'art. 69 n'exige pas en effet que tout ce qui est mentionné sur l'original soit énoncé dans la copie. —

Cass., 25 avr. 1876, Commune de Vauchy, [S. 77.1.7, P. 77.9, D. 77.1.30]

779. — Les fonctionnaires qui représentent des personnes morales de droit public ne recevant pas les exploits pour leur compte, mais comme délégués de ces personnes, il s'ensuit que, lorsqu'ils ne sont pas trouvés à leur bureau ou à leur domicile personnel, la copie d'un exploit signifié à l'administration ne peut être remise à leurs parents ou serviteurs. — Deflaux et Harel, v° *Exploit*, n. 475; Bioche, v° *cit.*, n. 327; Chauveau, sur Carré, quest. 370; Boncenne, t. 2, p. 229; Boitard, Colmet-Daage et Glasson, [S. 48.2.282, P. 48.1.193, D. 48.2.207] — Boisson, t. 1, n. 175; Rodière, t. 1, p. 210; Garsonnet, 2° éd., t. 2, p. 339 et 340.

780. — Ainsi, est nul l'acte d'appel signifié à une commune en parlant non pas au maire, mais à sa femme. — Dijon, 26 févr. 1847, Boisson, [S. 48.2.282, P. 48.1.193, D. 48.2.207].

781. — ... Ou en parlant à son fils, qui a visé l'original. — Besançon, 2 juill. 1828, Labrune, [P. chr.]

782. — En vertu de l'art. 69-5° lui-même, la ville de Paris est assignée en la personne ou au domicile du préfet de la Seine.

783. — A Lyon, l'autorité compétente est, lorsqu'il s'agit d'actes qui intéressent la ville elle-même, le maire central, à l'exclusion des adjoints délégués aux six arrondissements municipaux. — Garsonnet, 2° éd., t. 2, § 600, p. 342, note 14.

784. — Dans le cas de procès concernant une section de commune, le maire est compétent pour recevoir les assignations, à moins que le procès n'intéresse en même temps la commune elle-même ou d'autres sections de la même commune, et qu'il n'ait été procédé à la formation d'une commission syndicale distincte; en ce cas, l'autorité compétente est le délégué de la ou des commissions syndicales. — Boitard, Colmet-Daage et Glasson, t. 1, n. 179.

785. — La signification d'un exploit au nom d'une section de commune, peut être valablement faite à la personne ou au domicile du maire de la commune, lorsque l'autre section de cette commune se trouve n'avoir pas de syndic pour la représenter : le maire, en pareil cas, a toujours qualité pour faire ou recevoir tous actes conservatoires. — V. *suprà*, v° *Appel* (mat. civ.), n. 2705.

786. — VI. *Administrations publiques.* — L'art. 69-3° dit que les administrations ou établissements publics sont assignés en leurs bureaux où réside le siège de l'administration, dans les autres lieux en la personne et au bureau de leur préposé. Ainsi, d'après cet article, c'est au bureau même de l'administration et non en la demeure du préposé que doivent être faites les significations, parce que cette demeure n'est pas le domicile de l'administration ni le domicile administratif du préposé.

787. — Les administrations publiques telles que celles des douanes, de l'enregistrement et des domaines, des contributions directes, des contributions indirectes, des forêts sont réputées avoir leur domicile dans les bureaux de leurs préposés. Ainsi les exploits doivent leur être signifiés à Paris aux bureaux de la direction générale, dans les départements aux bureaux des directeurs ou conservateurs. — Rodière, t. 1, p. 210; Bioche, v° *Exploit*, n. 333.

788. — VI. *Etablissements publics.* — La question de savoir quelles personnes morales ont le caractère d'établissements publics est délicate. Nous l'avons examinée *suprà*, v° *Etablissements publics et d'utilité publique*. Quoi qu'il en soit, c'est aux représentants légaux des personnes morales de droit privé aussi bien que de droit public que doivent être signifiés les exploits concernant ces personnes. Nous le hâternier de l'ordre des avocats, le président d'une chambre de commerce, représentant des personnes morales de droit privé ont qualité pour recevoir les exploits adressés à ces personnes : au contraire une caisse d'épargne (nous ne parlons pas de la caisse nationale d'épargne ni de la caisse de la poste postale), une commission d'huissier, n'étant pas des personnes morales n'ont pas de représentants légaux. — V. *suprà*, v° *Appel* (mat. civ.), n. 2707 et s.

789. — Les exploits contre les hospices doivent être signifiés au bureau de l'hospice et non à la personne ou au domicile du receveur. Si l'administration des hospices ou des pauvres d'une commune n'a pas de bureau spécial, les exploits qui lui sont adressés peuvent être valablement notifiés en la personne du maire au lieu où siège l'administration tant en cette qualité que comme président de la commission administrative. — V. *suprà*, v° *Assistance publique*, n. 2058 et s.

790. — Décidé que les actions judiciaires intéressant les hospices sont valablement intentées par ou contre le maire, comme président de la commission administrative; qu'elles ne doivent pas l'être contre le receveur de l'hospice, simplement chargé de faire les diligences nécessaires pour le recouvrement des revenus de ces établissements. — Cass., 21 août 1871, Hosp. de Nancy, [S. 71.1.144, P. 71.421, D. 71.1.213] — Nancy, 17 juill. 1872, Hosp. de Pompey, [S. 72.2.96, P. 72.421, D. 72.5.267] — *Sic.* Chauveau, sur Carré, quest. 370-6°; Rodière, t. 1, p. 195; Serrigny, *Compét. adm.*, t. 1, n. 472.

791. — ... Que lorsqu'un bureau de bienfaisance n'a pas de siège spécial un exploit est valablement signifié au domicile du président et en tant que de besoin au domicile du receveur. — Bruxelles, 16 avr. 1856, [*Journ. des av.*, t. 82. p. 514]

792. — Les significations adressées aux fabriques d'église doivent être faites au trésorier de la fabrique au bureau de cet établissement, car c'est à lui que l'art. 79, Décr. 30 déc. 1809, a donné pouvoir de représenter la fabrique en justice. — Affre, *Tr. de l'admin. tempor. des paroisses*, 10° éd., p. 196; Rodière, t. 1, p. 211. — V. *infrà*, v° *Fabriques et consistoires*.

793. — Décidé, en ce sens, que le président du conseil de fabrique a qualité pour recevoir les significations auxquelles peuvent donner lieu les procès intéressant les fabriques et spécialement celle du pourvoi en cassation formé contre une décision rendue à son profit. — Cass., 28 juill. 1879, Préfet de la Lozère, [S. 81.1.377, P. 81.1.900, D. 80.1.81]

794. — Il a été jugé que l'exploit dirigé contre la fabrique d'une église ne peut être signifié à la maison du trésorier; il doit l'être à son bureau. Est donc nulle l'assignation donnée à la fabrique d'une église, si l'exploit n'a pas été signifié au bureau et à la personne de son préposé. — Liège, 13 juill. 1814, N..., [S. et P. chr.]; — 12 mars 1829, N..., [P. chr.]

795. — Mais on décide plus généralement, et avec raison, que l'exploit peut être valablement signifié au domicile du trésorier. Jugé, en ce sens, que l'exploit de signification d'un jugement rendu contre une fabrique d'église est, en l'absence du trésorier de cet établissement, valablement remis à une personne de service trouvée au domicile de ce fonctionnaire; qu'en conséquence, une telle signification fait courir le délai de l'appel. — Poitiers, 24 juin 1863, Fabr. de Rocheservière, [S. 63.2.156, P. 63.1012, D. 63.5.167] — *Contrà*, Bruxelles, 26 déc. 1846, Picard, [S. 63.2.156, *ad notam*] — Chauveau, quest. 370 novies.

796. — ... Que l'acte d'appel notifié au domicile du président d'un conseil de fabrique, parlant à la personne de ce président, n'est pas nul comme n'étant pas conforme à ce que prescrit le § 3 de l'art. 69, C. proc. civ., alors que rien dans la cause ne justifie que cette fabrique ait un local où seraient situés ses bureaux et le siège de son administration. — Nîmes, 2 juill. 1839, [D. *Rép.*, v° *Exploit*, n. 416-2°]; — 4 mars 1840, Fabrique de l'église de Saint-Pons, [P. 40.1.670]

797. — ... Qu'une administration ecclésiastique qui n'a ni bureaux ni commis en permanence, bien qu'elle ait un local spécial pour la tenue de ses séances, est régulièrement assignée en la personne de son receveur, surtout si celui-ci prenant une inscription hypothécaire dans l'intérêt de cette administration, a fait pour elle élection de domicile à sa propre demeure. — Colmar, 25 avr. 1847, Carbriston, [P. chr.]

798. — Un évêché est un établissement public représenté par un évêque à qui doivent être adressées les significations. — Liège, 20 juill. 1880, Héritiers Brouwers, [S. 82.4.1, P. 82.2.1, D. 81 2.41] — V. *suprà*, v° *Evêque-Evêché*, n. 166.

799. — Les exploits contre les associations syndicales doivent être signifiés d'après les uns à la personne ou au domicile des syndics, d'après les autres au syndicat en ses bureaux. La difficulté naît de la question de savoir quel est le caractère légal de ces associations. — V. *suprà*, v° *Association syndicale*, n. 117 et 118, et *infrà*, n. 803.

800. — Lorsque les agents d'un établissement public sont empêchés ou refusent de suivre un procès dans l'intérêt de l'établissement, un agent spécial doit être nommé par le préfet, en sa qualité de tuteur de l'établissement.

801. — Il en est ainsi notamment à l'égard du trésorier d'une fabrique ecclésiastique, refusant de suivre l'appel d'un jugement rendu contre la fabrique. — Colmar, 31 juill. 1823, Héritiers Etwiller, [S. et P. chr.]

802. — C'est d'ailleurs au domicile réel des établissements publics que doivent leur être faites les significations; elles ne pourraient être faites au domicile élu par ces établissements, sauf en cas d'élection de domicile.

803. — Par application de ce principe, il a été décidé qu'en matière de saisie mobilière un exploit peut être valablement signifié à une fabrique d'église à la personne et au domicile personnel du trésorier lorsque celui-ci a fait élection de domicile en sa demeure. — Liège, 8 déc. 1828, [D. *Rép.*, v° *Exploit*, n. 419]

2° *Visa de l'exploit.*

804. — L'art. 69, C. proc. civ., dispose que les assignations adressées à l'État, au Trésor, aux administrations publiques, aux établissements publics et aux communes sont soumises à la formalité du visa. Et l'art. 1039 dispose en termes plus généraux que « toutes significations faites à des personnes publiques préposées pour les recevoir seront visées par elles sans frais sur l'original. » De ces deux textes il faut donc conclure que le visa est nécessaire pour tous les exploits adressés à des établissements publics, et notamment aux départements bien qu'ils ne figurent pas dans l'énumération de l'art. 69.

805. — Le visa doit être donné sur l'original par la personne à qui la copie de l'exploit est remise. En cas d'absence ou de refus, le visa est donné soit par le juge de paix, soit par le procureur de la République auquel, en ce cas, la copie est laissée. L'art. 1039 ajoute à cette formalité une sanction : les refusants peuvent être condamnés, sur les conclusions du ministère public, à une amende qui ne peut être moindre de cinq francs.

806. — Ce n'est qu'au cas d'absence ou de refus des fonctionnaires chargés par la loi de représenter les êtres moraux ou les établissements publics dont parle l'art. 69, ou de leurs suppléants naturels, que l'original de l'exploit doit être visé par le juge de paix ou le procureur de la République. — Montpellier, 20 juin 1887, Merle frères, [D. 88.2.303]

807. — Le substitut est autorisé, en cas d'absence ou d'empêchement du procureur de la République, à viser l'exploit au cas prévu par le n. 5 de l'art. 69. — Besançon, 1er févr. 1828, Comm. de Leschaux-des-Prés, [S. et P. chr.]

808. — Il n'est pas nécessaire que le visa soit apposé le jour même de la signification ou de l'assignation ; cette formalité peut être remplie ultérieurement. — Cass., 25 janv. 1825, Bizet, [S. et P. chr.]

809. — Le visa doit être donné sur l'original par le fonctionnaire qui a qualité pour recevoir la copie ; par conséquent, pour l'État ou le département, c'est le préfet, à défaut du préfet le secrétaire général ou le conseiller de préfecture délégué ; pour la commune, le maire ou en cas d'empêchement l'adjoint et à défaut de celui-ci un conseiller municipal d'après l'ordre du tableau. — V. *suprà*, n. 725 et s.

810. — Il a été jugé cependant que le secrétaire général de la préfecture n'a pas qualité, au cas d'absence du préfet pour viser les exploits signifiés au préfet dans l'intérêt de l'État ; spécialement, la notification d'un jugement. L'exploit doit, à peine de nullité, être visé par le juge de paix, ou par le procureur de la République. — Pau, 25 janv. 1827, Préfet des Landes, [S. et P. chr.] — V. *suprà*, n. 737 et s.

811. — Le secrétaire de mairie n'ayant aucun caractère public n'a pas qualité pour viser les exploits à la place du maire. Jugé cependant que l'exploit signifié à un maire représentant sa commune, en parlant au secrétaire de la mairie, est valablement visé par cet employé, comme préposé du maire. — Cass., 12 juill. 1869 Pagnon et autres, [S. 70.1.82, P. 70.1.69, D. 69 1.499] — *Contrà*, Rodière, t. 1, p. 213.

812. — La disposition de l'art. 69, n. 5, relative au visa des exploits remis à des fonctionnaires publics. n'est pas applicable au cas où l'exploit est laissé à ces fonctionnaires que par suite d'une élection de domicile volontairement faite chez eux. — Bruxelles, 7 déc. 1812. Danhieux, [S. et P. chr.]

813. — Jugé que l'acte d'appel d'un jugement obtenu par le Trésor et signifié au domicile élu du receveur général doit être visé ce fonctionnaire. — Liège, 24 juill. 1811, Préfet de la Seine, [S. et P. chr.]

814. — La copie doit être laissée au fonctionnaire qui a visé l'original. Ainsi il y a nullité de l'assignation signifiée à une commune, si sur le refus du conseiller municipal auquel cette copie a été remise, le visa prescrit par la loi a été donné par le juge de paix. — Cass., 13 mai 1878, Comm. de Longefoy, [S. 79.1.120, P. 79.280, D. 78.1.352]

815. — Quand, à raison de l'absence des maires de plusieurs communes assignées, l'exploit est visé par le juge de paix, il faut, à peine de nullité, laisser à ce magistrat autant de copies qu'il y a de communes assignées : une seule ne suffit pas, encore bien que l'huissier en eût déjà laissé une au domicile de chacun des maires absents. — Cass., 26 mars 1834, Pitiot, [S. 34.1.249, P. chr.]

816. — Le visa prescrit par l'art. 68 pour le cas où l'exploit est remis au maire en l'absence de la partie ne peut pas tenir lieu du visa exigé par l'art. 69-5° à l'égard des exploits signifiés à des communes en la personne et au domicile du maire. — Limoges, 3 mai 1887, Comm. de Chameyrat, [D. 90.2.129]

817. — Ainsi lorsque le maire reçoit à la fois la copie d'un exploit à titre de représentant de la commune et celle d'un exploit signifié à une personne absente de son domicile, l'huissier doit faire constater sur son original l'accomplissement de cette double remise par un visa qui doit satisfaire à la fois aux prescriptions de l'art. 68 et de l'art. 69, et il doit être fait mention sur chaque copie du visa obtenu en ce qui concerne chacune d'elles. — Même arrêt.

818. — L'art. 69-5° ne parlant que des communes l'exploit, spécialement l'ajournement, signifié à une section de commune dans la personne de son syndic, n'est pas assujetti à la formalité du visa, comme l'exploit d'ajournement signifié à une commune. — Montpellier, 9 janv. 1872, Comm. de Vieussan, [S. 72.2.305, P. 72.1205]

819. — Les fabriques sont des établissements publics dans le sens de l'art. 69 (V. *suprà*. n. 792 et s.); par suite, les exploits qui leur sont signifiés sont rigoureusement soumis à la formalité du visa. — Liège, 2 juill. 1810, Paeffgen, [S. et P. chr.]

820. — Jugé de même que l'exploit d'ajournement notifié au trésorier de la fabrique doit être visé par lui à peine de nullité. — Toulouse, 16 nov. 1830, Martin, [P. chr.] — Paris, 8 janv. 1836, Préfet de la Seine, [S. 36.2.163, P. chr.]

821. — Les dispositions des art. 69 et 70, C. proc. civ., relatives au visa des exploits, s'appliquent aux établissements publics, mais non aux établissements reconnus d'utilité publique, bien qu'ils constituent des personnes morales. — Cass., 1er déc. 1886, Compagnie française du canal des Alpines, [S. 87.1.105, P. 87.1.254, D. 87.1.183]

822. — Par suite, ceux qui reçoivent les exploits pour les personnes morales privées, chambres de discipline d'officiers ministériels, conseils de l'ordre des avocats, régie des pompes funèbres, sociétés municipales de mesureurs et peseurs jurés, etc. ne sont pas tenus de viser l'original. — Gursonnet, 2e éd., t. 2, § 601, p. 342.

823. — La question controversée du caractère des associations syndicales se présente encore au sujet du visa des exploits qui leur sont signifiés. Si l'on reconnaît à ces associations le caractère d'établissements publics, l'exploit devra être soumis à la formalité du visa prescrit par l'art. 69; au cas contraire il n'y sera pas soumis. Pour les associations libres il est incontestable qu'elles ne constituent ni des établissements publics ni des établissements d'utilité publique. Quant aux associations autorisées la jurisprudence, après leur avoir d'abord attribué le caractère d'établissements publics paraît actuellement les considérer comme des établissements d'utilité publique et par suite les exploits qui leur sont adressés ne sont pas soumis au visa. — V. *suprà*, v° *Association syndicale*, n. 87 et s., et v° *Appel* (mat. civ.), n. 2712 et s.

824. — L'exploit signifié à une communauté religieuse en la personne de son supérieur doit-il être visé par celui-ci ? Tout dépend de la question de savoir si la communauté religieuse est une personne publique. Au cas où on le décide ainsi l'exploit est soumis à la formalité du visa. — V. Nancy, 11 avr. 1842, [D. *Rép.*, v° *Exploit*, n. 492-8°] — Montpellier, 18 mai 1870, [*Journ. des huiss.*, t. 51, p. 254] — V. sur cette question, Deffaux, Harel et Dutruc, *Suppl.*, v° *Exploit*, n. 198.

825. — De ce que les personnes publiques à qui les exploits sont remis pour être visés ont souvent l'habitude de conserver l'original un jour ou deux au lieu de le viser immédiatement, on ne peut conclure à la nullité de l'exploit, mais il serait bon, afin de dégager sa responsabilité, que l'huissier constatât sur l'exploit qu'il a remis l'original au fonctionnaire chargé de d'obtenir son visa : le retard du visa ne pourrait alors engager que la responsabilité du fonctionnaire. — Deffaux, Harel et Dutruc, *Suppl.*, v° *cit.*, n. 208 et s.

EXPLOIT. — Titre I. — Chap. IV.

826. — Le défaut de visa des ajournements et des actes d'appel dont la copie est remise à des personnes publiques en emporte nullité en vertu de la disposition formelle de l'art. 70, C. proc. civ. Ainsi est nul l'acte d'appel signifié à une commune si l'original ne contient pas le visa du maire qui la représente. — Limoges, 17 juill. 1835, Delart, [P. chr.] — Bordeaux, 9 juill. 1847, [*Journ. des huiss.*, t. 29, p. 188]

827. — De même l'assignation donnée aux administrateurs d'une fabrique est nulle, lorsque l'original n'a pas été visé de celui à qui la copie de l'exploit a été laissée, encore bien qu'il reconnaisse avoir reçu la signification. — Limoges, 11 janv. 1810, Grand-Champ, [P. chr.]

828. — Jugé toutefois que le défaut de visa par le maire, d'un exploit dirigé contre la commune, n'entraîne pas la nullité de cet exploit s'il est constant, en fait, que l'original ayant été laissé à la maire pour y apposer son visa, celui-ci ne l'a remis à l'huissier que deux jours après (lorsque le délai de l'appel était expiré), sans l'avoir revêtu du visa. Vainement la commune alléguerait-elle qu'il n'y a pas eu impossibilité pour l'huissier, de faire remplir la formalité du visa. — Cass., 25 janv. 1825, Comm. de Gex, [S. et P. chr.]

829. — Cette nullité est une nullité de forme qui n'intéresse pas l'ordre public, et par application de l'art. 173, C. proc. civ., elle doit être proposée *in limine litis* et est susceptible de se couvrir par des défenses au fond.

830. — Jugé à cet égard pour les exploits signifiés au Trésor que la formalité du visa étant prescrite dans le seul intérêt de l'administration et pour le mettre en mesure de se défendre utilement, le Trésor seul peut se prévaloir de cette cause de nullité, comme il peut toujours y renoncer. — Cass., 25 janv. 1825, Bizel, [S. et P. chr.]

831. — ... Que la nullité de l'exploit d'assignation signifié à une commune, résultant de l'omission du visa prescrit par l'art. 69, § 5, C. proc. civ., n'intéresse pas l'ordre public, et est susceptible de se couvrir par une défense au fond de la commune. — Cass., 17 nov. 1897, Ville d'Avignon, [S. 98.1.236, D. 98.1.427]

832. — ... Que, spécialement, cette nullité est couverte, lorsque la commune, avant de conclure au fond, n'a élevé aucune réserve, aucune exception tirée du vice de forme de l'assignation à elle délivrée, et n'a proposé la nullité que dans les conclusions d'appel. — Même arrêt.

833. — ... Que la fin de non-recevoir établie contre la partie qui défend au fond, sans avoir proposé les nullités de forme, est opposable à une commune comme à toute autre partie, et qu'il en est ainsi spécialement de la nullité résultant du défaut de visa par le maire de l'exploit d'assignation à lui signifié comme représentant de la commune. — Cass., 10 janv. 1810, Comm. de Saint-Ouen, [S. et P. chr.]

834. — Mais l'art. 1039, C. proc. civ., qui étend la formalité du visa à toutes les significations faites à des personnes publiques préposées pour les recevoir ne contient aucune disposition semblable à celle de l'art. 70. On en conclut que pour tout exploit autre que l'ajournement ou l'acte d'appel soumis aux mêmes formalités, le défaut de visa n'en emporte pas nullité : la seule sanction est ici l'amende contre l'huissier. — Cass., 20 août 1816, Momet, [S. et P. chr.]; — 11 mars 1879, Lizosoain, [S. 79.1.224, P. 79.534, D. 79.1.136]; — 21 août 1882, Cassagnade, [S. 83.1.299, P. 83.1.738, D. 83.1.212]; — 5 janv. 1888, [*Gaz. Pal.*, 88.1.411] — Besançon, 31 mars 1825, [*Journ. des huiss.*, t. 9, p. 59] — Nancy, 20 avr. 1826 Comm. de Maubert, [S. et P. chr.] — Montpellier, 3 déc. 1831, [*J. de la cour de Douai*, 1832, p. 34] — Montpellier, 9 janv. 1872, Comm. de Vieussan, [S. 72.2.305, P. 72.1205] — Limoges, 5 mai 1887, [*J. La Loi*, 5 juin 1887] — Rennes, 9 août 1893, V⁰ Pierre Brault, [D. 95.2.482] — Bruxelles, 11 nov. 1829, Misonne, [P. chr.] — Sic, Thomine-Desmazures, t. 2, p. 709; Chauveau, sur Carré, quest. 2430 *ter*; Deffaux et Harel, n. 483 et s.; Carré et Chauveau, *Suppl.*, quest. 370 *decies*, p. 93; Dutruc, *Suppl. aux lois de la proc.*, de Carré et Chauveau, v⁰ *Exploit*, n. 195; Boitard, Colmet-Daage et Glasson, t. 2, n. 1221; Rodière, t. 1, p. 212; Rousseau et Laisney, v⁰ *Ajournement*, § 3, n. 7; Bioche, v⁰ *Exploit*, n. 340; Garsonnet, 2ᵉ éd., t. 2, § 594, p. 331.

835. — En d'autres termes, le visa d'un exploit par le fonctionnaire public à qui il est laissé en sa qualité n'est pas exigé, à peine de nullité, pour les simples significations comme pour les ajournements. — Colmar, 24 juill. 1812, Lehmann, [S. et P. chr.]

836. — Jugé spécialement qu'à la différence des exploits d'assignation, les significations de jugements et arrêts faites à la commune, en la personne de son maire ou l'adjoint, ne sont pas nulles faute par le maire ou l'adjoint d'avoir apposé son visa sur l'original. — Cass., 28 avr. 1835, Comm. de Tailly, [S. 35.1.327, P. chr.]

837. — ... Que la signification faite à une commune en la personne de son maire, par le ministère d'un garde forestier, d'un arrêté du conseil de préfecture rendu en matière forestière, n'est pas nulle par cela seul que l'original de la signification n'aurait pas été revêtu du visa du maire; qu'en conséquence, une telle signification fait courir les délais du pourvoi. — Cons. d'Ét., 23 déc. 1845, Comm. de Crans, [S. 46.2.276, P. adm. chr.]

838. — ... Que l'exploit notifié à un tribunal, par lequel on interjette appel, en l'intimant d'un jugement qu'il a rendu, est valable bien que, signifié au greffe, il ne soit pas visé par la personne qui l'a reçu. — Bourges, 6 mars 1807, Lag..., [S. et P. chr.]

839. — Une autre différence entre l'art. 69-5⁰, et l'art. 1039, C. proc. civ., c'est que, d'après le premier, les ajournements adressés à des personnes publiques doivent, en cas d'absence ou de refus de celles-ci de viser l'original, être visés par le juge de paix ou le procureur de la République, tandis que l'art. 1039 relatif aux significations ne parle pas du juge de paix mais seulement du procureur de la République. — Rodière, t. 1, p. 212.

840. — La mention du visa sur la copie n'est pas prescrite par l'art. 69-5⁰ comme elle l'est par l'art. 68 parce que dans l'hypothèse qui nous occupe c'est le fonctionnaire à qui l'exploit est adressé qui doit viser l'original. — Cass., 15 janv. 1889, [*J. Enreg.*, 89.201] — Rennes, 21 déc. 1820, Aillart, [S. et P. chr.] — Bourges, 3 janv. 1831, Leuthereau, [S. 31.2.315, P. chr.] — Sic, Deffaux et Harel, n. 480; Rodière, t. 1, p. 213; Rousseau et Laisney, *Suppl.*, v⁰ *cit.*, n. 126; Bioche, v⁰ *cit.*, n. 343.

841. — Ainsi l'exploit signifié à une commune en la personne du juge de paix dans le cas d'absence du maire ne peut être annulé parce que la copie n'indique pas que l'exploit a été visé. — Poitiers, 6 juin 1826, [cité par Deffaux et Harel, n. 480]

842. — Jugé cependant que l'acte d'appel dirigé contre une commune est nul, si l'appelant ne représente pas l'original de l'exploit contenant le visa du maire, et si la copie ne mentionne pas l'accomplissement de cette formalité. — Bruxelles, 18 avr. 1821, N..., [S. et P. chr.]

843. — La preuve du visa ne peut résulter que de l'exploit lui-même. Ainsi lorsque l'original d'un exploit fait à la personne et au bureau d'un receveur de l'enregistrement, comme préposé du syndicat d'amortissement, n'a point été visé par lui, conformément à l'art. 69, C. proc. civ., l'enregistrement qu'il a fait du même acte le lendemain, en sa qualité de receveur, ne peut être considéré comme ayant suffisamment remplacé la formalité omise du visa. — Bruxelles, 4 mars 1829, Vandenberghe, [P. chr.]

§ 2. *Signification à des collectivités.*

844. — I. *Sociétés de commerce.* — Aux termes de l'art. 69, C. proc. civ., les sociétés de commerce, tant qu'elles existent, sont assignées en leur maison sociale, et, s'il n'y en a pas, en la personne ou au domicile de l'un des associés.

845. — Pour l'application de cette disposition, il faut distinguer entre les différentes sociétés commerciales en remarquant d'abord qu'il ne saurait être question ici des associations en participation. Ces sociétés n'ayant pas en effet la personnalité civile, chaque associé doit recevoir une signification distincte. — Garsonnet, 2ᵉ éd., t. 2, § 602, p. 342; Lyon-Caen et Renault, *Tr. de dr. comm.*, t. 2, n. 1057 et 1058; Rodière, t. 1, p. 213.

846. — Il a été jugé que quand des commerçants associés ont été individuellement dénommés au procès, toute signification à domicile est régulièrement faite à leur domicile individuel, et qu'il n'est pas nécessaire qu'elle soit faite au domicile de la société. — Cass., 27 févr. 1815, Gihoul et Roussel, [S. et P. chr.]

847. — ... Que l'exploit signifié à une maison de commerce, et dans lequel l'huissier déclare avoir remis la copie à un individu qu'il désigne comme associé de cette maison, fait foi jusqu'à ce qu'on ait prouvé que cet individu n'a pas cette qualité. — Turin, 9 avr. 1811, Gervasio, [S. et P. chr.]

848. — Lorsqu'une société commerciale est gérée par une commission, les exploits sont valablement signifiés au président de cette commission. — Grenoble, 23 juin 1855, N..., [S. 55.2. 560, P. 55.1.580, D. 56.5.197]

849. — Le domicile d'une société, où doivent lui être donnés les ajournements pour les demandes formées contre elle, est au lieu où elle a le centre de ses opérations sociales, bien que, dans l'acte de société, un autre lieu soit indiqué comme étant le siège de cette société. — Riom, 5 août 1844, Giroux, [S. 45.2.7, P. 45. 1.158, D. 45.4.483]

850. — Lorsqu'une société en nom collectif a un siège social, l'exploit peut être valablement signifié à la société au siège social, et si elle n'a pas de siège social en la personne ou au domicile de l'un des associés. — Cass., 24 nov. 1808, Enregistrement, [S. et P. chr.]; — 14 août 1844, Teste, [S. 45.1.183, P. 45 1.254, D. 45. 1.21] — Pau, 19 janv. 1811, Pouyet, [S. et P. chr.] — Caen, 26 janv. 1836, Houilleaux, [P. chr.] — Grenoble, 23 juin 1855, précité. — Sic, Garsonnet, 2º éd., t. 2, § 602, p. 343; Bioche, vº *Exploit*, n. 347; Boitard, Colmet-Daage et Glasson, t. 1, n. 182.

851. — La signification ainsi faite est valable à l'égard de tous les associés, même de ceux qui seraient domiciliés à l'étranger. — Bastia, 14 déc. 1839, Casabianca, [S. 40.2.454]

852. — Rien n'empêcherait cependant de signifier l'exploit à chaque associé séparément, en sa personne ou en son domicile, car c'est une faculté pour le requérant de signifier l'exploit à la société comme personne morale et il est libre de rentrer dans le droit commun. Ainsi lorsque le défendeur devant la Cour de cassation est une société en nom collectif, l'arrêt d'admission peut être valablement signifié à chacun des associés, « pris au nom et en qualité de membre de la société établie, au lieu où ils demeurent. » — Cass., 4 janv. 1892, Consorts Muller, [S. et P. 96.1.487, D. 92.1.48] — Sic, Garsonnet, loc. cit.

853. — La société en commandite comprenant deux catégories d'associés, l'art. 69-6º s'applique à cette société en ce sens que les exploits contre la société doivent être signifiés au siège social ou au domicile de l'un des commandités, mais ne peuvent jamais l'être aux commanditaires qui n'ont dans la société aucun droit de gestion. — Garsonnet, 2º éd., t. 2, § 602, p. 344; Bioche, vº *Exploit*, n. 348; Rodière, t. 1, p. 214; Boitard, Colmet-Daage et Glasson, t. 1, n. 182; Deffaut et Harel, vº *Exploit*, n. 490.

854. — Le commandité qui gère la société a toujours qualité pour recevoir les significations adressées à celle-ci, quand même ses associés ne lui auraient pas donné un mandat spécial à cet effet. — Cass., 11 mai 1852, Thayer, [S. 52.1.509, P. 52.2.460, D. 52.1.174]

855. — Quant aux sociétés anonymes, les significations d'exploit doivent être faites, en la personne de leurs gérants, au siège de la société. Comme la société anonyme n'a pas d'associés proprement dits, mais seulement des actionnaires, l'art. 69 est inapplicable en ce sens qu'un actionnaire ne peut recevoir la signification. — Garsonnet, 2º éd., t. 2, § 602, p. 343 et 344; Bioche, vº *Exploit*, n. 349; Boitard, Colmet-Daage et Glasson, t. 1, n. 182; Rodière, t. 1, p. 213; Deffaut et Harel, vº *Exploit*, n. 490.

856. — Il a été jugé que l'assignation donnée à des membres du conseil d'administration d'une société anonyme étrangère, en leur qualité d'administrateurs délégués, représentant la compagnie, et au siège social, doit être considérée comme donnée à la société elle-même. — Cass., 9 juin 1873, Guilhen, [S. 77.1. 352, P. 77.907, D. 74.1.15]

857. — L'assignation donnée aux directeurs et administrateurs non nommément désignés d'une société anonyme au siège social, doit être considérée comme donnée à la société elle-même. — Cass., 28 juin 1893, Société du journal *The Galignagni's Messenger*, [S. et P. 95.1.260, D. 93.1.473]

858. — L'assignation donnée à une société anonyme au siège social, en la personne de son directeur, et remise à l'un de ses employés, est valable ; il n'est pas nécessaire que l'exploit contienne les noms des représentants que la société a pu se donner pour ester en justice. — Cass., 23 nov. 1880, Comptoir de la Bourse parisienne, [S. 81.1.408, P. 81.1.1054, D. 84.1.136]

859. — En conséquence, l'ajournement ainsi délivré ne saurait être annulé par la raison que, aux termes des statuts sociaux, le président du conseil d'administration représente seul la société en justice. — Même arrêt.

860. — D'après un autre système, la signification ne doit pas nécessairement être faite au siège social ; tous autres exploits concernant une société rentrent dans la règle générale d'après laquelle ils doivent ou du moins peuvent être délivrés à la personne ou au domicile du représentant de la société.

861. — Ainsi, la signification de jugement à une société anonyme, faite non au siège social, mais au domicile et à la personne même de son directeur qui a qualité pour la représenter en justice, est valable et suffisante pour faire courir les délais de l'appel. — Cass., 17 juill. 1889, Caisse commerc. de Limoges, [S. 91.1.399, P. 91.1.980, D. 90.1.485]

862. — La jurisprudence a d'ailleurs reconnu la validité même d'un exploit d'ajournement signifié au domicile du directeur d'une société anonyme ayant mandat pour la représenter, bien que la société eût son siège dans un autre lieu. — Cass., 2 déc. 1857, Cie de la Grand-Combe, [S. 58.1.291, P. 58.80, D. 58.1.300]

863. — En tout cas, l'exploit notifié à une société qui n'a pas de siège social connu du public, peut être valablement signifié au domicile privé du président de son conseil d'administration, et la copie de l'exploit est valablement remise à une personne habitant la maison de ce président. — Poitiers, 24 déc. 1888, Brouillat, [S. 89.2.161, P. 89.1.867]

864. — Dans les sociétés par actions lorsque les actionnaires, en conflit d'intérêts avec le gérant ont, aux termes de la loi du 24 juill. 1867, commis un ou plusieurs mandataires pour les représenter dans la poursuite de leurs droits, les exploits sont remis à chacun de ses mandataires. — Garsonnet, 2º édit., t. 2, § 602, p. 344. — V. *suprà*, vº *Appel* (mat. civ.), n. 2699 et 2700.

865. — La signification doit, comme nous l'avons vu, le plupart du temps faite au siège social. Ce siège est généralement fixé par les statuts, mais on admet qu'un exploit peut être signifié au siège apparent de la société, indiqué par les magasins et les enseignes ou, en cas de silence des statuts, au principal établissement. — V. Cass., 23 nov. 1836, Soc. des Ardoisières de Rimogne, [S. 37.1.558, P. 37.1.600] — Colmar, 8 juill. 1841, Comp. du Soleil, [P. 41.2.706] — Riom, 5 août 1844, Giroux, [S. 45.2.7, P. 45.1.158, D. 45.4.483] — Sic, Garsonnet, 2º éd., t. 2, § 603, p. 345.

866. — D'après la jurisprudence, certaines sociétés pouvaient être considérées comme possédant plusieurs domiciles attributifs de compétence ; une règle analogue a été admise en ce qui concerne la remise des exploits. Ainsi, une société commerciale en commandite, comme toute autre) peut avoir, indépendamment du domicile social fixé pour les statuts, un autre domicile social auquel une assignation peut lui être valablement signifiée. — Cass., 17 avr. 1866 (2 arrêts), Chagot et Chem. de fer d'Orléans, [S. 66.1.191, P. 66.508]

867. — Autrement dit, une société peut avoir plusieurs établissements principaux, où elle peut être actionnée. Les créanciers de la société peuvent valablement lui signifier les actes de poursuite dans l'un de ces établissements, sans avoir à s'adresser au domicile élu. — Aix, 8 avr. 1878, Comp. Immobilière, [S. 79.2.313, P. 79.1248]

868. — On admet pour les sociétés commerciales importantes, notamment pour les sociétés financières et les compagnies de chemins de fer, que les exploits signifiés à ces sociétés peuvent l'être valablement à la succursale. — V. notamment les compagnies de chemins de fer, *suprà*, vº *Chemin de fer*, n. 6386 et s. ; pour les sociétés d'assurances, *suprà*, vº *Assurances* (en général), n. 972 et s.

869. — Ainsi jugé que si, en principe, les sociétés de commerce doivent être assignées à leur siège social, tel qu'il est fixé par les statuts, elles peuvent avoir plusieurs domiciles sociaux, elles peuvent valablement être assignées à l'un de ces domiciles sociaux et notamment au domicile de leur succursale. Par suite l'assignation peut être remise à l'agent local de la société qui avait qualité pour la représenter. — Rouen, 16 févr. 1898, Lazare Weiller, [D. 98.2.408]

870. — En tout cas il faut que le litige ait pris naissance dans le rayon d'action de la succursale. Ainsi jugé qu'on ne peut signifier un exploit contre une compagnie de chemin de fer au chef d'une gare qui peut être considérée comme un établissement principal, qu'autant que ce sont les opérations de cette

EXPLOIT. — Titre I. — Chap. IV.

gare qui ont donné naissance au litige auquel l'exploit se réfère. — Angers, 13 janv. 1894, Chem. de fer de l'Ouest, [D. 94. 2.200]

871. — La Banque de France est valablement assignée, à raison d'opérations faites avec une de ses succursales en la personne du directeur de cette succursale au lieu de l'être à Paris en la personne de ses administrateurs et au siège de son administration. — Riom, 8 janv. 1855, Cavy, [D. 55.5.93]

872. — La compagnie des lits militaires peut être assignée en la personne d'un de ses préposés qu'elle est tenue d'avoir dans les chef-lieux de divisions et de subdivisions militaires. — Cass., 17 juin 1867, Charles Laffitte, [D. 84.3.64, *ad notam*]

873. — La personnalité civile d'une société commerciale n'existe que pendant sa durée, et par suite, dès qu'une société est dissoute les significations ne peuvent plus être faites au siège social mais à la personne ou au domicile de chacun des associés. Cependant le liquidateur d'une société étant son représentant légal, les significations faites à la société en la personne de son liquidateur sont valables. — Paris, 12 déc. 1810, Leluc, [S. et P. chr.] — Douai, 18 juill. 1833, Dagneau-Symonsin, [S. 33.2.565, P. chr.] — *Sic*, Deffaux et Harel, v° *cit.*, n. 495; Bioche, v° *cit.*, n. 353; Rodière, t. 1, p. 214.

874. — Mais, d'autre part, une société en état de liquidation n'en continue pas moins d'exister pour les opérations de la liquidation ; par suite, il n'est pas nécessaire que la signification soit donnée nommément à la personne du liquidateur ; elle peut l'être à la personne ou au siège social ou au domicile de l'un des associés. — Cass., 28 févr. 1894, Gascq, [S. et P. 98.1.266, D. 94.1.239] — *Sic*, Garsonnet, 2° éd., t. 2, § 603, p. 345. — V. *suprà*, n. 273.

875. — Que faut-il décider lorsqu'il s'agit, non d'une société commerciale, mais d'une société civile ? Il a été jugé que l'art. 69, C. proc. civ., dont le § 6 porte que les sociétés commerciales seront assignées en leur maison sociale, et, s'il n'y en a pas, en la personne ou au domicile de l'un des associés, ne peut être étendu aux sociétés civiles, et qu'ainsi, en matière de société civile, l'assignation donnée à chacun des intéressés individuellement est valable. — Cass., 26 mai 1841, Tassy, [S. 41.1.483, P. 41.1.751] — *Sic*, Deffaux et Harel, v° *cit.*, n. 494 ; Bioche, v° *cit.*, n. 352; Boitard et Colmet-Daage, t. 1, n. 181. — V. en ce sens, *suprà*, v° *Appel* (mat. civ.), n. 2696. — *Contrà*, Rodière, t. 1, p. 213.

876. — C'est en partant de l'idée qu'il s'agissait en l'espèce, non d'une société, mais bien d'une association de fait qui ne pouvait avoir de siège social, qu'il a été décidé que lorsqu'un syndicat professionnel a constitué entre ses membres une association de fait pour l'exploitation d'une mine, la nullité de l'assignation ne saurait être demandée par le motif qu'elle n'aurait pas été signifiée au siège social de ce syndicat, mais à la personne du secrétaire, sans que celui-ci eût visé la copie, si l'association a été attaquée, non comme syndicat professionnel, mais en tant que constituant une association de fait. — Lyon, 26 mars 1891, Société des houillères de Rive-de-Gier, [S. et P. 92.2.289, D. 91.2.201]

877. — De même, le directeur d'une entreprise de transports maritimes ayant son siège social à l'étranger avec un établissement et un représentant en France, est valablement assigné en France devant le tribunal de l'établissement, par exploit laissé à la personne ou au domicile du représentant, alors qu'il s'agit de l'exécution d'un contrat passé dans l'arrondissement du tribunal. — Cass., 10 août 1875, Duché et fils, [S. 76.1.121, P. 76.284] ; — 10 août 1875, Duché et fils, [S. 76.1.121, P. 76.289]

878. — Mais une société qui a son siège à l'étranger ne peut, par cela seul que des correspondances sont reçues pour son compte en France dans les bureaux d'une société française, être considérée comme ayant dans ces bureaux une succursale où un acte d'appel puisse lui être valablement signifié. — Paris, 10 févr. 1899, [*Journ. des huiss.*, 1899, p. 148]

879. — II. *Faillite.* — Aux termes de l'art. 69-7°, les unions des créanciers sont assignées en la personne ou au domicile de l'un des syndics. Et les syndics ont qualité pour représenter les créanciers même avant l'union. Par suite, les exploits devront leur être remis depuis le jugement déclaratif de faillite.

880. — Spécialement, les syndics d'une faillite sont valablement assignés en la personne de l'un d'eux et par une seule copie. — Douai, 28 juill. 1853, Bellet-Lefebvre, [P. 54.1.273, D. 54.2.234] — *Sic*, Garsonnet, 2° éd., t. 2, § 601, p. 342, note 4. — *Contrà*, Chauveau, sur Carré, t. 1, quest. 370 *tredecies*. — Mais est nul le commandement que le syndic de la faillite d'une société s'est fait signifier lui-même, en sa qualité de syndic, de payer une somme due à l'un des associés par d'autres associés également en faillite et aussi représentés par lui. — Nîmes, 28 janv. 1856, Trintignan, [S. 56.2.301, P. 56.1.129, D. 56.2.98]

Section IV.
Signification au parquet.

§ 1. *Domicile inconnu.*

881. — La signification à personne ou à domicile devient impossible lorsque la partie n'est pas connue de l'huissier, lorsqu'elle n'a pas de domicile ou lorsque son domicile est inconnu. La loi a prévu cette hypothèse. Aux termes du § 8, art. 69, C. proc. civ., ceux qui n'ont aucun domicile connu en France doivent être assignés au lieu de leur résidence actuelle, et si le lieu n'est pas connu, l'exploit doit être affiché à la principale porte de l'auditoire du tribunal où la demande est portée, et une seconde copie être donnée au procureur de la République qui doit viser l'original.

882. — La disposition de l'art. 69-8° n'est pas exclusivement applicable aux assignations : elle s'applique en toutes matières et à toute sorte d'exploits. — Cass., 28 nov. 1837 (sol. impl.), Barre, [S. 38.1.364, P. chr.]; — 3 déc. 1844, de Laronade, [S. 45.1.301, P. 45.1.209, D. 45.1.44]; — 8 nov. 1848, Malliard, [S. 48.1.725, P. 49.1.486, D. 48.1.254] — Douai, 24 nov. 1897, [*Journ. des huiss.*, 1899, p. 23] — *Sic*, Garsonnet, 2° éd., t. 2, § 596, p. 334, note 5.

883. — Elle s'applique spécialement aux significations de jugement. En conséquence, la signification faite dans la forme prescrite par cette disposition à une personne dont le domicile est inconnu, fait courir le délai d'appel. — Cass., 3 déc. 1844, précité.

884. — Il faut cependant faire exception pour la saisie-arrêt : l'art. 560, C. proc. civ., dispose en effet : « La saisie-arrêt ou opposition entre les mains de personnes demeurant en France sur le continent ne pourra point être faite au domicile des procureurs de la République ; elle devra être signifiée à personne ou à domicile. » — V. *infrà*, v° *Saisie-arrêt*.

885. — Mais s'il est admis que l'art. 69-8° s'applique à tous les exploits on peut se demander à quel parquet la signification doit être faite lorsqu'il ne s'agit pas d'un ajournement pour lequel l'art. 69 a fixé le parquet compétent. Le tribunal à la porte de l'auditoire duquel une copie doit être affichée est ou celui de l'arrondissement dans lequel la partie avait son dernier domicile connu, ou en matière réelle, celui dans l'arrondissement duquel les immeubles sont situés, ou celui dans le ressort duquel l'obligation a été contractée, si le dernier domicile ou la dernière résidence de la partie ne sont pas connus. — Deffaux et Harel, v° *cit.*, n. 499 ; Rodière, t. 1, p. 215.

886. — Jugé, à cet égard, qu'au cas de saisie immobilière, la dénonciation de la saisie doit être faite, non au parquet du tribunal devant lequel l'expropriation est poursuivie, mais au parquet du tribunal dans l'arrondissement duquel la partie saisie avait son dernier domicile. — Cass., 27 juill. 1868, Jacques, [S. 69.1.35, P. 69.56, D. 69.1.35]

887. — Jugé au contraire que c'est au procureur du roi et à la porte du tribunal du lieu qui a rendu le jugement en vertu duquel il a été procédé à la saisie, et non au procureur du roi et à la porte du tribunal du dernier domicile du défendeur, que doit être remise et affichée la copie du commandement tendant à saisie immobilière. — Orléans, 11 août 1838, Audierne, [P. 38.2.263]

888. — A défaut d'un domicile connu en France les exploits peuvent donc être signifiés à la résidence actuelle de la partie, qu'elle soit fixe ou passagère. Mais il est nécessaire pour qu'il en soit ainsi que le domicile de la partie soit réellement inconnu. — V. Cass., 14 avr. 1891, Ceccaldi, [S. et P. 94.1.391, D. 91.1.329] — *Sic*, Garsonnet, 2° éd., t. 2, § 595, p. 333.

889. — Jugé que quand une personne n'a pas de domicile connu, une signification lui est faite valablement à l'hôtel garni où elle réside actuellement. — Paris, 19 janv. 1826, Houssay de Catteville, [P. chr]

890. — ... Qu'au cas où le domicile actuel d'une partie est inconnu, la signification d'un exploit est valablement faite tant à l'ancien domicile qu'à sa résidence dans un hôtel garni et chez son avoué. — Cass., 24 mess. an XIII, [D. *Rép.*, v° *Exploit*, n. 222-4°]

891. — Le court séjour que fait un voyageur dans un hôtel où il descend à son arrivée dans une ville ne peut être considéré comme constitutif de la résidence dans le sens de l'art. 69-8° et dès lors l'assignation qui lui est donnée à cet hôtel est nulle. — Bruxelles, 11 avr. 1854, [*Journ. des huiss.*, t. 38, p. 110]

892. — Mais on doit assimiler à une résidence le siège d'une exploitation commerciale même momentanée. — Aix, 18 mars 1886, [*Bull. de la cour d'Aix*, 86.237]

893. — En appliquant cette règle aux personnes exerçant des professions ambulantes, telles que les marchands forains et colporteurs, on décide que les significations doivent leur être faites à leur résidence si elle est connue, sinon au parquet conformément à l'art. 69-8°. — Deffaux et Harel, n. 374. — V. *suprà*, v° *Colportage*, n. 14 et 15, et v° *Domicile*, n. 33 et s.

894. — Mais si les personnes avaient un domicile certain c'est à ce domicile que les exploits les concernant devraient être signifiés à peine de nullité. Et il ne suffirait pas de prétendre que l'on a ignoré le domicile d'un marchand colporteur pour être autorisé à lui faire une signification au parquet lorsqu'il est justifié qu'il a un domicile certain. — Bordeaux, 4 août 1840, Duchet, [P. 40.2.709]

895. — Au cas où le domicile et la résidence sont également inconnus l'exploit est signifié au parquet. Mais on peut se demander dans quels cas on pourra dire que le domicile et la résidence de la partie sont réellement inconnus. La question est importante, car lorsque la partie est considérée comme ayant un domicile connu, la signification doit lui être faite dans les formes de l'art. 68; au cas contraire, on doit recourir aux formalités de l'art. 69-8°. Certaines hypothèses ne sauraient donner lieu à des difficultés, mais il en est d'autres qui sont l'objet de vives controverses : nous allons les examiner successivement.

896. — On ne saurait d'abord considérer le domicile de la partie comme inconnu lorsque ce domicile, bien que incorrectement indiqué par elle, est connu du requérant ou peut être facilement découvert. — Cass., 10 juill. 1855, Wachs, [D. 55.1.354]; — 31 mai 1881, Amondruz-Rosset, [D. 82.1.18] — *Sic*, Garsonnet, 2° édit., t. 2, § 596, p. 333, note 2.

897. — Ainsi jugé que les dispositions de l'art. 69-8° ne sont pas applicables lorsqu'il est établi que la partie à laquelle s'adresse la signification a conservé son domicile d'origine, bien qu'on ignore sa résidence actuelle. — Cass., 31 mai 1881, précité.

898. — ... Qu'elles ne sauraient être applicables à l'encontre d'un capitaine, alors qu'il est simplement eu cours de voyage et sa son nom, sa résidence habituelle et le port d'attache de son navire sont connus du demandeur. — Rouen, 4 mai 1880, Levigoureux, [D. 81.2.121] — *Sic*, Garsonnet, 2° édit., t. 2, § 596, p. 333, note 2.

899. — ... Que l'assignation et la signification d'un jugement par défaut faites au parquet doivent être déclarées nulles si l'huissier s'est présenté à un domicile qui n'était plus celui de la partie assignée, alors que le nouveau domicile était connu du demandeur. — Cass., 23 avr. 1850, Ligeron, [S. 50.1.591, P. 50.2.33, D. 50.1.132]

900. — ... Que lorsque l'ancien domicile d'un individu est connu de sa partie adverse, et que son nouveau domicile peut l'être facilement, les significations sont nulles, si elles sont faites directement au parquet. — Paris, 3 févr. 1835, d'Acosta, [P. chr.]

901. — ... Que la signification d'un jugement par défaut, faite au défendeur au parquet du procureur de la République, dans la forme prescrite par l'art. 69, § 8, C. proc. civ., pour les significations à faire aux personnes sans domicile connu, est irrégulière et nulle, alors qu'il était facile au demandeur de connaître le domicile du défendeur. — Cass., 7 févr. 1893, Rabel, [S. et P. 94 1.257, D. 94.1.221]

902. — Ainsi est nulle la signification, faite au parquet par la femme au mari défendeur, d'un jugement de divorce par défaut, alors que le mari a eu, pendant la durée de l'instance, son domicile dans une ville où il occupait un emploi militaire, et qu'il était ainsi facile à la demanderesse de connaître ce domicile par les plus simples démarches. — Même arrêt.

903. — Dans le cas où, par suite d'une déclaration de changement de domicile, faite dans les termes de l'art. 104, C civ., il n'y a pas eu habitation réelle dans le lieu déclaré comme étant celui du nouveau domicile, le déclarant ne cesse pas de conserver le premier domicile, auquel des exploits peuvent, dès lors, lui être signifiés, et s'il n'est pas trouvé à ce domicile, la copie des exploits doit être remise au maire, conformément à l'art. 68, C. proc. civ., et non au parquet du procureur de la République, comme dans le cas prévu par l'art. 69, § 8, même Code. — Cass., 30 juill. 1850, Delaruelle, [S. 50.1.797, D. 50.1.236]

904. — Lorsqu'une partie a fait élection de domicile son domicile ne peut être réputé inconnu. Ainsi quand, dans un acte, il a été fait élection de domicile pour l'exécution de cet acte, et quand, au moment des poursuites, le domicile réel du débiteur est inconnu au créancier, c'est à ce domicile élu que doivent être faits les actes de poursuites : la signification qui en serait faite au parquet, suivant le mode indiqué par l'art. 69. serait nulle et sans effet. — Rouen, 8 févr. 1844, Belhomme, [S. 45.2.92] Poitiers, 22 mai 1880, de Castellane, [D. 80.2.239]; — 8 déc. 1897, [*Journ. des huiss.*, t. 79, p. 109] — *Sic*, Garsonnet, 2° éd., t. 2, § 596, p. 333, note 2.

905. — Les actes d'une procédure de saisie immobilière ne sont donc point régulièrement signifiés à la partie saisie, dans la forme autorisée par l'art. 69, § 8, C. proc. civ., pour les personnes dont le domicile réel ni la résidence ne sont connus en France lorsque, dans l'acte en vertu duquel ladite saisie est poursuivie, les parties contractantes avaient pris le soin de faire élection de domicile en un endroit déterminé dans l'intérêt de l'une et de l'autre. — Poitiers, 8 déc. 1897, précité.

906. — Mais dans le cas où un individu n'étant pas trouvé à son ancien domicile, l'huissier ignore et ne peut découvrir quel est le nouveau, dans quelle forme doit avoir lieu la signification ? Dans un système on pense que lorsque le dernier domicile de la partie à laquelle un exploit doit être signifié est connu, on ne peut la considérer comme n'ayant pas de domicile, encore qu'elle l'ait quitté et que les recherches faites dans la commune pour découvrir sa nouvelle demeure aient été infructueuses. Dans ce cas, c'est à un voisin, ou, au refus de celui-ci, au maire de la commune, que la copie de l'exploit doit être remise. — Orléans, 11 juin (août) 1838, Audienne, [S. 47.2.225, P. 38.2.263]

907. — Jugé, en ce sens, qu'on ne peut considérer comme sans domicile connu en France les personnes qui, ayant eu domicile, l'ont abandonné pour aller s'établir ailleurs, alors même que le nouveau domicile serait ignoré de la partie qui doit les assigner. En conséquence, le § 8, art. 69, leur est inapplicable, et la copie de l'acte d'appel qui les concerne doit être remise au maire ou à l'adjoint, de leur ancien domicile. — Nîmes, 29 nov. 1839, Michel, [P. 40.1.377]

908. — ... Que quand la partie à laquelle un appel est signifié a disparu de son domicile, mais sans que rien indique qu'elle y ait renoncé pour en prendre un ailleurs, la copie de l'exploit doit, à peine de nullité, être remise à un voisin, et, à son défaut, au maire de la commune, en vertu de l'art. 68, C. proc. civ., mais non au ministère public, avec affiche à la principale porte de l'auditoire et au § 8 de l'art. 69 du même Code, le recours à ces dernières formalités n'étant permis que dans le cas d'impossibilité dûment constatée de signifier au dernier domicile connu ou à la résidence actuelle. — Grenoble, 3 août 1853, Pellegrini et Montfort, [S. 54.2.449, P. 55.2.489, D. 55.2.71] — Metz, 9 sept. 1857, Hesse, [S. 58.2.192, P. 57.1101]

909. — ... Qu'un exploit doit encore être signifié à la mairie par application de l'art. 68, C. proc. civ., et non au parquet par application de l'art. 69, C. proc. civ., lorsque la partie n'a quitté la ville qu'elle habitait que depuis très-peu de jours et sans avoir fait la déclaration de changement de domicile. — Trib. Limoges, 31 janv. 1899, [*Journ. des huiss.*, 1899, p. 219]

910. — ... Que le Français qui voyage à l'étranger et ne s'est fixé nulle part conserve, à défaut de déclaration contraire ou de faits suffisamment graves, son domicile d'origine où il a pu être régulièrement assigné. — Bordeaux, 7 juill. 1852, [*Journ. de la cour de Bordeaux*, 1852, p. 327]

911. — D'après une autre opinion, lorsqu'un individu auquel un exploit est adressé a quitté depuis un certain temps son domicile, sans que l'on sache ce qu'il est devenu, on doit réputer son domicile inconnu, et par suite, non pas remettre la copie à un voisin ou au maire, mais afficher l'exploit à la principale porte du tribunal, et en remettre copie au procureur de la République. — Cass., 11 août 1842, Lefeuvre, [S. 43.1.354, P. 43.1.498] — Orléans, 12 août 1846, Bergeron, [S. 47.2.227, P. 46.2.351]

912. — En d'autres termes, si l'huissier chargé d'une signification ne trouve personne au domicile indiqué dans les actes, et ne peut trouver non plus le nouveau domicile de la partie, il procède régulièrement en laissant la copie au procureur de la République. — Cass., 24 déc. 1833, Guignard, [S. 34.1.34, P. chr.]

913. — Dans cette hypothèse, on justifie l'emploi des formalités de l'art. 69-8°, plutôt que celles de l'art. 68, par les raisons suivantes : lorsque la partie a quitté son domicile elle n'avait pas besoin d'en informer le requérant parce qu'elle n'avait pas à prévoir la signification qu'il lui ferait. Quant à celui-ci, il peut savoir que la partie a quitté son ancien domicile sans qu'il lui soit aisé de connaître le nouveau : aussi l'art. 69-8° lui offre-t-il un moyen de procéder à la signification. Ce sera aux tribunaux à décider s'il se trouvait dans les conditions de bonne foi nécessaires pour être admis à en user. Mais l'obliger à laisser la copie à l'ancien domicile quand il sait que la partie l'a quitté, c'est porter une grave atteinte à la loi qui veut que les significations parviennent à ceux qu'elles concernent. — Chauveau, sur Carré, t. 1, quest. 355.

914. — Un grand nombre d'arrêts se sont prononcés en ce sens. Ainsi il a été jugé que l'individu qui a quitté depuis plusieurs mois la ville où il habitait, dont la maison est occupée par un nouveau locataire, et dont la nouvelle résidence est inconnue, peut être cité par voie d'affiches à la porte du tribunal et par copie remise au parquet. — Cass., 21 avr. 1875, Burot, [S. 76.1.412, P. 76.266, D. 76.1.39]

915. — ... Que lorsqu'un huissier apprend au domicile de la personne qu'il est chargé d'assigner que cette personne a quitté ce domicile sans qu'on puisse le renseigner sur son nouveau domicile, l'huissier doit remplir les formalités prescrites par l'art. 69, § 8, et non celles prescrites par l'art. 68. — Paris, 23 déc. 1853, [Journ. des huiss., t. 35, p. 115] — Bordeaux, 26 juill. 1867, Juhel-Renoy, [D. 67.5.193]

916. — ... Que lorsque l'huissier chargé de signifier un exploit s'est présenté au domicile indiqué par la partie, et qu'il lui a été déclaré par le concierge que cette partie avait déménagé sans laisser d'adresse, la signification est valablement faite au parquet du tribunal. — Cass., 10 févr. 1875, Rosselin, [S. 75.1.105, P. 75.254, D. 75.1.376]

917. — ... Que l'assignation en validité d'une caution offerte par un surenchérisseur peut être signifiée au parquet du procureur, si le vendeur n'a plus son domicile indiqué au contrat de vente, et si on ignore sa nouvelle résidence. — Cass., 2 mai 1832, Vissoaux, [P. chr.]

918. — ... Que le Français qui a quitté la France sans que rien constate son nouveau domicile est valablement assigné à sa dernière résidence, avec affiche de la copie à la porte de l'auditoire du tribunal et visa du procureur de la République. — Paris, 28 août 1810, Bidaud, [P. et P. chr.] — Lyon, 22 juill. 1863, [Journ. des huiss., t. 45, p. 124]

919. — ... Que la signification d'un jugement au parquet est valablement faite au parquet du procureur, et fait courir les délais du recours contre la partie à qui elle est adressée, lorsque cette partie a changé de domicile sans donner connaissance de sa nouvelle résidence, et que l'huissier s'est transporté inutilement à la mairie de l'ancien domicile pour obtenir des renseignements sur le nouveau. — Cass., 28 nov. 1837, Barre, [S. 38.1.364, P. 40.2.428]

920. — Lorsque le domicile indiqué est un hôtel garni où la partie ne demeure plus, la signification de l'exploit ne peut y être faite dans les formes de l'art. 68. — Cass., 8 nov. 1848, Mailliard, [D. 48.1.254]

921. — Jugé aussi que le domicile du défendeur doit être réputé inconnu lorsque dans un exploit la partie n'a pas indiqué le numéro de la rue d'une grande ville où elle s'est déclarée domiciliée, et cela, bien que son domicile antérieur fût connu. — Paris, 21 oct. 1846, Verdun, [P. 47.1.605, D. 47.2.54]

922. — Au reste, lorsqu'une partie s'est efforcée de faire ignorer sa résidence, elle peut être considérée comme n'ayant ni domicile ni résidence connus ; et, en conséquence, elle est valablement assignée par exploit laissé au parquet du procureur du roi, avec affiche à la porte du tribunal. — Cass., 23 déc. 1840, Bouteille, [S. 41.1.304, P. 41.1.708] ; — 10 févr. 1875, Rosselin, [S. 75.1.105, P. 75.254, D. 75.1.376] — Sic, Deffaux et Harel, n. 500 ; Bioche, n. 357.

923. — Lorsque le changement de domicile de la partie s'est produit en cours d'instance, la question de la forme de la signification n'est pas moins controversée. D'après les uns, les significations peuvent être faites au dernier domicile, par le motif que le demandeur n'est pas obligé de savoir que son adversaire a changé de demeure, et que c'était à celui-ci, qui n'ignorait pas qu'il était en procès et qu'on pouvait avoir des significations à lui faire à l'occasion de ce procès, à notifier son changement de domicile à la partie adverse. — Bioche, Dictionnaire de procédure, v° Exploit, n. 233 ; Chauveau, sur Carré, quest. 735.

924. — Jugé, en ce sens, qu'en cas de changement de domicile depuis le commencement de l'instance, de la part d'un individu qui, dans ses actes, s'en était assigné un, s'il est déclaré à l'huissier porteur de la copie du jugement, par les voisins, qu'ils ignorent où il réside, la signification doit être faite à un voisin, ou, sur son refus, au maire comme au cas d'absence de l'assigné et des siens de son domicile et non au parquet comme au cas où l'assigné n'a pas de domicile connu. — Amiens, 21 févr. 1823, Leindet, [S. et P. chr.]

925. — ... Qu'un jugement doit être signifié au domicile de la partie condamnée indiqué aux qualités, et que si on ne trouve personne à ce domicile, la copie doit être remise à un voisin ou au maire, mais non au procureur du roi, comme au cas où la partie n'aurait pas de domicile connu. — Bordeaux, 28 mars 1833, d'Arlincourt, [P. chr.]

926. — ... Que si l'exploit destiné à une société, peut être valablement signifié au siège social énoncé, soit dans les contrats, soit dans les actes de procédure intervenus entre la société et la partie qui notifie l'exploit, dans le cas où les associés sont inconnus au domicile indiqué, la copie doit être remise non au parquet du procureur, mais au maire, conformément à l'art. 68, C. proc. civ. — Cass., 14 août 1844, Teste, [S. 45.1.183, P. 45.1.251, D. 45.1.21]

927. — ... Que l'exploit d'appel est valablement signifié au domicile qu'avait la partie pendant le cours de la procédure de première instance, lorsqu'elle n'a rempli aucune des formalités prescrites pour le changement de domicile, et que, dans ce cas, si l'huissier ne trouve personne à ce domicile, il doit se conformer à l'art. 68, et non à l'art. 69. — Bourges, 30 déc. 1825, Paulin et Boucher, [P. chr.]

928. — ... Qu'on ne peut considérer comme ayant un domicile inconnu la partie qui, dans tous les actes de la procédure s'est dite domiciliée dans la commune de son domicile d'origine, encore bien que l'huissier constate qu'il n'y a pas ou découvrir sa demeure dans cette commune. On ne doit en ce cas n'y a pas lieu d'appliquer le numéro 8 de l'art. 69 et la copie peut être valablement laissée au maire de la commune. — Rennes, 24 juill. 1860, [Journ. des huiss., t. 42, p. 218] — V. cependant Deffaux, Harel et Dutruc, Suppl., v° Exploit, n. 177.

929. — On admet également en ce sens qu'en matière de cassation, la notification de l'arrêt d'admission est régulièrement faite, si la partie a changé de domicile, au domicile indiqué dans l'arrêt attaqué. — V. suprà, v° Cassation (mat. civ.), n. 1608 et s.

930. — Mais il a été jugé, en sens contraire, que lorsque, dans le cours d'une instance, l'une des parties vient à quitter la commune qu'elle habitait, qu'elle n'y a plus aucun domicile et que l'on ignore sa nouvelle résidence, les significations qui lui sont faites doivent, à peine de nullité, non seulement être remises au maire, conformément à l'art. 68, C. proc. civ., mais être affichées à la porte du tribunal avec copie donnée au ministère public, suivant les prescriptions de l'art. 69, § 8, spéciales aux individus qui n'ont aucun domicile connu en France. — Cass., 31 janv. 1866, Bastien, [S. 66.1.92, P. 66.246] ; — 19 juin 1866, Vuillemot, [S. 66.1.324, P. 66.883, D. 66.1.487] ; — 12 août 1868, Combarel de Leyval, [S. 68.1.397, P. 68.1075] — Paris, 8 mars 1860, Hénin, [P. 61.111] — Caen, 13 juin 1863, Violette, [S. 65.2.302, P. 65.1435] — V. Bioche, Dict. de proc., v° Exploit, n. 358 ; Demolombe, Comm. C. civ., t. 1, n. 348 ; Massé et Vergé, sur Zachariæ, t. 1, § 88, note 8, p. 124.

931. — ... Qu'en conséquence, le jugement par défaut qui n'a été exécuté que par des actes signifiés dans la forme de l'art. 68 est périmé, et ne saurait reprendre vigueur par l'exécution régulière poursuivie après la péremption acquise. — Caen, 13 juin 1865, précité.

932. — ... Qu'il y a lieu à application de l'art. 69-8° dans le cas où une partie quitte son domicile au cours de l'instance, sans qu'on sache dans quel lieu elle est allée s'établir, alors que ce changement n'a pu être ignoré de l'huissier chargé de la notification, notamment si cet huissier est précisément celui qui a saisi le mobilier et saisi la maison d'habitation de cette partie. — Paris, 11 août 1892, Vignal, [D. 94.2.70] — Sic, Garsonnet, 2e édit., t. 2, p. 333, § 596, note 2.

933. — ... Qu'est nul l'exploit signifié, pendant le cours d'une instance, à un domicile que la personne à qui la signification est faite a quitté sans faire connaître son nouveau domicile, lorsque les circonstances de la cause démontrent que le changement de domicile n'a pu être ignoré de la partie qui a fait signifier l'acte. — Cass., 8 nov. 1848, Maillard et Durand, [S. 48.1.725, P. 49. 1.486]

934. — Un auteur a proposé une distinction pour résoudre cette question controversée : si c'est dans un acte antérieur de procédure que la partie avait donné l'indication de son domicile, c'est au maire que la copie doit être remise parce que si la partie revient à son domicile, c'est là qu'elle pourra penser qu'on lui aura signifié les exploits à son adresse. Si c'est en dehors d'une procédure que l'indication de domicile avait été faite, c'est au parquet du procureur de la République que les exploits doivent être signifiés. — Bioche, n. 358.

935. — Quoi qu'il en soit, lorsque les premiers actes de la procédure ont été signifiés au parquet dans l'ignorance où l'on était du domicile de la partie, si l'on vient à connaître ce domicile dans le cours de la procédure, c'est là que doivent être faites les significations ultérieures et l'huissier ne pourrait continuer à les faire au parquet. — Grenoble, 18 juill. 1863, [Journ. des huiss., t. 43, p. 107].

936. — De même, si pendant le cours d'une instance, une partie notifie à son adversaire un changement de domicile, l'appel signifié à l'ancien domicile est nul, sans que l'appelant soit recevable à faire preuve que son adversaire demeurait encore à cet ancien domicile. — Bourges, 15 mars 1823, Chopin, [S. et P. chr.]

937. — L'huissier, chargé de faire une signification à une personne dont le domicile ou la résidence en France est inconnu doit d'ailleurs se livrer à toutes les démarches nécessaires pour arriver à découvrir ce domicile ou cette résidence ; il est difficile de préciser exactement jusqu'à quel point il doit pousser ses investigations ; la seule règle certaine c'est que l'huissier doit faire tout ce qui est moralement possible pour découvrir le domicile ou la résidence ; autrement dit, l'huissier doit se livrer à toutes les investigations que lui commandent la prudence et la bonne foi. — Boitard, Colmet-Daage et Glasson, t. 1, n. 184, note 1 ; Bioche, v° Exploit, n. 358 ; Rodière, t. 1, p. 215 ; Dutruc, sur Carré et Chauveau, v° Exploit, n. 173 et s. ; Labbé, note sous Cass., 7 févr. 1893, [S. et P. 94.1.257] ; Garsonnet, 2e édit., L. 2, p. 333, § 596 ; Deffaux et Harel, n. 502 ; Journ. des huiss., t. 35, p. 116 et 117.

938. — Jugé que l'huissier qui s'est présenté au domicile d'une société commerciale où il a appris que cette société n'y résidait plus sans qu'on sache où elle a transporté son domicile social ne peut faire sa signification au parquet alors que l'exploit ne spécifie pas quelles sont les recherches que l'huissier déclare avoir faites pour découvrir la nouvelle résidence de la société et s'il apparaît d'après les circonstances que l'ignorance de cette nouvelle résidence ne doit être attribuée qu'à l'incurie soit de l'huissier, soit des autres représentants du demandeur. — Colmar, 14 juin 1859, Marsot, [D. 59.2.214]

939. — ... Qu'on doit considérer comme nulle la signification d'un jugement faite au parquet, alors que l'intéressé n'a quitté que depuis peu de temps le domicile indiqué dans les qualités du jugement, que l'huissier ne s'est pas présenté à l'ancien domicile et qu'il n'a fait nulle démarche pour découvrir le nouveau. — Lyon, 5 janv. 1891, Marmet et Dusserre, [D. 92.2.509] — Amiens, 17 nov. 1894, Gallet, [D. 95.2.332]

940. — ... Que doit être déclarée nulle l'assignation, et comme conséquence, toute la procédure qui a suivi, délivrée dans une instance en divorce au parquet du procureur de la République, sans qu'il soit justifié d'aucune recherche faite pour découvrir le domicile ou la résidence de l'ajourné, et alors que l'exploit est muet à cet égard. — Rouen, 6 mai 1899, [France judic., 1900.2.39]

941. — ... Que, pour qu'un exploit soit valablement signifié au parquet, il ne suffit pas que l'huissier se borne à énoncer que la partie n'a ni domicile ni résidence connus sans avoir fait des démarches et pris des renseignements pour découvrir cette personne. — Rouen, 18 févr. 1847, [Journ. des huiss., t. 28, p. 324] — Nancy, 9 déc. 1897, [Journ. des huiss., t. 79, p. 108]

942. — ... Que le caractère, nécessairement plus ou moins nomade, de l'existence d'un voyageur de commerce, n'autorise pas à l'assigner de plano au parquet, lorsqu'en fait il est constant qu'il n'est point impossible d'avoir sur sa résidence des renseignements précis et probants. — Nancy, 9 déc. 1897, précité.

943. — ... Qu'un huissier n'est autorisé à signifier au parquet du procureur de la République un jugement qu'après avoir fait infructueusement toutes les démarches nécessaires pour découvrir le domicile ou tout au moins la résidence de ce dernier. — Amiens, 17 nov. 1894, Gallet, [D. 95.2.332]

944. — ... Qu'une signification faite au parquet est nulle lorsqu'il résulte des termes dans lesquels l'exploit est conçu que l'huissier ne s'est même pas transporté au domicile supposé de la partie et s'est borné, pour considérer celui-ci comme sans domicile ni résidence connus, à s'en rapporter à la procédure antérieure. — Paris, 17 mars 1897, [Journ. des huiss., t. 79, p. 105]

945. — ... Qu'il en est ainsi surtout lorsque les actes de cette procédure antérieure constatent eux-mêmes seulement que l'huissier s'était alors vainement adressé à la concierge du domicile que la partie défaillante venait de quitter, mais ne mentionnait aucune démarche que cet officier ministériel aurait pu et dû faire auprès d'un avoué et d'un agréé, désignés aux qualités du jugement comme ayant représenté le défaillant au début de l'instance, pour tâcher d'obtenir d'eux l'indication de son domicile actuel. — Même arrêt.

946. — ... Que lorsqu'une partie a changé de domicile, l'huissier auquel le concierge a déclaré qu'elle est partie sans laisser d'adresse ne peut signifier l'exploit au parquet qu'après avoir fait pour découvrir sa résidence ou son domicile de sérieuses recherches. — Paris, 9 juill. 1891, [Journ. des huiss., t. 73, p. 15]

947. — ... Alors surtout que ces recherches étaient d'autant plus faciles que l'huissier n'ignorait pas l'élection de domicile faite par la partie chez un de ses confrères et que celle-ci exerçait la fonction de chef de contentieux d'une compagnie d'assurances importante en même temps qu'elle occupait la situation de liquidateur d'une société. — Même arrêt.

948. — ... Que la simple déclaration faite à l'huissier par un domestique qu'une personne a quitté l'hôtel où elle résidait, sans indiquer sa nouvelle demeure, n'autorise pas à considérer cette personne comme n'ayant ni domicile ni résidence connus. Est donc nulle la signification faite à ce cas. — Paris, 8 juin 1866, [Journ. des huiss., t. 47, p. 286]

949. — ... Que la disposition de l'art. 69 n'est applicable qu'autant qu'il existe une impossibilité de découvrir le domicile de la partie. Il ne saurait en être ainsi au cas où dans une grande ville la partie n'habite plus à sa dernière adresse et où le concierge de la maison a déclaré à l'huissier ne pas connaître sa nouvelle résidence, alors qu'au moyen de recherches faciles on eût découvert le nouveau domicile de la partie. — Paris, 16 nov. 1853, de Grandchamp, [P. 53.2.681, D. 53.2.126]

950. — Jugé cependant que lorsqu'on a répondu à l'huissier qui s'est présenté au dernier domicile d'une partie que celle-ci était partie pour la campagne, sans autre indication, l'huissier n'est tenu de faire aucune autre démarche et n'a qu'à se conformer aux prescriptions de l'art. 69-8°. — Alger, 18 janv. 1872, [Journ. des huiss., t. 53, p. 274]

951. — En tout cas, un arrêt d'admission est valablement signifié au parquet de la Cour de cassation, lorsqu'il résulte du procès-verbal, dressé par l'huissier chargé de la signification, que toutes les perquisitions faites pour découvrir le défendeur dans la ville indiquée par lui dans différents actes comme étant sa résidence, ont été infructueuses, alors surtout que ce défendeur a retiré la signification du parquet. — Cass., 13 mars 1820, Aubert, [S. et P. chr.]

952. — De même, sont valablement assignés dans les formes prescrites par l'art. 69, § 8, C. proc. civ., les défendeurs (dans l'espèce, la femme tutrice et son mari co-tuteur, poursuivis en destitution de fonctions par le subrogé tuteur) n'ayant, d'après les constatations des juges du fait, ni domicile connu ni résidence fixe en France, alors que le demandeur a fait pour découvrir cette résidence toutes les investigations que commandaient la prudence et la bonne foi. — Cass., 27 mars 1893, Bourquin, [S. et P. 96.1.327, D. 93.1.376]

953. — Il en est ainsi notamment, lorsqu'un huissier s'est rendu à sa requête aux demeures que les défendeurs avaient successivement habitées l'année précédente, et qu'ils avaient quittées sans laisser ni adresse ni renseignements sur leur destination. — Même arrêt.

954. — Peu importe que, quelque temps avant l'assignation, les défendeurs aient reçu en personne, au lieu où ils habitaient alors, signification d'un acte extrajudiciaire à eux notifié au nom de leurs cointéressés dans une liquidation, et au nombre desquels figurait le demandeur, si cette notification, faite par les soins d'un avoué, n'établit nullement que le demandeur eût à cette époque personnellement connaissance de la résidence des défendeurs et fût en situation d'en informer l'avoué qui a fait délivrer l'assignation. — Même arrêt.

955. — Est encore valable l'exploit de convocation d'un membre du jury d'expropriation notifié dans la forme de l'art. 69-8° lorsque celui-ci a quitté depuis longtemps le domicile indiqué par l'arrêt de désignation du jury sans faire connaître sa résidence actuelle et qu'il est constant que malgré ses recherches, l'huissier n'a pu découvrir cette résidence. — Cass., 8 févr. 1853, [*Journ. des huiss.*, t. 35, p. 96]

956. — En résumé, il rentre dans les attributions exclusives des cours d'appel d'examiner et de juger en fait si l'huissier chargé de signifier un exploit a eu raison de considérer comme inconnu le domicile de la partie à laquelle la signification devait être adressée. — Cass., 3 déc. 1844, de Laronade, [P. 45.1.209, D. 45.1.44] — V. aussi Cass., 31 mai 1881, Amondruz-Rosset, [D. 82.1.19] — 20 nov. 1889, Larquié, [S. 90.1.155, P. 90.1.370, D. 90.1.17]

957. — Et l'arrêt qui, sans se fonder seulement sur la déclaration de l'huissier, déclare, par appréciation des circonstances de la cause, que la partie assignée n'avait ni résidence ni domicile actuellement connus en France, et qu'en conséquence les formes prescrites par l'art. 69, § 8, ont été à bon droit observées, échappe à la censure de la Cour de cassation. — Cass., 3 déc. 1844, précitée.

958. — L'art. 69 ne visant, en principe, que les exploits d'ajournement suppose que les formalités qu'il indique doivent être accomplies au parquet du procureur de la République qui va être saisi de l'affaire; mais en généralisant la formule, on peut dire que les formalités doivent être accomplies au parquet siégeant près la juridiction qui est appelée à connaître de la contestation. — Deffaux, Harel et Dutruc, n. 509.

959. — Ainsi là où le domicile et la résidence de l'intimé sont inconnus, c'est au parquet du procureur général près la cour qui doit connaître de l'appel, et non au parquet du procureur de la République près le tribunal qui a rendu le jugement, que doit être remise la copie de l'acte d'appel. — Rennes, 2 déc. 1812, Guéan, [S. et P. chr.] — Nîmes, 29 nov. 1839, Michel, [P. 40.4.377] — Orléans, 16 mars 1850, de Guiry, [P. 50.1. 299, D. 50.2.76] — Riom, 7 févr. 1859, Dolezy [S. 60.2.513, P. 61.261] — Limoges, 10 août 1860, Chantarel, [D. 61.2.19] — Toulouse, 4 août 1881 (solut. impl.), Servat, [S. 82.2.242, P. 82. 1.1216, D. 82.2.94] — *Sic*, Chauveau, sur Carré, quest. 1651 *bis*; Bioche, *Dict. de proc.*, v° *Appel*, n. 435 et s.; Rousseau et Laisney, *Dict. de proc.*, v° *Appel*, n. 342; Rodière, t. 1, p. 216; Garsonnet, 2° éd., t. 2, § 596. p. 334, note 3.

960. — Jugé, de même, qu'au cas où l'intimé n'a ni domicile ni résidence connus en France, l'acte d'appel doit être affiché à la porte du prétoire de la cour saisie de l'appel et notifié au procureur général, à peine de nullité.—Dijon, 13 juill. 1894, État français, [D. 95.2.61]

961. — Mais, au cas de nullité d'un acte d'appel, résultant de ce que le domicile et la résidence de l'intimé étant inconnus, la copie de l'acte a été remise, à tort, au parquet du procureur de la République près le tribunal qui a rendu le jugement, et non au parquet du procureur général près la cour devant connaître de l'appel, le moyen tiré de cette nullité doit être rejeté comme tardif, s'il n'a été proposé par les intimés qu'après des conclusions au fond, prises par leur avoué, lors de la pose des qualités. — Toulouse, 4 août 1881, précité.

962. — Peu importe que, dans son acte de constitution, cet avoué ait fait toutes réserves générales quelconques, et, notamment, de demander la nullité de l'acte d'appel, s'il n'a, en même temps, fait aucune réserve spéciale, ni articulé aucun des moyens sur lesquels était fondée cette prétendue nullité. — Même arrêt. — *Sic*, Bioche, *Dict. de proc.*, v° *Exception*, n. 216; Rousseau et Laisney, *Dict. de proc.*, v° *Exception*, n. 181.

963. — Est nul l'ajournement signifié au parquet au cas de domicile inconnu de la partie si l'affichage et la remise de la copie ont eu lieu à la porte de l'auditoire et au parquet d'un tribunal autre que celui où la demande était portée, fût-ce même celui du dernier domicile connu du défendeur. — Douai, 24 nov. 1897, [*Journ. des huiss.*, 1899, p. 23]

964. — Lorsque le tribunal civil et le tribunal de commerce sont situés dans le même bâtiment dont la porte principale et extérieure conduit à l'un et à l'autre, un exploit d'assignation donné devant le tribunal de commerce, donné par affiche, est valablement placardé à cette porte principale : il n'est pas nécessaire qu'il soit placardé à la porte intérieure du tribunal de commerce. — Cass., 23 déc. 1840, Bouteille, [S. 41.1.304, P. 41.1.708] — *Sic*, Deffaux et Harel, n. 509; Bioche, n. 356.

965. — Peu importe que, dans ce cas, l'exploit mentionne qu'il a été affiché à la porte du tribunal civil. — Même arrêt.

966. — De même, si la cour d'appel et le tribunal civil sont installés dans le même bâtiment, ayant tous deux la même porte extérieure, l'affiche de l'exploit d'appel qui, d'après l'art. 69, doit être remise pour l'intimé au procureur général, peut être faite sur cette porte. — Orléans, 16 mars 1850, Guiry, [D. 50.2.76]

967. — Mais ces décisions sont peut-être susceptibles de controverse. En effet, dans les chefs-lieux de département, la cour d'appel, le tribunal de première instance, et quelquefois même le tribunal de commerce, sont souvent situés dans le même corps de bâtiment, lequel a une entrée commune, ce qui n'empêche pas que chacune de ces juridictions n'ait une particulière, donnant sur un vestibule également commun, et par laquelle le public pénètre dans leur enceinte. Or, constater qu'on a affiché une copie d'exploit à la porte extérieure du tribunal de première instance, sans énoncer en même temps qu'il s'agit de la porte particulière à ce tribunal, est-ce bien remplir le vœu du § 8 de l'art. 69, C. proc. civ.? On peut hésiter à le croire, par la raison qu'il ne résulte pas suffisamment de ces termes que ce soit plutôt à la première qu'à la seconde que l'affiche ait été apposée.

968. — Lorsqu'à défaut de domicile connu de la partie assignée, l'exploit d'assignation est affiché à la porte de l'auditoire du tribunal, et qu'une seconde copie est remise au procureur de la République, il n'est pas absolument nécessaire, pour la validité de l'exploit, que mention de ces diverses formalités soit faite sur les copies. — Bordeaux, 11 janv. 1834, Oullié, [S. 34.2.312, P. chr.]

969. — Ainsi la mention sur la copie remise au parquet de l'affiche de l'exploit à la porte principale de l'auditoire n'est pas une formalité substantielle exigée à peine de nullité. — Cass., 21 avr. 1875, Burot, [S. 76.1.112, P. 76.266, D. 76.1.39]

§ 2. Domicile à l'étranger ou aux colonies.

970. — Sous l'empire de l'ordonnance de 1667 les exploits dressés contre les individus établis aux colonies ou à l'étranger étaient remis au parquet des procureurs généraux des parlements qui connaissaient de l'appel des décisions rendues par les juges devant lesquels ils étaient assignés. On les déposait dans une cassette spéciale où la partie assignée devait venir les chercher lorsqu'elle en soupçonnait l'existence. — Rodier, p. 24.

971. — Le Code de procédure réalisa un progrès sur l'ordonnance de 1667. Les exploits destinés à ces personnes devaient être signifiés au parquet du procureur de la République et la copie transmise par lui au procureur général qui l'expédiait au ministre de la marine si la partie résidait aux colonies, au ministre des Affaires étrangères si elle était établie à l'étranger. Au premier cas le ministre de la Marine la transmettait au procureur de la République de la colonie et celui-ci était chargé de le faire parvenir; au second cas, le ministre des Affaires étrangères le faisait parvenir aux autorités étrangères par l'intermédiaire des agents diplomatiques.

972. — Plus tard la loi du 20 mars 1894 portant création du ministre des colonies avait transporté du département de la Marine à ce dernier département la mission dont s'agit.

973. — Ce système était applicable dès que la partie était domiciliée hors du territoire continental et par suite même en Corse, en Algérie et dans les îles de la Manche, de l'Océan ou de la Méditerranée, ce qui avait de nombreux inconvénients. Aussi une loi du 8 mars 1882 eut-elle pour objet de perfectionner le système des significations. Le mode ordinaire des significations fut désormais employé pour les personnes habitant le territoire français en Europe et en Algérie et les formalités spéciales de l'art. 69-9° ne reçurent plus d'application qu'aux colonies et à l'étranger.

974. — Une nouvelle modification au § 9 de l'art. 69 fut apportée par la loi du 19 mai 1900 : à raison de ce que les communications entre la Tunisie et la France sont fréquentes et rapides et de ce que les personnes qui veulent y faire signifier un acte peuvent s'adresser aux huissiers qui y sont établis, la Tunisie est désormais, comme la Corse et l'Algérie, assimilée à la métropole pour le mode de signification des exploits.

975. — D'autre part, on reprochait justement aux dispositions du § 9 en ce qui concerne les significations à faire aux colonies d'entraîner des lenteurs, de causer du préjudice aux intérêts des parties et de donner du travail inutile aux bureaux du ministère des colonies. Aussi la loi du 19 mai 1900 a-t-elle supprimé la transmission des exploits par le parquet au ministre des Colonies qui se chargeait de les faire parvenir aux intéressés par l'intermédiaire du chef du service judiciaire de la colonie : les parquets métropolitains sont chargés de faire désormais la transmission directe des exploits aux parquets coloniaux sans passer par l'intermédiaire du ministre des Colonies. Et cette innovation est étendue aux pays de protectorat qui comme le Tonkin possèdent une organisation judiciaire analogue à celle de nos colonies.

976. — En résumé, la loi nouvelle a dédoublé le § 9 de l'ancien art. 69 en deux nouveaux paragraphes. Le § 9 nouveau, après avoir assimilé l'Algérie et la Tunisie au territoire métropolitain, dispose que les exploits destinés aux colonies et pays de protectorat sont signifiés au parquet du procureur de la République du tribunal de la demande qui visera l'original et enverra directement la copie au chef du service judiciaire dans la colonie ou le pays de protectorat. Le § 10 reproduit les dispositions anciennes en ce qui concerne les exploits à signifier en pays étranger.

977. — L'art. 69-9° et 10° s'applique aux étrangers dans les mêmes conditions qu'aux Français, c'est-à-dire aux étrangers en résidence aux colonies françaises ou en pays étranger. — Boitard, Colmet-Daage et Glasson, t. 1, n. 185 ; Garsonnet, 2° éd., t. 2, § 597, p. 334 ; Deffaux et Harel, n. 511 ; Bioche, n. 360 ; Rodière, t. 1, p. 216.

978. — Les §§ 9 et 10, art. 69, s'appliquent au cas de signification de jugement ou autre acte judiciaire comme au cas d'exploit ou d'assignation. Ainsi, un jugement en premier ressort est valablement signifié au parquet du tribunal, à l'effet notamment de faire courir le délai d'appel. — Cass., 12 mai 1886, Helstein, [S. 87.1.34, P. 87.1.53, D. 80.1.325] — Sic, Carré et Chauveau, quest. 373.

979. — De même la signification d'un jugement, quelle que soit la nature de celui-ci, doit, en règle générale, être faite à personne ou à domicile. Mais si elle intéresse une personne établie à l'étranger, elle doit être faite au parquet du procureur de la République qui transmet la copie au ministère des affaires étrangères chargé de la faire parvenir à la partie intéressée par la voie diplomatique. — Nancy, 20 févr. 1894, Poensgen, [D. 9F. 2.4]

980. — Si la partie n'a pas de domicile en France, mais a une résidence connue à l'étranger, l'exploit destiné à l'ajournement devant un tribunal français doit lui être signifié conformément à l'art. 69, § 9 (§ 10 nouveau). — Trib. Lyon, 17 janv. 1862, [Journ. des huiss., t. 43, p. 180]

981. — Par suite, un individu établi en pays étranger n'est pas valablement assigné au domicile de sa femme en France : l'exploit qui le concerne doit être signifié au parquet. — Trib. Seine, 8 mars 1853, [Journ. des huiss., t. 35, p. 94]

982. — Pour qu'il y ait lieu à l'application du § 9 (§ 10 nouveau) de l'art. 69, C. proc. civ., il faut que le Français qui a porté sa résidence à l'étranger y possède un établissement tel, que l'assignant ne puisse raisonnablement l'ignorer ; autrement, il y aurait lieu de se référer aux dispositions du § 8 du même article. — Lyon, 11 juill. 1840, Julin, [P. 41.1.222]

983. — Ainsi une résidence passagère à l'étranger qui, à diverses reprises, a été modifiée, ne saurait constituer le domicile ou la résidence prévue dans le § 9 (10) art. 69, C. proc. civ. Par suite, on doit considérer comme n'ayant ni domicile ni résidence connue celui qui ne possède à l'étranger qu'une telle résidence. — C. d'ass. Seine, 25 mars 1892, [Clunet, 92.883]

984. — De même doit être réputé valable et par suite interruptif de prescription le commandement signifié de bonne foi au parquet du dernier domicile connu du débiteur. L'huissier n'a pas dans ce cas à procéder ainsi qu'il est dit à l'art. 69, § 9 (10), C. proc. civ., à l'égard de ceux qui habitent l'étranger, alors qu'il est établi que le débiteur, après avoir habité quelque temps à l'étranger, était venu se fixer de nouveau en France, en un lieu qu'ignoraient d'ailleurs les poursuivants. — Trib. Seine, 5 déc. 1891, [Clunet. 93.1076]

985. — Au surplus c'est à celui qui délivre l'assignation à en établir la régularité en prouvant l'établissement à l'étranger, et non à l'adversaire, qui ne peut, en aucun cas, être tenu de faire la preuve du fait négatif contraire, et les juges du fond sont souverains appréciateurs du fait positif de cet établissement au moment même de l'assignation. — Cass., 18 févr. 1852, Delorme, [P. 53.1.602, D. 52.1.241]

986. — L'art. 69, § 9 (actuellement § 10) prescrivant d'assigner au parquet du procureur de la République près le tribunal où sera portée la demande, ceux qui sont établis en France n'est applicable que si la partie à assigner n'a pas de domicile connu en France. — Cass., 20 nov. 1889, Larquié, [S. 90.1.155, P. 90. 1.370, D. 90.1.171]

987. — Par suite, le Français qui a conservé son domicile en France doit être assigné à ce domicile bien qu'il réside à l'étranger.

988. — Même arrêt.

988. — De même la disposition de l'art. 69, § 9 (10) ne s'applique pas au Français qui réside momentanément et provisoirement en pays étranger et a conservé en France son domicile et son établissement de commerce, lequel est géré en son absence par sa femme. L'huissier doit, dans ce cas, se conformer à l'art. 68. — Paris, 3 juin 1854, [Journ. des huiss., t. 33, p. 304] — Trib. Seine, 14 févr. 1854, [Journ. des huiss., t. 35, p. 212]

989. — Mais un exploit n'est pas nul en ce que, au lieu d'observer les formalités prescrites par l'art. 69, n. 8 ou 9 (10), C. proc. civ., pour le cas où la partie n'a pas de domicile connu sur le territoire de la France, on aurait observé celles que prescrit l'art. 68 pour le cas où l'huissier ne trouve pas à domicile ni la partie ni aucun de ses parents ou serviteurs, si cet officier ministériel a eu un juste sujet de doute sur le point de savoir si la partie avait ou n'avait pas conservé son domicile. — Caen, 20 juill. 1850, Raisin, [P. 52.2.114]

990. — Si la personne en résidence à l'étranger a élu domicile en France, c'est à ce domicile que doivent être faites les significations, qu'il s'agisse d'un Français ou d'un étranger. Ainsi la signification d'un jugement par défaut du tribunal de commerce à l'individu domicilié à l'étranger doit, en cas d'élection de domicile par celui-ci en France, être faite non au parquet mais au domicile élu, pour faire courir les délais d'opposition. — Paris, 3 août 1883, [Clunet, 84.57]

991. — Lorsqu'un capitaine de navire étranger sans domicile ni résidence connu en France, dans la signification d'un jugement émané d'un tribunal français, fait élection de domicile chez une personne fixée en France, et s'est déclaré en cours de voyage, l'appel que son adversaire français dirige contre ce jugement est valablement notifié à ce domicile élu. — Douai, 25 janv. 1892, [Clunet, 94.989]

992. — Mais l'élection de domicile faite par un étranger dans un acte qui contient également, quant à son exécution, une attribution de compétence, n'emporte dérogation aux règles établies par l'art. 69, pour les significations à faire obligatoirement, puisqu'autant que l'attribution spéciale de compétence doit produire en elle-même son effet. — Cass., 22 déc. 1869, Riche, [S. 70.1.202, P. 70.509, D. 70.1.55]

993. — Si, au contraire, par une cause particulière, le droit commun reprend son empire quant à la compétence, il le reprend également quant aux règles à suivre pour les significations ; et c'est, dès lors, à bon droit que l'étranger est assigné au parquet du procureur près le tribunal où doit être portée la demande. — Même arrêt.

994. — Du moins l'arrêt qui le juge ainsi par appréciation

EXPLOIT. — Titre I. — Chap. IV.

de la clause d'élection de domicile ne viole aucune loi. — Même arrêt.

995. — Au surplus, l'art. 69, §§ 9 et 10, ne déroge pas à l'art. 68, mais le complète. Ainsi la disposition de l'art. 69, § 9, qui veut que l'assignation donnée à un individu habitant hors de France soit remise au ministère public, pour lui en faire parvenir la copie, ne fait pas obstacle à ce que l'exploit lui soit signifié directement à personne ou à domicile. — Cass., 12 janv. 1892, Puech, [S. et P. 92.1.82, D. 92.1.377] — Florence, 30 juin 1810, Grant, [S. et P. chr.] — Paris, 1er août 1881. [Journ. des avoués, 1882, t. 107, p. 58] — Sic, Pigeau, t. 1, p. 198, in fine; Chauveau, sur Carré, quest. 373 bis; Rousseau et Laisney, v° Exploit, n. 418; Bioche, n. 369. — Contrà, Dutruc, [Journ. des avoués, 1882, t. 107, p. 47 et 50] — V. suprà, v° Colonie, n. 268.

996. — Il résulte, en effet, des art. 68 et 69, § 9, C. proc. civ., que les assignations et significations, à l'égard des parties domiciliées dans les colonies françaises, peuvent être faites, soit à leur domicile dans la colonie, soit en France, au parquet du procureur de la République près le tribunal où l'affaire est portée. — Cass., 12 janv. 1892, précité.

997. — L'assignation à un étranger sans domicile en France, mais qui loge habituellement chez un restaurateur quand il vient en France pour affaires, peut être valablement donnée à ce pied-à-terre. — Lyon, ..., 1878, [Clunet, 78.375]

998. — Le plus souvent les intéressés recourent au mode de signification indiqué par l'art. 69-10° en signifiant l'exploit au parquet du procureur de la République près le tribunal qui doit connaître de la demande. L'exploit ne pourrait pas être signifié à un autre parquet; par suite, on doit réputer nul l'acte d'appel signifié à un étranger non résidant en France, au parquet d'un procureur du roi autre que celui du tribunal devant lequel la cause doit être portée, encore bien que postérieurement une assignation régulière ait été donnée en vertu d'un arrêt par défaut profit-joint. — Nancy, 26 mai 1834, Leclerc, [S. 35.2.107, P. chr.]

999. — Jugé que la sommation faite à un étranger appelé en garantie, d'assister à une expertise ordonnée par un tribunal de commerce, doit, à peine de nullité, lui être notifiée au parquet du tribunal où est portée la demande. — Angers, 7 mars 1872, Lefèvre, [S. 72.2.140, P. 72.634] — Sic, Locré, Esprit du C. de comm., t. 9, p. 77; Carré et Chauveau, quest. 374; Nouguier, Trib. de comm., t. 3, p. 25; Orillard, Trib. de comm., n. 701; Deffaux, Harel et Dutruc, Suppl., n. 189 et 190.

1000. — Comme il n'y a pas de parquet au tribunal de commerce, c'est au parquet du procureur de la République près le tribunal civil dont le ressort duquel se trouve le tribunal de commerce que doit être faite la signification. — Deffaux, Harel et Dutruc, Suppl., n. 190.

1001. — Jugé qu'en matière commerciale la partie peut faire la signification de l'exploit soit au parquet du tribunal civil, soit au greffe du tribunal de commerce quand les parties ont comparu ou ont été représentées devant ce tribunal. — Nancy, 20 févr. 1894, Poensgen, [D. 95.2.4]

1002. — Le procureur de la République doit viser l'original et envoyer directement la copie au ministre compétent ou à toute autre autorité déterminée par les conventions diplomatiques. Cet envoi direct de la copie au ministre par le procureur de la République est encore une innovation de la loi de 1882 qui a ainsi supprimé la transmission au procureur général par les soins duquel la copie était remise au ministre.

1003. — C'est au parquet que doit être remise la copie dans le cas prévu par l'art. 69-9° et 10° alors même que la signification est faite à la requête du ministère public; la haute situation du ministère public est une garantie de son indépendance. — Carré et Chauveau, quest. 374 bis; Boitard, Colmet-Daage et Glasson, t. 1, n. 186. — V. dans le même sens, Rodier, sur l'art. 7, tit. 2, Ord. de 1667.

1004. — Une circulaire du ministre de la Justice, du 28 févr. 1876, prescrit aux parquets, pour rendre la communication des actes judiciaires plus facile et leur remise aux destinataires plus prompte, de veiller à faire : 1° ajouter à l'indication du domicile des personnes auxquelles la signification doit être faite à l'étranger, lorsque dans la province, du cercle ou du comté lorsqu'il s'agit de petites localités, la rue et le numéro lorsqu'il s'agit de localités plus grandes et qu'il est possible de le faire; 2° placer l'adresse entière hors du texte de l'acte, en marge ou en tête, à l'encre rouge ou bleue. — Journ. du dr. int. pr., 1876, p. 238.

1005. — D'autre part, afin d'éviter les retards apportés par les parquets dans la transmission des actes judiciaires destinés à l'étranger, les procureurs de la République ont été invités à transmettre ces actes le jour même du dépôt au parquet ou au plus tard le lendemain. — Circ. min. Just., 8 févr. 1872, [Rec. off., t. 3, p. 193] — Circ. min. Just., 9 mai et 27 juin 1877, [Bull. off., 1877, p. 56] — Note min. Just., [Bull. off., 1879, p. 154] — Circ. min. Just., 12 nov. 1885, [Bull. off., 1885, p. 204]

1006. — L'art. 69, n. 9 et 10, qui veut que les personnes établies à l'étranger ou dans une colonie française soient assignées au domicile du procureur de la République du tribunal devant lequel la demande est portée, doit être entendu comme la disposition correspondante de l'art. 69-8°. en ce sens que s'il y a assignation devant une cour d'appel, c'est au domicile du procureur général que l'étranger doit être assigné. — Cass., 14 juin 1830, Comm. de Villanova, [S. et P. chr.]; — 12 avr. 1843, Préf. de la Vienne, [S. 43.1.601, P. 43.1.587] — Trèves, 30 janv. 1811, Gœdertz, [S. et P. chr.] — Rennes, 2 déc. 1812, Guéon, [S. et P. chr.] — Trèves, 12 mars 1813, N..., [S. et P. chr.] — Colmar, 25 nov. 1813, Wolff, [S. et P. chr.] — Douai, 31 déc. 1819, Lambret, [S. et P. chr.] — Grenoble, 2 juill. 1824, Borel, [P. chr.] — Bordeaux, 20 févr. 1843, Bernard, [S. 43.2.194, D. 45.4.253] — Rennes, 24 nov. 1879, [Clunet, 84.58] — Montpellier, 4 juin 1890, [Clunet, 90.845] — Dijon, 13 juill. 1894, Préf. de Saône-et-Loire, [D. 95.2.64] — Sic, Carré et Chauveau, quest. 1651 bis; Dutruc, sur Carré et Chauveau, v° Appel des jugements des tribunaux civils, n. 392; Garsonnet, 2e éd., t. 2, § 596, p. 334, note 3, § 597, p. 334, note 2. — V. suprà, n. 959 et s.

1007. — Ainsi, au cas où l'intimé est établi à l'étranger, la signification de l'acte d'appel doit être faite, à peine de nullité, au parquet du procureur général près la cour de l'appel est fait, et non au parquet du procureur de la République du tribunal qui a rendu le jugement. — Cass., 24 nov. 1885, Morlot, [D. 86.1.236] — Montpellier, 16 juill. 1828, Azenier, [P. chr.] — Pau, 6 avr. 1835, Cadena, [P. chr.] — Colmar, 6 août 1841, Lemblé, [P. 44.2.679] — Lyon, 5 mai 1882, Riou, [S. 83.2.154, P. 83.1.822, D. 83.2.88] — Paris, 13 janv. 1887, Roy, [D. 87.2.188]; — 10 févr. 1899, [Gaz. Pal., 12 avril]; — 17 févr. 1899, [J. Le Droit, 27-28 mars]

1008. — Jugé de même que l'exploit d'un appel interjeté contre un individu établi dans les colonies françaises doit être signifié, non au domicile du procureur près le tribunal qui a rendu le jugement, mais à celui du procureur général près la cour qui doit connaître de l'appel. — Bordeaux, 20 févr. 1843, précité.

1009. — ...Que lorsqu'une saisie mobilière est pratiquée en vertu d'un arrêt de la cour qui a retenu l'exécution, c'est au parquet du procureur général que doivent être faites les diverses significations pour le saisi demeurant à l'étranger, et non au procureur de la République près le tribunal de première instance. Les significations faites au procureur de la République ne donnent pas cours aux délais. — Aix, 9 juill. 1835, Rostan, [P. chr.]

1010. — Le ministre compétent pour transmettre les exploits est le ministre des Affaires étrangères s'il s'agit de personnes établies à l'étranger. Il doit faire parvenir l'exploit par l'intermédiaire des agents diplomatiques ou consulaires. Et à cet égard l'art. 11, Ord. 25 oct. 1833, prescrit aux consuls français de faire parvenir aux parties intéressées directement, ou, s'ils n'ont reçu des ordres contraires, par l'intervention officieuse des autorités locales, sans frais ni formalités de justice et à titre de simple renseignement, les exploits signifiés en vertu de l'art. 69, C. proc. civ., aux parquets, et dont l'envoi leur est fait par le ministre des Affaires étrangères.

1011. — Ils doivent retourner au ministre les actes dont ils n'auraient pu opérer la remise en lui faisant connaître les motifs qui s'y seraient opposés. C'est le chancelier du consulat qui est chargé de la remise des actes.

1012. — La signification, au procureur de la République, d'un exploit destiné à une personne demeurant à l'étranger, n'est pas nulle parce que le magistrat a omis de faire parvenir au ministre des Affaires étrangères, pour être transmise à l'intéressé, la copie qui lui a été signifiée. — Cass., 11 mars 1817, Bellot, [S. et P. chr.]; — 12 mai 1886, Helstein, [S. 87.1.34, P. 87.1.53, D. 86.1.325] — Sic, Favard de Langlade, Rép., v° Ajournement, § 3, n. 7, in fine; Bonceune, t. 2, p. 235; Carré et Chauveau, quest. 374 *quater*; Boitard, Colmet-Daage et Glasson, t. 1, n. 185; Bioche, *Dict. de proc.*, v° *Exploit*, n. 365; Rousseau et Laisney, v° *Exploit*, n. 427; Dutruc, *Suppl. aux lois de la proc.*, de Carré et Chauveau, v° *Exploit*, n. 202; Coin-Delisle, sur les art. 14 et 15, n. 30; Berriat Saint-Prix, p. 204; Deffaux et Harel, n. 514. — *Contrà*, Bonfils, *Tr. élém. de proc.*, p. 422, n. 757.

1013. — Ce serait rendre la partie responsable de l'omission du fonctionnaire, qui est seul chargé par la loi de l'accomplissement de cette formalité. — Cass., 11 mars 1817, précité.

1014. — Jugé, spécialement, que la signification d'un exploit faite à un étranger dans les formes légales et au domicile du procureur du roi en Italie est valable bien que ce magistrat n'ait pas transmis en temps utile la copie de cet exploit à la personne à laquelle elle était destinée. — Lyon, 25 févr. 1882, Pelusso, [D. 82.2.228]

1015. — ... Qu'aux termes de l'art. 69-9° et 10°, C. proc. civ., français, l'assignation d'un étranger devant un tribunal français s'opère régulièrement par la remise d'une copie de l'acte d'assignation au parquet du procureur de la République; que le demandeur n'est nullement responsable de ce fait qu'une assignation transmise par voie diplomatique est parvenue trop tard au défendeur. — Cass. Palerme, 4 avr. 1893, [Clunet, 94.1081]

1016. — L'art. 69 prévoit que des conventions diplomatiques peuvent indiquer d'autres autorités que le ministre des Affaires étrangères comme compétentes pour recevoir les copies d'exploits transmises par les parquets. Des accords de cette nature ont été conclus avec l'Italie par suite de notes échangées en juin 1866, avec la Suisse en vertu du traité du 15 juin 1869, et avec le Luxembourg par suite de la déclaration du 14 mars 1884 (V. *suprà*, v° *Acte judiciaire*, n. 331 et s.). D'autre part, l'Allemagne et la Belgique ont demandé à la France de consentir à l'envoi des exploits de parquet à parquet.

1017. — L'exploit signifié au parquet du procureur de la République près le tribunal où la demande est formée, dans les termes de l'art. 69-9°, C. proc. civ., lorsque le défendeur réside à l'étranger, est valable, s'il énonce que l'exploit a été remis au parquet, et si le magistrat du ministère public a visé l'original, sans qu'il soit nécessaire de faire mention du nom du magistrat qui a visé l'original, le ministère public étant indivisible. — Toulouse, 10 janv. 1899, Servat, [S. et P. 1900.2.176] — V. *infrà*, v° *Ministère public*, n. 272 et s.

1018. — Lorsque l'original d'un exploit (spécialement la dénonciation de l'arrêt d'admission d'un pourvoi en cassation), signifié à des personnes domiciliées à l'étranger, a été régulièrement visé au parquet par le magistrat qui a reçu la copie, la mention de ce visa n'est pas exigée sur ladite copie, à peine de nullité. — Cass., 5 mars 1888, Comp. d'assur. maritimes *les Deux Pôles*, [S. 88.1.313, P. 88.1.761, D. 88.1.365] — *Sic*, Chauveau, sur Carré, t. 1, quest. 370 *decies*; Rodière, t. 1, p. 304.

1019. — On n'est pas absolument d'accord sur la forme à observer dans le cas où l'exploit à notifier concerne un agent diplomatique ou consulaire accrédité auprès du gouvernement français. Il semble préférable d'admettre qu'un huissier français n'a pas la compétence nécessaire pour pouvoir valablement signifier un exploit à l'hôtel de l'ambassade. Par suite, il faudrait employer les formes en usage vis-à-vis des personnes en résidence à l'étranger. — V. *suprà*, v° *Agent diplomatique ou consulaire*, n. 1167 et s.

1020. — Les prescriptions des n. 9 et 10 de l'art. 69 sont applicables à la signification de l'arrêt d'admission du pourvoi rendu par la chambre des requêtes de la Cour de cassation. — V. *infrà*, v° *Cassation* (mat. civ.), n. 1623 et s.

1021. — Mais elles sont inapplicables alors qu'il s'agit de l'appel d'une décision rendue par un tribunal consulaire des Echelles du Levant et où les deux parties demeurent au lieu où siège ce tribunal. En un tel cas, la signification doit être faite directement par la voie du consulat, conformément à l'édit de juin 1778. — V. *suprà*, v° *Agent diplomatique et consulaire*, n. 789.

1022. — En France, à défaut de traité international, l'exploit reçu par l'intermédiaire diplomatique est transmis au ministre de la justice qui le fait parvenir au parquet du tribunal dans l'arrondissement duquel réside l'individu auquel il doit être remis. Il est joint à l'envoi un récépissé que doit signer le destinataire et un bordereau destiné à recevoir toutes observations sur les incidents de la remise que le procureur de la République renvoie ensuite au ministère de la justice. — Circ. min. Just., 15 févr. 1877, [*Bull. off. min. just.*, 1877, p. 11]

1023. — Pour faciliter la remise des exploits à signifier en France et venant de l'étranger, il résulte d'accords du ministère des affaires étrangères avec les gouvernements étrangers, qu'on doit observer les formalités que nous avons indiquées *suprà*, n. 1004. — Circ. min. Just., 28 févr. 1876, [*Journ. du dr. internat. privé*, 1876, p. 238]

Section V.

Signification à bord d'un navire.

1024. — L'art. 419 du Code de procédure déclare que « toutes assignations données à bord à la personne assignée seront valables. » Cette disposition signifie que lorsqu'une personne se trouve embarquée sur un navire, les exploits à son adresse lui sont valablement signifiés à personne ou à domicile sur le navire parce que le législateur a considéré dans ce cas le navire comme son domicile.

1025. — Ainsi le capitaine d'un navire peut être valablement assigné à bord de son bâtiment. — Bruxelles, 16 mai 1815, Desmedt [P. chr.]

1026. — Pour pouvoir être valablement remise à bord il n'est pas nécessaire que l'assignation concerne le capitaine ou un homme de l'équipage; ce mode de signification est encore praticable même lorsque l'exploit concerne un simple passager. — Garsonnet, 2° éd., t. 2, § 598, p. 338.

1027. — Dans une opinion où l'on interprète strictement l'art. 419, toute signification faite à bord doit être faite à personne. Ainsi jugé qu'est nulle la citation donnée à un batelier domicilié en Belgique, à bord de son bateau, parlant à son domestique. — Trib. comm. Anvers, 15 juill. 1882, [*Jurispr. d'Anvers*, t. 1, p. 277] — *Sic*, Carré, quest. 1504; Delaporte, t. 1, p. 386.

1028. — Mais cette solution retirerait toute portée à l'art. 409 puisque, d'après le droit commun, les significations à personne peuvent se faire partout. Aussi admet-on généralement qu'en l'absence de la partie la copie peut être laissée à bord aux personnes qui pourraient la recevoir au domicile de la partie : parents, serviteurs ou voisins. Et cette opinion trouve un point d'appui dans la comparaison de l'art. 419 et de l'ordonnance de 1681 d'où il est tiré, laquelle disposait que les exploits faits à bord étaient valables comme s'ils avaient été faits à domicile. — Garsonnet, 2° éd., t. 2, § 598, p. 337; Lyon-Caen et Renault, *Tr. de dr. commercial*, t. 1, n. 420.

1029. — Elle pourrait même l'être aux gens de l'équipage. Ainsi il a été jugé que les significations d'exploit en matière commerciale maritime peuvent être laissées à toute personne de l'équipage trouvée à bord. — Caen, 22 janv. 1827, Corbin, [S. et P. chr.]

1030. — La signification peut être faite lors du départ, lors d'une relâche ou lors de l'arrivée du navire. — Garsonnet, 2° éd., t. 2, § 598, p. 338; Lyon-Caen et Renault, *loc. cit.*

1031. — Et même, pour que l'art. 419 reçoive application, il n'est pas nécessaire que le navire soit sur le point de partir. — Carré, quest. 1505.

1032. — L'art. 419 s'applique-t-il à toutes les affaires commerciales ou seulement à celles énumérées par l'art. 418, c'est-à-dire aux affaires maritimes où les parties ne sont pas domiciliées et à celles qui ont un caractère d'urgence? Il semble logique de l'appliquer à toutes les affaires commerciales, car rien dans son texte ne paraît en limiter l'application. — Garsonnet, 2° éd., t. 2, § 598, p. 338; Rodière, t. 2, p. 4. — *Contrà*, Valin, sur l'art. 1, tit. 11, de l'ordonnance de la marine; Carré, quest. 1503; Delaporte, t. 1, p. 386; *Annales du notar.*, t. 2, p. 499; Hautefeuille, p. 230.

1033. — Mais il serait plus téméraire de décider qu'il s'applique en matière civile, parce que la place que lui a donnée le législateur en exposant la procédure devant les tribunaux de commerce, et son origine historique semblent établir qu'il n'a été édicté qu'en matière commerciale. — Garsonnet, *loc. cit.*

1034. — L'assignation pourrait être donnée à bord d'un navire étranger. Jugé, en ce sens, que le navire est réputé le domicile des gens de mer; l'art. 419, C. proc. civ., qui autorise et reconnaît valables les assignations données à bord est d'intérêt général au point de vue du commerce. En conséquence, la remise d'une assignation à bord d'un navire étranger n'est point contraire au principe du droit international en vertu duquel le navire doit être considéré comme une portion flottante du territoire national. — Trib. comm. Alger, 3 déc. 1887, [Clunet, 88.393]

Section VI.
Mention de la personne à qui la copie est remise.

1035. — Le législateur, préoccupé avec raison d'entourer du plus de garanties possible la remise des exploits à leur destinataire, a indiqué, à défaut de la personne objet de la signification, à qui l'exploit pouvait être laissé. Mais ces précautions seraient illusoires s'il n'était pas possible de vérifier à l'aide de l'exploit lui-même si l'huissier a bien respecté les prescriptions de la loi. De là, l'obligation de faire mention tant sur l'original que sur la copie de la personne à qui la copie a été laissée.

1036. — Cette mention, qu'on appelle communément la formalité du *parlant à...*, est assez rigoureuse. Elle consiste dans l'indication du lieu où l'exploit a été remis, de la personne à qui la copie a été laissée, de la qualité de cette personne et des liens qui l'unissent à la partie, et, au cas où c'est à défaut d'autres personnes également autorisées à recevoir la copie, en l'absence de quelle personne. — Garsonnet, 2ᵉ éd., t. 2, § 605, p. 348 et 349.

1037. — La mention du *parlant à* doit, pour plus de régularité, être écrite au moment même de la remise, et, par conséquent, de la main de l'huissier. Cependant, l'exploit ne serait pas nul parce qu'elle aurait été écrite d'avance, si d'ailleurs elle était exacte, notamment à Paris où les huissiers ne signifient pas eux-mêmes leurs exploits. — Certains huissiers, en effet, ont l'habitude de remplir d'avance cette partie de l'exploit, sauf au clerc à la modifier, s'il y a lieu, au moment de la déposer, ou bien ils la laissent en blanc dans l'original et la remplissent ensuite conformément aux indications du clerc qui a signifié la copie. — Deffaux, Harel et Dutruc, n. 270; Bioche, n. 167; Garsonnet, 2ᵉ éd., t. 2, § 604, p. 347, note 5.

1038. — Jugé que le *parlant à...* doit être rempli de la main de l'huissier. — Bruxelles, 11 nov. 1811, N..., [S. et P. chr.] — Riom, 4 juill. 1829, Lauby, [S. et P. chr.] — *Sic*, Garsonnet, *loc. cit.* — *Contrà*, Turin, 24 germ. an XII, Colombo, [S. et P. chr.]

1039. — Les formalités nouvelles édictées par la loi du 15 févr. 1899 sur le secret des actes d'huissier ont apporté certaines modifications à la rédaction du *parlant à*. — V. à cet égard, *suprà*, n. 651 et s.

1040. — La mention de la personne à laquelle la copie d'un exploit est remise doit être placée, à peine de nullité, après les mots *parlant à*. — Bruxelles, 26 juin 1807, Talboons, [P. chr.] — Mais le *parlant à* peut être mis à la fin comme au commencement de l'acte s'il suffit qu'il soit constaté dans l'acte même. — Deffaux, Harel et Dutruc, n. 282.

1041. — En règle générale, l'exploit remis à une autre personne que l'assigné doit toujours énoncer les rapports de cette personne avec l'assigné. — Cass., 4 nov. 1811, Admin. des domaines, [S. et P. chr.] — Paris, 13 juin 1807, Florat, [S. et P. chr.] — Montpellier, 6 févr. 1811, Rousset, [S. et P. chr.] — Bruxelles, 12 juill. 1810, Schote, [S. et P. chr.] — *Sic*, Bioche, n. 171 et s.

1042. — Il faut que cette personne soit indiquée ou par son nom, ou par ses qualités, ou par ses rapports avec la partie assignée, ou du moins qu'il soit fait mention de l'interpellation qui lui a été faite, ainsi que de sa réponse ou de son refus. — Carré et Chauveau, quest. 362; Thomine-Desmazures, t. 1, n. 92.

1043. — Les tribunaux ont toujours décidé qu'il n'est pas nécessaire que l'huissier désigne par son nom la personne à laquelle copie d'un exploit est remise; il suffit que les rapports de cette personne avec la partie soient indiqués de manière à ce qu'aucun doute ne puisse exister sur son identité. — Metz, 6 avr. 1865, Barthélemy, [S. 65.2.267, P. 65.1028, D. 65.2.156] — *Sic*, Bioche, n. 174 et 271; Rodière, t. 1, p. 204; Garsonnet, 2ᵉ éd., t. 2, § 605, p. 348, note 4.

1044. — Ainsi jugé qu'il n'est pas nécessaire que le parent auquel la copie est laissée soit désigné par son nom. — Bruxelles, 15 févr. 1832, Winck, [P. chr.]

1045. — ... Qu'il suffit que l'huissier constate la qualité de la personne qui reçoit la copie et son degré de parenté avec la partie; qu'ainsi est valable l'exploit lorsqu'il mentionne que la copie a été remise à la belle-sœur de la partie. — Toulouse, 3 déc. 1842, [*Journ. des huiss.*, t. 24, p. 156]

1046. — ... Qu'un exploit est valablement remis au portier d'une maison sans indication de son nom. — Besançon, 12 févr. 1810, Boutechoux, [S. et P. chr.]

1047. — ... Qu'est valable la mention que la copie a été laissée au domicile du défendeur, en parlant à son oncle. — Riom, 11 janv. 1837, Marcheval, [S. 37.2.421, P. 37.2.380]

1048. — ... Que, d'ailleurs, la nullité résultant du défaut de désignation nominative ne pourrait être invoquée, si l'acte signifié était arrivé à sa destination. — Même arrêt.

1049. — ... Qu'est valable la mention qu'un exploit a été signifié au domicile d'une maison de commerce, en parlant à un employé de la maison, sans désignation du nom de cet employé. — Bordeaux, 24 août 1831, Douanes, [S. 32.2.598, P. chr.]

1050. — ... Que la copie d'un exploit signifié à un notaire a été laissée à son principal clerc. — Metz, 6 avr. 1865, précité.

1051. — ... Au domicile d'un avoué, parlant à son clerc. — Nîmes, 7 avr. 1812, Brugnier, [S. et P. chr.]

1052. — ... Qu'est valable la signification qui, sans mentionner la personne qui l'a reçue, indique sa qualité et les rapports qui existent entre elle et la personne assignée, comme s'il y est dit que la copie a été laissée à une femme qui a refusé de dire son nom, mais qui a déclaré être au service de l'assigné. — Poitiers, 13 juin 1822, Chauloux, [S. et P. chr.]

1053. — ... Que la mention « parlante à la personne du magistrat municipal, » sans qu'il soit spécifié s'il s'agit du maire ou de l'adjoint, désigne d'une manière suffisante l'autorité qui a reçu la copie. — Dijon, 1ᵉʳ août 1890, Potier, [D. 91.5.264]

1054. — ... Qu'est de même de la mention que l'exploit a été signifié à domicile, parlant à N..., jardinier du domaine de V. (propriété et domicile de l'assigné). — Cass., 26 mars 1822, Fresnais, [S. et P. chr.]

1055. — ... Ou que la copie a été remise au domicile de la partie, avec cette indication parlant au sieur..., son employé. — Metz, 23 févr. 1820, Morel, [S. et P. chr.]

1056. — Mais il ne doit résulter des mentions de l'exploit aucune incertitude sur l'identité de la personne à qui la copie a été remise. Ainsi, l'exploit d'ajournement signifié à deux époux doit, à peine de nullité, indiquer celui des deux auquel la copie a été laissée. — Bourges, 1ᵉʳ févr. 1832, Rabillon, [S. 33.2.56, P. chr.]

1057. — ... Et cela encore qu'il soit fait mention dans l'original qu'une copie a été délaissée à chacun des assignés. — Riom, 13 juin 1823, Peynet, [S. et P. chr.]

1058. — Est par suite nul, comme ne contenant pas la désignation suffisante de la personne à qui la copie a été remise, l'exploit signifié collectivement au mari et à la femme, parlant, y est-il dit, à sa personne, sans autre désignation plus précise. — Bourges, 21 mars 1825, Toulaine, [S. et P. chr.] — Bruxelles, 8 déc. 1814, Kervyn, [S. et P. chr.]

1059. — Il a été décidé cependant qu'un exploit signifié à deux époux parlant à leur personne est valable, quoiqu'il n'indique point auquel des deux la copie en a été remise. — Bourges, 20 août 1832, Devaux, [P. chr.]

1060. — ... Et que l'exploit destiné à deux époux ayant le même intérêt, en contenant une seule copie, parlant à leurs personnes, est valable, bien qu'il ne désigne pas celui des deux époux qui a reçu la copie. — Cass., 21 déc. 1840, Auffliatre, [S. 41.1.66, P. 41.1.512] — Lyon, 23 févr. 1842, Auffliatre, [S. 42.2.248, P. 42.2.200]

1061. — En tout cas a été déclaré valable l'exploit remis à un tel et à sa femme, parlant à sa personne, alors que les autres énonciations de l'exploit font connaître auquel des deux la copie a été laissée. — Cass., 29 janv. 1840, Burdon, [S. 40.1.207, P. 40.1.511]

1062. — L'exploit signifié à deux frères en parlant à leur mère est nul, s'il n'est pas dit que la mère habitait avec eux. — Riom, 26 févr. 1822, Faucher, [S. et P. chr.] — V. *suprà*, n. 484 et s.

1063. — Les tribunaux ont fait de nombreuses applications de ces principes en annulant des exploits laissés à des commis ou à des serviteurs soit parce que l'acte ne mentionnait pas que ces personnes étaient au service de la partie, soit parce qu'il n'indiquait pas que la copie leur avait été remise au domicile de la partie.

1064. — Jugé qu'un exploit signifié au domicile d'un négociant, parlant à un commis, peut être déclaré nul, s'il n'est pas dit que ce commis soit celui de l'assigné. — Cass., 13 févr. 1810, Maury, [S. et P. chr.]

1065. — ... Qu'est nul l'exploit donné collectivement à plusieurs personnes, lorsqu'il est laissé parlant à une servante, en ce qu'il ne se rapporte pas individuellement à l'une plutôt qu'à l'autre. — Limoges, 12 juin 1819, Tixier, [S. et P. chr.]

1066. — ... L'exploit dans lequel il est dit « parlant à une fille domestique ainsi déclarée. » — Bourges, 17 nov. 1828, Villenaut, [S. et P. chr.]

1067. — ... L'exploit « remis parlant à une servante ou à un serviteur. » — Agen, 17 févr. 1814, Loudes, [S. et P. chr.] — Rennes, 9 août 1819, Decroix, [S. et P. chr.]

1068. — ... L'exploit dans lequel il est « laissé au domicile de l'assigné, parlant à un domestique pour lui faire savoir, de ce sommé. » — Cass., 28 août 1810, Roi, [S. et P. chr.]

1069. — ... Lorsqu'il n'est pas dit formellement que la copie a été laissée au domicile de l'assigné, l'exploit signifié parlant à un domestique. — Cass., 26 (20) fruct. an XI, Lalande, [S. et P. chr.]

1070. — ... L'exploit signifié au domicile de la partie, « parlant à une servante domestique, » sans dire si cette servante est celle de la partie. — Agen, 17 févr. 1814, Loude, [S. et P. chr.] — Poitiers, 30 juin 1823, Frelaud, [S. et P. chr.] — Bourges, 17 nov. 1828, Villenaut, [S. et P. chr.] — Bruxelles, 28 oct. 1822, Peters, [S. et P. chr.]

1071. — ... L'exploit signifié à un avoué chez lequel la partie a élu domicile et remis parlant à un serviteur, s'il n'énonce pas que ce serviteur est au service de l'avoué, et que c'est au domicile de ce dernier que la copie a été remise. — Liège, 19 mars 1812, Nieztross, [S. et P. chr.]

1072. — ... L'exploit remis au domicile de celui à qui il est destiné, alors que la personne à laquelle il a été laissée n'est indiquée que par ces mots « parlant à une femme. » — Cass. 5 therm. an XIII, Moreau, [S. et P. chr.]; — 7 août 1809, Bouvier, [P. chr.] — Bruxelles, 4 avr. 1807, Devos, [S. et P. chr.]

1073. — ... L'exploit signifié « parlant à une femme » sans autre désignation et sans même mentionner que cette femme ait été trouvée au domicile du défendeur. — Cass., 29 therm. an X, Gauthier, [S. et P. chr.]

1074. — ... On « parlant à une femme, aux injonctions de droit. » — Cass., 24 vent. an XI, Froin, [S. et P. chr.]

1075. — ... L'exploit laissé parlant à « une citoyenne, » sans autre désignation. — Paris, 25 nov. 1812, Pluvinet, [P. chr.]

1076. — ... Le protêt fait « parlant à une citoyenne ou à une servante » lorsque l'acte n'énonce pas si cette personne appartenait à la famille ou à la domesticité de celui auquel le protêt est signifié. — Bordeaux, 19 août 1840, de Noailles, [P. 40.2. 717]

1077. — ... On encore « parlant à une fille ou femme qui n'a dit son nom, de ce sommée. » — Grenoble, 29 frim. an XII, N..., [S. et P. chr.] — Poitiers, 3 vent. an XIII, Vildon, [S. et P. chr.] — Paris, 13 juin 1807, Florat, [S. et P. chr.] — Montpellier 6 févr. 1811, Rouzet, [S. et P. chr.] — Paris, 24 juill. 1812, N..., [P. chr.] — V. aussi Cass., 20 juin 1808, Delamarre, [S. et P. chr.]

1078. — ... Ou « parlant à une fille de confiance, ainsi qu'elle a dit être, sommée de le faire savoir. » — Cass., 6 nov. 1811 Lemarquant, [S. et P. chr.]

1079. — ... Ou parlant « à un citoyen, qui s'est chargé de faire parvenir l'exploit, et qui n'a dit son nom, de ne interpellé » sans énonciation des rapports de cette personne avec celle à qui l'exploit est signifié. — Cass., 25 brum. an X, Ollivier, [S. et P. chr.]; — 26 mai 1856, Robert, [S. 57.1.820, P. 57.538, D. 56.1.194]

1080. — L'exploit d'appel signifié au domicile de l'intimé et dont la copie a été remise à un notaire, propriétaire de la maison, mais qui ne mentionne pas la qualité que celui-ci avait pour recevoir la copie. — Colmar, 21 nov. 1821, Comm. d'Obersausheim, [P. chr.]

1081. — ... L'exploit d'appel laissé au domicile de l'intimé, parlant à son fondé de pouvoir. — Limoges, 19 août 1818, Vallet, [S. chr., sous Cass. 1er juin 1820, P. chr.]

1082. — Ou en parlant à un homme du domicile, qui n'a pas voulu dire son nom. — Bourges, 4 mars 1820, Cloix, [S. et P. chr.]

1083. — ... Ou parlant « à un homme, » sans désigner les rapports qui existent entre cet homme et l'assigné. — Bruxelles, 23 brum. an XIII, Ottevaer, [S. et P. chr.]

1084. — ... L'exploit signifié « parlant à la portière » s'il n'énonce pas que cette portière était celle de la maison de l'assigné. — Bruxelles, 27 juin 1810, Gaubert, [S. et P. chr.] — V. suprà, n. 523 et s.

1085. — Certaines de ces décisions sont fort rigoureuses. Aussi Chauveau, sur Carré (t. 1, quest. 363) dit-il avec raison qu'il ne faut pas se montrer trop exigeant pour les pronoms son, sa, ses, lorsqu'il résulte d'autres expressions ou circonstances de l'acte que la personne désignée comme parente ou serviteur est bien réellement parente ou serviteur de la partie ; car il est difficile de croire qu'en se servant de ces mots, l'huissier ait eu l'intention d'exprimer une autre idée.

1086. — Par application de ce tempérament, il a été jugé, en sens contraire aux précédents arrêts, qu'un exploit signifié à domicile, parlant à un domestique, est valable, quoiqu'il ne soit pas dit si c'est le domestique de la personne assignée. — Cass., 22 janv. 1810, Boudrot, [S. et P. chr.]; — 14 déc. 1813, Perrochel, [S. et P. chr.] — 26 nov. 1816, Delore, [S. et P. chr.] — Rennes 18 déc. 1811, Kérambard, [P. chr.]

1087. — ... Qu'un exploit n'est pas nul par cela seul que, dans la formule, en parlant à sa domestique, le mot sa a été omis. — Rennes, 14 août 1824, Taffu, [S. et P. chr.]

1088. — ... Qu'un acte d'appel est valable quoique l'huissier ait constaté seulement qu'il a laissé la copie « à des filles de confiance trouvées au domicile de l'intimé » qui, sommées de le faire, ont refusé de se nommer. — Rennes, 26 avr. 1810, N..., [S. et P. chr.]; — 18 août 1810, Laubert, [S. et P. chr.]

1089. — ... Qu'il en est de même de l'exploit qui énonce seulement avoir été signifié « parlant à une fille à gages trouvée au domicile du défendeur » sans autre indication. — Grenoble, 22 janv. 1824, Durand, [S. et P. chr.]

1090. — ... Que la notification d'une requête d'opposition à un arrêt par défaut est valable, encore qu'elle énonce seulement la remise de la copie à la servante de l'avoué, sans déclarer que cette servante a été trouvée au domicile de cet avoué. — Toulouse, 18 août 1837, Gascon et Dely, [P. 37 2.371]

1091. — ... Que la mention, dans un exploit, que la copie a été laissée au domicile du défendeur, « parlant à l'une de ses servantes ou domestiques, » remplit le vœu de la loi, qui n'exige la désignation de la personne à laquelle la copie a été remise. — Cass., 16 janv. 1833, Dufraigue, [S. 33.1.81, P. chr.]

1092. — ... Qu'il en est de même de la mention que l'exploit a été remis à la servante de l'assigné dans sa demeure ; que cette mention indique suffisamment qu'il s'agit de la demeure de l'assigné. — Cass., 11 mars 1812, Beauchef, [S. et P. chr.]

1093. — ... De l'exploit laissé à un parent ou serviteur, au domicile de la partie, « parlant à un homme sans dire son nom. » — Metz, 23 févr. 1820, Morel, [S. et P. chr.]

1094. — ... De l'exploit de signification d'un arrêt d'admission, constatant que la copie, destinée au défendeur, a été remise à son domicile « parlant à la personne de son employé. » — Cass., 22 févr. 1887, Admin. des contributions indirectes, [S. 87.1.461, P. 87.1.1141]

1095. — ... De l'exploit signifié à deux époux, quoiqu'il porte que copie a été laissée à chacun d'eux, en son domicile, « parlant à sa nièce » sans ajouter auquel des deux cette nièce appartient. — Bruxelles, 15 févr. 1832, Winck, [P. chr.]

1096. — La Cour de cassation a aussi jugé que la mention contenue dans un exploit, que la copie a été laissée au domicile de la partie, « parlant à un membre à son service, ainsi déclaré, » satisfait à la prescription de la loi en ce qu'elle exprime les rapports qui existent entre la partie assignée et la personne qui a reçu la copie, et qu'il n'est pas nécessaire que l'exploit indique, en outre, en quelle qualité celui qui a reçu la copie était attaché à la personne de l'assigné. — Cass., 16 nov. 1841, Guillemeteau, [S. 41.1.823, P. 42.1.31]

1097. — Lorsqu'un exploit destiné au gérant d'un journal a

EXPLOIT. — Titre I. — Chap. IV.

été remis à l'imprimeur il n'y a pas nullité si dans la copie le nom de celui-ci n'est pas suivi de sa qualité lorsque malgré cette omission aucune erreur ou confusion n'est possible sur la personne dénommée. — Besançon, 23 mars 1883, Petit-Barmon, [D. 85.2.149]

1098. — La formalité du *parlant à* étant intrinsèque et essentielle dans un exploit, dont l'omission entraîne l'acte même, et ne peut être suppléée par aucun témoignage ni par aucun aveu. — Cass., 24 déc. 1841, Dusautoir, [S. et P. chr.] — *Sic*, Carré et Chauveau, quest. 311; Dutruc, v° *Exploit*, n. 156; Deffaux et Harel, n. 261.

1099. — Ainsi la partie qui a fait signifier cet exploit ne saurait être admise à prouver, ni par témoins, ni par l'aveu écrit et formel de son adversaire, que la copie a été réellement remise à celui-ci — Cass., 26 déc. 1893, C.., [S. et P. 95.2.79, D. 94. 2.570]

1100. — En d'autres termes, la mention du parlant à... est une formalité essentielle, dont l'omission entraîne la nullité de l'exploit. — Cass., 17 juill. 1889, Caisse commerciale de Limoges, [S. 91.4.399, P. 91.4.980. D. 90.4.485] — Paris, 22 déc. 1809, Tolozé, [S. et P. chr.] — Riom, 23 juill. 1821, Boisson, [S. et P. chr.] — Grenoble, 12 janv. 1829, Boulat, [P. chr.] — Pau, 7 janv. 1867, Chuhando, [S. 68.2.21, P. 68. 197] — Poitiers, 24 déc. 1888, Auzanneau, [S. 89.2.163, P. 89.1.871] — Caen, 26 déc. 1893, précité. — Bruxelles, 11 nov. 1811, N..., [S. et P. chr.]

1101. — ... bien que l'omission n'ait eu lieu que sur la copie. — Rennes, 14 mars 1820, Trota, [S. et P. chr.] — Nancy, 4 mars 1873, Franqueville, [D. 74.2.44] — V. *suprà*, n. 78 et s.

1102. — Ainsi est nul l'exploit dans lequel il y a omission de l'indication de la personne à laquelle l'huissier a remis la copie et qui demeure, de cette façon, inconnue. — Cass., 19 juin 1832, [D. *Rép.*, v° *Exploit*, n. 345]; — 17 juill. 1889, précitée. — Riom, 23 juill. 1821, précitée. — Montpellier, 16 déc. 1887, [*Gaz. Pal.*, 88-1.239] — Grenoble, 17 mai 1892, Revol, [D. 92.2.324] — Caen, 26 déc. 1893, précitée. — Bruxelles, 11 nov. 1811, précité. — *Sic*, Chauveau, sur Carré, quest. 311; Bioche, v° *Exploit*, n. 163 et s.; Garsonnet, 2° éd., t. 2, § 604, p. 347, note 5; Boncenne, t. 2, p. 191 et s.; Boitard, Colmet-Daage et Glasson, t. 1, n. 170; Rodière, t. 1, p. 196; Deffaux et Harel, n. 202.

1103. — L'huissier doit mentionner le fait de la remise; il ne suffirait pas qu'il indiquât avoir parlé à tel ou tel. Il a été jugé, en ce sens, que l'exploit portant que l'huissier « a signifié et déclaré au sieur N..., dans son domicile et parlant à sa personne, que, etc., » est nul comme ne contenant pas mention de la personne à laquelle la copie aurait été laissée, ou qu'une copie a été réellement laissée, les mots « signifié... parlant à sa personne, » ne pouvant être considérés comme équivalant à cette mention. — Cass., 8 déc. 1868, Adrien [S. 69.1.109, P. 69.262, D. 69.1.24] — Caen, 16 mars 1864, Vauquelin, [S. 65.2.214, P. 65.924] — *Sic*, Chauveau, sur Carré, quest. 308 *ter*; Bioche, v° *Exploit*, n. 168; Rousseau et Laisney, v° *cit.*, n. 188 et s.; Garsonnet, 2° éd., t. 2, § 603, p. 349; Deffaux et Harel, n. 256 et 265.

1104. — ... Qu'est nul l'exploit qui ne mentionne sur l'original comme sur la copie ni la remise de celle-ci ni le nom de la personne à laquelle elle aurait été faite et qui constate seulement que l'huissier a signifié et déclaré à telle partie que son adversaire interjette appel du jugement rendu entre eux. — Besançon, 23 févr. 1880, Chapuis, [S. 82.2.9, P. 82.4.91, D. 80.2.225]

1105. — ... Que l'énonciation placée à la fin de la copie, que l'huissier a délaissé la copie à la partie, ne saurait suppléer à l'omission de la mention du parlant à..., cette indication ne permettant pas de préciser avec certitude à qui l'huissier a remis la copie. — Poitiers, 24 déc. 1888, précitée.

1106. — ... Que l'omission de la mention de la personne à laquelle copie de l'exploit est laissée ne peut être suppléée par cette déclaration de l'huissier « soit signifié, dit et déclaré à l'intimé, parlant à lui-même. » — Rouen, 19 mars 1841, Marquet, [P. 41.1.613]

1107. — Ainsi, dit-on, dans un exploit d'ajournement, et notamment dans un acte d'appel, « qu'il a été signifié, parlant à telle personne désignée, » ce n'est pas énoncer suffisamment que copie de l'exploit a été remise à cette personne tellement qu'une

mention ultérieure de la personne à qui la copie a été remise ne soit pas nécessaire. — Bourges, 29 mars 1831, Simonin, [S. 32. 2.82, P. chr.] — *Contra*, Dijon, 12 déc. 1829, Dumont, [S. 32. 2.82, P. chr.]

1108. — Certaines décisions se sont cependant prononcées en sens contraire. Ainsi jugé que doit être déclaré valable l'exploit qui mentionne le nom de la personne à qui l'huissier a parlé, encore bien qu'il ne dise pas que copie lui en ait été remise. — Grenoble, 7 févr. 1822, Sibert, [S. et P. chr.]

1109. — ... Que l'huissier qui, dans un exploit, dit en avoir laissé la copie au domicile de la partie, « parlant à une personne qu'il désigne » énonce suffisamment que c'est à cette personne que la copie a été réellement laissée. — La foi due à cette énonciation ne peut être détruite par l'allégation que l'huissier a déposé la copie sans que la personne à laquelle il a parlé s'en soit aperçue, et qu'il l'a entretenue de tout autre objet que de la signification. — Gênes, 2 juill. 1810, Persico, [S. et P. chr.]

1110. — N'est pas nul, comme n'indiquant pas la personne à laquelle il a été parlé, et non celle à laquelle la copie a été laissée, l'exploit ainsi libellé : « Parlant à N..., fait et laissé copie du présent exploit, lesdits an et jour. » — Ces expressions font suffisamment connaître que la copie a été laissée à la personne à laquelle s'adressait le parlant à. — Riom, 23 juin 1821, Augioux, [S. et P. chr.]

1111. — Décidé encore qu'il n'est pas nécessaire, pour la validité d'un exploit, qu'il porte à qui l'huissier a parlé ; il suffit qu'il mentionne à qui l'exploit a été laissé en copie ; l'existence d'un parlant à, laissé en blanc dans l'exploit, ne saurait suffire pour le vicier. — Nancy, 30 juill. 1833, [D. *Rép.*, v° *Exploit*, n. 339-4°]

1112. — La remise de la copie aux parents ou serviteurs n'étant valable que si on les trouve au domicile de la partie (V. *suprà*, n. 484), l'huissier doit à peine de nullité mentionner dans l'exploit que c'est là qu'il les a rencontrés.

1113. — Le défaut de corrélation entre l'original et la copie sur le *parlant à* doit entraîner la nullité de l'exploit (V. *suprà*, n. 78 et s.). Ainsi est nul l'exploit qui, dans l'original, contient une indication du parlant à tellement différente de celle que présente la copie, que l'on ne puisse savoir à quelle personne cette copie a été remise. — Cass., 9 nov. 1826, Pelouse, [S. et P. chr.] — Limoges, 25 janv. 1825, Pelouse, [S. et P. chr.] — Bordeaux, 12 mai 1841, de Béarn, [P. 41.2.343] — *Sic*, Bioche, n. 169

1114. — Tel est le cas, par exemple, où l'original mentionne que la copie en a été remise à une personne, tandis que la copie énonce qu'elle a été laissée à une autre. — Orléans, 25 nov. 1851, Caillet, [P. 52.4.78, D. 54.2.175]

1115. — De même qu'un exploit d'appel est nul si, dans l'original, la mention du parlant à..., ne concorde pas parfaitement avec celle de la copie, tellement qu'il reste incertain à quelle personne a parlé l'huissier, en lui laissant copie de son exploit. — Poitiers, 16 févr. 1881, René, [S. 81.2.183, P. 81.4.962, D. 81.2.136]

1116. — Il en est ainsi, à plus forte raison, de l'exploit dont le *parlant à* a été laissé en blanc sur la copie encore bien qu'il ait été rempli sur l'original. — Cass., 17 juill. 1889, Caisse de commerc. de Limoges, [S. 91.4.399, P. 91.4.980, D. 90.4.485] — Rennes, 14 mai 1820, Trota, [P. chr.]; — 29 nov. 1823, Bosset, [P. chr.] — Limoges, 10 févr. 1888, sous Cass., 17 juill. 1889, précité. — Poitiers, 24 déc. 1888, Auzanneau, [S. 89.2.463, P. 89.1.871]

1117. — La jurisprudence a cependant considéré le visa, dans les cas où il doit être donné, comme un équipollent permettant de suppléer aux divergences de l'original et de la copie ou aux omissions qui s'y rencontrent. Ainsi a été décidé que l'exploit signifié à une commune n'est pas nul, par cela seul que le parlant à se trouve en blanc dans la copie, si d'ailleurs l'original est visé ; le visa ne pouvant être donné que par celui auquel la copie de l'exploit est laissée, il s'ensuit que l'énonciation de la personne à laquelle l'huissier a parlé se trouve suppléée par ce visa. — Peu importe que la copie n'en fasse pas mention. — Cass., 25 janv. 1837, Lecalvez, [S. 37.1.694, P. 37.2.309] — *Sic*, Deffaux et Harel, n. 266 et s.

1118. — Décidé de même qu'est valable l'exploit laissé à un maire, parlant comme dessus, bien que la copie n'indique pas à qui elle a été laissée, si le visa du maire qui se trouve sur l'original indique que c'est lui qui a reçu la copie. — Cass., 16 déc. 1840, Gilbert, [S. 41.1.312, P. 41.1.706]

1119. — ... Qu'il n'y a pas nullité dans l'exploit dont le *parlant à* ne se trouve que sur l'original, alors que cet exploit étant adressé à une administration, ce même original se trouve revêtu du visa de l'employé qui a reçu la copie. — Cass., 21 juin 1843, Juste, [S. 43.1.591, P. 43.2.383]; — 1ᵉʳ déc. 1852, [*Journ. des huiss.*, t. 34, p. 47]

1120. — ... Que l'exploit dont le *parlant à* est resté en blanc sur la copie et ne se trouve que sur l'original, est néanmoins valable, si la personne à laquelle il était adressé a reconnu l'avoir reçu, par exemple, lorsqu'adressé à un syndic de la faillite, le visa de celui-ci sur l'original indique qu'il a reçu la copie. — Cass., 24 nov. 1852, Thibault, [S. 53.1.80, P. 53.2.513, D. 52.1.320]

1121. — ... Qu'un exploit qui fait mention de la personne à laquelle la copie a été laissée, par exemple : au procureur général près la cour, n'est pas nul par cela seul que cette copie n'énoncerait pas à quelle personne l'huissier a parlé, et alors même que l'original ferait connaître que la copie a été laissée, parlant au secrétaire dudit procureur général qui y a fait apposer son visa. — Grenoble, 11 août 1820, Comm. de Saint-Christophe, [S. et P. chr.]

1122. — Bien que le *parlant à* ait été laissé en blanc sur l'original, l'exploit n'est pas nul si cette lacune est comblée par les autres énonciations de l'acte de telle sorte qu'aucun doute ne puisse s'élever sur la personne à qui l'huissier a parlé et remis la copie, et si cette personne reconnaît elle-même l'avoir reçue. — Grenoble, 23 nov. 1894, Paturel, [D. 96.2.123]

1123. — Il est certain que deux époux ont reçu chacun une copie d'un exploit, lorsque l'original contient deux *parlant à* distincts, et qu'ils présentent une copie ne contenant qu'un seul *parlant à*. — Limoges, 22 nov. 1820, Dayras, [P. chr.]

1124. — Lorsque c'est à la partie elle-même que l'exploit est signifié, il y a lieu, en principe, de la désigner dans le *parlant à* par son nom. On doit observer d'ailleurs que la désignation inexacte, même le défaut de signification, du nom de la personne à qui copie en a été laissée (par exemple, Grasser au lieu de Brasser), n'entraîne pas la nullité de l'exploit, lorsqu'il est constant en fait que cette fausse désignation est une simple erreur, et que l'exploit a réellement été laissé à un individu ayant avec le défendeur les rapports exigés par la loi. Une telle signification peut donc être déclarée avoir suffi pour faire courir un délai, notamment celui d'appel. — Cass., 19 déc. 1826, Moch, [S. et P. chr.]

1125. — Une simple incorrection matérielle, d'ailleurs légère, contenue dans la mention du *parlant à*, ne suffit pas pour entraîner la nullité d'un exploit d'appel, lorsque, du reste, il est établi en fait que, malgré l'existence de cette incorrection, aucune erreur n'est possible sur le point de savoir à qui la copie a été remise. — Cass., 19 déc. 1882, Mahiet-Savatier, [S. 83.1.257, P. 83.1.620, D. 83.1.320] — *Sic*, Bioche, n. 168; Garsonnet, 2ᵉ éd., t. 2, § 603, p. 348, note 4.

1126. — De même, l'erreur sur le nom de la personne à qui la copie d'un exploit a été remise ne peut ne pas vicier la signification, s'il est constant que la partie assignée n'en a éprouvé aucun grief et a fait emploi de cette copie dès le premier jour utile. — Cass., 20 juin 1838, Becq, [S. 38.1.735, P. 38.2.346]

1127. — Mais un exploit d'assignation, dans le corps duquel on a intercalé le nom de la personne à qui la copie a été laissée, est nul, si cette partie de l'acte se trouve sans rapport avec la mention de la remise de l'exploit. — Bruxelles, 26 juin 1807, Talborn, [S. et P. chr.]

1128. — L'huissier n'a pas à vérifier lui-même la qualité de la personne à qui il remet la copie : il se contente d'enregistrer sa déclaration et il soustrait l'exploit à toute cause de nullité pour erreur dans l'indication de la qualité de cette personne, en ajoutant à la mention de cette qualité l'expression ainsi déclarée ou toute autre expression équivalente. — V. comme conséquence de ce principe, *infra*, n. 1140 et 1141.

1129. — Il a donc pu être décidé que l'acte d'appel portant que la copie a été remise à la personne de la femme de l'assigné, ainsi désignée, n'est pas nul quoique celle-ci n'ait jamais été mariée, si cette fausse déclaration ne provient pas de la faute de l'huissier instrumentaire. — Orléans, 23 août 1820, N..., [P. chr.] — *Sic*, Garsonnet, 2ᵉ éd., t. 2, § 592, p. 328, § 604, p. 347, texte et note 7; Chauveau, sur Carré, quest. 348; Rodière, t. 1, p. 206.

1130. — ... Qu'est valable l'exploit signifié parlant à une femme qui s'est déclarée servante de l'assigné, quoique celui-ci n'ait point de servante. — Bourges, 16 sept. 1811, Raigo, [P. chr.]

1131. — ... Que l'erreur sur la qualité de la personne à qui la copie est remise ne saurait entraîner la nullité de l'exploit; qu'il en est ainsi de la mention que la copie a été remise à la mère de la partie alors que celle-ci n'était pas mariée et que c'est sa mère qui a reçu l'acte. — Dijon, 9 mai 1867, Courtois, [D. 67.2.232]

1132. — ... Que l'exploit signifié à deux frères, habitant le même domicile, n'est pas nul, encore que l'huissier, par erreur, ait qualifié la personne à qui il a remis l'exploit, de nièce de celui dont elle était la fille. — Caen, 15 janv. 1827, Lecœur, [P. chr.]

1133. — ... Qu'il en est de même d'un exploit laissé à une personne désignée comme l'un des commis de la personne à laquelle l'exploit est adressé; la partie qui allègue ce fait doit en rapporter la preuve. — Cass., 28 janv. 1834, Dumarest, [S. 34.1.206, P. chr.]

1134. — Il a cependant été décidé qu'est nul l'acte d'appel signifié « parlant à la personne de l'épouse de la partie, ainsi déclarée » alors qu'il est prouvé que cette partie n'était pas mariée. — Nancy, 10 mars 1835, [D. *Rép.*, vᵒ *cit.*, n. 335-2ᵒ]

1135. — ... L'exploit signifié « parlant à une femme qui s'était déclarée servante de l'assigné, » quoique celui-ci n'ait point de servante. — Poitiers, 30 juin 1823, Freland, [S. et P. chr.] — Bourges, 17 nov. 1828, Villeneau, [S. et P. chr.]

1136. — ... L'exploit remis « parlant au fils de l'assigné, » si celui-ci n'a point de fils. — Bruxelles, 20 mai 1812, Verhouvre, [S. et P. chr.]

1137. — D'une façon générale, on peut dire qu'il suffit que la personne à laquelle est remise la copie d'un exploit au domicile de l'assigné absent fasse partie de la maison de celui-ci, pour que les erreurs du parlant à sur sa qualité n'entraînent pas nullité. Peu importe, en conséquence, que le parlant à attribue à cette personne, d'après sa fausse déclaration, la qualité de parent de l'assigné, tandis qu'elle n'est en réalité que domestique. — Bruxelles, 3 févr. 1820, Gelay, [S. et P. chr.]

1138. — La preuve de la remise de la copie à personne ayant qualité pour la recevoir peut s'induire des termes de l'exploit, bien que le contraire soit littéralement mentionné; et la nullité qui résulterait du défaut de remise est couverte par des actes de procédure établissant que l'assigné a eu en temps utile connaissance de l'exploit. — Douai, 27 juin 1833, Becq, [P. chr.]

1139. — En tout cas, un exploit ne saurait être déclaré nul pour défaut d'énonciation des relations existantes entre la personne à qui la copie a été remise et celle qui est assignée, quand celle-ci en a reconnu la validité. — Paris, 23 janv. 1810, Leblond, [S. chr.]

1140. — Jugé que la déclaration de l'huissier sur les rapports qui existent entre la partie assignée et la personne à laquelle il remet copie de son acte, fait foi jusqu'à la preuve du contraire. — Turin, 9 avr. 1811, Deabbatte, [S. et P. chr.]

1141. — Par suite, il n'est pas nécessaire de s'inscrire en faux pour pouvoir prouver, contrairement aux énonciations d'un exploit signifié à domicile, que celui qui a reçu la copie de cet exploit n'était pas employé au service de la partie. — Metz, 21 févr. 1860, Morel, [S. 60.2.484, P. 60.537, D. 61.2.33] — *Sic*, Boncenne, t. 2, p. 249; Harel, *Encyclop. des huiss.*, vᵒ *Exploit*, n. 56.

1142. — Dans tous les cas, si la personne trouvée au domicile de l'assigné refuse de donner à l'huissier les renseignements qui lui sont nécessaires pour faire la mention des rapports qu'elle a avec celui-ci, cet officier ministériel ne peut suppléer à cette mention par celle de l'interpellation qu'il a adressée et de la réponse faite; il doit, dans ce cas, s'adresser au voisin, ou à son défaut, au maire. — Carré, quest. 309; Lepage, p. 110.

Section VII.

Nombre de copies.

1143. — Un exploit doit être quelquefois signifié à plusieurs personnes, tantôt parce que la partie est décédée et qu'on se trouve en présence de ses héritiers, tantôt parce qu'il y a plusieurs parties. Dans ce cas, il peut être nécessaire de rédiger plusieurs copies : de là la question de savoir, dans ces hypothèses, en combien de copies l'exploit doit être rédigé. A cet égard, on peut poser en règle générale qu'il y a lieu de signifier autant de copies qu'il y a de parties, afin que chacune de celles-ci soit avertie de la signification par une copie séparée, laissée entre ses mains. — Garsonnet, 2ᵉ édit., t. 2, § 585, p. 317.

1144. — Mais il n'est pas nécessaire de laisser plus d'une copie à une partie assignée sous diverses qualités ; une seule suffit, à la condition qu'il soit déclaré dans l'exploit qu'elle est assignée sous les diverses qualités dans lesquelles elle procède. — Cass., 7 janv. 1818, Gravet, [S. et P. chr.] ; — 20 mai 1823, [D. Rép., vᵒ Exploit, n. 381-1ᵒ] — Nîmes, 22 août 1807, [D. Rép., vᵒ cit., n. 383] — Grenoble, 19 juill. 1826, [D. Rép., vᵒ cit., n. 381-1ᵒ] — Paris, 29 janv. 1894, [Journ. des huiss., t. 75, p. 240] — Liège, 6 août 1838, [D. Rép., vᵒ Surenchère, n. 316] — Sic, Garsonnet, 2ᵉ édit., t. 2, § 585, p. 316 ; Rodière, t. 1, p. 197 ; Deffaux et Harel, n. 564 ; Bioche, n. 224.

1145. — Ainsi la double qualité de tiers détenteur revendiquant et de créancier inscrit n'exige pas une double signification du jugement ; il suffit d'une seule signification régulière pour faire courir les délais de l'appel. — Nîmes, 22 août 1807, précité.

1146. — De même, on ne doit point, dans une saisie immobilière, laisser deux copies à celui qu'on assigne en qualité de poursuivant et de surenchérisseur. — Liège, 6 août 1838, précité.

1147. — Mais lorsqu'on ne mentionne pas dans l'exploit les diverses qualités dans lesquelles agit la partie à laquelle une signification est faite, une seule copie n'est plus suffisante. Jugé, en ce sens, que la signification de jugement, faite par une seule et même copie à un individu, tant en son nom personnel que comme tuteur d'un mineur, est irrégulière, et ne fait courir le délai d'appel à l'égard d'aucune des parties. — Poitiers, 18 janv. 1842, Bregeon, [P. 42.2.8]

1148. — De même, lorsqu'un jugement est signifié au père et tuteur d'un enfant mineur, lequel a agi en nom personnel et comme tuteur, si l'on signifie au père en nom personnel, sans ajouter et comme tuteur, il n'y a pas de signification au tuteur ; par suite, le délai de l'appel ne court pas contre le mineur. — Cass., 30 mars 1825, Molin, [S. et P. chr.]

1149. — Les exploits doivent être rédigés en autant de copies qu'il y a de parties en dehors du requérant. — Garsonnet, 2ᵉ éd., t. 2, p. 297, § 572, p. 317 ; Bioche, vᵒ Exploit, n. 222 ; Boncenne, t. 2, p. 220 ; Rodière, t. 1, p. 197 ; Deffaux et Harel, n. 546 ; Boitard, Colmet-Daage et Glasson, t. 1, n. 173. — V. suprà, vᵒ Appel (mat. civ., n. 2672 et s.

1150. — Toutefois, les parties peuvent valablement stipuler que l'exploit ne sera notifié qu'à une seule personne par elles désignée. Ainsi, par exemple, l'acte d'appel notifié à des étrangers qui ont constitué un mandataire unique dans une colonie française peut être signifié à ce mandataire en une seule copie pour tous ses mandants : il n'est pas nécessaire de notifier autant de copies qu'il y a d'intimés. — Cass., 14 juill. 1840, Bowermann, [S. 40.1.590, P. 40.2.325]

1151. — Mais cette circonstance est exceptionnelle et il a été décidé, par application de la règle qui vient d'être indiquée, que l'exploit dirigé contre plusieurs personnes ayant des intérêts différents doit être adressé par copie séparée à chacune d'elles. — Limoges, 12 juin 1819, Tixier, [S. et P. chr.]

1152. — ... Que l'appel dirigé contre deux parties, fût-ce un père et un fils, doit, à peine de nullité, être signifié par copies séparées. — Bourges, 24 juill. 1817, Montcharmon, [S. et P. chr.]

1153. — ... Que l'opposition formée par exploit à un jugement par défaut rendu au profit de plusieurs parties doit, à peine de nullité, être signifiée en autant de copies qu'il y a de parties, et indiquer à quelle personne chaque copie a été remise. — Toulouse, 10 févr. 1821, Senaux, [S. et P. chr.]

1154. — Même dans le cas où plusieurs parties procédant ensemble ont élu le même domicile, les significations d'exploit doivent être faites à chacune d'elles par copie séparée, nonobstant l'unité du domicile élu. — Grenoble, 28 juin 1822, Roy, [S. et P. chr.] — Caen, 12 févr. 1866, Maresquier, [S. 66.2.212, P. 66.823, D. 66.5.191]

1155. — Spécialement, l'assignation donnée à plusieurs héritiers au même domicile, qu'ils ont tous élu dans un intérêt commun, doit, sous peine de nullité, leur être signifiée en autant de copies qu'ils sont d'individus. — Cass. belge, 13 mars 1832, Meurs, [P. chr.]

1156. — En résumé, les exploits signifiés à domicile élu doivent, comme ceux signifiés à domicile réel, être adressés à chacune des parties par copies séparées, encore que l'exploit concerne des cocréanciers procédant ensemble, en vertu du même titre et ayant élu un même domicile. — Paris, 10 août 1843, Mayer, [S. 43.2.522, P. 43.1.698] — Sic, Chauveau, sur Carré, quest. 348 bis.

1157. — Il a été aussi jugé que l'appel interjeté contre quatre parties, ayant chacune un intérêt particulier et distinct est nul s'il n'a été signifié à chacune d'elles, par copie séparée, bien que le jugement ait été rendu sur une demande collectivement formée par un seul exploit, et qu'il y ait eu de la part des intimés domicile élu en commun. — Paris, 29 nov. 1843, Cⁱᵉ la Fraternelle, [P. 44.1.131]

1158. — D'une façon générale, un exploit doit, à peine de nullité, être signifié en autant de copies séparées qu'il y a de défendeurs, alors même qu'il y aurait entre ceux-ci communauté de domicile, d'action et d'intérêt. — Toulouse, 9 févr. 1821, Bermond, [S. et P. chr.] — Sic, Pigeau, n. 1, p. 19 ; Rodière, t. 1, p. 198 ; Garsonnet, 2ᵉ éd., t. 2, § 588, p. 321.

1159. — Il a cependant été jugé que deux parties qui, ayant un intérêt commun, sont appelantes par un seul exploit, avec élection d'un domicile commun, peuvent être assignées au domicile élu, par une même copie d'assignation. — Paris, 12 avr. 1806, Blaye et Baron, [S. et P. chr.]

1160. — ... Et que lorsque deux époux ont le même intérêt et ont plaidé par le ministère du même avoué, l'acte d'appel signifié à tous les deux et à leur domicile, quoique par une seule copie, est valable. — Agen, 27 juill. 1810, Quentin, [S. et P. chr.]

1161. — En tout cas, on admet généralement que l'unité d'intérêt entre plusieurs fait exception à la nécessité de rédiger les exploits en plusieurs exemplaires lorsqu'il s'agit d'une assignation donnée à un corps moral. — Cass., 15 févr. 1815, Canthouni, [S. et P. chr.]

1162. — Il en résulte qu'un exploit est valablement signifié à une société en nom collectif par une seule copie. — Il n'est pas nécessaire de donner autant de copies qu'il y a d'associés. — Pau, 19 janv. 1811, Pouget, [S. et P. chr.]

1163. — La règle qui exige autant de copies d'exploit qu'il y a de parties ayant des intérêts distincts s'applique même au cas où les défendeurs ou intimés sont unis par un lien de solidarité. Ainsi, l'assignation introductive d'instance adressée à plusieurs débiteurs, même solidaires, doit être laissée à chacun d'eux séparément : s'il n'en est laissé copie qu'à un seul, elle est nulle à l'égard des autres. — Bourges, 4 mars 1820, Cloix, [S. et P. chr.] — Sic, Garsonnet, 2ᵉ édit., t. 2, p. 321, § 588.

1164. — Au cas d'adjudication d'un immeuble prononcée au profit de plusieurs personnes conjointement, alors même que les divers adjudicataires auraient constitué le même avoué, l'acte de réquisition de mise aux enchères de la part du surenchérisseur n'en doit pas moins leur être signifié, au domicile de cet avoué, en autant de copies qu'il y a d'adjudicataires. — Rennes, 6 août 1819, Massion, [S. 52.2.285, P. 50.2.124, D. 52.2.68]

1165. — Il en est ainsi, alors même que les adjudicataires seraient des frères ayant le même domicile, qu'ils se seraient obligés solidairement au paiement du prix d'adjudication, et qu'ils auraient notifié leur titre par un seul et même acte. — Même arrêt.

1166. — Et la nullité de l'acte de mise aux enchères, résultant de ce qu'en un tel cas il aurait été signifié une seule copie, ne serait pas couverte par cela seul que tous les adjudicataires auraient comparu sur l'assignation qui leur a été donnée dans cet acte. — Même arrêt.

1167. — La signification de l'arrêt d'admission d'un pourvoi formé contre deux défendeurs, dans l'espèce, deux héritiers actionnés solidairement en paiement de droits de succession, qui a été faite à ceux-ci en une seule copie délivrée à l'un d'eux, n'est pas valable à l'égard de l'autre, à qui la signification aurait dû être faite par copie séparée. — Cass., 26 juin 1895, Mennesson et Camuzet, [S. et P. 96.1.469, D. 95.1.484]

1168. — Jugé, contrairement à ces principes, que lorsqu'en signifiant un jugement par elles obtenu, plusieurs parties ont déclaré procéder conjointement et solidairement, l'appel signifié par une seule copie à l'une de ces parties pour elle et ses consorts est valable. — Caen, 8 janv. 1827, Cheradane, [S. et P. chr.]

1169. — Décidé aussi qu'est valable, comme répondant aux prescriptions de l'art. 68. C. proc. civ., la signification de l'arrêt d'admission faite à un défendeur associé ou débiteur solidaire, encore qu'elle l'ait été au domicile et à la personne de l'autre, s'il résulte de l'exploit que le domicile où ont été signifiées les copies séparées était celui que les défendeurs avaient indiqué comme leur étant commun. — Cass., 27 août 1877, Durrieu et Sida, [S. 78.1.49. P. 78.1.13, D. 78.1.410]

1170. — L'obligation de laisser autant de copies qu'il y a de parties assignées existe, alors même que l'exploit est adressé à des cohéritiers. — Agen, 14 déc. 1832, Ségas, [S. 33.2.444, P. chr.] — *Sic*, Rodière, t. 1 p. 198; Garsonnet, 2e éd., t. 2, § 588. p. 321, note 2 ; Pigeau, t. 1, p. 19 ; Bioche, v° *Exploit*, n. 229 ; Deffaux, et Harel, n. 550.

1171. — Par suite, bien que plusieurs cohéritiers aient déclaré, en introduisant une instance, qu'ils agissaient solidairement contre le tiers détenteur de la succession de leur auteur, ce tiers détenteur, s'il se rend appelant de la sentence rendue, n'en doit pas moins notifier l'acte d'appel à chacun des cohéritiers et les assigner individuellement, à peine de nullité. — Toulouse, 5 janv. 1824, Amiel, [S. et P. chr.]

1172. — *A fortiori*, lorsque des cohéritiers ont un intérêt distinct et séparé, pour lequel chacun d'eux a pris des conclusions, il ne suffit pas qu'ils aient déclaré agir unanimement et faire cause commune : ils ne sont pas pour cela identifiés dans une seule et même personne morale. Ils doivent donc, au cas d'assignation, recevoir autant de copies qu'ils sont d'individus. L'assignation par une seule copie serait nulle à l'égard de tous. — Cass., 14 mars 1821, Rebattu, [S. et P. chr.]

1173. — Il a cependant été jugé qu'un exploit d'appel peut être signifié par une seule copie à plusieurs héritiers qui, ayant plaidé conjointement, ont élu le même domicile, et n'ont pas eux-mêmes fait tous ensemble qu'un seul et même exploit pour la signification du jugement. — Bruxelles, 6 oct. 1815, Lippens, [S. et P. chr.]

1174. — En tout cas, lorsqu'il s'agit de signification à faire à des administrateurs d'une succession, une seule copie suffit, quel que soit le nombre de ces administrateurs.— Cass., 18 févr. 1824, [D. *Rép.*, v° *Exploit*, n. 391] — *Sic*, Garsonnet, 2e éd., t. 2. § 588, p. 321, note 2.

1175. — L'art. 447. C. proc. civ., au cas de décès de la partie condamnée, permet de signifier le jugement aux héritiers collectivement et sans désignation des noms et qualités, pourvu que la signification soit faite au domicile du défunt. Il a été décidé que cet article autorise par cela même une assignation donnée à la veuve commune et aux héritiers collectivement en ne laissant qu'une seule copie pour la veuve et pour les héritiers. — Cass., 6 sept. 1813, Taudou, [S. et P. chr.] — Besançon, 28 sept. 1816, N..., [S. et P. chr.]

1176. — Mais il a été jugé, en sens contraire, que l'exploit d'appel signifié aux enfants majeurs de l'intimé décédé, est nul à l'égard de ceux-ci, si une seule copie en est laissée à la veuve pour elle et leurs enfants ; mais il est valable contre la veuve. — Limoges, 23 juin 1818, Goguyer, [P. chr.]

1177. — Lorsque l'exploit est signifié à une personne mariée suffit-il d'une seule copie, ou faut-il remettre une copie à chacun des époux ? Ici une distinction se maintient : s'il s'agit du mari pour une affaire qui le concerne personnellement, une seule copie sera suffisante. Mais s'il s'agit de la femme, la solution dépendra du régime matrimonial des époux.

1178. — Les époux sont-ils mariés sous le régime de la communauté, il suffira d'une seule copie signifiée au mari si l'exploit concerne des biens communs. Jugé, en ce sens, que le mari étant administrateur légal des biens de la communauté, il en résulte que, dans une instance où deux époux sont parties à raison des biens de la communauté, il suffit que les actes, et notamment un acte d'appel, soient signifiés au mari seul ; il n'est pas nécessaire qu'il soit aussi laissé une copie à la femme. — Cass., 4 août 1817, Vacherie, [S. et P. chr.] — 31 janv. 1827, Hamard et Fauvel, [S. et P. chr.] — *Sic*, Boncenne, t. 2, p. 2, note 1 ; Rodière, t. 1, p. 197 ; Chauveau, sur Carré, quest. 348 *bis*; Garsonnet, 2e édit., t. 2, § 587, p. 318.

1179. — Et des époux communs en biens, qui ont vendu conjointement, et qui, postérieurement, ont été séparés de biens, ne peuvent arguer de nullité un exploit d'offres réelles dont il ne leur a été donné qu'une seule copie, si, n'ayant pas fait connaître à l'acquéreur leur changement d'état, il a eu juste sujet de croire qu'ils étaient encore communs en biens. — Paris, 15 mai 1816, Porlier, [S. et P. chr.]

1180. — Jugé aussi que l'assignation à comparaître devant la chambre civile de la Cour de cassation peut être donnée par une seule copie à deux époux communs en biens. — Cass., 27 mars 1838, Malécot, [S. 38.1.382, P. 38.2.177] — V. en matière de cassation, *suprà*, v° *Cassation* (mat. civ.), n. 1554 et s.

1181. — Il a été jugé, et cette formule est susceptible de comprendre, indépendamment des actions relatives aux actions de la communauté, les actions relatives aux propres mobiliers de la femme sous le régime de communauté, que les époux non séparés peuvent être assignés conjointement par une seule copie. — Cass., 1er avr. 1812, Caminet, [S. et P. chr.] ; — 20 (10) avr. 1818, Housmann, [S. et P. chr.] ; — 8 avr. 1829, Comm. de Sornay, [S. et P. chr.] ; — Caen, 11 janv. 1823, Barbey, [P. chr.] — Nancy, 24 juin 1834, Maréchal, [D. 92.2.138]

1182. — ... Que lorsque des époux ne sont pas séparés de biens, il ne faut pas, dans tous les cas, signifier séparément l'acte d'appel à l'un et à l'autre ; qu'une seule copie suffit quand l'objet litigieux se trouve appartenir à la communauté, encore bien que, par sa primitive origine, la femme en ait été seule propriétaire. — Cass., 30 juin 1835, Préfet du Nord, [P. chr.]

1183. — ... Que lorsque l'action n'intéresse que les droits mobiliers de la femme, l'assignation est valable, quoique donnée au mari et à la femme par une seule copie. — Orléans, 29 mai 1845, Pélissot-Croué, [P. 45.2.477]

1184. — ... Que l'acte d'appel peut être valablement signifié par une seule copie délivrée au mari et à la femme représentés par le même avoué et ayant le même intérêt. — Paris, 29 mai 1900, Duhamel, [J. *Le Droit*, 19 juill. 1900]

1185. — Il doit en être d'autant plus ainsi que la femme agissait, au cours de la procédure suivie devant les premiers juges, comme célibataire majeure, et qu'elle n'a pas notifié à ses adversaires le changement survenu dans son état par le mariage contracté par elle au cours de cette procédure. — Même arrêt.

1186. — Il a même été jugé que des époux non séparés peuvent être assignés par une seule copie, alors même qu'ils auraient intérêt distinct, mais non pas opposé. — Cass., 29 janv. 1840, Burdon, [S. 40.1.627, P. 40.1.541] — *Sic*, Thomine-Desmazures, t. 1, n. 3. — V. Garsonnet, 2e éd., t. 2, § 587, p. 318, note 1.

1187. — Mais on admet plus généralement que lorsqu'un mari et une femme, parties dans une instance, ont des intérêts distincts, les exploits adressés aux époux doivent, à peine de nullité, être laissés en double. — Cass., 15 juin 1842, Comm. de Verze, [S. 42.1.727, P. 42.2.360]; — 12 juill. 1843, Pellagaud, [S. 43.1.790, et la note Devilleneuve, P. 43.2.524] — Nancy, 19 juin 1835, [D. *Rép.*, v° *Exploit*, n. 374-2°] — Paris, 25 juill. 1843, Grinblot, [S. 43.2.379, P. 43.2.212] — Montpellier, 14 nov. 1843, [*Journ. des huiss.*, t. 23, p. 222] — Paris, 4 mars 1844, [*Journ. des huiss.*, t. 23, p. 224] — *Sic*, Deffaux et Harel, n. 553.

1188. — Tel est le cas où des époux communs en biens ont fait et garanti solidairement la vente d'un immeuble propre au mari, quand l'acquéreur qui a été troublé dans sa possession a obtenu une condamnation solidaire contre le mari et la femme. Le jugement qui prononce cette condamnation doit, par suite, être signifié au mari et à la femme par copies séparées. — Nancy, 19 juin 1835, précité.

1189. — Décidé, encore, que lorsque la femme est actionnée avec son mari comme solidairement engagée, il doit lui être délivré copie séparée des actes de procédure. Par suite, la copie laissée au mari seul du jugement prononçant contre les époux une condamnation solidaire, n'a point pour effet de faire courir le délai de l'appel à l'égard de la femme. — Colmar, 18 févr. 1839, Kah, [P. 39.1.526]

1190. — ... Qu'en matière d'ordre ouvert sur les biens du mari, la signification du jugement qui rejette un contredit élevé par la femme produirait l'ordre doit être faite en deux copies, l'une pour la femme, l'autre pour le mari, alors même qu'ils ont le même avoué ; que la signification du jugement en une seule copie pour les deux époux ne fait pas courir les délais de l'appel. — Cass., 12 juill. 1843, précité.

1191. — ... Que lorsqu'un mari et une femme, parties dans une instance, ont des droits ou intérêts distincts, tous exploits adressés aux époux doivent être laissés en double

EXPLOIT. — Titre I. — Chap. IV.

copie, encore bien que la femme soit mineure et ne puisse comme telle agir que sous l'assistance du mari, son curateur légal; qu'ainsi, même en ce cas, la signification d'un jugement de première instance par une seule copie aux deux époux ne fait pas courir le délai de l'appel. — Cass., 29 avr. 1839, Mirabeau, [S. 39.1.443, P. 39.2.471]

1192. — Que lorsque, dans une instance où le mari ne figure que pour autoriser son épouse, on les assigne l'un et l'autre pour être présents à une enquête, on doit, à peine de nullité, laisser deux copies de l'exploit chez l'avoué commun des époux, l'une pour le mari, l'autre pour la femme. — Bordeaux, 17 mai 1831, Blanc de Lestrade, [P. chr.]

1193. — ... Que l'appel signifié par une seule copie au mari et à la femme, dans une instance où il s'agit des droits personnels de celle-ci, doit être déclaré nul, surtout si la copie laissée à leur domicile n'indique même pas si elle a été adressée à la femme. — Dijon, 7 janv. 1847, sous Cass., 5 juill. 1832, Moreau, [P. 52.2.100]

1194. — La nullité de l'acte d'appel signifié par une seule copie au mari et à la femme ayant des intérêts distincts ne serait réparée par la signification postérieure faite au mari, que si elle avait lieu dans le délai d'appel. — Montpellier, 6 août 1822, Garisson, [P. chr.]

1195. — Mais une seule copie de l'exploit d'appel donnée au mari est suffisante pour valider l'appel, encore que le mari et la femme, tous deux intimés, aient eu d'abord un intérêt distinct dans un usufruit de survie qui leur avait été assuré par une convention antérieure, si, d'une part, cet avantage n'a été accepté par elle dans aucun acte, et si le mari a renoncé seul à cet usufruit dans une convention postérieure. — Nancy, 12 août 1845, [D. Rép., v° Exploit, n. 373-7°] — Il en doit être ainsi surtout lorsque l'usufruit, stipulé par le mari en faveur de sa femme, avait pris son principe et sa base dans des stipulations concernant des biens de la communauté dont le mari avait la disposition exclusive. — Même arrêt.

1196. — D'autre part, l'acte d'appel signifié par une seule copie au mari et à la femme est nul, si, au moment de la signification, le mari était décédé laissant des héritiers dont les intérêts étaient distincts de ceux de la veuve. — Bourges, 11 mars 1836, Alexandre, [P. chr.]

1197. — Dans les actions pétitoires qui intéressent les propres immobiliers de la femme mariée sous le régime de communauté, les époux doivent être assignés par deux copies séparées; ceux-ci ont alors en effet chacun un intérêt, sinon opposé, du moins distinct : le mari quant aux fruits qui tombent en communauté, la femme quant au fonds lui-même. — Garsonnet, 2ᵉ éd., t. 2, § 587, p. 319; Boncenne, t. 2, p. 221; Thomine-Desmazures, t. 1, n. 8; Pigeau, t. 1, p. 179; Chauveau, sur Carré, quest. 348 ter. — V. Fuzier-Herman et Darras, Code civil annoté, art. 215, n. 88 et 97; art. 1428, n. 35 et s.; Suppl., art. 215, n. 115 et s.

1198. — Ainsi, il y a nullité si, lorsque l'action intéresse les droits immobiliers d'une femme mariée, l'acte d'appel n'a été notifié qu'en une seule copie pour le mari et la femme, au lieu de l'être en deux copies. — Cass., 24 mars 1841, Comm. de Plédéliac, [S. 41.1.311, P. 41.1.542] — Rennes, 10 janv. 1840, Langenvardière, [P. 42.2.359] — Paris, 4 mars 1843, d'Esterno, [P. 44.1.549] — Caen, 31 déc. 1849, [Journ. des huiss., t. 31, p. 210] — Orléans, 25 nov. 1851, Caillet, [P. 52.1.78, D. 54.2.175] — Pau, 10 janv. 1888, Curetta, [D. 89.2.194]

1199. — Il a été ainsi jugé que lorsque deux époux ont agi dans une poursuite de saisie immobilière conjointement, mais en leurs noms propres et privés, comme ayant des intérêts séparés, l'acte d'appel doit être signifié à chacun d'eux séparément, à peine de nullité. — Limoges, 8 mai 1816, Bounet, [S. et P. chr.]

1200. — Que les intérêts d'une femme commune sont distincts de ceux de son mari dans une action qui touche à ses droits immobiliers ou personnels; et qu'en conséquence il doit être adressé une copie à la femme comme personnellement intéressée, et une au mari comme représentant la communauté et autorisant son épouse. — Rennes, 5 août 1839, Comm. de Plédéliac, [P. 39.2.590]

1201. — Que lorsque l'action intéresse les immeubles de la femme, la signification des jugements, ainsi que celle de tous les actes d'exécution, doit, à peine de nullité, être faite en double copie, savoir : une pour la femme, et une pour le mari; et qu'à défaut de cette double signification, aucune déchéance n'a pu

être encourue par les époux à raison des délais dans lesquels les moyens de nullité doivent être proposés contre la procédure et l'appel interjeté contre le jugement. — Orléans, 22 janv. 1842, Tarondeau, [P. 42.1.363]

1202. — Le mari n'est pas, en effet, le représentant légal de la femme dans les actions immobilières relatives aux propres de celle-ci. — Cass., 24 mars 1841, précité.

1203. — Jugé encore qu'en matière d'action immobilière intéressant une femme mariée sous le régime de la communauté, les exploits doivent être signifiés au mari et à la femme par copies séparées : il ne suffirait pas qu'ils fussent signifiés au mari. Et l'on doit considérer comme une action immobilière celle qui, ayant pour objet la nullité de la donation d'une somme d'argent, tend en même temps à la nullité d'une saisie immobilière pratiquée, pour avoir paiement de la somme donnée, sur des biens qui y sont hypothéqués. — Cass., 2 (9) nov. 1857, Fardel, [S. 58.1.371, P. 58.1116, D. 58.1.77]

1204. — Jugé, par application du même principe, que la signification du jugement rendu sur une action intéressant les propres d'une femme mariée, même sous le régime de la communauté, ne fait courir les délais d'appel qu'autant qu'il a été remis aux époux deux copies, l'une pour la femme, l'autre pour le mari. — Amiens, 4 mars 1857, Berthe, [P. 57.128]

1205. — Décidé cependant qu'il n'est pas nécessaire, dans une poursuite de saisie immobilière des biens propres de la femme, de signifier au mari et à la femme communs en biens deux copies séparées des actes de la procédure. — Amiens, 1ʳᵉ mai 1826, Drocourt, [P. chr.]

1206. — ... Que, lorsqu'un avoué occupe pour une femme assistée de son mari, il n'y a en réalité qu'une seule partie; et que, dès lors, est suffisante la remise à cet avoué d'une seule copie du jugement qui déclare mal fondée la demande de la femme en nullité de la saisie immobilière pratiquée contre elle. — Montpellier, 29 nov. 1851, Escarpy, [P. 53.2.152, D. 52.5.256]

1207. — Ce qui vient d'être établi relativement aux procès concernant les propres de la femme sous le régime de la communauté doit être étendu au cas où les litiges portent sur les propres d'une femme mariée sous le régime exclusif de communauté; on admet généralement, en effet, que, sous ce régime, les pouvoirs d'administration du mari sur les biens de la femme sont les mêmes que ceux dont il est revêtu à l'égard des propres de la femme commune. — Garsonnet, 2ᵉ éd., t. 2, § 587, p. 317 et 318. — V. aussi Fuzier-Herman et Darras, Code civil annoté, art. 1531, n. 4.

1208. — Lorsque les époux sont mariés sous le régime dotal et ne sont point séparés de biens, il suffit de remettre une copie au mari des significations relatives aux biens dotaux de la femme, dont le mari a l'administration. — Bordeaux, 23 janv. 1835, Maroncle, [P. chr.] — Sic, Garsonnet, 2ᵉ éd., t. 2, § 587, p. 318; Chauveau, sur Carré, quest. 348 bis. — V. Rodière, t. 1, p. 196; Fuzier-Herman et Darras, Code civil annoté, art. 1349, n. 20.

1209. — Spécialement, une copie unique notifiée au mari est suffisante pour signifier aux époux l'acte d'appel d'un jugement concernant les droits dotaux de la femme. — Grenoble, 12 déc. 1843, Escalle, [D. 45.4.236]

1210. — Mais on admet généralement qu'il y a lieu de signifier au mari et à la femme, par copie séparée, l'exploit relatif aux biens paraphernaux de la femme. Ainsi l'appel d'un jugement relatif aux biens paraphernaux d'une femme doit, à peine de nullité, être signifié par deux copies séparées au mari et à la femme. — Limoges, 2 déc. 1821, Chèse, [S. et P. chr.]; — 10 déc. 1821, Térion, [S. et P. chr.] — Sic, Garsonnet, 2ᵉ éd., t. 2, § 587, p. 319 et 320; Rodière, t. 1, p. 197.

1211. — Il a cependant été décidé qu'un exploit d'appel est valablement signifié par une seule copie, au mari et à la femme conjointement, lorsqu'il s'agissant des droits paraphernaux de l'épouse, la présence du mari n'est nécessaire que pour autoriser sa femme. — Limoges, 5 févr. 1817, Bétailouton, [S. et P. chr.]

1212. — Il est aussi nécessaire de remettre deux copies au cas de procès relatifs aux biens de la femme séparée de biens. Ainsi jugé que l'exploit d'assignation donné à deux époux séparés de biens, et ayant par conséquent un intérêt distinct, doit, à peine de nullité, leur être donné par copie séparée, quoique la signification en soit faite au domicile par eux élu en commun chez le même mandataire. — Cass., 15 mai 1844, Bernard, [S. 44.1.396, P. 44.1.750] — Sic, Garsonnet, loc. cit.; Rodière, loc.

cit. — V. aussi Bourges, 6 mai 1822, Comm. de Saint-Germain-des-Bois, [P. chr.]

1213. — ... Que lorsqu'une femme séparée de biens est appelée en jugement comme partie principale, et que le mari doit être appelé pour l'autoriser, ils ne sont plus valablement assignés tous deux par un seul exploit signifié à l'un et à l'autre conjointement, à leur domicile commun, s'il n'a été laissé qu'une copie en parlant à la personne du mari. — Cass., 7 sept. 1808, Berthier, [S. et P. chr.]

1214. — ... Que le mari et la femme séparés de biens, qui procèdent en justice, la femme en son nom personnel, et le mari pour l'autoriser, ont un intérêt distinct et séparé; qu'en conséquence, tout exploit qui leur est signifié, et notamment un exploit d'appel, doit, à peine de nullité, être signifié à chacun d'eux par copie séparée. — Cass., 17 nov. 1823, de Clermont-Tonnerre, [S. et P. chr.] — Nancy, 7 juin 1833, Chapelot, [P. chr.] — V. aussi Rennes, 13 févr. 1818, Pougeolle, [S. et P. chr.]

1215. — Une nouvelle assignation donnée au mari, après l'expiration du délai de l'appel, ne réparerait pas l'insuffisance de la première assignation. — Cass., 17 nov. 1823, précité.

1216. — Jugé, de même, que l'exploit signifié au cas de séparation de biens, en une seule copie au mari et à la femme, lorsqu'il se rapporte à une affaire intéressant exclusivement les biens de la femme, est nul à l'égard des deux époux. — Paris, 19 mars 1846, Brisset, [D. 46.4.276]

1217. — ... Que lorsque deux époux séparés de biens font ensemble et conjointement une acquisition, il y a lieu de les considérer comme deux acquéreurs distincts, et la surenchère doit être signifiée individuellement à chacun d'eux par deux copies séparées. — Cass., 14 août 1813, Lemarchand de Gomicourt, [P. chr.]

1218. — ... Que la signification d'un jugement sur contredit d'ordre, faite par copie unique à l'avoué occupant à la fois pour le mari et la femme séparés de biens, et dont les intérêts sont distincts, ne fait pas courir le délai d'appel contre la femme. — Orléans, 6 août 1848, Arthuys, [D. 49.2.20]

1219. — ... Que la femme mariée sous le régime dotal et séparée de biens ayant des intérêts distincts de ceux de son mari, l'appel d'un jugement rendu à son profit est nul s'il a été signifié aux deux époux par une seule copie. — Metz, 9 juin 1853, Rolland, [P. 53.1.659, D. 54.2.268]

1220. — Et cette nullité ne saurait être, ni réparée par la signification d'un nouvel acte d'appel, ni couverte par la sommation faite à l'appelant par l'intimé de communiquer ses pièces, alors que la nullité ayant été déjà relevée dans un acte précédent se trouve ainsi acquise et que ladite sommation, loin d'impliquer l'abandon de cette nullité, contient au contraire des réserves à son égard et n'a d'autre but que de mettre l'intimé en situation de plaider à toutes fins, et de faire valoir les moyens du fond après les exceptions de forme. — Même arrêt.

1221. — Il y a lieu à une double copie de l'exploit lorsque le procès, qui ne concerne nullement les intérêts pécuniaires des époux, a trait à l'exercice d'un droit personnel de la femme, que celle-ci ne peut mettre en mouvement qu'à défaut de son mari. — Décidé, à cet égard, que le père et la mère opposants au mariage de leur fille ont chacun un intérêt distinct; ainsi, un exploit de signification est nul s'il ne fait pas mention que chacun d'eux en a reçu une copie séparée. — Cass., 23 janv. 1816, Maupou, [S. et P. chr.] — Sic, Garsonnet, 2ᵉ édit., t. 2, § 587, p. 320.

1222. — Avant la promulgation de la loi du 6 févr. 1893, modificative des art. 108 et 311, C. civ., il y avait lieu de remettre au mari une copie de tout exploit qui intéressait la femme séparée de corps. Mais actuellement il n'y a plus lieu de notifier au mari les significations faites à la femme, lorsqu'il s'agit de questions d'état. — V. Fuzier-Herman et Darras, *Code civil annoté*, suppl., art. 108, n. 3.

1223. — Il n'y a pas lieu non plus à une signification au mari lorsque la femme est poursuivie pour la réparation d'un délit qu'elle a commis quand la partie lésée l'assigne, accessoirement à l'action publique, devant le tribunal de répression. La femme n'a pas besoin d'autorisation pour comparaître devant les tribunaux dans ce cas : par suite, il n'est pas nécessaire de signifier une copie au mari. — Garsonnet, 2ᵉ édit., t. 2, § 587, p. 320.

1224. — Lorsqu'une signification est faite à deux époux par copies séparées, il est nécessaire, pour que la double signification soit utilement faite, que chacune des copies réponde aux exigences légales. — Ainsi l'exploit d'appel signifié au mari et à la femme ayant des intérêts distincts est nul quant à la femme,

si la copie laissée à celle-ci ne contient pas assignation, bien que la copie laissée au mari soit régulière. — Il en est ainsi, encore que la femme ait constitué avoué sur la signification de l'exploit d'appel, conjointement avec son mari. — Bordeaux, 12 févr. 1848, Girard, [S. 48.2.720, P. 49.1.437, D. 49.5.184]

1225. — Mais il n'y a pas là un moyen de nullité d'ordre public; les parties peuvent y renoncer implicitement ou explicitement. Il a été jugé, par application de ce principe, que la femme mariée sous le régime de la communauté qui, poursuivie en paiement d'un billet qu'elle a souscrit solidairement avec son mari, a excipé devant les premiers juges de la nullité de l'assignation donnée aux deux époux par une seule copie remise au mari, tandis qu'une double copie était nécessaire, et qui a succombé sur ce chef, ne peut présenter ce moyen devant la Cour de cassation, si elle ne l'a pas reproduit devant les juges d'appel. — Cass., 21 févr. 1853, Lugardon, [P. 53.1.463]

1226. — ... Que deux époux séparés de biens, assignés par un seul exploit, dans une procédure d'expropriation, sont non recevables à proposer le défaut d'assignation par copies séparées comme moyen de nullité contre la procédure, après l'adjudication définitive, quand ils ont conclu au fond, sans opposer de nullité, une demande en revendication formée contre eux par un seul exploit. — Colmar, 28 juin 1822, Disi, [P. chr.]

1227. — L'exploit qui doit être signifié à plusieurs intéressés doit, à peine de nullité, contenir la mention expresse qu'il a été nominativement laissé une copie à chacun d'eux; la mention vague et générale qu'il a été donné copie aux parties est insuffisante. — Grenoble, 28 déc. 1820, Maisonnoble, [S. et P. chr.] — Riom, 8 mai 1822, Gay, [P. chr.]

1228. — A défaut de cette mention, l'acte est nul, sans que celui qui querelle l'acte ait aucune preuve à faire. — Cass., 14 août 1813, Lemarchand, [P. chr.]

1229. — Ainsi, un acte d'appel signifié à deux frères qui habitent ensemble, parlant à leur mère, est nul, s'il ne mentionne pas expressément qu'il en a été donné deux copies. — Riom, 26 févr. 1822, Faucher, [S. et P. chr.]

1230. — Mais l'exploit portant, « laissé copie à Louise et à Marianne Laroche, parlant à Louise, » indique suffisamment que copie a été laissée à chacune des deux. — Agen, 15 mai 1810, Bonnet, [P. chr.]

1231. — Il faut décider d'ailleurs qu'un exploit signifié à plusieurs parties ayant un intérêt distinct n'est pas nul, encore qu'il n'exprime pas qu'il a été laissé copie à chacune séparément, alors d'ailleurs qu'il résulte de l'exploit que cette formalité a été remplie. — Riom, 24 févr. 1813, Badal, [P. chr.]

1232. — De même, il n'est pas nécessaire que la copie de l'arrêt d'admission, signifié au mari codéfendeur avec sa femme, constate que copie séparée a été laissée à la femme, alors que l'original de la signification porte que cette copie a été laissée à l'un et à l'autre époux séparément, par l'huissier parlant à chacun en personne; l'absence de mention sur la copie, délivrée au mari seul, de la copie séparée remise à la femme, ne prouve pas à l'encontre de l'original l'inaccomplissement de cette formalité. — Cass., 3 mars 1897, Duret, [S. et P. 98.1.13, D. 97.1.406]

1233. — Lorsque le mari et la femme ont le même domicile et qu'un exploit leur a été signifié sans que l'huissier ait déclaré le nombre des copies qu'il a laissées, c'est à celui qui attaque l'acte à prouver qu'il n'a pas été laissé une copie pour chacune des parties. — Paris, 18 janv. 1812, Lemonnier, [S. et P. chr.]

1234. — Jugé que lorsque de plusieurs héritiers assignés en matière réelle, les uns l'ont été régulièrement et les autres irrégulièrement, et à un domicile qui leur est étranger, ces derniers ont seuls qualité et intérêt pour demander la nullité de l'exploit. — Cass., 23 déc. 1828, Dejoux, [S. et P. chr.]

1235. — La nullité résultant de ce qu'un exploit n'a pas été notifié par copie séparée à chacun des intéressés, à leur domicile commun peut être opposée même par celui à qui il a été laissé une copie. — Dijon, 3 mai 1827, d'Allègre, [S. et P. chr.]

CHAPITRE V.

NULLITÉ DES EXPLOITS.

1236. — Il résulte des explications que nous avons déjà données que dans un grand nombre d'hypothèses il y a lieu de

EXPLOIT. — Titre I. — Chap. V.

prononcer la nullité des exploits. Nous avons examiné ces cas en exposant les formalités nécessaires pour la rédaction des exploits et pour leur signification. Nous ne ferons donc qu'exposer ici la théorie générale des nullités d'exploits.

1237. — Aux termes de l'art. 1020 du Code de procédure : « Aucun exploit ou acte de procédure ne pourra être déclaré nul si la nullité n'en est pas formellement prononcée par la loi. » D'autre part, l'art. 70 déclare formellement prescrites à peine de nullité les formalités des art. 68 et 69, et l'art. 61 donne la même sanction aux formalités qu'il édicte.

1238. — Remarquons en passant qu'il n'est pas toujours possible d'appliquer à la lettre les articles du Code de procédure. Ainsi l'art. 70 déclare que les formalités des art. 68 et 69 sont prescrites à peine de nullité. Or si l'on comprend que le législateur ait donné cette sanction aux nullités qui sont le fait de la partie ou de l'huissier (et nous avons vu que les tribunaux se montrent assez rigoureux à cet égard), il n'en saurait plus être de même si la contravention aux prescriptions des art. 68 et 69 se trouvait être le fait d'une autre personne, si par exemple le ministère public n'avait pas transmis la copie au ministre des Affaires étrangères ou à un parquet colonial (V. *suprà*, n. 1012 et s.). Il y aura donc nullité pour les contraventions commises par la partie ou par l'huissier; mais cette peine ne s'appliquera pas aux contraventions qui sont le fait d'une autre personne. — Boitard, Colmet-Daage et Glasson, t. 1, n. 187.

1239. — Faut-il conclure de l'art. 1030, le Code de procédure ne s'occupant que de l'ajournement, que les formalités des art. 61, 68 et 69 ne sont pas prescrites sous la même sanction des exploits autres que l'ajournement? Il semble bien qu'ici l'art. 1030 ne peut recevoir d'application car les formalités prescrites par les art. 61 et 68 sont tellement essentielles qu'en leur absence on ne concevrait pas qu'il pût y avoir exploit. Les noms et demeures des parties, la date, l'immatricule de l'huissier sont indispensables pour qu'un acte constitue un exploit. — Chauveau, sur Carré, quest. 3392 et s.; Garsonnet, 2e éd., t. 2, § 575, p. 300; Boitard, Colmet-Daage et Glasson, t. 2, n. 1213; Rodière, t. 1, p. 145. — V. d'ailleurs, *suprà*, n. 152 et s.

1240. — En d'autres termes il faut toujours distinguer pour appliquer l'art. 1030 entre les omissions essentielles et les omissions accidentelles et secondaires dont la nécessité dérive non pas de l'essence des actes, mais de la volonté de la loi. « La défense de suppléer les nullités ne devra jamais s'entendre que de ces formalités nombreuses, utiles, mais secondaires, que la loi exige souvent dans les actes, pour plus de sûreté et d'efficacité. Quand, au contraire, l'omission aura pour effet d'ôter à l'acte toute sa force, toute son utilité, il est clair que, malgré l'art. 1030, les tribunaux devront et pourront appliquer la nullité. » — Boitard, Colmet-Daage et Glasson, *loc. cit.*

1241. — Jugé que l'art. 1030, C. proc. civ., qui défend de suppléer aux nullités non formellement prononcées ne concerne que les formalités extrinsèques des actes de procédure, et qu'il est étranger aux formalités intrinsèques de ces actes, à celles qui en constituent la substance même. — Cass. Belgique, 18 mai 1893, Goffinet, [D. 95.2.73]

1242. — Il faut d'ailleurs tempérer la rigueur des principes que nous venons d'exposer par les deux règles suivantes dont nous avons constaté que la jurisprudence a fait de nombreuses applications. D'une part, les énonciations prescrites dans les exploits peuvent être remplacées par des équipollents; et d'autre part, les diverses parties d'un exploit se complètent réciproquement et les lacunes ou les inexactitudes de chacune d'elles peuvent être comblées par les indications des autres. — Garsonnet, 2e éd., t. 2, § 575, p. 301 ; Bioche, n. 398.

1243. — On distingue dans les exploits deux sortes de nullités, les nullités d'exploit ou de procédure, et les nullités de fond. Les nullités d'exploit qui résultent de l'omission d'une formalité de détail prescrite par la loi doivent être demandées pour être prononcées. C'est à ces nullités que s'applique l'art. 1030. En vertu de l'art. 173, C. proc. civ., elles peuvent être couvertes par des défenses au fond. — V. *infrà*, v° *Nullité*.

1244. — Jugé, à cet égard, que la fin de non-recevoir résultant de ce qu'un chef de demande n'a pas été compris dans l'assignation est couverte par les défenses au fond de la partie assignée à ce chef de demande. — Cass., 4 mars 1896, Thorel, [D. 96.1.232]

1245. — Les nullités d'exploit sont couvertes par des défenses au fond, alors même que dans ces défenses, il aurait été allégué vaguement que l'exploit était nul en la forme, mais sans préciser les moyens de nullité. — Cass., 5 avr. 1853, Le comte de Chambord, [S. 53.1.734, P. 54.1.519, D. 54.1 337]

1246. — La nullité d'un exploit résultant de ce qu'il a été signifié à un domicile autre que celui du défendeur, est couverte par la renonciation de celui-ci. Et spécialement, il y a renonciation de la part du défendeur à un semblable moyen de nullité, lorsque l'huissier s'étant présenté, le lendemain de la signification, au domicile de ce dernier pour régulariser l'original et la copie de l'exploit, et le défendeur lui ayant déclaré que cette copie lui avait été remise, mais qu'il ne l'avait pas en ce moment en son pouvoir, il a immédiatement constaté cette remise sur l'original, er présence dudit défendeur. — Cass., 23 févr. 1863, Mel, [S. 64.1.44, P. 64.265, D 63.1.428]

1247. — Lorsqu'une partie, après avoir conclu à la nullité d'un exploit, a, dans des conclusions postérieures, déclaré se réserver seulement le bénéfice de ce moyen de nullité, les tribunaux ne sont pas tenus de statuer sur une nullité qui ne leur est plus proposée. — Cass., 12 nov. 1855, Desservy, [S. 56.1. 737, P. 55.2.566]

1248. — Les nullités de fond sont celles qui intéressent l'ordre public, telles que la rédaction d'un exploit par une personne qui n'a pas la qualité d'huissier ou par un huissier hors des limites du ressort du tribunal auquel il est attaché. Ces nullités sont absolues et elles doivent être prononcées d'office par le juge sans qu'il soit nécessaire qu'elles soient demandées par les parties. — V. *infrà*, v° *Nullité*.

1249. — De ce que, dans des exploits signifiés à la requête de parties qui sont désignées par leurs noms et domiciles, il serait dit que ces parties sont représentées par un mandataire, il ne résulte pas que l'huissier ait agi sur l'ordre de ce représentant et en vertu des pouvoirs donnés à celui-ci, de telle sorte que la nullité du mandat, au cas où elle existerait, entraînât celle des exploits. — Cass., 12 nov. 1866, Sargenton, [S. 67.1.20, P. 67 26, D. 67.1.177]

1250. — Celui qui réitère une assignation qui devait être donnée dans un certain délai n'est pas censé, par cela seul, révoquer la première assignation ou renoncer à son bénéfice. — Cass., 27 avr. 1813, Cotella, [S. et P. chr.]

1251. — Un exploit nul pourrait-il être validé par un exploit postérieur signifié avant l'expiration des délais? Certains auteurs se prononcent pour la négative parce qu'on ne trouve nulle part dans le Code le droit de réparer les omissions par des actes séparés. — Carré, t. 1, p. 69; Favard de Langlade, t. 1, p. 139 ; Deffaux et Harel, n. 568; Bioche, n. 412.

1252. — Mais Pigeau pense au contraire que l'assignation nulle peut être validée par une signification postérieure, mais à la condition : 1° que le demandeur, s'il réussit, ne pourra répéter les frais de l'assignation ; 2° que la prescription sera interrompue qu'à partir de la signification rectificative; 3° que les intérêts ne courront que du jour de cette signification, si elle est donnée après le mois de la non-conciliation ou de la non-comparution ; 4° que le délai pour comparaître ne courra également que du jour de la signification. — Pigeau, *Comment.*, t. 1, p. 184.

1253. — Jugé en ce sens que les nullités d'un exploit peuvent être réparées par un nouvel exploit, fait en temps utile et avant que la nullité du premier ait été demandée. — Cass., 6 févr. 1878, [D. *Rép., Suppl.*, n. 125]

1254. — Dans tous les cas, un exploit d'appel régulier, signifié après les délais, ne peut pas valider celui qui a été signifié précédemment en temps utile, et qui est nul. — Rennes, 10 janv. 1818. N..., [P. chr.] — Paris, 19 mars 1846, Brisset, [D. 46.4.276] — Metz, 9 juin 1853, Rolland, [P. 53.1.658, D. 54.2.269]

1255. — L'huissier qui veut signifier un exploit en remplacement d'un précédent exploit entaché de nullité doit dresser un nouvel exploit qui contienne toutes les formalités indispensables, comme s'il n'en avait été signifié aucun. — Deffaux et Harel, n. 570; Bioche, n. 412; Garsonnet, 2e éd., t. 2, § 575, p. 301.

1256. — Lorsqu'un exploit est annulé par le fait de l'huissier, cet officier est responsable, et les frais de l'acte nul, et même de la procédure annulée par suite, peuvent être mis à sa charge, sans préjudice des dommages-intérêts à allouer à la partie lésée, s'il y a lieu (C. proc. civ., art. 71, 1031). Ainsi, on n'admet plus dans notre droit l'ancien adage : à mal exploiter, point de garant. — V. *infrà*, v° *Huissier*, n. 385 et s.

1257. — Mais il va de soi qu'il n'y aurait lieu à aucune responsabilité de l'huissier si la nullité provenait du fait de la partie et non du sien. — V. *infrà*, v° *Huissier*, n. 393 et s.

1258. — Les nullités d'exploit sont-elles indivisibles, en ce sens que lorsqu'un même exploit contient à la fois deux actes du ministère de l'huissier, la nullité de l'un entraine celle de l'autre? Il a été jugé, à cet égard, que lorsqu'un exploit, signifié dans un lieu déterminé (au parquet d'un procureur général) et contenant tout à la fois signification d'un arrêt et assignation donnée en exécution de cet arrêt, est valable comme assignation, on ne peut le critiquer comme signification : il y a alors indivisibilité. — Cass., 19 févr. 1840, Gentil, [S. 40.1. 575]

1259. — Jugé cependant que lorsqu'un exploit contient à la fois assignation et opposition, il peut encore valoir sous ce dernier rapport, quoiqu'il ait été annulé sous le premier. — Cass., 12 mess. an IX, Debarges, [S. et P chr.]

1260. — D'ailleurs, les nullités d'exploit ne sont pas toujours indivisibles; elles peuvent exister à l'égard de certaines parties, et ne pas exister à l'égard des autres.

1261. — Ainsi jugé que lorsqu'une assignation donnée à plusieurs personnes a été notifiée à des domiciles d'élection pour partie d'entre elles, et à domicile réel pour les autres, l'irrégularité résultant du défaut de notification à domicile réel ne peut être opposée que par les personnes mêmes qui ont été assignées, non à ce domicile, mais bien à un domicile élu; elle ne peut être invoquée par les personnes assignées à domicile réel. — Cass., 23 déc. 1828, Dejoux, [S. et P. chr.]

1262. — ... Que l'un des créanciers assigné personnellement dans une instance en séparation de biens ne peut se prévaloir de la nullité des assignations données aux autres créanciers, lorsque ceux-ci ne s'en plaignent pas. — Besançon, 26 avr. 1806, Outhier, [S. et P.]

1263. — Cette solution est logique : il n'est pas nécessaire de mettre à la charge de l'huissier, lorsqu'une signification est irrégulière, les frais de toutes les autres significations régulières. Et il semble bien que personne ne pourrait se plaindre puisque les parties à l'égard desquelles les exploits sont irréguliers sont censées n'avoir pas été touchées par ces actes.

1264. — Il a cependant été jugé, en sens contraire, que la signification d'une opposition à un arrêt par défaut obtenu par plusieurs cohéritiers, est nulle à l'égard de tous s'il n'a été laissé qu'une seule copie. — Toulouse, 10 févr. 1821, Senaux, [S. et P. chr.]. — V. cep. *suprà*, n. 1176.

1265. — ... Que l'acte d'appel signifié en une seule copie à plusieurs parties est nul même à l'égard de celle au domicile de laquelle la copie a été laissée. — Besançon, 14 déc. 1818, N..., [P. chr.]. — Limoges, 12 juin 1819, Tixier, [S. et P. chr.] — Bourges, 3 mars 1837, Duris, [P. 37.1.480]

1266. — Quoi qu'il en soit, il faudrait excepter le cas où il s'agit de matière indivise. Ainsi jugé que la signification d'un acte d'appel faite à l'une des parties, est nulle à l'égard des autres si l'objet de la contestation est de nature indivise. — Liège, 7 juin 1821, [D. *Rép.*, v° *Exploit*, n. 403-5°]

1267. — ... Que l'inobservation des formalités relatives au visa entraine la nullité de l'exploit envers toutes les parties, lorsque la procédure est indivisible. — Limoges, 8 mai 1887, Comm. de Chameyrat, [D. 90.2.129]

1268. — Au cas où il y aurait solidarité il a été décidé que l'une des parties ne pourrait se prévaloir de la nullité d'un exploit lorsque cet acte a été régulièrement signifié à son coobligé solidaire. — Agen, 12 juin 1860, Forges, [D. 60.2.176]

1269. — ... Que lorsque plusieurs débiteurs solidaires ont été assignés, les uns régulièrement, les autres irrégulièrement, les premiers ne peuvent profiter de la nullité relative aux derniers. — Toulouse, 25 juill. 1829, Issalis, [S. et P. chr.]

1270. — ... Que la nullité de l'exploit commise à l'égard d'un débiteur solidaire n'entraine pas la nullité de la procédure à l'égard des autres défendeurs également solidaires. — Gand, 6 mai 1897, [*Journ. des huiss.*, t. 79, p. 23]

1271. — La partie qui a signifié à son adversaire un exploit qui se trouve nul pour irrégularité dans la signification n'est pas relevée de cette nullité par la signification régulière qu'elle aurait faite en même temps d'un autre exploit à des cessionnaires d'une créance de l'adversaire, lesquels seraient intervenus dans l'instance uniquement pour défendre leurs intérêts à l'encontre de leur cédant : bien au contraire en un tel cas, la nullité de l'exploit signifié au cédant rendrait inutile l'exploit signifié au cessionnaire. — Grenoble, 3 août 1853, Pellegrini, [S. 54.2. 449, P. 55.2.489, D. 55 2.71]

CHAPITRE VI.

DROIT COMPARÉ ET DROIT INTERNATIONAL PRIVÉ.

Section I.
Droit comparé.

1272. — Nous avons examiné, *suprà*, v° *Ajournement*, n. 504, les formalités intrinsèques prescrites dans la plupart des pays étrangers pour la validité des exploits. Mais il peut être intéressant d'examiner comment les différentes législations étrangères ont résolu le problème de la signification des exploits à des personnes résidant à l'étranger. Ce sera l'objet de cette section.

1273. — *Allemagne.* — Aux termes de l'art. 182, C. proc. civ., toute signification à l'étranger se fait par commission rogatoire adressée soit à l'autorité compétente de l'État étranger, soit au consul ou ambassadeur de l'Empire résidant dans cet État. Lorsqu'on ne peut observer ces dispositions ou qu'il n'y a pas lieu d'en attendre de résultat, l'art. 186 autorise la signification par avis public, c'est-à-dire par affiche et insertions.

1274. — *Autriche-Hongrie.* — Aux termes d'un décret impérial autrichien du 11 mai 1833, concernant les assignations à signifier aux personnes domiciliées à l'étranger, le tribunal saisi doit, non seulement prendre les mesures nécessaires pour leur faire parvenir, mais encore nommer au défendeur un curateur qui le représente jusqu'à ce qu'il ait choisi un mandataire et lui fait connaître au tribunal.

1275. — *Belgique.* — En Belgique, l'art. 69-9°, C. proc. civ. français, a été remplacé par l'arrêté-loi du 1er avr. 1814 pour la signification des exploits à des personnes n'habitant pas le royaume, étrangers ou nationaux. Lorsque le domicile ou la résidence de la personne à assigner est connu, l'huissier doit, aux termes de l'art. 1 de cet arrêté-loi, afficher son exploit à la porte de la cour ou du tribunal qui devra être saisi de l'affaire et en adresser le double, par lettre recommandée confiée à la poste, à la résidence de celui que l'exploit concerne.

1276. — Tous exploits peuvent néanmoins être notifiés à la personne du défendeur si celui-ci se trouve en Belgique.

1277. — Ce n'est qu'aux personnes non domiciliées en Belgique que les exploits peuvent être signifiés par lettre missive.

1278. — La signification d'un acte d'appel faite par lettre missive à une personne se trouvant à l'étranger, mais justifiant avoir conservé son domicile en Belgique, ne peut être assimilée à un exploit fait à personne. — Bruxelles, 23 juin 1888, [*J. des trib. belges*, 20 sept. 1888, p. 1096]

1279. — L'assignation donnée au défendeur en pays étranger est valable si elle a été signifiée à son dernier domicile en Belgique et au domicile qu'il a déclaré prendre en pays étranger. — Gand, 9 déc. 1893, [Clunet, 94.914]

1280. — Celui-ci ne peut soutenir que l'adresse de la lettre confiée à la poste ne contient pas les indications nécessaires pour le retrouver, s'il ne peut imputer qu'à lui-même leur prétendue insuffisance. — Même arrêt.

1281. — Pour qu'une signification faite par la poste conformément à l'arrêté du 1er avr. 1814 soit valable, il n'est pas nécessaire qu'elle soit parvenue à son destinataire, le requérant ne pouvant être rendu responsable d'une omission ou d'une négligence qui n'est pas son fait. — Bruxelles, 17 févr. 1853, [*Belg. jud.*, p. 712]

1282. — Ainsi est régulière l'assignation d'un Belge à comparaître devant un tribunal français alors même que la copie de cet exploit, remise au parquet du siège du tribunal, conformément à l'art. 69-9°,C. proc. civ., en vigueur en France, ne serait pas parvenue à l'assigné. — Bruxelles, 19 févr. 1869, [*Belg. jud.*, p. 369] — Trib. Anvers, 13 août 1870, [*Belg. jud.*, p. 1423]

1283. — Si la résidence de la personne n'est pas connue, l'exploit doit être inséré par extrait dans un journal publié dans le lieu où siège la cour ou le tribunal qui doit statuer, et s'il n'y a pas de journal, dans un de ceux imprimés dans la province.

1284. — L'étranger dont le domicile d'origine est inconnu, et dont l'unique établissement est à bord d'un navire belge, ne peut pas être assigné suivant les formes de l'arrêté du 1er avr. 1814. Le lieu où se trouve le navire étant ignoré au moment de la signification, il faut observer les formalités prescrites par l'art. 69-8°, C. proc. civ. — Gand, 18 avr. 1891, [Belg. jud., 1891, p. 701]

1285. — Lorsqu'il y a lieu de signifier un exploit en matière pénale et fiscale, à la requête du parquet ou de toute autre autorité, à une personne non domiciliée en Belgique dont la résidence est connue à l'étranger, une loi du 28 juin 1889 a prescrit les formalités suivantes : l'huissier doit afficher une copie de l'exploit à la porte principale de la cour ou du tribunal qui doit en connaître ou qui a rendu l'arrêt ou le jugement dont il s'agit, et il en fait parvenir immédiatement une autre copie à la personne que l'exploit concerne, soit en la lui adressant directement à sa résidence par la poste sous pli recommandé, soit en la transmettant au ministère des Affaires étrangères par la poste, également sous pli recommandé.

1286. — *Grande-Bretagne.* — En Angleterre, la règle 6 de l'ordonnance 11 ne permet pas d'envoyer à un étranger, résidant à l'étranger, une assignation à comparaître devant les tribunaux anglais, mais ordonne de lui donner simplement avis de l'assignation en l'invitant à comparaître volontairement.

1287. — Un étranger domicilié à l'étranger, assigné en Angleterre, doit en être informé par un simple avis. Si cet étranger a reçu l'assignation elle-même, il peut faire déclarer nulle cette assignation et le jugement par défaut qui l'a suivi. — Haute-Cour de justice d'Angleterre, [Clunet, 89.314]

1288. — Et il dépend des tribunaux d'autoriser ou de refuser d'assigner les individus résidant à l'étranger, et le juge examine si la demande formulée dans l'assignation lui paraît fondée. — Cour d'appel d'Angleterre, 17 déc. 1887, [Clunet, 88.538]

1289. — Une assignation contre une société étrangère n'ayant pas de domicile en Angleterre ne peut être délivrée sans une permission du juge, alors même qu'elle contient le nom et l'adresse de la société. — Haute-Cour de justice d'Angleterre, 29 nov. 1887, [Clunet, 88.828]

1290. — Une assignation doit contenir l'adresse aussi bien que le nom du défendeur; en conséquence, est irrégulière et nulle une assignation délivrée sans indication d'adresse contre une société étrangère n'ayant pas de comptoir commercial en Angleterre. — Haute-Cour de justice d'Angleterre, 29 nov. 1887, [Clunet, 88.828]

1291. — Quand une société étrangère a une succursale en Angleterre, une assignation devant les tribunaux anglais est valablement délivrée au directeur de cette succursale. — C. d'appel d'Angleterre, 13 juin 1889, [Clunet, 90.140]

1292. — *Grèce.* — Lorsque le défendeur est un étranger ou un national résidant hors du pays étranger, l'assignation a lieu conformément aux art. 143, § 6, 27 et 28, C. proc. civ., au parquet du procureur près le tribunal où la demande est portée, lequel doit au plus tôt envoyer la pièce à lui remise au ministère des affaires étrangères, pour être remise au plaideur par l'intermédiaire de l'autorité consulaire compétente, conformément aux dispositions de la loi du 19 oct. 1838. — Aréopage, sect. B, 1896, n. 99, [Clunet, 97.848]

1293. — Il en résulte que la pièce remise au parquet du procureur du Roi doit indiquer exactement la résidence du défendeur. — Même arrêt.

1294. — Une résidence momentanée à l'étranger ne suffit pas pour rendre obligatoire l'assignation au parquet du procureur du Roi. L'assignation peut être valablement faite au domicile du défendeur en Grèce. — C. d'appel d'Athènes, 1897, n. 844, [Clunet, 98.960]

1295. — D'autre part, l'art. 145, § 6, ne s'applique que dans le cas où la résidence à l'étranger est permanente et ne peut être assimilée au domicile. Lorsqu'au contraire la résidence n'est que temporaire ou momentanée, l'assignation a lieu d'après le droit commun, c'est-à-dire au domicile du défendeur. — C. d'appel de Patras, 1896, n. 1287, [Clunet, 97.847]

1296. — Lorsque le défendeur qui réside à l'étranger a nommé un représentant, la signification de l'assignation peut être faite, au choix du demandeur, soit au représentant, soit au défendeur par la voie du parquet. — Aréopage, section A, 1898, n. 14 et 17. — C. d'appel d'Athènes, 1897, n. 961, [Clunet, 98.959]

1297. — L'art. 145, § 6, ne doit pas être pris à la lettre. La signification de l'acte d'appel doit se faire, non pas au parquet du procureur du Roi près le tribunal, mais à celui du procureur du Roi près la cour d'appel saisie du litige. — C. d'appel de Patras, 1896, n. 617, [Clunet, 98.959]

1298. — *Italie.* — D'après l'art. 140, C. proc. civ. italien, l'assignation peut être notifiée au domicile élu par le défendeur; mais ce n'est qu'une faculté laissée au demandeur qui peut, s'il le préfère, recourir aux formes de droit commun. De même, si l'étranger a laissé en Italie un mandataire général, le demandeur a le droit d'adresser les significations à ce mandataire, mais il n'y est pas obligé.

1299. — D'après l'art. 142 du même Code, les formalités à accomplir pour assigner un étranger en Italie sont les suivantes : affichage d'une copie de la citation à la porte extérieure du palais de justice; insertion d'un extrait dans le journal d'annonces judiciaires; remise d'une seconde copie au ministère public chargé de la transmettre au ministère des affaires étrangères.

1300. — L'assignation contre un étranger domicilié hors d'Italie peut toujours être notifiée dans les formes prévues par les art. 141 et 142, C. proc. civ., alors même qu'il s'agit de l'exécution d'obligations ne dérivant pas d'actes passés par cet agent dans l'exercice des fonctions dont il est chargé. La qualification même d'agent général fait de la personne qui en est revêtue le représentant à tous égards de la société qui l'a institué. — C. d'appel de Gênes, 24 mai 1889, [Clunet, 90.740]

1301. — L'étranger non résident en Italie est, quant à l'assignation lancée contre lui, assimilé aux personnes dont le domicile est inconnu. Cette assignation n'est pas nulle par cela seul que l'insertion prescrite dans le journal d'annonces judiciaires n'a eu lieu qu'après que le délai pour comparaître a commencé à courir. — Cass. Rome, 9 mars 1887, [Clunet, 88.551]

1302. — Une société étrangère est régulièrement assignée devant les tribunaux italiens en la personne de l'agent général qu'elle a institué en Italie, alors même qu'il s'agit de l'exécution d'obligations ne dérivant pas d'actes passés par cet agent dans l'exercice des fonctions dont il est chargé. La qualification même d'agent général fait de la personne qui en est revêtue le représentant à tous égards de la société qui l'a institué. — C. d'appel de Gênes, 24 mai 1889, [Clunet, 90.740]

1303. — *Pays-Bas.* — Aux termes de l'art. 4-8°, C. proc. civ., ceux qui sont établis dans les colonies ou en pays étranger et qui n'ont pas de résidence connue dans le royaume sont assignés en la personne du ministère public près du tribunal devant lequel la demande est portée. Celui-ci vise l'original et envoie la copie au département des colonies ou à celui des affaires étrangères, suivant les cas.

1304. — Quand un défendeur, assigné conformément à la règle qui vise les personnes sans domicile ni lieu de résidence en Hollande (art. 4, n. 7, C. proc. civ.), fait valoir que l'assignation aurait dû être faite conformément à la règle qui vise les personnes établies aux colonies néerlandaises ou à l'étranger (art. 4, n. 8), c'est au défendeur qu'il incombe de fournir la preuve qu'il avait à l'étranger, lors de l'assignation, un domicile connu. — Cour d'appel de Bois-le-Duc, 17 déc. 1895, [Clunet, 98.417]

Section II.

Droit international privé.

1305. — On s'est demandé si l'on pouvait faire signifier un exploit en pays étranger suivant les formes de la loi étrangère par un officier public du lieu ayant qualité à cet effet. Certains auteurs examinent la question au point de vue de l'assignation devant un tribunal français. Tout en reconnaissant qu'en pratique l'assignation par application de la règle *locus regit actum* pourrait présenter des inconvénients, ils inclinent en théorie à reconnaître ce mode d'assignation comme valable parce qu'au moment où l'assignation est lancée il n'y a pas encore d'instance et par suite pas de *lex fori* obligatoire. Or comme chaque législation a entouré la signification des actes de procédure de garanties spéciales, la règle *locus regit actum* doit permettre d'avoir recours aux formes de la loi locale. — Weiss, *Tr. élément. de dr. intern. privé*, 2e éd., p. 805; Despagnet, *Précis de dr. internat. privé*, 3e éd., n. 171.

1306. — La jurisprudence admet dans cette hypothèse l'application de la *lex fori* et décide généralement que l'assignation à comparaître devant un tribunal étranger est régulière du moment où les formes prescrites par la *lex fori* ont été observées. — Toulouse, 29 janv. 1872, Denton et Hall, [S. 73.2.18, P. 73.193, D. 72.2.236] — Trib. Nantes, 25 nov. 1895, [Clunet, 96. 625] — C. d'appel de Cagliari, 29 janv. 1889, [Clunet, 90.965] — *Contrà*, C. d'appel de Venise, 22 janv. 1889, [Clunet, 90.965]

1307. — Ainsi jugé que les formes de la procédure sont régies par la loi du pays où la demande est portée; que, par suite, est valable une assignation devant la Cour de l'Echiquier en Angleterre, délivrée en France à la requête d'un demandeur anglais à un défendeur français suivant la forme anglaise. — Toulouse, 29 janv. 1872, précité.

1308. — ... Qu'une assignation à l'effet de comparaître devant un tribunal étranger peut être valablement remise à un défendeur domicilié en France dans la forme prescrite par la loi du pays de l'assignation; que, spécialement, au cas d'instance engagée en Belgique, les notifications ont pu être faites par l'intermédiaire de la poste. — Trib. Nantes, 25 nov. 1895, précité. — V. *suprà*, n. 1275 et s.

1309. — ... Que la règle *locus regit actum* n'a pas pour conséquence d'imposer les formes usitées en France et l'intervention des officiers publics français pour les actes de procédure qui, au cours d'un procès suivi en Angleterre, doivent être accomplis en France, et qui d'après la loi anglaise peuvent être accomplis par de simples particuliers (tels que ajournement ou assignation, signification, acte.). — Trib. Seine, 30 mars 1886, [Clunet, 87.614] — et sur appel, Paris, 17 févr. 1888[J. *Le Droit*, 16-17 août]

1310. — L'application de la *lex fori* peut d'ailleurs avoir pour conséquence qu'un ajournement venu de l'étranger soit signifié par exploit dressé dans les formes du lieu de la signification. — Westlake, *J. du dr. int. pr.*, 1882, p. 20; *Rev. int. de dr. marit.*, 1885-1886, p. 533 et 534.

1311. — Mais la *lex fori* ne s'impose plus lorsque le procès est terminé et qu'il ne s'agit plus que de l'exécution du jugement : dans ce cas, c'est la loi du lieu de l'exécution qui paraît devoir régler la forme des significations. Ainsi la signification d'un jugement est réglée par la loi du lieu où elle est faite; on doit, par suite, effectuer la notification faite en France à un étranger qui n'y réside pas par la remise d'une copie au procureur de la République. — Gênes, 15 oct. 1895, [Clunet, 96 908]

1312. — De même la signification d'un jugement étranger faite par lettre missive recommandée avec accusé de réception, ne peut être considérée comme régulière, alors même que cette façon de procéder est autorisée par la loi du pays dans lequel le jugement a été rendu. — C. cass. de Turin, 21 mars 1892, [Clunet, 93.238]

1313. — L'institut de droit international s'est préoccupé de ces questions. Dans sa session tenue à Zurich en 1877, il a demandé qu'il soit stipulé dans les traités que les assignations et autres exploits seront signifiés aux personnes établies à l'étranger dans les formes prescrites par les lois du lieu de destination de l'exploit.

1314. — Une convention internationale signée à La Haye le 14 nov. 1896 entre la France, l'Allemagne, l'Autriche-Hongrie, la Belgique, le Danemark, l'Espagne, l'Italie, le Luxembourg, les Pays-Bas, le Portugal, la Roumanie, la Russie, la Suède et la Norwège, la Suisse, et qui a été rendue exécutoire en France par un décret du 10 mai 1899, a établi entre la France et ces pays certaines règles communes concernant le droit international privé dans ses rapports avec la procédure civile, et notamment au sujet de la transmission des actes de procédure, mais sans s'occuper de leur forme. Il importe de remarquer que cette convention n'autorise pas par elle-même la communication directe des actes judiciaires entre autorités relevant de souverainetés différentes.

1315. — Les dispositions votées par la conférence sur la communication des actes judiciaires ou extrajudiciaires sont les suivantes : Art. 1. En matière civile ou commerciale, les significations d'actes à destination de l'étranger se feront sur la demande des officiers du ministère public ou des tribunaux, adressée à l'autorité compétente de l'Etat étranger. La transmission se fera par la voie diplomatique, à moins que la communication directe ne soit admise entre les autorités des deux Etats. — V. *suprà*, n. 1010 et s.

1316. — Art. 2. La signification sera faite par les soins de l'autorité requise. Elle ne pourra être refusée que si l'Etat sur le territoire duquel elle devrait être faite la juge de nature à porter atteinte à sa souveraineté ou à sa sécurité.

1317. — Art. 3. Pour faire preuve de la signification, il suffira d'un récépissé daté et légalisé ou d'une attestation de l'autorité requise, constatant le fait et la date de la signification. Le récépissé ou l'attestation sera transcrit sur l'un des doubles de l'acte à signifier ou annexé à ce double qui aurait été transmis dans ce but.

1318. — Art. 4. Les dispositions des articles qui précèdent ne s'opposent pas : 1° à la faculté d'adresser directement par la voie de la poste, des actes aux intéressés se trouvant à l'étranger ; 2° à la faculté pour les intéressés de faire faire des significations directement par les soins des officiers ministériels ou des fonctionnaires compétents du pays de destination ; 3° à la faculté pour chaque Etat de faire faire par les soins des agents diplomatiques ou consulaires les significations destinées à l'étranger. Dans chacun de ces cas, la faculté prévue n'existe que si les lois des Etats intéressés ou les conventions intervenues entre eux l'admettent.

TITRE II.

EXPLOIT EN MATIÈRE CRIMINELLE.

CHAPITRE I.

NOTIONS GÉNÉRALES.

1319. — La dénomination d'exploit criminel convient en général à toutes les significations qu'exige la procédure suivie devant les tribunaux de justice répressive. Mais on appelle spécialement *citation* l'exploit qui assigne un inculpé devant le tribunal de simple police ou devant le tribunal correctionnel.

1320. — Le tribunal de police peut être saisi de plusieurs manières (V. *suprà*, v° *Citation*, n. 27 et s.). Il peut l'être notamment aux termes de l'art. 145, C. instr. crim., par la citation du ministère public ou de la partie civile.

1321. — En matière correctionnelle, le tribunal est saisi, soit par le renvoi que lui font les juridictions chargées de l'instruction, soit par la citation directe des parties. Au premier cas, c'est une citation publique à faire citer le prévenu en vertu de l'art. 132, C. instr. crim. C'est donc toujours par une citation émanant soit du ministère public, soit des administrations publiques, soit de la partie civile que le tribunal est saisi. — V. *suprà*, v° *Citation*, n. 31 et 32, et v° *Citation directe*.

1322. — Enfin, en matière de grand criminel où, dans les cas ordinaires, le jugement n'a lieu que sur le renvoi des chambres d'accusation, le procureur général est également autorisé en certaines hypothèses à citer directement les prévenus devant la cour d'assises. — V. *suprà*, v° *Citation directe*, n. 47 et s.

1323. — Les exploits de citations en matière criminelle doivent être faits à la requête des fonctionnaires à qui appartient l'exercice de l'action publique, c'est-à-dire des divers officiers du ministère public qui sont attachés à chaque juridiction

1324. — Ainsi, devant le tribunal de simple police, les citations doivent être données à la requête du commissaire de police où siège le tribunal ; en cas d'empêchement du commissaire de police, ou s'il n'y en a pas, par le commissaire de police d'une autre résidence, le suppléant du juge de paix, le maire ou l'adjoint qui le remplace ; s'il y a plusieurs commissaires de police, par celui qu'a désigné le procureur général pour faire le service (C. instr. crim., art. 144). — V. *infrà*, v° *Ministère public*, n. 69 et s.

1325. — Devant les tribunaux correctionnels, et toujours au point de vue de l'action publique, les citations sont données par le procureur de la République (C. instr. crim., art. 182).

1326. — Devant les cours d'assises, elles sont délivrées par le procureur général ou par les autres officiers du ministère public qui sont appelés à le remplacer.

1327. — Devant toutes les juridictions, le ministère public jouit, quant à la délivrance des citations, d'un droit complètement indépendant, et les tribunaux ne sauraient, sans excéder leurs pouvoirs, lui prescrire de citer un prévenu. — V. *infrà*, v° *Ministère public*, n. 241 et s.

1328. — Toutefois la disposition par laquelle un tribunal d'appel de police correctionnelle, jugeant utile la présence d'un prévenu, enjoint au ministère public de le faire citer, doit être considérée comme prescrivant un complément d'instruction, et non comme portant atteinte à l'indépendance du ministère public. — Cass., 15 juin 1832, Bignon, [S. 32.1 847, P. chr.] — V. *infrà*, v° *Ministère public*, n. 246 et 247.

1329. — En matière correctionnelle et de simple police, les citations peuvent être également données par les agents des administrations publiques qui sont admises, dans l'intérêt de l'État, à participer à l'action publique, ce qui comprend l'administration des forêts, celle des contributions indirectes, celle des douanes, etc. — V. *suprà*, v° *Action publique*, n. 268 et s.

1330. — Enfin, en matière correctionnelle, comme en matière de simple police, le droit de citation directe appartient à toute personne lésée par un délit ou une contravention (C. instr. crim., art. 145 et 182). — V. *suprà*, v° *Citation directe*.

CHAPITRE II.

FORMALITÉS DES EXPLOITS.

1331. — Nous n'étudierons ici que les exploits en matière correctionnelle ou de simple police, les formalités concernant les exploits en matière criminelle ayant déjà été exposées lorsque nous avons étudié la procédure à laquelle ils se rapportent. Ainsi pour la signification de l'acte d'accusation, V. *suprà*, v° *Acte d'accusation*, n. 141 et s.; pour la notification à l'accusé de la liste du jury, V. *suprà*, v° *Cour d'assises*, n. 576 et s., ou de celles des témoins, V. *suprà*, eod. v°, n. 696 et s.

1332. — Les principales formalités nécessaires pour la validité des exploits et citations en matière correctionnelle et de police sont contenues dans les art. 145, 146, 182, 183 et 184, C. instr. crim., et la jurisprudence a décidé que les prescriptions des art. 182 et s. de ce Code n'étaient pas applicables en matière de police. — V. *suprà*, v° *Citation*, n. 35.

1333. — Celles exigées pour les citations directes données exceptionnellement par le ministère public devant la cour d'assises, sont réglées par la loi du 29 juill. 1881 qui a consacré cette exception. — V. *suprà*, v° *Citation directe*, n. 35 et s.

1334. — Le Code d'instruction criminelle ne prévoit pas comme le Code de procédure civile toutes les formalités nécessaires à la rédaction des exploits en matière criminelle. Aussi, l'on s'est demandé si, dans le silence du Code d'instruction criminelle, on devait s'en référer aux art. 61 et s., C. proc. civ. Les art. 182 et s., C. instr. crim., ne prononçant aucun renvoi au Code de procédure, on admet généralement que les dispositions de ce Code ne sont pas applicables en cette matière. — V. *suprà*, v° *Citation*, n. 37. — *Adde*, Cass., 3 mars 1876, [*Bull. crim.*, n. 70]; — 29 janv. 1886, [*Bull. crim.*, n. 34]; — 29 janv. 1887, Contrib. indir., [D. 87.1.415]; — 11 juin 1887, [*Bull. crim.*, n. 217]

1335. — Ainsi, il a été jugé que la citation en matière correctionnelle est régie non par l'art. 61, C. proc. civ., mais par les art. 182 et s., C. instr. crim., dont aucun n'autorise les tribunaux correctionnels à prononcer la nullité de cet acte par cela seul qu'il ne serait pas conforme aux règles tracées par la loi civile. — Paris, 13 janv. 1900, [*Journ. des huiss.*, t. 81, p. 92]

1336. — Que les dispositions du Code de procédure civile relatives aux formalités des exploits en matière civile ne sont pas applicables aux citations en matière correctionnelle; ces citations ne sont soumises en général qu'aux règles prescrites par les art. 182 à 184, C. instr. crim., et en matière de poursuites pour délits de presse, qu'à celles établies par l'art. 60, L. 29 juill. 1881. — Trib. corr. Seine, 31 août 1893, [*J. du min. publ.*, 1893, p. 198]

1337. — Par suite, en matière de presse, lorsque les faits à raison desquels un prévenu est traduit devant le tribunal correctionnel sont exclusivement ceux qui ont été visés dans la citation de la partie civile, rien ne s'oppose à ce que celle-ci, tout en maintenant sa demande, sans en modifier ni la nature, ni le caractère, en élève le chiffre, surtout en raison du préjudice que le prévenu lui aurait causé depuis la citation. — Même jugement.

1338. — La règle ainsi posée est trop absolue, et il est préférable de dire qu'il y a lieu de compléter les formalités prescrites par le Code d'instruction criminelle à l'aide des énonciations correspondantes du Code de procédure civile en ce qui concerne les mentions substantielles d'un exploit, c'est-à-dire celles sans lesquelles on n'aurait pas la certitude que le but du législateur serait atteint. Pour les mentions non substantielles au contraire il n'est pas nécessaire de se référer aux dispositions du Code de procédure civile et leur absence dans un exploit en matière criminelle ne saurait en entraîner la nullité. — V. *suprà*, n. 1260, et v° *Citation*, n. 38 et 39.

1339. — Décidé, en ce sens, qu'en l'absence de dispositions sur les formalités de la signification des actes relatifs à la procédure criminelle, il faut se reporter à celles prescrites par le Code de procédure civile, en ce qu'elles ont de substantiel. — Cass., 7 juill. 1847, Echard, [S. 48.1.176, P. 48.1.126, D. 47.4.214]; — 16 mars 1848, Bisserier, [S. 49.1.378, D. 48.3.242]; — 22 juin 1848, Ortalic, [S. 49.1.379, P. 49.1.91]; — 27 déc. 1853, Kieffer, [P. 57.1244, D. 56.1.139]

1340. — Mais il suffit que le prévenu ait eu connaissance qu'il était cité devant le tribunal répressif compétent pour statuer sur un fait à lui reproché pour que le tribunal se trouve légalement saisi, surtout lorsque le prévenu comparaît sur la citation. — Cass., 16 juill. 1846, Issartel, [P. 49.2.117] — Paris, 13 janv. 1900, précité.

1341. — Ainsi la citation donnée à la requête de l'administration forestière n'est pas nulle par cela seul que le prévenu n'y a pas été dénommé, si, ce prévenu ayant comparu au jour indiqué, il est bien certain que la citation lui est réellement parvenue. — Cass., 16 juill. 1846, Ponsonnaille, [P. 49.2.339, D. 46. 4.280]

1342. — En d'autres termes, on peut regarder comme une règle certaine qu'il n'y a nullité qu'autant que les irrégularités commises peuvent être considérées comme substantielles pour l'exercice du droit de défense. — Morin, *Dict. de dr. crim.*, v° *Citation*.

1343. — Il a été jugé, en ce sens, en matière administrative, que lorsque le procès-verbal d'une contravention a été notifié au contrevenant, et qu'il a fourni ses moyens de défense, il n'est plus recevable à opposer le défaut d'assignation régulière devant le conseil de préfecture. — Cons. d'Ét., 26 nov. 1839, Borel de Favencourt, [P. adm. chr.].

1344. — ... Qu'il suffit que les tribunaux aient la preuve notoire que la citation est arrivée en temps utile entre les mains du prévenu, pour que cette citation ne puisse être annulée qu'autant qu'elle serait dépourvue d'une des mentions substantielles sans lesquelles il ne saurait y avoir d'assignation réelle et efficace. — Metz, 21 janv. 1852 (motifs), Comm. de Rozerieulles, [P. 53.2. 607, D. 52.2.157]

1345. — Au surplus, en supposant la citation nulle, un tribunal excéderait ses pouvoirs en prononçant l'acquittement du prévenu, au lieu de se borner à annuler la citation, ce qui laisserait entier le droit du demandeur. — Cass., 11 févr. 1808, Bernard-Durieux, [S. et P. chr.].

1346. — Les exploits en matière criminelle sont, comme ceux en matière civile, rédigés en double exemplaire : l'original et la copie, qui doivent être identiques. — V. sur cette identité, *suprà*, n. 78 et s.

1347. — Jugé, à cet égard, que les irrégularités qui se trouvent dans l'original d'un exploit sont présumées de droit se trouver aussi dans la copie. — Cass., 16 févr. 1832, Martineau, [P. chr.]

1348. — ... Que la copie de l'exploit étant seule remise au prévenu lui tient lieu d'original ; qu'en conséquence, alors même que l'original de l'exploit, par lequel le procureur général fait citer devant la cour le prévenu, pour entendre statuer sur l'appel de celui-ci, contient la déclaration que le magistrat relève également appel de la sentence des premiers juges, l'appel est non recevable, si l ; déclaration n'en a pas été reproduite dans la copie signifiée à l'inculpé. — Toulouse, 29 avr. 1882, Cros, [S. 84. 2.145, P. 84.1.750] — V. à cet égard, *suprà*, n. 86.

1349. — Mais l'inculpé ne peut se prévaloir des irrégularités qu'il prétendrait exister dans sa copie, par exemple, de l'omission de la date, s'il ne représente pas cette copie. — Cass., 7 oct. 1823, Daumont, [P. chr.] — V. *suprà*, n. 96.

Section I.
Formalités intrinsèques.

1350. — Les principales formalités intrinsèques exigées pour la validité des exploits en matière criminelle sont : l'énonciation de la date, du domicile du demandeur et de l'immatricule de l'huissier, la désignation du prévenu ou de la personne responsable, l'indication du tribunal compétent, enfin l'articulation et la qualification des faits reprochés.

§ 1. Date.

1351. — En matière criminelle comme en matière civile, les exploits de citation ou autres doivent toujours être datés (V. suprà, n. 153 et s.). Mais, comme en matière civile, la date ne doit pas nécessairement être indiquée en toutes lettres : elle peut l'être en chiffres. — Cass., 30 déc. 1869, Paoletti, [D. 70.5.211] — V. suprà, n. 160.

1352. — La date doit contenir l'énonciation du jour, du mois et de l'année. Mais, aucun texte n'interdit en matière criminelle de l'indiquer par des signes conventionnels usuels. Ainsi est valable la citation dans laquelle le mois de décembre est indiqué par le signe X^{bre}. — Poitiers, 28 juin 1889, [Gaz. Pal., 89.2.134]

1353. — D'ailleurs, du principe général posé suprà, n. 1342, il suit que les nullités qui pourraient résulter du défaut ou de l'irrégularité de la date doivent être réputées couvertes toutes les fois qu'elles n'ont pu préjudicier à la défense de la partie citée. — Ainsi, l'irrégularité résultant de l'absence de la date dans une citation en police correctionnelle est couverte par la comparution du prévenu ou par celle de l'avocat qu'il a chargé de le représenter. — V. suprà, v° Citation, n. 47 et 48.

1354. — D'autre part, les art. 182 et s., C. instr. crim., n'exigeant pas expressément que la citation soit datée, le défaut de date ne peut avoir d'autre conséquence que de laisser incertain si le prévenu a joui du délai de l'art. 184. Or, l'inobservation de ce délai, loin de rendre nulle la citation d'une manière absolue, entraîne seulement, aux termes de cet article, la nullité de la condamnation qui serait prononcée par défaut ; cette irrégularité est donc couverte par la comparution du prévenu. — Cass., 30 janv. 1846, Combes, [S. 46.1.399, P. 46.1.718, D. 46.1.101] — Sic, Faustin Hélie, t. 6, n. 2827.

1355. — Seulement, le prévenu qui comparaît peut demander le renvoi de la cause s'il ne lui a pas été possible, dans le trop bref délai qui lui a été imparti, de préparer sa défense. — Cass., 15 févr. 1821, Jean Lamper, [S. et P. chr.] — Metz, 4 juin 1821, Lamper, [S. et P. chr.]

1356. — Jugé encore que lorsque la citation remise au prévenu ne porte pour date d'émission qu'une mention incomplète, il n'en résulte pas nullité s'il est constant que le prévenu a été assigné en temps utile pour l'audience où l'affaire a été jugée. — Cass., 26 mars 1898, [Bull. crim., n. 134]

1357. — ... Que quoique la copie de l'exploit contenant notification de l'arrêt de renvoi et de l'acte d'accusation soit datée seulement du mois et de l'an et non du jour, cet exploit n'est pas nul s'il s'est écoulé plus de cinq jours entre la fin du mois où l'exploit a été notifié et le jour où l'accusé a paru aux débats, cet accusé, quelle que soit l'irrégularité, ayant été mis à même de se pourvoir en temps utile. — Cass., 28 août 1845, Dominique Rossi, [P. 45.2.163, D. 45.4.315]

1358. — Il faut d'ailleurs appliquer en matière criminelle la théorie des équipollents que nous avons exposée en matière civile (V. suprà, n. 87 et s.). Ainsi une erreur de date commise dans la citation n'opère pas nullité lorsque, pouvant être corrigée facilement par les autres énonciations de l'acte, elle n'est pas de nature à induire en erreur. — Cass., 5 févr. 1886, [Bull. crim., n. 39] — V. encore sur la date, suprà, v° Citation, n. 41 et s.

1359. — Mais, d'autre part, la date du jour où l'affaire sera jugée doit être indiquée sur la citation d'une manière claire et non équivoque. Par suite, la citation serait nulle si, délivrée le 4 avril, elle indiquait la date du 9 mars au lieu du 9 avril, alors que cette erreur ne serait rectifiée par aucune autre énonciation de l'exploit. — Rennes, 31 mai 1892, X..., [D. 93.2.549]

1360. — Est également nulle la citation qui, par erreur, porte pour date de comparution une date antérieure à celle de la remise de l'exploit, cette erreur étant équivalente à l'absence de toute indication d'audience ; d'où il résulte que le prévenu doit être tenu comme n'ayant pas été réellement assigné. — Cass., 26 mars 1898, précité.

1361. — L'indication de l'heure de l'audience dans la citation n'est prescrite à peine de nullité par aucun texte de loi. — Cass., 16 mai 1884, [Bull. crim., n. 171]

§ 2. Désignation du plaignant.

1362. — La citation, avons-nous dit (suprà, n. 1320 et 1321), peut être délivrée à la requête du ministère public ou d'une partie civile. Au premier cas il suffira d'indiquer la qualité du magistrat du parquet. Et une erreur commise dans la copie sur cette qualité ne suffirait pas à vicier l'exploit. — Bourges, 3 mai 1866, Frébault, [D. 66.2.129]

1363. — Si la citation est délivrée à la requête d'une partie civile, celle-ci devra être indiquée dans l'exploit d'une manière suffisante, et il faudrait admettre tous les équipollents acceptés en matière civile. — V. suprà, n. 254 et s. — V. aussi suprà, v° Citation, n. 51 et 52.

1364. — Jugé qu'une inexactitude commise dans la citation relativement à la désignation de la partie civile ne peut faire aucun grief au prévenu lorsqu'aucun doute n'est possible sur l'individualité de la partie poursuivante et sur la qualité en laquelle elle agit, par exemple lorsque la partie civile, dont les noms, profession et domicile ont été indiqués dans la citation, y a été désignée par erreur comme supérieur général au lieu de supérieur général des frères de la Doctrine chrétienne au lieu de supérieur général des frères des écoles chrétiennes. — Cass., 30 juill. 1880, [Bull. crim., n. 154]

1365. — ... Que des dénominations illégales données aux personnes victimes du délit, telles que celle de jésuites, n'entraîneraient pas la nullité de la citation. — Cass., 6 juin 1845, Affenaer, [S. 45 1.478, P. 48.2.601, D. 45.1.287]

1366. — De plus, aux termes de l'art. 183, C. instr. crim., la citation donnée par la partie civile doit contenir élection de domicile dans la ville où siège le tribunal.

1367. — L'indication du domicile élu peut rendre superflue la mention du domicile réel du demandeur. Par exemple, l'assignation donnée devant la Cour de cassation, en vertu de l'arrêt d'admission d'un pourvoi, n'est pas nulle, quoiqu'elle n'indique pas le domicile réel du demandeur, si elle indique le domicile élu chez l'avocat chargé de sa défense. — Cass., 10 avr. 1841, Fiando, [P. chr.]

1368. — En matière criminelle, la partie civile, étant tenue de faire élection de domicile dans la ville où siège le tribunal, n'est pas recevable à réclamer le délai des distances, spécialement lorsque, à défaut de domicile élu, la citation a été signifiée à sa personne, dans la ville même où siège le tribunal. — Cass., 13 juill. 1872, Giral, [S. 73.1.192, P. 73.432, D. 72.1.333]

1369. — Jugé également que la partie civile qui a élu domicile dans le lieu où siège la cour d'appel conformément à l'art. 183, C. instr. crim., ne peut demander que le délai de citation devant la cour d'appel soit augmenté à raison de l'éloignement de son domicile réel. — Cass., 16 févr. 1878, [Bull. crim., n. 47]

§ 3. Désignation du prévenu ou de la personne citée comme responsable.

1370. — Sans qu'il y ait obligation de suivre, à cet égard, rigoureusement les prescriptions de l'art. 61, n. 2, C. proc. civ., l'exploit doit désigner le prévenu ou la personne responsable à qui la citation est donnée, d'une manière telle qu'il ne puisse y avoir aucun doute sur son identité. — Faustin Hélie, t. 6, n. 2826.

1371. — Ainsi, l'omission d'un prénom dans la citation n'entraîne pas la nullité de celle-ci, lorsque le nom patronymique, la profession et le domicile indiqués dans l'exploit ne laissent aucun doute sur l'identité de ce prévenu. — Gand, 6 mai 1887, [Journ. des huiss., t. 79, p. 23]

1372. — Il a même été jugé qu'une citation est régulière quoiqu'elle ne contienne ni le nom ni les prénoms du prévenu, si elle établit d'ailleurs son identité d'une manière suffisante. — Cass., 5 mai 1809, Berzano, [P. chr.] — 18 nov. 1813, Thomas, [S. et P. chr.] — 2 avr. 1819, Greillot, [S. et P. chr.]

1373. — ... Par exemple par l'indication de sa qualité de berger de telle personne. — Grenoble, 8 mai 1824, Humbert, [S. et P. chr.]

1374. — Est nulle au contraire la citation dans laquelle le prévenu n'est désigné que par son nom patronymique, sans prénom ni indication de domicile, surtout quand il existe deux individus de ce nom attachés en la même qualité à une maison de commerce. — Liège, 25 juill. 1834, Steenbruggen, [P. chr.]

1375. — Jugé, d'une façon générale, que les citations et significations en matière correctionnelle ne sont valables qu'autant qu'elles désignent d'une manière précise, par leurs nom, prénoms, profession et domicile, les personnes auxquelles elles s'adressent. — Orléans, 11 avr. 1853, Manier, [P. 53.2.21]

1376. — L'exploit contenant citation à fins civiles, devant un tribunal répressif, d'une société en nom collectif, pour diffamation, doit désigner individuellement chacun des gérants de cette société; la citation faite à la société désignée sous sa raison sociale n'a d'effet que contre celui des gérants qui est dénommé dans cette raison sociale. — Cass., 15 mars 1830, Abaunza, [P. 52.2.107, D. 50.5.216]

1377. — La nullité, en ce qui concerne les autres gérants, n'est pas couverte par la signification d'un second exploit les dénommant tous individuellement, si ce nouvel exploit n'énonce pas les faits qui servent de base à la poursuite (V. infrà, n. 1384 et s.). — Même arrêt. — V. encore pour la désignation du prévenu, suprà, v° Citation, n. 53 et s.

§ 4. Désignation de l'huissier.

1378. — En matière criminelle, comme en matière civile, l'huissier doit énoncer, dans tous les exploits qu'il fait, son immatricule. Cependant l'absence de l'indication de l'immatricule n'entraînerait pas la nullité de l'exploit.

1379. — Il a été jugé, en ce sens, qu'en matière criminelle il suffit que l'exploit mentionne le nom et le domicile de l'huissier, il n'est pas nécessaire qu'il énonce l'immatricule de cet officier ministériel. — Cass., 5 déc. 1867, Farneau, [D. 69.5.193]

1380. — ... Que les omissions de l'huissier à cet égard, peuvent seulement motiver contre lui une condamnation à l'amende, elles n'entraînent pas la nullité de l'exploit. — Cass., 7 janv. 1834, Pelissier, [P. chr.]

§ 5. Indication du tribunal compétent.

1381. — Cette indication doit être claire, précise, de manière à ce que la partie citée ne puisse pas être dans l'incertitude sur les juges devant lesquels elle est tenue de se présenter, et tout à la fois de manière à ce que le tribunal saisi ne puisse pas lui-même méconnaître sa juridiction.

1382. — Lorsqu'un tribunal correctionnel comprend plusieurs Chambres, la citation doit, à peine de nullité, indiquer le numéro de la chambre devant laquelle le prévenu doit comparaître. — V. suprà, v° Citation, n. 90 et s.

1383. — S'il n'est pas nécessaire que la citation énonce si elle est donnée pour comparaître devant la justice de paix ou le tribunal de police; il suffit que le juge de paix ait procédé comme tribunal de police. — Cass., 3 mai 1811, Degrasse, [S. et P. chr.]

§ 6. Enonciation des faits.

1384. — L'art. 61, C. proc. civ., qui exige que tout ajournement, en matière civile, contienne l'objet de la demande et l'exposé sommaire des moyens, n'est point applicable aux citations en police correctionnelle ou en simple police; mais le principe de cet article est respecté devant les tribunaux répressifs car il est formellement imposé par le droit de défense. Comment un inculpé pourrait-il songer à se défendre s'il ignore quelle contravention ou quel délit lui est imputé?

1385. — Toutefois, il existe à cet égard une certaine différence entre la citation en simple police et celle en police correctionnelle. Tandis que l'art. 183, C. instr. crim., pour les assignations devant le tribunal correctionnel dispose formellement que « la citation énoncera les faits et tiendra lieu de plainte, » les art. 145 et 146 qui concernent les assignations devant le tribunal de police sont muets sur l'énonciation des faits.

1386. — Cette différence de rédaction entraîne certaines conséquences. On ne peut aller jusqu'à soutenir que dans la citation en simple police l'énonciation des faits n'est pas nécessaire parce que, comme nous l'avons dit, il est indispensable que l'inculpé connaisse les faits qu'on lui reproche : par suite, malgré le silence des textes nous n'hésiterons pas à considérer comme nulle une citation qui ne contiendrait pas l'énonciation des faits. Mais l'absence de dispositions concernant cette énonciation dans les art. 145 et 146 a pour effet de n'exiger aucune forme spéciale pour l'articulation des faits. Le législateur a voulu simplifier les formes de la citation, il n'a pas entendu supprimer une mention essentielle, il a seulement permis d'en donner connaissance au prévenu d'une façon quelconque. Peu importe donc la forme de l'énonciation des faits, il suffit que l'inculpé ait eu connaissance de la nature de la contravention qui lui est reprochée, que la citation l'ait mentionnée. — F. Hélie, t. 6, n. 2569.

1387. — C'est ainsi qu'il a été jugé que les art. 145 et 146 déterminent les formes à l'observation desquelles est subordonnée la validité des citations pour contravention de police, et que le second n'attache la peine de nullité qu'aux citations qui auraient été données à un délai moindre que celui qu'il a fixé. Il suffit par suite, pour qu'une telle citation soit régulière, qu'elle énonce le fait sur lequel le prévenu est appelé à se justifier; il n'est point prescrit de lui notifier en même temps copie du procès-verbal dressé contre lui. — Cass., 23 avr. 1831, Audebaud, [S. 31.1.228, P. chr.]

1388. — Ainsi, lorsque l'exploit de citation énonce que le prévenu est assigné « comparaître en simple police le 30 août pour répondre sur le rapport de la contravention par lui commise, en date du 25 août, dont il lui sera donné connaissance, cette mention avertit suffisamment l'inculpé de l'objet des poursuites; et le prévenu le reconnaît lui-même lorsqu'à l'audience il n'a aucunement réclamé contre l'insuffisance de cette articulation; les art. 145 et 146 ne déterminent d'ailleurs aucune forme sacramentelle à donner à l'articulation du fait de la prévention. — Cass., 31 mars 1848, Redoulez, [S. 48.1.452, P. 48.1.710, D. 48.1.92]

1389. — Jugé de même qu'une citation en simple police est suffisamment motivée par l'indication de l'arrêté auquel il a été contrevenu; les autres formalités de la loi civile, sur les ajournements, ne sont pas applicables en pareille matière. — Cass., 29 août 1806, Vindevogel, [S. et P. chr.]; — 11 févr. 1808, Durieux, [S. et P. chr.]

1390. — En matière correctionnelle, les termes de l'art. 183 obligent à plus de rigueur. Que faut-il donc entendre, pour satisfaire au vœu de l'art. 183, par énonciation des faits? Suffit-il que le fait matériel soit énoncé en substance? Est-il nécessaire de le préciser et de le qualifier?

1391. — Suivant Morin v° Citation, n. 11), l'accusation doit être précisée de telle sorte que le prévenu puisse voir dans la citation même et le fait matériel qui lui est imputé et le caractère attribué au fait par la partie poursuivante, car il peut avoir à contester tant la réalité du fait, que l'application de la loi pénale au fait en question.

1392. — En ce qui touche le fait matériel, il suffit évidemment, suivant nous, que l'objet de la prévention soit suffisamment indiqué au prévenu. Peu importe que cette indication soit plus ou moins circonstanciée. Ainsi, il n'est point nécessaire, à peine de nullité, d'énoncer dans une citation à comparaître devant un tribunal correctionnel le jour précis du délit. — Colmar, 28 janv. 1840, Meyer, [P. 46.1.682, D. 46.4.276]

1393. — Jugé, spécialement, que la citation qui, en matière de chasse, énonce l'année et le mois du délit sans fixer le jour, n'est pas nulle si d'ailleurs elle est à cet égard conforme à la date du jour consigné dans le procès-verbal, bien que ce procès-verbal n'ait pas été notifié au prévenu. — Cass., 11 mars 1837, Toupillier, [P. 40.2.18] — Paris, 8 juill. 1837, Toupillier, [P. 37.2.350] — Colmar, 28 janv. 1846, précité. — V. aussi Cass., 30 mars 1838, Poupardin, [S. 38.1.1019, P. 40.4.206]

1394. — ... Que la différence qui existe entre la date donnée à un délit de chasse par la citation en justice et celle que lui assigne le procès-verbal du garde champêtre ne saurait vicier de nullité la citation, attendu que la loi exige seulement que les citations énoncent les faits. — Cass., 18 mars 1837, Mellier, [P. 38.1.97]

1395. — ... Qu'une citation ne peut pas être annulée sur le motif qu'elle n'énonce point le jour, l'heure ou l'endroit où les faits se sont passés, lorsqu'elle en contient au surplus une articulation suffisante. — Cass., 21 janv. 1836, Leret, [P. chr.]; — 28 févr. 1839, Dutriaux, [P. 39.2.375]

1396. — ... Que la désignation précise du jour du délit dans la citation donnée par la partie civile n'est pas indispensable, lorsque d'ailleurs le prévenu a répondu à la citation et défendu aux faits qui en sont l'objet. — Douai, 13 sept. 1844, Goulois, [S. 45.1.121, *ad notam*, P. 45.2.360]

1397. — ... Que lorsqu'un mari assigne sa femme devant le tribunal correctionnel pour délit d'adultère la citation contient une énonciation suffisante quant à la date des faits incriminés, si elle indique que les faits d'adultère se seraient passés à la fin de tel mois et au commencement du mois suivant. — Cass., 19 nov. 1875, [*Bull. crim.*, n. 324]

1398. — ... Que l'erreur commise dans l'ordonnance de renvoi et dans la citation sur la date des délits poursuivis, ne peut être une cause de nullité lorsque cette erreur n'a pu tromper les prévenus et qu'elle est rectifiée par les autres énonciations desdites ordonnances de renvoi et citation. — Cass., 24 mai 1890, Brunillon et autres, [S. 91.1.44, P. 91.1.71]

1399. — ... Que l'erreur commise dans une citation en police correctionnelle sur la date précise du délit ne la vicie point et n'autorise point, dès lors, le tribunal à renvoyer le prévenu de la poursuite, alors qu'il n'est pas même allégué que la différence de date ait pu donner naissance à l'exception de prescription, non plus que nuire à la défense. — Cass., 30 juill. 1852, Capron, [S. 52.1.687, P. 53.1.197, D. 52.1.224] — V. encore *suprà*, v° *Citation*, n. 81 et s.

1400. — Quant aux circonstances de détail, il suffit que le prévenu ait connaissance des faits qui lui sont reprochés. — Cass., 3 juin 1830, Pamis-Lacase, [P. chr.]

1401. — Il a été décidé que lorsque les faits constitutifs de la prévention ne sont énoncés que par la qualification légale avec la mention de la date, ils ne sont pas articulés d'une manière assez positive pour remplir le vœu de la loi. Ainsi est nulle la citation portant que le cité est prévenu d'avoir tel jour outragé par paroles tendant à inculper l'honneur et la délicatesse du maire de telle commune et d'avoir ainsi outragé ce magistrat dans l'exercice de ses fonctions et à l'occasion de cet exercice. — Cass., 23 juill. 1835, P..., [P. chr.]

1402. — Mais les faits de la plainte sont suffisamment énoncés lorsque la citation exprime que le prévenu est assigné pour avoir à répondre aux inculpations qui sont à sa charge et desquelles il résulte que tel jour il a outragé par paroles, gestes et menaces un commissaire de police dans l'exercice et à l'occasion de l'exercice de ses fonctions, délit prévu et puni par les art. 222 et 223, C. pén. Il n'est pas nécessaire que les faits particuliers d'où l'on induit qu'il y a eu outrages soient en outre spécifiés. — Cass., 25 nov. 1831, Germa, [P. chr.] — 6 avr. 1838, Oger, [P. 40.1.202]

1403. — Jugé aussi qu'une citation est régulièrement libellée, lorsqu'elle porte que tel jour le prévenu s'est rendu coupable de résistance avec violences et voies de fait envers un huissier agissant pour l'exécution d'un jugement rendu au profit de tel individu, ou du moins qu'il s'est rendu coupable d'outrages par paroles, gestes ou menaces et violences envers le même officier ministériel dans l'exercice de ses fonctions. — Cass., 3 juin 1830, précité.

1404. — ... Que le vœu de l'art. 183 est suffisamment rempli lorsque la citation porte que deux prévenues se sont frauduleusement concertées pour faire naître dans l'esprit du plaignant l'espérance illusoire d'une mariage d'une d'elles, dénommée, avait le dessein de rendre et a en effet rendu chimérique ; et qu'à l'aide de ces manœuvres frauduleuses par elles employées, elles ont soustrait la majeure partie de la fortune du plaignant. — Cass., 14 juill. 1832, Évrard, [P. chr.]

1405. — ... Qu'en matière correctionnelle, l'exploit par lequel le prévenu est cité à comparaître devant la cour d'appel ou le tribunal, pour être entendu et examiné sur les faits contenus en la procédure instruite et au jugement dont est appel, satisfait aux prescriptions de l'art. 183, C. instr. crim., relatives à l'énoncé des faits. — Douai, 28 déc. 1852, Langrand, [P.53.1.186]

1406. — ... Qu'il en est ainsi lors même que la citation n'indique pas la date du jugement frappé d'appel, si d'ailleurs aucun autre n'a été rendu contre le prévenu par le même tribunal. — *Même arrêt*.

1407. — ... Que la citation dans laquelle celui qui se plaint d'une dénonciation calomnieuse déclare que son honneur a été calomnieusement incriminé par les imputations contenues dans une dénonciation que les prévenus ont adressée au préfet et consignées dans les parties de cette dénonciation qu'il indique par leur intitulé, remplit complètement l'obligation prescrite par l'art. 183, C. instr. crim., d'énoncer les faits de la plainte. — Cass., 3 sept. 1831, Dotard, Faffe, [P. chr.]

1408. — Jugé même que lorsqu'un prévenu n'a pas pu ignorer les faits d'usure et d'escroquerie pour lesquels il est poursuivi, il ne peut invoquer la nullité de la citation qu'il a reçue du ministère public à la suite d'une ordonnance de renvoi en police correctionnelle, parce qu'elle n'énumère pas les faits constituant ce double délit. — Cass., 20 janv. 1826, Laprotte, [S. et P. chr.]

1409. — Lorsqu'une citation contient une mention erronée en ce qui touche la nature de la prévention, il n'en résulte aucune nullité si l'erreur se trouve rectifiée par les autres énonciations du même exploit et spécialement par le visa de la disposition pénale réellement applicable. — Cass., 14 mai 1875, [*Bull. crim.*, n. 153]

1410. — En résumé, pour satisfaire aux prescriptions de l'art. 183, C. instr. crim., il suffit que le fait soit énoncé dans la citation de manière que le cité ne puisse se méprendre sur l'objet de la poursuite. — Cass., 16 mars 1830, [*Bull. crim.*, n. 100]; — 14 févr. 1851, [*Bull. crim.*, n. 67]; — 12 août 1852, [*Bull. crim.*, n. 271]; — 14 mars 1885, [*Bull. crim.*, n. 89] — *Sic*, Faustin Hélie, t. 6, n. 2822.

1411. — Par suite, est régulière la citation en police correctionnelle qui indique le fait sur lequel le prévenu a à répondre, sans préciser tous les éléments de la prévention, comme la date, la nature, les circonstances du fait. — Cass., 28 mai 1868, [*Bull. crim.*, n. 137]

1412. — Mais est au contraire irrégulière la citation qui n'énonce pas les faits reprochés à l'inculpé, alors que d'ailleurs celui-ci n'a pas reçu notification du procès-verbal qui y est mentionné. — Cass., 30 avr. 1896, [*Bull. crim.*, n. 149] — V. encore sur cette question, *suprà*, v° *Citation*, n. 61 et s.

1413. — La qualification des faits n'est pas rigoureusement indispensable pour la validité de la citation, l'art. 183 exigeant que les faits soient énoncés dans la citation, mais non qu'ils y soient qualifiés.

1414. — Ainsi, la citation est régulière lorsqu'elle contient l'énonciation des faits, sans aucune qualification ; par exemple, quand l'exploit est signifié à un individu inculpé d'avoir chassé à telle époque dans telle commune, sans permis de port d'armes. — Cass., 20 août 1812, Caron, [P. chr.]; — 14 janv. 1830, Azelot, [P. chr.]; — 3 mai 1834, Guenolé et Hascort, [P. chr.] — *Sic*, Faustin Hélie, t. 6, n. 2823.

1415. — De même, en matière de presse, il suffit que la citation vise et mette en relief les passages de l'écrit incriminé qui sont de nature à constituer des délits, le prévenu étant ainsi suffisamment averti de l'objet de la poursuite. — Cass., 30 nov. 1877, [*Bull. crim.*, n. 250]

1416. — On sait, d'ailleurs, que les tribunaux doivent apprécier et qualifier les faits conformément à la loi, sans être liés par la qualification que le ministère public leur a donnée dans la citation introductive d'instance. — Cass., 26 juin 1835, Labourey, [P. chr.] — V. *suprà*, v° *Compétence criminelle*, n. 375 et s.

1417. — En matière correctionnelle, aucune loi n'exige, pour la validité des citations, qu'elles contiennent les conclusions du demandeur, ou l'indication de la loi pénale applicable. — Cass., 20 août 1812, précité ; — 19 déc. 1834, Fauty, [S. 35.1.374, P. chr.]

1418. — Jugé, en ce sens, que la loi n'exige point que la citation contienne le texte ou l'indication des lois ou règlements dont la violation est imputée au prévenu ; il suffit qu'elle énonce le fait sur lequel celui-ci est appelé à se justifier. — Cass., 1er févr. 1871, Couvreur, [S. 72.1.351, P. 72.897]

1419. — Qu'il n'est pas nécessaire pour la régularité d'une citation en simple police que les termes de la loi pénale y soient insérés. — Cass., 20 août 1812, Couvreur, [S. 72.1.351, P. 72.897]; — 1er févr. 1872, Couvreur, [S. 72.1.351, P. 72.897, D. 72.1.205]

1420. — ... Que l'indication inexacte dans la citation du texte de la loi pénale applicable ne peut entraîner la nullité de cet acte lorsque les faits à raison desquels la poursuite a été intentée y sont nettement déterminés et précisés. — Cass., 29 déc. 1894, [*Bull. crim.*, n. 340]

1421. — ... Que, spécialement, l'indication inexacte dans la citation de l'arrêté municipal auquel il a été contrevenu n'est pas de nature à vicier la citation, s'il est établi que le fait incriminé constitue réellement une contravention, alors surtout que les prévenus ont accepté le débat au regard de l'arrêté qui leur est applicable. — Cass., 28 janv. 1887, [*Bull. crim.*, n. 33] — V. *suprà*, v° *Citation*, n. 74 et 75.

1422. — Il n'est pas, non plus, nécessaire que la citation donnée par la partie civile, en matière correctionnelle, contienne une conclusion formelle à des dommages-intérêts, il suffit, pour sa validité, qu'elle renferme l'énonciation des faits. — Aix, 17 déc. 1863, Philis, [S. 64.2.171, P. 64.921]; — 17 déc. 1863, Gerfroit, [Ibid.] — Paris, 31 déc. 1880, Raffenot, [S. 81 2.16, P. 81.1.104, D. 82.2.139]

1423. — Comme aussi, la citation donnée par la partie civile ne peut être annulée, par cela seul qu'elle conclut à l'application de la peine édictée par la loi; une semblable conclusion doit simplement être réputée non avenue en tant que résultant d'une erreur de rédaction. — Aix, 17 déc. 1863, précité. — Paris, 31 déc. 1880, précité.

1424. — La disposition de l'art. 183 sur l'interprétation de laquelle nous reviendrons tout à l'heure, est-elle indistinctement applicable à la partie civile et au ministère public lorsqu'il poursuit par voie de citation directe? En d'autres termes, le ministère public est-il obligé d'énoncer dans sa citation les faits qui donnent lieu à la poursuite?

1425. — La raison de douter naît de ce que l'art. 183 semble exclusivement spécial à la partie civile, et il a été jugé en ce sens que l'obligation d'énoncer ces faits ne concerne pas le ministère public. — Cass., 20 janv. 1826, Laprotte, [S. et P. chr.]

1426. — Mais, ainsi que le fait remarquer Carnot, sur l'art. 183, C. instr. crim., cet article a deux dispositions qu'il faut se garder de confondre : la première, particulière à la partie civile, et qui a pour objet de lui imposer l'obligation d'élire domicile dans la ville où siège le tribunal; la seconde, générale, portant que la citation énoncera les faits et tiendra lieu de plainte.

1427. — Au reste, le seul fait que le ministère puisse poursuivre par voie de citation directe suffit à lui appliquer une disposition qui n'est que l'expression du principe d'éternelle justice, respecté par toutes les législations, même en matière civile (C. proc. civ., art. 61), à savoir que quiconque engage un débat judiciaire doit préciser son attaque pour que l'adversaire puisse préparer ses moyens de défense. — V. aussi Morin, Dict. de dr. crim., v° Citation; Legraverend, t. 2, ch. 4, sect. 4; Bourguignon, sur l'art. 183; Faustin Hélie, Instr. crim., t. 6, n. 2824.

1428. — Il a été décidé, en ce sens, que l'obligation imposée au ministère public d'articuler et de qualifier les faits incriminés s'applique aux poursuites dirigées contre l'éditeur responsable d'un journal, prévenu d'avoir rendu un compte infidèle et de mauvaise foi d'un débat judiciaire, comme à la poursuite de tout autre délit. — Cass., 7 déc. 1822, Guise et Legracieux, [S. et P. chr.]

1429. — ... Que l'obligation d'articuler et de qualifier les provocations, outrages, faits diffamatoires ou injures servant de fondement à une poursuite correctionnelle, s'applique aussi bien au cas où le ministère public agissant directement qu'au cas où il a requis une instruction préalable, et à celui où le plaignant agit par voie de citation directe..., et cela alors même que la citation de la partie publique aurait été précédée d'une plainte (non notifiée) renfermant les articulations et qualifications prescrites par la loi. — Cass., 22 déc. 1843, Léotaud, [P. 44.1.603]

1430. — Deux exceptions paraissent cependant devoir être faites au principe posé par l'art. 183, C. instr. crim., lorsqu'il y a un procès-verbal signifié, et lorsque la citation a été précédée d'une instruction.

1431. — 1° Lorsqu'on signifie au prévenu avec la citation un procès-verbal qui constate les faits qui lui sont imputés, il n'est pas indispensable d'énoncer ces mêmes faits dans la citation; le procès-verbal complète la citation et supplée à ses omissions. — Cass., 4 févr. 1819, Disson fils, [S. et P. chr.]; — 20 févr. 1830, Papenet, [P. chr.] — Sic, Faustin Hélie, t. 6, n. 2825.

1432. — Ainsi lorsque le procès-verbal constatant les faits de la contravention est énoncé dans la citation dans laquelle sont, en outre, visés les articles de lois auxquels les prévenus auraient contrevenu, il n'y a pas nullité de l'action publique parce qu'il n'a pas été textuellement exprimé dans l'exploit que l'inculpation portait sur le chef spécial prévu par les articles de lois visés. — Cass., 12 mai 1855, [Bull. crim., n. 162] — V. aussi supra, v° Citation, n. 68 et 69.

1433. — Mais il n'en sera plus de même si le procès-verbal auquel la citation se réfère n'est pas joint à cette citation ou si la citation s'appuie sur une plainte déposée au parquet. Dans ces deux cas, la citation doit par elle-même satisfaire aux exigences de l'art. 183, C. instr. crim. — Cass., 24 août 1836, Pitrat, [S. 36.1 125, P. chr.] — Sic, Faustin Hélie, loc. cit.

1434. — 2° Lorsque la citation a été précédée d'une instruction contradictoire il n'est pas non plus indispensable d'énoncer les faits dans l'exploit parce que, dans ce cas, l'inculpé ne saurait être fondé à prétendre qu'il a ignoré les faits à raison desquels il a été cité ultérieurement par suite de cette instruction. — Cass., 29 juin 1838, Laurent, [S. 39.1.694]— Sic, Faustin Hélie, loc. cit.

1435. — Ainsi jugé que d'après l'art. 183, C. instr. crim., la citation doit énoncer les faits, mais que l'application rigoureuse de cette règle ne peut être invoquée lorsque les faits ont été portés à la connaissance du prévenu au cours d'une information. — Cass., 6 nov. 1890, [Bull. crim., n. 220]

1436. — Par suite, le prévenu renvoyé devant le tribunal correctionnel ne peut se plaindre de ce que la citation qui lui a été donnée n'énoncerait pas d'une manière suffisante les faits de la poursuite, lorsque cette citation est conçue dans les termes mêmes de l'ordonnance de renvoi en police correctionnelle à laquelle elle se réfère, ordonnance qui n'est elle-même intervenue qu'à la suite d'une instruction contradictoire. — Cass., 2 août 1883, du Breuil de Rays, [D. 84.1.139]

1437. — Les règles générales relatives à l'énonciation des faits dans les citations reçoivent exception en matière de délit de presse, pour lesquels l'art. 50 de la loi du 21 juill. 1881 prescrit des formalités spéciales. — V. supra, v° Citation, n. 85 et s., et infra, v° Presse.

1438. — Certaines autres citations sont régies quant à leur forme par des textes spéciaux. Il en est ainsi des citations en matière forestière (V. supra, v° Délit forestier, n. 558 et s.), et en matière de douanes. — V. supra, v° Douanes, n. 1769 et s. — V. aussi en matière de contributions indirectes, supra, v° Contributions indirectes, n. 1014 et s.

SECTION II.

Formalités extrinsèques.

1439. — Les formalités extrinsèques des exploits sont relatives à la copie des pièces, à la remise de l'exploit, et à l'enregistrement de l'original.

§ 1. *Copie de pièces.*

1440. — En matière de simple police comme en matière correctionnelle, la loi n'exige pas que les exploits de citation soient accompagnés de la copie des pièces sur lesquelles est basée la poursuite. — Ainsi, il suffit pour qu'une citation donnée en matière de simple police soit régulière, qu'elle énonce le fait sur lequel le contrevenant est appelé à se justifier, sans qu'il soit nécessaire de lui notifier en même temps copie du procès-verbal dressé contre lui. — Cass., 23 avr. 1831, Audeband [S. 31.1.228, P. chr.]

1441. — En conséquence, est valable la citation délivrée à un individu pour avoir, suivant procès-verbal dressé par le commissaire de police, contrevenu à une ordonnance de police de telle date dont il lui sera au tout donné lecture à l'audience. — Même arrêt.

1442. — En règle générale, il en est de même en matière correctionnelle. Ainsi, la citation est valable quoique, pour un délit de chasse, il n'ait pas été donné copie du procès-verbal au prévenu. — Cass., 14 août 1829, Joseph Petit, [S. et P. chr.]

1443. — Il y a à ces règles quelques exceptions ; et notamment en ce qui concerne les délits forestiers (V. supra, v° Délit forestier, n. 565 et s.). Toutefois, est régulière la citation pour délit forestier, bien qu'elle ne contienne pas copie de l'enregistrement du procès-verbal, ou qu'elle contienne une erreur de date dans la transcription de cet enregistrement. — Cass., 30 janv. 1814, Jassoubre, [P. chr.] — Metz, 15 avr. 1820, Guéring, [P. chr.] — En ce qui concerne la copie du procès-verbal en matière de douanes, V. supra, v° Douanes, n. 1348 et s. — ... En matière de contributions indirectes, supra, v° Contributions indirectes, n. 701 et s., 1048 et s.

1444. — Dans les affaires de la compétence de la cour d'assises, l'arrêt de renvoi et l'acte d'accusation doivent être signifiés à l'accusé. Il lui est aussi donné du tout (C. instr. crim., art. 242). — V. supra v° Acte d'accusation, n. 116 et s. — Quant à la copie de la liste du jury qui doit être en outre notifiée à l'accusé, V. supra, v° Cour d'assises, n. 576 et s.

§ 2. *Remise de l'exploit et domicile où la copie doit être laissée.*

1445. — C'est une règle commune à tous les exploits que la copie doit en être remise aux parties à qui est faite la signification.

1446. — Cette règle est spécialement prescrite, en ce qui concerne les citations à comparaître devant le tribunal de police, par l'art. 145, C. instr. crim., portant que la copie sera laissée « au prévenu ou à la personne civilement responsable. » Quoiqu'elle n'ait pas été reproduite à l'égard des citations données en matière correctionnelle, la nécessité de son application dans ce cas est d'une évidence incontestable.

1447. — Une copie distincte doit être laissée au prévenu et à la partie civilement responsable. — Bourguignon, sur l'art. 145, C. instr. crim.; Favard de Langlade, *Rép.*, v° *Citation*, p. 496; Legraverend, t. 2, p. 308. — Carnot émet une opinion contraire en se fondant sur les termes de l'art. 145, mais il est évident, selon nous, que c'est faire une fausse interprétation de la disposition finale de cet article. Chaque partie intéressée doit, en effet, recevoir une copie de la citation. Carnot reconnaît lui-même, du reste, ce principe relativement à l'acte d'appel, quoique l'art. 205 soit conçu dans les mêmes termes que l'art. 145.

1448. — Toutefois, l'irrégularité résultant de ce qu'une seule copie aurait été remise ne peut être invoquée que par celui qui n'a pas reçu la citation, et elle cesse même d'être opposable par lui s'il comparaît volontairement. — V. *suprà*, n. 1260 et s., et *infrà*, n. 1520 et 1521.

1449. — Jugé, en ce sens, qu'en matière correctionnelle, le fils prévenu d'un délit et le père civilement responsable sont valablement assignés par une seule copie signifiée au domicile commun en parlant à tous les deux; qu'ils sont au surplus non recevables à proposer la nullité en appel, lorsqu'ils n'ont comparu devant les premiers juges, sur cette citation. — Limoges, 14 nov. 1812, Radèle, [S. et P. chr.]

1450. — S'il y a plusieurs prévenus ou plusieurs personnes civilement responsables, chacun d'eux doit avoir une copie distincte. — V. *suprà*, v° *Citation*, n. 101 et s. — Quant au domicile où la copie doit être laissée, V. *infrà*, n. 1458 et s.

§ 3. *Enregistrement.*

1451. — Les exploits en matière criminelle doivent être enregistrés, mais le défaut d'enregistrement n'est pas une cause du nullité. — Cass., 23 vent. an XIII, Maugré, [S. et P. chr.]; — 1er sept. 1809, Dugier, [P. chr.]; — 23 févr. 1827, Pain, [P. chr.]; — Merlin, *Rép.*, v° *Enregistrement* § 44; Roland et Trouillet, *Dict. de l'enreg.*, v° *Délai*, § 6. — V. toutefois aussi Carnot, sur l'art. 594, C. instr. crim. — V. sur cet enregistrement, *suprà*, v° *Citation*, n. 164 et s., et *infrà*, n. 1533 et s. — V. cep. *infrà*, n. 1531.

1452. — Mais la nullité pour défaut d'enregistrement de la citation doit être proposée *in limine litis* : autrement elle serait couverte par la défense au fond. — Cass., 24 mai 1811, Forêts, [S. et P. chr.]

1453. — Jugé aussi que le défaut de mention, sur l'original de notification de la liste des jurés, de la date de l'enregistrement de cet acte n'emporte pas nullité et n'empêche pas que cette notification, d'ailleurs incontestée, n'ait été constatée authentiquement par acte d'un officier public faisant foi jusqu'à inscription de faux. — Cass., 15 déc. 1831, Franquette, [P. chr.]

CHAPITRE III.

SIGNIFICATION DES EXPLOITS.

1454. — La signification de la citation est généralement faite par le ministère d'un huissier, mais elle peut aussi être faite par un agent de la force publique lorsqu'elle est donnée à la requête du ministère public ou par les agents de certaines administrations publiques. — V. *suprà*, v° *Citation*, n. 111 et s.

1455. — Jugé qu'en matière correctionnelle, un exploit d'appel est nul, s'il ne fait aucune mention de la qualité de l'individu qui l'a signifié. — Toulouse, 27 déc. 1826, Gastrié de Gudanes, [S. et P. chr.]

1456. — L'art. 63, C. proc. civ., n'est pas applicable en matière criminelle : par suite, un exploit peut être régulièrement signifié un jour de fête légale. — V. *infrà*, v° *Jour férié*, n. 156 et s. — V. aussi Cass., 24 févr. 1882, [*Bull. crim.*, n. 53]; — 16 juill. 1887, [*Id.*, n. 273]

1457. — Le Code d'instruction criminelle n'ayant pas énoncé les formalités de la signification, il faut nécessairement recourir aux règles édictées en pareille matière par le Code de procédure civile. Nous appliquerons donc ses dispositions en ce qui concerne la remise de la copie à personne ou à domicile, la signification en cas de domicile inconnu ou de domicile à l'étranger, la mention de la personne à qui la copie a été remise. — V. *suprà*, n. 382 et s.

Section I.

Signification à personne ou à domicile.

§ 1. *Généralités.*

1458. — En matière criminelle comme en matière civile, la citation, pour être régulière, doit être donnée à personne ou domicile. L'art. 182, C. instr. crim., n'a point dérogé à cette règle du droit commun. — Morin, v° *Citation*, n. 14; Faustin Hélie, t. 6, n. 2829. — V. *suprà*, n. 400 et s., et v° *Citation*, n. 97.

1459. — En conséquence, l'énonciation faite par les gendarmes, dans le procès-verbal d'une arrestation opérée en vertu d'un jugement par défaut, qu'ils ont fait au condamné signification et lecture du jugement de condamnation, n'équivaut pas à une signification régulière, et ne fait pas, dès lors, courir les délais de l'opposition. — Orléans, 11 avr. 1853, Manier, [P. 53.2.21]

1460. — La citation est encore nulle si elle n'a été remise ni à la personne ni au domicile du prévenu. — Cass., 10 sept. 1831, Rudry-Billaudelle, [P. chr.]

1461. — ... Ou si elle indique un domicile autre que celui réellement occupé par l'inculpé. — Cass., 23 avr. 1898, Angèle Maure, [D. 98.1.405]

1462. — Si le prévenu est en état de détention, la signification lui est faite à personne, et il a été jugé que la remise de la copie lui a été faite entre les deux guichets de la prison. — Cass., 6 oct. 1859. Deltel, [D. 59.5.166]; — 31 mars 1866, Rogalle, [D. 66.5.112]

1463. — Est nulle la citation donnée, non au domicile réel de l'assigné, c'est-à-dire là où il paie sa contribution personnelle et habite avec sa famille, mais seulement à un lieu où il ne possède qu'un établissement de commerce. — Cass., 21 mai 1842, Galibert, [P. 42.2.583]

1464. — Les juges sont souverains pour décider que le lieu où le prévenu a été cité est celui de son domicile et de son principal établissement, et par suite pour valider la citation. Spécialement, ils décident à bon droit que le gérant d'une compagnie a été valablement cité au lieu de l'exploitation, lorsqu'ils constatent que ce gérant y est inscrit au rôle de la contribution personnelle et mobilière, qu'il y réside fréquemment, et que c'est dans ce lieu qu'est situé l'un des principaux établissements de la compagnie, alors même que la société aurait son siège dans un autre lieu. — Cass., 20 août 1858, [*Bull. crim.*, n. 236]

1465. — Les circonstances qui peuvent établir le changement de domicile d'un prévenu qui prétend avoir été mal assigné, sont également abandonnées à l'appréciation souveraine des juges du fait. — Cass., 8 déc. 1881, [*Bull. crim.*, n. 254]

1466. — Un prévenu est valablement assigné au domicile qu'il occupait lors de la perpétration du délit, et qu'il a quitté subitement sans faire connaître le lieu qu'il a habité depuis. Dans tous les cas, l'appel par lui formé du jugement par défaut rendu contre lui le rend non recevable à se prévaloir des vices de forme qui auraient entaché l'assignation. — Cass., 19 janv. 1837, Dersonville, [P. 40.2.96] — Metz, 9 sept. 1857, Hesse, [S. 58.2.192, P. 57.1101]

1467. — Jugé, néanmoins, qu'en pareil cas, le prévenu qui a déserté son domicile étant assimilé à celui qui n'a pas de domicile connu en France, la signification d'un jugement par défaut rendu contre lui peut valablement lui être faite par affiche et par copie déposée au parquet; et que cette signification a pour effet d'interrompre le cours de la prescription — Paris, 27 août 1836, Latour, [P. chr.]; — 7 déc. 1837, Kéranguevin, [P. 38.1.101]

1468. — Jugé aussi que lorsque la citation en police correctionnelle a été précédée d'un procès-verbal de perquisition constatant que le prévenu n'avait ni domicile ni résidence connus en France, la signification du jugement par défaut contre lui rendu peut lui être faite au parquet, sans qu'il soit besoin d'un nouveau procès-verbal de perquisition. — Paris, 27 août 1836, précité.

1469. — L'objet d'une citation étant de mettre le prévenu en demeure de comparaître à l'audience, le but serait manqué si la copie était remise dans un lieu où il n'y aurait aucune chance de le rencontrer; c'est pourquoi les militaires en activité de service contre lesquels des poursuites correctionnelles sont dirigées doivent être assignés au corps où ils se trouvent. — Pau, 8 janv. 1834, Laloubère, [S. 34.2.346, P. chr.]

1470. — La partie qui a fait élection de domicile jusqu'au son opposition au jugement par défaut qui l'a condamnée est valablement citée sur cette opposition par un exploit signifié au domicile élu. — Paris, 24 nov. 1896, [J. du min. publ., 1897, p. 18]

1471. — La citation donnée à un domestique au domicile de son maître, parlant à la personne de celui-ci, est présumée avoir été faite au véritable domicile, et suffit pour interrompre la prescription, encore que le maître n'ait pas fait observer à l'huissier que le prévenu n'est plus à son service. — Cass., 30 avr. 1807, Teyssèdre, [P. chr.]

§ 2. Remise de la copie aux parents ou serviteurs.

1472. — Lorsque l'huissier ne trouve pas le prévenu lui-même à son domicile, il doit remettre la copie aux parents ou serviteurs qu'il y rencontre conformément à l'art. 68, C. proc. civ. (V. suprà, n. 483 et s.). Ainsi, un prévenu est régulièrement cité en police correctionnelle, lorsque la copie de l'exploit est remise en son absence à son domicile, en parlant à sa femme. — Cass., 29 mai 1812, Régie des sels et tabacs, [S. et P. chr.] — Sic, Faustin Hélie, t. 6, n. 2829.

1473. — Mais est nulle, et ne peut, dès lors, faire courir le délai du pourvoi, la signification de l'arrêt attaqué, portant, comme seule énonciation, que la copie a été remise au domicile du défendeur, « parlant au sieur... qui s'est chargé de recevoir la copie, » alors que cette personne n'était ni parent, ni serviteur du destinataire. — Cass., 26 mai 1856, Robert, [S. 57.1.820, P. 57.538, D. 56.1.194]

1474. — De même, est nul, et ne peut devenir la base d'aucune condamnation, l'exploit qui, en matière de simple police, a été notifié à une personne autre que le prévenu dans un domicile autre que le sien et été laissé à un tiers qui s'est dit au service de cette personne. — Cass., 22 déc. 1855, Moynet, [P. 57.1243, D. 56.1.180] — V. suprà, n. 484.

1475. — En conséquence, la partie contre laquelle a été rendu un jugement par défaut en suite d'un tel exploit, peut en demander la nullité par voie d'opposition, alors même qu'elle aurait eu directement ou indirectement connaissance de la citation. — Même arrêt.

1476. — Peu importe l'erreur dans laquelle aurait été entraîné le ministère public par les indications inexactes sur le domicile du prévenu. — Même arrêt.

§ 3. Remise de la copie au voisin ou au maire.

1477. — Lorsque l'huissier ne trouve au domicile du prévenu ni celui-ci ni quelqu'un de ses serviteurs ou parents, il doit remettre la copie à un voisin qui signe l'original; et à défaut du voisin, au maire ou à l'adjoint qui vise également l'original (V. suprà, n. 553 et s.) Par application de ces dispositions il a été jugé que la citation devant un tribunal de police correctionnelle (spécialement, la citation donnée par la partie civile au prévenu d'un délit de diffamation par la voie de la presse) est nulle lorsque l'original constate que la copie a été remise, au domicile du prévenu, à une personne qui n'était ni parente de celui-ci, ni à son service, sans que cette personne ait, conformément à l'art. 68, visé l'original. — Alger, 28 janv. 1893, Bertagna, [S. et P. 93 2.183]

1478. — ... Qu'une citation en matière correctionnelle peut être annulée si, faite parlant à un voisin, ce voisin n'en a ni signé, ni été requis d'en signer l'original, alors d'ailleurs qu'il n'est pas établi que la citation soit parvenue au cité. — Cass., 15 janv. 1830, Millelire, [S. et P. chr.]

1479. — Conformément à la règle générale, l'huissier qui ne trouve point la partie à son domicile, ni personne de la maison à qui il puisse laisser la copie de son exploit, ne peut, à peine de nullité, la remettre au maire qu'autant que le voisin a refusé de s'en charger ou de viser l'original. — Cass., 2 avr. 1819, Greillot, [S. et P. chr.] — Grenoble, 18 août 1824, Marrel, [P. chr.] — V. suprà, n. 594.

1480. — L'huissier doit prendre la même précaution lorsqu'il s'agit de la signification d'un jugement par défaut, et en l'absence de tout parent ou serviteur, si aucun voisin ne veut recevoir la copie et signer l'original, la signification est régulièrement faite au condamné par la remise de la copie au maire ou adjoint, qui signe l'original conformément à l'art. 68, C. proc. civ. — Metz, 26 janv. 1824, Moïse Cahen, [S. et P. chr.]

1481. — Mais une citation en police correctionnelle, délivrée à une commune en parlant à la personne du maire, ne peut être annulée, sous le prétexte que ce fonctionnaire n'a pas visé l'original conformément aux art. 69 et 70, C. proc. civ. (V. suprà, n. 804 et s.); ces articles sont inapplicables en matière correctionnelle. — Cass., 14 janv. 1830, Comm. d'Azelot, [S. et P. chr.]

§ 4. Secret des actes d'huissier.

1482. — La loi du 15 févr. 1899, ayant prescrit certaines formalités spéciales pour assurer le secret des actes d'huissier remis au domicile de la partie, il semble que le secret sera encore plus nécessaire s'il s'agit d'un exploit en matière criminelle. Néanmoins la jurisprudence est divisée sur la question de savoir si la loi nouvelle s'applique aux exploits criminels. C'est un point que nous avons examiné et sur lequel nous n'avons pas à revenir. — V. suprà, n. 689 et s.

Section II.
Signification au parquet.

§ 1. Domicile inconnu.

1483. — Lorsque le domicile et la résidence du prévenu sont inconnus, on admet généralement que les prescriptions de l'art. 69, n. 8, sont applicables en matière correctionnelle comme en matière civile ; par suite, la signification est faite au parquet. — Cass., 11 juin 1825, Perce, [S. et P. chr.]; — 21 mai 1835, Renard, [S. 35.1.782, P. chr.]; — 11 août 1842, Lefeurle, [S. 43.1.354, P. 43.1.498]; — 24 nov. 1842, [Bull. crim., n. 308]; — 12 févr. 1846, Lacôte, [D. 46.1.151]; — 23 janv. 1851, [Bull. crim., n. 30]; — 6 janv. 1853, [Bull. crim., n. 2]; — 28 janv. 1875, [Bull. crim., n. 33]; — 31 mars 1876, Morel, [S. 76.1.184, P. 76.418, D. 77.1.410]; — 9 févr. 1883, Teyssier des Forges, [S. 84.1.172, P. 84.1.399]; — 7 mars 1884, [Bull. crim., n. 73]; — 1er août 1895, Philips, [S. et P. 96.1.431, D. 96.1.439] — Paris, 7 déc. 1837, Keranguevin, [P. 38.1.101] — Lyon, 20 juill. 1848, Ponsony, [S. 49.2.161, P. 48.2.434, D. 49.2.243] — Orléans, 11 avr. 1853, Manier, [P. 53.2.21] — Trib. Dijon, 12 févr. 1897, M.., [S. et P. 98.2.53] — Sic, Faustin Hélie, t. 6, n. 2830; Laborde, Cours élém. de dr. crim., 2e éd., n. 1128; Deffaux et Harel, vo Exploit (mat. crim.), n. 7 et 8. — V. suprà, n. 884 et s.

1484. — Jugé, en ce sens, que la citation remise par l'huissier au maire au lieu d'être signifiée au parquet est irrégulière lorsque le domicile ou la résidence du prévenu est inconnu. — Cass., 20 sept. 1844, Bianco, [P. 44.2.570]; — 27 août 1875, [Bull. crim., n. 281]

1485. — ... Qu'en matière correctionnelle le commandement précédant la contrainte par corps peut être valablement signifié au parquet lorsque l'huissier s'était présenté au domicile que le débiteur s'était, au cours de l'instance correctionnelle, attribué dans un hôtel meublé, et qu'il lui a été répondu par le maître d'hôtel que le débiteur n'habitait plus la maison et qu'il était parti sans laisser d'adresse. — Trib. civ. Seine, 28 juin 1898, [Journ. des huiss., 1899, p. 62]

1486. — ... Qu'il en est ainsi s'il paraît constant que le débiteur cachait intentionnellement son adresse pour échapper à la contrainte par corps dont il se savait menacé. — Même jugement.

1487. — La controverse que nous avons exposée suprà, n. 906 et s., existe également en matière criminelle. Dans une première opinion, on juge que lorsqu'un individu a quitté depuis plusieurs mois son domicile sans que l'on sache ce qu'il est devenu, on doit réputer son domicile inconnu et signifier au parquet l'exploit qui lui est adressé. Dans ce cas, si la copie est remise à un voisin ou au maire, la signification est nulle et sans effet ; et la règle est applicable même en matière criminelle, et en ce qui touche la signification d'un jugement par défaut. — Cass., 11 août 1842, précité. — V. *supra*, n. 911 et s.

1488. — Ainsi, lorsque le domicile et la résidence d'un condamné par défaut sont inconnus, la copie du jugement de condamnation doit, non pas seulement être notifiée au parquet, mais, de plus, être affichée à la porte de l'auditoire du tribunal qui a rendu ledit jugement, conformément à l'art. 69, § 8, C. proc. civ., qui, à défaut de disposition expresse du Code d'instruction criminelle, doit déterminer les formalités de tout ajournement, en quelque matière que ce soit. — Lyon, 20 juill. 1848, précité.

1489. — De même, lorsque le domicile et la résidence actuelle de l'accusé sont inconnus, l'exploit de notification de l'arrêt de renvoi et de l'acte d'accusation doit, en conformité de l'art. 69, C. proc. civ., être affiché à la porte principale du tribunal où la demande est portée (la cour d'assises), et une seconde copie doit être remise au chef du parquet, qui vise l'original. Il y a nullité si cette copie a été remise au commissaire de police. — Cass., 16 oct. 1845, Ribierre, [S. 46.1.159, P. 48.1.407, D. 45.2.416]

1490. — L'exploit de signification devant être affiché, à peine de nullité, à la principale porte de l'auditoire du tribunal où la demande est portée, il y a nullité de la signification d'un jugement de simple police faite au parquet, si l'affiche a été apposée au tribunal de première instance et non à la porte du tribunal de police. — Cass., 31 mars 1876, précité. — V. *supra*, n. 958.

1491. — Une citation en matière correctionnelle n'est pas nulle quand elle a été signifiée au parquet, bien qu'elle n'ait été ni visée ni classée avant l'audience, de telles formalités d'ordre purement administratif n'étant pas prescrites par la loi. — Paris, 24 nov. 1896, [J. du min. publ., 1897, p. 18]

1492. — Mais les solutions qui précèdent ne sont pas admises par tout le monde, et il a été jugé, d'autre part, que la signification d'un jugement ou arrêt par défaut à un condamné dont le domicile et la résidence actuels sont inconnus, ne peut être faite suivant les formes tracées par l'art. 69, C. proc. civ., qu'autant qu'on ne lui connaîtrait pas en France de domicile antérieur. — Cass., 21 mai 1835, précité ; — 11 août 1842, précité ; — 24 août 1830, Floret, [D. 50.5.303] — V. *supra*, n. 906 et s.

1493. — Ainsi est valablement faite à la dernière résidence connue du prévenu la signification d'un jugement correctionnel rendu par défaut contre lui. — Cass., 14 août 1840, [*Bull. crim.*, n. 234]

1494. — Quoi qu'il en soit on ne peut considérer comme n'ayant pas de domicile connu l'individu qui, se trouvant en fuite lors de la signification, avait cependant le projet de revenir dans son même domicile, et n'en avait pas pris un autre. En ce cas, la signification faite dans les formes de l'art. 68, C. proc. civ., est régulière. — Cass., 1er déc. 1842, Gaudry, [S. 43.1.355, P. 43.1.497]

1495. — Jugé de même qu'on ne peut considérer comme étant sans domicile connu en France une personne qui, ayant habité pendant dix ans la même ville, où elle exerçait une profession et où elle occupait le même appartement garni depuis huit ans, a pris la fuite pour se dérober à l'exécution d'un mandat d'amener, alors même que sa nouvelle résidence serait inconnue. — Metz, 9 sept. 1857, Hesse, [S. 58.2.192, P. 57.1101]

1496. — En conséquence, le § 8 de l'art. 69, C. proc. civ., lui est inapplicable, et l'assignation devant le tribunal de police correctionnelle, ainsi que la signification du jugement par défaut rendu contre elle, doivent être remis, conformément à l'art. 68, au maire de la commune où elle résidait. La signification faite conformément à l'art. 69, § 8, c'est-à-dire par affiche à la principale porte du tribunal qui a rendu le jugement, ne fait pas courir contre elle le délai d'appel fixé par l'art. 203, C. instr. crim. — Même arrêt.

1497. — En matière criminelle comme en matière civile, les juges du fait apprécient souverainement si l'huissier chargé de délivrer une assignation a eu juste raison de considérer le domicile ou la résidence actuelle du prévenu comme inconnue en France et par suite de l'assigner dans les formes de l'art. 69-8°, C. proc. civ., au lieu de l'assigner dans les formes ordinaires de l'art. 68. — Cass., 28 janv. 1875, [*Bull. crim.*, n. 33] — V. *supra*, n. 956.

1498. — Mais la Cour de cassation peut décider si le juge du fond a ou n'a pas tiré une conséquence légale des faits souverainement constatés par lui. Ainsi, l'arrêt qui reconnaît, en fait, qu'un prévenu absent a habité une ville, et que la notification d'un jugement rendu par défaut contre lui a été faite dans les termes des art. 187, C. instr. crim., 68 et 69, C. proc. civ., ne peut déclarer cette notification nulle, en se fondant sur ce que ce prévenu n'a pas résidé dans cette ville d'une manière permanente, et qu'il n'aurait pas manifesté l'intention de s'y fixer définitivement. — Cass., 26 sept. 1856, Denobile, [S. 56.1.923, P. 57.71, D. 56.1.420]

§ 2. *Domicile à l'étranger.*

1499. — Quant aux individus domiciliés ou résidant à l'étranger, nous leur appliquerons également les règles prescrites par le Code de procédure civile pour les significations d'exploits à l'étranger. — V. *supra*, n. 970 et s.

1500. — Contrairement au principe posé *supra*, n. 1012 et s., il a été jugé que la personne domiciliée à l'étranger, spécialement en Alsace-Lorraine, qui a été assignée au parquet du procureur de la République, ne peut être considérée comme régulièrement touchée lorsque le ministère public ne lui a pas fait parvenir l'assignation, empêché qu'il était par les prescriptions des circulaires ministérielles. — Trib. corr. Nancy, 23 nov. 1893, [Clunet, 94.805 et la note]

1501. — Lorsque l'acte de notification d'un exploit doit saisir la cour d'appel et notamment la chambre des mises en accusation, telle que l'opposition à une ordonnance de non-lieu, la notification faite à un individu non domicilié en France peut valablement être faite au parquet du procureur général. — Cass., 9 janv. 1897, [Clunet, 98.338]

1502. — Mais doit être déclarée non avenue l'opposition dans laquelle il n'est pas relevé que l'inculpé est domicilié à l'étranger au su du parquet de la cour, et qui, par suite, n'a pas été transmise au destinataire par les voies diplomatiques, mais a été signifiée en France à domicile inconnu. — Même arrêt.

1503. — La plupart des conventions d'extradition se sont occupées de la transmission des exploits et significations en matière pénale ; il en est ainsi pour les traités d'extradition signés par la France depuis 1869, qui disposent qu'en matière pénale, lorsque la notification d'un acte de procédure ou d'un jugement à un national réfugié dans l'autre pays paraîtra nécessaire à son gouvernement, la pièce sera transmise diplomatiquement ou directement au ministère public du lieu de sa résidence, qui la fera signifier à personne, à sa requête, par les soins d'un officier compétent ; il renverra ensuite au magistrat expéditeur, avec son visa, l'original constatant la notification, dont les effets seront les mêmes que si elle avait eu lieu dans le pays d'où émane l'acte ou le jugement. — V. Convention avec la Suisse du 9 juill. 1869, avec l'Italie, du 12 mai 1870, la Belgique, du 15 août 1874, avec l'Espagne, du 14 déc. 1877, etc.

1504. — Mais il faut remarquer que cette procédure ne peut être appliquée et produire effet pour les actes émanés de France qu'à l'égard des Français réfugiés à l'étranger. — Vincent et Pénaud, v° *Actes judiciaires et extrajudiciaires*, n. 131.

Section III.

Mention de la personne à qui la copie est remise.

1505. — L'exploit doit indiquer la personne à laquelle la copie a été laissée afin qu'on puisse savoir si elle avait qualité pour la recevoir en l'absence de la partie : c'est la formalité du *parlant à* sur laquelle la jurisprudence s'est souvent prononcée en matière civile. — V. *supra*, n. 1035 et s.

1506. — Doit-on être aussi rigoureux en matière répressive qu'en matière civile pour l'accomplissement de cette formalité. La Cour de cassation l'a considérée comme substantielle et a annulé la citation dont le *parlant à* était resté en blanc ou était irrégulier, lorsque la citation avait donné lieu à une condamnation par défaut du prévenu non comparant. — Cass., 13 juin 1851, [*Bull. crim.*, n. 218] ; — 1er août 1851, [*Bull. crim.*, n. 317]

1507. — Mais en dehors de ce cas, on ne saurait être aussi exigeant. C'est pourquoi la jurisprudence décide généralement qu'un exploit de signification ne saurait être annulé par cela seul que la copie délivrée n'indique pas la personne à qui elle a été remise ; il suffit qu'il soit parvenu à la connaissance du prévenu et que celui-ci n'ait pu avoir aucun doute sur son existence.

Cass., 18 nov. 1813, Thomas, [S. et P. chr.]; — 30 déc. 1825, Casteran, [P. chr.]; — 3 mars 1876, Cassigneul, [D. 76.1.511]; — 29 janv. 1887, Gaillard frères, [D. 87.1.415] — Douai, 27 déc. 1833, Héron, [P. chr.] — *Sic*, Faustin Hélie, t. 6, n. 2829.

1508. — Ainsi, la comparution du prévenu au jour indiqué par la citation établit la présomption légale qu'il a reçu la copie de l'exploit. — Cass., 18 nov. 1813, précité; — 2 avr. 1819, Greillot, [S. et P. chr.]; — 30 déc. 1825, précité. — V. aussi Carnot, sur l'art. 182, C. instr. crim., t. 2, p. 30, n. 2.

Section IV.
Délai des citations.

1509. — Les art. 146 et 184, C. instr. crim., fixent le délai auquel doivent être données les citations en matière de simple police et en matière correctionnelle. — Pour toutes les questions qui se rapportent à ce délai, V. *suprà*, v° *Citation*, n. 116 et s.

CHAPITRE IV.
NULLITÉS DES EXPLOITS.

1510. — En matière répressive, les nullités sont beaucoup moins nombreuses qu'en matière civile parce que si l'on emprunte au Code de procédure certaines de ses dispositions dans le silence de la loi criminelle (V. *suprà*, n. 1457), il ne faut pas oublier que les nullités sont de droit étroit, et qu'aucune disposition de loi ne fixe à peine de nullité les formes des exploits. — Cass., 14 janv. 1830, Comm. d'Azelot, [S et P. chr.]; — 26 nov. 1896, [*Bull. crim.*, n. 338] — Pau, 24 déc. 1829, Larazet, [P. chr.] — V. *suprà*, n. 1237.

1511. — Les nullités qui pourraient être relevées doivent être proposées avant toute défense ou exception autre que l'incompétence, à peine d'être couvertes; il a été fréquemment décidé que l'art. 173, C. proc. civ., qui en dispose ainsi est d'une portée générale et s'applique en matière répressive. — Cass., 16 juill. 1846, Ponsonnaille, [P. 49.2.339, D. 46.4.280]; — 28 nov. 1874, [*Bull. crim.*, n. 303]; — 25 nov. 1875, Séguin, [S. 76.1.385, P. 76.913]; — 11 janv. 1896, [*Bull. crim.*, n. 24]; — 8 mai 1897, Perrin, [S. et P. 99.1.59] — *Sic*, Faustin Hélie, t. 6, n. 2832.

1512. — Ainsi l'exception de nullité d'une citation, tirée de ce que le procès-verbal de saisie qui lui sert de base aurait été seulement énoncé et non notifié dans l'exploit, doit être proposée avant tout débat au fond. — Cass., 28 nov. 1874, précité.

1513. — Il résulte de là que la nullité dont il s'agit n'est pas de droit et ne peut être prononcée que sur la demande du défendeur.

1514. — Une autre règle appliquée fréquemment par la jurisprudence c'est que la comparution du prévenu implique de sa part la renonciation à se prévaloir des nullités de la citation et même de l'absence de citation. Il ne faut en effet admettre en cette matière de nullité qu'autant qu'il est porté atteinte au droit de la défense : or lorsque le prévenu comparaît volontairement c'est la preuve que la citation lui est parvenue. — Faustin Hélie, t. 6, n. 2833.

1515. — Cette règle a été appliquée en matière de police, où l'on admet couramment que le prévenu qui déclare comparaître volontairement devant le tribunal de police et accepter le débat n'est plus recevable à se prévaloir de la nullité de la citation; en d'autres termes la nullité de la citation est couverte par la comparution volontaire du prévenu. — Cass., 23 févr. 1815, Allard, [S. et P. chr.]; — 6 nov. 1847, [*Bull. crim.*, n. 266]; — 10 mai 1895, [*Bull. crim.*, n. 137]

1516. — Ainsi jugé qu'en matière de police, la citation n'est pas une forme essentielle de la procédure, et que, dès lors, le prévenu qui a comparu ne peut être renvoyé de la plainte sous le prétexte de la nullité de la citation. — Cass., 29 août 1806, Vinderogel, [S. et P. chr.]; — 23 févr. 1815, précité.

1517. — La citation ou l'avertissement donné pour comparaître n'est pas nul, par cela seul que la contravention ne s'y trouve pas spécifiée d'une manière précise. Dans tous les cas, cette irrégularité est couverte si la partie comparaît sans en exciper. — Cass., 10 juin 1843, Evin, [S. 43.1.933, P. 43.2.622] — V. *suprà*, n. 1424 et s.

1518. — Il en est de même en matière correctionnelle lorsque le prévenu, en état de liberté, a comparu volontairement et sans citation préalable devant le tribunal correctionnel; en pareil cas, il est présumé avoir librement renoncé à la formalité de la citation et il n'est pas recevable à exciper ultérieurement du défaut de cette formalité. — Cass., 16 juin 1881, d'Harvent, [S. 84.1.476, P. 84.1.406]

1519. — Mais lorsque le prévenu en état de détention comparaît volontairement et sans citation préalable, son consentement doit être exprès et formellement constaté. — Même arrêt.

1520. — D'autre part, les irrégularités de l'exploit ne peuvent être relevées que par celui auquel la citation s'adresse. Si les coprévenus peuvent se prévaloir des exceptions personnelles à l'un d'eux quand elles sont de nature à arrêter les poursuites et à éteindre l'action, il ne saurait en être de même de la nullité d'un acte de procédure : il n'appartient qu'à celui que cet acte concerne d'exciper de son irrégularité. — Cass., 24 mai 1851, [*Bull. crim.*, n. 182] — *Sic*, Faustin Hélie, t. 6, n. 2833. — V. *suprà*, n. 1448 et 1449.

1521. — Par suite la nullité d'exploit signifié à un prévenu ne peut être invoquée par un coprévenu. — Gand, 6 mai 1897, [*Journ. des huiss.*, t. 79, p. 23]

1522. — La citation régulière donnée au prévenu pour voir statuer sur son opposition au jugement par défaut rendu contre lui couvre les irrégularités de la citation originaire, notamment l'absence de date dont elle était entachée. — Cass., 26 juill. 1849, [*Bull. crim.*, n. 179]

TITRE III.
ENREGISTREMENT ET TIMBRE.

CHAPITRE I.
NOTIONS GÉNÉRALES.

1523. — En droit fiscal les deux expressions exploit et acte extrajudiciaire sont absolument synonymes; la régie appelle même actes extrajudiciaires les procès-verbaux de contravention et de délit (Instr. gén., n. 2433, p. 7; n. 2838, p. 7). Les différences que l'on signale en droit civil entre ces deux sortes d'actes ne nous occuperont donc pas ici, ce qui sera dit pour l'un s'appliquant également à l'autre.

1524. — D'après l'art. 67, C. proc. civ., « les huissiers sont tenus de mettre à la fin de l'original et de la copie de l'exploit le coût d'icelui, à peine de 5 fr. d'amende payable au moment de l'enregistrement » (V. *suprà*, n. 324 et s.). Cette disposition est générale; elle s'applique à tous les actes d'huissiers (Instr. gén. n. 400, § 5, et n. 408, § 3), et même aux significations d'avoué à avoué. — Trib. Soissons, 13 janv. 1886, [*Rép. pér.*, n. 6631] — On excepte cependant les citations en matière criminelle et les ventes publiques de meubles. — Déc. min. Fin., 10 janv. 1815, [*J. Enreg.*, n. 5051]

1525. — L'amende de 5 fr. édictée par l'art. 67, C. proc. civ., se prescrit par deux ans du jour de l'enregistrement de l'exploit. — Trib. Soissons, 13 janv. 1886, précité.

1526. — Il est encore prescrit aux receveurs de l'enregistrement de signaler les abus commis par les huissiers en matière de frais de transport. Mais l'amende édictée par ce texte (20 fr. à 100 fr.) ne peut être recouvrée qu'après un jugement condamnant l'huissier délinquant à la payer. — Instr. gén., n. 659.

CHAPITRE II.
ENREGISTREMENT.

Section I.
Délai. Formalité en débet et gratis.

1527. — I. *Règle générale*. — Pour les actes des huissiers et autres officiers ayant le droit de dresser des procès-verbaux, la for-

EXPLOIT. — Titre III. — Chap. II.

malité de l'enregistrement s'identifie, en règle générale, avec l'existence même de l'acte : elle en est un élément essentiel, sans lequel l'exploit n'aurait pas d'existence légale (L. 22 frim. an VII, art. 34).

1528. — Le délai d'enregistrement des exploits et des actes de tous agents habiles à verbaliser, est de quatre jours (L. frim., art. 20). Le *Traité alphabétique*, v° *Exploit*, n. 21, cite comme rentrant dans la catégorie des actes soumis à la formalité dans le délai fatal de quatre jours : les significations d'avoué à avoué (L. 27 vent. an IX, art. 15); les citations et significations devant la juridiction des prud'hommes (Déc. min. Fin. et Just., 20 juin 1809 : Instr. gén., n. 437); les actes dressés en matière de police par les maires et les adjoints (Déc. min. Fin., 19 oct. 1821 : *J. Enreg.*, n. 7248); les procès-verbaux, citations et autres actes extrajudiciaires faits par les employés des contributions indirectes en vertu de l'art. 28, Décr. 1er germ. an XIII, par les préposés des douanes et par les agents des diverses administrations ayant qualité pour constater des contraventions ou délits au moyen de procès-verbaux (Déc. min. Fin., 22 août 1806 : Instr. gén., n. 366, § 10; 390, § 10 et 406); les procès-verbaux, citations et significations des gardes et autres agents forestiers; les procès-verbaux de contravention dressés, en matière de grande voirie, par les agents des ponts et chaussées et de la navigation, les gendarmes, commissaires de police, maires et adjoints (Déc. min. Fin., 11 frim. et 4 germ. an XI : Instr. gén., n. 290, § 61 ; — Délib. Enreg., 3 juill.-16 août 1822 : *J. Enreg.*, n. 7268); les procès-verbaux de la gendarmerie (Décr. 1er mars 1854, art. 491 ; les significations d'arrêtés ou autres actes d'intérêt communal faits par les secrétaires de mairie (Déc. min. Fin., 11 therm. an XIII : Instr. gén., n. 290, § 68); les procès-verbaux que les commissaires de police dressent sur le rapport d'un agent de police, à moins qu'ils ne soient exempts de la formalité à raison du fait qu'ils constatent (Instr. gén., n. 2678; *J. Enreg.*, n. 22170); les protêts notariés (L. 24 mai 1834, art. 23); les originaux des conclusions d'avoué à avoué (L. 26 janv. 1892, art. 18), etc., etc.

1529. — Certains délais extraordinaires ont été fixés par des lois spéciales. Les procès-verbaux en matière de roulage sont enregistrés dans les *trois* jours (L. 30 mars 1851, art. 19). Les procès-verbaux des vérificateurs des poids et mesures sont soumis à la formalité dans les *quinze* jours (Ord. 17 avr. 1839, art. 42).

1530. — A défaut d'enregistrement dans le délai, l'*acte est nul* (V. supra, n. 347 et s.); de plus, le rédacteur est passible d'une amende de 5 fr., et d'une somme égale au montant du droit de l'acte non enregistré; il est en outre responsable envers la partie de la nullité de l'acte (L. 22 frim. an VII, art. 34; L. 16 juin 1824, art. 10). Il n'est dû qu'une seule amende, même si l'exploit est passible de plusieurs droits fixes.

1531. — La règle de la nullité des exploits non enregistrés a été étendue aux procès-verbaux en matière de forêts, de pêche fluviale, de roulage (C. forest., art. 170; LL. 15 avr. 1829, art. 47; 30 mai 1851, art. 19). — Caen, 25 avr. 1825, [D. *Rép.*, v° *Enreg.*, n. 4960] — Riom, 6 déc. 1830, Jurie, [S. et P. chr.]

1532. — Cette nullité serait encourue, même si la faute était imputable au receveur chargé de l'enregistrement. — Bourges, 23 déc. 1816, Ferrand, [S. et P. chr.] — Mais l'exploit enregistré ailleurs qu'au bureau compétent n'est pas nul. — Cass., 14 nov. 1835, Dulhom, [S. 36.1.256, P. chr.]

1533. — Les actes intéressant la vindicte et l'ordre publics échappent à la nullité dont il vient d'être question (V. *supra*, n. 1451). Ainsi jugé pour un procès-verbal constatant un délit. — Cass., 1er févr. 1816, Maisonneuve, [S. et P. chr.]; — 5 mars 1819, Jullivet, [S. et P. chr.]; — 16 janv. 1824, Trocmé, [S. et P. chr.]; — 7 janv. 1826, Tranchant, [S. et P. chr.]; — 27 juill. 1827, Loyson, [S. et P. chr.]; — 24 juill. 1845, Rabault, [P. 46.1.52]

1534. — ... En matière électorale. — Cass., 3 juill. 1830, Oger et autres, [S. et P. chr.]

1535. — ... En matière de grande voirie. — Cons. d'Et., 1er févr. 1851, Bertron, [S. 51.2.380, P. adm. chr., D. 51.3.59]

1536. — Enfin la plus considérable exception apportée à la règle de l'art. 34, par cet article lui-même, concerne les exploits passibles du droit proportionnel : l'enregistrement tardif de ces actes ne les rend pas nuls; l'huissier est seulement passible d'une amende de 10 fr. (L. 22 frim. an VII, art. 34; L. 16 juin 1824, art. 10). Si le même acte est passible de droits fixes et de droits proportionnels, il reste valable en entier et l'amende est

de 10 fr. — Instr. gén., n. 2155, § 1; *Traité alph.*, v° *Exploit*, n. 34.

1537. — L'huissier doit consigner préalablement entre les mains du receveur les droits dus sur les actes qu'il soumet à la formalité (L. 22 frim. an VII, art. 28 et 29). En cas de consignation insuffisante, le receveur agit contre l'huissier en son nom personnel, et suivant la procédure de droit commun. — V. *supra*, v° *Enregistrement*, n. 789 et s., 5562 et s.

1538. — II. *Exploits admis à la formalité en débet.* — Ce sont : 1° les actes et procès-verbaux des huissiers, gendarmes, préposés, gardes champêtres ou forestiers (autres que ceux des particuliers), et généralement tous actes et procès-verbaux concernant la *police ordinaire*, et qui ont pour objet la poursuite et la répression des délits et contraventions aux règlements généraux de police et d'impositions, lorsqu'il n'y a pas de partie civile poursuivante (L. 25 mars 1817, art. 74). Il en est ainsi même pour les actes faits à la requête des prévenus et condamnés. — Instr. gén., n. 2189.

1539. — 2° les actes de poursuite devant les juridictions *correctionnelles*, à la seule requête du ministère public, sans partie civile, ou même à la requête d'une administration publique agissant dans l'intérêt de l'Etat, d'une commune ou d'un établissement public. — S'il y a partie civile en cause, ou si l'affaire est poursuivie à la requête d'une administration agissant dans son intérêt propre ou dans celui de ses agents, tous les actes signifiés à la requête de cette partie doivent être timbrés et enregistrés au comptant (Ord. 22 mai 1816, art. 4).

1540. — 3° Les déclarations d'appel, en matière correctionnelle, lorsqu'il n'y a pas de partie civile poursuivante, et, s'il y a partie civile, lorsque l'appelant est emprisonné (L. 25 mars 1817, art. 74). — Déc. min. Just. et Fin., 11-15 févr. 1861 : Instr. gén., n. 2189.

1541. — 4° Les exploits auxquels donne lieu la procédure d'interdiction d'office, et ceux qui se rattachent aux poursuites d'office du ministère public en matière civile (Décr. 18 juin 1811, art. 118 et 121). — V. *infra*, v° *Ministère public*, n. 592 et s.

1542. — 5° Les actes de procédure faits en vue de la sortie des personnes placées dans les établissements d'aliénés (L. 30 juin 1838, art. 29).

1543. — 6° Les exploits faits à la requête de l'assisté (L. 22 janv. 1851, art. 14, § 3).

1544. — 7° Les exploits qui interviennent dans les différends entre patrons et ouvriers devant les conseils de prud'hommes (L. 7 août 1850, art. 1 à 4).

1545. — 8° La sommation faite au failli, en conformité de l'art. 537, C. comm., lorsqu'il y a insuffisance d'actif. — Déc. min. Fin., 9 janv. 1856 : Instr. gén., n. 2062 § 4.

1546. — 9° Les actes ayant pour objet la poursuite et la répression des contraventions commises dans les bois de l'Etat, des départements et des communes (Décr. 18 juin 1859). — V. *supra*, v° *Délit forestier*, n. 356.

1547. — 10° La signification aux propriétaires riverains de l'arrêté préfectoral à fin de délimitation des bois domaniaux et communaux. —Déc. min. Fin., 7 nov. 1828 et 18 mai 1829 : Instr. gén., n. 1265, § 1 et 1294, § 5.

1548. — III. *Exploits admis à la formalité gratis.* — Ce sont : 1° les actes des huissiers et gendarmes intéressant la police générale et la vindicte publique, et, par conséquent, tous les actes extérieurs d'instruction destinés à frapper soit les prévenus, soit les tiers; toutes les significations faites à cette fin par les huissiers et les gendarmes, telles que les assignations aux témoins, notifications aux inculpés des divers mandats décernés par les juges d'instruction. La même immunité d'impôt s'applique à tous les exploits signifiés, dans les procédures d'assises, par les huissiers et gendarmes, notamment à la signification à l'accusé de la liste des témoins ou des jurés (LL. 22 frim. an VII, art. 70, § 2, n. 3; 13 brum. an VII, art. 16; Ord. 22 mai 1816, art. 1). Quand il y a partie civile, tous ces actes sont timbrés et enregistrés au comptant. — Instr. gén., n. 2372.

1549. — 2° Les actes faits à la requête du ministère public et ayant pour objet l'exécution des commissions rogatoires émanées de tribunaux étrangers et transmises par les voies diplomatiques. — Déc. min. Fin., 27 mars 1829 : Instr. gén., n. 1274.

1550. — 3° Les actes de procédure faits à la requête du ministère public, ayant pour objet de réparer les omissions et de faire les rectifications, sur les registres de l'état civil, d'actes qui intéressent les individus notoirement indigents, de remplacer les registres perdus ou incendiés, de suppléer à ceux qui n'auraient pas été tenus (LL. 25 mars 1817, art. 75; 5 juin 1893, art. 4). — *Rev. Enreg.*, n. 470. — V. *infrà*, v° *Ministère public*, n. 596 et 597.

1551. — 4° Les actes nécessaires au mariage des indigents, à la légitimation de leurs enfants naturels et au retrait de ces enfants déposés dans les hospices L. 10 déc. 1850, art. 4).

1552. — 5° Les significations faites en vertu de la loi du 3 mai 1841 sur l'expropriation pour cause d'utilité publique, soit à la requête de l'État, soit à la requête des expropriés (L. 3 mai 1841, art. 58). — Sol. 25 oct. 1836 : Instr. gén., n. 1539, § 4.

1553. — 6° Les exploits relatifs à la convocation des conseils de famille et à l'homologation des délibérations de ces conseils dans le cas d'indigence des mineurs (L. 26 janv. 1892, art. 12, § 2).

1554. — 7° Les exploits relatifs à la formation des listes électorales, aux élections contestées, sauf en ce qui concerne la solution des questions d'état. — Instr. gén., n. 2696.

1555. — 8° Les actes relatifs au recouvrement des contributions publiques et taxes locales, quand la cote est inférieure à 100 fr.; au recouvrement des amendes de condamnations. Mais ces actes sont écrits sur timbre (L. 16 juin 1824, art. 6; Circ. 29 juill. 1874; *Rép. pér.*, n. 3901). Ajoutons que si, en matière de contributions, le débiteur se libère dans les quatre jours de l'acte de poursuite, cet acte est enregistré gratis, quel que soit le montant de la cote (Déc. min. Fin., 27 mars 1822 : Instr. gén., n. 1033; — 26 déc. 1834 : Instr. gén., n. 1475). Cet e exception ne s'étend pas aux amendes de condamnation. — Déc. min. Fin., 29 juill. 1874; *Rép. pér.*, n. 3901; Circ. compt. 293; Instr. gén., n. 2533.

1555 bis. — 9° Les actes faits en vertu et pour l'exécution de la loi du 9 avr. 1898, sur les accidents dont les ouvriers sont victimes dans leur travail (L. 9 avr. 1898, art. 29).

1556. — IV. *Exploits affranchis de toute formalité.* — Ce sont les significations d'actes d'avoué à avoué (L. 26 janv. 1892, art. 5).

§ 2. *Tarif. Droits fixes.*

1557. — Avant 1892, les droits fixes exigibles sur les divers exploits avaient été fixés ainsi qu'il suit : 0 fr. 75 pour les significations d'avoué à avoué devant les tribunaux de première instance (LL. 22 vent. an IX, art. 15; 28 avr. 1816, art. 41, n. 4; 19 févr. 1874, art. 2), et pour les exploits devant les prud'hommes, mais en *débet* (LL. 28 avr. 1816, art. 41, n. 2; 19 févr. 1874, art. 2; 7 août 1850, art. 1 à 4); — 1 fr. 50 pour les significations d'avoué à avoué devant les cours d'appel (LL. 28 avr. 1816, art. 42 ; 19 févr. 1874, art. 2); pour les protêts (Décr. 23 mars 1848. art. 1; L. 19 févr. 1874, art. 2); pour les exploits relatifs au recouvrement des contributions, lorsqu'il s'agit de cotes supérieures à 100 fr. (LL. 16 juin 1824, art. 6; 19 févr. 1874, art. 2); pour les exploits en matière correctionnelle, criminelle ou de simple police sujets à la formalité au comptant ou en débet (LL. 22 frim. an VII, art. 68, § 1, n. 48; 19 févr. 1874, art. 2) ; — 2 fr. 25 pour les exploits relatifs aux procédures en matière civile devant les juges de paix, jusques et y compris les significations des jugements définitifs (LL. 19 juill. 1845, art. 5 ; 19 févr. 1874, art. 2); — 3 fr. pour les actes extrajudiciaires non relatifs à une instance (et non soumis à un tarif spécial), à savoir : les sommations, commandements, oppositions, procès-verbaux, notifications, dénonciations, offres ne faisant pas titre, etc. (LL. 22 frim. an VII, art. 68, § 4, n. 30; 28 avr. 1816, art. 68, n. 43; 19 févr. 1874, art. 2); — 3 fr. pour les exploits relatifs aux procédures devant les tribunaux de première instance, en matière civile ou commerciale (mêmes textes ; sauf les exceptions introduites en faveur des notifications d'avoué à avoué, des exploits ayant trait au recouvrement des impôts et aux dénonciations de protêts ; — 3 fr. pour l'appel des sentences des conseils de prud'hommes et des décisions des chambres de discipline ; — 4 fr. 50 pour les exploits et autres actes du ministère des huissiers relatifs aux procédures devant les cours d'appel, jusques et y compris la signification des arrêts définitifs, excepté les déclarations d'appel et les significations d'avoué à avoué (LL. 28 avr. 1816, art. 44, n. 57; 19 févr. 1874, art. 2); — 4 fr. 50 pour les significations d'avocat à avocat dans les instances à la Cour de cassation et au Conseil d'État (LL. 28 avr. 1816, art. 44, n. 14 ; 19 févr. 1874, art. 2); — 7 fr. 50 pour l'appel des jugements de justice de paix en matière civile (LL. 22 frim. an VII, art. 68, § 4, n. 3; 19 févr. 1874, art. 2); — 7 fr. 50 pour les exploits et autres actes des huissiers dans les procédures devant la Cour de cassation et le Conseil d'État, jusques et y compris les significations des arrêts définitifs (LL. 28 avr. 1816, art. 45, n. 1 ; 19 févr. 1874, art. 2); — 15 fr. pour l'appel des jugements des tribunaux civils, de commerce ou d'arbitrage (LL. 22 frim. an VII, art. 68, § 5 ; 19 févr. 1874, art. 2); — 37 fr. 50 pour le premier acte de recours devant la Cour de cassation ou le Conseil d'État (LL. 28 avr. 1816, art. 47, n. 1 ; 19 févr. 1874, art. 2).

1558. — La loi du 26 janv. 1892 a abaissé à 1 fr. le droit dû sur les exploits relatifs aux procédures en matière civile devant les juges de paix (art. 6), et a réduit d'un tiers les droits dus sur la plupart des exploits (art. 7 et 8). Mais un grand nombre d'actes restaient encore en dehors des dégrèvements ; la loi du 28 avr. 1893 (art. 22) a réduit d'un tiers les divers droits fixes d'enregistrement auxquels étaient assujettis les actes extrajudiciaires non visés par la loi de 1892.

1559. — D'où les tarifs suivants actuellement en vigueur : exploits en matière civile en justice de paix : 1 fr. Ce tarif s'applique aux citations en conciliation, aux citations aux membres des conseils de famille, significations de jugements hors compétence, significations contenant commandement (Besson, *Frais de justice*, n. 48 et 53). Mais les actes d'*exécution* du jugement paient 2 fr. — Exploits en matière civile devant les tribunaux civils ou de commerce : 2 fr., sauf pour les significations d'avoué à avoué, affranchies de toute formalité, et pour les exploits en matière d'impôt et en matière correctionnelle, et pour les protêts, dont le tarif n'est que de 1 fr. Les exploits non relatifs à une instance sont aussi réduits d'un tiers. — Exploits devant les cours d'appel : 3 fr. — Significations d'actes d'avoué à avoué : exemption de toute formalité. Le bénéfice de la loi ne s'étend qu'aux significations proprement dites et non à l'expédition des qualités délivrées par le greffier lors de la délivrance de la grosse du jugement, ni aux qualités des jugements par défaut remises directement au greffier par l'avoué : dans ces deux cas, il n'y a pas lieu à enregistrement, mais l'emploi du timbre de dimension est obligatoire (*Traité alph.*, v° *Avoué*, n. 4 et s.). Les originaux des conclusions respectivement signifiées, qui, aux termes de l'art. 18, L. 26 janv. 1892, doivent être présentés au receveur par l'huissier dans les quatre jours de la signification, à peine de 10 fr. d'amende, sont visés par le préposé et ne sont admis en taxe que s'ils sont revêtus de ce visa. Tous les actes dispensés de la formalité sont inscrits sur l'huissier sur un répertoire spécial non timbré (art. 19). — Acte d'appel : 10 fr., 5 fr., 2 fr., 1 fr. suivant la juridiction. — Appel incident : exemption, comme acte d'avoué à avoué. — Exploits devant les conseils de prud'hommes : 0 fr. 50 en *débet* (L. 7 août 1850, art. 1 à 4 ; *Rev. Enreg.*, n. 2420, § IV). — Exploits des instances devant la Cour de cassation : 25 fr., 5 fr., et 3 fr., suivant les actes (V. *supra*, n. 1557). — Exploits devant le Conseil d'État : 25 fr., 5 fr., et 3 fr. — Exploits devant la juridiction répressive : 1 fr. pour ceux de ces actes qui paient le droit au comptant (V *supra*, n. 1338 et s., 1557). — Procès-verbaux de contravention ou de délit : 2 fr.

1560. — Tous ces dégrèvements s'appliquent même aux exploits concernant des procédures commencées avant la loi de 1892.

1561. — Les exploits *refaits* sont passibles du droit auquel ils se trouvent tarifés d'après leur nature : on ne saurait leur appliquer la disposition de l'art. 68, § 1, n. 7, L. 22 frim. an VII, d'après laquelle les actes refaits pour cause de nullité, sans aucun changement qui ait rapport aux objets des conventions, ne sont soumis qu'à un droit fixe de 3 fr. : cette disposition ne régit pas les actes extrajudiciaires. — Sol. 12 mars 1869, B..., [S. 72. 2.28, P. 72.142]

§ 3. *Droits proportionnels.*

1562. — Lorsqu'un exploit fait titre d'une convention quelconque soumise au droit proportionnel, le droit fixe disparaît et le minimum de l'impôt à percevoir est, non le droit fixe, mais la somme de 0 fr. 25 conformément à l'art. 3, L. 27 vent. an IX. — Sol. 28 juin 1833. — Instr. gén., n. 1437, § 7; *J. Enreg.*, n. 10652.

1562 bis. — En matière d'offres réelles, l'exploit est passible du droit fixe si les offres sont refusées et ne peuvent faire titre au profit du créancier. Si procès-verbal suffit pour constituer un titre, le droit d'obligation à 1 p. 100 est dû, quand l'obligation ne résulte pas d'un titre antérieur enregistré. — Trib. Seine, 30 avr. 1851, [*J Enreg*, n. 15191]; — 15 juin 1883, [*J. Enreg*, n. 22233 ; *Rép. pér.*, n. 6196] — Trib. Grasse, 11 août 1884, [*J.*

Enreg., n. 22367; [Rép. pér., n. 6407] — Trib. Seine, 21 avr. 1894, [Rev. Enreg., n. 745] — Enfin si les offres sont acceptées il y a lieu de percevoir le droit de quittance à 0 fr. 50 p 0/0 (Sol. 28 juin 1833, précitée). Le droit de quittance porterait sur le total de la somme due, alors même que les offres n'atteindraient pas ce chiffre, si le créancier donnait quittance pour solde. — Tr. alph., v° Offres réelles, n. 6 à 8; Dict. Enreg., cod. verb., n. 14; Garnier, Rép., eod. verb., n. 27 et 30.

1563. — Jugé, dans le même sens, que l'exploit dans lequel une personne déclare avoir reçu une somme à titre de dépôt, dépôt non constaté par un acte antérieur, est passible du droit d'obligation. — Trib. Seine, 15 janv. et 19 févr. 1845, [J. Enreg., n. 13934-2°; Rép. pér., n. 7246]

1564. — La déclaration formelle du créancier d'avoir reçu du débiteur certaines sommes est sujette au droit de 0 fr. 50 p. 0/0, mais il faut que l'exploit contenant cette déclaration puisse servir de titre au débiteur. — Trib. Seine, 16 déc. 1864, [Rép. pér., n. 2065]

1565. — En matière de mutation immobilière, l'exploit ne donne ouverture au droit de 5 fr. 50 p. 0/0 que s'il constitue le titre de la transmission : ainsi l'acte par lequel le vendeur somme l'acquéreur de passer acte notarié de leur convention ne peut servir de base au droit de 5 fr. 50 p. 0/0 : le receveur y trouvera simplement une présomption de mutation secrète (Tr. alph., v° Exploit, n. 84). — Cass., 11 juill. 1865, Lonvergne, [S. 65.1.362, P. 65.907, D. 65.1.446] — V. aussi Cass., 9 juill. 1834, Dupuysset, [S. 34.1.514, P. chr.]; — 23 nov. 1840, Saussier, [S. 40.1.978, P. 41.1.306]; — 5 janv. 1891, Le Bris, [S. 91.1.276, P. 91.1.653, D. 91.1.317]

1566. — De même la sommation par le vendeur à l'acheteur d'avoir à exécuter une vente de meubles ne donne pas ouverture au droit de 2 p. 0/0 si l'acquéreur dénie la vente. — Trib. Seine, 23 juill. 1859, [Rép. pér., n. 1266; J. Enreg., n. 17010] — Mais si l'acte portait reconnaissance de la convention par les deux parties, il y aurait lieu de percevoir le droit de vente mobilière. — Sol. 30 janv. 1855, 13 nov. 1856, 26 févr. 1882, [Rép. pér., n. 5900] — Même solution si, à la suite de l'exploit contenant offre par l'acheteur de payer et sommation au vendeur de livrer, le vendeur accepte l'offre et fait sommation de prendre livraison. — J. Enreg., n. 16285-3°.

§ 4. Pluralité des droits.

1567. — I. Dispositions indépendantes. — Chaque disposition indépendante d'un exploit est passible d'un droit particulier. Nous citerons comme applications en notre matière de ce principe général les décisions suivantes.

1568. — L'exploit constatant une opération qui a donné lieu à plusieurs séances ou vacations, faisant chacune l'objet d'un procès-verbal distinct, est passible d'autant de droits qu'il y a de vacations, chacune de celles-ci étant regardée comme un acte parfait. — Délib. Enreg., 22 nov. 1817 et 26 mars 1823, [J. Enreg., n.7425] — Mais un seul droit est dû sur la citation à témoins, faite en plusieurs jours consécutifs, si l'huissier ne dresse qu'un seul acte (J. Enreg., n. 7059; Dict. Enreg., v° Exploit, n. 204); sur le procès-verbal d'affiches apposées pendant plusieurs jours consécutifs. — J. Enreg., n. 748 et 7158; Garnier, Rép., v° Exploit, n. 130.

1569. — Deux droits sont dus sur le procès-verbal de saisie-exécution contenant remise au gardien d'une copie du procès-verbal (Déc. min. Fin., 31 mai 1830 ; Instr. gén., n. 1336, § 7) : la signification au gardien est en effet indépendante de la saisie. Mais un seul droit est dû quel que soit le nombre des gardiens, et si c'est le saisi lui-même qui est nommé gardien, aucun droit n'est exigible, car cette nomination ne donne au saisissant aucune action nouvelle contre le saisi De même la nomination, dans une saisie-brandon, du garde champêtre comme gardien n'est susceptible d'aucun droit. — Délib. Enreg, 14 févr. 1854, [Instr. gén., n. 1993]

1570. — Lorsque, dans une saisie en matière de douanes ou de contributions indirectes, un tiers intervient comme caution ou gardien, il est dû un droit spécial; il en est autrement si le gardien est le saisi lui-même ou le préposé de l'administration. — Déc. min. Fin., 30 juin 1859, [Instr. gén., n. 2155-2°; Rép pér., n. 1207] — Traité alph., v° Exploit, n 92. — Contrà, Garnier, Rép., eod. verb., n. 158-4°.

1571. — L'exploit qui contient : 1° notification de la saisie au tiers saisi; 2° dénonciation au saisi avec assignation en validité; 3° contre-dénonciation au tiers saisi, est passible de trois droits fixes. — Sol. 7 sept. 1881, [Rép. pér., n. 5807; J. Enreg., n. 13785-2°] — Mais la dénonciation au saisi et l'assignation en validité sont deux dispositions dépendantes, sujettes à un seul droit. — Sol. 12 mars 1883, [Rép. pér., n. 6166]

1572. — Un seul droit est dû sur la sommation suivie de citation (Sol. 13 mars 1832 : J. Enreg., n. 10296); sur la signification de jugement suivie de commandement (Besson, loc. cit., n. 53); sur le procès-verbal des douanes contenant citation en justice de paix (Sol. 14 févr. 1834); mais si ce procès-verbal contient assignation devant le tribunal correctionnel, un droit spécial est exigible. — Sol. 5 déc. 1881, [Rép. pér., n. 5860] — Même règle pour les contributions indirectes (Instr. gén., n. 1490, § 10). Un seul droit est encore dû sur le congé suivi de commandement de payer (Délib. Enreg., 16 mai 1822 : J. Enreg., n. 7180); sur la commission donnée à l'huissier à la suite d'une citation: sur l'exploit révoquant un avoué et en nommant un autre (L. 26 janv. 1892, art. 5); sur la signification par le même acte à avoué et à partie (L. 26 janv. 1892, art. 5); sur l'exploit contenant copie du titre, de l'opposition sur le prix d'une vente de meubles signifiée au vendeur et à l'officier public qui a instrumenté, etc.

1573. — Aucun droit n'est dû sur l'acquiescement ou le désistement fait par acte d'avoué à avoué, les actes du palais n'étant plus soumis à la formalité (V. suprà, n. 1556); mais si l'acquiescement ou le désistement est signé de la partie, il constitue un acte distinct passible du droit de 3 fr. (Sol. 1er juin 1893). — Aucun droit n'est dû sur la constitution d'avoué en matière civile; mais un droit spécial est dû sur cette même constitution faite en simple police ou en police correctionnelle. — Délib. Enreg., 3 nov. 1829, [J. Enreg., n. 9452]

1574. — Un droit spécial exigible sur le pouvoir de représenter en justice le demandeur, contenu dans une assignation devant les tribunaux de paix ou de police (Déc. min. Fin., 28 thermidor an IX; Circ. 2050); sur l'opposition à un jugement par défaut inscrite à la suite d'un acte d'exécution; sur l'assignation en paiement du solde écrite à la suite d'une quittance d'escompte. — J. Enreg., n. 17358.

1575. — Il est important de faire remarquer que la perception sur un exploit d'un droit proportionnel n'empêche nullement la perception d'un droit fixe sur une disposition indépendante contenue dans cet exploit, et réciproquement.

1576. — Mais si la disposition principale paie le droit proportionnel, comme par exemple quand il s'agit d'un procès-verbal d'offres acceptées (V. suprà, n. 1562 bis), le droit fixe ne peut être perçu sur cette même disposition. — Traité alphab., v° Exploit, n. 112.

1577. — II. Nombre des parties. — Le nombre des parties influe aussi sur la pluralité des droits. En vertu de l'art. 68, § 1, n. 30 de la loi de frimaire, et suivant les termes de l'instruction générale, n. 400, § 6 : « il est dû autant de droits qu'il y a de demandeurs non solidaires contre une même personne, et il est perçu autant de droits qu'il y a de défendeurs non coïntéressés contre lesquels un seul particulier procède; enfin s'il s'agit de plusieurs demandeurs et de différents défendeurs, on doit exiger autant de droits qu'il se trouve de demandeurs et relativement au nombre des parties contre lesquelles chacun poursuit. » Si donc il y a cinq demandeurs non solidaires agissant contre six défendeurs non coïntéressés, on doit percevoir 5 × 6, soit 30 droits — Délib. Enreg., 22 sept. 1829 [J. Enreg., n. 9615] — Seuls les exploits sont soumis à la pluralité en raison du nombre des personnes. — Sol. 16 déc. 1825 : Instr. gén., n. 1187, § 10.

1578. — La règle de la pluralité s'applique aux actes d'appel (L. 27 vent. an IX, art. 13); mais alors même qu'il y aurait intérêt commun, plusieurs droits sont dus si plusieurs originaux sont dressés (Instr. gén., n. 1600). Au contraire, l'appel de plusieurs jugements rendus entre plusieurs personnes ne rend exigible qu'un seul droit. — J. Enreg., n. 1686.

1579. — Cette règle s'applique aussi aux instances devant la Cour de cassation (Délib. 19 juin 1824), et devant le Conseil d'État.

1580. — Première exception. — Il est fait exception au principe de la pluralité quand les parties sont copropriétaires, cohéritiers, parents réunis, coïntéressés, débiteurs ou créanciers, associés ou solidaires, séquestres, experts ou témoins (L. 22 frim. an VII, art. 68, § 1, n. 30). Pour bénéficier de l'exception, l'exploit doit énoncer formellement les qualités des parties. — Sol. 2 juin 1891, [*J. Enreg.*, n. 23751] — Il faut en outre que cette énonciation soit véridique.

1581. — Les *cohéritiers* comprennent non seulement les héritiers naturels, mais encore les légataires universels ou à titre universel. Il n'en est pas de même des légataires particuliers. En vertu de ces principes, il a été décidé que l'assignation donnée à l'héritier naturel, au légataire particulier, et à deux exécuteurs testamentaires est passible de deux droits : l'un pour le légataire, le second pour les trois autres parties (*J. Enreg.*, n. 4380, et n. 10128). Ajoutons que si, au lieu d'agir dans un intérêt commun, les cohéritiers intentaient les uns contre les autres des actions personnelles, l'exception disparaîtrait.— *J. Enreg.*, n. 5538.

1582. — Quand le père et la mère font opposition à mariage, ou reçoivent une sommation respectueuse, un seul droit est dû ; c'est le cas de *parents réunis*.

1583. — On appelle coïntéressés « des individus ayant un seul et même intérêt, et visant au même but, quelle que soit la diversité de nature ou d'origine des droits qu'il s'agit de protéger. » — Cass., 12 janv. 1869, Steffensen, [S. 69.1.276, P. 69. 668, D. 69.1.248] — En ce sens, il a été jugé qu'une sommation faite par plusieurs adjudicataires de lots distincts, pour faire respecter une servitude que leur garantissait le procès-verbal d'adjudication, n'est passible que d'un seul droit. — Cass., 11 janv. 1842, Petignot, [S. 42.1.238, P. 42.1.357]

1584. — De même, des riverains agissant pour faire reconnaître leur droit de pêche sont coïntéressés. — Sol. 18 mai 1837 (*J. not.*, n. 9743). — Cependant, il a été jugé que les riverains qui réclament des indemnités pour dommages causés à leurs propriétés par l'infiltration des eaux d'un canal, ne sont pas coïntéressés, bien que leurs intérêts soient identiques. Par suite, il est dû sur l'exploit de leur part signifié par le propriétaire du canal autant de droits fixes qu'il y a de riverains. — Trib. Nérac, 18 août 1868, Chemin de fer du Midi, [S. 70.2.25, P. 70.111, D.70.3.75] — Si ces propriétaires avaient été constitués en syndicat la solution eût été contraire. — *Tr. alph.*, v° *Exploit*, n. 131.

1585. — Les propriétaires cités en bornage de leurs propriétés sont coïntéressés. — Sol. 16 janv. 1866, [S. 66.2.291, P. 66.1040] — Trib. Amiens, 15 juin 1837, [*J. Enreg.*, n. 1136] — Délib., 4 août 1837. — Garnier, *Rép.*, v° *Bornage*, n. 2274; *Tr. alph.*, v° *Exploit*, n. 134.

1586. — Même solution pour le mari autorisant sa femme en justice, pour les ouvriers travaillant dans la même entreprise (Sol. 6 juin 1883 : *Rép. pér.*, n. 6706), pour les membres d'un syndicat, pour le syndic et les créanciers, pour les créanciers poursuivant la séparation des patrimoines. — Cass., 2 juin 1832, Guihert, [S. 32.1.435, P. chr.]

1587. — Cependant il a été décidé que sur un exploit de notification de contrat d'acquisition par l'acquéreur aux créanciers inscrits, il y a lieu de percevoir autant de droits qu'il y a de créanciers. — Cass., 17 juin 1851, Grenet, [S. 51.1.398, P. 51.2.481, D. 51.1.237] — *Contrà*, Pont, *Rev. crit. de jurispr.*, t. 2, p. 21 et s.

1588. — L'exploit signifié au mandataire de plusieurs personnes non coïntéressées est passible de plusieurs droits.—Délib., 14 avr. 1835 (*Instr. gén.*, n. 1481, § 14).— Trib. Montargis, 25 févr. 1850, [*J. Enreg.*, n. 14918-3°] — Trib. Chartres, 7 juin 1850, [*J. Enreg.*, n. 14991] — ... A moins que le mandataire n'agisse en son nom personnel. C'est ainsi qu'au cas de notification de son titre par l'adjudicataire au subrogé tuteur de plusieurs mineurs, un seul droit est dû, car, dans cette hypothèse, c'est plus la responsabilité personnelle du subrogé tuteur qui est en jeu que l'intérêt des mineurs. — Sol. 9 nov. 1875, [*J. Enreg.*, n. 19947]

1589. — L'exploit signifié à la partie condamnée par l'avoué qui a obtenu la distraction des dépens, et par son client, n'opère qu'un seul droit. — Sol. 30 mars 1863, [*J. Enreg.*, n. 15626-3°; *Dict. Enreg.*, v° *Exploit*, n. 201]

1590. — La *solidarité* entre les parties met obstacle à la pluralité des droits. Mais si cinq cessionnaires d'un prix de vente, chacun pour des portions distinctes, signifient la cession à quatorze débiteurs, non solidaires de ce prix, il est dû 5 × 14 = 70 droits, car aucune solidarité n'existe entre les cessionnaires. — Sol. 26 août 1831, [*J. Enreg.*, n. 10113]—Le nombre des créances cédées à un même individu n'influe aucunement sur la perception.

1591. — Même règle devant les juridictions répressives. L'assignation au correctionnel donnée à deux individus est passible de deux droits, à moins que, comme en matière de *douanes*,

la loi elle-même ne déclare les délinquants solidaires (L. 28 avr. 1816, art. 41). — *J. Enreg.*, n. 7323. — L'appel par plusieurs personnes d'un jugement qui les a condamnées *solidairement* n'est sujet qu'à un droit. — Sol. 12 nov. 1862, [*J. Enreg.*, n. 18075]

1592. — Les associés ne comptent que pour une seule personne. — Délib. 12 juin 1827, [*J. Enreg.*, n. 8793] — Sol. 9 déc. 1858; 10 févr. 1868.

1593. — Même règle pour les séquestres, les experts (Déc. min. Fin., 16 brum. an VIII : *J. Enreg.*, n. 292-2°), et les témoins (*J. Enreg.*, n. 7039).

1594. — *Deuxième exception*. — En vertu de la loi du 28 avr. 1893, art. 23, la règle de la pluralité des droits est abrogée en ce qui concerne les exploits relatifs aux procédures de délaissement par hypothèque, de purge des hypothèques légales ou inscrites, de saisie immobilière, d'ordre judiciaire et de contribution judiciaire. En conséquence, il n'est dû qu'un seul droit pour ces exploits, quel que soit le nombre des demandeurs et des défendeurs. — *Instr. gén.*, n. 2838, § 11.

1595. — Les actes au greffe qui, sans être des exploits, se rattachent aux procédures ci-dessus, bénéficient de l'exemption de la loi de 1893. — Sol. 17 oct. 1898, [*Rev. Enreg.*, n. 2090; *Instr. gén.*, n. 2838]

1596. — Mais la pluralité n'est supprimée que relativement au nombre des parties. Elle subsiste pour les dispositions indépendantes (V. *suprà*, n. 1567 et s.). — Besson, *loc. cit.*, n. 37; *Traité alphab.*, v° *Exploit*, n. 156.

§ 5. *Copies.*

1597. — En vertu de la loi du 2 juill. 1862, art. 20, les copies des exploits, celles des significations d'avoué à avoué et les significations de tous jugements, actes et pièces, doivent être correctes, lisibles et sans abréviation, à peine d'une amende de 25 fr.

1598. — Cette loi ne s'applique pas aux copies collationnées dressées par les avoués et déposées au greffe (Sol. 15-27 avr. 1863; *J. Enreg.*, n. 17642; *Rép. pér.*, n. 1809); ni à celles des états d'inscriptions produits sans notification à la Caisse des dépôts et consignations. Mais elle régit les copies faites et signifiées par un avoué (*Rép. pér.*, n. 1654; *Instr. gén.*, n. 2225), les placards apposés par les soins des huissiers, les copies de protêts inscrites sur le registre spécial (C. comm., art. 176). — Déc. min. Fin. et Just., 11 févr. 1867 (*Instr. gén.*, n. 2333).

1599. — La copie *illisible* est celle qui est absolument indéchiffrable. La copie *incorrecte* est celle qui ne reproduit pas fidèlement l'original. — Cass., 25 avr. 1837, [D. *Rép.*, v° *Copie de pièces*, n. 26] — Toutes abréviations sont interdites, sauf celles d'usage courant, telles que *M.* ou *etc.* — V. *suprà*, v° *Abréviation*.

1600. — Les contraventions à l'art. 20 de la loi de 1862 sont constatées par les agents de l'Administration de l'enregistrement : ceux-ci se bornent à dresser un procès-verbal qu'ils transmettent au procureur de la République. — *Traité alphab.*, v° *Copie de pièces*, n. 53.

Section III.
Timbre.

§ 1. *Originaux.*

1601. — Les exploits doivent être rédigés sur du papier timbré de dimension, à peine de 20 fr. d'amende (LL. 13 brum. an VII, art. 12, §§ 1 et 26; 16 juin 1824, art. 10), sans limitation du nombre de lignes et de syllabes. Mais l'exploit rédigé sur papier non timbré n'est pas nul. — Bastia, 17 janv. 1876, [*Rép. pér.*, n. 4357]

1602. — Les huissiers peuvent écrire les significations à la suite des jugements et autres pièces dont ils délivrent copie (L. 22 frim. an VII, art. 23). De même, la dénonciation de protêt d'un effet de commerce peut être inscrite à la suite du protêt. — Sol. 22 oct. 1807, [*J. Enreg.*, n. 2738]

1603. — Ce sont deux exceptions au principe général de l'art. 23 de la loi de frimaire qui prohibe la rédaction de deux actes à la suite l'un de l'autre sur la même feuille de papier timbré. — V. aussi *suprà*, v¹⁸ *Acte à la suite*, *Acte passé en conséquence*.

§ 2. *Copies.*

1604. — I. *Limitation du nombre de lignes et de syllabes.* — Les copies d'exploits sont soumises à certaines règles en ce qui concerne le nombre de lignes et de syllabes. — V. à cet égard supra, n. 27 et 28.

1605. — Les copies autographiées, lithographiées ou imprimées sont soumises aux mêmes règles que les copies manuscrites (Déc. min. Fin., 5 oct. 1821; *J. Enreg.*, n. 7076; Instr. gén., n. 1624 et 2228). Toute fraction de ligne compte pour une ligne entière. L'excès de lignes résultant de *renvois* ne donne pas lieu à amende, dès lors qu'il n'y a pas abus. — *Tr. alph.* v° *Copie de pièces*, n. 23.

1606. — La compensation est admise entre les pages de la même copie pour le calcul du droit de timbre, contrairement à ce qui a lieu pour l'exigibilité de l'amende (V. *supra*, n. 27), et un supplément de droit de timbre n'est dû que si le total des pages présente un excédent de lignes. — Sol. 2 nov. 1863, 12 nov. 1867 (Instr. gén., n. 2228).

1607. — Le registre des protêts est soumis aux mêmes règles ; mais comme il peut être fait sur papier de toute dime. sion (V. *infra*, n. 1611), il y a lieu d'appliquer les prescriptions du décret du 30 juill. 1862. — V. *supra*, n. 27.

1608. — Le prix du timbre employé sur le registre des protêts pour la copie des originaux est remboursé aux huissiers à raison de 0 fr. 40 par protêt simple et 0 fr. 60 par protêt de perquisition (L. 24 nov. 1871, art. 4). La mention du nombre de feuilles employées et du montant des droits de timbre n'est pas exigée sur la copie des protêts au registre spécial. — *Rev. prat.*, n. 3184.

1609. — Il n'est dû qu'une amende pour tous les excédents de syllabes contenues dans la même page, même quand cette page contient à la fois excédent de lignes et excédent de syllabes. — Sol. 27 oct. 1865 [*Rép. pér.*, n. 2196]; — 24 avr. 1889, 19 déc. 1890, [*Rev. prat.*, n. 3182] — Toutes les abréviations de la même copie ne rendent exigibles qu'une amende. — Sol. 6 nov. 1889.

1610. — C'est toujours l'huissier qui est passible de la pénalité, puisque c'est lui qui signifie l'acte. — Sol. 24 juin 1868, [*Rép. pér.*, n. 2480]; — 7 nov. 1890.

1611. — II. *Timbre spécial*. — Autrefois, beaucoup de copies n'étaient pas effectivement remises aux parties, de sorte que le Trésor perdait le droit de timbre exigible sur ces copies. Pour remédier à cet inconvénient, la loi du 29 déc. 1873, art. 2, a disposé que les copies seraient écrites sur du *petit papier spécial* fourni par l'administration, et *non timbré* ; mais l'huissier est tenu d'apposer sur l'original même, avant la signification, des timbres mobiles représentant la valeur du papier employé pour les copies (Déc. 30 déc. 1873, art. 3; *Rép. pér.*, n. 3781; Instr. gén., n. 2784). Ces timbres sont collés en marge de l'exploit et oblitérés par le préposé qui enregistre l'original.

1612. — Il a été décidé que lorsqu'un timbre mobile a été apposé sur un exploit, il ne peut être décollé pour servir à nouveau, même si la signification n'a pas eu lieu. — Sol. 1er juill. 1876, [*Rép. pér.*, n. 4499; *J. Enreg.*, n. 20129] — Le timbre est en effet un impôt de consommation.

1613. — Les huissiers sont tenus d'indiquer distinctement au bas de l'original et de la copie de chaque exploit : le nombre des feuilles de papier spécial employées tant pour les copies de l'original que pour les copies des pièces signifiées; et le montant des droits de timbre dus à raison de la dimension de ces feuilles (L. 29 déc. 1873, art. 3. — V. *Rev. Enreg.*, n. 2112). Ces mêmes mentions doivent être inscrites sur le répertoire, dans des colonnes distinctes (Décr. 30 déc. 1873, art. 4).

1614. — Chaque contravention aux dispositions précédentes donne lieu à une amende de 50 fr. (L. 29 déc. 1873, art. 5). La régie doit prouver les contraventions à l'art. 3 de la loi de 1873, soit par la représentation matérielle des copies, soit par les énonciations de l'original portant qu'il a été délivré un nombre de copies supérieur à celui des feuilles de papier spécial employées. Mais elle ne serait pas admise à démontrer l'inexactitude de la mention relative au nombre de feuilles employées en s'appuyant seulement sur ce fait qu'elles ne représentent pas le nombre de copies nécessaires pour la validité de la procédure. — Sol. 29 févr. 1892 (*Rev. Enreg.*, n. 923).

1615. — Si un procès-verbal d'apposition de placards n'est pas revêtu des timbres spéciaux et ne contient pas les mentions prescrites, *trois* amendes sont relevées, en cas de non représentation des placards que l'on considère comme rédigés sur papier spécial : une amende pour défaut d'apposition de timbres mobiles, deux autres pour omission des mentions exigées par la loi de 1873 ; il y a lieu, en outre, de réclamer les droits de timbre (*Rev. prat.*, n. 2485). Si les placards sont représentés et qu'ils soient établis sur papier de dimension, il y a autant de contraventions que de copies délivrées; mais aucune amende n'est due pour défaut d'apposition de timbres mobiles spéciaux et défaut des mentions de la loi de 1873, puisqu'il n'y a pas eu emploi de papier spécial. — Sol. 10 sept. 1892, [*Rev. Enreg.*, n. 568]

1616. — Tous les actes, autres que les copies, rédigés sur du papier spécial, sont considérés comme non timbrés; si l'original d'un exploit est écrit sur ce papier, l'amende pour l'officier ministériel est de 20 fr. (LL. 13 brum. an VII, art. 26, et 16 juin 1824, art. 10). — Sol. 9 sept. 1890. — *Rev. prat.*, n. 3181; *Traité alph.*, v° *Copie de pièces*, n. 51.

1617. — Ne sont pas soumis à la loi de 1873 les actes visés pour timbre gratis ou en débet. — Sol. 22 avr. 1891.

1618. — La loi de 1873 est applicable aux actes des porteurs de contraintes; mais ces agents peuvent continuer à employer pour leurs copies les formules spéciales mises à leur disposition par l'administration des contributions directes, pourvu qu'elles soient préalablement revêtues du timbre spécial établi pour le papier-copie délivré par la régie (Arr., 6 mai 1874; Instr. gén., n. 2484). Dans le cas où le porteur ne délivrerait pas la copie parce que le débiteur s'est libéré immédiatement, le timbre spécial ne serait pas apposé sur l'original. — Sol. 4 avr. 1877, [*J. Enreg.*, n. 20612; *Rép. pér.*, n. 5083]

1619. — Aux termes de l'arrêté précité, les dispositions qu'il contient peuvent être étendues à toutes les administrations (Instr. gén., n. 2504). Mais la loi de 1873 s'appliquerait rigoureusement si la signification était faite par un huissier et non par un agent de l'Etat.

1620. — III. *Recouvrement et prescription des amendes*. — Les amendes encourues pour contravention à la loi de 1862 et à celle de 1873 sont recouvrées directement par la régie, en suivant les formes de sa procédure ordinaire. — Cass., 17 févr. 1828, [*J. Enreg.*, n. 12706]; — 15 févr. 1841, [*J. Enreg.*, n. 13108]; 20 août 1866, Lucas, [S. 66.1.406, P. 66.1088, D. 66.1.421] — Sol. 6 nov. et 26 déc. 1889. — V. *supra*, v° *Enregistrement*, n. 3684 et s.

1621. — La vérification des copies s'effectue dans tous les dépôts publics ouverts aux investigations de l'administration de l'enregistrement (Instr. gén., n. 1621, 2721, §§ 123 et 129). — V. *supra*, v° *Enregistrement*, n. 3335 et s.

1622. — Les droits de timbre se prescrivent que par trente ans. Les amendes sont prescrites au bout de deux ans, du jour où le préposé de la régie a été mis à même de relever la contravention ; si cette occasion ne s'est pas présentée, la prescription est de trente ans. — *Tr. alph.* v° *Copie de pièces*, n. 55. — V. *supra*, v° *Enregistrement*, n. 2349 et s.

EXPLOITATION. — V. BREVET D'INVENTION. —EXPOSITIONS ARTISTIQUES ET INDUSTRIELLES.

EXPLOSION. — V. DESTRUCTION PAR L'EFFET D'UNE MINE OU AUTRE SUBSTANCE EXPLOSIBLE. — MENÉES ANARCHISTES. — SUBSTANCES EXPLOSIBLES.

EXPORTATION. — V. DOUANES.

EXPOSÉ DES MOTIFS. — V. LOIS ET DÉCRETS.

EXPOSITIONS ARTISTIQUES ET INDUSTRIELLES.

LÉGISLATION.

Ord. 4 oct. 1833 (*portant qu'une exposition des produits de l'industrie française sera ouverte à Paris le 1er mai 1834 et qu'à l'avenir des expositions périodiques auront lieu de cinq en cinq ans*); — Décr. 8 mars 1853 (*portant qu'une exposition universelle des produits agricoles et industriels s'ouvrira à Paris le 1er mai 1855*); — Décr. 22 juin 1863 (*portant qu'une exposition universelle des produits agricoles et industriels s'ouvrira à Paris le 1er mai 1867*); — Décr. 1er févr. 1865 (*portant qu'une exposition universelle des beaux-arts s'ouvrira à Paris en même temps que l'exposition agricole et industrielle, le 1er mai 1867*); — Décr. 14 avr. 1876 (*portant qu'une exposition universelle des produits agricoles et industriels s'ouvrira à Paris le 1er mai 1878*); — Décr. 8 nov. 1884 (*ayant pour objet l'institution d'une exposition universelle internationale*); — L. 30 avr. 1886 (*relative à l'usurpation des médailles et récompenses industrielles*); — L. 4 avr. 1889 (*approuvant la convention passée entre le ministre du Com-*

merce et le gouverneur du Crédit foncier de France agissant pour le compte de divers établissements de crédit); — L. 31 juill. 1890 (relative à la conservation des monuments de l'Exposition universelle de 1889); — Décr. 13 juill. 1892 (portant ouverture à Paris le 5 mai 1900 d'une exposition universelle); — Décr. 9 sept. 1893 (portant organisation des services de l'Exposition universelle de 1900); — Décr. 24 oct. 1893 (relatif à l'admission en franchise de la correspondance de service du commissaire général de l'Exposition universelle de 1900); — Décr. 18 nov. 1893 (qui porte de 100 à 123 le nombre des membres de la commission supérieure de l'Exposition universelle de 1900); — Décr. 7 juin 1894 (portant modification au décret du 18 nov. 1893); — Décr. 28 juill. 1894 (constituant en entrepôt réel des douanes les locaux affectés à l'Exposition de 1900); — Décr. 4 août 1894 (portant règlement général pour l'Exposition universelle de 1900); — L. 13 juin 1896 (relative à l'organisation financière de l'Exposition universelle de 1900 et approuvant la convention du 18 nov. 1895 passée entre le ministre du Commerce et le gouverneur du Crédit foncier de France); — Décr. 15 avr. 1897 (sur la réglementation du fonctionnement du service financier de l'Exposition des colonies en 1900); — L. 30 déc. 1899 (relative à la protection de la propriété industrielle pour les objets admis à l'Exposition universelle de 1900).

BIBLIOGRAPHIE.

Block, *Dictionnaire de l'administration française*, 3e éd., 1 vol. gr. in-8°. — X. de Borssat et M. Cabs, *Droits et devoirs de l'exposant et du concessionnaire à l'Exposition de 1900*, 1900, 1 vol. in-18. — Brincourt, *L'Exposition universelle de 1889*, 1890, in-8°. — A. de Colmont, *Histoire des expositions des produits de l'industrie française*, 1855, in-8°. — Cornéli et Mussely, *Anvers et l'Exposition universelle de 1885*, 1886. — A. S. de Doncourt, *Les Expositions universelles*, 1889, in-4°. — Dredge, *The Paris international Exhibition of 1878*, Londres, 1 vol. in-f°. — W. F. Exner, *Les exposants et les expositions*, 1873. — E. Frederix, *La Belgique à l'Exposition universelle de 1878*, 1878, in-8°. — Gautier, *Les curiosités de l'Exposition de 1889*, 1889, in-12°. — F. Lacointa, *Les expositions internationales universelles ou spéciales*, 1896, 1 vol. gr. in-8°. — Lamarre et de la Blanchère, *Les États-Unis à l'Exposition de 1878*, 1 vol. in-12°. — Lamarre et de Fontpertuis, *L'Inde britannique à l'Exposition de 1878*, 1 broch. in-8°. — Luzzati, *Le Esposizioni*. — Mansolas, *La Grèce à l'Exposition universelle de Paris en 1878*, Athènes, 1 broch. in-8°. — E. Monod, *L'Exposition universelle de 1889*, 1890-1891, 3 vol. in-4°. — Morillon, *L'Exposition universelle de 1889*, 1890, in-4°. — Neymarck, *Ce que la France a gagné à l'Exposition de 1889*, Paris, in-4°. — Nyrop, *Le Danemark à l'Exposition de 1878 à Copenhague*, 1 broch. in-8°. — De Parville, *L'Exposition universelle de 1889*, 1890, in-12. — V. Protonotari, *Le Esposizioni considerate in se stesse e nelle loro relazioni*, Florence, 1861. — Regnier, *Revue et examen des expositions nationales et internationales en France et à l'étranger depuis 1798 jusqu'à 1878*, 1878, gr. in 8°. — Ambr. Rendu, *L'Exposition de 1878 et ses inventeurs*. — Rousselet, *L'Exposition universelle de 1889*, 1890, in-8°. — Roustan, *La République de l'Uruguay à l'Exposition de Paris de 1889*, Montevideo, 1 broch. in-8°. — Léon Say, *Dictionnaire des finances*, 1890, gr. in-8°, v° Exposition. — Sidenbladh, *La Suède à l'Exposition universelle de 1878*, 1 vol. in 8°. — Wolowski, *Rapport verbal sur l'exposition universelle de Vienne présenté à l'Académie des sciences morales et politiques*, 1873, in-8°. — Wood, *The Paris Exhibition*, Londres, 1 broch. gr. in-8°. in-12. — *Exposition de l'an IX. Procès-verbal des opérations du jury*, an X, in-12. — *Exposition de 1806. Rapport du jury sur les produits de l'industrie française*, 1806, in-12. — *Exposition de 1819. Rapport du jury central sur les produits de l'industrie française* (Cossaz), 1819, in-8°. — *Exposition de 1823. Rapport du jury sur les produits de l'industrie française* (Héricart de Thury et Migneron), 1824, in-8°. — *Exposition de 1827. Rapport du jury départemental de la Seine* (Payen), 2 vol. in-12. — *Exposition de 1827. Rapport du jury central sur les produits de l'industrie française* (Héricart de Thury et Migneron), 1828, in-8°. — *Exposition de 1834. Rapport du jury central sur les produits de l'industrie française* (Ch. Dupin), 3 vol. in-8°. — *Exposition de 1839. Rapport du jury central*, 1839, 3 vol. in-8°. — *Exposition de 1844. Rapport du jury central*, 1844, 3 vol. in-8°. — *Exposition de 1849. Rapport du jury central sur les produits de l'agriculture et de l'industrie*, 1850, 2 vol. in-8°. — *Exposition universelle de 1851. Travaux de la commission française sur l'industrie des nations* (Ch. Dupin), 1854-1873, 16 vol. in-8°. — *Exposition universelle de 1855. Rapports du jury mixte international*, 1856, 2 vol. in-4°. — *Exposition universelle de Londres 1862. Rapports des membres de la section française du jury international sur l'ensemble de l'exposition* (Michel Chevalier), 1862-64, 7 vol. in-8°. — *Études sur l'exposition universelle de Londres en 1862*, 1 vol. in-8°. — *Exposition universelle de 1867. Rapports du jury international* (Michel Chevalier), 1868, 13 vol. in-8°. — *Exposition universelle de 1867. Rapports des délégations ouvrières contenant l'origine et l'histoire des diverses professions, l'appréciation des objets exposés, la comparaison des arts et des industries en France et à l'étranger, l'exposé des vœux et besoins de la classe laborieuse*, etc., 1869, 3 vol. in-fol. — *Rapport du commissaire général de la Suisse à l'Exposition universelle de Paris en 1867*, Berne, 1 vol. in-8°. — *Exposition universelle de Vienne de 1873. Rapport de la commission supérieure*, 1875, 5 vol. in-4°. — *Exposition universelle de Vienne de 1873. Œuvres d'art et manufactures nationales*, in-8°. — *Exposition universelle de Vienne, 1873, France, Algérie et Colonies*, 1873, in-8°. — *Exposition internationale du Chili de 1875* in-8°. — *Rapports sur les expositions internationales de Londres en 1871, 1872 et 1874, de Vienne en 1873 et de Philadelphie en 1876* (Ozenne, du Sommerard), in-8°. — *Report of the Board on behalf of United States executive departements at the international exhibition held at Philadelphia 1876*, Washington, 1884, 2 vol. in-8°. — *Exposition internationale universelle de Philadelphie 1876. Rapports de la commission supérieure*, 1877, in-4°. — *Exposition de Philadelphie 1876. Œuvres d'art et produits industriels*, 1876, in-8°. — *Exposition internationale de Philadelphie. Rapport de délégués mécaniciens en précision* (Maquaire, Ponthus et Harlé), 1879, in-8°. — *Rapport administratif sur l'exposition universelle de 1878* (J.-B. Krantz), 1881, 2 vol. in-8°. — *Exposition universelle internationale de 1878. Rapports du jury international* (J. Simon), 76 vol. in-8°. — *Le royaume de Norvège et le peuple norvégien. Rapport à l'exposition universelle de 1878* (Broch), Christiania, 1 vol. in-8°. — *Le Japon à l'Exposition universelle de 1878*, 2 vol. in-8°. — *L'art et l'industrie de tous les peuples à l'Exposition universelle de 1878*, 1879, in-4°. — *Exposition internationale d'Amsterdam de 1883. Rapport de M. Victor Delahaye*. — *Exposition internationale d'Amsterdam de 1883. Rapport de la délégation ouvrière* (L. Chalain et Ch. Gruhier), 2 vol. in-8°. — *Rapport sur l'industrie des pelleteries et fourrures* (Ch. Gruhier), 1885, in-8°. — *Exposition internationale d'Anvers 1885. Rapports des ouvriers délégués à l'exposition d'Anvers*, 1886 2 vol. in-8°. — *Exposition universelle de 1889. Rapport général sur l'exposition universelle de 1889* (Picard). — *Paris universal exhibition 1889*, Londres, 1890, 1 broch. in-12.

Consultation pour les exposants étrangers prenant part à l'exposition universelle de 1876 à Philadelphie (Couderl; J. du dr. int. pr., 1876, p. 94 et s. — *De l'introduction en France d'objets fabriqués à l'étranger et semblables à des objets brevetés en France* (Lyon-Caen): J. du dr. int. pr., 1878, p. 17 et s. — *De la saisie en cours de voyage et dans l'enceinte de l'exposition des objets appartenant à des exposants français et étrangers* (Clunet): J. du dr. int. pr., 1878, p. 81 et s., 197 et s. — *De la saisie-arrêt des objets figurant à une exposition internationale d'après la jurisprudence autrichienne* (Lyon-Caen): J. du dr. int. pr., 1878, p. 446 et s. — *De la protection à accorder aux inventions, modèles et dessins industriels à l'exposition universelle d'Amsterdam en 1883* (Armengaud jeune): J. du dr. int. pr., 1882, p. 521 et s. — *L'exposition universelle de 1878* (L. de Pincy): Rev. adm., janvier-avril 1878, p. 532 et s. — *La ville de Paris à l'exposition universelle* (Bérard Varagnac): Rev. adm., septembre-décembre 1878, p. 63 et s. — *Les expositions nationales et universelles* (Gervais): Rev. bleue, 1889, 2e sem., p. 238 et s.

INDEX ALPHABÉTIQUE.

Accession, 54 et s.
Acquit-à-caution, 101.
Acte authentique, 241.
Action en justice, 86 et s., 257
et s.
Adjudication, 78 et s.
Affichage, 270.

Amende, 230, 265, 267.
Architecte, 210.
Avarie, 81.
Bail, 55, 218, 226.
Belgique, 131.
Brevet d'invention, 107 et s., 237.
Cahier des charges, 38.

444   EXPOSITIONS ARTISTIQUES ET INDUSTRIELLES.

Caution *judicatum solvi*, 238, 242, 244.
Certificat d'admission, 141.
Certificat provisoire, 142 et s.
Chemin de fer, 104.
Circonstances atténuantes, 269.
Comité d'admission, 30.
Comité de classe, 30.
Comité de groupe, 30.
Comités départementaux, 29.
Comité supérieur de révision, 30.
Commissaire général, 22, 23, 52, 86.
Commission d'admission, 25.
Commission étrangère, 87 et 88.
Compétence, 241 et s.
Compétence administrative, 79 et s.
Compétence commerciale, 78, 82.
Concession gratuite, 68 et s.
Concessionnaire, 39, 40, 78 et s.
Concurrence déloyale, 256 et s.
Condition résolutoire, 153 et s.
Condition suspensive, 153 et s.
Confiscation, 268.
Conseil d'Etat, 145.
Conseil de préfecture, 80.
Constructions, 53 et s.
Constructions sur le terrain d'autrui, 54.
Contrefaçon, 219 et s., 237 et s., 246.
Contributions indirectes, 101.
Créancier, 209 et s.
Déclinatoire, 244.
Délai, 143.
Délégué étranger, 27.
Délit, 261 et s.
Demande, 137 et s.
Dépôt, 62 et s., 137 et s., 226.
Description, 141.
Dessins, 198 et s., 237.
Destruction, 268.
Directeur, 23.
Directeur général de l'exploitation, 23.
Domicile, 244, 257, 259.
Dommages-intérêts, 66, 230, 255, 259.
Douanes, 94 et s.
Douanes (droits de), 215.
Droit des pauvres, 102.
Droit immobilier, 54 et s.
Droit mobilier, 58.
Eau, 36, 77.
Electricité, 221.
Emplacements, 34 et s.
Emprisonnement, 265.
Entrée, 48 et 44.
Entrepôt réel, 45 et s., 94 et s., 214.
Entrepreneurs de travaux, 38, 74, 210.
Espagne, 130.
Etat, 16, 19, 20, 53 et s., 86.
Etat étranger, 25.
Etats-Unis, 90 et s.
Etranger, 238, 242 et s., 257 et s.
Examen préalable, 144.
Exception d'incompétence, 244.
Exploitation, 15 et s.
Exploitation (défaut d'), 172.
Exposant, 57 et s., 82.
Exposants étrangers, 25 et s., 31.
Exposition étrangère, 21.
Exterritorialité, 46 et s.
Faillite, 235.
Fonctionnaire public, 83 et s.
Force majeure, 67.
Force motrice, 36, 65 et s., 77.
Franchise postale, 102.
Garantie, 74.
Gardien, 42.
Gaz, 36.
Grande-Bretagne, 129.
Hors concours, 253, 264.
Huissier, 229, 247.
Immunité diplomatique, 89.
Incendie, 42.
Incompétence, 244.
Ingénieur, 210.
Insaisissabilité, 212.
Installation, 37.
Invention brevetable, 111 et s.
Invention non brevetable, 160 et s.
Jouissance (droit de), 55.
Jugement, 270.
Jurés, 252.
Jury des récompenses, 249 et s.
Louage, 62 et s., 226.
Lumière électrique, 77.
Mainlevée, 72.
Marché de travaux publics, 80.
Marques de fabrique, 185 et s., 237.
Marque déposée, 192 et s.
Marque non déposée, 188 et s.
Mauvaise foi, 266.
Ministre du Commerce, 22, 79, 81, 145, 175, 229.
Modèle, 237.
Modèles de fabrique, 198 et s.
Neutralisation, 48 et 49.
Objets fabriqués à l'étranger, 175 et s.
Œuvres d'art, 201 et s.
Ouvriers, 210.
Ouvriers étrangers, 90 et s.
Perle, 71, 81.
Photographie, 205.
Police, 42.
Portes, 102.
Préfet, 42.
Préfet de police, 52.
Procureur de la République, 229.
Protection temporaire, 114 et s., 198.
Rébellion, 247.
Récompenses, 248 et s.
Récompenses (indication des), 267.
Récompenses (usurpation des), 255 et s.
Référé, 231, 234, 247.
Responsabilité civile, 71, 81.
Restaurateur, 79.
Retard, 66 et 67.
Retrait d'objets exposés, 33.
Saisie, 49, 98, 193, 209 et s.
Saisie-arrêt, 72, 222 et s., 241, 245 et 246.
Saisie-conservatoire, 235.
Saisie-contrefaçon, 237 et s., 246.
Saisie-exécution, 222, 226, 232.
Saisie-foraine, 236, 246.
Saisie-gagerie, 58, 217.
Saisie-revendication, 234, 246.
Séquestre, 231 et 232.
Sous-préfet, 142.
Sous-traitant, 82.
Suède, 130.
Syndicat d'installation, 37.
Tarif réduit, 104.
Tiers, 224 et s.
Titre exécutoire, 222.
Transit, 97.
Transport, 214.
Tribunal de commerce, 235.
Validation de saisie, 240.
Vapeur, 36.
Vice de construction, 74.
Ville, 20, 53 et s.
Voiturier, 214, 224.

Sect. II. — **Organisation générale** (n. 19 à 24).
Sect. III. — **Participation des étrangers** (n. 25 à 28).
Sect. IV. — **Admission, réception, retrait des produits** (n. 29 à 33).
Sect. V. — **Répartition des emplacements, installation** (n. 34 à 37).
Sect. VI. — **Entrepreneurs, concessionnaires, permissionnaires** (n. 38 à 40).
Sect. VII. — **Administration** (n. 41 à 44).
CHAP. III. — CONDITION DES LOCAUX ET DES PERSONNES.
Sect. I. — **Condition juridique des locaux de l'Exposition** (n. 45 à 52).
Sect. II. — **Qualité de l'administration à l'égard du sol de l'Exposition et des travaux édifiés par elle** (n. 53 à 56).
Sect. III. — **Qualité des exposants et concessionnaires à l'égard des constructions édifiées par eux** (n. 57 à 60).
Sect. IV. — **Qualité des exposants à l'égard de l'administration** (n. 61 à 77).
Sect. V. — **Règles de compétence en matière contentieuse** (n. 78 à 82).
Sect. VI. — **Caractère des différentes commissions organisatrices et de leurs membres** (n. 83 à 89).
Sect. VII. — **Situation des ouvriers étrangers aux expositions des Etats-Unis** (n. 90 à 93).
CHAP. IV. — IMMUNITÉS FISCALES ET FACILITÉS DE TRANSPORT (n. 94 à 106).
CHAP. V. — PROTECTION DE LA PROPRIÉTÉ INDUSTRIELLE ET ARTISTIQUE.
Sect. I. — **Inventions** (n. 107 à 109).
§ 1. — *Invention non brevetée dans le pays de l'Exposition* (n. 110).
1° Invention brevetable. — Protection temporaire (n. 111 à 114).
I. — Développements successifs de la protection temporaire (n. 115 à 124).
II. — Caractère et conditions d'obtention de la protection temporaire (n. 125 à 147).
III. — Effets de la protection temporaire (n. 148 à 159).
2° Invention non brevetable (n. 160 à 168).
§ 2. — *Invention brevetée dans le pays de l'exposition* (n. 169 à 171).
1° Déchéance pour défaut d'exploitation (n. 172 à 174).
2° Déchéance à raison de l'introduction, par le breveté, d'objets fabriqués à l'étranger (n. 175 à 184).
Sect. II. — **Marques de fabriques et de commerce, noms commerciaux** (n. 185 à 187).
§ 1. — *Cas d'une marque non déposée* (n. 188 à 191).
§ 2. — *Cas d'une marque déposée* (n. 192 à 197).
§ 3. — *Dessins et modèles de fabrique* (n. 198 à 200).
Sect. III. — **Œuvres artistiques et reproductions** (n. 201 à 208).
CHAP. VI. — SAISIES.
Sect. I. — **Fondement des différents modes de saisies** (n. 209).
§ 1. — *Les objets exposés peuvent-ils être saisis par les créanciers de l'administration?* (n. 210 à 212).
§ 2. — *Les objets exposés peuvent-ils être saisis par les créanciers des exposants?* (n. 213).
1° De la saisie en cours de voyage (n. 214 et 215).
2° De la saisie dans l'enceinte de l'exposition (n. 216).
§ 3. — *Les objets exposés peuvent-ils être saisis par des exposants ayant donné à bail les constructions qu'il leur a été permis d'élever?* (n. 217 et 218).

DIVISION

CHAP. I. — NOTIONS GÉNÉRALES ET HISTORIQUES (n. 1 à 14).
CHAP. II. — PRINCIPALES RÈGLES D'ORGANISATION ET D'ADMINISTRATION.
Sect. I. — **Différents modes d'exploitation** (n. 15 à 18).

§ 4. — *Les objets exposés contrefaits peuvent-ils être saisis par les industriels lésés?* (n. 219 à 221).

Sect. II. — Procédure.

§ 1. — *Le créancier a un titre exécutoire* (n. 222 à 232).

§ 2. — *Saisies ne pouvant être pratiquées qu'en vertu d'une permission du juge* (n. 233 à 239).

§ 3. — *Régularisation des procédures de saisies et exécution définitive* (n. 240 à 247).

CHAP. VII. — Récompenses.

Sect. I. — **Jury des récompenses** (n. 248 à 254).

Sect. II. — **Usurpation de récompenses** (n. 255 à 270).

CHAPITRE I.
NOTIONS GÉNÉRALES ET HISTORIQUES.

1. — Une *exposition* peut être *nationale* ou *internationale*, *spéciale* ou *universelle*, *temporaire* ou *permanente*. Le type le plus intéressant, notamment au point de vue juridique, de ces importantes manifestations de l'activité industrielle de notre temps, étant celui de l'exposition *internationale, universelle et temporaire*, c'est à ce type surtout que se réfèrent les explications qui suivre.

2. — Un siècle seulement nous sépare de la première exposition nationale, un demi-siècle à peine de la première exposition internationale. L'histoire de l'institution est donc relativement courte; mais elle est particulièrement attachante, à raison du lien étroit qui l'unit à l'évolution sociale et économique des cent dernières années. Avant la proclamation des grands principes modernes de la liberté du travail et de la propriété industrielle, l'intérêt mercantile était le seul mobile qui pût mettre en présence les producteurs et les consommateurs; les grandes foires périodiques, d'une part, et, de l'autre, les marchés permanents étaient les seuls lieux de rendez-vous où ils pouvaient se rencontrer. Mais, du jour où au régime de réglementation jalouse qui comprimait l'essor du progrès industriel, succéda une ère de libre et féconde émulation, une impulsion nouvelle devait pousser les producteurs au devant des consommateurs en les animant du désir de faire le public juge du résultat de leurs labeurs.

3. — C'est en France, en 1798 (an VI), que fut organisée la première exposition industrielle. Quand la tourmente révolutionnaire prit fin, le besoin se fit sentir de rendre à l'industrie nationale, désormais libre de toute entrave, un solennel encouragement. Sous l'inspiration de François de Neufchâteau, ministre de l'Intérieur, le Directoire promulgua, le 9 fruct. an VI, une loi qui ouvrait à un concours public, ingénieurs et fabricants. Aux termes de cette loi, une exposition devait avoir lieu chaque année; la qualité de français était exigée pour y participer, et chacun ne pouvait exposer que des produits de son industrie propre : il s'agissait de fêter exclusivement le travail national. Malgré des proportions restreintes, le succès fut très-vif et d'un bon augure pour l'avenir de l'institution nouvelle. Paris vit s'ouvrir de l'an VI, jusqu'en 1849, dix autres expositions nationales, dont chacune réalisa un progrès notable sur sa devancière, comme le montre le tableau suivant :

Années.	Durée prévue.	Emplacement.	Exposants.	Récompenses.
1re 1798 (an VI).	3 jours.	Champ-de-Mars.	110	31
2e 1801 (an IX).	6 —	Cour du Louvre.	220	110
3e 1802 (an X).	7 —	Id.	540	251
4e 1806	24 —	Esplan. des Invalides.	1.422	610
5e 1819	35 —	Palais du Louvre.	1.662	869
6e 1823	50 —	Id.	1.643	1.091
7e 1827	62 —	Id.	1.695	1.254
8e 1834	60 —	Place de la Concorde.	2.447	1.785
9e 1839		Champs-Élysées.	3.381	2.305
10e 1844		Id.	3.960	3.253
11e 1849	6 mois.	Id.	4.532	3.738

4. — Le mouvement gagna les pays étrangers : des expositions eurent lieu à Gand, en 1820, à Tournay, en 1824, à Harlem, en 1825; la Russie entra dans cette voie en 1829, l'Allemagne, en 1834, l'Autriche en 1835.

5. — La révolution de 1848 marque une nouvelle phase de l'évolution sociale et économique. La doctrine du libre-échange gagne tous les jours du terrain; la vapeur et l'électricité révolutionnent le monde industriel et commercial; la pénétration de nationale est devenue internationale. Les expositions devaient refléter ce nouveau progrès. Dès 1833, M. Boucher de Perthes avait exprimé le désir de voir la France proclamer la première, en organisant une exposition internationale, que l'amour de la patrie n'est nullement incompatible avec le souci du bien général de l'humanité. Mais l'heure n'était pas encore venue. En 1849, Tauret, ministre du Commerce, aurait désiré que l'exposition de cette année fût internationale. Le gouvernement français conçut même le projet de se concerter avec les puissances étrangères pour ouvrir tous les cinq ans, dans l'une des différentes capitales, une exposition de l'industrie des deux mondes. Cette généreuse tentative échoua devant les protestations des industriels français, qui appréhendaient l'avènement du libre-échange et les dangers de la concurrence des nations rivales.

6. — Ces craintes exagérées privèrent la France de l'honneur d'organiser la première exposition internationale. La conception en fut reprise par l'Angleterre, qui, après un essai infructueux tenté par la ville de Birmingham, en 1849, donna rendez-vous aux puissances à Londres, en 1851. Cette exposition, organisée par la *Société royale des arts, des manufactures et du commerce*, eut un très-grand succès et réunit dans le *Cristal palace*, plus de 17,000 exposants, venus de presque tous les pays du monde. La France ne pouvait tarder longtemps à suivre cet exemple. En vertu du décret du 8 mars 1853, fut inaugurée, le 1er mai 1855, la première exposition universelle de Paris, à laquelle prirent part plus de 24,000 exposants, dont 12,000 étrangers. La seconde exposition universelle de Londres, ouverte en 1862, attira un concours encore plus important (27,500 exposants).

7. — Paris ne resta pas longtemps en arrière. L'exposition de 1867 (Décr. 22 juin 1863 et 1er févr. 1865), affranchie des difficultés économiques qu'avait eu à vaincre sa devancière, organisée par Fr. Le Play sur un plan d'une scientifique harmonie et avec le concours, très-heureusement provoqué, des collaborateurs intéressés à la réussite de l'œuvre, fut un véritable triomphe, qui consacra la nouvelle forme de l'institution. Elle suscita l'inscription de 52,200 exposants, dont 15,969 français. Un trait caractéristique de l'exposition de 1867 fut l'adjonction d'un nouveau groupe, comprenant « les objets destinés à l'amélioration de la situation matérielle et morale des travailleurs »

8. — Dans l'ordre chronologique, viennent ensuite les expositions internationales qui se succédèrent annuellement à Londres de 1871 à 1874, avec cette particularité qu'elles présentèrent toutes des éléments communs (beaux-arts, inventions scientifiques récentes et nouvelles découvertes en tous genres) et que chacune se spécialisa par des catégories déterminées de produits. S'ouvrirent ensuite les expositions universelles de Vienne, en 1873 (42,000 exposants), et de Philadelphie, en 1876 (27,000 exposants), toutes deux très-intéressantes, mais marquées la première par une installation très coûteuse, qui aboutit à un échec financier, la seconde, par les charges considérables imposées aux exposants.

9. — En 1878, la France convia de nouveau, l'univers à Paris, tant pour tenir l'engagement pris en 1867 que pour attester solennellement, après de terribles épreuves, sa merveilleuse vitalité. Plus colossale encore que les précédentes, l'exposition de 1878, décrétée le 14 avr. 1876, réunit 53,000 exposants et fut particulièrement rehaussée par l'éclat des sections étrangères. Le palais du Trocadéro en perpétue le souvenir. Mais alors apparut un défaut inhérent au développement même de ces immenses exhibitions, une tendance fâcheuse à dégénérer en de fastueuses kermesses.

10. — Dès lors, le branle était donné. La plupart des grandes cités industrielles et commerçantes tinrent à honneur d'organiser des expositions internationales universelles; c'est ainsi que se succédèrent les expositions de Sydney, en 1879, de Melbourne, en 1880, d'Amsterdam, en 1883, d'Anvers, en 1855, de Barcelone, en 1888.

11. — En 1889, Paris offrit, pour la quatrième fois, le spectacle imposant d'une concentration universelle des produits du labeur humain. Plus de 25,000 industriels étrangers vinrent se joindre à 30,000 de nos compatriotes. Bien que la plupart des puissances monarchiques se soient abstenues d'une participation officielle, le succès en fut éclatant.

12. — En 1893, s'ouvrit, à Chicago, une brillante exposition internationale, destinée à consacrer le quatrième centenaire de la découverte de l'Amérique. D'autres expositions également internationales et universelles, mais en proportions plus restreintes, ont été entreprises, avec ou sans l'intervention gouvernementale, soit par des compagnies privées, soit par des villes. Il convient de signaler, notamment, dans cette catégorie, les expositions de Nice, de Louisville, en 1883 ; de Calcutta, de la Nouvelle-Orléans, en 1884 ; de Saragosse, en 1885 ; de Liverpool, d'Edimbourg, de Stockholm, en 1884 ; de Bombay, d'Adélaïde, en 1887 ; de Bruxelles, en 1888 ; d'Edimbourg, en 1890 ; de Kingstown, de Lyon, de San-Francisco, d'Anvers, en 1894 ; de Bordeaux, en 1895 ; d'Amsterdam, en 1896 ; de Bruxelles, en 1897.

13. — Enfin, sans parler d'expositions purement nationales, devenues moins fréquentes, il importe de signaler une dernière catégorie d'expositions internationales, dont le nombre s'accroît d'année en année, celles qui sont limitées à une ou à plusieurs spécialités de produits. La plupart des pays d'Europe et d'Amérique rivalisent de zèle pour organiser ces concours d'un caractère moins solennel, mais plus féconds en véritables progrès. En France, ils se sont particulièrement multipliés. Nous ne saurions passer sous silence l'exposition française de Moscou, en 1891, qui a obtenu un éclatant succès, et l'exposition internationale de culture fruitière et d'arboriculture de Saint-Pétersbourg, en 1894.

14. — A la différence, notamment, de l'Angleterre, qui, peut-être mieux avisée, n'a pas organisé, depuis 1862, d'exposition internationale universelle et se contente d'occuper brillamment sa place dans les expositions étrangères, la France tient à honneur de convier, tous les onze ou douze ans, l'univers à Paris et a voulu clôturer le siècle par une grandiose manifestation du génie humain. L'exposition de 1900, ouverte en conformité du décret des 13-14 juill. 1892, marque un nouveau stade de ce mouvement sans cesse grandissant qui entraîne notre pays à des exhibitions de plus en plus gigantesques. Il serait périlleux et, d'ailleurs, déplacé ici d'établir impartialement le bilan des avantages et des inconvénients qu'elles présentent ; contentons-nous de reconnaître que ces joutes pacifiques sont un facteur puissant de paix et de civilisation et de former le vœu de voir contenu, à l'avenir, l'envahissement des éléments parasites qui tendent à en altérer la haute portée.

CHAPITRE II.
PRINCIPALES RÈGLES D'ORGANISATION ET D'ADMINISTRATION.

Section I.
Différents modes d'exploitation.

15. — Une exposition peut être organisée et exploitée, soit par l'État, soit par une municipalité, soit par une société privée. Ces diverses personnes peuvent agir isolément, ou bien s'associer deux à deux, ou bien enfin participer, toutes trois réunies, à la conduite de l'exposition. Lorsqu'il n'en prend pas lui-même la direction, l'État intervient le plus souvent pour la patronner ou la subventionner. Cette intervention est de règle quand il s'agit d'une exposition à la fois universelle et internationale.

16. — Ces différents modes d'organisation et d'exploitation peuvent se ramener à trois principaux, en ce qui concerne ce dernier genre d'exposition : 1° le premier de ces systèmes est celui dans lequel l'État se charge seul et intégralement, de l'entreprise et l'exploite à ses risques et périls. C'est le mode qu'ont adopté le gouvernement autrichien, en 1873, et le gouvernement français en 1878.

17. — 2° Une deuxième combinaison consiste à laisser à l'initiative privée le soin de diriger l'exposition ; la société organisatrice fonctionne seule, sous le patronage de l'État et suivant des conditions officiellement déterminées : ce fut le cas des expositions universelles de Londres, en 1851 et 1862, de Philadelphie, en 1876. En France, ce système n'a été adopté que pour des expositions internationales spéciales (exposition d'électricité de 1881, exposition maritime de 1886, expositions ouvrières de 1885 et de 1891, etc.).

18. — 3° Enfin l'exposition peut faire l'objet d'une entente entre l'État et une société privée. C'est la combinaison qui tend à devenir traditionnelle, du moins en France, pour les expositions internationales universelles. L'expérience a démontré, en effet, que ces gigantesques entreprises sont condamnées à un échec financier, si le Trésor public en supporte seul la charge, les expositions de Vienne (1873) et de Paris (1878) se sont soldées par un déficit de plusieurs millions. L'intervention d'une association de garantie a donné, au contraire, de bons résultats, aux expositions de 1867 et de 1889 (V. LL. 8 juill. 1865 et 6-7 juill. 1886) ; c'est sur les mêmes bases qu'a fonctionné l'exposition de Chicago, en 1893, et celle de Paris en 1900 (V. L. 13 juin 1896).

Section II.
Organisation générale.

19. — En France, l'ouverture et la durée de l'exposition sont fixées par une loi. Des décrets déterminent ensuite les conditions essentielles de l'entreprise, le régime sous lequel seront placées les marchandises exposées et les diverses exhibitions spéciales qui sont annexées à l'exposition principale (Beaux-arts, Économie sociale, etc.). Lorsque l'exposition relève de l'État, une loi règle sa participation financière.

20. — Quand il s'agit d'expositions internationales organisées par des villes, sous le patronage de l'État, l'autorisation nécessaire et l'intervention du gouvernement font l'objet de décrets.

21. — Au cas de participation officielle de l'État à une exposition internationale étrangère, une loi spéciale affecte la somme nécessaire aux dépenses de la section française (V. notamment LL. 2 juill. 1861 et 16 avr. 1863, 12-13 août 1892).

22. — En France, pour les expositions universelles dirigées par l'État, c'est le ministre du Commerce qui, en se concertant avec les chefs des autres départements ministériels intéressés à l'entreprise, en assure, au nom de l'État, l'organisation. Placé à la tête de l'ensemble des divers services de l'exposition, il est secondé par une commission supérieure, qu'il peut diriger lui-même (comme il l'a fait en 1889, assisté de trois directeurs des travaux, de l'exploitation et des finances), mais dont il délègue le plus souvent la présidence à un commissaire général (comme en 1867, en 1878 et en 1900), assisté également de directeurs placés sous ses ordres, à la tête des différents services.

23. — Pour l'exposition de 1900, les divers services ont été dirigés par un commissaire général et se sont répartis entre la direction générale de l'exploitation, la direction des services de l'architecture, celle des services de la voirie, etc. Les services de la direction générale de l'exploitation ont été partagés entre le directeur général et le directeur général adjoint. Le directeur général de l'exploitation a été appelé à suppléer le commissaire général en cas d'empêchement. Les directeurs généraux, les directeurs, le secrétaire général et les chefs de service se réunissaient en comité sous la présidence du commissaire général et la vice-présidence du directeur général de l'exploitation (Règl. gén. de 1900, art. 7 et 8).

24. — Un règlement général, élaboré par le commissariat général et approuvé par un décret ou un arrêté ministériel, pose les bases de l'organisation, détermine les rapports des exposants et autres participants avec l'administration. Les plus importantes des dispositions du règlement général sont amplifiées et complétées par des règlements spéciaux, qui font également l'objet d'arrêtés ministériels. Ces règlements sont relatifs, notamment, à l'organisation de comités d'admission, aux cahiers des charges et conditions imposées aux concessionnaires et entrepeneurs, aux entrées, aux récompenses, aux jurys, au transport, à l'enlèvement des produits, etc. (V. Décr. 4 août 1894).

Section III.
Participation des étrangers.

25. — Le gouvernement qui a décidé l'ouverture d'une exposition internationale y convie par voie diplomatique les États étrangers. Chaque État déclare s'il a l'intention d'y participer et, dans ce cas, forme, le moment venu, une commission chargée de diriger la participation de ses ressortissants. Cette commission prépare l'organisation et l'installation générale de sa section, pourvoit au transport en commun des envois, à la répartition, entre les divers exposants, de l'emplacement qui lui est concédé,

EXPOSITIONS ARTISTIQUES ET INDUSTRIELLES. — Chap. II. 447

en un mot, représente et défend leurs intérêts. Elle constitue une délégation officielle du gouvernement qui l'a formée : mais les commissaires ne sont pas considérés comme revêtus du caractère diplomatique. — Trib. corr. Seine, 10 oct. 1900, [J. Le Droit, 12 octobre].

26. — Parfois l'initiative privée se substitue à l'action du gouvernement pour constituer des comités, qui demandent à la commission directrice de les reconnaître officiellement. C'est ainsi que procèdent, d'ordinaire, les exposants d'un Etat qui s'abstient d'une participation officielle. Ces comités remplissent la tâche dévolue aux commissions étrangères.

27. — A la tête de chaque commission ou comité se trouve un délégué, qui est seul en rapports avec l'administration de l'exposition. Cette dernière n'a aucune communication individuelle avec les exposants étrangers (V. Règl. gén. de 1889, art. 12 et 13; Règl. gén. de 1900, art. 12); c'est donc avec le délégué seul qu'elle traite toutes les questions qui les intéressent, notamment celles relatives à la répartition des emplacements, aux travaux d'installation, etc. Le délégué est l'intermédiaire unique et responsable de la commission et son organe auprès du gouvernement qui préside à l'organisation. Son intervention facilite la tâche du commissaire général, les exposants étrangers acceptant plus volontiers, par son entremise, les prescriptions réglementaires.

28. — S'il est des exposants qui ne relèvent d'aucune commission ni d'aucun comité, l'administration entre nécessairement en relations directes avec eux et leur assigne, notamment, les emplacements qui leur sont affectés.

Section IV.

Admission, réception, retrait des produits.

29. — Pour préparer et faciliter les opérations que comporte l'admission des produits, il est constitué en France, à l'approche d'une exposition universelle, des comités départementaux, chargés de provoquer et de recueillir les demandes et de signaler à l'administration centrale les artistes, industriels, contre-maîtres et ouvriers les plus méritants. De semblables comités sont constitués, avec les mêmes attributions, dans les colonies.

30. — Auprès du commissariat général fonctionnent les comités d'admission, dont le nombre est à peu près égal au nombre des classes. Ces comités sont chargés des délicates opérations de la sélection définitive. D'ordinaire, pour faciliter leur tâche, on établit une hiérarchie, comprenant, au-dessus des comités de classes, des comités de groupes, composés des présidents des comités de classes appelés à connaître des contestations survenues dans ces derniers comités ou entre eux, et un comité supérieur de révision, formé des présidents des comités de groupes, statuant en dernier ressort et chargé du soin de dresser la liste générale et définitive des exposants français. — V. Arr. min. 14 mars 1887; Règl. gén. de 1900, art. 34.

31. — L'admission des exposants étrangers est réglée par leur gouvernement respectif, suivant des principes différents : les uns font un choix parmi les producteurs qui se présentent, les autres accueillent indistinctement toutes les demandes. Ce dernier système ne saurait être généralisé sans se heurter à de véritables impossibilités pratiques, à raison du nombre toujours croissant d'exposants.

32. — Nationaux et étrangers doivent, d'ailleurs, se conformer à la disposition par laquelle tout règlement général exclut les produits dangereux (inflammables, explosibles, etc.). L'administration se réserve aussi le droit de refuser l'entrée de l'exposition, en cas d'encombrement, d'arrivée tardive, de manque de convenance, et, s'il y a lieu, d'ordonner l'enlèvement.

33. — Les objets destinés à l'exposition sont adressés, par les exposants nationaux, au commissaire général; par les exposants étrangers, à leur délégué. Il est ordinairement interdit de retirer aucun objet exposé avant la clôture de l'exposition, sans une autorisation spéciale de l'administration (V. Règl. gén. de 1900, art. 59). Le règlement général fixe les délais d'arrivée et d'enlèvement.

Section V.

Répartition des emplacements, installation.

34. — La répartition des emplacements est une des tâches les plus difficiles du commissariat général. Pour chaque Etat, il faut faire entrer en ligne de compte bien des considérations diverses : l'espace occupé dans les expositions précédentes, le nombre des demandes, la population, les forces productives, l'importance du pays, etc. Les sections étrangères occupent, d'ordinaire, plus de la moitié de la surface totale.

35. — L'administration concède les emplacements aux exposants, tant nationaux qu'étrangers, soit gratuitement (Règlement de l'Exposition de 1900, art. 47), soit moyennant une allocation fixe et modique, soit moyennant le paiement d'un véritable loyer, proportionnel à la superficie occupée (comme à Vienne, en 1873). Les espaces couverts sont habituellement livrés planchéiés ou dallés, les espaces découverts, nivelés.

36. — Il est d'usage de fournir gratuitement aux exposants qui en font la demande la force motrice et l'eau qui leur sont nécessaires, du moins dans une mesure déterminée. Mais les branchements sur l'arbre de couche de la galerie des machines, les poulies et courroies de transmissions sont, même dans ce cas, à la charge des exposants. Le règlement général de 1900, conformément à ces principes dispose que l'eau, le gaz, la vapeur et la force motrice nécessaires au fonctionnement des appareils exposés sont fournis gratuitement, mais que les branchements et les transmissions de force motrice sont à la charge des exposants (Règl. gén. de 1900, art. 47).

37. — Les frais d'installation et de décoration sont toujours supportés par eux. Ils ont, d'ordinaire, à cet égard, toute latitude, à la condition, toutefois, de se conformer à l'ordonnancement général prescrit par l'administration, et aussi aux décisions de leurs commissions dans les sections étrangères, du *syndicat d'installation*, dans les classes françaises : les comités d'admission, après avoir assigné à chacune d'elles l'espace qui lui est attribué, provoquent, en effet, l'élection d'un ou de plusieurs délégués, formant des syndicats chargés d'exécuter les travaux d'installation; l'installation de ces syndicats, inaugurés lors de l'exposition en 1867, produit d'heureux résultats, car elle facilite l'entente, diminue les frais et assure l'harmonie dans l'aménagement général.

Section VI.

Entrepreneurs, concessionnaires, permissionnaires.

38. — Un soin particulier doit être apporté à la rédaction des cahiers des charges et conditions imposées aux diverses catégories des participants. Ces cahiers de charges font l'objet d'arrêtés ministériels. C'est le plus souvent par voie d'adjudication que s'opère la concession des diverses entreprises de travaux. Les clauses essentielles des adjudications sont ordinairement les suivantes : production d'un certificat de capacité délivré par des hommes de l'art ; versement d'un cautionnement en numéraire ou en rentes sur l'Etat; élection de domicile à Paris, défense de sous-traiter sans autorisation : vérification et acceptation des matériaux; aucune allocation d'indemnité pour perte, avarie, sauf au cas de force majeure signalé dans un délai déterminé ; droit à indemnité en cas de modifications importantes ; droit pour l'administration de résilier *ad nutum*, sauf juste indemnité; établissement d'une régie aux frais de l'entrepreneur, en cas de résistance aux ordres de service.

39. — Les expositions universelles donnent lieu à de nombreuses concessions au profit de restaurateurs, limonadiers directeurs de théâtres, concerts, etc... Ces concessions peuvent se faire, soit à l'amiable, soit par contrat, soit par adjudication. La concession de gré à gré a l'avantage d'assurer un meilleur choix des concessionnaires et, par suite, d'éviter bien des procès. En revanche, l'adjudication publique restreint la responsabilité de l'administration. Un arrêté ministériel détermine les conditions générales imposées aux divers concessionnaires : approbation des plans; exécution conforme aux plans une fois approuvés; obligation de supporter tous les frais de construction, de décoration, de branchements pour l'eau, le gaz, l'électricité; observer les prescriptions de l'administration relativement à l'usage de ces divers modes de chauffage et d'éclairage. à la publicité intérieure et extérieure; de terminer, puis démolir les travaux dans les délais fixés (V. notamment Arr. min. 13 févr. 1888 et Règl. gén. de 1900, art. 103 et s.).

40. — Il importe de spécifier en soin, dans chaque traité particulier, l'objet et l'étendue de la concession, afin d'éviter les empiétements, sources d'innombrables difficultés (Ces difficultés furent nombreuses, notamment en 1867, la commission impériale ne s'étant pas suffisamment préoccupée de la révision des marchés ; lire notamment dans le rapport général de l'exposition universelle de 1867, p. 236, ce qui a trait au procès des concessionnaires de chaises).

SECTION VII.
Administration.

41. — L'administration doit surtout pourvoir à la surveillance des installations, à l'entretien des bâtiments et parcs, à la sûreté générale, au régime des entrées, enfin à certains services accessoires, principalement ceux des postes et télégraphes.

42. — Un nombreux personnel de police est chargé de la surveillance générale ; le service d'incendie doit être organisé avec un soin particulier. L'administration s'en remet du soin de veiller aussi sur leurs produits ; les syndicats d'installation et les commissions étrangères sont tenus de pourvoir au gardiennage de leurs classes et sections respectives. Les agents chargés de ce soin doivent être agréés par l'administration. Des facilités sont, d'ordinaire, accordées en vue de l'assurance des produits exposés. Dans tous ses règlements, l'administration stipule expressément qu'elle entend n'être, en aucune manière, responsable des vols, avaries, pertes, dommages de toute espèce qui pourraient survenir. Nous verrons plus loin dans quelle mesure une pareille clause est efficace.

43. — Les entrées sont, en principe, payantes. En faveur de la gratuité, on fait valoir cette idée que les expositions universelles ont pour objet l'enseignement mutuel des producteurs entre eux, des producteurs et des consommateurs et des nations elles-mêmes ; que, pour atteindre ce but, il faut supprimer tout obstacle à l'entrée. Il ne faut pas cependant perdre de vue que ces grandes concentrations entraînent des frais énormes et qu'il est plus juste de les faire retomber sur les visiteurs que sur la masse des contribuables ; en outre, fait-on observer, on prête plus d'attention aux choses que l'on voit en payant (V. la discussion engagée sur ce sujet dans la séance du 5 juill. 1855 de la société d'économie politique : *Ann. de la soc. d'écon. politique*, t. 2, p. 187). Le prix d'entrée est d'ailleurs, modique, 1 ou 2 fr., d'ordinaire ; en 1889, les bons à lots, émis par l'association de garantie au prix de 25 fr., étaient munis de 25 tickets d'entrée ; en 1900, les bons émis dans les mêmes conditions, au prix de 20 fr., ont donné droit à la délivrance de 20 tickets. — V. Règl. gén. de 1900, art. 95 et s.

44. — Certaines personnes ont droit à l'entrée gratuite : ce sont, en dehors des agents des divers services de l'exposition et des exposants, les membres des comités d'admission ou d'installation et du jury, les commissaires étrangers, etc...

CHAPITRE III.
CONDITION DES LOCAUX ET DES PERSONNES.

SECTION I.
Condition juridique des locaux de l'exposition.

45. — Nous verrons, *infra*, n. 94 et s., que l'enceinte d'une exposition internationale est ordinairement constituée en entrepôt réel des douanes. Il importe de dire ici que cette fiction, au moyen de laquelle l'administration des douanes considère les produits étrangers comme continuant à se trouver à l'étranger, est une fiction personnelle à cette administration. Comme toute fiction, elle ne saurait avoir d'autre effet que celui en vue duquel elle a été créée : l'état légal des marchandises n'en est point affecté ; elles ne sont point soustraites, par conséquent, aux applications du droit commun. La jurisprudence a toujours formulé cette distinction juridique en ce qui concerne les marchandises voyageant à l'état de transit, fiction qui n'est que le complément, la continuation de la fiction d'entrepôt réel. — V. notamment, Cass., 7 déc. 1854, Morin, [S. 54.1.820, P. 55.2.503, D. 55.1.348] — Rouen, 12 févr. 1874, Teschen et Maugne, [S. 74.2.281, P. 74.1165] — Or, les expositions internationales ne constituent pas des entrepôts réels d'une nature exceptionnelle. Les décrets qui les établissent ne sauraient, d'ailleurs, en modifier le caractère purement fiscal, car la loi du 27 févr. 1832, qui permet au pouvoir exécutif de créer des entrepôts réels dans certaines villes, ne lui a pas laissé la faculté de modifier l'économie de l'institution (V. Clunet, *Questions de droit relatives à l'exposition universelle internationale de 1878*, p. 18). Une loi seule pourrait attacher à l'entrepôt réel d'une exposition internationale des privilèges particuliers. Par conséquent, les produits exposés ne bénéficient d'aucune faveur autre que l'immunité douanière ; de ce principe découle, au point de vue de la saisie, une importante conséquence, que nous mettrons en relief *infra*, n. 210 et s.

46. — Ce point n'aurait pas été contesté sans la prétention émise de se prévaloir de la fiction d'exterritorialité. Cette dangereuse fiction est d'ailleurs inutile, car les immunités qu'elle prétend expliquer se justifient parfaitement d'elles-mêmes. — V. F. Piétri, *Étude critique sur la fiction d'exterritorialité*, p. 386 et s.

47. — Cette observation générale trouve une seconde application, en ce qui concerne les emplacements et les locaux occupés par les sections étrangères. Sur ce point, la controverse est plus vive encore. Il a été soutenu qu'en vertu de la fiction d'exterritorialité, ces locaux étaient soustraits à l'autorité des lois intérieures de l'État organisateur, pour rester soumis à la législation des pays étrangers. L'argumentation ne semble pas fondée. Il n'existe, en effet, entre les États, aucune convention internationale qui affranchisse les locaux occupés par les sections étrangères de l'autorité des lois intérieures ; nous verrons plus loin, d'ailleurs, que les membres des commissions étrangères n'ont aucun caractère diplomatique. « Les expositions universelles, énonce une décision du ministre des Finances, du 27 juill. 1877, n'ont jamais été l'objet d'une convention diplomatique ; il n'y a eu qu'échange de correspondance avec les gouvernements étrangers. » Il faut donc admettre que l'emplacement sur lequel l'exposition est installée ne cesse pas, tant à l'égard des exposants étrangers qu'à l'égard des nationaux, de faire partie intégrante du territoire soumis à l'État qui l'a organisée ou qui en a autorisé l'ouverture.

48. — Il ne saurait, d'ailleurs, être question de rendre neutre, d'après les règles du droit international, tel ou tel lieu déterminé, pour la durée de l'exposition. Un projet de ce genre avait été conçu chez nous, en 1877, par M. Ozenne, ministre du Commerce ; mais, dépourvu de base juridique, ce projet est demeuré sans suite. La *neutralisation*, en effet, n'est prévue, dans le droit des gens, qu'en vue de soustraire une contrée, une portion de territoire aux conséquences de l'état de guerre ; hors le cas d'hostilité, l'idée de la *neutralisation* ne saurait être admise. Du reste, l'emplacement de l'exposition pourrait-il être neutralisé, que l'action des lois concernant les intérêts privés n'en serait en rien modifiée, la *neutralisation*, telle que la conçoit le droit international public, n'ayant d'autre conséquence que de placer à l'abri des faits de guerre le lieu qui jouit de ce privilège. Enfin, proclamer la neutralisation d'un territoire par mesure administrative, sous forme d'arrêté ministériel, ou par disposition exécutive, sous forme de décret, alors qu'une loi seule serait impuissante à créer un tel état, ce serait commettre une infraction, tant à la constitution qu'aux principes les plus certains du droit des gens. — V. Clunet, *op. cit.*, p. 7, note 2.

49. — Cette question a été tranchée dans ce sens par la jurisprudence. Une saisie ayant été opérée, à la requête d'un éditeur français, sur des objets exposés par un industriel autrichien à l'Exposition de 1867, ce dernier excipa de la fiction d'exterritorialité ; le tribunal rejeta cette fin de non-recevoir en déclarant : « que les différentes parties du palais de l'exposition, affectées aux produits étrangers, n'avaient jamais cessé d'être soumises aux lois françaises, et que toute constatation, relative à un fait considéré en France comme délictueux, y était valable. » — V. *supra*, v° *Contrefaçon*, n. 24. — V. aussi Calvo, *Le droit international théorique et pratique*, t. 1, § 626, p. 618 ; Clunet, *op. cit.*, p. 27. — Ainsi, les marchandises exposées dans les sections étrangères sont soumises au régime de droit commun des biens des étrangers en France.

50. — Généralisant cette proposition, il faut dire qu'en l'absence d'une dérogation législative expresse, toutes les lois, tous les décrets, arrêtés et règlements s'appliquent dans toutes les parties de l'enceinte de l'exposition (Nous rencontrerons toutefois quelques prescriptions exceptionnelles spécialement en ce qui touche le mode de saisie). Nul ne peut, notamment, s'opposer, à l'intérieur de l'exposition, à l'exécution, soit des lois pénales, soit des règlements de police (C. civ. fr., art. 3) ; les mandats de jus-

51. — Les prescriptions particulières édictées par les règlements de l'exposition obligent exposants et visiteurs ; les exposants, notamment, sont personnellement liés envers l'administration, en vertu de la disposition finale du règlement général, qui stipule toujours que, par le seul fait de leur participation, ils sont réputés souscrire à toutes les autres prescriptions (V. Règl. gén. de 1900, art. 107). Ces règlements ont la forme de décrets ou d'arrêtés ministériels : on ne peut donc les enfreindre sans commettre une contravention et sans encourir l'application de l'art. 471, § 15, C. pén. Mais là s'arrête leur portée. Ni le règlement général, ni les règlements spéciaux ne peuvent, bien entendu, suspendre l'effet d'aucune loi, l'application d'aucun principe de droit commun, une loi seule peut y déroger.

52. — De plus, le commissaire général n'a pas le pouvoir réglementaire. Par suite les arrêtés qu'il pourrait prendre ne sauraient être sanctionnés des peines de l'art. 471, C. pén. C'est ainsi qu'il a été décidé qu'un arrêté du commissaire général portant interdiction de fumer dans l'intérieur des galeries de l'exposition de 1900 était illégal et que l'individu poursuivi pour contravention à cet arrêté devait être renvoyé des fins de la poursuite. — Trib. police Paris, mai 1900. — Le préfet de police a dû par suite de ce jugement prendre, en vertu de ses pouvoirs de police, un arrêté identique, sanctionné celui-là par l'art. 471, C. pén.

Section II.
Qualité de l'administration à l'égard du sol de l'exposition et des locaux édifiés par elle.

53. — Les terrains sur lesquels est installée une exposition internationale peuvent appartenir, soit à l'Etat, soit à une ville, soit à des particuliers. Le second cas est le plus fréquent. La ville propriétaire met, d'ordinaire, gratuitement son terrain à la disposition de l'Etat ou de la société organisatrice ; c'est elle, d'ailleurs, qui bénéficie le plus de l'entreprise : les recettes de l'octroi, en particulier, augmentent dans une énorme proportion, à raison de l'immense concours des visiteurs qui viennent du dehors. Pourtant il peut arriver, du moins pour une exposition spéciale, que les terrains ou les locaux soient véritablement loués à l'administration de l'exposition.

54. — Si le terrain lui est gratuitement concédé par la ville, l'Etat n'est pas un locataire. Il en prend possession, lorsque le moment est venu de commencer l'aménagement, s'engage à le restituer à la ville, dans son état primitif, après un délai déterminé. Dans ce cas, l'administration est, à l'égard des bâtiments qu'elle a fait elle-même construire, un propriétaire de « constructions élevées sur le terrain d'autrui. » Mais la jurisprudence, après des incertitudes assez longues, est aujourd'hui définitivement fixée en ce sens que ce propriétaire spécial est un propriétaire d'immeuble, lorsque le propriétaire du sol a renoncé à son droit d'accession. Or, telle est bien l'hypothèse qui nous occupe ; donc, en cas de concession gratuite, l'administration est un propriétaire d'immeuble à l'égard des constructions qu'il a édifiées sur le terrain concédé ; elle a sur elles un droit immobilier.

55. — Il en serait autrement s'il intervenait entre la ville et l'Etat un contrat de louage et si la ville, propriétaire du terrain, avait stipulé qu'à la fin du bail, les constructions élevées par l'Etat feraient retour au bailleur sans indemnité : l'Etat, et, en général, l'administration, n'auraient alors sur les constructions qu'un simple droit de jouissance et non un droit immobilier. — Ed. (Clunet, *op. cit.*, p. 78. — V. *suprà*, v° *Accession*, n. 86, 105 et s., 335 et s.

56. — Il arrive parfois que les principaux édifices affectés à l'exposition sont conservés après la clôture. Le fait s'est produit notamment, en 1878 pour le palais du Trocadéro et en 1889, pour les palais des Beaux-arts et des Arts libéraux, la galerie des machines et la galerie de trente mètres ; quant à la tour de trois cents mètres elle a fait l'objet d'un traité spécial, qui en laisse l'exploitation, pendant vingt ans, à la compagnie concessionnaire. Dans ce cas, lorsque le terrain appartient à un tiers, l'administration doit, soit l'indemniser, s'il ne s'agit que d'une prolongation temporaire d'occupation, soit l'acquérir, si la dépossession est définitive : en 1889, l'Etat français a remboursé à la ville de Paris le montant de la subvention, payée par elle à l'administration de la guerre, pour la création d'un nouveau champ de manœuvres (V. L. 31 juill. 1890).

Section III.
Qualité des exposants et concessionnaires à l'égard des constructions édifiées par eux.

57. — Si le terrain appartient à l'administration, la présente question se ramène à la précédente. La solution sera, d'ailleurs, identique, si l'administration est elle-même concessionnaire ou locataire des terrains. La situation des exposants qui ont édifié des constructions sur les emplacements qui leur ont été attribué est en effet, à l'égard de l'administration, la même que celle de cette dernière vis-à-vis du propriétaire du sol : envers les exposants, l'administration se comporte comme si elle était elle-même propriétaire. Dans un cas comme dans l'autre, le propriétaire concède gratuitement et pour un temps son terrain, et renonce à son droit d'accession. Cette renonciation est formelle de la part de l'administration, puisqu'à la fin de l'exposition, les constructions édifiées avec sa permission doivent être enlevées par les exposants, qui disposent à leur gré des matériaux. Le droit de l'exposant sur la construction édifiée par lui est donc aussi un droit immobilier.

58. — Cependant le tribunal de la Seine a décidé, à l'occasion de la demande en validation d'une saisie-gagerie, que l'exposant qui a élevé une construction n'est pas un propriétaire d'immeuble. — Trib. Seine, 6 août 1878, [cité par Clunet, *op. cit.*, p. 76, note 1] — Mais ce jugement est en complète contradiction avec la jurisprudence de la Cour de cassation, car il soutient que le caractère mobilier du droit de l'exposant résulte notamment de la renonciation de l'Etat à son droit d'accession. — V. *suprà*, v° *Accession*, n. 337 *bis* et s., 343.

59. — L'argument qui semble avoir été le motif déterminant de la décision du tribunal est tiré du caractère accessoire, chez l'exposant permissionnaire, de la qualité de constructeur : « Les installations, décorations dont s'agit, simples accessoires du droit d'exposer, porte le jugement, participent de la nature mobilière de ce droit. » Ne faut-il pas répondre que le caractère accessoire de la qualité de constructeur, chez l'exposant, ne peut avoir aucune influence sur la nature de son droit de propriété ? En effet, le seul *criterium* légal qui puisse révéler le caractère de ce droit, n'est-il pas la nature de l'objet auquel il s'applique ? Ce droit sera immobilier, si cet objet est un immeuble ; mobilier, si c'est un bien mobilier. Or le droit de propriété de l'exposant-constructeur est immobilier. Peu importe le droit, sous lequel se greffe ce droit de construire soit un droit simplement mobilier, la maxime *accessorium sequitur principale* ne saurait s'appliquer ici que par une extension non justifiée. « Vitrine mobile ou édifice tenant au sol, dit M. Clunet, qui approuve le système du tribunal, le caractère de l'installation ne varie pas : ce n'est toujours qu'un simple agencement, un cadre qui n'a d'autre destination que de présenter le tableau aux amateurs (*op. cit.*, p. 82). » Sans doute ; mais comment ce caractère de pur agencement, commun à toutes les installations, pourrait-il modifier la nature immobilière d'une construction, puisque cette nature immobilière résulte, par la définition même de la loi, de l'incorporation au sol ? Le droit de propriété de l'exposant-constructeur est donc bien immobilier, et dès lors, on doit lui reconnaître, en principe, tous les droits que comporte une pareille propriété, droit de constituer hypothèque, droit de saisir-gager, etc. Nous aurons à revenir sur ce dernier droit.

60. — La question que nous venons de discuter ne se pose pas, lorsque l'administration s'est réservé la propriété des constructions érigées par les exposants ; tel a été le cas à l'exposition de Chicago, où la société organisatrice n'a fait exception que pour les bâtiments édifiés par les Etats de la Confédération et les puissances étrangères. — V. *suprà*, v° *Accession*, n. 365 et s.

Section IV.
Qualité des exposants à l'égard de l'administration.

61. — Il est, tout d'abord, hors de discussion que l'exposant n'est pas chez lui à l'exposition : qu'il ait, en effet, installé ses produits dans un local appartenant à l'administration, ce qui est le cas le plus fréquent, ou dans une construction édifiée par lui-même, il est, dans tous les cas, l'hôte de l'administration, c'est-à-dire de l'Etat si c'est l'Etat qui est l'organisateur. « S'il était tenté de l'oublier, fait observer M. Clunet, à chaque mouvement d'indépendance, il se heurterait à un texte administratif, à une prescription réglementaire qui le lui rappellerait. » Les relations entre l'administration et l'exposant sont contractuelles : il s'est formé entre eux un contrat, que nous pouvons appeler *contrat d'exposition*, dont l'*instrumentum* est l'avis même d'admission. Nous avons maintenant à rechercher quelle est la nature de ce contrat.

62. — Le critérium qui doit le révéler est fourni, à notre sens, par la réponse à la question suivante : l'emplacement est-il concédé gratuitement ou moyennant le paiement d'une redevance ? Dans le premier cas, on est en présence d'un dépôt d'une espèce particulière, dans le second, d'un contrat de louage.

63. — Envisageons tout d'abord ce dernier cas : 1° le paiement d'une redevance s'est produit à l'exposition universelle de Vienne, où une allocation a été réclamée aux propriétaires d'objets autres que des œuvres d'art : ces exposants étaient donc des locataires de l'État autrichien. M. C. Lyon-Caen (V. *Journal du droit international privé*, 1878, p. 446 : *de la saisie-arrêt des objets figurant à une exposition internationale, d'après la jurisprudence autrichienne*) estime pourtant que le paiement d'une redevance ne saurait faire obstacle à la formation d'un contrat de dépôt : « Le dépôt, dit-il, est en principe gratuit ; mais la gratuité est de sa nature, non de son essence (art. 1928, C. civ. franç.) : le dépositaire peut stipuler un salaire. » C'est là, en effet, une disposition formelle. Aussi croyons-nous qu'une distinction s'impose : si la redevance exigée est une allocation fixe, et égale pour tous les exposants, fût-elle même élevée, il faut la considérer comme un simple salaire et assimiler le contrat d'exposition à un contrat de dépôt ; mais il nous semble difficile de ne pas voir un loyer dans une redevance proportionnelle au métrage de l'emplacement concédé, comme celle qui a été réclamée aux exposants de Vienne, en 1873 ; en présence d'un élément aussi caractéristique du contrat de louage, il faudrait, croyons-nous, de la part de l'administration et de l'exposant, l'intention formellement exprimée de ne pas se considérer comme bailleur et locataire, pour qu'on pût leur dénier ces qualités. La Cour suprême autrichienne s'est prononcée en ce sens. — Arr. 16 déc. 1873, [cité par Lyon-Caen, *loc. cit*.]

64. — Réciproquement, à défaut de cet élément caractéristique du contrat de louage que constitue la stipulation d'une allocation proportionnelle à la superficie concédée, on ne pourrait considérer l'administration et l'exposant comme bailleur et locataire qu'au cas d'une convention expresse de leur part. Ce n'est donc qu'au cas où il existe une stipulation de ce genre qu'il y a lieu de donner aux exposants les droits du locataire.

65. — Jugé, à cet égard que les industriels, qui ont traité avec le concessionnaire d'une exposition pour la jouissance d'un emplacement et la fourniture de la force motrice nécessaire à leurs métiers, sont, au regard de ce concessionnaire, des locataires qui ont le droit de réclamer la jouissance de la chose louée. — Lyon, 9 janv. 1896, Comp. gén. d'éclairage, [S. et P. 97.2.135, D. 96.2.400]

66. — En conséquence, au cas de retard dans la date fixée pour le fonctionnement de la force motrice, les industriels sont en droit de réclamer les dommages-intérêts au concessionnaire. — Même arrêt.

67. — Vainement le concessionnaire allèguerait que le retard, qui provient de difficultés et d'embarras dans l'organisation de l'exposition, ne lui serait pas imputable, alors, d'une part qu'il ne peut invoquer aucun cas de force majeure, et alors, d'autre part, que, à raison du monopole dont il jouissait pour l'organisation de l'exposition, la responsabilité du retard lui est personnellement imputable. — Même arrêt.

68. — 2° Il convient surtout d'envisager la situation la plus fréquente, celle d'un exposant qui occupe gratuitement l'emplacement à lui concédé par l'administration ; tel a été le cas de tous les Français et étrangers qui ont participé aux expositions universelles de Paris. Remarquons, en passant, que la taxe que prélève le syndicat d'installation et qui est, d'ordinaire, proportionnelle au nombre de mètres carrés occupés par chaque exposant, représente la part que chacun doit supporter dans les frais généraux d'aménagement et ne saurait par conséquent, avoir le caractère d'un loyer, même à l'égard du syndicat, qui n'est qu'une délégation des exposants d'une même classe. Le contrat qui intervient au cas de concession gratuite (ou accompagnée du paiement d'une allocation fixe) se rapproche trop du dépôt pour pouvoir être rangé parmi les contrats innommés. On y rencontre, en effet, les principaux caractères du dépôt volontaire :

le consentement réciproque, la gratuité (ou un simple salaire), la tradition réelle et effectuée par le propriétaire de la chose déposée. — V. *suprà*, v° *Dépôt*, n. 44 et s.

69. — D'autre part, les obligations respectives de l'administration et de l'exposant sont sensiblement les mêmes que celles d'un dépositaire et d'un déposant. — *a)* Du côté de l'administration, nous trouvons, tout d'abord, l'obligation de l'art. 1937, qui interdit au dépositaire de restituer la chose déposée à tout autre « qu'à celui qui la lui a confiée ou au nom duquel le dépôt a été fait ou qui a été indiqué pour le recevoir » (V. *suprà*, v° *Dépôt*, n. 466). C'est là une clause de style de tout règlement général de nos grandes expositions françaises ; cette clause est ordinairement suivie d'une autre qui, stipule que l'administration, pour dégager sa responsabilité, exigera des personnes qui viendront procéder à l'enlèvement des objets exposés, la justification de leur qualité de propriétaires ou de mandataires de l'exposant. Les dispositions des articles du Code civil, relatives à l'état dans lequel la chose doit être restituée, s'appliquent également à l'administration (V. *suprà*, v° *Dépôt*, n. 400 et s.). Elle doit, en outre, « apporter dans la garde de la chose déposée, les mêmes soins que ceux qu'elle apporte dans la garde des choses qui lui appartiennent » (V. *suprà*, v° *Dépôt*, n. 260 et s.). Tout règlement général contient un article qui dispose que l'administration prendra des mesures pour protéger contre toute avarie les produits exposés (V. Règl. gén. de l'exposition universelle de 1889, art. 39 ; Règl. gén. de 1900, art. 72). Ces mesures consistent, avons-nous dit, dans l'organisation de plusieurs services de sûreté, aux termes desquels les agents sont chargés de la surveillance, tant des locaux et objets appartenant à l'administration que des produits exposés. Remarquons qu'aux termes de l'art. 1928-1°, l'obligation de l'art. 1927 lui incombe d'autant plus qu'elle « s'est offerte elle-même pour recevoir le dépôt.

70. — Il convient enfin de faire observer qu'en invitant les exposants à veiller de leur côté, sur leurs marchandises, l'administration ne saurait couvrir sa propre responsabilité ; elle ne peut que l'atténuer, dans certains cas. C'est en vain que les règlements déclarent que l'administration ne prend à sa charge la réparation d'aucune espèce de dommages, accidents, incendies, vols, pertes, etc., dont les exposants auraient à souffrir (Règl. gén. de 1900, art. 72). Rappelons, en effet, qu'un simple règlement ne peut, même au profit de l'État, déroger à aucun principe de droit commun. Cette clause ne saurait donc soustraire l'administration à l'application de la règle, spéciale au dépositaire, de l'art. 1932, et à la disposition générale de l'art. 1302. En d'autres termes, malgré les clauses les plus expresses, l'administration c'est-à-dire l'État, s'il s'agit d'une exposition universelle, est tenue de restituer « identiquement » et dans les conditions où elle les a reçus, les objets admis, et si elle allègue un accident fortuit ou un cas de force majeure, c'est à elle à en faire la preuve. — V. *suprà*, v° *Dépôt*, n. 306 et s., 318.

71. — Le Conseil d'État a affirmé ces principes dans les circonstances suivantes : une institutrice avait envoyé à l'exposition universelle de 1878 un important ouvrage de broderie ; cet objet avait été adressé après une demande d'admission régulière, au commissariat général. L'ordre d'admission décida que cet ouvrage, non susceptible d'être exposé dans la classe prévue, serait envoyé au Palais de l'Industrie, où siégeait la commission chargée d'organiser l'exposition collective du ministère de l'instruction publique ; mais il fut égaré et on ne put le retrouver nulle part. L'expéditrice actionna l'État en dommages-intérêts ; sa demande, rejetée par le ministre du Commerce, fut jugée, au contraire, fondée par le Conseil d'État, qui écarta l'application du règlement général et décida que la situation des exposants vis-à-vis de l'État était celle d'un déposant vis-à-vis d'un dépositaire ; or, dit en substance le Conseil, le dépositaire doit apporter à la garde de la chose déposée le même soin qu'à celle de sa propre chose (C. civ., art. 1925), et, s'il allègue qu'elle a péri par cas fortuit, c'est à lui à le prouver ; dans l'espèce, il y avait eu négligence de la part des agents de l'administration.

72. — Le tribunal de la Seine a consacré un autre système ; arrêts, pratiquées par les créanciers de quelques industriels sur les objets qu'ils avaient exposés, le tribunal accueillit la demande en déclarant que l'administration d'une exposition n'était ni détentrice ni débitrice des objets appartenant aux exposants. — Trib. Seine, 30 août 1867, [cité par Clunet, *op. cit.*, p. 48]

73. — Il faut donc admettre qu'en dehors du cas d'un contrat de louage, révélé par la stipulation d'une allocation proportionnelle à la superficie occupée, l'administration d'une exposition est à l'égard des exposants, un véritable dépositaire et que l'État lui-même ne saurait se soustraire, par voie de simple règlement, à l'empire ni de l'art. 1302, qui contient une règle d'ordre public, ni de l'art. 1932, qui ne fait que confirmer l'art. 1302, relativement au dépôt.

74. — Faisons observer qu'en cas de dommage occasionné par un vice de construction, l'État, condamné à le réparer, peut former un recours contre l'entrepreneur ; car ce dernier, responsable, aux termes du cahier des charges, de tous les dégâts qui surviendraient par le fait de ses travaux, doit garantir le ministre des conséquences de toute action dirigée contre lui. Mais le Conseil d'État a décidé que, dans ce cas, c'est du seul préjudice matériel, et non du préjudice moral, qu'il est dû réparation. — Cons. d'Ét., 17 juin 1891, [*Rev. gén. d'admin.*, 1891, t. 3, p. 200]

75. — *b)* Les caractères du dépôt se retrouvent aussi du côté de l'exposant. Il a, en effet, exactement les mêmes obligations que tout déposant volontaire : il doit rembourser, s'il y a lieu, à l'administration, par l'intermédiaire du syndicat d'installation, les dépenses faites par elle pour la conservation des produits, et l'indemniser de toutes les pertes que le dépôt peut lui avoir occasionnées (art. 1947). — V. *supra*, v° *Dépôt*, n. 585 et s. — Enfin l'administration peut retenir les objets exposés jusqu'à entier paiement de ce qui lui est dû par l'exposant (art. 1948). — V. *supra*, v° *Dépôt*, n. 605 et s.

76. — Il convient toutefois de faire une remarque. L'art. 1944 dispose que « le dépôt doit être remis au déposant aussitôt qu'il le réclame, lors même que le contrat aurait fixé un délai déterminé pour la restitution. » Tel n'est pas le cas de même pour l'exposant, puisqu'il est lié par la clause qui lui interdit de retirer ses produits avant la clôture de l'exposition ; de plus, il est tenu d'effectuer l'enlèvement dans un certain délai, car le règlement général dispose ordinairement que les objets, non emballés au jour fixé, le seront par les soins de l'administration, aux frais de l'exposant ou même seront vendus au profit du Trésor. C'est à ce seul point de vue que le contrat d'exposition se distingue d'un contrat ordinaire de dépôt volontaire. Cette différence, au détriment de l'exposant, se justifie par l'avantage que ce dernier retire du dépôt et ne suffit pas, à notre avis, pour qu'on puisse se refuser à les assimiler l'un à l'autre.

77. — Telle est la doctrine qui semble s'imposer en ce qui concerne les concessions gratuites de terrain. Mais *quid* des concessions gratuites d'eau, de force motrice, de gaz, de lumière électrique, etc..? Faut-il, dans ce cas, reconnaître aux exposants les droits que leur accorde l'arrêt de la cour de Lyon du 9 janv. 1896, précité : droits de réclamer la jouissance de la chose louée, et, en cas de retard, des dommages-intérêts? Évidemment non : ce sont les droits d'un locataire, à qui l'on fait payer sa jouissance, et non d'un simple concessionnaire, qui ne doit sa jouissance qu'à un acte purement bénévole de l'administration. Or, c'est là la situation de tous ceux qui prennent part à nos expositions universelles. Pour ceux-là, il semble donc qu'il y ait un contrat innommé d'une nature spéciale.

Section V.
Règles de compétence en matière contentieuse.

78. — Une exposition privée ne saurait être, en principe du moins, assimilée à une entreprise commerciale. Il en a été décidé ainsi, même au sujet d'une exposition ouverte par des commerçants, en dehors de toute idée de spéculation, dans un but d'intérêt public et de bienfaisance. — Trib. comm. Seine, 2 févr. 1885, [*J. des trib. de comm.*, 1885, p. 23] — V. aussi par-dessus, t. 1, n. 12. — Les organisateurs ne sont donc pas justiciables des tribunaux consulaires pour les opérations faites en cette qualité. — Cette juridiction serait, au contraire, compétente, si l'entreprise avait un but exclusivement commercial.

79. — S'il s'agit d'une exposition dirigée par l'État, ce qui est le cas notamment des expositions universelles, la voie administrative est seule ouverte pour toute contestation relative à l'interprétation ou à l'exécution d'un contrat passé par l'administration (contrat de concession, marché de fournitures, etc...). Mais quelle sera la juridiction compétente? Il faut faire une distinction : s'il s'agit d'une difficulté ayant trait à un marché passé par le ministre du Commerce, ou en son nom par le commissaire général pour le service de son département, par exemple, à un contrat de concessions (de terrains, de force motrice, etc...) ou à un marché de fournitures, c'est au ministre lui-même qu'il appartient de statuer, sauf recours au Conseil d'État. Ainsi jugé au sujet de la réclamation d'un restaurateur, admis à l'exposition de 1878, qui demandait une indemnité en réparation du préjudice que lui avaient causé, en masquant son établissement, des constructions nouvelles. — Cons. d'Ét., 4 juill. 1884, François, [S. 86.3.24, P. adm. chr., D. 86.3.10]

80. — Si la contestation est relative à un marché de travaux publics, dans le sens de l'art. 4, L. 28 pluv. an VIII, c'est-à-dire par exemple à une adjudication intéressant les installations effectuées par l'administration elle-même, c'est le conseil de préfecture qui est compétent. Le cahier des charges général imposé aux entrepreneurs dispose d'ordinaire (V. art. 51 et 52 du Cahier des charges pour l'exposition de 1889) qu'en cas de contestation, le directeur général des travaux devra intervenir et statuer, et que, si l'entrepreneur n'accepte pas sa décision, celui-ci devra lui adresser un mémoire; ce n'est qu'après un délai de trois mois, écoulé sans réponse, qu'il pourra saisir la juridiction contentieuse.

81. — En ce qui concerne la responsabilité encourue par l'État par suite de la perte ou des détériorations d'objets exposés, c'est encore à la juridiction administrative qu'il appartient de statuer, comme pour toute contestation relative à une dette contractée par l'État, en raison d'un service public; c'est donc devant le ministre (ici le ministre du Commerce), que devra être portée l'action en dommages-intérêts.

82. — Ces règles ne s'appliquent qu'aux concessionnaires ou adjudicataires qui ont traité directement avec l'administration. Les sous-traitants sont justiciables des tribunaux ordinaires, pour toute difficulté concernant leurs marchés; il en est de même de tous exposants, en général, pour les frais relatifs à leur installation particulière. Mais s'agit-il ici des tribunaux civils ou des tribunaux de commerce? À l'inverse des organisateurs même de l'exposition, les sous-traitants et les exposants, en général, agissent dans un but commercial; aussi ne faut-il pas hésiter à dire qu'ils sont justiciables des tribunaux consulaires; c'est ce qu'a décidé le tribunal de commerce de la Seine, dans le jugement du 2 févr. 1885, précité. Cette solution a été consacrée même à l'égard des non-commerçants. — Trib. comm. Seine, 11 sept. 1856, [*J. des trib. de comm.*, 1857, t. 7, p. 95] — Mais cette extension ne nous semble justifiée qu'au cas où le participant non commerçant poursuit un but de lucre.

Section VI.
Caractère des différentes commissions organisatrices et de leurs membres.

83. — Il y a lieu, tout d'abord, de se demander si les agents attachés aux services administratifs d'une exposition dirigée par l'État sont revêtus d'un caractère public. Il nous paraît impossible de leur dénier cette qualité; en effet, pour être temporaires, ces fonctions n'en sont pas moins des fonctions publiques, puisqu'elles coopèrent à une œuvre organisée par l'État.

84. — C'est en ce sens qu'il a été décidé que la commission de l'exposition universelle de 1867 constituait une autorité publique, les personnes auxquelles elle avait délégué temporairement une partie de ses attributions ont agi comme elle dans un caractère public; et ce caractère a été spécialement reconnu à un employé nommé membre du conseil de l'une des classes de l'exposition et secrétaire d'une réunion des bureaux d'un groupe, et qui avait été rétribué en qualité de chef de service de la publicité. — Cass., 31 janv. 1877, Guyot-Montpayroux, [S. 78.1.171, P. 78.413, D. 78.1.58]; — 13 déc. 1877, Même affaire, [S. 78.1.186, P. 78.439]

85. — Mais les contrôleurs préposés aux guichets d'entrée ne sont pas chargés d'un service public et protégés, à ce titre, par l'art. 224, C. pén., contre les outrages qui leur sont adressés. — Trib. corr. Seine, 21 juin 1900, [*Gaz. des Trib.*, 29 juin]

86. — Le commissaire général représente, notamment en justice, la commission organisatrice, c'est-à-dire l'État lui-même, lorsque c'est l'État qui préside à l'organisation.

87. — Les commissions étrangères, revêtues d'un caractère officiel, ont aussi qualité pour ester en justice. — Trib. Seine, 29 janv. 1868, [*Gaz. des Trib.*, 1ᵉʳ févr. 1868]

88. — En est-il de même des commissions formées par l'initiative privée, sans consécration officielle? La question s'est posée en 1888 et un certain nombre de commerçants et d'industriels français s'étaient groupés à Paris pour constituer une commission privée, chargée de veiller à l'organisation et à l'installation de la section française, au *grand concours international* de Bruxelles. Le président ayant voulu agir en justice au nom de la commission, il a été décidé que la commission d'organisation d'une section française à une exposition internationale étrangère ne peut être représentée en justice par son président, encore bien que cette commission ait été constituée dans un but d'intérêt général et ait obtenu le concours et l'appui de l'autorité publique, si les négociants qui l'ont formée ont agi dans la plénitude de leur indépendance individuelle, sans avoir à soumettre aucune de leurs résolutions à l'approbation ministérielle. — Paris, 12 nov. 1889, Herz, [S. 90.2.243, P. 90.1.1347]

89. — Une question intéressante se pose à l'égard des membres des commissions étrangères : peuvent-ils, en cette qualité, invoquer le bénéfice des immunités diplomatiques? Cette question a été soumise aux tribunaux qui lui ont dénié, avec juste raison, ce droit. Nous avons déjà dit que la fiction d'exterritorialité ne saurait s'appliquer aux emplacements occupés par les sections étrangères ; les commissions étrangères ne constituant, aux expositions internationales, que des rouages destinés à faciliter le fonctionnement de l'œuvre administrative et disciplinaire, leurs membres ne représentent pas les souverains et n'ont pas la qualité d'agents diplomatiques ; ils ne sont chargés que de veiller à la sauvegarde d'intérêts privés. — Trib. Seine, 29 janv. 1868, [cité par Clunet, *op. cit.*, p. 25 et s.]; — 10 oct. 1900, [J. *Le Droit*, 12 octobre] — V. Clunet, *op. cit.*, p. 25 et s. ; Calvo, *op. cit.*, t. 1, § 627-629 ; Fictin, *op. cit.*, *Appendice*, § 148 et 149.

Section VII.
Situation des ouvriers étrangers aux expositions internationales des Etats-Unis.

90. — Il existe, aux Etats-Unis, une législation spéciale, destinée à protéger les travailleurs nationaux ; elle résulte d'une loi du Congrès, approuvée le 26 févr. 1885, et amendée par les lois des 23 févr. 1887 et 19 oct. 1889. Ces lois ont pour but d'empêcher les patrons américains ou leurs agents d'organiser, dans leurs pays, une concurrence entre le travail national et la main-d'œuvre étrangère, en engageant, au cours de leurs voyages, des ouvriers plus habiles (*Skilled*), ou moins rétribués. Cette législation ne saurait, bien entendu, fermer les Etats-Unis aux ouvriers étrangers, désireux d'y trouver un emploi ; elle s'oppose seulement à leur débarquement, lorsqu'ils sont liés par un contrat passé dans un autre pays.

91. — Lors de l'exposition universelle de Chicago, en 1893, quelques gouvernements étrangers se préoccupèrent de la situation qui aurait pu être faite, en vertu de ces lois, aux ouvriers expérimentés, aux employés et surveillants envoyés à Chicago par les exposants pour monter, faire fonctionner leurs machines et, d'une manière générale, pour coopérer à l'installation et à la conservation de leurs produits. De l'envoi de ces personnes en Amérique devait-il résulter une violation de ces lois ? La question fut examinée par le secrétaire d'Etat au département de la justice. Dans deux communications, en date des 5 mai et 17 juin 1891, l'Attorney general exprima l'avis que les préposés expérimentés des exposants étrangers qui viendraient, de bonne foi, à Chicago, pour installer et mettre en œuvre les produits et machines de ces derniers, n'étaient pas soumis à l'application des lois sur le contrat de travail. Cet avis fut transmis aux agents diplomatiques et consulaires des Etats-Unis par une lettre du secrétaire d'Etat, en date du 16 juill. 1891. — V. ces divers documents dans le *Journ. du dr. int. priv.*, 1892, p. 352 et s., 358 et s.

92. — Cette interprétation, évidemment conforme à l'esprit des lois précitées, était de nature à rassurer pleinement les gouvernements étrangers, puisqu'aux Etats-Unis, l'avis de l'Attorney general a la même force qu'une décision statuant en dernier ressort. Cette solution a été consacrée, en prévision des expositions internationales de San Francisco et de New-York, par les lois des 1ᵉʳ sept. et 3 nov. 1893.

93. — Il convient de rapprocher des documents précédents une résolution émise, le 1ᵉʳ août 1890, par la Chambre des représentants et par le Sénat de l'Etat d'Illinois, aux termes de laquelle les autorités placées à la tête de l'exposition universelle de Chicago furent invitées à observer la loi de huit heures dans tous les engagements qu'elles devaient contracter, et, dans la mesure du possible, à n'employer que des citoyens américains ou des personnes qui auraient manifesté l'intention de le devenir. — V. *Archives diplomatiques*, 2ᵉ sér., t. 41, p. 37 et s.

CHAPITRE IV.

IMMUNITÉS FISCALES ET FACILITÉS DE TRANSPORT.

94. — Les produits divers destinés aux expositions internationales circulent *en transit* et *à destination d'entrepôt réel*. La constitution de l'enceinte de l'exposition en entrepôt réel des douanes a été inaugurée en France lors de l'exposition universelle de 1855 ; cette pratique est devenue traditionnelle et a été consacrée par les règlements généraux de toutes les expositions internationales qui ont eu lieu depuis cette époque. — V. Règl. gén. de l'exp. univ. de 1855, art. 41 ; de l'exp. univ. de Londres, de 1862, art. 104 ; de l'exp. univ. de Paris, de 1867 (Décr. 12 juill. 1865), art. 44 ; de l'exp. univ. de Vienne, de 1873, art. 12 ; de l'exp. univ. de 1878 (Décr. 4 sept. 1876), art. 37 ; de l'exp. univ. de 1889 (L. 25 août 1886), art. 20 ; de l'exp. univ. de 1900, art. 46 ets. — Consultations pour les exposants étrangers de Philadelphie en 1876 (*J. du dr. int. pr.*, 1876, p. 94); L. des Etats-Unis, 25 avr. 1890 ; Règl. gén. des douanes, en Espagne, approuvé par décret royal du 13 oct. 1894, art. 144, 145 et 156. — La constitution d'entrepôt réel porte sur l'intégralité de l'emplacement occupé par l'exposition ; à l'exposition de Chicago, par une innovation malheureuse, chaque bâtiment fut constitué isolément en entrepôt réel, d'où de fâcheuses entraves pour la manutention des produits.

95. — En France, cette constitution fait l'objet d'une loi ou d'un décret du chef de l'Etat ; en effet, l'intervention du pouvoir législatif n'est pas nécessaire, la loi du 27 févr. 1832 énonçant, dans son art. 1, qu'il peut être établi, par ordonnance du roi, des entrepôts réels de douane dans toutes les villes qui en feront la demande.

96. — En vertu de cette constitution, est tenue en suspens la perception des taxes applicables aux marchandises étrangères, jusqu'à ce que leur propriétaire ait pris parti à leur égard : s'il les livre à la consommation intérieure, il est tenu d'acquitter, à la sortie de l'exposition, les droits qu'il eût dû payer à l'entrée en France ; s'il les réexporte, il procède librement à l'enlèvement et au transport, à la condition d'observer les formalités prescrites.

97. — L'envoi a lieu « sous les conditions du *transit international* ou du *transit ordinaire*, au choix des intéressés, par tous les bureaux ouverts au transit. » L'expédition en transit international est affranchie de toute visite ; l'expédition en transit ordinaire ne donne lieu qu'à une visite sommaire, et les plombs de la douane sont apposés gratuitement. Les caisses doivent être marquées d'un signe distinctif, les lettres E. U., par exemple (V. Arr. minist., 21 mai 1888, art. 6). Elles sont dirigées en droite ligne et sans délai sur le lieu de l'exposition, et c'est à pied d'œuvre que la douane, une fois les colis ouverts, vérifie l'exactitude des déclarations. La constitution en entrepôt réel de l'enceinte de l'exposition emporte ainsi affranchissement des droits d'octroi et de statistique. La circulation en transit se rattache directement à la constitution d'entrepôt réel de douane et la complète. — V. Clunet, *op. cit.*, p. 12.

98. — Les objets saisis, soit dans les locaux de l'exposition, soit en cours de route (à l'aller ou au retour), sont assujettis au paiement des droits, et c'est au saisissant que cette charge incombe. Mais on s'accorde à reconnaître qu'il doit être admis à bénéficier des tarifs de la nation la plus favorisée, si une disposition spéciale accorde ce traitement aux envois des exposants ; or, cette disposition est devenue de style. Toutefois, une distinction s'impose : une pareille clause n'est édictée qu'en faveur des marchandises saisies, soit à l'exposition même, après leur admission, soit en cours de voyage, après la clôture : le saisissant se trouve alors, en quelque sorte, subrogé aux droits de l'exposant ;

les objets saisis en cours de route, à l'aller, doivent, au contraire, acquitter les droits auxquels sont soumises les provenances similaires des pays importateurs, car une marchandise *adressée* à l'exposition n'est pas nécessairement une marchandise *admise*. Empressons-nous d'ajouter que cette distinction s'applique rarement, parce que presque toujours l'admission des produits étrangers a été prononcée avant leur expédition, par les commissions organisatrices.

99. — Quand il y a lieu, pour une cause quelconque, au paiement des droits tenus en suspens, il faut tenir compte dans l'évaluation de la taxe, « de la dépréciation qui a pu résulter du séjour à l'exposition » (V. Règl. gén. de 1855, art. 47, qui limite la réduction à 20 p. 0/0 de la valeur réelle). C'est là une règle de droit commun qui doit s'appliquer, les règlements seraient-ils muets sur ce point.

100. — Les marchandises prohibées elles-mêmes, s'il en existe, sont d'ordinaire exceptionnellement admises à la consommation intérieure, si elles ont figuré à l'exposition.

101. — Les produits envoyés à l'exposition sont exonérés également des contributions indirectes proprement dites. « Des acquits-à-caution sont notamment délivrés pour régulariser le transport des boissons envoyées comme spécimens à une exposition universelle et doivent indiquer pour destination le palais de l'exposition; aux entrées des villes où ont lieu les expositions ces boissons ne doivent être l'objet d'aucune vérification; le service de l'octroi ne doit exiger ni la consignation, ni le cautionnement des taxes... Aucune taxe n'est perçue sur les quantités absorbées en dégustation; à l'égard des quantités restantes, les droits sont garantis ou perçus selon la destination qu'elles reçoivent » (Lettre commune de la direction générale des contributions indirectes, n. 57, 22 févr. 1867, dir. 3, bur. 1). — Olibo, *Supplément aux Codes des contributions indirectes*, vol. 3 des Codes, n. 122, p. 114.

102. — La préoccupation des législateurs est, d'une manière générale, d'affranchir de tout impôt les objets destinés aux expositions internationales. Ainsi une loi française du 3 avr. 1878 exemptait du droit de 5 p. 0/0 établi par la loi du 13 mars 1874 le transport des marchandises, quelle qu'en fût l'origine ou la provenance, expédiées directement en petite vitesse, à destination de l'exposition. Les règlements généraux ou des décrets spéciaux exemptent, d'ordinaire, de toute taxe postale les communications relatives à l'exposition et adressées au commissaire général (V. pour l'exposition de 1900, Décr. 24 oct. 1893). Il convient encore de rappeler ici que le caractère même de l'œuvre que constitue une exposition internationale est, en France, exclusif du prélèvement du *droit des pauvres* sur le montant des entrées. — V. Corneille, *Des secours à domicile en droit français*, Paris, 1895, p. 118. — V. *supra*, v° *Droit des pauvres*, n. 84 et s.

103. — Les expositions universelles organisées à l'étranger ont provoqué de semblables mesures de faveur. — V. notamment loi des Etats-Unis, approuvée le 25 avr. 1896 : *J. du dr. int. pr.*, 1892, p. 352 et s., 358 et s.

104. — Des réductions de tarif sont parfois aussi accordées ou obtenues sur les chemins de fer, par l'Etat qui organise une exposition internationale, pour le transport tant des exposants, congressistes et délégations que des marchandises.

105. — Les mêmes encouragements sont bien dus aux nationaux qui vont représenter leurs pays dans les expositions de l'extérieur. La France à leur égard se montre particulièrement large : lorsqu'une exposition internationale se prépare à l'étranger, une loi ou un décret accorde le retour en franchise douanière aux envois des exposants français, sous la seule condition de l'accomplissement de formalités déterminées, condition, d'ailleurs, *sine qua non*. — V. Trib. comm. Seine, 12 mai 1887, [*J. Trib. comm.*, t. 38, n. 11455, p. 28] — Des mesures analogues à celles qui ont été signalées plus haut au sujet des boissons envoyées aux expositions françaises, sont prises par l'administration des contributions indirectes en faveur de celles qui doivent figurer à des expositions étrangères (Lettre commune de la direction des contributions indirectes, n. 15656, 10 déc. 1861; Olibo, *op. cit.*, vol. 1, sol. 12°, p. 30 et 31). Lors de l'exposition française de Moscou (V. *supra*, n. 13), l'administration décida que les ouvrages d'or et d'argent, expédiés à cette destination, ne seraient soumis, à leur sortie de France, ni à l'oblitération des marques légales intérieures, ni à l'apposition du poinçon d'exportation. — Circ. de la direction générale des contributions indirectes, 28 mars 1891.

106. — Enfin de grandes facilités sont le plus souvent accordées ou consenties en faveur des exposants nationaux, participant à une exposition étrangère, pour le transport de leurs produits sur les voies ferrées ou sur les paquebots de leur pays. Parfois même l'expédition de tous les envois d'une section étrangère est faite, intégralement ou partiellement, aux frais de son gouvernement; c'est presque toujours ainsi que les choses se sont passées en France (notamment pour l'expédition des sections françaises aux expositions de Londres, en 1851 et 1862, de Sydney, en 1879, de Chicago, en 1893, etc.

CHAPITRE V.

PROTECTION DE LA PROPRIÉTÉ INDUSTRIELLE ET ARTISTIQUE.

Section I.
Inventions.

107. — Le but essentiel des expositions et surtout des expositions internationales est de mettre en lumière les derniers progrès accomplis dans le domaine industriel, en réunissant, sous les yeux du public, les procédés les plus nouveaux, les produits manufacturés les plus perfectionnés, en un mot, les inventions les plus récentes et les plus remarquables. La large publicité que ces universelles concentrations fournissent aux industriels de toute nationalité, constitue pour eux un puissant encouragement, rendu plus efficace encore par l'attrait de récompenses très-enviées. Mais, à côté de l'avantage, il y a le danger. Cette publicité même est grosse de périls : précaire en tant qu'elle excite la curiosité et l'admiration des visiteurs, elle est, par contre, menaçante en ce qu'elle est particulièrement propice aux entreprises de la concurrence déloyale. La contrefaçon, voilà l'ennemi qui guette tout exposant. Contre cet ennemi, il faut qu'il soit armé : il y a du succès de l'exposition elle-même, aussi bien que de son propre intérêt ; il faut donc que son invention soit protégée à l'exposition. Or, pour atteindre ce but, il faut qu'elle soit protégée dans le pays même de l'exposition; en vertu de ce principe, commun à toutes les législations protectrices des inventions, qu'un brevet ne sauvegarde les droits de son titulaire que sur le territoire de l'Etat qui l'a octroyé, le droit à la protection est, en effet, attaché, non à l'invention elle-même, mais au brevet, c'est-à-dire à un acte de l'administration.

108. — Si, dans tous les Etats, les inventions étaient soumises à un régime uniforme, ils pourraient, de concert, assurer dans teus des effets légaux à un brevet délivré une fois pour toutes par l'un d'entre eux. Cet accord serait particulièrement heureux au point de vue des expositions internationales, puisque tout exposant étranger, breveté dans sa patrie (ou dans tout autre Etat), se trouverait par là même protégé dans le pays où a lieu l'exposition. Mais on ne saurait prévoir, dans un avenir prochain, la réalisation d'une pareille entente : la législation internationale des brevets d'invention, dont la convention du 20 mars 1883 a posé les premiers jalons, est encore à l'état embryonnaire (V. *supra*, v° *Brevet d'invention*, n. 1941 et s.). Le plus souvent, les inventeurs désireux de prendre part à une exposition internationale pourront obtenir un brevet dans le pays où elle se prépare. Mais des circonstances de fait ou des dispositions législatives peuvent rendre impossible l'obtention d'un brevet au moment où elle va s'ouvrir ; de là la nécessité, pour l'Etat qui l'organise, d'édicter, en leur faveur, une mesure spéciale de protection.

109. — Au surplus, les étrangers non brevetés ne sont pas les seuls qui méritent sa sollicitude : ceux-là mêmes qui ont obtenu un brevet de cet Etat peuvent, en effet, par leur participation à l'exposition, courir des dangers contre lesquels il est de son devoir de les prémunir ; tel est le but d'une seconde catégorie de dispositions exceptionnelles. C'est l'étude de ces mesures de faveur qui doit surtout nous occuper ; nous examinerons donc successivement les conditions de l'inventeur étranger non breveté dans le pays de l'exposition, puis la condition de celui qui s'y trouve breveté, en nous plaçant, pour cet examen, au moment où l'exposition va s'ouvrir.

§ 1. *Invention non brevetée dans le pays de l'exposition.*

110. — Le défaut de brevet peut résulter, soit d'un obstacle de fait, soit d'un obstacle de droit ; en d'autres termes, l'invention est ou n'est pas brevetable.

1° *Invention brevetable.* — *Protection temporaire.*

111. — L'invention sera brevetable, notamment : 1° quel que soit l'Etat organisateur, si elle n'a été l'objet d'aucune divulgation ou exploitation ; 2° si, publiée ou exploitée à l'étranger, elle doit figurer à une exposition organisée dans un pays où une nouveauté relative est suffisante pour que la demande de brevet soit recevable ; 3° si, ayant été l'objet, à l'étranger, d'une demande de brevet remontant à moins de six mois, elle est destinée à être exposée dans un pays qui fait de la nouveauté absolue une condition de l'octroi d'un brevet, mais qui fait partie de l'*Union pour la protection de la propriété industrielle* (art. 4 de la convention du 20 mars 1883). — V. *suprà*, v° *Brevet d'invention*, n. 1953.

112. — Quand s'ouvre l'exposition, l'inventeur peut se trouver au milieu de ses essais, de ses études préparatoires ; il peut arriver aussi qu'au moment où expirent les délais fixés pour la demande d'admission, il n'ait pas pu ou voulu s'assurer le bénéfice des garanties légales, soit qu'il n'ait pas disposé du temps nécessaire pour obtenir un brevet dans le pays de l'exposition, soit qu'il n'ait pas reçu de réponse à sa demande, soit qu'il ne veuille pas acquitter les frais d'un brevet, parce que son œuvre ne le satisfait pas pleinement ou que ses ressources ne lui permettent pas de les avancer. Or, il est de l'intérêt général, comme de son intérêt personnel, que son œuvre ne soit pas écartée. Il n'hésitera pas cependant à s'abstenir de toute participation, si aucune mesure de faveur n'est édictée en prévision de ces diverses situations ; l'exhibition de son invention l'exposerait, en effet, à deux graves dangers : impunité de la contrefaçon et déchéance de son droit au brevet, une exposition constituant, au premier chef, un mode de divulgation et même d'exploitation.

113. — La gravité du second danger auquel doit parer l'exposant non breveté varie suivant la législation de l'Etat sur le territoire duquel s'ouvre l'exposition : la conséquence *minima* de l'exhibition est d'y rendre impossible dans cet Etat l'obtention d'un brevet. Ces deux inconvénients, impunité de la contrefaçon et déchéance du droit au brevet dans le pays de l'exposition, sont, d'ailleurs, solidaires l'un de l'autre ; en un mot, l'inventeur serait désarmé, dans le présent et dans l'avenir, contre la fraude. Le palliatif adopté par la plupart des gouvernements pour remédier à ce double danger est une *protection temporaire*. Cette mesure est justifiée, en outre, par un sentiment de convenance : un Etat, qui invite les inventeurs de tous les pays à venir communiquer au monde entier le résultat de leurs labeurs, ne se doit-il pas à lui-même d'exonérer des frais, parfois très-lourds qu'entraîne l'obtention d'un brevet, ceux dont le concours rehaussera l'éclat et l'intérêt de l'entreprise qu'il prépare ? Il est donc juste, à ce seul égard, qu'il promette, à un prix modique ou même gratuitement, une protection provisoire aux inventeurs dont la découverte n'a pas encore été protégée par lui.

114. — L'institution de cette protection spéciale est nécessaire à toutes les expositions et à tous les exposants, nationaux ou étrangers ; mais elle n'est entrée dans la pratique législative que depuis l'apparition des expositions internationales.

115. — I. *Développements successifs de la protection temporaire.* — Le principe d'une protection provisoire fut affirmé, dès la première exposition internationale, en 1851, par l'Angleterre. La France la suivit dans cette voie ; le règlement général de l'exposition universelle de 1855 (art. 59 à 67) décida que les exposants non brevetés pourraient se faire délivrer par la commission impériale un certificat qui aurait pour effet de conjurer le double péril que nous avons signalé, en leur assurant, d'une part, à l'abri de la déchéance encourue par l'envoi de leurs œuvres à l'exposition, et, de l'autre, en leur garantissant, pendant un an, la propriété de leurs inventions. Ces dispositions, purement réglementaires, furent confirmées par la loi du 2 mai 1855.

116. — Le succès de cette première expérience provoqua, en 1867, le vote d'une loi semblable, promulguée le 3 avril, dont les résultats furent encore plus probants. Mais en prévision des expositions qui allaient se succéder dans les départements (notamment de celle du Hâvre, en 1868), et pour consacrer, une fois pour toutes, la nouvelle institution, il parut nécessaire de substituer à ces mesures temporaires des dispositions définitives : ce fut l'objet de la loi du 23 mai 1868, reproduisant les dispositions des deux lois précédentes avec quelques modifications secondaires. — V. *suprà*, v° *Brevet d'invention*, n. 1982.

117. — L'Autriche, à son tour, en vue de l'exposition universelle de Vienne, a consacré le principe de la protection provisoire et, dans les lois du 13 nov. 1872 et du 26 févr. 1873, reproduit, à peu près, les dispositions de la loi française. La loi suédoise du 26 mai 1884 sur les brevets d'invention, après avoir posé le principe de la nouveauté absolue, édicte la restriction suivante : « Toutefois le fait qu'une invention aura figuré dans une exposition internationale ne fera pas obstacle à la délivrance du brevet, si la demande en est faite dans les six mois qui suivront l'ouverture de l'exposition » (art. 3). Cette clause présente cet avantage ; que la protection temporaire est accordée de plein droit et indépendamment de toute demande. D'autre part, cet article est conçu dans les termes les plus généraux, de manière à faire bénéficier tout à la fois des brevets d'invention, après d'une part, les étrangers qui participent à une exposition suédoise et, d'autre part, les nationaux qui envoient leurs inventions, non brevetées, à une exposition étrangère.

118. — La convention du 20 mars 1883 devait prévoir cette importante question. Elle donne au principe de la protection provisoire une portée internationale, dans son art. 11 ainsi conçu : « Les hautes parties contractantes s'engagent à accorder une protection temporaire aux inventions brevetables..., pour les produits qui figureront aux expositions internationales officielles ou officiellement reconnues. » Mais la rédaction de cet article laisse planer un doute qui en restreint gravement l'efficacité. Lorsqu'une exposition internationale est organisée chez l'un des Etats signataires de la convention, la protection provisoire doit-elle être accordée par les autres Etats de l'Union ou bien uniquement par l'Etat organisateur ? En d'autres termes, le certificat provisoire, délivré par ce dernier, doit-il être sanctionné par les autres puissances contractantes et conserver son droit de priorité à l'inventeur sur tout le territoire de l'Union ? L'intérêt de cette question est considérable. D'ailleurs, si c'est l'interprétation restrictive qui doit être admise, cette disposition tend un véritable piège en exhibant son œuvre, il compromettrait son droit au brevet dans les pays où la nouveauté absolue est exigée, et son droit de priorité dans ceux qui se contentent d'une nouveauté relative, car rien n'empêcherait des concurrents peu scrupuleux de faire breveter, en leur nom, dans ces derniers pays, l'invention qu'ils auront pu copier à l'exposition. Pour éviter cette double déchéance, l'exposant devra effectuer le dépôt prescrit par l'art. 4 de la convention ; dès lors, quelle serait l'utilité de l'art. 11 ? La seule efficacité de ce texte consisterait à conserver à l'exposant son droit de brevet dans le pays où a lieu l'exposition et encore faut-il supposer que la législation du pays n'ait pas organisé la protection temporaire. — V. Clunet, *J. du dr. int. pr.*, 1886, p. 688. — Il faudrait donc que la protection provisoire, accordée par l'un des Etats de l'Union, fût efficace dans tous les autres, « comme si cette Union ne formait qu'un seul et grand pays. »

119. — Quelle est donc, en réalité, la portée de l'art. 11 de la convention du 23 mars 1883 ? En présence de l'ambiguïté de ce texte, il est nécessaire d'interroger les travaux préparatoires. Le congrès de 1878, après avoir adopté le principe de la protection temporaire pendant les expositions internationales, a voté une résolution complémentaire, signée des noms les plus autorisés, disposition ainsi conçue : « La protection provisoire, accordée aux inventeurs et auteurs industriels qui prennent part aux dites expositions internationales, devra être étendue à tous les pays qui sont représentés à ces expositions. » Ce vœu a-t-il obtenu l'adhésion des délégués qui ont pris part à l'élaboration de la convention de 1883 ? Il est bien difficile de le penser, en raison du silence de l'art. 11 ; ce serait émettre une pure hypothèse que de dire, comme l'a fait un journal du Gard (*Le Commerce et l'Industrie*), à propos de l'étude précitée de M. Clunet, que, si la résolution du congrès de 1878 n'a pas été reproduite par la convention de 1883, « c'est parce que la commission permanente, chargée par le congrès de provoquer la réunion d'une

EXPOSITIONS ARTISTIQUES ET INDUSTRIELLES. — Chap. V.

conférence diplomatique, a pensé qu'elle découlerait tout naturellement du principe général, dès que ce principe serait inscrit dans un pacte international. »

120. — D'autre part, la discussion que souleva, à la conférence préparatoire de 1880, la rédaction de l'art. 11, qui n'est autre que celle de l'avant-projet, confirme l'exactitude d'une interprétation restrictive, celle qui n'impose qu'à l'État qui organise ou patronne l'exposition l'obligation d'édicter une protection temporaire. Enfin le rapport présenté à la conférence de 1883 sur le projet de convention achève de bien mettre en lumière la véritable portée de notre texte.

121. — Le délégué des Pays-Bas (M. Van der Laeff) avait insisté sur ce fait que « les inventions n'étant plus protégées en Hollande, son gouvernement ne saurait être en mesure de se conformer à la prescription de l'art. 11, avant que la matière fût réglée, à titre général, par une loi. » Les délégués de la Suisse adhérèrent à cette réserve. Il en résulte avec évidence que, dans l'esprit des délégués, la protection temporaire n'est due que dans le pays où a lieu l'exposition.

122. — Lors de la conférence tenue à Rome du 29 avril au 11 mai 1886, les délégués français se préoccupèrent de provoquer un commentaire officiel de l'art. 11; après des débats animés, ils parvinrent, sans modifier la convention de 1883, à faire adopter un article additionnel (art. 6, § 1) ainsi conçu : « La protection temporaire, prévue par l'art 11 de la convention, consiste dans un délai de priorité s'étendant, au maximum, à six mois, à partir de l'ouverture de l'exposition et pendant lequel l'exhibition, la publication ou l'emploi, non autorisée par l'ayant droit, de l'invention ainsi protégée ne pourront empêcher celui qui a obtenu ladite protection temporaire de faire valablement, dans ledit délai, la demande de brevet nécessaire pour s'assurer la protection définitive dans tout le territoire de l'Union. » Malheureusement cette disposition réglementaire n'a pas été ratifiée par les puissances.

123. — La question fut reprise à la conférence de Madrid (1-14 avr. 1890), mais cette fois encore l'entente ne put s'établir; le quatrième protocole de cette conférence, qui reproduit textuellement la disposition précitée de la conférence de Rome, fut repoussé par les principaux pays industriels (Angleterre, Belgique, États-Unis, France, Italie, Suède et Norvège). Le grave desideratum que suggère l'art. 11 de la convention de 1883 subsiste donc et justifie les hésitations des inventeurs. Un accord international sur ce point est vivement souhaitable.

124. — La plupart des États contractants, qui ont organisé ou patronné des expositions internationales depuis 1883, ont tenu l'engagement énoncé dans l'art. 11. — V. *suprà*, v° *Brevet d'invention*, n. 1979 et s.

125. — II *Caractères et conditions d'obtention de la protection temporaire*. — Une clause internationale ne pouvait que poser le principe de la garantie nécessaire pour conserver le droit au brevet et devait laisser aux États contractants le soin de réglementer librement, et suivant les principes admis par eux, les modes d'application. Tel est le caractère de l'art. 11 de la convention de 1883.

126. — Le sixième article additionnel, adopté par la conférence de Rome et reproduit par le protocole de la conférence de Madrid, dispose que la protection temporaire, prescrite par la convention, « consiste en un délai de priorité s'étendant au minimum jusqu'à six mois à partir de l'ouverture de l'exposition, » et que ces délais sont indépendants de ceux mentionnés à l'art. 4 de la convention (Le quatrième protocole de Madrid porte les mots « s'ajoutent à » dont le sens est équivalent). Ce texte stipule enfin que « la susdite protection temporaire n'aura d'effet que si, pendant sa durée il est présenté une demande de brevet en vue d'assurer à l'objet auquel elle s'applique la protection définitive dans un des États contractants. » Ce texte n'ayant pas reçu la ratification des puissances, ne les oblige, bien entendu, en aucune manière. Mais en fait, sauf en ce qui touche l'extension à tout le territoire de l'Union, ces règles sont celles qu'édictent la plupart des législations intérieures, car elles ont presque toutes pris pour modèle la loi française; or, ce sont les principes de cette loi qui ont inspiré les dispositions non encore ratifiées.

127. — La combinaison de l'art. 4 et de l'art. 11, ainsi interprété, de la convention de 1883 aurait une très-heureuse conséquence : l'auteur d'une invention, citoyen d'un État contractant, qui la fait figurer à une exposition internationale organisée dans un pays faisant partie de l'Union et qui demande une protection provisoire, pourrait conserver dans ce pays et dans tout autre État de l'Union ayant une législation relative aux inventions, son droit au brevet durant un délai d'un an à compter du jour de l'ouverture de l'exposition, les six premiers mois lui étant impartis par l'art. 11 (interprété par l'art. 6 du quatrième protocole de Madrid) et les six derniers par l'art. 4 (pour que ce délai fût une année entière, il faudrait que la demande de brevet eût été déposée le dernier jour des premiers six mois).

128. — La loi française du 23 mai 1868 est beaucoup plus large. Au lieu d'avoir comme point de départ le jour de l'ouverture de l'exposition, pour expirer avec le sixième mois, la protection provisoire, aux termes de l'art. 2, remonte au jour de l'admission de l'invention à l'exposition, et s'étend jusqu'à la fin du troisième mois qui en suit la clôture. — V. *suprà*, v° *Brevet d'invention*, n. 1982 et s.

129. — En Angleterre, la durée de la protection est plus restreinte. Aux termes de l'art. 39 de la loi de 1883 sur les patentes, dessins et marques de fabrique, « l'exhibition d'une invention à une exposition industrielle ou internationale, certifiée telle par le département du commerce, ou la publication d'une description pendant la durée de l'exposition ou l'exploitation de l'invention pendant la durée de l'exposition, par une personne quelconque, dans un autre lieu, à l'insu et sans le consentement de l'inventeur, ne porteront pas préjudice au droit de l'inventeur ou de son représentant légal de demander et d'obtenir la protection provisoire et une patente pour son invention, » si l'inventeur déclare au contrôleur général son intention d'exposer et s'il présente une demande de patente au plus tard dans les six mois qui suivent l'ouverture de l'exposition.

130. — En Suède, la durée de la protection est également de six mois à partir de l'ouverture.

131. — Les autres États qui ont réglé par des lois ou des arrêtés temporaires ou définitifs la même question, en exécution de l'art. 11 de la convention, notamment la Belgique et l'Espagne, ont adopté les conditions de durée de la loi française.

132. — La protection provisoire a donc le caractère d'une prolongation de la durée normale du brevet. Il serait, nous semble-t-il, plus logique et plus juste de faire entrer rétroactivement la durée de cette protection dans la durée même du brevet. En France, cette prolongation est d'une année entière : 1° si la période d'admission commence trois mois avant l'ouverture de l'exposition; 2° si celle-ci reste ouverte six mois; 3° si enfin l'exposant ne demande un brevet qu'à l'expiration de la protection temporaire, c'est-à-dire à la fin du troisième mois qui suit la clôture, de telle sorte que l'inventeur jouit, dans ces conditions, de la protection légale pendant seize ans, si la durée de quinze, qui est la durée normale des brevets en France. — V. Pouillet, *op. cit.*, n. 530; Allart, t. 2, n. 122. — V. *suprà*, v° *Brevet d'invention*, n. 1985.

133. — La protection provisoire n'est prévue par l'art. 11 de la convention qu'à l'occasion des expositions internationales officielles ou officiellement reconnues. Les gouvernements ne pouvaient s'engager qu'à l'égard des expositions présentant ce caractère. Pour l'application de ce texte, il faut donc, en premier lieu, que l'exposition soit internationale, c'est-à-dire ouverte, d'une manière générale, aux étrangers; par conséquent, la protection provisoire n'est pas due par les États contractants aux étrangers qui, par mesure individuelle et exceptionnelle, sont admis à participer à une exposition nationale. Il faut, en second lieu, que l'exposition soit officielle ou officiellement reconnue, c'est-à-dire organisée, patronnée ou au moins autorisée par l'État; la protection provisoire n'est donc pas due aux inventeurs qui prennent part à des expositions internationales purement privées. Le caractère officiel de l'exposition est expressément exigé par la loi française comme condition de la protection provisoire.

134. — Deux auteurs, MM. Pelletier et Nicolas (*Manuel de la propriété industrielle*, n. 124), soutiennent que, pour justifier la mise en œuvre de la protection provisoire, une exposition doit, en outre, avoir une durée prévue d'au moins six mois, sous prétexte, sans doute, que l'art. 3 de la loi de 1868 porte que le certificat peut être demandé pendant tout le premier mois de l'exposition; mais il est aisé de répondre que le législateur a, suivant sa coutume, statué *de eo quod plerumque fit*, les expositions officielles ayant presque toujours une durée d'au moins deux mois. Si ce raisonnement était exact, il faudrait l'appliquer à l'art. 11 de la convention et aller jusqu'à dire que les Etats contractants ne sont liés par cet article qu'à l'égard des expositions internationales officielles d'une durée d'au moins six mois, pour ce motif que la protection provisoire doit être accordée, au minimum, pour ce laps de temps ; cette manière de voir n'a pas été formulée, parce que la durée de six mois, prévue par la convention, est la durée normale des expositions internationales. — Pouillet, *Des brevets d'invention*, n. 554.

135. — Limitée quant aux expositions, l'obligation des Etats contractants l'est aussi quant aux exposants : ils ne sont liés qu'à l'égard des inventeurs étrangers, citoyens ou ressortissants d'une puissance ayant adhéré à l'Union; par contre, ils ne sont pas tenus de protéger provisoirement ceux qui relèvent d'un gouvernement non adhérent. Cette limitation n'existe pas, bien entendu, dans les pays qui, comme la France, sont pourvus d'une législation s'appliquant d'une manière générale à tous les exposants.

136. — Une convention internationale ne saurait avoir aucun effet sur les rapports des différents Etats avec leurs ressortissants respectifs, car ces rapports relèvent de l'exercice de leur souveraineté, et la souveraineté est inaliénable. Théoriquement, par conséquent, les inventeurs exposants pourraient, en l'absence d'une loi permanente, se trouver privés de la protection provisoire dans leur propre pays, à côté d'étrangers bénéficiant de cet avantage. Au contraire, dans tous les Etats de l'Union, où cette immunité est accordée aux nationaux, les étrangers relevant d'un Etat contractant ne pourraient en être frustrés qu'au mépris de l'art. 2 de la convention qui dispose que, dans tous les pays, les étrangers, appartenant à l'un des Etats contractants jouiront des avantages accordés aux nationaux. Dans les Etats, comme la France, qui sont dotés d'une législation générale et permanente sur la protection provisoire des inventions aux expositions (L. 23 mai 1868), l'art. 2 suffirait donc à assurer cet avantage aux étrangers. Les Etats de l'Union qui n'ont pas de loi générale et permanente à ce sujet sont, au contraire, tenus, en vertu de l'art. 11, d'instituer, par mesure spéciale, une protection temporaire, à l'occasion de chaque exposition internationale officielle, organisée sur leur territoire.

137. — Le dépôt de la demande est une condition nécessaire de l'obtention de la protection temporaire ; il n'est point accordée de plein droit aux exposants non brevetés. C'est là une règle commune aux législations française, belge, anglaise, espagnole. En Suède, au contraire, le bénéfice de cette immunité découle du seul fait de la participation à une exposition internationale.

138. — En France, le dépôt de la demande, doit être effectué, au plus tard, le dernier jour du premier mois de l'exposition (V. *supra*, v° *Brevet d'invention*, n. 1984). C'est, d'ailleurs, le plus souvent avant l'ouverture que la demande est faite ; mais elle ne peut précéder l'admission du produit qui en fait l'objet. Cette dernière règle est fâcheuse; car elle expose les demandeurs, écartés par les comités, à voir leurs inventions tomber, par le seul fait de la présentation, dans le domaine public. Les candidats admis eux-mêmes ne sont pas à l'abri de ce danger. Le rapporteur de la loi du 2 mai 1855 avait formulé, à ce propos, de très-sages observations à l'appui d'un amendement qui disposait que le certificat devait être daté du jour de la communication faite par l'inventeur au comité d'admission : « En effet, disait-il, entre le jour de la communication et celui où est prononcée l'admission, il s'écoule un laps de temps, pendant lequel l'inventeur n'est pas protégé ; cet intervalle peut être mis à profit par des tiers pour l'obtention d'un brevet, qui primerait, par sa date, le certificat accordé par commission. » Cet amendement ne fut pas adopté. Le législateur de 1868 n'a pas davantage remédié à cette situation.

139. — En dehors de ces règles spéciales, l'obtention du certificat est subordonnée aux mêmes conditions que la délivrance du brevet.

140. — Il est incontestable que la protection du certificat doit s'étendre aux résultats, même non prévus dans la demande, qui sont l'effet nécessaire de l'invention ; c'est ce qu'a décidé la cour de Paris, dans deux arrêts l'un du 14 juin 1858 [*Ann. de la propr. ind.*, 1859, p. 257], l'autre du 28 mars 1865 [*Ibid.*, 1867, p. 323].

141. — Nous avons vu *suprà*, v° *Brevet d'invention*, n. 1984, quelle est la forme de la demande. Elle doit, notamment, avons-nous dit, contenir une description exacte de l'objet à garantir. Qu'arriverait-il, si l'administration délivrait, par mégarde, un certificat, en l'absence de toute description ou bien nonobstant une description inexacte ou incomplète? La solution qui nous paraît s'imposer, c'est la nullité du certificat, car, s'il en était autrement, les fraudes seraient trop faciles; telle est l'opinion de MM. Pouillet (*Brevets d'invention*, n. 549) et Allart (*Brevets d'invention*, t. 2, n. 143).

142. — L'inventeur devra joindre à sa demande la lettre ou le certificat d'admission, puisque la protection provisoire n'est accordée qu'aux inventions admises.

143. — Enfin un bordereau des pièces annexées à la demande doit les accompagner; ce document doit être revêtu de la signature de l'inventeur ou de son mandataire; les art. 5 et s. de la loi de 1844 s'appliquent en tous points. — V. pour toutes ces formalités, A. Rendu, *op. cit.*; Ruben de Couder, *op. cit.*, n. 703 ; Pouillet, *op. et loc. cit.*; Allart, *op. cit.*, n. 138 et s.; Malapert et Forni, *Nouveau commentaire des lois sur les brevets d'invention*, p. 250 et s.

144. — L'administration peut-elle refuser le certificat? Plus exactement a-t-elle le droit de soumettre la demande à un examen préalable? La loi de 1868 est muette sur ce point. Voici les règles unanimement admises et qui sont fondées, notamment, sur les déclarations formulées au Corps législatif. Le certificat provisoire, comme le brevet, est délivré, en France, sans examen préalable de la part de l'administration, car elle n'a point à se faire juge de la demande ; le préfet ou le sous-préfet délivre le certificat, aux risques et périls de l'exposant. Mais, comme en matière de brevets, la demande de certificat peut être rejetée dans deux cas : en premier lieu, si elle est irrégulière en la forme, par exemple, si elle n'est pas accompagnée d'une description de l'invention (V. *supra*, n. 141); toutefois, la description elle-même ne peut-être contrôlée ; complète ou incomplète, exacte ou inexacte, du moment qu'elle est jointe à la demande, elle ne peut faire obstacle à la délivrance du certificat ; comme l'a dit le rapporteur, *le certificat ne saurait être refusé*. En second lieu, la demande peut être rejetée, au cas où l'invention n'est pas brevetable.

145. — L'inventeur n'est cependant pas désarmé contre ce droit de refus, ainsi limité. Il peut se pourvoir par la voie ordinaire des recours administratifs : soumise d'abord au préfet, si elle émane d'un sous-préfet, la décision attaquée doit être portée devant le ministre du Commerce, avec recours, s'il y a lieu, contre l'arrêté ministériel devant le Conseil d'Etat. — V. Pouillet, *op. cit.*, n. 547; Ruben de Couder, *op. cit.*, v° *Brevets d'invention*, n. 704; Allart, *op. cit.*, t. 2, n. 141. — Mais la voie administrative n'est ouverte que si le refus est motivé par l'une des deux raisons qui viennent d'être énoncées; en dehors de ces deux cas, c'est aux tribunaux civils qu'il appartient de statuer.

146. — En cas de refus, l'inventeur exposant peut-il renouveler sa demande? Cette question présente un intérêt pratique très-réel, soit que la première demande ait été irrégulière en la forme et justement rejetée, soit que, malgré sa régularité, elle ait été repoussée. Dans ce dernier cas, il est prudent de formuler, à tout événement, une nouvelle demande, tout en attaquant la décision administrative qui a rejeté la première ; car les tempéraments accordés par la loi, en matière de brevets, ne peuvent trouver ici leur application, en l'absence d'une disposition spéciale. Il n'y a aucun motif de penser que la demande de certificat ne puisse être renouvelée. Mais il faut évidemment distinguer : si l'inventeur se trouve dans le délai légal, c'est-à-dire si le premier mois de l'exposition n'est pas encore écoulé, il est recevable à reproduire sa demande; il ne l'est plus, si ce délai est expiré. — V. Pouillet, *op. cit.*, n. 548; Allart, *op. cit.*, t. 2, n. 141; Ruben de Couder, *loc. cit.*, n. 705.

147. — Les dispositions prises par les gouvernements britannique, belge, autrichien, espagnol sont à peu près identiques. Rappelons, toutefois, que la législation autrichienne ne faisant pas de l'admission une condition de la protection provisoire, n'exige pas la jonction de la lettre d'admission ; il y a lieu aussi de faire remarquer que l'examen auquel est soumise la demande porte exclusivement sur la régularité des pièces, et qu'aucun recours n'est ouvert contre le rejet.

148. — III. *Effets de la protection temporaire.* — Les effets du certificat provisoire, comme ceux du brevet, sont limités au territoire. Mais, dans cette mesure, l'efficacité du certificat, au point de vue de la conservation du droit privatif, est la même que celle du brevet : aucun fait de divulgation survenu pendant la durée de la protection temporaire, un brevet même, pris à l'étranger par un tiers, ne sauraient être opposables à l'exposant, lorsqu'il demandera la protection définitive dans le pays de l'exposition.

149. — Suivant la législation française, les effets du certificat provisoire, demandé dans les délais légaux, remontent au jour de l'admission et non au jour du dépôt de la demande; il ne saurait y avoir de doute, à cet égard, en présence des termes de la loi (art. 2). — V. *suprà*, v° *Brevet d'invention*, n. 1986. — Cette disposition a l'inconvénient de rendre possible une situation regrettable. Puisque l'exposant peut déposer sa demande de certificat dans le premier mois de l'exposition et que le certificat rétroagit au jour de l'admission, il peut arriver qu'un commerçant malhonnête demande un certificat pour une invention exposée par un de ses concurrents et dont il a eu connaissance dans l'intervalle de temps écoulé entre le jour de l'admission et celui de l'ouverture de l'exposition, ou même après. Cette fraude est d'autant plus facile qu'au moment de l'admission, l'inventeur n'a point à spécifier ni à décrire les objets qu'il veut exposer, ni même à les indiquer d'une façon spéciale. Par cette usurpation, le concurrent déloyal peut acquérir la propriété effective de l'invention, puisqu'il a le titre qui la garantit, le certificat provisoire. Quelle sera la situation de l'inventeur véritable, ainsi dépouillé? Ce sera celle de tout industriel dont le secret a été surpris et breveté au profit d'un tiers, c'est-à-dire d'un propriétaire évincé par un possesseur de mauvaise foi. Il a donc une action en revendication contre l'usurpateur, qui est passible, tant de peines correctionnelles que de dommages-intérêts. Il en sera ainsi alors même que l'inventeur, victime de la fraude, aurait pris un brevet : son brevet ne sera pas primé par le certificat demandé postérieurement; car il pourra démontrer que son invention était conçue avant la demande du certificat, et se faire, par suite, réintégrer dans ses droits. Mais il devra toujours recourir à l'intervention des tribunaux et se soumettre aux risques d'un procès.

150. — Voilà un second et grave inconvénient de la règle en vertu de laquelle l'admission doit être antérieure à la demande du certificat (nous avons vu que le premier, plus grave encore, était la perte pour l'inventeur de son droit de priorité, au cas où, son invention, tombée sans protection dans le domaine public entre le jour de la présentation et celui de l'admission, aura fait l'objet d'un brevet accordé à un tiers et qui primerait par sa date le certificat accordé à l'exposant). Il y a donc là une regrettable imperfection qui peut rendre la faveur de la loi plus funeste qu'utile pour les exposants; mais celle-ci pourrait être supprimée tout en maintenant la règle de l'antériorité de l'admission : il suffirait de faire rétroagir le certificat provisoire, non au jour de l'admission, mais à celui de la demande, c'est-à-dire au moment où la description qui doit l'accompagner détermine exactement l'étendue du droit réclamé. En un mot, le certificat devrait être daté et produire effet du jour de la demande.

151. — Quels sont les effets du certificat provisoire? Son effet essentiel, caractéristique est de conserver intact à l'inventeur son droit au brevet, que lui aurait fait perdre sa participation à l'exposition. C'est là le seul but que se soit proposé la convention internationale : le § 1 du 4e protocole de la conférence de Madrid, qui précise cette conséquence, peut être considéré, quoique non ratifié, comme révélant, à cet égard, l'esprit de l'art. 11 (V. *suprà*, v° *Brevet d'invention*, n. 1977). C'est là, d'ailleurs, le *minimum* de garantie qui pouvait et devait être stipulé par les Etats contractants, car cette déchéance est le principal danger que courrait l'inventeur exposant. La législation française et les législations similaires consacrent ce résultat : l'art. 2 de la loi de 1868 dispose que « le certificat assure à celui qui l'obtient *les mêmes droits* que lui conférerait un brevet d'invention. »

152. — Un auteur (M. Allart, *op. cit.*, t. 2, n. 144) a pourtant soulevé une difficulté à ce sujet : « Par le certificat provisoire, dit-il, l'inventeur n'est protégé contre la déchéance qui résulterait de l'exposition publique de sa découverte; mais il n'est nullement garanti contre les autres faits de divulgation. Si donc, à la même époque, il exploitait publiquement son invention, en dehors d'une exposition autorisée par le gouvernement, le brevet pris plus tard ne serait plus valable. » Il semble difficile d'admettre cette manière de voir, en présence de la généralité des termes de l'article précité. Sans doute, c'est de la déchéance particulière, qui résulterait de la participation à telle exposition déterminée, que le législateur a entendu relever l'inventeur exposant non breveté; sans doute aussi, c'est cette seule cause de déchéance que prévoit l'art. 11 de la convention internationale. Mais peut-on interpréter dans ce sens restrictif un texte aussi général que l'art. 2 de la loi de 1868? Puisque le certificat confère *les mêmes droits* que le brevet, il investit l'exposant qui l'obtient du monopole de son invention et, par conséquent, le met en garde contre toute divulgation, avec cette seule différence que la protection ainsi garantie n'est que transitoire. Les travaux préparatoires de la loi de 1868 confirment cette interprétation.

153. — Ainsi, d'une part, comme le brevet, le certificat provisoire obtenu en France investit l'inventeur d'un droit exclusif d'exploitation et institue à son profit un véritable monopole. Comme le brevet, d'autre part, le certificat lui confère le droit de poursuivre les contrefacteurs et de faire saisir les objets contrefaits. Mais les effets de ce certificat sont-ils temporaires ou conditionnels? En d'autres termes, le certificat demeure-t-il efficace en tout état de cause, pendant toute la durée légale de la protection provisoire, pour s'éteindre à l'expiration de ces délais; ou bien, au contraire, son efficacité est-elle subordonnée au dépôt d'une demande de brevet avant cette expiration, de telle sorte que, si cette condition n'est pas remplie, le certificat doive être considéré comme non avenu? Dans ce dernier cas, l'accomplissement de ce dépôt, avant l'expiration des délais, constituerait une *condition suspensive* de l'efficacité du certificat; dans le premier, il faudrait y voir une *condition résolutoire*, la protection provisoire s'éteignant sans faire place à celle qui assure définitivement le brevet.

154. — Cette grave controverse rappelle le § 2 du quatrième protocole de Madrid, qui fait du dépôt d'une demande de brevet (dans l'un des Etats contractants) la condition suspensive de la validité du certificat. Cette restriction répond à l'idée qu'un pacte diplomatique, relatif à la protection des inventions aux expositions internationales, ne peut exiger que le *minimum* de garantie nécessaire pour atteindre ce but. Cette disposition ne saurait, bien entendu, en l'absence de toute ratification, avoir une autorité suffisante dans le débat que soulève l'interprétation de la loi française, promulguée d'ailleurs seize ans auparavant.

155. — Le plus complet désaccord existe, à cet égard, entre les commentateurs. La controverse porte principalement sur le droit fondamental de poursuite. D'après un premier système, l'efficacité du certificat est conditionnelle. Cette thèse est soutenue notamment par MM. Pouillet (*op. cit.*, n. 552) et Allart (*op. cit.*, t. 2, n. 144). D'après ces savants auteurs, l'inventeur qui n'a pas demandé un brevet avant l'expiration de son certificat est censé n'avoir jamais été protégé, et ils concluent logiquement que le certificat ne confère pas le droit de poursuite. Pour qu'il y ait usurpation de propriété, il faut, en effet, que le droit de propriété soit établi, incontestable : comment une condition conditionnelle pourrait-il servir de base suffisante à une condamnation judiciaire? que résulterait-il de cette condamnation, si le droit s'évanouissait, faute d'avoir été rendu certain par un brevet pris en temps utile? Une condamnation correctionnelle peut-elle être subordonnée à une condition? Pour se rendre compte, disent-ils, de la véritable portée du certificat provisoire, il suffit de se bien pénétrer du caractère que le législateur lui a imprimé en le qualifiant de *provisoire* : c'est un titre accordé, par mesure de faveur, à un inventeur qui n'est pas en situation d'obtenir actuellement un brevet et qui, cependant, a besoin d'une protection immédiate; le certificat lui tient donc lieu de brevet, pendant un délai suffisant pour lui permettre d'obtenir la protection définitive. D'ailleurs la législation des brevets d'invention, telle que l'établit la loi de 1844, n'a pas été modifiée par la loi du 23 mai 1868, qui n'a eu pour but que de donner à l'inventeur le moyen de réserver ses droits à la propriété de la découverte qu'il produit dans une exposition : ce but est atteint, grâce au certificat provisoire. Mais s'il veut réellement conserver le monopole que lui offre la loi, il doit demander un brevet ; tant qu'il ne l'a pas obtenu, il ne peut faire réprimer les entreprises de la contrefaçon.

156. — D'après un autre système, l'efficacité du certificat est temporaire. Cette doctrine, que soutiennent Ambroise Rendu (*op. cit.*, p. 64 et s.), Ruben de Couder (*op. cit.*, n. 707), Malapert et Forni (*op. cit.*, p. 250 et s.), nous semble devoir être préférée. Il n'est guère admissible qu'une loi, qui déclare de la façon la plus formelle que le certificat provisoire confère *les mêmes droits* que le brevet, devienne lettre morte et n'accorde qu'une protection illusoire. Tel est bien pourtant le résultat auquel aboutit la première interprétation ; car refuser au porteur du certificat le droit de poursuite, c'est lui enlever le moyen de faire respecter son privilège et, par suite, lui dénier tout monopole. Pour rendre pleinement efficace la disposition de l'art. 2 de la loi de 1868, il faut reconnaître que les droits conférés par le certificat sont *temporaires*, c'est-à-dire d'ores et déjà certains et définis et ne diffèrent de ceux qui découlent d'un brevet qu'en ce qu'ils sont transitoires au lieu d'être définitifs. Puisque le porteur d'un certificat *a les mêmes droits* que le titulaire d'un brevet, on ne peut lui reconnaître les uns et lui dénier les autres, notamment le droit de poursuite. — V. *suprà*, v° *Brevet d'invention*, n. 1985.

157. — Il ressort de l'ensemble de la loi française que le certificat provisoire est un brevet gratuit d'une durée d'une année au plus ; il n'est dit nulle part, que l'efficacité de ce certificat soit subordonnée à la demande d'un brevet avant l'expiration du troisième mois qui suit la clôture de l'exposition ; en disposant que le certificat assure les mêmes droits que le brevet, à dater etc... « sans préjudice du brevet que l'exposant peut prendre avant l'expiration de ce terme », l'art. 2 laisse clairement entendre que le certificat a une existence propre, indépendante de celle du brevet qui peut intervenir et qu'il confère des droits certains. Et d'ailleurs les effets du brevet, obtenu pendant la durée de la protection provisoire, remontent, non au jour de la demande du certificat, mais au jour de la demande du brevet. Pour que l'efficacité du certificat fût conditionnelle, il faudrait que l'obtention du brevet constituât une condition suspensive, ce qui exigerait qu'on le fît rétroagir au jour de la demande du certificat ; du moment que les effets du brevet ne remontent, au contraire, qu'au jour de la demande qui en est faite, c'est que la condition est résolutoire et que, par suite, la protection provisoire, à laquelle succède la protection définitive, avait une efficacité certaine et indépendante.

158. — Tant que dure la protection temporaire, l'inventeur exposant jouit donc des mêmes droits que s'il était breveté. Si, à l'expiration des délais légaux, le porteur de certificat n'a pas de brevet, son privilège cesse ; mais son invention ne tombe pas nécessairement dans le domaine public, puisque le certificat a eu pour principal effet de le relever de la déchéance qu'il eût encourue par sa participation à l'exposition. Il devra, toutefois, se hâter, car il pourrait arriver qu'un concurrent malhonnête profitât de son inaction pour faire breveter, en son nom, l'invention qu'il aurait copiée à l'exposition, et une fois la protection temporaire expirée, l'inventeur n'aurait plus le droit de poursuite ; il ne pourrait qu'agir en revendication, c'est-à-dire s'engager dans un procès long et coûteux. — Quand l'exposant prend un brevet, il n'a qu'à produire la demande déposée pour l'obtention du certificat, en y joignant la quittance et en indiquant la durée qu'il entend assurer à sa propriété ; il n'a pas à fournir une nouvelle description.

159. — L'institution de la protection temporaire met donc les auteurs d'inventions non brevetées, mais brevetables, à l'abri des risques et des déchéances inhérents à l'exhibition de leurs produits et sauvegarde, à la fois, l'intérêt des industriels et le succès des expositions, particulièrement des expositions internationales, qui en ont suggéré l'idée et hâté le développement. Mais cette institution n'atteindra pleinement son but que le jour où ses effets seront internationaux, au lieu d'être purement territoriaux, et où, d'autre part, tous les pays industriels seront entrés dans l'union dont la convention du 20 mars 1883 a jeté les premières bases.

2° *Invention non brevetable.*

160. — Ce cas se produisant fréquemment, il y a lieu de considérer les situations les plus intéressantes et d'examiner, pour chacune, le sort de l'invention que son auteur veut exposer.

161. — *Premier cas.* — Il peut arriver, rarement il est vrai, que l'exposition, à laquelle va figurer l'invention, soit organisée dans un pays qui ne possède pas de loi sur les brevets d'invention : la protection temporaire lui sera-t-elle accordée ? Si l'État organisateur (la Turquie, la Serbie, par exemple) ne fait pas partie de l'union, la question ne se pose pas. Mais que répondre si l'État organisateur a signé la convention internationale ? Dans une certaine opinion, on répond négativement, car, dit-on, l'engagement que contient l'art. 11 n'est que conditionnel : l'État n'est lié, à l'égard de chacune des branches de la propriété industrielle énumérées par le texte, que si sa législation intérieure la réglemente d'une manière générale. Cette théorie a été formulée au § 4 du protocole de clôture de la conférence de 1880 (V. Lyon-Caen, *Rev. de dr. intern. pr.*, 1883, p. 277). Les délégués de la Suisse et de la Hollande ont fait, dans ce sens, des déclarations formelles, à l'égard des inventions. Ce principe a été, de nouveau, affirmé par les États-Unis, lors de leur adhésion à l'union, en ce qui concerne les marques de fabrique et de commerce, que la législation fédérale ne protège pas, laissant ce soin à chacun des États de l'union américaine. Nous croyons, au contraire, que l'art. 11, dont les termes ne prêtent à aucune équivoque, impose même aux États qui ne protègent pas la propriété industrielle, mais qui ont adhéré à la convention de 1883, l'obligation de délivrer le certificat provisoire (V. *suprà*, v° *Brevet d'invention*, n. 1976). Quoiqu'il en soit, la Hollande est aujourd'hui le seul État de l'union qui ne possède pas de loi sur les brevets d'invention ; cette situation donna lieu à de vives préoccupations, lors de l'exposition universelle d'Amsterdam, en 1883 (V. *Rev. de dr. intern. pr.*, 1882, p. 321 : *De la protection à accorder aux inventions, modèles et dessins industriels à l'exposition universelle d'Amsterdam en 1883*).

162. — *Deuxième cas.* — L'invention peut être non brevetable dans le pays de l'exposition, si, d'une part, ce pays ne fait point partie de l'union et exige une nouveauté absolue, et si, d'autre part, l'invention a été divulguée, par exemple, brevetée avec publication de la demande descriptive, dans un autre pays.

163. — *Troisième cas.* — Il en sera de même, encore, au cas où l'exposition a lieu dans un État adhérent exigeant une nouveauté absolue, si l'invention a fait l'objet, depuis plus de six mois, d'une demande de brevet dans un État où la demande est rendue publique.

164. — *Quatrième cas.* — Enfin l'invention ne sera brevetable dans aucun pays, si elle ne présente pas un caractère industriel, si elle est de nature pharmaceutique, ou si elle s'applique à des choses immorales ou illicites. En Allemagne, en outre, seraient exclues de la protection provisoire, comme de la protection définitive, les inventions relatives à des aliments, aux objets de consommation ou à des matières obtenues par des procédés chimiques, en tant qu'elles ne concernent pas un procédé déterminé pour la production de ces objets.

165. — Les inventions qui rentrent dans l'un de ces trois derniers cas, défaut de nouveauté (2° et 3°), exclusion expresse de la loi (4°), sont celles que l'on dit communément n'être pas brevetables. Quelle sera leur situation au point de vue qui nous occupe ? Pour pouvoir être protégée temporairement à une exposition, une invention doit réunir les conditions exigées pour la protection définitive. Tel est le principe admis par tous les États qui ont légiféré en cette matière. La loi française du 23 mai 1868 dispose (art. 1) qu'un certificat sera délivré à tout Français ou étranger, « auteur d'une invention susceptible d'être brevetée, aux termes de la loi du 5 juill. 1844. » Toutes les dispositions des lois étrangères, relatives à la protection provisoire, se réfèrent de même aux lois générales sur les brevets d'invention.

166. — La règle est donc des plus simples : a droit à un certificat provisoire celui qui a droit à un brevet ; réciproquement n'a pas droit à un certificat celui qui n'a pas droit à un brevet. Cette règle est rationnelle, puisque le certificat a pour but de tenir provisoirement de brevet. Mais si, en droit, le défaut de nouveauté ou de brevetabilité légale constitue une fin de non-recevoir péremptoire envers une demande de certificat, il pourra cependant arriver qu'en fait le certificat soit délivré. Nous avons vu, en effet, que le certificat ne saurait être refusé. Comment concilier ces deux règles, en apparence contradictoires ? Il faut distinguer : si l'invention, pour laquelle a été déposée une demande de certificat, n'est pas nouvelle (2° et 3° cas énumérés ci-dessus), l'administration délivrera le certificat, puisque tout examen préalable lui est interdit et que, d'ailleurs, elle ne saurait se faire juge du défaut de nouveauté. Mais ce certificat n'aura aucune valeur : il ne pourra, bien entendu, être transformé en brevet et ne conférera au titulaire aucun droit de poursuite ou de saisie ; ce certificat n'aura, d'une façon générale, que l'avantage de lui assurer le rôle de défendeur, en cas de contestation. Si l'administration opposait un refus, en arguant du défaut de nouveauté, l'inventeur ne pourrait attaquer cette décision que devant les tribunaux civils, seuls compétents pour déclarer si le refus est ou n'est pas justifié.

167. — S'il s'agit d'une invention à laquelle manque le caractère industriel ou le caractère licite, il arrivera rarement que le certificat soit accordé, et ce refus ne sera point en contradiction avec la règle suivant laquelle l'administration ne peut rejeter une demande régulière. Dans ce cas, en effet, l'administration sera éclairée par la seule lecture du titre de la description; par conséquent, elle aura le droit, même le devoir de refuser le certificat, en vertu de la prohibition absolue édictée par les lois de 1844 et de 1868.

168. — Les dénominations énoncées par la loi étant, il est vrai, très générales, il pourra se produire des cas douteux ; il faut donc reconnaître au préfet ou au sous-préfet un certain pouvoir d'appréciation. Nous savons que la voie administrative est ouverte à l'inventeur pour recourir, s'il y a lieu, contre le rejet de sa demande ; rappelons que c'est seulement quand ce rejet est fondé sur l'absence de caractère industriel ou licite, ou bien sur une irrégularité de forme, que cette voie lui est ouverte ; en dehors de ces deux cas, les tribunaux civils sont seuls compétents.

§ 2. *Invention brevetée dans le pays de l'exposition.*

169. — L'invention brevetée dans le pays où son auteur participe à une exposition est protégée de plein droit contre toute usurpation et toute contrefaçon. Elle se trouve à l'abri de tout danger dans les pays où le brevet ne peut prendre fin que de deux manières : par suite de l'expiration du délai pour lequel il a été pris ou du défaut de paiement de la taxe légale. Ces deux causes d'extinction sont communes à toutes les législations.

170. — A propos de la première, une question se pose : l'inventeur exposant, dont le brevet doit expirer pendant la durée de l'exposition, peut-il obtenir un certificat provisoire pour prolonger jusqu'au terme de l'exposition son droit de propriété ? On peut le nier parce que la protection provisoire n'est due qu'à ceux qui pourraient obtenir un brevet ; mais il en est autrement cependant, en fait, puisque l'administration n'est pas juge de la question. Le certificat qui lui sera ainsi délivré n'aura aucune valeur et sera, par conséquent, impuissant à lui conserver son monopole et le droit de poursuivre les contrefacteurs, à l'expiration du brevet. La question est, d'ailleurs, plus théorique que pratique.

171. — Il est, dans certains pays, d'autres causes de déchéance, qui menacent tous les exposants brevetés et principalement les étrangers : l'une est le défaut d'exploitation pendant un temps qui varie suivant les législations, l'autre, l'introduction par le breveté, d'objets fabriqués à l'étranger. L'intérêt des exposants et celui des expositions internationales ont donc, ici encore, nécessité des mesures de protection spéciales.

1° *Déchéance pour défaut d'exploitation.*

172. — Cette cause de déchéance est admise aujourd'hui par toutes les législations, sauf celles de l'Angleterre et des Etats-Unis. L'art. 32, § 2, de la loi française de 1844 déclare déchu de tous ses droits « le breveté qui n'aura pas mis en exploitation sa découverte en France, dans le délai de deux ans à dater du jour de la signature du brevet, ou qui aura cessé de l'exploiter pendant deux années consécutives, à moins que, dans l'un ou l'autre cas, il ne justifie des causes de son inaction » (V. *suprà*, v° *Brevet d'invention*, n. 1380 et s.). Or, la participation à une exposition publique a toujours été considérée comme un fait d'exploitation suffisant pour mettre le breveté à l'abri de cette déchéance, plus exactement pour interrompre la prescription particulière de l'article précité. C'est bien là, en effet, entre tous, un fait d'exploitation, puisque le but même des expositions est de mettre le public à même de connaître et d'étudier les inventions nouvelles et de provoquer la vente des produits. La doctrine (V. Pouillet, *op. cit.*, n. 296) et la jurisprudence affirment cette règle. — V. Trib. Seine, 11 mai 1836, sous Cass., 13 juin 1837, Griolet, [S. 38.1.53, P. 44.1.806] — Paris, 9 févr. 1863,

[Ann. prop. ind., 1865, p. 190] — V. Cass., 19 juin 1866, Bastiat, [S. 66 1.395, P. 66.1072, D. 66.1.320] — Bordeaux, 25 juin 1867, Bastiat, [S. 68.2.221, P. 68.830] — V. *suprà*, v° *Brevet d'invention*, n. 1407 et s.

173. — On conçoit dès lors, l'utilité des art. 1, L. 8 avr. 1878 ; 4, L. 5 juill. 1881 ; 3, L. 30 oct. 1888 ; 3, L. 30 déc. 1899. En 1878, un certain nombre d'inventeurs se montraient disposés à participer à l'exposition universelle de Paris et à prendre un brevet ; mais l'obtention même du brevet les aurait obligés à exploiter, dans les deux ans, leur invention sous peine de déchéance. Aussi ces inventeurs, surtout ceux de nationalité étrangère, n'étant pas en mesure de fonder immédiatement un établissement industriel en France, réclamèrent-ils une prolongation de délai.

174. — C'est pour satisfaire à ce vœu légitime et pour prévenir toute contestation que la loi du 8 avr. 1878 renfermait, à cet égard une disposition expresse, reproduite à peu près textuellement dans les lois des 5 juill. 1881, 30 oct. 1888 et 30 déc.1899,en prévision de l'exposition internationale d'électricité et des expositions universelles de 1889 et de 1900. — V. *suprà*, v° *Brevet d'invention*, n. 1409.

2° *Déchéance à raison de l'introduction en France, par le breveté, d'objets fabriqués à l'étranger.*

175. — La loi française est la seule qui édicte cette cause de déchéance, dont l'utilité est discutable. L'art. 32-3° de la loi de 1844 porte : « Est déchu de tous ses droits, ... le breveté qui aura introduit en France, des objets fabriqués en pays étranger et semblables à ceux qui sont garantis par son brevet » (V. *suprà*, v° *Brevet d'invention*, n. 1443 et s.). Sont exceptés de ces dispositions les modèles de machines dont le ministre du Commerce pourra autoriser l'introduction, c'est-à-dire, les modèles de machines pour lesquels l'inventeur est breveté à la fois en France et dans le pays de fabrication. Sous l'empire de la loi de 1844, il n'y avait donc exception à la règle. Des plaintes s'étant produites à la suite de l'exposition de 1855, la loi du 31 mai 1856 a donné à cette exception une extension considérable, en modifiant de la manière suivante le dernier paragraphe de l'art. 32 de la loi de 1844. « Néanmoins le ministre du Commerce pourra autoriser l'introduction : 1° des modèles de machines ; 2° des objets fabriqués à l'étranger, destinés à des expositions publiques ou à des essais faits avec l'assentiment des gouvernements. » — V. *suprà*, v° *Brevet d'invention*, n. 1470 et s.

176. — Depuis la loi de 1856, l'introduction peut donc être autorisée pour tous les objets, même non brevetés dans le pays de fabrication, et destinés à une exposition ; l'obligation imposée au breveté de se munir, au préalable, de l'autorisation ministérielle, est encore une cause d'embarras et de lenteurs, qui nuit au but que l'on veut atteindre. L'inconvénient se fait sentir en ce qui concerne les expositions internationales, car c'est surtout aux brevetés étrangers que s'appliquent les dispositions précédentes. Aussi la loi du 8 avr. 1878 a-t-elle, par son art. 2, affranchi de cette formalité l'inventeur qui se contentait d'envoyer à l'exposition universelle un spécimen unique de ses produits; l'autorisation restait nécessaire, au cas où il désirait en importer plusieurs.

177. — Ajoutant à cette innovation, la loi du 5 juill. 1881 (art. 1) a permis l'introduction libre, non seulement d'un spécimen, mais encore d'un nombre illimité d'objets, que les brevetés ou leurs ayants-droit auraient été admis à faire figurer à l'exposition internationale d'électricité. L'art. 1 de la loi du 30 oct. 1888 a concédé les mêmes facilités, en prévision de l'exposition universelle de 1889. L'art. 2 dispose que l'introduction, comme en 1878 et en 1881, sera, non pas définitive, mais seulement temporaire, et que la déchéance sera encourue, si les objets ne sont pas réexportés dans le délai de trois mois à partir du jour de la clôture officielle (un mois, en 1878).

178. — La loi du 30 déc. 1899 relative à l'exposition de 1900 porte, art. 1 : « toute personne jouissant en France d'un droit privatif en vertu des lois sur la propriété industrielle, ou ses ayants-droit, pourra sans encourir la déchéance de son privilège faire figurer à l'exposition universelle de 1900 à Paris et introduire à cet effet sur le territoire français des objets fabriqués à l'étranger et semblables à ceux qui sont garantis par son titre

si ces objets ont été régulièrement admis à ladite exposition. »
Art. 2 : « Toutefois la déchéance prévue par les lois en vigueur sera encourue si les objets visés à l'art. 1 ne sont pas réexportés dans le délai de trois mois à dater des jours soit de la clôture officielle de l'exposition soit de l'ordre d'enlèvement antérieur qui aurait été signifié aux intéressés par les autorités compétentes. »

179. — De ces lois françaises doit être rapprochée une loi des États-Unis, du 6 avr. 1892, relative à l'exposition universelle de Chicago. La législation de ce pays autorise des poursuites contre les inventeurs brevetés qui exhibent des produits garantis par des brevets américains ; une mesure de faveur était donc nécessaire pour sauvegarder la situation des exposants étrangers. La loi susvisée déclare « qu'aucun citoyen d'un autre pays ne sera appelé à répondre de la violation d'un brevet délivré pour les États-Unis..., quand l'acte incriminé aura été accompli en ce qui concerne un produit... figurant à *l'exposition colombienne universelle* de Chicago » (V. *Journal de la propriété industrielle*, de Berne, 1892, p. 76).

180. — Après avoir examiné les questions relatives exclusivement à la protection d'une invention brevetée, figurant à une exposition, il y a lieu de se préoccuper des dangers qui peuvent naître, d'une manière générale, d'une exposition internationale, pour toute invention brevetée exposée ou non. L'application de la loi française soulève, à cet égard, une difficulté particulière, qui se rattache étroitement à celle que nous venons d'étudier en dernier lieu : comment faut-il apprécier l'introduction, sur le territoire français, d'objets semblables à un produit pour lequel il a été pris un brevet en France, lorsque cette introduction est le fait, non du breveté lui-même, mais d'un *tiers*, c'est-à-dire d'un contrefacteur, et qu'elle a pour but l'exhibition dans une exposition internationale.

181. — L'introduction en France d'objets semblables à un produit pour lequel il a été délivré un brevet français est prévue et réprimée par l'art. 41 de la loi de 1844. Ce texte frappe l'introduction des peines de la contrefaçon. Cette disposition s'applique-t-elle à l'introduction qui a pour but l'exhibition dans une exposition internationale? — Comme le fait observer très-justement M. Lyon-Caen (*Journ. du dr. int. pr.*, 1878, p. 17 et s.), la question est surtout intéressante dans deux cas : en premier lieu, quand le breveté français n'a pas pris le brevet dans le pays où les objets introduits ont été fabriqués ; en second lieu, lorsque ces objets ont été fabriqués dans un pays qui, comme la Hollande, n'admet pas les brevets d'invention. En dehors de ces deux cas, en effet, le breveté peut exercer des poursuites dans le pays de fabrication.

182. — Les interprètes sont loin d'être d'accord et, ici encore, la controverse a pour origine la fiction d'exterritorialité. — Dans l'hypothèse, a-t-on dit, il n'y a pas réellement introduction sur le territoire français, puisque les locaux affectés aux expositions internationales sont constitués en entrepôt réel des douanes ; les objets exposés doivent donc être considérés comme n'étant pas en France ; l'art. 41 de la loi de 1844, n'étant applicable qu'aux faits accomplis en France, ne peut être invoqué. On ajoute que les objets adressés à une exposition internationale circulent en transit et que, par conséquent, à aucun moment de leur séjour en France, ils ne peuvent être considérés légalement comme y ayant pénétré. Nous avons déjà répondu à cette prétention qu'on ne saurait soustraire les locaux constitués en entrepôts réels à l'application d'aucune loi, sauf les lois fiscales. Il serait d'autant plus dangereux d'admettre une pareille doctrine que les objets introduits dans un entrepôt réel, spécialement dans l'enceinte d'une exposition internationale, peuvent ne pas être réexportés, mais être livrés à la consommation intérieure, et les lois et décrets qui ont pour objet la constitution des expositions internationales d'entrepôts réels prévoient cette éventualité, en déclarant que les produits vendus ne seront soumis qu'aux droits applicables aux importations similaires de la nation la plus favorisée. Quant à l'objection que l'on tire de la disposition réglementaire, en vertu de laquelle les objets exposés ne peuvent être retirés pendant la durée de l'exposition, elle ne saurait nous arrêter : cette règle, en effet, n'empêche pas la vente, mais seulement la livraison avant la clôture de l'exposition ; une vente pure et simple seule serait impossible. Encore faut-il remarquer que le commissaire général peut autoriser le retrait anticipé, quand il y a remplacement immédiat.

183. — Aussi estimons-nous, avec M. Lyon-Caen, que l'art. 41 doit s'appliquer ici. La loi, d'ailleurs, punit l'introduction comme un fait matériel, sans se préoccuper du but poursuivi par l'introducteur, « alors même qu'il destinerait à son usage personnel les objets introduits. » Nous ne saurions donc admettre qu'il y ait lieu d'apprécier son intention. Le système contraire présenterait le grave inconvénient de tenir en suspens le droit du breveté jusqu'à la fin de l'exposition ; or, qu'il y ait ou qu'il n'y ait pas vente, le droit de jouissance exclusive du breveté est lésé. — V. en sens contraire, A. Rendu, *op. cit.*, p. 65 ; Allart, *op. cit.*, t. 3, n. 487 ; Pouillet, *op. cit.*, n. 712. — Trib. comm. Seine, 9 janv. 1868, [*Ann. prop. ind.*, 1868, p. 55]

184. — De notre solution il résulte que c'est devant les juges du lieu où a été constaté le fait, c'est-à-dire les tribunaux du pays de l'exposition, et non devant ceux du pays de fabrication, que l'inventeur lésé doit poursuivre le contrefacteur, au cas où il se trouve breveté dans les deux États. D'autre part, l'inventeur breveté, qui rencontre dans une exposition internationale un produit semblable à celui pour lequel il a pris un brevet, ne saurait l'acheter et le mettre en vente, en France, dans ses magasins, sans encourir de déchéance ; admettre une solution contraire serait lui fournir un moyen aisé de tourner impunément la prohibition de la loi. — V. *suprà*, v° *Brevet d'invention*, n. 1477 et 1478.

Section II.

Marques de fabrique et de commerce, noms commerciaux.

185. — De nombreuses divergences séparent les législations des pays industriels aussi bien en ce qui concerne les marques de fabrique et de commerce que relativement aux inventions. La situation d'un fabricant ou d'un commerçant à une exposition internationale peut donc varier beaucoup, suivant le pays où elle a lieu. Il est cependant une règle commune à presque toutes les législations et qui a pour juste conséquence d'interdire à un fabricant l'accès de toute exposition étrangère, si ses produits sont revêtus d'un nom usurpé ou d'une marque frauduleuse : c'est le principe de la prohibition de l'importation de semblables marchandises, *même sous le régime du transit ou de l'entrepôt*.

186. — L'exhibition dans une exposition publique constitue-t-elle le délit de mise en vente et rend-elle l'exposant passible des pénalités de la loi de 1857? Relativement aux inventions brevetées, l'exhibition en principe du moins, nous a paru assimilable à une mise en vente ; nous croyons, avec Pouillet (*Marques de fabrique*, n. 204), qu'il y a plus de raison encore de considérer comme telle l'exhibition d'un objet revêtu d'un nom ou d'une marque usurpée ; car, si, en fait, on peut comprendre qu'un industriel expose, par exemple, une machine d'un modèle nouveau, pour faire valoir la supériorité de sa fabrication ou un perfectionnement important, on ne peut admettre aucune justification en faveur de celui qui exhibe ses produits sous le nom et la marque d'un autre. A défaut du délit de mise en vente, il faudrait du moins, voir dans cette exhibition le délit d'usage.

187. — La convention du 28 mars 1883 a un peu atténué les différences que présentent les diverses législations au point de vue des noms commerciaux et des marques de fabrique (art. 2, 4, 6, 8). Rappelons que le progrès le plus sérieux réalisé sur le terrain international est l'œuvre de l'Union restreinte du 12 avr. 1891 qui, en créant la formalité de l'enregistrement, a constitué un précieux avantage, notamment au point de vue des expositions internationales.

§ 1. *Cas d'une marque non déposée.*

188. — La situation, à une exposition internationale, du propriétaire d'une marque non déposée, mérite moins la sollicitude du législateur que celle d'une invention non brevetée. D'une part, en effet, la formalité du dépôt est, dans presque tous les pays, purement déclarative de propriété. D'autre part, le dépôt n'est accompagné, dans la plupart des États, en France notamment, d'aucune formalité spéciale et n'est soumise qu'à une taxe très-minime ; l'obtention de la protection légale pour une marque ou un nom, n'est donc ni longue ni coûteuse. Une protection provisoire est, par conséquent, moins nécessaire, au cas d'une exposition internationale, aux industriels qui n'ont pas encore exposé leurs marques qu'aux inventeurs qui n'ont pas demandé de brevet. Toutefois, elle n'est pas dénuée d'utilité pour ceux qui n'ont pas encore définitivement arrêté le libellé de leur nom ou le modèle de leur marque, car, en cas d'usurpation, elle leur évitera l'obligation souvent fort lourde de prouver l'antériorité d'usage.

189. — C'est donc avec raison que l'art. 11 de la convention internationale a mis sur la même ligne marques et inventions et porte que les gouvernements signataires « sont tenus d'accorder une protection temporaire aux marques de fabrique et de commerce, pour les produits figurant aux expositions internationales officielles ou officiellement reconnues. » Ici, comme au sujet des inventions, il est à souhaiter que cette disposition reçoive prochainement une interprétation officielle, suivie d'une unanime ratification qui la rende pleinement claire et efficace. Quoi qu'il en soit, la protection temporaire accordée aux noms et marques non déposées, doit consister en ce que, pendant sa durée, aucun dépôt ne peut être fait valablement que par l'exposant. Un autre effet du certificat de dépôt provisoire doit être de conférer à son titulaire le droit de poursuivre les contrefacteurs, de saisir les objets revêtus de noms et marques usurpés ou imités et de s'opposer à l'introduction en France d'objets contrefaits. Mais, comme pour les inventions, la question se pose de savoir si la demande d'une protection définitive avant l'expiration des délais constitue une condition suspensive ou une condition résolutoire de la protection provisoire. — V. *suprà*, n.153 et s.

190. — La loi française de 1868 ne fait pas mention des marques de fabrique. Ce silence s'explique par le caractère purement déclaratif de la marque dans notre législation. Pourtant la loi du 5 juill. 1881, promulguée en vue de l'exposition internationale d'électricité, a étendu les dispositions de la loi de 1868 aux marques de fabrique et de commerce, conformément à un vœu du congrès de la propriété industrielle tenu à Paris en 1878. Les lois des 30 oct. 1878 et 30 déc. 1899 n'ont pas reproduit cette disposition.

191. — La loi anglaise de 1886, pour la même raison, ne mentionne pas les marques de fabrique. En Espagne, le décret du 16 août et l'ordonnance royale du 29 août 1888 visent expressément les marques. La loi fédérale helvétique du 26 sept. 1890 a formellement prévu la protection provisoire des marques aux expositions internationales.

§ 2. *Cas d'une marque déposée.*

192. — Le fabricant dont les produits sont revêtus d'une marque déposée a incontestablement le droit de faire saisir, à l'exposition, les produits similaires portant une marque imitant frauduleusement la sienne et de poursuivre les contrefacteurs, puisque, d'une part, le seul fait d'exposer des produits contrefaits constitue le délit de mise en vente ou, tout au moins, le délit d'usage, réprimés tous deux par la loi de 1857 (art. 7 et 8), et, que d'autre part, s'il s'agit d'objets fabriqués à l'étranger et frauduleusement introduits en France, l'art. 14 de cette même loi en ordonne la confiscation et la destruction.

193. — L'usage s'est introduit en France, de promulguer, à l'occasion des expositions internationales importantes, une loi spéciale, dont un article prescrit de ne saisir que par description, dans l'intérieur de l'exposition, les produits argués de contrefaçon; les objets exposés par des étrangers ne peuvent être saisis soit à l'intérieur, soit à l'extérieur de l'exposition, si le fabricant lésé n'est pas protégé dans le pays auquel appartient le contrefacteur, à la condition, toutefois, d'être réexportés, dans le délai de trois mois à partir de la clôture. Toutes ces dispositions ne font que reprendre par *à contrario* le principe du droit de saisie des objets exposés. La jurisprudence l'a toujours reconnu. — V. notamment, Trib. comm. Seine, 14 et 21 déc. 1889, [*J. des trib. de commerce*, 1890, p. 91, et *Droit industriel*, 1891, p. 407] — Trib. civ. Seine...... 1878, [*Ann. prop. ind.*, 1879, p. 310]

194. — Les tribunaux étrangers font également respecter, dans les expositions, les droits des propriétaires de marque (à la suite notamment de l'exposition de Chicago, la maison Heindsieck a fait condamner des contrefacteurs de ses cognacs à Saint-Louis et à Chicago).

195. — Que faut-il décider à l'égard des objets revêtus de marques contrefaites ou imitées, qui, en dépit de la prohibition de la loi ont été introduits dans une exposition internationale? Les relations commerciales qui se sont établies entre toutes les nations civilisées, les lois et les nombreux traités qui ont sanctionné ces relations, spécialement ceux qui ont stipulé la réciprocité de garantie des marques de fabrique, ont fait de la propriété de ces marques une véritable propriété du droit des gens. Il serait équitable, par conséquent, que chaque gouvernement prit, à l'occasion des expositions internationales organisées sur son territoire, des mesures pour en exclure les produits revêtus de marques contrefaites, sans distinction de nationalité et même en dehors de toute plainte de la part des industriels lésés; une pareille exclusion ne serait qu'une juste application des principes législatifs dans les pays, comme la France, qui interdisent formellement l'importation de marchandises contrefaites (V. *Ann. propr. ind.*, 1877, p. 6). Un louable exemple a été donné, à l'exposition universelle de Philadelphie, par la commission allemande, qui prit l'initiative d'une semblable exclusion à l'égard de liqueurs exposées par un fabricant prussien, sous les noms les plus réputés de l'industrie française (V. l'*Economiste français*, du 23 déc. 1876 et les *Ann. de la propr. ind.*, 1877, p. 5 et s.). A l'exposition d'Anvers, en 1885, une société des provinces rhénanes, ayant exposé des spiritueux sous le nom de « *Cognac allemand* », fut l'objet d'une sentence d'exclusion de la part du jury. Un fait analogue s'est produit à l'exposition du travail. — V. quant aux circonstances relatives à ces incidents, Maillard de Marafy, *Grand dictionnaire international de la propriété industrielle*, v° *Cognac*.

196. — Il serait désirable que cette salutaire pratique fût consacrée par une disposition additionnelle à la convention internationale de 1883. On éviterait ainsi, par une réglementation uniforme, des solutions contradictoires, car les jurys d'admission ne font pas toujours preuve de la bonne volonté dont nous venons de donner des exemples (V. Maillard de Marafy, *op. et loc. cit.*). C'est malheureusement là un résultat contraire qu'aboutit la pratique, inaugurée en France par la loi du 5 juill. 1881, qui consiste à n'autoriser, dans l'intérieur des expositions internationales, la saisie des objets contrefaits que par description : ces objets continuent à figurer dans les vitrines, sans qu'il puisse même être prélevé d'échantillons.

197. — L'exhibition de produits contrefaits a donné lieu à des décisions très-diverses de la part des tribunaux, lorsque la partie se disant lésée n'a exercé aucune poursuite ni pendant, ni après l'exposition. Un arrêt de la Cour suprême de l'empire d'Allemagne a induit de l'impunité laissée à un exposant par la partie intéressée et par le jury qu'il en résultait pour l'exposant un état de possession légitime pouvant être invoqué utilement en justice (Maillard de Marafy, v° *Exposition*, n. 5). Cette appréciation n'est pas celle des tribunaux français. — V. Trib. Seine, 7 avr. 1879, [cité par Maillard de Marafy, *loc. cit.*] — V. aussi Cass., 26 juill. 1889, Tessier, [S. 90.1.90, P. 90.1.183, D. 90.1.239]

§ 3. *Dessins et modèles de fabrique.*

198. — Les mesures spéciales aux dessins et modèles de fabrique figurant aux expositions internationales sont à peu près identiques à celles qui ont été prises au sujet des inventions. L'art. 11 de la convention de 1883 prévoit la protection temporaire des dessins et modèles de fabrique aux expositions internationales. La loi française de 1868 est commune aux inventions, aux dessins et modèles de fabrique. La question de savoir si la protection provisoire n'a d'effet que si elle est suivie d'une protection définitive doit encore ici être résolue négativement; mais on ne saurait se prévaloir, dans un sens ou dans l'autre, de ce que les explications du rapporteur de la loi n'ont été relatives qu'aux brevets d'invention : ce silence ne suffit pas à justifier une distinction (V. aussi la loi du 5 juill. 1881).

199. — Il convient de faire remarquer, comme pour les marques, que la protection temporaire n'est pas motivée, en ce qui concerne les dessins et modèles, par d'aussi graves considérations que celles qui militent en faveur des inventeurs. Les propriétaires de dessins et modèles de fabrique non déposés ne se trouvent pas comme ces derniers, dans l'alternative ou de ne point prendre part à l'exposition qui va s'ouvrir ou de perdre tout droit à la protection légale, car la formalité du dépôt est une simple formalité qui ne demande peu de temps et de frais. D'autre part, les étrangers qui font figurer, à une exposition internationale, des dessins et modèles déposés en France ne courent pas les risques auxquels sont exposés les inventeurs brevetés, puisqu'ils ne sont pas déchus de leurs droits, en cas de non exploitation en France ou d'introduction de produits fabriqués à l'étranger d'après ses modèles. Aussi les lois spéciales des 11 avr. 1878 et 30 oct. 1888 n'ont-elles pas eu à les relever de ces causes de déchéance.

200. — La Suisse, dont la législation industrielle est des plus complètes, avait prévu, dans un article spécial de sa loi du 21 déc. 1888, auquel correspondait l'art. 24 du règlement d'exécution du 24 mars 1889, la situation des dessins et modèles industriels figurant dans une exposition nationale ou internationale helvétique; ces textes ont été remplacés par l'art. 35, L. 30 mars 1900, qui accorde aux exposants un délai de six mois pour déposer valablement leurs dessins et modèles, nonobstant tout dépôt opéré par un tiers ou tout fait de publicité survenu dans l'intervalle. Le § 2 du même article ajoute que lorsqu'une exposition internationale aura lieu dans un Etat qui aura conclu avec la Suisse une convention sur cet objet, le délai de priorité que le pays étranger accordera aux dessins et modèles exposés leur sera accordé aussi en Suisse; ce délai toutefois ne dépassera pas six mois à partir du jour de l'admission du produit à l'exposition. — Sur les formalités à remplir pour sauvegarder le droit de priorité pendant les expositions, en Suisse, V. art. 26 et s., Règl. 27 juill. 1900, [*Feuille fédérale suisse*, 24 oct. 1900]

SECTION III.

Œuvres artistiques et reproductions.

201. — Les œuvres d'art figurant aux expositions n'ont été l'objet d'aucune mesure spéciale. Le droit commun conserve donc, à leur égard, tout son empire. D'ailleurs, la propriété littéraire et artistique naissant de l'œuvre elle-même sans qu'il soit besoin d'aucune formalité, aucune disposition particulière n'est nécessaire pour protéger les œuvres artistiques qui figurent à une exposition publique. Les artistes exposants n'ont donc aucune usurpation à redouter: ils sont, du moins, armés contre elle. Telle est la règle; mais certaines difficultés, que peut soulever la présence des œuvres d'art à une exposition, méritent d'être examinées.

202. — Quelque immatérielle que soit l'essence de la propriété artistique, elle ne serait souvent qu'une abstraction, si elle n'empruntait à l'industrie ses moyens d'application. Les reproductions industrielles d'une œuvre essentiellement artistique sont incontestablement protégées, comme cette œuvre elle-même, par la loi du 17 juill. 1793. En ce qui concerne les applications industrielles d'une œuvre d'art, une distinction s'impose : les dessins et modèles industriels sont seuls régis par les lois des 18 mars 1806 et 24 nov. 1873; aux dessins artistiques est réservée la protection de la loi de 1793. Ce qu'il faut retenir, c'est que la propriété artistique s'étend à toutes les applications de l'œuvre créée : aucune usurpation, aucune reproduction n'en est permise, même en dehors de tout préjudice apparent.

203. — Ce principe a été affirmé par les tribunaux à l'occasion d'œuvres figurant dans des expositions internationales. En 1867, un industriel avait exposé, comme spécimens de son talent de peintre sur émail, divers panneaux représentant des oiseaux copiés sur des dessins lithographiques; l'auteur et l'éditeur des lithographies firent saisir les émaux; le peintre soutint qu'il ne leur avait causé aucun préjudice, n'ayant exposé ses panneaux que pour publier une application nouvelle et perfectionnée des dessins reproduits ; les saisissants persistèrent à dire que la contrefaçon était un fait matériel, indépendant de l'intention de l'exposant, et le tribunal correctionnel de la Seine adopta cette manière de voir. — V. Trib. corr. Seine, 15 janv. 1868, [*Ann. de la propr. ind.*, 1888, p. 61]

204. — Dans ce cas, il est vrai, il s'agissait de dessins déposés par l'éditeur et, par conséquent, protégés d'une manière plus spéciale; mais la solution devrait être la même au cas de non dépôt. C'est ce qu'a décidé le même tribunal, à l'occasion d'une œuvre d'art qui ne pouvait, en aucune façon, soumise à la formalité du dépôt. La cour de Paris a maintenu le principe de l'art. 425, C. pén., à l'égard d'un industriel qui, s'étant approprié l'épreuve contrefaite d'une œuvre d'art, l'avait exhibée à l'exposition universelle de 1867. — V. Trib. corr. Seine, 16 janv. 1868 et Paris, 12 févr. 1868, [*Ann. de propr. ind.*, 1868, p. 74]

205. — La controverse relative au caractère juridique des œuvres photographiques présente un particulier intérêt au point de vue des expositions internationales. La photographie est-elle un art ou un procédé mécanique? Aucune législation n'a pris encore nettement parti à cet égard; en France on décide généralement que les photographies rentrent virtuellement dans l'énumération de la loi de 1793. Une question intéressante, relative à l'art photographique, a été soulevée devant le tribunal de la Seine, lors de l'exposition universelle de 1889. Il s'agissait de savoir si les portraits exposés par un photographe, sans que les personnes photographiées et les propriétaires des objets reproduits aient protesté contre cette exhibition, rentrent dans le gage commun des créanciers du photographe. En dehors des arguments généraux, que nous apprécierons en parlant du droit de saisie des créanciers des exposants, le photographe soutenait que « les épreuves photographiques litigieuses ne constituaient pas sa libre propriété; que, ne pouvant, sans l'assentiment de ses clients, en consentir l'aliénation, il ne pouvait être astreint à en subir la vente forcée, à la requête de ses créanciers. » Le tribunal, par jugement du 2 juin 1890 (*Ann. de la propr. ind.*, 1892, p. 220 et s.), a décidé, avec raison, que le droit de propriété du photographe ne pouvait être contesté, si les parties intéressées s'étaient abstenues de toute opposition. — V. *suprà*, v° *Contrefaçon*, n. 322 et s., et *infrà*, v° *Propriété littéraire, artistique et industrielle*.

206. — Que faut-il penser de l'exhibition d'instruments servant à la reproduction mécanique des airs de musique? La loi française du 16 mai 1866 ne qualifie pas de contrefaçon la fabrication et la vente de ces appareils : l'exhibition en est donc licite. Cette solution a été consacrée par la convention de Berne (§ 3 du protocole de clôture), et tend ainsi à entrer dans le droit commun de l'Europe. L'impunité s'étend-elle aux cartons perforés, fabriqués en vue de ces instruments? Le tribunal de la Seine répond affirmativement (*Le droit d'auteur*, 15 déc. 1893, p. 154); le *Kammergericht* de Berlin, négativement (*Le droit d'auteur*, 13 juin 1892, p. 78). Il est vrai que ces deux jugements se placent en dehors de la convention de 1886.

207. — D'une façon générale, l'artiste qui fait figurer son œuvre à une exposition internationale ne semble avoir besoin d'aucune protection spéciale. D'autre part, aucune restriction n'est apportée, du fait de l'exposition au droit d'un artiste ; il peut poursuivre les contrefacteurs et saisir les œuvres contrefaites que lui révèle l'exposition, sans se heurter à aucun texte exceptionnel. Jusqu'à présent, du moins, les lois temporaires qui ont limité le droit de saisir les objets argués de contrefaçon n'ont visé que les produits industriels.

208. — Le règlement général de toute exposition internationale stipule expressément, dans un article spécial, qu'aucune reproduction, aucun croquis, dessin, photographie des objets exposés, ne seront permis que du consentement de l'exposant et du commissaire ou du directeur général; toute contravention à ces prescriptions ferait encourir les peines de l'art. 471-15°, C. pén., car ces prescriptions rentrent dans les pouvoirs réglementaires de l'administration de l'exposition.

CHAPITRE VI.

SAISIES.

SECTION I.

Fondement des différents modes de saisies.

209. — Les objets appartenant aux exposants peuvent-ils être saisis dans le pays où a lieu l'exposition, soit en cours de voyage, à l'aller ou au retour, soit dans l'enceinte même de l'exposition? Les personnes qui peuvent prétendre des droits sur les objets exposés, sont tantôt des créanciers de l'administration de l'Exposition, tantôt des créanciers des exposants, — parfois même des exposants, — et fréquemment des industriels ou des commerçants lésés par la présence, à l'Exposition, d'objets fabriqués au mépris de leurs brevets, en contrefaçon de leurs dessins, modèles ou marques.

§ 1. *Les objets exposés peuvent-ils être saisis par les créanciers de l'administration?*

210. — Ces créanciers sont, d'ordinaire, les ingénieurs, architectes, artistes, entrepreneurs, ouvriers, qui ont contribué à l'édification, à la décoration des bâtiments et aux installations intérieures. La solution de la question se tire de la nature des rapports de l'administration avec les exposants. Les exposants sont les hôtes de l'administration, et le contrat qui intervient entre eux,

EXPOSITIONS ARTISTIQUES ET INDUSTRIELLES. — Chap. VI. 463

est, nous l'avons vu, suivant les clauses de la concession des locaux et emplacements, un louage de chose, ou un dépôt volontaire (V. supra, n. 61 et s.). En toute occurrence, l'Administration n'est jamais ni propriétaire, ni même possesseur légal des objets appartenant aux exposants ; si on la tient pour un dépositaire, tout au plus pourrait-on la considérer comme possesseur à titre précaire. Les créanciers de l'administration ne sauraient donc avoir sur les objets exposés aucun droit de gage ; par suite, ils ne peuvent les saisir, ni s'opposer à l'enlèvement après la clôture de l'exposition.

211. — Il en serait ainsi alors même que l'Administration aurait loué, soit le terrain, soit les locaux où est installée l'exposition. Le propriétaire du terrain ou des locaux ne pourrait donc saisir les objets exposés, sous prétexte qu'ils sont devenus son gage comme garnissant les lieux loués.

212. — Lorsque c'est l'État lui-même qui dirige l'entreprise, soit seul, soit avec le concours d'une société de garantie, la question qui nous occupe est encore moins douteuse. Les créanciers de l'Administration sont, en effet, dans ce cas, les créanciers de l'État ; par conséquent, en supposant même que l'État eût un droit de gage sur les objets exposés, ses propres créanciers ne pourraient l'exercer en son nom, puisque les biens corporels ou incorporels de l'État sont insaisissables. — V. Clunet, op. cit., p. 4.

§ 2. Les objets exposés peuvent-ils être saisis par les créanciers des exposants?

213. — Les exposants peuvent se trouver en présence, soit de créanciers antérieurs, qui mettent à profit la présence à l'exposition de marchandises appartenant à leurs débiteurs, pour provoquer un règlement, soit de créanciers de dates récentes, tels que voituriers, emballeurs, fournisseurs divers, soit enfin de la commission organisatrice elle-même, à raison de certaines dépenses d'établissement.

214. — a) De la saisie en cours de voyage. — Lorsque les produits destinés à être exposés sont entre les mains de l'entrepreneur de transports ou du voiturier, soit à l'aller, soit au retour, la saisie est-elle possible ? En l'absence de toute loi dérogeant au principe de l'art. 2092, C. civ., il est impossible de dénier ce droit au créancier muni d'un titre régulier. Un doute pourrait cependant résulter de ce fait, que les objets qui circulent en France, à destination d'une exposition internationale, ou qui en reviennent, voyagent sous un régime exceptionnel, puisqu'ils circulent en transit et à destination ou à la sortie d'entrepôt réel. Cette situation particulière n-t-elle pour effet de les soustraire à l'application de l'art. 2092 ? Nous avons déjà insisté sur la portée exclusivement fiscale de la circulation en transit et de la constitution d'entrepôt réel. Les marchandises qui en bénéficient n'échappent au droit commun qu'au regard de l'Administration des douanes. La fiction du transit ne saurait en aucune façon être opposée aux particuliers qui ont des droits à exercer sur les marchandises entrées en France. — V. Cass. crim., 7 déc. 1854, [Ann. propr. ind., 1856, p. 114] — Rouen, 12 févr. 1874 Teschen et Maugne, [S. 74.2.281, P. 74.1165]

215. — Rappelons, toutefois, que cette limitation créée pour le saisissant une obligation particulière ; avant de procéder à la réalisation des marchandises saisies. il doit acquitter les droits de douane, tenus en suspens par la fiction du transit.

216. — b) De la saisie dans l'enceinte de l'exposition. — Les objets qui appartiennent aux exposants sont-ils à l'abri des poursuites de leurs créanciers, quand ils sont déposés dans l'enceinte de l'exposition ? Non, dirons-nous, en l'absence de toute disposition dérogatoire. On a, il est vrai, objecté le fait de la constitution des bâtiments de l'exposition en entrepôt réel ; mais nous avons déjà, à plusieurs reprises, écarté cette objection. On a, d'autre part, soutenu que les sections étrangères bénéficient de la fiction d'exterritorialité et sont, par suite, soustraites à l'application des lois intérieures, mais cette prétention est sans fondement, avons-nous dit également (V. supra, n. 45 et s.). On a enfin argumenté de l'article traditionnel du règlement général, qui interdit l'enlèvement de tout objet exposé avant la clôture de l'exposition, sans une autorisation spéciale du commissaire général (V. Règl. gén. de l'Exposition de 1900, art. 44, 59). La réponse à l'objection est facile. Par suite de leur adhésion tacite au règlement général, les exposants de toutes nationalités se sont, sans aucun doute, engagés à ne pas enlever leurs produits avant la clôture, et il est difficile de reconnaître aux tiers plus de droits qu'à leurs créanciers sur les objets qui appartiennent

à ceux-ci. Mais il en résulte seulement que l'enlèvement ne pourra être effectué ; cela n'entache en rien la validité de la saisie, tout au moins par voie de description. On soutient même, dans une certaine opinion, que la clause du règlement général dont nous parlons n'est pas opposable aux tiers parceque à ce contrat n'ont pas figuré les tiers qui prétendent droit sur les produits exposés, et que, par conséquent, à leur égard, la clause en question est res inter alios acta. — V. Clunet, op. cit., p. 30. — Mais cette opinion est difficilement admissible. Il y aurait là pour l'exposant un moyen détourné trop facile pour échapper à la clause dont il s'agit. Au surplus, les règlements généraux d'expositions, en France du moins, étant rendus exécutoires par décret, on se trouve en présence d'un texte législatif, opposable, par conséquent, à tout le monde.

§ 3. Les objets exposés peuvent-ils être saisis par des exposants ayant donné à bail les constructions qu'il leur a été permis d'élever?

217. — Il s'agit ici de la saisie-gagerie, consacrée par l'art. 819, C. proc. civ., et exclusivement en faveur « des propriétaires et principaux locataires de maisons ou biens ruraux, soit qu'il y ait bail, soit qu'il n'y en ait pas. » La question se rattache à la solution donnée à une difficulté que nous avons déjà examinée, celle de savoir si l'exposant permissionnaire est un propriétaire d'immeuble. Nous le pensons, contrairement à la jurisprudence du tribunal de la Seine, qui, pour dénier à un exposant constructeur le droit de saisir-gager les objets exposés dans un pavillon édifié par lui et appartenant à l'un de ses locataires, s'est fondé sur ce que les constructions élevées par des exposants ne sont pas des immeubles. — V. supra, n. 89 et s.

218. — Deux considérations nous paraissent de nature à mettre obstacle à la saisie-gagerie. La première, spéciale aux exposants qui ont obtenu la permission de construire, c'est que le cahier des clauses et conditions générales imposées aux permissionnaires leur interdit de mettre une autre personne à leur lieu et place pour exploiter l'établissement. La seconde considération, commune à tous les exposants, du moins en France, est fondée sur ce que le règlement général, en décidant qu'aucun loyer ne sera payé par eux à l'administration, leur interdit implicitement de louer eux-mêmes les emplacements qui leur ont été concédés gratuitement. L'adhésion des exposants à ces prescriptions réglementaires nous semble enlever toute base légale à une saisie-gagerie. — V. Clunet, op. cit., p. 82.

§ 4. Les objets exposés contrefaits peuvent-ils être saisis par les industriels lésés?

219. — Lorsque les objets contrefaits ont été fabriqués dans le pays de l'exposition, le droit de saisie d'un industriel breveté dans le pays de l'exposition n'est pas contesté.

220. — Les objections générales tirées des fictions d'entrepôt réel et d'exterritorialité étant écartées, la même solution s'impose en ce qui concerne les produits contrefaits fabriqués à l'étranger, dès qu'on reconnaît que le seul fait d'introduire en France, même sous le régime du transit, de pareils objets, ou de les faire figurer dans une exposition internationale, constitue le délit prévu, d'une manière générale, par l'art. 426, C. pén., et spécialement, pour les inventions brevetées, par l'art. 41 de la loi du 5 juill. 1844. — Trib. Seine, 19 août 1868, précité.

221. — La loi du 5 juill. 1881, relative à l'exposition internationale d'électricité, a édicté une dérogation au principe absolu du droit réservé à tout intéressé de saisir, même dans une exposition internationale, des objets contrefaits à l'étranger, en restreignant (art. 5), tant à l'extérieur qu'à l'intérieur de l'exposition, l'exercice de ce droit aux industriels qui ne sont pas protégés dans le pays auquel appartient le contrefacteur. Mais, d'un autre côté, les objets contrefaits, non saisis en raison de cette disposition, ne pourront pas, ajoute la loi, être vendus en France et devront être réexportés dans le délai de trois mois, à partir de la clôture de l'exposition. Cette règle a été reproduite par la loi du 30 oct. 1888, art. 4. Enfin l'art. 4 de la loi du 30 déc. 1899 porte : « Les objets figurant à l'exposition universelle de 1900 qui seraient argués de contrefaçon ou qui porteraient des marques ou autres indications prohibées ne pourront y être saisis que par description. Toutefois les objets admis à l'exposition, circulant en France, à destination ou en provenance de l'exposition, ou y figurant, ne pourront être saisis même par description si le saisissant n'est pas protégé dans le pays auquel appartient le saisi. La saisie cessera d'être interdite si ces objets sont vendus en France ou s'ils ne sont pas réexportés dans le délai fixé à l'art. 2 (trois mois). »

Section II.
Procédure.

§ 1. *Le créancier a un titre exécutoire.*

222. — C'est le cas le plus redoutable pour l'exposant, puisqu'en vertu de ce titre, le créancier peut, de plein droit, procéder à la saisie et à la vente des objets appartenant à son débiteur. Le créancier, porteur d'un titre exécutoire, peut faire procéder, suivant les circonstances, soit à une saisie-exécution, soit à une saisie-arrêt.

223. — Lorsque les marchandises sont acheminées vers le lieu de l'exposition dans les voitures mêmes de l'exposant, par ses soins et sous sa garde, il est clair que, dans ce cas, aucun tiers n'intervenant, rien ne fait obstacle à la saisie-exécution.

224. — Si les objets sont confiés à un voiturier, le voiturier est évidemment un tiers à l'égard de tous et la saisie-arrêt est la seule voie permise au créancier.

225. — L'administration de l'exposition est-elle un tiers à l'égard des créanciers de l'exposant? Elle est un tiers, au sens juridique du mot, tant à l'égard des exposants que de tout prétendant-droit sur les objets leur appartenant. L'exposant, en effet, n'est point chez lui à l'exposition; il est l'hôte de l'administration. Mais est-elle également un tiers, au sens particulier de l'art. 557, C. proc. civ.? Peut-elle jouer le rôle de tiers-saisi? Si oui, la saisie-arrêt sera seule possible; au cas de la négative, rien ne s'oppose à la saisie-exécution. La solution dépend de la nature du contrat intervenu entre l'Administration et les exposants. Il y a là une difficulté qui ne peut être éclairée qu'à l'aide des règlements. Or, ces règlements varient suivant les pays, et, dans un même pays, suivant la nature de l'exposition. L'examen du règlement général révèle, suivant qu'il y a, ou non, stipulation d'un véritable loyer en échange des emplacements concédés, si l'on se trouve en présence d'un contrat de louage ou d'un contrat de dépôt. — V. *suprà*, n. 61 et s.

226. — S'il y a contrat de louage, les créanciers des exposants peuvent et doivent recourir à la saisie-exécution. S'il est intervenu, au contraire, un contrat de dépôt, ce qui est la situation traditionnelle dans nos grandes expositions françaises, la saisie-arrêt est seule licite.

227. — La ligne de conduite des diverses commissions qui ont présidé à l'organisation et au fonctionnement des expositions universelles de Paris n'a guère été conforme à ces principes, notamment en 1867 et en 1878. — En 1867, la commission impériale prétendit se renfermer dans une neutralité complète et « décliner toute responsabilité » à l'égard des objets appartenant aux exposants, toutes les fois que des saisies-arrêts furent pratiquées entre ses mains (V. Rapp. de la Comm. imp. de l'Exp. univ. de 1867, p. 231). En 1878, l'administration persista dans cette opinion.

228. — Les tribunaux français ont maintes fois annulé les oppositions formées entre les mains du commissaire général. C'est en 1867 que cette jurisprudence a pris naissance. Le premier jugement rendu en ce sens, le 30 août 1867, par le tribunal civil de la Seine, est ainsi conçu : « Attendu que l'opposition formée par S... entre les mains de la commission impériale ne peut avoir aucune valeur; que l'opposition ne peut être faite qu'en vertu de l'art. 557, C. proc. civ.; que cet article ne peut rencontrer d'application dans la cause, la commission impériale n'étant pas un tiers, dans le sens de la loi ; qu'elle n'en est, en effet, ni détentrice, ni débitrice; qu'il y a lieu de prononcer la mainlevée; par ces motifs, etc. ». Cette argumentation est peu décisive, car, ainsi que le font remarquer MM. Lyon-Caen (*Journ. du dr. int. pr.*, *loc. cit.*) et Clunet (*op. cit.*, p. 48), elle consiste en des affirmations gratuites; pour démontrer que la commission impériale n'est pas un tiers, au sens de la loi, il ne suffisait pas de dire qu'elle n'était ni détentrice ni débitrice; contre une pareille allégation protestent, à la fois, les circonstances et les principes. En 1889, le tribunal de la Seine, sans examiner à nouveau la question, s'est borné à reproduire les considérants du jugement du 30 août 1867; depuis il a toujours prononcé la mainlevée des saisies-arrêts pratiquées entre les mains du commissaire général, en affirmant que « ce dernier ne saurait être considéré ni comme un tiers détenteur ni comme un tiers débiteur. » — V. Trib. civ. Seine, 7 nov. 1889, [*Gaz. des Trib.*, 8 nov. 1889]; — 9 nov. 1889, [J. *Le Droit*, 10 nov. 1889]; — 2 juin 1890, [*Ann. propr. ind.* 1892, p. 241 et s.]

229. — Par rapport aux expositions internationales universelles, organisées par le gouvernement français, où l'opposition est la seule voie ouverte à un créancier muni d'un titre exécutoire, il convient de préciser l'application des règles de procédure prescrites par la loi. L'administration, entre les mains de qui une saisie-arrêt est pratiquée, a certains devoirs à remplir. Elle doit recevoir la copie d'opposition qui lui est signifiée et en viser l'original (C. proc. civ., art. 561). En cas de refus de sa part, l'huissier remettrait la copie au ministère du commerce, dont les services d'une exposition universelle ne sont qu'une émanation ; au cas, peu probable, d'un refus de l'administration centrale, l'officier ministériel déposerait sa copie et demanderait le visa au parquet du procureur de la République. — V. *suprà*, v° *Exploit*, n. 640, 725 et s.

230. — Même pourvu d'un titre authentique, le saisissant ne doit pas assigner l'administration en déclaration affirmative; l'art. 560, C. proc. civ., affranchit les administrations publiques de cette procédure. L'administration doit, conformément à ce même article, délivrer un certificat énonçant les objets appartenant au saisi; elle est parfaitement en mesure d'accomplir cette formalité, puisqu'elle possède une nomenclature complète de tous les objets exposés. Au cas de refus du certificat, l'administration pourrait être condamnée, aux termes de l'art. 1382, à des dommages-intérêts, et encourir, d'un autre côté, l'amende édictée par l'art. 1039, C. proc. civ.

231. — Comme tout tiers détenteur, l'administration doit conserver les objets exposés, frappés d'opposition, jusqu'à la désignation, par le tribunal, de la personne au profit de laquelle elle devra se dessaisir. Si la désignation n'est pas encore advenue à l'expiration des délais fixés pour l'enlèvement, la ligne de conduite que doit suivre l'administration est celle qu'on adopta en 1889 : elle fera sommation à l'exposant saisi d'avoir à procéder à l'enlèvement à telle date déterminée, à la charge de rapporter mainlevée des oppositions signifiées. S'il n'obtempère pas à cette sommation, l'administration a le droit d'assigner saisissant et saisi devant la juridiction des référés, pour se faire autoriser à déposer les objets saisis-arrêtés en tel lieu ou aux mains du tiers séquestre que le président du tribunal indiquerait, aux risques et périls de qui de droit.

232. — Entre les mains du séquestre, la saisie-exécution est-elle possible, ou bien l'effet des oppositions pratiquées est-il maintenu? Rien ne s'oppose à ce maintien, et cette réserve est toujours expressément formulée. Mais, bien entendu, pour qu'il puisse en être ainsi, il faut que la mainlevée n'ait pas été précédemment prononcée; au cas où la saisie-arrêt aurait été annulée, sur la demande de l'administration, la saisie-exécution devient, de plein droit, possible, dès que les objets du saisi ont été remis au séquestre : celui-ci, en effet, ne les détient que pour le compte du propriétaire.

§ 2. *Saisies ne pouvant être pratiquées qu'en vertu d'une permission du juge.*

233. — Il est quelques saisies qui, alors même que le créancier est muni d'un titre authentique, ne sont praticables qu'avec une permission particulière du juge. Ce sont la saisie-revendication, la saisie-conservatoire, la saisie-foraine et la saisie-contrefaçon. Le caractère, commun à ces saisies, est la célérité : aucune sommation, aucun commandement ne les précède. V. *infra*, v° *Saisie*.

234. — La saisie-revendication (art. 826-831, C. proc. civ.) peut être pratiquée en tout temps, par toute personne se prétendant propriétaire d'un objet mobilier détenu par un tiers. Le saisissant qui l'exerce contre un exposant, spécifie dans sa demande d'autorisation qu'elle doit être faite dans les locaux de l'exposition. On peut procéder à la saisie-revendication d'un objet figurant à une exposition. En cas de résistance de la part de l'administration, la difficulté devrait être, aux termes de l'art. 829, portée devant le juge des référés ; l'administration de l'exposition est tout naturellement le gardien prévu par l'art. 830.

235. — En ce qui concerne la saisie conservatoire, on décide généralement que la seule autorité compétente pour rendre une ordonnance de saisie conservatoire est le président du tribunal de commerce. Mais, en fait, il n'en est pas ainsi ; dans les cas où il y aurait lieu de l'accorder, le tribunal prononce d'ordinaire d'office à la faillite du saisi. Or, grâce à l'extension donnée à l'art. 14, C. civ. par la jurisprudence, les exposants, même étrangers, ne sont pas à l'abri d'une déclaration de faillite en France, si court, si transitoire que puisse être leur séjour.

236. — La saisie foraine ne saurait être d'une application fréquente à une exposition internationale, car elle présente surtout de l'intérêt quand les objets mobiliers du débiteur sont encore entre ses mains ; or, les objets exposés sont placés entre les mains de l'administration, et, dans ce cas, la voie de la saisie-arrêt est préférable. La saisie foraine ne se comprend donc qu'en présence d'une jurisprudence qui déclare non recevable une saisie-arrêt pratiquée aux mains de l'administration d'une exposition internationale.

237. — La saisie-contrefaçon peut être opérée dans l'enceinte d'une exposition internationale, par le propriétaire d'un brevet d'invention ou d'une marque de fabrique, d'un modèle ou dessin industriel ou d'une œuvre artistique ou littéraire.

238. — Si c'est un étranger qui recourt à cette saisie, il doit déposer une caution préalable, à moins qu'il ne soit admis à établir son domicile en France, ou que des traités internationaux ne le dispensent de cette obligation (V. *suprà*, v° *Caution judicatum solvi*). Toutefois, en matière de marque de fabrique et de nom commercial, le cautionnement antérieur à la saisie n'est pas exigé par la loi ; mais le président peut toujours l'imposer dans son ordonnance.

239. — Au congrès international de la propriété industrielle, tenu à Paris en 1878, fut votée une résolution aux termes de laquelle « le fait qu'un objet figure dans une exposition internationale ne saurait faire obstacle au droit de saisir réellement cet objet, s'il est argué de contrefaçon. » Mais, bien antérieurement, la jurisprudence française déclarait « régulière et suffisante, » dans ce cas, la saisie par description. — V. Trib. corr. Seine, 19 août 1868, précité. — L'art. 5, L. 5 juill. 1881, consacra cette pratique « dans l'intérieur de l'exposition. » L'art. 4, L. 30 oct. 1888, reproduit cette disposition, spécifiant qu'elle s'appliquerait aux objets brevetés, aux dessins, aux modèles de fabrique et aux objets sur lesquels serait apposée une marque de fabrique ou de commerce déposée en France. — V. également, art. 4, L. 30 déc. 1899.

§ 3. — *Régularisation des procédures de saisies et exécution définitive.*

240. — Toute saisie d'un caractère conservatoire doit être validée par le tribunal civil pour devenir exécutoire. Cette obligation incombe à tout saisissant d'objets exposés, puisque, pensons-nous, la saisie-exécution ne peut être pratiquée dans l'enceinte d'une exposition publique et officielle, c'est-à-dire où l'administration constitue une personnalité distincte, une tierce personne, au sens de l'art. 557, C. proc. civ.

241. — Si sa créance résulte d'un titre authentique ou privé, le créancier peut saisir-arrêter les objets exposés par son débiteur, par une signification notifiée au commissaire général. Le seul avantage que lui donne un titre authentique, c'est de le dispenser de demander au tribunal civil condamnation pour le montant de sa créance. Mais il est toujours obligé de faire prononcer par le tribunal la validité de la saisie et le dessaisissement, à son profit, contre le tiers détenteur, et ici se présentent des questions de compétence dont la solution variera suivant la nationalité des parties en cause.

242. — Si l'exposant saisi est Français, le saisissant devra faire valider sa saisie par le tribunal du domicile de la partie saisie, et c'est au même tribunal que l'exposant devra s'adresser pour obtenir mainlevée de l'opposition. Quelle que soit la nationalité du saisissant, la procédure reste la même (C. civ., art. 15) ; si ce n'est que le débiteur français pourra exiger du saisissant étranger la caution *judicatum solvi* (C. proc. civ., art. 166).

243. — Si le créancier est Français et le saisi étranger, en vertu de l'art. 14, c'est un tribunal français qui devra connaître de la demande en validité ou en mainlevée, alors même que la créance aurait pris naissance à l'étranger. En principe, le tribunal compétent sera celui de la résidence en France (Cass., 2 août 1876, Deneve, S. 77.1.97, P. 77.241) de l'exposant, et,

si ce dernier n'a pas de résidence en France, celui du demandeur ; mais, dans notre hypothèse, la juridiction compétente sera le tribunal du tiers-saisi, c'est-à-dire, le tribunal de la Seine.

244. — Si le débat s'élève entre deux étrangers, une distinction doit être faite. La créance est-elle civile, le saisi pourra soulever, *in limine litis*, l'exception d'incompétence, et, dans ce cas, le tribunal français maintiendra provisoirement la saisie et surseoira à la validation ou à la mainlevée de la saisie-arrêt jusqu'à la décision au fond du tribunal étranger compétent, sauf dans les cas suivants : 1° si le saisissant est autorisé à établir son domicile en France ; 2° si le saisi a fait élection de domicile en France ; 3° s'il ne justifie pas avoir conservé son domicile en pays étranger ; enfin 4° s'il n'a pas soulevé l'exception d'incompétence *in limine litis*. Le tribunal français compétent pour la validation sera toujours celui du tiers saisi. La caution *judicatum solvi* ne pourra être exigée par le saisi. La créance est-elle commerciale, les parties plaideront, au fond, devant le tribunal de commerce ; car les tribunaux français se déclarent compétents pour connaître, entre étrangers, des contestations qui ont pour point de départ un acte commercial, par cela seul que la transaction a été conclue ou que le contrat doit être exécuté en France (V. *suprà*, v° *Etranger*, n. 826). Après ce débat, le tribunal civil prononcera la validité ou la nullité de la saisie-arrêt. Cette nécessité de faire déterminer la créance, dans le premier cas, par le tribunal civil, dans le second, par le tribunal consulaire, suppose que le titre du saisissant n'est pas authentique ; car, s'il l'était, la validité ou la mainlevée pourrait être immédiatement prononcée.

245. — Si le saisissant n'a aucun titre établissant sa créance, il devra solliciter du président du tribunal civil la permission de pratiquer une saisie-arrêt. Telle est la règle, croyons-nous, quelles que soient la nationalité des parties et la nature de la créance.

246. — Les solutions relatives à la saisie-arrêt s'appliquent également aux questions qui concernent la validité des autres saisies. Il convient, toutefois, de signaler une différence, au point de vue de la compétence du tribunal. Lorsqu'il s'agit d'une saisie-arrêt, ce tribunal est celui du domicile de l'exposant, s'il est Français. En matière de saisie-revendication, au contraire, on s'accorde généralement à reconnaître compétence au tribunal du tiers saisi ou de la situation de l'objet, c'est-à-dire au tribunal civil de la Seine, dans l'hypothèse d'une exposition universelle internationale ouverte à Paris. La controverse est plus vive, relativement à la saisie foraine et à la saisie conservatoire. M. Clunet estime, avec raison croyons-nous, que « la compétence du tribunal du lieu de la saisie est plus conforme, tout à la fois, à l'origine historique de ces procédures et aux nécessités de la pratique. » Relativement à la saisie-contrefaçon, la détermination du tribunal compétent diffère suivant que le saisissant se pourvoit devant le tribunal civil ou le tribunal correctionnel ; s'il suit la voie civile, c'est le tribunal du domicile du contrefacteur qui doit statuer sur la demande en validité ; s'il saisit de sa plainte le tribunal correctionnel, le tribunal du lieu de la saisie sera compétent comme étant celui du lieu où le délit a été commis, puisque, suivant la doctrine communément adoptée, la présence de l'objet contrefait à l'exposition constitue le délit de mise en vente. Ces solutions ne s'appliquent, d'ailleurs, qu'à l'égard des exposants français ; quant aux exposants étrangers saisis par des Français, ils doivent plaider en France, à Paris, si l'exposition a lieu à Paris.

247. — Enfin un jugement peut-il, en validant la saisie, ordonner à l'administration de se dessaisir aux mains du créancier ? Nous ne le pensons pas, si, comme cela se pratique en France, une clause du règlement général interdit l'enlèvement, avant la clôture de l'exposition, des objets exposés, et si ce règlement a été promulgué par voie de décret. Il y a là, ainsi que nous l'avons dit *suprà*, n. 216, un texte qui participe du caractère législatif et oblige tout le monde.

CHAPITRE VII.

RÉCOMPENSES.

Section I.

Jury des récompenses.

248. — Une distribution de récompenses est le couronnement logique et nécessaire de toute exposition. L'attribution des récompenses est confiée à une commission spécialement constituée à cet effet, et que l'on appelle *jury des récompenses*.

249. — L'équité et la courtoisie internationales exigent que ce jury soit lui-même international. C'est là une pratique traditionnelle, à laquelle les gouvernements ne sauraient déroger sans s'attirer le reproche de partialité et sans soulever de fâcheux incidents, comme ceux dont l'exposition de Chicago a été le théâtre (*J. du dr. int. priv.*, 1893, p. 978). D'ailleurs il ne suffit pas que chacun des Etats exposants soit représenté dans le jury; il faut encore que le nombre des jurés étrangers soit tout au moins proportionnel au nombre des exposants étrangers.

250. — Les jurés nationaux sont ordinairement nommés par la commission organisatrice, et les membres étrangers désignés respectivement par les commissions de leur pays; dans chaque section le nombre des jurés est fixé proportionnellement à celui des exposants, ou bien à l'espace occupé.

251. — Le jury d'une exposition universelle comprend presque toujours plusieurs degrés de juridiction, ordinairement trois : les *jurys de classes*, les *jurys de groupes*, et le *jury supérieur*, chargé de statuer en dernier ressort et de décerner les plus hautes récompenses. Les détails de cette organisation varient nécessairement suivant chaque exposition.

252. — Les jurés sont choisis parmi les exposants qui ont obtenu le plus de récompenses dans les expositions antérieures parmi les membres des grands corps de l'Etat, les hauts fonctionnaires du personnel administratif de l'exposition; on s'adresse enfin aux notabilités scientifiques et industrielles.

253. — Les exposants, membres du jury, sont mis hors concours, ainsi que ceux qui remplissent les fonctions d'experts. Les administrations publiques sont également, d'ordinaire, exclues de la distribution des récompenses, à cause des conditions exceptionnelles dans lesquelles elles fonctionnent. La faculté de se mettre eux-mêmes hors concours est parfois accordée aux exposants; mais cette pratique n'est pas à recommander, la faculté de se mettre volontairement hors concours facilitant les abus et la concurrence déloyale.

254. — Il est presque toujours institué plusieurs ordres de récompenses. Cette pluralité est une condition nécessaire d'un classement sérieux et d'une classification équitable des divers degrés de mérite.

Section II.
Usurpation de récompenses.

255. — Dans tous les pays, le fait de s'attribuer une récompense qu'on n'a pas obtenue constitue un acte de concurrence déloyale qui rend passible de dommages-intérêts envers les personnes que cette fraude a lésées.

256. — Nous avons déjà étudié, *suprà*, v° *Concurrence déloyale*, n. 561 et s., l'usurpation de médailles et récompenses. Nous nous bornerons ici à rechercher dans quelle mesure les principes que nous avons posés sont applicables, lorsqu'un étranger est en cause, soit comme demandeur, soit comme défendeur, hypothèses qui se réfèrent plus spécialement à une récompense obtenue ou soi-disant obtenue dans une exposition internationale.

257. — Lorsque l'étranger est demandeur, le droit d'action lui appartient incontestablement. et en tout état de cause : 1° s'il a été autorisé à établir son domicile en France; 2° par analogie avec l'action en contrefaçon d'une marque, s'il possède, en France, un établissement industriel ou commercial ; 3° s'il peut invoquer une réciprocité diplomatique ou légale. Dans chacun de ces trois cas, l'étranger peut assigner l'usurpateur devant nos tribunaux, quelle que soit l'exposition de laquelle provienne la récompense litigieuse, c'est-à-dire que cette exposition soit française ou étrangère, officielle ou privée.

258. — En dehors de ces trois cas, la Cour de cassation refuse à l'étranger le droit d'action; on sait en effet qu'elle refuse à l'étranger le droit de se prévaloir de l'art. 1382 en ce qui concerne une usurpation de marque ou de nom commercial, acte de concurrence déloyale plus grave encore (V. *suprà*, v° *Concurrence déloyale*, n. 792 et s.); cette jurisprudence trouve, *à fortiori*, son application quant à l'usurpation de récompense.

259. — Lorsque l'étranger est défendeur, s'il est domicilié en France, rien ne s'oppose à ce que l'industriel lésé (français ou étranger) le fasse assigner devant les tribunaux français en paiement de dommages-intérêts. Ce droit est incontestable, alors même que les produits, portant mention inexacte d'une récompense, seraient de fabrication étrangère. — Trib. comm. Seine, 1er mars 1867, [*Ann. propr. ind.*, 1867, p. 383] — Vincent et Pénaud, *Dict.*, *eod. verb.*, n. 286.

260. — Plus délicate est l'hypothèse d'une usurpation commise par un négociant établi à l'étranger. Une action en dommages-intérêts, intentée contre l'usurpateur d'une récompense décernée par un jury international, est-elle recevable dans les pays qui ont été représentés, au sein de ce jury, par des délégués ? En l'absence de toute convention internationale, nous croyons que les principes du droit commun autorisent une pareille action. L'obtention d'une récompense confère le droit d'en faire usage ; or conférer un droit, c'est s'engager à le sanctionner, et de ce principe découle cette conséquence qu'à défaut de toute loi spéciale, le seul fait de décerner une récompense à un étranger impose à un Etat l'obligation de se donner des lois qui autorisent l'action dirigée par cet étranger contre un national qui a usurpé cette récompense. L'origine de cet engagement tacite se trouve dans ce fait que dans une exposition officielle, c'est le gouvernement qui décerne les récompenses, puisqu'il s'est fait le juge du concours en confiant cette mission à des délégués spécialement désignés par lui. De ce que nous venons de dire il résulte, d'une part, que si le jury d'une exposition internationale était exclusivement composé de nationaux, les récompenses obtenues à cette exposition ne pourraient donner action que devant les tribunaux de cet Etat. D'autre part, dans l'hypothèse d'une exposition universelle, où le jury a été composé de représentants de tous les Etats, comme ces délégués sont désignés par leurs commissions respectives, qui les ont elles-mêmes constituées par leurs gouvernements, il nous paraît exact de dire que les récompenses sont décernées, non pas seulement par l'Etat organisateur, mais à la fois, par tous les Etats exposants ; or si les tribunaux français doivent déclarer recevable l'action de tout étranger lésé en France par l'usurpation d'une récompense obtenue à cette exposition, ne faut-il pas reconnaître que réciproquement le même devoir incombe aux tribunaux d'Angleterre, de Belgique, etc., à l'égard de ceux de nos nationaux qui sont victimes, dans ces divers pays, d'une semblable fraude ? (V. *Ann. prop. ind.*, 1855, p. 1).

261. — L'usurpation de récompense peut non seulement constituer un acte de concurrence déloyale mais encore un acte délictueux. Le caractère délictueux de cette fraude n'est affirmé que depuis peu d'années, et dans un très-petit nombre d'Etats, la France et la Suisse notamment (V. pour la Suisse, L. 26 sept. 1890, art. 21 et 22). Nulle part, sans doute, on ne méconnaît que cet acte, comme tout fait de concurrence déloyale, est mal honnête et méprisable ; mais on est, en général, trop disposé à penser que cette fraude ne compromet pas assez gravement les intérêts des industriels et du public pour nécessiter une répression. On allègue que l'usurpation d'une récompense est un pur mensonge qui ne trompe et ne lèse personne, et que le motif déterminant des préférences du public est la qualité des produits, non la possession d'une médaille ou d'un diplôme.

262. — Nous croyons, au contraire, que l'intérêt du fabricant récompensé du public, des exposants en général, et l'intérêt des expositions elles-mêmes nécessitent l'intervention du législateur. En France, la question a été posée, pour la première fois, en 1876, par des pétitions adressées aux Chambres. Elle fut reprise, lors de l'Exposition universelle de 1878, au Congrès international de la propriété industrielle. Enfin est intervenue la loi du 30 avr. 1886. Cette loi réprime toute fraude relative aux récompenses de toute nature obtenues dans toutes les expositions officielles ou officiellement patronnées, françaises ou étrangères, notamment, dès lors. dans les expositions internationales de tous les pays. Elle est donc générale, sans s'étendre toutefois aux expositions ou concours n'ayant aucun caractère officiel.

263. — L'art. 1 de cette loi consacre d'abord le principe, déjà admis, de la personnalité des récompenses. Il porte que « l'usage des récompenses industrielles est exclusivement permis : 1° à ceux qui les ont obtenues personnellement ; 2° à la maison de commerce en considération de laquelle elles ont été décernées. » — V. sur le caractère personnel des récompenses, *suprà*, v° *Concurrence déloyale*, n. 579 et s.

264. — La loi du 30 avr. 1886 prévoit ensuite et réprime trois genres de fraude : 1° l'usurpation d'une récompense obtenue par un concurrent (art. 2-1°) ; tel est, par exemple, le cas d'un industriel qui se présente comme ayant obtenu la seule médaille d'or décernée dans sa classe, alors que c'est à un autre exposant qu'elle a été attribuée ; 2° la fausse application d'une récompense réellement obtenue (art. 2 2°). C'est la fraude commise par un commerçant récompensé qui fait usage de sa récompense pour des produits autres que ceux qui la lui ont méritée; 3° le fait de s'attribuer des récompenses imaginaires (art. 2-3°). C'est l'abus le plus fréquent. Il convient de signaler particulièrement le cas d'un industriel qui s'annonce comme « hors concours à l'exposition de..., » lorsque cette exclusion a été déshonorante ou en réalité volontaire.

265. — Ces fraudes constituent, non des faits d'escroquerie, mais un délit d'une nature spéciale, puni d'une amende de 50 à 6,000 fr., et d'un emprisonnement de trois mois à deux ans, ou de l'une de ces deux peines seulement.

266. — La mauvaise foi, bien entendu, est nécessaire pour imprimer le caractère délictueux à ces usurpations : l'art. 2 dit expressément qu'elles doivent être commises sans droit et frauduleusement. — Trib. corr. Seine, 7 févr. 1889, [Le dr. ind., 1890, p. 192]

267. — L'art. 1 in fine édicte enfin des prescriptions spéciales, en ce qui concerne les titulaires eux-mêmes de récompenses. Prévoyant les indications incomplètes, de nature à tromper le public soit sur la valeur de la récompense, soit sur la catégorie de produits primés, la loi oblige les industriels, qui font usage d'une récompense par eux obtenue, à en accompagner la mention de l'indication : 1° de la nature de cette récompense; 2° de l'exposition où il l'a méritée; 3° de l'objet récompensé. Ainsi contrevient à ces prescriptions celui qui fait figurer sur ses factures deux médailles, avec cette seule indication « Paris, 1878. » — Paris, 25 janv. 1888, [Le dr. ind. 1888, p. 362] — Trib. corr. Seine, 9 févr. 1889, [Gaz. des Trib., 11 et 12 févr. 1889] — La sanction de ces prescriptions consiste en une amende de 25 à 3,000 fr. Il convient de faire remarquer que l'art. 4 ne contient pas, comme l'art. 2, le mot frauduleusement : la simple omission suffirait donc pour faire encourir l'amende. — Trib. corr. Seine, 9 févr. 1889, précité.

268. — L'art. 3 dispose que « les tribunaux pourront prononcer la destruction ou la confiscation, au profit des parties lésées, des objets sur lesquels les fausses indications auront été appliquées. » Ces objets ne peuvent être que les produits sur lesquels la mention a été faite; il semble difficile de soutenir qu'il s'agit des annonces ou prospectus mensongers. Le doute ne peut provoquer l'indétermination de ces objets n'est-il pas dissipé par ces mots « au profit des parties lésées? » — V. Contrà, Bry, Cours élémentaire de législation industrielle, Paris, 1893, p. 509.

269. — L'art. 463, C. pén., applicable aux délits prévus par la loi de 1886 (art. 6), permet de réduire les pénalités qu'elle prononce.

270. — En outre, les tribunaux peuvent ordonner l'affichage et l'insertion de leurs jugements.

EXPOSITION D'ENFANT. — V. Abandon d'enfant. — Enfant.

EXPOSITION D'OBJETS SUR LA VOIE PUBLIQUE. — V. Jet et exposition d'objets dangereux ou nuisibles.

EXPOSITION PUBLIQUE. — V. Exécution capitale. — Peine.

EXPROPRIATION FORCÉE. — V. Saisie immobilière.

EXPROPRIATION POUR CAUSE D'UTILITÉ PUBLIQUE.

Législation.

L. 16 sept. 1807 (relative au dessèchement des marais, etc.), art. 24; — L. 21 avr. 1810 concernant les mines, les minières et les carrières), art. 44; — L. 30 mars 1831 (relative à l'expropriation et à l'occupation temporaire, en cas d'urgence, des propriétés privées nécessaires aux travaux des fortifications); — Ord. 18 sept. 1833 (contenant le tarif des frais et dépens pour tous les actes faits en vertu de la loi du 7 juill. 1833, sur l'expropriation pour cause d'utilité publique); — D. 18 févr. 1834 (portant règlement sur les formalités des enquêtes relatives aux travaux publics); — Ord. 22 mars 1835 (relative aux terrains acquis pour des travaux d'utilité publique, et qui n'auraient pas reçu ou ne recevraient pas cette destination); — L. 21 mai 1836 (sur les chemins vicinaux), art. 16; — L. 3 mai 1841 (sur l'expropriation pour cause d'utilité publique); — Ord. 18 avr. 1842 (qui dispense les maires des formalités de la purge hypothécaire pour certaines acquisitions d'immeubles faites par les communes), art. 2; — Décr. 26 mars 1852 (relatif aux rues de Paris); — L. 10 août 1853 (sur le classement des places de guerre et des postes militaires, et sur les servitudes imposées à la propriété autour des fortifications), art. 33; — Décr. 22 juin 1854 (qui modifie, pour l'arrondissement de Lyon, l'art. 29, L. 3 mai 1841, sur l'expropriation pour cause d'utilité publique); — Décr. 27 déc. 1858 (portant règlement d'administration publique pour l'exécution du décret du 26 mars 1852, relatif aux rues de Paris); — L. 21 juin 1865 (sur les associations syndicales), art. 18; — L. 11 juin 1880 (relative aux chemins de fer d'intérêt local et aux tramways), art. 31; — L. 3 juill. 1880 (ayant pour objet d'autoriser, dans certains cas, l'augmentation du nombre des jurés portés sur les listes d'assises annuellement en vertu de l'art. 29, L. 3 mai 1841, sur l'expropriation pour cause d'utilité publique); — L. 20 août 1881 relative au Code rural; chemins ruraux), art. 13; — L. 30 mars 1887 (relative à la conservation des monuments et objets d'art ayant un intérêt historique et artistique), art. 5; — Décr. 7 avr. 1887 (déterminant les règles relatives à la création et à l'installation des écoles primaires publiques), art. 34 et 47; — L. 29 déc. 1892 (sur les dommages causés à la propriété par l'exécution des travaux publics), art. 9; — L. 22 déc 1898 (qui modifie la loi du 21 juin 1865, sur les associations syndicales), art. 7; — Décr. 13 juill. 1893 (portant règlement sur la comptabilité départementale), art. 91; — L. 18 juill. 1895 (concernant la détermination et la conservation des postes électro-sémaphoriques), art. 8; — L. 6 déc. 1897 (relative à diverses mesures de décentralisation et de simplification concernant les services du ministère des finances), art. 1; — L. 8 avr. 1898 (sur le régime des eaux), art. 26.

Bibliographie.

Ouvrages généraux. — Aubry et Rau, Cours de droit civil français, 5ᵉ éd. (en cours de publication ; devant former 10 vol. in-8°, t. 2, 1897, p. 296 et s., 573, 723; t. 3, p. 829. — Aucoc, Conférences sur l'administration et le droit administratif, 1886, 2ᵉ éd., 3 vol. in-8° parus, t. 2, n. 793 et s. — Batbie, Traité théorique et pratique du droit public et administratif, 1885-93, 2ᵉ éd., avec un suppl. par Boitel, 9 vol. in-8°, t. 7, p. 1 et s.; t. 8, p. 309 et s., et t. 9, p. 185 et s. — Baudry-Lacantinerie, Précis de droit civil, 7ᵉ éd., 1900, 3 vol. gr. in-8°, t. 1, n. 1264, 1365 bis, 1398, 1581; t. 2, n. 646; t. 3, n. 375, 401, 701, 1307, 1517. — Baudry-Lacantinerie et Chauveau, Des biens, 1896, 1 vol. in-8°, passim. — Béquet, Dupré et Laferrière, Répertoire du droit administratif, in-4°, en cours de publication, v° Expropriation pour cause d'utilité publique. — Berthelemy, Bioche, Dictionnaire de procédure civile et commerciale, 1867, 5ᵉ éd., 6 vol. in-8°, v° Expropriation (utilité publique). — Blanche, Dictionnaire général d'administration, 1884-91, 2 vol. gr. in-8°, v° Expropriation pour cause d'utilité publique. — Block, Dictionnaire de l'administration française, 1898, 4ᵉ éd., 1 vol. gr. in-8°, v° Expropriation pour cause d'utilité publique. — Cabantous et Liégeois, Répétitions écrites sur le droit administratif, 1882, 6ᵉ éd., n. 1086 et s. — Carpentier, Traité pratique des chemins de fer, n. 422 et s., 473 à 533. — Essai sur le régime des canaux, n. 70 et s. — Christophle et Auger, Traité théorique et pratique des travaux publics, 1890, 2 vol. in-8°, t. 1, n. 61 et s. 317 et s.; t. 2, n. 2535 et s. — Des Cilleuls (Al red), Origines et développement du régime des travaux publics en France, 1895, 1 vol. in-8°, p. 88 et s. — Cormenin, Droit administratif, 1840, 5ᵉ éd., 2 vol. in-8°, t. 2, p. 217 et s. — Cotelle, Cours de droit administratif appliqué aux travaux publics, 1862, 3ᵉ éd., 4 vol. in-8°, t. 2, p. 249 et s. — Crépon, Du pourvoi en cassation en matière civile, 1892, 3 vol. in-8°, t. 1, p. 586 et s., 1034 et s.; t. 2, n. 54°. et s.; t. 3, n. 1758 et s. — Demolombe, Ducrocq, *Cours de droit administratif*, 1884-86, 6° éd. 3 vol. in-8° parus, t. 1, p. 1221 et s.—Dufour, *Traité général de droit administratif appliqué*, 1870, 3° éd., 8 vol. in-8°, t. 5, p. 633 et s., et t. 6, n. 1 et s. — Favard de Langlade, *Répertoire de la législation du notariat*, 1830, 2° éd., 2 vol. in-4°, v° *Expropriation pour cause d'utilité publique*. — Foucart, *Éléments de droit public et administratif*, 1856, 4° éd., 3 vol. in-8°, t. 2, n. 645 et s. — Gaudry, *Traité du domaine*, 1862, 3 vol. in-8°, t. 2, p. 34 et s. — Guillouard, *Traité du contrat de louage*, 1891, 2 vol. in-8°, t. 1, n. 147 et s., 399 et s. — Hauriou, *Précis de droit administratif*, 1897, 1 vol. in-8°, p. 737 et s. — Husson, *Traité de la législation des travaux publics et de la voirie*, 1851, 2° éd., 1 vol. in-8°, p. 186 et s. — Laferrière, *Cours de droit public et administratif*, 1860, 5° éd., 2 vol. in-8°, t. 1, p. 657 et s. — Laferrière (E.), *Traité de la juridiction administrative et des recours contentieux*, 1896, 2° éd., 2 vol. gr. in-8°, t. 1, p. 537 et s. — Lansel et Didio, *Encyclopédie du notariat et de l'enregistrement*, 20 vol. parus, v° *Expropriation pour cause d'utilité publique*. — Laurent, *Principes du droit civil français*, 1893, 5° éd., 33 vol. in-8°, t. 3, n. 473 et s.; t. 6, n. 26, 53 et s., 133. — Lechalas, *Manuel de droit administratif*, 1898, 2 vol. gr. in-8°, t. 1, p. 174 et s. — Lerat de Magnitot et Huard de Lamarre, *Dictionnaire de droit public et administratif*, 1841, 2° éd., 2 vol. gr. in-8°, v° *Expropriation pour cause d'utilité publique*. — Mailhol (de), *Dictionnaire encyclopédique d'administration générale*, 1888-91, 3 vol. in-4° et suppl., v° *Expropriation pour cause d'utilité publique*. — Malapert, *Histoire de la législation des travaux publics*, 1880, 1 vol. in-8°, p. 9 et s., 87 et s., 133 et s., 333, 372, 380. — Marc Deffaux, Harel et Dutruc, *Encyclopédie des huissiers*, 1888-92, 4° éd., 6 vol. in-8°, v° *Expropriation pour cause d'utilité publique*. — Perriquet, *Traité théorique et pratique des travaux publics*, 1883, 2 vol. in-8°, t. 1, p. 27 et s., t. 2, p. 294 et s. — Poidvin, *Dictionnaire usuel de droit civil*, 1897, 2 vol. gr. in-8°. — Proudhon et Dumay. *Traité du domaine public*, 1844, 4 vol. in-8°, t. 1, p. 80, 90, 416 et s., 586 et s.; t. 2, p. 198 et s., 232 et s., 620 et s. — Récy (de), *Traité du domaine public*, 1894, 2 vol. in-8°, t. 1, n. 516, 517, 562, 624, 1170 et s., n. 1227, 1296 et 1297.—Rolland de Villargues, *Répertoire de la jurisprudence du notariat*, 1840-43, 2° éd., 9 vol. in-8°, v° *Expropriation pour utilité publique*. — Rousseau et Laisney, *Dictionnaire théorique et pratique de procédure civile, commerciale*, etc., 1896, 9 vol. in-8°, 2° éd., v° *Expropriation pour cause d'utilité publique*; — Supplément alphabétique, 1896, 2 vol. in-8°, eod. v°. — Serrigny, *Traité de l'organisation, de la compétence et de la procédure en matière contentieuse administrative*, 1865, 2° éd., 2 vol. in-8°, t. 2, n. 790 et s. — Simonet, *Traité élémentaire de droit public et administratif*, 1897, 3° éd., 1 vol. in-8°, n. 914 et s. — Solon, *Répertoire administratif et judiciaire*, 1845, 4 vol. in-8°, t. 3, p. 232 et s.

OUVRAGES SPÉCIAUX. — Arnaud, *Manuel du directeur du jury d'expropriation pour cause d'utilité publique*, 1865, 1 vol. in-8°. — Bauny de Récy, *Théorie de l'expropriation pour cause d'utilité publique*, 1872, 1 vol. in-8°. — Blanche, *De l'expropriation pour cause d'utilité publique*, 1852, 1 vol. in-8°. — Bogelot et Périn, *L'expropriation pour cause d'utilité publique*, 1888, 2° éd., 1 vol. in-18. — Boyer, *Guide pratique du magistrat-directeur du jury d'expropriation*, 1885, 1 vol. in-18. — Caudaveine (de) et Théry, *Traité de l'expropriation pour cause d'utilité publique*, 1839, 1 vol. in-8°. — Crépon, *Code annoté de l'expropriation pour cause d'utilité publique*, 1899, 2° éd., 1 vol. in-8°. — Daffry de la Monnoye, *Théorie et pratique de l'expropriation pour cause d'utilité publique*, 1879, 2° éd., 2 vol. in-8°. — Debray, *Manuel de l'expropriation pour cause d'utilité publique*, 1845, 1 vol. in-8°. — De Lalleau, Jousselin, Rendu et Périn, *Traité de l'expropriation pour cause d'utilité publique*, 1893, 8° éd., 2 vol. in-8°. — Desprez-Rouveau, *Guide des expropriés pour cause d'utilité publique*, 1854, 1 vol. in-18. — Dufour, *De l'expropriation et des dommages causés à la propriété*, 1858, 1 vol. in-8°. — Émion (Victor), *Manuel pratique et juridique des expropriés*, 1866, 1 vol. in-12. — Gand, *Traité général de l'expropriation pour cause d'utilité publique*, 1842, 1 vol. in-8°. — Herson, *De l'expropriation pour cause d'utilité publique*, 1843, 1 vol. in-8°. — Hombert, *Guide des expropriations pour utilité publique*, 1841, 1 vol. in-8°. — Isaure-Toulouse, *Manuel-formulaire de l'expropriation pour cause d'utilité publique*, 1894, 1 vol. in-18. — Lambert, *Manuel pratique des jurés et des expropriés pour cause d'utilité publique*, 1885, 1 vol. in-18. — Lazerges, *Expropriation des terrains. Guide pratique*, 1 vol. in 8°. — Malapert et Protat, *Code complet de l'expropriation pour cause d'utilité publique*, 1857, 1 vol. in-8°. — Marmol, *Traité de l'expropriation*. — Morin, *Guide pratique du magistrat directeur du jury d'expropriation pour cause d'utilité publique*, 1870, 1 vol. in-8°. — Peyrony (de) et Delamarre, *Commentaire des lois d'expropriation pour cause d'utilité publique*, 1860, 1 vol. in-8°. — Roquière, *Éléments de l'expropriation pour utilité publique*. — Sabatier (L.), *Traité de l'expropriation pour cause d'utilité publique*, 1859, 1 vol. in-8. — Ségéral, *Traité théorique et pratique de l'expropriation pour cause d'utilité publique vicinale rurale*, 1887, 2° éd., 1 vol. in-8°. — Sémonin (A.), *Nature légale et limites du droit d'expropriation pour cause d'utilité publique*, 1895, 1 vol. in-8°. — Solon, *De l'expropriation pour cause d'utilité publique*, 1850, 1 vol. in-8°. — X..., *Du droit de préemption en matière d'expropriation*, 1888, 1 vol. in-8°. — X..., *L'expropriation pour cause d'utilité publique. Manuel pratique des expropriés et des jurés*, 1888, 1 vol. in-8°.

JOURNAUX ET REVUES. — *Étude sur l'expropriation pour cause d'utilité publique en Angleterre, en Belgique, en Espagne, en Italie, en Prusse et dans la confédération Suisse* (L. Loup de Sancy) : Bull. de la soc. de législation comparée, 13 déc. 1876, t. 6, p. 23 et s. — *Discussion sur l'étude de M. Le Loup de Sancy, relative à l'expropriation pour cause d'utilité publique* : Bull. de la soc. de législation comparée, 1877, t. 6, p. 91 et s. — *Lorsqu'une portion d'immeuble a été expropriée pour cause d'utilité publique, et que la commune qui a suivi l'expropriation acquiert le surplus de cet immeuble, en exécution de l'art. 30, L. 3 mai 1841, l'acquisition ainsi faite de la partie non expropriée doit-elle jouir de l'exemption des droits d'enregistrement?* Corresp. des justices de paix, 1853, t. 3, p. 137 et s. — *La donation d'une somme d'argent faite à une commune, à la condition d'acquérir un immeuble pour l'élargissement d'un chemin vicinal, doit-elle profiter du bénéfice de l'art. 58, L. 3 mai 1841, et jouir de l'exemption des droits de timbre et d'enregistrement?* Corresp. des just. de paix, 1853, t. 3, p. 219. — *Est-il nécessaire que la requête à présenter au tribunal civil par le tuteur qui veut être autorisé à accepter les offres d'indemnité faites par l'administration ou la compagnie de chemins de fer, qui poursuit l'expropriation pour cause d'utilité publique d'un immeuble appartenant à un mineur, soit signifiée par un avoué?* Corresp. des just. de paix, 1853, t. 3, p. 241 et s. — *Chemins vicinaux. Expropriation. Jury spécial. Juges de paix* : Corresp. des just. de paix, 1862, t. 9, p. 241. — *Peut-on, sans encourir les peines édictées par l'art. 438, C. pén., s'opposer par des voies de fait à des travaux autorisés par le gouvernement, sous prétexte que l'indemnité due au propriétaire, à l'occasion de ces travaux, n'a pas encore été payée?* Corresp. des just. de paix, 1869, t. 16, p. 270 et s. — *Expropriation pour cause d'utilité publique. Contestation sur la ligne de démarcation et demande en bornage* : Corresp. des just. de paix, 1879, t. 26, p. 273. — *La réforme du jury d'expropriation* (Bauny de Récy) : France judiciaire, 1re année, p. 127 et s. — *Effets de la transcription en matière d'expropriation* (Bauny de Récy) : France judiciaire, 1re année, p. 403 et s. — *Études sur l'indemnité d'expropriation* (Bauny de Récy) : France judiciaire, 3° année, p. 73 et s., 233 et s. et 4° année, p. 493 et s. — *Des concessions en matière d'expropriation pour cause d'utilité publique* (Greffier) : France judiciaire, t. 7, p. 73 et s. — *Du jury d'expropriation* : France judiciaire, 1888, 1re part., p. 378. — *Du droit de préemption en matière d'expropriation* (Boillot) : France judiciaire, 1888, 1re part., p. 461 et s. — *De l'expropriation pour cause d'utilité publique, baux, enregistrement* : J. de droit administratif, 1855, t. 3, p. 507 et s. — *Le fermier ou tout autre intéressé non dénoncé à l'administration en temps utile peut-il être admis à intervenir devant le jury pour le règlement de l'indemnité?* J. de proc. civ. et comm., 1846, t. 10, p. 427 et s. — *De l'utilité de l'assistance des avoués en matière d'expropriation pour cause d'utilité publique* : J. de proc. civ. et comm., 1854, t. 20, p. 196 et s. — *Expropriation* : J. des comm., 1858, p. 391 et s.; 1865, p. 372 et s., 1868, p. 403 et s. — *Expropriations accessoires*, Décr. des 26 mars 1852 et 27 déc. 1858 : J. des comm., 1870, p. 73 et s. — *Lettres sur le droit administratif. De la loi d'expropriation* : J. Le Droit, 22 juin 1836.

EXPROPRIATION POUR CAUSE D'UTILITÉ PUBLIQUE.

— *Expropriation pour cause d'utilité publique* : J. Le Droit, 25 oct. 1838. — *Du projet de loi sur l'expropriation pour cause d'utilité publique* : J. Le Droit, 1-2 mars 1841. — *L'expropriation pour cause d'utilité publique et les eaux de la Somme* (A. Mathieu) : J. Le Droit, 2-3 et 9-10 juin 1862. — *Une question d'expropriation pour cause d'utilité publique* (Arnault) : Rec. de l'acad. de légis. de Toulouse, 1871, t. 20, p. 333 et s. — *Dissertation sur diverses hypothèses relatives à l'expropriation pour cause d'utilité publique : dommages temporaires, dommages permanents, occupation indéfinie sans déclaration d'expropriation, destruction de bâtiments, plantations de terrains sans acquisition, création de servitudes, baux* (Jousselin) : Rev. crit., t. 1, p. 294 et s. — *Jurisprudence administrative pour le cas d'expropriation partielle et dommages causés par l'exécution des travaux au restant de la propriété, sur le règlement des compétences entre le jury et l'autorité administrative* (Jousselin) : Rev. crit., t. 3, p. 474 et s. — *Examen doctrinal d'un arrêt de la Cour de cassation du 14 févr. 1855, sur l'application du décret du 26 mars 1852, relatif à l'étendue du droit de l'administration, de comprendre dans l'expropriation les parcelles qu'elle ne juge pas propres, par leur situation ou leur étendue, à recevoir des constructions salubres et sur l'incompétence des tribunaux civils pour y remédier* : Rev. crit., t. 6, p. 2 et s. — *Des limites de la compétence de l'autorité administrative et de l'autorité judiciaire en matière de travaux et d'expropriation publics* (Serrigny) : Rev. crit., t. 13, p. 97 et s. — *Si, en cas d'expropriation pour cause d'utilité publique d'un immeuble, c'est au propriétaire ou au principal locataire de cet immeuble de faire connaître à l'administration les noms des sous-locataires qui l'occupent. Lequel des deux est responsable vis-à-vis de ces derniers, de ce qu'ils n'ont point été compris dans le règlement d'indemnité? Les sous-locataires sont-ils compris dans la première partie de l'art. 21 de la loi du 3 mai 1841, ou dans la seconde partie de cet article? Peuvent-ils être admis à former leur demande d'indemnité apres le délai de huitaine imparti par l'art. 21 de la loi de 1841? Peuvent-ils se présenter même pour la première fois devant le jury?* (Sevin) : Rev. crit., t. 14, p. 481 et s. — *Des expropriants. Du droit de poursuite appartenant à chacun d'eux, et de la place qu'ils doivent occuper à l'audience du jury d'expropriation* (Ducrocq) : Rev. crit., t. 28, p. 491 et s. — *Expropriation pour cause d'utilité publique. Exécution de travaux projetés, droit de préemption, concours de l'acquéreur et de l'ancien propriétaire* (Albert Christophle) : Rev. crit., t. 31, p. 481 et s. — *De l'expropriation du domaine national pour cause d'utilité publique* (Collet) : Rev. crit., t. 36, p. 455 et s., 536 et s.; t. 37, p. 51 et s. — *De quelques modifications à apporter à la loi du 3 mai 1841* (Benoît) : Rev. crit., t. 38, p. 61 et s. — *De l'expropriation publique* (Gautier) : Rev. crit., t. 41, p. 641 et s., t. 42, p. 529 et s. — *De l'expropriation pour cause d'utilité publique en Belgique* : Rev. de dr. int. et de légis. comp., 1871, p. 105 et s. — *De l'expropriation en Hongrie* : Rev. de dr. int. et de légis. comp., 1872, p. 234, 261 et s. — *De l'expropriation (Chemins de fer)* : Rev. de dr. int. et de légis. comp., 1880, p. 310 et s. — *De l'occupation définitive des propriétés privées par le fait de l'administration ou de ses ayants-droit* (Ferdinand Sanlaville) : Rev. gén. d'adm., 1888, t. 3, p. 398 et s.; 1889, t. 1, p. 23 et s., 148 et s., 280 et s.; t. 2, p. 129 et s., 284 et s., 411 et s.; 1890, t. 1, p. 5 et s., 269 et s., 420 et s. — *Questions d'expropriation pour cause d'utilité publique* (Merville) : Rev. prat., t. 31, p. 272 et s. — *Législation de la Pologne et de la Russie sur les expropriations pour cause d'utilité publique* : Rev. Wolowski, t. 4, p. 306 et s.

INDEX ALPHABÉTIQUE.

Abandon de terrains, 3038, 3150.
Abattoir, 239.
Abreuvoir, 2877.
Absence, 602, 3315.
Accessoire, 108 et s.
Acquiescement, 494, 882, 926, 1114, 2085, 3414, 3416, 3539, 3577.
Acte administratif, 180 et s., 389, 526, 624, 715, 824, 896, 1185, 1196.
Acte authentique, 530, 549, 2570.
Acte d'avoué à avoué, 1519.
Acte de l'état civil, 549.
Acte extrajudiciaire, 941, 1274, 1426, 2155, 2156, 2278, 3022, 3573.
Acte notarié, 521, 526, 539, 621, 944.
Acte sous seing privé, 944, 1021 et s., 2613.
Action mixte, 1033.
Action possessoire, 989, 3389, 3698 et s.
Action réelle, 1032, 1033, 1075 et s., 1134, 3278, 3690.
Action résolutoire, 1032, 1033, 3643, 3690.
Adjoint, 136, 528, 932, 1560 et s., 1645, 2588, 2589, 3360.
Adjudication, 1582, 2982, 3785.
Administrateur, 365.
Affichage, 307 et s., 420, 443, 496, 538, 635, 675, 703, 735, 880, 903, 1060, 1069, 1316.
Age, 1468, 1524, 1542, 1770, 2188, 2362.
Agent comptable, 3463.
Agent de l'administration, 952, 957 et s., 1157 et s., 1310, 1618 et s., 1961, 3338, 3363, 3381, 3476 et 3477.
Agent des domaines, 448, 450, 451, 457.
Agent diplomatique, 116.
Agent du gouvernement, 3339.
Agent militaire, 450.
Agent-voyer, 1764, 2468, 3587.
Ajournement, 837, 1197, 1200, 1202, 1287, 1343, 2651, 3436, 3469, 3515.
Algérie, 27, 121, 3722.
Aliénation, 833, 3774, 3777.
Alignement, 508, 721, 845, 2840, 2894, 3796.
Alliance, 2188.
Allumettes, 114, 2011.
Améliorations, 2979 et s., 3224, 3789.
Amende, 412, 1662, 1731, 1822 et s., 1920, 2186 et s., 3332 et 3333.
Amende (consignation de l'), 3489 et s., 3609.
Amende (restitution de l'), 3491, 3500, 3508.
Animaux, 109.
Annexe, 262.
Annonces judiciaires, 318 et s., 350, 420, 538, 675, 676, 703, 903, 1069.
Antichrèse, 3691.
Appel, 521, 651, 828, 878, 3371, 3372, 3528.
Appel des causes, 1847 et s.
Appréciation souveraine, 1397, 2830, 2836, 2893, 3735.
Approbation administrative, 488 et s., 497, 498, 527, 540, 543, 572, 614, 846, 1259.
Aqueduc, 80.
Arbitrage, 3711.
Arbres, 109, 654, 2843 et s., 2994, 2995, 3029 et s., 3078, 3149, 3170, 3644, 3649.
Architecte, 448.
Arpenteur, 448, 2467.
Arrêté de cessibilité, 270 et s., 393 et s., 424, 478, 487, 488, 515, 568, 585, 635, 640, 675, 676, 703, 799, 714 et s., 721, 733, 742, 752, 786, 829 et s., 995 et s., 1001, 1076, 1077, 1165, 1192, 1547 et s., 2854, 2856 et s., 3649.
Arrêté de liquidation, 1228 et s.
Arrêté préfectoral, 23, 258 et s., 371, 427, 431, 539, 666, 667, 675, 703, 718, 735, 737, 846, 865, 1216, 2928, 3332, 3634, 3762.
Arrosage, 3741.
Assignation, 650.
Assistance publique, 1561.
Association syndicale, 126, 133, 502, 1596 et s.
Assurances, 3008.
Audience (police de l'), 2164, 2165, 2339 et s.
Audience (publicité de l'), 1708, 2163, 2169, 2180, 2302 et s., 2407 et s., 2520.
Autorisation administrative, 858, 958, 2666, 2761, 3144, 3383, 3544.
Autorisation de femme mariée, 152 et s., 3395, 3574.

Autorisation de justice, 581, 587, 602, 603, 607 et s., 668, 669, 753, 892, 1375, 3181.
Autorisation du tribunal, 3397.
Avenue, 1190.
Avertissement, 307 et s., 308, 391, 500, 1130, 2184 et s., 2222 et s., 2609.
Avertissement individuel, 325.
Aveu, 447, 3184.
Avis préfectoral, 225.
Avocat, 1221, 2152 et s., 2226, 2347, 2350, 2466, 2470, 2473, 3437, 3480, 3486, 3574.
Avoué, 591 et s., 686, 838, 845, 851, 1204, 1377, 2152, 2338, 2347, 2466, 2587, 3364, 3340.
Ayant-cause, 445, 447.
Ayant-droit, 1198, 1266 et s., 1293, 1360, 1366, 1370, 1605 et s., 2103 et s., 3244 et s., 3332, 3333, 3389, 3541 et s., 3744, 3777.
Ayants-droit (indication des), 1084 et s.
Bac, 3728.
Bail, 255, 506, 524, 539, 637, 831, 832, 1010 et s., 1250, 1424, 1445, 1447, 1995, 2104, 2105, 2341, 2364, 2400, 2634, 2698, 2726, 2737, 2739, 2763 et s., 2785, 2826 et s., 3023, 3032, 3202, 3218 et s., 3390, 3546, 3560.
Bail (durée du), 2769.
Bail (expiration du), 2768.
Bail (promesse de), 1022.
Bail (renouvellement du), 3224.
Bail (résiliation du), 518, 519, 636, 1028, 1030, 2138, 2748, 2772, 3255, 3721.
Bail à domaine congéable, 1134, 3248.
Bail à ferme, 304, 445, 494, 560, 621, 669, 671, 890, 912, 914, 927, 932, 933, 936, 951, 1115, 1118, 1121, 1161, 1175, 1291, 1300 et s., 1346, 1370, 1407 et s., 1542 et s., 1566, 1576, 1606, 1607, 1692, 1704, 2059, 2342, 2585, 2625, 2729, 2762 et s., 2884, 3157, 3218 et s., 3240, 3254, 3277, 3399, 3549, 3593, 3687.
Bail à locatairie perpétuelle, 3246.
Bail à long terme, 2770, 3256, 3759.
Bail à loyer, 301, 453, 494, 621, 632, 639, 643, 669, 671, 445, 759, 875, 912, 924, 927, 932, 933, 936, 951, 1121, 1122, 1125, 1146, 1175, 1237, 1266 et s., 1289, 1291, 1292, 1574, 1576, 1606, 1607, 1692, 2059, 2064, 2258, 2627, 2722, 2762 et s., 2884, 3099, 3343, 3055 et s., 3706.
Bail à rente, 3244 et s., 3247, 3686.
Bail à vie, 1086, 3257.
Bail verbal, 1023 et 1024.
Baraques foraines, 94.
Barrage, 59, 2669, 3014, 3755 et 3756.
Bassin, 2952.
Bâtiments, 1386.
Bénéfice d'inventaire, 603.
Bestiaux, 2711, 2845.
Biens paraphernaux, 608.
Blanchisserie, 2942.
Bois, 2351, 3026.
Bonne foi, 1023.
Bordereaux, 543.
Buanderie, 2920.
Bulletins blancs, 2483.
Cahier des charges, 57, 58, 792, 3735.
Caisse des consignations, 597, 608, 610, 667, 873 et s., 882, 885, 1063, 1066 et s., 1072, 1082, 1083, 1170, 1197, 1199, 1203,

EXPROPRIATION POUR CAUSE D'UTILITÉ PUBLIQUE.

1205 et s., 1275, 2756, 2759, 3205, 3244, 3275 et s., 3286, 3333, 3534, 3540, 3559, 3640, 3647, 3673 et s.
Canal, 6, 11, 15, 45, 97, 107, 108, 237, 241, 247, 254, 583, 636, 637, 770, 922, 1401, 2882, 2915, 2921, 3721, 3741, 3799.
Canal d'arrosage 3784.
Canal de fuite, 2902.
Capacité, 146 et s., 458 et s., 511, 512, 514, 534, 580, 624, 657, 658, 662, 663, 668, 669, 753, 772, 1299, 1373 et s., 1412, 1683, 1848, 1901, 2866, 3315, 3365, 3396, 3772.
Carrière, 1150, 2823, 2859 et s., 2926 et s., 3031, 3111, 3581.
Cassati n. 205, 246, 437, 651, 756, 828, 870, 878 et s., 889, 955, 993 et s., 1254, 1317 et s., 1335, 1350, 1383, 1420, 1431, 1472, 1511, 1515, 1522 et s., 1603, 1610, 1620, 1640, 1662, 1671 et s., 1685, 1698, 1726, 1739, 1750, 1778 et s., 1852, 1876, 1878, 2026 et s., 2055, 2075, 2091 et s., 2127, 2160, 2161, 2264, 2269, 2272, 2273, 2281, 2293, 2295, 2337, 2341, 2343, 2390, 2391, 2392, 2105, 2474, 2527, 2532, 2534, 2572, 2586, 2660, 2689, 2697, 2698, 2702, 2737, 2760, 2796, 2808, 2837, 2906, 2958 et s., 2983, 3015, 3161, 3167, 3268 et s., 3316, 3353 et s., 3400 et s., 3713 — V. Pourvoi.
Cassation (ouvertures à), 3400 et s., 3551 et s., 3634.
Caution, 1005, 3209 et s.
Cave, 2652
Caveau, 2792.
Certificat, 1063 et s., 1700, 1908, 2034, 2265, 2492, 2572, 2573, 3360.
Certificat de médecin, 1732.
Certificat du maire, 443, 474, 480, 549, 675, 676, 915, 1235, 2053.
Certificat du préfet, 372.
Certificat du sous-préfet, 676.
Certificat négatif, 3695.
Cession amiable, 87, 88, 92, 93, 115, 147, 463, 509 et s., 589 et s., 680, 730, 743, 753, 754, 759, 783, 793, 999, 1011, 1040, 1057 et s., 1080, 1173, 1179 et s., 1435, 1579 et s., 1730, 2125, 2138, 2783, 2840, 3376, 3391, 3396, 3667, 3736, 3748.
Cession amiable (forme de la), 525 et s.
Cession de créance. 986.
Cession de droits, 2697.
Cession gratuite, 508 et s., 639 et s., 2743.
Chambre consultative des arts et manufactures, 167, 476.
Chambre d'accusation, 667.
Chambre de commerce, 167, 476.
Chambre de conseil, 521, 586, 590, 694, 1474, 1534 et s., 1590, 1615, 2347, 2402.
Chambre des notaires, 1616.
Chambre des vacations, 822, 1474, 3485.
Champ de tir, 2933.
Chantier de bois, 3108.
Chapelle, 563.
Château, 130.
Chauffage, 3216.
Chaussée, 2938, 3737.
Chef-lieu d'arrondissement, 168.
Chef-lieu de département, 168.
Chefs distincts, 3015, 3085 et s., 3232, 3676.
Chemin, 1164, 1401, 2872, 2916, 2940, 3019, 3039, 3050, 3059, 3072, 3093, 3109, 3107.
Chemin communal, 79, 2870 et 2871.
Chemin de desserte, 3059.

Chemin d'exploitation, 559, 560, 1154, 1165, 3745.
Chemin de fer, 25, 52, 57, 58, 67, 103, 106, 122, 240, 241, 245, 250, 405, 408, 422, 494, 516, 533, 560, 569, 631, 648, 709, 792, 856, 923, 930, 931, 965, 1140, 1194, 1570, 1696, 1960, 2670, 2695, 2696, 2711, 2719, 2822, 2824, 2872, 2889, 2890, 2892, 2906, 2907, 2909, 2911, 2915, 2927, 2943, 2945, 3025, 3102, 3461 et s., 3645, 3724, 3731 et s., 3743, 3755, 3767, 3770, 3788.
Chemin de grande communication, 3599.
Chemin de halage, 48, 77, 770, 2674, 3009.
Chemin public, 2694, 2820
Chemin vicinal, 23, 48, 67, 189, 201, 468, 493, 501, 568, 570, 898 et s., 907, 1265, 1584, 1587 et s., 1972, 1981 et s., 2590 et s., 2907, 2918, 3113, 3441, 3468, 3598, 3787, 3747, 3787.
Chemin vicinal (rectification de), 496.
Chemin vicinal (redressement de), 498.
Cheminées, 3070.
Chose jugée, 226 et s., 278, 409, 668, 809, 991 et s., 1003, 1512, 1991, 2716, 2773, 3228, 3279, 3583, 3704 et s.
Cimetière, 76, 195, 479, 1584, 3759.
Citation, 1598 et s., 1774, 1982, 1984, 2181 et s., 2345, 2518, 3330, 3341, 3579.
Clientèle, 2886.
Clôture, 4188, 2711, 2788, 2889, 2891, 2906, 2997, 3049, 3052, 3060, 3063, 3117.
Cohéritiers, 3104, 3547.
Colonage, 3218 et s.
Comité d'administration, 3465.
Commis-greffier 820, 1847, 1992, 2540, 2544, 3346, 3348.
Commissaire de police, 1619.
Commission, 336 et s.
Commission administrative, 703, 712, 763, 792.
Commission d'enquête, 675.
Commission mixte, 173 et s.
Commission départementale, 490, 496, 497, 1466, 1589, 2788.
Commission rogatoire, 809, 3527.
Commission spéciale, 163.
Communauté conjugale, 607 et s., 1689, 3150.
Commune, 85, 115, 133 et s., 141, 185, 189, 190, 94, 196, 231, 408 et s., 534, 563, 568, 572, 573, 575, 585, 613, 773, 783, 832, 846, 861, 892 et s., 920, 923, 954, 955, 1080, 1264, 1265, 1334, 1371, 1390, 1417, 1584 et s., 1621, 1724, 1728, 1971 et s., 1983, 2182, 2586 et s., 2666, 2694, 2696, 2760, 2990, 3042, 3045, 3057, 3280, 3382 et s., 3459, 3501, 3505, 3544, 3587, 3591, 3597 et s., 3646, 3609, 3736, 3745, 3759, 3766.
Compagnie du gaz, 1144.
Comparution des parties, 1245, 1341, 1702, 1710, 1712, 1727, 1846.
Compensation, 2368, 3405, 3806, 2685 et s., 3231, 3281, 3369, 3407, 3564.
Compétence, 11, 178 et s., 2005 et s.
Compétence administrative, 16, 24, 42, 154 et s., 413, 438, 525, 529, 637, 812, 1140, 2733, 2824, 2870 et s.
Compétence civile, 18, 42, 203 et s., 389, 407, 622, 637, 818, 896, 1128, 1129, 1150, 1155, 1161, 1168, 1185, 1187, 1419, 1437, 2893, 3083,

3206, 3220, 3255, 3266, 3408, 3696 et s., 3710, 3715 et s., 3779 et s., 3783.
Compétence judiciaire, 233 et s., 274 et s., 529.
Complainte. 989.
Concession, 6, 105 et s., 113, 411 et s.
Concession administrative, 595, 929 et s., 958, 1080, 1085, 1088, 1262, 1338, 1570 et s., 1621, 3386, 3458 et s., 3578, 3595, 3640, 3645, 3646, 3720, 3775.
Concessionnaire, 139 et s., 855 et s., 1958 et s.
Concierge, 447, 937, 1644.
Conclusions 1119, 1204, 1252, 1323, 1328, 1330, 1332, 1429, 1483, 1508, 1675, 1703, 1710, 1725, 1728, 1729, 1780, 1786, 1805, 2 446, 2060, 2086 et s., 2102, 2105, 2104, 2155, 2157, 2161, 2226, 2342, 2345, 2349 et s., 2360, 2391, 2392, 2457, 2486, 2559, 2560, 2628, 2631, 2661, 2669, 2734 et s., 2794, 2921, 2950 et s., 2975, 2983, 2990, 2991, 3003, 3016, 3021, 3022, 3059, 3072, 3075, 3086, 3103, 3110, 3123 et s., 3136, 3198, 3207, 3208, 3307, 3560, 3571 et s., 3576, 3568, 3769.
Conclusions au fond, 2232 et s., 2269, 2291.
Conclusions nouvelles, 1364, 2517.
Conclusions orales, 2087 et s., 2574.
Concordat, 3640.
Condition, 629 et s., 1000, 2658, 2718, 3046, 3272.
Condition résolutoire, 631.
Conducteur des ponts et chaussées, 1763 et 1764.
Conflit, 68, 637.
Congé, 1018, 1024, 2827, 2829, 3226, 3231, 3560, 3655 et s.
Conjoints, 2624, 2633, 3604.
Connexité, 3170.
Conseil, 380.
Conseil d'administration, 585, 613, 3464.
Conseil d'État, 277, 278, 408 et s., 432, 477, 479, 501, 693, 1196, 2754, 3187, 3765, 3768.
Conseil de famille, 1376, 1411, 1690.
Conseil de préfecture, 487, 506, 519, 555, 569, 671, 1167, 1443, 2736, 2870, 2871, 2916 et s., 3408, 3716 et s., 3743, 3794.
Conseil général, 185, 201, 356, 490, 496, 534, 585, 613, 614, 1381, 1452 et s., 1490 et s., 1559, 1592, 1775, 1966.
Conseil judiciaire, 149, 1298, 1691, 3397.
Conseil municipal, 201, 268, 475, 483 et s., 544, 572, 585, 613, 691, 827, 932, 707, 894, 896, 1070, 1334, 1560 et s., 1871, 1974, 2588, 2589, 3144.
Conseiller d'arrondissement, 363 et 364.
Conseiller de préfecture, 358.
Conseiller général, 363, 364, 1365, 1722.
Consentement, 626 et s., 666, 743, 1258, 1844, 1846, 1878 et s., 1937 et s., 2008, 2010, 2124, 2290, 2622, 2880, 2906, 2958, 2995, 3038, 3068 et s., 3122, 3172.
Conservateur des hypothèques, 531, 1015, 1062 et s.
Consignation, 2062, 2688 et 2689.
Construction, 25, 26, 62, 91, 109, 118 et s., 258, 454, 409, 843, 889, 1189, 1259, 2979 et s., 3007, 3023, 3032, 3093, 3101, 3224, 3252.
Contenance, 354 et s., 1255 et 1256
Contrat judiciaire, 1247, 2010, 2528.

2648 et s., 2681, 2723, 2751, 2996, 3068 et s., 3116 et s., 3207, 3307, 3568, 3651.
Contre-lettre, 2613.
Contributions, 3, 13.
Contribution foncière, 983.
Convention 1125, 1247 et s., 2731, 2743, 2841, 2847, 2850, 2855, 3024 et s., 3249 et s., 3406.
Convocation, 1898, 1964 et s., 3332, 3524.
Convocation tardive. 1636 et s.
Copie, 1644 et s., 1692, 3336 et s., 3362, 3449, 3154, 3466.
Copropriété. 774 et s., 834, 1101, 1138, 1154, 1165, 1219 et s., 1306 et s., 1318, 1403 et s., 2095, 2824 et s., 2665, 3388, 3430, 3499, 3511, 3614, 3688.
Cour d'appel, 1474 et s.
Cour de cassation, 3317, 3437, 2155, 2157, 2161, 2226, 2342, 2345, Cours d'eau, 113, 2695, 2842, 2899, 2905, 3016.
Cours d'eau navigable. 497, 3789.
Cours d'eau non navigable, 99, 1040 et s., 1135 et s., 1174, 1196, 1358 et s., 2179, 3391.
Créanciers chirographaires. 1137.
Créanciers hypothécaires, 645, 664.
Créanciers inscrits, 1172, 1173, 1267, 1542 et s., 1558, 1914, 2631, 3326, 3391.
Créanciers privilégiés, 664.
Curateur, 600 et s.
Data, 404, 752, 1315, 1706, 1707, 1709, 2493, 2510, 2514, 2575, 3471, 3590 et s.
Date certaine, 1021 et s., 3440.
Débats, 1948.
Débats (clôture des), 2376 et s., 2382, 2383, 2390 et s.
Débats (réouverture des), 2338, 2382, 2383, 2390 et s.
Débats (résumé des), 2375.
Débit de boissons, 3236.
Décès, 767, 781, 919 et s., 1461 et s., 1635, 1682, 1718 et s., 1816, 2516, 3451 et s.
Déchaussement, 2870.
Déchéance, 293, 1130, 3586, 3771 et s.
Déclaration d'utilité publique, 16, 18, 24, 53, 183 et s., 387, 427, 442, 479, 497, 501, 507, 515, 640, 703, 717, 721, 738, 736, 789, 794, 835, 1000, 1061, 1077, 2754, 3787.
Défaut, 3204.
Defendeurs (pluralité de), 3466.
Défense (droits de la), 2357, 2567.
Défense matériale 21 et s.
Degré de juridiction, 1736.
Délai, 165 et s., 170, 316 et s., 390, 391, 404, 443, 445, 474, 478, 545, 646, 664, 672, 677, 681, 703, 717, 739 et s., 830, 835, 840, 884, 846, 859, 877, 1005, 1078, 1079, 1084, 1090 et s., 1111 et s., 1130, 1152 et s., 1211, 1222, 1274, 1275, 1289 et s., 1312 et s., 1382 et s., 1420 et s., 1572 et s., 1596 et s., 1612, 1729, 1740, 1972, 1984, 1998, 2071, 2076, 2185, 2565 et s., 2727, 2815, 3310, 3378, 3420, 3425 et s., 3446, 3467, 3479 et s., 3537, 3584 et s., 3620, 3653 et s., 3712, 3726, 3771 et s.
Délai de distance, 1704, 3434, 478.
Délai franc, 337 et s., 371 et s.
Délaissement, 1043, 1071 et 1072.
Délégation, 135, 374, 531, 615, 1265, 1521, 2196, 2282 et s., 2600 et s., 3525, 3481, 3777.
Délibération 381, 1910 et s., 2167, 2347, 2372, 2102 et s.
Délibération (secret de la), 2441 et s.
Délibéré, 1535.

EXPROPRIATION POUR CAUSE D'UTILITÉ PUBLIQUE.

Demande (modification de la), 2070 et s.
Demande indéterminée, 1363.
Demande nouvelle, 2983.
Déménagement, 866, 874, 886, 2914, 3222.
Démolition, 72 et s., 100, 1037, 2736, 3227, 3228, 3678.
Démonciation partielle, 3061.
Dénonciation de nouvel œuvre, 989.
Département, 115, 133 et s., 185, 190, 231, 534, 613 et s., 773, 953, 955, 1380 et s., 1571, 3380, 3458, 3542 et s., 8745.
Dépendances, 2669.
Dépens, 37, 229, 1217, 1361, 1367, 1371, 2101, 3258, 3267, 3290 et s., 3506, 3632.
Dépens (compensation des), 3297, 3302, 3319.
Dépossession d'urgence, 2062.
Dépôt au greffe, 695.
Dépôt des pièces, 391, 474, 676.
Dépréciation, 2840, 2866, 2875, 2901, 3095 et s., 3107, 3109, 3115, 3116, 3127, 3163, 3176.
Désaffectation, 102 et s.
Désaveu, 667.
Désistement, 879, 3508 et s.
Destination du père de famille, 85.
Destruction, 72 et s.
Diffamation, 2191.
Digue, 10, 2921.
Dires, 454 et 455.
Directeur des domaines, 3349.
Dispense, 2477.
Dispositif, 910, 3427.
Distribution par contribution, 987.
Dol, 3708.
Documents, 2129 et s.
Domaine de l'État, 573, 1296, 2758.
Domaine public, 42, 99 et s., 191, 613, 616, 714, 770, 773, 1164, 2687, 2195, 2795 et s.
Domicile, 877, 1528, 1644 et s., 1667, 1569, 1692 et s., 1774 et s., 2188, 2554, 3463, 3472, 8477.
Domicile ancien, 3603.
Domicile élu, 353, 354, 377, 619, 903, 928 et s., 1119, 1202, 1300 et s., 1330, 1692, 1704, 1727, 2155, 3457, 3600.
Domicile réel, 930, 933 et s., 972, 1396, 3600.
Dommage, 3191.
Dommages éventuels, 2367, 2895 et s., 2924 et s.
Dommages futurs, 2724.
Dommages indirects, 2895 et s., 2907 et s.
Dommages-intérêts, 54 et s., 453, 574 et s., 1150, 840, 942, 999, 1942, 3402, 3512, 2160, 2367, 3082, 3099, 3658, 3694, 3695, 3043, 3048, 3054, 3057, 3729, 3737 et 3738.
Dommages personnels, 15.
Dommages temporaires, 2950.
Donation, 3783.
Douane, acte, 618, 624, 626, 743, 1011, 1181, 1213, 1450, 1606, 2096, 2099, 2345, 2349 et s., 2382, 2528, 2673, 2674, 2743, 2773, 2855, 2942, 2948, 2990, 3021, 3034, 3048, 3769, 3185, 3272, 3273, 3509, 3569.
Dot, 534, 608, 1375, 1383, 1384, 1415, 1688, 3118, 3285, 3315, 3547, 3617, 3648, 3642, 3692.
Droits civiques, 1525.
Droit de préférence, 3642.
Droit de retour, 3675.
Droits réels, 517, 3216.
Eau, 471, 2711, 2875.
Eau (chute d'), 2900, 3724.
Eaux (conduite d'), 2879, 3728.
Eaux (écoulement des), 3272.

Eau (prise d'), 6, 2789, 2937.
Eaux (régime des), 2936, 2954.
Eaux courantes, 95 et s.
Eaux minérales, 131.
Eaux stagnantes, 2815, 2878.
Échange, 583.
Éclairage, 3216.
Écluse, 3014.
Éclusier, 937.
Écriture, 2215.
Édifices, 285.
Effet suspensif, 223, 3487 et s., 3538 et s.
Église, 145, 309 et 310.
Égout, 3071, 3599.
Emphytéose, 108, 1031, 1086, 1134, 2786, 3249 et s., 3686.
Empierrement, 2890.
Employé, 1614.
Enclave, 2291, 2869.
Engrais, 2886, 3221.
Enquête, 159 et s., 215, 243, 276, 306, 418, 426, 427, 471 et s., 495, 568, 704, 894, 1154, 2170, 2183 et s., 2348.
Enregistrement, 228, 974, 986, 2613, 2885, 3409, 3800 et s.
Enregistrement (administration de l'), 2177.
Entreprise de travaux, 1039.
Envoi en possession, 2620, 2765, 2832, 3258.
Envoi en possession définitive, 602.
Envoi en possession d'urgence, 1182 et s.
Envoi en possession provisoire, 581, 602.
Équipollents, 306.
Erreur, 298, 299, 318, 402, 752, 762, 797, 803, 1001, 1074, 1255, 1256, 1463, 1464, 1483, 1501 et s., 1630, 1641, 1657, 1701, 1720, 1775, 1810, 1816, 2063, 2064, 2366, 2477, 2500, 2509 et s., 2518, 2519, 2554, 2555, 3006, 3012, 3145 3171, 3194, 3284, 3300, 3301, 3352, 3367, 3171, 3521 3571.
Erreur matérielle, 2528 et s.
Escroquerie, 2985.
Établissement de la propriété, 546 et s., 621.
Établissement militaire, 542.
Établissement privé, 128 et 129.
Établissement public, 115, 613, 1380, 1416, 1566, 3315, 3396.
Étang, 61, 3799.
État, 133 et s., 953, 955, 1011, 1118, 1169, 1297, 1336, 1380, 3025, 3084, 3380, 3398, 3486, 3504, 3542 et s., 3633, 3745.
État de guerre, 438 et s.
État descriptif, 1209.
État de siège, 438.
Étranger, 116, 1526.
Études préparatoires, 154 et s.
Évaluation, 330.
Éviction, 301.
Éviction partielle, 3229.
Excès de pouvoir, 210 et s., 277, 407, 439, 696, 697, 718, 813, 870, 903, 1361, 1513 et s., 1994, 1908, 2006, 2020, 2075, 2282, 2365 et s., 2391, 2526 et s., 2697, 2730, 2934, 3239, 3268 et s., 3369, 3400 et s., 3634, 3649.
Excuse, 2284, 2285.
Exécution du jugement, 3415, 3429.
Exécution parée, 3259.
Exécution provisoire, 878, 1217, 1308, 1411, 2650, 3451 et s., 3784.
Exécution volontaire, 3540.
Exhaussement, 2930.
Expédition, 526, 537, 2477, 2510, 2536, 3342.
Expert ingénieur, 301.
Expertise, 15, 21, 444 et s., 452 et s., 513, 856, 867, 1186, 1206, 1756, 1925, 2170 et s., 2178, 2582, 2583, 3710.

Exploit, 666, 3324, 3771.
Expropriation partielle, 9, 10, 39, 40, 1028 et s., 1038, 1192, 2739, 2865, 2891, 3237, 3238, 3245.
Expulsion des lieux, 1018.
Extraction de matériaux, 15.
Extrait, 903 et s., 3332, 3342, 3426.
Faillite, 148, 604, 1527, 1665, 1684, 1585, 2913, 3640, 3642.
Femme commerçante, 2624.
Femme mariée, 607 et s., 766, 771, 918, 1268, 1299, 1373 et s., 1383 et s., 1413, 1415, 1686 et s., 2157, 2514, 3315, 3449 et 3450.
Fenêtre, 2888.
Fi - de non-recevoir, 289, 342, 345, 925, 967, 1422, 1429, 1432, 1483, 1618, 1727, 1807, 1863 et s., 2084, 2124, 2130 et s., 2230 et s., 2269, 2279 et s., 2951, 3323, 3566 et s.
Fleuve (lit du), 2695, 2842.
Foire, 127.
Folle enchère, 783.
Fonds dominant, 82.
Fonds servant, 82.
Fontaine, 101, 558, 3728.
Force majeure, 123 et s., 1150, 1774, 2287, 8220, 3360.
Force motrice, 95 et s., 525, 636, 2929.
Forêt, 79, 3203.
Formalités substantielles, 3404, 3562 et s.
Formule exécutoire, 539, 916, 1536, 2169, 3259 et s., 3332, 3428, 3704.
Fortifications, 135, 200, 425 et s., 586, 849 et s., 866, 2137, 2931.
Fosse d'aisance, 2888.
Fossé, 2705.
Fouilles, 2881, 2916.
Four à chaux, 2944.
Frais, 593, 1266, 2187, 2884, 2885, 2919, 3222, 3394, 3632.
Frais de transport, 3341.
Frais de garde, 2889.
Frais frustratoires, 934.
Frais urgents, 3358.
Fraude, 1023.
Fruits, 988, 1268, 2844, 3649.
Garantie, 56, 560 et s., 1088, 1121, 1122, 1127, 1446.
Garantie (action en), 3399.
Gardes, 447.
Garde-barrière, 2822.
Garde champêtre, 937, 962, 967, 1618.
Garde forestier, 937.
Gardien, 933, 935, 937, 951, 1300 et s., 1692.
Gare, 250.
Gaz, 1144.
Gérant de société, 1149.
Gestion d'affaires, 447, 3393.
Glaces, 3070.
Gravier, 72.
Greffe, 1463, 1464, 1473, 2535, 2610, 3435 et s., 3538, 3588 et s.
Greffier, 820, 1847 et s., 1992, 2192, 2212, 2219, 2245, 2260 et s., 2259, 2461, 2462, 2470, 2507, 2525, 2539 et s., 2603, 3112, 3330, 3342 et s., 3346, 3362, 3555.
Greffier de paix, 3493.
Guerre, 123, 1037.
Habitation (droit d'), 108, 1001, 1177, 1406, 3241, 3686.
Halles et marchés, 504.
Hangar, 3108.
Héritiers, 552, 1728, 1779, 1277, 1287, 1308, 1411, 2650, 3451 et s., 3784.
Homologation, 662, 1414.
Honoraires, 2166.
Hospice, 1416, 2632, 2761.
Huis-clos, 1831.
Huissier, 952, 972 et s., 1157, 1310, 1365, 1618, 2461, 2462, 3331 et s., 3359, 3362.

Hypothèque, 511, 539, 912, 987, 1037 et s., 1769, 3205, 3282.
Hypothèque légale, 464, 1046, 1051, 1136.
Identité, 1826, 2512.
Identité (preuve de l'), 549.
Immeuble par destination, 108, 2847 et s.
Impasse, 2716.
Impôts, 1017.
Imputation de paiement, 3663.
Incendie, 123, 820, 981, 3008.
Incident, 2859, 2560, 3267.
Incompatibilités, 365, 1743, 1744, 1754 et s., 1871.
Indemnité, 2 et s., 16, 24, 42, 155 et s., 424, 433 et s., 516, 518, 520, 523, 524, 560, 616, 718, 719, 833, 834, 887 et s., 981, 984, 2585, 2587, 3104, 3410, 3494, 3505, 3508, 3509, 3612, 3632.
Indemnité (consistance de l'), 2677 et s.
Indemnité (évaluation de l'), 2011 et s.
Indemnité (maximum de l'), 3133, Indemnité (minimum de l'), 3133 et s.
Indemnité (réduction de l'), 3706 et s., 2369, 2685, 2692, 2701, 2709, 2710, 2716, 2717, 2719, 2728, 2731 et s., 2761 et s., 2790, 2990, 2991, 3002, 3009, 3010, 3062, 3251, 3297, 3253.
Indemnité annuelle, 3239 et s.
Indemnité approximative, 21, 866 et s., 874, 876, 885, 886, 1082, 4083, 2137.
Indemnité conditionnelle, 2942.
Indemnité de déménagement, 866, 874, 886, 2914, 3222.
Indemnité de jouissance, 1016, 1019.
Indemnité de transport, 1628, 3312, 3346.
Indemnité des témoins, 2195.
Indemnités distinctes, 1214, 1266 et s., 2614 et s., 2988, 3085 et s., 3108 et s., 3218 et s., 3230, 3253.
Indemnité en argent, 3024 et s., 3254.
Indemnité en travaux, 3036 et s.
Indemnité éventuelle, 854, 1168, 1425, 1575, 1997, 2340, 2341, 2370, 2632, 2638, 2639, 2679, 2682, 2688 et s., 2756 et s., 3012, 3148, 3179, 3208, 3266, 3270, 3275 et s., 3615, 3679, 3727.
Indemnité préalable, 18, 19, 122 et s.
Indemnité spéciale, 2973 et s.
Indemnité supplémentaire, 566, 1354 et s., 2125, 3739.
Indivisibilité, 1392 et s., 1441, 2984.
Indivision, 774 et s., 2179, 3614, 3614, 3688.
Industrie, 2883, 3091, 3104, 3119, 3124, 3149, 3232, 3237 et 3238.
Ingénieur, 156, 281 et s., 300, 330, 356, 361, 362, 367, 419, 543, 1703, 2151, 2587, 3464, 3542.
Ingénieur des ponts et chaussées, 430.
Ingénieur en chef, 362, 3349.
Ingénieur militaire, 430.
Injure, 2191.
Inondation, 60, 123, 2902, 2905, 3057.
Inscription (renouvellement de l'), 1055.
Inscription de faux, 179, 316, 530, 531, 667, 687, 688, 957, 1465, 1697, 1734, 1785, 1989, 2052, 2255, 2265, 2278, 2306, 2355, 2418, 2428, 2455, 2456, 2570, 2576, 2578, 3035.

EXPROPRIATION POUR CAUSE D'UTILITÉ PUBLIQUE.

Inscription hypothécaire, 1046 et s., 1135, 3639, 3681, 3683.
Instruction (mesures d'), 2167 et s.
Instruction publique, 1585.
Intendant militaire, 463.
Interdiction, 115, 146, 3772.
Intérêt, 110, 885, 1004, 1082, 1215 et s., 1227 et s., 1566, 1634, 2988 et s., 3131, 3205, 3212, 3252, 3289. 3650 et s., 3680.
Intérêts distincts. 3497, 5498.
Intérêts privés, 212.
Interprétation, 232, 622. 803, 805, 3715 et s.
Intervention, 1276, 1605, 1819, 1994 et s., 2054. 2104, 2341, 2727, 2729, 2757, 2774 et s., 3281, 3398, 3399, 3414.
Inventaire, 537.
Irrigation, 2820, 2866, 2904, 3057.
Jardin, 1191, 2918.
Jonction d'instances, 2158.
Jour férié. 808, 975, 1013, 2025, 3434, 3585.
Journal, 410, 3426.
Juge-commissaire, 444 et s., 457 et s., 852, 866, 807, 1205 et s., 3608.
Juge de paix, 23, 813. 900, 901, 1206, 1589, 1762, 1992, 2312, 2326, 2590 et s., 3339, 3360, 3441, 3523, 3698 et s.
Juge-rapporteur, 681 et s., 694, 1537.
Juge suppléant, 812, 900, 901, 1759 et s., 3360.
Juge supplémentaire, 1782, 1797 et s.
Jugement (signification de), 3416, 3421.
Jugement d'expropriation, 389, 485. 516, 524, 634. 663, 850, 865, 1165, 1530 et s., 2621, 2638, 2691, 2753, 2787 et s., 2854. 2856 et s., 3002, 3020, 3023, 3086, 3122.
Jugement interlocutoire. 3343.
Jugement par défaut, 832.
Jugement préparatoire, 3343.
Jurés (empêchements des), 1743 et s.
Jurés (exclusion des), 1743 et s.
Jurés (remplacement des), 1774 et s., 1797 et s.
Jurés complémentaires, 1464. 1798, 1802, 1827 et s., 1918, 1987 et s., 3534.
Jurés supplémentaires, 1474, 1552, 1591, 1594, 1595, 1633, 1634, 1666, 1668, 1726, 1918, 1919, 1989, 2564, 3561, 3572.
Jury, 21 et s., 36, 238, 636, 650, 671, 698, 754, 856, 964, 1167, 1277, 1425, 1451 et s., 3528 et s., 3746, 3789, 3797.
Jury (convocation du), 1609 et s., 3378. 3460, 3332, 3624. 3629.
Jury (désignation du), 3488, 3524 et 3525.
Jury (formation du), 3629.
Jury (liste annuelle du), 1451 et s., 1966.
Jury (liste de session du), 3332, 3577, 3570.
Jury (notification du), 1713 et s., 3524, 3570 et 3571.
Lavoir, 2920.
Legs, 1410, 3784.
Lettre missive, 968, 1108. 1158, 1234, 1365, 1426, 1618, 1619, 2147, 2456, 3425, 3440.
Limite, 565.
Liste du jury, 1451 et s., 1960, 3332. 3377, 3570.
Localités (désignation des), 675.
Locataire principal, 1095 et s., 3232.
Logeur en garni, 3236.
Lyon (ville de), 274, 1453.

Magistrat directeur, 70, 524, 554, 618, 626, 638, 641 et s., 718, 807 et s, 841, 850, 856, 862. 871, 886, 900 et s., 1118. 1210, 1225, 1276, 1364, 1425. 1439, 1448, 1470, 1496, 1499, 1507 et s., 1550 et s., 1614 et s., 1622 et s., 1662, 1677, 1678, 1701, 1708, 1725 et s., 1953, 1954, 1961 et s., 1985, 1992, 1994, 2032, 2075, 2132 et s., 2164, 2165, 2167, 2175 et s., 2191, 2194, 2202 et s., 2211, 2218 et s., 2224 et s., 2245, 2258 et s., 2282, 2307 et s., 2336, 2389 et s., 2169 et s., 2495, 2507, 2508, 2524, 2529 et s., 2590 et s., 2670, 2688. 2832, 2946, 2947, 2992, 3018. 3074 et s., 3213, 3312, 3348, 3376 et s., 3408, 3520 et s., 3555, 3564, 3622 et s., 3746, 3769, 3770.
Maire, 136, 305, 355 et s., 443, 445, 459, 475, 528, 703, 741, 893, 897, 932, 933. 939, 954, 955, 963, 964, 967, 976, 1070, 1260 et s., 1300 et s., 1309, 1380, 1560 et s., 1645, 1681. 1692 et s., 1704. 1728, 1774, 1958, 1971 et s ., 1980, 2182, 2586 et s., 2632, 3280, 3315, 3339, 3360, 3380, 3382, 3447, 3454, 3597, 3599, 3601, 3606.
Mairie, 2324, 2325, 2330.
Maison, 799 et s., 2857, 2930, 2943, 2933, 3011.
Maison de garde, 254.
Maison voisine, 1102.
Majorat, 534, 609 et s., 1415, 3682.
Majorité absolue, 2478.
Mandat, 143, 445, 447, 861, 914, 944, 1105. 1320, 1886, 2151 et s., 2350, 2513, 2621, 2662 et s., 3099, 3392 et s., 3456 et s., 3463 et s., 3542, 3550.
Manœuvres frauduleuses, 2985.
Marais, 5, 503, 3795.
Mari, 3546 et 3547.
Marseille (ville de), 237.
Matériaux. 2851, 3026, 3028, 3033, 3034, 3038, 3069, 3079, 3129, 3142, 3164, 3168, 3308.
Matrice cadastrale, 758 et s., 917 et s., 1087, 1198, 1270 et s., 2514, 2617, 2665, 2759, 2784, 3281, 3641.
Matrice des rôles. 547, 2517, 3388.
Mémoire, 69, 591, 2134. 3483, 3502.
Mémoire descriptif, 162.
Mention, 449.
Mentions contradictoires, 2519 et s.
Meubles, 120, 3054, 3066.
Mine, 186, 2813, 2852 et s., 3120.
Mine de cuivre. 2860.
Mine de fer, 2860.
Mine de houille, 2860.
Minerais, 3111.
Mineur, 115, 146, 147. 1268.
Mineur émancipé, 600, 3397.
Ministère public, 412, 581, 615, 624. 738. 1738, 3515.
Ministre, 200, 738, 3764.
Ministre des Finances, 477, 613, 3130, 3315.
Ministre de la Guerre, 200, 617.
Ministre de l'Intérieur, 476.
Ministre de la Justice, 840.
Ministre des Travaux publics, 3479.
Minute, 527, 536, 696, 2535, 2610, 3608.
Mise en cause, 3414.
Mise en demeure, 3647, 3778.
Mitoyenneté. 1151.
Mobilier industriel, 2722. 2850, 3706.
Moins-value. 2708, 2931.
Morcellement, 872.
Motifs, 399, 755, 906, 909, 1791 et s., 2485, 2533, 2851, 3128, 3107, 3427.

Moulin, 110, 525, 1007. 2687, 2789, 2847, 2863, 2875, 2913, 2931, 2940.
Moyens, 3443, 3480, 3183, 3605.
Moyen nouveau, 1328, 1335, 3408, 3444, 3575.
Mur, 654.
Mur de clôture, 3168.
Mur de soutènement, 2887.
Mur de terrasse. 2925.
Mur mitoyen, 982.
Mutation de propriété, 550 et s., 2515.
Nom. 221, 290 et s., 327, 343, 400, 548 et s, 757 et s., 903 et s., 1270 et s., 1332. 2188, 2192, 2518, 2555, 3442. 3592.
Notaire, 2177, 3446.
Notes, 2061, 2192, 3035.
Notes imprimées, 2095.
Notification, 224, 358, 496, 649, 665 et s., 903 et s., 1064, 1074, 1107, 1108, 1152 et s., 1201, 1202, 1339, 1362, 1366. 1370 et s., 1516 et s., 1713 et s., 1710. 1959, 1969, 1970, 1982, 2033 et s., 2775, 2855, 3145, 3250, 3310 et s., 3329, 3332, 3333, 3395 et s., 3447 et s., 3524, 3540, 3570, 3574, 3594 et s., 3771 et s.
Notifications (énonciation des), 969.
Nue-propriété, 623, 3195 et s., 3500, 3573, 3672.
Nullité, 146, 182, 220 et s., 335, 383, 460, 461, 478. 485, 490, 625 et s., 640, 677, 698, 722 et s., 763 et s., 973. 1246, 1261 et s., 1271, 1277, 1298, 1299, 1316 et s., 1383, 1433, 1457 et s., 1500 et s., 1534 et s., 1602 et s., 1620, 1629 et s., 1683, 1699 et s., 1715 et s., 1800 et s., 1830, 1849 et s., 1856 et s., 1903 et s., 1918 et s., 1944, 1962, 1967, 1975, 1990, 2035 et s., 2110 et s., 2175, 2193, 2222, 2240 et s., 2291 et s., 2303 et s., 2342 et s., 2357 et s., 2398, 2519 et s., 2591 et s., 2615. 2798, 2803, 2986 et s., 3001, 3024 et s., 3264, 3293, 3302, 3303, 3437 et s., 3522 et s., 3579.
Observations orales, 2150 et s.
Occupation d'urgence, 2988.
Occupation temporaire, 21, 122, 890 et s., 3408, 3646.
Ocre (gisement d'), 2892.
Officier, 135. 3513.
Officier de police judiciaire, 966.
Officier public. 3446.
Offres, 349, 494, 587 et s., 1096, 1163, 1166, 1173, 1200, 1204, 1232 et s.. 1988 et s., 2517, 2518. 2587, 2650, 2669. 2680, 2698, 2726, 2968, 2995, 3003, 3004, 3033, 3034, 3143 et s., 3334, 3549, 3568, 3569, 3578, 3579, 3616, 3790 et 3791.
Offres (acceptation des), 665. 667, 668, 670 et s., 1312 et s., 3135, 3332, 3333, 3365.
Offres (augmentation des), 2077 et s.
Offres (modification des), 665 et s., 3145, 3250, 3310 et s.
Offres (notification des), 2070 et s., 3313.
Offres (réduction des), 2081.
Offres (refus des), 672, 1327, 1367, 1369, 1379, 3333.
Offres (rétractation d'), 1436.
Offres (tableau des), 2032 et s., 2550, 2580. 3136, 3193.
Offres additionnelles, 3307.
Offres amiables, 390.
Offres collectives, 1280 et s., 1287, 1308.
Offres complémentaires, 2741.
Offres éventuelles, 1237.
Offres nouvelles, 1303, 1347, 3018 et s., 3096.

Offres rectificatives, 1350 et 1351, 3370.
Offres réelles, 667, 875, 1311, 3334, 3673, 3677, 3684.
Offres subsidiaires, 2398, 2700.
Offres supplémentaires, 1240 et s., 1370, 1431 et s.
Offres verbales, 1236.
Omission de statuer, 3015, 3100, 3529, 3713 et 3714.
Opinion personnelle, 2357 et s., 2355 et s.
Opposition, 3528.
Opposition à jugement, 3369 et s.
Opposition à paiement. 295, 1085, 1066, 1079, 1170, 3638.
Opposition à ordonnance, 1736, 1740 et s., 3343.
Opposition à taxe, 3301, 3352 et s., 3367, 3368, 3536.
Option (droit d'), 3036, 3062 et s., 3076, 3738.
Ordonnance du juge, 445, 824, 825, 1829 et s., 2512, 2533, 2620, 2749, 2750, 2756, 2796, 2808. 3012, 3184, 3204, 3258 et s., 3528 et s., 3617 et s.
Ordonnance du juge (signification de l'), 3589.
Ordonnance préparatoire du juge, 3535.
Ordonnancement, 3349, 3358, 3637, 3644.
Ordre, 987.
Ouverture à cassation, 3400 et s., 3551 et s., 3634.
Pacage, 3215.
Paiement, 3213, 3286.
Paiement préalable, 3631 et s.
Pavés, 1191.
Parcelles (contenance des), 288, 431, 454, 797. 802, 1386 et 1387, 1399 et s., 2651, 2715, 3145, 3712.
Parcelles (nature des), 288, 431, 454.
Parenté, 365, 1765 et s., 1920, 2156, 2188, 3601.
Paris (ville de), 25, 80, 195, 211, 213, 238, 271, 484, 636, 1305, 1563.
Parlant à, 3473 et s.
Partage, 834, 2617.
Partage des voix, 2590 et s.
Passage, 67, 86. 268. 557, 795, 2712, 2721, 2821, 2822, 2839, 2886, 2888, 3009, 3098, 3100.
Passage à niveau. 2719, 2817, 2822, 2890, 3102, 3718, 3724.
Passage latéral, 2890.
Passerelle, 2639.
Pâturage, 3215.
Péage, 191, 411.
Pêche, 2862, 2945.
Périmètre. 450.
Perte de la chose, 658, 981, 676.
Pièces (dépôt des), 391. 474, 676, 668, 670 et s., 1312 et s., 3135, 3507, 3607 et s.
Pièces (envoi des), 3479 et s.
Pièces (production des), 695.
Pièces (restitution des), 695, 674 et s., 830, 838 et s., 860, 862, 893, 898.
Pièces annexées, 549.
Pièces nouvelles, 3517.
Pièce, 1190.
Place de guerre, 31, 617.
Plaidoirie, 2150 et s., 2194, 2541.
Plaidoirie au fond, 2230, 2233, 2263, 2279, 2291, 2337, 2586.
Plan (modification du), 283, 738, 839, 2670.
Plan parcellaire, 222, 227, 253, 262, 281 et s., 360, 400, 402, 449, 427, 450, 451, 480, 481, 500, 582 et s., 640. 675, 695, 696, 703, 733, 735. 739, 1061, 2035 et s., 2049, 2109 et s., 2580, 2581, 3006, 3726.

EXPROPRIATION POUR CAUSE D'UTILITÉ PUBLIQUE. 473

Plantations, 72 et s., 2979 et s.
Plants de vigne, 2351.
Plus-value, 661, 662, 1295, 2368, 2369, 2816, 2834, 2836, 2962 et s., 2993, 3156, 3193, 3304.
Pont, 180, 497, 564, 3738, 3741.
Pont tournant, 2957.
Porte-fort, 545.
Possession, 403, 424, 431, 522, 541, 614, 642, 653 et s., 667, 673, 718 et s., 874, 983, 1002.
Possession (mise en), 21.
Possession (prise de), 2678, 2806, 2978, 3131, 3286, 3288, 3289, 3403, 3539, 3578, 3631 et s., 3649, 3696 et s.
Poudre, 121.
Pourvoi en cassation, 23, 1218 et s., 2536, 2565, 2752, 2753, 2778, 3194, 3333, 3368 et s. — V. *Cassation*.
Pourvoi en cassation (déclaration du), 3435 et s., 3588 et s.
Pourvoi en cassation (délai du), 3420, 3423 et s., 3446, 3537, 3584 et s., 3726.
Pourvoi en cassation (notification du), 3447 et s., 3594 et s.
Pourvoi en cassation (rejet du), 3494 et s., 3507, 3509.
Pouvoir du juge, 1088.
Pouvoir législatif, 21, 24, 28, 30, 235.
Préemption, 2139, 2809, 3744 et s.
Préfecture, 358, 391.
Préfet, 134 et s., 166, 215, 220, 350, 356, 360, 364, 390, 416, 419, 443, 448, 451, 468, 475, 476, 527, 531, 613, 853, 898, 952 et s., 1259 et s., 1296, 1334, 1371, 1380 et s., 1456, 1470, 1572, 1619, 1624, 1680, 1964, 1971, 1972, 1983, 2127, 2151, 3286, 3315, 3338, 3339, 3341, 3380, 3381, 3438 et s., 3447, 3458, 3460, 3479, 3486, 3504, 3542 et s., 3595 et s., 3669, 3777.
Préfet maritime, 134, 467.
Prénoms, 221, 1133, 1655, 1657, 1658, 1660 et s., 1720, 1773, 2188, 2512, 2554.
Préposés, 447.
Presbytère, 208.
Prescription, 71, 85, 990, 991, 1092, 3788.
Président du jury, 2168, 2169, 2194, 2202, 2209, 2224 et s., 2406 et s., 2450, 2475, 2478, 2478, 2524, 2525, 2590 et s.
Président du tribunal, 682, 811, 812, 816 et s.
Présomptions, 816 et s., 1724, 1848, 2202, 2262, 2571, 2949, 3232, 3578.
Présomption légale, 800.
Prestation (absence de), 289, 345.
Preuve, 1848, 2268, 2492, 2955, 3182 et s., 3324.
Preuve testimoniale, 2257, 2456, 2571.
Prime, 655.
Privilège, 912, 1037, 1040 et s., 3104.
Prix, 618 et s.
Procès-verbal, 165 et s., 167, 309, 314, 449, 452, 485, 500, 554, 675, 703, 744, 852, 866, 894, 952, 957, 1205, 1206, 1269, 1426, 1483, 1486, 1625, 1734, 1735, 1753, 1794 et s., 1806, 1810 et s., 1829, 1830, 1844, 1852, 1856 et s., 1875, 1883, 1904 et s., 1909, 1933, 1980, 1990, 2012, 2089 et s., 2102, 2110 et s., 2131, 2140 et s., 2184, 2215 et s., 2255, 2277 et s., 2299 et s., 2304, 2351, 2377 et s., 2383, 2392, 2412 et s., 2498, 2509 et s., 2533, 2536 et s., 2657, 2661, 2954, 2955, 3013, 3030, 3035, 3074 et s., 3183, 3261 et s., 3273, 3284, 3330, 3343, 3344, 3573, 3574, 3576.

Procès-verbal imprimé, 2563 et 2564.
Procureur, 893.
Procureur de la République, 443, 444, 457, 674 et s., 730, 732, 733, 735, 830, 838, 855, 860, 862 et s., 869, 892, 898, 1470, 1473, 1592, 1746, 3339, 3381, 3439, 3479, 3480, 3507.
Procureur général, 828, 840, 1473.
Professeur, 1565.
Profession, 1659, 2554.
Promesse de vente, 544.
Propriétaires (observations des), 369 et s.
Propriétaire ancien, 763, 1132, 1168.
Propriétés (désignation des), 388, 786.
Propriété industrielle, 113 et s.
Propriété littéraire, 111.
Protestation, 494, 927, 967, 968, 1154, 1326 et s., 1333 et s., 1433, 1625, 1758, 1885 et s., 2130, 2131, 2178, 2203, 2213, 2214, 2230, 2232 et s., 2247, 2254, 2263, 2271, 2279 et s., 2286 et s., 2391, 2433, 2174, 2532, 2541, 2586, 3059, 3415, 3157, 3567, 3570, 3571, 3574.
Publicité, 269, 276, 307 et s., 420, 443, 496, 524, 538, 547, 635, 647, 663, 664, 675, 694, 703, 735, 880, 903 et s., 1069, 1074, 1077, 1316, 1831, 3262, 3264. — V. *Audience* (publicité de l').
Puits, 2646, 2818, 2952, 3120.
Purge, 464, 551, 876, 881, 883 et s., 1040 et s., 3279.
Qualités de jugement, 2486.
Qualité des parties, 836, 2066, 2756 et s., 3575, 3783.
Qualité pour agir, 3541 et s.
Quasi-délit, 2985.
Question au jury, 2385 et s., 2725, 2727, 2734, 2754, 2782, 2854, 2893, 2897, 2992, 3011, 3020, 3162, 3178, 3238.
Question préjudicielle, 853, 1212, 1213, 1219.
Quittance, 660, 3502, 3637.
Quotité disponible, 1034.
Rampes d'accès, 2818.
Rapport, 200.
Rapport d'expert, 888, 2137, 2172.
Ratification, 1334, 1946, 2159, 3394, 3542, 3543, 3550.
Ratures, 2496 et 2577.
Récépissé, 3493.
Receveur de l'enregistrement, 3349, 3358, 3493.
Réclamations, 347 et s., 421, 675, 713, 735, 797, 3644.
Récoltes, 2751, 2844, 3029, 3078.
Reconstruction, 3061, 3063.
Rectification, 545.
Récusation, 689, 825, 826, 1475, 1549, 1550, 1564, 1591, 1594, 1595, 1619, 1634, 1690, 1713, 1722, 1744, 1751, 1759, 1780, 1786 et s., 1805, 1806, 1811 et s., 18.2 et s., 1834, 1851 et s., 1920, 1941, 1956, 1963, 1985 et s., 2188, 2271, 2541, 2609, 3571.
Référé, 46 et s., 3678, 3700 et 3701.
Régisseur, 933, 936, 951, 1300 et s., 1692.
Registre, 168, 375, 942 et 943.
Réintégrande, 989.
Réméré, 605, 3693, 3781.
Remise de cause, 2149.
Remploi, 608, 610, 624, 2884, 3118, 3285, 3647 et 3648.
Renonciation, 125, 998 et s., 1282, 2646, 2691, 3655, 3757.
Renonciation implicite, 1322.
Renseignements, 2176 et s.
Rente, 3025.
Rente perpétuelle, 1029.

Renvoi après cassation, 808, 1477, 3327, 3513 et s.
Renvoi à une autre session, 2343.
Requête, 591, 592, 830, 838, 845, 851, 853, 855, 1489, 1572 et s., 1593, 3439, 3480, 3483.
Requête civile, 3374, 3529.
Réquisition intégrale, 1386 et s., 2055, 2352, 2761, 2807 et s., 3017, 3154, 3175, 3278, 3279, 3616, 3671, 3679, 3689, 3752.
Réquisition militaire, 120.
Réserves, 144, 925, 926, 967, 968, 1109, 1114, 1245, 1295, 1319, 1320, 1326 et s., 1333 et s., 1341, 1348, 1383, 1433, 1625, 1640, 1712, 1878, 1885 et s., 2065, 2120, 2213, 2214, 2232, 2263, 2269, 2271, 2279 et s., 2286 et s., 2349, 2352, 2361, 2362, 2391, 2541, 2586, 2673, 2674, 2748, 2741, 2743, 2714, 2753, 2798, 2855, 2881, 2947, 2948, 3001, 3008, 3021, 3193, 3318, 3415 et s., 3422, 3429, 3567, 3570, 3571, 3574, 3577 et s., 3633, 3678, 3728.
Réserves (absence de), 289, 345.
Réservoir à poissons, 2945.
Résidence, 933.
Résolution, 1134.
Résolution (action en), 511, 512, 3278.
Responsabilité, 1115.
Restitution de sommes, 1003, 3242, 3663.
Rétroactivité, 115.
Revendication, 57, 511, 512, 546, 716, 1032, 1134, 2783, 3278, 3690, 3702, 3786 et 3787.
Revente, 3753, 3771.
Rigole d'alimentation, 3741.
Riverain, 2725, 3795 et s.
Rivière. — V. *Cours d'eau*.
Routes, 190, 245, 283, 535.
Routes départementales, 64, 188, 192, 243, 244, 537, 2977.
Routes nationales, 79, 187, 188, 1264.
Rues, 208, 211, 213, 217, 227, 238, 253, 274, 299, 563, 858, 1140, 2891, 2909, 2976, 2993, 3733, 3770, 3796.
Ruisseau, 1401, 2830, 2990.
Saisie-arrêt, 884, 1053, 3282, 2684 et s.
Saisie immobilière, 3279.
Salle d'école, 2333.
Salubrité publique, 26, 3796.
Scrutin secret, 2481 et s.
Secrétaire de mairie, 305.
Secrétaire général de préfecture, 358.
Secrétariat de préfecture, 536.
Seine (département de la), 2977, 3332, 3334, 3667.
Séparation de biens, 153, 771, 1278, 2765, 3546.
Septuagénaire, 1745.
Serment, 449, 820, 1496, 1497, 1822 et s., 1848, 1880, 1909, 1915 et s., 1922 et s., 1990, 2189, 2238 et s., 2348.
Serment (formule du), 1928 et s.
Servitude, 76 et s., 86, 258, 507, 519, 523, 556, 621, 831, 1007 et s., 1090 et s., 1110, 1126 et s., 1138, 1146, 1148, 1154, 1178, 1398, 1445, 1607, 2639, 2778 et s., 2802 et s., 2839, 2905, 3012, 3051 et s., 3217, 3742.
Servitude (aggravation de), 81.
Servitude militaire, 78, 434 et s., 889, 2736, 2-03, 2834, 2932, 2983.
Signature, 454, 456, 531, 1709, 2169, 2217, 2445, 2469, 2477, 2488, 2492 et s., 2539, 2542, 2575, 2604, 2955, 3139, 3556.
Signification, 445, 874, 1166, 1217, 1967, 2066, 2884, 3416, 3421, 3515.

Société, 133, 141 et s., 414, 717, 857 et s., 972, 1085, 1567, 1568, 2179, 2516, 3645.
Société anonyme, 141, 196.
Société de commerce, 930 et 931.
Société en commandite, 1149, 2912.
Solidarité, 1606.
Sommation, 494, 1572, 1573, 2223, 3332, 3334, 3667.
Sources, 117, 263, 558, 2876, 2939, 2952, 2954, 3045, 3728.
Sous-locataire, 1094, 1111, 1120, 1142, 1147, 1448, 3725.
Sous-préfecture, 358, 391, 676.
Sous-préfet, 220, 350, 355, 356, 374, 390, 468, 475, 486, 528, 675, 1622 et s., 1680 et s., 1962, 1964 et s., 1971, 1972, 1980, 3380, 3595, 3629, 3777.
Sous-sol, 118 et s., 2647, 2714, 2732, 2797, 2853 et s.
Subdélégation, 2294 et s.
Subrogation, 411 et s., 1264, 1369, 3459, 3460, 3595.
Substitution, 612.
Succession vacante, 603.
Superficie, 3203.
Surcharge, 1602, 2496 et 2497.
Surenchère, 1043, 1047, 1065.
Sursis, 203, 393 et s., 1606, 2342.
Sursis à statuer, 277, 571, 572, 688, 693, 834, 838, 854, 1627, 2670, 2690, 2691, 2946, 3487, 3488, 3778.
Synagogue, 310.
Tarif, 536.
Taxe, 3345, 3366 et s.
Taxe (opposition à), 3301, 3352 et s., 3367, 3368, 3536.
Télégraphe, 79.
Témoins, 532.
Témoins reprochables, 2190.
Temple, 310.
Terrains (contenance des), 2582, 2723, 2744, 2745, 2798 et s., 2998 et s., 3173.
Terrains bâtis, 1186 et s.
Terrains militaires, 1186.
Terrains non bâtis, 1186 et s.
Terrains voisins, 2908.
Terrasse, 3061.
Territoires (désignation des), 388, 675.
Théâtre, 90, 1143.
Tierce-opposition, 230, 231, 3373.
Tiers, 2984.
Timbre, 228, 302, 971.
Titre, 85, 2129 et s.
Titre (remise de), 1110.
Titre nobiliaire, 3548.
Toiture, 3041.
Tracé, 387, 391.
Tracé (modification du), 393 et s., 425, 489, 676, 703.
Tramway, 245.
Transaction, 1378.
Transcription, 547, 635, 647, 658, 663, 664, 884, 980, 1040 et s.
Travaux (discontinuation des), 44 et s.
Travaux de la marine, 425, 465 et s.
Travaux militaires, 135, 425 et s., 844, 862, 1081, 1302, 2581 et s., 2910.
Tréfonds, 2581.
Tribunal, 1474 et s.
Tribunal de commerce, 1757 et s., 2337.
Tunnel, 52, 62.
Tutelle, 1690, 1901, 3181, 3315 et s., 3399, 3772.
Tuteur, 365, 459, 534, 581, 590 et s., 785, 921, 1377, 1378, 1414.
Ultra petita, 2638.
Urgence, 21, 438 et s., 673, 849, 862, 2581.

RÉPERTOIRE. — Tome XXI. 60

474 EXPROPRIATION POUR CAUSE D'UTILITÉ PUBLIQUE.

Usage (droit d'), 108, 912, 1006, 1089, 1141, 1177. 1266 1406, 2095, 2780, 3215, 3343, 3686.
Usagers, 631.
Usines, 15, 2687. 2816, 2863. 2874, 2876, 2899, 2901, 2902, 2907, 2929, 2934.
Ustensile, 110.
Usufruit, 108, 445. 606, 621, 623, 912, 1004. 1005, 1174 et s., 1296, 1368, 1405, 1542 et s..2155-2370, 2623, 2751, 2777. 2781. 3195 et s., 3333, 3500, 3573, 3672, 3684 et s. 3685.
Usufruit légal, 1414.
Utilité publique, 126 et s.
Valeur locative, 453.
Vente, 39, 619 et s., 833, 1087, 1088, 1127, 1151, 1272, 1275, 1996, 2517, 2868.
Ventilation, 3196, 3202, 3710.
Veuve, 774, 3388. 3454.
Viduo, 564, 2941. 3581.
Vice de forme, 3369.
Vice-président, 818.
Vigne, 2351, 3127.
Visa, 399. 722 et s. 976, 906, 943, 976, 1131 2138, 2219, 2558, 2605, 3349. 3427.
Visa pour timbre, 3409.
Visite des lieux, 277. 444, 1205, 1206, 1210, 1497, 1705, 1951 et s., 2016 et s., 2027. 2099. 2134, 2170, 2196 et s., 2382, 2560. 2590, 2600 et s., 2755, 3535, 3539, 3582.
Vœu, 2675.
Voie publique, 2819, 3179. — V. *Chemin, Route.*
Voies de fait, 158.
Voies de recours, 224 et s., 496, 880, 914 et s. — V. *Appel, Cassation. Opposition.*
Voix prépondérante, 2475, 2478 et 2479.
Voirie urbaine, 25 et 26.
Vote, 2475 et s., 2561, 2590 et s.
Vue (servitude de), 86, 1146, 2922.

DIVISION.

CHAP. I. — NOTIONS GÉNÉRALES ET HISTORIQUES (n. 1 à 37).

CHAP. II. — DES BIENS QUI PEUVENT ÊTRE EXPROPRIÉS ET DES CONDITIONS GÉNÉRALES DE L'EXPROPRIATION.

Sect. I. — Transmission de propriété.
§ 1. — *Généralités* (n. 38 à 41).
§ 2. — *Dépossession irrégulière* (n. 42 à 71).
§ 3. — *Occupation temporaire* (72).
§ 4. — *Démolitions, destructions de bâtiments, de plantations* (n. 73 à 75).
§ 5. — *Des servitudes* (n. 76 à 88).
§ 6. — *De la location* (n. 89 à 94).
§ 7. — *Suppression de force motrice et eaux courantes* (n. 95 à 98).

Sect. II. — Transmission des biens susceptibles d'expropriation.
1° Des biens qui ne sont pas dans le domaine privé (n. 99 à 107).
2° Du caractère immobilier des biens susceptibles d'expropriation (n. 108 à 121).

Sect. III. — De l'indemnité préalable (n. 122 à 125).
Sect. IV. — De l'utilité publique (n. 126 à 132).

CHAP. III. — DES FORMALITÉS ADMINISTRATIVES.

Sect. I. — Qui peut poursuivre l'expropriation et contre qui elle doit être poursuivie.
§ 1. — *Qui peut poursuivre l'expropriation* (n. 133 à 145).
§ 2. — *Contre qui l'expropriation est poursuivie* (n. 146 à 153).

Sect. II. — De l'étude des projets et de l'enquête préalable.
§ 1. — *Étude des projets* (n. 154 à 158).
§ 2. — *Enquête préalable* (n. 159).
1° Formes de l'enquête (n. 160 à 175).
2° Compétence et voies de recours (n. 176 à 182).

Sect. III. — De la déclaration d'utilité publique.
§ 1. — *De l'autorité qui déclare l'utilité publique* (n. 183 à 201).
§ 2. — *Voies de recours contre la décision portant déclaration d'utilité publique* (n. 202 à 231).

§ 3. — *De l'étendue de l'acte portant déclaration d'utilité publique* (n. 232 à 255).

Sect. IV. — De la désignation des territoires et localités (n. 256 à 269).

Sect. V. — De la désignation des propriétés particulières.
§ 1. — *Généralités* (n. 270 à 280).
§ 2. — *Des plans parcellaires.*
1° Confection des plans (n. 281 à 302).
2° Dépôt des plans à la mairie et avis qui en est donné (n. 303 à 347).
§ 3. — *Des déclarations et réclamations* (n. 348 à 355).
§ 4. — *De la commission qui examine les réclamations.*
1° Composition et réunion de la commission (n. 356 à 368).
2° De la réception des observations (n. 369 à 380).
3° Avis de la commission (n. 381 à 390).
4° Changement de tracé (n. 391 et 392).
§ 5. — *Arrêté de cessibilité* (n. 393 à 410).

Sect. VI. — De quelques expropriations particulières.
§ 1. — *De l'expropriation poursuivie par les concessionnaires* (n. 411 à 424).
§ 2. — *Travaux militaires* (n. 425 et 426).
1° Travaux militaires qui n'ont point été déclarés urgents (n. 427 à 437).
2° Travaux militaires urgents (n. 438 à 464).
3° Travaux de la marine nationale (n. 465 à 467).
§ 3. — *Expropriation demandée par une commune* (n. 468 à 492).
§ 4. — *Chemins vicinaux* (n. 493 à 501).
§ 5. — *Associations syndicales* (n. 502).
§ 6. — *Dessèchement des marais* (n. 503).
§ 7. — *Halles et marchés* (n. 504 à 507).
§ 8. — *Alignement* (n. 508).

CHAP. IV. — DES CESSIONS AMIABLES.

Sect. I. — Des cessions amiables en général.
§ 1. — *Des conditions et des effets généraux des cessions amiables* (n. 509 à 524).
§ 2. — *De la forme des cessions amiables.*
1° Généralités (n. 525 à 544).
2° De l'établissement de la propriété (n. 545 à 551).
§ 3. — *De la compétence* (n. 552 à 579).

Sect. II. — Des cessions amiables consenties au nom des incapables et des établissements publics.
§ 1. — *Règles générales* (n. 580 à 589).
§ 2. — *Des biens des mineurs* (n. 590 à 600).
§ 3. — *Des biens des interdits, prodigues, absents, faillis, aliénés et autres incapables* (n. 601 à 606).
§ 4. — *Des biens des femmes mariées* (n. 607 et 608).
§ 5. — *Des biens dépendant de majorats ou grevés de substitution* (n. 609 à 612).
§ 6. — *Des biens de l'État, des départements, des communes et des établissements publics* (n. 613 à 617).

Sect. III. — Des cessions amiables sans accord sur le prix (n. 618 à 652).

Sect. IV. — Des traités portant seulement sur la prise de possession (n. 653 à 658).

Sect. V. — Des cessions de terrains portant renonciation à l'indemnité (n. 659 à 662).

EXPROPRIATION POUR CAUSE D'UTILITÉ PUBLIQUE.

Sect. VI. — **Des traités postérieurs au jugement d'expropriation** (n. 663 à 673).

CHAP. V. — DU JUGEMENT D'EXPROPRIATION.
Sect. I. — **Procédure et jugement dans les cas ordinaires.**
§ 1. — *Procédure devant le tribunal* (n. 674 à 698).
§ 2. — *Du jugement.*
1° Etendue des pouvoirs du tribunal (n. 699 à 720).
2° Du visa des pièces (n. 721 à 756).
3° De la désignation des propriétaires (n. 757 à 785).
4° De la désignation des propriétés (n. 786 à 806).
5° De la désignation du magistrat directeur du jury (n. 807 à 828).

Sect. II. — **Procédure et jugement pour certaines expropriations.**
§ 1. — *De l'expropriation poursuivie par les concessionnaires* (n. 829 à 835).
§ 2. — *De l'expropriation poursuivie par le propriétaire.*
1° Existence d'un arrêté de cessibilité (n. 836 à 849).
2° Absence d'un arrêté de cessibilité (n. 850 à 854).
3° Mise en possession de l'administration sans expropriation préalable (n. 855 à 861).
§ 3. — *Des travaux militaires et maritimes.*
1° Des travaux militaires non urgents (n. 862 à 865).
2° Des travaux de fortifications urgents (n. 866 à 890).
3° Des travaux de la marine nationale (n. 891).
§ 4. — *De l'expropriation dans un intérêt communal* (n. 892 à 897).
§ 5. — *De l'expropriation relative aux chemins vicinaux* (n. 898 à 902).

Sect. III. — **De la publication et de la notification du jugement d'expropriation.**
§ 1. — *Généralités* (n. 903 à 927).
§ 2. — *Domicile auquel la notification doit être faite* (n. 928 à 951).
§ 3. — *Comment est faite la notification* (n. 952 à 976).

CHAP. VI. — DES EFFETS DU JUGEMENT D'EXPROPRIATION.
Sect. I. — **Effets à l'égard du propriétaire** (n. 977 à 1003).
Sect. II. — **Effets en ce qui concerne les droits d'usufruit, d'habitation, d'usage, de servitude et de bail.**
§ 1. — *Droits d'usufruit et d'habitation* (n. 1004 et 1005).
§ 2. — *Droits d'usage et de servitude* (n. 1006 à 1009).
§ 3. — *Des baux* (n. 1010 à 1031).
Sect. III. — **Effets relativement aux actions en résolution, en revendication, et à diverses autres actions** (n. 1032 à 1039).
Sect. IV. — **Effets relativement aux créanciers.**
§ 1. — *Généralités* (n. 1040 à 1056).
§ 2. — *De la purge des privilèges et hypothèques et de l'extinction des actions réelles à la suite de cession amiable.*
1° De la purge des privilèges et hypothèques (n. 1057 à 1074).
2° De l'extinction des actions réelles (n. 1075 à 1079).
§ 3. — *De la purge en ce qui concerne les expropriations particulières* (n. 1080 à 1083).

CHAP. VII. — DE L'INDICATION DES DIVERS AYANTS-DROIT.
Sect. I. — **De l'indication par le propriétaire.**
§ 1. — *Généralités* (n. 1084 à 1110).

§ 2. — *Délai de la dénonciation* (n. 1111 à 1113).
§ 3. — *Effets de la dénonciation, ou du défaut de dénonciation* (n. 1114 à 1129).

Sect. II. — **Du droit des intéressés de se faire connaître.**
§ 1. — *Quelles personnes ont la qualité d'intéressés* (n. 1130 à 1151).
§ 2. — *Délai et forme dans lesquels les intéressés doivent se faire connaître* (n. 1152 à 1159).
§ 3. — *Effets de la réclamation ou du silence des intéressés* (n. 1160 à 1173).

Sect. III. — **De l'indication par l'usufruitier** (n. 1174 à 1178).
Sect. IV. — **De l'indication, au cas de cession amiable** (n. 1179 à 1181).

CHAP. VIII. — DE L'ENVOI EN POSSESSION D'URGENCE (n. 1182 à 1231).

CHAP. IX. — DES OFFRES ET DES DEMANDES D'INDEMNITÉ.
Sect. I. — **Nécessité et étendue des offres** (n. 1232 à 1258).
Sect. II. — **Par qui les offres doivent être faites** (n. 1259 à 1265).
Sect. III. — **A qui les offres doivent être faites** (n. 1266 à 1299).
Sect. IV. — **En quel lieu et en quelle forme les offres doivent être faites** (n. 1300 à 1316).
Sect. V. — **De la nullité résultant de l'irrégularité des offres** (n. 1317 à 1341).
Sect. VI. — **De l'acceptation ou du refus d'acceptation des intéressés.**
§ 1. — *Du délai pour délibérer* (n. 1342 à 1357).
§ 2. — *De la réponse de l'intéressé* (n. 1358 à 1372).
§ 3. — *De l'acceptation des offres par les incapables* (n. 1373 à 1385).

CHAP. X. — DE LA RÉQUISITION D'ACQUISITION INTÉGRALE.
Sect. I. — **Dans quel cas il y a lieu à réquisition d'acquisition intégrale** (n. 1386 à 1402).
Sect. II. — **Des personnes qui peuvent requérir l'acquisition intégrale** (n. 1403 à 1419).
Sect. III. — **Du délai et de la forme de la réquisition d'acquisition intégrale** (n. 1420 à 1430).
Sect. IV. — **Des effets de la réquisition d'acquisition intégrale** (n. 1431 à 1450).

CHAP. XI. — DE LA FORMATION DE LA LISTE ANNUELLE DU JURY, ET DU JURY DE SESSION.
Sect. I. — **De la formation de la liste annuelle** (n. 1451 à 1473).
Sect. II. — **Désignation du jury de session.**
§ 1. — *Autorité chargée de la désignation* (n. 1474 à 1489).
§ 2. — *Liste sur laquelle les jurés sont choisis* (n. 1490 à 1532).
§ 3. — *Forme et effets de la désignation* (n. 1533 à 1541).
§ 4. — *Personnes qui ne peuvent pas être choisies comme jurés* (n. 1542 à 1568).
Sect. III. — **De quelques procédures d'expropriations particulières.**
§ 1. — *De l'expropriation poursuivie par le concessionnaire* (n. 1570 et 1571).
§ 2. — *De l'expropriation poursuivie par le propriétaire et autres intéressés* (n. 1572 à 1583).

476   EXPROPRIATION POUR CAUSE D'UTILITÉ PUBLIQUE.

§ 3. — *De l'expropriation d'intérêt purement communal* (n. 1584 à 1586).

§ 4. — *De l'expropriation concernant les chemins vicinaux* (n. 1587 à 1595).

§ 5. — *De l'expropriation poursuivie par des associations syndicales* (n. 1596 et 1597).

CHAP. XII. — DE LA CONVOCATION DEVANT LE JURY ET DE LA FORMATION DU JURY DE JUGEMENT.

Sect. I. — **De la citation** (n. 1598 à 1608).

Sect. II. — **De la convocation**.

§ 1. — *Généralités* (n. 1609 à 1620).

§ 2. — *Par qui sont faites les convocations* (n. 1621 à 1628).

§ 3. — *De la convocation des jurés* (n. 1629 à 1678).

§ 4. — *De la convocation des expropriés* (n. 1679 à 1712).

§ 5. — *De la notification aux expropriés des noms des jurés* (n. 1713 à 1730).

Sect. III. — **Formation du jury du jugement**.

§ 1. — *De l'absence des jurés, des causes d'empêchement, d'exclusion et d'incompatibilité*.

1° De l'absence des jurés (n. 1731 à 1742).

2° Des causes d'empêchement, d'exclusion et d'incompatibilité (n. 1743 à 1796).

3° Du remplacement des jurés absents ou empêchés.

I. — Remplacement par les jurés complémentaires (n. 1797 à 1826).

II. — De l'appel des jurés complémentaires (n. 1827 à 1846).

§ 2. — *Des récusations*.

1° De l'appel des causes (n. 1847 à 1853).

2° Des récusations au cas où le jury n'examine qu'une seule affaire (n. 1854 à 1876).

3° Des récusations au cas où le jury examine plusieurs affaires (n. 1877 à 1901).

4° De la réduction à douze du nombre des jurés (n. 1902 à 1909).

§ 3. — *Du nombre des jurés appelés à délibérer* (n. 1910 à 1921).

Sect. IV. — **Du serment** (n. 1922 à 1956).

Sect. V. — **Procédure particulière à certaines expropriations** (n. 1957).

§ 1. — *De l'expropriation poursuivie par les concessionnaires* (n. 1958 à 1963).

§ 2. — *De l'expropriation poursuivie par le propriétaire* (n. 1964 à 1970).

§ 3. — *De l'expropriation d'intérêt purement communal* (n. 1971 à 1980).

§ 4. — *De l'expropriation concernant les chemins vicinaux* (n. 1981 à 1992).

CHAP. XIII. — DE LA PROCÉDURE DEVANT LE JURY (n. 1993).

Sect. I. — **De l'intervention** (n. 1994 à 2002).

Sect. II. — **De l'examen des affaires** (n. 2003 à 2030).

Sect. III. — **Des pièces qui doivent être soumises au jury**.

§ 1. — *Tableau des offres et demandes*.

1° Remise du tableau des offres et demandes (n. 2031 à 2069).

2° De la modification des offres et demandes (n. 2070 à 2100).

3° Des offres et demandes non comprises dans le tableau (n. 2101 à 2108).

§ 2. — *De la remise des plans parcellaires* (n. 2109 à 2128).

§ 3. — *De la remise des titres et autres documents produits par les parties* (n. 2129 à 2149).

Sect. IV. — **Des observations présentées par les parties** (n. 2150 à 2166).

Sect. V. — **Des mesures d'instruction**.

§ 1. — *Généralités* (n. 2167 à 2175).

§ 2. — *Des personnes entendues à titre de renseignements* (n. 2176 à 2195).

§ 3. — *De la visite des lieux*.

1° De la délibération du jury relative à la visite des lieux (n. 2196 à 2221).

2° De l'avis à donner du transport sur les lieux et de la reprise de l'audience (n. 2222 à 2237).

3° Du serment des jurés (n. 2238 à 2257).

4° De la visite même des lieux (n. 2258 à 2275).

5° De la visite par corps ou par délégation (n. 2276 à 2301).

Sect. VI. — **De la publicité requise** (n. 2302 à 2338).

Sect. VII. — **Du magistrat directeur et des débats**.

§ 1. — *Généralités* (n. 2339 à 2384).

§ 2. — *Questions au jury* (n. 2385 à 2401).

Sect. VIII. — **De la délibération du jury**.

§ 1. — *A quel moment a lieu la délibération* (n. 2402 à 2405).

§ 2. — *De la nomination du président du jury* (n. 2406 à 2418).

§ 3. — *De la délibération portant sur plusieurs affaires* (n. 2419 à 2423).

§ 4. — *De la délibération immédiate et sans désemparer* (n. 2424 à 2440).

§ 5. — *Du secret de la délibération*.

1° Généralités (n. 2441 à 2457).

2° De l'introduction d'un étranger dans la chambre des délibérations (n. 2458 à 2474).

Sect. IX. — **Du vote et de la décison du jury**.

§ 1. — *Du vote* (n. 2475 à 2483).

§ 2. — *De la décision* (n. 2484 à 2536).

Sect. X. — **Du procès-verbal** (n. 2537 à 2578).

Sect. XI. — **De la procédure relative à certaines expropriations** (n. 2579).

§ 1. — *De l'expropriation poursuivie par le propriétaire* (n. 2580).

§ 2. — *Des travaux militaires* (n. 2581 à 2585).

§ 3. — *De l'expropriation d'intérêt purement communal* (n. 2586 à 2589).

§ 4. — *De l'expropriation concernant les chemins vicinaux* (n. 2590 à 2610).

CHAP. XIV. — DE L'INDEMNITÉ.

Sect. I. — **De l'appréciation des titres** (n. 2611 à 2613).

Sect. II. — **Indemnités distinctes réclamées à des titres différents** (n. 2614 à 2637).

Sect. III. — **A quels immeubles s'applique l'indemnité, quels en sont les caractères et en quoi elle consiste**.

§ 1. — *A quels immeubles s'applique l'indemnité* (n. 2638 à 2675).

§ 2. — *Caractères et consistance de l'indemnité* (n. 2676 à 2684).

Sect. IV. — **Litige sur le fond du droit et indemnités éventuelles, hypothétiques et alternatives**.

§ 1. — *Règles générales* (n. 2685 à 2755).

§ 2. — *Litige sur la qualité des parties* (n. 2756 à 2777).

§ 3. — *Constestations entre ayants-droit* (n. 2778 à 2786).

§ 4. — *Etendue, effets du jugement d'expropriation, droit de réquisition d'acquisition intégrale et droit de préemption* (n. 2787 à 2809).

§ 5. — *Contestations sur l'existence du chef d'indemnité distinct de la valeur de l'immeuble, sur la possibilité de tenir compte de la plus-value, sur la situation résultant des travaux* (n. 2810 à 2824).

§ 6. — *De la procédure en dehors du jury* (n. 2825 à 2832).

Sect. V. — **De l'attribution de l'indemnité aux divers ayants-droit.**

§ 1. — *De l'indemnité due aux propriétaires.*

1° Valeur et étendue de l'immeuble exproprié (n. 2833 à 2863).

2° Des dommages.
  I. — Du dommage direct (n. 2864 à 2894).
  II. — Du dommage indirect et éventuel (n. 2895 à 2961).

3° De la plus-value (n. 2962 à 2978).

4° Des constructions, plantations et améliorations faites en vue de l'expropriation (n. 2979 à 2985).

5° Du caractère non équivoque et définitif de la décision du jury et de ce qu'elle doit comprendre (n. 2986 à 3023).

6° De l'indemnité en argent (n. 3024 à 3084).

7° Indemnités distinctes (n. 3085 à 3131).

8° Minimum et maximum de l'indemnité (n. 3132 à 3194).

§ 2. — *De l'indemnité due à l'usufruitier, à l'usager et aux bénéficiaires de servitudes* (n. 3195 à 3217).

§ 3. — *De l'indemnité due aux fermiers et locataires.*

1° Règles générales (n. 3218 à 3243).

2° Règles applicables aux baux d'une nature spéciale (n. 3244 à 3257).

CHAP. XV. — DE L'ORDONNANCE DU MAGISTRAT-DIRECTEUR ET DES DÉPENS.

Sect. I. — De l'ordonnance (n. 3258 à 3289).

Sect. II. — Des dépens.

§ 1. — *De la condamnation des parties aux dépens* (n. 3290 à 3327).

§ 2. — *Du tarif des dépens et de la taxe.*

1° Généralités (n. 3328 à 3330).

2° Emoluments des huissiers (n. 3331 à 3341).

3° Emoluments des greffiers (n. 3342 à 3347).

4° Des indemnités de transport (n. 3348 à 3360).

5° Autres frais et règles diverses (n. 3361 à 3365).

6° De la taxe des dépens (n. 3366 à 3368).

CHAP. XVI. — DU POURVOI EN CASSATION.

Sect. I. — Du pourvoi contre le jugement d'expropriation.

§ 1. — *Généralités* (n. 3369 à 3378).

§ 2. — *Qui peut se pourvoir* (n. 3379 à 3399).

§ 3. — *Des ouvertures à cassation et de la renonciation au droit de se pourvoir.*

1° Ouvertures à cassation (n. 3400 à 3413).

2° Renonciation au droit de se pourvoir (n. 3414 à 3422).

§ 4. — *Du délai du pourvoi en cassation* (n. 3423 à 3434).

§ 5. — *De la déclaration du pourvoi* (n. 3435 à 3446).

§ 6. — *De la notification du pourvoi* (n. 3447 à 3478).

§ 7. — *De l'envoi des pièces et de l'arrêt de la cour* (n. 3479 à 3488).

§ 8. — *De la consignation de l'amende, du désistement et de quelques effets de l'arrêt* (n. 3489 à 3512).

§ 9. — *Du renvoi après cassation* (n. 3513 à 3527).

Sect. II. — **Du pourvoi contre la décision du jury et l'ordonnance du magistrat-directeur.**

§ 1. — *Généralités* (n. 3528 à 3540).

§ 2. — *Qui peut se pourvoir* (n. 3541 à 3550).

§ 3. — *Des ouvertures à cassation et de la renonciation au droit de se pourvoir* (n. 3551 à 3583).

§ 4. — *Du délai du pourvoi de cassation* (n. 3584 à 3587).

§ 5. — *De la déclaration du pourvoi* (n. 3588 à 3593).

§ 6. — *De la notification du pourvoi* (n. 3594 à 3606).

§ 7. — *De l'envoi des pièces et de l'arrêt de la cour* (n. 3607 et 3608).

§ 8. — *De la consignation de l'amende et de quelques effets de l'arrêt* (n. 3609 à 3620).

§ 9. — *Du renvoi après cassation* (n. 3621 à 3630).

CHAP. XVII. — DU PAIEMENT DE L'INDEMNITÉ ET DE LA PRISE DE POSSESSION.

Sect. I. — Du paiement préalable (n. 3631 à 3648).

Sect. II. — De la prise de possession et des intérêts de l'indemnité (n. 3649 à 3672).

Sect. III. — De la consignation et des offres réelles (n. 3673 à 3695).

Sect. IV. — De la prise de possession avant le paiement préalable de l'indemnité (n. 3696 à 3704).

CHAP. XVIII. — DE L'IRRÉVOCABILITÉ DE LA DÉCISION DU JURY, DE SON INTERPRÉTATION ET DE LA COMPÉTENCE A RAISON DES ENGAGEMENTS PRIS PAR L'EXPROPRIANT.

Sect. I. — De l'irrévocabilité de la décision du jury (n. 3705 à 3714).

Sect. II. — De l'interprétation des décisions du jury (n. 3715 à 3728).

Sect. III. — De la compétence à raison des engagements pris par l'expropriant (n. 3729 à 3743).

CHAP. XIX. — DU DROIT DE PRÉEMPTION.

Sect. I. — Immeubles acquis pour l'exécution des travaux publics et non employés.

§ 1. — *Généralités* (n. 3744 à 3788).

§ 2. — *Fixation du prix des terrains rétrocédés* (n. 3789 à 3794).

Sect. II. — Immeubles cessant de faire partie du domaine public (n. 3795 à 3799).

CHAP. XX. — ENREGISTREMENT ET TIMBRE.

Sect. I. — Exemption de droits (n. 3800).

§ 1. — *Procédures qui bénéficient de la dispense* (n. 3801 à 3814).

§ 2. — *Droits dont la dispense est prononcée* (n. 3815 à 3820).

§ 3. — *Personnes qui profitent de l'exemption* (n. 3821 à 3824).

§ 4. — *Actes exempts* (n. 3825).

1° Actes administratifs (n. 3826).

2° Actes de procédure (n. 3827 à 3832).

3° Actes d'acquisition (n. 3833 à 3839).

4° Actes relatifs au paiement de l'indemnité (n. 3840 à 3853).

5° Remplois (n. 3854 à 3866).
6° Revente des terrains expropriés (n. 3867 à 3873).

Sect. II. — Restituton des droits perçus (n. 3874 à 3887).
Sect. III. — Expropriations spéciales et occupations temporaires (n. 3888 à 3901).
Sect. IV. — Droit de succession (n. 3902 et 3903).

CHAPITRE I.

NOTIONS GÉNÉRALES ET HISTORIQUES.

1. — Le droit de propriété est l'un des fondements les plus certains de l'état social ; c'est en vue d'acquérir la propriété des biens qui leur sont nécessaires, ou simplement utiles, que les hommes travaillent, produisent, font effort pour améliorer leur situation, et c'est grâce à ce labeur constant que la civilisation se développe et que le bien-être général grandit. Cependant, il est indispensable aux nations qui se forment, et à celles qui se sont fondées, d'acquérir les biens nécessaires pour leur défense ou pour leur prospérité, de construire des fortifications, percer des routes, creuser des canaux, tracer des chemins de fer, construire des édifices publics, etc.

2. — On trouve donc face à face deux droits distincts, et en quelque sorte, opposés ; ils peuvent toutefois se concilier en faisant prédominer l'intérêt public sur le droit des particuliers, pourvu que le propriétaire ainsi privé de son droit reçoive une juste et préalable indemnité. — Daffry de la Monnoye, sous l'art. 1, t. 1, n. 1 ; de Lalleau, Jousselin, Rendu et Pérut, t. 1, n. 1 ; Laferrière, t. 1, p. 538.

3. — « Posons pour maxime, disait Montesquieu, que lorsqu'il s'agit du bien public, le bien public n'est jamais que l'on prive un particulier de son bien, ou même qu'on lui en retranche la moindre partie par une loi ou par un règlement politique. Dans ce cas il faut suivre à la rigueur la loi civile qui est le *palladium* de la propriété. Ainsi, lorsque le public a besoin du fonds d'un particulier, il ne faut jamais agir par la rigueur de la loi politique ; mais c'est là que doit triompher la loi civile qui, avec des yeux de mère, regarde chaque particulier comme toute la cité même » (*Esprit des lois*, liv. 26, chap. 15). Quant à l'indemnité, voici comment s'exprime Montesquieu (*Esprit des lois, loc. cit.*) : « Si le magistrat politique veut faire quelque édifice public, quelque nouveau chemin, il faut qu'il indemnise. Le public est à cet égard comme un particulier qui traite avec un particulier. C'est bien assez qu'il puisse contraindre un citoyen de lui vendre son héritage, et qu'il lui ôte ce grand privilège qu'il tient de la loi, de ne pouvoir être forcé d'aliéner son bien. »

4. — L'expropriation pour cause d'utilité publique remonte à la plus haute antiquité et la Bible même en fournit un exemple : *Dixit David ad Ornan : Da mihi locum suae, ut aedificem in eo altare domino, ita ut in quantum valet argenti accipias, et cesset plaga a populo* » (Paralip., liv. 1, ch. 21, vers. 22). Les inscriptions de l'île d'Eubée établissent que l'expropriation pour utilité publique existait en Grèce. Les grands travaux entrepris par les Romains, leurs aqueducs, leurs routes stratégiques, traversant leur empire, les camps qu'ils ont tracés, et dont les restes subsistent encore en tant d'endroits, les fortifications qu'ils ont élevées, démontrent qu'ils ont connu et pratiqué l'expropriation. — Daffry de la Monnoye, *loc. cit.*

5. — Une ordonnance de Philippe-le-Bel de 1303 consacrait le droit appartenant à l'État d'exproprier les propriétés privées. Elle porte que *possessores possessionum quas pro ecclesiis aut domibus ecclesiarum parochialium de novo fundandis aut ampliandis infrà villas, non ad superfluitatem sed ad convenientem necessitatem acquiri contingit, ad eas dimittendas pro justo pretio compelli debent* (*Ancien style du parlement de Paris*, part. 3, tit. 45, § 47). D'autre part, l'art. 4 de l'édit de janvier 1607 soumet, au rachat les coproportionnaires de marais qu'on veut dessécher.

6. — Sous notre ancienne législation, l'expropriation pour cause d'utilité publique, s'appelait retrait d'utilité publique Merlin, *Rép.*, v° *Retrait d'utilité publique*). C'est en en faisant usage que Louis XV a acquis les terrains nécessaires pour l'exécution de quelques-unes des principales routes qui traversent la France. Aussi était-ce une maxime incontestable de l'ancien droit public français, que les rois de France étaient dans l'impuissance de porter aucune atteinte aux propriétés de leurs sujets. — Cass., 19 juill. 1827, de Forbin Janson, [S. et P. chr.]

— Jugé en conséquence que, lorsqu'un arrêt du conseil, non enregistré, avait fait concession à un particulier d'une prise d'eau dans une rivière, au moyen d'un canal à creuser sur les fonds riverains appartenant à des tiers, le concessionnaire n'avait pas le droit de s'emparer, à son gré et arbitrairement, des propriétés d'autrui pour construire, sans arrangements préalables avec les propriétaires, le canal qui lui était nécessaire pour user de la prise d'eau concédée. — Même arrêt. — Crépon, sous l'art. 1, n. 1 ; Daffry de la Monnoye, *loc. cit.* ; de Lalleau, Jousselin, Rendu et Perrin, t. 1, n. 3.

7. — Il n'existait, d'ailleurs, aucunes règles certaines sur l'expropriation pour cause d'utilité publique ; l'autorité judiciaire n'était point appelée à intervenir ; les formalités étaient purement administratives. L'expropriation fut particulièrement employée, sous l'ancienne monarchie, pour la construction des canaux (édits de Louis XIV d'octobre 1666, mars 1679 ; Lettres patentes de novembre 1719 ; Arrêt du conseil, 31 août 1728 ; Lettres patentes, 30 nov. 1770 ; Arrêt du conseil, 23 juill. 1783, pour l'ouverture des routes ; Arrêts du conseil, 26 mai 1705, 6 févr. 1778). — Crépon, sous l'art. 1, n. 2 ; de Lalleau, Jousselin, Rendu et Perrin, *loc. cit.*

8. — L'exproprié ne touchait point une indemnité préalable ; mais la somme qui devait lui être versée représentait non seulement la valeur du terrain dont on le dessaisissait, mais encore un cinquième en sus. « Il est fâcheux pour un particulier d'être seul obligé de s'exproprier pour le bien public ; le juste prix de sa chose ne suffit pas pour l'indemniser ; et y ajoutant un cinquième en sus on allège sa perte. » — Merlin, *Rép.*, v° *Retrait d'utilité publique* ; Crépon, sous l'art. 1, n. 3 ; Daffry de la Monnoye, *loc. cit.*

9. — Sous l'ancienne législation lorraine, le domaine avait le droit, même sans indemnité préalable de procéder, par voie d'expropriation pour cause d'utilité publique, à la dépossession de toute propriété privée, reconnue nécessaire à l'établissement de travaux ou constructions utiles à l'intérêt général. Cette dépossession pouvait alors, comme depuis la promulgation de l'art. 545, C. civ., consister, soit dans une expropriation absolue et complète, soit simplement dans des ouvrages publics qui, bien qu'affectant le sol et opérant son démembrement partiel, se réduisent pourtant à une charge foncière, à une servitude légale ; qui laisse à la personne grevée la qualité de propriétaire, et lui permet de continuer à user de sa chose et d'en percevoir les revenus, pourvu qu'elle ne fasse aucun acte propre à contrarier le but de l'expropriation partielle qu'elle a subie. — Nancy, 26 janv. 1847, Grandidier, [S. 472.239, P. 47.2.146]

10. — A l'égard d'actes de cette nature et pour les interpréter on a pu décider qu'une expropriation ancienne doit être présumée seulement partielle lorsqu'il s'agit, non de grands travaux d'utilité publique, tels que des routes, des canaux, des ponts, et même certaines digues, qui ont immédiatement pour résultat de dénaturer le sol, de le livrer au public, et de le consacrer à un usage public incompatible avec toute jouissance privée et permanente, mais d'une simple digue établie le long d'une rivière, qui, bien qu'importante eu égard aux dangers qu'elle a eu pour résultat d'éloigner, n'a produit sur le sol aucune altération essentielle, mais seulement une levée de terre qui, tout en exhaussant les bords de la rivière, permet encore de faire de cette rive l'emploi qu'on en avait fait antérieurement ; qu'il en est ainsi alors surtout que le domaine, tout en veillant à la conservation de la digue, et y ayant fait à diverses époques les réparations nécessaires, n'a cependant jamais prétendu à une jouissance lucrative du sol, essayé d'y planter des arbres, ni surtout passé bail à personne, tandis qu'au contraire l'ancien propriétaire a continué à faire sur le sol occupé par la digue des actes manifestes d'une possession utile, en a récolté les herbes, y a déposé ses marchandises, et surtout n'a cessé de payer à l'État la contribution foncière applicable à cette parcelle. — Cass., 28 mars 1848, Grandidier, [S. 48.1.337, P. 48.2.322, D. 48.2.146] — Nancy, 26 janv. 1847, précité.

11. — L'Assemblée constituante reconnut le droit qu'avait l'État d'exproprier dans l'intérêt public ; c'est ainsi qu'elle mit ce droit en œuvre par ses décrets des 19, 21 oct., 9 nov. 1790 et 30 janv. 1791, au sujet d'un canal de navigation par ses décrets, des 21, 27 mars 1791, à l'égard d'un canal d'arrosement, par ses décrets des 4-12 juin 1791, relatifs au canal de Givors, par son décret du 18 août 1791 concernant un canal de navigation. Les formalités restaient toujours purement administratives. Un décret des 7-11 sept. 1790 chargeait toutefois l'autorité judiciaire du règlement des indemnités; mais la Constituante l'abandonna le 21 mai 1791 et revint à la compétence purement administrative. — De Lalleau, Jousselin, Rendu et Périn, t. 1, n. 4; Laferrière, t. 1, n. 538.

12. — La déclaration des droits de l'homme, inscrite en tête de la constitution des 3-14 sept. 1789, a fixé les principes qui régissent l'expropriation pour utilité publique. L'art. 17 porte : « La propriété est inviolable et sacrée; nul ne peut en être privé, si ce n'est lorsque la *nécessité* publique, légalement constatée, l'exige évidemment, et sous la condition d'une juste et préalable indemnité. » Les constitutions de 1798 et de l'an III exigeaient aussi la *nécessité* publique.

13. — L'art. 545, C. civ., consacra définitivement ces principes; il dispose : « Nul ne peut être contraint de céder sa propriété, si ce n'est pour cause d'utilité publique et moyennant une juste et préalable indemnité. » Pour qu'un individu puisse être contraint de céder sa propriété, il faut donc le concours de ces deux circonstances : 1° qu'il y ait cause d'utilité publique; 2° qu'il y ait juste et préalable indemnité. Mais il importe de mettre en relief une différence importante entre le principe nouveau posé par l'art. 545, C. civ., et le droit ancien. Alors que les constitutions de 1791, de 1793 et de l'an III, pour justifier l'expropriation, exigeaient la nécessité publique, le Code civil ne demande plus que l'*utilité* publique. Jugé en conséquence que, malgré l'inviolabilité des propriétés particulières, un propriétaire peut être obligé de céder la sienne pour cause d'utilité publique. — Cass., 7 août 1829, Becq. [S. et P. chr.]

14. — Les décrets de l'Assemblée constituante, que nous avons cités conflaient le règlement des indemnités aux directoires des départements; une loi du 4 avr. 1793 (art. 13) décidait que l'évaluation du terrain exproprié serait faite par deux experts, nommés, l'un par l'exproprié, l'autre par le directoire du district. La loi du 28 pluviôse an VIII (art. 4) confia aux conseils de préfecture le soin de se prononcer sur les contestations concernant les indemnités dues aux particuliers à raison des terrains pris en fouilles pour la confection des chemins, canaux et autres ouvrages publics. — Daffry de la Monnoye, sous l'art. 1, t. 1, n. 2; de Lalleau, Jousselin, Rendu et Périn, t. 1, n. 5 et 6.

15. — La loi du 16 sept. 1807, qui contient des dispositions sur tant de matières, statuait entre autres : 1° sur les cas de dommages permanents résultant, pour les propriétés particulières, de l'établissement de travaux publics; 2° sur l'expropriation pour cause d'utilité publique; 3° enfin sur les suppressions de manufactures et usines ou sur les occupations de terrains pour l'extraction des matériaux et lorsqu'il s'agit de l'établissement de travaux publics. D'après l'art. 49, L. 16 sept. 1807, les terrains nécessaires pour l'ouverture des canaux et rigoles de desséchement, des canaux de navigation, de routes, de rues, pour la formation de places et autres travaux reconnus d'une utilité générale, doivent être payés à leurs propriétaires, et à dire d'experts, d'après leur valeur, avant l'entreprise des travaux, et sans nulle augmentation du prix d'estimation.

16. — C'était à l'administration qu'il appartenait de déclarer l'utilité publique. Malgré les dispositions de l'art. 545, C. civ., le paiement d'une indemnité préalable n'était point imposé, et le propriétaire n'avait qu'une créance contre l'État. — Crépon, sous l'art. 1, n. 6; Daffry de la Monnoye, sous l'art. 1, t. 1, n. 2; de Lalleau, Jousselin, Rendu et Périn, t. 1, n. 8.

17. — Ces dispositions de la loi de 1807 ne garantissaient point les droits des particuliers. L'empereur Napoléon 1er, frappé des inconvénients qu'elles présentaient, écrivit de Schœnbrünn une note dans laquelle il demandait l'intervention du tribunal; son opinion rencontra des résistances au Conseil d'État, le ministre de l'Intérieur faisait observer que « les formes judiciaires rendraient très-difficiles la réformation des évaluations forcées; qu'avec les recours qui sont ouverts aux parties chaque affaire deviendrait interminable. » La section du Conseil d'État résista et voulut assurer à l'administration la première place; l'empereur dut lui renvoyer à cinq reprises le projet. — Locré, t. 9, p. 665 et s., 690 et s.; de Lalleau, Jousselin, Rendu et Périn, t. 1, n. 9.

18. — Aux termes de la loi du 8 mars 1810, c'est l'État qui déclarait l'utilité publique, mais c'étaient les tribunaux qui prononçaient l'expropriation et fixaient l'indemnité dont ils assuraient le paiement préalable (art. 1, 2, 3, 16). — V. Dufour, t. 5, n. 635, p. 638.

19. — Les chartes de 1814 et de 1830 exigèrent à nouveau l'indemnité préalable; elles portent : « Toutes les propriétés sont inviolables, sans aucune exception de celles qu'on appelle nationales, la loi ne mettant aucune différence pour cause d'intérêt public légalement constaté entre elles. L'État peut exiger le sacrifice d'une propriété pour cause d'intérêt public légalement constaté, mais avec une indemnité préalable » (art. 9 et 10 de la charte de 1814; 8 et 9 de la charte de 1830). Conformément aux principes, posés dans le Code civil, ces articles n'exigent point la nécessité publique mais seulement l'intérêt public. — V. *supra*, n. 13.

20. — La loi du 8 mars 1810 a fonctionné pendant plus de vingt ans. Mais depuis longtemps déjà on se plaignait et des lenteurs extrêmes de l'expropriation, si le propriétaire exproprié était récalcitrant, et de l'énormité des évaluations accordées par les tribunaux. La pratique révélait donc les inconvénients signalés par le Conseil d'État lors des travaux préparatoires de la loi. Les lenteurs de l'expropriation étaient surtout sensibles lorsqu'il s'agissait de la défense nationale. Aussi une loi du 30 mars 1831 statua-t-elle sur l'expropriation et l'occupation temporaire, en cas d'urgence, des propriétés nécessaires aux travaux de fortification. En ce cas, le pouvoir exécutif déclare l'urgence, un juge se transporte sur les lieux avec un expert nommé d'office par le tribunal, les parties sont convoquées, assistées de leurs experts, et le tribunal, sur le vu de l'expertise, des plans parcellaires, d'un procès-verbal contenant toutes les indications de nature à déterminer par écrit l'état exactement détaillé des propriétés, fixe une indemnité approximative et provisionnelle de dépossession, sauf règlement ultérieur et définitif selon les formes d'expropriation ordinaire; moyennant l'accomplissement de ces formalités l'administration est autorisée à se mettre en possession. — De Lalleau, Jousselin, Rendu et Périn, t. 1, n. 13. Cette loi est toujours en vigueur. — Crépon, sous l'art. 1, n. 15.

21. — La loi des finances du 21 avr. 1832, art. 10, enleva au pouvoir exécutif, pour le transmettre au pouvoir législatif, le droit d'ordonner les grands travaux publics; la loi du 7 juill. 1833, sur l'expropriation, consacra cette innovation, et substitua aux tribunaux civils un jury spécial chargé de régler les indemnités; le législateur suivit ainsi l'exemple donné par l'Angleterre et les États-Unis. Aucune atteinte ne fut portée à la loi du 30 mars 1831, concernant les travaux de fortification urgents.

22. — L'institution de ce jury spécial n'a pas laissé que de donner lieu à quelques critiques. On lui a justement reproché l'élévation des indemnités allouées, qui atteignent souvent le double de la valeur des biens expropriés, quelquefois plus. Dernièrement des inconvénients plus graves ont été signalés. On a vu le jury, sortant de son rôle et de ses attributions, accorder des indemnités en disproportion absolue avec la valeur des biens expropriés, dans l'intention bien arrêtée de s'opposer à des travaux de voirie d'utilité publique. Il empiète ainsi sur un domaine qui ne lui appartient pas, s'attribue le droit de décider, en dernier ressort, de l'utilité des travaux, et rend quelquefois impossible l'exécution d'une œuvre régulièrement décidée. En outre, cette opposition peut atteindre des ouvrages nécessaires à la défense nationale; vainement objecterait-on que le gouvernement est armé par la loi de 1831; cette loi ne vise que les travaux de fortifications urgents et ne saurait s'appliquer lorsqu'il s'agit de chemins de fer, de routes stratégiques, de ports, etc. Si le jury persistait dans ce travers, il rendrait une réforme inévitable.

23. — L'exécution des chemins vicinaux demande une procédure rapide et peu coûteuse. La loi du 21 mai 1836 décide que le préfet, par un arrêté, autorisera les travaux d'ouverture et de redressement; elle réduit le nombre des jurés, permet de désigner le juge de paix du canton comme magistrat-directeur du jury, et règle les cas dans lesquels il y a lieu à pourvoi en cassation, ainsi que la forme des pourvois. — De Lalleau, Jousselin, Rendu et Périn, t. 1, n. 15. — V. *supra*, v° *Chemin vicinal*, n. 532 et s.

24. — Bientôt le législateur pensa qu'il y avait lieu d'améliorer la loi de 1833; c'est alors que fut promulguée la loi du 3 mai 1841, actuellement en vigueur. Les grands travaux sont ordonnés par le pouvoir législatif; l'utilité publique déclarée par le pouvoir administratif; les tribunaux judiciaires, après avoir vérifié si les formalités réglementaires ont été remplies, ordonnent l'expropriation des biens; l'indemnité est fixée par un jury spécial. — Laferrière, t. 1, p. 539.

25. — Depuis cette époque, il a été rendu diverses lois relatives à l'expropriation. La loi du 15 juill. 1845, art. 10, sur la police des chemins de fer, a permis l'expropriation de constructions dont la propriété n'est pas transmise au domaine public (V. *suprà*, v° *Chemin de fer*, n. 1289 et s.); le décret du 3 août 1848 a autorisé l'acquisition de la totalité des propriétés atteintes par le percement de la rue de Rivoli, et la revente des terrains demeurant en dehors des alignements pour la construction de maisons bien aérées. La loi du 13 avr. 1850, sur l'assainissement des logements insalubres, permet aux communes, lorsque l'insalubrité « est le résultat des eaux extérieures et permanentes, et lorsque ces eaux ne peuvent être détruites que par des travaux d'ensemble, à acquérir suivant les formes et après l'accomplissement des formalités prescrites par la loi du 3 mai 1841, la totalité des propriétés comprises dans le périmètre des travaux. » La loi du 4 août 1851, sur la prolongation de la rue de Rivoli faisant application des dispositions susvisées de la loi du 10 avr. 1850, a autorisé l'acquisition des propriétés contiguës aux parcelles acquises en dehors des alignements et les maisons qui n'en étaient séparées que par des rues à supprimer. — De Lalleau, Jousselin, Rendu et Périn, t. 1, n. 19 et s.

26. — Le décret du 26 mars 1852 (art. 9), qui est applicable aux rues de Paris, mais peut être étendu par décret rendu dans la forme des règlements d'administration publique, à toutes les villes qui en feront la demande, porte : « Dans tout projet d'expropriation pour l'élargissement, le redressement ou la formation des rues de Paris, l'administration a la faculté de comprendre la totalité des immeubles atteints lorsqu'elle juge que les parties restantes ne sont pas d'une étendue ou d'une forme qui permette d'y élever des constructions salubres. Elle peut pareillement comprendre, dans l'expropriation, des immeubles en dehors des alignements, lorsque leur acquisition est nécessaire pour la suppression d'anciennes voies publiques jugées inutiles. Les parcelles de terrains acquises en dehors des alignements et non susceptibles de recevoir des constructions salubres, sont réunies aux propriétés contiguës, soit à l'amiable, soit par l'expropriation de ces propriétés, conformément à l'art. 53, L. 16 sept. 1807. » — De Lalleau, Jousselin, Rendu et Périn, t. 1, n. 23. — Les art. 1 et s. de ce décret ont été abrogés et remplacés par le décret du 14 juin 1876. — De Lalleau, Jousselin, Rendu et Périn, t. 1, n. 39.

27. — Une loi sur la constitution de la propriété en Algérie, en date du 16 juin 1851, s'occupe de l'expropriation pour cause d'utilité publique en Algérie (art. 18 à 21); elle maintient, en ce qui concerne les formes à suivre, l'ordonnance royale du 1er oct. 1844. — De Lalleau, Jousselin, Rendu et Périn, t. 1, n. 22. — V. *suprà*, v° *Algérie*, n. 4367 et s.

28. — Le second empire devait fortifier le pouvoir exécutif en enlevant au pouvoir législatif une partie de ses attributions. C'est ainsi que la constitution du 14 janv. 1852, le sénatus-consulte du 25 déc. 1852 et le décret du 10 août 1859 attribuèrent au pouvoir exécutif le droit d'ordonner ou d'autoriser tous les travaux d'utilité publique, sauf, si ces travaux nécessitaient des engagements ou des subsides du Trésor, l'obligation de faire accorder un crédit et de faire ratifier l'engagement par une loi, avant la mise à exécution. — Crépon, sur l'art. 1, n. 13; de Lalleau, Jousselin, Rendu et Périn, t. 1, n. 24 et 26.

29. — Mais la loi des 27 juill.-3 août 1870 est revenue aux principes édictés par la loi du 3 mai 1841 et a décidé que tous les grands travaux publics, routes impériales (aujourd'hui nationales), canaux, chemins de fer, canalisation des rivières, bassins et docks, entrepris par l'Etat ou par des compagnies particulières, avec ou sans péage, avec ou sans subside du Trésor, avec ou sans aliénation du domaine public, ne pourront être autorisés que par une loi rendue après enquête administrative. L'exécution des canaux et chemins de fer d'embranchement de moins de 20 kilom. de longueur, des lacunes et rectifications de routes impériales (aujourd'hui nationales), des ponts et de tous autres travaux de moindre importance, pourra seule être autorisée par un décret rendu en la forme des règlements d'administration publique et également précédé d'une enquête. — Crépon, sous l'art. 1, n. 13; de Lalleau, Jousselin, Rendu et Périn, t. 1, n. 37.

30. — Le titre 6, art. 35 à 39, Décr. 10 août 1853, sur le classement des places de guerre et la construction de nouvelles places ou enceintes fortifiées contient des dispositions relatives aux indemnités dues à raison des dépossessions et démolitions nécessitées par la construction des fortifications nouvelles.

31. — Le décret du 16 août 1853 régit la délimitation de la zone frontière, ainsi que l'organisation et les attributions de la commission mixte des travaux publics, qui doit être consultée sur les travaux civils, militaires ou maritimes. Ce décret a été successivement modifié par les décrets des 30 juill. 1861 et 15 mars 1862, la loi du 10 août 1871, art. 40, § 6 et 7, et les règlements en date des 3 mars 1874 et 8 sept. 1878. — De Lalleau, Jousselin, Rendu et Périn, t. 1, n. 27 et 28.

32. — Le décret du 15 nov. 1853, sur le complément du dégagement des abords du Louvre et de la rue de Rivoli, a imposé une décoration uniforme aux maisons à construire vis-à-vis la colonnade du Louvre, sur la place du Louvre et celle de Saint-Germain-l'Auxerrois. La loi du 10 juin 1854, pour faciliter les opérations du drainage a autorisé les associations syndicales, les communes ou les départements à entreprendre des travaux de drainage, ou d'assèchement, déclarés d'utilité publique par décret. Une loi du 22 juin 1854 a statué sur les terrains restant de l'ancien promenoir de Chaillot, et l'ouverture d'une route départementale entre la place de l'Etoile et la porte Dauphine du bois de Boulogne. — De Lalleau, Jousselin, Rendu et Périn, t. 1, n. 29, 30 et 32.

33. — La loi du 22 juin 1854, établissant des servitudes militaires autour des magasins à poudre de la guerre et de la marine, décide que lorsqu'il y a lieu de supprimer des constructions ou usines et établissements pourvus de foyers avec ou sans cheminée d'appel, il doit être procédé à l'expropriation conformément à la loi du 3 mai 1841. Une loi du 14 juill. 1856, sur la conservation et l'aménagement des sources d'eau minérale, dispose que le propriétaire d'un terrain situé dans le périmètre de protection de la source peut, dans certains cas, exiger du propriétaire de la source qu'il fasse l'acquisition de son terrain en se conformant à la loi du 3 mai 1841. — De Lalleau, Jousselin, Rendu et Périn, t. 1, n. 31 et 33.

34. — La loi sur le reboisement des montagnes du 27 juill. 1860, art. 7, et 4 avr. 1882, art. 4, et celle sur le gazonnement des montagnes, du 8 juin 1864 autorisent l'expropriation des terrains dont le propriétaire se refuse à opérer le reboisement ou le gazonnement nécessaires. La loi du 8 juin 1864 applique celle du 31 mai 1836, sur l'expropriation des chemins vicinaux, aux rues formant le prolongement de ces chemins. Une loi du 20 août 1881, sur les chemins ruraux, contient également des dispositions complémentaires de la loi de 1836. — De Lalleau, Jousselin, Rendu et Périn, t. 1, n. 34, 35 et 41.

35. — Les lois des 21 juin 1865 et 22 déc. 1888 accordent aux associations syndicales autorisées le droit de recourir à l'expropriation si celle-ci est nécessaire à l'exécution des travaux entrepris. La loi du 2 août 1872, qui établit le monopole des allumettes chimiques, a ordonné l'expropriation des fabriques d'allumettes chimiques, conformément à la loi du 3 mai 1841. Une loi du 30 mars 1887, concernant la conservation des monuments et objets d'art ayant un intérêt artistique ou historique autorise, pour en assurer la conservation, l'expropriation des monuments classés, et apporte des restrictions aux expropriations qui pourraient en amener la destruction. — De Lalleau, Jousselin, Rendu et Périn, t. 1, n. 36, 38 et 42.

36. — Une loi du 3 juill. 1880 autorise, dans certains cas, l'augmentation du nombre des jurés portés sur les listes dressées annuellement en vertu de l'art. 29, L. 3 mai 1841. — De Lalleau, Jousselin, Rendu et Périn, t. 1, n. 40.

37. — La loi du 7 juill. 1833 portait, art. 41, qu'un règlement d'administration publique qui devait être publié avant la mise à exécution de la loi, déterminerait le tarif des dépens. L'ordonnance du 18 sept. 1833 a été rendue en vertu de cette disposition; bien qu'elle ait été publiée à la suite et en vertu d'une loi abrogée, il a été entendu, lors de la discussion de la loi du 3 mai 1841, qu'elle continuerait à régir le prix des actes faits conformément aux prescriptions de la loi du 3 mai 1841. — Crépon, sur l'art. 1, n. 14.

CHAPITRE II.

DES BIENS QUI PEUVENT ÊTRE EXPROPRIÉS.

SECTION I.
Transmission de propriété.

§ 1. *Généralités*.

38. — Le droit de propriété peut être lésé de bien des manières; mais pour qu'il y ait expropriation, il ne suffit pas qu'un dommage quelconque soit éprouvé par le propriétaire, il faut qu'il y ait encore transmission de propriété ou d'un droit quelconque des mains du particulier propriétaire, dans les mains du représentant de l'intérêt public ; un particulier ne saurait être dépossédé de sa propriété dans un intérêt purement privé, et pour la satisfaction ou l'utilité d'un autre particulier. — Crépon, sur l'art. 1, n. 1 et s.; de Lalleau, Jousselin, Rendu et Périn, t. 1, n. 140 et s.; Daffry de la Monnoye, t. 1, n. 6.

39. — D'autre part, il ne peut y avoir expropriation qu'autant que l'aliénation est forcée ; car si la cession était volontaire il y aurait vente dans l'acception légale de ce mot, et cela, encore bien que la chose vendue fût destinée à un objet d'utilité publique (C. civ., art. 1582). Toutefois, les aliénations opérées après une déclaration d'utilité publique sont considérées comme forcées, en ce sens que le propriétaire n'est censé les avoir consenties que par suite de la conviction, résultant pour lui de la déclaration d'utilité publique, qu'il ne pourrait se dispenser avant peu de se dessaisir des immeubles réclamés. Aussi, comme on le verra, ces cessions sont-elles soumises aux mêmes règles que les expropriations proprement dites (V. infrà, n. 509 et s.).

40. — Jugé notamment qu'il y a lieu à la fixation de l'indemnité par le jury conformément aux dispositions de la loi du 3 mai 1841, soit que le propriétaire ait été forcé de céder son terrain par le jugement d'expropriation, soit qu'il l'ait volontairement cédé, sans qu'il y ait eu accord sur le prix (V. infrà, n. 618 et s.). — V. Cons. d'Ét., 20 nov. 1815, Tabuteau, [S. chr., P. adm. chr.]

41. — Peu importe, d'ailleurs, que la transmission de propriété soit totale ou partielle; dès qu'il y a transmission de tout ou partie de la propriété d'un particulier à l'État il y a expropriation. — De Lalleau, Jousselin, Rendu et Périn, t. 1, n. 149. — Ainsi il a été jugé que la destruction partielle d'un rocher appartenant à un particulier et situé dans le Rhône, pour en améliorer la navigation, constitue une expropriation pour cause d'utilité publique ; en conséquence, le règlement de l'indemnité doit être fait conformément aux dispositions de la loi du 7 juill. 1833 (aujourd'hui 31 mai 1841), et non par le conseil de préfecture. — Cons. d'Ét., 3 mai 1839, Blachier-Remisange, [S. 40.2.92, P. adm. chr.] — Mais cette décision, qui peut être exacte, où l'on ne s'occupe que du caractère partiel ou total de l'expropriation, paraît fort critiquable si on se place au point de vue du caractère de la dépossession exigée pour qu'il y ait expropriation proprement dite. Nous verrons, en effet, qu'il n'est pas suffisant que le propriétaire soit dépouillé de sa propriété pour qu'il soit exproprié. Il faut encore que sa propriété passe dans le domaine public.

§ 2. Dépossession irrégulière.

42. — Certaines dépossessions peuvent se produire sans que les formalités relatives à l'expropriation aient été accomplies; en effet l'incorporation d'un terrain au domaine public peut avoir lieu en vertu de l'exécution de lois spéciales; il en est ainsi en matière d'alignement, de chemins vicinaux et de délimitation du domaine public naturel, qu'il soit fluvial ou maritime. Le particulier qui se croit lésé par l'arrêté d'alignement ou de délimitation peut déférer cet arrêté au Conseil d'État, pour contester l'alignement ou la délimitation et être remis en possession de son terrain; il ne saurait d'ailleurs saisir de cette question l'autorité judiciaire, qui est incompétente pour connaître de l'acte administratif; s'il accepte l'alignement, la délimitation, il s'adresse à l'autorité judiciaire pour obtenir une indemnité de dépossession; celle-ci seule est compétente pour se prononcer à cet égard. — Laferrière, t. 1, p. 494 et s.; Ducrocq, t. 2, p. 149 et s.; de Lalleau, Jousselin, Rendu et Périn, t. 1, n. 130; Daffry de la Monnoye, t. 1, n. 6. — V. suprà, v° Domaine public et de l'État, n. 235 et s.

43. — Il arrive parfois que l'autorité administrative s'empare du terrain appartenant à un particulier et commence des travaux sur ces terrains, sans suivre aucune des formalités qui lui sont imposées par la loi sur l'expropriation; quelle est alors la situation et quels sont les droits du propriétaire dépossédé? Celui-ci peut s'adresser à l'autorité judiciaire pour faire reconnaître sa propriété. — Cons. d'Ét., 14 oct. 1836, Le Balle, [S. 37.2.124, P. adm. chr.]; — 30 déc. 1841, Buecher, [S. 42.2.232, P. adm. chr.]; — 29 juin 1842, Carol, [S. 42.2.505, P. adm. chr.]; — 29 juin 1842, Bresson, [S. 42.2.509, P. adm. chr.]; — 5 sept. 1842, Pannetier, [P. adm. chr.]; — 17 sept. 1843, Doré, [Leb. chr., p. 537]; — 21 déc. 1843, Roussey, [P. adm. chr.]; — 13 déc. 1845, Leloup, [S. 46.2.214, P. adm. chr., D. 46.3.33]; — 30 déc. 1858, de Novillars, [P. adm. chr., D. 59.3.49]; — 9 mars 1870, Ville de Sens, [S. 71.2.285, P. adm. chr., D. 71.3.73] — Daffry de la Monnoye, t. 1, sur l'art. 1, n. 12.

44. — L'autorité judiciaire est même compétente pour ordonner, en statuant sur la question de propriété, la discontinuation des travaux; elle s'oppose, en effet, à une usurpation et ne fait que consacrer le principe d'après lequel l'expropriation n'a lieu que par autorité de justice. — Cons. d'Ét., 7 juill. 1853, Robin de la Grimaudière, [S. 54.2.213, P. adm. chr., D. 54.3.35]; — 15 déc. 1858, Sellenet, [S. 59.2.462, P. adm. chr., D. 59.3.49]; — 11 avr. 1863, Isnard, [S. 63.2.183, P. adm. chr., D. 63.3.39] — Serrigny, t. 1, n. 613; Christophe, t. 2, n. 501; Daffry de la Monnoye, t. 1, n. 12; Chauveau, Journ. de dr. admin., 1863, p. 207; Crépon, sur l'art. 2, n. 2. — Contrà, Cons. d'Ét., 6 sept. 1843, Bautin, [S. 43.2.95, P. adm. chr.]

45. — Jugé, en ce sens, que lorsque l'État établit, sous une propriété privée, un canal destiné à l'écoulement des eaux d'une grande route, il y a là, non une occupation temporaire sur laquelle l'autorité administrative est compétente pour statuer, mais une occupation définitive, une servitude continue entraînant une véritable expropriation qui ne peut s'accomplir que suivant les formalités prescrites par la loi du 7 juill. 1833 (aujourd'hui 3 mai 1841); et que si les travaux ont commencé avant l'accomplissement de ces formalités, les tribunaux peuvent en suspendre le cours. — Rouen, 11 mai 1842, Enoux, [P. 47.1.211]

46. — Spécialement, le juge des référés est compétent pour ordonner la cessation de travaux entrepris par les agents de l'administration sur des terrains dont le propriétaire n'a pas été régulièrement exproprié. — Cass., 18 oct. 1899, Hubert-Brierre, [S. et P. 1900.1.102] — Dijon, 10 août 1858, Sellenet, [S. 59. 2.375, P. 58.456, D. 59.2.43] — Cons. d'Ét., 7 juill. 1853, précité; — 15 déc. 1858, précité. — Crépon, sur l'art. 2, n. 3; de Lalleau, Jousselin, Rendu et Périn, t. 2, n. 912, note.

47. — Mais le juge des référés est incompétent quand la partie expropriante soutient qu'elle a entrepris les travaux incriminés, non pas en vertu de l'expropriation et sur les terrains atteints par elle, mais sur des terrains indépendants des parcelles expropriées et n'appartenant pas à l'exproprié. Le litige soulève alors une question de propriété qui échappe à la compétence du juge des référés. — Cass., 18 oct. 1899, précité.

48. — Il en est ainsi particulièrement quand le demandeur prétend que les travaux ont eu lieu sur sa propriété et que l'expropriant soutient qu'ils ont été effectués sur le domaine de l'État, et sur un chemin de halage, classé comme chemin vicinal. — Même arrêt.

49. — Les tribunaux peuvent-ils ordonner la destruction des travaux et le rétablissement des lieux dans leur état primitif? On l'a soutenu, en faisant remarquer que d'après la loi de 1841, l'expropriation ne peut être prononcée que par l'autorité judiciaire et que la dépossession ne peut avoir lieu qu'après le paiement d'une juste et préalable indemnité; de sorte que refuser à l'autorité judiciaire le droit d'ordonner la destruction des travaux et le rétablissement des lieux dans leur état primitif, c'est refuser à la loi de 1841 toute sanction, et autoriser tous empiétements de l'autorité administrative. — Daffry de la Monnoye, t. 1, n. 12.

50. — Jugé implicitement en ce sens, que l'autorité judiciaire ne peut compétemment statuer sur la remise en possession et sur la destruction des travaux que sur les dommages-intérêts, qui seraient la conséquence, qu'autant qu'elle a été saisie au principal et non par voie de référé, le juge des référés n'étant compétent que pour statuer sur l'opposition à ce que les travaux soient commencés ou à ce qu'ils soient continués. — Paris, 2 avr. 1842, Chemin de fer d'Orléans, [P. 42.1.573]

51. — Mais cette manière de voir n'a pas prévalu; en effet, il y a un principe supérieur, c'est celui de la séparation des pouvoirs; il n'est point permis à l'autorité judiciaire de connaître des actes administratifs et de s'opposer à leur exécution ; si donc le particulier lésé veut demander la destruction des travaux et le rétablissement des lieux dans leur état primitif, il doit s'adresser à l'autorité administrative. L'autorité judiciaire est radicalement incompétente. — Cass., 7 janv. 1868, Dimzaide, [S. 68.1. 125, P. 68.273, D. 68.1.113]; — 27 janv. 1868, Harliac, [S. 68.1.213, P. 68.515, D. 68.1.114]; — 7 févr. 1876, Cély, [S. 76.1.253, P. 76.613, D. 76.1.273]; — 14 avr. 1899, Berthier,

[S. et P. 99.1.367, D. 99.1.442] — Cons. d'Et., 14 oct. 1836, précité; — 30 déc. 1841, précité; — 5 sept. 1842, précité; — 6 sept. 1843, Lamotte, [S. 44.2.93, P. adm. chr.]; — 17 sept. 1843, précité; — 21 déc. 1843, précité; — 13 déc. 1845, précité; — 1er mai 1858, Comm. de Peniora, [S. 59.2.188, P. adm. chr., D. 59. 3.36]; — 15 mai 1858, Comm. de Bordeaux, [S. 59.2.263, P. adm. chr., D. 59.3.37]; — 15 déc. 1858, de Rochefort, [S. 59.2. 462, P. adm. chr.]; — 30 déc. 1858, précité; — 7 janv. 1864, [Leb. chr., p. 18]; — 9 mars 1870, précité; — 12 mai 1877. Dodem, [S. 77.2.159, P. adm. chr., D. 77.3.66]—De Lalleau, Jousselin, Rendu et Périn, t. 1, n. 150; Crépon, sur l'art. 2, n. 4. — V. aussi *suprà*, v° *Compétence administrative*, n. 1114 et s.

52. — Par suite, il ne lui appartient pas d'ordonner la destruction de travaux publics, ni le délaissement d'une parcelle, frappée de domanialité par l'effet de son incorporation à une dépendance nécessaire d'une voie ferrée; il en est ainsi notamment quand par suite d'une erreur de calcul, un tunnel a pénétré dans le sous-sol d'un terrain non exproprié. — Cass., 14 avr. 1899, précité.

53. — Jugé, dans le même sens, que les tribunaux ne peuvent ordonner la destruction de travaux administratifs, alors même que ces travaux auraient été exécutés sur une propriété privée, avant la déclaration d'utilité publique et l'entier accomplissement des formalités préalables à l'expropriation. — Nancy, 26 déc. 1842, Milard-Levrechon, [P. 44.1.12]

54. — Lorsque l'Etat s'est ainsi en possession de terrains sans accomplir les formalités de l'expropriation, il appartient donc à l'autorité judiciaire de reconnaître la propriété du particulier ainsi dépossédé; mais le droit de celui-ci se résout en une indemnité qui sera évaluée par l'autorité judiciaire. — Cons. d'Et., 29 juin 1842, précité; — 5 sept. 1842, précité; — 21 déc. 1843, précité; — 4 juill. 1845, Delaruelle-Duport, [P. adm. chr., D. 46.3.33]; — 13 déc. 1845, précité; — 21 juin 1866, Riou, [S. 67. 2.246, P. adm. chr., D. 69.5.397]; — 12 mai 1877, Dodun, [S. 77. 2.159, P. adm. chr., D. 77.3.66]—Daffry de la Monnoye, t.1. n. 12; de Lalleau, Jousselin, Rendu et Périn, t. 1, n. 140 et t. 2, n. 919.

55. — En conséquence, la prise de possession de terrains fondée sur des autorisations illégales, comme émanant d'autorités incompétentes, constitue une simple voie de fait; et l'occupant qui l'a invoquée, loin d'en profiter, ne saurait se prévaloir d'autorisations annulées, *ab initio*, pour se soustraire à la réparation de tous les dommages qui ont été la conséquence directe et immédiate de son indue occupation. Par suite, lorsqu'une compagnie s'est mise en possession de terrains en vertu d'autorisations incompétentes, plus tard annulées, c'est à bon droit que l'autorité judiciaire la condamne à des dommages-intérêts vis-à-vis du propriétaire dépossédé. — Cass., 27 oct. 1897, Comp. franco-algérienne, [S. et P. 99.1.144, D. 98.1.86]

56. — Mais l'autorité judiciaire, saisie de la compagnie d'une action récursoire en garantie contre l'Etat, est incompétente pour statuer sur ce recours et ne saurait le déclarer mal fondé; en effet, il n'appartient qu'à l'autorité administrative de reconnaître des actions tendant à faire condamner l'Etat comme responsable du fait ou de la négligence de ses agents dans l'exécution d'un service public. — Cass., 27 oct. 1897, précité. — Sur la compétence relativement à la responsabilité qui peut incomber à l'Etat pour les dommages causés aux particuliers par le fait des personnes qu'il emploie dans un service public, V. *suprà*, v° *Compétence administrative*, n. 1504 et s.

57. — Tout ce qui concerne les questions de propriété, de dépossession définitive, d'indemnité représentative de l'immeuble exproprié est du domaine de l'autorité judiciaire. Mais tout ce qui a pour but d'arriver à la déclaration d'utilité publique, à la désignation des terrains à exproprier, etc., reste nécessairement dans les attributions de l'autorité administrative.

58. — Jugé, en conséquence, que c'est à l'autorité administrative seule qu'il appartient de connaître des difficultés relatives aux opérations déterminées par le cahier des charges pour les raccordements des chemins; que les tribunaux ne seraient compétents à cet égard qu'autant que, les travaux étant terminés et reçus, il résulterait du mode d'exécution un dommage permanent pour la propriété, non prévu lors de la fixation de l'indemnité; que ce sont au contraire les tribunaux ordinaires qui sont compétents pour connaître de la demande formée par un propriétaire en revendication d'un terrain dont il prétend que le concessionnaire d'un chemin de fer s'est emparé en dehors du tracé du cahier des charges, et sans en avoir obtenu l'expropriation préalable, alors que ce propriétaire ne demande pas la destruction des travaux opérés sur ce terrain, et reconnaît au concessionnaire le droit d'en obtenir l'expropriation moyennant indemnité. — Amiens, 21 mars 1840, Charpentier, [P. 42.1.256]

59. — ... Que le riverain d'un cours d'eau navigable dont le terrain est couvert par les eaux d'une manière définitive par suite de l'exécution de travaux de barrage exécutés par l'autorité administrative saisit à bon droit l'autorité judiciaire, seule compétente, pour obtenir une indemnité. — Trib. confl., 1er mars 1873, Guilli, [S. 74.2.61, P. adm. chr., D. 73.3.65]

60. — ... Que si, par suite de l'élévation de la chaussée et du radier d'un étang qui sert à l'alimentation d'un canal de navigation, un terrain riverain se trouve couvert par les eaux d'une manière permanente, cette occupation constitue une expropriation pour utilité publique, dont l'indemnité doit être réglée par les tribunaux, conformément à la loi du 3 mai 1841. — Cons. d'Et., 25 août 1841, Boch, [S. 42.2.184, P. adm. chr.] — Crépon, sur l'art. 1, n. 64 et 65; de Lalleau, Jousselin, Rendu et Périn, t. 1. 151.

61. — ... Qu'il y a dépossession, et dès lors lieu à indemnité pour expropriation, et non pas seulement pour simples dommages, lorsque, par suite de travaux exécutés par l'Etat sur une rivière, une propriété se trouve constamment inondée; que, dans ce cas, l'autorité judiciaire est seule compétente pour apprécier les faits et juger la question d'indemnité. — Rennes, 28 août 1833, Legué, [S. 34.2.316, P. chr.]

62. — ... Que l'autorité judiciaire est seule compétente pour connaître des contestations relatives à l'indemnité due à raison de constructions définitives, élevées par l'Etat sur un terrain, sans qu'il y ait eu expropriation. — Paris, 2 avr. 1842, Chem. de fer d'Orléans, [P. 42.1.573] — ... Que l'autorité doit à raison du terrain occupé par un tunnel, et incorporé ainsi à la voie publique. — Cons. d'Et., 15 avr. 1857, Chem. de fer de Lyon, [S. 58.2. 143, P. adm. chr., D. 58.3.3] — Crépon, sur l'art. 1, n. 66; de Lalleau, Jousselin, Rendu et Périn, t. 1, n. 154.

63. — ... Que c'est à l'autorité judiciaire qu'il appartient de connaître de l'indemnité due au propriétaire d'un terrain soumis à la servitude de halage, alors qu'il a été fait sur son terrain des travaux qui constituent une véritable dépossession du sol. — Cons. d'Et., 30 déc. 1858, de Novillars, [P. adm. chr., D. 59.3.50] — V. *suprà*, v° *Chemin de halage*, n. 199. — ... De l'indemnité due à raison d'une conduite souterraine placée par l'Etat sur le terrain d'un particulier pour réunir les eaux provenant de diverses sources et les conduire à une station d'un chemin de fer. — Cons. d'Et., 3 févr. 1859, Chem. de fer de Saint-Rambert, [S. 59.2.701, P. adm. chr.] — Crépon, sur l'art. 1, n. 68 et 69; de Lalleau, Jousselin, Rendu et Périn, t. 1, n. 151. — V. *suprà*, v° *Compétence administrative*, n. 1165.

64. — ... Que si un propriétaire se croit fondé à soutenir que les travaux exécutés pour l'établissement d'une route départementale ont eu pour conséquence de le déposséder d'une partie de sa propriété, ce n'est pas devant la juridiction administrative qu'il peut porter sa réclamation. — Cons. d'Et., 3 juin 1881, Gauthier, [Leb. chr., p. 616]

65. — ... Que l'autorité judiciaire est compétente pour connaître d'une demande en indemnité formée par un usinier dépossédé sans expropriation préalable, et pour l'exécution de travaux publics, d'une partie du canal d'amenée de son usine située sur un cours d'eau navigable ainsi que de la demande d'indemnité relative au dommage résultant de la suppression d'un courant d'eau et de la perte de la force motrice; cette source de dommage n'étant que la conséquence de la première. — Trib. confl., 5 juill. 1895, Sanières, [Leb. chr., p. 559] — V. *suprà*, v° *Compétence administrative*, n. 1168 et s.

66. — ... Que l'autorité judiciaire est également compétente pour reconnaître le droit de propriété privé invoqué par le demandeur en dommages et pour vérifier, sauf interprétation par l'autorité administrative, de ceux des actes administratifs qui seraient invoqués, si les ouvrages et dépendances de l'usine où ont été effectués les travaux faisaient ou non partie du domaine public. — Même arrêt. — Nous donnons toutes ces décisions sans prendre parti sur le point de savoir dans quels cas il y a dommages permanents, dans quels cas il y a expropriation proprement dite, et uniquement en vue de justifier la distinction à faire entre la compétence des tribunaux civils et celle des tribunaux administratifs. — V. *infrà*, v° *Occupation temporaire*, *Travaux publics*.

67. — Lorsque le fait sur lequel se fonde l'exproprié pour

demander des dommages-intérêts à l'expropriant, après fixation par le jury de l'indemnité qui lui était due à raison de l'expropriation d'une parcelle de terrain lui appartenant, résulte, non de l'expropriation elle-même, mais de l'incorporation à une voie ferrée d'un chemin et de la suppression d'un passage à niveau, antérieurement établi en vertu d'accords amiables, et à la suite d'une précédente expropriation, pour donner accès à la propriété du demandeur, incorporation et suppression pour lesquelles, devant le jury, l'exproprié a réservé tous ses droits à une indemnité, le tribunal civil est compétent pour connaître du litige. — Trib. Castres, 21 mars 1889, Marturé, [S. 90.2.23, P. 90.1.109]
— Et si la voie de communication incorporée à la voie ferrée est un chemin vicinal soumis, lors de sa création, à une servitude de passage au profit du demandeur, la compagnie de chemins de fer expropriante ne peut invoquer l'art. 21 de la loi de 1841, pour soutenir que la charge de l'indemnité incombe à la commune, qui aurait négligé de faire connaître les ayants-droit à la servitude. La compagnie ne pouvait ignorer, en effet, l'existence de ladite servitude, par la double raison que cette servitude dérivait de l'état des lieux, et que l'état des lieux avait été créé par elle-même. — Même jugement. — La compagnie ne peut pas davantage se prévaloir des dispositions de l'art. 703, C. civ. pour s'exonérer de la réparation du préjudice résultant de la suppression du passage à niveau, l'expropriation, assimilable au fait du prince, ne devant pas être considérée comme un cas fortuit ou de force majeure, de nature à libérer le débiteur de dommages-intérêts envers son créancier, quand c'est le débiteur lui-même qui l'a provoquée. — Même jugement. — Féraud-Giraud, Les voies publ. et priv. modifiées, détruites ou créées, par suite de l'exécution des chem. de fer, n. 404 et 405.

68. — Lorsque le particulier lésé a saisi les tribunaux civils, il n'appartient pas au préfet d'élever le conflit pour demander le renvoi devant le jury ; en effet, le conflit a seulement pour but d'obtenir le renvoi d'un litige devant l'autorité administrative et ne saurait être détourné de cet objet (V. suprà, v° Conflit); si le préfet croit que les tribunaux civils sont incompétents, et que le jury seul a qualité pour fixer l'indemnité, il doit demander au tribunal de reconnaître son incompétence, et poursuivre cette demande devant tous les degrés de juridiction jusqu'à la Cour de cassation qui a seule autorité pour se prononcer définitivement sur la question. — Cons. d'Et., 30 mars 1844, Richarme, [P. adm. chr.] ; — 15 déc. 1853, Préfet du Jura, [S. 54.2.405, P. adm. chr., D. 54.3.30] ; — 12 mars 1863, Bruger, [S. 63.2.119, P. adm. chr., D. 63.3.28] — Daffry de la Monnoye, t. 1, n. 15.

69. — Le particulier dépossédé irrégulièrement, ou demandeur à raison de terrains occupés en dehors de ceux expropriés, ou d'une prise de possession précédant le paiement de l'indemnité, peut assigner l'Etat sans avoir besoin de déposer préalablement le mémoire prescrit par les lois des 28 oct. 1790, 13 juill. 1837, 10 mai 1838; en effet la cause requiert célérité puisqu'un citoyen a été dépouillé de sa propriété en dehors des formalités édictées par la loi; il n'en serait autrement que si son action dissimulait une véritable action domaniale. — Daffry de la Monnoye, t. 1, n. 13.

70. — D'autre part, lorsque la dépossession d'un propriétaire s'est opérée en dehors des formalités prescrites par la loi du 3 mai 1841, et, en l'absence d'un arrêté de cessibilité, il n'y a pas lieu pour le tribunal civil, saisi par le propriétaire dépossédé, de désigner un magistrat directeur des opérations du jury. — Cass., 19 déc. 1883, Gelée, [S. 85.1.503, P. 85.1.1188, D. 85.1.175] — V. aussi Cass., 31 mars 1840, Vingterie, [S. 40.1.417, P. 40.1.653]

71. — Est soumise à la prescription de trente ans la demande de l'exproprié tendante à faire constater l'usurpation par l'expropriant d'une parcelle de terrain en dehors de celle expropriée, et à faire fixer l'indemnité nouvelle à laquelle donne lieu cette usurpation : ici, est inapplicable la prescription annale établie par l'art. 1622, C. civ., contre l'action en supplément de prix formée par le vendeur pour excédant de terrain livré. — Cass., 2 mai 1860, Chem. de fer de Lyon, [S. 61.1.796, P. 61.718, D. 61.1.79]; — 14 avr. 1899, Berthier, [S. et P. 99.1.367, D. 99.1.442] — Lyon, 9 déc. 1882, Jacquin-Duclos, [S. 85.2.117, P. 85.2.597, D. 84.2.85] — Daffry de la Monnoye, t. 1, n. 14.

§ 3. Occupation temporaire.

72. — L'occupation temporaire est tout à fait distincte de l'expropriation, avec laquelle elle ne saurait se confondre : l'une est la translation d'une partie du domaine privé dans le domaine public. L'autre s'accomplit par le seul fait de la détention de l'immeuble ou par un fait de destruction qui ne correspond pas à une absorption dans un autre domaine. Cependant si l'occupation se prolongeait indéfiniment elle finirait par se transformer en expropriation. C'est ce que prévoit en effet expressément l'art. 9 de la loi du 29 déc. 1892. En pareil cas, l'expropriation se poursuit dans les formes ordinaires et sans aucune particularité. Quant à l'occupation temporaire elle-même on trouvera tout ce qui la concerne infrà, v° Occupation temporaire.

§ 4. Démolitions, destructions de bâtiments et de plantations.

73. — Lorsqu'il est procédé à des démolitions, à des destructions de bâtiments ou de plantations, sans qu'il y ait acquisition du terrain par l'Etat, il n'y a pas lieu à expropriation puisqu'il n'y a pas transmission de propriété. C'est alors se place la distinction entre les dommages permanents et l'expropriation, que nous examinerons avec plus de détail infrà, v° Travaux publics. A titres d'exemples nous nous bornerons à rapporter ici quelques espèces. Il a été jugé qu'il y a dommage permanent et non expropriation, alors que, par suite de travaux dans le lit d'un fleuve, et à la suite d'une crue extraordinaire, des terrains d'un particulier ont été envahis par les eaux et couverts de gravier. — Cons. d'Et., 14 sept. 1852, Saladin, [S. 53.2.169, P. adm. chr.] — Trib. des conflits, 23 déc. 1850, Martin-Merrier, [S. 51.2.390, P. adm. chr., D. 51.3.37]; — 2 juill. 1851, Fizer, [S. 51.2.748, P. adm. chr., D. 51.3.70] — De Lalleau, Jousselin, Rendu et Périn, t. 1, n. 253.

74. — ... Alors qu'il s'agit de l'indemnité afférente à des murs renversés par la pesée de remblais exécutés sur une grand'route. — Trib. des conflits, 9 janv. 1849, de Montessuy, [P. adm. chr.] — ... de celle due à la suite de travaux publics qui ont tellement diminué la solidité d'une maison qu'il y a lieu de la démolir. — Cons. d'Et., 22 av. 1842, Perruchon, [S. 42.2.327, P. adm. chr.] — De Lalleau, Jousselin, Rendu et Périn, t. 1, n. 153. — Et dans ces divers cas, la compétence appartient au conseil de préfecture. — V. infrà, v° Travaux publics.

75. — Il a été jugé également que lorsqu'une maison vouée à l'agrandissement d'une voie publique est abattue ou démolie, non pour cause de vétusté, mais pour cause de destruction prématurée opérée par le fait de l'administration, le propriétaire de la maison ainsi abattue a, sans doute, à exercer une action en indemnité pour cause de destruction prématurée de sa maison, mais ce n'est pas une indemnité comme un cas d'expropriation pour utilité publique. — Paris, 8 avr. 1826, Lebon, [S. et P. chr.] — Mais dans cette espèce, l'administration s'était mise en possession de la maison, en la démolissant avant que l'expropriation ait été prononcée. Nous ne saurions donc approuver la solution de l'arrêt précité, d'ailleurs rendu antérieurement à la loi de 1841; en ce cas, il y avait dépossession irrégulière, transmission de propriété et l'indemnité aurait dû être réglée par le jury. — V. suprà, v° Compétence administrative, n. 1087 et s.

76. — Par contre, on a décidé que la démolition des deux étages supérieurs d'une maison avec l'interdiction de les reconstruire ne constitue pas un simple dommage, mais bien une expropriation, alors que l'Etat procède pour faciliter la manœuvre d'un pont-tournant. — Cons. d'Et., 27 déc. 1860, Comp. du Pont de la Penfeld, [S. 61.2.521, P. adm. chr., D. 63.4.3.9] — Crépon, sur l'art. 1, n. 72; de Lalleau, Jousselin, Rendu et Périn, t. 1, n. 151. — Cette décision a donné naissance à de vives controverses. On peut objecter toutefois pour la justifier, que l'expropriation ne résultant pas ici du seul fait de la démolition, qui ne pouvait constituer qu'un dommage permanent, mais de l'interdiction de rebâtir qui équivalait à l'acquisition du plan aérien. Nous aurons à rechercher toutefois où il est bien en harmonie avec certaines décisions rendues en matière d'acquisition seulement du tréfonds. — V. au surplus à cet égard, suprà, v° Chemin de fer, n. 5976, 5994.

§ 5. Des servitudes.

77. — La loi du 3 mai 1841 suppose l'acquisition, en pleine propriété, de terrains nécessaires à l'exécution de travaux déclarés d'utilité publique, mais aucune de ses dispositions ne permet de recourir à la procédure qu'elle organise pour constituer des droits de servitude sur des terrains privés. Les servitudes actives imposées aux fonds des particuliers dans l'intérêt général ne constituent pas, en effet, une transmission de propriété. Jugé en ce sens que le principe de l'indemnité préalable, posé par les art. 8 et 9 de la charte, n'est applicable qu'au fait de la dépossession matérielle de tout ou partie de la propriété privée, et non aux servitudes légales nouvellement créées sur cette propriété. Il en est spécialement ainsi relativement aux servitudes légales résultant soit de l'établissement de cimetières (V. *suprà*, v° *Cimetières*, n. 164 et s.), soit des rivières déclarées navigables, des forêts particulières devenues forêts de l'État, des chemins communaux érigés en routes royales, et des fortifications des places de guerres. — Cass., 7 août 1900, de Roussen, [S. et P. 1900.1.510] — Nancy, 30 mai 1843, Lamoureux, [S.43.2.333, P. 44.1.157] — Crépon, sur l'art. 1, n. 86 ; Daffry de la Monnoye, t. 1, n. 7 ; de Lalleau, Jousselin, Rendu et Périn, t. 1, n. 154. — V. *suprà*, v° *Compétence administrative*, n. 145 et s.

78. — Par suite, dans le cas où une indemnité est due, c'est par les tribunaux administratifs qu'elle doit être réglée. Il en était notamment ainsi en ce qui concerne : l'établissement d'un chemin de halage avant la loi du 8 avr. 1898, art. 51, qui a transféré ce droit aux juges de paix. — V. *suprà*, v° *Chemin de halage*, n. 137 et s., 167 et s.

79. — ... Il en est encore ainsi pour l'établissement de servitudes militaires résultant de la construction d'un fort, ou d'autres ouvrages de guerre. — V. *infrà*, v° *Servitudes militaires*.

80. — Pour l'établissement de servitudes légales résultant de la construction d'un chemin de fer (V. *suprà*, v° *Chemin de fer*, n. 5990 et s.), de la transformation d'un chemin communal en route nationale, d'une forêt particulière en forêt de l'État, de la pose de fils télégraphiques dans une propriété privée. Dans ce dernier cas si le propriétaire vient plus tard à bâtir, l'administration déplace ses fils. — V. en ce dernier cas, Cons. de préf. de la Vienne, 17 nov. 1860, [*Gaz. des Trib.*, 17 janv. 1861]

81. — Décidé encore que lorsqu'un particulier est astreint par le fait de l'administration à une servitude qui n'entraîne pas d'autres obligations que celle de souffrir la présence souterraine et non apparente de constructions dont le développement n'occupe qu'un modique espace, et n'entrave pas la jouissance du propriétaire, quoiqu'il la restreigne, il ne peut prétendre à une indemnité réglée administrativement, et non forcer l'administration à l'exproprier pour cause d'utilité publique, en faisant régler l'indemnité des formes voulues par les lois sur l'expropriation. — Cons. d'Et., 27 oct. 1819, Parent, [S. chr., P. adm. chr.] — Dans l'espèce, il s'agissait d'un service public, l'aqueduc de ceinture de la ville de Paris, et la propriété comme la jouissance du terrain demeurait au propriétaire, diminuée seulement par la servitude constituée. — V. sur l'expropriation du tréfonds, *infrà*, n. 118 et s.

82. — A plus forte raison n'y a-t-il pas lieu à l'application de la loi de 1841, alors qu'une servitude préexistante établie dans l'intérêt public est seulement aggravée. — Crépon, sur l'art. 89 ; de Lalleau, Jousselin, Rendu et Périn, t. 1, n. 155. — V. *suprà*, v° *Compétence administrative*, n. 1149.

83. — L'extinction de servitudes actives appartenant à des particuliers, ne donne jamais lieu à une expropriation proprement dite, en ce sens qu'elle n'est pas mentionnée directement dans le jugement d'expropriation et qu'elle en est seulement la suite nécessaire. Et si le jury d'expropriation est appelé à apprécier l'indemnité revenant au propriétaire du fonds dominant, ce n'est qu'accessoirement à la fixation de l'indemnité due pour l'expropriation du fonds servant et comme un des éléments de cette indemnité. — Cass., 27 janv. 1868, Harliac, [S. 68.1.213, P. 68.116, D. 68.1.114] — Cons. d'Et., 19 janv. 1850, Nauvellet, [S. 50.2.302, P. adm. chr., D. 51.3.7] — Crépon, sur l'art. 1, n. 48 ; de Lalleau, Jousselin, Rendu et Périn, t. 1, n. 156.

84. — Au cas d'ailleurs où deux propriétaires se sont mutuellement accordés des servitudes sur les fonds l'un de l'autre, si l'expropriation pour cause d'utilité publique de l'un des fonds vient à rendre impuissant l'exercice des servitudes accordées à l'autre fonds, le propriétaire de ce dernier a droit à être indemnisé à raison de la suppression de ces servitudes. — Lyon, 11 févr. 1864, Bret, [S. 64.2.302, P. 64.795, D. 65.2.149] — Daffry de la Monnoye, t. 1, n. 37.

85. — Si l'extinction d'une servitude active ne peut être appréciée accessoirement à l'expropriation du fonds servant, quelle sera l'autorité compétente pour connaître de l'indemnité à accorder ? Tout d'abord, il faut reconnaître que c'est l'autorité judiciaire qui aura à se prononcer sur l'existence même de la servitude si elle est contestée. Jugé, en ce sens, que c'est à l'autorité judiciaire qu'il appartient de décider si un particulier a droit à une servitude qui aurait été établie par titres ou par destination du père de famille sur un immeuble acquis par une commune, et affecté par elle à des travaux d'utilité publique. — Cons. d'Et., 16 déc. 1830, d'Espagnet, [S. 51.2.300, P. adm. chr., D. 51.3.21] — Sur l'application de cette règle à la construction d'un chemin de fer, V. *suprà*, v° *Chemin de fer*, n. 6109 et s.

86. — Quant à l'autorité compétente pour connaître de l'indemnité il a été jugé que le droit de vue sur une rue ou sur une place étant un droit de servitude foncière, celui auquel il appartient ne peut être forcé de le céder, si ce n'est pour cause d'utilité publique, après l'accomplissement des formalités légales et moyennant une juste et préalable indemnité. — Cass., 12 juill. 1842, Drahon, [S. 42.1.593, P. 42.2.102] — Proudhon, *Dom. publ.*, t. 2, n. 369 et s. ; Duranton, t. 5, n. 295 et s. ; Coulon, *Quest. de droit*, t. 3, p. 56 ; Solon, *Servitudes*, n. 416 et 426. — ... Et que le propriétaire qui est en possession non contestée d'un droit de passage pour les voitures dans une impasse peut s'opposer au déplacement d'une fontaine publique qui aurait pour effet de le priver de l'exercice de ce droit, tant que ce déplacement n'a pas été autorisé, soit par les règlements généraux d'alignement, soit dans les formes voulues par les lois relatives à l'expropriation pour cause d'utilité publique. — Cons. d'Et., 19 déc. 1821, Gouin, [S. chr., P. adm. chr.]

87. — En cas de cession amiable du fonds servant, y a-t-il lieu de procéder conformément à la loi du 3 mai 1841, quant à l'indemnité afférente aux servitudes actives appartenant au fonds dominant ? Il semblerait résulter d'un arrêt du Conseil d'État du 18 avr. 1861, Bouquin, [S. 61.2.141, P. adm. chr., D. 61.3.53] que dans ce cas, c'est l'autorité judiciaire qui est compétente pour régler l'indemnité parce que la loi de 1841 n'a organisé l'expropriation pour cause d'utilité publique qu'accessoirement à l'expropriation de l'immeuble. — V. aussi Cons. d'Et., 16 déc. 1850, d'Espagnet, [S. 51.2.300, P. adm. chr., D. 51.3.21]

88. — Mais ce n'est point là l'opinion généralement admise, et le Conseil d'État lui-même l'a repoussée formellement en déclarant que « si par un acte de cession amiable, postérieur à l'ordonnance déclarative d'utilité publique, l'administration a pu acheter des terrains sans être obligée d'accomplir à l'égard du propriétaire les formalités de la loi du 3 mai 1841 relative à l'expropriation pour cause d'utilité publique, cette circonstance ne pouvait la dispenser de remplir lesdites formalités à l'égard des parties auxquelles appartenaient de l'immeuble vendu quelques-uns des droits prévus par les art. 21 et 39 de la loi précitée et qui ne consentiraient pas à l'abandon de ces droits. » — Cons. d'Et., 19 janv. 1850, Nauvellet, [S. 50.2.302, P. adm. chr., D. 51.3.7] — Crépon, sur l'art. 1, n. 45 ; de Lalleau, Jousselin, Rendu et Périn, t. 1, n. 156, et t. 2, n. 668. — V. *suprà*, v° *Compétence administrative*, n. 1357 et s.

§ 6. *De la location.*

89. — Dans le cas où une location est imposée au propriétaire, aucune parcelle de la propriété n'est atteinte et ne disparaît ; cependant la question s'est élevée de savoir si, en cas de location forcée, on doit suivre les règles de l'expropriation. — Sur la location forcée des halles, V. *infrà*, v° *Halles, foires et marchés*, n. 44 et s.

90. — Sur la location forcée des salles de spectacles, V. *suprà*, v° *Compétence administrative*, n. 177, et *infrà*, v° *Théâtres et spectacles*.

91. — L'expropriation pour utilité publique résout les baux et donne au locataire droit à une indemnité. — Cass., 11 avr. 1862, Préfet de la Seine, [D. 62.1.300] ; — 20 juin 1864, Briquet, [S. 64.1.368, P. 64.787, D. 64.1.278] ; — 4 juill. 1864, Lepage-Moutier, [S. 64.1.368, P. 64.787, D. 64.1.442] ; — 2 août 1865, Ville de Paris, [S. 65.1.458, P. 65.1193, D. 65.1.236] ; — 1er juin 1881, Grosset, [S. 81.1.381, P. 81.1.900] — Crépon, sur l'art. 1, n. 46. — V. *infrà*, n. 3218 et s.

92. — Que décider en cas de cession volontaire du domaine exproprié et de l'accord intervenu sur le prix entre le proprié-

EXPROPRIATION POUR CAUSE D'UTILITÉ PUBLIQUE. — Chap. II.   485

taire et l'expropriant? Il a été jugé que les demandes d'indemnité formées par les locataires de bâtiments expropriés pour cause d'utilité publique ne peuvent être portées devant le jury d'expropriation qu'autant qu'il y a demande d'indemnité formée par le propriétaire à raison de son expropriation et accessoirement à cette demande. Dans le cas contraire, l'indemnité du locataire est réglée par l'autorité administrative. — Cons. d'Et., 14 sept. 1852, Tremery, [S. 53.2.167, P. adm. chr.]

93. — Mais ce système, qui restreint la compétence du jury, juridiction de droit commun en cette matière, présente l'inconvénient grave de faire varier la compétence, en ce qui concerne le locataire, selon la volonté ou le caprice du propriétaire. Aussi n'est-il pas suivi en pratique.

94. — Il a donc été jugé que la cession volontaire faite par le propriétaire de terrains nécessaires à des travaux d'utilité publique ne dispense pas l'administration de remplir les formalités d'expropriation prescrites par la loi du 3 mai 1841, à l'égard des locataires qui ne consentent pas à une résiliation amiable de leurs baux. En conséquence, le conseil de préfecture est incompétent pour régler l'indemnité qui peut être due à ces locataires. — Cass., 1er juin 1881, précité. — Cons. d'Et., 18 août 1849, Montlu, [S. 50.2.58, P. adm. chr., D. 50.3.5]; — 29 mars 1851, [Leb. chr., p. 233] — Crépon, sur l'art. 1, n. 46; de Lalleau, Jousselin, Rendu et Périn, t. 2, n. 668. — V. cependant de Lalleau, Jousselin, Rendu et Périn, t. 1, n. 158. — V. *supra*, v° *Bail* (en général), n. 2364 et 2369.

§ 7. *Suppression de force motrice et eaux courantes.*

95. — La pente des eaux courantes n'étant pas susceptible de propriété privée (V. *supra*, v° *Eaux*, n. 1 et 2), il en résulte, puisqu'il ne peut y avoir transmission d'une propriété qui n'existe pas, que la suppression même complète de la force motrice d'une usine, par suite de l'exécution de travaux publics, constitue non une expropriation pour utilité publique, mais un simple dommage causé par des travaux publics, dont les conséquences doivent être réglées conformément à la loi du 16 sept. 1807. Par suite, c'est au conseil de préfecture qu'il appartient de statuer, en cas de contestation, sur l'indemnité à raison de cette suppression. — Cons. d'Et., 13 août 1851, Rouxel, [S. 52. 278, P. adm. chr., D. 52.3.2]; — 28 mai 1852, Nadal, [S. 52.2. 694, P. adm. chr., D. 52.3.41]; — 27 août 1857, Marchand, [S. 58.2.652, P. adm. chr., D. 59.3.65]; — 15 mai 1858, Dumont, [S. 59.2.263, P. adm. chr., D. 59.3.41]; — 18 avr. 1866, de Colmont, [S. 67.2.204, P. adm. chr., D. 69.3.63] — Crépon, sur l'art. 1, n. 82; de Lalleau, Jousselin, Rendu et Périn, t. 1, n. 159. — V. *supra*, v° *Eaux*, n. 146, 147, 175 et s.

96. — Toutefois, une usine située sur un cours d'eau navigable, ayant une existence antérieure à 1566 et à l'édit de Moulins, déclarant le domaine public inaliénable, et ayant fait l'objet d'une vente nationale, doit être considérée comme ayant une existence légale et comme constituant une propriété privée. Dès lors, le propriétaire a droit à une indemnité au cas où la force motrice de l'usine a été supprimée par suite de l'exécution de travaux publics. — Cons. d'Et., 7 mars 1861, Ser, [S. 62.2.46, P. adm. chr.]; — 9 avr. 1863, Couturier, [S. 64.2.56, P. adm. chr.]; — 15 févr. 1866, Fresneau, [S. 67.2.39, P. adm. chr., D. 67.3.2] — De Lalleau, Jousselin, Rendu et Périn, t. 1, n. 159.

97. — Dans le cas où il peut y avoir lieu aux formalités de l'expropriation pour la suppression d'une force motrice, une indemnité ne sera accordée, bien entendu, que s'il y a préjudice. Par suite, le propriétaire d'une usine en ruine, dont il n'utilisait pas la force motrice, ne peut, en cas d'expropriation du cours d'eau pour l'alimentation d'un canal, demander une indemnité à raison de la valeur de la chute d'eau non utilisée. — Cons. d'Et., 21 août 1840, Fournier, [S. 41.2.109, P. adm. chr.] — Jugé encore que le propriétaire d'un cours d'eau sur lequel existait anciennement une usine avec chute d'eau, actuellement non utilisée, ne peut, en cas d'expropriation de ce cours d'eau pour utilité publique, demander une indemnité pour la valeur de la chute d'eau. — Cons. d'Et., 30 juin 1841, Lhuillier, [S. 41.2.498, P. adm. chr.]

98. — Lorsque le Conseil d'Etat a renvoyé aux tribunaux le règlement de l'indemnité due à un particulier pour l'expropriation d'une chute d'eau servant de moteur à une usine, c'est à l'autorité judiciaire qu'il appartient d'apprécier tous les éléments de l'indemnité due, tant pour l'expropriation proprement dite que pour le chômage qui s'y rattache. En conséquence, le conseil de préfecture est incompétent pour statuer sur cette dernière partie de la réclamation, comme sur la première; et il en est ainsi alors même que les tribunaux, se bornant à statuer sur l'indemnité d'expropriation, auraient réservé à la partie intéressée le droit de se pourvoir administrativement pour le règlement de l'indemnité de chômage. Le chômage n'est, en ce cas, que l'accessoire du dommage principal, et doit être compris dans l'indemnité afférente à ce dommage. — Cons. d'Et., 31 août 1830, Manisse, [S. chr., P. adm. chr.]

SECTION II.

Transmission de biens susceptibles d'expropriation.

§ 1. *Des biens qui ne sont pas dans le domaine privé.*

99. — Les biens qui font partie du domaine privé peuvent seuls être expropriés, parce que c'est pour ceux-là seuls qu'il peut y avoir transmission de propriété. Ainsi il avait été décidé avant la loi du 8 avr. 1898, sur le régime des eaux, que le lit des rivières non navigables, ni flottables n'étant pas propriété des riverains, ceux-ci, expropriés de leurs fonds pour cause d'utilité publique, n'avaient droit à aucune indemnité à raison du lit de la rivière longeant leurs fonds. — Cass., 6 mai 1861, Goutant, [S. 64.1.958, P. 61.310, D. 61.1.273] — Crépon, sur l'art. 1, n. 83; de Lalleau, Jousselin, Rendu et Périn, t. 1, n. 159. — V. *supra*, v° *Canal*, n. 414 et 415.

100. — Si une construction a été élevée sur un terrain appartenant au domaine public, comme ce terrain n'a pu être régulièrement aliéné, cette construction ne constitue pas une propriété privée; dès lors elle peut être démolie sans qu'il y ait lieu à recourir à la loi sur l'expropriation; il en est ainsi notamment au sujet de la démolition d'une maison édifiée sur un pont appartenant au domaine public. — Cons. d'Et., 14 sept. 1852, Tremery, [S. 53.2.167, P. adm. chr.] — De Lalleau, Jousselin, Rendu et Périn, t. 1, n. 16. — Il en est ainsi, également, en cas de suppression de baraques élevées sur un champ de foire, dans les rues ou sur les places d'une ville. — Cons. d'Et., 22 avr. 1842, Perruchon, [S. 42.2.327, P. adm. chr.]; — 6 sept. 1843, Gaudin, [S. 44.2.96, P. adm. chr.] — De Lalleau, Jousselin, Rendu et Périn, t. 1, n. 158; Crépon, sur l'art. 1, n. 73.

101. — L'administration supérieure peut, sans excès de pouvoirs, déclarer d'utilité publique, pour l'alimentation des fontaines d'une ville, la dérivation d'une partie des eaux d'une rivière canalisée appartenant à un particulier, lors même que cette rivière serait affectée au service public de la navigation. — Cons. d'Et., 28 avr. 1882, Marty, [S. 84.3.30, P. adm. chr., D. 83.3. 101] — Et le décret qui a déclaré cette utilité, dans les formes prescrites par l'art. 3, L. 3 mai 1841, n'est pas susceptible d'être attaqué pour excès de pouvoirs, alors d'ailleurs qu'il a réservé expressément les droits des tiers. — Même arrêt. — V. Av. Cons. d'Et., 21 juin 1864, rapporté en sous-note avec l'arrêt précité. — V. *supra*, v° *Canal*, n. 407 et 407 *bis*.

102. — Les biens qui dépendent du domaine public ne sont point assujettis aux règles concernant l'expropriation; en effet ils ne sont aliénables que dans les formes prévues par les lois (V. *supra*, v° *Domaine de l'Etat*, n. 60); en outre l'expropriation a pour effet de faire passer les biens du domaine de la propriété dans le domaine public; or ceux dont nous parlons en font déjà partie. Si donc un immeuble, appartenant au domaine public et affecté à un service, est réclamé par un autre service relevant aussi du domaine public, il y a lieu seulement à désaffectation du premier service et affectation au second par un acte, soit du gouvernement, soit de l'administrateur compétent. — Cass., 20 déc. 1897, Chemin de fer d'Orléans, [S. et P. 98.1.94, D. 99.1.257] — De Lalleau, Jousselin, Rendu et Périn, t. 1, n. 181; Crépon, sur l'art. 1, n. 25 et 26.

103. — Cette désaffectation et cette affectation nouvelle ont lieu, soit que cette affectation ait été faite en faveur d'un autre département ministériel, soit qu'elle ait lieu au profit d'une compagnie concessionnaire; en effet celle-ci représente l'Etat, et possède le domaine public en son nom. Si donc un chemin de fer traverse une route, une rivière, un canal, dépendances du domaine public, le terrain nécessaire pour la continuation de la voie ferrée lui est livré par voie d'autorisation et d'affectation nouvelle; les chemins de fer font partie de la grande voirie; le terrain qu'ils occupent est donc compris, à ce titre, dans le domaine public. — De Lalleau, Jousselin, Rendu et Périn, *loc. cit.*; Crépon, sur l'art. 1, n. 27. — V. *suprà*, v° *Chemin de fer*, n. 485 et s.

104. — Si l'Etat a désaffecté un bien du domaine public, pour le faire passer dans son domaine privé, ce bien devient susceptible d'être exproprié. — V. *suprà*, v^{is} *Affectation*, n. 1 et s., *Domaine public et de l'Etat*, n. 432 et s., 708 et s.

105. — Les concessions qui ont été faites en vue d'assurer un service public ne constituent pas des propriétés privées; il en est ainsi notamment des concessions de canaux, havres, qui n'emportent pas aliénation du sol; par suite, si la concession est retirée ou modifiée, il n'y a point lieu à expropriation, mais seulement à interprétation du contrat par l'autorité administrative, et allocation, s'il y a lieu, d'une indemnité. — V. *suprà*, v° *Canal*, n. 412 et s.

106. — De même, les concessions de chemins de fer ne peuvent, en cas de résiliation (V. *suprà*, v° *Chemins de fer*, n. 5612 et s.), donner lieu à une expropriation, mais, s'il y échet, au règlement d'une indemnité, fait par l'autorité administrative. Le gouvernement se réserve d'ailleurs le droit de traverser le chemin de fer, pour la construction de routes, canaux ou voies ferrées, à la condition de ne pas mettre obstacle au service du chemin de fer, et de ne lui imposer aucun frais; il se réserve encore le droit de concéder des voies nouvelles s'embranchant sur le chemin de fer concédé, pourvu de ne point gêner le service. — De Peyrony et Delamarre, p. 92; Crépon, sur l'art. 1, n. 92; de Lalleau, Jousselin, Rendu et Périn, t. 1, n. 181.

107. — Au cas où un canal, bien qu'affecté à perpétuité au service public de la navigation constitue, d'après les actes de concession, une propriété privée entre les mains du concessionnaire, lorsque celui-ci vient à être dépossédé pour l'exécution des travaux publics, c'est au jury d'expropriation et non au conseil de préfecture qu'il appartient de fixer l'indemnité qui peut lui être due. — Cons. d'Et., 10 avr. 1860, Canal du Midi, [S. 60. 2.572, P. adm. chr., D. 60.3.54] — Daffry de la Monnoye, t. 1, n. 10; Crépon, sur l'art. 1, n. 93.

§ 2. *Du caractère immobilier des biens susceptibles d'expropriation.*

108. — Quelles sont, parmi les biens du domaine privé, les propriétés qui peuvent être expropriées? Les lois de 1810, 1833 et 1841 ne le disent pas expressément, mais comme elles emploient le mot expropriation dans le même sens que le Code civil (art. 2204), il s'ensuit que le droit d'expropriation ne peut s'appliquer qu'à l'égard des biens immobiliers et de leurs accessoires réputés immeubles (V. *suprà*, v° *Biens*, n. 136 et s.), de l'usufruit sur les biens de même nature; des droits d'usage et habitation, démembrements de la propriété; du droit d'emphytéose (V. *suprà*, v° *Biens*, n. 320 et s.). — Cons. d'Et., 19 janv. 1850, Nouvellet, [S. 50.2.302, P. adm. chr., D. 51. 3.7] — De Peyrony et Delamarre, p. 89; Daffry de la Monnoye, t. 1, n. 11; Crépon, sur l'art. 1, n. 43 et 44; Proudhon, *Tr. du domaine public*, t. 1, p. 478; Herson, p. 7 et 8; Gillon et Stourm, *Code des municipalités*, p. 26 et 57; Garnier, *Tr. des chemins de fer*, p. 155; Dufour, p. 15; Solon, p. 7, n. 8; Sabatier, p. 113; Morin, p. 11.

109. — Les accessoires d'un immeuble. qui y sont attachés, étant réputés immeubles eux-mêmes tant qu'ils n'en sont pas détachés, font nécessairement partie de l'expropriation; tels sont les constructions de toute nature, les arbres, etc.(V. *suprà*, v° *Biens*, n. 51 et s., et 104 et s.), existant sur un fonds. Quant aux immeubles par destination, il faut distinguer: ceux qui sont attachés au fond à perpétuelle demeure font partie intégrante de cet immeuble (V. *suprà*, v° *Biens*, n. 240 et s.), et sont expropriés en même temps que lui; quant aux autres, le propriétaire ne pourra en être dépossédé et ne pourra les comprendre dans l'indemnité de Lalleau, Jousselin, Rendu et Périn, t. 1, n. 166). Il en est ainsi des animaux attachés à la culture, des pailles, engrais, ustensiles aratoires, etc. — Crépon, sur l'art. 1, n. 17. — V. *suprà*, v° *Biens*, n. 152 et s.

110. — Il a été jugé que les ustensiles nécessaires à l'exploitation d'un moulin doivent être considérés comme en étant l'accessoire (V. *suprà*, v° *Biens*, n. 197 et s.), et doivent dès lors entrer dans l'évaluation du capital de l'indemnité due à l'usinier exproprié. Et que les intérêts dus à raison de cette portion d'indemnité courent du jour de la dépossession. — Cons. d'Et., 9 juin 1830, Chambaud, [S. chr., P. adm. chr.] — Mais on ne saurait approuver cette décision; ces ustensiles peuvent être détachés et ne doivent pas dès lors être compris dans l'indemnité; la règle contraire ne pourrait être suivie que pour ceux incorporés au moulin à perpétuelle demeure. — Crépon, sur l'art. 1, n. 18; de Lalleau, Jousselin, Rendu et Périn, t. 1, n. 166.

111. — Aucune loi n'autorise l'expropriation des droits d'un auteur pour cause d'utilité publique. — Cass., 3 mars 1826, Muller, [S. et P. chr.] — La question offre un grand intérêt pour les personnes qui s'occupent de l'étude des projets de chemin de fer ou autres travaux qui peuvent devenir plus tard la base d'une concession; car il leur importe de savoir si l'Etat, en leur refusant la concession, peut s'emparer de leur projet et l'exécuter lui-même ou le faire exécuter par d'autres concessionnaires. La propriété littéraire ne peut donc donner lieu à ouverture à expropriation; mais au lieu d'être perpétuelle, comme les autres propriétés, elle prend fin dans les limites fixées par la loi. — Crépon, sur l'art. 1, n. 13; Foucart, t. 1, n. 536; Gillon et Stourm, p. 26 et 57; Dufour, p. 16. — V. *infrà*, v° *Propriété littéraire*.

112. — Lorsqu'une école gratuite a été érigée en école spéciale, par le gouvernement, sur la demande du fondateur, celui-ci ne peut se considérer comme exproprié pour cause d'utilité publique, et demander par suite une indemnité. Le fondateur de l'école ne peut demander des indemnités, au delà des souscriptions et des encouragements qu'il a reçus du ministère de l'intérieur, pour le temps pendant lequel il a soutenu son établissement à son propre compte. Il n'est pas fondé non plus à réclamer une indemnité pour la valeur du mobilier qui se trouvait dans l'établissement à l'époque de la cession, lorsqu'il ne justifie d'aucun inventaire, d'aucune estimation au procès-verbal de réception, qui ait réservé ses droits à cet égard. — Cons. d'Et., 14 oct. 1831, de Montizon, [P. adm. chr.]

113. — Les concessions sur les cours d'eau non navigables et les autorisations d'usine ne peuvent être révoquées ou supprimées que moyennant indemnité, à moins qu'il ne s'agisse de travaux publics exécutés dans l'intérêt de la police et de la répartition des eaux. Mais cette concession ne présentant pas le caractère d'une propriété immobilière, ce n'est point à l'autorité judiciaire, mais à l'autorité administrative, à régler l'indemnité qui peut être due. — De Lalleau, Jousselin, Rendu et Périn, t. 1, n. 175.

114. — D'une façon générale, la loi du 3 mai 1841, sur l'expropriation, est inapplicable à l'expropriation d'une industrie, particulièrement aux demandes en indemnité pour prohibition de fabriquer et débiter du tabac factice. — Cons. d'Et., 20 août 1835, Clament-Zantz, [S.35.2.559, P. adm. chr.]; — 21 oct. 1835, Duchatellier, [S. 35.2.542, P. adm. chr.] — Gillon et Stourm, p. 26 et 57; Crépon, sur l'art. 1, n. 15; de Lalleau, Jousselin, Rendu et Périn, t. 1, n. 166; Daffry de la Monnoye, t. 1, n. 11. — Toutefois, il a été fait exception à cette règle par la loi du 2 août 1872 sur l'expropriation des fabriques d'allumettes. — V. *suprà*, v° *Allumettes*, n. 25 et s.

115. — L'expropriation peut frapper indistinctement tous les immeubles quel qu'en soit le propriétaire, exception faite toutefois de ce que nous avons dit *suprà*, n. 99 et s., concernant les immeubles faisant partie du domaine public; l'expropriation atteint donc les biens des mineurs, des interdits, et ceux faisant partie du domaine privé de l'Etat, des départements et des communes, et des établissements publics. — Crépon, sur l'art. 1, n. 21. — V. *infrà*, n. 580 et s. — Seulement à l'égard des biens du domaine privé de l'Etat, des communes et des départements, la cession a lieu à l'amiable, après l'accomplissement des formalités ordinaires en cas de vente de ces biens. — V. *infrà*, n. 613 et s.

116. — L'expropriation peut s'appliquer également aux immeubles appartenant à un étranger. En effet, les immeubles même possédés par des étrangers sont régis par la loi française (C. civ., art. 3). Et par cela seul que l'étranger est propriétaire, il est soumis, quant à sa propriété, à toutes les lois du pays où de Lalleau, Jousselin, Rendu et Périn, t. 1, n. 167; Crépon, sur l'art. 1, n. 20). Une exception doit toutefois être faite en ce qui concerne les hôtels appartenant aux ambassadeurs des puissances étrangères; ces hôtels, en vertu du principe de l'exterritorialité, sont censés ne point se trouver sur le territoire français; si l'hôtel d'un ambassadeur était nécessaire pour des travaux d'utilité publique, sa cession devrait faire l'objet d'une convention diplomatique. — De Peyrony et Delamarre, p. 90; Crépon, sur l'art. 1, n. 23; de Lalleau, Jousselin, Rendu et Périn, t. 1, n. 168. — V. suprà, v° *Agent diplomatique ou consulaire*, n. 1154.

117. — Une source peut être l'objet d'une expropriation pour utilité publique. — V. Cass., 3 juill. 1839, Bourgon, [S. 39.1. 748, P. 46.2.545]

118. — Il a été jugé que le sous-sol ou tréfonds étant une partie intégrante, et non pas seulement un accessoire de la propriété immobilière, ne peut être exproprié séparément sur la demande de la partie expropriante : le propriétaire a le droit d'exiger que l'expropriation comprenne tout à la fois la superficie et le sous-sol, et si la superficie consiste en bâtiments, il est fondé à requérir qu'ils lui soient achetés en entier. — Paris, 26 juill. 1864, Préfet de la Seine, [S. 65.2.107, P. 65.483]

119. — Mais l'arrêt de la cour de Paris a été cassé et la Cour suprême a décidé que le sous-sol d'une propriété immobilière peut être exproprié pour cause d'utilité publique, séparément de la superficie. — Cass., 1er août 1866, Préfet de la Seine, [S. 66. t.408, P. 66.1094, D. 66.1.303] — Crépon, sur l'art. 1, n. 22, — et qu'en pareil cas, la superficie n'étant nullement atteinte, il ne saurait y avoir lieu d'appliquer l'art. 50, L. 3 mai 1841, qui permet au propriétaire de requérir l'acquisition totale d'un bâtiment partiellement atteint, ou d'un terrain morcelé par l'expropriation (V. *infrà*, n. 1386 et s.), sauf au jury à tenir compte, dans le règlement de l'indemnité, du dommage qui peut être causé aux bâtiments de la surface. — Même arrêt. — V. *suprà*, v° *Chemin de fer*, n. 6001, et *infrà*, v° *Mines, minières et carrières*, n. 420 et s.

120. — Il n'y a point d'expropriation vis-à-vis des meubles, cependant certains objets mobiliers, chevaux, voitures, effets d'habillements, vivres, etc., peuvent être indispensables à l'Etat, lorsqu'une guerre est déclarée ; dans ce cas il procède par voie de réquisition conformément à la loi du 3 juill. 1877. — De Lalleau, Jousselin, Rendu et Périn, t. 1, n. 166; Crépon, sur l'art. 1, n. 12. — V. *infrà*, v° *Guerre*, n. 11 et s., et v° *Réquisitions militaires*.

121. — Diverses lois ont cependant appliqué la loi du 3 mai 1841, sur l'expropriation, à des évictions ne portant point sur des immeubles et à des occupations temporaires ou à des suppressions d'ouvrages qui, par conséquent, constitueraient, par leur nature, de simples dommages relevant de la compétence administrative. Nous citerons : 1° la loi du 15 avr. 1829, sur la pêche, qui décide dans son art. 3 que : « dans le cas où des cours d'eau seraient rendus ou déclarés navigables ou flottables, les propriétaires riverains seront privés du droit de pêche auront droit à une indemnité préalable qui sera réglée selon les formes prescrites par les art. 16, 17 et 18, L. 8 mars 1810 » aujourd'hui selon les formes de la loi de 1841. — V. *infrà*, v° *Pêche fluviale*. — 2° la loi du 30 mars 1831 qui prescrit de recourir aux formalités des lois sur l'expropriation pour déterminer le dommage résultant de l'occupation temporaire nécessitée par des travaux de fortification urgents ; 3° la loi du 15 juill. 1845, sur les chemins de fer, qui fait régler conformément aux dispositions de la loi de 1841 l'indemnité due pour la suppression des constructions, plantations, excavations, couvertures en chaume, amas de matériaux, combustibles ou autres existant dans le voisinage du chemin de fer (art. 10); 4° la loi du 16 juin 1851, sur la constitution de la propriété en Algérie, qui fait régler selon les formalités de la loi de 1841 des dommages résultant d'occupation temporaire (V. *suprà*, v° *Algérie*, N. 4367 et s., 4552 et s.); 5° la loi du 22 juin 1854, sur les magasins à poudre de la guerre et de la marine, ordonnant que l'on a procédé conformément aux dispositions de la loi du 3 mai 1841 pour la suppression de constructions ou d'établissements avoisinants ces magasins. L'indemnité que ces dommages entraînent devait, selon les règles ordinaires, entraîner la compétence de l'autorité administrative. — De Lalleau, Jousselin, Rendu et Périn, t. 1, n. 183.

Section III.

De l'indemnité préalable.

122. — Le principe c'est que l'expropriation ne peut avoir lieu sans une indemnité et une indemnité préalable ; l'Etat qui s'emparerait des biens des particuliers sans indemnité n'expropriait pas, il confisquerait (de Lalleau, Jousselin, Rendu et Périn, t. 1, n. 171). — V. *infrà*, n. 2511 et s. — Mais ce droit n'existe que lorsqu'il y a transmission d'une propriété privée au profit de l'Etat. Dans un cas de calamité, de guerre étrangère ou insurrectionnelle, de catastrophe, l'Etat, s'il détruit, n'acquiert rien.

123. — La force majeure fait exception à toutes les règles ; par suite, en cas d'urgence, occasionnée par la force majeure, il n'y a pas lieu d'appliquer les dispositions de la loi du 3 mai 1841 ; il en est ainsi en cas de guerre, d'inondation, d'incendie. Lors de la discussion de l'art. 545, C. civ., devant le Conseil d'Etat, M. Malleville, s'est ainsi exprimé à cet égard : « Mais personne ne doutera probablement qu'en cas de guerre ou d'incendie le gouvernement ne puisse, pour la défense de la nation ou pour arrêter un incendie, non seulement occuper, mais changer la face du sol, faire abattre un bâtiment, le tout sans avoir besoin d'en passer une loi. — Aussi l'art. 38, tit. 1 de la loi des 8-10 juill. 1791, permettait-il, durant l'état de guerre, en vertu d'un ordre du roi ou d'une délibération du conseil de défense, toutes destructions et démolitions jugées nécessaires. » — V. *infrà*, v° *Guerre*, n. 36 et s., 48 et s., 64 et s.

124. — La force majeure entraînera encore la spoliation d'un propriétaire lorsque la délimitation du territoire national, effectuée en vertu d'un traité diplomatique, entraînera sa dépossession, sa propriété ayant été cédée ou restituée à une commune dépendant d'une puissance voisine. — Cons. d'Et., 15 juin 1842, Hospices de Strasbourg, [S. chr., P. adm. chr.] — De Lalleau, Jousselin, Rendu et Périn, t. 1, n. 46 et 163. — V. *suprà*, v° *Annexion et démembrement de territoire*, n. 98 et s.

125. — Exception enfin est également faite à la condition de l'indemnité préalable alors que l'intéressé y a renoncé et a abandonné ses biens à l'Etat en vue des travaux à exécuter sans exiger aucune indemnité. — De Lalleau, Jousselin, Rendu et Périn, t. 1, n. 174. — V. *infrà*, n. 659 et s.

Section IV.

De l'utilité publique.

126. — L'expropriation ne peut être accordée qu'en vue d'une entreprise d'utilité publique, elle ne peut l'être dans l'intérêt d'un particulier. Mais l'utilité publique n'est point uniquement attachée aux travaux entrepris par l'Etat, les départements et les communes; elle est également reconnue aux travaux entrepris par certaines associations de propriétaires dans des conditions établies par le législateur ; ainsi les associations syndicales en bénéficient dans les conditions de la loi des 21-26 juin 1865, modifiée par la loi du 22 déc. 1888. — Crépon sur l'art. 1, n. 2 et s.; de Lalleau, Jousselin, Rendu et Périn, t. 1, n. 169 et 170. — V. *infrà*, n. 133.

127. — D'autre part, dès que l'utilité publique est légalement reconnue, l'expropriation peut être ordonnée. Ainsi jugé spécialement que la loi des 15-18 mars 1790, art. 19, ne peut faire obstacle au droit qui appartient à l'administration de poursuivre par voie d'expropriation pour cause d'utilité publique, l'acquisition des terrains nécessaires à l'établissement d'un champ de foire. Les champs de foire sont d'une utilité publique incontestable. — Cons. d'Et., 11 juin 1880, Hallet, [S. 81.3.102, P. adm. chr., D. 81.3.63]

128. — L'utilité publique est quelquefois reconnue en faveur d'établissements privés ; mais dans ce cas, la simple présomption en vertu duquel l'expropriation ne doit point être accordée dans l'intérêt des particuliers, mais être conférée qu'en vue de l'intérêt général, ne fléchit pas. En d'autres termes, l'intérêt général doit être lié au fonctionnement des entreprises industrielles, métallurgiques, commerciales, qu'il s'agit de protéger. C'est ainsi que divers décrets ont autorisé l'expropriation de terrains en vue de l'établissement d'un embranchement privé destiné à relier une usine à un chemin de fer ou à un canal (Décrets du 8 févr. 1853, mines de Sorbier ; 8 oct. 1854, usine Bourdon ; 24 nov. 1854, mines de Montieux). — Crépon, sur l'art. 1, n. 7; de Lalleau, Jousselin, Rendu et Périn, n. 170.

129. — C'est là toutefois une application exceptionnelle et particulièrement dangereuse des règles concernant l'expropriation ; on doit donc restreindre étroitement les cas dans lesquels l'expropriation peut être accordée et l'utilité publique reconnue dans des situations pareilles ; on risquerait autrement de porter une atteinte grave au principe de l'inviolabilité de la propriété. — Crépon, sur l'art. 1, n. 8.

130. — L'utilité publique peut être reconnue alors même qu'il n'existe pas de travaux à exécuter, mais seulement d'une propriété à acquérir pour en assurer la conservation ; c'est ce qui résulte nettement des travaux préparatoires. On lit en effet dans le procès-verbal de la séance du Conseil d'Etat du 4 janvr. 1810 : « M. le comte Regnault (de Saint-Jean d'Angély) fait observer que tout ce qui vient d'être dit ne convient qu'au cas où il s'agit de travaux entrepris pour établir une route ou pour construire un canal, mais qu'il est possible que, hors ces circonstances, l'utilité publique commande l'acquisition d'une propriété, d'un château, par exemple. » « Napoléon répond qu'alors le décret désignera cette propriété » (Locré, t. 9, p. 699). — De Lalleau, Jousselin, Rendu et Périn, t. 1, n. 179 et 180.

131. — Ainsi la loi du 14 juill. 1856, art. 12, a autorisé l'expropriation d'une source minérale dont l'exploitation laissait à désirer ; l'établissement d'eaux minérales est, en effet, d'utilité publique puisqu'il est destiné à soulager les malades ; si donc le propriétaire d'un tel établissement l'administre mal, et n'en tire pas les ressources suffisantes, si, par des prix excessifs, il le rend inabordable à la généralité des malades, l'utilité publique exigera qu'on lui retire une propriété nécessaire à tous et dont il mésuse. — De Lalleau, Jousselin, Rendu et Périn, t. 1, n. 179; Daffry de la Monnoye, t. 1, sur l'art. 3, n. 7. — V. suprà, v° *Eaux minérales et thermales*, n. 16, 92 et 131.

132. — Ainsi encore la loi du 30 mars 1887, art. 5, autorise le ministre de l'Instruction publique et des Beaux-arts à poursuivre, conformément aux dispositions de la loi de 1841, l'expropriation des monuments historiques classés et des monuments mégalithiques; cette loi a pour but d'assurer la conservation de ces monuments ; par son art. 4, il prescrit que l'expropriation ordinaire d'un immeuble classé comme monument historique ne pourra avoir lieu qu'après que le ministre des Beaux-arts aura été appelé à présenter ses observations. — De Lalleau, Jousselin, Rendu et Périn, t. 1, n. 180; Daffry de la Monnoye, t. 1, sur l'art. 3, n. 8. — V. suprà, v° *Beaux-arts*, n. 227 et s.

CHAPITRE III.

DES FORMALITÉS ADMINISTRATIVES.

Section I.

Qui peut poursuivre l'expropriation et contre qui elle doit être poursuivie.

§ 1. *Qui peut poursuivre l'expropriation*.

133. — L'expropriation qui ne peut, avons-nous dit, avoir lieu que dans un intérêt général et d'utilité publique, ne peut être prononcée qu'au profit de l'Etat, des départements, des communes, des compagnies qui leur sont substituées (L. 3 mai 1841, art. 3) et des associations syndicales (L. 21 juin 1865); elle doit être poursuivie par leurs représentants légaux. — Daffry de la Monnoye, t. 1, sur l'art. 3, n. 3 ; Crépon, sur l'art. 1, n. 96.

134. — L'Etat est représenté par le préfet du lieu où l'expropriation est poursuivie. Cependant il peut être également représenté par les fonctionnaires qui ont spécialement qualité à raison de la nature particulière des travaux. Ainsi les poursuites d'expropriation pour travaux maritimes sont valablement faites à la requête du préfet maritime, au lieu du préfet du département. — Cass., 22 déc. 1834, Senez, [S. 35.1.172, P. chr.] — L'arrêt que nous venons de citer a été rendu par application de l'art. 65, L. 7 juill. 1833, mais comme l'art. 75, L. 3 mai 1841, reproduit textuellement cet art. 65, la décision de la Cour suprême a toujours la même valeur doctrinale. — Crépon, sur l'art. 1, n. 99 et 100.

135. — Le préfet peut d'ailleurs déléguer un autre fonctionnaire pour poursuivre l'expropriation, et le désigner comme mandataire ; ainsi lorsqu'il s'agit d'une expropriation relative à des travaux militaires, fortifications ou autres, le préfet peut être représenté par un officier, qui agit alors au nom de l'Etat comme représentant le préfet. — Cass., 21 déc. 1892, Préfets de la Corse, [S. et P. 94.1.191.]

136. — De même que le préfet représente le département, le maire représente la commune; si le maire est empêché, le premier adjoint le remplace sans qu'il ait besoin d'être désigné par le conseil municipal à cet effet. L'adjoint puise son droit dans les art. 83 et 84 de la loi du 5 avr. 1884. — Cass., 25 mai 1891, Ville de Bastia, [S. et P. 93.1.208, D. 91.1.435] — Crépon, sur l'art. 1, n. 97 et 98.

137. — L'expropriation qui serait poursuivie par un représentant de l'autorité sans qualité serait nulle, il en est ainsi particulièrement de l'expropriation dans l'intérêt communal à laquelle le préfet aurait procédé au lieu et place du maire. — Cass., 12 mai 1838, Desgries, [S. 59.1.270, P. 59.738, D. 58.1.323]; — 6 avr. 1859, Carrio, [S. 59.1.257, P. 59.1.834, D. 59.1.264]; — 28 août 1867, Dupont, [S. 68.1.136, P. 68.307, D. 67.1.493]; — 4 mai 1869, V° Féan, [D. 69.1.341]; — 6 août 1883, Gasnier, [S. 85.1.456, P. 85.1.1088, D. 84.1.333]; — 21 mars 1892, [S. et P. 92.1.528] — Crépon, sur l'art. 1, n. 101 et 102.

138. — Jugé toutefois qu'au cas d'expropriation pour travaux communaux, comme au cas d'expropriation dans l'intérêt général, c'est au préfet seul qu'appartient le droit de suivre la procédure administrative préalable au jugement d'expropriation. — Cass., 27 déc. 1865, Devaux, [S. 66.1.222, P. 66.559, D. 67.1.494]

139. — Quant aux concessionnaires, substitués conformément à la loi du 3 mai 1841, art. 63, aux droits de l'Etat des départements ou des communes, ils ne peuvent agir que lorsque le jugement d'expropriation a été rendu à la requête de l'administration qu'ils représentent. — Cass., 20 nov. 1854, V° Masteaux, [D. 54.5.343]; — 23 juin 1862, Laferrillade, [S. 62.1.1061, P. 63.306, D. 62.1.384] — Crépon, sur l'art. 1, n. 103 et 104.

140. — La compagnie concessionnaire pour pouvoir agir, doit avoir été régularisée, ses statuts doivent avoir été approuvés, et elle doit avoir été autorisée à se substituer à l'administration qu'elle représente. — Cass., 14 févr. 1855, Yon de Jaunage, [S. 55.1.538, P. 55.1.391, D. 55.1.178]; — 20 mars 1855, Togny, [S. et P. Ibid., D. 55.1.170]; — 24 avr. 1855, Falceux, [S. 55.1.607, P. 55.1.599, D. 55.1.132] — Crépon, sur l'art. 1, n. 105.

141. — Par suite, dans le cas où une ville a été régulièrement autorisée, par un décret, à se substituer une compagnie pour l'exécution de travaux publics, la ville n'en conserve pas moins pouvoir et qualité pour accomplir les formalités préalables aux expropriations d'immeubles nécessitées par ces travaux, tant que le décret d'autorisation dont il s'agit n'est pas devenu exécutoire par la remise régulière d'une ampliation de ce même décret. — Cass., 24 avr. 1855, précité. — A plus forte raison, si une ville a concédé à une compagnie constituée en société anonyme l'exécution de travaux qui ont été déclarés d'utilité publique, les expropriations d'immeubles que nécessitent ces travaux, tant que les statuts de cette compagnie n'ont point été approuvés par le gouvernement, être provoquées et poursuivies que par la ville, et non par la compagnie concessionnaire. — Cass., 14 févr. 1855, précité ; — 20 mars 1855, précité.

142. — Si le concessionnaire forme une société pour exploiter sa concession, il demeure concessionnaire vis-à-vis de l'administration qui l'a agréé; c'est donc à lui à procéder et non point à la société qu'il a fondée, à moins que celle-ci n'ait été acceptée par l'administration et ne soit devenue ainsi le véritable concessionnaire. — Cass., 6 janv. 1836, Gaullieur, [S. 36.1.5, P. chr.]

143. — Mais on ne peut prétendre qu'une compagnie a été sans qualité pour remplir les formalités de la procédure d'expropriation et du règlement des indemnités, lorsque cette compagnie a agi comme représentant la compagnie expropriante, soit qu'il ne fût qu'un avec elle (art. 3, 13 et 21), soit qu'elle fût sa mandataire. — Cass., 12 déc. 1892, Chemin de fer de Périgord, [S. et P. 94.1.365, D. 92.1.556]

144. — Au reste, l'administration tout en choisissant un concessionnaire peut se réserver de faire elle-même les acquisitions de terrains, en ne laissant au concessionnaire que le soin de les payer ; cette convention lie les parties. — Cass., 22 juill. 1889, Saint, [S. 91.1.270, P. 91.1.643, D. 91.1.39]

145. — Malgré la règle établie *suprà*, n. 133, si le législateur veut accorder l'expropriation à une entreprise privée, il peut le faire, en vertu de sa souveraineté; c'est ainsi qu'une loi du 24 juill. 1873 a déclaré d'utilité publique la construction d'une église à Paris sur la colline de Montmartre et a conféré à l'archevêque de Paris le droit de procéder à l'expropriation. — Daffry de la Monnoye, t. 1, sur l'art. 3, n. 3.

§ 2. Contre qui l'expropriation est poursuivie.

146. — L'expropriation est poursuivie contre les propriétaires, qui doivent être dépossédés de leur propriété; si ces propriétaires sont mineurs ou incapables, l'expropriation doit, à peine de nullité, être poursuivie contre leur représentant légal. Ainsi l'expropriation des biens de l'Etat et des départements est dirigée, à peine de nullité, contre le préfet, des biens de la commune contre le maire, celle des biens des mineurs ou des interdits contre leur tuteur. — Cass., 25 mai 1868, Rivière, [S. 68.1.308, P. 68.784, D. 68.1.255]; — 2 avr. 1895, Decamps, [S. et P. 95.1.360] — Crépon, sur l'art. 1, n. 106 et s.

147. — L'expropriation étant obligatoire le représentant de l'incapable n'a pas besoin d'une autorisation du tribunal pour procéder sur l'expropriation suivie contre lui. Jugé par suite que le tuteur du mineur dont les biens sont frappés d'expropriation, a qualité pour suivre la procédure d'expropriation dans l'intérêt de celui-ci; l'autorisation du tribunal ne lui est pas nécessaire. — Cass., 17 févr. 1846, Préf. des Bouches-du-Rhône, [S. 46.1.237, P. 46.1.500, D. 46.1.64]; — 13 mars 1861, Roubichon, [S. 51.1.653, P. 62.40, D. 61.1.181] — Crépon, sur l'art. 1, n. 114. — Mais en cas de cession amiable, ainsi que nous le verrons plus loin, l'autorisation du tribunal devient nécessaire.

148. — Si l'exproprié est en état de faillite, l'expropriation doit être suivie contre le syndic de sa faillite qui administre ses biens, et non contre le failli qui n'a plus aucune qualité à cet effet, et qui, souvent, se soucie peu de défendre les intérêts de ses créanciers. — Cass., 2 avr. 1895, précité.

149. — Si l'expropriation est suivie contre une personne pourvue d'un conseil judiciaire, l'expropriant doit mettre en cause ce conseil, et ce, à peine de nullité. — Cass., 17 avr. 1866, Quesnot, [P. 66.5.193]; — 4 mars 1890, de Sereys, [S. 90.1.272, P. 90.1.662, D. 90.5.260] — Crépon, sur l'art. 1, n. 39. — V. suprà, v° Conseil judiciaire, n. 192 et s.

150. — L'expropriation de biens appartenant à une femme mariée doit être suivie contre celle-ci, assistée de son mari; car la femme ne peut agir seule en justice; la procédure serait donc nulle si il avait été procédé contre la femme seule. — Cass., 11 janv. 1848, Darmilhac, [S. 48.1.138, P. 48.1.10, D. 48.5.182]; — 25 mai 1868, Rivière, [S. 68.1.308, P. 68.784, D. 68.1.404]; — 2 avr. 1873, Luzer, [S. 73.1.473, P. 73.1.189]; — 16 nov. 1891, Lesignen, [S. et P. 92.1.96]; — 9 mars 1896, Delasseur, [S. et P. 96.1.308, D. 96.4.152] — Crépon, sur l'art. 1, n. 112 et 113.

151. — Spécialement, il en est ainsi de la femme dotale, contre laquelle toute procédure en expropriation est suivie relativement à ses biens dotaux, sans qu'elle soit assistée de son mari (Cass., 11 janv. 1848, précité). Aucune exception n'est faite en faveur de la femme marchande publique, alors même qu'il s'agirait d'un litige dont l'objet se rattacherait à son commerce. — Cass., 25 mai 1868, précité. — Crépon, sur l'art. 1, n. 114.

152. — L'autorisation du mari n'a pas besoin d'être constatée en une formule sacramentelle; il suffit qu'elle résulte, d'une manière certaine, des pièces de la procédure, car la mention de cette autorisation n'est prescrite par aucune loi (V. suprà, v° Autorisation de femme mariée, n. 347 et s.). Par suite, la procédure est régulière, alors que l'autorisation maritale ressort de conclusions prises au nom du mari et de la femme et jointes au procès-verbal d'opérations. — Cass., 16 févr. 1881, Matis, [D. 82.5.218] — Crépon, sur l'art. 1, n. 116 et 117.

153. — On devrait, d'autre part, déclarer nulle l'expropriation poursuivie contre le mari seul, d'un immeuble appartenant à la femme. — Cass., 24 août 1846, Forest, [S. 46.1.879, P. 46.2.509, D. 46.1.329]; — 5 févr. 1862, Manjunau, [S. 62.1.890, P. 63.381, D. 62.1.378] — Crépon, sur l'art. 1, n. 118. — Notamment à une femme séparée de biens. — Cass., 24 août 1846, précité. — Le mari n'a point, en effet, le droit de vendre seul les biens appartenant en propre à sa femme.

Section II.
De l'étude des projets et de l'enquête préalable.

§ 1. Etude des projets.

154. — L'expropriation pour cause d'utilité publique s'opère par autorité de justice (L. 3 mai 1841, art. 1). On a, dit Duver-

gier (Collection des lois, t. 33, p. 277), reproché à cet article de renfermer une véritable déception en ce qu'il énonce que l'expropriation pour cause d'utilité publique s'opère par autorité de justice, tandis que, dans la réalité, c'est l'autorité administrative qui constate la nécessité de l'expropriation et qui dépouille véritablement le propriétaire. Il est possible que l'expression ne soit pas parfaitement exacte; mais comme c'est aux tribunaux qu'est réservé le droit de prononcer l'expropriation que l'administration a préparée, que ce sont les tribunaux qui déterminent le montant de l'indemnité, on conçoit très-bien que l'article ait été rédigé et adopté comme il l'est.

155. — Des études préparatoires sont tout d'abord nécessaires pour étudier les projets, dresser des plans et établir un projet définitif; ces études doivent être autorisées par l'administration ; la forme de cette autorisation n'avait point été déterminée antérieurement à la loi du 29 déc. 1892 : on décidait donc qu'il suffisait, par exemple, que les agents des ponts et chaussées qui procédaient fussent munis des ordres de leurs supérieurs ou de l'autorité administrative compétente. Et comme les dégâts et les dommages résultant de l'étude des projets constituaient des dommages causés par l'exécution de travaux publics, on décidait, également, que l'indemnité qui était due à raison de leur existence serait appréciée par le conseil de préfecture. — De Lalleau, Jousselin, Rendu et Périn, t. 1, n. 49 et s.; Crépon, sur l'art. 3, n. 10.

156. — Une instruction du 23 oct. 1853, émanée du ministre des Travaux publics, fixait ainsi qu'il suit les devoirs des ingénieurs et de leurs agents... « Dans le cas même où la stricte observation des règles devrait amener quelque retard, le respect du droit de propriété est un principe trop élevé pour qu'on le subordonne à une pareille considération. Je recommande donc de nouveau, de la manière la plus expresse, aux ingénieurs de ne jamais agir sans s'être préalablement munis de toutes les autorisations nécessaires; et s'ils trouvent de la résistance, même alors qu'ils sont parfaitement en règle, de ne recourir aux voies de rigueur qu'après avoir épuisé tous les moyens de conciliation compatibles avec l'accomplissement de leurs obligations de service. Je leur renouvelle également mes recommandations sur la conduite qu'ils ont à tenir lorsqu'ils sont entrés dans les propriétés pour les occuper temporairement ou pour les traverser. La résistance des propriétaires à laisser pénétrer chez eux tient souvent à la crainte d'y voir commettre des dégâts inutiles, et il y a là peut-être une cause d'irritation plus grande que l'occupation même de la propriété; l'indemnité pécuniaire n'est pas acceptée comme réparation suffisante du mal moral causé par des dommages que ne motive pas une impérieuse nécessité. Les ingénieurs doivent s'attacher à faire cesser de pareilles craintes en donnant de bonnes directions à leurs agents, en s'abstenant avec le plus grand soin de tout ce qui pourrait nuire à la propriété sans utilité pour les opérations, en atténuant, autant qu'il dépendra d'eux, les dommages inévitables, en ménageant, en un mot, la propriété autant que le permettent les exigences réelles des études ou des travaux. Ces recommandations ne concernent pas seulement les ingénieurs de l'État, elles s'adressent également aux ingénieurs des compagnies concessionnaires de travaux publics et particulièrement de chemin de fer; les compagnies agissent comme délégataires de l'État, et si, en vertu de cette délégation, elles exercent les mêmes droits, elles sont aussi tenues aux mêmes obligations. » — Annales des ponts et chaussées, 1853, p. 394.

157. — On basait le droit général de l'administration d'entrer dans les propriétés privées sur la loi du 28 pluv. an VIII (art. 4) sur celle du 16 sept. 1807, sur les dispositions des décrets sur l'expropriation qui chargent les ingénieurs des études des projets préparatoires, sur l'art. 438, C. pén., enfin sur les pouvoirs généraux confiés à l'administration. — Cons. d'Et., 19 oct. 1825, Berthelot, [P. adm. chr.] — De Lalleau, Jousselin, Rendu et Périn, t. 1, n. 51 et 52; Crépon, sur l'art. 3, n. 9; de Peyrony et Delamarre, p. 109; Dufour, n. 27. — On en concluait que les particuliers ne pouvaient refuser l'accès de leurs propriétés et on avait jugé notamment, à cet égard, que l'opposition, par voies de fait, de la part du propriétaire d'un terrain, aux travaux du gouvernement, constituait le délit prévu par l'art. 438, C. pén., encore bien que les travaux fussent purement préparatoires, tels que les études de terrain et levées de plan destinées à faciliter l'exécution des travaux définitifs. — Cass., 4 mars 1825, Mayet, [S. et P. chr.] — ... et que des individus qui s'étaient opposés par des voies de fait à la confection des travaux autorisés par le gouvernement, ne pouvaient être excusés sur le motif que, dans l'exécution de ces travaux, on aurait dépassé la limite tracée par l'autorité. — Cass., 3 mars 1834, Bertrand, [S. 34.1.574, P. chr.] — De Lalleau, Jousselin, Rendu et Périn, t. 1, n. 51; Crépon, sur l'art. 3, n. 10.

158. — Depuis, la loi du 29 déc. 1892, sur les dommages causés à la propriété par l'exécution de travaux publics, a réglementé ce point et établi entre les propriétés ouvertes et les propriétés closes des distinctions que nous ferons connaître *infrà*, v° *Occupation temporaire*. Les décisions rapportées dans les numéros qui précèdent n'en restent pas moins exactes dans leur ensemble.

§ 2. *De l'enquête préalable.*

159. — La loi ou le décret déclarant l'utilité publique doivent être précédés d'une enquête préparatoire (L. 3 mai 1841, art. 3); il ne faut pas confondre cette enquête avec celle qui a lieu dans l'intérêt des propriétaires avant l'arrêté de cessibilité. Legrand, commissaire du roi, s'est exprimé ainsi à l'occasion d'un amendement de M. Jousselin qui proposait de réunir les deux enquêtes : « La question de savoir s'il est utile d'ouvrir une route ou un canal est autant d'abord une question d'économie politique qu'une question d'art. Pour l'apprécier, il suffit de connaître la direction générale de la ligne qu'on veut suivre, et les principaux obstacles qu'on peut rencontrer... Lorsque, au contraire, l'utilité publique est déclarée, lorsque le gouvernement s'est décidé à entreprendre l'opération, ou lorsqu'une compagnie consent à en exécuter les travaux à ses risques et périls, c'est alors seulement qu'on s'occupe de lever des plans parcellaires; c'est alors qu'on appelle les particuliers à présenter leurs observations sur la ligne définitive des travaux » (*Monit.*, 1er févr. 1833, p. 258). — De Lalleau, Jousselin, Rendu et Périn, t. 1, n. 54; Crépon, sur l'art. 3, n. 1 et 2.

1° *Formes de l'enquête.*

160. — La loi du 3 mai 1841 décide que les enquêtes auront lieu conformément à un règlement d'administration publique; ce règlement n'a point été rédigé et l'on se conforme toujours au règlement édicté le 18 févr. 1834 en exécution de la loi du 7 juill. 1833. Il y a lieu de distinguer deux classes d'enquêtes : 1° celles auxquelles il est procédé lorsque les travaux ne peuvent être exécutés qu'en vertu d'une loi; 2° celles qui ont lieu alors que les travaux sont autorisés par un simple acte du gouvernement — Daffry de la Monnoye, t. 1, sur l'art. 3, n. 4; de Lalleau, Jousselin, Rendu et Périn, t. 1, n. 36; Crépon, sur l'art. 3, n. 3. — V. *infrà*, n. 183 et s.

161. — I. *Travaux qui ne peuvent être exécutés qu'en vertu d'une loi.* — Les dispositions de l'ordonnance du 18 févr. 1834 sont fort claires; il suffit de les reproduire sans qu'il soit besoin de les commenter. « Les entreprises de travaux publics qui ne peuvent être exécutés qu'en vertu d'une loi seront soumises à une enquête préalable dans les formes ci-après déterminées (art. 1). L'enquête pourra s'ouvrir sur un avant-projet où l'on fera connaître le tracé général de la ligne des travaux, les dispositions principales des ouvrages les plus importants, et l'appréciation sommaire des dépenses. S'il s'agit d'un canal, d'un chemin de fer ou d'une canalisation de rivière, l'avant-projet sera nécessairement accompagné d'un nivellement en longueur et d'un certain nombre de projets transversaux; et si le canal est à point de partage, on indiquera les eaux qui doivent l'alimenter » (art. 2).

162. — A l'avant-projet sera joint, dans tous les cas, un mémoire descriptif indiquant le but de l'entreprise et les avantages qu'on peut s'en promettre; on y annexera le tarif des droits dont le produit sera destiné à couvrir les frais des travaux projetés, si ces travaux devaient devenir la matière d'une concession (art. 3).

163. — « Il sera formé, au chef-lieu de chacun des départements que la ligne des travaux devra traverser, une commission de neuf membres au moins et treize au plus, pris parmi les principaux propriétaires de terres, de bois, de mines, les négociants, les armateurs et les chefs d'établissements industriels. Les membres et le président seront désignés par le préfet dès l'ouverture de l'enquête » (art. 4).

164. — « Des registres destinés à recevoir les observations auxquelles pourra donner lieu l'entreprise projetée seront ouverts pendant un mois au moins et quatre mois au plus, au chef-lieu de chacun des départements et des arrondissements que la ligne des travaux devra traverser. Les pièces qui, aux termes des art. 2 et 3, doivent servir de base à l'enquête resteront déposées pendant le même temps et aux mêmes lieux. La durée de l'ouverture des registres sera déterminée dans chaque cas particulier par l'administration supérieure. Cette durée ainsi que l'objet de l'enquête seront annoncées par des affiches » (art. 5).

165. — Une ordonnance du 15 févr. 1833 apporte à ces prescriptions la modification suivante (art. 1). Lorsque la ligne des travaux relatifs à une entreprise d'utilité publique devra s'étendre sur le territoire de plus de deux départements, les pièces de l'avant-projet qui serviront de base à l'enquête ne seront déposées qu'au chef-lieu de chacun des départements traversés. Des registres continueront d'être ouverts, conformément au § 1, art. 5, Ord. 18 févr. 1834, tant aux chefs-lieux de départements qu'aux chefs-lieux d'arrondissement, pour recevoir les observations auxquelles pourra donner lieu l'entreprise projetée.

166. — « A l'expiration du délai fixé en vertu de l'article précédent (art. 5, précité), la commission mentionnée à l'art. 4 se réunira sur-le-champ; elle examinera les déclarations consignées aux registres de l'enquête; elle entendra les ingénieurs des ponts et chaussées et des mines employés dans le département et, après avoir recueilli auprès de toutes les personnes qu'elle jugera utile de consulter les renseignements dont elle croira devoir avoir besoin, elle donnera son avis motivé, tant sur l'utilité de l'entreprise que sur les diverses questions qui auront été posées par l'administration. Ces diverses opérations, dont elle dressera procès-verbal, devront être terminées dans un nouveau délai d'un mois » (art. 6).

167. — « Le procès-verbal de la commission d'enquête sera clos immédiatement; le président de la commission le transmettra sans délai, avec les autres pièces, au préfet, qui l'adressera avec son avis à l'administration supérieure, dans les quinze jours qui suivront la clôture du procès-verbal » (art. 7).

168. — « Les chambres de commerce, et, au besoin les chambres consultatives des arts et manufactures des villes intéressées à l'exécution des travaux seront appelées à délibérer et à exprimer leur opinion sur l'utilité et la convenance de l'opération. Les procès-verbaux de leurs délibérations devront être remis au préfet avant l'expiration du délai fixé dans l'art. 6 » (art. 8).

169. — II. *Travaux qui peuvent être autorisés par décret.* — « Les formalités prescrites par les art. 2, 3, 4, 5, 6, 7 et 8, seront également appliquées, sauf les modifications ci-après, aux travaux qui, aux termes du second paragraphe de l'art. 3, L. 7 juill. 1833, peuvent être autorisés par une ordonnance royale » (art. 9).

170. — « Si la ligne des travaux n'excède pas les limites de l'arrondissement dans lequel ils sont situés, le délai de l'ouverture des registres et du dépôt des pièces sera fixé au plus à un mois et demi, et au moins à vingt jours. La commission d'enquête se réunira au chef-lieu de l'arrondissement, et le nombre de ses membres variera de cinq à sept » (art. 10).

171. — Il a été jugé que lorsqu'il résulte des pièces annexées au projet est demeuré déposé à la mairie pendant quinze jours, que le commissaire enquêteur a reçu les réclamations pendant trois jours, de neuf heures du matin à cinq heures du soir, que les intéressés ont été avertis plusieurs jours à l'avance par des publications et des affiches, et qu'un certificat du maire justifie de l'accomplissement de cette formalité, il a été satisfait aux prescriptions sur les enquêtes. — Cons. d'Et., 11 juin 1880, Hallot, [D. 81.3.03] — Crépon, sur l'art. 3, n. 4 et 5.

172. — En matière de travaux militaires, l'expropriation pour cause d'utilité publique doit être prononcée par le tribunal sur le vu de l'acte du pouvoir exécutif qui déclare l'utilité publique et qui détermine les parcelles à exproprier, sans qu'il soit besoin de l'observation préalable des formalités prescrites pour les cas ordinaires par les art. 5 à 10, L. 3 mai 1841. — Cass., 9 févr. 1842, Dupuy, [S. 42.1.262, P. 42.1.303]); — 22 janv. 1895, Bellot, [S, et P. 95.1.245, D. 95.1.476]

173. — III. *Travaux à effectuer dans la zone frontière.* — Certains travaux à exécuter dans les limites de la zone frontière et dans le rayon des enceintes fortifiées, doivent être soumis à l'examen d'une commission mixte des travaux publics, comprenant des représentants du ministère de la guerre, de la marine et des travaux publics. En effet, comme ces travaux sont susceptibles de modifier les conditions de la défense, ils ne peuvent être exécutés qu'après entente entre l'autorité civile et l'autorité militaire (Décr. 8 sept. 1878). La composition de cette commission est réglementée par la loi du 7 juill. 1851, le décret du 12 févr. 1884, et la loi du 12 févr. 1890.

174. — La zone frontière qui suit nos frontières continentales et nos côtes se divise en trois parties, gouvernées par des règles différentes; les plus rigoureuses s'appliquent à la première zone; ces règles s'adoucissent dans la seconde et surtout dans la troisième qui présente une grande largeur. Mais cet adoucissement ne s'applique pas aux chemins de fer pour lesquels la zone frontière comprend près de la moitié de la France. Même en dehors de cette zone, les projets de construction de chemins de fer doivent être communiqués par le ministère des travaux publics au ministère de la guerre; celui-ci dans les deux mois peut, si le projet lui semble contraire aux intérêts de la défense nationale, saisir la commission mixte qui donne son avis, joint au dossier envoyé aux Chambres, ou, au président, en Conseil d'Etat. On sait, en effet, combien les chemins de fer, sur quelque point du territoire national qu'ils soient situés, importent soit pour la mobilisation, soit pour la concentration des armées en cas de guerre. — De Lalleau, Jousselin, Rendu et Périn, t. 1, n. 59.

175. — La circonstance que la commission mixte des travaux publics n'a point été, préalablement au jugement d'expropriation, appelée à émettre son avis sur l'expropriation d'une portion du domaine public maritime, laisse subsister au profit de l'Etat son droit à une indemnité, l'omission d'une formalité antérieure à ce jugement ne pouvant lorsqu'il n'a pas été attaqué en temps utile, en paralyser les effets. — Cass., 29 déc. 1868, Chem. de fer de l'Ouest, [D. 69.1.224] — De Lalleau, Jousselin, Rendu et Périn, t. 1, n. 59, note.

2° *Compétence et voies de recours.*

176. — L'arrêté par lequel un préfet se borne à prescrire une enquête sur un projet d'expropriation qui n'a pas encore fait l'objet d'une déclaration d'utilité publique, constitue une mesure d'instruction qui n'est pas susceptible d'être déférée au Conseil d'Etat et qui ne met pas obstacle à ce que l'intéressé fasse valoir, le cas échéant, les droits qu'il prétendrait avoir, devant la juridiction compétente. — Cons. d'Et., 12 févr. 1886, Fachan, [Leb. chr., p. 139] — De Lalleau, Jousselin, Rendu et Périn, t. 1, n. 58, note.

177. — D'autre part, dans le cas où le préfet, après avoir nommé la commission d'enquête, appelée à donner son avis sur un projet de travaux publics devant s'exécuter par voie d'expropriation, a révoqué un membre de ladite commission, ce dernier n'est pas recevable à demander, devant la juridiction administrative, l'annulation de l'arrêté prononçant la révocation dont il a été l'objet. — Cons. d'Et., 5 févr. 1886, Beillon, [S. 87.3.49, P. adm. chr., D. 87.3.70] — Mais le préfet abuserait de son droit de révocation s'il n'y avait recours que pour entraver la liberté d'appréciation de la commission, en l'empêchant d'exprimer une opinion contraire à la mesure proposée par l'administration. L'annulation de l'enquête pourrait être demandée, dans ce cas, non par les commissaires enquêteurs révoqués, mais par les tiers que cette mesure intéresserait.

178. — Pour que les tribunaux puissent prononcer l'expropriation, il faut, mais il suffit, qu'il soit constaté que l'enquête a eu lieu dans la forme voulue. Ils ne sont eux-mêmes incompétents pour en apprécier le mérite. Jugé, à cet égard, que l'acte du gouvernement déclaratif d'utilité publique, qui énonce qu'il a été précédé d'une enquête administrative, et que cette enquête a eu lieu dans la forme voulue, fait foi de la vérité de ces énonciations, qui ne peuvent plus être contestées par l'exproprié devant l'autorité judiciaire; que des allégations contraires peuvent d'autant moins être écoutées que l'autorité judiciaire n'est pas compétente pour juger le fond des formalités administratives. — Cass., 10 août 1841, Fouquet, [S. 41.1.888, P. 41.1.217]; — 25 août 1841, Lenormand, [S. 41.1.693, P. 43.1.33]; — 14 déc. 1842, Maillet, [S. 43.1.68, P. 43.1.257] — De Lalleau, Jousselin, Rendu et Périn, t. 1, n. 58, note; Daffry de la Monnoye, t. 1, sur l'art. 3, n. 5; Crépon, sur l'art. 3, n. 6.

179. — ... Qu'on ne peut ainsi être admis à s'inscrire en faux devant l'autorité judiciaire contre l'acte du gouvernement qui, en déclarant certains travaux d'utilité publique, vise, dans son préambule, l'enquête administrative qui a dû la précéder aux termes de l'art. 3, L. 7 juill. 1833 (aujourd'hui 3 mai 1841); que les tribunaux ne peuvent, sans sortir du cercle de leurs attributions, examiner le mérite de cet acte du pouvoir exécutif, et en

vérifier les énonciations. — Cass., 22 août 1838, Houzet, [S. 38.1.1002] — De Lalleau, Jousselin, Rendu et Périn, *loc. cit.*; Crépon, sur l'art. 3, n. 7.

180. — ... Que l'autorité judiciaire est sans pouvoirs et sans qualité pour examiner le mérite, la régularité et la validité des actes administratifs qui précèdent la déclaration d'utilité publique, et dont l'accomplissement est confié par la loi à l'administration; c'est là l'application du principe qui interdit à l'autorité judiciaire l'examen des actes administratifs. — Cass., 10 août 1841, précité; — 25 août 1841, précité; — 14 déc. 1842, précité; — 9 févr. 1863, Barenne-Delcambre, [S. 63.1.400, P. 63.1.118, D. 63.1.400] — V. sur le principe, *suprà*, v° *Compétence administrative*, n. 22 et s.

181. — Par suite, un pourvoi en cassation ne saurait être formé au sujet de l'avis que la commission d'enquête doit donner sur les réclamations qui lui sont présentées. — Cass., 24 mai 1870, de Grave, [D. 70.1.389] — De Lalleau, Jousselin, Rendu et Périn, *loc. cit.*

182. — Mais si l'on ne peut demander à l'autorité judiciaire de se prononcer sur la validité et la régularité de l'enquête, on peut porter cette demande devant l'autorité administrative habile à se prononcer sur ce point.

Section III.

De la déclaration d'utilité publique.

§ 1. *De l'autorité qui déclare l'utilité publique.*

183. — L'art. 3, L. 3 mai 1841, combiné avec le sénatus-consulte du 25 déc. 1852, la loi du 27 juill. 1870, l'art. 44, L. 10 août 1871, et la loi du 27 juill. 1880, régit la déclaration d'utilité publique. Cette déclaration doit être faite : par une loi, s'il s'agit d'une enquête administrative, s'il s'agit de grands travaux publics, routes nationales, canaux, chemins de fer, canalisation des rivières, bassins et docks, entrepris par l'Etat et non par compagnies particulières, avec ou sans péage, avec ou sans subside du Trésor, avec ou sans aliénation du domaine public (art. 1, § 1, L. 27 juill. 1870).

184. — ... Par un décret rendu en la forme des règlements d'administration publique et également précédé d'une enquête, s'il s'agit de l'exécution des canaux et chemins de fer d'embranchement de moins de 20 kilom. de longueur, des lacunes et rectifications de routes nationales, des ponts et de tous travaux publics de moindre importance. En aucun cas, les travaux dont la dépense doit être supportée, en tout ou en partie, par le Trésor ne pourront être mis à exécution qu'en vertu de la loi qui crée les voies ou moyens, ou d'un crédit préalablement inscrit à un des chapitres du budget (L. 27 juill. 1870, art. 1, § 2).

185. — ... Par un décret rendu en la forme ordinaire, s'il s'agit de travaux départementaux ou communaux (L. 3 mai 1841, art. 3; Sénat.-cons., 23 déc. 1852). — Cons. d'Et., 27 mars 1856, de Pommereu, [P. adm. chr.]. — ... Par une délibération du conseil général ou de la commission départementale, suivant les cas, s'il s'agit de chemins vicinaux (L. 10 août 1871, art. 44 et 86). — De Lalleau, Jousselin, Rendu et Périn, t. 1, n. 60 et s.; Daffry de la Monnoye, t. 1, art. 3, n. 3 et s.; Crépon, sur l'art. 3, n. 11 et s. — V. *suprà*, v° *Chemin vicinal*, n. 319 et s., 438 et s., 532 et s. — Antérieurement, la déclaration d'utilité concernant les routes vicinales n'avait lieu par arrêté.

186. — Le paragraphe 3 de l'art. 3, L. 7 juill. 1833, présentait quelque différence avec le même paragraphe de l'art. 3, L. 3 mai 1841. Ainsi il parlait simplement des routes, et on y a ajouté le mot départementales. De la sorte, les routes nationales restent toujours, quelle que soit leur longueur, soumises à la disposition du § 1, et le second n'est relatif qu'aux routes départementales (Duvergier, *Collection des lois*, t. 41, p. 124). Ensuite, le même paragraphe disait qu'une ordonnance royale suffisait « pour l'exécution des routes, des canaux et chemins de fer d'embranchement de moins de 20,000 mètres de longueur; » d'où la question de savoir si les mots d'embranchement et ceux de moins de 20,000 mètres s'appliquent aux routes comme aux canaux et aux chemins de fer. Dans la pratique, on entendait constamment qu'ils se rapportaient seulement aux canaux et aux chemins. Mais pour rendre toute autre interprétation impossible, on a, sur la proposition de M. Renouard, intercalé les mots « et celle » devant ceux « des canaux. » Ainsi, il est évident, d'après cette intercalation, que l'exécution d'une route départementale est, dans tous les cas, suffisamment autorisée par décret, et que les canaux et les chemins de fer qui peuvent être autorisés par ordonnance sont seulement ceux qui s'embranchent et qui ont moins de 20,000 mètres. — Duvergier, *loc. cit.* — La loi du 27 juill. 1890 qui a supprimé le passage relatif aux routes départementales, n'a pas modifié ces règles.

187. — Jugé que la procédure à suivre pour l'expropriation de terrains reconnus nécessaires à la rectification d'une route départementale est celle réglée par la loi du 3 mai 1841 : par suite, on ne saurait, à peine de nullité, appliquer, en pareil cas, les dispositions de la loi du 21 mai 1836 sur les chemins vicinaux. — Cass., 31 déc. 1872, Préfet de Vaucluse, [S. 72.1.440, P. 72.1156, D. 73.1.40]

188. — En ce qui concerne les mines, l'art. 44, L. 2⁻ juill. 1880, porte : « un décret rendu en Conseil d'Etat peut déclarer d'utilité publique, les canaux et les chemins de fer modifiant le relief du sol, à exécuter dans l'intérieur du périmètre, ainsi que les canaux, les chemins de fer, les routes nécessaires à la mine et les travaux de secours, tels que puits ou galeries destinés à faciliter l'aérage et l'écoulement des eaux, à exécuter en dehors du périmètre. Les voies de communication, créées en dehors du périmètre pourront être affectées à l'usage du public, dans les conditions établies par le cahier des charges. Dans le cas prévu par le présent article, les dispositions de la loi du 3 mai 1841, relatives à la dépossession des terrains et au règlement des indemnités, seront appliquées. — V. *suprà*, v° *Chemin de fer*, n. 6694 et s., et *infrà*, v° *Mines*, n. 1027 et s.

189. — Les lois sur l'expropriation, pas plus que les autres, n'ont d'effet rétroactif; dès lors la régularité de la déclaration doit être appréciée d'après les lois existantes au moment où elle a été rendue. — Cass., 11 mai 1835, Dumarest, [S. 35.1.949, P. chr.]; — 5 août 1844, Préfet de la Haute-Saône, [S. 44.1.645, P. 44.2.161] — Crépon, sur l'art. 3, n. 18; de Lalleau, Jousselin, Rendu et Périn, t. 1, n. 68; Daffry de la Monnoye, t. 1, sur l'art. 3, n. 9.

190. — Il faut donc, suivant l'importance des travaux, une loi ou un décret qui en autorise l'exécution. M. de la Plesse avait proposé d'ajouter « ou un arrêté du préfet. » Cet amendement se liait à une disposition additionnelle qu'il avait proposée sur l'art. 3, et qui était ainsi conçue : « Les travaux intéressant une commune seront autorisés par arrêté du préfet en conseil de préfecture, lorsque la dépense n'excédera pas 30,000 fr. » Cet amendement se rattachait lui-même à la disposition de l'art. 45, L. 28 juill. 1837, sur l'organisation municipale, qui permettait aux communes d'entreprendre des travaux dont la dépense n'excéderait pas 30,000 fr., avec la seule approbation du préfet. Mais M. Dufaure, rapporteur, a facilement démontré que si l'approbation du préfet suffit pour autoriser une dépense peu considérable à la charge de la commune, elle ne présente point des garanties assez rassurantes pour les propriétaires expropriés. « Si le préfet, a-t-il dit, est le tuteur des communes qui doivent faire la dépense, il n'est pas le tuteur des propriétaires dont on est obligé d'enlever les propriétés pour faire les travaux des communes ; et du moment que le propriétaire apparaît, il est évident qu'il s'élève d'autres intérêts qui exigent d'autres garanties. Ces intérêts exigent des formes plus complètes que celles que voudrait leur donner M. de la Plesse. Permettez-moi de vous indiquer une vue générale qui nous a guidés dans l'examen de la loi de 1833. Quand nous avons été appelés à nous prononcer sur les formalités qui suivent l'expropriation, nous avons pu apporter quelque adoucissement à la loi de 1833; mais lorsqu'il s'agit d'arriver à l'expropriation, lorsque le droit des propriétaires est en présence des projets de l'administration, qu'il s'agit de le garantir, la commission s'est bien gardée de diminuer le moins du monde les garanties données à la propriété par la loi de 1833 » (Duvergier, *Collect. des lois*, t. 41, p. 123). Il n'est fait exception que pour l'occupation temporaire et l'extraction des matériaux nécessaires à la voirie vicinale. Les terrains à occuper sont alors désignés par arrêté du préfet. — V. *suprà*, v° *Chemin vicinal*, n. 2138 et s.

191. — On a soulevé la question de savoir si un décret suffirait pour autoriser les travaux compris dans le § 2, art. 1, 3 mai 1841, lorsque la concession serait faite avec subside du Trésor public, et l'on a soutenu la négative. Il faut distinguer; si l'on se place au point de vue de la compétence abstraite de l'administration, il nous paraît certain que le fait du subside ne modifie pas cette compétence, et que l'administration pourra toujours autoriser les travaux sans intervention du pouvoir législatif, qu'il y ait ou non subside de l'Etat, pourvu que ces travaux rentrent dans les catégories du § 2 ; que si, au contraire, on se place au point de vue pratique, il est également certain qu'il faudra l'intervention des trois pouvoirs qui seuls peuvent voter la subvention; réduite à ces termes, la querelle n'est plus qu'une querelle de mots. Et même, au point de vue pratique, il peut arriver que des travaux avec subsides soient régulièrement autorisés par simple décret : par exemple, si la subvention est accordée sur les allocations portées au budget pour aider les départements et les communes dans la construction des routes et ponts. — Gillon et Stourm, *C. des municip.*, p. 32.

192. — Il résulte évidemment des deux premiers paragraphes de l'art. 3, L. 3 mai 1841, que les travaux qui, d'après le § 2, sont susceptibles d'être autorisés par simple décret, peuvent l'être ainsi, bien que leur confection doive entraîner aliénation d'une partie du domaine public, ou qu'elle soit opérée par une compagnie moyennant la concession d'un péage. Sans doute, les portions considérables du domaine public ne peuvent être aliénées qu'en vertu d'une loi (V. *suprà*, v° *Domaine public et de l'Etat*, n. 726 et s.); mais il s'agit ici de travaux de moindre importance, et la loi a voulu que, par une sorte de délégation sans grand danger pour le domaine, le pouvoir exécutif eût la faculté d'en aliéner les parcelles nécessaires pour l'exécution des travaux. Nous devons toutefois reconnaître que la discussion à la Chambre des députés favorise l'opinion opposée (Stourm et Gillon, *C. des municip.*, p. 34). Quant aux concessions de péage, Legrand, commissaire du roi, s'est exprimé en ces termes pour repousser un amendement de Dumon, contraire à notre proposition : « J'ai contesté tout à l'heure qu'un péage fût un impôt dans l'acception véritable du mot... il serait plus exact de ne voir dans le péage que le loyer d'un service. Il n'y a pas, par exemple, obligation d'emprunter la voie d'un chemin de fer ; si votre intérêt vous porte à en user, pouvez-vous regarder comme un impôt le prix que vous acquittez dans les mains de la compagnie ? Ce prix n'est-il pas la juste récompense des soins que cette compagnie a donnés à l'entreprise et des capitaux qu'elle y a consacrés ? » (*Monit.* 1833, p. 239). — V. aussi L. 14 flor. an X.

193. — La loi du 3 mai 1841 a exigé l'intervention du législateur pour la déclaration d'utilité publique des grands travaux publics, un simple acte du chef du pouvoir exécutif devant suffire pour les travaux de moindre importance. Puis est intervenu le sénatus-consulte organique du 25 déc. 1852, dont l'art. 4 a confié au chef du gouvernement le droit d'autoriser tous les travaux publics quelle qu'en soit l'importance; un décret rendu dans la forme des règlements d'administration publique était exigé relativement aux travaux précédemment autorisés par une loi ; rien n'était innové à l'égard des autres. Ce sénatus-consulte n'a donc eu ni pour but ni pour effet de modifier les formes dans lesquelles le pouvoir exécutif autorisait les travaux publics qu'il lui appartenait d'ordonner avant le dit sénatus-consulte ; comme précédemment il les autorisait par simple décret rendu dans la forme ordinaire; la loi du 27 juill. 1870, en décidant qu'une loi devrait autoriser les grands travaux, n'a apporté aucune innovation à cet égard. — Daffry de la Monnoye, t. 1, sur l'art. 3, n. 1; de Lalleau, Jousselin, Rendu et Périn, t. 1, n. 65.

194. — Il ne résulte donc aucune nullité, de ce qu'un décret, portant déclaration d'utilité publique de travaux communaux, n'a été rendu, ni dans la forme des règlements d'administration publique, après avis du Conseil d'Etat en assemblée générale, ni sur l'avis de la section de l'intérieur dudit conseil. — Cons. d'Et., 27 mars 1856, de Pommereu, [P. adm. chr.]; — 16 août 1862, Legge, [P. adm. chr.]; — 25 mars 1881, Trescasses, [S. 82.3.55, P. adm. chr., D. 82.3.76]; — 20 avr. 1888, Syndicat du canal de Vernet et Pla, [S. 90.3.30, P. adm. chr.] — Crépon, sur l'art. 3, n. 16.

195. — Spécialement, il n'est pas nécessaire qu'un décret déclarant d'utilité publique un travail communal, par exemple, l'établissement d'un cimetière, ait été précédé de l'avis du Conseil d'Etat. — Cons. d'Et., 23 déc. 1887, Toret, [S. 89.3.60, P. adm. chr., D. 89.3.13] — ... Ni qu'un décret autorisant l'ouverture d'une voie de communication dans Paris soit rendu dans la forme d'un règlement d'administration publique, après avis de l'assemblée générale du Conseil d'Etat. — Cons. d'Et., 27 mars 1856, précité. — Crépon, sur l'art. 3, n. 17.

196. — La déclaration d'utilité publique n'est soumise à aucune formule spéciale; cependant elle doit être certaine et autoriser l'exécution des travaux. Ainsi un acte du pouvoir exécutif qui approuverait les statuts d'une société anonyme formée pour l'exécution de rues, places, etc., ou qui approuverait un budget municipal dans lequel figurerait une allocation pour travaux semblables, n'ayant pas pour objet de déclarer que les travaux sont d'utilité publique, ne suffirait pas pour autoriser l'expropriation des terrains nécessaires à ces travaux.—Cons. d'Et., 19 juin 1821, Gouin, [P. adm. chr.] — De Peyrony et Delamarre, n. 125 ; Crépon, sur l'art. 3, n. 19 et 20 ; de Lalleau, Jousselin, Rendu et Périn, t. 1, n. 65, note.

197. — La déclaration d'utilité publique ne résulte pas davantage du décret approuvant le plan d'alignement d'une ville, alors qu'il n'autorise pas l'exécution immédiate des travaux mais déclare qu'il ne sera procédé à l'exécution des travaux qu'après une autorisation préalable. — Cass., 31 mars 1856, Ville de Nantes, [D. 56.1.190]

198. — Mais la loi qui autorise une ville à ouvrir un canal à ses frais, à faire des concessions particulières des eaux dérivées de ce canal, emporte déclaration d'utilité publique, non seulement pour les terrains nécessaires à l'établissement du canal, mais encore pour les terrains nécessaires aux rigoles de dérivation des concessions particulières. — Cass., 27 déc. 1852, Seytres, [S. 54.1.128, P. 53.1.90, D. 53.1.274]

199. — De même, le fait que les travaux de construction d'un chemin de fer ont été déclarés d'utilité publique résulte suffisamment aussi de la loi ratifiant les engagements pris par l'État pour l'établissement de ce chemin et du décret qui, en le concédant à une compagnie, autorise l'exécution des travaux. — Cass., 12 nov. 1873, Esquirol, [S. 74.1.84, P. 74.172, D. 73.1.461]

199 bis. — Rappelons qu'on ne peut assimiler à une déclaration d'utilité publique, soumise à des formalités spéciales, la simple affectation à un service public d'un immeuble acquis par l'État. — Trib. Seine, 5 août 1856, [cité par de Lalleau, Jousselin, Rendu et Périn, loc. cit.] — V. aussi Crépon, sur l'art. 3, n. 21. — V. suprà, n. 102 et s.

200. — Le décret déclaratif de l'utilité publique étant un acte d'administration doit être rendu sur le rapport d'un ministre responsable. L'art. 53, Ord. 1er août 1821, a consacré le principe en édictant que les ordonnances relatives aux expropriations pour travaux de fortifications seront rendues sur le rapport du ministre de la Guerre.

201. — En somme la déclaration d'utilité publique est de la compétence du gouvernement ou des Chambres, quels que soient les travaux qu'il s'agit d'exécuter, sauf l'exception dont nous parlons suprà, n. 190 ; s'il s'agit de travaux communaux ou municipaux les conseils généraux ou municipaux ont cependant seuls le droit de décider les travaux, d'approuver les plans, d'assurer les voies et moyens ; le gouvernement peut, à la vérité, rendre ces décisions sans portée et sans effet en refusant la déclaration d'utilité publique, mais il ne peut, au lieu et place des conseils compétents, décider les travaux (Av. sect. int., 4 août 1868 ; Bull. min. int., 1868, p. 442). — Laferrière, t. 2, p. 512.

§ 2. Voies de recours contre la décision portant déclaration d'utilité publique.

202. — Tout d'abord il est certain que l'autorité judiciaire n'a aucun pouvoir pour examiner la légalité et la régularité de la déclaration d'utilité publique, acte essentiellement administratif. Ainsi l'autorité judiciaire appelée à prononcer l'expropriation n'a pas à rechercher si la déclaration d'utilité publique a été précédée des formalités prévues par l'art. 3, L. 3 mai 1841, et par les règlements d'administration publique rendus pour son exécution ; les tribunaux ne peuvent pas, en effet, chargés de constater l'observation de ces formalités ; ils ne sauraient donc refuser de prononcer l'expropriation sous prétexte qu'au n'auraient pas été observées. — Cass., 22 janv. 1845, de Maudhuit, [S. 45.1.61, P. 45.1.79, D. 45.1.83] ; — 22 janv. 1845, Préf. de l'Ain, [S. 45.1.90, P. 45.1.109, D. 45.1.83] ; — 9 avr. 1877, Hainoque, [S. 78.1.128, P. 78.293, D. 77.1.469] — Laferrière, t. 1, p. 540. — V. suprà, n. 178 et s.

203. — Mais l'autorité judiciaire ne peut prononcer l'expropriation que si cette utilité existe et lui est représentée ; dès lors un tribunal, non seulement peut, sans excès de pouvoir et sans empiétement sur l'autorité administrative, mais doit surseoir à prononcer les expropriations nécessaires à la confection

de travaux publics, jusqu'à justification d'une loi ou d'une ordonnance royale prescrivant ces travaux. — Cass., 8 avr. 1835, Préf. des Ardennes, [S. 35.1.300, P. chr.] ; — 8 déc. 1891, Comm. de Chapois, [S. et P. 92.1.95, D. 92.1.574] — Laferrière, t. 1, p. 539.

204. — Si les travaux qui motivent l'expropriation ne peuvent être exécutés qu'en vertu d'une loi et si cependant la déclaration d'utilité publique a été prise par simple décret, le tribunal saisi de la demande d'expropriation peut se refuser à la prononcer parce que le titre légal nécessaire pour justifier l'expropriation ne lui est pas produit ; le jugement constate cet état de choses en rapprochant la nature des travaux de l'acte portant déclaration d'utilité publique. — Laferrière, t. 1, p. 540.

205. — Lorsque le tribunal a statué sur l'expropriation qui lui est demandée, la partie qui estime que l'expropriation a été prononcée à tort parce que le jugement ne s'appuie pas sur le titre légal nécessaire pour justifier cette expropriation, doit former contre ce jugement un pourvoi en cassation dans le délai de loi ; autrement elle laissera acquérir à ce jugement l'autorité de la chose jugée ; les terrains, visés par le jugement seront définitivement expropriés, et aucun recours ne sera plus possible pour soutenir que l'expropriation a été prononcée à tort. — V. suprà, v° Excès de pouvoir, n. 189 et s., et infrà, n. 226.

206. — Si la déclaration d'utilité publique a été prononcée par une loi, aucun recours n'est possible contre cette déclaration ; ce que le législateur a décidé oblige tous les citoyens ; on peut seulement solliciter des Chambres qu'elles reviennent sur ce qu'elles ont consacré. — De Lalleau, Jousselin, Rendu et Périn, t. 1, n. 69 ; Crépon, sur l'art. 3, n. 39.

207. — D'autre part, l'acte du pouvoir exécutif qui déclare l'utilité publique, n'est pas susceptible d'être attaqué lorsque l'utilité publique n'existe pas contentieuse, motif pris de ce que l'utilité publique n'existe pas et a été à tort reconnue. — Cons. d'Et., 30 nov. 1830, Belthélé, [P. adm. chr.] ; — 1er juin 1849, Ponts-Asnières, [P. adm. chr.] ; — 20 févr. 1870, Gérard, [S. 71.2.230, P. adm. chr., D. 71.3.47] ; — 12 juill. 1871, Thomas, [S. 71.2.187, P. adm. chr.] ; — 31 mai 1878, Touchy, [D. 79.5.215] ; — 22 nov. 1878, de l'Hôpital, [S. 80.2.153, P. adm. chr., D. 79.3.38] ; — 24 févr. 1882, Roger, [S. 84.3.12, P. adm. chr., D. 83.3.57] — C'est au gouvernement seul qu'il appartient d'apprécier les projets qui lui sont soumis présentent l'utilité publique invoquée. — Cons. d'Et., 26 avr. 1847, Boncenne, [P. adm. chr.] — De Peyrony et Delamarre, n. 224 ; Aucoc, t. 2, n. 822 ; de Lalleau, Jousselin, Rendu et Périn, t. 1, n. 69 ; Daffry de la Monnoye, t. 1, sur l'art. 3, n. 6 ; Crépon, sur l'art. 3, n. 40.

208. — Par suite, le décret déclarant d'utilité publique l'agrandissement des dépendances du presbytère d'une commune, et autorisant cette dernière à procéder à cet agrandissement par voie d'expropriation, ne peut être attaqué par un des habitants de la commune devant le Conseil d'État, sur le motif que l'opération dont il s'agit n'aurait pas un caractère d'utilité publique. — Cons. d'Et., 26 févr. 1870, Gérard, [S. 71.2.230, P. adm. chr., D. 71.3.47] — Crépon, sur l'art. 3, n. 41. — Il en est de même, en pareil cas, des décrets qui déclarent d'utilité publique l'établissement de rues nouvelles dans une commune. — Cons. d'Et., 7 juill. 1853, de Forceville et de Gove, [P. adm. chr.]

209. — Mais une partie peut toujours s'adresser au chef de l'État et lui présenter requête dans laquelle elle expose qu'elle se croit lésée dans ses droits ou dans sa propriété ; sur le rapport qui en est fait, si l'y a lieu, au chef de l'État, l'affaire peut être renvoyée soit à une section du Conseil d'État, soit à une commission. — Av. du Cons. d'Et., 4 juin 1878 ; Laferrière, t. 1, p. 385 ; de Lalleau, Jousselin, Rendu et Périn, t. 1, n. 69, note. — Il est alors procédé non par voie contentieuse, mais par voie de pétition, ce qui est bien différent.

210. — D'une façon générale, les décrets portant déclaration d'utilité publique peuvent être déférés au Conseil d'État pour excès de pouvoirs, soit à raison de l'inobservation des formalités prescrites par les lois et règlements, soit même à raison de ce que la déclaration d'utilité publique aurait été prononcée pour un objet ne pouvant donner lieu à une semblable mesure. — Cons. d'Et., 31 mars 1848, précité ; — 27 mars 1856, de Pommereu, [P. adm. chr.] ; — 22 nov. 1878, de l'Hôpital, [S. 81.3.153, P. adm. chr., D. 79.3.38] ; — 11 juin 1880, Hallot, [S. 81.3.102, P. adm. chr., D. 81.3.63] — Aucoc, t. 2, n. 854 ; Daffry de la Monnoye, t. 1, sur l'art. 3, n. 6 ; de Lalleau, Jousselin, Rendu et Périn, t. 1, n. 70; Crépon, sur l'art. 3, n. 42. — V. *suprà*, v° *Excès de pouvoir*, n. 275.

211. — Le recours est notamment recevable lorsque la difficulté porte sur le point de savoir si les lois d'expropriation pour utilité publique n'ont pas été appliquées abusivement, en ce que, par exemple, on s'est proposé uniquement de donner satisfaction à un intérêt privé. Si, en effet, cette dernière question est tranchée affirmativement, il en résultera que le décret déclaratif de l'utilité publique sera entaché d'un excès de pouvoir manifeste. — Aucoc, t. 2, n. 854. — V. *suprà*, n. 133.

212. — Jugé que le décret qui déclare d'utilité publique l'ouverture d'une voie nouvelle dans la ville de Paris, et qui autorise l'expropriation des terrains jugés nécessaires à l'exécution des travaux, peut être attaqué devant le Conseil d'Etat, par la voie contentieuse, pour excès de pouvoirs. — Cons. d'Et., 7 mars 1856, précité.

213. — ... Que le décret du 27 déc. 1858, aux termes duquel la faculté accordée à l'administration de comprendre dans toute expropriation opérée pour l'élargissement, le redressement ou la formation des rues de Paris, les portions de terrains se trouvant en dehors des travaux, est susceptible, de la part de l'exproprié, d'une opposition rendant nécessaire une expropriation particulière, ne peut être autorisée que par un décret rendu en Conseil d'Etat, doit être appliqué à toutes les expropriations postérieures à sa publication. — Cass., 8 août 1859, de Coubert, [S. 59.1.960, P. 60.214, D. 59.1.364] — ... Et qu'une expropriation doit être considérée comme postérieure à la publication de ce décret, lorsque le jugement qui la prononce est intervenu depuis le décret, bien que les formalités préliminaires soient antérieures. — Même arrêt.

214. — Mais décidé que le décret qui déclare d'utilité publique, pour l'alimentation des fontaines d'une ville, la dérivation d'une partie des eaux d'une rivière canalisée appartenant à un particulier, alors, d'ailleurs, que cette rivière est affectée à un service public de navigation, n'est pas susceptible d'être attaqué pour excès de pouvoir, alors qu'il a réservé expressément les droits des tiers. — Cons. d'Et., 28 avr. 1882, Marty, [S. 84.3.30, P. adm. chr., D. 83.3.101] — De Lalleau, Jousselin, Rendu et Périn, t. 1, n. 70, note; Crépon, sur l'art. 3, n. 48.

215. — ... Que le décret qui autorise une commune à acquérir certaines parcelles déterminées ne la dispense point par là de procéder à l'enquête qui doit précéder l'arrêté de cessibilité, et ne l'autorise pas à porter atteinte aux droits appartenant aux particuliers ou au préfet; un recours pour excès de pouvoir contre ce décret n'est donc point admissible. — Cons. d'Et., 11 juin 1880, précité. — De Lalleau, Jousselin, Rendu et Périn, *loc. cit.*; Crépon, sur l'art. 3, n. 43 et 47.

216. — ... Que la disposition d'un décret déclaratif d'utilité publique concernant l'établissement d'un champ de foire, qui accorde à la commune intéressée l'autorisation d'acquérir les parcelles à exproprier, ne peut faire grief aux propriétaires de ces parcelles, car elle ne saurait avoir pour effet soit de dispenser l'administration de procéder à l'enquête qui doit précéder l'arrêté de cessibilité, soit de porter atteinte aux droits que les propriétaires peuvent exercer, conformément aux art. 2 et 7, L. 3 mai 1841, ou aux pouvoirs qui appartiennent au préfet en vertu de l'art. 11 de la même loi. — Cons. d'Et., 26 déc. 1879, Radiguey, [Leb. chr., p. 872]

217. — ... Que lorsque le décret déclaratif a autorisé l'ouverture d'une rue, mais en spécifiant qu'elle sera tracée sur les propriétés de personnes dénommées, le tiers auquel ne s'applique pas la déclaration d'utilité publique est sans droit et sans qualité pour attaquer ce décret par un recours devant le Conseil d'Etat. — Cons. d'Et., 2 juin 1832, Daragon, [P. adm. chr.] — De Lalleau, Jousselin, Rendu et Périn, t. 1, n. 72.

218. — ... Que lorsqu'un décret du gouvernement ne prescrit que des mesures générales, dont l'application ne pourra avoir lieu qu'en se conformant aux lois, et qui ne s'opposent point à ce que, au moment de l'application, les intéressés forment un recours régulier devant le Conseil d'Etat, on ne saurait se pourvoir contre cet acte, puisqu'il ne préjudicie à personne et ne préjuge rien. — Cons. d'Et., 15 déc. 1853, [cité par de Lalleau, Jousselin, Rendu et Périn, t. 1, n. 71]

219. — Au reste, le particulier qui, après la mise à exécution des travaux, serait en droit de réclamer une indemnité pour dommages résultant de travaux publics, n'en a pas moins le droit de déférer la déclaration d'utilité publique au Conseil d'Etat pour excès de pouvoir; en effet, si son recours est admis, la déclaration d'utilité publique tombe, et les travaux ne sont pas continués, au moins pour le moment. — Laferrière, t. 2, p. 481. — V. *suprà*, v° *Excès de pouvoir*, n. 191.

220. — Pour que le recours pour excès de pouvoir soit admissible, il faut nécessairement que la formalité dont l'omission est invoquée comme base du recours soit imposée par la loi pour la régularité de l'expropriation. Jugé que le décret portant déclaration d'utilité publique n'est point nul comme ne contenant pas la mention de l'envoi au préfet de l'avis que le sous-préfet est tenu de lui adresser, aux termes de l'art. 4, Ord. 23 août 1835, cette mention n'étant exigée par aucune loi, et l'avis lui-même n'étant point prescrit à peine de nullité. — Cons. d'Et., 1er juin 1849, Ponts-Asnières, [S. 49.2.504, P. adm. chr.] — Crépon, sur l'art. 3, n. 45.

221. — ... Que le décret portant déclaration d'utilité publique n'est point nul comme ne contenant une énonciation inexacte des nom et prénoms du propriétaire de l'emplacement où doit s'élever la construction déclarée d'utilité publique, s'il n'y a point incertitude sur la personne de ce propriétaire. — Même arrêt. — Crépon, sur l'art. 3, n. 44.

222. — ... Qu'il n'est pas non plus nécessaire que l'acte du pouvoir exécutif, déclarant la nécessité d'une expropriation pour travaux militaires ou maritimes, détermine littéralement les terrains soumis à l'expropriation, lorsque le plan de ces terrains est annexé au décret. — Cass., 22 déc. 1834, Senez, [S. 35.1.472, P. chr.]

223. — Le recours formé devant le Conseil d'Etat contre un décret de déclaration d'utilité publique n'est pas suspensif; dès lors, malgré le recours, la procédure continue; l'arrêté de cessibilité est rendu, et le tribunal civil prononce l'expropriation, s'il y a lieu. — Cass., 8 déc. 1891, Comm. de Chapois, [S. et P. 92.1.95, D. 92.1.574] — Cons. d'Et., 24 févr. 1882, Roger, [S. 84.3.12, P. adm. chr., D. 83.3.57] — De Lalleau, Jousselin, Rendu et Périn, t. 1, n. 70, note; Crépon, sur l'art. 3, n. 52.

224. — Le décret portant déclaration d'utilité publique n'est point susceptible de notification individuelle; en effet, il statue dans l'intérêt général et ne vise pas d'une manière directe les particuliers; dès lors, on ne peut faire partir le délai, pour se pourvoir, de la notification; ce délai court de l'insertion du décret au *Bulletin des lois* et de sa promulgation. — Cons. d'Et., 9 juin 1849, de Corbon, [P. adm. chr., D. 49.3.84] — On doit, à plus forte raison considérer qu'il a couru au moment de la mise à exécution des travaux. — Cons. d'Et., 9 juin 1849, précité. — De Lalleau, Jousselin, Rendu et Périn, t. 1, n. 71; Laferrière, t. 2, p. 438.

225. — Dès lors, le pourvoi est irrecevable, comme tardif, alors qu'il n'est formé que plus de trois mois après la publication du décret déclaratif d'utilité publique et du plan parcellaire. A plus forte raison, le recours sera-t-il tardif s'il a été formé que plus de trois mois après qu'une lettre du préfet a donné à l'intéressé connaissance de la déclaration d'utilité publique. — Cons. d'Et., 9 avr. 1886, [Leb. chr., p. 332] — De Lalleau, Jousselin, Rendu et Périn, t. 1, n. 71.

226. — D'autre part, le décret qui a prononcé la déclaration d'utilité publique n'est plus susceptible d'être discuté par la voie contentieuse, alors que l'expropriation a été prononcée par un jugement devenu définitif. — Cass., 17 déc. 1877, Touchy, [S. 78.1.80, P. 78.163, D. 78.1.52] — Cons. d'Et., 26 déc. 1873, André, [S. 73.2.27, P. adm. chr., D. 75.3.4]; — 13 févr. 1874, André, [S. 78.2.96, P. adm. chr., D. 75.3.80]; — 21 mai 1885, Touchy, [D. 79.5.215]; — 22 mai 1885, Fenaux, [D. 86.5.223]; — 31 juill. 1885, Dufresne de Beaucourt, [D. 86.5.223]; — 14 déc. 1888, Sandignères, [Leb. chr., p. 974]; — 29 juill. 1891, Comm. de Chapois, [Leb. chr., p. 664] — De Lalleau, Jousselin, Rendu et Périn, t. 1, n. 70, note; Crépon, sur l'art. 3, n. 46; Daffry de la Monnoye, sur l'art. 3, n. 6; Laferrière, t. 2, p. 471.

227. — Jugé encore que lorsque le plan, annexé au décret déclaratif de l'utilité publique des travaux à exécuter pour l'ouverture d'une rue, comprend dans la déclaration le tracé de ces travaux sur la totalité d'un immeuble, et que l'arrêté de cessibilité désigne le même immeuble comme devant être exproprié en entier, le propriétaire qui n'a élevé aucune réclamation contre ces actes n'est pas fondé à prétendre ultérieurement, sur le motif qu'une partie de son immeuble ne se trouve pas dans la direction prolongée en ligne droite de la rue à ouvrir, que l'expropriation aurait dû être limitée à la portion de l'immeuble nécessaire à l'exécution de l'entreprise. — Cass., 14 janv. 1868, Roideau, [S. 68.1.227, P. 68.538]

228. — Les recours ainsi formés, pour excès de pouvoir ou vice de forme du décret déclaratif d'utilité publique, sont dispensés des droits de timbre et d'enregistrement. — Cons. d'Ét., 26 déc. 1873, Garret, [D. 75.3.4]; — 22 nov. 1878, de l'Hôpital, [S. 80.2.153, P. adm. chr., D. 79.3.38] — Crépon, sur l'art. 3, n. 53; de Lalleau, Jousselin, Rendu et Périn, t. 1, n. 70, note; Laferrière, t. 2, p. 451. — V. *suprà*, v° *Excès de pouvoir*, n. 164.

229. — Aucune condamnation aux dépens ne peut donc être prononcée au sujet des recours pour excès de pouvoir, puisque ces recours sont jugés sans frais. — Laferrière, t. 2, p. 568.

230. — Un décret qui déclare d'utilité publique certains travaux n'est pas susceptible d'être déféré par la voie de la tierce-opposition au Conseil d'État statuant au contentieux. — Cons. d'Ét., 20 avr. 1888, Syndicat du canal du Vernet et Pla, [S. 90.3.30, P. adm. chr., D. 89.3.76] — De Lalleau, Jousselin, Rendu et Périn, *loc. cit.* — Il est vrai qu'aux termes de l'art. 37, Décr. 22 juill. 1806, la voie de la tierce-opposition contre les décisions du Conseil d'État rendues en matière contentieuse est ouverte, dans certains cas, à ceux qui n'ont pas été appelés lors de ces décisions. Dans l'espèce, les demandeurs soutenaient que cette disposition autorise cette voie de recours, non seulement contre les décisions contentieuses, mais aussi contre les décisions purement administratives lésant les droits des parties qui n'auraient pas été appelées lors de l'instruction. Mais ce système est inadmissible en présence du texte de l'art. 37 susvisé et inconciliable avec l'esprit qui l'a dicté.

231. — Mais la voie de la tierce-opposition est ouverte au département ou à la commune qui ont entrepris des travaux à la suite d'une déclaration d'utilité publique annulée par le Conseil d'État sur le recours d'un tiers; le département ou la commune intéressés doivent en effet pouvoir faire valoir leurs moyens de défense. — Laferrière, t. 2, p. 566.

§ 3. De l'étendue de l'acte portant déclaration d'utilité publique.

232. — L'expropriation, portant atteinte au droit des particuliers et à la propriété, doit être restreinte aux travaux indiqués dans la déclaration publique. Cette déclaration peut cependant s'appliquer à des travaux qu'elle ne désigne pas explicitement, mais c'est à la condition expresse que ces travaux soient la conséquence immédiate du travail principal qu'elle autorise; elle ne saurait s'étendre à des ouvrages qui ne sont pas un accessoire et une suite nécessaire de ce travail. Le commissaire du gouvernement s'est exprimé ainsi à cet égard devant la Chambre des pairs : « Il faut qu'il soit bien reconnu que, lorsqu'une loi ou une ordonnance aura autorisé l'ouverture d'une route, l'établissement d'un canal, tous les travaux dépendant de cette route ou de ce canal sont par là même autorisés implicitement, et que de déclarations partielles d'utilité publique ne sont pas exigées » (Mon. du 5 mai 1833, p. 1248). — De Lalleau, Jousselin, Rendu et Périn, t. 1, n. 74; Crépon, sur l'art. 3, n. 22 et 23; Daffry de la Monnoye, t. 1, n. 11.

233. — Dans chaque affaire on aura donc une question de fait à examiner : les travaux entrepris sont-ils la suite et le complément du travail primitivement autorisé, ou bien constituent-ils un nouvel œuvre, un travail nouveau? Pour décider la question il faudra étudier les documents et les renseignements fournis par l'administration. Quelle est l'autorité compétente pour se prononcer sur ce point? L'autorité judiciaire, pensent MM. Caudaveine et Théry (n. 37), parce que, disent-ils : « Les tribunaux auxquels une loi est présentée peuvent examiner si la loi s'applique ou non aux travaux pour lesquels l'expropriation a été sollicitée. »

234. — Mais, objecte-t-on, pour trancher cette question, il faut interpréter l'acte portant déclaration d'utilité publique et si cet acte est un décret, son interprétation, en sa qualité d'acte administratif, échappe à l'autorité judiciaire (V. *suprà*, v° *Acte administratif*, n. 133 et s., et v° *Compétence administrative*, n. 23 et s.). En tout cas, il faut toujours rechercher si le travail dont il est question a bien pour but de continuer un travail déjà autorisé; si l'autorité administrative déclare que sa volonté est bien de continuer l'œuvre déjà commencée et non point d'entreprendre un travail nouveau, l'autorité judiciaire n'a point qualité pour déclarer le contraire en s'immisçant dans les actes de l'administration. — Herson, n. 24; de Lalleau, Jousselin, Rendu et Périn, *loc. cit.*

235. — Lorsque la déclaration d'utilité publique émane du pouvoir législatif, quelle sera l'autorité compétente pour interpréter cette déclaration si elle est équivoque? Le pouvoir législatif? Mais comment serait-il saisi? Par pétition, par l'initiative parlementaire, ou par un projet de loi du gouvernement? Une telle façon de procéder ne permettrait pas de vider une question contentieuse, et n'assurerait pas le jugement d'une question préjudicielle; la nécessité de l'accord des deux Chambres, les lenteurs de la procédure parlementaire entraîneraient un sursis presque indéfini. Enfin l'autorité législative n'a pas à intervenir dans une contestation privée; aussi est-il admis que le Conseil d'État est compétent pour interpréter les actes d'administration émanant du pouvoir législatif et notamment les déclarations d'utilité publiques rendues en forme de loi. — Laferrière, t. 2, p. 19 et 615. — V. Cons. d'Ét., 24 déc. 1845, de Vazelles, [S. 46.2.276, P. adm. chr.]; — 7 août 1883, Comm. de Meudon, [S. 85.3.52, P. adm. chr., D. 85.3.37]

236. — Mais c'est à l'autorité judiciaire à examiner si l'acte déclaratif existe ou n'existe pas; elle ne doit prononcer l'expropriation qu'au vu de la déclaration d'utilité publique, elle doit donc rechercher si cette déclaration a été prononcée; si l'examen de l'affaire nécessite l'interprétation d'un acte administratif elle sursoira à statuer. C'est ainsi que dans les espèces qui vont suivre on voit l'autorité judiciaire se prononcer sur le point de savoir si un acte déclaratif antérieur autorise ou non de nouveaux travaux.

237. — Décidé que la loi du 4 juill. 1838, qui a autorisé la ville de Marseille à ouvrir à ses frais un canal de dérivation de la Durance et à faire des concessions partielles des eaux dérivées, à la charge de se conformer au règlement d'administration publique qui déterminerait le tarif des concessions, contient déclaration suffisante d'utilité publique relativement à l'expropriation des terrains nécessaires pour l'établissement des rigoles destinées aux eaux concédées. — Cass., 27 déc. 1852, Seytres, [S. 54.128, P. 53.1.90, D. 53.1.274] — Crépon, sur l'art. 3, n. 24; de Lalleau, Jousselin, Rendu et Périn, t. 1, n. 81; Daffry de la Monnoye, t. 1, sur l'art. 2, n. 11.

238. — ... Que lorsque, après avoir prescrit le prolongement d'une rue, spécialement de la rue de Rivoli, à Paris, une loi a ordonné que les parcelles de terrain restant en dehors de l'alignement, et non susceptibles de recevoir des constructions salubres, seront réunies aux propriétés contiguës, soit à l'amiable, soit par l'expropriation de ces propriétés, conformément à l'art. 53, L. 16 sept. 1807, il y a là déclaration d'utilité publique et d'alignement pour les maisons séparées de la rue par une de ces parcelles. Dès lors, en cas d'accord entre la ville et les propriétaires desdites maisons pour l'acquisition de ces parcelles et la reconstruction des maisons sur le nouvel alignement, il n'y a plus d'expropriation à prononcer, ni de vérification à faire de l'accomplissement des formalités prescrites par la loi sur l'expropriation pour cause d'utilité publique; il reste uniquement à faire fixer par le jury l'indemnité due, soit pour la valeur du terrain pris ou abandonné, soit aux locataires à raison de leur éviction de jouissance. — Cass., 15 mars 1853, Beauvallet, [S. 53.1.352, P. 53.2.459, D. 53.1.86]

239. — Décidé, encore, que lorsque, sur la provocation du conseil municipal, une ordonnance royale a autorisé une ville à construire un abattoir, à la condition de l'isoler de toute habitation, et, par suite, de faire exproprier pour utilité publique la maison d'un propriétaire voisin, l'autorité judiciaire a pu décider que la ville était tenue, d'après cette ordonnance, non pas de payer seulement une indemnité au propriétaire voisin, mais même d'acquérir sa maison, soit à l'amiable, soit par voie d'expropriation. — Cass., 7 déc. 1836, Ville de Besançon, [P. 37.1.612] — Dans l'espèce, il ne semble pas qu'il y ait extension de l'expropriation, car elle s'applique à des travaux et à une acquisition prévus dans l'acte même déclaratif d'utilité publique.

240. — Mais si la déclaration d'utilité publique peut s'appliquer à des travaux qu'elle ne désigne pas explicitement, c'est à la condition qu'ils soient la conséquence immédiate du travail principal qu'elle autorise; elle ne saurait s'étendre à des ouvrages qui ne sont pas un accessoire et une suite nécessaire de ce travail. — Cass., 25 juill. 1877, Rodière, [S. 78.1.80, P. 78. 164, D. 77.1.471] — De Peyrony et Delamarre, p. 120; de Lalleau, Jousselin, Rendu et Périn, t. 1, n. 74 et s.; Daffry de la Monnoye, t. 1, sur l'art. 2, n. 12.

241. — Spécialement, le décret déclarant d'utilité publique, l'exécution d'un chemin de fer n'autorise pas la dépossession de parcelles nécessaires à l'établissement d'un canal dont la construction ne se rattache pas à celle de la voie ferrée, et n'a été motivée que par une convention particulière intervenue entre l'État et l'un des expropriés. — Même arrêt. — Il en est ainsi surtout lorsque l'effet de l'acte déclaratif de l'utilité publique se trouve épuisé par le jugement qui a prononcé l'expropriation des parcelles indiquées dans l'arrêté préfectoral de cessibilité et par la décision du jury qui a fixé les indemnités de dépossession. — Même arrêt. — Crépon, sur l'art. 3, n. 32; de Lalleau, Jousselin, Rendu et Périn, t. 1, n. 84, note.

242. — Par application du même principe, il a été jugé que les dispositions de la loi qui prescrivent certaines mesures préalables, et notamment celle qui ne permet de prononcer l'expropriation qu'autant que l'utilité en a été déclarée par une loi, ou par un acte du pouvoir exécutif, sont applicables même au cas où il s'agit de rectifier des travaux exécutés antérieurement en vertu d'une loi spéciale, lorsque d'ailleurs cette loi n'a pas disposé d'avance sur les nouveaux travaux. — Cass., 8 avr. 1835, Préfet des Ardennes, [S. 35.1.300, P. chr.] — Crépon, sur l'art. 3, n. 25. — V. toutefois de Lalleau, Jousselin, Rendu et Périn, t. 1, n. 77; Daffry de la Monnoye, t. 1, sur l'art. 2, n. 11.

243. — Ainsi jugé que l'expropriation pour cause d'utilité publique nécessitée par le redressement d'une route départementale, dont le classement a été fait par décret ou ordonnance, doit être précédée d'une enquête administrative et d'une nouvelle ordonnance autorisant le redressement. — Cass., 11 juill. 1838, Préfet de la Drôme, [S. 38.1.787, P. 38.1.441] — Crépon, sur l'art. 3, n. 26; de Lalleau, Jousselin, Rendu et Périn, t. 1, n. 75; Daffry de la Monnoye, t. 1, sur l'art. 2, n. 11, et sur l'art. 3, n. 11.

244. — ... Qu'un changement de tracé dans la direction d'une route départementale déjà classée mais non exécutée, ne peut avoir lieu sans un acte du pouvoir exécutif qui déclare l'utilité publique. — Cass., 10 mai 1843, Remy, [S. 43.1.505, P. 43.2.211] — Crépon, sur l'art. 3, n. 37; de Lalleau, Jousselin, Rendu et Périn, t. 1, n. 25, note; Daffry de la Monnoye, loc. cit.

245. — ... Qu'après qu'un décret a reconnu l'utilité publique d'une ligne de tramways sur une route nationale, en déterminant des déviations en dehors de ladite route, une nouvelle déviation de cette ligne ne peut être faite sans nouveau décret, sans enquête et sans arrêté de classement, si cette déviation ne peut être considérée comme une simple modification de détail technique, mais constitue un véritable changement apporté au tracé primitif. — Cass., 6 nov. 1894, Genelot, [S. et P. 95.1.191, D. 95.1.211] — 25 nov. 1895, Signard, [S. et P. 96.1.192, D. 96.1.269] — V. aussi supra, v° Chemin de fer, n. 6700.

246. — ... Que l'accomplissement de ces nouvelles formalités constituant une condition substantielle, le tribunal, saisi de la demande d'expropriation, a le devoir d'en vérifier l'accomplissement, et que le jugement doit être cassé, s'il prononce l'expropriation sans qu'elles aient été remplies. — Mêmes arrêts.

247. — ... Que, de ce que l'établissement d'un canal, dont la construction a été autorisée comme étant d'utilité publique, a interrompu un chemin de communication, il ne s'ensuit pas que le rétablissement de ce chemin doive être de plein droit considéré comme étant d'utilité publique, et que l'expropriation des terrains nécessaires puisse avoir lieu sans une loi ou une ordonnance préalable, déclaratives de cette utilité, et sans un acte du préfet qui désigne les localités ou le territoire sur lesquels les travaux doivent être exécutés; que, par suite, est nul le jugement qui prononce l'expropriation, lorsque ces différentes formalités n'ont pas été remplies. — Cass., 13 janv. 1840, Valbrunne, [S. 40.1.157, P. 40.1.56] — Dans l'espèce, il est à remarquer que les premiers travaux étaient achevés depuis plusieurs années; par suite, la première déclaration d'utilité publique avait produit tout son effet et reçu une entière exécution. — Crépon, sur l'art. 3, n. 28; de Lalleau, Jousselin, Rendu et Périn, t. 1, n. 76; Daffry de la Monnoye, loc. cit.

248. — Jugé encore qu'un tribunal ne peut prononcer l'expropriation que des terrains nécessaires à la portion de travaux expressément ou implicitement comprise dans la déclaration d'utilité publique dont elle doit être précédée; qu'il ne peut l'étendre à d'autres terrains, quelque nécessaires que puissent paraître les travaux qu'ils devraient recevoir pour l'achèvement ou la conservation des travaux ordonnés. — Cass., 21 nov. 1836, Préf. du Puy-de-Dôme, [S. 36.1.920, P. 37.1.118] — Dans l'espèce, l'élargissement d'une route, qui motivait l'expropriation, donnait lieu à la construction d'un pont et au déplacement du lit de la rivière en aval et en amont du pont; dès lors, les travaux n'étaient-ils pas une suite directe de l'expropriation et n'avaient-ils pas été prévus par l'acte déclaratif, puisque l'administration avait l'obligation de rétablir les communications?

249. — Dans ces conditions il ne paraît ni utile, ni pratique de recourir à une nouvelle déclaration d'utilité publique et à de nouvelles formalités pour l'accomplissement de travaux qui se lient intimement aux travaux autorisés. Le législateur a consacré d'ailleurs le système opposé à celui adopté par la Cour suprême, et aujourd'hui aucun doute ne peut subsister dans des hypothèses analogues; en effet les cahiers des charges annexés aux lois de concessions imposent aux compagnies concessionnaires l'obligation d'acquérir les terrains nécessaires non seulement à l'emplacement des travaux, mais aussi au rétablissement des communications déplacées ou interrompues, et des nouveaux lits des cours d'eau. Ces derniers travaux se trouvent de la sorte formellement prévus. — Crépon, sur l'art. 3, n. 29; de Lalleau, Jousselin, Rendu et Périn, t. 1, n. 78; Daffry de la Monnoye, t. 1, sur l'art. 2, n. 11.

250. — Mais il a été jugé, d'autre part, qu'une compagnie, concessionnaire d'une ligne principale de chemin de fer, qui lui a été livrée par l'État avec sa gare toute construite, et d'embranchements se rattachant à cette ligne principale, ne peut appliquer à l'augmentation de la gare de la ligne principale le droit d'expropriation concédé pour la construction des embranchements..., alors même que, par suite de fusion, elle se compose des compagnies originairement concessionnaires de la ligne principale et des embranchements. — Cass., 27 févr. 1849, Comp. Heim et Alquier, [S. 49.1.215, P. 50.1.41, D. 49.1.89] — Crépon, sur l'art. 3, n. 30; de Lalleau, Jousselin, Rendu et Périn, t. 1, n. 84; Daffry de la Monnoye, t. 1, sur l'art. 2, n. 11.

251. — ... Que lorsque, après déclaration d'utilité publique, un jugement a prononcé l'expropriation des parcelles indiquées dans l'arrêté préfectoral de cessibilité, et que le jury a fixé à cet égard les indemnités de dépossession, si l'exproprint veut obtenir l'expropriation d'autres parcelles, il doit provoquer un nouvel acte déclaratif d'utilité publique: faute de quoi, les tribunaux sont incompétents pour prononcer l'expropriation demandée. — Cass., 8 janv. 1873, Champlagarde. [S. 73.1.85, P. 73.173, D. 73.1.10] — De Lalleau, Jousselin, Rendu et Périn, loc. cit.; Crépon, sur l'art. 3, n. 31; Daffry de la Monnoye, t. 1, sur l'art. 2, n. 11.

252. — ... Que, dans le cas où une compagnie de chemin de fer est autorisée, par la loi qui la constitue, à faire des modifications au projet primitif, tant que les travaux seront en cours d'exécution, elle ne peut faire les changements et poursuivre les expropriations qu'ils rendent nécessaires, que dans le temps fixé par la même loi pour l'achèvement des travaux; qu'elle ne peut ni demander ni obtenir aucune expropriation après l'expiration de ce temps alors même que les travaux ne seraient pas encore achevés. — Cass., 10 mai 1847, Etienne, [S. 48.1.51, P. 47.1.678, D. 47.4.245] — Crépon, sur l'art. 3, n. 33; de Lalleau, Jousselin, Rendu et Périn, t. 1, n. 83.

253. — ... Qu'au cas d'expropriation pour l'établissement d'une rue, l'immeuble situé en dehors de l'alignement de cette rue et qui ne se trouve compris ni dans le plan des parcelles expropriées, ni dans le jugement d'expropriation, ne peut être exproprié en vertu d'un nouveau plan du préfet, en désaccord avec le décret déclaratif d'utilité publique. — Cass., 27 janv. 1864, Roussel, [S. 64.1.507, P. 64.1248, D. 64.1.447] — ... Que cet immeuble n'étant pas même atteint en partie par les travaux à exécuter, et, d'autre part, ces travaux n'ayant pour objet la suppression d'une ancienne voie publique, jugée inutile, l'expropriation dudit immeuble ne peut non plus se justifier par l'application des dispositions de l'art. 2, Décr. 26 mars 1852, qui donnent à l'administration la faculté soit de comprendre dans l'expropriation la totalité des immeubles atteints, lorsqu'elle juge que les parties restantes ne sont pas propres à recevoir des constructions salubres, soit de comprendre dans l'expropriation des immeubles en dehors des alignements tracés, si l'acquisition en est nécessaire pour la suppression d'anciennes voies publiques jugées inutiles. — Même arrêt. — De Lalleau, Jousselin, Rendu et Périn, *loc. cit.*

254. — ... Que l'acte déclaratif d'utilité publique qui autorise l'exécution d'un canal ne comprend ni directement ni implicitement l'acquisition de terrains nécessaires à l'établissement des maisons de garde. — Cons. d'Ét., 30 août 1847, Tardy, [P. adm. chr., D. 48.3.53] — De Lalleau, Jousselin, Rendu et Périn, t. 1, n. 85. — On pourrait dire cependant que la construction de ces maisons de garde est une suite nécessaire et inévitable de l'exécution du canal.

255. — Le décret de déclaration d'utilité publique n'étant qu'un acte d'instruction n'enlève point au propriétaire des immeubles à exproprier le droit de louer ces immeubles ou d'en renouveler les baux. — Cass., 15 févr. 1860, Loddé, [S. 60.1.817, P. 60.738, D. 60.1.117]; — 14 mars 1860, Rousselet, [S. 60.1.817, P. 61.714, D. 60.1 279] — De Peyrony et Delamarre, n. 127; Crépon, sur l'art. 3, n. 36; de Lalleau, Jousselin, Rendu et Périn, t. 1, n. 86. — Le renouvellement du bail n'est point cependant opposable à l'expropriant s'il est établi qu'il n'a été demandé et obtenu qu'en vue de l'allocation d'une indemnité plus forte. — Mêmes arrêts. — De Lalleau, Jousselin, Rendu et Périn, *loc. cit.*

Section IV.
De la désignation des territoires et localités.

256. — Lorsque l'utilité publique a été reconnue il faut préciser la direction des travaux et déterminer les propriétés auxquelles l'expropriation est applicable. Napoléon demandait au Conseil d'État : « que le plan arrêté en jury formé sur les lieux en déterminât l'application, après avoir entendu les propriétaires. On pourrait charger de ces fonctions les auditeurs attachés aux ponts et chaussées, auxquels on adjoindrait les autorités locales; on pourrait aussi en charger le conseil de préfecture » (Locré, *Procès-verbaux*, t. 9, p. 672 et s.).

257. — M. Berlier, dans son exposé des motifs présenté au Corps législatif le 1er mars 1810, a exposé ainsi la pensée du législateur : « s'il s'agit de désigner des départements, des arrondissements, des communes, sur lesquels seront dirigés les travaux, lorsque cette désignation n'a pas été faite par le décret lui-même, l'on conçoit qu'un tel soin regarde exclusivement l'administration, qui seule possède les éléments propres à une telle opération. Il est également sensible qu'à l'administration seule peut appartenir le droit de déterminer les propriétés particulières auxquelles devra s'appliquer la cession pour cause d'utilité publique; mais c'est ici que doit commencer pour les propriétaires l'exercice de tous les droits propres à les garantir, soit du despotisme des gens de l'art, soit des décisions irréfléchies ou injustes de l'autorité même. Sans doute ces droits ne s'étendent pas jusqu'à la critique du décret qui aura ordonné la construction d'une digue, l'ouverture d'une route ou d'autres ouvrages de cette nature; ces questions de haute administration ne peuvent devenir le sujet d'un simple particulier et l'autorité publique qui s'est éclairée avant de prononcer, et dont l'acte solennel n'appelle plus que l'obéissance. Mais si, dans l'exécution même du décret, des propriétaires, qui soutiennent que cette exécution n'entraîne point la cession de leur fonds, qu'il serait plus expédient et moins coûteux de passer ailleurs que sur leurs héritages, que la direction projetée par ménagements ou complaisances pour les uns dégénérait en vexation pour les autres, toutes ces questions de fait peuvent devenir l'objet d'une discussion légitime; et bien loin qu'il convienne d'écarter de tels éclaircissements, on doit les appeler; c'est en éclairant l'administration qu'on empêche les froissements particuliers » (Locré, t. 9, p. 734 et s.).

258. — C'est à l'administration qu'il appartient de déterminer, dans les formes prescrites par la loi du 3 mai 1841, l'étendue et les limites de l'expropriation qu'elle requiert, et de décider si elle doit être absolue, ou si elle peut être restreinte par des servitudes ou par des constructions favorables aux fonds qui restent dans la possession des particuliers. — Cons. d'Ét., 19 oct. 1825, Goblet, [S. chr., P. adm. chr.] — De Lalleau, Jousselin, Rendu et Périn, t. 1, n. 88; Daffry de la Monnoye, t. 1, sur l'art. 2, n. 2. — Cette désignation est faite par un arrêté du préfet qui indique nettement les territoires et localités sur lesquels les travaux doivent être exécutés.

259. — Le tribunal ne peut prononcer l'expropriation que lorsque le préfet a rendu l'arrêté désignant les territoires sur lesquels doivent porter les travaux; la désignation de ces localités est une formalité substantielle. — Cass., 6 janv. 1836, Gailleur, [S. 36.1.3, P. chr.]; — 28 mai 1861, Delcambre, [S. 61.1.992, P. 62.237, D. 61.1.287] — Crépon, sur l'art. 2, n. 13; Daffry de la Monnoye, t. 1, sur l'art. 2, n. 1; de Lalleau, Jousselin, Rendu et Périn, t. 1, n. 90.

260. — Jugé, en ce sens, qu'il faut absolument, lorsque la loi de concession de travaux publics ne désigne pas dans son texte les localités ou territoires sur lesquels les travaux doivent avoir lieu, qu'un arrêté du préfet désigne ces localités ou territoires : l'arrêté qui détermine les propriétés particulières sujettes à l'expropriation ne suffit pas. — Cass., 6 janv. 1836, précité. — Dufour, n. 28; de Peyrony et Delamarre, n. 125; de Lalleau, Jousselin, Rendu et Périn, t. 1, n. 90; Crépon, sur l'art. 2, n. 12; Daffry de la Monnoye, *loc. cit.*

261. — Mais cet arrêté n'est pas nécessaire, lorsque la désignation des territoires résulte suffisamment de l'acte portant déclaration d'utilité publique; ce n'est pas l'arrêté qui est indispensable, c'est la désignation. — Cass., 3 juill. 1839, Bourgon, [S. 39.1.748, P. 46.2.544] — La désignation des territoires se trouve souvent dans l'acte déclaratif d'utilité publique lorsqu'il s'agit de travaux qui portent sur une faible étendue de terrain, tels qu'un pont, une rue, quelquefois même, un canal, une route. — Crépon, sur l'art. 2, n. 14; de Lalleau, Jousselin, Rendu et Périn, n. 89; Daffry de la Monnoye, t. 1, sur l'art. 2, n. 2.

262. — La désignation, si elle ne résulte pas explicitement et directement de l'acte déclaratif d'utilité publique ou de l'arrêté du préfet, peut suffisamment ressortir d'une pièce qui les accompagne et qui leur est annexée. Ainsi il n'est pas nécessaire que l'acte du pouvoir exécutif déclarant la nécessité d'une expropriation pour travaux militaires ou maritimes détermine littéralement les terrains soumis à l'expropriation, lorsque le plan de ces terrains est annexé à l'acte déclaratif d'utilité publique. — Cass., 22 déc. 1834, Senez, [S. 35.1.172, P. chr.] — Crépon, sur l'art. 2, n. 5; de Lalleau, Jousselin, Rendu et Périn, t. 1, n. 90, note.

263. — Il arrivera quelquefois, que le préfet sera obligé de rendre successivement deux ou plusieurs arrêtés portant désignation des territoires ; il en sera ainsi lorsque ces territoires ne pourront être déterminés tout d'abord d'une façon définitive. Jugé en conséquence qu'il n'y a nécessité d'un arrêté déterminant toutes les propriétés auxquelles l'expropriation est applicable qu'autant que la nature des travaux est telle que leur point de départ et leur direction puissent être déterminés et connus à l'avance. Dans le cas contraire, par exemple, lorsqu'il s'agit de travaux à faire pour amener d'un point à un autre l'eau d'une source dont le gisement est incertain, on peut régulièrement poursuivre l'expropriation du terrain où la source prend naissance et d'une usine qu'elle alimente avant de poursuivre l'expropriation des terrains sur lesquels devront passer les eaux pour être conduites à leur destination. Plus tard interviendra un autre arrêté déterminant sur quels territoires les travaux devront être exécutés pour conduire les eaux à leur destination. — Cass., 3 juill. 1839, précité. — Daffry de la Monnoye, t. 1, sur l'art. 2, n. 3; de Lalleau, Jousselin, Rendu et Périn, t. 1, n. 90, note; Crépon, sur l'art. 2, n. 19.

264. — Lorsque la loi déclarative d'utilité publique d'un chemin de fer se borne à indiquer le point de départ et le point d'arrivée, en ne mentionnant que deux localités à traverser, ou simplement à traverser, il appartient au préfet de désigner les autres localités ou territoires sur lesquels les travaux doivent s'exécuter. — Cass., 24 mai 1870, de Grave, [S. 83.1.325, *ad notam*, P. 83.1.782, *ad notam*, D. 70.1.389]; — 13 déc. 1882, de Froissard, [S. 83.1.325, P. 83.1.782, D. 84.1.88] — Daffry de la Monnoye, t. 1, sur l'art. 2, n. 7; de Lalleau, Jousselin, Rendu et Périn, t. 1, n. 90, note; Crépon, sur l'art. 2, n. 16. — Et, en pareil cas, les tribunaux ne peuvent se refuser à prononcer l'expropriation, sous prétexte que, d'après le tracé définitif adopté par l'administration, le chemin de fer ne comprendrait pas uniquement le parcours ainsi mentionné, si, d'ailleurs, le tracé suit ce parcours, et aboutit aux points de départ et d'arrivée fixés par la loi. — Mêmes arrêts. — Le préfet en agissant ainsi ne fait qu'assurer l'exécution de l'acte déclaratif d'utilité publique qu'il est chargé d'appliquer.

265. — Mais lorsque le décret d'utilité publique détermine, d'une manière précise, les immeubles à exproprier, il appartient pas à l'administration expropriante de faire ajouter de nouvelles parcelles par arrêté du préfet. Par suite, l'expropriation de ces parcelles ne peut être légalement prononcée par le tribunal. — Cass., 16 mai 1865, Grangeneuve, [S. 65.1.437, P. 65.1.192, D. 66.1.31]; — 15 juin 1887, Vernier, [S. 90.1.423, P. 90.1.1005, D. 89.1.40] — Dans ce cas, le préfet empiéterait sur les droits de l'autorité qui a prononcé l'expropriation, et commettrait un excès de pouvoir caractérisé.

266. — Il ne faut pas cependant trop restreindre les droits du préfet; s'il ne doit point aller à l'encontre d'un acte déclaratif qu'il est chargé d'appliquer, il lui est cependant loisible de l'interpréter en l'appliquant, à la condition de ne point le dénaturer; c'est là une question de fait à examiner dans chaque espèce. Jugé que le préfet a le droit de faire aux plans et avant-projets annexés à la loi ou au décret déclarant l'utilité publique de travaux, les modifications qui sont ultérieurement reconnues nécessaires; notamment qu'il peut désigner comme devant être expropriées des parcelles autres que celles comprises au plan primitif, alors surtout que ces parcelles ont leur assiette dans les territoires et localités qu'indique ce plan. — Cass., 6 déc. 1864, Rozapelli, [S. 65.1.142, P. 65.303, D. 66.1.30] — Daffry de la Monnoye, t. 1, sur l'art. 2, n. 6; de Lalleau, Jousselin, Rendu et Périn, t. 1, n. 90, note 2; Crépon, sur l'art. 2, n. 18.

267. — En résumé, le préfet ne jouit pas d'un pouvoir arbitraire pour désigner les territoires à traverser; il doit rendre son arrêté après avoir reçu les plans du tracé définitif, revêtus de l'approbation de l'autorité supérieure, et son arrêté doit se borner à reproduire les énonciations de ces plans relatifs aux territoires sur lesquels les travaux doivent être exécutés. Le préfet doit désigner ces territoires; afin de mettre les propriétaires à même de se rendre compte de l'étendue et de la portée des travaux; le préfet, autant que possible désignera aussi les localités, c'est-à-dire les hameaux, sections de commune, quartiers de ville. — De Lalleau, Jousselin, Rendu et Périn, t. 1, n. 91.

268. — L'arrêté désignant et déterminant les territoires sur lesquels les travaux doivent porter doit émaner du préfet; aucune autre autorité ne saurait le remplacer. Ainsi, il ne saurait être suppléé à la désignation faite par le préfet par une délibération du conseil municipal déclarant qu'il y a utilité publique à poursuivre par voie d'expropriation l'extinction des servitudes de passage et autres droits réels auxquels des propriétaires voisins pourraient prétendre. — Cass., 28 mai 1861, Delcambre, [S. 61.1.992, P. 62.1.237, D. 61.1.287] — Daffry de la Monnoye, t. 1, sur l'art. 2, n. 11; de Lalleau, Jousselin, Rendu et Périn, t. 1, n. 90, note; Crépon, sur l'art. 2, n. 17.

269. — La loi n'a point prescrit la publication de cet arrêté; il a cependant d'utilité certaine que s'il est porté à la connaissance des intéressés; aussi cette publication n'étant ni interdite ni prohibée, il est à souhaiter que les préfets donnent à leurs arrêtés désignant les territoires et localités atteints par l'exécution des travaux toute la publicité possible. — De Lalleau, Jousselin, Rendu et Périn, t. 1, n. 92; de Peyrony et Delamarre, p. 126; Crépon, sur l'art. 2, n. 20.

Section V.

De la désignation des propriétés particulières.

§ 1. Généralités.

270. — Le préfet doit, par un arrêté distinct de son arrêté désignant les territoires et localités, déterminer les propriétés particulières atteintes par l'expropriation (L. 3 mai 1841). Cette désignation des propriétés particulières pourrait-elle se trouver dans l'acte déclaratif d'utilité publique? On l'a pensé et on a dit : « Si la loi a parlé de la dispense de l'arrêté du préfet que dans le cas de la désignation des territoires, c'est parce qu'il n'a pas prévu la possibilité d'une désignation parcellaire dans l'ordonnance, qui pût dispenser encore de l'arrêté exigé par le n. 3 de l'art. 2 (désignation des propriétés); mais la raison étant la même la décision doit être identique. » Gand, p. 206.

271. — Mais c'est là une opinion qui va directement à l'encontre du texte de la loi du 3 mai 1841, art. 2, qui exige un arrêté ultérieur pour la désignation des propriétés particulières; peu importe donc qu'il s'agisse de travaux peu considérables pour lesquels, à la rigueur, la désignation des propriétés particulières

pourrait se trouver ou dans l'acte déclaratif d'utilité publique, ou dans l'arrêté désignant les territoires; dans tous les cas il faudra un arrêté portant désignation des propriétés particulières (de Lalleau, Jousselin, Rendu et Périn, t. 1, n. 93). D'ailleurs cet arrêté ne pouvant être rendu qu'après l'accomplissement de formalités particulières, il en ressort qu'un arrêté spécial doit être pris.

272. — Jugé, en ce sens, que l'arrêté de cessibilité visé aux termes de l'art. 2, n. 3, L. 3 mai 1841, doit être pris par le préfet, à l'effet de déterminer les terrains à exproprier, les noms des propriétaires et l'époque de la prise de possession, ne peut être suppléé par les énonciations du décret qui déclare l'utilité publique des travaux. — Cass., 2 mars 1857, Garreau, [S. 57.1.769, P. 58.408, D. 57.1.127] — Daffry de la Monnoye, t. 1, sur l'art. 2, n. 4; de Lalleau, Jousselin, Rendu et Périn, t. 1, n. 93, note; Crépon, sur l'art. 2, n. 23.

273. — Il a cependant été jugé que l'expropriation pour cause d'utilité publique, d'une propriété, est valablement poursuivie, quoique cette propriété ne soit pas spécialement désignée dans l'arrêté du préfet qui détermine les propriétés auxquelles l'expropriation est applicable, si elle se trouve comprise et indiquée sur le plan annexé tant à l'ordonnance déclarative de l'utilité publique qu'à l'arrêté du préfet lui-même. — Cass., 5 févr. 1840, Charnay, [S. 40.1.162, P. 40.1.807] — Dans ce cas l'arrêté désignant les propriétés particulières est muet à l'égard de l'une d'elles; il semblerait donc que la procédure d'expropriation fût irrégulière à l'égard de celle-ci. Il n'en est autrement que si cet arrêté se réfère, pour cette désignation, aux indications précises du plan joint à l'acte déclaratif, parce qu'alors l'arrêté est réellement pris. — Crépon, sur l'art. 2, n. 24.

274. — Ces arrêtés sont des actes administratifs dont les tribunaux ne peuvent connaître. Jugé, par suite, que les matières régies par l'art. 2 du décret du 26 mars 1852 sur les rues de Paris, lequel a été rendu applicable à la ville de Lyon par le décret du 13 déc. 1853, tenant essentiellement à la salubrité et à la facilité de la circulation publique, sont exclusivement dans les attributions de l'autorité administrative; et, dès lors, les arrêtés des préfets qui, en vertu de cet article, désignent les immeubles à prendre dans l'intérêt de la cité et à soumettre à l'expropriation, ne peuvent être soumis aux tribunaux. — Cass., 14 févr. 1855, You de Jaunage, [S. 55.1.538, P. 55.1.391, D. 55.2.178]; — 1er août 1865, Clais et Boujon (2 arrêts), [S. 66.1.81, P. 66.1.80, D. 66.1.169]

275. — Un tribunal ne peut non plus apprécier la légalité et la régularité de cet arrêté. — Cass., 8 déc. 1891. Comm. de Checpois, [S. et P. 92.1.91, D. 92.1.574]

276. — Mais cet arrêté constituant une formalité substantielle, sans laquelle l'expropriation ne peut être prononcée, il appartient aux tribunaux de rechercher si l'arrêté a été rendu et de refuser l'expropriation s'il n'existe pas. — Cass., 30 avr. 1845, Desplats, [S. 45.1.746, P. 45.2.273, D. 45.1.295] — De Lalleau, Jousselin, Rendu et Périn, t. 1, n. 93, note; Crépon, sur l'art. 2, n. 21; Daffry de la Monnoye, t. 1, n. 4; Laferrière, t. 1, p. 540.

277. — La compétence des tribunaux judiciaires, relativement aux arrêtés de cessibilité, est limitée aux vérifications prévues par l'art. 2 et le titre 11 de la loi du 3 mai 1841, c'est-à-dire aux formalités préalables à cet arrêté; ce sont la publication du plan parcellaire, les enquêtes et les observations auxquelles peut donner lieu la désignation des parcelles; les tribunaux judiciaires ne peuvent se livrer à une autre vérification portant sur la légalité de l'arrêté. — Laferrière, loc. cit.

278. — Si les parties croient devoir critiquer la légalité de l'arrêté de cessibilité, elles ne sont pas cependant désarmées; elles peuvent former de ce chef un recours pour excès de pouvoir devant le Conseil d'Etat. Si les parties attaquent la légalité de l'arrêté de cessibilité devant l'autorité judiciaire, cette question sera préjudicielle, et les tribunaux judiciaires saisis devront surseoir à statuer et renvoyer la contestation devant l'autorité administrative. — Cons. d'Et., 19 avr. 1859, Marsais, [P. adm. chr.]; — 31 mars 1882, Chartenet, [S. 84.3.20, P. adm. chr., D. 83.3.82] — Laferrière, t. 1, p. 541.

279. — Au reste, le recours au Conseil d'Etat contre l'arrêté du préfet désignant les propriétés particulières n'est plus possible si le jugement d'expropriation est passé en force de chose jugée. — Crépon, sur l'art. 2, n. 28. — V. suprà, n. 205, 226.

280. — C'est à l'autorité judiciaire, chargée de prononcer l'expropriation des terrains nécessaires à l'exécution des travaux,

EXPROPRIATION POUR CAUSE D'UTILITÉ PUBLIQUE. — Chap. III. 499

qu'il appartient de rechercher si les formalités qui doivent précéder le jugement d'expropriation ont été accomplies; par suite, on ne peut recourir au Conseil d'État pour lui signaler des irrégularités qui auraient été commises dans l'enquête qui a précédé l'arrêté désignant les propriétés. — Cons. d'Ét., 24 févr. 1882, Roger, [S. 84.3.12, P. adm. chr., D. 83.3.57] — Crépon, sur l'art. 2, n. 29.

§ 2. *Des plans parcellaires.*

1° *Confection des plans.*

281. — L'art. 4, L. 3 mai 1841, porte : « Les ingénieurs ou autres gens de l'art, chargés de l'exécution des travaux lèvent pour la partie qui s'étend sur chaque commune, le plan parcellaire des terrains ou des édifices dont la cession leur paraît nécessaire. » Ce plan des propriétés particulières doit, d'après l'art. 5 de la même loi, indiquer les noms de chaque propriétaire, tels qu'ils sont inscrits sur la matrice des rôles.

282. — Les plans parcellaires doivent-ils être la reproduction exacte et sans modification aucune du plan général qui a servi de base à l'enquête prescrite par l'art. 3, L. 3 mai 1841? Non certes, car au moment où l'on exécute les plans à l'appui des avants projets on n'est point encore fixé sur la direction définitive des travaux; direction qui peut être modifiée à la suite de l'enquête à laquelle il est procédé conformément à l'art. 3 ; ces plans doivent seulement être conformes aux plans du tracé définitif consacré par l'acte déclaratif d'utilité publique. — Cass., 6 janv. 1836, Gaulhieux, [S. 36.4.5, P. chr.]; — 14 déc. 1842, Maillier, [S. 43.1.68, P. 43.1.33] — De Peyrony et Delamarre, n. 142; Daffry de la Monnoye, t. 1, sur l'art. 4, n. 2; de Lalleau, Jousselin, Rendu et Périn, t. 1, n. 96; Crépon, sur l'art. 4, n. 4.

283. — En principe, on doit dresser des plans toutes les fois qu'il y a lieu de procéder à une expropriation nouvelle; cependant si les travaux à exécuter ne sont que la suite de travaux déjà effectués, on peut utiliser les plans déjà faits pourvu que ces plans soient, par des rectifications, mis en harmonie avec les nouveaux travaux dont il s'agit. Ainsi le plan dressé pour des travaux antérieurement faits à une route peut encore servir pour des travaux postérieurs, alors qu'on a eu soin d'indiquer sur ce plan, par des traits ajoutés, les parcelles dont l'expropriation est demandée. — Cass., 10 août 1841, Forquet, [S. 41.1.888, P. 47. 1.217] — Daffry de la Monnoye, t. 1, sur l'art. 4, n. 2; de Lalleau, Jousselin, Rendu et Périn, t. 1, n. 98; Crépon, sur l'art. 4, n. 5.

284. — On avait soutenu que les plans parcellaires devaient être conformes aux plans du cadastre: mais le législateur ne l'a point exigé ; et il y a souvent utilité à ne pas suivre ces plans, remontant à une époque relativement ancienne, par suite, souvent fort inexacts, la propriété s'étant divisée et morcelée depuis leur confection. Il suffit donc que le plan énonce la position, la nature et le nombre des parcelles expropriées, bien que d'ailleurs il ne soit pas conforme au cadastre, alors surtout que les jurés se sont transportés sur les lieux avec des pièces qui énonçaient la valeur et la contenance des parcelles. En conséquence de ce que le plan mis sous les yeux du jury n'était pas conforme au cadastre, il ne saurait résulter nullité de l'expropriation, si, lors du dépôt de ce plan, les parties ne l'ont pas contesté, et s'il se réfère d'ailleurs par lettres et numéros aux sections du cadastre auxquelles appartiennent les parcelles expropriées. — Cass., 27 mars 1843, Thinières, [S. 43.1.439, P. 43.1.635] — De Lalleau, Jousselin, Rendu et Périn, t. 1, n. 98; Crépon, sur l'art. 4, n. 6.

285. — Les ingénieurs dressent un plan par commune, comprenant toutes les parcelles atteintes par l'expropriation. Exceptionnellement il est possible que l'on ne puisse procéder ainsi et qu'il faille d'abord dresser un plan ne comprenant qu'une partie de ces parcelles ; puis, ultérieurement, un autre relatif aux autres parcelles ; il en sera ainsi particulièrement en cas d'expropriation d'une source, quand la direction pour amener les eaux à destination dépend des premiers travaux à exécuter. — Cass., 3 juill. 1839, Bourgon, [S. 39.1.748, P. 46.2.544] — Daffry de la Monnoye, t. 1, sur l'art. 4, n. 3 ; de Lalleau, Jousselin, Rendu et Périn, t. 1, n. 97; Crépon, sur l'art. 4, n. 6. — Il en est alors du plan comme de l'arrêté du préfet. — V. *supra*, n. 263.

286. — Le projet de loi de 1810 ne parlait que du plan des terrains, ce qui paraissait exclure les constructions, mais on pensa qu'il était utile en définitive d'indiquer expressément que le plan devait aussi désigner les édifices (Locré, t. 9, p. 719). La loi de 1841 a les mêmes exigences et impose le plan des édifices comme celui des terrains. Ce point a même une grande importance ; tout d'abord les propriétaires dont le terrain seul sera atteint par l'expropriation seront le plus souvent moins exigeants. Puis le propriétaire dont une partie des édifices est expropriée doit connaître avec exactitude quelle est cette partie pour se rendre compte s'il y a lieu pour lui de réclamer l'acquisition intégrale de la totalité des bâtiments. — De Peyrony et Delamarre, n. 140; Daffry de la Monnoye, t. 1, sur l'art. 5, n. 2 ; de Lalleau, Jousselin, Rendu et Périn, t. 1, n. 99; Crépon, sur l'art. 4, n. 8.

287. — Par la même raison, et pour mettre le propriétaire à même de demander l'application de l'art. 50, L. 3 mai 1841. il est bon que les plans indiquent la contenance de toutes les parcelles qui, par suite du morcellement, se trouvent réduites à dix ares environ, et des parcelles sont contiguës à d'autres parcelles possédées par le même propriétaire. — De Lalleau, Jousselin, Rendu et Périn, t. 1, n. 101. — V. *infrà*, n. 1386 et s.

288. — Le plan doit indiquer avec soin la nature et la contenance exacte de chaque parcelle ; ce plan est, en effet, la base de l'expropriation; c'est à lui que le propriétaire se réfère pour savoir quelle est la cession qui lui est imposée; il faut donc qu'il soit en présence d'une désignation claire et précise, ne donnant lieu à aucune ambiguité. Il est indispensable que la contenance soit énoncée sur le plan ou dans un tableau annexé ; il ne suffirait pas qu'une échelle permît de trouver cette contenance; en effet la recherche de la contenance par l'échelle exige des calculs qu'on ne saurait imposer aux propriétaires. — De Peyrony et Delamarre, n. 140; de Lalleau, Jousselin, Rendu et Périn, t. 1, n. 9; Crépon, sur l'art. 4, n. 9.

289. — L'exproprié qui a comparu devant le jury sans élever de protestations ni faire de réserves sur les irrégularités qu'il prétendrait plus tard exister dans les plans parcellaires, n'est plus recevable à opposer plus tard cette irrégularité ; il a couvert la nullité qui pouvait en résulter. — Cass., 7 avr. 1869, Juloux, [D. 69.1.342] — De Lalleau, Jousselin, Rendu et Périn, t. 1, n. 100, note ; Crépon, sur l'art. 4, n. 12.

290. — Les plans parcellaires qui doivent désigner chaque propriété doivent aussi indiquer les noms des propriétaires tels qu'ils sont inscrits sur la matrice des rôles. On ne pouvait imposer à l'expropriant l'obligation de rechercher le propriétaire réel, alors que, d'après la loi du 22 frim. an VII, art. 12, la mutation de propriété se présume d'après l'inscription du nom des propriétaires sur le rôle des contributions directes. Les plans parcellaires doivent donc reproduire avec une grande exactitude les noms qui sont fournis aux plans par l'administration des contributions directes. — Cass., 16 févr. 1864, Walher, [*Bull. civ.*, n. 64] — Dufour, n. 29; de Lalleau, Jousselin, Rendu et Périn. t. 1, n. 101 ; Crépon, sur l'art. 5, n. 1.

291. — Il a été jugé, dans cet ordre d'idées, qu'un tribunal ne peut prononcer l'expropriation d'un terrain, alors que le plan parcellaire déposé à la mairie ne contient ni les noms des propriétaires, tels qu'ils sont inscrits sur la matrice des rôles, ni aucune indication qui puisse y suppléer, et c, e, d'autre part, l'état annexé audit plan ne mentionne pas ce terrain. — Cass., 27 janv. 1880, Delouis, [S. 80.1.472, P. 80.1173] — De Lalleau, Jousselin, Rendu et Périn, t. 1. n. 101, note ; Crépon, sur l'art. 5, n. 2.

292. — ... Mais que le vœu de la loi est suffisamment rempli lorsque le plan parcellaire contient la désignation de chaque parcelle expropriée, avec mention du nom du propriétaire, ainsi que la section dans laquelle la propriété est assise, et du numéro du cadastre. — Cass., 14 déc. 1842, Mailler, [S. 43.1.68, P. 43. 1.33] — De Peyrony et Delamarre, n. 130; de Lalleau, Jousselin, Rendu et Périn, n. 101, note ; Crépon, sur l'art. 5, n. 4.

293. — Lors donc que l'expropriant a fait connaître exactement les noms des propriétaires portés sur la matrice des rôles, c'est aux véritables propriétaires à se faire connaître dans les délais qui leur sont impartis par l'art. 6, L. 3 mai 1841. — Cass., 21 févr. 1882, Pocquet, [S. 84.1.36, P. 84.1.58, D. 83.1.29] — En conséquence, lorsque toutes les prescriptions édictées par cet article pour mettre les intéressés en demeure de se faire connaître, ont été remplies, la partie qui se prétend propriétaire des terrains expropriés, et qui a négligé de faire valoir ses droits en temps utile, est non recevable à former une demande en indemnité. — Cass., 14 avr. 1874, Sardou, [D. 74. 1.487]; — 10 janv. 1883, Gallo. [S. 84.1.380, P. 84.1.961, D. 83. 1.460] — De Lalleau, Jousselin, Rendu et Périn, t. 1, n. 101; Daffry de la Monnoye, t. 1, sur l'art. 21, n. 26.

294. — En d'autres termes, l'expropriation est valablement poursuivie et prononcée sur la tête du propriétaire indiqué par la matrice cadastrale, alors qu'aucune dénonciation à la partie expropriante, ni aucune déclaration insérée dans le procès-verbal des enquêtes préalables, n'a fait connaître à l'administration l'existence d'un autre propriétaire. — Cass., 4 août 1880, Nepveu, [S. 81.1.38, P. 86.1.60, D. 81.1.479] — De Lalleau, Jousselin, Rendu et Périn, t. 1, n. 101, note; Crépon, sur l'art. 5, n. 3.

295. — Si le propriétaire ne se présente qu'après la confection des plans parcellaires, l'expropriation continue contre lui si sa qualité est reconnue; si elle est contestée la procédure d'expropriation continue contre le propriétaire inscrit sur la matrice des rôles; mais la réclamation de celui qui se prétend véritable propriétaire vaut opposition au paiement de l'indemnité qui sera consignée par l'expropriant. — Crépon, sur l'art. 5, n. 5 et 6.

296. — Si le véritable propriétaire ne se présente qu'après le jugement d'expropriation et la fixation de l'indemnité par le jury, cette fixation demeure irrévocable, définitive; le propriétaire qui s'est fait connaître tardivement n'a plus qu'à faire valoir ses droits sur l'indemnité. — Cass., 14 avr. 1846, Préfet des Bouches-du-Rhône, [P. 46.1.691, D. 46.1.157] — Dufour, n. 29; de Peyrony et Delamarre, n. 144; Crépon, sur l'art. 5, n. 7. — V. *infrà*, n. 2778 et s.

297. — Lorsque, par suite d'une erreur matérielle, le propriétaire inscrit à la matrice cadastrale n'a pas été mis en cause par l'expropriant, dans la procédure d'expropriation d'un terrain lui appartenant, et qu'il n'a attaqué, par la voie du pourvoi en cassation, ni le jugement d'expropriation, ni la décision du jury qui a réglé l'indemnité au profit d'un tiers non propriétaire du terrain exproprié, ce propriétaire n'est plus recevable à actionner l'expropriant devant le tribunal civil, pour le faire condamner à lui payer, soit à l'amiable, soit par voie d'expropriation, une indemnité pour l'entreprise irrégulièrement consommée. — Rennes, 2 juill. 1883, l'Etat, [S. 84.2.101, P. 84.1.595, D. 84.2.70]

298. — Mais en pareil cas, le propriétaire peut exercer ses droits sur le prix touché par le tiers non propriétaire en vertu du principe d'après lequel personne ne doit s'enrichir aux dépens d'autrui. — Même arrêt. — De Lalleau, Jousselin, Rendu et Périn, t. 1, n. 101, note.

299. — L'erreur dans le nom du propriétaire, commise dans le plan parcellaire, n'autorise pas un recours au Conseil d'Etat; en effet quand, sur le plan qui a servi de base à l'instruction ouverte, dans une commune, sur un projet de création de rue nouvelle, une parcelle de terrain atteinte par l'alignement a été indiquée comme appartenant à une personne autre que le propriétaire véritable, cette erreur ne constitue pas une décision sur les questions de propriété qui peuvent s'élever à propos de ladite parcelle, lesquelles ne peuvent être appréciées que par l'autorité judiciaire, et ne fait pas obstacle à ce que le propriétaire se fasse attribuer plus tard, s'il y a lieu, l'indemnité afférente à la parcelle expropriée par suite de l'exécution du projet. — Il y a donc lieu de rejeter, en conséquence, le pourvoi au Conseil d'Etat formé, à raison de l'erreur du plan, par le propriétaire du terrain, contre le décret qui a déclaré d'utilité publique la création de la nouvelle voie publique. — Cons. d'Et., 7 juill. 1853, de Forceville et de Gove, [P. adm. chr.]

300. — On avait tout d'abord pensé que les ingénieurs, tout en indiquant exactement les noms des propriétaires, tels qu'ils sont inscrits sur la matrice cadastrale, pouvaient dans une colonne spéciale, et sous le titre observations, signaler les personnes qui leur paraissaient être les véritables propriétaires; mais on a renoncé à ce mode de procéder; en effet la co-existence de divers propriétaires à raison d'une même parcelle apporte une entrave dans l'exécution des prescriptions de la loi; il suffit donc aux ingénieurs de communiquer à l'administration les renseignements qu'ils recueillent à cet égard, sans les reporter sur les plans parcellaires. — De Lalleau, Jousselin, Rendu et Périn, *loc. cit.*

301. — Il n'est pas nécessaire que le plan parcellaire indique le nom des fermiers, locataires et autres ayants-droit, le législateur a, en effet, lui-même organisé le mode selon lequel les noms de ceux-ci doivent être portés à la connaissance de l'expropriant. — Crépon, sur l'art. 5, n. 8. — V. *infrà*, n. 1081 et s.

302. — L'instruction administrative de l'enregistrement, du 31 déc. 1838, § 22, conformément à la déclaration du ministre des Finances du 20 oct. 1838, décide que les extraits de la matrice des rôles délivrés par les agents des contributions directes aux ingénieurs chargés de dresser les plans parcellaires, doivent être visés pour timbre gratis, alors même que ce sont des concessionnaires qui exécutent les travaux, parce que c'est une disposition impérative d'une loi qui exige la production de cette pièce. — De Lalleau, Jousselin, Rendu et Périn, t. 1, n. 101. — V. *infrà*, n. 3826.

2° *Dépôt des plans à la mairie, et de l'avis qui en est donné.*

303. — L'art. 5, L. 3 mai 1841, porte que les plans parcellaires restent déposés, pendant huit jours, à la mairie de la commune où les propriétés sont situées, afin que chacun puisse en prendre connaissance. Ces plans dressés, ainsi qu'il vient d'être dit, sont visés et signés par le préfet qui les adresse au maire de la commune où les biens sont situés, avec la recommandation de publier le dépôt à la mairie; il doit être justifié de ce dépôt; communication doit être donnée, sans déplacement, à toute personne qui la demande, sans qu'il puisse être recherché pour quel motif la communication est réclamée. — Cass., 18 juill. 1836, Dupin, [Bull. civ., n. 36] — Daffry de la Monnoye, t. 1, sur l'art. 5, n. 3; de Lalleau, Jousselin, Rendu et Périn, t. 1, n. 102; Crépon, sur l'art. 5, n. 9.

304. — En dehors des plans parcellaires, l'exproprié ne peut exiger la communication d'aucune autre pièce ayant un caractère purement administratif (spécialement, des décisions ministérielles modifiant une partie du tracé). — Cass., 13 déc. 1882, de Froissard, [S. 83.1.325, P. 63.1.782, D. 84.1.88] — De Lalleau, Jousselin, Rendu et Périn, t. 1, n. 102, note. — Dans l'espèce, les décisions dont la communication avait été réclamée avaient pour but d'indiquer et d'approuver des modifications au tracé primitif, et ces modifications avaient été adoptées par l'arrêté à la suite duquel les plans parcellaires avaient été dressés; les intéressés n'avaient intérêt à connaître de l'arrêté désignant les territoires pour l'attaquer devant l'autorité administrative s'il y avait lieu, et les plans parcellaires, pour formuler leurs réclamations selon le mode et dans le délai fixés.

305. — Le dépôt du plan parcellaire exigé par la loi du 3 mai 1841 peut, dans le cas où il n'existe pas de mairie dans la commune, être fait au secrétariat de la mairie, c'est-à-dire au domicile du secrétaire, après avoir été annoncé au son de caisse. — Cass., 22 août 1838, Houzet, [S. 38.1.1002, P. 38.1.367] — Dans ce cas, le dépôt pourrait être fait également au domicile du maire, pourvu qu'il fût annoncé de manière à prévenir tous les intéressés. — De Lalleau, Jousselin, Rendu et Périn, t. 1, n. 102; Daffry de la Monnoye, sur l'art. 5, n. 3; de Peyrony et Delamarre, n. 146; Herson, n. 34; Crépon, sur l'art. 5, n. 10.

306. — La formalité du dépôt, pendant huit jours, du plan parcellaire à la mairie étant substantielle, il ne peut y être suppléé par des équipollents. Spécialement, l'enquête *de commodo*, antérieure au décret déclaratif d'utilité publique, et l'enquête faite par le maire, postérieurement à l'arrêté de cessibilité, ne peuvent tenir lieu de l'enquête prescrite par l'art. 5, L. 3 mai 1841, alors surtout qu'elles n'ont pas été faites dans les conditions de forme et de durée réglées par le tit. 2 de ladite loi. — Cass., 1ᵉʳ mars 1882, Bénard, [S. 83.1.326, P. 83.1.785] — De Lalleau, Jousselin, Rendu et Périn, t. 1, n. 102, note; Crépon, sur l'art. 5, n. 11.

307. — L'art. 6, L. 3 mai 1841, est ainsi conçu : « Le délai fixé à l'article précédent ne court qu'à dater de l'avertissement qui est donné collectivement aux parties intéressées, de prendre communication du plan déposé à la mairie. Cet avertissement est publié à son de trompe ou de caisse dans la commune et affiché tant à la principale porte de l'église du lieu qu'à celle de la maison commune. Il est en outre inséré dans l'un des journaux de l'arrondissement, ou, s'il n'en existe aucun, dans l'un des journaux du département. »

308. — La loi n'exige pas que l'avertissement dont il vient d'être parlé fasse mention du jour, du lieu et de l'heure de la réunion de la commission d'enquête; mais il est bon qu'il contienne cette énonciation utile aux intéressés. Le législateur n'a

EXPROPRIATION POUR CAUSE D'UTILITÉ PUBLIQUE. — Chap. III.

pas non plus prescrit que cet avertissement soit donné un jour de fête ou de dimanche, jour auquel ont lieu d'habitude les communications aux intéressés dans beaucoup de communes; par suite, le maire doit publier l'avertissement dès qu'il reçoit les plans parcellaires, ou, au plus tard, le lendemain; en procédant autrement il allongerait des délais déjà fort étendus et prolongerait sans utilité une procédure sujette à beaucoup de lenteurs. — De Lalleau, Jousselin, Rendu et Périn, t. 1, n. 103.

309. — Le législateur a prescrit l'affichage de l'avertissement à la porte principale de l'église; s'il y a plusieurs églises dans la commune l'affichage aura lieu à la porte de la principale église; si, au contraire, il n'existe pas d'église, il devra être procédé à l'affichage à la porte de l'église d'où dépend la commune; c'est elle qui est l'église du lieu, et c'est dans son enceinte que se rendent les habitants de la commune le plus ordinairement; ce sera le maire de la commune sur le territoire de laquelle se trouve l'église qui assurera l'affichage et en dressera procès-verbal. — De Peyrony et Delamarre, n. 150; de Lalleau, Jousselin, Rendu et Périn, n. 104; Crépon, sur l'art. 6, n. 16 et 17.

310. — La dénomination d'église ne s'applique qu'aux édifices destinés à l'exercice de la religion catholique; mais ce mot ne doit pas ici être pris trop rigoureusement, et s'il n'existait dans la commune qu'un temple pour l'exercice du culte protestant ou qu'une synagogue, ce serait certainement remplir l'intention du législateur que d'apposer à la principale porte de ce temple ou de cette synagogue. Cependant il semble, que, même en ce cas, il serait bon d'afficher l'avertissement à l'église catholique dépendant de la commune sur le territoire de laquelle se trouvent les immeubles à exproprier, parce que c'est dans cet édifice religieux que, d'habitude, se rendent la généralité des habitants.

311. — L'affichage de l'avertissement doit avoir lieu aussi à la porte de la mairie; si la commune n'avait point de mairie, il serait procédé à l'affichage au lieu où d'ordinaire l'autorité placarde ses avis et arrêtés. D'habitude, dans les grands centres, et dans les communes qui s'étendent sur un vaste territoire, l'affichage a lieu dans les endroits les plus apparents, et dans tous les lieux consacrés par l'usage aux affiches. — Crépon, sur l'art. 6, n. 18; de Lalleau, Jousselin, Rendu et Périn, t. 1, n. 104.

312. — D'après l'art. 7, L. 3 mai 1841, le maire doit certifier ces publications et affiches; aucune forme n'a été imposée au maire pour l'accomplissement de cette formalité; il suffit qu'elle soit certaine; l'attestation peut avoir lieu au bas de l'un des exemplaires de l'affiche, elle peut avoir lieu par procès-verbal séparé, ou, le procès-verbal attestant que le dépôt du plan parcellaire a duré huit jours; il suffit, en d'autres termes, qu'il résulte des expressions employées que la formalité de l'avertissement prescrit a été remplie. Il est désirable que ces certificats soient délivrés immédiatement; mais il ne résulte aucune nullité de ce qu'ils ont été rédigés après coup. — Cass., 11 août 1841, Desbrosses, [S. 41.1.670, P. 41.2.19] — De Lalleau, Jousselin, Rendu et Périn, t. 1, n. 106; Daffry de la Monnoye, t. 1, sur l'art. 7, n. 1; Crépon, sur l'art. 7, n. 1.

313. — Jugé, à cet égard, qu'il suffit que le maire certifie qu'il a fait publier, conformément à la loi, l'avertissement aux parties de prendre communication des pièces déposées à la mairie. — Cass., 9 mars 1891, Doneau, [S. 91.1.230, P. 91.1.544]

314. — Le certificat du maire constatant que les affiches de l'avertissement collectif ont été apposées conformément à l'arrêté du préfet, qui ordonnait leur apposition tant à la porte de l'église qu'à celle de la maison commune, fait preuve suffisante de l'apposition régulière de ces affiches. — Cass., 2 janv. 1844, Dupontavice, [S. 44.1.185, P. 44.1.65]

315. — Il a même été jugé qu'il suffisait que le maire déclarât dans son procès-verbal que toutes les formalités voulues par la loi avaient été accomplies. — Cass., 20 avr. 1842, Bourgon, [S. 42. 1.422, P. 42.2.19] — Toutefois, cette formule est trop générale et doit être évitée; les maires doivent toujours préciser les formalités qu'ils remplissent; si cette formule a pu être admise dans une espèce où l'accomplissement des formalités résultait d'autres constatations, elle ne le serait probablement pas dans d'autres cas. — Crépon, sur l'art. 7, n. 2; Daffry de la Monnoye, t. 1, sur l'art. 7, n. 1; de Lalleau, Jousselin, Rendu et Périn, t. 1, n. 106.

316. — Le certificat du maire constatant que l'avertissement, destiné à porter à la connaissance des intéressés le dépôt du plan, a été affiché tant à la porte principale de la mairie qu'à celle de l'église, fait foi d'ailleurs jusqu'à inscription de faux, et ne peut être contredit à l'aide des énonciations d'un constat d'huissier. — Cass., 4 mars 1890, Truchetat, [S. et P. 92.1.319, D. 91. 5.276] — De Lalleau, Jousselin, Rendu et Périn, n. 106, note. — Le certificat émane, en effet, de l'autorité administrative qui a qualité pour le délivrer et pour constater le fait qu'il relate. D'un autre côté, il est certain que des allégations contraires et des documents produits ne sauraient prévaloir contre la foi due à un acte authentique, tant que l'inscription de faux n'a pas été formulée et accueillie. — Cass., 21 mars 1887, Comm. de Saint-Honoré-les-Bains, [S. 89.1.85, P. 89.1.174, D. 88.1.276] — V. supra, v° *Acte authentique*, n. 251 et s., et *infra*, v° *Faux incident civil*.

317. — La formalité de la publicité par l'affichage est régulièrement accomplie, quoique l'affiche ait été lacérée avant l'expiration du délai de dépôt. — Cass., 4 mars 1890, précité. — C'est là, en effet, un cas fortuit qu'il est impossible de prévenir ou d'empêcher; les intéressés sont, d'ailleurs, prévenus par les autres modes de publicité.

318. — La loi du 7 juill. 1833 portait seulement : « Il est en outre inséré dans l'un des journaux des chefs-lieux d'arrondissement et de département. » Depuis, les opinions s'étant partagées sur l'interprétation de ce texte; on a voulu faire cesser toute ambiguïté en établissant nettement d'abord l'inutilité d'une double publicité, et ensuite la préférence à donner au journal de l'arrondissement sur celui du chef-lieu du département (L. 3 mai 1841, art. 6).

319. — Le décret organique du 17 févr. 1852 disposait que les annonces judiciaires exigées pour la validité ou la publicité des procédures seraient insérées, à peine de nullité, dans le journal ou les journaux d'arrondissement qui seraient désignés, chaque année, par le préfet; cette disposition s'appliquait à l'expropriation comme en toute autre matière; et s'il existait dans l'arrondissement un journal désigné pour recevoir les annonces judiciaires, c'était dans ce journal que l'insertion devait être faite. — Daffry de la Monnoye, t. 1, sur l'art. 6, n. 8; de Lalleau, Jousselin, Rendu et Périn, t. 1, n. 107; Crépon, sur l'art. 7, n. 23. — *Contrà*, de Peyrony et Delamarre, n. 152.

320. — Il avait été décidé que l'insertion de l'avertissement de prendre communication du plan déposé à la mairie n'était pas valablement faite dans un journal publié au chef-lieu du département, bien que ce journal eût été désigné par le préfet pour recevoir les annonces judiciaires, s'il existait un journal publié dans l'arrondissement où étaient situés les biens expropriés. — Cass., 4 mai 1863, Préfet de l'Yonne, [S. 63.1.399, P. 63.419, D. 63.1.418] — De Peyrony et Delamarre, n. 152; Daffry de la Monnoye, t. 1, sur l'art. 6, n. 9; de Lalleau, Jousselin, Rendu et Périn, t. 1, n. 107, note; Crépon, sur l'art. 6, n. 20.

321. — ... Que l'autorité judiciaire était compétente pour apprécier, au point de vue des conditions de publicité et de la régularité des procédures auxquelles ils doivent s'appliquer, le sens et la légalité des arrêtés par lesquels les préfets désignaient, en vertu de l'art. 23, Décr. 17 févr. 1852, les journaux dans lesquels on faisait l'insertion des annonces judiciaires; de tels arrêtés constituant de non de simples actes d'administration, mais des arrêtés réglementaires et généraux. — Cass., 7 déc. 1859, Deschamps, [S. 60.1.229, P. 60.683, D. 60.1.30] — De Peyrony et Delamarre, n. 154; Daffry de la Monnoye, *loc. cit.*; Crépon, sur l'art. 6, n. 21 et 22. — *Contrà*, Cons. d'Ét., 20 juin 1860, Reim, [S. 60.2.26, P. adm. chr., D. 60.3.31]

322. — Depuis lors, le décret du 28 déc. 1870, rendu par la délégation du gouvernement de la défense nationale à Bordeaux, a décidé que provisoirement, et jusqu'à ce qu'il en ait été décidé autrement, les annonces judiciaires et légales pourront être insérées au choix des parties dans l'un des journaux publiés en langue française dans le département. Il résulte de ce décret, appliqué par tous les préfets, excepté par celui de la Seine qui continue à désigner des journaux pour recevoir les annonces légales, que les parties ne sont point tenues de s'adresser au journal désigné par le préfet, s'il en désigne un. — De Lalleau, Jousselin, Rendu et Périn, t. 1, n. 107. — V. aussi *supra*, v° *Annonces judiciaires et légales*, n. 18.

323. — Ce décret abroge-t-il l'art. 6, L. 3 mai 1841, qui n'autorise l'insertion dans le journal du département qu'à défaut d'un journal de l'arrondissement? La négative a été admise avec raison par un avis du Conseil d'Etat du 3 mai 1881, sous Cons. d'Ét., 8 août 1888, Lamiot, [S. 90.3.57, P. adm. chr., D. 89.3.

114]; « ce décret, qui ne contient pas d'ailleurs de dispositions plus étendues que celles de l'art. 23, ne peut être considéré comme ayant une portée plus générale que ledit art. 23, et ne saurait par suite être appliqué à l'expropriation pour utilité publique. — V. en ce sens, Cass., 31 déc. 1879, Gautreau, [S. 80.1.176, P. 80.389, D. 80.1.464]

324. — A part l'avertissement collectif, l'administration, si elle le juge à propos, peut donner des avertissements individuels, mais elle ne peut remplacer l'avertissement collectif par des avertissements individuels adressés à chacun des propriétaires ; en agissant ainsi elle rendrait la procédure irrégulière. Cet avertissement a, en effet, pour but non seulement de prévenir tous les propriétaires atteints par l'expropriation, mais tous ceux qui ont intérêt à discuter le tracé et à en demander la modification. — Cass., 30 avr. 1845, Desplots, [S. 45.1.746, P. 45.2.273, D. 45.1.293] — Daffry de la Monnoye, t. 1, sur l'art. 6, n. 1 ; de Lalleau, Jousselin, Rendu et Périn, t. 1, n. 108 ; Crépon, sur l'art. 6, n. 14.

325. — Jugé, dans le même sens, qu'il est indispensable que l'avertissement soit publié par la voie des journaux, conformément aux prescriptions de la loi. Cette publication ayant lieu dans l'intérêt général n'est pas suppléée par l'avertissement individuel. — Cass., 4 avr. 1843, Soulhieu et Prévot, [S. 43.1.344, P. 43.1.636]

326. — A plus forte raison la demande en expropriation ne devra-t-elle pas être accueillie si aucun avertissement n'a été donné. Ainsi il a été jugé que le défaut d'affiche, à la porte de l'église, de l'avertissement le défaut d'insertion de cet avertissement, dans le journal du chef-lieu d'arrondissement, indépendamment de cette insertion au journal du chef-lieu de département, le défaut de dépôt pendant huit jours du plan des propriétés menacées d'expropriation, toutes ces irrégularités rendent non recevable la demande en expropriation. — Trib. Lure, 15 mai 1839, sous Cass., 9 juill. 1839, Dépoire, [S. 39.1.792, P. 46.2.635]

327. — Le législateur n'a point réglementé le mode par lequel on doit justifier de l'insertion dans les journaux ; ce sera évidemment par la production d'un numéro du journal contenant l'insertion ; l'art. 683, C. proc. civ., décide qu'en matière de publication pour expropriation forcée par suite de saisie, l'exemplaire d'un journal destiné à justifier de l'insertion doit porter la signature de l'imprimeur légalisée par le maire ; c'est là évidemment une formalité utile, mais qui, en notre matière, n'est point indispensable puisqu'elle n'est pas exigée par la loi. — De Lalleau, Jousselin, Rendu et Périn, t. 1, n. 107 ; Crépon, sur l'art. 6, n. 24 et 25.

328. — Bien que l'avertissement doive être collectif, faut-il qu'il contienne les noms des propriétaires tels qu'ils sont portés sur la matrice cadastrale ; faut-il même qu'il indique les renseignements recueillis par les ingénieurs concernant les véritables propriétaires ? Non, évidemment ; le législateur, en disposant que l'avertissement serait collectif, indique clairement qu'il n'a pas voulu imposer l'obligation de désigner les différents propriétaires, qui peuvent être fort nombreux dans une seule commune. — De Lalleau, Jousselin, Rendu et Périn, t. 1, n. 105 ; Crépon, sur l'art. 6, n. 13.

329. — On a prétendu que lorsque l'expropriation n'atteint qu'un seul propriétaire on ne pouvait lui donner un avertissement collectif, et qu'il y avait lieu, en ce cas, de procéder par avertissement individuel ; ce système a été repoussé par cette raison que le législateur n'a point modifié les formalités à remplir dans le cas où l'expropriation frappe un seul propriétaire. — Cass., 14 avr. 1840, Préf. de la Corrèze, [S. 40.1.445, P. 40. 1.525] — Daffry de la Monnoye, t. 1, sur l'art. 6, n. 2 ; de Lalleau, Jousselin, Rendu et Périn, t. 1, n. 108.

330. — Lors de la discussion de la loi de 1833, deux amendements avaient été proposés ; l'un voulait que les ingénieurs indiquassent la valeur des propriétés ; l'autre laissait à l'administration la faculté de faire, immédiatement après les opérations des ingénieurs dont parle l'art. 3, des offres aux propriétaires. On pensait que ces évaluations pourraient être acceptées, et que par ce moyen des lenteurs et des discussions seraient évitées. Mais M. Teste, auteur du second amendement, allait plus loin, et pensait que l'offre ainsi faite était refusée, et que plus tard, il fût décidé qu'elle était suffisante, le propriétaire devrait supporter tous les frais à partir du jour où la proposition avait eu lieu. Cela a été combattu et repoussé ; mais il est néanmoins intéressant de connaître cet incident afin de rendre bien précis le moment de la procédure où commencent les actes dont les frais peuvent rester à la charge des propriétaires expropriés. Au demeurant, on se tromperait si l'on supposait que la Chambre, en rejetant l'amendement, a voulu interdire à l'administration de faire, dès le premier moment, des offres amiables propres à prévenir l'instruction et les débats. « Nous n'avons aucun intérêt, a dit le ministre du Commerce, à repousser la faculté qu'on veut nous donner ; car, avant que l'on en vienne, ainsi qu'on l'a dit, à des hostilités, c'est-à-dire à une procédure ou administrative ou judiciaire, l'administration fait des offres à l'amiable à tous les propriétaires pour éviter d'en venir à ces moyens de droit. » — Duvergier, *Coll. des lois*, t. 33, p. 282.

331. — Les plans parcellaires doivent demeurer déposés à la mairie pendant huit jours ; ce délai est franc ; cette question avait été soulevée sous l'empire de la loi de 1810 ; pour faire cesser les doutes, la loi du 7 juill. 1833 avait décidé que les plans resteraient à la mairie pendant au moins ; mais ces expressions permettaient au maire de les conserver plus de huit jours, ce qui produisait des lenteurs ; la loi de 1841 dispose que le dépôt à la mairie aura une durée de huit jours ; mais il a été bien entendu lors de la discussion de la loi, que ce délai était franc (*Moniteur* du 2 mars 1841, p. 508 et du 23 avr. 1841, p. 1083) ; c'est ce que la jurisprudence a toujours reconnu. — Cass., 25 févr. 1856, Thomas, [S. 56.1.445, P. 56.1.329, D. 56.1.211] ; — 6 juin 1866, de Ginestous, [S. 66.1.447, P. 66.1264] ; — 24 nov. 1883, Godard, [S. 84.1.83, P. 84.1.175, D. 84.1.460] ; — 20 févr. 1884, Comm. de Billeux, [S. 85.1.272, P. 85.1.662, D. 85.1.262] ; — 24 nov. 1885, Duhaniel, [S. 86.1.320, P. 86.1.757, D. 86.5.223] — De Peyrony et Delamarre, n. 147 et 148 ; Duvergier, t. 41, note 2 ; Solon, p. 18 ; Daffry de la Monnoye, sur l'art. 6, n. 3 ; de Lalleau, Jousselin, Rendu et Périn, t. 1, n. 109 ; Crépon, sur l'art. 6, n. 1.

332. — Ce délai ne commence à courir qu'après l'entier accomplissement des formalités prescrites pour assurer la publicité du dépôt ; par suite aucun des jours qui composent ce délai ne peut être employé à l'accomplissement de l'une quelconque des formalités, et c'est ainsi qu'à dater de l'avertissement collectivement donné aux intéressés, sans qu'il soit permis de comprendre dans le délai de huitaine le jour où l'envoi du dépôt a été porté à la connaissance du public. — Cass., 14 déc. 1849, Dupontavice, [S. 43.1.171, P. 43.1.378] ; — 25 févr. 1856, précité ; — 16 févr. 1839, Cayron, [S. 59.1.524, P. 59.205, D. 59.1.121] ; — 6 juin 1866, précité ; — 10 juill. 1866, Burnett Stears, [S. 67. 1.84, P. 67.172, D. 68.5.210] ; — 5 janv. 1869, Feinieux-Baugé, [S. 69.1.131, P. 69.209, D. 69.1.157] ; — 21 déc. 1881, Roger, [S. 82.1.133, P. 82.1.287] ; — 1er mars 1882, Besnard, [S. 83. 1.326, P. 83.1.785] ; — 21 nov. 1883, précité ; — 20 févr. 1884, précité ; — 30 avr. 1884, Dumas de Primbault, [S. 86.1.184, P. 86.1.418, D. 85.1.262] ; — 24 nov. 1885, précité ; — 1er juill. 1889, Charvin et Béjoint, [S. 89.1.430, P. 89.1.1070, D. 90.8. 256] ; — 8 mars 1892, Bigot d'Engente, [S. 92. P. 92.1.420] — De Peyrony et de Delamarre, n. 148 ; Daffry de la Monnoye, t. 1, n. 6, n. 3 et 4 ; de Lalleau, Jousselin, Rendu et Périn, t. 1, n. 109 ; Crépon, sur l'art. 6, n. 2.

333. — C'est donc seulement le lendemain de la publication de l'avertissement collectif donné aux intéressés de prendre communication du plan déposé, que peut être ouvert le procès-verbal dressé par le maire à l'effet de recevoir les observations. — Cass., 6 juin 1866, précité. — Pour établir que ce délai a appartenu en entier aux intéressés il n'est pas nécessaire que le procès-verbal mentionne l'heure de l'ouverture ; il suffit qu'il ne soit pas démontré que le délai n'a pas été entièrement accordé aux intéressés. Jugé par suite que le procès-verbal du maire, ouvert le 25 mars, après la publication de l'avis du dépôt du plan, et clos le 1er avril, constate suffisamment que le plan parcellaire a été déposé à la mairie pendant le temps prescrit par la loi. — Cass., 28 janv. 1884, Société des hauts-fourneaux, forges et aciéries du Saut-du-Tarn, [S. 86.1.184, P. 86.1.418, D. 85.1.262] — De Lalleau, Jousselin, Rendu et Périn, n. 109, note ; Crépon, sur l'art. 6, n. 8.

334. — Ce délai n'expire qu'à la fin du huitième jour à minuit. — Cass., 21 déc. 1881, précité ; — 1er mars 1882, précité ; — 21 nov. 1883, précité ; — 20 févr. 1884, précité ; — 30 avr. 1884, précité ; — 24 nov. 1885, précité. — Daffry de la Monnoye, t. 1, sur l'art. 6, n. 5 ; de Lalleau, Jousselin, Rendu et Périn, *loc. cit.* ; Crépon, *loc. cit.*

335. — Jugé, en ce sens, que si l'avertissement collectif a été publié le 11 février, le procès-verbal ne peut être ouvert que le 12, pour être clos le 19 à minuit; et que, dès lors, le jugement d'expropriation est nul si le procès-verbal a été ouvert le 11 et clos le 19 au matin. — Cass., 6 juin 1866, précité. — ... Que l'expropriation n'a pu valablement être prononcée, alors que le plan parcellaire n'a été laissé à la mairie, à la disposition des intéressés, que jusqu'au huitième jour, à deux heures de l'après-midi. — Cass., 1er mars 1882, précité. — ... Que doit être annulé le jugement prononçant l'expropriation, alors que le plan parcellaire n'a été laissé à la mairie, à la disposition des intéressés, que jusqu'au huitième jour, à six heures du soir. — Cass., 24 déc. 1884, précité. — Crépon, sur l'art. 6, n. 3 et 4; Daffry de la Monnoye, t. 1, sur l'art. 6, n. 6.

336. — ... Que l'expropriation n'a pu être valablement prononcée, si l'avis du dépôt du plan n'a été publié que le 28 mai et si l'enquête a été close le 4 juin, à six heures du soir. — Si le procès-verbal a été ouvert le 3 août, jour même de la publication de l'avis du dépôt du plan, et clos le 10 août avant minuit. — Cass., 30 avr. 1884, précité. — ... Si, le procès-verbal du maire ayant été ouvert le 29 juillet à neuf heures du matin, et l'avis du dépôt du plan à la mairie n'ayant été publié dans les journaux que le même jour 29 juillet, le procès-verbal a été clos le 6 août suivant, à trois heures de l'après-midi. — Cass., 24 nov. 1883, précité. — ... Si le dépôt du plan n'a eu lieu que le 29 juin, et si l'avis de ce dépôt n'a été publié que le même jour, alors que l'enquête a été close le 6 juillet. — Cass., 1er juill. 1889, précité. — V. aussi Cass., 25 févr. 1836, précité. — Crépon, sur l'art. 6, n. 5.

337. — ... Que la formalité du dépôt du plan parcellaire à la mairie étant substantielle, l'expropriation n'a pu être valablement prononcée, si l'avis du dépôt du plan à la mairie n'a été publié et affiché que le 29 juin, et si l'enquête a été close le 6 juillet, à une heure d'ailleurs non déterminée. — Cass., 20 févr. 1884, précité. — Il importe peu que cet avis ait été inséré dans les journaux du 25 juin. — Même arrêt. — Crépon, sur l'art. 6, n. 7.

338. — De même, l'observation de la loi à cet égard n'est pas établie lorsque l'avertissement officiel ayant prévenu le public que les plans parcellaires seraient communiqués aux parties intéressées pendant huit jours, depuis dix heures du matin jusqu'à quatre heures de l'après-midi, ni le procès-verbal d'enquête ni aucun autre document ne font supposer ou induire que la clôture de l'enquête ait eu lieu à une heure autre que celle qui avait été annoncée par l'avertissement officiel. — Cass., 5 janv. 1869, précité. — Daffry de la Monnoye, t. 1, sur l'art. 6, n. 6; Crépon, sur l'art. 6, n. 10.

339. — Mais le délai de huit jours, pendant lequel le plan parcellaire doit rester déposé à la mairie, est respecté, lorsque ce plan a été déposé à la mairie du 8 au 17 juillet. — Cass., 12 févr. 1884, Retours, [S. 85.1.434, P. 85.1.289, D. 85.1.262]

340. — Il a été jugé que le fait du dépôt du plan à la mairie pendant le délai de huit jours est suffisamment attesté par le certificat du maire qui déclare que toutes les formalités et publications prescrites par les art. 5 et 6 de ladite loi ont été observées; et cela, encore bien qu'il s'agisse d'une expropriation poursuivie dans l'intérêt d'une commune administrée par le maire qui a délivré le certificat. — Cass., 11 août 1841, Desbrosses, [S. 41.1.670, P. 41.2.285] — Mais ainsi que nous l'avons dit au sujet de l'avertissement (*supra*, n. 315), cette formule est incertaine, manque de précision et doit être évitée; ce qui établit que la Cour de cassation se montre à l'heure actuelle bien plus rigoureuse, ce sont toutes les décisions que nous venons de rappeler, qui cassent, alors que la preuve que l'intégralité du délai a été respectée n'est pas rapportée.

341. — Un tribunal ne peut prononcer l'expropriation en se référant seulement à un arrêté du préfet qui paraîtrait annoncer qu'un plan parcellaire des terrains nécessaires à l'exécution des travaux projetés aurait été déposé à la mairie de la commune où sont situées les propriétés qu'il s'agit d'exproprier; il doit viser les pièces constatant formellement le dépôt d'un plan parcellaire, soit entre les mains du maire, soit à la maison commune. — Cass., 2 févr. 1836, Houzet, [S. 36.1.337, P. chr.]

342. — Lorsqu'il n'est pas établi que le délai de huit jours a été laissé en entier à la disposition des intéressés, le tribunal, auquel on demande de prononcer l'expropriation, doit la déclarer, quant à présent, non recevable. — Cass., 8 mars 1892, Bigot d'Engente, [S. et P. 92.1.420] — Trib. Lure, 15 mai 1839, sous Cass., 9 juill. 1839, Préfet de la Haute-Saône, [P. 40.2.651]

343. — En principe, l'exproprianț ne peut invoquer l'inobservation par lui-même des formalités prescrites et des délais qui doivent être réservés aux intéressés et particulièrement aux expropriés; il ne peut, en effet, arguer de sa propre faute pour poursuivre la nullité de la procédure. Mais il en est autrement, lorsque certains des biens de l'expropriant ont été compris, à tort, parmi les parcelles expropriées. — Cass., 20 févr. 1884, Comm. de Rilleux, [S. 85.1.272, P. 85.1.062, D. 85.1.262] — Dès lors, la commune expropriante, dont une propriété a été comprise, à tort, parmi les biens expropriés, peut relever devant la Cour de cassation, l'irrégularité résultant de ce que le plan parcellaire n'a pas été déposé à la mairie par le maire durant tout le délai prescrit. — Même arrêt.

344. — La comparution d'une partie à l'enquête ne la rend pas non recevable à exciper de l'insuffisance du délai qui lui a été imparti, et ne saurait la priver du droit qu'elle avait de formuler des réclamations ultérieures. — Cass., 24 nov. 1883, Godard, [S. 85.1.85, P. 84.1.175, D. 84.1.400] — En d'autres termes, la nullité qui résulte de l'inobservation de la formalité substantielle du dépôt du plan parcellaire à la mairie, durant huit jours francs, n'est pas couverte par ce seul fait que la partie qui la propose aurait présenté des observations dans l'enquête. — Cass., 10 juill. 1866, Burnett-Stears, [S. 67.1.84, P. 67.172]; — 5 janv. 1869, Feinieux-Bougée, [S. 69.1.131, P. 69.299]; — 1er mars 1882, Béuard, [S. 83.1.326, P. 83.1.785]; — 1er juill. 1889, Charvin et Béjoint, [S. 89.1.436, D. 89.1.1070, D. 90.5.256] — ... Alors surtout que ces observations n'avaient trait qu'à la procédure suivie jusqu'au dépôt du plan à la mairie. — Cass., 6 juill 1866, de Ginestous, [S. 66.1.447, P. 66.1204] — En effet, la partie qui a comparu une première fois, et qui a présenté des observations peut compter sur l'entier délai pour exposer de nouvelles observations. — De Lalleau, Jousselin, Rendu et Périn, t. 1, n. 104, note; Crépon, sur l'art. 6, n. 6 et 11; Daffry de la Monnoye, t. 1, sur l'art. 6, n. 6.

345. — Mais l'exproprié qui a comparu sans protestations ni réserve devant le jury, et qui a conclu à l'allocation d'une indemnité renonce par là même à faire valoir le moyen tiré de l'insuffisance du délai, et couvre l'irrégularité de la procédure. — Cass., 22 juill. 1868, Légit, [D. 85.6.026] — Daffry de la Monnoye, t. 1, sur l'art. 6, n. 7; de Lalleau, Jousselin, Rendu et Périn, t. 1, n. 109, note; Crépon, sur l'art. 6, n. 12.

346. — Le délai de huitaine ne pouvant commencer que lorsque la publicité donnée à l'avertissement est complète, le préfet ou le sous-préfet doivent faire connaître au maire à quel moment l'insertion dans les journaux a eu lieu pour qu'il puisse ouvrir son procès-verbal dès le lendemain de cette insertion si les autres avertissements sont antérieurs ou du même jour. La clôture du procès-verbal a lieu dès que les huit jours francs sont écoulés. — De Lalleau, Jousselin, Rendu et Périn, t. 1, n. 112; Crépon, sur l'art. 7, n. 4 et 5.

347. — Le délai de huitaine pendant lequel les plans doivent demeurer à la mairie n'est point prolongé à l'égard des propriétaires qui ne sont point sur les lieux, et qui habitent dans des localités parfois assez éloignées. Lors de la discussion de la loi, quelques députés trouvaient les délais trop courts en ce cas; mais on ne saurait prolonger encore une procédure déjà fort lente; d'ailleurs il est à remarquer qu'après le dépôt à la mairie vient le dépôt à la sous-préfecture, et que là encore les intéressés pourront demander communication; les expropriations attirent toujours l'attention, et il serait bien surprenant qu'un propriétaire, même éloigné, ne fût pas prévenu en temps utile. — De Lalleau, Jousselin, Rendu et Périn, t. 1, n. 110.

§ 3. Des déclarations et réclamations.

348. — On lit dans l'art. 7, L. 3 mai 1841 : « Le maire mentionne sur un procès-verbal qu'il ouvre à cet effet et que les parties qui comparaissent sont requises de signer, les déclarations et réclamations qui lui ont été faites verbalement et y annexe celles qui lui ont été transmises par écrit ». Le maire est juge des réclamations qui lui sont faites, il doit donc toutes les mentionner au procès-verbal, et ne peut demander aux personnes qui se présentent de justifier de la qualité en laquelle elles agissent. — De Peyrony et Delamarre, n. 156; de Lalleau, Jousselin, Rendu et Périn, t. 1, n. 112; Crépon, sur l'art. 7, n. 3.

349. — Ces réclamations ont souvent pour but d'indiquer les erreurs dans la matrice des rôles, de signaler les noms des véritables propriétaires, de relever des inexactitudes matérielles, faciles à rectifier; de faire connaître les demandes d'indemnités et d'en fixer le chiffre; de réclamer un changement de tracé dans un intérêt général ou dans un intérêt privé; c'est à l'administration à apprécier ces réclamations. Si, ainsi que l'indique une circulaire ministérielle, des propriétaires déclarent qu'ils abandonneront tout ou partie des terrains nécessaires aux travaux, les maires ne doivent pas manquer de le mentionner. — De Lalleau, Jousselin, Rendu et Périn, t. 1, n. 113.

350. — C'est à ce moment que le véritable propriétaire dont le nom n'est pas inscrit sur la matrice des rôles doit se faire connaître; antérieurement ce serait trop tôt. Par suite, celui qui, longtemps avant l'ouverture de la procédure d'expropriation, a fait connaître au maire de la commune expropriante sa prétention à la qualité de propriétaire d'un terrain exproprié, ne peut prétendre que la procédure a été irrégulièrement suivie contre la personne inscrite à la matrice cadastrale comme propriétaire, s'il n'a formé aucune réclamation dans l'enquête ouverte en vertu des art. 5, 6 et 7 de la loi du 3 mai 1841. — Cass., 3 déc. 1889, Gache, [S. 91.1.271, P. 91.1.644]; — 25 avr. 1886, Drilhon, [S. 88.1.231, P. 88.1.546]

351. — Le propriétaire qui n'a pas réclamé sur le procès-verbal contre la contenance attribuée au terrain dont il est exproprié, n'est plus recevable à élever cette réclamation devant le jury. — Cass., 9 févr. 1846, Préf. de la Seine, [S. 46.1.224, P. 46.1.343, D. 46.1.79] — De Lalleau, Jousselin, Rendu et Périn, t. 1, n. 100; Crépon, sur l'art. 4, n. 10. — Cette erreur ne lui porte pas, d'ailleurs, un grave préjudice parce que, au lieu de demander une indemnité pour une contenance déterminée, ou une indemnité calculée à tant le mètre carré, il lui suffit, pour prévenir tout préjudice, de réclamer une indemnité pour tout le terrain dont il est privé, en faisant valoir l'erreur commise. — V. *infrà*, n. 402.

352. — L'exproprié a cependant un recours si l'erreur de contenance excède le vingtième. Jugé, en effet, que l'expropriation prononcée par le tribunal comprend tout le terrain désigné au plan administratif, alors même qu'il y aurait erreur dans l'indication de la contenance; sauf à la partie expropriée à réclamer un supplément de prix, si la contenance réelle excède d'un vingtième celle indiquée dans le jugement d'expropriation, et qui seule a servi de base à la fixation de l'indemnité. — Cass., 24 févr. 1863, Novion, [S. 65.1.143, P. 65.304, D. 64.1.289] — Et l'action de cette partie doit, par application de l'art. 1622, C. civ., être formée, à peine de déchéance, dans le délai de deux ans à compter du jugement d'expropriation. — Même arrêt. — De Lalleau, Jousselin, Rendu et Périn, *loc. cit.*; Crépon, sur l'art. 4, n. 11.

353. — Les notifications à faire aux propriétaires ont lieu, d'après l'art. 15, § 2 et s., L. 3 mai 1841, au domicile qu'ils ont élu dans l'arrondissement de la situation des biens par une déclaration faite à la mairie de la commune où les biens sont situés. Le législateur n'a pas indiqué à quel moment cette déclaration doit être faite; elle peut donc être mentionnée sur le procès-verbal; le maire doit d'ailleurs, dès l'ouverture du procès-verbal, tenir à la disposition des intéressés un registre spécial où ces déclarations seront reçues si elles ne sont pas portées au procès-verbal. — De Lalleau, Jousselin, Rendu et Périn, t. 1, n. 114; Crépon, sur l'art. 7, n. 6; de Peyrony et Delamarre, n. 158.

354. — L'élection de domicile, faite par une partie au moment de l'enquête ouverte lors de la publication des plans parcellaires, et dans une protestation contre l'expropriation, embrasse l'ensemble des opérations administratives et judiciaires de l'expropriation; et c'est à ce domicile que doivent être faites les offres et notifications. — Cass., 8 nov. 1881, de l'Hôpital, [S. 82.1.133, P. 82.1.285, D. 83.1.24] — De Lalleau, Jousselin, Rendu et Périn, t. 1, n. 114, note.

355. — Le maire doit ensuite transmettre au sous-préfet le procès-verbal contenant les observations des intéressés. On n'a pas cru nécessaire d'insérer cette obligation dans la loi; mais on a reconnu que cela devait se faire ainsi (Duvergier, *Coll. des lois*, t. 33, p. 283, et t. 41, p. 127). Le maire qui se montrerait négligent à cet égard serait rappelé à l'exécution de ses devoirs par les soins du préfet ou du sous-préfet, fonctionnaires qui doivent se montrer soucieux de la stricte exécution de la loi et de la marche de la procédure dans les délais prescrits par le législateur.

§ 4. *De la commission qui examine les réclamations.*

1° *Composition et réunion de la commission.*

356. — L'art. 8, L. 3 mai 1841, porte : « à l'expiration du délai de huitaine prescrit par l'art. 5, une commission se réunit au chef-lieu de la sous-préfecture. Cette commission, présidée par le sous-préfet de l'arrondissement, sera composée de quatre membres du conseil général du département ou du conseil de l'arrondissement désignés par le préfet, du maire de la commune où les propriétés sont situées et de l'un des ingénieurs chargés de l'exécution des travaux. Les propriétaires qu'il s'agit d'exproprier ne peuvent être appelés à faire partie de la commission. » Cette commission, instituée par la loi de 1810, a été créée sur les observations de l'empereur Napoléon. — Locré, t. 9, p. 672 et s.; exposé des motifs de M. Berlier, Locré, t. 9, p. 734 et s.; Crépon, sur l'art. 8, n. 1.

357. — Quand des travaux d'utilité publique doivent s'étendre sur plusieurs communes, on doit former autant de commissions administratives qu'il y a de communes, c'est-à-dire une par chaque commune, en y appelant son maire. Il n'est pas permis de ne former qu'une seule commission dans laquelle figureraient les maires des communes diverses intéressées. — Daffry de la Monnoye, t. 1, sur l'art. 8, n. 8; de Lalleau, Jousselin, Rendu et Périn, t. 1, n. 115; Crépon, sur l'art. 8, n. 4.

358. — En d'autres termes, le maire d'une commune ne peut, à ce titre, faire partie que de la commission intéressant la commune qu'il administre. — Cass., 6 janv. 1836, Gaullieur, [S. 36.1.5, P. chr.] — Mais s'il était conseiller général ou conseiller d'arrondissement, il pourrait, bien entendu, en cette dernière qualité, faire partie des commissions chargées de recevoir les réclamations se produisant dans les autres communes. — De Lalleau, Jousselin, Rendu et Périn, t. 1, n. 117. — A part le maire de la commune, les diverses commissions peuvent être formées des mêmes membres; et le plus souvent dans la pratique, il en est ainsi; même alors, les commissions doivent procéder à des opérations distinctes par commune et dresser un procès-verbal séparé par opération.

359. — La loi prescrit la réunion de la commission à la sous-préfecture; il est bien évident que la commission se réunira à la préfecture lorsqu'il s'agira de biens situés dans l'arrondissement où se trouve la préfecture; dans ce cas, la présidence appartiendra au préfet. Jugé en ce sens que, quand les immeubles expropriés sont situés dans une commune comprise dans l'arrondissement qui dépend du chef-lieu de département, c'est au préfet qu'appartient la présidence de la commission d'enquête chargée de donner son avis sur les réclamations des intéressés. — Cass., 12 nov. 1873, Esquirol, [S. 74.1.84, P. 74.172, D. 77.1. 461] — De Lalleau, Jousselin, Rendu et Périn, t. 1, n. 116; Daffry de la Monnoye, t. 1, sur l'art. 8, n. 1; Crépon, sur l'art. 8, n. 2.

360. — Le législateur se bornant à décider que la commission se réunit au chef-lieu de la sous-préfecture, il est permis de réunir la commission en dehors de l'hôtel de la sous-préfecture; il est donc indispensable, pour prévenir soit les membres de la commission eux-mêmes, soit les intéressés, que l'avertissement donné en vertu de l'art. 6, L. 3 mai 1841, fasse connaître le local dans lequel la commission doit s'assembler; tel avis fera cesser toute incertitude à ce sujet. — De Peyrony et Delamarre, n. 163; de Lalleau, Jousselin, Rendu et Périn, t. 1, n. 122; Crépon, sur l'art. 8, n. 3.

361. — Le préfet ne peut désigner les membres de la commission qu'après la confection et l'approbation des plans parcellaires de la commune; en effet, il lui est interdit de nommer pour en faire partie des propriétaires dont les terrains sont expropriés; or, les plans parcellaires seuls peuvent lui faire connaître quelles sont les personnes qui ne sauraient entrer dans la commission. — De Lalleau, Jousselin, Rendu et Périn, t. 1, n. 120. — V. *infrà*, n. 564.

362. — La loi n'interdit pas de faire entrer dans la deuxième commission d'enquête un membre ayant déjà fait partie de la commission d'enquête réunie, d'après l'art. 3, préalablement à la déclaration d'utilité publique. — Cass., 10 août 1841, Forquet, [S. 41.1.888, P. 47.1.217]; — 14 déc. 1842, Mailler, [S. 43.1. 68, P. 43.1.33] — Spécialement, l'ingénieur qui a figuré dans la première commission, peut aussi figurer dans la seconde. — Cass., 10 août 1841, précité. — De Lalleau, Jousselin, Rendu

Périn, t. 1, n. 119; Daffry de la Monnoye, t. 1, sur l'art. 8, n. 2; Crépon, sur l'art. 8, n. 5 et 6. — Les fonctionnaires publics appelés à figurer dans les deux commissions, tels qu'ingénieurs, maires, sous-préfets, ne peuvent être changés; ce sont donc les mêmes qui seront le plus souvent appelés; quant aux autres membres de la commission, il vaudrait mieux les choisir en dehors de ceux qui ont composé la première commission, pour que leur opinion ne parût pas engagée à l'avance.

363. — Il n'est pas nécessaire que l'ingénieur qui fait partie de la commission soit un ingénieur des ponts et chaussées: le législateur le proclame nettement, puisqu'il déclare que c'est l'ingénieur chargé de l'exécution des travaux qui est appelé. En principe, c'est l'ingénieur en chef qui doit se présenter; en son absence, il doit déléguer ses pouvoirs à l'un des ingénieurs placés sous ses ordres, selon les besoins du service (de Lalleau, Jousselin, Rendu et Périn, t. 1, n. 119). L'ingénieur fait partie de la commission au même titre que les autres membres, il a donc voix délibérative. M. Martin du Nord, rapporteur à la Chambre des députés, a dit à cet égard : « L'ingénieur est sans contredit le membre le plus essentiel de la commission par les lumières qu'il peut répandre sur la discussion : il ne faut pas lui donner une position secondaire et de suspicion; personne, d'ailleurs, n'a plus que lui un intérêt d'honneur à ce que la meilleure direction soit adoptée » (Monit. du 27 janv. 1833, p. 210). — De Lalleau, Jousselin, Rendu et Périn, loc. cit.

364. — Le préfet choisit, ainsi qu'il le juge convenable, soit exclusivement des conseillers généraux, soit exclusivement des conseillers d'arrondissement, soit et des conseillers généraux et des conseillers d'arrondissement (de Lalleau, Jousselin, Rendu et Périn, t. 1, n. 120; Crépon, sur l'art. 8, n. 14); à la condition qu'ils ne soient point au nombre des propriétaires expropriés. — Cass., 14 août 1888, Faraudi, [S. 90.1.352, P. 90.1. 828, D. 89.4.264] — De Lalleau, Jousselin, Rendu et Périn, loc. cit., note. — Mais les conseillers généraux ne pourraient être exclus de la commission d'enquête alors même qu'il s'agirait de l'intérêt du département qu'ils représentent; il n'en pourrait être ainsi qu'en vertu d'une disposition de la loi qui n'existe pas.

365. — Les propriétaires des biens sujets à l'expropriation doivent seuls être exclus des commissions chargées d'examiner les réclamations des propriétaires; cette exclusion ne s'étend pas aux administrateurs d'établissements publics, ou aux tuteurs des mineurs dont les biens sont soumis à l'expropriation. On ne saurait, en effet, étendre les incompatibilités, et se montrer plus sévère que le législateur (Discussion de la loi de 1841, observation de Dufaure, rapp., en réponse à Caumartin): De Peyrony et Delamarre, n. 161; Crépon, sur l'art. 8, n. 21. — Contra, Gillon et Stourm, p. 44. — Caumartin avait demandé la suppression de ce paragraphe concernant les propriétaires afin que, conformément au droit commun, non seulement les propriétaires mais leurs parents au degré indiqué par les dispositions du Code de procédure, pour les récusations de juges, et toutes les parties intéressées fussent exclues de la commission. Le rapporteur a répondu que l'inconvénient signalé est à peu près inévitable, leur qualité n'étant pas toujours connue comme celle du propriétaire qui résulte de la matrice des rôles; il résulte de là d'abord que les propriétaires seuls sont exclus; et ensuite que la présence des parents des intéressés dans le sein de la commission ayant été reconnue présenter des inconvénients, le devoir du préfet est de s'efforcer de découvrir leur qualité et de ne les point appeler lorsqu'ils les a découverts.

366. — Les membres de la commission peuvent être régulièrement remplacés, même au cours des opérations; quant aux membres de droit, préfet, sous-préfet, ingénieur, ils seront régulièrement suppléés par les fonctionnaires chargés de remplir leurs fonctions, en leur absence; ainsi le préfet par le secrétaire général ou un conseiller de préfecture, le maire par un adjoint ou un membre du conseil municipal choisi dans l'ordre du tableau dressé d'après le nombre des suffrages obtenus. Jugé spécialement que l'adjoint qui, dans la commission spéciale d'enquête instituée par l'art. 8, L. 3 mai 1841, a continué, à une seconde séance, la présence du maire, a droit et qualité pour valider par sa signature le procès-verbal relatif à l'ensemble des opérations de la commission. En conséquence, aucune nullité ne saurait résulter de ce que le maire n'a pas signé le procès-verbal de la première séance à laquelle il assistait. — Cass., 12 juill. 1870, Ville de Sens, [S. 70.1.371, P. 70.969, D. 70.1.367]

— De Lalleau, Jousselin, Rendu et Périn, t. 1, n. 118 et 120; Crépon, sur l'art. 8, n. 11, 12 et 19.

367. — L'ingénieur peut lui aussi être remplacé; en conséquence, si cette commission a fonctionné avec le concours d'un ingénieur régulièrement désigné pour en faire partie, il ne résulte aucune nullité de ce qu'un second ingénieur avait été subsidiairement indiqué pour remplir les mêmes fonctions. — Cass., 12 nov. 1873, Esquirol, [S. 74.1.84, P. 74.172, D. 73.1.461] — Daffry de la Monnoye, t. 1, sur l'art. 8, n. 4; de Lalleau, Jousselin, Rendu et Périn, t. 1, n. 119, note.

367 bis. — L'arrêté du préfet qui désigne les membres de la commission d'enquête, peut, en même temps, désigner des suppléants pour le cas où les titulaires seraient empêchés; le préfet peut aussi, en cas d'empêchement choisir de nouveaux membres en cours d'opération. On devra considérer le remplacement comme régulier si le jugement d'expropriation constate que la commission s'est réunie et a fonctionné régulièrement. — Cass., 12 juill. 1870, précité. — De Lalleau, Jousselin, Rendu et Périn, t. 1, n. 120; Crépon, sur l'art. 8, n. 9 et 10; Daffry de la Monnoye, t. 1, sur l'art. 8, n. 6. — Il vaudrait mieux cependant que la régularité du remplacement fût constatée d'une manière plus explicite. — Daffry de la Monnoye, t. 1, sur l'art. 8, n. 5.

368. — D'ailleurs, comme la commission peut délibérer si cinq de ses membres sont présents, il ne sera nécessaire de remplacer les membres absents que si le nombre des membres descend au-dessous de cinq. Ainsi la commission peut délibérer, si ses membres sont au nombre de cinq, alors même que le maire ne se présente pas, et personne en ses lieu et place. — De Lalleau, Jousselin, Rendu et Périn, t. 1, n. 118; Crépon, sur l'art. 8, n. 13.

2° *De la réception des observations.*

369. — L'art. 9, L. 3 mai 1841, dispose : « La commission reçoit, pendant huit jours, les observations des propriétaires. Elle les appelle toutes les fois qu'elle le juge convenable. »

370. — Le législateur n'a pas réglementé le mode de convocation de la commission ; son président, le préfet ou le sous-préfet, selon les cas, convoquera les divers membres qui la composent en leur adressant une lettre ; cette convocation fera connaître le jour et l'heure de la première réunion ; l'art. 8 porte bien que la commission se réunit à l'expiration du délai de huitaine imparti par l'art. 5, mais l'expiration de ce délai ne peut être connue de tous, puisqu'il dépend de l'accomplissement des formalités de publications et d'insertions et ne commence à courir que lorsqu'elles ont eu lieu. — De Lalleau, Jousselin, Rendu et Périn, t. 1, n. 123 et 124.

371. — La loi de 1833 accordait aux propriétaires un mois pour présenter leurs observations ; ce délai a été réduit à huit jours. Il a été jugé, à cet égard, que le jour où se réunit la commission et le jour où elle se sépare et clôt son procès-verbal, comptent dans le délai de huit jours que doivent durer ses séances, encore que bien que la commission n'ait été réunie le premier jour qu'à deux heures de relevée. — Cass., 8 déc. 1847, Gard, [P. 48.2.227, D. 47.1.246] — Daffry de la Monnoye, t. 1, sur l'art. 9, n. 1 ; de Lalleau, Jousselin, Rendu et Périn, t. 1, n. 125 ; Crépon, sur l'art. 9, n. 1 à 3.

372. — ... Que le certificat du préfet énonçant que les pièces avaient été déposées au secrétariat général de la préfecture pendant huit jours devait s'entendre dans le sens de huit jours entiers. — Cass., 10 août 1841, Forquet, [S. 41.1.888, P. 47.2.217] — ... Alors même que l'exproprié avait, dans le délai, fourni ses réclamations personnelles. — Cass., 6 janv. 1836, Gaulliéur-L'Hardy, [P. chr.]

373. — La commission d'enquête appelée à entendre les observations des propriétaires expropriés, doit seulement tenir son procès-verbal ouvert pendant tout le temps que durent ses fonctions ; il n'est pas nécessaire qu'elle reste en permanence, ni qu'elle s'assemble chaque jour. — Cass., 14 déc. 1842, Mailler, [S. 43.1.68, P. 43.1.33] — Daffry de la Monnoye, t. 1, sur l'art. 9, n. 1 ; de Peyrony et Delamarre, n. 164 ; de Lalleau, Jousselin, Rendu et Périn, t. 1, n. 126 ; Crépon, sur l'art. 9, n. 4.

374. — D'autre part, tous les membres de la commission ne doivent point nécessairement recevoir les réclamations; d'ordinaire l'un ou deux est désigné à cet effet. Il est vrai qu'un amendement de Renouard tendant à autoriser la commission, à déléguer l'un de ses membres pour recevoir les explications orales ou écrites que les intéressés pourraient transmettre, a été repoussé ; mais il ne l'a été que par cette considération que cette faculté de délégation est de droit. On a d'ailleurs fait remarquer que le sous-préfet, président de la commission, est naturellement délégué pour recevoir toutes les observations présentées (Duvergier, Collect. des lois, t. 41, p. 126). Le vœu de la loi est donc suffisamment rempli lorsque, après avoir ouvert son procès-verbal, cette commission a déclaré que ce procès-verbal et les diverses pièces de l'instruction resteraient ouverts aux investigations et aux recherches de tous ceux qui se présenteraient, et qu'elle s'est ensuite ajournée pour connaître des observations qui auraient été faites et en délibérer.

375. — Il résulte des explications qui précèdent que la commission ne peut ouvrir et fermer son procès-verbal le même jour ; elle doit le tenir ouvert pendant huit jours, à peine de nullité. Peu importerait d'ailleurs que les propriétaires eussent eu tout le temps nécessaire pour consigner leurs observations sur le registre ouvert à la mairie, en vertu de l'art. 7, la faculté qui leur était donnée à cet égard ne pouvant être confondue avec le droit qui leur appartient, suivant l'art. 9, de présenter leurs observations devant la commission. — Cass., 21 juin 1842, Préf. du Jura, [S. 42.1.575, P. 42.2.137] — De Lalleau, Jousselin, Rendu et Périn, t. 1, n. 126 ; Crépon, sur l'art. 9, n. 5.

376. — La commission n'a besoin de dresser qu'un seul procès-verbal de ses opérations, il n'est point nécessaire qu'elle rédige autant de procès-verbaux qu'il existe de jours pendant lesquels les propriétaires ont été appelés à consigner leurs observations. — Cass., 12 juill. 1870, Ville de Sens, [S. 70.1.371, P. 70.371, D. 70.1.367] — De Lalleau, Jousselin, Rendu et Périn, t. 1, n. 128, note ; Crépon, sur l'art. 9, n. 6 ; Daffry de la Monnoye, t. 1, sur l'art. 9, n. 2.

377. — La commission demande des renseignements aux intéressés toutes les fois qu'elle le juge utile ; elle peut aussi se transporter sur les lieux pour s'éclairer ; les convocations aux intéressés, si la commission juge utile d'en adresser, sont transmises par la voie administrative et par le préfet ou le sous-préfet, président de la commission ; elles sont adressées soit au domicile élu par les propriétaires, soit au domicile des fermiers, locataires, gardiens ou régisseurs ; si les propriétaires intéressés sont nombreux, on peut procéder par voie de publications faites dans la commune. — De Lalleau, Jousselin, Rendu et Périn, t. 1, n. 129 ; Crépon, sur l'art. 9, n. 8 et s. ; de Peyrony et Delamarre, n. 104.

378. — Doit-on admettre que les intéressés peuvent exiger d'être entendus dans leurs observations orales ? La commission, au contraire, peut-elle ne recevoir que des observations écrites ? Les réclamations des intéressés peuvent être produites verbalement, puisque la loi n'a rien réglé à cet égard ; mais nous pensons qu'en cas de refus de la commission les réclamants ne pourraient la contraindre à leur donner audience. C'est là une affaire abandonnée à sa discrétion et à sa sagesse. Il est à désirer cependant que les intéressés soient admis à développer des observations orales, parce que ce n'est qu'ainsi qu'ils pourront faire connaître toute leur pensée, et qu'ils fourniront à la commission des renseignements précis et complets, les objections soulevées devant les amener à donner à leur opinion toute son étendue.

379. — En admettant les intéressés à fournir dans son sein leurs réclamations, la commission peut et doit même leur permettre de se faire assister d'un conseil. Souvent, en effet, le propriétaire qui aura à présenter une réclamation, aura de la peine à s'expliquer et à exposer nettement l'objet de son observation ; dans ce cas, il est utile qu'il puisse se faire seconder par une personne compétente.

380. — Jugé que la commission d'enquête, qui a déjà reçu les explications écrites de l'exproprié, n'est tenue de l'appeler qu'autant qu'elle le juge convenable ; elle peut, dès lors, refuser de l'entendre dans ses explications orales. — Cass., 13 déc. 1882, de Froissard, [S. 83.1.323, P. 83.1.782, D. 84.1.88] — De Lalleau, Jousselin, Rendu et Périn, t. 1, n. 129, note ; Crépon, sur l'art. 9, n. 11.

3° *Avis de la commission.*

381. — On lit dans l'art. 9, L. 3 mai 1841 : « Elle (la commission) donne son avis. » D'après l'art. 8, « la commission ne peut délibérer valablement qu'autant que cinq de ses membres au moins sont présents. Dans le cas où le nombre des membres présents serait de six, et où il y aurait partage d'opinions, la voix du président sera prépondérante. »

382. — Si les voix se divisent en plus de deux opinions dont aucune ne réunisse la majorité absolue, il ne suffira pas de dresser un procès-verbal constatant la dissidence, il faudra, par application de l'art. 117, C. proc. civ., que les membres plus faibles en nombre soient tenus de se réunir à l'une des deux opinions qui ont été émises par le plus grand nombre (V. infrà, v° *Jugement et arrêt* [mat. civ.], n. 1120 et s.). Nous nous fondons à cet égard sur ce qu'il résulte nettement du § 4 de l'art. 8 que la commission doit exprimer un avis, et sur les art. 10 et 11, qui font produire à cet avis des conséquences fort graves. — V. en ce sens, Duvergier, *Collect. des lois*, t. 41, p. 126. — Toutefois l'avis de la commission n'étant en définitive qu'un renseignement et n'étant nullement obligatoire pour l'administration, il s'ensuit que l'avis de la minorité et même le nombre de voix dont s'est composée cette minorité doivent être mentionnés.

383. — Il en résulte que lorsque la commission délibère au nombre de moins de cinq membres, sa délibération est nulle, et que cette nullité entraîne celle de toutes les opérations ultérieures. — Cass., 24 août 1846, Benker, [S. 46.1.879, P. 46.2.547, D. 46.1.328] — La circonstance que la commission délibère à moins de cinq membres équivaut à celle où la commission n'a pas été réunie malgré la prescription impérative de la loi. Cette nullité peut être invoquée par tous les propriétaires atteints par l'expropriation, même par ceux qui n'ont présenté aucune observation à la commission. — Cass., 24 août 1846, précité. — Tous ont souffert de ce que la commission ne s'est pas trouvée en nombre et n'a pas été composée conformément aux dispositions de la loi. — Daffry de la Monnoye, t. 1, sur l'art. 8, n. 7 ; de Lalleau, Jousselin, Rendu et Périn, t. 1, n. 130 ; Crépon, sur l'art. 8, n. 15 et 16.

384. — Jugé qu'il y a également lieu à l'enquête et par suite lieu à cassation du jugement ultérieur, si la commission a été composée de huit membres au lieu de sept, par exemple en ce que les maires de deux communes différentes auraient pris part tous deux aux délibérations en ce qui concernait chacune des communes (V. suprà, n. 357). — Cass., 6 janv. 1836, Gaullieur-L'Hardy, [S. 36.1.8, P. chr.] — Daffry de la Monnoye, t. 1, sur l'art. 8, n. 88 ; de Lalleau, Jousselin, Rendu et Périn, t. 1, n. 130, note ; Crépon, sur l'art. 8, n. 17.

385. — Le décret de 1810, art. 8, indiquait ainsi la nature des observations à soumettre à la commission d'enquête et, par suite, les points sur lesquels elle était appelée à donner son avis : « cette commission recevra les demandes et les plaintes des propriétaires qui soutiendraient que l'exécution des travaux n'entraîne pas la cession de leur propriété. » Cette disposition n'a été reproduite dans la loi de 1841, pas plus que dans celle de 1833 ; nul doute cependant que, en principe, elle ne règle encore les attributions de la commission. — De Lalleau, Jousselin, Rendu et Périn, t. 1, n. 127.

386. — D'après l'art. 9, L. 8 mars 1810, si la commission pensait qu'il y avait lieu de maintenir l'application du plan, elle déduisait les motifs qui la portaient à rejeter les réclamations des propriétaires. Cette disposition n'a été reproduite ni dans la loi de 1833, ni dans celle de 1841 ; mais il n'en est pas moins certain que c'est ce que la commission doit faire en pareille circonstance. En général, la commission dont il s'agit ici n'a à s'occuper que de la question de savoir si pour exécuter la loi ou l'ordonnance qui a autorisé les travaux, il est nécessaire d'occuper telle ou telle propriété particulière ; si, par exemple, pour ménager tel domaine, on ne pourrait pas infléchir la ligne du plan de manière à la diriger vers la limite plutôt que sur le milieu de ce domaine. Il ne s'agit pas d'un intérêt général, mais d'un intérêt purement local et presque individuel (Discours de M. Legrand, *Monit.* 1833, p. 278). Ce serait même une grave erreur de penser que la commission sortirait de ses attributions en proposant des modifications plus essentielles. Au moment où elle délibère, il y a déjà, il est vrai, des actes administratifs qui décident le tracé des travaux ; mais ces actes ne sont point définitifs, et l'institution de la commission a précisément pour but de les mettre aux prises avec les propriétaires dont ils doivent ou peuvent amener la dépossession.

387. — Mais la commission est sans droit et sans qualité pour apprécier les réclamations qui porteraient sur l'utilité publique. — Cass., 14 déc. 1842, Mailler, [S. 43.1.68, P. 43.1.33] ; — 1er juill. 1870, Ville de Sens, [S. 70.1.371, P. 70.969, D. 70.1.367] — Elle n'est pas non plus appelée à se prononcer, au cas où il s'agit d'un chemin, sur le tracé général de ce chemin, mais seulement sur les alignements particuliers qui sont la conséquence de ce tracé général. — Cass., 14 déc. 1842, précité. — V. infrà, n. 508. — Daffry de la Monnoye, t. 1, sur l'art. 9, n. 3; de Lalleau, Jousselin, Rendu et Périn, t. 1, n. 129; Crépon, sur l'art. 9, n. 12.

388. — La désignation des territoires et propriétés peut être contenue dans l'acte déclaratif, et particulièrement dans la loi déclarant l'utilité publique (V. suprà, n. 261, 270 et s.). Cette circonstance n'empêche point la commission de donner son avis sur les points qui lui sont régulièrement déférés, car en le donnant elle ne fait que se conformer à la loi.

388 bis. — Si aucune observation ou réclamation n'a été présentée, la commission n'a qu'à la constater dans son procès-verbal, elle n'a point alors d'avis à donner, puisque ses avis portent sur les observations formulées devant elle; en ce cas, ses pouvoirs sont épuisés. — De Lalleau, Jousselin, Rendu et Périn, loc. cit.; Daffry de la Monnoye, t. 1, sur l'art. 9, n. 3; Crépon, sur l'art. 9, n. 12 et 13.

389. — Le tribunal appelé à prononcer l'expropriation doit examiner si toutes les formalités prescrites par la loi ont été remplies, et spécialement si la commission s'est réunie conformément aux prescriptions de la loi; mais il ne saurait ni discuter ni critiquer l'avis qu'elle a émis; cet avis ne saurait non plus donner ouverture à cassation. — Cass., 24 mai 1870, de Grave, [S. 72.1.263, P. 72.667, D. 70.1.389] — Daffry de la Monnoye, t. 1, sur l'art. 9, n. 5; Crépon, sur l'art. 9, n. 14. — C'est là un acte administratif qui échappe à l'appréciation et surtout à la critique de l'autorité judiciaire.

390. — L'art. 9 dispose : « Ses opérations doivent être terminées dans le délai de dix jours, après quoi le procès-verbal est adressé immédiatement par le sous-préfet au préfet. Dans le cas où lesdites opérations n'auraient pas été mises à fin dans le délai ci-dessus, le sous-préfet devra dans les trois jours, transmettre au préfet son procès-verbal et les documents recueillis. » La commission, on le voit, a dix jours pour délibérer et formuler son avis; si elle est prête dès le neuvième jour, et si un jour lui a suffi pour délibérer et s'arrêter à une opinion, elle peut, dès ce moment, clôturer ses observations et rédiger son procès-verbal. Lorsqu'elle n'a pas donné son avis dans les dix jours, ses pouvoirs sont expirés; et le sous-préfet ou le préfet peuvent passer outre, alors même que le défaut d'avis ou de délibération proviendrait de l'absence de l'un des membres de la commission. — Cass., 20 avr. 1842, Bourgon, [S. 42.1.422, P.42.2.19] — De Lalleau, Jousselin, Rendu et Périn, t. 1, n. 131; Daffry de la Monnoye, t. 1, sur l'art. 9, n. 4; de Peyrony et Delamarre, n. 166; Crépon, sur l'art. 9, n. 16 et 17. — L'inertie ou les lenteurs de la commission ne sauraient entraver un travail déclaré d'utilité publique; on procède alors avec les documents déjà recueillis.

4° Changement de tracé.

391. — L'art. 10, L. 3 mai 1841, dispose : « Si la commission propose quelque changement au tracé indiqué par les ingénieurs, le sous-préfet devra, dans la forme indiquée par l'art. 6, en donner immédiatement avis à ceux auxquels ces changements pourront intéresser. Pendant huitaine, à dater de cet avertissement, le procès-verbal et les pièces resteront déposés à la sous-préfecture : les parties intéressées pourront en prendre communication sans déplacement et sans frais et fournir leurs observations écrites. Dans les trois jours suivants, le sous-préfet transmettra toutes les pièces à la préfecture.

392. — L'art. 10 renvoyant, en ce qui concerne l'avertissement à donner aux propriétaires, aux prescriptions de l'art. 6, nous ne pouvons que nous référer à ce que nous avons dit au sujet de cet article (V. suprà, n. 307 et s.); il en est de même relativement au délai de huit jours prévu par l'art. 10; ce délai est régi par les règles exposées à l'égard du délai concernant le temps pendant lequel les observations peuvent être faites à la mairie : ce délai sera donc franc (V. suprà, n. 307 et s.). — Cass., 6 janv. 1836, précité. — 10 août 1841, Forquet, [S. 41.1.888, p. 47.2.217] — Daffry de la Monnoye, t. 1, sur l'art. 10, n. 1; Crépon, sur l'art. 10, n. 1; de Lalleau, Jousselin, Rendu et Périn, t. 1, n. 131, note.

§ 5. *Arrêté de cessibilité.*

393. — Sur le vu du procès-verbal et des ordonnances y annexées, le préfet détermine par un arrêté motivé les propriétés qui doivent être cédées, et indique l'époque à laquelle il est nécessaire d'en prendre possession (V. suprà, n. 270 et s.). Toutefois, s'il résulte de l'avis de la commission qu'il y a lieu de modifier le tracé des travaux ordonnés, le préfet doit surseoir jusqu'à ce qu'il ait été prononcé par l'administration supérieure. L'administration peut, suivant les circonstances, ou statuer définitivement, ou ordonner qu'il soit procédé de nouveau à tout ou partie des formalités prescrites par les articles précédents (L. 3 mai 1841, art. 11).

394. — Une difficulté grave se présente sur l'interprétation à donner à cette alternative laissée à l'administration de statuer définitivement ou d'ordonner qu'il soit procédé de nouveau à tout ou partie des formalités prescrites par les articles précédents. Cette faculté alternative est-elle absolue, et l'administration peut-elle statuer définitivement, lors même qu'elle se range à l'avis de la commission et adopte des modifications au tracé? On a soutenu la négative. En effet, a-t-on dit, les garanties accordées par la loi aux propriétaires doivent être les mêmes pour tous ; et les propriétaires atteints par le premier tracé ont pu faire valoir leurs réclamations devant une commission ; et, dans le fait, ils les ont tellement fait valoir qu'elles ont été accueillies. Par suite de l'adoption de ces réclamations, d'autres propriétaires qui n'ont pas été entendus, qui n'ont pas dû l'être, se trouvent menacés. Pourquoi voudrait-on enlever à ceux-ci le droit de réclamer dans les mêmes termes et avec les mêmes garanties que les premiers ? Sans doute ils peuvent, d'après l'art. 10, fournir pendant huitaine leurs réclamations écrites; mais ce n'est point être dans une condition égale que de fournir des réclamations écrites à l'administration, ou de les présenter à une commission composée de propriétaires de la localité, qui est obligée de les repousser, et si elle les repousse, de le faire par un avis motivé, à une commission qui adresse des objections auxquelles on peut répondre. D'un autre côté, il a été reconnu dans la discussion que l'administration, après avoir adopté définitivement un tracé, ne pouvait le modifier qu'à la charge par elle d'accomplir toutes les formalités prescrites par les art. 4 et s. de la loi. Pourquoi donc dispenser l'administration de ces formalités, lorsqu'il s'agit du tracé proposé par la commission ? Est-ce que dans les deux cas, il n'y a pas un tracé nouveau ? Et en quoi la position des propriétaires menacés par le changement d'avis de l'administration, après adoption définitive d'un tracé, mérite-t-elle plus de faveurs que celle des propriétaires atteints par les modifications proposées par la commission ? L'administration ne peut adopter définitivement un tracé nouveau, sans formalités nouvelles, qu'autant qu'elle rejette les modifications proposées par la commission; et, lorsqu'au contraire elle se range à l'avis de la commission, elle doit nécessairement instituer une autre commission pour recevoir les réclamations des propriétaires atteints. L'administration a la libre faculté de statuer définitivement ou d'ordonner le réaccomplissement des formalités, mais cette faculté est subordonnée au choix qu'elle fait entre son premier avis et l'avis de la commission ; et les observations écrites que l'art. 10 permet aux propriétaires de présenter n'ont pas d'autre but que de mettre l'administration à même de se prononcer en connaissance de cause.

395. — Cette opinion a le tort d'ajouter au texte de la loi qui n'exige point que l'on procède de nouveau à l'accomplissement des formalités prescrites par les art. 5 et s., alors que le tracé proposé par la commission d'enquête est adopté; d'ailleurs le propriétaire atteint par le nouveau tracé a pu se défendre devant cette commission. Un arrêt de la Cour de cassation du 12 mai 1880, Préf. de la Mayenne, [S. 80.1.472, P. 80.1.173, D. 81.1.160] a consacré implicitement cette décision manière de voir. — De Lalleau, Jousselin, Rendu et Périn, t. 1, n. 134; de Peyrony et Delamarre, n. 174 ; Daffry de la Monnoye, t. 1, sur l'art. 11, n. 5 ; Crépon, sur l'art. 11, n. 8.

396. — Mais si le préfet n'adopte ni le tracé primitif, ni le tracé proposé par la commission, mais un tracé différent, il est nécessaire de procéder à nouveau à l'accomplissement de toutes les formalités prescrites par les art. 5 et s., en effet, le nouveau tracé atteint des propriétaires qui n'ont été appelés d'aucune manière à fournir leurs observations sur le tracé et à s'expliquer à son sujet; peut-être ont-ils des arguments excellents pour établir que c'est à tort que le nouveau tracé touche à leurs propriétés. En l'absence d'une nouvelle enquête le tribunal devrait refuser l'expropriation. — V. les autorités citées au numéro qui précède.

397. — Il a été jugé, par application de l'art. 11, que lorsque la commission d'enquête propose des modifications au tracé, le préfet doit, dans le cas où il les accepte comme dans le cas où il les repousse, surseoir à tout arrêté de cessibilité, jusqu'à ce qu'il ait été prononcé par l'administration supérieure. — Cass., 12 mai 1880, précité. — Dès lors, c'est à bon droit qu'un tribunal se refuse de statuer sur la demande d'un préfet qui a accepté les modifications proposées par la commission d'enquête, et a rendu un arrêté de cessibilité sans attendre la décision de l'administration supérieure. — Cass., 8 avr. 1891, de Bigault de Casanove, [S. 91.1.272, P. 91.1.646, D. 92.1.133] — Crépon, sur l'art. 11, n. 9; de Lalleau, Jousselin, Rendu et Périn, t. 1, n. 134; Daffry de la Monnoye, t. 1, sur l'art. 12, n. 8. — Cet arrêt suppose évidemment que dans le cas où il adopte le tracé proposé par la commission le préfet n'est pas obligé de faire procéder à une nouvelle enquête. Mais, dans ce cas, c'est l'administration supérieure qui doit statuer sur les modifications proposées, et le préfet n'est qu'un agent de transmission. Or, si dans le cas où il accepte les modifications, le préfet pouvait rendre son arrêté de cessibilité et saisir le tribunal, l'affaire serait engagée au moment où l'autorité supérieure rendrait sa décision. Le texte de la loi serait ainsi violé, puisque le préfet, au lieu de surseoir aurait continué à remplir les formalités, et son esprit serait faussé, puisqu'une décision appartenant à l'administration supérieure aurait été prise par le préfet.

398. — Lorsque les travaux à exécuter ne concernent qu'une commune, et ne présentent qu'un intérêt exclusivement communal, le préfet rend son arrêté de cessibilité en conseil de préfecture. En matière ordinaire, l'arrêté de cessibilité est l'œuvre propre du préfet. Toutefois, le préfet peut consulter en toute matière le conseil de préfecture (Dufour, t. 1, n. 444); mais il n'est point obligé de se conformer à la manière de voir du conseil de préfecture qui demeure pour lui un simple avis. Jugé, en ce sens, que la mention que l'arrêté de cessibilité a été pris par le préfet « en conseil de préfecture, » bien qu'il ne s'agisse pas d'une expropriation purement communale, n'entraîne pas nullité, s'il est dit aussi que l'arrêté est pris « le conseil de préfecture entendu, » l'arrêté restant, en ce cas, l'œuvre propre du préfet. — Cass., 28 janv. 1884, Société des hauts-fourneaux, forges et aciéries du Saut-du-Tarn, [S. 86.1.184, P. 86.1.418, D. 85.1.262] — De Lalleau, Jousselin, Rendu et Périn, t. 1, n.135, note; Crépon, sur l'art. 11, n. 3.

399. — L'arrêté du préfet doit être motivé; c'est-à-dire qu'il doit faire connaître les bases légales sur lesquelles il s'appuie ; il est, d'ailleurs, satisfait à cette obligation par le visa des pièces constatant l'accomplissement des formalités prévues par la loi. — Daffry de la Monnoye, t. 1, sur l'art. 11, n. 1; de Lalleau, Jousselin, Rendu et Périn, t. 1, n. 135; Crépon, sur l'art. 11, n. 4.

400. — Le préfet, dans son arrêté de cessibilité, doit désigner les propriétés à exproprier, et indiquer les noms des propriétaires auxquels elles appartiennent ; en effet, le jugement doit prononcer l'expropriation des propriétés indiquées dans l'arrêté du préfet, et mentionner les noms des propriétaires d'après l'arrêté préfectoral ; il ne suffirait donc pas que l'arrêté renvoyât aux plans parcellaires sur ce point. — De Lalleau, Jousselin, Rendu et Périn, t. 1, n. 136; Crépon, sur l'art. 11, n. 2. — Cependant il a été décidé qu'une parcelle qui n'avait pas été spécialement désignée dans l'arrêté de cessibilité était régulièrement expropriée, alors qu'elle était comprise sur le plan annexé à la déclaration d'utilité publique et à l'arrêté du préfet. — Cass., 5 févr. 1840, Charnay, [S. 40.1.162, P. 40.1.807] — Crépon, loc. cit.; de Lalleau, Jousselin, Rendu et Périn, loc. cit., note.

401. — L'arrêté doit aussi indiquer la nature et la contenance des parcelles expropriées; car si cette précision ne figurait pas dans cet arrêté, elle ne pourrait pas non plus se rencontrer dans le jugement d'expropriation; il est indispensable que l'extrait de ce jugement signifié aux propriétaires leur fournisse ces indications, pour qu'ils puissent examiner en connaissance de cause les offres qui leur seront faites, et arrêter leurs demandes d'indemnité. — Crépon, loc. cit.; de Lalleau, Jousselin, Rendu et Périn, loc. cit.

402. — Jugé que l'erreur de calcul que l'arrêté de cessibilité et le jugement d'expropriation renferment relativement à l'indication de la contenance du terrain exproprié, n'est pas une cause de nullité, surtout si elle n'existe pas sur le plan parcellaire auquel se réfèrent l'arrêté de cessibilité et le jugement d'expropriation, et si, d'ailleurs, l'indemnité ayant été fixée par le jury d'après un mesurage non contesté, l'erreur est sans inconvénient. — Caen, 24 juin 1867, Desloges, [S. 68.2.226, P. 68.960] — V. suprà, n. 351.

403. — L'arrêté doit aussi indiquer l'époque à laquelle aura lieu la prise de possession des diverses propriétés; cette prise de possession suit souvent d'assez loin l'arrêté, et l'exproprié a besoin de savoir s'il doit continuer encore à cultiver ses terres, à les ensemencer; il doit connaître à quel moment il lui faut évacuer sa maison, transporter ailleurs son domicile, son commerce, son industrie ; ce sont là des circonstances qui influent sur le montant de l'indemnité et qu'il faut donc préciser. Il n'est pas nécessaire, d'ailleurs, que le moment de la prise de la possession soit absolument fixé, car cela serait souvent fort difficile; il a été jugé qu'il suffisait d'indiquer que la prise de possession aurait lieu après le paiement de l'indemnité. — Cass., 10 août 1841, Forquet, [S. 41.1.886, P. 47.1.217] — Daffry de la Monnoye, t. 1, sur l'art. 11, n. 2 ; de Lalleau, Jousselin, Rendu et Périn, t. 1, n. 137; Crépon, sur l'art. 11, n. 5. — Mais ce renseignement est bien vague, et ne renseigne guère l'exproprié, puisque la prise de possession ne peut avoir lieu qu'à ce moment ; il est donc à désirer que l'administration détermine d'une manière plus précise à quel moment il y aura lieu à la prise de possession.

404. — L'erreur de date de l'arrêté de cessibilité peut être rectifiée à l'aide des autres énonciations de cet arrêté et des documents qu'il vise, par exemple, un arrêté daté du 21 octobre vise des documents portant eux-mêmes la date du 30 octobre, il en résulte qu'il n'a été rendu que le 31 octobre, et que, par suite, c'est à cette date qu'il faut se reporter pour rechercher si les délais impartis ont été respectés. — Daffry de la Monnoye, t. 1, sur l'art. 11, n. 3 ; de Lalleau, Jousselin, Rendu et Périn, t. 1, n. 136, note; Crépon, sur l'art. 11, n. 10.

405. — Le préfet en rendant son arrêté de cessibilité peut se mouvoir dans les limites de l'acte déclaratif d'utilité publique. — Daffry de la Monnoye, t. 1, sur l'art. 11, n. 6. — V. suprà, v° Chemin de fer, n. 485 et s.

406. — Le tribunal, saisi d'une demande d'expropriation ne saurait, sans excès de pouvoir, apprécier la légalité et la régularité de l'arrêté de cessibilité; il doit se borner à rechercher si toutes les formalités légales ont été remplies. — Cass., 14 nov. 1876, Chemin de fer de Lyon, [S. 77.1.278, P. 77.687, D. 77.1.70] — 8 déc. 1891, Comm. de Chapois, [S. et P. 92.1.95, D. 92.1.574]

407. — Il est à remarquer cependant que par ses arrêts des 30 avr. 1884, Dumas de Primbault, [S. 86.1.184, P. 86.1.418, D. 85.1.262], et 8 avr. 1891, de Bigault de Casanove, [S. 91.1.272, P. 91.1.646, D. 92.1.133], la Cour de cassation a examiné la légalité d'arrêtés de cessibilité et s'est prononcée sur elle. Mais ces décisions n'ont peut-être pas toute la portée qu'on serait tenté de leur donner et peuvent se concilier avec les précédentes; nous pensons en d'autres termes qu'en principe, l'autorité judiciaire n'a pas compétence pour examiner la légalité et la régularité des arrêtés de cessibilité; mais d'autre part, comme l'autorité judiciaire ne peut prononcer l'expropriation que si elle est en présence d'un arrêté de cessibilité, si cet arrêté est infecté d'un tel vice, d'une telle nullité, qu'il est inexistant, l'autorité judiciaire doit refuser l'expropriation ; elle doit donc, à ce point de vue, examiner les arrêtés; il est à remarquer que dans les espèces qui lui ont été déférées en 1884 et en 1891, la Cour de cassation a, en effet, recherché si le préfet avait le pouvoir de prendre les arrêtés qu'il avait rendus.

408. — L'art. 11 de la loi de 1833 portait que la décision de l'administration supérieure était définitive et sans recours au Conseil d'État. On a supprimé avec raison cette dernière disposition, car il est manifeste que cette décision est un acte de pure administration qui ne touche en rien au contentieux (Husson, Législ. des trav. publ., p. 210). La voie gracieuse est toujours ouverte aux parties qui peuvent s'adresser au ministre et après celui-ci au chef de l'État (V. anal. suprà, n. 209) ; mais, en principe, l'arrêté du préfet ne saurait être déféré au Conseil d'État par la voie contentieuse; on ne saurait demander à celui-ci de reviser l'arrêté. Jugé, en ce sens, que la décision ministérielle qui, en approuvant les plans parcellaires des terrains à exproprier pour l'établissement d'un chemin de fer, autorise l'ouverture, sur le territoire d'une commune, d'un chemin public latéral à la voie ferrée, est un acte d'administration non susceptible d'être déféré au Conseil d'État par la voie contentieuse. — Cons. d'Ét., 30 août 1871, Thomas, [S. 71.2.187, P. adm. chr.] — De

Lalleau, Jousselin, Rendu et Périn, t. 1, n. 138; de Peyrony et Delamarre, n. 172; Dufour, n. 36; Daffry de la Monnoye, t. 1, sur l'art. 11, n. 4 et 7.

409. — Cependant l'arrêté peut être déféré au Conseil d'Etat pour excès de pouvoirs, vice de formes, incompétence, en d'autres termes pour violation d'un droit reconnu par la loi. Mais lorsque le jugement d'expropriation est passé en force de chose jugée, l'arrêté de cessibilité ne peut plus être attaqué par la voie contentieuse devant le Conseil d'Etat. — Cons. d'Et., 11 févr. 1876, Chemin de fer de Paris-Lyon-Méditerranée, [S. 78.2.96, P. adm. chr., D. 76.3.80] — De Lalleau, Jousselin, Rendu et Périn, t. 1, n. 138. — V. suprà, n. 205, 226.

410. — Les insertions dans les journaux, prescrites par la loi du 2 mai 1841, ne sont faites que dans l'intérêt des expropriés, qui ont seuls le droit de se prévaloir devant l'autorité judiciaire des irrégularités que ces insertions présenteraient. Les directeurs et propriétaires de journaux n'ont donc pas qualité pour attaquer à cet égard l'arrêté préfectoral. Jugé, en ce sens, que le directeur d'un journal, dans lequel le préfet a fait publier l'arrêté désignant les territoires devant être traversés par un chemin de fer, n'est pas recevable à demander, devant le Conseil d'Etat, l'annulation pour excès de pouvoir, d'un autre arrêté, par lequel ce fonctionnaire a prescrit l'insertion de l'arrêté de cessibilité dans un autre journal. — Cons. d'Et., 8 août 1888, Lamiot, [J. Le Courrier de Céret, S. 90.3.57, P. adm. chr., D. 89. 3.114] — De Lalleau, Jousselin, Rendu et Périn, t. 1, n. 92, note.

Section VI.
De quelques expropriations particulières.

§ 1. De l'expropriation poursuivie par les concessionnaires.

411. — On appelle concession le fait de confier à une compagnie l'exécution de travaux publics; cette compagnie est indemnisée par des péages qu'elle est autorisée à recevoir ou par d'autres avantages. L'art. 63, L. 3 mai 1841, porte : « Les concessionnaires des travaux publics exerceront tous les droits conférés à l'administration et seront soumis à toutes les obligations qui lui sont imposées par la présente loi. » Martin du Nord, disait à cet égard dans son rapport en 1833 : « Vous aurez, sans doute, remarqué une lacune qu'il est convenable de remplir. La loi parle des droits et des devoirs de l'administration, comme si, dans tous les cas, elle devait se charger de l'exécution des travaux d'utilité publique; cependant il arrivera souvent que l'Etat confiera ce soin aux citoyens ou à des compagnies : l'un des premiers effets de la loi sera même, il faut l'espérer, de déterminer les capitalistes à solliciter en leur faveur ces grandes entreprises, qui, tout en étant pour le pays de puissants éléments de prospérité, doivent aussi procurer aux soumissionnaires d'immenses avantages. Il convient, dès lors, de compléter la loi en posant le principe qu'ils seront subrogés à tous les droits de l'administration, comme ils seront soumis à toutes ces obligations » (Moniteur, 27 janv. 1833, p. 212).

412. — Le concessionnaire n'est subrogé qu'aux droits et obligations conférés à l'administration par la loi de 1841, mais non aux droits et obligations résultant des autres lois. Ainsi il n'est point dispensé de la consignation de l'amende (LL. 2 brum. an IV et 14 brum. an V), et il ne saurait charger les magistrats du ministère public de soutenir ses intérêts devant les cours et tribunaux. — De Lalleau, Jousselin, Rendu et Périn, t. 2, n. 928; Daffry de la Monnoye, t. 2, sur l'art. 63, n. 5.

413. — C'est par un traité passé avec l'administration que la qualité de concessionnaire est conférée; ce traité a un caractère purement administratif par suite s'il a besoin d'une interprétation, le droit de l'interpréter n'appartiendra qu'à l'autorité administrative; l'autorité judiciaire sera incompétente à cet égard; l'autorité administrative aura aussi seule le droit de rechercher si les conditions imposées aux concessionnaires ont été remplies. — De Lalleau, Jousselin, Rendu et Périn, t. 2, n. 921; Crépon, sur l'art. 63, n. 1. — V. suprà, v° Compétence administrative, n. 140 et s., 1033 et s.

414. — Le traité intervenu entre l'administration et le concessionnaire lui impose le plus souvent l'obligation de former une société; ce sera donc au nom de cette compagnie que les actes relatifs à l'expropriation seront faits; cependant si le concessionnaire primitif a fait des actes en son nom seul, on ne pourra faire annuler les procédures qu'il aura ainsi suivies sous le prétexte qu'elles auraient dû être faites au nom de la compagnie, qui est au lieu et place du concessionnaire et le remplace. — Cass., 6 janv. 1836, Gaullieur, [S. 36.1.5, P. chr.] — De Lalleau, Jousselin, Rendu et Périn, t. 2. n. 922.

415. — Tant que la compagnie concessionnaire n'est pas régulièrement constituée, tant notamment que ses statuts n'ont pas été approuvés par le gouvernement, elle ne peut procéder en son nom, et les actes et formalités de l'expropriation doivent être accomplis par l'administration elle-même, qu'elle représentera plus tard. — Cass.. 14 févr. 1855, Yon de Jaunage, [S. 55.1.338, P. 55 1.391, D. 55.1.178]; — 20 mars 1855, Togny, [S. 55.1.338, P. 55.1.391, D. 55.1.169]; — 24 avr. 1855, Falcoux, [S. 55.1.607, P. 55.1.399, D. 55.1.132] — Crépon, sur l'art. 63, n. 9 et 10; de Lalleau, Jousselin, Rendu et Périn, t. 2, n. 923.

416. — Au cours de la procédure en expropriation, les préfets agissent en deux qualités bien distinctes; tantôt comme fonctionnaires, tantôt comme représentant les administrations qui font exécuter les travaux; si ces travaux sont exécutés par des concessionnaires, les préfets continuent à remplir les attributions qui leur sont conférées en leur qualité de fonctionnaires; quant à celles relatives à la représentation des administrations, les concessionnaires qui prennent la place de ces administrations leur sont substitués. — Cass., 12 mai 1858, Desgrées et Raud, [S. 59.1.270, P. 59.738, D. 58.1.323] — De Lalleau, Jousselin, Rendu et Périn, t. 1, n. 923; Daffry de la Monnoye, t. 2, sur l'art. 63, n. 1; Crépon, sur l'art. 63, n. 2.

417. — Relativement aux actes réservés aux préfets, on doit reconnaître que les concessionnaires substitués à l'administration pour l'exécution des travaux sont en droit de provoquer de la part de l'autorité publique compétente tous les actes qui doivent être accomplis pour arriver à l'expropriation. — Cass., 29 août 1854, d'Augers, [S. 55.1.734, P. 55.1.88, D. 54.1.320] — Crépon, sur l'art. 63, n. 3; de Lalleau, Jousselin, Rendu et Périn, t. 2, n. 928.

418. — Les enquêtes préparatoires imposées à l'administration sont aussi obligatoires à l'égard des travaux effectués par les concessionnaires. Il devra donc être procédé aux enquêtes prescrites par l'art. 3, L. 3 mai 1841 (de Lalleau, Jousselin, Rendu et Périn, t. 1, n. 924). Renouard, lors de la discussion de la loi même 1833, disait à cet égard : « L'esprit d'entreprise a lui-même besoin de ne pas être discrédité par le découragement où le public est jeté, lorsque des spéculations folles bouleversent les propriétés et les fortunes pour s'arrêter ensuite au milieu de leur exécution. Le législateur romain prend des précautions ne aspectu minarum urbs deformetur. Trop d'exemples nous montrent que l'esprit d'entreprise s'inquiète trop peu de ce grave objet de sollicitude. Ce ne sont pas seulement les yeux qui souffrent, le goût du beau qui est blessé : ce sont les fortunes particulières et une portion considérable de la fortune publique, c'est la fidélité aux engagements, le respect pour les contrats, l'avenir des familles qui s'engloutissent dans ces ruines » (Monit. du 1er févr. 1833. p. 253). L'enquête préparatoire aura pour utilité, par les observations qui seront présentées, les objections qui seront soumises, de faire renoncer à l'approbation des travaux, séduisants peut-être, mais sans grande utilité, et surtout sans avenir.

419. — Les plans parcellaires sont levés et dressés par l'ingénieur de la compagnie concessionnaire; mais, lorsqu'ils sont terminés, le préfet, avant de les soumettre à l'approbation du ministre, doit les faire vérifier et approuver par l'ingénieur du gouvernement chargé de la direction et de la surveillance des travaux. L'intérêt de la compagnie concessionnaire n'est pas toujours d'accord avec l'intérêt public; par des motifs d'économie, notamment, elle pourrait avoir dirigé les travaux sur des points autres que ceux sur lesquels il importerait de les voir exécuter; les propriétaires intéressés, souvent incompétents en cette matière, ne soulèveraient pas d'objection, et un tracé défectueux serait adopté, si le contrôle des ingénieurs de l'Etat ne devait s'exercer en temps utile. — De Lalleau, Jousselin, Rendu et Périn, t. 1, n. 925.

420. — C'est le concessionnaire qui doit faire procéder aux publications, affiches et insertions prescrites par l'art. 6 de la loi du 3 mai 1841, pour faire connaître le dépôt du plan parcellaire à la mairie. — De Lalleau, Jousselin, Rendu et Périn, loc. cit. — Ce n'est point là, en effet, un acte se rattachant aux fonctions publiques, mais un simple acte de procédure auquel le concessionnaire doit procéder et dont il doit payer les frais.

421. — Quel est l'ingénieur qui doit faire partie de la commission chargée de recevoir les observations et réclamations des propriétaires et de donner son avis à cet égard? On a pensé que ce devait être un ingénieur du gouvernement parce que c'est le seul qui puisse émettre un avis avec impartialité; l'ingénieur du concessionnaire ne sera préoccupé que de défendre son tracé et de soutenir les intérêts de la compagnie qui l'emploie; si l'on objecte que lorsqu'il s'agit de travaux exécutés par l'administration c'est l'ingénieur de l'Etat, chargé des travaux, qui fait partie de la commission, on répond que la situation n'est pas la même, que l'ingénieur de l'Etat, par ses fonctions est habitué à se préoccuper avant tout de l'intérêt général; qu'au contraire l'ingénieur du concessionnaire ne prendra pas garde, dans le tracé qu'il propose aux bouleversements qu'il occasionne aux canaux, routes, chemins, chemins de fer déjà existants, tandis que l'ingénieur de l'Etat se préoccupera de ces divers intérêts. On ajoute que l'ingénieur de l'Etat, par sa science et sa compétence, fera plus aisément écarter les objections les plus sérieuses des propriétaires, s'il les croit nuisibles au concessionnaire. — De Lalleau, Jousselin, Rendu et Périn, t. 1, n. 962.

422. — Ces arguments seraient certainement de nature à faire réfléchir le législateur s'il était appelé à modifier la loi de 1841; il vaudrait peut-être mieux, en effet, que l'ingénieur de l'Etat fit partie de la commission avec voix délibérative et que l'ingénieur du concessionnaire y fût appelé avec voix consultative; mais le système qui vient d'être rappelé ne peut être accepté en présence du texte de l'art. 8 de la loi du 3 mai 1841, qui désigne pour faire partie de la commission l'ingénieur *chargé de l'exécution des travaux*; aussi a-t-il été jugé que la disposition de l'art. 8 de la loi du 3 mai 1841, qui règle la composition de la commission chargée de recueillir, au cours de l'expropriation pour cause d'utilité publique, les observations des propriétaires, s'applique à toutes les expropriations, à celles poursuivies par des concessionnaires, aussi bien qu'à celles poursuivies par l'Etat. En conséquence, l'ingénieur chargé de l'exécution de travaux concédés à une compagnie de chemin de fer est régulièrement appelé comme membre de la commission. — Cass., 14 janv. 1868, Guillemot, [S. 68.1.226, P. 68.538, D. 68.1.64] — Crépon, sur l'art. 8, n. 7.

423. — On a voulu appeler l'ingénieur du gouvernement avec voix consultative; mais c'était placer celui-ci dans une situation inférieure à l'ingénieur du concessionnaire puisqu'il devait se retirer au moment du vote; on a donc renoncé à ce mode de procéder et on soumet l'avis de la commission à l'examen de l'ingénieur de l'Etat; seulement cette façon d'agir présente cet inconvénient que si les observations de l'ingénieur de l'Etat amènent l'administration à modifier le tracé, il faudra recourir à nouveau à toutes les formalités du titre 2 de la loi de 1841, tandis que la seule intervention dans le sein de la commission avait conduit celle-ci à proposer un changement de tracé il aurait suffi d'accomplir les formalités prescrites par l'art. 10 de cette loi. — De Lalleau, Jousselin, Rendu et Périn, loc. cit.; Husson, t. 1, n. 304; Horson, n. 362.

424. — Il appartient toujours au préfet de prendre un arrêté de cessibilité; dans cet arrêté, en fixant d'une manière définitive les propriétés à exproprier, il détermine l'époque de la prise de possession: pour cette prise de possession, il doit consulter le concessionnaire; car celui-ci seul sait à quel moment les terrains lui seront nécessaires, et a intérêt à ce que la prise de possession n'ait pas lieu trop tôt, parce que l'indemnité sera plus forte si l'évacuation de ces terrains doit être précipitée et si ceux qui les occupent ont le temps indispensable pour recueillir les fruits et les récoltes. — De Lalleau, Jousselin, Rendu et Périn, t. 1, n. 927.

§ 2. *Des travaux militaires.*

425. — L'art. 75, L. 3 mai 1841, porte: « Les formalités prescrites par les art. 1 et 2 de la présente loi ne sont applicables ni aux travaux militaires ni aux travaux de la marine royale (aujourd'hui nationale); pour ces travaux, une ordonnance royale (un décret du Président de la République) détermine les terrains qui sont soumis à l'expropriation. « La construction de fortifications touche à l'intérêt général, et ne peut être gênée par l'intérêt particulier; les propriétaires expropriés n'ont point à proposer des modifications de tracé; bien plus, ils n'ont point à le connaître, puisque celui-ci doit demeurer secret dans la mesure permise. C'est ce qui ressort clairement de la discussion qui s'est élevée lors de la discussion de la loi: « Il est possible, a dit M. le comte d'Argout en présentant le projet de loi à la Chambre des députés, il est utile même d'appeler les observations des habitants d'un pays sur les emplacements que doivent occuper les travaux civils, et encore, dans un grand nombre de cas, le choix de ces emplacements est-il soumis à des règles dont il n'est pas permis de s'écarter; mais quand il s'agit de travaux militaires, le lieu est nécessairement donné à l'avance; tout est subordonné à une condition inflexible, celle de la nécessité... (*Monit.* du 13 déc. 1832, p. 213).

426. — M. Jousselin, à la Chambre des députés, a cependant combattu la partie de la proposition portant que les art. 2 à 12 ne seraient point applicables aux travaux militaires; il s'est exprimé en ces termes: « Hors le cas d'urgence, il faut que les travaux militaires soient soumis comme les autres aux enquêtes ordinaires; on entre alors dans le droit commun. Il faut que ces travaux soient déterminés dans les formes prescrites par les règlements d'administration publique; que l'on prenne en considération l'influence qu'ils peuvent avoir sur les propriétés et la salubrité du pays. Ainsi un ouvrage de fortification peut gêner les communications du pays, peut arrêter le cours des eaux, les faire refluer sur une grande étendue de terrain, et produire des inondations, non seulement nuisibles à l'agriculture, mais encore insalubres pour le pays. Je propose donc de n'appliquer d'exception qu'aux travaux urgents » (*Monit.* du 9 févr. 1833, p. 330). Agir ainsi, ce serait subordonner l'existence nationale à l'intérêt des particuliers. Aussi y fut-il ainsi répondu par M. Charles Dupin: « Cet amendement est inadmissible. On demande que l'on crée une commission d'enquête qui puisse recevoir les réclamations des citoyens qui voudraient contester les avantages des travaux militaires ordonnés par le gouvernement. Quelle serait cette monstruosité de constituer une commission d'enquête qui viendrait discuter, d'après des intérêts particuliers et souvent égoïstes, les avantages ou les inconvénients des plans militaires conçus par le gouvernement? Alors il n'y aurait plus moyen d'exécuter aucun genre de travaux ni de prendre aucune précaution militaire. Ce serait jeter le gouvernement dans l'impossibilité de pourvoir en temps opportun à la défense du pays; ce serait compromettre la sécurité de l'Etat. Il s'agit ici d'un intérêt trop grand pour qu'on puisse le mettre en parallèle avec l'intérêt privé, qui se trouve, dans tous les cas, garanti par l'indemnité préalable » (*Monit.*, loc. cit.).

1° *Travaux militaires qui n'ont point été déclarés urgents.*

427. — L'utilité publique est déclarée par un décret; les formalités qui le suivent ou le précèdent sont singulièrement abrégées; ainsi sont supprimés: 1° l'enquête administrative précédant l'adoption des travaux; 2° l'arrêté du préfet désignant les territoires et localités; 3° l'enquête parcellaire sur les plans parcellaires; 4° l'arrêté de cessibilité pris par le préfet. Ces formalités, qui ont pour but de protéger les intérêts des particuliers, sont sans objet dans une circonstance où cet intérêt doit s'incliner sans contestation possible devant l'intérêt général. L'expropriation est toujours prononcée, d'ailleurs, par l'autorité judiciaire; c'est encore le tribunal civil qui rend le jugement d'expropriation. — De Lalleau, Jousselin, Rendu et Périn, n. 1018; Crépon, sur l'art. 76, n. 1.

428. — Jugé, par suite, que lorsqu'il s'agit de travaux militaires, la détermination des terrains soumis à l'expropriation rentre dans le domaine des ordonnances royales (aujourd'hui des décrets), sans que les formalités prescrites par les titres premier et deuxième de la loi du 3 mai 1841 doivent recevoir application. — Cass., 9 févr. 1842, Préfet des Landes, [S. 42.1.262, P. 42.1.303] — ...Et que si une ordonnance royale (aujourd'hui un décret) a déclaré d'utilité publique l'acquisition, pour le service militaire, de certains terrains qu'elle détermine expressément, les juges ne peuvent refuser de prononcer l'expropriation, sous prétexte qu'il ne s'est pas justifié de l'accomplissement des formalités prescrites par le titre 2 de ladite loi, et notamment par les art. 8, 9 et 10. — Même arrêt. — De Lalleau, Jousselin, Rendu et Périn, t. 2, n. 1018; Crépon, sur l'art. 76, n. 2.

429. — L'art. 75 de la loi de 1833, qui a été reproduit par l'art. 75, L. 3 mai 1841, contenait une disposition additionnelle ainsi conçue: « Pour ces travaux, l'ordonnance royale qui déclare l'utilité publique détermine en même temps les terrains qui sont soumis à l'expropriation. » A la Chambre des pairs on a de-

EXPROPRIATION POUR CAUSE D'UTILITÉ PUBLIQUE. — Chap. III.

mandé la suppression de ce paragraphe. « La commission, disait le baron Mounier, a pensé qu'en thèse générale, cette disposition imposerait une gêne considérable au gouvernement. Il est fort difficile, au moment où l'on rend l'ordonnance qui déclare l'utilité publique, de connaître les propriétés particulières qui doivent être comprises dans le projet. Nous avons pensé que ce travail ultérieur pouvait être ordonné sur une approbation des devis et des plans à exécuter dans l'enceinte des fortifications, sans que cependant l'indication de chaque propriété particulière fût connue. L'opération est tout à fait analogue à celle qui a lieu dans les travaux civils où le gouvernement, après avoir approuvé par une première décision, le tracé d'un canal ou d'une route se livre à une seconde opération pour appliquer ce tracé aux propriétés particulières. Nous avons pensé qu'il devait en être de même lorsqu'il s'agirait de travaux militaires » (*Moniteur*, 14 mai 1833, p. 1335). Le texte de loi fut ensuite amendé et rédigé tel qu'il est ; la Chambre paraissait vouloir exiger deux actes du gouvernement : un décret déclaratif, puis un autre décret désignant les terrains ; mais l'obligation de ces deux actes ne résultant pas du texte de loi, le décret déclaratif suffit. — De Lalleau, Jousselin, Rendu et Périn, t. 2, n. 1019.

430. — Le décret d'utilité publique est rendu sur les plans préparés par l'ingénieur militaire ; lorsque le plan est annexé au décret le décret n'a pas besoin d'en reproduire les énonciations. — Cass., 22 déc. 1834, Senez, [S. 35.1.172, P. chr.]; — 19 mai 1884, Guiland, [S. 84.1.344, P. 84.1.836. D. 83.1.252] — De Lalleau, Jousselin, Rendu et Périn, t. 2, n. 1020.

431. — Le décret qui y est annexé doit porter les énonciations essentielles nécessaires pour permettre au tribunal de prononcer l'expropriation ; c'est-à-dire : 1° l'énonciation du nom des propriétaires tels qu'ils sont inscrits sur la matrice des rôles ; 2° la nature et la contenance de chaque parcelle ; 3° l'époque à laquelle aura lieu la prise de possession. Si ces renseignements ne figuraient pas dans le décret déclaratif d'utilité publique le préfet pourrait y suppléer dans un arrêté qu'il prendrait à cet effet. On reviendrait alors à l'application du droit commun. Le décret déclaratif et l'arrêté complémentaire du préfet, s'il y a lieu, doivent être portés à la connaissance des propriétaires intéressés. — De Lalleau, Jousselin, Rendu et Périn, *loc. cit.*

432. — Le droit pour le chef de l'Etat de déterminer quels terrains peuvent être soumis à l'expropriation pour travaux militaires, rentre essentiellement dans ses attributions administratives, et ne pourrait être l'objet d'un recours par voie contentieuse. Dès lors, on ne peut demander au Conseil d'Etat de décider qu'il a lieu à l'expropriation d'une propriété pour établissements militaires, lorsque l'administration de la guerre ne demande pas l'occupation de tout ou partie de cette propriété. — Cons. d'Et., 18 févr. 1836, de Narbonne-Lara, [P. chr.]

433. — Le décret des 10 août-23 sept. 1853, relatif aux places de guerre, porte, art. 36 : « Il y a lieu d'allouer des indemnités de dépossession lorsque des constructions nouvelles de places ou de postes de guerre ou des changements ou augmentations à ceux qui existent mettent le gouvernement dans le cas d'exiger la cession à l'Etat de propriétés privées par la voie de l'expropriation pour cause d'utilité publique. L'indemnité est réglée dans les formes établies par la loi du 3 mai 1841. »

434. — Les propriétaires des terrains qui se trouvent grevés de servitudes militaires par suite de la construction d'un fort ou d'autres ouvrages de guerre, n'ont droit à aucune indemnité pour la dépréciation causée à leur propriété par l'établissement de ces servitudes, en dehors du cas de dépossession, de démolition, d'occupation et d'inondation prévu par les lois des 8-10 juill. 1791, 17 juill. 1819, 10 juill. 1851, et par le décret du 10 août 1853. — Cons. d'Et., 18 févr. 1836, précité ; — 24 juill. 1856, Trezel, [S. 57.2.389, P. adm. chr., D. 57.3.9] ; — 5 févr. 1857, Holtier, [S. 57.2.778, P. adm. chr., D. 58.5.272] ; — 3 févr. 1857, Bléville, [D. 57.3.74] — Husson, n. 804 ; Serrigny, t. 2, n. 736 ; Laferrière, t. 2, p. 483 ; Proudhon, n. 322 ; Cormenin, t. 2, p. 223 ; Favard de Langlade, v° *Expropriation*, n. 18 ; Gillon, *Introduction* ; Cabantous, n. 362 ; Crépon, p. 424, n. 10 ; Daffry de la Monnoye, t. 2, p. 518. — *Contrà*, de Géraudo, t. 1, p. 359 ; Foucard, t. 1, p. 658 ; Demolombe, t. 9, n. 369 et 570 ; Pardessus, n. 136 ; Comte, t. 1, n. 469 ; Duvergier, sur l'art. 8, L. 3 avr. 1841, p. 71 et s. ; Caudaveine et Thiry, p. 299 et 300 ; Clamageran, *Rev. prat.*, 1856, p. 399.

435. — La loi du 22 juin 1854, relative aux servitudes autour des magasins à poudre de la guerre et de la marine, dispose, art. 3 : « La suppression des constructions, clôtures en bois, plantations d'arbres, dépôts de matières combustibles ou autres actuellement existant dans les limites ci-dessus, pourra être ordonnée moyennant indemnité, lorsqu'ils seront de nature à compromettre la sécurité ou la conservation des magasins à poudre.

436. — Dans le cas où cette suppression s'appliquera à des constructions ou établissements mentionnés dans l'art. 2, il sera procédé à l'expropriation, conformément aux dispositions de la loi du 3 mai 1841. »

437. — La partie qui, devant le jury chargé de déterminer l'indemnité d'expropriation d'un terrain soumis à une servitude militaire, et sur lequel elle a élevé des constructions, n'a pas excipé de l'existence d'une instance administrative sur le point de savoir si ces constructions avaient été ou non élevées en contravention aux lois sur les servitudes militaires, n'est pas recevable à se prévaloir de cette instance pour la première fois devant la Cour de cassation, et à soutenir que le jury n'avait pas été mis à même de fixer l'indemnité en connaissance de cause. — Cass., 28 nov. 1843, Salaze, [S. 44.1.247, P. 44.4.633] — V. encore sur cette matière, *infrà*, v° *Inondation*, n. 13 et s.

2° *Travaux militaires urgents.*

438. — La loi du 30 mars 1831, qui régit les travaux militaires à exécuter en cas d'urgence ne s'applique pas aux faits de guerre proprement dits, et notamment à la destruction d'une propriété privée ordonnée par l'autorité militaire, soit pendant le combat, soit à l'occasion de la défense d'une place forte ; si une indemnité est due, elle est réglée par l'autorité administrative. — Cass., 14 juill. 1846, Chazourne, [S. 46.1.735, P. 46.2.385, D. 46.1. 301] — Daffry de la Monnoye, t. 2, sur la loi de 1831, art. 1, n. 1 ; de Lalleau, Jousselin, Rendu et Périn, t. 2, n. 1018, note ; Crépon, p. 423. — Il ne faut pas oublier d'ailleurs que lorsqu'il est nécessaire de détruire des propriétés privées pour la défense des places de guerre, il n'est dû d'indemnité pour les démolitions qui ont lieu dans l'état de guerre, en vertu d'un ordre du gouvernement ou d'une délibération du conseil de défense, mais non pour celles qui ont lieu pendant l'état de siège et en présence de l'ennemi (L. 10 juill. 1791, art. 38). — V. *infrà*, v° *Guerre*, n. 48 et s.

439. — Mais si les travaux élevés pendant l'état de guerre sont plus tard conservés, il y a lieu d'appliquer la loi de 1831, parce qu'on se retrouve dans l'hypothèse de travaux urgents ; seulement les formalités à remplir ne pourront l'être, bien entendu, qu'après la cessation de la lutte, après la paix, et à un moment où il est certain que les travaux subsisteront. — Cons. d'Et., 15 déc. 1865, Moliné, [D. 66.3.87] — Crépon, p. 424 ; Daffry de la Monnoye, t. 2, p. 506 ; de Lalleau, Jousselin, Rendu et Périn, t. 2, n. 1028, note.

440. — La loi du 8 mars 1810 ne contenait aucune disposition relative aux travaux de fortifications urgents ; de là des lenteurs préjudiciables à la défense nationale ; c'est pour remédier à ces lenteurs et assurer en tout état de cause la défense nationale qu'a été rendue la loi du 30 mars 1831. Cette loi a été maintenue en vigueur par la loi du 3 mai 1841, dont l'art. 76 porte : « L'expropriation ou l'occupation temporaire, en cas d'urgence, des propriétés privées seront jugées nécessaires pour des travaux de fortification, continueront d'avoir lieu conformément aux dispositions prescrites par la loi du 30 mars 1831. Toutefois lorsque les propriétaires et autres intéressés n'auront pas accepté les offres de l'administration, le règlement définitif des indemnités aura lieu conformément aux dispositions du tit. 4 ci-dessus. Seront également applicables aux expropriations poursuivies en vertu de la loi du 30 mars 1831, les art. 16, 17, 18, 19 et 20 ainsi que le tit. 6 de la présente loi. »

441. — La commission de la Chambre des pairs fit observer que les circonstances ne permettraient pas toujours de remplir les formalités prescrites par la loi ; mais il fut entendu qu'en pareil cas l'autorité aurait le droit d'agir sous sa responsabilité, sauf à régulariser plus tard et en temps opportun les actes que des circonstances pressantes et une nécessité immédiate lui auraient fait accomplir (*Moniteur*, 26 mars 1831, p. 620, n. 912). — De Lalleau, Jousselin, Rendu et Périn, t. 2, n. 1027.

442. — Lorsqu'il y a lieu d'occuper tout ou partie d'une ou de plusieurs propriétés particulières pour y faire des travaux de fortifications dont l'urgence ne permet pas d'accomplir les formalités de la loi du 8 mars 1810 (aujourd'hui 3 mai 1841), porte l'art. 2, L. 30 mars 1831, il doit être procédé de la manière suivante (L. 30 mars 1831, art. 1). L'ordonnance royale (le décret) qui autorise les travaux et déclare l'utilité publique déclare en même temps qu'il y a urgence (Même loi, art. 2). Ces dispositions supposent que l'urgence est constatée par le même acte qui déclare l'utilité publique; c'est là, en effet, le cas le plus fréquent et celui que la loi a eu le plus directement en vue; mais rien n'empêche, si l'urgence n'est reconnue qu'au cours des travaux, qu'elle soit proclamée par un acte postérieur à la déclaration d'utilité publique; il se peut que l'on reconnaisse pendant l'exécution des travaux la nécessité de les achever avec la plus grande célérité; dans ce cas l'urgence est constatée par un acte spécial.

443. — Dans les vingt-quatre heures de la réception de l'ordonnance du roi (du décret) le préfet du département où les travaux de fortifications doivent être exécutés transmet ampliation de ladite ordonnance au procureur du roi (de la République) près le tribunal de l'arrondissement où sont situées les propriétés qu'il s'agit d'occuper et au maire de la commune de leur situation (L. 30 mars 1831, art. 3, § 1). Le maire fait sans délai publier l'ordonnance royale (le décret) par affiches tant à la principale porte de l'église du lieu qu'à celle de la maison commune, et par tous autres moyens possibles. Les publications et affiches sont certifiées par ce magistrat (Même art., § 3). La loi s'en rapportait donc, en partie, aux maires pour donner le plus de publicité possible au décret déclaratif d'utilité publique; aujourd'hui il vaut mieux recourir, en outre, à la publicité organisée par la loi du 3 mai 1841, art. 6, c'est-à-dire : 1° à la publication à son de trompe ou de caisse dans la commune; 2° à l'insertion dans l'un des journaux du département ou de l'arrondissement. Il est d'ailleurs à remarquer que comme le plan des travaux à exécuter n'est pas connu, les intéressés ignoreront souvent que leurs propriétés sont atteintes par l'expropriation. — De Lalleau, Jousselin, Rendu et Périn, t. 2, n. 1029.

444. — Sur le vu de l'ordonnance royale (du décret) le procureur du roi (de la République) requiert de suite, et le tribunal ordonne immédiatement que l'un des juges se transportera sur les lieux avec un expert que le tribunal nomme d'office (Même art., § 2). — Il avait été demandé à la Chambre des députés que les propriétaires fussent appelés avant la nomination du juge-commissaire et de l'expert, mais le rapporteur, Gillon, fit observer que cette obligation retarderait de plusieurs jours la prononciation du jugement, car pour donner à tous les intéressés le temps de comparaître il faudrait impartir un délai assez long. En outre, les propriétaires n'ont point intérêt à être présents lors de la prononciation du jugement; il faut toutefois reconnaître qu'ils auraient intérêt à discuter la nomination de l'expert; mais on doit, avant tout, procéder avec célérité; puis, si les plans ne sont pas dressés, ceux que les propriétaires intéressés peuvent ne pas être connus. — De Lalleau, Jousselin, Rendu et Périn, t. 2, n. 1030.

445. — Dans les vingt-quatre heures suivantes, le juge-commissaire rend, pour fixer le jour et l'heure de sa descente sur les lieux, une ordonnance qui est signifiée à la requête du procureur du roi (de la République), au maire de la commune où le transport doit s'effectuer, et à l'expert nommé par le tribunal. Le transport s'effectue dans les dix jours de cette ordonnance, seulement huit jours après la signification dont il vient d'être parlé (Même loi, art. 4, § 1 et 2). — Le maire, sur les indications qui lui sont données par l'agent militaire chargé de la direction des travaux, convoque, au moins cinq jours à l'avance, pour le jour et l'heure indiqués par le juge-commissaire : 1° les propriétaires intéressés, et s'ils ne résident pas sur les lieux, leurs agents, mandataires ou ayants-cause; 2° les usufruitiers ou autres personnes intéressées, telles que fermiers, locataires ou occupants à quelque titre que ce soit. Les personnes ainsi convoquées peuvent se faire assister par un expert ou arpenteur (Même art., § 3 et 4). — Il est prudent, en présence de la brièveté des délais, que le maire, dès la réception du décret autorisant les travaux, se mette en rapport avec le génie militaire pour connaître le nom des différents propriétaires et qu'il ait sa liste prête au moment où le juge-commissaire rend son ordonnance; il est bon aussi que l'ingénieur militaire, en dressant son plan, se renseigne sur les propriétaires des terrains à exproprier. — De Lalleau, Jousselin, Rendu et Périn, n. 1032.

446. — Le délai de dix jours est prescrit dans l'intérêt du gouvernement et pour éviter des lenteurs; si le juge-commissaire, du consentement du préfet, fixait la descente sur les lieux à une date plus éloignée, il n'en résulterait aucune nullité, car le délai de dix jours a été imparti dans l'intérêt de l'Etat, et si celui-ci y renonce, cela ne nuit à personne et présente une grande utilité pour les propriétaires qui ont un temps un peu plus long pour chercher un expert capable, et pour réunir les titres et documents dont ils peuvent avoir besoin. — De Lalleau, Jousselin, Rendu et Périn, t. 2, n. 1033.

447. — A défaut des propriétaires, le maire convoque leurs agents, mandataires, ou ayants-cause; ce sera le plus souvent leurs préposés, régisseurs, gardes ou concierges. Si le propriétaire est absent, cet ayant-cause aura-t-il le droit de nommer un expert au lieu et place du propriétaire? S'il a une procuration à cet effet, pas de difficulté; s'il est mandataire général du propriétaire, ce droit lui sera encore certainement reconnu. Dans tous les autres cas, un expert pourra aussi être désigné par l'ayant-cause; mais comme celui-ci n'agit que comme *negotiorum gestor* il ne pourra engager le propriétaire par des aveux ou reconnaissances, à moins que celui-ci ne les accepte ultérieurement; on ne peut donner en cette matière de règle fixe parce que tout dépendra de la qualité de l'ayant-cause; mais le plus souvent le juge-commissaire, vu l'absence du propriétaire, devra, ainsi qu'il va être dit, lui désigner d'office un expert (V. *infra*, n. 457). — De Lalleau, Jousselin, Rendu et Périn, t. 2, n. 1034.

448. — Un agent de l'administration des domaines et un expert-ingénieur, architecte ou arpenteur, désignés l'un et l'autre par le préfet, se transportent sur les lieux au jour et à l'heure indiqués, pour se réunir au juge-commissaire, au maire ou à l'adjoint, à l'agent militaire et à l'expert désigné par le tribunal (L. 30 mars 1831, art. 5). — On ne sait pourquoi la loi indique quel sera l'expert du préfet; ce fonctionnaire devrait être guidé dans son choix par des instructions et non par la loi. Le maire est appelé pour fournir aux représentants de l'Etat tous les renseignements dont ils peuvent avoir besoin, notamment sur les divers intéressés; il pourra aussi intervenir dans ceux-ci et les agents de l'Etat. — Dufour, n. 550; de Lalleau, Jousselin, Rendu et Périn, t. 2, n. 1039.

449. — Le juge-commissaire reçoit le serment préalable des experts sur les lieux, et il en est fait mention au procès-verbal (Même art., § 2). Le juge-commissaire reçoit le serment de tous les experts, aussi bien de ceux désignés par les parties ou le préfet, que de celui nommé d'office par le tribunal; si un expert est nommé au cours des opérations, en remplacement d'un autre expert qui cesse ses fonctions, il n'est point indispensable qu'il prête serment sur les lieux entre les mains du juge-commissaire; la circonstance que son serment est reçu par le président du tribunal au palais de justice n'est pas une cause de nullité. — Trib. Seine, 26 janv. 1842, sous Cass., 5 juill. 1842, de Saint-Albin, [D. 42.1.334] — Daffry de la Monnoye, t. 2, p. 309; Crépon, p. 424, n. 2; de Lalleau, Jousselin, Rendu et Périn, t. 2, n. 1039 bis.

450. — L'agent militaire détermine, en présence de tous, par des pieux et piquets, le périmètre du terrain dont l'exécution des travaux doit nécessiter l'occupation (Même art., § 3). L'opération achevée, l'expert désigné par le préfet procède immédiatement et sans interruption, de concert avec l'agent de l'administration du domaine, à la levée du plan parcellaire, sur lequel doit être indiqué le plan général de circonscription, les limites et la superficie des propriétés particulières (Même loi, art. 6). L'accomplissement de ces opérations en présence de toutes les parties peut entraîner des lenteurs considérables; c'est ce qui a été signalé par le rapporteur de la loi (*Moniteur* du 26 mars 1831, p. 624). Pour obvier à ces inconvénients, il sera utile que le génie militaire ait tracé à l'avance le périmètre des terrains occupés et qu'il se borne à le faire reconnaître par toutes les parties intéressées présentes sur les lieux. Pour activer les opérations il pourra dresser à l'avance le plan parcellaire qui sera ainsi soumis de suite aux divers propriétaires; ceux-ci n'auront qu'à en vérifier l'exactitude et il sera procédé à des rectifications, s'il y a lieu. Cette procédure n'est pas interdite par le texte de la loi et elle donne une bien plus grande célérité. — De Lalleau, Jousselin, Rendu et Périn, t. 2, n. 1040; Dufour, n. 551.

451. — D'après le texte de la loi, le plan parcellaire est levé par l'expert désigné par le préfet et par l'agent de l'administration des domaines; s'il est dressé à l'avance les autres experts

EXPROPRIATION POUR CAUSE D'UTILITÉ PUBLIQUE. — Chap. III.

seront appelés à le contrôler et à présenter leurs observations ; s'il est levé seulement au moment des opérations, il doit être dressé en présence des parties, de leurs experts et du juge-commissaire ; cela résulte clairement des travaux préparatoires ; d'ailleurs toutes les parties ont le plus grand intérêt à s'assurer de son exactitude. On n'a point à remplir à l'égard de ce plan parcellaire les formalités imposées par les art. 5 et s., L. 3 mai 1841 ; les terrains compris dans ce plan sont définitivement soumis à l'expropriation. — De Lalleau, Jousselin, Rendu et Périn, loc. cit.

452. — La loi n'impose pas l'obligation de dresser procès-verbal de la levée du plan ; il suffira donc à l'expert du préfet et à l'agent du domaine de la signer et d'y adjoindre un tableau contenant l'indication des propriétaires avec la contenance de chaque parcelle ; conformément au droit commun, auquel il n'est point dérogé sur ce point spécial les noms des propriétaires seront portés tels qu'ils sont inscrits sur la matrice des rôles. L'expert du tribunal consignera sur son procès-verbal les dires des parties relatifs à l'exactitude du plan, et leurs protestations s'il y a lieu. Si l'ingénieur a levé le plan parcellaire à l'avance on se bornera à en vérifier l'exactitude sur les points contestés, et le juge-commissaire, dans son procès-verbal, indiquera si l'exactitude du plan a été reconnue, ou les résultats donnés par la vérification ; les propriétaires ne pourront d'ailleurs élever que des protestations matérielles, par exemple sur les limites de leur propriété, son étendue. — De Lalleau, Jousselin, Rendu et Périn, loc. cit.

453. — L'expert nommé par le tribunal dresse un procès-verbal qui comprend : 1° la désignation des lieux, des cultures, plantations, clôtures, bâtiments et autres accessoires des fonds ; cet état descriptif doit être assez détaillé pour pouvoir servir de base à l'appréciation de la valeur foncière et, en cas de besoin, de la valeur locative, ainsi que des dommages-intérêts résultant des changements ou dégâts qui pourront avoir lieu ultérieurement ; 2° l'estimation de la valeur foncière et locative de chaque parcelle et de ses dépendances, ainsi que l'indemnité qui pourra être due pour frais de déménagement, pertes de récoltes, détérioration d'objets mobiliers ou tous autres dommages (Même loi, art. 7, § 1). Il y a nécessité, dans certains cas, de déterminer la valeur locative. En effet, il se peut, disait Gillon, rapporteur à la Chambre des députés, qu'il y ait une indemnité à fournir, non seulement au propriétaire, mais encore à un locataire ; il se peut aussi que d'abord il n'y ait à acquitter qu'une somme représentative de loyer, et que finalement il faille payer le prix du fonds lui-même. Tout dommage, au surplus, qui a sa cause dans la dépossession, devant être réparé, l'injonction expresse est faite aux experts d'en faire l'appréciation. — Duvergier, Coll. des lois, t. 31, p. 234.

454. — L'expert nommé par le tribunal doit, dans son procès-verbal : 1° indiquer la nature et la contenance de chaque propriété, la nature des constructions, l'usage auquel elles sont destinées, les motifs des évaluations diverses et le temps qu'il paraît nécessaire d'accorder aux occupants pour évacuer les lieux ; 2° transcrire l'avis des autres experts, et les observations et réquisitions, telles qu'elles lui sont faites, de l'agent militaire, du maire, de l'agent du domaine et des parties intéressées ou de leurs représentants ; chacun signe ses dires, ou mention est faite de la cause qui l'en empêche (Même loi, art. 8).

455. — Le travail des experts doit être communiqué aux parties intéressées, qui ont le plus grand intérêt à le connaître, et qui ont le droit d'en avoir connaissance puisqu'elles peuvent y faire insérer des dires ; la communication la plus usitée consiste dans la lecture qui leur en est donnée ; cette communication est suffisante ; les intéressés ne peuvent exiger que ce travail soit laissé entre leurs mains pendant un certain temps, ce qui, étant donné le nombre des intéressés, entraînerait des lenteurs considérables. — Trib. Seine, 26 janv. 1842, sous Cass., 5 juill. 1842, de Saint-Albin, [D. 42.1.334] — Daffry de la Monnoye, t. 2, p. 511 ; Crépon, p. 424, n. 3 ; de Lalleau, Jousselin, Rendu et Périn, loc. cit.

456. — Les personnes dénommées comme présentes par le procès-verbal doivent le signer, ou il doit être dit pourquoi elles ne signent pas ; mais le défaut de signature immédiate de ces personnes n'entraîne pas nullité. — Trib. Seine, 26 janv. 1842, précité, et les autorités citées au numéro qui précède. — En effet, le législateur n'a nulle part imposé la signature immédiate ;

et même une signature tardive établit, en général, que celui qui l'appose le fait avec plus de réflexion.

457. — Ces diverses opérations ont lieu contradictoirement avec l'agent de l'administration des domaines et l'expert nommé par le préfet, avec les parties intéressées, si elles sont présentes ou avec l'expert qu'elles ont désigné ; si elles sont absentes et qu'elles n'aient point nommé d'expert, ou si elles n'ont point le libre exercice de leurs droits, un expert doit être désigné d'office par le juge-commissaire pour les représenter (L. 30 mars 1841, art. 7, § 2). Le législateur n'a point imposé au juge-commissaire l'obligation de mettre en demeure les personnes présentes d'avoir à nommer un expert ; il lui suffit d'en désigner pour les personnes absentes ou qui n'ont point le libre exercice de leurs droits. — Trib. Seine, 26 janv. 1842, précité. — Daffry de la Monnoye, t. 2, p. 510. — Le juge-commissaire pourra désigner pour les absents l'un des experts choisi parmi les personnes présentes, s'il estime que toutes ont le même intérêt. — De Lalleau, Jousselin, Rendu et Périn, t. 2, n. 1037.

458. — Il est certain que le droit et le devoir du juge-commissaire est de nommer un expert à la partie qui n'est pas maîtresse de ses droits, si elle se présente elle-même au lieu de son représentant légal, et cela alors même qu'elle en aurait choisi un ; car elle n'a pas la capacité nécessaire pour aliéner, ni pour accomplir les actes préparatoires à l'aliénation. Toutefois le juge-commissaire ne sera point tenu de repousser, de parti pris, l'expert désigné par l'incapable, et s'il lui paraît bien choisi, il le nommera à son tour et lui conférera ainsi des pouvoirs réguliers.

459. — Mais que dire si le représentant légal de l'incapable, tuteur, mari, etc., se présente avec un expert qu'il a choisi ; le juge-commissaire devra-t-il, néanmoins, en désigner un autre, ou tout au moins le nommer à son tour ? On s'élève contre ce droit qui serait attribué au juge-commissaire, en faisant remarquer que le tuteur du mineur, de l'interdit, n'est qualifié pour choisir un expert puisque, d'après l'art. 450, C. civ., le tuteur représente le mineur dans les actes de l'état civil (de Lalleau, Jousselin, Rendu et Périn, t. 2, n. 1035) ; on peut en dire autant de tous les représentants légaux des divers incapables.

460. — D'après l'art. 10, le juge-commissaire doit assister à toutes les opérations. Le juge-commissaire, disait le rapporteur de la Chambre des députés, a l'indispensable devoir d'assister à toutes les opérations que décrit la loi ; c'est l'accomplissement de ce devoir que le procès-verbal est destiné à constater (Duvergier, Collect. des lois, t. 31, p. 235). Jugé, en ce sens, que l'instruction qui précède le jugement de dépossession et de fixation de l'indemnité approximative et proportionnelle doit être réputée nulle si le juge-commissaire n'a pas assisté à toutes les opérations de l'expertise. — Cass., 2 janv. 1843, Laffite, [S. 43.1.20, P. 43.1.125]

461. — ... Que le jugement qui prononce l'expropriation est frappé de nullité si le juge-commissaire, désigné par le tribunal pour se transporter sur les lieux soumis à l'expropriation, n'a pas assisté à toutes les opérations de l'expertise ; il ne suffirait pas qu'il eût ouvert et fermé le procès-verbal. — Cass., 5 juill. 1842, Saint-Albin, [S. 42.1.671, P. 42.2.208] — Et il en est ainsi, alors même que le moyen de nullité n'aurait pas été proposé devant le tribunal. — Cass., 2 janv. 1843, précité. — De Lalleau, Jousselin, Rendu et Périn, t. 2, n. 1042 ; Crépon, p. 424, n. 5 ; Daffry de la Monnoye, t. 2, p. 512.

462. — Le juge-commissaire, dans le procès-verbal qu'il doit dresser de ces opérations, constatera son transport sur les lieux, la désignation des divers agents ou fonctionnaires qui ont assisté aux opérations, le nom de l'expert du préfet avec l'indication de l'arrêté, de sa date, le nom des parties qui ont comparu, celui des experts qu'elles auront choisis, et des experts nommés pour les absents, la prestation de serment des experts, la fixation du périmètre des terrains, la levée du plan parcellaire, ou son application sur les lieux, la continuation des opérations d'un jour à un autre, les divers incidents, la clôture des opérations. — De Lalleau, Jousselin, Rendu et Périn, t. 2, n. 1042.

463. — Le projet de loi ne parlait pas des cessions amiables ; on aurait pu en conclure qu'un jugement était indispensable pour les consacrer ; afin de faire cesser toute incertitude à cet égard, l'article suivant a été adopté : Lorsque les propriétaires ayant le libre exercice de leurs droits, consentent à la cession qui leur est demandée et aux conditions qui leur sont offertes par l'administration, il est passé entre eux et le préfet un acte de vente qui est rédigé dans la forme des actes d'administration et dont la minute reste déposée aux archives de la préfecture (art. 9). Pour la passation de ces traités l'État est représenté par l'intendant militaire et le chef du service intéressé. — Husson, t. 1, p. 377 ; de Lalleau, Jousselin, Rendu et Périn, t. 2, n. 1043.

464. — L'art. 19, L. 3 mai 1841, concernant la purge des hypothèques légales, est, en vertu de l'art. 76 de la même loi, applicable en cas d'expropriation relative à des travaux de fortification urgents. — V. infrà, v° *Hypothèques*, n. 3893 et s.

3° *Travaux de la marine nationale.*

465. — L'art. 75, L. 3 mai 1841, décide formellement que les titres 1 et 11 de cette loi ne sont pas applicables aux travaux de la marine militaire et qu'une ordonnance royale (un décret) déterminera les terrains qui seront soumis à l'expropriation. Pas de difficulté en ce qui concerne les travaux non urgents, et nous n'avons qu'à nous en référer sur ce point à ce qui a été dit au sujet des travaux militaires non urgents. — V. suprà, n. 427 et s.

466. — MM. de Lalleau, Jousselin, Rendu et Périn (t. 2, n. 1065), estiment que la loi du 30 mars 1831 n'est pas applicable, en cas d'urgence, aux travaux de la marine. Il est vrai que rien, dans la discussion de cette loi, ni de celle de 1833, ni de celle de 1841, n'indique que le législateur ait entendu que les travaux de la marine seraient compris dans les dispositions spéciales qui règlementent les fortifications ordinaires. Mais l'art. 76 parle sans distinction des travaux de fortification, et tout ce qui tend à la défense du territoire est virtuellement compris sous la dénomination générale de fortifications. C'est pourquoi nous pensons avec Tarbé de Vauxclairs (*Dictionn. des travaux publics*, v° *Expropriation*, p. 265) que la loi de 1831 régit les travaux de la marine aussi bien que les autres.

467. — En ce qui concerne les travaux utiles au service de la marine, le préfet maritime a qualité pour tenter des conventions amiables, et à défaut de ces conventions, pour mettre en action le ministère du procureur de la République. — Cass., 22 déc. 1834, Senez, [S. 35.1.172, P. chr.] — De Lalleau, Jousselin, Rendu et Périn, t. 2, n. 1066; Daffry de la Monnoye, t. 2, sur l'art. 75, n. 5 ; Crépon, sur l'art. 76, n. 5. — Dans ce cas, le tribunal est régulièrement saisi par le réquisitoire du procureur de la République, et le préfet maritime, en transmettant le dossier de l'expropriation au magistrat du ministère public et en l'invitant à faire prononcer l'expropriation, gère les affaires du ministère de la marine, sans empiéter sur les fonctions publiques du préfet ; il ne fait point, en effet, un acte d'administration publique.

§ 3. *Expropriation demandée par une commune.*

468. — L'art. 12, L. 3 mai 1841, est ainsi conçu : « Les dispositions des art. 8, 9 et 10 ne sont point applicables au cas où l'expropriation serait demandée par une commune, et dans un intérêt purement communal, non plus qu'aux travaux d'ouverture ou de redressement de chemins vicinaux. Dans ce cas, le procès-verbal prescrit par l'art. 7 est transmis, avec l'avis du conseil municipal, par le maire au sous-préfet, qui l'adressera au préfet avec ses observations. Le préfet, en conseil de préfecture, sur le vu de ce procès-verbal, et sauf l'approbation de l'administration supérieure, prononcera comme il est dit en l'article précédent. »

469. — Tout d'abord il faut reconnaître que l'art. 12, L. 3 mai 1841, qui dispense de certaines formalités les expropriations demandées par une commune dans un intérêt purement communal, ne peut être étendu au cas où l'expropriation poursuivie par une commune affecte les intérêts d'autres communes, et prend ainsi un caractère de généralité qui la fait rentrer dans les règles ordinaires. — Cass., 13 mars 1848, Comm. de Batignolles, [S. 48.1.379, P. 48.1.380, D. 48.5.184] ; — 12 juill. 1870, Ville de Sens, [S. 70.1.371, P. 70.969, D. 70.1.367] ; — 8 déc. 1891, Comm. de Chapois, [S. et P. 92.1.95, D. 92.1.574] — De Peyrony et Delamarre, n. 174 ; Daffry de la Monnoye, t. 1, sur l'art. 12, n. 2; de Lalleau, Jousselin, Rendu et Périn, t. 1, n. 139, et t. 2, n. 941 et 946; Crépon, sur l'art. 12, n. 1.

470. — Spécialement, il ne peut être étendu à une expropriation ayant pour objet la dérivation, au profit d'une commune, d'une partie des eaux d'une source ou d'une rivière, au delà du volume affecté à une autre commune, cette expropriation intéressant deux communes. — Cass., 12 juill. 1870, précité ; — 8 déc. 1891, précité.

471. — Toutefois, il y a lieu d'appliquer l'art. 12, L. 3 mai 1841, bien que les travaux doivent s'étendre sur le territoire d'une autre commune, si celle-ci n'est pas intéressée à ces travaux et ne s'y oppose pas, mais alors la déclaration d'utilité publique de travaux prévus pour une distribution d'eau dans une commune doit être précédée d'une enquête ouverte dans toutes les communes où ces travaux doivent être exécutés. — Cons. d'Ét., 1er avr. 1892, d'Engente, de Kergos et autres, [S. et P. 94.3.25, D. 93.3.78]

472. — Cette enquête doit être faite, non dans les formes édictées par l'ordonnance du 18 févr. 1834, mais dans celles déterminées par l'ordonnance du 23 août 1835. — Même arrêt.

473. — L'ordonnance du 23 août 1835 dispose : « Les enquêtes qui, aux termes du § 3, art. 3, L. 7 juill. 1833, doivent avoir lieu en vertu d'une ordonnance royale, seront soumises aux formalités ci-après déterminées pour les travaux proposés par un conseil municipal dans l'intérêt exclusif de sa commune » (art. 1).

474. — « L'enquête s'ouvrira sur un projet où l'on fera connaître le but de l'entreprise, le tracé des travaux, les dispositions principales des ouvrages et l'appréciation sommaire des dépenses » (art. 2). « Ce projet sera déposé à la mairie pendant quinze jours pour que chaque habitant puisse en prendre connaissance : à l'expiration de ce délai un commissaire désigné par le préfet recevra à la mairie, pendant trois jours consécutifs, les déclarations des habitants sur l'utilité publique des travaux projetés. Les délais ci-dessus prescrits pour le dépôt des pièces à la mairie et pour la durée de l'enquête, pourront être prolongés par le préfet. Dans tous les cas, ces délais ne courront qu'à dater de l'avertissement donné par voie de publications et d'affiches. Il sera justifié de l'accomplissement de cette formalité par un certificat du maire » (art. 3).

475. — « Après avoir clos et signé le registre de ces déclarations, le commissaire le transmettra immédiatement au maire, avec son avis motivé et les autres pièces de l'instruction qui auront servi de base à l'enquête. Si le registre d'enquête contient des déclarations contraires à l'adoption du projet ou si l'avis du commissaire lui est opposé, le conseil municipal sera appelé à les examiner par une délibération motivée, dont le procès-verbal sera joint aux pièces. Dans tous les cas, le maire adressera immédiatement les pièces au sous-préfet, et celui-ci au préfet avec son avis motivé » (art. 4).

476. — « Le préfet, après avoir pris, dans les cas prévus par les règlements, l'avis des chambres de commerce et des chambres consultatives des arts et manufactures, dans les lieux où il en est établi, enverra le tout à notre ministre de l'Intérieur avec son avis motivé, pour, sur son rapport, être statué par nous sur la question d'utilité publique des travaux, conformément aux dispositions de la loi du 7 juill. 1833 » (art. 5).

477. — « Lorsque les travaux n'intéressent pas exclusivement la commune, l'enquête aura lieu, suivant leur degré d'importance, conformément aux art. 9 et 10, Ord. 18 févr. 1834 » (art. 7). « Notre ministre des Finances sera préalablement consulté toutes les fois que les travaux entraîneront l'application de l'avis du Conseil d'État, approuvé le 21 févr. 1808, sur la cession aux communes de tout ou partie d'un bien de l'État » (art. 7).

478. — Le délai de quinzaine imparti par l'art. 3, Ord. 23 août 1835, est un délai franc, qui ne commence à courir que le lendemain du jour de la publication de l'avis annonçant l'ouverture de l'enquête. — Cons. d'Ét., 1er avr. 1892, précité. L'inobservation de ce délai doit faire annuler, comme rendu après une enquête irrégulière, le décret déclarant les travaux d'utilité publique, et, par voie de conséquence, l'arrêté du préfet qui détermine les propriétés à céder pour l'exécution du projet. Même arrêt.

479. — Il n'est pas nécessaire qu'un décret déclarant d'utilité publique un travail communal ait été précédé, soit de l'avis du Conseil d'État en assemblée générale, soit de l'avis de la section de l'intérieur de ce Conseil. — Cons. d'Ét., 25 mars 1881, Trescases, [S. 82.3.55, P. adm. chr., D. 82.3.76]; — 23 déc. 1887, Toret, [S. 89.3.60, P. adm. chr., D. 89.3.13]; — 20 avr. 1888, Synd. du canal du Vernet, [S. 90.3.30, P. adm. chr., D. 89.3.76] — V. aussi *suprà*, v° *Cimetière*, n. 103.

EXPROPRIATION POUR CAUSE D'UTILITÉ PUBLIQUE. — Chap. III.

480. — On doit remplir les formalités relatives au plan parcellaire, à sa publication et aux réclamations qui peuvent être présentées par les parties intéressées. Le dépôt du plan parcellaire des terrains dont l'expropriation est nécessaire doit avoir lieu à la mairie du lieu où sont situés ces terrains, aussi bien lorsque l'expropriation est poursuivie dans un intérêt purement communal, que lorsqu'elle est poursuivie dans un intérêt général. — Cass., 2 févr. 1836, Houzet, [S. 36.1.337, P. chr.]

481. — Lorsqu'il s'agit du dépôt des plans à la mairie de la commune qui poursuit l'expropriation, les certificats constatant le dépôt des pièces sont valablement délivrés par le maire de la commune. — Cass., 11 août 1841, Desbrosses, [S. 41.1.670, P. 41.2.285] — Ces certificats sont valables, bien qu'ils n'aient pas été délivrés au moment même du dépôt. — Même arrêt. — C'est en effet le maire seul qui a qualité pour certifier les actes de la mairie, même dans les affaires qui l'intéressent. — Daffry de la Monnoye, t. 1, sur l'art. 7, n. 2; Crépon, sur l'art. 7, n. 7; de Lalleau, Jousselin, Rendu et Périn, t. 2, n. 945.

482. — La disposition par laquelle un décret déclaratif d'utilité publique autorise une commune à faire l'acquisition de parcelles déterminées, ne saurait avoir pour effet, soit de dispenser l'administration de procéder à l'enquête qui doit précéder l'arrêté de cessibilité, soit de porter atteinte aux droits appartenant, soit aux particuliers, soit au préfet, en vertu des art. 2, 7 et 11, L. 3 mai 1841. — Cons. d'Ét., 11 juin 1880, Hallot et Roger, [S. 81.3.102, P. adm. chr., D. 81.3.63] — Le législateur n'a point, en effet, dispensé la commune de cette enquête préliminaire; et on le comprend sans peine; les habitants ont pu être entendus au moment où l'on procédait à l'enquête sur la déclaration publique; mais à ce moment les propriétés atteintes n'étaient pas définitivement désignées; ils n'ont donc point pu présenter leurs observations à cet égard; c'est après le dépôt des plans parcellaires, que, désormais fixés, ils élèveront leurs réclamations, s'ils croient devoir en présenter.

483. — La commission d'examen instituée par la loi du 3 mai 1841, pour donner son avis sur les réclamations présentées par les intéressés, est remplacée, conformément à l'art. 12, par un avis donné par le conseil municipal. Cette innovation a été vivement discutée lors de la discussion du projet de loi et on avait proposé de substituer à la commission d'examen ordinaire une commission composée de quatre conseillers municipaux; mais ce système a été repoussé et on a décidé que le conseil municipal serait appelé à donner son avis. Thiers, ministre du Commerce, a dit sur ce point : « Il avait paru que pour les travaux communaux, l'appareil de la commission n'était pas indispensable; mais on a fait remarquer qu'on ne pouvait pas se dispenser d'entendre le conseil municipal sur les pièces de l'enquête, surtout s'il s'était élevé des réclamations contre le projet que ce conseil avait adopté » (Moniteur, 21 avr. 1833; 7 mai 1833, p. 1268; 9 mai 1833, p. 1278 et 1279; 21 mai 1833, p. 1438). — De Lalleau, Jousselin, Rendu et Périn, t. 2, n. 947.

484. — Il a été jugé que l'art. 12, L. 3 mai 1841, aux termes duquel la formation de la commission prescrite par l'art. 8 de la même loi n'est pas exigée lorsqu'il s'agit d'expropriations demandées par une commune dans un intérêt purement communal, s'applique à la ville de Paris comme à toute autre commune de France, spécialement au cas d'expropriation d'un terrain destiné à l'ouverture d'une rue de Paris : l'art. 1, Décr. 26 mars 1852, n'a apporté à cet égard aucune modification. — Cass., 9 avr. 1877, Hainecque, [S. 78.1.128, P. 78.293, D. 77.1.470] — Daffry de la Monnoye, t. 1, sur l'art. 12, n. 1; de Lalleau, Jousselin, Rendu et Périn, t. 1, n. 945, note; Crépon, sur l'art. 12, n. 3.

485. — C'est après les observations des parties intéressées que le conseil municipal est appelé à donner son avis. Des délibérations antérieures du conseil municipal ne rempliraient pas le vœu de la loi et ne satisferaient point à ses prescriptions. Jugé, par suite, que l'avis du conseil municipal de l'art. 12, L. 3 mai 1841, prescrit d'envoyer au préfet avec le procès-verbal mentionné dans l'art. 7, ne peut être donné qu'après la vu de ce procès-verbal, et, par conséquent, après la clôture de l'enquête, sous peine de nullité du jugement d'expropriation. — Cass., 14 déc. 1812, Duponlaice, [S. 43.1.171, P. 43.1.378]; — 4 juill. 1843, Verdiere, [S. 43.1.784, P. 43.2.584]; — 30 avr. 1845, Desplats, [S. 45.1.746, P. 45.1.295]; — 14 mars 1870, d'Aurelle de Montmorin, [S. 70.1.173, P. 70.403, D. 70.1.368] — Daffry de la Monnoye, t. 1, sur l'art. 12, n. 5; Crépon, sur l'art. 12, n. 6 et 7; de Lalleau, Jousselin, Rendu et Périn, t. 2, n. 945, note.

486. — D'après l'art. 4, Ord. 23 août 1835, le sous-préfet doit transmettre les pièces avec l'avis du conseil municipal en y joignant son propre avis. Mais l'omission par le sous-préfet d'avoir joint son avis au dossier de l'enquête n'est pas une cause de nullité de l'arrêté par lequel le préfet a désigné les propriétés dont l'expropriation était nécessaire pour l'exécution des travaux. — Cons. d'Ét., 8 mars 1860, Giraud, [S. 60.2.343, P. adm. chr., D. 60.3.25] — Crépon, sur l'art. 12, n. 8; de Lalleau, Jousselin, Rendu et Périn, loc. cit.; Daffry de la Monnoye, t. 1, sur l'art. 12, n. 7.

487. — L'art. 22, L. 3 mai 1841, dispose que l'arrêté de cessibilité pris par le préfet doit être rendu en conseil de préfecture; cette obligation est absolument stricte, et il y aurait nullité si l'arrêté n'avait pas été, ainsi que le veut la loi, pris en conseil de préfecture. — Cass., 22 mai 1843, Maudhuit, [S. 43.1.529, P. 43.2.221] — Daffry de la Monnoye, t. 1, sur l'art. 12, n. 6; Crépon, sur l'art. 12, n. 9.

488. — On a discuté longuement pour préciser dans quels cas le préfet est tenu, avant de prendre l'arrêté de cessibilité, d'obtenir l'approbation de l'autorité supérieure; mais aujourd'hui il est reconnu et admis que le préfet n'est tenu de soumettre à l'approbation de l'autorité supérieure les arrêtés de cessibilité pris relativement aux travaux communaux, que dans le cas où l'avis du conseil municipal ne contient pas une adhésion au tracé des travaux ordonnés. — Av. Cons. d'Ét., 12 déc. 1868, [S. 69.2.186, P. 69.736, D. 70.3.97] — Cass., 8 avr. 1891, de Bigault de Casanove, [S. 91.1.272, P. 91.1.646, D 92.1.133] — Duvergier, Mongalvy, p. 134; Gillon et Stourm, p. 54; Daffry de la Monnoye, t. 1, sur l'art. 12, n. 8 et 9; de Lalleau, Jousselin, Rendu et Périn, t. 2, n. 948; Crépon, sur l'art. 12, n. 10. — V. infrà, n. 498.

489. — Mais si le conseil municipal a proposé une modification du tracé ou s'est déclaré contraire au projet, le tribunal saisi ne pourrait prononcer l'expropriation s'il ne lui était justifié de l'approbation de l'autorité supérieure; en agissant autrement il commettrait un excès de pouvoir. — Cass., 31 mars 1845, Préfet de l'Ain, [S. 45.1.307, P. 45.2.273, D. 45.1.143]; — 30 avr. 1845, précité. — Crépon, sur l'art. 12, n. 11.

490. — La condition de l'approbation de l'autorité supérieure est substantielle, et il ne peut y être suppléé par l'approbation donnée par cette autorité au tracé adopté par le conseil général ou par la commission départementale déléguée à cet effet. — Cass., 8 avr. 1891, précité. — L'arrêté de cessibilité pris, en ce cas, par le préfet, sans l'approbation de l'autorité supérieure, est nul et ne peut servir de fondement au jugement d'expropriation. — Même arrêt.

491. — Il suffit, d'ailleurs, que l'approbation de l'administration supérieure intervienne avant le jugement d'expropriation et qu'il en soit justifié au moment; peu importe qu'elle n'ait pas été donnée immédiatement et même qu'elle ne se soit produite qu'après un long espace de temps. — Cass., 11 août 1841, Desbrosses, [S. 41.4.670, P. 41.2.285] — Crépon, sur l'art. 12, n. 12.

492. — Au reste, à part la commission d'enquête qui est remplacée par l'avis du conseil municipal, toutes les autres formalités prescrites par la loi du 3 mai 1841, art. 5, 9 et suiv., subsistent et doivent être accomplies comme en matière ordinaire. — Cass., 24 juin 1844, Laroche, [S. 44.1.509, P. 44.2.55]; — 30 avr. 1845, précité. — Crépon, sur l'art. 12, n. 13.

§ 4. Chemins vicinaux.

493. — Les règles concernant l'expropriation en matière de chemins vicinaux sont exposées supra, v° *Chemin vicinal*, n. 532 et s.; nous n'aurons donc à donner que de brèves explications. Au surplus, l'art. 12, L. 3 mai 1841, s'appliquant aux chemins vicinaux comme aux expropriations intéressant les communes dans un intérêt exclusivement communal, nous nous en référons à ce que nous venons de dire à cet égard.

494. — Au cas d'expropriation pour l'établissement d'un chemin vicinal de grande communication destiné à être converti en chemin de fer, il doit être procédé, ab initio, suivant les formes tracées par la loi générale du 3 mai 1841 : l'opération ne peut être scindée en deux parties, dont l'une, l'ouverture du chemin vicinal, serait régie par la loi spéciale du 21 mai 1836, et l'autre, l'établissement du chemin de fer, par la loi du 3 mai 1841. — Cass., 27 mars 1867, de Follin, [S. 67.1.259, P. 67.652] — Et, en pareil cas, l'acte par lequel la partie expropriée, répondant aux offres qui lui sont notifiées avec sommation de se conformer à l'art. 21, L. 3 mai 1841, fait connaître les noms de ses locataires ou fermiers, ne peut être considéré comme un acquiescement au jugement et une acceptation de la notification, si, d'ailleurs, cet acte contient une protestation formelle contre toute procédure qui serait contraire à la loi. — Même arrêt.

495. — Aucune disposition de loi ou de règlement n'impose à l'administration l'obligation d'ouvrir une enquête sur tous les tracés d'un chemin d'intérêt commun proposés; il suffit pour la régularité de la délibération que le projet sur lequel elle intervient ait été l'objet de cette mesure d'instruction. — Cons. d'Et., 8 mars 1895, Thélohan, [S. et P. 97.3.60, D. 96.3.34] — Dans l'enquête à laquelle il est ainsi procédé, les parties intéressées pourront, à loisir, examiner les divers tracés, les approuver ou les critiquer.

496. — La loi du 10 août 1871 n'exige la communication aux parties intéressées que pour les décisions prises par la commission départementale, mais non pour les délibérations approuvant la rectification d'un chemin vicinal d'intérêt commun prise par un conseil général; au surplus le défaut de notification ne saurait rétroagir contre la régularité de la décision prise par l'autorité compétente et n'aurait d'effet qu'en ce qui touche les délais du pourvoi au Conseil d'Etat; il suffit d'ailleurs qu'elle ait été notifiée aux parties intéressées par voie de publications et d'affiches. — Même arrêt.

497. — C'est, avons-nous dit (*suprà*, v° *Chemin vicinal*, n. 496 et s.), à la commission départementale du conseil général qu'il appartient de déclarer l'utilité publique des chemins vicinaux ordinaires; cette déclaration est générale et s'applique à tous les travaux nécessités par ces chemins. La circonstance que des travaux d'ouverture d'un chemin vicinal entraînent la construction d'un pont sur une rivière navigable et flottable (par exemple, sur la Marne) ne peut changer le caractère de ces travaux. Dès lors, la commission départementale est compétente pour déclarer l'utilité publique de ces travaux; si l'établissement de ce pont peut intéresser le régime de la rivière, cet intérêt est sauvegardé par la nécessité de soumettre à l'approbation de l'autorité supérieure les plans et devis dressés pour les travaux de construction de ce pont. — Cass., 30 nov. 1896, Hubert-Briaire, [S. et P. 97.1.101]

498. — Remarquons que lorsqu'il s'agit de travaux d'ouverture ou de redressement de chemins vicinaux, le préfet n'est tenu de soumettre à l'approbation de l'autorité supérieure l'arrêté qui détermine les propriétés à céder, que dans le cas où l'avis du conseil municipal ne contient pas une adhésion au tracé des travaux ordonnés. — Cass., 9 mars 1891, Doneau, [S. 91.1.230, P. 91.1.544]; — 30 nov. 1896, précité. — V. *suprà*, n. 488.

499. — En matière d'expropriation pour chemins vicinaux, comme en toute expropriation pour utilité publique, la publication de l'avertissement aux parties de prendre communication du plan parcellaire doit précéder l'ouverture du procès-verbal destiné à recevoir les réclamations des parties intéressées. — Cass., 16 févr. 1859, Cayron, [S. 59.1.524, P. 59.905, D. 59.1.121] — V. *suprà*, v° *Chemin vicinal*, n. 554 et s.

500. — En cette matière comme en toute autre, le recours devant le Conseil d'Etat, qui tend à l'annulation d'une délibération de la commission départementale portant reconnaissance d'un chemin rural et déclarant d'utilité publique des travaux à exécuter, n'est plus recevable, lorsque l'expropriation des terrains nécessaires a été définitivement consommée par l'effet du jugement du tribunal civil qui la prononce. — Cons. d'Et., 19 mars 1878, Tauchy, [Leb. chr., p. 326]; — 16 déc. 1892, Grados, [S. et P. 94.3.103, D. 94.3.12] — V. *suprà*, n. 205, 226, et v° *Chemin rural*, n. 221, et *Chemin vicinal*, n. 596 et s.

501. — De même encore, les formalités ne sont ici nécessaires que s'il s'agit de la dépossession du droit de propriété (V. *suprà*, n. 38 et s.). Ainsi, un champ dont les terres sont maintenues par un mur en pierres sèches de moins d'un mètre de hauteur ne saurait être considéré comme un terrain bâti pour l'expropriation duquel le décret serait nécessaire. — Cons. d'Et., 25 juin 1880, Rivier, [Leb. chr., p. 593] — V. *suprà*, v° *Chemin vicinal*, n. 541 et s.

§ 5. *Associations syndicales*.

502. — En ce qui concerne les expropriations poursuivies par une asociation syndicale, V. *suprà*, v° *Association syndicale*, n. 349 et s.

§ 6. *Desséchement des marais*.

503. — Il n'y a pas expropriation dans le mode le plus ordinaire de desséchement des marais, et qui consiste à faire exécuter les travaux par des concessionnaires auxquels on attribue une partie de la plus-value acquise aux terrains par le desséchement. Mais comme il peut se présenter des cas où, soit par les obstacles de la nature, soit par les oppositions persévérantes des propriétaires, on ne pourrait parvenir au desséchement, alors le propriétaire ou les propriétaires de la totalité des marais peuvent être contraints à délaisser leur propriété (L. 16 sept. 1807, art. 24). Pour parvenir à la dépossession des propriétaires, dépossession qui constitue une véritable expropriation, la loi du 16 sept. 1807 traçait des formes différentes de celles qui ont été ensuite établies par la loi du 8 mars 1810 et par celles des 7 juill. 1833 et 3 mars 1841. On reconnaît aujourd'hui qu'il faudrait suivre les dispositions de la loi du 3 mai 1841. — V. au surplus, *infrà*, v° *Marais*, n. 132 et s., et 287 et s.

§ 7. *Halles et marchés*.

504. — Le décret des 15-28 mars 1790 dispose : « Les droits connus sous le nom de coutume, hailage, barage, cohue et généralement tous ceux qui étaient perçus en nature ou en argent à raison de l'apport ou du dépôt des grains, viandes, bestiaux, poissons et autres denrées et marchandises dans les foires, marchés, places ou halles, de quelque nature qu'ils soient, ainsi que les droits qui en seraient représentatifs, sont aussi supprimés sans indemnité mais les bâtiments et halles continueront d'appartenir à leurs propriétaires. sauf à eux à s'arranger à l'amiable soit pour le loyer, soit pour l'aliénation, avec les municipalités des lieux; et les difficultés qui pourraient s'élever à ce sujet seront soumises à l'arbitrage des assemblées administratives » (art. 19).

505. — Cet article est complété par une instruction de l'Assemblée nationale du 20 août 1790, chap. 3, part. 2, où on lit : « Les bâtiments, halles, étaux et bancs, continueront d'appartenir à leurs propriétaires ; mais ceux-ci peuvent obliger les municipalités de les acheter ou de les prendre à loyer; et réciproquement, ils peuvent être contraints par les municipalités de les aliéner, à moins qu'ils ne préfèrent le louage. » — V. *infrà*, v° *Halles, foires et marchés*, n. 29 et s.

506. — Le propriétaire a un droit d'option ; mais lui seul possède ce droit (V. *infrà*, v° *Halles, foires et marchés*, n. 32 et s.); s'il se prononce pour la location, le prix du bail, s'il n'est point fixé à l'amiable, est réglé par le conseil de préfecture; s'il ne consent à louer, la commune peut alors le contraindre à aliéner. — Av. Cons. d'Et., 29 juill., 1836. — Cormenin, t. 1, p. 201 ; Foucart, t. 3, p. 230 ; Vuilleiroy et Monnier, p. 211 ; Daffry de la Monnoye, t. 2, p. 483 ; Crépon, p. 411, n. 2 ; De Lalleau, Jousselin, Rendu et Périn, t. 2, n. 1130.

507. — Lorsque le propriétaire opte pour la vente, il y a lieu de suivre les formes prescrites par la loi du 3 mai 1841, mais sans déclaration préalable de l'utilité publique. — V. *infrà*, v° *Halles, foires et marchés*, n. 44 et s.

§ 8. *Alignement*.

508. — En ce qui concerne les règles particulières, relatives aux indemnités dues pour cessions de terrains, imposées aux propriétaires à la suite d'arrêtés d'alignement, V. *suprà*, v° *Alignement*, n. 5 et s., 79, 183 et s., 313 et s., 327 et s., 744 et s.

CHAPITRE IV.

DES CESSIONS AMIABLES.

Section I.

Des cessions amiables en général.

§ 1. *Des conditions et des effets généraux des cessions amiables*.

509. — Le législateur, tout en organisant la procédure de l'expropriation pour cause d'utilité publique n'a point eu l'intention de proscrire les conventions amiables qui pourraient intervenir ; au contraire, sa volonté est que l'on essaye tout d'abord d'obtenir des intéressés un consentement, qui rend inutile la suite de la procédure en expropriation et les frais qu'elle nécessite. En effet, il résulte du paragraphe dernier de l'art. 3, L. 3 mai 1841, que le préfet ne doit agir que « à défaut de conventions amiables, soit avec les propriétaires des terreins ou bâtiments dont la cession est reconnue nécessaire, soit avec ceux qui les représentent » (ce dernier membre de phrase ne se trouvait pas dans la loi de 1833). De plus, comme on le verra plus loin, le paragraphe dernier de l'art. 14, L. 3 mai 1841, trace la marche à suivre par le tribunal « dans le cas où les propriétaires expropriés consentiraient à la cession, mais où il n'y aurait point accord sur le prix. » — V. *infrà*, n. 618 et s.

510. — Bien que l'on qualifie de cessions amiables certains contrats par lesquels des propriétaires consentent à l'abandon de leurs propriétés moyennant une indemnité sur laquelle on s'est mis d'accord, cependant une pareille expression n'est employée que par opposition avec le cas d'expropriation, qui est l'aliénation forcée dans toute la rigueur des mots. La cession amiable n'est pas une aliénation volontaire. Les propriétaires n'y consentent que parce qu'ils savent qu'elle aurait lieu malgré eux. C'est là un véritable consentement forcé. Les propriétaires sachant qu'ils devront subir les lenteurs d'une procédure assez compliquée, courir la chance de la fixation de l'indemnité par le jury, préfèrent alors s'entendre avec l'expropriant par un accord direct.

511. — En matière ordinaire, et selon le droit commun, les contrats de vente d'immeubles laissent subsister les actions en revendication ou en résolution au profit des tiers ; les biens, ainsi frappés, demeurent de plus la garantie des créanciers s'ils sont grevés d'hypothèques ; quelques-uns sont entre les mains d'incapables qui ne peuvent les aliéner, ou ne les aliéner que moyennant l'accomplissement de certaines formalités ; enfin la forme des ventes est soumise à certaines formes ; de là des entraves qui auraient empêché les parties de recourir à la cession amiable, si le législateur n'avait pas pris le soin d'édicter des règles spéciales. — De Lalleau, Jousselin, Rendu et Périn, t. 2, n. 664.

512. — Aussi a-t-il cru devoir donner à la cession amiable une force particulière ; elle fait disparaître les actions en revendication, en résolution, et les autres actions réelles, avec report des droits des tiers sur le prix ; elle autorise les représentants des incapables à céder les immeubles moyennant certaines garanties, et permet que la vente pourra avoir lieu selon certaines formes qu'elle édicte. — De Lalleau, Jousselin, Rendu et Périn, t. 2, n. 665.

513. — Sous l'empire de la loi de 1833, il était indispensable, pour arriver à une cession amiable, que l'administration fit immédiatement procéder à l'estimation de toutes les parcelles, et s'entourât de tous les renseignements propres à éclairer ses offres. Les formes de cette sorte d'expertise préalable n'étaient point réglées par la loi ; elles étaient, par conséquent, elles étaient abandonnées au libre arbitre de l'administration, qui même, à toute rigueur et si elle croyait avoir d'ores et déjà des éléments suffisants d'appréciation, pouvait se dispenser de toute expertise, sans que les parties fussent en droit de se plaindre. Aujourd'hui, les parties sont libres d'agir ainsi qu'elles l'entendent pour fixer le prix des biens à céder ; la cession est le résultat d'un accord qui se produit à la suite de pourparlers et de discussions, comme en matière ordinaire.

514. — A quel moment le traité de cession peut-il intervenir ? D'après l'art. 13, § 1, L. 3 mai 1841, il semble bien que la cession ne peut se produire qu'après l'accomplissement de toutes les formalités dont nous avons parlé jusqu'à présent ; en effet, cet article porte : « Si les biens de mineurs, d'interdits, d'absents ou autres incapables sont compris dans les plans déposés en vertu de l'art. 5 ou dans les modifications admises par l'administration supérieure... (V. *infrà*, n. 580 et s.) » ; ce qui laisse supposer que c'est à ce moment que les parties sont appelées à se prononcer sur la cession amiable. — Gillon et Stourm, p. 79 ; Foucart, t. 1, n. 408.

515. — Mais l'art. 14, § 5, de la même loi, dispose que dans le cas où les propriétaires à exproprier consentiraient à la cession, mais où il n'y aurait point accord sur le prix, le tribunal donnera acte du consentement, et désignera le magistrat directeur du jury, sans qu'il soit besoin de rendre de jugement d'expropriation, ni de s'assurer que les formalités prescrites par le titre 2 ont été remplies. Il en résulte que lorsque le propriétaire et l'expropriant sont d'accord sur la cession et la fixation du prix, il n'est pas nécessaire de recourir à l'intervention d'un jugement d'expropriation pour constater le consentement du propriétaire ; l'expropriant peut se contenter de faire publier l'acte de cession conformément à l'art. 15, § 1, L. 3 mai 1841, et ne provoquer la nomination d'un magistrat directeur du jury que si des intéressés, locataires ou autres, se font connaître, et s'il ne peut s'entendre avec eux pour le règlement de leur indemnité. — Crépon, sur l'art. 14, n. 145.

516. — Décidé, en ce sens, que la cession amiable peut se produire après l'acte déclaratif d'utilité publique, et avant que toutes les autres formalités prescrites par le tit. 2, L. 3 mai 1841, aient été remplies, avant, notamment, que l'arrêté de cessibilité du préfet ait été rendu. — De Lalleau, Jousselin, Rendu et Périn, t. 2, n. 666 et 667.

517. — ... Que la cession amiable intervenue après une déclaration d'utilité publique, même avant tout arrêté de cessibilité, et réalisée par acte publié conformément aux dispositions de la loi du 3 mai 1841, produit les mêmes effets qu'un jugement d'expropriation. — Paris, 29 juill. 1864, Mérat, [S. 64.2.209, P. 64.808, D. 64.5.143]

518. — Jugé, également, à cet égard, que le contrat par lequel un propriétaire a consenti à l'occupation immédiate de parcelles de sa propriété nécessaires à l'établissement d'un chemin de fer, moyennant une indemnité à régler à l'amiable ou à faire régler par le jury, constitue une véritable cession amiable dans le sens de l'art. 14, § dernier, L. 3 mai 1841 ; que dès lors le règlement de l'indemnité doit être fait suivant les formes spéciales établies par la loi du 3 mai 1841, et non pas suivant les règles du droit commun, comme s'il s'agissait d'une cession ordinaire de propriété. — Cass., 26 déc. 1854, Chemin de fer du Nord, [S. 55.1.604, P. 55.1.184, D. 55.1.430] — Jugé encore, le propriétaire peut, par application du § dernier de l'art. 14, L. 3 mai 1841, se pourvoir devant le tribunal pour demander acte de son consentement à l'occupation de son terrain, et faire ordonner la nomination du magistrat directeur du jury, sans qu'il soit besoin pour le tribunal de rendre un jugement d'expropriation, ni de s'assurer que les formalités prescrites par le tit. 2 de la loi ont été remplies. — Même arrêt. — De Lalleau, Jousselin, Rendu et Périn, *loc. cit.*

519. — ... Que le jugement qui donne acte à un propriétaire de son consentement à l'expropriation pour cause d'utilité publique, produit les mêmes effets qu'un jugement d'expropriation, et spécialement n'affranchit l'immeuble des servitudes et autres droits réels qui le grèvent, qu'autant qu'il a été rendu dans les termes de la loi du 3 mai 1841, c'est-à-dire après une déclaration d'utilité publique. — Paris, 27 août 1864, Simon, [S. 64.2.209, P. 64.807, D. 64.5.167]

519 bis. — ... Que, de même que le jugement d'expropriation, la cession amiable faite par le propriétaire à l'expropriant, après le décret déclarant l'utilité publique, a pour effet immédiat et nécessaire de résoudre les baux. — Cass., 1er juin 1881, Grosset, [S. 81.1.381, P. 81.1.908] — En conséquence, le locataire ne peut réclamer l'exécution du bail, mais peut seulement faire valoir ses droits à une indemnité pour la résolution de ce bail. — Même arrêt. — V. aussi, Cass., 2 août 1865, Préfet de la Seine, [S. 65.1.458, P. 65.1.193, D. 65.1.257] — Paris, 29 juill. 1864, précité. — De Lalleau, Jousselin, Rendu et Périn, t. 2, n. 665, note.

520. — ... Que la cession volontaire de terrains nécessaires à des travaux d'utilité publique, faite régulièrement par le propriétaire, ne dispense pas l'administration de remplir les formalités d'expropriation prescrites par la loi du 3 mai 1841 à l'égard des locataires qui ne consentent pas à une résiliation amiable de leurs baux ; qu'en conséquence, le conseil de préfecture est incompétent pour régler l'indemnité qui peut être due à ces locataires. — Cons. d'Et., 18 août 1849, Mouth et Mévolhon, [S. 50.2.48, P. adm. chr., D. 50.3.5] — Qu'il en est de même à l'égard des droits de servitude dont l'immeuble cédé est grevé, si les bénéficiaires n'en ont pas fait l'abandon volontaire. — Cons. d'Et., 19 janv. 1850, Nouvellet, [P. adm. chr., D. 51.3.7] — De Lalleau, Jousselin, Rendu et Périn, t. 2, n. 668 ; Crépon, sur l'art. 13, n. 28.

521. — ... Que le droit, pour les locataires, de faire fixer l'indemnité qui leur est due ne saurait être ni suspendu ni entravé par l'engagement que prendrait l'administration de maintenir les baux jusqu'à leur expiration. — Cass., 2 août 1865, précité.

522. — ... Qu'en cas de cession amiable intervenue après une déclaration d'utilité publique, et réalisée devant un notaire avant un arrêt de cessibilité, la cour d'appel appelée à statuer en chambre du conseil sur la demande d'un locataire en désignation d'un jury ne peut la rejeter par des motifs tirés du fond du droit ou de la qualité des réclamants; sauf au jury, s'il s'élève devant lui un litige de cette nature, à procéder comme il est dit en l'art. 39, L. 31 mai 1841. — Cass., 20 janv. 1864, Desbans, [S. 64.1.192, P. 64.706, D. 64.1.442] — Crépon, sur l'art. 14, n. 144.

523. — Les traités de cession amiable peuvent porter sur la prise de possession de l'immeuble par l'administration expropriante et sur le prix; c'est le traité de cession complet; ils peuvent aussi ne traiter que de la prise de possession qui sera autorisée, ou contenir simplement aliénation en laissant la fixation de l'indemnité au jury. — Crépon, sur l'art. 13, n. 1 et s.; de Peyrony et Delamarre, n. 194 et s.

524. — La cession amiable consentie par le propriétaire à l'exproprianт avant le jugement d'expropriation, a pour effet de décharger ce propriétaire de l'obligation de faire connaître ceux qui peuvent réclamer des droits réels, notamment des servitudes sur l'immeuble; c'est à l'expropriant, en pareil cas, qu'incombe l'obligation d'appeler lui-même devant le jury les ayants-droit aux servitudes, à défaut de quoi il reste chargé des indemnités qu'ils peuvent réclamer. — Cass., 10 janv. 1865, Chem. de fer du Dauphiné, [S. 65.1.143, P. 65.308]

525. — Si un moulin situé sur une rivière navigable a été exproprié pour cause d'utilité publique, et si le propriétaire du moulin a consenti à la cession amiable de ce moulin, le fermier du moulin a droit à une indemnité; celle relative à la privation de jouissance de l'immeuble sera réglée par le jury; quant à celle concernant la perte de la force motrice, le règlement en appartiendra à l'autorité administrative ainsi que nous l'avons vu *suprà*. — De Lalleau, Jousselin, Rendu et Périn, t. 2, n. 668.

§ 2. De la forme des cessions amiables.

1° Généralités.

526. — On lit dans l'art. 56, L. 3 mai 1841 : « Les contrats de vente, quittances et autres actes relatifs à l'acquisition des terrains, peuvent être passés en la forme des actes administratifs ; la minute restera déposée au secrétariat de la préfecture ; expédition sera transmise à l'administration des domaines. » La Chambre des pairs, par l'organe de sa commission, avait proposé que ces actes fussent obligatoirement passés en la forme administrative, mais cet amendement a été rejeté (*Monit.*, 14 mai 1833, p. 1352). L'administration et les parties peuvent donc toujours recourir au ministère des notaires, et l'administration n'est point obligée de recevoir les actes n'intéressant que les concessionnaires des travaux. — Crépon, sur l'art. 56, n. 1; de Lalleau, Jousselin, Rendu et Périn, t. 2, n. 670.

527. — Il y a preuve régulière et par écrit de la cession de terrains nécessaires à un chemin, lorsque, consentie par le propriétaire sur le tableau des terrains à occuper, la cession a été approuvée par le préfet; après cette approbation, la cession ne peut être rétractée. — Cass., 1er août 1878, Abadie, [S. 79.1.383, P. 79.1.167]

528. — D'ailleurs, conformément aux dispositions des art. 8 et 12, L. 28 pluv. an VIII, le préfet peut déléguer aux sous-préfets, maires et adjoints, ses pouvoirs, les charger de le substituer, et de recevoir en son lieu et place les actes de cession amiable. — Crépon, sur l'art. 56, n. 2; de Lalleau, Jousselin, Rendu et Périn, t. 2, n. 671.

529. — Les parties peuvent ne pas s'entendre sur la manière de procéder ou voir les actes de vente, quittances, etc., le cédant désirant s'adresser à un notaire, et l'administration voulant recourir à la forme administrative ; en ce cas l'autorité judiciaire est incompétente pour décider si l'administration a le droit d'exiger que ces actes soient passés en la forme administrative ; il s'agit alors d'une question d'ordonnancement de dépenses, et de règles relatives à la comptabilité publique, qui ne peuvent être tranchées que par l'autorité administrative. — Cons. d'Ét., 9 mai 1841, Bernard-Chertemps, [P. adm. chr.] — Daffry de la Monnoye, t. 2, sur l'art. 56; Crépon, sur l'art. 56, n. 9; de Lalleau, Jousselin, Rendu et Périn, t. 2, n. 671 *bis*. — Si les parties ne se mettent pas d'accord sur la réception de l'acte de cession la cession amiable n'aura pas lieu.

530. — Les actes ainsi passés en la forme administrative sont des actes authentiques, car ils ont été reçus par un fonctionnaire ayant qualité pour les recevoir (C. civ., art. 1317). Conséquemment, pour détruire la foi due à leurs énonciations et à celle de leurs copies régulièrement délivrées il est nécessaire de recourir à la voie de l'inscription de faux. — Toullier, t. 8, n. 120; Dufour, t. 5, n. 366; de Lalleau, Jousselin, Rendu et Périn, t. 2, n. 672 ; Crépon, sur l'art. 56, n. 3. — Circ. min. Trav. publ., 26 sept. 1840, [*Annales des ponts et chaussés*, p 491] — V. *suprà*, v° *Acte administratif*, n. 163 et s., et v° *Acte authentique*, n. 1 et s.

531. — Par suite, si, dans l'acte qu'il reçoit, le préfet ou son délégué a écrit que le vendeur lui a déclaré qu'il ne savait ou ne pouvait signer, cette énonciation doit être admise jusqu'à inscription de faux, et le vendeu ou des tiers ne sauraient la contester par les moyens ordinaires de preuve. L'acte étant authentique fait foi de tous les faits qu'il énonce comme s'étant passés devant le fonctionnaire rédacteur de l'acte (C. civ., art. 1319 et 1320). — De Lalleau, Jousselin, Rendu et Périn, t. 2, n. 674.

532. — L'art. 11, L. 25 vent. an XI, dispose : « Le nom, l'état et la demeure des parties devront être connus des notaires, ou leur être attestés dans l'acte par deux citoyens connus d'eux ayant les mêmes qualités que celles requises pour être témoin instrumentaire. » Par analogie il est bon que les fonctionnaires rédacteurs de ces actes, et particulièrement des actes de cession et de quittance, fassent attester l'individualité des parties qui leur sont inconnues, par deux personnes dignes de foi, qu'ils connaissent, et qu'ils fassent mention de cette attestation dans l'acte. — De Lalleau, Jousselin, Rendu et Périn, t. 2, n. 675.

533. — Les rédacteurs des actes doivent observer les dispositions des art. 12 et s., L. 25 vent. an XI, édictées pour éviter toute erreur, toute incertitude sur le contenu de l'acte; c'est-à-dire que les actes devront énoncer les noms et prénoms des parties et des témoins, leurs qualités, leur demeure, le lieu, le jour, l'année où les actes sont passés ; les dates et les sommes seront énoncées dans toutes lettres et non en chiffres ; les actes devront être écrits lisiblement, sans abréviation, blanc, lacune ni intervalles; les renvois et apostilles seront écrits en marge, à moins qu'ils ne soient trop longs et qu'on ne soit obligé de les reporter à la fin de l'acte ; ils seront signés ou paraphés par le fonctionnaire rédacteur et les parties ; s'ils sont rejetés à la fin de l'acte ils seront en outre approuvés par toutes parties ; l'acte ne doit contenir ni surcharge, ni interligne, ni addition dans le corps de l'acte; les mots raturés devront l'être de manière à ce que le nombre puisse en être constaté et approuvé comme les renvois. Ces formalités ne sont sans doute pas imposées à peine de nullité ; mais indispensables relativement aux actes notariés, elles sont d'une utilité incontestable relativement aux autres. D'ailleurs, les pièces présentant dans leur partie manuscrite des ratures ou des surcharges non approuvées sont refusées par le payeur. — *Règle de compt.*, 16 sept. 1843, [*Ann. ponts et ch.*, p. 585] — De Lalleau, Jousselin, Rendu et Périn, t. 2, n. 676.

534. — Si la propriété appartient en totalité ou en partie à des mineurs, interdits ou incapables, le contrat de vente doit rapporter l'autorisation donnée par le tribunal d'accepter les offres de l'administration. Il en est de même pour les immeubles dotaux et pour ceux dépendant d'un majorat. Pour les biens des communes, des établissements publics et des départements, le contrat mentionne l'autorisation donnée par le conseil municipal, le conseil d'administration, ou le conseil général. — Règlement du 16 sept. 1843.

535. — Le même règlement du 16 sept. 1843, toujours en vigueur, prescrit aussi que les contrats d'acquisition fassent connaître le canal, le chemin de fer, la route, le travail en vue duquel l'acquisition a lieu. Il impose à l'administration l'obligation de ne passer qu'un seul acte de vente relativement aux diverses parcelles contiguës appartenant au même propriétaire. — *Annales des ponts et chaussées*, p. 625. — De Lalleau, Jousselin, Rendu et Périn, t. 2, n. 679.

536. — D'après l'art. 56, L. 3 mai 1841, la minute des actes ainsi reçus en la forme administrative, demeure déposée au secrétariat de la préfecture. Les copies de ces actes, comme celle de tous les actes déposés dans les archives, sont certifiées par les agents de l'administration et payées selon le taux des copies certifiées par les huissiers (Ord. 18 sept. 1833, art. 5 et 6). — De Lalleau, Jousselin, Rendu et Périn, t. 2, n. 680.

537. — L'art. 56, L. 3 mai 1841, exige qu'une expédition des actes d'acquisition soit transmise à l'administration des domaines; cette injonction s'applique également aux acquisitions faites par les concessionnaires, car les terrains qu'ils acquièrent entrent dans le domaine public; la règle est la même pour les acquisitions de terrains concernant les routes départementales. Les directeurs des domaines doivent veiller à l'exécution de cette prescription, conserver les expéditions qui leur sont transmises, et en tenir un inventaire particulier (Instr. adm. enregistr., 28 janv. 1834). — De Lalleau, Jousselin, Rendu et Périn, t. 2, n. 684.

538. — D'autre part, un extrait des conventions amiables doit, de même que pour le jugement d'expropriation, être publié et affiché dans la commune, et inséré dans les journaux de l'arrondissement ou du département (L. 3 mai 1841, art. 13, § 1 et art. 19, § 1). Cette disposition n'existait pas dans la loi de 1833.

539. — Les actes notariés revêtus de la formule exécutoire peuvent être mis à exécution par toutes les voies de droit; autrement dit, ils emportent avec eux exécution parée. L'art. 14, tit. 2, Déc. 23-28 oct.-5 nov. 1790, accorde également l'exécution parée aux actes administratifs; il porte : « Le ministère des notaires ne sera nullement nécessaire pour la passation desdits baux (relatifs aux domaines nationaux), ni pour tous les autres actes d'administration. Ces actes ainsi que les baux emportent exécution parée. » Il a été jugé que cette disposition est générale, qu'elle est toujours en vigueur et que les actes administratifs ainsi rédigés emportent hypothèque. — Cass., 12 janv. 1835, Préfet des Basses-Pyrénées, [S. 35.1.11, P. chr.] — V. cependant *suprà*, v° *Acte administratif*, n. 163 et s. — Pour donner à ces actes la force coercitive à l'effet d'obliger les particuliers à les exécuter, l'usage, à défaut d'une formalité édictée par le législateur, s'est introduit de recourir à un arrêté du préfet, prescrivant l'exécution. — De Lalleau, Jousselin, Rendu et Périn, t. 2, n. 682.

540. — Si, en cas de cession amiable, l'expropriant n'a point à provoquer un jugement prononçant l'expropriation (V. *suprà*, n. 515 et s.); il n'en est ainsi qu'autant que la cession est certaine et que la convention la concernant est revêtue de toutes les formalités la rendant valable, notamment de toutes les approbations nécessitées par les lois et règlements administratifs. — Cass., 31 juill. 1843, Jayle, [P. 43.2.363]; — 29 janv. 1850, Buffault, [S. 50.1.192, D. 50.1.123] — Daffry de la Monnoye, t. 1, sur l'art. 13, n. 8; Crépon, sur l'art. 13, n. 25; de Lalleau, Jousselin, Rendu et Périn, t. 2, n. 683.

541. — Il a été jugé, dans cet ordre d'idées, que la prise de possession des terrains soumis à l'expropriation ne prouve pas l'existence de conventions amiables entre l'exproprié et l'administration. — Cass., 31 juill. 1843, précité.

542. — ... Que, par exemple, le seul fait, de la part de l'Etat, de s'être mis en possession d'une propriété privée pour en faire un établissement militaire, en vertu de la loi des 8-10 juill. 1791, ne suffit pas pour établir qu'il a payé le prix de la propriété, soit de gré à gré, soit sur estimation, aux termes de l'art. 7, tit. 4 de cette loi. — Cass., 11 déc. 1838, Préfet des Basses-Pyrénées, [S. 39.1.345, P. 39.2.392]

543. — ... Que l'existence de conventions amiables ne saurait résulter non plus de simples bordereaux signés seulement de l'exproprié, par lesquels il déclare accepter l'évaluation faite par l'ingénieur de l'arrondissement, alors que ces bordereaux mêmes portent la preuve qu'ils ont été renvoyés à l'exproprié par l'ingénieur en chef, parce que l'autorité supérieure ne les a pas approuvés. — Cass., 31 juill. 1843, précitée. — Crépon, sur l'art. 13, n. 8; Daffry de la Monnoye, t. 2, sur l'art. 13, n. 8.

544. — ... Que la décision d'un conseil municipal, qui autorise le maire à traiter sur les bases contenues dans une promesse de vente faite par un particulier en vue d'une expropriation, a bien pour effet de permettre à ce magistrat, après l'accomplissement des formalités prescrites par la loi, de consentir un contrat de cession, mais ne prouve pas que cet acte de cession se soit produit puisque, avant qu'il ait été réalisé, les parties ont pu renoncer à leur projet et modifier leurs intentions. — Trib. Seine, 31 janv. 1863, Desarmaux, [*Gaz. des Trib.*, 7 févr. 1863] — Daffry de la Monnoye, t. 2, sur l'art. 13, n. 9.

545. — Comme toutes les ventes d'immeuble, la cession amiable peut donner lieu, conformément à l'art. 1622, C. civ., à une action en augmentation ou en diminution de prix, qui doit être intentée dans l'année où l'acte de cession a reçu sa perfection; mais dans le cas où un tiers se portant fort pour le propriétaire d'un immeuble soumis à l'expropriation pour cause d'utilité publique a fixé sous sa responsabilité personnelle le prix de cet immeuble et a stipulé qu'il serait passé, immédiatement après, un acte de vente provisoire à approuver par le préfet, le délai pour intenter l'action en diminution de prix ne court que du jour où cet acte a été ratifié par le propriétaire et approuvé par le préfet au nom de l'Etat. — Cass., 10 févr. 1869, Lasvigne, [S. 69.1.309, P. 69.771, D. 69.1.176] — Daffry de la Monnoye, t. 1, sur l'art. 13, n. 10.

2° *De l'établissement de la propriété.*

546. — Antérieurement à la loi du 3 mai 1841, et d'après les dispositions des lois de 1810 et de 1833, on devait, dans les traités de cession amiable, établir l'origine de la propriété; cette obligation entravait beaucoup de traités de gré à gré, et rendait nécessaire la continuation de la procédure. Aujourd'hui, cette obligation n'est plus imposée; cette formalité, en effet, a paru inutile puisque d'après les art. 18 et 19, L. 3 mai 1841, l'action en revendication n'a aucun effet sur l'acte de cession; et que le droit du réclamant est seulement transporté sur le prix de l'immeuble. — De Lalleau, Jousselin, Rendu et Périn, t. 2, n. 714 et s.

547. — L'administration entre régulièrement en possession, alors qu'elle prend le lieu et place du propriétaire inscrit à la matrice des rôles (V. *suprà*, n. 290 et s.); et elle peut, par la transcription et la publication de son contrat, renvoyer à exercer leurs droits sur le prix les tiers qui pourraient prétendre exercer une action réelle. — De Peyrony et Delamarre, n. 199 et 200; Crépon, sur l'art. 56, n. 8; de Lalleau, Jousselin, Rendu et Périn, *loc. cit.*

548. — Mais si l'énonciation des noms des précédents propriétaires n'est pas obligatoire, elle est au moins fort utile, puisqu'elle prévient les créanciers de ces propriétaires; les fonctionnaires rédacteurs des actes de cession doivent donc les insérer dans l'acte toutes les fois qu'ils le peuvent. — De Lalleau, Jousselin, Rendu et Périn, t. 2, n. 718.

549. — La matrice des rôles reproduit souvent d'une manière inexacte les noms des propriétaires; elle orthographie mal les noms, modifie les prénoms, change la profession ou le domicile, ou ne les mentionne pas. De là peut naître une incertitude sur l'identité de la personne qui se présente pour traiter. Dans ce cas l'identité peut être connue du fonctionnaire rédacteur, mais son assertion à cet égard ne suffit pas, il doit obliger le cédant à justifier de son identité, par la production d'un bail, d'un acte de vente, d'un partage ou d'un autre acte authentique; à défaut d'acte authentique l'identité est établie par un certificat émanant du maire du lieu de la situation de l'immeuble, dressé sur la déclaration de deux témoins. Le contrat de cession énonce ces justifications, sans qu'il soit besoin d'y annexer les pièces produites. Exception est faite pour le certificat du maire, dont le cédant n'a nul besoin, et qui, étant délivré en brevet, ne pourrait être retrouvé par l'administration, si plus tard elle en avait besoin. Les actes de l'état civil peuvent encore servir à rectifier les erreurs (Règl. 16 sept. 1843 : *Annales des ponts et chaussées*, 1843, p. 624). — De Lalleau, Jousselin, Rendu et Périn, t. 2, n. 719.

550. — Pour la régularité des actes de cession amiable les noms des propriétaires portés à la matrice des rôles suffisent donc; si des mutations de propriété ont eu lieu, et si elles n'ont pas été portées au registre cadastral, on pourra procéder à la rectification et à la justification des noms des véritables propriétaires par la production d'actes réguliers par exemple d'actes de vente et de partage; si l'administration traite avec un propriétaire autre que celui dont le nom est porté sur la matrice des rôles, l'acte de cession devra faire connaître les motifs de cette substitution. — Crépon, sur l'art. 56, n. 5, 6 et 7; de Lalleau, Jousselin, Rendu et Périn, t. 2, n. 678, note.

551. — Les rédacteurs de l'acte doivent aussi indiquer comment la propriété est passée de la tête du propriétaire porté à la matrice des rôles à celle de la personne qui se présente pour traiter (Règl. du 16 sept. 1843). En agissant ainsi l'administration joint la possession de son cédant avec celle des propriétés portées à la matrice des rôles, et des propriétaires intermédiaires, s'il en existe, de manière à pouvoir invoquer une possession plus s'annale; elle échappe ainsi à une action en revendication; en publiant son contrat conformément à l'art. 15, L. 3 mai 1841, et en le faisant transcrire, elle purge les droits réels existants sur l'immeuble; en se faisant délivrer un certificat du conservateur des hypothèques sur toutes les personnes dénommées au contrat, elle sait si elle doit payer son prix à la personne avec qui elle a traité, ou le consigner. — De Lalleau, Jousselin, Rendu et Périn, t. 2, n. 720.

552. — Si les propriétaires sont désignés à la matrice des rôles sous la désignation, les enfants X..., les enfants X..., l'administration doit exiger de ceux qui se présentent pour traiter, un intitulé d'inventaire, un acte de partage, un acte de notoriété, établissant qu'ils sont les seuls héritiers du sieur X...; si la matrice des rôles n'indique qu'un propriétaire alors qu'il en existe plusieurs, l'administration exigera les pièces dont il vient d'être parlé pour justifier de la qualité des vendeurs. En pareil cas elle se contente souvent de la déclaration de la personne dont le nom figure à la matrice des rôles que les autres comparants, sont, comme elle, copropriétaires de l'immeuble. — De Lalleau, Jousselin, Rendu et Périn, t. 2, n. 722 et 726.

§ 3. *De la compétence.*

553. — Les actes contenant cession à l'amiable de terrains sujets à expropriation pour cause d'utilité publique sont, alors même qu'ils ont été passés en la forme administrative, des contrats de droit civil, dont l'interprétation et l'exécution appartiennent à l'autorité judiciaire, et non des actes administratifs dont il n'appartient qu'à l'autorité administrative de connaître. — Cass., 17 juill. 1849, Préfet de la Nièvre, [S. 49.1.691, P. 49.2. 400, D. 49.1.315]; — 1er août 1878, Abadie, [S. 79.1.383, P. 79. 911, D. 79.1.167]; — 17 janv. 1881, Fizot-Lavergne, [S. 81.1. 380, P. 81.1.201, D. 81.1.157]; — 30 juill. 1890, Préfet des Vosges, [S. et P. 92.1.527, D. 91.1.199] — Trib. des conflits, 15 mars 1850, Ajasson, [S. 50.2.361, P. adm. chr., D. 50.3.34]; — 8 mai 1850, Gauthier, [S. 50.2.588, P. adm. chr., D. 50.3.57]; — 30 nov. 1850, Laporte, [P. adm. chr., D. 51.3.17]; — 16 déc. 1850, d'Espagnet, [S. 51.2.300, P. adm. chr., D. 51.3.21]; — 24 juill. 1880, Latham, [S. 82.3.8, P. adm. chr., D. 81.3.83]; — 20 nov. 1880, Thuillier, [S. 82.3.18, P. adm. chr., D. 81.3.83] — Cons. d'Ét., 22 août 1853, Duhome, [S. 54.2.283, P. adm. chr.]; — 22 févr. 1855, de Chergé,[S. 55.2.520, P. adm. chr., D. 55.3.57]; — 15 mars 1855, Gay-Dupalland, [S. 55.2.521, P. adm. chr.]; — 10 mai 1855, Sœurs de Saint-Alexis, [S. 55.2.522, P. adm. chr., D. 55.3.514]; — 19 juill. 1855, Ruillon, [S. 55.2.222, P. adm. chr., D. 56.3.11]; — 26 nov. 1857, Chemin de fer du Midi, [S. 58.2.601, P. adm. chr.]; — 9 déc. 1858, Guillemin, [S. 59.2.458, P. adm. chr.]; — 13 janv. 1859, Chemin de fer de l'Est, [S. 59.2.458, P. adm. chr., D. 59.5.175]; — 16 août 1860. Moulin de Moissac, [S. 61.2.430, P. adm. chr., D. 61.3.42]; — 19 déc. 1868, Chauvel, [S. 69.2. 343, P. adm. chr., D. 69.3.100]; — 30 août 1871, Marestang, [S. 71.2.188, P. adm. chr., D. 72.3.47]; — 1er août 1873, Abadie, [S.75.2.119, P. adm. chr., D. 74.3.24]; — 21 juill. 1876, Ville de Brest, [S. 78.2.308, P. adm. chr., D. 76.3.98]; — 8 mai 1885, Cardinal, [Leb. chr., p. 502]; — 15 nov. 1893, Cousin, [S. et P. 97.3.144, D. 96.3.91] — Chauveau, *Princ. de compét. et de jurid. adm.*, n. 418 et s., 600 et s.; Reverchon, Dissert. insérée dans le journal *Le Droit*, 24 mai 1855; Chauveau, *Gaz. des Trib.*, 24 août 1853; de Peyrony et Delamarre, n. 204; Daffry de la Monnoye. t. 1, sur l'art. 13, n. 5; Dufour, n. 43; Chauveau, n. 418 et s.; de Lalleau, Jousselin, Rendu et Périn, t. 2, n. 682 *bis*; Crépon, sur l'art. 13, n. 7. — V. toutefois, Cass., 14 août 1854, Audiguier, [S. 55.1.142, P. 55.1.405]

554. — Il en est notamment ainsi quand l'accord des parties a été consigné à la suite du procès-verbal relatant les opérations du jury d'expropriation; puisque l'autorité judiciaire est compétente quand l'acte constatant la cession amiable a été reçu dans la forme administrative, à plus forte raison l'est-elle quand c'est devant un magistrat (dans l'espèce le magistrat directeur du jury) que le contrat est formé, et que c'est celui-ci qui le reçoit. — Cass. 24 mai 1898, Préfet des Pyrénées-Orientales, [S. et P. 98.1.416]

555. — Par suite, le conseil de préfecture est incompétent pour connaître d'une réclamation relative à l'exécution d'une stipulation contenue dans un acte de cession amiable de terrain. — Cons. d'Ét., 8 mai 1885, précité.

556. — C'est donc à l'autorité judiciaire qu'il appartient de rechercher si l'acte de cession a établi une servitude, quelle en est l'importance et l'étendue. — Cass., 17 juill. 1849, précité. — Crépon, sur l'art. 13, n. 8; Daffry de la Monnoye, t. 1, sur l'art. 13, n. 7.

557. — ... De décider si de l'acte de vente il résulte pour l'expropriant l'obligation de concéder au vendeur un droit de passage pour lui assurer une communication avec des terrains coupés par le chemin de fer. — Cass., 30 janv. 1860, précité. — Crépon, sur l'art. 13, n. 9.

558. — ... De déclarer que l'expropriation, bien que portant sur une source située sur une parcelle comprise dans l'une des parcelles cédées, ne comprend pas les eaux de la source alimentant une fontaine, et la conduite amenant ces eaux. — Cass., 17 janv. 1881, précité. — Crépon, sur l'art. 13, n. 10.

559. — En cas de cession amiable, lors d'une expropriation par un particulier à l'État, d'une parcelle de propriété moyennant une indemnité et l'engagement pris par l'État d'établir un chemin d'exploitation, l'autorité judiciaire est seule compétente pour constater l'existence de cette convention, en déterminer le sens et la portée, et pour décider notamment que l'État s'est engagé à créer et à maintenir en bon état de viabilité le chemin litigieux, et pour statuer sur les conséquences de l'inexécution des engagements pris. — Cass., 30 juill. 1890, Préfet des Vosges, [S. et P. 92.1.527, D. 91.1.199] — Il en est ainsi, alors même que les actes d'où résulteraient les engagements pris par l'État auraient été passés en la forme administrative. — Cass., 1er août 1878, précité. 1890, précité. — Crépon, sur l'art. 13, n. 24.

560. — Dans le cas où le fermier d'une parcelle de terre, desservie par un chemin d'exploitation, a formé contre le propriétaire de cette parcelle une action en indemnité, à raison de ce que ce chemin se trouve supprimé par suite de la construction d'un chemin de fer, alors que l'autorité judiciaire est seule compétente pour connaître de la demande en garantie dirigée par le propriétaire contre l'État, alors que cette demande est fondée sur les clauses d'un acte de cession amiable passé entre le propriétaire et l'administration. — Trib. des conflits, 24 juill. 1880, précité. — Crépon, sur l'art. 13, n. 11.

561. — Remarquons qu'en matière de garantie simple, la déclaration de la compagnie concessionnaire, par laquelle elle fait connaître qu'elle prend le fait et cause de l'État que lui s'est substitué. ne peut avoir pour conséquence de faire mettre hors d'instance l'État assigné comme partie contractante en réparation du préjudice causé par l'inexécution du contrat. — Cass., 24 mai 1898, précité. — C'est une application de l'art. 183, C. proc. civ., qui ne pouvait soulever de difficulté sérieuse. — V. *infrà*, v° Garantie, n. 149 et s.

562. — S'il s'agit d'interpréter l'acte de vente pour déterminer l'étendue des terrains amiablement cédés, et rechercher si telle parcelle non comprise dans la cession, cette interprétation, appartiendra également à l'autorité judiciaire. — Trib. des conflits, 30 août 1871, précité. — Crépon, sur l'art. 13, n. 13.

563. — C'est encore à l'autorité judiciaire seule qu'il appartiendra d'interpréter un acte de cession amiable intervenu entre des particuliers et une commune et de trancher des difficultés qui se sont élevées entre eux au sujet d'un échange de terrains, dont partie était nécessaire à l'ouverture d'une rue. — Trib. des conflits, 8 mai 1850, précité. — Crépon, sur l'art. 13, n. 14.

564. — ... De décider si la construction d'un pont ou d'un viaduc sur un point déterminé n'était pas une des conditions de la cession, et si la non-construction de ce viaduc n'a pas causé au vendeur un préjudice dont il lui est dû réparation. — Trib. des conflits, 30 nov. 1850, précité. — Cons. d'Ét., 22 févr. 1855, précité. — Crépon, sur l'art. 13, n. 15.

565. — ... De décider si des terrains cédés gratuitement ne l'ont pas été sous la condition de ne pas dépasser une certaine limite, et de ne point toucher à une chapelle; et, sur ce dernier point de savoir si le cédant a le droit de réclamer une indemnité à la limite prévue a été dépassée, et si la chapelle a été démolie. — Cons. d'Ét., 10 mai 1855, précité. — Crépon, sur l'art. 13, n. 16.

566. — ... De rechercher si un cas dans lequel une indemnité supplémentaire devait être accordée s'est réalisé, et de déterminer cette indemnité. — Cons. d'Ét., 28 nov. 1861, Berthon, [P. adm. chr., D. 62.3.55] — Crépon, sur l'art. 13, n. 17; Daffry de la Monnoye, t. 1, sur l'art. 13, n. 5.

567. — ... De rechercher si, alors que des dommages sont réclamés pour l'exécution de travaux publics, ces dommages n'ont pas été prévus dans le traité de cession, et n'ont pas été compris dans le prix convenu entre les parties. — Cons. d'Ét., 30 janv. 1868, Gigon, [D. 70.3.110] — Crépon, sur l'art. 13, n. 18.

568. — Dans le cas où un particulier a déclaré, dans l'enquête préalable à l'ouverture d'un chemin vicinal, céder gratuitement, pour la confection de ce chemin, certains terrains qui ont été compris depuis dans l'arrêté de cessibilité, c'est à l'autorité judiciaire qu'il appartient de statuer sur les difficultés auxquelles donne lieu, entre la commune et ce particulier, l'exécution de cet engagement. — Cons. d'Et., 1er août 1873, Abadie, [S. 75. 2.119, P. adm. chr., D. 74.3.24] — Crépon, sur l'art. 13, n. 19.

569. — Il a été jugé, toujours dans le même sens, que lorsqu'une compagnie de chemin de fer, assignée devant le conseil de préfecture, par le propriétaire d'un terrain exproprié partiellement pour l'établissement du chemin, en réparation du dommage causé au surplus de la propriété par l'exécution des travaux, soutient que le contrat par lequel l'indemnité d'expropriation a été réglée à l'amiable contient une renonciation par le demandeur à toute indemnité ultérieure, le conseil de préfecture excède les limites de sa compétence en statuant au fond, sans qu'il ait été prononcé par l'autorité judiciaire sur le sens et la portée de la clause invoquée. — Cons. d'Et., 26 nov. 1857, Chem. de fer du Midi, [S. 58.2.601, P. adm. chr.]

570. — ... Que si l'administration prétend avoir été autorisée par un propriétaire à comprendre, sans recourir aux formalités de l'expropriation pour cause d'utilité publique, un terrain appartenant à ce dernier dans le nouveau tracé d'un chemin vicinal de grande communication, l'autorité judiciaire est seule compétente, en cas de dénégation par le propriétaire de la convention alléguée, pour prononcer sur l'existence de cette convention. — Cons. d'Et., 19 déc. 1868, Chauvet, [S. 69.2.343, P. adm. chr., D. 69.3.100]

571. — ... Que l'autorité judiciaire a seule compétence pour connaître des questions de propriété de la solution desquelles dépend l'existence du droit à l'indemnité réclamée en matière d'expropriation. — Cass., 30 juill. 1890, Préfet des Vosges, [S. et P. 92.1.527, D. 91.4.199] — ... Que par suite si, pour la solution de cette question de propriété, il faut, non pas seulement appliquer purement et simplement les dispositions d'un acte administratif parfaitement clair, mais en interpréter les clauses plus ou moins obscures, les juges saisis doivent surseoir à statuer jusqu'à ce qu'une interprétation nécessaire ait été donnée par l'autorité compétente, mais qu'ils ne peuvent se dessaisir complètement et se déclarer incompétents. — Cass., 30 juill. 1890, précité. — V. supra, v° Compétence administrative, n. 472 et s.

572. — Au reste, si, en vertu d'une autorisation du conseil municipal approuvée par le préfet, une commune a acquis à l'amiable, par contrat notarié, un immeuble appartenant à un particulier et frappé d'expropriation pour cause d'utilité publique, l'autorité judiciaire, saisie de difficultés relatives à l'exécution de ce contrat, n'est pas tenue de surseoir jusqu'à ce qu'il ait été décidé si, comme le prétend la commune, les autorisations données par l'administration sont irrégulières, alors que, à raison des circonstances, la solution de cette question ne peut avoir aucune influence sur le litige. — Cons. d'Et., 30 août 1871, Marestang, [S. 71.2.188, P. adm. chr., D. 72.3.47]

573. — Peu importe, d'ailleurs, au point de vue de l'autorité compétente, quelles sont les parties en présence ; ainsi c'est à l'autorité judiciaire à statuer sur les difficultés relatives à une cession de terrains consentie par l'Etat à une commune, pour l'exécution d'un travail déclaré d'utilité publique, dans les formes indiquées par les art. 13 et 56, L. 3 mai 1841. — Cons. d'Et., 21 juill. 1876, Ville de Brest, [S. 78.2.308, P. adm. chr., D. 76.3.98] — Crépon, sur l'art. 13, n. 21

574. — La compétence de l'autorité judiciaire en matière d'interprétation des actes de cession amiable, entraîne pour elle compétence pour prononcer une condamnation à des dommages-intérêts contre la partie qui se refuse à exécuter l'une des stipulations de cet acte. — Cons. d'Et., 15 mars 1855, Gay-Dupalland, [S. 55.2.321, P. adm. chr.] — De Lalleau, Jousselin, Rendu et Périn, t. 2, n. 682 bis.

575. — Par suite, lorsqu'il est intervenu, entre la commune et un propriétaire, une cession amiable d'une portion d'immeuble, l'autorité judiciaire est seule compétente pour statuer sur l'action du propriétaire, tendant à obtenir l'exécution d'une des clauses de l'acte, ou, à défaut, des dommages-intérêts. — Trib. des confl., 20 nov. 1880, Thuillier, [S. 82.3.18, P. adm. chr., D. 81.3.83] — Crépon, sur l'art. 13, n. 12.

576. — De même, lorsque le terrain exproprié a été cédé amiablement à l'Etat moyennant un certain prix et l'accomplissement de certaines conditions à la charge de l'Etat (notamment le rétablissement de l'ancien relief du sol), l'autorité judiciaire est seule compétente pour connaître de la demande en indemnité fondée sur l'inexécution d'une partie des engagements de l'Etat. — Cons. d'Et., 15 nov. 1895, Cousin, [S. et P. 97.3.144, D. 96.3.91] — V. aussi Cass., 24 mai 1898, Préfet des Pyrénées-Orientales, [S. et P. 98.1.416, D. 98.1.425]

577. — Lorsque par le traité de cession l'Etat s'est engagé envers le cédant à exécuter certains travaux, l'autorité judiciaire n'est pas compétente, si l'Etat n'exécute pas ses engagements, pour ordonner l'exécution des travaux publics, mais elle serait compétente pour condamner l'Etat à des dommages-intérêts à raison de l'inexécution de ses engagements. — Daffry de la Monnoye, t. 1, sur l'art. 13, n. 5.

578. — Si la difficulté ne portait point sur l'interprétation de l'acte de cession passé en la forme administrative, mais si sa forme même était critiquée, si le litige portait sur la question de savoir si l'acte a été revêtu de l'approbation de l'autorité supérieure, la question échapperait alors à l'autorité judiciaire pour revenir à l'autorité administrative. — Trib. des confl., 15 mars 1850, Ajassou, [S. 50.2.364, P. adm. chr., D. 50.3.34] — De Lalleau, Jousselin, Rendu et Périn, t. 2, n. 682 bis ; Crépon, sur l'art. 13, n. 22. — V. aussi Daffry de la Monnoye, t. 1, sur l'art. 13, n. 5.

579. — Sur la question de savoir quelle est l'autorité compétente au cas où la cession de terrain n'a fait l'objet que d'une offre de concours, V. supra, v° Compétence administrative, n. 1361 et s.

Section II.

Des cessions amiables consenties au nom des incapables et des établissements publics.

§ 1. Règles générales.

580. — La loi de 1810, n'autorisait point les représentants des incapables à consentir une cession amiable ; il fallait donc, à l'égard de leurs biens, suivre toute la procédure de l'expropriation ; de là de graves inconvénients signalés en 1832, lors de la discussion de la loi nouvelle ; la Chambre des députés, à cette époque, reconnut aux représentants des incapables le droit de traiter avant le jugement d'expropriation ; mais la Chambre des pairs pensa que ce serait permettre la vente de biens inaliénables, sans l'accomplissement des formalités solennelles qui sont la garantie des intérêts en jeu ; aussi la loi du 7 juill. 1833 autorisa seulement les représentants des incapables à accepter les offres énoncées en l'art. 23 ; c'est-à-dire les offres faites après le jugement d'expropriation. Ce système obligeait donc l'administration à commencer la procédure de l'expropriation alors qu'elle était d'accord avec les représentants des incapables sur le prix des immeubles à céder ; de là des frais et des lenteurs (Moniteur, 13 déc. 1832, p. 2136 ; 10 mai 1833, p. 1308). — De Lalleau, Jousselin, Rendu et Périn, t. 2, n. 684.

581. — La loi du 3 mai 1841 dispose : « Si des biens de mineurs, d'interdits, d'absents ou autres incapables sont compris dans les plans déposés en vertu de l'art. 5, ou dans les modifications admises par l'administration supérieure aux termes de l'art. 11 de la loi, les tuteurs, ceux qui ont été envoyés en possession provisoire, et tous représentants des incapables, peuvent, après autorisation du tribunal donnée sur simple requête en la chambre du conseil, le ministère public entendu, consentir amiablement à l'aliénation desdits biens, art. 13, § 1).

582. — A quel moment la cession amiable peut-elle se produire ? Les représentants des incapables ne peuvent-ils la consentir qu'après le dépôt des plans parcellaires ainsi que semble l'indiquer l'art. 13 précité ?

583. — Il faut reconnaître que les expressions du législateur sont plutôt énonciatives, et s'ils avaient prévu un moment où la cession peut se produire, elles n'interdisent point les cessions amiables intervenues avant le dépôt du plan parcellaire, et cette dernière manière de voir est plus conforme à l'intention du législateur qui a voulu favoriser les cessions amiables tout en sauvegardant les intérêts des incapables. — De Lalleau, Jousselin, Rendu et Périn. t. 2, n. 687. — V. cep. de Peyrony et Delamarre, n. 198; Gillon et Stourm, p. 79; Crépon, sur l'art. 13, n. 10.

584. — D'ailleurs, la volonté du législateur ressort des explications du rapporteur Dufaure. Ce savant jurisconsulte s'exprimait ainsi : « Lorsque le plan des propriétés dont la cession est nécessaire a été définitivement arrêté, le pouvoir judiciaire est appelé à prononcer l'expropriation contre ceux des propriétaires avec lesquels il n'a pas été possible de traiter à l'amiable. C'est l'objet du titre 3 de la loi de 1833. Mais une lacune existait dans la loi; elle n'avait pas prévu les formes suivant lesquelles il serait permis de traiter à l'amiable pour les biens des mineurs et autres incapables. Elle donnait à leurs représentants le droit de convenir du prix après l'expropriation prononcée, mais elle ne leur permettait pas de consentir à l'expropriation. Pourquoi, dès que l'aliénation est forcée, ne pas leur permettre d'y souscrire par un acte volontaire, sauf les précautions propres à garantir les droits des incapables? Tel est le but d'une série de dispositions que nous avons ajoutées à l'art. 13, et qui déterminent dans quelles formes les biens des mineurs, d'interdits, d'absents ou autres incapables, les immeubles dotaux, les biens des départements, des communes ou établissements publics, ceux de l'État et ceux qui font partie de la dotation de la couronne pourront devenir l'objet de traités amiables. Nous appliquons à l'aliénation même de l'immeuble la disposition que la loi de 1833 n'applique qu'au règlement du prix » (*Moniteur*, 20 juin 1840, suppl. *b*).

585. — Ainsi le dépôt du plan parcellaire n'a point été indiqué comme la condition permettant la cession, mais bien le moment où l'aliénation devient forcée; or, le dépôt du plan parcellaire ne constitue pas le moment où l'aliénation devient forcée; en effet, le plan peut être modifié, après son dépôt à la mairie; les réclamations qui ont pu s'élever et l'enquête à laquelle il est procédé ont pu amener à modifier le tracé. Le tribunal chargé d'autoriser la cession lorsque l'aliénation est forcée, n'a pas à rechercher si l'aliénation est forcée, elle peut l'être dès la déclaration d'utilité publique : dès lors, que ce soit avant ou après le dépôt du plan parcellaire, le tribunal peut autoriser la cession; si le tribunal, pour s'assurer que l'aliénation est forcée est obligé de connaître le tracé définitif, il attendra non seulement le dépôt du plan parcellaire, mais l'arrêté de cessibilité; mais si l'expropriation est de peu d'importance, ne porte que sur certains immeubles, il pourra se rendre compte que l'aliénation est forcée dès la déclaration d'utilité publique et autoriser la cession dès que cette déclaration a été rendue. Il en sera ainsi particulièrement à l'égard des travaux d'amélioration ou d'agrandissement, forcément limités et précisés, et des travaux communaux. La solution est la même à l'égard des autorisations à demander aux conseils généraux, municipaux, aux conseils d'administration. — De Lalleau, Jousselin, Rendu et Périn, t. 2, n. 689, 690 et 691.

586. — S'il s'agit de travaux de fortifications urgents ou non urgents, il n'existe pas de plan parcellaire, et le préfet ne rend pas d'arrêté pour désigner les propriétés à acquérir; c'est un décret qui détermine les terrains à acquérir (V. *suprà*, n. 425 et s.); ce décret suffira dès lors pour permettre la cession volontaire; c'est donc la preuve que la cession amiable est autorisée, ainsi que le disait M. Dufaure, dès que l'aliénation est forcée. — De Lalleau, Jousselin, Rendu et Périn, t. 2, n. 692.

587. — Les représentants des incapables n'ont besoin de l'autorisation du tribunal qu'en cas de cession amiable; ils n'ont pas à s'en pourvoir lorsque l'indemnité est, après le jugement d'expropriation, fixée par le jury. — Cass., 18 févr. 1846, Préfet des Bouches-du-Rhône, [S. 46.1.237, P. 46.1.500, D. 46.1.64] — Toulouse, 8 août 1866, Chem. de fer du Midi, [D. 66.2.209] — C'est là peut-être une lacune dans la loi, car le jury ne pouvant allouer une somme supérieure à la demande, par celle faite par le tuteur; si celui-ci, par incapacité, légèreté ou tout autre motif, n'a point réclamé une somme suffisante, les intérêts de l'incapable sont lésés; il y aurait peut-être là une amélioration à apporter à la loi. — Crépon, sur l'art. 13, n. 31; de Lalleau, Jousselin, Rendu et Périn, t. 2, n. 687, note, et n. 693, note.

588. — Si les offres d'indemnité faites aux incapables ne peuvent être acceptées par leurs représentants, qu'autant qu'ils y auront été régulièrement autorisés, à plus forte raison une aliénation ne peut-elle être consentie en leur nom par leurs représentants sans une autorisation préalable et expresse. — Cass., 25 juin 1883, Hospice de Sainte-Menehould, [S. 84.1.132, P. 84.1.285, D. 83.1.479] — Crépon, sur l'art. 13, n. 32.

589. — Mais l'autorisation n'est sollicitée que si le représentant de l'incapable pense qu'il y a lieu pour lui d'accepter les offres de l'administration; s'il estime qu'elles sont insuffisantes, il n'a point d'avis à prendre à cet égard; et il lui appartient de s'éclairer comme il l'entend, pour ne point laisser péricliter entre ses mains les intérêts de celui qu'il est chargé de protéger et défendre. — De Lalleau, Jousselin, Rendu et Périn, t. 2, n. 693.

§ 2. *Des biens des mineurs.*

590. — D'après les règles ordinaires de droit commun, le tuteur représente bien le mineur et a qualité pour traiter avec les tiers, mais il ne peut seul fixer le prix des immeubles; il lui faut le consentement du conseil de famille et l'autorisation du tribunal; pour faciliter la procédure d'expropriation, le législateur a permis au tuteur de traiter avec l'expropriant relativement aux biens du mineur exproprié et d'en fixer le prix avec la seule autorisation du tribunal.

591. — La loi de 1833, art. 25, décidait que le tribunal devait être saisi sur simple mémoire, d'où l'on concluait que le ministère des avoués n'était point nécessaire; l'art. 23, L. 3 mai 1841, remplace les mots « simple mémoire » par ceux de « simple requête; » dans la discussion de la loi aucun motif n'a été donné pour justifier cette modification, et l'on a pensé que rien n'était changé et que le ministère des avoués n'était point indispensable. — Circ. min. des Trav. publ., 22 juill. 1843, [*Annales des ponts et chaussées*, p. 426] — Daffry de la Monnoye, t. 1, sur l'art. 13, n. 2.

592. — Un arrêt de la cour de Paris du 27 févr. 1854, Adville, [S. 54.2.139, P. 54.2.103] a bien jugé que le ministère des avoués était exclu de la procédure d'expropriation, mais il l'a décidé dans un cas qui n'a aucune analogie avec celui qui nous occupe. La règle en matière de requête présentée au tribunal, c'est que ces requêtes doivent être produites par un avoué; cette règle ne recevant pas d'exception dans le cas où une autorisation est demandée au tribunal pour l'aliénation du bien d'un mineur, elle doit, par suite, être maintenue; aussi a-t-il été jugé que la requête que doivent présenter au tribunal civil les représentants des incapables (par exemple, un tuteur) afin d'être autorisés à accepter les offres d'indemnité faites par l'administration qui poursuit l'expropriation pour cause d'utilité publique d'immeubles appartenant à ces incapables, doit être signée par un avoué. — Paris, 13 oct. 1852, Nicaise, [S. 55.2.576, P. 52.2.534.] — Circ. min. des Trav. publ., 17 sept. 1856, [S. 57.2.389] — De Peyrony et Delamarre, n. 191; Crépon, sur l'art. 13, n. 46; de Lalleau, Jousselin, Rendu et Périn, t. 2, n. 694.

593. — L'indemnité accordée au mineur ne serait pas complète si celui-ci devait payer les frais du jugement d'autorisation; le tuteur doit donc tenir compte de ces frais dans la fixation de l'indemnité; pour prévenir toute difficulté les préfets chargent souvent un avoué de présenter requête pour tous les incapables dont les représentants ont traité avec l'administration. Mais, en principe, les frais du jugement d'expropriation sont à la charge de l'incapable. — Gand, p. 306; de Lalleau, Jousselin, Rendu et Périn, t. 2, n. 695.

594. — L'homologation des mesures qui intéressent le mineur est accordée, d'ordinaire, par le tribunal du lieu où la tutelle s'est ouverte (C. civ., art. 458); cependant, en matière d'expropriation, l'on doit penser que c'est au tribunal de la situation de l'immeuble qu'il faut demander l'autorisation; c'est ce tribunal qui est compétent, d'une manière générale, pour rendre tous les jugements d'expropriation; en outre, il est mieux placé qu'aucun autre pour rechercher si le tuteur a raison de consentir à l'aliénation et si l'indemnité est suffisante; il lui est, d'ailleurs, plus facile de se renseigner quant aux mesures de remploi convenables à la fortune du mineur (V. *infrà*, n. 596). — De Peyrony et Delamarre, n. 192; Crépon, sur l'art. 13, n. 47; de Lalleau, Jousselin, Rendu et Périn, t. 2, n. 697.

595. — L'autorisation ne peut être accordée que si l'aliénation est forcée; le tribunal doit donc vérifier avec soin s'il se trouve en présence d'une aliénation réellement obligatoire; si le cas le plus fréquent lorsque l'expropriation est poursuivie directement par une administration, il n'en est pas ainsi si elle est suivie par des concessionnaires, l'examen devra être plus attentif parce qu'il arrive à ceux-ci d'étendre l'expropriation pour revendre des terrains qui ont acquis une plus-value par l'exécution des travaux. L'indication d'une propriété sur le plan parcellaire n'est pas toujours la preuve de l'obligation d'aliéner, car le tracé peut être changé. — De Lalleau, Jousselin, Rendu et Périn, t. 2, n. 699.

596. — Le tuteur, pour éclairer le tribunal et faciliter sa décision, doit indiquer dans sa requête les modes d'emploi qu'il croit utiles au mineur: paiement des dettes, placement en rentes sur l'État, acquisition d'immeubles, consignation jusqu'à ce qu'un emploi soit trouvé; cette dernière mesure ne devra pas être ordonnée facilement parce qu'elle sera, en règle générale, défavorable aux intérêts du mineur. Si la somme provenant du prix de cession est peu importante, elle pourra être laissée à la disposition du tuteur sous sa responsabilité. L'attention du procureur de la République, auquel la requête doit être communiquée, devra se porter particulièrement sur ces points; il en est de même du tribunal. — De Lalleau, Jousselin, Rendu et Périn, t. 2, n. 700; de Peyrony et Delamarre, n. 193; Crépon, sur l'art. 13, n. 54.

597. — Il est nécessaire que l'administration puisse payer de suite le prix ou le consigner, car elle doit entrer en possession sans délai; elle ne saurait être obligée de surveiller l'emploi, ni d'attendre, pour payer le prix de cession, qu'un emploi ait été réalisé. Si le tribunal impose à l'administration des mesures de sauvegarde que celle-ci n'accepte pas, la cession amiable n'aura pas lieu et il faudra continuer la procédure d'expropriation. — De Lalleau, Jousselin, Rendu et Périn, t. 2, n. 700.

598. — L'examen du tribunal devra être encore plus approfondi et plus attentif lorsque le tuteur aura requis l'acquisition intégrale d'une propriété du mineur qui n'était que morcelée par les travaux (V. suprà, n. 1386 et s.); le tuteur indiquera cette circonstance dans sa requête; le procureur de la République, d'abord, le tribunal ensuite, devront rechercher si cette réquisition d'acquisition intégrale est bien conforme aux intérêts des mineurs. — De Lalleau, Jousselin, Rendu et Périn, t. 2, n. 701.

599. — Le tribunal procède à l'examen de l'affaire en chambre du conseil; c'est dans cette chambre que sont prises les explications de l'avoué, et les conclusions du procureur de la République; c'est aussi en chambre du conseil que le jugement est rendu; le législateur n'a point voulu mettre le public au courant des affaires du mineur et de sa situation de fortune. — De Lalleau, Jousselin, Rendu et Périn, t. 2, n. 698.

600. — Le mineur émancipé, notamment le mineur émancipé par mariage, agit en personne sollicitée de son curateur; c'est donc lui-même, avec l'assistance de son curateur, qui sollicitera l'autorisation du tribunal relativement au traité de cession intervenu entre l'administration et lui; la procédure serait nulle si elle était poursuivie par le mineur seul. — De Lalleau, Jousselin, Rendu et Périn, t. 2, n. 702; Crépon, sur l'art. 13, n. 35.

§ 3. Des biens des interdits, prodigues, absents, faillis, aliénés et autres incapables.

601. — Ce que nous venons de dire relativement au mineur s'applique aux autres incapables; les interdits, tout d'abord, sont assimilés aux mineurs; quant aux aliénés non interdits placés dans des établissements d'aliénés, ils agissent par les représentants que leur donne la loi du 30 juin 1838; ceux-ci poursuivent l'autorisation du tribunal. Le prodigue, comme le mineur émancipé, présente lui-même requête assisté de son curateur. Si le prodigue avait agi seul, sans être assisté de son curateur, la procédure ainsi faite serait nulle. — Cass., 17 avr. 1866, Quesnot, [D. 66.5.193] — De Lalleau, Jousselin, Rendu et Périn, t. 2, n. 703; Crépon, sur l'art. 13, n. 36, 37, 40. — V. infrà, n. 1298, et suprà, v° Conseil judiciaire, n. 192 et s.

602. — S'il s'agit de biens appartenant à des absents, il faut distinguer selon le moment où l'expropriation se produit. Tant que la déclaration d'absence n'est pas intervenue (C. civ., art. 115 et 121, V. suprà, v° Absence, n. 95 et s.), le tribunal pourvoit, s'il y a nécessité, à l'administration des biens de l'absent (C. civ., art. 112); il appartiendra donc au tribunal de nommer un curateur des biens de l'absent, et d'autoriser celui-ci; s'il y a lieu, le traité de cession consenti par celui-ci; après la déclaration d'absence, les héritiers qui se sont fait envoyer en possession provisoire n'ont pas le pouvoir d'aliéner; ils devront donc, s'ils consentent un traité amiable, solliciter l'autorisation du tribunal; l'époux de l'absent, qui a opté pour la continuation de la communauté, est dans la même situation et doit demander la même autorisation. Les envoyés en possession définitive peuvent librement consentir à l'absent le prix de la cession, s'il reparaît. — De Lalleau, Jousselin, Rendu et Périn, t. 2, n. 706; Crépon, sur l'art. 13, n. 39. — V. sur ces principes, suprà, v° Absence, n. 467 et s.

603. — L'héritier bénéficiaire et le curateur à une succession vacante, quoiqu'ils ne soient point représentants d'incapables, peuvent néanmoins consentir l'aliénation amiable. C'est évidemment l'esprit de la loi. Il y a, au surplus, une grande analogie entre les pouvoirs des héritiers bénéficiaires et des curateurs à successions vacantes, et ceux des tuteurs, en ce qui concerne l'aliénation des immeubles (C. proc. civ., art. 986 et s. — V. suprà v° Bénéfice d'inventaire, n. 630 et s.). Dès lors, on n'aperçoit pas pourquoi la loi spéciale aurait retiré aux biens des mineurs ou interdits et laissé aux biens dépendant de successions bénéficiaires ou vacantes, les garanties que la loi commune avait voulu leur assurer également. L'aliénation ne sera d'ailleurs effectuée qu'avec l'autorisation du tribunal demandée par requête. — Crépon, sur l'art. 13, n. 44 et 42.

604. — En cas d'union, les syndics de la faillite sont en droit de poursuivre la vente des biens du failli en se conformant aux règles édictées pour la vente des biens des mineurs; ils peuvent donc, comme représentants d'incapables, consentir à un traité de cession amiable des immeubles expropriés du failli, et solliciter l'autorisation du tribunal civil, seul compétent, puisqu'on suit les formalités relatives à la vente des biens des mineurs; il n'est pas nécessaire d'entendre le failli; cependant il est convenable de l'appeler et de le consulter; avant le contrat d'union, les syndics peuvent encore traiter pour la cession amiable des biens du failli à l'exproprtant; car l'art. 487, C. comm., leur accorde le droit de transiger sur toutes les contestations intéressant le failli, moyennant l'homologation du tribunal; or, la cession amiable, en cas d'aliénation forcée, est une sorte de transaction qui rend inutile le recours au jury; les syndics peuvent donc consentir la cession amiable, sous réserve de l'autorisation du tribunal. — De Peyrony et Delamarre, n. 187 et s.; Crépon, sur l'art. 13, n. 43; Gabriel Dufour, n. 40; Renouard, Faillites, t. 1, n. 404; de Lalleau, Jousselin, Rendu et Périn, t. 2, n. 707.

605. — L'acquéreur à réméré ne peut ni consentir l'aliénation amiable, ni accepter les offres sans le concours de son vendeur, parce qu'il n'a qu'un droit résoluble, et que, d'après son titre même, sa propriété n'est point incommutable.

606. — La vente amiable par le nu-propriétaire d'un terrain n'autoriserait pas l'administration à prendre possession de l'immeuble sans prononcer régulièrement l'expropriation du droit d'usufruit. Il en serait autrement si le vendeur, au lieu de céder à l'administration la nue-propriété seulement de l'immeuble, avait dissimulé l'existence de l'usufruit et transmis à l'administration la pleine et entière propriété de cet immeuble. L'usufruitier aurait sans doute une action pour revendiquer la jouissance de son droit d'usufruit; mais l'art. 18, L. 3 mai 1841, déclare qu'en cas d'expropriation, le droit des réclamants sera transporté sur le prix, l'immeuble en demeurant affranchi; et l'art. 19 ajoute que les dispositions de l'art. 18 seront applicables aux conventions amiables passées entre le propriétaire et l'administration. Dans ce dernier cas le droit de l'usufruitier est transporté sur le prix conformément aux règles ordinaires. — V. infrà, n. 1114 et s.

§ 4. Des biens des femmes mariées.

607. — Quoique la femme mariée soit incapable de vendre seule ses biens, elle est cependant capable de donner son consentement; dès lors le mari ne peut, sans le concours de sa femme, et en observant les formalités de l'art. 13, L. 3 mai 1841, céder les biens propres de celle-ci. Sous le régime de la communauté le mari seul est en droit de consentir à la cession amiable des biens appartenant à la communauté. Si le mari, par suite de l'adoption d'une clause conventionnelle, n'a pas la jouissance des biens à exproprier, la femme, sur le refus du mari de l'autoriser à les céder pourra se pourvoir devant le tribunal (C. civ., art. 217). Mais si le mari a la jouissance des biens de sa femme sujets à l'expropriation, l'une ou l'autre refuse la vente amiable, il y aura nécessairement lieu de laisser au tribunal le soin de prononcer l'expropriation. — Gabriel Dufour, n. 11; de Peyrony et Delamarre, n. 188; de Lalleau, Jousselin, Rendu et Périn, t. 2, n. 704; Crépon, sur l'art. 13, n. 38.

608. — Sous le régime dotal la femme avec la seule autorisation de son mari, pourra consentir à la cession amiable de ses immeubles paraphernaux expropriés; si son mari lui refuse son autorisation elle s'adressera à la justice, dans le cas où elle jugera avantageux le traité de cession proposé par l'administration. Quant aux immeubles dotaux, il faut distinguer : l'autorisation du tribunal ne serait pas nécessaire, s'il s'agissait d'immeubles dotaux dont l'aliénation aurait été permise par le contrat de mariage ; mais cette autorisation serait, pour les immeubles dotaux comme pour ceux non soumis au régime dotal, complétement inefficace, si la femme refusait son concours à l'aliénation amiable. — Toulouse, 8 août 1866, Jamme, [D. 66.2.209] — Daffry de la Monnoye, t. 1, sur l'art. 13, n. 4. — Relativement aux autres immeubles dotaux, il faut le consentement de la femme, du mari et l'autorisation de justice. La femme ne pourrait, avec l'autorisation de justice, se passer du consentement de son mari que si l'on se trouvait dans l'un des cas où, d'après le droit commun, l'aliénation de l'immeuble dotal est autorisée (C. civ., art. 1555, 1556, 1558). Le remploi est alors nécessaire ; s'il n'est pas possible immédiatement, le tribunal ordonnera la consignation du prix de l'immeuble cédé, de manière à permettre à l'expropriant de se mettre en possession. — Gillon et Stourm, p. 203 et 296 ; de Lalleau, Jousselin, Rendu et Périn, t. 2, n. 705 ; Crépon, sur l'art. 13, n. 56. — V. suprà, v° Dot, n. 701 et s., 1549 et s.

§ 5. Des biens dépendant d'un majorat ou grevés de substitution.

609. — La loi du 7 juill. 1833 ne parlant point des biens dépendant d'un majorat, on en avait conclu qu'ils n'étaient aliénables par un traité de cession amiable que conformément aux dispositions des art. 56 et 58, Décr. 1er mars 1808, qui déclare inaliénables les biens dépendant d'un majorat ; les formalités ainsi imposées, c'est-à-dire l'autorisation de la cession par décret, rendaient le traité de cession amiable à peu près impossible ; aussi la loi de 1841 a-t-elle permis (art. 13) le traité de cession amiable avec l'autorisation du tribunal.

610. — L'art. 68 du décret de 1808 exigeait le remploi du prix de l'immeuble aliéné ; la loi de 1841 n'a point reproduit cette prescription ; il semble bien que le tribunal peut se conformer au texte et à l'esprit du décret de 1808 doive ordonner le remploi. Le tribunal, en autorisant la cession amiable de tout ou partie des biens dépendant d'un majorat, doit donc autant que possible, se conformer, pour tout ce qui concerne les mesures de conservation et de remploi, aux règles tracées par le tit. 4, Décr. 1er mars 1808. Lorsque le remploi sera prescrit, il y aura lieu le plus souvent, ainsi que nous l'avons dit au sujet des biens dotaux, à la consignation du prix de la cession (V. aussi infrà, v° Majorat, n. 82 et s.). C'est le titulaire qui conclut le traité de cession avec l'expropriant et qui sollicite ensuite l'autorisation du tribunal. — Crépon, sur l'art. 13, n. 57 ; de Lalleau, Jousselin, Rendu et Périn, t. 2, n. 708.

611. — Nous ferons observer que la disposition concernant les majorats n'a été adoptée qu'après une longue discussion ; plusieurs députés pensaient qu'il n'y avait pas lieu de modifier la législation résultant du décret de 1808, par ce double motif, d'une part, qu'il subsiste peu de majorats, et qu'ils disparaissent peu à peu, et que, d'un autre côté, l'inaliénabilité des majorats étant établie en faveur des descendants il semblait qu'on ne pouvait autoriser l'aliénation même avec le consentement du propriétaire actuel et de ses descendants ; on demandait donc des règles spéciales ; mais on doit faire remarquer que l'examen et l'autorisation du tribunal équivalent bien comme sauvegarde à l'allocation par le jury d'une indemnité, souvent élevée, il est vrai, mais qui peut être inférieure à la valeur réelle et véritable de l'immeuble exproprié (Moniteur, 3 mars 1841, p. 517). — De Lalleau, Jousselin, Rendu et Périn, loc. cit.

612. — L'art. 13, L. 3 mai 1841, ne vise point les biens grevés de substitution, mais il y a lieu de permettre la cession volontaire, en faisant intervenir au traité le tuteur à la substitution ; l'autorisation du tribunal sera sollicitée conjointement par le grevé et le tuteur à la substitution. Pour se conformer aux prescriptions de l'art. 1066, C. civ., le prix de la cession devra toujours être employé. — Crépon, sur l'art. 13, n. 58 ; de Lalleau, Jousselin, Rendu et Périn, t. 2, n. 708. — V. infrà, v° Substitution.

§ 6. Des biens de l'Etat, des départements, des communes et des établissements publics.

613. — La loi du 3 mai 1841, dispose : ... « Les préfets peuvent, dans le même cas, aliéner les biens des départements, s'ils y sont autorisés par délibération du conseil général ; les maires ou administrateurs peuvent aliéner les biens des communes ou établissements publics, s'ils y sont autorisés par délibération du conseil municipal ou du conseil d'administration, approuvée par le préfet en conseil de préfecture (art. 13, § 4). Le ministre des Finances peut consentir à l'aliénation des biens de l'Etat ou de ceux qui font partie de la dotation de la couronne sur la proposition de l'intendant de la liste civile » (art. 13, § 5). Il résulte du rapprochement des trois premiers paragraphes de l'art. 13 avec les paragraphes suivants que pour toutes les aliénations de biens appartenant à l'Etat, aux départements, aux communes, aux établissements publics, l'autorisation du tribunal ne doit pas être requise.

614. — C'est le préfet qui doit représenter l'Etat dans ces traités ; en effet, lorsqu'il s'agit du domaine le préfet seul a qualité pour représenter l'Etat soit en demandant, soit en défendant (V. suprà, v° Domaine public et de l'Etat, n. 1099 et s.). Le préfet ne peut donc déléguer à un autre fonctionnaire la mission de représenter l'Etat ; il ne peut donc, s'il y a lieu de représenter à la fois l'Etat et le département, représentant l'Etat, charger un autre fonctionnaire, par exemple le ministère public, de représenter l'Etat. — Cass., 20 juill. 1842, Préfet de la Corse, [S. 42.1.606, P. 42.2.171, D. 42.1.311] — De Lalleau, Jousselin, Rendu et Périn, t. 2, n. 709.

615. — S'il s'agit d'un immeuble appartenant au domaine public, il n'y a pas lieu à aliénation proprement dite, l'immeuble ne cessant pas d'appartenir à l'Etat, après avoir reçu une nouvelle affectation ; mais cette mutation est entourée de règles protectrices : les édifices nationaux ne peuvent, d'après l'arrêté du 2 juill. 1802 (13 mess. an X), être mis à la disposition d'aucun ministre, qu'en exécution d'un arrêté du gouvernement. Lorsqu'il s'agit d'affecter un immeuble domanial à un service de l'Etat, il faut se conformer à l'ordonnance du 4 juin 1833 ; les décrets y relatifs seront concertés entre le ministre qui réclamera l'affectation et le ministre des Finances (art. 1). L'avis du ministre des Finances est visé dans le décret, qui est contresigné par le ministre du département au service duquel l'immeuble doit être affecté. Cette cession a lieu sans indemnité puisque l'Etat demeure toujours propriétaire, et les indemnités ne sont dues que si l'immeuble est cédé à des départements ou communes, associations syndicales, etc., poursuivant une expropriation. — De Lalleau, Jousselin, Rendu et Périn, t. 2, n. 712. — V. suprà, n. 102 et s., v° Affectation, et v° Domaine public et de l'Etat, n. 828 et s.

616. — Si un terrain dépendant d'une place de guerre est nécessaire pour l'exécution d'un travail public (notamment pour la traversée d'une enceinte par une route, un chemin de fer, un canal, un aqueduc, une conduite d'eau), il n'est pas procédé à son égard par la voie de l'expropriation ; mais il est statué sur les mesures à prendre avec le concours et la participation du ministre de la Guerre. — Cass., 2 mars 1862, Préfet de la Seine-Inférieure, [S. 62.1.468, P. 62.849, D. 62.1.291] — Crépon, p. 425, n. 14.

617. — Lorsqu'il s'agit d'aliéner des biens appartenant au département, la délibération du conseil général qui autorise l'aliénation n'a besoin d'aucune approbation (Moniteur, 3 mars 1841, p. 517). — De Lalleau, Jousselin, Rendu et Périn, t. 2, n. 709 ; Crépon, sur l'art. 13, n. 60. — Pour obtenir l'autorisation du conseil général, il sera bon de s'y prendre à l'avance puisque ce conseil ne se réunit régulièrement que deux fois par an ; le préfet devra se hâter de fournir au conseil général les pièces nécessaires, estimations, expertises ou autres, pour lui permettre de fixer le prix en temps utile. Si le préfet ne peut le réunir en temps voulu, il pourra toujours se faire autoriser à consentir à une prise de possession provisoire. — De Lalleau, Jousselin, Rendu et Périn, t. 2, n. 709.

Section III.
Des cessions amiables sans accord sur le prix.

618. — La loi du 3 mai 1841, comblant une lacune de la loi de 1833, dispose : « Dans le cas où les propriétaires à exproprier consentiraient à la cession mais où il n'y aurait point accord sur le prix, le tribunal donnera acte du consentement, et désignera le magistrat directeur du jury, sans qu'il soit besoin de rendre le jugement d'expropriation, ni de s'assurer que les formalités prescrites par le tit. 2 ont été remplies » (art. 14, dernier paragraphe).

619. — Le contrat qui intervient, en ce cas, entre l'expropriant et l'exproprié est un contrat de vente; en effet les parties sont d'accord pour consentir, d'un côté, l'acquisition, de l'autre, la cession, et s'en remettent pour la fixation de l'indemnité à l'arbitrage d'un tiers; les conditions constitutives du contrat de vente sont donc réunies (C. civ., art. 1582 et 1592). — De Lalleau, Jousselin, Rendu et Périn, t. 2, n. 754.

620. — La vente étant parfaite sauf fixation ultérieure du prix, on doit en conclure que s'il y a perte, par exemple incendie de l'immeuble exproprié non assuré, elle est pour l'expropriant; elle ne saurait frapper l'exproprié définitivement dépouillé de sa propriété. Le jury devra donc régler l'indemnité en s'en rapportant à la valeur de l'immeuble au jour de la cession; cependant pour éviter toute difficulté les parties feront bien de s'expliquer sur ce point dans le traité de cession. — De Lalleau, Jousselin, Rendu et Périn, t. 2, n. 755.

621. — La cession sans accord sur le prix est passée dans les mêmes formes que la cession amiable complète portant à la fois sur la cession et sur le prix; c'est dire que l'on peut passer le traité en la forme administrative ou recourir à un notaire (V. *suprà*, n. 526). L'établissement de la propriété se fera ainsi que nous l'avons dit *suprà*, n. 546 et s.; le propriétaire devra indiquer le nom de tous les intéressés qui pourront avoir droit à une indemnité: locataires, fermiers, ayant droit à une servitude, à un usufruit, etc. — De Lalleau, Jousselin, Rendu et Périn, t. 2, n. 757.

622. — C'est d'ailleurs aux tribunaux civils qu'il appartient d'interpréter ces traités de cession, et de rechercher s'ils contiennent le consentement du propriétaire à la cession. Cette volonté est suffisamment établie alors que le propriétaire, dans l'acte, a consenti à l'occupation immédiate de son immeuble par l'expropriant, moyennant une indemnité à régler plus tard à l'amiable ou par le jury. — Cass., 26 déc. 1854, de Mas-Latrie, [S. 55.1.604, P. 54.1.184, D. 55.1.450] — Crépon, sur l'art. 14, n. 135.

623. — Si le traité de cession est consenti avec le nu-propriétaire seul, cette circonstance ne dispensera pas l'expropriant de remplir les formalités prescrites par le tit. 2 vis-à-vis de l'usufruitier; en effet le traité de cession constitue une vente, et d'après l'art. 621, C. civ., la vente par le nu-propriétaire de la chose sujette à usufruit n'apporte aucun changement dans le droit de l'usufruitier. — De Lalleau, Jousselin, Rendu et Périn, t. 2, n. 759.

624. — Les traités concernant les incapables, mineurs, interdits, femmes dotales, Etat, communes, etc., seront passés par leurs représentants légaux ainsi qu'il a été dit, *suprà*, n. 590 et s., mais il ne sera point nécessaire de rendre deux jugements l'un pour autoriser l'incapable ou son représentant, l'autre pour donner acte du consentement à la cession; ce serait là des lenteurs et des frais inutiles; le tribunal saisi vérifiera s'il y a aliénation forcée, indiquera les mesures de remploi, s'il y a lieu, donnera acte du consentement et nommera un magistrat directeur. La décision du tribunal sera provoquée par un réquisitoire du ministère public auquel le tribunal statuera dans les trois jours. — De Lalleau, Jousselin, Rendu et Périn, t. 2, n. 760 et 761; Crépon, sur l'art. 13, n. 45.

625. — L'autorisation donnée par le tribunal doit, d'ailleurs, être strictement maintenue dans les termes où elle a été consentie; si, par exemple, le tribunal a simplement autorisé le représentant de l'incapable à céder l'immeuble exproprié, sans accord sur le prix qui devra être fixé par le jury, ce représentant ne saurait dépasser les pouvoirs qui lui sont ainsi conférés, s'entendre directement avec l'expropriant pour la fixation du prix; une telle convention serait nulle. — Cass., 23 mai 1842, Préf. de l'Isère, [S. 42.1.574, P. 42.2.135] — Crépon, sur l'art. 13, n. 48.

626. — Le tribunal n'a pas à rechercher si la personne qui donne le consentement est le véritable propriétaire; c'est là l'œuvre de l'administration; c'est à elle à rechercher avec qui elle traite; et si la personne avec qui elle contracte a qualité pour consentir à la cession, le tribunal constate le consentement et nomme le directeur du jury. — De Lalleau, Jousselin, Rendu et Périn, t. 2, n. 761; Crépon, sur l'art. 14, n. 153.

627. — Si les formalités de l'expropriation cessent d'être nécessaires lorsque le propriétaire d'un terrain l'a volontairement cédé à la voie publique, ou qu'il y a été régulièrement réuni par suite d'alignement, le jugement qui le renvoie devant le jury pour le règlement de l'indemnité doit porter en lui-même la preuve directe de ce consentement ou de la production de l'arrêté d'alignement. — Cass., 10 janv. 1877, Deligny, [S. 77.1.181, P. 77.430, D. 78.1.127] — La preuve du consentement de la partie expropriée ne saurait d'ailleurs résulter de la simple déclaration de l'expropriant. — Même arrêt. — Daffry de la Monnoye, t. 1, sur l'art. 14, n. 48; Crépon, sur l'art. 14, n. 148 et 154; de Lalleau, Jousselin, Rendu et Périn, t. 2, n. 764, note.

628. — Il y a donc lieu d'annuler le jugement qui se borne à viser les pièces jointes au réquisitoire du ministère public, alors que ce réquisitoire ne mentionne aucun acte d'où résulte le consentement du propriétaire. — Cass., 29 janv. 1850, Bussault, [S. 50.1.192, D. 50.1.123] — ... Et le jugement qui, sans viser aucune pièce constatant le consentement du propriétaire, se borne à déclarer qu'il est rendu sur la déclaration du préfet attestant l'existence de ce consentement. — Cass., 23 déc. 1862, Guérin, [S. 63.1.317, P. 63.912, D. 62.1.544] — Crépon, sur l'art. 14, n. 149 et 150.

629. — Si la cession a été subordonnée à une condition, et si cette condition ne se réalise pas, la cession doit être considérée comme non avenue et il y a lieu de procéder aux formalités ordinaires de l'expropriation. — Cass., 5 juill. 1836, Dusserech, [S. 36.1.018, P. chr.] — Daffry de la Monnoye, t. 1, sur l'art. 14, n. 50; Crépon, sur l'art. 14, n. 152.

630. — Les tribunaux ne peuvent, en se fondant sur une cession amiable, subordonnée à diverses conditions non acceptées par l'expropriant, déclarer la dépossession du propriétaire, et renvoyer les parties devant le jury pour le règlement de l'indemnité, sans l'accomplissement préalable des formalités ordinaires de l'expropriation. — Cass., 13 févr. 1883, Leroy, [S. 84.1.86, P. 84.1.176, D. 83.1.390] — Crépon, sur l'art. 13, n. 28.

631. — Les cessions amiables ne sont pas subordonnées, de plein droit, à une condition résolutoire, pour le cas où les tracés des chemins de fer, en vue desquels elles sont intervenues, seraient modifiés. — Cass., 19 juin 1893, Chemins de fer départementaux, [S. et P. 94.1.463, D. 94.1.483] — Si un propriétaire ne donne son consentement que en vue d'un tracé déterminé, il doit le déclarer nettement, et faire de l'adoption de ce tracé la condition de la cession; on ne saurait autrement diviser sa pensée et y suppléer. — D'ailleurs il appartient aux juges de décider que, sous la forme de consentement à la prise de possession des terrains, avec renvoi au jury pour la fixation du prix, les parties ont entendu céder et acquérir respectivement la propriété définitive. — Même arrêt.

632. — Le consentement du propriétaire est seul nécessaire; il n'y a donc pas à rechercher le consentement des locataires et autres intéressés; ceux-ci feront valoir devant le jury le droit qu'ils prétendent à une indemnité. — Cass., 15 mars 1853, Beauvallet et autres, [S. 53.1.352, P. 53.2.459, D. 53.1.86] — Daffry de la Monnoye, t. 1, sur l'art. 14, n. 49; Crépon, sur l'art. 14, n. 151.

633. — Lorsque l'expropriation porte sur une portion d'immeuble, les parties peuvent étendre l'expropriation à la totalité de l'immeuble; cette extension ainsi faite d'un commun accord dispense l'expropriant de remplir à l'égard de cette portion d'immeubles les formalités prévues par la loi et donne compétence au jury pour régler l'indemnité, pourvu qu'il existe un lien de connexité entre cette extension et l'expropriation, et que particulièrement la partie ajoutée dépende du même immeuble bien qu'elle soit d'une autre nature et plus étendue. — Cass., 17 déc. 1856, Société de la rue impériale de Lyon, [S. 57.1.380, P. 58.266, D. 57.1.45] — Daffry de la Monnoye, t. 1, sur l'art. 14, n. 52.

634. — Le jugement donnant acte du consentement du propriétaire dispense l'expropriant de faire rendre un jugement prononçant l'expropriation et produit tous les effets de ce jugement (*Moniteur* du 11 avr. 1840, p. 677). — Cass., 2 août 1865, Préfet de la Seine, [S. 65.1.458, P. 65.1193, D. 65.1.256]; — 1er juin 1881, Grosset, [S. 81.1.381, P. 81.1.908] — Crépon, sur l'art. 14, n. 144, de Lalleau, Jousselin, Rendu et Périn, t. 2, n. 762, note.

635. — Jugé, en conséquence, que lorsqu'il y a accord sur la cession, mais non sur le prix, le tribunal donne acte du consentement et renvoie devant le jury pour le règlement du prix par un jugement qui est publié, affiché et transcrit, et qui remplace, à tous égards, le jugement d'expropriation, sans qu'il y ait lieu de rendre un arrêté de cessibilité. — Cass., 19 juin 1893, précité. — Paris, 7 mai 1861, Ville de Paris, [S. 61.2.401, P. 62.64, D. 61.2.98]; — 11 août 1862 (2 espèces), Bonnetti et Mangenot, [S. 62.2.417, P. 62.1074, D. 64.2.116]

636. — Par suite, lorsqu'en vertu d'un décret visant celui du 26 mars 1852, relatif aux rues de Paris, et déclarant l'utilité publique de travaux à exécuter sur partie d'un canal de navigation appartenant à une compagnie, l'administration a obtenu un jugement qui lui donne acte, dans la forme déterminée par l'art. 14, L. 3 mai 1841, de la cession amiable par la compagnie de tous ses droits sur le canal, ce jugement équivaut à un jugement d'expropriation, et, par suite, emporte la résolution des baux de force motrice, même sur la partie du canal qui se trouve en dehors du périmètre délimité par le décret déclaratif, de même qu'il ouvre aux locataires le droit de faire fixer par le jury, conformément à l'art. 53. L. 3 mai 1841, l'indemnité qui leur est due. — Cass., 28 mai 1867, Guillemot, [S. 67.1.405, P. 67.1.086, D. 67.1.214] — Orléans, 25 janv. 1868, Guillemet, [S. 68.2.134, P. 68.587, D. 68.2.43] — V. aussi sur la résolution des baux en général, Cass., 12 juin 1860, Ville de Paris, [S. 60.1.1005, P. 61.885, D. 61.1.131] — Paris, 11 août 1862, précité. — Dans tous les cas, l'administration n'est pas fondée à contester ce droit alors qu'elle a procédé par voie d'expropriation, que le jugement de donné acte a été suivi de l'accomplissement des formalités prescrites par la loi du 3 mai 1841, et que, sur la sommation à lui signifiée, le concessionnaire du canal a fait connaître les locataires de force motrice sur toute l'étendue du canal : l'exécution pleine et entière donnée à ce jugement ne permet plus à l'administration d'en décliner les conséquences légales vis-à-vis d'aucun des intéressés. — Cass., 28 mai 1867, précité. — Orléans, 25 janv. 1868, précité.

637. — En conséquence, l'administration est non recevable à prétendre, devant la juridiction civile saisie de la demande des locataires en nomination d'un jury d'expropriation, que le règlement de l'indemnité est de la compétence exclusive de l'autorité administrative. — Orléans, 25 janv. 1868, précité. — Il n'importe, du reste, qu'avant le jugement de donné acte, un arrêt eût décidé qu'à l'autorité administrative il appartenait d'apprécier les dommages résultant des travaux entrepris sur le canal, si cette décision, rendue en suite d'un arrêté de chômage, était basée sur ce qu'il s'agissait de déterminer le sens et la portée de l'acte de concession du canal à la compagnie, sur ce que les travaux avaient seulement pour objet de modifier l'état du canal, ainsi que l'exercice et les conditions de la jouissance des concessionnaires, et non de les priver d'une manière absolue et définitive du droit qui faisait l'objet de leur concession : cet arrêté étant désormais sans application possible aux faits de la cause, et l'administration n'étant plus recevable, après avoir requis et exécuté le jugement de donné acte, à s'élever contre ses propres agissements. — Même arrêt.

638. — Dès lors, dans le cas de cession faite par un propriétaire à une compagnie de chemin de fer de parcelles de terrain nécessaires à la confection du chemin, moyennant une indemnité à payer dans les formes de la loi d'expropriation, avec intérêts exigibles en même temps que le prix principal, le propriétaire peut se pourvoir devant le tribunal pour demander acte de son consentement, et faire ordonner la nomination du magistrat directeur du jury, sans qu'il soit besoin, pour le tribunal, de rendre le jugement d'expropriation, ni de s'assurer que les formalités prescrites par le tit. 2 de la loi ont été remplies, notamment de vérifier l'existence d'un arrêté du préfet déterminant les propriétés particulières qui doivent être cédées et l'époque de la prise de possession. — Cass., 26 déc. 1854, de Mas-Latrie, [S. 55.1.604, D. 54.1.184, D. 55.1.450]

639. — Si le locataire dont le bail a été résolu par le jugement donnant acte au propriétaire de son consentement, de fait, resté dans les lieux, il doit paiement de ses loyers à l'expropriant ; mais, il y a lieu de lui tenir compte tant du trouble qu'il a éprouvé par suite de l'incertitude de durée de sa jouissance, que des loyers qu'il a lui payés d'avance. En pareil cas, les juges fixent l'époque à laquelle le locataire devra vider les lieux, et si l'expropriant refuse de le laisser sortir à cette époque, il n'est dû à ce dernier aucuns loyers à raison de l'occupation ainsi prolongée par son seul fait. — Paris, 7 mai 1861, précité. — De Lalleau, Jousselin, Rendu et Périn, t. 2, n. 764, note.

640. — Si le tribunal n'a pas à s'assurer que les formalités prescrites par le tit. 2 de la loi de 1841 ont été remplies, il doit, à peine de nullité, s'assurer que l'expropriation a été précédée : 1° d'une déclaration d'utilité publique ; 2° d'un arrêté du préfet désignant les localités et territoires sur lesquels les travaux doivent avoir lieu, lorsque cette désignation ne résulte pas de l'acte déclaratif ; seulement il n'y a pas à justifier du dépôt du plan parcellaire, de l'enquête qui suit ce dépôt et de l'arrêté de cessibilité. — Cass., 15 mars 1853, précité ; — 26 déc. 1854, Chem. de fer du Nord, [S. 55.1.604, P. 55.1.184, D. 55.1.450] — Daffry de la Monnoye, t. 1, sur l'art. 14, n. 51 ; Crépon, sur l'art. 14, n. 156.

641. — Mais le tribunal ne peut désigner un magistrat directeur du jury que s'il se trouve ou en face d'une expropriation régulièrement suivie, et qu'il y ait lieu pour lui de prononcer l'expropriation, ou si on lui présente un traité de cession sans accord sur le prix et qu'il donne acte du consentement du propriétaire. — Cass., 18 déc. 1883, Gelé, [Bull. civ., n 236] — Crépon, sur l'art. 14, n. 157 ; de Lalleau, Jousselin, Rendu et Périn, t. 2, n. 754, note. — Il résulte en effet de l'ensemble des dispositions de la loi du 5 mai 1841 qu'il n'y a lieu de convoquer le jury, chargé de régler les indemnités, que dans l'un ou l'autre de ces deux cas. — Cass., 23 déc. 1890, Ville de Lille, [S. et P. 93.1.261]

642. — On ne saurait assimiler à un jugement d'expropriation la décision qui se borne à nommer, à la requête des expropriés, un magistrat directeur du jury, en expliquant que le tribunal, ainsi saisi par voie de requête, n'a pas compétence pour examiner les questions contentieuses affectant le fond du droit sur la qualité des parties. — Cass., 23 déc. 1890, précité. — C'est donc à bon droit qu'un tribunal repousse la requête d'un particulier tendant à obtenir la nomination d'un magistrat chargé de diriger les opérations du jury, alors que les formalités essentielles prescrites par la loi sur l'expropriation n'ont pas été remplies et que le particulier ne justifie pas avoir, par un accord préalable, autorisé l'administration à prendre possession de son terrain sans paiement et consignation préalables d'une indemnité. — Cass., 30 juill. 1894, Henaux, [S. et P. 95.1.96, D. 95.1.179]

643. — Les locataires, créanciers hypothécaires, ayant droit sur l'immeuble ne sont point lésés par cet acte de cession et par la dispense d'accomplir les formalités édictées par le titre 2, L. 3 mai 1841, car vis-à-vis d'eux, l'administration expropriante devra remplir les formalités destinées à la mettre à l'abri des réclamations que les tiers pourraient élever à son encontre. — De Lalleau, Jousselin, Rendu et Périn, t. 3, n. 763.

644. — L'acte de cession emportant transmission de la propriété, le tribunal en donnant acte du consentement n'a qu'à nommer un magistrat directeur du jury ou à nommer un magistrat pour le remplacer. Il suffit de rendre un seul jugement, alors même qu'il existe plusieurs traités de cession s'appliquant à des propriétés diverses ; il n'est pas nécessaire qu'il soit rendu autant de jugements qu'il y a de traités ou de propriétés particulières. — De Lalleau, Jousselin, Rendu et Périn. t. 2, n. 764 et 765.

645. — Après la signature du traité de cession, le propriétaire qui y a participé et qui y a consenti peut, si l'expropriant ne saisit pas le tribunal pour obtenir un jugement de donner acte, prendre lui-même l'initiative de cette mesure et requérir du tribunal un jugement de donner acte et la désignation d'un magistrat directeur du jury. — Cass., 26 déc. 1854, Chem. de fer du Midi, [S. 55.1.604, D. 55.1.184, D. 55.1.450] ; — 18 août 1884, Metgé, [S. 86.1.222, P. 86.1.530, D. 85.1.416] — Daffry de la Monnoye, t. 1, sur l'art. 14, n. 53.

646. — Le délai de six mois à partir du jugement d'expropriation, pendant lequel l'art. 55, L. 3 mai 1841, réserve à l'administration l'exercice exclusif des poursuites a fin de fixation de l'indemnité, court, lorsqu'il y a eu expropriation amiablement consentie et exécutée avant tout jugement, à partir des actes administratifs qui ont consommé la dépossession, et non à partir du jugement ultérieur qui se borne à nommer un magistrat directeur. — Cass., 6 févr. 1844, Préfet de l'Hérault, [S. 44.1.328, P. 44.1.274] — Trib. Seine, 20 mars 1866, [Gaz. des Trib., 28 mars 1866] — De Lalleau, Jousselin, Rendu et Périn, t. 2, n. 764, note. — En d'autres termes, ce délai court à dater de la cession intervenue et non à partir du jugement de donner acte.

647. — L'art. 15, L. 3 mai 1841, prescrit la publication et la transcription du jugement prononçant l'expropriation : doit-on transcrire le jugement de donner acte du consentement? Dans le cas de cession sans accord sur le prix, l'acte translatif de propriété n'est point le jugement, qui ne fait que constater une convention, mais le traité de cession lui-même ; c'est donc ce traité seul qui, à la rigueur, devrait être transcrit ; mais il est plus

EXPROPRIATION POUR CAUSE D'UTILITÉ PUBLIQUE. — Chap. IV.

sage de faire transcrire à la fois le traité de cession et le jugement, puisque c'est ce dernier qui rend la cession définitive et qui la consacre. — De Lalleau, Jousselin, Rendu et Périn, n. 766.

648. — Les publications et affiches ordonnées par l'art. 15, L. 3 mai 1841, ont pour but d'aviser les intéressés du règlement de l'indemnité et de les mettre en demeure de produire leurs demandes et leurs prétentions, de telle sorte qu'une quinzaine après la transcription, le jury puisse procéder au règlement des indemnités; les publications, insertions et affiches devront faire connaître le traité de cession et le jugement qui l'a suivi. L'extrait mentionne aussi la déclaration d'utilité publique, l'arrêté désignant les localités et territoires et le consentement du propriétaire. — Cass., 16 janv. 1865, [Gaz. des Trib., 16 et 17 janv. 1865] — Crépon, sur l'art. 15, n. 21; de Lalleau, Jousselin, Rendu et Périn, t. 2, n. 766 et 767.

649. — Dans la procédure ordinaire, alors qu'il n'y a point cession, l'expropriant notifie aux propriétaires le jugement prononçant l'expropriation; le jugement de donner acte n'a pas la même importance pour le cédant puisqu'il est fixé par le traité intervenu entre lui et l'expropriant; cependant la notification de ce jugement est nécessaire pour faire courir les délais du pourvoi en cassation; si l'expropriant ne craint point de pourvoi, il pourra ne notifier le jugement qu'en même temps que les offres; le propriétaire, dans le traité de cession, devra faire élection de domicile dans l'arrondissement de la situation des biens; et c'est à ce domicile qu'on lui fera les notifications prescrites par la loi. — De Lalleau, Jousselin, Rendu et Périn, t. 2, n. 758.

650. — On se conforme ensuite à la procédure ordinaire relativement aux offres et demandes d'indemnité ainsi qu'au règlement de cette indemnité par le jury. Toutefois, dans le cas de cession amiable d'un immeuble soumis à expropriation, la stipulation portant que l'indemnité sera réglée par le jury convoqué pour tel jour déterminé emporte dispense pour l'administration d'assigner le cédant devant le jury pour ce même jour et, par suite, de lui notifier la liste des jurés. — Cass., 26 nov. 1860, Prat-Sailes, [S. 61.1.381, P. 61.846]

651. — Le jugement qui donne acte du consentement du propriétaire n'est point susceptible d'appel; le seul recours possible est le pourvoi en cassation; la règle est la même que pour le jugement prononçant l'expropriation. Mais, pour que l'appel ne soit pas recevable il faut qu'il s'agisse d'un véritable jugement de donner acte ou d'un jugement prononçant l'expropriation (V. suprà, v° *Appel* [mat. civ.], n. 1135 et s.); par suite, lorsqu'un propriétaire a cédé son terrain moyennant une certaine indemnité, avec la réserve de demander ultérieurement une indemnité nouvelle en cas de dommages causés par l'exécution de travaux publics, le jugement par lequel le tribunal, saisi ultérieurement par le propriétaire, se refuse à nommer un magistrat directeur du jury, en déclarant que la demande d'indemnité ne vise pas une conséquence directe de l'expropriation, est susceptible d'appel; ne peut, dès lors, faire l'objet d'un pourvoi en cassation. — Cass., 26 mars 1862, [Gaz. des Trib., 27 mars 1862] — De Lalleau, Jousselin, Rendu et Périn, t. 2, n. 770, note.

652. — Dans le cas où le jugement donnant acte de la cession amiable consentie par l'exproprié sans accord sur le prix, n'a pas été attaqué par la voie du recours en cassation dans le délai légal, la cession, consacrée par une décision judiciaire devenue ainsi définitive, ne peut plus être attaquée pour la première fois devant la Cour de cassation, sous prétexte que la déclaration d'utilité publique ne s'appliquait pas à l'immeuble cédé. — Cass., 3 mars 1891, Ville de Bastia, [S. et P. 93.1.53]; — 25 mai 1891, Ville de Bastia, [S. et P. 93.1.208] — En effet après l'expiration du délai de pourvoi, si aucun recours soit intervenu, le jugement devient inattaquable alors même qu'il contiendrait une erreur qui eût entraîné sa cassation si un pourvoi eût été formé en temps utile. — V. suprà, v° *Cassation* (mat. civ.), n. 691 et s.

SECTION IV.

Des traités portant seulement sur la prise de possession.

653. — L'administration expropriante a souvent intérêt à obtenir la cession des immeubles expropriés par un traité qui la dispense d'accomplir une partie des formalités prescrites par la loi; elle a aussi le plus souvent intérêt à une prise de possession rapide qui lui permette de commencer les travaux; d'un autre côté, le propriétaire n'a pas grand avantage à conserver une possession déjà dépourvue pour lui de ses principaux avantages : faculté de cultiver et de récolter, faculté de louer; ce qui divise le propriétaire et l'expropriant c'est le montant de l'indemnité; le propriétaire ne veut pas consentir à un traité de cession, sans accord sur le prix, car il tient à ce que la propriété demeure sur sa tête, mais il consent à l'occupation de son terrain par l'expropriant, à la prise de possession par celui-ci; en retour, l'expropriant lui accordera les intérêts de la somme qui sera allouée par le jury au taux légal ou à un taux plus faible. — De Lalleau, Jousselin, Rendu et Périn, t. 2, n. 771.

654. — Comme l'état de l'immeuble avant le commencement des travaux doit pouvoir être constaté par le jury, cette prise de possession ne peut avoir lieu que pour les terrains non bâtis, la démolition d'une maison rendant impossible l'appréciation de sa valeur, et, par suite la fixation de l'indemnité la concernant; si la propriété est couverte d'arbres, le nombre des arbres abattus est constaté par le traité qui intervient, et pour permettre d'en déterminer la valeur on laisse sur un terrain voisin soit tous les arbres abattus, soit quelques-uns d'entre eux permettant de fixer la grosseur des autres; s'il existe un mur de clôture, la partie restante en indiquera l'importance. — De Lalleau, Jousselin, Rendu et Périn, t. 2, n. 772.

655. — Parfois un concessionnaire de travaux publics promet une prime de cinq pour cent sur l'allocation fixée par le jury, à tout propriétaire qui consentira à la prise de possession immédiate de sa propriété (Husson, t. 1, p. 311); ce mode de procéder ne saurait être employé par les administrations publiques; d'ailleurs, l'envoi en possession pour cause d'urgence évite de recourir à une façon de procéder aussi coûteuse. — De Lalleau, Jousselin, Rendu et Périn, t. 2, n. 773.

656. — Les traités dont il s'agit ne concernant que la possession ne dispensent l'expropriant d'aucune des formalités prévues par la loi du 3 mai 1841; d'autre part, comme ils ne portent que sur la possession et non point sur la propriété ils ne sont assujettis à aucune forme.

657. — Un arrêt de la Cour suprême du 26 déc. 1854, Chemin de fer du Nord, [S. 55.1.604, P. 55.1.181, D. 55.1.450], a cependant jugé que le contrat par lequel un propriétaire a consenti à l'occupation immédiate de sa propriété nécessaire à l'établissement d'un chemin de fer, moyennant une indemnité à régler à l'amiable ou à faire régler par le jury, constitue une véritable cession amiable dans le sens de l'art. 14, § dernier, L. 3 mai 1841. On en a conclu que les représentants des incapables ne pouvaient consentir à cette prise de possession que dans les formes prévues pour la cession sans accord sur le prix, et qu'en vertu d'un jugement. — Crépon, sur l'art. 13, n. 44.

658. — Mais c'est cet arrêt une importance doctrinale qu'il n'a pas; il a statué dans une espèce où la convention intervenue consistait en réalité dans une véritable transmission de propriété, et où la fixation du prix était renvoyée au jury; dans l'hypothèse que nous examinons, nous supposons au contraire que la possession seule transmise à l'expropriant; par suite, les représentants des incapables, tuteurs et autres, peuvent consentir ces traités sans aucune formalité ni autorisation; ils ne stipulent sous leur propre responsabilité et sans s'engager beaucoup, puisqu'il est certain qu'une indemnité sera fixée par le jury, juridiction compétente à cet effet, et qu'elle sera régulièrement payée. De tels traités n'emportant point transmission de propriété n'ont pas besoin d'être transcrits; la propriété n'étant point acquise de l'expropriant, si la chose périt elle périra pour l'exproprié. — De Peyrony et Delamarre, n. 195; Husson, t. 1, n. 311; de Lalleau, Jousselin, Rendu et Périn, t. 2, n. 774 et 775.

SECTION V.

Des cessions de terrain portant renonciation à l'indemnité.

659. — Parfois les propriétaires, désireux d'activer l'exécution de travaux, particulièrement de routes et chemins, cèdent gratuitement le terrain nécessaire aux travaux. Si l'on considérait cette convention comme une donation, il n'en résulterait point sans doute que ces cessions dussent être passées en la forme particulière des donations et par acte notarié, l'art. 56, L. 3 mai 1841, admettant, d'une manière générale, les contrats passés dans la forme administrative (V. suprà, n. 526); mais il en résulterait que la cession gratuite, comme toutes les donations, serait révoquée pour cause de survenance d'enfant (C. civ., art. 960), ce qui détruirait l'irrévocabilité qui doit s'attacher aux acquisitions de terrains relatifs à l'exécution des travaux publics. — De Lalleau, Jousselin, Rendu et Périn, t. 2, n. 776 et 777.

660. — Pour éviter que le caractère de donation s'attachât à un tel acte, on a proposé de faire donner à l'exproprié une quittance fictive. Mais cette énonciation d'un fait erroné dans des pièces officielles constituerait un faux, et l'on ne saurait admettre un pareil procédé dans des pièces de comptabilité. Il suffirait, d'ailleurs, si l'on tenait à attribuer à l'acte un caractère onéreux, de stipuler un prix quelconque tel que la somme de un franc. — De Lalleau, Jousselin, Rendu et Périn, t. 2, n. 778.

661. — En fait, ces contrats ne présentent point le caractère d'une donation parce que le cédant a en vue l'utilité qu'il retirera de l'exécution des travaux, utilité qui lui paraît compenser le prix du terrain qu'il cède en échange. C'est un contrat *do ut facias*; il suffit donc d'énoncer dans le contrat que le propriétaire cède son terrain en raison de la plus-value que le surplus de sa propriété retirera de l'exécution des travaux, et, que cette plus-value égalant la valeur de son terrain, il reconnaît qu'il ne lui est dû aucune indemnité. De la sorte, si les travaux ne sont point exécutés, le propriétaire pourra demander la résiliation du contrat pour inexécution des conditions. — De Lalleau, Jousselin, Rendu et Périn, t. 2, n. 779.

662. — Les représentants des incapables ne sauraient consentir à une libéralité et à une cession gratuite; mais rien n'empêche qu'ils ne cèdent le terrain exproprié sans stipulation d'un prix quelconque si les avantages de la cession compensent la perte faite; ils peuvent donc déclarer dans l'acte de cession que le prix du terrain abandonné est constitué par la plus-value résultant des travaux. En ce cas l'intérêt des mineurs, interdits et autres est sauvegardé par l'intervention du tribunal qui doit rendre un jugement d'homologation; l'intérêt des départements, communes et établissements est protégé par les délibérations de leurs conseils ou administrateurs. — De Peyrony et Delamarre, n. 197; Crépon, sur l'art. 13, n. 53 et 54.

Section VI.

Des traités postérieurs au jugement d'expropriation.

663. — Les traités constatant l'accord des parties peuvent se produire après le jugement d'expropriation, mais avant la publication et la transcription de ce jugement. Ils sont soumis aux mêmes formalités que les traités ordinaires de cession amiable avec fixation du prix, en ce sens que les représentants des incapables doivent être munis des mêmes autorisations que s'ils consentaient une cession amiable avec accord sur le prix. — De Lalleau, Jousselin, Rendu et Périn, t. 2, n. 780. — V. *suprà*, n. 581 et s.

664. — L'administration, après un délai de huitaine à partir de la publication du jugement d'expropriation, connaît les tiers intéressés au règlement de l'indemnité, et, après un délai de quinzaine à partir de sa transcription, elle sait si des créanciers privilégiés ou hypothécaires ont des droits à faire valoir. Cette publication et cette transcription la mettent donc en présence d'une situation nette et bien définie, mais ne modifie pas les règles dont nous venons de parler relatives aux traités portant sur la fixation du prix des immeubles cédés. — De Lalleau, Jousselin, Rendu et Périn, t. 2, n. 781.

665. — Si aucun accord n'est intervenu, l'expropriant, conformément à l'art. 23, L. 3 mai 1841, doit notifier des offres au propriétaire et aux divers intéressés qui ne peuvent connaître dans le délai fixé par l'art. 24 de la même loi. L'art. 24 leur impose l'obligation de déclarer dans la quinzaine suivante, s'ils acceptent les offres ou d'indiquer le montant de leurs prétentions; s'ils acceptent, la vente est parfaite car le jugement d'expropriation a eu pour effet de les dépouiller de la propriété, ne laissant plus à trancher que la question de prix, et ce prix est désormais fixé; il y a donc convention sur la chose et sur le prix (C. civ., art. 1583). — De Lalleau, Jousselin, Rendu et Périn, t. 2, n. 782.

666. — Comme la prise de la possession est indiquée par l'arrêté du préfet pris en exécution de l'art. 11, L. 3 mai 1841, un acte de vente n'est point indispensable, et l'on peut se contenter de l'exploit d'offre et du consentement qui se produit aussi par acte d'huissier; mais comme ces divers actes passés les uns et les autres en brevet peuvent s'égarer, et que l'on peut prévoir, à la rigueur, un désaveu de l'acte d'huissier, il est plus prudent de passer un acte constatant l'accord des parties sur le prix. Si le propriétaire, après avoir ainsi accepté les offres, se refusait à passer l'acte constatant l'accord intervenu, ou trainait les choses en longueur, il n'y aurait point lieu à convoquer le jury qui n'est appelé qu'à défaut de l'acceptation des offres. — De Lalleau, Jousselin, Rendu et Périn, t. 2, n. 784.

667. — L'administration fait des offres réelles de la somme offerte et acceptée, et, en cas de refus, la consigne. L'administration est ainsi définitivement libérée, mais il lui faut un acte l'autorisant à prendre possession. A cet effet le préfet prend un arrêté qui, sur le vu des exploits d'offres, d'acceptation des offres, d'offres réelles, ou du procès-verbal de consignation, autorise la prise de possession. L'arrêté du préfet est exécutoire malgré opposition; si l'ancien propriétaire saisit les tribunaux civils, ceux-ci repousseront son action, car il n'a plus aucun droit à faire valoir; il n'en serait autrement que s'il intentait une action en désaveu, et encore faudrait-il qu'elle fût accueillie, ou qu'il s'inscrivît en faux contre l'exploit d'huissier constatant l'acceptation des offres; l'inscription de faux n'entraînerait d'ailleurs la suspension de l'arrêté du préfet qu'après la mise en accusation prononcée par la chambre des mises en accusation.

668. — Les incapables ou leurs représentants n'ont point qualité pour accepter les offres, ce qui équivaut à la fixation du prix; ils seront autorisés dans les formes prescrites par l'art. 13 de la loi du 3 mai 1841 (art. 25); nous renvoyons donc, sur les formalités à accomplir, à ce que nous avons dit à ce sujet (*suprà*, n. 571 et s.), il est à remarquer toutefois que, dans cette hypothèse, le tribunal saisi n'aura point à rechercher si l'aliénation est réellement forcée puisque le jugement prononçant l'expropriation a l'autorité de la chose jugée sur ce point (V. *suprà*, n. 595). — De Lalleau, Jousselin, Rendu et Périn, t. 2, n. 785 et 787.

669. — Il faut d'ailleurs se rappeler que ces autorisations ne sont réclamées que s'il s'agit d'indemnités relatives à des droits immobiliers (V. *suprà*, n. 108 et s.); si elles concernent des droits purement mobiliers, tels que ceux résultant de la situation de créancier, de locataire, fermier, etc., les représentants des incapables pourront accepter les offres faites sans recourir aux autorisations prévues par l'art. 13. — De Lalleau, Jousselin, Rendu et Périn, t. 2, n. 786.

670. — Dans le cas d'acceptation des offres le droit des créanciers est gouverné par les mêmes règles que celles applicables en cas de cession amiable avec accord sur le prix; nous nous en référons à ce que nous avons exposé à cet égard. — De Lalleau, Jousselin, Rendu et Périn, t. 2, n. 788. — V. *infrà*, n. 1037 et s.

671. — L'acceptation des offres par le propriétaire ne prive point les autres intéressés ayant des droits sur l'immeuble, tels que les locataires, fermiers et autres, du droit de poursuivre leur indemnité devant le jury; elle n'a pas pour effet de changer la compétence et de l'attribuer au conseil de préfecture à titre d'indemnité mobilière; le fait du propriétaire ne peut priver ces intéressés d'une garantie qui leur est accordée par la loi. — De Lalleau, Jousselin, Rendu et Périn, t. 2, n. 789.

672. — Si les intéressés n'ont point accepté les offres dans le délai qui leur est imparti, l'expropriant poursuit le règlement de l'indemnité devant le jury; toutefois, si l'exproprié revise et accepte les offres précédemment faites, ou augmentées, l'accord est toujours possible, et des traités peuvent régulièrement intervenir; les parties en concluent quelquefois alors qu'elles sont déjà devant le jury et que celui-ci examine les premières affaires. — De Lalleau, Jousselin, Rendu et Périn, t. 2, n. 790.

673. — Si la prise de possession a eu lieu d'urgence (V. *infrà*, n. 1182 et s.), cette circonstance ne met point obstacle à ce qu'un traité de cession amiable intervienne entre les parties ou à ce que celles-ci s'accordent sur le prix; l'art. 73, L. 3 mai 1841, suppose, il est vrai, que le jury fixe l'indemnité en ce cas, mais il vise l'hypothèse la plus ordinaire et il est loin de proscrire l'entente amiable, toujours recherchée par le législateur, parce qu'elle évite des frais, des lenteurs, et supprime l'aléa redoutable de la fixation par le jury. — De Lalleau, Jousselin, Rendu et Périn, t. 2, n. 791.

CHAPITRE V.

DU JUGEMENT D'EXPROPRIATION.

SECTION I.
Procédure et jugement dans les cas ordinaires.

§ 1. Procédure devant le tribunal.

674. — A défaut de conventions amiables, soit avec les propriétaires des terrains ou bâtiments dont la cession est reconnue nécessaire, soit avec ceux qui les représentent, le préfet transmet au procureur de la République dans le ressort duquel les biens sont situés la loi ou l'ordonnance qui autorise l'exécution des travaux et l'arrêté mentionné en l'art. 11 (L. 3 mai 1841, art. 13, § 6). L'art. 13, L. 7 juill. 1833, ne contenait pas le membre de phrase : « Soit avec ceux qui les représentent. » Dans les trois jours, et sur la production des pièces constatant que les formalités prescrites par l'art. 2, tit. 1, et par le tit. 2 de la loi ont été remplies, le procureur de la République requiert l'expropriation pour cause d'utilité publique des terrains ou bâtiments indiqués dans l'arrêté du préfet (LL. 3 mai 1841, art. 14, § 1 ; 7 juill. 1833, même art.). — De Lalleau, Jousselin, Rendu et Périn, t. 1, n. 189.

675. — Le procureur de la République qui reçoit du préfet un dossier d'expropriation lui en accuse immédiatement réception. Les pièces sur le vu desquelles le procureur de la République rédige son réquisitoire, sont : 1° l'acte (loi ou décret) déclaratif d'utilité publique ; 2° l'arrêté qui désigne les localités ou territoires sur lesquels les travaux doivent être effectués si cette désignation n'est pas contenue dans l'acte déclaratif ; 3° le plan parcellaire ; 4° le certificat du maire des diverses communes dans lesquelles les immeubles sont situés, attestant la publication et l'affichage de l'avertissement relatif au dépôt du plan ; 5° un exemplaire du journal dans lequel cet avis a été inséré ; 6° le procès-verbal du maire, ou des maires, ouvert à l'effet de recevoir les observations et les réclamations qui ont pu se produire ; 7° l'arrêté du préfet désignant les membres de la commission d'enquête ; 8° le procès-verbal des travaux de cette commission, ou celui du sous-préfet constatant qu'elle n'a point terminé ses opérations ; 9° l'arrêté de cessibilité pris par le préfet, arrêté désignant définitivement les propriétés particulières à exproprier. — De Lalleau, Jousselin, Rendu et Périn, t. 1, n. 194 et 195; Crépon, sur l'art. 14, n. 5; Husson, p. 214.

676. — Si la commission d'enquête a proposé un changement de tracé, il faut joindre en outre : 1° un certificat du maire ou des maires, attestant qu'un avis indiquant la modification proposée a été publié et affiché dans la commune ; 2° un exemplaire du journal dans lequel cet avertissement a été inséré et publié ; 3° un certificat du sous-préfet constatant le dépôt à la sous-préfecture pendant huit jours à dater de cet avis du procès-verbal de la commission et des autres pièces ; 4° la décision de l'autorité supérieure, s'il y a lieu, mentionnée dans l'arrêté de cessibilité. — De Lalleau, Jousselin, Rendu et Périn, loc. cit.; Crépon, loc. cit.

677. — Le délai de trois jours pour le réquisitoire du procureur de la République est indiqué seulement dans l'intérêt de l'administration, pour qu'elle puisse s'en prévaloir près du magistrat du parquet ; ce délai n'est d'ailleurs point prescrit à peine de nullité, et il ne résulte aucune déchéance de ce qu'il a été dépassé. — De Lalleau, Jousselin, Rendu et Périn, t. 1, n. 199 ; Crépon, sur l'art. 14, n. 9.

678. — Lorsque le dossier ne paraît pas complet, ou que les pièces semblent irrégulières, le procureur de la République peut, il doit même, dans l'intérêt de l'administration d'une bonne justice, signaler au préfet les irrégularités que lui paraît présenter la procédure ; si le préfet persiste à demander que le tribunal soit saisi en l'état du dossier, le procureur de la République n'a plus qu'à saisir le tribunal, sauf à lui signaler les vices de procédure qui lui paraissent faire obstacle à l'expropriation en l'état de la procédure. — De Lalleau, Jousselin, Rendu et Périn, t. 1, n. 198; de Peyrony et Delamarre, n. 214; Gabriel Dufour, n. 49 ; Crépon, sur l'art. 14, n. 10.

679. — Le réquisitoire du procureur de la République, étant une sorte de demande introductive d'instance et le point de départ de la mise en action du tribunal, doit être écrit. En effet, le réquisitoire du procureur de la République saisit le tribunal qui ne peut prononcer que dans les limites de ce réquisitoire. Cet acte doit, d'ailleurs, préciser avec soin l'accomplissement des formalités prescrites par la loi. — De Lalleau, Jousselin, Rendu et Périn, t. 1, n. 198; de Peyrony et Delamarre, n. 212; Daffry de la Monnoye, t. 1, sur l'art. 14, n. 2; Gabriel Dufour, n. 49; Crépon, sur l'art. 14, n. 11.

680. — Si des cessions amiables sont intervenues, le préfet doit les indiquer au procureur de la République, pour que celui-ci ne requière pas l'expropriation des terrains ainsi cédés ; il doit aussi aviser des contrats portant consentement à la cession sans accord sur le prix ; le ministère public requiert alors non l'expropriation mais un jugement donnant acte du consentement. — De Lalleau, Jousselin, Rendu et Périn, t. 1, n. 199 et s.

681. — Le législateur n'a imparti au tribunal aucun délai dans lequel il doive rendre le jugement d'expropriation ; mais comme l'affaire est urgente par elle-même, le tribunal doit statuer dans le plus bref délai possible. Saisi du réquisitoire du procureur de la République, il doit examiner si toutes les formalités prescrites par la loi ont été accomplies ; c'est là une vérification longue et minutieuse, et qui ne peut, le plus souvent se faire à l'audience ; d'ordinaire le président désignera un juge pour faire le rapport sur l'affaire qui lui est soumise, mais cette désignation, si elle est utile, n'est pas obligatoire. — De Lalleau, Jousselin, Rendu et Périn, t. 1, n. 204; Daffry de la Monnoye, t. 1, sur l'art. 14, n. 18; Crépon, sur l'art. 14, n. 17.

682. — Et comme le mot juge, pris dans un sens général, s'applique à tous les magistrats appelés à juger en y comprenant le président du tribunal, celui-ci a le droit de faire le rapport dans les affaires soumises à ce mode d'instruction. — Cass., 15 juill. 1885, de Chabrillan, [S. 87.1.23, P. 87.1.35, D. 86.1. 472] — De Lalleau, Jousselin, Rendu et Périn, t. 1, n. 204, note.

683. — Le juge commis fait son rapport au jour qui a été indiqué pour l'appel de l'affaire. Il n'est pas nécessaire, pour la validité du jugement qui prononce l'expropriation, que le ministère public prenne des conclusions orales : de simples réquisitions écrites sont suffisantes. — Cass., 24 févr. 1835, Yon de Jaunage, [S. 55.1.538, P. 55.1.391, D. 55.1.178] — Daffry de la Monnoye, t. 1, sur l'art. 14, n. 2; de Lalleau, Jousselin, Rendu et Périn, t. 1, n. 205; Crépon, sur l'art. 14, n. 12. — Mais le procureur de la République peut toujours faire connaître son opinion ; il peut donc conclure contre ses propres réquisitions s'il lui paraît que toutes les formalités n'ont pas été remplies, ou qu'il n'en est pas suffisamment justifié. Il a ici la même liberté qu'en matière de conflit, où souvent il combat le déclinatoire qu'il a présenté. En présentant le réquisitoire écrit, le procureur de la République agit comme représentant de l'État, comme mandataire du préfet ; si, dans ses conclusions orales, il combat son réquisitoire écrit et propose de ne pas l'accueillir, il parle comme l'organe de la loi, chargé de la faire appliquer et respecter. — Cass., 6 janv. 1836, Gaulieur, l'Hardy, [S. 36.1.5, P. chr.] — De Peyrony et Delamarre, n. 214; Herson, n. 62; Gabriel Dufour, n. 49; de Lalleau, Jousselin, Rendu et Périn, t. 1, n. 205; Crépon, sur l'art. 14, n. 13.

684. — Les parties doivent-elles être appelées au jugement qui prononce l'expropriation? Décidé, sous l'empire de la loi du 7 juill. 1833, que les parties n'avaient pas besoin d'être appelées devant le tribunal qui procédait à l'expropriation quand l'affaire avait été préalablement et contradictoirement instruite par la voie administrative. — Cass., 9 juin 1834, Montmorency, [S. 34. 1. 711, P. chr.] — ... Que le propriétaire soumis à l'expropriation, maître qu'il était d'ailleurs de se présenter devant le tribunal pour lui donner des explications sur le jugement qui allait être prononcé, ne devait pas, sous peine de nullité, y être appelé par le préfet, le procureur du roi ou le concessionnaire. — Cass., 6 janv. 1836, précité.

685. — Lors de la discussion de la loi de 1841 à la Chambre des députés, M. Renouard, ayant proposé d'ajouter au § 1 ces mots : « Sans qu'il soit nécessaire d'appeler en cause les propriétaires dont les biens sont sujets à expropriation, » et M. Dalloz ayant abandonné son amendement au profit de M. Renouard cette rédaction : « Sauf le droit d'intervenir par simple requête, sans procédure ni plaidoirie, » le président résuma ainsi la discussion après l'abandon du sous-amendement de M. Dalloz : La Chambre se souvient que, d'une part, M. Renouard a retiré son amendement parce qu'il est reconnu par tout le monde que cette non-nécessité est établie par le droit commun ; et que, d'un autre côté, M. Dalloz retire son amendement relatif au droit des parties de produire leurs observations, parce que personne ne conteste ce droit, à condition que ceux qui l'exercent ne soient pas parties. — Husson, *Législ. des trav. publ.*, p. 215; de Lalleau, Jousselin, Rendu et Périn, t. 1, n. 196; Daffry de la Monnoye, t. 1, sur l'art. 14, n. 3; Crépon, sur l'art. 14, n. 3.

686. — Ces notes ou observations peuvent être présentées sous une forme quelconque et sans l'intervention des avoués ; elles ne doivent donc pas être produites sous forme de requête signées par un avoué, ce qui entraînerait des frais inutiles ; si elles étaient ainsi formulées, l'intervention de l'avoué ne donnerait point à ses clients le droit de plaider. — Crépon, sur l'art. 14, n. 4.

687. — Bien que la procédure d'expropriation soit rapide et requière célérité, les intéressés peuvent s'inscrire en faux contre les pièces sur le vu desquelles le jugement doit être rendu (Observations de M. Portalis dans la discussion de la loi de 1833 : *Monit.* du 14 mai 1833); mais la procédure d'inscription de faux ne peut être poursuivie devant l'autorité judiciaire contre l'ordonnance elle-même qui, en déclarant certains travaux d'utilité publique, vise dans son préambule l'enquête administrative qui a dû la précéder. — Cass., 22 août 1838, Houret, [S. 38.1.1002]; — 10 août 1841, Forquet, [S. 41.1.888, P. 47.2.217] — De Lalleau, Jousselin, Rendu et Périn, t. 1, n. 214; Crépon, sur l'art. 14, n. 7.

688. — Mais le tribunal, en présence de l'inscription de faux, n'est point obligé de surseoir à statuer ; il ne doit le faire, en effet, que si la contestation est sérieuse, et non si elle n'a d'autre objet que de retarder le jugement. — De Lalleau, Jousselin, Rendu et Périn, t. 1, n. 214; Crépon, sur l'art. 14, n. 8.

689. — Les intéressés n'étant point parties au jugement d'expropriation ne peuvent point récuser les magistrats chargés de rendre ce jugement ; mais s'il existe une cause de récusation, c'est au magistrat qu'elle atteint à se retirer et à se faire remplacer sans qu'aucune requête doive être présentée à cet effet. — Daffry de la Monnoye, t. 1, n. 9; Crépon, sur l'art. 14, n. 15.

690. — D'ailleurs, on doit reconnaître que la participation au jugement d'expropriation d'un magistrat ayant un intérêt personnel à cette expropriation est, comme en toute autre matière, une cause de nullité de jugement. — Daffry de la Monnoye, *loc. cit.*; Crépon, sur l'art. 14, n. 16.

691. — Il a été décidé, à cet égard, que complète régulièrement le tribunal, l'avoué qui a donné conseil, plaidé ou écrit pour l'exproprianrt que postérieurement au jugement (C. proc. civ., art. 378). — Cass., 23 juill. 1896, Passy, [S. et P. 97.1.48]

692. — ... Que la participation au jugement d'un magistrat, conseiller municipal de la commune intéressée, n'est pas de nature à vicier ce jugement, alors même que ce magistrat comme conseiller municipal aurait délibéré sur les travaux à exécuter; « en donnant son concours, in la Cour suprême, membre du conseil, à l'appréciation à faire de divers projets formés pour l'établissement d'une distribution d'eau dans la ville, il ne saurait être considéré comme ayant donné conseil sur les difficultés qui pourraient s'élever ultérieurement sur la régularité des procédures à suivre pour arriver à l'expropriation pour cause d'utilité publique des parcelles nécessaires à cet établissement. — Cass., 11 janv. 1865, Salvan, [D. 65.5.177] — Toutefois, il est convenable et désirable que, en pareil cas, le magistrat qui paraîtra toujours intéressé dans l'affaire s'abstienne de siéger. — Daffry de la Monnoye, t. 1, sur l'art. 14, n. 9.

693. — Le recours formé devant le Conseil d'État notamment contre un décret de déclaration d'utilité publique n'étant pas suspensif, le tribunal saisi d'une demande d'expropriation n'a point à surseoir jusqu'à ce que le Conseil d'État ait prononcé sur le recours. — Cass., 8 déc. 1891, Comm. de Chapois, [S. et P. 92.1.95, D. 92.1.574] — Cons. d'Et., 24 févr. 1882, Roger, [S. 84.3.12, P. adm. chr., D. 83.3.57] — Daffry de la Monnoye, t. 1, sur l'art. 14, n. 13.

694. — Le rapport du juge, si un juge a été commis, doit avoir lieu en audience publique ; c'est aussi, conformément à la règle générale (V. *infrà*, vº *Jugement et arrêt*[mat. civ. et comm.], n. 1348 et s.), en audience publique que le jugement doit être rendu, et ce, à peine de nullité. Il a été jugé que la mention que le jugement a été prononcé à l'audience publique de la chambre du conseil, établit suffisamment la publicité de l'audience. — Cass., 6 janv. 1836, Gaulthier, [S. 36.1.5, P. chr.] — Daffry de la Monnoye, t. 1, sur l'art. 14, n. 20 ; Crépon, sur l'art. 14, n. 54; de Lalleau, Jousselin, Rendu et Périn, t. 1, n. 205.

695. — Si les pièces produites au tribunal à l'effet de constater l'accomplissement des formalités l'ont été en originaux, elles doivent être restituées au préfet après le jugement : si, au contraire, ces pièces ne sont que des copies certifiées, elles doivent rester déposées au greffe. En effet, si le préfet a produit les originaux, il en a besoin pour continuer la procédure ; il doit ainsi notamment soumettre au jury les plans parcellaires ; il ne peut donc s'en dessaisir définitivement.

696. — Jugé, en conséquence, que l'expropriation doit être prononcée sur la simple représentation des pièces constatant l'accomplissement des formalités prescrites par l'art. 14, L. 3 mai 1841, sans que le tribunal puisse, à moins d'excès de pouvoirs, ordonner la jonction du plan parcellaire des propriétés expropriées à la minute du jugement d'expropriation. — Cass., 6 févr. 1878, Préfet du Puy-de-Dôme, [S. 78.1.181, P. 78.430, D. 78.1.462] — De Lalleau, Jousselin, Rendu et Périn, t. 1, n. 212; Daffry de la Monnoye, t. 1, sur l'art. 14, n. 15 *bis*-J.

697. — D'autre part, est nul, pour excès de pouvoirs, le jugement qui prononce l'expropriation de terrains dont l'expropriation avait déjà été prononcée par un premier jugement et pour d'autres travaux. — Cass., 26 juin 1882, Rapatel, [S. 83.1.135, P. 83.1.306]

698. — La nullité du jugement d'expropriation vis-à-vis l'un des copropriétaires expropriés entraîne, en ce qui le concerne, la nullité de la décision du jury qui a fixé l'indemnité d'expropriation. — Cass., 6 janv. 1857, Duplay, [S. 58.1.023, P. 58.99, D. 57.1.47] — En effet, la décision du jury qui n'a point été précédée d'un jugement d'expropriation manque de base, puisque le propriétaire n'a point été régulièrement dépossédé, et que le magistrat directeur du jury n'a point été régulièrement désigné ; et l'annulation du jugement équivaut à l'absence du jugement.

§ 2. Du jugement.

1º *Étendue des pouvoirs du tribunal.*

699. — Le tribunal doit vérifier si toutes les formalités, prescrites par la loi ont été accomplies; c'est là un pouvoir qui lui a été reconnu formellement depuis la loi de 1810, sur la demande même de Napoléon (Locré, t. 9, p. 676 et s., 737, 749 et s.). — Cass., 14 juill. 1857, Huberti, [S. 57.1.772, P. 58.298, D. 57.1.292]; — 30 mars 1859, Mauriac, [P. 59.763, D. 59.1.161]; — 14 mars 1870, d'Aurelle de Montmorin, [S. 70.1.175, P. 70.403, D. 70.1.368]; — 30 mars 1870, Thomas, [S. 70.1.349, P. 70.882, D. 70.5.182]; — 27 janv. 1880, Delouis, [S. 80.1.472, P. 80.1173, D. 80.1.164]; — 11 juill. 1881, Comm. de Moudons, [S. 81.1.430, P. 81.1.1087] — Trib. de Saintes, 16 déc. 1850, d'Espagnet, [S. 51.2.300, P. adm. chr., D. 51.3.31] — Cons. d'Et., 9 mars 1870, Ville de Sens, [S. 71.2.285, P. adm. chr., D. 70.3.73] — De Lalleau, Jousselin, Rendu et Périn, t. 1, n. 203; de Peyrony et Delamarre, n. 217; Daffry de la Monnoye, t. 1, sur l'art. 14, n. 10; Gabriel Dufour, n. 50; Crépon, sur l'art. 14, n. 19.

700. — Mais les tribunaux, saisis d'une demande d'expropriation, ne sont autorisés qu'à vérifier l'accomplissement des formalités prescrites par la loi. — Cass., 24 nov. 1885, Fenaux, [S. 86.1.320, P. 86.1.758, D. 86.5.229]

701. — En termes plus précis, il leur appartient de s'assurer que de l'accomplissement des formalités prescrites par l'art. 2, tit. 1, et par le tit. 3, L. 3 mai 1841. — Cass., 3 mai 1887, Dusouchet, [S. 87.1.486, P. 87.1.1183, D. 87.3.223]

702. — Remarquons encore que la vérification à laquelle le tribunal doit se livrer n'est point une vérification au fond, mais une vérification de forme; le tribunal n'a donc pas à rechercher par exemple, si les avis émis ont été utilement pris, si les arrêtés rendus sont conformes à l'utilité publique, sainement entendue. — Cass., 14 févr. 1855, Yon de Jaunage, [S. 55.4.538, P. 55.1.391, D. 55.1.179]; — 14 juill. 1857, Hubert, [S. 57.1.772, P. 58.1.298, D. 57.1.292]; — 9 févr. 1863, Delcambre, [S. 63.1.400, P. 63.1.118, D. 63.1.255]; — 5 août 1872, Lorrin, [S. 72.1.340, P. 72.878, D. 72.5.230]; — 12 nov. 1873, Esquirol, [S. 74.1.84, P. 74.172, D. 73.1.464]; — 25 janv. 1875, Chemin de fer d'Orléans à Châlons, [S. 75.1.178, P. 75.409, D. 75.1.230]; — 9 avr. 1877, Hainecque, [S. 78.1.128, P. 78.293, D. 77.1.476] —

Trib. des conflits, 16 déc. 1850, d'Espagnet, [S. 51.2.300, P. adm. chr., D. 51.3.31] — De Peyrony et Delamarre, n. 219; Gabriel Dufour, n. 50; Daffry de la Monnoye, t. 1, sur l'art. 14, n. 10; Crépon, sur l'art. 14, n. 20; de Lalleau, Jousselin, Rendu et Périn, t. 1, n. 209.

703. — Le tribunal doit vérifier : 1° si les travaux ont été déclarés d'utilité publique par une loi ou par un décret; 2° si les territoires et localités sur lesquels les travaux doivent s'exécuter ont été désignés soit par l'acte déclaratif d'utilité publique, soit par un arrêté ultérieur du préfet; 3° si le plan parcellaire a été déposé à la mairie pendant huit jours entiers; 4° si les propriétaires ont été prévenus du dépôt de ce plan par les publications, affiches et insertions prévues par la loi; 5° si le maire a ouvert pendant le temps prescrit le procès-verbal destiné à recevoir les observations présentées par les intéressés; 6° si la commission spéciale instituée pour examiner ces observations a été régulièrement composée, si elle s'est réunie pendant le temps voulu par le législateur et si elle a consigné le résultat de ses opérations; 7° si le préfet a pris un arrêté de cessibilité. En cas de modifications de tracé proposé par la commission, le tribunal doit en outre rechercher, si elles ont fait l'objet de publications et affiches, si elles ont été déposées pendant huit jours à la sous-préfecture avec les pièces à l'appui et quelle a été la décision de l'administration supérieure. — De Lalleau, Jousselin, Rendu et Périn, t. 1, n. 208; Crépon, sur l'art. 14, n. 21.

704. — L'enquête préalable à l'acte déclaratif d'utilité publique est prescrite par l'art. 3, L. 3 mai 1841; cet article n'est pas visé par l'art. 14 de la même loi; le tribunal n'a donc point à s'assurer de la régularité de cette enquête, et en règle générale, les tribunaux n'ont pas compétence pour examiner le mérite des actes dont l'accomplissement est confié par la loi à l'administration pour la période antérieure à la déclaration d'utilité publique. — V. supra, n. 270 et s., 687.

705. — Jugé encore, par application du même principe, que l'autorité judiciaire étant incompétente pour examiner les actes confiés à l'administration pendant la période antérieure à la déclaration d'utilité publique, de prononcer irrégularités qui auraient été commises, soit dans l'enquête administrative qui a précédé le décret portant déclaration d'utilité publique, soit visée par lui, soit dans la délibération du conseil municipal ou dans les autres actes accomplis durant cette période, ne sauraient donner ouverture à cassation. — Cass., 17 mars 1885, Vernier, [S. 87.1.38, P. 87.1.60, D. 86.5.229]

706. — Le droit de rechercher si les travaux doivent être autorisés par une loi ou par un décret, de telle sorte qu'ils peuvent refuser de prononcer l'expropriation, s'il leur paraît qu'un décret a été substitué à une loi, dans le cas où une loi eût été nécessaire. — Gillon et Stourm, C. des municip., loi sur l'expropr., p. 65. — Mais leur compétence ne s'étend pas plus loin en ce qui concerne la déclaration d'utilité publique. — V. supra, n. 202 et s.

707. — Ainsi, d'une part, le jugement qui constate l'existence d'un décret déclaratif d'utilité publique, alors d'ailleurs qu'il n'est pas contesté que, au point de vue de la nature des travaux, ce décret ait été compétemment rendu, prononce valablement l'expropriation en se fondant sur ledit décret. — Cass., 24 nov. 1885, précité.

708. — Et, d'autre part, il n'appartient point au tribunal de rechercher si le décret déclaratif d'utilité publique a été légalement rendu, ni d'apprécier la validité des actes administratifs auxquels il a été procédé antérieurement au jugement (notamment, la validité de l'avis émané du conseil municipal). — Cass., 3 mai 1887, précité.

709. — La loi du 29 déc. 1892, sur l'occupation temporaire, n'a pas modifié l'art. 14, L. 3 mai 1841; elle ne confère pas aux tribunaux le droit d'apprécier ni dans quelles conditions de fond le décret d'utilité publique a été rendu, ni dans quelle mesure le caractère d'utilité publique peut être attribué aux travaux projetés. — Cass., 28 juin 1897, Société des produits chimiques de Marseille-l'Estaque, [S. et P. 97.1.464, D. 98.1.224]

710. — L'autorité judiciaire appelée, après déclaration d'utilité publique, à se prononcer sur l'expropriation des parcelles indiquées dans l'arrêté préfectoral de cessibilité, n'a pas compétence pour contrôler le mode d'exécution des travaux prescrits par l'administration. Ainsi, elle ne pourrait refuser de prononcer l'expropriation sous prétexte que le mode d'exécution des travaux sort des règles ordinaires, et qu'il s'agit de l'établissement d'un chemin de fer sans clôture et sans que les rails forment saillie sur la voie publique. — Cass., 28 août 1876, L'État, [S. 77.1.135, P. 77.305, D. 77.1.22] — Daffry de la Monnoye, t. 1, sur l'art. 14, n. 11; Crépon, sur l'art. 14, n. 29; de Lalleau, Jousselin, Rendu et Périn, t. 1, n. 209.

711. — Le tribunal n'a point non plus à rechercher dans quelle mesure l'expropriation demandée est nécessaire à l'exécution des travaux projetés. — Cass., 14 janv. 1868, Roideau, [S. 68.1.227, P. 68.538, D. 68.1.53] — Daffry de la Monnoye, t. 1, sur l'art. 14, n. 10; Crépon, sur l'art. 14, n. 27; de Lalleau, Jousselin, Rendu et Périn, t. 1, n. 209.

712. — Dans le cas où l'on ne représente au tribunal chargé de prononcer l'expropriation qu'une délibération irrégulièrement prise par la commission administrative (par exemple, en l'absence de l'un de ses membres), le tribunal doit décider qu'il n'y a lieu, quant à présent, de prononcer l'expropriation requise. — Cass., 30 déc. 1839, Préfet de Seine-et-Oise, [S. 40.1.444, P. 46.2.546]

713. — Le tribunal doit s'assurer si la commission d'enquête s'est réunie conformément aux prescriptions de la loi, mais il ne saurait rechercher si elle a bien ou mal apprécié les réclamations qui ont été portées devant elle. En d'autres termes, le tribunal n'a point à connaître les réclamations formulées lors de l'enquête ouverte ni qui sont portées devant la commission d'enquête. Dès lors, le jugement qui prononce l'expropriation sans s'arrêter aux réclamations formulées dans le procès-verbal d'enquête, transmis à l'autorité compétente pour y statuer, ne commet aucun excès de pouvoir et ne viole aucune loi. — Cass., 23 juill. 1896, Passy, [S. et P. 97.1.48]

714. — Le tribunal n'a pas non plus à rechercher si l'arrêté de cessibilité a été régulièrement rendu, et notamment s'il ne s'applique pas à un immeuble qui doit être considéré comme une dépendance du domaine public. — Cass., 14 nov. 1876, Chm. de fer P.-L.-M., [S. 77.1.278, P. 77.687, D. 77.1.70]; — 8 déc. 1891, Comm. de Chepois, [S. et P. 92.1.95, D. 92.1.574] — Daffry de la Monnoye, t. 1, sur l'art. 14, n. 10; Crépon, sur l'art. 14, n. 28; de Lalleau, Jousselin, Rendu et Périn, t. 1, n. 209; Laferrière, t. 1, p. 540.

715. — On a pensé que, lorsque la commission a été d'avis d'un changement dans le tracé, et que le préfet a dû, avant de prendre l'arrêté définitif, consulter le ministre, le tribunal ne peut vérifier si le préfet s'est exactement conformé à la décision du ministre, parce que ce serait s'immiscer dans l'examen d'un acte administratif, le modifier, le réformer en quelque sorte. Mais cette opinion nous semble reposer sur une erreur manifeste : d'une part, parce que le tribunal ne réforme pas l'arrêté du préfet en refusant de prononcer l'expropriation, et ensuite, parce que les actes préliminaires de l'expropriation étant des actes administratifs, il s'ensuivrait que le tribunal ne pourrait jamais refuser de prononcer l'expropriation.

716. — La circonstance que des terrains compris dans l'arrêté de cessibilité seraient l'objet d'une revendication de la part de tiers ne fait aucun obstacle à ce que le tribunal en prononce l'expropriation, sauf aux prétendants-droit à faire fixer ultérieurement par le jury de l'indemnité éventuelle qui leur reviendra dans le cas où ils seraient reconnus propriétaires de ces terrains. — Cass., 21 déc. 1874, Jonon, [S. 75.1.178, P. 75.409, D. 75.5.232] — Daffry de la Monnoye, t. 1, sur l'art. 14, n. 10.

717. — Les conditions relatives au délai dans lequel l'expropriation doit être accomplie par une compagnie substituée aux droits de l'État, n'intéressent que l'État, et leur inexécution ne saurait infirmer la valeur du décret déclaratif d'utilité publique. — Cass., 24 août 1880, de L'Hôpital, [S. 81.1.86, P. 81.1.178, D. 81.1.376] — L'expropriation est régulièrement prononcée, après l'expiration du délai imparti par le décret à la compagnie concessionnaire. — Même arrêt. — Daffry de la Monnoye, t. 1, sur l'art. 14, n. 12; Crépon, sur l'art. 14, n. 31; de Lalleau, Jousselin, Rendu et Périn, t. 1, n. 209.

718. — Le tribunal prononce l'expropriation, mais il n'envoie pas l'exproprié en possession ; c'est au magistrat directeur du jury, après que le jury a statué sur l'indemnité, à prononcer cet envoi. Par suite, le jugement prononçant l'expropriation pour cause d'utilité publique ne peut ordonner la dépossession immédiate de l'exproprié sauf indemnité ultérieure. Peu importe, d'ailleurs, qu'un arrêté du préfet eût déclaré qu'il y avait nécessité de mettre l'administration immédiatement en possession : un tel arrêté ne peut être entendu en un sens exclusif de l'indemnité préalable. — Cass., 28 janv. 1834, Dumarest, [S. 34.1.206, P. chr.] — Daffry de la Monnoye, t. 1, sur l'art. 14, n. 20; Crépon, sur l'art. 14, n. 137.

719. — Mais le jugement n'est pas nul par cela seul que, par une locution vicieuse, il aurait prononcé l'envoi en possession des concessionnaires, au lieu de prononcer seulement l'expropriation, si d'ailleurs cet envoi en possession n'est accordé qu'à la charge par ces mêmes concessionnaires d'acquitter, préalablement à toute prise de possession, l'indemnité qui sera réglée par le jury. — Cass., 11 mai 1833, Dumarest, [S. 35.1.949, P. chr.] — Daffry de la Monnoye, loc. cit.; Crépon, sur l'art. 14, n. 138; de Lalleau, Jousselin, Rendu et Périn t. 1, n. 215 bis. — Dans ce cas, les termes mêmes du jugement établissent que, bien qu'il se soit servi d'une expression inexacte, il a entendu seulement prononcer l'expropriation et non l'envoi en possession.

720. — Mais il est utile que les propriétaires et les divers intéressés connaissent l'époque à laquelle l'administration compte prendre possession des terrains ou bâtiments expropriés, et par suite, il est bon que le tribunal indique cette époque dans son jugement; le tribunal peut la mentionner puisqu'elle se trouve énoncée dans l'arrêté de cessibilité (V. suprà, n. 403); cette prise de possession n'aura lieu, d'ailleurs, qu'après la fixation et le paiement préalable de l'indemnité. — De Lalleau, Jousselin, Rendu et Périn, t. 1, n. 215 bis.

721. — Le tribunal peut-il prononcer l'expropriation alors que les diverses formalités prescrites par la loi ont été accomplies avant que l'acte déclaratif d'utilité publique ait été rendu? Supposons, par exemple, que l'administration procédait par voie d'alignement et ait rempli toutes les formalités prescrites par le tit. 2, L. 3 mai 1841, puisque, convertissant l'alignement en expropriation, elle ait obtenu un acte déclaratif d'utilité publique et fait rendre par le préfet un arrêté désignant les territoires et localités, et un arrêté de cessibilité; cette procédure est-elle régulière? On peut dire pour l'affirmative que le législateur n'a pas indiqué d'une manière impérative l'ordre dans lequel doivent se succéder les formalités; sans doute, mais il faut admettre que les intéressés soient avertis par l'acte déclaratif d'utilité publique qu'ils sont en présence d'une procédure d'expropriation sérieuse; quelle utilité pour eux de présenter des observations si l'expropriation n'est point certaine? Il semble donc que ce n'est le tribunal devrait refuser l'expropriation. — Daffry de la Monnoye, t. 1, sur l'art. 14, n. 16.

§ 2. Du visa des pièces.

722. — Le jugement qui prononce l'expropriation doit non seulement déclarer que toutes les formalités prescrites par la loi ont été remplies, mais il doit à peine de nullité faire la justification de la légalité de l'expropriation par le visa ou du moins l'énonciation des pièces constatant l'accomplissement des formalités prescrites. — Cass., 1er juill. 1834, Dumarest, [S. 34.1.623, P. chr.]; — 2 févr. 1836, Houzet, [S. 36.1.337, P. chr.]; — 30 mars 1859, Mauriac, [P. 59.763, D. 59.1.165]; — 21 nov. 1866, Duwarnet, [P. 66.5.204]; — 11 mars 1872, Dupuis, [S. 72.1.139, P. 72.312, D. 72.5.231]; — 13 déc. 1878, Chemin de fer de Picardie, [S. 80.1.134, P. 80.286]; — 27 janv. 1880, Bessenon, [S. 80.1.472, P. 80.1173, D. 80.1.164]; — 16 févr. 1881, de Dreux-Brézé, [S. 81.1.227, P. 81.1.537, D. 81.5.197]; — 11 juill. 1881, Geay, [S. 81.1.430, P. 81.1.1087]; — 12 août 1884, Godard, [S. 85.1.84, P. 85.1.173, D. 85.5.246]; — 17 févr. 1885, Perier, [S. 85.1.271, P. 85.1.060, D. 86.5.229]; — 20 juill. 1887, Fachan, [S. 87.1.431, P. 87.1.1061, D. 87.5.223]; — 12 mars 1888, Farandi, [S. 89.1.272, P. 88.1.645, D. 88.5.242]; — 25 janv. 1892, Tremolières, [S. et P. 92.1.464]; — 1er déc. 1894, Société des établissements agricoles de Tilly, [S. et P. 95.1.143, D. 95.1.322]; — 6 mars 1895, Verdeille, [S. et P. 95.1.245]; — 29 juin 1896, de Coumaille, [S. et P. 96.1.527] — De Lalleau, Jousselin, Rendu et Périn. t. 1, n. 210; Daffry de la Monnoye, t. 1, sur l'art. 14, n. 14; Crépon, sur l'art. 14, n. 32.

723. — Par suite, doit être annulé le jugement déclarant que toutes les formalités voulues par la loi pour parvenir à l'expropriation ont été observées, mais qui mentionne, comme ayant été produites devant lui et vérifiées par lui, aucune des pièces attestant que les formalités exigées par les art. 2, 5, 6, 7 et 12, L. 3 mai 1841, ont été effectivement remplies, et qui ne contient pas ainsi la preuve de la vérification faite par lui de l'accomplissement de ces formalités préalables. — Cass., 21 nov. 1866, précité; — 11 mars 1872, précité; — 11 juill. 1881, précité; — 17 févr. 1885, précité; — 12 mars 1888, précité; — 6 mars 1895, précité.

724. — En d'autres termes, il y a lieu d'annuler le jugement d'expropriation rendu sur le simple visa, sans autre énonciation, des pièces et documents produits. — Cass., 14 mars 1865, Monbrun, [D. 65.5.176] — Crépon, sur l'art. 14, n. 35 et 36; de Lalleau, Jousselin, Rendu et Périn, t. 1, n. 211.

725. — En conséquence, la mention insérée au jugement, que les pièces relatives à l'expropriation ont été vues par le juge. et que toutes les formalités prescrites par l'art. 2, tit. 1 et par le tit. 2, L. 3 mai 1841, ont été accomplies, est insuffisante pour attester la production de toutes les pièces exigées par la loi et leur examen par le tribunal. — Cass., 16 févr. 1881, précité. — Crépon, sur l'art. 14, n. 43.

726. — La mention, que les diverses formalités relatives à l'expropriation ont été remplies n'atteste pas suffisamment, non plus, la production des pièces et leur examen par le juge. — Cass., 17 mars 1885, Vernier, [S. 87.1.38, P. 87.1.60, D. 86.5.229]

727. — Spécialement, doit être annulé le jugement qui, après avoir visé seulement le décret déclaratif d'utilité publique et l'arrêté de cessibilité, se borne à ajouter : « Vu toutes les pièces de la procédure, qui ont été déposées sur le bureau, et qui constatent que les formalités préalables exigées par la loi du 3 mai 1841 ont été remplies. » — Cass., 12 août 1884, précité.

728. — Cependant il a été jugé qu'est régulier le jugement prononçant l'expropriation sur le vu des pièces produites, et après avoir constaté que les formalités prescrites par la loi ont été remplies. — Cass., 9 mars 1891, Doneau, [S. 91.1.230, P. 91.1.544] — Mais on ne peut considérer cet arrêt comme un revirement de la jurisprudence; il est certain que dans l'espèce soumise à la Cour suprême le jugement constatait par des mentions, suffisantes, que les formalités prescrites par la loi avaient été accomplies; si ces mentions ne s'étaient point trouvées dans le jugement qui lui était déféré, la Cour suprême aurait prononcé la cassation.

729. — Il n'importe que le jugement d'expropriation ait été rendu sur le vu de l'arrêté du préfet, qui lui-même vise toutes les pièces; il ne résulte pas nécessairement de cette circonstance que chacune des pièces ait été produite au tribunal et examinée par lui. — Cass., 30 août 1859, Bureau, [S. 60.1.359, P. 60.40, D. 59.1.365]; — 17 mars 1885, précité. — Crépon, sur l'art. 14, n. 39; Daffry de la Monnoye, t. 1, sur l'art. 14, n. 14. — En effet le tribunal a pu se contenter d'examiner l'arrêté du préfet sans vérifier les diverses pièces visées par ce fonctionnaire.

730. — Il y a également lieu d'annuler le jugement d'expropriation qui se borne à énoncer « vu les pièces jointes à l'appui du réquisitoire du ministère public », alors que ce réquisitoire ne mentionne aucun acte contenant le consentement du propriétaire à la cession amiable de sa propriété, ni l'accomplissement des formalités qui, en l'absence de ce consentement, deviennent nécessaires. — Cass., 29 janv. 1850, Bussault, [S. 50.1.192, P. 50.1.602, D. 50.1.123] — Crépon, sur l'art. 14, n. 37; Daffry de la Monnoye, t. 1, sur l'art. 14, n. 14.

731. — Il n'importe pas davantage que le jugement se réfère au réquisitoire du procureur de la République, si, d'une part, le jugement ne constate pas, par son propre visa, qu'il a vérifié les pièces jointes au réquisitoire, et si, d'autre part, le réquisitoire ne vise que le décret d'utilité publique et l'arrêté de cessibilité, et ne fait aucune mention des documents administratifs destinés à établir que les diverses formalités énumérées au tit. 2, L. 3 mai 1841, ont été accomplies. — Cass., 17 févr. 1885, précité.

732. — Par suite, est frappé de nullité le jugement qui se borne à viser la lettre d'envoi du préfet, le réquisitoire du ministère public et les pièces constatant l'accomplissement des formalités prescrites par le législateur sans indiquer que le tribunal a vu et vérifié chacune de ces pièces. — Cass., 10 déc. 1883, Chabrillan, [D. 84.5.255] — Crépon, sur l'art. 14, n. 44.

733. — Et doit également être annulé le jugement qui, après avoir déclaré que toutes les formalités prescrites par la loi ont été remplies, se borne à mentionner comme ayant été produits devant le tribunal et vérifiés par lui le plan parcellaire et les pièces jointes au réquisitoire du ministère public, alors que ce réquisitoire, après avoir visé seulement le décret d'utilité publique et l'arrêté préfectoral de cessibilité, ajoute simplement : « vu les pièces constatant que les formalités prescrites par l'art. 2, tit. 1, et par le tit. 2 de la loi de 1841 ont été remplies; » cette mention, sans précision, n'atteste pas d'une manière suffisante la production des pièces exigées par les art. 5, 6, 7 et 12 de ladite loi. — Cass., 11 déc. 1894, précité. — Si le tribunal peut ne pas mentionner toutes les pièces attestant l'accomplissement des formalités légales, et se borner à renvoyer pour leur énumération au réquisitoire du procureur de la République, qui les indique, c'est à une double condition : 1° que le réquisitoire du procureur de la République vise lui-même toutes les pièces dont la production est indispensable ; 2° qu'il résulte des énonciations du jugement que les pièces en question ont été placées sous les yeux du tribunal et vérifiées par lui. — Cass., 29 déc. 1896, Société « l'Estaque », [S. et P. 97.1.101] — V. aussi, Cass., 21 déc. 1892, Louchet, [S. et P. 94.1.143]

734. — Le jugement qui se borne à viser l'une ou quelques-unes des pièces justificatives de l'accomplissement des formalités doit, par *à contrario*, être présumé n'avoir pas examiné les autres pièces qui auraient dû être vérifiées par lui ; un tel jugement doit donc être annulé. — Cass., 2 févr. 1836, Houzet, [S. 36. 1.337, P. chr.]; — 5 juill. 1836, Dusserech, [S. 36.1.918, P. 37. 1.119] — Crépon, sur l'art. 14, n. 38; Daffry de la Monnoye, sur l'art. 14, n. 14; de Lalleau, Jousselin, Rendu et Périn, t. 1, n. 211, note.

735. — Il a été jugé également qu'il y a lieu d'annuler le jugement qui ne vise ni les pièces relatives aux formalités de publication, d'affichage et d'insertion de l'avis du dépôt du plan parcellaire à la mairie, ni les pièces relatives à l'ouverture de la mairie, du registre destiné à recevoir les réclamations des intéressés, ni enfin l'arrêté préfectoral désignant la commission d'enquête. — Cass., 29 déc. 1896, précité. — V. aussi, Cass., 21 déc. 1892, Louchet, [S. et P. 94.1.143]

736. — ... Que le jugement ordonnant l'expropriation doit, à peine de nullité, constater que le décret déclaratif d'utilité publique, qui constitue une formalité substantielle, a été mis sous les yeux des juges. — Cass., 2 janv. 1844, Dupontavice, [S. 44. 1.185, P. 44.1.65]; — 10 juill. 1866, Burnett-Stears, [S. 67.172, D. 66.5.204]

737. — ... Que le jugement doit, à peine de nullité, viser l'arrêté du préfet désignant les territoires sur lesquels les travaux doivent être exécutés, cette désignation n'est pas contenue dans l'acte déclaratif. — Cass., 13 nov. 1878, Chem. de fer de Picardie, [S. 80.1.134, P. 80.286, D. 79.1.474] — Daffry de la Monnoye, sur l'art. 2, n. 1; de Lalleau, Jousselin, Rendu et Périn, t. 1, n. 211, note; Crépon, sur l'art. 14, n. 43.

738. — ... Que, dans le cas où la commission d'enquête a proposé des modifications aux plans primitifs des travaux d'expropriation, la décision que prend le ministre pour approuver ou modifier lui-même les propositions qui lui sont soumises devient un des éléments de la procédure, et doit, dès lors, à peine de nullité, être produite au tribunal et visée par lui dans son jugement d'expropriation; qu'il ne suffirait pas que la décision ministérielle fût simplement indiquée dans le réquisitoire du ministère public. — Cass., 30 mars 1870, Thomas, [S. 70.1.349, P. 70.882, D. 70.5.182] — Crépon, sur l'art. 14, n. 42; Daffry de la Monnoye, t. 1, sur l'art. 14, n. 14; de Lalleau, Jousselin, Rendu et Périn, t. 1, n. 211, note.

739. — Jugé, cependant, que le tribunal qui prononce l'expropriation sur le vu de l'arrêté préfectoral fixant les localités et territoires traversés, n'est pas tenu de viser les décisions ministérielles relatives à l'étude des modifications du tracé. — Cass., 13 déc. 1882, précité. — De Lalleau, Jousselin, Rendu et Périn, n. 208, note; Crépon, sur l'art. 14, n. 22. — ... Que les parties ne peuvent non plus demander communication de ces documents. — Même arrêt.

740. — En tout cas, le jugement d'expropriation doit être annulé s'il ne mentionne point l'arrêté de cessibilité, arrêté sans lequel l'expropriation ne saurait être poursuivie. — Cass., 30 août 1859, Bureau, [S. 60.1.359, P. 60.40, D. 59.1.365] — De Lalleau, Jousselin, Rendu et Périn, t. 1, n. 211, note.

741. — Le jugement doit constater que les plans parcellaires ont été déposés à la mairie (V. *suprà*, n. 303 et s.) et y sont demeurés huit jours après les avertissements, publications, affiches et insertions prévus par la loi ; la preuve de l'observation de ce délai et de celui de huitaine prescrit par l'art. 9 de ladite loi, pour la durée des opérations de la commission d'enquête, résulte suffisamment du jugement constatant « qu'une première enquête a eu lieu du 22 au 30 mars ; que les opérations de la commission d'enquête, commencées le 8 avril, n'ont été terminées que le 15 avril ; que l'enquête supplémentaire, dont l'ouverture a été annoncée par avis affiché et publié le 18 avril, a été close le 26 avril. — Cass., 13 déc. 1882, de Froissard, [S. 83.1.325, P. 83.1.782, D. 84.1.88]

742. — Jugé, encore, que le jugement doit viser le procès-verbal dressé par le maire et mentionner les déclarations et réclamations verbales des parties, procès-verbal auquel sont annexées celles transmises par écrit, ainsi que le procès-verbal relatant la constitution, la réunion, la durée et les opérations de la commission d'enquête instituée pour recevoir les observations des expropriés. — Cass., 12 mars 1888, Faraudi, [S. 88.1.272, P. 88.1.645, D. 88.5.242]

743. — ... Que le jugement d'expropriation qui vise les procès-verbaux du maire, constatant que le plan parcellaire a été déposé à la mairie dans le délai sus-indiqué, justifie suffisamment de la vérification faite de ce document par le tribunal. — Cass., 12 févr. 1884, Retours, [S. 85.1.134, P. 85.1.289, D. 85.1.262]

744. — Lorsque l'exproprié a autorisé l'expropriant à prendre possession des terrains expropriés, il suffit au jugement qui prononce l'expropriation de viser l'acte de cession déterminant les parcelles expropriées, sans qu'il soit besoin de s'assurer de l'accomplissement des formalités prescrites par le tit. 1, art. 2, § 2, n. 3 et par le tit. 2 de la loi du 3 mai 1841. — Cass., 12 juin 1888, Chem. de fer départementaux, [S. 89.1.128, P. 89.1. 293, D. 90.1.106] — Dans ce cas, en effet, il n'y a pas lieu pour le tribunal de prononcer l'expropriation, mais seulement de donner acte du consentement du propriétaire en constatant ce consentement.

745. — Il n'est pas d'ailleurs nécessaire que chacune des pièces produites pour constater l'accomplissement de ces formalités soit l'objet, dans le jugement d'expropriation, d'une désignation individuelle et spéciale. Ainsi, est valable le jugement qui, après avoir visé le décret déclaratif d'utilité publique et l'arrêté de cessibilité, relève, dans le réquisitoire du ministère public concluant à l'expropriation, les expressions « vu la requête et les pièces, » et vise les pièces jointes à l'appui de la demande de l'expropriant. — Cass., 11 mai 1835, Dumarest, [S. 35.1.249, P. chr.]; — 9 avr. 1877, Haincque, [S. 78. 1.128, P. 78.293, D. 77.1.469]; — 1er mai 1877, Comm. de Fresnes, [S. 77.1.277, P. 77.686] — Crépon, sur l'art. 14, n. 46 et 48; Daffry de la Monnoye, t. 1, sur l'art. 14, n. 14.

746. — D'autre part, s'il n'est pas nécessaire que chacune des pièces produites pour constater l'accomplissement des formalités légales, soit l'objet, dans le jugement d'expropriation, d'une désignation individuelle et spéciale, il est certain, du moins, qu'un visa général et collectif est insuffisant pour satisfaire au vœu de la loi. — Cass., 12 août 1884, Godard, [S. 85. 1.84, P. 85.1.173, D. 85.5.246]

747. — Il a même été jugé qu'il y a, dans un jugement pour cause d'expropriation publique, constatation suffisante de l'accomplissement de toutes les formalités par la mention suivante : vu les pièces, au nombre de neuf, transmises au ministère public par le préfet, et constatant que les formalités exigées par la loi ont été remplies. — Cass., 11 mai 1835, précité. — Daffry de la Monnoye, t. 1, sur l'art. 14, n. 14; Crépon, sur l'art. 14, n. 47. — Mais cet arrêt a été rendu à une époque où la Cour suprême se montrait moins rigoureuse qu'à l'heure actuelle, pour la constatation par le juge de l'accomplissement des formalités imposées par la loi ; on doit reconnaître en effet que les énonciations d'un tel jugement n'établissent pas d'une façon certaine la production des pièces indispensables et l'examen du juge.

748. — Aussi a-t-il été jugé, depuis, que la mention que « les pièces ont été produites au nombre de onze, constatant que toutes les formalités ont été remplies, » ne permet pas d'apprécier si les pièces, ainsi visées dans leur ensemble, sont bien réellement celles dont la production est rigoureusement exigée par la loi, ni de vérifier si elles constatent effectivement l'accomplissement régulier des formalités qu'elle prescrit. — Cass., 20 juill. 1887, Fachan, [S. 87.1.431, P. 87.1.1061, D. 87.5. 223]

749. — Mais il a été jugé que le jugement d'expropriation, qui vise l'arrêté de cessibilité et les pièces jointes, au nombre desquelles figure le décret déclaratif d'utilité publique, et ajoute qu'il résulte des documents produits que toutes les formalités pour arriver à l'expropriation ont été remplies, constate suffisamment la production de ce décret devant le tribunal et son examen par le juge. — Cass., 21 févr. 1882, Pocquet, [S. 84. 1.36, P. 84.1.58, D. 83.1.29]

750. — ... Que le jugement qui prononce une expropriation pour cause d'utilité publique peut, sans encourir la nullité, se borner à viser l'arrêté de cessibilité énumérant les parcelles expropriées et situées dans trois communes, sans être tenu de viser, en outre, l'arrêté préfectoral contenant la désignation des trois communes sur lesquelles les travaux doivent avoir lieu, lorsque le décret d'utilité publique contient lui-même cette désignation. — Cass., 8 mars 1892, Bigot-d'Engente, [S. et P. 92.1.420]

751. — ... Que le jugement d'expropriation qui énonce qu'il a été rendu sur le vu : 1° du décret déclaratif de l'utilité publique du travail qui y est spécifié; 2° de l'enquête prescrite par l'art. 6, L. 3 mai 1841, et du procès-verbal d'ouverture de cette enquête constatant le dépôt à la mairie du plan parcellaire, ainsi que les publications, affiches et insertions de l'avertissement collectif donné aux parties intéressées de prendre communication de ce plan; 3° de la délibération du conseil municipal portant avis sur les réclamations insérées au procès-verbal d'enquête ; 4° de l'arrêté préfectoral de cessibilité auquel était annexé le plan parcellaire, ledit arrêté rendu en conseil de préfecture sur la transmission de l'avis du conseil municipal, constate que l'expropriation a été prononcée sur la production et la vérification par le tribunal des pièces constatant que les formalités prescrites par la loi ont été remplies. — Cass., 23 juill. 1896, Passy, [S. et P. 97.1.48] — Cette décision offre un grand intérêt pratique, en ce qu'elle fournit aux juges, chargés de rendre un jugement d'expropriation, une formule qui les met à l'abri d'un oubli, et, par suite, d'une cassation.

752. — La prétention du demandeur qui allègue que le tribunal ne s'est pas assuré de l'accomplissement des formalités légales et qui en donne comme preuve une prétendue erreur de date par lui commise en mentionnant l'arrêté de cessibilité du préfet, doit être rejetée alors qu'il n'apporte, devant la Cour de cassation, aucune preuve de l'irrégularité alléguée. — Cass., 2 févr. 1898, de Clerveau, [S. et P. 98.1.288, D. 99.1.504] — Il n'en pourrait être autrement que si cette erreur démontrait que les juges n'ont point en réalité examiné les pièces ; en ce cas le jugement devrait être annulé.

753. — Nous rappellerons que lorsqu'il s'agit de biens d'incapables, ceux-ci n'ont pas besoin d'être autorisés pour consentir à l'expropriation, puisque cette expropriation est obligatoire; par suite, il n'y a pas à produire devant le tribunal une pièce constatant l'autorisation d'aliéner ; cette pièce n'est exigée qu'en cas de cession amiable. — Cass., 16 févr. 1846, Préfet des Bouches-du-Rhône, [S. 46.1.237, P. 46.1.500, D. 46.1.64] — Crépon, sur l'art. 14, n. 52. — V. *suprà*, n. 584 et s.

754. — Si les formalités de l'expropriation n'ont point été accomplies, le tribunal ne peut renvoyer le propriétaire devant le jury, à moins qu'il n'y ait eu cession amiable sans accord sur le prix, ou réunion du terrain au domaine public par suite d'alignement ; et dans ce cas, il peut aussi qu'il renvoie un propriétaire devant le jury sans constater l'accomplissement des formalités prescrites par la loi, ou la réunion au domaine par suite d'alignement. — Cass., 10 janv. 1877, Deligny, [S. 77.2.181, P. 77. 430, D. 78.1.127] — Crépon, sur l'art. 14, n. 54.

755. — Le jugement d'expropriation qui vise les pièces produites est suffisamment motivé, en ce qui concerne l'accomplissement des formalités requises et constatées, par la production de ces pièces. — Cass., 3 juill. 1839, Bourgon, [S. 39.1.748, P. 46.2.544] — Crépon, sur l'art. 14, n. 51; Daffry de la Monnoye, t. 1, sur l'art. 14, n. 15; de Lalleau, Jousselin, Rendu et Périn, t. 1, n. 213.

756. — Pour nous résumer sur ce point, au cas de pourvoi en cassation, le contrôle auquel se livre la cour ne se borne pas à constater l'existence des pièces d'où résulte l'accomplissement des formalités prescrites par la loi, mais il porte aussi sur le point de savoir s'il résulte suffisamment des constatations du jugement que les juges ont vu et vérifié ces pièces avant de prononcer l'expropriation. — Cass., 10 juill. 1866, Burnet-Stears, [S. 67.1.84, P. 67.172, D. 66.5.210] — Crépon, sur l'art. 14, n. 50; Daffry de la Monnoye, t. 1, sur l'art. 14, n. 14.

3° *De la désignation des propriétaires.*

757. — L'art. 20, L. 3 mai 1841, autorise à attaquer le jugement d'expropriation pour vice de forme; le vice de forme le plus grave est l'absence de désignation des noms des propriétaires, ceux-ci n'étant pas avertis de l'expropriation prononcée contre eux. — Daffry de la Monnoye, *loc. cit.* — Et, en effet, l'art. 15, L. 3 mai 1841, en exigeant que l'extrait de jugement qui doit être notifié contienne les noms des propriétaires, suppose que ces noms se trouvent énoncés dans ledit jugement dont l'extrait notifié n'est qu'une exacte reproduction. — Cass., 6 juin 1896, Berthom, [S. et P. 96.1.464, D. 96.1.504] — Le jugement d'expropriation doit donc, à peine de nullité, contenir les noms des propriétaires expropriés. — Cass., 2 févr. 1836, Houzet, [S. 36.1.337, P. chr.]; — 4 août 1841, Couiac, [S. 41.1.661, P. 41.2.377]; — 6 janv. 1857, Chancy, [S. 57.1.302, P. 58.99, D. 57.1.46]; — 25 août 1857, Verbois, [S. 58.1.224, P. 58.984, D. 57.1.353]; — 9 févr. 1858, Gontand, [P. 59.682, D. 58.1.127]; — 29 juin 1882, Tournier, [S. 83.1.183, P. 83.1.418]; — 6 juin 1896, Berthier, [S. et P. 96.1.464, D. 96.1.504] — De Lalleau, Jousselin, Rendu et Périn, t. 1, n. 215 *bis*; Daffry de la Monnoye, t. 1, sur l'art. 14, n. 4; Crépon, sur l'art. 14, n. 56.

758. — Le propriétaire qui a cédé amiablement ses immeubles à l'expropriant ne doit pas figurer dans le jugement nommant un directeur du jury et renvoyant son locataire devant le jury pour fixer une indemnité. — Cass., 1er juin 1881, Grosset, [S. 81.1.381, P. 81.1 908]

759. — La raison en est que le propriétaire, étant désintéressé par l'indemnité fixée amiablement entre lui et l'expropriant, n'a aucun intérêt dans le débat qui s'engage entre celui-ci et son locataire. Dès lors, l'omission du nom de ce propriétaire, dans le jugement d'expropriation, n'entraîne pas la nullité du jugement. — Cass., 1er juin 1881, précité. — Daffry de la Monnoye, t. 1, sur l'art. 14, n. 4; Crépon, sur l'art. 14, n. 58; de Lalleau, Jousselin, Rendu et Périn, t. 1, n. 215 *bis*, note.

760. — Le jugement doit contenir les noms des propriétaires tels qu'ils sont inscrits à la matrice cadastrale, ou du moins cela suffit pour la régularité de la désignation. — Cass., 9 févr. 1858, précité. — Daffry de la Monnoye, t. 1, sur l'art. 14, n. 5; de Lalleau, Jousselin, Rendu et Périn, t. 1, n. 215 *bis*, note; Crépon, sur l'art. 14, n. 57. — V. *suprà*, n. 290 et s.

761. — Ainsi est régulière la poursuite l'expropriation poursuivie contre la personne portée à la matrice cadastrale, alors même que le véritable propriétaire se serait fait connaître au maire, mais sans avoir formulé aucune réclamation dans l'enquête. — Cass., 3 nov. 1889, [*Pand. franç.*, 90.1.254] — De Lalleau, Jousselin, Rendu et Périn, t. 1, n. 215 *bis*, note. — Dans ce cas, le véritable propriétaire ne s'est pas fait régulièrement connaître; au lieu de s'adresser au maire il aurait dû se présenter dans l'enquête, et faire connaître sa qualité et ses prétentions. — V. *suprà*, n. 347 et s.

762. — Mais doit être annulé le jugement d'expropriation rendu contre une personne autre que celle portée à la matrice cadastrale. — Cass., 15 janv. 1884, Lépine, [S. 86.1.480, P. 86. 1.1174, D. 85.1.291] — Ainsi, il y a lieu d'annuler le jugement rendu contre Jean-Baptiste Lépine, jardinier, alors que le véritable propriétaire inscrit sur la matrice cadastrale s'appelle Alexandre-François Lépine, ancien huissier ; il en est ainsi surtout alors que le jugement contient en outre une erreur dans la désignation de la parcelle à exproprier. — Même arrêt. — Crépon, sur l'art. 14, n. 62. — ... Et la cassation du jugement prononçant l'expropriation entraîne, par voie de conséquence, celle de la décision du jury et de l'ordonnance du magistrat directeur.

763. — Est également nul le jugement d'expropriation poursuivi et rendu, non contre le véritable propriétaire inscrit sur la matrice du rôle, mais contre l'ancien propriétaire, dont le nom avait disparu de ladite matrice du rôle. Il n'importe d'ailleurs que le nom du véritable propriétaire ait été déclaré devant la commission d'enquête. — Cass., 6 janv. 1857, Chaney, [S. 57.1.303, P. 58.99, D. 57.1.46]; — 25 août 1857, Verbois, [S. 58.1.224, P. 58.984, D. 57.1.353]; — 9 févr. 1858, Goutant, [P. 59.682, D. 58.1.127] — De Lalleau, Jousselin, Rendu et Périn, t. 1, n. 215 *bis*; Daffry de la Monnoye, t. 1, sur l'art. 14, n. 5; Crépon, sur l'art. 14, n. 66.

764. — Par suite, il y a lieu de prononcer la nullité d'un jugement rendu contre un propriétaire décédé depuis plusieurs années, alors que sa veuve est seule inscrite sur la matrice cadastrale. — Cass., 20 juin 1860, Montbrun, [P. 61.268, D. 60. 1.406]; — 7 mai 1878, Aguillon, [S. 78.1.276, P. 78.685, D. 78.1.438] — ... D'un jugement qui commet une erreur dans la désignation de la parcelle expropriée et en outre désigne comme propriétaire une personne non inscrite sur la matrice cadastrale. — Cass., 29 janv. 1884, Comm. d'Ambrières, [S. 86.1.480, P. 86

1.1174, D. 85.1.291] — Daffry de la Monnoye, t. 1, sur l'art. 14, n. 5; Crépon. sur l'art. 14, n. 60 et 61.

765. — Mais la désignation inexacte du nom d'un propriétaire exproprié, dans le plan parcellaire et dans le jugement d'expropriation, n'est point une cause de nullité, alors que ce propriétaire n'a pu être induit en erreur sur l'application de l'expropriation à sa propriété. — Cass., 14 août 1888, Faraudi, [S. 90.1.352, P. 90.1.828, D. 89.1.264] — En pareil cas, l'exproprié est sans qualité, comme sans intérêt, pour invoquer, contre le jugement d'expropriation, la nullité des dispositions par lesquelles ce tribunal a prononcé l'expropriation de parcelles appartenant à d'autres propriétaires. — Même arrêt. — De Lalleau, Jousselin, Rendu et Périn, t. 1, n. 215 bis, note.

766. — Au reste, la règle d'après laquelle le jugement doit contenir les noms des propriétaires tels qu'ils sont inscrits sur la matrice cadastrale est tellement rigoureuse que l'expropriation est régulièrement prononcée contre le mari, bien que l'immeuble appartienne à la femme si c'est le nom du mari qui est porté sur la matrice cadastrale. — Cass., 21 févr. 1882, Poliquet, [S. 84.1.36, P. 84.1.58, D. 84.1.29] — De Lalleau, Jousselin, Rendu et Périn, t. 1, n. 215 bis, note; Crépon, sur l'art. 14, n. 63.

767. — De même, l'expropriation est valablement prononcée contre le propriétaire dont le nom est porté sur la matrice cadastrale, bien qu'il soit décédé. — Cass., 20 juin 1860, Montbrun, [P. 61.268, D. 60.1.406] — Crépon, sur l'art. 14, n. 68; de Lalleau, Jousselin, Rendu et Périn, t. 1, n. 215 bis, note. — V. infra, n. 1277 et 1278.

768. — La personne qui prétend avoir des droits sur un immeuble ne peut donc point demander la nullité du jugement d'expropriation par le motif qu'elle n'y est pas mentionnée, alors que ces droits ne sont point révélés par la matrice cadastrale. Il en est ainsi alors même que la matrice cadastrale désignait diverses personnes comme copropriétaires de l'immeuble si elle n'était point comprise dans cette désignation, puisque cette mention ne la concernait pas. — Cass., 16 févr. 1864, précité. — Crépon, sur l'art. 14, n. 64; Daffry de la Monnoye, t. 1, sur l'art. 14, n. 5.

769. — Si le jugement après avoir indiqué les noms des propriétaires, tels qu'ils sont portés à la matrice cadastrale ajoute d'autres propriétaires présumés, cette mention, qui ne fait point tort aux propriétaires inscrits sur la matrice, qui peut être favorable pour d'autres, n'est point une cause de nullité; ainsi le jugement d'expropriation qui mentionne le nom du propriétaire inscrit à la matrice du rôle, et indique comme propriétaire réel ou présumé tel le mari de l'héritière de ce propriétaire inscrit, ne peut pas nul en ce que cette dernière indication serait inexacte, la première réservant suffisamment les droits de ladite héritière. — Cass., 5 févr. 1862, Maujouan, [S. 62.1.890, P. 63.381. D. 63.1.378] — Daffry de la Monnoye, t. 1, sur l'art. 14, n. 5; Crépon, sur l'art. 14, n. 65.

770. — Lorsqu'une femme mariée est seule inscrite à la matrice cadastrale, le jugement d'expropriation ne peut être prononcé contre le mari seul, et ce à peine de nullité; le mari, en sa qualité d'administrateur des biens de sa femme n'a point, en effet, qualité pour les aliéner et pour représenter sa femme dans la procédure d'expropriation. — Cass., 4 juill. 1864, Banguel, [D. 64.5.552] — Jugé de même qu'un jugement ne saurait prononcer contre le mari seul, l'expropriation de biens appartenant à la femme séparée de biens. — Cass., 24 avril 1846, Forest, [S. 46.1.879, P. 46.2.509, D. 46.1.329] — De Lalleau, Jousselin, Rendu et Périn, t. 1, n. 215 bis, note; Crépon, sur l'art. 14, n. 72 et 73.

771. — Il faut d'ailleurs appliquer ici, en ce qui concerne les incapables, les règles exposées supra, n. 146 et s.

772. — S'il s'agit d'une expropriation relative à un terrain à prendre sur un chemin de halage et les talus d'un canal, le jugement prononcé régulièrement l'expropriation contre la personne inscrite sur la matrice cadastrale comme propriétaire du terrain, encore bien que ce canal soit affecté à un service public; il n'y a point lieu de faire figurer le domaine public, alors qu'il est sans intérêt, les travaux à exécuter ne devant rien changer à la destination du canal, et ne formant point obstacle à la navigation. — Cass., 24 mai 1870, de Gruve, [D. 70.1.380] — Daffry de la Monnoye, t. 1, sur l'art. 14, n. 7.

773. — En vertu du principe d'après lequel les immeubles dépendant du domaine public, soit de l'État, soit des départements, soit des communes, ne peuvent faire l'objet d'une expropriation pour cause d'utilité publique (V. supra, n. 99 et s.), il y a lieu de décider que le jugement qui constate une cession amiable de terrains à une compagnie de chemins de fer et désigne le magistrat directeur du jury, est nul, alors que les terrains pour lesquels il est réclamé indemnité appartiennent soit au domaine public national, soit au domaine public communal. Et cette nullité est d'ordre public. — Cass., 20 déc. 1897, Chemin de fer d'Orléans, [S. et P. 98.1.94, D. 99.1.25] — V. supra, n. 780 et s.

774. — Lorsqu'il existe plusieurs copropriétaires par indivis, dont les noms sont portés sur la matrice cadastrale, le jugement doit prononcer l'expropriation contre chacun d'entre eux et tous leurs noms doivent figurer au jugement. Par suite, le jugement qui prononce l'expropriation d'un immeuble appartenant par indivis à une veuve et à ses enfants est nul lorsqu'il n'indique que le nom de l'auteur commun seul inscrit à la matrice des rôles, et se borne à mentionner la veuve comme unique propriétaire de l'immeuble exproprié. — Cass., 20 juin 1860, Montbrun, [P. 61.268, D. 60.1.406]

775. — En conséquence l'omission, dans le jugement d'expropriation, du nom de l'un des copropriétaires par indivis expropriés donne ouverture à cassation de ce jugement, si ce copropriétaire n'a pas été représenté, dans la poursuite, par les autres expropriés, alors d'ailleurs que celui-ci se trouvait sur la matrice cadastrale à côté du nom des autres copropriétaires. — Cass., 6 janv. 1857, Chauey, [S. 57.1.303, P. 58.99, D. 57.1.467]; — 25 août 1857, Verbois, [S. 58.1.224, P. 58.981, D. 57.1.353]; — 12 déc. 1893, Laizé, [S. et P. 95.1.95, D. 93.1.46]

776. — Dans ce cas la nullité du jugement d'expropriation doit être prononcée même à l'égard de l'autre copropriétaire, à raison de l'indivisibilité. — Cass., 12 déc. 1893, précité. — En effet, en cas d'indivision, le jury doit se trouver en présence de tous les copropriétaires intéressés, on ne comprendrait pas qu'ils comparussent successivement devant des jurys différents qui pourraient ne pas apprécier de la même manière l'indemnité à allouer.

777. — Une mutation a pu se produire dans la matrice cadastrale entre le moment de la levée du plan et celui où le jugement est rendu; celui-ci doit contenir les noms des propriétaires portés à la matrice cadastrale au moment où il est rendu; cela ressort des termes des art. 14 et 15, L. 3 mai 1841; l'expropriant doit donc vérifier les noms de ces propriétaires au moment où le tribunal va se prononcer et lui soumettre le résultat de ses investigations nouvelles. — Daffry de la Monnoye, t. 1, sur l'art. 14, n. 6; Crépon, sur l'art. 14, n. 67.

778. — Si la procédure en expropriation pour utilité publique est régulièrement suivie contre celui dont le nom est signalé à l'administration expropriante par l'inscription sur la matrice des rôles comme étant celui du propriétaire à exproprier, cette règle cesse d'être applicable au cas où le propriétaire réel ou actuel des immeubles à exproprier s'est fait connaître à cette administration avant le jugement d'expropriation et l'a mise en mesure d'agir contre lui comme étant le véritable propriétaire de ces immeubles. Dans ce cas, c'est le nom du véritable propriétaire qui doit régulièrement figurer à la procédure et au jugement. — Cass., 15 nov. 1892, Caretti, [S. et P. 93.4.456, D. 93.4.556]; — 21 nov. 1894, Rougemont, [S. et P. 93.1.491, D. 95.1.323]

779. — Lorsqu'un propriétaire est décédé, si aucune mutation n'a été faite sur la matrice des rôles, l'expropriation est valablement prononcée contre lui (supra, n. 767); mais si les divers héritiers ont fait opérer la mutation ou se sont fait connaître, l'expropriation doit être prononcée contre chacun d'entre eux désignés individuellement; il ne suffirait pas qu'ils fussent compris dans une désignation collective; dans ce cas, à raison de l'indivision, chacun des héritiers pourrait demander la nullité du jugement (supra, n. 775). — Cass., 20 juin 1860, Montbrun, [P. 61.268, D. 60.1.406] — De Lalleau, Jousselin, Rendu et Périn, t. 1, n. 215 bis, note; Crépon, sur l'art. 14, n. 69 et 70.

780. — Par suite, la désignation dans le jugement, des expropriés, sous la mention collective : « Enfants N... ou N... et consorts, » serait insuffisante pour assurer la régularité et la validité du jugement, à moins que dans une autre partie de ce même jugement, ils ne fussent individuellement dénommés avec indication des parcelles que l'expropriation leur enlève. — Cass., 22 août 1838, Houzet, [S. 38.1.1002] — Daffry de la Monnoye, t. 1, sur l'art. 14, n. 8; Crépon, sur l'art. 14, n. 71.

781. — Jugé encore que si, en principe, le jugement qui prononce l'expropriation pour utilité publique doit contenir les noms des propriétaires tels qu'ils sont inscrits sur la matrice des rôles, il en est autrement lorsque, le propriétaire inscrit étant décédé, les propriétaires réels et actuels desdits immeubles se sont fait connaître à l'administration expropriante dans les enquêtes préalables. — Cass., 28 nov. 1894, Vialatte, [S. et P. 95.1.192]

782. — Par suite, l'expropriation doit, à peine de nullité, être poursuivie contre le véritable propriétaire lorsque celui-ci, au cours de la procédure d'expropriation, a offert son terrain gratuitement à la commune expropriante, à la condition de l'acceptation d'un certain tracé, et que la commune, après acceptation de cette offre, l'a ensuite repoussée. — Cass., 15 nov. 1892, précité.

783. — Par suite encore, c'est contre le propriétaire qui s'est fait connaître, et non contre la personne désignée par erreur sur la matrice cadastrale comme propriétaire de la parcelle expropriée, que la commune expropriante, qui l'a reconnue comme véritable propriétaire par une procédure en folle enchère et par les offres d'acquisition amiable qu'elle lui a faites, doit, à peine de nullité, poursuivre la procédure d'expropriation et faire prononcer le jugement. — Cass., 21 nov. 1894, précité.

784. — Il appartient à l'exproprié de rédiger sa déclaration, à cet égard, d'une manière exacte, claire et précise ; si elle contient des erreurs, des inexactitudes, il n'a qu'à s'en prendre à lui-même et ne peut en tirer ultérieurement un moyen de nullité. L'expropriation doit donc être prononcée contre les propriétaires qui se sont fait connaître, sous les dénominations et qualifications qu'ils se sont eux-mêmes données dans les réclamations présentées par eux ou en leur nom au cours desdites enquêtes. — Cass., 28 nov. 1894, précité.

785. — Dès lors, l'expropriation est régulièrement poursuivie et prononcée, contre une personne agissant tant sous son nom personnel que comme tutrice de ses enfants, si cette personne s'est ainsi révélée par une déclaration écrite annexée au procès-verbal de l'enquête alors en cours. — Même arrêt.

4° De la désignation des propriétés.

786. — Il ne suffit pas que le jugement prononçant l'expropriation constate l'accomplissement des diverses formalités préalables prescrites par la loi, il est indispensable, en outre, qu'il fasse connaître aux parties intéressées, de la façon la plus claire possible, si l'expropriation s'applique à leurs propriétés ; le jugement doit donc contenir la désignation exacte des parcelles que l'expropriation enlève à chaque propriétaire ; cette indication est faite d'après les énonciations de l'arrêté de cessibilité. — Crépon, sur l'art. 14, n. 77 ; Daffry de la Monnoye, t. 1, sur l'art. 14, n. 21 ; de Lalleau, Jousselin, Rendu et Périn, t. 1, n. 215.

787. — Le tribunal ne peut apporter aucune modification aux désignations faites dans l'arrêté de cessibilité ; il doit donc se borner à reproduire les désignations qu'il contient. — Cass., 14 mars 1842, Jayle, [S.42.1.437, P. 42.1.735] ; — 28 juin 1852, Riant, [S. 52 1.672, P. 52.2.242, D. 52.1.206] — Crépon, sur l'art. 14, n. 78.

788. — Il a été jugé que les biens expropriés sont suffisamment désignés dans le jugement d'expropriation, lorsque l'arrêté de cessibilité contient l'état indicatif des parcelles à acquérir, avec les numéros du cadastre, la situation des terrains, leur nature, leur contenance et les noms des propriétaires portés à la matrice des rôles, et qu'il vise l'état parcellaire avec les mêmes indications ; que ces états sont mentionnés dans la requête du ministère public, et qu'enfin le tribunal a prononcé l'expropriation après avoir visé l'arrêté préfectoral, les pièces jointes, la requête précitée, et mentionné les noms des propriétaires des parcelles, tels qu'ils sont désignés dans les états ainsi visés. — Cass., 21 févr. 1882, Pocquet et consorts, [S. 84. 1.36, P. 84.1.58, D. 83.1.29] — Crépon, sur l'art. 14, n. 79 et 92 ; de Lalleau, Jousselin, Rendu et Périn, t. 1, n. 215, note.

789. — ... Que la désignation, dans le jugement d'expropriation, de l'immeuble exproprié, est régulière, lorsqu'elle est en parfaite concordance avec celle portée au décret déclaratif d'utilité publique, avec le plan annexé à ce décret, ainsi qu'avec l'arrêté préfectoral de cessibilité dont elle reproduit exactement les termes, que son exactitude résulte du plan, qu'elle est également complète, et ne donne lieu à aucune équivoque. — Cass., 27 déc. 1892, Caffart, [S. et P. 94.1.96]

790. — ... Qu'est conforme à la loi le jugement prononçant l'expropriation, qui vise expressément « le plan des lieux, » ce qui doit s'entendre du plan parcellaire, annexé au décret d'utilité publique et seul produit dans la cause, alors que l'indication des parcelles expropriées et de leur contenance, qui figure au jugement, est conforme à l'arrêté de cessibilité. — Cass., 25 juill. 1894, Jusserand, [S. et P. 95.1.95]

791. — ... Que le jugement prononçant l'expropriation se conforme aux indications portées dans le décret d'utilité publique et dans l'arrêté de cessibilité, soit quant aux numéros de la matrice cadastrale applicable au terrain, soit quant à sa nature, ainsi qu'à l'étendue de l'emprise précisée en chiffres avec fixation de ses limites par des traits rouges portés sur le plan, aucun doute n'a pu s'élever sur l'identité des parcelles soumises à l'expropriation. — Cass., 23 juill. 1896, Passy, [S. et P. 97.1.48]

792. — Lorsqu'un arrêté du préfet a déclaré cessibles pour cause d'utilité publique les terrains nécessaires à l'établissement d'une gare de chemin de fer, c'est avec raison que le tribunal a prononcé l'expropriation de tous ces terrains, encore bien que la commission d'enquête ait été d'avis, sur la demande du propriétaire, qu'une certaine portion en fût distraite, et que le cahier des charges ait imposé à la compagnie sur le chemin de fer l'obligation d'abandonner gratuitement, dans un cas donné, une partie des terrains expropriés. — Cass., 28 juin 1852, précité. — Crépon, sur l'art. 14, n. 30 ; de Lalleau, Jousselin, Rendu et Périn, t. 1, n. 215, note ; Daffry de la Monnoye, t. 1, sur l'art. 14, n. 26.

793. — Mais si le jugement doit comprendre tous les immeubles visés dans l'arrêté de cessibilité, à moins qu'une cession amiable ne soit intervenue à l'égard de quelques-uns d'entre eux, il ne peut s'étendre à d'autres immeubles qu'à ceux désignés dans cet arrêté, ou à des parcelles plus considérables que celles qui y ont été déterminées. Ainsi l'erreur résultant de ce qu'un jugement prononce l'expropriation pour cause d'utilité publique de 103 hectares 47 ares 71 centiares, lorsque l'expropriation n'était demandée que pour 10,547 mètres 71 centimètres constitue un excès de pouvoir qui emporte la nullité du jugement. — Cass., 14 mars 1842, précité. — Crépon, sur l'art. 14, n. 81 ; de Lalleau, Jousselin, Rendu et Périn, t. 1, n. 215, note ; Daffry de la Monnoye, t. 1, sur l'art. 14, n. 27.

794. — Il y a lieu également d'annuler le jugement qui ne se borne pas à prononcer l'expropriation des parcelles désignées dans l'arrêté de cessibilité, mais prononce l'expropriation de l'intégralité des parcelles atteintes par les travaux. — Cass., 7 juill. 1846, Frémont et Joly, [P. 47.2.314] — Crépon, sur l'art. 14, n. 83 ; Daffry de la Monnoye, t. 1, sur l'art. 14, n. 22 ; de Lalleau, Jousselin, Rendu et Périn, t. 1, n. 215, note.

795. — Le tribunal ne saurait non plus prononcer l'expropriation d'une servitude de passage sur une zone établie par le décret d'utilité publique et frappée seulement d'une servitude de non construction. — Cass., 28 mai 1861, Delcambre, [S. 61.1. 992, P. 62.237, D. 61.1.287] — De Lalleau, Jousselin, Rendu et Périn, t. 1, n. 215, note ; Daffry de la Monnoye, t. 1, sur l'art. 14, n. 28 ; Crépon, sur l'art. 14, n. 84. — En effet, l'établissement d'une servitude interdisant de construire, bien loin de porter atteinte à une servitude de passage, ne peut qu'en faciliter l'exercice.

796. — Mais le jugement d'expropriation est inattaquable alors qu'il est rendu conformément à l'acte déclaratif d'utilité publique et à l'arrêté de cessibilité ; par suite il ne saurait être critiqué alors qu'il prononce l'expropriation de terrains excédant ce qui est nécessaire pour l'exécution des travaux, et, notamment, pour l'ouverture d'une rue, si le plan annexé au décret déclaratif d'utilité publique porte ces terrains comme nécessaires à l'exécution des travaux. — Cass., 14 févr. 1868, Roideau, [S. 68.1. 227, P. 68.538, D. 68.1.53] — Crépon, sur l'art. 14, n. 83 ; de Lalleau, Jousselin, Rendu et Périn, t. 1, n. 215, note ; Daffry de la Monnoye, t. 1, sur l'art. 14, n. 23.

797. — Par la même raison, il ne résulte aucune nullité de ce que la contenance portée au jugement est inférieure à la contenance réelle, alors que le jugement se réfère au plan cadastral dont il énonce les numéros, de telle sorte que les parcelles désignées par le tribunal comprennent exactement tout le terrain figuré au plan visé par l'arrêté de cessibilité. — Cass., 24 févr. 1863, Novion, [S. 65.1.143, P. 65.304, D. 64.1.289] — Crépon, sur l'art. 14, n. 86 ; de Lalleau, Jousselin, Rendu et Périn, t. 1, n. 215, note. — C'était aux intéressés à signaler l'erreur lorsqu'ils ont été appelés à fournir des observations et à présenter leurs réclamations. Il appartient alors aux intéressés de réclamer un supplément de prix dans les termes de l'art. 1618, C. civ., c'est-à-dire alors que l'indemnité ayant été fixée à raison de la contenance, l'erreur sur cette contenance dépasse un vingtième; cette action doit être intentée dans l'année qui suit le jugement d'expropriation (C. civ., art. 1622) — Cass., 24 févr. 1863, précité. — Crépon, sur l'art. 14, n. 87 et 88. — V. infrà, v° Vente.

798. — Décidé encore que lorsque le jugement d'expropriation, conforme à la contenance indiquée dans l'arrêté du préfet qui détermine les terrains à exproprier, il résulte que la totalité d'un terrain est atteinte par l'expropriation, l'exproprié qui n'a pas attaqué ce jugement, qui a au contraire reçu l'indemnité allouée pour la totalité du terrain, n'est pas recevable, en se fondant sur l'ordonnance déclarative de l'utilité publique, à soutenir que l'expropriation n'est que partielle et doit être renfermée dans les limites indiquées par cette ordonnance. — Cass., 23 juin 1852, Jaumes, [S. 55.1.438, P. 55.1.370, D. 54.1.363] — Daffry de la Monnoye, t. 1, sur l'art.14, n.27; Crépon, sur l'art. 14, n. 89.

799. — Pour éviter toute équivoque et ne laisser aucune place à l'erreur il est utile que le tribunal désigne les biens par leur nature : bâtiments, maison d'habitation, ferme, terres labourables, prairies, vignes, bois, landes. Ainsi le jugement désigne suffisamment les immeubles expropriés, lorsque, s'agissant de maisons, il déclare qu'elles sont expropriées en entier, telles qu'elles sont désignées par rue et par numéro dans un arrêté préfectoral qu'il vise, et telles qu'elles sont portées au plan administratif, pareillement visé, sous les noms des propriétaires inscrits à la matrice des rôles. — Cass., 14 févr. 1855, Yon de Jaunage, [S. 55.1.538, P. 55.1.391, D. 55.1.178] — De Lalleau, Jousselin, Rendu et Périn, t. I, n. 215; Crépon, sur l'art. 14, n. 93.

800. — Lorsque la procédure et le jugement d'expropriation pour cause d'utilité publique ne portent que sur une propriété en nature de terrain, on ne saurait prétendre qu'elle comprendrait implicitement un bâtiment établi sur ce terrain. En pareille matière, tout doit être explicite et formel, alors surtout qu'il s'agit de bâtiments, la loi donnant dans ce cas au propriétaire des droits qu'elle ne lui concède pas quand il s'agit de simples terrains. — Colmar, 30 déc. 1858, Lardier, [P. 59.201, D. 59.2.117] — Vainement donc l'expropriant invoquerait-il le plan sur lequel a eu lieu la procédure d'expropriation comme indiquant d'une manière plus ou moins évidente qu'un angle du bâtiment en litige pouvait être atteint; alors d'ailleurs que ce plan a été modifié depuis, dans le but précisément d'éviter le bâtiment. En conséquence, l'expropriant, qui, dans cette occurrence, a fait procéder à la démolition du bâtiment, est passible de dommages-intérêts envers le propriétaire. — Même arrêt.

801. — Vainement encore prétendrait-il que, devenu par l'expropriation propriétaire du sol, il se trouve, aux termes de l'art. 552, C. civ., propriétaire des bâtiments placés dessus, cet article n'établissant qu'une présomption légale, qui cesse d'être applicable lorsque la propriété du sol et celle des bâtiments sont dans des mains différentes. — Même arrêt. — Mais s'il n'a que la mesure du terrain pour laquelle l'expropriation a été prononcée, il ne peut en être évincé pour aucune partie sous prétexte qu'il n'a pas exproprié le bâtiment qui y est construit; l'expropriation doit être maintenue en son entier, sauf indemnité au propriétaire du bâtiment. — Même arrêt.

802. — Remarquons d'ailleurs que l'art. 14, L. 3 mai 1841, ne contient aucune prescription rendant nécessaire, dans tous les cas, l'indication, par le jugement d'expropriation, de la contenance des parcelles expropriées. — Cass., 30 déc. 1891, de Chavaguac, [S. et P. 92.1.320] — Par suite, le jugement prononçant l'expropriation d'une emprise unique appartenant divisément à trois propriétaires différents ne saurait être annulé sous prétexte qu'il n'y vise l'arrêté de cessibilité et le plan parcellaire, qui indiquent la situation des parcelles et le nom des propriétaires. — Même arrêt.

803. — Il a été jugé que les erreurs matérielles qui se sont glissées dans le jugement d'expropriation relativement aux immeubles expropriés, telles que celle d'y avoir compris une parcelle de terre qui en avait été formellement exclue par l'arrêté de cessibilité, base du jugement, peuvent être rectifiées par voie d'interprétation de ce jugement, à la requête de la partie expropriante. — Cass., 6 avr. 1859, Comp. d'eau de Givors, [S. 59.1. 524, P. 59.949, D. 59.1.165] — De Lalleau, Jousselin, Rendu et Périn. t. I, n. 215, note. — Mais est-ce bien interpréter un jugement que d'en modifier la solution certaine, et de restreindre une expropriation prononcée dans des limites parfaitement claires, quoique inexactes? Cela peut paraître douteux. — V. Crépon, sur l'art. 14, n. 95 et 96. — V. infrà, v° Jugement et arrêt (mat. civ.), n. 3046 et s.

804. — En tout cas, le jugement qui désigne l'immeuble exproprié comme compris sur le plan cadastral sous un numéro indiqué, et comme appartenant à une personne déterminée, alors que l'immeuble ne porte aucun numéro sur le plan cadastral, et ne figure à la matrice des rôles sous le nom d'aucun propriétaire, doit être annulé comme contenant une indication de propriété non conforme à la matrice des rôles. — Cass., 29 janv. 1884, Martin, [S. 86.1.480, P. 86.1.1174, D. 83.1.291] — Et celui, dont les prétentions à la propriété, ou à la copropriété, de la parcelle expropriée ont été révélées à l'expropriant par une instance contradictoire, peut se prévaloir de la nullité. — Même arrêt.

805. — Si, au contraire, le jugement d'expropriation est obscur, ambigu, et qu'il laisse dans le doute la question de savoir s'il a prononcé ou non l'expropriation d'une parcelle déterminée, il est certain que le tribunal qui a rendu ce jugement a le droit de l'interpréter et de préciser quelle a été sa décision; c'est là un principe général qui s'applique relativement à l'expropriation comme en toute autre matière. — Cass., 19 mars 1872, Rouge, [D. 72.1.1106] — Cons. d'Et., 3 juill 1869, Liauzo, [S. 70.2.231, Crépon, sur l'art. 14, n. 97; de Lalleau, Jousselin, Rendu et Périn, t. I, n. 215, note. — V. infrà, v° Jugement et arret (mat. civ.), n. 3030 et s.

806. — Lorsque le jugement d'expropriation est régulier et que, quant à la désignation des biens, il se conforme au décret d'utilité publique et à l'arrêté de cessibilité, il ne peut être vicié par une circonstance qui lui est postérieure; ainsi, par le fait que l'expropriant s'est mis abusivement en possession d'une contenance plus considérable que celle expropriée. — Cass., 5 févr. 1840, Charnay, [S. 40.1.162, P. 40.1.307] — Daffry de la Monnoye, t. 1, sur l'art.14, n. 29; Crépon, sur l'art. 14, n. 90. — L'extension abusive de l'expropriation de la part de l'expropriant, qui ne saurait en rien influer sur la validité d'un jugement d'expropriation parfaitement régulier.

5° *De la désignation du magistrat directeur du jury.*

807. — Le jugement commet un des membres du tribunal pour remplir les fonctions attribuées par le titre 4, chap. 2, au magistrat directeur du jury chargé de fixer l'indemnité, et désigne un autre membre pour le remplacer au besoin. En cas d'absence ou d'empêchement de ces deux magistrats, il est pourvu à leur remplacement par une ordonnance sur requête du président du tribunal civil (L. 3 mai 1841, art. 14, § 3 et 4). La loi de 1833 n'exigeait pas que le jugement désignât un autre membre du tribunal pour remplacer au besoin le directeur du jury; elle n'indiquait pas non plus le moyen de remplacer ces deux magistrats, s'ils étaient absents ou empêchés. Il a été sagement pourvu à cette lacune.

808. — Le tribunal qui prononce l'expropriation est seul compétent pour désigner le magistrat directeur, et ce magistrat ne peut être pris que parmi ses membres. — Cass., 10 juill. 1889, Müller et Lambert, [S. 90.1.32, P. 90.1.828, D. 90.5.278]; — 18 avr. 1894, Ville de Paris, [S. et P. 94.1.420, D. 96.1.526] — Nous verrons infrà, une application de cette règle, au cas de renvoi après cassation.

809. — La disposition d'un jugement d'expropriation par laquelle, à tort et contrairement au vœu de la loi, commission rogatoire est donnée à un autre tribunal de nommer le magistrat directeur du jury n'est pas susceptible, à raison de sa nature, d'acquérir l'autorité de la chose jugée. — Cass., 18 avr. 1894, précité. — La raison en est qu'une telle commission rogatoire ne constitue qu'une mesure d'instruction et ne tranche pas un litige entre les parties. — Desjardins, Conclusions sous Cass., 18 avr. 1894, précité.

810. — Un juge suppléant peut être valablement nommé magistrat directeur du jury pour remplacer au besoin le magistrat directeur choisi parmi les titulaires. — Cass., 25 janv. 1853 (2 arrêts), Troyon et Cottin, [S. 53.1.287, P. 53.1.293, D. 53.1.27]; — 16 mars 1863, Nézot, [S. 63.1.317, P. 63.916, D. 63.1.134] — De Peyrony et Delamarre, n. 227; Dufour, n. 86; Crépon, sur l'art. 14, n. 102 et 103; Daffry de la Monnoye, t. 1, sur l'art. 14, n. 45; de Lalleau, Jousselin, Rendu et Périn, t. 1, n. 216, note. — Et la nomination de ce juge suppléant fait présumer de plein droit l'empêchement des juges titulaires, lors même que cet empêchement ne serait pas mentionné expressément dans le jugement de nomination. — Mêmes arrêts.

811. — Les magistrats désignés par le jugement d'expropriation pour remplir les fonctions attribuées au directeur du jury tiennent leurs pouvoirs de la délégation qui leur est faite expressément et personnellement par le tribunal, et c'est seulement lorsqu'ils sont dans l'impossibilité de remplir ces fonctions, qu'il y a lieu de pourvoir à leur remplacement. — Cass., 9 mars 1880, Comm. de Saint-Pierre de Soucy, [S. 80.1.471, P. 80. 1172, D. 80.1.200]; — 2 mai 1883, de Fumel, [S. 84.1.132, P. 84. 1.284, D. 83.1.392]; — 11 mars 1885, de Beaucourt, [S. 86.1. 134, P. 86.1.288, D. 85.1.240] — En pareil cas, le droit de pourvoir au remplacement du magistrat directeur du jury empêché appartient uniquement, en vertu de l'art. 14, L. 3 mai 1841, soit au tribunal qui délègue... — Cass., 2 mai 1883, précité. — ... Soit au président de ce tribunal. — Cass., 2 mai 1883, précité; — 11 mars 1885, précité. — Crépon, sur l'art. 14, n. 98; de Lalleau, Jousselin, Rendu et Périn, t. 1, n. 216, note; Ségeral, n. 80.

812. — Par suite, il y a nullité des opérations, lorsque le tribunal ayant désigné magistrat directeur le président ou, à son défaut, un juge, c'est le doyen des juges qui, sans désignation nouvelle, a dirigé les opérations du jury. — Cass., 2 mai 1883, précité.

813. — Ainsi encore, le second suppléant du juge de paix ne peut présider et diriger le jury, alors que le tribunal n'a désigné à cet effet que le juge de paix, et, en cas d'empêchement, le premier suppléant. Dans ce cas, le second suppléant commet un excès de pouvoir qui vicie la constitution du jury. — Cass , 9 mars 1880, précité.

814. — Par suite, encore, il n'y a pas lieu de pourvoir à ce remplacement, alors que le jugement d'expropriation a désigné un juge pour diriger les opérations du jury et un suppléant pour le remplacer, et que l'empêchement du premier de ces magistrats est seul constaté. — Cass., 11 mars 1885, précité. — La décision du jury présidé par un magistrat directeur ainsi irrégulièrement désigné est nulle. — Même arrêt. — Tout ce qui tient à la composition et à l'organisation des juridictions étant d'ordre public, la nullité qui en résulte est d'ordre public et peut donc être relevée même d'office par la Cour de cassation. — Cass., 9 mars 1880, précité. — Crépon, sur l'art. 14, n. 97.

815. — Le tribunal peut par jugement remplacer les magistrats qu'il a précédemment nommés. — Cass., 2 mai 1883, précité. — A plus forte raison, s'il n'a dans son premier jugement désigné qu'un seul magistrat, peut-il par un second jugement nommer un second magistrat pour remplacer le premier s'il y a lieu. — Cass., 17 déc. 1877, Touchy, [D. 78.1.52] — Crépon, sur l'art. 14, n. 113; de Lalleau, Jousselin, Rendu et Périn, t. 1, n. 216, note.

816. — Jugé en ce sens que lorsqu'un juge suppléant, au cas d'empêchement du magistrat commis par le jugement d'expropriation pour remplir les fonctions de directeur du jury, est désigné par le président pour le remplacer, il y a présomption que ce juge suppléant n'a été désigné qu'à défaut des juges titulaires et suppléants qui devaient être appelés avant lui. — Cass., 23 janv. 1853, précité. — Crépon, sur l'art. 14, n. 102 et 103; Daffry de la Monnoye, t. 1, n. 42; de Lalleau, Jousselin, Rendu et Périn, t. 1, n. 216, note.

817. — Le président qui remplace les magistrats précédemment nommés doit régulièrement énoncer qu'ils sont empêchés; mais l'omission de cette mention n'emporte pas nullité, conformément à la règle admise, en pareil cas, l'empêchement est présumé. — Cass., 4 mars 1861, Ville de Paris, [D. 61.1.183]; — 5 déc. 1865, Ardoin, [Bull. civ., n. 63] — Crépon, sur l'art. 14, n. 104; de Lalleau, Jousselin, Rendu et Périn, t. 1, n. 216, note; Daffry de la Monnoye, t. 1, sur l'art. 14, n. 39.

818. — De même, le vice-président, qui pourvoit au remplacement des magistrats précédemment nommés doit régulièrement indiquer qu'il procède au lieu et place du président empêché : s'il n'y indique point l'empêchement du président, cette omission n'entraîne pas nullité; l'empêchement est présumé. — Cass., 18 févr. 1863, Bourdely, [D. 63.1.253]; — 8 juill. 1863, Malice, [S. 63.1.400, P. 63.1.104, D. 63.1.253] — De Lalleau, Jousselin, Rendu et Périn, t. 1, n.216, note; Crépon, sur l'art. 14, n. 105; Daffry de la Monnoye, t. 1, sur l'art. 14, n. 40.

819. — De même, quand le second magistrat désigné pour présider le jury dirige ses opérations, il est régulier d'indiquer que le magistrat premier nommé est empêché. mais cet empêchement est présumé, bien qu'aucune mention n'ait été faite à cet égard. — Cass, 31 mai 1865, Granger-Chotard, [D. 65.5. 173] — Crépon, sur l'art. 14, n. 106; de Lalleau, Jousselin, Rendu et Périn, t. 1, n. 216, note; Daffry de la Monnoye, t. 1, sur l'art. 14, n. 38.

820. — Par la même raison, il faut décider que si un citoyen a été désigné par un magistrat directeur pour l'assister et a été admis au serment, il y a lieu de présumer l'empêchement du greffier et des commis-greffiers. — Cass., 8 juill. 1863, précité. — Crépon, sur l'art. 14, n. 107; de Lalleau, Jousselin, Rendu et Périn, t. 1, n. 216, note.

821. — Le pouvoir attribué au président du tribunal, de procéder au remplacement du magistrat directeur du jury empêché, ne cesse pas par cette circonstance que le président aurait été lui-même chargé des fonctions de directeur du jury. — Cass., 20 mars 1855, Montrochet, [S. 55.1.451, P. 56.1.356, D. 55.1.61] — Crépon, sur l'art. 14, n. 108; Daffry de la Monnoye, t. 1, sur l'art. 14, n. 37; de Lalleau, Jousselin, Rendu et Périn, t.1, n. 216, note.

822. — Le président de la chambre des vacations est compétent pour procéder au remplacement du magistrat directeur du jury empêché. — Cass., 23 janv. 1853, Cottin, [S. 53.1.287, P. 53.1.294, D. 53.1.27] — Daffry de la Monnoye, t. 1, sur l'art. 14, n. 41; Crépon, sur l'art. 14, n. 109; de Lalleau, Jousselin, Rendu et Périn, t. 1, n. 216, note.

823. — Le même magistrat doit, à peine de nullité, présider une affaire depuis le commencement jusqu'à la fin; mais si un certain nombre d'affaires sont portées à la même session, le même magistrat n'est pas obligé de présider toutes les affaires; il peut présider à la formation du jury et au jugement d'une partie des affaires, et le second magistrat présider les autres. — Cass., 23 mars 1857, Magès, [cité par de Lalleau, Jousselin, Rendu et Périn, t.1, n. 216, note]; Crépon, sur l'art. 14, n. 210; de Lalleau, Jousselin, Rendu et Périn, t. 1, n. 216, note]; Crépon, sur l'art. 14, n. 210; de Lalleau, Jousselin, Rendu et Périn, t. 1, n. 216, note]; Crépon, sur l'art. 14, n. 210; de Lalleau, Jousselin, Rendu et Périn, t. 1, n. 216, note]; Crépon, sur l'art. 14, n. 210; de Lalleau, Jousselin, Rendu et Périn, t. 1, n. 216, note]; Daffry de la Monnoye, t. 1, sur l'art. 14, n. 43.

824. — L'art. 14, L. 3 mai 1841, donne au président du tribunal, saisi par requête, le droit de remplacer le magistrat directeur qui est empêché, ainsi que son suppléant; la partie qui saisit le président n'a pas à lui indiquer le nom du magistrat à désigner; ce choix est un acte personnel au président; peu importe donc que la requête ait été présentée par l'exproprian seul, ou par quelques-uns seulement des expropriés; le magistrat ainsi nommé n'en aura pas moins tous les pouvoirs du magistrat qu'il remplace, pouvoirs déterminés par la loi. Jugé, en ce sens, que le remplacement, par ordonnance du président du tribunal, du magistrat directeur empêché, est un acte d'administration qui peut être provoqué, soit par l'exproprian, soit par l'un quelconque des expropriés, et qui a pour effet de conférer au nouveau magistrat directeur tous les mêmes pouvoirs que le jugement d'expropriation avait délégués au magistrat primitivement nommé. — Cass., 30 juill. 1888, Préfet de la Corse,[S. 91.1.268, P. 91.1.640, D. 90.1.31]

825. — Par suite, ce magistrat est compétent pour diriger les opérations du jury, alors même que la requête provoquant sa désignation n'aurait été présentée que par quelques-uns des expropriés — Même arrêt. — ... Sauf le droit pour les autres expropriés d'invoquer les causes de récusation qu'ils auraient à faire valoir.

826. — Les causes de récusation du magistrat directeur du jury sont les causes de récusation ordinaires prévues par le Code de procédure civile; le magistrat directeur du jury est un juge, qui, comme tous les autres, peut être récusé dans les cas prévus par la loi. — Rapport du ministre de la Justice Barthe, lorsque l'ordonnance de septembre 1833 fut présentée. — Arnaud, n. 9; Crépon, sur l'art. 14, n. 113.

827. — Au cas d'expropriation poursuivie au nom de l'État avec le concours ou dans l'intérêt d'une commune, le juge qui est en même temps membre du conseil municipal de la commune peut être magistrat directeur du jury. — Cass., 2 déc. 1863, Préfet du Gers, [S. 64.1.193, P. 64.746, D. 64.3.164]; — 12 janv. 1864, Soubiran, [Ibid.] — Daffry de la Monnoye, t. 1, sur l'art. 14, n. 45; Crépon, sur l'art. 14, n. 111; de Lalleau, Jousselin, Rendu et Périn, t. 1, n. 216, note. — Mais, en pareil cas, le tribunal fera bien de ne pas nommer ce magistrat, et celui-ci en usera sagement en déclinant cette mission. En effet le magistrat directeur du jury, en même temps conseiller municipal, sera toujours soupçonné de favoriser la commune qu'il représente, dans une expropriation qui intéresse celle-ci.

828. — Le jugement qui refuse de prononcer une expropriation n'est pas susceptible d'appel; la seule voie de recours ouverte est le pourvoi en cassation; si cependant un appel a été formé et si la cour d'appel, confirmant, a prononcé l'expropriation et a nommé pour présider le jury un magistrat appartenant au tribunal de première instance, cette décision devient définitive faute d'un pourvoi dans les délais de la loi; dès lors le magistrat directeur ainsi nommé a pu procéder, et le pourvoi formé ultérieurement contre l'arrêt et la décision du jury a dû être rejeté. Mais, dans l'intérêt de la loi, l'arrêt peut être annulé sur le pourvoi du procureur général. — Cass., 21 juin 1864, Proc. gén. à la Cour de cass. aff. Block, [S. 64.1.508, P. 64.1254] — Daffry de la Monnoye, t. 1, sur l'art. 14, n. 46.

SECTION II.
Procédure et jugement pour certaines expropriations.

§ 1. De l'expropriation poursuivie par les concessionnaires.

829. — C'est au concessionnaire à provoquer l'expropriation; à cet effet il doit présenter requête au tribunal par ministère d'avoué; chargé par la concession d'acquérir les terrains, il doit pouvoir faire le nécessaire pour arriver à cette acquisition. Il ne résulterait aucune nullité cependant de ce que le procureur de la République aurait provoqué le jugement d'expropriation; il agirait, en ce cas, comme représentant l'État, au nom duquel, au fond, l'expropriation est poursuivie. — De Lalleau, Jousselin, Rendu et Périn, t. 2, n. 928; Crépon, sur l'art. 63, n. 2 et s.; Daffry de la Monnoye, t. 2, sur l'art. 63, n. 1.

830. — La concession faite à des particuliers du droit de construire un chemin de fer implique donc le droit d'acquérir les terrains nécessaires, soit à l'amiable et de gré à gré, soit par l'expropriation forcée pour cause d'utilité publique, et, par suite, celui de provoquer, de la part de l'autorité compétente, tous les actes nécessaires pour arriver à l'expropriation (V. *suprà*, n. 417). Ainsi, la désignation des membres du jury d'expropriation par le tribunal, et la convocation des jurés et des parties en vertu de l'ordonnance du magistrat directeur, peuvent être faites à la requête des concessionnaires, au lieu de l'être à celle du préfet ou du sous-préfet. — Cass., 29 août 1854, d'Anger, [S. 54.1.734, P. 55.1.88, D. 54.1.320]

831. — C'est le concessionnaire qui doit poursuivre l'expropriation en son nom personnel, alors même qu'il a constitué une société pour exploiter sa concession; les tiers, en effet, ne connaissent que lui, et n'ont point à se préoccuper d'une société qui n'a d'existence que dans les rapports entre elle et le concessionnaire; les intéressés ne peuvent donc opposer le défaut de qualité au concessionnaire procédant seul; il n'en serait autrement que si la constitution d'une société lui avait été imposée, et si c'était à celle-ci, en fait, que la concession avait été accordée; dans ce cas, d'ailleurs, la société ne pourrait agir, qu'après avoir été régulièrement constituée. — De Lalleau, Jousselin, Rendu et Périn, t. 2, n. 928. — V. *suprà*, n. 414 et 415.

832. — Le concessionnaire ne peut d'ailleurs se substituer à l'administration que lorsque son titre est complet et définitif. Jugé, en ce sens, que bien qu'une ville autorisée à entreprendre des travaux d'utilité publique, tels qu'une rue, se soit subrogé à cet effet une compagnie par un traité dont les statuts ne seront obligatoires qu'à dater du jour où ils auront été autorisés par le gouvernement, ce n'en est pas moins à cette ville qu'il appartient, à l'exclusion de la compagnie concessionnaire, de provoquer et poursuivre en son nom l'expropriation des immeubles nécessaires à l'établissement de la rue, tant que les statuts de la compagnie n'ont pas reçu du gouvernement l'approbation exigée. — Cass., 14 févr. 1855, Yon de Jaunage, [S. 55.1.538, P. 55.1.391, D. 55.1.178] — 20 mars 1855, Tony, [S. 55.1.538, P. 55.1.391, D. 55.1.169] — De même, bien qu'une ville ait été autorisée à se substituer une compagnie pour l'établissement d'une rue, les formalités pour arriver aux expropriations peuvent cependant continuer d'être remplies au nom de la ville, tant que le décret d'autorisation n'est pas devenu exécutoire par la remise régulière d'une ampliation. — Cass., 24 avr. 1855, Falcoux, [S. 55.1.607, P. 55.1.599, D. 55.1.132]

833. — Le concessionnaire est, comme l'administration qu'il représente, obligé de faire procéder à l'expropriation; s'il demeure dans l'inaction pendant un an à dater de l'arrêté de cessibilité, les propriétaires intéressés peuvent eux-mêmes provoquer le jugement d'expropriation. — De Lalleau, Jousselin, Rendu et Périn, t. 2, n. 928.

834. — Bien que l'administration se soit substitué un concessionnaire, c'est toujours dans son intérêt que l'expropriation a lieu; elle conserve donc le droit d'en poursuivre l'exécution; il lui appartient de faire les diligences nécessaires à cet effet, et notamment de transmettre au procureur de la République les pièces relatives à l'expropriation et de lui demander de la requérir du tribunal. — Cass., 31 mai 1865, Granger, [D. 65.5.173] — De Lalleau, Jousselin, Rendu et Périn, t. 2, n. 928; Crépon, sur l'art. 63, n. 6 et 7; Daffry de la Monnoye, t. 1, sur l'art. 63, n. 1.

835. — Le concessionnaire agit au nom de l'expropriant qui est son mandant, et dont il est le mandataire. Par suite, lorsque l'expropriation est poursuivie à la fois par une commune et par une compagnie que celle commune a chargée de l'exécution des travaux, la commune ne peut demander à être exonérée des engagements résultant des consentements donnés en son nom devant le jury, sous prétexte que la compagnie concessionnaire la représente dans toutes ses obligations. — Paris, 6 mai 1854, Girou de Buzaringue, [S. 55.2.225, P. 55.1.139, D. 56.2.05]

§ 2. De l'expropriation poursuivie par le propriétaire.

1° *Existence d'un arrêté de cessibilité.*

836. — Les propriétés désignées dans un arrêté de cessibilité comme devant être expropriées sont par cela même dépréciées; le propriétaire hésite à les ensemencer, à les travailler, à les entretenir; s'il s'agit de bâtiments loués, les locataires ne renouvelleront pas leur bail, et le propriétaire ne trouvera point de locataires nouveaux; d'où une perte considérable de revenus; il y a donc là une situation qui ne peut se prolonger sans porter un préjudice considérable aux propriétaires. — De Lalleau, Jousselin, Rendu et Périn, t. 2, n. 890 et s.; Daffry de la Monnoye, t. 1, sur l'art. 14, n. 33.

837. — Pour y remédier, le législateur de 1841 a édicté le second paragraphe de l'art. 14, ainsi conçu : « Si, dans l'année de l'arrêté du préfet, l'administration n'a pas poursuivi l'expropriation, tout propriétaire dont les terrains sont compris audit arrêté peut présenter requête au tribunal. Cette requête est communiquée par le procureur du roi au préfet, qui devra, dans le plus bref délai, envoyer les pièces, et le tribunal statuera dans les trois jours. » Ce paragraphe ne se trouvait point dans la loi de 1833; il a été inséré par la Chambre des députés pour empêcher que les propriétés comprises dans l'arrêté restassent indéfiniment dans une situation indécise. Il se combine d'ailleurs avec l'art. 55 dont il vivifie la disposition qui, autrement, n'eût, le plus souvent, présenté aux parties qu'une garantie illusoire. Cependant, comme le délai d'un an ne court qu'à partir de l'arrêté définitif du préfet, il dépend toujours de l'administration d'enlever toute action au propriétaire. Aussi M. Daru, rapporteur de la commission de la Chambre des pairs, faisait-il remarquer que le paragraphe en question n'aurait pas dans la pratique une grande efficacité. Il a été entendu, dans la discussion à la Chambre des députés, que le mot terrains comprenait les terrains bâtis ou non.

838. — L'art. 14 n'ouvre la faculté de requérir l'expropriation qu'aux propriétaires; il en résulte que les autres ayants-droit ne peuvent le faire; il en est ainsi de l'usufruitier, de l'usager, des locataires, des titulaires d'une servitude sur l'immeuble à exproprier; le législateur a pensé que leur intérêt n'était point assez considérable pour requérir l'expropriation; d'ailleurs ils ne peuvent en forçant ainsi l'expropriation priver le propriétaire d'une propriété dont il tient à ne se dépouiller que le plus tard possible. — Daffry de la Monnoye, t. 1, sur l'art. 14, n. 3; Crépon, sur l'art. 14, n. 118; de Lalleau, Jousselin, Rendu et Périn, t. 2, n. 895, note.

839. — Par suite, la commune qui a exproprié un immeuble pour cause d'utilité publique, est recevable à former opposition à l'arrêt par défaut qui, sur la demande d'un locataire, a désigné un jury à l'effet de fixer l'indemnité de dépossession due à celui-ci. — Paris, 26 juill. 1830, Ville de Paris, [P. 56.2.570, D. 37.2.76]

840. — Le propriétaire, conservant, tant que l'expropriation n'est pas prononcée, la libre disposition de son immeuble, peut le louer, l'aliéner, élever des constructions, le transformer, et le jury devra, pour fixer l'indemnité, prendre en considération l'immeuble tel qu'il se trouve au moment du jugement d'expropriation. Cependant le propriétaire agira prudemment en ne se livrant point à de trop grandes dépenses pour améliorations, le jury pouvant, en fait, dans l'allocation de l'indemnité, ne point tenir trop compte de transformations qui auraient été faites en vue d'obtenir une indemnité plus considérable. — Daffry de la Monnoye, t. 1, sur l'art. 14, n. 35.

841. — Cependant il est des cas où l'intérêt bien entendu des parties obligera à prendre en considération l'expropriation imminente. Ainsi des copropriétaires ont demandé le partage en justice d'un immeuble atteint par une expropriation; il est de leur intérêt d'éviter les lenteurs et les frais de ce partage, et de reporter leurs droits sur l'indemnité, somme d'argent facile à partager; en ce cas, si les parties ne s'accordent pas le tribunal peut surseoir à statuer jusqu'au moment où l'expropriation sera accomplie. — Paris, 28 févr. 1868, [cité par Daffry de la Monnoye, t. 1, sur l'art. 14, n. 36] — Si l'expropriant ne poursuit pas l'expropriation, les parties intéressées auront alors à la requérir ou à demander aux tribunaux de statuer sur l'action en partage.

842. — Le propriétaire n'a pas le droit de poursuivre lui-même l'expropriation à tous les moments de la procédure; pour qu'il puisse agir ainsi il faut qu'un arrêté de cessibilité ait été rendu par le préfet; il ne suffirait pas que l'acte déclaratif de l'utilité publique ait été pris et que cet acte désignât la propriété de l'intéressé comme devant être atteinte par les travaux; tant que cet arrêté n'a pas été rendu on ne sait pas encore d'une manière définitive quelles sont les propriétés qui seront atteintes, car des modifications peuvent être admises (Déclaration de M. Legrand; *Moniteur* du 3 mars 1841, p. 519). — Cass., 2 mars 1857, Garreau, [S. 37.1.769, P. 58.408, D. 57.1.127] — De Peyrony et Delamarre, n. 233; Daffry de la Monnoye, t. 1, sur l'art. 14, n. 33; Crépon, sur l'art. 14, n. 117; de Lalleau, Jousselin, Rendu et Périn, t. 2, n. 893 et 894. — Par suite, le délai d'un an dans lequel, aux termes de l'art. 14 de ladite loi de 1841, l'expropriation doit être poursuivie, et après lequel tout propriétaire dont les terrains ont été désignés peut s'adresser au tribunal pour le règlement de son indemnité, ne peut courir qu'à dater de l'arrêté préfectoral de cessibilité, et non à dater du décret de déclaration d'utilité publique. — Cass., 2 mars 1857, précité.

843. — L'intérêt est la mesure des actions (V. *supra*, v° Action [en justice], n. 64 et s.); c'est là une règle générale dont il n'y a jamais lieu de se départir; en conséquence, le propriétaire ne peut poursuivre l'expropriation que des terrains qui lui appartiennent; il ne saurait demander celle d'immeubles appartenant à d'autres propriétaires. A cet effet, il se peut, d'ailleurs, que ces propriétaires soient satisfaits de voir l'expropriant s'attarder et ils espèrent que l'expropriation sera abandonnée. — De Lalleau, Jousselin, Rendu et Périn, t. 2, n. 695.

844. — Le propriétaire qui poursuit l'expropriation ne peut assigner le préfet, à cet effet, devant le tribunal, car la voie de l'assignation n'est point admise en matière d'expropriation; il doit se conformer à la procédure édictée par le législateur de 1841, et que nous allons examiner. — De Lalleau, Jousselin, Rendu et Périn, t. 2, n. 895.

845. — Le propriétaire qui poursuit l'expropriation présente requête au tribunal; cette requête, produite par le ministère d'un avoué, peut être visée pour timbre puisqu'elle est formée en vertu de l'art. 14, L. 3 mai 1841 (art. 58 de cette même loi). Le tribunal ordonne que requête soit communiquée par le procureur de la République au préfet et surseoit à statuer, car pour prononcer l'expropriation il a besoin de le préfet lui adresse le dossier. Le préfet accuse réception de cette communication. — De Lalleau, Jousselin, Rendu et Périn, t. 2, n. 896.

846. — Le préfet, au lieu de transmettre les pièces qu'on lui demande, peut annuler ou rétracter l'arrêté de cessibilité; l'Etat a pu, en effet, renoncer à l'expropriation; il a pu aussi, après de nouvelles études, modifier les plans des travaux à exécuter, ou les transporter sur d'autres terrains; en ce cas la réclamation du propriétaire tombe, et il ne pourra obtenir l'expropriation qu'il sollicite, puisqu'une des formalités substantielles, l'arrêté de cessibilité, fait défaut. — De Lalleau, Jousselin, Rendu et Périn, *loc. cit.*

847. — Le préfet doit, porte l'art. 14, envoyer les pièces dans le plus bref délai possible; néanmoins, s'il a dû consulter le ministre sur le point de savoir s'il y a lieu de rapporter l'arrêté de cessibilité, le délai sera forcément assez long; dans ce cas il est convenable que le préfet avise le procureur de la République de la prolongation du délai qui s'impose. Le tribunal ne saurait impartir au préfet un délai pour faire parvenir les pièces demandées, car il n'a pas d'injonction à lui adresser; seulement si le préfet apporte de la négligence à envoyer le dossier, si on peut lui imputer des lenteurs regrettables, le procureur de la République, après lui avoir rappelé sa demande, pourra signaler les faits au procureur général; celui-ci, après, s'il le juge convenable, un nouvel avis au préfet, saisira le ministre de la Justice de l'incident; ce dernier, après entente avec le ministre de l'Intérieur, prendra les mesures pour faire cesser un tel état de choses. — De Lalleau, Jousselin, Rendu et Périn, *loc. cit.*

848. — Lorsque le préfet aura adressé le dossier de l'expropriation, le tribunal statuera dans les trois jours, prononcera, s'il y a lieu, l'expropriation du terrain du propriétaire réclamant compris dans l'arrêté de cessibilité, et nommera un magistrat directeur du jury, et un autre magistrat pour le remplacer, s'il est nécessaire. — De Lalleau, Jousselin, Rendu et Périn, t. 2, n. 897.

849. — Si le préfet, en réponse à la demande du propriétaire, annule son arrêté de cessibilité, le tribunal saisi n'a qu'à constater qu'il n'y a pas lieu de prononcer l'expropriation; si des dommages-intérêts étaient demandés à raison du préjudice subi à la suite de l'arrêté de cessibilité plus tard rétracté, le tribunal ne serait point compétent pour en connaître, le propriétaire devrait porter sa demande devant les tribunaux administratifs. — De Lalleau, Jousselin, Rendu et Périn, *loc. cit.*

2° *Absence d'un arrêté de cessibilité.*

850. — L'art. 14, § 2, prévoit le cas le plus ordinaire, celui où un arrêté de cessibilité est rendu par le préfet; mais son texte est purement énonciatif et n'empêche pas le propriétaire d'agir dans les cas divers où l'arrêté de cessibilité est remplacé par d'autres formalités; en effet la raison d'agir du propriétaire est la même; sa situation aussi préjudiciable. — De Lalleau, Jousselin, Rendu et Périn, t. 2, n. 908.

851. — En matière de travaux militaires non urgents (V. *supra*, n. 427 et s.) et de travaux pour la marine nationale (V. *supra*, n. 465 et s.), un décret détermine les terrains qui sont soumis à l'expropriation (L. 3 mai 1841, art. 75); ce décret remplace l'arrêté de cessibilité et en tient lieu; le propriétaire dont les immeubles sont ainsi atteints doit avoir les mêmes droits que le propriétaire des immeubles duquel doivent être exécutés des travaux ordinaires. Si donc l'administration militaire ne poursuit pas le jugement d'expropriation dans l'année qui suit le décret susvisé, le propriétaire pourra requérir ce jugement. Le pouvoir exécutif pourra d'ailleurs rapporter ce décret. — De Lalleau, Jousselin, Rendu et Périn, t. 2, n. 909.

852. — De même, lorsqu'un propriétaire riverain d'une voie publique a demandé l'alignement, l'arrêté du préfet qui donne cet alignement oblige le propriétaire à abandonner la partie de son terrain atteinte par l'alignement; cette portion de son immeuble lui devient donc inutile, de sorte qu'il est de son intérêt d'abandonner le plus tôt possible son terrain; à cet effet, si l'administration néglige de provoquer le jugement d'expropriation, lui-même, après un an à dater de l'arrêté du préfet, pourra saisir le tribunal par requête présentée par un avoué, selon la forme ordinaire. — De Lalleau, Jousselin, Rendu et Périn, t. 2, n. 910.

853. — En matière de travaux communaux (V. *supra*, n. 468 et s.), c'est un arrêté du préfet pris en conseil de préfecture qui désigne les terrains sur lesquels les travaux doivent être effectués (L. 3 mai 1841, art. 12). C'est à dater de l'expiration de l'année qui suit cet arrêté que le propriétaire peut lui-même poursuivre l'expropriation en cas d'inaction de la commune. Toutefois, si cet arrêté a dû être soumis à l'approbation de l'autorité supérieure, c'est qu'à dater de cette approbation que l'arrêté devient définitif et que le délai d'un an dont il vient d'être parlé, commence à courir. S'il s'agit de rues dépendant de la petite voirie, l'alignement est donné par le maire; un an après l'arrêté du maire, le propriétaire sera en droit de provoquer l'expropriation en présentant requête au tribunal par ministère d'avoué. — De Lalleau, Jousselin, Rendu et Périn, t. 2, n. 911.

854. — La loi du 2 août 1872 ayant eu pour effet, du jour de sa promulgation, de déposséder légalement les fabricants d'allumettes chimiques du droit d'exercer leur industrie, il n'y a eu besoin, à cet effet, ni de jugement d'expropriation, ni, par suite, d'arrêté de cessibilité ; et le propriétaire a pu se pourvoir immédiatement devant le tribunal pour faire nommer un magistrat directeur du jury. — Cass., 21 juill. 1874, Préfet du Rhône, [S. 74.1.387, P. 74.931, D. 74.1.337] — Il n'importait que le propriétaire eût expliqué dans sa requête qu'il en agissait ainsi à raison de la prétention de l'État de refuser toute indemnité pour les fabriques non régulièrement autorisées, si cette prétention de l'État n'avait été soumise à aucune juridiction compétente pour la juger. Une pareille prétention ne constituait, en réalité, qu'une contestation du droit à l'indemnité, et ne faisait pas obstacle à ce que le tribunal nommât un magistrat directeur du jury, sous la réserve du droit de l'État de contester devant le jury le principe de l'indemnité et de se pourvoir, devant qui de droit. — Même arrêt. — V. suprà, v° Allumettes, n. 23 et s.

3° *Mise en possession de l'administration sans expropriation préalable.*

855. — Nous avons exposé (suprà, n. 54 et s.), que, en thèse générale, si l'administration se met en possession d'un immeuble sans en avoir fait prononcer l'expropriation, il n'y a pas lieu, pour le propriétaire, de poursuivre le règlement par le jury, et, par suite, de faire prononcer un jugement d'expropriation ; c'est à l'autorité judiciaire elle-même, c'est-à-dire aux tribunaux ordinaires, à fixer l'indemnité qui peut être due.

856. — Mais il est des cas où, à la suite d'une occupation de terrain par l'administration sans les formalités préparatoires du jugement d'expropriation, il y a néanmoins lieu pour le jury de fixer l'indemnité. Ainsi la loi du 30 mars 1831, art. 14, sur les travaux de fortification urgents porte : « si dans le cours de la troisième année d'occupation provisoire, le propriétaire ou son ayant-droit n'est pas remis en possession, ce propriétaire pourra exiger, et l'État sera tenu de payer l'indemnité pour la cession de l'immeuble, qui deviendra dès lors propriété publique. » Le propriétaire doit alors poursuivre le règlement de l'indemnité selon la forme ordinaire. D'autre part, la loi du 29 déc. 1892 dans son art. 9 prévoit, nous l'avons vu, la transformation possible de l'occupation temporaire en expropriation. Enfin, certains auteurs pensent que le jury est compétent pour fixer l'indemnité due au propriétaire alors que l'administration s'est emparée, sans faire procéder à aucune formalité, du terrain nécessaire aux travaux à exécuter. Dans cette opinion ce propriétaire doit poursuivre le règlement de l'indemnité selon les formes ordinaires. Mais cette opinion professée avant la loi du 29 déc. 1892 peut-elle trouver place encore en présence de la généralité de cette disposition ? C'est un point douteux. — De Lalleau, Jousselin, Rendu et Périn, t. 2, n. 912.

857. — Quoi qu'il en soit, pour peu qu'on admette cette opinion, il semble que, dans ce cas, le propriétaire n'a qu'à provoquer la réunion du jury ; mais pour atteindre ce but, il doit tout d'abord faire prononcer un jugement d'expropriation ; en effet c'est ce jugement qui nomme le magistrat directeur sans lequel le jury ne peut fonctionner ; en outre la cour d'appel qui doit désigner les jurés ne peut le faire que s'il y a lieu de recourir à un jury spécial (L. 3 mai 1841, art. 30), et cette nécessité n'existe pour elle que lorsqu'elle est reconnue par un jugement d'expropriation ; enfin ce n'est qu'en vertu du jugement d'expropriation qu'on pourra purger les hypothèques grevant l'immeuble, que les divers intéressés se feront connaître, et que des offres pourront être faites aux véritables ayants-droit. — De Lalleau, Jousselin, Rendu et Périn, t. 2, n. 913.

858. — Le propriétaire présentera requête au tribunal par ministère d'avoué ; il n'indiquera pas les formalités qui n'ont pas été remplies, mais indiquera comment il a été dépouillé et pour quelle cause ; enfin il demandera au tribunal de prononcer l'expropriation et de nommer un magistrat directeur ; s'il s'agit de travaux de fortifications urgents il présentera ainsi qu'il a été dit, cette requête trois ans après l'occupation. Si l'on estime que le jury est compétent en cas de prise de possession pour les travaux ordinaires il n'aura pas besoin d'attendre un an à partir de sa dépossession pour présenter requête, il pourra la formuler dès sa dépossession. — De Lalleau, Jousselin, Rendu et Périn, t. 2, n. 914.

859. — La prise de possession sera le plus souvent suivie de travaux qui bouleverseront l'immeuble et rendront difficile pour les jurés l'appréciation du dommage et la fixation de l'indemnité. Le propriétaire aura donc intérêt à demander au tribunal de constater l'état de la propriété ; par analogie de ce que décide la loi du 3 mai 1841 (art. 68, § 2), en matière de prise de possession urgente (V. infrà, n. 1182 et s.), cette constatation ne devra pas être faite par expertise, mais par un magistrat commis pour visiter les terrains, recueillir tous les renseignements propres à en déterminer la valeur, et en dresser, s'il y a lieu, un procès-verbal descriptif. Dans les hypothèses prévues par la loi du 29 déc. 1892, on suit la procédure indiquée par les art. 7 et 8 de cette loi. — V. sur ce point, infrà, v° Occupation temporaire. — De Lalleau, Jousselin, Rendu et Périn, t. 2, n. 915.

860. — La requête est communiquée au préfet selon les formes ordinaires ; ce fonctionnaire peut soulever une question préjudicielle ; il peut prétendre qu'aucune indemnité n'est due, que, par exemple, la propriété n'appartient pas au réclamant, que le fait allégué constitue un simple dommage et non une expropriation ; que si une indemnité est due elle ne l'est point par l'État ; cette question peut-être de la compétence du tribunal chargé de prononcer l'expropriation ; mais il ne peut la trancher par le jugement qui statue sur l'expropriation, car ce jugement est rendu en vertu d'une procédure singulièrement abrégée et sans les formes protectrices prescrites par le législateur pour le jugement des affaires ordinaires ; cet incident devra donc être soumis aux règles générales de la procédure. — De Lalleau, Jousselin, Rendu et Périn, t. 2, n. 916 et 917.

861. — En attendant, le tribunal devrait surseoir à statuer sur l'expropriation ; si cependant l'état des lieux était sur le point d'être modifié par les travaux, le tribunal pourrait, en réservant tous les droits des parties, ordonner la convocation d'un jury qui allouerait des indemnités éventuelles, hypothétiques (L. 3 mai 1841, art. 39, § 4 et 49). — De Lalleau, Jousselin, Rendu et Périn, t. 2, n. 917.

§ 3. *Des travaux militaires et maritimes.*

1° *Des travaux militaires non urgents.*

862. — Conformément aux règles générales le préfet transmet le dossier au procureur de la République, et celui-ci requiert du tribunal qu'il prononce l'expropriation et nomme un magistrat directeur du jury et un autre pour le remplacer au besoin. L'arrêté que le préfet aurait pris pour compléter les énonciations du décret rendu par le Président de la République devrait être annexé au dossier et soumis au tribunal. — De Lalleau, Jousselin, Rendu et Périn, t. 2, n. 1021.

863. — Les parties intéressées ne doivent pas être appelées au jugement d'expropriation ; selon la règle commune ce jugement est rendu sur les réquisitions du procureur de la République sans qu'aucune partie soit mise en cause. — Cass., 22 déc. 1834, Senez, [S. 35.1.172, P. chr.] — De Lalleau, Jousselin, Rendu et Périn, t. 2, n. 1021 ; Daffry de la Monnoye, t. 2, p. 513, n. 3 ; Crépon, p. 424, n. 8. — V. suprà, n. 684 et s.

864. — Ainsi l'expropriation peut être requise par le procureur de la République et prononcée par le tribunal, sans qu'il soit nécessaire de citer le propriétaire. Il suffit que le propriétaire ait eu communication de l'ordonnance royale (du décret) avec le plan y annexé, et qu'il lui ait été fait des offres amiables pour l'acquisition de sa propriété. — Même arrêt.

865. — Le tribunal, en prononçant l'expropriation des terrains nécessaires aux travaux, doit se conformer aux indications des pièces qu'il a sous les yeux, pour la désignation de ces terrains ; s'il est basé sur un arrêté du préfet indiquant ces terrains, on ne peut attaquer son jugement pour excès de pouvoir, motif pris de ce que l'arrêté ne désignait qu'une partie des terrains dont le décret avait autorisé la prise de possession. — Cass., 14 déc. 1875, Caumon, [D. 76.5.233] — De Lalleau, Jousselin, Rendu et Périn, t. 2, n. 1021, note. — Dans ce cas l'expropriation n'étant pas complète il y aura lieu dans un second jugement de faire prononcer l'expropriation du surplus des terrains.

2° *Des travaux de fortifications urgents.*

866. — Sur le vu de la minute du procès-verbal dressé par l'expert et de celui du juge-commissaire, qui a assisté à toutes les opérations, le tribunal, dans une audience tenue aussitôt après le retour de ce magistrat, détermine en procédant comme en matière sommaire, sans retard et sans frais : 1° l'indemnité de déménagement à payer aux détenteurs avant l'occupation; 2° l'indemnité approximative et provisionnelle de dépossession, qui doit être consignée, sauf règlement ultérieur et définitif, préalablement à la prise de possession (L. 30 mars 1831, art. 10, § 1).

867. — Il n'est pas nécessaire que le juge-commissaire qui a dirigé l'expertise entreprise pour arriver à la fixation de l'indemnité approximative et provisionnelle prenne part au jugement d'expropriation. Il suffit que ce jugement soit rendu sur le vu de son procès-verbal et de celui de l'expert. — Cass., 15 mai 1843, Saint-Albin, [S. 43.1.498, P. 43.2.211] — Dans ce cas le rapport est fait par un autre juge à ces fins commis. — De Lalleau, Jousselin, Rendu et Périn, t. 2, n. 1044; Crépon, p. 424, n. 6; Daffry de la Monnoye, t. 2, p. 512, n. 1. — Autant que possible il vaudra mieux que le juge-commissaire assiste au jugement. — Sur le rôle du juge-commissaire, V. aussi *suprà*, n. 585 et s.

868. — L'art. 10 porte que le tribunal statuera là comme en matière sommaire, sans retards et sans frais; ces expressions pourraient faire croire qu'il y a lieu d'appeler les parties intéressées, d'autant que s'agissant de fixer une indemnité provisionnelle elles ont intérêt à faire valoir leurs droits; il n'en est pas cependant ainsi à cause de l'urgence et de la célérité de la cause. En conséquence, les expropriés peuvent légalement être déclarés non recevables à intervenir dans l'instance qui précède ce jugement. — Cass., 3 juill. 1842, Saint-Albin, [S.42.1.671, P. 42. 2.208]; — 11 déc. 1844, Préfet de la Seine, [S. 45.1.32, P. 45. 1.42, D. 45.1.45] — V. *suprà*, n. 684 et s.

869. — Le procureur de la République, agissant dans l'intérêt public et pour sauvegarder les droits de tous, doit toujours être entendu; mais alors il n'agit plus comme représentant de l'État; il rentre dans l'exercice ordinaire de ses fonctions. — De Lalleau, Jousselin, Rendu et Périn, t. 2, n. 1045.

870. — Il y a excès de pouvoir donnant ouverture à cassation, de la part d'un tribunal qui, en vertu de la loi du 30 mars 1831, ordonne la dépossession et fixe l'indemnité provisionnelle, alors que l'instruction préalable n'a pas été suivie et consommée. — Cass., 2 janv. 1843, Lafitte, [S. 43.1.120, P. 43.1.129] — En effet, si les formalités ordinaires sont simplifiées, les délais de droit commun sont abrégés, faut-il, au moins, que les quelques formalités essentielles prescrites soient scrupuleusement observées; ainsi l'expropriation ne pourrait être prononcée alors que le juge-commissaire n'a pas assisté à toutes les opérations de l'expertise mises à l'ouverture et à la clôture du procès-verbal, et il y aurait lieu de casser le jugement qui prononcerait l'expropriation en ce cas, bien que le moyen de nullité ne lui eût pas été présenté. — Même arrêt.

871. — C'est le jugement même qui fixe provisoirement l'indemnité qui prononce l'expropriation; la loi de 1831 ne le dit pas, mais elle le suppose implicitement puisque c'est le seul jugement qu'elle ait en vue. Le tribunal désignera donc un magistrat directeur du jury; son choix tombera souvent sur le juge-commissaire qui a dirigé l'expertise parce qu'il est déjà au courant; mais la désignation n'en est pas obligatoire; un autre magistrat sera nommé pour le remplacer au besoin. — De Lalleau, Jousselin, Rendu et Périn, t. 2, n. 1046.

872. — Il a été jugé que l'art. 51, L. 16 sept. 1807, qui ordonne l'acquisition de la propriété entière, dans le cas de morcellement par suite de l'expropriation de partie d'un immeuble pour cause d'utilité publique, reçoit son application dans le cas d'expropriation d'urgence pour travaux militaires prévus par la loi du 30 mars 1831 (V. *infrà*, n. 1386 et s.). Le jugement qui statue sur l'indemnité provisionnelle peut aussi décider la question de morcellement lorsque le tribunal en a été saisi par les parties. — Metz, 6 mars 1833, Legardeur, [P. chr.] — Mais il est à observer que la cause requérant célérité, ne saurait être retardée par l'examen de la prétention du propriétaire et la nécessité d'y statuer. — De Lalleau, Jousselin, Rendu et Périn, t. 2, n. 1046.

873. — L'obligation de consigner, avant la prise de possession, l'indemnité provisionnelle est un hommage rendu aux principes; il faut que le propriétaire ait reçu, ou, du moins, ait la certitude de recevoir son indemnité avant d'être obligé d'abandonner son bien (Duvergier, *Coll. des lois*, t. 31, p. 235). De plus, cette obligation n'occasionne aucun retard, puisque l'État a toujours les fonds indispensables à cette consignation, et que cette formalité n'entraîne, par elle-même, aucune lenteur. — V. *suprà*, v° *Caisse des dépôts et consignations*, n. 125.

874. — Le même jugement autorise le préfet à se mettre en possession, à la charge : 1° de payer, sans délai, l'indemnité de déménagement soit au propriétaire, soit au locataire; 2° de signifier avec le jugement l'acte de consignation de l'indemnité provisionnelle de dépossession (L. 30 mars 1831, art. 10, § 2). L'indemnité pour déménagement est définitive; mais que doit-elle comprendre? S'étend-elle au dédommagement dû pour pertes de récoltes, pour perte d'industrie, d'achalandage? Elle serait alors très-considérable et embrasserait une grande partie de l'indemnité définitive, en outre elle ne pourrait être ainsi attribuée qu'en vertu d'une grande extension des termes mêmes de la loi; l'indemnité de déménagement ne doit donc comprendre que les sommes nécessaires aux intéressés, pour transporter ailleurs leur personne, leurs meubles, leur industrie, ainsi que les frais d'installation nouvelle. — De Lalleau, Jousselin, Rendu et Périn, t. 2, n. 1047.

875. — Si le propriétaire ou le locataire ne veut pas accepter l'indemnité de déménagement qui a été fixée par le tribunal, le préfet doit lui faire des offres réelles, suivies de consignation, dans le cas où elles sont refusées. La solvabilité de l'État n'étant point douteuse, les offres réelles pourraient consister dans la présentation d'un mandat régulier sur le Trésor public; mais la consignation doit toujours avoir lieu en numéraire. — De Lalleau, Jousselin, Rendu et Périn, t. 2, n. 1049. — V. *suprà*, v° *Caisse des dépôts et consignations*, n. 109 et s., et *infrà*, v° *Offres réelles*.

876. — Le tribunal fixe également l'indemnité due pour la dépossession; cette indemnité n'est que provisionnelle, et elle doit être consignée; le tribunal statuant avec une grande célérité, et sans entendre les parties (V. *suprà*, n. 868), on comprend qu'il ne puisse se prononcer définitivement; il doit néanmoins fixer cette indemnité avec le plus grand soin, et veiller à ce qu'elle ne dépasse pas le dommage réel; en effet, après la purge des privilèges et hypothèques, le propriétaire peut exiger le paiement de cette indemnité; il est vrai que si le jury fixe une indemnité inférieure le propriétaire devra restituer ce qu'il aura touché en trop; mais cette objection sans efficacité s'il est insolvable. — De Lalleau, Jousselin, Rendu et Périn, t. 2, n. 1048.

877. — Le même jugement détermine le délai dans lequel, à compter de l'accomplissement de ces formalités, les détenteurs sont tenus d'abandonner les lieux; ce délai ne peut excéder cinq jours pour les propriétés non bâties et dix jours pour les propriétés bâties (Même article, §§ 3 et 4). Ce délai court à partir du jour du paiement de l'indemnité de déménagement, du jour de la signification du jugement, de la consignation de l'indemnité provisionnelle et de l'indemnité de déménagement, s'il y a lieu. C'est l'accomplissement de la plus tardive de ces formalités qui fait courir le délai. Ce délai, il faut bien le reconnaître, est fort court et met les intéressés dans une situation difficile, mais en présence de la rapidité des guerres modernes, de la célérité avec laquelle l'ennemi arrive sur la frontière, il est certain qu'on ne peut songer à l'allonger.

878. — Aux termes de l'art. 10, § 5, L. 30 mars 1831, le jugement est exécutoire nonobstant appel ou opposition. Cette disposition est aujourd'hui inutile puisque la loi de 1841, devenue le droit commun en la matière, a supprimé l'opposition et l'appel relativement aux jugements prononçant l'expropriation. S'il y a pourvoi en cassation, le jugement n'en demeure pas moins exécutoire puisque, en aucun cas, le pourvoi n'est suspensif. — De Lalleau, Jousselin, Rendu et Périn, t. 2, n. 1052.

879. — La cassation, avec renvoi à un autre tribunal, du jugement d'expropriation motivée sur la violation des formes de l'instruction, a pour effet de saisir le tribunal de renvoi non seulement de la vérification de la forme de l'instruction, mais encore de la fixation provisionnelle et approximative de l'indemnité et du pouvoir de prononcer l'expropriation; dès lors, l'administration ne peut plus, au moyen d'un désistement de la première instance, ressaisir d'une seconde poursuite le tribunal qui a rendu le premier jugement; le tribunal de renvoi a seul le droit de connaître de cette poursuite. — Cass., 15 mai 1843, de Saint-Albin, [S. 43.1.311, P. 43.2.211]

880. — En matière ordinaire le pourvoi en cassation contre le jugement d'expropriation doit être formé dans le délai de trois jours qui suit l'accomplissement des formalités prévues par l'art. 15, L. 3 mai 1841 (publications et affiches), ce délai abrégé doit, à plus forte raison, être appliqué en ce qui concerne l'expropriation pour travaux urgents, qui requiert une grande célérité. Dès lors le jugement rendu conformément à l'art. 10, L. 30 mars 1831, doit être publié et affiché selon les prescriptions de l'art. 15, L. 3 mai 1841. — De Lalleau, Jousselin, Rendu et Périn, t. 2, n. 1053.

881. — Il y a lieu de faire remarquer que de nouvelles dispositions ont été prescrites, en ce qui concerne le jugement et toutes conventions amiables, par l'art. 76, § 3, L. 3 mai 1841, ainsi conçu : « Sont également applicables aux expropriations poursuivies en vertu de la loi du 30 mars 1831, les art. 16, 17, 18, 19 et 20, ainsi que le titre 6 de la présente loi. » Entre cette disposition et celle résultant de l'art. 66, § 3, L. 7 juill. 1833, il y a cette seule différence que l'article de la loi de 1833 ne rappelait pas l'art. 19. Il était résulté de cette omission une chose assez bizarre : c'est que lorsqu'il s'agissait des cas ordinaires d'expropriation pour cause d'utilité publique, on remplissait, pour la purge des hypothèques, les formalités rapides de la loi de 1833, tandis que lorsqu'il s'agissait d'acquisitions faites pour des travaux urgents, l'administration était forcée d'observer les longues et dispendieuses formalités du Code civil; cet inconvénient a disparu par la mention de l'art. 19. — Duvergier, *Collection des lois*, t. 41, p. 173 ; de Lalleau, Jousselin, Rendu et Périn, t. 2, n. 1034.

882. — L'acceptation de l'indemnité approximative et provisionnelle de dépossession ne fait aucun préjudice à la fixation de l'indemnité définitive (L. 30 mars 1831, art. 11, § 1). Cette première disposition, a dit le rapporteur de la commission de la Chambre des députés, n'est que l'application du principe d'équité qui s'appliquera, soit dans l'hypothèse prévue par la seconde disposition, soit lorsque l'indemnité excédera supérieure à 100 fr., le propriétaire dépossédé aurait consenti primitivement à la consignation des deniers. De même la consignation par l'Etat ou le paiement par lui fait de cette somme ne constituent pas, de sa part, un acquiescement à la fixation du tribunal; la raison en est que l'Etat doit consigner ou payer cette indemnité avant de prendre possession des terrains, et qu'ainsi la consignation ou le paiement n'indiquent pas de sa part renonciation à critiquer devant le jury, l'indemnité allouée par le tribunal. — De Lalleau, Jousselin, Rendu et Périn, t. 2, n. 1056.

883. — Si l'indemnité provisionnelle n'excède pas 100 fr., le paiement en est effectué sans production d'un certificat d'affranchissement d'hypothèque et sans formalité de purge hypothécaire (L. 3 mars 1831, art. 11, § 2). Cette seconde disposition est contraire au droit sur les hypothèques, a dit le rapporteur ; mais elle a été introduite par une décision du ministre des Finances du 23 mai 1825, et par plusieurs autres, rappelées dans une circulaire de la direction générale des ponts-et-chaussées du 15 juillet de la même année. Admise enfin par l'usage, il nous a paru convenable de l'ériger en loi pour l'avenir. Ce sera pour les créanciers hypothécaires, si leur gage affaibli d'une simple valeur de 100 fr. leur cause quelque inquiétude, à veiller à ce que l'indemnité leur soit payée à eux-mêmes par le Trésor de l'Etat. Les moyens judiciaires ne leur manqueront pas; mais la modicité de l'intérêt a dû forcer à s'écarter des règles de purge hypothécaire qui seraient pas accomplies sans une dépense au moins égale à la somme principale elle-même. — De Lalleau, Jousselin, Rendu et Périn, t. 2, n. 1054.

884. — Si l'indemnité excède 100 fr., le gouvernement fait, dans les trois mois de la date du jugement, transcrire ledit jugement et purge les hypothèques légales. A l'expiration de ce délai, l'indemnité provisionnelle est exigible de plein droit, lors même que les formalités ci-dessus n'auraient pas été remplies, à moins qu'il n'y ait des inscriptions, des saisies-arrêts ou oppositions. Dans ces cas, il est procédé selon les règles ordinaires et sans préjudice des dispositions de l'art. 26, L. 8 mars 1810 (L. 30 mars 1831, art. 11, § 3). — De Lalleau, Jousselin, Rendu et Périn, t. 2, n. 1055.

885. — Le propriétaire peut ne point retirer, au moment où cela lui est possible, l'indemnité provisionnelle accordée par le tribunal; dans ce cas il devra se contenter des intérêts payés par la Caisse des dépôts et consignations, et ne pourra réclamer à l'Etat les intérêts à 5 p. 0/0 à dater du jour de sa dépossession ; la consignation produit l'effet d'un paiement ; la somme consignée appartient à l'intéressé, elle est à ses risques, il ne perçoit les intérêts et ne saurait en réclamer d'autres; d'ailleurs le fait par lui de la toucher ne lui préjudicie pas puisqu'il peut néanmoins réclamer devant le jury une indemnité plus considérable. — De Lalleau, Jousselin, Rendu et Périn, t. 2, n. 1056.

886. — Si le jugement qui prononce la dépossession et fixe l'indemnité de déménagement ainsi que l'indemnité provisionnelle, n'avait pas désigné le magistrat directeur du jury, cette nomination pourrait être faite par un jugement postérieur que les intéressés ont le droit de provoquer; comme ils sont dépossédés ils n'auraient pas besoin d'attendre six mois après le jugement d'expropriation, par application de la loi du 3 mai 1841, en matière ordinaire. — De Lalleau, Jousselin, Rendu et Périn, t. 2, n. 1057.

887. — Aux termes de la loi de 1831, aussitôt après la prise de possession, le tribunal procède au règlement définitif de l'indemnité de dépossession dans les formes prescrites par les art. 10 et s., L. 8 mars 1810. Si l'indemnité définitive excède l'indemnité provisionnelle, cet excédant est payé conformément à l'art. 11.

888. — Mais l'art. 12, L. 30 mars 1831, a été successivement modifié par l'art. 66, § 2, L. 7 juill. 1833, et par l'art. 76, § 2, L. 3 mai 1841, ainsi conçu : « Toutefois, lorsque les propriétaires ou autres intéressés n'ont pas accepté les offres de l'administration, le règlement définitif des indemnités doit avoir lieu conformément aux dispositions du titre 4 de la présente loi. »

889. — Lorsqu'il y a eu prise de possession d'urgence et indemnité provisionnelle, conformément à la loi du 31 mars 1831, il n'est point nécessaire, à peine de nullité, de mettre le rapport d'experts qui a servi à la fixation de cette indemnité sous les yeux du jury chargé de fixer l'indemnité définitive d'après la loi de 1841. — Cass., 8 nov. 1843, de Salaze, [P. 43.1.285]; — 28 nov. 1843, de Salaze, [P. 44.1.635]

890. — La loi de 1841, ne s'étant point occupée de l'occupation temporaire pour travaux de fortification urgents, a laissé subsister les dispositions de la loi de 1831 à cet égard. — V. infrà, v° *Occupation temporaire*.

3° Des travaux de la marine nationale.

891. — En ce qui concerne les travaux de la marine nationale, V. *suprà*, n. 467.

§ 4. *De l'expropriation dans un intérêt communal.*

892. — Alors même qu'il s'agit d'une expropriation poursuivie au nom d'une commune, c'est au procureur de la République que seul il appartient de la requérir. Dès lors, ne s'agissant pas d'une instance dans laquelle la commune puisse être considérée comme partie, cette commune n'est pas astreinte à se faire préalablement autoriser en justice. — Cass., 11 août 1841, Desbrosses, [S. 41.1.070, P. 41.2.285] — De Lalleau, Jousselin, Rendu et Périn, t. 1, n. 202, et t. 2, n. 949; Daffry de la Monnoye, t. 1, sur l'art. 14, n. 5 ; Crépon, sur l'art. 14, n. 14.

893. — Le maire doit transmettre au procureur de la République, pour être soumis au tribunal, un dossier ainsi composé : 1° le décret qui autorise les travaux et déclare l'utilité publique; 2° le plan parcellaire; 3° le certificat du maire attestant la publication et l'affiche de l'avertissement relatif au dépôt de ce plan ; 4° un exemplaire du journal dans lequel cet avertissement a été inséré; 5° le procès-verbal du maire constatant les réclamations des parties intéressées et le défaut de réclamations et observations; 6° l'avis du conseil municipal; 7° l'arrêté du préfet par lequel le fonctionnaire a fixé les propriétés sur lesquelles les travaux seront exécutés; autrement dit l'arrêté de cessibilité; 8° enfin, s'il y a lieu, l'arrêté d'approbation de l'autorité supérieure, pris par le ministre. — De Lalleau, Jousselin, Rendu et Périn, t. 2, n. 950.

894. — L'expropriation se poursuit ensuite selon la forme ordinaire ; les droits et les obligations du tribunal saisi sont les mêmes qu'en matière ordinaire. Par suite, les tribunaux qui prononcent l'expropriation pour cause d'utilité publique, devant s'assurer que toutes les formalités préalables, prescrites par la loi, ont été remplies (V. suprà, n. 732 et s.), doivent rechercher, notamment, si l'avis du conseil municipal est postérieur à l'enquête. En effet, l'avis du conseil municipal, que l'art. 12, L. 3 mai 1841, prescrit d'envoyer au préfet avec le procès-verbal mentionné dans l'art. 7, ne peut être donné que sur le vu de ce procès-verbal, et, par conséquent, après la clôture de l'enquête, à peine de nullité du jugement d'expropriation. — Cass., 12 févr. 1884, Retours, [S. 85.1.134, P. 85.1.289, D. 85.1.262]

895. — Est régulier le jugement d'expropriation qui énonce qu'il y a lieu à l'expropriation pour cause d'utilité publique des immeubles qu'une ville a été autorisée à acquérir pour l'amélioration de ses services scolaires et qu'elle demande à exproprier. — Cass., 25 juill. 1894, V° Jusserand et autres, [S. et P. 95.1.93] — Dans l'espèce, le tribunal constatait suffisamment l'objet de la demande, la cause et le but de l'expropriation.

896. — Le tribunal, comme en matière d'expropriation ordinaire, doit bien rechercher si les diverses formalités prescrites par la loi ont été accomplies, mais il n'a pas à apprécier la validité des actes administratifs antérieurs à son jugement (V. *suprà*, n. 699 et s.). Ainsi il ne saurait examiner la question de savoir si la délibération du conseil municipal est entachée de nullité, par le motif que les membres du conseil municipal, appelés à y concourir, n'auraient pas été en nombre suffisant : il y a là un acte administratif dont il est interdit aux tribunaux de connaître. — Cass., 12 févr. 1884, précité.

897. — Le jugement d'expropriation est régulièrement rendu à la requête du maire de la ville ou de la commune dans l'intérêt de laquelle l'expropriation est poursuivie. — Cass., 6 avr. 1859, Raud, [S. 59.1.957, P. 59.831, D. 59.1.164] — Daffry de la Monnoye, t. 1, sur l'art. 63, n. 4. — V. *suprà*, n. 874 et s.

§ 5. De l'expropriation relative aux chemins vicinaux.

898. — C'est au tribunal de l'arrondissement des biens qu'il appartient de prononcer l'expropriation ; il est saisi par le procureur de la République, auquel le préfet transmet le dossier ; il doit vérifier l'accomplissement de toutes les formalités prescrites par la loi (V. *suprà*, v° *Chemin vicinal*, n. 629 et s.), et constater qu'il s'est livré à cette vérification.

899. — Le jugement doit donc être annulé s'il se borne à déclarer que toutes les formalités voulues par la loi ont été remplies, en mentionnant seulement l'arrêté de cessibilité pris par le préfet. — Cass., 25 janv. 1892, Tremolières, [S. et P. 92.1.464] — Crépon, sur l'art. 14, n. 40 et 41. — V. *suprà*, n. 722 et s.

900. — Doit être aussi annulé le jugement d'expropriation qui n'a pas visé la déclaration légale d'utilité publique, spécialement la délibération du conseil général du département, auquel est attribuée cette déclaration en matière de chemins vicinaux de grande communication. — Cass., 2 janv. 1844, Dupontavice, [S. 44.1.185, P. 44.1.65]; — 30 mars 1859, Mauriac, [P. 59.764, D. 59.1.165] — V. *suprà*, v° *Chemin vicinal*, n. 633 et s. — V. aussi, *eod. verb.*, n. 530 et s.

901. — Le tribunal choisit pour présider le jury soit un de ses membres, soit le juge de paix du canton (V. *suprà*, v° *Chemin vicinal*, n. 636); il désigne aussi un second magistrat pour remplacer, s'il y a lieu, le magistrat premier nommé. Le mandat donné à ces magistrats leur est personnel ; si donc ils sont empêchés l'un et l'autre, il y a lieu pour le président du tribunal, ou pour le tribunal lui-même de procéder au remplacement de ce magistrat; mais d'autres magistrats ne pourraient, sans une désignation régulière, présider les opérations du jury. — V. *suprà*, n. 811 et s.

902. — Sur le rôle du magistrat-directeur, V. *suprà*, v° *Chemin vicinal*, n. 565 et s.

Section III.

De la publication et de la notification du jugement d'expropriation.

§ 1. Généralités.

903. — L'art. 15, L. 3 mai 1841, dispose : « Le jugement est publié et affiché, par extrait, dans la commune de la situation des biens, de la manière indiquée en l'art. 6. Il est en outre inséré dans l'un des journaux publiés dans l'arrondissement, ou, s'il n'en existe aucun, dans l'un de ceux du département. Cet extrait, contenant les noms des propriétaires, les motifs et le dispositif du jugement, leur est notifié au domicile qu'ils auront élu dans l'arrondissement de la situation des biens, par une déclaration faite à la mairie de la commune où les biens sont situés; et, dans le cas où cette élection de domicile n'aurait pas eu lieu, la notification de l'extrait serait faite en double copie au maire et au fermier, locataire, gardien ou régisseur de la propriété. Toutes les autres notifications prescrites par la présente loi seront faites dans la forme ci-dessus indiquée. »

904. — Remarquons que l'extrait notifié individuellement à chacun des propriétaires ne doit contenir que les parties du jugement qui l'intéresse ; par suite, il doit énoncer son nom, mais il peut passer sous silence les noms des autres propriétaires. — Crépon, sur l'art. 15, n. 13 et 14 ; Daffry de la Monnoye, t. 1, sur l'art. 15, n. 2 ; de Lalleau, Jousselin, Rendu et Périn, t. 1, n. 222.

905. — La notification de l'extrait d'un jugement annulable, parce qu'il ne contient pas les noms des propriétaires expropriés, ne fait pas courir le délai du recours en cassation contre les propriétaires non dénommés, et leur participation à la procédure, sous toutes réserves, ne les prive pas du droit de se pourvoir. — Cass., 26 juin 1882, Tournier frères, [S. 83.1.183, P. 83.1.418]

906. — L'extrait doit contenir les motifs du jugement, c'est-à-dire le visa des pièces (V. *suprà*, n. 722 et s., 899 et 900); l'absence du visa dans l'extrait le rendrait non avenu et ne ferait point courir le délai de pourvoi. — Cass., 30 mars 1859, Mauriac, [P. 59.763, D. 59.1.165]; — 14 nov. 1876, Chemin de fer de Paris-Lyon-Méditerranée, [S. 77.1.278, P. 77.687, D. 77.1.70] — De Peyrony et Delamarre, n. 270; de Lalleau, Jousselin, Rendu et Périn, t. 1, n. 222, note ; Crépon, sur l'art. 15, n. 15 et 16.

907. — Mais l'omission, dans la copie signifiée par le préfet des visa réellement contenus dans le jugement, n'est pas une cause de nullité du jugement lui-même, et l'exproprié n'est pas fondé à l'invoquer comme cause de nullité surtout si, antérieurement à cette signification, il s'est fait délivrer par le greffier une expédition du jugement constatant l'accomplissement des formalités prescrites par les art. 2 et 14, L. 3 mai 1841. — Cass., 31 juill. 1843, Jayle, [P. 43.2.363] — Crépon, sur l'art. 15, n. 19; Daffry de la Monnoye, t. 1, sur l'art. 15, n. 3; de Lalleau, Jousselin, Rendu et Périn, t. 1, n. 222, note.

908. — D'une façon générale, en effet, le jugement d'expropriation ne saurait être annulé à raison d'une irrégularité qui lui est postérieure et qui ne l'entache pas lui-même. — Cass., 21 févr. 1882, Pocquet, [S. 84.1.36, P. 84.1.58, D. 83.1.29]

909. — De ce que les conventions amiables doivent, aussi bien que le jugement d'expropriation, être publiées et affichées (V. *suprà*, n. 647 et s.), il suit que le jugement qui donne acte aux propriétaires de leur consentement doit également être affiché et publié (Duvergier, *Collect. des lois*, t. 41, p. 143). Mais l'extrait de ce jugement doit simplement contenir, comme motifs, la déclaration d'utilité publique, l'arrêté de cessibilité, et le consentement du propriétaire. — Cass., 16 janv. 1863, Jego, [D. 65.5.179] — Daffry de la Monnoye, t. 1, sur l'art. 15, n. 5; de Lalleau, Jousselin, Rendu et Périn, t. 1, n. 222, note ; Crépon, sur l'art. 15, n. 21.

910. — L'extrait doit contenir le dispositif, c'est-à-dire la partie du jugement dans laquelle le tribunal prononce l'expropriation et qui renferme d'ordinaire les noms des propriétaires expropriés, ainsi que la désignation des parcelles à acquérir. — Daffry de la Monnoye, t. 1, sur l'art. 15, n. 4 ; Crépon, sur l'art. 15, n. 22.

911. — Remarquons que le législateur voulant porter le jugement à la connaissance des divers intéressés prévoit deux choses: la publication et la notification. La publication et la notification sont deux formalités distinctes, prescrites à peine de nullité. — Cass., 18 juill. 1836, Dupir, [*Bull. civ.*, n. 76] — Crépon, sur l'art. 15, n. 1 et 2; de Lalleau, Jousselin, Rendu et Périn, t. 1, n. 219, note.

912. — La publication a pour objet de prévenir tous les intéressés, non pas seulement les propriétaires des terrains, mais les usufruitiers, usagers, locataires, fermiers, tous ceux qui ont à exercer des droits sur ces terrains, les créanciers privilégiés et hypothécaires, ceux qui ont à exercer des actions en revendication, en rescision, ou toutes autres actions réelles; la publication doit être faite en la manière prescrite par l'art. 6, L. 3 mai 1841. — V. à cet égard *suprà*, n. 307 et s. — De Lalleau, Jousselin, Rendu et Périn, t. 1, n. 220; Crépon, sur l'art. 15, n. 3.

913. — La notification est faite aux propriétaires, qui deviennent parties. A dater de jour, et qui, conformément aux règles générales de notre droit, doivent recevoir notification du jugement avant qu'il soit mis à exécution. Le rapporteur de la loi de 1833, M. Martin du Nord, a dit, à cet égard : « Cette décision qui consomme l'expropriation, si elle n'est pas attaquée, et qui commence la procédure pour la fixation de l'indemnité, est d'une trop haute importance pour qu'elle ne soit pas notifiée aux pro-

EXPROPRIATION POUR CAUSE D'UTILITÉ PUBLIQUE. — Chap. V.

priétaires dont la dépossession est imminente. Le projet de loi l'a reconnu, et en même temps il a voulu que cette notification leur fût faite individuellement. Ici, en effet, et à la différence des opérations qui ont pour objet de désigner les terrains que les travaux doivent traverser, ici commence une procédure dans laquelle chaque propriétaire exproprié a des droits distincts et séparés ; dès lors il est juste qu'ils soient tous et chacun en particulier, mis en demeure de les faire valoir, et la notification individuelle peut seule, à cet égard, rassurer le législateur (*Monit.* du 27 janv. 1833, p. 210). — De Lalleau, Jousselin, Rendu et Périn, t. 1, n. 221 ; Crépon, sur l'art. 15, n. 4.

914. — La notification du jugement d'expropriation ne peut faire courir les délais du pourvoi qu'autant qu'elle est régulière et conforme à la loi (V. *supra*, v° *Cassation* [mat. civ.], n. 997 et s.). Spécialement, l'extrait du jugement d'expropriation notifié au fermier de la parcelle expropriée, qui ne contient pas le nom de l'un des propriétaires de cette parcelle, ne fait point courir contre celui-ci les délais du recours en cassation, alors même que l'on considérerait le fermier comme le représentant du propriétaire. — Cass., 12 déc. 1893, Laizé, [S. et P. 95.1.95, D. 95.1.46]

915. — Pour établir l'existence de la signification, on doit rapporter l'acte même qui la constate ; par suite, un certificat du maire attestant que le jugement d'expropriation a été signifié ne suffit pas pour établir l'existence de cette notification, non représentée. — Cass., 28 janv. 1834. Dumarest, [S. 34.1.206, P. chr.]

916. — La notification ne contient ni commandement ni injonction, en vertu du jugement d'expropriation ; dès lors, est valable la notification faite aux expropriés de l'extrait du jugement d'expropriation, quoique non revêtue de la formule exécutoire. — Par suite, une telle notification suffit pour faire courir le délai du pourvoi en cassation. — Cass., 23 févr. 1855, Detroyat, [S. 55.1.436, P. 56.1.207, D. 55.1.121] — De Lalleau, Jousselin, Rendu et Périn, t. 1, n. 225; Crépon, sur l'art. 15, n. 26; Daffry de la Monnoye, t. 1, sur l'art. 15, n. 8.

917. — Les notifications doivent être adressées aux propriétaires portés sur la matrice contre lesquels le jugement d'expropriation a été rendu. — Cass., 10 févr. 1869, Sève, [D. 69.1. 175] — 4 août 1880, Nepveu, [S. 81.1.38, P. 81.1.60, D. 81.1.479] — Crépon, sur l'art. 15, n. 7. — V. *supra*, n. 290 et s., 758 et s.

918. — Spécialement, si le mari est seul porté sur la matrice cadastrale, bien qu'il s'agisse d'un immeuble appartenant à sa femme, et si le jugement a été rendu contre lui seul, la notification du jugement serait valablement faite dans ce cas où elle n'eût été adressée qu'au mari seul. — Cass., 10 févr. 1869, précité. — Crépon, sur l'art. 15, n. 8. — De Lalleau, Jousselin, Rendu et Périn, t. 1, n. 224; note. — Daffry de la Monnoye, t. 1, sur l'art. 15, n. 22.

919. — De même, les notifications du jugement d'expropriation, des offres, de la liste du jury et de la citation sont valablement faites à celui qui est désigné par la matrice cadastrale comme propriétaire des parcelles expropriées, alors que le décès de ce dernier n'a pas été porté à la connaissance de l'expropriant. — Cass., 10 mai 1875, Flipo, [S. 75.1.319, P. 75.756, D. 77.1.21] — De Lalleau, Jousselin, Rendu et Périn, *loc. cit.* ; Crépon, sur l'art. 15, n. 9. — V. *supra*, n. 767.

920. — L'expropriant est tenu de notifier le jugement d'expropriation aux propriétaires qui se sont fait connaître avant le jugement d'expropriation, sans que ces propriétaires aient besoin de la nécessité de dénoncer à nouveau leurs qualités après que le jugement a été rendu. — Cass., 23 févr. 1887, Chem. de fer de grande ceinture, [S. 88.1.135, P. 88.1.305, D. 87.1.253] — V. *supra*, n. 780 et s.

921. — Spécialement, l'expropriant doit notifier le jugement d'expropriation à la commune, alors que, dans des actes intervenus avant le jugement d'expropriation, il a reconnu et désigné cette commune comme propriétaire d'un chemin compris dans l'expropriation et simplement indiqué à la matrice cadastrale sous le nom de « chemin de telle commune à une route nationale. » — A défaut de ladite notification, le délai imparti par l'art. 21, L. 3 mai 1841, n'a pu courir contre l'exproprié, et celui-ci n'a été frappé d'aucune déchéance pour n'avoir point fait valoir ses droits dans ce délai. — Même arrêt.

922. — La notification du jugement d'expropriation prononcé contre la compagnie qui exploite un canal est régulièrement faite à l'éclusier de ce canal, lorsque cet éclusier se trouve être, dans la commune, le seul agent de la compagnie chargé de la garde de la propriété expropriée. — Par suite, cette notifica-

tion fait courir contre la compagnie expropriée le délai du pourvoi en cassation. — Cass., 26 août 1830, Comp. du canal du Midi, [S. 51.1.38, P. 51.1.169, D. 30.1.280] — Crépon, sur l'art. 15, n. 12 ; Daffry de la Monnoye, t. 1, sur l'art. 15, n. 14.

923. — La notification du jugement qui a prononcé l'expropriation pour cause d'utilité publique est régie par l'art. 15, L. 3 mai 1841, quelle que soit la qualité de l'exproprié. Dès lors, en cas d'expropriation, à la requête d'une commune, d'un terrain appartenant à une compagnie de chemin de fer, la notification à la compagnie du jugement d'expropriation est irrégulière si elle a été faite à l'un de ses employés, considéré comme son mandataire. — Cass., 26 janv. 1876, Ville de Troyes, [S. 75.1.178, P. 75.409, D. 75.1.230] — Daffry de la Monnoye, t. 1, sur l'art. 15, n. 15.

924. — L'expropriant ne connaît le locataire et les autres intéressés que par la désignation qui lui en est faite par le propriétaire ou par leur intervention, et la notification du jugement d'expropriation n'est exigée par l'art. 15, L. 3 mai 1841, que pour les propriétaires des immeubles expropriés. D'autre part, le locataire qui, malgré la prescription de l'art. 21 de la loi de 1841, n'a pas été déclaré par le propriétaire ou qui ne s'est pas fait connaître dans la huitaine de la notification du jugement d'expropriation, n'est pas recevable à demander une indemnité contre l'expropriant, sauf son recours contre le propriétaire, seul chargé envers le locataire de l'indemnité qu'il pourrait réclamer (Loi de 1841, art. 21). Il en résulte que l'expropriant n'est pas tenu de notifier le jugement d'expropriation aux intéressés désignés par l'art. 21, L. 3 mai 1841, spécialement au locataire d'une parcelle expropriée ; il suffit de leur notifier des offres. — Cass., 7 janv. 1895, Bonneton, [S. et P. 95.1.144]

925. — L'irrégularité de la notification se trouve couverte lorsque les ayants-droit du propriétaire actuel ont comparu devant le jury et y ont débattu le règlement de l'indemnité, sans faire de réserves concernant ces notifications. — Cass., 6 nov. 1859, Françon, [D. 60.1.444] ; — 27 janv. 1869, Barbe, [S. 69.1.385, P. 69.946, D. 69.1.244] ; — 10 mai 1875, Flipo, [S. 75.1.319, P. 75.756] — De Lalleau, Jousselin, Rendu et Périn, t. 1, n. 222, note ; Daffry de la Monnoye, t. 1, sur l'art. 15, n. 17; Crépon, sur l'art. 15, n. 25.

926. — Mais ne constitue pas un acquiescement au jugement d'expropriation, qui rende le pourvoi non recevable, le fait, de la part de l'exproprié, d'avoir concouru à la procédure de règlement de l'indemnité, lorsque, cinq jours après la signification de ce jugement, il en a signalé à l'expropriant l'irrégularité radicale et a réitéré ses observations à diverses reprises, notamment dans le procès-verbal d'offres, ainsi que dans ceux constatant les opérations du jury, et a accompagné ses protestations de toutes les réserves les plus formelles et les plus précises. — Cass., 7 mai 1878, Agulhon, [S. 78.1.276, P. 78.688, D. 78.1.438] — V. *supra*, v° *Acquiescement*, n. 414 et 415.

927. — De même, l'acte par lequel un propriétaire porte à la connaissance de l'expropriant les noms de ses locataires et fermiers ne couvre pas l'irrégularité de la notification, alors que le propriétaire proteste formellement contre toute procédure contraire aux dispositions de la loi de 1841. — Cass., 27 mars 1867, de Follin, [S. 67.1.259, P. 67.652] ; — 7 mai 1867, Vériti, [*Bull. civ.*, n. 95] — Crépon, sur l'art. 15, n. 23.

§ 2. *Domicile auquel la notification doit être faite.*

928. — En ce qui concerne l'expropriation, le législateur a voulu que l'élection de domicile fût faite pour faciliter les notifications. Le rapporteur de la loi de 1833, Martin (du Nord), s'est exprimé ainsi sur ce point : « on n'est effrayé avec raison de la nécessité de notifications individuelles, parce qu'il est souvent fort difficile de découvrir le domicile réel de propriétaires fort éloignés, et que les recherches qu'entraîne le besoin d'exécuter la loi commune dans toute sa rigueur font perdre en temps précieux et anéantissent pour ainsi dire, il faut en convenir, les bienfaits de la loi. Ces craintes disparaîtront si vous adoptez les dispositions que nous vous proposons d'insérer dans la loi. Il nous semble qu'il convient d'imposer aux propriétaires qui pourraient craindre que leurs intérêts fussent compromis par l'éloignement de leurs propriétés, l'obligation d'indiquer sur un registre qui sera déposé dans chaque mairie, soit leur domicile réel, soit le lieu de l'arrondissement de la situation des biens où ils désirent que les notifications concernant ces biens soient remises. Certes,

RÉPERTOIRE. — Tome XXI.

la nécessité de cette indication n'est pas trop rigoureuse et personne ne pourra se plaindre des exigences d'une loi qui, par cela qu'elle est loi, doit être connue des tiers » (*Monit.*, 27 janv. 1833, p. 240). — De Lalleau, Jousselin, Rendu et Périn, t. 2, n. 984.

929. — Si l'exproprtiant a besoin qu'on lui fasse connaître le domicile des expropriés, parce que ceux-ci sont le plus souvent très-nombreux et qu'il serait obligé à des recherches longues et minutieuses pour découvrir le domicile de chacun d'eux, il est, au contraire, facile d'être fixé sur le domicile du concessionnaire; aussi la loi n'a-t-elle point imposé à celui-ci l'obligation d'indiquer son domicile. Si l'expropriant est l'État, le département, la commune, ceux-ci n'ont point à déclarer quel est le domicile de leurs représentants légaux, il est suffisamment connu. Jugé, en ce sens, que l'élection de domicile dans l'arrondissement de la situation des biens expropriés n'est exigée par l'art. 15, L. 3 mai 1841, que des propriétaires expropriés et non de la compagnie concessionnaire poursuivant l'expropriation. — Cass., 4 juin 1853, Fourtanier, [S. 56.1.78, P. 57.97, D. 53.1.285]

930. — Mais si un exproprié signifie le jugement à un concessionnaire il doit veiller avec soin à lui adresser cette notification à son domicile réel; par suite, si le concessionnaire est une société de commerce, et par exemple une compagnie de chemins de fer, la notification doit, à peine de nullité, être faite au domicile de cette société, c'est-à-dire au siège social; dès lors, la signification du jugement d'expropriation à une société de commerce est nulle et ne peut faire courir les délais du pourvoi en cassation, alors qu'elle est faite, non au siège social, mais au bureau de l'ingénieur directeur des travaux, où il n'est point justifié que la compagnie ait un domicile. — Cass., 12 juin 1888, Chem. de fer départ., [S. 89.1.128, P. 89.1.293, D.90.1.106]

931. — Il ne faut pas oublier toutefois que les sociétés commerciales, et spécialement les compagnies de chemins de fer, peuvent être valablement assignées partout où elles ont un principal établissement. — Carpentier et Maury, *Tr. des chemins de fer*, t. 3, n. 6397 et s., et *suprà*, v° *Chemin de fer*, n. 6397 et s.

932. — Lorsqu'il n'y a pas eu d'élection de domicile la notification est faite en double copie, une au maire, l'autre au fermier, locataire, gardien ou régisseur de la propriété; ces copies étant ainsi remises à deux personnes absolument distinctes, il est à supposer que l'une d'entre elles parviendra au propriétaire intéressé. En l'absence du maire, la copie qui doit lui être remise est confiée à l'adjoint ou au conseiller municipal qui le remplace. — De Lalleau, Jousselin, Rendu et Périn, t. 2, n. 987; Crépon, sur l'art. 15, n. 28.

933. — Ajoutons qu'en cas d'absence d'élection de domicile la notification est faite au propriétaire, s'il réside sur l'immeuble exproprié; s'il n'y réside pas, l'exproprtiant n'est point tenu de rechercher son domicile réel; il est ainsi alors même que la matrice des rôles indiquerait que le propriétaire a son domicile réel dans l'arrondissement, en effet, le texte de l'art. 15 est général et n'oblige point l'expropriant à se reporter à la matrice des rôles pour rechercher ce domicile; rappelons que les indications qu'elle porte sont souvent inexactes (V. *suprà*, n. 284) et que l'on ne doit y recourir que lorsqu'on ne peut faire autrement. — Daffry de la Monnoye, t. 1, sur l'art. 15, n. 19; Crépon, sur l'art. 15, n. 28 et 29. — *Contra*, de Peyrony et Delamarre, n. 237; de Lalleau, Jousselin, Rendu et Périn, t. 2, n. 984.

934. — Toutefois, dans le cas où l'élection de domicile n'a pas été faite, l'exproprtiant, après avoir fait les notifications prévues par l'art. 15, peut aussi, et pour plus de sûreté, faire une notification au domicile réel du propriétaire s'il le connaît; il assure la remise d'une copie au propriétaire; cette manière de procéder ne saurait être considérée comme frustratoire, et il y aurait lieu de passer en taxe les frais de cette notification supplémentaire. — Daffry de la Monnoye, t. 1, sur l'art. 15, n. 20. — Et même, l'expropriant qui connaît le domicile réel du propriétaire qui n'a point fait élection de domicile peut, sans faire les notifications prévues par l'art. 15, se borner à notifier l'extrait de jugement à ce domicile réel; cette manière de procéder, quoique non indiquée par la loi de 1841, est régulière, car elle rentre dans le droit commun, et a pour effet d'assurer d'une façon plus efficace et plus rapide la remise de la copie à l'intéressé. — Crépon, sur l'art. 15, n. 30; Dufour, n. 519; de Lalleau, Jousselin, Rendu et Périn, t. 2, n. 987.

935. — En thèse générale, alors même qu'il y a élection de domicile, la signification peut également avoir lieu au domicile réel. — Merlin, *Questions de droit*, v° *Domicile*, § 2, n. 12; Bioche, v° *Dom.*, n. 157, et *Purge*, n. 96; Dufour, t. 5, n. 510; Grenier, t. 2, n. 438. — Mais il semble qu'en notre matière, les notifications doivent être faites en même temps au domicile élu; l'élection de domicile n'est pas faite seulement dans l'intérêt de l'expropriant, elle l'est aussi dans l'intérêt de l'exproprié; celui-ci à raison de la rapidité de la procédure a pu prendre des mesures pour être avisé des notifications faites au domicile élu, alors qu'il s'absenterait du domicile réel: c'est donc au domicile élu qu'il faut faire les notifications. — Daffry de la Monnoye, t. 1, sur l'art. 15, n. 21; Crépon, sur l'art. 15, n. 31.

936. — L'art. 15, en disposant qu'à défaut d'élection de domicile l'une des copies doit être remise au fermier, locataire, gardien ou régisseur, n'établit entre ces personnes aucun ordre de préférence, la notification est donc valable, quelle que soit celle de ces personnes qui a reçu la copie; ainsi la remise de la copie est valablement faite à un gardien alors qu'il existe un locataire. — Cass., 12 janv. 1870, Beurier, [D. 70.1.158] Daffry de la Monnoye, t. 1, sur l'art. 15, n. 13; Crépon, sur l'art. 15, n. 43 et 44; de Lalleau, Jousselin, Rendu et Périn, t. 2, n. 987, note.

937. — On doit considérer comme gardiens non seulement les concierges chargés de la surveillance et de l'entretien d'une maison, mais encore les gardes des bois et forêts; mais on ne saurait comprendre sous cette dénomination les gardes champêtres, qui ne sont point les représentants du propriétaire. — Cass., 28 nov. 1860, Chaillon de L'Étang, [S. 61.1.332, P. 61.983, D. 61.1.133] — L'éclusier, qui est le seul agent dans la commune d'une compagnie propriétaire d'un canal, peut être considéré comme le gardien soit du canal, soit de l'écluse dont il a la manœuvre. — Cass., 26 août 1850, Canal du Midi, [S. 51.1.58, P. 51.1.169, D. 50.1.280] — Daffry de la Monnoye, t. 1, sur l'art. 15, n. 14; Crépon, sur l'art. 15, n. 45 et s.; de Lalleau, Jousselin, Rendu et Périn, t. 2, n. 987.

938. — Il arrivera très-rarement que dans l'arrondissement de la situation des biens on ne trouve ni fermier, ni locataire, ni gardien, ni régisseur; on doit supposer en ce cas que ces personnes résident sur une partie de l'immeuble située dans un arrondissement voisin; c'est alors dans cet arrondissement et à leur résidence qu'il faudra leur signifier la copie puisque la loi n'a point fait de distinction.

939. — D'après l'art. 15, l'élection de domicile doit être faite à la mairie de la situation des biens; mais le législateur n'a point imposé cette forme comme essentielle; l'élection peut donc être faite de toute autre manière qui aurait pour effet de faire connaître à l'administration l'intention du propriétaire. — De Peyrony et Delamarre, n. 237; Daffry de la Monnoye, t. 1, sur l'art. 15, n. 9; Crépon, sur l'art. 15, n. 32; de Lalleau, Jousselin, Rendu et Périn, t. 2, n. 986.

940. — L'élection de domicile doit être faite au cours de la procédure en expropriation; dès lors elle devrait être considérée comme non avenue si elle avait eu lieu dans une pétition antérieure à l'expropriation. — Cass., 2 avr. 1849, Carlot-Parquin, [S. 49.1.370, P. 49.2.33, D. 49.1.79] — Crépon, sur l'art. 15, n. 33; de Lalleau, Jousselin, Rendu et Périn, t. 2, n. 984, note.

941. — L'élection de domicile peut être faite par des actes extrajudiciaires signifiés à la requête du propriétaire; si, aucune forme n'est prescrite, il n'en est pas moins évident que l'élection doit être certaine et avoir une authenticité suffisante; d'ordinaire un registre est ouvert à cet effet dans chaque commune, et l'élection est inscrite sur ce registre; elle est signée par le déclarant et par le maire, toutefois la signature du déclarant suffit, si elle est certaine; il en est de même de la signature du maire si le déclarant ne sait ou ne peut signer; si un propriétaire a des immeubles expropriés dans plusieurs communes il doit renouveler sa déclaration d'élection de domicile dans chaque commune. — De Lalleau, Jousselin, Rendu et Périn, t. 2, n. 984 et 986; Crépon, sur l'art. 15, n. 34.

942. — Les registres destinés à recevoir les déclarations d'élection de domicile, doivent être ouverts au moment de la publication parcellaire, de manière à permettre aux propriétaires qui se rendent à la mairie pour examiner ce plan et présenter leurs observations de faire en même temps leur déclaration; c'est donc avant la publication de ces plans que les préfets doivent adresser ces registres aux maires des communes; il est bon que l'avis publié pour annoncer le dépôt des plans fasse connaître l'ouverture de ces registres; ces registres sont ensuite transmis au préfet qui les joint au dossier de l'expropriation; ainsi les notifications au domicile élu deviennent faciles. — De Lalleau, Jousselin Rendu et Périn, t. 2, p. 985.

943. — Si le registre qui vient d'être indiqué n'a point été tenu, le maire doit viser la déclaration qui lui est faite, en donner reçu au déclarant, afin de lui permettre d'établir qu'il a fait élection, et transmettre cette déclaration ainsi visée à l'expropriant. — De Lalleau, Jousselin, Rendu et Périn, t. 2, n. 986; Crépon, sur l'art. 15, n. 36.

944. — Un fondé de pouvoir peut faire l'élection de domicile; il lui suffit d'avoir une procuration générale, il n'a pas besoin d'un mandat spécial. Si la procuration est notariée, il suffit de la viser, c'est-à-dire d'indiquer sa date et le nom du notaire qui en est le dépositaire; si elle est sous seing privé, elle doit être annexée. — De Lalleau, Jousselin, Rendu et Périn, t. 2, n. 986; Crépon, sur l'art. 15, n. 36.

945. — L'élection de domicile n'a de valeur qu'à l'égard de celui qui l'a faite; l'un des intéressés ne peut lier les autres. Ainsi l'exproprian ne pourra faire une notification au domicile élu par la mère nue-propriétaire relativement au fils usufruitier. — Cass., 1er juill. 1867, Duveyrier, [D. 67.1.253] — Crépon, sur l'art. 15, n. 37; de Lalleau, Jousselin, Rendu et Périn, t. 2, n. 986, note; Daffry de la Monnoye, t. 1, sur l'art. 15, n. 10.

946. — Si l'élection de domicile n'intervient que postérieurement à la notification du jugement, celle-ci a pu être régulièrement faite dans les formes de l'art. 15, c'est-à-dire au maire, d'un côté, au locataire, fermier, gardien ou régisseur de l'autre; en effet, une notification valable au moment où elle s'est produite ne saurait être rendue irrégulière par un acte postérieur. — Crépon, sur l'art. 15, n. 38; Daffry de la Monnoye, t. 1, sur l'art. 15, n. 11.

947. — Le propriétaire doit faire élection de domicile dans l'arrondissement de la situation des biens; s'il élit domicile en dehors de cet arrondissement, cette désignation n'est pas obligatoire pour l'expropriant, qui peut alors faire les notifications au maire et au locataire, fermier, gardien ou régisseur. — Cass., 15 mai 1855, de Bouardi du Ménil, [S. 55.1.537, P. 57.383, D. 55.1.204] — De Lalleau, Jousselin, Rendu et Périn, t. 2, n. 987, note; Daffry de la Monnoye, t. 1, sur l'art. 15, n. 12; Crépon, sur l'art. 15, n. 39.

948. — Il a été jugé spécialement que l'élection de domicile prescrite au propriétaire exproprié doit être faite, s'il s'agit d'immeubles situés à Paris, dans l'arrondissement municipal de la situation des biens. — Cass., 15 mai 1855, précité. — Crépon, sur l'art. 15, n. 40; de Lalleau, Jousselin, Rendu et Périn, t. 2, n. 987, note. — V. toutefois Dufour, n. 374; de Peyrony et Delamarre, n. 237.

949. — On ne peut nier que cette décision respecte scrupuleusement le texte de la loi, mais elle entraîne une gêne pour le propriétaire qui, habitant dans une ville, se trouve ainsi obligé de faire élection de domicile dans la ville qu'il habite, par le motif qu'il ne demeure pas dans l'arrondissement municipal de la situation des biens.

950. — Lorsque le propriétaire exproprié décède après avoir fait élection de domicile, et qu'aucun avis de ce décès n'est donné à l'expropriation, celui-ci est en droit de continuer à faire les notifications au domicile élu; c'est le seul qu'il connaît, et c'est pour lui le seul auquel il puisse s'adresser. — Crépon, sur l'art. 15, n. 41.

951. — Si l'exproprié décède, sans avoir fait élection de domicile, les notifications seront régulièrement faites au maire, locataire, fermier, régisseur ou gardien; on retombe dans le cas ordinaire où l'élection de domicile n'est point produite. — Cass., 6 août 1866, Langellé, [Bull. civ., n. 157] — Crépon, sur l'art. 15, n. 42.

§ 3. *Comment est faite la notification.*

952. — L'art. 57, L. 3 mai 1841, porte : « Les significations et notifications mentionnées en la présente loi seront faites à la diligence du préfet de la situation des biens. Elles peuvent être faites tant par huissier que par tout agent de l'administration dont les procès-verbaux font foi en justice. »

953. — Lorsque l'expropriation est faite au nom de l'État, le préfet du département de la situation des biens est chargé, quelle que soit l'administration intéressée, de faire procéder aux notifications et c'est lui qu'elles sont adressées; c'est encore lui qui agit au nom du département, dont il est le représentant. — De Lalleau, Jousselin, Rendu et Périn, t. 2, n. 977.

954. — Au cas d'expropriation dans l'unique intérêt d'une commune, la notification d'un jugement d'expropriation et des offres est valablement faite à la requête du maire de cette commune. Il n'est pas nécessaire qu'elle soit faite à la requête du préfet. — Cass., 12 janv. 1842, Méritau, [S. 42.1.420, P. 42.2.16] — Le maire est, en effet, le représentant légal de la commune et a qualité pour faire en son nom les actes de procédure qui la concernent. En principe, on doit même reconnaître que le préfet n'a pas qualité pour faire la notification au nom de la commune. — Cass., 12 mai 1858, Desgrés, [S. 59.1.270, P. 59.738, D. 58.1.323] — Crépon, sur l'art. 57, n. 2.

955. — Si les travaux intéressent à la fois une commune et l'État ou le département, les notifications doivent être faites par le préfet et par le maire. Si une commune a été représentée par le préfet, elle est obligée d'accepter les conséquences de cette situation, et elle ne saurait fonder un moyen de cassation sur les irrégularités des notifications accomplies à la requête du préfet, qu'elle a accepté comme représentant. — Cass., 2 févr. 1846, Mille, [S. 46.1.237, P. 47.1.222, D. 46.1.78] — De Lalleau, Jousselin, Rendu et Périn, t. 2, n. 977.

956. — Si le préfet n'est pas le représentant de la partie expropriante il ne doit faire que les significations et notifications dont il est chargé comme représentant de la puissance publique. — Cass., 12 mai 1858, précité. — De Lalleau, Jousselin, Rendu et Périn, t. 2, n. 977, note; Crépon, sur l'art. 57, n. 1; Daffry de la Monnoye, t. 2, sur l'art. 57, n. 1.

957. — Le législateur n'a pas confié la mission de faire la signification aux seuls agents dont les procès-verbaux font foi jusqu'à inscription de faux, mais à tous les agents dont les procès-verbaux font foi en justice; il ne peut y avoir aucun doute à ce sujet, les mots « jusqu'à inscription de faux » qui se trouvaient dans le projet avant été supprimés dans le texte définitif. — De Lalleau, Jousselin, Rendu et Périn, t. 2, n. 979; Daffry de la Monnoye, t. 2, sur l'art. 57, n. 2; Crépon, sur l'art. 57, n. 3.

958. — Les agents de l'administration peuvent faire les notifications non seulement quand elles concernent l'État, le département ou la commune mais encore quand elles sont faites au nom des concessionnaires ou des propriétaires, pour peu que ces agents aient obtenu, à cet effet, l'autorisation de l'administration de laquelle ils dépendent. Il y a tout avantage à faire usage de ces agents, car il ne leur est dû aucune taxe pour leur concours. — De Lalleau, Jousselin, Rendu et Périn, t. 2, n. 936 et 978.

959. — Peuvent faire les notifications : les conducteurs des ponts et chaussées (Décr. 16 déc. 1811, art. 112). — Cass., 3 juill. 1850, Préfet de Seine-et-Oise, [S. 51.1.58, P. 50.2.255, D. 50.1.281]; — les agents voyers (L. 21 mai 1836, art. 11); les agents de navigation (L. 29 flor. au X, art. 7); les piqueurs et cantonniers chefs, régulièrement commissionnés et assermentés (L. 22 mars 1842, art. 2); les gardes du génie (L. 29 mars 1806, art. 2; les portiers-consigne des places de guerre (Décr. 16 sept. 1811, art. 1); les gendarmes (C. instr. crim., art. 72; L. 3 mai 1844, art. 22); les gardes-pêche (même art. 22); les commissaires de police, les employés des contributions indirectes et des douanes, les gardes et agents forestiers (C. forest., art. 176 et 177). — Crépon, sur l'art. 57, n. 2; Daffry de la Monnoye, t. 2, sur l'art. 57, n. 2; de Lalleau, Jousselin, Rendu et Périn, t. 2, n. 979.

960. — ... Le porteur des contraintes. — Cass., 14 août 1843, Armspach, [S. 43.1.887, P. 43.2.587, D. 1.411] — Daffry de la Monnoye, de Lalleau, Jousselin, Rendu et Périn, *loc. cit.*; Crépon, sur l'art. 57, n. 6.

961. — ... Les gardes champêtres. — Cass., 3 févr. 1880, Capdeville, père et fils, [S. 82.1.479, P. 82.1.1186, D. 82.1.268] — Et il en est ainsi, même dans le cas où il s'agit d'expropriation intéressant les communes dont ils sont les agents. — Même arrêt. — De Lalleau, Jousselin, Rendu et Périn, *loc. cit.*; Crépon, sur l'art. 57, n. 10 et 11. — Mais on ne pourrait employer les gardiens de la paix, sergents de ville et appariteurs, dont les procès-verbaux ne valent que comme simples renseignements. — Daffry de la Monnoye, t. 2, sur l'art. 57, n. 2.

962. — Le garde champêtre n'a qualité que sur le territoire de la commune qui l'a agréé et fait assermenter; il ne peut donc instrumenter en dehors de sa commune; la notification qu'il aurait faite en dehors de cette commune n'aurait aucune valeur. — Cass., 9 juill. 1883, Dejean, [cité par Crépon, sur l'art. 57, n. 11 *bis*] — Il faut, d'ailleurs, en dire autant, et pour les mêmes motifs, de tous les agents qui peuvent faire une notification.

963. — Les maires ont également qualité pour faire les notifications prescrites par la loi de 1841, alors du moins qu'ils ne sont intéressés dans l'expropriation, ni personnellement, ni en tant que représentants de la commune. Dans le cas contraire, ils sont sans qualité pour faire ces notifications. — Cass., 3 avr. 1855, Chauveau, [S. 55.1.544, P. 55.1.524, D. 55.1.123]; — 26 août 1857, Comm. de Beaurecq, [S. 58.1.79, P. 58.706, D. 57.1.354] — Mais la commune qui, par l'intermédiaire de son maire, aurait commis cette irrégularité ne pourrait en tirer avantage. Une partie ne saurait, en effet, invoquer une irrégularité qui constitue une faute de sa part, pour faire annuler une procédure. — Cass., 30 avr. 1839, Comm. de Cogolin, [S. 39.1.606, P. 46.2.656] — De Lalleau, Jousselin, Rendu et Périn, t. 2, n. 979; Daffry de la Monnoye, t. 2, sur l'art. 57, n. 3; Crépon, sur l'art. 57, n. 4 et 5.

964. — La circonstance qu'un maire fait partie du jury spécial chargé de régler les indemnités ne met point obstacle à ce qu'il fasse les notifications relatives à l'affaire dans laquelle il doit siéger comme juré; elle n'a point pour effet de lui donner un intérêt dans cette affaire. — Cass., 6 avr. 1859, Desgrés, [S. 59.1.957, P. 59.834, D. 59.1.164] — Daffry de la Monnoye, t. 2, sur l'art. 57, n. 57; Crépon, sur l'art. 57, n. 13. — Et il faut généraliser cette solution applicable à toutes les personnes susceptibles de faire une notification.

965. — L'agent assermenté d'une compagnie de chemin de fer a qualité pour faire, au nom de cette compagnie expropriante, les notifications prescrites par la loi du 3 mai 1841. — Cass., 11 janv. 1865, Menet, [S. 65.1.240, P. 65.562, D. 65.1.180]; — 17 mars 1869, Morin, [S. 69.1.386, P. 69.947, D. 69.1.272] — Daffry de la Monnoye, t. 2, sur l'art. 57, n. 2; Crépon, sur l'art. 57, n. 8. — Mais les procès-verbaux des agents assermentés ne font foi qu'en ce qui touche la compagnie qui les a commissionnés; par suite, ce n'est que dans l'intérêt de cette compagnie qu'ils peuvent faire les notifications.

966. — Les procès-verbaux des préfets, des procureurs de la République, de leurs substituts, des juges d'instruction, des officiers de gendarmerie, agents des ponts et chaussées font foi en justice (L. 27 flor. an X, art. 2), mais il est certain que la loi n'a pas eu en vue ces fonctionnaires ou magistrats qui se refuseraient à faire ces notifications; si cependant ils consentaient, dans l'étendue de leur ressort, à procéder à une notification, il est certain qu'elle serait valable. — Dufour, n. 518; de Lalleau, Jousselin, Rendu et Périn, t. 2, n. 979.

967. — Dans le cas où la notification a été faite par une personne sans qualité, notamment par un maire agissant dans l'intérêt de la commune expropriante, ou par un garde champêtre procédant en dehors du territoire de la commune qui l'a assermenté, la comparution de l'intéressé, devant le jury, sans protestations ni réserve, couvre la nullité, qui n'est pas d'ordre public. — Cass., 16 mai 1859, Fraisse, [S. 59.1.864, P. 60.760, D. 59.1.206] — Crépon, sur l'art. 57, n. 12.

968. — De même, une notification faite par simple lettre missive ne peut être invoquée comme moyen de cassation, alors que les parties ont comparu sans protestations ni réserve devant le jury. — Cass., 30 avr. 1839, Comm. de Cogolin, [S. 39.1.606, P. 46.2.656] — Daffry de la Monnoye, t. 1, sur l'art. 57, n. 8; Crépon, sur l'art. 57, n. 16.

969. — Les notifications faites par les agents de l'administration doivent contenir toutes les énonciations essentielles des significations faites par huissier (V. *suprà*, v° *Exploit*, n. 152 et s.); ainsi elles doivent énoncer : « La date des jour, mois et an, auxquels elles sont faites; 2° les noms de la partie pour qui elles sont faites; tout au moins sa qualité, préfet, maire, société quand il s'agit d'un concessionnaire; 3° les noms, profession et demeure de la partie qui reçoit la signification; 4° la mention expresse de la personne à laquelle copie est laissée; 5° les noms et qualité de l'agent chargé de la notification; 6° l'indication de l'objet de la signification; si elle vise un immeuble, il faudra le désigner de la manière la plus précise que possible, indiquer sa nature, la partie de la commune où il est situé, les tenants ou aboutissants ou tout au moins deux d'entre eux; si cependant il s'agit d'un domaine en corps de ferme il suffira de le désigner par son nom et sa situation; si la notification a pour but de convoquer devant le jury, il faudra indiquer le jour, le lieu et l'heure de la comparution. — De Lalleau, Jousselin, Rendu et Périn, t. 2, n. 981.

970. — A la différence des huissiers (V. *suprà*, v° *Exploit*, n. 306 et s.), les agents de l'administration n'ont pas d'immatricule; il suffit qu'ils se désignent et se qualifient dans la notification de manière à ne laisser aucun doute sur leur identité. — Cass., 27 févr. 1889, Préf. des Hautes-Alpes, [S. 91.1.544, P. 91.1.1312, D. 91.5.280] — Il importe donc peu que l'acte de notification ne contienne pas l'immatricule de l'officier instrumentaire, alors qu'il émane d'un agent administratif (le garde champêtre, dans l'espèce) qui y est désigné et qualifié. — Cass., 17 déc. 1895, Soc. des établ. agr. de Tilly, [S. et P. 96.1.245, D. 96.1.287]

971. — Les notifications ainsi faites sont rédigées sur du papier visé pour timbre et enregistrées gratis; le papier doit avoir au moins la dimension d'une feuille de papier timbré de 60 centimes. — De Lalleau, Jousselin, Rendu et Périn, t. 2, n. 980.

972. — S'il est procédé aux notifications par ministère d'huissier, l'exploit de notification devra être rédigé conformément aux dispositions des art. 61 et 64, C. proc. civ., car le législateur n'a point dérogé à ces articles, en matière d'expropriation; il n'est cependant nécessaire que l'exploit de l'huissier mentionne le domicile réel de la partie, qui peut être inconnu. — Cass., 4 avr. 1842, Desgrais, [S. 42.1.297, P. 42.1.488] — Daffry de la Monnoye, t. 2, sur l'art. 57, n. 6; de Lalleau, Jousselin, Rendu et Périn, t. 2, n. 981.

973. — D'une façon générale, les notifications seront valables dès qu'elles seront parvenues à celui qu'elles concernent et que celui-ci n'aura pu se tromper sur leur sens et leur portée. — Cass., 4 avr. 1842, précité. — De Lalleau, Jousselin, Rendu et Périn, *loc. cit.*; Crépon, sur l'art. 57, n. 14.

974. — Il est toutefois nécessaire de dresser un original de la notification. — Cass., 28 janv. 1834, Dumarest, [S. 34.1.206, P. chr.] — Crépon, sur l'art. 57, n. 15; Daffry de la Monnoye, t. 2, sur l'art. 57, n. 7; de Lalleau, Jousselin, Rendu et Périn, *loc. cit.*

975. — Conformément à l'art. 63, C. proc. civ., il ne saurait être procédé à une notification les dimanches et jours de fête légale, à moins d'une autorisation spéciale du président du tribunal; cette règle est générale et s'applique à toutes les significations et notifications, quelle qu'en soit la nature et de quelque agent qu'elles émanent. — De Lalleau, Jousselin, Rendu et Périn, t. 2, n. 982; Crépon, sur l'art. 57, n. 20. — V. *suprà*, v° *Exploit*, n. 394 et s.

976. — Il est à désirer que le maire vise la copie; mais il ne faut pas oublier que la nullité édictée par l'art. 68, C. proc. civ., relative à l'omission de la formalité du visa du maire sur l'original et la copie d'un exploit, est exclusivement applicable aux exploits d'ajournement, et ne peut être étendue aux significations de jugement. — Cass., 21 août 1882, Cassagnade, [S. 83.1.299, P. 83.1.738, D. 83.1.212] — Crépon, sur l'art. 57, n. 22.

CHAPITRE VI.

DES EFFETS DU JUGEMENT D'EXPROPRIATION.

SECTION I.

Effets à l'égard du propriétaire.

977. — Le jugement d'expropriation produit son effet du jour même où il est rendu; c'est de ce jour que le propriétaire est dépouillé de sa propriété et qu'il ne peut la céder (Discours de M. Rossi à la Chambre des pairs : *Monit.*, 12 mai 1840, p. 1014). Girod de l'Ain et le Garde des sceaux, M. Persil, se sont prononcés dans le même sens (*Ibid.*, p. 1016). — Colmar, 23 juill. 1841, Vœchlin, [S. 42.2.449, P. 42.2.439] — Orléans, 13 nov. 1856, Graudry, [S. 57.2.269, P. 57.178, D. 57.2.76] — Crépon, sur l'art. 14, n. 120. — On aurait pu décider que, les propriétaires n'étant pas parties au jugement d'expropriation, ce jugement ne produirait d'effet contre eux qu'à dater de sa signification, mais, en ce cas, si le propriétaire avait vendu sa propriété avant la signification du jugement, on se serait heurté contre l'acquéreur, et on aurait éprouvé de ce chef des complications et des lenteurs. — De Lalleau, Jousselin, Rendu et Périn, t. 1, n. 269.

978. — Cette transmission de la propriété a lieu d'une façon absolue, sans qu'il y ait lieu de considérer si la propriété appartient à une seule personne ou à plusieurs, à la personne désignée dans le jugement ou à un autre, si elle est grevée de droits d'usufruit, d'usage, d'habitation, si la jouissance a été cédée à un fermier ou à un locataire. Le jugement, en effet, prononce l'expropriation d'une façon générale, sans dépouiller nommément telle ou telle personne de ses droits. — De Lalleau, Josselin, Rendu et Périn, t. 1, n. 270; Crépon, sur l'art. 14, n. 121.

979. — Cotelle a cependant pensé que si le jugement d'expropriation entraînait la résolution du droit de propriété de l'exproprié, il ne transmettait pas la propriété à l'expropriant tant que l'indemnité n'était pas réglée, payée ou consignée. Selon lui, le propriétaire peut transmettre son droit de propriété comme si le jugement d'expropriation n'était pas rendu; il assimile ce jugement à un jugement d'adjudication préparatoire par suite de saisie immobilière. — Cotelle, *Dr. administr.*, t. 1, p. 447 et s., t. 3, p. 189, 486 et 766.

980. — Mais il est à remarquer qu'en matière de saisie immobilière le législateur a prescrit qu'il serait rendu d'abord un jugement préparatoire, puis un jugement définitif, et il n'a fait résulter la transmission de propriété que de ce dernier jugement; la loi de 1841, au contraire, ne prévoit qu'un seul jugement, et c'est de ce jugement que résulte la transmission de la propriété; en effet cette loi ne restreint pas ce jugement à un simple effet préparatoire, et n'indique pas à quel autre moment se produirait la transmission de propriété; enfin on sait que pour purger les privilèges et hypothèques il y a lieu de transcrire l'acte translatif de propriété; or, d'après les art. 16 et 17 de la loi de 1841, c'est le jugement d'expropriation qui doit être transcrit à cet effet; c'est donc qu'il emporte transmission de propriété. — Favard de Langlade, *Rép.*, v° *Expropriation pour utilité publique*, n. 7; de Lalleau, Josselin, Rendu et Périn, t. 1, n. 271.

981. — De ce que l'immeuble n'est plus la chose de l'exproprié, mais celle de l'État ou du concessionnaire, il résulte que si l'immeuble périt dans l'intervalle du jugement d'expropriation à la décision du jury, il périt pour le compte de l'État ou de la compagnie. — Persil, Discussion à la Chambre des pairs de la loi du 3 mai 1841; Duvergier, *Collect. des lois*, t. 41, p. 148. — Arg. de l'art. 1592, C. civ. — Par suite, en cas d'incendie de l'immeuble exproprié la perte est pour l'expropriant; l'exproprié demeure en droit de lui demander l'indemnité entière, sans tenir compte de l'incendie. — De Lalleau, Josselin, Rendu et Périn, t. 1, n. 278; Crépon, sur l'art. 14, n. 135.

982. — Par application du même principe, il a été jugé que l'ancien propriétaire, quoique laissé en possession même pendant plusieurs années de la maison expropriée, à défaut de paiement de l'indemnité, n'est tenu de contribuer à la réédification du mur mitoyen qui sépare cette maison de celle du voisin : c'est contre l'État seul que doit, en pareil cas, être formée la demande en réédification. — Cass., 31 janv. 1876, Ville de Chambéry, [D. 77.1.230] — Orléans, 13 nov. 1856, Gandry, [S. 57.2.269, P. 57.178, D. 57.2.76] — De Lalleau, Josselin, Rendu et Périn, t. 1, n. 270, note.

983. — ... Que le propriétaire exproprié est déchargé du paiement de la contribution foncière; que cette contribution dans les délais de la loi, incombe à l'expropriant bien que le règlement de l'indemnité et la prise de possession n'aient eu lieu que plus tard. — Cons. d'Ét., 27 janv. 1888, Lebaudy et Ville de Paris, [D. 89.3.33] — De Lalleau, Josselin, Rendu et Périn, t. 1, n. 270, note.

984. — Il a été jugé que l'effet résolutoire du jugement d'expropriation s'applique même aux parties d'immeubles non atteintes par l'exécution des travaux publics, alors que l'expropriation a été, en vertu du décret du 26 mars 1852, étendue à la totalité des immeubles. — Cass., 9 août 1864, Petit, [S. 64.1.465, P. 64.785, D. 64.1.444] — Toulouse, 25 juill. 1846, Préfet de Tarn-et-Garonne, [S. 46.2.487, P. 46.2.651]

985. — L'exproprié demeure légalement en possession jusqu'au paiement ou à la consignation de l'indemnité; si donc il abandonne la possession, il consent, par sa faute, à perdre une garantie qui lui appartient; mais il ne pourra, à défaut de ce paiement, faire rétracter l'expropriation par une action résolutoire. — Paris, 17 janv. 1853, Chemin de fer de Sceaux, [P. 53.1.283, D. 54.5.355] — Crépon, sur l'art. 14, n. 129.

986. — L'exproprié n'étant plus propriétaire, n'a plus le droit de disposer de sa propriété, il ne peut ni la vendre ni la donner; s'il la cède, il ne confère qu'un droit à l'indemnité et permet au cessionnaire de se faire connaître à l'expropriant pour que l'indemnité soit réglée avec lui et non avec le cédant; en cas de cession, le droit d'enregistrement dû serait donc celui concernant les cessions de créance et non celui relatif aux immeubles. — De Lalleau, Josselin, Rendu et Périn, t. 1, n. 273; Crépon, sur l'art. 14, n. 130.

987. — De même, après le jugement d'expropriation, l'exproprié ne peut conférer des hypothèques sur l'immeuble exproprié; les créanciers auxquels une hypothèque aurait été ainsi accordée tardivement ne pourraient donc prétendre partager le prix par voie d'ordre; il y aurait lieu seulement à une contribution; quant aux créanciers hypothécaires antérieurs au jugement d'expropriation, ils peuvent inscrire leur hypothèque dans la quinzaine qui suit le jugement d'expropriation. — De Lalleau, Josselin, Rendu et Périn, t. 1, n. 274; Crépon, sur l'art. 14, n. 131.

988. — L'exproprié continuant, jusqu'au paiement de l'indemnité, à jouir de l'immeuble, en perçoit les fruits naturels, civils et industriels; si l'art. 543 C. civ. attribue ces fruits au propriétaire, il n'en est ainsi que si un tiers n'a pas la possession régulière de l'immeuble (C. civ., art. 549). — De Lalleau, Josselin, Rendu et Périn, t. 1, n. 272 et 276; Crépon, sur l'art. 14, n. 139 et 140.

989. — L'exproprié a également le droit d'exercer toutes les actions ayant pour but de le faire maintenir ou réintégrer dans sa possession ; il peut donc exercer les actions en complainte, en réintégrande, ou en dénonciation de nouvel œuvre. — De Peyrony et Delamarre, n. 209; de Lalleau, Josselin, Rendu et Périn, t. 1, n. 276; Crépon, sur l'art. 14, n. 141.

990. — En outre, s'il a juste titre et bonne foi et une possession de neuf ans et dix mois, les deux mois pendant lesquels il demeurera en possession depuis le jugement d'expropriation lui permettront d'opposer la prescription à celui qui se prétendrait propriétaire et qui, à ce titre, soutiendrait avoir seul droit à l'indemnité. Il en serait ainsi, alors même que l'exproprié aurait consenti à ce que des travaux fussent exécutés sur la propriété, car il ne faudrait pas voir là une renonciation à la possession. — De Lalleau, Josselin, Rendu et Périn, t. 1, n. 276.

991. — Mais la situation serait autre si l'expropriant avait pris possession effective de l'immeuble exproprié; on ne pourrait, aux fins de l'exproprié, qui n'est plus propriétaire, ne pourrait joindre à sa possession celle de l'expropriant. Jugé, en ce sens, qu'après une expropriation pour cause d'utilité publique, celui qui prétend avoir droit, comme propriétaire, à l'indemnité d'expropriation, et qui, pour établir son droit de propriété, invoque la prescription de dix ans avec titre et bonne foi, ne peut joindre à sa possession, pour compléter les dix ans, le temps qui s'est écoulé depuis l'expropriation et pendant lequel l'État a possédé; l'indemnité, chose purement mobilière, étant devenue après l'expropriation le seul objet de la prescription, la prescription de dix ans n'a pu courir sur l'indemnité, comme, avant l'expropriation, elle courait sur l'immeuble. — Cass., 19 juin 1854, Pillaut-Debit, [S. 54.1.630, P. 56.2.471, D. 54.1.242] — De Lalleau, Josselin, Rendu et Périn, t. 1, n. 276; de Peyrony et Delamarre, n. 209; Crépon, sur l'art. 14, n. 142; Daffry de la Monnoye, t. 1, sur l'art. 18, n. 4.

992. — La possession demeurée au propriétaire se transmet selon les principes généraux et les règles du droit commun, par succession, legs, donation, vente, échange, etc. — De Lalleau, Josselin, Rendu et Périn, t. 1, n. 276; Crépon, sur l'art. 14, n. 143.

993. — La propriété ayant été transmise à l'expropriant par le jugement rendu, il s'ensuit qu'un autre jugement qui prononcerait l'expropriation d'un terrain ayant déjà fait l'objet d'une première expropriation, commettrait un excès de pouvoirs qui l'exposerait à cassation. — Cass., 26 juin 1882, Rapatel, [S. 83.1.135, P. 83.1.305] — Crépon, sur l'art. 14, n. 124; de Lalleau, Josselin, Rendu et Périn, t. 1, n. 277, note.

994. — Lorsque le jugement d'expropriation est passé en force de chose jugée, faute d'avoir fait l'objet d'un pourvoi en cassation dans les trois jours de sa notification, l'expropriation ne peut plus désormais être annulée ou rétractée, non plus que son exécution ne saurait être suspendue, par suite d'un recours ultérieurement dirigé contre les décisions ou actes administratifs intervenus préalablement à la procédure d'expropriation proprement dite. — Cass., 17 déc. 1877, Touchy, [S. 78.1.80, P. 78.163, D. 78.1.52]

995. — Dès lors, l'arrêt par lequel le préfet a déclaré cessible une parcelle de terrain ne peut être attaqué devant le Conseil d'Etat par la voie contentieuse si le jugement d'expropriation est passé en force de chose jugée. — Cons. d'Et., 13 févr. 1874, André, [S. 76.2.27, P. adm. chr., D. 75.3.4]

996. — Jugé encore que quand un jugement a prononcé l'expropriation d'un terrain compris dans un arrêté de cessibilité, l'exproprié n'est plus recevable à demander au ministre l'annulation de cet arrêté. Il en est ainsi alors même que le jugement d'expropriation a été frappé d'un pourvoi devant la Cour de cassation et que cette cour n'a pas encore statué. — Cons. d'Et., 11 févr. 1876, Chemin de fer de Paris-Lyon-Méditerranée, [S. 78.2.96, P. adm. chr., D. 76.3.80] — Laferrière, t. 1, p. 540.

997. — Un auteur pense cependant que le jugement d'expropriation constituant une mainmise sur une propriété contre le gré du propriétaire, il appartient toujours à l'administration de faire cesser cette violence en se désistant de l'expropriation, bien que régulièrement prononcée; l'exproprié, en cas de changement de volonté de l'expropriant, serait donc tenu de reprendre sa propriété, mais pourrait réclamer des dommages-intérêts, à raison du préjudice qu'il a subi. — Cotelle, *Cours de dr. administr.*, t. 3, p. 487.

998. — Cette opinion n'a pas prévalu et ne pouvait prévaloir; nulle part le législateur n'a prévu le cas où l'expropriant renoncerait à l'expropriation et obligerait l'exproprié à reprendre sa propriété; par l'effet du jugement d'expropriation, la propriété a été transmise à l'expropriant, si celui-ci renonce à l'expropriation, la propriété ne peut revenir sur la tête de l'exproprié que de son consentement. Jusque-là l'expropriant conserve la propriété de l'immeuble exproprié, dont il lui appartient de faire tel usage qui lui conviendra. — Cass., 28 mai 1843, Barberon, [S. 43.1.414, P. 43.1.732, D. 43.1.302]; — 13 févr. 1861, Gallet-Lefevre, [S. 61.1.554, P. 61.984, D. 61.1.136]; — 16 avr. 1862, Préfet de la Seine, [S. 62.1.721, P. 62.1.465, D. 62.1.300] — Colmar, 23 juill. 1841. Koechlin, [S. 42.2.451, P. 42.1.459] — Toulouse, 25 juill. 1846, Préfet de Tarn-et-Garonne, [S. 46.2.487, P. 46.2.651] — Favard de Langlade, *Rép.*, v° *Expr. pour utilité publique*, n° 7; de Peyrony et Delamarre, n. 205; Daffry de la Monnoye, sur l'art. 14, n. 30; Gabriel Dufour, n. 62; de Lalleau, Jousselin, Rendu et Périn, t. 1, n. 277; Crépon, sur l'art. 14, n. 122.

999. — Jugé, en conséquence, que l'Etat, qui a fait prononcer contre un particulier une expropriation pour cause d'utilité publique, ne peut, par sa seule volonté, et contre le gré de l'exproprié, renoncer à l'effet du jugement d'expropriation, notamment au cas où le particulier exproprié n'ayant qu'une partie de sa maison, et usant de la faculté que lui donne l'art. 50, L. 3 mai 1841, veut que l'expropriation s'étende à la maison tout entière. — Toulouse, 25 juill. 1846, précité. — Dans ce cas, si l'exproprié consent à ce que le jugement d'expropriation soit regardé comme non avenu, il peut exiger qu'un nouveau jugement lui donne acte de la renonciation faite par l'administration et de sa réintégration dans sa propriété. De plus, il peut obtenir contre l'administration des dommages-intérêts à raison du préjudice que lui aurait causé l'incertitude où il a été tenu relativement à l'expropriation dont il était menacé. — Même arrêt.

1000. — L'expropriation étant accomplie par le seul effet du jugement qui la prononce, il en résulte que si le décret d'utilité publique décide que la déclaration d'utilité publique sera non avenue si l'expropriation n'est pas effectuée dans le délai de deux ans, cette péremption n'est pas encourue alors que le jugement d'expropriation a été rendu dans ce délai. Peu importe que le jury n'ait été constitué qu'après l'expiration de ce délai. — Cass., 12 juill. 1898, de Commaille, [S. et P. 98.1.528, D. 99.1.32]

1001. — Si le jugement, bien que définitif, contient une erreur matérielle, elle peut toujours être rectifiée. Ainsi, lorsque, par suite d'une copie inexacte de l'arrêté de cessibilité, le tribunal a prononcé l'expropriation de parcelles non comprises dans l'expropriation et non visées dans l'arrêté de cessibilité, le tribunal peut, sur la production d'une nouvelle copie conforme à l'original, déclarer que l'expropriation ne s'applique qu'aux parcelles réellement visées dans l'arrêté de cessibilité. — Cass., 6 avr. 1859, Comp. d'eau de Givors, [S. 59.1.324, P. 59.949] — Daffry de la Monnoye, t. 1, sur l'art. 14, n. 31.

1002. — Si l'expropriant donnait une extension abusive à l'expropriation et cherchait à se mettre en possession de terrains non compris dans l'expropriation, cette voie de fait ne porterait pas atteinte au jugement d'expropriation et n'autoriserait pas contre lui le pourvoi en cassation; car un jugement régulier ne peut être vicié par un acte qui lui est postérieur et étranger; le propriétaire lésé pourrait seulement demander sa remise en possession et des dommages-intérêts. — Cass., 5 févr. 1840, Charnay, [S. 40.1.162, P. 40.1.807] — Daffry de la Monnoye, t. 1, sur l'art. 14, n. 29.

1003. — L'administration qui fait rendre contre une personne un jugement d'expropriation reconnaît par là qu'elle-même n'est pas propriétaire, et que la propriété appartient au propriétaire apparent contre lequel elle fait rendre le jugement d'expropriation, soit à toutes autres personnes ayant des droits sur l'immeuble; par suite, quand le jugement est devenu définitif, il y a chose jugée relativement à la reconnaissance du droit de propriété, et l'administration ne pourrait soutenir ultérieurement qu'il y a eu erreur dans le jugement, qu'elle-même est propriétaire, que, par suite, c'est à tort que le jury a réglé l'indemnité et qu'il y a lieu de la lui restituer. — Trib. Seine, 23 avr. 1874, Préfet de la Seine, [*Gaz. des Trib.*, 3 mai 1874] — Daffry de la Monnoye, t. 1, sur l'art. 14, n. 32.

Section II.

Effets en ce qui concerne les droits d'usufruit, d'habitation, d'usage, de servitude et de bail.

§ 1. *Droits d'usufruit et d'habitation.*

1004. — L'immeuble exproprié est transmis à l'expropriant libre de toutes charges, de quelque nature qu'elles soient; les droits qui pèsent sur cet immeuble et qui le grèvent sont remplacés par un droit de créance. Le droit d'usufruit s'exercera sur l'indemnité fixée; l'usufruitier aura d'ailleurs le droit de comparaître devant le jury pour la défense de ses intérêts; pour le titulaire d'un droit d'habitation la question est plus douteuse, les uns prétendant que son droit n'est qu'un usage portant sur une maison, veulent qu'il ait la jouissance des intérêts du prix afférent à cette maison, tant que durera son droit d'habitation et qu'il se présente devant le jury pour faire valoir son droit. De Lalleau, Jousselin, Rendu et Périn, t. 1, n. 280; Crépon, sur l'art. 14, n. 120. — D'autres s'attachent au caractère personnel de l'habitation pour lui refuser tout droit semblable.

1005. — Remarquons que si l'Etat s'empare pour utilité publique de partie d'un immeuble grevé d'usufruit, ni l'usufruitier, ni le propriétaire, ne pourront, l'un sans le consentement de l'autre, demander que l'Etat achète la totalité de l'immeuble (C. civ., art. 598 et 599). — V. *infrà*, v° *Usufruit*.

§ 2. *Droits d'usage et servitudes.*

1006. — Les droits d'usage sont également éteints; il est à remarquer que le propriétaire n'est tenu de signaler à l'expropriant que les usagers qui ont sur l'immeuble des droits réglés par le Code civil; quant aux droits d'usage sur les bois ou forêts, régis par le Code forestier, il appartient aux usagers de se faire connaître eux-mêmes à l'expropriant. — De Lalleau, Jousselin, Rendu et Périn, t. 1, n. 281.

1007. — Une servitude ne peut disparaître, par l'effet de l'expropriation pour cause d'utilité publique, que si l'immeuble, sur lequel elle porte est lui-même exproprié. — Cass., 10 janv. 1888, Gigard, [S. 88.1.383, P. 88.1.932, D. 88.1.611] — C'est le jugement d'expropriation qui seul détermine quels sont les immeubles expropriés, et les termes, comme aussi la portée de ce jugement, sont soumis au contrôle de la Cour suprême. Lors donc qu'une servitude porte sur un moulin et son canal de fuite, et qu'il résulte du jugement d'expropriation que ce moulin et son canal de fuite ne sont pas expropriés, la servitude ne peut être atteinte par l'expropriation. En conséquence, l'expropriation ne saurait être déclarée opposable au propriétaire à qui appartient la servitude. — Même arrêt.

1007 bis. — Rappelons, à ce sujet, que l'expropriation ne peut avoir, non plus pour effet de créer des servitudes sur les terrains non atteints par l'expropriation. Par suite, doit être cassée la disposition du jugement qui, en dehors de l'expropriation de certains terrains qu'il ordonne, grève de servitudes d'autres terrains, non frappés d'expropriation. — Cass., 7 août 1900, non encore publié. — V. *suprà*, n. 76.

1008. — D'autre part, l'expropriation d'un immeuble a pour conséquence nécessaire l'expropriation des servitudes ou autres droits réels qui grèvent cet immeuble; il n'est pas nécessaire que le jugement d'expropriation en fasse une mention expresse. — Cass., 9 févr. 1863, Barenne-Delcambre, [S. 63.1.400, P. 63.1118, D. 63.1.234]; — 12 mai 1863, Delcambre, [Ibid.] — De Peyrony et Delamarre, n. 239, 494; Daffry de la Monnoye, sur l'art. 21, n. 12; de Lalleau, Jousselin, Rendu et Périn, t. 1, n. 281; Crépon, sur l'art. 14, n. 126. — Le jugement d'expropriation ne saurait mentionner ces droits, qui, le plus souvent, sont ignorés; le législateur, ainsi que nous le verrons plus loin, a organisé une procédure spéciale pour que ces droits soient portés à la connaissance de l'expropriant.

1008 bis. — Le jugement qui prononce l'expropriation pour cause d'utilité publique d'un immeuble transmet à l'acquéreur dudit immeuble l'exercice des droits qui y sont attachés, et lui transmet spécialement le droit à une servitude de passage, établie par destination du père de famille, lorsque, au moment de l'expropriation, il existait un signe apparent de servitude, consistant dans la forme même d'une rue établissant une communication permanente et publique entre deux autres voies au profit de l'immeuble exproprié, et lorsque le jugement d'expropriation garde le silence relativement à la servitude litigieuse; il y a lieu, en pareil cas, d'appliquer l'art. 694, C. civ. — Cass., 10 nov. 1897, Ramond, [S. et P. 1900.1.310] — Brémond, Rev. crit., 1900, p. 343 et s.; Aubry et Rau, 1re éd., t. 3, p. 150; Baudry-Lacantinerie et Chauveau, Des biens, n. 1124.

1009. — La partie expropriante n'est pas tenue de poursuivre le règlement de l'indemnité simultanément à l'égard des propriétaires du fonds et à l'égard des ayants-droit à la servitude; elle peut agir séparément envers les uns et les autres. — Cass., 12 mai 1863, précité. — En effet, aucune disposition de loi ne l'y oblige; mais elle a tout intérêt à agir simultanément contre le propriétaire et contre les titulaires des servitudes, parce qu'ainsi, elle indique au jury sa propriété est diminuée par l'existence de ces servitudes, et qu'il y a lieu, par suite, d'allouer une indemnité moindre au propriétaire.

§ 3. Des baux.

1010. — Le jugement d'expropriation a pour effet immédiat de résoudre les baux, comme tous les droits dont peut être grevé l'immeuble exproprié, et, par suite, d'ouvrir au profit des locataires le droit à une indemnité d'éviction. La résolution du bail a lieu tant à l'égard et dans l'intérêt des locataires qu'au profit de l'expropriant. — Cass., 16 avr. 1862, Ville de Paris, [S. 62.1.721, P. 62.463, D. 62.1.300]; — 4 juill. 1864, Lepage-Montier, [S. 64.1.368, P. 64.787, D. 64.1.443]; — 9 août 1864, Petit, [S. 64.1.465, P. 64.783, D. 64.1.444]; — 2 août 1865, Préfet de la Seine, [S. 63.1.458, P. 65.1193, D. 65.1.458]; — 23 nov. 1880, Ville de Rouen, [S. 81.1.129, P. 81.1.280, D. 81.1.250]; — Paris, 11 août 1862, Pestel, [S. 62.2.417, P. 62.1074, D. 62.2.133]; — 11 août 1862, Bonneti, [Ibid.]; — 11 août 1862, Mangenot, [Ibid.]; — 11 août 1862, Wahl, [Ibid.] — Daffry de la Monnoye, t. 2, sur l'art. 55, n. 2; de Lalleau, Jousselin, Rendu et Périn, t. 1, n. 282; Crépon, sur l'art. 14, n. 127 et s., et sur l'art. 55, n. 3 et s.

1011. — Et, en termes encore plus généraux, le bail d'une propriété sujette à expropriation pour cause d'utilité publique est résolu de plein droit par le fait seul, soit du jugement d'expropriation, soit du jugement de donné acte, soit de la vente de cet immeuble au profit de l'expropriant, et l'indemnité ouvert en faveur du locataire lui est dès lors acquis indépendamment toute dépossession effective. — Cass., 17 juin 1867, Oudard, [S. 70.1.368, P. 70.965, D. 71.1.251]; — 22 mars 1870, Ville de Paris, [Ibid.]; — 1er juin 1881, Grosset, [S. 81.1.381, P. 81.1.908] — Paris, 14 janv. 1873, Arnold, [S. 73.4.243, P. 73.1054, D. 73.2.137] — La solution est la même s'il s'agit d'une expropriation concernant des immeubles appartenant à l'Etat; s'il n'acquiert pas la propriété qui lui appartenait déjà, il devient propriétaire en suite d'un nouveau titre et a, désormais, une propriété affranchie de toutes charges. — Trib. Seine, 21 déc. 1887, [Gaz. Pal., 88, table] — De Lalleau, Jousselin, Rendu et Périn, loc. cit.

1012. — Jugé, en conséquence, que le droit à une indemnité est acquis aux locataires par le seul effet du jugement d'expropriation, nonobstant la déclaration à eux notifiée par l'expropriant qu'il entend respecter leurs baux et les laisser jouir paisiblement des lieux loués jusqu'à l'expiration du temps convenu. — Cass., 16 avr. 1862, précité. — Paris, 11 août 1862, précité; — 23 nov. 1880, précité. — De Lalleau, Jousselin, Rendu et Périn, t. 1, n. 282, note.

1013. — Le bail ainsi dissous ne peut revivre que par un contrat nouveau intervenu entre les parties et par un nouveau bail. Mais le locataire qui aurait ainsi formé un nouveau bail avec l'expropriant ne pourrait réclamer une indemnité à raison de la dissolution de son bail résultant du jugement d'expropriation, ce jugement ne lui portant plus aucun préjudice. — Cass., 17 juin 1867, Oudard, [S. 70.1.369, P. 70.965, D. 71.1.251] — V. aussi Cass., 16 avr. 1862, précité. — Crépon, sur l'art. 55, n. 6; Daffry de la Monnoye, t. 2, sur l'art. 55, n. 3.

1014. — Le renouvellement du bail ne se présume pas et ne résulte pas du seul fait de la continuation de la jouissance du locataire sans protestation de la part de l'expropriant, et cela encore bien que l'exproprié ait payé les loyers à l'expropriant; à défaut de convention la jouissance du locataire est précaire et peut cesser dès qu'il plaira à l'expropriant. — Cass., 4 juill. 1864, Lepage-Montier, [S. 64.1.368, P. 64.787, D. 64.1.443]: — 22 mars 1870, Ville de Paris, [S. 70.1.369, P. 70.965, D. 70.1.297] — Daffry de la Monnoye, t. 2, sur l'art. 55, n. 4.

1015. — Le locataire dont le bail est ainsi rompu peut donc quitter aussitôt les lieux loués; mais si son départ occasionne un préjudice au propriétaire, celui-ci aura son recours contre l'expropriant et demandera de ce chef une indemnité, fondée sur ce que son immeuble demeure improductif à la suite du départ du locataire. — Paris, 23 et 26 janv. 1863, [Gaz. des Trib., 26 et 27 janv.] — Trib. Seine, 3 août 1882, [Gaz. Pal., 83.2.325] — De Lalleau, Jousselin, Rendu et Périn, t. 1, n. 282, note.

1016. — Si le locataire demeure dans les lieux loués, sans qu'il soit intervenu une convention nouvelle, sa jouissance ne résulte pas d'un contrat, elle est précaire, sans durée certaine; le locataire demeuré en possession n'y est plus en vertu du bail; par suite, il ne doit plus les loyers et autres charges fixés par ce bail; il devra seulement une indemnité de jouissance à fixer amiablement entre parties, et, à défaut, arbitrée équitablement par la justice. — Paris, 24 déc. 1885, [J. Le Droit, du 31 déc.] — Lyon, 17 juill. 1890, [Gaz. Pal., 90.1.213] — De Lalleau, Jousselin, Rendu et Périn, t. 1, n. 282, note.

1017. — Jugé, en ce sens, que le jugement d'expropriation, ayant pour effet de résoudre de plein droit les baux existants, entraîne, comme conséquence, l'annulation des charges, clauses et conditions qui y étaient insérées. — Paris, 21 juill. 1886, Société des terrains du quartier Marbœuf, [S. 88.2.4, P. 88.1.84, D. 87.2.92]

1018. — Dès lors, le locataire bien qu'ayant continué à occuper les lieux loués, ne peut plus être tenu, à partir du jugement d'expropriation, au paiement des impôts qu'il s'était engagé à acquitter par une clause spéciale de son bail, ces impôts étant à la charge de l'expropriant à partir du jugement d'expropriation. — Même arrêt. — Daffry de la Monnoye, t. 2, sur l'art. 55, n. 4.

1019. — Le locataire qui occupe ainsi les lieux loués, dans une situation précaire, ne peut prétendre qu'il doit être traité comme les locataires qui n'ont point de bail écrit et qu'il ne peut être contraint à vider les lieux loués qu'en vertu d'un congé signifié selon l'usage des lieux. Par suite, lorsque l'expropriant met l'indemnité allouée à sa disposition, à la consigne, il peut l'expulser, sans être astreint au délai ordinaire des congés. — Paris, 27 janv. 1865, [Gaz. des Trib., 30 janv. 1867] — De Lalleau, Jousselin, Rendu et Périn, t. 2, p. 645, n. 360.

1020. — L'indemnité de jouissance due par le locataire qui a continué à occuper les lieux loués appartiendra à l'exproprié, jusqu'au paiement de l'indemnité effectuée par l'expropriant à celui-ci, et à l'expropriant à partir de ce moment. — Cass., 16 avr. 1862, précité. — De Lalleau, Jousselin, Rendu et Périn, t. 1, n. 282, note.

1021. — Il a été jugé que le principe d'après lequel, quand le bail n'est pas en forme authentique ou n'a pas de date certaine, l'acquéreur peut expulser le preneur sans être tenu envers lui d'aucuns dommages-intérêts, est applicable en matière d'expropriation pour cause d'utilité publique; que l'Etat ou la ville qui exerce le droit d'expropriation ne doit donc aucune indemnité aux locataires qui ne justifient pas d'un bail ayant date certaine avant l'expropriation. — Cass., 5 févr. 1847, Préfet de la Seine, [S. 47.1.280, P. 47.1.318, D. 47.1.73] — Paris, 16 mai 1854, Pignot, [S. 54.2.345, P. 54.2.5, D. 55.2.54] — Lyon, 16 mars 1855, Ville de Lyon, [S. 55.2.236, P. 55.2.87, D. 55.2.297]

1022. — ... Que la promesse de bail qui n'a pas acquis date certaine antérieure au jour de l'expropriation pour cause d'utilité publique, n'est pas opposable à la ville qui exerce le droit d'expropriation et ne peut, dès lors, motiver une demande d'indemnité de la part du locataire. — Paris, 20 juill. 1858, Ville de Paris, [S. 58.2.559, P. 59.33] — Dans cette opinion, on admet toutefois qu'il suffit, pour que ce locataire ait droit à une indemnité, que son bail ait date certaine avant le jugement qui a prononcé l'expropriation : il n'est pas nécessaire que ce soit avant le décret qui a autorisé ladite expropriation, ni même avant l'arrêté préfectoral qui a déterminé les propriétés à exproprier. — Lyon, 7 août 1855, Ville de Lyon, [S. 55.2.637, P. 55.2.620, D. 56.2.102] — La raison en est que c'est le jugement d'expropriation qui dessaisit le propriétaire de sa propriété.

1023. — Mais il est aujourd'hui reconnu que le locataire ou fermier d'un immeuble exproprié pour cause d'utilité publique a droit à une indemnité, alors même que son bail n'a pas date certaine, lorsque d'ailleurs il résulte des circonstances de la cause que ce bail a été passé de bonne foi et sans fraude. — Cass., 17 avr. 1861, Louvat, [S. 61.1.497, P. 61.856, D. 61.1.145] — Paris, 3 mars 1843, cassé par l'arrêt du 2 févr. 1847, précité. — Lyon, 7 août 1855, précité. — Grenoble, 30 août 1856, Chem. de fer de Saint-Rambert, [S. 58.2.211, P. 58.426, D. 58.2.83] — Paillard de Villeneuve, *Gaz. des Trib.*, du 19 mai 1854; Cabantous, *Journ. du Pal.*, 1854.2.1; Sabatier, p. 335; Clamageran, *Rev. prat.*, t. 1, p. 80; de Peyrony et Delamarre, n. 525; Daffry de la Monnoye, t. 2, sur l'art. 55, n. 6; Crépon sur l'art. 55, n. 8. — Il paraîtrait, en effet, peu équitable de priver de toute indemnité les locataires qui auraient régulièrement loué quoique sans écrit. D'ailleurs, la loi ordonnant aujourd'hui l'enregistrement des locations verbales, il est donc facile d'en établir la régularité. — V. *suprà*, v° *Bail* (en général), n. 2660 et s.

1024. — Jugé, en ce sens, que l'exproprianl ne peut se dégager de toute indemnité envers le locataire dont le bail est verbal, en signifiant un congé à ce locataire, et en lui déclarant qu'il le laissera en jouissance jusqu'à l'expiration du temps fixé par l'usage des lieux. — Cass., 23 nov. 1880, Ville de Rouen, [S. 81.1.129, P. 81.1.280, D. 81.1.259] — Crépon, sur l'art. 14, n. 127.

1025. — L'expropriant est d'ailleurs en droit d'invoquer la clause d'un bail par laquelle le bailleur a stipulé qu'en cas d'expropriation, le bail serait résilié de plein droit, sans indemnité pour le locataire. En effet, l'expropriant est aux droits du propriétaire auquel il succède, il bénéficie donc des clauses du bail librement acceptées par le locataire. — Paris, 9 avr. 1842, Lachaux, [P. 42.1.479]; — 24 déc. 1859, Schelé, [S. 60.2.311, P. 60.1071, D. 60.5.156] — De Lalleau, Jousselin, Rendu et Périn, t. 1, n. 360; Daffry de la Monnoye, t. 2, sur l'art. 55, n. 7; Crépon, sur l'art. 55, n. 13. — *Contrà*, Rouen, 12 févr. 1847, Ogé, [S. 48.2.591, P. 49.1.37, D. 49.2.11] — Malapert et Prolat, n 437; de Peyrony et Delamarre, n. 528; Dufour, n. 150.

1026. — La clause, par laquelle le bailleur, sans prévoir le cas d'expropriation, stipule qu'en cas de vente de l'immeuble loué, le preneur n'aura droit à aucune indemnité de résiliation, est-elle applicable en cas d'expropriation? La question a été diversement résolue. La Cour de cassation, dans l'arrêt du 13 mars 1861 (Vélat, S. 61.1.301, P. 61.854, D. 61.1.396) a jugé que le locataire ayant stipulé qu'« en cas de vente ou d'échange, le bail sera résilié, sans que, pour cette résiliation, le bailleur puisse être tenu à aucune indemnité autre que celle déterminée au contrat, » ne peut, en cas d'expropriation, réclamer de l'expropriant une indemnité à fixer par le jury; il n'a droit qu'à l'indemnité stipulée. Il en est ainsi alors même qu'aux termes du contrat, la résiliation serait subordonnée à un congé qui devrait être donné par le bailleur, et que ce congé, au lieu d'être donné par le bailleur, l'aurait été par l'expropriant lui-même avant l'expropriation, si d'ailleurs il a été exécuté par le locataire qui en a ainsi admis la régularité. — Même arrêt. — Daffry de la Monnoye, t. 2, sur l'art. 55, n. 7 ; Crépon, sur l'art. 55, n. 14.

1027. — Dans l'espèce de cet arrêt, il s'agissait d'une cession amiable consentie par le propriétaire après le jugement d'expropriation; et on s'est fondé sur cette circonstance pour soutenir que la solution donnée par la Cour de cassation devait être restreinte au cas de cession amiable; mais, les termes de l'arrêt énonçant que « l'expropriation elle-même équivalait à la vente, dont le propriétaire s'était réservé la faculté, » résistent à cette interprétation. Il est vrai qu'il était constaté, dans l'affaire jugée par la Cour de cassation le 13 mars 1861, que c'était en vue de l'expropriation que la clause litigieuse avait été insérée dans le bail ; cette circonstance a pu exercer une sérieuse influence sur la solution donnée par la Cour suprême, puisqu'en déclarant la clause applicable en cas d'expropriation elle se conformait à l'intention des parties. Abstraction faite de cette circonstance, il a été jugé que la clause d'un bail, portant qu'en cas de vente, le locataire doit laisser les acquéreurs prendre possession de l'immeuble loué, sans avoir droit à aucune indemnité, ne s'applique pas au cas d'éviction du locataire par suite d'expropriation pour cause d'utilité publique, cette hypothèse n'étant pas entrée dans les prévisions des contractants; jugé en conséquence, que l'expropriant ne peut se fonder sur cette clause pour refuser au locataire une indemnité de dépossession. — Paris, 22 déc. 1891, Lacour, [S. et P. 92.2.134, D. 92.2.40] — En résumé, on peut dire qu'il y a là surtout une question d'interprétation dans l'intention des parties.

1028. — Si l'immeuble loué n'est exproprié que partiellement, le locataire a le choix d'opter entre une diminution de prix du loyer, ou la résiliation du bail ; c'est là un droit qui lui appartient et qu'il peut exercer sans qu'il soit soumis à l'acceptation du bailleur, sauf à celui-ci à contester, s'il y a lieu, l'application de l'art. 1722, C. civ. — Cass., 7 juill. 1847, Frémont, [S. 47.1. 385, P. 47.2.314, D. 47.1.205]; — 9 janv. 1889, Dupont, [S. 89. 1.105, P. 89.1.254, D. 89.1.9] — Crépon, sur l'art. 39, n. 4; Daffry de la Monnoye, t. 2, sur l'art. 39, n. 13 ; de Lalleau, Jousselin, Rendu et Périn, t. 1, n. 282, note. — V. *suprà*, v° *Bail* (en général), n. 811 et 812.

1029. — Si le propriétaire d'un immeuble, qui lui avait été donné à rente perpétuelle, en était exproprié en partie seulement, il ne pourrait être contraint au rachat de la rente entière, mais seulement d'une partie proportionnée à la partie du bien qui a été frappée d'expropriation ; il pourrait aussi offrir le placement de l'indemnité, pour servir de besoin de garantie supplémentaire au bailleur. Il en serait de même en cas de bail en culture perpétuelle ou à locatairie perpétuelle, et en cas de bail à rente colongère. — Delalleau, n. 447.

1030. — Jugé que lorsque le propriétaire d'un bâtiment dont partie est vouée à démolition pour cause d'utilité publique, usant de la faculté que lui en accorde la loi, a contraint l'État d'acquérir la totalité de l'immeuble, cette acquisition n'emporte pas nécessairement la résiliation des baux de la portion du bâtiment non nécessaire aux travaux publics : ces baux restent soumis aux règles ordinaires. Par suite, le locataire peut, à son choix, opter pour la continuation du bail (pourvu toutefois que les travaux ou réparations à faire par l'État pour rendre les lieux habitables ne soient pas trop dispendieux), ou pour la résiliation du bail (s'il se trouve privé d'une partie des lieux loués). Dans les deux hypothèses, indemnité est due au locataire à raison des dommages et pertes qu'il pourra éprouver. — Paris, 12 févr. 1833, Batton, [S. 33.2.606, P. chr.] — Duvergier, *Louage*, t. 1, n. 332.

1031. — Si, pendant le cours d'un bail emphytéotique, le fonds, et, par suite, les constructions élevées volontairement par le preneur sont l'objet d'une expropriation pour utilité publique, l'expropriation qui résout le bail ne donne pas, cependant, ouverture au droit de propriété réservé au bailleur sur les constructions existantes à la fin du bail, mais elle a pour effet de saisir les droits des parties dans leur consistance actuelle et de les convertir en une indemnité. — Cass., 22 juin 1885, Hospices de Roubaix, [S. 88.1.130, P. 88.1] — En conséquence, le bailleur ne peut recevoir que l'indemnité relative au fond, et non celle afférente aux constructions, laquelle appartient au preneur seul. — Même arrêt. — V. *suprà*, v° *Emphytéote*.

Section III.
Effets relativement aux actions en résolution, revendication, et à diverses autres actions.

1032. — Les actions en résolution, en revendication, et toutes autres actions réelles, ne peuvent arrêter l'expropriation ni en empêcher l'effet. Le droit des réclamants est transporté sur le prix et l'immeuble en demeure affranchi (L. 3 mai 1841, art. 18).

1033. — Les actions mixtes sont comprises dans les actions visées par l'art. 18, car ce sont des actions réelles; il en est ainsi des actions en partage, en licitation, en bornage, en réméré, etc. Parmi les actions réelles, on doit comprendre l'action en résolution de la vente, d'un précédent vendeur non payé, pour défaut de paiement du prix. L'action résolutoire pour défaut de paiement du prix n'étant pas sujette à inscription, le vendeur non payé peut, bien qu'il n'ait pas fait inscrire son privilège dans la quinzaine de la transcription, venir, on vertu de son action résolutoire, primer les créanciers inscrits (Duvergier, *Collect. des lois*, t. 33, p. 290). Mais cette action devra se produire comme les autres actions dans le délai imparti par l'art. 21. — De Lalleau, Jousselin, Rendu et Périn, t. 1, n. 284.

1034. — Conformément aux dispositions de l'art. 930, C. civ., l'action en réduction des libéralités qui excèdent la quotité disponible peut être exercée sur les immeubles cédés par les donataires et se trouvant dans les mains de tiers détenteurs. Ce droit, comme tous autres, est transporté sur le prix. — Trib. Seine, 29 janv. 1868, Lacoste, [*Gaz. des Trib.*, 2 févr. 1868] — Daffry de la Monnoye, t. 1, sur l'art. 18, n. 4.

1035. — Mais si les personnes visées par l'art. 18 ne se font pas connaître du délai prévu par l'art. 21, elles n'ont plus d'action contre l'exproprient. — Cass., 10 juill. 1880, Fénot, [P. 81.1.197, D. 84.5.355] — Daffry de la Monnoye, t. 1, sur l'art. 18, n. 1; Crépon, sur l'art. 18, n. 2 et 3; de Lalleau, Jousselin, Rendu et Périn, t. 1, n. 284. — Si toutefois l'indemnité n'a pas encore été payée au propriétaire, elles peuvent former opposition au paiement du prix. — Crépon, sur l'art. 18, n. 5.

1036. — Les tiers visés dans l'art. 18 conservent d'ailleurs leurs droits contre l'exproprié; ils peuvent l'actionner et poursuivre contre lui l'exécution de leurs droits; mais, on doit le reconnaître en cas, ces droits sont, par leur faute, dépouillés de toute garantie. — Crépon, sur l'art. 18, n. 4.

1037. — Il n'en est ainsi que s'il s'agit d'une véritable indemnité allouée conformément aux dispositions de la loi de 1841. La somme attribuée au propriétaire d'une maison démolie par ordre de l'autorité militaire en temps de guerre doit être considérée comme la réparation d'un dommage causé et n'a pas le caractère d'une indemnité d'expropriation alors d'ailleurs que l'Etat n'a acquis aucune partie de l'usine, le sol et les matériaux démolis étant restés au propriétaire. En conséquence la somme allouée appartient à tous les créanciers, sans distinction, et ne doit pas être attribuée par préférence aux créanciers ayant des privilèges ou des hypothèques sur l'immeuble. Peu importe que le règlement de l'indemnité ait été opéré par la juridiction civile. — Cass. 12 mars 1877, Cunningham, [S. 77.1.206, P. 77.519, D. 77.1.97] — Daffry de la Monnoye, t. 1, sur l'art. 18, n. 2; Crépon, sur l'art. 18, n. 6.

1038. — Le propriétaire actuel d'un immeuble frappé d'expropriation pour partie aurait intérêt, alors qu'il existe sur cet immeuble une hypothèque légale ou judiciaire du chef de son auteur, à poursuivre la radiation de l'inscription en tant qu'elle porte sur les parcelles expropriées; cela lui permettrait de toucher l'indemnité allouée; pour justifier sa demande, il pourrait établir que le surplus des immeubles est suffisant pour garantir la créance hypothécaire. Malgré cela il ne pourra obtenir cette réduction de l'hypothèque, car ce droit n'est pas accordé par l'art. 2161, C. civ. — Cass., 11 juill. 1870, Baune, [S. 70.1.353, P. 70.938, D. 71.1.90] — Daffry de la Monnoye, t. 1, p. 285.

1039. — L'expropriation a souvent pour effet d'empêcher l'exécution de conventions précédemment conclues; c'est alors un cas de force majeure qui résout ces conventions, sans qu'il y ait lieu à l'attribution de dommages-intérêts; il en est ainsi particulièrement quand un propriétaire a traité avec un entrepreneur pour la construction d'un édifice sur le terrain depuis atteint par l'expropriation; le traité est résilié sans que l'entrepreneur puisse réclamer des dommages-intérêts au propriétaire. — Pothier, *Tr. du louage*, n. 457; de Lalleau, Jousselin, Rendu et Périn, t. 1, p. 285.

Section IV.

Effets relativement aux créanciers.

§ 1. *Généralités.*

1040. — Le jugement doit être, immédiatement après l'accomplissement des formalités prescrites par l'art. 15 de la présente loi, transcrit au bureau de la conservation des hypothèques de l'arrondissement, conformément à l'art. 2181, C. civ. (L. 3 mai 1841, art. 16). Cet article n'est applicable qu'au jugement qui a prononcé l'expropriation sans le concours du propriétaire, et à celui qui, après la cession amiable, a donné acte du consentement intervenu. Quant à la convention amiable qui s'entend du cas où il y a accord et sur la cession et sur le prix, ce qui la concerne est réglé par l'art. 19 (Séance de la Chambre des pairs, 6 mai 1840).

1041. — La commission avait d'abord proposé de mettre au commencement de l'article ces mots : « en cas de purge des hypothèques. » Ces expressions indiquaient que la purge n'était pas nécessaire dans tous les cas. Mais dans le cours de la discussion, le rapporteur ayant proposé de les supprimer, le commissaire du roi s'y opposa vivement. Malgré sa résistance, la Chambre les supprima. Il résulte de ces rapprochements que toutes les fois qu'il y a eu jugement il y a lieu à la purge. On ne doit pas s'arrêter d'ailleurs à cette idée que le droit commun considère pour les particuliers la purge comme facultative. Persil a fait remarquer avec raison que les particuliers maîtres de leurs droits peuvent en négliger la conservation, tandis que ceux qui administrent les biens de l'Etat ne doivent point s'écarter des mesures de précaution prescrites par les lois. « L'administration a-t-il dit, a voulu, comme tous les citoyens, avoir le droit de payer sans purger; mais le ministre des Finances, défenseur de la caisse qui lui est confiée, ne l'a pas voulu; on l'avait toléré pour quelques sommes; la Cour des comptes s'est trouvée là, et la Cour des comptes, dans ses observations au roi, a invoqué le principe que j'énonçais tout à l'heure. » On est allé plus loin : le ministre des Finances ne voulant pas prendre sur lui-même la responsabilité d'une pareille décision, en a référé au Conseil d'Etat, et le comité des finances, en 1837, a décidé que la purge des hypothèques n'était pas facultative, mais obligatoire » (V. instr. rég. 1er août 1837; Ord. 14 sept. 1822, art. 15; Baudot, *Formalités hypoth.*, t. 2, n. 1120). Au demeurant, cette question ne peut avoir d'intérêt que pour l'administration. Relativement aux créanciers inscrits, il est certain, et personne ne se permet de le contester, que leurs droits pourront être exercés tant qu'ils n'auront pas été éteints par l'effet de la purge légale.

1042. — La transcription du jugement a pour but de lui donner la publicité, de la porter à la connaissance de tous, et d'impartir un délai dans lequel les créanciers privilégiés ou hypothécaires doivent se produire. D'après la loi du 23 mars 1855, l'effet des actes translatifs de propriété est subordonné à l'égard des tiers à la transcription, et l'acquéreur postérieur qui a fait transcrire est préféré à l'acquéreur antérieur qui a négligé de faire transcrire son titre. En matière d'expropriation, il n'en est point ainsi, le jugement d'expropriation transfère la propriété à l'exproprient *erga omnes* et un acquéreur postérieur à ce jugement qui aurait fait transcrire son acte ne saurait lui être préféré. — De Lalleau, Jousselin, Rendu et Périn, t. 1, n. 287; Crépon, sur l'art. 16, n. 1, 2 et 3; de Peyrony et Delamarre, n. 243.

1043. — De la transcription court le délai dans lequel les créanciers peuvent faire inscrire leurs privilèges ou hypothèques. Elle ne doit donc se produire qu'après l'accomplissement des formalités prescrites par l'art. 15 : formalités qui ont pour but d'avertir les intéressés et de les mettre en demeure de faire valoir leurs droits. Si la transcription se produisais plus tôt les créanciers ne seraient point avisés de l'expropriation, et pourraient se trouver déchus du droit de faire inscrire leurs privilèges ou hypothèques sans avoir connu l'expropriation (Circ. min. Trav. publ., 26 mars 1853; min. Int., 30 mars 1853). — De Lalleau, Jousselin, Rendu et Périn, t. 1, n. 290; Crépon, sur l'art. 16, n. 4; Daffry de la Monnoye, t. 1, sur l'art. 16, n. 1.

1044. — Nous avons vu (*suprà*, v° *Conservateur des hypothèques*, n. 477) que les conservateurs des hypothèques ne sont pas autorisés, lors de la transcription du jugement d'expropriation, à inscrire d'office le privilège du vendeur. — V. Crépon, sur l'art. 16, n. 5; de Lalleau, Jousselin, Rendu et Périn, t. 1, n. 289; Daffry de la Monnoye, t. 1, sur l'art. 16, n. 2.

1045. — Dans la quinzaine de la transcription, les privilèges et les hypothèques conventionnelles, judiciaires ou légales, seront inscrits (L. 3 mai 1841, art. 17, § 1). La loi de 1833 contenait de plus, après les privilèges et hypothèques conventionnelles, judiciaires et légales, les mots « antérieurs au jugement. » Mais il a été entendu, sur une explication de M. Dussolier, approuvée par le rapporteur, que ces mots antérieurs au jugement étaient supprimés comme inutiles.

1046. — A défaut d'inscription dans ce délai de quinzaine, l'immeuble exproprié est affranchi de tous privilèges et hypothèques de quelque nature qu'ils soient, sans préjudice des droits des femmes, mineurs et interdits, sur le montant de l'indemnité, tant qu'ils n'ont pas été payés ou que l'ordre n'a pas été réglé définitivement entre les créanciers (L. 3 mai 1841, art. 17, § 2). Dans la loi de 1833, ce paragraphe se terminait ainsi : « Sans préjudice du recours contre les maris, tuteurs ou autres administrateurs qui auraient dû requérir les inscriptions. » Ces mots ont été retranchés comme inutiles sur les observations de M. Lherbette.

1047. — Les créanciers inscrits n'ont dans aucun cas la faculté de surenchérir, mais ils peuvent exiger que l'indemnité soit fixée conformément au titre 4 (LL. 3 mai 1841, art. 17, § 3; 7 juill. 1833, même art.). La raison de cette disposition est simple. La surenchère a pour objet de faire passer l'immeuble des mains du premier acquéreur dans celles d'un autre, moyennant un prix plus élevé. Ici, l'acquéreur c'est le gouvernement; et il faut que l'immeuble reste entre ses mains. Seulement on peut exiger que le prix soit porté aussi haut qu'il doit l'être, et les créanciers qui ont intérêt à ce que réellement le prix soit le plus élevé possible ont le droit d'exiger que les garanties offertes par la loi soient observées (Duvergier, *Collect. des lois*, t. 33, p. 290). Les créanciers doivent d'ailleurs exercer ce droit dans le délai imparti par l'art. 21; ce point a été formellement reconnu dans la discussion. — Daffry de la Monnoye, t. 1, sur l'art. 17, n. 5; Crépon, sur l'art. 17, n. 6 et 7.

1048. — Les seuls privilèges et hypothèques qui puissent être régulièrement inscrits sont ceux antérieurs au jugement d'expropriation; après ce jugement aucun privilège ou hypothèque ne peut être consenti; par suite, si un créancier postérieur à ce jugement veut prendre inscription, le conservateur des hypothèques ne pourra s'y opposer, mais cette hypothèque ne sera pas opposable à l'exproprinat, alors même qu'elle aurait été inscrite avant la transcription du jugement; en effet, la loi du 3 mai 1841 attribue au jugement d'expropriation le pouvoir de fixer définitivement le droit des parties (V. *suprà*, n. 977). — De Peyrony et Delamarre, p. 184; Daffry de la Monnoye, t. 1, n. 3 et 4; de Lalleau, Jousselin, Rendu et Périn, t. 1, n. 292; Crépon, sur l'art. 17, n. 2. — *Contrà*, Mourlon, n. 88.

1049. — La faculté accordée par la loi de 1841 aux créanciers antérieurs au jugement, de prendre inscription dans les quinze jours qui suivent ce jugement, n'a-t-elle point été abrogée par la loi du 23 mars 1855, qui interdit aux créanciers antérieurs le droit de prendre inscription à partir de la transcription? On l'a pensé, en se fondant sur ce que la loi de 1855 forme aujourd'hui le droit commun et a abrogé toutes les lois antérieures qui lui étaient contraires. — De Lalleau, Jousselin, Rendu et Périn, t. 1, n. 292; Mourlon, n. 88; Flandin, n. 598 à 607.

1050. — Mais ce système n'a pas prévalu; en effet, la loi de 1841 a organisé un régime spécial, un tout complet, et l'on ne peut y être dérogé que par une loi spéciale. — De Peyrony et Delamarre, n. 248; Daffry de la Monnoye, t. 1, sur l'art. 17, n. 4; Troplong, n. 103; Bressoles, n. 34; Rivière et Huguet, n. 353; Ducruet, n. 8; Gauthier, n. 24; Crépon, sur l'art. 17, n. 4. — V. *infra*, v° *Hypothèque*, n. 2582.

1051. — La transcription d'un jugement portant expropriation pour cause d'utilité publique purge, après quinzaine, même les hypothèques légales. — Proudhon, *Domaine privé*, t. 2, n. 675 et s.; Crépon, sur l'art. 17, n. 1; Daffry de la Monnoye, t. 1, sur l'art. 17, n. 1; de Lalleau, Jousselin, Rendu et Périn, t. 1, n. 293. — Le rapporteur a dit à cet égard à la Chambre des députés : « La matière de l'expropriation pour cause d'utilité publique n'est pas une matière ordinaire; et si le propriétaire peut être contraint à céder une propriété que, dans toute autre circonstance, rien ne pourrait lui enlever, pourquoi de leur côté les hypothèques légales conserveraient-elles, au détriment de la chose publique, tous les privilèges? » (*Mon.*, 27 janv. 1833).

1052. — Les créanciers n'ont plus, par le seul fait de l'expropriation, de droits que sur l'indemnité. Cependant il a été jugé que l'expropriation pour cause d'utilité publique d'une portion de l'immeuble saisi ne doit pas suspendre le cours des poursuites ni arrêter l'adjudication. — Paris, 9 oct. 1839, Henry, [P. 39.2.572] — Cette solution est juste en ce sens que, en cas d'expropriation partielle d'un immeuble hypothéqué, les créanciers hypothécaires ont le droit de poursuivre l'adjudication de la portion de l'immeuble non comprise dans l'expropriation.

1053. — L'art. 17 déclare que : « à défaut d'inscription dans ce délai, l'immeuble exproprié sera affranchi de tous privilèges et hypothèques. » Ce sont là des expressions inexactes; c'est le jugement d'expropriation qui affranchit l'immeuble de tous privilèges et hypothèques; l'absence d'inscription confère seulement à l'expropriant le droit de régler l'indemnité à l'amiable, et de verser le prix à l'exproprié sans se préoccuper des créanciers; ceux-ci, bien que non inscrits, conservent toutefois le droit de faire opposition au paiement de l'indemnité; ils peuvent former une saisie-arrêt entre les mains de l'expropriant. — Crépon, n. 5; de Lalleau, Jousselin, Rendu et Périn, t. 1, n. 294; Gillon et Stourm, p. 741.

1054. — L'expropriation pour cause d'utilité publique a, vis-à-vis des créanciers inscrits sur l'immeuble, les effets d'une vente : l'indemnité constitue un véritable prix, qui doit leur être distribué selon les règles du droit commun; et le débiteur exproprié n'est pas admis, dans le but de maintenir les délais d'exigibilité des créances, à offrir une autre hypothèque en remplacement de celle qui frappait l'immeuble. — Paris, 13 févr. 1858, Gassion, [S. 58.2.169, P. 58.1.24, D. 58.2.170] — Daffry de la Monnoye, t. 1, sur l'art. 17, n. 7; de Lalleau, Jousselin, Rendu et Périn, t. 1, n. 294, note; Crépon, sur l'art. 17, n. 8.
— Les créanciers ne sont point tenus, en effet, à accepter un autre gage que celui qu'ils avaient choisi.

1055. — Du moment où le jugement d'expropriation pour cause d'utilité publique, ou l'acte de cession amiable qui en tient lieu, a été transcrit, les inscriptions hypothécaires frappant l'immeuble sont réputées avoir produit leur effet légal, et par suite se trouvent dispensées du renouvellement décennal. — Cass., 30 janv. 1865, Sicre, [S. 65.1.141, P. 65.302, D. 65.1.73] — De Lalleau, Jousselin, Rendu et Périn, t. 1, n. 294, note; Crépon, sur l'art. 17, n. 9; Daffry de la Monnoye, t. 1, sur l'art. 17, n. 8.
— C'est à l'expropriant, quand il paye, à rechercher si les hypothèques ont été inscrites dans le délai légal, et à ne payer qu'en tenant compte des droits des créanciers.

1056. — L'inscription de son hypothèque, dans les quinze jours qui suivent le jugement d'expropriation, suffit au créancier hypothécaire pour assurer son droit sur le prix de cession; le créancier n'est pas obligé de prendre part aux opérations qui accompagnent, d'après la loi, le règlement de l'indemnité, ni d'en provoquer la révision par le jury, lorsque le règlement est consenti amiablement. — Cass., 23 oct. 1888, Préfet des Vosges, [S. 89.1.87, P. 89.1.177, D. 88.1.461]

§ 2. *De la purge des privilèges et hypothèques et de l'extinction des actions réelles, à la suite de cession amiable.*

1° *De la purge des privilèges et hypothèques.*

1057. — Antérieurement à la loi de 1810 on pensait que le seul fait de l'entrée d'un fonds dans le domaine public suffisait pour purger les privilèges et hypothèques (Let. 23 juill. 1805, adressée par la direction générale des ponts et chaussées aux préfets). La loi du 3 mai 1841 a organisé un mode particulier de purge pour le cas où l'immeuble atteint par l'expropriation entre dans le domaine public, non par suite du jugement d'expropriation, mais en vertu d'une convention amiable. Il faut d'ailleurs reconnaître que le droit commun s'applique dans les cas où la loi de 1841 ne contient pas de dispositions spéciales. — De Lalleau, Jousselin, Rendu et Périn, t. 2, n. 724.

1058. — « Les règles posées dans les art. 16, 17 et 18, sont applicables dans le cas des conventions amiables passées entre l'administration et les propriétaires » (L. 3 mai 1841, art. 19, § 1). La loi du 7 juill. 1833 (art. 19) ne déclarait applicables aux conventions amiables passées entre l'administration et les propriétaires que les règles posées aux art. 17 et 18. « Cependant l'administration peut, sauf les droits des tiers, et sans accomplir les formalités ci-dessus tracées, payer le prix des acquisitions dont la valeur ne s'élèverait pas au-dessus de 500 fr. » (L. 3 mai 1841, art. 19, § 2). « Le défaut d'accomplissement des formalités de la purge des hypothèques n'empêche pas l'expropriation d'avoir son cours; sauf, pour les parties intéressées, à faire valoir leurs droits ultérieurement dans les formes déterminées par le titre 4 de la présente loi » (Même art. 19, § 3).

1059. — La question de savoir si les créanciers inscrits perdent, en cas de cession amiable, le droit d'exiger que le prix soit fixé par le jury a été discutée à la Chambre des pairs. Les paroles prononcées par le commissaire du roi et le Garde des sceaux lors du rejet de l'amendement à la Chambre des pairs sembleraient faire croire que les créanciers perdent ce droit. Le commissaire du roi a prétendu que la notification individuelle, en cas de vente amiable, n'était pas exigée par la loi de 1833 ; que cette loi regarde les conventions amiables comme définitives. Le Garde des sceaux a fait remarquer, de son côté, que les créanciers ne sont pas véritablement lésés. « Ils ne perdent qu'un droit, a-t-il dit, celui de surenchérir. Mais en pareille matière les prix sont toujours si largement, si loyalement fixés, que ce droit paraît sans objet. Je ne parle en ce moment que de l'Etat et nullement de compagnies. Pour les contrats passés avec l'administration, aucune fraude n'est à craindre, aucun concert n'est possible entre l'acheteur et le vendeur pour tromper les créanciers. Conséquemment, il n'y a pas à redouter que le prix soit établi de manière à préjudicier aux droits des créanciers. Quand nous discuterons les dispositions relatives aux compagnies, nous prouverons que par elles-mêmes la fraude n'est pas possible, parce qu'il est dans leur constitution des conditions qui empêchent qu'on puisse dissimuler le prix. En effet, elles sont obligées de rendre compte ; il faudrait donc qu'elles fissent des paiements réguliers qui ne pourraient pas être justifiés d'une façon probante, et dont par conséquent elles ne pourraient pas se faire rembourser. » Mais Persil, dans la même discussion, ne l'avait pas compris ainsi ; car il a dit : « Les créanciers conservent le droit de faire fixer l'estimation par le jury ; et dès que l'art. 23 n'a pas pour objet de rendre irrévocable la fixation du prix, je n'ai pas besoin de me préoccuper des intérêts des créanciers, puisque la loi y a pourvu. » Selon nous, M. Persil était dans le vrai. Il est possible que, même sans fraude, un propriétaire négligent ou peu éclairé accepte un prix inférieur à la valeur de l'immeuble ; quelle serait alors la position des créanciers, s'ils n'avaient pas le droit de requérir l'intervention du jury ? D'ailleurs, comment concilier avec la doctrine du commissaire du roi et du Garde des sceaux l'art. 19 et le dernier paragraphe de l'art. 17 ? (Duvergier, *Coll. des lois*, t. 41, p. 151). Il paraît donc certain, à raison du renvoi fait par l'art. 19 à l'art. 17, que les créanciers inscrits peuvent, en cas de cession amiable, exiger que le prix soit fixé par le jury.

1060. — Les créanciers ne peuvent surenchérir, mais ils sont en droit, disons-nous, d'exiger que le prix soit fixé par le jury ; le législateur n'a point indiqué en termes exprès dans quel délai doit se produire cette réquisition, d'ailleurs fort rare, car, le plus ordinairement, les propriétaires ne consentent à traiter à l'amiable qu'à un prix rémunérateur. Nous pensons que cette réquisition doit se produire dans le délai fixé par l'art. 21, délai dans lequel l'exproprant doit connaître tout ce qui peut s'opposer au paiement du prix. — De Lalleau, Jousselin, Rendu et Périn, t. 2, p. 736, 737 et 738.

1061. — L'extrait de la cession affiché doit contenir tous les renseignements nécessaires aux créanciers privilégiés ou hypothécaires, c'est-à-dire le nom du vendeur, la nature et la situation de l'immeuble vendu, le prix et les charges. Afin d'éviter les frais on peut réunir plusieurs contrats de cession amiable dans un même extrait et dans une même publication. — Crépon, sur l'art. 19, n. 4 et 5 ; de Lalleau, Jousselin, Rendu et Périn, t. 2, n. 727.

1062. — L'art. 19 ne vise que les conventions amiables passées après la déclaration d'utilité publique. Cela a été formellement déclaré par le Garde des sceaux, lors de la première discussion à la Chambre des pairs. La seconde commission de la Chambre des pairs a cru même devoir le dire expressément, mais cette disposition a été retranchée comme tout à fait superflue. Mais il s'applique dès que la cession amiable a lieu après l'acte déclaratif d'utilité publique, et alors même que les plans parcellaires n'ont point encore été déposés (*Monit.* du 8 mai 1840, p. 956 et 957 ; 3 mars 1841, p. 520 ; 24 avr. 1841, p. 1100). — De Peyrony et Delamarre, n. 257 ; Dufour, n. 44 ; Daffry de la Monnoye, t. 1, sur l'art. 19, n. 2 ; de Lalleau, Jousselin, Rendu et Périn, t. 2, n. 726 ; Crépon, sur l'art. 19, n. 11.

1063. — L'art. 19, se référant à l'art. 18, accorde un délai de quinzaine après la transcription du jugement, aux créanciers pour inscrire leurs privilèges ou hypothèques ; la loi du 23 mars 1855 fait cesser le droit d'inscription à la transcription de la vente ; mais nous avons dit (*suprà*, n. 1050), que cette loi laisse intacte la loi de 1841, qui a organisé un système complet auquel il n'a pas été dérogé. Dès lors, les conservateurs des hypothèques ne doivent délivrer les certificats d'inscription qu'après l'expiration du délai de quinzaine. — Instr. de l'administr. de l'enreg. du 13 nov. 1856, [*Instr. gén.*, n. 2086] — Cabantous, *Rev. crit.*, 1855, t. 7, p. 100 et 101 ; Dufour, t. 5, p. 377 ; Troplong, n. 374 ; Bressoles, *Recueil de l'acad. de législ. de Toulouse*, 1855, p. 349 ; Crépon, sur l'art. 19, n. 7 ; de Lalleau, Jousselin, Rendu et Périn, t. 2, n. 729. — V. *infrà*, v° *Hypothèque*, n. 2583 et 2584.

1064. — Le conservateur des hypothèques, le délai de quinzaine expiré, délivre un certificat constatant s'il existe ou non des inscriptions. Si ce certificat est négatif, l'exproprant est affranchi de tout recours de la part des créanciers et peut payer l'exproprié ; s'il mentionne des inscriptions, l'exproprant consignera son prix. — De Lalleau, Jousselin, Rendu et Périn, t. 2, n. 731 et 732.

1065. — Le conservateur des hypothèques mentionne sur le certificat les inscriptions prises sur le propriétaire exproprié, mais non celles qui grèvent l'immeuble du chef des propriétaires antérieurs ; l'exproprant n'en est pas moins libéré à leur égard. Celui-ci, en cas d'expropriation ordinaire, ne peut connaître les noms des propriétaires antérieurs ; dès lors, c'est aux créanciers de ces propriétaires à sauvegarder leurs droits ; l'acquisition par cession amiable a été assimilée à celle résultant du jugement d'expropriation ; il en résulte que l'exproprant n'est tenu de mentionner les propriétaires antérieurs quand il demande un certificat au conservateur. L'exproprant n'est tenu de faire aucune notification aux créanciers inscrits, du chef des précédents propriétaires ; ceux-ci se trouvent donc rangés dans le nombre des tiers intéressés qui sont tenus, pour conserver leurs droits, de se faire connaître dans le délai de l'art. 21. — De Lalleau, Jousselin, Rendu et Périn, t. 2, n. 733 et 734 ; Crépon, sur l'art. 19, n. 8 et 9.

1066. — Les créanciers qui ne sont point inscrits ou qui ne se sont point fait connaître ne sont point déchus de tout droit ; ils peuvent, avant le paiement de l'indemnité, former opposition à ce paiement, ce qui obligera l'exproprant à consigner le montant de l'indemnité qui sera ensuite distribuée entre les divers ayants-droit, conformément aux dispositions du droit commun, sans qu'il y ait lieu de distinguer entre les créanciers qui se sont fait connaître dans le délai de l'art. 21, et ceux qui ne l'auront point fait. En se faisant connaître, les créanciers sauvegardent leurs droits, mais n'acquièrent pas de privilège. — De Lalleau, Jousselin, Rendu et Périn, t. 2, n. 739.

1067. — D'après les dispositions de la loi du 7 juill. 1833, l'exproprant devait procéder à la purge des hypothèques et privilèges, quel que fût le peu d'importance du prix de la cession ; l'art. 19 déclare que l'exproprant peut s'en dispenser si le prix de cession n'excède pas 500 fr. ; si le prix est supérieur à ce chiffre l'administration expropriante doit toujours remplir les formalités prévues par l'art. 19 ; s'il est inférieur elle a la faculté de purger ou de ne pas purger ; si elle ne purge pas, elle le fait à ses risques et périls, et avec le danger de payer deux fois. C'est ainsi que l'exproprant qui a déjà payé, peut être condamné à consigner le prix de cession pour être ultérieurement attribué à qui de droit. — Cass., 23 oct. 1888, Préfet des Vosges, [S. 89.1.87, P. 89.1.177, D. 88.1.461] — De Lalleau, Jousselin, Rendu et Périn, t. 2, n. 740. — Crépon, sur l'art. 19, n. 15 et 16 ; Daffry de la Monnoye, t. 1, sur l'art. 19, n. 3 — V. *infrà*, n. 1071 et s.

1068. — L'administration expropriante ayant toujours de la difficulté à se renseigner sur la solvabilité du cédant, il semble qu'il vaudrait mieux toujours purger ; mais cette formalité entraîne des lenteurs, parce que la Caisse des dépôts et consignations ne reçoit le prix que s'il est accompagné d'un état de toutes les inscriptions, et que l'administration en purgeant à l'égard de toutes les parcelles même la plus minime demande aux conservateurs un travail considérable qui exige beaucoup de temps. — De Lalleau, Jousselin, Rendu et Périn, t. 2, n. 741 et 742.

1069. — Il n'y a pas lieu de s'arrêter aux frais que peut occasionner la purge, car l'Etat n'a à payer que les insertions dans les journaux, c'est-à-dire peu de chose ; en effet les extraits des contrats sont imprimés sur du papier visé pour timbre ; la publication et l'affiche, effectuées par les soins de l'autorité municipale, ont lieu sans frais ; aucun droit n'est dû pour la transcription des contrats ; enfin les certificats concernant les inscriptions sont délivrés gratis (Déc. min. Fin., 24 juill. 1837). — De Lalleau, Jousselin, Rendu et Périn, t. 2, n. 743.

1070. — Le décret du 14 juill. 1866, art. 1, porte : « Les maires des communes, autorisés, à cet effet, par délibérations des conseils municipaux, approuvées par le préfet, peuvent se dispenser de remplir les formalités de purge des hypothèques pour les acquisitions d'immeubles faites de gré et dont le prix n'excède pas 500 fr. » Un avis du Conseil d'État du 31 mars 1869 déclare que les communes, pour bénéficier de cette disposition, ne sont point tenues de produire un certificat d'inscriptions hypothécaires. — De Lalleau, Jousselin, Rendu et Périn, t. 2, n. 744, note; Daffry de la Monnoye, t. 1, sur l'art. 19, n. 5; Crépon, sur l'art. 19, n. 19 et 20.

1071. — Lorsque l'administration expropriante aura payé le prix au cédant sans purger, et qu'un créancier hypothécaire ou privilégié se présentera, quelle sera la situation ? D'après le droit commun l'administration devrait payer la créance ainsi garantie, ou délaisser. Il ne peut être question de délaisser, les terrains étant nécessaires aux travaux ; mais faudra-t-il payer l'intégralité de la créance ? Le rapporteur de la Chambre des pairs l'a pensé; il a dit à ce sujet : « Le Trésor court, en effet, le risque non seulement de solder deux fois le prix d'un même terrain, au propriétaire d'abord, au créancier ensuite, mais encore de payer à ce dernier le montant de la somme pour laquelle son hypothèque aurait été prise, somme qui peut être bien supérieure à la valeur du terrain acheté par l'État. Un propriétaire aura, par exemple, une hypothèque de 50,000 fr., sur son immeuble ; l'État prend une partie de cet immeuble, qu'il paie 500 fr. Le propriétaire vend le reste, et le nouvel acquéreur obtient la levée des inscriptions qui grèvent son acquisition ; l'hypothèque reste sur l'autre partie au détriment du Trésor, qui peut être ainsi appelé, faute d'accomplissement des formes à payer les 50,000 fr. dus au créancier » (*Monit.*, 11 avr. 1840, p. 677).

1072. — Malgré l'autorité qui s'attache aux paroles d'un rapporteur ce système ne saurait être accepté; l'administration expropriante ne saurait délaisser matériellement ; mais elle le peut fictivement en acquérant l'immeuble à nouveau avec toutes les formalités protectrices de la loi, c'est-à-dire avec la fixation de l'indemnité par le jury, indemnité qui sera à la disposition des créanciers. Ainsi donc, si elle n'a point purgé, et qu'elle soit sommée de payer ou de délaisser, elle procédera aux formalités de la purge conformément aux dispositions de l'art. 19; si dans le délai prescrit par l'art. 21, le créancier requiert la fixation du prix par le jury, elle procédera au règlement de l'indemnité conformément au droit commun en matière d'expropriation ; si cette réquisition ne se produit pas, elle consignera la somme portée dans le traité de cession, et elle en sera quitte pour payer deux fois. — Crépon, sur l'art. 19, n. 17; de Lalleau, Jousselin, Rendu et Périn, t. 2, n. 746.

1073. — La loi du 23 mars 1855 sur la transcription n'a point abrogé la dispense de purge pour les cessions amiables, contenue dans l'art. 19, L. 3 mars 1841, à l'égard des cessions dont le prix n'excède pas 500 fr. — Av. Cons. d'Ét., 31 mars 1869. — Crépon, sur l'art. 19, n. 18; Daffry de la Monnoye, t. 1, n. 4.

1074. — Si, par erreur, un immeuble, qui avait fait l'objet d'une cession amiable depuis l'acte déclaratif d'utilité publique, avait été compris dans le jugement d'expropriation, il ne serait pas nécessaire de notifier et de publier le jugement en ce qui concerne cet immeuble; il suffirait de procéder aux formalités de l'art. 19. — Daffry de la Monnoye, t. 1, sur l'art. 19, n. 6.

2° *De l'extinction des actions réelles.*

1075. — L'art. 19, L. 3 mai 1841, applique, en matière d'extinction des actions réelles, la règle posée dans l'art. 18 de la même loi. Il résulte de la combinaison de ces deux articles que par suite de la cession, consentie par le tiers détenteur, d'un immeuble à l'administration expropriante, le véritable propriétaire peut se trouver dépouillé, et que le prix est payé, il n'a de recours que contre le cédant qui peut être parfaitement insolvable. — De Lalleau, Jousselin, Rendu et Périn, t. 2, n. 747.

1076. — Foucart (t. 1, n. 648) estime que la déchéance résultant de l'art. 19 n'a lieu que si la cession amiable se produit après l'arrêté de cessibilité. « Les effets exceptionnels que la loi fait produire à la transmission de propriété, dit-il, quant aux tiers, étant la conséquence du principe d'utilité publique, nous croyons qu'il ne suffit pas, pour qu'ils existent, qu'une déclaration d'utilité publique ait été rendue, mais qu'il faut encore que l'immeuble dont la cession a lieu à l'amiable, ait été spécialement désigné par l'autorité administrative (art. 2, n. 3) ; s'il en était autrement, l'État pourrait, après une déclaration d'utilité publique, acquérir, sous prétexte de lui appliquer aux travaux, des biens dont l'acquisition devrait être régie par les règles ordinaires. La cession à l'amiable ne peut produire les effets de l'expropriation qu'autant qu'elle remplace le jugement et a été précédée des mêmes formalités ; par conséquent, les tiers intéressés auxquels l'État opposerait des déchéances résultant de la loi spéciale pourraient y échapper, s'ils prouvaient que l'immeuble n'a point été désigné par un arrêté du préfet, rendu conformément à l'art. 2, n. 3, lequel suppose l'accomplissement des formalités prescrites par le titre 2. »

1077. — Mais ce système plus favorable aux tiers se heurte à ce qui a été admis dans les travaux préparatoires, à savoir que la cession amiable peut se produire dès l'acte déclaratif d'utilité publique. D'ailleurs le droit des tiers est sauvegardé par la publicité donnée à la cession amiable conformément à l'art. 15. — De Lalleau, Jousselin, Rendu et Périn, t. 2, n. 748.

1078. — Lorsque la cession amiable a été régulièrement publiée, les intéressés qui ont des droits à faire valoir sur l'immeuble cédé doivent les faire connaître à l'administration dans le délai de l'art. 21; le véritable propriétaire ne pourra plus revendiquer la propriété, son droit est transporté sur le prix; la loi ne l'autorise pas formellement à demander que ce prix soit fixé par le jury ; mais ce droit lui appartient certainement, en effet, il est reconnu aux créanciers, il doit l'être, *à fortiori*, au véritable propriétaire, à l'égard duquel la cession amiable peut être à bas prix par un individu sans qualité, ne peut nuire. — De Lalleau, Jousselin, Rendu et Périn, t. 2, n. 750 et 751.

1079. — Si les intéressés n'ont pas requis, dans le délai de l'art. 21, le règlement de l'indemnité par le jury, ils devront se contenter du prix fixé dans le contrat; si, de plus, ils ne se sont pas fait connaître à l'expropriant, celui-ci pourra payer le cédant, et les intéressés n'auront pas de recours que contre ce dernier. Si d'ailleurs le prix n'est pas encore payé, les intéressés sont encore à temps pour former opposition au paiement. — De Lalleau, Jousselin, Rendu et Périn, t. 2, n. 752.

§ 3. *De la purge en ce qui concerne les expropriations particulières.*

1080. — En principe, la purge des privilèges et hypothèques s'effectue conformément aux art. 17, 18 et 19, quelles que soient la nature de l'expropriation et la qualité de l'expropriant; il en est ainsi spécialement en ce qui concerne les concessionnaires et les communes ; toutefois en ce qui concerne celles-ci, une circulaire du ministre de l'Intérieur du 30 avr. 1842 engage les préfets à dispenser les communes de purger les prix de cession amiable n'excédant pas 500 fr., sauf dans le cas où il y a un besoin urgent de prise de possession, où l'utilité de la purge est évidente. — De Lalleau, Jousselin, Rendu et Périn, t. 2, n. 930 et 931.

1081. — La loi du 30 mars 1830, art. 11, édictait des règles particulières en ce qui concerne la purge des privilèges et hypothèques concernant l'expropriation des terrains pour travaux militaires; mais ces règles ont été abrogées par l'art. 76, L. 3 mai 1841, qui étend l'application des art. 17, 18 et 19, L. 3 mai 1841, aux travaux militaires. Toutefois cet art. 2, par un renvoi à l'art. 26, L. 8 mars 1810, autorise le report des hypothèques sur d'autres immeubles. Cette disposition, qui n'a point été abrogée, demeure toujours en vigueur. — De Lalleau, Jousselin, Rendu et Périn, t. 2, n. 1054 et 1055.

1082. — Les expropriés, à l'expiration du délai accordé pour la purge des hypothèques et privilèges, peuvent toucher l'indemnité provisionnelle, sans attendre le règlement définitif, pourvu qu'il n'y ait pas d'hypothèques sur l'immeuble (L. 30 mars 1831, art. 11). Si, à ce moment, le propriétaire ne retire point l'indemnité provisionnelle, il n'a droit qu'aux intérêts payés par la Caisse des dépôts et consignations ; en effet l'administration est libérée quant à ce qu'elle a fait cette consignation qui équivaut à un paiement. — Trib. Lyon, 17 déc. 1845, [*Gaz. des Trib.*, 22 janv. 1846] — De Lalleau, Jousselin, Rendu et Périn, t. 2, n. 1056.

1083. — Le gouvernement s'était opposé au versement à l'exproprié de cette indemnité provisionnelle ; il demandait qu'elle demeurât consignée jusqu'au règlement définitif de l'indemnité par le jury ; mais il n'a point triomphé ; par suite, il court le risque de l'insolvabilité de ceux à qui il l'a versée ; en effet la consignation, parcela même qu'elle est obligatoire et forcée, de même que le paiement, ne contient pas un acquiescement de la part de l'exproprié, à la fixation faite par le tribunal ; si l'allocation faite par le jury est inférieure à celle du tribunal il a donc le droit de réclamer aux indemnitaires l'excédent qu'ils ont reçu ; c'est là qu'il peut se heurter à leur insolvabilité. Mais comme, d'après l'art. 11, l'indemnité provisionnelle n'est exigible qu'après trois mois à raison des formalités de purge, l'administration expropriante aura le temps, dans bien des cas, de faire fixer l'indemnité définitive dans ce délai. — De Lalleau, Jousselin, Rendu et Périn, t. 2, n. 1036.

CHAPITRE VII.

DE L'INDICATION DES DIVERS AYANTS-DROIT.

SECTION I.

De l'indication par le propriétaire.

§ 1. *Généralités.*

1084. — « Dans la huitaine qui suit la notification prescrite par l'art. 15, le propriétaire est tenu d'appeler et de faire connaître à l'administration les fermiers, locataires, ceux qui ont des droits d'usufruit, d'habitation ou d'usage, tels qu'ils sont réglés par le Code civil, et ceux qui peuvent réclamer des servitudes résultant des titres même du propriétaire ou d'autres actes dans lesquels il serait intervenu : sinon il restera seul chargé envers eux des indemnités que ces derniers pourront réclamer » (L. 3 mai 1841, art. 21 § 1). L'art. 21, L. 7 juill. 1833, contenait une semblable disposition, mais avec cette différence : « de se faire connaître au magistrat directeur du jury. »

1085. — On a demandé si la disposition s'appliquait au cas où la concession serait faite à une compagnie. Renouard a répondu : « J'entends par l'administration la partie expropriante. » Dans la loi on a toujours dit l'administration pour la partie expropriante (V. art. 633). — Duvergier, t. 41, p. 149. — En effet, dans tous les cas, il y a même raison et même motifs, pour que le propriétaire signale à l'expropriant ceux qui ont des droits sur l'immeuble ou pour que ceux-ci se fassent connaître.

1086. — L'administration expropriante ne pouvant connaître les personnes ayant des droits sur l'immeuble, c'est au propriétaire à les signaler à l'expropriant ; il doit lui indiquer notamment, à part les locataires et fermiers, ceux qui ont un droit d'emphytéose sur l'immeuble, ou un bail à vie, ou un bail à rente, à location perpétuelle, à colonage partiaire, à avenant du domaine congéable, ou tout autre droit analogue au droit d'usufruit et de bail. — De Lalleau, Jousselin, Rendu et Périn, t. 2, n. 394 et 392 ; Crépon, sur l'art. 19, n. 6.

1087. — Le propriétaire tenu d'indiquer à l'expropriant les ayants-droit, est le propriétaire inscrit à la matrice cadastrale, contre lequel l'expropriation a été poursuivie (V. *supra*, n. 290 et s.) ; peu importerait même qu'il eût vendu son immeuble avant le jugement d'expropriation, si cependant cette expropriation a été prononcée contre lui. — Cass., 29 déc. 1873, Hunnebelle, [S. 74.1.181, P. 74.430, D. 74.1.195] — Daffry de la Monnoye, sur l'art. 21, n. 1 ; Crépon, sur l'art. 21, n. 1 et 2 ; de Lalleau, Jousselin, Rendu et Périn, t. 2, n. 392, note.

1088. — Il en est ainsi alors même qu'il le propriétaire aurait vendu au concessionnaire lui-même, parce que c'est là une circonstance qui ne regarde que les intéressés, que c'est le concessionnaire devrait garantir le cédant contre les recours dirigés contre lui par les divers intéressés, parce que lui-même aurait dû, comme acquéreur, avancer ces derniers. — Cass., 29 déc. 1873, précité. — Toutefois, il appartient au juge du fait de rechercher quel est, au moment de l'expropriation, le véritable propriétaire, et par conséquent, celui qui par sa négligence doit rester tenu de l'indemnité réclamée. — Cass., 10 janv. 1865, Chemin de fer du Dauphiné, [S. 65.1.143, P. 65.305, D. 65.1.180] —

Il y a là une question de fait qu'il est du ressort des juges du fait d'examiner et de trancher. — Daffry de la Monnoye, *loc. cit.*; de Lalleau, Jousselin, Rendu et Périn, *loc. cit.*; Crépon, sur l'art. 21, n. 4.

1089. — L'obligation du propriétaire, qui entraîne pour lui une responsabilité grave, ne saurait être étendue ; il n'est tenu de faire connaître que les intéressés rentrant dans les catégories prévues par la loi ; ainsi le législateur ne l'obligeant à signaler que les usagers dont les droits d'usage sont régis par le Code civil, le propriétaire n'est pas tenu de faire connaître les communautés qui jouissent de droits d'usage dans les marais, les prés, les forêts. Cependant, d'après Gillon et Stourm (*Code des munic., Loi sur l'exprop.*, p. 89 et 94), et Duvergier (*Coll. des lois*, t. 33, p. 293), si le propriétaire ne les a pas indiquées et que son indemnité ait été fixée comme si sa propriété eût été libre, les usagers dépouillés auront un recours contre lui. Nous estimons que, bien que cette opinion repose sur des motifs puissants d'équité, les termes de l'art. 21 et le rapprochement de ses deux paragraphes sont trop formels pour qu'il soit possible de l'admettre. — V. rapp. de M. Martin (du Nord): *Mon.*, 1833, p. 211. — Peyrony et Delamarre, n. 281 ; Caudaveine et Théry, n. 202 ; Daffry de la Monnoye, t. 1, sur l'art, n. 2, n. 18 ; Crépon, sur l'art. 18, n. 7 ; de Lalleau, Jousselin, Rendu et Périn, t. 1, n. 393.

1090. — De même, lorsqu'il s'agit de servitudes, le propriétaire de l'immeuble exproprié n'est tenu de faire connaître que les servitudes résultant de ses titres ou d'autres actes dans lesquels il est intervenu ; on ne saurait, en effet, obliger le propriétaire à signaler des servitudes qui peut-être ignore. — Cass., 25 janv. 1859, Belle-Doazan [P. 60.1099, D. 59.1.407] ; — 8 déc. 1868, de Belloc, [S. 69.1.130, P. 69.297, D. 69.1.112] — Bordeaux, 5 mai 1882, Garrigon, [S. 82.2.181, P. 82.1.916] — De Lalleau, Jousselin, Rendu et Périn, t. 1, n. 394 ; Harson, n. 128 ; Daffry de la Monnoye, t. 1, n. 16 ; de Peyrony et Delamarre, n. 289 ; Arnaud, n. 40 ; Roquière, n. 94 ; Caudaveine et Théry, n. 195 ; Crépon, sur l'art. 21, n. 9 et s. — V. *infrà*, n. 1126 et s., 1138 et 1139.

1091. — Peu importe, d'ailleurs, que le propriétaire ait connu l'existence de la servitude, cette circonstance ne pouvant créer contre lui une obligation qui ne se rencontre, ni dans le texte, ni dans l'esprit de la loi. — Bordeaux, 5 mai 1882, précité. — Crépon, sur l'art. 21, n. 11 ; de Lalleau, Jousselin, Rendu et Périn, t. 1, n. 394, note.

1092. — Par suite, les ayants-droit à une servitude, soit comme la tenant d'un ancien propriétaire, soit comme l'ayant acquise par la prescription, doivent se faire connaître à l'expropriant dans le délai de l'art. 21 ; ce délai expiré, ils n'ont de recours à exercer contre qui que ce soit. — De Lalleau, Jousselin, Rendu et Périn, t. 1, n. 394.

1093. — Au reste, le propriétaire, tenu de faire connaître les servitudes résultant des titres mêmes de propriété, n'est pas dégagé de la responsabilité qui lui incombe par suite du défaut d'indication, si l'ayant-droit à la servitude est intervenu devant le jury, alors du moins que sa demande n'a pas été accueillie comme tardivement formée. — Cass., 24 avr. 1866, Vaudoré, [S. 66.1.303, P. 66.788] — De Lalleau, Jousselin, Rendu et Périn. — Dans ce cas, il est certain que le rejet de la demande de l'ayant-droit à la servitude est justement dû à la négligence du propriétaire.

1094. — L'obligation imposée au propriétaire de l'immeuble exproprié de dénoncer à l'expropriant, dans la huitaine de la notification du jugement d'expropriation, les locataires de cet immeuble, n'emporte pas celle de dénoncer aussi les sous-locataires. — Cass., 20 avr. 1859, Perraud, [S. 59.1.930, P. 59.784, D. 59.1.166] ; — 9 mars 1864, Bonetti, [S. 64.1.192, P. 64.660, D. 64.1.441] — Paris, 11 août 1862, Bonnetti, [P. 62.1078] — Angers, 14 juill. 1864, Turpin, [S. 04.2.298, P. 64.1109, D. 64.2.188] — De Peyrony et Delamarre, n. 286 ; Daffry de la Monnoye, t. 1, sur l'art. 21, n. 35 ; de Lalleau, Jousselin, Rendu et Périn, t. 1, n. 395, note ; Crépon, sur l'art. 21, n. 12. — Il n'existe aucun lien, en effet, entre le propriétaire et le sous-locataire, il peut ne point le connaître, et n'est pas tenu, en tout cas, à le signaler. L'obligation du propriétaire est remplie quand il a fait connaître le locataire principal. — Paris, 11 août 1862, précité. ; Angers, 14 juill. 1864, précité.

1095. — Le législateur n'a nulle part non plus imposé cette obligation au locataire principal, et l'on ne saurait suppléer à son silence. D'ailleurs, en fait, le sous-locataire ignorera rarement l'expropriation. Jugé, en ce sens, que la disposition de l'art. 21, L. 3 mai 1841, portant que le propriétaire d'un immeuble exproprié pour utilité publique, faute d'avoir fait connaître à l'administration les locataires de l'immeuble, dans la huitaine de la notification du jugement d'expropriation, restera seul chargé envers eux des indemnités que ces derniers pourront réclamer, n'est pas applicable au locataire principal dans ses rapports avec les sous-locataires : ceux-ci ne peuvent donc réclamer du locataire principal le paiement de l'indemnité à laquelle ils prétendent avoir droit, en se fondant sur ce que ce dernier n'aurait pas accompli la formalité dont il s'agit. — Cass., 20 avr. 1859, précitée. — Lyon, 12 mars 1857, Riveron, [S. 57.2.537, P. 58.392, D. 58.2.18]; — 26 mai 1857, Riveron, [Ibid.] — De Lalleau, Jousselin, Rendu et Périn, t. 1, n. 395, note; Daffry de la Monnoye, t. 1, sur l'art. 21, n. 35; Crépon, sur l'art. 21, n. 15.

1096. — Ce n'est que quand le locataire principal a reçu les offres de l'expropriant qu'il doit, dans les termes ordinaires du droit, lui dénoncer les sous-locataires et avertir ces derniers pour qu'ils aient à intervenir personnellement devant le jury et faire valoir leurs prétentions. — Cass., 20 avr. 1859, précitée. — L'offre faite par l'expropriant au locataire principal comprend tout le dommage afférent à la location ; partie de ce préjudice concerne les sous-locataires, il est donc juste que le locataire principal les prévienne de l'offre d'une indemnité qui s'applique à un dommage qu'ils supportent en fait. — Crépon, sur l'art. 21, n. 16.

1097. — Si le locataire principal a dénoncé les sous-locataires à l'expropriant, cette dénonciation a pour effet de conserver leurs droits : ils peuvent, dès lors, exercer leur action contre la partie expropriante, tant que les choses sont encore entières et jusqu'au règlement de l'indemnité pour la jouissance de l'immeuble exproprié. — Cass., 9 mars 1864, Bonetti, [S. 64.1.192, P. 64.660, D. 64.1.441]

1098. — Le locataire principal d'un immeuble exproprié pour utilité publique n'étant point tenu, dans les délais de l'art. 21, de dénoncer les sous-locataires à l'expropriant n'est pas responsable, suivant les principes du droit commun, envers ses sous-locataires, de l'indemnité qui peut leur être due à raison de l'expropriation : c'est à eux d'adresser personnellement leur demande à l'expropriant, dans le délai de huitaine à partir de la notification du jugement d'expropriation. — Lyon, 12 mars 1857, précité.

1099. — Lorsque les sous-locataires non dénoncés dans la huitaine ne se sont pas pourvus contre la décision du jury qui les déclarait non recevables à faire valoir leurs droits, le locataire principal n'est tenu de leur faire profiter de l'indemnité qui lui a été allouée qu'autant que cette indemnité comprend le dommage qu'ils ont éprouvé par le fait de leur dépossession. — Cass., 20 avr. 1859, Perraud, précité; — 20 avr. 1859, Riveron, précité. — De Peyrony et Delamarre, n. 286 ; de Lalleau, Jousselin, Rendu et Périn, t. 1, n. 395, note; Daffry de la Monnoye, t. 1, s ur l'art. 21, n. 35 — Le locataire principal, en effet, est seulement tenu de ne pas s'enrichir aux dépens du sous-locataire. — V. cependant Lyon, 26 mai 1857, précité.

1100. — Le principal locataire n'a pu conférer au sous-locataire plus de droit qu'il n'en a lui-même ; par suite s'il a concédé au sous-locataire une durée de bail plus étendue que celle du bail principal, le sous-locataire ne peut réclamer à l'expropriant une indemnité pour la portion de son bail qui excède la durée du bail principal; mais il peut, à ce titre, demander des dommages-intérêts à son bailleur, c'est-à-dire au locataire principal. — Paris, 23 juin 1871, Bailly de Surcy, [Gaz. des Trib., 7 juill. 1871] — De Lalleau, Jousselin, Rendu et Périn, t. 1, n. 391, note; Daffry de la Monnoye, t. 1, sur l'art. 21, n. 36 ; Crépon, sur l'art. 21, n. 17.

1101. — Les propriétaires ne sont point tenus de faire connaître leurs copropriétaires ; mais ils devront partager avec eux l'indemnité qu'ils ont touchée comme seuls propriétaires. — Trib. civ. Seine, 25 juin 1868, [Gaz. des Trib., 28 juin 1868] — Crépon, sur l'art. 21, n. 18 ; Daffry de la Monnoye, t. 1, sur l'art. 21, n. 40.

1102. — De même, si deux maisons sont tellement enchevêtrées, que la démolition de l'une entraîne forcément la destruction de quelques pièces de l'autre, le propriétaire de la maison atteinte par l'expropriation ne sera point tenu de dénoncer et faire connaître à l'expropriant le nom du propriétaire de la maison voisine; c'est là une obligation qui ne lui est pas imposée ; c'est au propriétaire de cette maison à veiller à la sauvegarde de ses droits. — Rouen, 11 avr. 1863, Dubosc, [Gaz. des Trib, 11 avr. 1863] — Daffry de la Monnoye, t. 1, sur l'art. 21, n. 10.

1103. — Un arrêt de la cour de Besançon, du 17 déc. 1881, Bourgeois, [S. 85.1 223, P. 85.1.533, sous Cass., 30 mars 1885, D. 82.2.234], a décidé que les cessionnaires d'un droit de pêche ne sont ni fermiers, ni locataires. ni usufruitiers, ni usagers, ni possesseurs d'une servitude; que, par suite, le propriétaire n'est pas tenu de les faire connaître, et qu'ils doivent eux-mêmes se faire connaître à l'expropriant (Crépon, sur l'art. 21, n. 19). Mais cet arrêt a été cassé et la Cour suprême a décidé que le contrat par lequel un propriétaire cède à un tiers tous les droits de cours d'eau, de pêche et autres, sur une rivière, non navigable ni flottable, constituant, non une vente, mais un bail, il s'ensuit que le propriétaire exproprié doit dénoncer à l'expropriant la personne à qui il a cédé le droit de pêche ou paiement de l'indemnité auquel celle-ci pouvait avoir droit. — Cass., 30 mars 1885, Bourgeois, [S. et P. Ibid., D. 85.1-348]

1104. — Au reste, l'obligation imposée au propriétaire par le § 1, art. 21, L. 3 mai 1841, cesse d'exister quand l'administration connaît certainement à l'avance les ayants-droit et leurs prétentions. — Cass., 16 mars 1897, Boucle de Saint-Anne de Chamalières, [S. et P. 97.1.360] — Paris, 21 mai 1890, Payard, [S. 91.2.197, P. 91.1.1059, D. 91.2.12] — De Lalleau, Jousselin, Rendu et Périn, t. 1, n. 408, note ; Crépon, sur l'art. 21, n. 27; Arnaud, n. 26. — Dès lors, faute par elle d'avoir fait des offres à ces ayants-droit, elle ne saurait être admise à se prévaloir contre eux de la déchéance édictée par l'art. 21, L. 3 mai 1841. — Paris, 21 mai 1890, précité, et sur pourvoi, Cass, 21 déc. 1891, [S. et P. 93.1.262, D. 92.4.543]

1105. — Spécialement, l'administration ne saurait opposer la déchéance au fermier d'un domaine partiellement exproprié, et faire déclarer non recevables son intervention devant le jury et sa demande d'une indemnité spéciale, lorsque ce fermier a été, dès avant le jugement d'expropriation, au cours des études préliminaires, en rapport avec les agents de l'administration ; lorsqu'il a, en cette même qualité, réclamé et obtenu des indemnités pour privation de jouissance et dégâts à ses récoltes ; lorsqu'il a, en cette qualité encore aussi bien comme mandataire de l'expropriant, comparu à l'enquête ; lorsqu'enfin, c'est à sa personne, en tant que fermier du domaine, qu'a été faite la notification au propriétaire du jugement d'expropriation. — Mêmes arrêts. — Il en est ainsi du moins alors qu'il n'est pas établi que, dans l'indemnité allouée par le jury au propriétaire ait été comprise celle pouvant revenir au fermier. — Paris, 21 mai 1890, précité. — Si, au contraire, elle s'y trouvait comprise, le fermier devrait demander au propriétaire de lui céder la part de son indemnité afférente à la jouissance.

1106. — Si l'expropriant qui a fait soit des notifications, soit des offres au locataire ou au fermier ne peut ensuite prétendre qu'il a ignoré ces derniers, on ne pourrait, du moins, lui opposer une connaissance du droit des intéressés qui ne reposerait que sur des allégations vagues.

1107. — Remarquons, d'autre part, qu'il suffit que le propriétaire fasse connaître les fermiers et autres ayants-droit, à l'expropriant ; il n'est point nécessaire qu'il leur notifie un acte pour les appeler dans la procédure d'expropriation ; cet appel entraînerait des frais frustratoires puisque dès que les intéressés sont connus de l'expropriant, celui-ci doit leur notifier des offres. — Cass., 5 févr. 1840, Charnay, [S. 40.1.162, P. 40.1.307] — De Peyrony et Delamarre, n. 282 ; Daffry de la Monnoye, t. 1, sur l'art. 21, n. 5 ; de Lalleau, Jousselin, Rendu et Périn, t. 1, n. 395 ; Crépon, sur l'art. 21, n. 21. — Contrà, Gillou et Stourm, p. 85 et 86.

1108. — L'avis que le propriétaire doit donner n'est assujetti à aucune forme spéciale, la plus sûre sera certainement la notification par acte extrajudiciaire parce qu'elle ne pourra être contestée; mais une simple lettre missive dont l'existence est reconnue ou est établie suffit au propriétaire pour remplir l'obligation qui lui incombe. — Cass., 18 juin 1868, Lacarrière, [S.69.1.37, P.69.58, D. 66.1.326]— De Lalleau, Jousselin, Rendu et Périn, t. 1, n. 397; Daffry de la Monnoye, t. 1, sur l'art. 21, n. 4; Crépon, sur l'art. 21, n. 23.

1109. — Mais lorsqu'un locataire n'a été mis en cause ni par son intervention personnelle, ni par le propriétaire, et qu'il n'a été précisé en sa faveur aucun chiffre d'indemnité, le jury n'a aucune indemnité à fixer relativement à ce locataire. Peu importe que le propriétaire eût, en termes généraux, réservé tous les droits et actions du locataire. — Cass., 19 mars 1849, Leveau, [S. 49.1.371, P. 49.2.232, D. 50.5.221] — De Peyrony et Delamarre, n. 285; Daffry de la Monnoye, t. 1, sur l'art. 21, n. 6; Crépon, sur l'art. 21, n. 24; de Lalleau, Jousselin, Rendu et Périn, loc. cit.

1110. — De même, la remise par le propriétaire de ses titres de propriété à l'exproprié, ne suffit pas, alors même que ces titres mentionnent une servitude, pour lui signaler l'existence de cette servitude. — Trib. civ. Seine, 25 juin 1868, [Gaz. des Trib., 28 juin 1868] — De Lalleau, Jousselin, Rendu et Périn, loc. cit.; Crépon, sur l'art. 21, n. 25; Daffry de la Monnoye, t. 1, sur l'art. 21, n. 12. — L'expropriant n'est point tenu, en effet, d'étudier les titres du propriétaire, et de rechercher, s'ils ne signalent point une servitude dont il a pu depuis disparaître. Le propriétaire doit lui désigner d'une façon absolument précise les personnes qu'il a mission de lui faire connaître.

§ 2. Délai de la dénonciation.

1111. — Le délai de huitaine pendant lequel les parties intéressées, notamment les sous-locataires, sont tenues de se faire connaître à l'expropriant, sous peine de déchéance du droit à indemnité, ne court qu'à partir de la notification du jugement d'expropriation au propriétaire; il ne court pas à partir de l'avertissement publié et affiché conformément à l'art. 6, L. 3 mai 1841. — Cass., 9 mars 1864, Bonnetti, [S. 64.1.192, P. 64.660, D. 64.1.441] — De Peyrony et Delamarre, n. 288; de Lalleau, Jousselin, Rendu et Périn, t. 1, n. 414, note; Cotelle, t. 2, n. 600; Dufour, n. 73; Daffry de la Monnoye, t. 1, sur l'art. 21, n. 24; Crépon, sur l'art. 21, n. 27 bis.

1112. — Le délai de huitaine peut se produire, au plus tard le huitième jour après celui de la notification du jugement d'expropriation. — Cass., 10 août 1841, Préfet de l'Oise, [S. 41.1.692, P. 41.2.376] — C'est en ce sens, qu'il faut interpréter les mots huitaine franche qui se trouvent dans un arrêt du 12 janv. 1842 (Mérillon, [S. 52.1.470, P. 42.2.17]); ces mots pris à la lettre donneraient, aux termes de l'art. 21, une extension qui ne serait point juridique. — Daffry de la Monnoye, t. 1, sur l'art. 21, n. 3; de Lalleau, Jousselin, Rendu et Périn, t. 1, n. 398; Crépon, sur l'art. 21, n. 28 et 29.

1113. — Ce délai de huitaine est fatal et non pas seulement comminatoire. — Cass., 12 janv. 1842, précité. — L'expropriant est donc en droit de considérer comme non avenus les dénonciations et avis qui lui parviendraient après l'expiration de ce délai. — Daffry de la Monnoye, t. 1, sur l'art. 21, n. 2; Crépon, sur l'art. 21, n. 30; de Lalleau, Jousselin, Rendu et Périn, loc. cit.

§ 3. Effets de la dénonciation ou du défaut de dénonciation.

1114. — L'acte par lequel le propriétaire exproprié dénonce à l'expropriant les fermiers et locataires, et autres personnes ayant des droits sur l'immeuble, constitue un acquiescement de sa part au jugement d'expropriation, alors du moins qu'il a eu lieu sans réserves; c'est en effet une exécution de ce jugement. — Daffry de la Monnoye, t. 1, sur l'art. 21, n. 8; Crépon, sur l'art. 21, n. 31.

1115. — La dénonciation dont il s'agit a pour conséquence de séparer complètement les intérêts des propriétaires de ceux des autres ayants-droit; le propriétaire n'encourt désormais aucune responsabilité à cause d'eux. — Cass. 21 août 1877, Jacquier, [S. 77.1.452, P. 77.1.123, D. 80.5.192]; — 14 mars 1882, Pelon, [S. 82.1.430, P. 82.1.1056] — De Lalleau, Jousselin, Rendu et Périn, t. 1, n. 403; Daffry de la Monnoye, t. 1, sur l'art. 21, n. 7; Crépon, sur l'art. 21, n. 42.

1116. — Par suite, le propriétaire exproprié d'un fonds donné à bail, qui seul a demandé une indemnité et à qui il en a été accordé, n'est pas fondé à attaquer la décision du jury sous prétexte qu'aucune indemnité n'aurait été allouée à son fermier, qui n'a pas réclamé et au nom duquel personne n'a réclamé. — Cass., 27 mars 1843, Thinières, [S. 43.1.439, P. 43.1.635]; — 26 avr. 1843, Mournan, [S. 43.1.620, P. 43.2.209, D. 43.1.206] — Daffry de la Monnoye, t. 1, sur l'art. 21, n. 7; Crépon, sur l'art. 21, n. 43; de Lalleau, Jousselin, Rendu et Périn, t. 1, n. 403, note. — En effet cette circonstance ne le touche point puisqu'il n'a aucun recours à craindre de la part du locataire ou fermier.

1117. — Jugé encore que le propriétaire, qui a, en temps utile, fait connaître à l'expropriant le nom de ses locataires ou fermiers, est sans intérêt, et, par suite, sans qualité, pour se plaindre de ce qu'aucune indemnité ne leur ait été accordée. — Cass., 14 mars 1882, précité. — Crépon, sur l'art. 21, n. 44; de Lalleau, Jousselin, Rendu et Périn, loc. cit.

1118. — De même, le propriétaire exproprié qui, devant le jury, a demandé et obtenu acte de sa déclaration d'avoir désigné ses fermiers à l'administration, que celle-ci ne les a pas mis en cause, et aussi de ses réserves et protestations contre la responsabilité éventuellement établi que des conclusions signées au nom de la partie par l'avoué chez lequel elle avait fait élection sur lui, à raison de la non-comparution de ces derniers et du défaut de liquidation de l'indemnité à laquelle ils ont droit, n'est pas recevable à se plaindre de ce que le magistrat directeur, en l'absence de toute conclusion à cet égard, n'a pas prononcé d'office la nullité de la procédure ou ordonné le sursis jusqu'à ce qu'elle fût régularisée. — Cass., 22 juill. 1830, Achardy, [S. 51.1.57, P. 50.2.140, D. 50.1.280] — De Lalleau, Jousselin, Rendu et Périn, t. 1, n. 403, note.

1119. — D'un autre côté, l'ayant-droit qui a comparu et conclu devant le jury est non recevable à se faire un moyen de cassation de ce qu'il n'aurait pas été mis en cause et appelé devant le jury, bien qu'il se fût fait connaître à l'administration dans le délai légal. — Cass., 29 nov. 1853, Bienaymé, [S. 55.1.135, P. 55.1.427, D. 54.1.377] — Et, dans ce cas, le fait de la comparution est suffisamment établi que des conclusions signées au nom de la partie par l'avoué chez lequel elle avait fait élection de domicile, bien que ces conclusions ne se trouvent pas relatées dans le procès-verbal et dans la décision du jury, si d'ailleurs elles ont été annexées au procès-verbal et qu'elles ne soient pas contestées. — Même arrêt.

1120. — Le propriétaire, dénoncé à l'expropriant le locataire principal, conserve le droit des sous-locataires, bien qu'il ne les mentionne pas; dès lors, l'expropriant ne pourra leur opposer aucune déchéance; en effet, l'expropriant est averti qu'il doit une indemnité pour la totalité de la jouissance comprise dans la location principale; peu lui importe que la demande d'indemnité soit formée par le locataire principal ou les sous-locataires; ces derniers peuvent donc se faire connaître jusqu'au dernier moment. — Cass., 9 mars 1864, Bonnetti, [S. 64.1.192, P. 64.660, D. 64.1.141] — De Lalleau, Jousselin, Rendu et Périn, t. 1, n. 404; Crépon, sur l'art. 21, n. 32 et s. — V. aussi Daffry de la Monnoye, t. 1, sur l'art. 21, n. 35.

1121. — Le propriétaire qui n'a point dénoncé les locataires et autres ayants-droit demeure responsable envers eux de l'indemnité qu'ils auraient pu réclamer; il y a, en effet, faute de sa part, et manquement à une obligation qui lui est imposée; en outre il a touché une indemnité pleine et entière comme s'il avait la jouissance complète de l'immeuble, et cette jouissance est partagée entre divers. Il est à remarquer que le propriétaire qui n'habite pas sur les lieux notifie la notification du jugement d'expropriation chez ses locataires et fermiers, et que si ceux-ci ne la lui transmettent pas, il ignorera cette notification; il n'en sera pas moins responsable envers tous les intéressés dénommés en l'art. 21, du défaut de dénonciation à l'expropriant. C'est là une situation fâcheuse, mais qui ne peut être évitée; le propriétaire aura bien un recours contre les locataires ou fermiers négligents, mais ce recours sera illusoire si ceux-ci sont insolvables (Monit., 23 janv. 1833, p. 210). — De Lalleau, Jousselin, Rendu et Périn, t. 1, n. 401.

1122. — Les ayants-droit, qui doivent être indiqués par le propriétaire et qui ne sont point intervenus dans les délais légaux, sont sans droit pour réclamer une indemnité à l'expropriant. En conséquence, c'est avec raison la décision du jury qui, dans ce cas, a accueilli, malgré l'opposition formelle de l'expropriant, la demande en indemnité formée par un locataire. — Cass., 19 août 1856, Chem. de fer de Lyon, [S. 59.1.272, P. 58.614, D. 56.1.367]; — 11 janv. 1863, Ville de Bordeaux, [S. 65.1.240, P. 65.563] — De Peyrony et Delamarre, n. 284. — En pareil cas, le locataire n'a qu'un recours contre le propriétaire, s'il n'a point fait connaître ainsi qu'il le devait.

1123. — Le propriétaire qui n'a ni fait connaître ni appelé, dans le délai fixé par l'art. 21, L. 3 mai 1841, le fermier des lieux expropriés, pour le mettre à même de demander une indemnité, n'est pas recevable à former lui-même devant le jury une demande en indemnité dans l'intérêt de son fermier. — Cass., 17 juill. 1844, Chion, [S. 45.1.234, P. 45.1.455] — Crépon, sur l'art. 21, n. 41 et 45. — La raison en est que l'exproprant est dégagé à leur égard ; mais alors le propriétaire est en droit de demander une indemnité pour la propriété entière, non diminuée par le droit du locataire, fermier ou autre, que l'expropriant ne connaît pas.

1124. — Les locataires qui n'ont pas été dénoncés à l'expropriant sont sans qualité pour demander la convocation du jury, à défaut par l'expropriant de poursuivre le règlement de l'indemnité dans les six mois du jugement d'expropriation. Il n'existe en effet aucun lien juridique entre eux et l'expropriant. — Cass., 8 juill. 1879, Villedieu, [S. 80.1.86, P. 80.176, D. 79.1.396]

1125. — Si, par une convention dérogatoire aux règles posées par la loi du 3 mai 1841, l'obligation de se faire connaître à l'expropriant avait été mise à la charge du locataire, cette convention devrait produire effet, et le propriétaire serait dégagé de toute responsabilité envers son locataire, bien qu'il ne l'ait pas fait connaître, et alors même que son intervention aurait été à tort repoussée ; cette circonstance ne saurait, en effet, constituer une faute à l'encontre du propriétaire. — Paris, 21 mars 1861, Canal, [*Gaz. des Trib.*, 3 avr. 1861] — Daffry de la Monnoye, t. 1, sur l'art. 21, n. 13.

1126. — Nous avons dit que le propriétaire doit faire connaître les ayants-droit à des servitudes résultant des titres dans lesquels il a été partie (V. *supra*, n. 1084). Ce n'est pas à dire qu'il soit toujours responsable envers eux du défaut de dénonciation. Il est possible en effet que les actes ou servitudes dont la servitude soient anciens, qu'elle ne soit pas exercée, etc., et que le silence du propriétaire ne soit point le fruit de la mauvaise loi. Il serait injuste dans un tel cas de le punir d'une ignorance très-excusable, surtout si l'ayant-droit à la servitude a connu les poursuites en expropriation (V. *Monit.*, 1833, p. 304 et 1294). — Duvergier, t. 33, p. 293. — Avant de prononcer une condamnation et d'en fixer le montant, les tribunaux ont toujours à rechercher si une faute a été commise, et, en cas d'affirmative, quelles en ont été les conséquences préjudiciables.

1127. — Dans le cas où un particulier, après avoir provoqué l'expropriation pour cause d'utilité publique d'un immeuble lui appartenant, a néanmoins omis de dénoncer à l'expropriant des servitudes grevant cet immeuble, un arrêt peut valablement, d'une part, condamner le propriétaire à une indemnité envers l'ayant-droit aux servitudes qui se trouvent éteintes, et, de l'autre, accueillir le recours en garantie du propriétaire contre un tiers auquel il avait vendu l'immeuble avant l'expropriation. — Cass., 29 déc. 1873, Hunnebelle, [S. 74.1.181, P. 74.430, D. 74.1.495] — Daffry de la Monnoye, t. 1, sur l'art. 21, n. 1.

1128. — C'est aux tribunaux ordinaires, et non au jury d'expropriation qu'il appartient de statuer sur les contestations élevées entre le propriétaire de l'immeuble exproprié et un voisin, à propos de servitudes grevant cet immeuble et non dénoncées en temps utile à l'administration. — Même arrêt. — Crépon, sur l'art. 21, n. 46 ; Daffry de la Monnoye, t. 1, sur l'art. 21, n. 14. — En effet les contestations de cette nature n'ont pas pour objet la fixation d'une indemnité d'expropriation, et dès lors, le jury ne peut en connaître.

1129. — C'est également à l'autorité judiciaire qu'il appartient de rechercher si la déchéance prévue par l'art. 21, L. 3 mai 1841, a été encourue, et de décider si elle peut être opposée aux divers ayants-droit. — Trib. des comptes, 16 déc. 1856, d'Espagnet, [S. 51.2.300, P. adm. chr., D. 61.3.31] — De Lalleau, Jousselin, Rendu et Périn, t. 1, n. 407.

Section II.
Du droit des intéressés de se faire connaître.

§ 1. *Quelles personnes ont la qualité d'intéressés.*

1130. — « Les autres intéressés sont en demeure de faire valoir leurs droits par l'avertissement énoncé en l'art. 6, et tenus de se faire connaître à l'administration dans le même délai de huitaine ; à défaut de quoi ils sont déchus de tous droits à l'indemnité » (L. 3 mai 1841, art. 21, § 2). L'art. 21, L. 7 juill. 1833, contenait la même disposition avec cette différence : « Se faire connaître au magistrat directeur du jury. »

1131. — Tout d'abord, parmi les intéressés qui peuvent se faire connaître, conformément au deuxième paragraphe de l'art. 21, il faut ranger tous ceux que le propriétaire doit lui-même dénoncer à l'expropriant (V. *supra*, n. 1084) ; ils ne sont pas liés par l'inaction du propriétaire et peuvent, par eux-mêmes, sauvegarder leurs droits (*Monit.*, 6 févr. 1833, p. 301). — Cass., 27 mars 1843, Thinières, [S. 43.1.439, P. 43.1.635] ; — 16 août 1852, Foix-Vandelle, [S. 53.1.16, P. 33.2.380, D. 52.1.295] ; — 17 juin 1868, Lacarrière, [S. 69.1.37, P. 69.1.58, D. 68.1.226] — Caudaveine et Thiry, n. 197 ; Arnaud, n. 34 ; Daffry de la Monnoye, t. 1, sur l'art. 21, n. 9 ; de Lalleau, Jousselin, Rendu et Périn, t. 1, n. 395 ; Crépon, sur l'art. 21, n. 47.

1132. — On doit ranger parmi les intéressés ceux qui se prétendent propriétaires de l'immeuble exproprié ; leur droit est évident, et s'ils ne se présentaient pas dans le délai imparti, ils perdraient tout droit à réclamer une indemnité ; si leur droit est contesté, ce point constituera un litige sur le fond du droit, qui obligera à la fixation d'une indemnité hypothétique. — Cass., 6 déc. 1842, Vaissier, [S. 43.1.66, P. 42.2.749] ; — 5 févr. 1845, L'Etat, [S. 45.1.217, P. 45.1.218, D. 45.1.152] ; — 15 juin 1858, Pallix, [P. 58.1.23, D. 58.1.324] ; — 15 mars 1865, Delaix, [D. 65.3.185] ; — 17 juin 1868, Lacarrière, [D. 68.1.326] — Daffry de la Monnoye, t. 1, sur l'art. 21, n. 15 ; de Lalleau, Jousselin, Rendu et Périn, t. 1, n. 410 ; Crépon, sur l'art. 21, n. 48.

1133. — Il en est ainsi particulièrement de celui qui prétend qu'il y a eu une erreur dans l'indication du prénom de l'un des copropriétaires, et que c'est lui qui est le véritable copropriétaire que l'on a voulu désigner. — Cass., 27 janv. 1869, Andrac, [S. 69.1.385, P. 69.946, D. 69.1.244] — Crépon, sur l'art. 21, n. 49 ; Daffry de la Monnoye, t. 1, sur l'art. 21, n. 15 ; de Lalleau, Jousselin, Rendu et Périn, t. 1, n. 410.

1134. — Sont également intéressés tous ceux qui ont à exercer des actions prévues par l'art. 18, L. 3 mai 1841, c'est-à-dire des actions réelles, des actions en résolution, en revendication, les preneurs à domaine congéable, les emphytéotes, etc. — Cass., 10 juill. 1850, Préfet de la Seine, [P. 51.1.197, D. 54.5.355] — De Lalleau, Jousselin, Rendu et Périn, t. 1, n. 410 et 412 ; Daffry de la Monnoye, t. 1, sur l'art. 21, n. 15 ; Crépon, sur l'art. 21, n. 50. — V. *supra*, n. 1032 et s.

1135. — Les créanciers inscrits n'étaient pas compris par la loi de 1833 parmi les tiers intéressés en droit de se faire connaître. Il n'en est plus ainsi. Devant la Chambre des députés, le rapporteur de la loi de 1841, Dufaure, a dit : « Nous avons pensé avec le projet qu'il y avait là une simplification importante à introduire dans la loi. Comme tous les autres intéressés, les créanciers inscrits seront en demeure, par l'avertissement collectif énoncé dans l'art. 6, d'intervenir, s'ils le jugent convenable, devant le magistrat directeur du jury » — *Mon.*, 20 juin 1840, suppl. B, et 11 avr. 1841 (rapport de M. Daru à la Chambre des pairs). — Depuis, on a admis que l'intervention devait être signifiée à l'administration. — De Peyrony et Delamarre, n. 291 ; Arnaud, n. 43 ; de Lalleau, Jousselin, Rendu et Périn, t. 1, n. 411 ; Crépon, sur l'art. 21, n. 51. — *Contrà*, Gaud, n. 28.

1136. — Les créanciers bénéficiaires d'une hypothèque légale peuvent, quoique non inscrits, se faire connaître comme les autres créanciers hypothécaires ; leur droit est le même, leur situation doit être égale ; ce droit, ils pourraient l'exercer quand bien même l'effet de l'hypothèque ne serait pas produit au jour de l'expropriation ; ils n'ont pas moins créanciers hypothécaires primant les autres créanciers hypothécaires qui leur sont postérieurs. — Arnaud, n. 45 ; Crépon, sur l'art. 21, n. 52.

1137. — Les créanciers chirographaires eux-mêmes peuvent se faire connaître à l'expropriant ; comme les créanciers inscrits V. *infra*, v° *Hypothèque*, n. 3521 et 3522) ; ils peuvent demander que leur débiteur ne se défende mal, et ne demande pas une indemnité assez élevée ; ils peuvent donc intervenir, car eux aussi sont des intéressés. — Arnaud, n. 45 ; Crépon, sur l'art. 21, n. 53.

1138. — Nous avons dit que les propriétaires ne sont point tenus de dénoncer à l'expropriant les tiers qui peuvent réclamer des servitudes dérivant de titres autres que leurs propres titres, ou d'actes dans lesquels ils ne sont pas intervenus (V. *supra*, n. 1090) ; ces tiers n'ont qu'un droit, celui de se faire connaître eux-mêmes à l'expropriant dans les délais de l'art. 21. — De

Lalleau, Jousselin, Rendu et Périn, t. 1, n. 410; Crépon, sur l'art. 21, n. 54.

1139. — Si le bénéficiaire d'une telle servitude ne se fait pas connaître à l'expropriant dans le délai qui lui est imparti, il n'a de recours ni contre l'expropriant, ni contre le propriétaire. — Cass., 8 déc. 1868, de Belloc, [S. 69.1.130, P. 69.297, D. 69.1.112] — De Peyrony et Delamarre, n. 281; Arnaud, n. 41; Roquière, n. 97; Daffry de la Monnoye, loc. cit.; de Lalleau, Jousselin, Rendu et Périn, t. 1, n. 416; Crépon, sur l'art. 21, n. 53. — *Contrà*, Oaud, n. 291. — V. *suprà*, n. 1126.

1140. — Il a été jugé qu'on doit encore considérer comme intéressés : les propriétaires riverains d'une rue, dont le sol a été partiellement exproprié pour l'établissement d'un chemin de fer, et qui a été ainsi rétrécie. — Cons. d'Et., 14 févr. 1861, Chemin de fer du Midi, [P. adm. chr., D. 61.3.65] — On peut dire, en effet, que ces propriétaires sont gênés dans l'exercice de leur droit de passage. — Daffry de la Monnoye, t. 1, sur l'art. 21, n. 17; Crépon, sur l'art. 21, n. 56.

1141. — Néanmoins, il nous paraît y avoir là plutôt un dommage résultant de l'exécution de travaux publics, dont l'appréciation appartient aux tribunaux administratifs. Il a été jugé, en ce sens, que le propriétaire d'un immeuble non atteint par l'expropriation ne peut prétendre intervenir sous prétexte que l'établissement d'un chemin de fer intercepte une partie de la rue qui donne accès à sa propriété; c'est là un simple dommage résultant de l'exécution des travaux, de la compétence du conseil de préfecture. — Cass., 21 avr. 1856, Frain, [P. 56.2.352, D. 56.1.158] — Daffry de la Monnoye, t. 1, sur l'art. 21, n. 23; Crépon, sur l'art. 21, n. 62; de Lalleau, Jousselin, Rendu et Périn, t. 1, n. 410, note.

1142. — Les usagers des terrains communaux, que le propriétaire, nous l'avons dit, n'est point tenu de dénoncer l'exproprinnt (V. *suprà*, n. 1089). — De Peyrony et Delamarre, n. 281; Arnaud, n. 23; Caudaveine et Théry, n. 195; Daffry de la Monnoye, t. 1, sur l'art. 21, n. 18; de Lalleau, Jousselin, Rendu et Périn, t. 1, n. 393; Crépon, sur l'art. 21, n. 57. — *Contrà*, Duvergier, *Coll.*, 1833, p. 293, Foucart, t. 1, n. 553. — V. *suprà*, n. 1316.

1143. — Les sous-locataires ont le même droit. — Cass., 9 mars 1864, Bonetti, [S. 64.1.192, P. 64.660, D. 64.1.147] — Daffry de la Monnoye, t. 1, sur l'art. 21, n. 35; Crépon, sur l'art. 21, n. 33 et 58. — V. *suprà*, n. 1096 et s.

1144. — Il faut en dire autant des personnes qui ont dans un théâtre des entrées personnelles, viagères, ou pour un temps déterminé; celles qui ont droit à une loge ont une sorte de droit de location. — V. cependant, Daffry de la Monnoye, t. 1, sur l'art. 21, n. 20.

1145. — ... De la compagnie du gaz à laquelle le propriétaire de la maison expropriée a conféré le droit d'établir une colonne montante; elle a, en effet, un droit sur l'immeuble, dont elle est privée par l'expropriation. — Trib. Seine, 29 nov. 1882, [*Gaz. Pal.*,83.1.114] — De Lalleau, Jousselin, Rendu et Périn, t. 1, n. 410, note.

1146. — Pour que les tiers intéressés soient autorisés à agir, il faut qu'ils soient privés d'un droit, et non pas seulement d'un simple avantage, même appréciable, en argent. Ainsi, le locataire d'un immeuble non exproprié ne peut être considéré comme un tiers intéressé, alors même qu'il alléguerait qu'il est privé, par suite de l'expropriation, d'un jour de souffrance; il n'a pu, en effet, compter sur ce jour qu'il était exposé, à tout instant, à voir intercepté. — Cass., 24 févr. 1864, Morin, [D. 64.1.150]; — 12 mai 1868, Arvin-Bérot, [D. 64.1.320] — Paris, 22 avr. 1872, [*Gaz. des Trib.* 25 avril] — Daffry de la Monnoye, t. 1, sur l'art. 21, n. 23 et 39; de Lalleau, Jousselin, Rendu et Périn, t. 1, n. 410, note; Crépon, sur l'art. 21, n. 61 et 63.

1147. — Il est évident que le droit d'agir appartient qu'à ceux dont les parcelles sont atteintes par l'expropriation. Par exemple, un locataire principal a une location portant à la fois sur un immeuble exproprié et sur un immeuble non exproprié; s'il obtient une indemnité à raison de la résolution de son bail; s'il a un sous-locataire dont le bail ne porte que sur la partie non expropriée, celui-ci n'est point un tiers intéressé. — Cass., 15 juin 1868, Bassat, [D. 68.1.323] — Trib. Seine, 24 févr. 1872, [*Gaz. des Trib.*, 7 mars] — Daffry de la Monnoye, loc. cit.; de Lalleau, Jousselin, Rendu et Périn, loc. cit.; Crépon, loc. cit.

1148. — N'est point non plus un intéressé le bénéficiaire d'une servitude qui disparaît à la suite de l'expropriation, alors que celle-ci n'atteint ni le fonds dominant ni le fonds servant. —

Cass., 26 avr. 1865, Préfet du Calvados, [S. 65.1.210, P. 65.512, D. 65.1.166]; — 17 janv. 1868, Hurlixe, [S. 68.1.213, P. 68.516, D. 68.1.114] — Trib. des conll., 16 déc. 1850, d'Espagnet, [S. 51. 2.300, P. adm. chr., D. 51.3.21] — De Lalleau, Jousselin, Rendu et Périn, t. 1, n. 410, note; Crépon, sur l'art. 21, n. 64; Daffry de la Monnoye, t. 1, sur l'art. 21, n. 37 et 38. — *Contrà*, Cass., 2 févr. 1859, Chemin de fer de Lyon, [S. 60.1.267, P. 59.669, D. 59.1.262]

1149. — Le gérant d'une société en commandite d'immeubles, qui éprouve un préjudice à raison de la dissolution de la société, n'est pas un tiers intéressé au sens de l'art. 21; il n'a, aucun droit sur l'immeuble, et la dissolution de la société n'est qu'une conséquence indirecte de l'expropriation; il n'a donc point qualité pour intervenir devant le jury à raison d'un préjudice personnel; il ne pourrait se présenter que comme créancier de la société. — Cass., 16 déc. 1862, Vesin, [S. 63.1.319, P. 63.911, D. 63.1.319] — De Lalleau, Jousselin, Rendu et Périn, t. 1, n. 410, note; Crépon, sur l'art. 21, n. 65.

1150. — Les personnes envers lesquelles le propriétaire d'une carrière expropriée s'est engagé à livrer des glaises, des marnes, des plâtres, des pierres se trouvant dans cette carrière, ne sont pas davantage des tiers intéressés, par cette raison qu'elles n'ont point non plus de droit sur l'immeuble; le propriétaire de l'immeuble exproprié a pris vis-à-vis d'eux des engagements qu'il ne peut plus tenir; s'ils peuvent pouvoir lui réclamer des dommages-intérêts, ils l'actionneront devant les tribunaux civils. — Trib. Seine, 10 août 1864, Ville de Paris, [*Gaz. des Trib.*, du 13] — Daffry de la Monnoye, t. 1, sur l'art. 21, n. 22. — La rupture du contrat constitue elle-même un cas de force majeure qui, ainsi que nous l'avons vu, ne motive pas, en principe, l'allocation de dommages-intérêts.

1151. — Un propriétaire, en vendant sa maison, s'est réservé le prix de la mitoyenneté d'un mur dans le cas où son acquéreur vendrait lui-même la maison, le droit qu'il s'est réservé constitue un droit purement mobilier, une créance; par suite, si la maison ainsi vendue est expropriée, le propriétaire primitif ne devra point être considéré comme un intéressé et n'aura pas qualité pour intervenir. — Paris, 3 mars 1866, [*Gaz. des Trib.*, 15 mars 1866] — Daffry de la Monnoye, t. 1, sur l'art. 21, n. 11.

§ 2. *Délai et forme dans lesquels les intéressés doivent se faire connaître.*

1152. — C'est dans la huitaine qui suit la notification du jugement au propriétaire que les intéressés doivent se faire connaître; l'expropriant pour justifier la déchéance qu'il oppose aux intéressés, faute par eux d'être intervenus dans le délai de la loi, doit donc produire la notification du jugement au propriétaire. — Cass., 9 mars 1864, Bonnetti, [S. 64.1.192, P. 64.660, D. 64.4.441] — De Peyrony et Delamarre, n. 288; Cotelle, n. 600; Gabriel Dufour, n. 73; Daffry de la Monnoye, t. 1, n. 24; de Lalleau, Jousselin, Rendu et Périn, t. 1, n. 414; Crépon, sur l'art. 21, n. 66 et 67.

1153. — Mais remarquons qu'il n'y a aucun motif pour obliger les intéressés à attendre la notification du jugement au propriétaire pour se faire connaître; ils peuvent se présenter plus tôt, pourvu que leur intervention soit certaine et ne prête pas au doute ni à l'hésitation. — Cass., 8 déc. 1812, Vaissier, [S. 43.1.66, P. 42.2.749] — De Lalleau, Jousselin, Rendu et Périn, t. 1, n. 415; Crépon, sur l'art. 21, n. 70.

1154. — En tout cas, il est nécessaire que les parties intéressées spécifient la nature de leur prétention, afin de mettre l'expropriant à même de faire les offres prescrites par la loi; une simple protestation, lors de l'enquête administrative, contre le dommage devant résulter de l'expropriation ne suffirait pas. Ainsi, la protestation faite par un particulier, dans cette enquête administrative, contre la suppression d'un chemin servant à l'exploitation de sa propriété, ne satisfait pas à la prescription de l'art. 21 de la loi de 1841, lorsque ce particulier ne fait pas d'ailleurs ainsi son opposition n'est fondée que sur ce que c'est comme s'opposant en principe à la direction proposée de la voie ferrée, et comme prétendant à ce que le chemin qu'elle devait supprimer un droit de copropriété ou de servitude. Dès lors, il est déchu de tout droit à indemnité, faute par lui d'avoir précisé sa prétention dans le délai prescrit par ledit art. 21. — Cass., 2 janv.

1867, Chem. de fer de Lyon, [S. 67.1.260, P. 67.654, D. 67.1. 124] — Daffry de la Monnoye, t. 1, sur l'art. 21, n. 31 ; Crépon, sur l'art. 21, n. 7.

1155. — L'autorité judiciaire peut seule prononcer la déchéance résultant de l'inobservation des délais de l'art. 21; par suite, le conseil de préfecture incompétemment saisi d'une demande en indemnité formée par un intéressé après l'expiration du délai de l'art. 21. ne pourrait la déclarer irrecevable comme présentée hors des délais de la loi; il devrait la renvoyer devant les tribunaux compétents. — Cons. d'Et., 13 janv. 1859, Chemin de fer de l'Est, [S. 59.2.270, P. adm. chr., D. 59.1.176] — Daffry de la Monnoye, t. 1, sur l'art. 21, n. 33 ; de Lalleau, Jousselin, Rendu et Périn, t. 1, n. 416, note; Crépon, sur l'art. 21, n. 76.

1156. — L'expropriant est libre d'ailleurs de ne point opposer la déchéance; par suite, s'il admet sans protestation devant le jury un intéressé qui ne s'est point fait connaître dans le délai de la loi, la déchéance est couverte. — Cass., 28 juill. 1879, Préfet de la Lozère, [S. 81.1.377, P. 81.1.900, D. 79.1.81] — Lyon, 4 févr. 1858, [Monit. judic. de Lyon, 2 mars] — De Lalleau, Jousselin, Rendu et Périn, t. 1, n. 416, note; Crépon, sur l'art. 21, n. 77.

1157. — Dans quelle forme les intéressés doivent-ils se faire connaître à l'administration? Le rapporteur de la Chambre des députés a dit à cet égard : « L'art. 57 pourvoit à cette difficulté. Cet article a dit que toutes significations et notifications qui doivent être faites aux termes de la présente loi le seront soit par huissier, soit par tous autres agents de l'administration dont les actes font foi en justice. Il me semble qu'il est inutile, chaque fois que nous parlons d'appel ou de notifications, de dire dans quelles formes, puisqu'il existe une disposition générale » (Monit., 6 févr. 1833, p. 301). — V. suprà, n. 952 et s.

1158. — Cette opinion, malgré l'appui que lui prêtent les paroles du rapporteur, n'a pas prévalu; la loi n'impose pas ces formes spéciales; aussi admet-on dans la pratique la dénonciation par lettre adressée au préfet, au sous-préfet, à l'ingénieur chargé des travaux; il est certain que si l'on veut conserver la preuve de la dénonciation mieux vaut la faire par huissier; toute forme est donc admise pourvu que la dénonciation soit certaine, claire, précise, qu'elle fasse bien connaître la prétention et celui qui l'émet. — De Lalleau, Jousselin, Rendu et Périn, t. 1, n. 413 ; Daffry de la Monnoye, t. 1, sur l'art. 21, n. 30 et s.

1159. — Jugé, en ce sens, que l'art. 21, L. 3 mai 1841, prescrivant aux intéressés de se faire connaître à l'administration expropriante, à peine de déchéance, ne soumet cette manifestation à aucune forme spéciale, et, s'il accorde un dernier délai à partir de la notification prescrite par l'art. 15, il ne les assujettit pas à renouveler dans ce délai une révélation antérieure. — Cass., 21 déc 1891, Préfet de l'Aube, [S. et P. 93.1.262, D. 92. 1.543] — Il en est ainsi surtout alors que, devant le jury, l'emprise ayant été augmentée d'un commun accord entre le propriétaire et l'expropriant, la dépossession du fermier a été étendue à des parcelles à l'égard desquelles aucune des formalités légales n'avait été accomplie, et aucune déchéance n'avait pu être encourue. — Même arrêt.

§ 3. Effets de la réclamation ou du silence des intéressés.

1160. — La dénonciation, par le propriétaire, d'un intéressé qui ne rentre point dans la catégorie de ceux qu'il est obligé de faire connaître a pour effet de conserver son droit vis-à-vis de l'administration expropriante tout comme si celui-ci s'était fait connaître lui-même, et d'obliger l'expropriant à lui faire des offres. — Cass., 17 juin 1868, Lacarrière, [D. 68.1.326] — Crépon, sur l'art. 21, n. 69; Daffry de la Monnoye, t. 1, n. 32.

1161. — Lorsqu'un fermier que le propriétaire n'a point dénommé à l'expropriant, et qui ne s'est pas fait connaître, prétend que l'administration aurait dû lui faire des offres parce qu'elle le connaissait, et que, en tout cas, elle ne peut repousser son intervention devant le jury, le magistrat ne peut statuer sur sa demande si elle est contestée par l'expropriant; cette demande consiste un litige sur le fond du droit, qui oblige le jury à fixer une indemnité hypothétique. — Cass., 17 juin 1883, Payard, [S. 84.1.35, P. 84.1.57] — Crépon, sur l'art. 21, n. 72.

— C'est en effet aux tribunaux civils à examiner si l'action du fermier est ou non recevable.

1162. — Si les intéressés, que le propriétaire n'est pas tenu de dénoncer ne se sont point fait connaître dans le délai de la loi, ils ne sauraient être admis à intervenir devant le jury, à moins que le propriétaire ne les eût signalés à l'expropriant. — Cass., 10 août 1841, Raimbault, [S. 41.1.692, P. 41.2.376] ; — 17 juill. 1844, Chion, [S. 45.1.234, P. 45.1.455] ; — 24 nov. 1846, Préfet du Gard, [P. 46.2.639] ; — 19 août 1866, Chemin de fer de Lyon, [S. 59.1.272, P. 58.614, D. 56.1.367] ; — 23 déc. 1863, Chemins de fer d'Orléans, [D. 64.5.149] ; — 11 janv. 1865, Ville de Bordeaux, [S. 65.1.210, P. 65. 363, D. 65.5.182] ; — 10 janv. 1883, Gallo, [S. 84.1.380, P. 84.1.961, D. 83.1.460] — Crépon, sur l'art. 21, n. 74.

1163. — L'intéressé qui s'est fait connaître ou qui a été dénoncé à l'expropriant par le propriétaire doit recevoir des offres de la part de l'expropriant et doit être appelé par lui devant le jury; si néanmoins il n'en a pas reçu et n'a pas été convoqué devant le jury, il ne peut se faire un moyen de cassation de cette irrégularité, alors qu'il a comparu devant le jury, et qu'il a discuté l'indemnité à laquelle il prétend, pour peu que cette comparution soit établie par les conclusions de son avoué. — Cass., 29 nov. 1853, Bieuaymé, [S. 55.1.135, P. 55.1.427, D. 55.1.133] — Crépon, sur l'art. 21, n. 79 et 80; de Lalleau, Jousselin, Rendu et Périn, t. 1, n. 415 bis, note.

1164. — Lorsqu'un chemin figurant au plan cadastral sans numéro et sans indication spéciale a été compris dans une expropriation comme appartenant au domaine public, les personnes qui se prétendent propriétaires du sol de ce chemin ne peuvent, après les délais de l'art. 21, intervenir pour réclamer une indemnité; en effet, du moment qu'aucun nom de propriétaire n'était inscrit à la matrice cadastrale, l'expropriant n'avait point à rechercher s'il existait en réalité des propriétaires; c'était à ceux-ci à réclamer dans les délais de l'art. 21 ; s'ils ne l'ont pas fait, ils sont forclos. — Cass., 14 avr. 1874, Chem. de fer de Lyon, [D. 74.1.488] — Daffry de la Monnoye, t. 1, sur l'art. 21, n. 26.

1165. — Il a été jugé que dans le cas d'expropriation d'un chemin d'exploitation appartenant aux riverains, on ne peut opposer à ceux des copropriétaires qui n'ont figuré ni dans l'arrêté de cessibilité, ni dans le jugement d'expropriation, la déchéance édictée par l'art. 21, L. 3 mai 1841, contre les parties intéressées qui ne se sont pas fait connaître dans le délai de huitaine fixé par cet article, surtout si la partie expropriante a pris possession du chemin comme étant un chemin public et communal. Dès lors, ces copropriétaires sont recevables à faire valoir leurs droits, même après la prise de possession et l'incorporation du sol au chemin de fer. Mais, dans ce cas, il ne saurait appartenir au tribunal d'ordonner le rétablissement des lieux dans leur premier état; il ne peut que reconnaître le droit de propriété des réclamants et les renvoyer devant le jury d'expropriation pour le règlement de l'indemnité qui leur est due. — Limoges, 2 juill. 1862, Taurissoud, [S. 63.2.35, P. 63.679] — Mais il est à remarquer, que dans l'espèce, il n'y avait point eu expropriation, mais occupation d'un terrain, ce qui permettait au propriétaire d'agir; s'il y avait eu expropriation régulière, le propriétaire, ou copropriétaire, non appelé par l'administration, et non intervenant dans le délai de l'art. 21, aurait perdu le droit d'agir contre elle. — V. cependant, Crépon, sur l'art. 21, n. 80 et s.

1166. — Les intéressés compris dans l'énumération de l'art. 21 n'ont qu'un intérêt et qu'un droit : recevoir des offres ; ils ne peuvent exiger la signification du jugement d'expropriation. — Cass., 27 janv. 1869, Tollemache, [S. 69.1.385, P. 69.946, D. 69.1.244] — Daffry de la Monnoye, t. 1, sur l'art. 21, n. 27; Crépon, sur l'art. 21, n. 83.

1167. — Lorsque les prescriptions de l'art. 21, §§ 1 et 2, ont été observées, c'est le jury qui doit régler l'indemnité à laquelle les intéressés peuvent prétendre ; le conseil de préfecture n'a aucune compétence à cet égard, non pas seulement en ce qui touche la suite directe d'une expropriation et de la dépossession qu'elle entraîne. — Cons. d'Et., 18 août 1849, Mouth, [S. 50.2.58, P. adm. chr., D. 50.3.5] ; — 19 janv. 1850, de Nouvellet, [S. 50.2.302, P. adm. chr., D. 51.3.7] ; — 29 mars 1851, Chevalier, [P. adm.chr.] — Dufour, t. 5, p. 323; Daffry de la Monnoye, t. 1, n. 42 et s.; Crépon, sur l'art. 21, n. 88.

1168. — Si le droit de propriété est contesté, si les droits des divers intéressés sont prétendus inexistants, il y a là des prétentions que le magistrat directeur ou le jury ne peuvent trancher; ces contestations constituent un litige sur le fond du droit, qui doit être renvoyé devant les tribunaux civils, pendant que le jury alloue une indemnité hypothétique. — Cass., 13 juin 1899, Testu, [S. et P. 1900.1.48] — Crépon, sur l'art. 21, n. 89.

1169. — L'art. 21 ne déclare pas que la déchéance a été édictée au profit de l'Etat seul, et il est de l'intérêt de tous que l'exproprié ne soit pas actionné après l'expropriation ; celle-ci terminée tout doit être fini ; le texte de l'art. 21 est général ; donc les délais impartis par lui étant expirés, tout recours contre le propriétaire disparaît, s'il a dénoncé les fermiers et autres ayants-droit qu'il doit faire connaître à l'expropriant. — De Lalleau, Jousselin, Rendu et Périn, t. 1, n. 416.

1170. — Il y a lieu de combiner l'art. 21, L. 3 mai 1841, avec l'art. 18 de la même loi (*suprà*, n. 1032). Les intéressés dont parle l'art. 18 peuvent former opposition au paiement de l'indemnité et obliger ainsi l'expropriant à la consigner ; le propriétaire se représente devant le jury, et ils ont à faire déclarer quel est leur droit sur cette indemnité. Tous les intéressés qui n'ont pas droit à une indemnité distincte peuvent donc discuter avec le propriétaire les droits qu'ils prétendent sur l'indemnité qui lui a été allouée. — De Lalleau, Jousselin, Rendu et Périn, t. 1, n. 416.

1171. — Jugé, par suite, que la décision du jury fixant l'indemnité d'expropriation laisse entière la question de propriété de l'immeuble exproprié, et ne fait pas obstacle à ce que cette question soit jugée ultérieurement, même au profit de la partie expropriante. Dans ce dernier cas, après avoir reconnu le droit de cette partie et pour en fixer la valeur, les juges peuvent se reporter à l'indemnité déjà fixée par le jury, en apprécier les divers éléments d'après les documents et circonstances de la cause, et y prendre les bases de leur évaluation. — Cass., 14 mai 1867, Prémilieux, [S. 67.1.360, P. 67.971, D. 67.1.199] — Ainsi donc, quand l'indemnité a été réglée comme si le propriétaire avait la pleine jouissance, ceux qui ne se sont pas fait connaître en temps utile peuvent réclamer au propriétaire la part d'indemnité correspondant à leur part de jouissance. — Crépon, sur l'art. 21, n. 75.

1172. — M. Gaud (p. 28) pense que les créanciers inscrits qui ne se sont pas fait connaître en temps utile sont bien déchus du droit d'exiger la notification individuelle des offres ; mais il estime qu'ils peuvent requérir que l'indemnité soit fixée par le jury. — Dans le même sens, Foucart, t. 1, n. 647.

1173. — Mais c'est aller contre le texte même de l'art. 21 ; le créancier est déchu de tout droit à une indemnité ; l'expropriant est en droit de ne pas le connaître, donc il peut traiter amiablement avec le propriétaire s'il le juge convenable et s'il parvient à s'entendre avec lui. — De Lalleau, Jousselin, Rendu et Périn, t. 1, n. 417 et 418. — V. *suprà*, n. 1065 et 1066.

Section III.
De l'indication par l'usufruitier.

1174. — « Les dispositions de la présente loi relatives aux propriétaires et à leurs créanciers sont applicables à l'usufruitier et à ses créanciers (L. 3 mai 1841, art. 22 ; L. 7 juill. 1833, même art.). Cet article ne s'applique, en ce qui concerne l'usufruitier, qu'au règlement de l'indemnité ; autrement, et s'il entraînait la nécessité d'obtenir l'expropriation contre l'usufruitier aussi bien que contre le propriétaire, il serait inconciliable avec l'art. 21, qui place l'usufruitier sur la même ligne que l'usager et le fermier, en réduisant la faculté qu'il lui accorde à celle de réclamer une indemnité. Et il est évident que s'il fallait exproprier l'usufruitier comme le propriétaire lui-même, celui-ci ne saurait être tenu de payer une indemnité au premier qui aurait la faculté de rester en possession des lieux malgré l'expropriation prononcée contre le propriétaire. D'un autre côté, nous reconnaissons qu'avec le sens restreint que nous prêtons à l'art. 22, cet article est assez inutile et que l'art. 23, par la généralité de ses termes, pourvoyait suffisamment à la conservation des droits de l'usufruitier. Cet article, qui ne se trouvait point dans le projet de loi du gouvernement et qui a été intercalé lors de la discussion de la loi de 1833, sur la proposition de M. Decazes, a passé inaperçu lors de la révision de 1841. Il offre ainsi un nouvel exemple du danger de ces amendements soudains qui viennent déranger toute l'économie d'une loi.

1175. — L'usufruitier doit faire connaître les fermiers et locataires qui tiennent de lui leur jouissance. S'il n'a point rempli cette obligation il est responsable vis-à-vis d'eux de la perte qu'ils éprouvent par suite de son inaction (Crépon, sur l'art. 22, n. 1 et 2). Le propriétaire peut, en effet, ignorer si l'usufruitier jouit par lui-même ou par l'intermédiaire de locataires ou fermiers. — De Lalleau, Jousselin, Rendu et Périn, t. 1, n. 409.

1176. — La responsabilité atteint le propriétaire lui-même s'il n'a pas rempli le devoir qui lui incombe de faire connaître l'usufruitier à l'expropriant ; dans ce cas l'usufruitier disparaît vis-à-vis de l'expropriant, il n'a plus de recours que contre le propriétaire et celui-ci reste seul en face de l'expropriant et des locataires ou fermiers qui ne sauraient plus s'adresser qu'à lui. Il est bon aussi que le propriétaire avise l'usufruitier pour que celui-ci puisse remplir envers ses locataires ou fermiers l'obligation qui est à sa charge. Si le propriétaire ne le prévient pas, l'usufruitier est censé ignorer l'expropriation. — Crépon, sur l'art. 22, n. 3.

1177. — L'usufruitier n'est tenu de faire connaître à l'expropriant que les divers ayants-droit qui tiennent de lui la jouissance qu'ils exercent sur l'immeuble. Il n'est obligé à rien envers les intéressés qui ont des droits antérieurs à son usufruit et distincts de cet usufruit, il ne les connaît pas et n'a pas à les connaître. Il en est ainsi, par exemple, des bénéficiaires des droits d'usage et d'habitation qu'il n'a point conférés, et dont l'existence a seulement pour effet de restreindre son usufruit. — Crépon, sur l'art. 22, n. 4 et 5.

1178. — L'usufruitier n'a pas non plus à faire connaître à l'expropriant les droits de servitude qui grèvent l'immeuble, et qui tiennent au fonds lui-même et non pas à sa propre jouissance ; puisque ce sont là des charges du fonds, et non de l'usufruit, c'est au nu-propriétaire à les dénoncer à l'expropriant. — Crépon, sur l'art. 22, n. 6.

Section IV.
De l'indication, au cas de cession amiable.

1179. — Les règles que nous venons d'exposer sont, en principe, applicables dans tous les cas. Si un traité amiable est intervenu entre l'exproprié et le propriétaire, il ne saurait être question de la notification du jugement d'expropriation ; ce traité en produit tous les effets ; sa signature équivaut pour le cédant à la notification du jugement et le met en demeure de faire connaître à l'expropriant les fermiers, locataires, usufruitiers et autres ayants-droit. — Daffry de la Monnoye, t. 1, sur l'art. 21, n. 42 ; de Peyrony et Delamarre, n. 294 ; de Lalleau, Jousselin, Rendu et Périn, t. 2, n. 749 et s. ; Crépon, sur l'art. 21, n. 84 et 85.

1180. — Les intéressés sont mis en demeure par la publicité donnée au traité de cession ; s'ils ne se font pas connaître dans la huitaine de la publication donnée au traité ils sont déchus. — Daffry de la Monnoye, *loc. cit.* ; de Lalleau, Jousselin, Rendu et Périn, *loc. cit.* ; Crépon, sur l'art. 21, n. 86.

1181. — Le jugement de donner acte du consentement du propriétaire à la cession, produit les mêmes effets que le jugement d'expropriation ; il est soumis à la même publicité, et cette publicité met les intéressés en demeure de se faire connaître. Ce jugement étant un jugement d'accord n'est pas, dans les usages, notifié au propriétaire ; celui-ci devra donc, dans la huitaine du jour où il est rendu dénoncer à l'expropriant les ayants-droit dont il doit lui signaler l'existence ; cette désignation se trouve souvent dans le traité intervenu entre l'expropriant et le propriétaire. — Orléans, 25 janv. 1868, Guillemet, [S. 68.2.43, P. 68.587, D. 68.2.43] — De Lalleau, Jousselin, Rendu et Périn, t. 2, n. 765 et s. ; Crépon, sur l'art. 21, n. 87.

CHAPITRE VIII.
DE L'ENVOI EN POSSESSION D'URGENCE.

1182. — La loi de 1833 ne contenait aucune disposition sur l'envoi en possession d'urgence, et cependant, dans beaucoup de cas on s'était aperçu des inconvénients graves que présentait l'observation entière de toutes les formalités nécessaires pour arriver au règlement de l'indemnité par le jury ; les innovations présentées à cet égard ne furent adoptées qu'après une vive discussion soit à la Chambre des pairs, soit à la Chambre des députés; on s'est surtout occupé d'assurer le respect de la propriété privée, même dans cette hypothèse spéciale qui a provoqué le remaniement de la loi de 1833. — V. *Monit.* des 20 juin 1840, 5, 6, 10, 27 mars, 20, 25, 28 avr. 1841. — De Lalleau, Jousselin, Rendu et Périn, t. 2, n. 860 et s.; Crépon, sur l'art. 65, n. 1 et 2.

1183. — « Lorsqu'il y a urgence de prendre possession des terrains non bâtis qui sont soumis à l'expropriation, l'urgence est spécialement déclarée par une ordonnance royale » (L. 3 mai 1841, art. 63). Il ne s'agit, dans cet article et les articles suivants, que des travaux civils qui, sous la loi de 1833, ne pouvaient être déclarés urgents, et ce que la loi veut obtenir, à ce titre, ce sont les avantages d'une procédure plus expéditive. Du reste, le seul but que l'on atteigne par ces dispositions nouvelles, est d'épargner les délais de la procédure devant le jury, en permettant la prise de possession provisoire, moyennant l'accomplissement des formalités et conditions prescrites, après le jugement d'expropriation. Mais soit qu'il y ait, soit qu'il n'y ait pas déclaration d'urgence, il n'est rien changé aux règles générales tracées par la loi pour arriver au jugement d'expropriation.

1184. — La loi n'a pas indiqué dans quels cas on pouvait admettre l'urgence; en effet, une définition est fort difficile à donner; mais on peut s'en référer aux explications fournies par Daru, dans son second rapport : « Qu'entend-on par des cas d'urgence en matière de travaux publics? Ce ne sont pas les circonstances fortuites qui peuvent se présenter à la suite de certains fléaux, comme le débordement des rivières ou les progrès d'un incendie, où sont là des cas de force majeure, où la plus impérieuse des lois, la nécessité, autorise des mesures exceptionnelles. Le Rhône sort de son lit : pour préserver le pays de ses ravages, on veut construire une digue; certes, on n'attendra pas l'accomplissement des formalités légales pour s'emparer des terrains sur lesquels cette digue devra reposer. Que les propriétaires consentent ou s'y refusent, les travaux s'exécuteront, de même qu'à l'approche de l'ennemi on ne s'enferme pas dans les prescriptions de la loi pour aviser aux moyens de mettre le pays en garde contre un danger menaçant. En dehors de ces faits l'urgence peut naître, soit de circonstances imprévues qui se manifestent en cours d'exécution des travaux, soit de la nature de ces travaux eux-mêmes, soit enfin de l'étendue des intérêts compromis par des résistances qui ont leur source dans un misérable esprit de cupidité. Supposons que, dans un travail quelconque, l'administration ait une tranchée à ouvrir; supposez qu'à une certaine profondeur les eaux commencent à paraître, il faudra leur donner un écoulement à travers des propriétés voisines, ou perdre toute une campagne et renvoyer tout un atelier d'ouvriers. Voilà une cause de retard si les propriétaires voisins se refusent à la cession de leurs terrains. Second exemple. Un coteau assis sur un banc de glaise glisse dans une tranchée à moitié ouverte, le tracé suivi jusque-là doit être abandonné; il faut infléchir la ligne dans une direction nouvelle, les propriétaires font opposition. Il s'agit d'un chemin de fer, d'un canal presque terminé, cette circonstance peut priver six mois le pays d'une jouissance impatiemment attendue. Voilà l'urgence motivée sur des circonstances exceptionnelles, se produisant inopinément en cours d'exécution des travaux. On aura à construire les fondations d'ouvrages hydrauliques avant la mauvaise saison ; l'année sera déjà plus ou moins avancée, on voudra gagner du temps; on conçoit qu'alors l'ordonnance royale intervienne en même temps que l'acte autorisant les travaux » (*Monit.*, 28 avr. 1841, p. 1043).

1185. — Sous l'empire de la loi du 8 mars 1810, les juges avaient un pouvoir discrétionnaire pour apprécier, en matière d'expropriation pour cause d'utilité publique, les motifs d'urgence allégués par l'administration, et pour lui accorder ou refuser l'envoi en possession provisoire des terrains expropriés. — Cass., 14 juill. 1829, Préfet de la Marne, [S. et P. chr.] — Aujourd'hui, sous la loi du 3 mai 1841, le gouvernement est seul juge de l'urgence (art. 63). La déclaration d'urgence faite par ordonnance royale, aujourd'hui par décret, est un acte d'administration que les tribunaux judiciaires n'ont pas le droit d'apprécier, mais qu'ils doivent appliquer quand il leur est soumis.

1186. — Le gouvernement avait proposé d'autoriser l'envoi en possession d'urgence des terrains bâtis ainsi que des terrains non bâtis; mais il serait bien difficile au jury d'apprécier la valeur d'une usine, d'une maison, d'un bâtiment qui n'existe plus; aussi la Chambre n'a-t-elle admis l'envoi en possession d'urgence que pour les terrains non bâtis; c'est pour les travaux militaires seulement que le législateur a autorisé l'envoi en possession pour les terrains bâtis; mais alors il y a une nécessité qui s'impose plus énergiquement encore, et les droits du propriétaire sont sauvegardés par l'expertise à laquelle il est procédé. — De Lalleau, Jousselin, Rendu et Périn, t. 2, n. 868.

1187. — L'autorité judiciaire appelée, en matière d'expropriation d'urgence, à ordonner la prise de possession immédiate des terrains soumis à l'expropriation, est investie du droit d'examiner si les propriétés comprises dans le décret d'urgence sont réellement des terrains non bâtis, les seuls à l'égard desquels cette mesure soit autorisée par la loi : les juges ne peuvent donc, sans méconnaître les règles de leur compétence, refuser de statuer sur cette question préjudicielle, sous prétexte qu'elle aurait été résolue par le décret déclaratif d'urgence. — Cass., 29 août 1864, Oudard, [S. 64.1.415, P. 64.1124, D. 64.1.446] — Il en est ainsi alors même que le décret déclaratif d'urgence déclarerait que le terrain est non bâti. — Même arrêt. — De Peyrony et Delamarre, n. 770; Dufour, *Tr. de dr. administr.*, t. 5, n. 537, et *Expr.*, n. 216; Daffry de la Monnoye, t. 2, sur l'art. 65, n. 1; Crépon, sur l'art. 65, n. 3 et 4; de Lalleau, Jousselin, Rendu et Périn, t. 2, n. 868, note.

1188. — Au reste, les terrains clos ou non clos, tenant ou non à des bâtiments, peuvent être soumis à la prise de possession préalable. — Duvergier, *Collect. des lois*, t. 41, p. 171; Husson, *Trav. publ.*, p. 278. — En effet, les terrains clos n'ont jamais été considérés comme terrains bâtis; de plus, si une clôture a été démolie, il est toujours facile d'en apprécier l'importance, la valeur, et, par suite, de fixer l'indemnité qui peut être à raison de sa destruction. — De Lalleau, Jousselin, Rendu et Périn, t. 2, n. 868.

1189. — On ne doit pas considérer comme terrain bâti tout terrain supportant une construction quelle qu'elle soit ; pour qu'un terrain soit bâti, il faut qu'il soit recouvert d'une construction en rapport avec son importance et son étendue. Ainsi ne sera point à considérer comme bâti, le terrain sur lequel se trouve une légère construction en planches, sans grande valeur ni importance, ou un édicule bâti avec des matériaux de mauvaise qualité, sans étendue, et d'une valeur peu considérable. — Daffry de la Monnoye, t. 2, sur l'art. 65, n. 2.

1190. — L'envoi en possession d'urgence s'applique aux terrains non bâtis affectés à l'exploitation et au service des terrains bâtis; l'entrée en possession de ces terrains entraînant seulement un chef particulier d'indemnité. Par suite, une place et une avenue servant d'issue à des bâtiments ne peuvent être assimilés à une propriété bâtie. Dès lors, un décret peut autoriser la partie poursuivant l'expropriation pour utilité publique à prendre, attendu l'urgence, possession immédiate de ces immeubles, avant la fixation de l'indemnité. — Cass., 15 juill. 1845, Ménassier, [S. 45.1.688, P. 45.2.253, D. 45.1.314] — Daffry de la Monnoye, t. 2, sur l'art. 65, n. 3; de Lalleau, Jousselin, Rendu et Périn, t. 2, n. 868; Crépon, sur l'art. 65, n. 5 et 6.

1191. — En conséquence, on ne saurait classer parmi les terrains bâtis les parcs et jardins d'une maison d'habitation; ils peuvent faire l'objet d'un envoi en possession d'urgence, sauf le droit pour le propriétaire de réclamer une indemnité à raison du dommage qu'il a subi, et de la dépréciation du restant de la propriété. — Trib. civ. Seine, 4 févr. 1865, Oudard, [*Gaz. des Trib.*, 12 févr. 1865] — Daffry de la Monnoye, *loc. cit.*; de Lalleau, Jousselin, Rendu et Périn, *loc. cit.*

1192. — Dans le cas où un décret a déclaré d'urgence la prise de possession de terrains non bâtis, l'Etat peut n'user de cette faculté que pour partie de ces terrains, et, par suite, le tribunal n'excède pas ses pouvoirs en se bornant à prononcer l'expropriation partielle qui lui est ainsi demandée. — Cass., 14 déc. 1875, Perchenet, [S. 76.1.128, P. 76.294, D. 76.5.235] — Daffry de la Monnoye, t. 2, sur l'art. 65, n. 4; De Lalleau, Jousselin, Rendu et Périn, t. 2, n. 879, note. — Dans ce cas, le préfet n'empiète pas sur les droits de l'autorité supérieure, il ne se met pas en contradiction avec ce qu'elle a décidé; il précise seulement, au moment de l'exécution, la mesure prise par le chef de l'Etat, et détermine, ainsi qu'il le fait par l'arrêté de cessibilité, le terrain nécessaire immédiatement aux travaux à effectuer.

1193. — La commission de la Chambre des pairs avait proposé un système d'après lequel la déclaration d'urgence ne pourrait intervenir qu'après le jugement d'expropriation; mais ce système présentait l'inconvénient d'entraîner des lenteurs et de n'abréger que de bien peu les délais ordinaires de l'expropriation ; aussi a-t-il été repoussé (*Monit.* du 25 avr. 1841, p. 1108 et 1110). Et il a été jugé que le décret déclarant l'urgence peut intervenir soit avant, soit après le jugement d'expropriation ; il est régulier dès que l'administration en reconnaît la nécessité. — Cons. d'Ét., 8 janv. 1863, Bernon, [P. adm. chr., D. 63.3.78] — De Lalleau, Jousselin, Rendu et Périn, t. 2, n. 870, note; Crépon, sur l'art. 66, n. 1.

1194. — Mais il résulte du texte même de l'art. 66, L. 3 mai 1841, que le jugement d'envoi en possession d'urgence ne peut être rendu qu'après le jugement d'expropriation. Aussi a-t-il été jugé que la déclaration d'urgence a uniquement pour but de donner à l'État la faculté de se mettre, avant le règlement définitif de l'indemnité, en possession des terrains dont l'expropriation a été prononcée, mais ne dispense nullement des formalités qui doivent précéder le jugement d'expropriation. En conséquence, est nul le jugement qui, à la suite du changement de tracé d'un chemin de fer, ordonne l'expropriation d'un terrain, alors qu'il n'a été préalablement procédé à aucune enquête, déposé aucun plan, ouvert aucun registre dans les mairies, et qu'aucune commission n'a été formée et n'a fonctionné. — Cass., 28 juin 1853, Aufauvre, [S. 53.1.757. P. 53.1.101, D. 53.1.265] — De Lalleau, Jousselin, Rendu et Périn, t. 2, n. 870 et 871 ; Daffry de la Monnoye, t. 2, sur l'art. 66, n. 1 et 3 ; Crépon, sur l'art. 66, n. 3.

1195. — En procédant ainsi et en faisant suivre le jugement d'expropriation du jugement d'envoi en possession d'urgence on s'assure que cet envoi en possession ne s'appliquera qu'à des propriétés atteintes par l'expropriation et entrées dans le domaine public ; c'est là une garantie sérieuse pour la propriété. Si le jugement d'expropriation était cassé, la cause permettant l'envoi en possession s'évanouirait, et le propriétaire pourrait se refuser à la prise de possession si elle n'avait pas encore eu lieu et à la continuation des travaux s'ils étaient commencés. — De Lalleau, Jousselin, Rendu et Périn, t. 2, n. 871; Dufour, t. 5, n. 534.

1196. — Le décret déclaratif d'urgence, étant un acte d'administration n'est susceptible d'aucun recours ; il ne saurait être déféré au Conseil d'État statuant au contentieux. — Cons. d'Ét., 8 janv. 1863, précité. — De Lalleau, Jousselin, Rendu et Périn, t. 2, n. 874, note; Daffry de la Monnoye, t. 2, sur l'art. 66, n. 2 ; Crépon, sur l'art. 66, n. 2.

1197. — Le tribunal de l'arrondissement des biens fixe la somme à payer avant l'envoi en possession; les intéressés doivent être appelés devant lui pour faire connaître leurs prétentions ; aussi la loi de 1841, art. 66, porte-t-elle : « en ce cas, après le jugement d'expropriation, l'ordonnance qui déclare l'urgence et le jugement sont notifiés, conformément à l'art. 15, aux propriétaires aux détenteurs avec assignation devant le tribunal civil. L'assignation est donnée à trois jours au moins; elle énoncera la somme offerte par l'administration. » Les mots *au moins* indiquent que les trois jours sont francs; ce délai, bien que bref, est suffisant parce que les parties intéressées connaissent l'expropriation par le jugement d'expropriation et qu'elles n'ont qu'à fixer la somme dont elles réclament la consignation. — De Lalleau, Jousselin, Rendu et Périn, t. 2, n. 872.

1198. — Les détenteurs sont les usufruitiers, les usagers, les fermiers, les gardiens, les régisseurs ou occupants à quelque titre que ce soit (L. 30 mars 1831, art. 4). Lorsque le propriétaire est présent, il se manifeste que la loi aurait pu dispenser d'assigner les régisseurs et autres occupants semblables qui n'ont aucun intérêt dans la procédure, mais comme la procédure est très-rapide et que le propriétaire peut être absent, on n'a pas voulu qu'il fût exposé à n'être ni averti, ni représenté. De là, la prescription d'une citation qui sera quelquefois surabondante. Les propriétaires sont ceux inscrits à la matrice des rôles ; ce sont, seuls, en effet, que l'administration connaît (V. *suprà*, n. 290 et s.). Si cependant d'autres propriétaires s'étaient fait connaître, l'administration devrait les assigner; sauf, s'il y avait des contestations entre les prétendants à la somme consignée, un débat judiciaire entre ceux-ci, relativement à cette somme. — De Lalleau, Jousselin, Rendu et Périn, t. 2, n. 872; Crépon, sur l'art. 66, n. 4.

1199. — Il n'est pas nécessaire d'appeler les créanciers parce que la fixation de l'indemnité par le tribunal étant essentiellement provisoire (art. 73), et la fixation de l'indemnité devant, après la prise de possession, suivre le cours ordinaire, il suffit de les appeler alors pour sauvegarder leurs droits. La somme consignée est le gage commun de tous les intéressés, fermiers, etc. ; donc ils n'ont point à être appelés au jugement sur l'envoi en possession ; leurs droits sont garantis par la consignation, et seront fixés dans la forme ordinaire par le jury. — De Lalleau, Jousselin, Rendu et Périn, *loc. cit.*

1200. — L'assignation énonce la somme offerte par l'administration ; cette offre n'a rien de commun avec celle prévue par l'art. 23, et qui s'applique à l'indemnité à allouer. Ici il s'agit de la somme offerte à titre de garantie et qui doit être consignée ; l'une peut différer de l'autre, parce que, pour l'offre définitive, l'expropriant peut être mieux renseigné sur la valeur de la parcelle expropriée. Dans le cas de l'art. 23 l'expropriant divise les offres entre les divers intéressés; lorsqu'il s'agit d'envoi en possession, il offre une somme totale applicable à tous (V. cep. *infrà*, n. 1214). Lorsque l'expropriant est l'État ou le département, le préfet doit prendre un arrêté pour fixer les sommes offertes, car il s'agit de l'offre de sommes que lui seul peut faire autoriser. Ces offres ne sont publiées ni affichées; le législateur n'a point, en effet, prescrit cette formalité pour cette nature d'offres. — Crépon, sur l'art. 66, n. 5 ; de Lalleau, Jousselin, Rendu et Périn, t. 2, n. 873.

1201. — L'expropriant, en même temps que l'assignation, notifie le décret déclarant l'urgence ainsi que le jugement d'expropriation ; copie est laissée de ces deux pièces. Si le jugement d'expropriation a déjà été notifié, il est inutile de le signifier à nouveau ; il suffit alors de rappeler la date de ce jugement, ainsi que celle de la signification, pour qu'aucun doute ne puisse subsister dans l'esprit des propriétaires intéressés à l'accomplissement de cette formalité. — De Lalleau, Jousselin, Rendu et Périn, t. 2, n. 874; Crépon, sur l'art. 66, n. 6.

1202. — L'art. 66 prescrit que l'assignation et la notification aient lieu conformément à l'art. 15, L. 3 mai 1841 ; c'est dire que les sommes notifiées au domicile élu dans l'arrondissement des biens, et que, si cette élection n'a point été faite, la signification sera faite en double copie au maire et au fermier, locataire, gardien ou régisseur de la propriété. L'art. 15 prévoit aussi les publications, affiches et insertions, mais ces modes de publicité ne sont point ici applicables, car elles n'ont aucune utilité; l'expropriant ne s'adressant qu'au propriétaire et non aux autres intéressés. — De Lalleau, Jousselin, Rendu et Périn, t. 2, n. 875.

1203. — « Au jour fixé, le propriétaire et les détenteurs sont tenus de déclarer la somme dont ils demandent la consignation avant l'envoi en possession. Faute par eux de comparaître, il est procédé en leur absence » (L. 3 mai 1841, art. 67). Les propriétaires n'ont point à déclarer la somme qu'ils entendent réclamer comme indemnité, mais seulement celle dont ils réclament la consignation à titre de garantie ; leur demande n'a donc aucune influence sur celle qu'ils formeront plus tard devant le jury; ils pourront alors l'augmenter ou la diminuer (V. *infrà*, n. 1224). La somme consignée étant, devant garantir les droits de tous les intéressés (V. *suprà*, n. 1200), les propriétaires, dans leur demande, feront bien de prendre en considération les droits de ceux-ci. — De Lalleau, Jousselin, Rendu et Périn, t. 2, n. 876.

1204. — De même que l'administration n'a pas à signifier des offres par un autre acte que l'exploit d'assignation devant le tribunal, les propriétaires ne sont pas tenus de faire connaître leur demande ailleurs qu'à l'audience et par conclusions signifiées d'avoué à avoué (de Lalleau, Jousselin, Rendu et Perin, *loc. cit.*). Jugé, toutefois, que l'avoué qui intervient dans la procédure, soit au nom de l'administration, soit au nom et dans l'intérêt des particuliers, n'agit que comme simple mandataire. — Paris, 27 févr. 1854, Adville, [S. 54.2.139, P. 54.2.103, D. 54.5.341]

1205. — « Le tribunal fixe le montant de la somme à consigner. Le tribunal peut se transporter sur les lieux ou commettre un juge pour visiter le terrain, recueillir tous les renseignements propres à en déterminer la valeur, et en dresser, s'il y a lieu, un procès-verbal descriptif. Cette opération doit être terminée dans les cinq jours à dater du jugement qui l'aura ordonnée. Dans les trois jours de la remise du procès-verbal au greffe, le tribunal détermine la somme à consigner » (L. 3 mai 1841, art. 68).

1206. — Le tribunal ou le juge commis peut se faire assister d'experts; mais les termes de l'article paraissent si nettement s'en remettre à eux du soin d'agir personnellement, que nous doutons qu'il soit permis d'ordonner une expertise proprement dite. Le tribunal peut, s'il le juge plus convenable, commettre le juge de paix de la situation des biens. Il a été entendu que l'on restait, à cet égard, dans le droit commun (C. proc. civ., art. 1035). Le procès-verbal que le juge commis doit dresser, s'il y a lieu, vise le cas où l'immeuble est couvert de sa récolte ou complanté d'arbres.

1207. — Le jugement qui fixe la somme à consigner n'a pas à apprécier d'une manière exacte la somme qui peut être due à un propriétaire à titre de réparation du préjudice causé; il ne doit même pas chercher à se rapprocher le plus possible de la réalité, pour ne pas influencer ensuite le jury dans la détermination des allocations; mais la fixation doit donc toujours être assez large pour répondre à toutes les prévisions. — De Lalleau, Jousselin, Rendu et Périn, t. 2, n. 877.

1208. — On a soutenu que dans la fixation des sommes à consigner un tribunal pouvait tenir compte des sûretés que le propriétaire trouverait dans la valeur de la concession accordée à la compagnie expropriante, dans la réalisation du fonds social, dans les travaux à exécuter, dans la solvabilité des administrateurs de la compagnie (*Gaz. des Trib.*, 19 avr. 1845). Mais c'est là une interprétation inexacte de la loi; le législateur n'a pas eu égard à la solvabilité de l'exproprant, et la preuve en est que l'État lui-même doit la consignation. Pour la fixation de la consignation on ne doit prendre en considération que la valeur du terrain dont l'envoi en possession est demandé. — De Lalleau, Jousselin, Rendu et Périn, t. 2, n. 877.

1209. — Le délai de comparution étant fort court il est possible que le propriétaire ne se présente pas; le tribunal, en ce cas, doit examiner avec plus de soin encore la question qui lui est soumise et rechercher le défaut de la propriété et l'importance de la somme à consigner. Il y aura lieu souvent pour lui, ou le juge-commissaire délégué, de dresser un état descriptif faisant connaître l'état de la parcelle expropriée, la nature des cultures, les récoltes qui la couvrent, les clôtures qui l'entourent. — De Lalleau, Jousselin, Rendu et Périn, t. 2, n. 879.

1210. — Si le tribunal est fixé à l'égard de certaines propriétés, et s'il a besoin de s'éclairer à l'égard de quelques autres il pourra par le même jugement fixer les sommes à consigner concernant les premières, et ordonner, quant aux autres, une mesure préparatoire, et par exemple le transport sur les lieux soit du tribunal entier, soit du juge à ces fins commis. Il n'est pas nécessaire que ce soit le magistrat directeur du jury, déjà désigné, qui soit nommé juge-commissaire; il peut être, en effet, absent, empêché, et l'important c'est d'aller vite. D'ailleurs le législateur n'a rien prescrit à cet égard. — De Lalleau, Jousselin, Rendu et Périn, t. 2, n. 879.

1211. — Il n'y aurait pas nullité parce que l'opération du juge ou du tribunal aurait duré plus de cinq jours; car il serait absurde dans le silence de la loi, d'annuler pour la recommencer une opération qui aurait le défaut d'avoir été trop lente (Duvergier, *Collection des lois*, t. 41, p. 172). Néanmoins la fixation du délai, dans ce cas, est une indication pour les juges, et une invitation d'avoir à se hâter. Il sera bon qu'ils aient toujours ce délai devant les yeux et qu'ils s'efforcent de ne point le dépasser.

1212. — Les parties peuvent saisir le tribunal de questions préjudicielles dont l'examen est nécessaire avant la fixation de la somme à consigner et dont la solution doit se trouver tout au moins dans le jugement déterminant cette somme. Telle serait la prétention d'un propriétaire qui soutiendrait que sa propriété n'est pas comprise dans le jugement d'expropriation, ou que le décret déclaratif d'urgence ne lui est point applicable ou que les terrains dont l'envoi en possession est demandé sont bâtis. Ces questions doivent être évidemment résolues avant que le tribunal se préoccupe de la fixation de l'indemnité, puisque de leur solution il peut résulter qu'il n'y a pas lieu à envoi en possession d'urgence. — De Lalleau, Jousselin, Rendu et Périn, t. 2, n. 880.

1213. — Il peut arriver qu'une partie se présente à laquelle l'expropriant n'aura fait aucune notification, et à laquelle il ne reconnaît aucun droit à une indemnité. C'est là un incident qui ne constitue pas une question préjudicielle sur laquelle le tribunal soit tenu de statuer. Le jugement mentionnera seulement les prétentions des parties, leur donnera acte de leurs réserves, sans rien décider ou préjuger sur la question. — De Lalleau, Jousselin, Rendu et Périn, t. 2, n. 880.

1214. — Le législateur n'a eu en vue que la consignation d'une indemnité unique (V. *suprà*, n. 1200); cependant il peut être de l'intérêt de l'expropriant de consigner des indemnités distinctes concernant les divers intéressés, de telle façon que s'il traite avec l'un d'entre eux, il puisse retirer de la Caisse des dépôts et consignations la somme afférente à cet intéressé; la loi ne prohibe point cette manière d'agir qui peut être souvent plus avantageuse que celle consistant à consigner une somme unique. — De Lalleau, Jousselin, Rendu et Périn, t. 2, n. 877.

1215. — « La consignation doit comprendre, outre le principal, la somme nécessaire pour assurer pendant deux ans le paiement des intérêts de 5 p. 0/0 » (L. 3 mai 1841, art. 69). La consignation des intérêts a pour but de donner garantie pleine à l'exproprié et de presser l'expropriant qui a pu consigner ainsi une somme plus forte que celle au paiement de laquelle il sera condamné par le jury.

1216. — Un règlement du 16 sept. 1843 a réglé le mode de consignation; il est ainsi conçu : « Le paiement des indemnités dues à des expropriés pour cause d'urgence, en vertu du tit. 7, L. 3 mai 1841, s'effectue par voie de consignation » (art. 113) : « Lorsque le tribunal a déterminé la quotité de la somme à consigner, le préfet prend un arrêté pour prescrire le versement de cette somme à la Caisse des dépôts et consignations en y ajoutant deux années d'intérêts à 5 p. 0/0. Cet arrêté est produit en double expédition au payeur, qui conserve une expédition et remet l'autre au préposé de la caisse en faisant sa déclaration de versement » (art. 114). « La somme consignée est portée dans la comptabilité de la Caisse des dépôts et consignations à un compte spécial, qui n'est pas productif d'intérêts, attendu que les intérêts du capital de l'indemnité sont à la charge du Trésor jusqu'au règlement définitif de cette indemnité et doivent être l'objet d'une liquidation ultérieure. Le compte spécial est ouvert en masse au Trésor, avec un développement des sommes par indemnitaires » (art. 115).

1217. — Le jugement qui fixe la somme à consigner n'a pas besoin d'être notifié, car il est exécutoire par provision ; d'ordinaire il est signifié, ainsi que le procès-verbal de consignation, en tête de l'assignation donnée pour comparaître devant le président du tribunal. La loi du 3 mai 1841, porte : « sur le vu du procès-verbal de consignation et sur une nouvelle assignation à deux jours de délai au moins, le président ordonne la prise de possession (art. 70). Le jugement du tribunal et l'ordonnance du président sont exécutoires sur minute et ne peuvent être attaqués par opposition ni par appel (art. 71). Le président taxe les dépens, qui doivent être supportés par l'administration » (art. 72). — De Lalleau, Jousselin, Rendu et Périn, t. 2, n. 878.

1218. — En ce qui concerne les voies de recours, l'art. 71 du projet ajoutait « ni pourvoi en cassation. » Ces mots ont été retranchés par la commission sur l'observation de M. Renouard : « Nous avons cru, a dit le rapporteur, qu'il serait trop grave d'autoriser même une ordonnance du président que ne pas soumise au pourvoi en cassation ; et comme le pourvoi n'est jamais suspensif, il n'y a aucun inconvénient à le permettre » (Duvergier, *Coll. des lois*, t. 41, p. 172). Aussi a-t-il été jugé que le jugement qui fixe la somme à consigner peut être attaqué par la voie du recours en cassation. — Cass. 29 août 1864, Oudard, [S. 64.1.415, P. 64.1124, D. 64.1.446] — De Peyrony et Delamarre, n. 775; Dufour, *Dr. adm.* t. 5, n. 539, et *Expropr.*, n. 218; Malapert et Protat, n. 731; Daffry de la Monnoye, t. 2, sur l'art. 71; de Lalleau, Jousselin, Rendu et Périn, t. 2, n. 883; Crépon, sur l'art. 71, n. 1.

1219. — Par suite, est susceptible de recours en cassation le jugement qui, au cas d'expropriation d'urgence, statue sur une question préjudicielle à la prise de possession, notamment sur celle de savoir si le terrain dont la prise de possession a été autorisée, est ou non un terrain bâti. — Cass., 29 août 1864, précité. — *Sic*, Dufour, t. 5, n. 539, et *Expr.*, n. 248; Malapert et Protat, n. 731; De Peyrony et Delamarre, n. 775.

1220. — Quoique la disposition de l'art. 71 n'ait été édictée que dans l'intérêt de l'administration, elle serait néanmoins applicable au cas où le tribunal aurait refusé de fixer le montant de la somme à consigner et le président d'ordonner la prise de possession. En d'autres termes, le pourvoi peut être formé par tous les intéressés, que ce soit l'expropriant ou bien les personnes intéressées qui réclament la fixation de la somme à consigner.

1221. — Le législateur ne dit pas si le ministère des avocats à la Cour de cassation est nécessaire pour former et soutenir le pourvoi. Mais par analogie avec ce qui est décidé par les art. 20

et 42, L. 3 mai 1841, on doit penser que le ministère des avocats à la Cour de cassation n'est point indispensable et que le pourvoi doit être formé au greffe du tribunal qui a statué. — De Lalleau, Jousselin, Rendu et Périn, t. 2, n. 883; Crépon, sur l'art. 71, n. 3.

1222. — Le délai dans lequel le pourvoi doit être formé, n'a pas non plus été déterminé. Ce délai ne sera pas celui de trois mois, comme en règle générale; ce ne sera pas non plus le délai de trois jours prévu par l'art. 20, L. 3 mai 1841; ce sera le délai de quinze jours, par analogie avec ce qui a été prescrit par l'art. 42. — Cass., 15 juill. 1845, Menassier, [S. 45.1.688, P. 45.2.251, D. 45.1.314] — Dufour, t. 5, n. 539; de Lalleau, Jousselin, Rendu et Périn, t. 2, n. 883; Crépon, sur l'art. 71, n. 4. — V. suprá, v° *Cassation* (mat. civ.), n. 1676 et s.

1223. — La cassation du jugement entraînera pour le propriétaire le droit de ne point consentir à la prise de possession de l'expropriant si elle n'avait pas encore eu lieu, ou de s'opposer à la continuation des travaux s'ils avaient commencé; il résulte, en effet, de l'arrêt de la Cour de cassation que la fixation de la somme à consigner, base de l'envoi en possession, ferait défaut. — Crépon, sur l'art. 71, n. 2.

1224. — « Après la prise de possession, il est, à la poursuite de la partie la plus diligente, procédé à la fixation définitive de l'indemnité, en exécution du tit. 4 de la présente loi » (Même loi, art. 73). Ainsi, aucune atteinte n'est portée à l'institution du jury. La détermination de la somme à consigner n'est qu'une mesure provisoire qui ne lie en rien le jury. Il conserve la plénitude de sa liberté d'appréciation. — Duvergier, *Coll. des lois*, t. 41, p. 171. — C'est à la partie la plus diligente, exproprient ou exproprié, à poursuivre la fixation de l'indemnité. Les parties demeurent, d'ailleurs, toujours en droit de traiter à l'amiable. Si l'indemnité est réglée par le jury, il n'est point prescrit au magistrat directeur de mettre sous les yeux du jury l'expertise qui a eu lieu pour déterminer la valeur de la propriété, de ses produits et de ses revenus. — Cass., 8 nov. 1843, de Salasse, [P. 44.1.235] — D'ailleurs, c'est un élément de discussion important qui ne sera pas oublié par la partie à laquelle il sera favorable. — De Lalleau, Jousselin, Rendu et Périn, t. 2, n. 884.

1225. — Lorsque le jury aura fixé l'indemnité définitive, le magistrat directeur rendra, par une ordonnance, la décision du jury exécutoire et statuera sur les dépens, mais il n'aura point à envoyer l'expropriant en possession puisqu'il y sera déjà. Si l'indemnité fixée est inférieure à la somme consignée, le magistrat directeur devra ordonner que l'excédent, après le paiement des indemnités, sera restitué à l'expropriant, car seul il a droit à cette portion de la somme consignée. — De Lalleau, Jousselin, Rendu et Périn, t. 2, n. 885.

1226. — « Si la fixation définitive de l'indemnité est supérieure à la somme qui a été déterminée par le tribunal, le supplément doit être consigné dans la quinzaine de la notification de la décision du jury, et, à défaut, le propriétaire peut s'opposer à la continuation des travaux » (L. 3 mai 1841, art. 74). L'exproprié n'a point alors, par lui-même, le droit de s'opposer à la continuation des travaux, il a seulement le droit de faire prononcer la suspension des travaux par le tribunal; il appartiendra, par suite, à celui-ci d'ordonner les mesures qui assureront cette suspension. Le tribunal ne pourra pas d'ailleurs ordonner la destruction des travaux déjà effectués, car ils ont été exécutés à un moment où l'expropriant avait la possession régulière de l'immeuble. — De Lalleau, Jousselin, Rendu et Périn, t. 2, n. 886.

1227. — La prise de possession date, lorsqu'il y a déclaration d'urgence, du jugement d'envoi en possession; en matière ordinaire, de l'ordonnance du magistrat directeur; si une même propriété a, à raison de parcelles distinctes, fait l'objet d'un jugement d'envoi en possession d'urgence et d'une ordonnance du magistrat directeur d'envoi en possession, les intérêts ne courront pas, dans les deux cas, à partir du même moment. Par suite, lorsque, à raison d'une occupation d'urgence, les indemnités dues doivent donner lieu à des perceptions d'intérêts différentes, selon la date de la prise de possession des terrains expropriés, le jury doit, à peine de nullité de sa décision, allouer deux indemnités distinctes, applicables, l'une aux parcelles occupées d'urgence, l'autre aux autres parcelles. — Cass., 2 janv. 1877, Barthès, [S. 77.1.276, P. 77.684, D. 78.1.74] — De Lalleau, Jousselin, Rendu et Périn, t. 2, n. 887, note.

1228. — Le règlement du 16 sept. 1843 indique les formalités à remplir vis-à-vis de la Caisse des dépôts et consignations.

Lors du règlement définitif de l'indemnité, soit à l'amiable, soit par décision du jury, le préfet prend un arrêté de liquidation qui établit le décompte des intérêts depuis le jour de la prise de possession. L'arrêté est produit immédiatement en double expédition au payeur avec les autres pièces concernant la liquidation, qui sont indiquées dans la nomenclature » (art. 116).

1229. — « Si la somme à payer est inférieure à la somme consignée, le préfet, en prenant son arrêté de liquidation, délivre un ordre de reversement, prescrivant à la Caisse des dépôts et consignations d'effectuer le rétablissement, dans les caisses du Trésor, de l'excédent de consignation. Il retire de l'agent de la recette deux déclarations constatant le reversement; l'une de ces déclarations est remise au payeur pour servir de complément de justification à son paiement primitif, l'autre est transmise au ministère des travaux publics. — Le payeur remet une expédition de l'arrêté de liquidation au préposé de la caisse en faisant sa déclaration. La Caisse des dépôts et consignations fait immédiatement passer le reste de la somme primitivement consignée du compte spécial, où elle avait été portée, au compte ordinaire des consignations » (art. 117).

1230. — « Si la somme à payer est égale à la somme consignée, le payeur remet une expédition de l'arrêté de liquidation au préposé de la Caisse des dépôts et consignations en faisant sa déclaration. — La Caisse des dépôts et consignations fait immédiatement passer la somme primitivement consignée du compte spécial, où elle avait été portée, au compte ordinaire des consignations » (art. 118).

1231. — « Si la somme à payer tant en principal qu'en intérêts, est supérieure à la somme consignée, le préfet délivre un mandat pour parfait paiement, et son arrêté de liquidation ordonne la consignation du montant de ce mandat. — Le payeur remet une expédition de l'arrêté de liquidation au préposé de la caisse en faisant sa déclaration. — La Caisse des dépôts et consignations reçoit cette nouvelle somme au profit de l'ayant-droit, et fait immédiatement passer la somme primitivement consignée, du compte spécial, où elle avait été portée, au compte ordinaire des consignations » (art. 119).

CHAPITRE IX.

DES OFFRES ET DES DEMANDES D'INDEMNITÉ.

Section I.

Nécessité et étendue des offres.

1232. — « L'administration notifie aux propriétaires et à tous autres intéressés qui ont été désignés ou qui sont intervenus dans le délai fixé par l'art. 21, les sommes qu'elle offre pour indemnités. — Ces offres sont en outre affichées et publiées conformément à l'art. 6 de la présente loi » (L. 3 mai 1841, art. 23). La notification des offres constitue une tentative de conciliation de la part de l'expropriant; il en est ainsi surtout quand elle se produit verbalement ou par lettres; les offres prescrites par l'art. 23, si elles constituent une dernière tentative de conciliation, sont surtout un acte judiciaire, constaté d'une manière authentique, et mettant l'exproprié en demeure de s'expliquer. — De Lalleau, Jousselin, Rendu et Périn, t. 2, n. 442.

1233. — S'il n'est pas intervenu de traité amiable entre l'expropriant et l'exproprié, la notification des offres prescrites par l'art. 23 est indispensable; c'est là une garantie essentielle des droits de la défense et une formalité substantielle, qu'aucun équivalent ne saurait remplacer. — Cass., 26 mai 1840, Paris, [S. 40.1.707, P. 40.2.474]; — 12 juin 1860, Mauriac, [S. 60.1.1003, P. 61.267, D. 60.1.403]; — 4 juill. 1860, Haingueriot, [P. 62.120, D. 61.1.441]; — 30 janv. 1864, Ventujol, [S. 61.1.554, P. 61.984, D. 61.1.425]; — 26 août 1867, Ohlin, [D. 67.1.316]; — 27 août 1878, Comte de Panisse-Passis, [S. 79.1.40, P. 79.64, D. 78.1.433]; — 13 juin 1880, Ahérard, [S. 80.1.376, P. 80.898, D. 81.1.160]; — 1er déc. 1880, Gourju, [S. 81.1.226, P. 81.1.536, D. 82.1.80]; — 11 juill. 1881, Préfet des Basses-Pyrénées, [S. 82.1.35, P. 82.55]; — 13 août 1889, Cozon, [S. 91.1.543, P. 91.1.1311, D. 91.1.5]; — Daffry de la Monnoye, t. 1, sur l'art. 23, n. 1; Crépon, sur l'art. 23, n. 1 et 2; de Lalleau, Jousselin, Rendu et Périn, t. 1, n. 423. — V. *infrà*, n. 1317.

1234. — La notification des offres constituant une formalité substantielle ne peut être remplacée par d'autres modes de porter les offres de l'administration expropriante à la connaissance des expropriés. Jugé, en conséquence, que cette notification ne peut être remplacée, notamment, par des lettres du maire contenant les offres de l'administration et les réponses des expropriés portant refus des offres. — Cass., 15 juin 1880, précité. — Crépon, sur l'art. 23, n. 4.

1235. — Par suite, le certificat d'un maire constatant qu'il a fait notifier à l'exproprié l'ampliation d'un arrêté préfectoral par lequel il lui est offert une certaine somme pour toute indemnité, et qu'il a fait afficher cet arrêté, ne peut établir la notification régulière des offres, alors que ce certificat ne mentionne ni le nom et la qualité de la personne qui aurait fait la notification des offres, ni le domicile auquel cette notification aurait été faite, ni enfin le nom et la qualité de celui auquel la copie de la notification aurait été remise. — Cass., 27 août 1878, précité. — Crépon, sur l'art. 23, n. 5.

1236. — D'autre part, la formalité substantielle de la notification des offres n'est pas suppléée par des offres faites par l'expropriant le jour même de la réunion du jury, et discutées par l'exproprié; il en est ainsi alors même que précédemment l'expropriant aurait fait des offres verbales. — Cass., 26 mai 1840, précité. — Crépon, sur l'art. 23, n. 6.

1237. — La circonstance que l'expropriant prétend que celui qui s'est présenté comme intéressé n'a droit à aucune indemnité, est indifférente relativement à la notification des offres; l'expropriant doit toujours offrir une somme quelconque; par suite, le fait que l'expropriant conteste à un locataire de l'immeuble exproprié tout droit à indemnité ne le dispense pas de faire à l'intéressé une offre éventuelle subordonnée à l'issue de la contestation engagée sur l'existence même du droit litigieux. — Cass., 4 janv. 1892, Burillon, [S. et P. 92.1.159]

1238. — Si le jury doit statuer sur une question d'indemnité alternative, l'expropriant est tenu de faire des offres doubles, correspondant à la double hypothèse que le jury aura à envisager. — Cass., 13 août 1889, précité.

1239. — Remarquons que si l'expropriant fait une offre à un propriétaire fondée sur l'expropriation de son terrain il n'est point obligé de lui faire une offre à raison de tous les griefs d'indemnité qu'il élève par suite de cette expropriation, s'il soutient que ces chefs d'indemnité manquent de base; la situation de l'exproprié n'est pas compromise, car le jury peut toujours élever le chiffre de l'indemnité qu'il accorde, et réunir les divers chefs d'indemnité dans l'allocation d'une somme unique. Jugé dès lors que l'expropriant n'est pas tenu de faire des offres spéciales à raison d'un dommage spécial allégué par l'exproprié, si l'expropriant soutient d'une manière absolue que ce dommage n'existe pas. — Cass., 20 mai 1879, Préfet de la Savoie, [S. 80.1.86. P. 80.1.174, D. 79.1.349]

1240. — L'obligation, pour l'expropriant, de notifier à l'exproprié les sommes qu'il lui offre pour indemnité, et de lui laisser quinze jours pour délibérer, n'a pas lieu seulement pour les offres originaires, mais aussi pour toutes les offres nouvelles portant sur un objet nouveau, qui peuvent devenir nécessaires au cours de l'instance en expropriation. — Cass., 9 juin 1874, Durouelt, [D. 75.1.207]; — 7 févr. 1882, Armingaud, [Bull. civ., p. 36]; — 23 avr. 1883, Landon, [S. 83.1.421, P. 83.1.1058, D. 83.1.424]; — 17 mars 1885, Faulcon de la Gondalie, [S. 86.1.183, P. 86.1.412, D. 86.5.222]; — 20 oct. 1890, Guillaume, [S. 91.1.86, P. 91.1.176, D. 91.5.266]; — 13 nov. 1893, de Langsdorff, [S. et P. 94.1.144]; — 14 févr. 1894, Benedetti, [S. et P. 94.1.467]; — 31 juill. 1899, Mitaine, [S. et P. 99.1.526] — Daffry de la Monnoye, t. 1, sur l'art. 37, n. 12; de Lalleau, Jousselin, Rendu et Périn, t. 1, n. 423; Crépon, sur l'art. 23, n. 7, et sur l'art. 37, n. 51.

1241. — Il en est ainsi notamment chaque fois que l'exproprié requiert l'expropriation totale de l'immeuble dont l'expropriation partielle était jusqu'alors poursuivie; une offre nouvelle est alors indispensable, quelle que soit la valeur de cette réquisition, dont il appartient aux tribunaux seuls d'apprécier la légalité. — Cass., 5 févr. 1855, Minguet, [S. 55.1.606, P. 56.1.624, D. 55.1.61]; — 14 févr. 1857, Méger, [S. 57.1.861, P. 58.470, D. 57.1.71]; — 29 mars 1858, Dissart, [S. 59.1.351, P. 59.189, D. 58.1.321]; — 19 mai 1862, Rousset, [S. 62.1.1064, P. 63.378, D. 62.1.377]; — 21 déc. 1864, Haentjens, [S. 65.1.240, P. 65.563, D. 64.5.162]; — 5 avr. 1869, Levesque, [S. 69.1.228, P. 69.541,

D. 69.1.343]; — 22 févr. 1870, Ausas, [S. 70.1.174, P. 70.403, D. 70.1.208]; — 12 juill. 1870, Gariel, [S. 70.1.434, P. 70.1134, D. 70.5.179]; — 26 août 1873, Hardiville, [S. 73.1.423, P. 73.1188, D. 73.1.488]; — 10 févr. 1874, Dauriat, [S. 74.1.222, P. 74.545, D. 74.1.416]; — 8 févr. 1875, Cabley, [D. 75.1.206]; — 9 janv. 1883, Barrey, [S. 84.1.295, P. 84.1.706, D. 84.1.152]; — 23 avr. 1883, précité; — 17 mars 1885, précité; — 23 déc. 1889, Mandet, [S. 90.4.80, P. 90.1.167, D. 90.5.254]; — 20 oct. 1890, précité; — 13 janv. 1892, Leborgne, [S. et P. 92.1.592]; — 13 nov. 1893, précité; — 14 févr. 1894, précité; — 31 juill. 1899, précité. — Daffry de la Monnoye, t. 1, sur l'art. 37, n. 12; de Lalleau, Jousselin, Rendu et Périn, t. 1, n. 423; Crépon, sur l'art. 23, n. 8, et sur l'art. 37, n. 52.

1242. — Il est ainsi alors même que l'exproprié aurait demandé une somme déterminée pour le prix de l'acquisition totale. — Cass., 26 août 1873, précité; — 10 févr. 1874, précité. — Crépon, sur l'art. 23, n. 9, et sur l'art. 37, n. 54; Daffry de la Monnoye, t. 1, sur l'art. 37, n. 13; de Lalleau, Jousselin, Rendu et Périn, t. 1, n. 423, note.

1243. — Des offres nouvelles sont nécessaires, alors même que les offres primitives contiendraient une évaluation par are ou par mètre, susceptible d'être étendue au surplus du terrain. — Cass., 12 juill. 1870, précité. — De Lalleau, Jousselin, Rendu et Périn, t. 1, n. 423, note: Daffry de la Monnoye, t. 1, sur l'art. 37, n. 12; Crépon, sur l'art. 37, n. 55. — L'exproprié peut penser que le terrain ainsi ajouté à l'expropriation a une valeur supérieure au terrain compris dans le jugement d'expropriation; il a donc intérêt à connaître les offres de l'expropriant.

1244. — Il importe peu que l'expropriant conteste la réquisition d'emprise totale; cette contestation constitue, en effet, un litige sur le fond du droit, qui donne lieu à une indemnité hypothétique. — Cass., 2 mai 1859, Lécuyer, [P. 59.1013, D. 59.1.206]; — 23 avr. 1883, précité. — De Lalleau, Jousselin, Rendu et Périn, loc. cit.; Daffry de la Monnoye, t. 2, sur l'art. 39, n. 40; Crépon, sur l'art. 37, n. 53. — Une offre supplémentaire est, en pareil cas, indispensable, quelle que soit la valeur de la réquisition intégrale, dont il appartient aux tribunaux seuls, d'apprécier la légalité. — Cass., 13 nov. 1893, précité. — L'expropriant, pas plus d'ailleurs que le jury lui-même, ne pouvant se faire juge de la prétention de l'exproprié, des offres doivent lui être faites de manière à ce que, si sa demande est fondée, et s'il les accepte, il ne soit pas nécessaire de soumettre la question au jury.

1245. — Jugé, en conséquence, que l'expropriant ne peut valablement faire des offres supplétives le jour même de la comparution des parties devant le jury. Vainement prétendrait-il qu'il contestait la prétention de l'exproprié, et qu'il n'a fait d'offres à cet égard qu'après qu'il eût été décidé par le directeur du jury que deux chiffres d'indemnité seraient fixés pour les deux hypothèses d'acquisition partielle et d'acquisition intégrale. — Cass., 2 mai 1859, précité. — Peu importe que l'exproprié ait comparu devant le jury et ait formulé une demande d'indemnité, dès lors qu'il a eu soin, par des conclusions formelles devant le jury, de faire les réserves utiles à la conservation de ses droits. — Cass., 31 juill. 1899, précité.

1246. — La formalité dont il s'agit étant substantielle, la décision du jury doit être annulée s'il n'y a pas eu de nouvelles offres. — Cass., 9 janv. 1883, précité; — 23 avr. 1883, précité; — 23 déc. 1889, précité.

1247. — Au surplus, les règles concernant la nécessité d'offres préalables ne sont pas applicables au cas où il s'agit d'une parcelle non expropriée, et où le jury est saisi d'une demande d'indemnité par le seul effet d'une convention intervenue entre les parties. — Cass., 16 mars 1887, Savare, [S. 88.1.86, P. 88.1.176, D. 88.1.327] — Par suite, la prétention, du consentement de l'expropriant, la fixation d'une indemnité éventuelle, afférente à un terrain qu'elle revendique et qui n'est pas compris dans le jugement d'expropriation, ne peut se faire un grief du défaut d'offres préalables. — Même arrêt. — Les parties sont alors liées par le contrat judiciaire qui s'est formé entre elles au cours des débats; et aucune d'entre elles n'est recevable à critiquer une convention qu'elle a librement consentie.

1248. — Jugé encore que lorsque, du consentement des parties, une parcelle non expropriée a été ajoutée à l'expropriation, sous la condition d'en faire régler le prix par experts, il n'est pas nécessaire que le règlement de l'indemnité soit précédé d'offres faites par l'administration et d'une demande faite par l'exproprié. — Cass., 24 juin 1837, Kœchlin, [S. 57.1.773, P. 38.267, D. 57. 1.292]

1249. — L'obligation de notifier des offres et de laisser un délai de quinzaine à l'exproprié pour délibérer sur ces offres n'existe pas non plus pour les offres complémentaires qui ont seulement pour but d'élever le chiffre de la somme offerte, sans s'appliquer à un objet nouveau. — Cass., 8 juill. 1867, Vieillard, [D. 67.1.279]; — 26 août 1867, Maget, [S. 67.1.454, P. 67.1200, D. 67.1.317]; — 11 mai 1881, Martin, [S. 81.1.381, P. 81.1. 906, D. 82.1.462]; — 20 mars 1882, Caillot-Poncy. [S. 83.1.87, P. 83.1.177, D. 84.1.185]; — 24 mars 1882, Dalloy, [Bull. civ., n. 214] — Crépon, sur l'art. 23, n. 10; de Lalleau, Jousselin, Rendu et Périn, t. 1, n. 423; Daffry de la Monnoye, t. 1, sur l'art. 37, n. 14. — Dans ce cas, la situation de l'exproprié demeure la même; elle est même plus favorable, puisque les offres de l'expropriant sont augmentées.

1250. — Ainsi lorsqu'un locataire, en vertu de son bail, est propriétaire des constructions élevées par lui sur l'immeuble loué, un supplément d'offres peut lui être notifié pour la première fois devant le jury, à raison de ces constructions. — Cass., 26 août 1867, précité. — Crépon, sur l'art. 23, n. 11; Daffry de la Monnoye, t. 1, sur l'art. 23, n. 11. — C'est là une indemnité qui lui est due en sa qualité de locataire; la première somme offerte s'appliquait à tout le dommage résultant de la résiliation de son bail; la seconde ne peut donc qu'améliorer sa situation, l'expropriant lui-même reconnaissant que ses offres sont insuffisantes.

1251. — Lorsque la procédure d'expropriation est suivie non à la requête de l'expropriant, mais bien à celle de l'exproprié, conformément à l'art. 55, L. 3 mai 1841 (V. suprà, n. 837 et s.), l'expropriant n'est pas tenu de faire des offres aux intéressés dans les délais déterminés par la loi. — Cass., 5 déc. 1864, Blanjot, [D. 64.5.163]; — 5 déc. 1865, [Bull. civ., n. 287]; — 9 janv. 1866, [D. 66.5.209]; — 11 avr. 1866, [D. 66.5.211]; — 30 juill. 1889, Baudoin, [S. et P. 92.1.462, D. 90.1.463] — De Lalleau, Jousselin, Rendu et Périn, t. 1, n. 423. — La raison en est simple : si, en effet, dans le cas où l'expropriant demeure dans l'inaction, et où c'est l'exproprié qui poursuit l'expropriation, l'indemnité ne pouvait être fixée qu'après la signification d'offres préalables, il suffirait à l'expropriant de persister dans son inertie et dans son mauvais vouloir pour rendre impossible la réunion utile du jury et la fixation de l'indemnité. D'autre part, l'exproprié qui use du droit que la loi lui accorde de poursuivre de lui-même la fixation de son indemnité, à défaut par l'expropriant d'y faire procéder dans les six mois du jugement d'expropriation, n'est pas non plus tenu de lui notifier sa demande d'indemnité quinze jours avant la réunion du jury. — Cass., 20 juill. 1864, Ville de Paris, [S. 65.1.144, P. 65.307, D. 64.5.157]

1252. — En ce cas, il suffit que l'offre soit formulée dans des conclusions prises à la barre, devant le jury, par l'expropriant. — Cass., 30 oct. 1889, précité.

1253. — Lorsque des offres ont été faites, et que plus tard la décision du jury a été cassée, il n'est pas nécessaire de faire de nouvelles offres devant le jury de renvoi; les premières offres sont suffisantes. Jugé, en conséquence, que lorsqu'une ville, poursuivant l'expropriation de partie d'une maison, a offert comme indemnité la plus-value résultant pour le restant de la maison des travaux à faire, que cette plus-value a été considérée par le jury comme une indemnité suffisante, la première décision a été cassée, il n'est pas nécessaire, si la nullité des offres premières n'est pas demandée, que la ville fasse devant le nouveau jury d'autres offres. — Cass., 26 mai 1840, Hanaire, [S. 40.1.712, P. 41.2.736] — Daffry de la Monnoye, t. 4, sur l'art. 23, n. 10.

1254. — Les offres pour être complètes doivent s'étendre à la totalité de l'immeuble exproprié; autrement il y aurait absence d'offres pour une partie de l'immeuble et, dès lors, nullité. Si des offres paraissent incomplètes au premier abord, mais qu'il résulte clairement des faits constatés par le procès-verbal et des documents de la cause que ces offres s'appliquent bien à la totalité de l'immeuble, et que l'exproprié n'a pas pu se tromper sur leur portée, elles sont valables. — Cass., 2 août 1870, Aubrespy, [D. 70.1.410]; — 2 juill. 1872, Accary, [D. 72.5.233] — Crépon, sur l'art. 23, n. 13 et 14; de Lalleau, Jousselin, Rendu et Périn, t. 1, n. 425 bis.

1255. — Ainsi, il n'y a pas lieu de s'arrêter à ce que les offres indiquent une contenance plus faible que la contenance de la parcelle expropriée, mentionnée dans le jugement d'expropriation et à tenir compte de cette erreur, si elle n'a pu tromper l'exproprié. — Mêmes arrêts. — Crépon, sur l'art. 23, n. 15; de Lalleau, Jousselin, Rendu et Périn, loc. cit.; Daffry de la Monnoye, t. 1, sur l'art. 23, n. 11.

1256. — Lorsque l'expropriant offre à l'exproprié une somme déterminée, en commettant, au préjudice de ce dernier, une erreur sur la contenance de l'immeuble exproprié, et que, devant le jury, il a réitéré la même offre en renouvelant l'erreur relative à la contenance, l'exproprié qui, sans soulever aucune contestation relativement à la contenance de l'emprise, et sans prétendre qu'il ne lui avait été fait qu'une offre incomplète, a comparu et plaidé devant le jury, ne saurait se prévaloir d'une erreur matérielle rectifiée par les éléments de la procédure et contre laquelle il n'a pas protesté, pour arguer de nullité les offres à lui faites et, par suite, la décision du jury. — Cass., 14 févr. 1887, Briard, [S. 87.1.486, P. 87.1.1184, D. 87.1.254]

1257. — Quant à la quotité de l'offre, liberté pleine et entière est laissée à l'expropriant, qui, ainsi que l'a jugé la Cour de cassation, peut réduire l'indemnité offerte au chiffre de 1 fr. — V. Cass., 12 mars 1856, Donzeaud, [S. 56.1.828, P. 57.604, D. 56. 1.169]; — 1er juin 1864, Lethierry, [S. 64.1.508, P. 64.1234, D. 64.5.147] — Ce qui ne veut pas dire qu'on puisse aller jusqu'à offrir zéro, comme on l'avait fait dans l'espèce, par la simple raison que déclarer qu'on offre zéro, c'est déclarer qu'on n'offre rien du tout. L'offre ainsi faite, dans une forme quelque peu dérisoire, est comme l'équivalent d'une absence totale d'offres. — V. aussi Cass., 4 janv. 1892, Barillon, [S. et P. 92.1.159]

1258. — Les offres doivent consister uniquement en une somme d'argent; les jurés ne doivent pas tenir compte d'une offre qui comprendrait des travaux à accomplir; s'ils comprenaient ces travaux dans l'allocation de l'indemnité, leur décision serait nulle; il n'en serait autrement que si l'exproprié donnait son consentement formel à ce mode d'indemnité et si ce consentement était constaté. — Cass., 14 août 1853, Mounier, [S. 56.1.620, P. 57.420, D. 55.1.416]; — 7 avr. 1858, Gaudrai, [S. 59.1.272, P. 59.838, D. 58.1.171]; — 14 avr. 1899, Communal, [S. et P. 99.1.288]

Section II.
Par qui les offres doivent être faites.

1259. — Les offres, pour être valables, doivent émaner d'une personne ayant qualité pour les faire; du préfet, s'il s'agit d'une expropriation intéressant l'État ou le département, du maire quand l'expropriation concerne un intérêt purement communal, du concessionnaire, si ces travaux ont fait l'objet d'une concession; lorsqu'il s'agit de travaux concernant l'État, le préfet prend un arrêté dans lequel il indique les sommes à offrir à chaque intéressé; cet arrêté est soumis à l'approbation de l'autorité supérieure, à moins que celle-ci n'ait déjà déterminé le montant des sommes à offrir. — De Lalleau, Jousselin, Rendu et Périn, t. 1, n. 420 et 424; Daffry de la Monnoye, t. 1, sur l'art. 37, n. 7; Crépon, sur l'art. 37, n. 21.

1260. — En matière d'expropriation pour travaux communaux, le maire de la commune a seul qualité, à l'exclusion du préfet, pour faire les offres aux exproprié. — Cass., 12 mai 1858, Desgrées, [S. 59.1.270, P. 59.738, D. 58.1.323]; — 23 déc. 1861, Billot, [S. 62.1.892, P. 62.1188, D. 62.1.272]; — 24 juill. 1877, Vialette, [S. 77.1.478, P. 77.1248] — Daffry de la Monnoye, t. 1, sur l'art. 37, n. 23; de Lalleau, Jousselin, Rendu et Périn, t. 1, n. 424, note.

1261. — Le préfet est donc sans qualité pour notifier les offres concernant une expropriation d'un intérêt exclusivement communal, et les offres ainsi notifiées sont entachées d'un vice de nullité qui affecte la décision du jury elle-même. — Cass., 13 avr. 1897, Neyret, [S. et P. 97.1.288, D. 99.1.506] — Toutefois, il ne saurait en être ainsi, lorsque la notification n'est pas seulement faite à la requête du préfet, agissant dans l'intérêt de la commune, mais encore sur les poursuites et diligences du maire de cette commune. — Cass., 6 août 1883, Gasnier, [S. 85. 1.456, P. 85.1.1088, D. 84.1.335] — Dans ce cas, l'intervention du préfet ne vicie pas la procédure puisque la commune est régulièrement représentée par son maire. — Crépon, sur l'art. 37, n. 24.

1262. — Il y a également nullité des offres faites par le préfet, alors que l'exécution des travaux a été confiée à une compagnie concessionnaire, et que c'est d'elle, par suite, que les offres devraient régulièrement émaner. — Cass., 31 mai 1865, Granger-Chotard, [D. 65.5.173] — Daffry de la Monnoye, t. 1, sur l'art, 37, n. 7; de Lalleau, Jousselin, Rendu et Périn, t. 1, n. 423, note.

1263. — Ce qui intervient entre la personne sans qualité pour notifier des offres, et l'exproprié, ne saurait nuire au véritable expropriant, ni lui préjudicier. Par suite, tant que celui-ci n'a pas participé à la procédure irrégulièrement suivie en son nom, ou qu'il ne l'a pas ratifiée directement ou implicitement (V. *suprà*, n. 1256, et *infrà*, n. 1283, 1286), il est toujours à temps pour en faire prononcer la nullité.

1264. — Au cas d'expropriation pour les travaux de rectification et d'élargissement d'une route nationale, les offres sont valablement faites par la commune qui, moyennant une subvention de l'Etat, se trouve chargée d'exécuter l'entreprise à ses risques et périls, et qui, subrogée aux droits de l'administration, a été autorisée à faire les acquisitions nécessaires à l'exécution de cette entreprise. — Cass., 29 août 1867, Dupont, [S. 68.1.136, P. 68.306, D. 67.1.493] — Crépon, sur l'art. 37, n. 30; Daffry de la Monnoye, t. 1, sur l'art. 37, n. 7.

1265. — Lorsque le maire d'une commune intéressée au classement d'un chemin vicinal d'intérêt commun refuse de procéder au règlement des indemnités dues aux expropriés, le préfet peut y procéder d'office par lui-même ou par un délégué spécial. — Cass., 4 mars 1868, Devaux, [S. 68.1.413, P. 68. 1102, D. 68.1.206]; — 25 mai 1868, Meunier, [D. 68.1.405] — Crépon, sur l'art. 37, n. 31; Daffry de la Monnoye, t. 1, sur l'art. 37, n. 7.

Section III.

A qui les offres doivent être faites.

1266. — Lorsqu'il y a plusieurs intéressés à une même indemnité, propriétaire, usufruitier, usager, ayant droit à une servitude, l'administration doit diviser son offre, de manière que chacun puisse répondre pour son propre compte. — Ainsi le propriétaire peut accepter les offres, et le locataire les refuser, ou réciproquement. De même, lorsqu'il y a à la fois un nu-propriétaire et un usufruitier, l'acceptation du propriétaire ne dispenserait pas de faire des offres à l'usufruitier. Mais alors, si l'indemnité obtenue du jury par l'usufruitier est supérieure à celle que le propriétaire a acceptée, celui-ci ne saurait profiter de l'excédant, et à l'extinction de l'usufruit, cet excédant devra rentrer dans la caisse de l'administration. — Au contraire, si l'indemnité fixée par le jury est inférieure à l'indemnité amiable, l'usufruitier profitera de la totalité de celle-ci; seulement il sera condamné aux frais. — L'usufruitier peut penser, en effet, que le nu-propriétaire n'élève pas assez haut la valeur de l'immeuble sur lequel porte son usufruit, et que la somme qu'il demande et sur laquelle portera désormais son usufruit n'est pas en rapport avec l'immeuble exproprié; il y a donc intérêt à la faire élever. L'usufruitier est en droit de demander une indemnité pour pertes de récoltes, privation de loyers, déménagements, etc. Les sommes qu'il obtient de ce chef lui sont personnelles et le nu-propriétaire n'a pas à en demander compte. — De Lalleau, Jousselin, Rendu et Périn, t. 1, n. 421.

1267. — L'expropriant n'est tenu de notifier des offres aux créanciers inscrits que s'ils font connaître et sont intervenus. Si l'indemnité qu'ils ont obtenue du jury est supérieure à l'indemnité acceptée par le propriétaire, l'administration deviendra créancière de ce dernier pour la différence. — Daffry de la Monnoye, t. 1, sur l'art. 23, n. 3; de Lalleau, Jousselin, Rendu et Périn, t. 1, n. 421 et 426; Crépon, sur l'art. 23, n. 24.

1268. — Lorsque l'immeuble exproprié appartient à un mineur ou à une femme mariée, les offres doivent distinguer la somme représentant l'indemnité principale de celle représentative des fruits, parce que la première seule représentant un capital est sujette à remploi, et que l'autre, représentant un revenu, doit rester à la disposition du tuteur ou du mari. — V. *infrà*, n. 1299.

1269. — Les diverses causes d'indemnité sont distinctes dans le procès-verbal d'évaluation que l'administration a fait dresser; il sera aussi fort utile dans son offre à l'expropriant les distingue, et offre une somme pour la valeur du terrain, une autre pour la dépréciation du restant de la propriété, une autre pour la perte de fruits, de récoltes, de revenus, une autre à raison du rétablissement des clôtures, de l'établissement de nouveaux chemins, etc. Cette division n'est pas obligatoire, mais elle facilite l'examen de l'exproprié et la décision du jury. Si l'exproprié ne conteste que quelques-unes de ces offres, la discussion ne portera que sur elles, et les diverses parties ne devront se munir de pièces et de documents qu'à leur égard. — Foucart, t. 4, p. 199; Herson, p. 138 et 139; Gaud, p. 297; de Lalleau, Jousselin, Rendu et Périn, t. 1, n. 441.

1270. — Les offres doivent être faites aux propriétaires dont le nom est mentionné au jugement d'expropriation d'après les indications de la matrice cadastrale. Ces propriétaires sont, en effet, les seuls, que l'expropriant connaisse légalement (V. *suprà*, n. 290 et s.). — Cass., 4 juill. 1860, Hainguerlot, [P. 62.120, D. 60.1.411]; — 10 févr. 1869, Live, [D. 69.1.175]; — 25 avr. 1886, Drilhon, [S. 88.1.231, P. 88.1.546]; — 23 févr. 1891, Boiffin, [S. 91.1.416, P. 91.1.1009] — Daffry de la Monnoye, t. 1, sur l'art. 23, n. 7; de Lalleau, Jousselin, Rendu et Périn, t. 1, n. 425; Crépon, sur l'art. 23, n. 16, et sur l'art. 37, n. 34.

1271. — Ainsi, sont nulles, comme irrégulières, les offres signifiées, non à la personne désignée à la matrice des rôles comme propriétaire, mais à une personne indiquée (à tort, d'ailleurs) comme propriétaire et présumée telle, dans un tableau dressé par l'administration et joint au jugement d'expropriation, surtout si la personne désignée à la matrice des rôles s'est fait régulièrement connaître comme étant le véritable propriétaire. — Cass., 25 avr. 1886, précité.

1272. — Jugé, dans le même sens, que les offres d'indemnité sont régulièrement signifiées à celui qui est inscrit sur la matrice cadastrale comme propriétaire de l'immeuble exproprié, si l'expropriant n'avait pas légalement connaissance de la vente de cet immeuble antérieurement consentie à celui qui s'en prétendrait propriétaire. — Cass., 4 juill. 1860, précité. — Daffry de la Monnoye, t. 1, sur l'art. 23, n. 7; de Lalleau, Jousselin, Rendu et Périn, t. 1, n. 425; Crépon, sur l'art. 23, n. 17, et sur l'art. 37, n. 36.

1273. — Que décider si une mutation de propriété est effectuée sur la matrice des rôles entre le moment où le jugement est rendu et celui où les offres sont faites; l'expropriant devra-t-il nécessairement en tenir compte? Non; le jugement d'expropriation a fixé définitivement le droit des parties; c'est le propriétaire inscrit à la matrice et contre lequel le jugement a été rendu qui est devenu l'adversaire de l'expropriant; c'est donc à lui qu'il doit s'adresser. L'expropriant agira cependant sagement en recherchant, avant de lancer ses offres, si aucune mutation n'a été consignée à la matrice des rôles. — Daffry de la Monnoye, *loc. cit.*

1274. — Si le véritable propriétaire s'est fait connaître, par un acte extrajudiciaire, avant l'expiration des délais impartis par l'art. 21, l'expropriant doit, à peine de nullité, lui notifier des offres. — Cass., 2 juill. 1861, Leloullon, [P. 62.1004, D. 61. 1.283]; — 7 août 1865, Fournier, [S. 66.4.81, P. 66.181, D. 65. 5.184]; — 25 avr. 1886, Drilhon, [S. 88.1.231, P. 86.1.316] — Dans ce cas, l'expropriant fera bien de signifier des offres également au propriétaire inscrit à la matrice cadastrale pour le cas où une contestation s'élèverait entre eux sur le point de savoir quel est le véritable propriétaire. — Daffry de la Monnoye, t. 1, sur l'art. 23, n. 7; de Lalleau, Jousselin, Rendu et Périn, t. 2, n. 425; Crépon, sur l'art. 23, n. 18, et sur l'art. 37, n. 37.

1275. — Jugé, en ce sens, que dans le cas où le propriétaire de terrains expropriés a fait connaître, dans le délai de huitaine imparti par l'art. 21, L. 3 mai 1841, la vente par lui faite de ces terrains à un tiers, l'expropriant doit, à peine de nullité, notifier à ce dernier des offres personnelles et distinctes. — Cass., 11 juill. 1881, de Saint-Poncy, [S. 81.1.478, P. 81.1.1216, D. 82. 1.246] — Ce délai expiré, le cessionnaire ne peut plus exiger que des offres lui soient notifiées, alors du moins qu'elles ont déjà été faites à celui qui était régulièrement inscrit sur la matrice en qualité de propriétaire, et n'a plus que le droit de faire opposition au paiement de l'indemnité, de telle sorte qu'elle soit consignée; il aura alors à faire valoir ses droits devant le tribunal compétent.

1276. — Par conséquent, lorsqu'un prétendant droit à la propriété d'un terrain exproprié pour cause d'utilité publique est intervenu dans le délai fixé par l'art. 21, L. 3 mai 1841 en requérant l'observation à son égard de toutes les formalités prescrites par la loi, et en se réservant de faire valoir ses droits et de faire fixer son indemnité devant le jury, l'exproprient est tenu, à peine de nullité, d'accomplir vis-à-vis de lui comme vis-à-vis du propriétaire inscrit sur la matrice du rôle et contre lequel l'expropriation est poursuivie, les formalités prescrites par les art. 23, 24, 28, 31 et 37, L. 3 mai 1841, c'est-à-dire de faire la notification des sommes offertes et les autres notifications destinées à appeler les intéressés au règlement contradictoire des indemnités. — Cass., 15 juin 1858, Pallix, [P. 58.1123, D. 58. 1.324] — Par suite, et à défaut de l'accomplissement de ces formalités, le magistrat directeur et le jury ne peuvent, malgré l'opposition formée par ledit intervenant, procéder au règlement de l'indemnité due pour le terrain exproprié. — Même arrêt.

1277. — De même, lorsque l'exproprié décède pendant le cours des opérations, et que ses héritiers ne font pas connaître leurs noms et droits respectifs à l'expropriant, celui-ci a le droit de leur faire signifier collectivement, au dernier domicile du défunt, les actes de la procédure, notamment les offres et l'assignation devant le jury. — Cass., 24 juill. 1877, Vialettes,[S. 77.1. 478, P. 77.1248] — V. suprà, n. 767.

1278. — Mais en cas de décès du propriétaire, l'expropriant doit notifier des offres à chacun des héritiers s'ils se font régulièrement connaître. — Cass., 25 avr. 1886, Ilocbocq et Druas. [S. 88.1.231, P. 88.1.546]; — 23 févr. 1891, précité. — Par suite, dans le cas où plusieurs héritiers se font connaître, la notification des offres et nulle lorsqu'elle n'est faite qu'à un seul héritier. Et la décision du jury qui intervient à la suite de telles offres est viciée d'une nullité absolue à l'égard de tous les communistes. — Cass., 23 févr. 1891, précité. — V. aussi Cass., 2 juill. 1861, précité.

1279. — De même, lorsque, dans le délai imparti dans l'art. 21, L. 3 mai 1841, un mari a, par lettre, fait connaître à l'expropriant que par acte enregistré et transcrit, il avait cédé à sa femme séparée de biens la nue-propriété de l'immeuble exproprié, l'expropriant doit, à peine de nullité, faire des offres à la femme dont les droits lui ont été ainsi révélés. — Cass., 11 juill. 1881, précité. — Crépon, sur l'art. 23, n. 39.

1280. — Lorsque les immeubles expropriés appartiennent par indivis à plusieurs propriétaires, la signification des offres doit être faite individuellement à ceux qui se sont fait connaître, ou qui figurent nominativement, soit à la matrice cadastrale, soit dans le jugement d'expropriation, et collectivement à ceux qui n'y auraient été indiqués que par une mention collective. — Cass., 20 nov. 1862, Bourcard, [S. 63.1.399, P. 63.1117, D. 63.1.252]; — 1er mai 1866, Mignardet, [D. 66.5.196]; — 3 juin 1867, Villiers, [D. 67.1.197]; — 1er déc. 1880, Gourju, [S. 81.1.226, P. 81. 1.536, D. 82.1.80] — Crépon, sur l'art. 23, n. 20, et sur l'art. 37, n. 40; Daffry de la Monnoye, t. 1, sur l'art. 23, n. 7; de Lalleau, Jousselin, Rendu et Périn, t. 1, n. 425. — En d'autres termes, l'expropriant ne peut s'en rapporter à l'un des copropriétaires du soin de transmettre les offres aux autres copropriétaires.

1281. — Par suite, lorsque des immeubles expropriés ont été désignés comme appartenant à X... et frères, tant dans l'arrêté de cessibilité, que dans l'extrait de la matrice cadastrale transcrit au jugement d'expropriation, et que ceux-ci ont été cités devant le jury, par copie séparée, sous cette dénomination, les offres faites à X... seul sont nulles. — Cass., 1er déc. 1880, précité. — Dans ce cas, il ne suffit pas que les offres soient adressées au propriétaire spécialement dénommé sur la matrice des rôles, il faut encore que les offres soient faites collectivement aux propriétaires désignés par une énonciation collective. — Crépon, sur l'art. 23, n. 21.

1282. — Au cas où l'un des copropriétaires d'un immeuble indivis exproprié n'a reçu ni notification d'offres, ni assignation à comparaître devant le jury, alors que cependant tous les copropriétaires étaient inscrits à la matrice cadastrale et désignés au jugement d'expropriation, la décision du jury est nulle pour le tout, même à l'égard de ceux des copropriétaires avec lesquels elle est intervenue. — Cass., 26 nov. 1862, Bourcard, [S. 63.1. 399, P. 63.1117, D. 63.1.252]; — 1er mai 1866, précité; — 3 juin 1867, précité. — Crépon, sur l'art. 37, n. 41; de Lalleau, Jousselin, Rendu et Périn, t. 1, n. 425.

1283. — Si cependant l'un des copropriétaires n'a pas reçu les offres, mais qu'il soit établi, par un acte émané de lui-même, qu'il les a connues en temps utile, si en outre il a discuté l'indemnité devant le jury, sans protestations ni réserves, il a renoncé implicitement à invoquer la nullité résultant de l'ab-

sence d'offres, et ne pourrait plus tard se prévaloir de ce moyen. — Cass., 1er juill. 1867, Duveyrier, [D. 67.1.253] — Daffry de la Monnoye, t. 1, sur l'art. 23, n. 9.

1284. — L'expropriant n'ayant point à se faire juge des contestations relatives à la propriété, il a été décidé que, bien que le jugement d'expropriation porte que deux immeubles inscrits sous deux numéros différents de la matrice cadastrale sont indivis entre deux propriétaires, si l'un de ces propriétaires signifie à l'expropriant que la propriété de l'un de ces immeubles lui appartient exclusivement, en indiquant son titre, il y a nécessité pour l'expropriant de faire des offres d'indemnités distinctes et séparées aux deux propriétaires : une offre d'une seule indemnité faite collectivement et conjointement est irrégulière et inefficace. — Cass., 7 août 1865, Fournier, [S. 66.1 81, P. 66. 181, D. 65.5.184]

1285. — L'expropriant ne peut non plus à fortiori faire des offres collectives à deux propriétaires d'immeubles séparés; et la nullité résultant de l'irrégularité des offres serait encourue alors même que devant le jury, au moment de l'ouverture des débats, l'expropriant aurait fait des offres séparées : ces offres seraient tardives. — Cass., 16 août 1837, Bernard, [S. 57.1.862, P. 58.470, D. 57.1.330] — Crépon, sur l'art. 37, n. 43 et 44; de Lalleau, Jousselin, Rendu et Périn, t. 1, n. 425, note; Daffry de la Monnoye, t. 1, sur l'art. 37, n. 9.

1286. — Quand l'expropriant a offert à plusieurs indemnitaires une somme fixe s'appliquant tout à la fois à une industrie, aux immeubles dans lesquels cette industrie s'exerçait et à une maison d'habitation, et que, devant le jury, la somme offerte a été, sur la demande des expropriés, divisée entre les immeubles et l'industrie avec distraction d'une partie de ladite somme en vue de la maison d'habitation, les divers intéressés ne peuvent se prévaloir devant la Cour de cassation, de ce que la division des offres ainsi opérée constituerait des offres nouvelles tardivement et irrégulièrement faites, si, devant le jury, ils ont discuté et combattu, sans aucune réserve, les chiffres d'indemnité fixés par l'expropriant. — Cass., 18 nov. 1875, Rimaillo, [S. 75.1.177, P. 75.406]; — 18 nov. 1875, Goupil, [Ibid.]; — 18 nov. 1875, Séguin, [Ibid.] — Crépon, sur l'art. 37, n. 45; de Lalleau, Jousselin, Rendu et Périn, t. 1, n. 425, note. — Dans ce cas, l'exproprié ne peut se plaindre d'une procédure par lui faite, et dans laquelle l'expropriant n'a fait que la suivre.

1287. — Le propriétaire de terrains expropriés, qui ne s'est fait connaître à l'expropriant qu'après l'expiration du délai de huitaine imparti par l'art. 21, L. 3 mai 1841, ne peut exiger la notification des offres de l'administration, alors d'ailleurs que ces offres ont été précédemment faites à celui qui était régulièrement inscrit sur la matrice en qualité de propriétaire. — Cass., 22 déc. 1875, Pallix, [S. 76.1.175, P. 76.404, D. 76.5.235]

1288. — L'expropriant peut offrir une somme unique à raison de plusieurs parcelles appartenant au même propriétaire. L'exproprié ne peut notamment se plaindre de ce qu'il lui a été notifié une offre d'une somme unique s'appliquant à deux parcelles différentes si, d'une part, le tableau des offres et demandes indiquait la somme offerte pour chaque parcelle, et si, de l'autre, il résulte des circonstances que l'exproprié n'a pu ignorer quelle était cette somme. — Cass., 17 nov. 1874, Foriel, [S. 75.1.39, P. 75.62, D. 75.1.62] — Crépon, sur l'art. 37, n. 46 et 47; Daffry de la Monnoye, t. 1, sur l'art. 37, n. 10. — Cependant il vaudra toujours mieux, en ce cas, que l'expropriant divise ses offres, et en fasse une spécialement pour chaque parcelle; il facilite ainsi la réponse de l'exproprié, la discussion devant le jury, et rend plus facile une entente, toujours désirable, avec l'exproprié.

1289. — L'administration n'est tenue de notifier des offres au locataire qu'autant que le droit à une indemnité pour celui-ci lui a été signifié à elle-même conformément au délai préfini par la loi (V. suprà, n. 1084 et s.). En l'absence de cette signification, le défaut d'offres ne saurait être un moyen d'annulation de la décision du jury. — Cass., 4 mars 1844, Luys, [S. 44.1.374, P. 44.1.694]; — 27 janv. 1869, Barbe, [S. 69.1.385, P. 69.946, D. 69.1.243]; — 25 août 1875, Seguin, [S. 76.1.177, P. 76.1087, D. 76.1.56]; — 22 déc. 1875, Pallix, [S. 76.1.175, P. 76.404, D. 76.5.235]; — 7 janv. 1893, Bonneton, [S. et P. 95.1.144] — Crépon, sur l'art. 23, n. 25. — Les autres locataires sont pour elle des tiers dont il n'y a point à se préoccuper; demeurés vis-à-vis de l'expropriant il leur reste à faire valoir leurs droits contre le propriétaire, s'ils sont dans des conditions qui leur permettent de s'adresser à lui.

1290. — Mais lorsque, devant le jury, l'expropriant n'a pas opposé la tardiveté de sa réclamation au locataire, ou autre intéressé, qui s'est fait connaître après le délai imparti par l'art. 21, L. 3 mai 1841, cet expropriant ne peut se plaindre de ce qu'une indemnité ait été accordée audit locataire. — Cass., 28 juill. 1879, Préfet de la Lozère, [S. 81.1.377, P. 81.1.900, D. 80.1.81] — Daffry de la Monnoye, t. 1, sur l'art. 21, n. 29; Crépon, sur l'art. 23, n. 27 et 28.

1291. — Lorsqu'il est certain que l'expropriant connaît les intéressés, il doit leur faire des offres, sans qu'il soit besoin de dénonciation spéciale du nom de ces parties intéressées. — V. *supra*, n. 1104 et 1105.

1292. — Par suite, l'expropriant qui a fait notifier le jugement d'expropriation au locataire en qualité de « locataire » ne peut le priver du droit essentiel de débattre personnellement le chiffre de l'indemnité et doit, à peine de nullité, lui faire des offres spéciales et distinctes. — Cass., 16 mars 1897, Soc. de Saint-Anne et Chamalières, [S. et P. 97.1.360, D. 97.1.224]

1293. — Lorsque le propriétaire exproprié a dénoncé à l'administration un ayant-droit sur l'immeuble (V. *supra*, n. 1084 et s.), des offres personnelles et distinctes doivent, à peine de nullité, être faites à ce dernier, même en l'absence de toute intervention de sa part; il ne suffirait pas, en pareil cas, de se borner à faire des offres au propriétaire et à en avertir l'avant-droit « sauf à celui-ci à se faire attribuer par son cointéressé l'indemnité partielle qui pourrait lui être due. » — Cass., 21 août 1877, Jacquier, [S. 77.1.432, P. 77.1123, D. 80.5.192] — Crépon, sur l'art. 23, n. 35.

1294. — Celui qui s'est fait connaître à l'expropriant comme étant le seul propriétaire ne peut se faire un grief contre l'exproprianst de ce que celui-ci a notifié ses offres conformément à ses prétentions, et n'en a point fait au propriétaire porté à la matrice des rôles. — Cass., 25 juin 1867, Bourret, [D. 67.1.493] — Crépon, sur l'art. 23, n. 35. — On ne peut en effet se faire un moyen de nullité d'un acte que l'on a soi-même provoqué, à moins que le moyen ne touche à l'ordre public. Dans ce cas le propriétaire inscrit au rôle serait seul recevable à se plaindre et arguer la procédure de nullité.

1295. — L'offre d'indemnité faite par l'administration à un exproprié pour cause d'utilité publique est valable, bien qu'elle ait été faite sous la réserve d'une action dont le jury n'avait point à connaître, spécialement sous la réserve de l'exercice ultérieur d'une action en indemnité pour plus-value du surplus de l'immeuble, en vertu de la loi du 16 sept. 1807. — Cass., 23 nov. 1853, Neveux, [P. 54.2.275, D. 54.5.347]

1296. — Les offres relatives au domaine de l'Etat doivent être notifiées au préfet, et non au sous-préfet. — Cass., 11 juill. 1881, Préfet des Basses-Pyrénées, [S. 82.1.35, P. 82.1.53]— Crépon, sur l'art. 37, n. 33; de Lalleau, Jousselin, Rendu et Périn, t. 1, n. 425. — C'est là une application de l'art. 69, C. proc. civ., portant que l'Etat sera assigné, lorsqu'il s'agit de domaines et droits nationaux, en la personne ou au domicile du préfet.

1297. — L'Etat expropriant est-il tenu de faire des offres à raison de l'expropriation d'un immeuble qui lui a autrefois appartenu et qu'il a antérieurement vendu avec cette clause que l'acquéreur sera tenu « de souffrir la privation de cet immeuble par démolition ou autrement, si la nécessité publique légalement constatée, ou les embellissements que le gouvernement projetterait, venaient à l'exiger. » Le Conseil d'Etat auquel la question a été soumise a estimé que cette clause dispensait bien l'Etat de poursuivre le règlement préalable de l'indemnité, mais ne le dispensait pas de payer cette indemnité. Des offres devront donc être faites à l'exproprié au moment du règlement; pour établir une dispense complète d'indemnité, il faudrait une clause plus formelle. — Cons. d'Et., 8 juin 1854, Payy, [D. 55.3.4] — Daffry de la Monnoye, t. 1, sur l'art. 23, n. 16.

1298. — La notification des offres ne peut être valablement faite à la personne de l'exproprié pourvu d'un conseil judiciaire, qu'autant qu'elle serait faite conjointement à la personne de son conseil judiciaire, sans l'assistance duquel il ne peut débattre ni accepter lesdites offres. — Cass., 17 avr. 1886, Quesnot, [*Bull. civ.*, n. 81]; — 4 mars 1890, de Sereys, [S. 90.1.272, P. 90.1.662, D. 90.5.260] — Crépon, sur l'art. 31, n. 39. — Le prodigue ne peut en effet ester en justice sans l'assistance de son conseil judiciaire : il ne saurait compromettre ses droits en acceptant une indemnité qui ne serait point en rapport avec la valeur de ses propriétés; d'ailleurs, l'acceptation des offres constituerait une cession amiable que le prodigue ne saurait seul consentir (V. *supra*, n. 601, et v° *Conseil judiciaire*, n. 192 et s.). Par suite si, en l'absence de ces notifications au conseil judiciaire, le prodigue a comparu seul devant le jury, la procédure en règlement d'indemnité, ainsi que les décisions et ordonnance qui l'ont suivie, sont viciées de nullité. — Cass., 4 mars 1890, précité.

1299. — Lorsque la personne est incapable, les offres ne peuvent être faites à cet incapable seul; ainsi les offres faites à une femme mariée doivent l'être aussi à son mari, sans l'assistance duquel la femme ne peut agir ni ester en justice (V. *supra*, v° *Autorisation de femme mariée*). Comme les offres doivent toucher le véritable propriétaire, elles ne peuvent, à peine de nullité, être faites au mari seul, si elles concernent un immeuble propre à la femme. — Cass., 24 août 1846, de Forert, [S. 46.1.879, P. 46.2.509, D. 46.1.329]; — 5 févr. 1862, du Gasset, [S. 62.1.890, P. 63.381, D. 62.1.378]; — 4 juill. 1864, Banguel, [D. 64.5.152]; — 2 avr. 1873, Lover, [S. 73.1.473, P. 73.1189, D. 73.5.232]; — 11 juill. 1881, de Saint-Poney, [S. 81.1.478, P. 81.1.1216]— Crépon, sur l'art. 37, n. 35; Daffry de la Monnoye, t. 1, sur l'art. 37, n. 8; de Lalleau, Jousselin, Rendu et Périn, n. 423, note. — V. *supra*, n. 1268.

Section IV.

En quel lieu et en quelle forme les offres doivent être faites.

1300. — Les offres doivent être notifiées aux intéressés, conformément à l'art. 15, § 2, L. 3 mai 1841, au domicile élu, et, s'il n'y a pas eu élection de domicile, en deux copies remises l'une au maire, l'autre au fermier, locataire, gardien ou régisseur de la propriété. — Cass., 1er déc. 1880, Gourju, [S. 81.1.226, P. 81.1.536, D. 82.1.80]; — 11 juill. 1881, Préfet des Basses-Pyrénées, précité. — Daffry de la Monnoye, t. 1, sur l'art. 23, n. 6; Crépon, sur l'art. 23, n. 37 et 38; de Lalleau, Jousselin, Rendu et Périn, t. 1, n. 424 *bis*.

1301. — Lorsque l'exproprié n'est point domicilié dans l'arrondissement de la situation des biens, qu'il n'y a pas fait élection de domicile, et qu'il y a lieu de notifier les offres entre les mains du maire, ainsi qu'entre celles du fermier, locataire, gardien ou régisseur de la propriété, on doit assimiler aux offres faites à l'exproprié « où étant et parlant à son fils, » rien n'établissant que le fils qui a reçu cette notification occupait ou gardait les immeubles expropriés à l'un des titres énumérés par la loi; il en est ainsi d'ailleurs alors qu'aucune copie n'a été remise au maire de la commune. — Cass., 1er août 1892, Benedetti, [D. 93.1.504]

1302. — L'administration de la guerre poursuivant le règlement de l'indemnité relative à des travaux militaires, qui ne sont pas déclarés urgents, doit notifier ses offres au domicile élu; seulement comme dans beaucoup de cas, à cause de la rapidité plus grande de la procédure, l'élection de domicile n'aura point été faite, la notification des offres aura lieu en double copie, l'une au maire, l'autre au fermier, locataire, gardien ou régisseur. — De Lalleau, Jousselin, Rendu et Périn, t. 2, n. 1025. — Les offres et demandes d'indemnité relatives aux travaux militaires urgents ont lieu aussi conformément au droit commun. — De Lalleau, Jousselin, Rendu et Périn, t. 2, n. 1058.

1303. — La notification des offres faite, en l'absence d'élection de domicile, au maire de la commune, est nulle, si elle n'est pas faite en même temps au fermier, locataire, gardien, ou régisseur de la propriété. — Cass., 11 juill. 1881, précité ; — 28 mai 1895, Préau, [S. et P. 93.1.512] — Crépon, sur l'art. 23. n. 39 et 44. — Peu importe que les offres aient été renouvelées aux expropriés, soit dans la citation à eux donnée devant le jury à un délai moindre que celui de quinzaine avant la comparution, soit à la séance même. — Cass., 28 mai 1895, précité.

1304. — L'élection de domicile faite, en des termes généraux et sans réserve, au moment de l'enquête qui suit la publication des plans parcellaires s'applique à l'ensemble de la procédure d'expropriation et autorise l'exproprianst à notifier ses offres au domicile ainsi élu. — Cass., 8 nov. 1881, de l'Hôpital, [S. 82.1.433, P. 82.1.285, D. 83.1.24] — Crépon, sur l'art. 23, n. 40 et 41 ; de Lalleau, Jousselin, Rendu et Périn, t. 1, n. 423, note.

1305. — Si une élection de domicile a été faite en dehors de l'arrondissement de la situation des biens, l'exproprianst est en droit de n'en point tenir compte, puisque cette élection n'est point faite conformément à la loi ; à ce point de vue spécial les divers arrondissements de la ville de Paris doivent être considérés comme des arrondissements distincts ; jugé, en conséquence, qu'au cas d'expropriation d'un immeuble situé à Paris, l'élection de domicile faite par l'exproprié hors de l'arrondissement municipal dans lequel est situé l'immeuble n'oblige pas celui qui poursuit l'expropriation à notifier ses offres à ce domicile élu : la notification, dans ce cas, peut être faite aux personnes désignées par l'art. 15, L. 3 mai 1841. — Cass., 15 mai 1855, de Bonardi et du Ménil, [S. 55.1.537, P. 57.383, D. 55.1.294] — Daffry de la Monnoye, t. 1, sur l'art. 23, n. 6 ; de Lalleau, Jousselin, Rendu et Périn, t. 1, n. 424, note, Crépon, sur l'art. 23, n. 42. — V. *suprà*, n. 948.

1306. — Quant à l'exproprié, qui n'a pas fait élection de domicile dans l'arrondissement de la situation des biens, il reçoit régulièrement la notification des offres à son domicile réel, si ce domicile est situé dans l'arrondissement ou dans la commune où se trouvent les biens expropriés. — Cass., 17 mars 1885, Lévêque, [S. 87.1.277, P. 87.1.634, D. 86.1.112] ; — 17 mars 1885, Pénétot, [*Ibid.*] — De Lalleau, Jousselin, Rendu et Périn, t. 1, n. 424, note.

1307. — Si l'expropriant est lui-même locataire de l'immeuble exproprié, il n'a pas à exécuter à son propre égard, les prescriptions relatives aux offres ; il n'a point à se signifier des offres soit au domicile élu, soit en double copie, l'une au maire, l'autre au fermier, etc. Les offres n'auraient, en effet, pour lui aucune utilité et ne feraient que charger la procédure d'un incident inutile tout en augmentant les frais. — Cass., 15 mars 1869, Ardouin, [D. 69.1.272] — Daffry de la Monnoye, t. 1, sur l'art. 23, n. 12 ; Crépon, sur l'art. 23, n. 45.

1308. — Lorsque, sur la notification à eux faite collectivement, les héritiers du propriétaire inscrit à la matrice des rôles se sont fait connaître, les offres, ainsi que tous autres actes de procédure prescrits par la loi du 3 mai 1841, doivent être notifiées, à chacun d'eux, au domicile élu dans l'arrondissement de la situation des biens expropriés, et, à défaut d'élection de domicile, en double copie au maire et au fermier, locataire, régisseur ou gardien desdits biens. — Cass. 25 avr. 1886, Hocbocq et Druas, [S. 88.1.231, P. 88.1.346] — V. *suprà*, n. 1278.

1309. — L'acte d'offres et la citation devant le jury sont nuls, alors qu'ils ont été signifiés à plusieurs copropriétaires par une seule copie. — Cass., 21 mai 1890, Marochetti, [S. et P. 92.1.592, D. 91.1.374] — Jugé, spécialement, que sont nuls les actes d'offres et la citation devant le jury remis au maire seul, et non au locataire, fermier ou régisseur, en l'absence d'une élection de domicile de la part des copropriétaires expropriés et demeurant hors de l'arrondissement, alors surtout qu'une seule copie a été laissée pour tous les copropriétaires. — Même arrêt. — Et que la nullité peut être invoquée par tous les copropriétaires, même par celui qui a reçu la copie unique. — Même arrêt. — C'est la conséquence et le résultat nécessaire de l'indivision. Un ou plusieurs des copropriétaires ayant le droit de demander la nullité de l'expropriation, le même droit appartient à celui des copropriétaires qui ne peut invoquer la nullité de son chef ; il ne saurait demeurer dans l'incertitude, et attendre que ses copropriétaires intentent leur action en nullité ou renoncent à l'exercer.

1310. — Les offres sont faites soit par un huissier, soit par un agent de l'administration dont les procès-verbaux font foi en justice (V. *suprà*, n. 952 et s.). L'huissier ou l'agent chargé de la notification n'est porteur ni des sommes offertes, ni d'un mandat d'une valeur égale aux sommes offertes ; il doit être extrait de l'arrêté du préfet fixant les sommes à offrir, s'il s'agit d'une expropriation concernant l'Etat ou le département, un extrait de l'arrêté du maire s'il s'agit d'une expropriation d'un intérêt purement communal, ou les offres faites directement par le concessionnaire. — De Lalleau, Jousselin, Rendu et Périn, t. 1, n. 424 *bis*.

1311. — Les offres à faire par l'expropriant à l'exproprié ne sont point assujetties aux conditions des offres réelles ; mais l'exproprié sans intérêt à se plaindre de ce qu'elles ont eu lieu dans cette forme, lorsqu'il n'en est résulté à son égard ni augmentation de frais, ni obstacle à l'exercice de ses droits, ni préjudice quelconque. — Cass., 6 avr. 1859, Cario, [S. 59.1.937, P. 59.834, D. 59.1.164] ; — 6 avr. 1859, Desgrée, [*Ibid.*] — Crépon, sur l'art. 23, n. 46 ; Debray, n. 69 ; Daffry de la Monnoye, t. 1, sur l'art. 23, n. 13 ; de Lalleau, Jousselin, Rendu et Périn, t. 1, n. 124 *bis*.

1312. — D'après un auteur, les offres ne peuvent être faites en même temps que la signification du jugement ; il estime qu'elles ne peuvent se produire qu'après l'expiration du délai imparti par l'art. 21 ; que l'intégralité de ce délai appartient au propriétaire pour rechercher les locataires, fermiers et autres ayants-droit sur l'immeuble qu'il doit dénoncer (V. *suprà*, n. 1084 et s.), et qu'on ne saurait l'obliger à procéder à la fois à ces recherches, et à réfléchir sur les offres. — Daffry de la Monnoye, t. 1, sur l'art. 23, n. 14.

1313. — Mais cette restriction n'a point été apportée aux droits de l'expropriant ; le but de la loi c'est d'aller vite et d'abréger les délais ; la situation du propriétaire n'est d'ailleurs point aggravée ; il peut tout à la fois rechercher les ayants-droit qu'il doit dénoncer à l'expropriant et examiner les offres qui lui sont soumises ; il le peut d'autant mieux qu'il n'est point pris à l'improviste et que, en fait, il connaît l'expropriation depuis longtemps et même, la plupart du temps, compte sur elle pour céder sa propriété à un prix très-rémunérateur. — Cass., 27 janv. 1869, Barbe, [S. 69.1.383, P. 69.946, D. 69.1.243] — De Lalleau, Jousselin, Rendu et Périn, t. 1, n. 424 *bis*; Crépon, sur l'art. 23, n. 47.

1314. — L'indication au crayon, dans l'acte de notification des offres, du numéro par lequel l'une des parcelles expropriées figure au plan cadastral, n'est pas une cause de nullité, lorsque l'incertitude pouvant en résulter se trouve rectifiée par la concordance du jugement d'expropriation et du tableau des offres mis sous les yeux du jury. — Cass., 16 mai 1860, Bottes, [P. 61. 1124, D. 60.1.410]

1315. — Les offres ne sont réputées signifiées que du jour où l'exploit a été remis à la partie ou à son mandataire, ledit jour constaté par les énonciations de l'original, encore bien qu'en tête de cet original figurait une date antérieure. — Cass., 25 août 1856, Lentemann, [S. 57.1.141, P. 58.950, D. 56.1.333]

1316. — L'affichage et la publication des offres ont seulement pour but de soumettre ces offres au contrôle de l'opinion publique, et d'inviter les intéressés qui ne se sont pas fait connaître dans les délais de l'art. 21, à faire valoir leurs droits sur le prix s'ils le jugent à propos, et à mettre opposition au paiement de l'indemnité fixée par le jury. Cet affichage n'ayant point un caractère essentiel, la loi ne l'a point prescrit à peine de nullité. Jugé, en ce sens, que les dispositions relatives à l'affichage et à la publication des offres ne sont pas de celles dont la violation donne ouverture à cassation. — Cass., 6 août 1883, Gasnier, [S. 85.1.456, P. 85.1.1088, D. 84.1.335] — Daffry de la Monnoye, t. 1, sur l'art. 23, n. 48.

Section V.
De la nullité résultant de l'irrégularité des offres.

1317. — La nullité résultant du défaut ou de la tardiveté des offres est substantielle et peut être produite pour la première fois devant la Cour de cassation. — Cass., 11 févr. 1857, Meyer, [S. 57.1.861, P. 58.470, D. 58.1.470] ; — 2 mai 1859, Lecuyer, [P. 59.1013, D. 59.1.208] ; — 27 janv. 1863, Duffet, [*Bull. civ.*, n. 21] ; — 24 mars 1869, Syndicat des digues d'Allex, [D. 69.1. 206] ; — 5 avr. 1869, Levesque, [S. 69.1.228, P. 69.541, D. 69.1. 343] ; — 22 févr. 1870, Ausas, [S. 70.1.174, P. 70.403, D. 70.1. 207] ; — 27 oct. 1880, Gourju, [S. 81.1.226, P. 81.1.536, D. 82. 1.80] — Daffry de la Monnoye. t. 1, sur l'art. 23, n. 5 ; de Lalleau, Jousselin, Rendu et Périn, t. 1, n. 425 *ter*; Crépon, sur l'art. 23, n. 49. — V. *suprà*, n. 1233.

1318. — Mais cette nullité ne touche point à l'ordre public ; par suite elle peut se couvrir ; et l'exproprié qui renonce formellement à la faire valoir est plus tard irrecevable à invoquer pour la première fois devant la Cour de cassation le moyen tiré de cette irrégularité. — Cass., 6 août 1856, Chauchart, [D. 56.1.331] ; — 20 août 1860, Gérard, [P. 61.765, D. 60.1.415] ; — 16 mars 1887, Savare, [S. 88.1.86, P. 88.1.176, D. 88.1.327] ; — 13 août 1889, Coyon, [S. 91.1.543, P. 91.1.1311, D. 91.1.40] — De Lalleau, Jousselin, Rendu et Périn, *loc. cit.*; Daffry de la Monnoye, *loc. cit.*; Crépon, sur l'art. 23, n. 50.

1319. — Il a été jugé même que l'obligation de notifier des offres à l'exproprié n'intéressant point l'ordre public, celui-ci peut renoncer au droit d'exciper de l'inaccomplissement de cette formalité, et que sa renonciation implicite peut résulter des circonstances de la cause, et notamment de la part prise par lui aux conclusions qui ont saisi le jury d'une question d'indemnité alternative. — Cass., 16 mars 1887, précité; — 13 août 1889, précité.

1320. — ... Que, par suite, l'exproprié auquel des offres sont faites seulement à l'audience, ne peut se pourvoir en cassation, à raison de cette irrégularité, s'il n'a pas protesté contre le défaut d'offres préalables, s'il a conclu à l'allocation d'une indemnité, et si enfin il n'a formulé aucune réserve. — Cass., 16 mars 1887, précité.

1321. — Cependant dans cette opinion on reconnaissait qu'une telle renonciation ne saurait résulter des seules conclusions de l'exproprié aux fins de fixation d'une indemnité alternative, alors que l'exproprié ne s'y est point associé, et n'a pas discuté la nouvelle offre qui lui était faite. — Cass., 13 août 1889 précité.

1322. — ... Et que vainement l'expropriant alléguerait que l'exproprié n'a manifesté qu'au cours des débats la prétention qui a rendu nécessaire la position au jury d'une question alternative, si le procès-verbal ne porte aucune mention qui permette de s'éclairer sur ce point et d'en tirer la conséquence que les expropriants ont virtuellement provoqué l'offre immédiate, et, par suite, irrégulière. — Même arrêt.

1323. — Mais la Cour de cassation a reconnu, au contraire, dans la plupart de ses arrêts, que la nullité résultant de l'absence d'offres, étant substantielle, ne peut pas être couverte par le seul fait de la comparution des parties devant le jury et par la simple demande d'une indemnité par l'exproprié. — Cass., 5 févr. 1853, Minguet, [S. 53.1.606, P. 56.1.624]; — 11 févr. 1857, Meyer, [S. 57.1.851, P. 58.470, D. 57.1.71]; — 18 août 1857, Bernard, [S. 57.1.862, P. 58.470, D. 57.1.330]; — 29 mars 1858, Dissart, [S. 59.1.351, P. 59.189, D. 58.1.321]; — 12 juin 1860, Maurice, [S. 60.1.1003, P. 61.267, D. 60.1.405]; — 24 mars 1869, [Bull. civ., n° 67]; — 5 avr. 1869, Levesque, [S. 69.4.228, P. 69.54]; — 22 févr. 1870, Ausas, [S. 70.1.174, P. 70.403]; — 1er déc. 1880, Gourju, [S. 81.1.226, P. 81.1.536, D. 82.1.80]; — 9 juill. 1889, Gamblin, [S. 91.1.351, P. 91.1.826, D. 90.5.252]; — 4 janv. 1892, Barillon, [S. et P. 92.1.159] — De Lalleau, Jousselin, Rendu et Périn, t. 1, n. 425 ter; Dalfry de la Monnoye, t. 1, sur l'art. 23, n. 3; Crépon, sur l'art. 23, n. 51.

1324. — L'arrêt du 4 janv. 1892 a été rendu après délibération en chambre du conseil, et alors que l'attention de la cour avait été appelée sur les divergences qu'on pouvait apercevoir dans sa jurisprudence sur la question à résoudre; il doit donc être considéré comme donnant bien le dernier état de cette jurisprudence. D'ailleurs, l'arrêt du 9 juill. 1889 était déjà revenu à la doctrine première de la Cour suprême affirmée par de si nombreux arrêts.

1325. — Il reste, toutefois, une question sur laquelle l'arrêt de 1892 ne s'est pas prononcé. La renonciation admise comme enlevant à l'exproprié le droit d'invoquer devant la Cour de cassation la nullité résultant de l'absence ou de la tardiveté des offres ne peut-elle être qu'une renonciation expresse et formelle, ou peut-elle être implicite? En un mot, la dernière décision condamne-t-elle, non seulement l'arrêt du 16 mars 1887, qui dit la nullité couverte par la comparution et la discussion sans réserves devant le jury, mais aussi l'arrêt du 13 août 1889, qui a déclaré qu'une renonciation implicite pourrait résulter des circonstances de la cause? Il n'y a pas lieu de le penser; dès lors qu'on admet, en principe, la possibilité de la renonciation par l'exproprié à se prévaloir de la nullité, on ne voit pas bien pourquoi on n'appliquerait pas ici la règle d'après laquelle des actes impliquant nécessairement la volonté de renoncer, ne se pouvant comprendre en dehors de cette volonté, produisent les mêmes effets que la renonciation expresse et formelle. Ce qu'on peut dire, c'est qu'à raison du caractère substantiel de la formalité, la renonciation implicite ne devra être que difficilement admise; mais la proscrire d'une façon absolue paraît excessif, et, juridiquement, très-difficile à justifier. Un arrêt du 31 juill. 1860, Virion, [S. 91.1.542, P. 91.1.1309, D. 90.5.252] — peut être invoqué en ce sens; cet arrêt décide, en effet, que, si l'expropriant est obligé de notifier à l'exproprié quinze jours au moins avant la comparution du jury, non seulement ses offres originaires, mais même les offres nouvelles rendues nécessaires par suite d'une réquisition d'acquisition intégrale, l'exproprié, qui discute, sans demander un renvoi des offres nouvelles faites à l'audience même où s'est produite la réquisition d'acquisition intégrale, renonce par là au délai prescrit par la loi, et sa renonciation est valable, l'observation du délai n'intéressant pas l'ordre public. — V. également, Cass., 13 août 1889, précité.

1326. — Si au lieu d'une irrégularité substantielle il s'agissait d'une irrégularité matérielle portant sur le mode ou la forme de la notification, elle serait couverte par le refus d'accepter les offres, la demande d'une somme supérieure, et la comparution devant le jury sans protestation ni réserves. — Cass., 29 nov. 1853, Bienaymé, [S. 53.1.133, P. 53.1.427, D. 54.1.377]; — 15 mai 1855, de Bonnardi, [S. 55.1.537, P. 57.383, D. 55.1.204]; — 23 déc. 1861, Billat, [S. 62.1.892, P. 62.1188, D. 62.1.272]; — 25 mai 1868, Cambrelin, [D. 68.1.406]; — 22 juill. 1868, Ligier, [D. 68.5.206]; — 2 août 1870, Dumas, [D. 70.1.407]; — 5 nov. 1879 Beaussier, [S. 80.1.175, P. 80.388, D. 80.1.163]; — 29 janv. 1884, Miranda, [S. 84.1.343, P. 84.1.834, D. 84.5.252] — Crépon, sur l'art. 23, n. 53; de Lalleau, Jousselin, Rendu et Périn, t. 1, n. 425 ter.

1327. — Ainsi il a été jugé que l'exproprié qui refuse les offres à lui faites comme insuffisantes, et sans aucune mention des nullités dont l'exploit de notification pourrait être entaché, se rend par là non recevable à produire ces moyens de forme devant la Cour de cassation. — Cass., 15 mai 1855, précité.

1328. — ... Que l'exproprié qui, devant le jury, a conclu au fond en discutant le chiffre de l'indemnité, sans protestations ni réserves quant à la procédure d'offres, n'est pas recevable, devant la Cour de cassation, à critiquer la procédure d'offres et à proposer un moyen de nullité qui n'avait été ni présenté ni réservé dans le débat. — Cass., 4 août 1891, Gasnier-Guy, [S. et P. 93.1.96]

1329. — ... Que l'exproprié ne peut se faire un moyen de cassation de ce que les offres lui auraient été faites à son propre domicile et non au domicile élu par lui, en la forme prescrite en l'art. 15, L. 3 mai 1841, s'il est constant, en fait, et s'il résulte des déclarations mêmes de l'exproprié, que ces offres lui sont parvenues plus de quinze jours avant le jour fixé pour la réunion du jury. — Cass., 30 avr. 1872, Varnier, [S. 72.1.341, P. 72.879, D. 73.1.21] — V. aussi Cass., 15 mai 1855, précité. — Crépon, sur l'art. 23, n. 43.

1330. — ... Que la partie qui a comparu devant le jury sans protestations ni réserves, et s'est défendue au fond par des conclusions signées d'un avoué et développées par un avocat, est non recevable à prétendre pour la première fois devant la Cour de cassation, qu'à défaut de notification des offres de l'administration au domicile par elle élu, elle n'aurait pas dû être condamnée aux dépens pour n'avoir pas fait connaître dans le délai légal le montant de ses prétentions. — Cass., 29 nov. 1853, Bienaymé, [S. 53.1.135, P. 55.427, D. 54.1.378]

1331. — ... Que l'exproprié qui n'a point reçu personnellement notification des offres ne peut se plaindre de cette irrégularité s'il est établi par les documents de la procédure, que quinze jours au moins avant la délibération du jury, il a eu connaissance des offres afférentes à l'immeuble dont il est propriétaire ou à sa part dans cet immeuble, et s'il a comparu et a conclu devant le jury sans protestations ni réserves. — Cass., 31 juill. 1867, Duveyrier, [D. 67.1.253]; — 9 juin 1874, Duroulet, [D. 75.1.207] — Crépon, sur l'art. 23, n. 54 et 55.

1332. — ... Que l'irrégularité résultant de ce que la copie de l'exploit de notification des offres ne mentionne pas le nom de l'exproprié, est couverte lorsque celui-ci a fait réponse à la notification, a comparu sans protestation, et a conclu au fond sur la fixation de l'indemnité. — Cass., 5 nov. 1879, précité. — Crépon, sur l'art. 23, n. 56.

1333. — ... Que la nullité des offres faites par une personne sans qualité est couverte par le silence de l'exproprié discutant ces offres sans protestations ni réserves. — Cass., 31 juill. 1860, Arnaud, [P. 61.1189, D. 60.1.407]; — 23 déc. 1861, précité; — 4 août 1862, de Sieyès, [S. 62.1.1059, P. 63.159, D. 62.1.383]; — 14 août 1867, Guitroy-Meunier, [D. 67.1.493]; — 4 mai 1869, Péan, [D. 69.1.342] — Dalfry de la Monnoye, t. 1, sur l'art. 37, n. 7; de Lalleau, Jousselin, Rendu et Périn, t. 1, n. 425; Crépon, sur l'art. 37, n. 25.

1334. — ... Que l'irrégularité résultant de ce que, dans une expropriation intéressant exclusivement une commune, la notification des offres a été faite par le préfet au lieu de l'être par le maire de la commune (V. suprà, n. 1260) est couverte vis-à-vis de la commune, si le conseil municipal ratifie ces offres, et si le maire comparaît devant le jury en maintenant les offres, et vis-à-vis de l'exproprié, s'il se présente devant le jury et discute ces offres sans protestation ni réserve. — Cass., 31 juill. 1860, précité; — 14 août 1867, précité; — 4 mai 1869, Péan,

[D. 69.1.341] — V. aussi Cass., 13 avr. 1897, Neyret, [S. et P. 97.1.288, D. 99.1.308] — Crépon, sur l'art. 23, n. 57 et 38.

1335. — ... Que la partie qui, sans protestation ni réserves, a notifié son refus d'accepter les offres et sa demande d'indemnité, a comparu devant le jury et discuté, contradictoirement avec l'exproprié, le montant de l'indemnité, ne peut invoquer, devant la Cour de cassation, la nullité qui résulterait de ce que les offres auraient été notifiées à la requête d'une personne sans qualité, notamment, à la requête du préfet, alors qu'il s'agissait de travaux exclusivement communaux. — Cass., 14 févr. 1887, Briard, [S. 87.1.486, P. 87.1.1184]; — 13 avr. 1897, précité.

1336. — ... Qu'au cas d'expropriation pour travaux publics intéressant l'État et une ville, la signification faite par le préfet à l'exproprié des offres de la ville en même temps que celles de l'État, est valable, si elle a eu lieu sur la demande formelle de la ville et si l'exproprié a signifié lui-même au préfet, sans réserve ni protestation, son refus des offres faites, avec l'indication du chiffre de sa demande soit contre l'État, soit contre la ville, et si devant le jury le débat sur les offres a été accepté et suivi par l'exproprié sans protestation également contre la forme de leur signification. — Cass., 23 déc. 1861, précité, — Daffry de la Monnoye, t. 1, sur l'art. 37, n. 7; Crépon, sur l'art. 37, n. 27.

1337. — ... Que dans le cas d'expropriation pour travaux intéressant l'État et une ville, la signification faite à l'exproprié par le préfet « agissant au nom de la ville » est valable, si l'exproprié a signifié lui-même au préfet, sans réserve ni protestation, son refus des offres faites, si le maire a comparu, comme partie expropriante, devant le jury où il s'est approprié les offres précédemment notifiées et si le débat a été accepté et suivi par l'exproprié qu'il n'ait protesté davantage contre la prétendue irrégularité des offres; que, dans cette hypothèse, la convocation des parties devant le jury est valablement faite par le préfet déclarant « agir dans l'intérêt de la commune. » — Cass., 24 juill. 1877, Vialettes, [S. 77.1.478, P. 77.1248] — Daffry de la Monnoye, t. 1, sur l'art. 37, n. 7.

1338. — ... Que l'exproprié qui accepte de discuter avec la compagnie concessionnaire les offres faites par le préfet, ne saurait opposer ultérieurement que les offres auraient dû non être notifiées par le préfet, mais par la compagnie elle-même. — Cass., 31 jull 1863, Granger-Chotard, [D. 64.5.173] — Crépon, sur l'art. 37, n. 26.

1339. — Jugé, d'autre part, que l'exproprié qui a notifié sans protestation à la personne qui lui a fait des offres les noms de ceux qui ont des droits à exercer sur l'immeuble, ne saurait ultérieurement contester la régularité des offres faites, à raison du défaut de qualité de celui qui les lui a faites; qu'elle est censée par la même l'avoir accepté. — Cass., 16 janv. 1883, de Noblet, [Bull. civ., p. 22]. — Crépon, sur l'art. 37, n. 7.

1340. — Mais la nullité résultant de l'irrégularité des offres ne peut être couverte par la comparution des parties devant le jury, si les parties n'ont comparu que sous les réserves les plus expresses de faire valoir ce moyen de nullité contre la décision à intervenir. — Cass., 4 juill. 1860, Hainguerlot, [P. 62.120, D. 60.1.411]; — 30 janv. 1861, Ventujol, [S. 61.1.554, P. 61.984, D. 61.1.135]; — 23 avr. 1886, Drilhon, [S. 88.1.231, P. 88.1. 546]; — 23 avr. 1886, Hocbocq et Druas, [ibid.] — Crépon, sur l'art. 23, n. 52; Daffry de la Monnoye, t. 1, sur l'art. 23, n. 5.

1340 bis. — Pareillement, la nullité de la décision du jury résultant de ce que, en l'absence d'élection de domicile, la notification des offres n'a pas été faite au même temps au maire de la commune et au fermier, locataire, garde ou régisseur de la propriété (V. supra, n. 1303), n'est pas couverte par la comparution des expropriés devant le jury et le part qu'ils ont prise à la discussion du chiffre de l'indemnité, alors qu'il leur a été expressément donné acte, avant tout débat, des réserves qu'ils ont faites contre la procédure. — Cass., 28 mai 1895, Préau, [S. et P. 95. 1.512].

1341. — Pareillement, la nullité, résultant de ce que la décision du jury n'a pas été précédée de la notification des offres, n'est pas couverte par la comparution d'un mandataire de l'exproprié devant le jury et la part qu'il a prise à la discussion d'un chiffre d'indemnité, alors qu'il lui a été donné acte, avant tout débat, des réserves qu'il a faites de se pourvoir en cassation, au nom de son mandant, contre la nullité de la procédure. — Cass., 11 juill. 1881, Préfet des Basses-Pyrénées, [S. 82.1.35, P. 82.1. 55]

SECTION VI.

De l'acceptation ou du refus d'acceptation des intéressés.

§ 1. Du délai pour délibérer.

1342. — « Dans la quinzaine suivante, les propriétaires et autres intéressés sont tenus de déclarer leur acceptation, ou, s'ils n'acceptent pas les offres qui leur sont faites, d'indiquer le montant de leurs prétentions » (L. 3 mai 1841, art. 24).

1343. — Le délai de l'art. 24 doit être calculé de la même manière que les délais réglementés par les art. 6, 8, 9, 10, 21, L. 3 mai 1841, c'est-à-dire que le jour de la notification ne compte pas, mais que le délai expire avec le quinzième jour qui suit la notification. Jugé, par suite, que c'est à peine de nullité que l'indemnitaire doit, avant de recevoir assignation à comparaître devant le jury, jouir du délai de quinze jours. En conséquence, il y a nullité de la décision du jury lorsque, par l'acte de notification des offres de l'administration, il a été donné assignation à l'indemnitaire à comparaître devant le jury pour le quinzième jour à partir de cette notification. — Cass., 24 déc. 1843, Catherinet, [P. 46.2.437, D. 45.1.260] — Crépon, sur l'art. 24, n. 2; de Lalleau, Jousselin, Rendu et Périn, t. 1, n. 428; Daffry de la Monnoye, t. 1, sur l'art. 24, n. 2.

1344. — L'inobservation du délai accordé à l'exproprié par la loi pour délibérer sur les offres à lui faites entraîne la nullité de la décision du jury fixant prématurément l'indemnité due. Et cette nullité, tenant au droit de défense, peut être invoquée pour la première fois devant la Cour de cassation, alors même que la partie a comparu devant le jury et a discuté les offres à elle faites. — Cass., 12 juin 1860, Mauriac, [S. 60.1.1003, P. 61.267, D. 60. 1.405]; — 4 juill. 1860, précité; — 30 janv. 1861, Vintujol, [S. 61.1.554, P. 61.984, D. 61.1.135]; — 5 avr. 1869, Levesque, [S. 69.1.228, P. 69.541, D. 69.1.343] — De Lalleau, Jousselin, Rendu et Périn, t. 1, n. 428; Arnaud, n. 63; Daffry de la Monnoye, t. 1, sur l'art. 23, n. 1; Crépon, sur l'art. 24, n. 2, et sur l'art. 37, n. 2.

1345. — En d'autres termes, ce délai est de rigueur. En conséquence, il a été décidé que l'offre de l'expropriant doivent, à peine de nullité, être faites au moins quinze jours avant la comparution des parties devant le jury, même au cas où ces offres sont nécessitées par une demande de l'exproprié, qui, contestée par l'expropriant, constituerait un litige entre les parties, dont le jury ne pourrait se dispenser de connaître toute offre. — Cass., 2 mai 1859, Lecuyer, [P. 59.1013, D 39.1.208] — Crépon, sur l'art. 24, n. 3; de Lalleau, Jousselin, Rendu et Périn, t. 1, n. 428, note.

1346. — Ce délai ne court que du jour où la dernière formalité prescrite par l'art. 23 est accomplie. Ainsi, lorsque, après avoir notifié ses offres au fermier, l'administration a notifiées au propriétaire par un autre exploit à une date postérieure, et sans relation au premier, ce n'est qu'à partir de ce second exploit que court contre le propriétaire le délai de quinzaine dans lequel il doit notifier son acceptation ou son refus, sous peine d'être condamné à tous les dépens, quelle que soit l'estimation du jury. — Cass., 24 mars 1841, Préfet des Bouches-du-Rhône, [S. 41.1. 344, P. 47.1.216] — Crépon, sur l'art. 24, n. 7; de Lalleau, Jousselin, Rendu et Périn, t. 1, n. 428, note.

1347. — Le délai de quinzaine laissé à l'exproprié pour délibérer lui appartient non seulement à raison des offres originaires, mais encore relativement à toutes celles qui concernent un objet nouveau compris dans l'expropriation, ainsi en cas de réquisition d'acquisition intégrale — Cass., 22 févr. 1870, Ansas, [S. 70.1.174, P. 70.404, D. 70.1.209]; — 12 juill. 1870, Gariel, [S. 70.1.434, P. 70.1134, D. 70.5.179]; — 26 août 1873, Hardéville, [S. 73.1.473, P. 73.1188, D. 73.1.488]; — 10 févr. 1874, Dauriac, [S. 74.1 222, P. 74.545, D 74.1.416]; — 8 févr. 1875, Cabley, [D. 75.1.406]; — 9 janv. 1883, Barrey, [S. 84.1.205, P. 84.1.706]; — 23 avr. 1889 Landon, [S. 83.1.421, P. 83.1. 1058, D. 83.1.424]; — 17 mars 1885, Faulcon de la Gandalie, [S. 86.1.183, P. 86.1.417, D. 86.5.222]; — 23 déc. 1889, Mandet, [S. 90.1.80. P. 90.1.167, D. 90.5.254]; — 31 juill. 1899, Mitaine, [S. et P. 99.1.520] — De Lalleau, Jousselin, Rendu et Périn, t. 1, n. 444; de Peyrony et Delamurre, n. 320; Daffry de la Monnoye, t. 1, sur l'art. 37, n. 12; Arnaud, art. 591 et s.; Crépon, sur l'art. 24, n. 41 et 42.

1348. — Il appartient à l'exproprié de renoncer à invoquer la nullité résultant de la tardiveté des offres (V. supra, n. 1318 et s.). Il a été jugé à cet égard que la circonstance que la citation devant le jury a été donnée avant l'expiration du délai de quinzaine depuis la notification des offres ne peut être un moyen de cassation si l'exproprié a déclaré qu'il refusait lesdites offres et indiqué le montant de ses prétentions, le tableau des offres et demandes ayant pu dès lors être mis sous les yeux du jury, conformément à la loi. — Cass., 15 mai 1855, de Bonardi du Ménil, [S. 55.1.337, P. 57.383, D. 55.1.204]

1349. — Les offres rectificatives des offres originaires doivent être faites, à peine de nullité, dans les délais et les formes prescrites par les art. 23 et 24, L. 3 mai 1841 : telles sont les offres antérieures faites sans distinction pour deux immeubles appartenant à des propriétaires différents. — Cass., 18 août 1857, Bernard, [S. 57.1.862, P. 58.470, D. 57.1.330] — La nullité de ces offres peut être proposée pour la première fois devant la Cour de cassation. — Même arrêt.

1350. — Dans ce cas, les offres rectificatives sont de véritables offres nouvelles qui doivent, pour la suite, être formées en conformité de l'art. 24, L. 3 mai 1841 ; si elles sont tardives, leur retard équivaut à l'absence d'offres.

1351. — Mais de simples modifications apportées aux offres primitives, en suite des explications des parties (par exemple, à raison de ce qu'il est reconnu que l'expropriation de l'immeuble doit être seulement partielle et non totale), ne sont pas soumises au délai de quinzaine entre les offres modificatives et le débat devant le jury. — Cass., 27 avr. 1859, Chibout, [S. 59.1.934, P. 59.1012, D. 59.1.207] — Sic, Daffry de la Monnoye, t. 1, sur l'art. 27, n. 12. — Dans ce cas, l'expropriation, bien loin d'être étendue est restreinte, et l'exproprié a été avisé en temps utile de rechercher l'importance et la valeur de ce dont il est privé; il n'a qu'à conformer ses prétentions à l'expropriation désormais moins importante de sa propriété.

1352. — Jugé encore, sur le même point, que la déclaration par l'expropriant que les offres qu'il a faites s'appliquent tout à la fois à l'immeuble exproprié et au fonds industriel exploité dans cet immeuble par le propriétaire, avec détermination du chiffre pour lequel le fonds industriel est compris dans ces offres, n'est point soumise, alors d'ailleurs qu'elle a été acceptée par l'exproprié, au délai de quinzaine entre les offres et la convocation du jury ; une telle déclaration n'ayant le caractère, ni d'offres nouvelles, ni de modification des offres originaires, mais constituant une simple explication des premières offres. — Cass., 20 août 1862, Bouze, [S. 62.1.1063, P. 63.110, D. 62.1.383]

1353. — ... Que l'expropriant qui, devant le jury, déclare que l'indemnité offerte pour préjudice de toute nature s'applique aux conséquences de l'expropriation au point de vue industriel, n'entend pas introduire dans les débats un élément nouveau d'indemnité, mais seulement expliquer les offres ; qu'il n'est donc point tenu d'apporter aucune modification au chiffre de ses offres. — Cass., 12 mai 1890, Babey, [S. et P. 93.1.151, D. 91.1.375]

1354. — ... Qu'un supplément d'indemnité peut être offert devant le jury d'expropriation, sans nouvelle notification d'offres ni nouveau délai pour délibérer, lorsqu'il vise, non un objet distinct de celui qui a motivé les premières offres, mais un élément de l'indemnité due, à même titre, à l'exproprié. — Cass., 26 août 1867, Mayel, [S. 67.1.454, P. 67.1200, D. 67.1.493] — V. aussi Cass., 6 mars 1861, de Brunswick, [S. 61.1.653, P. 62.72] ; — 5 juin 1861, Marion-Vallée, [S. 61.1.994, P. 62.325, D. 61.1.288]

1355. — ... Que l'obligation pour l'expropriant de laisser à l'exproprié, pour délibérer sur les offres qui lui sont proposées, un délai de quinze jours, s'applique seulement aux offres faites pour la première fois, et non à celles qui interviennent dans la suite sur le même objet. — Cass., 11 mai 1881, Martin, [S. 81.1.381, P. 81.1.906, D. 82.1.462] ; — 20 mars 1882, Caillol-Poncy, [S. 83.1.87, P. 83.1.177, D. 84.1.185] — Spécialement, que cette obligation est inapplicable aux offres ayant pour objet d'augmenter l'indemnité offerte. — Mêmes arrêts.

1356. — ... Que le délai de quinze jours est inapplicable aux offres complémentaires faites par l'expropriant, dans le cas où il reconnaît une erreur dans l'évaluation de la contenance, et élève ses offres en proportion de la contenance réelle. — Qu'il en est ainsi du moins si les offres complémentaires s'appliquent exactement au même objet. — Mêmes arrêts.

1357. — L'inobservation des art. 23 et 24, L. 3 mai 1841, d'après lesquels les offres et demandes doivent être notifiées dans un délai déterminé avant la réunion du jury, et de l'art. 37 de la même loi, qui prescrit de mettre le tableau des offres et demandes ainsi notifiées sous les yeux du jury, ne peut être opposée à l'administration, lorsque l'initiative et la direction de la procédure ont été prises par le prétendant droit à cette indemnité dans le cas prévu par l'art. 55 de ladite loi ; il suffit en ce cas que l'offre et la demande soient formulées dans les conclusions respectives des parties devant le jury. — Cass., 18 janv. 1893, Lesueur et Dossin, [S. et P. 94.1.247]

§ 2. De la réponse de l'intéressé.

1358. — Dans la quinzaine qui suit la notification des offres les divers intéressés auxquels elles sont adressées doivent faire connaître s'ils les refusent ou les acceptent. S'ils ne répondent point ils sont censés les refuser et l'expropriant convoque le jury. Mais l'expiration du délai de quinzaine ne les prive pas du droit de se raviser et d'accepter les offres ainsi faites ; ils peuvent encore les accepter soit par une notification adressée à l'expropriant avant la convocation du jury, soit par des conclusions prises au cours des débats devant le jury ; cette acceptation tardive n'aura d'autre effet que d'entraîner leur condamnation aux dépens conformément à l'art. 40, L. 3 mai 1841. — Cass., 21 juin 1842, Préfet d'Indre-et-Loire, [S. 42.1.373, P. 42.2.129] ; — 11 avr. 1843, de Joybert, [S. 43.1.463, P. 43.1.672] ; — 13 mai 1846, Préfet des Bouches-du-Rhône, [S. 46.1.382, P. 46.2.281, D. 46.1.206] ; — 30 janv. 1849, Préfet du Lot-et-Garonne, [S. 49.1.216, P. 49.1.152, D. 49.1.43] ; — 16 août 1854, Préfet du Jura, [S. 55.1.141, P. 55.1.485, D. 54.1.343] ; — 28 déc. 1859, Comm. de Mallemort, [S. 60.1.1004, P. 60.1044, D. 60.1.39] — Crépon, sur l'art. 24, n. 14 ; Daffry de la Monnoye, t. 1, sur l'art. 24, n. 2 ; de Lalleau, Jousselin, Rendu et Périn, t. 1, n. 430.

1359. — Il y a preuve suffisante que l'exproprié a formulé le chiffre de ses prétentions devant le jury, et que ce chiffre, quoique non énoncé dans l'instruction, était supérieur aux offres de l'administration, par cela : 1° que l'administration elle-même reconnaît, dans son acte de pourvoi, que l'exproprié a fait connaître ses prétentions après le délai fixé par l'art. 24, L. 3 mai 1841 ; 2° que l'ordonnance du magistrat directeur explique que l'indemnité fixée par le jury dépasse de beaucoup les offres de l'administration, et est à peu près égale à la demande des parties. — Cass., 16 août 1854, précité.

1360. — L'exproprié qui, en réponse aux offres faites par l'administration, a notifié dans le délai prescrit sa demande d'indemnité, n'est pas privé du droit de prendre devant le jury des conclusions nouvelles relatives à un chef d'indemnité non compris dans sa première demande, sauf à supporter les frais, conformément à l'art. 40, § dernier, L. 3 mai 1841, pour n'avoir pas, comme le veut l'art. 24, fait connaître toute l'étendue de ses prétentions dans ledit délai. Dès lors, le directeur du jury commet un excès de pouvoir qui entraîne la nullité de la décision postérieure, s'il refuse de soumettre au jury ces nouvelles conclusions. — Cass., 11 avr. 1843, de Croybert, [S. 43.1.463, P. 43.1.672] — D'ailleurs, ainsi que nous le verrons infrà, n. 2072, l'exproprié est toujours en droit d'augmenter sa demande.

1361. — Il suffit, pour que l'indemnitaire soit réputé avoir réclamé, dans le délai de quinzaine, une indemnité supérieure aux offres de l'administration, qu'il ait, dans ce délai, formé une demande supérieure. — Cass., 21 juin 1842, précitée.

1362. — La réponse de l'exproprié doit régulièrement être notifiée par ministère d'huissier, mais rien ne s'oppose à ce qu'elle se produise sous toute autre forme; ainsi il est loisible à l'exproprié de faire connaître à l'expropriant par simple lettre qu'il accepte ou refuse ses offres, et quel est le chiffre de l'indemnité qu'il réclame. — Cass., 21 juin 1842, Préfet d'Indre-et-Loire, [S. 42.1.573, P. 42.2.129] — Crépon, sur l'art. 24, n. 4, 5 et 6 ; de Lalleau, Jousselin, Rendu et Périn, t. 1, n. 431.

1363. — D'une manière générale, les propriétaires et les divers ayant droit sur l'immeuble ne sont point tenus de s'entendre sur l'indemnité à réclamer et sur l'acceptation des offres; les uns peuvent les accepter, alors que les autres les refusent. Si les droits des divers intéressés sont distincts, l'acceptation de l'un d'entre eux fixe sa part, alors que le refus de l'autre oblige l'expropriant à convoquer le jury en ce qui le concerne. Si les

EXPROPRIATION POUR CAUSE D'UTILITÉ PUBLIQUE. — Chap. IX.

droits des divers intéressés ne sont point déterminés, s'ils sont indivisibles, le refus de l'un d'entre eux oblige l'exproprianl à saisir le jury du règlement de l'indemnité les concernant tous. — De Lalleau, Jousselin, Rendu et Périn, t. 1, n. 429; Arnaud, n. 85; Crépon, sur l'art. 24, n. 8, 9 et 10.

1364. — Si le propriétaire accepte les offres, l'exproprianl n'est point tenu de notifier cette acceptation aux divers ayants-droit. Dufaure, dans son rapport, s'est exprimé ainsi qu'il suit sur ce point : « une modification apportée à l'art. 28 explique nettement qu'il n'y a qu'un seul et même délai de quinzaine accordé pour l'acceptation des offres, soit aux propriétaires, soit aux créanciers inscrits et à tous autres intéressés. Il ne faut pas notifier l'acceptation du propriétaire aux autres parties; elles doivent se décider spontanément à accepter ou à refuser » (*Mon.* du 20 juin 1840, suppl. B). — De Lalleau, Jousselin, Rendu et Périn, t. 1, n. 432.

1365. — L'intéressé, s'il ne consent point à accepter les offres qui lui sont faites ne doit point se borner à faire connaître son refus à l'exproprianl, il doit aussi, aux termes de l'art. 24, lui indiquer la somme qu'il réclame. Cette prescription n'a été insérée dans le texte de la loi qu'après de vifs débats (*Mon.* du 26 janv. 1833, p. 211, et 6 févr. 1833, p. 303). — Cependant elle se conçoit aisément, elle a pour objet de faire connaître à l'exproprianl ses prétentions exactes et d'en amener à examiner s'il peut les accepter; en outre, elle a une importance relativement à la condamnation aux dépens, condamnation encourue si sa demande est repoussée. — De Lalleau, Jousselin, Rendu et Périn, t. 1, n. 436.

1366. — Si l'exproprianl est en présence d'un nu-propriétaire et d'un usufruitier, il y aura lieu certainement de faire régler l'indemnité par le jury si le nu-propriétaire refuse les offres; il en sera encore de même s'il accepte les offres, mais si l'usufruitier les refuse. Dans ce cas le sort du nu-propriétaire sera définitivement fixé par la convention intervenue entre lui et l'exproprianl, et si l'usufruitier obtient une somme plus forte que celle qu'il a acceptée, le propriétaire n'aura aucun droit sur l'excédent existant entre cette somme et celle qui a été fixée d'un commun accord entre lui et l'exproprianl; l'exproprianl fera jouir l'usufruitier de cet excédent, mais à la fin de l'usufruit il lui reviendra. — De Lalleau, Jousselin, Rendu et Périn, t. 1, n.438.

1367. — Clapier, à la Chambre des députés, avait proposé de terminer l'art. 24 par ces mots : « Ou de requérir que l'indemnité sera fixée conformément aux dispositions du tit. 4. » Sa proposition avait pour but de limiter et de préciser le délai dans lequel devait être formée la demande de fixation du prix par le jury dans le cas où, le propriétaire acceptant les offres, le créancier le repousserait. Mais le commissaire du roi a fait observer que cet objet était réglé par l'art. 28. Néanmoins, le rapporteur a terminé la discussion par ces mots : « Je crois que l'honorable préopinant est dans l'erreur; l'art. 24 ne parle pas des créanciers. » Ce qui semblerait indiquer, à tort, suivant nous, que lorsque le propriétaire accepte les offres, le créancier n'a pas le droit de requérir une nouvelle fixation par le jury. — V. les observations de Duvergier, *Collect. des lois*, t. 41, p. 252.

1368. — Les créanciers qui sont intervenus ne sont point, en effet, tenus d'accepter la convention qui se produirait entre le débiteur acceptant les offres et l'exproprianl. S'ils ne l'acceptent pas, ils doivent faire connaître le montant de leurs prétentions à l'exproprianl, et le mettre ainsi en demeure soit de payer la somme réclamée, soit de convoquer le jury qui fixera définitivement l'indemnité. Lorsqu'ils sont intervenus l'exproprianl doit leur notifier des offres, et comme les autres intéressés ils doivent faire connaître le refus ou le fait qu'ils acceptent. — De Lalleau, Jousselin, Rendu et Périn, t. 1, n. 437.

1369. — Si les créanciers intervenant sont les offres de l'administration alors que l'exproprié les a acceptées, il y a lieu vis-à-vis d'eux, mais vis-à-vis d'eux seulement, de faire fixer l'indemnité par le jury. S'ils obtiennent du jury une somme plus forte que celle accordée par le propriétaire, l'exproprianl leur paiera, mais, conformément à l'art. 1251, C. civ., il aura payé pour d'autres et sera subrogé aux droits de ces créanciers contre le propriétaire, il sera donc en droit de réclamer à l'exproprié l'excédent qu'il aura ainsi payé et bénéficiera des sûretés dont jouissaient les créanciers qu'a a été amené de payer. — De Lalleau, Jousselin, Rendu et Périn, t. 1, n. 439.

1370. — L'exproprianl est toujours libre de consentir à payer les sommes qui lui sont ainsi demandées par les intéressés; il peut aussi augmenter ses offres; mais alors il doit notifier ces nouvelles offres à tous les ayants-droit qui n'ont point accepté les premières, puisque par leur silence ils sont présumés les avoir refusées. Si cependant les intérêts des divers indemnitaires sont distincts, l'exproprianl n'a pas besoin de notifier aux uns les nouvelles offres faites aux autres. Ainsi il n'a pas besoin de notifier au propriétaire des offres nouvelles faites au fermier. — De Lalleau, Jousselin, Rendu et Périn, t. 1, n. 440.

1371. — Lorsque des offres ont été faites aux expropriés par le préfet agissant au nom d'une commune, que les expropriés ont fait connaître au préfet leur refus et leurs prétentions, la commune de la part de laquelle les offres ainsi notifiées n'ont été l'objet d'aucune protestation ne saurait se plaindre de ce que les expropriés n'ont adressé l'indication de leurs prétentions au préfet, et demander la condamnation des expropriés aux entiers dépens. — Cass., 1er mars 1892, Ville de Bergerac, [S. et P. 92.1.527]

1372. — L'exproprié qui use du droit que la loi lui accorde de poursuivre lui-même la fixation de son indemnité, à défaut par l'exproprianl d'y faire procéder dans les six mois du jugement d'expropriation (V. *suprà*, n. 836 et s.), n'est pas tenu de lui notifier sa demande d'indemnité quinze jours avant la réunion du jury. — Cass., 20 juill. 1864, Ville de Paris, [S. 65.1. 144, P. 65.307, D. 64.5.157] — De même, l'inobservation, en pareil cas. par l'exproprié, des formalités et délais prescrits par les art. 23 et s., L. 3 mai 1841, ne constitue pas une violation des droits de la défense au préjudice de l'administration. — Cass., 2 août 1865, Préfet de la Seine, [S. 65.1.458, P. 65.1193, D. 65. 1.257]

§ 3. *De l'acceptation des offres par les incapables.*

1373. — « Les femmes mariées sous le régime dotal, assistées de leurs maris, les tuteurs, ceux qui ont été envoyés en possession provisoire des biens d'un absent, et autres personnes qui représentent les incapables, peuvent valablement accepter les offres énoncées en l'art. 23, s'ils y sont autorisés dans les formes prescrites par l'art. 13 » (L. 3 mai 1841, art. 25). — V. *suprà*, n. 580 et s.

1374. — Quoique l'énumération de l'art. 25, L. 3 mai 1841, ne comprenne pas toutes les personnes indiquées par l'art. 13, il est certain cependant qu'il y a entre ces deux articles une corrélation complète, et que nul de ceux qui peuvent consentir la cession amiable n'est incapable d'accepter les offres. La seconde commission de la Chambre des pairs avait proposé une rédaction qui comblait cette lacune; si elle a retiré son amendement, ce fut pour ne pas retarder le vote de la loi.

1375. — Il ne s'agit ici que des biens dotaux inaliénables; car pour les autres ils restent soumis au droit commun. Si, relativement aux biens non dotaux, la femme veut accepter des offres relatives à ses propres, et que le mari ne le veuille pas, il faut distinguer le cas où le mari a la jouissance, de celui où il ne l'a pas. Dans le premier, le mari a le droit de requérir la fixation par le jury; dans le second, la femme peut accepter avec l'autorisation de la justice.

1376. — Dans le silence de l'art. 25, le tribunal n'est pas obligé d'ordonner la convocation du conseil de famille, mais s'il avait des doutes sur l'insuffisance de la somme offerte ou sur les mesures à prendre pour l'emploi de l'indemnité, il devrait provoquer son avis.

1377. — Le tuteur qui présenté requête au tribunal à l'effet d'être autorisé à accepter l'offre d'indemnité faite à la suite de l'expropriation pour utilité publique d'un immeuble du mineur ne peut, conformément aux règles du droit commun, procéder sans assistance d'avoué. — Paris, 13 oct. 1852, Nicaise, [S. 53. 2.576, P. 52.2.534]

1378. — La transaction faite sur le montant de l'indemnité entre le tuteur du mineur exproprié et l'administration ne met pas obstacle à ce que les jurés fixent l'indemnité à une somme supérieure, si ce tuteur ne s'est pas fait autoriser à transiger. L'administration peut d'autant moins se prévaloir de cette transaction devant la Cour de cassation que loin de l'opposer devant le jury, elle a au contraire discuté la question d'indemnité sans réserve ni protestation. — Cass., 23 mai 1842, Préfet de l'Isère, [S. 42.1.571, P. 2.2.435]

1379. — Le représentant de l'incapable qui refuse des offres n'a pas besoin de se faire autoriser à cet effet; le législateur a pensé que lorsqu'il recourt à toutes les garanties que la loi accorde aux intéressés, il n'a pas besoin de demander conseil, et de s'entourer d'avis. — De Lalleau, Jousselin, Rendu et Périn, t. 1, n. 434.

1380. — « Le ministre des Finances, les préfets, maires ou administrateurs peuvent accepter les offres d'indemnité pour expropriation des biens appartenant à l'Etat, à la couronne, aux départements, aux communes ou établissements publics, dans les formes et avec les autorisations prescrites par l'art. 13 » (L. 3 mai 1841, art. 26).

1381. — Le préfet qui, en cas d'expropriation d'un immeuble départemental, a fait les offres à la requête de l'administration centrale, peut accepter ces mêmes offres en qualité de chef du département, parce que alors il n'agit en quelque sorte que comme mandataire du conseil général dont l'autorisation est nécessaire.

1382. — « Le délai de quinzaine fixé par l'art. 24 (V. suprà, n. 1342 et s.) est d'un mois dans les cas prévus par les art. 25 et 26 » (LL. 7 juill. 1833, art. 27 ; 3 mai 1841, même art.). Il doit être calculé comme le délai de quinzaine imparti par l'art. 24. — Crépon, sur l'art. 27, n. 1.

1383. — Ce délai constitue un droit essentiel de la défense, et son inobservation entraîne la nullité de la décision du jury bien que l'exproprié ait comparu devant celui-ci sans protestation ni réserves. La nullité peut être invoquée pour la première fois devant la Cour de cassation. Jugé spécialement qu'il en est ainsi dans le cas d'inobservation du délai d'un mois accordé à la femme mariée sous le régime dotal, encore bien que la femme n'ait pas fait connaître sa qualité et que l'expropriation n'ait été prononcée que contre le mari, seul inscrit sur la matrice des rôles comme propriétaire de l'immeuble exproprié; alors d'ailleurs que l'expropriant a également notifié ses offres à la femme, en la désignant comme propriétaire réel de cet immeuble. — Cass., 12 juin 1860, Mauriac, [S. 60.1.1013, P. 61.227, D. 60 1.405] — 26 août 1867, Oblin, [D. 67.1.310] — De Lalleau, Jousselin, Rendu et Périn, t. 1, n. 423 ; Crépon, sur l'art. 27, n. 2.

1384. — C'est d'ailleurs à l'expropriant qu'il appartient de rechercher la qualité de l'intéressé auquel il adresse des offres et, notamment, lorsqu'il s'agit d'une femme mariée, à examiner sous quel régime matrimonial elle est mariée ; il ne saurait plus tard arguer de son ignorance à cet égard, et faire valoir, par exemple, qu'on lui a dissimulé la dotalité des biens. — Mêmes arrêts. — Crépon, sur l'art. 27, n. 3.

1385. — Au reste peu importe, au point de vue du délai d'un mois, accordé par l'art. 27, que la qualité de l'incapable, et spécialement de la femme dotale, ait été ou non méconnue, si, en fait, il s'est écoulé un mois, entre le jour où les offres ont été notifiées et celui de la comparution devant le jury. — Cass., 10 févr. 1869, Sive, [D. 69.1.175] — Crépon, sur l'art. 27, n. 4.

CHAPITRE X.

DE LA RÉQUISITION D'ACQUISITION INTÉGRALE.

Section I.

Dans quels cas il y a lieu à réquisition d'acquisition intégrale.

1386. — La partie d'un immeuble exproprié est souvent si considérable que la partie restante au propriétaire est pour lui sans utilité ; de là le droit que les diverses législations lui ont concédé d'exiger, dans certains cas, l'acquisition totale de sa propriété. L'art. 50, L. 3 mai 1841, porte : « Les bâtiments dont il est nécessaire d'acquérir une portion pour cause d'utilité publique seront achetés en entier si les propriétaires le requièrent par une déclaration formelle adressée au magistrat directeur du jury, dans les délais énoncés aux art. 24 et 27. — Il en sera de même de toute parcelle de terrain qui, par suite de morcellement, se trouvera réduite au quart de la contenance totale, si toutefois le propriétaire ne possède aucun terrain immédiatement contigu, et si la parcelle ainsi réduite est inférieure à 10 ares. »

1387. — M. Homberg (p. 99) pense que cet art. ne bâtiments ne s'applique qu'à ceux qui sont à l'usage personnel des citoyens et servent à leur habitation. Mais cette distinction est arbitraire; elle distingue, sans motifs, là où la loi ne distingue pas, et elle va à l'encontre même du texte de la loi ; le mot bâtiment doit s'entendre de toute propriété bâtie et sur laquelle s'élèvent des constructions. — De Lalleau, Jousselin, Rendu et Périn, t. 2, n. 841.

1388. — Le droit de réquisition d'acquisition intégrale est régi, en ce qui concerne les bâtiments, par le § 1 de l'art. 50, L. 3 mai 1841, et non point par le § 2 du même article qui ne vise que les terrains. — Les deux paragraphes de l'art. 50, L. 3 mai 1841, statuent sur des hypothèses bien distinctes; ils édictent des règles précises pour chacune d'elles; il n'y a pas lieu dès lors, de compléter ces paragraphes l'un par l'autre. Le premier paragraphe de l'article, conférant à l'exproprié d'une portion d'un bâtiment le droit de requérir de l'expropriant l'acquisition totale du bâtiment, est sans application, dès lors qu'il s'agit de l'expropriation de parcelles de terrain laissant intact le bâtiment. — Cass., 6 avr. 1894, Sarrey, [S. et P. 94.1.510, D. 94.1. 353] — De Peyrony et Delamarre, sur l'art. 50, n. 629; Daffry de la Monnoye, t. 2, sur le même article, n. 16.

1389. — Il résulte de cette distinction que l'exproprié ne peut requérir l'acquisition intégrale d'un bâtiment situé sur une parcelle expropriée pour partie, alors que ce bâtiment a été laissé intact par l'expropriation. — Même arrêt.

1390. — Il résulte également de la discussion de la loi de 1841 que lorsque l'expropriation ne porte que sur une cour ou sur un jardin, le propriétaire ne peut contraindre l'administration à acquérir la maison dont cette cour ou ce jardin dépendent. — Gillon et Stourm, p. 162 ; Duvergier, Collect. des lois, t. 33, p. 304; t. 41, p. 163. — Cass., 10 févr. 1868, Bou- Daffry de la Monnoye, t. 2, sur l'art. 50, n. 16.

1391. — Ajoutons que, si la cour d'une maison se trouve comprise dans le tracé sans que la maison soit atteinte, le propriétaire ne pourra contraindre l'administration à acquérir cette maison, lors même que la portion de terrain couverte par les constructions serait de moins de 10 ares. — En un mot, les deux paragraphes de l'art. 50, étant tout à fait distincts, la faculté réservée par le second ne s'applique point aux maisons, aux bâtiments et à leurs dépendances.

1392. — En ce qui concerne les bâtiments partiellement compris dans l'expropriation, l'art. 50, L. 3 mai 1841, n'est applicable, en principe, qu'au cas où les bâtiments forment un tout indivisible. — Caen, 20 mars 1872, Chem. de fer de l'Ouest, [S. 72.2.82, P. 73.436, D. 74.5.247] — Daffry de la Monnoye, t. 2, sur l'art. 50, n. 17 ; de Peyrony et Delamarre, n. 514; Crépon, sur l'art. 50, n. 1 ; de Lalleau, Jousselin, Rendu et Périn, t. 2, n. 842, note. — Il en est ainsi, par exemple, quand les bâtiments sont réunis sous le même toit, et font corps les uns avec les autres ; l'emprise d'une partie de l'immeuble atteint alors le surplus, puisque si le propriétaire ne requiert pas l'acquisition intégrale, il doit refaire la toiture et reprendre le bâtiment à nouveau.

1393. — Si les bâtiments, quoique contigus, sont indépendants l'un de l'autre, peuvent s'isoler et être séparés sans nuire à un usage qui est le même pour tous, l'acquisition intégrale ne peut en être requise, mais il en est autrement s'ils sont unis et incorporés de manière à ne former qu'un tout destiné au même service, sans qu'il y ait lieu d'avoir égard, en ce cas, à l'époque de la construction de cette partie. — Toulouse, 22 nov. 1855, Pautard, [P. 57.1236, D. 56.2.80] — Crépon, loc. cit.; Daffry de la Monnoye, loc. cit.; de Lalleau, Jousselin, Rendu et Périn, loc. cit. — Il importe peu que les constructions aient été élevées à des époques différentes, si à la suite de leur incorporation dans le bâtiment primitif elles formaient un tout indivisible. — Toulouse, 22 nov. 1855, précité. — Crépon, sur l'art. 50, n. 2.

1394. — Mais, si derrière des bâtiments préexistants on élève d'autres constructions que les juges du fait considèrent comme ne formant pas un seul corps, ou tout indivisible avec les bâtiments primitifs, et ne leur étant pas incorporés, le propriétaire, en cas d'expropriation des bâtiments primitifs, est sans droit pour requérir l'expropriation des bâtiments qui ont été élevés depuis, et qui sont contigus aux premiers. — Cass., 10 nov. 1868, Boulineau, [D. 69.1.103] — De Lalleau, Jousselin, Rendu et Périn, t. 2, n. 836, note.

1395. — De même, les bâtiments qui, dans l'origine, ont formé un ensemble ayant la même destination peuvent être expropriés séparément, alors que leur propriétaire les a détournés de cette destination, et que les diverses parties en ont été sous-louées à divers industriels qui exploitent d'une manière distincte et différente chacune de ces parties. — Trib. Seine, 8 févr. 1878, Crédit agricole, [*Gaz. des Trib.*, 24 févr. 1878] — Daffry de la Monnoye, t. 2, sur l'art. 50, n. 17.

1396. — Au reste, l'art. 50 peut être invoqué par l'industriel atteint dans la propriété partielle de son usine, lors même qu'il n'est pas dans l'impossibilité absolue de continuer l'exploitation établie dans l'immeuble : il lui suffit de justifier d'un préjudice certain et sérieux, porté à son industrie, et non susceptible d'être réparé par la simple évaluation (lors de l'estimation par le jury de la portion expropriée), de la dépréciation causée au reste de l'édifice. — Poitiers, 17 févr. 1880, Amieux, [S. 81. 2.76, P. 81.1.454, D. 81.2.5] — De Lalleau, Jousselin, Rendu et Périn, t. 2, n. 842, note; Crépon, sur l'art. 50, n. 4.

1397. — L'appréciation que font les juges du point de savoir si diverses constructions constituent un seul et même bâtiment est souveraine, comme portant sur un point de fait, et échappe, dès lors, au contrôle de la Cour de cassation. — Cass., 10 nov. 1868, Boulineau, [D. 69.1.103] — Crépon, sur l'art. 50, n. 6; Daffry de la Monnoye, t. 2, sur l'art. 50, n. 17; de Lalleau, Jousselin, Rendu et Périn, t. 2, n. 837, note.

1398. — Mais la réquisition d'acquisition intégrale n'est admissible que si l'immeuble est atteint dans son essence et non pas seulement dans sa valeur. Par suite, lorsqu'un bâtiment non compris dans le périmètre d'une expropriation pour utilité publique exerce sur un immeuble exproprié des servitudes actives établies par la destination du père de famille, cette circonstance n'autorise pas à requérir l'expropriation du bâtiment et n'ouvre à la partie lésée qu'une action ou indemnité. — Cass., 14 janv. 1873, Petit-Berlié, [S. 73.1.138, P. 73.294, D. 73.1.308] — Crépon, sur l'art. 50, n. 7; Daffry de la Monnoye, t. 2, sur l'art. 50, n. 18.

1399. — Quand il s'agit de l'application du § 2 de l'art. 50, la loi n'exige pas d'autres conditions, pour astreindre l'expropriant à obtempérer à une réquisition d'acquisition intégrale, que la triple circonstance qu'il s'agisse d'une parcelle se trouvant réduite, par suite du morcellement, au quart de sa contenance totale, que l'exproprié ne possède pas d'autre terrain immédiatement contigu, et enfin que la parcelle ainsi réduite soit inférieure à 10 ares. — Cass., 3 déc. 1878, Chemin de fer de Paris-Lyon-Méditerranée, [S. 79.1.80, P. 79.166] — Crépon, sur l'art. 50, n. 8.

1400. — Quelque faible que soit l'étendue de la parcelle laissée en dehors de l'expropriation, ne fût-elle que d'une are, le propriétaire ne pourra en exiger l'acquisition si sa propriété n'est pas réduite au quart de sa contenance; d'autre part, le propriétaire ne pourra pas exiger l'acquisition de la parcelle qui lui reste, quelle qu'en soit l'étendue s'il a une propriété contiguë, c'est-à-dire qui touche à cette parcelle sur quelques points. — Crépon, sur l'art. 50, n. 9, 10 et 11; de Lalleau, Jousselin, Rendu et Périn, t. 2, n. 839.

1401. — Un chemin public, un ruisseau, un canal destiné à irriguer les propriétés, où à dessécher des terrains humides, seraient obstacle à la contiguïté, alors même que ces voies de communication auraient pour conséquence de faciliter l'exploitation des diverses parcelles. — Arnaud, n. 604; Crépon, sur l'art. 50, n. 12.

1402. — Si la propriété de l'exproprié est réduite au quart de sa contenance, non par l'expropriation elle-même, mais par suite d'une aliénation volontaire, notamment par l'effet d'une cession offerte par l'exproprié et acceptée par l'expropriant, on ne se trouve pas dans les termes de l'art. 50, et la réquisition d'acquisition intégrale doit être repoussée. En effet l'exproprié n'est point recevable à se plaindre si c'est par son propre fait que sa propriété se trouve de la sorte considérablement réduite. — Trib. Seine, 16 nov. 1865, [*Gaz. des Trib.*, 7 déc. 1865] — De Lalleau, Jousselin, Rendu et Périn, t. 2, n. 836, note.

Section II.
Des personnes qui peuvent requérir l'acquisition intégrale.

1403. — Quand la propriété est démembrée, l'un des ayants-droit ne peut exiger l'acquisition intégrale alors que les autres s'y refusent, parce qu'il ne saurait à leur égard aggraver l'expropriation et les dépouiller du surplus d'une propriété qu'ils tiennent à conserver. La réquisition d'acquisition intégrale ne peut donc être faite que par celui-là seul qui a la pleine propriété de l'immeuble exproprié. — Cass., 22 févr. 1886, Ville de Saint-Etienne, [S. 87.1.386, P. 87.1.937, D. 86.1.380] — De Lalleau, Jousselin, Rendu et Périn, n. 845; Arnaud, n. 583; Crépon, sur l'art. 50, n. 14.

1404. — Spécialement, si la propriété est indivise entre plusieurs copropriétaires, la réquisition d'acquisition doit, pour être recevable, émaner de tous les copropriétaires. — Daffry de la Monnoye, t. 2, sur l'art. 50, n. 1; Crépon, sur l'art. 50, n. 15.

1405. — Elle ne peut non plus émaner du nu-propriétaire, sans le consentement, et, à plus forte raison, malgré l'opposition de l'usufruitier. — Cass., 22 févr. 1886, précité. — Arnaud, n. 583; de Lalleau, Jousselin, Rendu et Périn, t. 2, n. 845; Crépon, sur l'art. 50, n. 24. — D'après l'art. 539, C. civ., le propriétaire ne saurait de quelque manière que ce soit nuire aux droits de l'usufruitier, et ce serait nuire à ses droits que de le contraindre à transporter son usufruit d'un immeuble sur une somme d'argent. L'usufruitier a encore moins le droit de requérir l'acquisition intégrale sans l'assentiment du nu-propriétaire, puisqu'il doit conserver la substance de la chose sur laquelle porte son usufruit (C. civ., art. 578). — V. *infrà*, v° *Usufruit*.

1406. — Le propriétaire d'un immeuble grevé d'un droit d'usage ou d'habitation n'a pas non plus le droit de requérir l'acquisition intégrale sans l'assentiment des bénéficiaires des droits d'usage et d'habitation, parce qu'il ne saurait porter atteinte à leurs droits; de même, et à plus forte raison, ces bénéficiaires ne sauraient requérir l'acquisition intégrale, sans le consentement du propriétaire. — Crépon, sur l'art. 50, n. 25.

1407. — Mais le propriétaire est recevable à requérir l'acquisition intégrale de sa propriété, sans l'assentiment de son locataire ou fermier; et en ce cas l'immeuble parvient aux mains de l'expropriant non à titre d'expropriation, mais de vente; le bail ne disparaît pas, et l'expropriant prend le lieu et place de l'exproprié. — Cass., 14 juill. 1847, Préfet de la Seine, [S. 47. 1.593, P. 47.2.82, D. 47.1.251] — De Lalleau, Jousselin, Rendu et Périn, t. 2, n. 849; Arnaud, n. 587; Crépon, sur l'art. 50, n. 26.

1408. — Il a été jugé que dans le cas d'expropriation partielle d'un bâtiment en état de location, le locataire a, comme le propriétaire, le droit d'exiger l'expropriation entière du bail des lieux qu'il occupe, et cela quand même le propriétaire n'userait pas du droit que la loi lui accorde de requérir aussi l'expropriation de la totalité du bâtiment. — Paris, 6 mai 1834, Giron de Buzaringue, [S. 35.2.225, P. 55.1.139, D. 56.2.65] — ... Et que l'effet d'une telle expropriation n'est pas de résilier le bail à l'égard du propriétaire, mais de substituer l'expropriant au locataire dans les droits et charges dérivant du bail; qu'il en est ainsi surtout, alors que cette transmission du bail a été consentie entre le locataire et l'expropriant en présence du jury, cette convention recevant, de la présence du jury et de la certification du magistrat qui préside, le caractère d'un contrat judiciaire. Peu importe que le propriétaire n'ait pas donné son consentement à cette substitution, ou même qu'il ait protesté devant le jury contre la convention dont il s'agit : s'il n'a pas exercé de recours ou cassation contre l'ordonnance du magistrat directeur qui en a donné acte, et contre la décision du jury qui en a été la suite, il est désormais non recevable à en contester la légalité et les effets. — Même arrêt.

1409. — Mais cet arrêt heurte l'esprit et le texte de la loi; l'art. 50 n'accorde le droit de requérir l'acquisition intégrale qu'au propriétaire et à non point aux autres intéressés. D'un autre côté, la réquisition du locataire ne saurait avoir pour effet d'imposer au propriétaire qui n'en veut pas l'aliénation entière de sa propriété; on ne saurait non plus imposer au propriétaire l'expropriant comme locataire, celui-ci prenant le lieu et place du locataire. — Arnaud, n. 589; Daffry de la Monnoye, t. 2, sur l'art. 50, n. 27; de Lalleau, Jousselin, Rendu et Périn, t. 2, n. 849; Crépon, sur l'art. 50, n. 27.

1410. — L'acceptation du légataire faisant remonter son droit de propriété au jour de l'ouverture de la succession, le légataire a qualité pour requérir l'acquisition intégrale de l'immeuble légué, lorsque cet immeuble est partiellement exproprié. — Lyon, 2 août 1883, sous Cass., 22 févr. 1886, Ville de Saint-Étienne, [S. 87.1.386, P. 87.1.987, D. 86.1.380]

1411. — L'adhésion donné par l'expropriant à la réquisition d'acquisition totale de l'immeuble partiellement exproprié forme entre les parties un contrat de vente, dont la loi donne mission au jury d'expropriation, à défaut d'accord entre les parties, de déterminer le prix, en fixant le chiffre de l'indemnité due pour l'acquisition totale. Mais le contrat de vente n'est pas réalisé, faute de l'une de ces conditions essentielles, à savoir le consentement de l'une des parties, si l'expropriant, loin de consentir à l'acquisition intégrale, a repoussé la réquisition, et en a contesté la légalité, tant dans l'acte extrajudiciaire d'offres, que dans des conclusions prises devant le jury. — Cass., 13 mai 1884, Chem. de fer de l'Est, [S. 84.1.439, P. 84.1.1076, D. 85.1. 57] — Dès lors, si l'exproprié, qui a fait une réquisition d'acquisition intégrale, vient à décéder après que l'expropriant a, tant dans l'exploit d'offres, que dans des conclusions, contesté la validité de la réquisition, l'expropriant ne peut, par une notification ou déclaration faite aux héritiers, accepter la réquisition d'acquisition intégrale, et créer ainsi un engagement qui n'a jamais existé du vivant de l'exproprié. Il en est ainsi, alors même que, dès avant le décès de l'exproprié, le magistrat directeur a, par ordonnance, constaté le litige sur la légalité de la réquisition, et renvoyé les parties devant le tribunal compétent pour statuer sur le fond du droit. — Même arrêt. — De Lalleau, Jousselin, Rendu et Périn, t. 2, n. 836, note; Crépon, sur l'art. 50, n. 59.

1412. — Les représentants des incapables, conformément aux art. 13, 25 et 26, L. 3 mai 1841, ne peuvent traiter à l'amiable ou accepter les offres de l'administration sans accomplissement de formalités protectrices (V. *suprà*, n. 581, 4373); ils ne peuvent donc consentir seuls à aucune aliénation. Il s'ensuit qu'ils ne sauraient, sans autorisation, réclamer une expropriation plus grande, une aliénation plus complète, par une réquisition d'acquisition intégrale. Il a été jugé, en ce sens, qu'aucun acte d'aliénation, tel que la réquisition d'acquisition intégrale, ne peut être consenti au nom des incapables sans une autorisation expresse. — Cass., 25 juin 1883, Hospice de Sainte-Menehould. [S. 84.1.132, P. 84.1.285, D. 83.1.479] — Daffry de la Monnoye, t. 2, sur l'art. 50, n. 15; Crépon, sur l'art. 50, n. 16 et s.; de Lalleau, Jousselin, Rendu et Périn, t. 2, n. 843 et 844. — C'est en vue de l'autorisation dont doivent se munir les représentants des incapables que le délai a été doublé en ce qui les concerne. — Crépon, sur l'art. 50, n. 22. — V. *suprà*, n. 1382.

1413. — Par suite, le mari seul et sans le consentement de sa femme ne peut requérir l'acquisition intégrale d'un immeuble appartenant à sa femme; cette réquisition doit émaner de la femme assistée de son mari. — De Lalleau, Jousselin, Rendu et Périn, t. 2, n. 843; Daffry de la Monnoye, t. 2, sur l'art. 50, n. 15; Arnaud, n. 579; Crépon, sur l'art. 50, n. 46.

1414. — De même, le tuteur ne peut requérir l'acquisition intégrale d'un immeuble appartenant à son pupille, qu'après délibération du conseil de famille et homologation de cette délibération par le tribunal. Il en est de même du père tuteur et usufruitier légal; malgré la réunion de cette double qualité sur sa tête il n'est qu'administrateur et non propriétaire. — De Lalleau, Jousselin, Rendu et Périn, t. 2, n. 844; Arnaud, n. 580; Crépon, sur l'art. 50, n. 17 et 18.

1415. — Toutefois, l'on pourrait soutenir que pour les biens inaliénables, tels que ceux dépendant d'un majorat ou appartenant à une femme mariée sous le régime dotal, les autorisations nécessaires doivent être demandées et obtenues conformément à l'art. 13, puisqu'il soit besoin d'observer les formalités exigées pour les aliénations ordinaires de biens d'incapables. Ces formalités, peut-on dire, en effet, étant longues et dispendieuses, s'accorderaient mal avec le délai assez restreint accordé pour la réquisition, et de plus, ne serait pas raisonnable de prétendre que les garanties que l'art. 13 a trouvées suffisantes pour l'aliénation de la totalité de l'immeuble ne la seraient pas pour l'aliénation d'une portion. — *Contrà*, de Lalleau, n. 697.

1416. — Les administrateurs des établissements publics doivent solliciter l'autorisation de l'acquisition intégrale dans la forme qui leur est prescrite lorsqu'il s'agit de l'aliénation des immeubles de ces établissements. — Cass., 25 juin 1883, précité. — Crépon, sur l'art. 50, n. 19 et 20; de Lalleau, Jousselin, Rendu et Périn, t. 2, n. 844. — V. *suprà*, v° *Assistance publique*, n. 1980 et 1980 *bis*.

1417. — La commune autorisée à poursuivre une expropriation, c'est par cela même à acquiescer à une réquisition aux fins d'acquisition intégrale: en effet cette acquisition constitue une suite, et une suite inévitable de l'expropriation: elle ne peut être repoussée alors qu'elle se produit dans les termes de l'art. 50, et dans les conditions prévues par le législateur. — Bordeaux, 13 déc. 1848, Jarry, [S. 49.2.466, P. 50.1.78, D. 49.2.216] — Crépon, sur l'art. 50, n. 21.

1418. — Pour la même raison, l'agent de l'administration chargé de la représenter en matière d'expropriation pour cause d'utilité publique est suffisamment autorisé à accepter, débattre ou contredire la réquisition d'acquisition faite en vertu de l'art. 50, L. 3 mai 1841, réquisition qui est une des conséquences de l'expropriation et du règlement de l'indemnité à laquelle elle donne droit. — Cass., 25 janv. 1853, Troyon, [S. 53.1.285, P. 53.1.293, D. 53.1.28]

1419. — Quelle que soit, d'ailleurs, la valeur apparente de la réquisition de l'exproprié, tendant à l'acquisition intégrale de l'immeuble partiellement exproprié, c'est aux tribunaux seuls qu'il appartient d'en apprécier la légalité. — Cass., 9 janv. 1883, Barrey, [S. 84.1.295, P. 84.1.706, D. 84.1.132] — L'expropriant ne peut se faire juge de la prétention de l'exproprié; s'il la conteste, il fera naître un litige sur le fond du droit qui donnera lieu à la fixation d'une indemnité éventuelle et hypothétique; les tribunaux civils devant qui le litige sera renvoyé examineront si, oui ou non, la réquisition d'acquisition intégrale est fondée. — Crépon, sur l'art. 50, n. 28.

Section III.

Du délai et de la forme de la réquisition intégrale.

1420. — C'est dans le délai de quinzaine, à partir de la notification des offres, que le propriétaire doit faire connaître à l'expropriant s'il requiert l'acquisition intégrale de sa propriété; ce délai est porté à un mois pour les personnes désignées dans les art. 25, 26 et 27, L. 3 mai 1841 (V. *suprà*, n. 1382, 1412). La réquisition est donc tardive et nulle quand elle a lieu pour la première fois devant le jury. — Cass., 18 janv. 1859, Préfet de la Drôme, [P. 60.1153, D. 59.1.24]

1421. — Mais la réquisition d'acquisition intégrale doit être considérée comme ayant été faite dans le délai légal de quinzaine à partir de la notification des offres, s'il ne s'est pas écoulé plus longtemps depuis que l'acte de notification a été effectivement remis à la partie ou à son mandataire, lors même que cet acte porterait en tête une date antérieure. — Cass., 25 août 1856, Lenteman, [S. 57.1.141, P. 58.958, D. 58.1.333] — C'est là une question de fait et de preuve. — Daffry de la Monnoye, t. 2, sur l'art. 50, n. 4.

1421 bis. — L'expropriant peut se faire un moyen de cassation de ce que le jury a réglé l'indemnité d'après une réquisition tardive. — Cass, 13 août 1855, Badoulier de Saint-Seine, [S. 56.1.829, P. 57.419, D. 55.1.333]; — 14 août 1855, Mounier, [S. 56.1.620, P. 57.420, D. 55.1.416]; — 25 août 1856, précité; — 18 janv. 1859, précité. — Daffry de la Monnoye, t. 2, n. 846; Crépon, sur l'art. 50, n. 31.

1422. — Mais le délai imparti par l'art. 50, L. 3 mai 1841, pour requérir l'acquisition intégrale de l'immeuble exproprié, n'étant pas d'ordre public, la nullité qui résulte de l'inobservation de ce délai peut être couverte par le consentement des parties, s'il est constaté au procès-verbal. — Cass., 28 juill. 1879, Préfet de la Lozère, [S. 81.1.377, P. 81.1.900, D. 80.1.81] — Daffry de la Monnoye, t. 2, sur l'art. 50, n. 2; de Lalleau, Jousselin, Rendu et Périn, t. 2, n. 846, note; Crépon, sur l'art. 50, n. 32 et 35. — La renonciation au droit d'invoquer la nullité résultera pour l'expropriant de ce fait qu'il a accepté l'acquisition intégrale, et qu'il s'est montré prêt à discuter l'indemnité due à ce nouveau titre. — Cass., 25 janv. 1853, précité.

1423. — La fin de non-recevoir résultant de ce que l'exproprié de partie d'un immeuble a demandé tardivement que son immeuble fût acquis en totalité, ne peut être invoquée par l'exproprié lui-même. — Cass., 25 janv. 1853, précité. — Daffry de la Monnoye, t. 2, sur l'art. 50, n. 33 et 34.

1424. — D'autre part, le droit d'opposer à l'exproprié la tardiveté de sa réquisition d'acquisition intégrale n'appartient qu'à l'expropriant; le locataire n'a pas qualité pour l'invoquer contre son propriétaire. — Paris, 22 juin 1869, sous Cass., 12 mars 1872, Rouge, [S. 72.1.86, P. 72.175, D. 70.2.56] — Daffry de la Monnoye, t. 2, sur l'art. 50, n. 5; Crépon, sur l'art. 50, n. 36; de Lalleau, Jousselin, Rendu et Périn, t. 2, n. 846, note.

1425. — Si l'expropriant oppose à l'exproprié la tardiveté de sa réquisition, c'est là une question qui ne soulève pas de difficulté, mais seulement l'examen de deux dates; elle doit donc être tranchée par le magistrat directeur du jury; par suite, le jury ne doit pas, en ce cas, statuer sur la demande formée tardivement par celui qui est exproprié de partie d'un immeuble, tendante à ce que son immeuble soit acquis en totalité. — Cass., 13 août 1855, Badoulier de Saint-Seine, [S. 56.1.829, P. 57.419, D. 55.1.333]; — 14 août 1855, Mounier, [S. 56.1.620, P. 57.420. D. 55.1.416] — Mais s'il s'élève une contestation sérieuse sur ce point, cette contestation constitue un litige sur le fond du droit qui oblige le jury à fixer une indemnité éventuelle. — Cass., 25 mars 1856, Lenteman, [S. 57.1.141, P. 58.950, D. 56.1.333]; — 10 avr. 1861, Jeanson, [S. 61.1.794, P. 62.191, D. 61.1.282]; — 6 avr. 1869, Lesonfaché, [D. 69.1.343] — Crépon, sur l'art. 50, n. 37. — V. cependant Daffry de la Monnoye, t. 2, sur l'art. 50, n. 3.

1426. — La réquisition d'acquisition intégrale n'a été soumise par le législateur à aucune forme sacramentelle; il faut seulement qu'elle soit certaine, établie ou reconnue : il n'est pas nécessaire qu'elle soit formulée par un acte extrajudiciaire; elle peut résulter d'une simple lettre adressée au magistrat directeur du jury; elle est suffisamment établie par la mention qui en est faite dans le procès-verbal des opérations du jury. — Cass., 28 déc. 1859, Comm. de Mallemort, [S. 60.1.1004, P. 60.1014, D. 60.1.39] — Daffry de la Monnoye, t. 2, sur l'art. 50, n. 6; de Lalleau, Jousselin, Rendu et Périn, t. 2, n. 846, note; Crépon, sur l'art. 50, n. 38 et 39.

1427. — L'art. 50 déclare que la réquisition d'acquisition intégrale est adressée au magistrat directeur. Cette mention est à la suite d'un système qui a été abandonné; seulement on a omis de rectifier l'art. 50, comme on avait modifié l'art. 21. Il est donc reconnu que la réquisition d'acquisition totale d'un immeuble partiellement exproprié peut être adressée, non au magistrat directeur lui-même, mais à la partie qui poursuit l'expropriation. — Cass., 25 août 1856, précité; — 10 avr. 1861, précité; — 1er juill. 1863, Lecœur, [S. 63.1.548, P. 64.196, D. 63. 1.320] — De Peyrony et Delamarre, n. 634; Daffry de la Monnoye, t. 2, sur l'art. 50, n. 7; de Lalleau, Jousselin, Rendu et Périn, t. 2, n. 846; Crépon, sur l'art. 50, n. 46 et 47.

1428. — La réquisition d'acquisition intégrale sera non avenue à l'égard de l'expropriant si, bien que mentionnée dans l'original de l'exploit, elle ne l'est pas dans la copie remise à l'expropriant. — Cass., 7 janv. 1862, Roche, [S. 62.1.1064, P. 63. 378, D. 62.1.377] — Crépon, sur l'art. 50, n. 40. — C'est l'application du principe d'après lequel la copie tient lieu d'original à celui à qui elle a été remise (V. *supra*, v° *Exploit*, n. 78 et s.). D'ailleurs, par suite de l'omission qui se trouve dans la copie, l'expropriant n'a pas été prévenu de l'intention de l'exproprié et ne s'est pas mis en mesure pour y faire face. — Daffry de la Monnoye, t. 2, sur l'art. 50, n. 10.

1429. — L'exproprié qui, prend aucune conclusion relativement à la réquisition d'acquisition intégrale qu'il a faite est présumé l'avoir abandonnée; par suite, le jury ne peut être appelé à statuer sur une réquisition intégrale faite par un acte extrajudiciaire, lorsque l'exproprié n'a pris aucune conclusion pour faire soumettre au jury l'évaluation de l'indemnité due à raison de la dépossession totale, et que, d'un autre côté, l'expropriant n'a pas notifié d'offres à ce sujet. — Cass., 3 juill. 1861, Vivian, (*Bull. civ.*, p. 177]; — 11 août 1875, Espagnac, [S. 75.1.428, P. 75.1008, D. 76.5.231] — Daffry de la Monnoye, t. 2, sur l'art. 50, n. 12; Crépon, sur l'art. 50, n. 41.

1430. — L'expropriant qui a formulé une réquisition d'acquisition intégrale peut la rétracter tant que l'exproprié ne l'a pas acceptée, parce que tant qu'il ne l'a pas accepté aucun contrat judiciaire ne s'est formé entre eux. Cette acceptation pourra d'ailleurs résulter d'offres faites par l'expropriant sans protestations, ni réserves. L'exproprié ne pourrait, après l'acceptation de l'exproprié, rétracter sa réquisition, spécialement à la fixation de l'indemnité par le jury; un contrat judiciaire est alors intervenu entre lui et l'expropriant et le contrat forme désormais loi de droit entre eux. — Bordeaux, 13 déc. 1848, Jarry, [S. 49.2. 466, P. 50.1.178, D. 49.2.216] — De Lalleau, Jousselin, Rendu et Périn, t. 2, n. 848; Daffry de la Monnoye, t. 2, sur l'art. 50, n. 11; Crépon, sur l'art. 50, n. 42 et s.

Section IV.

Des effets de la réquisition intégrale.

1431. — Lorsque l'exproprié requiert l'acquisition intégrale de l'immeuble dont l'expropriation partielle était jusqu'alors poursuivie, l'expropriant est tenu, à peine de nullité, de lui notifier des offres supplémentaires et de lui laisser pour délibérer l'intégralité du délai de quinzaine (V. *supra*, n. 1342 et s.). — Cass., 5 févr. 1855, Minguet, [S. 55.1.606, P. 56.1.624, D. 55.1. 61]; — 11 févr. 1857, Meyer, [S. 57.1.861, P. 58.470, D. 57.1. 71]; — 20 mars 1858, Dinart, [S. 59.1.351, P. 59.1.189, D. 58.1. 321]; — 19 mai 1862, Rousset, [S. 62.1.1064. P. 63.378, D. 62.1. 377]; — 21 déc. 1864, Haentjens, [S. 65.1.240, P. 65.563, D. 64.5. 162]; — 5 avr. 1869, Levesque, [S. 69.1.228, P. 69.941, D. 69.1. 343]; — 22 févr. 1870, Ansas, [S. 70.1.174, P. 70.403, D. 70.1. 207]; — 26 août 1873, Hardeville, [S. 73.1.473, P. 73.1188, D. 73.1.488]; — 10 févr. 1874, Dauriac, [S. 74.1.222, P. 74.543, D. 74.1.416]; — 9 janv. 1883, Barrey, [S. 84.1.295, P. 84.1.706, D. 74.1.152]; — 17 mars 1885, Faulcon de la Godalie. [S. 86.1. D. 86.1.152]; — 9 juill. 1889, Société des mines de Beaubrun, [S. 91.1.351, P. 91.1.826, D. 90.5.252]; — 31 juill. 1889, Virion, [S. 91.1.542, P. 91.1.1309, D. 90.5.252]; — 14 févr. 1894, Benedetti, [S. et P. 94.1.464]; — 31 juill. 1899, Mitaine, [S. et P. 99.1.526] — Crépon, sur l'art. 50, n. 45 et 48; de Lalleau, Jousselin, Rendu et Périn, t. 2, n. 846. — La formalité de l'offre supplémentaire est substantielle, et la nullité qui résulte de son inobservation peut être invoquée pour la première fois devant la Cour de cassation. — Cass., 12 juill. 1870, Gariel, [S. 70.1.434, P. 70.1134] — V. *supra*, n. 1317.

1432. — Par suite, la décision du jury doit être annulée, si c'est seulement à l'audience que l'expropriant a fait connaître son consentement à l'acquisition demandée et que les offres ont été faites pour l'indemnité afférente à cette parcelle. — Cass., 9 juill. 1889, précité; — 31 juill. 1899, précité; — ... Alors du moins que, d'aucune mention du procès-verbal, on ne saurait inférer que l'exproprié a formellement renoncé à se prévaloir de la tardiveté des offres. — Mêmes arrêts.

1433. — A défaut d'offres supplémentaires, la nullité doit être prononcée, bien que l'exproprié ait comparu devant le jury et ait formulé une demande d'indemnité, si, avant tout débat, il a pris soin de faire des réserves utiles à la conservation de son droit. — Cass., 23 déc. 1889, Mandet, [S. 90.1.80, P. 90.1.167, D. 90.5.234]; — 14 juill. 1894, précité; — 31 juill. 1899, précité. — ... Si, notamment, il a, par des conclusions, demandé acte de ses protestations contre l'absence de toute offre supplémentaire et contre la tardiveté de celles qui pourraient être faites à l'audience. — Cass., 14 févr. 1894, précité.

1434. — Mais, si la réquisition d'acquisition intégrale se produit à l'audience, et si elle est suivie immédiatement par des offres nouvelles faites par l'expropriant, l'exproprié qui discute ces offres sans demander aucun renvoi renonce par là au délai prescrit par la loi, et sa renonciation est valable, l'observation du délai n'intéressant pas l'ordre public. — Cass., 31 juill. 1889, précité. — V. *supra*, n. 1318 et s.

1435. — Lorsque la réquisition d'acquisition intégrale d'un immeuble exproprié a été faite en dehors des délais prescrits par l'art. 50, L. 3 mai 1841, et spécialement n'a eu lieu que devant le jury, les offres de l'expropriant, relativement à la portion d'immeuble qui a été l'objet de cette réquisition, ne sont pas soumises aux délais exigés par les art. 24, 27 et 50 de ladite loi, la réquisition et son acceptation ne valant alors que comme convention amiable. — Cass., 7 janv. 1862, Roche, [S. 62.1.1064, P. 63.378, D. 62.1.377]

1436. — L'expropriant qui, sur la réquisition de l'acquisition intégrale dont l'expropriation partielle était poursuivie, a fait une offre pour la totalité de l'immeuble, peut, alors que cette réquisition était faite hors du cas prévu par l'art. 50, L. 3 mai 1841, rétracter son offre tant qu'elle n'a pas été acceptée ou suivie d'une décision du jury, et l'expropriant peut encore, en un tel cas, et malgré son offre, contester qu'il y ait lieu à acquisition intégrale, s'il est d'ailleurs établi qu'il n'y avait réellement pas de contrat définitif intervenu entre les parties. — Cass., 4 mars 1868, Arduin, [S. 68.1.270, P. 68.658, D. 68.1.161]

1437. — Lorsque la décision d'un jury d'expropriation, accordant une indemnité éventuelle à l'exproprié à raison de sa réquisition d'acquisition totale, a été cassée, à défaut par l'expropriant, contestant la réquisition d'acquisition intégrale, d'y avoir néanmoins répondu par une offre supplémentaire, l'expropriant, qui prétend que le droit de réquisition totale ne peut être exercé dans la cause, a intérêt et qualité pour saisir les tribunaux civils de la question, et cela sans solliciter au préalable d'un nouveau jury la fixation d'une indemnité éventuelle, et sans procéder à une offre supplémentaire, cette formalité n'étant exigée que dans la procédure en règlement d'indemnité devant le jury. — Cass., 6 avr. 1894, Barrey, [S. et P. 94.1.510, D. 94.1.353]

1438. — Lorsque des difficultés s'élèvent entre l'expropriant et l'exproprié sur le point de savoir si la réquisition d'acquisition intégrale est fondée et doit être accueillie, le magistrat directeur et le jury sont incompétents pour trancher cette difficulté; il existe un litige sur le fond du droit. — Dès lors, le jury doit fixer deux indemnités alternatives, l'une pour le cas d'acquisition totale, l'autre pour le cas d'acquisition partielle. — Cass., 25 août 1856, Lenteman, [S. 57.1.171, P. 58.950, D. 56.1.333]; — 1er juill. 1863, Lecœur, [S. 63.1.348, P. 66.557, D. 63.1.320]; — 8 nov. 1865, Lemoine, [S. 66.1.221, P. 66.557, D. 65.5.181] — De Peyrony et Delamarre, n. 648; Daffry de la Monnoye, t. 2, sur l'art. 50, n. 8; Malapert et Protat, n. 634; Arnaud, n. 465; de Lalleau, Jousselin, Rendu et Périn, t. 2, n. 847; Crépon, sur l'art. 50, n. 52.

1439. — En conséquence, il a été jugé que si, sur les poursuites à fin d'expropriation partielle d'une maison pour utilité publique, le propriétaire a fait connaître dans le délai voulu l'intention où il était de faire acquérir sa maison entière, et que cette proposition n'a pas été agréée, cette contestation constitue un litige sur le fond du droit qui oblige le jury à fixer une indemnité alternative applicable au cas d'une acquisition entière et à celui d'une expropriation partielle; que, par suite, la décision qui ne fixe qu'une seule indemnité est nulle, alors surtout qu'elle est tellement ambiguë et incertaine qu'il y a doute, même en présence de l'ordonnance du magistrat directeur, sur le point de savoir si elle s'applique à l'expropriation partielle. — Cass., 15 mai 1843, Corneille, [S. 43.1.622, P. 43.2.200]

1440. — ... Que lorsque le propriétaire exproprié d'une partie d'un terrain ou d'un bâtiment qu'il soutient former un tout avec un autre édifice demande, conformément à l'art. 50, L. 3 mai 1841, que la propriété lui soit achetée en entier, et que l'administration refuse d'accéder à cette prétention, il résulte de là un litige sur le fond du droit, qui oblige le jury à fixer, dans les termes de l'art. 39, une indemnité alternative applicable à la double hypothèse de l'expropriation, soit totale, soit partielle. — Cass., 22 mars 1847, Chauvin-Laprade, [S. 47.1.304, P. 47.1.482, D. 47.4.248]; — 19 mars 1849, Leveau, [S. 49.1.371, P. 49.2.232, D. 50.5.221] — V. aussi Cass., 22 juin 1852, Praire, [S. 52.1.754, P. 52.2.724, D. 52.1.176]

1441. — La décision du jury qui fixe deux indemnités alternatives, l'une pour le cas d'acquisition totale, l'autre pour le cas d'acquisition partielle, est indivisible; par suite, la nullité de cette décision relativement à l'indemnité pour l'acquisition totale (résultant, par exemple, de ce que les offres n'ont pas été faites dans le délai légal) emporte nullité même quant à l'indemnité pour l'acquisition partielle. — Cass., 21 déc. 1864, Haentjens, [S. 65.1.240, P. 65.560, D. 64.5.162]

1442. — Mais l'exproprié qui requiert l'acquisition totale de l'immeuble compris en partie seulement dans l'expropriation n'est pas tenu, lorsque sa réquisition n'est pas contestée, de demander une indemnité alternative, l'une pour la partie expropriée, et l'autre pour la totalité de l'immeuble. Toutefois, il ne résulte aucune nullité de ce que le jury a alloué deux indemnités distinctes, alors que le total de ces deux indemnités est inférieur à celle du montant de la somme demandée. — Cass., 28 déc. 1859, Comm. de Mallemort, [S. 60.1.1004, P. 60.1014, D. 60.1.39] — V. Crépon, sur l'art. 50, n. 51.

1443. — Remarquons que si l'achat requis, en vertu de l'art. 50, L. 3 mai 1841, de bâtiments et de parcelles de bâtiments, non compris dans l'expropriation, produit quelques-uns des effets de la vente volontaire, ce n'est qu'autant que ces effets ne sont pas en contradiction avec le mode ou la forme de l'aliénation prescrite par cet article. — Cass., 2 juill. 1872, Audiberti, [S. 72.1.341, P. 72.881, D. 72.1.217]

1444. — Dans ce cas même, la fixation de l'indemnité par le jury, suivie de l'ordonnance d'envoi en possession rendue en conformité de l'art. 41, L. 3 mai 1841, a pour effet de déposséder l'exproprié, de transporter sur le prix les droits des réclamants, de purger l'immeuble, ainsi que d'investir l'expropriant de la plénitude du droit de propriété et de toutes les actions qui s'y rattachent, de la même façon que l'aurait fait l'art. 2186, C. civ., dans la procédure suivie selon le droit commun. — Cass.,

2 juill. 1872, précité. — De Lalleau, Jousselin, Rendu et Périn, t. 2, n. 849; Daffry de la Monnoye sur l'art. 50, n. 20 et 24; Crépon, sur l'art. 50, n. 57 et 58.

1445. — Mais les servitudes ne sont point éteintes et les baux ne sont point résiliés; jugé, en ce sens, que lorsque le propriétaire d'un immeuble dont partie seulement était soumise à expropriation pour cause d'utilité publique, usant de la faculté que lui en accordait la loi, a contraint l'Etat ou l'administration d'acheter la totalité de l'immeuble, cette acquisition, pour ce qui excède la portion dont l'expropriation était nécessaire, n'est pas protégée par les règles relatives à la libération des charges grevant les biens expropriés. Ainsi, elle n'emporte pas l'extinction des servitudes existant au profit de tiers sur la portion de l'immeuble non nécessaire aux travaux publics; ces servitudes continuent de subsister. — Cass., 14 juill. 1847, Pignard, [S. 47.1.593, P. 47.2.82, D. 47.1.251] — Paris, 18 mai 1846, Pignard, [S. 47.2.490, P. 46.2.97, D. 46.2.96] — Daffry de la Monnoye, t. 2, sur l'art. 50, n. 20; Crépon, sur l'art. 50, n. 54.

1446. — L'expropriant n'a donc, dans ce cas, aucune action en garantie contre l'exproprié, s'il est constant que, lors de la fixation de l'indemnité, le jury a eu connaissance des droits de servitude. — Paris, 18 mai 1846, précité.

1447. — Jugé encore que lorsque le propriétaire use de la faculté que l'art. 50, L. 3 mai 1841, lui donne, les baux ayant pour objet des portions d'immeubles non comprises dans cette expropriation ne sont pas résiliés de plein droit; en sorte que les locataires qui les ont conclus conservent leur jouissance et ne peuvent prétendre à une indemnité de résiliation. — Cass., 19 mars 1872, Bosse, [S. 72.1.86, P. 72.175, D. 72.1.107] — Paris, 12 févr. 1833, Balton, [S. 33.2.606, P. chr.]; — 11 août 1862, Postel, [S. 62.2.417, P. 62.1074, D. 62.2.196]; — 22 juin 1809, sous Cass., 19 mars 1872, précité, D. 70.2.85] — Daffry de la Monnoye, t. 2, sur l'art. 50, n. 21. — Faisons remarquer à cet égard qu'il n'en est ainsi qu'au cas où le locataire de la portion ainsi acquise en surplus conserve tout son droit et n'est point troublé dans sa jouissance; mais il pourra demander la résiliation si la partie qu'il conserve est telle qu'il n'aurait pas loué, s'il avait été en présence, au moment du bail, de cette seule partie; il aura alors le choix de demander la résiliation, si la jouissance est devenue diminuée dans de telles proportions qu'il n'aurait pas loué dans ces conditions, ou de demander une diminution du prix du loyer proportionnelle à la diminution de jouissance, au cas contraire.

1448. — Jugé, dans le même sens, que lorsque le locataire principal de plusieurs maisons appartenant au même propriétaire, et dont quelques-unes seulement ont été expropriées, a obtenu la résiliation entière de son bail, au bénéfice duquel l'expropriant se trouve, par suite, substitué même à l'égard des maisons non expropriées, cette résiliation n'entraîne pas celle des baux faits aux sous-locataires de ces dernières maisons, qui ne sont nullement atteints dans leur jouissance par l'expropriation. Dès lors, ces sous-locataires ne sont pas recevables à intervenir devant le jury pour réclamer une indemnité; et il appartient au magistrat directeur d'écarter cette intervention comme étant faite sans droit. — Cass., 12 août 1867, Lacassagne, [S. 67.1.407, P. 67.1089, D. 67.1.407] — Crépon, sur l'art. 50, n. 56, Daffry de la Monnoye, t. 2, sur l'art. 50, n. 22.

1449. — Au cas d'expropriation de partie d'une maison, si le propriétaire exproprié requiert l'acquisition intégrale de l'immeuble, il doit restituer à l'administration les loyers qu'il a reçus par anticipation des locataires dont les baux ne sont pas atteints par l'expropriation, et cela alors même que ces baux constatant le paiement par anticipation des loyers étaient connus de l'administration et ont été mis sous les yeux du jury. — Cass., 8 févr. 1859, Duboys, [S. 59.1.801, P. 60.349, D. 59.1.260]

1450. — Les parcelles de terrains qui auraient été ajoutées à l'expropriation sur la demande de l'exproprié et comprises dans le jugement d'ordonnance, suivent le sort de toutes les parcelles visées dans ce jugement; elles ne sont donc l'objet d'aucune règle spéciale; si elles ont été acquises par l'expropriant, sur la réclamation de l'intéressé, et si elles ont fait l'objet, comme l'ensemble de terrains d'un jugement de donner acte, il n'y a pas lieu non plus de s'en préoccuper, le jugement de donner acte produisant les effets du jugement d'expropriation. — Daffry de la Monnoye, t. 2, sur l'art. 50, n. 23.

CHAPITRE XI.

DE LA FORMATION DE LA LISTE ANNUELLE DU JURY ET DU JURY DE SESSION.

Section I.
De la formation de la liste annuelle.

1451. — Lorsque les offres de l'expropriant régulièrement faites à l'exproprié et aux divers intéressés ne sont pas acceptées par ceux-ci, il y a lieu pour l'expropriant de provoquer la réunion du jury qui procédera au règlement définitif des indemnités. Il nous faut donc tout d'abord rechercher comment est composé ce jury, comment est formée la liste des jurés, et comment il est procédé au choix des jurés qui doivent régler les indemnités.

1452. — La loi du 3 mai 1841 dispose : « Dans la session annuelle, le conseil général du département désigne, pour chaque arrondissement de sous-préfecture, tant sur la première partie de la liste du jury, trente-six personnes au moins et soixante-douze au plus, qui ont leur domicile réel dans l'arrondissement, parmi lesquelles sont choisis, jusqu'à la session suivante ordinaire du conseil général, les membres du jury spécial appelé, le cas échéant, à régler les indemnités dues par suite d'expropriation pour cause d'utilité publique. Le nombre des jurés désignés pour le département de la Seine est de six cents » art. 29). Depuis l'établissement du suffrage universel, l'art. 29 en tant qu'il vise la seconde partie de la liste du jury, est sans application. Le conseil général doit choisir sur la liste des électeurs les citoyens qu'il inscrit. — Crépon, sur l'art. 29, n. 4 ; Daffry de la Monnoye, t. 1, sur l'art. 29, n. 1 ; de Lalleau, Jousselin, Rendu et Périn, t. 1, n. 448.

1453. — Le nombre des jurés a été porté à deux cents pour l'arrondissement de Lyon (L. 22 juin 1834) ; les nombreuses expropriations qui ont marqué les grands travaux exécutés dans cette ville au début du second empire ont nécessité cette modification de la loi de 1841.

1454. — Une loi du 3 juill. 1880 a eu pour but de permettre l'augmentation du nombre des jurés sur les listes d'arrondissement quand cela serait nécessaire. Elle est ainsi conçue : « Le nombre des personnes désignées pour chaque arrondissement, conformément à l'art. 29, L. 3 mai 1841. et parmi lesquelles sont choisis les membres du jury spécial chargé de régler les indemnités dues par suite d'expropriation pour cause d'utilité publique, peut, lorsque les circonstances exceptionnelles l'exigent, être augmenté par des décrets rendus en Conseil d'État, sans pouvoir dépasser 144. » En vertu de cette loi le nombre des jurés à désigner par le conseil général de la Seine-Inférieure, pour l'arrondissement de Rouen a été porté à 144. — De Lalleau, Jousselin, Rendu et Périn, t. 1, p. 446, note.

1455. — Le conseil général ne saurait apporter trop de soin dans la confection de la liste qu'il dresse ; la plupart des électeurs sans connaissance spéciale, sans éducation, sans étude d'aucune sorte, sont absolument incapables d'apprécier la valeur exacte du dommage résultant de l'expossession. Dans la discussion de l'art. 29, M. d'Argout disait : « dans les règlements d'indemnité, on n'a pas seulement à évaluer des propriétés foncières, il faut de temps à autre estimer des établissements industriels, il faut quelquefois apprécier des troubles, des modifications apportées à la jouissance de ces mêmes établissements. Il est donc nécessaire que le jury se compose de propriétaires fonciers, de chefs de manufactures, de citoyens voués à des professions diverses » (Monit., 13 déc. 1832, p. 2136); il est bon qu'il comprenne notamment des commerçants, des ingénieurs.

1456. — C'est au conseil général qu'il appartient de décider quel nombre de citoyens il portera sur la liste du jury en se maintenant d'ailleurs dans les limites du *maximum* et du *minimum* déterminées par la loi. Mais le préfet doit lui faire connaître quelles sont les circonstances qui peuvent exiger que l'on ne s'en tienne pas au *minimum* : un grand nombre d'expropriations nécessitées par de grands travaux, l'établissement d'un chemin de fer, le percement de nombreuses rues, motiveront la désignation d'un nombre de citoyens plus considérable.

1457. — La disposition de l'art. 29, L. 3 mai 1841, sur le chiffre de la liste annuelle du jury dressée pour chaque arrondissement par le conseil général, est substantielle et d'ordre public ; en sorte qu'il y a nullité de toute décision d'un jury choisi sur une liste où se trouvaient inscrits moins de 36 noms ou plus de 72. — Cass., 23 janv. 1861. Gellée, [S. 61.1.379, P. 61.583, D. 61.1.134]; — 11 août 1875, Chemin de fer Paris-Lyon-Méditerranée, [S. 75.1.427, P. 75.1.060, D. 76.5.234]; — 9 mars 1881, Chemin de fer du Nord-Est, [D. 82.1.461]; — 20 nov. 1882, Guigne, [S. 83.1.134, P. 83.1.304]; — 18 déc. 1882, Paimparey, [S. 83.1.184. P. 83.1.419, D. 84.1.135]; — 7 févr. 1883, L'État, [D. 63.5.267]; — 26 avr. 1887. Le Guesnier, [S. 87.1.328, P. 87.1.787, D. 88.1.276] — Crépon, sur l'art. 29, n. 3 et 4 ; Daffry de la Monnoye, t. 1, sur l'art. 50, n. 3 ; de Lalleau, Jousselin, Rendu et Périn, t. 1, n. 446; Morin, n. 20 ; Arnaud, n. 103 et 107. — La raison en est que la nullité concernant l'irrégularité provenant d'un nombre de citoyens trop faible ou trop considérable, tient à l'organisation du jury, par suite à celle des juridictions. — V. *suprà*, v° *Cassation* (mat. civ.), n. 2845.

1458. — Il a été jugé, en conséquence, d'une part, qu'il y a nullité de toute décision d'un jury choisi sur une liste où se trouveraient inscrits plus de 72 noms. — Cass., 18 déc. 1882, précité.

1459. — ... D'autre part, qu'est nécessairement vicié dans sa composition le jury spécial, formé sur une liste contenant moins de noms qu'il n'est prescrit par la loi. — Cass., 20 nov. 1882, précité; — 26 avr. 1887, précité.

1460. — ... Qu'il en est ainsi, spécialement par application de la loi du 3 juill. 1880, lorsque la liste, qui doit contenir cent quarante-quatre noms, est réduite à cent quarante-trois, par le fait qu'une personne a été portée deux fois sur la liste. — Cass., 26 avr. 1887, précité. — V. *suprà*, n. 1454.

1461. — L'inscription par le conseil général, sur la liste qu'il dresse, d'une personne décédée au moment de la confection de la liste, emporte-t-elle nullité? Cette question offre un intérêt presque journalier. Malgré la plus grande attention et un examen minutieux, il peut toujours se faire que le conseil général comprenne sur la liste qu'il dresse, une personne qui vient de mourir, et dont le décès lui est inconnu. Nous pensons que dans ce cas l'irrégularité signalée n'emporte pas nullité; on admet, en effet, que l'inscription d'un incapable sur la liste n'entraîne pas cette conséquence. Toutefois, les conseils généraux feront bien, au lieu de porter sur la liste un nombre de citoyens égal au minimum, d'en porter quelques-uns de plus.

1462. — En tout cas, on ne peut prétendre que la liste générale du jury, dressée par le conseil général, est nulle, comme portant le nom d'une personne décédée au moment de la confection de la liste, et comme ne contenant pas ainsi le nombre de jurés fixé par la loi, alors que l'acte de décès produit n'établit pas suffisamment l'identité de la personne décédée avec le juré dont le nom est porté sur la liste. — Cass., 10 juill. 1889, Zacarie, [S. 90.1.428, P. 90.1.294, D. 91.1.39]

1463. — L'erreur par suite de laquelle deux noms ont été ajoutés à la liste générale des jurés déposée au greffe du tribunal du chef-lieu de l'arrondissement, n'entraîne pas nullité, lorsque l'erreur n'est pas reproduite sur la liste déposée au greffe du tribunal du chef-lieu, qui désigne les jurés. — Cass., 2 juill. 1889, Saint, [S. 91.1.270, P. 91.1.643]

1464. — Jugé également que l'erreur par suite de laquelle la copie de la liste des jurés pour un arrondissement, déposée au greffe du tribunal du lieu où l'expropriation est effectuée, contient plus de noms que ne le veut la loi, est sans importance, alors que la liste même dressée par l'arrondissement par le conseil général contient le nombre de noms prescrit, et que c'est sur cette liste que les jurés titulaires et supplémentaires ont été désignés par le tribunal du chef-lieu du département; il n'importe qu'un juré complémentaire ait été choisi par le magistrat directeur sur la liste erronée, si ce juré figurait sur la liste régulière. — Cass., 2 avr. 1890, Dedons de Pierrefens, [S. 91.1.351, P. 91.1.827, D. 91.1.39]

1465. — L'intitulé suivant, placé dans le recueil des procès-verbaux et délibérations d'un conseil général, en tête de la liste du jury : « Liste des jurés désignés par chaque conseiller général, et parmi lesquels seront choisis jusqu'à la session d'août 1882, les membres du jury d'expropriation pour cause d'utilité publique, » n'implique pas que la liste, formée par des désignations particulières, n'ait pas été arrêtée, en son ensemble, par le conseil général. Dès lors, il n'y a pas lieu d'admettre une demande en inscription de faux basée sur ce moyen, contre le procès-verbal des opérations du jury constatant que les jurés ont été choisis sur la liste dressée par le conseil général. — Cass., 12 juin 1883, V° Claudet, [S. 84.2.295, P. 84.1.707, D. 84.1.278] — Crépon, sur l'art. 30, n. 8.

1466. — Le conseil général peut-il déléguer à la commission départementale la mission de dresser la liste annuelle des membres du jury d'expropriation? La négative est certaine, car la loi du 10 août 1871 ne donne à la commission départementale que des attributions déterminées, parmi lesquelles ne figure pas celle de former la liste annuelle du jury; d'un autre côté, l'art. 77 de la même loi porte : « La commission départementale règle les affaires qui lui sont renvoyées par le conseil général dans les limites de la délégation qui lui est faite. » Or, la formation de la liste n'est pas une affaire; enfin il ne faut pas oublier que la commission départementale a pour unique mission de s'occuper de la gestion administrative et de surveiller les intérêts du département. La formation de la liste annuelle ne touche pas directement aux intérêts départementaux; elle a été remise au conseil général à raison des lumières que le législateur lui suppose, et de la confiance qu'il lui inspire. — Daffry de la Monnoye, t. 1, sur l'art. 29, n. 5; Crépon, sur l'art. 29, n. 7.

1467. — L'art. 29 ne prescrivant pas pour le département de la Seine comme pour les autres départements, la subdivision de la liste générale du jury en autant de listes qu'il y a d'arrondissements, il s'ensuit qu'un jury spécial pour des expropriations prononcées dans l'un des arrondissements du département de la Seine peut être choisi sur la liste générale. — Cass., 16 mars 1863, Nézot, [S. 63.1.317, P. 63.916, D. 63.1.134] — Crépon, sur l'art. 30, n. 10; Daffry de la Monnoye, t. 1, sur l'art. 30, n. 6.

1468. — Le législateur n'a point déterminé l'âge que doivent avoir les citoyens portés sur la liste annuelle; il semblerait tout d'abord, la loi de 1841 renvoyant à la loi électorale, qu'il suffirait qu'ils fussent majeurs de 21 ans; mais comme cette loi vise également la loi sur le jury criminel, on a conclu que ces citoyens devraient être âgés de 30 ans. — V. *infrà*, n. 1524.

1469. — L'art. 47, L. 3 mai 1841, est ainsi conçu : « Les noms des jurés qui auront fait le service d'une session ne pourront être portés sur le tableau dressé par le conseil général pour l'année suivante. » M. Thiers, ministre des travaux publics, a dit à cet égard : « Cette disposition a pour but de rendre plus légère la charge nouvelle qu'impose l'institution du jury spécial des indemnités. Sous ce rapport, elle ne peut être que salutaire » (*Monit.* du 16 juin 1833, p. 1690).

1470. — La prohibition de l'art. 47 ne vise que les jurés qui ont fait réellement le service d'une session; s'ils se sont fait excuser ou dispenser, ils ne peuvent être considérés comme ayant fait le service de la session et peuvent être maintenus sur la liste l'année qui suit. Au contraire, les jurés titulaires ou supplémentaires qui ont été appelés et se sont présentés doivent être considérés comme ayant fait le service de la session, alors même que, pour une cause ou pour une autre, ils n'auraient pas siégé; en effet ils ont rempli leur devoir et subi des dérangements et des frais de séjour, toujours onéreux. Pour remplir le vœu de l'art. 47, il est bon que le magistrat directeur fasse connaître au préfet quels sont les jurés qui ont fait le service de la session et que celui-ci en informe le conseil général en temps utile; si le magistrat directeur n'a point renseigné le préfet, celui-ci peut et doit demander au procureur de la République de le mettre au courant. — De Lalleau, Jousselin, Rendu et Périn, t. 1, n. 450.

1471. — Les jurés faisant partie de la liste dressée par le conseil général peuvent être maintenus sur cette liste tant qu'ils n'ont pas siégé (Disc. de M. Martin (du Nord), rapp., *Mon.* 1833, p. 315). Les jurés qui ont siégé au cours d'une session peuvent être reportés sur la liste annuelle après une année d'intervalle; il en est ainsi dans tous les cas. On avait prétendu que les jurés ayant siégé en 1841 ne pouvaient être portés sur la liste annuelle de 1843, alors que dans l'intervalle, en 1842, il n'y avait pas eu de session; mais c'est là ajouter au texte de la loi, et faire une distinction que le texte de la loi ne comporte pas. — Cass., 28 nov. 1843, de Salaze, [S. 44.1.247, P. 44.1.235] — De Lalleau, Jousselin, Rendu et Périn, t. 1, n. 450; Daffry de la Monnoye, t. 2, sur l'art. 30, n. 1; Crépon, sur l'art. 47, n. 1.

1471 bis. — Un juré, au cours d'une même année, peut être appelé à siéger à plusieurs sessions, si les divers jurys sont convoqués en vertu de la même liste annuelle. Il n'en est pas ici comme en matière criminelle où les jurés qui ont siégé à une session sont dispensés de siéger pendant un certain temps, et notamment pendant les sessions de la même année. — Arnaud, n. 567; Crépon, sur l'art. 47, n. 5.

1472. — Il est d'ailleurs reconnu que la violation de l'art. 47, L. 3 mai 1841, aux termes duquel les jurés qui ont fait le service d'une session ne peuvent être portés sur le tableau dressé par le conseil général pour l'année suivante, ne donne pas ouverture à cassation. — Cass., 17 août 1847, Pestiaux, [S. 48.1.318, P. 48.1.696]; — 21 mars 1877, Lamotte, [S. 78.1.79, P. 78.104, D. 78.1.437] — Crépon, sur l'art. 47, n. 4; Daffry de la Monnoye, t. 2, n. 2; de Lalleau, Jousselin, Rendu et Périn, t. 1, n. 450. — Les jurés ainsi portés à tort sur la liste ont seulement le droit de se faire excuser, et s'ils négligent de se rendre à la convocation, ils ne sont passibles d'aucune amende.

1473. — La liste annuelle ainsi formée par le conseil général est déposée dans les archives de la préfecture; expédition en est adressée au procureur général près la cour d'appel, si elle siège dans le département, sinon au procureur de la République du chef-lieu; de plus les listes relatives aux divers arrondissements sont transmises aux procureurs de la République près les tribunaux de ces arrondissements. Les divers magistrats qui ont reçu ces expéditions les font déposer au greffe soit de la cour, soit du tribunal, où elles sont conservées, et on les retrouvera s'il en est besoin. — De Lalleau, Jousselin, Rendu et Périn, t. 1, n. 452.

Section II.

Désignation du jury de session.

§ 1. *Autorité chargée de la désignation.*

1474. — « Toutes les fois qu'il y a lieu de recourir à un jury spécial, la première chambre de la cour d'appel dans les départements qui sont le siège d'une cour d'appel, et, dans les autres départements, la première chambre du tribunal du chef-lieu judiciaire, choisit en la chambre du conseil, en vertu de l'art. 29, pour l'arrondissement dans lequel ont lieu les expropriations, seize personnes qui formeront le jury spécial chargé de fixer définitivement le montant de l'indemnité, et en outre quatre jurés supplémentaires. Pendant les vacances, ce choix est déféré à la chambre de la cour ou du tribunal chargé du service des vacations » (L. 3 mai 1841, art. 30, § 1).

1475. — « En cas d'abstention ou de récusation des membres du jury, le choix du jury est déféré à la cour d'appel » (L. 3 mai 1841, art. 30, § 1). Cette disposition n'existait point dans la loi de 1833. Si en matière criminelle la récusation ne peut être exercée contre les magistrats qui forment la liste du jury, c'est que les jurés sont désignés successivement par la voie du sort. Ici il en est autrement. On comprend donc que la loi ait permis aux juges de s'abstenir et aux parties de les récuser (Duvergier, *Collect. des lois*, t. 41, p. 154). Au surplus, ce droit d'abstention et de récusation n'existe qu'autant que le choix du jury est déféré à un tribunal de première instance. Sans doute le législateur n'a pas supposé que les magistrats de la cour pussent cesser d'être en nombre suffisant par suite d'abstention ou de récusation (Duvergier, *Ibid.*). Lorsque le tribunal du chef-lieu du département ne peut pas désigner le jury spécial chargé de fixer le montant de l'indemnité, cette désignation ne peut être faite que par la cour d'appel seule, à l'exclusion de tout autre tribunal du département ou du ressort de la cour. C'est toujours, en ce cas, à la première chambre de la cour qu'il appartient de désigner les jurés. — Lyon, 11 mai 1838, Proc. gén. de Lyon, [S. 38.2.440, P. 47.1.218] — De Lalleau, Jousselin, Rendu et Périn, t. 1, n. 461.

1476. — Jugé que dans un département où ne siège pas une cour d'appel, tout autre tribunal que celui du chef-lieu judiciaire est incompétent pour procéder à la désignation du jury spécial d'expropriation. — Cass., 30 juill. 1900, Ville de Marseille.

1477. — Au cas où, par suite de l'occupation ennemie, le tribunal du chef-lieu d'un département et la cour d'appel du ressort se trouvent dans l'impossibilité de désigner le jury spécial chargé de statuer sur une expropriation poursuivie dans un arrondissement non envahi du même département, la Cour de cassation doit déférer le choix des membres du jury à ce dernier tribunal. — Cass., 3 févr. 1871, Comm. de Pruniers, [S. 71.1.244, P. 71.748, D. 72.1.12] — Daffry de la Monnoye, t. 1, sur l'art. 30, n. 5 ; de Lalleau, Jousselin, Rendu et Périn, t. 1, n. 461, note.

1478. — La décision par laquelle sont désignés les jurés d'expropriation n'est pas nulle, bien qu'elle n'énonce pas qu'elle ait été rendue par la première chambre de la cour d'appel ou du tribunal, s'il est d'ailleurs constaté ou qu'il soit constant que les magistrats de qui elle est émanée composaient cette première chambre. — Cass., 9 janv. 1861, Surieux, [S. 61.1.683, P. 62.40, D. 61.1.182]; — 13 mars 1861, Roubichon, [ibid.]; — 3 févr. 1880, Capdeville, [S. 82.1.479, P. 82.1.1186, D. 82.1.268] — Daffry de la Monnoye, t. 1, sur l'art. 30, n. 3 ; de Lalleau, Jousselin, Rendu et Périn, t. 1, n. 460, note ; Crépon, sur l'art. 30, n. 3.

1479. — Jugé, dans le même sens, que la décision par laquelle sont désignés les jurés d'expropriation n'est pas nulle, bien qu'elle n'énonce pas qu'elle ait été rendue par la première chambre du tribunal, s'il est constant que les magistrats ayant concouru à cette décision faisaient partie de la première chambre, d'après le roulement de l'année judiciaire. — Cass., 17 févr. 1896, Petitet, [S. et P. 96.1.368]

1480. — Jugé, encore, que la disposition de l'art. 30, L. 3 mai 1841, ne reçoit aucune violation de la mention du procès-verbal des débats portant que le jury a été choisi par la chambre civile de la cour, alors que cette dernière ne possédait qu'une seule chambre civile. — Cass., 3 févr. 1874, Chemin de fer de Frévent à Gamaches, [S. 74.1.221, P. 74.584, D. 74.1.240] — Daffry de la Monnoye, t. 1, sur l'art. 30, n. 3; de Lalleau, Jousselin, Rendu et Périn, t. 1, n. 460, note ; Crépon, sur l'art. 30, n. 4.

1481. — Si la cour ou le tribunal ne sont composés que d'une seule chambre, il suffira que la désignation des jurés émane de cette chambre régulièrement composée ; c'est-à-dire de cinq membres, s'il s'agit d'une cour ; de trois, s'il s'agit d'un tribunal.

1482. — La présence dans la première chambre d'un ou plusieurs magistrats appartenant à une autre chambre ne vicie pas la désignation des jurés, alors que ces magistrats ont été appelés pour remplacer régulièrement des membres de la première chambre empêchés ou pour compléter la chambre. Rappelons que, en ce cas, il y a présomption que les magistrats d'une autre chambre ayant ainsi siégé ont été appelés en remplacement des magistrats de la chambre empêchés. — Crépon, sur l'art. 30, n. 5.

1483. — Dans le cas où le jury a été désigné par délibération de la première chambre d'un tribunal, il ne résulte aucune nullité de ce que le procès-verbal mentionne par erreur un magistrat appartenant à la deuxième chambre comme ayant pris part à cette délibération, si, par l'interpellation du magistrat directeur, les parties ont renoncé à se prévaloir de cette erreur. — Cass., 17 nov. 1874, Foriel, [S. 75.1.39, P. 75.62, D. 75.1.62] — Daffry de la Monnoye, t. 1, sur l'art. 30, n. 3 ; Crépon, sur l'art. 30, n. 6.

1484. — La participation, à l'arrêt de la cour qui désigne les jurés, d'un conseiller figurant lui-même au nombre des expropriés, ne vicie pas la composition du jury, et n'entraîne pas la nullité de ses décisions, du moins des décisions intervenues dans des affaires où ce conseiller n'est pas partie intéressée. — Cass., 20 déc. 1886, Stéphani, [S. 89.1.487, P. 89.1.1202, D.87.1.175]; — 20 déc. 1886, Costa, [Ibid.]

1485. — Le moyen tiré de l'irrégularité de la composition de la cour, ou du tribunal, qui a désigné les jurés est d'ordre public, et peut être présenté pour la première fois devant la Cour de cassation ; en effet il tient à l'ordre public puisqu'il touche à l'organisation des juridictions. — Cass., 20 déc. 1883, [Bull. civ. n. 239] — De Lalleau, Jousselin, Rendu et Périn, t. 1, n. 460, note.

1486. — En principe, aucune mention sacramentelle n'est exigée pour établir l'observation d'une disposition de loi. Il suffit que cette observation soit certaine. Il n'est donc point nécessaire que le jugement ou arrêt qui désigne les membres du jury spécial chargé de régler les indemnités mentionne expressément que les jurés ont été choisis sur la liste dressée par le conseil général du département dans sa session annuelle ; il suffit que par l'ensemble de ses énonciations la décision ne laisse pas de doute sur l'observation de la loi ; il en est ainsi spécialement si elle a visé et transcrit une requête demandant que les jurés fussent pris sur la liste dressée en vertu de l'art. 29, L. 3 mai 1841. — Cass., 28 août 1876, Chemin de fer d'Orléans, [S. 78.1.224, P. 78.549, D. 78.1.433] — Crépon, sur l'art. 30, n. 8 ; Daffry de la Monnoye, t. 1, sur l'art. 30, n. 7 ; de Lalleau, Jousselin, Rendu et Périn, t. 1, n. 467.

1487. — Jugé encore qu'il suffit que les termes de l'arrêt ne laissent aucun doute sur ce point. — Cass., 18 nov. 1874, Rimailho, [S. 75.1.177, P. 75.406, D. 75.1.81]; — 18 nov. 1874, Goupil, [ibid.]; — 18 nov. 1874, Seguin, [ibid.]; — 28 août 1876, Chemin de fer d'Orléans, [S. 77.1.224, P. 77.549, D. 77.1.23] — ... Qu'il suffit que les termes, soit du jugement, soit, à son défaut, du procès-verbal des opérations, ne laissent point de doute sur l'accomplissement des prescriptions de la loi. — Cass., 15 janv. 1889, Préfet des Alpes-Maritimes, [S. 89.1.336, P. 89.1.801, D. 90.5.264] — ... Qu'il suffit, notamment, que le procès-verbal des opérations constate formellement que les jurés ont été choisis sur la liste dressée en exécution de l'art. 29, L. 3 mai 1841, si, d'ailleurs, cette constatation n'est en contradiction avec aucune des mentions du jugement portant cette désignation. — Même arrêt.

1488. — Il est à remarquer que, à la différence de ce qui existe pour le jury criminel, le jury d'expropriation est choisi, et non tiré au sort ; on avait d'abord pensé à recourir au tirage au sort pour la désignation des jurés, mais on y a renoncé à raison des inconvénients que présente ce mode de procéder : « Nous avions d'abord songé, a dit le ministre des Travaux publics, à faire désigner le jury par la voie du sort, mais nous avons cru devoir y renoncer. Le sort est aveugle ; il peut ne pas désigner les personnes qui, pour le cas donné, auraient des connaissances spéciales ; enfin son choix peut tomber sur des personnes éloignées du lieu des travaux, et qu'une absence prolongée pourrait vivement contrarier dans leurs affaires et dans leurs occupations habituelles » (Monit. du 13 déc. 1832, p. 2436). Il ne faut pas oublier, d'ailleurs, que les parties ont peu de récusations à exercer, et qu'il est bon, par suite, d'écarter du jury les personnes décédées, ainsi que les personnes intéressées à l'expropriation. — De Lalleau, Jousselin, Rendu et Périn, t. 1, n. 459.

1489. — Le jugement ou l'arrêt portant désignation des jurés est valablement rendu à la requête de la partie expropriante. — Cass., 6 avr. 1859, Cario, [S. 59.1.938, P. 59.834, D. 59.1.464]; — 6 avr. 1859, Desgrée, [Ibid.] — Ce jugement ou arrêt est rendu sur cette simple requête sans que le poursuivant soit obligé d'appeler les diverses parties. — Cass., 12 juin 1860, Ville de Paris, [S. 60.1.1005, P. 61.885, D. 61.1.130] — Crépon, sur l'art. 30, n. 9.

§ 2. Liste sur laquelle les jurés sont choisis.

1490. — Les cours et tribunaux ne peuvent choisir le jury que sur la liste d'arrondissement dressée par le conseil général, tant que cette liste n'a pas été renouvelée. Si, depuis que la désignation a eu lieu, la liste annuelle a été renouvelée par un conseil général, les pouvoirs du jury ainsi désigné par une cour ou par un tribunal cessent ; les jurés appartenant à cette liste désormais sans valeur, les décisions rendues par un jury dont les pouvoirs ont cessé par le renouvellement de la liste sont nulles. — Cass., 23 févr. 1842, Rouanel, [S. 42.1.263, P. 42.1.304]; — 15 févr. 1843, de Sémalé, [S. 43.1.127, P. 43.1.425]; — 29 avr. 1844, Fléchet, [S. 44.1.686, P. 44.1.69]; — 7 avr. 1845, Comm. de Villapargon, [S. 46.1.462, P. 46.2.512, D. 45.1.208]; — 6 janv. 1846, Gamard, [S. 46.1.168, P. 46.1.196, D. 46.1.207]; — 13 mai 1846, Préfet du Finistère, [P. 46.2.273, D. 46.1.207]; — 17 nov. 1847, Delacelle, [S. 48.1.51, P. 47.2.722, D. 48.1.77]; — 16 avr. 1849, Biberon, [S. 49.1.369, P. 49.2.233, D. 50.5.220]; — 10 avr. 1859, Préfet de Maine-et-Loire, [S. 50.1.355, P. 50.1.560, D. 59.1.84]; — 10 mars 1858, Ville de Niort, [S. 58.1.832, P. 58.709, D. 58.1.427]; — 26 déc. 1859, Hollin, [S. 60.1.479, P. 60.995, D. 60.1.16]; — 29 déc. 1863, Préfet de l'Yonne, [D. 64.5.159]; — 29 janv. 1864, Comm. de la Chapelle-sous-Rougemont, [D. 64.5.159]; — 16 janv. 1865, Jego, [D. 65.5.179]; — 22 déc. 1869, Corneille, [S. 70.1.83, P. 70.174, D. 70.1.16]; — 11 févr. 1873, Thomas, [S. 73.1.176, P. 73.406, D. 73.1.326]; — 5 mai 1873, Meyran, [S. 73.1.473, P. 73.1189]; — 27 mai 1873, Ville de Murat, [S. 73.1.473, P. 73.1189, D. 73.1.192]; — 29 janv. 1877, Garnier, [S. 77.1.278, P. 77.688]; — 2 mars

1881, Préfet de Vaucluse, [S. 81.1.222, P. 81.1.535, D. 82.1.62]; — 11 juill. 1883, Comm. d'Arpajan, [S. 84.1.440, P. 84.1.1077, D. 84.1.184]; — 17 mars 1890, Vivens, [S. 91.1.271, P. 91.1. 644]; — 4 août 1896, Comm. de Quiberon, [S. et P. 96.1.428]; — 28 juin 1897, Barat, [S. et P. 97.1.416, D. 98.1.224] — Daffry de la Monnoye, t. 1, sur l'art. 30, n. 9 ; Crépon, sur l'art. 30, n. 19; de Lalleau, Jousselin, Rendu et Périn, t. 1, n. 469.

1491. — Par suite, il y a lieu de casser la décision du jury réuni le 23 octobre, alors que la liste du jury a été arrêtée par le conseil général au mois d'août, et que le jury a été choisi sur la liste antérieure. — Cass., 4 août 1896, précité. — De Lalleau, Jousselin, Rendu et Périn, t. 1, n. 476; Dufour, n. 114; de Peyrony et Delamarre, n. 351; Malapert et Protat, n. 169; Arnaud, n. 114; Daffry de la Monnoye, t. 1, sur l'art. 30, n. 8; Crépon, sur l'art. 30, n. 13. — Par suite, encore, est sans pouvoirs le jury désigné au mois de juin par le tribunal, mais ne commençant ses opérations qu'au mois d'octobre, alors que le conseil général a dressé la liste nouvelle au mois d'août. — Cass., 17 mars 1890, précité.

1492. — Mais les pouvoirs des jurés portés sur une liste annuelle ne sont pas exactement d'un an; ils commencent au moment où cette liste est formée, et n'expirent que lorsque la liste de l'année suivante est dressée. Les pouvoirs du jury choisi sur la liste dressée par le conseil général du département ne cessent même pas de plein droit au jour de l'ouverture de la session du conseil général; les opérations commencées le jour même de cette ouverture et avant le renouvellement de la liste, sont valables et peuvent être continuées. — Cass., 2 févr. 1864, Gros, [S. 64. 1.370, P. 64.1047, D. 64.5.160]; — 30 avr. 1872, Varnier, [S. 72.1.341, P. 72.879, D. 73.1.21]; — 2 juill. 1872, Accary, [D. 73.1.22]; — 6 mai 1878, Préfet de l'Orne, [S. 78.1.277, P. 78. 686, D. 79.1.172] — Crépon, sur l'art. 30, n. 16; de Lalleau, Jousselin, Rendu et Périn, n. 470; Daffry de la Monnoye, t. 1, sur l'art. 30, n. 8.

1493. — Lors donc qu'à raison des événements, le conseil général d'un département n'a point été convoqué pour sa session annuelle, la liste du jury d'expropriation par lui dressée dans sa session précédente demeure légalement existante; par suite, sont valables les décisions rendues par des jurés choisis sur cette liste. — Cass., 3 janv. 1872, Treillet, [S. 72.1.83, P. 72.147, D. 73.5.254]; — 30 avr. 1872, précité. — De Peyrony et Delamarre, n. 342; Morin, n. 28; Crépon, sur l'art. 30, n. 17 et 18 ; Daffry de la Monnoye, t. 1, sur l'art. 30, n. 8; de Lalleau, Jousselin, Rendu et Périn, t. 1, n. 470; Daffry de la Monnoye, t. 1, sur l'art. 30, n. 11.

1494. — Ces décisions ont été rendues à la suite des événements de 1870, qui avaient empêché la réunion de certains conseils généraux ; mais elles gardent leur valeur pour tous les cas où la liste du jury n'a point été renouvelée, ne fût-ce que par oubli. — V. *infra*, n. 1514.

1495. — De plus, aux termes de l'art. 45, L. 3 mai 1841 : « Les opérations commencées par un jury et qui ne sont pas encore terminées au moment du renouvellement annuel de la liste générale mentionnée en l'art. 29, sont continuées jusqu'à conclusion définitive par le même jury. »

1496. — Les opérations du jury ne sont pas censées commencées lorsque les jurés n'ont encore été que choisis par le tribunal : le choix des jurés n'équivaut pas au commencement des opérations. — Cass., 23 févr. 1842, Rouanet, [S. 42.1.263, P. 42.1.304] — Les opérations du jury ne sont réputées commencées que, lorsque antérieurement à la formation de la nouvelle liste, les jurés ont été réunis, et que, sous la direction du magistrat, ils se sont constitués en jury de jugement. — Cass., 15 févr. 1843, de Sémalé, [S. 43.1.127, P 43.1.295]; — 26 déc. 1859, Rollin, [S. 60.1.479, P. 60.99, D. 60.1.16]; — 14 janv. 1860, Barbier, [S. 60.1.912, P. 61.735, D. 60.1.216]; — 22 déc. 1869, Corneille, [S. 70.1.83, P. 70.171, D. 70.1.16]; — 27 mai 1873, précité. — Crépon, sur l'art. 30, n. 14, et sur l'art. 45, n. 4 ; de Lalleau, Jousselin, Rendu et Périn, t. 1, n. 471; Daffry de la Monnoye, t. 1, sur l'art. 30, n. 8.

1497. — Jugé, en ce sens, que les opérations du jury, choisi sur la liste annuelle alors existante, sont réputées commencées, et que, dès lors, les pouvoirs du jury ne cessent pas par la formation d'une nouvelle liste par le conseil général, lorsque, antérieurement à cette nouvelle liste, les jurés ont prêté serment, et qu'un jour a été indiqué pour la visite des lieux et l'audition des parties. — Cass., 16 mai 1860, précité. — Crépon, sur l'art. 45, n. 2.

1498. — ... Que les opérations du jury d'expropriation choisi sur la liste annuelle alors existante pour fixer une série d'indemnités dues à divers propriétaires expropriés, sont réputées commencées dans leur ensemble à partir du jour où ont eu lieu les premiers règlements d'indemnités ; que, par suite, si ces premiers règlements sont antérieurs au renouvellement de la liste par le conseil général, le jury peut procéder aux autres même après ce renouvellement. — Cass., 13 mars 1861, Roubichon, [S. 61.1. 653, P. 62.40, D. 61.1.181] — Ainsi, un jury a été constitué pour plusieurs affaires ; au moment du renouvellement de la liste, une nuelle, le jury a prêté serment, cela suffit pour l'investir d'une juridiction définitive à l'égard de toutes les affaires pour lesquelles il a été constitué; peu importe qu'au moment du renouvellement les débats d'une seule affaire aient commencé, et que les autres affaires ne doivent être discutées que postérieurement. — Crépon, sur l'art. 30, n. 15, et sur l'art. 45, n. 3 ; Daffry de la Monnoye, t. 1, sur l'art. 30, n. 8; de Lalleau, Jousselin, Rendu et Périn, n. 471, note.

1499. — Mais lorsque, sur une demande d'indemnité comprenant plusieurs chefs, le jury d'expropriation a statué sur un seul de ces chefs, que le magistrat directeur a, d'après accord entre les parties, déclaré qu'il était sursis à la fixation d'indemnité pour les autres chefs, le même jury n'est plus, après la clôture de sa session et surtout après le renouvellement de la liste annuelle d'après laquelle il a été formé, compétent pour connaître des chefs d'indemnité réservés. Il y a lieu de désigner un nouveau magistrat directeur et un nouveau jury. — Cass., 16 juin 1858, Ville du Mans, [P. 59.160, P. 58.1.325]

1500. — L'introduction dans le jury d'expropriation d'une personne qui n'a pas été portée sur la liste du conseil général, a pour effet de vicier les opérations, et, par suite, la décision du jury, d'une nullité absolue et d'ordre public. — Cass., 26 juin 1861 (2 arrêts), Comm. d'Aguessac et Lacroix, [S. et P. 61.1.996, P. 61.1103, D. 61.1.284]; — 24 juill. 1895, Gardien, [S. et P. 95. 1.512] — De Lalleau, Jousselin, Rendu et Périn, t. 1, n. 468; Daffry de la Monnoye, t. 1, sur l'art. 30, n. 20; Crépon, sur l'art. 30, n. 36 et 37.

1501. — Jugé, encore, que l'art. 30, L. 3 mai 1841, dispose d'une manière impérative, et à peine de nullité ; que, dès lors, il y a nullité des opérations du jury alors que, par suite de l'indication erronée du nom de l'un des seize jurés, un nom qui n'était pas porté sur la liste du conseil général du département a été compris dans la liste arrêtée par l'autorité judiciaire. — Cass., 22 nov. 1841, Huvé de Garel, [S. 42.1.129, P. 41.2.661]

1502. — Si la désignation faite par le conseil général du nom d'un jurés s'applique exactement à deux personnes, il ne résultera aucune nullité de ce que l'une d'entre elles plutôt que l'autre a été choisie par la cour que par le tribunal ; en effet elles ont autant d'aptitude l'une que l'autre à siéger et on ne saurait prétendre que celle qui a fait partie du jury n'avait point été investie des fonctions éventuelles du juré par le conseil général. — Cass., 22 févr. 1859, Comm. de Mer, [P. 60.1155, D. 59.1.208] — Daffry de la Monnoye, t. 1, sur l'art. 30, n. 21; Crépon, sur l'art. 30, n. 38.

1503. — Mais l'erreur du nom, sur la liste du jury d'expropriation dressée par la cour d'appel, entraîne la nullité de la décision du jury, ainsi que de l'ordonnance du magistrat directeur, lorsque cette erreur a été cause que le juré désigné sur la liste générale n'a pu être valablement convoqué pour la formation du jury. — Cass., 2 févr. 1846, Lombardon, [S. 46.1.315, P. 48.2.694, D. 46.1.115]

1504. — La décision rendue par des jurés sans pouvoirs, soit parce qu'ils n'étaient point portés sur la liste du conseil général, soit parce que, par suite du renouvellement de la liste annuelle, leurs pouvoirs étaient expirés au moment où ils commençaient leurs opérations, est nulle d'une nullité d'ordre public, qui n'est point couverte par le silence des parties et leur comparution sans réserve devant le jury ; en conséquence, cette nullité peut être présentée pour la première fois devant la Cour de cassation. C'est là, en effet, une nullité substantielle comme touchant à la composition du jury, et en conséquence à l'organisation des juridictions. — Cass., 15 févr. 1843, précité. — 6 janv. 1846, précité ; — 10 avr. 1850, Préfet de Maine-et-Loire, [S. 50.1.355, P. 50.2.40, D. 50.1.84]; — 10 mars 1858, précité ; — 7 avr. 1858, Salomon, [P. 58.764, D. 58.1.156]; — 20 juin 1861 (2 arrêts), précités ; — 29 déc. 1863, précité; — 22 déc. 1869, précité; — 27 mai 1873, précité ; — 2 mars 1881, précité; — 11 juill. 1883, précité;

— 17 mars 1820, précité ; — 4 août 1896, précité ; — 28 juin 1897, précité. — Crépon, sur l'art. 30, n. 20 ; de Lalleau, Jousselin, Rendu et Périn, t. 1, n. 472 ; Daffry de la Monnoye, t. 1, sur l'art. 30, n. 8.

1505. — Il faut tirer une autre conséquence du même principe, c'est que, si le tribunal a désigné seulement douze jurés titulaires, au lieu de seize, nombre fixé par la loi, cette irrégularité vicie la composition du jury, et entache de nullité ses opérations. — Cass., 15 janv. 1889, Préfet des Alpes-Maritimes, [S. 89.1. 336, P. 89.1.801, D. 90.5.264]

1506. — La partie qui critique les opérations du jury ainsi vicieusement composé ne peut être déclarée non recevable en ce qu'elle ne se serait pas pourvue contre la première délibération de la cour, qui désignait le jury, et la seconde délibération qui, après le renouvellement, décidait qu'il serait passé outre, le recours en cassation n'étant pas ouvert contre ces délibérations. — Cass., 15 févr. 1843, précité. — Crépon, sur l'art. 30, n. 21 ; Daffry de la Monnoye, t. 1, sur l'art. 30, n. 12 et 14 ; de Lalleau, Jousselin, Rendu et Périn, t. 1, n. 472, note.

1507. — Si le magistrat directeur au moment de la constitution du jury s'aperçoit que les jurés ont été choisis sur une liste qui a cessé d'être en vigueur, il doit d'office déclarer que ces jurés sont sans pouvoir et refuser de procéder à la constitution du jury. — Même arrêt. — Ordonn. du magistrat directeur de Saint-Nazaire du 9 sept. 1872, [D. 72.3.69] — Daffry de la Monnoye, t. 1, sur l'art. 30, n. 10 ; Crépon, sur l'art. 30, n. 22 ; de Lalleau, Jousselin, Rendu et Périn, t. 1, n. 472, note.

1508. — A fortiori il y a lieu de prononcer la nullité de la décision du jury convoqué dans ces conditions qui lui enlèvent tout pouvoir, et de l'ordonnance du magistrat directeur qui a suivi la décision du jury lorsque ce magistrat, au lieu de faire droit aux conclusions de l'exproprieur arguant de nullité la procédure (conclusions relatives à un moyen d'ordre public puisqu'elles mettaient en cause le pouvoir du jury), s'est borné à donner acte desdites conclusions et a procédé à la formation du jury. — Cass., 23 déc. 1890, Ville de Lille, [S. et P. 93.1.264]

1509. — Mais, dans tous les autres cas, et s'il s'agit de nullités de procédure antérieures à la réunion du jury, le magistrat directeur du jury n'est pas compétent pour statuer sur les conclusions de l'exproprieur tendant à faire considérer comme illégale la loi du jury, et c'est à bon droit qu'il refuse de s'y arrêter, sans avoir à motiver sa décision. — Cass., 30 juill. 1888, Préfet de la Corse, [S. 91.1.268, P. 91.1.640, D. 90.1.31] — Le magistrat directeur ne pourrait statuer, par exemple, sur une nullité tirée de ce que le jury n'aurait point été désigné par la première chambre. — V. suprà, n. 1474 et s.

1510. — Il a été reconnu, lors de la discussion de la loi de 1841, que le jury ou le tribunal auquel on demande de désigner des jurés n'a pas le droit de rechercher si la procédure antérieure était régulière ; pour bien préciser ce point, le gouvernement avait proposé d'introduire dans le § 1 de l'art. 30 les mots suivants : « sans avoir à vérifier la régularité des procédures. » Ces mots n'ont point pris place dans l'art. 30, mais seulement parce qu'ils étaient inutiles. Le rapporteur Daru s'est exprimé ainsi sur ce point : « Le gouvernement a voulu consacrer, dans la nouvelle rédaction de l'art. 30, ce principe que la cour, chargée de former la liste des jurés, n'avait pas le droit de vérifier à cette occasion les procédures antérieures, de voir si les notifications, transcriptions, etc., avaient été accomplies. L'idée d'introduire dans la loi cette déclaration expresse est venue de ce qu'une cour, celle de Colmar s'est crue autorisée à s'emparer d'office du pouvoir de juger de la validité des formes. La loi certainement ne lui remettait pas ce soin. C'est à l'administration à veiller à la régularité de ses procédures, et aux parties lésées à se pourvoir, si elles le jugent convenable. Les tribunaux ne sont là qu'un instrument chargé exclusivement de choisir quelques noms sur le tableau dressé par le conseil général du département. Ils administreraient, s'ils étendaient au delà leurs attributions. Mais de ce qu'un pareil fait s'est présenté, doit-on en conclure, surtout lorsque la Cour de cassation est là pour établir et au besoin fixer la jurisprudence, qu'il faille réformer la législation? Nous ne le pensons pas et nous nous proposons de laisser à cet égard la disposition telle qu'elle était formulée » (Monit. du 11 avr. 1840, p. 578, et 4 mai 1841, p. 526 et 527).

1511. — Jugé, par suite, que la décision d'une cour ou d'un tribunal qui refuse de désigner un jury d'expropriation, alors qu'il en est régulièrement requis, est entachée d'excès de pouvoir et peut dès lors être attaquée devant la Cour de cassation. — Cass., 27 juill. 1857, Ville de Paris, [S. 57.1.765, P. 58.269, D. 57.1.287] ; — 26 août 1857, Martin, [S. 57.1.858, P. 58.825, D. 57.1.353] ; — 11 juill. 1859, Bernardin, [S. 59.1.935, P. 60.722, D. 59.1.364] ; — 30 août 1859. Bureau, [Ibid.] — Crépon, sur l'art. 30, n. 24 ; Daffry de la Monnoye, t. 1, sur l'art. 30, n. 13 ; de Lalleau, Jousselin, Rendu et Périn, t. 1, n. 464, note.

1512. — ... Qu'après que le jugement d'expropriation a acquis l'autorité de la chose jugée, la cour d'appel à laquelle la désignation d'un jury est demandée par l'exproprié, ne peut que vérifier l'accomplissement des formalités préalables à cette désignation ; qu'elle excède ses pouvoirs en rejetant la demande à fin de désignation du jury, par appréciation des droits respectifs des parties. — Cass., 13 févr. 1861, Gallet, [S. 61.1.554, P. 61. 944, D. 61.1.136] — Daffry de la Monnoye, t. 1, sur l'art. 30, n. 13 ; de Lalleau, Jousselin, Rendu et Périn, t. 1, n. 464 ; Crépon, sur l'art. 30, n. 23.

1513. — ... Que les cours d'appel, chargées de choisir le jury qui doit fixer l'indemnité d'expropriation, n'ont ni pouvoir juridictionnel de poursuite, ni droit de surveillance sur la procédure suivie ; qu'il suffit qu'il apparaisse un jugement d'expropriation en forme probante, et un acte constatant le refus par les propriétaires expropriés ou les créanciers inscrits, des offres qui ont dû leur être faites, pour que les cours d'appel doivent, sans délais ni sursis, accomplir leur mission et nommer le jury ; qu'en conséquence, il y a excès de pouvoir de la part de la cour d'appel qui sursoit à cette nomination, sous prétexte que les offres n'auraient pas été notifiées aux créanciers inscrits, ou qu'on ne lui aurait pas produit un extrait indicatif de ces mêmes créanciers, ou que le jugement d'expropriation n'aurait pas été transcrit. — Cass., 31 déc. 1839. Chem. de fer de Mulhausen, [S. 40.1.158] ; — 31 déc. 1839, Chem. de fer de Strasbourg, [S. 40.1.159]

1514. — ... Que le tribunal saisi d'une demande en désignation du jury d'expropriation ne peut qu'y faire droit, et ne saurait ordonner un sursis, sous le prétexte que le conseil général n'aurait pas dressé la liste annuelle, alors d'ailleurs que les formalités préalables ont été remplies. — Cass., 6 mai 1878, Préfet de l'Orne, [S. 79.1.323, P. 79.794, D. 79.1.172] — Daffry de la Monnoye, t. 1, sur l'art. 30, n. 15 ; de Lalleau, Jousselin, Rendu et Périn, t. 1, n. 464, note.

1515. — Si le jugement qui refuse de désigner des jurés est cassé, la cour ou le tribunal de renvoi désigne des jurés sur la liste d'arrondissement de la situation des biens expropriés ; mais d'après l'art. 30, en cas de déplacement du tribunal de la situation des biens, la désignation du jury appartient à la cour d'appel ; il n'est pas de ce cas comme de celui où le jugement prononçant l'expropriation est cassé, où la cour ou le tribunal est désormais dessaisi. — Daffry de la Monnoye, t. 1, sur l'art. 30, n. 15 bis ; Crépon, sur l'art. 30, n. 26. — V. suprà, v° Cassation (mat. civ.), n. 5000 et s.

1516. — Tant que le jury désigné par l'autorité judiciaire n'a pas été notifié aux parties, il ne leur est pas acquis ; par suite, si la cour ou le tribunal dont a fait la désignation constate qu'il a commis une erreur dans la désignation des jurés, il peut la rectifier tant que la notification n'a pas eu lieu. — Cass., 3 janv. 1883, Bonfard, [S. 84.1.167. P. 84.1.390] — Et si un autre jury est désigné avant la notification du premier, c'est ce second jury qui est compétent pour procéder au règlement des indemnités. — Cass., 29 juin 1868, Changenet, [S. 69.1.37, P. 69.60, D. 68.1.444] — Même date, Gervais, [Ibid.] — Même date, Lévy, [Ibid.] ; — 26 août 1868, Ville d'Elbeuf, [Ibid.]

1517. — Ces décisions sont critiquées par certains auteurs, qui refusent à la cour ou au tribunal le droit de réparer une erreur, en remplaçant le jury un juré capable un juré décédé, et cela parce que l'autorité judiciaire est complètement dessaisie, et ne peut revenir sur une décision qu'elle a prise. — V. Daffry de la Monnoye, t. 1, sur l'art. 30, n. 16 ; Crépon, sur l'art. 30, n. 31. — Cependant M. Daffry de la Mounoye (loc. cit., n. 17) admet que si une cour ou tribunal n'a désigné qu'un nombre de jurés insuffisant, il peut par une décision complémentaire corriger l'irrégularité de sa décision première, et faire en deux fois ce qu'il aurait pu valablement faire en une seule. La raison de décider nous paraît la même dans les deux cas. L'autorité judiciaire a été régulièrement saisie ; elle commet dans la désignation des jurés une erreur qui peut vicier la composition du jury et toutes ses opérations ; pourquoi attendre, puisque le nom des jurés n'a pas été signifié aux parties et ne leur est pas définitivement acquis? Pourquoi laisser continuer des opérations qui seront entachées de nullité, et dont l'annulation entraînera des frais considérables et des lenteurs?

1518. — Aussi a-t-il été jugé qu'il n'y a pas nullité lorsque la cour d'appel, par une première délibération, a désigné, par erreur, le jury, sur une liste applicable à l'année précédente et déjà annulée par le renouvellement qu'en avait opéré le conseil général, si, par une délibération ultérieure, la cour a procédé au choix du jury sur la liste de l'année courante. — Cass., 6 juin 1888, Serilhac, [S. 89.1.127, P. 89.1.292, D. 89.5.252] — Du moins, il ne résulte aucune nullité de la première délibération, si la liste du jury, primitivement arrêtée, n'a pas été notifiée aux expropriés, et si ceux-ci n'ont pas été appelés devant le jury irrégulièrement constitué. — Même arrêt.

1519. — De même, la cour de renvoi investie, après cassation d'un arrêt qui avait refusé de désigner un jury d'expropriation, du droit de faire cette désignation, n'épuise pas ses pouvoirs par une première désignation inutile faite sur une liste des jurés tombée en déchéance : elle peut encore faire une seconde désignation sur une liste nouvelle, à la requête de la partie poursuivante. — Cass., 12 juin 1860, Ville de Paris, [S. 60.1.1005, P. 61.885, D. 61.1.134] — Et il est valablement procédé à cette seconde désignation, comme à la première, sur simple requête signifiée par acte d'avoué à avoué, et présentée à la cour, dont la mission à cet égard n'appartient pas à la juridiction contentieuse. — Même arrêt.

1520. — Bien que le jury, une fois notifié aux parties, leur soit acquis, si l'expropriant n'appelle devant le jury qu'un certain nombre d'expropriés, et qu'il laisse s'écouler un certain temps sans s'occuper des autres, il y aura lieu, au cas où dans l'intervalle la liste annuelle a été changée, de provoquer, relativement aux affaires non encore soumises au jury, la désignation de jurés faite sur la nouvelle liste; les pouvoirs des premiers jurés sont expirés, et ils ne peuvent connaître des dernières affaires, faute d'avoir été saisis à temps. — Daffry de la Monnoye, t. 1, sur l'art. 30, n. 18.

1521. — Aucune loi n'interdit à la cour ou au tribunal chargé de choisir plusieurs jurys spéciaux pour statuer sur des expropriations distinctes, de désigner, par des décisions distinctes, plusieurs jurys composés tous des mêmes jurés. Jugé, en ce sens, que lorsqu'un jury a été choisi pour une opération déterminée par un arrêt rendu en vue de cette opération, la cour peut confier à ce jury, composé des mêmes jurés, une série d'expropriations distinctes, si pour chacune d'elles elle lui donne une délégation à part en vertu de titres différents. — Cass., 11 août 1891, Séverin, [S. et P. 93.1.431]

1522. — Réserve faite de la nullité substantielle dont nous parlons *suprà*, n. 1457 et s., l'exercice irrégulier, par le conseil général, des attributions qu'il tient de l'art. 29, L. 3 mai 1841, n'est pas comprise au nombre des ouvertures à cassation, que spécifie l'art. 42 de la même loi. — Cass., 24 nov. 1846, Orliac, [S. 47.1.378, P. 47.1.727, D. 47.1.208]; — 18 août 1851, Sausse, [S. 51.1.784, P. 52.1.230, D. 51.1.229]; — 26 déc. 1854, Bachelerie, [S. 55.1.256, P. 55.1.128, D. 54.5.331]; — 22 août 1835, Chemin de fer du Midi, [S. 56.1.174, P. 56.2.512, D. 53.1.396]; — 8 avr. 1868, Dunod de Charnage, [S. 68.1.114, P. 68.1.103, D. 68.1.297]; — 30 juin 1884, Jouage, [S. 86.1.40, P. 86.1.64, D. 85.1.415]; — 19 févr. 1895, Guerrier, [S. et P. 95.1.424, D. 95.1.341] — Crépon, sur l'art. 30, n. 32; Daffry de la Monnoye, t. 1, sur l'art. 30, n. 19; de Lalleau, Jousselin, Rendu et Périn, t. 1, n. 453.

1523. — En conséquence, les irrégularités commises par le conseil général, dans la confection de la liste du jury d'expropriation, ne donnent pas ouverture à cassation. — Cass., 30 janv. 1883, Chapelon, [S. 84.1.295, P. 84.1.705, D. 84.1.152] — Il suffit, dès lors, pour que la désignation du jury spécial par les cours et tribunaux soit régulière, qu'elle ait été faite sur la liste du conseil général contenant le nombre de noms exigé par la loi, sans que l'autorité judiciaire ait à rechercher si ces noms y ont été inscrits à bon droit. — Il appartient pas, en effet, à l'autorité judiciaire de refaire la liste ni de procéder elle-même à sa rectification. — Cass., 24 nov. 1846, précité; — 17 août 1847, Pestiaux, [S. 48.1.318, P. 48.1.690]; — 19 févr. 1895, précité.

1524. — Il en est ainsi, spécialement, des irrégularités en ce qui concerne l'âge des jurés. — Cass., 30 juin 1884, précité. — Ainsi tout juré porté sur la liste dressée par le conseil général peut être choisi par le tribunal ou par la cour, sans qu'il y ait lieu d'examiner s'il remplit les conditions exigées par la loi, et notamment s'il a l'âge requis. — Cass., 22 août 1855, précité.
— Par suite, la participation aux opérations du jury d'un juré âgé de moins de trente ans, porté sur la liste par le conseil général, n'entraîne pas nullité de la décision. — Cass., 8 avr. 1868, précité; — 30 janv. 1883, précité. — Crépon, sur l'art. 30, n. 35 *bis*; Daffry de la Monnoye, t. 1, sur l'art. 30, n. 19.

1525. — Peu importe également qu'un des jurés ayant cessé d'être électeur n'ait pas dû être porté sur la liste. — Cass., 18 août 1851, précité.

1526. — Il en est de même de la présence dans le jury d'un individu non Français. — Cass., 1ᵉʳ mai 1861, Blanchet, [S. 61.1.994, P. 62.772, D. 61.1.397] — Toutefois, si l'autorité judiciaire, chargée d'arrêter la liste définitive a des doutes sur la capacité d'un juré, elle fera toujours bien de ne pas le désigner, puisqu'elle est libre de ne pas le faire et qu'il est de l'intérêt de tous d'avoir des jurés investis de la capacité générale.

1527. — Jugé, de même, que l'exercice des fonctions de juré par un failli non réhabilité, qui figurait sur la liste dressée par le conseil général, n'emporte pas nullité de la décision à laquelle ce juré a concouru, surtout en l'absence de toute réclamation présentée au magistrat directeur. — Cass., 26 juin 1878. Aubert, [S. 78.1.429, P. 78.1101, D. 78.1.435] — Crépon, sur l'art. 30, n. 33.

1528. — ... Que la circonstance qu'un juré n'a pas son domicile réel dans l'arrondissement, ne donne pas ouverture à cassation, alors d'ailleurs que ce juré a été choisi sur la liste dressée par le conseil général. — Cass., 1ᵉʳ août 1892, l'préfet de la Corse. [S. et P. 94.1.40, D. 93.1.504]

1529. — Si une propriété est située en partie sur le territoire d'un arrondissement, et en partie sur celui d'un autre arrondissement, et qu'il y ait lieu d'exproprier une parcelle de chacune des deux parties, le même jury ne pourra prononcer sur l'indemnité due pour toutes deux, et dès lors, il y aura lieu de choisir deux jurys distincts, dont les membres appartiendront à chacun des arrondissements. — Gillon et Stourm, p. 110. — C'est là l'application du principe de la territorialité des juridictions; un tribunal n'a point compétence pour prononcer l'expropriation de parcelles situées en dehors de son arrondissement, bien qu'elle dépende d'un domaine compris dans cet arrondissement; le jury n'a pas de pouvoirs plus étendus.

1530. — Faisons remarquer que ce n'est qu'après que le jugement d'expropriation a été rendu, qu'il peut être procédé à la désignation du jury appelé à fixer les indemnités. — Par suite, la désignation du jury spécial chargé de fixer les indemnités, désignation faite par une cour d'appel antérieurement au jugement prononçant l'expropriation ou donnant acte au propriétaire de son consentement à la cession, est viciée d'une nullité absolue, et a pour effet d'entacher de nullité toutes les opérations du jury. — Cass., 12 déc. 1887, Chem. de fer départem., [S. 88.1.476, P. 88.1.406, D. 89.1.39]; — 24 avr. 1888, Chem. de fer départem., [S. 88.1.438, P. 88.1.4072, D. 89.1.39] — De Lalleau, Jousselin, Rendu et Périn, t. 1, n. 466.

1531. — Au reste, le visa des art. 30 et 55, L. 3 mai 1841, dans la délibération portant désignation du jury, implique nécessairement que ladite délibération a été prise sur le vu de ce jugement. — Cass., 24 avr. 1888, Chem. de fer départem., [S. 90.1.351, P. 90.1.827, D. 89.1.39]; — 12 déc. 1888, Chem. de fer départem., [S. 89.1.128, P. 89.1.293, D. 90.1.106]

1532. — Le moyen pris de ce qu'une cour d'appel a désigné les jurés avant le jugement prononçant l'expropriation, étant tiré du défaut de pouvoir du jury et étant comme tel d'ordre public, ne peut être couvert ni par l'absence de pourvoi contre la délibération de la cour d'appel désignant les jurés, ou contre le jugement du tribunal donnant acte de la cession amiable, ni par la comparution des parties devant le jury, et il peut être présenté pour la première fois devant la Cour de cassation. — Cass., 12 déc. 1887, précité.

§ 3. *Forme et effets de la désignation.*

1533. — La décision par laquelle l'autorité judiciaire fait choix d'un jury spécial d'expropriation doit, comme toute autre décision judiciaire, porter la preuve de sa régularité. Dès lors, elle est nulle si elle n'indique ni le nom, ni le nombre des magistrats qui y ont participé. — Cass., 22 nov. 1841, Huvé de Garel, [S. 42.1.129, P. 41.2.664] — Crépon, sur l'art. 30, n. 39; Daffry de la Monnoye, t. 1, sur l'art. 30, n. 22; de Lalleau, Jousselin, Rendu et Périn, t. 1, n. 465.

1534. — C'est en chambre du conseil que doit se faire la désignation des jurés, à peine de nullité. — Cass., 30 avr. 1844, Singer, [S. 44.1.432, P. 44.2.109]; — 18 juill. 1870, Syndicat des cours d'eau de la Seine, [S. 70.1.349. P. 70.883, D. 70.1.428]; — 21 févr. 1882, Pacquet, [S. 84.1.36, P. 84.1.58, D 83.1.29] — Crépon, sur l'art. 30, n. 40 ; Daffry de la Monnoye, t. 1, sur l'art. 30, n. 22; de Lalleau, Jousselin, Rendu et Périn, t. 1, n. 465. — Ce n'est, en effet, qu'en chambre du conseil que les magistrats ont toute la liberté, et tout le temps nécessaire pour rechercher sur la liste dressée par le conseil général quels sont les citoyens qu'il y a lieu de désigner définitivement.

1535. — Il avait été jugé spécialement avant la loi qui a modifié sur ce point le décret de 1808, que la cour d'appel saisie, par suite de renvoi après cassation, d'une demande en désignation d'un jury d'expropriation, devait statuer en chambre du conseil, conformément à l'art. 30, L. 3 mai 1841, et non en audience solennelle, la désignation dont il s'agit constituant une opération purement administrative, expressément attribuée à la première chambre, et non un litige d'une nature contentieuse, tombant sous l'application de l'art. 22, Décr. 30 mars 1808. — Orléans, 17 mars 1864, Desbans, [S. 64.2.236, P. 64.708, D. 64.5.158] — Daffry de la Monnoye, t. 1, sur l'art. 30, n. 4 ; de Lalleau, Jousselin, Rendu et Périn, t. 1, n. 461, note; Crépon, sur l'art. 30, n. 47. — V. suprà, v° Cassation (mat. civ.), n. 5007.

1536. — L'insertion du nom des jurés dans un jugement rendu publiquement n'implique pas que le choix en ait été fait en audience publique contrairement à la prescription de la loi, alors d'ailleurs qu'aucune des mentions du jugement on ne peut induire que ce ne soit pas en chambre du conseil que les juges aient préalablement délibéré sur la formation de la liste du jury. La présomption c'est que les juges se sont conformés à la loi. — Cass., 19 juill. 1870, précité; — 21 févr. 1882, précité; — 15 janv. 1889, Préfet des Alpes-Maritimes, [S. 89.1.336, P. 89.1.801, D.90.5.263] — Crépon, sur l'art. 30, n. 41. — A plus forte raison doit-il être décidé de même, lorsque la mention, que le jugement a été précédé d'un délibéré, implique que le choix a eu lieu en chambre du conseil. — Cass., 21 févr. 1882, précité.

1537. — D'autre part, le jugement peut être réputé valable, bien que l'expédition qui en est produite ne soit ni intitulée ni revêtue de la formule exécutoire, cette double formule n'étant pas nécessaire à la validité intrinsèque des décisions judiciaires, mais seulement pour procéder à leur exécution forcée. — Cass., 17 juill. 1844, Chion, [S. 45.1.234, P. 45.1.455]— Daffry de la Monnoye, t. 1, sur l'art. 30, n. 22; Crépon, sur l'art. 30, n. 42. — V. infrà, v° Formule exécutoire, n. 9 et s.

1538. — La loi n'oblige point les tribunaux à nommer un rapporteur pour rechercher quels sont les jurés qui doivent être désignés et proposer leurs noms à l'approbation de ses collègues; mais comme c'est là un travail qui demande l'examen attentif des pièces et documents produits pour se rendre compte des personnes qui ne doivent pas être prises comme jurés, et par exemple les divers intéressés (V. infrà, n. 1542 et s.). il est d'usage, dans beaucoup de cours et de tribunaux, de nommer un rapporteur à cet effet. C'est là une mesure d'ordre excellente. — De Lalleau, Jousselin, Rendu et Périn, t. 1, n. 465.

1539. — Les jurés désignés par la cour ou par le tribunal n'ont de pouvoirs qu'à l'égard des expropriations visées par le jugement auquel se réfère la décision qui les a nommés; par suite, un jury d'expropriation est sans pouvoir pour statuer, même avec le consentement des parties, sur les affaires pour le règlement desquelles il n'a pas été expressément désigné. — Cass., 21 août 1856, Poiret, [S. 59.1.271, P. 59.737, D. 56.1.334]; — 31 juill. 1866, Gouerre, [S. 67.1.84, P. 67.173] — Crépon sur l'art. 30, n.43 et 44; Daffry de la Monnoye, t.1, sur l'art. 30, n. 24.

1540. — Il en est particulièrement ainsi alors que deux jugements d'expropriation ont été rendus pour l'expropriation de deux fractions ou parcelles d'un même immeuble; le fait que deux jugements ont été successivement rendus établit bien que la parcelle non comprise dans le premier jugement a été exclue de l'expropriation à ce moment-là, et qu'elle ne saurait s'appliquer à lui. — Cass., 26 déc. 1859, Laporte, [S. 60.1.1008, P. 60.1020, D. 60.1.39] — Crépon, sur l'art. 30, n. 45; Daffry de la Monnoye, loc. cit.

1541. — Mais s'il n'y a pas une seconde expropriation prononcée, le jury est compétent pour statuer sur l'expropriation de parcelles adjointes à l'expropriation soit par l'effet d'une réquisition d'acquisition intégrale, soit par le consentement des parties, de l'expropriant et de l'exproprié. — Cass., 26 nov. 1860, Pratsalier, [S. 61.1.382, P. 61.846, D. 60.1.484] — Crépon, sur l'art. 30 n. 46; Daffry de la Monnoye, t. 1, sur l'art. 30, n. 23.

§ 4. *Personnes qui ne doivent pas être choisies comme jurés.*

1542. — « Ne peuvent être choisis pour jurés : 1° les propriétaires, fermiers, locataires des terrains et bâtiments désignés en l'arrêté du préfet pris en vertu de l'art. 11, et qui restent à acquérir ; 2° les créanciers ayant inscription sur lesdits immeubles ; 3° tous autres intéressés désignés ou intervenant en vertu des art. 21 et 22. Les septuagénaires sont dispensés, s'ils le requièrent, des fonctions de juré » (L. 3 mai 1841, art. 30).

1543. — Les propriétaires, usufruitiers, locataires, etc., des terrains déjà acquis pour l'exécution des travaux n'ont aucun intérêt à l'élévation de l'indemnité; aussi l'art. 30 n'exclut-il que les propriétaires et autres intéressés concernant les terrains qui restent à acquérir. On avait proposé d'exclure du jury les propriétaires, fermiers, etc. des terrains compris dans la ligne des travaux qui restent à exécuter; ces personnes ont, en effet, un intérêt indirect, mais réel, à la fixation des indemnités et à l'allocation de sommes élevées; mais les comprendre dans l'exclusion eût été restreindre le nombre des personnes pouvant être jurés ; de plus, elles ne sont pas toujours connues avec certitude et on a d'ailleurs contre elles la ressource de la récusation (Monit., 12 mai 1833, p. 1326 et 1348). — De Lalleau, Jousselin, Rendu et Périn, t. 1, n. 473.

1544. — L'application des exclusions prononcées par l'art. 30 entraîne souvent certaines difficultés dans la pratique ; le rapporteur devant la Chambre des députés, Martin du Nord, présenta sur ce point les observations suivantes : « Les propriétaires, les locataires, les fermiers, les créanciers inscrits sont connus, puisque l'administration leur a notifié divers actes de la procédure. Or, le tableau des noms de toutes ces parties intéressées sera mis sous les yeux de la cour, et par conséquent elle pourra très-facilement éviter de choisir un de ces individus (Monit., 7 févr. 1833, p. 315 et 316). — De Lalleau, Jousselin, Rendu et Périn, t. 1, n. 474.

1545. — Mais l'administration ne s'est pas conformée partout aux mêmes règles pour signaler aux magistrats les noms des divers intéressés qui ne peuvent être désignés comme jurés; elle leur transmet parfois les plans parcellaires de toutes les propriétés restant à acquérir, les arrêtés de cessibilité, les offres, demandes, dénonciations et interventions faites conformément aux art. 21. 22, 23 et 24, L. 3 mai 1841. Ce système présente l'inconvénient d'imposer aux magistrats des recherches longues et minutieuses et la possibilité malgré tout de laisser porter sur la liste dressée par l'autorité judiciaire les noms des propriétaires ou autres intéressés qui doivent en être exclus. — De Lalleau, Jousselin, Rendu et Périn, loc. cit.

1546. — Aussi, dans d'autres départements, le préfet recherche lui-même, ou fait rechercher les personnes que l'administration a le droit d'exclure du jury, et il les signale à l'autorité judiciaire. Ce système est plus avantageux et plus pratique. C'est à l'expropriant à rechercher les noms des personnes qu'il a intérêt à écarter du jury, et c'est à lui à les désigner aux magistrats; ceux-ci ne peuvent d'ailleurs les connaître tous puisque les créanciers inscrits sur les immeubles figurent dans les exclusions de l'art. 30, et qu'ils ne sont point désignés dans les pièces de la procédure ; puis si les magistrats étaient obligés de se reporter aux pièces, il arriverait souvent que des énonciations incomplètes feraient naître une incertitude qu'ils n'auraient point le temps de dissiper. — De Lalleau, Jousselin, Rendu et Périn, loc. cit.

1547. — L'exclusion prononcée à l'égard des propriétaires, locataires, fermiers et autres intéressés, ne s'applique qu'à ceux qui sont compris dans le même arrêté de cessibilité; on ne saurait l'étendre à d'autres, sous prétexte que leurs droits portent sur des immeubles qui seront aussi expropriés, ou qui, même, sont compris dans d'autres arrêtés de cessibilité. — Cass., 14 août 1855, Mounier, [S. 56.1.620, P. 57.420, D. 55.1.416] — Crépon, sur l'art. 30, n. 47; Daffry de la Monnoye, t. 1, sur l'art. 30, n. 26.

1548. — Si divers propriétaires ont été compris dans des arrêtés de cessibilité différents, les propriétaires compris dans un arrêté peuvent siéger dans les affaires concernant les propriétaires compris dans d'autres arrêtés, alors même qu'un lien étroit existerait entre ces diverses expropriations. Jugé, par suite, qu'il n'y a incompatibilité entre la qualité de propriétaire d'immeubles soumis à l'expropriation et les fonctions de juré, qu'autant que les immeubles dont un juré est propriétaire sont situés dans le département où le jury est réuni. — Cass., 11 juin 1856, Chemin de fer de Strasbourg, [S. 56.1.826, P. 56.2.414 D. 56. 1.126] — Crépon, sur l'art. 30, n. 48 et 49 ; Daffry de la Monnoye, t. 1, sur l'art. 30, n. 26 ; de Lalleau, Jousselin, Rendu et Périn, t. 1, n. 474, note.

1549. — ... Que l'exproprié ne peut demander la radiation d'un juré, par le seul motif qu'il se trouve en instance avec ce juré lui-même, relativement à une expropriation subie par celui-ci, lorsque les deux expropriations ont été indiquées dans deux arrêtés préfectoraux différents, et prononcées par deux jugements distincts. — Cass., 3 févr. 1858, Chemin de fer Grand-Central, [S. 58.1.624, P. 58.570, D. 58.1.196] — Mêmes autorités. — Dans ces divers cas l'expropriant n'a plus que la ressource des récusations.

1550. — Les parties doivent signaler au magistrat-directeur les causes d'exclusion fondées sur l'art. 30, avant l'exercice des récusations péremptoires qui leur sont accordées. Si cette cause d'exclusion a échappé à la cour ou au tribunal, c'est à ce moment qu'il faut l'indiquer au magistrat directeur pour que, avant l'exercice du droit de récusation, il constitue la liste définitive sur laquelle les récusations devront porter. — Cass., 11 juill. 1859, Bertrand, [S. 61.1.380, P. 61.710, D. 60.1.412] — Crépon, sur l'art. 30, n. 50 ; Daffry de la Monnoye, t. 1, sur l'art. 30, n. 27 ; de Lalleau, Jousselin, Rendu et Périn, t. 1, n. 476.

1551. — Si le magistrat directeur du jury ainsi saisi d'une demande en exclusion n'y a point fait droit, ce fait, bien que l'irrégulier, ne donne pas ouverture à cassation si en fait le jury a été entièrement complété sans l'appel de la personne intéressée, et si l'exercice du droit de récusation appartenant à l'expropriant n'a été gêné ni directement, ni indirectement. — Cass., 3 mars 1844, François, [P. 44.1.759] ; — 7 avr. 1845, Préfet du Nord, [S. 45.1.529, P. 45.1.585, D. 45.1.207] ; — 2 févr. 1846, Ville de Marseille, [S. 46.1.237, P. 47.1.222, D. 46.1.78] ; — 26 mai 1846, Lacoste, [S. 43.1.581, P. 46.2.275, D. 46.1.208] ; — 19 août 1846, Leguillette, [S. 46.1.877, P. 46.2.507, D. 46.1.318] ; — 11 juin 1856, Chemin de fer de Strasbourg, [S. 56.1.826, P. 56.2.414, D. 56.1.196] ; — 28 mai 1861, Edet, [S. 61.1.995, P. 62.324, D. 61.1.282] ; — 2 déc. 1863, Préfet du Gers, [S. 64.1.193, P. 64. 746, D. 64.5.154] ; — 12 janv. 1864, Soubeiran, [S. 64.1.193, P. 64. 746, D. 64.1.193] ; — 27 janv. 1869, Barbe, [S. 69.1.385, P. 69. 946, D. 09.1.244] — Crépon. sur l'art. 30, n. 52 et 57 ; Daffry de la Monnoye, t. 1, sur l'art. 30, n. 28.

1552. — C'est ce qui a été jugé spécialement au cas où la personne intéressée figurait au nombre des jurés supplémentaires. — Cass., 7 avr. 1845, précité.

1553. — Mais le refus du magistrat directeur d'exclure du jury la personne atteinte d'une cause d'exclusion entraînerait la nullité de la décision du jury qui a suivi et de l'ordonnance du magistrat directeur si ce refus avait eu pour effet d'entraver l'exercice du droit de récusation péremptoire qui appartient aux parties ; et par exemple si le magistrat directeur a refusé à une partie l'exercice d'une récusation péremptoire sous prétexte que ce droit de récusation avait été épuisé par la récusation déjà faite d'un juré qui aurait dû être exclu conformément à l'art. 30. Dans ce cas l'exercice du droit de récusation accordé par la loi aux parties est diminué par le fait même du magistrat directeur, puisque se portant sur des personnes qui ne devraient pas figurer parmi les jurés, il ne saurait s'étendre à d'autres ; or l'exercice du droit de récusation est assuré par l'art. 34, § 2, et la violation de ce paragraphe, aux termes de l'art. 42, donne ouverture à cassation. — Cass., 5 avr. 1854, Legros, [S. 54.1.464, P. 54.1.448, D. 54.1.161] ; — 11 juill. 1859, précité. — Crépon, sur l'art. 30, n. 53, 54 et 55 ; Daffry de la Monnoye, loc. cit.

1554. — Si aucune des parties n'a demandé au magistrat directeur d'exclure du jury les personnes désignées par le paragraphe 2 de l'art. 30, leur présence dans le jury ne saurait donner ouverture à cassation. — Cass., 2 févr. 1846, précité ; — 26 mai 1846, précité ; — 22 mai 1854, Segond, [S. 55.1.217, P. 54.2.453, D. 54.1.205] ; — 19 juin 1861, Bertrand, [S. 61.1.996, P. 62.326, D. 61.1.285] ; — 2 déc. 1863, précité ; — 12 janv.

1864, précité ; — 15 févr. 1892, de Liniers, [S. et P. 92.1.320. D. 93.1.455] — Crépon, sur l'art. 30, n. 56 ; Daffry de la Monnoye, t. 1, sur l'art. 30, n. 28 ; de Lalleau, Jousselin, Rendu et Périn, t. 1. n. 476.

1555. — Les règles que nous venons d'exposer doivent toutefois être combinées avec la règle d'après laquelle une partie qui a un intérêt dans un litige ne peut être juge à l'égard de ce litige, nul ne pouvant être juge et partie dans la même affaire. Jugé, en ce sens, que si la présence dans le jury de personnes qui, aux termes des §§ 2 et 3 de l'art. 30, précité, ne peuvent être choisies pour jurés, ne donne pas ouverture à cassation, il n'en est ainsi que s'il ne s'agit pas de parties personnellement intéressées à la fixation de l'indemnité. — Cass., 28 mai 1861, Edet, [S. 61.1.995, P. 62.324, D. 61.1.282] — Dès lors, la présence dans le jury d'une personne ayant un intérêt personnel dans la fixation de l'indemnité entraîne nullité de la décision du jury, et cela que leur exclusion ait été ou non demandée. — Cass., 3 août 1859, Préfet de la Seine, [S. 61.1.380, P. 61.710, D. 60. 1.413] — De Peyrony et Delamarre, n. 352 ; Daffry de la Monnoye, t. 1, sur l'art. 30, n. 29 ; Crépon, sur l'art. 30, n. 58 ; de Lalleau, Jousselin, Rendu et Périn, t. 1, n. 475 bis et 476.

1556. — Spécialement, la présence dans le jury d'un propriétaire intéressé à l'expropriation est une cause de nullité. — Cass., 3 août 1859, précité.

1557. — Mais un juré n'est point incapable de statuer sur les affaires dans lesquelles il n'est pas intéressé personnellement, alors même qu'elles auraient été réunies dans une seule catégorie avec une affaire qui le concerne. — Même arrêt. — Daffry de la Monnoye, t. 1, sur l'art. 30, n. 29 ; Crépon, sur l'art. 30, n. 60 ; de Lalleau, Jousselin, Rendu et Périn, t. 1, n. 476, note.

1558. — Le créancier inscrit sur un immeuble a évidemment intérêt à ce que l'indemnité afférente à cet immeuble atteigne une somme très-élevée, il est donc partie intéressée personnellement, et ne saurait faire partie du jury, à peine de nullité ; mais il est ainsi seulement toutefois qu'à l'égard de l'immeuble grevé de son hypothèque : l'incapacité du créancier ne saurait être étendue au cas où il s'agit d'un autre immeuble appartenant au même débiteur. — Cass., 28 mai 1861, précité. — Daffry de la Monnoye, t. 1, sur l'art. 30, n. 30 ; Crépon, sur l'art. 30, n. 60 ; de Lalleau, Jousselin, Rendu et Périn, t. 1, n. 476, note. — Le créancier peut, il est vrai, avoir intérêt à la fixation de l'indemnité en ce qui concerne un autre immeuble que celui sur lequel il est inscrit, et cela si l'élévation de cette indemnité permet de désintéresser un créancier inscrit qui a un rang préférable sur l'immeuble sur lequel il est lui-même inscrit. Mais c'est là un intérêt indirect, que la loi n'a pas envisagé.

1559. — L'intérêt des conseillers généraux qui ont voté le principe de l'expropriation n'est pas assez grand pour les lier et leur enlever l'impartialité nécessaire au juré comme au juge. Il a été décidé, en ce sens, que les membres du conseil général qui ont concouru à la délibération par suite de laquelle l'expropriation a eu lieu, fût-ce même dans un intérêt départemental, ne sont point inhabiles à faire partie du jury d'expropriation ; qu'on ne saurait les considérer comme parties intéressées, dans le sens des art. 21, 22, 30 et 31, L. 3 mai 1841. — Cass., 8 août 1853, Francain, [S. 53.1.773, P. 54.1.573, D. 53.1.233] — Crépon, sur l'art. 30, n. 67 ; Daffry de la Monnoye, t. 1, sur l'art. 30, n. 35.

1560. — Que décider à l'égard des maires, adjoints, conseillers municipaux des communes au profit ou contre qui l'expropriation est demandée ? A l'égard des administrateurs des établissements publics auxquels appartiennent des immeubles expropriés ? Il a été jugé qu'il y a incompatibilité à l'encontre de ces personnes, qui ne peuvent être jurés dans les affaires concernant les communes ou les établissements qu'ils administrent. — Cass., 2 févr. 1846, précité ; — 5 avr. 1854, précité ; — 11 juill. 1859, précité. — De Peyrony et Delamarre, n. 349 ; Dufour, n. 102 ; Daffry de la Monnoye, t. 1, sur l'art. 30, n. 31.

1561. — Ainsi, le maire, président du bureau de bienfaisance de la commune, est partie intéressée dans l'expropriation des biens appartenant à ce bureau ; il ne peut, en conséquence, faire partie du jury appelé à fixer l'indemnité due pour cette expropriation. — Cass., 14 août 1855, Mounier, [S. 56.1.620, P. 57.420, D. 53.1.416] — Crépon, sur l'art. 30, n. 62.

1562. — Quelle est la nature de cette incompatibilité ? Autorise-t-elle seulement la demande d'exclusion des personnes à qui elle s'applique avec nullité de la décision du jury, si le rejet de la demande d'exclusion a eu pour effet d'entraver le droit de récusation péremptoire, ou bien entraîne-t-elle la nullité de la décision du jury, dans tous les cas ? On ne saurait ranger parmi les personnes directement et personnellement intéressées les maires, adjoints, conseillers municipaux, administrateurs des établissements publics ; s'ils siègent dans une affaire intéressant la commune ou l'établissement qu'ils administrent, on ne saurait donc considérer qu'ils jouent le rôle de juge et de partie, et que leur présence est, dans tous les cas, une cause de nullité. Ils sont seulement intéressés dans le sens de l'art. 30, § 2 ; par suite, les parties peuvent demander leur exclusion de la liste au magistrat directeur ; si celui-ci repousse cette demande, son refus n'entraîne nullité de la décision qui suit que s'il a pour effet d'entraver le droit de récusation. — Cass., 22 mai 1854, précité ; — 2 déc. 1863, Préfet du Gers, [S. 64.1.193, P. 64.746, D. 64.3. 154] ; — 12 janv. 1864, [*ibid.*] — Daffry de la Monnoye, t. 1, sur l'art. 30, n. 31. — V. aussi Crépon, sur l'art. 30, n. 64.

1563. — En tous cas, les maires et adjoints des arrondissements de la ville de Paris n'étant pas intéressés dans les expropriations poursuivies par cette ville, peuvent faire partie du jury appelé à fixer les indemnités dues pour ces expropriations. — Cass., 6 mars 1864, de Brunswick, [S. 64.1.654, P. 62.72, D. 61.1.182] ; — 10 juill. 1864, Lemasson, [P. 62.1181, D. 61.1.284] — Daffry de la Monnoye, t. 1, sur l'art. 30, n. 31 ; Crépon, sur l'art. 30, n. 63. — Ces maires et adjoints, en effet, n'administrent point ; ils n'ont point à s'occuper du budget de la ville, et à rechercher comment l'indemnité sera payée ni la ville est expropriante, quel emploi en sera fait si elle est expropriée.

1564. — L'individu auquel un conseil municipal aurait confié une mission officieuse se rattachant d'une façon plus ou moins directe à l'expropriation ne saurait être considéré comme intéressé à l'expropriation au sens de l'art. 30 ; en effet, il ne rentre pas dans les termes de cet article qu'on ne saurait étendre sans restreindre par trop le nombre des personnes qui peuvent être jurés. Les parties procéderont alors par voie de récusation. — Daffry de la Monnoye, t. 1, sur l'art. 30, n. 33.

1565. — D'autre part, les fonctionnaires municipaux ne sont point personnellement intéressés dans les expropriations concernant les communes ; cette expropriation, il est vrai, peut influencer le budget qui alimentait la commune ; mais à ce point de vue il faudrait déclarer les fonctions de juré incompatibles avec celles de contribuable, parce qu'une expropriation, par ses suites et les indemnités qu'elle entraîne, a toujours pour effet de peser sur le budget. Il a été jugé, en ce sens, qu'un professeur dans un lycée de filles, rétribué pour partie sur le budget d'une ville, peut siéger comme juré dans une affaire intéressant cette ville ; il n'existe aucune cause d'incompatibilité à son encontre. — Cass., 12 mai 1890, Babey-Cassagnavère, [S. et P. 93.1.151, D. 91.1.375]

1566. — Tout en assimilant à un propriétaire un administrateur de l'établissement public auquel l'immeuble exproprié appartient, le droit d'écarter du jury cet administrateur pourrait bien être réclamé par la compagnie qui débat contre lui la quotité de l'indemnité, mais non par le fermier de l'immeuble, puisque son intérêt est entièrement semblable à celui du propriétaire. — Cass., 2 août 1848, Brot, [P. 49.2.370, D. 48.5.187] — C'est là une solution qu'il faut généraliser ; la partie qui a le même intérêt que le juré qui n'a point été, à tort, exclu du jury, ne saurait se plaindre du maintien de ce juré sur la liste, puisque cette irrégularité ne peut que lui profiter.

1567. — Les administrateurs d'une compagnie concessionnaire ou expropriante doivent être considérés comme personnellement intéressés à l'expropriation ; celle-ci a pour effet d'augmenter ou de diminuer les dividendes qu'ils distribueront et dont ils profitent ; il n'en est pas de même des simples actionnaires dont l'intérêt est plus éloigné et le rôle plus restreint. — Cass., 9 août 1847, Desmartins, [S. 47.1.754, P. 47.2.702, D. 51.5.244] — Daffry de la Monnoye, t. 1, sur l'art. 30, n. 34 ; Crépon, sur l'art. 30, n. 65 et 66.

1568. — Il a été jugé que dans le cas où un juré n'a révélé sa position d'intéressé, notamment comme actionnaire de la compagnie expropriante, qu'après avoir été définitivement compris dans la liste des seize jurés qui devaient concourir à la formation du jury de jugement, il ne résulte aucune nullité de ce que le magistrat directeur n'a pas rapporté son ordonnance sur la constitution définitive du jury pour prononcer ensuite d'office l'exclusion de ce juré, lorsque les parties, sans réclamations ni conclusions à cet effet, ont spontanément exercé et épuisé vis-à-vis de ce même juré leur droit de récusation péremptoire. — Cass., 20 mars 1855, Montrochet, [S. 55.1.451, P. 56.1.556, D. 55.1.62]

Section III.

De quelques procédures d'expropriations particulières.

1569. — En principe, lorsqu'il s'agit d'expropriations prononcées dans des cas particuliers et des hypothèses spéciales, on suit les règles générales que nous venons d'exposer ; nous indiquerons donc seulement ce que chaque espèce peut présenter d'intérêt déterminé.

§ 1. *De l'expropriation poursuivie par le concessionnaire.*

1570. — Les concessionnaires des travaux sont en droit de provoquer la désignation des jurés : MM. de Lalleau, Jousselin, Rendu et Périn (t. 2, n. 934) estiment qu'ils doivent s'adresser au préfet pour que celui-ci fasse procéder à la nomination des jurés et à ce qui concerne toutes les expropriations qui peuvent être poursuivies au même moment, et que les jurés ne soient pas dérangés trop souvent. Mais si cette entente entre le préfet et le concessionnaire est utile et désirable, elle n'enlève pas au concessionnaire, en sa qualité de mandataire de l'expropriant, le droit de faire désigner les jurés. Jugé, en ce sens, que les concessionnaires d'une entreprise déclarée d'utilité publique, par exemple, d'un chemin de fer, ont qualité pour provoquer la désignation du jury d'expropriation. — Cass., 29 août 1854, d'Auger, [S. 54.1.734, P. 55.1.88, D. 54.1.320]

1571. — Toutefois, ce droit ne leur appartient que si l'expropriant ne s'est pas réservé pour lui-même l'achat des terrains. En effet, lorsque le département s'est réservé le droit de faire lui-même les acquisitions de terrains, le concessionnaire n'ayant qu'à pourvoir aux paiements, le préfet a qualité pour poursuivre le règlement par le jury des indemnités afférentes aux terrains expropriés. — Cass., 22 juill. 1889, Saint, [S. 91.1. 270, P. 91.4.643, D. 91.1.39]

§ 2. *De l'expropriation poursuivie par le propriétaire et les autres intéressés.*

1572. — L'art. 55, § 1, L. 3 mai 1841, est ainsi conçu : « Si dans les six mois du jugement d'expropriation l'administration ne poursuit pas la fixation de l'indemnité, les parties intéressées pourront exiger qu'il soit procédé à ladite fixation. » Ainsi, les parties qui, après l'expiration du délai de six mois, veulent exiger la fixation de l'indemnité, doivent faire sommation au préfet de prendre les mesures nécessaires pour la formation et la convocation du jury spécial. En cas de refus ou d'inaction de sa part, ils présentent requête au premier président de la cour ou au président du tribunal du chef-lieu, lequel, sur le vu du jugement d'expropriation et de la sommation au préfet, fera droit, conformément à l'art. 29. Suivant Gillon et Stourm (p. 171), si le préfet sommé n'agit pas, les parties n'auront d'autres ressources que de se plaindre au ministre d'une négligence ou d'une mauvaise volonté qui leur serait préjudiciable ; mais ces auteurs n'indiquent point les motifs sur lesquels ils se fondent. Pour nous, nous ne voyons rien dans la loi qui soit contraire à la marche que nous indiquons, et nous voyons, au contraire, que l'art. 30 n'indique point que le jury ne sera formé que sur la réquisition de l'administration ; d'où il est permis de conclure que c'est à la requête de tous les intéressés indistinctement, avec cette seule différence, établie par l'art. 55, que l'administration peut requérir de suite et que les parties ne le peuvent qu'après l'expiration d'un délai de six mois. Ajoutons que le recours au ministre serait d'autant plus illusoire, que le préfet n'a pour agir que ses ordres. Or, il est évident que l'art. 55, qui n'a d'autre but que de protéger les propriétaires expropriés contre les lenteurs et l'arbitraire de l'administration, ne peut pas vouloir leur conférer seulement la faculté d'adresser au préfet une sommation à laquelle ce fonctionnaire pourrait n'avoir aucun égard. — V. aussi Debray, n. 143.

1573. — La sommation faite, on ne saurait donc accorder à l'expropriant seul le droit de requérir l'autorité judiciaire d'avoir à désigner les jurés ; en effet, aucun texte ne lui réserve ce droit ;

au contraire, l'art. 55, en déclarant que les parties sont en droit d'exiger qu'il soit procédé à la fixation du jury, leur réserve évidemment la faculté de saisir l'autorité judiciaire ; autrement l'inaction prolongée de l'exproprtant mettrait obstacle à leurs droits. — De Lalleau, Jousselin, Rendu et Périn, t. 2, n. 902.

1574. — Si, après le jugement d'expropriation, l'exproprtant n'a poursuivi le règlement de l'indemnité qu'à l'égard de quelques-uns des intéressés, n'a point notifié d'offres aux autres, ne leur a pas fait connaître la liste des jurés et ne les a pas portés sur le tableau des offres et des demandes, ces intéressés, le locataire notamment, n'ont point le droit d'intervenir devant le jury ; ils n'ont que le droit de provoquer la désignation des jurés, et la convocation du jury. — Cass., 1er juill. 1884, Beauquier, [S. 86. 1.319, P. 86.1.756, D. 86.1.15] — Crépon, sur l'art. 55, n. 1 bis.

1575. — L'exproprié peut user du droit que lui ouvre l'art. 55, L. 3 mai 1841, de faire fixer par le jury l'indemnité qui lui est due, alors même que l'administration prétendrait qu'il n'a pas été compris dans l'expropriation : en vain dirait-on qu'il doit faire juger préalablement ce litige par le juge compétent. Seulement, le jury ne fixe alors l'indemnité qu'hypothétiquement, conformément à l'art. 39 de la loi. — Cass., 2 août 1865, Préfet de la Seine, [S. 65.1.458, P. 65.1193, D. 65.1.257] — De Lalleau, Jousselin, Rendu et Périn, t. 2, n. 902. — La cour saisie de la demande aux fins de désignation de jurés n'a point compétence pour examiner quel est le droit des parties ; elle doit donc se borner à désigner les jurés ainsi qu'on le lui demande, laissant les parties se pourvoir ainsi qu'elles l'aviseront quant au fond du droit.

1576. — L'art. 55 vise les parties sans distinction, il en ressort que toutes les personnes qui prétendent droit à une indemnité ont la faculté de provoquer la désignation des jurés. Ainsi, le locataire ou fermier dont le droit a été régulièrement notifié à l'administration est partie intéressée, au sens de l'art. 55, L. 3 mai 1841. Par suite, faute par l'administration de poursuivre le règlement de l'indemnité dans les six mois du jugement d'expropriation, ce locataire est recevable à provoquer lui-même ce règlement et à provoquer la désignation du jury. — Cass. 27 juill. 1857, Fabre, [S. 57.1.765, P. 58.269, D. 57.1.287] ; — 26 août 1857, Martin, [S. 57.1.858, P. 58.825, D. 57.1.353] ; — 11 juill. 1859, Bernardin, [S. 59.1.955, P. 60. 722, D. 59.1.364] ; — 30 août 1859, Crest, [ibid.] ; — 16 avr. 1862, Préfet de la Seine, [S. 62.1.724, P. 62.465, D. 62.1.300] ; — 20 juin 1864, Briquet, [S. 64.1.368, P. 64.787, D. 64.1.278] — De Peyrony et Delamare, n. 678 ; Daffry de la Monnoye, t. 2, sur l'art. 55, n. 1 ; Crépon, sur l'art. 55, n. 2. — V. supra, n. 1010 et s.

1577. — Dans ce cas, la cour d'appel à laquelle la désignation est demandée par l'exproprié pour vérifier l'accomplissement des formalités préalables à cette désignation. Elle excède ses pouvoirs en rejetant la demande à fin de désignation du jury, sous prétexte que l'expropriation ne cause aucun préjudice au locataire exproprié, à raison de la résolution prise par l'administration de ne point démolir la partie de la maison occupée par lui. — Cass., 26 août 1857, précité.

1578. — La cour appelée à faire cette désignation ne peut s'y refuser non plus sous prétexte que le demandeur est sans intérêt, n'étant pas actuellement troublé dans sa jouissance. — Cass., 27 juill. 1857, précité ; — 11 juill. 1859, précité ; — 30 août 1859, précité.

1579. — Le jugement qui donne acte à un propriétaire de son consentement à l'expropriation ainsi qu'à la prise de possession des terrains, et qui renvoie devant le jury pour la fixation des indemnités dues tant au propriétaire qu'aux locataires, ayant les mêmes effets qu'un jugement d'expropriation (V. supra, n. 518 et s.), ouvre aux locataires le droit de poursuivre la désignation d'un jury, à défaut par l'exproprtant d'avoir poursuivi lui-même le règlement de l'indemnité dans les six mois de ce jugement. — Cass., 12 juin 1860, Ville de Paris, [S. 60. 1.1005, P. 61.885, D. 61.1.130] ; — 20 juin 1864 précité ; — 28 mai 1867, Guillemet, [S. 67.1.405, P. 67.1086, D. 67.1.215] — Daffry de la Monnoye, t. 1, sur l'art. 55, n. 10 et 14 ; Crépon, sur l'art. 55, n. 16.

1580. — La cour, requise de désigner les jurés, n'a d'ailleurs pas le droit de rechercher si la cession amiable donne à celui qui l'invoque le droit de demander une indemnité ; c'est là l'application d'un principe général ; elle doit se borner à désigner les jurés ; la question relative à l'indemnité constitue un litige sur le fond du droit à soumettre à l'autorité compétente. — Cass., 20 janv. 1864, Desbans, [S. 64.1.192, P. 64.707, D. 64.1.442] — Crépon, sur l'art. 55, n. 22.

1581. — De même il a été jugé que lorsque l'exproprtant s'est mis en possession des terrains à exproprier, les propriétaires de ces terrains, qui les ont volontairement cédés, en réservant la question d'indemnité, procèdent régulièrement par voie de simple requête, présentée au tribunal, à l'effet d'obtenir la désignation des jurés, et sans appeler l'exproprtant. — Cass., 12 juin 1860, précité ; — 18 août 1884, Metgé, [S. 86.1.222, P. 86.1.530, D. 85.1.416] — Daffry de la Monnoye, op. cit., t. 2, sur l'art. 55, n. 10 et 17 ; Crépon, sur l'art. 55, n. 25 et 26.

1582. — Si l'immeuble exproprié parvient aux mains de l'exproprtant à la suite d'une adjudication, cette adjudication produit à l'égard des ayants-droit sur l'immeuble le même effet que le jugement d'expropriation, résout les baux, et, par suite, autorise les divers intéressés, à l'expiration du délai de six mois, à requérir la désignation des jurés. — Cass., 22 mars 1870, Ville de Paris, [S. 70.1.369, P. 70.965, D. 70.1.297] — Daffry de la Monnoye, t. 2, sur l'art. 55, n. 13 ; Crépon, sur l'art. 55, n. 23.

1583. — Le délai de six mois court à dater du jugement d'expropriation lui-même, et non pas seulement du jour où ont été remplies les conditions de publicité et de transcription prévues par l'art. 15 ; en effet, l'art. 55 vise le jugement d'expropriation et non les mesures de publicité qui le suivent. — Paris, 13 juill. 1866, [Gaz. des Trib., 21 juill. 1866] — Crépon, sur l'art. 55, n. 24.

§ 3. De l'expropriation d'intérêt purement communal.

1584. — L'art. 16, L. 21 mai 1836, suivant lequel les jurés spéciaux, chargés de régler les indemnités, sont choisis au nombre de quatre titulaires et trois suppléants, par le tribunal d'arrondissement qui a prononcé l'expropriation et désigné le magistrat directeur du jury, est exclusivement relatif aux expropriations requises pour l'ouverture et le redressement des chemins vicinaux ; pour tous les autres cas d'expropriation, la liste du jury doit être dressée, à peine de nullité, d'après l'art. 30, L. 3 mai 1841, et notamment, par la première chambre de la cour d'appel pour les départements qui sont le siège d'une cour. Ainsi en est-il s'il s'agit de l'agrandissement d'un cimetière. — Cass., 14 déc. 1875, Ville de Saint-Amand, [S. 76.1.176, P. 76.405, D. 76.5.233]

1585. — ... Pour une expropriation relative à l'établissement d'un groupe scolaire. — Cass., 17 avr. 1889, Ilenault et Guidon, [S. 89.1.384, P. 89.1.934, D. 90.5.262]

1586. — La décision émanée d'un jury illégalement constitué, comme ayant été formé, a tort, d'après les prescriptions de l'art. 16, L. 21 mai 1836, est nécessairement entachée de nullité. — Cass., 17 avr. 1889, précité. — Cette nullité touchant aux pouvoirs du jury et à l'organisation des juridictions est substantielle, et, comme elle est d'ordre public, elle peut être présentée pour la première fois devant la Cour de cassation et même être relevée d'office par celle-ci.

§ 4. De l'expropriation concernant les chemins vicinaux.

1587. — L'art. 16, L. 21 mai 1836, porte : « Les travaux d'ouverture et de redressement des chemins vicinaux sont autorisés par un arrêté du préfet. Lorsque pour l'exécution du présent article, il y aura lieu de recourir à l'expropriation, le jury spécial ne sera composé que de quatre jurés. Le tribunal d'arrondissement, en prononçant l'expropriation, désignera pour présider et diriger le jury l'un de ses membres ou le juge de paix du canton. Le magistrat aura voix délibérative en cas de partage. Le tribunal choisira sur la liste générale prescrite par l'art. 29, L. 7 juill. 1833 (aujourd'hui l'art. 29, L. 3 mai 1841) quatre personnes pour former le jury spécial et trois jurés supplémentaires. L'administration et la partie intéressée auront respectivement le droit d'exercer une récusation péremptoire. » — V. supra, v° Chemin vicinal, n. 564.

1588. — Ainsi, lorsqu'il s'agit de la rectification ou du redressement d'un chemin vicinal, il y a lieu à l'application, non de l'art. 15, L. 21 mai 1836, mais bien de l'art. 16 de cette loi et, dès lors, le tribunal procède régulièrement en constituant, pour le règlement de l'indemnité d'expropriation, le jury spécial établi par ledit art. 16. — Cass., 18 août 1884, précité. — Sausey,

Rev. crit., 1879, p. 225; Daffry de la Monnoye, t. 2, p. 533, sur l'art. 13, L. 21 mai 1836, n. 6 et s.; Crépon, p. 400, sur l'art. 16, L. 21 mai 1836, n. 1.

1589. — D'après l'art. 13, L. 21 mai 1836, modifié par la loi du 10 août 1871, sur les conseils généraux, la décision de la commission départementale, portant reconnaissance des chemins vicinaux existants, entraîne incorporation à la voie du terrain compris dans le tracé, et, dans ce cas, l'indemnité d'expropriation est réglée à l'amiable ou par le juge de paix du canton, sur rapport d'experts nommés conformément à l'art. 17, L. 21 mai 1836. Mais s'il s'agit de l'ouverture de nouveaux chemins vicinaux, du redressement ou de la rectification d'anciens chemins, on doit recourir à l'accomplissement des formalités de l'expropriation pour cause d'utilité publique; il y a lieu en ce cas de faire régler l'indemnité devant le jury spécial institué par l'art. 16. — V. *suprà*, v° *Chemin vicinal*, n. 768 et s.

1590. — Le législateur n'a point imposé la nécessité de rendre deux jugements distincts : l'un prononçant l'expropriation, et l'autre désignant les jurés; on peut et on doit même, pour se conformer à l'esprit de la loi et éviter des frais, prononcer l'expropriation et désigner les jurés par le même jugement. — Cass., 25 mai 1868, Cambreling, [D. 68.1.405] — S'il est constaté que le jugement a été précédé d'un délibéré, on doit présumer que c'est en chambre du conseil que les jurés ont été choisis. — Même arrêt. — Daffry de la Monnoye, t. 2, sur l'art. 16, L. 21 mai 1836, n. 16; de Lalleau, Jousselin, Rendu et Périn, t. 2, n. 1078, note. — V. *suprà*, n. 1534 et s.

1590 bis. — Lorsqu'un jugement d'expropriation, ayant acquis l'autorité de la chose jugée, prononce l'expropriation de deux parcelles, l'incompétence prétendue du juge ordinaire d'expropriation, en ce qui concerne l'indemnité due à raison d'une de ces parcelles (destinée à l'établissement d'un chemin rural, avec compétence du jury spécial) est couverte par la chose jugée et ne peut être, dès lors, invoquée pour la première fois devant la Cour de cassation. — Cass., 22 mai 1900, Acier, [S. et P. 1900.1.368]

1591. — Le nombre des jurés appelés à connaître d'une affaire ne pouvant descendre au-dessous de quatre; si chaque partie récuse un juré, il y a lieu de compléter le jury en appelant les deux premiers jurés supplémentaires. — De Lalleau, Jousselin, Rendu et Périn, t. 2, n. 1078.

1592. — Si la liste supplémentaire ne comprend que deux jurés supplémentaires au lieu de trois, cette irrégularité ne vicie pas la composition du jury, alors que les parties n'ayant proposé ni exclusion ni récusation, les quatre jurés titulaires ont siégé sans qu'on ait été obligé de recourir aux jurés supplémentaires. — Daffry de la Monnoye, t. 2, sur l'art. 16, L. 21 mai 1836, n. 17.

1593. — Si l'un des jurés titulaires est absent, empêché ou exclu, le magistrat directeur du jury, de l'accord et du consentement unanime des parties peut appeler pour le remplacer le troisième juré supplémentaire bien que les deux premiers ne soient pas empêchés, ce procédé équivaut à la récusation d'un juré par chacune des parties, ce qui est régulier. — Cass., 17 nov. 1873, Comm. d'Aiton, [D. 74.1.8] — Daffry de la Monnoye, t. 2, sur l'art. 16, L. 21 mai 1836, n. 17.

1594. — Conformément à la règle générale, le jury doit être choisi dans la liste annuelle dressée par le conseil général, mais il n'est pas nécessaire que le jugement du tribunal chargé, en cas d'expropriation pour ouverture ou redressement de chemins vicinaux, de choisir quatre jurés titulaires et trois supplémentaires, énonce expressément que les jurés ont été choisis sur la liste générale prescrite par l'art. 16, L. 21 mai 1836. — Il suffit notamment que le jugement ait été rendu sur la requête du procureur de la République, visant cet article. — Cass., 31 déc. 1879, Besson, [S. 80.1.134, P. 80.287, D. 45.1.465] — Daffry de la Monnoye, t. 2, sur l'art. 16, L. 21 mai 1836, n. 17.

1595. — Pareillement, le jugement rendu sur requête tendant à la nomination d'un jury, conformément à l'art. 16, L. 21 mai 1836, constate suffisamment que les jurés ont été choisis sur la liste générale prescrite par l'art. 29, L. 7 juill. 1833, alors que la requête est transcrite dans le corps du jugement, et que ce jugement vise la requête et l'art. 16, L. 21 mai 1836. — Cass., 24 août 1880, Martin, [S. 81.1.129, P. 81.1.278, D. 81.1.376]

§ 5. *De l'expropriation poursuivie par des associations syndicales.*

1596. — Le jury chargé de régler les indemnités dues à raison de l'exécution de travaux entrepris par une association syndicale autorisée doit être composé de jurés choisis sur la liste dressée par le conseil général suivant les prescriptions de l'art. 29, L. 3 mai 1841. — Cass., 14 févr. 1894, Association syndicale des canaux réunis d'Embrun, [S. et P. 94.1.246] — C'est là une solution certaine, en présence des termes de l'art. 7, L. 22 déc. 1888 (S. *Lois annotées*, 89.572, P. *Lois, décr.*, etc., 89. 972), et le jury chargé de statuer sur ces indemnités est le jury spécial aux expropriations en matière de chemins vicinaux. — V. *suprà*, v° *Association syndicale*, n. 349 et s.

1597. — Conformément au droit commun en matière d'expropriation il y a lieu de reconnaître que la liste du jury dressée par le conseil général est soumise à un renouvellement annuel, et ce renouvellement opéré a pour effet de mettre fin aux pouvoirs des jurés portés sur la liste de l'année précédente. Par suite, est sans pouvoirs le jury désigné au mois de juin par le tribunal, mais ne commençant ses opérations que le 1ᵉʳ septembre, alors que le conseil général a dressé la liste nouvelle le 25 août. — Même arrêt. — V. *suprà*, n. 1490 et s.

CHAPITRE XII.

DE LA CONVOCATION DEVANT LE JURY ET DE LA FORMATION DU JURY DE JUGEMENT.

Section I.

De la citation.

1598. — L'art. 28, L. 3 mai 1841, porte : « Si les offres de l'administration ne sont pas acceptées dans les délais prescrits par les art. 27 et 28, l'administration citera devant le jury, qui sera convoqué à cet effet, les propriétaires et tous autres intéressés qui auront été désignés, ou qui seront intervenus, pour qu'il soit procédé au règlement des indemnités de la manière indiquée au chapitre suivant. La citation contiendra l'énonciation des offres qui auront été refusées. »

1599. — Lorsque les offres ne sont point acceptées, la citation devant le jury devient nécessaire, puisque celui-ci est appelé désormais à fixer les indemnités; cette citation doit être donnée en respectant les délais impartis par les art. 24 et 25 pour la délibération sur l'acceptation ou le refus des offres (V. *suprà*, n. 1342 et s.). La citation peut être notifiée avant l'expiration de ce délai toutefois qu'elle ne porte assignation que pour un jour postérieur à l'expiration de ce délai. — Cass., 24 déc. 1845, Catherinet, [P. 46.2.437, D. 45.4.257]; — 6 mars 1861, de Brunswick, [S. 61.1.655, P. 62.72, D. 61. 1.182]; — 18 févr. 1863, Bourdely, [D. 63.1.253] — Daffry de la Monnoye, t. 1, sur l'art. 28, n. 1; Crépon, sur l'art. 28, n. 1 et 2.

1600. — Les divers intéressés n'ont point à rechercher quelle est la détermination prise par le propriétaire; le délai court contre chacun d'eux à partir de la notification personnelle qui lui est faite, et il doit se décider sans se demander si le propriétaire a ou non accepté les offres qui lui ont été faites. — Crépon, sur l'art. 28, n. 3; Daffry de la Monnoye, t. 1, sur l'art. 28, n. 2.

1601. — Nous avons indiqué (*suprà*, n. 1343) comment devait être calculé le délai de quinzaine; quant au délai d'un mois, il n'y a pas à se préoccuper, pour le déterminer, du plus ou moins grand nombre de jours contenus dans le mois; il se calcule de quantième à quantième, de telle sorte que si les offres ont été faites le 1ᵉʳ mai, la citation pourra être faite pour le 1ᵉʳ juin, et si elles ont eu lieu le 15 juin la citation pourra être donnée pour le 15 juillet. — Crépon, sur l'art. 28, n. 4.

1602. — La citation devrait être annulée si elle contenait des surcharges qui auraient pu induire en erreur l'intéressé sur l'heure de la réunion des jurés et le mettre ainsi dans l'impossibilité de lui présenter ses moyens de défense. La nullité de la citation entraînerait l'annulation de la décision du jury. — Cass., 21 avr. 1874, Comtet, [D. 74.1.488] — Daffry de la Monnoye, t. 1, sur l'art. 28, n. 4; Crépon, sur l'art. 28, n. 7; de Lalleau, Jousselin, Rendu et Périn, t. 1, n. 483, note. — La surcharge, par l'incertitude qu'elle cause, le doute qu'elle fait naître, équivaut, dans ce cas, à l'absence de citation.

1603. — La violation de l'art. 27 n'est pas prévue par l'art. 42 comme donnant ouverture à cassation; cependant il est reconnu que si la citation est donnée pour un jour antérieur à l'expiration des délais impartis par les art. 24 et 27, il en résulte une nullité qui peut même être invoquée pour la première fois devant la Cour de cassation; c'est qu'en effet, si ce délai n'a point été respecté, le tableau des offres et demandes que le magistrat directeur, aux termes de l'art. 37, doit mettre sous les yeux du jury, ne peut être qu'incomplet, et que la violation de cet article autorise le pourvoi en cassation. — Crépon, sur l'art. 28, n. 6.

1604. — Il ne faut pas oublier d'ailleurs que la nullité résultant d'une citation pour un jour compris dans le délai accordé aux intéressés pour délibérer peut se couvrir, et que l'intéressé est censé avoir renoncé à la faire valoir, alors que, si quinze jours ne se sont pas écoulés depuis les offres contenues dans la citation, ces offres avaient déjà été notifiées antérieurement par voie administrative et que l'intéressé a comparu sans protestation ni réserve. — Cass., 27 déc. 1864, Couturier, [D. 65.5.171] — Crépon, sur l'art. 28, n. 6; Daffry de la Monnoye, t. 1, sur l'art. 28, n. 3. — V. suprà, n. 1349. — On peut dire qu'alors le délai a été, en fait, respecté dans son entier.

1605. — L'exproprïant doit citer devant le jury tous les intéressés qui ont été dénoncés par le propriétaire ou se sont fait connaître dans les délais de la loi (V. suprà, n. 1084 et s.); en cas d'inaction du syndic de la faillite, le failli a qualité pour demander seul et en son nom, une indemnité, à titre de locataire d'une maison expropriée pour cause d'utilité publique. — Cass., 16 août 1832, Puivandelle, [S. 53.1.16, P. 53.2.380, D. 52.1.295] — Si donc il a été régulièrement dénoncé à l'exproprïant ou s'est fait connaître à lui, il a qualité pour intervenir devant le jury, s'il n'a pas été cité par l'exproprïant. — Daffry de la Monnoye, t. 1, sur l'art. 28, n. 5; Crépon, sur l'art. 28, n. 8 et 9.

1606. — Aucune solidarité n'existe entre les divers intéressés, et notamment entre le propriétaire et les ayants-droit qu'il a dénoncés à l'exproprïant; le propriétaire exproprié, en dénonçant ces divers ayants-droit, s'est mis à l'abri de tout recours de leur part; par suite, l'exproprïé ne peut se faire un moyen de nullité de ce que le locataire ou fermier n'a point été cité devant le jury; s'il demande acte de ce fait, acte doit lui être donné par le magistrat directeur, mais celui-ci ne saurait prononcer la nullité ou le sursis de la procédure en règlement d'indemnité. — Cass., 22 juill. 1850, Achardy, [S. 51.1.57, P. 50.2.440, D. 50.1.280] — Daffry de la Monnoye, t. 1, sur l'art. 28, n. 6; Crépon, sur l'art. 28, n. 4.

1607. — D'ailleurs l'exproprïant n'est point obligé de procéder en même temps contre les divers intéressés, il peut faire régler les diverses indemnités à des dates diverses, procéder d'abord contre le propriétaire seul, et puis contre les divers intéressés, ou réciproquement, ou agir contre un seul des ayants-droit, et par exemple contre le bénéficiaire d'une servitude ou contre un locataire ou fermier. — Cass., 12 mai 1863, Delcambre, [S. 63.1.400, P. 63.1118, D. 63.1.255] — Daffry de la Monnoye, t. 1, sur l'art. 28, n. 7. Crépon, sur l'art. 28, n. 12. — Mais il est de l'intérêt de l'exproprïant, surtout au point de vue des frais, de procéder contre tous les indemnitaires en même temps.

1608. — Remarquons que l'exproprïant qui lui-même a cité un intéressé devant le jury, qui a discuté avec lui l'indemnité à laquelle il prétendait, ne peut ensuite demander à la Cour de cassation d'annuler la décision du jury, sous prétexte que, antérieurement, cet exproprïé avait accepté les offres qui lui avaient été faites. L'exproprïant, par ses agissements, a renoncé lui-même à l'acceptation des offres qui avait été formulée, et s'est rendu non recevable à exciper de l'acceptation des offres qu'il invoque trop tard. — Cass., 20 déc. 1842, Préfet d'Ille-et-Vilaine, [S. 43.1.70. P. 43.1.257, D. 43.1.158] — Daffry de la Monnoye, t. 1, sur l'art. 28, n. 11; Crépon, sur l'art. 28, n. 10.

Section II.
De la convocation.

§ 1. *Généralités.*

1609. — L'art. 31, L. 3 mai 1841, est ainsi conçu : « La liste des seize jurés et des quatre jurés supplémentaires est transmise par le préfet au sous-préfet qui, après s'être concerté avec le magistrat directeur du jury, convoque les jurés et les parties, en leur indiquant au moins huit jours à l'avance le lieu et le jour de la réunion. La notification aux parties leur fait connaître les noms des jurés. »

1610. — En général, les difficultés relatives à la convocation du jury, dénonciation de la liste aux parties, désignation et réunion des jurés, et autres formalités semblables pour lesquelles la loi de 1841 n'a pas tracé de règles spéciales, doivent être résolues d'après le droit commun, c'est-à-dire par les règles concernant le jury en matière criminelle (Opinion de Martin (du Nord), *Rapp. de la loi de 1833 : Monit.* 1833, p. 317), mais il ne faut pas oublier, pour l'application de ces règles, que le législateur, dans l'art. 42, L. 3 mai 1841, n'en ayant point compris la violation au nombre de celles qui donnent ouverture au recours en cassation, elles ne sont point prescrites à peine de nullité. Ces règles constituent seulement un guide pour le magistrat directeur. — De Lalleau, Jousselin, Rendu et Périn, t. 1, n. 479.

1611. — La convocation de l'exproprié devant le jury d'expropriation devant être précédée d'une désignation des jurés régulièrement opérée, il y a nullité de la décision du jury lorsqu'elle est intervenue sur une convocation donnée avant la formation de la liste des jurés pour le règlement de l'indemnité, et contenant notification de jurés désignés pour une autre affaire; et cela encore bien que les jurés se soient trouvés les mêmes sur les deux listes. — Cass., 14 août 1867, Tinard, [S. 67.1.453, P. 67.1198, D. 67.1.316] — Cette nullité n'est pas, d'ailleurs, couverte par le silence des parties et l'absence de protestations de leur part. — Même arrêt. — Daffry de la Monnoye, t. 1, sur l'art. 30, n. 23.

1612. — La convocation devant être adressée huit jours au moins à l'avance aux divers intéressés, il y a nullité de la décision du jury qui intervient alors que ce délai n'a point été respecté. — Cass., 29 juin 1846, Duhallay-Coetquen, [*Bull. civ.*, n. 229] — Ces huit jours doivent être pleins, entiers. — Cass., 14 déc. 1869, Nolleau, [S. 70.1.83, P. 70. 170, D. 70.1.80] — De Lalleau, Jousselin, Rendu et Périn, t. 1, n. 484; de Peyrony et Delamarre, n. 370; Crépon, sur l'art. 31, n. 30; Daffry de la Monnoye, t. 1, sur l'art. 31, n. 24 et 25. — Cass., 27 août 1862, Pétrat, [D. 66.5.207] — V. *infra*, n. 1703 et s. — Ce délai de huit jours n'est pas susceptible d'augmentation en raison des distances, lors même que la partie demeure hors de France; peu importe d'ailleurs que la citation ait été faite, conformément à la loi, au maire et au fermier, à défaut d'élection de domicile par la partie. — Cass., 3 mai 1843, Tantegnies, [S. 43.1.504, P. 43.1.664] — Crépon, sur l'art. 31, n. 43; Daffry de la Monnoye, t. 1, sur l'art. 31, n. 20; de Lalleau, Jousselin, Rendu et Périn, t. 1, n. 484.

1613. — La convocation doit indiquer le lieu de la réunion; nous verrons que ce lieu ne peut être changé selon la volonté du jury ou des parties, à moins que ce changement ait été indiqué et ordonné en audience publique. — Cass., 13 janv. 1840, Bayard de la Vingtrie, [S. 40.1.159, P. 40.1.54] — Crépon, sur l'art. 31, n. 33 et s.; Daffry de la Monnoye, t. 1, sur l'art. 31, n. 27; de Lalleau, Jousselin, Rendu et Périn, t. 1, n. 483. — V. *infra*, n. 2329 et s.

1614. — Il a été jugé, à cet égard, que l'ordonnance du magistrat directeur indiquant que le jury se réunira dans l'une des salles du palais de justice d'une ville, et les procès-verbaux mentionnant que le jury a siégé dans l'une des salles du palais de justice, spécifient avec une suffisante précision le lieu de convocation, celui où le jury a siégé, celui où la décision a été rendue, et la publicité des audiences. — Cass., 1er août 1892, Préfet de la Corse, [S. et P. 94.1.40, D. 93.1.504]

1615. — ... Que la mention dans la convocation que la réunion aura lieu au tribunal civil est suffisante, sans qu'il soit nécessaire d'énoncer qu'elle sera tenue dans la Chambre du conseil. — Cass., 27 mars 1888, [*Bull. civ.*, n. 64] — De Lalleau, Jousselin, Rendu et Périn, t. 1, n. 483, note.

1616. — Le jour de la réunion doit être également indiqué; la convocation est nulle si elle contient une erreur de date. — Cass., 23 juin 1874, Préfet de Tarn-et-Garonne, [S. 40.1.705, P. 40.2.420] — V. *infra*, n. 1706 et s. — L'interdiction de procéder les jours fériés à des actes de juridiction ne s'applique pas au jury en matière d'expropriation pour cause d'utilité publique. — Cass., 12 janv. 1864, Soubiran, [S. 64.1.193, P. 64.746, D.

64.5.154] — C'est l'application d'une règle qui régit les opérations du jury en matière criminelle; cette exception se justifie par la nécessité de ne point interrompre les débats souvent fort longs, et de ne pas prolonger inutilement le séjour des jurés éloignés de leurs intérêts personnels et de leurs affaires.

1617. — L'art. 31 ne prescrit point d'indiquer l'heure de la réunion dans la convocation; toutefois, c'est une énonciation imposée en matière criminelle par l'art. 389, C. instr. crim., et qu'il importe de porter à la connaissance de tous; la détermination de l'heure est, en effet, indispensable à tous. — De Lalleau, Jousselin, Rendu et Périn, t. 1, n. 483.

1618. — Conformément à l'art. 57, L. 3 mai 1841, les convocations sont faites par les huissiers, ou par les agents de l'administration dont les procès-verbaux font foi en justice. — Cass., 15 avr. 1840, Maury, [S. 40.1.706, P. 40.2.167]

1619. — Jugé qu'une partie ne peut se plaindre de ce que l'avertissement et la notification auraient eu lieu par une lettre du préfet à elle remise par le commissaire de police, si, en comparaissant au jour indiqué, elle a exercé son droit de récusation et présenté ses observations sans protestation ni réserve; elle a prouvé par là qu'elle n'avait été privée d'aucun moyen de défense. — Cass., 15 avr. 1840, précité. — V. au surplus, *suprà*, n. 952 et s.

1620. — La violation de l'art. 31, L. 3 mai 1841, est comprise par l'art. 42e de la même loi, parmi celles qui donnent ouverture à cassation; les irrégularités dans la convocation des jurés ou des parties intéressées, entraîneront donc, selon les cas, l'annulation de la décision du jury qui a suivi. — De Lalleau, Jousselin, Rendu et Périn, t. 1, n. 487.

§ 2. Par qui sont faites les convocations.

1621. — Le préfet et le sous-préfet ont qualité pour convoquer le jury et les parties, alors même que l'expropriation est poursuivie par d'autres que l'Etat, et par exemple par un concessionnaire, par une commune; l'art. 31 leur attribue formellement ce droit. — Cass., 4 juin 1855, Fourtanier, [S. 56.1.78, P. 57.97, D. 55.1.285] — Crépon, sur l'art. 31, n. 2.

1622. — Le sous-préfet qui adresse les convocations doit s'entendre avec le magistrat directeur (V. *suprà*, n. 1609), car c'est à celui-ci en fait qu'appartient la fixation du jour et de l'heure puisqu'on ne saurait l'obliger à siéger à un jour et à une heure qui ne lui conviendraient point. C'est surtout au point de vue du lieu de la réunion du jury qu'il appartient au magistrat directeur et au sous-préfet de se concerter; ils choisissent le plus souvent le chef-lieu d'arrondissement, parce que les audiences peuvent être tenues au palais de justice et que la majorité des jurés préfèrent cette localité qui offre ordinairement plus de ressources; mais si les biens expropriés sont éloignés, cette fixation entraînera des inconvénients parce qu'il sera plus difficile d'obtenir des renseignements sur les biens expropriés, les jurés reculeront devant une visite des lieux éloignés, et s'en rapporteront aux jurés voisins de ces biens, dont l'impartialité sera moins certaine. — De Lalleau, Jousselin, Rendu et Périn, t. 1, n. 480.

1623. — Au reste, le sous-préfet n'est point obligé de prendre un arrêté pour fixer le jour, le lieu et l'heure de la réunion du jury et la comparution des parties; il suffit que ces heures soient déterminées par les citations pour qu'il soit présumé qu'elles n'ont été choisies qu'après entente préalable entre le magistrat directeur et le sous-préfet. — De Lalleau, Jousselin, Rendu et Périn, t. 1, n. 480.

1624. — Il a été jugé, dans cet ordre d'idées, qu'il n'est pas nécessaire, à peine de nullité, que le préfet remette au magistrat directeur avec lequel il doit se concerter pour la convocation du jury, une expédition de la délibération qui choisit les jurés. — Cass., 29 mars 1858, Dubois, [S. 58.1.830, P. 59.410, D. 58.1.321] — La remise de cette expédition est utile pour faire connaître au magistrat directeur quels sont les jurés dont il aura à faire l'appel; mais cette expédition peut être suppléée par d'autres documents, alors surtout que ceux-ci ne sont point contestés. — Daffry de la Monnoye, t. 1, sur l'art. 31, n. 31.

1625. — Jugé, également, que lorsque le procès-verbal des opérations du jury d'expropriation constate que les parties et les jurés ont été convoqués conformément à l'art. 31, L. 3 mai 1841, cela suffit pour établir que le préfet et le magistrat directeur du jury s'étaient concertés pour cette convocation. — Cass., 29 juill.

1857, de Gontaut, [P. 59.577, D. 57.1.348] — En tout cas, l'irrégularité serait couverte par la comparution des parties devant le jury, sans protestations ni réserves. — Même arrêt. — V. aussi Cass., 12 mai 1890, Babey et autres, [S. et P. 93.1.131, D. 91.1.375] — Crépon, sur l'art. 31, n. 6 et 7; Daffry de la Monnoye, t. 1, sur l'art. 31, n. 2; de Lalleau, Jousselin, Rendu et Périn, t. 1, n. 480, note.

1626. — D'une manière générale, l'appréciation des motifs qui ont fait fixer la date de la convocation du jury échappe au contrôle de la Cour de cassation et rentre dans les attributions légales du magistrat directeur. — Cass., 8 mai 1899, Comm. de Champeaux, [S. et P. 1900.1.47]

1627. — La non comparution du préfet ou de son délégué devant le jury d'expropriation au jour où le jury a été convoqué à la diligence de ce fonctionnaire, n'est pas un obstacle à ce qu'il soit procédé aux opérations du jury, et n'oblige pas le magistrat directeur à surseoir au jugement. — Cass., 19 janv. 1852, Dupin, [S. 52.1.367, P. 52.2.688, D. 52.1.31]

1628. — Le magistrat directeur et le greffier du tribunal ont droit à une indemnité de transport lorsque la réunion du jury a lieu dans un lieu autre que celui où siège le tribunal; ils ont également droit à une indemnité de transport s'ils participent à une visite des lieux. En cas de visite des lieux, les jurés n'ont droit à une indemnité de transport que s'ils se rendent à plus de deux kilomètres du lieu de la réunion. — De Lalleau, Jousselin, Rendu et Périn, t. 1, n. 480.

§ 3. De la convocation des jurés.

1629. — Les jurés désignés, conformément aux dispositions de la loi, pour former la liste de session sont désormais acquis aux parties et aucun d'eux ne peut être écarté. — Cass., 1er août 1892, Préfet de la Corse, [S. 94.1.40, D. 93.1.504] — Il a été jugé, en ce sens, que l'art. 31, L. 3 mai 1841, disposant d'une manière impérative et à peine de nullité, que les opérations du jury lorsqu'un juré, dont le nom n'a pas été régulièrement notifié, n'a pas été assigné valablement et n'a pas concouru à la formation du jury. — Cass., 22 nov. 1841, de Garel, [S. 42.1.129, P. 42.2.661] — En d'autres termes l'irrégularité résultant du défaut de convocation d'un ou plusieurs jurés entraîne la nullité de toutes les opérations du jury. — Cass., 31 janv. 1849, Martin, [S. 49.1.217, P. 49.1.453, D. 49.8.187]; — 29 nov. 1893, Lotin, [S. et P. 95.1.194, D. 95.1.124] — Daffry de la Monnoye, t. 1, sur l'art. 31, n. 8; Crépon, sur l'art. 31, n. 23.

1630. — Par suite, est nulle et sujette à cassation la décision du jury, lorsque la convocation notifiée à l'un des jurés indiquait par erreur un jour autre que celui fixé pour la réunion du jury. L'erreur commise a privé en effet les parties d'un juré qui leur était acquis. — Cass., 23 juin 1840, Lacoste de Lisle, [S. 40.1.705, P. 40.2.470]

1631. — De même, la décision du jury est nulle et sujette à cassation quand la notification faite à l'un des jurés a été signifiée à un autre domicile que le sien. — Cass., 20 juill. 1840, de Lesdiguières, [S. 40.1.705, P. 40.2.470]

1632. — L'absence de preuve de la convocation d'un ou plusieurs des jurés titulaires équivaut à un manque lui-même de convocation, et entraîne la nullité de la décision du jury. — Cass., 31 janv. 1849, précité. — Si le juré convoqué alors que l'expropriant n'établit pas qu'il l'a cité, sa comparution et la copie de la notification qui lui a été faite, et qu'il doit apporter, prouveront la citation; mais si le juré ne se présente pas et que l'expropriant n'établisse pas qu'il lui a notifié sa convocation, on devra croire, faute de preuve, que le juré n'a pas été convoqué. — Crépon, sur l'art. 31, n. 24; Daffry de la Monnoye, t. 1, sur l'art. 31, n. 8.

1633. — La non-convocation par l'administration, des quatre jurés supplémentaires et l'appel par le magistrat directeur de deux juges complémentaires pour remplacer deux jurés titulaires excusés, n'entraînent aucune nullité, alors que, l'exproprié ayant exercé deux récusations et l'expropriant n'en ayant exercé aucune, le magistrat directeur a retranché les deux jurés complémentaires appelés, et que l'exproprié, dont le droit de récusation n'a pas été entravé, a laissé s'accomplir la constitution du jury sans protestation ni réserve. — Cass., 6 juill. 1892, Grignon, [S. et P. 94.1.93]

1634. — Il est, en effet, un principe qui domine toute cette matière, c'est que l'exproprié ne peut se faire un moyen de nullité de l'irrégularité commise dans la convocation des jurés, que s'il y a intérêt : à défaut d'intérêt point d'action. Peu importe donc que des jurés supplémentaires n'aient point été cités, alors que, par l'absence de récusations, leur présence n'a été ni nécessaire ni même utile. — De Lalleau, Jousselin, Rendu et Périn, t. 1, n. 488.

1635. — De même le défaut de convocation d'un juré n'emporte pas nullité, alors que ce juré était décédé. — Crépon, sur l'art. 31, n. 26 ; Daffry de la Monnoye, t. 1, sur l'art. 31, n. 10. — Seulement il faudra établir régulièrement le décès de ce juré, notamment par la production de son acte de décès, à moins que ce décès ne soit reconnu par toutes parties.

1636. — La convocation tardive de quelques-uns des jurés désignés sur la liste notifiée aux parties rend nulle la décision du jury en cas de non-comparution de ces jurés. — Cass., 14 déc. 1869, Nolleau, [S. 70.1.83, P. 70.170, D. 70.1.80]. — La convocation tardive qui a pour résultat d'entraîner l'absence du juré équivaut au défaut de convocation. — Daffry de la Monnoye, t. 1, sur l'art. 31, n. 26.

1637. — Mais la convocation tardive de quelques-uns des jurés n'est pas une cause de nullité de la décision qui intervient ultérieurement, alors que le retard n'a pu exercer aucune influence sur la décision du jury, en ce que, dès avant la réunion, ces jurés ont fait connaître des motifs d'abstention ou d'excuse qui ont été admis sans opposition. — Cass., 27 mars 1843, Thinières, [S. 43.1.439, P. 43.1.635] ; — 7 janv. 1874, Comm. de la Salle, [S. 74.1.83, P. 74.171, D. 74.1.213].

1638. — Il en est de même au cas où deux jurés ayant été convoqués tardivement, l'un d'eux a pris part aux opérations et l'autre a été excusé. — Cass., 7 janv. 1874, précité. — Daffry de la Monnoye, t. 1, sur l'art. 31, n. 26 ; Crépon, sur l'art. 31, n. 50 bis et 52 ; de Lalleau, Jousselin, Rendu et Périn, t. 1, n. 494.

1639. — Mais il n'appartient pas au magistrat directeur du jury de réparer l'irrégularité résultant du défaut de convocation de jurés titulaires ou supplémentaires inscrits sur les listes, en déclarant excusables les jurés titulaires non convoqués, et en les remplaçant par des jurés supplémentaires. — Cass., 29 nov. 1893, précité. — Le magistrat directeur ne peut excuser les jurés non convoqués ou tardivement convoqués, que s'ils ont une cause légitime d'empêchement à faire valoir.

1640. — La nullité résultant du défaut de convocation ou de la convocation tardive d'un juré est d'ordre public, et, sauf dans les cas prévus suprà, n. 1633 et s., elle n'est pas couverte par le silence des parties et l'exercice de leur droit de récusation ; elle peut être proposée pour la première fois devant la Cour de cassation. — Cass., 31 janv. 1849, précité ; — 14 déc. 1869, précité. — V. suprà, v° Cassation (mat. civ.), n. 2847. — A plus forte raison l'exproprié peut-il invoquer cette nullité si elle a fait de sa part l'objet des réserves les plus expresses. — Cass., 29 nov. 1893, précité.

1641. — Jugé, en ce sens, que la nullité de la décision du jury d'expropriation dont a fait partie un individu convoqué par erreur à la place d'un des jurés titulaires n'est pas couverte par le silence des parties et par leur absence de protestation. — Cass., 22 août 1853, Monthus, [S. 53.1.036, P. 54.1.574, D. 53. 1.232].

1642. — Au reste, si l'irrégularité commise dans la convocation des jurés est une cause de nullité de leurs opérations subséquentes, en ce qu'elle vicie la composition du jury, cette nullité ne les frappe qu'en tant qu'elle est imputable à la partie expropriante, chargée de la convocation. — Cass., 5 févr. 1855, Saint-Hilaire, [S. 55.1.454, P. 56.1.23, D. 55.1.59] ; — 4 juill. 1856, Madlaine, [S. 56.1.292] ; — 16 mai 1859, Fraisse, [S. 59. 1.864, P. 60.760, D. 59.1.206] ; — 27 janv. 1869, Barbe, [S. 09. 1.385, P. 69.946, D. 69.1.243] ; — 27 janv. 1869, Jaume, [Ibid.] ; — 12 mai 1880, Jacquier, [S. 80.1.171, P. 80.1171, D. 81.1.260] ; — 28 juin 1881, Intérêt de la loi, [S. 81.1.429, P. 81.1.1086, D. 83.1.28] ; — 31 juill. 1883, Combe, [S. 85.1.135, P. 85.1.290, D. 84.1.408] ; — 31 juill. 1883, Battaudier, [Ibid.] ; — 26 nov. 1883, Durand, [S. 84.1.168, P. 84.1.392, D. 84.1.350] ; — 7 nov. 1888, Delory, [S. 91.1.175, P. 91.1.404, D. 90.1.255] ; — 22 janv. 1889, Delory, [Ibid.] — Crépon, sur l'art. 31, n. 8 ; Daffry de la Monnoye, t. 1, sur l'art. 31, n. 6 ; de Lalleau, Jousselin, Rendu et Périn, t. 1, n. 487 et 493.

1643. — Mais l'exproprianl ne peut arguer des irrégularités qu'il a lui-même commises ; dès lors, il ne saurait invoquer la nullité résultant du défaut de convocation d'un juré, ou de sa convocation tardive. — Cass., 2 janv. 1849, Vaubières et Greliche, [P. 49.1.392] ; — 19 mars 1849, Ville de Saint-Denis, [S. 49.1.379, P. 49.1.396] ; — 16 déc. 1863, Préfet du Pas-de-Calais, [D. 64.5.164] — Crépon, sur l'art. 31, n. 23 ; Daffry de la Monnoye, t. 1, sur l'art. 31, n. 8 ; de Lalleau, Jousselin, Rendu et Périn, t. 1, n. 487 et 495.

1644. — La remise de la copie au juré est faite conformément aux règles ordinaires du droit commun et aux prescriptions de l'art. 389, C. instr. crim. (V. infrà, v° Jury, n. 359 et s.) ; par suite, la convocation d'un juré est valablement faite « parlant à la personne de son employé attaché au bâtiment, ou de son concierge. » — Cass., 2 juin 1890, Bouchet-Dedieu, [S. 91.1.416, P. 91.1.1008, D. 91.1.423] — De Lalleau, Jousselin, Rendu et Périn, t. 1, n. 481.

1645. — Dans le cas où l'huissier ne trouve point un juré à son domicile ni personne pouvant lui remettre la copie qu'il lui notifie, il peut régulièrement remettre cette copie au maire de la commune, alors même que l'expropriation est poursuivie dans l'intérêt de cette commune. Cette circonstance n'enlève pas au maire une qualité qu'il tient de la loi. — Cass., 30 mai 1881, [Bull. civ., p. 197] — De Lalleau, Jousselin, Rendu et Périn, t. 1, n. 481, note ; Crépon, sur l'art. 31, n. 22.

1646. — Et alors que l'huissier déclare qu'il n'a pu, malgré ses recherches, découvrir le domicile ou la résidence actuelle du juré, la copie peut être donnée au parquet du procureur de la République, avec affiche à la principale porte de l'auditoire du tribunal. — Cass., 28 févr. 1853, Cottin, [S. 53.1.505, P. 53.1. 631, D. 53.1.63] ; — 22 mars 1853, Cottin (Pierre-François), [S. 53.1.505, P. 53.2 605, D. 53.1.136] ; — 23 août 1854 (2 arrêts), Jacomet, Navet, [S. 55.1.143, P. 55.426, D. 54.1.319] — Crépon, sur l'art. 31, n. 30 ; Daffry de la Monnoye, t. 1, sur l'art. 31, n. 14. — V. suprà, v° Exploit, n. 881 et s.

1647. — Par suite, il n'y a pas nullité si l'un des jurés n'a pas été touché par la notification, alors que le juré a été vainement recherché au domicile indiqué, tant sur la liste dressée par le conseil général que dans la délibération du tribunal civil, et que l'exproprianl, en se conformant exactement aux indications de la liste formée par le conseil général et de celle adoptée par la délibération du tribunal, n'a pu commettre aucune faute. — Cass., 22 janv. 1849, précité. — V. aussi Cass., 24 nov. 1846, Orliac, [S. 47.1.378, P. 47.1.208, D. 46.1.727].

1648. — Il en est de même à raison du défaut de convocation d'un juré qui a été trouvé au domicile indiqué sur la liste dressée par le conseil général, et qui, à raison de l'éloignement de sa nouvelle résidence, n'a pu être convoqué en temps utile. — Cass., 20 mars 1855, Montrouchet, [S. 55.1.451, P. 56.1.556, D. 55.1.62] — De même encore, si le domicile d'un juré indiqué sur la liste du conseil général était inexact, l'exproprianl n'est point obligé de faire assigner à son véritable domicile hors de l'arrondissement, alors qu'il est constaté qu'il l'a fait vainement rechercher au domicile indiqué sur la liste dressée par le conseil général. — Cass., 12 avr. 1870, Dalbis, [D. 70.1.390] — Crépon, sur l'art. 31, n. 27 ; Daffry de la Monnoye, t. 1, sur l'art. 31, n. 14.

1649. — Il a été jugé encore dans le même sens : que lorsqu'un ou plusieurs des jurés désignés sur la liste dressée par le conseil général n'ont pu être trouvés, il est légalement pourvu à leur remplacement lors de la formation du jury, le tribunal ni le magistrat directeur du jury n'ayant le droit de réviser la liste générale. — Cass., 16 mai 1859, Fraisse, [S. 59.1.864, P. 60.760, D. 59.1.206].

1650. — ... Que la non-comparution de l'un des jurés par suite de cas de force majeure, spécialement parce que, par l'effet d'une erreur de nom ou de domicile, ce juré n'a pas été cité, ne vicie pas la composition du jury, si ce défaut de convocation n'est pas le résultat d'une faute de la part de l'exproprianl lui-même. — Cass., 27 janv. 1869 (2 arrêts), précités. — V. aussi Cass., 5 févr. 1855, Meurisse de Saint-Hilaire, [S. 55.1. 454, P. 56.1.23, D. 55.1.59] ; — 4 juin 1856, Bordes, [S. 56.1.825, P. 56.2.514, D. 56.1.196].

1651. — ... Que l'erreur commise par l'autorité judiciaire, cour d'appel ou tribunal, dans la désignation d'un juré ou de son domicile n'entraîne aucune nullité, alors qu'elle, reproduite dans les mêmes termes par l'exproprianl, elle a eu pour résultat d'entraîner la non-comparution d'un juré. — Cass., 28 févr. 1853. précité ; — 22 mars 1853, précité ; — 22 août 1855, Chemin de

EXPROPRIATION POUR CAUSE D'UTILITÉ PUBLIQUE. — Chap. XII.

fer du Midi, [S. 56.1.174, P. 56.2.412, D. 55.1.936]; — 30 juin 1856, Ville de Pamiers, [D. 56.1.263]; — 24 juill. 1858. Anterrieu, [P. 59.56, D. 58.1.326]; — 22 févr. 1859, Comm. de Mer, [P. 60. 1209. D. 59.1.208]; — 5 juin 1861, Marion-Vallée, [S. 56.1.994, P. 62.323, D. 61.1.288]; — 19 juin 1861, Bertrand, [S. 61.1.996, P. 62.326, D. 61.1.285]; — 24 août 1861, Waichet, [D. 61.1.399]; — 27 janv. 1869, précité; — 23 mars 1881, Meilheurat, [S. 81.1. 227, P. 81.1.538]; — 16 mars 1885, Comm. de Lamothe-Saint-Héray, [S. 87.1.387, P. 87.1.939, D. 85.1.347]; — 13 juin 1888, Camus, [S. 91.1.31, P. 91.1.50, D. 89.1.432]; — 9 mars 1890, Lecordier, [S. et P. 96.1.416, D. 96.1.350] — Daffry de la Monnoye, t. 1, sur l'art. 31, n. 6; Crépon, sur l'art. 31, n. 13; de Lalleau, Jousselin, Rendu et Périn, t. 1, n. 493. — *Contrà*, Cass., 22 nov. 1841, de Garel, [S. 42.1.129, P. 42.2.661]; — 2 févr. 1846, Préfet des Bouches-du-Rhône, [P. 48.2.694, D. 46.1.115]

1652. — ... Que l'expropriant n'est point obligé de vérifier les énonciations d'un acte authentique qui lui a été régulièrement transmis; qu'il n'est point, dès lors, responsable d'une erreur dans la désignation d'un juré, qui est imputable à l'autorité compétente et non point à lui...; que, par suite, lorsque l'expropriant, en notifiant le nom des jurés à l'exproprié, s'est conformé exactement aux désignations reproduites dans l'expédition de l'arrêt qui lui a été délivrée par l'autorité compétente, que l'un des jurés n'a pu être trouvé par la gendarmerie chargée de le convoquer, n'a pas répondu à l'appel, et a été remplacé par un juré supplémentaire, la délibération du jury ne peut être viciée par la circonstance que depuis la clôture de la session, l'exproprié a fait dresser par huissier un procès-verbal de constat, duquel il résulte que, d'après la minute de l'arrêt, le nom du juré aurait été dénaturé dans l'expédition de l'arrêt et les convocations. — Cass., 14 nov. 1893, Rodrigues, [S. et P. 94.1. 294]

1653. — ... Que la non-comparution d'un juré, convoqué à son domicile indiqué sur la liste dressée par la cour d'appel, et qui n'a pas été trouvé à ce domicile, ne vicie pas la composition du jury, alors que son absence ne peut être imputée à l'expropriant qui s'est exactement conformé, dans la convocation adressée aux jurés, aux indications portées sur la liste, et qu'il a été régulièrement pourvu au remplacement de ce juré. — Cass., 9 mars 1896, précité.

1654. — ... Que si l'expropriant a suivi strictement les indications données par le jugement, les erreurs de nom, prénom ou domicile qui avaient pu se glisser dans la liste dressée par le tribunal ne lui sont pas imputables. — Cass., 13 juin 1888, précité.

1655. — Mais lorsque, au lieu d'un des seize jurés portés sur la liste dressée et notifiée conformément à la loi, l'expropriant a fait assigner un autre individu du même nom, mais ayant un autre prénom et ne figurant pas sur la liste, et que ce dernier, refusant de recevoir l'exploit, a signalé l'erreur au gendarme chargé de la notification, lequel s'est borné à dresser procès-verbal de la chose, au lieu de porter l'exploit au juré désigné et acquis aux parties, il s'ensuit que c'est par le fait de l'expropriant que quinze jurés seulement ont été assignés au lieu de seize, ce qui entraîne la nullité des opérations ultérieures. — Cass., 7 avr. 1858, Salomon, [P. 59.764, D. 58.1.156]

1656. — Jugé, d'autre part, que l'erreur commise dans la désignation de l'un des jurés, qui n'a pu recevoir sa citation ni, par suite, comparaître, n'est pas une cause de nullité de la décision à laquelle ce juré était appelé à prendre part, lorsqu'il se trouvait sur la liste dressée par la cour d'appel, conformément aux indications de la liste du conseil général. — Cass., 24 juill. 1860, Pascal, [S. 61.1.009, P. 61.100, D. 60.1.400]

1657. — ... Que lorsqu'il est constant que la décision du jury a été prise avec le concours de celui que le tribunal avait entendu désigner, n'est pas une cause de nullité l'erreur commise sur la liste du jury de jugement dressée par le tribunal de première instance, et relative soit au prénom de ce juré... — Cass., 23 mars 1881, précité. — ... Soit à la qualité de père, qui lui est donnée par le jugement, alors qu'il n'a pas d'enfant. — Même arrêt. — Crépon, sur l'art. 31, n. 67; de Lalleau, Jousselin, Rendu et Périn, t. 1, n. 490, note.

1658. — ... Que la désignation d'un juré avec un prénom qui n'est pas le sien, mais sous lequel il est connu, faite sur la liste dressée par l'autorité judiciaire, ne saurait être une cause de nullité, lorsqu'aucun doute n'a pu s'élever relativement à l'identité de ce juré. — Cass., 5 juin 1861, précité; — 19 juin 1861, précité.

1659. — ... Qu'une erreur dans le nom et dans l'indication de la profession d'un juré n'est pas une cause de nullité, lorsque d'ailleurs, d'après les autres indications, il n'a pas pu y avoir d'erreur sur l'identité et sur les droits de la personne appelée à faire partie du jury. — Cass., 22 juill. 1846, Henry, [S. 46.1. 695. P. 46.2.438] — Daffry de la Monnoye, t. 1, sur l'art. 31, n. 12.

1660. — ... Que l'erreur qui peut se glisser dans l'un des prénoms d'un individu ne viciant point les actes auxquels il concourt, lorsque son identité est d'ailleurs constante, la décision du jury ne doit point être annulée parce que l'un des jurés ayant les prénoms de Louis-Pierre, s'il n'est pas prouvé soit qu'il existe un individu portant le même nom patronymique (spécialement Tournel) auquel les prénoms de Louis-Pierre soient applicables, soit qu'il existe un Louis-Michel Tournel avec lequel ce juré ait pu être confondu le membre du jury. — Cass., 30 avr. 1839, Comm. de Cogolin, [S. 39.1.606, P. 46.2.656] — ... Qu'il en serait de même de l'erreur dans l'indication du domicile d'un juré, alors que ce juré a été touché par la citation, et que cette erreur n'a pu le faire confondre avec une autre personne. — Même arrêt. — Daffry de la Monnoye, t. 1, sur l'art. 31, n. 12. — ... Que l'erreur dans le prénom de l'un des jurés, lorsqu'il n'y a d'ailleurs aucun individu du même nom patronymique avec lequel ce juré ait pu être confondu, n'est pas une cause de nullité de la décision à laquelle il a pris part. — Cass., 15 avr. 1840, Maury, [S. 40.1.706, P. 40.2.167]

1661. — ... Qu'un juré dont le prénom et la demeure ont été indiqués d'une manière erronée sur la liste dressée par le conseil général peut néanmoins être appelé par le magistrat directeur à faire partie du jury d'expropriation, lorsqu'il résulte des circonstances que c'est bien le juré appelé qu'a voulu désigner le conseil général. — Cass., 7 mars 1855, Chemin de fer de Lyon à la Méditerranée, [S. 55.1.455, P. 55.1.114, D. 55.1.422] — Daffry de la Monnoye, t. 1, sur l'art. 31, n. 12; de Lalleau, Jousselin, Rendu et Périn, t. 1, n. 488.

1662. — ... Que l'erreur sur la première lettre du nom d'un juré compris dans la liste dressée par le conseil général et par la cour d'appel ne saurait être une cause de nullité, alors qu'elle est suffisamment corrigée par l'indication exacte des prénoms, âge, profession et domicile dudit juré, et que, d'ailleurs, il n'existe pas dans la même ville d'autre individu à qui le nom indiqué puisse s'appliquer avec les énonciations accessoires. — Cass., 24 juill. 1858, précité. — ... Que si donc ce juré refuse de siéger, il appartient au magistrat directeur de le remplacer, et, en outre, de le condamner à l'amende portée par l'art. 32, L. 3 mai 1841; sans que, néanmoins, l'omission de cette pénalité donne ouverture à cassation. — Même arrêt. — V. aussi Cass., 26 mai 1846, Lacoste de l'Isle. [S. 46.1.581, P. 46.2.275, D. 46.1.208]

1663. — ... Que lorsqu'un juré a été désigné par ses noms, prénoms et qualité, sur la liste dressée par le tribunal, et que, d'après les énonciations du procès-verbal, ces indications s'appliquent au juré qui s'est présenté sur la convocation et qui a pris part à la délibération du jury, il importe peu que les mêmes désignations puissent s'appliquer à une personne différente; qu'en tout cas, on ne saurait invoquer, à l'appui d'un pourvoi en cassation, des documents étrangers à la procédure d'expropriation. en vue d'établir que le conseil général avait entendu inscrire sur la liste du jury une autre personne que celle qui a comparu. — Cass., 16 mars 1885, précité.

1664. — ... Que l'erreur sur les prénoms, âge, lieu de naissance et domicile d'un juré porté sur la liste du conseil général, n'est pas une cause de nullité, s'il n'a pu y avoir de doute sur l'identité de la personne désignée, alors surtout que cette identité a été reconnue par les intéressés eux-mêmes, qui, formellement interpellés sur ce point par le magistrat directeur, n'ont élevé aucune réclamation. — Cass., 8 mai 1855, Villemsens, [P. 55.1.543, D. 55.1.168] — ... Qu'ainsi l'identité d'un juré sera suffisamment établie par son nom de famille, malgré les erreurs sur les prénoms, sur l'âge, sur le lieu de naissance et sur le domicile de ce juré, si le procès-verbal constate qu'il n'existe pas dans le département une autre personne du même nom et de la même profession. — Même arrêt. — Daffry de la Monnoye, t. 1, sur l'art. 31, n. 12.

1665. — ... Qu'un juré est suffisamment désigné sur la liste par ses nom, prénoms, domicile, et par sa qualité de propriétaire;

qu'il importe peu qu'on n'énonce point la qualité de conseiller général qui lui appartient aussi, alors surtout qu'aucun autre juré du même nom n'étant sur la liste, toute méprise est impossible. — Cass., 8 août 1833, Francain, [S. 53.1.773, P. 54.1.573, D. 53.1.23] — Daffry de la Monnoye, t. 1, sur l'art. 30, n. 12.

1666. — ... Que l'erreur commise dans la convocation sur le nom d'un juré, qui a été appelé Baillet au lieu de Bailly, n'emporte pas nullité, alors que malgré ses fausses indications le juré a été réellement touché par la convocation, et que, d'ailleurs, il a été, sur une excuse légalement admise, remplacé par un juré supplémentaire. — Cass., 11 déc. 1876, Dubost, [S. 79.1.39, P. 79.62, D. 78.1.72] — Daffry de la Monnoye, t. 1, sur l'art. 31, n. 7; Crépon, sur l'art. 31, n. 20; de Lalleau, Jousselin, Rendu et Périn, t. 1, n. 491.

1667. — ... Que c'est encore à bon droit que le magistrat directeur admet à siéger : un juré, régulièrement assigné, alors que la liste du conseil général lui attribue, par erreur, non son domicile, mais celui de son fils. — Cass., 25 mars 1837, Mogis. — ... Un juré auquel cette liste donne les prénoms de son père, alors que celui-ci est depuis longtemps décédé, et qu'il n'a pu y avoir de confusion. — Cass., 19 juin 1861, Bertrand, [S. 61.1.996, P. 62.326, D. 61.1.285] — Il en est ainsi surtout alors que le fils, dans sa signature commerciale, fait figurer les prénoms de son père et non les siens. — Cass., 5 juin 1861, Marion-Vallée, [S. 61.1.994, P. 62.325, D. 61.1.288] — Daffry de la Monnoye, t. 1, sur l'art. 31, n. 12.

1668. — Bien que l'identité de l'un des jurés supplémentaires qui a été assigné, avec un autre du même nom porté sur la liste, ne soit pas établie et qu'il ait pu y avoir erreur, il ne s'ensuit pas que la décision du jury doive être annulée s'il n'y a eu ni mauvaise foi ni fraude de la part de l'exproprié, et si, d'ailleurs, le jury s'est trouvé régulièrement formé avec les seuls titulaires. — Cass., 19 juin 1861, Bompied, [S. 62.1.894, P. 62.715, D. 61.1.286] — Daffry de la Monnoye, loc. cit.; de Lalleau, Jousselin, Rendu et Périn, loc. cit.; Crépon, sur l'art. 31, n. 21.

1669. — Si le juré a changé de domicile depuis la confection de la liste par le conseil général, sa non-convocation n'entraîne pas nullité, alors qu'il a été vainement recherché à son ancien domicile; si le nouveau domicile est signalé à l'exproprié, celui-ci ne sera tenu de le convoquer que s'il est prévenu en temps utile. — Cass., 20 mars 1835, Montrochet, [S. 55.1.451, P. 56.556, D. 55.1.62] — Crépon, sur l'art. 30, n. 13 bis, 29 et 31; Daffry de la Monnoye, t. 1, sur l'art. 31, n. 14; de Lalleau, Jousselin, Rendu et Périn, t. 1, n. 494.

1670. — Le procès-verbal qui, d'un côté, constate que deux jurés n'ont pas été touchés par la citation, et qui, de l'autre, relate les conclusions de l'exproprié signalant l'absence de deux jurés, dits inconnus, explique suffisamment la non-comparution de ces jurés, en établissant que celle-ci n'est pas imputable à l'exproprié : il n'y a pas là une cause de nullité. — Cass., 31 juill. 1883, Combe et autres, [S. 85.1.135, P. 85.1.290, D. 84.1.408]; — 31 juill. 1883, Battandier, [Ibid.] — Crépon, sur l'art. 31, n. 13 ter.

1671. — Au reste, la partie qui n'a pas soumis au magistrat directeur les difficultés et les incertitudes qui ont pu naître sur l'identité d'un juré, ne peut présenter pour la première fois, devant la Cour de cassation, ce moyen mélangé de fait et de droit. — Cass., 26 avr. 1881, Jallerat, [S. 81.1.273, P. 81.1.647]; — 21 juin 1893, Chemin de fer de Paris-Lyon-Méditerranée, [S. et P. 95.1.47, D. 94.1.450]; — 2 avr. 1895, de Capèle, [S. et P. 95.1.360]; — 30 déc. 1895, Gros, [S. et P. 96.1.149, D. 96.1.283] — V. aussi Cass., 14 août 1867, Guffroy-Meunier, [D. 65.5.205]; — 12 déc. 1892, Chemin de fer du Périgord, [S. et P. 94.1.365, D. 92.1.556] — Daffry de la Monnoye, t. 1, sur l'art. 31, n. 12 ; Crépon, sur l'art. 31, n. 19. — V. suprà, v° Cassation (mat. civ.), n. 2531.

1672. — Il en est ainsi du moyen pris de ce que la qualification de négociant, jointe à son nom, serait applicable à plusieurs personnes habitant la même ville et le même quartier. — Cass., 2 avr. 1895, précité. — ... Ou de ce que la qualité de conseiller municipal, jointe à son nom, serait applicable à deux personnes du même nom et de la même commune. — Cass., 30 déc. 1895, précité.

1673. — Par suite, la partie qui n'a pas soumis au magistrat directeur un moyen tiré de l'incertitude sur l'identité d'un juré, basé sur la différence d'orthographe existant entre le nom porté dans le jugement d'expropriation (Attazin-Petyt), et le nom relaté au procès-verbal des opérations du jury (Attazin-Petyt), ne peut pour la première fois devant la Cour de cassation présenter ce moyen qui est mélangé de fait et de droit. — Cass., 2 févr. 1897, Société des chemins de fer économiques du Nord (2 arrêts), [S. et P. 97.1.239, D. 98.1.223, ad notam]

1674. — De même, lorsqu'une erreur s'est produite dans la désignation de la profession et du domicile d'un juré, et qu'aucune réclamation n'a été élevée sur son identité au moment où il a comparu, les parties ont par là reconnu l'identité du juré qui se présentait avec celui désigné par la cour d'appel, et aucune atteinte n'a été portée à leur droit de récusation. — Cass., 11 août 1891, Severin, [S. et P. 93.1.431] — Il en est ainsi à plus forte raison, si, à la suite d'explications données devant le magistrat directeur et consignées au procès-verbal, toutes les parties ont reconnu l'identité d'un juré, un moment contestée, et ont consenti à ce qu'il siégeât. — Cass., 29 juin 1852, Béval, [S. 52.2.242, D. 52.1.172]

1675. — La partie qui prétend qu'il y a des incertitudes possibles sur l'identité d'un ou de plusieurs jurés, à raison d'une désignation insuffisante, doit soumettre la difficulté au magistrat directeur par des conclusions formelles, et non demander acte de cette prétendue irrégularité et de ses réserves à cet égard. — Cass., 26 avr. 1881, précité.

1676. — Par suite, lorsqu'un juré choisi sur la liste dressée par le conseil général a répondu à la convocation qui lui a été notifiée, qu'il a siégé sans qu'aucun doute ne soit élevé sur son identité et sans qu'aucune observation se soit produite à son sujet de la part d'aucune des parties, il n'y a pas lieu de s'arrêter aux allégations du demandeur en cassation sur la confusion qui a pu se produire entre ce juré et telle autre personne restée étrangère à la désignation régulièrement faite par le tribunal. — Cass., 17 févr. 1896, Potilet, [S. et P. 96.1.368]

1677. — Le magistrat directeur, saisi d'une question relative à l'identité de la tranche, et décide si le juré cité est bien celle faite par l'autorité judiciaire; cette décision, prise d'après les faits et documents de la cause peut être soumise au contrôle de la Cour de cassation, qui a compétence pour apprécier si le magistrat directeur a sainement appliqué les documents qui lui étaient soumis. — Cass., 25 août 1873, Seguin, [S. 76.1.430, P. 76.1087, D. 76.1.56] — Daffry de la Monnoye, t. 1, sur l'art. 31, n. 13; Crépon, sur l'art. 31, n. 28; de Lalleau, Jousselin, Rendu et Périn, t. 1, n. 488, note.

1678. — Il a été jugé, à cet égard, qu'en présence de l'incertitude qui s'élevait sur l'identité d'un juré, le magistrat directeur a pu, sans violer aucune loi, ordonner que ce juré non comparant, faute d'avoir été touché par la citation, serait rayé et remplacé. — Cass., 13 juin 1888, Camus, [S. 91.1.31, P. 91.1.50, D. 89.1.432]

§ 4. Convocation des expropriés.

1679. — Toutes les parties sont convoquées pour le premier jour de la session, alors que, en matière criminelle, la citation n'est adressée que pour le jour où l'affaire est appelée. Cet appel simultané peut être utile si les parties consentent à ce que leurs affaires soient soumises au même jury; s'il n'en est point ainsi, plusieurs intéressés doivent attendre que les affaires qui précèdent la leur soient évaluées, à moins que le magistrat directeur ne les autorise à s'absenter, en leur indiquant le jour où ils devront se présenter. — De Lalleau, Jousselin, Rendu et Périn, t. 1, n. 484.

1680. — Toutes les parties doivent être convoquées. Et d'abord, la décision du jury est nulle alors que l'exproprié n'a point été cité à comparaître devant le jury. En effet, le droit de la défense est violé lorsque l'intéressé n'a point été appelé à se présenter et qu'il a été jugé sans être entendu. — Cass., 5 janv. 1848, N..., [S. 48.1.222, D. 48.1.152]; — 2 avr. 1849, Carlot, [S. 49.1.370, P. 49.2.33, D. 49.1.79]; — 18 juill. 1876, Dupont, [S. 76.1.432, P. 76.1090]; — 12 juin 1893, Le Bigot de Beauregard, [S. et P. 94.1.463] — Daffry de la Monnoye, t. 1, sur l'art. 31, n. 22; Crépon, sur l'art. 31, n. 47. — Et lorsqu'il ne résulte ni du procès-verbal des opérations, ni d'aucun exploit représenté, que la convocation dont il s'agit ait été faite, elle ne peut être remplacée par des certificats délivrés par le maire, représentant légal de la commune expropriante. — Cass., 12 juin 1893, précité.

1680 bis. — Le sous-préfet doit convoquer les propriétaires portés sur la matrice des rôles, et les divers intéressés qui se sont fait connaître ou qui ont été dénoncés dans les délais de la loi (V. suprà, n. 1084 et s., 1130 et s.). Toutefois, des convocations ne doivent point être adressées aux intéressés qui ont traité à l'amiable avec l'exproprient; mais lorsque l'exproprient n'est pas représenté par le préfet ou le sous-préfet, une convocation doit lui être également adressée. — De Lalleau, Jousselin, Rendu et Périn, t. 1, n. 482; Crépon, sur l'art. 31, n. 32 et 33; Daffry de la Monnoye, t. 1, sur l'art. 31, n. 15.

1681. — Par suite, si le sous-préfet convoque les parties alors que l'expropriation est poursuivie par une commune, le maire de cette commune doit, à peine de nullité, recevoir une citation à comparaître devant le jury. — Cass., 30 avr. 1857, Comm. de Bellenaves, [P. 58.526, D. 58.1.82]; — 17 déc. 1867, Comm. de Salles, [S. 67.1.453, P. 67.1197, D. 68.1.15] — Daffry de la Monnoye, t. 1, sur l'art. 31, n. 21; Crépon, sur l'art. 31, n. 46.

1682. — L'exproprient ne connaissant, à moins d'intervention, que le propriétaire apparent inscrit sur la matrice des rôles (V. suprà, n. 280 et s.) est régulière et valable la citation donnée au propriétaire décédé à son nom continue à figurer sur la matrice des rôles. — Cass., 10 mai 1875, Ponsier, [S. 75.1.319, P. 75.756, D. 77.1.31] — De Lalleau, Jousselin, Rendu et Périn, t. 1, n. 482, note; Crépon, sur l'art. 31, n. 34; Daffry de la Monnoye, t. 1, sur l'art. 31, n. 16. — V. suprà, n. 767.

1683. — L'exproprient doit procéder contre des personnes capables, ou régulièrement assistées ou représentées; s'il agit contre des incapables, la procédure est faite, conformément aux règles du droit commun; l'exproprient doit donc fournir les renseignements qu'il a recueillis au sous-préfet chargé des convocations. — Daffry de la Monnoye, t. 1, sur l'art. 31, n. 17. — Jugé, en ce sens, que l'administration, tenue de convoquer devant le jury les parties qu'elle a reconnues comme intéressées dans la poursuite, doit s'enquérir de leur capacité, la convocation ne pouvant s'entendre que des parties capables d'ester en justice et pouvant être légalement convoquées. — Cass., 2 avr. 1895, Decamps-Larrouget et autres, [S. et P. 95.1.360]

1684. — ... Que, si l'exproprié est en état de faillite, c'est au syndic de la faillite qu'est adressée la convocation à comparaître devant le jury. — Cass., 2 avr. 1895, précité.

1685. — ... Que la nullité résultant de ce que le failli a été convoqué seul devant le jury, et de ce que, par suite, il n'a pas été valablement représenté, est d'ordre public, et donne ouverture à cassation.

1686. — ... Que la règle d'après laquelle la femme mariée ne peut ester en jugement, sans être autorisée de son mari ou de justice, est applicable devant toute juridiction en matière civile, et par conséquent devant le jury d'expropriation pour utilité publique; qu'il y a donc lieu d'annuler la décision du jury d'expropriation concernant une femme mariée qui a procédé devant le jury, pour le règlement d'une indemnité à titre de propriétaire, sans l'assistance de son mari, et sans l'autorisation de celui-ci ou du juge. — Cass., 17 févr. 1896, Petitet, [S. et P. 96.1.368]; — 9 mars 1896, Lelasseur, [S. et P. 96.1.368] — Daffry de la Monnoye, t. 1, sur l'art. 31, n. 17; Crépon, sur l'art. 31, n. 35; de Lalleau, Jousselin, Rendu et Périn, t. 1, n. 482, note.

1687. — ... Qu'en cas d'expropriation d'un immeuble appartenant à une femme mariée, la décision du jury est nulle si, d'une part, le mari n'a pas été mis en cause ou n'est pas intervenu pour assister sa femme, et si, de l'autre, le mari s'étant présenté devant le jury en son nom personnel, c'est à lui que l'indemnité a été allouée. — Cass., 2 avr. 1873, Loyer, [S. 73.1.473, P. 73.1180, D. 73.5.252]

1688. — Qu'il en est ainsi spécialement en ce qui concerne les biens dotaux de la femme. — Cass., 11 janv. 1848, Darnaihac, [S. 48.1.158, P. 48.1.10, D. 48.5.182] — ... Et alors même que la femme serait marchande publique et qu'il s'agirait de l'indemnité qui lui serait due comme locataire des lieux dans lesquels elle exerce son commerce. — Cass., 25 mai 1868, Rivière, [S. 68.1.308, P. 68.784, D. 68.1.265]

1689. — Mais si l'immeuble exproprié appartenait à la communauté, il suffirait de donner citation au mari qui a le pouvoir d'aliéner cet immeuble. — Crépon, sur l'art. 31, n. 36, 37 et 38; de Lalleau, Jousselin, Rendu et Périn, t. 1, n. 482, note; Daffry de la Monnoye, t. 1, sur l'art. 31, n. 17.

1690. — Le tuteur du mineur dont les biens sont frappés d'expropriation a qualité pour suivre la procédure d'expropriation dans l'intérêt de celui-ci, et notamment pour régler avec les autres intéressés l'exercice du droit de récusation : l'autorisation du tribunal ne lui est pas nécessaire en pareil cas. — Cass., 13 mars 1861, Roubichon, [S. 61.1.653, P. 62.42, D. 61.1.181] — La raison en est parce que la cession est obligatoire et que le conseil de famille consulté ne pourrait s'y opposer. Il en est de même, et par les mêmes motifs, à l'égard des représentants des autres incapables, interdits, communes, établissements publics.

1691. — La convocation devant le jury d'un exproprié pourvu d'un conseil judiciaire n'est valable que si elle est faite en même temps et conjointement au conseil du prodigue, dont l'assistance est nécessaire à ce dernier pour comparaître devant le jury. — Cass., 17 avr. 1866, Quesnot, [D. 66.5.195]; — 4 mars 1890, de Serays, [S. 90.1.272, P. 90.1.662, D. 90.5.260] — V. suprà, n. 601. — La nullité ne serait pas couverte par la comparution du conseil se présentant seul devant le jury. — Cass., 17 avr. 1866, précité.

1692. — La convocation du prodigue doit lui être adressée à son propre domicile; la convocation donnée au prodigue au domicile de son conseil judiciaire est nulle. — Cass., 10 août 1864, Quesnot, [D. 64.1.165] — Crépon, sur l'art. 31, n. 39, 40 et 40 bis; Daffry de la Monnoye, t. 1, sur l'art. 31, n. 17; de Lalleau, Jousselin, Rendu et Périn, t. 1, n. 482, note.

1693. — La convocation de l'exproprié doit être faite au domicile élu par lui. Quand la partie intéressée n'a pas fait élection de domicile dans l'arrondissement de la situation des biens, la notification doit être faite en double copie adressée l'une au maire de la commune, l'autre au fermier, locataire, régisseur ou gardien de la propriété. Cette notification est nulle si elle n'a été faite qu'en simple copie adressée au maire, et cette nullité emporte celle de la décision intervenue. — Cass., 23 mai 1846, Henry, [S. 46.1.581, P. 46.2.438, D. 46.1.214] — Daffry de la Monnoye, t. 1, sur l'art. 31, n. 18; Crépon, sur l'art. 31, n. 41 et 42. — V. suprà, n. 903.

1694. — Il est indispensable, en ce cas, de convoquer l'exproprié, en notifiant la copie de la convocation au maire, et l'autre au locataire, fermier, gardien ou régisseur, et cela à peine de nullité. — Cass., 23 mai 1846, précité; 28 nov. 1860, Chillon de l'Étang, [S. 61.1.852, P. 61.983, D. 61.1.133]

1695. — Cette obligation cesse toutefois en cas d'impossibilité absolue. Jugé, en ce sens, que l'exproprié, qui n'a pas élu domicile dans l'arrondissement des biens, ne peut se faire un moyen de nullité de ce que l'exproprient n'a notifié qu'au maire la convocation invitant l'exproprié à comparaître devant le jury, s'il est constaté, par l'agent chargé de notifier, qu'il n'a pu trouver dans la commune, ni le propriétaire, ni aucun représentant, fermier, locataire, gardien ou régisseur de celui-ci, et que la formalité d'une notification à ce dernier ou ses représentants était impossible. — Cass., 31 janv. 1887, Fontenay, [S. 87.1.328, P. 87.1.787, D. 87.1.232] — Crépon, sur l'art. 31, n. 43; Daffry de la Monnoye, t. 1, sur l'art. 31, n. 17.

1696. — Lorsque la copie est remise à un adjoint ou à un conseiller municipal, le maire doit être considéré comme empêché, sans qu'il soit besoin de constater et de mentionner son empêchement. — Cass., 18 mai 1863, Comm. de Courbevoie, [S. 63.1.548, P. 64.397, D. 63.1.320] — Crépon, sur l'art. 31, n. 44; de Lalleau, Jousselin, Rendu et Périn, t. 1, n. 485, note; Daffry de la Monnoye, t. 1, sur l'art. 31, n. 18.

1697. — D'ailleurs, est régulière la convocation indiquant le lieu et le jour de la réunion du jury avec la désignation des noms des jurés, alors qu'elle a été notifiée, à la requête du sous-préfet, non seulement au domicile et à la personne de chacun des expropriés, mais encore au domicile et à la personne du maire de la commune expropriante. — Cass., 1er mars 1892, Ville de Bergerac, [S. et P. 92.1.527]

1698. — Au contraire, est nulle la convocation d'une compagnie de chemins de fer devant le jury, lorsqu'elle est notifiée, non au siège social, mais dans les bureaux et à la personne d'un ingénieur, directeur des travaux, s'il n'apparaît pas que la compagnie ait donné à cet agent mandat à l'effet de la représenter en justice, ni qu'elle ait fait élection de domicile dans ses bureaux. — Cass., 12 juin et 24 juill. 1888, Chemins de fer départementaux, [S. 89.1.128, P. 89.1.293, D. 90.1.106] — De Lalleau, Jousselin, Rendu et Périn, t. 1, n. 483, note.

1699. — Lorsque l'exploit de convocation porte remise à la personne de l'exproprié, et qu'une inscription de faux a été formée pour combattre cette allégation, il n'y a lieu d'admettre cette inscription de faux que si elle est appuyée par des documents sérieux. D'ailleurs, la personne qui aurait déclaré à tort, et d'une manière inexacte, qu'elle était l'exproprié devrait être présumée, alors qu'elle a reçu la copie de la déclaration, avoir eu mandat de représenter l'exproprié. — Cass., 9 mars 1864, Vilcoq, [*Bull. civ.*, n. 44] — Daffry de la Monnoye, t. 1, sur l'art. 31, n. 19.

1700. — Au reste, la notification faite aux parties pour être présentes à la réunion des jurés est valable, bien qu'elle ne fasse pas mention du domicile de la partie, si d'ailleurs il y a certitude qu'elle a été remise au domicile indiqué conformément à l'art. 15. Dans ce cas, la partie est présumée avoir été instruite du jour auquel la décision du jury a été rendue, et est en conséquence non recevable dans son pourvoi en cassation, s'il est formé après l'expiration du délai de quinzaine, à partir de cette décision. — Cass., 4 avr. 1842, Desgrais, [S. 42.1.297, P. 42.1.488]

1701. — Remarquons que la mention du jugement qui a désigné le magistrat directeur du jury n'est pas prescrite à peine de nullité dans l'acte qui convoque les parties devant le jury chargé de régler les indemnités. — Cass., 26 avr. 1881, Jallerat, [S. 81.1.273, P. 81.1.647]

1702. — L'art. 31, L. 3 mai 1841, prescrit seulement, en convoquant les parties, de leur faire connaître le nom des jurés. On ne saurait donc aller au delà des termes mêmes de la loi. — Crépon, sur l'art. 31, n. 76.

1703. — Nous avons vu *suprà*, n. 1612, que les convocations doivent être adressées huit jours à l'avance à peine de nullité.

1704. — Mais la partie qui comparaît sans protestation ni réserve, couvre cette nullité. — Cass., 13 janv. 1840, Bayard de la Vingtrie, [S. 40.1.159, P. 40.1.54]; — 5 déc. 1865, Ardouin, [*Bull. civ.*, n. 267] — Crépon, sur l'art. 31, n. 51.

1705. — Jugé également qu'en supposant que la convocation à la réunion du jury, moins de huit jours avant cette réunion, de l'ingénieur en chef chargé de représenter l'administration, et le défaut de communication à cet ingénieur de la liste des jurés, constituent des irrégularités, elles seraient couvertes par les conclusions au fond que l'ingénieur aurait prises sans réserves ni protestations devant le jury, et ne pourraient, dès lors, être invoquées pour la première fois devant la Cour de cassation. — Cass., 22 août 1853, Dupuis, [S. 54.1.64, P. 54.2.347, D. 53.1.284] — Dans l'espèce, on aurait pu repousser la demande en nullité par un autre motif; l'irrégularité relevée étant le fait de l'administration expropriante elle-même, elle était sans qualité pour l'invoquer.

1706. — Nous avons vu *suprà*, n. 1617 *bis*, que le jour de la réunion du jury doit être indiqué dans les convocations faites aux parties. Par application de ce principe, il a été jugé que la convocation est nulle si, alors que plusieurs affaires étant inscrites au rôle d'une session, le magistrat directeur n'a pas attendu pour constituer le jury de l'une d'entre elles le jour qui avait été fixé à son égard, et notifié aux parties. — Cass., 7 mars 1855, Chem. de fer de P.-L.-M., [S. 55.1.221, P. 55.2.556, D. 55.1.122] — De Lalleau, Jousselin, Rendu et Périn, t. 1, n. 483, note.

1707. — Mais des parties qui comparaîtraient sans protestations ni réserve couvriraient la nullité. — Daffry de la Monnoye, t. 1, n. 28; Crépon, sur l'art. 31, n. 60 et 61.

1708. — Le jury, après avoir commencé ses opérations au jour indiqué peut les continuer à un autre jour, si sa décision est rendue exécutoire par le magistrat directeur et prononcée publiquement par celui-ci qui fait ainsi connaître le jour où les opérations seront reprises. Il n'est point besoin, en ce cas, de donner de nouvelles convocations. — Cass., 5 août 1844, Préfet d'Ille-et-Vilaine, [P. 44.2.162] — Daffry de la Monnoye, t. 1, sur l'art. 31, n. 32; Crépon, sur l'art. 31, n. 78.

1709. — La notification doit, en règle générale, réunir toutes les conditions nécessaires à la validité des significations; par suite, la notification à l'exproprié des noms et convocation des jurés est entachée de nullité pour défaut de mention de la date de cette notification et pour absence de signature de l'agent chargé de la signifier, si cet agent ne siège pas et ne date pas la notification. — Cass., 7 nov. 1898, Albespy, [S. et P. 99.1 47. D. 99.3.354]

1710. — Mais cette nullité est couverte par la comparution, sans réserve, de l'exproprié devant le jury et par l'exercice de son droit de récusation. — Même arrêt. — Peu importe que, postérieurement et au cours d'un transport sur les lieux, son avocat ait pris des conclusions tendant à ce qu'il lui fût donné acte de ses réserves, relativement au droit de se prévaloir des nullités et irrégularités de la notification ; ces réserves sont tardives. — Même arrêt.

1711. — Et, d'une manière générale, celui qui a comparu et conclu devant le jury est irrecevable à exciper du défaut de convocation ou du vice ou de la nullité de cette convocation. — Cass., 22 juill. 1830, Achardy, [S. 31.1.57, P. 50.2.140, D. 50.1.280]; — 1er juill. 1867, Duveyrier, [D. 67.1.253]; — 7 août 1867, Caré, [D. 67.1.494]; — 27 janv. 1869, Andrue, [S. 69.1.385, P. 69.946, D. 69.1.245]; — 22 déc. 1875, Pallix, [S. 76.1.175, P. 76.404, D. 76.5.233]; — 12 mai 1880, Jacquier, [S. 80.1.471, P. 80.1171, D. 81.1.260]; — 29 janv. 1884, Meranda, [S. 84.1.343, P. 84.1.834, D. 84.5.252]; — 12 déc. 1892, Chem. de fer du Périgord, [S. et P. 94.1.365, D. 92.1.556] — De Lalleau, Jousselin, Rendu et Périn, t. 1, n. 488; Crépon, sur l'art. 31, n. 48; Daffry de la Monnoye, t. 1, sur l'art. 31, n. 23.

1712. — Mais la nullité résultant de l'omission de ces notifications ne peut être couverte par la comparution de l'exproprié devant le jury et la part qu'il a prise à la discussion du chiffre de l'indemnité, alors qu'il lui été donné acte, avant tout débat, de sa volonté de faire de se pourvoir en cassation contre les nullités de la procédure. — Cass., 30 janv. 1864, Ventujol, [S. 64.1.554, P. 64.984, D. 64.1.135]; — 12 juin 1893, le Bigot de Beauregard, [S. et P. 94.4.463]

§ 5. *De la notification aux expropriés des noms des jurés*.

1713-1714. — L'art. 31, L. 3 mai 1841, prescrit de notifier aux expropriés la liste des jurés. Cette notification faite huit jours avant la comparution devant le jury permet à l'exproprié de prendre des renseignements sur les jurés et de rechercher ceux qu'il doit récuser. Il a été jugé à cet égard qu'il y a preuve que l'exproprié a été informé en détail de la composition de la liste du jury, et, par suite, a été mis à même de faire les récusations qu'il croirait utiles, lorsque l'exploit de convocation des jurés et des parties, dont le procès-verbal des opérations constate la représentation, atteste que copie a été remise, entre autres pièces, à l'exproprié, de l'arrêt de la cour d'appel qui a fait le choix des vingt jurés avec désignation personnelle de chacun d'eux. — Cass., 29 mars 1853, Roy, [P. 53.2.460, D. 53.1.103] — Daffry de la Monnoye, t. 1, sur l'art. 31, n. 29; Crépon, sur l'art. 31, n. 72; de Lalleau, Jousselin, Rendu et Périn, t. 1, n. 486.

1715. — Peu importe d'ailleurs la forme suivie pour porter les noms des jurés à la connaissance des expropriés; il n'est donc pas nécessaire que l'arrêt ou le jugement qui les désigne soit intégralement notifié, notamment dans la partie où se trouvent les noms des magistrats qui font partie. — Cass., 8 août 1853, Bourdely, [S. 53.1.773, P. 54.1.573, D. 53.1.233]; — 18 févr. 1863, Francain, [D. 63.1.253]; — 8 juill. 1863, Malice, [S. 63.1.400, P. 63.1104, D. 63.1.253] — Daffry de la Monnoye, t. 1, sur l'art. 31, n. 28; Crépon, sur l'art. 31, n. 74 et 75; de Lalleau, Jousselin, Rendu et Périn, t. 1, n. 486, note.

1716. — Mais la convocation de la partie serait nulle si celle-ci avait reçu notification d'une liste de jurés désignés par une autre décision judiciaire, alors même que cette liste serait identiquement la même que celle concernant la partie dont il s'agit. — Cass., 14 août 1867, Guffroid-Meunier, [S. 67.1.453, P. 67.1198, D. 67.1.316] — Crépon, sur l'art. 31, n. 63 et s.

1717. — Et cela se conçoit, l'intéressé qui reçoit notification de jurés qui ne le concernent pas, ne prend aucun renseignement sur leur compte; par suite peu importe que, en fait, ces jurés soient les mêmes que ceux qui ont été désignés à son encontre, son droit de récusation n'en a pas moins été entravé.

1718. — Jugé qu'une partie ne saurait se plaindre de l'insuffisance ou de l'inexactitude de la désignation des jurés dans l'exploit qui lui est notifié alors que cette désignation est conforme aux indications du jugement, et que l'avocat de la partie n'a proposé aucune cause d'exclusion ou d'incompatibilité. — Cass., 10 avr. 1866, Fontaine, [D. 66.5.205]; — 12 mai 1880, Jacquier, [S. 80.1.471, P. 80.1171. D. 81.1.60]; — 23 mars 1881, Meilheurat, [S. 81.1.227, P. 81.1.538]; — 26 avr. 1881, Jallerat, [S. 81.1.273, P. 81.1.647] — De Lalleau, Jousselin, Rendu et Périn, t. 1, n. 490; Crépon, sur l'art. 31, n. 68.

1719. — ... Que, d'autre part, les erreurs ou les inexactitudes, dans la désignation des jurés, contenues dans la liste notifiée aux expropriés, n'entraînent aucune nullité, si ces erreurs ou inexactitudes ne donnent lieu à aucune confusion sur l'identité des jurés, et n'entravent point, par suite, le droit de récusation des intéressés. — Cass., 26 mai 1846, Lacoste de l'Isle, [S. 46. 1.580, P. 46.2.273, D. 46.1.208]; — 16 janv. 1883, de Noblet, [Bull. civ., p. 22] — Crépon, sur l'art. 31, n. 66; de Lalleau, Jousselin, Rendu et Périn, t. 1, n. 491. — V. anal. supra, n. 1658 et s.

1720. — ... Que, par exemple, la notification de la liste des jurés n'est pas nulle, en ce que le nom de l'un des jurés désignés aurait été omis, si ce juré était décédé depuis la formation de la liste par la cour d'appel ou le tribunal de première instance. — Cass., 19 mars 1849, Leveau, [S. 49.1.371, P. 49.2.232, D. 50. 5.219] — Crépon, sur l'art. 31, n. 73; de Lalleau, Jousselin, Rendu et Périn, t. 1, n. 491, note; Daffry de la Monnoye, t. 1, sur l'art. 31, n. 28.

1721. — ... Que lorsqu'un juré titulaire est décédé antérieurement à la date du jugement ayant composé le jury spécial, et que, au début des opérations, le magistrat directeur l'a remplacé par un juré supplémentaire, l'omission du nom du juré décédé sur la liste notifiée à l'exproprié n'a pas eu pour effet de priver l'exproprié du concours du juré supplémentaire, ni de porter préjudice à son droit de récusation; que cette omission, dès lors, ne constitue pas une cause de nullité. — Cass., 3 févr. 1880, Capdeville père et fils, [S. 82.1.479, P. 82.1.1186, D. 82.1.268]

1722. — ... Qu'une erreur de prénom dans l'indication de l'un des jurés sur la liste notifiée aux expropriés n'équivaut pas à l'omission du nom de ce juré, lorsque, d'ailleurs, il est constant qu'il y a identité entre la personne désignée sous ce prénom, comme juré, et la personne qui figure sur la liste générale arrêtée par le conseil général. — Cass., 27 déc. 1854, Scrimpff, [S. 55.1.453, P. 55.2.504, D. 55.1.96] — Daffry de la Monnoye, t. 1, sur l'art. 31, n. 12.

1723. — ... Que la mention par l'huissier, dans l'exploit de notification de la liste des jurés, du nom d'un juré en marge, avec approbation de ce renvoi par un simple paraphe, n'entraîne pas nullité. — Cass., 23 mai 1864, Vallade, [D. 64.5.170] — Daffry de la Monnoye, t. 1, sur l'art. 31, n. 28.

1724. — Il a été jugé que, quand, à raison de la dénomination attribuée inexactement à un juré, dans la notification avec citation à comparaître devant le jury, le magistrat directeur a prononcé la radiation du nom de ce juré et a appelé un juré supplémentaire, la composition de ce jury n'est pas viciée. — Cass., 11 déc. 1876, Dubost, [S. 79.1.39, P. 79.62, D. 78.1.52] — Crépon, sur l'art. 31, n. 71.

1725. — Sur les inexactitudes commises dans la désignation des jurés. V. aussi supra, n. 1656 et s. — Sur la procédure à suivre pour faire statuer sur la difficulté. V. supra, n. 1673 et s.

1726. — La partie qui s'est présentée pour défendre ses intérêts, a assisté à la constitution du jury, a reçu du magistrat directeur l'avis relatif aux récusations, n'a élevé aucune réclamation contre le défaut de notification de la liste du jury, est irrecevable à se prévaloir de cette irrégularité devant la Cour de cassation. — Cass., 7 mars 1883, Comm. de Savenay, [S. 83.1. 376, P. 83.1.955, D. 84.1.343] — V. supra, n. 1671 et s.

1727. — Ou de ce que la liste des jurés ne lui aurait pas été notifiée au domicile par elle élu dans le cours de la procédure. — Cass., 29 nov. 1853, Bienaymé et Despommiers, [S. 55.1.135, P. 55.1.427, D. 54.1.377]

1728. — Jugé, également, que l'irrégularité de la notification de la liste des jurés résultant, par exemple, de ce que cette notification a été faite au domicile à l'exproprié par le maire même de la commune expropriante, est couverte par la comparution des expropriés devant le jury, et la présentation par eux faite, sans réserves, de leurs moyens au fond. — Cass., 16 mai 1859, Fraisse, [S. 59.1.864, P. 60.760, D. 59.1.206]

1729. — ... Qu'en conséquence, les parties qui ont comparu devant le jury d'expropriation, et ont discuté contradictoirement le montant des indemnités à accorder, sont non recevables à proposer devant la Cour de cassation le moyen tiré de ce que la liste des jurés leur aurait été notifiée moins de huit jours avant celui de la réunion du jury. — Cass., 13 janv. 1840, Concessionnaires des travaux de la Scarpe, [S. 40.1.159, P. 40.1.54]

1730. — Lorsqu'il est intervenu entre l'expropriant et l'exproprié un traité portant cession amiable avec renvoi à un jour déterminé devant le jury, pour la fixation du prix, l'expropriant, par l'effet même de la convention librement consentie, est dispensé d'assigner l'exproprié devant le jury et de lui notifier la liste du jury. — Cass., 26 nov. 1860, Prat-Salles, [S. 61.1.382, P. 61.846, D. 60.1.484] — Crépon, sur l'art. 31, n. 77; Daffry de la Monnoye, t. 1, sur l'art. 31, n. 30.

SECTION III.

Formation du jury de jugement.

§ 1. *De l'absence des jurés, des causes d'empêchement, d'exclusion et d'incompatibilité.*

1° *De l'absence des jurés.*

1731. — « Tout juré qui, sans motifs légitimes, manque à l'une des séances ou refuse de prendre part à la délibération, encourt une amende de 100 fr. au moins et de 300 au plus » (L. 3 mai 1841, art. 32, § 1). Il serait bon de prévenir les jurés de la pénalité qu'ils peuvent encourir en leur donnant copie de cette disposition en tête de la convocation qui leur est notifiée. — De Lalleau, Jousselin, Rendu et Périn, t. 1, n. 481.

1732. — Il va de soi que la maladie et l'infirmité sont des causes légitimes d'empêchement établies par des certificats médicaux adressés au magistrat directeur en temps utile; pour prévenir l'abus des certificats de complaisance, les instructions ministérielles prescrivent, en matière criminelle, aux médecins signataires des certificats d'en affirmer la sincérité devant le juge de paix du canton. Rien de pareil n'existe en matière d'expropriation. Le médecin qui délivre un certificat de complaisance est passible des peines portées dans l'art. 160, C. pén.; le juré qui en bénéficierait serait comme complice, passible des mêmes peines. — De Lalleau, Jousselin, Rendu et Périn, t. 1, n. 505. — V. infra, v° Faux.

1733. — Le juré absent de son domicile ne peut invoquer cette absence comme motif légitime, que si elle est antérieure à la convocation qui lui a été adressée, ou s'il se trouve dans un lieu trop éloigné pour se rendre à l'appel qui lui est adressé. — De Lalleau, Jousselin, Rendu et Périn, t. 1, n. 505.

1734. — Les énonciations contenues dans le procès-verbal rédigé par le magistrat directeur font foi jusqu'à inscription de faux. Par suite, on n'est pas recevable à prétendre, à moins d'inscription de faux, qu'un juré n'a pas répondu à l'appel, lorsque le procès-verbal constate que les jurés étaient tous présents à l'appel. — Cass., 15 avr. 1840, Maury, [S. 40.1.706, P 40.2.167]

1735. — Par la même raison lorsque, des constatations d'un procès-verbal et des termes de la réponse faite par le magistrat directeur du jury à des conclusions à fin de donné acte, prises par les expropriés, il résulte que l'appel des jurés a eu lieu, les expropriés qui n'ont formé aucune inscription de faux contre ces contestations ne peuvent se pourvoir devant la Cour de cassation, en alléguant que l'appel des jurés n'a pas eu lieu. — Cass., 30 oct. 1889, Baudoin, [S. et P. 92.1.462]

1736. — L'amende est prononcée par le magistrat directeur du jury. Il statue en dernier ressort sur l'opposition qui serait formée par le juré condamné (L. 3 mai 1841, art. 32, § 2 et 3).

1737. — Un député avait proposé d'abaisser le taux de l'amende de 100 fr. à 25 fr., sous le prétexte qu'on ne l'appliquerait jamais. Mais il lui fut répondu : « Nous avons élevé le taux de l'amende avec intention, pour que l'on préférât pas payer 25 fr. plutôt que de se rendre au jury » (Monit., 7 févr. 1833, p. 317). L'amende est encourue toutes les fois qu'un juré est absent à l'une des séances; par suite, le nombre des amendes est égal à celui des absences non justifiées. Autrement, une fois une première absence constatée, le juré pourrait manquer toutes les autres séances, sans avoir de nouvelles pénalités à redouter. — De Lalleau, Jousselin, Rendu et Périn, t. 1, n. 506.

1738. — Devant les juridictions ordinaires, c'est le ministère public qui requiert la condamnation à l'amende; comme aucun représentant du ministère public ne siège auprès du magistrat directeur, c'est lui-même qui d'office doit prononcer l'amende prévue par la loi. — De Lalleau, Jousselin, Rendu et Périn, *loc. cit.*

1739. — La décision du magistrat directeur sur l'amende n'a pas besoin d'être prononcée en présence des expropriés; par suite, leur absence au moment de cette condamnation ne donne pas ouverture à cassation. — Cass., 14 avr. 1858, Bendel, [P. 59.839, D. 58.1.322]

1740. — L'ordonnance du magistrat directeur est notifiée au juré défaillant; celui-ci peut former opposition dès qu'il en a connaissance et avant que la notification lui en soit faite; mais tant que cette notification n'est pas faite, il n'est point obligé de la devancer et de former opposition; aucun délai n'ayant été imparti pour former cette opposition, il faut en conclure qu'elle peut être faite tant que l'amende n'est point payée. — De Lalleau, Jousselin, Rendu et Périn, t. 1, n. 507.

1741. — D'après de Caudaveine et Théry, l'opposition formée par un juré à la décision du magistrat directeur qui l'a condamné à l'amende pour absence doit être portée devant ce magistrat lors même que la session du jury serait terminée. — De Lalleau, Jousselin, Rendu et Périn, t. 1, n. 507.

1742. — Duvergier (*Collect. des lois*, t. 23, p. 297, et t. 41, p. 155) pense, au contraire, et avec raison, ce nous semble, qu'il n'est plus possible de s'adresser au directeur du jury dont la mission est finie, dont les pouvoirs ont cessé, et qu'il y a nécessité de se pourvoir devant le directeur du jury d'une autre session (V. aussi Debray, n. 86). En tout cas, si le magistrat directeur qui a prononcé la condamnation était, au moment de l'opposition, décédé, mis à la retraite, chargé d'autres fonctions, empêché, ou bien encore s'il n'y avait pas de directeur du jury désigné pour une session à ouvrir, l'opposition devrait être déférée au tribunal de l'arrondissement.

2° *Des causes d'empêchement, d'exclusion et d'incompatibilité.*

1743. — « Le magistrat directeur prononce également sur les causes d'empêchement que les jurés proposent, ainsi que sur les exclusions ou incompatibilités dont les causes ne seraient survenues ou n'auraient été connues que postérieurement à la désignation faite en vertu de l'art. 30 » (L. 3 mai 1841, art. 32, § 4).

1744. — A la différence des causes d'exclusion ou d'incompatibilités, les causes d'empêchement peuvent être présentées alors même qu'elles seraient antérieures à la désignation faite en vertu de l'art. 30. — Duvergier, t. 41, p. 155. — D'après la discussion qui eut lieu lors de la rédaction de l'art. 32, L. 7 juill. 1833, il n'était pas possible de fonder sur les causes d'exclusion ou d'incompatibilités antérieures à la désignation faite en vertu de l'art. 30 des récusations motivées, en outre des récusations péremptoires autorisées par l'art. 34. Le législateur n'a pas cru devoir modifier cette disposition en 1841; il a sans doute pensé que les incompatibilités qui n'auront pas été aperçues au moment de la désignation donneront lieu aux récusations péremptoires, et qu'ainsi le jury ne sera jamais composé de personnes n'offrant pas toutes les garanties exigées. Mais il résulte de là que le droit de récusation péremptoire accordé par l'art. 34 peut se trouver extrêmement limité et même anéanti. — Duvergier, t. 41, p. 155. — Au reste, il suffit que la cause d'exclusion ou d'incompatibilité, bien qu'antérieure à la formation de la liste par le conseil général, n'ait pas été connue à ce moment-là, pour que le magistrat directeur puisse prononcer la radiation du juré à raison de cette cause.

1745. — Les septuagénaires qui, faute d'avoir été prévenus, n'ont pas requis leur élimination avant la formation des listes peuvent se faire dispenser par le magistrat directeur du jury. (Rapport de la commission à la Chambre des députés). — Duvergier, t. 41, p. 154. — V. *suprà*, n. 1542.

1746. — Le magistrat directeur n'a de pouvoirs que pendant la session; ce n'est donc qu'à partir de l'ouverture de cette session, qu'il peut agir en qualité de magistrat directeur; il doit d'ailleurs, avant de prononcer sur les causes d'empêchement, d'exclusion, ou d'incompatibilité, entendre les observations des jurés qu'il s'agit d'écarter, et les dires des parties, si elles veulent en présenter. — De Lalleau, Jousselin, Rendu et Périn, t. 1, n. 505, note. — Il en résulte que c'est seulement quand les jurés sont réunis pour remplir leur mission, que le magistrat directeur prononce sur les causes d'empêchement proposées par les jurés et sur les causes d'exclusion survenues depuis le jugement de désignation, puis procède au remplacement des jurés exclus ou excusés. — Cass., 17 déc. 1884, Labarbe, [S. 86.1. 225, P. 86.1.533, D. 85.1.310]; — 13 janv. 1885, Leplay, Bressot, Renard et Branche, [*Ibid.*] — Ainsi, le magistrat directeur ne saurait, antérieurement à l'audience, sur une requête du procureur de la République, rendre une ordonnance déclarant empêchés certains jurés et les remplaçant par d'autres. — Mêmes arrêts.

1747. — Si le magistrat directeur agit prématurément, et remplace des jurés avant l'ouverture de la session, cette manière de procéder entraîne nullité de la décision du jury. Il y a, en effet, violation de l'art. 30, § 1, L. 3 mai 1841. Les jurés désignés dans les termes de cet article sont désormais acquis aux parties et aucun d'eux ne peut être exclu ou remplacé que dans les cas et les formes réglés par les art. 32 et 33, L. 3 mai 1841. En dehors de ces cas et de ces formes, l'exclusion et le remplacement d'un juré constituent une irrégularité commise en contravention à l'art. 30, § 1. Or, la violation de l'art. 30, § 1, donne ouverture à cassation d'après l'art. 42 de la même loi. — Cass., 17 déc. 1884, précité; — 13 janv. 1885, précité.

1748. — Lorsque le magistrat directeur nommé pour diriger les opérations de la session se trouve empêché de procéder aux opérations qui concernent l'une des affaires, il ne peut prendre part à la constitution de la liste des jurés qui doivent connaître de cette affaire; mais il n'en reste pas moins investi du droit de prononcer, au moment de la composition de la liste générale du jury, sur les causes d'empêchement ou d'excuses survenues en la personne des jurés. — Cass., 20 mai 1884, Comp. des mines de Santin, [S. 86.1.80, P. 86.1.166, D. 85.5.247] — Ainsi, c'est à bon droit que, en ce cas, le juge-commissaire a décidé qu'un juré, atteint d'une indisposition subite, serait dispensé du service du jury pendant toute la session. — Même arrêt. — Crépon, sur l'art. 32, n. 3 *bis*; de Lalleau, Jousselin, Rendu et Périn, t. 1, n. 514, note.

1749. — Des causes d'empêchement peuvent surgir à chaque audience; de même une cause d'incompatibilité peut exister dans une cause et non point dans une autre; un juré peut être parent de l'une des parties et n'avoir aucun lien de parenté avec les autres, par suite le magistrat directeur doit statuer sur ces difficultés au moment de l'appel des causes. — De Lalleau, Jousselin, Rendu et Périn, t. 1, n. 509.

1750. — L'art. 32, L. 3 mai 1841, qui donne au magistrat directeur le droit de prononcer sur les exclusions et les incompatibilités dont les causes ne seraient survenues et n'auraient été connues que depuis la désignation du jury spécial, n'étant pas, non plus que le § 2 de l'art. 30, ni les art. 21 et 22 auxquels il se réfère, compris au nombre de ceux dont la violation, aux termes de l'art. 42, donne ouverture à cassation, on ne peut se faire un moyen de nullité de l'usage ou du non-usage que le magistrat directeur aurait fait de ce droit. — Cass., 9 août 1847, Desmartains et Lecène, [S. 47.1.754, P. 47.2.761, D. 53.5.246]; — 29 déc. 1854, Chaussade, [S. 55.1.251, P. 54.1.128]; — 2 janv. 1855, Feuillatre, [S. 55.1.64, P. 55.1.39, D. 55.1.14]; — 14 avr. 1858, Rondel, [S. 58.1.322]; — 21 juill. 1858, Antérieu, [P. 59.1.56, D. 58.1.326]; — 18 déc. 1861, Boude, [S. 62.1.1066, P. 63.415, D. 62.1.376]; — 30 mars 1863, Nicolas, [S. 63.1.318, P. 63.888, D. 63.1.134]; — 12 avr. 1876, Daibès de Gissac, [D. 70.1.390]; — 14 mai 1873, Ville de Nantes, [S. 73.1.474, P. 73.1190, D. 73.1.192]; — 11 mars 1878, Préfet de l'Aveyron, [S. 78.1.480, P. 78.429, D. 78.1.435]; — 14 févr. 1883, Préfet de la Haute-Loire, [S. 83.1.478, P. 83.1.1185, D. 84.1.191]; — 6 févr. 1884, Sourson, [S. 84.1.440, P. 84.1.1078]; — 1er juin 1891, Arnaudon, [S. et P. 93.1.479]; — 1er août 1892, Préfet de la Corse, [S. et P. 94.1.40, D. 93.1.504]; — 23 juill. 1895, Comm. de Tourlaville, [S. et P. 96.1.47] — Daffry de la Monnoye, t. 1, sur l'art. 32, n. 1 et 2; Crépon, sur l'art. 32, n. 3; de Lalleau, Jousselin, Rendu et Périn, t. 1, n. 514. — Ainsi il a été jugé que les décisions par lesquelles le magistrat directeur statue sur les excuses ne tombent pas sous la censure de la Cour de cassation. — En tous cas, la partie qui n'a fait ni protestations, ni réserve, est irrecevable à se pourvoir devant la Cour de cassation. — Cass., 14 févr. 1883, précité; — 6 févr. 1884, précité.

1751. — L'inobservation des règles tracées par l'art. 32, L. 3 mai 1841, ne vicie les opérations du jury que si elle a pu avoir pour conséquence de porter atteinte au droit de récusation.

EXPROPRIATION POUR CAUSE D'UTILITÉ PUBLIQUE. — Chap. XII.

— Cass., 1er juin 1891, précité. — Daffry de la Monnoye, t. 1, sur l'art. 32, n. 2. — C'est là une restriction importante, mais imposée par le droit de la défense qui ne peut être diminué par une atteinte portée au droit de récusation.

1752. — D'une manière générale, le pouvoir du magistrat directeur ne saurait aller jusqu'à l'arbitraire, et il ne lui appartient pas d'écarter du jury des jurés qui n'ont fait valoir aucune cause d'empêchement, alors qu'il n'existe contre eux aucune cause d'exclusion ou d'incompatibilité. Par suite il ne peut, sans commettre un excès de pouvoir, et réserve faite des cas d'exclusion ou d'incompatibilité, rayer, de son initiative propre, de la liste de la session, des jurés qui n'ont point provoqué cette mesure. — Cass., 1er août 1892, précité.

1753. — Si des jurés ont demandé à être excusés, le procès-verbal des opérations doit faire mention de leur demande. Par suite, il y a lieu d'annuler les opérations du jury, lorsque le magistrat directeur a excusé des jurés, et que le procès-verbal ne constate pas que cette élimination a eu lieu sur la demande des jurés et sur des causes d'excuse ou de dispense par eux soumises au magistrat directeur lors de l'appel de leurs noms. — Même arrêt.

1754. — Il résulte des explications qui ont eu lieu à la Chambre des pairs lors de la discussion de l'art. 32, L. 3 mai 1841, que les causes de récusation motivée, énumérées dans l'art. 378, C. proc. civ., ne s'appliquent pas aux jurés en matière d'expropriation pour cause d'utilité publique (Duvergier, Collect. des lois, t. 41. p. 156). Les personnes désignées pour faire partie d'un jury d'expropriation ne peuvent être dispensées qu'à assister que dans les cas d'empêchement admis en matière criminelle. Il y a donc lieu d'appliquer les cas d'incompatibilité prévus par l'art. 3, L. 21 nov. 1872, quoique quelques-uns paraissent peu justifiées lorsqu'il s'agit d'expropriation. — De Lalleau, Jousselin, Rendu et Périn, t. 1, n. 451. — V. infrà, v° Jury, n. 146 et s.

1755. — D'autre part, d'après l'art. 392, C. instr. crim., nul ne peut être juré dans une affaire où il a été officier de police judiciaire, interprète, expert ou partie, et ce à peine de nullité. Cette disposition ne s'applique qu'aux parties et aux experts. L'officier de police judiciaire qui serait intervenu, lors d'une opposition ou d'une voie de fait au moment de la levée des plans, ne devrait point être écarté, car on ne peut dire qu'il a été officier de police judiciaire dans l'affaire. La fixation de l'indemnité et la levée des plans sont des opérations qui n'ont aucun rapport entre elles. — De Lalleau, Jousselin, Rendu et Périn, t. 1, n. 451. — V. infrà, v° Jury, n. 193 et s.

1756. — Il a été jugé, spécialement, que le magistrat directeur du jury use du droit souverain d'appréciation qui lui est conféré par la loi, lorsqu'il décide excusé un juré qui ne s'est pas présenté, en alléguant pour expliquer son absence qu'il avait été expert dans l'unique affaire soumise au jury. — Cass., 23 juill. 1895, Comm. de Tourlaville, [S. et P. 96.1.47]

1757. — ... Que les juges des tribunaux de commerce ne pouvant faire partie du jury d'expropriation, si un juge d'un tribunal de commerce porté sur la liste du jury demande au magistrat directeur, en se fondant sur sa qualité, à ne point faire partie du jury, le magistrat directeur ne peut rejeter cette demande et maintenir le juré sur la liste, à peine de nullité des décisions rendues par le jury ainsi irrégulièrement constitué. — Cass., 20 mars 1854, Intérêt de la loi, [S. 54.1.638, P. 54.2.383, D. 54.1.112] — Daffry de la Monnoye, t. 1, sur l'art. 32, n. 3; Crépon, sur l'art. 32, n. 3; de Lalleau, Jousselin, Rendu et Périn, t. 1, n. 512.

1758. — ... Que toutefois le concours, comme juré, d'un juge du tribunal de commerce inscrit sur la liste dressée par le conseil général, n'est pas, dans le silence de l'art. 42, de nature à donner ouverture à cassation, alors que les parties n'ont élevé à ce sujet aucune réclamation devant le magistrat directeur. — Cass., 26 déc. 1854, Chaussade et Bachellerie, [S. 55.1.256, P. 55.1.128, D. 54.5.351]; — 5 févr. 1855, Meurisse de Saint-Hilaire, [S. 55.1.454, P. 56.1.23, D. 55.1.59]

1759. — Les juges suppléants des tribunaux peuvent faire partie du jury. La circonstance qu'ils auraient, en remplacement des juges titulaires, pris part au jugement ayant prononcé l'expropriation, ne crée point à leur égard une incapacité opposable en tout état de cause, mais seulement une cause de récusation, qui ne peut être proposée que lors de la formation du jury. — Cass., 6 déc. 1854, Bonnet, [S. 55.1.221, P. 54.2.356, D. 54.

5.351] — Crépon, sur l'art. 32, n. 5; Daffry de la Monnoye, t. 1, sur l'art. 32, n. 4; de Lalleau, Jousselin, Rendu et Périn, loc. cit.

1760. — Jugé, en ce sens, que la présence dans le jury d'un juge suppléant près un tribunal de commerce ne peut donner ouverture à cassation, alors que ce magistrat est porté sur la liste dressée par le conseil général et que les parties n'ont présenté aucune observation. — Cass., 2 févr. 1897, Soc. des chem. de fer économique du Nord (2 arrêts), [S. et P. 97.1.239, D. 98.1.223, ad notam]

1761. — Mais le magistrat directeur peut, sans que sa décision sur ce point donne ouverture à cassation, déclarer un juré valablement excusé à raison de sa qualité de juge suppléant au tribunal de commerce. — Cass., 14 mai 1873, Ville de Nantes, [S. 73.1.474, P. 73.1190, D. 73.1.492] — De Peyrony et Delamarre, n. 381; Daffry de la Monnoye, t. 1, sur l'art. 32, n. 5; Arnaud, n. 204; Crépon, sur l'art. 32, n. 6 et 7; de Lalleau, Jousselin, Rendu et Périn, t. 1, n. 512. — Ainsi le magistrat directeur peut, d'office excuser le juge suppléant; il le peut aussi sur la demande d'une partie.

1762. — Les fonctions de juge de paix sont incompatibles avec celles de juré; mais la présence d'un juge de paix dans le jury n'est pas une cause de nullité si aucune réclamation n'a été élevée ni par lui, ni par les parties. — Cass., 5 févr. 1855, Meurisse de Saint-Hilaire, [S. 55.1.454, P. 56.1.23, D. 55.1.59] — Crépon, sur l'art. 32, n. 8 et 9; de Lalleau, Jousselin, Rendu et Périn, t. 1, n. 512; Daffry de la Monnoye, t. 1, sur l'art. 32, n. 6.

1763. — Dans une expropriation poursuivie par l'Etat, le magistrat directeur du jury peut déclarer l'incompatibilité des fonctions de juré avec celles de conducteur des ponts et chaussées au service de l'Etat, et, par suite, ordonner que le nom de ce fonctionnaire sera rayé de la liste de session. — Cass., 11 mars 1878, Préfet de l'Aveyron, [S. 78.1.480, P. 78.429, D. 78.1.180] — Daffry de la Monnoye, t. 1, sur l'art. 32, n. 2; Crépon, sur l'art. 32, n. 10.

1764. — Toutefois, aucune disposition légale ne déclarant incompatible avec les fonctions de juré celle de conducteur des ponts et chaussées et d'agent voyer cantonal, alors même qu'il s'agirait d'une expropriation au nom d'un département, c'est à bon droit que le magistrat directeur du jury refuse de prononcer la radiation d'un juré, investi de ces fonctions, de la liste du jury. — Cass., 30 oct. 1889, Baudoin et autres, [S. et P. 92.1.462, D. 90.1.463] — De Lalleau, Jousselin, Rendu et Périn, t. 1, n. 512. — Ainsi, en pareil cas, le magistrat directeur peut déclarer l'incompatibilité, mais il n'y est pas obligé.

1765. — La parenté d'un juré avec le magistrat directeur ne crée pas en la personne du juré une cause d'incompatibilité. En effet, le magistrat directeur n'a aucun intérêt dans l'expropriation; il doit seulement présider les débats avec impartialité, peu importe qu'un lien existe entre lui et l'un des jurés. — Cass., 19 juin 1861, Bertrand, [S. 61.1.996, P. 62.326, D. 61.1.285] — Daffry de la Monnoye, t. 1, sur l'art. 32, n. 7; de Lalleau, Jousselin, Rendu et Périn, t. 1, n. 513; Crépon, sur l'art. 32, n. 14.

1766. — Mais le juré parent de l'une des parties doit être écarté par le magistrat directeur, alors même que les parties auraient déjà exercé leur droit de récusation péremptoire qui serait épuisé, pourvu toutefois qu'il le fasse dans les conditions indiquées infrà, n. 1785. — Cass., 20 mai 1845, Manoury, [S. 45.1.415, P. 45.1.692, D. 45.1.295] — Mais si les parties avisées par le magistrat directeur de la parenté existant entre un juré et une partie, ou de ce qu'un juré est administrateur d'un hospice qui a un intérêt dans l'expropriation, ne sont point opposées à l'exclusion de ce juré, elles ne sauraient plus tard le critiquer devant la Cour de cassation. — Cass., 8 avr. 1863, Neyron, [Bull. civ., n. 94] — Daffry de la Monnoye, t. 1, sur l'art. 32, n. 7; Crépon, sur l'art. 32, n. 11 et 12; de Lalleau, Jousselin, Rendu et Périn, t. 1, n. 513.

1767. — Au cas où différentes affaires d'expropriation ont été divisées en catégories, et où l'un des jurés se trouve avoir des liens de parenté ou une communauté d'intérêts avec le propriétaire exproprié dans l'une des affaires, ce juré peut être écarté du jury même pour les affaires de la même catégorie à l'égard desquelles n'existe pas l'incompatibilité ou incapacité. — Cass., 30 mars 1863, Nicolas, [S. 63.1.318, P. 63.888, D. 63.1.134] — De Lalleau, Jousselin, Rendu et Périn, t. 1. n. 513, note; Daffry de la Monnoye, t. 1, sur l'art. 32, n. 7; Crépon, sur l'art. 32, n. 13.

1768. — On va plus loin et on décide que lorsque plusieurs affaires ont été, du consentement des parties, soumises à un jury unique, il suffit que l'un des jurés soit incapable à l'égard de l'une d'elles, pour que cette incapacité existe à l'égard de toutes. — Cass., 5 juill. 1898, Jeancard, [S. et P. 98.1.527, D. 99.1.504] — On suppose que ce juré, dans la délibération, a pu se laisser influencer par sa situation particulière; la nullité tient à l'indivisibilité du jury unique; de plus, s'il est irrégulièrement composé pour une affaire, cette irrégularité le vicie dans son essence même.

1769. — Par suite, la présence dans un jury, ainsi constitué, d'un créancier hypothécaire de l'un des expropriés vicie les décisions auxquelles il a pris part, même en ce qui concerne les expropriés qui ne sont pas ses débiteurs. — Même arrêt.

1770. — Le magistrat directeur du jury se conforme exactement à la loi, en décidant qu'un juré âgé de moins de trente ans ne fera pas partie du jury du jugement, alors d'ailleurs que cette cause d'incapacité n'a été connue que depuis la désignation du jury. — Cass., 1er févr. 1882, De la Ville-au-Comte, [S. 82.1.328, P. 82.1.787] — Daffry de la Monnoye, t. 1, sur l'art. 32, n. 12; de Lalleau, Jousselin, Rendu et Périn, t. 1, n. 513; Crépon, sur l'art. 32, n. 15 et 16.

1771. — Le magistrat directeur a un pouvoir souverain d'appréciation à l'égard des motifs d'excuse invoqués par un juré et qui tiennent à sa délicatesse; ainsi lorsqu'une partie a demandé l'exclusion d'un juré, motifs pris de ce qu'il serait l'allié d'une partie, et qu'il a été démontré que cette alliance n'existait pas, le juré, froissé de ce que son impartialité serait suspectée, peut demander à être excusé; l'excuse prononcée dans de telles conditions par le magistrat ne saurait donner ouverture à cassation. — Cass., 12 avr. 1870, Dalbès de Gissac, [D. 70.1.390] — Daffry de la Monnoye, t. 1, sur l'art. 32, n. 1.

1772. — A plus forte raison, le magistrat directeur ne fait-il qu'user du droit que lui confère l'art. 32, L. 3 mai 1841, de prononcer sur les causes d'empêchement proposées par les parties, ainsi que sur les exclusions et incompatibilités en décidant qu'un propriétaire exproprié ne peut faire partie du jury. — Cass., 6 févr. 1884, Sourson, [S. 84.1.440, P. 84.1.1078, D. 85.5.246] — Daffry de la Monnoye, t. 1, sur l'art. 30, n. 29.

1773. — Jugé, d'autre part, que lorsque l'huissier, après d'infructueuses recherches pour trouver un juré au lieu désigné, en a cité un autre, en substituant les prénoms différents à ceux indiqués sur la liste du jury, la radiation du nom de ce juré peut être ordonnée sur sa demande par le magistrat directeur. — Cass., 27 janv. 1869, Barbe, [S. 69.1.385, P. 69.946, D. 69.1.244]; — 27 janv. 1869, Jaume, [Ibid.] — Dans ce cas il est même nécessaire que le magistrat directeur prononce la radiation de cette personne de la liste sous peine d'introduire sur cette liste le nom d'un juré qui n'aurait pas été désigné par le conseil général.

1774. — De même, il est valablement procédé au remplacement d'un juré absent, lorsqu'il est constant que l'huissier, chargé de citer ce juré, s'est présenté chez celui-ci et n'a trouvé personne à son domicile, que les voisins se sont refusés à recevoir la copie de la citation et que l'huissier l'a remise au maire en faisant viser l'original. — Cass., 30 mars 1881, Desoutter, [S. 81.1.326, P. 81.1.784] — Dans cette hypothèse, si le juré n'a point été convoqué, c'est par suite d'un cas de force majeure, et sans qu'il y ait de la faute de l'expropriant. — Crépon, sur l'art. 32, n. 3; de Lalleau, Jousselin, Rendu et Périn, t. 1, n. 523, note.

1775. — Jugé encore qu'il y a lieu de procéder au remplacement du juré qui, par suite d'une erreur dans la liste dressée par le conseil général, n'est pas trouvé dans la commune indiquée comme le lieu de son domicile, ni dans la région avoisinante, et n'est pas convoqué. — Cass., 28 juin 1881, Proc. gén. près la Cour de cassation : intérêt de la loi, [S. 81.1.429, P. 81.1.1086, D. 83.4.28] — Et qu'il n'y a pas lieu, dans ce cas, de renvoyer l'affaire à une autre session. — Même arrêt.

1776. — ... Qu'il est valablement procédé au remplacement du juré qui a quitté l'arrondissement depuis dix-huit mois, et n'a pu être touché par la citation; que l'expropriant n'est pas tenu de le faire convoquer à son nouveau domicile. — Cass., 26 nov. 1883, Durand, [S. 84.1.168, P. 84.1.1]

1777. — ... Que le magistrat directeur peut rayer de la liste du jury, à raison du doute qui s'élève sur son identité, un juré qui se refuse à siéger en se fondant sur une légère erreur d'orthographe qui existe dans son nom. — Cass., 21 juill. 1858, Antérieu, [P. 59.1.56, D. 58.1.326] — Daffry de la Monnoye, t. 1, sur l'art. 32, n. 11. — ... Qu'en prononçant l'exclusion de deux jurés désignés, sur l'identité desquels des doutes venaient de s'élever à l'audience même, le magistrat directeur ne fait qu'user du pouvoir d'appréciation qui lui est conféré par la loi. — Cass., 10 janv. 1898, Pelletrat de Bordes, [S. et P. 98.1.192] — V. suprà, n. 1677 et 1678.

1778. — Au reste, les parties ne sauraient se faire un moyen de cassation d'une exclusion prononcée par le magistrat directeur alors que, interpellées par lui à cet égard, elles n'ont contesté ni la cause ni le fait de l'exclusion. — Cass., 8 avr. 1863, Neyron, [Bull. civ., p. 94] — Crépon, sur l'art. 32, n. 12.

1779. — Bien que le magistrat directeur saisi de conclusions relatives à l'exclusion d'un ou de plusieurs jurés soit tenu de statuer sur ces conclusions, rappelons que s'il refuse, son refus ne donne ouverture à cassation que s'il a pour résultat d'entraver le droit de récusation péremptoire attribuée aux parties par l'art. 34, L. 3 mai 1841 : article dont la violation donne ouverture à cassation. — Cass., 27 janv. 1869, précité. — De Lalleau, Jousselin, Rendu et Périn, t. 1, n. 518 et 519.

1780. — Remarquons qu'indépendamment du droit des parties de réclamer du magistrat directeur la radiation d'un juré qui ne doit pas figurer sur la liste, elles ont le droit d'exercer des récusations péremptoires (art. 34); par suite, si le magistrat directeur confondant ces deux droits décide que l'exercice par une partie du droit de récusation motivé, épuise son droit de récusation péremptoire, il tombe dans une erreur qui entraîne nullité parce qu'elle restreint le droit de récusation péremptoire accordé à l'exproprié. — Cass., 5 avr. 1854, Legros, [S. 54.1.464, P. 54.1.448]

1781. — De même, le magistrat directeur qui, malgré la demande d'une partie, refuse de radier un juré tombant sous l'application de l'art. 30, commet une irrégularité qui emporte nullité, parce qu'elle entrave le droit de récusation péremptoire en obligeant la partie à exercer ce droit sur ce juré alors qu'elle aurait pu le reporter sur un autre. — Cass., 11 juill. 1859, Bertrand, [S. 61.4.380, P. 61.710, D. 60.1.412] — De Lalleau, Jousselin, Rendu et Périn, t. 1, n. 520.

1782. — Mais, comme la nullité de la décision du jury ne peut être poursuivie que si le mode de procéder du magistrat directeur a porté préjudice aux droits des parties, il faut reconnaître que le refus du magistrat directeur d'admettre l'exclusion proposée par une partie n'entraîne point nullité, si le droit de récusation péremptoire n'a point été diminué et a pu être pleinement exercé, si, par exemple le juré dont il s'agit figurait parmi les jurés supplémentaires et si le jury a été constitué avant l'appel de son nom. — Cass., 7 avr. 1845, Préfet du Nord, [S. 45.1.520, P. 45.1.585, D. 45.1.207] — De Lalleau, Jousselin, Rendu et Périn, t. 1, n. 520.

1783. — Les parties qui ont consenti à ce qu'un juré, d'abord radié de la liste, y fût réintégré, ne peuvent ensuite se plaindre de cette façon de procéder qui n'a eu lieu que d'après leur consentement. — Cass., 26 août 1867, Préfet des Basses-Alpes. — De Lalleau, Jousselin, Rendu et Périn, t. 1, n. 517, note; Crépon, sur l'art. 32, n. 26; Daffry de la Monnoye, t. 1, sur l'art. 32, n. 13.

1784. — Si aucune demande d'exclusion n'est produite, alors qu'il existe cependant des causes de nature à faire prononcer la radiation d'un juré, le magistrat directeur peut et doit prononcer d'office l'exclusion de ce juré; il en est ainsi, par exemple, s'il s'agit d'un juré âgé de moins de trente ans. — Cass., 17 févr. 1876, Préf. des Bouches-du-Rhône, [S. 76.1.176, P. 76.405, D. 76.1.145] — Crépon, sur l'art. 32, n. 24; de Lalleau, Jousselin, Rendu et Périn, t. 1, n. 521; Daffry de la Monnoye, t. 1, sur l'art. 32, n. 11. — V. suprà, n. 1770.

1785. — On sait que le magistrat directeur doit ordonner la lecture de la liste des jurés, et inviter les parties à faire connaître les causes d'exclusion, d'incompatibilité et d'empêchement; ces causes examinées, et les radiations prononcées, la liste des jurés est formée et le magistrat directeur qui a épuisé ses pouvoirs ne peut la modifier; si cependant on découvre ensuite une cause d'exclusion le magistrat directeur peut encore annuler la liste précédemment formée, prononcer la radiation dont il est justifié, et dresser ensuite une liste définitive sur laquelle les récusations seront exercées. — Cass., 20 mars 1855, Montrochet, [S. 55.1.431, P. 56.1.556, D. 55.1.61]; — 4 août 1863, Préf. des Landes. — De Lalleau, Jousselin, Rendu et Périn, t. 1, n. 515, note; Crépon, sur l'art. 32, n. 27; Daffry de la Monnoye, t. 1, sur l'art. 32, n. 11.

1786. — D'un autre côté, les parties qui n'ont point proposé de cause d'exclusion et n'ont point demandé au magistrat directeur d'en prononcer ne peuvent se faire ultérieurement un grief de ce que certains jurés auraient été maintenus sur la liste. — Cass., 17 mars 1869, Morin, [S. 69.1.386, P. 69.947, D. 69.1. 272] — A plus raison en est-il ainsi alors que les parties, invitées par le magistrat directeur à faire connaître si elles ont des causes d'exclusion à signaler, n'en ont point indiqué. — Cass., 10 avr. 1866, Fontaine, [D 66.5.205] — Daffry de la Monnoye, t. 1, sur l'art. 32, n. 11; Crépon, sur l'art. 32, n. 21 et 22; de Lalleau, Jousselin, Rendu et Périn, t. 1, n. 517, note. — V. *suprà*, n. 1785.

1786 bis. — Jugé, dans le même sens, que les parties qui, au moment où elles ont eu connaissance de la cause d'exclusion, n'ont point protesté, n'ont point demandé la radiation du juré mais l'ont écarté en exerçant leur droit de récusation ne peuvent se plaindre de la non radiation de ce juré et de la nécessité où elles auraient été de le récuser : elles auraient dû mettre le magistrat directeur en demeure de l'exclure par des conclusions formelles. — Cass., 20 mars 1855, précité. — Crépon, sur l'art. 32, n. 29.

1787. — Il y a nullité de la décision lorsque, postérieurement à la composition du jury, après épuisement des récusations permises, le magistrat directeur admet la radiation d'un juré pour une cause d'empêchement non proposée jusque-là, et l'introduction d'un nouveau juré sur lequel la récusation ne peut plus avoir lieu. — Cass., 22 nov. 1843, du Couédic, [S. 44.1.246, P. 44.1.354]; — 22 févr. 1848, Préfet des Bouches-du-Rhône, [P. 48.1.607, D. 48.5.188]; — 11 août 1869, Moulin, [S. 69.1.474, P. 69.1225, D. 69.1.503] — Daffry de la Monnoye, t. 1, sur l'art. 32, n. 14; Crépon, sur l'art. 32, n. 28; de Lalleau, Jousselin, Rendu et Périn, t. 1, n. 515, note.

1788. — Si le magistrat directeur du jury est saisi des causes d'exclusion ou d'incompatibilité qui ne lui ont été révélées qu'après la formation de la liste du jury de jugement, mais avant le commencement des opérations du jury, s'il les reconnaît fondées, il peut annuler la liste précédemment dressée, et ordonner qu'il sera procédé à une nouvelle désignation des jurés, lors de laquelle les parties pourront récuser péremptoirement chacune deux jurés. — Cass., 11 juill. 1883, Dejaques, [S. 85.1.175, P. 85.1. 405, D. 84.1.360] — Mais il doit nécessairement statuer sur ces causes d'exclusion; s'il se refuse à faire usage de ses pouvoirs, il porte atteinte au droit de récusation accordé aux parties par une prescription substantielle de la loi; par suite, la décision du jury doit être annulée. — Même arrêt. — Crépon, sur l'art. 32, n. 2 *bis*; de Lalleau, Jousselin, Rendu et Périn, t. 1, n. 515, note.

1789. — L'expropriant ne peut se prévaloir de ce que le procès-verbal des débats énoncerait par erreur qu'un des jurés titulaires, qui était absent, s'est présenté lors de la formation du jury, si ce juré a été retranché de la liste pour cause d'incompatibilité, et remplacé par un juré supplémentaire. — Cass., 31 déc. 1873, Comm. de Saint-Nazaire, [S. 74.1.84, P. 74.172. D. 74.1.243] — Crépon, sur l'art. 32, n. 21; Daffry de la Monnoye, t. 1, sur l'art. 32, n. 10.

1790. — La présence des expropriés n'est pas nécessaire au moment où le magistrat directeur statue sur les causes d'empêchement, d'excuse et d'incompatibilité; leur non-présence ne saurait donc donner ouverture à cassation. — Cass., 18 déc. 1861, Rodde, [S. 62.1.1066, P. 63.415, D. 62.1.376]; — 18 déc. 1861, Cavol, [*Ibid.*] — V. *infrà*, n. 1801.

1791. — Le magistrat directeur, en statuant sur les causes d'empêchement, d'excuse, d'incompatibilité, ne rend pas un véritable jugement; sa décision n'est donc pas soumise aux formes imposées aux jugements. Il a été jugé, en conséquence, que le magistrat directeur n'est pas tenu de motiver sa décision relativement aux empêchements ou aux excuses. — Cass., 5 janv. 1847, Ville de Paris; — 14 avr. 1847, Chabrier; — 1er août 1892, Préfet de la Corse, [S. et P. 94.1.40] — De Lalleau, Jousselin, Rendu et Périn, t. 1, n. 516; Crépon, sur l'art. 32, n. 17; Daffry de la Monnoye, t. 1, sur l'art. 32, n. 8. — Mais le magistrat directeur agira toujours sagement en se conformant aux règles générales, en précisant sa décision et en la justifiant.

1792. — Jugé, également, que le magistrat directeur du jury, en remplaçant d'office deux jurés n'ayant point répondu à l'appel de leurs noms, n'a pas à indiquer la cause de leur empêchement.

— Cass., 4 févr. 1895, Banton, [S. et P. 95.1.245, D. 95.1.467]

1793. — ... Que la constatation, dans le procès-verbal, qu'il a été statué « comme dans la séance précédente » à l'égard de jurés qui, dans cette séance, avaient été excusés par une décision motivée, suffit pour établir que ces jurés n'ont été remplacés par des jurés supplémentaires qu'après avoir été excusés. — Cass., 24 juill. 1860, Pascal, [P. 61.100, D. 60.1.406] — De Lalleau, Jousselin, Rendu et Périn, t. 1, n. 516, note; Daffry de la Monnoye, t. 1, sur l'art. 32, n. 8; Crépon, sur l'art. 32, n. 18.

1794. — Les excuses et radiations des jurés, régulièrement constatées sur le procès-verbal de la séance du jour où elles ont été prononcées, n'ont pas besoin d'être mentionnées sur les procès-verbaux subséquents. — Cass., 28 juill. 1879, Préfet de la Lozère, [S. 81.1.377, P. 81.1.900, D. 80.1. 81] — Dès lors, on doit reconnaître que l'excuse admise dans une première affaire vaut pour toutes les autres, sans qu'il soit besoin de mentionner pour chacune la décision qui a été prise; la décision une fois rendue persiste tant qu'elle n'a point été rapportée. — Cass., 22 nov. 1864, Jongla, [D. 66.2.206]; — 3 janv. 1872, Treillet, [*Bull. civ.*, n. 1] — Crépon, sur l'art. 32, n. 19 et 20; Daffry de la Monnoye, t. 1, sur l'art. 32, n. 8; de Lalleau, Jousselin, Rendu et Périn, t. 1, n. 516, note.

1795. — Lorsqu'il résulte des constatations insérées dans les procès-verbaux des opérations du jury qu'après un appel général des causes, et du consentement des parties, les diverses affaires de la session ont été sectionnées en trois catégories, les radiations qui ont été ordonnées à l'occasion des affaires de la première catégorie, si elles l'ont été d'une manière générale, de façon à s'appliquer à toutes les opérations de la session, peuvent produire effet pour les affaires de la seconde catégorie. — Cass., 30 déc. 1891, Patricot, [S. et P. 92.1.279, D. 92.1. 534]; — 30 déc. 1891, Pierroux, [*Ibid.*]

1796. — Dès lors, le magistrat directeur a pu, lors de la constitution du jury pour la deuxième catégorie d'expropriations, se reporter, quant aux causes d'empêchement, aux ordonnances antérieures rendues à l'occasion de la première catégorie, et ce, par voie de simple référence. — Cass., 30 déc. 1891, précité. — Pour demander dans cette affaire la cassation de la décision rendue par le jury, on se fondait sur la règle admise par la Cour suprême, et d'après laquelle on doit trouver toutes les constatations nécessaires dans le procès-verbal même des opérations, sans qu'on puisse aller chercher dans d'autres procès-verbaux des indices d'où l'on prétendrait conclure à l'accomplissement de la formalité pour l'affaire où le procès-verbal est resté muet. — Cass., 1er mai 1877, de Fresnes, [S. 77.1.277, P. 77.686, D. 79. 5.218]; — 19 mars 1888, Bivort, [S. 90.1.483, P. 90.1.1145, D. 88.5.248] — Or, disait-on, il est fort possible que le procès-verbal concernant la première catégorie d'affaires qu'un certain nombre de jurés ont été déclarés excusés ou empêchés; mais, l'ordonnance rendue à ce moment ne pouvait le magistrat directeur pouvait valoir que pour les affaires en vue desquelles elle avait été rendue; advenant de nouvelles catégories, la formalité ayant pour objet la radiation des jurés excusés ou empêchés devait être renouvelée; il ne pouvait suffire de se référer à une ordonnance précédemment rendue, consignée dans un précédent procès-verbal, sous peine de violer la règle formulée dans les arrêts de Cass., 1er mai 1877 et 19 mars 1888, précités. — La décision du 30 déc. 1891 n'est nullement en contradiction avec la jurisprudence antérieure. Bien que, pour cette affaire d'expropriation, on eût réparti les indemnités en plusieurs catégories, il n'en avait pas moins été dressé un procès-verbal d'ensemble, dans lequel étaient compris les procès-verbaux particuliers à chaque catégorie d'indemnitaires et à chaque exproprié. Dans ce procès-verbal d'ensemble se trouvaient des mesures qui devaient valoir pour toute la durée de la session, telles que, notamment, les radiations de jurés pour excuses ou empêchements; il suffisait que, des mentions du procès-verbal, il résultât que ces mesures avaient été ordonnées d'une manière générale, de façon à s'appliquer à toutes les opérations de la session, pour qu'on dût se contenter, à l'appel des nouvelles catégories, d'une référence à l'ordonnance rendue au début de ces opérations.

3° *Du remplacement des jurés.*

1797. — I. *Remplacement par les jurés supplémentaires.* — « Ceux des jurés qui se trouvent rayés de la liste par suite des empêchements, exclusions ou incompatibilités prévus à l'article précédent, sont immédiatement remplacés par les jurés supplémentaires que le magistrat directeur du jury appelle dans l'ordre de leur inscription » (L. 3 mai 1841, art. 33, § 1).

1798. — Lorsque le magistrat directeur a statué sur les excuses, les empêchements, les incompatibilités, et les exclusions, il doit constituer une liste de seize jurés, suffisante pour le choix des douze jurés de jugement, et de quatre autres pouvant être écartés par l'exercice du droit de récusation péremptoire. Le magistrat directeur complète donc la liste d'abord avec des jurés supplémentaires, et, s'il y a lieu, avec des jurés complémentaires. — De Lalleau, Jousselin, Rendu et Périn, t. 1, n. 523 ; Crépon, sur l'art, 33, n. 1 ; Daffry de la Monnoye, t. 1, sur l'art. 33, n. 1.

1799. — Lorsque le magistrat directeur a excusé trois jurés titulaires et le premier juré supplémentaire, et que le procès-verbal établit que seize jurés étaient présents au moment où les récusations ont été exercées, la mention, plus loin insérée au procès-verbal, que « par suite des excuses et des récusations le magistrat directeur a été obligé, pour constituer le jury, d'employer les trois derniers jurés supplémentaires » ne contredit pas la présence de seize jurés au moment de la constitution du jury, mais a simplement pour but d'expliquer et de justifier la présence des jurés supplémentaires. — Cass., 18 mars 1874, Fizot-Lavergne, [D. 74.1.212] — Daffry de la Monnoye, t. 1, sur l'art. 33, n. 1.

1800. — L'art. 42, L. 3 mai 1841, n'a pas rangé l'art. 33 parmi ceux dont la violation emporte nullité de la décision du jury; par suite, les irrégularités dans les formalités prescrites par l'art. 33, L. 3 mai 1841, par la constitution du jury, n'entraînent nullité que si le mode suivi par le magistrat directeur entrave le droit de récusation, tel qu'il établi par les §§ 2 et 3 de l'art. 34. — Cass., 15 mars 1869, Ardoin, [P. 69.1.272] ; — 18 août 1884, Camus, [S. 85.1.32, P. 85.1.51, D. 86.1.15] — Crépon, sur l'art. 33, n. 2 ; Daffry de la Monnoye, t. 1, sur l'art. 33, n. 2 ; de Lalleau, Jousselin, Rendu et Périn, t. 1, n. 524.

1801. — Le magistrat directeur peut constituer le jury de la session hors la présence des parties; c'est à celles-ci, prévenues de l'heure de la réunion du jury à se trouver présentes au moment où ce jury est constitué; si elles ne le sont point c'est une négligence de leur part dont elles ne sauraient être admises à se plaindre. La décision n'est donc pas nulle parce que le magistrat directeur du jury aurait, en l'absence de la partie et de son défendeur, appelé un juré supplémentaire pour remplacer un juré titulaire. — Cass., 9 mai 1834, de Boubers, [P. chr.] — V. suprà, n. 1790.

1802. — Lorsque le tribunal a désigné seulement douze jurés titulaires, au lieu de seize, nombre fixé par la loi, et que la composition du jury se trouve ainsi viciée de nullité, il n'appartient pas au magistrat directeur de réparer cette irrégularité par l'adjonction de jurés complémentaires. — Cass., 15 janv. 1889, Préfet des Alpes-Maritimes, [S. 89.1.336, P. 89.1.801, D. 90.5.263] — Dans ce cas, en effet, la composition du jury est viciée dans son origine; c'est au tribunal à désigner les jurés titulaires et les jurés supplémentaires; il ne saurait déléguer son droit au magistrat directeur en ne choisissant qu'un nombre de jurés insuffisant; ce magistrat n'a de pouvoirs que pour remplacer les jurés désignés par le tribunal, et non pour les choisir lui-même.

1803. — Le jury de jugement est formé par l'appel successif des jurés dans l'ordre du tableau, en commençant d'abord par les jurés titulaires, continuant par les jurés supplémentaires, et en finissant par les jurés complémentaires; l'appel doit s'arrêter au moment où douze d'entre eux ont été désignés comme devant faire partie du jury de jugement, les autres doivent être retranchés. — Cass., 21 févr. 1888, Fabrique de l'église d'Albia, [S. 88.1.384, P. 88.1.933, D. 89.1.268] — En conséquence, le magistrat directeur du jury doit, à peine de nullité, procéder à la réduction des jurés au nombre fixé par la loi, en retranchant les derniers noms inscrits sur la liste. — Cass., 25 févr. 1874, Depitre, [S. 74.1.222, P. 74.546, D. 74.1.248] ; — 14 déc. 1875, Caumon, [S. 76.1.222, P. 76.293, D. 76.5.233] — Dès lors, est irrégulière la décision du jury à laquelle a participé un juré complémentaire, alors qu'il existait un juré titulaire écarté sans qu'il soit fait mention d'aucun empêchement. — Mêmes arrêts.

1804. — Les jurés supplémentaires ne peuvent être appelés qu'en remplacement des jurés titulaires radiés de la liste; ils ne peuvent être intercalés dans la liste des jurés titulaires et prendre la place des jurés titulaires ; ils doivent être portés à la suite et dans l'ordre de leur propre inscription, et cela à peine de nullité, puisque cette prescription touche à l'organisation du jury. — Cass., 23 juill. 1856, Alcock, [D. 56.1.293] ; — 16 août 1856, Maridet, [S. 57.1.139, P. 58.42] ; — 16 août 1856, Faure, [Ibid.] ; — 16 août 1856, Petin, [Ibid.] ; — 20 août 1856, Chem. de fer de l'Est, [S. 57.1.139, P. 58.42, D. 56.1.330] ; — 1er déc. 1863, Deblais, [D. 64.5.156] ; — 25 févr. 1874, Depitre, [S. 74.1.222, P. 74.546, D. 74.1.248] ; — 14 déc. 1874, précité ; — 22 mai 1878, précité.

1805. — Jugé, de même, que la décision par laquelle le jury règle une indemnité d'expropriation est irrégulière si elle a été prise avec le concours d'un juré supplémentaire, alors que les jurés titulaires non dispensés ni récusés se trouvaient encore au nombre de douze ; elle doit donc être annulée quand un juré présent, non empêché et dont la radiation n'a point été ordonnée, a été remplacé par un juré supplémentaire. — Cass., 29 déc. 1847, Aucard, [S. 48.1.297, P. 48.1.127, D. 48.1.159] ; — 17 févr. 1851, Collinu-Carment, [S. 51.1.272, P. 51.1.464, D. 51.1.25] ; — 4 juill. 1855, de Talleyrand-Périgord, [S. 57.1.177, P. 55.2.120, D. 55.1.253] ; — 11 juill. 1859, Molinié, [S. 59.1.958, P. 60.352, D. 59.1.365] ; — 31 déc. 1867, Reid, [S. 68.1.136, P. 68.307, D. 68.1.16] ; — 14 déc. 1875, Ville de Saint-Amand, [S. 76.1.128, P. 76.293, D. 76.5.233] ; — 22 mai 1878, Sabrier, [S. 78.1.328, P. 78.802, D. 78.1.437] — De Peyrony et Delamarre, n. 389 ; Daffry de la Monnoye, t. 1, sur l'art. 33, n. 5 ; Crépon, sur l'art. 33, n. 9.

1806. — Cette nullité, tenant au principe organique des juridictions, ne peut être couverte par la simple comparution des parties ou par leur silence. — Cass., 17 févr. 1851, précité ; — 4 juill. 1855, précité ; — 16 août 1856, précité ; — 20 août 1856, précité ; — 11 juill. 1859, précité ; — 1er déc. 1863, précité ; — 14 déc. 1874, précité ; — 22 mai 1878, précité. — Crépon, sur l'art. 33, n. 9 ; Daffry de la Monnoye, loc. cit. ; de Lalleau, Jousselin, Rendu et Périn, loc. cit. ; de Peyrony et Delamarre, t. 1, sur l'art. 33, n. 4 ; Arnaud, n. 218. — Contrà, Cass., 9 mai 1834, de Bouben, [P. chr.].

1807. — Les parties sont donc recevables à se prévaloir des nullités qui vicient la composition du jury, encore bien qu'elles aient concouru, par leur présence, leurs récusations et leurs conclusions, aux opérations du jury irrégulièrement constitué. Il en est ainsi, alors même que les parties n'ont pas relevé ces nullités devant le magistrat directeur. En conséquence, doit être annulée la décision du jury à laquelle a participé un juré supplémentaire, alors qu'un des jurés titulaires ne se trouve pas sur la liste du jury de jugement, et que le procès-verbal n'énonce pas que ce juré ait été valablement excusé, ou récusé, et ne fournit aucune explication de ce changement dans la formation du jury. — Cass., 21 févr. 1888, précité.

1808. — En vain dirait-on que le remplacement du juré titulaire non compris dans le jury de jugement a été motivé soit pour cause d'empêchement de sa part, lorsque le procès-verbal, qui seul peut faire foi des opérations du jury et du magistrat directeur, ainsi que de l'accomplissement des formalités légales, ne constate rien de semblable. — Cass., 29 déc. 1847, précité.

1809. — Toutefois, l'exproprié est non recevable à se plaindre de ce qu'un juré titulaire a été remplacé par un juré supplémentaire, lorsque, loin de protester contre cette substitution, il a déclaré accepter le jury tel qu'il était composé, élimination faite du juré titulaire. — Cass., 4 juin 1856, Bordes, [S. 56.1.825, P. 56.2.514, D. 56.1.196] — Cette déclaration équivaut à une récusation.

1810. — De ce que le procès-verbal des opérations du jury d'expropriation mentionne la récusation du juré appelé pour compléter le nombre de seize, on ne saurait conclure que le nom de ce juré a été intercalé dans la liste à un autre rang que le sien, alors que le même procès-verbal constate que l'appel des seize jurés a été fait dans leur ordre régulier, et que cette récusation inutile du seizième juré peut s'expliquer par cela seul que le greffier aurait continué jusqu'à la fin la lecture de la liste et appelé de ce juré, dernier inscrit, quoique le jury fût déjà complet. — Cass., 9 avr. 1861, Chem. de fer du Midi, [P. 62.660, D. 61.1.260]

1811. — Les jurés supplémentaires devant être appelés selon leur rang d'inscription, est irrégulièrement composé le jury dans lequel figure un juré que son rang sur la liste n'appelait pas à en

EXPROPRIATION POUR CAUSE D'UTILITÉ PUBLIQUE. — Chap. XII.

faire partie, alors qu'aucune cause d'empêchement n'est mentionnée relativement aux jurés qui le précédaient. — Cass., 23 juin 1840, Labeaume, [S. 46.1.575, P. 48.2.334] — Daffry de la Monnoye, loc. cit. ; de Lalleau, Jousselin, Rendu et Périn, loc. cit.; Crépon, sur l'art. 33. n. 6.

1812. — Mais il ne faut pas oublier la règle en vertu de laquelle nul n'est admis à se plaindre des irrégularités que si elles lui ont porté préjudice. Par application de ce principe, il a été jugé que lorsque, pour compléter le nombre de seize jurés sur lequel doit s'exercer le droit de récusation des parties, on a appelé non le premier et le deuxième juré supplémentaire, mais le premier et le troisième, la partie, qui a usé dans toute sa plénitude de son droit de récusation, n'est pas fondée à se plaindre de la composition du jury, alors que l'autre partie n'ayant récusé qu'un seul juré, le troisième juré supplémentaire indûment appelé n'a pas fait partie du jury définitif. — Cass., 3 mai 1841, Chamecin, [S. 41.1.691, P. 41.2.334] — Daffry de la Monnoye, loc. cit.; de Lalleau, Jousselin, Rendu et Périn, loc. cit.

1813. — ... Que lorsque l'arrêt de nomination des jurés désigne l'un d'eux comme deuxième juré supplémentaire, et que le procès-verbal des opérations du jury constate que ce juré a procédé à ce rang à la fixation de l'indemnité, il n'y a aucune conséquence à tirer de ce que, sur la copie du procès-verbal des opérations du jury, signifiée plus tard à l'exproprié, le juré en question se trouve, par une transposition de noms, indiqué dans la transcription de l'arrêt comme troisième juré supplémentaire, au lieu de deuxième, une pareille erreur étant évidemment purement matérielle et ne pouvant en rien préjudicier à l'exproprié. — Cass., 29 mars 1853, Roy, [P. 55.2.460, D. 53.1.103]

1814. — ... Que le fait du magistrat directeur d'appeler, pour compléter la liste des jurés, plus de jurés supplémentaires qu'il n'est nécessaire, n'est pas une cause de nullité, alors que les jurés, ainsi appelés en trop, ont été inscrits à la fin de la liste, et que, à la suite des récusations, le jury de jugement ayant été constitué sans recourir aux jurés appelés à tort, le magistrat directeur les a retranchés. — Cass., 18 août 1884, Camus, [S. 85.1.32, P. 85.1.51, D. 86.1.15] — De Lalleau, Jousselin, Rendu et Périn, t. 1, n. 523, note. — V. infra, n. 1842.

1815. — ... Que l'exproprié est sans intérêt à se plaindre que le nom d'un juré supplémentaire ait été inscrit sur le tableau du jury de jugement après l'exercice du droit de récusation, lorsque ce juré n'a pas été appelé à siéger dans l'affaire. — Cass., 3 janv. 1854, Boulard de Gatelier, [P. 55.1.64, D. 54.1.315]

1816. — Tout juré titulaire radié doit être remplacé, puisque seize noms doivent toujours figurer sur la liste servant à la constitution du jury ; cependant si un ou plusieurs jurés titulaires ne sont pas remplacés cette irrégularité n'emporte aucune nullité, si elle n'a point porté atteinte au droit de récusation des parties et si le jury a été constitué avant que l'on eût besoin de compléter le jury; par suite, le défaut de remplacement d'un juré décédé, et porté par erreur sur la liste, n'est pas une cause de nullité, s'il n'en est résulté aucun empêchement au droit de récusation des parties. — Cass., 17 déc. 1856, Comp. de la rue impér. de Lyon, [S. 57.1.380, P. 58.266, D. 57.1.45] — Daffry de la Monnoye, t. 1, sur l'art. 33, n. 7; Crépon, sur l'art. 33, n. 7; de Lalleau, Jousselin, Rendu et Périn, t. 1, n. 623, note.

1817. — Il a été jugé, dans le même ordre d'idées, que lorsque le magistrat directeur a exclu quatre jurés titulaires, que la liste des jurés s'est ainsi trouvée réduite à douze, et que, au moment où le magistrat directeur allait procéder au choix des personnes nécessaires pour la compléter, les parties ont accepté les douze jurés restants pour jurés de jugement, elles ne peuvent ensuite critiquer cette manière de procéder, sous le prétexte qu'elles auraient été privées de leur droit de récusation ; que les parties peuvent, en effet, ne pas user de leur faculté de récusation, ou y renoncer en termes exprès. — Cass., 22 janv. 1889, Deiory, [S. 91.1.175, P. 91.4.404, D. 90.4.255]

1818. — ... Que lorsque le nombre des jurés, par suite de dispenses ou d'excuses, est inférieur à 16, le magistrat directeur doit le reporter à ce chiffre par l'adjonction de jurés supplémentaires; que si, du consentement des parties, il ne complète point la liste des jurés ainsi réduite, de telle sorte que les parties, exproprient et exproprié, n'aient plus ainsi chacune deux récusations péremptoires à exercer, cette méthode est irrégulière, car elle n'est point conforme aux dispositions des art. 33 et 34. L. 3 mai 1841; que cependant, elle n'entraîne aucune nullité, alors que les parties l'ont acceptée et n'ont point exigé que le nombre des jurés fût porté à 16 par l'adjonction immédiate d'un nombre de jurés suppléants suffisant. — Cass., 26 nov. 1860, Prat-Salles, [S. 61.1.381, P. 61.846]; — 11 avr. 1866, Martin, [S. 66.1.367, P. 66.998]; — 23 juill. 1883, Ville de Cherbourg, [S. 83.1.478, P. 83.1.1184, D. 84.1.344]; — 16 déc. 1883, Préfet du Nord, [S. 87.1.388, P. 87.1.941, D. 86.1.471]; — 13 avr. 1893, Pellerin, [S. et P. 94.1.293, D. 93.1.579] — Crépon, sur l'art. 33, n. 8; de Peyrony et Delamarre, n. 410; Arnaud, n. 250.

1819. — ... Que lorsque l'expropriant et l'exproprié ont été avertis par le magistrat directeur que chacun d'eux avait le droit d'exercer deux récusations, et lorsque le nombre des jurés titulaires s'étant trouvé réduit à quatorze par suite de l'excuse de deux jurés, les parties n'ont point exigé que la liste des titulaires fût portée à seize par l'adjonction immédiate de deux jurés suppléments, l'expropriant n'a exercé aucune récusation et qui a accepté le jury tel qu'il a été composé par douze jurés titulaires non récusés, n'est pas fondé à se pourvoir en cassation, pour une prétendue irrégularité dans la formation du jury. — Cass., 25 juill. 1883, précité. — ... Qu'il en est ainsi alors même que le nombre des jurés titulaires a été réduit à douze. — Cass., 11 avr. 1866, précité. — ... Qu'en pareil cas, le jury se trouve régulièrement formé même vis-à-vis de l'une partie qui n'est intervenue dans la procédure qu'après la formation de ce jury, cette partie étant réputée avoir accepté le jury tel qu'il avait été composé hors de sa présence. — Cass., 26 nov. 1860, précité.

1820. — ... Que l'exproprié est non recevable à se prévaloir devant la Cour de cassation de ce que l'un des jurés titulaires, qui n'a pas répondu au premier appel, est néanmoins demeuré sur la liste des seize et n'a été remplacé sur cette liste par un juré supplémentaire qu'au cours du réappel et alors que les récusations étaient déjà exercées en partie, lorsque, sur la réclamation élevée, à ce sujet, par l'expropriant devant le magistrat directeur, l'exproprié a conclu, au contraire, au maintien de la composition du jury. — Cass., 10 mai 1873, Ponsico, [S. 75.1.319, P. 75.755, D. 77.1.32] — Daffry de la Monnoye, t. 1, sur l'art. 33, n. 6; Crépon, sur l'art. 33, n. 11; de Lalleau, Jousselin, Rendu et Périn, t. 1, n. 524, note.

1821. — Les jurés supplémentaires, présents à l'audience, et n'ayant en leur personne aucune cause d'empêchement ou d'excuse, ont une vocation légale pour prendre place après les titulaires restants et compléter ainsi le jury définitif. Par suite, lorsque le magistrat directeur, après avoir retranché de la liste des jurés titulaires un membre excusé, a immédiatement déclaré et adjoindre le premier juré supplémentaire, qu'aucune des parties n'a exigé ce remplacement immédiat, que l'exproprié a exercé son droit de récusation, et que le juré supplémentaire a été adjoint à la liste à la suite des récusations de l'expropriant, l'exproprié qui savait que le juré supplémentaire pouvait être adjoint, et dont le droit de récusation n'a pas été entravé, n'est pas fondé à se pourvoir en cassation à raison d'une prétendue irrégularité dans la formation du jury. — Cass., 11 mai 1891, Lagrange, [S. et P 93.1.478, D. 92.1.164]

1822. — Lorsqu'un juré figurant sur la liste du jury ne s'est pas présenté, et qu'il a été remplacé et condamné à l'amende, il n'y a pas lieu de procéder à nouveau à la formation du jury, dans le cas où le juré se présente après la constitution du jury, et après la prestation de serment; la réintégration de ce juré sur la liste générale ne saurait réagir sur la formation du premier jury, déjà valablement constitué et acquis aux parties. — Cass., 25 févr. 1840, Valognes, [S. 40.1.212, P. 40.1.233]; — 26 déc. 1859, Chaudun, [P. 60.200, D. 59.1.496]; — 28 mai 1861, Ancelin, [S. 61.1.997, P. 62.731, D. 61.1.286]; — 22 juill. 1878, Chem. de fer de Clermont à Tulle, [S. 78.1.429, P. 78.1.102, D. 78.1.434]; — 16 mars 1887, Savare, [S. 88.1.80, P. 88.1.176, D. 88.1.327] — En d'autres termes, lorsqu'un juré absent lors de l'appel fait après l'audience a été condamné à l'amende, qu'il a été procédé à la formation d'un jury composé de douze jurés titulaires, que les parties ont été mises en demeure d'exercer leur droit de récusation, et que l'une d'elles l'a effectivement exercé, le jury ainsi composé est irrévocablement acquis aux parties; par suite, si le juré dont l'absence avait été constatée se présente au moment, et s'il est relevé de la condamnation de l'amende, cette circonstance ne peut exercer aucune influence sur la constitution antérieure et définitive du jury. — Cass., 12 déc. 1887, Préf. du Lot, [S. 90.1.475, P. 90.1.405, D. 88.1.440] — V. aussi Cass., 21 mars 1877, Vitou de Jassaud, [S. 79.1.324, P. 79.796, D. 78.1.439]

1823. — De même, la constitution du jury est régulière, alors que l'un des jurés titulaires, ne s'étant ni présenté, ni fait excuser, a été condamné à l'amende, et que, s'étant présenté après la constitution du jury et sa prestation de serment, il a été relevé de l'amende, mais n'a pas fait partie du jury de jugement, et alors que, deux autres jurés titulaires ayant été régulièrement excusés, le magistrat directeur a remplacé ces trois jurés par les trois premiers jurés supplémentaires, et que les parties ont exercé leur droit de récusation sur la liste ainsi complétée. — Cass., 23 déc. 1895, Bardineau, [S. et P. 96.1.246]

1824. — Mais le juré titulaire absent lors de l'appel du jury doit, quoique condamné à l'amende et remplacé à ce moment par un juré supplémentaire, être rétabli sur la liste, s'il se présente avant la constitution définitive du jury ; et cette constitution n'est définitive que lorsque, les parties ayant exercé leur droit de récusation, il reste douze jurés présents et prêts à entrer en fonctions. — Cass., 10 mars 1862, Quennec, [S. 62.1.893, P. 63.510, D. 62.1.303] ; — 15 juill. 1885, Bonnet, [S. 86.1.183, P. 86.1.418, D. 86.1.472] — Si le juré se présente avant la constitution définitive du jury et n'est point réintégré sur la liste, la décision rendue par le jury irrégulièrement composé est entachée d'une nullité radicale. — Cass., 15 juill. 1885, précité. — Dans ce cas l'irrégularité touche à l'organisation d'une juridiction, et, par suite, à l'ordre public. Dès lors, la décision rendue par un jury de jugement auquel a concouru un juré supplémentaire appelé en remplacement du juré titulaire primitivement défaillant est nulle, et cette nullité n'est pas couverte par le silence des parties lors de la formation du jury. — Cass., 26 avr. 1853, Sordet, [S. 53.1.720, P. 53.2.655, D. 53.1.190] ; — 26 avr. 1853, Larcomoy, [ibid.] — V. suprà, n. 1806.

1825. — Jugé, dans le même sens, que lorsque le jury constitué dans une première affaire a été accepté par les parties pour toutes les autres affaires de la série, et que, au moment de l'acceptation et avant l'appel des autres affaires, un juré excusé lors de la constitution du jury s'est présenté à l'audience, après avoir obtenu la décharge de sa condamnation à l'amende, il y a lieu de le réintégrer sur la liste de seize membres dont il faisait partie, et de rayer le dernier des jurés supplémentaires ; et que la liste des jurés, qui avait servi à la formation du jury dans la première affaire, se trouvant ainsi modifiée, il est nécessaire d'en avertir les parties, et de former un nouveau jury de jugement. — Cass., 4 juill. 1854, Lequin, [S. 55.1.218, P. 54.2.557] ; — 22 mars 1882, Ville de Marseille, [S. 82.1.431, P. 82.1.1057] ; — 12 juin 1882, Ville de Marseille, [S. 83.1.327, P. 83.1.785]

1826. — La question d'identité peut se poser à l'égard des jurés supplémentaires, comme à l'égard des jurés titulaires, elle doit se résoudre de la même manière. Si le juré supplémentaire n'a point été appelé parce que le jury a été constitué avant qu'on ait eu besoin de lui, peu importe que son identité n'ait pas été établie ; sa présence n'a porté préjudice à personne. Ainsi, en admettant qu'il n'y ait pas identité entre le premier juré supplémentaire et la personne du même nom excusée pour maladie, aucune atteinte n'a été portée aux droits des parties, alors que, tous les jurés titulaires étant présents, et aucun n'ayant été excusé ou remplacé, il n'a pas été nécessaire d'avoir recours aux jurés supplémentaires. — Cass., 21 mars 1887, Comm. de Saint-Honoré-les-Bains, [S. 89.1.83, P. 89.1.174, D. 88.1.276] — De Lalleau, Jousselin, Rendu et Périn, t. 1, n. 52, note.

1827. — II. *De l'appel des jurés complémentaires.* — « En cas d'insuffisance des jurés titulaires et des jurés supplémentaires, le magistrat directeur du jury choisit, sur la liste dressée en vertu de l'art. 29, les personnes nécessaires pour compléter le nombre de seize jurés » (L. 3 mai 1841, art. 33, § 2). — D'après la loi de 1833 (art. 33), c'était le tribunal de l'arrondissement qui complétait le nombre des seize jurés. Ce mode de procéder entraînait des lenteurs alors même que la réunion du jury avait lieu dans la localité où siégeait le tribunal ; il fallait chercher les divers membres de ce tribunal, qui pouvait ne pas être réuni ; de là une perte de temps considérable ; l'embarras était encore plus grand si le jury avait été convoqué en un lieu autre que celui où siégeait le tribunal, puisqu'il fallait en référer à celui-ci ; de là la modification apportée par la loi de 1841. — De Lalleau, Jousselin, Rendu et Périn, t. 1, n. 527.

1828. — Le magistrat directeur n'est assujetti à aucune condition de forme ni de délai lorsqu'il est dans la nécessité de compléter la liste du jury de la liste de la session par l'appel de jurés complémentaires pris parmi les personnes figurant sur la liste du conseil général. — Cass., 18 févr. 1863, Beurdely, [D. 63.1.253] — Daffry de la Monnoye, t. 1, sur l'art. 33, n. 7 ; Crépon, sur l'art. 33, n. 12. — V. cependant de Lalleau, Jousselin, Rendu et Périn, t. 1, n. 528.

1829. — En confiant au magistrat directeur le pouvoir de compléter le nombre de seize jurés, la loi ne lui fait pas un devoir de rendre à ce sujet une ordonnance, encore moins une ordonnance publique ; il suffit d'une simple invitation adressée aux citoyens appelés à compléter le jury. — Cass., 4 mars 1844, Luys, [S. 44.1.375, P. 44.1.094] — Daffry de la Monnoye, t. 1, sur l'art. 33, n. 7. — En effet, le magistrat directeur peut être pressé, il le sera même toujours, et l'important, pour ne pas retarder les opérations c'est d'aller au plus tôt convoquer des personnes qui compléteront le jury. — De Lalleau, Jousselin, Rendu et Périn, t. 1, n. 528, font toutefois observer avec raison qu'une décision judiciaire doit toujours être consignée, motivée et signée par le magistrat de qui elle émane et par le greffier ; il est, en effet, nécessaire que les parties puissent s'y rapporter, en examiner les motifs, rechercher s'ils sont justifiés ; si donc aucune ordonnance n'est rendue, le magistrat directeur doit mentionner sa décision dans le procès-verbal et en indiquer les motifs.

1830. — Si le procès-verbal n'indique pas d'une manière suffisante la cause de l'appel d'un juré complémentaire, cette irrégularité n'entraîne point nullité, alors qu'il est justifié que ce juré complémentaire a été appelé dans des circonstances où sa présence était indispensable, qu'il ressort notamment des autres énonciations qu'il a été appelé pour compléter la liste des jurés, réduite à moins de seize par les absences, les radiations. — Daffry de la Monnoye, t. 1, sur l'art. 33, n. 7.

1831. — La publicité exigée par la loi du 3 mai 1841, pour la discussion qui s'ouvre après la constitution et le serment du jury, n'est commandée par aucune disposition de la loi pour le choix auquel le magistrat directeur procède, en vertu de l'art. 33, dans la désignation des jurés complémentaires. Il n'est donc pas nécessaire que la désignation faite par le magistrat directeur, de personnes appelées à compléter le nombre de seize jurés, lorsque les individus convoqués ne se présentent pas en nombre suffisant, ait lieu publiquement ; cette désignation peut être faite à huis clos et dans la chambre du conseil. — Cass., 6 févr. 1843, Ville de Paris, [P. 46.2.760] ; — 10 janv. 1844, Cottin, [S. 44.1.374, P. 44.1.337] ; — 16 janv. 1844, Berry, [S. 44.1.374, P. 46.1.670] ; — 6 févr. 1844, Ville de Paris, [P. 46.2.547] ; — 4 mars 1844, précité. — De Lalleau, Jousselin, Rendu et Périn, t. 1, n. 528 ; Crépon, sur l'art. 33, n. 13 ; Daffry de la Monnoye, t. 1, sur l'art. 33, n. 7. — Le magistrat directeur agira avec plus de réflexion dans le silence du cabinet, qu'au milieu des demandes et des instances de toutes les parties.

1832. — Lorsque, par une ordonnance rendue quelques jours avant la réunion du jury, le magistrat directeur, en vue de l'éventualité de l'absence de quelques jurés titulaires, a désigné un certain nombre de citoyens pris sur la liste générale à l'effet de concourir, en cas de besoin, à la formation du jury, la constitution du jury est régulière, si ce n'est pas en vertu de cette ordonnance que ces citoyens ont siégé comme jurés, mais bien en vertu d'une ordonnance rendue par le magistrat directeur après sa décision sur les excuses et empêchements des jurés titulaires et suppléants. — Cass., 15 juin 1892, Guyot, [S. et P. 93.1.430, D. 93.1.578] — Les causes d'empêchements ou d'excuses peuvent être connues à l'avance. En ce cas, le magistrat directeur attendra-t-il au dernier moment pour convoquer les personnes qui doivent compléter la liste du jury ? Les opérations seront alors retardées ; les jurés présents, les parties, leurs avocats auront à souffrir de lenteurs et de pertes de temps. D'autre part, le magistrat directeur ne peut cependant statuer sur les causes d'excuse, d'empêchement et d'incompatibilité qu'après la réunion du jury, et il ne peut remplacer les jurés qu'après les avoir déclarés empêchés ou exclus. Telle est la règle. Mais, si le magistrat directeur ne peut, avant la réunion du jury, le compléter à l'avance, rien ne l'empêche de prévoir les vides qui se produiront dans ses rangs, et, par une mesure d'ordre purement administratif, de convoquer les personnes qu'il investira plus tard, d'une manière régulière et conforme à la loi, de la qualité de jurés. — De Lalleau, Jousselin, Rendu et Périn, t. 1, n. 528,

EXPROPRIATION POUR CAUSE D'UTILITÉ PUBLIQUE. — Chap. XII.

note. — V. dans le même sens, Cass., 21 mai 1865, [*Gaz. des Trib.* du 22 mai]

1833. — En résumé, si une première ordonnance, irrégulière parce qu'elle est prématurée, a été rendue, ce n'est pas elle qui investit les jurés complémentaires, quand ils ont été ensuite appelés régulièrement. Peu importe, dès lors, que la première ordonnance, simple mesure préparatoire et d'ordre administratif, n'ait pas rempli les conditions nécessaires pour pouvoir investir légalement de la qualité de jurés ceux qui y étaient dénommés, et que les jurés appelés par la deuxième ordonnance aient été pris parmi les citoyens ayant figuré sur la première, mais sans observer l'ordre dans lequel leurs noms avaient été primitivement inscrits. — Cass., 15 juin 1892, précité.

1834. — Aucun texte n'impose ni forme déterminée ni moment précis pour porter à la connaissance des parties intéressées les noms des jurés nouveaux. Ainsi cette connaissance peut leur être donnée alors seulement qu'il va être procédé à la constitution définitive du jury, sans que de là il résulte aucune entrave au libre et plein exercice du droit de récusation. — Cass., 4 mars 1844, Luys, [S. 44.1.375, P. 44.1.691] — Daffry de la Monnoye, t. 1, sur l'art. 33, n. 7; Crépon, sur l'art. 33, n. 15. — V. cependant, de Lalleau, Jousselin, Rendu et Périn, t. 1, n. 528.

1835. — De même, aucune forme spéciale n'est prescrite pour faire avertir les citoyens choisis comme jurés complémentaires. C'est à la prudence du magistrat directeur à employer le mode de convocation qui, eu égard aux circonstances, lui semble le plus sûr et le plus expéditif. — Même arrêt. — De Lalleau, Jousselin, Rendu et Périn, *loc. cit.*; Crépon, sur l'art. 33, n. 7 et 14; Daffry de la Monnoye, t. 1, n. 7. — Le délai devra être le plus court possible, pour ne point prolonger une attente fâcheuse pour tous; la forme de la convocation consistera souvent dans une lettre portée d'urgence; si cependant le magistrat directeur veut obliger le juré à se rendre sous les peines du droit, il devra employer une convocation régulière.

1836. — Le magistrat directeur qui, à défaut de jurés titulaires ou supplémentaires, choisit sur la liste dressée par le conseil général les personnes nécessaires pour compléter le nombre de seize jurés, n'est pas tenu de prendre les jurés dont les noms suivent ceux choisis par le tribunal; mais il a toute latitude pour désigner les uns ou les autres des noms figurant sur cette liste. — Cass., 14 avr. 1880, François, [S. 80.1.431, P. 80.1072] — De Lalleau, Jousselin, Rendu et Périn, t. 1, n. 527; Crépon, sur l'art. 33, n. 16. — Au reste, il recherchera ceux qui lui paraîtront les plus capables, et, en même temps, ceux dont la résidence sera la moins éloignée, de manière à commencer les opérations le plus tôt possible.

1837. — Au point de vue de la légalité, il suffit que son choix porte sur des citoyens inscrits sur la liste dressée par le conseil général; nul ne peut, en effet, siéger comme juré s'il n'a été investi de cette qualité par le conseil général; la présence dans le jury d'une personne qui n'aurait point été portée sur la liste du conseil général entraînerait une nullité radicale, car elle porterait atteinte à la constitution du jury et, par suite, à l'organisation des juridictions. — Cass., 30 juill. 1883. [*Bull. civ.*, p. 334] — Crépon, *loc. cit.*; de Lalleau, Jousselin, Rendu et Périn, t. 1, n. 527.

1838. — Un magistrat directeur n'est point d'ailleurs tenu d'indiquer que les jurés complémentaires ont été choisis sur la liste dressée par le conseil général; il suffit que, en fait, ces jurés aient été pris sur cette liste. — Cass., 18 févr. 1863, [*Gaz. des Trib.* du 19 février] — De Lalleau, Jousselin, Rendu et Périn, t. 1, n. 527, note. — La preuve de la régularité de la décision sera toujours facile à faire par la comparaison de la liste dressée par le conseil général, avec le procès-verbal désignant les jurés complémentaires devant être désignés. Il n'en est pas moins préférable que le magistrat directeur, pour éviter toutes recherches ultérieures, et pour justifier sa décision la prudence, indique que les jurés complémentaires ont été choisis sur la liste du conseil général, et, s'il est possible, le numéro sous lequel ils figurent sur cette liste.

1839. — Ici encore, la règle en vertu de laquelle les irrégularités qui ne causent aucun préjudice aux intéressés n'entraînent aucune conséquence relativement à la validité de la décision du jury doit être appliquée. Par suite, le fait de choisir un juré complémentaire sur une liste erronée est sans importance si le droit de récusation de l'exproprié a été exercé sans que ce juré

ait été appelé pour la formation du jury. — Cass., 2 avr. 1890, Dedous de Pierrefeus, [S. 91.1.351, P. 91.1.827, D. 91.1.39]

1840. — Remarquons, d'autre part, que l'art. 33, L. 3 mai 1841, en prescrivant au magistrat directeur de choisir sur la liste dressée par le conseil général de département les personnes nécessaires pour compléter, en cas d'insuffisance, le nombre de seize jurés, n'exige pas que, lorsque le besoin de cette convocation de seize jurés se manifeste successivement dans plusieurs affaires pendant une même session, les mêmes personnes soient seules appelées pour compléter le jury. — Cass., 1er juill. 1845, Préfet des Bouches-du-Rhône, [S. 45.1.492, P. 45.2.93, D. 45. 1.350] — Crépon, sur l'art. 33, n. 24; Daffry de la Monnoye, t. 1, sur l'art. 33, n. 10; de Lalleau, Jousselin, Rendu et Périn, t. 1, n. 529.

1841. — Et on ne saurait prétendre que, lorsque plusieurs affaires doivent être jugées dans une même session, il est nécessaire de procéder dès l'ouverture de la session à la composition de tous les jurys pour chacune des affaires; au contraire, chaque jury de jugement est valablement formé au moment où chaque affaire est appelée. — Même arrêt. — Si le jury est constitué au début de chaque affaire, comme le présume le législateur, c'est à ce moment que se produira, chaque fois, la nécessité de compléter le jury. Le magistrat directeur peut convoquer successivement divers jurés complémentaires, soit pour répartir la charge entre plusieurs, soit pour tout autre motif.

1842. — Les personnes désignées comme jurés complémentaires, à moins d'avoir été prévenues à l'avance, ne s'attendent pas aux fonctions qu'elles vont remplir et peuvent être empêchées; il est donc prudent de la part du magistrat directeur d'en appeler plus qu'il n'est nécessaire afin que le jury de la session soit sûrement constitué. Le fait du magistrat directeur d'appeler, pour compléter la liste des jurés, plus de jurés complémentaires qu'il n'est nécessaire, n'est pas une cause de nullité, alors que les jurés ainsi appelés en trop ont été inscrits à la fin de la liste et que, à la suite des récusations, le jury de jugement ayant été constitué sans recourir aux jurés complémentaires appelés à tort, le magistrat directeur les a retranchés. — Cass., 7 mai 1867, Beymond, [*Bull. civ.*, p. 147]; — 14 déc. 1875, Caumon, [S. 76.1.128, P. 76.293, D. 76.5.233]; — 14 avr. 1880, précité. — Crépon, sur l'art. 33, n. 17; Daffry de la Monnoye, t. 1, sur l'art. 33, n. 8; de Lalleau, Jousselin, Rendu et Périn, t. 1, n. 527, note. — V. *suprà*, n. 1814.

1843. — Si quelques-uns des jurés complémentaires ne se présentent pas, on constitue le jury avec ceux qui se sont présentés, s'ils sont assez nombreux, et le magistrat directeur les inscrit sur la liste dans l'ordre où ils ont été appelés; si les jurés ainsi appelés sont en nombre supérieur au nombre nécessaire, le magistrat directeur doit éliminer les derniers; s'il ne l'a fait pas, cette irrégularité n'entraîne aucune nullité, alors qu'il les a inscrits les derniers, et dans l'ordre où il les a appelés, parce qu'en fait, ils ne seront point appelés pour la constitution du jury, les récusations étant épuisées avant qu'on arrive jusqu'à eux. — V. les arrêts cités au numéro qui précède et Cass., 21 août 1861, Winchet, [D. 61.1.399] — Crépon, sur l'art. 33, n. 18; Daffry de la Monnoye, t. 1, sur l'art. 33, n. 8.

1844. — Lorsque, par suite des diverses radiations opérées, la liste des jurés titulaires et supplémentaires est inférieure à seize tout en étant supérieure ou au moins égale à douze, les parties peuvent, si elle est réduite à douze, accepter les douze jurés qui demeurent seuls, ou, s'il ne reste plus que quatorze jurés, convenir qu'elles n'exerceront qu'une récusation chacune, ou que l'une d'entre elles n'en exercera pas et que l'autre pourra en formuler deux; si les jurés étaient réduits à quinze les parties pourraient consentir à ce que l'une d'elles exercerait deux récusations et l'autre une; si elle ne contenait plus que treize jurés, il pourrait être entendu entre les parties que l'une d'elles exercerait une récusation, l'autre renonçant à en formuler. — Cass., 26 nov. 1860, Prat-Salles, [S. 61.1.382, P. 61.846, D. 60.1.484]; — 11 avr. 1866, Martin, [S. 66.1.367, P. 66.998, D. 66.5.206]; — 15 mars 1869, Ardoin, [D. 69.1.272] — Crépon, sur l'art. 33, n. 19 et s.; de Lalleau, Jousselin, Rendu et Périn, t. 1, n. 530.

1845. — Seulement, dans ce cas, le consentement des parties doit être certain et constaté par le magistrat directeur dans son procès-verbal; le magistrat directeur agira même prudemment, pour éviter toute contestation, en faisant déposer par les parties des conclusions écrites à cet égard.

1846. — Peu importe dans cette hypothèse que, postérieurement et après la constitution du jury, un juré ait été excusé, puisque, ainsi que nous le verrons, le jury peut délibérer tant que le nombre de ses membres ne descend pas au-dessous de neuf. — Cass., 11 avr. 1866, précité. — Crépon, sur l'art. 33, n. 23; de Lalleau, Jousselin, Rendu et Périn, t. 1, n. 530; Daffry de la Monnoye, t. 1, sur l'art. 33, n. 9.

§ 2. *Des récusations.*

1° *De l'appel des causes.*

1847. — Le magistrat directeur du jury est assisté, auprès du jury spécial, du greffier ou commis-greffier du tribunal, qui appelle successivement les causes sur lesquelles le jury doit prononcer, et tient procès-verbal des opérations (L. 3 mai 1841, art. 34, § 1). Martin du Nord a dit à cet égard : « L'introduction du directeur du jury rend nécessaire l'assistance du greffier du tribunal qui, plus habitué qu'aucun autre à l'observation des formes, tiendra plus régulièrement les procès-verbaux des opérations du jury » (*Monit.*, 27 janv. 1833, p. 212). — De Lalleau, Jousselin, Rendu et Périn, t. 1, n. 500. — Ajoutons que le magistrat directeur, occupé à diriger les débats, n'a pas le temps de prendre en même temps des notes pour la rédaction du procès-verbal, et que notre organisation judiciaire n'impose jamais aux magistrats le soin de tenir eux-mêmes procès-verbal de ce qui se passe aux audiences.

1848. — En cas d'empêchement du greffier et des commis-greffiers, leurs fonctions peuvent être remplies par un simple citoyen désigné par le magistrat directeur et admis par lui au serment. — Cass., 8 juill. 1863, Malice, [S. 63.1.400, P. 63.1104, D. 63.1.253]; — 14 août 1866, Boursin, [S. 67.1.85, P. 67.174, D. 66.5.214]; — 1er févr. 1870, Pinaud, [D. 70.1.392] — Et il n'est pas nécessaire que le procès-verbal énonce expressément le fait de l'empêchement : ce fait est légalement présumé. — Mêmes arrêts. — Arnaud, n. 234; Crépon, sur l'art. 34, n. 3; Daffry de la Monnoye, t. 1, sur l'art. 34, n. 15.

1849. — Il a été jugé que l'exproprié ne peut se faire un moyen de nullité de ce que le magistrat directeur du jury n'était pas assisté d'un greffier lors des premières opérations du jury, si cet exproprié, après avoir lui-même provoqué la nomination d'un greffier, a pris, sans faire aucune réserve, part à la discussion ultérieure. — Cass., 30 avr. 1844, Singer, [S. 44.1.432, P. 44.2.109] — Mais il ne faudrait pas étendre outre mesure cet arrêt qui est une disposition d'espèce, s'expliquant par les circonstances de la cause, et en conclure, par exemple, que, du consentement des parties, on pourrait se passer de greffier; dans ce cas la juridiction spéciale organisée par le législateur ne serait plus constituée ainsi qu'il l'a prescrit et il en résulterait une nullité radicale; mais si le greffier n'a été désigné qu'après l'accomplissement de formalités sans importance, son absence momentanée n'emporte point nullité.

1850. — Au jour qui a été fixé pour la convocation du jury, jour qui a d'ailleurs été indiqué par une convocation régulière, soit aux parties soit aux jurés (V. *suprà*, n. 1612 et s.), le magistrat directeur assisté du greffier ou du commis-greffier doit procéder à la constitution du jury, que les parties soient présentes ou non. — Cass., 19 janv. 1852, Préfet de l'Hérault, [S. 54. 1.367, P. 52.2.689, D. 52.1.31]; — 24 févr. 1864, Comm. de Beaumont-le-Roger, [D. 64.5.165]. — Crépon, sur l'art. 34, n. 1 et 2; Daffry de la Monnoye, t. 1, sur l'art. 34, n. 1.

1851. — Toutefois, la constitution du jury doit être faite en présence des parties si celles-ci se sont rendues à la convocation qui leur a été transmise; ces parties ont été appelées à exercer leur droit de récusation; dans ce cas il y aurait donc nullité, si le magistrat directeur constituait le jury en dehors des parties intéressées. Mais cette nullité serait couverte par la comparution des parties devant le jury sans protestations ni réserves; elles ratifieraient ainsi les irrégularités commises. — Cass., 7 mars 1855, Chemin de fer de Lyon, [S. 55.1.455, P. 55.1.414, D. 55.1.122] — De Lalleau, Jousselin, Rendu et Périn, t. 1, n. 542 et 543.

1852. — Remarquons qu'il y a lieu à plusieurs appels : d'abord l'appel pour la formation de la liste des jurés capables, puis l'appel de chaque cause pour la constitution du jury de jugement; enfin, au commencement ou à la reprise de l'audience, l'appel ayant pour but de constater la présence des jurés.

Il n'est pas besoin de constater l'appel des causes ; cet appel résulte d'ailleurs de l'exercice des récusations. Jugé que le § 1 de l'art. 34, L. 3 mai 1841, qui prescrit au magistrat directeur de faire appeler successivement par le greffier les causes sur lesquelles le jury doit statuer, n'étant pas compris au nombre de ceux dont la violation, suivant l'art. 42 de la même loi, donne ouverture à cassation, il en résulte que l'on ne peut devant cette cour exciper de ce que le procès-verbal ne constaterait pas que l'appel ait eu lieu. — Cass., 18 nov. 1846, Montalembert, [P. 46. 2.647, D. 47.1.77] — De Lalleau, Jousselin, Rendu et Périn, t. 1, n. 532, note.

1853. — D'autre part, en matière d'expropriation on n'est point obligé de suivre les prescriptions de l'art. 399, C. instr. crim., qui veut que chaque jour et pour chaque affaire on fasse l'appel général des jurés; cet appel a pour but de constater la présence des jurés et de mettre leurs noms dans l'urne; en matière d'expropriation il suffit de s'assurer de la présence des jurés, mais il n'y a pas à mettre leurs noms dans l'urne puisque les récusations s'exercent dans le premier ordre dans lequel les jurés sont portés sur la liste de session. — Daffry de la Monnoye, t. 1, sur l'art. 34, n. 16.

2° *Des récusations au cas où le jury n'examine qu'une seule affaire.*

1854. — Lors de l'appel, l'administration a le droit d'exercer deux récusations péremptoires ; la partie adverse a le même droit. Dans le cas où plusieurs intéressés figurent dans la même affaire, ils s'entendent pour l'exercice du droit de récusation; sinon le sort désigne ceux qui doivent en user (L. 3 mai 1841, art. 34, § 2 et 3). Le droit de récusation motivée eût été blessant pour le jury et eût paru suspect, aussi, comme en matière criminelle, le législateur a-t-il admis la récusation péremptoire, sans motifs, laissée à la volonté des parties, qui peuvent ainsi écarter qui il leur plait. La partie « pour exercer son droit, se borne, lors de l'appel de son nom du juré, à prononcer le mot : récusé. » Ce droit de récusation s'exerce lorsque la liste du jury de la session a été définitivement constituée et que le magistrat directeur s'est prononcé sur les causes d'empêchement et d'exclusion. — De Lalleau, Jousselin, Rendu et Périn, t. 1, n. 532; Crépon, sur l'art. 34, n. 26.

1855. — En disposant, par son art. 34, § 2, que lors de l'appel l'administration et les parties ont le droit d'exercer des récusations, la loi du 3 mai 1841 a entendu parler de l'appel des causes dont il est fait mention dans le § 1 dudit article, et non d'un second appel de jurés. Le droit de récusation a donc été régulièrement exercé lorsqu'il l'a été par les parties intéressées lors de l'appel de la cause qui les concernait. — Cass., 7 avr. 1845, Préf. du Nord, [S. 45.1.529, P. 45.1.585, D. 45.1. 207]

1856. — Le magistrat directeur du jury d'expropriation doit avertir les parties du droit qu'elles ont respectivement d'exercer une récusation péremptoire, et leur faire connaître le mode d'exercice de leur droit; l'accomplissement de cette formalité substantielle doit, à peine de nullité, être constaté au procès-verbal des opérations du jury. — Cass., 25 août 1858, Comm. de Salaunes, [P. 58.1092, D. 58.1.328]; — 29 juin 1869, Vivier-Labretonnière et autres, [S. 69.1.386, P. 69.948, D. 69. 1.344]; — 1er août 1873, Duroulet, [S. 73.1.474, P. 73.1191, D. 74.1.447]; — 17 mars 1874, Lacène, [S. 75.1.85, P. 75.173, D. 74.1.421]; — 21 mars 1877, Viton de Jassaud, [S. 79.1.324, P. 79.796, D. 78.1.39]; — 18 déc. 1882, Héricourt, [*Bull. civ.*, p. 409] — Daffry de la Monnoye, t. 1, sur l'art. 34, n. 18; de Lalleau, Jousselin, Rendu et Périn, t. 1, n. 534.

1857. — Ainsi on doit considérer que la mention insérée au procès-verbal « qu'aucune récusation n'a été exercée » ou que « le droit de récusation a été exercé par une des parties » est insuffisante pour constater l'avertissement prescrit. En effet ces formalités n'établissent point que le magistrat directeur a fait connaître aux parties quel était leur droit de récusation, et les a invitées à l'exercer. — Cass., 29 juin 1869, précité; — 17 mars 1874, précité; — 18 déc. 1882, précité. — Crépon, sur l'art. 34, n. 32 et 33; Daffry de la Monnoye, t. 1, sur l'art. 34, n. 18; de Lalleau, Jousselin, Rendu et Périn, t. 1, n. 534, note.

1858. — Au reste, aucune formule sacramentelle n'est imposée au magistrat directeur tenu d'avertir les parties de leur droit d'exercer deux récusations péremptoires. Dès lors, il suffit

EXPROPRIATION POUR CAUSE D'UTILITÉ PUBLIQUE. — Chap. XII.

que ce magistrat ait averti les parties, sans distinction de l'exproprlant et de l'exproprié, de leur droit de récuser quatre jurés. — Cass., 18 nov. 1874, Rémalhio, [S. 75.1.177. P. 75.406, D. 75.1.81]; — 21 mars 1877, Vitou de Jassaud, [S. 79.1.324, P. 79.796, D. 78.1.439] — Daffry de la Monnoye, t. 1, sur l'art. 34, n. 18; de Lalleau, Jousselin, Rendu et Périn, t. 1, n. 534; Crépon, sur l'art. 34, n. 34 et 35.

1859. — Jugé également qu'il suffit que le procès-verbal constate que l'avertissement relatif au droit de récusation a été donné par le magistrat directeur aux parties. — Cass., 12 déc. 1892, Chemin de fer du Périgord, [S. et P. 94.1.365]

1860. — Et même, le défaut d'avertissement par le magistrat directeur aux parties du droit de récusation péremptoire leur appartenant, n'emporte pas nullité, si les parties ont, en fait, exercé ce droit. Il en est ainsi lorsque le procès-verbal des opérations du jury constate que chacune des parties a exercé une récusation. — Cass., 17 mars 1874, Lacène, [S. 75.1.85, P. 75. 173, D. 74.1.424]; — 24 déc. 1879, des Etangs, [S.80.1.174, P. 80. 380, D. 80.1.165]; — 29 mars 1887, Duphénieux, [S. 88.1.134, P. 88.1.304, D. 88.1.184] — Peu importe que le procès-verbal n'indique pas la récusation comme péremptoire. Vainement dirait-on que la récusation a pu être une récusation pour cause déterminée, si des termes employés il résulte qu'il s'est agi d'une récusation péremptoire. — Mêmes arrêts. — Crépon, sur l'art. 34, n. 36 ; de Lalleau, Jousselin, Rendu et Périn, t. 1, n. 534.

1861. — Les noms des jurés étant appelés dans l'ordre de leur inscription sur la liste de la session, le magistrat directeur doit faire connaître aux parties que leur droit de récusation s'exerce sur le nom des jurés ainsi successivement appelés. Par suite, le magistrat directeur, en annonçant aux parties que leur droit de récusation devait s'exercer sur les douze premiers noms de la liste, et successivement sur ceux qui seraient appelés à remplacer les récusés, leur fait suffisamment connaître le droit qui leur appartient d'exercer deux récusations péremptoires contre ceux qui sont successivement appelés à composer le jury. — Cass., 14 août 1855, Mounier, [S. 56.1.620, P. 57.420, D. 55.1.416] — Crépon, sur l'art. 34, n. 38; Daffry de la Monnoye, t. 1, sur l'art. 34, n. 18.

1862. — D'autre part, l'exproprlant qui a accepté, pour une affaire nouvelle, le jury qui venait de statuer sur une précédente affaire, où lui-même était partie, ne peut se plaindre de n'avoir pas reçu du magistrat directeur l'avertissement concernant son droit de récusation des jurés et d'avoir été privé de ce droit, alors que, dans la première affaire, le magistrat directeur avait fait connaître aux parties leur droit de récusation dont elles avaient usé. — Cass., 28 juill. 1879, Préfet de la Lozère, [S. 81.1.377, P. 81.1.900, D. 80.1.81] — Crépon, sur l'art. 34, n. 37; de Lalleau, Jousselin, Rendu et Périn, t. 1, n. 534, note.

1863. — Les parties ont un délai moral pour exercer leur droit de récusation ; aussi, dans l'usage, le nom des jurés n'est-il lu qu'avec lenteur, et ne passe-t-on à un autre juré que lorsque les parties, par leur silence, montrent qu'elles l'ont accepté. Il a été jugé que ce droit peut être exercé alors même que le dernier juré a pris place sur son siège, tant que le jury n'a pas été déclaré constitué. — Cass., 30 mars 1864, Sevin, [D. 64.5.153] — Daffry de la Monnoye, t. 1, sur l'art. 34, n. 20; de Lalleau, Jousselin, Rendu et Périn, t. 1, n. 532, note. — Mais cette décision nous semble aller un peu trop loin. Lorsque les parties, par une lecture lente, ont eu le temps de récuser, il semble que leur droit soit épuisé quand un autre juré est venu prendre place sur le banc des jurés. Ce juré doit être considéré comme désormais acquis.

1864. — Les §§ 2 et 4 de l'art. 34 étant compris par l'art. 42, L. 3 mai 1841, parmi ceux dont la violation donne ouverture à cassation, il y aurait nullité si les parties avaient été privées de leur droit de récusation péremptoire ; mais les parties peuvent valablement renoncer à exercer leur droit de récusation et accepter les douze premiers jurés inscrits sur la liste de la session; ce consentement doit être constaté au procès-verbal. — Cass., 22 août 1876, Comm. de Moncel, [Bull. civ.]; — 25 juill. 1883, Ville de Cherbourg, [S. 83.1.478, P. 83.1.1184, D. 84.1.344] — V. aussi Cass., 3 janv. 1844, Chem. de fer de Paris à Saint-Germain, [S. 44.1.155, P. 44.1.153] — Crépon, sur l'art. 34, n. 39; Daffry de la Monnoye, t. 1, sur l'art. 34, n. 19; de Lalleau, Jousselin, Rendu et Périn, t. 1, n. 533.

1865. — Lorsque l'appel des jurés est commencé, et que certains jurés ont été acceptés, d'autres récusés, cette opération ne peut être recommencée sans le consentement de toutes les parties, les jurés non récusés étant acquis aux parties; mais si toutes les parties consentent à ce que les opérations auxquelles il a déjà été procédé soient considérées comme non avenues, rien ne s'oppose à ce qu'elles soient recommencées ; ce point a été spécialement jugé dans une affaire où l'avocat de l'exproprlant ne s'étant pas présenté qu'après l'appel d'une partie des jurés, et les récusations déjà exercées. — Cass., 17 janv. 1866, Gaget, [D. 66.5.206] — Daffry de la Monnoye, t. 1, sur l'art. 34, n. 21; Crépon, sur l'art. 34, n. 40.

1866. — La décision du jury est nulle alors qu'un juré récusé a pris part à la décision du jury; cette nullité touche à l'organisation du jury, elle est donc d'ordre public, et peut par suite être invoquée même par la partie qui n'avait point récusé ce juré. — Cass., 17 févr. 1851, Colliau, Carmont, [S.51.1.272, P. 51.1.464, D. 51.1.25] — Daffry de la Monnoye, t. 1, sur l'art. 34, n. 22; Crépon, sur l'art. 34, n. 41; de Lalleau, Jousselin, Rendu et Périn, t. 1, n. 534 bis.

1867. — Par la même raison, il y a également nullité quand une partie a exercé un nombre de récusations plus considérable que celui auquel elle avait droit, ou que, par suite d'une confusion, une récusation a été exercée par une personne étrangère aux débats et qui n'y était pas partie. — Cass., 2 févr. 1864, Déty, [Bull. civ., p. 33] — Crépon, sur l'art. 34, n. 43; de Lalleau, Jousselin, Rendu et Périn, t. 1, n. 534 bis ; Daffry de la Monnoye, t. 1, sur l'art. 34, n. 23.

1868. — La nullité devra encore être prononcée si, par de fausses désignations, les parties ont pu être trompées sur l'identité des jurés, et si leur droit de récusation a été ainsi entravé. — Cass., 22 août 1853, Montbus, [S. 54.1.636, P. 54.1.574, D. 53.1.332]; — 7 avr. 1858, Salomon, [P. 59.764, D. 58.1.156]

1869. — Il doit y avoir autant de jurys distincts que de causes, c'est-à-dire de propriétés différentes; par suite, le droit de récusation des intéressés est restreint quand plusieurs causes sont réunies en une seule sans leur consentement unanime; aussi cette réunion irrégulière, gênant le droit de récusation et lui portant atteinte, emporte nullité. — Cass., 7 juin 1853, Forcheron, [S. 54.1.63, P. 54.2.411, D. 53.1.285]; — 23 août 1854, Jacomet, [S. 55.1.143, P. 55.1.126, D. 54.1.319] — Debray, n. 146; Cotelle, t. 1, p. 308; Gillon et Stourm, p. 128; Crépon, sur l'art. 34, n. 24; de Lalleau, Jousselin, Rendu et Périn, t. 1, n. 533, note.

1870. — Le maintien sur la liste du jury, malgré les protestations des intéressés, de jurés contre lesquels existent de légitimes causes d'exclusion a pour résultat de diminuer leur droit de récusation en les obligeant de le faire porter sur des personnes qui ne devraient pas figurer sur la liste ; il entraîne également nullité. — Cass., 11 juill. 1858, Bertrand, [S.61.1.380, P.61.710, D. 60.1.412] — Daffry de la Monnoye, t. 1, sur l'art. 34, n. 24; Crépon, sur l'art. 34, n. 44. — V. supra, n. 1779.

1871. — L'exclusion prononcée, en matière d'expropriation pour cause d'utilité publique, sur la réclamation de l'exproprié, contre plusieurs jurés, à raison de l'incompatibilité de fonctions résultant à leur égard de leur qualité de conseillers municipaux dans la commune intéressée dans l'expropriation, ne prive pas l'exproprié de son droit d'exercer une récusation péremptoire en vertu de l'art. 16, L. 21 mai 1836. En conséquence, la récusation qu'il propose est repoussée comme ayant été absorbée par les exclusions causées par l'incompatibilité de fonctions, il y a nullité de la décision à laquelle a pris part le juré par lui récusé. — Cass., 5 avr. 1854, Legros, [S. 54.1.464, P. 54.1.448, D. 54. 1.161]

1872. — Lorsque plusieurs intéressés figurent dans la même affaire, l'art. 34, § 3, règle comment il doit être procédé ; ils doivent s'entendre sur l'exercice du droit de récusation, sinon le magistrat désigne ceux qui doivent en user. S'il existe deux expropriés, chacun aura droit à une récusation péremptoire ; s'ils sont au nombre de trois ou plus, le magistrat directeur fixera leurs droits par un tirage au sort. Le premier intéressé dont le nom sortira exercera une récusation ; le second une; les autres se trouveront privés du droit de récusation.

1873. — On doit considérer comme rentrant dans la même affaire et formant une cause unique toutes les demandes relatives à un même immeuble, quelle que soit leur nature, comme, par exemple, la demande du propriétaire, du locataire, du bénéficiaire d'une servitude, etc. Un même jury appelé à connaître de toutes les demandes concernant un même immeuble se prononcera en connaissance de cause et appréciera plus facilement et mieux les diverses demandes d'indemnité qui lui sont afférentes. — De Lalleau, Jousselin, Rendu et Périn, t. 1, n. 535 et 536; Crépou, sur l'art. 34, n. 48 et 49 ; Daffry de la Monnoye, t. 1, sur l'art. 34, n. 25.

1874. — La circonstance que diverses causes ont été comprises dans une même instance administrative et dans une même procédure judiciaire ne suffit pas pour faire considérer qu'elles constituent une seule affaire. Les expropriations concernant les divers immeubles nécessaires à un même travail sont généralement comprises dans la même procédure administrative et judiciaire si ces immeubles sont situés sur le territoire de la même commune ; la circonstance que ces immeubles sont compris dans la même procédure importe donc peu : pour qu'il n'y ait qu'une affaire il faut que les demandes concernent le même immeuble. Jugé, en conséquence, qu'il y a nullité dans la décision rendue par un seul et même jury sur plusieurs expropriations distinctes, nonobstant l'opposition d'un des expropriés, qui avait réclamé un jury spécial, bien que ces expropriations eussent été comprises dans une même instance administrative et dans une même procédure judiciaire. Et, dans ce cas, l'exproprié qui a procédé devant le jury est néanmoins recevable à proposer la nullité de sa décision devant la Cour de cassation, lorsqu'il a fait la réserve de tous moyens de droit et de fait. — Cass., 7 juin 1853, précité. — De Lalleau, Jousselin, Rendu et Périn, t. 1, n. 536, note ; Crépon, sur l'art. 34, n. 51.

1875. — Lorsque plusieurs intéressés figurent dans la même affaire, la mention du procès-verbal que deux jurés ont été récusés par les parties indique qu'elles ont agi collectivement. Il en est ainsi alors surtout que le magistrat directeur a expressément prévenu les parties qu'en s'entendant entre elles, elles avaient le droit d'exercer deux récusations. — Cass., 11 janv. 1854, Collot, [S. 54.1.201, P. 54.2.607, D. 54 1.238]

1876. — La violation de l'art. 34, § 3, L. 3 mai 1841, sur le mode d'exercice du droit de récusation collective, lorsqu'il concerne plusieurs intéressés sur le même immeuble, ne donne pas ouverture à cassation. — Cass., 4 juill. 1854, Lequin, [S. 55.1. 218, P. 54.2.557, D. 54.1.310]

3° Des récusations au cas où le jury examine plusieurs affaires.

1877. — Aux termes de l'art. 34, L. 7 juill. 1833, chaque affaire devait être jugée par un jury distinct et séparé. Bien que la loi du 3 mai 1841 n'ait pas reproduit cette règle, elle n'en est pas moins certaine, en effet, l'art. 34 déclare que les causes sont appelées successivement, ce qui suppose qu'elles ne sont pas portées en même temps devant le jury ; il ajoute que si la partie expropriante a droit à deux récusations, la partie adverse a le même droit. Si le législateur avait eu en vue la constitution d'un jury unique pour toute la session il aurait écrit : *les parties adverses.* Enfin en décidant qu'un même jury connaît de toutes les demandes concernant la même affaire, il dit implicitement mais nécessairement qu'il ne statue que sur les demandes concernant cette affaire. Il peut y avoir intérêt à constituer des jurys distincts pour chaque affaire ; en effet, des jurés peuvent avoir une compétence spéciale et complète pour ce qui concerne les champs, les prés, les domaines ruraux, et n'en avoir aucune relativement aux immeubles urbains, aux usines, etc. Leur impartialité peut être assurée pour un certain nombre d'affaires, elle peut être douteuse, ou tout au moins suspectée, pour d'autres. De là l'intérêt et le droit des parties d'avoir un jury distinct pour chaque affaire. — De Lalleau, Jousselin, Rendu et Périn, t. 1, n. 539. Gillon et Stourm, p. 128.

1878. — Le législateur n'a point prescrit à peine de nullité la constitution d'un jury spécial pour chaque affaire, mais nous avons vu cependant que la réunion, malgré le consentement de l'un des intéressés, de plusieurs affaires pour les soumettre à un seul jury, portant atteinte au droit de récusation, donne ouverture à cassation. — V. supra, n. 1869.

1879. — Il est toutefois avantageux, dans la plupart des cas, de réunir plusieurs affaires devant le même jury ; on va ainsi beaucoup plus vite ; si les immeubles sont de même nature, ce mode de procéder est sans inconvénient puisque les jurés choisis dans une première affaire ont une compétence égale pour connaître des autres ; en outre on obtient de la sorte une justice plus égale ; les mêmes jurés conservant dans toutes les affaires la même base d'évaluation, on ne voit pas un propriétaire plus favorisé que d'autres. Aussi dans les villes procède-t-on en général par catégories d'affaires soumises au même jury. — Daffry de la Monnoye, t. 1, sur l'art. 34, n. 27.

1880. — Il est donc reconnu que lorsque le jury d'expropriation est appelé à se prononcer sur un certain nombre d'affaires, les divers expropriés peuvent valablement convenir qu'il ne sera constitué qu'un seul et même jury. Il suffit, en ce cas, que chacun des jurés prête serment pour toutes les affaires qui lui seront soumises. — Cass., 23 mai 1842, Préfet de l'Isère, [S. 42.1.571, P. 42.2.135] ; — 17 août 1847, Pestiaux, [S. 48.1.318, P. 48.1.696] ; — 17 août 1875, David, [S. 75.1.469, P. 75.1185, D. 76.1.120] ; — 14 avr. 1880, François, [S. 80.1.431, P. 80.1072] ; — 19 juill. 1881, Malartre, [S. 81.1.429, P. 81.1.1085, D. 82.1. 267] ; — 6 août 1883 Garnier, [S. 85.1.436, P. 85.1.1088, D. 84.1.333] — Arnaud, n. 258 et s.; Morin, n. 96 de Peyrony et Delamarre, n. 426; Crépon; Daffry de la Monnoye, t. 1, sur l'art. 34, n. 28; de Lalleau, Jousselin, Rendu et Périn, t. 1, n. 540.

1881. — Et il n'y a pas à tenir compte d'une prétendue protestation formulée par l'une des parties, s'il n'est pas justifié qu'elle ait été produite avant le jugement de ces affaires. — Cass., 19 juill. 1881, précité. — Dans ce cas, la partie qui proteste n'apporte aucune preuve à l'appui de son allégation ; elle aurait dû produire sa protestation ou ses réserves dans des conclusions, ou demander, tout au moins, qu'elles fussent insérées ou mentionnées dans le procès-verbal. — Crépon, sur l'art. 34, n. 57 ; de Lalleau, Jousselin, Rendu et Périn, t. 1, n. 540, note.

1882. — Par suite, les parties qui, au lieu de s'opposer à la jonction de leurs affaires, bien qu'elles fussent distinctes, ont procédé en conséquence, notamment en s'entendant pour exercer collectivement leur droit de récusation, ne peuvent se faire ultérieurement de cette jonction, un moyen de cassation. — Cass., 23 août 1854 (deux arrêts), Jacomet, Navet, [S. 54.1.143, P. 55.1.126, D. 54.1.319] ; — 24 avr. 1855, Palcoux, [S. 55.1. 607, P. 55.1.599, D. 55.1.132] — V. aussi Cass., 3 mai 1841, Chamecin, [S. 41.1.69, P. 41.2.334]

1883. — Mais s'il est loisible aux parties de consentir à ce que toutes les affaires de la session soient jugées par un jury unique, qui ne prête qu'un serment, il faut que ce consentement formel ou tacite, soit établi d'une manière certaine par le procès-verbal des opérations du jury. — Cass., 3 mai 1841, précité ; — 17 août 1847, précité ; — 23 août 1854, précité ; — 24 avr. 1855, précité ; — 25 mai 1859, Cartier, [P. 60.1214, D. 59.1.207] ; — 19 juin 1861, Bompied, [S. 62.1.894, P. 62.715, D. 61.1.286] ; — 16 avr. 1862, Comm. de Saint-Galmier, [S. 62.1.894 P. 62. 715, D. 61.1.286] ; — 2 juill. 1872, Accary, [D. 72.5.232] ; — 28 août 1876, Chemin de fer d'Orléans, [S. 77.1.224, P. 77.549, D. 77.1.23] ; — 10 févr. 1879, Ciappier, [S. 79.1.429, P. 79.1501, D. 79.1.175] ; — 6 août 1883, précité ; — 5 août 1889, Lemaire, [S. 90.1.272, P. 90.1.531, D 90.5.266] ; — 2 déc. 1889, Braud, [S. 90.1.222, P. 90.1.531, D. 90.5.266] — Crépon, sur l'art. 34, n. 54 ; Daffry de la Monnoye, t. 1, sur l'art. 34, n. 28 ; de Lalleau, Jousselin, Rendu et Périn, t. 1, n. 540.

1884. — Et il a été jugé, à cet égard, que s'il est nécessaire que les parties intéressées aux diverses affaires inscrites au rôle d'une session d'expropriation soient averties par le magistrat directeur de son intention de constituer un jury unique pour le jugement de plusieurs affaires, afin qu'elles puissent repousser ou accepter la jonction, et, dans ce cas, s'entendre pour les récusations à exercer, aucune formule sacramentelle n'est prescrite ni pour avertissement ni pour la constatation du consentement des parties. — Cass., 11 avril 1891, Lagrange, [S. et P. 93.1.478, D. 92.1.164] ; — 11 août 1891, Séverin, [S. et P. 93.1.431]

1885. — ... Que le consentement est suffisamment établi, lorsqu'il résulte des constatations du procès-verbal qu'après la constitution du jury, les diverses affaires ont été appelées, et que la compagnie expropriante ainsi que les expropriés ont fait à chaque appel de cause l'exposé de leurs prétentions sans réclamer ni faire aucune réserve contre la formation du jury unique chargé de statuer sur toutes les affaires. — Cass., 12 déc. 1892, Chemin de fer du Périgord, [S. et P. 94.1.365] — V. aussi Cass., 25 mai 1859, précité.

1886. — ... Que, de même, ce consentement résulte suffisamment de la participation des parties, sans protestation ni réserve

EXPROPRIATION POUR CAUSE D'UTILITÉ PUBLIQUE. — Chap. XII.

aux opérations de la constitution du jury par l'exercice collectif de leur droit de récusation et les conclusions prises au fond devant le jury, et du fait que les expropriés étaient représentés par le même mandataire, qui a exercé au nom de tous ses clients leur droit de récusation et a présenté ensuite dans chaque affaire leurs moyens de défense sans protester contre la constitution d'un jury unique. — Cass., 11 mai 1891, précité.

1887. — On ne peut se faire un grief de cassation, fondé sur la jonction de plusieurs affaires, lorsque, avant de procéder à la formation du jury, le magistrat directeur a fait remarquer que les parties, en s'entendant entre elles, avaient le droit de former un certain nombre de récusations, et qu'aucune réclamation ou réserve n'a été faite ultérieurement contre la formation du jury. — Cass., 28 août 1876, Chemin de fer d'Orléans, [S. 77.1.224, P. 77.1.549, D. 77.1.23] — Crépon, sur l'art. 34, n. 55.

1888. — Mais le consentement dont il s'agit ne résulte pas du procès-verbal qui déclare que, lors de l'appel de la cause, l'exproprié ne s'est pas présenté, ni personne pour lui, et ne constate pas la présence de cet exproprié au moment de la constitution du jury unique, et par conséquent, son consentement à cette constitution. — Cass., 6 août 1883, précité. — Crépon, sur l'art. 34, n. 56; de Lalleau, Jousselin, Rendu et Périn, t. 1, n.540. — Par suite, doit être annulée la décision du jury soit lorsque le procès-verbal indique bien qu'aucune opposition ne s'est produite au moment où le magistrat directeur a proposé de soumettre à un seul et même jury toutes les affaires de la session, mais mentionne également que l'une des parties a fait défaut. — Cass., 2 déc. 1889, précité. — ... Soit encore lorsqu'il n'appert d'aucune des mentions du procès-verbal, que l'exproprié ait été présent, ou représenté, au moment de la formation de ce jury, et lorsque le procès-verbal constate, au contraire, que personne ne s'est présenté, au nom de l'exproprié, devant le jury pour débattre l'indemnité. — Cass., 5 août 1889, précité.

1889. — Décidé, cependant, que l'exproprié, dûment appelé à une assemblée où les intéressés ont consenti à la réunion des diverses expropriations en une seule catégorie pour être soumises à un même jury, n'est pas recevable à se plaindre de ce mode de procéder, sous prétexte qu'il n'aurait pas été présent à la délibération, alors que, plus tard, il n'a élevé aucune protestation devant le jury. — Cass., 20 mai 1845, Manoury, [S. 45.1.415, P. 45.1.692, D. 45.1.295]; — 25 mai 1859, Cartier, [P. 60.1.214, D. 59.1.207] — Crépon, sur l'art. 34, n. 38; Daffry de la Monnoye, t. 1, sur l'art. 34, n. 28; de Lalleau, Jousselin, Rendu et Périn, t. 1, n. 540.

1890. — Aucune formule n'est d'ailleurs obligatoire pour constater la présence des parties au moment de la constitution du jury appelé à connaître de toutes les affaires de la session; il suffit que cette présence résulte, d'une façon non douteuse, d'une des mentions ou de l'ensemble des constatations du procès-verbal. Par suite, la constitution d'un seul jury est régulière, alors que le procès-verbal porte que l'appel des parties au lieu qu'aucune objection n'a été formulée à la proposition du magistrat directeur de ne constituer qu'un seul jury; que l'avertissement pour l'exercice en commun de leur droit de récusation leur a été donné et qu'elles en ont fait usage. — Cass., 11 août 1891, précité. — Le magistrat directeur agira, toutefois, prudemment en énonçant dans son procès-verbal la présence de toutes les parties et leur consentement exprès.

1891. — Lorsque le nombre des affaires est très-considérable, on peut, pour faciliter leur expédition et abréger l'instruction des affaires, les diviser par catégories; le magistrat directeur qui propose cette manière de procéder doit constater que toutes les parties sont présentes ou représentées, recueillir leur consentement unanime et le mentionner au procès-verbal. — Cass., 24 déc. 1851, Molaix, [S. 52.1.670, P. 52.1.71, D. 51.5. 246]; — 2 janv. 1855, Feuillatre, [P. 55.1.64, P. 55.1.39, D. 55. 1.14]; — 24 janv. 1855, Falioux, [S. 55.1.607, P. 55.1.599, D. 55. 1.132]; — 15 mai 1855, Detroya, [P. 57.1.829, D. 55.1.204] — De Lalleau, Jousselin, Rendu et Périn, t. 1, n. 540 bis; Crépon, sur l'art. 34, n. 59 et 60. — Il n'est pas nécessaire, pour la réunion d'affaires dans la même catégorie, qu'elles soient de même nature, puisque ce mode de procéder a pour principal avantage la célérité; cependant, il est plus avantageux à tous égards d'assembler dans la même catégorie les affaires de même nature.

1892. — Au cas de constitution, pour deux séries d'affaires, de deux jurys, composés des mêmes membres, il y a nécessité de former le jury distinctement pour chacune des deux affaires; et le second jury ne peut entrer en fonctions après l'épuisement des affaires de la première série, sans annonce du changement de jury, sur les errements de la composition du premier jury, et sans énonciation nouvelle des absences ou empêchements précédemment constatés. — Cass., 11 févr. 1861. Chem. de fer du Midi, [S. 61.1.793, P. 62.42, D. 61.1.281] — Même date, Dupin, [Ibid.] — Même date, Mervillon, [Ibid.] — Même date, Saint-Guilhem, [Ibid.]

1893. — Les divers jurys spéciaux afférents aux différentes catégories d'affaires ou aux diverses affaires peuvent être formés dès l'ouverture de la session. Le législateur n'a point, en effet, exigé qu'on procédât à l'instruction de l'affaire immédiatement après la constitution du jury. — Cass., 24 déc. 1851, précité; — 3 août 1859, Préfet de la Seine, [D. 60.1.414] — Crépon, sur l'art. 34, n. 31; de Lalleau, Jousselin, Rendu et Périn, t. 1, n. 540 bis; Crépon, sur l'art. 34, n. 62.

1894. — Lorsque le consentement à la jonction des affaires a été donné au moment de l'appel général des causes, il n'est pas nécessaire pour le magistrat directeur de faire procéder à un nouvel appel des parties au moment de la constitution du jury de chaque catégorie d'affaires. — Cass., 14 avr. 1858, Rondel, [P.59.829, D. 58.1.322] — Daffry de la Monnoye, t. 1, sur l'art. 34, n. 30; Crépon, sur l'art. 34, n. 61.

1895. — Au cas de division par catégorie des affaires portées devant le jury, la classification de ces affaires est régulière lorsqu'elle a été faite d'après les numéros indiqués au tableau des offres et demandes soumis au jury, au lieu de l'être d'après les numéros indiqués au tableau des offres signifié à l'exproprié. Aucune loi n'oblige l'exproprié à suivre le même numérotage dans les deux tableaux; et dès lors, l'exproprié ne peut, surtout s'il a volontairement procédé devant le jury à lui assigné, se faire un moyen de cassation du changement apporté au numérotage de son affaire. — Cass., 4 juill. 1860, Hainguerlot, [P. 62. 120]

1896. — Le magistrat directeur du jury peut, après la formation des divers jurys, réunir ensemble les affaires dans lesquelles les parties n'ont exercé aucune récusation ou n'ont exercé les mêmes récusations; il n'a pas besoin alors de procéder par réunion, ou division en catégories, avec le consentement de toutes les parties; le consentement de celles-ci résulte de la manière dont elles ont exercé leur droit de récusation. — Cass., 28 mai 1842, Préfet de l'Isère, [S. 42.1.571, P. 42.2.135] — Daffry de la Monnoye, t. 1, sur l'art. 34, n. 32; Crépon, sur l'art. 34, n. 67; de Lalleau, Jousselin, Rendu et Périn, t. 1, n. 540 bis.

1897. — Les parties, après la formation du jury dans une première affaire ou dans une première catégorie d'affaires, peuvent déclarer, de leur propre mouvement, ou sur l'interpellation du magistrat directeur, accepter le jury tel qu'il vient d'être constitué dans la première affaire. — Cass., 26 août 1856, Gillier, [D. 56. 1.333]; — 11 août 1873, Quiquandon, [S. 73.1.474, P. 73.1190, D. 73.1.487]; — 8 juin 1874, Autran, [S. 75.1.39, P. 75.62, D. 74.1.387] — De Lalleau, Jousselin, Rendu et Périn, t. 1, n. 540 bis; Crépon, sur l'art. 34, n. 66; Daffry de la Monnoye, t. 1, sur l'art. 34, n. 33.

1898. — Dans le cas où les affaires soumises au jury ont été divisées en plusieurs catégories et que, pour chacune d'elles il a été formé un jury spécial, il n'est pas nécessaire d'avertir chaque juré par une convocation nouvelle, à quel jour il commencera la discussion des affaires de la catégorie à laquelle il appartient. — Cass., 24 déc. 1851, Molaix, [S. 52.1.670, P.52.1.71, D. 51.5. 246] — Les jurés doivent suivre les audiences avec assez d'assiduité pour être présents, quand l'affaire dans laquelle ils sont jurés est appelée. On ne peut, dans ce cas, les convoquer à l'avance, car, le plus souvent, le magistrat directeur ignore le moment où chaque affaire finira; cela dépend non de lui, mais de l'étendue des plaidoiries et de la gravité des intérêts.

1899. — Lorsqu'un même jury a été constitué pour plusieurs affaires, les parties s'entendent d'ordinaire pour la récusation des jurés; si elles ne se mettent point d'accord, il y a lieu de procéder ainsi que l'indique l'art. 34, n. 3, et de tirer au sort pour savoir quelles sont les parties qui exerceront le droit de récusation (V. supra, n 1854). Jugé que la réunion de plusieurs affaires en une seule catégorie ne saurait être considérée comme ayant apporté une entrave au droit de récusation, alors que les parties, averties, avant l'ouverture des débats, qu'elles seraient jugées ensemble, se sont concertées pour l'exercice de leurs récusations et ont déclaré n'avoir à en exercer aucune. — Cass., 19 juin 1861, Bompied, [S. 62.1.894, P. 62.715, D. 61.1. 286]

1900. — Les expropriés qui ont consenti à la jonction de leurs affaires pour être jugées par un seul et même jury, sont présumés s'être entendus pour exercer collectivement leur droit de récusation. — Cass, 11 janv. 1865, Menet, [S. 65.1.240, P. 65. 562, D. 65.5.170] — Par suite, lorsque plusieurs affaires ont été récusées dans la même catégorie, et que le procès-verbal constate la récusation exercée par l'un des intéressés sans protestation des autres, cette récusation doit être réputée faite au nom de tous. — Cass., 20 août 1856, Chemin de fer de l'Est, [D. 56 1.368] — Dès lors, si le procès-verbal constate que deux récusations ont été faites par les expropriés, on doit en conclure qu'il s'agit de récusations collectives, faites au nom de tous les intéressés. — Cass., 11 janv. 1854, Collot, [S. 54.1.202, P. 54.2.607, D. 54.1.238] — Crépon, sur l'art. 34, n. 77 et 78 ; Daffry de la Monnoye, t. 1, sur l'art. 34, n. 38.

1901. — Le tuteur peut, sans l'autorisation du conseil de famille, exercer le droit de récusation au nom de son pupille. — Cass., 13 mars 1861, Roubichon, [S. 61.1.653, P. 62.40, D. 61. 1.181] — Crépon, sur l'art. 34, n. 79 ; Daffry de la Monnoye, t. 1, sur l'art. 34, n. 39. — Il en est de même de tous les représentants des incapables qui peuvent exercer le droit de récusation sans autorisation ; on ne comprendrait pas en effet une autorisation en pareille matière ; la récusation émane de l'intéressé ou de son représentant ; celui-ci, ayant qualité pour récuser, a le droit de récusation plein et entier et sans aucune restriction.

§ 3. *Du nombre des jurés appelés à siéger.*

1902. — « Si le droit de récusation n'est point exercé ou s'il ne l'est que partiellement, le magistrat directeur du jury procède à la réduction des jurés au nombre de douze en retranchant les derniers noms inscrits sur la liste » (L. 3 mai 1841, art. 34, § 4).

1903. — Si les parties n'ont pas épuisé leur droit de récusation, le magistrat directeur doit réduire la liste à douze jurés, en retranchant les noms des derniers jurés inscrits ; s'il ne le faisait point, cette omission entraînerait nullité. Est nulle en effet la décision du jury à laquelle ont participé les seize jurés titulaires, au lieu de douze seulement, comme le prescrivent les art. 34 et 35, L. 3 mai 1841 — Cass., 28 avr. 1858, Igier, [S. 59.1.959, P. 59.895, D. 58.1.323] — Daffry de la Monnoye, t. 1, sur l'art. 34, n. 40 ; de Lalleau, Jousselin, Rendu et Périn, t. 1, n. 537, note.

1904. — Il faut d'ailleurs qu'il soit établi que les opérations ont été régulières ; par suite, le procès-verbal doit, à peine de nullité, constater que les jurés ont été réduits au nombre prescrit, et que cette réduction a été faite conformément aux règles établies par le législateur. — Cass. 22 mai 1855, Chem. de fer du Midi, [S. 55.1.541, P. 56.2.32, D. 55.1.212] ; — 11 févr. 1861, Chem. de fer du Midi, [S. 61.1.793, P. 62.42, D. 61.1.281] ; — 31 déc. 1867, Reid, [S. 68.1.136, P. 68.307, D. 68.1.16] ; — 6 avr. 1870, Levesque, [D. 70.1.368] — Crépon, sur l'art. 34, n. 80 ; Daffry de la Monnoye, t. 1, sur l'art. 34, n. 40 ; de Lalleau, Jousselin, Rendu et Périn, t. 1, n. 538.

1905. — Si les jurés appelés à siéger ne peuvent être d'un nombre supérieur à douze, ils ne peuvent être d'un nombre moindre. « Le jury spécial, dit l'art. 35, L. 3 mai 1841, n'est constitué que lorsque les douze jurés sont présents. » Par suite, est nulle la décision du jury d'expropriation lorsque, par l'effet de récusations, il n'a été retenu que onze jurés pour former le jury de jugement. Peu importe que la décision du magistrat directeur mentionne le nom d'un juré excusé comme complétant le nombre des douze jurés exigés par la loi, si cette énonciation est démentie par le procès-verbal des opérations. — Cass., 11 mars 1878, Préfet de l'Aveyron, [S. 78.1.180, P. 78. 429, D. 78.1.435] — Dans ce cas, les parties ne consentiraient point à ce que les jurés titulaires radiés ne fussent pas remplacés, puisqu'elles entendaient exercer leur droit de récusation en entier ; la décision du jury devait être forcément annulée ; puisqu'un jury ne peut être constitué que si douze jurés non récusés sont présents et ont formé le jury de jugement.

1906. — Une mention erronée du procès-verbal, relative à cette réduction ne nuit pas à la validité de la décision du jury, alors qu'elle peut être rectifiée par les autres énonciations du procès-verbal ; ainsi, la mention que le jury a été réduit à douze membres par le retranchement fait par le magistrat directeur des derniers noms, est indifférente, bien que quatre récusations aient été exercées, et que le jury se soit trouvé ainsi réduit au nombre légal sans qu'il y ait eu lieu pour le magistrat directeur de procéder à des retranchements, alors que la réalité est établie par le rapprochement des énonciations du procès-verbal et que cette erreur de rédaction n'a eu aucune influence sur la composition du jury. — Cass., 8 nov. 1857, Gérard de la Coutrie, [P. 58.596, D. 58.1.82] ; — 29 janv. 1866, Renault, [D. 66.5.203] — De Lalleau, Jousselin, Rendu et Périn, t. 1, n. 538, note ; Crépon, sur l'art. 34, n. 81 ; Daffry de la Monnoye, t. 1, sur l'art. 34, n. 41.

1907. — Mais pour rectifier les énonciations erronées d'un procès-verbal, on ne saurait se prévaloir des mentions insérées dans des actes qui lui seraient étrangers ou même dans d'autres procès-verbaux dressés le même jour par le magistrat directeur, relativement à d'autres affaires distinctes et qui n'avaient pas été jointes ; chaque procès-verbal doit se suffire à lui-même. — Cass., 6 avr. 1870, précité. — Daffry de la Monnoye, t. 1, sur l'art. 34, n. 42 ; de Lalleau, Jousselin, Rendu et Périn, t. 1, n. 538, note ; Crépon, sur l'art. 34, n. 82.

1908. — Par suite, il a été jugé que lorsque la décision du jury énonce qu'elle a été prise à la majorité des voix et porte la signature des douze jurés, on ne peut être admis à prouver, à l'aide de certificats délivrés collectivement ou individuellement par les jurés eux-mêmes, que la décision n'a pas été prise à la majorité, et que moins de douze jurés y ont concouru. — Cass., 9 janv. 1855, Valette, [S. 55.1.576, P. 56.1.614, D. 55. 1.96].

1909. — D'autre part, de ce que onze jurés seulement sont dénommés dans un passage du procès-verbal, on ne peut en conclure que onze jurés seulement ont prêté serment, si de l'ensemble de cet acte il résulte que douze jurés ont pris régulièrement part à toutes les opérations. — Cass., 20 mai 1845, Manoury, [S. 45.1.415, P. 45.1.692, D. 45.1.298] — Daffry de la Monnoye, [S. 1, sur l'art. 35, n. 3 ; Crépon, sur l'art. 33, n. 18 ; de Lalleau, Jousselin, Rendu et Périn, t. 1, n. 545, note.

§ 4. *Du nombre des jurés appelés à délibérer.*

1910. — « Les jurés ne peuvent délibérer valablement qu'au nombre de neuf au moins » (L. 3 mai 1841, art. 35).

1911. — Ainsi, dit Duvergier (*Collect. des lois*, t. 33, p. 298), il n'y a de jury qu'au moment où douze jurés non récusés sont présents et prêts à exercer leurs fonctions. Il peut arriver que différents motifs diminuent ce nombre avant que l'affaire soit terminée ; tant qu'il en restera neuf, les opérations pourront continuer ; mais s'ils se trouvaient réduits à huit ou à moins de huit, il faudrait tout recommencer avec un jury complet de douze membres et ainsi pour chaque affaire. — V. en ce sens, Cass., 17 mars 1875, Préfet de Lot-et-Garonne, [S. 75.1.318, P. 75.754, D. 75. 1.268] ; — 22 févr. 1893, Préfet de l'Ariège, [S. et P. 93.1.359, D. 94.1.485] — Par suite, si pour cause de maladie, ou toute autre, un ou plusieurs jurés ne peuvent continuer l'examen de l'affaire, les autres jurés l'instruisent tant qu'ils demeurent au nombre de neuf ; au-dessous de ce chiffre il faudrait constituer un nouveau jury. — De Lalleau, Jousselin, Rendu et Périn, t. 1, n. 545 ; Daffry de la Monnoye, t. 1, sur l'art. 35, n. 1 *bis*; Crépon, sur l'art. 35, n. 6.

1912. — En conséquence, il a été jugé que le jury composé de douze jurés, demeure régulièrement constitué alors que, par suite du décès ou de la maladie d'un juré, il a été réduit à onze membres. — Cass., 6 févr. 1844, Préfet de l'Hérault, [S. 44.1. 328, P. 44.1.274] ; — 21 déc. 1898, Morin, [S. et P. 99.1. 144]

1913. — Que lorsque les affaires soumises à un jury d'expropriation ont été divisées en catégories, et que le jury, pour chacune de ces catégories, a été régulièrement constitué, les opérations de chacune de ces catégories sont dès lors censées commencées, et que le jury peut fonctionner, alors même que, dans l'intervalle entre la constitution du jury et le commencement réel de ses opérations, il se trouverait réduit à moins de douze jurés. — Cass., 9 août 1847, Desmartains, [S. 47.1.754, P. 47.2. 762, D. 51.5.246] — V. aussi Cass., 24 déc. 1851, Molaix, [S. 52.

1.670, P. 52.1.71, D. 51.5.246]; — 2 janv. 1855, Feuillâtre, [S. 55. 1.64, P. 55.1.39, D. 55.1.14]

1914. — ... Que lorsqu'après que le jury a été définitivement constitué, un juré a été excusé dans une affaire où il était créancier de l'exproprié avec inscription sur les biens expropriés, il y a lieu, non point de compléter le jury, en vertu de l'art. 34, L. 3 mai 1841, mais de se conformer à l'art. 35 de la même loi, qui, dans les cas d'empêchements postérieurs à la constitution du jury, autorise la délibération même au nombre de neuf membres. — Cass., 30 nov. 1859, Préfet de l'Isère, [P. 60.14, D. 60.1.168] — De Peyrony et Delamarre, n. 424.

1915. — Peu importe le moment où l'empêchement se produit: ainsi il peut surgir entre la constitution du jury et la prestation de serment. — Cass., 16 janv. 1844, Berry, [S. 44.1.374, P. 46.1.670]; — 6 févr. 1844, Ville de Paris, [S. 44.1.328, P. 44. 1.274, D. 44.1.190]; — 23 mai 1870, de la Tullaye, [D. 70.1.391] — De Lalleau, Jousselin, Rendu et Périn, t. 1, n. 545, note ; Daffry de la Monnoye, t. 1, sur l'art. 35, n. 1 *bis*; Crépon, sur l'art. 35, n. 7.

1916. — ... Ou entre la prestation de serment et l'entrée en fonctions. — Cass., 24 déc. 1851, précité; — 2 janv. 1855, précité; — 30 nov. 1859, précité. — De Lalleau, Jousselin, Rendu et Périn, *loc. cit.;* Daffry de la Monnoye, *loc. cit.;* Crépon, sur l'art. 35, n. 8.

1917. — ... Ou même après l'entrée en fonctions. — Cass., 6 févr. 1844, Préfet de l'Hérault, [S. 44.1.328, P. 44.1.274] — De Lalleau, Jousselin, Rendu et Périn, *loc. cit.;* Daffry de la Monnoye, *loc. cit.;* Crépon, sur l'art. 35, n. 9.

1918. — Lorsque le jury est constitué, le magistrat directeur ne peut donc, à peine de nullité, si un juré est empêché, le remplacer par un juré supplémentaire ou complémentaire. Et cette nullité n'est pas couverte par la comparution des parties ni par leur silence. — Cass., 24 févr. 1848, Félix, [P. 48.1.607] — 11 août 1869, Moulin, [S. 69.1.174, P. 69.1.225, D. 69.1.503]; — 22 févr. 1893, Préfet de l'Ariège, [S. et P. 95.1.359, D. 94.1. 485] — De Lalleau, Jousselin, Rendu et Périn, t. 1, n. 545, note ; Crépon, sur l'art. 35, n. 13; Daffry de la Monnoye, t. 1, sur l'art. 35, n. 1 *bis;* de Peyrony et Delamarre, n. 424; Araaud, n. 274.

1919. — Spécialement, le magistrat directeur qui, sur la demande de l'exproprié et contrairement à celle de l'expropriant, procède au remplacement du juré titulaire par un juré supplémentaire, après que le jury a été constitué et a déjà statué sur diverses affaires, commet une irrégularité entraînant la nullité absolue de toutes les opérations ultérieures. — Cass., 17 mars 1875, Préfet de Lot-et-Garonne, [S. 75.1.318, P. 75.754, D. 75. 1.268]

1920. — L'observation faite par l'avocat de l'administration, au moment où le jury va entrer en délibération, que des jurés est parent de l'exproprié, ne constitue pas une récusation. Si donc le juré dont la parenté a été signalée s'abstient volontairement, cette abstention, qui n'est qu'une simple absence passible d'amende, selon les circonstances, ne peut être assimilée à une abstention par suite d'une récusation tardive. — Cass., 25 janv. 1853, Cottin, [S. 53.1.285, P. 53.1.294, D. 53.1.27] — Crépon, sur l'art. 35, n. 17; Daffry de la Monnoye, t. 1, sur l'art. 35, n. 2; de Lalleau, Jousselin, Rendu et Périn, t. 1, n. 545, note. — Dans l'espèce, le magistrat directeur considérait si peu l'observation faite comme une récusation, qu'il avait fait des réserves au point de vue d'une amende à prononcer contre le juré refusant de continuer à siéger.

1921. — Est nulle la délibération du jury à laquelle a pris part un individu qui n'en faisait pas partie, alors même qu'en retranchant cet individu du nombre des membres délibérants, il y ait encore un nombre suffisant pour rendre une décision. — Cass., 6 déc. 1837, Bérard, [S. 38.1.228, P. 38.1.304]

Section IV.

Du serment.

1922. — « Lorsque le jury est constitué, chaque juré prête serment de remplir ses fonctions avec impartialité » (L. 3 mai 1841, art. 36).

1923. — Le serment que doit prêter chaque juré, immédiatement après la constitution du jury, et avant d'accomplir aucun acte de ses fonctions, est une formalité substantielle. Cette formalité est indispensable pour investir les jurés de leur caractère légal. — Cass., 11 août 1843, Préfet de l'Hérault, [S. 43.1.935, P. 43.2.638]; — 12 mars 1844, François, [P. 46.2.436]; — 20 avr. 1846, Comm. de Saint-Martin-des-Vignes, [S. 46.1.384, P. 46. 1.713, D. 46.1.144]; — 19 mai 1851, Préfet des Basses-Alpes, [P. 51.2.288, D. 51.1.156]; — 6 févr. 1854, Ville d'Espalion, [S. 55.1.219, P. 55.1.593, D. 54.1.377]; — 6 avr. 1858, Préfet du Morbihan, [S. 58.1.830, P. 59.543, D. 58.1.322]; — 4 août 1862, Chemin de fer de Lyon, [D. 62.1.382]; — 26 août 1863, Lautin, [D. 65.5.156]; — 30 mai 1865, Baucillon, [D. 65.5.178]; — 21 juin 1865, Comm. d'Ambierle, [D. 70.5.176]; — 28 déc. 1880, Chemin de fer du Midi et du canal latéral de la Garonne, [S. 81.1.428, P. 81.1.1083, D. 81.1.259]; — 2 janv. 1883, Berthon, [S. 83.1.182, P. 83.1.417, D. 83.1.182]; — 1er août 1887 (6 arrêts), Préfet de la Corse, [S. 90.1.421, P. 90.1.1001, D. 89.1.79]; — 24 juill. 1888, Chemin de fer départemental, [S. 89.1.32, P. 89.1.51, D. 89.1.303]; — 6 févr. 1889, Chemin de fer départemental, [S. 89.1.182, P. 80.1. 446, D. 90.5.268]; — 5 janv. 1898, Humbert, [S. et P. 98.1.240, D. 99.5.355] — Daffry de la Monnoye, t. 1, sur l'art. 36, n. 1 ; Crépon, sur l'art. 36, n. 1 ; de Lalleau, Jousselin, Rendu et Périn, t. 1, n. 549.

1924. — La prestation de serment des jurés s'applique à tous les chefs de réclamation d'une même cause ; peu importe qu'il ait été ultérieurement demandé qu'il fût statué, par questions séparées, sur les indemnités dues à raison des diverses parcelles expropriées, si cette demande n'a pas eu pour objet d'adjoindre des affaires nouvelles à celles précédemment appelées, mais uniquement de régler le mode suivant lequel il serait procédé par le jury à la fixation des indemnités dues. — Cass., 28 juill. 1879, Préfet de la Lozère, [S. 81.1.377, P. 81.1.900, D. 80.1.80] — Crépon, sur l'art. 36, n. 2; de Lalleau, Jousselin, Rendu et Périn, t. 1, n. 549, note.

1925. — La prestation de serment des jurés, avant leur entrée en fonctions, doit, à peine de nullité, être remplie de la manière prescrite par la loi et être mentionnée expressément au procès-verbal. En conséquence, est nulle la délibération du jury lorsque le procès-verbal ne constate pas l'accomplissement de la formalité substantielle du serment. — Cass., 11 août 1843, précité; — 12 mars 1844, précité; — 20 avr. 1846, précité; — 19 mai 1851, précité; — 6 févr. 1854, précité; — 7 mai 1872, Mariotte, [S. 73.1.177, P. 73.407, D. 73.1.62]; — 22 déc. 1875, Comm. de Cubzac, [S. 76.1.175, P. 76.403]; — 1er août 1887, précité; — 5 janv. 1898, Humbert, [S. et P. 98.1.240], et les autorités citées au numéro qui précède.

1926. — Cette formalité doit être accomplie au jour fixé pour l'appel de la cause et la comparution des parties. Néanmoins, lorsque, la veille du jour fixé par le magistrat directeur en présence et de l'agrément de toutes les parties pour l'examen d'une affaire, le jury formé pour cette affaire a, sans avertissement donné aux parties et en l'absence de l'expropriant, prêté serment, et reçu les pièces et documents des mains du magistrat directeur qui a ensuite renvoyé au lendemain pour la continuation des opérations, l'expropriant ayant, ledit jour, pris part à l'instruction ainsi qu'aux débats et plaidé au fond, sans protestation ni réserves, ne se rend pas plus recevable à attaquer ultérieurement les opérations ouvertes la veille du jour fixé. — Cass., 7 mars 1855, Dulac, [S. 55.1.455, P. 55.1.414, D. 55.1. 122]

1927. — Le fait par un juré de prêter serment la main gantée n'entache pas de nullité le serment. — Cass., 27 janv. 1892, Ghilini, [S. et P. 93.1.429, D. 93.1.43] — La loi n'a, dans aucune de ses dispositions, exigé que le juré se dégante; se déganter pour prêter serment est un usage universellement suivi ; ce n'est pas une obligation. La Cour suprême a eu l'occasion de le décider en matière criminelle pour le serment d'un juré. — Cass., 27 janv. 1853, Dailly, [*Bull. crim.* n. 34]

1928. — La formule du serment n'est point écrite d'une manière sacramentelle dans la loi. En conséquence, il n'y a pas nullité si le magistrat directeur a ajouté à la formule prescrite par cette loi : « vous prêtez de remplir vos fonctions avec impartialité, » les mots suivants : devant Dieu et devant les hommes. — Cass., 7 févr. 1837, Parmentier-Carlier, [S. 37.1.126, P. 37. 1.94] — Daffry de la Monnoye, t. 1, sur l'art. 36, n. 2; Crépon, sur l'art. 36, n. 3; de Lalleau, Jousselin, Rendu et Périn, t. 1, n. 549.

1929. — Toutefois les termes du serment prescrit aux jurés par l'art. 36, L. 3 mai 1841, sont exclusifs de toute modification dont le résultat serait de changer la substance du serment. — Cass., 31 janv. 1881, Ville de Cette, [S. 81.1.180, P. 81.1.412, D. 81.1.318]; — 15 juin 1892, Guyot, [S. et P. 93.1.430, D. 93.1.578]; — 13 nov. 1895, Vézinet, [S. et P. 96.1.149] — Crépon, sur l'art. 35, n. 4; de Lalleau, Jousselin, Rendu et Périn, t. 1, n. 549.

1930. — Par suite, il y a lieu d'annuler les opérations du jury, lorsque les jurés ont prêté le serment de remplir bien et fidèlement la mission qui leur était confiée. — Cass., 15 juin 1892, précité. — ... Ou de remplir bien et consciencieusement le mandat qui leur était confié. — Cass., 13 nov. 1895, précité. — ... Ou de remplir leurs fonctions « avec conscience et probité. » — Cass., 31 janv. 1881, précité. — Crépon, sur l'art. 36, n. 4; de Lalleau, Jousselin, Rendu et Périn, t. 1, n. 549, note.

1931. — Mais la substance du serment n'est point altérée par ce que les jurés ont prêté serment « de remplir leurs devoirs avec impartialité, » au lieu de « de remplir leurs fonctions avec impartialité. » — Cass., 12 mai 1890, Babey, [S. et P. 93.1.151, D. 91.1.375]

1932. — Les jurés doivent prêter serment individuellement, et non collectivement et en masse. — Cass., 9 juin 1834, de Boubert, [S. 35.1.37, P. chr.]; — 26 avr. 1843, Mournau, [S. 43.1.620, P. 43.2.209]; — 24 déc. 1851, Molaix, [S. 52.1.670, P. 52.1.71, D. 51.5.244]; — 1er août 1887, Préfet de la Corse (6 arrêts), [S. 90.1.421, P. 90.1.1001, D. 89.1.79] — Crépon, sur l'art. 36, n. 5; Daffry de la Monnoye, t. 1, sur l'art. 36, n. 3; de Lalleau, Jousselin, Rendu et Périn, t. 1, n. 549. — Cela ressort des termes de la loi qui porte « chaque juré prête serment. » D'ailleurs une prestation de serment collective n'aurait aucune force, et n'engagerait point celui des jurés qui dans le bruit inévitable résultant d'une prestation de serment collective n'aurait pas dit : je le jure.

1933. — Il a été jugé (et l'on peut s'étonner qu'il y ait eu contestation dans ce cas) que la preuve d'un serment prêté séparément par chaque juré, lorsque la loi le veut la loi, et non en masse, résulte suffisamment du procès-verbal énonçant que « chacun des jurés appelé individuellement a dit, en levant la main : « je le jure. » — Cass., 9 juin 1834, précité.

1934. — D'une façon générale, la mention que le serment a été prêté par les jurés doit s'entendre en ce sens que le serment a été prêté par les jurés individuellement, et non par le jury collectivement et en masse. Il en est ainsi surtout, alors que les affaires de la session ayant été réparties en différentes catégories, toutes constituées le même jour, sans interruption ni intervalle et d'une même suite, le procès-verbal contient pour la plupart de ces catégories la mention expresse de serment individuel de chacun des jurés. — Cass., 24 déc. 1851 précité. — De Lalleau, Jousselin, Rendu et Périn, t. 1, n. 549, note ; Crépon, sur l'art. 36, n. 6 ; Daffry de la Monnoye, t. 1, sur l'art. 36, n. 3.

1935. — Mais la mention dans le procès-verbal que « le jury, étant ainsi constitué, a prêté serment de remplir ses fonctions avec impartialité » ne constate pas, par cette formule collective « le jury, » la prestation individuelle du serment des jurés, et il y a lieu, dès lors, d'annuler la décision du jury. — Cass., 24 déc. 1851, précité; — 1er août 1887, précité. — Crépon, sur l'art. 36, n. 7 ; de Lalleau, Jousselin, Rendu et Périn, loc. cit.; Daffry de la Monnoye, loc. cit.

1936. — La preuve que la prestation du serment des jurés a été conforme aux prescriptions de la loi doit résulter du procès-verbal, chaque procès-verbal devant, en effet, fournir lui-même, et par ses énonciations propres, la preuve de la régularité des opérations qu'il a pour objet de constater. — V. Cass., 6 févr. 1834, Ville d'Espalion, [S. 55.1.249, P. 55.1.593, D. 54.1.377]

1937. — Nous avons vu que si, en principe, chaque affaire doit être jugée par un jury distinct et séparé, il est loisible, toutefois, aux parties consentantes à ce que toutes les affaires de la session soient jugées par un jury unique (V. suprà, n. 1880), si plusieurs affaires sont ainsi jointes pour être soumises au même jury, si plusieurs catégories d'affaires doivent lui être déférées, un seul serment suffit; et, prêté avant le commencement des opérations il n'a pas besoin d'être renouvelé au début de chaque affaire. — Cass., 23 mai 1842, Préfet de l'Isère, [S. 42.1.571, P. 42.2.13]; — 25 juill. 1855, Préfet des Basses-Alpes, [S. 55.1.841, P. 55.2.236, D. 55.1.374]; — 26 août 1856, Gillier, [D. 56.1.333]; — 12 déc. 1863, Préfet du Gers, [S. 64.1.193, P. 64.746, D. 64.5.154]; — 12 janv. 1864, Soubeyran, [Ibid.]; — 19 juill. 1881, Malastre, [S. 81.1.429, P. 81.1.1085, D. 82.1.267]; — 14 févr. 1883, Préfet de la Haute-Loire, [S. 83.1.478, P. 83.1.1185, D. 84.1.191]; — 6 août 1883, Garnier, [S. 85.1.456, P. 85.1.1088, D. 84.1.335]; — 21 mai 1891, Lagrange, [S. et P. 93.1.478, D. 92.1.164] — Arnaud, n. 258 et s.; Morin, n. 96; de Peyrony et Delamarre, n. 126 ; Cotelle, t. 2, n. 636 ; Malapert et Protat, n. 245 ; Dufour, n. 95 ; Daffry de la Monnoye, t. 1, sur l'art. 36, n. 8 ; de Lalleau, Jousselin, Rendu et Périn, t. 1, n. 549.

1938. — Ce consentement peut être tacite, et résulter du concours des parties à toutes les opérations relatives à la formation du jury sans protestation ni réserve. En conséquence, lorsqu'un appel général des causes a été fait, qu'un seul jury a été constitué pour toutes les affaires appelées, que le droit de récusation a été exercé dans toute sa plénitude, et que le jury ainsi formé a prêté un seul serment, les parties sont réputées avoir donné leur consentement à la constitution d'un jury unique, prêtant un seul serment. Et si, postérieurement à la constitution du jury unique et à la prestation de serment des jurés, il a été convenu qu'il ne serait dressé qu'un procès-verbal des opérations, cette résolution ne crée pas une situation nouvelle rendant nécessaire le renouvellement du serment des jurés. — Cass., 12 déc. 1892, Chemin de fer du Périgord, [S. et P. 94.1.365] — V. suprà, n. 1883 et s.

1939. — Le consentement des parties à la jonction des affaires doit se produire avant la prestation de serment des jurés dans la première affaire, parce que le serment alors prêté ne s'applique qu'à cette affaire et ne peut être étendu ultérieurement à d'autres. Par suite, si plusieurs affaires sont soumises au jury, le jury doit prêter serment pour chacune des affaires, à moins que les parties, avant cette prestation, n'aient consenti à la jonction des différentes affaires de la session. Dès lors, il y a nullité des opérations du jury, si les parties n'ont consenti à la jonction des affaires qu'après la formation du jury et la prestation du serment des jurés dans la première affaire. — Cass., 28 déc. 1880, Chem. de fer du Midi et du canal latéral de la Garonne, [S. 81.1.428, P. 81.1.1083, D. 81.1.259]; — 24 juill. 1888, Chem. de fer départem., [S. 89.1.32, P. 89.1.51, D. 89.1.303]; — 6 févr. 1889, Chem. de fer départem., [S. 89.1.182, P. 89.1.416, D. 90.5.268] — Crépon, sur l'art. 36, n. 9; de Lalleau, Jousselin, Rendu et Périn, t. 1, n. 549, note.

1940. — Il en est ainsi, du moins, s'il n'appert d'aucune des mentions du procès-verbal que le serment des jurés ait été renouvelé pour les affaires ainsi réunies. — Cass., 6 févr. 1889, précité.

1941. — Si le jury a été modifié, tous les jurés doivent de nouveau prêter serment, même ceux qui l'ont déjà prêté dans des affaires précédentes; le serment ne s'applique, en effet, qu'à l'affaire en vue de laquelle il a été prêté, et ne peut être étendu au delà. Et si, par suite d'une récusation, un nouveau membre était adjoint au jury, ce n'est pas seulement ce membre qui serait astreint au serment, mais bien chacun des membres composant le nouveau jury. — Cass., 23 mai 1842, Préfet de l'Isère, [S. 42.1.571, P. 42.2.135] — Crépon, sur l'art. 36, n. 11; Daffry de la Monnoye, t. 1, sur l'art. 36, n. 5.

1942. — L'exproprié qui a consenti à la formation, pour toutes les affaires de la session, d'un jury unique, d'ailleurs régulièrement constitué et assermenté, ne peut se prévaloir de l'irrégularité qui aurait pu être commise relativement à la prestation de serment du jury constitué pour une affaire spéciale (irrégularité tenant à ce que le serment a été prêté successivement par les treize jurés composant les deux jurys). — Cass., 21 août 1882, Paulet, [S. 83.1.277, P. 83.1.636] — De Lalleau, Jousselin, Rendu et Périn, t. 1, n. 449, note ; Crépon, sur l'art. 36, n. 10. — L'irrégularité relevée ne portant pas sur la procédure intéressant l'exproprié, il n'avait, dès lors, aucune qualité pour en faire un grief devant la Cour de cassation.

1943. — Des jurys distincts peuvent tous prêter serment le même jour avant qu'aucune opération ait été commencée par aucun d'eux. Le jury doit bien statuer sans interruption ; mais la constitution d'un jury et sa prestation de serment dans une seconde affaire ne constituent pas une interruption d'une première affaire qui n'est pas commencée. Jugé, en ce sens, que les jurés peuvent régulièrement prêter serment, avant de commencer leurs opérations, pour toutes les affaires qu'ils auront à juger. — Cass., 23 mai 1842, précité; — 14 févr. 1883, Préfet de la Haute-Loire, [S. 83.1.478, P. 83.1.1185, D. 84.1.191]— Daffry de la Monnoye, t. 2, sur l'art. 36, n. 6. — Conf. infrà, n. 2019.

1944. — Comme nous l'avons dit *suprà*, n. 1923, le serment des jurés est une formalité substantielle, et dès lors, ils ne peuvent, à peine de nullité, avant l'accomplissement de cette formalité, ni commencer leurs opérations, ni faire aucun acte d'instruction. — Cass., 28 avr. 1858, Briet, [P. 59.216, D. 58.1.323]; — 7 mai 1872, Mariotte, [S. 73.1.177, P. 73.407]; — 2 janv. 1883, Berthon, [S. 83.1.182, P. 83.1.417, D. 83.1.391]; — 30 avr. 1883, Comm. de Villegenou, [S. 83.1.478, P. 83.1.1184, D. 83.1.391]; — 5 juin 1893, Préfet de la Corse, [S. et P. 94.1.144, D. 93.5.293] — Gaud, p. 325; de Peyrony et Delamarre, p. 346; Daffry de la Monnoye, t. 1, sur l'art. 36, n. 7; Morin, p. 83; Crépon, sur l'art. 36, n. 12; de Lalleau, Jousselin, Rendu et Périn, n. 550.

1945. — Mais il n'y a pas nullité des opérations du jury, par cela seul que le serment des jurés n'a pas immédiatement suivi sa constitution, si le grand nombre des parcelles expropriées et la distribution du travail ont mis un intervalle nécessaire entre la composition du jury et le commencement de ses opérations. — Cass., 16 janv. 1844, Berrg, [P. 56.1.760]; — 16 janv. 1844, Cottin, [S. 44.1.374, P. 44.1.337]

1946. — La nullité qui résulte de la prestation tardive du serment ne peut être couverte par une ratification ultérieure des parties et par la déclaration qu'elles n'entendent pas se prévaloir de ce moyen de nullité. — Cass., 2 janv. 1883, précité. — Crépon, sur l'art. 36, n. 13; de Lalleau, Jousselin, Rendu et Périn, *loc. cit.*

1947. — La nullité subsisterait même que la prestation de serment aurait eu lieu postérieurement au consentement de toutes les parties, et qu'elle aurait été suivie de la reprise des conclusions et d'une nouvelle ouverture des débats, si une mesure d'instruction à laquelle il avait été procédé n'avait pas été recommencée. — Crépon, sur l'art. 36, n. 14.

1948. — Par application de ces principes, il a été jugé que le serment des jurés doit, à peine de nullité de la décision du jury et de celle du magistrat directeur, être préalable à l'ouverture des débats. — Cass., 28 avr. 1858, précité.

1949. — ... Que la décision du jury est nulle, lorsqu'il a pris connaissance des documents de l'affaire et entendu les observations des parties avant la prestation de serment. — Cass., 28 avr. 1858, précité; — 7 mai 1872, précité. — Crépon, sur l'art. 36, n. 16; Daffry de la Monnoye, t. 1, sur l'art. 36, n. 7; de Lalleau, Jousselin, Rendu et Périn, n. 550, note.

1950. — ... Que la décision du jury est nulle, alors que les jurés n'ont prêté serment qu'après un commencement d'instruction, et, notamment, après que le magistrat directeur a fait mettre sous les yeux du jury: 1° le tableau des offres et demandes; 2° les plans parcellaires et autres documents produits par les parties; et 3° après que le représentant de l'administration a donné lecture des offres et demandes. — Cass., 9 mai 1843, Acoquat Fontive, [S. 43.1.779, P. 43.2.521]; — 12 juin 1882, Vidal, [S. 83.1.184, P. 83.1.420]— Crépon, sur l'art. 36, n. 17; de Lalleau, Jousselin, Rendu et Périn, *loc. cit.*

1951. — ... Qu'il y a lieu de casser la décision du jury, alors que celui-ci a pris dans sa salle des délibérations une décision dont il a été donné lecture en audience publique, et par laquelle il a ordonné une visite des lieux, si aucune des énonciations du procès-verbal ne constate que, avant de procéder à cette visite, non plus d'ailleurs qu'à aucun autre moment de l'instruction de l'affaire, les jurés aient prêté serment. — Cass., 26 sept. 1834, Comp. du canal de Roanne, [S. 35.1.174, P. chr.]; — 9 mai 1843, précité; — 24 nov. 1847, Méry, [S. 48.1.206, P. 47.2.764, D. 48.1.159]; — 25 mai 1864, Boutan, [S. 64.1.467, P. 64.1279, D. 64.5.172]; — 30 mai 1864, Préfet des Basses-Alpes, [*Ibid.*]; — 31 juill. 1867, Pouillet, [D. 67.1.318]; — 7 janv. 1868, Dabas, [D. 68.1.122]; — 17 nov. 1868, Fabre, [D. 68.5.207]; — 22 déc. 1875, Ville de Chalon-sur-Saône, [S. 76.1.128, P. 76.293, D. 76.5.234]; — 29 janv. 1877, Milhé, [S. 77.1.278, P. 77.688]; — 6 août 1877, Chollet, [S. 78.4.78, P. 78.163, D. 78.1.52]; — 30 avr. 1883, précité; — 5 juin 1893, précité. — Crépon, sur l'art. 36, n. 19; de Lalleau, Jousselin, Rendu et Périn, t. 1, n. 550, note; Daffry de la Monnoye, t. 1, sur l'art. 36, n. 7.

1952. — Mais la nullité résultant d'une visite des lieux avant toute prestation de serment n'est encourue que s'il s'agit d'une véritable visite sur les lieux faite régulièrement par les jurés, en tant que jurés; s'il s'agit, au contraire, d'une simple démarche officieuse, il ne résulte aucune nullité de cet acte sur lequel les jurés ne doivent pas s'appuyer. — Cass., 5 mars 1861, de la Primarède, [S. 61.1.1000, P. 61.1056, D. 61.1.481]; — 13 août 1866, Ville de Pau, [S. 67.1.85, P. 67.173, D. 66.5.198]

1953. — Par suite il a été jugé : qu'il n'y a pas nullité en ce que, postérieurement à l'appel de la cause, mais avant la constitution du jury et la prestation du serment, les seize jurés, au nombre desquels devaient se trouver les douze jurés du jugement, se seraient transportés spontanément sur les lieux expropriés; qu'une telle visite de lieux faite à ce moment ne peut être considérée que comme une démarche privée purement officieuse, et sans influence sur le sort de l'instruction, alors surtout qu'elle n'a été l'objet d'aucune observation devant le directeur du jury. — Cass., 26 avr. 1843, Mouruan, [S. 43.1.620, P. 43.2.209]

1954. — ... Qu'il n'y a pas nullité de la décision du jury en ce que les personnes appelées à en faire partie auraient, avant la constitution du jury et la prestation de serment, et même après en avoir averti à l'audience le magistrat directeur, procédé à un examen des lieux expropriés, alors qu'ils n'ont procédé à cet examen que comme individus, et non comme jurés, et qu'alors, d'après les circonstances, le caractère de cette démarche ne peut être considéré que comme purement officieux. — Cass., 22 juill. 1846, Henry, [S. 46.1.693, P. 46.2.438]

1955. — ... Que le serment auquel est soumis chaque juré que le jury commence les opérations n'est point tardivement prêté après une première séance dans laquelle les jurés ont chargé l'un d'eux de vérifier les lieux avec un expert, lorsqu'à cette séance les jurés ont été seulement désignés, sans être constitués et qu'ils n'ont agi qu'à titre purement officieux. — Cass., 9 juin 1834, Bourbers, [S. 35.1.37, P. chr.] — Mais ces diverses décisions sont évidemment des solutions d'espèce qu'il ne faudrait pas généraliser outre mesure; il est certain que lorsqu'une visite des lieux a été faite par tous les jurés, et rien que par eux, la présomption est qu'ils auront agi comme jurés, et non comme simples individus; en effet, dès que la visite des lieux a été effectuée, les jurés en tiendront certainement compte dans leur délibération, qu'elle ait été ou non précédée du serment. — Crépon, sur l'art. 36, n. 20.

1956. — Si la visite des lieux a été faite par certains jurés avant l'ouverture de la session, il est bien certain qu'elle a été faite par de simples citoyens et non point par des jurés, puisque à ce moment, ils ne sont point encore investis de leur qualité; on ne peut donc tirer argument du défaut de serment. Jugé, en conséquence, qu'une visite, par un certain nombre de jurés, des terrains expropriés, quelques jours avant la date de leur réunion officielle, ne vicie pas la décision du jury, alors qu'il n'est pas mentionnée au procès-verbal des opérations du jury, et que, d'ailleurs, elle n'a fait l'objet d'aucune réclamation des parties pendant le cours de la procédure. — Cass., 7 janv. 1895, Bonneton, [S. et P. 95.1.144] — L'irrégularité résultant d'une visite des lieux faite par certains jurés avant la réunion officielle des jurés et la constitution du jury ne peut en effet donner lieu qu'à l'ouverture du droit de récusation.

SECTION V.

Procédure particulière à certaines expropriations.

1957. — Nous ne reviendrons pas ici sur les règles déjà exposées; nous nous bornerons à mettre en relief les conséquences de la situation spéciale résultant de la nature de l'expropriation.

§ 1. De l'expropriation poursuivie par les concessionnaires.

1958. — La convocation des jurés et des parties peut, au lieu d'émaner du préfet, être faite à la requête de la partie qui poursuit l'expropriation; sauf au préfet à se concerter avec la magistrat directeur du jury pour indiquer le jour et le lieu de la réunion. — Cass., 6 avr. 1859, Cario, [S. 59.1.957, P. 59.834, D. 59.1.164]; — 6 avr. 1859, Desgrée, [*Ibid.*]

1959. — Les concessionnaires de travaux publics, et notamment les compagnies expropriantes, ont en effet le droit de faire les notifications et convocations relatives au débat devant le jury. — Cass., 20 déc. 1886, Stephan, [S. 89.1.487, P. 89.1.1202, D. 87.1.175]; — 20 déc. 1886, Costa, [*Ibid.*]; — 20 déc. 1886, de Corsi, [*Ibid.*] — Daffry de la Monnoye, t. 1, sur l'art. 31, n. 1.

1960. — Par suite, les concessionnaires d'une entreprise déclarée d'utilité publique, et par exemple, d'un chemin de fer, ont qualité pour provoquer la convocation des jurés et celle des parties : il n'est pas nécessaire que ces mesures émanent de l'autorité administrative. — Cass., 29 août 1854, d'Auger, [S. 54.1.734, P. 55.1.88, D. 54.1.320]

1961. — Le concessionnaire peut faire faire les significations et notifications par les agents de l'administration, si celle-ci autorise ses agents à instrumenter pour lui; l'emploi de ces agents présente le grand avantage d'économiser les frais, puisque les agents de l'administration n'ont droit à aucun émolument à raison de ces significations et notifications. — De Lalleau, Jousselin, Rendu et Périn, t. 2, n. 936; Crépon, sur l'art. 63, n. 16.

1962. — L'expropriant ne pouvant, en général, arguer d'une omission imputable à lui-même ou à son représentant, la compagnie qui poursuit l'expropriation, en agissant au nom et dans l'intérêt de l'État, ne saurait se prévaloir des nullités qui peuvent se rencontrer dans les convocations adressées à elle ou aux jurés, ou du défaut de convocation de l'un des membres du jury, alors que ces convocations ont été faites par le sous-préfet, qui est représentant légal de l'État, et, par suite, de la compagnie. — Cass., 9 janv. 1883, Chem. de fer du Midi, [S. 83.1.277, P. 83.1.653, D. 84.1.128]

1963. — Lorsque le concessionnaire poursuit lui-même l'expropriation, c'est à lui qu'il appartient d'exercer le droit de récusation reconnu par l'art. 34 en faveur de l'administration expropriante; il peut donc exercer deux récusations péremptoires. — De Lalleau, Jousselin, Rendu et Périn, t. 2, n. 935; Crépon, sur l'art. 63, n. 14.

§ 2. — *De l'expropriation poursuivie par le propriétaire.*

1964. — L'exproprié qui poursuit lui-même l'expropriation s'adressera au préfet ou au sous-préfet pour inviter ce fonctionnaire à convoquer lui-même le jury, après s'être entendu avec le magistrat directeur; c'est là une requête que l'exproprié présentera toujours dans l'espérance de s'éviter les ennuis de la convocation.

1965. — Mais l'exproprié, auquel la loi donne le droit de poursuivre lui-même la fixation de l'indemnité qui lui est due, à défaut par l'administration d'y avoir fait procéder dans les six mois de l'expropriation (V. *supra*, n. 1572), a par cela même qualité pour requérir du magistrat directeur la convocation du jury, au cas de refus du sous-préfet de faire cette convocation. — Cass., 21 févr. 1860, Caldayron, [S. 60.1.1007, P. 61.398, D. 60.1.167] — De Peyrony et Delamarre, n. 677; Gabriel Dufour, n. 159; de Lalleau, Jousselin, Rendu et Périn, t. 2, n. 903; Crépon, sur l'art. 55, n. 27; Daffry de la Monnoye, t. 2, sur l'art. 55, n. 17.

1966. — Pourvu que les pouvoirs du jury ne soient pas épuisés par suite du renouvellement de la liste annuelle par le conseil général. — Cass., 30 juill. 1888, Préfet de la Corse, [S. 91.1.268, P. 91.1.640, D. 90.1.31] — Si les pouvoirs du jury étaient expirés à la suite du renouvellement de la liste par le conseil général, l'exproprié devrait demander à l'autorité judiciaire la formation d'une autre liste de session.

1967. — L'exproprié qui, par suite de l'inaction de l'expropriant, joue le rôle de partie poursuivante doit, à peine de nullité, signifier à l'expropriant la liste du jury. — Cass., 25 juill. 1883, Préfet de l'Hérault, [S. 85.1.176, P. 85.1.406, D. 84.1.436] — Crépon, sur l'art. 55, n. 27 *bis*; de Lalleau, Jousselin, Rendu et Périn, t. 1, n. 486, note.

1968. — Le magistrat directeur, après s'être entendu avec le préfet ou le sous-préfet, fixe le jour et l'heure de la réunion du jury; cette entente est prescrite par l'art. 31 (V. *supra*, n. 1609); elle est nécessaire, car l'administration doit réunir pour le jour indiqué les pièces à produire devant le jury. Le propriétaire assigne l'expropriant, huit jours au moins à l'avance, convoque les jurés et fait sommation à l'expropriant de placer sous les yeux des jurés les plans parcellaires et les autres pièces relatives à la fixation de l'indemnité; il lui appartient, en sa qualité de partie poursuivante, de dresser le tableau des offres et demandes. — De Lalleau, Jousselin, Rendu et Périn, t. 2, n. 903.

1969. — Mais lorsque l'exproprié poursuit lui-même le règlement de l'indemnité, l'expropriant n'a pas l'obligation de notifier des offres; et cela alors même que l'exproprié lui aurait fait sommation à cette fin. On est en présence d'une procédure particulière qui fait exception aux règles des art. 23 et 25; il suffit que les prétentions des parties soient formulées devant le jury. — Cass., 5 déc. 1864, Blaniot, [D. 64.5.163]; — 5 déc. 1865, Ardoin, [*Bull. civ.*, p. 287]; — 9 janv. 1866, Descaux, [D. 66.5.209]; — 14 févr. 1866, Astorgues, [D. 66.5.209] — Crépon, sur l'art. 55, n. 28; Daffry de la Monnoye. t. 1, sur l'art. 55, n. 18.

1970. — L'expropriant qui est demeuré dans l'inaction ne peut se faire un moyen de nullité de ce que la demande de l'exproprié ne lui aurait pas été notifiée quinze jours avant la comparution devant le jury. — Cass., 20 juill. 1864, Préfet de la Seine, [S. 65.1.144, P. 65.307, D. 64.5.157] — Crépon, sur l'art. 55, n. 29; Daffry de la Monnoye, *loc. cit.* — Le législateur impose ce délai pour l'offre et non point pour la demande; l'expropriant, qui ne s'est pas pressé, a eu le temps d'étudier ce qu'il devait offrir.

§ 3. *De l'expropriation d'intérêt purement communal.*

1971. — En matière d'expropriation ayant un intérêt exclusivement communal, la commune ne peut être représentée que par son maire. — Cass., 21 mars 1892, Bureau, [S. et P. 92.1.528] — Daffry de la Monnoye, t. 1, sur l'art. 63, n. 4. — Mais le préfet, ou le sous-préfet, conservent, en vertu de l'art. 31, le droit de convoquer les jurés et les parties. — Crépon, sur l'art. 31, n. 2.

1972. — La partie expropriante doit, aussi bien que la partie expropriée, être convoquée avec indication, au moins huit jours à l'avance, du lieu et du jour de la réunion du jury, et avec notification des noms des jurés, lesquelles convocation et notification seront faites par le préfet ou le sous-préfet, chargé du soin de cette convocation. Tel est, par exemple, le cas où l'expropriation est poursuivie par une commune à la diligence du maire. — Cass., 30 nov. 1857, Comm. de Bellenaves, [P. 58.526]; — 17 déc. 1867, Comm. de Salles, [S. 67.1.143, P. 67.1197, D. 68.1.151] — Il en est ainsi, du reste, même lorsque l'expropriation a lieu en exécution de la loi du 21 mai 1836 sur les chemins vicinaux. — Cass., 17 déc. 1867, précité. — La commune expropriante doit donc être convoquée devant le jury par le sous-préfet.

1973. — Mais la commune expropriante, comme le concessionnaire, peut elle-même convoquer les jurés et les expropriés; dans ce cas elle n'a point naturellement à s'adresser de convocation (Crépon, sur l'art. 31, n. 3; Daffry de la Monnoye, t. 1, sur l'art. 31, n. 1; de Lalleau, Jousselin, Rendu et Périn, t. 1, n. 480, et t. 2, n 949). Aussi a-t-il été jugé que la convocation des jurés et des parties peut, au lieu d'émaner du préfet, être faite à la requête de la commune expropriante pourvu qu'elle ait pu se concerter avec le magistrat directeur du jury pour indiquer le jour et le lieu de la réunion. — Cass., 6 avr. 1859 (2 arrêts), précités; — 7 févr. 1898, Albrespy, [S. et P. 98.1.240]

1974. — En cas de dissolution du conseil municipal et de constitution d'une délégation spéciale pour le remplacer, le président de cette commission a les pouvoirs du maire; dès lors, il a qualité pour notifier aux expropriés la liste des jurés et la convocation devant le jury. — Cass., 7 nov. 1898, Albespy, [S. et P. 99.1.47, D. 99.1.354]

1975. — Il a été jugé que la commune expropriante ne peut invoquer comme moyen de nullité les irrégularités qu'elle aurait commises dans les convocations, nul ne pouvant arguer de sa faute pour s'en faire un moyen de nullité. Jugé, en conséquence, que la commune qui a poursuivi l'expropriation ne peut exciper, comme moyen de nullité, de ce que la notification faite à sa requête, du nom d'un juré n'aurait pas été comprise. — Cass., 19 mars 1849, Anquetin, [S. 49.1.370, P. 49.1.396]

1976. — ... Qu'une ville qui poursuit une expropriation à la requête et à la diligence du préfet du département n'est pas re-

EXPROPRIATION POUR CAUSE D'UTILITÉ PUBLIQUE. — Chap. XIII.

cevable à puiser un moyen de cassation, contre la décision intervenue, dans les irrégularités des exploits de convocation adressés aux jurés à la requête du préfet, et par conséquent à sa propre requête. — Cass., 2 févr. 1846, Mille, [S. 46.1.237, P. 47. 1.222, D. 46.1.78] — Crépon, sur l'art. 31, n. 4.

1977. — ... Que la commune expropriante, représentée par le préfet et le sous-préfet, ne peut se plaindre de ce que la notification de la liste des jurés ne lui a pas été faite par le sous-préfet. — Cass., 16 mars 1883, Comm. de Lamothe-Saint-Héray, [S. 87.1.387, P. 87.1.939, D. 85.1.345]

1978. — ... Que lorsqu'il est constant que la convocation des jurés et des expropriés a eu lieu à la requête du maire, celui-ci ne peut se faire un grief de n'avoir pas connu le jour et l'heure de la réunion du jury, puisqu'il les a indiqués lui-même dans l'exploit notifié en son nom. — Cass., 21 mars 1887, Comm. de Saint-Honoré-les-Bains, [S. 89.1.85, P. 89.1.174, D. 88.1.276]

1979. — ... Que la commune n'est pas, non plus, recevable à se plaindre, en ce cas, de ce que la citation à comparaître devant le jury a été délivrée six jours seulement avant l'ouverture des débats, cette irrégularité étant imputable à son représentant légal. — Cass., 21 mars 1887, précité.

1980. — ... Que, d'ailleurs, le procès-verbal des opérations du jury faisant foi jusqu'à inscription de faux, si ce procès-verbal constate que la convocation des jurés et des parties a été faite à la requête du sous-préfet et du maire, l'allégation contraire du maire, et une lettre qu'il produit pour justifier cette allégation, ne sauraient prévaloir contre la foi due à un acte authentique et public. — Même arrêt.

§ 4. *De l'expropriation concernant les chemins vicinaux.*

1981. — La loi de 1836 a introduit quelques règles particulières en matière de chemins vicinaux, mais les règles générales doivent être appliquées toutes les fois que la loi spéciale ne contient aucune dérogation. — Cass., 14 déc. 1847, Préfet de l'Eure, [S. 48.1.189, P. 48.4.27, D. 48.1.152] — De Lalleau, Jousselin, Rendu et Périn, t. 2, n. 1072; Daffry de la Monnoye, t. 2, p. 550. n. 17; Dufour, t. 3, p. 281 ; Crépon, p. 402, n. 28. — V. *suprà*, v° *Chemin vicinal*, n. 532 et s.

1982. — Tant que le jury n'a point été notifié aux parties, et qu'elles n'ont point reçu assignation à comparaître devant lui, sa composition ne leur est point acquise ; si donc un jury incompétent a été désigné, il peut jusqu'à ce moment être remplacé par un autre jury. — Cass., 3 janv. 1882, Ronfard, [S. 84.1.209] — De Lalleau, Jousselin, Rendu et Périn, t. 2, n. 1078, note.

1983. — Dans le cas où la procédure pour le règlement des indemnités dues à raison des expropriations nécessitées par l'exécution d'un chemin vicinal a été poursuivie par le préfet au nom de la commune, au vu et au su de celle-ci, une convocation spéciale devant le jury n'a pas besoin de lui être notifiée. — Cass., 26 oct. 1892, Comm. de Brouilla, [S. et P. 94.1.39] — V. *suprà*, n. 1975 et s.

1984. — L'exproprié ne peut se plaindre de ce que le délai de huitaine exigé pour la citation n'a point été observé en ce qui concerne la commune intéressée à l'expropriation ; elle seule peut arguer de cette irrégularité, et si elle comparaît sans protestations ni réserves, elle la couvre. — Cass., 17 nov. 1873, Comm. d'Aiton, [D. 74.1.8] — Daffry de la Monnoye, *loc. cit.*

1985. — L'expropriant et l'exproprié ont droit chacun à une récusation péremptoire ; s'il y a plusieurs intéressés dans une même affaire et qu'ils ne s'entendent pas sur la question à exercer, le magistrat directeur, comme en toute autre matière, tirera au sort pour savoir à qui elle appartiendra.

1985 bis. — En matière d'expropriation pour l'ouverture et le redressement de chemins vicinaux, comme en toute autre matière, le magistrat directeur doit, à peine de nullité, avertir les parties du droit qu'elles ont d'exercer une récusation péremptoire. — Cass., 17 mars 1874, Lacène, [S. 75.1.85, P. 75.173, D. 74.1. 424] — V. *suprà*, n. 1856 et s.

1986. — Au reste, le défaut d'avertissement par le magistrat directeur aux parties du droit de récusation péremptoire leur appartenant, n'emporte pas nullité, si les parties ont, en fait, exercé ce droit ou déclaré ne pas vouloir en user. — Cass., 17 mars 1874, précité; — 24 déc. 1879, des Etangs, [S. 80.1. 174, P. 80.386, D. 80.1.163]; — 29 mars 1887, Duphénieux, [S. 88.1.134, P. 88.1.304, D. 88.1.184] — Ségeral, n. 109 et 116; de Lalleau, Jousselin, Rendu et Périn, t. 2, n. 1078, note.

1987. — Les parties peuvent, en effet, renoncer à leur droit de récusation, et accepter le jury tel qu'il sera constitué par les premiers noms de la liste. Par suite, lorsque trois jurés titulaires et supplémentaires ont été excusés par le magistrat directeur, qu'aucune des parties en cause n'a exercé son droit de récusation, et que le jury s'est ainsi trouvé régulièrement composé des quatre autres jurés appelés à en faire partie, l'une des parties n'est pas fondée à se pourvoir en cassation pour une prétendue irrégularité dans la formation du jury. — Cass., 1er juin 1891, Armandon, [S. et P. 93.1.479] — Régulièrement, la liste de la session aurait dû être complétée par l'appel de jurés complémentaires, mais les parties, en renonçant à leur droit de récusation, ont rendu cet appel inutile.

1988. — La liste sur laquelle les parties exercent leur récusation doit toujours être de six membres, pour que chacune d'elles exerce la récusation qui lui est accordée, et que le jury demeure composé de quatre jurés. Si donc par l'effet des excuses ou radiations, la liste du jury de la session comprend moins de six jurés titulaires ou supplémentaires, le magistrat directeur doit la compléter en appelant des jurés complémentaires ; on ne comprendrait pas, par exemple, que par l'effet des récusations et le défaut de convocation de jurés complémentaires, le jury fût réduit à deux membres ; la décision rendue par un tel jury serait entachée d'une nullité radicale. — De Lalleau, Jousselin, Rendu et Périn, t. 2, n. 1078.

1989. — Si un juré titulaire est empêché, le magistrat directeur du jury, du consentement de toutes les parties, peut prendre, pour le remplacer, le troisième juré supplémentaire. Le mode de procéder équivaut à l'exercice d'une récusation par chacune des parties ; il est donc régulier. — Cass., 17 nov. 1873, Comm. d'Aiton, [D. 74.1.8] — Daffry de la Monnoye, t. 2, p. 551.

1990. — Les jurés doivent, à peine de nullité, prêter le serment prescrit par l'art. 36, L. 3 mai 1841 — Cass., 6 avr. 1858, de Kéranfiech, [S. 58.1.830, P. 59.543, D. 58.1.322]; — 14 mars 1870, Brunetière, [D. 70.5.176]; — 25 déc. 1875, Comm. de Cubzac, [S. 76.1.175, P. 76.403] — Crépon, p. 404, n. 38; Daffry de la Monnoye, t. 2, p. 551; Ségeral, n. 117. — V. *suprà*, n. 1922 et s. — Et l'accomplissement de cette formalité substantielle doit, à peine de nullité, être constatée par le procès-verbal. — De Lalleau, Jousselin, Rendu et Périn, t. 2, n. 1078, note.

1991. — Le jury est constitué lorsque les quatre jurés présents n'ont point été récusés ; il peut délibérer et procéder que si tous les jurés sont présents ; il n'en est pas loi même en matière de jury de droit commun où les jurés au nombre de douze peuvent continuer à procéder bien qu'ils soient réduits à neuf. V. *suprà*, n. 1910 et s.). La différence s'explique par ce fait qu'un jury dont les membres sont si peu nombreux ne peut voir le nombre de ses membres encore diminué (Ségeral, n. 111). Par suite, lorsque l'ouverture d'un chemin vicinal a été régulièrement déclarée d'utilité publique et que le jugement passé en force de chose jugée a prononcé l'expropriation des immeubles nécessaires à son établissement, le jury chargé de régler les indemnités statue valablement au nombre de quatre membres. — Cass., 6 août 1877, Chollet, [S. 78.1.78, P. 78.163, D. 78.1.52]

1992. — Si le magistrat directeur est un juge du tribunal de première instance, il est assisté par le greffier ou un commis-greffier de ce tribunal ; si le juge de paix a été désigné comme magistrat directeur, il est assisté par le greffier de la justice de paix. — Ségeral, n. 112 et 113. — V. *suprà*, n. 1847 et s.

CHAPITRE XIII.

DE LA PROCÉDURE DEVANT LE JURY.

1993. — Sous la loi du 8 mars 1810 qui n'admettait pas de jury dans les instances pendantes devant les tribunaux, en matière d'expropriation pour cause d'utilité publique, c'était la procédure ordinaire qui devait être suivie, et non la procédure sommaire, par mémoire et sans plaidoiries, réglée pour certaines causes domaniales. — Cass., 14 juill. 1829, Préfet de la Marne, [S. et P. chr.] — Aujourd'hui, grâce à l'institution du jury, la procédure d'expropriation se rapproche sur quelques points de celle suivie devant le jury criminel; elle en diffère sur quelques autres.

Section I.
De l'intervention.

1994. — L'exproprient assigne devant le jury les personnes auxquelles il doit faire des offres, et celles-là seules ; il n'a point à se préoccuper des autres, puisqu'elles sont déchues du droit de lui réclamer une indemnité. Le magistrat directeur ne pourrait poser des questions relatives à l'indemnité due ou prétendue par des tiers qui n'auraient point été désignés ou ne se seraient point fait connaître en temps utile, car il violerait l'art. 37, L. 3 mai 1841, et commettrait un excès de pouvoir. — De Lalleau, Jousselin, Rendu et Périn, t. 1, n. 557. — V. *suprà*, n. 1084, 1130 et s.

1995. — Mais la partie qui s'est fait connaître ou qui a été désignée dans le délai de la loi, à laquelle des offres ont été faites, et qui a été comprise dans la procédure d'expropriation a le droit de comparaître devant le jury, et de réclamer une indemnité : si donc l'expropriant a omis de la convoquer elle a le droit d'intervenir. Ainsi le locataire qui, malgré une demande d'indemnité à raison de l'expropriation des lieux loués, n'a pas été appelé devant le jury, est recevable à intervenir pour faire régler l'indemnité à laquelle il prétend avoir droit. — Cass., 16 août 1852, Poix-Vaudelle, [S. 53.1.16, P. 53.2.380, D. 52.1.295]

1996. — Jugé encore que celui qui, ayant acheté partie d'un immeuble dont l'expropriation est ultérieurement poursuivie, s'est fait connaître en temps utile à l'administration, et qui n'a reçu ni offres ni assignation, est recevable à intervenir devant le jury pour faire valoir son droit à indemnité. — Cass., 17 juin 1868, Lacarrière, [S. 69.1.37, P. 69.58, D. 68.1.326]

1997. — Mais l'expropriant peut contester l'intervention ; il peut prétendre que l'intervenant est sans qualité ; cette difficulté soulève alors un litige sur le fond du droit. En effet l'intervention d'une personne devant le jury peut se présenter dans deux hypothèses bien distinctes. D'abord, l'intervention peut soulever un litige sur le fond du droit et la qualité du réclamant : tel est le cas d'un locataire qui n'a pas été dénoncé à l'expropriant par le propriétaire, et qui intervient devant le jury en prétendant que son existence était connue de l'expropriant. Dans cette première hypothèse, il n'appartient pas au magistrat directeur de résoudre la difficulté ; il doit renvoyer les parties devant la juridiction compétente, en faisant fixer par le jury une indemnité hypothétique ou éventuelle. — Cass., 19 déc. 1892, Gaudicher, [S. et P. 93.1.384] — De Lalleau, Jousselin, Rendu et Périn, t. 1, n. 557.

1998. — Décidé encore que la question de savoir si un tiers, intervenant dans une poursuite d'expropriation pour cause d'utilité publique comme locataire, a réellement cette qualité, et si, en tout cas, son intervention s'est ou non utilement produite dans la huitaine dont l'expiration emporte déchéance aux termes de l'art. 21, L. 3 mai 1841, constitue un litige sur le fond du droit, dans le sens de l'art. 39, L. 3 mai 1841. — Cass., 23 févr. 1892, Roy, [S. et P. 92.1.420, D. 93.1.424] ; — 12 juill. 1898, de Commaille, [S. et P. 98.4.528, D. 99.1.51] — Et, dès lors, le magistrat directeur du jury, qui, au lieu de renvoyer cette contestation devant les juges compétents, la tranche lui-même, en rendant une ordonnance qui déclare l'intervention du prétendu locataire non recevable, comme tardive, commet un excès de pouvoir ; son ordonnance doit donc être annulée. — Cass., 23 févr. 1892, précité.

1999. — On peut reprocher à la loi sur l'expropriation pour cause d'utilité publique de ne pas avoir suffisamment précisé les attributions et les pouvoirs du magistrat directeur, et d'avoir, sous ce rapport, laissé une latitude trop grande à la jurisprudence. Ce qu'on peut dire à cet égard, c'est que les attributions et les pouvoirs du magistrat directeur doivent se déterminer par la distinction fondamentale entre la procédure qui se suit devant le jury et le fond du droit. Le magistrat directeur, ainsi que son titre même l'indique, dirige les débats, et, par suite, a qualité pour intervenir dans les incidents de forme qui peuvent se produire au cours de ces débats ; mais sa compétence cesse dès que surgit une question qui porte sur le fond même du droit ; et il en est ainsi, notamment, quand est contesté par l'expropriant, à celui qui se présente devant le jury, le droit de réclamer une indemnité. L'arrêt du 23 févr. 1892, précité, relevait dans les conclusions des parties une double contestation, l'une portant sur la qualité de locataire donnant droit à une indemnité, l'autre portant sur la tardiveté de l'intervention. Que la première suffise pour enlever compétence au magistrat directeur, c'est bien incontestable ; mais il n'en est pas de même de la seconde. Si, en effet, la question de tardiveté ne présente qu'une supputation de dates à établir, on ne peut considérer qu'il y ait là un litige sur le fond du droit ; il s'agit d'un simple incident de procédure rentrant dans les pouvoirs du magistrat directeur, bien entendu, sous le contrôle de la Cour de cassation. Pour soutenir que même la question de tardiveté d'intervention du locataire suffisait pour rendre le magistrat directeur incompétent, on invoquait dans l'espèce un arrêt de cassation du 31 juin 1867, Franchef, [S. 67.1.454, P. 67.1199, D. 67.1.318] — Mais il faut remarquer que cet arrêt a soin de constater que la question de tardiveté de l'intervention des locataires se produisait dans des conditions particulières ; qu'il s'agissait de savoir s'il n'y avait pas lieu de reconnaître que les congés donnés à eux par la ville expropriante n'impliquaient pas nécessairement la preuve de leur qualité et les droits qui en dérivaient étaient dès lors connus par l'expropriant, ce qui suffisait pour les relever de l'obligation de lui adresser à ce sujet une dénonciation quelconque. Après avoir fait cette constatation, l'arrêt ajoute : « Attendu que cette question, prise en elle-même et considérée dans sa nature et dans ses effets, ne se rapportait pas uniquement à un simple incident de procédure, et qu'il est vrai de dire, au contraire, qu'elle constituait en réalité un litige sur le fond même du droit. » C'est parfaitement exact, étant données les conditions dans lesquelles se produisait la contestation puisque, au fond, la véritable question était celle de savoir si la qualité d'indemnitaire n'avait pas été reconnue par l'expropriant ; mais cela ne veut pas dire qu'en soi, toujours et lors même qu'il n'y aura à faire qu'une supputation de dates, la question de tardiveté de l'intervention du locataire constitue un litige sur le fond du droit, en dehors de la compétence du magistrat directeur. — Note sous Cass., 23 févr. 1892, précité.

2000. — En second lieu, si l'intervention devant le jury provient d'une personne comprise dans le jugement d'expropriation, mais qui n'a pas été portée sur le tableau des propriétaires, à qui des offres n'ont point été faites, et à qui n'ont point été notifiés la liste des jurés, ainsi que le lieu et le jour de leur réunion, dans ce cas, l'intervention constitue un simple incident de procédure que le magistrat directeur a le droit de trancher. — Cass., 1er juill. 1884, Beauquier, [S. 86.1.319, P. 86.1861, D. 86.1.15] — Crépon, sur l'art. 55, n. 1 *bis* ; Daffry de la Monnoye, t. 2, sur l'art. 44, n. 1. — Cette intervention, d'ailleurs, est non recevable, le propriétaire ayant seulement le droit de requérir la fixation de l'indemnité, si l'administration ne la fait point régler dans les six mois du jugement. — Même arrêt. — Crépon, *loc. cit.*; Daffry de la Monnoye, *loc. cit.*; de Lalleau, Jousselin, Rendu et Périn, t. 1, n. 557. — En effet, l'expropriant peut diviser les expropriations diverses ; il peut ne convoquer qu'une partie des propriétaires, et se réserver de faire comparaître les autres ultérieurement devant le jury.

2001. — En tous cas, un individu contre lequel l'expropriation n'a pas été prononcée ne peut être reçu à intervenir devant le jury, à l'effet de prendre part aux débats sur la quotité de l'indemnité, bien qu'il ait été appelé par l'administration devant le jury, par suite d'une signification dans laquelle il prétendait avoir des droits à exercer sur les terrains expropriés. Il suffit que le magistrat directeur lui réserve ses droits sur le prix. — Cass., 4 juin 1845, Thomas, [S. 45.1.493] — De Lalleau, Jousselin, Rendu et Périn, t. 1, n. 557, note.

2002. — D'autre part, on admet que des personnes puissent se présenter non pour réclamer personnellement une indemnité, mais pour demander qu'une indemnité afférente à un chef déterminé, et déjà prévu, leur soit attribuée ; il en est ainsi, par exemple, des héritiers, des donataires, des cessionnaires des intéressés primitifs ; en cette qualité, si elle est établie, il leur appartient de discuter l'indemnité ; le magistrat directeur et le jury ne sont point en droit de leur dénier ou de leur reconnaître la qualité qu'ils invoquent ; aussi l'expropriant les laisse-t-il se présenter et discuter sans se prononcer sur la qualité invoquée, et ce n'est qu'au moment du paiement de l'indemnité qu'il leur demande de justifier de leurs droits. — De Lalleau, Jousselin, Rendu et Périn, t. 1, n. 557.

Section II.
De l'examen des affaires.

2003. — L'art. 44, L. 3 mai 1844, porte : « Le jury ne connaît que des affaires dont il a été saisi au moment de la convo-

EXPROPRIATION POUR CAUSE D'UTILITÉ PUBLIQUE. — Chap. XIII.

cation, et statue successivement et sans interruption sur chacune de ces affaires. Il ne peut se séparer qu'après avoir réglé les indemnités dont la fixation lui a été ainsi déférée. »

2004. — On avait d'abord fixé la durée de chaque session à quinze jours ; mais on a supprimé cette disposition, qui pouvait être inconciliable avec l'obligation imposée au jury de régler toutes les indemnités dont la fixation lui était déférée (Duvergier, *Coll. des lois*, t. 33, p. 302). Les sessions du jury d'expropriation sont quelquefois très-longues et imposent, par suite, des obligations fort lourdes aux jurés.

2005. — Pour que le jury soit appelé à statuer sur les litiges qui peuvent s'élever entre l'expropriant et les divers expropriés, il ne suffit pas que les immeubles expropriés figurent au jugement d'expropriation, il faut encore que le litige ait été soulevé par le désaccord existant à la suite du refus des offres faites par l'expropriant. Dès lors, le jury convoqué pour diverses expropriations n'est pas compétent à l'égard des litiges nés depuis sa convocation, par le refus des offres qui n'est intervenu que depuis cette convocation. — Cass., 14 janv. 1851, de Beauvais, [S. 51.1.363. P. 51.2.209, D. 51.1.289] ; — 16 juin 1858, Ville du Mans, [P. 59.160, D. 58.1.325] ; — 11 juin 1860, Beaume-Bauric, [P. 61.765, D. 60.1.405] — Daffry de la Monnoye, t. 2, sur l'art. 44, n. 1 ; Crépon, sur l'art. 44, n. 1.

2006. — Le jury ne saurait, à plus forte raison, avoir compétence pour des litiges qui ne seraient nés que le lendemain de la clôture de sa session ; et par exemple, si l'expropriant ne fait des offres relativement à certaines parcelles que le lendemain de la clôture de la session, le jury, qui a épuisé ses pouvoirs, ne peut être convoqué à nouveau ; le magistrat directeur en appelant le jury à se prononcer sur les affaires nouvelles, et celui-ci en statuant commettent un excès de pouvoir ; en présence d'affaires nouvelles, il faut un jury nouveau. — Cass., 14 janv. 1851, précité. — Daffry de la Monnoye, *loc. cit.* ; Crépon, sur l'art. 44, n. 2 et 3.

2007. — Le jury n'est saisi que des demandes diverses d'indemnité se référant aux immeubles atteints par l'expropriation ; dès lors, s'il a statué sur tous les litiges se rapportant à ces immeubles, on ne peut se faire un grief de ce qu'il ne se soit pas prononcé sur des parcelles délaissées le long des portions expropriées, et non frappées par l'expropriation. — Cass., 8 juill. 1863, Malice, [S. 63.1.400, P. 63.1104, D. 63.1.253] — Daffry de la Monnoye, t. 2, sur l'art. 44, n. 2 ; Crépon, sur l'art. 44, n. 4.

2008. — Si un jury est saisi, les parties ne peuvent le dessaisir au profit d'un autre ; ainsi lorsqu'un litige est né et a été soumis à un jury spécial, les parties ne peuvent s'entendre, sur d'un commun accord porter l'affaire devant un autre jury. — Cass., 26 déc. 1859, Laporte, [S. 60.1.1008, P. 60.1020, D. 60. 1.39] ; — 31 juill. 1866, Gouerre, [S. 67.1.84, P. 67.173] — Crépon, sur l'art. 44. n. 5.

2009. — Jugé, dans ce sens, que le jury n'est compétent pour statuer que sur les indemnités dues à raison des expropriations prononcées par le jugement en vertu duquel il a été désigné et convoqué, ou exceptionnellement en cas d'expropriation partielle, à raison de la cession accessoirement faite de la portion d'immeuble non expropriée. Dès lors, quand des immeubles appartenant aux mêmes propriétaires ont été successivement expropriés par deux jugements distincts, à la suite desquels deux jurys différents ont été désignés et convoqués, on ne saurait dessaisir le second de ces jurys des affaires qui lui ont été réservées pour en saisir le premier. Et l'incompétence du premier jury étant, en pareil cas, d'ordre public, ne peut cesser par l'effet de la volonté des parties. — Cass., 26 déc. 1859, Laporte, précité. — Arnaud, *Man. du direct. du jury d'exprop.*, n. 119 ; de Peyrony et Delamarre, n. 489.

2010. — Mais du consentement de toutes parties le jury peut statuer sur des portions d'immeubles soumises à l'expropriation, qui, d'un commun accord, sont jointes aux parties déjà expropriées. En ce cas, en vertu du contrat judiciaire qui se forme entre les parties pour l'extension de l'expropriation, le jury peut fixer l'indemnité due à raison de ces parcelles. — Cass., 27 août 1856, Pairet, [S. 59.1.271, P. 59.237, D. 56.1. 334] — Crépon, sur l'art. 44, n. 5.

2011. — On doit d'ailleurs considérer comme constituant une seule affaire le règlement de diverses indemnités se rapportant à l'expropriation d'un même immeuble, quand même ces indemnités seraient réclamées par des personnes différentes et à

des titres divers. — Cass., 8 févr. 1876, Préfet des Bouches-du-Rhône, [S. 76.1.176, P. 76.405, D. 76.1.145] — Dès lors, le jury choisi pour régler l'indemnité due à un fabricant d'allumettes exproprié, est compétent pour statuer sur les interventions basées sur la même expropriation. — Même arrêt. — V. *supra*, v° *Allumettes*, n. 31 et s.

2012. — La règle inscrite dans l'art. 44, L. 3 mai 1841, ne fait du reste pas obstacle à ce que l'instruction de plusieurs affaires distinctes soit réunie, et à ce qu'ensuite il soit statué séparément sur chaque demande. — Cass., 19 déc. 1871, Ville d'Annonay, [S. 72.1.139, P. 72.311, D. 73.1.71] — Mais l'instruction de plusieurs affaires ne peut être faite simultanément que si elles sont toutes déférées au même jury. — Daffry de la Monnoye, t. 2, sur l'art. 44, n. 4.

2013. — Il a été jugé, aussi conformément à la règle établie *suprà*, n. 1879 et s., que lorsqu'un jury unique a été constitué ou accepté, les parties maîtresses de leurs droits peuvent décider que les diverses affaires sur lesquelles il a à se prononcer seront confondues en une seule instance ; que, dès lors, c'est avec raison qu'elles ont fait l'objet d'une discussion simultanée et d'une seule et même délibération. — Cass., 17 août 1875, David, [S. 75.1.499, P. 75.1185, D. 76.1.120] — Arnaud, n. 261 ; Morin, 75.1.499, n. 101 et s.

2014. — Mais lorsque deux jurys distincts ont été constitués pour connaître séparément de deux séries d'indemnités à allouer à raison d'expropriation pour utilité publique, chacun d'eux doit procéder séparément sur les affaires dont il est saisi, lors même que les deux jurys seraient en grande partie composés des mêmes membres. En conséquence, est nulle la décision intervenue lorsque les deux jurys ont procédé simultanément aux mêmes jours et aux mêmes heures à l'examen de deux séries d'affaires, ou lorsqu'un membre de l'un des jurys a été appelé à prendre part à la délibération de l'autre jury. à l'égard duquel il doit être regardé comme un étranger. — Cass., 22 juin 1840, Comp. du chemin de fer de Strasbourg, [S. 40.1.708, P. 40.1.468]

2015. — L'obligation pour le jury de statuer sans interruption sur chaque affaire ne doit pas être prise dans un sens littéral et absolu ; tout d'abord, le jury, comme toute juridiction, a droit à des suspensions d'audience si celle-ci se prolonge ; de même, si une affaire qui demande de longs développements ne peut se terminer le jour où elle est commencée, elle est régulièrement renvoyée au lendemain et continuée les jours suivants, s'il y a lieu. — Daffry de la Monnoye, t. 2, sur l'art. 44, n. 4 ; Crépon, sur l'art. 44, n. 7 ; de Lalleau, Jousselin, Reudu et Périn, t. 1, n. 573.

2016. — Il en est ainsi alors surtout que ce renvoi est motivé par une mesure préparatoire, une mesure d'instruction, par exemple par une visite des lieux. — Cass., 7 avr. 1845, Feron, [S. 45.1. 531, P. 45.1.588, D. 45.1.207] ; — 16 févr. 1846, Préfet des Bouches-du-Rhône, [S. 46.1.223, P. 46.1.500, D. 46.1.63] ; — 11 juin 1856, Chem. de fer de Strasbourg, [S. 56.1.826, P. 56.2.414, D. 56.1.196] ; — 9 févr. 1857, Chem. de fer Grand-Central, [S. 57. 1.774, P. 58.371, D. 57.1.70] ; — 23 déc. 1863, Chem. de fer d'Orléans, [D. 64.5.149] — Crépon, sur l'art. 44, n. 8.

2017. — L'interruption sera même forcée quand le jury aura ordonné son transport sur les lieux, tel qu'une chute considérable de neige, s'opposera à ce transport prescrit et reconnu nécessaire. — Cass., 20 août 1862, Vimort, [D. 62.1.368] — 5 nov. 1879, Beausoier, [S. 80.1.475, P. 80.388, D. 80.1.463] — Daffry de la Monnoye, t. 2, sur l'art. 44, n. 4 ; Crépon, sur l'art. 44, n. 10.

2018. — Il a même été jugé qu'un jury peut ajourner une affaire à quinzaine pour ne pas siéger durant la semaine sainte et permettre aux jurés d'examiner le résultat de la visite des lieux et en débattre les conséquences. — Cass., 23 déc. 1863, précité. — Daffry de la Monnoye, t. 2, sur l'art. 44, n. 4.

2019. — D'autre part, l'obligation pour le jury de statuer sans désemparer sur chacune des affaires de la session, n'empêche pas que l'intervalle laissé par la continuation d'une affaire puisse être employé à l'examen et à la discussion d'une affaire différente, pourvu que les opérations demeurent distinctes, sans lien et confusion entre elles. — Cass., 7 avr. 1845, Vermesch, [*Ibid.*] ; 1.531, P. 45.1.588, D. 45.1.207] ; — 7 avr. 1845, Ferrond, [S. 45. — 7 avr. 1845, André, [*Ibid.*] ; — 11 juin 1856, précité ; — 9 févr. 1857, précité ; — 31 déc. 1873, Comm. de Saint-Nazaire, [S. 74.

1.84, P. 74.172, D. 74.1.213]; — 11 août 1891, Severin, [S. et P. 93.1.434, D. 92.1.535].— Daffry de la Monnoye, t. 2, sur l'art. 44, n. 4; Crépou, sur l'art. 44, n. 9; de Peyrony et Delamarre, n. 609 et s. — V. aussi *suprà*, n. 1943.

2020. — Le jury peut donc renvoyer, après une visite de lieux, la continuation des débats à un jour ultérieur. — Cass., 9 févr. 1857, précité. — Il peut aussi, après continuation de l'affaire à un autre jour, pour compléter l'instruction, procéder dans l'intervalle au jugement d'autres expropriations.— Cass., 11 juin 1856, précité. — V. aussi Cass., 16 févr. 1840, précité.

2021. — Jugé encore que, dans une session qui a duré du 26 novembre au 11 janvier suivant, c'est à bon droit que les jurés ont estimé nécessaire de s'ajourner à diverses reprises, et ont, dans l'intervalle des séances, procédé à plusieurs visites des lieux. — Cass., 10 nov. 1884, Guéreke, [S. 85.1.320, P. 85.1.774, D. 85.1.200]

2022. — Des jurys différents ne peuvent procéder ensemble et simultanément à des mesures d'instruction (V. *suprà*, n. 2014); mais rien ne s'oppose à ce que des jurys distincts combinent les mesures d'instruction ordonnées et spécialement les visites des lieux de telle sorte qu'elles soient faites le même jour et successivement, de manière à ce qu'il n'y soit procédé que par les jurés qui doivent connaître de l'affaire. — Cass., 5 août 1844, Préfet d'Ille-et-Vilaine, [P. 44.2.162, D. 44.1.368] — Daffry de la Monnoye, t. 2, sur l'art. 44, n. 4.

2023. — Le magistrat directeur, au début de la session, et pour ne point imposer un déplacement inutile aux parties, a pu, alors que les affaires étaient divisées en plusieurs catégories, fixer le jour auquel les affaires suivantes seraient appelées; si l'expédition des affaires de la première catégorie a été plus rapide qu'il ne l'avait prévu, il en résultera un intervalle, peut-être de quelques jours, entre la fin de cette première catégorie d'affaires et le commencement de la suivante; c'est là un fait purement accidentel et qui n'exerce aucune influence sur la validité des décisions du jury. — Cass., 4 mars 1861, Ville de Paris, [D. 61.1.184] — Daffry de la Monnoye, t. 1, sur l'art. 44, n. 4; Crépon, sur l'art. 44, n. 11.

2024. — Mais si dans l'hypothèse qui précède, le magistrat directeur veut profiter de l'intervalle qui se produit pour commencer de suite, soit l'instruction suivie, soit une autre affaire, il ne le peut qu'autant que les jurés de cette affaire sont présents, ainsi que les parties, et que tous ont été avisés en temps utile; sinon il y aurait nullité. Cependant lorsqu'au lieu de procéder aux opérations du jury au jour fixé par le magistrat directeur, ces opérations ont été commencées la veille en l'absence de l'exproprient et continuées au lendemain, il n'en résulte pas nullité, si l'exproprient a pris part le lendemain à ces opérations sans protestations. — Cass., 7 mars 1855, Chem. de fer de Lyon à la Méditerranée, [S. 55.1.435, P. 55.1.44, D. 55.1.122]

2025. — Au reste, la violation de l'art. 44, L. 3 mai 1841, qui veut que le jury statue sans interruption sur toutes les affaires dont il est saisi au moment de sa convocation, ne donne pas ouverture à cassation. — Cass., 7 avr. 1845, précité; — 4 juill. 1854, Lequin, [S. 55.1.218, P. 54.2.357]; — 30 janv. 1867, Prugnat, [*Bull. civ.*, n. 67]; — 25 mai 1868, Combreling, [D. 68.1.405]

2026. — Le magistrat directeur et les jurés ont donc le pouvoir d'apprécier les motifs qui justifient un ajournement; leur décision à cet égard n'entraînerait nullité que si elle constituait un excès de pouvoir ou la violation d'un principe d'ordre public. — Daffry de la Monnoye, t. 2, sur l'art. 44, n. 4; Crépon, sous l'art. 44, n. 12.

2027. — Jugé, en conséquence, que si le jury a le droit de renvoyer à une autre séance la continuation d'une affaire commencée, lorsque les besoins de l'instruction l'exigent, il n'a cependant pas celui de remettre une affaire, spécialement en fixant son transport sur les lieux, à un jour tellement éloigné qu'il soit en dehors de la durée régulière de la session; cette faculté de remise doit être combinée avec l'obligation de statuer sur chaque affaire successivement et sans interruption. — Cass., 10 mars 1857, de Saunhac, [S. 57.1.608, P. 58.372, D. 57.1.118]; — 10 mars 1857, Rebois, [*ibid.*] — De Lalleau, Jousselin, Rendu et Périn, t. 1, n. 573, note; Crépon, sur l'art. 44, n. 13; Daffry de la Monnoye, t. 2, sur l'art. 44, n. 4.

2028. — On doit faire remarquer que l'obligation pour le jury de statuer sur toutes les affaires qui lui ont été déférées n'existe que si ces affaires ont été instruites. Par suite, il ne résulte aucune nullité de ce que le magistrat directeur du jury a, sur la demande de l'exproprié, renvoyé l'affaire à une session ultérieure, comme n'étant pas en état, alors que l'administration a annoncé devant le jury une éventualité, l'établissement d'un pont, par exemple, constitutive d'un élément nouveau qui doit entrer dans l'appréciation de l'indemnité, et à l'égard duquel elle n'a pas fait connaître son chiffre. — Cass., 3 juill. 1850, Regnier, [S. 51.1.58, P. 50.2.253, D. 50.1.281] — D'ailleurs, dans l'espèce, le renvoi n'était pas obligatoire; l'exproprié aurait pu demander au jury de statuer sur l'affaire d'après l'état des offres, sans se préoccuper des allégations de l'exproprient, qui ne se présentaient pas même sous la forme d'offres et de conclusions. — Daffry de la Monnoye, t. 2, sur l'art. 44, n. 5; Crépon, sur l'art. 44, n. 14.

2029. — Lorsque le jury a sursis à statuer et que l'affaire a été renvoyée à une autre session, l'affaire doit être portée devant un nouveau jury, et il n'y a pas lieu de convoquer à nouveau le premier jury dont les pouvoirs sont expirés. — Cass., 16 juin 1858, [*Gaz. des Trib.*, 17 juin] — De Lalleau, Jousselin, Rendu et Périn, t. 1, n. 573, note.

2030. — Si le jury ne peut restreindre arbitrairement sa mission, il en est autrement quand les parties s'accordent à ne provoquer sa décision que sur un ou plusieurs des immeubles compris au jugement d'expropriation. — Cass., 21 juill. 1875, Chem. de fer de Clermont à Tulle, [S. 75.1.428, P. 75.1.067, D. 75.1.415] — Lorsqu'en effet l'exproprient reconnaît que tel immeuble, ou telle parcelle, compris dans l'expropriation ne lui sont pas utiles, il peut ne point l'acquérir, et le laisser aux mains de son propriétaire, si celui-ci consent à le conserver.

Section III.

Des pièces qui doivent être soumises au jury.

§ 1. *Tableau des offres et demandes.*

1° Remise du tableau des offres et demandes.

2031. — En 1832, le gouvernement avait proposé d'instituer une instruction administrative et contradictoire qui aurait précédé la convocation devant le jury; les parties auraient alors produit leurs titres et les documents justifiant leurs prétentions, et le tout aurait été ensuite placé sous les yeux du jury. La Chambre des pairs a rejeté ce mode de procéder; le magistrat directeur n'a donc à mettre sous les yeux du jury que les pièces prévues par l'art. 36. — De Lalleau, Jousselin, Rendu et Périn, t. 1, n. 551.

2032. — « Le magistrat directeur met sous les yeux du jury : 1° le tableau des offres et demandes notifiées en exécution des art. 23 et 24 ; les plans parcellaires et les titres ou autres documents produits par les parties à l'appui de leurs offres et demandes » (L. 3 mai 1841, art. 37, § 1).

2033. — Le tableau des offres et demandes est dressé par l'exproprient; il contient le relevé des exploits signifiés en exécution des art. 23 et 24, L. 3 mai 1841 (V. *suprà*, n. 1232 et s.); ces exploits, en thèse générale, ne sont pas soumis au jury; il n'en serait autrement que s'il y avait contestation sur le point de savoir si le tableau des offres et demandes est conforme à la réalité des faits. Ce tableau a pour but de renseigner les jurés sur les prétentions diverses des parties. — Daffry de la Monnoye, t. 1, sur l'art. 37, n. 1; De Lalleau, Jousselin, Rendu et Périn, t. 1, n. 552.

2034. — Jugé, en conséquence, qu'il suffit d'un certificat de l'administration attestant que la notification des offres a été faite. — Cass., 12 janv. 1842, Méritan, [S. 42.1.420, P. 42.2.17]

2035. — La présentation au jury par le magistrat directeur du tableau des offres et demandes et des plans parcellaires est une formalité substantielle dont l'omission emporte nullité des opérations et de la décision du jury. — Cass., 11 août 1844, Préfet de l'Aveyron, [P. 47.1.212]; — 15 juill. 1844, Badinaud, [S. 44.1.607, P. 44.2.160]; — 25 août 1858, Comm. de Salaunes, [P. 38.1092, D. 58.1.328]; — 23 mars 1881, Milbourat, [S. 81.1.227, P. 81.4.538]; — 19 mai 1884, Guiland, [S. 84.1.344, P. 84.1.836, D. 85.1.264]; — 19 mars 1888, Bivort, [S. 90.1.485, P. 90.1.646, D. 88.5.248]; — 8 févr. 1897, Préfet des Basses-Alpes, [S. et P. 97.1.192, D. 97.1.122] — Crépon, sur l'art. 37, n. 1; Daffry de la Monnoye, t. 1, sur l'art. 37, n. 1; de Lalleau, Jousselin, Rendu et Périn, t. 1, n. 552.

2036. — Par suite, la décision du jury doit être annulée lorsque le magistrat directeur a mis sous les yeux du jury un tableau des offres et demandes incomplet, notamment lorsque l'exproprié ayant notifié trois chefs distincts de demandes à l'expropriant, deux seulement figurent sur le tableau des offres et demandes. — Cass., 13 juin 1888, Camus, [S. 91.1.31, P. 91.1.30, D. 89.1.432]

2037. — Il n'est pas nécessaire que le tableau des offres et demandes, le plan parcellaire, les plans spéciaux et autres documents soient remis aux jurés avant la visite des lieux; il suffit qu'ils le soient avant l'ouverture des débats sur le fond. — Cass., 4 août 1862, de Sieyes, [S. 62.1.1063, P. 63.159, D. 62.1.383]; — 12 mai 1880, Jacquier, [S. 80.1.171, P. 80.1.171, D. 81.1.260]; — 29 nov. 1886, Capgrand-Molber, [S. 89.1.486, P. 89.1.1200, D. 87.1.174]; — 13 août 1889, Cozon, [S. 91.1.543, P. 91.1.1311, D. 91.1.40] — Daffry de la Monnoye, t. 1, sur l'art. 37, n. 30; Crépon, sur l'art. 37, n. 13; de Lalleau, Jousselin, Rendu et Périn, t. 1, n. 552, note.

2038. — A plus forte raison, il n'est pas nécessaire que les pièces soient remises au jury avant la délibération qui refuse d'ordonner cette mesure d'instruction comme inutile. — Cass., 13 août 1889, précité.

2039. — Mais la décision du jury est nulle si le tableau des offres et demandes n'a été mis sous les yeux du jury qu'après la clôture des débats. — Cass., 19 mai 1884, précité. — Crépon, sur l'art. 37, n. 15; de Lalleau, Jousselin, Rendu et Périn, t. 1, n. 552, note. — En conséquence, lorsque le plan parcellaire et le tableau des offres et demandes n'ont été mis sous les yeux du jury qu'au moment où le jury allait se retirer dans sa chambre pour délibérer, la décision et l'ordonnance rendues doivent être annulées. — Cass., 4 févr. 1884, Préfet du Calvados, [S. 84.1.343, P. 84.1.833, D. 85.5.252]

2040. — Toutefois il a été jugé que la décision du jury est régulière alors que le procès-verbal constate que ces pièces ont été mises sous les yeux du jury, soit immédiatement après sa constitution, avant la délibération relative à la visite des lieux, soit après la clôture des débats avant la délibération qui a précédé la décision. — Cass., 23 déc. 1895, Bardineau, [S. et P. 96.1.246]

2041. — En résumé, si le tableau des offres et demandes non soumis au jury au moment de l'ouverture des débats lui a été présenté au cours des débats, cette production tardive n'entraînera aucune nullité si elle n'a point gêné et entravé la défense des intérêts soit de l'expropriant, soit des expropriés; c'est-à-dire si chacun d'eux a eu la parole depuis que le tableau a été placé sous les yeux du jury, a pu, ainsi, soutenir ses intérêts dans les conditions prévues par la loi.

2042. — Le procès-verbal des opérations du jury doit, à peine de nullité, constater que le magistrat directeur a mis sous les yeux des jurés le tableau des offres et demandes produites par les parties. — Cass., 11 août 1841, Préfet de l'Aveyron, [P. 47.1.242]; — 15 juill. 1844, Badinaud, [S. 44.1.607, P. 44.2.160]; — 19 mai 1884, précité. — Daffry de la Monnoye, t. 1, sur l'art. 37, n. 1; Crépon, sur l'art. 37, n. 2; de Lalleau, Jousselin, Rendu et Périn, t. 1, n. 552.

2043. — Cependant, la remise au jury du tableau des offres et des demandes n'a pas besoin d'être constatée par une mention expresse et spéciale du procès-verbal. — Cass., 9 avr. 1847, Desmartaics, [S. 47.1.754, P. 47.2.762, D. 51.5.241]; — 6 févr. 1861, Ville de Grenoble, [P. 62.128, D. 61.1.135] — De Lalleau, Jousselin, Rendu et Périn, loc. cit.; Daffry de la Monnoye, loc. cit.; Crépon, sur l'art. 37, n. 3. — Il suffit que cette remise résulte de l'ensemble des énonciations du procès-verbal.

2044. — Mais on ne saurait consulter des procès-verbaux autres que celui de l'affaire pour établir cette remise; c'est là une règle générale; le procès-verbal de chaque affaire devant se suffire à lui-même; d'ailleurs la régularité de la procédure dans une affaire peut faire présumer la régularité des autres procédures, ce n'est point une certitude. — Cass., 1er mai 1877. Comm. de Fresnes, [S. 77.1.277, P. 77.686, D. 79.5.218] — De Lalleau, Jousselin, Rendu et Périn, t. 1, n. 552, note; Crépon, sur l'art. 37, n. 4; Daffry de la Monnoye, t. 1, sur l'art. 37, n. 1.

2045. — Conformément aux observations qui viennent d'être présentées, il a été jugé que de ce que le procès-verbal ne désignerait le tableau remis aux jurés que sous la dénomination de tableau des offres, sans parler de la remise du tableau des demandes, il n'y a pas nécessairement nullité, s'il résulte d'ailleurs des pièces et documents produits, ainsi que des énonciations de ce même procès-verbal, qu'en réalité la remise du tableau des offres et demandes a eu lieu. — Cass., 3 mai 1843, Berogne de Camtignes, [S. 43.1.504, P. 43.1.664] — Daffry de la Monnoye, t. 1, sur l'art. 37, n. 1; Crépon, sur l'art. 37, n. 1; de Lalleau, Jousselin, Rendu et Périn, t. 1, n. 552, note.

2046. — ... Que, par suite, bien que le procès-verbal des opérations du jury se borne à constater que « les plans, le tableau des offres et les autres pièces » ont été remis aux jurés, sans mentionner que ce tableau comprenait aussi les demandes, il n'en résulte aucune nullité, s'il appert des autres énonciations du procès-verbal que divers documents contenant les demandes des parties expropriées, et notamment leurs conclusions intégralement reproduites, ont été remis aux jurés; le tableau des offres, fût-il incomplet, trouve son équipollent dans la représentation de ces documents. — Cass., 2 juill. 1883, Ville de Clermont, [S. 84.1.166, P. 84.1.389, D. 84.1.435] — De Peyrony et Delamarre, n. 435.

2047. — ... Qu'il y a preuve suffisante de la remise aux jurés du tableau des offres et demandes, lorsque, le procès-verbal constatant que les plans et toutes les pièces du dossier leur ont été remis, les conclusions des parties, annexées au procès-verbal, ne permettent pas de douter que le tableau des offres et demandes ne fût au nombre de ces pièces. — Cass., 6 févr. 1861, Ville de Grenoble. [P. 62.1.128, D. 61.1.135]

2048. — ... Que lorsque dans une même affaire il existe plusieurs intéressés, la mention insérée au procès-verbal, d'une part, que le magistrat directeur a mis sous les yeux du jury le tableau des offres et demandes notifiées en exécution de la loi, et de l'autre, que ce tableau comprenait toutes les offres et demandes notifiées dans la cause, établit que le tableau des offres et demandes concernant, en particulier, l'un des ayants-droit a été soumis au jury. — Cass., 16 mars 1885, Comm. de Lamothe-Saint-Héray, [S. 87.1.387, P. 87.1.939]

2049. — ... Que lorsque plusieurs affaires d'expropriation étant divisées en catégories pour le règlement des indemnités, le procès-verbal des opérations du jury constate que le magistrat directeur a mis sous les yeux des jurés de la première catégorie le tableau des offres et demandes, les plans parcellaires, ainsi que les titres et documents produits par les parties, la mention ultérieure que le magistrat directeur a mis également sous les yeux des jurés des autres catégories les pièces qu'il avait déjà présentées aux jurés de la première, doit nécessairement s'entendre des pièces de même nature applicables aux immeubles compris dans ces dernières catégories. — Cass., 30 janv. 1860, de Meynard, [P. 61.1182, D. 60.1.412]

2050. — ... Qu'il suffit que le procès-verbal constate que le tableau des offres et demandes a été placé sous les yeux du jury dès le début de ses opérations; que si une affaire dure plusieurs jours il n'est pas nécessaire d'indiquer pour chacune des audiences, la remise du tableau des offres et demandes; qu'il en est ainsi même à l'égard de l'audience où la décision est rendue; que la première mention suffit parce qu'elle fait supposer que les divers documents soumis au jury sont demeurés en sa possession jusqu'à la fin. — Cass., 24 avr. 1855, Falcoux, [S. 55.1.607, P. 55.1.599, D. 55.1.132]; — 5 juin 1861, Marsion-Vallée, [S. 61.1.994, P. 62.325, D. 61.1.228] — De Lalleau, Jousselin, Rendu et Périn, t. 1, sur l'art. 37, n. 7; Daffry de la Monnoye, t. 1, sur l'art. 37, n. 1.

2051. — ... Que lorsque les affaires soumises au jury ont été divisées en plusieurs catégories pour chacune desquelles il a été formé un jury spécial, la mise sous les yeux de chacun de ces jurys du tableau des offres et des demandes, des plans parcellaires et des titres et documents produits par les parties, résulte suffisamment de ce que cette communication a eu lieu lors de la première réunion générale des jurés et après la formation des jurys spéciaux, alors surtout qu'il est dit dans le procès-verbal particulier de chacune des catégories « que les opérations encommencées par les procès-verbaux précédents ont été reprises. » — Cass., 24 avr. 1867, Ronceray, [S. 67.1.260, P. 67.655]

2051 bis. — ... Que le procès-verbal, dont les énonciations qui suivent immédiatement la prestation de serment des jurés, constatent « que le magistrat directeur a mis sous les yeux du jury le tableau des offres et demandes, les plans parcellaires, les titres et documents produits par les parties » qui constate, en outre, qu'après la clôture des débats le magistrat directeur « a remis aux jurés la liste des questions à résoudre, ainsi que les conclusions des parties, les pièces produites au cours des débats, avec le tableau des offres et le plan des terrains expropriés » satisfait aux prescriptions de la loi. — Cass., 16 juin 1900, précité.

2052. — Les énonciations du procès-verbal, dressé par le magistrat directeur, constatant que le tableau des offres et demandes, le plan parcellaire, les titres et autres documents produits par les parties à l'appui de leurs offres et de leurs demandes, ont été placés sous les yeux du jury, subsistent tant qu'on ne les a pas fait tomber par la voie de l'inscription de faux. — Cass., 30 nov. 1896, Braillon, [S. et P. 97.1.444, D. 97.1.482]

2053. — Si le jury n'est saisi que du règlement de l'indemnité concernant une seule partie, il n'est pas nécessaire que l'offre et la demande soient consignées sous la forme d'un tableau; il suffit de placer sous les yeux du jury l'arrêté préfectoral contenant les offres et l'exploit de l'expropriation constatant sa demande ou se bornant à les refuser; il suffit même de produire devant le jury un certificat du maire attestant les offres et les reproduisant exactement. — Cass., 12 janv. 1842, Meritan, [S. 42.1.420, P. 42.2.17]; — 16 mars 1870, Dumas, [D. 70.1.407]; — 11 déc. 1882, Comm. de Vaucluse, [D. 84.1.324] — Daffry de la Monnoye, t. 1, sur l'art. 37, n. 2; Crépon, sur l'art. 37, n. 8; de Lalleau, Jousselin, Rendu et Périn, t. 1. n. 552.

2054. — Par suite, il n'est pas nécessaire que les offres et demandes soient soumises au jury sous forme de tableau synoptique, lorsqu'il s'agit de l'expropriation de diverses parcelles, toutes sises au même lieu et appartenant au même propriétaire, et que les offres de l'expropriant comme la demande de l'exproprié se rapportent à cet objet unique. Peu importe même qu'un tiers soit intervenu devant le jury pour demander une indemnité se référant à l'expropriation. En pareil cas, il suffit que l'offre unique de l'administration et la double demande du propriétaire et du tiers soient placées sous les yeux du jury. — Cass., 24 déc. 1879, des Etangs, [S. 80.1.174, P. 80.386, D. 80.1.165]

2055. — La partie à laquelle la réquisition d'acquisition intégrale est notifiée (V. suprà, n. 1427) est tenue, à peine de nullité, de la faire mentionner, avec le chiffre de l'indemnité réclamée, sur le tableau des offres et demandes pour être soumise au jury. — Cass., 10 avr. 1861, Jeanson, [S. 61.1.794, P. 61.19, D. 61.1.282] — La nullité résultant de l'inobservation de ces formalités peut être proposée pour la première fois devant la Cour de cassation. — Même arrêt.

2056. — Il suffit d'ailleurs, pour la régularité des opérations du jury, que le tableau des offres et demandes mis sous ses yeux contienne le chiffre exact et complet de ces offres et demandes : il n'est pas nécessaire que ce tableau énonce, en outre, les éléments de chaque demande d'indemnité. — Cass., 24 nov. 1846, Girard, [S. 47.1.219, P. 46.2.640, D. 47.4.229]; — 5 juin 1860, Nelinger, [S. 61.1.383, P. 61.639, D. 60.1.411]; — 3 févr. 1874, Chem. de fer de Frévent, [S. 74.1.221, P. 74.544, D. 74.1.240] — De Peyrony et Delamarre, n. 437; Crépon, sur l'art. 37, n. 9 et 10; Daffry de la Monnoye, t. 1, sur l'art. 37, n. 3; de Lalleau, Jousselin, Rendu et Périn, t. 1. n. 552.

2057. — Dès lors, il importe peu que le tableau des offres et demandes mis sous les yeux du jury ait mentionné le total des diverses sommes demandées par l'exproprié, alors qu'il indique exactement chaque cause de demande et la somme réclamée pour chacune d'elles. — Cass., 23 juill. 1895, Comm. de Touralville, [S. et P. 96.1.47]

2058. — Le tableau des offres et demandes ne doit pas non plus, à peine de nullité, indiquer la nature des propriétés auxquelles ces offres et demandes s'appliquent; il suffit que les propriétés dont il s'agit y soient désignées avec précision, et que d'ailleurs les plans parcellaires et autres documents aient été placés sous les yeux du jury. — Cass., 11 déc. 1876, Dubost, [S. 79.62, P. 78.1.72] — Crépon, sur l'art. 37, n. 12.

2059. — Si l'exproprié n'a pas produit sa demande, le magistrat directeur ne pourra la porter sur le tableau; il devra seulement communiquer au jury les conclusions par lesquelles elle se produit à l'audience (V. infrà, n. 2101 et s.). L'exproprié qui, d'après les constatations du procès-verbal, a formulé sa demande d'indemnité, en réponse aux offres de l'expropriant, pour la première fois seulement à l'audience, sans que rien indique qu'il ait remis à cet égard aucunes conclusions écrites au magistrat directeur du jury, n'est pas fondé à se plaindre de ce que le procès-verbal ne constate pas que les jurés aient eu sous les yeux et par écrit ladite demande d'indemnité. — Cass., 30 déc. 1891, Pierroux, [S. et P. 92.1.279]

2060. — Des notes écrites par les intéressés sur le tableau même des offres et demandes doivent être considérées comme faisant partie des documents que l'art. 37, L. 3 mai 1841, prescrit de mettre sous les yeux du jury. — Cass., 5 juin 1860, précité; — 30 mars 1863, Zaller, [D. 63.1.233] — Crépon, sur l'art. 37, n 11; Daffry de la Monnoye, t. 1, sur l'art. 37, n. 4; de Lalleau, Jousselin, Rendu et Périn, t. 1, n. 552, note.

2061. — Toutefois, en bonne règle, ces notes n'auraient point dû être écrites sur le tableau des offres et demandes, mais être présentées séparément, et faire partie des autres documents soumis aux jurés.

2062. — D'autre part, dans le cas où, conformément au titre VII, L. 3 mai 1841, il y a eu dépossession d'urgence et consignation préalable de la somme fixée par le tribunal (V. suprà. n. 1182 et s.), il n'est point interdit d'indiquer le chiffre de cette somme dans le tableau des offres et demandes; c'est là un document produit par les parties qui aurait dû, il est vrai, être présenté séparément. — Cass., 17 avr. 1848, Lhuillier, [cité par M. Daffry de la Monnoye, t. 1, sur l'art. 37, n. 5]

2063. — Le tableau des offres et demandes doit être exact. Mais l'erreur commise dans le tableau des offres et demandes sur la totalisation des contenances ne saurait constituer une violation de l'art. 37, L. 3 mai 1841, alors qu'elle peut être facilement réparée par les explications données sur le plan, à l'aide des mentions portées audit tableau. — Cass., 31 juill. 1889, Virion, [S. 91.1.542, P. 91.1.1309] — De Lalleau, Jousselin, Rendu et Périn, t. 1, n. 552, note.

2064. — Ainsi, le fait qu'un exproprié a été désigné dans le tableau des offres comme locataire, bien qu'il fût propriétaire de constructions élevées sur le terrain loué, n'entraîne aucune nullité. alors qu'il a été expliqué, devant le jury, que l'offre était faite à l'exproprié tant à raison d'un bail que de la dépossession de constructions lui appartenant, que le débat a eu lieu sans protestations ni réserves de l'exproprié, et que la réponse du jury indique, sans équivoque, que l'indemnité comprenait toutes les causes de préjudice qui pouvaient être invoquées par l'exproprié. — Cass., 2 juin 1890, Genillon, [S. 91.1.414, P. 91.1.1007, D. 91.1.423]

2065. — Lorsque l'offre de l'administration a été faite sous la réserve de l'exercice ultérieur d'une action en indemnité pour plus-value du surplus de l'immeuble, en vertu de la loi du 16 sept. 1807, dans ce cas, la réserve portant sur une action indépendante de la demande soumise aux jurés, il n'est point nécessaire de la faire figurer au tableau des offres mis sous leurs yeux. — Cass., 23 nov. 1853, Neveux, [P. 54.2.275, D. 54.5.347] — La réserve, bien loin de constituer une offre, a justement pour but de préciser un objet n'est point soumis au jury; il n'y a donc pas lieu de la porter sur le tableau des offres et demandes; mais c'est un document à placer sous les yeux du jury, avec les autres visés par l'art. 36.

2066. — Le jury ne peut être régulièrement saisi de la connaissance d'offres signifiées à des personnes sans qualité pour les recevoir. — Cass., 25 avr. 1886, Drilhon, [S. 88.1.231, P. 88.1.546] — V. supra, n. 1270 et s.

2067. — Conformément à un principe déjà plusieurs fois appliqué en cette matière, la partie expropriante, chargée par la loi de produire le tableau des offres et demandes, ne peut se faire un grief d'une irrégularité qui aurait été commise par elle dans cette production. — Cass., 19 janv. 1852, Préfet de l'Hérault, [S. 52.1.367, P. 52.2.688, D. 52.1.31]; — 25 mai 1891, Ville de Bastia, [S. et P. 93.1.208] — De Lalleau, Jousselin, Rendu et Périn, t. 1, n. 552; Crépon, sur l'art. 37, n. 18.

2068. — D'autre part, l'exproprié qui poursuit le règlement de l'indemnité, faute par l'expropriant d'avoir saisi le jury (V. suprà, n. 1572), n'est point tenu de dresser un tableau des offres et demandes, d'autant mieux que, peut-être. aucune offre ne lui a été faite; par suite, l'expropriant ne peut, même en ce cas, se faire un moyen de nullité de la non production du tableau des offres et demandes; c'est à lui encore qu'il appartenait de le dresser. — Cass., 7 août 1861, Ville de Marseille, [Bull. civ., p. 212] — De Lalleau, Jousselin, Rendu et Périn, t. 1, n. 552.

2069. — En d'autres termes, l'exproprié ne peut fonder un moyen de nullité sur l'omission par lui de notifier des offres. — Cass., 3 avr. 1865, Comm. de la Ferté-Macé, [D. 65.5.183] —

... Ou sur la non communication par lui au jury, d'offres qui, faites avant le jugement d'expropriation, n'ont pas été renouvelées dans les délais de la loi de 1841. — Même arrêt. — Crépon, sur l'art. 37, n. 19 et 20. — Le motif est le même, l'exproprié ne peut invoquer sa propre faute comme moyen de nullité; enfin on n'est point tenu de communiquer au jury une offre faite avant le jugement d'expropriation et non renouvelée depuis, puisqu'elle est étrangère à la procédure.

2° *De la modification des offres et demandes.*

2070. — La règle de droit commun qui permet aux parties de modifier leurs conclusions en tout état de cause, jusqu'au jugement (V. *suprà*, v° *Conclusions*, n. 41 et s.), est applicable aux matières d'expropriation pour cause d'utilité publique. — Cass., 13 mai 1846, Turcat, [S. 46.1.582, P. 46.2.281, D. 46.1.206] — Les parties mieux éclairées sur l'étendue de leurs droits, les saisissant mieux grâce à la discussion et aux plaidoiries, peuvent modifier leurs prétentions; les parties arriveront peut-être ainsi à une entente, à un accord toujours désirables, que la justice sera que sanctionner. — De Lalleau, Jousselin, Rendu et Périn, t. 1, n. 501; Daffry de la Monnoye, t. 1, sur l'art. 37, n. 15.

2071. — Cette modification des offres et demandes ne peut d'ailleurs intervenir sans observation de délai, que si l'objet de l'indemnité demeure le même, et si aucun objet nouveau n'est soumis au jury. — Cass., 15 mars 1869, Ardouin, [D. 69.1.72] — Crépon, sur l'art. 37, n. 58; de Lalleau, Jousselin, Rendu et Périn, t. 1, n. 561, note. — Si les offres et demandes portaient sur un objet nouveau il faudrait, à moins du consentement de toutes parties, laisser s'écouler le délai prévu par l'art. 24.

2072. — L'exproprié peut demander ses prétentions et réclamer une indemnité moindre que celle qu'il avait tout d'abord demandée. Mais il peut aussi en élever le chiffre, et cela se conçoit aisément; en effet, il a pu former sa demande primitive à raison du préjudice immédiat que lui cause l'expropriation, préjudice qui peut être augmenté par diverses causes, et notamment par la continuation en tranchée ou en remblai de la voie publique, par l'éloignement d'un pont, d'un passage à niveau ou de tout autre moyen de communication qui lui rend l'exploitation du surplus de ses terres plus difficile et plus coûteuse. — Cass., 11 avr. 1843, de Joybert, [S.43.1.463, P. 43.1.672]; — 13 mai 1846, précité; — 19 janv. 1852, Ursulines de Vitré, [S. 52.1.367, P. 52.2.688, D. 52.1.31]; — 3 avr. 1889, Préfet de la Corse, [S. 89.1.436, P. 89.1.1069, D. 90.5.265] — De Lalleau, Jousselin, Rendu et Périn, t. 1, n. 562; Crépon, sur l'art. 37, n. 59; Daffry de la Monnoye, t. 1, sur l'art. 24, n. 2, et sur l'art. 37, n. 14.

2073. — L'exproprié peut, soit élever purement et simplement sa demande en la basant toujours sur la même cause de dommage, soit introduire de nouveaux éléments d'indemnité, pourvu que l'objet de l'indemnité demeure le même. — Cass., 8 juill. 1867, Vieillard, [D. 67.1.280]; — 20 mars 1883, Caillol-Poncy, [S. 83.1.87, P. 83.177, D. 84.1.185] — Crépon, sur l'art. 37, n. 66; de Lalleau, Jousselin, Rendu et Périn, t. 1, n. 561, note.

2074. — Le magistrat directeur qui se refuserait à soumettre au jury la demande ainsi modifiée commettrait un excès de pouvoir qui entraînerait la nullité de la décision du jury et en motiverait la cassation. — Cass., 11 avr. 1843, précité. — Crépon, sur l'art. 37, n. 60; de Lalleau, Jousselin, Rendu et Périn, t. 1, n. 562, note; Daffry de la Monnoye, t. 1, sur l'art. 37, n. 14.

2075. — Lorsque l'exproprié élève ainsi ses prétentions et demande, par exemple, une indemnité spéciale à raison d'un dommage particulier résultant de l'expropriation, l'objet en restant le même, l'expropriant se trouve dans cette situation fâcheuse qu'il n'a pas le temps d'instruire cette réclamation, et qu'il doit se décider sur l'heure à la combattre ou à l'admettre en tout ou en partie; c'est à lui à bien étudier l'affaire avant de la porter devant le jury et à faire face à toutes les demandes même aux plus imprévues. — De Lalleau, Jousselin, Rendu et Périn, *loc. cit.*

2076. — La situation de l'expropriant est la même que celle de l'exproprié; il n'est pas lié par ses offres primitives; il peut donc les modifier dans le tableau placé sous les yeux du jury, sans être tenu de laisser à l'exproprié un nouveau délai de quinzaine pour délibérer sur leur acceptation, lorsque l'objet de ces secondes offres n'a pas changé. — Cass., 12 mars 1856, Ardouin, [S. 56.1.828, P. 57.604, D. 56.1.169]; — 28 mai 1877, Bouland, [S. 77.1.432, P. 77.1.122, D. 77.1.470]

2077. — Et tout d'abord il est certain qu'il peut augmenter ses offres; en agissant ainsi il ne fait qu'améliorer la situation de son adversaire. — Cass., 12 mars 1856, précité; — 6 mars 1861, Duc de Brunswick, [S. 61.1.655, P. 62.72, D. 61.1.182]; — 5 juin 1861, Marion-Vallée, [S. 61.1.994, P. 62.325, D. 61.1.288]; — 18 déc. 1861, Cavol, [S. 62.1.1066, P. 63.416, D. 62.1.376]; — 26 août 1867, Mayet, [S. 67.1.454, P. 67.1200, D. 67.1.317]; — 28 mai 1877, précité. — Crépon, sur l'art. 37, n. 62; Daffry de la Monnoye, t. 1, sur l'art. 37, n. 14.

2078. — L'administration peut aussi, au lieu d'élever le chiffre de la somme offerte, promettre l'exécution de travaux et s'engager à les effectuer. — Cass., 8 déc. 1863, Wolf-Gutman, [D. 64.5.152] — De Lalleau, Jousselin, Rendu et Périn, t. 1, n. 561, note; Crépon, sur l'art. 37, n. 63; Daffry de la Monnoye, t. 1, sur l'art. 37, n. 14.

2079. — L'expropriant peut valablement aussi élever devant le jury le montant de ses offres en argent en y ajoutant celle des matériaux de démolition. — Cass., 9 févr. 1887, Trouillard, [S. 88.1.176, P. 88.1 405, D. 87.1.232]

2080. — L'offre complémentaire n'a pas besoin d'être signifiée ou notifiée. Il a été jugé que, lorsque, dans l'expropriation d'une partie de terrain, pour la rectification d'une route, le jury a, suivant l'offre faite à l'audience par l'avocat de l'administration et acceptée par l'exproprié, compris dans l'indemnité d'abandon, en faveur de celui-ci, du sol de l'ancienne route, cet abandon doit être maintenu, bien que l'offre n'en ait pas été signifiée, et que l'approbation du ministre n'ait pas été donnée conformément à la loi du 20 mai 1836. — Lyon, 14 juill. 1846, Vaginay, [P. 46.2.650]

2081. — L'exproprié mieux éclairé, appréciant mieux ses intérêts et le dommage occasionné par l'expropriation, peut aussi réduire ses offres. — Cass., 27 avr. 1859, Chibout, [S. 59.1.954, P. 59.1012, D. 59.1.207]; — 18 mars 1874, Fizot-Lavergne, [D. 74.1.212]; — 10 juin 1896, de Saint-Vallier, [S. et P. 96.1.464] — Crépon, sur l'art. 37, n. 61; de Lalleau, Jousselin, Rendu et Périn, t. 1, n. 563; Daffry de la Monnoye, t. 1, sur l'art. 37, n. 14.

2082. — Lorsque, devant le jury, l'exproprié divise sa demande, et en discute séparément les divers éléments, l'expropriant peut, à son tour, suivre la même méthode, et diviser de la même manière ses offres primitives; cette façon de procéder peut offrir plus de clarté et permettre aux jurés de se prononcer avec une plus grande connaissance de cause. — Cass., 20 août 1862, Bouze, [S. 62.1.1063, P. 63.410, D. 62.1.383] — Crépon, sur l'art. 37, n. 64; de Lalleau, Jousselin, Rendu et Périn, n. 563; Daffry de la Monnoye, t. 1, sur l'art. 37, n. 14.

2083. — Si c'est seulement à l'audience que divers intéressés ont fait connaître qu'ils avaient des droits distincts, l'expropriant peut, à ce moment, diviser son offre entre eux; ne les ayant pas connus avant il ne pouvait leur faire d'offres distinctes et séparées, et ceux-ci ne sauraient se plaindre de la division tardive des offres puisque c'est eux qui l'ont occasionnée. — Cass., 10 juill. 1866, Lemasson, [P. 62.1187, D. 61.1.284]; — 18 nov. 1874, Rimailho, [S. 75.1.177, P. 75.606, D. 75.1.81] — De Lalleau, Jousselin, Rendu et Périn, t. 1, n. 563, note; Crépon, sur l'art. 37, n. 65; Daffry de la Monnoye, t. 1, sur l'art. 37, n. 14.

2084. — Lorsque, nonobstant l'acceptation des offres à lui faites, l'exproprié est cité devant le jury d'expropriation pour voir statuer sur ces offres, et que, devant le jury, l'administration se borne à contester au fond la demande supérieure qui y est formée par l'exproprié, elle n'est pas recevable à se plaindre ultérieurement de ce que le jury a alloué au défendeur une indemnité supérieure aux offres qu'elle avait faites et qui avaient été acceptées. — Elle ne peut en effet s'en prendre qu'à elle-même, si elle a convoqué l'exproprié devant le jury et si elle ne lui a pas opposé son acceptation des offres. — Cass., 20 déc. 1842, Préf. d'Ille-et-Vilaine, [S. 43.1.70, P. 43.1.257]

2085. — Lorsque des offres ont été notifiées par l'administration, et que le chiffre de ces offres n'a été changé par aucune notification nouvelle, la déclaration faite devant le jury par l'agent de la compagnie mise aux lieu et place de l'État, ne peut être considérée comme un acquiescement à cette demande. Par suite, le jury peut, sans commettre un excès de pouvoir, fixer l'indemnité à la somme primitivement offerte par l'administration. — Cass., 2 févr. 1848, Emeric, [S. 48.1.298, D. 48.5.186]

2086. — Les parties qui veulent modifier leurs offres ou leurs demandes ne doivent pas se borner à quelques paroles, fugitives, vagues et équivoques qui ne manifestent pas suffisamment leur intention et leur volonté; elles doivent prendre des conclusions formelles mettant le jury en demeure de statuer. — Cass., 25 juill. 1855, Préfet des Basses-Alpes, [S. 55.1.841, P. 55.2.236, D. 55. 1.374] — Daffry de la Monnoye, t. 1, sur l'art. 37, n. 15; Crépon, sur l'art. 37, n. 67; de Lalleau, Jousselin, Rendu et Périn, t. 1, n. 564.

2087. — Il vaudra toujours mieux pour les parties rédiger elles-mêmes leurs conclusions; ainsi elles présenteront plus sûrement leur manière de voir, et elles ne courront point le risque d'oubli. Toutefois, il a été jugé que si les conclusions sont précises, formelles, le magistrat directeur doit les soumettre au jury bien qu'elles ne soient qu'orales, et qu'elles n'aient point été présentées par écrit. — Cass., 25 févr. 1840, Valogne, [S. 40.1. 274, P. 40.1.245] — Crépon, sur l'art. 37, n. 17.

2088. — Dans le cas où les offres ou demandes primitives ont été simplement modifiées par des conclusions orales, le magistrat directeur doit en faire mention au procès-verbal, avec indication des chiffres qui ont été substitués à ceux produits tout d'abord. — Cass., 15 mars 1869, Ardoin, [D. 69.1.272] — Crépon, sur l'art. 37, n. 69. — Cette mention est nécessaire, car ce sont ces derniers chiffres qui fixent le maximum et le minimum de l'indemnité qui peut être accordée par le jury. — V. infrà, n. 3132 et s.

2089. — Les conclusions, prises à l'audience pour modifier ou augmenter les demandes d'indemnité, doivent, à peine de nullité, être communiquées aux jurés avec le tableau des offres et demandes. — Cass., 3 avr. 1889, Préfet de la Corse, [S. 89. 1.436, P. 89.1.1069]; — 5 août 1889, précité.

2090. — Il a été jugé, à cet égard, que, conformément à ces idées, la délibération du jury doit être annulée, lorsqu'il résulte du procès-verbal des opérations que les expropriés ont modifié ou augmenté le chiffre de leur demande par des conclusions prises à l'audience, sans qu'il soit constaté par aucune mention dudit procès-verbal que ces conclusions aient été mises à la disposition du jury. — Cass., 14 avr. 1863, Pi-Comes, [D. 65.5.185]; — 16 août 1865, Ville de Paris, [D. 65.5.177]; — 29 juin 1869, Vivier-Labretonnière, [S. 69.1.386, P. 69.948, D. 69.1.344]; — 3 avr. 1889, précité; — 5 août 1889, précité. — Daffry de la Monnoye, t. 1, sur l'art. 37, n. 27; Crépon, sur l'art. 37, n. 69.

2091. — ... Que lorsqu'il ne résulte pas des constatations du procès-verbal que des conclusions de l'exproprié modifiant sa demande primitive, et non produites d'ailleurs devant la Cour de cassation, aient été formulées par écrit et être remises au magistrat directeur pour le jury, l'exproprié ne saurait tirer aucun grief de ce que le procès-verbal se borne à affirmer que le jury a eu connaissance de toutes les propositions faites tous que le magistrat directeur a donné acte aux parties des conclusions prises en leur nom, et ne mentionne pas que les conclusions modificatives ont été mises sous les yeux du jury par le magistrat directeur. — Cass., 12 nov. 1890, Gauthier, [S. 91.1.352, P. 91. 1.828]; — 17 nov. 1891, Préfet du Pas-de-Calais, [S. et P. 92. 1.32]

2092. — ... Qu'en particulier, dans le cas où l'exproprié a formulé sa demande par des conclusions lues à l'audience, après que le magistrat directeur avait déjà fait placer sous les yeux du jury le tableau des offres et demandes, le procès-verbal doit constater expressément, à peine de nullité de la décision du jury, que ces conclusions ont été remises au jury. — Cass., 2 juill. 1888, Préfet des Pyrénées-Orientales, [S. 90.1.485, P. 90.1.1145, D. 89.1.304]; — 24 juill. 1888, Préfet des Pyrénées-Orientales, [Ibid.] — ... Qu'il ne suffirait pas que le procès-verbal déclarât que lesdites conclusions ont été lues à l'audience, sans mentionner même qu'elles aient été déposées ou annexées au procès-verbal. — Mêmes arrêts. — ... Que la décision du jury doit donc être annulée, lorsqu'il résulte du procès-verbal que l'exproprié a augmenté sa demande par conclusions lues à l'audience, et qu'il n'est constaté, par aucune mention, que ces conclusions aient été à la disposition du jury. — Cass., 24 juill. 1888, précité.

2093. — ... Que d'ailleurs, le procès-verbal constatant que, au cours des débats, l'avocat de l'exproprié a déposé des conclusions modifiant la demande primitive, que les avocats ont successivement développé leurs moyens, et qu'une mesure d'instruction a été ordonnée par suite du dépôt des nouvelles conclusions annexées au procès-verbal, établit suffisamment que la demande de l'exproprié, telle qu'elle a été fixée par ses dernières conclusions, a été soumise au jury. — Cass., 5 nov. 1889, Dubost, [S. 90.1.224, P. 90.1.534, D. 91.1.87]

2094. — ... Que, de même, le procès-verbal établit suffisamment que des offres nouvelles ont été placées sous les yeux du jury, lorsqu'il constate que le tableau des offres et demandes a été mis à la disposition des jurés, que les conclusions prises à l'audience ont été déposées, et que le magistrat directeur a remis aux jurés, avec la question à résoudre, toutes les pièces du dossier. — Cass., 5 août 1889, précité; — 12 mai 1890, Babey, [S. et P. 93.1.151, D. 91.1.375]

2095. — ... Mais qu'une note imprimée, sans signature, remise aux jurés, ne saurait tenir lieu de conclusions régulières et ne saisit pas le jury. — Cass., 29 avr. 1891, Prout, [S. et P. 93.1. 54] — ... Que, par suite, le jury saisi régulièrement par l'exproprié d'une demande d'indemnité formée à titre de propriétaire, n'est pas obligé de se prononcer sur une demande d'indemnité distincte formée par le même exproprié, à raison de l'extinction de droits de copropriété et d'usage sur un autre fonds, alors que cette demande n'est formulée que dans une note non signée. — Même arrêt.

2096. — ... Qu'au reste, si l'exproprié, par des conclusions prises à l'audience, a demandé acte de ce qu'un terrain n'est pas compris dans l'expropriation, le magistrat directeur peut se borner à donner acte de conclusions qui ne constatent aucune modification dans l'importance et l'assiette de l'emprise, et maintiennent le chiffre de la demande d'indemnité; qu'il n'est point tenu de les mettre sous les yeux des jurés. — Cass., 21 mars 1892, Bureau, [S. et P. 92.1.528]

2097. — ... Que, d'autre part, lorsque des offres et demandes nouvelles ont été faites et communiquées au jury, peu importe que le tableau des offres et demandes primitives, désormais sans utilité, ne lui ait pas été remis. — Cass., 19 janv. 1852, Préfet d'Ille-et-Vilaine, [S. 52.1.368, P. 52.2.688, D. 52.1.31]; — 16 août 1865, Ville de Paris, [D. 65.5.177]; — 20 mars 1882, Caillol-Poncy, [S. 83.1.87, P. 83.4.177, D. 84.1.185] — De Lalleau, Jousselin, Rendu et Périn, t. 1, n. 564, note; Crépon, sur l'art. 37, n. 68; Daffry de la Monnoye, t. 1, sur l'art. 37, n. 16.

2098. — ... Que, par suite, lorsque l'exproprié a, avant la clôture des débats, substitué une demande à une autre, c'est la dernière demande qui seule doit être soumise au jury, sauf à l'administration à produire la première, si elle veut en tirer argument. — Cass., 19 janv. 1852, précité. — Daffry de la Monnoye, t. 1, sur l'art. 37, n. 17.

2099. — Bien que, dans le cours d'une visite sur les lieux opérée par le jury d'expropriation, le magistrat directeur ait donné acte à l'exproprié de l'offre faite, par la partie expropriante, d'un abandon de terrain à titre d'indemnité, il n'y a lieu de tenir compte de cette offre ni pour la fixation de l'indemnité ni pour la répartition des dépens, si les parties ont ensuite respectivement maintenu devant le jury le chiffre primitif de leur offre et de leur demande. — Cass., 5 mars 1872, Comm. de Vauxrenard, [S. 73.1.176, P. 73.406, D. 73.1.63]

2100. — Lorsqu'il résulte du procès-verbal que l'expropriant, comme après les observations contradictoires présentées par les parties devant le jury, a persisté à n'offrir une somme unique pour toutes les causes d'indemnité contenues dans les conclusions de l'exproprié, et que celui-ci a déclaré n'accepter cette somme que pour la superficie, l'exproprié ne saurait prétendre que l'expropriant a reconnu son droit à une indemnité pour des objets nouveaux (le tréfonds exproprié et le tréfonds déprécié) qu'il avait d'abord écartés. — Cass., 23 juill. 1895, Comm. de Tourlaville, [S. et P. 96.4.47]

3° Des offres et demandes non comprises au tableau.

2101. — Le tableau ne doit contenir que les offres et demandes qui ont dû être notifiées. L'exproprié peut ne point répondre à l'offre de l'administration et formuler sa demande seulement devant le jury; dira-t-on qu'il doit notifier une réponse à l'expropriant parce que le tableau prescrit par l'art. 37 doit comprendre les offres et demandes, et qu'une omission de ce chef entraîne cassation? Non, car nous avons vu que la seule sanction édictée contre l'exproprié qui ne notifie point sa demande à la loi du 3 mai 1841, art. 40. — V. de Lalleau, Jousselin, Rendu et Périn. t. 1, n. 560, note. — V. suprà, n. 1358.

2102. — Lorsque l'exproprié a formulé pour la première fois devant le jury sa demande d'indemnité en réponse aux offres faites, le magistrat directeur ne peut placer la demande de l'exproprié sous les yeux du jury dès l'ouverture des débats; mais il doit transmettre au jury les conclusions écrites de l'exproprié contenant sa demande, dès qu'elles se produisent. Et la décision du jury est nulle s'il n'appert d'aucune mention que les conclusions des expropriés aient été déposées ou annexées au procès-verbal, qui ne relève aucune circonstance d'où l'on puisse induire que les prescriptions de l'art. 37 aient été observées. — Cass., 5 août 1889, Préfet de la Corse, [S. 91.1.415, P. 91.1.1007, D. 91.1.87]

2103. — Lorsque divers intéressés ne se sont point fait connaître dans les délais de la loi et que néanmoins l'expropriant a consenti à les citer devant le jury, ou à admettre leur intervention, il n'a pas besoin de les comprendre dans le tableau des offres et demandes ; il suffit qu'il leur fasse des offres à l'audience. — Cass., 4 mars 1844, Luys, [S. 44.1.375, P. 44.1.691]; — 4 mars 1861, Ville de Paris, [D. 61.1.183]; — 24 févr. 1864, Morin, [D. 65.5.173]; — 30 août 1865, Gapon, [D. 65.5.182] — Crépon, sur l'art. 37, n. 72; Daffry de la Monnoye, t. 1, sur l'art. 37, n. 18; de Lalleau, Jousselin, Rendu et Périn, t. 1, n. 364.

2104. — En conséquence, lorsque l'existence d'un locataire n'a pas été portée à la connaissance de l'expropriant dans les délais utiles, et que, malgré ce retard, l'expropriant a bien voulu accepter son intervention devant le jury à l'effet d'y réclamer une indemnité, le magistrat directeur n'est pas tenu de comprendre ce locataire au tableau des offres et demandes. — Cass., 4 mars 1844, précité; — 17 janv. 1893, Depeaux, [S. et P. 94.1.422] — Daffry de la Monnoye, t. 1, sur l'art. 37, n. 18.

2105. — S'il ne résulte pas des énonciations du procès-verbal des opérations du jury que les conclusions du locataire ainsi admis à intervenir aient été formulées par écrit, il suffit que le procès-verbal constate que le magistrat directeur a fait placer sous les yeux du jury le tableau des offres et demandes, ainsi que les plans, titres et documents fournis tant par la partie expropriante que par les expropriés sur l'ensemble des affaires jointes, et il n'est pas nécessaire qu'il mentionne spécialement que les offres et demandes concernant le locataire ont été mises sous les yeux du jury. — Cass., 17 janv. 1893, précité.

2106. — Il a été jugé que lorsque sur le tableau des offres une seule somme a été inscrite au nom de deux époux pour l'ensemble de leurs droits respectifs sur l'immeuble, ceux-ci ne peuvent se prévaloir des lacunes du tableau des offres s'ils ont accepté cette situation en demandant par leurs conclusions l'élévation de cette indemnité unique. — Cass., 11 août 1891, Severin, [S. et P. 93.1.431, D. 92.1.535]

2107. — La production devant le jury d'un tableau d'offres cesse d'être obligatoire, lorsqu'une demande d'indemnité est formée pour la première fois devant le jury, à raison d'un objet non compris jusque-là dans les notifications respectives. — Cass., 28 juill. 1879, Préfet de la Lozère, [S. 81.1.377, P. 81.1.900, D. 80.1.81]

2108. — De même, si les parties, d'un commun accord, et notamment à la suite d'une modification du tracé primitif, ajoutent aux parcelles expropriées une autre parcelle qui n'avait point été atteinte par l'expropriation, il suffira que les offres et les demandes la concernant aient été faites à l'audience ; on ne saurait exiger que ces offres et demandes soient mentionnées sur le tableau, puisque cette aliénation n'était pas prévue. — Cass., 31 déc. 1850, Douzelot, [S. 51.1.364, P. 51.2.475, D. 51.1.286]; — 17 déc. 1856, Société de la rue impériale de Lyon, [S. 57.1.380, P. 58.260, D. 57.1.45]; — 24 juin 1857, Koechlin-Bourcart, [S. 57.1.773, P. 58.267, D. 57.1.292]; — 2 févr. 1869, Hugues, [D. 69.1.246] — Crépon, sur l'art. 37, n. 73; Daffry de la Monnoye, t. 1, sur l'art. 37, n. 19; de Lalleau, Jousselin, Rendu et Périn, t. 1, n. 564.

§ 2. De la remise des plans parcellaires.

2109. — Les règles concernant la production du plan parcellaire devant le jury d'expropriation sont les mêmes que celles relatives à la production du tableau des offres et des demandes. Les plans parcellaires qui doivent être produits sont ceux dressés conformément à l'art. 4, L. 3 mai 1841, et, s'il y a eu modification du tracé, ceux qui ont été dressés en vertu des art. 10 et 11 de la même loi. — De Lalleau, Jousselin, Rendu et Périn, t. 1, n. 555. — V. suprà, n. 281 et s.

2110. — La remise sous les yeux du jury des plans parcellaires des terrains expropriés est une formalité substantielle, dont l'observation doit être constatée soit par une mention expresse du procès-verbal, soit par les indications générales de ce procès-verbal. — Cass., 11 août 1841, Préfet de l'Aveyron, [P. 47.1.212]; — 2 janv. 1844, Maury, [S. 44.1.153, P. 44.1.152]; — 27 févr. 1851, Avisse, [S. 51.1.246, P. 51.1.548, D. 51.1.257] — Crépon, sur l'art. 37, n. 75; de Lalleau, Jousselin, Rendu et Périn, t. 1, n. 553; Daffry de la Monnoye, t. 1, sur l'art. 37, n. 21.

2111. — Par suite, la décision du jury est nulle, alors qu'il n'appert d'aucune des mentions du procès-verbal des opérations que le plan parcellaire ait été mis sous les yeux du jury, à aucun moment de l'affaire. — Cass., 6 févr. 1889, Chem. de fer département., [S. 89.1.230, P. 89.1.544, D. 90.5.272] — Au reste, la remise au jury des plans parcellaires et des autres documents n'a pas besoin d'être constatée par une mention expresse et spéciale : on peut en faire résulter la preuve des circonstances et des énonciations du procès-verbal. — Cass., 9 août 1847, Desmartains, [S. 47.1.754, P. 47.2.762, D. 51.5.244] — V. suprà, n. 2043 et s.

2112. — La jurisprudence et la doctrine ont déclaré insuffisantes à cet égard l'énonciation portant que le magistrat directeur a placé sous les yeux des jurés toutes les pièces du dossier, parmi lesquelles le tableau des offres et demandes. — Cass., 2 janv. 1844, précité; — 27 févr. 1851, précité; — 18 août 1884, Camus, [S. 85.1.32, P. 85.1.51, D. 86.1.15] — Daffry de la Monnoye, t. 1, sur l'art. 37, n. 21 ; Crépon, sur l'art. 37, n. 76; de Lalleau, Jousselin, Rendu et Périn, t. 1, n. 553, note.

2113. — ... L'énonciation, dans le procès-verbal : « qu'il a été exposé à MM. les jurés que la loi mettait à leur disposition tous les moyens de s'éclairer qui pourraient leur paraître nécessaires. » — Cass., 21 août 1845, O'Lambel, [D. 65.5.84]; — 22 août 1865, d'Ax, [ibid.] — Daffry de la Monnoye, loc. cit.; Crépon, sur l'art. 37, n. 78.

2114. — Mais il a été jugé que lorsque, après avoir rappelé que les immeubles compris dans le jugement d'expropriation y étaient désignés suivant les directions indiquées sur un plan d'ensemble et les alignements tracés sur des plans parcellaires, formant un atlas annexé au décret impérial, le procès-verbal des opérations du jury constate que le magistrat directeur a mis sous les yeux du jury le tableau des offres et demandes, ainsi que les titres, pièces et documents fournis par les parties, il y a une constatation suffisante que les plans d'ensemble et parcellaires faisaient partie de ces titres, pièces et documents. — Cass., 21 févr. 1860, Dupin, [P. 61.711, D. 61.1.711] — Daffry de la Monnoye, loc. cit.; Crépon, sur l'art. 37, n. 77.

2115. — ... Qu'il en est de même du procès-verbal constatant, d'une part, qu'après la prestation de serment des jurés, « le magistrat directeur a placé sous leurs yeux le tableau des offres et demandes, le plan parcellaire et tous titres, notes et documents produits par les parties, » et, d'autre part, que « le jury était muni de tous les titres, notes et documents produits lorsqu'il s'est retiré dans la salle de ses délibérations. » — Cass., 10 juin 1896, de Saint-Vallier, [S. et P. 96.1.464]

2116. — Que, quand le procès-verbal constate que les plans ont été remis sous les yeux des jurés, on doit supposer, jusqu'à preuve du contraire, que ce sont ceux que la loi ordonne de lui soumettre, c'est-à-dire les plans parcellaires. — Cass., 25 févr. 1840, Valogne, [S. 40.1.212, P. 40.1.233]; — 5 mars 1844, François, [P. 46.2.136]; — 26 août 1868, Ville d'Elbeuf, [S. 69.1.37, P. 69.60, D. 68.1.445]; — 12 déc. 1892, Chem. de fer du Périgord, [S. et P. 94.1.365] — Daffry de la Monnoye, t. 1, sur l'art. 37, n. 22; Crépon, sur l'art. 37, n. 79; de Lalleau, Jousselin, Rendu et Périn, t. 1, n. 553, note; de Peyrony et Delamarre, n. 435. — ... Que la remise des plans parcellaires est suffisamment constatée par l'énonciation du procès-verbal portant que « le magistrat directeur a mis sous les yeux du jury le tableau des offres et demandes, les plans et documents fournis par les parties. » — Cass., 24 avr. 1855, Falcoux, [S. 55.1.599, D. 55.1.132]

2117. — Au reste, lorsqu'il résulte de l'ensemble des énonciations du procès-verbal que le plan de l'immeuble, placé sous les yeux du jury, n'était autre que le plan parcellaire, la production d'un document irrégulier, faite pour établir le contraire, ne saurait prévaloir contre la foi due au procès-verbal. —

Cass., 13 août 1889, Cozon, [S. 91.1.543, P. 91.1.1311, D. 91.1.40] — V. aussi Cass., 25 févr. 1840, précité; — 13 avr. 1840, précité. — Naury, [P. 40.2.167]

2118. — L'art. 37 est suffisamment exécuté : par la production d'un plan dressé et publié par l'administration, se référant par lettres et numéros aux sections du cadastre auxquelles appartiennent les parcelles à exproprier, et dont en conséquence la teneur rend impossible toute erreur sur l'identité et l'assiette de ces parcelles. — Cass., 27 mars 1843, Cluse, [S. 43.1.343, P. 43.2.89] — ... Par la production d'un plan indicatif des parcelles à exproprier, de leur nature, de leur situation précise et du nom des propriétaires, auquel plan a été jointe une évaluation des parcelles, alors que les jurés se sont rendus sur les lieux pour y appliquer leur évaluation, offres et demandes respectives. — Cass., 27 mars 1843, Thinières, [S. 43.1.439, P. 43.1.635]

2119. — D'ailleurs il n'est pas nécessaire à peine de nullité, que les originaux mêmes des plans parcellaires soient mis sous les yeux des jurés; il suffit de leur remettre une copie de ces plans, pourvu que l'exactitude de cette copie ne soit pas contestée. — Cass., 29 mars 1858, Dubois, [S. 58.1.830, P. 59.410, D. 58.1.32]; — 8 déc. 1863, Bories, [D. 64.5.170]; — 7 août 1867, Ceré, [D. 67.1.494] — Daffry de la Monnoye, t. 1, sur l'art. 37, n. 23; Crépon, sur l'art. 37, n. 80; de Lalleau, Jousselin, Rendu et Périn, t. 1, n. 554. — Ces copies doivent être complètes; elles doivent donc porter toutes les mentions relatives à l'assiette et à l'identité du fond.

2120. — Si l'exproprié croit se trouver en face d'un plan inexact, il doit en signaler les erreurs ou les inexactitudes avant la décision du jury; une protestation élevée ultérieurement est tardive et ne saurait motiver l'annulation de cette décision ; l'exproprié, en participant aux débats sans faire de réserves sur ce point, a reconnu l'exactitude du plan. — Cass., 7 avr. 1869, Juloux, [D. 69.1.342] — Crépon, sur l'art. 37, n. 81; Daffry de la Monnoye, t. 1, sur l'art. 37, n. 24; de Lalleau, Jousselin, Rendu et Périn, t. 1, n. 554.

2121. — Lorsque, du consentement de toutes les parties, un jury unique a été constitué pour se prononcer sur diverses affaires, il n'est pas besoin que le procès-verbal constate la remise des plans parcellaires relativement à chacune de ces affaires; il suffit qu'il énonce d'une manière générale que les plans parcellaires ont été placés sous les yeux du jury; cette mention s'applique à toutes les affaires. — Cass., 23 août 1875, Chem. de fer Nantais, [S. 75.1.427, P. 75.1066, D. 77.1.31] — De Lalleau, Jousselin, Rendu et Périn, t. 1, n. 553, note; Crépon, sur l'art. 37, n. 83.

2122. — Mais la mention du procès-verbal portant que le plan parcellaire a été remis au jury dans deux affaires n'établit point qu'il l'a été dans une troisième. — Cass., 1er mai 1877, Comm. de Fresne, [S. 77.1.277, P. 77.686, D. 79.5.218] — De Lalleau, Jousselin, Rendu et Périn, t. 1, n. 553, note; Crépon, sur l'art. 37, n. 85.

2123. — Cependant, l'accomplissement de la formalité de la remise du plans parcellaires peut être établie par la mention du procès-verbal se référant aux énonciations d'autres procès-verbaux. Ainsi lorsque les affaires ont été divisées en catégories soumises chacune à un jury spécial, la remise des plans parcellaires résulte suffisamment de la mention qu'elle a été faite après la première réunion générale des jurés et la formation des jurys spéciaux, alors d'ailleurs que le procès-verbal particulier de l'affaire énonce « que les opérations commencées par les procès-verbaux précédents ont été reprises. » — Cass., 24 avr. 1867, Ronceray, [S. 67.1.260, P. 67.635] — Crépon, sur l'art. 37, n. 84.

2124. — Au reste, l'exproprié qui a dispensé l'expropriant de l'accomplissement des formalités prescrites par le tit. 2, L. 3 mai 1841, ne saurait se plaindre du défaut de production des plans parcellaires. — Cass., 21 nov. 1871, Riche, [D. 71.1.242] — Crépon, sur l'art. 37, n. 82; Daffry de la Monnoye, t. 1, sur l'art. 37, n. 25; de Lalleau, Jousselin, Rendu et Périn, t. 1, n. 554.

2125. — De même, la production du plan parcellaire devant le jury n'est pas obligatoire, alors qu'il est intervenu entre le propriétaire et l'expropriant une cession amiable, sans accord sur le prix qui doit être fixé par le jury (V. *suprà*, n. 618 et s.). — Cass., 19 janv. 1897, Cuvelier, [S. et P. 97.1.192, D. 99.5.349] — Cette solution s'impose en présence des termes de l'art. 14, § 5, L. 3 mai 1841; d'après cet article, lorsque les propriétaires à exproprier consentent à la cession sans qu'il y ait accord sur le prix, le jury statue sans qu'il soit besoin de s'assurer si les formalités prescrites par le tit. 2, L. 3 mai 1841, ont été remplies.

2126. — Ajoutons que le défaut de production des plans parcellaires des immeubles expropriés ne peut être invoqué comme moyen de nullité contre la décision du jury, par la partie qui poursuivait l'expropriation, et à laquelle, par suite, incombait l'obligation de faire cette production. — Cass., 24 mars 1841, Préfet des Bouches-du-Rhône, [S. 41.1.344, P. 47.1.216]; — 6 févr. 1844, Préfet de l'Hérault, [S. 44.1.328, P. 44.1.274]; — 4 févr. 1864, Comm. de Quincié, [D. 64.5.166] — Crépon, sur l'art. 37, n. 86; de Lalleau, Jousselin, Rendu et Périn, t. 1, n. 554.

2127. — En conséquence, le préfet qui n'a pas comparu, n'a pas produit les plans parcellaires et le tableau des offres et demandes, n'est pas recevable à se faire un moyen de cassation de la non-production de ces pièces. — Cass., 19 janv. 1852, Dupin, [S. 52.1.367, P. 52.2.688, D. 52.1.31]

2128. — Il a été jugé que le défaut de production de ces plans parcellaires ne pourrait être invoqué pour la première fois devant la Cour de cassation par la partie qui aurait plaidé devant le jury sans s'en plaindre. — Cass., 25 févr. 1840, Valogne, [P. 40.1.234] — Mais c'est là une jurisprudence qui a été abandonnée, et à laquelle il n'y a plus lieu de s'arrêter, puisque, nous l'avons vu (*suprà*, n. 2110), la production du plan parcellaire est une formalité substantielle.

§ 3. De la remise des titres et autres documents produits par les parties.

2129. — Ce n'est pas seulement le tableau des offres et demandes, ainsi que le plan parcellaire, ce sont aussi les titres et documents produits par les parties à l'appui de leurs prétentions respectives, qui doivent être placés sous les yeux du jury, à peine de nullité (art. 37-2°, L. 3 mai 1841). — Cass., 18 août 1884, Camus, [S. 85.1.32, P. 85.1.51, D. 86.1.15]

2130. — En effet, il est de règle que les pièces dont les parties veulent se servir doivent être communiquées à leurs adversaires. Le défaut de communication ne tire point, d'ailleurs, à conséquence alors que la pièce non communiquée a été produite sans protestation ni réserve de la part de l'adversaire. — Cass., 26 août 1863, Lugagne-Delpon, [D. 64.5.155] — Daffry de la Monnoye, t. 1, sur l'art. 37, n. 28. — V. aussi de Lalleau, Jousselin, Rendu et Périn, t. 1, n. 555. — V. *suprà*, v° *Communication de pièces*, n. 1 et s., et 117 et s.

2131. — De même, une partie n'est point recevable à se plaindre que des pièces ont été produites par son adversaire sans lui avoir été préalablement communiquées, lorsque le procès-verbal constate que le dépôt de ces pièces a eu lieu en sa présence ou qu'il a été fait sur le bureau dès l'ouverture des débats. — Cass., 8 avr. 1863, Préfet du Morbihan, [*Gaz. des Trib.* du 9 avril]; — 26 août 1863, [*Gaz. des Trib.* du 29 août] — De Lalleau, Jousselin, Rendu et Périn, t. 1, n. 555, note. — Cette partie n'avait en effet qu'à prendre conclusions ou à protester contre cette production de pièces, faite sans communication préalable.

2132. — Le choix du moment où les titres et documents produits par les parties, et dont elles argumentent dans les débats, seront le plus utilement remis au jury, appartient au magistrat directeur qui a, en effet, la direction des débats; il suffit que la remise en ait été faite avant la délibération du jury. — Cass., 11 janv. 1854, Collot, [S. 54.1.201, P. 54.2.607, D. 54.1.238]; — 13 févr. 1860, Moreau, [P. 61.638, D. 60.1.408] — De Peyrony et Delamarre, n. 433; Daffry de la Monnoye, t. 1, sur l'art. 37, n. 29; Crépon, sur l'art. 37, n. 90; de Lalleau, Jousselin, Rendu et Périn, t. 1, n. 55. — Par suite, l'exproprié ne saurait se plaindre de ce que le magistrat directeur n'a remis aux jurés qu'après la visite des lieux un mémoire produit par lui. — Cass., 29 nov. 1886, Capgrand-Molbes, [S. 89.1.486, P. 89.1.1200, D. 87.1.174]

2133. — La remise de toutes les pièces doit avoir lieu, en principe, avant la clôture des débats; cependant elle n'aura lieu souvent qu'au moment de cette clôture, et même après qu'elle a été prononcée parce que les avocats ont besoin de ces pièces jusqu'à ce moment pour les nécessités de leur discussion. Par suite, il a été jugé que la remise faite aux jurés, après le débat oral, des actes et documents invoqués respectivement par les parties dans leurs observations, doit être réputée régulière, bien qu'elle ait eu lieu par l'entremise de l'huissier, alors qu'il est constaté par le procès-verbal : 1° que cette remise a eu lieu publiquement, sans réclamation des parties, et sous les yeux du magistrat directeur ; 2° que, conformément à l'art. 37, L. 3 mai 1841, le magistrat directeur a remis au jury, lors de l'ouverture des débats, le plan parcellaire, le tableau des offres et demandes et autres documents produits à l'appui. — Cass., 7 avr. 1843, Préfet du Nord, [S. 45.1.529, P. 45.1.383, D. 45.1.207] — V. aussi Cass., 20 juin 1898, Chassagne, [S. et P. 98 1.464] — Daffry de la Monnoye, t. 1, sur l'art. 37, n. 31.

2134. — Le magistrat directeur ne doit soumettre au jury que des pièces produites par les parties. Il ne résulterait cependant aucune nullité de ce que des pièces non produites ni discutées aux débats se seraient trouvées dans la salle des délibérations du jury, lorsqu'il n'apparaîtrait qu'elles y ont été placées par mégarde, à l'insu du magistrat directeur, et même des parties, et qu'elles auraient été enfermées et cachées dans d'autres pièces régulièrement produites. — Cass., 25 janv. 1869, Aubagnac, [D. 69.1.178] — Daffry de la Monnoye, t. 1, sur l'art. 37, n. 28.

2135. — Le magistrat directeur ne peut, sans excès de pouvoir, refuser de donner communication au jury d'un document produit par l'une des parties, sous prétexte qu'il est étranger à l'affaire. — Cass., 7 mars 1877, Via, [S. 77.1.279, P. 77.689, D. 77.1.469] — Crépon, sur l'art. 37, n. 89 ; de Lalleau, Jousselin, Rendu et Périn, t. 1, n. 555 ; Daffry de la Monnoye, t. 1, sur l'art. 37, n. 29 ; de Peyrony et Delamarre, n. 433. — Ce n'est point, en effet, le magistrat directeur qui se prononce sur l'indemnité à allouer, mais bien le jury.

2136. — Cependant, le magistrat directeur use de son droit d'appréciation en s'abstenant de communiquer au jury, au cours des délibérations, une pièce que l'exproprié a tardivement produite sans demander, à l'occasion de la production, la réouverture des débats. — Cass., 19 juill. 1881, Malartre, [S. 81.1.429, P. 81.1.1085, D. 82.1.267] — Crépon, sur l'art. 37, n. 91 ; de Lalleau, Jousselin, Rendu et Périn, t. 1, n. 555, note.

2137. — Il a été jugé que lorsqu'une indemnité approximative et provisionnelle a été accordée conformément à la loi du 30 mars 1831 (relative à l'expropriation pour travaux de fortification), il n'est pas nécessaire, à peine de nullité, de remettre sous les yeux du jury appelé à déterminer l'indemnité définitive le rapport d'experts qui a servi à la fixation de l'indemnité provisionnelle. — Cass., 28 nov. 1843, Salaze, [S. 44.1.247, P. 44.1.635] — Sic, Daffry de la Monnoye, t. 1, sur l'art. 37, n. 26. — C'est là un document que les parties ont le plus souvent intérêt à connaître, mais c'est aux parties à décider si elles doivent ou non le produire et le soumettre aux jurés.

2138. — Le défaut de visa, dans le procès-verbal des opérations du jury d'expropriation, du contrat amiable qui tient lieu de jugement, ne peut être invoqué comme moyen de cassation par l'exproprié, celui-ci ayant été à même de faire la production de cette pièce. — Cass., 2 août 1865, Préfet de la Seine, [S. 65.1.458, P. 65.1.193, D. 55.1.257] — Daffry de la Monnoye, t. 1, sur l'art. 37, n. 35.

2139. — Le jury n'a point à connaître du droit de préemption que l'exproprié pourrait exercer sur les parcelles non employées par l'expropriant ; à plus forte raison il n'a point à s'occuper de conclusions de l'expropriant tendant à restreindre ce droit. Par suite, ces conclusions étant écartées des débats par le magistrat directeur ne peuvent faire retenues ni comme un document présenté par les parties et susceptible d'être placé sous les yeux du jury, ni comme soulevant un litige sur le fond du droit. — Cass., 14 mars 1881, Préfet de la Haute-Marne, [S. 81. 1.227, P. 81.1.538, D. 84.5 260] — Crépon, sur l'art. 37, n. 92.

2140. — La remise au jury des pièces et documents produits par les parties doit être constatée dans le procès-verbal, mais il n'est pas indispensable qu'elle le soit expressément ; elle peut résulter de l'ensemble de ses énonciations. Aucune formule sacramentelle n'est exigée pour établir cette remise ; il suffit qu'elle soit certaine. — De Lalleau, Jousselin, Rendu et Périn, t. 1, n. 555 ; Crépon, sur l'art. 37, n. 93 et 94 ; Daffry de la Monnoye, t. 1, sur l'art. 37, n. 32.

2141. — La jurisprudence se montre moins exigeante pour la constatation de la remise de ces pièces aux jurés que pour celle des tableaux des offres et demandes et des plans parcellaires ; ainsi elle a admis que lorsque le procès-verbal établit que des pièces ont été publiquement remises au magistrat directeur, en présence des jurés, pour être soumises à ces derniers, il en résulte la preuve qu'elles ont été placées sous leurs yeux, alors qu'aucune observation ou aucun indice ne permettent d'en décider autrement. — Cass., 8 avr. 1863, Préfet du Morbihan, [Gaz. des Trib., 9 avril] — Daffry de la Monnoye, t. 1, sur l'art. 37, n. 32.

2142. — On doit également supposer que les jurés ont reçu toutes les pièces et documents produits par les parties lorsque le procès-verbal énonce que le magistrat directeur a invité les parties à faire passer aux jurés, aussitôt qu'elles le pourraient, les titres, pièces et documents qu'elles invoquent, et que, au moment de la clôture des débats, le magistrat directeur a demandé aux jurés s'ils avaient besoin de nouveaux renseignements et qu'il n'y a eu ni réclamation ni protestation. — Cass., 7 août 1866, Préfet de Loir-et-Cher, [D. 66.5.202] — Crépon, sur l'art. 37, n. 93 ; Daffry de la Monnoye, loc. cit.

2143. — Aucun doute ne saurait exister à cet égard si le procès-verbal mentionne que le magistrat directeur a fait remettre toutes les pièces au jury, au moment où il se retirait pour délibérer. — Cass., 7 juill. 1868, Picot, [D. 68.1.329] — Daffry de la Monnoye, loc. cit. ; Crépon, loc. cit.

2144. — Lorsqu'un jury a été accepté pour diverses catégories d'affaires, la décision ordonnant la remise au jury des pièces et documents s'applique à toutes les affaires dont il a à connaître. — Cass., 2 déc. 1863, Préfet du Gers, [S. 64.1.193, P. 64.746, D. 64.5.154]

2145. — La partie qui ne justifie pas, soit par les énonciations du procès-verbal, soit de toute autre manière, qu'elle a produit à l'appui de sa demande des titres, actes ou plans, ne peut se plaindre que ces pièces n'aient pas été mises sous les yeux du jury avec le tableau des offres et demandes et le plan parcellaire. — Cass., 13 avr. 1893, Pellerin, [S. et P. 94.1.293, D. 93.1.579] — Daffry de la Monnoye, t. 1, sur l'art. 37, n. 34 ; Crépon, sur l'art. 37, n. 98 ; de Lalleau, Jousselin, Rendu et Périn, t. 1, n. 555.

2146. — Ainsi la mention, dans le procès-verbal, que le tableau des offres et des demandes, ainsi que les plans parcellaires ont été remis au jury est suffisante, alors qu'il n'est pas établi que les parties aient produit d'autres pièces ou documents. — Cass., 23 août 1875, Chem. de fer Nantais, [D. 77.5.31] — Crépon, sur l'art. 37, n. 97 ; Daffry de la Monnoye, n. 33.

2147. — Par suite, l'exproprié prétendrait vainement avoir, en réponse à des offres faites par l'expropriant, formulé une demande non mentionnée au procès-verbal, qu'il n'établit pas la réalité de cette demande et qu'il se borne, pour essayer de la prouver, à présenter une copie, sans authenticité, d'une lettre qu'il prétend avoir écrite, mais dont il ne démontre pas l'existence et dont il n'indique même pas la date. — Cass., 9 mars 1864, Vilcoq, [Bull. civ., n. 69] — Daffry de la Monnoye, t. 1, sur l'art. 37, n. 34 ; Crépon, sur l'art. 37, n. 99.

2148. — Si l'expropriant s'est mis en possession des terrains de l'exproprié avant la réunion du jury, il appartient à celui-ci de faire connaître cette particularité aux jurés ; dès lors s'il ne la leur indique point il ne saurait plus tard formuler un grief devant la Cour de cassation en s'appuyant sur cette circonstance ; il lui appartenait de veiller lui-même à ses intérêts ; l'expropriant pas plus que le magistrat directeur n'étaient tenus de porter à la connaissance du jury un fait de nature à augmenter l'indemnité réclamée. — Cass., 13 janv. 1855, Adville, [S. 55.1.383, P. 55.1.148, D. 55.1.168] — Daffry de la Monnoye, t. 1, sur l'art. 37, n. 37.

2149. — Remarquons enfin qu'il appartient au jury d'apprécier l'opportunité de la remise de la cause demandée par l'une des parties pour produire un document nouveau. — Cass., 19 juill. 1881, Malartre, [S. 81.1.429, P. 81.1.1085, D. 82.1.267] — Crépon, sur l'art. 37, n. 96.

Section IV.

Des observations présentées par les parties.

2150. — « Les parties ou leurs fondés de pouvoirs peuvent présenter sommairement leurs observations » (L. 3 mai 1841, art. 37, § 2).

2151. — L'administration est-elle-même partie. Cela a été expressément reconnu lors de la discussion (Duvergier, Coll. des *lois*, t. 33, p. 299). Les intérêts de l'Etat sont défendus par les fonctionnaires chargés de s'occuper des expropriations: préfets, ingénieurs; il est arrivé parfois que le préfet s'est présenté lui même; le plus souvent il se fait représenter par un mandataire.

2152. — Les parties peuvent aussi présenter leurs observations par elles-mêmes ou par mandataires. En cette matière le ministère des avoués n'est pas obligatoire; il n'y a, en effet, aucun mandataire *ad litem* imposé par la loi; si un avoué se présente pour une partie, ce n'est point en sa qualité d'avoué, mais comme simple mandataire. — Cass., 15 janv. 1855, précité. — Crépon, sur l'art. 37, n. 100; Daffry de la Monnoye, t. 1, sur l'art. 37, n. 38; de Lalleau, Jousselin, Rendu et Périn, t. 1, n. 556, note.

2153. — Les avocats, à qui les règlements de l'ordre interdisent d'accepter une procuration (V. *suprà*, v° *Avocat*, n. 613 et s.), doivent, pour être admis à porter la parole, être assistés de la partie ou de son mandataire, qui d'ordinaire est un avoué. Les avocats n'ont pas besoin d'ailleurs de justifier d'une procuration écrite; leur qualité justifie de leur mandat; on ne saurait, non plus, et pour le même motif, exiger des employés de l'administration qu'ils justifient du mandat donné par celle-ci; il est présumé jusqu'à preuve contraire. — De Lalleau, Jousselin, Rendu et Périn, t. 1, n. 558.

2154. — Et même, en règle générale, le mandataire qui se présente n'est point dans la nécessité de représenter un mandat écrit, un mandat verbal ou même tacite suffit; le mandat doit seulement être certain; s'il était contesté le mandataire devrait l'établir; et c'est le plus souvent par la déclaration de la partie présente à l'audience qu'il en démontrerait l'existence. — Cass., 29 nov. 1853, Bienaymé, [S. 55.1.135, P. 55.1.428, D. 53.1.377]; — 6 août 1856, Chauchart, [D. 56.1.331]; — 28 déc. 1859, Comm. de Mallemort, [S. 60.1.1004, P. 60.1.044, D. 60.1.39] — Crépon, sur l'art. 37, n. 101; Daffry de la Monnoye, t. 1, sur l'art. 37, n. 39; de Lalleau, Jousselin, Rendu et Périn, t. 1, n. 556.

2155. — Il a été jugé, à cet égard, que lorsqu'un nu-propriétaire et un usufruitier sont dans l'instance, le nu-propriétaire est censé avoir donné à l'usufruitier mandat de le représenter alors que par un acte extrajudiciaire commun avec l'usufruitier il a fait connaître ses droits à l'expropriant, et a élu domicile chez le même avoué lui-même, et que des conclusions ont été prises par cet avoué tant au nom de l'usufruitier que du nu-propriétaire pour obtenir une seule indemnité; qu'il en est ainsi alors même que ces conclusions n'avaient pas été expressément relatées dans le procès-verbal, si celui-ci constate qu'elles ont été prises. — Cass., 29 nov. 1853, précité. — *Sic*, Daffry de la Monnoye, *loc. cit.*

2156. — ... Qu'un exproprié est censé avoir représenté son frère également exproprié, alors que dans le cours de la procédure il a toujours stipulé être en son propre nom qu'en celui de son frère, et que dans un acte extrajudiciaire, dressé à la requête des deux frères, ceux-ci ont réclamé une somme unique pour l'indemnité leur revenant. — Cass., 6 août 1856, précité. — Daffry de la Monnoye, *loc. cit.*; Crépon, sur l'art. 37, n. 102.

2157. — ... Que l'expropriant donné dans l'instance a reconnu au mari le pouvoir de représenter sa femme et a procédé contre lui en cette qualité, ne peut ensuite prétendre que la femme n'a point été représentée, alors surtout qu'un avocat a conclu au nom de la femme. — Cass., 28 déc. 1859, précité. — Daffry de la Monnoye, *loc. cit.*; de Lalleau, Jousselin, Rendu et Périn, t. 1, n. 556, note.

2158. — Le mandataire, exerçant les droits de son mandant, peut consentir à ce que son affaire soit jointe avec d'autres pour être soumise à un même jury, ou au classement des affaires par catégories. — Cass., 6 août 1856, précité; — 11 août 1857, Préfet du Finistère, [S. 57.1.861, P. 58.765, D. 57.1.329] — Crépon, sur l'art. 37, n. 103; Daffry de la Monnoye, t. 1, sur l'art. 37, n. 40; de Lalleau, Jousselin, Rendu et Périn, t. 1, n. 556. — V. *suprà*, n. 1877 et s.

2159. — Mais le mandat donné par l'exproprié pour le règlement de l'indemnité due à raison des parcelles dont l'expropriation a été prononcée, n'emporte pas le pouvoir de consentir l'expropriation d'autres parcelles. Par suite, est nulle la décision qui fixe l'indemnité tant pour les parcelles expropriées judiciairement que pour les autres, bien que rendue en présence du mandataire. — Cass., 3 janv. 1848, Cortyl, [S. 48.1.671, P. 48.1.31, D. 48.1.153]; — 15 janv. 1849, Morcel, [S. 49.1.217, P. 49.1.93, D. 49.1.83] — Toutefois, s'il est certain que le mandataire

a toujours agi du consentement de son mandant, il a pu consentir à cette cession; ce que son acte présente d'irrégulier en apparence est alors couvert par la présence et le concours du mandant, qui ratifie l'acte de son mandataire et se l'approprie. — Cass., 6 août 1856, précité. — Daffry de la Monnoye, t. 1, sur l'art. 37, n. 40; Crépon, sur l'art. 37, n. 104; de Lalleau, Jousselin, Rendu et Périn, t. 1, n. 556.

2160. — La partie, et notamment l'administration, qui, devant le jury, n'a point contesté le mandat invoqué par le représentant de son adversaire, n'est point admissible à invoquer la nullité de ce mandat devant la Cour de cassation; elle doit, d'abord, saisir le jury et le magistrat directeur de sa protestation. — Cass., 20 déc. 1842, Préfet d'Ille-et-Vilaine, [S. 43.1.70, P. 43.1.257]

2161. — De même, l'exproprié qui a discuté les offres devant le jury n'est pas recevable à se faire un moyen de cassation de ce que le chiffre de ces offres avait été changé par des conclusions signées de l'avocat de l'expropriant, sans mandat suffisant à cet effet, alors surtout que l'indemnité allouée est supérieure à celle offerte. — Cass., 26 août 1867, Dupont, [S. 68.1.436, P. 68.306, D. 67.1.493] — Crépon, sur l'art. 37, n. 105; Daffry de la Monnoye, t. 1, sur l'art. 37, n. 41; de Lalleau, Jousselin, Rendu et Périn, t. 1, n. 556.

2162. — La non-comparution du préfet ou de son délégué devant le jury au jour pour lequel celui-ci a été convoqué à la diligence de ce fonctionnaire n'emporte pas obligation de surseoir aux opérations du jury et au jugement. — Cass., 19 janv. 1852, Dupin, [S. 52.1.367, P. 52.2.688]

2163. — La Chambre des pairs désirait que les observations présentées par les parties ou en leur nom fussent sommaires, aussi avait-elle supprimé la publicité des audiences; mais le système qu'elle avait adopté n'a point triomphé; aussi, dans la pratique, les observations, au lieu d'être sommaires, selon le vœu de la loi, constituent-elles parfois de longues plaidoiries, justifiées d'ailleurs par l'importance des intérêts à débattre. — De Lalleau, Jousselin, Rendu et Périn, t. 1, n. 558.

2164. — Le magistrat directeur du jury ne peut mettre fin aux plaidoiries quand il croit la cause suffisamment instruite; c'est au jury seul de déclarer qu'il est éclairé; ce sera d'ailleurs au magistrat directeur, puisque la police de l'audience lui appartient, à faire respecter cette décision du jury une fois prise; mais le magistrat directeur, sans porter atteinte aux droits de la défense, ne devra pas laisser dévier la discussion et interdira les digressions inutiles. — De Lalleau, Jousselin, Rendu et Périn, t. 1, n. 559; Daffry de la Monnoye, t. 1, sur l'art. 37, n. 43.

2165. — D'autre part, le magistrat directeur, comme tout magistrat présidant une audience, a le devoir de réprimer les écarts de langage des avocats; c'est là un droit dérivant pour lui de la police de l'audience qui lui appartient. Ne constituent pas une atteinte au droit de la défense les observations adressées par le magistrat directeur du jury au défenseur, si elles ont été motivées par l'intempérance du langage de celui-ci et l'inconvenance des expressions dont il se servait dans ses attaques contre l'administration expropriante; alors d'ailleurs que ces observations n'ont pas empêché la défense poursuivre jusqu'au bout, et qu'elles n'ont pas impliqué, de la part du magistrat directeur, la manifestation d'une opinion personnelle sur l'affaire soumise au jury. — Cass., 30 oct. 1889, Baudoin, [S. et P. 92.1.462, D. 90.1.463]

2166. — Les divers mandataires qui représentent les parties devant le jury d'expropriation prennent le plus souvent des honoraires exagérés; c'est d'ordinaire un tant pour cent sur la différence qui existe entre la somme offerte et la somme allouée par le jury; les tribunaux peuvent statuer sur ces honoraires. — Trib. Seine, 2 juill. 1868, Sussy, [*Gaz. des Trib.* du 8 août] — Ils peuvent aussi condamner à des dommages-intérêts envers leurs mandants les mandataires qui se sont montrés négligents, et qui, par leur faute, ont compromis les intérêts dont ils s'étaient chargés. — Trib. Seine, 25 févr. 1869, Bremond, [*Gaz. des Trib.* du 27 mars] — Daffry de la Monnoye, t. 1, sur l'art. 37, n. 42.

Section V.
Des mesures d'instruction.

§ 1. *Généralités*.

2167. — Il appartient au jury seul de prendre des mesures d'instruction préparatoires; le magistrat directeur n'a aucun droit pour les ordonner ; il ne saurait non plus, à aucun titre, s'opposer à celles que le jury croit devoir prescrire, si elles ne sont point contraires à la loi. Les mesures d'instruction prises par le jury ne peuvent l'être qu'en vertu d'une délibération régulière. — De Lalleau, Jousselin, Rendu et Périn, t. 1, n. 567.

2168. — Il en est ainsi, notamment, dans le cas où une mesure d'instruction est réclamée par un juré. — Cass., 7 févr. 1837, Parmentier, [S. 37.1.127, P. 37.1.94] — Et c'est le président du jury qui la fait connaître et la prononce. — Cass., 19 janv. 1835, Comm. de Charmy, [S. 35.1.172, P. chr.] — Si donc une mesure d'instruction est proposée, le magistrat directeur envoie les jurés dans leur chambre des délibérations et ceux-ci se décident après avoir examiné la proposition qui leur est soumise. Il va sans dire que la décision préparatoire du jury serait nulle, si une personne étrangère y avait participé. — De Lalleau, Jousselin, Rendu et Périn, t. 1, n. 567.

2169. — Le président du jury n'a point qualité pour attester, par sa seule signature, la présence et la participation des jurés à la décision préparatoire; tous les jurés doivent signer cette décision ; elle est prononcée en audience publique, conformément aux règles générales de notre droit. Cette décision n'a point par elle-même force obligatoire; c'est le magistrat directeur qui, conformément à l'art. 41, L. 3 mai 1841, la déclare exécutoire ; elle peut être alors expédiée avec la formule exécutoire prescrite en l'art. 146, C. proc. civ.; obéissance lui est due, et les agents de la force publique en assurent l'exécution au besoin. — De Lalleau, Jousselin, Rendu et Périn, *loc. cit.*

2170. — Les dispositions législatives antérieures aux lois de 1833 et de 1841 admettaient l'expertise pour la fixation et la détermination de l'indemnité (V. LL. 16 sept. 1807, art. 56; 8 mars 1810, art. 17). Mais il en est autrement sous la législation actuelle. Tout d'abord, il faut remarquer que l'art. 37 n'autorise que deux mesures d'instruction : l'audition de témoins et la visite des lieux, et que, par suite, il interdit les autres; il ne faut pas oublier ensuite, que ce mode d'instruction a été absolument proscrit dans la discussion de la loi (*Monit.* 8 juin 1833, p. 1607); il entraine, en effet, des lenteurs et des frais; de plus, le législateur, à tort ou à raison, s'en est rapporté aux lumières et à l'impartialité du jury et c'est à lui qu'il a remis la décision et non à des experts. Les jurés ne peuvent donc, en aucun cas, ordonner une expertise. — Cass., 9 juin 1834, de Boubers, [S. 35. 1.37, P. chr.] — Daffry de la Monnoye, t. 1, sur l'art. 37, n. 47; Crépon, sur l'art. 37, n. 114; de Lalleau, Jousselin, Rendu et Périn, t. 1, n. 569.

2171. — Mais le législateur n'interdit point au jury de s'éclairer en appelant une personne ayant des connaissances spéciales à cet effet; cette personne renseignera le jury sans s'expliquer sur l'indemnité à allouer. Si elle a besoin de se transporter sur les lieux, le jury suspendra l'audience, la renverra à un autre jour, et à la reprise d'audience, cette personne fera connaître au jury le résultat de son examen. Cette manière de procéder évitera toutes les lenteurs et les inconvénients de l'expertise. Cette mesure sera utile, par exemple quand s'élèvera un débat sur la contenance et que le jury voudra faire procéder à un mesurage. — De Lalleau, Jousselin, Rendu et Périn, *loc. cit.*

2172. — Le jury en se rendant lui-même sur les lieux peut se faire accompagner d'un homme de l'art auprès duquel il se renseignera; cette personne n'a point le caractère d'un expert. Par suite, il a été jugé que lorsqu'un expert-géomètre a été commis par le jury pour assister l'un des jurés chargés de vérifier les lieux, il n'est pas nécessaire qu'un rapport spécial soit dressé par cet expert, le législateur ayant voulu, en ce cas, interdire une expertise proprement dite. L'omission d'un tel rapport pourrait d'autant moins entraîner la nullité des opérations du jury, que cette formalité n'est prescrite par aucun des articles de la loi, dont la violation donne ouverture au recours en cassation. — Cass., 9 juin 1834, précité. — Duvergier, t. 33, p. 299. — Il faut même aller plus loin que la décision de la Cour suprême et dire que la personne ainsi appelée n'a pas à dresser un rapport mais simplement à fournir des renseignements. — Daffry de la Monnoye, *loc. cit.*; de Lalleau, Jousselin, Rendu et Périn, t. 1, n. 569, note; Crépon, sur l'art. 37, n. 115.

2173. — C'est au jury à examiner s'il veut être ainsi accompagné d'une personne ayant des connaissances spéciales. Cependant l'ordonnance du magistrat directeur décidant, nonobstant l'opposition des expropriés, que deux personnes désignées pourront accompagner le jury dans sa visite des lieux pour donner seulement des renseignements que les jurés croiraient utiles, mais non pas en qualité d'experts, ne porte point atteinte au pouvoir discrétionnaire que la loi confère au jury d'entendre toutes les personnes qu'il croira pouvoir l'éclairer. — Cass., 11 févr. 1861, Deshayes-Bonneau, [P. 62.233, D. 61.1.136] — En effet cette décision n'oblige point les jurés à entendre la personne ainsi appelée; mieux vaut cependant que le magistrat directeur laisse aux jurés l'initiative de cette mesure. — Daffry de la Monnoye, t. 1, sur l'art. 37, n. 48; Crépon, sur l'art. 37, n. 116; de Lalleau, Jousselin, Rendu et Périn, *loc. cit.*

2174. — Lorsque le jury régulièrement convoqué interrompt ses opérations pour prendre dans l'intervalle des renseignements propres à l'éclairer, il peut continuer ses opérations au jour indiqué par lui sans qu'il soit nécessaire de le convoquer de nouveau dans les formes prescrites par l'art. 31, L. 3 mai 1841. — Cass., 5 août 1844, Préfet d'Ille-et-Vilaine, [S. 44.1.648, P. 44. 2.162] — De Lalleau, Jousselin, Rendu et Périn, t. 1, n. 573. — Il suffit aussi d'indiquer aux parties le jour et l'heure de la prochaine audience; elles sont tenues de comparaître sans nouvelle assignation.

2175. — En matière d'expropriation, c'est le jury qui instruit et le magistrat directeur n'est en quelque sorte que son collaborateur. Dès lors, ce magistrat ne pourrait, à peine de nullité, repousser comme inutiles des mesures d'instruction jugées nécessaires par le jury (Duvergier, *loc. cit.*). Le magistrat directeur ne peut repousser que les mesures d'instruction contraires à la loi, comme l'expertise, mais il ne saurait s'opposer à l'audition de témoins, si le jury désire en entendre.

§ 2. *Des personnes entendues à titre de renseignements.*

2176. — « Le jury peut entendre toutes les personnes qu'il croira pouvoir l'éclairer ». (L. 3 mai 1841, art. 37, § 3).

2177. — Ainsi les jurés qui ont besoin, pour s'éclairer, des documents déposés dans les bureaux d'une administration, peuvent en convoquer les employés et leur demander communication de ces pièces; le rapporteur Martin du Nord a dit, à cet égard : « Rien ne s'oppose à ce que les jurés réclament et obtiennent des employés de l'enregistrement ou des contributions tous les renseignements qui leur paraîtront nécessaires » (*Mon.*, 27 janv. 1833, p. 212). Ils ne peuvent entendre les notaires, liés par le secret professionnel ; mais ils peuvent demander aux employés de l'enregistrement tous les renseignements relatifs aux mutations de propriété. — De Lalleau, Jousselin, Rendu et Périn, t. 1, n. 566.

2178. — De même, le jury peut, sans qu'il en résulte aucune irrégularité, entendre dans les débats l'expert de l'administration; et l'exproprié est encore moins admissible à se faire de ce mode de procéder un grief devant la Cour de cassation lorsque les débats ont eu lieu sans opposition ni réclamation de sa part. — Cass., 26 avr. 1843, Mouruan, [S. 43.1.620, P. 43.2.209] — Daffry de la Monnoye, t. 1, sur l'art. 37, n. 49; Crépon, sur l'art. 37, n. 109; de Lalleau, Jousselin, Rendu et Périn, t. 1, n. 570.

2179. — Il peut aussi entendre les créanciers d'une société qui a un droit de propriété indivis sur les immeubles atteints par l'expropriation. — Cass., 19 févr. 1845, Domaine militaire, [cité par Daffry de la Monnoye, *loc. cit.*]

2180. — Le témoignage des personnes entendues à titre de renseignements doit, avoir lieu en présence des parties, appelées à s'expliquer sur les déclarations ainsi faites, et à présenter leurs observations sur les renseignements fournis. L'audition de ces témoins doit avoir lieu en audience publique. La publicité est en effet obligatoire pour tout ce qui se passe à l'audience et c'est à l'audience que les dépositions seront reçues. — Cass., 4 juill. 1855, Dupuy, [S. 55.1.843, P. 56.1.635, D. 51.1.284] — Daffry de la Monnoye, t. 1, sur l'art. 37, n. 45; Crépon, sur l'art. 37, n. 110, de Lalleau, Jousselin, Rendu et Périn, t. 1, n. 570.

2181. — Les parties ne peuvent faire entendre des témoins sans le consentement du jury ; donc si cela n'a amené des tiers dans l'intention de leur demander de fournir des renseignements, ces tiers ne seront entendus qu'autant que le jury estimera leur audition utile l'aura ordonnée. — Cass., 30 mai 1844, Singer, [S. 44.1.432, P. 44.1.109] — Crépon, sur l'art. 37, n. 111; Daffry de la Monnoye, t. 1, sur l'art. 37, n. 46.

2182. — Lorsque deux communes sont intéressées à une expropriation, et doivent en supporter l'une et l'autre les indemnités, bien que cette expropriation ne soit poursuivie que par l'une d'elles, le maire de l'autre commune peut prendre part à la discussion, sans qu'il soit nécessaire que le jury ait demandé à l'entendre à titre de renseignements. En effet le maire, en ce cas, n'est point un tiers. — Cass., 30 mai 1844, précité. — Crépon, sur l'art. 37, n. 112; Daffry de la Monnoye, *loc. cit.*

2183. — Il est certainement dans l'esprit de la loi que le jury fasse par lui-même les vérifications qu'il croit utiles, et nous croyons qu'il excéderait ses pouvoirs en ordonnant une enquête dans les termes du Code de procédure. Il n'y a donc pas à remplir les formalités prévues par les art. 252 à 294, C. proc. civ. Le jury se borne à indiquer les noms des personnes qu'il désire entendre à titre de renseignements, et le magistrat directeur les convoque. — De Lalleau, Jousselin, Rendu et Périn, t. 1, n. 570; Crépon, sur l'art. 37, n. 113.

2184. — Du reste, les personnes appelées par le jury à titre de renseignements, et les tiers chargés par lui d'une mission (n. 2171 et s.), n'étant ni des témoins ni des experts proprement dits, peuvent être avertis dans quelque forme que ce soit. L'avertissement de comparaître leur est donné par le magistrat directeur, quand il a la conviction que cet avertissement suffira pour qu'elles se présentent; autrement il procède par voie d'assignation. Le greffier constate sommairement sur son procès-verbal la demande des juges que telles personnes soient appelées, les ordres donnés par le président pour leur comparution, le fait de leur comparution et de leur audition. — De Lalleau, Jousselin, Rendu et Périn, n. 577 et s.

2185. — Le magistrat directeur, dans son avertissement ou son assignation, se borne à indiquer aux témoins qu'ils seront entendus dans telle affaire, sans leur donner connaissance des faits sur lesquels le jury désire les entendre; en effet, le jury n'indique pas de motifs dans sa décision; toutefois, si le jury désire que ces témoins apportent des pièces, on doit les en aviser; la citation doit être donnée avec un délai assez long pour permettre aux témoins de se présenter. — De Lalleau, Jousselin, Rendu et Périn, t. 1, n. 570.

2186. — La personne assignée qui ne comparaît pas peut-elle être condamnée à l'amende? Pour la négative, on peut dire que l'amende est une peine qui ne peut être prononcée qu'en vertu d'un texte formel et d'après la volonté du législateur nettement formulée. — Herson, n. 209; Foucart, t. 1, p. 208; Gillon et Stourm, p. 135; Duvergier, t. 33, p. 299.

2187. — Mais il faut remarquer que le législateur en permettant au jury d'entendre des témoins, lui a virtuellement donné les moyens de les faire comparaître; on ne comprendrait pas que des personnes citées devant une juridiction pour fournir des renseignements puissent se dérober à l'obligation qui leur est imposée, et que cette juridiction n'eut aucun moyen de les contraindre et de les forcer à obéir à ses injonctions. Si donc les personnes assignées en témoignage ne se présentent pas, elles pourront être condamnées à une amende par ordonnance du magistrat directeur et conformément aux dispositions de l'art. 263, C. proc. civ.; elles seront ensuite réassignées à leurs frais; les art. 264, 265 et 266, C. proc. civ., seront également applicables. — De Lalleau, Jousselin, Rendu et Périn, t. 1, n. 371; Crépon, sur l'art. 37, n. 118.

2188. — La personne appelée pour fournir des renseignements déclare ses nom, prénoms, âge et domicile, si elle est parente, alliée de l'une des parties, si elle est à son service; ces diverses déclarations sont indispensables pour permettre aux parties d'examiner si elles ont ou non à récuser les témoins, et aux jurés de rechercher quelle confiance ils peuvent avoir dans le témoignage qui leur est apporté. — De Lalleau, Jousselin, Rendu et Périn, t. 1, n. 570; Crépon, sur l'art. 37, n. 119.

2189. — Toute personne appelée en justice pour témoigner des faits qui sont à sa connaissance doit, en principe, prêter serment de dire la vérité; cette obligation existe pour les personnes convoquées devant le jury d'expropriation; seulement, si elles refusent de le prêter, aucun texte n'autorise à les condamner à l'amende et ici on ne peut suppléer au silence du législateur parce qu'on ne peut soutenir qu'il n'y a pas eu l'intention d'astreindre ces personnes au serment. Si, à la suite du refus du serment le jury n'a plus confiance dans la personne appelée, il se refusera à l'entendre. — De Lalleau, Jousselin, Rendu et Périn, t. 1, n. 570; Crépon, sur l'art. 37, n. 120; Daffry de la Monnoye, t. 1, sur l'art. 37, n. 49.

2190. — Les causes de reproches énumérés dans l'art. 283 sont de nature à faire suspecter la déposition de la personne contre laquelle ils sont élevés; ils pourront donc être proposés à l'encontre de la personne appelée devant le jury; celle-ci s'expliquera à leur égard et le jury décidera ensuite s'il doit entendre le témoin reproché; la loi n'interdit l'audition de personne; mais si le reproche est justifié, le jury fera preuve de sagesse en n'entendant point une personne dont la sincérité pourrait être contestée. — De Lalleau, Jousselin, Rendu et Périn, t. 1, n. 570; Crépon, sur l'art. 37, n. 124.

2191. — C'est au magistrat directeur qu'appartient la direction des débats, qui pose les questions, soit d'office, soit sur la demande des jurés ou des parties; il a le droit de se refuser à poser les questions qui ne se rapporteraient pas aux débats, et d'écarter celles qui auraient un caractère diffamatoire ou injurieux. Ce sont là des pouvoirs qui appartiennent à tout magistrat qui préside à une enquête et dont, par suite, le magistrat directeur se trouve investi.

2192. — De ce que, pendant le cours des opérations, le jury, par l'organe de son président, a dit qu'il était essentiel d'entendre un témoin, et plus tard a déclaré que la religion des jurés était suffisamment éclairée, après quoi le magistrat directeur a prononcé la clôture de l'instruction, il n'en résulte pas que le président du jury ait empiété sur les attributions du magistrat directeur. — Cass., 5 mars 1845, Ville de Clermond-Ferrand, [S. 45.1.430, P. 45.1.385, D. 45.1.174] — Dans l'espèce, le président du jury avait si peu empiété sur les droits du magistrat directeur qu'il n'avait fait qu'exercer ceux qui appartiennent au jury; c'est à celui-ci en effet à décider s'il veut ou non entendre des témoins et à déclarer s'il est suffisamment éclairé. — V. *suprà*, n. 2167 et s.

2193. — Nous avons dit (*suprà*, n. 2184), que le procès-verbal de la séance doit mentionner les noms des personnes appelées et entendues par le jury; mais les jurés seuls ont à prendre note des renseignements fournis; le greffier n'a point à tenir note des déclarations. Cette obligation n'est imposée qu'aux juridictions sujettes à appel, pour que la juridiction du second degré puisse à son tour apprécier les témoignages, sans avoir à le réentendre; les cours d'appel, les cours d'assises ne tiennent pas note des dépositions, il en est de même devant le jury d'expropriation, puisque ses décisions sont souveraines. — De Lalleau, Jousselin, Rendu et Périn, *loc. cit.*; Crépon, sur l'art. 37, n. 122.

2194. — Au reste, l'omission des formalités qui précèdent n'emporte point nullité de la décision du jury, puisqu'elles ne sont point prescrites par le législateur et résultent seulement de la nature même des choses. La nullité ne pourrait être prononcée que si l'omission constituait en même temps une violation de l'art. 42, L. 3 mai 1841. — De Lalleau, Jousselin, Rendu et Périn, *loc. cit.*; Crépon, sur l'art. 37, n. 123.

2195. — Les personnes appelées à fournir des renseignements reçoivent une indemnité conformément aux dispositions de l'ordonnance du 18 sept. 1833, art. 19; pour l'obtenir elles doivent la requérir. Si elles ne sont pas domiciliées à plus d'un myriamètre, elles touchent 1 fr. 50 à raison de leur comparution; si elles sont éloignées de plus d'un myriamètre elles reçoivent, si elles ne sortent pas de leur arrondissement, un franc par myriamètre parcouru tant à l'aller qu'au retour, et si elles sortent de leur arrondissement, 1 fr. 50 par myriamètre parcouru tant à l'aller qu'au retour; elles ne touchent point alors d'indemnité de comparution. Les personnes appelées à fournir des renseignements qui reçoivent un traitement quelconque à titre de service public, n'ont droit qu'à l'indemnité de voyage, s'il y a lieu, et si elles la requièrent. Le greffier tient note des indemnités allouées. — De Lalleau, Jousselin, Rendu et Périn, t. 1, n. 572; Crépon, sur l'art. 37, n. 124, 125 et 126.

§ 3. *De la visite des lieux.*

1° *De la délibération du jury, relative à la visite des lieux.*

2196. — « Le jury peut également se transporter sur les lieux, ou déléguer à cet effet un ou plusieurs de ses membres » (L. 3 mai 1841, art. 37, § 4).

2197. — La visite par le jury des immeubles expropriés est purement facultative; les jurés ont le droit de décider qu'ils ne visiteront point les immeubles expropriés; dans la pratique, ils ordonnent presque toujours leur transport et ont raison d'agir ainsi. C'est, en effet, pour eux, le meilleur moyen de se prononcer en connaissance de cause. — Cass., 9 nov. 1837, Gérard de la Canterie, [P. 38.596, D. 58.1.82]; — 16 juill. 1873, Garret, [S. 73.1.177, P. 73.1193, D. 74.1.447] — Daffry de la Monnoye, t. 1, sur l'art. 37, n. 58; Crépon, sur l'art. 37, n. 145; de Lalleau, Jousselin, Rendu et Périn, t. 1, n. 567.

2198. — En principe, les juges ne doivent point se prononcer d'après la connaissance personnelle qu'ils peuvent avoir des faits donnant lieu au procès, mais sur les preuves admises par le législateur. Au contraire il est reconnu, comme on vient de le voir, que le jury peut ne pas se transporter sur les lieux, et il n'importe que, pour ne pas faire cette visite, il se soit déterminé par la connaissance extrinsèque que les jurés ou quelques-uns d'entre eux pouvaient avoir par ailleurs de l'état des lieux. — Cass., 9 nov. 1837, précité; — 16 juill. 1873, précité. — Daffry de la Monnoye, loc. cit.; de Lalleau, Jousselin, Rendu et Périn, t. 1, n. 567, note ; Crépon, sur l'art. 37, n. 147.

2199. — En général, c'est au moment où l'affaire est appelée, et avant tout débat, que le jury décide s'il y a lieu pour lui de visiter les immeubles expropriés, mais il peut prendre cette détermination à n'importe quel moment, même après la clôture des débats; c'est à lui à se rendre compte s'il est suffisamment éclairé pour se prononcer sur l'indemnité. — Cass., 7 févr. 1837, Parmentier, [S. 37.1.126, P. 37.1.94]; — 18 nov. 1846, de Montalembert, [P. 46.2.647, D. 47.1.77]; — 4 juill. 1855, Dupuy, [S. 55.1.843, P. 56.1.615, D. 55.1.284]; — 25 juill. 1855, Frison, [S. 55.1.841, P. 53.2.236, D. 55.1.374]; — 14 août 1866, Power, [S. 67.1.85, P. 67.173, D. 66.5.198]; — 8 déc. 1880, Préfet de la Corse, [S. 82.1.480, P. 82.1.1187, D. 81.5.198] — Crépon, sur l'art. 37, n. 148; Daffry de la Monnoye, t. 1, sur l'art. 37, n. 59; de Lalleau, Jousselin, Rendu et Périn, t. 1, n. 567, note.

2200. — Par suite, si, après la clôture des débats et le retrait du jury dans sa chambre des délibérations, le magistrat directeur, appelé par les jurés le priant de rouvrir les débats pour qu'un transport sur les lieux pût être effectué, leur déclarait qu'il était trop tard pour que cette mesure d'instruction pût être prise, cette réponse, de nature à induire les jurés en erreur sur l'étendue de leurs droits et à les priver d'un moyen légal de s'éclairer, entraînerait, par cela même, la cassation de la décision du jury qui a suivi. — Cass., 14 août 1866, précité. — Daffry de la Monnoye, t. 1, sur l'art. 37, n. 59; Crépon, sur l'art. 37, n. 152; de Lalleau, Jousselin, Rendu et Périn, t. 1, n. 567, note.

2201. — Comme nous venons de l'indiquer, et conformément à la règle énoncée, suprà, n. 2167, c'est au jury seul et non point au magistrat directeur qu'il appartient de décider s'il y a lieu ou non de procéder à une visite des lieux; c'est, en effet, le jury seul qui peut reconnaître si cette mesure d'instruction est utile, ou si les circonstances particulières de la cause permettent de l'éviter et de passer outre. — Cass., 10 août 1852, Chem. de fer de Saint-Germain, [D. 55.5.354]; — 5 mai 1857, Marie, [D. 57.1.166] — De Lalleau, Jousselin, Rendu et Périn, t. 1, n. 657; Daffry de la Monnoye, t. 1, sur l'art. 37, n. 50; Crépon, sur l'art. 37, n. 127.

2202. — Toutefois, le magistrat directeur peut faire connaître la décision du jury relative à la mesure préparatoire, sans qu'on puisse en conclure qu'il a délibéré avec le jury. — Cass., 7 avr. 1845, Préfet du Nord, [S. 45.1.531, P. 45.1.585, D. 45.1.207] — La présomption est, en ce cas, qu'avisé de la décision prise par le jury, il a pu en faire connaître le résultat à la place du président du jury qui a pu être encore désigné. — V. infrà, n 2209.

2203. — Par suite encore, de ce qu'il a été annoncé par le magistrat directeur que les jurés se transporteront sur les lieux, il n'y a nullement à induire que le transport n'a pas été voulu et résolu par le jury lui-même, alors surtout qu'à aucune époque des débats, ni jurés, ni parties, n'ont fait de réclamations ou d'observations contre la régularité du transport. — Cass., 24 déc. 1851, Molaix, [S. 52.1.070, P. 52.1.71, D. 51.5.246] — V. aussi Cass., 10 août 1852, précité.

2204. — Au reste aucune loi n'interdit au magistrat directeur de faire à ce sujet des observations aux jurés. Par suite, le conseil donné aux jurés par le magistrat directeur de se rendre sur les lieux ne suffit point à établir que la décision du jury à cet égard n'a point été prise librement et régulièrement : il en est ainsi surtout alors que le magistrat directeur n'a fait que transmettre aux jurés le vœu unanime des parties en cause. — Cass., 5 mai 1857, précité. — Daffry de la Monnoye, t. 1, sur l'art. 37, n. 51; Crépon, sur l'art. 37, n. 130; de Lalleau, Jousselin, Rendu et Périn, t. 1, n. 567, note.

2205. — De même, le magistrat directeur n'est pas réputé s'être immiscé dans la délibération du jury pour l'avoir averti que si une visite des lieux était jugée nécessaire, cette visite serait plus utilement faite après un exposé sommaire des points litigieux de la discussion. — Cass., 19 août 1846, Léguillette, [S. 46.1.318, P. 46.2.507, D. 46.1.877] — Daffry de la Monnoye, loc. cit.; Crépon, sur l'art. 37, n. 131.

2206. — Remarquons, d'autre part, qu'aucune disposition de loi n'assujettit à une forme spéciale ni à des termes sacramentels la délibération du jury, à l'effet de se transporter sur les lieux. — Cass., 24 déc. 1851, précité; — 10 août 1852, précité; — 12 mars 1856, Ardoin, [S. 56.1.828, P. 57.604, D. 56.1.169]; — 12 mars 1856, Dougeaud, [Ibid.]; — 30 juin 1884, Jonage, [S. 86.1.40, P. 86.1.64, D. 85.1.415] — Daffry de la Monnoye, t. 1, sur l'art. 37, n. 52; Crépon, sur l'art. 37, n. 128. — V. aussi de Lalleau, Jousselin, Rendu et Périn, t. 1, n. 567.

2207. — Par suite, est régulière, au fond et dans la forme, la mention du procès-verbal portant que « les jurés, sur la demande des représentants de l'administration et des parties expropriées, ont décidé qu'ils se rendraient sur les lieux immédiatement. » — Cass., 30 juin 1884, précité. — Crépon, sur l'art. 37, n. 128 bis.

2208. — Les jurés n'ont pas besoin de se retirer dans la chambre de leurs délibérations pour prendre une décision relativement à la visite des lieux ; c'est là une mesure qui s'impose dans la plupart des cas, et qui ne demande pas, par suite, une délibération longue et minutieuse; les jurés peuvent donc se consulter sur leurs sièges et se décider sans désemparer. — Daffry de la Monnoye, t. 1, sur l'art. 37, n. 52; Crépon, sur l'art. 37, n. 132.

2209. — La nomination de l'un des jurés, sous la présidence duquel le jury doit délibérer, n'est exigée que pour la délibération qui s'ouvre après la clôture de l'instruction, et non pour celle qui, avant cette clôture, s'engage sur une mesure préparatoire. — Cass., 7 avr. 1845, précité. — Daffry de la Monnoye, loc. cit.; Crépon, loc. cit.; de Lalleau, Jousselin, Rendu et Périn, t. 1, n. 567, note. — ... Et à l'occasion, par exemple, d'une visite de lieux, alors surtout qu'il n'y a eu, de la part des parties, ni protestation, ni réserves. — Cass., 19 août 1846, précité. — Il ressort, en effet, de l'art. 38 de la loi de 1841 que le législateur n'a exigé la nomination d'un président qu'au moment de la clôture des débats.

2210. — En principe, la présence d'un étranger à une délibération du jury vicie cette délibération de nullité; et la nullité doit en être prononcée même en l'absence de toute protestation de la part des parties intéressées. Cette règle est-elle applicable aux délibérations sur les mesures préparatoires, et spécialement à la délibération relative à la visite des lieux? La Cour suprême s'est prononcée pour la négative. — Crépon, sur l'art. 37, n. 133. — V. aussi de Lalleau, Jousselin, Rendu et Périn, t. 1, n. 567, note.

2211. — Décidé que la présence du magistrat directeur à la délibération par laquelle le jury détermine le jour et l'heure d'un transport sur les lieux contentieux n'emporte pas nullité de cette délibération. — Cass., 7 avr. 1845, précité. — V. suprà, n. 2204 et 2205.

2212. — On doit également admettre que la présence du greffier qui aurait accompagné le magistrat directeur, dans la salle des délibérations du jury, mais sans participer à la délibération, n'est pas une cause absolue de nullité de la délibération. Dans tous les cas, la présence ne peut être envisagée comme cause de nullité, lorsqu'elle ne résulte pas du procès-verbal des délibérations, mais seulement de l'aveu du greffier, et qu'il n'y a eu inscription de faux contre le procès-verbal. — Cass., 2 janv. 1837, Préfet de l'Hérault, [S. 37.1.20, P. 37.1.150]

2213. — De même a-t-il été jugé que le pourvoi en cassation d'une partie, fondé sur ce qu'un étranger se trouvait dans la même salle que le jury pendant sa délibération relative au transport sur les lieux, n'est pas recevable alors que la partie n'a fait aucune protestation ni réserve, soit lors de la visite des immeubles expropriés, soit lors du débat sur la question d'indemnité. — Cass., 21 août 1882, Paulet, [S. 83.1.277, P. 83.1.656]; — 14 févr. 1883, Préfet de la Haute-Loire, [S. 83.1.478, P. 83.1.1185, D. 84.1.191] — ... Et que peu importait même que la partie eût fait annexer au procès-verbal des protestations et réserves si, à ce moment, l'affaire était terminée. — Cass., 14 févr. 1883, précité.

2214. — Mais la solution doit être toute autre si un étranger a pris part à la délibération. Dès lors, il y a nullité lorsque deux jurys qui ne sont pas exclusivement composés des mêmes jurés, se sont retirés ensemble dans la chambre des délibérations, ont délibéré ensemble sous la présidence de deux d'entre eux, et ont décidé une visite sur les lieux. Et la nullité ne peut être couverte, par la comparution des parties, sans protestations ni réserves, devant le jury. — Cass., 5 avr. 1886, Roumy, [S. 87.1.38, P. 87.1.61, D. 86.1.470]; — 5 avr. 1886, Eymard, [Ibid.] — De Lalleau, Jousselin, Rendu et Périn, t. 1, n. 567, note.

2215. — Si divers jurys ne peuvent délibérer ensemble sur la décision relative à la visite des lieux, rien n'empêche que cette décision une fois prise, ils s'entendent pour son exécution, et se concertent pour la fixation des jours et heures de leur transport. — Cass., 30 janv. 1860, Meynard, [P. 61.1.1182, D. 60.1.412] — Crépon, sur l'art. 37, n. 136; Daffry de la Monnoye, t. 1, sur l'art. 37, n. 53; de Lalleau, Jousselin, Rendu et Périn, t. 1, n. 567, note. — V. au surplus sur l'étendue de ce droit, infrà, n. 2366.

2216. — La décision du jury doit être écrite par l'un d'eux. Elle est d'ailleurs régulière alors qu'il ne résulte ni du procès-verbal ni d'aucun document produit que la délibération du jury relative à la visite des lieux n'a pas été écrite par un membre du jury. — Cass., 23 déc. 1895, Bordineau, [S. et P. 96.1.246] — Le fait que la délibération serait de la main d'une personne étrangère au jury établirait, en thèse générale, que cette personne a pénétré dans la salle des délibérations avant que la délibération fût définitive, puisqu'une délibération n'est définitive que lorsqu'elle a été rédigée par écrit et signée; jusque-là, elle peut être modifiée. Nous croyons cependant que si le jury éprouvait de la peine à rédiger sa décision il pourrait, une fois qu'elle a été prise, appeler un tiers, le greffier, par exemple, pour la rédiger selon les formes légales; il devrait, dans ce cas, spécifier que ce tiers n'a point participé à la délibération et à la décision.

2217. — Au surplus, la décision du jury ordonnant la visite des lieux est suffisamment constatée par le procès-verbal, sans qu'il soit nécessaire que la décision revête de la signature de tous les jurés. — Cass., 18 nov. 1846, de Montalembert, [P. 46.2.647, D. 47.1.77] — Ainsi lorsque les jurés décident leur transport sur les lieux, il n'est point indispensable qu'ils rédigent par écrit leur décision et que tous apposent au bas de cette décision leur signature; il suffit que le procès-verbal la mentionne, la constate, et indique comment elle a été exécutée. — Daffry de la Monnoye, t. 1, sur l'art. 37, n. 52.

2218. — D'un autre côté, la constatation par le magistrat directeur, au procès-verbal des débats, d'une visite des lieux n'est pas prescrite à peine de nullité. — Cass., 14 avr. 1858, Bondel, [P. 59.309, D. 58.1.322] — Le magistrat directeur qui ne prend point part à la délibération du jury, qui n'est point tenu de l'accompagner le jury dans son transport, n'est point obligé de noter la décision du jury dans son procès-verbal; dans ce cas, son existence, si elle est contestée, sera établie par la décision du jury signée par tous ses membres, et annexée au procès-verbal (Daffry de la Monnoye, loc. cit.). Toutefois, si cette décision n'a point été rédigée par écrit, le magistrat directeur fera sagement en la constatant dans son procès-verbal.

2219. — Jugé que le visa du magistrat directeur et du greffier sur la décision du jury ordonnant qu'il se transportera sur les lieux, et l'insertion textuelle de cette décision au procès-verbal ne sont pas exigés à peine de nullité; il suffit que les énonciations du procès-verbal établissent l'existence et la régularité de cette décision, la connaissance qu'en ont eue les parties et l'exécution qu'elle a reçue sans réserve ni protestations de leur part. — Cass., 11 févr. 1861, Deshayes-Bonneau, [P. 62.233, D. 61.1.135] — Daffry de la Monnoye, loc. cit.; Crépon, sur l'art. 37, n. 134 et 135.

2220. — Il n'y a pas nullité en ce que le jury a fixé l'ordre dans lequel les immeubles seront visités, et a déclaré, en outre, que les affaires seront discutées dans le même ordre, si le magistrat directeur, après avoir sursis à statuer sur la fixation de l'ordre de discussion des affaires jusqu'après la visite des lieux, a suivi cette indication pour l'appel des causes et les plaidoiries; dans ce cas, le magistrat directeur s'est, par une décision implicite, approprié l'avis du jury, et a, par là même, statué sur l'incident; à défaut de conclusions écrites déposées, le magistrat directeur n'est pas tenu de rendre une ordonnance spéciale. — Cass., 21 juin 1893, Chem. de fer P.-L.-M., [S. et P. 95.1.47, D. 94.1.540]

2221. — Lorsque le jury a été accepté pour diverses catégories d'affaires, la décision ordonnant la visite des lieux s'applique à toutes les affaires dont il a à connaître. — Cass., 2 déc. 1863, Préfet du Gers, [S. 64.1.193, P. 64.746, D. 64.5.154]; — 12 janv. 1864, Soubiran, [Ibid.] — Il n'en serait autrement que dans le cas où, par une disposition spéciale, le jury aurait restreint l'effet de sa décision à certains immeubles, et aurait voulu en exclure d'autres pour lesquels son transport ne lui paraissait point nécessaire; mais ce cas sera rare.

2° De l'avis à donner du transport sur les lieux et de la reprise de l'audience.

2222. — L'instruction de l'affaire doit être contradictoire pour que les parties puissent défendre leurs intérêts; celles-ci doivent donc assister au transport du jury sur les lieux et à sa visite des immeubles expropriés; d'où l'obligation, à peine de nullité, de les aviser de ce transport. En conséquence, lorsqu'il ne résulte d'aucune constatation du procès-verbal des opérations du jury d'expropriation que connaissance ait été donnée aux parties du transport du jury sur les lieux et qu'elles aient été mises à même d'assister à cette visite, il y a violation de l'art. 37, L. 3 mai 1841, et, par suite, nullité de la décision du jury ainsi que de l'ordonnance du magistrat directeur. — Cass., 20 avr. 1858, Pinot, [P. 59.281, D. 58.1.323] — Daffry de la Monnoye, t. 1, sur l'art. 37, n. 54; Crépon, sur l'art. 37, n. 137 et 138; de Lalleau, Jousselin, Rendu et Périn, t. 1, n. 567.

2223. — Le législateur n'a point réglé le mode suivant lequel l'avis du transport du jury doit être porté à la connaissance des intéressés. C'est au magistrat directeur qu'il appartient régulièrement de donner cet avis; mais en laissant le président du jury, s'il en a été nommé un, le porter à la connaissance des intéressés, il s'approprie cet avis, qu'il est censé donner lui-même. Il a été jugé à cet égard qu'il n'est pas nécessaire que le défendeur à l'expropriation soit prévenu par une sommation du jour et de l'heure auxquels le transport du jury doit avoir lieu, lorsque la délibération qui l'ordonne et qui fixe ce jour et cette heure a été lue en audience publique. — Cass., 7 févr. 1837, Parmentier-Carlier, [S. 37.1.126, P. 37.1.94]; — 18 nov. 1846, de Montalembert, [P. 46.2.647, D. 47.1.77]; — 12 mars 1856, Ardoin, [S. 56.1.828, P. 57.604, D. 56.1.169]; — 12 mars 1856, Donzeaud, [Ibid.] — Daffry de la Monnoye, t. 1, sur l'art. 54, n. 55; de Lalleau, Jousselin, Rendu et Périn, t. 1, n. 567, note; Crépon, sur l'art. 37, n. 139.

2224. — ... Que les parties sont suffisamment informées d'un transport sur les lieux, lorsque le président du jury a publiquement annoncé que le jury se rendrait sur les lieux pour les visiter à jour et heure déterminés. — Cass., 11 mai 1886, Touzelin, [S. 89.1.484, P. 89.1.1297, D. 87.174]

2225. — ... Que, spécialement, les parties ont été suffisamment informées d'une visite des lieux ordonnée par le jury, et sont censées avoir pu en suivre l'exécution et s'assurer de sa régularité, lorsque le procès-verbal constate que le chef du jury a fait publiquement connaître la décision du jury de se transporter le jour même sur les lieux, et que le magistrat directeur a levé l'audience à cet effet, après avoir averti les parties qu'il leur était loisible d'assister à cette visite, pour fournir aux jurés les renseignements qu'elles jugeraient nécessaires. — Cass., 13 juill. 1886, Ballande, [S. 89.1.485, P. 89.1.1198, D. 87.1.70] — V. aussi Cass., 12 déc. 1892, Chemin de fer du Périgord, [S. et P. 94.1.365]

2226. — ... Que l'exproprié ne saurait se plaindre d'avoir été insuffisamment averti de la visite des lieux faite par les jurés, alors que le procès-verbal mentionne que l'avocat du demandeur a pris des conclusions tendant à cette visite, que les avocats des autres parties ont adhéré à ces conclusions, que le jury en a délibéré, et que, rentré à l'audience, il a fait connaître son intention de se rendre immédiatement sur les lieux. — Cass., 29 nov. 1886, Capgrand-Molbes, [S. 89.1.486, P. 89.1.1200, D. 87.1.174]

2227. — ... Que l'indication du moment de la journée où le transport ordonné devrait s'effectuer peut être considérée comme résultant suffisamment de ce que l'époque de la suspension de l'audience et celle désignée pour sa continuation n'ont été séparées que par un très-court intervalle de temps : qu'en pareil cas, il ne peut résulter aucune ouverture à cassation de ce que l'on n'aurait pas notifié au défaillant la décision en vertu de laquelle le transport sur les lieux aurait été effectué pendant la suspension de l'audience alors qu'il avait été appelé à assister à cette audience. — Cass., 18 nov. 1846, précité. — Crépon, sur l'art. 37, n. 139 et 140 ; Daffry de la Monnoye, t. 1, sur l'art. 37, n. 57 ; de Lalleau, Jousselin, Rendu et Périn, t. 1, n. 567, note.

2228. — ... Que lorsque plusieurs affaires ont été jointes, l'indication du jour et de l'heure de la visite des lieux est suffisante si, à l'audience, on a fixé et annoncé le jour et l'heure de la première visite, et déclaré que les visites concernant les autres affaires auraient lieu à la suite dans un ordre déterminé. — Cass., 24 juin 1857, Koecklin-Bourcart, [S. 57.1.773, P. 58.267, D. 57.1.292] ; — 15 mars 1869, Ardouin, [D. 69.1.272] — Daffry de la Monnoye, loc. cit. ; Crépon, sur l'art. 37, n. 141 ; de Lalleau, Jousselin, Rendu et Périn, loc. cit.

2229. — L'avis ainsi donné à l'audience suffit, que les parties soient présentes ou absentes ; le législateur a en vue des parties diligentes et soucieuses de la sauvegarde de leurs droits ; il les suppose donc toutes présentes ou représentées ; si elles ne le sont pas, elles sont dans leur tort, et il n'est pas nécessaire de leur notifier la décision du jury, ou de leur donner connaissance de toute autre manière. — Cass., 18 nov. 1846, précité. — Daffry de la Monnoye, t. 1, sur l'art. 37, n. 57 ; Crépon, sur l'art. 37, n. 144 ; de Lalleau, Jousselin, Rendu et Périn, t. 1, n. 567, note.

2230. — Par suite, l'exproprianten qui ne s'est pas fait représenter à l'audience où le jury a décidé de se transporter sur les lieux, et contre lequel défaut a été donné, qui n'a pas assisté à ce transport, qui a ensuite plaidé au fond sans protester contre cette prétendue irrégularité, causée uniquement par son absence volontaire, a, dans tous les cas, par son défaut de protestation, couvert l'irrégularité prétendue. — Cass., 6 mai 1899, Comm. de Champeaux, [S. et P. 1900.1.47]

2231. — Le magistrat directeur doit indiquer dans son procès-verbal non seulement le jour et l'heure de la visite des lieux, mais encore le jour et l'heure auxquels l'audience sera reprise ; ce sont là, en effet, des renseignements qui doivent être portés à la connaissance des intéressés et qui sont indispensables à ceux-ci pour la défense de leurs droits ; si cependant l'audience doit être reprise aussitôt après la visite des lieux, il suffit de fixer le jour et l'heure de celle-ci, puisqu'aucune autre indication plus précise ne peut être donnée. — Cass., 11 août 1856, Durand, [S. 57.1.861, P. 58.761]

2232. — Au reste on doit rappeler la règle d'après laquelle la partie qui a comparu en audience publique et conclu au fond sans protestations ni réserves, est irrecevable à opposer ultérieurement devant la Cour de cassation les prétendues irrégularités commises soit lors de la visite des lieux, soit au moment de la fixation de cette visite et de l'avis qui en est donné aux parties. — Cass., 16 févr. 1846, Préfet des Bouches-du-Rhône, [S. 46.1.223, P. 46.1.301, D. 46.1.63] ; — 5 janv. 1847, Gaubert, [S. 47.1.835] ; — 24 juin 1857, précité ; — 15 mars 1869, précité ; — 13 juill. 1883, Combe, [S. 85.1.185, P. 85.1.290, D. 84.1.407] ; — 12 mai 1890, Babey, [S. et P. 90.1.154, D. 91.4.375] ; — 8 mai 1899, précité. — Daffry de la Monnoye, t. 1, sur l'art. 37, n. 56 ; Crépon, sur l'art. 37, n. 142 et 142 bis ; de Lalleau, Jousselin, Rendu et Périn, t. 1, n. 567, note.

2233. — Par suite, à supposer que l'avertissement à l'exproprié d'avoir à assister à une visite des lieux ne fût pas donné en termes suffisants, l'exproprié ne peut arguer nullité de ce fait, s'il a plaidé au fond, sans protestation ni réserves, et sans alléguer n'avoir pu assister à la visite. — Cass., 7 déc. 1881, Thierry Delanoue, [S. 82.1.133, P. 82.1.286] ; — 31 juill. 1883, précité. — Il en est ainsi, alors surtout que l'exproprié avait été avisé de la visite des lieux par le magistrat directeur, au moment de la reprise de l'audience. — Cass., 31 juill. 1883, précité.

2234. — Dès lors, il importe peu que le procès-verbal ne mentionne pas les conditions et les circonstances dans lesquelles il a été procédé à la visite des lieux. — Cass., 13 juill. 1886, précité. — Il en est ainsi, au moins, lorsque le demandeur en cassation a conclu au fond, sans faire ni protestation ni réserve, soit sur l'exécution de cette mesure, soit sur sa régularité. — Cass., 29 nov. 1886, précité.

2235. — Jugé encore que la nullité résultant de ce que ni le procès-verbal d'une visite de lieux ordonnée par le jury d'expropriation, ni la décision ordonnant cette visite, n'indiqueraient le jour et l'heure du transport, ne fournissent ni preuve, ni contradictoire ouvert à l'audience après le transport, lors duquel les parties ont présenté leurs observations et défenses, sans alléguer qu'elles n'auraient pas été régulièrement appelées à la visite des lieux. — Cass., 16 févr. 1846 (5 arrêts), Préfet des Bouches-du-Rhône, [S. 46.1.223, P. 46.1.301, D. 46.1.63]

2236. — ... Que la partie qui, lors de la reprise de la séance du jury après une visite des lieux, n'a fait sur la régularité des opérations du transport et sur le silence du procès-verbal à cet égard ni dire, ni protestation, ni réserve, est non recevable à invoquer ultérieurement à ce sujet des irrégularités dont les énonciations du procès-verbal ne fourniraient ni preuve ni commencement de preuve. — Cass., 5 mai 1856, Béguinot, [S. 56.1.619, P. 57.656, D. 56.1.302]

2237. — ... Que la partie qui a plaidé au fond, sans protestations ni réserves, ne peut former un pourvoi fondé sur ce que le magistrat directeur aurait annoncé la reprise de l'audience au cours d'un transport sur les lieux et non à l'audience même. — Cass., 12 mai 1890, précité.

3° Du serment des jurés.

2238. — En principe, le jury ne peut procéder à aucun acte d'instruction avant sa prestation de serment (V. suprà, n. 1922 et s.) ; par suite, s'il visite les immeubles expropriés avant de prêter serment, cette irrégularité substantielle entraîne la nullité de sa décision ; mais la décision du jury n'est viciée que si c'est officiellement et comme jury qu'il a effectué son transport. Il en est ainsi, par exemple, quand sur l'invitation du magistrat directeur le jury s'est rendu dans sa chambre pour délibérer sur la visite des lieux, et que, rentré à l'audience, il a fait connaître qu'il avait ordonné son transport. — Cass., 24 nov. 1847, de Montferrand, [D. 48.1.159] — Daffry de la Monnoye, t. 1, sur l'art. 37, n. 62 ; Crépon, sur l'art. 37, n. 165 ; de Lalleau, Jousselin, Rendu et Périn, t. 1, n. 567, note.

2239. — Il en est ainsi encore quand une pareille décision a été régulièrement prise par le jury, après interpellation du magistrat directeur et indication du renvoi de l'affaire à un autre moment pour permettre cette visite. — Cass., 23 mars 1864, Chemin de fer du Midi, [D. 64.1.172] ; — 23 mai 1864, Bentau, [S. 64.1.467, P. 64.1279, D. 64.5.173] ; — 30 mai 1864, Préfet des Basses-Alpes, [S. 64.1.467, P. 64.1279, D. 64.5.173] ; — 6 août 1877, Chollet, [S. 78.1.78, P. 78.164, D. 78.1.54] — Daffry de la Monnoye, loc. cit. ; de Lalleau, Jousselin, Rendu et Périn, loc. cit. ; Crépon, sur l'art. 37, n. 166.

2240. — En d'autres termes, le transport sur les lieux, effectué par les jurés après proposition faite à ce sujet par les parties à l'ouverture de la séance et après que le magistrat directeur a déclaré en conséquence lever la séance, présente tous les caractères d'un acte d'instruction, bien que les parties aient déclaré que le transport aurait lieu à titre officieux ; et dès lors, il y a nullité de tout ce qui a suivi, si ce transport a été effectué avant la prestation de serment des jurés. — Cass., 13 fvr. 1870, Dandrieu, [S. 71.1.81, P. 71.212, D. 70.1.391] — Mêmes autorités.

2241. — Par suite, il y a lieu d'annuler la décision du jury rendue après une visite des lieux effectuée avant toute prestation de serment, à la suite d'une délibération, annoncée à l'audience en présence du magistrat directeur, de son greffier, des parties ou de leurs conseils qui ont présenté leurs défenses. — Cass., 31 juill. 1867, Pouillot, [D. 67.1.317] — Daffry de la Monnoye, loc. cit. ; de Lalleau, Jousselin, Rendu et Périn, loc. cit. ; Crépon, sur l'art. 37, n. 167.

2242. — La nullité de la décision du jury est également encourue pour les mêmes motifs : alors que le jury a annoncé en audience publique qu'il visiterait les immeubles expropriés le lendemain à neuf heures du matin, qu'à neuf heures et demie il procéderait aux opérations de la session relative à la fixation de l'indemnité, et que ce n'est qu'à la reprise de l'audience, après la visite des lieux, qu'il a prêté serment. — Cass., 7 janv. 1868, Forestier, [D. 68.1.123] — Crépon, sur l'art. 37, n. 168 ; Daffry de la Monnoye, loc. cit. ; de Lalleau, Jousselin, Rendu et Périn, loc. cit.

2243. — ... Alors que la décision du jury ordonnant son transport a été prise avant sa constitution résultant de la prestation de serment, après communication des pièces et délibération prise par les jurés. — Cass., 17 nov. 1868, Fabre, [D. 68. 5.207] — Crépon, sur l'art. 37, n. 170; Daffry de la Monnoye, *loc. cit.*; de Lalleau, Jousselin, Rendu et Périn, *loc. cit.*

2244. — ... Si le transport a été ordonné après une décision du jury, signée par tous les jurés, visée par le magistrat directeur et son greffier, annexée au procès-verbal, avec l'ordonnance du magistrat directeur qui la rend exécutoire, ce qui suppose bien une délibération prise par les jurés en tant que jurés, et que cependant le procès-verbal n'établit pas à quel moment cette décision a été rendue, ce qui permet de supposer qu'elle l'a été avant la prestation de serment. — Cass., 28 janv. 1868, Dabas, [D. 68. 1.122] — Crépon, sur l'art. 37, n. 169; Daffry de la Monnoye, *loc. cit.*; de Lalleau, Jousselin, Rendu et Périn, *loc. cit.*

2245. — La circonstance que le magistrat directeur et son greffier ont assisté à la visite des lieux ne saurait être prise en considération pour rechercher si le jury a effectué une visite des lieux régulière, ou a procédé à une visite officieuse; en effet, nous verrons (*infrà*, n. 2259 et s.), que le magistrat directeur et le greffier, dont la présence n'est point nécessaire à la visite des lieux, peuvent cependant y assister qu'elle soit faite officiellement ou officieusement. — Cass., 25 mai 1864, précité; — 13 avr. 1870, précité. — Crépon, sur l'art. 37, n. 171.; Daffry de la Monnoye, *loc. cit.*; de Lalleau, Jousselin, Rendu et Périn, *loc. cit.*

2246. — Mais lorsque les diverses circonstances de la cause n'établissent point que la visite des lieux a été faite en vertu d'une délibération prise par le jury, une fois le jury, on doit présumer que les jurés se sont transportés officieusement; peu importe alors qu'ils n'aient point encore prêté serment. — Cass., 21 août 1860, Sardon, [S. 61.1.385, P. 61.842, D. 60.1.410] — 5 mars 1861, de Benoist, [S. 61.1.1000, P. 61.1056, D. 61.1.181]; — 21 août 1861, Waichet, [D. 61.1.399]; — 13 août 1866, Ville de Pau, [S. 67.1.85, P. 67.173, D. 66.5.198] — Crépon, sur l'art. 37, n. 158; Daffry de la Monnoye, *loc. cit.*; de Lalleau, Jousselin, Rendu et Périn, *loc. cit.*

2247. — Il a été jugé à cet égard que le transport présente un caractère officieux quand le magistrat directeur et les parties n'ont pu soupçonner le transport du jury sur les lieux des immeubles expropriés; ainsi en est-il quand, à l'avis du magistrat directeur leur faisant connaître la faculté de visiter les immeubles expropriés, les jurés ont répondu qu'ils s'y étaient transportés officieusement, et que leur déclaration n'a soulevé ni protestation, ni contradiction de la part des parties intéressées présentes. — Cass., 23 mai 1870, de la Tullaye, [D. 70.1.391] — Crépon, sur l'art. 37, n. 159; Daffry de la Monnoye, *loc. cit.*; de Lalleau, Jousselin, Rendu et Périn, *loc. cit.*

2248. — ... Quand après un premier appel, et avant toute prestation de serment, les jurés se sont rendus spontanément sur les lieux contentieux, qu'ils n'ont prêté serment qu'après le second appel, et qu'aucune protestation n'a été élevée contre la visite faite par le jury, cependant toutes les parties. — Cass., 26 avr. 1843, Mournau, [S. 43.1.620, P. 43.2.209] — Crépon, sur l'art. 37, n. 160; Daffry de la Monnoye, *loc. cit.*; de Lalleau, Jousselin, Rendu et Périn, *loc. cit.*

2249. — ... Quand les jurés, avant toute prestation de serment, ont manifesté l'intention de se transporter *individuellement* sur les lieux; que, pour faciliter l'accomplissement de leur désir, le magistrat directeur a renvoyé l'audience au lendemain, et qu'à ce moment aucune protestation n'a été élevée. — Cass., 22 juill. 1846, Henry, [S. 46.1.695, P. 46.2.764] — Crépon, sur l'art. 37, n. 161; Daffry de la Monnoye, *loc. cit.*; de Lalleau, Jousselin, Rendu et Périn, *loc. cit.*

2250. — ... Quand le magistrat directeur a ajourné l'audience à une heure et demie de l'après-midi; que dans cet intervalle les jurés, sans délibération, et sans que la visite des lieux ait été demandée ni ordonnée, l'ont cependant effectuée, et que ce n'est qu'à leur retour à l'audience publique qu'ils ont prêté serment, et reçu du magistrat directeur les plans parcellaires et le tableau des offres et demandes. — Cass., 13 août 1866, précité. — Crépon, sur l'art. 37, n. 162; Daffry de la Monnoye, *loc. cit.*; de Lalleau, Jousselin, Rendu et Périn, *loc. cit.*

2251. — Il a été jugé dans le même sens que, lorsque, en visitant un immeuble exproprié, le jury a visité d'autres immeubles menacés d'expropriation, sur la demande des propriétaires et locataires desdits immeubles, cette seconde visite, purement officieuse et faite même avant la constitution du jury chargé plus tard d'estimer ces mêmes immeubles, ne saurait entraîner la nullité de la décision rendue dans cette affaire par le jury, après sa constitution. — Cass., 21 juill. 1858, Anterrieu, [P. 59.56, D. 58.1.326]

2252. — ... Qu'il ne résulte aucune nullité de ce que le jury, tout en visitant officiellement et après prestation de serment, les lieux litigieux pour le règlement de l'indemnité d'une affaire, les a également examinés, à titre officieux et sans nouvelle prestation de serment, en vue d'une cause qui devait lui être soumise immédiatement après. — Cass., 30 juill. 1856, Pullis, [S. 57.1.144, P. 57.1136, D. 56.1.295]; — 12 août 1873, Ville de Nantes, [S. 73.1.477, P. 73.1.95, D. 73.1.437]; — 23 août 1875, Chem. de fer Nantais, [S. 75.1.427, P. 75.1066] — Morin, n. 161; Crépon, sur l'art. 37, n. 163; Daffry de la Monnoye, *loc. cit.*; de Lalleau, Jousselin, Rendu et Périn, *loc. cit.*

2253. — Tout en visitant officiellement les lieux litigieux en vue de l'indemnité à allouer au propriétaire d'un immeuble, le jury peut donc également les visiter à titre purement officieux, et sans nouvelle prestation de serment, en vue du locataire dont la cause n'était pas encore appelée. — Cass., 12 août 1873, précité. — Crépon, sur l'art. 37, n. 164; Daffry de la Monnoye, *loc. cit.*; de Lalleau, Jousselin, Rendu et Périn, *loc. cit.*

2254. — Il en est ainsi alors surtout que l'exproprié n'a pas réclamé contre la visite officieuse ainsi faite et n'a pas requis une visite officielle. — Cass., 12 août 1873, précité; — 23 août 1875, précité.

2255. — Lorsque les jurés ont procédé à une visite officieuse des immeubles expropriés, le procès-verbal n'a point à constater un transport que le magistrat directeur est censé ignorer, et qui, en tout cas, ne constitue pas un acte d'instruction. En conséquence, le procès-verbal des opérations du jury ne peut être attaqué par la voie de l'inscription de faux, à raison de ce qu'il ne mentionnerait pas une visite des lieux faite par les jurés sans prestation préalable de serment, une telle mesure étant présumée, surtout en l'absence de toute réclamation des parties, n'avoir eu un caractère purement officiel et non celui d'un acte d'instruction. — Cass., 21 août 1860, Sardou, [S. 61.1.385, P. 61.842, D. 60.1.416]

2256. — La foi due au procès-verbal des opérations du jury, constatant qu'il a été procédé à l'examen de l'affaire immédiatement, sans faire mention d'aucune visite des lieux, ne peut être détruite par des certificats individuels de jurés attestant que le jury a visité les lieux avant sa prestation de serment. — Cass., 5 mars 1861. de la Prunarède, [S. 61.1.1000, P. 61.1056] — Les énonciations du procès-verbal ne peuvent être infirmées que par l'inscription de faux.

2257. — De même, la preuve testimoniale n'est pas admissible pour établir qu'une visite des lieux a été faite par le jury, sans l'observation des formalités légales, lorsque le procès-verbal ne mentionne pas la visite prétendue. — Cass., 26 nov. 1862, Chem. de fer de Lyon, [S. 63.1.400, P. 63.1096, D. 63.1.252]

4° *De la visite même des lieux.*

2258. — La loi n'exige pas, nous l'avons déjà donné à entendre, la présence du magistrat directeur du jury à la visite des lieux par les jurés. En effet, le magistrat directeur n'a point à se prononcer sur l'indemnité. — Cass., 27 mars 1843, Cluse, [S. 43.1.343, P. 43.1.89]; — 1er janv. 1854, Collot, [S. 54.1.201, P. 54.2.607, D. 54.1.238]; — 16 juill. 1866, Delestang, [D. 66.5.214]; — 14 août 1866, Boursin, [S. 67.1.85, P. 67.174, D. 66.5.214]; — 24 avr. 1867, Ronceray, [S. 67.1.260, P. 67.655]; — 21 mars 1877, Lamothe, [S. 78.1.79, P. 78.164, D. 78.1.437] — De Peyrony et Delamarre, n. 459; Arnaud, n. 334; Daffry de la Monnoye, t. 1, sur l'art. 37, n. 60; Crépon, sur l'art. 37, n. 153; de Lalleau, Jousselin, Rendu et Périn, t. 1, n. 568.

2259. — Mais si la présence du magistrat directeur n'est pas nécessaire, elle peut être utile; en effet les jurés vont se trouver en face des parties et de leurs conseils, des incidents peuvent se produire, et il est bon que le magistrat directeur soit là pour guider les jurés, et mettre de l'ordre dans les observations présentées par les parties ou leurs conseils. Le magistrat directeur peut donc assister à la visite des lieux contentieux; sa présence ne saurait être considérée comme une violation du secret de la délibération du jury. — Cass., 7 févr. 1837, Parmentier, [S. 37.1.126, P. 37.1.94] — Mêmes auteurs.

2260. — Lorsque le magistrat directeur croit devoir accompagner le jury dans la visite des lieux, il n'est pas nécessaire qu'il soit assisté du greffier, car il n'a aucune constatation à faire. — Cass., 8 juin 1874, Autran, [S. 75.1.39, P. 75.62, D. 74.1.387] — Daffry de la Monnoye, *loc. cit.*; de Lalleau, Jousselin, Rendu et Périn, t. 1, n. 568; Crépon, sur l'art. 37, n. 154.

2261. — La visite des immeubles expropriés étant une mesure purement facultative, qui n'est assujettie à aucune forme particulière, ce sera, au cas de silence du procès-verbal, à la partie prétendant que la visite ordonnée n'a point été effectuée à prouver le bien fondé de ses allégations. — Cass., 14 avr. 1858, Rondel, [D. 58.1.322]; — 23 janv. 1865, Lieutaud, [D. 65.5.188]; — 16 juill. 1866, Delestang, [D. 66.5.214]; — 14 août 1866, Boursin, [S. 67.1.65, P. 67.174, D. 66.5.214]; — 24 avr. 1867, Marguerit, [D. 67.1.260]; — 21 mars 1877, Lamothe, [S. 78.1.79, P. 78.174, D. 78.1.437] — Daffry de la Monnoye, t. 1, sur l'art. 37, n. 61 ; Crépon sur l'art. 37, n. 155; de Lalleau, Jousselin, Rendu et Périn, t. 1, n. 568.

2262. — On devra présumer que la visite des lieux ordonnée a été effectuée alors que l'audience, suspendue pour permettre aux jurés de se transporter sur les lieux contentieux, a été plus tard reprise sans aucune protestation ni réserve d'aucune des parties en cause. — Cass., 23 janv. 1865, précité; — 24 avr. 1867, précité; — 21 mars 1877, précité. — Daffry de la Monnoye, *loc. cit.*; Crépon, sur l'art. 37, n. 156.

2263. — De même, lorsque le procès-verbal ne constate pas que la visite des lieux, annoncée par le président du jury, ait été effectuée, la partie qui a plaidé au fond, sans élever de ce chef, aucune réclamation, ni faire aucune réserve, n'est pas recevable à invoquer ce moyen devant la Cour de cassation. — Cass., 11 mai 1886, Touzelin, [S. 89.1.484, P. 89.1.1197, D. 87.1.71]

2264. — Pour prévenir toute difficulté, le magistrat directeur fera bien, s'il a assisté au transport des jurés, de le constater, et, s'il n'a point suivi le jury, de lui demander, à la reprise de l'audience, s'il a procédé à la visite des immeubles expropriés, et d'énoncer dans son procès-verbal quelle a été la réponse du jury. Il évitera ainsi aux parties la tentation de se pourvoir en cassation, ainsi que les lenteurs et les frais inhérents à un pourvoi. — Daffry de la Monnoye, t. 1, sur l'art. 37, n. 61.

2265. — Le procès-verbal des opérations du jury, dressé par le magistrat directeur, fait foi jusqu'à inscription de faux des faits énoncés ; par suite s'il constate cette visite, cette mention fait foi tant qu'elle n'a pas été détruite à la suite d'une inscription de faux. En conséquence, la mention dont il s'agit ne peut être détruite par le certificat d'un juré attestant que les jurés ne se sont pas transportés sur les lieux. — Cass., 2 févr. 1864, Gros, [S. 64.1.370, P. 64.1047, D. 64.5.160] — V. *infra*, n. 2277 et 2278.

2266. — Lorsqu'il a été constitué deux jurys distincts pour connaître séparément de deux séries d'affaires, ils doivent procéder distinctement, et ne peuvent, à peine de nullité, faire aucun acte collectif d'instruction. — Cass., 22 juin 1840, Chemin de fer de Strasbourg, [S. 40.1.708, P. 40.2.468]; — 2 déc. 1846, Lehir, [S. 47.1.281, P. 46.2.751, D. 47.1.39]; — 5 août 1857, Préfet du Lot-et-Garonne, [D. 57.1.329] — Crépon, sur l'art. 37, n. 187; de Lalleau, Jousselin, Rendu et Périn, t. 1, n. 568, note; Daffry de la Monnoye, t. 1, sur l'art. 34, n. 35. — V. *infra*, n. 2298. — V. cependant *supra*, n. 2216.

2267. — Mais lorsque deux jurys distincts, composés de onze membres communs sur douze, et formés pour le jugement de deux séries d'affaires, ont décidé, par délibérations séparées, de se transporter sur les lieux le même jour et à la même heure, on ne peut conclure, de la simultanéité de ce transport, que la visite des lieux des immeubles compris dans une catégorie se soit confondue avec celle des immeubles compris dans l'autre, et se soit effectuée avec l'assistance d'un juré étranger. — Cass., 12 juin 1883, Vᵉ Claudet, [S. 84.1.295, P. 84.1.707, D. 84.1.279] — Crépon, sur l'art. 37, n. 188; de Lalleau, Jousselin, Rendu et Périn, *loc. cit.* — La présomption est que le jury s'est conformé aux prescriptions de la loi, et que les seuls membres qui ont participé à la visite des lieux sont ceux qui avaient le droit d'y assister. C'est donc à la partie qui allègue que divers jurys distincts ont opéré ensemble et en commun, à rapporter cette preuve selon les modes établis par la loi.

2268. — De même, lorsque le procès-verbal des débats constate que, après sa constitution, chacun des jurys distincts, chargés de statuer sur des affaires différentes, a élu son président et a décidé de visiter immédiatement les lieux expropriés, et qu'aucun procès-verbal de ce transport n'a été dressé, on doit présumer, en dehors de toute preuve contraire, que chaque jury a procédé séparément à la visite des lieux, conformément à la loi. — Cass., 13 janv. 1886, de Seynes, [S. 87.1.389, P. 87.1.942, D. 86.1.471] — De Lalleau, Jousselin, Rendu et Périn, *loc. cit.*

2269. — D'ailleurs, en se présentant devant le jury et en concluant au fond, sans protestations ni réserves, contre les prétendues irrégularités antérieures de la procédure, le demandeur s'est rendu irrecevable à opposer ce moyen de nullité devant la Cour de cassation. — Même arrêt. — De Lalleau, Jousselin, Rendu et Périn, *loc. cit.*

2270. — En conséquence, il ne résulte aucune nullité de ce que le jury a ordonné pour toutes les affaires de la session une visite collective des lieux et a délibéré simultanément sur les indemnités, lorsque les propriétaires intéressés à ces affaires ont formellement consenti à être jugés par un seul et même jury, et qu'aucunes protestations ni réserves n'ont été faites, soit contre la réunion des affaires en une instruction commune, soit contre la restriction qui en devait résulter du droit de récusation appartenant aux propriétaires. — Cass., 17 août 1847, Pestiaux, [S. 48.1.318, P. 48.1.696]

2271. — Lorsque plusieurs affaires d'expropriation ont été divisées en deux catégories pour être soumises à deux instructions et être l'objet de deux décisions distinctes, et que le jury de ces deux catégories est composé des mêmes jurés, ce jury a pu valablement ordonner qu'il se rendrait sur les lieux pour visiter en même temps les biens de la première catégorie et ceux de la seconde, et fixer un jour différent pour la continuation des débats de chacune des deux catégories; on ne peut voir là une interruption des opérations de la nature de celles qui sont interdites. — Cass., 11 juin 1856, Forest, [S. 56.1.826, P. 56.2.414, D. 56.1.196]

2272. — L'art. 378, n. 8, C. proc. civ., dispose que le juge peut être récusé, si, depuis le commencement du procès, il a bu ou mangé avec l'une ou l'autre des parties dans leur maison. Les jurés comme les juges peuvent être récusés s'ils ont bu ou mangé, depuis leur entrée en fonctions, avec l'une des parties et chez elle ; si la récusation est admise, il sera nécessaire de renvoyer l'affaire à une autre session dans le cas où les jurés restant et participant à la délibération sont moins de neuf (L. 3 mai 1841, art. 35), à moins que les parties ne consentent à la formation d'un nouveau jury. Mais on ne peut se faire devant la Cour de cassation un moyen de nullité contre la décision du jury, de ce que dans un transport sur les lieux un juré aurait bu et mangé avec une des parties, si ce juré n'a pas été récusé de ce chef avant la décision du jury. — Cass., 9 janv. 1855, Valette, [S. 55.1.576, P. 56.1.614, D. 55.1.96]; — 26 août 1863, Lagagne-Delpon, [P. 64.5.135]; — 17 mars 1869, Morin, [D. 69.1.272]; — 19 nov. 1859, Calendre, [D. 70.1.54]; — 5 mars 1877, Bonnet, [D. 77.1.469] — Daffry de la Monnoye, t. 1, sur l'art. 37, n. 69 ; Crépon, sur l'art. 37, n. 191; de Lalleau, Jousselin, Rendu et Périn, t. 1, n. 568.

2273. — Ainsi il a été jugé que le fait par le maire de la commune expropriante de présider, après la visite des lieux et en l'absence des expropriés, un banquet offert aux jurés, n'est point une cause de nullité, alors qu'aucune cause de récusation n'a été proposée pendant le cours de la procédure. — Cass., 7 janv. 1895, Bonneton, [S. et P. 95.1.144]

2274. — Il a également été décidé que le fait allégué par l'expropriant (contesté d'ailleurs par l'exproprié) et dont il a demandé acte, que les jurés, dans une visite des lieux, ont accepté des rafraîchissements chez un individu, ne peut donner ouverture à cassation, lorsqu'il est antérieur aux opérations du jury, et que les décisions du jury ont été rendues sans réclamations ni récusations ; c'est par voie de récusation des jurés qu'il doit être procédé en ce cas. — Cass., 21 déc. 1892, Préfet de la Corse, [S. et P. 94.1.191]

2275. — Lorsque la visite des lieux a été décidée depuis la constitution du jury, il est juste de ne point laisser à sa charge les frais qu'elle peut entraîner ; la plupart des jurés hésiteraient à se transporter sur les lieux expropriés, s'il devait en résulter pour eux des frais qu'ils seraient obligés de supporter. Aussi a-t-il été décidé que le paiement par l'expropriant et l'exproprié des frais de transport et de nourriture des jurés, lors d'un transport sur les lieux, ne constitue pas un moyen de nullité qui puisse être invoqué par les parties intéressées, alors surtout qu'elles ont déclaré formellement renoncer à se prévaloir de ce fait. — Cass., 20 févr. 1889, Comm. des Crottes, [S. 89.1.487, P. 89.1. 1203, D. 91.1.322]; — 10 janv. 1898, Pelietrat de Bordes, [S. et P. 98.1.192]

5° *De la visite par corps ou par délégation.*

2276. — La visite des lieux peut être faite par le jury en corps, ou par une délégation par lui désignée à cet effet. Quand le jury a décidé qu'il se transporterait en corps sur les lieux, la décision par lui rendue après la visite est nulle si tous les jurés n'ont pas assisté à cette visite; ici s'applique le principe posé par l'art. 7, L. 20 avr. 1810 (V. *infra*, v° Jugement et arrêt [mat. civ. et comm.], n. 921 et s.), qui exige que les juges aient assisté à toutes les audiences de la cause. — Cass., 26 mars 1850, Pascal, [S. 50.1.400, P. 50.1.560, D. 50.1.85] — Daffry de la Monnoye, t. 1, sur l'art. 37, n. 63; Crépon, sur l'art. 37, n. 175; de Lalleau, Jousselin, Rendu et Périn, t. 1, n. 568.

2277. — Lorsque le jury a décidé de se transporter en corps il n'est pas nécessaire que le procès-verbal énonce formellement que ce transport a été effectué par tous les jurés; il suffit que cela résulte suffisamment de l'ensemble des énonciations du procès-verbal; ainsi le procès-verbal qui atteste que la visite a eu lieu telle qu'elle avait été arrêtée constate par là que tous les jurés se sont transportés sur les lieux. — Cass., 10 févr. 1879, Clappier, [S. 79.1.429, P. 79.1101, D. 79.1.175] — Crépon, sur l'art. 37, n. 173; Daffry de la Monnoye, t. 1, sur l'art. 37, n. 68. — V. *suprà*, n. 2265.

2278. — Dans ce cas, le procès-verbal faisant foi de la régularité de la visite des lieux, ses énonciations ne peuvent être attaquées qu'à la suite d'une inscription de faux; par suite, un acte extrajudiciaire dressé après la clôture des opérations du jury, et rapportant la déclaration d'un juré affirmant n'avoir pas assisté à la visite n'est point recevable, hors de l'inscription de faux, pour combattre la foi due au procès-verbal. — Cass., 10 févr. 1879, précité. — Crépon, sur l'art. 37, n. 174.

2279. — Au reste, la nullité résultant de l'absence de l'un des jurés à la visite des lieux est couverte si les parties ont plaidé au fond, sans protestations ni réserves; elles sont censées alors avoir renoncé à se prévaloir du moyen de nullité. — Cass., 21 juin 1842, Préfet d'Indre-et-Loire, [S. 42.1.573, P. 42.2.129]; — 9 févr. 1857, Chemin de fer du Grand-Central, [S. 57.1.774, P. 58.371, D. 57.1.70]; — 8 déc. 1863, Bories, [D. 64.5.170]; — 1er juill. 1867, Préfet de l'Hérault, [S. 67.1.330, P. 67.970, D. 67.1.250] — Crépon, sur l'art. 37, n. 176 et 184; de Lalleau, Jousselin, Rendu et Périn, *loc. cit.*; Daffry de la Monnoye, t. 1, sur l'art. 37, n. 65.

2280. — Jugé, en conséquence, que lorsque les parties ont consenti à ce qu'un juré qui n'avait pas assisté à la visite des lieux précédemment ordonnée continuât à siéger, elles sont non recevables à se faire de l'absence de ce juré un moyen de cassation. — Cass., 1er juill. 1867, précité.

2281. — Il a été décidé, *à fortiori*, qu'une partie ne peut se faire un moyen de nullité de ce que deux des douze jurés se sont fait excuser, lors du transport sur les lieux, et n'ont pas pris part au règlement de l'indemnité, alors, d'ailleurs, que la partie n'a pas protesté et que les dix jurés présents se trouvaient en nombre suffisant pour statuer. — Cass., 14 févr. 1883, Préfet de la Haute-Loire, [S. 83.1.478, P. 83.1.1185, D. 84.1.191]

2282. — Mais l'intention des parties de couvrir la nullité ne pourrait se présumer, si c'est en vertu d'une ordonnance du magistrat directeur qu'il a été passé outre à la visite des lieux en l'absence de quelques-uns des jurés, et aux débats avec leur concours; le magistrat directeur en procédant ainsi a excédé ses pouvoirs. — Cass., 8 juill. 1856, Audran, [D. 56.1.294] — Crépon, sur l'art. 37, n. 185; de Lalleau, Jousselin, Rendu et Périn, t. 1, n. 568, note; Daffry de la Monnoye, t. 1, sur l'art. 37, n. 65.

2283. — Lorsque, conformément à l'art. 37, les jurés délèguent quelques-uns d'entre eux pour procéder à la visite des immeubles expropriés, les jurés qui n'ont point assisté à cette visite ont néanmoins qualité pour statuer sur la demande d'indemnité. Cette délégation est explicite quand elle résulte de la décision qui ordonne le transport et choisit certains jurés pour l'effectuer; elle peut n'être qu'implicite et résulter, notamment, de ce que certains jurés ont été régulièrement dispensés par leurs collègues de participer à la visite et de se transporter sur les lieux contentieux. — V. pour cette seconde hypothèse : Cass., 24 déc. 1860, Chem. de fer de Lyon, [S. 61.1.555, P. 61. 1129, D. 61.1.134]; — 8 juin 1874, Autran, [S. 74.1.39, P. 74. 62, D. 74.1.387]; — 24 août 1880, Commune d'Aix-en-Othe, [S. 81.1.129, P. 81.1.279, D. 81.1.378]

2284. — Il en est ainsi notamment lorsque cette dispense a été accordée à plusieurs jurés par la délibération même qui a ordonné la visite des lieux. — Cass., 18 juin 1861, Ourgault, [S. 61. 1.887, P. 62.431, D. 61.1.288]; — 8 juin 1874, précité. — Crépon, sur l'art. 37, n. 177; Daffry de la Monnoye, t. 1, sur l'art. 37, n. 64; de Lalleau, Jousselin, Rendu et Périn, t. 1, n. 568, note.

2285. — Jugé également que lorsque plusieurs jurés, avant le départ du jury pour la visite des lieux, ont été régulièrement excusés, cette excuse équivaut à une décision ordonnant la visite des lieux par délégation, et que les jurés excusés peuvent siéger et prendre part à la décision du jury. — Cass., 20 déc. 1886, Stéphani, [S. 89.1.487, P. 89.1.1202, D. 87.1.175]

2286. — On ne peut d'ailleurs se faire un moyen de cassation contre la décision du jury de ce que l'un des jurés n'a pas assisté à la visite des lieux, lorsque, ce juré ayant déclaré publiquement à l'audience, au moment même où le transport a été ordonné, qu'il serait empêché d'y assister, aucune objection n'a été élevée de la part soit des jurés, soit des parties, et qu'à la reprise des débats, le juré qui n'avait pas assisté à la visite a participé à la délibération sans aucune protestation de la part des intéressés. — Cass., 18 mai 1868, d'Helle, [S. 68.1.454, P. 68. 1203, D. 68.1.406]; — 18 mai 1868, Bidot, [*Ibid.*]; — 18 mai 1868, Galvier, [*Ibid.*] — Daffry de la Monnoye, *loc. cit.*; de Lalleau, Jousselin, Rendu et Périn, *loc. cit.*; Crépon, sur l'art. 37, n. 178.

2287. — La solution doit être évidemment la même dans le cas où plusieurs jurés ont été empêchés par un accident de force majeure, d'assister à la visite des lieux, et alors que, comme dans le cas précédent, il n'y a pas eu de réclamation de la part des parties. — Cass., 9 févr. 1857, Chemin de fer Grand-Central, [S. 57.1.774, P. 58.371, D. 57.1.70] — Le fait de force majeure qui empêche un ou plusieurs jurés de se transporter peut faire remettre la visite des lieux; s'il y est procédé sans protestations ni réserves, c'est que le jury par une seconde délibération, au moins implicite, a dispensé, ainsi qu'il en a le droit, un ou plusieurs jurés de se rendre sur les lieux contentieux.

2288. — Le jury peut, en effet, après avoir ordonné sa visite en corps des lieux expropriés, modifier sa décision, et déléguer, pour y procéder, quelques-uns de ses membres; c'est là un acte d'instruction dont le mode et l'exécution peuvent être changés sans porter atteinte aux droits des parties. — Cass., 5 mai 1865, Chemin de fer d'Orléans, [D. 66.5.213]; — 21 août 1865, Ville de Neuilly, [D. 65.5.188]; — 16 janv. 1877, [D. 77.1. 471] — Crépon, sur l'art. 37, n. 160; Daffry de la Monnoye, t. 1, sur l'art. 37, n. 65; de Lalleau, Jousselin, Rendu et Périn, t. 1, n. 568.

2289. — La seconde décision, comme la première, doit être portée à la connaissance des parties; si elle ne l'a point été, les parties qui ont connu la manière dont la visite des lieux a été effectuée, et ont plaidé sans protestations ni réserves, sont irrecevables à arguer plus tard de cette irrégularité. — Cass., 16 janv. 1877, précité. — Crépon, sur l'art. 37, n. 182 et 183; Daffry de la Monnoye, *loc. cit.*

2290. — Les jurés faisant partie de la délégation doivent tous visiter les immeubles expropriés; cependant il a été admis que la moitié des jurés délégués pourrait visiter les immeubles de gauche, et l'autre moitié les immeubles de droite, sauf à se rendre mutuellement compte du résultat de leurs investigations : on a considéré qu'ils ne s'étaient point ainsi isolés, qu'ils n'avaient pas agi divisément, qu'ils s'étaient seulement réparti le travail. Et il a été jugé que ce mode de procéder est inattaquable surtout lorsque les parties y ont elles-mêmes consenti et ont assisté à la visite ainsi faite. — Cass., 30 mars 1863, Larderet, [S. 63.1.318, P. 63.917, D. 64.5.171] — Daffry de la Monnoye, t. 1, sur l'art. 37, n. 66.

2291. — Les jurés délégués qui ne se sont pas transportés sur les lieux ne peuvent, à peine de nullité, participer à la décision qui fixe l'indemnité; ici retrouve son application le principe que les juges doivent avoir assisté à toutes les audiences de la cause. — V. *suprà*, n. 2276.

2292. — Il a été jugé, en ce sens, que la décision du jury est nulle, lorsque deux des jurés, délégués avec d'autres pour visiter les lieux expropriés, n'ont pas pris part à la visite des lieux, et ont néanmoins participé à la décision fixant l'indemnité. — Cass., 17 nov. 1886, Martin, [S. 89.1.483, P. 89.1.1199, D. 87.1.176] — ... Qu'il en est ainsi, du moins, si, avant l'ouverture des débats sur la fixation de l'indemnité, l'exproprié, qui n'avait été ni présent, ni représenté, lors des opérations de la délégation sur les lieux, a fait des réserves, et demandé acte de l'absence des deux jurés lors de la visite de sa propriété. — Même arrêt.

2293. — Mais, lorsque ces deux jurés ont été présents a l'audience où les conclusions ont été prises et l'affaire terminée, la partie qui n'a fait ni protestations, ni réserves, tant contre la participation de ces deux jurés à la décision définitive, que contre les prétendues irrégularités du transport sur les lieux, n'est pas recevable à se prévaloir de ce double grief devant la Cour de cassation. — Cass., 11 mai 1886, Touzelin, [S. 89.1.484, P. 89.1.1197, D. 87.1.71] — V. suprà, n. 2286 et 2287. — V. aussi Cass., 20 févr. 1889, Comm. des Crottes, [S. 89.1.487, P. 89.1.1203, D. 91.1.322]

2294. — Les jurés délégués pourraient-ils, à leur tour, sous-déléguer quelques-uns d'entre eux pour procéder à la visite qu'ils auraient dû effectuer tous ensemble? On peut en douter, en présence de la disposition exceptionnelle de l'art. 37, L. 3 mai 1841, qui n'autorise que la délégation. Si donc, la délégation, pour une cause quelconque, ne peut, en entier, accomplir le mandat dont elle est chargée, elle doit en référer au jury tout entier qui, par une délibération régulière, investit d'autres jurés du soin de visiter les immeubles, ou réduit le nombre de ceux chargés du transport en leur donnant une investiture nouvelle.

2295. — Quoi qu'il en soit relativement à la sous-délégation, lorsque le procès-verbal constate que la visite des lieux a été effectuée par la délégation du jury, soit en entier, soit par une sous-délégation, et qu'aucune observation ou protestation n'a été faite par aucune des parties en cause, l'exproprié n'est pas recevable, devant la Cour de cassation, à se faire un grief de ce que, la délégation ayant procédé par voie de sous-délégation, tous les jurés délégués ont néanmoins pris part à la décision fixant l'indemnité. — Cass., 20 févr. 1889, précité.

2296. — L'étendue de la délégation donnée aux jurés désignés à cet effet est déterminée par les termes mêmes de la décision du jury qui ordonne le transport, et, si cette décision n'a pas tranché la question, par ceux du procès-verbal qui y sont relatifs, enfin par les circonstances de la cause. — Cass., 7 août 1875, David, [S. 75.1.469, P. 75.1165, D. 76.1.120] — Crépon, sur l'art. 37, n. 179; Daffry de la Monnoye, t. 1, sur l'art. 37, n. 64.

2297. — Le jury ne peut régulièrement nommer comme délégués que des jurés présents à la délibération, les autres jurés, par suite de leur absence, cessant de faire partie du jury de jugement; si cependant le choix du jury se porte en partie sur des jurés absents au moment où il prend sa délibération relative au transport sur les lieux, cette irrégularité ne tirera pas à conséquence si les intéressés plaident et concluent au fond sans protestations ni réserves, parce qu'ils auront alors couvert le moyen de nullité. — V. Cass., 11 mai 1886, précité.

2298. — Lorsque les diverses affaires d'une session ont été divisées en plusieurs catégories, les différents jurys ont pu, par des délibérations séparées, confier la visite de l'ensemble des immeubles expropriés à une commission unique composée de jurés faisant partie de tous les jurys; les jurés ainsi désignés peuvent visiter tous les immeubles, à condition de ne pas confondre les opérations et de procéder séparément et successivement aux diverses visites. — Cass., 30 janv. 1860, Meynard, [P. 61.1.1182, D. 60.1.412] — Crépon, sur l'art. 37, n. 180; Daffry de la Monnoye, t. 1, sur l'art. 37, n. 66; de Lalleau, Jousselin, Rendu et Périn, t. 1, n. 568. — V. suprà, n. 2216, 2266 et s.

2299. — Les jurés investis d'une délégation par la confiance de leurs collègues peuvent se faire accompagner du greffier pour dresser procès-verbal de leur transport et constater ainsi le résultat de leurs investigations. Rappelons d'ailleurs (V. suprà, n. 2260) que la présence du greffier n'est point nécessaire et qu'elle n'a point été imposée par le législateur. — Cass., 27 mars 1843, Cluse, [S. 43.1.343, P. 43.1.89]

2300. — En principe, il semble utile qu'il soit dressé un procès-verbal de la descente sur les lieux, car il y a ici même raison que pour les descentes sur lieux ordinaires. Toutefois, la loi étant muette à cet égard, l'absence d'un procès-verbal ne devrait pas emporter la nullité de l'opération. Les jurés commissaires pourront par leurs renseignements oraux éclairer suffisamment la religion du jury. Celui-ci, en effet, sans être tout à fait édifié sur la difficulté de la contestation, possède déjà des éléments importants. Il a sous les yeux le tableau des offres et des demandes, les plans parcellaires, les titres et généralement tous les documents qu'il a été loisible aux parties de lui adresser. Un simple renseignement oral suffira donc pour fixer l'esprit du jury. Ajoutons enfin que le soin de dresser et de rédiger un procès-verbal de transport ferait perdre du temps, et, à défaut de greffier, embarrasserait souvent beaucoup de jurés.

2301. — Mais si les jurés commissaires qui n'ont point dressé procès-verbal de la descente ne prenaient point part au jugement définitif, il serait nécessaire, ce nous semble, de procéder à une nouvelle nomination, car le jury se trouverait manquer des éléments qu'il a cru lui être nécessaires pour rendre une décision consciencieuse. Dans ce cas, la situation se trouve la même que si la visite des lieux n'avait pas été effectuée; c'est donc au jury qu'il appartient de se rendre compte s'il croit le transport sur les lieux inutile, et, en ce cas, de passer outre aux débats, ou s'il pense qu'il est nécessaire, il lui faut alors procéder à la visite des lieux en corps ou désigner une nouvelle délégation.

Section VI.
De la publicité requise.

2302. — La discussion est publique: elle peut être continuée à une autre séance (L. 3 mai 1841, art. 37, § 5).

2303. — La publicité des opérations et de la décision du jury est une formalité substantielle et prescrite à peine de nullité. — Cass., 12 juin 1883, V° Jarry, [S. 84.1.196, P. 84.1.460, D. 83.1.400] — Daffry de la Monnoye, t. 1, sur l'art. 37, n. 70; Crépon, sur l'art. 37, n. 192; de Lalleau, Jousselin, Rendu et Périn, t. 1, n. 348.

2304. — Il ne suffit pas que la discussion soit publique, et que les décisions soient rendues en audience publique, il faut encore que la publicité des opérations et de la décision du jury ait, à peine de nullité, constatées au procès-verbal. — Cass., 11 août 1841, Préfet de l'Aveyron, [P. 47.1.212]; — 21 févr. 1853, Dupinet, [S. 53.1.430, P. 53.1.680, D. 53.1.51]; — 7 août 1876, Préfet de la Nièvre, [D. 78.5.263]; — 1er févr. 1882, Pons, [S. 82.1.381, P. 82.1.950]; — 12 juin 1883, précité. — Mêmes auteurs.

2305. — Aucuns termes sacramentels ne sont d'ailleurs exigés pour constater la publicité de l'audience; il suffit que de l'ensemble des énonciations du procès-verbal résulte la preuve que les opérations et les décisions du jury ont eu lieu publiquement. — Cass., 14 avr. 1858, Bondel, [P. 59.839, D. 58.1.322]; — 18 déc. 1861, Boude, [S. 62.1.1066, P. 63.415, D. 62.1.376] — Crépon, sur l'art. 37, n. 193; Daffry de la Monnoye, t. 1, sur l'art. 37, n. 71; de Lalleau, Jousselin, Rendu et Périn, t. 1, n. 348.

2305 bis. — Dans ce cas pour combattre les énonciations du procès-verbal il faudrait s'inscrire en faux contre les mentions qu'il contient. Notons, en outre, qu'il n'est pas nécessaire qu'un grand nombre de places soient réservées au public, il suffit qu'il puisse pénétrer. — Daffry de la Monnoye, t. 1, sur l'art. 37, n. 73; Crépon, sur l'art. 37, n. 208; de Lalleau, Jousselin, Rendu et Périn, t. 1, n. 348, note.

2306. — Il a été jugé à cet égard : que l'énonciation contenue au procès-verbal qu'il a été procédé en séance publique emporte preuve légale et suffisante de la publicité exigée; qu'en vain dirait-on que la salle était trop exiguë pour permettre au public de s'y introduire. — Cass., 13 janv. 1840, Concessionnaires des travaux de la Scarpe, [S. 40.1.160, P. 40.1.34]

2307. — ... Que l'énonciation, dans le procès-verbal, qu'après les débats contradictoires et l'entrée des jurés en délibération, le magistrat directeur, les parties, leurs conseils et le public, se sont retirés, constate suffisamment que les débats ont eu lieu publiquement. — Cass, 30 avr. 1844, Singer, [S. 44.1.432, P. 44.1.109] — Crépon, sur l'art. 37, n. 199; Daffry de la Monnoye, t. 1, sur l'art. 37, n. 71; de Lalleau, Jousselin, Rendu et Périn, t. 1, n. 348, note.

2308. — ... Que la publicité est suffisamment établie lorsque le procès-verbal porte que le jury est entré en séance, qu'il s'est retiré pour délibérer et que, rentré en séance, la décision a été lue publiquement. — Cass., 16 févr. 1846 (2 arrêts), Préfet des Bouches-du-Rhône, [P. 46.1.499]

2309. — ... Qu'une énonciation ainsi conçue à la fin d'un procès-verbal de la séance du jury d'expropriation et après l'ordonnance du magistrat directeur : « fait et prononcé publiquement, » s'applique non seulement à cette ordonnance, mais encore aux débats devant le jury qui, dans le procès-verbal, ne font qu'un seul contexte avec cette ordonnance. — Cass., 12 juin 1843, Benoit, [S. 43.1.483, P. 43.2.196] — Dans la pensée du magistrat directeur le mot « fait » vise les opérations et les débats, et le mot « prononcé, » le moment où la décision du jury est rendue. — V. aussi Cass., 24 juill. 1860, Pascal, [P. 61.100, D. 60.1.406]

2310. — Décidé également, qu'il résulte suffisamment de la mention du procès-verbal « fait et arrêté à la salle d'audience, » mise après la mention de la lecture de la décision du jury, que cette lecture a été publique. — Cass., 15 avr. 1840, Maury, [P. 40.2.167]

2311. — ... Qu'on doit considérer la publicité comme établie quand le procès-verbal porte : « les jurés, après le transport sur les lieux, sont rentrés avec le magistrat directeur, en séance publique, au palais de justice, où ils ont repris leurs places à l'audience. » — Cass., 18 août 1851, Sausse, [S. 51.1.784, P. 52.1.231, D. 51.1.229] — Crépon, sur l'art. 37, n. 200.

2312. — ... Que l'énonciation que les jurés, après la visite des lieux, se sont réunis dans la salle d'audience de la justice de paix pour procéder aux débats et au jugement, implique la publicité des débats. — Cass., 20 mai 1879, Préfet de la Savoie, [S. 80.1.86, P. 80.174, D. 79.1.349] — Crépon, sur l'art. 37, n. 203.

2313. — ... Qu'il y a preuve suffisante que la décision du jury et l'ordonnance du magistrat directeur ont été proclamées en audience publique et en présence des jurés, lorsque le procès-verbal des opérations du jury constate que, après avoir délibéré, le jury s'est rendu dans la salle d'audience, que le magistrat directeur a déclaré l'audience ouverte et publique, que le président du jury a fait connaître la décision du jury relativement à l'indemnité allouée, que cette décision, signée de tous les membres du jury, a été remise au magistrat directeur et signée par lui et le greffier, et que le magistrat directeur a envoyé l'exproprant en possession. — Cass., 11 mars 1895, Jusserand, [S. et P. 95.1.288]

2314. — ... Que la publicité des débats est suffisamment établie, alors que le procès-verbal constate que le magistrat directeur du jury a déclaré ouverte l'audience publique des expropriations. — Cass., 1er juin 1891, Arnaudon, [S. et P. 93.1.479]

2315. — ... Qu'il en est de même quand les mentions du procès-verbal constatent que, pour procéder à la visite des lieux, la reprise de l'audience a été renvoyée à une heure déterminée, et que les jurés, après avoir fixé l'indemnité dans la chambre de leurs délibérations, sont rentrés en séance publique. — Cass., 21 mars 1887, Comm. de Saint-Honoré-les-Bains, [S. 89.1.85, P. 89.1.174, D. 88.1.276]

2316. — ... Que le procès-verbal qui constate que les débats, reprises d'audience, conclusions et l'ordonnance d'envoi en possession ont eu lieu à l'audience, établit que toutes ces formalités ont été remplies en audience publique. — Cass., 12 déc. 1892, Chem. de fer du Périgord, [S. et P. 94.1.365]

2317. — ... Qu'il y a mention suffisante de la publicité d'une séance du jury employée au jugement de plusieurs affaires, quand le procès-verbal relatif à l'une des affaires entre reproduit la même énonciation, bien que le procès-verbal des autres affaires ne reproduise pas la même énonciation. — Cass., 4 juill. 1854, Lequin, [S. 55.1.248, P. 54.2.557, D. 54.1.310] — 20 août 1862, Comm. de Puy-Laurens, [S. 63.1.318, P. 63.871, D. 62.1.381] — Crépon, sur l'art. 37, n. 195 et 196 ; de Lalleau, Jousselin, Rendu et Périn, t. 1, n. 548 ; Daffry de la Monnoye, t. 1, sur l'art. 37, n. 71.

2318. — ... Que la constatation de publicité que renferme le procès-verbal des opérations du jury s'étend à toute la séance, lorsque le procès-verbal a été rédigé en un seul contexte, sans mention d'aucune interruption ni d'aucun changement dans la direction du débat. — Cass., 18 déc. 1861 (2 arrêts), Boude et Cavol, [S. 62.1.1066, P. 63.415, D. 62.1.376]

2319. — Lorsqu'une affaire dure pendant plusieurs audiences la mention de la publicité pour une audience peut s'appliquer à toutes ; en effet il n'est pas nécessaire que la constatation de la publicité soit directe ; elle peut résulter implicitement des mentions du procès-verbal. Ainsi le procès-verbal, constatant que l'audience a été reprise à deux heures de relevée établit suffisamment que les opérations ont été publiques, non seulement dans la seconde partie de la séance, mais encore dans la première. — Cass., 14 févr. 1883, Préfet de la Haute-Loire, [S. 83.1.478, P. 83.1.1185, D. 84.191] — Crépon, sur l'art. 37, n. 197.

2320. — De même, la mention de la publicité ressort suffisamment, soit de la mention de la séance dont il s'agit n'a été que la reprise des opérations commencées dans les séances publiques précédentes, soit de la constatation qu'après les explications données à l'audience, les jurés furent invités à se retirer dans la salle des délibérations, d'où ils sortirent pour la reprise de l'audience. — Cass., 14 avr. 1858, Bondel, [P. 59.839, D. 58.1.322] — Crépon, sur l'art. 37, n. 202.

2321. — Jugé encore : que la publicité de la discussion résulte d'une manière suffisante des mentions suivantes du procès-verbal de plusieurs séances, savoir, pour la première séance : « Nous avons ouvert la séance dans le palais de justice à ce destiné ; » puis, pour la séance suivante : « Nous nous sommes rendus à la salle des expropriations et avons déclaré la séance ouverte ; » enfin pour la dernière séance : « Toutes les affaires soumises au jury ont été expliquées dans les audiences précédentes... A midi un quart, le jury est rentré en séance, l'audience a été reprise. » — Cass., 24 avr. 1853, Falcoux, [S. 53.1.607, P. 55.1.599, D. 55.1.132] — Crépon, sur l'art. 37, n. 201.

2322. — ... Qu'il y a preuve suffisante de la publicité des débats devant le jury, du prononcé de sa décision, et de l'ordonnance d'exequatur du magistrat directeur, lorsque le procès-verbal, après avoir constaté légalement la publicité de plusieurs séances consécutives, porte, relativement à celle où l'affaire a été jugée, que le magistrat directeur et le jury « ont pris séance pour continuer les opérations. » — Cass., 6 déc. 1854, Chem. de fer de Graissessac, [S. 55.1.221, P. 54.2.556, D. 54.5.350] — Crépon, sur l'art. 37, n. 198.

2323. — ... Que la publicité des audiences ressort suffisamment du procès-verbal, constatant que la première audience a été tenue dans une salle du palais de justice, ouverte au public, et mentionnant, pour l'audience du lendemain, une déclaration du magistrat directeur relative à « la reprise de la continuation des assises. » — Cass., 29 nov. 1886, Capgrand-Molbes, [S. 89.1.486, P. 89.1.1200, D. 87.1.174] — Il en est ainsi, alors surtout que l'ordonnance d'envoi en possession, rendue par le magistrat directeur à cette dernière audience, mentionne qu'elle a été prononcée en audience publique. — Même arrêt. — De Lalleau, Jousselin, Rendu et Périn, t. 1, n. 548, note.

2324. — Mais il a été jugé qu'il y a lieu d'annuler la décision du jury lorsqu'elle a été rendue dans la salle de la mairie, sans qu'il soit constaté que cette salle ait été ouverte au public, et alors qu'il ne ressort, ni explicitement, ni implicitement, d'aucune des énonciations du procès-verbal, que la discussion ait été publique, et que la décision ait été publiquement prononcée. — Cass., 12 juin 1883, Vve Jarry, [S. 84.1.196, P. 84.1.466, D. 83.1.400] — Crépon, sur l'art. 37, n. 205.

2325. — ... Quand le procès-verbal constate que le jury s'est réuni dans la salle des délibérations du conseil municipal sans indiquer que le public ait été admis dans cette salle et que la discussion ait été publique. — Cass., 7 août 1876, Préfet de la Nièvre, [D. 78.5.263] — Crépon, sur l'art. 37, n. 204 ; Daffry de la Monnoye, t. 1, sur l'art. 37, n. 72 ; de Lalleau, Jousselin, Rendu et Périn, t. 1, n. 548, note.

2326. — ... Lorsqu'il résulte du procès-verbal des opérations qu'une cause a été appelée et discutée dans la salle d'une justice de paix, ouverte au public, mais qu'il n'apert, ni d'aucune des mentions dudit procès-verbal, ni des termes de l'ordonnance d'exécution du magistrat directeur, que la décision a été lue en audience publique. — Cass., 24 juill. 1888, Chem. de fer département., [S. 89.1.32, P. 89.1.544, D. 91.5.273] ; — 6 févr. 1889, Chem. de fer département., [S. 89.1.230, P. 89.1.51, D. 89.1.303]

2327. — ... Lorsque le jugement porte qu'il a été prononcé en la chambre du conseil, sans que d'aucune de ses énonciations il résulte que ce conseil a été ouvert au public, et qu'il a été satisfait à la condition de publicité exigée par la loi. — Cass., 6 mai 1896, de Clervaux, [Bull. civ., n. 132]

2328. — ... Et à fortiori, lorsqu'il résulte des termes du procès-verbal que la publicité n'a pas existé ; ainsi, il y a lieu d'annuler la décision du jury, alors que le procès-verbal constate que les opérations du jury ont bien commencé publiquement, mais que, au cours de l'instruction, elles ont cessé d'être publiques pour devenir un moment secrètes. — Cass., 26 déc. 1866, Comm. de Saint-Jorry de Chalais, [*Bull. civ.*, p. 303] — Dalfry de la Monnoye, *loc. cit.*; de Lalleau, Jousselin, Rendu et Périn, *loc. cit.*; Crépon, sur l'art. 37, n. 206.

2329. — Non seulement la salle dans laquelle le jury prend séance doit être ouverte au public, mais elle doit avoir été désignée à l'avance ; s'il en était autrement, le public ne pourrait s'y rendre et assister aux débats et au prononcé des décisions ainsi qu'il en a le droit. Par suite, il a été jugé que le lieu où se discutera l'affaire et sera prononcée la décision une fois désigné, les débats doivent s'y continuer, à moins d'une indication ultérieure, régulièrement faite, d'un endroit nouveau, où les jurés, les parties et le public peuvent se rendre. — Cass., 28 août 1883, Ponscelot, [S. 84.1.85, P. 84.1.174] — De Lalleau, Jousselin, Rendu et Périn, t. 1, n. 548, note. — V. *suprà*, n. 1613 et s.

2330. — ... Que doit être annulée la décision du jury alors que, les deux premières séances ayant été tenues dans la salle d'audience du palais de justice, il résulte du procès-verbal que les deux dernières ont eu lieu « au salon de la mairie au palais de justice, » sans que ce salon ait été désigné d'avance comme lieu des réunions ultérieures; qu'il importe peu qu'il soit constaté dans le procès-verbal que ces deux dernières séances ont été publiques; que cette circonstance est en effet insuffisante pour assurer la publicité. — Même arrêt.

2331. — ... Qu'après une première séance du jury d'expropriation dans le lieu désigné à l'avance, conformément à la loi, une séance ultérieure ne peut, à peine de nullité, être tenue dans un autre lieu, si l'indication n'en a pas été faite d'une manière régulière. — Cass., 9 avr. 1862, Préfet des Bouches-du-Rhône, [S. 62.1.893, P. 63.390, D. 62.1.379]

2332. — ... Que, lorsque, au lieu de se rendre au lieu de sa convocation légale, le jury d'expropriation s'est transporté dans la maison même de l'exproprié, sans que cette maison ait été d'avance, et dans la forme prescrite par la loi, désignée au public comme lieu de réunion du jury, la décision ainsi que l'ordonnance du magistrat directeur, rendues dans cette maison, sont nulles pour défaut de publicité, alors même que l'accès de la maison serait resté accidentellement ouvert au public. — Cass., 20 août 1856, Chem. de fer de Lyon, [S. 57.1.142, P. 57.869, D. 56.1.322]

2333. — ... Que la décision du jury rendue, non au lieu fixé pour la discussion et le prononcé de la décision, mais dans une salle d'école d'une localité où le jury s'est transporté pour opérer une visite des lieux, est nulle pour défaut de publicité, alors qu'aucune indication régulière n'a été donnée d'un endroit nouveau, où les parties et le public pourraient se rendre, et quand bien même, en fait, cette seconde séance aurait été publique. — Cass., 1er févr. 1882, Pons et autres, [S. 82.1.381, P. 82.1.950]

2334. — Toutefois, il ne faut pas pousser trop loin ce principe; si la salle où le jury s'est réuni est dans le même immeuble que celle indiquée dans la convocation, et si elle est facile à trouver il n'y aura point nullité. Ainsi, la décision d'un jury d'expropriation ne saurait être annulée par ce seul motif que la séance dans laquelle elle a été rendue a été tenue, non dans la salle des audiences du tribunal civil indiquée par l'acte de convocation, mais dans une autre salle dépendant du tribunal, située dans la même enceinte, et ordinairement affectée aux réunions de la chambre des notaires..., et cela, encore bien que l'un des seize jurés convoqués ne se soit pas rendu à la séance, cette absence, alors même qu'elle serait causée par le changement de local, ne pouvant être par elle-même une cause de nullité. — Cass., 13 janv. 1840, Concessionnaires de la Scarpe, [S. 40.1.160, P. 40.1.54]

2335. — Il a été jugé encore que bien qu'en principe, les opérations du jury d'expropriation doivent se poursuivre et se terminer au lieu où il a été convoqué, il en est autrement si un autre lieu public est désigné du consentement des parties ; qu'en pareil cas, rien ne s'oppose à ce que le jury entende les plaidoiries et rende sa décision dans la salle d'audience du tribunal du lieu où il s'est transporté pour visiter les parcelles expropriées. — Cass., 19 déc. 1871, Ville d'Annonay, [S. 72.1.139, P. 72.311, D. 73.1.71]

2336. — ... Qu'il ne résulte donc aucune nullité de ce qu'une autre salle a été substituée à celle désignée provisoirement pour la tenue des séances du jury, lorsque cette substitution a été annoncée publiquement par le magistrat directeur à la séance précédente, et que le retour à la salle originaire a été annoncé par lui de la même façon. — Cass., 5 mars 1877, Bonnet, [S. 77.1.277, P. 77.687, D. 77.1.468]

2336 bis. — Au surplus, le changement du local où l'audience a été tenue est présumé avoir été porté à la connaissance des intéressés lorsqu'ils en ont fait comparu sans protestation ni réserve. Ainsi jugé que la réunion du jury est régulière alors que le procès-verbal constate qu'elle a eu lieu pour la première fois dans une des salles du palais de justice et que l'exproprié a été représenté par son avoué, qui a été entendu. — Cass., 16 juin 1900.

2337. — ... Que la partie qui s'est présentée devant le jury, et qui, par son avocat, a discuté l'indemnité offerte, est non recevable à se pourvoir en cassation sur le motif que, si la seconde audience a été convoquée, et dans la salle du tribunal civil, la première audience, consacrée à la composition du jury, avait été tenue dans la salle du tribunal de commerce, la substitution d'une salle d'audience à une autre ayant été connue de la partie. — Cass., 23 déc. 1889, Decugis, [S. 90.1.476, P. 90.1.406, D. 90.5.272]

2338. — ... Que, lorsqu'après la clôture des débats prononcée dans un local d'audience, ils ont été rouverts dans un autre local, il y a preuve suffisante que les débats interrompus ont été repris en présence des parties, et que celles-ci ont été mises à même, lors de cette réouverture, de faire valoir leurs prétentions, si le procès-verbal constate que les débats ont été repris publiquement, que les parties ont été interpellées de présenter leurs observations, et que l'avoué de l'une d'elles a été entendu. — Cass., 17 déc. 1845, Piatties, [S. 46.1.166, P. 46.1.35, D. 45.1.30]; — 17 déc. 1845, Godefroy, [*Ibid.*]; — 17 déc. 1845, Larose, [*Ibid.*]

Section VII.

Du magistrat directeur et des débats.

§ 1. *Généralités*.

2339. — Le magistrat directeur du jury a la police de l'audience; il peut, comme tout magistrat agissant en vertu d'une délégation du tribunal, faire l'application des art. 88 et s., C. proc. civ., envers les assistants qui troublent l'ordre (V. *suprà*, v° *Audience publique* [police de l']). — Le législateur ne lui a d'ailleurs conféré aucun pouvoir discrétionnaire, et il doit se borner à diriger les débats sans y intervenir personnellement et sans faire connaître son opinion sur le litige déféré au jury. — De Lalleau, Jousselin, Rendu et Périn, t. 1, n. 501. — V. *suprà*, n. 2200 et s., 2258 et s.

2340. — Si le magistrat directeur est compétent pour écarter les interventions irrégulièrement formées et celles qui ne tendraient qu'à entraver la marche des débats (V. *suprà*, n. 2191 et s.), il ne lui appartient pas de statuer sur les litiges qui engagent le fond du droit et qui tiennent directement à la détermination de la qualité des parties, à la question de savoir si elles sont atteintes ou non par l'expropriation. — V. *suprà*, n. 1997 et s.

2341. — Ainsi le locataire de l'immeuble exproprié, étant recevable à intervenir, et sa demande en intervention ne constituant pas un simple incident de procédure, mais un litige sur le fond du droit, il y a lieu de casser l'ordonnance du magistrat directeur rejetant cette intervention et la décision du jury ne fixant pas une indemnité hypothétique. — Cass., 10 mai 1864, Rouze, [S. 64.1.368, P. 64.1036, D. 64.1.448]; — 19 déc. 1892, Gaudicher, [S. et P. 93.1.384]

2342. — Il n'appartient pas non plus au magistrat directeur de statuer sur les nullités qui peuvent s'être glissées dans la procédure des affaires soumises au jury, et d'annuler ces procédures. Le magistrat directeur pourrait même pas renvoyer l'affaire à une autre session. Le titre 4, chap. 22, qui règle ses attributions, ne lui confère pas un pareil droit. Ainsi a été jugé que le propriétaire exproprié qui, devant le jury, a demandé et obtenu acte de sa déclaration d'avoir désigné ses fermiers à l'administration, et de ce que celle-ci ne les a pas mis en cause, et aussi de ses réserves et protestations contre la responsabilité que l'État ou ses fermiers voudraient faire peser sur lui, à raison de la non-comparution de ces derniers et du défaut de liquidation de l'indemnité à laquelle ils ont droit, n'est pas recevable à se plaindre de ce que le magistrat directeur, en l'absence de toutes conclusions à cet égard, n'a pas prononcé d'office la nullité de la procédure ou ordonné le sursis jusqu'à ce qu'elle fût régularisée. — Cass., 22 juill. 1850, Achardy, [S. 51.1.57, P. 50.2.140, D. 50.1.280]

2343. — ... Que le magistrat directeur, n'étant pas autorisé à déclarer nulle une procédure que l'expropriant soutient être valable, ne peut refuser de soumettre l'affaire au jury; que la Cour de cassation seule a le droit de déclarer la procédure irrégulière. — Cass., 28 juin 1881, Intérêt de la loi, [S. 81.1.429, P. 81.1.1086, D. 83.1.28]; — 9 janv. 1883, Chemins de fer du Midi, [S. 83.1.287, P. 83.1.625, P. 84.1.128]

2344. — ... Que le magistrat directeur ne peut statuer sur les nullités proposées par les parties contre les actes de la procédure antérieure à la réunion du jury. — Cass., 9 janv. 1883, précité.

2345. — ... Que, spécialement, c'est à bon droit que le magistrat directeur, saisi de moyens de nullité relatifs aux citations données à l'expropriant et aux membres du jury, et auquel il est demandé de décider que la réunion du jury ne peut avoir lieu, se déclare incompétent, donne acte des conclusions et ordonne qu'il soit passé outre aux débats. — Même arrêt.

2346. — Le magistrat directeur est chargé de diriger les débats, d'assurer leur régularité, de veiller à ce qu'aucune illégalité ne se produise; s'il lui en est signalé une de nature à vicier les opérations du jury et à entraîner la nullité, il doit vérifier si le fait allégué est exact, en constater le caractère et les circonstances; s'il laisse dans le doute un fait de nature à vicier les opérations du jury, son omission emportera, du moins en principe, la nullité des opérations du jury et de sa décision. — Cass., 19 févr. 1855, Raton, [S. 55.1.455, P. 56.1.160, D. 55.1.132] — De Lalleau, Jousselin, Rendu et Périn, t. 1, n. 581, note.

2347. — Par suite, le magistrat directeur du jury, saisi, avant la lecture de son ordonnance, de conclusions articulant que, pendant la délibération du jury, l'avocat et l'avoué de l'expropriant ont été introduits par un garçon de service du palais dans la salle des délibérations et n'en sont sortis que sur l'invitation du greffier en chef, doit procéder immédiatement, sous la sanction qui vient d'être indiquée, à la vérification du fait articulé et à la constatation de son caractère et de ses circonstances. — Cass., 13 déc. 1893, Legendre, [S. et P. 94.1.192, D. 95.1.47]

2348. — Le magistrat directeur, quand il procède à la vérification d'un fait de nature à constituer une irrégularité, peut recourir à tous les moyens de preuve légaux; si, par exemple, on prétend qu'un juré a manifesté son opinion, il interroge ce juré, et, dans tous les cas, peut entendre des témoins, après leur avoir fait prêter serment.

2349. — Le magistrat directeur n'est pas d'ailleurs tenu de trancher une difficulté ou de motiver sa décision, alors qu'il n'est pas saisi par des conclusions formelles, mais par de simples réserves dont il donne acte. — Cass., 26 avr. 1881, Jailerat, [S. 81.1.273, P. 81.1.647]; — 31 juill. 1883, Combe et autres, [S. 85.1.135, P. 85.1.290, D. 84.1.407]; — 31 juill. 1883, Battandier, [Ibid.] — Crépon, sur l'art. 38, n. 9 bis. — C'est là l'application à la matière de l'expropriation pour cause d'utilité publique d'une règle générale. — V. suprà, v° Conclusions, n. 92 et s., et infrà, v° Jugement et arrêt (mat. civ. et comm.), n. 1623 et s.

2350. — C'est donc à bon droit, que le magistrat directeur du jury refuse de donner acte à l'exproprié de ce que, indépendamment de l'indemnité, il lui aurait été fait offre de certains travaux à exécuter par l'administration, alors que, en l'absence du mandataire légal de celle-ci, la personne qui la représente et son avocat déclarent ne pas vouloir la lier par des conclusions. — Cass., 21 août 1882, Paule, [S. 83.1.277, P. 83.1.656] — Crépon, sur l'art. 38, n. 9.

2351. — Quelquefois un accord se produit à l'audience entre les parties, sur un point déterminé; elles prennent des conclusions en conséquence, et il se forme entre elles un contrat judiciaire quand le magistrat directeur a donné acte de ces conclusions. Il a été jugé que lorsque l'exproprié a pris des conclusions, signées également de l'expropriant, pour demander qu'il lui soit donné acte de ce que l'expropriant lui abandonne des plants de vigne arrachés, le bois des arbres, etc., il suffit au magistrat directeur, pour constater l'accord des parties, d'insérer dans le procès-verbal ces conclusions, qui peuvent être soumises au jury. — Cass., 5 nov. 1889, Dubost, [S. 90.1.224, P. 90.1.534, D. 91.1.87]

2352. — Lorsque deux parcelles ont été expropriées et qu'une autre parcelle, appartenant au même propriétaire, a été laissée en dehors de l'expropriation, que l'exproprié a réservé son droit d'en requérir l'expropriation, que l'expropriant, par des conclusions, a offert d'acquérir cette parcelle à un prix déterminé, que l'exproprié a refusé l'offre, sans mettre l'expropriant en demeure de procéder régulièrement à l'expropriation, il suffit au magistrat directeur de donner acte à l'expropriant de ses conclusions et de constater le refus de l'exproprié. — Cass., 30 nov. 1896, Braillon, [S. et P. 97.1.144, D. 97.1.482] — Les parties qui, d'un commun accord, consentent à l'extension de l'expropriation afférente à la parcelle ainsi ajoutée à l'expropriation; mais si l'expropriant ne consent à l'extension de l'expropriation que moyennant un certain prix qu'il offre, l'exproprié doit accepter ce prix; s'il le refuse, le contrat judiciaire ne se forme pas; l'exproprié doit alors, s'il tient à ce que l'expropriation frappe la parcelle dont il s'agit, procéder par voie de réquisition d'aliénation intégrale conformément à l'art. 50, L. 3 mai 1841. — V. suprà, n. 1386 et s.

2353. — Le donner acte, pour être régulier et produire effet, doit être donné, avant que le jury ne soit dessaisi de l'affaire auquel il se rapporte. Par suite, un donné acte consenti par le magistrat directeur, non dans la séance où le jury s'est définitivement prononcé, mais dans une séance subséquente consacrée au jugement d'une autre affaire, et sans effet, la procédure étant terminée par une décision définitive. — Cass., 8 avr. 1891, Société du canal de Pierrelatte, [S. et P. 93.1.207, D. 92.1.222]

2354. — La règle posée par l'art. 312, C. instr. crim., et d'après laquelle les jurés ne peuvent communiquer avec personne, jusqu'après leur délibération (V. suprà, v° Cour d'assises, n. 5735 et s.), ne saurait être étendue à l'expropriation pour utilité publique : les nullités sont de droit étroit. — Cass., 7 nov. 1888, Ville de Lorient, [S. 91.1.175, P. 91.1.405, D. 90.1.256]

2355. — Jugé, en conséquence, que l'absence de communication n'étant exigée que lorsque les jurés sont entrés dans la chambre de leurs délibérations, il ne résulte aucune nullité de ce qu'avant la clôture de l'instruction, des jurés auraient communiqué avec le public, et que le défaut de mention de cette communication ne saurait motiver une inscription de faux contre le procès-verbal du directeur du jury, alors surtout que les parties intéressées n'en ont fait à l'audience l'objet d'aucune observation. — Cass., 26 avr. 1843, Mouruan, [S. 43.1.620, P. 43.2.209] — Crépon, sur l'art. 37, n. 209; Daffry de la Monnoye, t. 1, sur l'art. 37, n. 75.

2356. — Jugé même que, tant que les débats ne sont pas clos, une communication entre un juré et l'une des parties n'est pas une cause de nullité. — Cass., 7 nov. 1888, précité.

2357. — Les jurés ne doivent pas, avant leur décision, faire connaître leur opinion sur le litige qu'ils sont appelés à trancher; s'ils manifestent leur opinion, cette faute aura des conséquences différentes selon que la manifestation d'opinions aura eu lieu à l'audience ou en dehors de l'audience. Ainsi l'opinion exprimée, dans un entretien privé, par l'un des jurés à l'expropriant, sur la modération de la demande de l'exproprié, ne saurait être considérée comme une infraction aux devoirs d'impartialité que lui imposait son serment, alors d'ailleurs qu'il n'en est résulté aucune entrave aux droits de la défense, qui s'est librement produite lors du débat public. — Même arrêt.

2358. — Mais la décision du jury est nulle, lorsque, au cours des débats, un juré a fait connaître indirectement son opinion sur la valeur du terrain exproprié. — Cass., 29 avr. 1895, Vilbois, [S. et P. 96.1.96]; — 8 mars 1897, Paturet, [S. et P. 97.1.288] — ... Notamment, lorsqu'il a dit, à haute voix : « Les arbres valent mieux que le terrain, » au moment où l'exproprié demandait que les arbres complantés sur le terrain exproprié lui fussent réservés en sus de l'indemnité en argent. — Cass., 29 avr. 1895, précité. — Daffry de la Monnoye, t. 1, sur l'art. 37, n. 75.

2359. — ... Ou lorsque l'avoué de l'expropriant déclarant qu'il y avait une grande exagération dans la demande, un juré a répondu « qu'en effet il y avait de l'exagération ». — Cass., 8 mars 1897, précité.

2360. — Conformément à cette distinction, et par application de la règle énoncée (suprà, n. 2346), il a été jugé qu'il y a lieu d'annuler l'ordonnance du magistrat directeur qui, mis en de-

EXPROTRIATION POUR CAUSE D'UTILITÉ PUBLIQUE. — Chap. XIII.

meure, à deux reprises différentes, par des conclusions formelles, de donner acte à l'exproprié de ce qu'au cours des explications par lui présentées dans sa propre cause, deux jurés auraient donné des signes non équivoques et manifestes d'improbation, ce qu'il offrait d'ailleurs de prouver par témoins, s'est borné à donner acte du dépôt des conclusions, sans vouloir s'expliquer sur le fait qu'on prétendait s'être passé à l'audience, le magistrat directeur n'ayant point ainsi donné à la Cour de cassation les éléments de contrôle suffisants pour lui permettre de vérifier la nature des griefs articulés et leur influence, soit par rapport au droit de défense, soit par rapport au devoir d'impartialité qui est de l'essence de la fonction du juge. — Cass., 30 déc. 1891, Patrus, [S. et P. 92.1.279, D. 92.1.534]

2361. — ... Que le magistrat directeur, qui donne à une partie acte de ses réserves au sujet d'un prétendu moyen de nullité, et déclare, dans le procès-verbal, qu'il ne tient pas le fait allégué pour certain, ne porte pas atteinte aux droits de cette partie. — Cass. 30 juin 1884, Jonage, [S. 86.1.40, P. 86.1.64, D. 83.1.413] — ... Qu'ainsi, le magistrat directeur, en donnant acte à une partie de ses réserves au sujet de ce qu'un des jurés aurait communiqué pendant la délibération, peut déclarer qu'il ne tient pas le fait allégué pour certain. — Même arrêt.

2362. — ... Qu'ainsi encore, en donnant acte à l'exproprié de ses réserves au sujet de ce qu'un des membres du jury n'aurait pas l'âge requis par la loi, le magistrat directeur peut déclarer qu'il ne tient pas pour certain ce fait qui n'est allégué que d'une manière vague et sans précision. — Même arrêt.

2363. — Le magistrat directeur, chargé de guider le jury, peut appeler son attention sur les faits et circonstances indiqués ar la procédure et les débats; il peut, à ce point de vue, faire dresser des observations. — Cass., 1er déc. 1843, Labbé, [S. 43. 1.315, P. 43.1.540]; — 24 nov. 1846, Girard, [S. 47.1.219, P. 46.2.640, D. 47.4.248]; — 22 mai 1865, Guérin-Marais, [*Bull. civ.*, p. 160] — Crépon, sur l'art. 38, n. 10; Daffry de la Monnoye, t. 2, sur l'art. 38, n. 3 et s.; de Lalleau, Jousselin, Rendu et Périn, t. 1, n. 584. — V. *supra*, n. 2204.

2364. — Spécialement, dans le cas où l'existence d'un bail allégué pour l'indemnitaire n'est pas reconnue par l'administration, le magistrat directeur peut faire observer au jury que l'indemnité à fixer sera hypothétique, dans le cas seulement où l'existence du bail serait ultérieurement reconnue. — Cass., 1er mars 1843, précité.

2365. — Mais le magistrat directeur, dans le cours des observations qu'il croit devoir présenter, doit bien se garder de donner son appréciation personnelle sur les questions que le jury est appelé à résoudre; en agissant de la sorte il pourrait influencer sa décision; son appréciation ainsi donnée entraînerait la nullité de la décision du jury. — Cass., 19 déc. 1881, Bordet, [S. 82.1.180, P. 82.1.413] — Crépon, sur l'art. 38, n. 11; Daffry de la Monnoye, *loc. cit.*; de Lalleau, Jousselin, Rendu et Périn, *loc. cit.*

2366. — En conséquence, il a été jugé qu'il y a lieu d'annuler la décision rendue par le jury, à la suite d'une allocution ou d'une ordonnance du magistrat directeur qui a pu l'induire en erreur sur les règles à suivre pour la fixation des indemnités. — Cass., 25 mars 1873, Préfet de l'Aveyron, [S. 73.1.177, P. 73. 406, D. 73.1.179]; — 28 juill. 1879, Préfet de la Lozère, [S. 81. 1.377, P. 81.1.900, D. 80.1.81]

2367. — ... Alors que le magistrat directeur a invité le jury à tenir compte « de tout ce qui peut être pour le propriétaire une cause de préjudice, » négligeant ainsi de distinguer entre les dommages directs ou indirects, certains ou éventuels. — Cass., 25 mars 1873, précité. — Crépon, sur l'art. 38, n. 12; Daffry de la Monnoye, t. 2, sur l'art. 38, n. 5; de Lalleau, Jousselin, Rendu et Périn, t. 1, n. 581.

2368. — ... Dans le cas où le magistrat directeur a déclaré, dans son ordonnance, que la plus-value doit être compensée avec la dépréciation et les autres causes accessoires de préjudice, et que la disposition de l'art. 51, L. 3 mai 1841, est plutôt une recommandation qu'un précepte obligatoire, revêtu d'une sanction. — Cass., 28 juill. 1879, précité.

2369. — Il a été jugé également dans le cas où l'exproprié prétend que, les parcelles par lui conservées étant entièrement distinctes de l'immeuble, il n'y a pas lieu de tenir compte de la plus-value, et conclut à une indemnité alternative dans la double hypothèse de la supputation ou de l'omission de la plus-value, commet un double excès de pouvoir, le magistrat directeur qui d'une part, provoque par une ordonnance le jury à prononcer, par une décision unique sur l'indemnité; et qui, d'autre part, manifeste son opinion personnelle sur divers éléments de fait de la contestation soulevée devant le jury (notamment, en déclarant qu'il existe une plus-value), au lieu de se borner à éclairer celui-ci sur les pouvoirs qu'il tient de la loi. En conséquence, doit être annulée la décision du jury qui statue, en ce cas, par une seule décision, décision comprenant la plus-value. — Cass., 19 déc. 1881, précité.

2370. — Mais, d'autre part, il a été jugé que le magistrat directeur, en expliquant au jury qu'une indemnité éventuelle réclamée par l'usufruitier pour le cas où la récolte pendante ne lui serait pas laissée, ne se confondait pas avec l'indemnité collective accordée au propriétaire et à l'usufruitier, n'a pu le tromper en lui donnant des explications erronées. — Cass. 2 mai 1882, Préfet du Gers, [S. 83.1.86, P. 83.1.176, D. 84.1.296] — Crépon, sur l'art. 38, n. 13.

2371. — ... Que lorsqu'il résulte du procès-verbal que le magistrat directeur, en prononçant la clôture des débats publics, et en invitant les jurés à se retirer dans leur salle pour y délibérer en secret, leur a rappelé que l'indemnité à fixer ne pourrait être inférieure à l'offre de l'administration ni supérieure aux demandes de la partie intéressée, on ne saurait induire de ces énonciations que l'avertissement susmentionné, qui ne faisait que rappeler au jury l'observation d'une prescription légale (V. *infra*, n. 3132 et s.), lui ait été secrètement donné et hors la présence des parties, ni que le magistrat directeur ait provoqué, par cet avertissement, les jurés à ne fixer qu'une indemnité globale, au lieu de trois indemnités distinctes demandées par l'exproprié. — Cass., 23 juill. 1895, Comm. de Tourlaville, [S. et P. 96.1.47]

2372. — ... Que le magistrat directeur, en informant les jurés « qu'ils ne devaient sortir de la salle des délibérations qu'après avoir résolu toutes les affaires soumises à leur décision, et sous la présidence du membre qu'ils s'étaient choisi et auquel ils maintiendraient ce mandat à l'issue des délibérations, » a uniquement entendu dire que le président du jury resterait en fonctions jusqu'après la lecture de la décision en audience publique et n'a nullement induit les jurés en erreur sur leur droit de nommer un président pour chaque affaire. — Cass., 14 févr. 1883, Préfet de la Haute-Loire, [S. 83.1.478, P. 83.1.1185, D. 84.1.191] — Crépon, sur l'art. 38. n. 14.

2373. — Que le magistrat directeur en avertissant le jury qu'il doit statuer à la majorité absolue des voix, ne dénature pas le sens attaché par la loi au simple mot « majorité », et ne commet pas un excès de pouvoir. — Cass., 15 févr. 1892, de Liniers, [S. et P. 92.1.320, D. 93.1.435]

2374. — Si le magistrat directeur ne peut faire connaître son opinion dans des observations adressées au jury, il ne peut davantage l'exposer en s'adressant à une partie ou à un avocat. Le magistrat directeur du jury ne peut donc, sans excès de pouvoirs, interrompre l'avocat de l'exproprié dans sa plaidoirie par des observations exprimant son opinion personnelle sur l'affaire. — Cass. 18 déc. 1861, Desautels, [S. 62.1.434, P. 62.414, D. 62.1. 302] — Dans l'espèce, l'avocat de l'exproprié plaidant sur la valeur future de la propriété résultant de constructions projetées, le magistrat directeur lui avait fait observer que ces constructions n'étaient point élevées. L'avocat se plaignant que son droit de défense était entravé, le magistrat directeur avait ajouté : « Vous plaidez depuis une demi-heure sur les suppositions ; permettez-moi de vous dire que cela n'est pas sérieux. »

2375. — Le magistrat directeur n'a jamais en le droit de résumer les débats qui se déroulent devant lui. Lorsqu'il fait des observations, il doit les adresser au jury avant la clôture des débats pour que, si les parties croient que ses observations appellent une réponse, elles puissent prendre la parole. D'ailleurs, l'art. 38, n indiquant qu'après la clôture des débats le jury se retire immédiatement dans sa chambre des délibérations, suppose qu'aucune observation ne se place entre la clôture des débats et le moment où le jury se retire. — De Lalleau, Jousselin, Rendu et Périn, *loc. cit.*; Crépon, sur l'art. 38, n. 14.

2376. — « La clôture de l'instruction est prononcée par le magistrat directeur du jury » (L. 3 mai 1841, art. 38, § 1).

2377. — Mais il n'est pas nécessaire que le procès-verbal des opérations du jury constate en termes exprès la clôture des débats ; il suffit que la clôture résulte soit de l'ensemble, soit même de quelques-unes des énonciations du procès-verbal. —

De Lalleau, Jousselin, Rendu et Périn, t. 1, n. 581; Crépon, sur l'art. 38, n. 16; Daffry de la Monnoye, t. 2, sur l'art. 38, n. 1.

2378. — Par suite, il a été jugé qu'il ne peut résulter d'ouverture à cassation de ce que, après avoir mentionné la rentrée du jury en séance publique et la déclaration de la partie présente qu'elle n'avait aucune observation à fournir, le procès-verbal n'aurait pas en outre mentionné expressément que le magistrat directeur a de nouveau prononcé la clôture de l'instruction. — Cass., 18 nov. 1846, de Montalembert, [P. 46.2.647, D. 47.1.77] — Crépon, sur l'art. 38, n. 17; Daffry de la Monnoye, loc. cit.

2379. — ... Qu'il y a preuve suffisante que la clôture de l'instruction a été prononcée par le magistrat directeur, lorsqu'il est constaté que ce magistrat a, en séance publique, « invité le jury à se retirer dans la salle du greffe pour délibérer, sans désemparer, sur l'affaire qui lui était soumise. » — Cass., 27 nov. 1855, Kull, [S. 56.1.830, P. 56.1.544, D. 55.1.456] — Crépon, sur l'art. 38, n. 18; Daffry de la Monnoye, loc. cit.

2380. — ... Qu'il en est de même, à plus forte raison, lorsque le procès-verbal énonce que, après les débats d'une affaire, les parties n'ayant plus d'observations à présenter et les jurés se trouvant suffisamment éclairés, le magistrat directeur les a invités à se retirer dans la salle de leurs délibérations. — Cass., 10 juin 1896, de Saint-Vallier, [S. et P. 96.1.464, D. 99.5.357]

2381. — ... Qu'il en est encore ainsi lorsque le procès-verbal mentionne que le jury, se trouvant en état de statuer sur les affaires qui lui étaient soumises, s'est retiré dans la chambre du conseil. — Cass., 11 août 1857, Préfet du Finistère, [S. 57.1.864, P. 58.765, D. 57.1.329] — Crépon, sur l'art. 38, n. 19.

2382. — Les débats clos peuvent être rouverts si le jury le désire; notamment, s'il veut procéder à un acte d'instruction, tel qu'une visite des lieux. La parole doit être ensuite donnée aux diverses parties, personne ne demandant plus la parole, et une nouvelle clôture des débats prononcée quand toutes les parties ont été entendues ou mises en demeure de défendre leurs droits. Dans ces conditions, il a été jugé que lorsque le procès-verbal constate qu'après la clôture des débats prononcée dans un local, ces débats ont été rouverts dans un autre et repris publiquement; que l'avoué de l'une des parties a été entendu en ses observations, et qu'ensuite, après avoir demandé aux parties si elles avaient de nouvelles observations à soumettre aux jurés, et à ceux-ci s'ils étaient suffisamment renseignés, personne ne demandant plus la parole, le magistrat directeur a déclaré les débats définitivement clos, il résulte de ces diverses énonciations que les débats ont été rouverts en présence des parties et que celles-ci ont été, conformément au vœu de la loi, mises en mesure de se défendre. — Cass., 17 déc. 1845, Godefroy, Piattier, Trochery et Laroze, [S. 46.1.166, P. 46.1.35, D. 46.1.30]

2383. — Il a été jugé, d'autre part, que lorsque le jury s'est transporté sur les lieux, même après la déclaration de clôture de l'instruction (V. suprà, n. 2198 et s.), les débats se trouvent de droit réouverts, et que les parties peuvent présenter de nouvelles observations, après quoi, et lorsque l'instruction ainsi réouverte a été close de nouveau, les jurés se retirent immédiatement dans leur chambre pour délibérer : il importe peu que le procès-verbal ne contienne pas la mention expresse d'une nouvelle déclaration de clôture. — Cass., 25 juill. 1855, Ville de Digne, [S. 55.1.841, P. 55.2.230, D. 57.1.329] — V. aussi Cass., 4 juill. 1855, Dupuy, [S. 55.1.843, P. 56.1.615, D. 55.1.284]; — 25 juill. 1855, Frison, [S. 55.1.841, P. 55.2.236, D. 55.1.374] — Crépon, sur l'art. 37, n. 149.

2384. — La loi ne prescrit ni ne défend au magistrat directeur de prononcer une clôture générale des débats, lorsque le jury a statué sur toutes les affaires. — Cass., 12 déc. 1892, Chemin de fer de Périgord, [S. et P. 94.1.365] — C'est une formalité sans importance et qui ne peut ni bénéficier ni préjudicier aux parties.

§ 2. Questions au jury.

2385. — La clôture prononcée, le magistrat directeur est-il tenu de poser des questions au jury, comme en matière criminelle? En proposant de placer auprès du jury un magistrat, les auteurs de la loi de 1833 disaient que ce magistrat aurait pour devoir de surveiller et diriger les opérations, de manière à ce que les décisions fussent convenablement préparées et rendues..., de surveiller l'instruction et d'écarter les difficultés de procédure. Aussi les auteurs qui ont écrit sur la loi de 1833 n'hésitent-ils pas à dire que le magistrat fera pour la direction des débats tout ce qu'il croira convenable, et ils indiquent même comme une des mesures qu'il pourra prendre, la position des questions. — De Caudaveine et Théry, n. 241; Herson, n. 217.

2386. — Lors de la discussion de la loi de 1841, la Chambre des pairs avait adopté la rédaction suivante : « Le magistrat directeur du jury prononce la clôture de l'instruction et pose les questions. » La commission de la Chambre des députés présenta une nouvelle rédaction ainsi conçue : « Il (le magistrat directeur) indique sommairement au jury et aux jurés les questions qui lui paraissent résulter de l'instruction. » Mais après diverses explications échangées, la rédaction de l'article a été maintenue telle qu'elle était dans la loi de 1833. Revenu à la Chambre des pairs, l'art. 38 a été, en ce point, l'objet des observations qui suivent, de la part de M. Daru, rapporteur : « Il a paru plus sage de laisser au magistrat directeur le soin d'avoir des communications officielles et non officielles avec le jury; de poser ou de ne pas poser les questions suivant le besoin des circonstances. »

2387. — Le législateur ne pouvait, en effet, imposer au magistrat directeur cette obligation qu'en précisant par des textes formels comment et de quelle manière les questions seraient posées; mais il ressort de la discussion de la loi de 1841, que le législateur a toujours manifesté le désir que ces questions soient posées par le magistrat directeur; sans questions posées le jury peut être embarrassé pour formuler sa décision; il a bien devant lui le tableau des offres et demandes, mais ce tableau peut n'être pas suffisamment clair et précis et il risque de se tromper et de s'égarer au milieu des offres et demandes, sans faire les distinctions devenues nécessaires à la suite des plaidoiries et des conclusions nouvelles qui ont pu être prises par les diverses parties. — De Lalleau, Jousselin, Rendu et Périn, t. 1, n. 576; Crépon, sur l'art. 38, n. 1; Daffry de la Monnoye, t. 2, sur l'art. 38, n. 3.

2388. — Jugé que l'art. 38, L. 3 mai 1841, n'ayant pas prévu le cas où le magistrat directeur du jury juge à propos de poser les questions résultant de l'instruction et des débats, qui doivent être soumises aux jurés et résolues par eux, c'est là une faculté dont il appartient à ce magistrat d'user suivant les circonstances. — Cass., 7 nov. 1888, Ville de Lorient, [S. 91.1.175, P. 91.1.404, D. 90.1.255]; — 22 janv. 1889, Debory, [ibid.] — V. aussi Cass., 1er mars 1843, Labbé, [S. 43.1.315, P. 43.1.510]; — 23 nov. 1846, Girard de Vilsaison, [S. 47.1.219, P. 47.1.469, D. 47.1.248]

2389. — Les parties doivent être admises à discuter la position de la question, car elle peut influer sur la décision. Le magistrat directeur peut poser la question lui-même; il peut aussi inviter l'exproprié à rédiger un projet de questions, qui devient définitif si l'exproprié l'accepte; si les parties ne peuvent se mettre d'accord sur la position des questions, le magistrat directeur la forme en tenant compte de leurs observations. — De Lalleau, Jousselin, Rendu et Périn, t. 1, n. 578.

2390. — Les parties étant admises à discuter les questions à soumettre au jury, ces questions doivent, en principe, être posées avant la clôture des débats; toutefois, ce n'est pas là une obligation; la position des questions peut suivre la clôture des débats, pourvu que le texte en soit porté à la connaissance des parties. — Cass., 7 nov. 1888, précité; — 22 janv. 1889, précité. — Si les questions sont posées après la clôture des débats, et si une partie croit devoir présenter des observations ou des contestations, les débats doivent être rouverts et toutes les parties doivent être admises à faire valoir les moyens qu'elles croiront utiles pour la défense de leurs droits et de leurs intérêts. — De Lalleau, Jousselin, Rendu et Périn, loc. cit.

2391. — Le magistrat directeur qui refuserait de rouvrir les débats, pour permettre la discussion sur la position des questions, commettrait un excès de pouvoir et porterait atteinte aux droits des parties. Jugé, en ce sens, que les parties ont toujours le droit, en demandant la réouverture des débats, le cas échéant, de prendre, à cet égard, telles conclusions ou faire telles protestations et réserves qui leur paraîtront utiles. Et les parties qui n'ont pris aucunes conclusions, fait aucune protestation ou réserve au sujet des questions posées au jury par le magistrat directeur, ne peuvent se pourvoir en cassation de ce chef. — Cass., 7 nov. 1888, précité; — 22 janv. 1889, précité.

2392. — Si les parties jugent qu'il est de leur intérêt qu'une

EXPROPRIATION POUR CAUSE D'UTILITÉ PUBLIQUE. — Chap. XIII.

question soit posée sur un point déterminé, il leur appartient, par des conclusions écrites, de demander au magistrat directeur de poser cette question; le procès-verbal mentionne ces conclusions, ce qui permet à la Cour de cassation de décider si la question devait ou non être posée. — De Lalleau, Jousselin, Rendu et Périn, t. 1, n. 578; Crépon, sur l'art. 38, n. 4.

2393. — Le magistrat directeur n'est point, en effet, tenu de poser à la jury toutes les questions demandées par les parties; il peut refuser de les poser, si elles sont inutiles, irrégulières, ou font double emploi; c'est donc avec raison qu'il refuse de soumettre au jury une question relative à une demande irrégulièrement formée. — Cass., 7 avr. 1845, Rieder Monborne, [S. 45.1.532, P. 45.1.589, D. 45.1.207] — De Lalleau, Jousselin et Périn, t. 1, n. 577.

2394. — D'autre part, le magistrat directeur peut poser les questions dans la forme qu'il juge convenable, pourvu qu'elles ne préjudicient pas d'ailleurs aux droits des parties sur le fond. — Cass., 17 janv. 1893, Depeaux, [S. et P.94.1.422]

2395. — Les questions doivent toujours être posées au jury de manière à ce qu'il puisse répondre en fixant une somme; le magistrat directeur lui demandera donc quelle est la somme due à l'exproprié à raison de l'expropriation de telle parcelle, ou de sa privation d'un droit au bail; si plusieurs éventualités peuvent être prévues, une question devra être posée à raison de chacune de ces éventualités. — De Lalleau, Jousselin, Rendu et Périn, t. 1, n. 577.

2396. — Le magistrat directeur fera bien d'écrire les questions les unes à la suite des autres, il forme ainsi un tableau qu'il signe *ne varietur*; ce tableau, placé sous les yeux du jury, devient un des éléments de la cause et il est annexé au procès-verbal avec la décision du jury. Les questions étant ainsi réunies, le jury ne court pas le risque d'en oublier quelqu'une et de rendre, par suite, une décision irrégulière et incomplète. — De Lalleau, Jousselin, Rendu et Périn, t. 1, n. 579.

2397. — Mais l'exproprié qui n'a pas conclu à ce que la question le concernant, posée sur une feuille formant annexe au procès-verbal, fût portée à la connaissance du jury et à la sienne propre autrement que par la remise qui en a été faite au jury en audience publique, et n'a présenté aucune réclamation à ce sujet, est irrecevable à se pourvoir de ce chef. — Cass., 17 janv. 1893, précité.

2398. — Le jury doit, à peine de nullité, répondre à toutes les questions qui lui sont posées, principales ou accessoires; il doit, ainsi d'après les art. 37 et 38, statuer sur tous les points du litige et n'en omettre aucun. Cette nullité peut être invoquée par toutes les parties en cause. Jugé, en conséquence, que la décision du jury d'expropriation doit, à peine de nullité, répondre aux questions qui n'ont été motivées que par des offres subsidiaires faites dans le cours de l'instruction orale, comme à toutes les autres, et que la nullité tirée de l'omission de répondre à la question accessoire peut être proposée même par l'administration, encore bien qu'elle ne soit pas expliquée sur les nouvelles offres devant le jury. — Cass., 23 févr. 1840, Ponsard, [S. 40.1.274, P. 40.1.245] — De Lalleau, Jousselin, Rendu et Périn, t. 1, n. 580; Crépon, sur l'art. 38, n. 6.

2399. — Le jury peut cependant, si diverses questions lui sont posées relativement aux divers éléments d'une même indemnité, faire une seule réponse englobant les divers éléments de cette indemnité; il en est ainsi du moins si ces divers éléments sont réclamés par la même personne, et s'il est certain que l'indemnité accordée répond à toutes les demandes et à toutes les questions. Si la question est complexe en ce sens qu'elle réunit dans un ensemble les divers éléments d'une indemnité, le jury peut, à plus forte raison, répondre à cette seule question par l'allocation d'une somme unique.

2400. — Par suite, lorsque le magistrat directeur du jury a posé au jury une question, conforme d'ailleurs à la demande de l'exproprié, et ainsi conçue : « Quelle somme doit-il être accordée à l'exproprié, soit en sa qualité de locataire d'un terrain, soit en sa qualité de propriétaire d'un bâtiment édifié sur ce terrain? » et que le jury a accordé une somme unique pour toute indemnité, cette décision explique suffisamment que le jury a entendu comprendre dans l'allocation unique l'indemnité relative à la location du terrain et celle concernant la propriété du bâtiment édifié sur le terrain loué. — Cass., 17 janv. 1893, précité.

2401. — Lorsque l'une des parties a formulé une demande et réclamé la position d'une question que le magistrat directeur a écartée, le jury peut encore répondre à cette demande par l'allocation d'une somme et la fixation d'une indemnité : en agissant ainsi il ne fait que répondre aux demandes dont il a été saisi. — Cass., 7 avr. 1845, précité. — Daffry de la Monnoye, t. 2, sur l'art. 38, n. 4; Crépon, sur l'art. 38, n. 7.

SECTION VIII.

De la délibération du jury.

§ 1. *A quel moment a lieu la délibération.*

2402. — Les jurés ne peuvent délibérer qu'après la clôture des débats et alors qu'ils ont entendu toutes les parties; toute délibération prise avant ce moment violerait les droits de la défense et entraînerait la nullité de la décision du jury. Mais il n'est pas interdit aux jurés de se réunir, même de se communiquer leurs impressions pourvu qu'ils ne délibèrent pas. Ainsi il a été jugé que la circonstance que les jurés, ayant consacré plusieurs jours successifs à l'examen d'une cause, se sont, à la fin de chaque journée, réunis plus ou moins longtemps dans la salle de la mairie ou dans la chambre du conseil du tribunal, n'est pas une cause de nullité, s'il n'est point constaté que ces réunions aient été consacrées à des délibérations, ni qu'en aucun cas les jurés aient délibéré avant l'ouverture des débats. — Cass., 19 juin 1861, Bompied, [S. 62.1.884, P. 62.715, D. 61.1.286] — De Lalleau, Jousselin, Rendu et Périn, t. 1, n. 568.

2403. — Il a été jugé également que les jurés chargés de statuer sur plusieurs affaires ne contreviennent pas à la règle qui leur prescrit de délibérer sans désemparer, par cela seul qu'avant de délibérer sur toutes ces affaires, ils ont été autorisés à se réunir après chaque séance pour recueillir leurs souvenirs et les notes par eux prises dans chaque affaire durant le cours des débats : ces réunions ne sauraient être considérées comme des délibérations anticipées. — Cass., 20 mars 1855, Montrochet, [S. 55.1.451, P. 56.1.536, D. 55.1.61] — Daffry de la Monnoye, t. 2, sur l'art. 38, n. 26; Crépon, sur l'art. 38, n. 70.

2404. — Mais il a été jugé qu'il y a lieu d'annuler la décision du jury, lorsque celui-ci, à la suite d'une décision qu'il n'a pas fait connaître aux parties, s'est réuni, après la visite des lieux et avant l'ouverture des débats, pour délibérer et se mettre d'accord sur les notes et renseignements pris relativement à la nature des terrains expropriés, et que, sur une question du magistrat directeur, il a déclaré qu'il s'était réuni, comme jury constitué, dans le but de coordonner ses notes et de se mettre d'accord à leur sujet; qu'il en est ainsi, alors même que cette réunion n'aurait eu pour but que de délibérer et de se mettre d'accord sur la nature des terrains expropriés, le jury ayant ainsi examiné, dans une réunion anticipée, un des éléments de l'indemnité. — Cass., 9 mai 1888, Préfet des Hautes-Alpes, [S. 88.1.336, P. 88.1.800, D. 89.1.160]; — 11 juin 1888, Préfet des Hautes-Alpes, [S. 89.1.126, P. 89.1.290, D. 89.1.430] — De Lalleau, Jousselin, Rendu et Périn, t. 1, n. 569, note.

2405. — Le moyen tiré de ce que les jurés se seraient réunis et auraient délibéré avant l'ouverture des débats est d'ordre public. Dès lors, le pourvoi basé sur ce moyen est recevable, bien que le moyen n'ait été relevé qu'après la lecture de la décision du jury et l'ordonnance d'exécution du magistrat directeur. — Cass., 9 mai 1888, précité.

§ 2. *De la nomination du président du jury.*

2406. — « Les jurés se retirent immédiatement dans leur chambre pour délibérer, sous la présidence de l'un d'eux, qu'ils désignent à l'instant même » (L. 3 mai 1841, art. 38, § 2). La nomination du président est importante puisque c'est lui qui dirige les délibérations du jury, et que sa voix est prépondérante en cas de partage. Les jurés pouvant, en effet, délibérer en nombre pair un partage est toujours possible.

2407. — Le législateur a prévu le cas le plus ordinaire, celui où le président du jury est nommé au moment où les jurés se retirent dans la chambre qui leur est affectée pour délibérer, mais la désignation peut être faite avant ce moment, et en audience publique. — Cass., 22 juill. 1839, Préfet du Pas-de-Calais, [S.

39.1.801, P. 46.2.640]; — 24 mars 1841, Préfet des Bouches-du-Rhône, [S. 41.1.344, P. 47.1.216]; — 5 mars 1845, Ville de Clermont-Ferrand, [S. 45.1.430, P. 45.1.383, D. 45.1.171]; — 25 juill. 1853, Frison, [S. 53.1.841, P. 53.2.236, D. 53.1.374] ; — 11 juin 1856, Chemin de fer de Strasbourg, [S. 56.1.826, P. 56.2.414, D. 56.1.196]; — 4 janv. 1860, Lecointre, [S. 60.1.480, P. 61.600, D. 60.1.40] — Debray, n. 98; Malapert et Protat, n. 298; de Peyrony et Delamarre, n. 380; Dufour, n. 103; Arnaud, n. 364; Daffry de la Monnoye, t. 2, sur l'art. 38, n. 6; de Lalleau, Jousselin, Rendu et Périn, t. 1, n. 583; Crépon, sur l'art. 38, n. 21.

2408. — Il en est surtout ainsi, alors qu'une pareille désignation a été confirmée par le jury dans la chambre de ses délibérations. — Cass., 22 juill. 1839, précité. — Crépon, sur l'art. 38, n. 22. — Mais cette confirmation elle-même n'est pas nécessaire.

2409. — Jugé dans le même sens : que la désignation de ce président n'est soumise à aucune forme particulière; que cette désignation peut, sans qu'il en résulte nullité, être faite publiquement à l'audience, au moment où les jurés entrent dans la chambre de leurs délibérations; qu'il n'est pas absolument nécessaire qu'elle ait lieu secrètement dans cette chambre même. — Cass., 22 juill. 1839, précité.

2410. — ... Qu'il ne résulte aucune cause de nullité de ce que les jurés n'ont fait connaître le choix par eux fait de leur président qu'en séance publique, après la clôture de l'instruction et à l'instant de se retirer dans la chambre de leurs délibérations. — Cass., 11 juin 1856, précité.

2411. — ... Que le jury d'expropriation peut, lorsqu'il est constitué, nommer son président sans attendre le moment de la délibération, surtout dans le cas où il a à statuer, avant la clôture des débats sur une question préliminaire. — Cass., 5 mars 1845, précité ; — 4 janv. 1860, précité. — Crépon, sur l'art. 38, n. 23; Daffry de la Monnoye, t. 2, sur l'art. 38, n. 8 ; de Lalleau, Jousselin, Rendu et Périn, loc. cit.

2412. — Le choix du président est constaté par les jurés eux-mêmes, soit sur la feuille qui contient leur décision, soit à leur retour à l'audience sur leur déclaration. Mais il n'est pas nécessaire que les jurés constatent la nomination de leur président sous la forme expresse d'une délibération spéciale; elle peut être valablement constatée par une simple mention insérée au procès-verbal des opérations des jurés. Il a été jugé, en conséquence qu'il ne résulte aucune violation de l'art. 38, de ce qu'une telle désignation est seulement constatée par la mention du procès-verbal portant que la décision du jury a été remise au magistrat directeur par tel juré, que les jurés ont choisi pour leur président dans la chambre de leurs délibérations. — Cass., 25 juill. 1855, précité.

2413. — ... Que depuis comme avant la loi de 1841, la constatation de la nomination du président du jury n'a été assujettie à aucune forme particulière; qu'il suffit qu'elle résulte même d'une manière implicite des énonciations du procès-verbal. — Cass., 22. juill 1839, précité; — 24 mars 1841, précité; — 25 juill. 1855, précité; — 11 juin 1856, précité; — 14 juin 1877, Quesnel, [S. 77.1.470] — De Peyrony et Delamarre, n. 379; Daffry de la Monnoye, t. 2, sur l'art. 38, n. 7; Crépon, sur l'art. 38, n. 24; de Lalleau, Jousselin, Rendu et Périn, t. 1, n. 583.

2414. — Que quand à la désignation, en séance publique, d'un juré pour président du jury, se joint la qualification de président donnée au même membre dans la décision du jury, il n'y a pas de doute possible que tel ait été le choix fait par le jury. — Cass., 24 mars 1841, précité. — De Lalleau, Jousselin, Rendu et Périn, t. 1, n. 583, note.

2415. — ... Qu'à plus forte raison le fait de la désignation du président du jury suffisamment de la qualification de président donnée à l'un des jurés par le procès-verbal des opérations, et la signature du même juré avec mention de cette qualité sur la décision du jury. — Cass., 2 févr. 1846, Préfet des Bouches-du-Rhône, [S. 46.1.237, P. 47.1.222, D. 46.1. 78]

2416. — Il suffit que le procès-verbal constate que les jurés ont nommé leur président lors de leur entrée dans la chambre de leur délibération et avant de rendre leur décision. Les jurés se sont, en effet, alors conformés aux prescriptions de la loi. — Cass., 7 janv. 1879, Etienne, [D. 79.1.172] — Crépon, sur l'art. 38, n. 25.

2417. — Il n'est même pas nécessaire que la décision des jurés constate qu'avant d'entrer en délibération, les jurés ont désigné celui d'entre eux qui devait les présider. — Cass., 9 juin 1834, Boubers, [S. 35.1.37, P. chr.] — Il suffit qu'il soit constant qu'un président a été nommé ; la présomption est alors qu'il a été désigné avant le commencement de la délibération ; ce serait à la partie qui prétendrait qu'il n'en a point été ainsi à établir la réalité de son allégation.

2418. — Lorsque le procès-verbal déclare que les jurés ont choisi un président, on n'est pas recevable à prétendre le contraire à moins de s'inscrire en faux contre cette énonciation. — Cass., 15 avr. 1840, Maury, [P. 40.2.167]

§ 3. De la délibération portant sur plusieurs affaires.

2419. — Aux termes de l'art. 38, les jurés se retirent immédiatement après la clôture des débats pour délibérer. Le principe en cette matière, c'est que la délibération doit suivre immédiatement la clôture des débats, sauf l'interruption résultant d'un repos nécessaire; le jury peut ou examiner les affaires l'une après l'autre, ou grouper les affaires par séries, ou enfin les examiner toutes ensemble, simultanément. Dans le premier cas, il doit délibérer sur chaque affaire aussitôt que les débats de cette affaire ont été clos ; dans le deuxième cas, il doit délibérer sur la série aussitôt après la clôture prononcée relativement à cette série ; enfin, dans le troisième cas, il délibère sur l'ensemble des affaires aussitôt la clôture générale prononcée. — Cass., 31 juill. 1889, Virion et Laborde, [S. 91.1.542, P. 91.1. 1309] — Crépon, sur l'art. 38, n. 26 et 295 bis; Daffry de la Monnoye, t. 1, sur l'art. 34, n. 34.

2420. — Lorsque, du consentement de toutes les parties, un seul jury de jugement a été formé pour toutes les affaires portées au tableau, il appartient au jury de procéder par une délibération simultanée sur les affaires ainsi réunies, après l'examen et la discussion de chacune d'elles, et les parties qui ont consenti sans réserve à la jonction de leurs affaires ne sont plus recevables à critiquer ensuite ce mode de procéder. — Cass., 10 févr. 1879, Clappier, [S. 79.1.429, P. 79.1.101, D. 79.1.175]; — 19 juill. 1881, Tulle, [S. 82.1.134, P. 82.1.286, D. 82.1.267]; — 10 nov. 1884, Guéreke, [S. 85.1.320, P. 85.1.774, D. 85.1.200] — V. supra, n. 1877 et s.

2421. — Lorsque plusieurs affaires de même nature ont été réunies par catégories, le jury peut, après l'examen et la discussion de toutes les affaires d'une même catégorie, délibérer simultanément sur chacune de ces affaires. — Cass., 24 avr. 1855, Falcoux, [S. 55.1.607, P. 55.1.599, D. 55.1.132]; — 15 mai 1855, Detroya, [P. 57.829, D. 55.1.204] — V. supra, n. 1891 et s. — Il en sera ainsi, par exemple, lorsqu'une catégorie sera formée d'immeubles urbains et l'autre d'immeubles ruraux.

2422. — Par suite, le jury procède régulièrement quand il délibère immédiatement et sans désemparer après la clôture des débats relatifs à une série d'affaires, et les expropriés ne sauraient se faire un grief de la clôture prononcée la veille pour une catégorie d'affaires auxquelles ils étaient étrangers. — Cass., 31 juill. 1889, précité.

2423. — Mais les jurés auxquels plusieurs affaires ont été soumises ne sont pas tenus, soit de ne statuer sur toutes les affaires que par une seule délibération, soit d'ajourner leurs délibérations jusqu'après la discussion des différentes affaires : ils peuvent délibérer sur chaque affaire séparément et successivement. — Cass., 4 janv. 1860, Lecointre, [S. 60.1.480, P. 61.638, D. 60.1.40] — Les jurés agiront ainsi surtout lorsqu'ils craindront de n'avoir pas des souvenirs assez présents pour procéder par une délibération d'ensemble, ou lorsque les divers immeubles étant de nature très-différente, il n'y a point intérêt à apprécier en même temps les diverses indemnités dues.

§ 4. De la délibération immédiate et sans désemparer.

2424. — Les jurés, porte l'art. 38, se retirent immédiatement dans leur chambre pour délibérer sans désemparer. Le procès-verbal doit constater, au moins implicitement, que les prescriptions de l'art. 38 ont été observées. Ainsi sont suffisantes : la mention que le magistrat directeur a invité les jurés à se retirer pour délibérer, et que ceux-ci sont entrés dans leur chambre de délibération ; ces termes sont, en effet, ceux de l'art. 38. — Cass., 7 mai 1878, Jumet, [cité par Daffry de la Monnoye, t. 2, sur l'art. 38, n. 11, et Crépon, sur l'art. 38,

n. 32] — De Lalleau, Jousselin, Rendu et Périn, t. 1, n. 585, note.

2425. — ... La mention que l'audience à été suspendue, que les jurés ont délibéré sans désemparer sous la présidence de l'un d'eux, et sont ensuite rentrés en audience publique. — Cass., 22 août 1848, Préfet du Morbihan, [D. 48.5.187] — Daffry de la Monnoye, t. 2, sur l'art. 38, n. 10; Crépon, sur l'art. 38, n. 30.

2426. — La mention que les jurés sont entrés dans la salle de leur délibération à 2 h. 55', qu'ils en sont sortis à 7h. 30', et que l'audience publique a été reprise. — Cass., 28 août 1876, Chemin de fer d'Orléans, [S. 77.1.224, P. 77.549, D. 77.1.23] — Mêmes auteurs.

2427. — Les énonciations du procès-verbal suffisent pour établir, nonobstant toute allégation contraire, que les jurés ont délibéré sans désemparer. Elles ne peuvent être combattues que par la voie de l'inscription de faux. — Cass., 19 janv. 1835, Comm. de Charny, [S. 35.1.472, P. chr.] — Daffry de la Monnoye, t. 2, sur l'art. 38, n. 28; Crépon, sur l'art. 38, n. 50; de Lalleau, Jousselin, Rendu et Périn, t. 1, n. 585.

2428. — Le magistrat directeur doit toujours indiquer le lieu de la délibération du jury puisqu'il le connaît, et qu'il doit s'efforcer de rédiger un procès-verbal complet en ne laissant point place au doute et à la discussion; cependant son silence à cet égard n'a aucune portée fâcheuse s'il ressort des autres énonciations du procès-verbal, que la délibération a été régulière et que les prescriptions de la loi ont été suivies; si les énonciations du procès-verbal sur la régularité de la délibération sont obscures, incomplètes, son silence sur le lieu où elle a été tenue, ajoutant encore à l'incertitude sur le point de savoir si les prescriptions de la loi ont été suivies, entraînera l'annulation de la décision du jury. — Daffry de la Monnoye, t. 2, sur l'art. 38, n. 12.

2429. — Si une partie allègue que le jury a désemparé à sa délibération et conclut à ce qu'il lui en soit donné acte, le magistrat doit vérifier si le fait ainsi mis en avant est exact, et, en cas d'affirmative, en donner acte; si le fait n'est point établi, le magistrat le constate, conformément aux principes posés suprà, n. 2346 et s.

2430. — Dans les conclusions qu'il donnait au sujet de l'arrêt de cassation du 7 janv. 1845 (Clermont-Saint-Jean), le premier avocat général Pascalis soutenait que par les mots « sans désemparer, » la loi avait voulu dire : sans divertir à d'autres affaires, et qu'il suffisait que cette dernière condition eût été observée pour qu'on ne pût prétendre que l'art. 38 avait été violé. Cette interprétation de la loi nous semble erronée; autrement il faudrait aller jusqu'à considérer comme valable une délibération interrompue pendant un temps quelque long qu'il fût, et reprise ensuite, pourvu que dans l'intervalle il n'eût été procédé par les mêmes jurés à l'examen d'aucune autre affaire. Or, c'est ce qu'il est impossible d'admettre; et il paraît juste de penser que les mots sans désemparer contenus dans l'art. 38 ont le même sens que ceux de l'art. 343, C. instr. crim. : « les jurés ne peuvent sortir de leur chambre, qu'après avoir formulé leur déclaration. » — V. suprà, v° Cour d'assises, n. 3911 et s.

2431. — En prescrivant aux jurés de se retirer immédiatement dans leur chambre pour délibérer, l'art. 38 entend nécessairement qu'il ne doit y avoir aucun intervalle entre la clôture du débat et le commencement de la délibération. Il le veut ainsi par deux raisons puissantes : 1° afin que les jurés ne perdent pas les impressions d'audience; 2° afin qu'ils ne soient pas exposés aux influences du dehors dans ce moment solennel où, tout étant dit et expliqué par les parties, il ne s'agit plus pour le jury que de prononcer. Sans doute, la loi ne défend pas d'une manière absolue les suspensions nécessaires au cours des jurés; mais il semble résulter de l'esprit et du texte de la loi, aussi bien que de leur combinaison avec les règles que la nécessité a fait admettre en matière criminelle, que ces suspensions doivent avoir lieu avant la clôture des débats.

2432. — Jugé, en ce sens, que de ce que, aux termes de l'art. 38, L. 3 mai 1841, les jurés doivent, après la clôture des débats, se retirer immédiatement dans leur chambre pour délibérer sans désemparer, il ne résulte pas que si un intervalle de repos est nécessaire aux jurés, il soit interdit de le placer entre la clôture de l'instruction et l'ouverture de leur délibération. — Cass., 25 août 1884, Préfet du Doubs, [S. 86.1.39, P. 86.1.62, D. 85.1.408] — V. aussi Cass., 10 nov. 1884, Querecke, [S.

85.1.320, P. 85.1.774, D. 85.1.200] — Il est à souhaiter d'ailleurs que le repos soit aussi court que possible. — Crépon, sur l'art. 38, n. 46.

2433. — ... Qu'une pareille suspension peut d'autant moins être présentée comme cause de nullité, qu'elle a eu lieu sans protestation ni observations des parties, et qu'il n'est point allégué que, pendant sa durée, une communication quelconque ait eu lieu entre un ou plusieurs jurés et les parties ou leurs conseils (V. infrà, n. 2441). — Cass., 18 avr. 1854, Jacquemet, [S. 54.1.485, P. 54.2.527, D. 54.1.161]

2434. — ... Que, le magistrat directeur, après la clôture de l'instruction, a pu, sur la demande expresse des jurés, suspendre l'audience pendant dix minutes, et autoriser les jurés à sortir, alors surtout qu'il n'est allégué que, pendant l'intervalle de la suspension, une communication quelconque ait eu lieu entre un ou plusieurs jurés et les parties ou leurs conseils. — Cass., 25 août 1884, précité.

2435. — La délibération peut même être renvoyée au lendemain si les débats se sont terminés assez tard pour que les jurés ne puissent commencer à délibérer de suite. Il n'y a donc pas nullité de la décision en ce que, après la clôture des débats (prononcée à onze heures du soir à la suite d'une séance qui durait depuis midi), les jurés se seraient retirés pour prendre un repos que le magistrat directeur aurait jugé indispensable, et en ce que la délibération aurait été remise au lendemain matin. — Cass., 7 janv. 1845, précité. — V. aussi Cass., 18 avr. 1854, précité. — Daffry de la Monnoye, t. 2, sur l'art. 38, n. 24; Crépon, sur l'art. 38, n. 64 et 65.

2436. — D'autre part, une délibération ininterrompue n'est pas toujours possible quand les jurés ont à délibérer sur un grand nombre de questions et que la discussion se prolonge; il est donc admis que les jurés peuvent suspendre leur délibération pour prendre un repos. Dès lors, pas de nullité si les jurés, réunis depuis huit heures du matin, sont, au milieu de la journée, sortis tous ensemble de leur chambre des délibérations pour prendre un repas à l'hôtel, quand d'ailleurs le procès-verbal constate qu'il n'y a eu alors par eux aucune communication avec les parties intéressées ou leurs conseils. — Cass., 7 janv. 1845, précité. — Daffry de la Monnoye, loc. cit.; Crépon, sur l'art. 38, n. 62; de Lalleau, Jousselin, Rendu et Périn, t. 1, n. 586.

2437. — Les diverses décisions que nous venons de rappeler relèvent la circonstance que les jurés n'ont point profité de la suspension pour communiquer avec les parties; si, en effet, il était établi que les jurés ou un ou plusieurs d'entre eux, pendant la suspension se sont entretenus de l'affaire avec l'une des parties, ce manquement à leurs devoirs entraînerait la nullité de la décision intervenue. La décision du jury ne pourrait plus inspirer confiance alors qu'elle aurait été rendue après une conversation entre un juré et une partie, et alors qu'une influence irrégulière aurait pu être exercée sur lui. Si les parties ont des observations à présenter, elles doivent le faire à l'audience, en face de leurs adversaires, ainsi appelés à les discuter.

2438. — Mais il a été jugé que le fait, par un juré, d'avoir, pendant le trajet du jury de la salle d'audience à la chambre des délibérations, communiqué à voix basse avec une personne placée dans la salle d'audience, ne peut, malgré son irrégularité, ni faire considérer le jury comme ayant désemparé à sa délibération, ni être interprété en ce sens qu'un des jurés a reçu après l'instruction close une communication susceptible de modifier ou de confirmer les impressions de l'instruction, alors surtout que les paroles prononcées par le juré dans la salle d'audience n'ont pas été entendues de la personne à qui elles étaient adressées. — Cass., 7 déc. 1857, Chem. de fer de l'Ouest, [P. 59.636, D. 58.1.81] — Crépon, sur l'art. 38, n. 57; Daffry de la Monnoye, t. 2, sur l'art. 38, n. 22; de Lalleau, Jousselin, Rendu et Périn, t. 1, n. 585, note.

2439. — Il a été jugé d'autre part, que la sortie du jury d'expropriation de la salle de ses délibérations pour n'y rentrer qu'après une demi-heure d'absence ne constitue pas non plus, si irrégulière qu'elle soit, une cause de nullité, lorsqu'il est constant qu'au moment de cette sortie, la décision des jurés, déjà arrêtée et signée par chacun d'eux, n'avait pas cessé d'être entre les mains du président du jury, qui l'a remise au magistrat directeur sans qu'aucune délibération nouvelle ait eu lieu dans l'intervalle de temps écoulé entre lesdites sortie et rentrée des jurés. — Cass., 16 juin 1858, Michalet, [P. 59.98, D. 58.1.325]

— Crépon, sur l'art. 38, n. 71 et 72; Daffry de la Monnoye, t. 2, sur l'art. 38, n. 27.

2440. — ... Que de même il n'y a pas violation de la disposition de l'art. 38, quoique l'un des jurés soit sorti de la salle des délibérations avant ses collègues, pour se rendre dans la salle d'audience, où il a parlé à plusieurs personnes, si à ce moment la délibération du jury était terminée et la décision prise en l'état où elle a été rendue — Cass., 7 janv. 1862, Roche, [S. 63.1. 378, P. 62.1.1064, D. 62.1.377] — Crépon, sur l'art. 38, n. 74; de Peyrony et Delamarre, n. 475; Daffry de la Monnoye, loc. cit.

§ 5. Du secret de la délibération.

1° Généralités.

2441. — En matière criminelle, les jurés ne peuvent sortir de leur chambre qu'après avoir formulé leur déclaration; l'entrée ne peut en être permise pour quelle cause que ce soit que par le président de la cour d'assises et par écrit (C. instr. crim., art. 343). — V. suprà, v° *Cour d'assises*, n. 3911 et s. — La loi de 1841 ne contient aucune disposition spéciale à cet égard; mais de ce que les jurés sont, immédiatement après la clôture des débats, tenus de délibérer sans désemparer, on a conclu qu'ils ne doivent avoir aucune communication avec qui que ce soit, et que dès lors leur délibération doit être secrète. — De Lalleau, Jousselin, Rendu et Périn, t. 1, n. 585; Daffry de la Monnoye, t. 2, sur l'art. 38, n. 11; Crépon, sur l'art. 38, n. 31.

2442. — La délibération du jury est donc nulle si elle n'a pas été secrète. — Cass., 1er août 1888, Babuty, [S. 89.1.86, P. 89.1.176, D. 89.1.160]

2443. — Régulièrement la délibération doit avoir lieu dans la chambre des délibérations du jury; pour assurer plus efficacement le secret de la délibération, le législateur a voulu que le jury se retirât pour délibérer dans la salle qui lui est destinée; la délibération même à voix basse, en présence du public, n'aurait point présenté toutes les garanties de liberté désirable. Les jurés peuvent aussi délibérer dans la salle d'audience pourvu qu'ils y soient laissés seuls. Par suite, le texte de la loi ne fait pas obstacle à ce que la délibération ait lieu dans la salle d'audience même, sur l'invitation du magistrat directeur du jury, qui, après avoir fait évacuer la salle, en a fait fermer la porte, et n'y est rentré lui-même pour rendre l'audience publique, qu'après que le jury l'a prévenu pour sa délibération était terminée. — Cass., 25 févr. 1840, Valognes, [S. 40.1.212, P. 40.1.233]; — 10 févr. 1874, David, [*Bull. civ.*, p. 60]; — 1er juin 1891, Arnaudou, [S. et P. 93.1.479] — De Lalleau, Jousselin, Rendu et Périn, t. 1, n. 584; Crépon, sur l'art. 38, n. 28 et 29; Daffry de la Monnoye, t. 2, sur l'art. 38, n. 9.

2444. — Mais il y a nullité de la décision du jury et de l'ordonnance du magistrat directeur, lorsque les jurés, au lieu de délibérer secrètement dans leur chambre, se sont rendus, après une visite sur lieux, dans la maison de l'un d'eux pour y prendre leur décision, et que l'ordonnance du magistrat directeur a été ultérieurement rendue à une audience à laquelle il n'est pas constaté que le jury ait assisté. — Cass., 11 août 1845, Saint-Michel, [S. 45.1.762, P. 46.1.111, D. 45.1.360] — De Lalleau, Jousselin, Rendu et Périn, t. 1, n. 584, note.

2445. — Remarquons que les portes doivent être closes, les fenêtres fermées si elles donnent sur un lieu d'où le public puisse entendre les propos échangés; dans ce dernier cas si les fenêtres étaient ouvertes, il faudrait faire écarter le public. La décision du jury serait donc nulle si elle était prise dans une salle dont les portes étaient demeurées ouvertes et où le public pouvait librement pénétrer. — Cass., 22 août 1864, Hardouin, [D. 64.5.158] — De Lalleau, Jousselin, Rendu et Périn, t. 1, n. 585, note; Crépon, sur l'art. 38, n. 35; Daffry de la Monnoye, t. 2, sur l'art. 38, n. 19.

2446. — Les jurés ne doivent pas sortir de leur chambre des délibérations, tant que leur décision n'a pas été prise ou une suspension régulièrement ordonnée, telle est la règle (V. suprà, n. 2424 et s.); mais il ne faut pas la pousser à l'absurde; ainsi un juré peut sortir un instant pour satisfaire à une nécessité physique, ou chercher un objet nécessaire au jury, pourvu qu'il ne communique pas avec les parties. — Cass., 5 mars 1836, Chemin de fer de Bessège, [S. 56.1.832, P. 56.1.497, D. 56.1. 119] — Crépon, sur l'art. 38, n. 52 et 59; Daffry de la Monnoye,

t. 2, sur l'art. 38, n. 21; de Lalleau, Jousselin, Rendu et Périn t. 1, n. 585, note.

2447. — De même, le fait d'un juré de venir jusqu'au seuil de la porte de communication de la chambre de délibération avec l'auditoire et de demander à haute voix la remise d'une des pièces du procès, ne saurait entraîner nullité. — Cass., 27 févr. 1837, Urbain, [S. 37.1.176, P. 37.1.334] — Crépon, sur l'art. 38, n. 58; Daffry de la Monnoye, *loc. cit.*; de Lalleau, Jousselin, Rendu et Périn, *loc. cit.*

2448. — Mais il a été jugé que la décision du jury était entachée de nullité : par le seul fait de la part d'un des jurés d'avoir quitté la chambre des délibérations avant que la décision fût rendue, et de s'être, nonobstant les avertissements du magistrat directeur, dirigé vers la partie intéressée et son conseil, avec lesquels il n'est point certain qu'il ne se soit pas entretenu. — Cass., 20 août 1845, Préfet des Pyrénées-Orientales, [S. 45.1. 766, P. 46.1.112, D. 45.1.360] — Crépon, sur l'art. 38, n. 38; Daffry de la Monnoye, t. 2, sur l'art. 38, n. 20; de Lalleau, Jousselin, Rendu et Périn, *loc. cit.*

2449. — ... Ou lorsque le président du jury, pendant la délibération, a quitté ses collègues pour venir dans la salle d'audience demander des éclaircissements et documents nouveaux, sur lesquels la délibération a continué et a été rendue. — Cass., 1er déc. 1837, Chemin de fer d'Orléans, [S. 58.1.830, P. 59.80, D. 58.1. 82] — Crépon, sur l'art. 38, n. 40; Daffry de la Monnoye, t. 2, sur l'art. 38, n. 21; de Lalleau, Jousselin, Rendu et Périn, *loc. cit.*

2450. — ... Ou lorsque le président du jury s'est rendu, pendant la délibération, dans la salle d'audience pour demander des renseignements aux agents de la compagnie expropriante. — Cass., 29 juill. 1862, Girard, [S. 62.1.1064, P. 63.378, D. 62.1.377] — Crépon, sur l'art. 38, n. 41; Daffry de la Monnoye, *loc. cit.*; de Lalleau, Jousselin, Rendu et Périn, *loc. cit.*

2451. — Si la décision du jury a été rendue sur plusieurs affaires réunies dans une même catégorie (V. suprà, n. 2199 et s.), la nullité peut être opposée par tous les expropriés, alors même que le vice de la déclaration n'aurait été constaté que sur la demande d'un seul d'entre eux. — Même arrêt. — Daffry de la Monnoye, *loc. cit.*

2452. — La preuve que la délibération du jury a été secrète doit, à peine de nullité, résulter des constatations du procès-verbal. — Cass., 29 juin 1869, Vivier-Labretonnière, [S. 69.1.386, P. 69.948, D. 69.1.344]

2453. — Le procès-verbal laisse dans le doute le mode et la manière de délibérer du jury entraîne la nullité de la décision qui a suivi; il en est ainsi, par exemple, s'il ne fait connaître ni l'indication du moment, ni l'indication du lieu où le jury s'est retiré pour délibérer; il n'établit pas, en effet, le secret des délibérations. — Même arrêt. — Crépon, sur l'art. 38, n. 11; de Lalleau, Jousselin, Rendu et Périn, t. 1, n. 585, note; Crépon, sur l'art. 38, n. 33.

2454. — Toutefois il n'est point nécessaire que le procès-verbal contienne une mention expresse à cet égard, il suffit que de l'ensemble de ses énonciations résulte la preuve du secret des délibérations. — Crépon, sur l'art. 38, n. 32; Daffry de la Monnoye, t. 2, sur l'art. 38, n. 28; de Lalleau, Jousselin, Rendu et Périn, t. 1, n. 585.

2455. — Il n'est pas nécessaire non plus que l'ordonnance du magistrat directeur mentionne que les jurés se sont conformés, quant au mode et au secret de leur délibération, aux dispositions de la loi. — Cass., 26 août 1873, Fabre, [S. 73.1.475, P. 73.1192] — En effet, les constatations relatives au secret de la délibération doivent se trouver dans le procès-verbal et non dans l'ordonnance du magistrat directeur.

2456. — Les énonciations du procès-verbal font foi jusqu'à inscription de faux; il en résulte qu'elles suffisent pour établir, nonobstant toute allégation contraire, que des jurés ont délibéré en secret. — Cass., 19 janv. 1835, Comm. de Charny, [S. 35.1. 172, P. chr.] — Crépon, sur l'art. 38, n. 50; Daffry de la Monnoye, *loc. cit.*; de Lalleau, Jousselin, Rendu et Périn, *loc. cit.*

2457. — Tant que l'inscription de faux n'a pas été admise, les énonciations du procès-verbal relatives au secret des délibérations ne peuvent être combattues soit par la preuve testimoniale, soit par les lettres ou les déclarations émanées des jurés. — Cass., 19 janv. 1835, précité; — 23 juin 1840, Mareau, [D. 40. 1.254]; — 12 avr. 1847, [cité par Crépon, sur l'art. 38, n. 51] — Daffry de la Monnoye, t. 2, sur l'art. 38, n. 28; de Lalleau, Jousselin, Rendu et Périn, t. 1, n. 585, note.

2° *De l'introduction d'un étranger dans la chambre des délibérations.*

2458. — Le jury devant délibérer secrètement, aucune personne qui lui est étrangère ne peut se trouver dans la chambre de ses délibérations, alors qu'il délibère ; la présence de cette personne peut faire supposer qu'elle a participé à la délibération, qu'elle a déterminé l'opinion qui a prévalu, qu'elle a tout au moins gêné la liberté des jurés et pesé ainsi sur leur décision. Jugé, en ce sens, que la délibération du jury est nulle, lorsqu'un individu qui ne faisait pas partie du jury y a pris part, alors même qu'en retranchant cet individu du nombre des délibérants, ceux-ci fussent encore en nombre suffisant pour prendre une décision. — Cass., 6 déc. 1837, Bérard, [S. 38.1.228. P. 38.1. 304] — Daffry de la Monnoye, t. 2, sur l'art. 38, n. 114.

2459. — ... Que la décision du jury est nulle, alors que, pendant sa délibération, un juré, faisant partie d'un autre jury, se trouvait dans la salle des délibérations. — Cass., 8 avr. 1891, Société du canal de Pierrelatte, [S. 91.1.352, P. 91.1.829, D. 92. 1.222]

2460. — La nullité ne devra cependant pas être prononcée s'il est établi que la personne étrangère qui est entrée dans la chambre des délibérations, n'y est demeurée qu'un moment et n'a eu, pendant ce temps, aucune communication avec le jury relativement à la décision à prendre. Telle serait la présence d'un homme de service pour entretenir le feu. — V. *suprà*, v° *Cour d'assises*, n. 3934.

2461. — Il n'y aurait pas non plus violation du secret de la délibération des jurés, par cela seul que le greffier ou un huissier serait entré dans la salle des délibérations pour leur remettre un document réclamé par eux. — Cass., 3 mai 1843, Tantegnies, [S. 43.1.504, P. 43.1.664] — Daffry de la Monnoye, t. 2, sur l'art. 38, n. 17; Crépon, sur l'art. 38, n. 57; de Lalleau, Jousselin, Rendu et Périn, *loc. cit.*

2462. — ... Ou pour leur faire connaître la pièce qu'ils réclament n'a pu être trouvée. — Cass., 27 févr. 1837, Urbain, [S. 37.1.176, P. 37.1.334] — ... Ou pour leur transmettre la réponse du magistrat directeur à leur demande relative au point de savoir s'ils pouvaient entendre les explications des parties en chambre du conseil. — Cass., 13 août 1866, Ville de Pau, [S. 67.1.83, P. 67.173, D. 66.5.199] — Daffry de la Monnoye, *loc. cit.;* de Lalleau, Jousselin, Rendu et Périn, *loc. cit.;* Crépon, sur l'art. 38, n. 55 et 56. — V. aussi *suprà*, v° *Cour d'assises*, n. 3933.

2463. — Mais les jurés, une fois entrés dans la salle de leurs délibérations, ne peuvent demander à faire comparaître devant eux les avocats des parties pour entendre de nouveau leurs explications : ce serait, d'ailleurs (V. *suprà*, n. 2430 et s.), désemparer à leur délibération. — Cass., 13 août 1866, Ville de Pau, [S. 67.1.83, P. 67.173, D. 66.5.199] — Crépon, sur l'art. 38, n. 48; Daffry de la Monnoye, t. 2, sur l'art. 38, n. 5; de Lalleau, Jousselin, Rendu et Périn, *loc. cit.*

2464. — De même, la décision du jury d'expropriation est nulle lorsque les jurés, s'étant retirés après la clôture des débats dans leur chambre pour délibérer, y ont appelé et entendu les parties hors la présence du magistrat directeur et à huis-clos. Et il n'importe que les parties aient été ainsi appelées simultanément. — Cass., 6 janv. 1874, Comm. de Calvisson, [S. 74.1.83, P. 74.171, D. 74.1.215] ; — 16 juill. 1884, Préfet des Hautes-Alpes, [S. 86.1.279, P. 86.1.658, D. 85.1.472] — Mêmes auteurs qu'au numéro qui précède.

2465. — A plus forte raison la décision du jury devra-t-elle être annulée si les jurés n'ont fait appeler dans leur chambre des délibérations que le représentant de l'une des parties, qui a pu de cette façon discuter devant eux sans contrôle et sans contradicteur. Ainsi il y a nullité de la décision du jury d'expropriation lorsque les jurés s'étant, après la clôture des débats, retirés dans leur chambre pour délibérer, un représentant de l'administration expropriante est entré, sur leur appel, dans ladite chambre, hors la présence des indemnitaires. Et il n'importe que la présence de l'agent de l'administration dans la chambre des jurés n'ait duré que quelques instants. Il n'importe non plus que cet agent soit entré dans ladite chambre sans opposition de la part des indemnitaires, qui ont postérieurement demandé acte de l'irrégularité commise. — Cass., 9 déc. 1856, Valz, [S. 57.1. 512, [P. 57.121, D. 56.1.437]; — 2 avr. 1873, Granal, [S. 73.1. 475, P. 73.1192, D. 73.1.188]; — 29 mai 1877, Dubosq, [D. 77. 5.228] — Crépon, sur l'art. 38, n. 39; Daffry de la Monnoye,

loc. cit.; de Lalleau, Jousselin, Rendu et Périn, *loc. cit.;* de Peyrony et Delamarre, n. 472.

2466. — L'introduction de l'avocat et de l'avoué de l'expropriant dans la salle des délibérations du jury, pendant la délibération, entraîne également la nullité de la décision du jury. — Cass., 13 déc. 1893, Legendre, [S. et P. 94.1.192, D. 95.1.47]

2467. — L'introduction d'un étranger dans la chambre des délibérations du jury, alors qu'il délibère, est d'ailleurs une cause de nullité, encore bien que cet étranger ne fût ni l'une des parties en cause ni leur conseil ; cet étranger a pu, en effet, participer à la délibération, l'influencer, ce qui vicie la décision du jury. Ainsi, lorsque, après la clôture de la discussion prononcée par le magistrat directeur, le jury d'expropriation s'est retiré dans la chambre des délibérations, l'introduction dans cette chambre d'une personne étrangère (de l'arpenteur qui a exprimé une opinion sur la valeur des parcelles expropriées), appelée sur la demande d'un des jurés, entraîne la nullité de la décision du jury et de l'ordonnance du magistrat directeur qui en est la suite. — Cass., 18 mars 1844, Duc d'Aremberg, [S. 44.1.378, P. 44.1.673]; — 16 déc. 1862, Carion de Nézas, [D. 62.1.344]; — 30 août 1865, Tymbeau, [D. 65.5.180] — Crépon, sur l'art. 38, n. 36 et 42; Daffry de la Monnoye, *loc. cit.;* de Lalleau, Jousselin, Rendu et Périn, *loc. cit.*

2468. — Il en est de même au cas d'introduction dans la chambre des délibérations, après la clôture des débats, d'un agent voyer auquel les jurés ont demandé des renseignements, surtout alors que la partie expropriée n'a été appelée en même temps. — Cass., 30 juill. 1860, Weter, [S. 60.1.1009, P. 61.101, D. 60.1.407] — Crépon, sur l'art. 38, n. 39; Daffry de la Monnoye, *loc. cit.;* de Lalleau, Jousselin, Rendu et Périn, *loc. cit.*

2469. — L'introduction du magistrat directeur lui-même, dans la salle des délibérations du jury, est une cause de nullité, à moins que sa présence n'ait eu pour motif de renseigner le jury sur une question de forme relative à sa délibération. Car dans ce dernier cas, il remplit son rôle de magistrat directeur. — Cass., 2 janv. 1837, Préfet de l'Hérault, [S. 37.1.20, P. 37.1. 150]; — 15 avr. 1840, Maury, [S. 40.1.706, P. 40.2.167]; — 7 avr. 1845, L'Etat, [S. 45.1.529, P. 45.1.585, D. 45.1.207]; — 1er août 1888, Babaty, [S. 89.1.86, P. 89.1.176, D. 89.1.160] — Daffry de la Monnoye, t. 2, sur l'art. 38, n. 13; Crépon, sur l'art. 38, n. 46 *bis;* de Lalleau, Jousselin, Rendu et Périn, t. 1, n. 585, note. — V. *suprà*, v° *Cour d'assises*, n. 3933 et s.

2470. — Ainsi la décision du jury n'est pas viciée par cela seul que le magistrat directeur, le greffier et l'avocat du demandeur seraient entrés dans la salle de délibération des jurés, alors surtout qu'il est constant qu'ils ne l'ont fait que sur l'appel et la provocation de ceux-ci, et à un moment où, la décision étant arrêtée, il s'agissait seulement de les consulter sur la forme à donner à cette décision. — Cass., 27 mars 1843, Thinières, [S. 43.1.439, P. 43.1.635] — Daffry de la Monnoye, t. 2, sur l'art. 38, n. 16; Crépon sur l'art. 38, n. 53; de Lalleau, Jousselin, Rendu et Périn, *loc. cit.*

2471. — Mais les jurés ne peuvent, à peine de nullité, faire appeler dans la salle de leurs délibérations le magistrat directeur pour le charger de demander à l'expropriant des éclaircissements et documents nouveaux, sur lesquels la délibération a continué et a été rendue, sans que les expropriés aient été mis à même de les vérifier ni de les discuter. — Cass., 1er juin 1869, Blondeau, [S. 69.1.475, P. 69.1226, D. 69.1.344] — Daffry de la Monnoye, t. 2, sur l'art. 38, n. 13; Arnaud, n. 376; Crépon, sur l'art. 38, n. 47 et 48; de Lalleau, Jousselin, Rendu et Périn, *loc. cit.*

2472. — Spécialement, est nulle la décision du jury, alors que le magistrat directeur, appelé par les jurés dans la chambre des délibérations, pour le but leur donner des renseignements sur l'affaire, est resté un certain temps dans la salle pendant leur délibération. — Cass., 26 avr. 1881, Allizard, [S. 81.4.273, P. 81.1.647, D. 84.5.258] — Crépon, sur l'art. 38, n. 37; Daffry de la Monnoye, *loc. cit.;* de Lalleau, Jousselin, Rendu et Périn, *loc. cit.*

2473. — A plus forte raison la délibération du jury est nulle, lorsque la minorité des jurés, non satisfaite des indemnités allouées et se refusant à signer la délibération, le président du jury a appelé le magistrat directeur pour vaincre la résistance de ces jurés; que, celui-ci ayant exhorté vainement les jurés à se mettre d'accord, a pris, dans une autre salle, l'avis des avocats des parties, qui ont émis l'opinion que la décision du jury, rendue à la majorité, devait sortir son plein et entier effet. — Cass., 1ᵉʳ août 1888, précité. — De Lalleau, Jousselin, Rendu et Périn, loc. cit.

2474. — La nullité résultant de la présence d'un étranger au cours de la délibération du jury touchant à l'ordre même des juridictions, puisqu'elle vicie la constitution du jury, est d'ordre public ; elle doit donc être prononcée d'office et même en l'absence de toute protestation de la part des parties intéressées. — Cass., 1ᵉʳ juin 1869, Blondeau, [S. 69.1.475, P. 69.1226. D. 69. 1.344] — Cette irrégularité peut aussi, par la même raison, être présentée pour la première fois devant la Cour de cassation.

SECTION IX.
Du vote et de la décision du jury.

§ 1. Du vote.

2475. — « La décision du jury fixe le montant de l'indemnité. Cette décision est prise à la majorité des voix. En cas de partage, la voix du président du jury est prépondérante » (L. 3 mai 1841, art. 38, §§ 3 et 4).

2476. — Les jurés qui ont suivi toutes les audiences, assisté à tous les actes d'instruction, peuvent seuls prendre part au vote ; en effet seuls ils sont complètement éclairés. Par suite est nulle la décision du jury d'expropriation rendue avec le concours d'un membre qui n'a pas assisté à toutes les audiences de l'affaire. — Cass., 5 mars 1873, Cⁱᵉ du Midi, [S. 73.1.177, P. 73. 406, D. 73.1.191] — C'est là un principe général de notre droit, dont l'application à la matière de l'expropriation ne pouvait faire doute.

2477. — Mais la désignation, dans l'expédition du procès-verbal des opérations du jury, du nom d'un juré régulièrement dispensé comme ayant signé la décision du jury, n'est pas une cause de nullité, lorsqu'il est constant que cette mention est le résultat d'une erreur matérielle, et qu'en réalité ce juré n'a pas signé la décision dont il s'agit. — Cass., 10 mai 1875, Flipo, [S. 75.1.319, P. 75.756, D. 77.1.31]

2478. — La majorité à laquelle est prise la décision du jury est la majorité absolue des voix. — Gillon et Stourm, Code des municipalités; Loi sur l'expropriation, p. 139 ; Duvergier, Coll. des lois, t. 33, p. 299 ; de Lalleau, Jousselin, Rendu et Périn, t. 1, n. 592 ; Daffry de la Monnoye, t. 2, sur l'art. 38, n. 110 ; Crépon, sur l'art. 38, n. 296. — Par suite, si les jurés sont au nombre de douze, la majorité est de sept ; s'ils sont onze, la majorité est de six ; s'ils sont dix la majorité est de six ; s'ils sont neuf, la majorité est de cinq.

2479. — Le président du jury n'a voix prépondérante que s'il existe réellement partage, c'est-à-dire si deux opinions sont soutenues par un nombre égal de jurés y compris celle du président, ce qui ne peut se produire qu'au cas où les jurés délibèrent au nombre de douze ou de dix. Dans les autres cas, si la majorité est acquise elle ne peut être déplacée par l'adjonction du vote du président à la minorité ; son suffrage ne compte alors que pour un. — Arnaud, n. 428 ; Crépon, sur l'art. 38, n. 311 et 312.

2480. — Mais s'il se forme plus de deux opinions, si, par exemple, quatre jurés allouent 100 fr., quatre 200 fr. et quatre 300 fr., comment devra-t-on procéder ? Il faudra d'abord considérer comme écartée l'indemnité de 100 fr., puisque huit jurés ont été d'avis d'une indemnité de 200 fr. au moins. Puis, par application, comme règle de raison, de l'art. 117, C. proc. civ., les quatre jurés qui ont voté l'indemnité de 100 fr. devront voter, soit pour 200 fr., soit pour 300 francs. Si, par suite de ce nouveau vote, il y a six jurés pour 200 fr. et six pour 300 fr., c'est l'avis des six parmi lesquels se trouvera le président qui devra l'emporter. En d'autres termes, toutes les fois qu'il se forme dans le jury d'expropriation plus de deux opinions sur l'indemnité à allouer, les voix des jurés qui ont été d'avis de l'indemnité la plus forte doivent être réunies à celles des jurés qui ont été d'avis des indemnités successivement les plus élevées, jusqu'à ce que leurs voix réunies forment la majorité des suffrages.

2481. — Le législateur n'a pas dit comment les jurés devaient voter ; est-ce au scrutin secret ? Certains auteurs l'ont pensé ; ils s'appuient sur la déclaration du rapporteur Martin du Nord d'après laquelle toutes les formalités relatives au jury ordinaire qui n'étaient pas abrogées par la loi spéciale sur l'expropriation devaient être appliquées ; or l'art. 341, C. instr. crim., oblige les jurés à voter au scrutin secret ; on argumente encore de l'art. 38, L. 3 mai 1841, qui, en exigeant que la délibération soit secrète, implique qu'elle doit l'être non seulement vis-à-vis du public mais aussi à l'égard des jurés entre eux. On fait valoir enfin combien il importe que le scrutin soit secret si l'on veut que le vote des jurés soit libre et sincère ; si le vote doit être connu, bien des jurés hésiteront à froisser un voisin dont les biens sont expropriés, et ils élèveront l'indemnité pour ne pas lui être désagréables ; d'autres, au contraire, tiendront à ménager l'expropriant, surtout si c'est l'Etat, une ville importante, une compagnie puissante, et ils abaisseront le chiffre de l'indemnité. — De Lalleau, Jousselin, Rendu et Périn, t. 1, n. 587.

2482. — Ces considérations, malgré leur valeur, ne sauraient s'imposer ; la déclaration de M. Martin du Nord n'est que l'opinion du rapporteur ; elle n'a point été inscrite dans le texte de la loi ; le législateur, en matière d'expropriation pour cause d'utilité publique, n'a point, à tort ou à raison, réglementé le mode de vote des jurés, il faut donc en conclure que les jurés, entre eux, votent comme ils le jugent à propos. Les règles tracées par l'ordonnance du 9 sept. 1835, pour le jury en matière criminelle, ne s'appliquent point au jury en matière d'expropriation ; les jurés, selon qu'ils préfèrent, votent donc soit oralement, soit au scrutin secret. — Daffry de la Monnoye, t. 2, sur l'art. 38, n. 113 ; Crépon, sur l'art. 38, n. 304 ; Arnaud. n. 421 et 427.

2483. — Il n'est donc point nécessaire que le président du jury interpelle chaque juré sur le vote qu'il a à émettre ; il suffit que ce vote se soit produit. — Cass., 9 juin 1834, Baubers, [S. 35.1.37, P. chr.] — Si le vote a lieu au scrutin public, un juré ne peut refuser de faire connaître son opinion ; investi d'une fonction publique, il doit juger ; si le vote a lieu au scrutin secret, les jurés devront se rappeler que le vote par bulletins blancs, qu'on ne peut empêcher, est un manquement grave à leurs devoirs.

§ 2. De la décision.

2484. — La loi ne prescrit aucune forme sacramentelle pour la décision du jury. Dès lors, elle peut être rendue sous forme de réponse à une question posée (V. suprà, n. 2385 et s.) ; il suffit que cette réponse soit claire et précise. Ainsi est valable la décision rendue en ces termes : « L'indemnité doit-elle être égale à la demande du sieur B...? Oui, à la majorité. » — Cass., 24 août 1843, Préfet du Pas-de-Calais, [S. 43.1.480, P. 43.2. 658] — Le plus souvent la décision du jury consistera en une simple réponse à la question posée ; ainsi le magistrat directeur, par une question, demandera au jury quelle est l'indemnité due à un tel, à raison de telle cause ; et le jury mettra en regard de la question un chiffre établissant l'indemnité allouée. S'il existe plusieurs questions, réponse sera faite à chacune d'entre elles.

2485. — Aucune disposition de loi n'impose au jury l'obligation de motiver sa décision. — Cass., 17 août 1840, Delessert et Lafond, [S. 40.1.714, P. 40.2.241] — Et même le jury fera sagement en ne la motivant pas. N'ayant point l'habitude de rédiger une décision de justice ses motifs pourraient prêter à la critique, peut-être aussi donneraient-ils lieu à une confusion et à l'équivoque ; on ne demande au jury que la fixation du chiffre de l'indemnité, il n'a qu'à l'indiquer ; peu importe que les motifs, qui l'ont déterminé soient bons ou mauvais.

2486. — A fortiori n'est-il pas non plus nécessaire que la décision du jury contienne les points de fait et de droit, ainsi que les conclusions des parties. L'art. 141, C. proc. civ., n'est pas applicable en pareille matière. — Cass., 12 juin 1843, Benoît, [S. 43.1.483, P. 43.2.196]

2487. — Il est bon que la décision du jury indique qu'elle a été prise à la majorité des voix (V. infra, n. 2491 et s.) ; la réponse du jury peut donc être ainsi conçue : « A la majorité le jury alloue telle somme. » Mais comme le législateur, à tort selon nous, n'a point exigé la mention de cette majorité, il est généralement reconnu qu'il n'est pas nécessaire que la décision du jury exprime qu'elle a été rendue à la majorité. — Cass., 29 août 1854, d'Auger, [S. 54.1.734, P. 35.1.88, D. 54.1.320] ; — 23 déc. 1861, Billat, [S. 62.1.892, P. 62.1188, D. 62.1.272] ; — 10 mai 1875, Ponsico, [S. 75.1.319, P. 75.755, D. 77.1.32] ; — 13 juin 1888, Camus, [S. 91.1.31, P. 91.1.50, D. 89.1.432] — Dufour, n. 205 ; Daffry de la Monnoye, t. 2, sur l'art. 38, n. 110 ; de Lalleau,

Jousselin, Rendu et Périn, t. 1, n. 615; Crépon, sur l'art. 38, n. 207. — *Contrà*, Gaud, p. 337; de Peyrony et Delamarre, n. 479; Sabatier, p. 395; Debray, n. 124.

2488. — Au reste, la circonstance que tous les jurés qui ont participé à la délibération ont signé la décision établit d'une façon péremptoire, que celle-ci a été prise à la majorité ; des jurés n'auraient point consenti à apposer leur signature au bas d'une décision qui n'aurait point été celle adoptée par la majorité. — Cass., 19 janv. 1835, Comm. de Charny, [S. 35.1.172, P. chr.]; — 29 août 1854, précité; — 23 déc. 1861, précité; — 10 mai 1873, précité. — De Lalleau, Jousselin, Rendu et Périn, t. 1, n. 615, note; Crépon, sur l'art. 38, n. 298; Daffry de la Monnoye, t. 2, sur l'art. 38, n. 110.

2489. — En tout cas, lorsque l'expédition de la décision se termine par cette mention : « cette décision prise à la majorité des suffrages, » il est suffisamment constaté que tous les chefs de contestation sur lesquels le jury a prononcé ont été décidés à la majorité; l'énonciation de la majorité s'applique à la décision tout entière, et non à la dernière partie seulement. — Cass., 7 févr. 1837, Parmentier-Carlier, [S. 37.1.126, P. 37.1.94] — Daffry de la Monnoye, *loc. cit.*; de Lalleau, Jousselin, Rendu et Périn, *loc. cit.*; Crépon, sur l'art. 38, n. 299.

2490. — La règle admise en matière criminelle d'après laquelle le chiffre des suffrages composant la majorité ne doit pas être exprimé, est applicable en matière d'expropriation pour cause d'utilité publique, mais comme cette règle n'a point été prescrite par le législateur, l'indication du nombre de voix formant la majorité n'entraîne aucune nullité. — Daffry de la Monnoye, *loc. cit.*; de Lalleau, Jousselin, Rendu et Périn, t. 1, n. 615; Crépon, sur l'art. 38, n. 300 et 301; Arnaud, n. 424.

2491. — Ainsi l'indication que la décision a été rendue à l'unanimité, bien qu'irrégulière, ne saurait entraîner aucune nullité. — Cass., 26 avr. 1843, Mournau, [S. 43.1.620, P. 43.2.209]; — 6 mars 1867, Ville de Toulon, [*Bull. civ.*, p. 86] — Daffry de la Monnoye, t. 2, sur l'art. 38, n. 112; de Lalleau, Jousselin, Rendu et Périn, t. 1, n. 615, note; Crépon, sur l'art. 38, n. 302.

2492. — La preuve que la décision a été rendue à la majorité est faite par l'énonciation de la décision, appuyée de la signature des jurés; on ne saurait prouver le contraire à l'aide de certificats émanés de jurés qui ne peuvent venir combattre ce qu'ils ont certifié par leur signature. Ainsi, lorsque la décision du jury, revêtue de douze signatures, énonce qu'elle a été prise à la majorité des voix, on ne peut être admis à prouver, à l'aide de certificats, que moins de douze jurés ont concouru à la décision, et qu'elle n'a pas été prise à la majorité. — Cass., 9 janv. 1855, Valette, [S. 55.1.576, P. 56.1.614, D. 55.4.96] — Daffry de la Monnoye, t. 2, sur l'art. 38, n. 111; de Lalleau, Jousselin, Rendu et Périn, t. 1, n. 615, note; Crépon, sur l'art. 38, n. 303; de Lalleau, Jousselin, Rendu et Périn, t. 1, n. 615, note.

2493. — La décision du jury doit être constatée par écrit; on ne saurait admettre une déclaration verbale, toujours fugitive et susceptible de discussion; cette décision est écrite par le jury dans sa chambre des délibérations, avant de rentrer à l'audience; elle est donc écrite par l'un des jurés, d'ordinaire par le président; toutefois, l'introduction d'un tiers pour écrire la décision ne vicierait pas la décision s'il n'avait pénétré dans la chambre des délibérations qu'après la décision prise et s'était borné à écrire. Mieux vaut cependant que l'un des jurés rédige lui-même la décision. Cette décision doit être datée. — De Lalleau, Jousselin, Rendu et Périn, t. 1, n. 614; Crépon, sur l'art. 38, n. 313.

2494. — « La décision des membres du jury est signée des membres qui y ont concouru » (LL. 3 mai 1841, art. 41, § 1; 7 juill. 1833, même article). Cette décision doit être signée par tous les membres du jury et non par le président seul. — Crépon, sur l'art. 41, n. 4; Daffry de la Monnoye, t. 2, sur l'art. 41, n. 1.

2495. — Le magistrat directeur a donc raison de rappeler au jury que sa décision doit porter la signature de tous les jurés qui y ont concouru ; en agissant ainsi, il remplit un devoir en se conformant à la mission que la loi lui a donnée de diriger le jury. — Cass., 15 avr. 1840, Maury, [S. 40.1.706, P. 40.2.167] — De Lalleau, Jousselin, Rendu et Périn, t. 1, n. 614, note; Crépon, sur l'art. 41, n. 5; Daffry de la Monnoye, t. 2, sur l'art. 41, n. 2.

2496. — Conformément aux règles ordinaires du droit commun, si la décision contient des ratures, renvois ou surcharges, elles doivent être approuvées, soit directement par les signatures des jurés, soit par une approbation placée au bas de la décision avant la signature des jurés. Des renvois, surcharges ou ratures non approuvés vicieraient la décision du jury, parce que l'on pourrait croire qu'ils n'émanent pas de lui.

2497. — La rature, la surcharge, le renvoi, ne vicieront, d'ailleurs, la décision du jury, que s'ils laissent dans l'incertitude ce qu'a voulu décider le jury. Ainsi la décision sera régulière et valable bien que le mot indiquant le chiffre de l'indemnité ait été surchargé, si cependant il se lit avec facilité, et si, en outre, il est répété en chiffres avec une grande netteté. — Cass., 23 déc. 1863, Chemin de fer d'Orléans, [D. 64.5.149] — Daffry de la Monnoye, t. 2, sur l'art. 41, n. 5.

2498. — Mais il n'est pas nécessaire que le procès-verbal mentionne la signature des jurés; il suffit que cette signature soit constatée par la production, en due forme, d'un extrait de la décision du jury. — Cass., 8 nov. 1839, François, [D. 60.1.414] — De Lalleau, Jousselin, Rendu et Périn, *loc. cit.*; Crépon, sur l'art. 41, n. 10; Daffry de la Monnoye, t. 2, sur l'art. 41, n. 2.

2499. — Si le jury répond à plusieurs questions inscrites à la suite sur la même feuille, il suffit que les signatures des jurés soient apposées à la fin de la décision ; ainsi placées elles s'appliquent à la décision tout entière ; il n'est point nécessaire qu'elles soient répétées à la suite de chaque réponse. — Cass., 10 avr. 1866, Fontaine, [D. 66.5.205] — De Lalleau, Jousselin, Rendu et Périn, *loc. cit.*; Crépon, sur l'art. 41, n. 12; Daffry de la Monnoye, t. 2, sur l'art. 41, n. 4. — V. *suprà*, n. 2489.

2500. — D'ailleurs, l'art. 41, L. 3 mai 1841, portant que la décision du jury sera signée des membres qui y ont concouru, n'est point compris au nombre de ceux dont la violation donne, aux termes de l'art. 42, ouverture à cassation. — Par suite, une erreur dans la constatation de la signature des jurés n'entraînera nullité que si elle révèle une irrégularité dans la composition du jury. — Cass., 4 juin 1836, Bordes, [S. 36.1.825, P. 56.2.314, D. 36.1.190]; — 24 juill. 1860, Pascal, [S. 60.1.1009, P. 61.100, D. 60.1.406]; — 23 déc. 1863, Chemin de fer d'Orléans, [D. 64.5.149]; — 21 mars 1877, Niton de Jassaud, [D. 78.1.439]; — 26 mars 1879, de Lauriston, [S. 79.1.278, P. 79.172, D. 79.1.207]; — 13 juill. 1886, Ballande, [S. 89.1.483, P. 89.1.1198, D. 87.1.70] — Crépon, sur l'art. 41, 7; Daffry de la Monnoye, t. 2, sur l'art. 41, n. 2; de Lalleau, Jousselin, Rendu et Périn, t. 1, n. 614, note.

2501. — Il a été jugé, spécialement, que le fait qu'un juré n'aurait pas signé la décision du jury ne saurait infirmer les énonciations du procès-verbal, d'après lesquelles ce juré aurait pris part à la délibération, et établir l'absence de ce juré lors de la délibération. — Cass., 26 mars 1879, précité; — 13 juill. 1886, précité.

2502. — ... Que la décision du jury n'est pas nulle pour ne pas porter la signature de deux des jurés, alors que le procès-verbal constate que ces deux jurés ne savaient pas signer. — Cass., 4 juin 1856, précité. — Daffry de la Monnoye, *loc. cit.*; de Lalleau, Jousselin, Rendu et Périn, *loc. cit.*; Crépon, sur l'art. 41, n. 8.

2503. — Mais la décision du jury est nulle si elle porte la signature d'un juré ne faisant point partie du jury de jugement; peu importerait que défalcation faite de ce juré, il en demeurât assez pour délibérer et se prononcer; la cause de la nullité réside alors dans la participation à la délibération du jury d'une personne qui aurait dû y rester étrangère. — Cass., 6 déc. 1837, Bérard, [S. 37.1.228, P. 38.1.304] — Crépon, sur l'art. 38, n. 305 et 306, et sur l'art. 41, n. 9; Daffry de la Monnoye, t. 2, sur l'art. 38, n. 114; de Lalleau, Jousselin, Rendu et Périn, t. 1, n. 614, note. — V. *suprà*, n. 2358 et s.

2504. — Par suite, la décision du jury est nulle si elle porte la signature d'un juré qui a dû quitter l'audience au commencement de la discussion, parce qu'il s'est trouvé subitement indisposé, alors qu'il n'a point été attendu et que les débats ont continué en son absence. Sa signature prouve qu'il a pris part à la délibération à laquelle il ne pouvait plus cependant participer puisqu'il n'avait point assisté aux entiers débats et n'avait point entendu toutes les explications des parties. — Cass., 5 mars 1873, Comp. du chem. de fer du Midi, [S. 73.1.177, P. 73.1.406, D. 73.1.191] — Daffry de la Monnoye, t. 2, sur l'art. 38, n. 116; de Lalleau, Jousselin, Rendu et Périn, *loc. cit.*; Crépon, sur l'art. 38, n. 307.

2505. — Si onze noms sont apposés au bas d'une décision rendue seulement par dix jurés, cette irrégularité n'a aucune importance s'il est établi que l'un des jurés sur l'individualité duquel n'existe aucune incertitude ajoute habituellement un autre nom à son nom patronymique, et qu'il a ainsi apposé deux noms sur la décision du jury. — Cass., 14 avr. 1858, Rondel, [D. 58.1.332] — Daffry de la Monnoye, t. 2, sur l'art. 38, n. 115; Crépon, sur l'art. 38, n. 308; de Lalleau, Jousselin, Rendu et Périn, loc. cit.

2506. — Par suite, lorsqu'un juré inscrit sous un nom, tant sur la liste générale que sur celle du jury définitif, a répondu à l'appel de son nom, n'a pas été récusé et est resté à son rang, la signature par lui apposée sur la décision avec addition d'une particule et d'un nom accessoire, ne pouvant faire craindre la substitution d'un juré à un autre, ne saurait, en l'absence surtout de réclamation lors de l'appel des jurés, entraîner la nullité de la décision. — Cass., 9 avr. 1861, Chem. de fer du Midi, [P. 62. 660, D. 61.1.281] — Mêmes auteurs.

2507. — Les dispositions du Code d'instruction criminelle, relatives aux délibérations du jury, ne sont pas applicables au jury spécial constitué en matière d'expropriation pour cause d'utilité publique. Ainsi, il n'est pas nécessaire que la décision du jury soit signée par le magistrat directeur et par le greffier. — Cass., 9 juin 1834, Boubers, [S. 33.1.37, P. chr.] — La solution contraire pourrait présenter l'inconvénient de faire supposer que le magistrat directeur et le greffier ont assisté à la délibération du jury et y ont participé.

2508. — Toutefois l'apposition de la signature du magistrat directeur au bas de la décision du jury ne vicie point la décision du jury, à moins qu'elle n'établisse sa participation à la délibération du jury; ainsi il n'y a pas lieu de prononcer la nullité alors que des énonciations du procès-verbal résulte la preuve que le magistrat directeur n'a point pris part à la délibération et à la décision. — Cass., 20 juill. 1864, Préfet de la Seine, [S. 65.1.144, P. 65.307, D. 64.5.161] — Daffry de la Monnoye, t. 2, sur l'art. 41, n. 3; Crépon, sur l'art. 41, n. 11.

2509. — La décision du jury est distincte du procès-verbal; ces deux documents se complètent seulement l'un par l'autre; un simple défaut de concordance entre eux ne saurait vicier la décision du jury s'il ne constitue pas une véritable contradiction; une inexactitude matérielle de la décision du jury peut être rectifiée par les énonciations du procès-verbal. — Cass., 21 mars 1877, Viton de Gassaud, [cité par Daffry de la Monnoye, t. 2, sur l'art. 41, n. 1]; — 27 août 1883, Ville de Paris, [S. 83.1.477, P. 83.1.183, D. 84.1.423] — Crépon, sur l'art. 41, n. 1; Daffry de la Monnoye, loc. cit.; de Lalleau, Jousselin, Rendu et Périn, t. 1, n. 614, note.

2510. — Spécialement, l'erreur qui s'est glissée dans la décision du jury quant à la date du jugement d'expropriation, ne peut créer une cause de nullité, alors surtout que cette date est exactement indiquée tant au procès-verbal des débats que dans l'ordonnance du magistrat directeur. — Cass., 26 août 1873, Fabre, [S. 73.1.475, P. 73.1199, D. 73.1.488] — Crépon, sur l'art. 41, n. 3; de Lalleau, Jousselin, Rendu et Périn, loc. cit. — D'ailleurs, l'erreur sur la date du jugement d'expropriation n'a aucune importance en elle-même puisqu'il est facile de la rectifier à l'aide de l'expédition du jugement.

2511. — Le jury doit dater sa décision; cependant le défaut de date est suppléé par le procès-verbal. L'erreur dans la date et l'indication d'une fausse date, bien que paraissant plus graves, n'entraînent point cependant nullité, si l'erreur est évidente et si la date peut être rectifiée par les énonciations du procès-verbal. — Cass., 14 avr. 1847, Chabrier; — 4 août 1863, Préfet des Landes, [cités par Daffry de la Monnoye, t. 2, sur l'art. 41, n. 6] — De Lalleau, Jousselin, Rendu et Périn, loc. cit.

2512. — La décision du jury doit désigner exactement les expropriés; le jury pour cette désignation doit se conformer aux énonciations du jugement d'expropriation; toutefois une erreur facile à rectifier, qui n'occasionne aucun doute sur l'identité d'un exproprié et qui peut être rectifiée par les énonciations du procès-verbal n'entraîne aucune nullité. Ainsi la désignation, par erreur, dans la décision du jury, de l'exproprié sous d'autres prénoms que les siens, n'est point une cause de nullité, alors que l'erreur a été corrigée par tous les actes de la procédure, notamment par l'ordonnance du magistrat directeur, qu'il n'y avait pas d'autres expropriés du même nom, et que celui-ci ne conteste pas que la décision du jury, rendue contradictoirement avec lui, n'ait porté sur les terrains dont il était exproprié régulièrement. — Cass., 8 août 1853, Francain, [S. 53.1.773, P. 54.1.573, D. 53.1.233] — Daffry de la Monnoye, t. 1, sur l'art. 38, n. 105; de Lalleau,

Jousselin, Rendu et Périn, t. 1, n. 594. — V. infrà, n. 2534 et 2535.

2513. — De même, lorsque l'exproprié est représenté par un mandataire, l'allocation de l'indemnité non à l'exproprié lui-même, mais à son mandataire, ne vicie pas la décision du jury, alors que les circonstances de la cause permettent de constater que l'indemnité doit être réputée faite non au mandataire personnellement mais à l'exproprié qu'il représente. — Cass., 14 mars 1882, Pelon, [S. 82.1.430, P. 82.1.1056] — Crépon, sur l'art. 38, n. 294; de Lalleau, Jousselin, Rendu et Périn, loc. cit.

2514. — C'est à bon droit que l'indemnité est attribuée à une femme mariée, alors que l'immeuble exproprié est inscrit à la matrice cadastrale sous son nom seul, et que l'entière propriété ne lui en a jamais été contestée. — Cass., 12 mai 1890, Babey, [S. et P. 93.1.151, D. 91.1.375]

2515. — Si une mutation de propriété a été déclarée devant le jury, celui-ci ne devra en tenir compte que si elle est acceptée par l'expropriant; si elle ne l'est point, le jury allouera l'indemnité aux expropriés tels qu'ils sont désignés par le jugement d'expropriation, sauf aux intéressés à faire valoir leurs droits devant la juridiction compétente; le jury ne peut en effet trancher les difficultés susceptibles de s'élever sur l'attribution des sommes allouées comme indemnité. — Cass., 1er févr. 1870, Pinaud, [D. 70.1.391] — Daffry de la Monnoye, t. 2, sur l'art. 38, n. 106; Crépon, sur l'art. 38, n. 293; de Lalleau, Jousselin, Rendu et Périn, loc. cit.

2516. — Ainsi lorsque l'expropriation d'immeubles appartenant à une société composée de deux personnes a été prononcée, que l'un des associés est mort depuis le jugement d'expropriation, et que l'autre se prétend seul propriétaire des immeubles sociaux, le jury ne peut lui attribuer l'indemnité, alors que l'administration ne lui reconnaît pas le droit qu'il revendique, et doit allouer l'indemnité à la société; de la sorte les droits de toutes parties sont sauvegardés et l'exproprient n'est point obligé de payer l'indemnité à quelqu'un qui peut n'être pas seul propriétaire. — Cass., 1er févr. 1870, précité. — Crépon, sur l'art. 38, n. 293.

2517. — Bien que l'expropriation pour cause d'utilité publique ait été prononcée contre le propriétaire apparent, c'est-à-dire contre celui dont le nom se trouve inscrit avec la qualité de propriétaire sur la matrice des rôles (V. suprà, n. 290 et s.), cependant, si celui-ci n'est pas le propriétaire ou a cessé de l'être, et si le propriétaire réel se fait connaître, le jury opère régulièrement en liquidant l'indemnité sous le nom de ce dernier, alors surtout que l'administration a reconnu propriétaire en lui faisant notifier les offres et la liste des jurés, en l'appelant devant le jury et en débattant avec lui le chiffre de l'indemnité (V. suprà, n. 1274, 1680 bis). Alors même que, dans l'exploit contenant réponse aux offres, l'exproprié aurait déclaré avoir vendu une partie des biens expropriés à des tiers, et qu'il aurait demandé que l'offre lui fût accordée seulement à raison de la portion de biens à lui restant, cependant, si personne ne requis contre lui de cette déclaration, rien n'empêche qu'il ne la rétracte devant le jury, qu'il ne conclue à ce que l'indemnité soit liquidée sous son nom pour la totalité des biens, et que la liquidation soit en effet opérée en son nom sur cette dernière base. Au reste, dans ce cas, il n'est pas nécessaire que l'exploit de réponse aux offres soit remis au jury. Le magistrat directeur peut se borner à mettre sous ses yeux les conclusions nouvelles prises à l'audience par l'exproprié. — Cass., 14 avr. 1846, Comp. du chemin de fer de Marseille à Avignon, [P. 46.1.691, D. 46.2. 157]

2518. — L'omission du nom de l'un des propriétaires dans la décision du jury n'entraîne aucune nullité, alors qu'elle est le résultat d'une erreur matérielle, qui peut être réparée par les éléments de la cause; que, par exemple, ce propriétaire a reçu signification des offres, et citation devant le jury, que, enfin, l'indemnité n'a été attribuée aux autres copropriétaires qu'à la charge de justifier de leurs droits de propriété; cette omission, bien que regrettable, est alors sans conséquence parce qu'elle ne cause aucun préjudice. — Cass., 2 juill. 1872, Accary, [D. 72.5.232] — Crépon, sur l'art. 38, n. 294; Daffry de la Monnoye, t. 2, sur l'art. 38, n. 107; de Lalleau, Jousselin, Rendu et Périn, loc. cit.

2519. — Mais la décision du jury serait nulle si l'indemnité applicable à un exproprié était accordée à un autre et que rien ne permît de rectifier l'erreur ainsi commise. — Cass., 13 avr. 1869, Chemin de fer d'Orléans, [D. 69.1.345] — Crépon, sur l'art. 38, n. 295; Daffry de la Monnoye, t. 2, sur l'art. 38, n. 108; de Lalleau, Jousselin, Rendu et Périn, t. 1, n. 294, note.

2520. — La décision, datée et signée, est remise en audience publique par le président du jury au magistrat directeur; lecture en est donnée en audience publique et dans le lieu désigné pour les séances du jury. — Cass., 20 août 1856, Chemin de fer de Paris à Lyon, [S. 57.1.142, P. 57.869, D. 56.1.332]; — 29 juin 1869, Vivier-Labretonnière, [S. 69.1.386, P. 69.948, D. 69.1.344] — Daffry de la Monnoye, t. 1, sur l'art. 41, n. 7; Crépon, sur l'art. 38, n. 316, et sur l'art. 41, n. 13; de Lalleau, Jousselin, Rendu et Périn, t. 1, n. 616.

2521. — La décision doit, en outre, conformément au droit commun, être lue en présence des jurés; et cette prescription doit être observée à peine de nullité. — Cass., 11 août 1845, de Lavignan, [S. 45.1.762, P. 46.1.111, D. 45.1.360]; — 29 juin 1869, précité; — 11 mai 1881, Martin, [S. 81.1.381, P. 81.1.906, D. 82.1.462]; — 12 juin 1883, Jarry, [S. 84.1.196, P. 84.1.466, D. 83.1.400] — Crépon, sur l'art. 38, n. 315, et sur l'art. 41, n. 13; Daffry de la Monnoye, loc. cit.; de Lalleau, Jousselin, Rendu et Périn, loc. cit. — Ainsi, il y aurait nullité de la décision du jury remise le soir au magistrat directeur, et lue par celui-ci à l'audience du lendemain sans qu'aucune mention du procès-verbal constatât la présence des jurés. — Cass., 11 août 1845, précité. — Crépon, sur l'art. 41, n. 14; Daffry de la Monnoye, loc. cit.

2522. — Le procès-verbal doit en effet constater, à peine de nullité, que la décision du jury a été proclamée en audience publique et en présence des jurés. — Cass., 29 juin 1869, précité; — 12 juin 1883, précité. — Il suffit d'ailleurs que cette constatation résulte de l'ensemble des énonciations du procès-verbal; elle peut résulter de la mention de la publicité insérée d'une manière générale dans le procès-verbal. — Cass., 8 mai 1865, [Gaz. des Trib. du 9 mai] — De Lalleau, Jousselin, Rendu et Périn, t. 1, n. 616, note.

2523. — Il a été jugé, d'autre part, que le défaut de mention, dans le procès-verbal, de la lecture faite par le magistrat directeur en audience publique, et, à la suite de la lecture de la décision du jury, de l'ordonnance rendant cette décision exécutoire et prononçant l'envoi en possession, n'entraîne pas la nullité de l'ordonnance, si la preuve de l'existence de l'ordonnance et de la lecture publique ressort de la minute même de l'ordonnance rédigée par acte distinct et séparé. — Cass., 11 mai 1881, Martin, [S. 81.1.381, P. 81.1.906, D. 82.1.462]

2524. — Il n'est pas d'ailleurs nécessaire que la lecture de la décision soit faite par le président du jury; ainsi il a été jugé qu'elle peut être faite par le magistrat directeur. — Cass., 3 juill. 1865, Bourqueney, [D. 65.5.179] — De Lalleau, Jousselin, Rendu et Périn, loc. cit.; Daffry de la Monnoye, loc. cit.; Crépon, sur l'art. 41, n. 15 et 16.

2525. — ... Qu'aucune disposition ne réglant le mode de lecture de la décision du jury, cette lecture faite publiquement par le greffier, en cas d'empêchement du président, satisfait au vœu de la loi. — Cass., 17 déc. 1872, Verlagnet, [S. 72.1.441, P. 72.1156, D. 72.5.232] — Daffry de la Monnoye, loc. cit.; de Lalleau, Jousselin, Rendu et Périn, loc. cit.; Crépon, sur l'art. 41, n. 17.

2526. — Lorsqu'un juré qui a pris part à la délibération du jury et à la signature de la décision n'assiste pas à la lecture de cette décision donnée en audience publique par le président du jury, le magistrat directeur commet un excès de pouvoir en invitant les jurés à rentrer dans la salle de leurs délibérations pour rectifier leur délibération quant à la forme seulement; et que la décision du jury ne portant pas la signature de ce juré, dont il est ensuite donné lecture, est nulle. — Cass., 23 mai 1898, Doncœur, [S. et P. 98.1.475]

2527. — En effet, la décision du jury une fois rendue est irrévocable; elle ne peut plus ni être rectifiée ni révisée; elle est acquise aux parties qui n'ont d'autre recours que le pourvoi en cassation. — Cass., 5 avr. 1843, L'Etat, [P. 43.1.218, D. 45.1.132]; — 6 mai 1862, Richarme, [S. 62.1.890, P. 62.873, D. 62.1.207]; — 15 janv. 1879, Chem. de fer du Midi, [S. 81.1.428, P. 81.1.1004]; — 23 mai 1898, précité. — Crépon, sur l'art. 38, n. 324; de Lalleau, Jousselin, Rendu et Périn, t. 1, n. 617 et s.

2528. — Cependant si le jury a commis un oubli, une erreur matérielle, le magistrat directeur peut le renvoyer dans la chambre de ses délibérations pour compléter sa décision ou rectifier l'erreur matérielle signalée; le magistrat entend d'abord les parties si elles ont des observations à présenter sur ce renvoi. Ainsi est régulier le renvoi du jury dans la salle de ses délibérations, à l'effet uniquement de réparer un oubli portant sur un point où, un contrat judiciaire existant entre les parties, il n'y avait en réalité qu'à leur donner acte de leur mutuel consentement. — Cass., 20 août 1860, Ville d'Aix, [P. 61.502, D. 60.1.415] — Crépon, sur l'art. 38. n. 66, 317 et 318; Daffry de la Monnoye, t. 2, sur l'art. 38, n. 25 et 118; de Lalleau, Jousselin, Rendu et Périn, t. 1, n. 617. — V. suprà, v° Cour d'assises, n. 4623 et s.

2529. — De même, lorsqu'au moment de la lecture par le greffier de la décision du jury, tous les jurés déclarent spontanément que la rédaction contient une erreur matérielle touchant le chiffre d'une indemnité allouée et que le magistrat directeur lui-même reconnaît cette erreur, il doit renvoyer les jurés dans la chambre des délibérations, non pour y délibérer de nouveau le chiffre de l'indemnité, mais uniquement pour y réparer l'erreur commise. — Cass., 27 janv. 1869, Jaume, [S. 69.1.385, P. 69.946, D. 69.1.244] — Daffry de la Monnoye, loc. cit.; de Lalleau, Jousselin, Rendu et Périn, loc. cit.; Crépon, sur l'art. 38, n. 67 et 319.

2530. — Il a été jugé, d'autre part, que quand la décision du jury porte sur des points étrangers à l'affaire qui leur est soumise, le magistrat directeur peut les renvoyer dans leur chambre pour leur faire opérer les retranchements et rectifications nécessaires. — Cass., 31 août 1847, Préfet du Pas-de-Calais, [cité par Daffry de la Monnoye, t. 2, sur l'art. 38, n. 25]

2531. — Mais il n'appartient pas au magistrat directeur de renvoyer les jurés dans leur chambre, non pas pour rectifier une erreur matérielle qui se serait glissée dans leur première délibération, mais pour délibérer à nouveau sur le montant de l'indemnité. Et la décision, intervenue à la suite de la nouvelle délibération prise par le jury, est nulle. — Cass., 15 juin 1885, de Provigny, [S. 86.1.224, P. 86.1.534] — V. aussi Cass., 1er mai 1877, Dahiez-Moché, [S. 77.1.277, P. 77.685, D. 77.1.472] — Daffry de la Monnoye, t. 2, sur l'art. 38, n. 118; Crépon, sur l'art. 38, n. 68 et 322; de Lalleau, Jousselin, Rendu et Périn, loc. cit. — V. suprà, v° Cour d'assises, n. 4616 et s.

2532. — Cette nullité n'est pas couverte par le silence des parties et l'absence de protestations de leur part (Cass., 1er mai 1877, précité). Mais la partie qui a provoqué une nouvelle délibération du jury, et qui a ainsi causé la nullité est sans qualité pour l'invoquer. Il a d'ailleurs été jugé que le fait, de la part du jury, d'avoir délibéré de nouveau après la fixation de l'indemnité, dans le but d'éclaircir, dans l'intérêt d'une des parties, un point de la décision qui ne semblait pas suffisamment explicite, ne constitue pas une nullité d'ordre public; en conséquence, la partie qui a provoqué la nouvelle délibération n'est pas recevable à s'en faire un moyen de cassation. — Cass., 7 févr. 1837, Parmentier-Cartier, [S. 37.1.127, P. 37.1.94] — De Lalleau, Jousselin, Rendu et Périn, t. 1, n. 617, note; Daffry de la Monnoye, t. 2, sur l'art. 38, n. 119; Crépon, sur l'art. 38, n. 323.

2533. — Pour renvoyer les jurés dans la chambre de leurs délibérations le magistrat directeur rend une ordonnance motivée, qui est insérée au procès-verbal; par les motifs qu'il donne il constate la cause du renvoi et fournit à la Cour de cassation le moyen de rechercher si le renvoi a eu lieu dans un cas où il était possible, et si les parties n'ont point été privées d'une décision définitive. — Arnaud, n. 434; Crépon, sur l'art. 38, n. 320.

2534. — Si la décision rectifiée n'est pas rendue sur la même feuille que la première décision, celle-ci devra être conservée, pour être soumise, s'il y a lieu, à la Cour de cassation qui pourra ainsi constater si le jury a simplement réparé un oubli, ou rectifié une erreur matérielle ou bien, s'il a modifié sa décision contrairement à ses droits. — Arnaud, loc. cit.; Crépon, sur l'art. 38, n. 321.

2535. — « Après la clôture des opérations du jury, les minutes de ses décisions et les autres pièces qui se rattachent auxdites opérations sont déposées au greffe du tribunal civil de l'arrondissement » (L. 3 mai 1841, art. 46).

2536. — Le procès-verbal des opérations du jury figure parmi les pièces qui doivent être déposées au greffe. Le greffier a qualité pour délivrer expédition de ces pièces; il en est ainsi notamment si un pourvoi en cassation est formé. — Arnaud, n. 564; Crépon, sur l'art. 46, n. 2.

SECTION X.
Du procès-verbal.

2537. — La nécessité du procès-verbal a été ainsi expliquée dans la discussion de la loi de 1833 : « Certaines formalités prévues par quelques articles de la loi sont substantielles, et l'absence de leur accomplissement donne ouverture au recours en cassation. Il est donc absolument nécessaire de dresser procès-verbal de ce qui se passe dans la session du jury, afin qu'on puisse savoir plus tard d'une manière officielle qu'on a obéi à la loi. Sans cela comment pourrait-on attaquer les actes devant la Cour de cassation? Cela est incontestable sans doute, mais il faut cependant le dire formellement dans la loi » (*Monit.* du 7 févr. 1833, p. 317). — Conformément à ces observations, la loi du 3 mai 1841 a prescrit la rédaction d'un procès-verbal; l'art. 34, porte : « Le magistrat directeur est assisté du greffier ou du commis-greffier du tribunal qui ... tient procès-verbal des opérations. »

2538. — Les opérations du jury seraient donc nulles s'il n'existait pas de procès-verbal, ou, ce qui revient au même, si ce procès-verbal était sans force ni valeur, faute de l'accomplissement d'une formalité substantielle.

2539. — Le procès-verbal n'acquiert l'authenticité que par la signature du magistrat directeur. Il a été jugé que le procès-verbal des opérations du jury d'expropriation est nul s'il est signé par le greffier seul, et non par le magistrat directeur. Il ne suffirait pas que ce magistrat eût apposé sa signature sur la décision du jury et au bas de l'ordonnance nécessaire pour rendre exécutoire cette décision du jury. — Cass., 31 déc. 1844, Mouren, [S. 45.1.110, P. 44.1.311]; — 27 août 1845, Grabis, [D. 45.4.263] — Daffry de la Monnoye, t. 1, sur l'art. 34, n. 5; Crépon, sur l'art. 34, n. 6 et 7; de Lalleau, Jousselin, Rendu et Périn, t. 1, n. 502, note.

2540. — Si un commis-greffier a siégé à l'une des séances et le greffier aux autres, il n'est pas nécessaire que le premier signe le procès-verbal à côté du greffier. D'ailleurs, à supposer que l'absence de la signature du commis-greffier constituât une irrégularité, cette irrégularité n'est pas de celles pour lesquelles l'art. 4, L. 3 mai 1841, autorise le recours en cassation. — Cass., 19 juill. 1881, Tulle, [S. 82.1.134, P. 82.1.286, D. 82.1.267] — De Lalleau, Jousselin, Rendu et Périn, t. 1, n. 502 *bis*; Crépon, sur l'art. 34, n. 11. — C'est l'application de la règle du droit commun qui autorise le greffier et les commis-greffiers, à siéger successivement dans la même affaire; la signature de l'un d'eux suffit pour la validité du procès-verbal.

2541. — Si aucun greffier ou commis-greffier n'assiste le magistrat directeur dès le début des opérations, les parties sont en droit de demander sa présence, et il doit en être désigné un. Mais la partie qui, depuis la participation du greffier, a plaidé sans protestation ni réserve ne peut plus se faire de son absence un grief de cassation, et accepte par-là les énonciations du procès-verbal, constatant les opérations antérieures à l'appel des jurés, notamment l'exercice de son droit de récusation. — Cass., 30 avr. 1844, Singer [S. 44.1.432, P. 44.2.109] — Daffry de la Monnoye, t. 1, sur l'art. 34, n. 13.

2542. — Lorsqu'une même affaire dure plusieurs jours et occupe plusieurs audiences, il n'est pas nécessaire de rédiger un procès-verbal chaque jour; un seul procès-verbal suffit, et il est signé à la fin par le magistrat directeur; il n'est pas nécessaire qu'il soit signé chaque jour et après chaque séance. — Cass., 1er avr. 1867, Deladerière, [S. 68.4.309, P. 68.784, D. 68.1.221] — Crépon, sur l'art. 34, n. 8; Daffry de la Monnoye, t. 1, sur l'art. 34, n. 6; de Lalleau, Jousselin, Rendu et Périn, t. 1, n. 502 *bis*.

2543. — De même, lorsque plusieurs affaires ont été réunies pour former une seule catégorie, un seul procès-verbal est nécessaire bien que le jugement de ces affaires ait pris plusieurs jours; ce procès-verbal est rédigé et signé par le magistrat directeur et le greffier, lors de la clôture finale des opérations. — Cass., 19 juill. 1881, précité. — Daffry de la Monnoye, *loc. cit.*; de Lalleau, Jousselin, Rendu et Périn, *loc. cit.*; Crépon, sur l'art. 34, n. 9; de Peyrony et Delamarre, n. 404.

2544. — Et, d'une manière générale, un seul procès-verbal suffit pour toutes les affaires soumises à un même jury, bien que ces affaires aient duré plusieurs jours. — Cass., 28 févr. 1859 (deux arrêts), Eymery et Lagrange, [S. 59.1.351, P. 59.234, D. 59.1.64]; — 23 déc. 1863, Chem. de fer d'Orléans, [D. 64.5.149] — De Lalleau, Jousselin, Rendu et Périn, *loc. cit.*; Daffry de la Monnoye, *loc. cit.*; Crépon, sur l'art. 34, n. 8.

2545. — Enfin on doit même admettre qu'un seul procès-verbal peut être rédigé bien que les affaires aient été soumises à des jurys distincts. En effet, le législateur n'a point imposé au magistrat directeur l'obligation de rédiger plusieurs procès-verbaux, mais un seul; il faut cependant reconnaître que s'il s'agit de jurys différents ou d'affaires portées devant le même jury, mais non jointes, il est préférable que le magistrat directeur rédige autant de procès-verbaux qu'il y a d'affaires.

2546. — On doit d'ailleurs remarquer que si un même procès-verbal concerne plusieurs affaires, l'unité du procès-verbal n'empêche pas que ces affaires ne demeurent distinctes; dans ce cas, il y a des parties du procès-verbal qui s'appliquent à toutes les affaires, d'autres qui visent particulièrement une affaire spéciale, et constituent pour ainsi dire un procès-verbal séparé; par suite, une partie ne peut arguer des irrégularités relatives à une affaire déterminée, alors que ces irrégularités ne la touchent point et ne sont pas reproduites dans la partie du procès-verbal qui la concerne. — Cass., 4 août 1862, Chem. de fer de Lyon, [D. 62.1.282] — Daffry de la Monnoye, t. 1, sur l'art. 34, n. 8; de Lalleau, Jousselin, Rendu et Périn, *loc. cit.*

2547. — En principe, chaque procès-verbal doit fournir en lui-même, et par des énonciations qui ne puissent comporter aucune incertitude, la preuve de la complète régularité des opérations qu'il a pour objet de constater. — Cass., 21 févr. 1888, Fabrique de l'église d'Albia, [S. 88.1.384, P. 88.1.933, D. 89.1.263]; — 11 mars 1889, Moussy, [S. 89.1.383, P. 89.1.933, D. 90.5.263].

2548. — Toutefois, si le magistrat directeur a rédigé d'abord des procès-verbaux pour chaque affaire de la session, et ensuite un procès-verbal général pour la session, les énonciations de ces divers procès-verbaux peuvent se compléter les unes par les autres; en effet, le procès-verbal général s'appliquant à toutes les affaires de la session, n'est étranger à aucune et peut être régulièrement invoqué dans chaque affaire. — Cass., 14 mars 1865, Chem. de fer du Midi, [*Bull. civ.*, p. 86] — Daffry de la Monnoye, t. 1, sur l'art. 34, n. 7; de Lalleau, Jousselin, Rendu et Périn, *loc. cit.*; Crépon, sur l'art. 34, n. 12.

2549. — La contradiction dans les énonciations du procès-verbal équivaudrait à l'absence de ces énonciations et entraînerait l'annulation des opérations du jury s'il résultait de cette contradiction la non constatation d'une formalité essentielle.

2550. — Le procès-verbal qui constate qu'à une première audience le magistrat directeur a fait mettre sous les yeux des jurés le tableau des offres et demandes et tous les titres, notes et documents fournis par les parties, et que, à une audience ultérieure, le magistrat directeur, avant de prononcer la clôture des débats, a remis au jury tous titres, notes et documents produits par les parties et le tableau qui mentionne pour chacune des offres et demandes le chiffre définitivement formulé et constaté au cours des plaidoiries, ne se contredit pas. La seconde mention complète la première. — Cass., 20 juin 1898, Chassagne, [S. et P. 98.1.464]

2551. — Les énonciations incomplètes d'un procès-verbal peuvent être complétées par les autres énonciations du même procès-verbal et celles inexactes rectifiées par les mentions inscrites dans le même procès-verbal. Dans ces conditions un procès-verbal se suffit à lui-même. — Cass., 9 août 1857, Gérard de la Cantrie, [P. 38.596, D. 58.1.32]; — 1er déc. 1860, Vaysé, [P. 62.38, D. 61.1.280]; — 29 janv. 1866, Renault, [D. 66.5.203]; — 5 mai 1873, Maillard, [S. 73.1.476, P. 73.1193, D. 73.1.244] — Crépon, sur l'art. 34, n. 19; Daffry de la Monnoye, t. 1, sur l'art. 34, n. 13.

2552. — Mais on ne peut compléter ou rectifier un procès-verbal relatif à une affaire particulière à l'aide de procès-verbaux concernant d'autres affaires; seul le procès-verbal général de la session peut être utilisé à cet effet. — Cass., 6 avr. 1870, Levesque, [D. 70.1.368] — Crépon, sur l'art. 34, n. 20.

2553. — Les formalités dont l'accomplissement n'est pas constaté par les procès-verbaux de ces opérations sont réputées n'avoir pas été observées. — Cass., 19 mars 1888, Bivort, [S. 88.1.272, P. 88.1.646, D. 88.5.248]; — 19 mars 1888, Bivort, [S. 90.1.485, P. 90.1.1143, D. 88.5.248] — Il est certaines formalités qui sont prescrites à peine de nullité; pour que l'accomplissement en soit certain il faut que le procès-verbal le mentionne; s'il se passe sous silence on doit supposer qu'elles n'ont point été observées, ce qui entraîne la nullité de la décision du jury.

2554. — De ce que les énonciations du procès-verbal peuvent se compléter et se rectifier les unes par les autres (V. *suprà*, n. 2548 et s.), il suit que l'erreur commise sur l'un des deux prénoms de l'exproprié ne saurait entraîner la nullité de la décision du jury, alors que, au regard des autres indications relatives à la profession et au domicile de l'exproprié, cette erreur n'a pu amener aucune confusion sur le bénéficiaire de l'indemnité. — Cass., 23 déc. 1889, Decugis, [S. 90.1.176, P. 90.1.406, D. 90.5.273] — V. *suprà*, n. 2512.

2555. — De même, l'erreur dans l'indication du nom d'un exproprié, sur le procès-verbal des opérations du jury, n'est pas une cause de nullité, alors qu'elle n'a causé aucun préjudice à l'exproprié, et se trouve rectifiée par les énonciations concordantes de ce procès-verbal. — Cass., 11 déc. 1860, Vayré, [P. 62.38, D. 61.1.280] — Daffry de la Monnoye, t. 1, sur l'art. 34, n. 13.

2556. — Jugé, d'autre part, que les différences de rédaction entre le procès-verbal des opérations du jury et la minute de la décision du jury sur la désignation des parties intéressées ne sont pas une cause de nullité, si l'ensemble des actes ne laisse aucun doute sur la désignation des parties. — Cass., 21 mars 1877, Vitou de Jassaud, [S. 79.1.324, P. 79.796, D. 78.1.439]

2557. — On doit décider pour le procès-verbal comme pour la décision du jury (V. *suprà*, n. 2486) qu'il est régulier bien qu'il ne contienne ni point de fait et de droit, ni les conclusions des parties. — Cass., 12 juin 1843, Benoît, [S. 43.1.483, P. 43.2.196] — Le procès-verbal doit désigner les jurés et les parties; mais il n'a point à se conformer aux autres prescriptions de l'art. 141, C. proc. civ.; aucune forme ne lui est imposée, l'exposé des faits résulte de la comparaison du procès-verbal avec le tableau des offres et demandes, les conclusions des parties, et la décision du jury. — De Lalleau, Jousselin, Rendu et Périn, t. 1, n. 502 *ter*; Daffry de la Monnoye, t. 1, sur l'art. 34, n. 10; de Lalleau, Jousselin, Rendu et Périn, t. 1, n. 502 *quater*.

2558. — Jugé également que le procès-verbal doit énoncer les diverses opérations ainsi que les incidents, mais qu'il n'est pas nécessaire qu'il contienne le texte des conclusions des parties; ces conclusions étant jointes au dossier de l'affaire, et devant y demeurer annexées. — Cass., 15 mars 1869, Ardouin. [D. 69.1.272]; — 29 juin 1869, Dervaux, [S. 69.1.386, P. 69.948, D. 69.1.344] — Crépon, sur l'art. 34, n. 4; de Lalleau, Jousselin, Rendu et Périn, t. 1, n. 502 *quater*.

2559. — D'autre part, la loi ne prescrit point au magistrat directeur de viser dans son procès-verbal les différentes décisions relatives à l'expropriation, le jugement qui désigne le jury et le magistrat directeur, ni les pièces constatant que toutes les formalités préalables à l'expropriation et celles imposées pour la convocation des jurés et des parties ont été remplies. — Cass., 2 août 1865, Ville de Paris, [S. 65.1.438, P. 65.1.679, D. 65.1.458]; — 16 août 1865, Ville de Paris, [D. 65.5.177]; — 12 déc. 1892, Chem. de fer du Périgord. [S. et P. 94.1.365, D. 92.1.556] — Crépon, sur l'art. 34, n. 25; Daffry de la Monnoye, t. 1, sur l'art. 34, n. 44; de Lalleau, Jousselin, Rendu et Périn, t. 1, n. 502 *quater*. — Ces diverses formalités ou actes de procédure qui n'ont point été accomplis devant le magistrat directeur, sont constatés par les pièces qui s'y réfèrent.

2560. — En ce qui concerne les incidents, le magistrat directeur doit indiquer dans son procès-verbal tous ceux soulevés au cours des débats, même ceux qui ne s'élèvent qu'après l'ordonnance d'envoi en possession; il n'en garde pas moins, d'ailleurs, sa liberté d'appréciation sur ces incidents; ainsi, tout en mentionnant des conclusions tendant à donner acte de l'inobservation de formalités relatives à la visite des lieux, le magistrat directeur peut refuser de faire droit à ces conclusions, par le motif que les faits allégués ne sont pas exacts. — Cass., 26 nov. 1862, Chem. de fer de Lyon, [S. 63.1.400, P. 63.1096, D. 63.1.252] — Daffry de la Monnoye, t. 1, sur l'art. 34, n. 14; Crépon, sur l'art. 34, n. 21 et 22; de Lalleau, Jousselin, Rendu et Périn, *loc. cit.* — V. *suprà*, n. 2346 et s.

2561. — Le procès-verbal du magistrat directeur du jury n'a pas besoin de contenir la mention que la décision du jury a été rendue à la majorité des voix. — Cass., 19 janv. 1835, Comm. de Charny, [S. 35.1.172, P. chr.] — Cette constatation est préférable, mais elle n'est point imposée par la loi (V. *suprà*, n. 2487 et s.); d'ailleurs elle peut se trouver dans la décision du jury ou résulter implicitement de la signature des jurés apposée au bas de la décision.

2562. — En tous cas, lorsque, après la jonction de plusieurs affaires, le procès-verbal constate que dans la première affaire, l'indemnité a été fixée par le jury à la majorité, et que, pour chacune des autres affaires, le jury a fixé l'indemnité après plaidoiries et les mêmes formalités, on doit en conclure que la formalité du vote à la majorité a été observée. — Cass., 12 déc. 1892, Chem. de fer du Périgord, [S. et P. 94.1.365]

2563. — La loi de 1841 n'a point, comme l'art. 372, C. instr. crim. en ce qui concerne la procédure d'assises, défendu l'usage de procès-verbaux dont partie serait imprimée à l'avance; cet usage est cependant contraire à l'esprit de la loi, car un procès-verbal imprimé n'est plus tenu et peut constater l'accomplissement de formalités qui n'ont pas été remplies effectivement. Toutefois, en l'absence d'une prescription résultant d'un texte de loi il est certain qu'un procès-verbal n'est pas nul parce que quelques-unes de ses parties seraient imprimées à l'avance. — Cass., 22 mai 1855, Chem. de fer du Midi, [S. 55.1.541, P. 56.2.32, D. 55.1.212]; — 4 août 1863, Préf. des Landes; — 14 mars 1865, Chem. de fer du Midi, [cités par Crépon, sur l'art. 34, n. 14] — Crépon, *loc. cit.*; Daffry de la Monnoye, t. 1, sur l'art. 34, n. 11; de Lalleau, Jousselin, Rendu et Périn, t. 1, n. 504.

2564. — Mais, en cas de désaccord entre les énonciations imprimées et les énonciations manuscrites du procès-verbal, il y a nullité si les énonciations manuscrites laissent du doute sur l'accomplissement des formalités légales, lors même que l'accomplissement de ces formalités pourrait résulter des énonciations imprimées. Spécialement, il y a nullité lorsque ledit procès-verbal, après avoir annoncé dans sa partie imprimée un appel de seize jurés, n'a mentionné dans sa partie manuscrite que la présence, au moment de l'appel, de quatorze jurés seulement, sans contenir dans aucune de ses parties la liste des douze jurés titulaires et des quatre jurés supplémentaires; de sorte qu'il est impossible de vérifier par ses énonciations si, alors que quatre jurés étaient absents ou excusés, les deux jurés dont il ne constate pas l'appel et n'indique pas les noms ont été écartés du jury par le jugement dans l'ordre établi par le dernier paragraphe de l'art. 34, L. 3 mai 1841, dont la violation, aux termes de l'art. 42 de la même loi, donne ouverture à cassation. — Cass., 22 mai 1855, précité. — Daffry de la Monnoye, *loc. cit.*; de Lalleau, Jousselin, Rendu et Périn, *loc. cit.*; Crépon, sur l'art. 34, n. 15.

2565. — Le législateur n'a point dit à quel moment devait être dressé le procès-verbal; il importe cependant, au point de vue de l'exactitude, que ce procès-verbal soit dressé le plus tôt possible; autrement les souvenirs du magistrat directeur s'effaceraient et des erreurs pourraient se produire; il importe encore, au point de vue du pourvoi en cassation, que le procès-verbal soit rédigé de suite, puisque ce pourvoi peut se fonder sur une omission du procès-verbal; les parties doivent donc en connaître le texte avant l'expiration du délai du pourvoi. Toutefois, du silence du législateur il résulte que la loi ne prescrit, à peine de nullité, aucun délai dans lequel la rédaction du procès-verbal des opérations du jury et sa clôture doivent avoir lieu. — Cass., 11 mai 1881, Martin, [S. 81.1.381, P. 81.1.906, D. 82.1.402]; — 3 mars 1886, Mapatand, [S. 86.1.430, P. 86.1.1042, D. 86.1.379]; — 3 mars 1886, Péconnet, [*Ibid.*]; — 3 mars 1886, Rouard de Card, [*Ibid.*] — De Lalleau, Jousselin, Rendu et Périn, t. 1, n. 502 *ter*; Daffry de la Monnoye, t. 1, sur l'art. 34, n. 6; Crépon, sur l'art. 34, n. 23.

2566. — Dès lors ne peut être annulé le procès-verbal dressé après la clôture des débats, alors surtout qu'il a été rédigé et clos avant le délai prescrit pour le pourvoi en cassation. — Cass., 11 mai 1881, précité.

2567. — Jugé, pareillement, que le grief, tiré de ce que le procès-verbal n'a pas été dressé dans le délai légal, ne peut être invoqué comme moyen de cassation, s'il n'est justifié que le retard a porté atteinte aux droits de la défense. — Cass. (3 arrêts), 3 mars 1886, précités.

2568. — Les parties ayant intérêt à connaître le procès-verbal, puisque, comme nous venons de l'indiquer (V. *suprà*, n. 2549), elles peuvent tirer des moyens de cassation de l'irrégularité de ce procès-verbal, spécialement, du défaut de mention de l'accomplissement de certaines formalités, il semble que la rédaction du procès-verbal après l'expiration du délai pour se pourvoir en cassation, ou à une époque très-rapprochée de cette date, équivaut pour les parties au défaut de rédaction du procès-verbal, parce que leur droit de se pourvoir est paralysé par les lenteurs du

EXPROPRIATION POUR CAUSE D'UTILITÉ PUBLIQUE. — Chap. XIII.

magistrat directeur. Il en résulte qu'il pourrait y avoir là, suivant les circonstances, une cause de nullité.

2569. — De cette conclusion même il résulte que le seul fait de la rédaction du procès-verbal après l'expiration du délai du recours en cassation n'est pas suffisant pour motiver l'annulation des opérations du jury. — Cass., 23 déc. 1863, [*Gaz. des Trib.* du 25 décembre] — De Lalleau, Jousselin, Rendu et Périn, t. 1, n. 502 *quater*, note. — Il faut qu'à ce fait viennent s'ajouter d'autres circonstances. Ainsi un pourvoi est fondé sur le défaut de rédaction du procès-verbal dans le délai du recours en cassation ; plus tard ce procès-verbal est produit et il contient une cause de nullité. Le demandeur qui a intérêt à la signaler en cassation n'a pu fonder son pourvoi sur cette cause de nullité qu'il ignorait ; sa défense a donc été entravée, et le pourvoi formulé sur le retard de rédaction du procès-verbal devra être accueilli.

2570. — Le procès-verbal des opérations du jury est un acte authentique dont les constatations font foi jusqu'à inscription de faux : règle dont nous avons relevé, au cours de cette étude, de nombreuses applications. — Cass., 19 janv. 1835, Comm. de Charney, [S. 35.1.172, P. chr.] ; — 25 févr. 1840, Valogne, [S. 40.1.212, P. 40.1.234] ; — 15 avr. 1840, Maury, [P. 40.2. 167] ; — 5 août 1857, Préfet de Lot-et-Garonne, [D. 57.1.329]; — 5 mars 1861, de Benoist, [S. 61.1.1000, P. 61.1056, D. 61.1. 181]; — 2 août 1870, [D. 70.1.407]; — 10 févr. 1879, Clappier, [S. 79.1.429, P. 49.1101, D. 79.1.175]; — 11 oct. 1882, Comm. de Vaucluse, [D. 84.1.324]; — 11 déc. 1882, Comm. de Vaucluse, [*Ibid.*]; — 12 juin 1883, Claudet, [S. 84.1.295, P. 84.1.707, D. 84.1.279]; — 21 mars 1887, Comm. de Saint-Honoré-les-Bains, [S. 89.1.85, P. 89.1.174, D. 88.1.276] ; — 30 oct. 1889, Baudoin, [S. et P. 92.1.462, D. 90.1.463]; — 20 mars 1895, Rivière, [S. et P. 96.1.48] — De Lalleau, Jousselin, Rendu et Périn, t. 1, n. 503; Crépon, sur l'art. 34, n. 16; Daffry de la Monnoye, t. 1, sur l'art. 34, n. 12; de Peyrony et Delamarre, n. 307 ; Dufour, n. 89.

2571. — Par suite, la preuve testimoniale n'est pas admissible contre et outre ses énonciations. — Cass., 19 janv. 1835, précité; — 26 nov. 1862, Chemin de fer de Lyon, [S. 63.1.400, P. 63.1096, D. 63.1.252] — Les présomptions ne le sont pas davantage, alors même qu'elles seraient graves, précises et concordantes. — Les présomptions ne sont en effet recevables, que lorsque la preuve testimoniale est admissible. — De Lalleau, Jousselin, Rendu et Périn, *loc. cit.*; Crépon, sur l'art. 34, n. 17; Daffry de la Monnoye, *loc. cit.*

2572. — De même, dans le silence du procès-verbal, le demandeur ne saurait tirer une preuve contraire de certificats par lui produits devant la Cour de cassation. — Cass., 13 janv. 1886, de Sevnes, [P. 87.1.389, P. 87.1.942, D. 86.1.471]

2573. — Ainsi, il n'est pas permis de faire preuve, soit contre, soit outre le contenu du procès-verbal des opérations du jury, d'allégations ne reposant que sur de simples certificats émanés, notamment, de quelques-uns des jurés. — Cass., 21 août 1860, Sardou, [S. 61.1.385, P. 61.842, D. 60.1.416] — Daffry de la Monnoye, *loc. cit.*

2574. — Ainsi encore, le procès-verbal fait foi des conclusions orales prises par les parties, même dans le cas où elles sont en contradiction avec les conclusions écrites. — Cass., 13 mars 1869, Ardoin, [D. 69.1.272] — De Lalleau, Jousselin, Rendu et Périn, t. 1, n. 503. — Dans ce cas, il est certain que les parties ont modifié leurs conclusions écrites dans le sens qui est constaté par le procès-verbal.

2575. — Le procès-verbal fait foi de la date à laquelle les jurés ont rendu leur décision, et ses constatations doivent prévaloir sur l'indication de la date contenue dans l'écrit relatant la décision des jurés et signé par eux. — Cass., 4 août 1863, [*Gaz. des Trib.* du 5 août] — De Lalleau, Jousselin, Rendu et Périn, *loc. cit.* — En effet, la signature des jurés n'authentique pas l'écrit sur lequel elle est apposée ; dès lors cet écrit ne saurait prévaloir sur la foi due au procès-verbal.

2576. — Il ne suffit pas d'ailleurs de s'inscrire en faux devant la Cour de cassation, pour que la Cour suprême accueille cette inscription. D'après les art. 1 et 2, tit. 10, Règl. 28 juin 1838, celui qui veut s'inscrire en faux devant la Cour de cassation doit en obtenir de celle-ci l'autorisation. Par suite, pour être admis à combattre la foi due à un procès-verbal, il ne suffit pas d'articuler des faits qui entraîneraient sa nullité, s'ils étaient prouvés ; il est nécessaire que ces faits, par les circonstances qui les entourent, par les preuves recueillies, aient déjà un ca-

ractère tel que l'erreur du procès-verbal soit vraisemblable ; s'il n'en est point ainsi, la Cour de cassation rejettera la demande en inscription de faux. — Cass., 26 avr. 1843, Mournau, [S. 43. 1.620, P. 43.2.209]; — 7 avr. 1845, L'Etat, [S. 45.1.529, P. 45. 1.585, D. 45.1.207]; — 21 août 1860, Sardon, [S. 61.1.385, P. 61.842, D. 60.1.416]; — 5 mars 1861, de Benoist, [S. 61.1 1000, P. 61.1056, D. 61.1.181]; — 5 mars 1862, Saint-Paul, [D. 62.1. 379]; — 1er févr. 1870, Pinand, [D. 70.1.392]; — 10 févr. 1879, Clappier, [S. 79.1.429, P. 79.1101, D. 79.1.175]; — 21 déc. 1892, Préfet de la Corse, [S. et P. 94.1.191]; — 30 nov. 1896, Braillon, [S. et P. 97.1.144, D. 97.1.482] — Crépon, sur l'art. 34, n. 18; Daffry de la Monnoye, t. 1, sur l'art. 34, n. 12; de Lalleau, Jousselin, Rendu et Périn, t. 1, n. 503.

2577. — Il a été jugé, spécialement, que l'inscription de faux contre le procès-verbal des opérations ne saurait être admise lorsqu'elle s'appuie uniquement sur une déclaration faite sans qualité par un juré, et que le demandeur a pris part aux débats sans contester la régularité des opérations. — Cass., 10 févr. 1879, précité.

2578. — A plus forte raison, la demande d'inscription de faux contre les décisions d'un jury n'est-elle point recevable, alors qu'elle n'indique pas quels sont les actes de la procédure où les parties auraient été l'objet d'une altération frauduleuse, et qu'elle se borne à demander à faire la preuve des faits allégués et dont il a été donné acte par le magistrat directeur, sans spécifier quelle serait la pièce arguée de faux et de quel faux elle serait arguée. — Cass., 21 déc. 1892, précité.

Section XI.
De la procédure relative à certaines expropriations.

2579. — Nous n'exposerons ici que les règles spéciales qui s'appliquent à certaines expropriations particulières, renvoyant pour les règles générales auxquelles il n'a pas été dérogé à ce qui a déjà été exposé.

§ 1. *De l'expropriation poursuivie par le propriétaire.*

2580. — Le propriétaire ne peut produire les plans parcellaires, il ne les a point en sa possession; il ne peut produire le tableau des offres s'il ne lui en a point été fait. Dès lors l'exproprant qui a eu le tort de ne point présenter ces pièces ne peut baser un grief sur le défaut de production des plans parcellaires et du tableau des offres; il ne peut arguer de sa propre faute; le propriétaire se bornera à présenter sa demande aux jurés. — De Lalleau, Jousselin, Rendu et Périn, t. 1, n. 904.

§ 2. *Des travaux militaires.*

2581. — Le plan parcellaire peut, à raison de la nature des travaux et de la prise de possession d'urgence des terrains expropriés, être remplacé par le plan dressé par le chef du génie militaire, et annexé au décret autorisant la prise de possession; mais il y a nullité de la décision, si ce dernier plan, à défaut du plan parcellaire, n'a pas été placé sous les yeux du jury. — Cass. 19 mai 1884, Guilland, [S. 84.1.344, P. 84.1.836, D. 85.5 252] — De Lalleau, Jousselin, Rendu et Périn, t. 1, n. 553; Crépon, sur l'art. 37, n. 79 *bis*.

2582. — L'exproprié peut soutenir devant le jury son terrain a une contenance plus considérable que celle qui lui a été attribuée par l'expertise à laquelle il a été procédé avant la prise de possession ; en effet, aucun texte de loi ne lui interdit d'élever cette prétention. — Paris, 16 janv. 1836, [*Gaz. des Trib.* 17 janv. 1836] — Le jury peut, d'ailleurs, s'il pense n'avoir point tous les renseignements nécessaires, ordonner des vérifications conformément à l'art. 37, L. 3 mai 1841 ; l'expertise à laquelle il a été antérieurement procédé ne lui enlève aucun de ses droits à cet égard. — De Lalleau, Jousselin, Rendu et Périn, t. 2, n. 1059.

2583. — Il n'est point nécessaire de mettre sous les yeux du jury l'expertise à laquelle il a été procédé pour la fixation de l'indemnité provisionnelle. — Cass., 28 nov. 1843, Salaze, [S. 44.1.247, P. 44.1.635] — Si l'une des parties pense qu'elle est utile à sa discussion et à la fixation de l'indemnité, elle la produira.

2584. — Relativement à l'occupation temporaire, l'art. 14 de la loi de 1831 dispose : « Si, dans le cours de la troisième année d'occupation provisoire, le propriétaire ou son ayant-droit n'est pas remis en possession, ce propriétaire pourra exiger et l'État sera tenu de payer l'indemnité pour la cession de l'immeuble, qui deviendra dès lors propriété publique. » En ce qui concerne le règlement de l'indemnité, l'art. 14 de la loi du 30 mars 1841 porte : « L'indemnité foncière sera réglée, non sur l'état de la propriété à cette époque (au moment où le jury est appelé à se prononcer), mais sur son état au moment de l'occupation, tel qu'il aura été constaté par le procès-verbal descriptif. » — De Lalleau, Jousselin, Rendu et Périn, t. 2, n. 1063.

2585. — Enfin, l'art. 14 de la loi du 30 mars 1831 porte dans son dernier alinéa : « Tout dommage causé au fermier ou exploitant sera payé après règlement amiable ou judiciaire. » — De Lalleau, Jousselin, Rendu et Périn, t. 2, n. 1062. — Ces dispositions doivent être mises en harmonie avec la loi du 29 déc. 1892. — V. *infrà*, v° *Occupation temporaire*.

§ 3. *De l'expropriation d'intérêt purement communal*.

2586. — Comme nous l'avons indiqué *suprà*, n. 1971, en matière d'expropriation ayant un caractère exclusivement communal, une commune ne peut être représentée devant le jury que par son maire, et non point par le préfet. Et la nullité résultant de ce qu'une commune aurait été irrégulièrement représentée est d'ordre public, et n'est pas, dès lors, couverte par le silence que les parties ont gardé à ce sujet lors des débats. — Cass., 21 mars 1892, Bureau, [S. et P. 92.1.528] — En d'autres termes, cette nullité peut être invoquée par toute partie, elle n'est pas couverte par des plaidoiries au fond sans protestation ni réserve, et peut être invoquée pour la première fois devant la Cour de cassation. — De Lalleau, Jousselin, Rendu et Périn, t. 2, n. 930, note.

2587. — Mais l'indemnité est réellement débattue avec le maire de la commune, alors que les offres ont été faites à sa requête, et que, si l'audience a été poursuivie à la diligence du préfet, la ville s'y est fait représenter par son ingénieur, assisté de son avoué. — Cass., 21 mars 1892, précité.

2588. — Il a été jugé, par application de l'art. 84, L. 5 avr. 1884, que le premier adjoint n'a pas besoin d'être désigné par le conseil municipal pour représenter la commune devant le jury d'expropriation, alors que le maire est simplement empêché, et qu'il n'existe aucune communauté d'intérêts entre lui et l'exproprié. — Cass., 25 mai 1891, Ville de Bastia, [S. et P. 93.1.208, D. 91.1.435]

2589. — Mais est nulle la décision du jury d'expropriation rendue au profit d'une commune représentée par un adjoint, alors que, se trouvant en conflit d'intérêts avec le maire, elle aurait dû être représentée par un membre du conseil municipal désigné par cette assemblée (L. 5 avr. 1884, art. 83). — Cass., 3 mars 1891, Ville de Bastia, [S. et P. 93.1.53] — On conçoit aisément, que le législateur ait distingué l'hypothèse prévue dans l'art. 83, de celle visée par l'art. 84. Dans le cas de l'art. 84, il est tout naturel pour que le maire soit remplacé par un adjoint, nommé justement pour suppléer le maire et le remplacer. Il en est tout autrement dans le cas de l'art. 83; lorsque les intérêts du maire sont en opposition avec ceux de la commune, il est à craindre que son adjoint, avec lequel il est en communauté d'administration, ne se laisse aller à ménager le maire et à soutenir trop mollement les intérêts de la commune; c'est pourquoi le législateur a institué une mode particulier de remplacement du maire, qui sauvegarde d'une manière spéciale les intérêts de la commune en assurant à l'élu temporaire toute indépendance. — V. Morgand, *La loi municipale*, t. 1, p. 429 et s.

§ 4. *De l'expropriation concernant les chemins vicinaux*.

2590. — L'art. 16, L. 21 mai 1836, porte : « Le tribunal d'arrondissement, en prononçant l'expropriation, désignera, pour présider et diriger le jury, l'un de ses membres ou le juge de paix du canton. Ce magistrat aura voix délibérative en cas de partage. »

2591. — On a pensé que le magistrat directeur n'ayant voix délibérative qu'en cas de partage, ne devait intervenir qu'une fois le partage constaté; que, par suite, il ne doit pas accompagner le jury dans sa chambre des délibérations; que si un partage se produit, le jury entre en séance pour le constater et inviter le magistrat directeur à se joindre à lui; on fait valoir que si le magistrat directeur assiste à la délibération, il exercera une grande influence sur le jury par son autorité, sa connaissance des affaires, son habitude de la discussion. — Demay, t. 2, n. 539.

2592. — Mais cette opinion n'a pas triomphé; en effet, le législateur n'a pas réglementé et réduit le rôle du magistrat directeur ainsi qu'on voudrait le faire; le magistrat directeur sans doute n'a voix délibérative qu'en cas de partage, mais il préside le jury, qui n'a point à désigner un président, et il délibère avec lui; il assiste à cette délibération, et il n'y a point à la recommencer et à la reprendre *ab initio* en cas de partage. En un mot, le magistrat directeur fait partie intégrante du jury et en est le chef nécessaire. — Cass., 23 juin 1840, Moreau, [S. 40.1.714, P. 40.2.480]; — 2 févr. 1848, Trabaud, [S. 48.1.188, P. 48.1.330, D. 48.5.186]; — 4 juill. 1855, Comm. de Fumay, [S. 55.1.828, P. 55.2.214, D. 55.1.284]; — 27 nov. 1855, Ruffe, [S. 56.1.830, P. 56.1.44, D. 55.1.456]; — 17 déc. 1855, Brémont, [S. 56.1.446, P. 56.1.439]; — 6 avr. 1858, de Keranllech, [S. 58.1.830, P. 59.1.343, D. 58.1.322]; — 16 nov. 1858, Préfet de la Côte-d'Or, [P. 60.669]; — 4 mars 1862, Laburthe, [S. 62.1.896, P. 63.171]; — 20 mai 1868, Nuguet, [S. 68.1.310, P. 68.786, D. 68.1.253]; — 5 janv. 1869, Dumas, [S. 69.1.132, P. 69.300, D. 69.1.8]; — 11 mai 1870, Comm. d'Olgat, [S. 71.1.81, P. 71.213, D. 70.5.177]; — 22 déc. 1875, Comm. de Cubzac, [S. 76.1.175, P. 76.403, D. 76.5.234]; — 31 déc. 1879, Besnon, [S. 80.1.134, P. 80.287, D. 80.1.165]; — 23 févr. 1881, Comm. de Richemont, [S. 81.4.226, P. 81.1.537]; — 6 févr. 1883, Préfet des Hautes-Alpes, [S. 84.1.438, P. 84.1.1075, D. 83.5.264]; — 7 mars 1883, Comm. de Savenay, [S. 83.1.376, P. 83.1.935, D. 84.1.343]; — 27 déc. 1886, l'énat, [S. 87.1.279, P. 87.1.657]; — 27 déc. 1886, Dufresne, [*Ibid.*]; — 7 mai 1889, Mesmaux, [S. 90.1.128. P. 90.1.294]; — 3 févr. 1896, de Quatrebarbes, [S. et P. 96.1.416] — Morin, n. 356 et s.; Crépon, p. 416, n. 13; Daffry de la Monnoye, t. 2, p. 546, n. 14; de Lalleau, Jousselin, Rendu et Périn, t. 2, n. 1079; Ségeral, n. 137.

2593. — Si le magistrat directeur n'assiste pas et ne participe pas à la délibération et aux opérations du jury, son absence constitue une irrégularité qui touche à l'ordre des juridictions, et par suite à l'ordre public. La nullité qui en résulte peut donc être relevée en tout état de cause et soulevée d'office par la Cour de cassation. — Cass., 21 déc. 1859, Comm. de Gentilly, [P. 60.14, D. 59.1.496]; — 24 août 1880, Comm. d'Aix-en-Othe, [S. 81.1.129, P. 81.1.279, D. 81.1.479]; — 7 mars 1883, précité; — 7 mai 1889, précité — Daffry de la Monnoye, *loc. cit.*; Crépon. p. 402, n. 15 et 20.

2594. — Le magistrat directeur doit, en effet, donner son vote, lorsqu'il n'y a pas majorité. — Cass., 22 déc. 1875, précité. — Jugé, par suite, que l'assistance du magistrat directeur à la délibération du jury, formant une condition substantielle de la validité de cette délibération, l'incertitude sur le point de savoir si cette condition a été remplie constitue une cause de nullité; qu'en conséquence, la délibération du jury doit être annulée lorsque le procès-verbal constate seulement que le magistrat directeur a fait connaître au jury que, en cas de partage, il avait voix délibérative, que c'est lui qui, à la reprise de l'audience, a donné connaissance de la délibération. — Cass., 7 mars 1883, précité. — Crépon, p. 401, n. 14.

2595. — ... Qu'*à fortiori*, la délibération du jury est nulle, lorsque le procès-verbal constate que le magistrat directeur a été appelé par les jurés pour les départager relativement à la fixation de l'indemnité, et qu'il n'avait pas assisté à la délibération qui avait précédé cette déclaration de partage. — Cass., 7 mai 1889, précité.

2596. — ... Que doit être également annulée la décision du jury, alors que des énonciations du procès-verbal constatent que les délibérations, pour ordonner un transport sur les lieux, que pour fixer l'indemnité, ont été prises sous la présidence de l'un des jurés désigné par ceux-ci comme président. — Cass., 2 févr. 1848, précité; — 23 mars 1859, Comm. de Neuilly, [P. 61.1053, D. 59.1.121]; — 3 avr. 1865, Paradis-Chéri, [D. 65.5.171]; — 24 août 1880, précité; — 23 févr. 1881, précité. — Crépon, p. 401, n. 15; Daffry de la Monnoye, t. 2, p. 547, n. 14; de Lalleau, Jousselin, Rendu et Périn, t. 2, n. 1079; Ségeral, n. 124.

2597. — Conformément à la règle que nous avons déjà énoncée à diverses reprises, c'est des termes du procès-verbal que doit résulter la preuve que le magistrat directeur a assisté à la délibération. — Cass., 23 févr. 1881, précité. — V. *suprà*, n. 2547.

2598. — Toutefois, bien que le procès-verbal des opérations du jury ne mentionne pas que le magistrat directeur ait, en matière d'expropriation concernant les chemins vicinaux, participé à la délibération du jury, ce concours est suffisamment établi, alors qu'il résulte soit de la décision elle-même, soit du fait que le magistrat directeur a signé la décision conjointement avec les jurés (V. *infrà*, n. 2604 et s.). — Cass., 8 avr. 1891, Société du canal de Pierrefitte, [S. et P. 93.1.207, D. 92.1.222] — Daffry de la Monnoye, t. 2, sur l'art. 38, n. 11.

2599. — La délibération du jury doit, pour le petit comme pour le grand jury (V. *suprà*, n. 2424 et s.), avoir lieu sans désemparer (L. 3 mai 1841, art. 38). Jugé que, spécialement en matière d'expropriation pour l'ouverture ou le redressement de chemins vicinaux, la délibération est nulle, comme n'ayant pas eu lieu sans désemparer, lorsque le magistrat directeur du jury, qui a le droit de participer à la délibération, est rentré dans la salle d'audience pour demander quelle était « en cartonnées » la surface expropriée. — Cass., 17 mai 1886, Préfet de la Haute-Loire, [S. 87.1.80, P. 87.1.166]

2600. — Il ne faut point oublier qu'en matière d'expropriation vicinale, comme en matière d'expropriation ordinaire, le jury peut déléguer un certain nombre de ses membres pour visiter les lieux (V. *suprà*, n. 2276 et s.). En ce cas, les jurés qui ne faisaient pas partie de la délégation n'en concourent pas moins valablement avec les délégués à la décision qui fixe les indemnités. — Cass., 24 août 1880, précité. — Ségeral, n. 125; Crépon, p. 401, n. 16.

2601. — Par suite, lorsque le jury délègue certains de ses membres pour visiter les lieux, ainsi d'ailleurs qu'il est en son pouvoir de le faire, la visite, en ce cas, est régulièrement effectuée sans le concours du magistrat directeur. — Cass., 24 août 1880, précité. Ce qui ne met point obstacle, d'ailleurs, à ce que ce magistrat, bien qu'il n'ait point assisté à la visite des lieux, prenne part, ensuite, à la délibération du jury, dont il fait partie intégrante.

2602. — Mais, hormis ce cas, en matière d'expropriation pour ouverture ou redressement de chemins vicinaux, à la différence de l'expropriation ordinaire (V. *suprà*, n. 2258), le magistrat directeur doit assister à la visite des lieux; et la mention dans le procès-verbal que la visite des lieux a été faite par le jury implique la présence à cette opération du magistrat directeur, qui fait partie intégrante du jury. — Cass., 24 déc. 1879, des Etangs, [S. 80.1.174, P. 80.836, D. 80.1.165] — Crépon, p. 401, n. 17.

2603. — Le greffier ne doit pas plus accompagner le magistrat directeur dans la chambre de délibération des jurés qu'il ne suit les juges lorsqu'ils se retirent pour délibérer; son assistance à la délibération aurait pour effet d'en violer le secret, et, par suite d'entraîner la nullité de la décision du jury qui aurait suivi. — Cass., 23 juin 1840, Moreau, [S. 40.1.714, P. 40.2.480] — De Lalleau, Jousselin, Rendu et Périn, t. 2, n. 1080. — V. *suprà*, n. 2458 et s.

2604. — Le magistrat directeur, concourant à la décision, doit, à peine de nullité, en signer la minute. — Cass., 12 août 1863, Adam, [D. 64.5.146]; — 7 avr. 1868, Rénold-Faget, [S. 68.1.272, P. 68.664, D. 68.1.161]; — 20 mai 1868, Nuguet, [S. 68.1.310, P. 68.786, D. 68.1.255]; — 31 déc. 1879, Bernon, [S. 80.1.134, P. 80.287, D. 80.1.165]; — 6 févr. 1883, Préfet des Hautes-Alpes, [S. 84.1.438, P. 84.1.1075]; — 27 déc. 1886, Pinat, [S. 87.1.279, P. 87.1.657]; — 27 déc. 1886, Dufresne, [*ibid.*]; — 27 févr. 1889, Préfet des Hautes-Alpes, [S. 91.1.544, P. 91.1.1312] — Crépon, p. 401, n. 18, et 402, n. 19; de Lalleau, Jousselin, Rendu et Périn, t. 2, n. 1079; Daffry de la Monnoye, t. 2, p. 548, n. 14; Ségeral, n. 137.

2605. — En conséquence, doit être annulée la décision du jury lorsque les délibérations ne portent que la signature des quatre jurés, et que la signature du magistrat directeur n'est apposée au pied des délibérations, qu'en forme de visa *ne varietur*. — Cass., 23 févr. 1881, Comm. de Richemont, [S. 81.1.226, P. 81.1.537]; — 7 mars 1883, Comm. de Savenay, [S. 83.1.376, P. 83.1.955, D. 84.1.343] — ... Ou que le magistrat directeur n'a apposé sa signature qu'au bas du procès-verbal. — Cass. 27 févr. 1889, précité.

2606. — Jugé encore que les énonciations du procès-verbal établissant que « les jurés se sont, sur l'invitation du magistrat directeur, retirés dans la chambre du conseil pour délibérer, qu'à leur rentrée en séance, le magistrat a immédiatement donné lecture de la décision portant la signature des quatre jurés, et que, sur les conclusions de l'exproprié tendant à lui donner acte de ce que le juge n'avait pas pris part à la délibération, et n'avait pas dirigé cette délibération, prise en son absence, acte a été donné de ces conclusions » sont exclusives de la présence du magistrat directeur à la délibération du jury et de sa signature au pied de la décision; qu'il y a donc lieu d'annuler la décision du jury et l'ordonnance qui l'a suivie. — Cass., 3 févr. 1896, de Quatrebarbes, [S. et P. 96.1.416]

2607. — Jugé, d'autre part, qu'on ne saurait conclure que le magistrat directeur a voté en dehors du cas de partage, de la circonstance qu'il a assisté à toute l'étendue de la délibération; qu'en agissant ainsi non seulement il a usé d'un droit, mais il a rempli son devoir. — Cass., 22 déc. 1875, Comm. de Cubzac, [S. 76.1.175, P. 76.403, D. 76.5.234] — Daffry de la Monnoye, t. 2, p. 549, n. 14; Crépon, p. 402, n. 22.

2608. — Le tribunal qui, en désignant le magistrat directeur, ne lui attribuerait que les pouvoirs accordés au magistrat directeur par la loi de 1841, et ne lui conférerait pas, par suite, la présidence du jury, commettrait une nullité radicale, substantielle, qui entraînerait cassation. — Cass., 4 mars 1862, Laburthe, [S. 62.1.896, P. 63.171] — Daffry de la Monnoye, *loc. cit.*; Crépon, p. 402, n. 21.

2609. — Le procès-verbal, comme en matière d'expropriation ordinaire, doit, à peine de nullité, mentionner l'accomplissement des formalités prescrites à peine de nullité. Jugé, par suite, que l'accomplissement de la formalité consistant, de la part du magistrat directeur, à avertir les parties de leur droit respectif d'exercer une récusation péremptoire, ne résulte pas de la simple énonciation au procès-verbal de l'exercice du droit de récusation par l'une des parties, ni de la mention que les jurés restants n'ont pas été récusés. — Cass., 17 mars 1874, Lacène, [S. 75.1.85, P. 75.273] — V. *suprà*, n. 1856.

2610. — L'art. 46, L. 3 mai 1841, qui prescrit le dépôt au greffe du tribunal civil des minutes des décisions du jury et des pièces qui se rattachent à ses opérations (V. *suprà*, n. 2535 et 2536), s'applique en matière de chemins vicinaux, alors même que le juge de paix du canton a été désigné pour présider les opérations. Dans ce cas, en effet, le juge de paix n'agit pas comme délégué du tribunal civil qui le nomme. — Cass., 29 déc. 1858, Faugières, [cité par Crépon, sur l'art. 46, n. 1, et Daffry de la Monnoye, t. 2, sur l'art. 46, n. 1] — Ségeral, n. 132.

CHAPITRE XIV.

DE L'INDEMNITÉ.

Section I.

De l'appréciation des titres.

2611. — « Le jury est juge de la sincérité des titres et de l'effet des actes qui sont de nature à modifier l'évaluation de l'indemnité » (L. 3 mai 1841, art. 39).

2612. — Le législateur n'a point déterminé les bases sur lesquelles le jury devrait s'appuyer pour fixer l'indemnité. Aussi le jury n'est-il point tenu de s'en rapporter aux actes, même réguliers, qui sont produits devant lui, et, par exemple, il n'est point obligé d'avoir égard au prix déterminé dans un acte de vente récent. Toutefois, le jury n'est juge de la sincérité des titres et de l'effet des actes que pour le cas où ces titres sont de nature à modifier l'évaluation de l'indemnité, et non lorsque le litige auquel ils donnent lieu porte sur le fond du droit et sur la qualité des réclamants, le litige devant alors, aux termes de l'art. 39, être porté devant les tribunaux ordinaires. — V. *infrà*, n. 2685 et s. — De Lalleau, Jousselin, Rendu et Périn, t. 1, n. 588; Daffry de la Monnoye, t. 2, sur l'art. 48; Crépon, sur l'art. 48, n. 2 et 3.

2613. — Gillon et Stourm (*Code des municipalités*, p. 155) émettent, avec raison, l'opinion que les contre-lettres, établissant un autre prix que celui énoncé dans les contrats apparents, peuvent, nonobstant les termes des art. 40, L. 22 frim. an VII, et 1321, C. civ., être produites devant le jury. Mais ils soutiennent en même temps qu'aucun acte ne peut être présenté devant le jury, à moins qu'il ne soit enregistré. Sur ce point, nous ne partageons pas leur avis. L'interdiction portée par l'art. 4, L. 22 frim. an VII, aux juges et arbitres de rendre aucun jugement sur des actes non enregistrés ne s'applique en effet qu'aux décisions motivées et basées sur ces actes. Or, le jury ne motive pas sa sentence; il puise où il lui plaît, et sans être tenu de les énoncer, les éléments de sa conviction; il s'entoure de tous les renseignements qu'il croit propres à l'éclairer sans en devoir compte à personne; il ne saurait donc y avoir lieu de repousser jusqu'à enregistrement les actes sous seings privés dont les parties jugent à propos de se prévaloir, d'autant mieux que le jury est parfaitement libre, après examen de ces actes, de n'y point avoir égard.

Section II.
Indemnités distinctes réclamées à des titres différents.

2614. — « Le jury doit prononcer des indemnités distinctes en faveur des parties qui les réclament à des titres différents, comme propriétaires, fermiers, locataires, usagers et autres intéressés dont il est parlé à l'art. 21 » (L. 3 mai 1841, art. 39, § 1).

2615. — Par suite, est nulle la décision du jury qui alloue une indemnité unique dont la fixation peut donner lieu à un litige ultérieur. — Cass., 31 déc. 1838, Cherrère et autres, [S. 39.1.49, P. 39.1.53]; — 3 févr. 1858, Chemin de fer du Grand-Central, [S. 58.1.624, P. 58.570, D. 58.1.126] — De Lalleau, Jousselin, Rendu et Périn, t. 1, n. 589.

2616. — Mais il va sans dire que la décision du jury qui a fixé qu'une seule indemnité pour un terrain appartenant à deux copropriétaires est valable, alors que, l'expropriation ayant été poursuivie contre un seul pour le tout, aucune circonstance n'a fait connaître l'existence de la copropriété. — Cass., 12 janv. 1842, Méritan, [S. 42.1.420, P. 42.2.17] — Daffry de la Monnoye, t. 2, sur l'art. 48, n. 8.

2617. — Il a été jugé spécialement : que, lorsque, au cas d'expropriation d'un immeuble dépendant d'une succession, cet immeuble ayant été partagé entre les héritiers et le lot de chacun d'eux inscrit sous son nom sur la matrice cadastrale, le partage et cette inscription ont été dénoncés à l'expropriant en réponse à l'offre collective par lui faite, et que, d'un autre côté, chaque héritier a formé une demande distincte d'indemnité fondée sur la dépréciation des terrains qui lui restaient, avec indication des causes particulières sur lesquelles chaque demande est établie, la décision du jury est nulle si elle se borne à allouer une indemnité collective pour dépréciation de la totalité de la propriété. Vainement allèguerait-on que cette allocation en bloc doit être partagée entre les héritiers selon la contenance du lot de chacun, alors que cette base n'a pas été indiquée par le jury, et que d'ailleurs c'était moins la contenance de chaque lot qui avait servi d'élément à chaque demande que sa nature, sa situation et le dommage souffert. — Cass., 5 juin 1860, Osterrieth, [P. 62.174, D. 60.1.404] — Crépon, sur l'art. 39, n. 18; Daffry de la Monnoye, t. 1, sur l'art. 39, n. 5.

2618. — ... Que, quand l'expropriation comprend à la fois un immeuble appartenant indivisément à plusieurs et des immeubles leur appartenant divisément, l'indemnité allouée pour l'immeuble indivis doit être distincte de celle allouée pour les autres, alors d'ailleurs qu'il a été dit expressément dans les offres que l'indemnité afférente à l'immeuble indivis devra être répartie entre les parties suivant leurs droits; qu'en conséquence, est nulle la décision du jury qui alloue à chacun des copropriétés une certaine somme pour toute indemnité, sans faire mention de l'indemnité distinctement afférente à l'immeuble indivis, une telle décision ne permettant pas de reconnaître si l'indemnité pour l'immeuble a été allouée que partiellement à chacun des copropriétaires, ni pour quelle part elle l'a été. — Cass., 3 févr. 1858, Chemin de fer du Grand-Central, [S. 58.1.624, P. 58.670, D. 58.1.126] — Crépon, sur l'art. 39, n. 19; Daffry de la Monnoye, t. 2, sur l'art. 39, n. 4; de Lalleau, Jousselin, Rendu et Périn, t. 1, n. 589.

2619. — ... Que la décision du jury, nulle à l'égard d'un des copropriétaires indivis d'un même immeuble, est nulle à l'égard des autres copropriétaires, bien que régulièrement expropriés, si le jury, ayant fixé une indemnité unique pour tous les copropriétaires, il y a impossibilité de déterminer la part afférente à ceux vis-à-vis desquels il a été régulièrement procédé. — Cass.

6 janv. 1857, Duplay, [S. 58.1.623, P. 58.99, D. 57.1.47]

2620. — ... Que si l'instance engagée par l'administration a abouti à l'envoi en possession d'un immeuble indivis entre communistes qui ont été dessaisis sans distinction, la décision du jury et l'ordonnance du magistrat directeur, nulles à l'égard de l'un des communistes, doivent être annulées à l'égard de tous. — Cass., 2 avr. 1895, Decamps-Larrouzet, [S. et P. 95.1.360]

2621. — ... Que lorsque le jugement d'expropriation est nul pour avoir omis le nom de l'un des copropriétaires indivis d'une parcelle inscrite à la matrice cadastrale, la décision du jury, qui a réuni dans une seule et même somme l'indemnité allouée relativement à cette parcelle indivise, et celle concernant une autre parcelle appartenant aux mêmes copropriétaires, doit être annulée pour le tout, si la teneur de cette décision ne permet pas de distinguer la part d'indemnité afférente à chaque parcelle. — Cass., 12 déc. 1893, Laize, [S. et P. 95.1.95, D. 95.1.46] — ... Qu'il n'en serait autrement que dans le cas où il serait justifié que le propriétaire dont le nom a été omis avait donné mandat à son copropriétaire de le représenter dans la procédure d'expropriation. — Même arrêt.

2622. — ... Qu'au cas où l'un des copropriétaires d'un immeuble indivis exproprié pour partie seulement, a consenti seul à ce que l'expropriation fût étendue à une autre partie de l'immeuble, la décision du jury qui fixe une indemnité unique, tant pour la partie comprise au jugement d'expropriation que pour celle qui y a été ajoutée, est nulle pour le tout, même à l'égard du propriétaire qui a donné le consentement, cette décision ne permettant pas de déterminer la part d'indemnité afférente à chacune de ces deux portions de l'immeuble. — Cass., 13 févr. 1861, Boujonnier, [S. 61.1.999, P. 61.902]

2623. — ... Que la décision du jury qui fixe une indemnité unique est nulle, alors que deux demandes distinctes ont été formées, l'une dans l'intérêt des copropriétaires ou usufruitiers de l'immeuble exproprié, et l'autre dans l'intérêt particulier de l'un d'eux : par exemple, à raison du déplacement de l'industrie qu'il exerce personnellement dans l'immeuble. — Cass., 1er juill. 1862, Jourdan, [S. 62.1.1069, P. 63 141, D. 62.1.382]; — 22 mai 1863, Manivet, [S. 65.1.460, P. 65.1197, D. 65.5.475]; — 6 janv. 1869, Grignon-Dumoulin, [D. 69.1.144] — De Lalleau, Jousselin, Rendu et Périn, loc. cit.; Daffry de la Monnoye, loc. cit.; Crépon, sur l'art. 39, n. 21.

2624. — ... Que la décision du jury est nulle alors qu'elle alloue une seule indemnité à deux époux, alors que cette indemnité doit être ultérieurement subdivisée entre eux, et que la femme agissant seule avait réclamé une indemnité spéciale à raison du préjudice commercial qu'elle éprouvait par la privation des bâtiments dans lesquels elle exerçait son industrie. — Cass., 6 janv. 1869, précité. — De Lalleau, Jousselin, Rendu et Périn, loc. cit.; Daffry de la Monnoye, loc. cit.; Crépon, sur l'art. 39, n. 21.

2625. — ... Qu'il en est de même de la décision du jury accordant une indemnité unique à deux fermiers de l'immeuble exproprié, alors qu'il n'existe aucune communauté ni indivision entre eux, que chacun d'eux a demandé une indemnité séparée, et que l'exproprianţ leur a offert à chacun une certaine somme. — Cass., 17 déc. 1884, Vinchon, [S. 86.1.40, P. 86.1.65, D. 85.5.244]

2626. — Si deux parties prétendent avoir droit à la même indemnité, et si l'une demande 3,000 fr., et l'autre 3,500, le jury peut allouer une somme qui sera attribuée à qui de droit, s'il alloue 3,000 fr. ou une somme inférieure ; mais s'il fixe l'indemnité à plus de 3,000 fr., il doit fixer une indemnité alternative, l'une de 3,000 fr. et au-dessous en vue du premier réclamant, l'autre supérieure à 3,000 en vue du second ; en effet, le jury ne peut fixer l'indemnité à un chiffre supérieur à la demande ; l'indemnité supérieure à 3,000 fr. serait donc nulle si elle s'appliquait au premier réclamant. — Cass., 23 déc. 1861, Billat, [S. 62.1.892, P. 62.1188. D. 62.1.272] — Daffry de la Monnoye, t. 2, sur l'art. 39, n. 6. — V. infra, n. 3132 et s.

2627. — Il a été jugé, d'autre part, que la décision du jury qui alloue, à titre d'indemnité, aux locataires d'une maison expropriée, la jouissance gratuite des lieux loués, jusqu'à une époque déterminée, sans désigner nominativement ces locataires, satisfait suffisamment à la règle d'après laquelle les indemnités accordées à plusieurs parties qui les réclament à titres différents doivent être distinctes. — Cass., 11 août 1857, Durand, [S. 57. 1.861, P. 58.765, D. 57.1.329]

2628. — Faisons remarquer que si différentes parties ont tout d'abord demandé une indemnité en bloc sont toujours libres de diviser leur demande, de la spécialiser vis-à-vis de chacun d'eux; le jury est alors tenu de prononcer des indemnités distinctes aussi bien que si des demandes distinctes avaient été formulées dès le début. En effet, c'est d'après le dernier état des conclusions que le jury doit se prononcer. — Cass., 19 janv. 1870, Luro, [D. 70.1.263] — De Lalleau, Jousselin, Rendu et Périn, loc. cit.; Daffry de la Monnoye, t. 1, sur l'art. 39, n. 7; Crépon, sur l'art. 39, n. 22.

2629. — Mais une seule indemnité peut être allouée en masse et sans division à plusieurs expropriés, quand ils ont demandé au jury de n'en pas faire la répartition. Dans ce cas le jury ne fait que se conformer à la volonté librement exprimée par des parties maîtresses de leur droit. — Cass., 2 janv. 1849, Vauduines, [P. 49.1.292]; — 29 août 1854, d'Anger, [S. 54.1.734, P. 55.1.88, D. 54.1.320]; — 15 déc. 1856, Chemin de fer de l'Ouest, [S. 58.1.622, P. 58.1173, D. 57.1.44]; — 6 déc. 1859, Daby, [P. 61.36, D. 60.1.168]; — 24 juill. 1860, Pascal, [D. 60.1.406]; — 30 mars 1864, Maillard, [D. 64.5.155]; — 25 juin 1867, Baurret, [D. 67.1.495]; — 6 janv. 1869, Grignon-Dumoulin, [D. 69.1.144]; — 17 mars 1869, Morin, [S. 69.1.386, P. 69.947, D. 69.1.272]; — 31 juill. 1889, Vérion, [S. 91.1.542, P. 91.1.1309] — Crépon, sur l'art. 39, n. 23; Daffry de la Monnoye, t. 2, sur l'art. 39, n. 7; de Lalleau, Jousselin, Rendu et Périn, t. 1, n. 589.

2630. — Il a été jugé, spécialement, que lorsque le règlement de l'indemnité due à deux parties a fait l'objet d'une seule procédure administrative, et que le jury a été saisi de cette procédure sans qu'aucune des parties ait protesté contre la jonction ainsi opérée, le jury ne procède pas irrégulièrement en statuant par une seule décision. — Cass., 2 janv. 1849, précité.

2631. — ... Que lorsque l'expropriation a été poursuivie contre deux personnes considérées comme copropriétaires d'un immeuble, que celles-ci se sont présentées à ce titre, et qu'une indemnité unique leur a été accordée, l'une d'elles ne peut prétendre qu'il y avait lieu de lui allouer une indemnité distincte en l'absence de conclusions prises par elle en ce sens. — Cass., 31 juill. 1889, précité.

2632. — ... Que les administrateurs d'un hospice et le maire de la commune peuvent se réunir pour demander une indemnité unique à raison de l'expropriation de terrains sur lesquels l'hospice et la commune ont des droits différents, une telle demande n'impliquant en aucune façon l'aliénation des biens expropriés, et n'excédant pas, dès lors, les limites du pouvoir d'administration confié aux administrateurs des hospices et aux maires; qu'en pareil cas, le jury n'est pas non plus tenu, bien que l'expropriant en ait fait la demande, à fixer une indemnité hypothétique pour la valeur du droit prétendu par l'un des expropriés, ce droit ne pouvant alors être considéré comme contesté. — Cass., 15 déc. 1856, précité.

2633. — ... Que des parties, notamment des époux, ayant sur l'immeuble exproprié des droits à des titres différents, peuvent se réunir pour demander l'allocation d'une indemnité unique, qu'ils se partageront ensuite entre eux, comme ils le jugeront convenable. — Cass., 11 août 1891, Séverin, [S. et P. 93.1.431, D. 92.1.535]

2634. — Un exproprié peut invoquer des qualités distinctes donnant droit chacune à une indemnité. Par exemple, il peut avoir la propriété d'une parcelle, son droit de locataire portant sur une autre; en ce cas, il y a intérêt à ce que des indemnités distinctes soient accordées à raison des qualités différentes réunies sur la même tête; en effet, les droits des créanciers de l'exproprié peuvent ne pas être les mêmes sur chaque parcelle; ainsi les créanciers hypothécaires, ayant hypothèque sur la parcelle expropriée voient leurs droits transférés sur l'indemnité afférente à cette parcelle; ils n'ont, au contraire, aucun droit privatif sur l'indemnité attribuée au débiteur en sa qualité de locataire.

2635. — Lorsqu'un propriétaire réclame une indemnité à des titres différents, il doit, s'il veut obtenir des indemnités distinctes, formuler sa réclamation, et indiquer les différents titres de nature à justifier sa demande. — Cass., 6 déc. 1859, précité; — 24 juill. 1860, Bonde, précité; — 18 déc. 1861, [S. 62.1.1066, P. 63.41, D. 62.1.376]; — 2 déc. 1863, Barre-Pin, [Bull. civ., p. 283]; — 6 janv. 1869, Grignon-Dumoulin, [D. 69.1.144] — Crépon, sur l'art. 39, n. 24; de Lalleau, Jousselin, Rendu et Périn, t. 1, n. 589.

2636. — Le jury qui, en présence d'une demande en indemnité formée par l'exproprié en sa triple qualité : 1° de propriétaire d'une parcelle; 2° de locataire d'une écurie; 3° de titulaire du droit de passage, lui alloue une triple indemnité : 1° pour dépossession de terrains; 2° pour location d'une écurie; 3° pour le droit de passage, fixe des indemnités distinctes sur les divers chefs de demande. — Cass., 21 févr. 1899, Brasserie des Moulineaux, [S. et P. 99.1.245]

2637. — Mais une seule indemnité en bloc peut être accordée à raison de diverses parcelles de terrains, lorsque cette indemnité est réclamée en une seule et même qualité. Et il en est ainsi, encore que l'administration eût, dans ses offres, décomposé la somme totale par elle offerte en sommes particulières applicables à chaque parcelle, et que l'exproprié eût aussi de son côté fixé un chiffre particulier pour chaque parcelle. — Cass., 3 janv. 1844, Chem. de fer de Saint-Germain, [S. 44.1.155, P. 44.1.153] — Crépon, sur l'art. 39, n. 26.

Section III.

A quels immeubles s'applique l'indemnité, quels en sont les caractères et en quoi elle consiste.

§ 1. À quels immeubles s'applique l'indemnité.

2638. — L'étendue des pouvoirs du jury est fixée par le jugement d'expropriation; en dehors du consentement des parties il ne peut prononcer d'indemnité soit définitive, soit hypothétique qu'en ce qui concerne les terrains compris dans le jugement d'expropriation. — Cass., 7 avr. 1845, Rieder, [S. 45.1.529, P. 45.1.585, D. 45.1.207]; — 17 déc. 1845, Godefroy, [S. 46.1.66, P. 46.1.35, D. 46.1.430]; — 3 janv. 1855, Chem. de fer de Caen, [S. 55.1.844, P. 56.1.387, D. 55.1.33]; — 27 août 1856, Poiret, [S. 59.1.271, P. 59.737, D. 56.1.330]; — 26 déc. 1859, Laporte, [S. 60.1.1008, P. 60.1020, D. 60.1.39]; — 19 mai 1884, Préfet du Loiret, [S. 84.1.296, P. 84.1.708, D. 85.1.264] — De Lalleau, Jousselin, Rendu et Périn, t. 1, n. 595; Crépon, sur l'art. 38, n. 78 bis; Daffry de la Monnoye, t. 2, sur l'art. 39, n. 42. — Le jury ne peut, en effet, ni restreindre ni étendre l'expropriation telle que le jugement la détermine, à moins du consentement formel des parties. Comme toutes les autorités judiciaires il ne peut se saisir des litiges qui ne lui ont pas été déférés. — Cass., 10 janv. 1898, Pelletrat de Bordes, [S. et P. 98.1.192]; — 8 mai 1899, Comm. de Champeaux, [S. et P. 1900.1.47]

2639. — Il a été jugé, que si aucun doute ne s'élève sur le sens et la portée du jugement d'expropriation et que l'exproprié réclame une indemnité à raison de la démolition d'une passerelle et de la suppression d'une servitude, non comprises au jugement d'expropriation, le jury n'a pas à en connaître et il ne peut accorder une indemnité même hypothétique à raison du préjudice éventuel causé par la démolition de la passerelle et la suppression de la servitude. — Cass., 19 mai 1884, précité.

2640. — ... Qu'il y a lieu d'annuler la décision du jury statuant sur des terrains non compris dans le jugement d'expropriation, sur lesquels l'exproprié n'a pas consenti à céder lesdits terrains, et par conséquent, n'a pas accepté de soumettre au jury par extension l'appréciation des indemnités relatives à ces terrains. — Cass., 19 nov. 1856, de Hautregard, [P. 56.2.563, D. 56.1.396]; — 29 juin 1858, Majoribanks, [S. 59.841, D. 58.1.326]; — 5 mars 1873, Chem. de fer du Midi, [S. 73.1.176, P. 73.405, D. 73.1.184]; — 9 févr. 1874, de la Garde, [S. 74.1.222, P. 74.546, D. 74.1.206]; — 8 mai 1899, précité.

2641. — ... Que lorsque l'expropriant, après avoir requis l'acquisition de délaissés, déclare devant le jury rétracter cette réquisition, il y a lieu d'annuler la partie de la décision du jury qui alloue à l'exproprié une indemnité hypothétique à raison de ces délaissés. — Cass., 10 janv. 1898, Pelletrat de Bordes, [S. et P. 98.1.192]

2642. — ... Que la décision est nulle pour le tout, si le jury a réuni sous une seule et même somme des indemnités allouées pour des parcelles comprises et pour d'autres non comprises dans l'expropriation. — Cass., 29 juin 1858, précité; — 12 avr. 1870, Ville de Milhau, [S. 71.1.82, P. 71.214, D. 70.1.388]

2643. — ... Qu'il y a lieu d'annuler la décision du jury allouant une indemnité au sujet d'un immeuble non compris dans le tableau annexé au jugement d'expropriation, auquel se réfère le jugement portant désignation des jurés; qu'il en est ainsi particu-

EXPROPRIATION POUR CAUSE D'UTILITÉ PUBLIQUE. — Chap. XIV.

lièrement alors que deux jugements d'expropriation ont été rendus et qu'un jury a été saisi des indemnités concernant les immeubles compris dans le premier jugement; que ce jury ne peut être appelé à connaître, même avec le consentement des parties, de l'indemnité concernant un immeuble compris dans le deuxième jugement. — Cass., 26 déc. 1859, précité; — 20 févr. 1884, Carro, [S. 84.1.344, P. 84.1.835, D. 85.5.248] — Crépon, sur l'art. 38, n. 80 et 81.

2644. — A l'inverse, l'exproprianti ne peut, sans le consentement de l'exproprié, restreindre l'expropriation et ne point la faire porter sur la totalité des biens frappés d'expropriation. — Cass., 28 mai 1845, Barberon, [S. 45.1.414, P. 45.1.432, D. 45.1.302]; — 11 juin 1860, Beaunebaurie, [P. 61.705, D. 60.1.405]; — 23 déc. 1861, Ricard, [S. 62.1.891, P. 63.420, D. 62.1.304]; — 14 juill. 1863, Porte, [D. 66.5.199]; — 7 juill. 1868, Comm. de Montrichard, [S. 69.1.37, P. 69.59, D. 68.1.328]; — 27 juill. 1870, Comm. d'Objat, [D. 70.5.181]; — 19 mai 1884, Préfet du Loiret, [S. 84.1.296, P. 84.1.835, D. 85.1.264] — Crépon, sur l'art. 38, n. 83; Daffry de la Monnoye, t. 2, sur l'art. 38, n. 41; de Lalleau, Jousselin, Rendu et Périn, t. 1, n. 595 et 596; de Peyrony et Delamarre, n. 342; Arnaud, n. 419 et s.

2645. — Jugé, en ce sens, que le jury ne peut se borner à évaluer une partie seulement du terrain dont l'expropriation a été prononcée, sous prétexte que, du consentement de l'exproprié, les travaux exécutés par l'administration n'auraient porté que sur cette partie; la décision qui restreint ainsi le chiffre de l'évaluation est nulle, surtout si l'ordonnance du magistrat directeur a envoyé l'administration en possession de la totalité du terrain exproprié par le jugement. — Cass., 28 mai 1845, précité.

2646. — ... Que l'indemnité à fixer par le jury doit nécessairement porter sur tous les objets compris dans le jugement d'expropriation, même sur ceux auxquels l'expropriant déclare renoncer, si l'exproprié n'accepte pas cette renonciation; que si, par exemple, l'expropriant offre de respecter un puits compris dans l'expropriation, il n'y a pas lieu de s'arrêter à cette offre et d'en tenir compte si cette offre n'a pas été acceptée; le jury, dans la fixation de l'indemnité, doit avoir égard à la valeur du puits malgré l'offre non agréée de l'expropriant. — Cass., 23 déc. 1861, Ricard, [S. 62.1.89, P. 63.420, D. 62.1.304] — Crépon, sur l'art. 38, n. 87 et 88; Daffry de la Monnoye, loc. cit.

2647. — ... Que la partie expropriante ne peut restreindre au sous-sol l'expropriation déclarée porter sur l'immeuble entier, et qu'aucune question se référant à l'expropriation ainsi restreinte ne doit être posée au jury. — Cass., 7 juill. 1868, précité. — De Peyrony et Delamarre, n. 542 et s.; Arnaud, n. 419 et s.

2648. — Mais les parties peuvent librement et d'un commun accord restreindre l'étendue de l'expropriation, notamment en ce qui concerne telle parcelle désignée dans le jugement d'expropriation; il se forme alors entre elles un contrat judiciaire qui les lie et qui est valable parce qu'il ne touche point à l'ordre public. — Cass., 21 janv. 1868, de Berey, [D. 68.1.123] — Crépon, sur l'art. 38, n. 85, Daffry de la Monnoye, loc. cit.; de Lalleau, Jousselin, Rendu et Périn, loc. cit.

2649. — Cette restriction peut même être tacite. Jugé, en ce sens, que, bien qu'une parcelle de terrain ait été dénommée et comprise au jugement d'expropriation, le jury a pu la laisser en dehors du règlement de l'indemnité, si cette parcelle n'a été, ni l'objet d'aucunes offres et demandes d'indemnité, ni portée sur le tableau des offres et demandes mis sous les yeux des jurés, et si le procès-verbal ne contient pas trace de dires et observations d'aucune des parties à son sujet. — Cass., 11 juin 1860, précité; — 21 juill. 1875, Chemin de fer de Clermont à Tulle, [S. 75.1.428, P. 75.1067, D. 75.1.416]

2650. — ... Que lorsque quatre parcelles appartenant à plusieurs héritiers ont été expropriées, que cependant des offres n'ont été faites que relativement à l'une de ces parcelles, et que le jury n'a été saisi de la question d'indemnité que relativement à cette parcelle, sa décision est régulière bien qu'un seul des héritiers se soit présenté sur les quatre. — Cass., 21 juill. 1875, précité. — Daffry de la Monnoye, t. 2, sur l'art. 38, n. 44.

2651. — ... Que lorsque, dans l'assignation donnée à l'exproprié à l'effet de comparaître devant le jury, l'expropriant a déclaré que la contenance exacte du terrain exproprié n'était que d'une étendue déterminée, moindre que celle portée dans le jugement d'expropriation, et que, dans le cours des débats, l'exproprié n'a élevé aucune réclamation sur cette rectification de contenance, la décision du jury qui a alloué une indemnité en raison de cette contenance ainsi rectifiée est inattaquable comme ne violant aucune loi. — Cass., 12 août 1837, Manufact. des glaces de Montluçon, [P. 59.584, D. 57.1.330] — Crépon, sur l'art. 38, n. 86; Daffry de la Monnoye, loc. cit.

2652. — Il a été décidé, également, que le jury qui n'accorde d'indemnité que pour une cave, bien que le jugement d'expropriation ait prononcé l'expropriation de caves, ne réduit pas arbitrairement l'expropriation, alors que, en fait, il n'existe qu'une cave, divisée en trois compartiments, et que pour la désignation, on peut se servir indifféremment du mot cave, employé au singulier ou au pluriel. — Cass., 10 avr. 1866, Fontaine, [D. 66.5.205] — Daffry de la Monnoye, t. 2, sur l'art. 38, n. 52.

2653. — Les parties peuvent aussi d'un commun accord étendre l'expropriation et la faire porter sur des parcelles ou des immeubles non compris dans l'expropriation. — Cass., 14 août 1855, Mounier, [S. 56.1.620, P. 57.420, D. 55.1.418]; — 17 déc. 1856, Société de la rue impériale de Lyon, [S. 57.1.380, P. 58.266, D. 57.1.45]; — 12 août 1857, Rambourg, [S. 57.1.864, P. 58.766, D. 57.1.329]; — 18 mars 1874, Fizot-Lavergne, [D. 74.1.212]; — 25 août 1875, Seguin, [S. 76.1.430, P. 76.1087, D. 76.1.56] — Crépon, sur l'art. 38, n. 90; Daffry de la Monnoye, t. 2, sur l'art. 38, n. 42; de Lalleau, Jousselin, Rendu et Périn, t. 1, n. 595.

2654. — On ne peut dire, en ce cas, que les parties modifient l'état de choses créé par le jugement d'expropriation, et changent les bases de cette expropriation; celle-ci est respectée, seulement les parties s'entendent pour la cession d'un terrain non compris dans le jugement d'expropriation et pour soumettre au jury le règlement du prix concernant ce terrain; il n'y a rien là d'illicite ou de contraire à l'ordre public. — Cass., 18 mars 1874, précitée. — Crépon, sur l'art. 38, n. 91.

2655. — Par application de ce principe, il a été jugé que le jury est compétent pour fixer l'indemnité due à raison d'un immeuble non compris, mais constituant une dépendance de l'immeuble exproprié lui-même, cédé et accepté volontairement de part et d'autre, et dont l'abandon a lieu à raison de l'expropriation et pour la compléter. — Cass., 17 déc. 1856, précité.

2656. — ... Que l'indemnité d'expropriation peut être accordée par le jury pour une contenance plus considérable que celle qui est déterminée par le jugement d'expropriation, si l'exproprié a expressément consenti à abandonner cette contenance. — Cass., 12 août 1857, précité.

2657. — Il a cependant été décidé qu'il y a lieu d'annuler la décision du jury qui fixe l'indemnité relative à des parcelles dont l'expropriation n'a pas été régulièrement prononcée, alors même qu'elle constate l'accord intervenu à la barre entre les parties, si dans les énonciations respectives des parties relatées au procès-verbal des débats il n'est fait aucune mention de cet accord. — Cass., 5 mars 1873, Chem. de fer du Midi, [S. 73.1.176, P. 73.1.476, D. 73.1.184] — Crépon, sur l'art. 38, n. 95.

2658. — Lorsque, devant le jury, l'exproprié a été reconnu propriétaire de diverses parcelles pour lesquelles il ne lui a pas été fait d'offres, et qu'à la suite de diverses contestations, il s'est formé un contrat judiciaire entre les parties, l'omission, dans la décision du jury, de l'indication d'une parcelle, peut être réparée par les énonciations du procès-verbal et par les termes mêmes de la décision qui fixe l'indemnité pour toutes dépréciations et pour toutes choses. — Cass., 25 août 1875, précité. — Crépon, sur l'art. 38, n. 92.

2659. — Pour que la compétence du jury soit ainsi étendue il faut que l'accord des parties soit complet, absolu. Le jury n'est donc pas tenu de statuer sur les offres de l'administration qui n'ont été acceptées par l'exproprié que sous des conditions non admises par l'administration. — Cass., 14 août 1855. précité.

2660. — On doit également admettre qu'en l'absence d'un consentement exprès, le simple silence du propriétaire ou de ceux qui le représentent ne suffit pas pour autoriser contre lui la dépossession de terrains non compris dans le jugement. — Cass., 25 janv. 1848, Rocreines, [S. 48.1.207, P. 48.1.320, D. 48.5.185] — Daffry de la Monnoye, t. 2, sur l'art. 38, n. 42.

2661. — Il a été jugé que si les parties peuvent d'un commun accord autoriser le jury à comprendre dans son estimation des parcelles non portées au tableau des offres, le jury n'est pas obligé de déférer, en ce cas, à leur demande, et qu'on ne peut se faire un grief de cassation contre sa décision, de ce qu'il a évalué seulement l'indemnité des immeubles dont l'expropriation a été poursuivie. — Cass., 7 févr. 1883, Voisine de la Fresnaye, [D. 83.5.266] — Toutefois, le jury agira sagement en terminant un litige qui peut nécessiter une nouvelle expropriation. — Crépon, sur l'art. 38, n. 93.

2662. — Le mandataire ne peut pas, à moins d'un mandat exprès, consentir à l'extension de l'expropriation. Par suite, dans le cas d'aliénation amiable de parcelles supplémentaires, non comprises originairement dans l'expropriation, par le mandataire de la partie expropriée, chargé seulement de débattre le règlement de l'indemnité, la décision du jury est nulle si elle fixe une seule indemnité applicable, en même temps, et sans distinction, aux parcelles expropriées et à celles aliénées amiablement. — Cass., 3 janv. 1848, Coriyl, [S. 48.1.671, P. 48.1.31, D. 48.1.153]; — 25 janv. 1848, précité; — 15 janv. 1849, Morel, [S. 49.1.247, P. 49.1.393, D. 49.1.83]; — 19 nov. 1856, de Hautregard, [P. 56.2.563, D. 56.1.396]; — 29 juin 1858, Majoribanks, [P. 58.844, D. 58.1.326]; — 13 févr. 1861, Boujonnier, [S. 61.1.999, P. 61. 902, D. 61.1.180] — Crépon, sur l'art. 38, n. 97; Daffry de la Monnoye, t. 2, sur l'art. 38, n. 44; de Lalleau, Jousselin, Rendu et Périn, t. 1, n. 595.

2663. — De même, le mandataire dont les pouvoirs se bornent au droit de soutenir les intérêts d'une partie concernant l'indemnité due pour diverses parcelles de terre expropriées, n'est pas autorisé à consentir à la cession d'une autre parcelle non comprise dans le jugement d'expropriation. Cette procuration ne prévoit, en effet, que l'expropriation telle qu'elle ressort du jugement qui l'a prononcée et non point une extension quelconque. — Cass., 3 janv. 1848. — Daffry de la Monnoye, loc. cit.; Crépon, sur l'art. 38, n. 98.

2664. — Au contraire, la procuration qui donne au mandataire le pouvoir de faire *tout ce qu'il jugera être dans les intérêts de son mandant*, a été considérée comme permettant à celui-ci de consentir à ce que des parcelles non expropriées soient adjointes à celles comprises dans le jugement d'expropriation, ou au contraire à mettre en dehors de l'expropriation certains objets, ainsi le linge d'un établissement de bains, les sources d'eau et le mobilier. — Cass., 26 août 1861, Chauvet, [D. 61.1. 400] — Daffry de la Monnoye, t. 2, sur l'art. 38, n. 45; Crépon, sur l'art. 38, n. 99.

2665. — Le consentement, pour être valable, doit être donné par tous les copropriétaires; un seul, à moins d'un mandat spécial, est sans qualité pour consentir à la cession en l'absence des autres ou malgré leur volonté. Ainsi, par exemple, le terrain appartient à deux copropriétaires indivis, il ne suffit pas que le consentement soit donné par un seul, encore bien qu'il figure sur la matrice cadastrale comme propriétaire unique, alors que, dans le jugement d'expropriation et les actes de l'instruction, il a été procédé contre les deux propriétaires qui sont également dénommés dans la décision du jury. L'annulation de la décision du jury doit, en pareil cas, être prononcée pour le tout, si sa teneur ne permet de discerner ni les parts de propriété pouvant appartenir à chacun des propriétaires, ni les motifs distincts d'évaluation concernant la portion ajoutée à la contenance primitivement déterminée par le jugement d'expropriation. — Cass., 19 nov. 1856, de Hautregard, [P. 56.2.563, D. 56.1.396] — Daffry de la Monnoye, t. 2, sur l'art. 38, n. 46; Crépon, sur l'art. 38, n. 100; de Lalleau, Jousselin, Rendu et Périn, t. 1, n. 595, note.

2666. — Les représentants des incapables ne peuvent consentir à la cession de parcelles supplémentaires que s'ils y sont régulièrement autorisés. Ainsi, par exemple, une commune expropriée ne peut consentir, devant le jury, à l'emprise de parcelles non comprises dans l'expropriation, en l'absence des autorisations administratives exigées pour les aliénations de biens communaux; par suite, le jury ne peut statuer sur l'indemnité afférente à ces parcelles. — Cass., 12 avr. 1870, Ville de Milhau, [S. 71.1.82, P. 71.214, D. 70.1.388] — Crépon, sur l'art. 38, n. 101; Daffry de la Monnoye, t. 2, sur l'art. 38, n. 101; de Lalleau, Jousselin, Rendu et Périn, loc. cit.

2667. — Si le jury a accordé une indemnité unique pour les parcelles expropriées et pour celles ajoutées irrégulièrement à l'expropriation sans le consentement de l'une des parties, la décision du jury doit être cassée pour le tout, car on ne peut savoir quelle partie d'indemnité le jury a voulu attribuer aux parcelles comprises dans le jugement d'expropriation. — Cass., 19 nov. 1856, précité; — 29 juin 1858, précité; — 13 févr. 1861, précité. — Crépon, sur l'art. 38, n. 102; Daffry de la Monnoye, t. 2, sur l'art. 38.

2668. — La nullité doit être prononcée alors même que, depuis la décision du jury, l'expropriant a consenti à l'abandon de tous ses droits sur les terrains abusivement adjoints aux parcelles expropriées, sans que l'indemnité, telle qu'elle a été fixée par le jury, fût réduite. — Cass., 29 juin 1858, précité. — Daffry de la Monnoye, t. 2, sur l'art. 38, n. 49; Crépon, sur l'art. 38, n. 103. — Seulement, en fait, l'exproprié invoquera rarement cette nullité, car il ne paraît pas y avoir intérêt.

2669. — Au reste, remarquons qu'il y a application pure et simple, et non point extension du jugement d'expropriation, alors que le jury, chargé de fixer l'indemnité pour un objet principal, la détermine en même temps à l'égard d'une dépendance essentielle de cet objet; ainsi pour un patis reconnu dépendance d'une maison. — Cass., 29 déc. 1847, (cité par Daffry de la Monnoye, t. 2, sur l'art. 38, n. 51) — ... A l'égard d'un barrage servant à retenir l'eau nécessaire à l'alimentation d'un moulin, et porté au même numéro que ce moulin; il en est ainsi surtout, si l'exproprié se plaint pour la première fois de la prétendue extension donnée à l'expropriation devant la Cour de cassation, si ces objets constituant une dépendance de l'objet principal ont toujours été compris dans les offres et les conclusions de l'expropriant, si l'exproprié a, devant le jury, accepté le débat tel qu'il se présentait, et a lui-même demandé une indemnité afférente aux objets dont il s'agit. — Cass., 30 mai 1865, Solvan, [D. 65.5.187] — Daffry de la Monnoye, loc. cit.; Crépon, sur l'art. 38, n. 106 et 107.

2670. — Si l'expropriation ne doit être ni étendue ni restreinte sans l'assentiment des intéressés, elle ne doit pas non plus être modifiée. Par suite, lorsque par une déclaration nouvelle devant le jury d'expropriation, les concessionnaires d'un chemin de fer, modifiant les plans sur lesquels a été rendu le jugement d'expropriation, changent la destination des terrains expropriés, le jury ne peut, en cet état, statuer sur l'indemnité due aux propriétaires de ces terrains, l'emploi qui doit en être fait ayant dû influer sur les offres et demandes d'indemnité, et sur les considérations d'utilité publique qui ont fait prononcer le jugement d'expropriation. — Cass., 9 janv. 1839, Riant, [S. 39.1.129, P. 46.2.657] — Daffry de la Monnoye, t. 2, sur l'art. 38, n. 50; Crépon, sur l'art. 38, n. 104 et 105. — Le magistrat directeur doit alors ordonner qu'il soit sursis à statuer.

2671. — La décision du jury fixant l'indemnité due pour une portion d'immeuble expropriée ne peut être annulée comme ne faisant pas connaître quelle est cette portion d'immeuble, bien qu'elle ne la désigne pas explicitement, si la désignation en est faite par le jugement d'expropriation, clairement et de manière à ne laisser place à aucun litige ultérieur. — Cass., 5 juin 1861, Marion-Vallée, [S. 61.1.994, P. 62.325, D. 61.1.288] — D'une manière plus générale on doit présumer que le jury est demeuré dans les limites de ses pouvoirs, et on ne doit considérer qu'il en est sorti que si cela est démontré par les termes mêmes de sa décision. — Cass., 13 août 1855, de Saint-Seine, [S. 56.1. 829, P. 37.419, D. 55.1.333]; — 26 janv. 1863, Préfet des Bouches-du-Rhône, [Bull. civ., p. 17]; — 8 avr. 1863, Préfet du Morbihan, [Bull. civ., p. 92]; — 10 avr. 1866, Fontaine, [D. 66. 5.205] — Crépon, sur l'art. 38, n. 109. — C'est au demandeur qui prétend que le jury est sorti de la limite de ses pouvoirs à établir le bien-fondé de ses allégations.

2672. — Le jury, en appréciant les diverses circonstances, de nature à influer sur la fixation de l'indemnité, doit toujours les apprécier dans le rapport qu'elles ont avec la parcelle expropriée; il ne saurait faire entrer dans la détermination de l'indemnité le préjudice résultant pour l'exproprié de l'expropriation d'un autre immeuble sur lequel il n'a aucun droit. — Cass., 18 janv. 1854, Canal de Pierralatte, [S. 54.1.735, P. 55.1.47, D. 54.1.315] — Crépon, sur l'art. 38, n. 82; de Lalleau, Jousselin, Rendu et Périn, t. 1, n. 595, note. — Ce n'est point, en effet, un préjudice résultant de l'expropriation puisque le propriétaire de cet autre immeuble pouvait en changer la destination.

2673. — D'autre part, l'indemnité fixée par le jury est entière et complète, lorsqu'elle porte sur les seuls points qui lui aient été soumis formellement, sans qu'il ait eu besoin de statuer sur d'autres objets relativement auxquels les parties se sont bornées à des déclarations et à des réserves, dont elles ont demandé et dont il leur a été donné acte. — Cass., 20 août 1860, Gérard, [P. 61.763, D. 60.1.415]

2674. — Jugé même que le magistrat directeur du jury n'a point à donner acte à l'exproprié de son consentement à l'exercice d'un droit de halage ni de ses réserves d'attaquer devant qui de droit les actes qui l'auraient exproprié autrement que pour un service public. — Cass., 27 août 1851, Regnier, [P. 51.2.477, D. 51.5.247]

2675. — Remarquons enfin que la décision du jury qui fixe un chiffre d'indemnité comprenant tous les chefs de demandes de l'exproprié ne cesse pas d'être régulière par cela que le jury, sortant des limites de sa mission, aurait exprimé additionnellement un vœu en faveur de l'exproprié sur les relations à intervenir entre lui et l'expropriant au sujet de la mise à exécution de l'expropriation. Ce vœu ne lie point, en effet, les parties. — Cass., 31 juill. 1860, Arnaud, [P. 61.1189, D. 60.1.407]

§ 2. Caractères et consistance de l'indemnité.

2676. — Nous allons rapidement énoncer les règles qui doivent présider à l'allocation de l'indemnité, nous réservant de les développer en examinant la fixation de l'indemnité relativement aux divers intéressés.

2677. — Que doit-on entendre par indemnité? De quels éléments doit-elle se composer? Ecoutons à ce sujet Daguilhon-Pujol, qui a proposé l'art. 48, L. 7 juill. 1833 : « Constamment, a-t-il dit, l'administration a contesté l'étendue et la définition du mot indemnité. Elle a soutenu devant les tribunaux que l'indemnité qui était due n'était que la valeur vénale du sol, mais non la dépréciation du sol restant. Je pourrais citer, à l'appui de mon assertion, des monuments de la jurisprudence qui attestent que les prétentions de l'administration ont toujours été telles que je viens de les signaler, prétentions contre lesquelles les tribunaux se sont toujours élevés, parce qu'ils ont justement et sagement interprété les dispositions de l'art. 545, C. civ., parce qu'ils ont pensé que l'indemnité, pour être juste, doit être complète. En effet, le mot indemnité ne veut pas dire seulement prix vénal de l'immeuble; il veut dire aussi le dédommagement dû au propriétaire par suite de sa dépossession, la dépréciation du sol restant. » — Duvergier, Coll. des lois, t. 33, p. 303.

2678. — Pour la fixation de l'indemnité le jury doit se reporter au moment de sa décision et non point à l'époque de la prise de possession : c'est, en effet, à l'administration qu'il appartient de fixer l'époque où elle prendra possession; le jury ne peut non plus décider que les indemnités ne partiront qu'à la prise de possession. — De Lalleau, Jousselin, Rendu et Périn, t. 1, n. 597.

2679. — Le jury peut-il n'accorder aucune indemnité? Il faut distinguer; s'il s'élève une contestation sur le droit du prétendu exproprié, et si l'expropriant prétend qu'il est sans droit pour réclamer une indemnité, le jury fixe alors une indemnité hypothétique, qui sera attribuée à celui dont le droit aura été reconnu par les tribunaux compétents (V. infrà, n. 2685 et s.). Mais le jury peut-il ne rien allouer alors que l'expropriant prétend que l'exproprié n'a subi aucun préjudice? On l'a soutenu par cette raison que le jury, appréciateur du dommage, est là même en droit de reconnaître que ce dommage n'existe pas. — De Lalleau, Jousselin, Rendu et Périn, t. 1, n. 598. — Mais ce système n'a pas triomphé et avec juste raison; en effet l'expropriant est, à peine de nullité, tenu de faire des offres; donc il ne peut offrir zéro, ce qui n'est point faire une offre. — Cass., 4 janv. 1892, Burillon, [S. et P. 92.1.159]

2680. — D'un autre côté, l'indemnité ne peut être inférieure à l'offre faite; mais l'offre d'une somme de un franc est régulière; l'indemnité fixée à ce chiffre l'est également; aussi, en fait, peut-on dire que le jury est libre, s'il croit qu'il n'existe pas de préjudice, de n'accorder aucune indemnité.

2681. — L'indemnité doit consister en une somme d'argent. Cette règle n'est cependant point d'ordre public et les parties peuvent convenir que l'indemnité consistera, en tout ou en partie, en d'autres avantages, en exécution de travaux, abandon de matériaux, etc. Mais il n'en peut être ainsi que si un contrat judiciaire se forme entre les parties à cet égard. et si cet accord est constaté au procès-verbal. — De Lalleau, Jousselin, Rendu et Périn, t. 1, n. 599 et s.

2682. — L'indemnité doit être claire, précise, définitive, et indépendante de tous calculs ou événements ultérieurs, de manière à mettre fin à toutes contestations entre les parties. Elle ne peut être accordée que pour les dommages qui sont la suite certaine, directe, immédiate de l'expropriation; elle ne saurait donc être éventuelle et fixée en vue d'un dommage futur et incertain; ainsi elle ne peut être fixée non en vue de l'expropriation elle-même, mais en vue des dommages pouvant résulter des travaux. — De Lalleau, Jousselin, Rendu et Périn, t. 1, n. 605 et s.

2682 bis. — La décision du jury doit donc ne donner lieu à aucune contestation ultérieure. Par suite, il y a lieu à cassation alors que l'on ne saurait décider s'il y a double emploi dans un chef d'indemnité, deux fois répété, ou bien si cette répétition a pour but de compléter une lacune en allouant une seconde majoration aux expropriés. — Cass., 16 juill. 1900. [Ministre de la Guerre, et non encore publié]

2683. — L'indemnité ne peut être inférieure aux offres de l'expropriant ni supérieure à la demande de l'exproprié (V. suprà, n. 1680, et infrà, n. 3132 et s.); pour rechercher si l'indemnité est régulière il faut se reporter non aux offres et demandes primitives, mais à celles qui résultent du dernier état des conclusions; ce sont celles-là qui déterminent les limites dans lesquelles le jury peut se mouvoir pour la fixation de l'indemnité et la détermination du chiffre qu'il croit devoir allouer. — De Lalleau, Jousselin, Rendu et Périn, t. 1, n. 609 et s.

2684. — Il a été jugé que l'art. 545, C. civ., qui assure une indemnité (préalable) aux expropriés pour utilité publique (ainsi que les lois des 16 sept. 1807 et 8 mars 1810, et aujourd'hui la loi du 3 mai 1841), s'applique aux cas où c'est une loi qui exproprie au profit de l'Etat, tout comme au cas où l'expropriation est ordonnée par décret ou ordonnance de l'administration publique. — Cass., 23 févr. 1825, Bonneville, [S. et P. chr.] — On peut même dire que les lois sur l'expropriation ont été édictées surtout en vue de l'expropriation poursuivie par l'Etat; c'est vis-à-vis de lui et de son autorité que le législateur a voulu donner des garanties aux particuliers pour les soustraire à l'arbitraire et à une pression toujours possible et toujours redoutable.

Section IV.
Litige sur le fond du droit et indemnités éventuelles, hypothétiques et alternatives.

§ 1. Règles générales.

2685. — « Lorsqu'il y a litige sur le fond du droit ou sur la qualité des réclamants, et toutes les fois qu'il s'élève des difficultés étrangères à la fixation du montant de l'indemnité, le jury règle l'indemnité indépendamment de ces litiges et difficultés, sur lesquels les parties sont renvoyées à se pourvoir devant qui de droit » (L. 3 mai 1841, art. 39, § 4). Renouard avait proposé de terminer ainsi le paragraphe : « et s'il y a lieu, il établit hypothétiquement des indemnités correspondantes à l'éventualité des décisions à intervenir sur les points contestés entre les parties. » Mais il a retiré son amendement sur l'observation faite par le rapporteur qu'il résultait suffisamment de la loi, sans que cela fût formellement exprimé, que le jury devait accorder des indemnités alternatives applicables à toutes les éventualités pouvant résulter des difficultés signalées devant lui. — De Lalleau, Jousselin, Rendu et Périn, t. 1, n. 608.

2686. — Le législateur a complété l'art. 39 par un autre article, ainsi conçu : « Dans le cas où l'administration conteste au détenteur exproprié le droit à une indemnité, le jury, sans s'arrêter à la contestation dont il renvoie le jugement devant qui de droit, fixe l'indemnité comme si elle était due » (L. 3 mai 1841, art. 49).

2687. — Cette disposition embrasse dans sa généralité tous les cas où l'administration prétend qu'à raison de quelques circonstances particulières, l'exproprié doit abandonner la propriété, sans avoir droit à une indemnité. Le projet du gouvernement, lors de la loi de 1833, s'exprimait d'une manière moins étendue; il ne prévoyait que le cas où il s'agissait de moulins et autres usines établis sur des rivières navigables et flottables, dont l'administration prétendrait que le titre n'est pas légal ou contient une clause qui les soumet à démolir sans indemnité. Il est bien entendu que les tribunaux sont juges de la question de savoir si en effet il y a clause portant obligation de démolir sans indemnité. Cette question peut surtout offrir de la difficulté dans un grand nombre de cas où l'administration, en donnant des permissions de construire sur des cours d'eau qui ne sont ni navigables ni flottables, et qui, par conséquent, ne sont point dépendances du domaine public, a cependant stipulé que les usines seraient démolies sans indemnité, si l'utilité publique l'exigeait. — Duvergier. *Collect. des lois*, t. 33, p. 303.

2688. — Faisons remarquer que l'art. 49 commet une erreur en décidant que le jury, en cas de litige sur le fond du droit, doit renvoyer les parties devant qui de droit ; c'est là une attribution réservée au magistrat directeur. L'art. 49 complète d'ailleurs l'art. 39 par sa disposition où il est dit que le magistrat directeur ordonne la consignation de l'indemnité hypothétique fixée par le jury. — Crépon, sur l'art. 49, n. 1, 2 et 3.

2689. — L'art. 39, L. 3 mai 1841, est compris par l'art. 42 de la même loi parmi ceux donnant ouverture à cassation ; l'art. 42 ne vise pas l'art. 49; néanmoins il y a lieu d'annuler l'ordonnance du magistrat directeur qui, sans se préoccuper du caractère éventuel d'une indemnité fixée par le jury, en ordonne la consignation, et envoie l'expropriant en possession sans protestations ni réserves. — Cass., 22 août 1855, Chem. de fer du Midi, [S. 56.1.474, P. 56.2.512, D. 55.1.396] — Crépon, sur l'art. 49, n. 4. — La consignation de l'indemnité est une conséquence de la fixation d'une indemnité hypothétique ; si elle n'est pas ordonnée l'indemnité perd son caractère hypothétique, et l'art. 39 se trouve lui-même violé.

2690. — Le jury n'a donc d'attributions et de pouvoirs que pour fixer l'indemnité ; il n'a aucune compétence pour se prononcer sur les contestations et les difficultés qui présentent d'autres questions à trancher. — Cass., 28 janv. 1857, Ville de Paris, [S. 57.1.300, P. 57.665, D. 57.1.48] — Crépon, sur l'art. 39, n. 46 ; Daffry de la Monnoye, t. 2, sur l'art. 49, n. 24 ; de Lalleau, Jousselin, Rendu et Périn, t. 1, n. 608. — D'autre part, le but de l'expropriation ne permet pas de surseoir à la fixation des indemnités. De là la nécessité de la fixation de l'indemnité hypothétique, répondant aux solutions qui pourront intervenir ultérieurement.

2691. — Toutefois, si, au cours des opérations du jury, celui qui a obtenu l'expropriation vient à faire des renonciations et déclarations au sujet desquelles les prétentions de l'exproprié ne permettent plus de régler l'indemnité dans les termes fixés par le jugement d'expropriation, il y a là un litige qui doit faire surseoir le jury à statuer jusqu'à ce que les bases de l'indemnité soient déterminées d'une manière invariable par l'autorité compétente.

2692. — Une autre situation peut se présenter qui exige la fixation d'indemnité dépendant d'un événement futur et incertain. On soumet au jury deux ou plusieurs hypothèses sans qu'il y ait un litige, et par exemple parce que l'expropriation aura une plus ou moins grande étendue selon ce qui sera définitivement décidé plus tard ; en ce cas, il y a lieu à la fixation d'indemnités alternatives répondant à toutes les hypothèses posées devant le jury.

2693. — Le jury, en présence de difficultés et de contestations qu'il ne saurait apprécier, doit fixer des indemnités hypothétiques, éventuelles, déterminées de telle sorte que, quelle que soit la solution du litige par les juges compétents, l'indemnité soit définitivement réglée. — Cass., 22 avr. 1856, Comm. de Maisons, [S. 56.1.831, P. 56.1.497, D. 56.1.158] ; — 23 mai 1882, Pothier, [*Bull. civ.*, p. 207] ; — 13 juin 1899, Testu, [S. et P. 1900.1.48] — Daffry de la Monnoye, t. 2, sur l'art. 39, n. 25 ; Crépon, sur l'art. 39, n. 48 et 49 ; de Lalleau, Jousselin, Rendu et Périn, t. 1, n. 608.

2694. — De même, lorsqu'une indemnité est prétendue à raison de la suppression d'un droit dont la légalité est contestée, le jury doit accorder une indemnité hypothétique, et non pas se borner à réserver pour l'avenir les droits de la partie expropriée. — Cass., 17 déc. 1845, Godefroy, [S. 46.1.166, P. 46.1.35, D. 46.1.30] ; — 17 déc. 1845, Larose, [S. 46.1.167, P. 46.1.35, D. 46.1.30] ; — 17 déc. 1845, Trochery, [*Ibid.*] — De Lalleau, Jousselin, Rendu et Périn, *loc. cit.*; Crépon, sur l'art. 39, n. 86 ; Daffry de la Monnoye, t. 2, sur l'art. 39, n. 35.

2694 bis. — Il a été jugé, à cet égard, que lorsque l'expropriant prétend qu'il n'est dû aucune indemnité à une commune à raison de divers chemins publics déviés, détournés ou modifiés avec allongement, le jury ne peut accorder une indemnité définitive ; qu'il doit se borner à accorder une indemnité éventuelle, et renvoyer les parties à se pourvoir devant l'autorité compétente pour statuer sur le fond du droit. — Cass., 20 mai 1879, Chemin de fer de l'Ouest, [S. 79.1.382, P. 79.940, D. 79.1.349]

2695. — ... Que la question de savoir si l'expropriation prononcée contre l'Etat pour l'établissement d'une voie ferrée, d'un terrain faisant partie du domaine public, et particulièrement de celui faisant partie du lit d'un fleuve, ouvre à l'Etat droit à une indemnité, constitue un litige sur le fond du droit et oblige le jury à fixer une indemnité alternative. — Cass., 8 mai 1865, Chemin de fer de Lyon, [S. 65.1.273, P. 65.650, D. 65.1.293] — Crépon, sur l'art. 39, n. 106 ; Daffry de la Monnoye, t. 2, sur l'art. 39, n. 38 ; de Lalleau, Jousselin, Rendu et Périn, *loc. cit.* — La difficulté ne porte pas alors sur le droit de propriété luimême, mais sur les conséquences du droit de propriété.

2696. — ... Que lorsqu'une ville, expropriée d'une parcelle de terrain, demande une indemnité pour l'élargissement d'une rue et l'établissement d'un chemin d'accès à la gare nécessités par l'expropriation, et lorsque l'expropriant conteste toute indemnité à ce titre, et demande qu'il soit statué sur chaque chef d'indemnité par une décision spéciale, cette difficulté soulève un litige sur le fond du droit, qui oblige le jury, à peine de nullité, à statuer par des dispositions distinctes et éventuelles. — Cass., 11 mai 1891, Comp. des chemins de fer économiques, [S. et P. 92.1.31, D. 92.1.224]

2697. — ... Que lorsque l'expropriant, tout en prétendant que l'indemnité réclamée par l'exproprié n'est pas due, en ce qu'il se trouve comprise dans celle accordée à son cessionnaire, fait cependant offre d'une indemnité qui ne peut être considérée comme sérieuse (un franc), la décision du jury qui alloue cette indemnité doit être cassée comme contenant excès de pouvoir, en s'attribuant par là le jugement d'une contestation sur le fond du droit qu'il devait renvoyer devant les juges compétents, tout en fixant l'indemnité sérieuse qui sera due dans le cas où le droit de l'exproprié viendra à être reconnu. — Cass., 23 avr. 1855, Colliau-Carment, [S. 55.1.604, P. 55.1.437, D. 55.1.132] — De Lalleau, Jousselin, Rendu et Périn, t. 1, n. 609 ; Crépon, sur l'art. 39, n. 85 ; Daffry de la Monnoye, t. 2, sur l'art. 39, n. 34.

2698. — ... Que lorsque l'expropriant, tout en prétendant que l'indemnité réclamée par un locataire n'est pas due en ce que le bail n'est pas sincère, fait cependant offre d'une indemnité qui ne peut être considérée comme sérieuse (un franc), la décision du jury qui alloue cette indemnité doit être cassée comme s'attribuant par là le jugement d'une contestation sur le fond du droit qu'il devait renvoyer devant les juges compétents, tout en fixant l'indemnité sérieuse qui serait due dans le cas où le droit du locataire viendrait à être reconnu. — Cass., 27 janv. 1863, Chave-Lan, [S. 63.1.318, P. 63.886, D. 63.1.132] — Mêmes auteurs.

2699. — L'allocation de la somme d'un franc n'est pas, par ellemême, une cause de nullité; le préjudice subi peut ne point dépasser cette somme. Pour que la Cour suprême annule la décision du jury, en ce cas, il faut que, en fait, elle reconnaisse que la fixation de l'indemnité n'est pas sérieuse et que le jury, sortant de sa sphère, a voulu trancher une contestation hors de sa compétence. En d'autres termes, l'annulation de la décision du jury allouant une somme très-minime ne devra donc être prononcée que dans le cas fort rare où il sera établi que le jury en la fixant a voulu se prononcer sur le fond du droit. — V. *infrà*, n. 2700.

2700. — Ainsi, lorsque l'exproprié a demandé une indemnité pour le dommage industriel résultant pour sa profession de carrier de l'établissement du chemin projeté, et que l'expropriant a dénié tout droit d'indemnité de ce chef, et a subsidiairement offert la somme de un franc à titre d'indemnité hypothétique, le jury, en fixant éventuellement à ce chiffre de un franc le supplément d'indemnité réclamée, use de son droit d'apprécier souverainement l'étendue du dommage. — Cass., 7 mai 1895, Lambert, [S. et P. 95.1.464]

2701. — Le jury, ayant à régler une indemnité alternative, peut, estimant que, dans l'un et l'autre cas, le préjudice sera égal pour l'exproprié, allouer la même somme pour l'une et l'autre hypothèse, pourvu qu'il statue d'une manière distincte sur chacune d'elles. — Cass., 16 août 1865, Ville de Paris, [D. 65.5.177]; — 24 mars 1885, Hellier, [S. 87.1.80, P. 87.1.166, D. 86.5.166] — De Lalleau, Jousselin, Rendu et Périn, *loc. cit.*; Crépon, sur l'art. 39, n. 121 ; Daffry de la Monnoye, t. 2, sur l'art. 39, n. 32.

2702. — Mais la cassation serait prononcée s'il y avait incertitude sur le point de savoir si le jury a prévu les deux hypothèses qui lui étaient déférées, parce qu'alors sa décision ne serait pas complète. — Cass., 17 avr. 1867, [*Bull. civ.*, p. 134] — De Lalleau, Jousselin, Rendu et Périn, *loc. cit.*; Daffry de la Monnoye, *loc. cit.*; Crépon, sur l'art. 39, n. 122.

2703. — Le jury, en prononçant une indemnité hypothétique, n'a pas besoin de déclarer le caractère éventuel de sa décision, il suffit que ce caractère résulte implicitement de cette décision. Par suite, lorsque les parties sont d'accord pour reconnaître qu'il y a lieu de fixer deux indemnités, l'une pour le cas où l'expropriation porterait sur deux parcelles, l'autre pour celui où elle ne porterait que sur une seule, il suffit que le jury fixe deux indemnités en vue de l'une ou l'autre de ces hypothèses, sans qu'il ait besoin de déclarer expressément qu'un tel règlement n'a qu'un caractère éventuel. Et le chiffre ainsi fixé pour chaque parcelle est présumé représenter non seulement sa valeur, mais encore tous les dommages provenant de l'expropriation, tels, par exemple, que celui qui résulterait pour l'une des parcelles de ce que l'expropriation serait restreinte à une seule, au lieu de porter sur les deux. — Cass., 12 janv. 1870, Chesnel, [S. 71.1.81, P. 71.213, D. 70.1.427] — Crépon, sur l'art. 39, n. 140; Daffry de la Monnoye, t. 2, sur l'art. 39, n. 35; de Lalleau, Jousselin, Rendu et Périn, t. 1, n. 608.

2704. — Jugé encore : que si la partie qui poursuit l'expropriation prétend que l'exproprié n'a droit à aucune indemnité à raison de certaines parties de terrains qui lui sont enlevées, le jury satisfait aux prescriptions de la loi en statuant distinctement sur les divers chefs d'indemnité, et en laissant ainsi aux parties la faculté de faire statuer par qui de droit sur ceux de ces chefs qu'elles se croiraient fondées à contester ; que la réunion, d'ailleurs, en un seul chiffre, des divers éléments dont se compose l'indemnité totale ne saurait avoir pour effet de détruire la séparation des divers chefs et d'en opérer la confusion. — Cass., 22 août 1853, Chem. de fer du Midi, [S. 56.1.174, P. 56.2.512, D. 55.1.396] — Mêmes auteurs.

2705. — ... Que lorsque la propriété d'un fossé est contestée entre les deux riverains de ce fossé, tous deux expropriés, le jury peut considérer que ce fossé constitue deux parcelles distinctes d'égale grandeur, et allouer une indemnité éventuelle à chacun des contestants, à raison de l'une de ces parcelles; si plus tard l'un d'eux est reconnu seul propriétaire, il touchera les deux indemnités éventuelles, et par suite, toute l'indemnité afférente au fossé. — Cass., 10 févr. 1869, Cayre, [*Bull. civ.*, p. 49] — Daffry de la Monnoye, *loc. cit.*

2706. — Mais il ne faut pas perdre de vue que c'est seulement dans le cas où il s'élève de ces difficultés étrangères à la fixation de l'indemnité ou un litige sur le fond du droit, que le jury doit régler l'indemnité litigieuse sous une forme éventuelle, en renvoyant les parties à se pourvoir devant l'autorité compétente. — Cass., 31 janv. 1881, de Pillon de Saint-Philibert, [S. 81.1.179, P. 81.1.410, D. 81.1.384]; — 14 juin 1882, Planchon, [S. 83.1.375, P. 83.1.954]; — 14 juin 1882, Coquoin, [*Ibid.*] — Crépon, sur l'art. 39, n. 70; de Lalleau, Jousselin, Rendu et Périn, t. 1, n. 608; Daffry de la Monnoye, t. 2, sur l'art. 39, n. 26.

2707. — Par suite, lorsque la contestation élevée devant le jury ne porte pas sur le fond du droit de propriété, mais uniquement sur la valeur des immeubles expropriés et sur les éléments de cette valeur et de l'indemnité à allouer, c'est à bon droit que le jury ne fixe pas une indemnité hypothétique. — Cass., 4 août 1891, Garnier-Guy, [S. et P. 92.1.96]

2708. — En conséquence, lorsque l'exproprié prétend qu'il y a lieu de tenir compte dans l'évaluation de l'indemnité d'une moins value qu'il doit résulter pour la partie de l'immeuble qui lui reste de l'incommodité d'exploitation et de la difficulté d'accéder à l'abreuvoir public, cette question n'est pas étrangère à l'appréciation du préjudice occasionné par l'expropriation et ne peut être séparée de l'ensemble de l'indemnité réclamée; c'est donc au jury qu'il appartient de l'apprécier. — Cass., 21 juill. 1875, Chem. de fer de Clermont à Tulle, [S. 75.1.428, P. 75.1067, D. 75.1.415] — De Lalleau, Jousselin, Rendu et Périn, *loc. cit.*; Daffry de la Monnoye, *loc. cit.*; Crépon, sur l'art. 39, n. 51.

2709. — Par le même motif, il n'y a pas lieu à la fixation d'indemnités alternatives, lorsqu'il n'existe aucun litige sur le fond du droit ou la qualité des réclamants, ni aucune difficulté étrangère à la fixation de l'indemnité, et que, pour l'évaluer, le jury s'est borné à prendre en considération l'augmentation de valeur immédiate et spéciale que l'exécution des travaux devait procurer au propriétaire. — Cass., 10 mai 1875, Flipo, [S. 75.1.319, P. 75.756, D. 77.1.34]; — 25 oct. 1892, Préfet du Gers, [S. et P. 93.1.320] — De Lalleau, Jousselin, Rendu et Périn, t. 1, n. 608, note ; Crépon, sur l'art. 39, n. 52 et 53; Daffry de la Monnoye, t. 2, sur l'art. 39, n. 27.

2710. — Il en est ainsi, spécialement, lorsque ni l'exproprié ni l'expropriant n'ont conclu à l'allocation d'une indemnité alternative, et que ce dernier s'est borné à demander que les jurés fussent avertis par le magistrat directeur qu'ils ne devaient pas prendre en considération certains dommages purement éventuels, qui n'étaient point la conséquence directe de l'expropriation. — Cass., 25 oct. 1892, précité.

2711. — De même il n'y a lieu de fixer une indemnité éventuelle : ni à raison de la dépréciation des parties restantes d'un herbage exproprié et des dangers de responsabilité pouvant résulter, à la charge du propriétaire, des incursions des bestiaux sur la voie ferrée; c'est là une question de fait relative à la fixation de l'indemnité; ... ni à raison du dommage résultant des difficultés que l'établissement du chemin de fer apporterait à l'écoulement des eaux provenant de la partie supérieure de l'herbage, puisque c'est une suite directe de l'expropriation; ... ni pour le cas où un supplément de clôture deviendrait nécessaire à la charge de l'exproprié, cette prévision se rattachant aux conditions mêmes dans lesquelles l'expropriation s'accomplissait et à ses suites directes. — Cass., 31 janv. 1881, précité. — Crépon, sur l'art. 39, n. 77 et s.

2712. — Jugé encore que lorsque l'expropriant ne conteste point à l'exproprié un droit de passage, mais prétend qu'aucune somme ne doit lui être allouée, parce qu'il pourra continuer à passer sur les terrains expropriés, une fois qu'ils seront tombés dans le domaine public, cette difficulté a trait uniquement à la fixation de l'indemnité, et qu'il n'y a pas lieu à la détermination d'une indemnité éventuelle. — Cass., 16 mars 1885, Comm. de Lamothe-Saint-Heray, [S. 87.1.387, P. 87.1.939, D. 85.1.347]

2713. — L'indemnité à l'exproprié devant être fixée d'une façon ferme, eu égard au moment de la décision, le jury ne peut fixer deux indemnités, l'une pour le cas où il ne serait accordé par l'administration expropriante aucun délai à l'exproprié pour quitter les lieux, l'autre pour le cas où l'exproprié serait laissé en jouissance jusqu'à une certaine époque. — Cass., 11 juill. 1881, Comm. de Saint-Loup, [S. 82.1.36, P. 82.1.57] — De Lalleau, Jousselin, Rendu et Périn, t. 1, n. 608; Crépon, sur l'art. 39, n. 54. — V. *suprà*, n. 2678.

2714. — Le jury n'a point non plus à prononcer des indemnités hypothétiques, alors que la question qu'on voudrait lui poser aurait pour effet de le faire sortir des termes mêmes du jugement d'expropriation et de lui faire étendre ou restreindre l'expropriation sans le consentement de l'une des parties (V. *suprà*, n. 2638 et s.); ainsi quand le jugement a prononcé l'expropriation pure et simple d'un terrain, l'expropriant ne peut demander au magistrat directeur de poser une question pour le terrain dans son entier, et une autre pour le sous-sol seulement. — Cass., 7 juill. 1868, Comm. de Montrichard, [S. 69.1.37, P. 69.59, D. 68.1.328] — De Lalleau, Jousselin, Rendu et Périn, *loc. cit.*; Daffry de la Monnoye, t. 2, sur l'art. 39, n. 29 ; Crépon, sur l'art. 39, n. 56.

2715. — Si les limites de l'expropriation ont été clairement fixées, la question de savoir s'il y a lieu d'étendre l'expropriation au delà des termes du jugement ne peut constituer un litige sur le fond du droit nécessitant la fixation d'indemnités éventuelles. Dès lors, il n'y a pas lieu à la fixation d'une indemnité hypothétique pour le cas où l'expropriation dépasserait une certaine contenance, alors que cette contenance n'a jamais été atteinte, et qu'aucun accord n'est intervenu entre les parties pour l'acquisition de la parcelle supplémentaire. — Cass., 5 nov. 1879, Beaussier, [D. 80.1.163]; — 31 janv. 1881, précité. — De Lalleau, Jousselin, Rendu et Périn, *loc. cit.*; Crépon, sur l'art. 39, n. 57 et 58.

2716. — Ainsi le jury n'a point à fixer une indemnité alternative quand on la lui demande relativement à une impasse et que le jugement d'expropriation, passé en force de chose jugée, ne parle que d'une surface déterminée, consistant en cour, maison, atelier et magasin. — Cass., 15 mars 1870, Dbal, [D. 70.1.176] — Crépon, sur l'art. 39, n. 82; Daffry de la Monnoye, t. 2, sur l'art. 39, n. 30.

2717. — Il en est de même, au cas où l'expropriant a offert d'exécuter des travaux que l'exproprié n'a point acceptés, quand l'exproprié a demandé des travaux que l'expropriant s'est refusé à effectuer, ou qu'un contrat judiciaire s'est formé entre les parties sur l'exécution de travaux; dans ces divers cas, il y a lieu seulement à la fixation d'une indemnité unique et définitive. — Cass., 4 mars 1844, Luys, [S. 44.1.375, P. 44.1.694]; — 25 avr.

1866, Groult, [*Bull. civ.*, p. 120]; — 9 févr. 1874, Boislaive, [S. 74.1.223, P. 74.545, D. 74.1.304] — De Lalleau, Jousselin, Rendu et Périn, t. 1, n. 608; Crépon, sur l'art. 39, n. 81; Daffry de la Monnoye, t. 2, sur l'art. 39, n. 30.

2718. — Par suite, lorsque sur une demande d'indemnité une offre inférieure a été faite, avec déclaration que cette offre serait élevée à un chiffre déterminé dans le cas où une condition mise à cette augmentation serait accomplie par l'exproprié, si celui-ci persiste dans sa première réclamation sans s'expliquer sur l'éventualité indiquée par l'administration, le jury n'a point à fixer l'indemnité éventuelle pour le cas où la condition prévue dans les offres se réaliserait. — Cass., 4 mars 1844, précité. — Crépon, sur l'art. 39, n. 75; Daffry de la Monnoye, *loc. cit.*

2719. — Il n'y a pas lieu pour le jury, dans le même cas, de fixer une indemnité alternative et éventuelle en vue d'un travail réclamé par l'exproprié, mais qui n'avait été ni prescrit à la compagnie par son cahier des charges, ni accepté par elle. Il en est ainsi spécialement quand l'exproprié demande à une compagnie de chemins de fer expropriante de substituer à un passage à niveau qu'il devait être établi, un passage souterrain, et offre de réduire sa demande d'indemnité si la compagnie consent à exécuter ce travail. — Cass., 9 févr. 1874, précité. — Crépon, sur l'art. 39, n. 76.

2720. — Il en est de même, alors que l'exproprié avait demandé l'allocation d'une indemnité éventuelle pour le cas où un passage serait supprimé, et que l'expropriant lui a répondu qu'il ne maintiendrait pas ce passage. — Cass., 3 juill. 1865, Bourquemy, [D. 65.5.179] — Crépon, sur l'art. 39, n. 30; Daffry de la Monnoye, t. 2, sur l'art. 39, n. 30. — La décision, en effet, est prise définitivement.

2721. — ... Lorsque l'exproprié élève le chiffre de l'indemnité pour le cas où l'expropriant ne prendrait pas l'engagement de fournir un passage pour le surplus de la propriété, alors que l'expropriant refuse ce passage par le motif que le surplus de la propriété ne jouissait pas d'une servitude de passage sur les terrains expropriés et qu'aucune question n'est soulevée sur l'existence du droit de passage. — Cass., 30 mars 1863, Zeller, [D. 63.1.255] — Daffry de la Monnoye, t. 2, sur l'art. 39, n. 30.

2722. — ... Lorsque le locataire exproprié désire reprendre son mobilier industriel et que sa demande n'est point contestée par l'expropriant, parce qu'aucun litige n'a été soulevé et que le jury ne se trouve en présence que d'une seule solution. — Cass., 4 mars 1861, Ville de Paris, [D. 61.1.183] — Daffry de la Monnoye, t. 2, sur l'art. 39, n. 30.

2723. — ... Lorsque les parties, d'un commun accord, constatent une erreur de contenance et la rectifient; il se forme alors entre les parties, un contrat judiciaire qui modifie le jugement d'expropriation; aucun litige n'existe, et le jury n'a qu'à fixer l'indemnité conformément à ce que les parties ont reconnu. — Cass., 12 juill. 1870, Grelliche, [cité par Daffry de la Monnoye, t. 2, sur l'art. 39, n. 30]

2724. — Le jury n'a mission que pour évaluer les indemnités dues à raison des expropriations judiciairement ordonnées, et on ne peut considérer comme un litige sur le fond du droit donnant lieu à une indemnité éventuelle l'allégation de la possibilité d'un dommage futur à naître d'un événement ultérieur et incertain. — Cass., 7 avr. 1845, Préfet du Nord, [S. 45.1.532, P. 45.1.585, D. 45.1.207]; — 17 déc. 1845, Godefroy, [S. 46.1.466, P. 46.1.35, D. 46.1.30]

2725. — Mais quand une difficulté s'élève entre les parties sur le point de savoir si l'exproprié a le droit de réclamer une indemnité à raison du dommage causé au surplus de sa propriété par la privation de son droit de riverain d'une rivière, le magistrat directeur doit poser au jury une question hypothétique; il ne lui appartient pas de décider si ce dommage est éventuel ou s'il est incertain. — Cass., 26 mai 1897, Préfet de la Seine-Inférieure, [S. et P. 97.1.463, D. 98.1.87]

2726. — Quelque minime que soit l'indemnité accordée à un locataire, pourvu qu'elle soit au moins égale aux offres de l'expropriant, il n'est pas fondé à en conclure que le jury ne l'a pas considéré comme un locataire sérieux, et à prétendre qu'il y avait dès lors à renvoyer devant les juges compétents pour statuer sur sa qualité de locataire. — Cass., 12 mars 1856, Donzeaud, [S. 56.1.828, P. 57.604, D. 56.1.169] — V. *suprà*, n. 2699 et s.

2727. — Le magistrat directeur n'est pas juge des contestations soulevées par les parties; si donc on lui demande de poser au jury une question hypothétique relative à un litige dont il y aurait lieu pour lui d'ordonner le renvoi, il doit la poser; il peut s'y refuser cependant si, comme nous venons de l'expliquer, la question posée rentre dans l'appréciation de l'indemnité ou n'est point relative aux indemnités que le jury a à fixer. Ainsi c'est à bon droit que le magistrat directeur se refuse à admettre l'intervention d'un propriétaire, compris dans le jugement d'expropriation, mais auquel des offres n'ont point été faites, et à qui on n'a pas notifié la liste des jurés; il n'y a pas lieu de fixer une indemnité hypothétique à son égard; ce propriétaire a seulement le droit de requérir la convocation du jury en ce qui le concerne, si l'administration ne fait pas régler son indemnité dans les six mois du jugement. — Cass., 1er juill. 1884, Beauquier, [S. 86.1.319, P. 86.1.756, D. 86.1.15] — Crépon, sur l'art. 39, n. 58 bis et 59.

2728. — Par suite, lorsque le jugement d'expropriation, conforme à l'arrêté de cessibilité, ne laisse aucun doute sur l'étendue de la parcelle soumise à l'expropriation, l'exproprié n'est point fondé, sous prétexte qu'une portion des terrains expropriés ne serait pas nécessaire à l'exécution des travaux, à demander la fixation de deux indemnités alternatives, l'une ferme, et l'autre éventuelle, pour le cas où sa prétention serait reconnue fondée. Dès lors, c'est à bon droit que, dans ce cas, le magistrat directeur repousse la demande tendant à la fixation d'une indemnité alternative. — Cass., 11 déc. 1876, Aubert, [S. 79.1.39, P. 79.62, D. 78.1.72] — Daffry de la Monnoye, t. 2, sur l'art. 39, n. 29; Crépon, sur l'art. 39, n. 59; de Lalleau, Jousselin, Rendu et Périn, t. 1, n. 608, note.

2729. — Mais la question de savoir si un tiers intervenant dans une poursuite d'expropriation est locataire du terrain exproprié, constitue un litige sur la qualité des parties, dans le sens de l'art. 39. Dès lors, il n'appartient pas au magistrat directeur du jury d'écarter l'intervention comme étant faite sans droit : il doit renvoyer la contestation devant les juges compétents, et faire fixer par le jury une indemnité hypothétique. — Cass., 10 mai 1864, Rouzé, [S. 64.1.368, P. 64.1036, D. 64.1.448]; — 10 mai 1864, Schacher-Letellier, [*Ibid.*]; — 10 mai 1864, Belhomme, [*Ibid.*]; — 12 juill. 1898, de Commaille, [S. et P. 98.1.528] — Crépon, sur l'art. 39, n. 60 et 61; Daffry de la Monnoye, *loc. cit.*

2730. — Jugé encore que la décision du jury doit être annulée alors qu'un litige s'étant élevé sur le fond du droit, le magistrat directeur, au lieu d'inviter le jury à fixer une indemnité hypothétique et à renvoyer les parties devant le juge compétent, a ordonné qu'il serait passé outre aux débats. — Cass., 13 avr. 1897, Neyret, [S. et P. 97.1.288, D. 99.1.506]; — 26 mai 1897, Préfet de la Seine-Inférieure, [S. et P. 97.1.463, D. 98.1.86]

2731. — ... Qu'il y a litige sur le fond du droit, lorsque l'exproprié conteste l'existence alléguée d'une convention par laquelle il aurait volontairement consenti à une réduction sur le périmètre de l'immeuble exproprié; que, par suite, les parties doivent, en ce cas, être renvoyées devant les juges compétents, le jury devant se borner à fixer des indemnités éventuelles et alternatives correspondantes aux solutions que le litige pourra recevoir. Le magistrat directeur ne peut, encore dans cette hypothèse, se refuser à poser les questions alternatives qu'on explique de lui. — Cass., 23 nov. 1870, Delamarre, [S. 71.1.82, P. 71.214, D. 70.1.392] — Daffry de la Monnoye, *loc. cit.*; Crépon, sur l'art. 39, n. 62.

2732. — Mais dans le cas où, en réponse à l'offre par l'expropriant d'une somme unique pour indemnité de toute nature, l'exproprié a demandé une indemnité unique par mètre carré, s'appliquant à la superficie et au sous-sol, et où, devant le jury, il a ajouté oralement que, si le jury ne se trouvait pas édifié sur l'existence d'un banc de pierres dans le tréfonds, il y avait lieu de fixer une indemnité alternative, le magistrat directeur peut, sans commettre un excès de pouvoirs, faire observer justement au jury qu'il n'existe aucun litige sur le fond du droit, ni aucune difficulté étrangère au règlement de l'indemnité qui doit comprendre nécessairement la valeur du terrain exproprié, superficie et sous-sol, et que ce n'est pas le cas pour le jury de régler ladite indemnité d'une manière alternative. — Cass., 11 avr. 1890, Blondet, [S. 91.1.271, P. 91.1.645, D. 91.1.88]

2733. — Lorsque la compétence du jury a été formellement déniée, et que l'expropriant a demandé le renvoi de la difficulté devant l'autorité administrative, chargée de statuer sur les dommages permanents résultant de l'exécution de travaux publics, le litige ne constitue pas une contestation sur le fond du droit, mais bien une contestation sur la compétence du jury et l'étendue de ses pouvoirs. Dès lors, c'est à tort que le magistrat directeur, en renvoyant les parties à se pourvoir sur le fond du droit, a décidé que le jury serait consulté sur le point de savoir si une indemnité éventuelle serait accordée à l'exproprié. Et la décision du jury allouant cette indemnité éventuelle doit être cassée. — Cass., 20 août 1884, Préfet de l'Aisne, [S. 86.1.80, P. 86.1.165]

2734. — D'ailleurs l'obligation pour le jury de fixer, d'une manière alternative, l'indemnité débattue entre les parties, n'existe qu'autant que celles-ci y ont conclu. — Cass., 14 août 1855, Mounier, [S. 56.1.620, P. 57.420, D. 55.1.448]; — 27 avr. 1859, Chibout, [S. 59.1.954, P. 59.1012, D. 59.1.207]; — 27 févr. 1860, Bucaille, [[S. 61.1.384, P. 61.689, D. 60.1.409]; — 21 août 1865, Comm. de Neuilly, [D. 65.5.188]; — 16 avr. 1867, [D. 67.1.392]; — 18 mai 1868, d'Helle-Bidot, [S. 68.1.434, P. 68. 1203, D. 68.1.405]; — 26 août 1868, Marx, [ibid.]; — 17 nov. 1874, Foriel, [S. 75.1.39, P. 75.62, D. 75.1.62]; — 21 juill. 1875, Chem. de fer de Clermont à Tulle, [S. 75.1.428, P. 75.1067, D. 75.1.416]; — 7 déc. 1881, Thierry-Delanoue, [S. 82.1.133, P. 82.1.286]; — 16 mars 1885, Comm. de Lamothe-Saint-Heray, [S. 87.1.387, P. 87.1.939, D. 85.1.347]; — 11 févr. 1890, Blondet, [S. 91.1.271, P. 91.1.645, D. 91.1.88]; — 9 nov. 1892, Batut, [S. et P. 94.1.261]; — 2 févr. 1897, Société des chemins de fer économiques, [S. et P. 97.1.239, D. 98.1.223, ad notam — De Lalleau, Jousselin, Rendu et Périn, t. 1, n. 608; Crépon, sur l'art. 39, n. 67; Daffry de la Monnoye, t. 2, sur l'art. 39, n. 28.

2735. — Par suite, il a été jugé que lorsque l'administration offre une indemnité alternative, l'exproprié qui a demandé une indemnité unique n'est pas fondé à se plaindre de ce qu'il ne lui a pas été accordé une indemnité alternative. — Cass., 14 août 1855, précité.

2736. — ... Que le jury n'est point tenu de fixer deux indemnités alternatives bien qu'il existe une instance de nature à influer sur la fixation de l'indemnité, si on ne la lui signale pas, et si on ne demande pas la fixation d'indemnités de cette nature; qu'il en est ainsi spécialement quand un arrêté du conseil de préfecture a ordonné la démolition de constructions comme élevées en contravention aux lois sur les servitudes militaires, qu'appel a été interjeté devant le Conseil d'État et que celui-ci n'a pas encore statué; c'était à l'exproprié à signaler un litige de nature à modifier l'étendue de l'indemnité si la légalité des constructions était reconnue. — Cass., 8 nov. 1843, de Salaze, [S. 44.1.247, P. 44.1.255]; Daffry de la Monnoye, loc. cit.; Crépon, sur l'art. 39, n. 69.

2737. — ... Que l'absence de conclusions tendant, de la part d'un prétendu locataire, à la fixation de deux indemnités alternatives, l'une pour la résiliation d'un bail écrit, l'autre purement subsidiaire, pour la résiliation d'un simple bail verbal, le jury peut se borner à fixer une indemnité pure et simple, et que le moyen tiré de ce qu'il n'aurait pas été procédé conformément à cette distinction, proposé pour la première fois devant la Cour de cassation, n'est pas admissible. — Cass., 1er mars 1843, Labbé, [S. 43.1.315, P. 43.1.510] — De Lalleau, Jousselin, Rendu et Périn, loc. cit.; Daffry de la Monnoye, t. 2, sur l'art. 39, n. 30; Crépon, sur l'art. 39, n. 68.

2738. — Le locataire qui prétend son bail n'a pas été résilié, en ce que le décret déclaratif de l'utilité publique excluait de l'expropriation l'immeuble par lui occupé, peut, lors de sa comparution devant le jury, faire toutes réserves de se pourvoir devant la juridiction ordinaire et demander que l'indemnité d'éviction ne soit réglée qu'hypothétiquement; mais si, loin d'élever des réclamations contre le droit de la partie expropriante, il a requis la fixation de l'indemnité qui lui était due, il doit être réputé avoir par là explicitement consenti à la résolution de son bail, et, dès lors, il n'a pas à critiquer la décision du jury. — Cass., 18 mai 1868, précité; — 20 août 1868, précité.

2739. — Le locataire qui a demandé deux indemnités alternatives, l'une pour le cas d'expropriation totale, l'autre pour le cas d'expropriation partielle, ne peut se pourvoir en cassation contre l'ordonnance du magistrat directeur décidant qu'il n'y a lieu qu'à indemnité partielle, alors que, devant le jury, son avocat, abandonnant l'indemnité totale, a plaidé sur l'indemnité partielle sans protester contre l'ordonnance. Le locataire a ainsi acquiescé à l'ordonnance. — Cass., 19 mars 1879, Moyse, [S. 79.1.428, P. 79.1000, D. 79.1.173] — Crépon, sur l'art. 39, n. 70.

2740. — Jugé, également, que, lorsque l'exproprié qui avait soutenu qu'une certaine portion de son immeuble ne devait pas être comprise dans l'expropriation, a retiré sa prétention avant la clôture des débats, il n'y a pas lieu à la fixation d'une indemnité éventuelle. — Cass., 11 mai 1858, Allard, [Bull. civ., p. 138] — Daffry de la Monnoye, t. 2, sur l'art. 39, n. 30; Crépon, sur l'art. 39, n. 74.

2741. — ... Que le jury n'est point obligé de fixer une indemnité alternative, lorsque l'exproprié, en réponse aux offres de l'expropriant, a requis l'acquisition d'une autre parcelle, et que l'expropriant, tout en faisant des réserves sur la nécessité de cette acquisition et la qualité du requérant, a fait une offre complémentaire, si l'expropriant n'a pas reproduit ces réserves devant le jury, en a été conclu à l'allocation d'une indemnité alternative. — Cass., 9 nov. 1892, précité.

2742. — ... Que si l'exproprié au cours des débats allègue qu'il existe dans le tréfonds un banc de pierres, mais, après une observation du magistrat directeur, n'insiste pas, et si les débats ont été clos, le jury, en l'absence de conclusions écrites de l'exproprié tendant à une indemnité alternative, et déposées avant la clôture des débats, peut accorder une somme unique à titre d'indemnité. — Cass., 11 févr. 1890, précité.

2743. — Mais la demande de l'expropriant de lui donner acte de ce qu'il entend faire valoir une convention existant entre lui et l'exproprié, aux termes de laquelle celui-ci lui céderait gratuitement les terrains expropriés, et de ce qu'il fait des réserves de tous ses droits, tels qu'ils lui adviendront du litige pendant devant un tribunal civil, équivalant à des conclusions formelles invoquant un litige sur le fond du droit, et obligent le jury à la fixation d'indemnités alternatives et éventuelles, l'une pour le cas où la convention de cession gratuite serait reconnue valable par la juridiction compétente, l'autre pour le cas où cette convention serait considérée comme n'existant pas. Il y a donc lieu de casser la décision du jury qui, dans ces circonstances, fixe une indemnité unique et, par suite, l'ordonnance du magistrat directeur qui l'a suivie. — Cass., 2 févr. 1897, Société des chemins de fer économiques du Nord, [S. et P. 97.1.239, D. 99. 1.306]

2744. — A l'inverse, les réserves purement hypothétiques, faites par l'exproprié pour erreur de contenance, ne modifient pas le débat porté devant le jury, qui n'a à statuer que sur les questions à lui soumises. — Cass., 1er août 1860, Bertrand, [P. 61. 1168, D. 60.1.408]; — 27 janv. 1869, Tollemache Saint-Clair, [S. 69.1.385, P. 69.946, D. 69.1.245]; — 28 juill. 1879, Préfet de la Lozère, [S. 81.4.377, P. 81.1.900, D. 80.1.81] — Crépon, sur l'art.39, n. 71.

2745. — Si le jury n'est pas tenu d'allouer des indemnités alternatives en dehors de conclusions formelles des parties, il peut, d'autre part, d'office en fixer si une question litigieuse résulte clairement des débats; en agissant ainsi, il ne viole aucune loi; au contraire, il se maintient dans l'esprit de l'institution du jury. Ainsi, il appartient au jury de fixer une indemnité alternative, alors que l'exproprié allègue une erreur se traduisant par un déficit dans la contenance désignée dans le jugement d'expropriation. — Cass., 5 févr. 1840, Charnay, [S. 40.1.162, P. 40.1.307]; — 1er août 1860, Bertrand, [P. 61.1168, D. 60.1.408] — De Lalleau, Jousselin, Rendu et Périn, t. 1, n. 608; Crépon, sur l'art. 39, n. 72 et 73; Daffry de la Monnoye, t. 2, sur l'art. 39, n. 28.

2746. — Lorsqu'il existe réellement un litige sur le fond du droit, si les parties, par des conclusions formelles, ont requis l'allocation d'indemnités alternatives, ces indemnités doivent être fixées de manière à répondre à toutes les hypothèses posées; peu importe la nature juridique des prétentions soulevées puisque le jury n'a point à connaître de ces prétentions. — Cass., 20 mai 1879, Chem. de fer de l'Ouest, [S. 79.1.382, P. 79.940, D. 79.1.349] — Crépon, sur l'art. 39, n. 83, 84, 120.

2747. — Ainsi, une indemnité unique ne peut être accordée à l'exproprié, alors que le litige sur le fond du droit porte sur plusieurs chefs distincts et que la décision à intervenir peut n'être pas la même sur chaque chef. — Cass., 20 mai 1879, Chem. de fer de l'Ouest, [S. 79.1.382, P. 79.940, D. 79.1.349] — Crépon, sur l'art. 39, n. 111.

2748. — Par suite, lorsqu'il y a lieu, pour le jury, d'allouer une indemnité subordonnée à la solution d'un litige déféré à l'autorité compétente, la décision du jury est nulle, si elle ne fixé qu'une indemnité unique, alors que l'expropriant, contestant subsidiairement la nécessité d'exproprier l'immeuble, a demandé que le jury fixât séparément l'indemnité due : 1° pour la résiliation du bail; 2° pour la valeur de l'immeuble, dans le cas où l'expropriation en serait jugée nécessaire. — Cass., 22 déc. 1875, Préfet de l'Aisne, [S. 76.1.431, P. 76.1089]

2749. — Dans l'hypothèse où il s'élève une question de propriété entre l'administration et un exproprié, le jury peut se borner à fixer une indemnité éventuelle pour la valeur de l'objet litigieux, sans être tenu de prononcer en termes explicites le renvoi de cette question devant les juges compétents : il suffit que ce renvoi soit ordonné par le magistrat directeur. — Cass., 25 juill. 1855, Ville de Digne, [S. 55.1.841, P. 55.2.236, D. 55.1.374] — Crépon, sur l'art. 39, n. 138; Daffry de la Monnoye, t. 2, sur l'art. 39, n. 54.

2750. — La décision du jury portant qu'il est alloué une indemnité éventuelle à l'exproprié, « si le droit à cette indemnité est reconnu par le tribunal compétent, », et la reproduction des mêmes termes dans l'ordonnance du magistrat directeur, constituent un renvoi implicite mais suffisant devant la juridiction qui doit connaître du litige. — Cass., 20 mai 1879, Préfet de la Savoie, [S. 80.1.86, P. 80.174, D. 79.1.349]

2751. — Lorsque les parties se sont mises d'accord sur la fixation d'une indemnité alternative, il s'est formé entre elles un contrat judiciaire sur lequel elles ne peuvent revenir; par suite, lorsqu'un usufruitier réclame une indemnité, à raison de son usufruit, et que l'expropriant soutient que l'usufruitier est déchu, aux termes de l'art. 21, L. 3 mai 1841, du droit de réclamer cette indemnité, si l'expropriant et le nu-propriétaire ont reconnu : 1° qu'il y avait lieu de poser au jury une question relative à la somme éventuelle à accorder à l'usufruitier pour le cas où la récolte pendante ne lui serait pas laissée; 2° que l'exception de déchéance, à raison de la tardiveté de la demande, ne s'appliquerait pas en ce cas, il s'est ainsi formé un contrat judiciaire ne touchant à aucun objet d'ordre public, et rendant l'expropriant non recevable à opposer la nullité de la décision qui s'est strictement conformée à cet accord. — Cass., 2 mai 1882, Préfet du Gers, [S. 83.1.86, P. 83.1.176, D. 84.1.296] — Crépon, sur l'art. 39, n. 5, et sur l'art. 39, n. 117 et 118; Daffry de la Monnoye, t. 1, sur l'art. 38, n. 68 et 93. — V. *infrà*, n. 2777.

2752. — En thèse générale, le pourvoi en cassation n'est pas suspensif (V. *suprà*, v° *Cassation* [mat. civ.], n. 1934 et s.); néanmoins, comme le jury doit fixer l'indemnité à raison de toutes les solutions à intervenir, il doit prévoir le cas où le pourvoi en cassation serait accueilli et fixer une indemnité hypothétique à raison de cette prévision. Jugé, en ce sens, que le jury n'en doit pas moins prononcer une indemnité alternative bien que la cour d'appel se soit prononcée sur le fond du droit, s'il y a pourvoi en cassation. — Cass., 22 avr. 1856, Comm. de Maison, [S. 56.1.834, P. 56.1.497, D. 56.1.158] — Crépon, sur l'art. 39, n. 136. — Cette solution est certainement très-exacte si le pourvoi porte non contre le jugement d'expropriation, mais contre une décision statuant sur les droits des parties.

2753. — Mais si le pourvoi en cassation est formé contre le jugement d'expropriation, le jury n'a point à s'en préoccuper; si le jugement est cassé, en effet, tout ce qui aura suivi devra être annulé; il n'y a donc point, en ce cas, à fixer d'indemnité alternative. Jugé, en ce sens, que la décision du jury et l'ordonnance du magistrat directeur étant subordonnées au maintien du jugement d'expropriation, il n'est pas nécessaire, quand ce jugement est attaqué, que la décision du jury et l'ordonnance qui en est la suite fassent aucune réserve pour le cas d'annulation ultérieure du jugement d'expropriation. — Cass., 23 août 1854, Jacome, [S. 55.1.143, P. 55.1.126, D. 54.1.319] — 23 août 1854, Navet, [*Ibid.*] — Crépon, sur l'art. 39, n. 137.

2754. — Il n'y a pas lieu non plus à la fixation d'une indemnité éventuelle, dans le cas où un recours a été formé devant le Conseil d'Etat contre le décret déclaratif d'utilité publique, le succès du recours entraînant l'annulation de toute expropriation de toute indemnité. — Cass., 9 août 1892, Comm. de Chapois, [S. et P. 93.1.384]

2755. — Le jury, au cours de son transport sur les lieux, peut chercher à s'éclairer sur l'existence d'une réserve au profit de l'Etat; en agissant ainsi il ne retient pas la connaissance d'une contestation relative à la propriété d'une parcelle revendiquée par l'Etat; il n'a d'autre but que d'examiner la situation de l'immeuble exproprié au point de vue de l'appréciation alternative qu'il aura à faire de l'indemnité. — Cass., 14 déc. 1898, Préfet de Constantine, [S. et P. 99.1.471]

§ 2. *Litige sur la qualité des parties.*

2756. — Le jury ne saurait statuer définitivement, alors que la qualité en vertu de laquelle une partie agit et réclame une indemnité est contestée. Ainsi, lorsque l'expropriant conteste à l'exproprié le droit à une indemnité par le motif qu'il n'est pas propriétaire, il y a lieu, pour le jury, de fixer une indemnité éventuelle, qui doit être consignée conformément à une ordonnance du magistrat directeur. — Cass., 12 déc. 1887, Préfet du Lot, [S. 90.1.175, P. 90.1.405, D. 88.1.440]

2757. — Il en est de même lorsqu'est posée la question de savoir si la partie intervenante justifie suffisamment du droit de propriété par elle revendiqué. — Cass., 17 juin 1868, Lacarrière, [S. 69.1.37, P. 69.58, D. 68.1.326]

2758. — Par suite, lorsque l'indemnité réclamée a été contestée en partie par l'administration par le motif qu'une portion du terrain exproprié appartiendrait au domaine de l'Etat, et qu'il a été conclu à ce que le jury fixât une indemnité spéciale pour le terrain litigieux, la décision du jury est nulle si elle fixe une indemnité unique sans dire pour quelle somme elle y comprend la partie contestée, ni même si elle l'y comprend. — Cass., 21 août 1838, Saurin, [S. 38.1.787, P. 38.2.203] — 5 mars 1844, Bruneau, [S. 44.1.383, P. 44.1.716] — De Lalleau, Jousselin, Rendu et Périn, t. 1, n. 608, note; Daffry de la Monnoye, t. 2, sur l'art. 39, n. 31; Crépon, sur l'art. 39, n. 91.

2759. — Jugé encore que c'est à bon droit qu'en présence de contestations sur la propriété soulevées par l'expropriant à l'encontre des expropriés, encore bien que les immeubles expropriés étant cadastrés sous leur nom, ils figurent au jugement d'expropriation, le magistrat directeur ordonne que le montant de l'indemnité fixée n'aura qu'un caractère éventuel et sera déposé à la Caisse des dépôts et consignations, jusqu'à ce qu'il ait été statué par la juridiction compétente. — Cass., 30 oct. 1889, Baudouin, [S. et P. 92.1.462, D. 90.1.463]

2760. — ... Que lorsqu'une parcelle de terrain, appartenant à une commune, a été expropriée, la question de savoir si des habitants de la commune, se présentant devant le jury comme membres de la collectivité assignée, ont le droit d'intervenir et de réclamer une certaine somme, à titre d'indemnité, au nom de cette collectivité, constitue un litige sur le fond du droit; que, par suite, le jury doit fixer une indemnité hypothétique, laisser aux parties à se pourvoir devant qui de droit, et que doit être cassée la décision du jury qui, en pareil cas, fixe une indemnité définitive. — Cass., 14 août 1888, Préf. de la Gironde, [S. 90.1.32, P. 90.1.54, D. 88.5.246] — De Lalleau, Jousselin, Rendu et Périn, t. 1, n. 608, note.

2761. — ... Que si l'expropriant, en présence d'une réquisition d'acquisition intégrale formulée par la commission administrative d'un hospice, prétend que cette commission, pour former cette réquisition d'une manière régulière et valable a besoin d'être autorisée par l'autorité administrative, cette difficulté qui a trait à la capacité de la partie requérante, et, par suite à la valeur intrinsèque de l'acte de réquisition soulève un litige sur le fond du droit qui oblige le jury à fixer une indemnité alternative. — Cass., 25 juin 1883, Hosp. de Sainte-Menehould, [S. 84.1.132, P. 84.1.285, D. 83.1.479] — Crépon, sur l'art. 39, n. 88.

2762. — ... Que le jury n'ayant point compétence pour se prononcer sur la qualité des parties, il y a lieu pour lui de fixer une indemnité alternative alors que la qualité de locataire est celle de fermier est contestée. — Cass., 1er mars 1843, Labbé, [S. 43.1.315, P. 43.1.510]; — 28 janv. 1857, Ville de Paris, [S. 57.1.300, P. 57.665, D. 57.1.48]; — 14 avr. 1857, Renda, [S. 57.1.859, P. 58.487, D. 57.1.166]; — 10 avr. 1867, Descamps, [S. 67.1.261, P. 67.656]; — 23 mars 1868, Cothias, [S. 68.1.227, P. 68.539, D. 68.1.221]; — 2 juill. 1883, Ville de Clermont, [S. 84.1.166, P. 84.1.389, D. 84.1.435] — Crépon, sur l'art. 39, n. 124; Daffry de la Monnoye, t. 2, sur l'art. 39, n. 41; de Lalleau, Jousselin, Rendu et Périn, *loc. cit.*

2763. — ... Que, par conséquent, lorsque le locataire prétend avoir droit à une indemnité, et que le droit à cette indemnité lui est refusé, le jury d'expropriation auquel la demande est soumise ne peut, sans excès de pouvoir, décider qu'il n'est dû aucune indemnité; qu'il doit fixer l'indemnité comme si elle était due, et renvoyer le jugement de la contestation devant les tribunaux compétents. — Cass., 9 juill. 1839, Zanole, [S. 39.1.801, P. 46.2. 654]; — 3 janv. 1883, Roufard, [S. 84.1.167, P. 84.1.390, D. 84. 1.200] — Crépon, sur l'art. 39, n. 67; Daffry de la Monnoye, t. 2, sur l'art. 39, n. 31 ; de Lalleau, Jousselin, Rendu et Périn, t. 1, n. 608, note.

2764. — ... Qu'il importe peu d'ailleurs que la qualité de locataire ou de fermier soit déniée pour le tout ou pour partie; que dès qu'elle l'est le jury doit fixer une indemnité alternative et ne saurait déterminer une indemnité unique. — Cass., 28 janv. 1857, précité. — Crépon, sur l'art. 39, n. 125.

2765. — ... Qu'il y a lieu spécialement à la fixation d'une indemnité alternative en présence de la question de savoir qui, du mari ou de la femme séparée de biens, est locataire d'un terrain exproprié et a droit, à ce titre, à l'indemnité; que, dès lors, il y a nullité, si, au lieu de renvoyer les parties devant les juges compétents, le jury accorde l'indemnité au mari seul, ou le magistrat directeur ordonne l'envoi en possession de la partie expropriante en payant l'indemnité à qui de droit. — Cass., 10 avr. 1867, précité. — Crépon, sur l'art. 39, n. 89 ; Daffry de la Monnoye, t. 2, sur l'art. 39, n. 31; de Lalleau, Jousselin, Rendu et Périn, *loc. cit.*

2766. — ... Que lorsque l'administration refuse toute indemnité à raison d'un bail qu'elle prétend n'être pas sincère, le jury doit fixer deux indemnités alternatives, l'une pour le cas où ce bail serait déclaré valable, l'autre pour le cas où il serait, au contraire, déclaré nul : mais qu'il ne peut, appréciant lui-même la sincérité dudit bail, fixer une seule indemnité définitive. — Cass., 28 janv. 1857, précité. — Crépon, sur l'art. 39, n. 126.

2767. — ... Que, lorsque la validité du bail dont excipe un locataire exproprié est contestée par l'administration, ou que l'administration prétend que, par une circonstance particulière (résultant, par exemple, de ce qu'il aurait été consenti postérieurement au décret d'expropriation), ce bail ne peut lui être opposé et que le locataire ne saurait y trouver une cause d'indemnité, il y a litige sur le fond du droit de la compétence des tribunaux ordinaires, et non simple question d'appréciation, attribuée au jury, des éléments de l'indemnité ; que, par suite, le jury d'expropriation doit fixer deux indemnités alternatives. — Cass., 14 avr. 1857, Benda, [S. 57.1.859, P. 58.487, D. 57.1.167]; — 14 avr. 1857, Barjac, [*Ibid.*]; — 14 avr. 1857, Levallois, [*Ibid.*]; — 28 juin 1884, Rangol, [D. 65.5.180]; — 28 mai 1884, Préfet du Puy-de-Dôme, [D. 86.1.24] — Crépon, sur l'art. 39, n. 127 ; Daffry de la Monnoye, *loc. cit.*

2768. — ... Qu'il en est de même, lorsque l'administration prétend qu'il n'est dû aucune indemnité à un locataire dont le bail serait expiré, et que celui-ci, au contraire, excipe d'une prolongation de bail, à raison de laquelle il conclut à ce qu'une indemnité lui soit allouée. — Cass., 26 déc. 1860, Chéron, [P. 62. 71, D. 61.1.135] — Daffry de la Monnoye, *loc. cit.*; Crépon, sur l'art. 39, n. 63; de Peyrony et Delamarre, n. 625.

2769. — ... Qu'il en est de même encore, lorsque l'expropriant et le locataire ne sont divisés que sur la durée du bail des lieux expropriés, et que l'expropriant ne conteste pas devoir une indemnité dans le cas où le bail aurait la durée la plus longue, tout en niant formellement, en fait, qu'il doive avoir cette durée; que la décision du jury est nulle si, au lieu de fixer une indemnité alternative pour les deux cas prévus, elle porte d'une manière absolue qu'il n'est dû aucune indemnité au locataire. — Cass., 16 août 1858, Signoret, [P. 58.1081, D. 58.1.327]; — 23 mars 1868, Lothias, [S. 68.1.227, P. 68.537, D. 68.1.221] — Crépon, sur l'art. 39, n. 128; Daffry de la Monnoye, *loc. cit.*

2770. — ... Que lorsque l'exproprié se prétend locataire à long terme en vertu de son bail, et que l'expropriant soutient qu'il n'est locataire qu'à l'année, le litige qui en résulte n'est pas seulement une difficulté relative à la fixation de l'indemnité et pouvant être tranchée par le jury, mais porte sur le titre lui-même et sur le fond du droit; que, dès lors, il y a lieu à la fixation d'une alternative et que la décision du jury fixant une indemnité est nulle. — Cass., 6 juin 1880, Chemin de fer Paris-Lyon-Méditerranée, [S. 80.1.320, P. 80.757, D. 81.1.159] — Crépon, sur l'art. 39, n. 95; de Lalleau, Jousselin, Rendu et Périn, *loc. cit.*

2771. — ... Que peu importe, d'ailleurs, la forme sous laquelle s'est produite la contestation sur la durée du bail ; qu'ainsi elle peut résulter d'une instance en nullité de congé dont se prévaut le locataire. — Cass., 16 août 1852, Poix-Vaudelle, [S. 53.1.16, P. 53.2.380, D. 52.1.225]; — 26 déc. 1860, Chereau, [P. 62.71, D. 61.1.134] — Crépon, sur l'art. 39, n. 129, et sur l'art. 49, n. 5; Daffry de la Monnoye, *loc. cit.*; de Lalleau, Jousselin, Rendu et Périn, *loc. cit.*

2772. — ... Qu'au cas d'expropriation de partie seulement d'une maison louée, le jury doit déterminer deux indemnités alternatives dans l'intérêt du locataire : l'une pour le cas où il serait jugé que le retranchement de partie des lieux loués autorise le locataire à résilier son bail; l'autre pour le cas où ce locataire pourrait rester dans les lieux moyennant une diminution du prix du bail. — Cass., 3 avr. 1839, Royer, [S. 39.1.398, P. 40.1.307]; — 5 févr. 1840, Charnay, [S. 40.1.162, P. 40.1.307]; — 5 févr. 1840, Lachiche, [S. 40.1.165, P. 40.1.213]; — 5 févr. 1840, Galopin, [*Ibid.*]; — 20 déc. 1882, Lavarde, [S. 85.1.175, P. 85.1.404, D. 84.1.136] — Crépon, sur l'art. 39, n. 94 et 131; Daffry de la Monnoye, t. 2, sur l'art. 39, n. 42.

2773. — ... Que le jugement qui, en donnant acte à un propriétaire de son consentement à la démolition de sa maison pour sa mise à l'alignement, renvoie devant le jury à l'effet de fixer les indemnités dues tant au propriétaire qu'aux locataires pour éviction complète, n'a pas l'autorité de la chose jugée vis-à-vis des locataires sur le point de savoir si l'éviction est totale ou partielle, et n'enlève pas aux locataires le droit de demander le maintien du bail avec indemnité pour éviction partielle ; que, dans ce cas, le jury doit, à peine de nullité, fixer une indemnité alternative, l'une pour éviction totale et l'autre pour éviction partielle. — Cass., 27 févr. 1854, Lucet, [S. 55.1.137, P. 55.1.162, D. 54.1.125]

2774. — La question de savoir si un locataire peut intervenir élève une difficulté sur le fond du droit, puisqu'elle met en jeu le droit des parties, et qu'il y a lieu de se demander si le locataire a conservé sa qualité vis-à-vis de l'expropriant. Jugé, en conséquence, qu'est recevable l'intervention devant le jury d'un locataire qui n'y a pas été appelé, nonobstant la demande d'indemnité adressée par lui à l'administration depuis le jugement d'expropriation. Par suite, l'indemnité due au locataire à raison de sa dépossession des lieux pour lesquels l'administration lui a donné congé doit être réglée par le jury, sauf à renvoyer devant qui de droit la question de savoir si cette indemnité lui est réellement due. — Cass., 16 août 1852, Poix-Vaudelle, [S. 52.1.16, P. 53.2.380, D. 52.1.295]

2775. — De même, la question de savoir si un fermier (ou un locataire), non dénoncé par le propriétaire à l'expropriant dans le délai utile, est néanmoins recevable à intervenir, parce que son existence aurait été connue de l'expropriant, ce qui, suivant le fermier, aurait rendu inutile de sa part une notification quelconque, constitue un litige sur le fond du droit et la qualité du réclamant. En conséquence, il n'appartient pas au magistrat directeur de déclarer l'intervention du locataire (ou du fermier) non recevable. Il doit se borner à renvoyer la contestation devant les juges compétents, et faire fixer par le jury une indemnité hypothétique. — Cass., 11 juin 1883, Payard, [S. 84.1.35, P. 84.1.57, D. 84.1.342]; — 20 mai 1885, Allary et Dumont, [S. 87.1.388, P. 87.1.940, D. 86.1.382] — Il en est ainsi particulièrement alors que les locataires prétendent que l'expropriant les connaissait parce qu'il leur a signifié des congés. — Cass., 31 juill. 1867, Franchet, [S. 67.1.434, P. 67.1199, D. 67.1.318] — Crépon, sur l'art. 39, n. 64.

2776. — Le jury doit également prononcer une indemnité alternative lorsqu'il y a contestation entre l'expropriant et le locataire sur le point de savoir si celui-ci est compris dans le jugement d'expropriation, et peut, conformément à l'art. 55, L. 3 mai 1841, provoquer la convocation du jury, faute par l'expropriant d'agir dans le délai de six mois. — Cass., 2 août 1865, Préfet de la Seine, [S. 65.1.458, P. 65.1194, D. 65.1.258] — Daffry de la Monnoye, t. 2, sur l'art. 39, n. 43; Crépon, sur l'art. 39, n. 130. — Dans ce cas, la contestation porte sur le point de savoir si le locataire doit il s'agit est ou non exproprié, par suite s'il a ou non qualité pour agir.

2777. — Lorsqu'un usufruitier réclame une indemnité à raison de son usufruit, et que l'expropriant soutient que cet usufruitier est déchu, aux termes de l'art. 21, L. 3 mai 1841, du droit de réclamer cette indemnité, c'est à bon droit que le jury alloue une indemnité éventuelle, l'exception de déchéance étant ainsi réservée pour être appréciée par la juridiction compétente.

— Cass., 2 mai 1882, Préfet du Gers. [S. 83.1.86, P. 83.1.176, D. 84.1.296] — De Lalleau, Jousselin, Rendu et Périn, *loc. cit.*; Crépon, sur l'art. 39, n. 116. — V. *suprà*, n. 2751.

§ 3. *Contestations entre ayants-droit.*

2778. — Il y a lieu par le jury de fixer des indemnités alternatives et éventuelles, lorsqu'il y a litige sur le fond du droit, non seulement entre l'exproprié et l'expropriant, mais encore entre l'exproprié et un tiers, notamment sur la question de savoir si l'immeuble exproprié est ou non grevé de servitudes au profit de ce tiers. Il n'importe qu'un arrêt de la cour ait reconnu l'existence des servitudes au profit du tiers, si l'exproprié a formé contre cet arrêt un pourvoi en cassation qui peut avoir pour résultat de remettre les mêmes servitudes en question. — Cass., 22 avr. 1856, Comm. de Maisons, [S. 56.1.831, P. 56.1.497, D. 56.1.158] — Daffry de la Monnoye, t. 2, sur l'art. 39, n. 46; Crépon, sur l'art. 39, n. 132; de Lalleau, Jousselin, Rendu et Périn, t. 1, n. 608, note. — V. *suprà*, n. 2752.

2779. — Ainsi, celui qui est appelé devant le jury comme ayant droit à une servitude peut y faire valoir les droits qu'il prétend avoir contestées par l'administration, et si ses conclusions à cet égard sont contestées par l'administration, il s'élève sur le fond du droit un litige à raison duquel les parties doivent être renvoyées devant qui de droit. Mais le jury n'en doit pas moins fixer une indemnité alternative, c'est-à-dire en régler une pour le cas où le réclamant n'aurait droit qu'à une servitude et une autre pour le cas où il serait propriétaire. — Cass., 6 déc. 1842, Vaissier, [S. 43.1.667, P. 42.1.749]; — 23 juin 1863, Syndicat de la Marre, [S. 63.1.349, P. 64.402, D. 66.5.195] — De Lalleau, Jousselin, Rendu et Périn, *loc. cit.*; Daffry de la Monnoye, *loc. cit.*; Crépon, sur l'art. 39, n. 96.

2780. — Spécialement, lorsque deux individus que l'administration offre d'indemniser, l'un comme propriétaire, l'autre comme usager, prétendent tous les deux à la propriété de l'immeuble exproprié, le jury ne peut, sans excéder ses pouvoirs, juger la question de propriété en divisant entre les réclamants l'indemnité affectée à la propriété et celle affectée à l'usage. — Cass., 21 août 1844, Préfet de la Meurthe, [S. 45.1.41, P. 45.1.132] — Daffry de la Monnoye, t. 2, sur l'art. 39, n. 31; Crépon, sur l'art. 39, n. 92; de Lalleau, Jousselin, Rendu et Périn, *loc. cit.*

2781. — Le jury doit encore fixer des indemnités alternatives, alors qu'une partie demande la fixation d'une indemnité collective sur laquelle le propriétaire et l'usufruitier viendront exercer leurs droits, et qu'une autre partie réclame l'allocation de deux indemnités distinctes, l'une pour le terrain exproprié, l'autre pour un droit de servitude. — Cass., 16 janv. 1883, de Noblet, [*Bull. civ.*, p. 22] — De Lalleau, Jousselin, Rendu et Périn, *loc. cit.*; Crépon, sur l'art. 39, n. 93.

2782. — Lorsqu'un tiers se présente et se prétend propriétaire d'une portion du terrain exproprié, le magistrat directeur doit poser au jury une première question relative à l'indemnité allouée pour la totalité du terrain, et une seconde question sur l'indemnité due pour ce terrain, déduction faite de la partie revendiquée par le tiers. Le jury, en fixant l'indemnité à la somme qu'il adjuge tout entière au propriétaire contre lequel la revendication est exercée, préjuge le débat qui doit s'établir devant les tribunaux ordinaires sur le droit de propriété, et commet un excès de pouvoir et une violation de l'art. 39, L. 17 juill. 1833, qui doivent entraîner la cassation de sa décision. — Cass., 21 août 1838, Sous-Préfet de Toulon, [S. 38.1.878, P. 47.1.215] — De Lalleau, Jousselin, Rendu et Périn, *loc. cit.*; Crépon, sur l'art. 39, n. 132.

2783. — De même il y a lieu à la fixation d'une indemnité hypothétique, alors que l'exproprié a acquis de l'État par une cession amiable, un terrain cadastré comme lui appartenant, et qu'un tiers revendique ce terrain comme étant sa propriété. — Cass., 27 janv. 1869, Tallemache Saint-Clair, [S. 69.1.385, P. 69.946, D. 69.1.244] — Dans ce cas, comme l'État, s'il triomphe devant l'autorité judiciaire, touchera le prix de cession, il suffit au jury de fixer une seule indemnité hypothétique à attribuer au revendiquant pour le cas où ses droits seraient reconnus. — Daffry de la Monnoye, t. 2, sur l'art. 39, n. 34.

2784. — Lorsque l'expropriation a été régulièrement poursuivie contre le propriétaire inscrit à la matrice cadastrale, l'expropriant n'a point qualité pour soulever la question de savoir si les terrains revendiqués n'appartiennent pas à un tiers qui garde le silence; celui-ci seul peut agir; d'un autre côté l'expropriant a procédé régulièrement contre le propriétaire inscrit à la matrice cadastrale, et n'a point de recours à redouter. — Cass., 19 nov. 1866, Granier de Cassagnac, [*Bull. civ.*, p. 261] — Daffry de la Monnoye, t. 2, sur l'art. 39, n. 47; Crépon, sur l'art. 39, n. 133. — V. *suprà*, n. 290 et s.

2785. — Le jury doit fixer une indemnité hypothétique dans le cas où l'existence d'un bail dont se prévaut l'indemnitaire est déniée, aussi bien alors que ce bail est méconnu par l'administration que lorsqu'il est méconnu par le propriétaire; et le jury doit renvoyer les parties devant les tribunaux compétents pour faire statuer sur l'existence du bail contestée. — Cass., 1er mars 1843, Labbé, [S. 43.1.315] — De Lalleau, Jousselin, Rendu et Périn, *loc. cit.*

2786. — En cas d'existence d'un bail emphytéotique relatif à une parcelle expropriée, la contestation qui s'élève sur le point de savoir si le bailleur et le preneur ont chacun droit à une indemnité distincte, ou si au contraire, l'indemnité ne doit pas être réglée suivant les bases déterminées par la loi pour le cas de nu-propriété et d'usufruit, est de la compétence exclusive des tribunaux ordinaires. Dès lors le jury doit, en vue de la solution alternative qui peut intervenir, pourvoir par son règlement aux deux hypothèses en fixant d'un côté une indemnité unique et de l'autre deux indemnités distinctes. — Cass., 19 juill. 1843, Préfet du Nord, [S. 43.1.732, P. 43.2.295] — De Lalleau, Jousselin, Rendu et Périn, *loc. cit.*; Crépon, sur l'art. 39, n. 98; Daffry de la Monnoye, t. 2, sur l'art. 39, n. 48.

§ 4. *Étendue, effets du jugement d'expropriation, droit de réquisition, d'acquisition intégrale et droit de préemption.*

2787. — Si une contestation s'élève sur l'étendue du jugement d'expropriation, et sur le point de savoir quels sont les immeubles expropriés, le jury ne peut la trancher, car il n'a point compétence pour interpréter le jugement d'expropriation; il doit donc prononcer une indemnité alternative. — Cass., 2 août 1865, Préfet de la Seine, [S. 65.1.458, P. 65.1193, D. 65.1.258]; — 21 nov. 1887, Préfet de l'Isère, [D. 88.1.439] — De Lalleau, Jousselin, Rendu et Périn, t. 1, n. 608.

2788. — Il en est ainsi spécialement dans le cas où l'exproprié prétend que son terrain clos n'est pas compris dans le jugement d'expropriation, en invoquant à l'appui de sa prétention le fait que la déclaration d'utilité publique, à la suite de laquelle ce jugement a été rendu, a été faite par simple décision de la commission départementale, alors qu'un décret d'utilité publique préalable est nécessaire pour que des terrains clos puissent être frappés d'expropriation. En pareil cas, et en présence de la prétention contraire de l'expropriant, soutenant que lesdits terrains ne sont pas clos de haies, la décision du jury, qui, après une première décision déclarant que la propriété dont s'agit n'est pas close de haies ou du moins n'a été close qu'après la déclaration d'utilité publique, et ordonnant qu'il sera passé outre aux débats, fixe une indemnité ferme, est frappée de nullité, en ce qu'elle ne s'est pas bornée à allouer une indemnité hypothétique et éventuelle pour le cas où il serait ultérieurement jugé que les terrains litigieux étaient compris dans le jugement d'expropriation. — Cass., 13 juin 1899, Testu, [S. et P. 1900.1.48]

2789. — De même, il y a lieu d'annuler la décision du jury qui se borne à allouer une indemnité unique pour un moulin, la prise d'eau comprise, alors qu'une contestation s'est élevée entre les parties sur le point de savoir si cette prise d'eau est ou non comprise dans l'expropriation. — Cass., 23 mai 1882, Pothier, [*Bull. civ.*, p. 207] — Crépon, sur l'art. 39, n. 113.

2790. — ... La décision du jury qui, ayant à régler deux indemnités alternatives, accorde une indemnité sur le premier chef, et déclare le second chef en dehors de l'expropriation, en statuant ainsi sur le fond du droit. — Cass., 20 déc. 1882, Gost, [S. 85.1.175, P. 85.1.404, D. 84.1.136] — Crépon, sur l'art. 39, n. 114; de Lalleau, Jousselin, Rendu et Périn, t. 1, n. 608, note.

2791. — ... La décision du jury qui, ayant à régler deux indemnités, l'une définitive, l'autre éventuelle, fixe la première indemnité, et déclare la seconde en dehors de l'expropriation, en statuant ainsi sur le fond du droit. — Cass., 20 déc. 1882, Lavarde, [S. 85.1.175, P. 85.1.404, D. 84.1.136]

2792. — Il a été jugé dans le même sens : que lorsqu'une difficulté s'élève entre l'exproprient et l'exproprié sur le point de savoir si un caveau est ou non compris dans l'immeuble exproprié, c'est à bon droit que le jury fixe deux indemnités, l'une pour le cas où le caveau serait jugé faire partie de l'immeuble exproprié, l'autre pour le cas où il serait jugé n'en point faire partie. — Cass., 28 juin 1864, Tauchard, [cité par Daffry de la Monnoye, t. 2, sur l'art. 39, n. 31]

2793. — ... Que lorsque les parties sont en désaccord sur les proportions à donner à l'expropriation, l'exproprié soutenant qu'elle ne porte que sur les deux tiers de sa propriété, et l'expropriant qu'elle la frappe intégralement, le jury doit fixer deux indemnités alternatives, l'une pour le cas où la prétention de l'exproprié serait admise, l'autre pour le cas contraire. — Cass., 17 avr. 1872, Triaire-Brun, [S. 72.1.340, P. 72.879, D. 72.5.229] — Daffry de la Monnoye, loc. cit.; de Lalleau, Jousselin, Rendu et Périn, loc. cit.; Crépon, sur l'art. 39, n. 97.

2794. — ... Que, lorsque les parties sont en désaccord sur les proportions à donner à l'expropriation, l'exproprié soutenant qu'une parcelle n'est pas comprise dans l'expropriation, l'expropriant prétendant qu'elle est frappée par le jugement d'expropriation, et que des conclusions formelles ont été prises pour la fixation d'une indemnité alternative, il existe un litige sur le fond du droit, dont le jury ne peut connaître, et qu'il doit renvoyer devant la juridiction compétente; qu'en conséquence, est nulle la décision du jury qui, au lieu de cela, fixe une indemnité unique. — Cass., 7 janv. 1885, Renault, [S. 85.1.176, P. 85.1.406, D. 86.5.226]

2795. — ... Qu'il en est de même alors que le jugement d'expropriation désigne quatorze parcelles appartenant à une commune et en nature de chemin comme étant expropriés, alors que cependant l'expropriant prétend que l'expropriation ne porte que sur l'une de ces parcelles; que, dans ce cas, il y a lieu d'annuler la décision du jury qui, en substituant à l'autorité judiciaire, déclare que l'indemnité ne doit viser que trois parcelles. — Cass., 13 avr. 1869, Chem. de fer d'Orléans, [D. 69.1.345] — Daffry de la Monnoye, loc. cit.; de Lalleau, Jousselin, Rendu et Périn, loc. cit.; Crépon, sur l'art. 39, n. 111.

2796. — ... Que lorsque devant le jury il se produit entre l'exproprié et l'expropriant un désaccord sur le point de savoir si une parcelle est ou non comprise dans le jugement d'expropriation, que l'expropriant a formellement contesté la prétention de l'exproprié et conclu à ce que, tout au moins, le jury fixât une indemnité éventuelle, le débat ainsi engagé constitue un litige sur le fond du droit dont la connaissance doit être réservée à l'autorité compétente ; que dès lors, si le magistrat directeur juge lui-même la difficulté ainsi soulevée, déclare dans son ordonnance que le jugement d'expropriation ne comprend pas la parcelle dont il s'agit, et décide que le jury n'a pas à statuer, même éventuellement et hypothétiquement sur l'indemnité à allouer à raison de cette parcelle, il y a lieu de casser son ordonnance et, par voie de suite, la décision du jury qui a statué dans ces conditions. — Cass., 1er févr. 1899, Soc. métallurgique de l'Est, [S. et P. 99.1.288, D. 99.1.506]

2797. — ... Qu'en cas de contestation entre l'administration et l'exproprié, sur le point de savoir si l'indemnité est due pour la surface seulement, ou pour la surface et le tréfonds, le jury doit déterminer une indemnité alternative pour l'un et l'autre cas; que le jury ne peut, dans ce cas, se refuser à fixer l'indemnité, et que le magistrat directeur ne peut renvoyer les parties à se pourvoir comme elles aviseront. — Cass., 22 juin 1852, Praire, [S. 52.2.724, P. 52.1.176]; — 22 août 1853, de Rochetaillée, [S. 53.1.752, P. 54.2.412, D. 53.1.285] — De Lalleau, Jousselin, Rendu et Périn, loc. cit.; Daffry de la Monnoye, t. 2, sur l'art. 39, n. 39. — V. suprà, n. 2714, 2742.

2798. — ... Qu'il en est de même au cas de contestation entre l'expropriant et l'exproprié sur la contenance de l'immeuble exproprié, que l'exproprié prétend être supérieure à celle donnée par le jugement d'expropriation. — Cass., 16 août 1858, Chem. de fer du Midi, [P. 60.53, D. 58.1.327]; — 1er août 1860, Bertrand, [P. 61.1168, D. 60.1.408]; — 22 mai 1865, Guérin-Marais, [Bull. civ., p. 165]; — 13 déc. 1865, Duplessis-Olivant, [D. 66.1.207]; — 25 avr. 1866, Grouit, [Bull. civ., p. 120]; — 2 janv. 1867, Polo, [Bull. civ., p. 3]; — 10 juin 1879, Pedeucoig, [S. 80.1.135, P. 80.288, D. 79.1 369]; — 30 janv. 1884, Ville de Saint-Denis, [S. 86.1.223, P. 86.1.532, D. 85.1.264]; — 13 avr. 1897, Neyret fils, [S. et P. 97.1.288, D. 99.1.506] — Crépon, sur l'art. 39, n. 107; Daffry de la Monnoye, t. 2, sur l'art. 39, n. 31.

— V. suprà, n. 2715. — ... Qu'en conséquence, la décision du jury qui se borne à régler l'indemnité sur la contenance indiquée, réservant à l'exproprié tous ses droits pour le cas où la contenance serait reconnue supérieure, doit être annulée comme laissant éventuellement incertain le montant de l'indemnité. — Cass., 1er août 1860, précité.

2799. — Lorsqu'un litige s'élève sur la contenance et que l'exproprié prétend qu'elle est plus grande que celle portée au jugement d'expropriation, le jury peut fixer une indemnité déterminée en vue de l'hypothèse où la contenance serait plus tard reconnue être celle indiquée par le jugement d'expropriation, et ajouter une somme en sus par chaque mètre d'excédent. — Cass., 22 mai 1865, précité. — Daffry de la Monnoye, loc. cit. — Ce mode d'évaluation a l'avantage de donner une solution, quelle que soit la contenance qui sera plus tard trouvée en excédent, s'il en existe.

2800. — Dès lors, dans le cas où les parties sont en désaccord sur la contenance du terrain exproprié et concluent à la fixation d'une indemnité à tant par mètre, le jury d'expropriation ne doit pas fixer une indemnité unique et définitive. Mais il rentre dans les attributions du jury, tout en appréciant la valeur du mètre, d'indiquer, d'après cette valeur, l'indemnité afférente au nombre de mètres portés dans le jugement d'expropriation; sa décision n'étant pas définitive, et l'indemnité pouvant être augmentée si la contenance est reconnue supérieure. — Cass., 30 janv. 1884, précité.

2801. — Dans le cas où l'exproprié a conclu à deux indemnités, l'une pour le cas où il serait dépossédé d'un terrain d'une étendue déterminée, l'autre pour le cas où la dépossession porterait sur un terrain d'une contenance plus étendue également déterminée, le jury n'a qu'à fixer les deux indemnités réclamées hypothétiquement; l'indemnité ainsi fixée alternativement a un caractère certain et définitif selon le vœu de la loi. Le litige portant exclusivement sur le point de savoir si une parcelle déterminée doit ou non faire partie des terrains expropriés et non sur une question de contenance, le jury n'a pas à faire une estimation par mètre ou par are en prévision d'une dépossession portant sur une parcelle de contenance intermédiaire. — Cass., 10 juin 1870, Pedeucoig, [S. 80.1.135, P. 80.288]

2802. — Il y a également lieu à la fixation d'une indemnité alternative quand la contestation soulevée porte sur l'effet du jugement d'expropriation. Cette dernière constitue un litige sur le fond du droit, qui ne peut être tranché par le jury, et qui doit être renvoyé par lui devant les juges compétents, la question de savoir si le jugement d'expropriation a eu pour effet de faire acquérir à l'expropriant, non seulement la propriété du terrain exproprié, mais encore un droit de servitude sur d'autres immeubles restant à l'exproprié. — Cass., 27 août 1883, Ville de Paris, [S. 83.1.477, P. 83.1.1183, D. 84.1.423]

2803. — Ainsi, au cas d'expropriation d'un immeuble pour l'établissement d'une batterie, il existe un litige sur le fond du droit, lorsque l'exproprié demande une indemnité spéciale pour toute la surface du terrain de sa propriété, qui sera comprise dans la zone des servitudes à établir autour de la batterie, et que l'expropriant conclut au rejet de ce chef d'indemnité. Dès lors, le jury doit allouer de ce chef une indemnité éventuelle. Il y a nullité, s'il fixe une indemnité définitive. Mais il n'y a lieu d'annuler que le chef de la décision relatif aux servitudes militaires. — Cass., 27 avr. 1887, Préfet des Pyrénées-Orientales, [S. 88.1.271, P. 88.1.644, D. 88.1.88]

2804. — Un arrêt de la Cour de cassation du 17 déc. 1845, Godefroy, [S. 46.1.166, P. 46.135, D. 45.1.30], a jugé, il est vrai, que le jury ne pouvait, sans excès de pouvoir, accorder une indemnité éventuelle, pour l'établissement d'une servitude militaire qui, dans un temps plus ou moins éloigné, viendrait à grever les terrains avoisinant les fortifications de Paris. Mais l'espèce de cet arrêt est absolument différente de l'espèce de l'arrêt ci-dessus recueilli. En 1845, il s'agissait des fortifications de Paris qui n'ont donné lieu, lors de leur établissement, à l'établissement d'aucune servitude. On comprend qu'il n'y avait pas de litige sur le fond du droit à l'occasion de servitudes qui ne seraient peut-être jamais établies; en fait, les servitudes militaires autour de Paris ne sont devenues applicables que par la suite de la promulgation de la loi du 10 juill. 1851. Il s'agissait donc, en 1845, d'un dommage futur, incertain, qui, en cette qualité, ne pouvait donner lieu à aucune indemnité. Dans l'espèce sur laquelle a statué l'arrêt de 1887, il s'agissait, au contraire, de l'établissement d'une batterie qui entraînait *ipso facto* la constitution de servitudes militaires; la question était donc de savoir si la création de ces servitudes donnait ou non ouverture à indemnité. C'est là une question qui ne pouvait être tranchée par le jury, qui, par suite, ne devait allouer qu'une indemnité hypothétique.

2805. — Les conclusions par lesquelles un exproprié demande au magistrat directeur de ne pas constituer le jury, le délai dans lequel l'expropriation devait être terminée étant, d'après lui, expiré, soulèvent un litige sur le fond du droit; dès lors, c'est avec raison que le magistrat directeur se déclare incompétent, renvoie l'exproprié devant qui de droit et ordonne qu'il sera procédé à la constitution du jury. — Cass., 12 juill. 1898, de Commaille, [S. et P. 98.1.528, D. 99.1.51] — Dans l'espèce, il s'agit de savoir quel est l'effet du jugement d'expropriation; celui-ci a dessaisi l'exproprié : donc il ne peut être question désormais du délai dans lequel l'expropriation devait être terminée puisqu'elle est acquise; mais c'est là une question qui échappe au magistrat directeur et au jury.

2806. — Si l'expropriant prétend que, malgré les termes de la loi, le règlement de l'indemnité doit être suspendu jusqu'à la prise de possession, le jury ne peut statuer sur cette difficulté qui porte sur le droit actuel de l'indemnité à l'exproprié, sur l'interprétation et l'application de la loi; il y a donc lieu pour lui de fixer une indemnité alternative. — Cass., 24 nov. 1862, Mausoy, [D. 63.1.256] — Daffry de la Monnoye, t. 2, sur l'art. 39, n. 31. — V. *supra*, n. 2678.

2807. — Jugé aussi que lorsque le propriétaire d'un immeuble dont on demande l'expropriation partielle prétend avoir le droit d'exiger que l'expropriation comprenne l'immeuble en totalité, il y a là une question constitutive d'un litige sur le fond du droit qui ne peut être jugée par le jury d'expropriation. En conséquence, le jury ne doit pas se borner à fixer l'indemnité pour la partie dont l'expropriation est demandée, et le magistrat directeur rendre cette décision estimative exécutoire; il doit, au contraire, donner une estimation alternative pour la partie et pour le tout, afin de pourvoir aux éventualités de la décision à rendre au fond par les juges compétents. — Cass., 21 août 1838, Charrière, [S. 38.1.878, P. 47.1.215]; — 25 mars 1839, Viel, [S. 39.1.329, P. 42.2.748]; — 15 mai 1843, Corneille, [S. 43.1.622, P. 43.2.200]; — 22 mars 1847, Laprade, [S. 47.1.304, P. 47.1.482, D. 47.4.248]; — 19 mars 1849, Leveau, [S. 49.1.371, P. 49.2.232, D. 50.5.218]; — 25 août 1856, Lenteman, [S. 57.1.141, P. 58.930, D. 56.1.44]; — 1er juill. 1863, Lecœur, [S. 63.1.548, P. 64.196, D. 63.1.320]; — 8 nov. 1865, Lemoine, [S. 66.1.221, P. 66.557, D. 63.1.481] — Crépon, sur l'art. 39, n. 123; Daffry de la Monnoye, t. 2, sur l'art. 39, n. 40; de Lalleau, Jousselin, Rendu et Périn, t. 1, n. 608.

2808. — Lorsqu'à la suite d'une contestation sur l'admissibilité d'une réquisition d'acquisition intégrale, la décision du jury est assez incertaine pour que l'expropriant prétende que l'indemnité allouée par le jury s'applique à la contenance totale de l'immeuble exproprié, alors que l'ordonnance d'*exequatur* du magistrat directeur n'envoie l'expropriant en possession que pour la partie comprise dans le jugement d'expropriation, il y a lieu de prononcer la cassation de la décision du jury, soit à raison de la contrariété de cette décision et de l'ordonnance et de l'incertitude sur l'application de la loi, soit parce qu'il est établi que le litige soulevé n'a pas été réservé. — Cass., 15 mai 1843, précité. — Daffry de la Monnoye, *loc. cit.*

2809. — Une indemnité alternative doit être également fixée alors qu'il y a contestation sur le droit de préemption. Ainsi un exproprié s'est pourvu en cassation contre le jugement prononçant l'expropriation; il prétend, au cas où ce jugement serait cassé et où il serait reconnu qu'il n'est pas exproprié, exercer le droit de préemption relativement à une parcelle voisine de son immeuble; le jury doit alors fixer une indemnité alternative. Jugé, par suite, que lorsqu'un propriétaire a signifié à l'administration son option pour l'acquisition d'une parcelle de terrain contiguë à sa propriété, le jury doit, à peine de nullité, régler deux indemnités alternatives : l'une à payer par le propriétaire, pour le cas où la parcelle de terrain lui sera définitivement cédée; l'autre à payer à ce propriétaire, dans le cas contraire où il serait exproprié lui-même de son immeuble. — Cass., 20 mars 1855, Togny, [S. 55.1.538, P. 55.1.391, D. 55.1.169] — Daffry de la Monnoye, t. 2, sur l'art. 39, n. 31; Crépon, sur l'art. 39, n. 110; de Lalleau, Jousselin, Rendu et Périn, *loc. cit.*

§ 5. *Contestations sur l'existence d'un chef d'indemnité distinct de la valeur de l'immeuble; sur la possibilité de tenir compte de la plus-value; sur la situation résultant des travaux.*

2810. — Le jury ne peut allouer une indemnité unique et doit fixer une indemnité alternative lorsqu'une contestation s'élève sur l'existence d'un chef d'indemnité distinct de la valeur de l'immeuble. Ainsi il a été décidé que le jury doit fixer une indemnité alternative alors que l'expropriant, contrairement à la demande de l'exproprié, prétend que le jury ne doit déterminer l'indemnité qu'à raison de la valeur du terrain exproprié pour l'élargissement d'une rue et du préjudice qui en résulte directement, sans tenir compte du dommage causé au surplus de la propriété soit par le nivellement de la rue, soit par la suppression de sa partie basse, dommage pour lequel le conseil de préfecture est seul compétent. — Cass., 3 août 1871, Léger, [D. 71. 1.203] — Crépon, sur l'art. 39, n. 109; Daffry de la Monnoye, t. 2, sur l'art. 39, n. 31; de Lalleau, Jousselin, Rendu et Périn, t. 1, n. 608.

2811. — ... Qu'au cas où l'exproprié demande que l'indemnité soit calculée tant sur la valeur du terrain délaissé que sur la dépréciation du surplus de sa propriété, et où l'expropriant s'oppose à ce qu'il soit tenu compte de ce dernier élément, en se fondant sur l'art. 50, L. 16 sept. 1807, le jury doit renvoyer le litige devant l'autorité compétente et se borner à fixer deux indemnités alternatives, suivant l'une ou l'autre solution qui pourra intervenir sur les prétentions respectives des parties. — Cass., 10 juill. 1877, Préfet de la Nièvre, [S. 77.1.377, P. 77.948, D. 78.1.436] — De Lalleau, Jousselin, Rendu et Périn, *loc. cit.*; Crépon sur l'art. 39, n. 99; Daffry de la Monnoye, t. 2, sur l'art. 39, n. 49.

2812. — ... Que, lorsque l'indemnité réclamée comprend, outre la valeur de la maison expropriée, une somme pour frais de déplacement, nouvelle appropriation et autres dommages accessoires, si cette dernière cause d'indemnité est contestée, en ce que le déplacement et ses suites ne seraient pas le résultat de l'expropriation, mais bien du mauvais état antérieur de la maison, le jury ne peut pas allouer sans distinction et définitivement une somme unique pour toute indemnité : il doit fixer provisoirement une indemnité spéciale pour le chef contesté, et renvoyer les parties devant qui de droit pour être statué sur le litige. — Cass., 27 juin 1834, Ville de Pamiers, [S. 54.1.398, P. 54.2.12, D. 54.1.343] — De Lalleau, Jousselin, Rendu et Périn, *loc. cit.*; Daffry de la Monnoye, *loc. cit.*; Crépon, sur l'art. 39, n. 108.

2813. — ... Que constitue un litige sur le fond du droit la question, débattue entre l'expropriant et l'exproprié, de savoir si une indemnité est due au propriétaire d'une mine à raison de l'expropriation d'un puits abandonné depuis plus de trente ans; et que dès lors, le jury doit fixer une indemnité éventuelle de ce chef, et renvoyer les parties à se pourvoir devant qui de droit. — Cass., 9 juill. 1889, Société des mines de Beaubrun, [S. 91.4. 350, P. 91.1.825, D. 91.1.184]

2814. — ... Que, par suite, est nulle l'ordonnance du magistrat directeur déclarant que le puits étant abandonné depuis plus de trente ans, le jury est sans qualité pour apprécier des dommages pouvant être éprouvés dans l'avenir, et que le jury ne doit se prononcer que sur des dommages résultant de l'expropriation, eu égard aux conditions actuelles dans lesquelles elle se produisait; que la décision du jury intervenue à la suite de cette ordonnance est également nulle. — Même arrêt.

2815. — ... Que lorsque, sur la demande formée par l'exproprié d'une indemnité pour la dépréciation causée par la stagnation des eaux sur la partie de sa propriété non atteinte par l'expropriation, l'expropriant a soutenu que le jury n'était pas compétent pour allouer cette indemnité, le préjudice allégué n'étant pas une suite directe de l'expropriation, il y a litige sur le fond du droit, et que la décision du jury qui alloue à raison de la dépréciation alléguée par l'exproprié une indemnité hypothétique, pour le cas où la compétence du jury serait reconnue, est régulière. — Besançon, 23 janv. 1889, L'Etat, [S. 91.2.211, P. 91.1. 1196, D. 90.2.49] — ... Que c'est à la juridiction civile qu'il appartient de statuer sur le litige ainsi réservé par le jury, et de décider si le jury était compétent pour allouer l'indemnité de dépréciation prétendue par l'exproprié. — Même arrêt.

2816. — Le jury ne peut non plus se prononcer sur la question de savoir s'il y a possibilité de tenir compte de la plus-value; il doit alors prononcer une indemnité alternative. C'est ainsi qu'il y a lieu à la fixation d'une indemnité alternative, alors que, d'une part, le propriétaire d'une usine expropriée prétend que les parcelles du terrain par lui conservées étant tout à fait distinctes de l'usine, il n'y a pas lieu de tenir compte de la plus-value du restant de la propriété, et qu'il conclut à une indemnité alternative, dans la double hypothèse de la supputation ou de l'omission de la plus-value, et que, d'autre part, l'expropriant soutient au contraire, qu'il y a lieu de statuer par une décision unique comprenant l'appréciation de la plus-value. — Cass., 19 déc. 1881, Bordet, [S. 82.1.180, P. 82.1.413] — De Lalleau Jousselin, Rendu et Périn, *loc. cit.;* Crépon, sur l'art. 39, n. 111.

2817. — Le jury ne saurait davantage connaître de la contestation qui porte sur la situation dans laquelle se trouvera l'immeuble exproprié à raison de l'expropriation et des travaux qui en seront la suite, par exemple, au point de vue de l'accès et de l'écoulement des eaux. Ainsi il y a lieu pour le jury d'allouer une indemnité alternative lorsque l'expropriant laisse indécise la question de savoir s'il établira un passage à niveau sur le terrain exproprié. — Cass., 18 juin 1861, Ourgand, [S. 61.1.887, P. 62.431, D. 61.1.288] — Daffry de la Monnoye, *loc. cit.;* de Lalleau, Jousselin, Rendu et Périn, *loc. cit.;* Crépon, sur l'art. 39, n. 101.

2818. — Le jury doit, en vertu des mêmes motifs, allouer une indemnité alternative, alors que l'expropriant ne se prononce pas sur le point de savoir s'il fera établir des rampes d'accès qui conduiront du chemin ouvert sur la propriété de l'exproprié. — Cass., 11 déc. 1843, Dupontavice, [P. 44.1.351] — De Lalleau, Jousselin, Rendu et Périn, *loc. cit.;* Daffry de la Monnoye, t. 2, sur l'art. 39, n. 36; Crépon, sur l'art. 37, n. 102.

2819. — Il en est de même alors qu'il y a contestation sur le point de savoir si le terrain contigu à la portion restante de l'immeuble exproprié est ou non une voie publique; c'est là un litige qui ne peut être tranché par le jury, et cependant, selon qu'il sera déclaré que ce terrain est ou non voie publique, le surplus de l'immeuble exproprié aura ou non un accès facile et avantageux; d'où la nécessité d'une indemnité alternative. — Cass., 19 juill. 1856, Chemin de fer de Saint-Rambert, [P. 56.2.378, D. 56.1.293] — De Lalleau, Jousselin, Rendu et Périn, *loc. cit.;* Daffry de la Monnoye, *loc. cit.;* Crépon, sur l'art. 39, n. 103.

2820. — Lorsque, par suite de l'établissement d'une route, une propriété jouissant d'un droit d'irrigation a été divisée, ce droit, étant inhérent à la propriété, se trouve virtuellement compris dans l'expropriation et doit l'être également dans l'estimation de cette propriété; et le jury procède régulièrement en fixant une double indemnité, l'une pour le cas où l'administration refuserait de permettre le passage des eaux d'une des propriétés à l'autre, et la seconde pour le cas où cette permission serait accordée. — Cass., 27 mars 1843, Cluse, [S. 43.1.343, P. 43.1.289] — De Lalleau, Jousselin, Rendu et Périn, *loc. cit.;* Daffry de la Monnoye, *loc. cit.;* Crépon, sur l'art. 39, n. 104.

2821. — Il a été jugé encore : que lorsque l'expropriant a offert d'établir un passage pour ne pas laisser à l'état d'enclave les terrains restés en dehors de l'expropriation, et que l'exproprié a demandé qu'il lui fût alloué, en outre de l'indemnité représentant la valeur de l'immeuble exproprié, une certaine somme pour le cas où le passage serait établi dans des conditions déterminées, et une autre somme pour le cas où ces conditions ne seraient pas remplies, la décision du jury qui accorde une somme unique pour la valeur du terrain et pour toute indemnité n'est ni claire ni précise, et ne satisfait pas au vœu de la loi. — Cass., 8 avr. 1879, Chemin de fer de l'Ouest, [S. 80.1.470, P. 80.1.170, D. 79.1.207] — De Lalleau, Jousselin, Rendu et Périn, *loc. cit.;* Crépon, sur l'art. 39, n. 105.

2822. — ... Que, lorsqu'il est certain que l'expropriant doit établir un passage à niveau sur la voie ferrée, il y a néanmoins nécessité pour le jury de fixer une indemnité alternative, alors qu'il est incertain si l'expropriant établira un gardien à ce passage, les dangers de l'expropriation étant plus considérables s'il n'y a pas de gardien que s'il en existe un. — Cass., 4 janv. 1882, de Nays, [*Bull. civ.*, p. 2] — Crépon, sur l'art. 39, n. 119.

2823. — ... Que la contestation par l'expropriant du droit de l'exproprié à une indemnité pour privation de l'exploitation d'une carrière, sous prétexte qu'en achetant la carrière l'exproprié la savait sous le coup d'une expropriation, constitue, quelle que soit la valeur de cette prétention, un litige sur le fond du droit;

qu'en conséquence, le jury ne fait que se conformer à la loi en fixant une indemnité éventuelle en vue de la solution du litige. — Cass., 20 mai 1879, Préfet de la Savoie, [S. 80.1.86, P. 80.174, D. 79.1.349]

2824. — Si le litige soulevé porte sur un dommage dont le jury ne peut connaître, parce que le législateur en a fait attribution à la juridiction administrative, il n'y a pas lieu pour lui de fixer une indemnité éventuelle en prévision du cas où sa compétence serait, plus tard, reconnue; du moment que son incompétence est certaine, il ne doit pas empiéter sur la juridiction administrative même d'une manière éventuelle. Jugé, par suite, que le jury ne saurait fixer une indemnité hypothétique pour le cas où la compétence du jury serait reconnue à raison du préjudice et de tous dommages pouvant résulter de l'établissement et de l'exploitation ultérieure d'un chemin de fer. Peu importe que l'expropriant ait consenti à la fixation d'une indemnité hypothétique. Les questions de compétence étant d'ordre public, le consentement, même réciproque des parties, ne peut avoir pour effet d'attribuer juridiction au jury, dans une matière où son incompétence est proclamée par la loi. — Cass., 21 févr. 1899, Société de la brasserie des Moulineaux, [S. et P. 99.1.245]

§ 6. *De la procédure en dehors du jury.*

2825. — Lorsque les parties intéressées prévoient une contestation qui doit influer sur le règlement de l'indemnité, elles ne sont pas forcées d'attendre ce règlement ni leur comparution devant le jury pour saisir le tribunal compétent; elles peuvent lui déférer le litige immédiatement; il est même préférable, au point de vue de la rapidité de la solution à intervenir, qu'elles lui soumettent la difficulté qui les divise aussitôt qu'elle a pris naissance. — Cass., 17 juin 1867, Oudard, [S. 70.1.369, P. 70.965, D. 67.1.231] — Crépon, sur l'art. 39, n. 134.

2826. — Les tribunaux devant lesquels le litige sur le fond du droit a été renvoyé sont liés par les termes de la décision du jury; ils ne peuvent que l'appliquer d'après la solution qu'ils donnent au litige qui leur est déféré. Si les tribunaux judiciaires, saisis du litige sur le fond du droit, pouvaient scinder la décision du jury, ce seraient eux, en fin de compte qui prononceraient définitivement sur l'indemnité, et non pas le jury. La loi de 1841 serait donc formellement violée. — Cass., 24 août 1856, Chem. de fer de Saint-Rambert, [S. 60.1 478, P. 60.287, D. 58.1.364]; — 3 juill. 1872, L'État, [D. 74.1.431] — Daffry de la Monnoye, t. 2, sur l'art. 39, n. 56; Crépon, sur l'art. 39, n. 141 et 142. — Jugé, par suite, que lorsque le jury a alloué une indemnité éventuelle à l'exproprié en qualité de locataire, qualité que lui contestait l'expropriant, et a renvoyé les parties devant les juges compétents pour statuer sur le droit contesté, les tribunaux sont liés par la décision du jury en ce qui concerne le chiffre de l'indemnité, sans pouvoir entrer dans l'examen des éléments de son évaluation. — Cass., 24 août 1858, précité. — Grenoble, 30 août 1856, Chem. de fer de Saint-Rambert, [D. 58.2.111, P. 58.426, D. 58.2.83] — V. *suprà*, n. 2762 et s.

2827. — ... Qu'en conséquence, s'il est reconnu par les juges que l'exproprié était réellement locataire pour un certain temps, l'indemnité allouée par le jury est due tout entière, alors même que ce temps serait beaucoup moindre que celui allégué par l'exproprié devant le jury. — Cass., 24 août 1858, précité. — Grenoble, 30 août 1856, précité. — Dans l'espèce, la qualité de locataire avait été déniée au demandeur, alors que celui-ci prétendait bénéficier d'un bail de quatre ans; une indemnité hypothétique avait été fixée par le jury; l'autorité judiciaire reconnut que l'intérêt était locataire non pour quatre ans, mais pour le temps qui devait être laissé pour les congés d'après l'usage des lieux. L'indemnité hypothétique n'en était pas moins acquise au locataire, dès lors que la qualité de locataire lui était reconnue. — Daffry de la Monnoye, *loc. cit.*

2828. — Jugé, encore, que le locataire qui a obtenu du jury d'expropriation une indemnité hypothétique a droit à la totalité de cette indemnité, s'il est reconnu fondé à invoquer le droit dérivant en sa faveur du contrat de bail; le tribunal ne peut scinder la décision du jury, et n'accorder au locataire qu'une partie de l'indemnité sous prétexte que la demande est en partie fondée. — Paris, 14 janv. 1873, Arnold, [S. 73.2.243, P. 73.1054, D. 73.2.137]

2829. — ... Que lorsque le jury d'expropriation a fixé hypothétiquement une indemnité, au profit d'un locataire, pour le cas seulement où il serait décidé par les juges compétents qu'il a été irrégulièrement congédié, la cour d'appel appelée à statuer sur la question ne viole aucune loi, en se bornant uniquement à la solution du point litigieux formulé par le jury. — Cass., 12 août 1872, Lucotte, [S. 72.1.340, P. 72.878, D. 72.5.228] — Non seulement les tribunaux judiciaires ne violent, en ce cas, aucune loi, mais c'est avec raison qu'ils ne jugent que la question qui leur a été déférée par le jury, puisque c'est la seule dont ils soient saisis et qu'ils puissent trancher.

2830. — Lorsque l'autorité judiciaire saisie déclare que le demandeur n'a pas fait la preuve mise à sa charge par la décision du jury, c'est là de sa part une appréciation sur la force et l'efficacité des preuves, qui est souveraine et échappe, par suite, à la censure de la Cour de cassation. Dès lors si le jury a fixé hypothétiquement une certaine somme pour le cas où l'exproprié serait reconnu propriétaire d'un ruisseau, c'est à tort que le tribunal, qui décide qu'il a droit à la moitié des eaux du ruisseau, renvoie les parties devant le jury pour fixer la part de l'indemnité revenant à l'exproprié sur l'indemnité déjà déterminée par le jury. Le jury ne peut être saisi de nouveau ; il y a lieu à déclarer qu'à la suite du jugement sur le fond, l'indemnité est ou non acquise à l'exproprié ; est au contraire régulier l'arrêt qui décide que l'exproprié n'ayant point fait la preuve de la propriété du ruisseau, ainsi que la décision du jury l'y obligeait, n'a pas droit à la somme éventuellement fixée. Le juge du fond a alors fait usage de son pouvoir d'appréciation sur le fond. — Cass., 25 févr. 1859 Badoulier, [cité par Daffry de la Monnoye, t. 2, sur l'art. 39, n. 56]

2831. — Le droit des parties étant reporté sur l'indemnité fixée par le jury, il s'ensuit que si, après la fixation de l'indemnité, l'exproprié invoque un acte qu'il n'avait point en sa possession au moment du règlement de l'indemnité d'après lequel les auteurs de l'exproprié s'étaient engagés à remettre gratuitement à l'exproprié partie des terrains expropriés, l'exproprié peut demander à l'autorité judiciaire de fixer pour quelle somme la partie ainsi promise entre dans la fixation de l'indemnité. — Cass., 14 mai 1867, Prémilleux, [S. 67.1.360, P. 67.971, D. 67.1.199] — Daffry de la Monnoye, t. 2, sur l'art. 39, n. 57. — C'est un des rares cas où l'autorité judiciaire se prononce indirectement sur l'indemnité ; remarquons toutefois que le jury a fixé définitivement l'indemnité relativement à l'expropriant ; et qu'il ne reste plus qu'à faire une répartition de cette indemnité définitive entre les divers ayants-droit.

2832. — Lorsqu'il y a litige sur quelques-uns des chefs d'indemnité réclamés, le magistrat directeur ne doit pas se borner à déclarer exécutoire la décision du jury : il doit, en constatant que les indemnités afférentes aux chefs contestés ne sont qu'éventuelles, subordonner l'envoi en possession au résultat du litige, et ordonner la consignation de l'indemnité jusqu'à ce qu'il soit vidé. — Cass., 22 août 1855, Chem. de fer du Midi, [S. 56.1.174, P. 56.2.512, D. 55.1.396] ; — 25 juill. 1855, Préfet des Basses-Alpes, [S. 55.1.841, P. 55.2.236, D. 55.1.374] — Crépon, sur l'art. 39, n. 139.

Section V.
De l'attribution de l'indemnité aux divers ayants-droit.

§ 1. *De l'indemnité due aux propriétaires.*

1° *Valeur et étendue de l'immeuble exproprié.*

2833. — Faure, rapporteur au Tribunat du titre sur la propriété, disait que « le propriétaire à qui l'Etat demande sa propriété doit recevoir une indemnité proportionnée au sacrifice qu'il fait » (Locré, t. 8, p. 176). D'un autre côté, le commissaire du gouvernement devant la Chambre des députés en 1833 s'écriait : « L'indemnité se présente sous une foule de formes différentes : on peut dire qu'elle est un véritable Protée. Indépendamment du prix intrinsèque du terrain qui sert d'emplacement aux travaux, on demande encore indemnité pour le morcellement, indemnité pour dépréciation, indemnité pour interruption de communications, indemnité pour exploitations plus difficiles, indemnité pour déclôture, indemnité pour reclôture, etc. » (*Monit.* du 8 févr. 1833, p. 322). Ces indemnités, en effet, sont dues, car elles visent toutes une cause directe du dommage causé par l'expropriation. — De Lalleau, Jousselin, Rendu et Périn, t. 1, n. 297. — V. *suprà*, n. 2677.

2834. — La valeur de l'immeuble exproprié doit être appréciée au moment où a lieu le règlement de l'indemnité ; ainsi les travaux qui vont être effectués, tels que percements de rue, vont donner aux immeubles d'un quartier une plus-value considérable ; c'est en tenant compte de cette plus-value déjà acquise aux immeubles que l'indemnité doit être appréciée et fixée. Il en est ainsi particulièrement lorsqu'il s'agit d'un quartier dont les immeubles ont déjà augmenté de valeur à raison des travaux qui doivent être effectués. — Cass., 22 août 1864, Chem. de fer Paris-Lyon-Méditerranée, [*Gaz. des Trib.*, 28 sept. 1865] — Daffry de la Monnoye, t. 2, sur l'art. 38, n. 31 ; Crépon, sur l'art. 38, n. 75.

2835. — Jugé, par suite, que lorsque, sans expropriation préalable, des terrains ont été incorporés au domaine public par leur affectation à des ouvrages et établissements d'utilité publique, et qu'ainsi les propriétaires de ces terrains ont été mis dans l'impossibilité légale de réclamer devant les tribunaux autre chose qu'une indemnité pécuniaire, le règlement de cette indemnité doit être fait d'après la valeur actuelle des terrains et non d'après celle qu'ils pouvaient avoir au jour de leur prise de possession par l'Etat. — Cass., 7 févr. 1876, Cely, [S. 76.1.253, P. 76.613, D. 76.1.273] — Crépon, sur l'art. 38, n. 76 ; Daffry de la Monnoye, t. 2, sur l'art. 38, n. 32. — V. *suprà*, n. 2678.

2836. — On voit qu'il n'est pas interdit au jury de prendre en considération, pour fixer une juste indemnité, la situation des immeubles expropriés et leur destination future ; c'est là un élément d'appréciation de la valeur actuelle, la seule demandée et accordée ; et la décision du jury, qui n'a pas d'ailleurs à faire connaître les éléments de son estimation, échappe à la censure de la Cour de cassation. Si, par exemple, l'immeuble exproprié est situé le long d'un terrain destiné à être converti en voie publique, il y a lieu de tenir compte de l'augmentation de valeur qui en résultera. — Cass., 9 juill. 1856, Paris-d'Avancourt, [P. 56.2.378, D. 56.1.293] — Daffry de la Monnoye, t. 2, sur l'art. 38, n. 31 ; Crépon, sur l'art. 38, n. 77.

2837. — Mais le jury, devant fixer l'indemnité d'après la valeur de l'immeuble exproprié et le préjudice souffert par les propriétaires dépossédés, ne saurait, sans commettre un abus et un excès de pouvoir, aller plus loin et fixer une indemnité énorme pour s'opposer à un travail public qu'il réprouve ; c'est cependant ce qu'il a fait quelquefois. Cet excès de pouvoir de par lui demeure d'ailleurs, ainsi que nous le verrons, dépourvu de sanction, parce qu'il n'appartient pas à la Cour de cassation de réviser l'indemnité, de rechercher si elle n'est pas exagérée, et si l'exagération n'a pas été intentionnelle pour mettre obstacle à l'exécution d'un travail public.

2838. — Une propriété représente souvent pour son propriétaire, outre sa valeur vénale et le revenu qu'elle lui rapporte, un intérêt de souvenir, d'affection ; ce peut être une propriété de famille, une propriété choisie à raison de sa situation, du site, des avantages qu'elle procure ; le propriétaire peut y avoir fait des aménagements en vue de son installation particulière ; ce sont là des considérations dont il doit être tenu compte dans une certaine mesure pour la fixation de l'indemnité. — Daffry de la Monnoye, t. 2, sur l'art. 38, p. 30. — En d'autres termes, l'indemnité doit comprendre non seulement la valeur intrinsèque des terrains expropriés, mais encore porter sur les avantages qui étaient attachés à leur possession, et dont la privation sera la suite de l'expropriation. — Cass., 11 janv. 1836, Préfet de la Côte-d'Or, [S. 36.1.12, P. chr.] — Riom, 1er mars 1838, Coulot, [P. 38.2.277] — V. aussi Toulouse, 8 juill. 1830, Grenier, [S. 31.2.51, P. chr.]

2839. — L'indemnité doit être fixée à raison de l'ensemble de la valeur de l'immeuble exproprié, y compris tous ses accessoires ; ainsi l'indemnité doit comprendre la valeur des avantages réels (par exemple, une servitude de passage) attachés à la propriété, et dont le propriétaire se trouve dépouillé par une conséquence naturelle et nécessaire de l'expropriation. — Riom, 1er mars 1838, Coulot, [P. 38.2.277]

2840. — Remarquons, d'autre part, que l'art. 50, L. 16 sept. 1807, qui borne l'indemnité à la valeur du terrain délaissé, dans le cas où le propriétaire d'une maison soumise à reculement pour l'alignement de la voie publique fait volontairement démolir sa maison, n'est pas applicable au cas où un propriétaire consent amiablement à l'expropriation d'une partie de sa maison rendues nécessaires pour l'agrandissement d'une route départementale. Dans ce cas, le jury peut accorder, outre la valeur du terrain exproprié, une indemnité pour le dommage souffert par le propriétaire à raison de la dépréciation de ce qui lui reste. — Cass., 15 janv. 1844, Préfet du Var, [S. 44.1.353, P. 44.1.023] — De Lalleau, Jousselin, Rendu et Périn, t. 1, n. 321.

2841. — Si, antérieurement à l'expropriation, il est intervenu entre l'exproprianL et l'exproprié une convention fixant le prix de l'immeuble en cas d'expropriation, il y a lieu d'appliquer cette convention. — Cons. d'Et., 2 juill. 1823, Dehamel, [P. adm. chr.]; — 7 févr. 1834, Chatillon, [P. adm. chr.] — De Lalleau, Jousselin, Rendu et Périn, t. 1, n. 322. — V. *suprà*, n. 509 et s.

2842. — Il n'y a pas lieu, en matière d'expropriation pour utilité publique, d'appliquer l'art. 563, C. civ., d'après lequel si un fleuve ou une rivière navigable se forme un nouveau lit, il y a lieu, à titre d'indemnité, d'attribuer aux propriétaires des fonds nouvellement occupés l'ancien lit de la rivière (V. *infrà*, v° *Lit abandonné*); cet article ne vise que le cas où le fleuve change de lit de lui-même. Si c'est l'Etat qui veut diviser un fleuve ou une rivière navigable, et leur donner un lit nouveau, il doit procéder par voie d'expropriation pour acquérir les terrains qui lui sont nécessaires; il ne peut obliger les propriétaires des fonds à occuper par le nouveau lit à se contenter des terrains de l'ancien lit. — De Lalleau, Jousselin, Rendu et Périn, t. 1, n. 324.

2843. — La règle d'après laquelle l'indemnité est établie d'après la valeur de l'immeuble exproprié au moment de la décision du jury, entraîne cette conséquence que si le terrain exproprié est à ce moment couvert de fruits et de récoltes, on doit considérer que leur valeur a été comprise dans l'indemnité allouée, bien que le jury ne se soit pas prononcé sur la prise de possession. Il n'appartient d'ailleurs au jury ni au magistrat directeur de déterminer cette époque. Le jury a dû comprendre dans l'indemnité l'élément qui en fait nécessairement partie; c'est d'ailleurs à l'exproprié à appeler l'attention du jury sur cette situation. — Cass., 27 janv. 1869, Barbe, [S. 69.1.385, P. 69.946, D. 69.1.244]; — 2 févr. 1869, Hugues, [D. 69.1.246] — De Lalleau, Jousselin, Rendu et Périn, t. 1, n. 334; Crépon, sur l'art. 38, n. 508; Daffry de la Monnoye, t. 2, sur l'art. 38, n. 35.

2844. — Le prix des arbres qui croissent sur la propriété est en principe compris dans l'indemnité; si, par exception, il ne l'était pas, par exemple parce qu'ils auraient été plantés depuis l'époque de l'acquisition dont le contrat a servi de base à l'évaluation du prix du terrain, le propriétaire devrait recevoir la somme fixée pour représenter la valeur de ces arbres; l'administration les vendrait ensuite comme elle l'entendrait. L'expropriant doit acquérir le terrain exproprié tel qu'il est constitué, et ne peut forcer le propriétaire à garder les arbres qui se trouvent sur l'immeuble exproprié. — De Lalleau, Jousselin, Rendu et Périn, t. 1, n. 327.

2845. — Les arbres qui couvrent le terrain exproprié deviennent la propriété de l'expropriant en vertu du jugement d'expropriation; par suite, si un règlement amiable est intervenu pour le prix des arbres l'expropriant peut bien s'opposer à l'enlèvement des arbres jusqu'au paiement du prix fixé; mais s'il a accepté un mandat de paiement et autorisé l'enlèvement des arbres, il ne peut à défaut de paiement réclamer la restitution des arbres; il ne peut exercer qu'une action en dommages-intérêts; en effet, il ne peut demander à rentrer en possession d'arbres qui ne lui appartiennent plus. — Cass., 16 nov. 1875, Letellier-Delafosse, [D. 76.1.428] — De Lalleau, Jousselin, Rendu et Périn, *loc. cit.*

2846. — Lorsque le terrain exproprié est recouvert d'arbres ou de plantes exotiques, d'oliviers, de vignes, et en général d'arbres ou arbustes quelconques, on ne doit pas rechercher, pour fixer l'indemnité, la valeur de chaque arbre ou de chaque arbuste, mais bien la valeur du terrain ainsi recouvert d'arbres ou d'arbustes; la valeur de chaque arbre, de chaque arbuste, de chaque cep de vigne entre bien dans l'expropriation de la valeur totale, mais c'est cette valeur seule qu'il est nécessaire de connaître et que le jury doit fixer. — De Lalleau, Jousselin, Rendu et Périn, t. 1, n. 328.

2847. — Les immeubles par destination, accessoires du fonds et en faisant partie sont compris, à moins de convention contraire, dans l'expropriation du fonds auquel ils sont attachés; c'est ainsi que les ustensiles nécessaires à l'exploitation d'un moulin devront être considérés comme en étant l'accessoire, et doivent dès lors entrer dans l'évaluation du capital de l'indemnité due à l'usinier exproprié. — Cons. d'Et., 9 juin 1830, Chamband, [S. chr., P. adm. chr.] — Daffry de la Monnoye, t. 1, sur l'art. 38, n. 53; Crépon, sur l'art. 38, n. 110, 111 et 112.

2848. — On a cependant proposé une distinction : on reconnaît bien que l'expropriation s'étend aux objets mobiliers attachés au fonds à perpétuelle demeure, parce qu'ils font corps avec l'immeuble exproprié, et en font partie intégrante; mais on dit qu'elle n'atteint point les objets qui ne sont immeubles par destination que parce le propriétaire les a placés sur son fonds pour son service et son exploitation; ces objets ne sont devenus immeubles que par une sorte de fiction et il dépend du propriétaire de faire cesser leur immobilisation. — Herson, n. 5.

2849. — C'est là une manière de voir qui est le plus souvent suivie en pratique parce qu'elle est plus commode et qu'elle n'embarrasse point l'expropriant d'une foule d'objets dont il lui serait difficile de se défaire, ou qu'il ne vendrait qu'à vil prix; mais cette opinion n'est pas suivie par tous les auteurs; l'expropriation, dit-on, atteint l'immeuble en son entier, y compris tous ses accessoires; on ne peut scinder l'effet de l'expropriation et en détacher les immeubles par destination, quels qu'ils soient, qui en font partie. D'ailleurs, ajoute-t-on, que fera l'exproprié de bestiaux s'il est privé de la propriété? D'un autre côté si l'immeuble est acquis en entier alors qu'une partie seulement est nécessaire pour les travaux, l'expropriant aura intérêt à posséder l'immeuble avec ses accessoires nécessaires parce qu'il sera d'une revente plus facile. — Daffry de la Monnoye, *loc. cit.* — V. aussi Crépon, sur l'art. 38, n. 113.

2850. — La Cour suprême n'a point eu à se prononcer sur la question; il ressort cependant de deux de ses arrêts, qu'elle considère les objets attachés par le propriétaire à l'immeuble à perpétuelle demeure comme faisant partie intégrante de cet immeuble, et comme demeurant la propriété de l'expropriant, à moins que par une convention formelle, consentie d'un commun accord, ils n'aient été laissés à l'exproprié. — Cass., 3 juill. 1843, Castex, [S. 43.1.378, P. 43.2.294]; — 24 août 1843, Bouchy, [S. 43.1.880, P. 43.2.658] — Daffry de la Monnoye, *loc. cit.* — Il a été jugé qu'en tous cas, d'après le droit commun, un mobilier industriel est en dehors de l'expropriation, alors que ce mobilier avait été attaché à l'immeuble par un locataire. — Cass., 4 mars 1861, Ville de Paris, [D. 61.1.183] — ... Qu'un pépiniériste a la faculté d'emporter ses châssis et plantes et même les arbres immeubles par nature. — Cass., 13 juill. 1852, Préfet de la Seine, [S. 52.1.608, P. 52.2.242, D. 52.1.202] — Daffry de la Monnoye, *loc. cit.*

2851. — Nous avons vu *suprà*, n. 2485, que le jury n'est pas tenu de donner les motifs à l'appui de sa décision. Il en résulte que le jury qui accorde une indemnité pour des matériaux n'est pas tenu de faire connaître les éléments son évaluation, en indiquant le poids ou la quantité des matériaux. — Cass., 19 mars 1849, Leveau, [S. 49.1.371, P. 49.2.232, D. 50.5.218].

2852. — Les art. 43 et 44, L. 21 avr. 1810, sur les mines, décident que lorsque le propriétaire de la surface le requiert, le propriétaire de la mine est obligé d'acheter les parcelles de terre trop endommagées ou dégradées, et qu'il doit les payer au double de leur valeur (V. *infrà*, v° *Mines, minières et carrières*, n. 976 et s.). Cette disposition exceptionnelle ne saurait être étendue et appliquée en dehors des termes mêmes de la loi; il n'y a donc pas lieu de la transporter à la matière de l'expropriation pour utilité publique. Le jury fixera l'indemnité afférente à la mine, ou à la surface qui la recouvre, ainsi qu'il le jugera convenable, en l'estimant d'après sa valeur réelle. — De Lalleau, Jousselin, Rendu et Périn, t. 1, n. 329; Daffry de la Monnoye, t. 2, sur l'art. 38, n. 55; Crépon, sur l'art. 38, n. 136. — *Contrà*, Herson, n. 232.

2853. — La propriété de la surface emporte celle du tréfonds; dès lors si l'expropriation est prononcée purement et simplement, elle emporte le transfert de la propriété du dessus et du dessous à l'expropriant. Par suite, l'indemnité d'expropriation d'un terrain doit comprendre non seulement la valeur de la superficie du sol, mais encore celle du sous-sol ou tréfonds, et spécialement celle des richesses minérales qu'il renferme. Et c'est au jury d'expropriation qu'il appartient de fixer cette indemnité. — Cass., 21 déc. 1858, Saint-Léger, [S. 59.1.522, P. 59.140, D. 59.1.25] — De Lalleau, Jousselin, Rendu et Périn, t. 1, n. 332; Crépon, sur l'art. 38, n. 115, 116 et 117; Daffry de la Monnoye, t. 2, sur l'art. 38, n. 54.

2854. — Ainsi, lorsque l'arrêté de cessibilité et le jugement d'expropriation ne font aucune distinction, et qu'aucun doute ne s'élève sur leur sens et leur portée, l'expropriant ne peut restreindre l'expropriation au sous-sol, ni soulever un litige sur le fond du droit à cet égard; la question ne faisant aucun doute, ne laissant aucune incertitude, le magistrat devrait, en ce cas, se refuser à poser une question alternative. — Cass., 7 juill. 1868, Comm. de Montrichard, [S. 69.1.37, P. .69.59, D. 68.1. 328] — De Peyrony et Delamarre, n. 542 et s.; Arnaud, n. 419 et s.; de Lalleau, Jousselin, Rendu et Périn, *loc. cit.*; Daffry de la Monnoye, *loc. cit.*; Crépon, sur l'art. 38, n. 118 et 119. — V. *suprà*, n. 2742.

2855. — Mais lorsque l'exproprié a signifié, puis déclaré expressément devant le jury, qu'il s'était réservé formellement le tréfonds du terrain exproprié, que ces déclarations et réserves ont été acceptées par l'expropriant, qui a déclaré de son côté ne pas se rendre propriétaire du tréfonds, qu'enfin le magistrat directeur a donné acte aux parties de leur accord formel, il n'y a pas lieu de critiquer la décision du jury qui a réglé l'indemnité d'après l'intention commune des parties, et n'a point fixé une indemnité éventuelle comme au cas de litige ou de contestation. — Cass., 8 nov. 1859, Françon, [P. 62.324, D. 60.1.414] — De Lalleau, Jousselin, Rendu et Périn, *loc. cit.*; Daffry de la Monnoye, *loc. cit.*; Crépon, sur l'art. 38, n. 120 et 121. — C'est là une convention licite, régulière, et qui, lorsqu'elle s'est produite et a été réalisée, lie les parties et fait désormais la loi pour elles.

2856. — Au surplus, il est admis que l'arrêté de cessibilité et le jugement d'expropriation peuvent diviser la propriété en séparant la surface du tréfonds. — V. *infrà*, v° *Mines, minières et carrières*, n. 1805 et s. — *Adde*, de Lalleau, Jousselin, Rendu et Périn, *loc. cit.*; Daffry de la Monnoye, *loc. cit.*; Crépon, sur l'art. 38, n. 123.

2857. — Le propriétaire d'une mine ou d'une carrière régulièrement exploitées n'a aucun droit à une indemnité s'il n'est pas propriétaire de la superficie et que celle-ci seule est atteinte par l'expropriation, car sa propriété n'est point tombée par l'expropriation; si de cette expropriation résulte pour lui quelque inconvénient, ce sera un dommage permanent qui échappe à la compétence de l'autorité judiciaire et qui rentre dans celle du conseil de préfecture. — Cons. d'Et., 11 mars 1861, Mines des Combes, [P. adm. chr., D. 61.3.25] — Daffry de la Monnoye, *loc. cit.*; Crépon, sur l'art. 38, n. 134. — V. *infrà*, v° *Travaux publics*.

2858. — Si l'expropriation atteint une mine ou une carrière en exploitation, elle porte atteinte à une propriété privée; elle prive le propriétaire de la mine ou de la carrière d'une chose qui lui appartient et qui lui donne des revenus; celui-ci a donc le droit d'être indemnisé, et il ne peut être dépossédé qu'après le paiement préalable d'une indemnité fixée par le jury. — Cass., 18 juill. 1837, Allemand, [S. 37.1.664, P. 37.2.232]; — 3 mars 1841, Allimand, [S. 41.1.259, P. 41.2.181]; — Trib. des conflits, 13 févr. 1875, Badin, [S. 76.2.314, P. adm. chr., D. 75.3.112]; — 15 avr. 1857, Chem. de fer de Lyon, [S. 58.2.143, P. adm. chr., D. 58.3.3]; — 5 févr. 1875, Ogier, [S. 76.2.309, P. adm. chr., D. 77.3.112] — Daffry de la Monnoye, *loc. cit.*; Crépon, sur l'art. 38, n. 135.

2859. — Si une mine n'est pas encore concédée, nul ne peut se présenter comme propriétaire de la mine, considérée comme propriété séparée, et demander, à ce titre, une indemnité. Mais le propriétaire de la surface, ou celui du tréfonds, si la superficie est séparée du dessous, est en droit de réclamer une indemnité à raison du préjudice qu'il subit en étant privé de richesses minérales qu'il aura pu exploiter. On objecte que l'on ne pourra connaître la valeur des pierres du minerai se trouvant dans la carrière ou dans la mine qu'après des travaux préliminaires considérables, il est vrai que le jury aura de la peine à se renseigner, mais cela ne détruit pas le droit à une indemnité; le jury pourra consulter des hommes spéciaux; d'ailleurs il faut bien reconnaître que sa compétence, en général, est tout au moins contestable. — Herson, n. 252; Dufour, t. 5, p. 464; Daffry de la Monnoye, *loc. cit.*; Crépon, sur l'art. 38, n. 132 et 133; de Lalleau, Jousselin, Rendu et Périn, t. 1, n. 332. — V. *infrà*, v° *Mines, minières et carrières*, n. 1804.

2860. — En ce qui concerne les terrains occupés pour prendre les matériaux nécessaires aux routes ou aux constructions publiques, V. L. 29 déc. 1892, art. 3, et *infrà*, v° *Occupation temporaire*.

2861. — La possibilité de limiter l'expropriation au tréfonds ou à la superficie n'entraîne pas celle de n'exproprier que quelques étages d'une maison; on se trouve d'abord dans un cas où la réquisition d'acquisition totale est prévue; puis l'on ne comprendrait pas, en ce cas, une expropriation ne portant que sur les étages supérieurs d'une maison; aussi a-t-il été jugé que pour l'établissement d'un pont-tournant, l'Etat ne peut se borner à acquérir les étages supérieurs d'une maison nécessaires pour la manœuvre du pont, il doit acquérir toute la maison par la voie de l'expropriation. — Cons. d'Et., 27 déc. 1860, Comp. du pont de Penfeld, [S. 61.2 521, P. adm. chr., D. 61.3.9] — Daffry de la Monnoye, *loc. cit.*; Crépon, sur l'art. 38, n. 130. — V. *suprà*, n. 75.

2862. — L'art. 2, L. 25 avr. 1829, accorde aux propriétaires riverains des rivières et canaux non navigables le droit de pêche jusqu'au milieu du cours d'eau; si ces cours d'eau sont déclarés navigables ou flottables, les propriétaires privés du droit de pêche ont droit à une indemnité préalable réglée selon les formes prescrites par les art. 16, 17 et 18, L. 8 mars 1810 (L. 25 avr. 1829, art. 3); on doit conclure de ce dernier article que le riverain ne peut être privé de son droit de pêche sans indemnité; par suite, s'il est exproprié de sa propriété, l'indemnité doit porter également sur l'accessoire de cette propriété, c'est-à-dire sur le droit de pêche. — De Lalleau, Jousselin, Rendu et Périn, t. 1, n. 333. — V. *infrà*, v° *Pêche*.

2863. — L'art. 48, l. 16 sept. 1807, porte : « Lorsqu'il y a lieu à supprimer un moulin ou autre usine, à les déplacer, à modifier ou réduire l'élévation de leurs eaux, la nécessité doit en être constatée par les ingénieurs des ponts et chaussées, on examinera si l'établissement de ces moulins et usines est légal, ou si le titre de l'établissement ne soumet pas les propriétaires à voir démolir leurs établissements sans indemnité, dans le cas où l'intérêt public le requerrait. » Lorsqu'il y a lieu à suppression sans indemnité, le jury n'a pas à se prononcer. Lorsqu'il y a diminution de la force motrice sans expropriation, il y a dommage permanent causé par l'exécution de travaux publics, dont la réparation est réglée par l'autorité administrative; l'usinier a droit alors à la valeur de l'usine au moment du chômage, et pour évaluer cette valeur on tiendra compte des améliorations faites par l'usinier, pourvu que, conformément au droit commun, elles n'aient pas été faites depuis l'entreprise des travaux. L'indemnité sera réglée par le jury en se conformant aux règles ordinaires, s'il y a lieu à expropriation (V. *infrà*, n. 2875). — De Lalleau, Jousselin, Rendu et Périn, t. 1, n. 318, 325 et 326. — V. *infrà*, v° *Usines et moulins*.

2° Des dommages.

2864. — I. *Du dommage direct.* — L'indemnité allouée par le jury doit comprendre non seulement la valeur de l'immeuble, mais encore tout le préjudice souffert par l'exproprié, pourvu que ce préjudice soit occasionné par l'expropriation elle-même. Le jury est donc compétent à l'effet de régler toutes indemnités dues à l'exproprié, pour tous dommages qui sont la suite certaine, directe, immédiate et actuelle de l'expropriation. — Cass., 23 avr. 1883, Préfet de Saône-et-Loire, [S. 83.1.423, P. 83.1.1060, D. 83.1.391]; — 12 juin 1888, Soc. gén. des économiques, [S. 89.1.231, P. 89.1.543, D. 89.1.253]; — 21 févr. 1899, Brasserie des Moulineaux, [S. et P. 99.1.245] — Daffry de la Monnoye, t. 2, sur l'art. 38, n. 34; de Lalleau, Jousselin, Rendu et Périn, t. 1, n. 297; Crépon, sur l'art. 38, n. 142.

2865. — Dans le cas où un immeuble est exproprié partiellement il y a lieu de tenir compte, pour la fixation de l'indemnité, de la dépréciation occasionnée au surplus de l'immeuble par l'expropriation et de la dépense que l'exproprié sera obligé de faire pour coordonner la partie de propriété qui lui reste à la disposition ultérieure des lieux; c'est là une suite directe, immédiate de l'expropriation, et qu'il est facile d'apprécier en fixant l'indemnité. — Cass., 26 juin 1844, Préet des Basses-Alpes, [S. 44.1.508, P. 47.1.210]; — 18 févr. 1857, Préfet de l'Ain, [S. 57.1.863, P. 58.671, D. 57.1.71]; — 1er mai 1877, Comm. de Fresnes, [S. 77.1.277, P. 77.086] — Bourges, 13 févr. 1827, Fournier, [S. et P. chr.] — Paris, 11 nov. 1835, Préfet de la Seine, [S. 36.2.127, P.chr.] — Cons. d'Et., 24 janv. 1827, Magnable, [S. chr., P. adm. chr.] — De Lalleau, Jousselin, Rendu et Périn, *loc. cit.*; Daffry de la Monnoye, *loc. cit.*; Crépon, sur l'art. 38, n. 138 et 139.

2866. — Par application de ce principe, il a été décidé que le jury appelé à déterminer la quotité de l'indemnité due à un propriétaire exproprié pour cause d'utilité publique, n'excède pas ses pouvoirs et n'empiète pas sur ceux de l'autorité administrative, en ayant égard tout à la fois pour la fixation de l'indemnité : 1° à la valeur réelle du sol exproprié; 2° à la dépréciation du sol restant, à raison du morcellement, de la privation d'irrigation, de la difficulté de communication, de l'acquisition d'un passage et de l'augmentation des frais de culture; qu'il n'en est pas de ce cas comme s'il s'agissait d'une occupation momentanée de terrain, ou d'une moins-value, causée par le fait de l'administration sans expropriation. — Cons. d'Et., 24 janv. 1827, précité.

2867. — ... Que l'on doit avoir égard non seulement à la valeur vénale des terrains cédés, mais encore au préjudice qu'éprouve le propriétaire exproprié, soit à raison de la dépréciation du terrain restant, soit à raison des travaux qu'il a été obligé de faire sur ce terrain par suite de l'expropriation. — Paris, 11 nov. 1835, précité.

2868. — ... Que l'exproprié qui, depuis, a vendu le surplus de l'immeuble qui lui reste, est en droit de demander une indemnité à raison de la dépréciation subie par cette portion de l'immeuble, si l'expropriation a eu pour conséquence une diminution dans le prix de vente. — Cass., 30 janv. 1865, Ville de Chalon-sur-Saône, [Bull. civ., p. 41] — De Lalleau, Jousselin, Rendu et Périn, loc. cit.; Daffry de la Monnoye, loc. cit.; Crépon, sur l'art. 38, n. 140.

2869. — La décision du jury comprenant nécessairement tous les dommages qui résultent du fait même de l'expropriation, aucune demande d'indemnité nouvelle n'est recevable pour un dommage dont la cause, existant à l'époque de la décision du jury, pouvait être révélée par l'état matériel des lieux et les documents soumis au jury. Spécialement, il ne peut être demandé aucune indemnité pour l'état d'enclave résultant, non de changements dans l'exécution des travaux qui ont suivi l'expropriation, mais de l'assiette d'un passage à niveau, tel qu'il a été figuré sur le plan soumis au jury. — Cass., 13 janv. 1879, Chem. de fer du Midi, [S. 81.1.428, P. 81.1.1084] — Crépon, sur l'art. 38, n. 141 et 146. — V. aussi sur l'enclave de parcelles non expropriées, Cass., 31 juill. 1876, Fontaneau, [S. 76.1.434, P. 76.1.1088, D. 76.1.408]

2870. — Par suite, il a été jugé que le conseil de préfecture saisi d'une demande en indemnité à raison du déchaussement d'une portion de l'immeuble doit décider, sans renvoi devant l'autorité judiciaire, que la conséquence immédiate et nécessaire des travaux à exécuter a été comprise dans l'indemnité allouée par le jury à raison de l'expropriation d'une autre partie du terrain, alors que ce déchaussement a été révélé au jury par l'aspect même des lieux lors de la visite à laquelle il a été procédé, et a nécessairement constitué un des éléments de l'indemnité. — Cons. d'Et., 15 juin 1888, Ville de Paris, [Leb. chr., p. 534] — V. supra, v° Compétence administrative, n. 1556. — V. cep. infrà, n. 2930.

2871. — Que le jury a compétence pour connaître d'une indemnité fondée sur les emprises, occupations ou changements pratiqués par l'expropriant sur des chemins communaux et se rattachant directement à l'expropriant. — Cass., 20 mai 1879, Chem. de fer de l'Ouest, [S. 79.1.382, P. 79.566, D. 79.1.349] — Crépon, sur l'art. 38, n. 143 et 144.

2872. — ... Que lorsqu'un chemin dont le sol appartient à un particulier a été coupé par une voie ferrée, ce n'est pas devant l'autorité administrative que l'intéressé doit porter la demande en indemnité résultant du changement de direction du chemin, de l'allongement du parcours, de la difficulté de communication provenant de ce que le nouveau chemin traverse la voie ferrée en remblai, mais devant l'autorité judiciaire saisie de la question d'indemnité relative au sol même du chemin. — Cons. d'Et., 26 août 1858, Crespan, [P. adm. chr., D. 59.3.30] — De Lalleau, Jousselin, Rendu et Périn, loc. cit.; Daffry de la Monnoye, loc. cit.; Crépon, sur l'art. 38, n. 151.

2873. — Mais il a été jugé que, bien que le jury d'expropriation, en réglant l'indemnité pour dépossession d'une parcelle de terrain, ait accordé une somme déterminée pour toutes choses, le propriétaire est recevable à former, devant l'autorité administrative, une demande en indemnité à raison du dommage causé à cette parcelle par la déviation d'un chemin vicinal avec exhaussement de ce chemin, si les plans soumis au jury ne faisaient pas connaître dans quelles conditions de niveau s'opérerait cette déviation. — Cons. d'Et., 28 mars 1879, Chem. de fer P.-L.-M., [S. 80.2.308, P. adm. chr., D. 79.3.69] — Crépon, sur l'art. 38, n 145.

2874. — Le jury est compétent pour régler toutes indemnités dues à l'exproprié, par suite de l'expropriation de deux parcelles limitrophes d'un chemin, de l'isolement d'une usine, de la gêne et de la difficulté d'accès. — Cass., 23 avr. 1883, Préfet de Saône-et-Loire, [S. 83.1.423, P. 83.1.1060, D. 83.1.391] — Crépon, sur l'art. 38, n. 147; de Lalleau, Jousselin, Rendu et Périn, t. 1, n. 308, note. — C'est là, en effet, une suite directe de l'expropriation et ces dommages sont apparents au moment où le jury statue; il a dû, par suite, la comprendre dans l'indemnité qu'il alloue.

2875. — Il a été également jugé que c'est au jury qu'il appartient, à l'exclusion de l'autorité administrative, d'apprécier les dommages devant résulter d'une manière directe et certaine, pour la portion de propriété non expropriée, des travaux en vue desquels a été prononcée l'expropriation ; par exemple de la dépréciation résultant de la diminution du volume des eaux servant à faire marcher un moulin. et, par suite, de la diminution de la force motrice. — Cass., 8 juill. 1862, Ville de Bordeaux, [S. 62.1.1069, P. 63.285, D. 62.1.381]; — 23 juin 1863, Syndicat de la More, [S. 63.1.349, P. 64.402, D. 66.5.195] — De Lalleau, Jousselin, Rendu et Périn, loc. cit.; Daffry de la Monnoye, loc. cit.; Crépon, sur l'art. 38, n. 149. — V. infrà, v° Usines et moulins.

2876. — ... Qu'au cas d'expropriation d'une source pour cause d'utilité publique, le propriétaire qui l'avait acquise dans le but de l'affecter spécialement au service d'une usine lui appartenant, a droit à une indemnité, non seulement pour la propriété de la source, mais encore pour le préjudice causé à son usine par le détournement des eaux. — Cass., 27 mai 1868, Ville de Nevers, [S. 68.1.366, P. 68.940, D. 69.1.226] — Daffry de la Monnoye, t. 2, sur l'art. 38, n. 37.

2877. — ... Que l'indemnité doit comprendre la moins-value résultant d'une incommodité d'exploitation, par exemple d'une plus grande difficulté d'accès à un abreuvoir public. — Cass., 21 juill. 1875, Chem. de fer de Clermont, [S. 75.1.428, P. 75.1067, D. 76.1.416]

2878. — ... Que la dépréciation que fait subir à la partie non expropriée d'une propriété la stagnation des eaux, lorsqu'elle est le résultat du travail en vue duquel l'expropriation a été prononcée, et qu'elle doit durer autant que ce travail, constitue un dommage actuel et certain provenant directement de l'expropriation, et à raison duquel le jury a compétence pour allouer une indemnité à l'exproprié. — Cass., 21 juill. 1875, précité. — Besançon, 23 janv. 1889, L'Etat, [S. 91.2.241, P. 91.1.1196, D. 90.2.49] — Daffry de la Monnoye, loc. cit ; de Lalleau, Jousselin, Rendu et Périn, loc. cit.; Crépon, sur l'art. 38, n. 150.

2879. — ... Que si la suppression d'une conduite d'eau est la conséquence prévue de l'expropriation, l'intéressé doit former devant le jury une demande d'indemnité relative à ce chef de dommage; que s'il ne le fait point, il ne pourrait ultérieurement formuler, à raison de cette cause de dommage, une demande d'indemnité devant les tribunaux administratifs. — Cons. d'Et., 20 mars 1874, d'Antin, [D. 75.3.23] — Daffry de la Monnoye, loc. cit.; Crépon, sur l'art. 38, n. 152.

2880. — ... Que le jury doit connaître des dommages occasionnés à la propriété par les travaux entrepris et effectués avant le règlement de l'indemnité, tels que bris de clôtures et frais de rétablissement des clôtures; qu'il en est ainsi alors même que le terrain a été occupé pour l'exécution des travaux avec le consentement du propriétaire parce que celui-ci s'en est remis pour la fixation de l'indemnité à l'appréciation du jury. — Cons. d'Et., 8 mai 1869, Rhiel, [S. 70.2.198, P. adm. chr., D. 70.3.90] — De Lalleau, Jousselin, Rendu et Périn, t. 1, n. 297; Daffry de la Monnoye, loc. cit.; Crépon, sur l'art. 38, n. 153 et 154. — La solution serait-elle encore la même depuis la loi du 29 déc. 1892? On peut en douter.

2881. — ... Que le propriétaire d'un terrain exproprié pour cause d'utilité publique ne peut réclamer une indemnité à raison de dommages résultant de fouilles opérées sur le terrain avant l'expropriation, et au sujet desquels il n'a fait aucunes réserves devant le jury, ces dommages ayant nécessairement été compris dans l'indemnité d'expropriation. — Cons. d'Et., 29 juill. 1858, Palous, [S. 59.2.330, P. adm. chr.]

2882. — ... Que le jury, saisi de la question d'indemnité, est compétent pour connaître de la demande accessoire formée par un riverain à raison du trouble porté à sa jouissance et du chômage du canal, antérieurs à l'expropriation. — Cons. d'Et., 9 juin 1876, Digonnet-Thiange, [S. 78.2.277, P. adm. chr., D. 76.3.92]— De Lalleau, Jousselin, Rendu et Périn, t. 1, n. 308; Crépon, sur l'art. 38, u. 162.

2883. — ... Que, constitue un dommage actuel et certain, de la compétence du jury, et non pas seulement un dommage éventuel, insusceptible d'être compris dans sa décision, la nécessité, où se trouve la partie expropriée, de se procurer une autre habitation, pour y exercer son industrie. — Cass., 25 juill. 1883, Ville de Cherbourg, [S. 83.1.478. P. 83.1.1184, D. 84.1.344] — De Lalleau, Jousselin, Rendu et Périn, t. 1, n. 308; Crépon, sur l'art. 38, n. 155.

2884. — L'indemnité doit comprendre tous les frais et déboursés auxquels le propriétaire a été obligé par l'expropriation, tels que signification aux fermiers et locataires, etc., le coût du remploi, si l'immeuble exproprié est dotal. — Daffry de la Monnoye, t. 2, sur l'art. 38, n. 35; de Lalleau, Jousselin, Rendu et Périn, t. 1, n. 345.

2885. — D'une manière plus générale, il faut reconnaître que l'on doit allouer au propriétaire exproprié une somme suffisante pour acquérir une propriété d'une valeur égale à celle dont il est privé, en y comprenant les frais de contrat, enregistrement et autres; on ne saurait objecter que le propriétaire n'a pas l'intention d'employer en immeuble l'indemnité qu'il touche, et qu'alors il fera un bénéfice; tout est possible, mais, en aucun cas, il ne doit se trouver en perte car il est privé de sa propriété malgré lui. — De Lalleau, Jousselin, Rendu et Périn, t. 1, n. 344.

2886. — L'indemnité allouée devra comprendre même les engrais mis dans un terrain par le propriétaire et dont l'effet devait durer plusieurs années, parce que ce dommage est une suite directe de l'expropriation; de même le jury devra tenir compte de la perte de la clientèle d'un commerçant, si elle tient au déplacement nécessité par l'expropriation, et s'il est constaté qu'elle est bien une suite directe de l'expropriation. — De Lalleau, Jousselin, Rendu et Périn, t. 1, n. 349.

2887. — Les jurés doivent également avoir égard aux travaux que les particuliers seront obligés de faire sur leurs propriétés et à leurs frais, par suite de l'expropriation; tels, par exemple, que la construction d'un mur de soutènement. — Cass., 21 févr. 1827, Cormary, [S. et P. chr.]

2888. — ...Le dommage pouvant résulter de la privation d'un droit de passage sur une propriété voisine, pour la vidange d'une fosse d'aisance à rétablir, et de la fermeture d'une fenêtre ouverte sur la cour du voisin. — Cass., 14 juin 1882, Planchon, [S. 83.1.376, P. 83.1.954] — De Lalleau, Jousselin, Rendu et Périn, loc. cit.; Crépon, sur l'art. 38, n. 156.

2889. — ...Le dommage résultant pour un exproprié, dont la propriété est coupée en deux par un chemin de fer, de l'augmentation des frais de garde de ses troupeaux. — Cass., 16 mai 1881, Chem. de fer de Bône à Guelma, [S. 81.1.382, P. 81.1.909] — De Lalleau, Jousselin, Rendu et Périn, t. 1, n. 297; Crépon, sur l'art. 38, n. 157.

2890. — ...Le dommage résultant de la nécessité : soit d'empierrer un chemin destiné seul, désormais, à conduire à un passage à niveau, et soumis, par suite, à un usage beaucoup plus fréquent. — Cass., 16 mai 1881, précité. — Crépon, sur l'art. 38, n. 158. — ...Soit de créer un passage latéral au chemin de fer et bordé d'un fossé. — Même arrêt. — Crépon, sur l'art. 38, n. 160. — ... Soit d'établir, le long du passage à niveau, dans une certaine étendue, des clôtures pour empêcher les troupeaux de se répandre sur le terrain exproprié. — Même arrêt. — Crépon, sur l'art. 38, n. 159.

2891. — De même constitue un dommage direct, suite de l'expropriation, et, dès lors, de la compétence du jury, celui occasionné aux propriétaires riverains par le rétrécissement d'une rue dont le sol a été en partie exproprié pour l'établissement d'un chemin de fer. — Cons. d'Et., 14 févr. 1861, Chemin de fer du Midi, [P. adm. chr., D. 61.3.65] — De Lalleau, Jousselin, Rendu et Périn, t. 1, n. 308; Crépon, sur l'art. 38, n. 163.

2892. — Pareillement, le préjudice causé à l'exproprié par l'emprise d'une parcelle, et aussi par la dépréciation que les terrains lui restant éprouveraient dans l'exploitation d'un gisement d'ocre, par suite de l'établissement du chemin de fer ayant motivé l'expropriation, est une suite directe de l'expropriation et des changements qu'elle doit amener dans l'état des lieux.

Par suite, ce préjudice doit être compris dans l'indemnité. — Cass., 2 août 1881, Préfet de la Dordogne, [S. 82.1 35, P. 82.1. 56] — De Lalleau, Jousselin, Rendu et Périn, t. 1, n. 297 et 308.

2893. — Lorsque la question de savoir si un dommage est ou non une suite directe de l'expropriation est contestée, il y a lieu de poser au jury une question alternative puisque sa compétence est discutée, et que lui-même ne peut prononcer sur sa propre compétence (V. infrà, n. 2810). Le juge du fond recherchera alors quelle est la nature du dommage et si l'indemnité allouée éventuellement doit l'être à l'exproprié : il lui appartient donc de constater que la parcelle expropriée, en nature de jardin. est une dépendance d'une maison et d'un parc appartenant à l'exproprié, et que, en raison de l'usage auquel elle était affectée et du mode de jouissance dont elle était l'objet, elle constituait entre ses mains. avec la maison et le parc, un ensemble dont toutes les parties concouraient à former une seule et même propriété. Et, des faits ainsi constatés, les juges du fond peuvent conclure que l'expropriation est susceptible d'entraîner pour le surplus de la propriété, un préjudice donnant lieu à indemnité. A cet égard, les constatations des juges du fait, et l'appréciation qu'ils en tirent, sont souveraines. — Cass., 8 juill. 1888, Préfet de Seine-et-Oise, [S. 90.1.223, P. 90.1.532, D. 90.1.314] — De Lalleau, Jousselin, Rendu et Périn, t. 1, n. 297.

2894. — En cas de retranchement partiel d'une propriété pour cause d'alignement, l'indemnité due à la partie intéressée est restreinte à la valeur du terrain cédé à la voie publique. — V. à cet égard, suprà, v° Alignement, n. 716 et s.

2895. — II. Du dommage indirect et éventuel. — L'indemnité d'expropriation ne doit comprendre que le dommage actuel et certain causé par le fait même de l'éviction, elle ne peut s'étendre au préjudice incertain et éventuel qui ne serait pas la conséquence directe, immédiate et nécessaire de l'expropriation. — Cass., 7 avr. 1845, Feron, [S. 45.1.532, P. 45.1.589, D. 45.1.207]; — 7 avr. 1845, Rieder-Montborne, [Ibid.]; — 3 janv. 1855, Chem. de fer de Paris à Caen, [S. 55.1.844, P. 56.1.387, D. 55.1.33]; — 6 janv. 1862, Breget, [S. 62.1. 891, P. 63.284]; — 3 mars 1863, Raboin, [S. 63.1.319, P. 63. 888, D. 62.1.304]; — 4 mai 1868, Sarrazin, [S. 68.1.309, P. 68.784, D. 68.1.304]; — 19 juill. 1870, Syndicat de la Leue, [S. 70.1.349, P. 70.883, D. 70.1.428]; — 5 mai 1873, Maillard, [S. 73.1.476, P. 73.1193, D. 73.1.244]; — 21 juill. 1875, Magne, [S. 75.1.427, P. 75.1067, D. 75.1.415]; — 28 juill. 1879, Préfet de la Lozère, [S. 81.1.377, P. 81.1.900, D. 80.1.81]; — 16 mai 1881, Chem. de fer de Bône à Guelma, [S. 81.1.382, P. 81.1.909]; — 8 janv. 1883, Chem. de fer du Nord, [S. 83.1.230, P. 83.1.545, D. 84.1.192]; — 2 juill. 1883, Ville de Clermont, [S. 84.1.166, P. 84.1.389, D. 84.1.435]; — 11 juin 1884, Adm. de la Marine, [S. 86.1.432, P. 86.1.1046, D. 85.1.306]; — 24 juin 1884, L'Etat, [S. 86.1.79, P. 86.1.164, D. 85.1.306]; — 24 juin 1884, Adm. de la Marine, [Ibid.]; — 20 août 1884, Préfet de l'Aisne, [S. 86.1.80, P. 86.1.165]; — 17 mars 1887, Lévêque, [S. 87.1.277, P. 87.1.654]; — 17 mars 1887, Penetot, [Ibid.]; — 14 mars 1887, Préfet de l'Hérault, [S. 88.1.270, P. 88.1.643, D. 88.1.184]; — 12 juin 1888, Soc. gén. des chem. de fer économiques, [S. 89.1.231, P. 89.1.545, D. 89.1.253]; — 9 juill. 1888, Préfet de Seine-et-Oise, [S. 90.1.223, P. 90.1.532, D. 90. 1.314]; — 1er août 1888, Soc. gén. des chem. de fer économiques, [S. 90.1.223, P. 90.1.532, D. 88.3.239]; — 26 avr. 1895, Pottecher, [S. et P. 95.1.463, D. 96.1.28] — Morin, n. 180 et 187; de Lalleau, Jousselin, Rendu et Périn, t. 1, n. 308; Crépon, sur l'art. 38, n. 164 : Daffry de la Monnoye, t. 2, sur l'art. 38, n. 58; Arnauld, n. 365 et s.

2896. — On conçoit, en effet, que le jury ne puisse se prononcer sur des dommages qui n'existent pas encore, car l'action pour réclamer l'indemnité n'est pas née, et si les travaux prévus sont modifiés, peut-être n'existera-t-elle jamais; en outre, comment le jury s'y prendrait-il pour estimer le dommage devant résulter de travaux à effectuer ?!! ne pourrait le faire qu'en consultant les plans et les devis, et ses connaissances ne lui permettent pas de se prononcer ainsi; pour évaluer l'indemnité dans ces conditions, il faudrait des hommes de l'art, des ingénieurs. — De Lalleau, Jousselin, Rendu et Périn, t. 1, n. 305 et 306.

2897. — La prétention élevée par une partie relativement à une indemnité éventuelle, à raison de la possibilité d'un dommage futur, à naître d'un événement ultérieur et incertain, étant contraire à la loi, n'est pas par cela même de nature à être soumise au jury; d'où il résulte qu'en refusant de poser une question sur ce chef et même en avertissant les jurés de l'irrégularité de la demande, le magistrat directeur n'excède pas ses pouvoirs. Il en est ainsi surtout si le magistrat directeur fait réserve à la partie de la présentation de sa demande en temps utile et devant qui de droit. On ne saurait dire qu'il y ait préjugé sur le sort ultérieur de cette demande. — Cass., 7 avr. 1845, Reider-Monborne, précité. — V. aussi Cass., 17 juin 1846, Préfet des Bouches-du-Rhône, [S. 46.1.380, P. 46.2.92, D. 51.5.243] — Toutefois si une difficulté est soulevée sur le point de savoir si un dommage constitue ou non une suite directe de l'expropriation, nous avons vu qu'il y a alors un litige sur le fond du droit qui nécessite l'allocation d'une indemnité hypothétique et le renvoi de la difficulté devant les juges compétents. — V. supra, n. 2893.

2898. — Par application du principe qui vient d'être posé, il a été formellement décidé que le jury est incompétent pour statuer sur le préjudice résultant de travaux que l'exproprint peut effectuer, ou ne pas effectuer, sur les terrains expropriés, ou effectuer dans des conditions autres que celles prévues. — Cass., 7 avr. 1845, précité; — 28 juill. 1879, précité; — 9 juill. 1888, précité. — De Lalleau, Jousselin, Rendu et Périn, t. 1, n. 310 ; Daffry de la Monnoye, t. 2, sur l'art. 38, n. 66. — ... Qu'autrement dit, l'indemnité d'expropriation ne saurait s'étendre au préjudice résultant, ou pouvant résulter, pour le propriétaire dépossédé, de l'exécution des travaux effectués par l'administration expropriante sur les terrains empris, ou du fonctionnement des ouvrages construits par elle. — Cass., 20 août 1884, précité. — Crépon, sur l'art. 38, n. 64 bis.

2899. — ... Que le jury ne doit jamais prendre en considération les avantages possibles que le propriétaire aurait pu obtenir de sa propriété en la modifiant; qu'ainsi le jury ne doit pas fixer l'indemnité pour un cours d'eau en vue de la possibilité où était le riverain de ce cours d'eau d'établir une usine. — Cons. d'Et., 30 juin 1841, L'Huillier, [S. 41.2.498, P. adm. chr.] — De Lalleau, Jousselin, Rendu et Périn, t. 1, n. 317.

2900. — ... Que c'est à bon droit que l'indemnité éventuelle, fixée par le jury pour la prétendue privation d'une chute d'eau industrielle, est refusée à l'exproprié par une décision judiciaire ultérieure, alors que, si l'état des lieux permettait de créer sur le terrain exproprié, au moment de l'expropriation, une chute d'eau utilisable, il n'en existait pas alors d'effectivement créée, et que rien ne prouvait même que le projet de créer ou d'utiliser une chute d'eau quelconque dût jamais être exécuté. — Cass., 20 avr. 1895, précité. — L'éventualité de la création et de l'utilisation d'une chute d'eau dans les terrains expropriés n'est pas, par elle-même, dans la plupart des cas, une valeur certaine qui se puisse apprécier; sera-t-elle créée? pourra-t-elle jamais être utilisée? dans quelles conditions? dans quel but? quelle est sa force possible? le nombre de chevau-vapeur qu'elle représente? les facilités qu'elle offre à une exploitation industrielle? quelle industrie pourrait venir se fixer dans le pays? quelles seraient ses chances de succès? Ce sont là autant de points incertains, de questions éventuelles; donc, point de dommage actuel, certain, suite immédiate et nécessaire; donc, point d'indemnité possible. Il en serait autrement si l'utilisation de la chute d'eau avait été préparée dans un but industriel; si elle avait été acquise dans cette intention, si la construction d'une usine, son aménagement avaient été préparés, parce qu'alors il y aurait un dommage actuel et certain. — V. aussi Cass., 27 mai 1868, Ville de Nevers, [S. 68.1.366, P. 68.940, D. 69.1.226]

2901. — Jugé également qu'il y a lieu d'annuler la décision du jury qui alloue une indemnité pour la dépréciation d'une usine, alors que l'exproprié n'a ni réclamé une indemnité spéciale à raison de cette dépréciation, ni soutenu que cette dépréciation fût une conséquence directe et immédiate de l'expropriation. — Cass., 2 août 1881, Préfet de la Dordogne, [S. 81.1.479, P. 81.1.1247] — Cass., 14 avril, n. 166.

2902. — ... Que n'est pas une conséquence directe et nécessaire de l'expropriation le dommage résultant, par suite de l'exécution des travaux ayant motivé l'expropriation, dans la direction d'un cours d'eau ni du déversement de ce cours d'eau dans le canal de fuite du moulin de l'usine, déversement qui pourrait faire refouler les eaux vers l'usine et occasionner des inondations; que, dès lors, le jury est incompétent pour connaître de ce dommage. — Même arrêt. —
De Lalleau, Jousselin, Rendu et Périn, loc. cit.; Crépon, sur l'art. 38, n. 170.

2903. — ... Que le jury est incompétent pour connaître du dommage pouvant résulter de l'exécution de travaux projetés qui pourraient avoir pour effet de rejeter les eaux sur la partie de la propriété non atteinte par l'expropriation et de l'exposer ainsi à des inondations. — Cass., 20 avr. 1863, Gontie, [cité par Daffry de la Monnoye, t. 2, sur l'art. 38, n. 59]

2904. — ... Que le jury ne peut allouer d'indemnité pour le dommage pouvant résulter du cas où l'irrigation de la partie non expropriée d'une prairie ne pourrait plus avoir lieu régulièrement. — Cass., 8 janv. 1883, précité. — Crépon, sur l'art. 38, n. 167; de Lalleau, Jousselin, Rendu et Périn, t. 1, n. 169.

2905. — ... Qu'il y a lieu d'annuler la décision qui alloue une indemnité pour l'aggravation de servitude qu'on prétendrait devoir résulter de l'élargissement du lit d'une rivière expropriée, lequel élargissement, en augmentant le volume de l'eau, accroîtrait pour les propriétés riveraines les chances d'inondation et autres dégâts des eaux. — Cass., 19 juill. 1870, Synd. de la Leue, [S. 70.1.349, P. 70.883, D. 70.1.428] — Daffry de la Monnoye, loc. cit.; de Lalleau, Jousselin, Rendu et Périn, loc. cit.; Crépon, sur l'art. 38, n. 176.

2906. — Le législateur ayant réservé la connaissance des dommages éventuels résultant de travaux publics à l'appréciation des conseils de préfecture, le consentement des parties ne peut étendre la compétence du jury; par suite, bien que les parties aient consenti à la fixation d'une indemnité hypothétique — pour le cas où la compétence du jury serait reconnue — en vue du préjudice pouvant résulter de l'établissement et de l'exploitation d'un chemin de fer, il y a lieu de casser la décision qui donne au jury le pouvoir de fixer une indemnité éventuelle alors que son incompétence sur ce point est certaine. — Cass., 21 févr. 1899, Brasserie des Moulineaux, [S. et P. 99.1.245] — V. aussi Cass., 11 juin 1884, Adm. de la marine, [S. 86.1.432, P. 86.1.1040, D. 85.1.306]

2907. — Il a été jugé spécialement, par application de la règle d'après laquelle une indemnité ne peut être accordée que pour les dommages qui sont une suite directe de l'expropriation : que lorsque le propriétaire d'une usine a été exproprié d'une parcelle de terrain pour l'établissement d'un chemin vicinal dont la déviation est nécessitée par la construction d'un chemin de fer, le dommage qu'il subit, par le parcours plus long qui en résulte pour l'approvisionnement de son usine, n'est pas une suite directe de l'expropriation, par ce motif que le préjudice résulte de la déviation de la route et existerait alors même que la parcelle expropriée aurait appartenu à un autre propriétaire ; que c'est donc là un dommage causé par l'exécution d'un travail public de la compétence du conseil de préfecture. — Cass., 20 janv. 1858, Chemin de fer de l'Est, [Bull. civ., p. 22] — De Lalleau, Jousselin, Rendu et Périn, t. 1, n. 310; Crépon, sur l'art. 38, n. 168; Daffry de la Monnoye, t. 2, sur l'art. 38, n. 66.

2908. — ... Que le jury est incompétent pour connaître : du dommage causé à une propriété par l'expropriation de terrains voisins; que ces dommages ne sont point une suite directe de l'expropriation, et que, si une indemnité est due, c'est au conseil de préfecture à l'apprécier. — Cass., 14 août 1854, Audiguier, [S. 55.1.142, P. 55.1.403, D. 54.1.344] — De Lalleau, Jousselin, Rendu et Périn, loc. cit.; Crépon, sur l'art. 38, n. 169.

2909. — ... Du dommage résultant pour une propriété non expropriée de ce qu'une rue a été interceptée par l'établissement et la construction d'une ligne de chemins de fer; que c'est là un dommage permanent résultant de l'exécution de travaux publics. — Cass., 21 avr. 1856, Frain, [D. 56.1.158] — De Lalleau, Jousselin, Rendu et Périn, loc. cit.; Crépon, sur l'art. 38, n. 171.

2910. — ... Des dommages résultant pour l'exproprié de la non-jouissance de la partie non expropriée de sa propriété pendant la durée des travaux exécutés par le génie militaire. — Cass., 23 juin 1862, Préfet de la Corse, [S. 62.1.1069, P. 63.285, D. 62.1.380] — De Lalleau, Jousselin, Rendu et Périn, loc. cit.; Daffry de la Monnoye, t. 2, sur l'art. 38, n. 69; Crépon, sur l'art. 38, n. 172.

2911. — ... Des dommages ou de la dépense résultant pour l'exproprié des travaux qu'il sera obligé de faire par suite de l'expropriation, notamment de dépenses pour raccorder avec une nouvelle ligne de chemins de fer un embranchement se reliant avec une ancienne voie. — Cass., 20 août 1856, Chemin de fer de Paris à Lyon, [S. 57.1.143, P. 57.1.250, D. 56.1.332] — De

Lalleau, Jousselin, Rendu et Périn, *loc. cit.*: Crépon, sur l'art. 38, n. 173; Daffry de la Monnoye, t. 2, sur l'art. 38, n. 60.

2912. — Il a également été jugé que le gérant d'une société en commandite formée pour l'exploitation d'immeubles, ne peut, en cas d'expropriation de ces immeubles entraînant la dissolution de la société, réclamer devant le jury une indemnité à raison des avantages qu'il avait comme gérant et dont il se trouve privé par suite de l'expropriation. — Cass., 16 déc. 1862, Vesin, [S. 63.1.319, P. 63.911, D. 63.1.254] — De Lalleau, Jousselin, Rendu et Périn, *loc. cit.*; Crépon, sur l'art. 38, n. 174.

2913. — De même si un meunier exproprié a réuni une grande quantité de grains dans son moulin, et a fait ainsi un approvisionnement considérable, le jury ne devra pas tenir compte du préjudice qu'il subit en revendant à perte, même si cette perte entraînait sa faillite, parce que cette perte n'est pas une suite directe de l'expropriation, le meunier ne la supporte pas comme exproprié, mais comme spéculateur. — De Lalleau, Jousselin, Rendu et Périn, t. 1, n. 349.

2914. — De même encore, si dans l'indemnité allouée à un propriétaire obligé de chercher une autre habitation (V. *suprà*, n. 2883) on doit faire entrer les frais de déménagement et les autres frais accessoires occasionnés par ce déplacement, on ne saurait tenir compte de ce que dans le déménagement des meubles de prix auraient été brisés, parce que la perte qui en résulte tient à la négligence ou au défaut de surveillance et non à l'expropriation; l'indemnité doit comprendre les détériorations et dégradations inévitables dans un déménagement, mais elle ne saurait aller au delà. — De Lalleau, Jousselin, Rendu et Périn, *loc. cit.*

2915. — Il a été jugé également, que le jury ne saurait apprécier toute perte ou tout dommage que le propriétaire pourra subir dans toute l'étendue et dans l'ensemble de la propriété dont quelques parcelles seulement sont expropriées, dommages résultant, non de l'expropriation, mais de l'exécution des travaux auxquels elle donne lieu; que le jury n'a point notamment à se préoccuper du dommage pouvant résulter de la concurrence que le chemin de fer au profit duquel a lieu l'expropriation pourra faire au canal comme voie de communication. — Cass., 18 janv. 1854, Canal de Pierrelatte, [S. 54.1.735, P. 53.1.47, D. 54.1.315] — Daffry de la Monnoye, t. 2, sur l'art. 38, n. 66; Crépon, sur l'art. 38, n. 175.

2916. — ... Que le jury ne peut statuer : sur la dépréciation provenant soit de fouilles pratiquées sur une partie du fonds autre que celle expropriée, soit de changements apportés à la direction d'un chemin voisin, cette dépréciation n'étant pas la conséquence de l'expropriation. — Cass., 11 avr. 1870, Lambelin, [S. 70.1.318, P. 70.800, D. 7.1.427] — De Lalleau, Jousselin, Rendu et Périn, *loc. cit.*; Crépon, sur l'art. 38, n. 177; Daffry de la Monnoye, t. 2, sur l'art. 38, n. 69.

2917. — ... Sur les dommages qui seraient la conséquence du déplacement d'un chemin. — Cass., 23 avr. 1883, Préfet de Saône-et-Loire, [S. 83.1.423, P. 83.1.1060]

2918. — ... Sur le préjudice résultant de ce que le jardin d'un couvent se trouve exposé aux regards des passants, par suite de l'exhaussement d'un chemin vicinal. — Cons. d'Et., 28 mars 1879, Chemin de fer Paris-Lyon-Méditerranée, [S. 80.2.308, P. adm. chr., D. 79.3.69] — De Lalleau, Jousselin, Rendu et Périn, t. 1, n. 297; Crépon, sur l'art. 38, n. 180.

2919. — On ne saurait considérer, non plus comme un élément d'indemnité se rattachant à la dépossession, l'obligation effective ou éventuelle de supporter les frais d'une instance engagée entre l'expropriant et l'exproprié, qui est un litige étranger à l'expropriation elle-même. — Cass., 2 juill. 1883, Ville de Clermont, [S. 84.1.166, P. 84.1.389, D. 84.1.435] — De Lalleau, Jousselin, Rendu et Périn, t. 1, n. 310; Crépon, sur l'art. 38, n. 181. — Dans l'espèce, il s'agissait d'un litige qui avait pour cause l'interruption de réparations entreprises par l'exproprié sur son immeuble partiellement exproprié; ce litige ne se rattachait pas directement à l'expropriation.

2920. — La suppression sur une propriété non expropriée d'un lavoir ou d'une buanderie par l'interception des eaux découlant d'une montagne, occasionnée par l'exécution de travaux publics, est causée par ces travaux, et non point par l'expropriation; le jury n'est donc point compétent pour connaître de l'action en indemnité à raison de ce dommage. — Cass., 2 juin 1884, [cité par Lalleau, Jousselin, Rendu et Périn, t. 1, n. 310]

2921. — L'indemnité d'expropriation ne saurait comprendre non plus les dommages résultant de la construction d'une digue, qui aggrave les inondations sur la propriété restant à l'exproprié, alors qu'il ressort des conclusions que ce dommage n'avait aucunement pour cause le fait même de l'expropriation, mais qu'il était attribué expressément à l'existence de travaux publics exécutés accessoirement par l'État, pour assurer le fonctionnement régulier d'un canal. — Cass., 20 août 1884, Préfet de l'Aisne, [S. 86.1.80, P. 86.1.165] — De Lalleau, Jousselin, Rendu et Périn, *loc. cit.*

2922. — Le jury est également incompétent pour accorder une indemnité à raison d'un préjudice résultant de la privation de la vue d'aspect, devant être la suite de l'établissement d'un remblai sur la parcelle expropriée. — Cass., 9 juill. 1888, Préfet de Seine-et-Oise, [S. 90.1.223, P. 90.1.532, D. 90.1.311]

2923. — Le propriétaire d'une scierie est exproprié de deux parcelles en nature de bois, non attenantes à la parcelle sur laquelle est située sa scierie; il demande une indemnité à raison du dommage que l'expropriation de ces parcelles pourra causer à son usine qu'elles servaient à alimenter; c'est là un dommage qui n'est point la suite directe de l'expropriation et qui ne se relie point à elle par un lien intime; donc, le jury est incompétent pour connaître de cette cause d'indemnité. — Cass., 8 avr. 1863, Neyron, [cité par Daffry de la Monnoye, t. 2, sur l'art. 38, n. 66]

2924. — D'autre part, il a été jugé, spécialement, par application de la règle d'après laquelle le jury ne peut allouer d'indemnité pour un dommage futur : que le jury ne peut attribuer l'indemnité éventuellement et pour le cas seulement où la chose faisant l'objet de l'expropriation ne serait pas remplacée ou son équivalent. — Cass., 7 févr. 1837, Parmentier-Carlier, [P. 37.1.94]

2925. — ... Qu'est nulle la décision qui, après avoir déterminé un chiffre, alloue en outre une indemnité supplémentaire et subordonnée au cas où l'administration, qui d'ailleurs a pris des conclusions formellement contraires à cet égard, n'exécuterait pas certains travaux, par exemple un mur de terrasse. — Cass., 16 févr. 1846, Préfet des Bouches-du-Rhône, [S. 46.1.238, P. 46.1.502, D. 46.1.64]

2926. — ... Que le jury, appelé à régler l'indemnité due au propriétaire d'une carrière, ne doit pas en augmenter le chiffre par le motif que l'expropriant pourra, dans l'avenir, de son droit d'interdire l'exploitation de la partie de la carrière située en dehors de la zone expropriée. — Cass., 29 1836, Chem. de fer de Bessège, [D. 56.1.211]; — 5 mai 1873, Maillard, [S. 73.1.476, P. 73.1.193, D. 73.1.244]; — 16 janv. 1877, Quesnel, [D. 77.1.471]; — 16 août 1880, Préfet des Basses-Pyrénées, [S. 81.1.86, P. 81.1.175, D. 81.5.195] — De Lalleau, Jousselin, Rendu et Périn, t. 1, n. 310; Crépon, sur l'art. 38, n. 182; Daffry de la Monnoye, t. 2, sur l'art. 38, n. 59.

2927. — ... Que le jury ne doit allouer d'indemnité pour la dépréciation d'une propriété dont partie est expropriée pour l'établissement d'un chemin de fer, qu'à raison des dommages causés par les travaux qui rendent l'expropriation nécessaire; qu'il ne peut faire entrer dans les éléments de l'indemnité le dommage qui résulterait pour le propriétaire de l'usage que l'administration pourrait faire du droit d'empêcher l'ouverture de carrières dans le terrain restant, l'appréciation de ce dommage éventuel devant rester entière entre les parties. — Cass., 6 févr. 1854, Préfet de la Mayenne, [S. 56.1.220, P. 54.4.445, D. 54.1.58]

2928. — ... Que l'interdiction d'exploiter une carrière, à une certaine distance de la route en construction, constitue pour l'exproprié un dommage éventuel et incertain, alors que cette interdiction ne porte pas sur une surface nettement déterminée, mais peut être augmentée ou diminuée par arrêté du préfet; que dès lors, le jury ne doit pas en comprendre l'indemnité à fixer par le jury. — Cass., 6 févr. 1854, précité; — 16 août 1880, précité.

2929. — ... Qu'il en est de même si, par suite de l'expropriation, la force motrice qui fait mouvoir une usine située sur la partie non expropriée se trouve éventuellement exposée à être modifiée ou supprimée. — Cass., 23 janv. 1863, Boisson, [D. 63.1.133] — Daffry de la Monnoye, t. 2, sur l'art. 38, n. 59; Crépon, sur l'art. 38, n. 183. — Pour le cas où le dommage est immédiatement certain, V. *suprà*, n. 2863, 2875, 2902.

2930. — ... Que le jury ne peut allouer à l'exproprié une indemnité pour le cas où une maison lui appartenant, et non expropriée, serait sujette à reculement, ou se trouverait en con-

EXPROPRIATION POUR CAUSE D'UTILITÉ PUBLIQUE. — Chap. XIV.

tre-bas, par suite de l'exhaussement du sol de la rue. — Cass., 24 août 1880, Comm. d'Aix-en-Othe, [S. 81.1.129, D. 81.1.279, D. 81.1.479] — De Lalleau, Jousselin, Rendu et Périn, t. 1, n. 300; Crépon, sur l'art. 38, n. 184.

2931. — ... Que le jury ne peut, en même temps qu'il alloue une indemnité à un propriétaire à raison d'un terrain dont il est dépossédé pour des travaux de fortifications, lui attribuer également une indemnité éventuelle pour le cas où il pourrait y avoir lieu à une moins-value d'une propriété non atteinte par l'expropriation (dans l'espèce un moulin), à cause de la nouvelle enceinte des fortifications. — Cass., 7 avr. 1845, Préfet du Nord, [S. 45.1.532, P. 45.1.588, D. 45.1.207] — Daffry de la Monnoye, loc. cit.; de Lalleau, Jousselin, Rendu et Périn, loc. cit.; Crépon, sur l'art. 38, n. 186.

2932. — ... Que le jury ne saurait, en cas d'expropriation pour l'établissement d'un champ de tir, allouer, en sus de l'indemnité de dépossession, une autre indemnité applicable au dommage occasionné par la nécessité de laisser improductive une zone du terrain non exproprié, pour se soustraire aux accidents pouvant être causés par les exercices à feu. — Cass., 14 mars 1887, Préfet de l'Hérault, [S. 88.1.270, P. 88.1.643, D. 88.1.184] — V. suprà, v° *Champ de manœuvre et de tir*, n. 8 et s.

2933. — ... Que le jury ne peut, en fixant l'indemnité due à raison de l'expropriation d'un terrain voisin d'une usine appartenant à l'exproprié, fixer éventuellement une autre indemnité pour le cas où cette expropriation entraînerait la détérioration ou la suppression de cette usine. — Cass., 16 juill. 1844, Préfet du Lot, [S. 44.1.780, P. 44.2.357]

2934. — Qu'en procédant ainsi, le jury commet un excès de pouvoir et empiète sur les droits de l'autorité administrative en ce qu'il préjuge la question de savoir si l'usine a ou non une existence légale, condition nécessaire pour qu'en cas de suppression ou détérioration, le propriétaire de cette usine ait droit à une indemnité (V. suprà, n. 2863); qu'une pareille déclaration étant indivisible, quoique alternative, son annulation sur un chef emporte nécessairement l'annulation de la décision tout entière. — Même arrêt.

2935. — ... Que, spécialement, le jury ne peut connaître d'une demande en indemnité basée sur ce que le propriétaire d'un moulin serait devenu, par l'effet de l'expropriation, riverain d'un cours d'eau navigable et que, par suite, une usine pourrait être ultérieurement détériorée ou supprimée. — Cass., 7 avr. 1845, Rieder-Montbourne, [S. 45.1.532, P. 45.1.589, D. 45.1.207] — Daffry de la Monnoye, t. 2, sur l'art. 38, n. 59.

2936. — ... Que le jury est incompétent pour connaître de l'action en indemnité à raison d'un dommage qui pourrait résulter des modifications apportées au régime des eaux par suite des travaux dont l'utilité publique a été déclarée. — Cass., 3 mars 1863, Raboin, [S. 63.1.319, P. 63.1.888, D. 63.1.254]; — 5 nov. 1883, Préfet de la Côte-d'Or, [D. 85.1.80] — Crépon, sur l'art. 38, n. 186.

2937. — De l'indemnité fondée sur le dommage qui pourrait résulter de l'exécution des travaux projetés et d'une prise d'eau non comprise dans l'expropriation. Cass., 4 mai 1868, Sarrazin, [S. 68.1.377, P. 68.684, D. 68.1.304] — Crépon, sur l'art. 38, n. 188; Daffry de la Monnoye, t.2, sur l'art. 38, n. 59.

2938. — ... D'une indemnité à raison de la possibilité d'occupation d'un terrain non compris dans l'expropriation, et notamment d'une chaussée non atteinte par l'expropriation. — Même arrêt. — De Lalleau, Jousselin, Rendu et Périn, loc. cit.; Daffry de la Monnoye, loc. cit.; Crépon, sur l'art. 38, n. 187.

2939. — ... Du dommage pouvant résulter de la disparition d'une source, alors que la cause de cette disparition serait, non l'expropriation elle-même, mais l'exécution des travaux à faire par l'expropriant. — Cass., 28 juill. 1879, Préfet de la Lozère, [S. 81.1.377, P. 81.1.900, D. 80.1.84]; — 24 juin 1884, L'Etat (2 arrêts), [S. 86.1.79, P. 86.1.164, D. 85.1.306] — De Lalleau, Jousselin, Rendu et Périn, loc. cit.; Crépon, sur l'art. 38, n. 189. — V. infrà, n. 2952.

2940. — ... De l'indemnité pour la suppression éventuelle d'un chemin conduisant à une propriété non comprise dans l'expropriation, notamment du moulin de l'exproprié à un hameau, où il exploite une terre et prend part à la jouissance des biens communaux et du four banal. — Cass., 21 juill. 1875, Chemin de fer de Clermont, [S. 75.1.427, P. 75.1067, D. 75.1.443]; — De Lalleau, Jousselin, Rendu et Périn, loc. cit.; Crépon, sur l'art. 38, n. 190; Daffry de la Monnoye, t. 2, sur l'art. 38, n. 59.

2941. — ... Du dommage à raison de l'établissement d'un viaduc projeté dans le voisinage de la propriété de l'exproprié. — Cass., 24 nov. 1874, Préfet de l'Aveyron, [D. 75.1.305] — Daffry de la Monnoye, loc. cit.; de Lalleau, Jousselin, Rendu et Périn, loc. cit.; Crépon, sur l'art. 38, n. 191.

2942. — ... D'une indemnité conditionnelle au cas d'expropriation partielle d'une propriété pour l'établissement d'un chemin de fer, si le passage de la voie ferrée venait à rendre impossible par suite de la fumée des locomotives l'exploitation d'une blanchisserie établie sur la partie non expropriée de sa propriété. — Cass., 3 janv. 1855, Chemin de fer de Paris à Caen, [S. 55.1.844, P. 56.1.387, D. 55.1.33]; — 20 août 1856, Chemin de fer de Lyon, [S. 57.1.143, P. 57.1250, D. 56.1.332] — De Lalleau, Jousselin, Rendu et Périn, loc. cit.; Daffry de la Monnoye, sur l'art. 38, n. 60; Crépon, sur l'art. 38, n. 192.

2943. — ... D'une indemnité éventuelle pour le cas où l'expropriant (une compagnie de chemin de fer, dans l'espèce) ferait supprimer la couverture en chaume d'une maison appartenant à l'exproprié, et sise à huit mètres de la voie, la faculté appartenant à la compagnie expropriante de faire supprimer cette couverture en chaume pouvant ne pas être exercée. — Cass., 17 mars 1883, Lévêque, [S. 87.1.277, P. 87.1.654, D. 86.1.112]; — 17 mars 1883, Ponclot, [Ibid.]

2944. — ... Du dommage résultant de ce que, par suite de l'établissement d'un chemin de fer, un four à chaux serait menacé de suppression. — Cass., 30 janv. 1863, Chemin de fer Victor-Emmanuel, [cité par Daffry de la Monnoye, t. 2, sur l'art. 38, n. 59]

2945. — ... Du dommage afférent au préjudice qui pourrait être apporté à des réservoirs à poisson et à une anguillère, par suite de l'exécution des travaux et de l'exploitation de la voie ferrée à construire — Cass., 1er août 1888, Chem. de fer économiques, [S. 90.1.223, P. 90.1.532, D. 88.5.239]

2946. — Quand une demande d'indemnité dont le jury n'a pas à connaître est cependant formée devant lui, le magistrat directeur doit avertir le jury qu'il n'a pas à la prendre en considération, et réserver aux parties leur droit de saisir la juridiction compétente; il n'y a pas lieu d'ordonner un sursis pour connaître les projets d'exécution des travaux, et en apprécier les conséquences. — Cass., 6 janv. 1862, Bréget, [S. 62.1.891, P. 62.284, D. 62.1.304]; — 5 mai 1873, Maillard, [S. 73.1.475, P. 73.1193, D. 73.1.244] — Daffry de la Monnoye, t. 2, sur l'art. 38, n. 59; Crépon, sur l'art. 38, n. 193 et 194.

2947. — La décision du jury est régulière alors que l'expropriant a reconnu qu'il fallait réserver la réparation de tous les dommages essentiels pouvant résulter de l'exécution des travaux à effectuer plus tard, et que le jury ne s'est ainsi prononcé que sur des dommages actuels et certains, suite directe de l'expropriation. Le jury n'a point à donner acte des réserves faites par les parties à cet égard; mais si le magistrat directeur enregistre néanmoins ces réserves, il y a là un acte surabondant qui ne vicie pas la décision du jury. — Cass., 25 nov. 1874, de Boissieu, [D. 75.1.306] — Crépon, sur l'art. 38, n. 195; Daffry de la Monnoye, t. 2, sur l'art. 38, n. 63.

2948. — De même, la décision par laquelle le jury accorde une indemnité complète et définitive, tant pour la valeur intrinsèque du terrain exproprié que pour la dépréciation, est régulière, encore bien qu'elle donne acte à l'exproprié de la réserve par lui faite de ses droits et actions contre qui de droit pour les cas éventuels, ce donné acte ne pouvant causer aucun préjudice à personne. — Cass., 2 déc. 1846, Chauvin, [S. 47.1.219, P. 47.1.469, D. 47.4.247]; — 20 avr. 1863, Goulié, [Bull. civ., p. 108] — Crépon, sur l'art. 38, n. 196; Daffry de la Monnoye, t. 2, sur l'art. 38, n. 62.

2949. — La présomption c'est que le jury s'est renfermé dans les limites de sa compétence; par conséquent, si par un défaut de rédaction, sa décision parait porter sur un dommage dont il ne pouvait connaître, elle doit être néanmoins maintenue si un examen attentif permet de s'assurer que le jury n'a pas dépassé sa compétence. — Cass., 5 juin 1861, Marion-Vallée, [S. 61.1.994, P. 62.323, D. 61.1.288]; — 26 janv. 1863, Préfet des Bouches-du-Rhône; — 8 avr. 1863, Préfet du Morbihan, [cités par Daffry de la Monnoye, t. 2, sur l'art. 38, n. 43]

2950. — L'indemnité accordée par le jury d'expropriation pour toutes choses ne doit pas être réputée comprendre une indemnité pour dommages temporaires qui n'avaient fait l'objet d'aucune demande devant le jury : on ne peut en conséquence reprocher, dans ce cas, au jury, d'avoir empiété sur les attributions de l'autorité administrative. — Cass., 22 août 1883, Dupuis, [S. 54.1.64, P. 54.2.347, D. 53.1.284]; — 12 mai 1874, Ville de Dax; — 10 juill. 1876, Chemin de fer de Bayonne à Biarritz, [cités par Crépon, sur l'art. 38, n.197] — V. aussi Cass., 19 nov. 1866, Granier de Cassagnac, [cité par Daffry de la Monnoye, t. 2, sur l'art. 38, n. 67]

2951. — Dans une espèce, l'exproprié avait demandé une indemnité : 1° tant pour l'emprise que pour le dommage résultant de l'expropriation; 2° une indemnité pour le préjudice qui résulterait ultérieurement de l'établissement et de l'exploitation du chemin de fer en vue duquel l'expropriation était prononcée; l'expropriant avait conclu à l'incompétence du jury sur ce dernier chef; la décision du jury allouait une somme pour l'emprise, et une autre pour dommages et dépréciation générale de la propriété; le total de ces deux sommes était d'ailleurs inférieur au premier chiffre des conclusions de l'exproprié; dans ces conditions l'expropriant prétendit que la décision du jury était nulle pour s'être prononcée sur le dommage éventuel résultant de l'exécution des travaux. Son pourvoi a été rejeté parce que le jury ne s'était prononcé que sur le premier chef des conclusions et que son silence sur le recours prouvait qu'il l'avait repoussé. — Cass., 25 nov. 1873, Comp. des Charentes, [D. 74.1.85] — Daffry de la Monnoye, t. 2, sur l'art. 38, n. 63; Crépon, sur l'art. 38, n. 198.

2952. — L'indemnité accordée pour suppression d'une source, d'un puits et d'un bassin par l'établissement de la voie est régulière, lorsque des termes de la décision du jury et des conclusions auxquelles elle se réfère ne résulte pas la preuve que cette source, ce puits et cet bassin fussent placés en dehors de l'emprise; par suite, le pourvoi fondé sur l'éventualité du dommage et sur ce qu'il était une conséquence des travaux et non de l'expropriation doit être rejeté. — Cass., 16 juin 1884, L'Etat, [cité par Crépon, sur l'art. 38, n. 198 bis]

2953. — Si le jury a déclaré : « qu'il ne croit pas devoir s'occuper des dépréciations que pourra éprouver la maison du demandeur en indemnité, par suite des travaux de l'établissement d'un chemin de fer, les inconvénients ne pouvant pas être vus en ce moment » il a ainsi indiqué qu'il se maintenait dans les limites de sa compétence et ne statuait que sur des dommages actuels et certains. — Cass., 26 janv. 1863, Boisson, [D. 63.1.133] — Crépon, sur l'art. 38, n. 199; Daffry de la Monnoye, t. 2, sur l'art. 38, n. 62.

2954. — Lorsqu'il ne résulte pas du procès-verbal et de la décision du jury que le dommage occasionné à l'exproprié par le changement apporté au régime des eaux, au lieu d'être la conséquence directe et certaine de l'expropriation, doive être attribuée exclusivement à l'exécution des travaux du chemin de fer; qu'il en résulte, au contraire, que les parties ont, d'un commun accord, soumis cet élément d'indemnité à l'appréciation du jury, et qu'elles l'ont compris dans la demande principale comme un accessoire de l'expropriation elle-même, l'une des parties n'est ni recevable, ni fondée à prétendre que le jury était incompétent pour apprécier cet élément d'indemnité. — Cass., 8 juill. 1867, Vieillard, [D. 67.1.279] — Daffry de la Monnoye, t. 2, sur l'art. 38, n. 68; Crépon, sur l'art. 38, n. 202.

2955. — La régularité de la décision du jury, attestée par les termes mêmes de cette décision et les conclusions des parties, ne peut être combattue par des documents sans aucune valeur juridique; ainsi lorsque le jury a alloué une indemnité pour toutes les causes énumérées dans les conclusions, et que celles-ci ne mentionnent que des causes de dommage actuelles et certaines, on ne peut établir que le jury s'est prononcé sur une demande d'indemnité se référant à un dommage éventuel en alléguant qu'on aurait produit devant le jury un document suivant une cause de dommage éventuel, et que le jury a dû fixer l'indemnité en tenant compte de ce dommage; il en est ainsi surtout alors que ce document n'est pas signé, que les conclusions ne s'y réfèrent point, et que le procès-verbal ne le mentionne pas comme ayant été produit au jury. — Cass., 11 juin 1884, L'Etat [cité par Crépon, sur l'art. 38, n. 199 bis]

2956. — Le jury, en rejetant une demande d'indemnité se référant à un dommage futur, incertain, éventuel, ou qui n'est pas une suite directe de l'expropriation, se renferme dans les limites de sa compétence; sa décision ne peut nuire à l'intéressé; dès lors, quand le dommage se réalise, celui-ci est en droit de saisir la juridiction compétente, c'est-à-dire la juridiction administrative investie du pouvoir de statuer sur les dommages causés par l'exécution de travaux publics. — Cass., 7 avr. 1845, Reider-Monthorne, [S. 45.1.432, P. 45.1.589, D. 45.1.207]; — 4 mai 1868, de Sarrazin, [S. 68.1.309, P. 68.785, D. 68.1.304]; — 19 juill. 1870, Syndicat de la Leue, [S. 70.1.349, P. 70.883, D. 70.1.428]; — 5 mai 1873, Maillard, [S. 73.1.476, P. 73.1193, D. 73.1.244] — Cons. d'Et., 9 juin 1876, Chemin de fer du Midi, [D. 76.3.94] — Crépon, sur l'art. 38, n. 200; Daffry de la Monnoye, t. 2, sur l'art. 38, n. 61 et 64.

2957. — Le principe tiré de ce que le jury n'est compétent que pour apprécier le dommage actuel, suite directe et certaine de l'expropriation tient à l'ordre des juridictions, et à la compétence respective de l'autorité judiciaire et de l'autorité administrative; par suite, il est d'ordre public. — Cass., 28 juill. 1879, Préfet de la Lozère, [S. 81.1.377, P. 81.1.900, D. 81.1.81]; — 11 juin 1884, Admin. de la Marine, [S. 86.1.432, P. 86.1.1046, D. 85.1.306] — Crépon, sur l'art. 38, n. 163; de Lalleau, Jousselin, Rendu et Périn, t. 1, n. 311 et 312.

2958. — En conséquence, il ne peut y être dérogé, même par le consentement mutuel des parties. — Cass., 28 juill. 1879, précité. — De Lalleau, Jousselin, Rendu et Périn, loc. cit. — Par suite encore, le moyen de nullité, tiré de la violation de ce même principe, peut être invoqué pour la première fois devant la Cour de cassation qui peut même le relever d'office. — Cass., 11 juin 1884, précité.

2959. — Lorsque le juge a compris la cause du dommage incertain et éventuel dans l'indemnité unique allouée, il y a lieu à prononcer la cassation intégrale, s'il est impossible de déterminer dans quelle mesure il a tenu compte de cette cause de dommage. — Cass., 11 juin 1884, précité.

2960. — Mais s'il n'existe aucune connexité entre les deux chefs distincts de la décision du jury, l'un s'appliquant au dommage actuel, l'autre à un dommage éventuel, il n'y a lieu à cassation que du chef relatif à l'indemnité éventuelle. — Cass., 14 mars 1887, Préfet de l'Hérault, [S. 88.1.270, P. 88.1.643, D. 88.1.184]

2961. — Il a été jugé également que la cassation prononcée à l'égard de l'éventualité d'un chef de la demande d'indemnité ou à l'égard seulement de quelques-unes des parties en cause, n'entraîne pas nécessairement celle de la décision entière. — Cass., 19 juill. 1870, précité.

3° *De la plus-value.*

2962. — « Si l'exécution des travaux doit procurer une augmentation de valeur immédiate et spéciale au restant de la propriété, cette augmentation sera prise en considération dans l'évaluation du montant de l'indemnité » (L. 3 mai 1841, art. 51). L'art. 51, L. 7 juill. 1833, portait que la plus-value *pourrait* être prise en considération, tandis que la loi de 1841 dit qu'elle *sera* prise en considération. Mais ce changement de rédaction n'a, en définitive, aucune importance puisque le jury ne motive pas sa décision — V. *suprà*, n. 2485

2963. — Couturier et Durand de Romorantin avaient demandé l'addition à l'art. 51 du paragraphe suivant : « Si, lors de la fixation de l'indemnité, le jury a pris en considération l'augmentation de valeur du restant de la propriété, et qu'après cette fixation les travaux ne s'exécutent pas ou sont ordonnés sur de nouveaux plans, dans ce cas le propriétaire exproprié pourra demander que l'indemnité à laquelle il avait droit soit fixée par le jury d'après les éléments qui résultent du nouvel état de choses. » Et Durand voulait que le jury exprimât dans la fixation de l'indemnité la portion afférente à la plus-value. Mais cette double proposition a été rejetée comme impraticable, et l'on a pensé que le bénéfice accordé par l'art. 60 aux propriétaires était suffisant. Cependant on conçoit qu'il est telles modifications qui ne seraient pas, à proprement parler, un changement de destination et dont le résultat, néanmoins, pourrait être de diminuer singulièrement la plus-value que le jury aurait eue en vue. C'est là une raison pour le jury de n'avoir égard à la plus-value qu'avec une extrême réserve.

2964. — Absolument parlant, l'art. 51 est équitable; mais au point de vue de la justice distributive il ne l'est pas. Il n'est pas équitable, en effet, que le propriétaire dont l'héritage est partiellement emporté par l'expropriation, paie la plus-value du restant en recevant une indemnité moins élevée sur la portion atteinte, tandis que le riverain dont la propriété n'est pas atteinte ne paie rien quoique son héritage acquière proportionnellement une égale plus-value. Cette considération nous semble de nature à porter le jury à être très-circonspect dans ses applications de plus-value. — Duvergier, *Collect. des lois*, t. 41, p. 164.

2965. — L'art. 51, L. 3 mai 1841, n'autorise pas le jury à aller jusqu'à compenser l'augmentation de valeur avec celle de la partie expropriée, de manière à refuser toute espèce d'indemnité aux propriétaires expropriés ; le jury n'en est pas moins obligé de fixer une indemnité quelconque. En effet l'expropriant est tenu de faire une offre à l'exproprié et l'indemnité ne peut, à peine de nullité, être inférieure aux offres. — Cass., 28 févr. 1848, Berdoni, [S. 48.1.403, P. 48.1.320, D. 48.5.186] ; — 26 janv. 1857, de Gironde, [S. 58.1.831, P. 58.648, D. 57.1.44] ; — 15 nov. 1858, Chem. de fer de l'Ouest, [P. 60.412, D. 59.1.25] — Arnault, n.612; de Lalleau, Jousselin, Rendu et Périn, t. 1, n. 336 ; Crépon, sur l'art. 51, n. 7 ; Daffry de la Monnoye, t. 2, sur l'art. 51, n. 3. — V. *suprà*, n. 2679 et s.

2966. — Peu importe, en pareil cas, qu'il y ait contestation sur le fond du droit et sur la qualité de l'exproprié : il n'y a pas moins lieu à la fixation d'une indemnité éventuelle, aux termes de l'art. 39. — Cass., 15 nov. 1858, précité.

2967. — Ainsi, au cas d'emprise partielle, l'augmentation de valeur immédiate résultant des travaux pour le restant de la propriété doit être prise en considération pour l'évaluation de l'indemnité et être imputée jusqu'à due concurrence, mais sur la somme représentant la valeur propre de la chose expropriée, pourvu que le résultat de cette imputation n'aille pas jusqu'à réduire à néant l'indemnité d'expropriation. — Cass., 28 juill. 1879, Préfet de la Lozère, [S. 81.1.377, P. 81.1.900, D. 80.1.81]

2968. — Le jury, en présence d'une compensation opposée pour plus-value, peut fixer l'indemnité même à une somme de un franc, pourvu que cette somme ne soit pas inférieure aux offres, et qu'il ne résulte pas de sa décision qu'elle implique la dénégation du droit à une indemnité, car alors le jury excéderait son droit et il y aurait lieu à renvoyer le litige aux tribunaux ordinaires. — Cass., 12 mars 1856, Danzeaud, [S. 56.1.428, P. 57.604, D. 56.1.169] — De Lalleau, Jousselin, Rendu et Périn, *loc. cit.*

2969. — Les règles de l'art. 51 étant impératives, il y a lieu d'annuler la décision du jury rendue à la suite d'une ordonnance du magistrat directeur qui l'a induit en erreur en lui déclarant « que la plus-value devait être compensée avec la dépréciation et les autres causes accessoires de préjudice, et que la disposition de l'art. 51 est plutôt une recommandation qu'un principe obligatoire et revêtu de sanction ; » en effet en traçant en ces termes limitatifs la règle à suivre par le jury pour la fixation de l'indemnité, et en présentant comme une faculté ce qui est pour lui obligation prescrite par la loi, le magistrat directeur a violé les prescriptions de la loi. — Cass., 28 juill. 1879, précité. — De Lalleau, Jousselin, Rendu et Périn, *loc. cit.*; Crépon, sur l'art. 51, n. 5.

2970. — Jugé que l'indemnité accordée à l'exproprié doit se mesurer sur la valeur des parcelles expropriées et sur la moins ou plus-value du surplus de la propriété. — Cass., 21 juill. 1875, Chem. de fer de Clermont à Tulle, [S. 75.1.428, P. 75.1067, D. 75.1.445] ; — 12 juin 1888, Société générale des chemins de fer économiques, [S. 89.1.231, P. 89.1.545, D. 89.1.253] — Debray, n. 109 ; de Peyrony et Delamarre, n. 34 ; Roquière, n. 420 et s. ; Marmol, t. 2, n. 437 et s. ; Arnaud, n. 386 et 413 ; Morin, n. 172 ; Daffry de la Monnoye, t. 2, sur l'art. 51, n. 1 et s. ; de Lalleau, Jousselin, Rendu et Périn, t. 1, n. 338.

2971. — Le jury ne peut tenir compte que de la plus-value immédiate et spéciale ; immédiate, en ce sens qu'il n'a point à se préoccuper d'une plus-value future et pouvant résulter de l'exécution des travaux ; de même qu'il n'a point à prendre en considération les dommages qui ne sont pas la suite directe de l'expropriation et proviennent seulement de l'exécution des travaux (V. *suprà*, n. 2893 et s.). La plus-value sera immédiate si le travail a pour but la création d'une route, d'un canal, d'un chemin de fer le long d'une propriété qui manquait de débouchés, l'ouverture d'une rue qui donne une façade à un jardin qui en était privé. — Cass., 28 août 1839, Hanaire, [S. 39.1.837, P. 41.2.734] — Arnaud, n.612; de Lalleau, Jousselin, Rendu et Périn, t. 1, n. 338; Crépon, sur l'art. 51, n. 1; Daffry de la Monnoye, t. 2, sur l'art. 51, n. 1.

2972. — Par suite, l'indemnité peut comprendre, non pas la plus-value future qui aurait pu résulter, pour le terrain exproprié, de l'entreprise qui a motivé l'expropriation, mais la plus-value actuelle, résultant, pour ce terrain, d'une entreprise antérieure et toute différente, spécialement la création d'un faubourg dont les plans ont déjà reçu un commencement d'exécution au moment de la prise de possession du terrain exproprié. — Cass., 9 avr. 1884, Comp. franco-algérienne, [S. 85.1.133, P. 85.1.287, D. 84.1.287]

2973. — La plus-value doit être spéciale, c'est-à-dire qu'elle doit s'appliquer à l'exproprié qui doit en être devenu plus riche, et qu'elle doit porter sur la partie restante de l'immeuble exproprié ; peu importerait que l'exproprié eût d'autres immeubles ne faisant pas corps avec l'immeuble exproprié, et qu'ils eussent augmenté de valeur à la suite de l'expropriation ; c'est là une plus-value qui n'est pas spéciale, mais générale. — Cass., 11 mai 1859, Nérée de Casillon, [S. 59.1.938, P. 59.1017, D. 59.1.207] — De Lalleau, Jousselin, Rendu et Périn, *loc. cit.*; Crépon, sur l'art. 51, n. 6 ; Daffry de la Monnoye, t. 2, sur l'art. 51, n. 2.

2974. — Le jury n'a pas d'ailleurs à expliquer comment la plus-value dont il tient compte est spéciale et immédiate ; il suffit que de sa décision il ne résulte pas qu'il a pris en considération une plus-value qui n'était ni immédiate, ni spéciale ; sa décision est régulière alors qu'elle établit que les parcelles expropriées faisaient corps avec le surplus de la propriété, et que cette propriété avait reçu une augmentation immédiate et spéciale. — Cass., 30 avr. 1867, Collot, [*Bull. civ.*, p. 144] — Daffry de la Monnoye, t. 2, sur l'art. 51, n. 1; Crépon, sur l'art. 51, n. 4.

2975. — L'exproprié n'est pas fondé à prétendre que le jury a pris en considération, dans la fixation de l'indemnité, la plus-value qui doit résulter de l'expropriation pour un immeuble autre que celui dont il s'agissait dans la cause, alors qu'il est constant en fait et qu'il résulte même des conclusions de l'exproprié, que le jury a pu voir cet immeuble n'appartenait plus à l'exproprié, depuis plusieurs années. — Cass., 23 nov. 1853, Neveux, [P. 54.2.275, D. 54.5.347]

2976. — La plus-value que le jury déclare résulter, en faveur d'une maison dont doit être expropriée pour faire le prolongement d'une rue : 1° du fait de ce prolongement ; 2° de la démolition qui sera effectuée par le propriétaire suivant ses offres, est suffisamment spéciale et immédiate, et peut, dès lors, servir d'élément pour la fixation de l'indemnité. — Cass., 26 mai 1840, Hanaire et Appay, [S. 40.1.272, P. 41.2.736] — Daffry de la Monnoye, *loc. cit.*; Crépon, sur l'art. 51, n. 3.

2977. — La loi du 3 mai 1841, et spécialement l'art. 51, sur la plus-value, sont des dispositions générales ; mais le législateur peut y déroger ; c'est ce qu'il a fait d'ailleurs dans la loi du 22 juin 1854, à raison de circonstances spéciales. Jugé, en conséquence, que l'art. 5, L. 22 juin 1854, relative aux travaux de rectification de la route départementale de la Seine, n° 4, qui, à raison des servitudes qui leur sont imposées, dispense les propriétaires riverains expropriés de l'obligation de supporter une plus-value pour la portion non expropriée de leurs terrains, s'applique à toutes les expropriations poursuivies en vertu du décret du 31 mars 1854, non seulement par la ville de Paris, mais encore par le département de la Seine. — Cass., 24 janv. 1855, Cavalier, [S. 55.1.342, P. 55.2.611, D. 55.1.60] ; — 24 janv. 1855, Roger de Beaufremont, [*Ibid.*] ; — 24 janv. 1855, Poitrasson, [*Ibid.*] — De Lalleau, Jousselin, Rendu et Périn, t. 1, n. 339 ; Crépon, sur l'art. 51, n. 8 et 9 ; Daffry de la Monnoye, t. 2, sur l'art. 51, n. 5.

2978. — D'une façon générale, l'art. 51 est inapplicable lorsqu'il s'agit de fixer non une indemnité à la suite d'une expropriation, mais la réparation du préjudice, résultant de l'exécution de travaux publics, opérée en dehors des formes de l'expropriation ; si, par exemple, l'administration s'est mise en possession d'une propriété, on doit fixer l'indemnité à raison de la valeur de la propriété avant le commencement des travaux, sans se préoccuper d'une plus-value qui a pu être la suite de ces travaux ; en ce cas, d'ailleurs, la plus-value est la voie des travaux. — Cass., 23 févr. 1869, Ville de Bône, [S. 69.1.229, P. 69.542, D. 69.1.419] — De Lalleau, Jousselin, Rendu et Périn, t. 1, n. 338 ; Crépon, sur l'art. 51, n. 10 ; Daffry de la Monnoye, t. 2, sur l'art. 51, n. 6.

4° *Des constructions, plantations et améliorations faites en vue de l'expropriation.*

2979. — « Les constructions, plantations et améliorations ne donnent lieu à aucune indemnité, lorsque, à raison de l'époque où elles ont été faites, ou de toutes autres circonstances dont l'appréciation lui est abandonnée, le jury acquiert la conviction qu'elles ont été faites dans la vue d'obtenir une indemnité plus élevée » (L. 3 mai 1841, art. 52).

2980. — Cette disposition a été prise pour sauvegarder les intérêts du Trésor; en effet, des propriétaires connaissant la direction adoptée par les travaux et sachant que leurs propriétés devaient être expropriées commençaient des constructions considérables, une usine, un château, des plantations et demandaient ensuite une indemnité très-élevée. Thiers disait à cet égard lors de la discussion de la loi de 1833 : « Pour certains canaux il est arrivé que des particuliers, ayant appris la direction arrêtée, se sont empressés d'acquérir des terrains qui devaient être soumis à l'expropriation et d'y faire des plantations et constructions dans le but d'obtenir une indemnité plus élevée » (*Monit.* du 8 févr. 1833, p. 325). — De Lalleau, Jousselin, Rendu et Périn, t. 1, n. 329.

2981. — Le projet présenté par le gouvernement en 1833 restreignait l'application de cette disposition au cas où les constructions, plantations et améliorations avaient été entreprises après la publication prescrite par l'art. 6 de la loi ; on a rendu le texte plus général de manière à atteindre les constructions, plantations et améliorations faites avant la publication prescrite par l'art. 6, mais en vue d'une expropriation déjà certaine. C'est au jury à apprécier dans chaque espèce s'il y a lieu de prendre en considération ces constructions, plantations et améliorations. — De Lalleau, Jousselin, Rendu et Périn, *loc. cit.*; Crépon, sur l'art. 52, n. 1.

2982. — Ainsi, on ne doit pas tenir compte au propriétaire, pour la fixation de l'indemnité qui lui est due, des améliorations et modifications qu'il n'a faites que postérieurement à l'adjudication des travaux ou qui ont donné lieu à l'expropriation. — Cons. d'Et., 19 mars 1843, Bize, [P. adm. chr.]; — 15 avr. 1843, Périer, [P. adm. chr.]

2983. — Le propriétaire soumis à l'expropriation, qui n'a point excipé devant le jury de l'existence d'un litige devant le Conseil d'État relativement à des constructions qu'on lui reproche d'avoir élevées contrairement à la législation sur les servitudes militaires, et qui n'a conclu ni à un sursis, ni à la fixation de deux indemnités alternatives, ne peut, pour la première fois, élever devant la Cour de cassation une question de nature à exercer de l'influence sur l'évaluation définitive de l'indemnité. — Cass., 8 nov. 1843, de Salasse, [P. 44.1.255]

2984. — L'art. 52 ne peut être invoqué que par l'expropriant et non par des tiers; par suite, dans le cas où une source vient à être expropriée pour cause d'utilité publique, l'indemnité d'expropriation appartient non au propriétaire du fonds où cette source jaillit, mais au propriétaire du fonds dans lequel elle prend naissance, alors même que les fouilles qui ont révélé l'existence de la source dans ce fonds sont postérieures au décret qui a déclaré l'utilité publique. — Cass., 4 déc. 1860, Comm. de Varennes-les-Nevers, [S. 61.1.623, P. 61.1022, D. 61.1.149] — De Lalleau, Jousselin, Rendu et Périn, *loc. cit.*; Crépon, sur l'art. 52, n. 2 ; Daffry de la Monnoye, t. 2, sur l'art. 52.

2985. — Il a été jugé que si le propriétaire d'un terrain a employé des manœuvres coupables pour faire croire que sa propriété a une valeur plus considérable que sa valeur réelle, l'expropriant ne peut, si ces manœuvres n'ont été découvertes qu'après la fixation de l'indemnité, exercer une action en dommages-intérêts devant le tribunal civil, mais que les arbustes, fleurs, etc. que l'exproprié avait loués, le jour de la visite du jury et fait placer dans des massifs en dissimulant les pots, pour faire croire qu'ils poussaient en pleine terre, appartiennent à l'expropriant. — Trib. Niort, 12 janv. 1863, [*Gaz. des Trib.*, 18 janv. 1863] — De Lalleau, Jousselin, Rendu et Périn, *loc. cit.* — Cette décision est contestable ; il y a là fait constituant sinon le délit d'escroquerie prévu par l'art. 405, C. pén., tout au moins un quasi-délit ; ce fait a entraîné un dommage pour l'expropriant ; réparation en est demandée; elle doit être accordée ; qu'on ne dise pas que les tribunaux civils viennent alors porter une atteinte à la décision du jury, cependant définitive ; ils ne s'occupent que du fait dommageable et du préjudice qui en est résulté. La Cour suprême a admis, en effet, que le dol personnel de l'exproprié donne une action à l'expropriant. — Cass., 15 janv. 1879, Chem. de fer du Midi, [S. 81.1.428, P. 81.1.1084]

5° *Du caractère non équivoque et définitif de la décision du jury et de ce qu'elle doit comprendre.*

2986. — La décision du jury doit mettre fin à toute contestation ; autrement elle ne termine pas le litige existant entre les parties et ne remplit pas le vœu de la loi et doit, dès lors, être cassée. La décision du jury doit donc, à peine de nullité, être claire, précise, et ne donner lieu à aucune équivoque, ni à aucune contestation. — Cass., 16 févr. 1846, Préfet des Bouches-du-Rhône, [S. 46.1.236, P. 46.1.502, D. 46.1.64]; — 15 janv. 1877, Comm. de Muret-le-Furon, [S. 79.1.39, P. 79.63, D. 78.1.74]; — 17 mars 1885, Lévêque, [S. 87.1.277, P. 87.1.654, D. 86.1.112]; — 17 mars 1885, Penetot, [*Ibid.*]; — 17 mars 1885, Asselin, [*Ibid.*]; — 20 févr. 1899, Dieuzayde, [S. et P. 99.1.492]; — 16 juill. 1900, [*Gaz. des Trib.*, 1er déc. 1900] — Daffry de la Monnoye, t. 2, sur l'art. 38, n. 71 ; Crépon, sur l'art. 38, n. 203 ; de Lalleau, Jousselin, Rendu et Périn, t. 1, n. 618.

2987. — La Cour de cassation qui annule la décision du jury, quand elle ne présente pas les caractères que nous venons de rappeler, a, par cela même, le pouvoir de rechercher et de vérifier si la décision attaquée réunit les caractères indispensables pour sa validité. — Cass., 15 mars 1869, Ardoin, [D. 69.1.272]; — 1er mai 1877, Comm. de Fresnes, [S. 77.1.277, P. 77.686] — De Lalleau, Jousselin, Rendu et Périn, *loc. cit.*; Daffry de la Monnoye, *loc. cit.*; Crépon, sur l'art. 38, n. 204.

2988. — Lorsque l'expropriant, à la suite d'une occupation d'urgence, a pris possession d'une partie des terrains expropriés, et que, par suite, il y a lieu à des perceptions d'intérêts différentes, selon la date de la prise de possession, le jury doit, à peine de nullité, allouer deux indemnités distinctes, l'une pour les terrains occupés d'urgence, l'autre pour celles occupées conformément aux règles du droit commun ; en n'allouant, en ce cas, qu'une indemnité unique, il rend sa décision obscure et incomplète, et d'une exécution impossible. — Cass., 2 janv. 1877, Barthès, [S. 77.1.276, P. 77.684, D. 78.1.74] — Daffry de la Monnoye, t. 2, sur l'art. 38, n. 72 ; Crépon, sur l'art. 38, n. 206 et 207.

2989. — Mais il a été jugé : que la décision par laquelle, en cas de prise de possession antérieure au règlement de l'indemnité, le jury fixe pour cette indemnité un chiffre principal en y ajoutant l'allocation d'intérêts à 5 p. 0/0 à partir du jour de cette prise de possession, renferme une détermination précise, alors même qu'elle n'assignerait pas la date de ce dernier fait, ce qui ne rentre pas d'ailleurs dans la mission du jury. — Cass., 1er juill. 1845, Préfet des Bouches-du-Rhône, [S. 45.1.492, P. 45.2.93, D. 45.1.350]; — 16 févr. 1846, Préfet des Bouches-du-Rhône, [S. 46.1.237, P. 46.1.508, D. 46.1.64]

2990. — ... Que la décision du jury qui n'alloue qu'une indemnité unique est régulière alors que l'expropriée demande qu'il lui soit donné acte de ce que la commune expropriante le reconnaît propriétaire de la moitié du lit d'un ruisseau, et que la commune proteste contre cette reconnaissance ; cette indemnité étant claire et non équivoque, et les conclusions des parties ne nécessitant point la fixation d'une indemnité alternative. — Cass., 2 janv. 1884, Dame de Villers, [cité par Crépon, sur l'art. 38, n. 208]

2991. — ... Que, dans le cas où l'exproprié a conclu à deux indemnités, l'une pour le cas où il serait dépossédé d'un terrain d'une étendue déterminée, l'autre pour le cas où la dépossession porterait sur un terrain d'une contenance plus étendue également déterminée, le jury n'a qu'à fixer les deux indemnités réclamées hypothétiquement ; que l'indemnité ainsi fixée a un caractère certain et définitif selon la loi. — Cass., 10 juin 1879, Pedencoig, [S. 80.1.135, P. 80.288, D. 79.1.368] — Crépon, sur l'art. 38, n. 210.

2992. — ... Que la décision du jury qui fixe purement et simplement le chiffre de l'indemnité est claire et précise, alors même que le magistrat directeur, après avoir posé la question relativement au chiffre de l'indemnité, a ajouté « sauf justification des droits de l'exproprié dans le délai d'un mois à partir de ce jour et sans autre mise en demeure, » parce que rien n'indique que le jury a voulu s'approprier la déclaration du magistrat directeur et subordonner la fixation de l'indemnité à la condition formulée par le magistrat directeur. — Cass., 10 juin 1879, précité. — Crépon, sur l'art. 38, n. 209.

2993. — Il ne doit exister aucune incertitude sur le chiffre de l'indemnité ; sa quotité ne doit dépendre d'aucun calcul, d'aucune opération ultérieure. Par suite, est nulle la décision qui déclare fixer l'indemnité à une somme déterminée, à raison d'une avance prétendue faite par les expropriés pour le percement d'une rue, sans dire si le montant de cette avance, en la supposant faite, doit être ajouté à l'évaluation ou en être déduit, comme aussi, en admettant que le jury ait voulu prendre la plus-value résultant pour les expropriés des travaux projetés comme un des éléments de son évaluation, sans déterminer cette plus-value d'une manière précise et définitive. — Cass., 9 févr. 1846, Préfet de la Seine, [S. 46.1.236, P. 46.1.401, D. 46.1.79] — Daffry de la Monnoye, t. 2, sur l'art. 38, n. 89; Crépon, sur l'art. 38, n. 251; de Lalleau, Jousselin, Rendu et Périn, t. 1, n. 593.

2994. — De même, est nulle la décision qui alloue au propriétaire dix francs par pied d'arbre se trouvant sur la partie du terrain dont il sera privé, et douze francs par pied d'arbre qui se trouvera à une certaine distance sans que rien dans le procès-verbal du jury, dans le jugement d'expropriation ni dans aucun acte de procédure fasse connaître à quel nombre les intéressés fixent les arbres de chacune de ces catégories. — Cass., 10 août 1841, Rimbault, [S. 41.1.692, P. 41.2.576] — De Lalleau, Jousselin. Rendu et Périn, loc. cit.; Crépon, sur l'art. 38, n. 252; Daffry de la Monnoye, t. 2, sur l'art. 38, n. 90.

2995. — Le jury peut cependant, s'il s'agit d'une plantation d'arbres sur le nombre desquels les parties sont divisées, fixer l'indemnité à tant par chaque pied d'arbre, alors d'ailleurs que ce mode d'évaluation est accepté par les parties. Et cela encore bien que l'indemnité ainsi fixée devrait se trouver inférieure aux offres de l'administration expropriante, l'évaluation du jury cessant d'être limitée par les offres en présence du consentement donné par les parties au mode d'appréciation dont il s'agit. — Cass., 27 févr. 1860, Bucaille, [S. 61.1.384, P. 61.689, D. 60.1.409] — De Lalleau, Jousselin, Rendu et Périn, loc. cit.; Daffry de la Monnoye, loc. cit.; Crépon, sur l'art. 38, n. 253.

2996. — Le jury peut encore, s'il s'agit de la clôture de l'immeuble exproprié, fixer l'indemnité à tant par mètre de clôture, lorsqu'il n'est pas appelé à s'expliquer sur l'étendue de la clôture et que cet élément d'indemnité n'est même l'objet d'aucun chef de demande. — Cass., 27 févr. 1860, précité. — Daffry de la Monnoye, loc. cit.

2997. — Mais est nulle la décision du jury d'expropriation qui, au cas où le chiffre de l'indemnité réclamée n'est pas déterminée, dépend, par exemple, du nombre de mètres de clôture de l'immeuble exproprié, alloue une indemnité une somme fixe, cette décision ne permettant pas d'apprécier si l'indemnité allouée n'est pas supérieure à celle demandée. — Cass., 21 mai 1860, Comm. de Marchampt, [S. 60.1.913, P. 61.837, D. 60.1.251]

2998. — Il est certain que l'indemnité dont le montant est déterminé par mètre carré ou par are doit être considérée comme réglée d'une manière certaine et définitive, si la contenance du terrain exproprié n'est l'objet d'aucune contestation. — Cass., 9 févr. 1846, Préfet de la Seine, [S. 46.1.224, P. 46.1.343, D. 46.1.79]; — 15 janv. 1844, Préfet du Var, [S. 44.1.353, P. 44.1.623]; — 26 déc. 1851, Préfet des Basses-Pyrénées, [S. 52.1.462, P. 52.2.704, D. 52.1.9]; — 27 févr. 1860, Bucaille, [S. 61.1.384, P. 61.689, D. 60.1.409]; — 5 juill. 1864, Bathier, [D. 65.5.473]; — 6 mars 1867, Ville de Toulon, [Bull. civ., p. 86] — De Lalleau, Jousselin, Rendu et Périn, loc. cit.; Crépon, sur l'art. 38, n. 255; Daffry de la Monnoye, t. 2, sur l'art. 38, n. 91.

2999. — D'autre part, on a toujours admis que si les parties n'étaient point d'accord sur la contenance, le jury pouvait fixer l'indemnité à tant par mètre, alors que les parties acceptaient ce mode de fixation et qu'elles s'en remettaient pour la détermination du chiffre exact de l'indemnité à un arpentage ultérieur; il y a là une convention, une contrat judiciaire qui lie les parties. — Cass., 31 déc. 1850, Douzelot, [S. 51.1.364, P. 51.2.475, D. 51.1.286]; — 26 juin 1855, Holker, [S. 55.1.843, P. 56.2.261, D. 55.1.265]; — 6 mars 1867, Ville de Toulon, [Bull. civ., p. 86]; — 17 déc. 1872, Verlaguet, [D. 72.5.229] — De Lalleau, Jousselin, Rendu et Périn, loc. cit.; Daffry de la Monnoye, loc. cit.; Crépon, sur l'art. 38, n. 254.

3000. — Le jury peut-il fixer une indemnité à tant par mètre lorsque les parties n'ont pas conclu à ce mode de fixation de l'indemnité et que cependant elles sont en désaccord sur la contenance? La jurisprudence s'est d'abord prononcée pour la négative; en décidant qu'il y avait lieu d'annuler comme ne fixant pas d'une manière certaine l'indemnité accordée à l'exproprié la décision du jury qui lui accorde tant par are de terrain, si en même temps elle ne détermine pas le nombre d'ares expropriés;

car, disait-on, si le montant de l'indemnité peut résulter suffisamment d'un chiffre monétaire multiplié par une mesure de terrain, au moins faut-il que ces deux bases soient également déterminées, et notamment que la contenance du terrain soit hors de toute incertitude. — Cass., 3 août 1840, Kœchlin, [S. 40.1.711, P. 40.2.476]; — 29 août 1843, Préfet de l'Aisne, [S. 43.1.817, P. 43.2.386] — Crépon, sur l'art. 38, n. 257.

3001. — Mais, en réalité, ce mode de fixation de l'indemnité ne peut soulever de contestation sérieuse; si la contenance est incertaine il permet au jury de se prononcer pour toutes les hypothèses qui peuvent se présenter relativement à la contenance. Aussi est-il aujourd'hui reconnu que le jury peut, dans les cas où les parties sont en désaccord sur la contenance du terrain exproprié, allouer une indemnité fixée à raison de tant par chacun des mètres dont se compose la contenance affirmée par l'exproprié, en réservant à l'expropriant le droit de faire vérifier l'exactitude de cette contenance. — Cass., 9 févr. 1846, précité; — 29 juin 1852, Préfet des Bouches-du-Rhône, [S. 52.1.669, P. 52.2.242, D. 52.1.172]; — 9 août 1858, Chem. de fer du Midi, [S. 61.1.384, P. 61.689, D. 60.1.410]; — 19 juin 1861, Bertrand, [S. 61.1.996, P. 62.326, D. 61.1.285]; — 8 avr. 1868, Duriod, [S. 68.1.414, P. 68.1103, D. 68.1.297]; — 15 mars 1869, Ardoin, [D. 69.1.272]; — 19 juill. 1870, Syndic de la Seine, [S. 70.1.349, P. 70.883, D. 70.1.428] — De Lalleau, Jousselin, Rendu et Périn, loc. cit.; Daffry de la Monnoye, loc. cit.; Crépon, sur l'art. 38, n. 256.

3002. — Ainsi l'indemnité fixée par le jury, au cas où il a alloué une indemnité alternative, eu égard à la contenance du terrain exproprié portée au jugement d'expropriation, et aussi à une contenance plus grande prétendue par l'exproprié, doit, quel que soit l'excédent de contenance, être considérée comme certaine et définitive, lorsqu'elle a eu pour base une somme déterminée par chaque mètre du terrain. — Cass., 19 juin 1861, précité.

3003. — Dans le cas où les parties, en désaccord sur la contenance réelle du terrain exproprié, soient convenues d'une contenance déterminée pour l'évaluation à faire par le jury, sauf à se tenir compte entre elles de la différence, il ne résulte aucune nullité de ce que le jury a néanmoins fixé l'indemnité d'après la contenance portée au tableau des offres. — Cass., 9 août 1847, Desmartains et Lecène, [S. 47.1.754, P. 47.2.762, D. 51.5.247] — Daffry de la Monnoye, t. 2, sur l'art. 38, n. 94. — Dans ce cas, si les parties avaient voulu une fixation à tant le mètre, à raison du différend sur la contenance, elles auraient dû déposer des conclusions à cet effet.

3004. — Il s'ensuit qu'on doit annuler la décision du jury qui alloue une indemnité en bloc, alors qu'une indemnité à tant par mètre est demandée et que la contenance est incertaine; cette indemnité peut alors être ou inférieure à l'offre ou supérieure au chiffre de la demande. — Cass., 21 mai 1860, Comm. de Marchampt, [S. 60.1.913, P. 61.837, D. 60.1.251] — Crépon, sur l'art. 38, n. 237 bis.

3005. — On ne peut d'ailleurs se faire un grief de la fixation de l'indemnité en bloc, ce qui est le mode de fixation ordinaire, alors qu'il ne s'est élevé aucune contestation sur la contenance ni avant ni pendant le cours des débats. — Cass., 11 avr. 1863, Riegel, [cité par Daffry de la Monnoye, t. 2, sur l'art. 38, n. 92]

3006. — L'indemnité fixée par le jury pour tout le terrain compris au plan administratif est définitive, alors même qu'il y aurait erreur dans l'indication de la contenance, cette indication n'étant qu'un accessoire de la désignation de la chose exproprié, et non une mesure proportionnelle de l'indemnité. — Paris, 13 févr. 1866, Malice, [S. 66.2.228, P. 66.850]

3007. — Lorsque l'exproprié a demandé : 1° 87 fr. du mètre carré, 2° 6,175 fr. tant pour la dépréciation et moins-value de la propriété non expropriée que pour la valeur des constructions supprimées ou détériorées par l'expropriation, et aussi pour la reconstruction d'une muraille de clôture; 3° 12 p. 100 des indemnités qui seraient allouées à titre de remploi, est régulière la décision qui accorde : 1° 65 fr. par mètre carré de terrain; 2° 4,500 fr. pour indemnité de dépossession et toutes constructions; 3° 12 p. 100 sur le prix du terrain et la dépréciation des immeubles; vainement on objecterait cette dernière allocation n'est pas déterminée d'un manière précise, qu'il n'y a pas lieu d'ajouter 12 p. 100 à la portion de l'indemnité représentant la valeur des constructions et que cette portion n'étant pas fixée par la décision, il devient nécessaire de procéder à une ventilation ce qui est contraire à la loi. En effet, des constructions supprimées, des réparations et des reconstructions rendues nécessaires par l'expropriation constituent en réalité des éléments de dépréciation des immeubles non expropriés, et la décision du jury désigne évidemment, par cette expression générale, les divers objets pour lesquels les expropriés réclamaient en bloc une somme de 6,175 fr. par le second chef de leurs conclusions. — Cass., 1er mai 1877, Comm. de Fresnes, [S. 77.1.277, P. 77.1.686] — Daffry de la Monnoye, t. 2, sur l'art. 38, n. 71.

3008. — Au cas d'incendie de l'immeuble avant l'expropriation, le jury peut, après avoir accordé une indemnité basée sur la valeur de l'immeuble au moment de l'expropriation, réserver les droits de l'exproprié contre la compagnie d'assurances ; une pareille réserve ne constitue pas une indemnité supplémentaire qui serait nulle comme étant indéterminée. — Cass., 21 mars 1877, Vitou de Jassaud, [S. 79.1.324, P. 79.796, D. 78.1.439] — Crépon, sur l'art. 38, n. 226.

3009. — Il a été jugé, d'autre part, que la décision du jury, qui prononce une indemnité alternative, suivant que l'expropriant accorderait, ou non, à l'exproprié, pour la desserte de son domaine, un droit de passage définitif et irrévocable sur le chemin de halage d'un canal, est claire et précise, et, en outre, relative à un préjudice directement causé à l'ensemble du domaine de l'exproprié. — Cass., 6 nov. 1883, Préfet de la Côte-d'Or, [S. 85.1.384, P. 85.1.929, D. 85.1.39]

3010. — Mais lorsque l'exproprié a demandé une indemnité alternative, selon que l'expropriation serait plus ou moins étendue, la décision du jury qui, se conformant à la question unique posée par le magistrat directeur, vise la contenance de l'une des hypothèses, et le chiffre de l'indemnité de l'autre, est nulle comme manquant de clarté. — Cass., 17 mars 1885, Asselin, [S. 87.1.277, P. 87.1.654, D. 86.1.112] — Dans l'espèce, l'irrégularité de la décision du jury provenait d'une confusion due à la manière vicieuse dont la question avait été posée par le magistrat directeur.

3011. — Ainsi encore lorsque l'exproprié a demandé une indemnité pour la dépossession du terrain et une autre indemnité pour le cas où il serait jugé qu'il était sans droits à réclamer une somme suffisante à l'effet de recouvrir en pierre une maison couverte en chaume et voisine du chemin de fer, le jury ne peut prendre pour base de sa décision, conformément à la question posée par le magistrat directeur, d'une part, la contenance portée au jugement d'expropriation, et, d'autre part, la somme totale comprenant même le changement de couverture. Non seulement une semblable décision vise un dommage qui n'est pas la suite nécessaire et directe de l'expropriation (V. supra, n. 2943); mais, en outre, elle manque de clarté. — Cass., 17 mars 1885, Lévêque, [S. 87.1.277, P. 87.1.654, D. 86.1.112] ; — 17 mars 1885, Penetot, [Ibid.]

3012. — D'ailleurs, la décision du jury ne présente aucune ambiguïté, nonobstant une erreur matérielle de rédaction, si l'inexactitude trouve sa rectification dans les constatations du procès-verbal. Ainsi, bien que de la décision du jury et de l'ordonnance du magistrat directeur il semble résulter que le jury a accordé à l'exproprié une indemnité plus forte, dans le cas où il n'aurait à subir aucune servitude, la décision doit s'entendre en ce sens qu'elle fixe une indemnité à raison de la dépossession du terrain, et ajoute hypothétiquement une autre indemnité pour le cas où il serait jugé que l'expropriation a eu pour effet d'attribuer des droits de servitude à l'expropriant sur l'exproprié, si toute autre interprétation ne donne à cette décision aucun sens juridique. — Cass., 27 août 1883, Ville de Paris, [S. 83.1.477, P. 83.1.1183, D. 84.1.423]

3013. — Lorsque le procès-verbal des opérations du jury constate qu'il a été convenu entre les parties, en présence des délégués visitant les lieux, que les contributions échues ou à échoir seraient comprises dans l'indemnité à allouer, et qu'ensuite le jury, en fixant l'indemnité, l'a allouée « pour toutes choses pouvant être réclamées, » sa décision, loin d'être obscure et incomplète, est claire et précise, et tient compte des contributions échues ou à échoir. — Cass., 17 août 1875, David, [S. 75.1.169, P. 75.1185, D. 76.1.120] — Crépon, sur l'art. 38, n. 277; Daffry de la Monnoye, t. 2, sur l'art. 38, n. 100.

3014. — L'indemnité accordée par le jury pour « pré, broussailles ou restes d'écluse, » ne s'étend pas à l'écluse et à son barrage, qui ne sont pas compris dans le jugement d'expropriation, et dont le règlement d'indemnité fait l'objet d'une instance devant l'autorité administrative ; l'indemnité porte seulement sur les vestiges de cette écluse destinée à être détruite, et qui, incorporés au sol, en forment une partie intégrante. Dès lors, l'indemnité est claire, précise, et ne prête pas à l'équivoque. — Cass., 12 mai 1880, Vauthier, [S. 80.1.376, P. 80.898]

3015. — La décision du jury n'est régulière que lorsque l'indemnité fixée porte sur tous les chefs de la demande ; l'omission de statuer sur l'un des éléments de l'indemnité entraîne la cassation intégrale de la décision du jury, parce que les divers chefs d'une demande d'indemnité sont reliés les uns aux autres et forment un ensemble qu'on ne peut diviser. — Cass., 21 mars 1854, Darefeuille, [S. 54.1.640, P. 54.1.473, D. 54.1.125]; — 10 mars 1858, Coste, [P. 58.869, D. 58.1.128]; — 19 avr. 1858, Festugières, [P. 59.55, D. 58.1.322]; — 28 mars 1859, Sellier, [P. 59.869, D. 59.1.165] — Crépon, sur l'art. 38, n. 260 et 261. — Par suite, la décision du jury, qui, en présence de trois chefs distincts de demandes, accorde une indemnité unique, doit être annulée comme incomplète et sans précision, soit en ce qu'elle ne répond qu'à un seul chef des conclusions du demandeur, soit en ce qu'elle laisse dans l'incertitude le point de savoir si le jury a refusé ou simplement omis de statuer sur les deux autres. — Cass., 13 juin 1888, Camus, [S. 91.1.31, P. 91.1.50, D. 89.1.432] — V. cep. infra, n. 3085 et s.

3016. — Pour apprécier si le jury a statué sur tous les chefs de demande il faut se rapporter au dernier état des conclusions, l'exproprié pouvant réduire sa demande en renonçant à des chefs de réclamation précédemment formulés. — Cass., 31 déc. 1830, Douzelot, [S. 51.1.364, P. 51.1.475, D. 51.1.286]; — 8 déc. 1863, Wolf-Godman, [D. 65.5.162] — Daffry de la Monnoye, t. 2, sur l'art. 38, n. 98; Crépon, sur l'art. 38, n. 262.

3017. — Par suite, doit être cassée la décision du jury qui alloue une indemnité en bloc, alors que l'exproprié a offert : 1° une indemnité pour la parcelle expropriée ; 2° une autre indemnité pour le cas où l'expropriant requerrait l'acquisition intégrale, et que celui-ci a déclaré qu'il se réservait de traiter ultérieurement de l'excédent non exproprié. — Cass., 20 févr. 1899, Dieuzayde, [S. et P. 99.1.192] — En ce cas la décision du jury n'est ni claire ni précise, puisqu'elle n'indique pas l'indemnité afférente à l'expropriation telle qu'elle a été fixée par le jugement d'expropriation, seule expropriation acceptée par l'exproprié. D'un autre côté, comme l'indemnité doit être fixée par le jury, elle ne peut être déterminée par une ventilation ; dès lors la décision du jury est nulle puisqu'elle ne fait pas connaître le chiffre de l'indemnité afférent à la parcelle expropriée.

3018. — Le jury n'a point tenu de fixer l'indemnité à raison de propositions nouvelles faites par l'expropriant à l'exproprié au cours des débats, si celui-ci ne les a point acceptées ; en effet, ces propositions sont non avenues et le jury n'a pas à en tenir compte. — Cass., 10 août 1852, Chem. de fer de Saint-Germain, [D. 54.5.345] — Daffry de la Monnoye, t. 2, sur l'art. 38, n. 99 ; Crépon, sur l'art. 38, n. 263.

3019. — Ainsi lorsque l'expropriant offre l'établissement d'un chemin d'une largeur de quatre mètres et l'exproprié demande l'ouverture d'une chemin d'une largeur de six mètres, le jury n'est point tenu de se prononcer sur ces offres et demandes, aucun accord n'étant intervenu entre les parties. C'est donc avec raison que le jury se prononce sur l'indemnité à raison de l'emprise. — Cass., 14 août 1855, Monnier, [S. 56.1.620, P. 57.420, D. 55.1.416] — Daffry de la Monnoye, loc. cit.; Crépon, sur l'art. 38, n. 264.

3020. — Le jury n'a pas à se prononcer sur une proposition nouvelle non acceptée par l'exproprié, alors même que le magistrat directeur lui a posé une question à cet égard ; en effet, le magistrat directeur n'est pas tenu de poser des questions aux jurés (V. supra, n. 2385 et s.) ; en outre s'il en pose il ne peut lui faire excéder les pouvoirs qu'il tient du jugement d'expropriation, et le faire prononcer sur un objet en dehors de l'expropriation, alors qu'il n'existe pas de contrat judiciaire pour l'y faire entrer. — Daffry de la Monnoye, loc. cit.; Crépon, sur l'art. 38, n. 265. — Contra, Cass., 25 févr. 1840, Préfet de la Marne, [S. 40.1.274, P. 40.1.245]

3021. — Si des réserves ont été faites et qu'il en ait été donné acte par le magistrat directeur, le jury n'a point à statuer à leur égard, s'il n'a pas été mis en demeure de le faire, par des conclusions. — Cass., 20 août 1860, Gérard, [P. 61.765, D. 60.1.415] — Daffry de la Monnoye, loc. cit. ; Crépon, sur l'art. 38, n. 266.

3022. — Il en est ainsi alors même que des chefs de réclamation ont figuré dans un acte extrajudiciaire, si ces chefs de demande n'ont pas été reproduits devant lui; le jury ne connaît que les conclusions prises devant lui; il n'a point à se préoccuper de demandes qui ont pu être faites au cours de la procédure en expropriation s'il n'en est point saisi; il les ignore ou doit penser qu'elles sont abandonnées. — Cass., 27 janv. 1869, Ferrand, [S. 69.1.385, P. 69.946, D. 69.1.244] — Daffry de la Monnoye, loc. cit.; Crépon, sur l'art. 38, n. 267.

3023. — L'exproprié qui, au cours de la procédure et des débats, ne s'est présenté que comme locataire, n'a réclamé d'indemnité qu'à ce titre, ne peut attaquer la décision du jury parce qu'elle ne lui allouerait pas d'indemnité comme propriétaire, sous prétexte que, relativement à une construction, le jugement d'expropriation l'aurait qualifié de propriétaire. Par ses agissements l'exproprié a reconnu qu'il n'était que locataire et restreint le débat à ce qui pouvait lui être dû à ce titre. — Cass., 7 mai 1878, [cité par Daffry de la Monnoye, t. 2, sur l'art. 38, n. 99 bis, et Crépon, sur l'art. 38, n. 268]

6e De l'indemnité en argent.

3024. — L'indemnité, considérée et par rapport à ceux qui ont à la fixer et par rapport à ceux qui doivent la payer ou la recevoir, doit nécessairement être d'une même chose qui ait la même valeur pour tous. Cette chose ne pouvait donc être qu'une somme d'argent, à moins de conventions contraires (V. supra, n. 2681). Jugé, par suite, que l'indemnité accordée à l'exproprié doit, à moins de convention contraire dûment constatée, consister uniquement en une somme d'argent, et qu'il y a lieu d'annuler la décision du jury, qui, en l'absence de cette convention fixe l'indemnité autrement qu'en argent. — Cass., 19 déc. 1838, Préfet de Seine-et-Oise, [P. 42.2.674]; — 31 déc. 1838, Charrin, [S. 39.1.19, P. 39.1.5]; — 3 juill. 1843, Castex, [S. 43.1.578, P. 43.2.294]; — 19 juill. 1843, Préfet du Nord, [S. 43.1.732, P. 43.2.295]; — 2 janv. 1844, Dutertre, [S. 44.1.318, P. 44.1.356]; — 16 févr. 1846, Préfet des Bouches-du-Rhône, [S. 46.1.236, P. 46.1.502, D. 46.1.64]; — 10 mars 1852, Préfet du Gers, [S. 52.1.069, P. 52.1.296, D. 52.3.262]; — 7 avr. 1858, Saudrol, [S. 59.1.272, P. 59.838, D. 58.1.171]; — 16 avr. 1862, Saint-George, [S. 62.1.1069, P. 63.285, D. 62.1.360]; — 23 juin 1862, Préfet de la Corse, [Ibid.]; — 21 juill. 1862, de Leggel, [Ibid.]; — 29 juill. 1862, Chem. de fer de Lyon, [Ibid.]; — 13 août 1862, Chem. de fer de Lyon, [Ibid.]; — 7 févr. 1865, Préfet de la Haute-Marne, [D. 65.5.175]; — 3 avr. 1865, Comm. de la Ferté-Macé, [D.65.5.176]; — 18 févr. 1867, Grandt, [S. 67.1.201, P.67.655]; — 13 janv. 1869, Comm. d'Yerville, [S. 69.1.288, P. 69.340, D. 69.1.158]; — 19 mars 1872, Grange, [S. 72.1.440, P. 72.1155, D. 73.1.71]; — 20 août 1873, Thibaut, [S. 73.1.447, P. 73.1195, D. 74.1.40]; — 3 déc. 1873, Chastenet-Géry, [D. 74.1.64]; — 15 janv. 1877, Comm. de Muret-le-Ferron, [S. 79.1.39, P. 79.63, D. 78.1.74]; — 19 déc. 1877, Forrey, [S. 78.1.78, P. 78.168, D. 78.1.54]; — 27 juin 1882, Chambert, [Bull. civ., p. 270]; — 5 févr. 1883, Brau, [S. 85.1.435, P. 83.1.1087, D. 84.1.278]; — 5 févr. 1883, Astrié, [Ibid.]; — 1er août 1883, de Dreux-Brézé, [P. 85.1.128]; — 11 août 1885, Francoz, [S. 86.1.223, P. 86.1.532]; — 13 janv. 1886, Préfet du Doubs, [S. 86.1.320, P. 86.1.758]; — 9 févr. 1887, Trouillard, [S. 88.1.176, P. 88.1.405, D. 87.1.232]; — 11 mai 1891, Lagrange, [S. et P. 93.1.478, D. 92.1.164]; — 1er juin 1891, Arnaudon, [S. et P. 93.1.479]; — 7 mai 1895, Dumaine, [S. et P. 95.1.423]; — 14 avr. 1899, Communal, [S. et P. 99.1.288] — De Peyrony et Delamarre, n. 480 et s.; de Lalleau, Jousselin, Rendu et Périn, t. 1, n. 313 et 599; Crépon, sur l'art. 38, n. 214; Morin, n. 404; Morin, n. 204 et s.; Daffry de la Monnoye, t. 2, sur l'art. 38, n. 73.

3025. — L'indemnité doit consister en une somme d'argent nettement déterminée; elle ne pourrait être établie en prestations de rente, ou en annuités; dans ce cas. elle ne serait point préalable à la dépossession, et elle serait incertaine quant à son chiffre; il en est ainsi alors même que l'exproprié serait l'Etat et que le terrain devrait lui revenir à l'expiration de la concession du chemin de fer en vue duquel l'expropriation est prononcée; les propriétés de l'Etat sont, en effet, soumises aux règles du droit commun en ce qui concerne l'expropriation. — Cass., 19 déc. 1838, Préfet de Seine-et-Oise, [S. 39.1.255, P. 42.2.674] — Daffry de la Monnoye, t. 2, sur l'art. 38, n. 87.

3026. — Par application de la règle ci-dessus posée, il a été jugé que doit être annulée la décision du jury, qui, en dehors de l'indemnité en argent, accorde à l'exproprié une certaine quantité de bois et de matériaux, sans qu'il soit établi qu'un contrat judiciaire soit intervenu sur ce point entre les parties. — Cass., 3 juill. 1843, précité; — 19 juill. 1843, précité; — 2 janv. 1844, précité; — 2 juin 1843, Ville Dumas-d'Agenais, [S. 45.1.493, P. 45.2.72, D. 45.1.295]; — 24 déc. 1851, Duval, [S. 52.1.124, P. 52.1.296, D. 54.5.348]; — 10 mars 1852, Bouzin, [S. 52.1.069, P. 52.1.296, D. 52.5.262]; — 16 avr. 1862, de Legge, [S. 62.1.1069, P. 63.285, D. 62.1.379]; — 18 févr. 1867, Graud, [S. 67.1.261, P. 67.653]; — 5 févr. 1883, précité; — 11 mai 1891, précité — Daffry de la Monnoye, t. 2, sur l'art. 38, n. 74; Crépon, sur l'art. 38, n. 212; de Lalleau, Jousselin, Rendu et Périn, t. 1, n. 313.

3027. — ... Que, dans le cas même où l'exproprié a requis que ses bâtiments fussent acquis en entier, le jury (à moins qu'il n'y consente) ne peut pas lui réserver ou le contraindre à prendre pour son compte, en déduction de l'indemnité, soit des objets soit des matériaux de ses bâtiments, soit des objets adhérents à l'immeuble, et qui en forment, par leur destination, une partie intégrante, comme glaces ou tableaux scellés, plaques de foyer, etc. — Cass., 3 juill.1843, précité. — Crépon, sur l'art. 38, n. 214; de Lalleau, Jousselin, Rendu et Périn, loc. cit.

3028. — ... Que, spécialement, lorsqu'un propriétaire demandant, d'une part, la valeur du terrain dont il était exproprié et des bâtiments existant sur ce terrain, d'autre part à être indemnisé du préjudice causé à la partie du terrain qu'il conservait et aux bâtiments édifiés sur ce terrain, qu'il serait forcé de démolir; lorsque, de plus, il reconnaissait qu'en déduction de ce second élément d'indemnité, il y avait lieu de défalquer la valeur des matériaux et du terrain qu'il conservait, le jury n'a pas pu faire entrer dans la composition de l'indemnité les matériaux à provenir de la partie expropriée. — Cass., 24 déc. 1851, précité. — V. aussi Cass., 2 juill. 1889, précité; — 10 mars 1852, précité.

3029. — ... Qu'il y a lieu d'annuler la décision du jury, qui, après avoir alloué à un exproprié une indemnité pécuniaire, lui abandonne, en outre, les arbres excrus sur le sol et les récoltes, bien que l'exproprié n'ait nullement consenti à un pareil règlement de son indemnité. — Cass., 16 avr. 1862, précité; — 29 juill. 1862, précité; — 13 août 1862, précité; — 18 févr. 1867, précité; — 5 févr. 1883, précité; — 7 mai 1895, précité. — Daffry de la Monnoye, loc. cit.; de Lalleau, Jousselin, Rendu et Périn, loc. cit.; — Crépon, sur l'art. 38, n. 213. — Et que la valeur de ces arbres doit être considérée comme étant entrée dans la composition de l'indemnité, par cela seul que la décision du jury en fait la réserve à l'exproprié. — Cass., 18 févr. 1867, précité.

3030. — ... Qu'il y a lieu spécialement d'annuler la décision du jury allouant aux expropriés, en outre d'une indemnité en argent, les arbres compris dans l'emprise, alors qu'il résulte du procès-verbal des opérations et des conclusions prises, que l'administration n'a offert qu'une indemnité pécuniaire, dont les expropriés ont soutenu l'insuffisance. — Cass., 7 mai 1895, précité.

3031. — ... Que le jury ne peut, sans le consentement des parties, abandonner à l'exproprié des objets quels qu'ils soient en nature. — Cass., 16 avr. 1862, précité. — ... Que, par exemple, le jury excéderait ses pouvoirs s'il autorisait l'exproprié à extraire d'une rivière sise sur le terrain exproprié, la pierre nécessaire à la construction d'un mur. — Cass., 2 janv. 1844, précité.

3032. — Au cas d'expropriation d'un immeuble sur lequel le locataire avait été autorisé à élever des constructions avec faculté de les enlever à la fin de son bail, sauf le droit pour le bailleur de les reprendre en en payant la valeur, le consentement, donné par l'exproprian, devant le jury, à ce que le locataire enlève immédiatement ces constructions, en place la valeur en dehors de l'indemnité. En conséquence, cette indemnité, pour laquelle le jury a alloué une somme déterminée en déclarant n'y pas comprendre ces constructions, ne peut être réputée consister pour partie en matériaux contrairement à la règle qui veut que l'indemnité soit fixée en argent. Et le locataire est non recevable à prétendre devant la Cour de cassation que la reprise des constructions en en payant la valeur, bien que facultative pour son bailleur, était obligatoire pour l'exproprian, alors qu'il n'a pris à cet égard aucunes conclusions devant le jury. — Cass., 30 août 1858, Éou, [P. 60.199, D. 58.1.328] — De Peyrony et Delamarre,

n. 484; Crépon, sur l'art. 38, n. 215; Daffry de la Monnoye, t. 2, sur l'art. 38, n. 78.

3033. — Si l'expropriant, en dehors d'une offre d'indemnité, demeurée et discutée telle qu'elle avait été formulée, propose de laisser à l'exproprié des matériaux provenant des démolitions, cette offre n'empêche pas que l'indemnité ne soit fixée en argent, l'exproprié pouvant faire tel cas qu'il jugera convenable de la proposition qui lui est faite. — Cass., 4 juin 1856, Border, [S. 56.1.825, P. 56.2.314, D. 56.1.196]; — 26 déc. 1859, Chaudin, [P. 60.200, D. 59.1.496]; — 26 août 1861, Chauvet, [D. 61.1.400]; — 13 janv. 1869, Comm. de Yerville, [S. 69.1.228, P. 69.541, D. 69.1.158] — De Lalleau, Jousselin, Rendu et Périn, loc. cit.; Crépon, sur l'art. 38, n. 217; Daffry de la Monnoye, t. 2, sur l'art. 38, n. 75.

3034. — Dès lors, bien que dans le cours des débats, l'expropriant ait demandé et obtenu acte de ce que les matériaux provenant des démolitions appartiendraient à l'exproprié, à la charge par lui d'opérer ces démolitions, l'indemnité en argent allouée ensuite par le jury n'en est pas moins réellement représentée par une somme précise et certaine, alors que l'énonciation relative aux matériaux ne fait pas partie intégrante des offres, et ne figure à aucun titre parmi les éléments de l'indemnité accordée. — Cass., 26 déc. 1859, précité.

3035. — Il ne faut pas oublier, d'ailleurs, que les énonciations du procès-verbal font foi jusqu'à inscription de faux, et que, par suite, elles doivent prévaloir contre les allégations contraires des parties. Dès lors, la distribution d'une note aux jurés, où il serait question de faire entrer le prix d'objets mobiliers dans l'indemnité n'établit point que l'indemnité n'ait point consisté uniquement en argent, alors que le fait de la distribution n'est appuyé ni par les conclusions des parties ni par le procès-verbal. — Cass., 7 déc. 1881, Thierry-Delanoue, [S. 82.1.133, P. 82.1.286] — Crépon, sur l'art. 38, n. 219; de Lalleau, Jousselin, Rendu et Périn, loc. cit.

3036. — Il a été jugé encore, par application de la règle ci-dessus posée, qu'il y a lieu d'annuler la décision du jury, qui, en l'absence du consentement formel et constaté de l'exproprié, laisse à l'expropriant l'option entre une indemnité en argent ou en travaux. — Cass., 31 déc. 1838, précité; — 14 août 1855, Mounier, [S. 56.1.620, P. 57.420, D. 55.1.416]; — 7 avr. 1858, Saudrol, [S. 59.1.272, P. 59.838, D. 58.1.174] — Daffry de la Monnoye, loc. cit.; de Lalleau, Jousselin, Rendu et Périn, loc. cit.; Crépon, sur l'art. 38, n. 221.

3037. — ... La décision du jury qui, en présence d'offres de l'expropriant comprenant l'exécution de travaux, alloue deux indemnités alternatives et éventuelles, l'une pour le cas où l'expropriant exécuterait les travaux, l'autre pour le cas où il ne les exécuterait pas. — Cass., 14 avr. 1899, Communal, [S. et P. 99.1.288] — V. aussi Cass., 6 déc. 1854, Chem. de fer de Graissessac, [S. 55.1.227, P. 54.2.556, D. 54.5.348]—V. infrà, n. 3043.

3038. — En conséquence, toutes offres sur des travaux ou des abandons de terrain ou de matériel doivent être réputées non avenues, sans que le jury ait à en faire état, si elles n'ont pas été acceptées par l'exproprié. — Cass., 11 mai 1891, Lagrange, [S. et P. 93.1.478, D. 92.1.161]; — 14 avr. 1899, précité. — Par suite, lorsque l'expropriant a, dès l'origine, offert, outre une somme d'argent, l'abandon d'un terrain, l'exproprié qui n'a pas accepté cette offre ne peut prétendre que la décision du jury, n'allouant que la somme offerte, est irrégulière comme inférieure aux offres. — Cass., 11 mai 1891, précité.

3039. — Peu importe que l'expropriant ait offert le sol d'un ancien chemin à l'exproprié, et que le magistrat directeur du jury ait donné acte de cette offre, si devant le jury les parties ont respectivement maintenu leur offre et leur demande primitives, sans en modifier le chiffre. — Cass., 5 mars 1872, Comm. de Vaux-Renard, [P. 73.1.176, P. 73.406, D. 73.1.63] — De Lalleau, Jousselin, Rendu et Périn, loc. cit.; Crépon, sur l'art. 38, n. 218; Daffry de la Monnoye, t. 2, sur l'art. 38, n. 76.

3040. — On voit, par les notions qui précèdent, que l'indemnité d'expropriation doit consister exclusivement en une somme d'argent, sans pouvoir comprendre aucune allocation supplémentaire de travaux en nature, à moins que les parties y aient expressément consenti par un accord spécial et dûment constaté. — Cass., 31 déc. 1838, Charrin, [S. 39.1.19, P. 39.1.5]; — 6 déc. 1854, précité; — 18 févr. 1857, Préfet de l'Ain, [S. 57.1.863, P. 58 471, D. 57.1.71]; — 20 août 1860, Ville d'Aix, [P. 61.502, D. 60.1.415]; — 31 mai 1864, Mausaire, [D. 64.5.148]; — 7 août 1867, Préfet de l'Hérault, [P. 67.1.494]; — 4 mai 1869, Ville de Lyon, [D. 69.1.341]; — 19 déc. 1871, Ville d'Annonay. [S. 72.1.139, P. 72.311, D. 73.1.71]; — 7 janv. 1874, Comm. de la Salle, [S. 74.1.83, P. 74.171, D. 74.1.215]; — 5 févr. 1878, Chem. de fer Paris-Lyon-Méditerranée, [S. 78.1.181, P. 78.430]; — 13 juin 1888, Camus, [S. 91.1.31, P. 91.1.50, D. 89.1.432]; — 12 déc. 1892, Chem. de fer du Périgord, [S. et P. 94.1.365] — Arnaud, n. 405; Morin, n. 294 et s.; Crépon, sur l'art. 38, n.220; de Lalleau, Jousselin, Rendu et Périn, loc. cit.; Daffry de la Monnoye, t. 2, sur l'art. 38, n. 79.

3041. — ... Alors surtout que l'expropriant ayant offert d'exécuter ces travaux, l'exproprié a répondu à cette offre par la demande d'une somme déterminée. — Cass., 20 août 1873, Thibaut, [S. 73.1.447, P. 73.1195, D. 74.1.40]

3042. — Il a été jugé spécialement que le jury d'expropriation excède ses pouvoirs lorsque, au lieu d'une indemnité totale en argent, il fait entrer dans l'indemnité qu'il alloue certains travaux à faire sur les terrains restant au propriétaire dépossédé, et charge la commune, pour le compte de laquelle a lieu l'expropriation, de les exécuter à ses frais. — Cass., 31 déc. 1838, précité.

3043. — Cependant si l'expropriant offre l'exécution de travaux, non acceptés par l'exproprié, le jury peut fixer une indemnité alternative, l'une pure et simple, en argent, l'autre en tenant compte de l'exécution des travaux; en procédant ainsi le jury respecte la liberté de l'exproprié, et lui donne plus de temps pour délibérer sur le point de savoir s'il accepte l'offre de travaux. — Cass., 18 juin 1861, Ourgaud, [S. 61.1.887, P. 62.431, D. 61.4.288]; — 29 janv. 1866, Renault, [D. 66.5.203] — Crépon, sur l'art. 38, n. 224. — Cette solution nous paraît plus juridique que celle consacrée par les arrêts rapportés, suprà, n. 3037; l'exproprié, en effet, se trouve, s'il le veut, en présence d'une indemnité fixée uniquement en argent; il est libre de la choisir; les prescriptions de la loi ne sont donc point éludées.

3044. — Il en est ainsi notamment quand le jury déclare dans sa décision que si l'expropriant ouvre une porte dans le surplus de l'immeuble exproprié, l'indemnité sera réduite de 500 fr., et que l'exproprié est maître d'accepter ou de refuser l'exécution de ce travail. — Cass., 29 janv. 1866, précité. — Crépon, sur l'art. 38, n. 225. — Si après la décision du jury l'exproprié accepte l'offre faite, il se formera un contrat judiciaire qui liera les parties; s'il la refuse, il touchera l'intégralité de l'indemnité fixée. — Daffry de la Monnoye, t. 2, sur l'art. 38, n. 83.

3045. — Il a été jugé qu'une indemnité doit être considérée comme uniquement fixée en argent, lorsque la décision du jury alloue une somme de 10 fr. par mètre carré, bien que le magistrat directeur ait annexé à la décision du jury et au procès-verbal un engagement par lequel le maire d'une commune, au nom de celle-ci expropriante, s'oblige à effectuer certains travaux destinés à faire couler sur la propriété de l'exproprié l'eau de la source qu'il prétend exister sur le terrain exproprié dans le cas où il viendrait à être mise au jour; cet engagement étant indépendant de l'indemnité fixée uniquement en argent. — Cass., 4 mai 1869, Péan, [D. 69.1.342] — Daffry de la Monnoye, t. 2, sur l'art. 38, n. 220; Crépon, sur l'art. 38, n. 227.

3046. — Le jury ne peut subordonner le paiement de l'indemnité à aucune condition; ainsi, après avoir fixé l'indemnité accordée à l'exproprié pour privation d'un cours d'eau, il ne peut subordonner le paiement de cette indemnité au cas où l'expropriant ne rétablirait pas le cours d'eau; en fait l'indemnité serait alors convertie en la faculté pour l'expropriant de se libérer par l'exécution de travaux, et l'exproprié se trouverait privé de l'indemnité en argent à laquelle il a droit. — Cass., 7 févr. 1837, Parmentier Carlier, [S. 37.1.426, P. 37.1.94] — Crépon, sur l'art. 38, n. 250.

3047. — Les offres de travaux devant être réputées non avenues quand elles n'ont pas été acceptées, la décision du jury qui dans ce cas se borne à allouer une somme d'argent sans se préoccuper de l'offre d'exécution de travaux est régulière; par suite, il a été jugé que lorsque, dans ce cas, le jury se borne à fixer une somme en argent, l'exproprié ne peut ensuite prétendre que l'indemnité est inférieure aux offres ; il suffit, en ce cas, qu'elle ne soit pas inférieure à la somme offerte en argent. — Cass., 1er août 1883, Comm. de Sauvigny, [cité par Crépon, n. 222]

3048. — ... Que l'indemnité fixée par le jury ne présente aucune incertitude, alors que, l'expropriant ayant offert à l'exproprié d'exécuter certains travaux, il en a été donné acte par le magistrat directeur, sans que ces offres aient été acceptées, le donné acte demeurant étranger à la fixation de l'indemnité. — Cass., 12 déc. 1892, précité.

3049. — ... Que lorsque l'exproprianl a offert de faire et d'entretenir à ses frais une clôture, il n'en résulte aucune nullité si l'offre n'a pas été acceptée, et si la décision du jury ne comprend que la fixation d'une indemnité en argent. — Cass., 13 juin 1888, précité.

3050. — Jugé, au reste, que lorsque l'exproprianl, dans le cours des débats, et par l'organe de son avocat, déclare l'intention de conserver un chemin exproprié et de lui donner une largeur déterminée, cette déclaration, faite en dehors des offres régulières de l'expropriant, ne saurait être considérée comme une offre consistant en l'exécution de travaux, surtout si l'exproprié n'en a pas demandé acte. Dès lors, c'est à bon droit que le jury fixe une indemnité consistant uniquement en une somme d'argent. — Cass., 21 juill. 1886, Comm. de Pantin, [S. 87.1.181, P. 87.1.414, D. 87.1.316].

3051. — De ce que l'indemnité d'expropriation doit être claire, précise, et consister uniquement en une somme d'argent, il suit qu'il y a nullité de la décision du jury qui crée, au profit du propriétaire dépossédé, des charges ou servitudes sur la propriété expropriée. — Cass., 15 janv. 1877, Comm. de Muret-le-Ferron, [S. 79.1.39, P. 79.63, D. 78 1.74]; — 13 janv. 1886, Préfet du Doubs, [S. 86.1.320, P. 86.1.758, D. 86.5.225] — Crépon, sur l'art. 38, n. 228; Daffry de la Monnoye, t. 2, sur l'art. 38, n. 81.

3052. — En conséquence, la décision du jury qui accorde à l'exproprié, en sus de l'indemnité en argent, le droit d'établir sur le chemin à ouvrir des entrées pour sa propriété et des barrières mobiles de clôture, doit être annulée, alors que son consentement de l'expropriant à ce mode de règlement n'est pas constaté. — Cass., 13 janv. 1886, précité.

3053. — Le principe qui régit la consistance de l'indemnité est vrai à l'égard de l'expropriant comme à l'égard de l'exproprié; le jury ne peut, même sur la demande de l'exproprié, imposer à l'expropriant autre chose qu'une somme d'argent, si celui-ci n'accepte pas cette modification; ainsi le jury ne peut imposer à l'expropriant, sans son consentement, la création d'une servitude au profit de l'exproprié sur le terrain qui fait l'objet de l'expropriation. — Cass., 15 janv. 1877, précité. — Crépon, sur l'art. 38, n. 230.

3054. — Le jury ne saurait non plus imposer à l'expropriant l'obligation de se dessaisir d'objets matériels compris dans l'expropriation. — Cass., 7 févr. 1863, Préfet de la Haute-Marne, [D. 65.5.176] — De Lalleau, Jousselin, Rendu et Périn, t. 1, n. 313; Crépon, sur l'art. 38, n. 229; Daffry de la Monnoye, t. 2, sur l'art. 38, n. 74.

3055. — La décision du jury est également nulle quand elle impose à l'expropriant l'obligation de faire certains travaux ayant pour objet la réparation, en tout ou en partie, du préjudice causé par l'expropriation ou de travaux réclamés par l'exproprié. — Cass., 16 févr. 1848, Préfet des Bouches-du-Rhône, [S. 46.1.236, P. 46.1.499, D. 46.1.64]; — 14 août 1855, Mounier, [S. 56.1.620, P. 57 420, D. 55.1.416]; — 18 févr. 1857, Préfet de l'Ain, [S. 57.1.863, P. 58.474, D. 57.1.71]; — 23 juin 1862, Préfet de la Corse, [S. 62.1.1069, P. 63.265, D. 62.1.379]; — 19 mars 1872, Grange, [S. 72.1.410, P. 72.1155, D. 73.1.72]; — 20 août 1873, Thibaut, [S. 73.1.447, P. 73.1195, D. 74.1.40]; — 24 avr. 1894, L'Etat, [S. et P. 94.1.512, D. 95.1.178]; — 1er juin 1894, Arnaudou, [S. et P. 93.1.479] — Cons. d'Et., 20 nov. 1815, Rousset, [P. adm. chr.]; — 19 oct. 1825, Goblet, [P. adm. chr.]; — 17 janv. 1838, Rodet, [S. 38.2.276, P. adm. chr.] — Arnaud, n. 405; Morin, n. 241.1.1069; — de Lalleau, Jousselin, Rendu et Périn, loc. cit.; Crépon, sur l'art. 38, n. 245; Daffry de la Monnoye, t. 2, sur l'art. 38, n 79.

3056. — Par suite il a été jugé : que dans le cas où l'exproprié réclame une indemnité tant pour la valeur du terrain que pour des travaux rendus nécessaires par l'expropriation, le jury doit fixer une somme d'argent comprenant les divers éléments d'indemnité; qu'il ne peut accorder une indemnité seulement pour la valeur du terrain, et imposer à l'administration les travaux jugés nécessaires. — Cass., 18 févr. 1857, précité.

3057. — ... Que s'il n'apparaît aucunement que la commune expropriante ait consenti à substituer au règlement d'une indemnité pécuniaire la charge de certains ouvrages à exécuter en nature, doit être annulée la décision du jury qui, après avoir alloué à l'exproprié une indemnité en argent, a, en outre, chargé l'administration d'exécuter les travaux nécessaires pour assurer comme par le passé, l'irrigation du surplus de la propriété et l'écoulement des eaux qui pourraient inonder la maison. — Cass., 1er juin 1894, précité.

3058. — ... Qu'il y a lieu d'annuler la décision du jury qui, après avoir alloué à un exproprié une indemnité pécuniaire, ajoute que c'est sans préjudice des travaux à exécuter à l'effet de conserver les servitudes d'irrigation dont cet exproprié jouit actuellement. — Cass., 7 janv. 1874, Comm. de la Salle, [S. 74.1.83, P. 74.171, D. 74.1.215] — Crépon, sur l'art. 38, n. 246.

3059. — ... Que le jury, n'ayant aucun pouvoir pour ordonner l'établissement d'un chemin demandé par un propriétaire exproprié comme complément de son indemnité, n'est pas tenu de statuer sur cette demande. — Cass., 14 août 1855, précité. — Crépon, sur l'art. 38, n. 247. — ... Qu'il y a lieu d'annuler la décision du jury portant que l'expropriant fera un chemin pour desservir la propriété de l'exproprié, alors que sur la demande formée par celui-ci et tendant à l'exécution de ce chemin, l'expropriant a protesté contre son exécution, et a même déposé des conclusions pour le repousser. — Cass., 24 avr. 1894, précité.

3060. — ... Qu'il y aurait lieu de prononcer la nullité de la décision qui imposerait à l'expropriant de faire des travaux de clôture sur la propriété de l'exproprié. — Cass., 23 juin 1862, Préfet de la Corse, [S. 62.1.1069, P. 63.285, D. 62.1.379] — Crépon, sur l'art. 38, n. 248.

3061. — Mais la décision du jury qui, conformément à une question posée avec le consentement des parties, alloue à l'exproprié une somme représentant le dommage causé par la démolition partielle de sa terrasse, et une autre pour sa reconstruction est régulière, puisqu'elle n'impose aucun travail à l'expropriant, et que l'exproprié demeure libre de reconstruire ou non sa terrasse. — Cass., 10 avr. 1866, Fontaine, [D. 66.5.205] — Crépon, sur l'art. 38, n. 249; Daffry de la Monnoye, t. 2, sur l'art. 38, n. 86.

3062. — Lorsque l'exproprié a demandé l'exécution de travaux, la faculté laissée à l'expropriant de faire un travail déterminé, s'il veut s'affranchir d'une indemnité en argent, n'enlève pas à la demande de l'exproprié son caractère pécuniaire, mais crée un droit d'option au profit de l'expropriant; dès lors, rien ne s'oppose à ce que le jury consacre l'alternative proposée. — Cass., 5 févr. 1878, Chem. de fer de Paris-Lyon-Méditerranée, [S. 78.1.181, P. 78.430] — Daffry de la Monnoye, t. 2, sur l'art. 38, n. 83. — V. suprà, n. 3044.

3063. — Dans le cas où l'exproprié, en réclamant un mur de clôture, laisse à l'administration l'option entre la reconstruction de ce mur sur le terrain exproprié, ou le paiement d'une certaine somme, moyennant laquelle l'exproprié construira ce mur sur le terrain qui lui reste, le jury qui, en laissant cette option à l'administration, ajoute que, dans le premier cas, la construction du mur sera à la charge de l'Etat, exprime suffisamment que, dans ce même cas, le mur sera élevé sur le terrain exproprié. — Cass., 19 janv. 1852, Ursulines de Vitré, [S. 52.1.367, P. 52.2.688, D. 52.1.31] — Daffry de la Monnoye, t. 2, sur l'art. 38, n. 85.

3064. — Remarquons que la décision du jury ne peut pas être cassée par le motif qu'en indiquant une option au moyen de laquelle l'administration pourra se soustraire au paiement d'une indemnité, il aurait omis de préciser les sommes représentant en argent chacun des objets mis à la charge de l'administration. C'est en effet à l'expropriant à voir le parti qu'il veut prendre. — Cass., 11 janv. 1836, Préfet de la Côte-d'Or, [S. 36.1.12, P. chr.]

3065. — La nullité de la décision qui alloue une indemnité ne consistant pas uniquement dans une somme d'argent peut être invoquée par la partie qui n'a point consenti à ce mode de règlement; peu importe que ce soit l'expropriant, l'exproprié ou tous les deux à la fois. — Daffry de la Monnoye, t. 2, sur l'art. 38, n. 82.

3066. — Il a été jugé spécialement que la nullité résultant de ce que l'indemnité allouée à l'exproprié n'est pas purement pécuniaire et se trouve mélangée d'objets mobiliers à conserver, ne peut être invoquée que par l'exproprié qui n'a pas consenti à ce que l'indemnité fût fixée autrement qu'en argent; qu'elle ne peut l'être par la partie expropriante, si ce mode de fixation ne rend pas l'indemnité incertaine, et surtout s'il a été proposé par cette partie expropriante elle-même. — Cass., 13 janv. 1869, Comm. d'Yerville, [S. 69.1.288, P. 69.540, D. 69.1.158] — Il est plus exact de dire que l'exproprient ne peut protester contre un règlement ainsi fait, alors qu'il l'a proposé ou accepté, mais que dans les autres cas, il peut invoquer le moyen de nullité.

3067. — Toutefois la partie à la requête de laquelle l'expropriation a été poursuivie est non recevable, pour défaut d'intérêt, à attaquer la décision du jury qui fixe une indemnité alternative en argent ou en travaux, à son choix. — Cass., 2 févr. 1858, Chemin de fer Grand-Central, [S. 58.1.831, P. 59.577, D. 58.1.83]

3068. — Des explications qui précèdent, il suit que si l'indemnité allouée par le jury d'expropriation doit, à peine de nullité, consister en une somme d'argent, ce principe reçoit exception, lorsque les parties se sont mises d'accord pour faire entrer une autre valeur dans le règlement de l'indemnité allouée. Il se forme alors un contrat judiciaire qui lie les parties, qui fait leur loi et qui ne leur permet plus de critiquer le mode de règlement adopté. En effet, le principe dont il s'agit n'est pas d'ordre public. — Cass., 21 août 1843, Préfet du Pas-de-Calais, [S. 43.1. 880, P. 43.2.638]; — 25 août 1875, Seguin, [S. 76.1.430, P. 76. 1087, D. 76.1.56]; — 29 janv. 1884, Méranda, [S. 84.1.343, P. 84.1.834]; — 19 mai 1885, Jardillier-Rotif, [S. 87.1.134, P. 87. 1.304, D. 83.1.446]; — 9 févr. 1887, Trouillard, [S. 88.1.176, P. 88.1.405, D. 87.1.232] — De Peyrony et Delamarre, n. 480 et s.; Arnaud, n. 405; Morin, n. 204 et s.; Crépon, sur l'art. 38, n. 231; de Lalleau, Jousselin, Rendu et Périn, t. 1, n. 600 et s.; Daffry de la Monnoye, t. 2, sur l'art. 38, n. 84.

3069. — Le contrat judiciaire étant formé, il a été jugé que le jury peut comprendre dans l'indemnité les matériaux de démolition. — Cass., 9 févr. 1887, précité.

3070. — ... Qu'en sus de l'indemnité pécuniaire réclamée par l'exproprié, le jury a pu réserver à celui-ci sur sa demande formelle des glaces et des cheminées en marbre existant dans la maison dont il est dépossédé. — Cass., 21 août 1843, Préfet du Pas-de-Calais, [S. 43.1.880, P. 43.2.638] — De Lalleau, Jousselin, Rendu et Périn, loc. cit.; Daffry de la Monnoye, loc. cit.; Crépon, sur l'art. 38, n. 232.

3071. — ... Que le jury peut comprendre dans l'indemnité des travaux consistant dans la construction par l'expropriant d'un égout à établir dans les conditions fixées par les parties. — Cass., 20 août 1860, Ville d'Aix, [P. 61.302, D. 60.1.415] — De Lalleau, Jousselin, Rendu et Périn, loc. cit.; Daffry de la Monnoye, loc. cit.; Crépon, sur l'art. 38, n. 233.

3072. — ... Que lorsque l'expropriant, tout en maintenant ses offres primitives portant sur une indemnité pécuniaire, a pris des conclusions devant le jury, tendant à offrir l'établissement d'un chemin, et que l'exproprié a accepté ces offres, il résulte de cette acceptation un contrat judiciaire, qui lie les parties, indépendamment de toute décision de justice. — Cass., 29 janv. 1884, précité.

3073. — ... Que l'administration n'est pas recevable à se plaindre de ce que le jury, en statuant l'indemnité, aurait donné acte de l'engagement qu'elle prenait d'exécuter certains travaux, surtout si c'est sur ses offres mêmes qu'il est donné acte de cet engagement. — Cass., 16 févr. 1846, Préfet des Bouches-du-Rhône, [S. 46.1.257, P.46.1.499, D. 46.1.64]

3074. — Il y a contrat judiciaire liant les parties; lorsque le procès-verbal, dressé par le magistrat directeur du jury d'expropriation, constate que « l'exproprié a demandé acte de la déclaration faite par l'expropriant, que celui-ci lui laisserait la jouissance d'une parcelle de terrain, que l'expropriant a présenté quelques observations à l'appui de ses offres d'indemnité, et que l'exproprié, sur la foi de la convention, a réduit sa demande. » — Cass., 19 mai 1885, précité. — De Lalleau, Jousselin, Rendu et Périn, n. 604; Crépon, sur l'art. 38, n. 234; Daffry de la Monnoye, loc. cit.; Arnaud, n. 405.

3075. — Le magistrat directeur en faisant insérer, dans le procès-verbal, les conclusions prises à l'audience par l'expropriant et l'exproprié, les unes contenant certaines offres, et les autres demandant acte de ces déclarations, constate suffisamment l'accord des parties, sans qu'il soit besoin, pour la formation du contrat judiciaire, qu'il donne acte aux parties de leurs conclusions respectives. — Cass., 31 juill. 1883, Battandier, [S. 85.1. 135, P. 85.1.290, D. 84.1.407] — V. encore Cass., 5 nov. 1889,

Dubost, [S. 90.1.224, P. 90.1.534] — De Lalleau, Jousselin, Rendu et Périn, loc. cit.

3076. — Mais l'option laissée à l'expropriant de se libérer de l'indemnité en argent ou en effectuant des travaux entraîne la nullité de la décision, alors que le procès-verbal ne constate pas que l'exproprié a accepté ce mode de règlement ; il n'est pas, en effet, certain que l'indemnité est régulière et on peut croire que les travaux ont été imposés à l'exproprié comme indemnité sans son assentiment. — Cass., 7 avr. 1858, Saudral, [S. 59.1.272, P. 59.838, D. 59.1.171] — De Lalleau, Jousselin, Rendu et Périn, loc. cit.; Daffry de la Monnoye, loc. cit.; Crépon, sur l'art. 38, n. 235.

3077. — La décision est également nulle : lorsque des travaux sont compris dans l'indemnité, si le procès-verbal constate bien que l'exproprié a demandé les travaux mais ne constate pas que l'expropriant a accepté de les exécuter; dans ce cas, on peut penser que l'exécution des travaux est imposée à l'expropriant sans son consentement. — Cass., 9 févr. 1874, Boisdèvre, [S. 74. 1.223. P. 74.547, D. 74.1.304] — De Lalleau, Jousselin, Rendu et Périn, loc. cit.; Daffry de la Monnoye, loc. cit.; Crépon, sur l'art. 38, n. 236.

3078. — ... Lorsque la décision du jury réserve à l'exproprié des récoltes et des arbres, sans constater qu'ils aient été offerts et acceptés. — Cass., 16 avr. 1862, Saint-Georges, [S. 62.1.1069, P. 63.285]; — 29 juill. 1862, Chem. de fer de Lyon, [Ibid.] — De Lalleau, Jousselin, Rendu et Périn, loc. cit.; Crépon, sur l'art. 38, n. 237.

3079. — ... Lorsque la décision sur la demande de l'expropriant, attribue les matériaux de démolition à l'exproprié, sans que le procès-verbal constate le consentement de celui-ci. — Cass., 21 juill. 1862, de Legge, [S. 62.1.1069. P. 63.285, D. 62. 1.379] — De Lalleau, Jousselin, Rendu et Périn, loc. cit.; Crépon, sur l'art. 38, n. 238.

3080. — ... Et à plus forte raison si, en réponse à des offres de l'expropriant lui offrant des travaux à exécuter, l'exproprié s'est borné à demander une somme en argent déterminée. — Cass., 20 août 1873, Sohet-Thibaut, [S. 73.1.477, P. 73.1195, D. 74.1.40] — Daffry de la Monnoye, loc. cit.; Crépon, sur l'art. 38, n. 239.

3081. — Le contrat judiciaire n'est d'ailleurs formé entre les parties, que si elles sont complètement tombées d'accord, et si la réponse de l'une est en parfaite concordance avec l'offre de l'autre; il est bien évident que sans cet accord parfait le contrat judiciaire ne se forme pas, une partie étant toujours libre de retirer une offre qui n'est pas acceptée dans les conditions où elle est faite. — Cass., 14 août 1855, Mounier, [S. 56.1.620, P. 57.420, D. 55.1.416] — De Lalleau, Jousselin, Rendu et Périn, t. 1, n. 602; Daffry de la Monnoye, loc. cit.; Crépon, sur l'art. 38, n. 240.

3082. — Le procès-verbal qui constate le contrat judiciaire forme le titre des parties (V. suprà, v° *Contrat judiciaire*, n. 75 et s.), et c'est en l'invoquant que l'exproprié peut poursuivre l'exécution du contrat, et notamment les travaux auxquels l'expropriant s'est engagé, et demander des dommages-intérêts, en cas de retard ou d'inexécution de l'engagement pris. — Cass., 20 août 1860, Ville d'Aix, [P. 61.502, D. 60.1.415]; — 8 déc. 1863, Wolf-Gutman, [D. 64.5.162] — Cons d'Ét., 12 mai 1876, Chem. de fer de Lyon, [S. 78.2.218, P. adm. chr., D. 77.3.4] — Daffry de la Monnoye, loc. cit.; Crépon, sur l'art. 38, n. 241 ; de Lalleau, Jousselin, Rendu et Périn, t. 1, n. 603.

3083. — Le contrat judiciaire constatant les conventions intervenues entre les parties, il en résulte en outre que les contestations auxquelles le contrat peut plus tard donner lieu, et notamment toutes celles portant sur l'exécution des travaux, sont de la compétence de l'autorité judiciaire. — Cass., 6 avr. 1886, Chem. de fer du Nord-Est, [S. 87.1.37, P. 87.1.59, D. 87. 1.53]; — 24 juill. 1886, Loiselot, [S. 87.1.435, P. 87.1.305, D. 87. 1.35] — Paris, 12 déc. 1851, Chem. de fer d'Orléans, [P. 52.1. 241, D. 51.5.342] — Trib. de Castres, 21 mars 1849, Marturé, [S. 90.2.22, P. 90.1.109] — Cons. d'Ét., 12 mai 1876, précité. — Trib. des conflits, 21 août 1883, Rives, [S. 85.3.38, P. adm. chr., D. 85.3.10] — Daffry de la Monnoye, loc. cit.; Crépon, sur l'art. 38, n. 242; de Lalleau, Jousselin, Rendu et Périn, t. 1, n. 604 ; Daffry de la Monnoye, t. 2, sur l'art. 38, n. 95.

3084. — Peu importe que l'expropriant soit l'État lui-même, cette circonstance ne donne pas aux travaux qu'il doit exécuter en vertu du contrat judiciaire le caractère de travaux publics ;

pour qu'un travail soit public il ne suffit pas qu'il soit exécuté par l'État, il faut encore qu'il soit effectué dans un but d'utilité générale. — Cass., 31 mai 1859, Chem. de fer de l'Ouest, [cité par Daffry de la Monnoye, t. 2, sur l'art. 38, n. 95]

§ 7. *Indemnités distinctes.*

3085. — Si la fixation de l'indemnité doit répondre à tous les chefs de la demande, aucune disposition de loi n'interdit au jury d'en comprendre les divers éléments dans une allocation générale et collective, alors même qu'ils ont été spécifiés distinctement dans la demande de l'exproprié, pourvu toutefois qu'ils touchent à la même propriété et intéressent le même indemnitaire. — Cass., 26 mai 1840, Hanaise, [S. 40.1.712, P. 41.2.736]; — 17 août 1840, Delessert, [S. 40.1.714, P. 40.2.211]; — 30 avr. 1844, Singer, [S. 44.1.432, P. 44.2.109]; — 22 août 1849, Alliot, [S. 50.1.137, P. 50.1.361, D. 51.5.242]; — 27 août 1851, Requier, [P. 51.2.479, D. 51.5.243]; — 21 févr. 1853, Mazet, [S. 53.1.430, P. 53.2.165, D. 53.1.51]; — 2 mars 1853, Hainguerlot, [P. 53.2.605, D. 53.1.436]; — 4 juill. 1854, Hallande-Vallez, [S. 55.1.219, P. 55.1.126, D. 54.1.340]; — 23 août 1854, Jacomet, [S. 55.1.143, P. 55.1.126, D. 54.1.319]; — 26 déc. 1854, Racellerie, [S. 55.1.256, P. 55.1.128, D. 54.5.349]; — 5 mai 1856, Beguinot, [S. 56.1.619, P. 56.2.99, D. 56.1.302]; — 24 juin 1857, Kœchlin, [S. 57.1.773, P. 58.267, D. 57.1.292]; — 21 juill. 1858, Anterrieu, [P. 59.56 D. 58.1.326]; — 5 juin 1860, Natinger, [S. 61.1.383 P. 61.639, D. 60.1.411]; — 11 févr. 1861, Deshaye-Bonneau, [P. 62.234, D. 61.1.135]; — 28 mai 1861, Anselin, [S. 61.1.907, P. 62.731, D. 61.1.286]; — 16 déc. 1861, Séguin, [S. 62.1.1068, P. 63.388, D. 62.1.376]; — 20 août 1862, Claverie, [D. 62.1.383]; — 5 juill. 1864, Bothier, [D. 65.5.173]; — 11 janv. 1865. Menet, [S. 65.4.240, P. 65.562]; — 9 janv. 1866, Deseaux, [D. 66.5.209]; — 16 juill. 1866, Delistang, [D. 66.5.214]; — 14 août 1866, Baursin, [S. 67.1.85, P. 67.174, D. 66.5.214]; — 25 mai 1868, Canbreling, [D. 68.1.405]; — 7 juill. 1868, Picot, [D. 68.1.329]; — 13 mars 1869, Cabannes, [D. 69.1.273]; — 28 mai 1877, Boulland, [S. 77.1.432, P. 77.1.122, D. 77.1.410]; — 31 janv. 1881, de Saint-Philibert, [S. 50.1.179, P. 81.1.410, P. 81.1.384]; — 3 avr. 1882, Docks de Rouen, [S. 83.1.183, P. 83.1.418]; — 14 juin 1882, Planchon, [S. 83.1.179, P. 83.1.954]; — 14 juin 1882, Coquin, [*Ibid.*]; — 3 mars 1886, Rouard de Card, [S. 86.1.430, P. 86.1.1042, D. 86.1.379]; — 12 mai 1890, Babey, [S. et P. 93.1.151, D. 91.1.375]; — 29 avr. 1891, Prout, [S. et P. 93.1.54]; — 9 août 1892, Comm. de Chapois, [S. et P. 93.1.384]; — 23 juill. 1895. Comm. de Tourlaville, [S. et P. 96.1.47] — De Peyrony et Delamarre, n. 497; Arnaud, n. 380 ; Crépon, sur l'art. 38, n. 269; Daffry de la Monnoye, t. 2, sur l'art. 38, n. 100; — De Lalleau, Jousselin, Rendu et Périn, t. 1. n. 590.

3086. — A plus forte raison en est-il ainsi lorsque aucune distinction n'a été faite, ni par le jugement d'expropriation ni par les conclusions des parties. — Cass., 28 mai 1877, précité. — V. aussi Cass., 17 juin 1846, Préfet des Bouches-du-Rhône, [S. 40.1.380, P. 46.2.92, D. 41.5.243] — Et il a été décidé que le jury qui, en présence d'une offre unique, et en réponse à la demande formée par l'exproprié d'une indemnité totale d'une certaine somme, alloue une indemnité de 1 fr., statue régulièrement sur l'unique chef qui lui est soumis, alors qu'il ne résulte ni du tableau des offres et demandes, ni des énonciations du procès-verbal, que l'exproprié ait modifié sa demande devant le jury et ait pris des conclusions tendant à l'allocation d'une indemnité à raison de chefs spéciaux et distincts de préjudice. — Cass., 8 nov. 1899, Guillemot, [S. et P. 1900.1.144] — Il n'y aurait même nécessité de statuer sur chaque chef, que s'ils n'intéressaient pas le même propriétaire, ou étaient réclamés à des titres différents; ce ne sera, d'ailleurs, qu'en ce cas que le jugement d'expropriation pourra faire une distinction. — V. *supra*, n. 2614 et s.

3087. — En d'autres termes, lorsque le jury a été mis à même d'apprécier, en détail et dans son ensemble, toutes les demandes dont les expropriés lui ont saisi, et que, par des dispositions claires et précises, il a embrassé toutes les réclamations qui lui étaient soumises, il a satisfait aux prescriptions de la loi. — Cass., 29 avr. 1891, précité.

3088. — Il a ainsi jugé en conséquence : que le devoir pour le jury de statuer sur toutes les questions qui lui sont soumises a été par lui rempli quand, deux indemnités étant demandées dans la même expropriation, il a, en donnant en une seule réponse sa décision sur les deux demandes, déclaré accorder une somme totale à titre d'indemnité pour l'un et l'autre chef. — Cass., 2 mars 1853, précité.

3089. — ... Que, notamment, la décision du jury qui, à une double demande tendant à la fixation : 1° d'une indemnité à tant par are; 2° d'une somme déterminée pour diverses causes de dépréciation, répond par l'allocation d'une somme unique « pour tous chefs d'indemnité, » satisfait au vœu de la loi. — Cass., 3 mars 1886, précité.

3090. — ... Qu'on doit déclarer régulière l'allocation d'une somme unique *pour la somme totale ou le montant total de l'indemnité*. — Cass., 7 avr. 1869, Juloux, [D. 69.1.342] — De Lalleau, Jousselin, Rendu et Périn, t. 1, n. 590; Crépon, sur l'art. 38, n. 274; Daffry de la Monnoye, t. 2, sur l'art. 38, n. 100. — ... *Pour toute indemnité*. — Cass., 3 mars 1863, Robain, [S. 63.1.319, P. 63.888, D. 63.1.254] — De Lalleau, Jousselin, Rendu et Périn, *loc. cit.*; Daffry de la Monnoye, *loc. cit.*; Crépon, sur l'art. 38, n. 272.

3091. — ... Que, par suite, la somme allouée par le jury, avec la mention *pour toute indemnité*, comprend toutes les causes de dommage, et notamment celle du trouble apporté à l'industrie de l'exproprié, ainsi que le préjudice industriel résultant de la dépossession de l'immeuble. — Cass., 12 mai 1890, précité.

3091 bis. — ... Que lorsqu'en fixant, comme indemnité d'expropriation, une somme unique, le juge a spécifié que cette indemnité était allouée « tant pour la valeur du sol exproprié que pour tous autres dommages résultant de l'expropriation, » l'exproprié n'est pas fondé à critiquer cette décision comme ayant laissé sans réponse certains chefs de sa demande indiquant divers éléments de l'indemnité à laquelle il prétendait (valeur du terrain, valeur des matériaux, etc.). — Cass., 26 nov. 1900, [*Gaz. des Trib.*, 26-27 nov. 1900]

3092. — ... Que, lorsque la demande d'indemnité porte à la fois sur les terrains expropriés et sur les constructions, la décision du jury qui alloue une somme pour prix du terrain et toutes indemnités est complète et répond à tous les chefs de la demande, bien qu'il n'y soit pas spécialement question des constructions. — Cass., 22 août 1849, Alliot, [S. 50.1.137, P. 50.1.361, D. 51.5.242]

3093. — ... Que pareillement, au cas où l'exproprié réclame plusieurs indemnités, mais sans que ce soit à des titres différents. l'allocation d'une somme unique pour toute indemnité est régulière, alors que la décision du jury déclare expressément qu'elle est allouée *pour toutes choses à raison de la dépossession des propriétés expropriées* sur le réclamant. — Cass., 13 févr. 1860, Moreau, [P. 61.638, D. 60.1.408] — De Lalleau, Jousselin, Rendu et Périn, *loc. cit.*; Daffry de la Monnoye, *loc. cit.*; Crépon, sur l'art. 38, n. 273

3094. — ... Qu'il en est de même de l'allocation d'une somme unique *pour toutes choses réclamées*. — Cass., 17 déc. 1875, David, [S. 75.1.469, P. 75.1185, D. 76.1.120] — De Lalleau, Jousselin, Rendu et Périn, *loc. cit.*; Daffry de la Monnoye, *loc. cit.*; Crépon, sur l'art. 38, n. 277.

3095. — ... Et de l'allocation par le jury d'une somme unique *pour toutes dépréciations et pour toutes choses*. — Cass., 17 déc. 1872, Verlaguet, [S. 72.1.441, P. 72.1156, D. 72.5.229]; — 23 août 1875, Seguin, [S. 76.1.430, P. 76.1087, D. 76.1.56] — De Lalleau, Jousselin, Rendu et Périn, *loc. cit*; Daffry de la Monnoye, *loc. cit.*; Crépon, sur l'art. 38, n. 274. — ... Que, par suite, est régulière et valable la décision du jury qui, en réponse à des demandes distinctes d'indemnité, soit pour la valeur des terrains, soit pour dépréciation et autres causes de préjudice, alloue une indemnité unique, comprenant « toutes dépréciations et autres choses. » — Cass., 5 nov. 1889, Dubost, [S. 90.1.224, P. 90.1.534, D. 91.1.87] — ... Et que la décision du jury, spécifiant que l'indemnité a été fixée *pour toute dépréciation et pour toutes choses*, comprend nécessairement tous les éléments qui doivent concourir à la détermination de son montant, alors qu'il ne résulte d'aucune des mentions du procès-verbal, soit que les demandeurs aient conclu à la division de l'indemnité qui leur était due, soit que le jury ait refusé de tenir compte, pour la fixation de ce chiffre, de l'un quelconque des objets soumis à son appréciation. — Cass., 30 oct. 1889, Baudoin, [S. et P. 92.1.462, D. 90.1.463]

3096. — ... Que lorsque devant le jury, un exproprié a été reconnu propriétaire d'autres parcelles portées au cadastre sous le nom d'un autre propriétaire, et que de nouvelles offres lui ont été faites à cet égard, l'indemnité qui, dans ces conditions, lui est allouée *pour toutes dépréciations et pour toutes choses*, comprend toutes les demandes faites par cet exproprié relativement à toutes ses parcelles, même à celles dont il n'a été reconnu propriétaire que devant le jury. — Cass., 25 août 1875, Séguin, [S. 76.1.430, P. 76.1087, D. 76.1.56] — Daffry de la Monnoye, *loc. cit.*

3097. — ... Que de même l'indemnité allouée « pour tous dommages » est claire et précise, se suffit à elle-même, et ne peut donner lieu à aucune contestation. — Cass., 21 juill. 1886, Comm. de Pantin, [S. 87.1.181, P. 87.1.414, D. 87.1.316]

3098. — ... Que l'indemnité fixée à tant par are pour le terrain exproprié et *pour tous dommages et dépréciations*, doit être réputée comprendre une allocation pour chemins, passages et travaux à faire : qu'il n'est pas nécessaire que ces chefs de dommages soient l'objet d'indemnités séparées. — Cass., 15 juill. 1861, Rabillond, [S. 61.1.998, P. 62.732, D. 61.1.399] — De Lalleau, Rabillond, [S. 61.1.998, P. 62.732, D. 61.1.399] — De Lalleau, Jousselin, Rendu et Périn, *loc. cit.*; Daffry de la Monnoye, *loc. cit.*; Crépon, sur l'art. 38, n. 275.

3099. — ... Qu'il est ainsi, alors même que le propriétaire exproprié, après avoir demandé une somme pour les parcelles expropriées lui appartenant, en aurait réclamé une autre pour ses locataires. — Cass., 26 juin 1866, Long, [D. 66.5.204] — Le propriétaire n'avait, dans l'espèce, aucun mandat des locataires, et ne pouvait, par suite, agir en leur nom ; la somme qu'il réclamait de leur chef représentait la somme dont il pouvait être tenu à titre de dommages-intérêts pour ne les avoir pas dénoncés à temps à l'expropriant ; cette somme devant revenir au propriétaire lui-même, pouvait donc être confondue avec celle qui lui était personnellement allouée. — De Lalleau, Jousselin, Rendu et Périn, *loc. cit.*; Daffry de la Monnoye, *loc. cit.*; Crépon, sur l'art. 38, n. 276.

3100. — Il a été jugé encore que la décision du jury ne peut être attaquée pour omission de statuer, lorsque l'exproprié ayant demandé une double indemnité à raison de la suppression de deux droits de passage, le jury, tout en n'accordant qu'une seule indemnité, déclare formellement que cette indemnité est allouée pour la suppression des deux droits de passage. — Cass., 10 juin 1879, Pedeucoig, [S. 80.1.135. P. 80.288, D. 79.1.368] — De Lalleau, Jousselin, Rendu et Périn, *loc. cit.*; Crépon, sur l'art. 38, n. 278.

3101. — ... Que, bien qu'une indemnité d'expropriation soit demandée pour plusieurs causes distinctes, telles que la dépossession partielle d'une maison et les frais de construction nécessités par cette dépossession, le jury n'est pas tenu, en fixant le montant de l'indemnité, de spécifier et de distinguer les éléments dont elle se compose. — Cass., 26 mai 1840, Hanaire, [S. 40.1.712, P. 41.2.736] — V. aussi Cass., 4 juill. 1854, Holland-Vallez, [S. 55.1.219, P. 55.1.126, D. 54.1.310]

3102. — ... Qu'au cas d'expropriation pour cause d'utilité publique en vue de l'établissement d'un chemin de fer, le jury peut allouer à l'exproprié une indemnité fixe et unique tant à cause de l'emprise du terrain qui lui est enlevé, qu'à raison d'un ouvrage obligatoire pour la compagnie du chemin de fer, dans l'espèce, un passage à niveau simple, et que celle-ci s'est déclarée prête à exécuter. — Cass., 9 févr. 1874, Boislaive, [S. 74.1.223, P. 74.547, D. 74.1.304]

3103. — ... Que lorsque l'exproprié, par ses conclusions devant le jury, a énuméré en détail, et pour chaque emprise, les divers chefs de sa demande, en y ajoutant une somme déterminée « pour imprévu, » cette circonstance ne fait pas obstacle à ce que le jury réunisse, dans une même somme unique, les divers éléments d'indemnité afférents à chacune des parcelles expropriées. — Cass., 25 avr. 1887, Canaud, [S. 88.1.134, P. 88.1.304, D. 87.5.222]

3104. — ... Que le jury peut prononcer une seule indemnité, comprenant les divers éléments du préjudice, lors même que l'exproprié a demandé, indépendamment de l'indemnité représentant la valeur des parcelles expropriées et la dépréciation de l'ensemble de l'immeuble, une indemnité pour le préjudice causé à l'industrie par lui exercée dans les bâtiments expropriés, et qu'il a conclu à ce que cette dernière indemnité fût déterminée distinctement des deux autres, qu'il ne pouvait toucher, l'immeuble étant grevé du privilège de cohéritiers vendeurs. — Cass., 3 mars 1886, Mapatand, [S. 86.1.430, P. 86.1.1042, D. 86.1 379] — L'exproprié, en ce cas, se présentait devant le jury au seul titre de propriétaire, et la division des évaluations, entre le prix de l'immeuble et l'indemnité industrielle, était réclamée par lui uniquement dans un intérêt personnel.

3105. — Décidé, par application du même principe, que dans le cas où un immeuble, consistant en deux parcelles contiguës, appartenant à un même propriétaire et désignées au plan cadastral sous des numéros différents, est l'objet d'une expropriation, l'expropriant n'est pas tenu d'offrir ni le jury d'allouer deux indemnités distinctes, alors même que deux chefs de demande auraient été formulés ; qu'il suffit que l'indemnité unique s'applique sans équivoque aux deux parcelles expropriées. — Cass., 23 juin 1886, de Chabrillan, [S. 87.1.39, P. 87.1.62, P. 87.1.71]

3106. — ... Qu'on doit tenir pour régulière la décision du jury statuant sur la demande d'une indemnité unique formée par l'exproprié, à raison de la dépossession du terrain exproprié, alors même que, à l'audience, l'expropriant aurait fait une offre comprenant des chefs de dommages ne résultant pas directement et nécessairement de l'expropriation. — Cass., 12 déc. 1887, Préfet du Lot, [S. 90.1.175, P. 90.1.405, D. 88.1.440]

3107. — ... Que lorsqu'un propriétaire réclame tout à la fois une indemnité pour la valeur intrinsèque des terrains qui lui sont pris, et en outre, une indemnité particulière pour la dépréciation causée par l'expropriation partielle au restant de sa propriété, le jury n'est pas tenu d'accorder deux indemnités distinctes à raison de ce double chef de demande ; que le jury n'est même pas obligé dans ce cas de déclarer expressément que, pour la fixation de l'indemnité unique qu'il alloue, il a pris en considération la dépréciation que pourra éprouver la portion non expropriée de la propriété du demandeur. — Cass., 17 août 1840, Delessert, [S. 40.1.714, P. 40.2.211]

3108. — ... Qu'à plus forte raison, en allouant une indemnité, le jury n'est pas tenu de statuer distinctement sur les divers points de la demande à l'égard desquels il n'a pas été formé de réclamation spéciale d'indemnité ; qu'ainsi, lorsqu'au sujet de l'expropriation d'un chantier de bois pour le terrain duquel une indemnité a été accordée, une seconde indemnité est réclamée collectivement « pour un hangar, des murs, des pavages détruits et l'obligation de défaire et refaire les piles de bois, » l'allocation par le jury d'une somme totale pour « le hangar et les murs » est réputée comprendre le dédommagement pour les pavages et l'obligation de défaire et refaire les piles de bois. — Cass., 2 mars 1853, Hainguerlot, [P. 53.2.605, D. 53.1.136]

3109. — ... Que l'indemnité allouée avec cette explication, qu'elle comprend, non seulement la valeur du terrain exproprié, mais encore toutes les indemnités accessoires, notamment celle due pour dépréciation des terrains restants, s'applique au chef d'indemnité relatif à la nécessité de construire un chemin nouveau. — Cass., 5 juin 1860, Nœtinger, [S. 61.1.383, P. 61.639, D. 60.1.411]

3110. — ... Que de même, au cas où l'indemnité réclamée par l'exproprié se composant de plusieurs éléments, celui-ci conclut néanmoins à ce qu'une seule, unique, la décision du jury qui alloue une seule indemnité est censée comprendre tous les éléments du préjudice, par cela même qu'il ne résulte pas de cette décision que le jury ait entendu en exclure un. — Cass., 14 août 1866, Boursin, [S. 67.1.85, P. 67.174] — V. aussi Cass., 6 déc. 1859, Dohy, [P. 61.39, D. 60.1.168] ; — 24 juill. 1860, Pascal, [P. 61.100, D. 60.1.406]

3111. — ... Qu'ainsi, est régulière l'allocation par le jury d'une indemnité unique pour les terrains expropriés et pour les minerais et carrières pouvant s'y trouver, lorsque ces divers éléments d'évaluation, au lieu d'avoir été l'objet de demandes distinctes ont été compris dans une demande générale d'indemnité. — Cass., 11 févr. 1861, Desbayes-Bonneau, [P. 62.233, D. 61.1.135]

3112. — ... Que l'administration qui poursuit l'expropriation est sans intérêt à se plaindre de ce que le jury aurait réuni en un seul chiffre total deux indemnités réclamées distinctement à raison de deux domaines différents par la même partie et au même titre. — Cass., 16 févr. 1846, Préfet des Bouches-du-Rhône, [S. 46.1.237, P. 46.1.508, D. 46.1.64]

3113. — Le jury d'expropriation n'étant pas tenu de statuer, par une seule et même décision, sur toutes les demandes formées par un exproprié, peut, sans attendre qu'elles aient été toutes discutées, fixer l'indemnité afférente à l'une d'entre elles. — Cass., 17 déc. 1872, Verlagnet, [S. 72.1.441, P. 72.1156, D. 72.

5.229] — Il vaut mieux cependant qu'il statue en même temps sur tous les chefs de demande soulevés par le même exproprié; il est ainsi mieux à même de les apprécier.

3114. — Si l'exproprié soumet au jury deux chefs de dommages, réunis dans la demande d'une somme unique, le jury peut allouer des sommes distinctes à raison de ces dommages pourvu que l'une ou l'autre de ces sommes ne soit pas supérieure à la partie de la demande correspondant à la cause de cette indemnité, et que le total de ces deux sommes ne soit pas supérieur à la somme unique réclamée (V. *infrà*, n. 3132 et s.). — Cass., 28 juill. 1879, Préfet de la Lozère, [S. 84.1.377, P. 84.1.900, D. 86.1.81] — En fait le jury divisera ainsi rarement la demande. — De Lalleau, Jousselin, Rendu et Périn, t. 1, n. 590; Crépon, sur l'art. 38, n. 279 et 286.

3115. — Le jury, en présence d'une demande d'indemnité comprenant deux éléments, ne saurait, à peine de nullité, allouer une indemnité unique, s'il n'apparaît pas clairement qu'elle s'applique à tous les éléments de la demande. — Cass., 28 mars 1859, Sellier. [P. 59.869, D. 59.1.163]; — 14 avr. 1863, Pamis, [*Bull. civ.*. p. 102], — 4 juill. 1864, Lavenant, [D. 65.5.173]; — 3 août 1869, Batut-Pradines, [D. 69.1.250]; — 6 févr. 1882, Imbert, [S. 84.1.438, P. 84.1.1075, D. 84.1.176]; — 23 juill. 1895, Comm. de Tourlaville, [S. et P. 96.1.47] — De Lalleau, Jousselin, Rendu et Périn, t. 1, n. 590; Daffry de la Monnoye, t. 2, sur l'art. 38, n. 100 et s.; Crépon, sur l'art. 38, n. 280. — V. *suprà*, n. 3015 et s.

3116. — Il en est ainsi quand l'exproprié a demandé, outre une indemnité pour la dépossession, d'autres indemnités, notamment pour la dépréciation du terrain restant, que la décision du jury est muette sur ce point, et qu'il n'apparaît pas que le jury ait compris ce chef de demande dans l'indemnité unique accordée. — Cass., 14 avr. 1863, précité. — Crépon, sur l'art. 38, n 281.

3117. — Il en est de même lorsque, outre les chefs relatifs à la valeur intrinsèque des terrains expropriés, la demande d'indemnité en comprend d'autres fondés sur la dépréciation des terrains restants et sur la nécessité de certains travaux, et que le jury n'a statué ni directement ni indirectement sur ces deux derniers points. — Cass., 10 mars 1858, Coste, [P. 59.869, D. 58.1.128] — Lorsque, par exemple, les travaux consistent dans une clôture devenue nécessaire par suite de changement des lieux. — Cass., 21 mars 1854, Dorfeuille, [S. 54.1.640, P. 54.1.473, D. 54.1.125]

3118. — Il a été jugé également : que lorsque l'exproprié a formé une demande d'indemnité comprenant deux éléments, savoir : 1° la valeur des parcelles expropriées; 2° un supplément réclamé à raison du remploi nécessité par le régime dotal auquel était soumis le terrain litigieux, doit être annulée la décision du jury allouant une indemnité unique afférente à la valeur des parcelles, s'il n'est pas possible d'affirmer que le jury a compris le supplément dans la somme attribuée, ou qu'il a repoussé ce chef de demande. — Cass., 29 mars 1887, Duphéniaux, [S. 88. 1.134, P. 88.1.304, D. 88.1.184]

3119. — ... Que lorsque la demande d'indemnité de l'exproprié comprend deux éléments, l'éviction industrielle et la dépossession des constructions élevées par lui sur le terrain loué, la décision du jury qui se borne à lui allouer une seule indemnité à raison de l'éviction industrielle des lieux qu'il occupait, doit être cassée, parce qu'il est impossible d'affirmer dans ces conditions que tous les éléments de la demande ont été appréciés par le jury et se trouvent compris dans la somme unique qu'il attribue à l'exproprié. — Cass., 6 févr. 1882, précité. — Crépon, sur l'art. 38, n. 282 et 283.

3120. — ... Qu'il y a lieu d'annuler la décision qui, allouant à l'exproprié une indemnité pour l'expropriation d'un terrain sous lequel se trouve une mine, garde le silence sur d'autres chefs d'indemnité présentés comme étant la conséquence directe et la suite immédiate de l'expropriation, notamment pour suppression ou privation d'un puits d'exploitation, ainsi que pour prolongement de parcours et difficultés de surveillance et d'organisation de service. — Cass., 19 avr. 1858, Festugières, [P. 59. 53, D. 58.1.322]

3121. — ... Que la décision du jury qui fixe une indemnité unique pour tous les chefs de demande, sans distinguer entre ceux qui ont été régulièrement déférés au jury, et celui dont il lui était interdit de connaître, doit être cassée dans son intégralité. — Cass., 4 mars 1861, Ville de Paris, [D. 61.1.184]; — 2 juill. 1883, Ville de Clermont, [S. 84.1.166, P. 84.1.389, D. 84. 1.135] — Daffry de la Monnoye, t. 1, sur l'art. 38, n. 102; de Lalleau, Jousselin, Rendu et Périn, *loc. cit.*; Crépon, sur l'art. 38, n. 283.

3122. — ... Que, spécialement, la décision du jury et l'ordonnance du magistrat directeur qui portent sans distinction sur la portion indiquée au jugement d'expropriation et sur un excédent ajouté sans consentement exprès de la partie intéressée doivent être cassées pour le tout. — Cass., 25 janv. 1848, Roc, [S. 48.1.207. D. 48.5.185]

3123. — Mais remarquons que la décision du jury ne doit être annulée que lorsque l'incertitude qui règne sur le point de savoir si elle porte sur tous les chefs de demande ne peut disparaître par l'examen de toutes les parties de cette décision en les combinant entre elles et en les rapprochant des conclusions des parties. — Cass., 8 août 1860, Bacot, [P. 61.1191, D. 61.1.132]; — 15 mars 1869, Ardoin, [S. 72.1.85, P. 72.174, D. 72.5.230] — De Lalleau, Jousselin, Rendu et Périn, t. 1, n. 590; Daffry de la Monnoye, t. 2, sur l'art. 38, n. 102; Crépon, sur l'art. 38, n. 284.

3124. — Ainsi il a été jugé : que lorsque, sur la demande d'une indemnité, formée par l'exproprié à raison de la totalité de l'industrie par lui exercée tant sur un terrain lui appartenant que sur un autre terrain réuni au premier dans le même enclos et dont il n'était que locataire, le jury a alloué à cet exproprié une indemnité « à raison de l'industrie qu'il exerce dans son propre terrain, » cette allocation peut être réputée faite pour toute l'industrie de l'exproprié, sans distinction entre celle exercée sur son terrain et celle exercée sur le terrain loué; alors surtout qu'il résulte des dires de l'exproprié à l'audience qu'il a lui-même employé ces expressions dans le même sens. — Cass., 8 août 1860, précité. — Daffry de la Monnoye, t. 2, sur l'art. 38, n. 100.

3125. — ... Que la décision qui fixe une indemnité unique à raison d'un terrain d'une contenance déterminée et d'une maison construite sur ce terrain, est régulière bien qu'elle ne parle que du terrain en indiquant sa contenance, alors que le tableau indicatif des immeubles mentionne le bâtiment et que l'indemnité étant fixée à une somme déterminée à tant par are, la multiplication du prix de l'are par le total des ares établit que l'indemnité allouée dépasse la valeur du terrain, et démontre par là qu'il a été tenu compte de la valeur du bâtiment. — Cass., 3 janv. 1872, précité. — Daffry de la Monnoye, t. 2, sur l'art. 38, n. 101.

3126. — ... Que lorsque l'exproprié, en indiquant, pour l'appréciation du montant de l'indemnité, des éléments divers de préjudice, a résumé toutes ses prétentions dans un chiffre unique, sans préciser une demande spéciale pour chacune des causes de réclamation alléguées, et que le jury a alloué une somme unique, on ne peut prétendre qu'il n'a pas tenu compte de tous les chefs d'indemnité formulés, et a compris dans cette indemnité des éléments de préjudice qui ne devaient pas y figurer. — Cass., 12 déc. 1892, Chemin de fer du Périgord, [S. et P. 94. 1.363]

3127. — ... Que dans le cas où l'exproprié a demandé au jury de fixer à un certain chiffre la valeur du mètre carré de terrain d'une vigne expropriée, et à un autre chiffre la valeur d'un terrain inculte exproprié, et a demandé, en outre, une indemnité pour la dépréciation du domaine, l'indemnité allouée à raison du terrain inculte peut comprendre régulièrement l'élément de dépréciation, s'il résulte des états parcellaires et du tableau des offres et demandes que ce terrain inculte fait partie du domaine au sujet duquel une indemnité de dépréciation a été demandée. — Cass., 24 avr. 1894, L'Etat, [S. et P. 94.1.512, D. 95.1.178]

3128. — Au surplus, le jury peut comprendre, dans une allocation unique et collective, tous les chefs de demande dont il est compétemment saisi, sans être tenu de faire connaître les bases de son appréciation sur chacun de ces chefs. En effet, on sait que le jury n'est point tenu de donner les motifs de sa décision; on lui demande seulement un dispositif (V. *suprà*, n. 2483). — Cass., 26 mai 1840, Hannaire, [S. 40.1.712, P. 41.2.736]; — 17 août 1840, Delessert, [P. 40.1.714, P. 40.2.214]; — 19 mars 1849, Leveau, [S. 50.1.371, P. 50.2.232, D. 50.5.218]; — 27 avr. 1859, Chibaut, [D. 59.1.207]; — 3 mars 1886, Rouard de Card, [S. 86.1.430, P. 86.1.1042, D. 86.1.379] — Arnaud, n. 417; de Lalleau, Jousselin, Rendu et Périn, t. 1, n. 591; Crépon, sur l'art. 38, n. 287; Daffry de la Monnoye, t. 2, sur l'art. 38, n. 103.

— Par suite, lorsqu'une indemnité unique a été réclamée par divers expropriés, encore qu'ils invoquent des considérations différentes à l'appui de leur demande, le jury n'est pas tenu de reproduire ces considérations et de motiver tous les éléments de l'indemnité accordée. — Cass., 21 juill. 1858, Anterrieu, [P. 59. 56, D. 58.1.326]

3129. — Ainsi, lorsque le jury accorde à l'exproprié une indemnité spéciale à raison des matériaux se trouvant sur le terrain exproprié, il n'est pas tenu d'indiquer le poids et la quantité de ces matériaux, — Cass., 19 mars 1849, précité. — Crépon, sur l'art. 38, n. 288; — pas plus qu'il n'est tenu d'indiquer la contenance de la parcelle expropriée.

3130. — De ce qui précède, il suit encore que lorsque le jury, conformément à son droit, a fixé une somme unique pour tous les chefs de demande et pour toutes les causes de dommages, on ne doit pas chercher à décomposer cette somme entre les divers éléments déférés au jury, pour rechercher les bases d'une évaluation que le jury n'est pas tenu de faire connaître. — Cass., 10 juill. 1876, Ardoin, [cité par Crépon, sur l'art. 38, n. 288]

3131. — Dans le cas d'une prise de possession antérieure à la fixation de l'indemnité, le jury ne peut que réserver les droits de l'exproprié aux intérêts de l'indemnité à partir de cette prise de possession : il ne peut lui allouer lui-même ces intérêts. — Cass., 20 mai 1843, Manoury, [S. 43.1.415, P. 43.1.692, D. 45. 1.295] — Daffry de la Monnoye, t. 2, sur l'art. 38, n. 104; Crépon, sur l'art. 38, n. 289; de Lalleau, Jousselin, Rendu et Périn, t. 1, n. 344. — Le jury n'a, en effet, de pouvoirs qu'en ce qui concerne la détermination de l'indemnité afférente à la valeur de l'immeuble exproprié; il n'en a point relativement aux litiges qui peuvent naître sur l'époque de la prise de possession. — V. *suprà*, n. 2678.

8° Minimum et maximum de l'indemnité.

3132. — Quelque large que soit le droit d'appréciation conféré au jury, la raison et la loi veulent cependant qu'il soit renfermé dans certaines limites. L'indemnité allouée par le jury ne peut en aucun cas être inférieure aux offres de l'administration, ni supérieure à la demande de la partie intéressée (L. 3 mai 1841, art. 39, § 5). Cette disposition n'existait pas dans la loi de 1833 ; elle a été rendue nécessaire par quelques décisions de jurys qui avaient alloué aux personnes expropriées plus qu'elles ne demandaient.

3133. — Le baron Monnier dit dans la discussion de la loi de 1841 : « Vous éviterez ce scandale (on peut se servir de ce mot) qui a éclaté dans plusieurs cas, que le jury vienne déclarer qu'un particulier s'était tellement trompé dans l'appréciation de sa propriété, qu'il lui accordait un prix double de celui qu'il avait demandé (*Monit.* du 9 mai 1840, p. 977). — De Lalleau, Jousselin, Rendu et Périn, t. 1, n. 609; Crépon, sur l'art. 39, n. 143; Arnaud, n. 480; Daffry de la Monnoye, t. 2, sur l'art. 39, n. 59. — Et la Cour de cassation décida-t-elle qu'en cette matière l'*ultra petition* n'était pas interdite.

3134. — Il avait été jugé en effet, sous la loi du 7 juill. 1833, que le jury d'expropriation pour cause d'utilité publique pouvait légalement allouer une indemnité plus forte que celle qui avait été demandée, et qu'en cette matière l'ultra-pétition n'était pas interdite. — Cass., 5 mai 1841, Comp. du chem. de fer de Strasbourg, [P. 41.2.577, D. 41.1.237]; — 22 juin 1840, Mêmes parties, [S. 40.1.708, P. 40.2.468, D. 40.1.281]

3135. — « Cependant le principe *non ultra petita*, disait M. Dufaure lors de la discussion de la loi de 1841, est un principe de droit commun, peut-être plus que toute autre juridiction, ne semblait pouvoir s'affranchir. La disposition du nouvel art. 39 n'est pas, comme on a essayé de le prouver, une atteinte au pouvoir du jury. Les offres de l'administration, comme la demande du propriétaire, sont le commencement d'un contrat auquel il ne manque plus que l'adhésion de l'un des deux contractants et que le jury vient sanctionner. La mission du jury n'est pas de déterminer en termes absolus la valeur de l'immeuble exproprié, mais bien de dire quelle est, entre l'offre de l'administration et la prétention du propriétaire, la somme qui doit être allouée. S'il sort de ces limites, il répond à ce qu'on ne lui demande pas; il dénature sa mission. »

3136. — La loi de 1841 oblige les parties à préciser les offres et demandes; il en est ainsi surtout pour les offres qui doivent indiquer une somme déterminée; les parties ne peuvent donc pas, comme en matière de fixation de dommages-intérêts ordinaires, s'en rapporter à la sagesse de l'autorité judiciaire. — Daffry de la Monnoye, t. 2, sur l'art. 39, n. 60.

3137. — Le jury n'est d'ailleurs obligé de statuer que sur les chefs de demande qui lui sont soumis, soit dans le tableau des offres, soit dans les conclusions mentionnées au procès-verbal. — Cass., 8 nov. 1899, Guillemet, [S. et P. 1900.1.144]

3138. — C'est le dernier état des offres de l'expropriant et de la demande de l'exproprié, qui détermine les limites extrêmes dans lesquelles doit se maintenir la décision du jury; ces limites ne sont donc point fixées par les offres et demandes faites conformément aux art. 23 et 24, L. 3 mai 1841. — Cass., 7 août 1866, Préfet de Loir-et-Cher, [D. 66.5.502]; — 20 mars 1882, Caillo-Ponev, [S. 83.1.87, P. 83.1.177, D. 84.1.185]; — 1er avr. 1895, Préfet de la Charente, [S. et P. 95.1.423]; — 10 juin 1896, de Saint-Vallier, [S. et P. 96.1.464] — Daffry de la Monnoye, t. 2, sur l'art. 39, n. 61; Crépon, sur l'art. 39, n. 144; de Lalleau, Jousselin, Rendu et Périn, t. 1, n. 610.

3139. — Il a été jugé, en ce sens. que c'est à bon droit que le jury alloue à l'exproprié une indemnité de 10,000 fr., bien que celui-ci n'eût demandé primitivement qu'une indemnité de 1,000 fr., si, à l'audience, l'expropriant ayant proposé une acquisition de terrains plus étendue, l'exproprié a accepté, mais en demandant une indemnité de 14,575 fr. — Cass., 1er avr. 1895, précité.

3140. — ... Que si dans ses dernières conclusions, l'expropriant a diminué ses offres, le jury peut allouer à l'exproprié une somme inférieure aux offres primitives, pourvu qu'elle ne soit pas inférieure aux offres dernières. — Cass., 10 juin 1896, précité.

3141. — Il va sans dire que le jury n'a pas à tenir compte des chiffres dont il avait été question dans des pourparlers amiables tentés avant la comparution des parties devant lui, et sans qu'ils eussent abouti à un résultat définitif ; ce sont là des essais de transaction qui n'empêchent pas l'expropriant de diminuer ses offres et l'exproprié d'élever sa demande. — Cass., 22 août 1876, Comm. de Montal, [cité par Daffry de la Monnoye, t. 2, sur l'art. 39, n. 61]

3142. — Dans le cas où l'offre de l'indemnité d'expropriation comprend une somme d'argent et les matériaux de démolition, et que la demande comprend une somme plus élevée, sous condition de garder les matériaux et une parcelle du terrain, les jurés ne violent pas la règle qui leur défend d'accorder une indemnité supérieure à celle qui est demandée, en allouant à l'exproprié une somme d'argent supérieure à celle qu'il avait demandée, alors qu'ils appliquent cette somme tant à l'indemnité principale qu'aux matériaux et à la parcelle du terrain dont l'exproprié doit faire l'abandon. — Cass., 4 mars 1844, Henry, [S. 44.1.446, P. 44.1.687] — Daffry de la Monnoye, t. 2, sur l'art. 39, n. 77 ; Crépon, sur l'art. 39, n. 145 ; de Lalleau, Jousselin, Rendu et Périn, *loc. cit.*

3143. — Lorsque les offres notifiées par l'administration ont été maintenues par elle devant le jury, la déclaration faite en son nom par l'agent d'une compagnie mise à son lieu et place, « que la prétention de l'exproprié à une indemnité supérieure peut être fondée, et qu'il n'y a pas lieu de s'opposer à ce qu'elle soit accueillie par le jury, » ne constitue point un acquiescement formel à la demande de la partie expropriée, ni par conséquent un contrat judiciaire, et, dès lors, le jury n'excède point ses pouvoirs en fixant l'indemnité à la somme d'abord offerte par l'administration. — Cass., 2 févr. 1848, Party, [S. 48.1.428, P. 48. 1.718, D. 48.5.186] — De Lalleau, Jousselin, Rendu et Périn, *loc. cit.;* Crépon, sur l'art. 39, n. 146; Daffry de la Monnoye, t. 2. sur l'art. 39, n. 71.

3144. — Jugé que lorsque le procès-verbal constate que l'offre de l'administration poursuivant l'expropriation dans l'intérêt d'une ville a été d'une somme déterminée, l'exproprié est non recevable à se prévaloir de ce que la ville aurait été autorisée antérieurement par le conseil municipal à traiter avec lui pour une somme plus forte, s'il n'a pas demandé à cet égard des conclusions formelles. — Cass., 25 juill. 1855, Ville de Digne, [S. 55.1.841, P. 55.2.236, D. 55.1.374] — De Lalleau, Jousselin, Rendu et Périn, *loc. cit.,* Crépon, sur l'art. 39, n. 147. — Les conclusions formelles présentées par l'exproprié seraient d'ailleurs demeurées sans effet ; la ville expropriante avait été autorisée à traiter pour un prix plus élevé l'exproprié avait eu tort de ne pas l'accepter, mais la ville pouvait modifier ses offres et les abaisser, et c'était ces dernières offres qui fixaient la limite jusqu'à laquelle le jury pouvait descendre.

3145. — D'une manière plus générale, il n'y a pas lieu de tenir compte d'une erreur matérielle qui peut être rectifiée par les documents de la cause et notamment par l'examen du tableau des offres. — Cass., 8 avr. 1863, Nayron, [*Bull. civ*., p. 94]; — 6 avr. 1864, Pichon, [*Bull. civ*., p. 99] — De Lalleau, Jousselin, Rendu et Périn, *loc. cit.*; Crépon, sur l'art. 39, n. 148; Daffry de la Monnoye, t. 2, sur l'art. 39, n. 68. — Ainsi, l'indemnité allouée par le jury conformément au tableau des offres mis sous ses yeux ne saurait être réputée inférieure aux offres de l'exproprié par cela que l'acte de notification de ces offres contiendrait un chiffre plus élevé, s'il est reconnu que cette différence en plus provient d'une erreur matérielle d'addition et de l'indue indication de parcelles de terrain étrangères à l'expropriation. Il en est de même au sujet d'une indication erronée de la contenance de quelques-unes des parcelles expropriées. — Cass., 19 mai 1860, Bottes, [P. 61.1121, D. 60.1.410].

3146. — L'art. 39 ne s'applique point d'ailleurs aux contrats judiciaires intervenus entre les parties et qui soumettent au jury des parcelles non comprises dans l'expropriation ; des offres n'ayant point été faites primitivement pour ces parcelles ; les offres faites à l'audience à l'égard de ces parcelles peuvent manquer de précision et ne point se formuler en un chiffre précis. — Cass., 28 févr. 1866, Bernady-Berge, [*Bull. civ*., n. 44] — De Lalleau, Jousselin, Rendu et Périn, *loc. cit.*; Crépon, sur l'art. 39, n. 149; Daffry de la Monnoye, t. 2, sur l'art. 39, n. 63.

3147. — Jugé, en ce sens, que si l'indemnité allouée par le jury ne peut être inférieure aux offres de l'exproprié, cette règle ne s'applique point aux parcelles ajoutées à l'expropriation d'un commun accord entre les parties. — Cass., 20 juill. 1887, Légier et Sauzin, [S. 88.1.433, P. 88.1.303, D. 88.1.463] — Et, d'ailleurs, dans le cas où l'exproprié a offert une somme de 503 fr. pour la parcelle ajoutée à l'expropriation, la décision du jury, qui alloue une indemnité unique de 12,493 fr., n'est pas entachée de nullité, alors même que l'on soutiendrait que, dans l'indemnité ainsi allouée, la somme de 493 fr., s'applique à la parcelle ajoutée, si, en réponse à la demande d'une somme unique formée par l'exproprié, l'exproprié, par ses conclusions prises devant le jury, a réuni en un seul chiffre ses offres primitivement divisées. Dans ce cas, il y a lieu, pour apprécier la régularité de la décision, de considérer le montant intégral de l'indemnité allouée, sans s'attacher aux divers éléments qui la composent. — Même arrêt.

3148. — Par suite, lorsque la partie expropriée a demandé, du consentement de l'exproprié, la fixation d'une indemnité éventuelle, afférente à un terrain qu'elle revendique et qui n'est pas compris dans le jugement d'expropriation, le jury peut fixer le chiffre de l'indemnité éventuelle, sans se renfermer dans les limites fixées par l'art. 39, L. 3 mai 1841. — Cass., 16 mai 1887, Savare, [S. 88.1.86, P. 88.1.176, D. 88.1.327].

3149. — L'indemnité pourra encore être inférieure aux offres primitives si, à la suite d'un contrat judiciaire formé devant le jury les parties sont convenues de prendre un autre mode d'évaluation, et, par exemple de déterminer l'indemnité à tant par pied d'arbre; peu importe alors que l'indemnité soit inférieure à l'offre faite d'abord par l'exproprié; celui-ci a modifié ses offres, et l'exproprié lui-même a accepté ce changement. — Cass., 27 févr. 1860, Bucaille, [S. 61.1.384, P. 61.689, D. 60.1.409] — Crépon, sur l'art. 39, n. 150; Daffry de la Monnoye, t. 2, sur l'art. 39, n. 67.

3150. — De même la règle de l'art. 39 ne s'applique pas au cas où à la suite d'un contrat judiciaire l'exproprié a abandonné à l'exproprié une parcelle de terrain, et où les parties ont néanmoins maintenu leurs offres et demandes respectives. L'abandon de cette parcelle est alors un incident dont le jury n'a pas à se préoccuper et qui ne modifie pas la situation telle qu'elle résultait des offres et demandes primitives. — Cass., 5 mars 1872, Comm. de Vauxrenard, [S. 73.1.176, P. 73.406, D. 73.1.63] — Crépon, sur l'art. 39, n. 151; Daffry de la Monnoye, t. 2, sur l'art. 39, n. 70.

3151. — Il a été jugé, par application pure et simple de l'art. 39, que l'indemnité allouée par le jury est régulière, alors qu'elle est égale aux offres de l'administration. — Cass., 9 mars 1896, Lecurdier, [S. et P. 96.1.416].

3152. — Il a été jugé spécialement que l'indemnité sera égale à l'offre alors que l'exproprié ayant offert 15 fr. par an, le jury a alloué 15 fr. par an pour le sol et la superficie. — Cass., 26 août 1873, Motessier, [D. 73.1.454] — Daffry de la Monnoye, t. 2, sur l'art. 39, n. 64.

3153. — Mais la décision du jury est nulle si elle alloue une indemnité inférieure aux offres de l'administration. — Cass., 26 nov. 1845, Abrouveux, [P. 46.2.437, D. 45.4.261]; — 15 avr. 1857, Bauriat, [P. 59.54, D. 57.1.159]; — 9 janv. 1860, Malis, [P. 61.1120, D. 60.1.32]; — 30 mars 1863, Minland, [P. 63.960, D. 63.1.134]; — 4 mars 1868, Devaux, [S. 68.1.413, P. 68.1102, D. 68.1.206]; — 4 mai 1881, Bertheau, [S. 81.1.273, P. 81.646, D. 84.5.253]; — 16 janv. 1883, Denoyelle, [*Bull. civ*., p. 19]; — 16 juill. 1884, Combes, [*Bull. civ*., p. 356]; — 9 mars 1887, Roche, [S. 88.1.382, P. 88.1.930, D. 87.1.328]; — 7 févr. 1898, Albrespy, [S. et P. 98.1.240] — De Lalleau, Jousselin, Rendu et Périn, t. 1, n. 640; Crépon, sur l'art. 39, n. 152; Daffry de la Monnoye, t. 2, sur l'art. 39, n. 65.

3154. — Ainsi, lorsque l'administration ayant offert, pour une portion du terrain exproprié, une somme que le propriétaire a acceptée, ce propriétaire exige, aux termes de l'art. 50, que l'administration fasse l'acquisition du surplus de l'immeuble, le jury qui n'alloue pour l'intégralité du terrain que l'indemnité offerte et acceptée pour l'expropriation partielle est réputé avoir alloué une indemnité inférieure à la somme offerte. — Cass., 26 nov. 1845, précitée. — Daffry de la Monnoye, t. 2, sur l'art. 39, n. 66; Crépon, sur l'art. 39, n. 153.

3155. — De même, lorsque l'administration a offert à l'exproprié une somme unique pour deux parcelles, et que, devant le jury, elle a persisté dans ses offres, est nulle la décision du jury qui alloue deux indemnités (une pour chaque parcelle), dont le total est inférieur aux offres de l'administration. — Cass., 4 mai 1881, précité. — De Lalleau, Jousselin, Rendu et Périn, *loc. cit.*; Crépon, sur l'art. 39, n. 154.

3156. — Le jury ne peut pas, en prenant en considération la plus-value résultant des travaux pour le surplus de l'immeuble non compris dans l'expropriation, prononcer une indemnité inférieure aux offres. L'exproprié a dû, en effet, en formulant ses offres, penser à la plus-value acquise par la portion de l'immeuble non atteinte par l'expropriation ; le jury ne peut aller plus loin que lui. — Cass., 26 janv. 1857, de Gironde, [S. 58.1.624, P. 58.648, D. 57.1.44] — De Lalleau, Jousselin, Rendu et Périn, *loc. cit.*; Crépon, sur l'art. 39, n. 155.

3157. — Bien que l'offre d'une somme, pour indemnité, ait été faite à un propriétaire exproprié, par copie signifiée à son fermier qu'il avait déclaré à l'administration ne pouvoir eût à s'entendre avec lui, cette offre doit être réputée ne comprendre que l'indemnité revenant au propriétaire et non-celle à payer au fermier lui-même : alors surtout que, devant le jury saisi d'une demande distincte de la part du fermier, l'administration a déclaré n'avoir jamais entendu faire entrer dans l'offre en question l'indemnité revenant à ce fermier. En conséquence, est nulle la décision du jury qui alloue pour indemnité du propriétaire une somme inférieure à celle qui lui avait été offerte. — Cass., 9 janv. 1860, précitée. — Crépon, sur l'art. 39, n. 156.

3158. — Ainsi, lorsque l'exproprié a consenti devant le jury à ce que l'exproprié, en sus de l'indemnité en argent, enlevât les arbres et les haies plantés sur l'immeuble exproprié, la décision du jury est nulle, si elle alloue une indemnité inférieure à l'offre en argent de l'exproprié. — Cass., 9 mars 1887, précité. — De Lalleau, Jousselin, Rendu et Périn, *loc. cit.*

3159. — Au cas où des offres ont été faites divisément pour diverses parcelles appartenant à un même propriétaire, l'indemnité allouée quant à quelques-unes de ces parcelles ne peut être inférieure aux offres faites par l'exproprié pour chacune d'elles, encore bien que le chiffre total de l'indemnité soit supérieur au chiffre total des offres. Chaque somme allouée doit en effet se justifier par elle-même. — Cass., 4 mars 1868, Devaux, [S. 68.1.413, P. 68.1102, D. 68.1.206]; — 23 avr. 1877, Laumonnier-Carriol, [S. 77.1.320, P. 77.806, D. 77.1.470] — De Lalleau, Jousselin, Rendu et Périn, *loc. cit.*; Daffry de la Monnoye, t. 2, sur l'art. 39, n. 82 : Crépon, sur l'art. 39, n. 166.

3160. — Et lorsque la décision relative à l'un des éléments qui doivent composer le chiffre d'une indemnité est entachée de nullité, comme fixant une somme inférieure aux offres de l'administration, il y a lieu de renvoyer devant le jury qui connaît de nouveau de l'affaire, la demande telle qu'elle a été portée devant les premiers juges. — Cass., 23 avr. 1877, précitée.

— De Lalleau, Jousselin, Rendu et Périn, *loc. cit.*; Daffry de la Monnoye, *loc. cit.*; Crépon, sur l'art. 39. n. 167.

3161. — Jugé encore, en ce sens, que lorsque l'expropriant a divisé ses offres en chefs distincts, sans opposition de l'exproprié, le chiffre de l'indemnité doit être apprécié relativement à chacun de ces chefs, et la décision du jury sur chacun d'eux ne peut être ni supérieure à la demande, ni inférieure aux offres. Si le jury alloue sur un des chefs une indemnité inférieure à la demande, il y a lieu de casser pour le tout lorsqu'il existe un lien nécessaire de connexité entre les deux chefs de décision. — Cass., 11 nov. 1890, Bègue, [S. 91.1.128, P. 91.1.294, D 91. 1.456]

3162. — Il a été décidé, d'autre part. que lorsque l'expropriant offre une somme de 1,000 fr., à raison de l'expropriation d'un terrain d'une surface de 155 mètres carrés, et que l'exproprié a demandé 20,000 fr., il importe peu que la question posée au jury par le magistrat directeur ait mentionné surabondamment que la somme de 1,000 fr. représentant un chiffre de 6 fr. 50 au lieu de 6 fr. 45 par mètre carré, si le jury a alloué la somme de 1,000 fr., qui n'est point inférieure à l'offre de l'expropriant. — Cass., 23 déc. 1895, Bardineau, [S. et P. 96.1. 246]

3163. — ... Que c'est l'offre faite qui détermine le chiffre jusqu'auquel le jury peut faire descendre l'indemnité alors que l'exproprié a demandé au jury de diviser sa réponse en faisant connaître l'indemnité afférente à la dépréciation industrielle, et que le jury s'est conformé à ses désirs. — Cass., 15 mars 1870, Dhal, [D. 70.1.176] — De Lalleau, Jousselin, Rendu et Périn, *loc. cit.*; Daffry de la Monnoye, *loc. cit.*; Crépon, sur l'art. 39, n. 665.

3164. — ... Que lorsqu'un propriétaire exproprié de partie d'une maison a demandé, outre les frais de reconstruction, les frais de la démolition et les vieux matériaux en provenant, le jury peut, sans violer aucune loi, accorder à l'exproprié pour cet ensemble de travaux et à titre d'indemnité seulement, les vieux matériaux de démolition. — Cass., 26 mai 1840, Hanaire, [S. 40.1.712, P. 41.2.736] — Il faut supposer pour que cette décision soit juridique, que l'expropriant n'avait offert, de ce chef, que les vieux matériaux de démolition.

3165. — Remarquons que la disposition de l'art. 39, que nous étudions, étant toute favorable à l'exproprié, ne saurait être invoquée par l'administration pour faire annuler une décision qui aurait fixé l'indemnité à un taux inférieur à ses offres. — Cass., 17 juin 1846, Préfet des Bouches-du-Rhône, [S. 46.1.580, P. 46. 2.92, D. 51.5.242] — De Lalleau, Jousselin, Rendu et Périn, t. 1, n. 614; Crépon, sur l'art. 39, n. 157; Daffry de la Monnoye, t. 2, sur l'art. 39, n. 72.

3166. — Au reste la décision du jury ne sera point annulée si elle ne contient qu'une violation apparente de l'art. 39, si par exemple, alors qu'il y a lieu pour le jury de se prononcer sur deux indemnités, la réponse du jury sur la première est bien inférieure aux offres, mais si tous les documents de la cause établissent qu'il y a eu transposition des sommes allouées et que le jury a inscrit sur le premier chef l'indemnité accordée pour le second. — Cass., 6 avr. 1864, Fichon, [cité par Daffry de la Monnoye, t. 2, sur l'art. 39, n. 69]

3167. — Par application de l'art. 39, § 5, L. 3 mai 1841, il a été jugé, d'un autre côté, qu'est nulle la décision du jury qui alloue à l'exproprié une indemnité supérieure à sa demande, telle qu'elle résulte du tableau des offres et demandes, non modifié devant le jury. — Cass., 9 mars 1896, Lecordier, [S. et P. 96.1.416]; — 14 avr. 1899, Préfet de Meurthe-et-Moselle. [S. et P. 99.1.368]; — 23 mai 1900, Chem. de fer de Guise, [S. et P. 1900.1.464] — De Lalleau, Jousselin, Rendu et Périn, t. 1, n. 614; Daffry de la Monnoye, sur l'art. 39, n. 73; Crépon, sur l'art. 39, n. 158. — Dans ce cas aussi le jury viole une disposition formelle de l'art. 39, et cet article est compris par l'art. 42, L. 3 mai 1841, parmi ceux dont la violation donne ouverture à cassation. — Cass., 21 juill. 1857, Galtier, [D. 57.1.305]; — 17 nov. 1873, Comm. d'Artois, [D. 74.1.8]; — 24 mars 1880, Préfet de la Lozère, [*Bull. civ.*, p. 106]; — 20 juill. 1881, Préfet de l'Ariège, [*Bull. civ.*, p. 267] — De Lalleau, Jousselin, Rendu et Périn, t. 1, n. 614; Crépon, sur l'art. 39, n. 158; Daffry de la Monnoye, t. 2, sur l'art. 39, n. 73.

3168. — Il a été jugé, en conséquence, qu'on doit réputer nulle la décision qui alloue à l'exproprié, indépendamment de la somme par lui demandée tant à raison de son terrain que des frais nécessaires au rétablissement de son mur de clôture, les matériaux du mur dont l'expropriation occasionne la démolition. — Cass., 2 juin 1845, Ville Dumas-d'Agenais, [S. 45.1.493, P. 45.2.72, D. 45.1.295] — De Lalleau, Jousselin, Rendu et Périn, *loc. cit.*; Crépon, sur l'art. 39, n. 159; Daffry de la Monnoye, t. 2, sur l'art. 39, n. 76.

3169. — ... Que l'indemnité est, sans conteste, supérieure à la demande et, par suite, nulle, alors que l'exproprié demande une somme unique à raison de deux chefs de demande, que l'expropriant soutient que l'un d'entre eux est en dehors de l'expropriation et de la compétence du jury, qui ne doit pas statuer quant à lui. et que celui-ci alloue l'indemnité entière, tout en réservant à l'exproprié le droit de faire valoir le chef contesté devant la juridiction compétente. En ce cas, le jury alloue pour une seule cause de dommage tout ce qui est demandé pour deux. — Cass., 8 févr. 1865, Ville de Paris, [D. 66.5.200] — De Lalleau, Jousselin, Rendu et Périn, *loc. cit.*; Daffry de la Monnoye, t. 2, sur l'art. 39, n. 78.

3170. — ... Que doit être annulée la décision du jury accordant une indemnité de 400 fr. par are et de 75 fr. pour arbres, alors que l'exproprié a demandé 600 fr. par are et 60 fr. pour arbres; l'indemnité allouée étant supérieure à la demande sur l'un des deux chefs entre lesquels il y a connexité. — Cass., 12 déc. 1893, Chem. de fer de l'Est, [S. et P. 95.1.48]

3171. — Qu'il en est de même alors que, par suite d'une erreur et d'une transposition dans les chiffres d'indemnité applicables à chaque décision le jury a alloué à un exproprié une indemnité supérieure à sa demande. — Cass., 20 juill. 1881, Préfet de l'Ariège, [*Bull. civ.*, p. 267] — Crépon, sur l'art. 39, n. 168.

3172. — ... Que le jury ne peut accorder une indemnité en argent supérieure à celle qui a été demandée, alors même que l'exproprié réclamait en outre la confection de travaux à l'égard desquels le jury a gardé le silence : on ne peut prétendre que l'excédant doit être considéré comme ayant été accordé en dédommagement des travaux réclamés, pour lesquels aucune somme n'est allouée. — Cass., 15 juill. 1844, Comp. de Montrambert, [S. 44.1.607, P. 44.1.160] — De Lalleau, Jousselin, Rendu et Périn, *loc. cit.*; Crépon, sur l'art. 39, n. 164; Daffry de la Monnoye, t. 2, sur l'art. 39, n. 77.

3173. — Il suffit, d'ailleurs, pour que la décision du jury soit annulée, qu'elle soit rendue de telle manière qu'il soit impossible de se rendre compte du point de savoir si elle n'est pas supérieure à la demande; il en est ainsi par exemple de l'indemnité allouée en bloc, alors que l'exproprié avait demandé une allocation à tant par mètre, et que la contenance du terrain exproprié est incertaine. — Cass., 21 mai 1860, Comm. de Marchampt, [S. 60.1.913, P. 61.837, D. 60.1.251] — Crépon, sur l'art. 39, n. 162 et 163; Daffry de la Monnoye, t. 2, sur l'art. 39, n. 79.

3174. — Il a été jugé encore que lorsque l'expropriant a divisé ses offres, et a, par exemple, offert 700 fr. pour le terrain bâti, construction et sol, et 8 fr. pour le terrain non bâti, la décision du jury doit, si elle est distincte sur chaque chef, ne pas être, sur chacun, supérieure à la demande ni inférieure aux offres, et que, si elle alloue une somme unique, cette somme ne doit pas être supérieure au total des offres; la décision sera régulière si, dans le cas précité le jury alloue 300 fr. pour l'édifice, 500 fr. pour la totalité du sol; le mode suivi par le jury pour établir l'indemnité n'est pas le même que celui adopté par l'expropriant; mais sa décision est régulière parce qu'elle observe les prescriptions de l'art. 39. — Cass., 28 mai 1877, Boulland, [S. 77. 1.432, P. 77.1122, D. 77.1.420] — De Lalleau, Jousselin, Rendu et Périn, *loc. cit.*; Crépon, sur l'art. 39, n. 164; Daffry de la Monnoye, t. 2, sur l'art. 39, n. 81.

3175. — ... Que l'exproprié qui a requis l'acquisition intégrale de sa propriété, peut, lorsque sa demande n'est pas contestée, former une seule demande d'indemnité se rapportant à l'ensemble de son immeuble; si le jury alloue deux indemnités, l'une relative à la portion de l'immeuble comprise dans l'expropriation, l'autre à celle ajoutée sur la réquisition intégrale, ces deux indemnités seront régulières si elles ne sont ni supérieures à la demande ni inférieures à l'offre. — Cass., 28 déc. 1859, Comm. de Mallemort, [S. 60.1.1004, P. 60.1.1014, D. 60.1.39] — Daffry de la Monnoye, t. 2, sur l'art. 39, n. 80.

3176. — ... Que lorsque l'exproprié a demandé une certaine somme à l'occasion de l'expropriation de diverses parcelles, plus une indemnité spéciale à raison de la dépréciation générale de toutes les parcelles, et que le jury a déclaré qu'il n'y avait pas lieu d'accorder cette dernière indemnité, mais de comprendre la dépréciation dans l'estimation des diverses parcelles, il ne résulte aucune nullité si la décision du jury est, pour certaines parcelles, supérieure à la demande spéciale relative à ces parcelles. — Cass., 24 avr. 1894, Baucil, [S. et P. 94.1.512, D. 95. 1.178] — La décision du jury n'eût été viciée que si l'ensemble des indemnités eût été supérieur à l'ensemble des demandes, ou même si l'indemnité attribuée à certaines parcelles avait été supérieure au chiffre des demandes concernant ces parcelles, augmenté de tout le chiffre de la demande relative à la dépréciation.

3177. — Jugé, encore, sur le même point, que, dans le cas où l'exproprié, en acceptant l'offre qui lui est faite par l'administration pour la valeur intrinsèque de la partie d'un immeuble, demande en outre une indemnité pour la dépréciation du surplus, le jury qui accorde une indemnité supérieure à l'offre acceptée, mais inférieure au total de cette offre et de la demande de l'indemnité de dépréciation, ne contrevient pas à la loi qui défend d'accorder une indemnité supérieure à la demande. — Cass., 29 avr. 1844, Demay, [S. 44.1.428, P. 46.2.436] — Daffry de la Monnoye, *loc. cit.*

3178. — ... Que, si, d'une part, l'offre de l'administration et la demande de l'exproprié étaient l'une et l'autre d'une somme déterminée, et que d'autre part le magistrat directeur n'eût posé uniquement que la question de savoir quelle indemnité serait définitivement allouée à l'exproprié, cette indemnité ne saurait être réputée supérieure à la demande, par cela seul qu'elle excéderait l'un des divers éléments qui ont servi de base à cette demande. — Cass., 26 juin 1844, Préfet des Basses-Alpes, [S. 44.1.508, P. 47.1.210] — Daffry de la Monnoye, t. 2, sur l'art. 39, n. 73.

3179. — ... Que le jury peut, indépendamment d'une indemnité actuelle de tant par mètre de terrain, allouer une indemnité éventuelle d'une somme déterminée, pour le cas où il ne serait pas ultérieurement créé de voie publique dans une direction indiquée, alors que ces deux indemnités réunies n'excèdent pas la somme demandée par l'exproprié. — Cass., 9 juill. 1856, Paris d'Avancourt, [P. 56.2.378, D. 56.1.293]

3180. — Lorsque l'administration a cité un particulier devant le jury pour voir statuer sur ses offres, bien qu'elles aient été antérieurement acceptées ne peut, que devant le jury elle se soit bornée à contester la demande supérieure qui a été formée par celui-ci, mais sans exciper de son acceptation, elle n'est pas recevable ultérieurement à se plaindre de ce que, malgré l'acceptation des offres, le jury a alloué une indemnité supérieure à leur montant. — Cass., 20 déc. 1842, Préfet d'Ille-et-Vilaine, [P. 43.1.257] — L'expropriant devait, en ce cas, s'opposer à la fixation d'une indemnité par le jury et invoquer la convention intervenue entre lui et l'exproprié; en ne le faisant pas il a renoncé au bénéfice de cette convention et s'en est remis au jury pour la détermination de l'indemnité.

3181. — Le tuteur, pour accepter les offres, doit se conformer aux prescriptions de l'art. 25, L. 3 mai 1841; s'il ne le fait pas, qu'il agit irrégulièrement, le jury peut allouer une indemnité supérieure à la demande qu'il a formée. Jugé, en ce sens, que la demande d'indemnité formée par un tuteur non autorisé de justice ne fait pas obstacle à ce que les jurés fixent l'indemnité à une somme supérieure; cette demande et l'acquiescement qui en serait la conséquence doivent être considérés comme non avenus. — Cass., 23 mai 1842, Préfet de l'Isère, [S. 42.1.571, P. 42.2.135]

3182. — Conformément à la règle générale qui met la preuve à la charge du demandeur, c'est à l'administration qui allègue que le chiffre de l'indemnité allouée est supérieur à la demande, à l'établir ce fait. — Cass., 28 août 1848, Bouin, [P. 49.2.371, D. 48.5.187]; — 27 déc. 1863, Chem. de fer d'Orléans, [D. 64.5. 149] — De Lalleau, Jousselin, Rendu et Périn, *loc. cit.*; Crépon, sur l'art. 39, n. 169; Daffry de la Monnoye, t. 2, sur l'art. 39, n. 74.

3183. — Par suite, si le procès-verbal, en constatant que les offres et demandes ont été produites devant le jury, n'indique pas la quotité de la demande, c'est à l'expropriant qui prétend que l'indemnité a été supérieure à la demande, à établir que cette quotité était inférieure à l'indemnité allouée par le jury. — Cass., 1er juin 1894, Arnaudon, [S. et P. 93.1.479]

3184. — Bien que l'exproprié, qui, en contestant les offres de l'administration, n'a pas fait connaître le chiffre de sa demande, ne puisse obtenir une indemnité supérieure aux offres de l'expropriant, cependant, s'il résulte tant de l'ordonnance du magistrat directeur que de l'aveu de l'expropriant lui-même, que la demande, dont le chiffre n'est pas exprimé dans l'instruction, est supérieure à l'indemnité accordée, la décision du jury est valable et doit être maintenue. — Cass., 16 août 1854, Jouhard, [S. 55.1.144, P. 55.1.485, D. 54.1.343] — De Lalleau, Jousselin, Rendu et Périn, *loc. cit.*; Crépon, sur l'art. 39, n. 170, Daffry de la Monnoye, t. 2, sur l'art. 39, n. 75.

3185. — Lorsque l'exproprié, tout en contestant la suffisance des offres de l'administration, n'a pas précisé le chiffre de sa demande, le jury ne peut allouer une indemnité supérieure à celle offerte, sans violer la règle qui lui défend d'allouer, en aucun cas, une indemnité supérieure à la demande de l'exproprié. En l'absence d'une demande, l'offre limite seule l'indemnité; celle-ci ne peut alors qu'être égale à l'offre. — Cass., 23 févr. 1842, Abbin, [S. 42.1.264, P. 42.1.368]; — 2 janv. 1849, Préfet du Cantal, [S. 49.1.216, P. 49.1.392, D. 49.1.74]; — 2 déc. 1851, Préfet des Basses-Alpes, [S. 52.1.462, P. 52.2.704, D. 52.1.9]; — 22 août 1853, Chem. de fer de Lyon, [S. 54.1.118, P. 55.1.33, D. 53.1.284]; — 31 juill. 1854, Préfet de la Gironde, [S. 55.1. 140, P. 55.1.530, D. 54.1.352]; — 15 mai 1866, Chem. de fer de Lyon, [S. 66.1.447, P. 66.1204, D. 66.5.201]; — 7 août 1866, Préfet de Loir-et-Cher, [D. 66.5.202]; — 4 févr. 1874, Comm. de Mirabeau, [S. 74.1.222, P. 74.547, D. 74.1.248]; — 19 juin 1882. Comm. de Chatou, [S. 83.1.133, P. 83.1.303]; — 20 juin 1882, Comm. de Chatou, [*Bull. civ.*, p. 244]; — 27 févr. 1883, Comm. de Chatou, [S. 84.1.86, P. 84.1.176, D. 83.1.478]; — 14 avr. 1899, Préfet de Meurthe-et-Moselle, [S. et P. 99.1.368] — De Peyrony et Delamarre, n. 553; Maiapert et Protat, n. 500 et s.; Arnaud, n. 581; Crépon, sur l'art. 39, n. 174; Daffry de la Monnoye, t. 2, sur l'art. 39, n. 83; de Lalleau, Jousselin, Rendu et Périn, t. 1, n. 613.

3186. — Il en est ainsi même dans le cas où l'exproprié, tout en ne faisant pas connaître s'il acceptait les offres, et en n'indiquant pas le montant de sa prétention, s'est borné à contester, comme dérisoire, le chiffre offert par l'expropriant et a déclaré s'en rapporter au jury pour la fixation de l'indemnité. — Cass., 14 avr. 1899, précité. — La partie qui s'en rapporte à justice n'acquiesçant pas à la demande (V. *suprà*, v° *Acquiescement*, n. 47 et s.), la partie qui s'en rapporte au jury pour la fixation de l'indemnité n'acquiesce pas aux offres faites par l'expropriant; mais peu importe, puisque, ainsi que nous venons de le voir, le jury ne peut allouer une somme supérieure aux offres quand l'exproprié, tout en déclarant les offres insuffisantes, ne formule pas une demande précise et n'indique pas un chiffre.

3187. — Et d'autre part, l'indication tardive par l'exproprié du montant de sa demande, lorsque déjà le jury avait prononcé, et par conséquent était dessaisi, ne saurait couvrir le vice de la décision. — Cass., 22 août 1853, précité. — De Lalleau, Jousselin, Rendu et Périn, t. 1, n. 612; Daffry de la Monnoye, *loc. cit.*

3188. — De même, en l'absence d'offres, le jury ne peut prononcer une indemnité inférieure à la demande; cette indemnité ne pouvant être non plus supérieure à la demande, le jury n'a qu'à accueillir celle-ci puisqu'il ne saurait modifier le chiffre qu'elle indique. — Cass., 2 mai 1859, Chem. de fer P.-L.-M., [P. 59.1013, D. 59.1.208] — De Lalleau, Jousselin, Rendu et Périn, *loc. cit.*; Crépon, sur l'art. 39, n. 172; Daffry de la Monnoye, t. 2, sur l'art. 39, n. 84.

3189. — Dès lors, l'expropriant qui dénie à l'exproprié tout droit à une indemnité doit lui faire une offre éventuelle pour le cas où ce droit serait reconnu; autrement la demande de l'exproprié devrait être acceptée tout entière. — Cass., 2 mai 1859, précité. — Daffry de la Monnoye, *loc. cit.*; de Lalleau, Jousselin, Rendu et Périn, *loc. cit.*; Crépon, sur l'art. 39, n. 173. — *Contrà*, Cass., 1er mars 1843, Labbé, [S. 43.1.310, P. 43.1.510]

3190. — Mais pour que ce principe soit appliqué il faut qu'il soit certain qu'aucune offre n'a été faite. L'offre faite par l'expropriant d'une certaine somme pour toute indemnité d'expropriation s'applique, par sa généralité, aux prétentions nouvelles émises par l'exproprié devant le jury sans que l'expropriant soit obligé de formuler de nouvelles offres; par suite, l'indemnité supérieure à cette offre est régulière. — Cass., 5 déc. 1898, Couturier, [S. et P. 99.1.48]

3191. — L'expropriant qui a fait des offres à l'exproprié pour le montant de sa propriété et la valeur des terrains compris dans l'expropriation, n'a point, s'il conteste l'existence d'un dommage, à faire des offres sur ce point ; c'est au jury à comprendre l'évaluation de ce dommage, s'il le reconnaît, dans l'indemnité allouée. — Cass., 20 mai 1879, Combax, [S. 80.4.86, P. 80.474, D. 79.1.349] — De Lalleau, Jousselin, Rendu et Périn, loc. cit.; Crépon, sur l'art. 39, n. 177.

3192. — Rappelons d'ailleurs que l'expropriant peut abaisser ses offres autant qu'il le juge convenable, et, par exemple, n'offrir que un franc. — Cass., 23 août 1854, Jacomet, [S. 55.1.443, P. 55.1.126, D. 54.1.319]; — 12 mars 1856, Douzeaud, [S. 56.1.828, P. 57.604, D. 56.1.169]; — 1er juin 1864, Lethierry, [S. 64.1.508 P. 64.1254, D. 64.5.148] ; — 31 déc. 1867, Santy, [P. 68.307, D. 68.1.15] — De Lalleau, Jousselin, Rendu et Périn, loc. cit.; Daffry de la Monnoye, t. 2, sur l'art. 39, n. 85 ; Crépon, sur l'art. 39, n. 174. — V. suprà, n. 2679 et 2680.

3193. — L'expropriant peut faire une offre aussi minime, alors même que dans l'acte d'offres il s'est réservé le droit de réclamer ultérieurement de l'exproprié une indemnité de plus-value, aux termes de l'art. 30, L. 16 sept. 1807 ; cette réserve, qui n'est pas une condition, ne rend pas l'offre incertaine ; il en est ainsi alors même que cette réserve n'a pas été reproduite dans le tableau des offres placé sous les yeux du jury ; elle n'a pas besoin d'être indiquée au jury, parce qu'elle est étrangère à la fixation de l'indemnité. — Cass., 23 nov. 1853, Neveux, [P. 54.2.275, D. 54.5.347] — Crépon, sur l'art. 39, n. 175; Daffry de la Monnoye, t. 2, sur l'art. 39, n. 86. — L'art. 30 de la loi de 1807 ne peut d'ailleurs pas être appliqué en dehors du cas qu'il a prévu; il constitue une loi d'exception qu'on ne saurait être étendue, on ne saurait l'appliquer après une expropriation pour utilité publique et fixation de l'indemnité par le jury conformément à la loi de 1841. — Daffry de la Monnoye, t. 2, sur l'art. 39, n. 87; Crépon, sur l'art. 39, n. 176.

3194. — Lorsque les jurés ont alloué à l'exproprié une indemnité supérieure à sa demande, cette erreur ne peut être rectifiée ni revisée, mais attaquée seulement par un pourvoi en cassation. — Cass., 15 juin 1885, de Provigny, [S. 86.1.224, P. 86.1.534]

§ 2. De l'indemnité due à l'usufruitier, à l'usager et aux bénéficiaires de servitude.

3195. — « Dans le cas d'usufruit, une seule indemnité est fixée par le jury, eu égard à la valeur totale de l'immeuble; le nu-propriétaire et l'usufruitier exercent leurs droits sur le montant de l'indemnité, au lieu de l'exercer sur la chose » (L. 3 mai 1841, art. 39, § 2).

3196. — La loi du 7 juill. 1833 contenait une disposition identique et dans la discussion de cette loi le commissaire du gouvernement devant les Chambres s'était exprimé ainsi à cet égard : « Je ne vois pas comment il serait possible à un jury d'établir la ventilation nécessaire pour déterminer la part de l'usufruitier et celle du nu-propriétaire. Si vous voulez que le jury fasse deux parts du capital qui représente la valeur de l'immeuble, l'une pour l'usufruitier, l'autre pour le propriétaire, il faudra qu'il entre dans l'examen de questions qui ne sont pas de son ressort; il faudra qu'il apprécie les chances aléatoires, qu'il calcule combien l'usufruit peut durer encore, à quelle époque commencera la pleine propriété. Si au lieu de laisser à l'usufruitier l'intérêt du capital entier vous aimez mieux, dès ce moment, séparer sa cause de celle du nu-propriétaire, en divisant entre eux le montant de l'indemnité, vous pouvez, dans certains cas, altérer gravement la condition souslaquelle l'usufruit a été fondé. Il ne faut pas créer pour l'usufruitier un véritable droit nouveau, et qui me parait en opposition directe avec les principes du Code civil » (Moniteur du 11 mai 1833, p. 1350).

3197. — L'indemnité done fixée en prenant en considération la valeur vénale de tout l'immeuble, c'est-à-dire qu'il faut envisager à la fois les valeurs réunies de l'usufruit et de la nue-propriété. L'immeuble doit être estimé en bloc, eu égard à la pleine propriété et non point à raison de la division des droits qui existent entre le nu-propriétaire et l'usufruitier. — Cass., 16 mars 1864, Tirandy, [S. 64.1.369, P. 64.1049, D. 64.5.168] — De Lalleau, Jousselin, Rendu et Périn, t. 1, n. 350; Crépon, sur l'art. 39, n. 45; Daffry de la Monnoye, t. 2, sur l'art. 39, n. 15.

3198. — Si l'usufruit porte non sur tout l'immeuble, mais seulement sur une partie de l'immeuble exproprié, il y a lieu de fixer une indemnité distincte sur cette partie de l'immeuble, de manière à ce que l'usufruit puisse s'exercer sur l'indemnité afférente à cette partie ; mais le jury n'est tenu à allouer une indemnité distincte de ce chef que si les parties y ont conclu ; c'est aux parties à veiller à la sauvegarde de leurs droits ; le jury n'a point à se montrer plus vigilant qu'elles. — Cass., 16 mars 1864, précité. — Daffry de la Monnoye, t. 2, sur l'art. 39, n. 16 ; Crépon, sur l'art. 39, n. 41. — V. suprà, n. 2614 et s.

3199. — Le jury ne peut accorder une indemnité particulière au nu-propriétaire, si minime qu'elle soit, sur l'immeuble ou la partie d'immeuble soumis à l'usufruit ; la décision qui allouerait une telle indemnité devrait être cassée parce qu'elle léserait l'usufruitier dans ses intérêts, en le privant de son droit sur une valeur qui est soumise à son usufruit. — Arnaud, n. 444; Crépon, sur l'art. 39, n. 39.

3200. — Mais, à l'inverse, l'usufruitier peut avoir droit parfois à une indemnité spéciale qui lui sera attribuée en entier, et sur laquelle le nu-propriétaire ne pourra exercer aucun droit; et en sera ainsi quand il subira un dommage qui n'atteindra que lui. Ainsi l'usufruitier qui exerce une industrie dans les lieux expropriés pour cause d'utilité publique a le droit d'obtenir, à raison du préjudice que lui fait subir le trouble apporté à son industrie, une indemnité distincte de celle des intérêts de l'indemnité allouée au propriétaire. — Cass., 22 mai 1865, Monivet, [S. 65.1.460, P. 65.1197, D. 65.5.175] — Trib. Lyon, 9 avr. 1870, Millet, [S. 71.2.121, P. 71.362, D. 71.2.24] — De Peyrony et Delamarre, n. 508; Arnaud, n 445 ; Crépon, sur l'art. 39, n. 40; de Lalleau, Jousselin, Rendu et Périn, t. 1, n. 353; Daffry de la Monnoye, t. 2, sur l'art. 39, n. 17.

3201. — Pareillement l'indemnité réclamée par l'usufruitier occupant les lieux expropriés, à raison de son déplacement, ne peut entrer comme élément dans l'évaluation de l'immeuble; elle doit, à peine de nullité, faire l'objet d'une décision spéciale. — Cass., 16 mars 1864, Tiranty, [S. 64.1.369, P. 64.1049, D. 64.5.168] — De Lalleau, Jousselin, Rendu et Périn, loc. cit. ; Crépon, loc. cit.; Daffry de la Monnoye, t. 2, sur l'art. 39, n. 18.

3202. — Au surplus, le jury peut allouer à l'usufruitier et au nu-propriétaire deux indemnités distinctes s'ils l'ont demandé par des conclusions formelles ; c'est là un mode de procéder contraire aux dispositions de l'art. 39, mais que les parties sont libres d'adopter et qui est régulier, alors qu'il est suivi après un contrat judiciaire librement intervenu entre l'usufruitier et le nu-propriétaire pourvu que celui-ci soit majeur et maître de ses droits. — Cass., 1er avr. 1868, Deladerière, [S. 68.1.309, P. 68.784, D. 68.1.221] — Daffry de la Monnoye, t. 2, sur l'art. 39, n. 21; de Lalleau, Jousselin, Rendu et Périn, loc. cit.; Crépon, sur l'art. 39, n. 36.

3203. — Par suite, au cas de l'expropriation d'un immeuble grevé d'un usufruit, la décision du jury qui alloue deux indemnités distinctes l'une au nu-propriétaire, l'autre à l'usufruitier, ne saurait être critiquée lorsque l'exproprint devant le jury a fait une offre unique, sans dire dans quelle proportion l'indemnité serait répartie entre le nu-propriétaire et l'usufruitier, et que si une indemnité distincte a été allouée à ce dernier c'est sur ses conclusions, appuyées par le jury. — Cass., 10 janv. 1898, Pelletrat de Bordes, [S. et P. 98.1.192]

3204. — Il a été jugé que l'art. 39 est inapplicable à l'usufruit d'un droit au bail, résilié par suite d'une expropriation; l'indemnité, en ce cas, représente une accumulation de bénéfices dont le nu-propriétaire n'aurait tiré aucun profit si l'usufruitier avait vécu jusqu'à la fin du bail ; il y aurait lieu alors à une ventilation faite par les tribunaux civils qui tiendraient compte des éventualités auxquelles étaient soumis les droits de chacun. — Trib. Seine, 18 avr 1887, [Pand. franç., 87.2.303] — De Lalleau, Jousselin, Rendu et Périn, t. 1, n. 350. — Mais ce mode de procéder ne paraît pas prévu par la loi, ni conforme à son esprit, il s'agit là d'un droit qui compète à l'usufruitier et au nu-propriétaire, il semble donc qu'il y ait lieu à l'allocation d'une somme sur laquelle l'usufruitier exercera son droit d'usufruit, et qui, à sa mort, appartiendra au nu-propriétaire ; comment écarter l'application de l'art. 39, et en vertu de quel principe ? Le droit est commun aux deux intéressés ; leurs intérêts sont réglés par l'art. 39; s'il faut une ventilation, les parties ne s'accorderont pas pour la faire, et au lieu de voir leurs droits définitivement fixés par la décision du jury, comme le veut la loi, les voilà engagés dans un procès, long et dont l'appréciation est des plus délicates; ce n'est pas ce qu'a voulu le législateur.

3205. — Il n'y a pas contravention à l'art. 39, relatif à la fixation d'une seule indemnité pour la valeur totale de l'immeuble, dans la décision qui, après avoir fixé une seule indemnité, a ajouté (s'agissant d'une forêt) que cette indemnité serait applicable pour telle somme à la superficie, et pour telle autre somme au sol. Le jury ne fait, en s'exprimant ainsi, qu'indiquer le double élément de sa décision, qui ne cesse pas d'être une, et sur le résultat complexe de laquelle il est loisible au propriétaire et à l'usufruitier d'exercer leur droit réciproque, au lieu de l'exercer sur la chose. — Cass., 4 avr. 1838, Charpentier, [S. 38.1.521, P. 38.2.103] — Daffry de la Monnoye, t. 2, sur l'art. 39, n. 19.

3206. — Et il a été jugé également que l'ordonnance homologative de la décision du jury, par laquelle le magistrat directeur attribue à l'usufruitier la somme applicable à la superficie, et au nu-propriétaire la somme applicable au sol, n'est pas nulle comme préjugeant les droits respectifs du nu-propriétaire et de l'usufruitier, alors que l'un d'eux fait défaut. Ils restent l'un et l'autre libres d'exercer leurs droits ainsi qu'il peut leur appartenir. — Cass., 4 avr. 1838, précité. — La solution devrait être identique alors même que les parties auraient comparu; le magistrat directeur, par son ordonnance ne peut modifier les droits des parties, elle ne les lie pas, et ils ont à exercer leurs droits ainsi que le veut le législateur. — Daffry de la Monnoye, t. 2, sur l'art. 39, n. 20; Crépon, sur l'art. 39, n. 37; de Lalleau, Jousselin, Rendu et Périn, t. 1, n. 351.

3207. — Le nu-propriétaire qui a grevé le bien exproprié d'hypothèques n'est point tenu d'en rapporter la mainlevée, et de mettre ainsi l'usufruitier à même de toucher et de jouir de la somme fixée à titre d'indemnité; mais il doit tenir compte à l'usufruitier de la différence qui existe entre le taux de l'intérêt et celui servi par la Caisse des dépôts et consignations: il cause un préjudice à l'usufruitier, il doit le réparer. — Dijon, 6 juill. 1857, [D. 58.2.110] — De Lalleau, Jousselin, Rendu et Périn, t. 1, n. 350.

3208. — Il appartient à la juridiction civile ordinaire de constater que c'est le fait même de l'expropriation qui a fait subir à un usufruitier, en dehors de la parcelle expropriée, et sur les parcelles voisines formant avec la précédente un seul corps de domaine soumis à l'exercice de son usufruit, la moins-value et les préjudices pour lesquels la décision du jury lui a accordé une indemnité éventuelle. C'est à bon droit, dans ce cas, que la juridiction civile rend définitive le règlement d'indemnité auquel le jury a procédé. — Cass., 12 juin 1888, Soc. gén. des chem. de fer écom., [S. 89.1.231, P. 89.1.545, D. 89.1.253] — La question soulevée constituait un litige sur le fond du droit sur lequel l'autorité judiciaire était compétente pour statuer. Dans l'espèce l'expropriation enlevait à un usufruitier une bande de terrain en travers du domaine dont il avait la jouissance, et désorganisait par là le mode d'exploitation qu'il avait établi. Il était visible, en cet état, que le trouble apporté dans l'exercice de son droit était bien la suite directe de l'expropriation. Cette qualification entraînait, s'agissant d'ailleurs d'un préjudice certain, la compétence du jury. On objectait vainement que le règlement d'une indemnité, à raison d'un simple droit réel, ne peut avoir lieu devant le jury qu'accessoirement à celui de l'indemnité afférente à la propriété. La théorie de l'accessoire signifie simplement que le titulaire d'un droit réel ne peut se prétendre exproprié, ni s'adresser au jury, lorsqu'il n'y a pas expropriation totale ou partielle du fonds servant. Dans l'espèce l'emprise entamait une portion du domaine sujet à l'usufruit. L'usufruitier était donc assimilable à un exproprié. Cette qualité ne pouvait être détruite en lui par la circonstance que l'assiette de son usufruit était plus large que celle de la nue-propriété expropriée. Il était donc rationnel d'appliquer à l'usufruitier les principes généraux de la loi de 1841 et de rendre définitive l'indemnité représentant le préjudice que l'expropriation, nécessitant un changement dans l'exploitation du surplus de l'emprise, entraînait pour l'ensemble de l'usufruit.

3209. — « L'usufruitier est tenu de donner caution. Les père et mère ayant l'usufruit légal des biens de leurs enfants en sont seuls dispensés » (LL. 3 mai 1841, art. 39, §3 ; 7 juill. 1833, même article).

3210. — En obligeant ainsi l'usufruitier à donner caution lorsque peut-être la convention l'en dispensait, on se trouve modifier les droits que la volonté des parties avait constitués. Mais on a été déterminé par cette considération que l'usufruitier dispensé de donner caution ne pouvait faire le plus souvent disparaître la chose soumise à l'usufruit, à raison de sa nature immobilière; que lorsqu'une expropriation convertissait l'immeuble en une somme d'argent, l'usufruitier pouvait consommer la somme et ne plus rien laisser au nu-propriétaire à l'expiration de l'usufruit; que, d'ailleurs, la convention n'était pas à la rigueur violée, en ce que si le titre dispensait l'usufruitier de donner caution, il ne s'expliquait point sur le cas où par un événement de force majeure l'immeuble serait converti en une chose mobilière (Rapp. de Martin du Nord à la Chambre des députés : Monit. du 30 mai 1833, p. 1521). — De Lalleau, Jousselin, Rendu et Périn, t. 1, n. 351 ; Crépon, sur l'art. 39, n. 34.

3211. — L'usufruitier qui aurait déjà fourni caution n'en devrait pas moins en fournir une nouvelle; car comme nous venons de l'expliquer sa responsabilité est singulièrement augmentée par la conversion d'une chose immobilière en une valeur mobilière. — De Lalleau, Jousselin, Rendu et Périn, t. 1, n. 352; Proudhon, Usufruit, t. 2, n. 870.

3212. — Si l'usufruitier ne pouvait trouver une caution, la somme provenant de l'indemnité serait placée conformément à l'art. 602, C. civ., et l'usufruitier en toucherait l'intérêt (Duvergier, Coll. des lois, t. 1, 1841, p. 159). Rappelons que l'usufruitier n'est point tenu de donner caution à l'égard des sommes qu'il a touchées à un titre purement personnel, qui lui sont spéciales, et sur lesquelles le nu-propriétaire n'a à exercer aucun droit. — De Lalleau, Jousselin, Rendu et Périn, t. 1, n. 353 ; Crépon, sur l'art. 39, n. 32. — V. suprà, n. 3200 et s.

3213. — Dans tous les cas, la partie expropriante ne doit payer qu'après que l'usufruitier a fourni toutes les garanties exigées par la loi; et si le nu-propriétaire n'accepte pas amiablement la caution, il y a lieu de procéder conformément aux art. 517 et s., C. proc. civ., au titre de la réception des cautions. Le jury et le magistrat directeur n'ont point d'ailleurs à se préoccuper de la caution ; c'est là une garantie prise au moment du paiement, et pour laquelle il y a lieu de se conformer aux règles du Code civil. — Arnaud, n. 445; Crépon, sur l'art. 39, n. 33.

3214. — Le droit d'habitation est un droit d'usufruit restreint; quels sont les droits de l'habituaire? MM. de Lalleau, Jousselin, Rendu et Périn (t. 1, n. 354), distinguent; suivant eux, dans le cas où ce droit a été constitué la totalité d'un immeuble, il suffit de demander au jury de fixer une indemnité spéciale pour cet immeuble; le bénéficiaire du droit d'habitation jouira de cette somme jusqu'à sa mort en donnant caution ; à son décès elle appartiendra en pleine propriété au propriétaire ; mais si le droit d'habitation consiste, comme il arrive souvent, en un droit sur une partie d'immeuble, ainsi sur quelques pièces d'une maison, ce mode de procéder est impossible, et conformément à l'art. 39, § 1, il y a lieu de faire fixer une indemnité spéciale pour le bénéficiaire du droit d'habitation, une autre pour le propriétaire. On peut faire, à notre avis, une autre distinction: si le droit d'habitation a été concédé sans indication du lieu où il devra être exercé, les principes qui viennent d'être posés seront applicables; mais si le droit d'habitation porte sur un immeuble in specie, ce serait, croyons-nous, transformer un simple droit d'habitation en un véritable usufruit, contrairement à la volonté des parties, que de reporter sur l'indemnité les droits que l'habituaire avait sur la maison.

3215. — Dans la loi de 1833, le paragraphe de l'art. 39 était ainsi conçu : « Le jury prononce des indemnités distinctes en faveur des parties qui les réclament à des titres différents comme propriétaires, fermiers, locataires, usagers autres que ceux dont il est parlé au premier paragraphe de l'art. 21. » D'où il suit que sous l'empire de cette loi, ceux qui avaient des droits d'usage et d'habitation réglés par le Code civil étaient assimilés à l'usufruitier et ne pouvaient prétendre à une indemnité distincte. Ce système a été changé par la loi de 1841, et aujourd'hui tous les usagers sans distinction ont droit à une indemnité particulière ; il en est ainsi des usagers ayant des droits de pacage et de pâturage, qui ont l'usage exclusif sur la loi de 1833. Une indemnité spéciale sera fixée par le jury en ce qui concerne les usagers. — De Lalleau, Jousselin, Rendu et Périn, t. 1, n. 354 ; Arnaud, n. 442 ; Crépon, sur l'art. 39, n. 1.

3216. — Des indemnités distinctes doivent être accordées à tous les intéressés qui, par suite de l'expropriation, éprouvent un dommage direct et matériel, à raison de la privation d'un droit réel, dont l'exercice leur avait été concédé sur l'immeuble exproprié et dont les prive l'expropriation. Spécialement, une compagnie d'éclairage et de chauffage par le gaz a droit à une indemnité d'expropriation, lorsque, par suite de l'expropriation, elle se trouve dépossédée d'une conduite montante, qu'une convention, intervenue entre elle et le propriétaire de l'immeuble exproprié, l'avait autorisée à établir sous cet immeuble, pour le service de ses abonnés ; une pareille convention entraînant droit de jouissance sur ledit immeuble. — Cass., 25 nov. 1884, Ville de Paris, [S. 86.1.278, P. 86.1.657, D. 85.1.35] — De Lalleau, Jousselin, Rendu et Périn, t. 1, n. 354.

3217. — Les bénéficiaires de servitude sur le fonds servant exproprié, qui se sont fait connaître ou ont été régulièrement dénoncés à l'expropriant ont droit aussi à une indemnité distincte. — De Lalleau, Jousselin, Rendu et Périn, t. 1, n. 355.

§ 3. De l'indemnité due aux fermiers et locataires.

1° Règles générales.

3218. — Lorsqu'un immeuble est loué, qu'il est donné à bail ou affermé, des indemnités distinctes doivent être données d'un côté au propriétaire, de l'autre aux fermiers, colons ou locataires; la première comprend la valeur de l'immeuble et la réparation du dommage, suite directe de l'expropriation, la seconde la réparation du trouble apporté à la jouissance et du dommage qui en est la suite directe. — De Lalleau, Jousselin, Rendu et Périn, t. 1, n. 356; Crépon, sur l'art. 39, n. 12 et 13.

3219. — Lorsqu'il y a plusieurs locataires, fermiers ou colons, et qu'il n'existe entre eux aucun lien, aucune indivision, il doit être accordé une indemnité distincte de manière à ce que le sort de chacun d'eux soit définitivement fixé, et qu'ils n'aient point entre eux de difficulté pour le partage de l'indemnité; il y aurait donc lieu d'annuler la décision du jury qui, en ce cas, allouerait une indemnité unique à plusieurs locataires ou fermiers. — Cass., 17 déc. 1884, Vinchon. [S. 86.1.40. P. 86.1.65, D. 85.1.244] — De Lalleau, Jousselin, Rendu et Périn, t. 1, n. 356.

3220. — En prescrivant au jury de prononcer des indemnités distinctes au profit de toutes les parties, propriétaires ou fermiers, qui seraient appelés en cause devant lui, l'art. 39 a eu pour objet de faire terminer devant cette juridiction tous débats relatifs à la dépossession. En conséquence, le jury ne peut se borner à allouer à chaque locataire une indemnité à raison du trouble qu'il éprouvera dans sa jouissance, en renvoyant aux tribunaux ordinaires la question des indemnités qui peuvent leur être dues résultant de résiliation de leurs baux. — Cass., 31 déc. 1838, Charrin, [S. 39.1.19, P. 39.1.53] — D'ailleurs, aucune indemnité n'est due pour la résiliation du bail résultant de l'expropriation qui constitue un cas de force majeure. — De Lalleau, Jousselin, Rendu et Périn, t. 1, n. 356.

3221. — Si un fermier a marné des terres affermées, opération dont l'effet dure plusieurs années, et qu'il soit exproprié l'année suivante, il aura droit à ce que le jury tienne compte dans l'indemnité de la dépense ainsi faite ; il en est de lui comme du propriétaire; la décision est identique relativement aux engrais et fumures. Il aura donc droit à ce titre à une indemnité supérieure à celle du fermier qui n'aurait point fait ces dépenses. — De Lalleau, Jousselin, Rendu et Périn, t. 1, n. 357; Crépon, sur l'art. 39, n. 11.

3222. — Le locataire d'une maison a droit de faire comprendre dans l'indemnité qui lui est allouée, tous les dommages que lui occasionne son déplacement : les frais de déménagement, les remboursements de frais de bail, la nécessité où il a pu se trouver de payer un loyer dans son nouvel appartement avant d'avoir emménagé, les dépenses faites récemment pour son installation dans le logement qu'il quitte et celles imposées par l'obligation d'approprier son mobilier à son nouveau logement; mais, en principe, il ne devrait pas lui être alloué d'indemnité parce qu'il aurait pris un appartement d'un loyer plus élevé; il est, en effet, difficile de considérer ce dommage comme une suite directe de l'expropriation. Il n'en serait autrement que si l'on démontrait que, par suite de circonstances particulières, les loyers ont haussé; et même dans ce cas il n'y aurait lieu de tenir compte de cette cause d'indemnité que pour la durée de l'ancien bail. — De Lalleau, Jousselin, Rendu et Périn, t. 1, n. 358; Crépon, sur l'art. 39, n. 10.

3223. — L'art. 1744, C. civ., règle les dommages dus quand le bail peut être résilié par la vente de la chose louée; cet article n'est pas applicable à l'expropriation; en effet, il met la réparation du dommage à la charge du bailleur et celui-ci, en matière d'expropriation, n'a rien à se reprocher; ici l'indemnité due à raison d'un intérêt public est due par l'expropriant qui agit au nom de cet intérêt ; et du moment qu'on ne se trouve pas dans l'hypothèse de l'art. 1744, l'indemnité doit être fixée à raison du dommage direct éprouvé. — De Lalleau, Jousselin, Rendu et Périn, t. 1, n. 359; Crépon, sur l'art. 39, n. 9.

3224. — La clause du bail qui interdit au locataire de réclamer une indemnité en cas de démolition de la maison louée, ne s'applique qu'au cas de démolition et reconstruction pour cause de reculement, auquel la maison se trouvait sujette; elle ne s'étend pas au cas d'une expropriation pour cause d'utilité publique qui n'avait pu entrer dans les prévisions des parties contractantes au moment du bail. — Paris, 7 mai 1861, Ville de Paris, [S. 61.2.401, P. 62.64, D. 61.2.98] — Daffry de la Monnoye, loc. cit.

3225. — D'autre part, les intérêts du propriétaire et du locataire ainsi que leurs droits étant distincts, le jugement qui donne acte au propriétaire de ce qu'il consent à la démolition entière de sa maison partiellement expropriée, n'a point l'effet de la chose jugée à l'égard du locataire ; celui-ci peut encore, malgré ce jugement et le consentement du propriétaire, demander le maintien du bail avec indemnité pour éviction partielle. — Cass., 27 févr. 1854. Lucet, [S. 55.1.137, P. 55.1.162, D. 54.1.125] — Crépon, sur l'art. 39, n. 2 et s.; Daffry de la Monnoye, t. 2, sur l'art. 39, n. 14.

3226. — En cas d'éviction partielle du locataire par suite de l'expropriation d'une partie de l'immeuble, celui-ci peut exercer l'option qui lui est laissée par l'art. 1722, et s'il n'a pas de dédommagement à demander au bailleur, victime comme lui de la force majeure il peut en réclamer un à l'expropriant qui lui cause un dommage. — Crépon, sur l'art. 39, n. 8 ; Daffry de la Monnoye, t. 2, sur l'art. 39, n. 13.

3227. — Le renouvellement de bail postérieur au décret d'expropriation cesse d'être opposable à l'expropriant, lorsqu'il est établi que le locataire s'est, volontairement et en connaissance de cause, exposé aux dommages qu'il a éprouvés, et n'a stipulé la prolongation de jouissance qu'à tout événement, sans compter sur les effets de cette convention. — Cass., 14 mars 1860, Rousselet, [S. 60.1.817, P. 61.714. D. 60.1.279] — De même encore, le renouvellement de bail, opéré postérieurement au décret qui a déclaré d'utilité publique les travaux dans le périmètre desquels se trouve l'immeuble loué, ne peut être opposé à l'expropriant, lorsqu'il résulte du jugement d'expropriation, dont l'appréciation appartient souverainement aux juges du fond, que le locataire n'a demandé et obtenu ce renouvellement que pour s'assurer le bénéfice d'une indemnité plus considérable à se faire allouer par le jury. — Cass., 15 févr. 1860, Loddé, [S. 60.1.817, P. 60.1.738, D. 60.1.117] — C'est l'application par analogie de l'art. 52, L. 3 mai 1841, qui porte que les constructions et améliorations ne donneront lieu à aucune indemnité quand le jury aura la conviction qu'elles ont été faites en vue d'obtenir une indemnité plus élevée. — V. suprà, n. 2979.

3228. — Lorsqu'après le jugement d'expropriation, le locataire n'est resté dans les lieux que parce que l'expropriant lui contestait le droit d'en sortir, le prix de cette jouissance peut être fixé par le tribunal à une somme inférieure au prix stipulé dans le bail : à ce cas sont inapplicables les principes de la tacite réconduction. — Cass., 16 avr. 1862, Ville de Paris, [S. 62. 1.721, P. 62.1.65, D. 62.1.300]

3229. — Le locataire auquel l'administration a fait signifier que la maison par lui occupée allait être expropriée pour utilité publique, et qu'il eût à se pourvoir d'un autre local pour une époque déterminée, est fondé, encore bien que cette signification ainsi faite avant la consommation de l'expropriation, n'ait pas le caractère ne puisse produire les effets d'un congé, à imputer sur les six derniers mois du délai qui lui a été assigné les loyers par lui payés d'avance et qui étaient imputables sur les six derniers mois du bail. Il en est ainsi alors, d'ailleurs, qu'il résulte du jugement d'expropriation, rendu depuis la signification susdite, et des diligences faites en vue du bail, que la jouissance du locataire devait cesser de fait et de droit au terme fixé par l'administration. — Paris, 6 juill. 1859, Dener, [P. 59. 973] — Dans ce cas le locataire accepte le congé ainsi qu'il en a le droit et bénéficie de la situation qui lui est faite.

3230. — Le jury n'étant compétent que pour fixer les indemnités dues à raison d'une expropriation, n'est pas compétent pour fixer l'indemnité qui peut être due au locataire d'une maison indiquée à tort parmi celles qui sont expropriées, à raison du congé que le propriétaire s'est cru dans l'obligation de lui donner. — Cass., 18 mars 1857, Cart, [S. 57.1.574, P. 58.49, D. 57.1.118]

3231. — L'exproprianl qui a fait à des fermiers, dont l'existence lui était révélée, des offres, distinctes et spéciales, ne saurait se plaindre de ce que des indemnités distinctes leur ont été allouées. — Cass., 8 mai 1899, Comm. de Champeaux, [S. et P. 1900.1.47] — Le jury n'a fait, en effet, que se conformer à la procédure suivie; si l'expropriant croyait qu'aucune indemnité n'était due, il devait faire une offre éventuelle, soulever un litige sur le fond du droit et porter devant la juridiction compétente la question de savoir si, oui ou non, une indemnité était due.

3232. — Les règles que nous avons indiquées pour la fixation de l'indemnité relativement au propriétaire, s'appliquent également au locataire; le jury peut donc aussi en ce qui le concerne confondre dans l'allocation d'une somme unique les diverses sommes demandées par le locataire (V. supra, n. 3085 et s.); par suite, celui qui a droit à une indemnité à plusieurs titres ou chefs distincts, par exemple à titre de locataire principal et à raison de l'industrie qu'il exerce dans les lieux, ne peut se plaindre de ce que le jury lui a alloué une indemnité unique, lorsqu'aucune contestation ne s'est élevée sur l'existence de la double élément d'indemnité : il y a, en ce cas, présomption que la décision du jury comprend tous les éléments de l'indemnité réclamée. — Cass., 28 mai 1861, Ancelin, [S. 61.1.997, P. 62.731, D. 61.1.280]

3233. — Jugé encore que lorsque plusieurs indemnités sont réclamées pour divers préjudices résultant de la dépossession des lieux occupés par le réclamant à titre de locataire, et que ces indemnités sont toutes demandées au même titre par le locataire exproprié, le jury peut, sans violer aucune loi, au lieu d'accorder autant d'indemnités qu'il y a de chefs de demandes, les réunir toutes dans une indemnité unique. — Cass., 12 juin 1843, Benoit, [S. 43.1.483, P. 43.2.196] — Daffry de la Monnoye, t. 2, sur l'art. 39, n. 10; Crépon, sur l'art. 39, n. 28.

3234. — ... Que lorsqu'un locataire a réclamé une indemnité à raison de deux établissements qu'il prétendait avoir dans une maison expropriée, la décision du jury qui lui alloue une somme moindre que celle demandée est régulière et complète, bien qu'il n'y soit pas dit que l'indemnité s'appliquait au double dommage, et qu'on n'y énonce même qu'une seule des qualités dans lesquelles le locataire réclamait, alors qu'il résulte des pièces produites et des débats que le jury a entendu statuer sur l'ensemble de la demande, et que l'indemnité a été allouée pour tout le dommage. — Cass., 27 mai 1851, Hubert, [S. 51.2.288, D. 51.1.572]; — 6 déc. 1859, Dohy, [P. 61.36, D. 60.1.168] — Daffry de la Monnoye, t. 2, sur l'art. 39, n. 10; Crépon, sur l'art. 39, n. 27.

3235. — ... Que l'indemnité allouée à un locataire à raison de la dépossession des terrains à lui loués embrasse dans sa généralité tous les chefs de demande relatifs à cette dépossession, notamment la privation pour ce locataire du droit qu'il lui conférait son bail de s'agrandir ultérieurement. — Cass., 23 août 1854 Jacomet, [S. 55.1.43, P. 55.1.126, D. 54.1.319]

3236. — Il n'y aurait lieu d'annuler la décision du jury que s'il apparaissait qu'elle n'a point répondu à toutes les demandes du locataire exproprié. Spécialement, le locataire exerçant dans les lieux dont il a été exproprié deux professions distinctes, celle de marchand de vins et celle de logeur en garni, n'est pas fondé à se plaindre de ce qu'il ne lui a été alloué qu'une indemnité unique à raison de la première de ces professions, si, dans sa demande d'indemnité et dans tous les actes de la procédure, il n'a pris ce qui de la qualité de marchand de vins, cette qualité devant être alors considérée comme ayant paru absorber l'autre, et l'indemnité comme ayant été basée sur les deux éléments distincts. — Cass., 21 févr. 1853, Maret, [S. 53.1.430, P. 53.2.165, D. 53.1.51]

3237. — Au contraire, la décision du jury doit être annulée dans le cas où, le locataire principal d'un immeuble partiellement exproprié demandant une indemnité tant pour le trouble apporté à son industrie que pour la diminution de jouissance d'une partie des lieux loués et pour la dépréciation des terrains restants, le jury n'a alloué que l'indemnité pour le premier chef, ou au moins n'a pas formellement déclaré que cette indemnité s'étendait également aux deux autres chefs. — Cass., 28 mars 1859, Sellier, [P. 59. 869, D. 59.1.163] — Daffry de la Monnoye, t. 2, sur l'art. 39, n. 11.

3238. — La question concernant l'expropriation partielle et le trouble de jouissance qu'elle peut occasionner au locataire met le jury en demeure d'examiner si cette expropriation partielle ne met pas le locataire dans l'impossibilité de continuer son industrie; il est donc inutile de poser une question spéciale sur ce point. — Cass., 2 juin 1890, Bouchet-Dedieu, [S. 91.1.416, P. 91.1.1008, D. 91.1.423]

3239. — L'indemnité allouée doit consister en une somme d'argent fixe et payable avant la dépossession; elle ne peut être constituée en annuités, qui ne seront payées qu'après la prise de possession de l'expropriant. Ainsi, le jury d'expropriation excède ses pouvoirs lorsque, au lieu de fixer l'indemnité due au locataire à une somme une fois payée, qui porterait intérêt six mois après le jugement d'expropriation, il accorde à ce locataire, pour ce qui reste à courir de son bail, une indemnité annuelle, à partir du jour où les lieux qu'il occupe seront atteints par les travaux. — Cass., 31 déc. 1838, Cherrin, [S. 39.1.19, P. 39.1.5]

3240. — Il a été jugé cependant qu'est définitive et par conséquent régulière, l'allocation d'une indemnité attribuée à un fermier et consistant en une somme annuelle à prendre pendant la durée du bail où l'indemnité accordée au bailleur, le chiffre de l'allocation faite au fermier se trouvant clairement déterminé par la durée même du bail. — Cass., 7 avr. 1858, Sandral, [S. 59.1. 272, P. 59.838, D. 58.1.171] — Mais nous ne saurions approuver cette décision; d'abord l'indemnité consiste en annuités, ce que nous venons de dire; ensuite elle doit être payée non par l'expropriant, mais par le propriétaire; d'où la nécessité, si le locataire ne suit pas la foi du propriétaire, de consigner la somme; enfin ce mode de fixation entraîne des difficultés possibles entre l'expropriant et l'exproprié, des procès longs et coûteux, et des litiges que le législateur veut éviter.

3241. — Il a été décidé d'ailleurs à bon droit que, au cas où le jury a alloué à un locataire une indemnité annuelle à prendre, jusqu'à l'expiration du bail, sur l'indemnité accordée au propriétaire, l'expropriant, à l'égard duquel la fixation de l'indemnité est certaine, invariable et définitive, est non recevable, par défaut d'intérêt, à se pourvoir en cassation contre la décision du jury, sous prétexte que la durée du bail est de nature à soulever des contestations entre le propriétaire et le locataire. — Cass., 3 févr. 1858, Chem. de fer Grand-Central, [P. 58. 570, D. 58.1.126]

3242. — Le locataire d'une maison expropriée a le droit de se faire restituer par le propriétaire les loyers qu'il lui a payés d'avance et qui sont imputables sur la dernière année du bail, alors du moins que le locataire n'a reçu, de ce chef, aucune indemnité d'expropriation, et qu'au contraire le propriétaire a été indemnisé à raison de la perte d'intérêts qui devait résulter pour lui de la restitution de ces loyers. Dans ce cas, en effet, le paiement effectué par le locataire peut être sans cause. — Cass., 5 mai 1858, Blanc, [S. 58.1.654, P. 59.294] — De Lalleau, Jousselin, Rendu et Périn, t. 1, n. 363.

3243. — Lorsque les jurés n'ont été saisis que d'une seule demande en fixation de l'indemnité et que le fermier, dont le propriétaire a fait connaître la présence, n'a adressé aucune réclamation, le propriétaire qui a obtenu une indemnité est sans intérêt pour invoquer comme moyen d'annulation de la décision qui la lui accorde l'oubli ou le refus par l'administration d'appeler ce fermier en cause. Le propriétaire n'a, en effet, aucun recours à craindre. — Cass., 27 mars 1843, Thinières, [S. 43.1.439, P. 43.1.635]

2° Règles applicables aux baux d'une nature spéciale.

3244. — Quelle sera la situation en cas de bail à rente? Ce contrat aujourd'hui fort rare est ainsi défini par Pothier : « Le bail à rente simple est un contrat par lequel l'une des parties baille et cède à l'autre un héritage ou quelque droit immobilier, et s'oblige de le lui faire avoir à titre de propriétaire, à la réserve qu'elle fait d'une rente annuelle d'une certaine somme d'argent ou d'une certaine quantité de fruits, qu'elle retient sur ledit héritage, et que l'autre partie s'oblige réciproquement envers elle de lui payer tant qu'elle possédera ledit héritage » (*Traité du contrat de bail à rente*, n. 1). La propriété est transférée au preneur et la rente est essentiellement rachetable (C. civ., art. 530). Le preneur peut, en cas d'expropriation, délaisser l'immeuble. Il deviendrait alors étranger au règlement de l'indemnité; mais ce cas ne paraît pas devoir se présenter; en sa qualité de propriétaire c'est lui, le plus souvent, qui bénéficiera de la plus forte indemnité, la somme qui lui sera allouée sera en rapport avec ce qu'il retire de la propriété, c'est-à-dire avec la rente qu'il paye. D'autre part, la rente est toujours rachetable, le bailleur a droit au rachat de la rente, et à une indemnité représentant ce rachat; si le preneur ne voulait pas racheter la rente, il y aurait lieu de consigner la somme afférente au rachat de la rente et le bailleur en toucherait les intérêts; ce qui non plus ne se présenterait jamais ou presque jamais (de Lalleau, Jousselin, Rendu et Périn, t. 1, n. 365); il semble préférable de dire que puisque le bailleur doit toucher une indemnité distincte de celle du preneur, celui-ci ne peut s'opposer au paiement au bailleur de l'indemnité qui lui revient, et obliger l'expropriant à la consignation; le preneur ne pourrait agir ainsi que pour être désagréable au bailleur, et pour l'empêcher de disposer d'une somme qui lui revient; or par l'effet de l'expropriation le bail à rente n'existe plus, un cas de force majeure l'a fait disparaître; chacun des indemnitaires doit toucher la somme qui lui revient. Si les clauses et conditions du rachat sont prévues par l'acte constitutif, le jury doit s'y conformer pour la fixation de l'indemnité revenant au bailleur; sinon, il doit suivre les règles établies pour le rachat des rentes foncières. — De Lalleau, Jousselin, Rendu et Périn, *loc. cit.*

3245. — Si une partie seulement de l'immeuble soumis au bail à rente est expropriée, le jury fixera deux indemnités distinctes relativement à cette partie : l'une pour le bailleur, l'autre pour le preneur; la première représente la partie de la rente afférente à la portion de biens expropriée. Le bailleur ne peut alors exiger le rachat de la rente pour le surplus de l'immeuble, parce que ses garanties ne sont pas amoindries; sa rente doit, en effet, être diminuée dans la proportion de l'expropriation subie; il y a là, quant à la diminution de la rente, un règlement qui, faute d'accord des parties, sera fait par l'autorité judiciaire. — V. de Lalleau, Jousselin, Rendu et Périn, *loc. cit.*

3246. — Sous l'empire du Code civil le bail à locatairie perpétuelle ou à culture perpétuelle doit être assimilé au bail à rente (V. *supra*, v° *Bail à locatairie perpétuelle*, n. 15 et s.). Ce que nous venons de dire du bail à rente s'applique donc au bail à locatairie perpétuelle ou à culture perpétuelle. — De Lalleau, Jousselin, Rendu et Périn, t. 1, n. 366.

3247. — Il faut en dire autant du bail à rente colongère, autrefois usité en Alsace. En vertu de ce bail un grand propriétaire attirait des habitants sur ses terres incultes, et leur en attribuait des parcelles moyennant une redevance fixe; c'est là encore un contrat assimilable au bail à rente. — Merlin, *Rép.*, v° *Rente colongere*; de Lalleau, Jousselin, Rendu et Périn, t. 1, n. 367.

3248. — Par le bail à domaine congéable ou à convenant, que l'on retrouve en Bretagne, le propriétaire, pour attirer des travailleurs sur ses terres, leur attribue la jouissance de certaines parcelles moyennant une redevance annuelle; le preneur a la faculté de faire des améliorations que le bailleur, en cas de cessation du contrat, devra lui payer à dire d'experts; le bailleur demeure propriétaire (V. *supra*, v° *Bail à domaine congéable*, *Domaine congéable*); c'est donc à lui que, en cas d'expropriation, doit revenir la principale indemnité; quant au preneur appelé domanier il a droit à une indemnité comprenant la valeur des édifices qu'il a élevés, des labours et engrais et un dédommagement pour le préjudice subi. — De Lalleau, Jousselin, Rendu et Périn, t. 1, n. 368.

3249. — L'emphytéose perpétuelle doit être assimilée au bail à rente perpétuelle, et il y a lieu de lui appliquer les règles que nous avons rappelées *supra*, n. 3244; si les parties, en cas d'emphytéose à temps, s'entendent pour réclamer soit une indemnité unique qu'elles se partageront à leur convenance, soit deux indemnités distinctes, l'une pour le preneur, l'autre pour le bailleur, le jury doit se conformer à leur volonté. — Crépon, sur l'art. 39, n. 42.

3250. — Dès lors en cas d'expropriation d'un immeuble donné à emphytéose, la décision du jury qui répartit l'indemnité entre le propriétaire et l'emphytéote ne saurait être critiquée, lorsque l'offre unique a été notifiée distinctement à chacun d'eux, avec cette indication dans l'exploit : « à partager entre le propriétaire et l'arrentataire »; et que cette offre ayant été renouvelée devant le jury, les parties expropriées ont elles-mêmes proposé la division de l'indemnité, en fixant respectivement la somme à laquelle chacune d'elles portait sa demande. — Cass., 1er avr. 1868, Deladerière, [S. 68.1.309, P. 68.784, D. 68.1.220]

3251. — Parmi les auteurs qui ont écrit sur la matière plusieurs sont d'avis que le droit du preneur emphytéotique doit être (au point de vue de la loi de 1841) assimilé au droit d'usufruit, et qu'en conséquence l'indemnité représentative du fonds, ainsi que des constructions ajoutées par le preneur librement ou en vertu de son contrat, doit être unique; les intérêts sont alors touchés par le preneur jusqu'à fin de bail, déduction faite du canon emphytéotique, et à cette époque le bailleur rentre dans l'indemnité au lieu de rentrer dans son fonds. — De Gaudaveine et Théry, n. 332; Herson, n. 273; de Lalleau, Jousselin, Rendu et Périn, t. 1, n. 369. — V. *supra*, v° *Emphytéose*, n. 168 et 169.

3252. — Mais il a été jugé en sens contraire que le jury doit prononcer des indemnités séparées pour le propriétaire et l'emphytéote; que l'exception introduite dans la loi pour le seul cas d'usufruit, d'une indemnité unique à partager entre le nu-propriétaire et l'usufruitier, ne s'applique point à l'emphytéose. — Rouen, 20 nov. 1878, Leclerc, [S. 79.2.24, P. 79.197, D. 79. 2.256] — Daffry de la Monnoye, t. 2, sur l'art. 39, n. 22. — V. aussi Duvergier, *Collect. des lois*, 1841, p. 158, n. 4.

3253. — Au reste, dans le cas d'expropriation de partie d'un terrain donné à bail emphytéotique, l'indemnité ne peut être réglée partie en argent et partie dans la rentrée en jouissance du restant du terrain. — Cass., 22 juill. 1843, Blanquar, [S. 43. 1.732. P. 43.2.295]

3254. — Il a été jugé, d'autre part, qu'à moins du consentement de tous les intéressés, le jury ne peut rompre le bail emphytéotique pour la portion de terrain qui n'a pas été comprise dans l'expropriation. — Cass., 19 juill. 1843, Préfet du Nord, [S. 43.1.732, P. 43.2.295] — C'est là, s'il y a litige, un point sur lequel l'autorité judiciaire seule peut se prononcer.

3255. — Dans le cas où les parties ne s'entendent pas sur le mode de fixation de l'indemnité, le fermier et le propriétaire réclamant chacun une indemnité et l'expropriant soutenant qu'il n'y a lieu d'allouer qu'une indemnité pour tous les deux, cette difficulté soulève une question que le jury ne peut trancher; il y a donc lieu pour lui de fixer une indemnité alternative et pour le magistrat directeur de renvoyer le litige sur le fond du droit devant la juridiction compétente. — Cass., 19 juill. 1843, Préfet du Nord, [S. 43.1.732, P. 43.2.295] — Daffry de la Monnoye, t. 2. sur l'art. 39, n. 48; Crépon, sur l'art. 39, n. 43; de Lalleau, Jousselin, Rendu et Périn, t. 1, n. 369. — V. *supra*, n. 2685 et s.

3256. — Le bail de plus de neuf années, ou bail à longues années est un bail ordinaire; les indemnités doivent donc être réglées ainsi que nous l'avons expliqué *supra*, n. 3218 et s. — De Lalleau, Jousselin, Rendu et Périn, t. 1, n. 371.

3257. — Le bail à vie diffère essentiellement de l'usufruit; il rentre dans la classe des baux ordinaires. — Cass., 18 janv. 1825, Vasseur, [S. et P. chr.] — Il faut donc, en cas d'expropriation, appliquer les règles concernant les baux ordinaires; l'indemnité allouée au locataire sera plus ou moins large selon ses chances plus ou moins considérables de survie. — De Lalleau, Jousselin, Rendu et Périn, t. 1, n. 372.

CHAPITRE XV.

DE L'ORDONNANCE DU MAGISTRAT DIRECTEUR ET DES DÉPENS.

Section I.

De l'ordonnance.

3258. — « La décision du jury est remise par le président au magistrat directeur, qui la déclare exécutoire » (L. 3 mai 1841, art. 41, § 1). Par l'ordonnance qui déclare la décision du jury exécutoire, le magistrat directeur envoie l'administration en possession de la propriété, à la charge par elle de se conformer aux dispositions des art. 53, 54, et s. (L. 3 mai 1841, art. 41, § 1).

3259. — La décision du jury, ainsi complétée par l'ordonnance du magistrat directeur, constitue une décision judiciaire, exécutoire comme toutes les autres, et à ce titre doit contenir la formule exécutoire (V. infrà, v° *Formule exécutoire*); par suite elle emporte, lorsqu'elle est revêtue de l'ordonnance d'*exequatur* du magistrat directeur, exécution parée. — Colmar, 23 juill. 1841, Kœchlin, [S. 42.2.43. P. 42.1.459] — Le propriétaire exproprié peut donc en vertu de cette ordonnance poursuivre par voie de saisie contre le concessionnaire, le paiement de l'indemnité qui lui a été allouée. — De Lalleau, Jousselin, Rendu et Périn, t. 1, n. 620; Daffry de la Monnoye, t. 2, sur l'art. 41, n. 19.

3260. — D'ailleurs, la décision du jury et l'ordonnance du magistrat directeur peuvent faire l'objet d'actes distincts et séparés et c'est ce qui a lieu d'ordinaire. — Cass., 21 mars 1877, Vitou et Jassaud, [S. 79.1.324, P. 79.796, D. 78.1.439] — Daffry de la Monnoye, t. 2, sur l'art. 41, n. 8; Crépon, sur l'art. 41, n. 18; de Lalleau, Jousselin, Rendu et Périn, *loc. cit.*

3261. — Jugé, en conséquence, que l'ordonnance d'*exequatur* du magistrat directeur peut être indifféremment écrite soit à la suite de la décision, soit en minute séparée. Il suffit même que le procès-verbal en fasse mention en ces termes : « Le magistrat directeur a déclaré cette décision exécutoire. » — Cass., 15 avr. 1840, Maury, [S. 40.1.76, P. 40.2.167] — De Lalleau, Jousselin, Rendu et Périn, *loc. cit.;* Daffry de la Monnoye, *loc. cit.;* Crépon, sur l'art. 41, n. 19. — Il est bon cependant que le procès-verbal en reproduise les termes exacts, pour en assurer d'une façon plus certaine la conservation.

3262. — Cette ordonnance complète la décision du jury, comme l'ordonnance du président des assises prononçant le relaxe complète le verdict du jury. Le magistrat directeur du jury doit donc prononcer l'ordonnance de suite, en présence du public, des parties et du jury (art. 42, L. 3 mai 1841). C'est d'ailleurs ce que suppose l'art. 42, L. 3 mai 1841, sur le délai du pourvoi. — Cass., 11 mai 1881, Martin, [S. 81.1.384, P. 81.906, D. 82.1. 402] — Crépon, sur l'art. 41, n. 20 et 21; de Lalleau, Jousselin, Rendu et Périn, t. 1, n. 624.

3263. — Par conséquent, est nulle l'ordonnance d'expropriation rendue publique à une audience où la présence du jury n'est pas constatée, à la suite d'une décision transmise par les jurés au magistrat directeur, et dont celui-ci déclare avoir donné préalablement connaissance aux parties. — Cass., 11 août 1845, de Roys de Levignan, [S. 45.1.762, P. 46.1.111, D. 45.4.360]

3264. — Mais il a été jugé qu'il y a mention suffisante de la publicité de l'audience à laquelle a été rendue l'ordonnance d'*exequatur*, lorsque le procès-verbal porte qu'elle a été rendue en la salle d'audience du tribunal. — Cass., 15 avr. 1840, précité.

3265. — L'ordonnance du magistrat directeur complétant la décision du jury, doit s'appliquer à tous les immeubles désignés par la décision du jury et à ceux-là seulement; par suite, si elle est obscure, elle s'interprète par cette décision qu'elle rend exécutoire; mais il a été jugé qu'elle s'applique sans contestation à tous les lieux désignés explicitement dans la décision du jury aux hors lignes comme aux autres terrains. — Cass., 2 févr. 1869, Hugue, [S. 69.1.385, P. 69.946, D. 69.1.246] — Daffry de la Monnoye, t. 2, sur l'art. 41, n. 9; de Lalleau, Jousselin, Rendu et Périn, t. 1, n. 623; Crépon, sur l'art. 41, n. 26.

3266. — De même, lorsqu'une difficulté s'est élevée sur le point de savoir si une parcelle déterminée est ou non comprise dans l'expropriation, que le jury a fixé une indemnité éventuelle en ce qui la concerne et que le litige sur le fond du droit a été renvoyé devant l'autorité compétente (V. *suprà*, n. 2685 et s.), l'ordonnance par laquelle le magistrat directeur déclare envoyer l'expropriant en possession des terrains expropriés, ne rend que définitive la décision éventuelle et doit s'entendre en ce sens que l'envoi en possession a lieu pour les terrains qui seront reconnus réellement compris dans l'expropriation. — Cass., 31 juill. 1834, Martin, [cité par Daffry de la Monnoye, t. 2, sur l'art. 41, n. 16]

3267. — Des trois points sur lesquels se prononce l'ordonnance du magistrat directeur aux termes de l'art. 41, un seul constitue un acte de juridiction : c'est la répartition des dépens; l'exécutoire n'a pour but que de donner force obligatoire à une décision qui n'émanant pas de magistrats ne l'a point par elle-même; quant à l'envoi en possession ce n'est que le complément du jugement d'expropriation. — De Lalleau, Jousselin, Rendu et Périn, *loc. cit.;* Daffry de la Monnoye, t. 2, sur l'art. 41, n. 10.

3268. — La juridiction du magistrat directeur étant d'une nature exceptionnelle doit être strictement renfermée dans les limites qui lui ont été tracées par le législateur; le magistrat directeur n'a aucun pouvoir quant à tout autre litige qui pourrait s'élever accessoirement au règlement de l'indemnité; s'il le tranchait il commettrait un excès de pouvoir qui entraînerait la cassation de son ordonnance. — Cass., 2 janv. 1837, Glaise, [S. 38. 1.23, P. 37.1.130] — Daffry de la Monnoye, *loc. cit.;* de Lalleau, Jousselin, Rendu et Périn, *loc. cit.;* Crépon, sur l'art. 41, n. 32.

3269. — L'excès de pouvoir ne doit pas se présumer; dès lors si une difficulté se produit soulevant un litige sur le fond du droit, le magistrat directeur ne sera réputé avoir commis un excès de pouvoir en statuant par son ordonnance sur ce litige que si cette ordonnance ne peut se concilier avec le caractère éventuel de la décision à rendre. — Cass., 5 déc. 1853, Ardoin, [*Bull. civ.*, p. 287]; — 2 févr. 1869, Hugues, [S. 69.1.385, P. 69. 946, D. 69.1.246]; — 15 mars 1869, Ardoin, [D. 69.1.272]; — 6 avr. 1869, Lesonfaché, [D. 69.1.243] — De Lalleau, Jousselin, Rendu et Périn, *loc. cit.;* Crépon, sur l'art. 41, n. 22; Daffry de la Monnoye, t. 2, sur l'art. 41, n. 13.

3270. — La cassation de l'ordonnance doit être prononcée alors qu'en rapprochant la décision du jury de l'ordonnance du magistrat directeur on ne peut savoir si le magistrat directeur n'a pas entendu prononcer l'envoi en possession définitif quand la décision du jury n'était qu'éventuelle. — Cass., 22 août 1855, Chem. de fer du Midi, [S. 56.1.174, P. 56.2.512, D. 55.1. 396] — De Lalleau, Jousselin, Rendu et Périn, *loc. cit.;* Daffry de la Monnoye, t. 2, sur l'art. 41, n. 23. — Mais l'ordonnance seule doit être cassée, et non la décision du jury puisque celle-ci est régulière.

3271. — La cassation doit encore être prononcée si, à raison de la contradiction qui existe entre la décision du jury et l'ordonnance du magistrat directeur, il y a doute sur l'objet même de l'indemnité. Dans ce cas, on doit prononcer la cassation intégrale de l'ordonnance et de la décision parce que l'on ne peut connaître ce qu'a voulu le jury et ce qu'il a décidé. — Cass., 15 mai 1843, Corneille, [S. 43.1.022, P. 43.2.200] — De Lalleau, Jousselin, Rendu et Périn, *loc. cit.;* Crépon, sur l'art. 41, n. 25; Daffry de la Monnoye, t. 2, sur l'art. 39, n. 40, et sur l'art. 41, n. 17.

3272. — L'ordonnance du magistrat directeur ne peut non plus modifier le caractère de la décision du jury en rendant conditionnel un refus d'indemnité pur et simple et formulé en termes absolus; ainsi le magistrat directeur, en donnant acte à l'expropriant de sa déclaration de n'apporter aucun changement à l'écoulement des eaux, ne peut après coup rendre conditionnel le refus d'indemnité formulé en termes absolus par le jury. — Cass., 24 déc. 1879, des Etangs, [S. 80.1.174, P. 80. 386, D. 80.1.465] — De Lalleau, Jousselin, Rendu et Périn, *loc. cit.;* Crépon, sur l'art. 41, n. 27 et 28.

3273. — Il a été jugé que l'ordonnance qui déclare exécutoire la décision du jury, en expliquant qu'elle fixe l'indemnité à un chiffre déterminé, puis qui, en outre, par une disposition distincte, donne acte à l'expropriant de l'engagement pris par elle, et constaté dans le procès-verbal, d'effectuer certains travaux, si mieux n'aime l'exproprié recevoir une certaine somme, n'est pas contradictoire avec la fixation de l'indemnité faite par le jury. Cass., 14 mars 1882, Pelon, [S. 82.1.430, P. 82.1. 1056] — *Sic*, de Lalleau, Jousselin, Rendu et Périn, *loc. cit.;* Crépon, sur l'art. 41, n. 29.

3274. — Si l'ordonnance du magistrat directeur, au lieu d'envoyer l'expropriant en possession à la charge par lui de se conformer aux art. 53, 54 et s., L. 3 mai 1841, mentionne seulement les art. 53 et 54, omettant d'ajouter « et suivants, » cette lacune n'enlève pas force obligatoire à ces articles, et, par suite, ne cause aucun préjudice aux parties. D'ailleurs, l'art. 41, L. 3 mai 1841, n'a point été placé sur l'art. 42 de la même loi parmi ceux dont la violation donne ouverture à cassation. — Cass., 7 mai 1867, [*Bull. civ.*, p. 147] — De Lalleau, Jousselin, Rendu et Périn, *loc. cit.;* Crépon, sur l'art. 41, n. 30; Daffry de la Monnoye, t. 2, sur l'art. 41, n. 15.

3275. — En principe, le magistrat directeur doit envoyer l'expropriant en possession, à la charge par lui de payer l'indemnité fixée par le jury; il est des cas cependant où l'indemnité doit être consignée; le magistrat directeur constate ces circonstances et ordonne la consignation de l'indemnité jusqu'au moment où aucun obstacle ne s'opposera au paiement. Il en est ainsi quand il s'élève un débat sur le droit ou la qualité des parties, sur l'étendue du jugement d'expropriation, et toutes les fois qu'il s'élève un débat étranger au règlement de l'indemnité ; le jury fixe une indemnité éventuelle; le magistrat directeur ne peut en ordonner le paiement parce que ce serait se prononcer sur la difficulté réservée; il ordonne donc, à peine de nullité, la consignation de l'indemnité. — De Lalleau, Jousselin, Rendu et Périn, t. 1, n. 624. — V. *suprà*, n. 2685 et s.

3276. — Quoique l'art. 41 ne soit pas compris parmi ceux donnant ouverture à cassation, il y a lieu d'annuler l'ordonnance du magistrat directeur qui, en cas de litige sur le fond du droit et de fixation d'une indemnité éventuelle, envoie l'administration en possession sans restrictions ni réserves, et n'ordonne pas la consignation de l'indemnité ; le magistrat directeur commet alors un excès de pouvoir et sort des limites de la juridiction qui lui est attribuée. — Cass., 10 mai 1854, [*Gaz. des Trib.*, 18 mai et 24 juin 1854] ; — 22 août 1855, Chem. de fer du Midi, [S. 56.1.174, P. 56.2.312, D. 55.1.396]. — V. aussi Cass., 5 févr. 1840, Charnay, [S. 40.1.162, P. 40.1.307] ; — 2 juin 1890, Bouchet-Dedieu, [S. 91.1.416, P. 91.1.1008, D. 91.1.423] — De Lalleau, Jousselin, Rendu et Périn, t. 1, n. 324; Crépon, sur l'art. 41, n. 24 ; Daffry de la Monnoye, t. 2, sur l'art. 41, n. 12. — En pareil cas, la mention générale et non expliquée des art. 53 et 54, L. 3 mai 1841, est insuffisante pour sauvegarder les droits des parties. — Cass., 2 juin 1890, précité. — Les art. 53 et 54, L. 3 mai 1841, sont relatifs au paiement de l'indemnité ; le visa de ces articles ne saurait équivaloir à l'accomplissement des formalités imposées pour l'allocation d'une indemnité éventuelle.

3277. — Mais en cas de fixation d'une indemnité éventuelle, l'ordonnance du magistrat directeur, qui envoie l'expropriant en possession, à charge de se conformer aux art. 53, 54 et s., L. 3 mai 1841, et se réfère à la décision du jury en ce qui concerne le règlement de l'indemnité éventuelle, règlement ayant pour conséquence la consignation préalable de cette indemnité, ne cause aucun préjudice à l'exproprié, puisqu'il est en droit, en vertu même de cette ordonnance, d'exiger la consignation préalable antérieure à toute prise de possession. — Cass., 7 mai 1895, Lambert, [S. et P. 95.1.464]

3278. — Les actions en résolution ou revendication, et toutes autres actions réelles n'arrêtent point l'expropriation, mais le droit des réclamants est transféré sur le prix; dans ce cas le magistrat directeur ordonne la consignation de l'indemnité pour être ultérieurement remise à qui de droit ; en cas de réquisition d'acquisition intégrale contestée, le jury fixe une indemnité éventuelle pour le cas où l'acquisition intégrale serait admise par la juridiction compétente ; le magistrat directeur ordonne alors le paiement de l'indemnité fixée pour la partie expropriée par le jugement et la consignation de celle fixée éventuellement pour l'expropriation du bâtiment entier. — De Lalleau, Jousselin, Rendu et Périn, t. 1, n. 624.

3279. — Dans le cas d'une réquisition d'acquisition intégralement admise, la fixation de l'indemnité par le jury, suivie de l'ordonnance d'envoi en possession rendue en conformité de l'art. 41, L. 3 mai 1841, a pour effet de déposséder l'exproprié, de transporter sur le prix les droits des réclamants, de purger l'immeuble, ainsi que d'investir l'expropriant de la plénitude du droit de propriété et de toutes les actions qui s'y rattachent, de la même façon que l'aurait fait l'application de l'art. 2186, C. civ., dans la procédure suivie selon le droit commun. Dès lors, si l'ordonnance d'envoi en possession rencontre dans son exécution des obstacles procédant des prétentions que des tiers auraient élevées sur l'immeuble postérieurement à cette ordonnance, c'est à l'expropriant à se pourvoir ainsi qu'il avisera pour assurer l'exécution de son titre. Il en est ainsi, lors même que le paiement de l'indemnité aurait été subordonné au résultat d'une instance engagée entre l'exproprié et l'expropriant, sur la validité de la réquisition d'acquisition totale, si l'instance aboutit à une décision judiciaire, validant cette réquisition : la décision judiciaire rétroagit, en effet, au jour de la décision du jury pour conférer la propriété à l'expropriant à partir de ce jour. En pareil cas, si au cours de l'instance engagée entre l'expropriant et l'exproprié, les créanciers de celui-ci ont procédé à la saisie de l'immeuble, l'adjudication qui s'en est suivie est sans effet à l'égard de l'expropriant, sans qu'on puisse invoquer contre lui l'autorité de la chose jugée par le jugement d'adjudication. — Cass., 2 juill. 1872, Castillon et Audiberti, [S. 72.1.341, P. 72.881, D. 72.1.217]

3280. — L'envoi en possession des terrains expropriés est régulièrement prononcé par le magistrat directeur au nom du « maire » sans désignation d'une personne déterminée, alors même que le maire en fonctions est l'un des indemnitaires, la qualification de maire s'appliquant à l'officier municipal qui tenait la place du maire et qui a représenté la commune dans l'instance (en raison de l'opposition d'intérêts entre le maire en fonctions et la commune). — Cass., 27 janv. 1892, Ghilini, [S. et P. 93.1.429, D. 93.1.43]

3281. — Le magistrat directeur dans son ordonnance, comme le jury dans sa décision, ne doit s'occuper que de la fixation de l'indemnité. Comme bénéficiaire de l'indemnité il désigne le propriétaire inscrit à la matrice cadastrale (V. *suprà*, n. 290 et s.); mais si un tiers est intervenu devant le jury et s'est prétendu propriétaire, le magistrat directeur ne peut pas se prononcer sur cette difficulté ; il mentionne seulement la prétention qui s'est produite, comme un obstacle au paiement, et comme une nécessité à la consignation et laisse à l'autorité compétente le soin de décider à qui l'indemnité devra être payée. — De Lalleau, Jousselin, Rendu et Périn, t. 1, n. 625. — V. *suprà*, n. 2778 et s.

3282. — Le magistrat directeur n'a pas légalement connaissance des inscriptions hypothécaires et des oppositions qui mettent obstacle au paiement des indemnités; donc en prescrivant le paiement de l'indemnité entre les mains de l'exproprié le magistrat directeur ne donne point mainlevée des hypothèques ou des oppositions ; il n'a aucun droit à cet égard ; l'expropriant devra consigner en présence d'inscriptions hypothécaires ou d'oppositions. — De Lalleau, Jousselin, Rendu et Périn, *loc. cit.*

3283. — Dans son ordonnance le magistrat directeur doit indiquer le montant de la somme à payer à titre d'indemnité ; la précision de la somme permet à la partie de poursuivre le paiement de l'indemnité, et à l'expropriant de se mettre en possession puisque l'ordonnance porte qu'il pourra se mettre en possession après avoir payé ou consigné telle somme déterminée ; si le magistrat directeur se bornait à dire qu'il envoie l'expropriant en possession à la charge par lui de se conformer aux dispositions des art. 53, 54 et s., l'exproprié pourrait élever des contestations sur la quotité de la somme à payer, sur le droit de consigner et le montant de la consignation; faute de décision judiciaire la prise de possession serait retardée. — De Lalleau, Jousselin, Rendu et Périn, t. 1, n. 626.

3284. — La mention erronée du procès-verbal relatant que le magistrat directeur a donné lecture en audience publique d'un chiffre d'indemnité autre que celui porté par le jury dans sa décision n'entraîne aucune nullité du moment que le chiffre indiqué dans la décision du jury est le même que celui énoncé dans l'ordonnance du magistrat directeur. L'erreur du procès-verbal n'a point alors d'importance parce qu'elle peut être facilement rectifiée. — Cass., 22 nov. 1864, Jougla, [D. 65.5.206] — De Lalleau, Jousselin, Rendu et Périn, t. 1 ; Crépon, sur l'art. 41, n. 31 ; Daffry de la Monnoye, t. 2, sur l'art. 41, n. 28.

3285. — Il peut y avoir des mesures d'emploi à prendre à l'égard de la somme allouée à titre d'indemnité ; il n'appartient pas au magistrat directeur de les prescrire, la loi ne lui donne aucun pouvoir à cet égard ; seulement s'il a appris qu'il s'agissait d'un immeuble dotal ou que l'emploi des sommes constituant l'indemnité était nécessaire, il doit d'office le mentionner dans son ordonnance pour que les mesures indispensables soient prises lors du paiement. — De Lalleau, Jousselin, Rendu et Périn, t. 1, n. 627.

3286. — Le préfet, en exécution de l'art. 11, L. 3 mai 1841, fixe l'époque de la prise de possession ; le magistrat directeur, dans son ordonnance, rappelle cette époque; si le moment déterminé par le préfet pour la prise de possession est déjà passé, le magistrat directeur n'a qu'à déclarer que la prise de possession aura lieu dès que l'indemnité sera payée ou consignée. — De Lalleau, Jousselin, Rendu et Périn, t. 1, n. 628.

3287. — Le magistrat directeur du jury ne peut maintenir l'administration en possession de l'objet en litige au lieu de l'y renvoyer, ainsi que le prescrit l'art. 41, sous le prétexte que sa possession remonterait à une époque antérieure. C'est en effet au magistrat directeur qui donne à la possession de l'expropriant son caractère légal et définitif. — Cass., 2 janv. 1837, Préfet de l'Hérault, [S. 37.1.20, P. 37.1.150] — De Lalleau, Jousselin, Rendu et Périn, t. 1, n. 628.

3288. — Le droit de fixer l'époque de la prise de possession et, par suite, de l'exigibilité de l'indemnité, n'appartient qu'à l'administration. Dès lors le magistrat directeur et le jury sortent du cercle de leurs attributions s'ils décident que l'exigibilité de l'indemnité annuelle accordée à un locataire partira du jour du commencement des travaux. — Cass., 31 déc. 1838, Charrin, [S. 39.1.19, P. 39.1.5]

3289. — Si le jury et le magistrat directeur n'ont pas le droit de s'expliquer sur le point de départ des intérêts et l'époque de la prise de possession, le magistrat directeur peut déclarer que ces intérêts courront à partir de la prise de possession, car il se conforme ainsi à la loi. Mais il y a lieu d'annuler l'ordonnance du magistrat directeur qui fixe des dates précises pour le point de départ des intérêts. — Cass., 12 déc. 1892, Chem. de fer du Périgord, [S. et P. 94.1.365, D. 93.1.556] — Remarquons que si l'exproprianl laisse écouler un délai de six mois sans acquitter ou consigner l'indemnité, et sans se mettre en possession, les intérêts courent à dater de l'expiration de ce délai de six mois (L. 3 mai 1841, art. 53).

SECTION II.

Des dépens.

§ 1. *De la condamnation des parties aux dépens.*

3290. — « Par son ordonnance qui déclare la décision du jury exécutoire, le magistrat directeur statue sur les dépens » (L. 3 mai 1841, art. 41, § 1). Si l'indemnité réglée par le jury ne dépasse pas l'offre de l'administration, les parties qui l'ont refusée sont condamnées aux dépens » (L. 3 mai 1841, art. 40, § 1). L'art. 40, L. 7 juill. 1833, portait : « Si l'indemnité réglée par le jury est inférieure ou égale à l'offre faite par l'administration, etc. ». Mais les modifications de ce premier paragraphe et du suivant ont eu uniquement pour but, lors de la loi du 3 mai 1841, de les mettre en harmonie avec la dernière disposition de l'art. 39 (Duvergier, *Coll. des lois*, t. 41, p. 160). « Si l'indemnité est égale à la demande des parties, l'administration est condamnée aux dépens » (L. 3 mai 1841, art. 40, § 2). Le même paragraphe, art. 40, L. 7 juill. 1833, portait : « Si l'indemnité est égale ou supérieure à la demande des parties, etc. » « Si l'indemnité est à la fois supérieure à l'offre de l'administration et inférieure à la demande des parties, les dépens sont compensés de manière à être supportés par les parties et l'administration dans les proportions de leur offre ou de la somme demandée avec la décision du jury » (L. 3 mai 1841, art. 40, § 3).

3291. — Voici l'opération mathématique au moyen de laquelle on arrivera à l'exacte répartition des dépens. Il faut diviser la somme demandée par la somme allouée; diviser aussi la somme allouée par la somme offerte et additionner les deux quotients; ensuite multiplier la somme totale des frais par le premier quotient et diviser par la somme qu'a donnée l'addition des deux quotients. Le résultat fera connaître les frais à la charge de l'exproprié, et une soustraction fixera ce qui doit être supporté par l'administration. — Duvergier, *Collect. des lois*, t. 41, p. 161; Husson, p. 255.

3292. — Le règlement des dépens est l'application du droit commun d'après lequel la partie qui succombe doit être condamnée aux dépens, et il y a lieu de les répartir entre les deux parties si elles succombent réciproquement. La condamnation est un acte de jurisdiction qui appartient au magistrat directeur seul; le jury n'a aucune compétence pour se prononcer sur les dépens; cependant la circonstance que le jury a été appelé à délibérer irrégulièrement sur les dépens n'a aucune importance alors que le magistrat directeur a statué personnellement, après avoir apprécié lui-même les faits; recherché la loi applicable et motivé régulièrement sa décision. — Cass., 16 mars 1870, Dumas, [D. 70.1.407] — De Lalleau, Jousselin, Rendu et Périn, t. 1, n. 630; Crépon, sur l'art. 40, n. 1 et 2; Daffry de la Monnoye, t. 2, sur l'art. 40, n. 7.

3293. — L'ordonnance du magistrat directeur serait nulle si elle ne statuait pas sur le paiement des dépens; mais cette nullité n'entraînerait pas celle de la décision du jury. — Cass., 23 mai 1842, Préfet de l'Isère, [S. 42.1.571, P. 42.2.135] — De Lalleau, Jousselin, Rendu et Périn, *loc. cit.*; Crépon, sur l'art. 40, n. 3; Daffry de la Monnoye, t. 2, sur l'art. 40, n. 4.

3294. — Au reste, le magistrat directeur, pour remplir les obligations qui lui sont imposées par la loi, n'a pas besoin de liquider les dépens d'une manière absolument précise, il suffit que les bases de la répartition soient fixées par son ordonnance. — Cass., 13 janv. 1840, de la Vingtrie, [S. 40 1.159, P. 40.1.54]; — 7 avr. 1845, L'État, [S. 45.1.531, P. 45.1.588, D. 45.1.207] — De Lalleau, Jousselin, Rendu et Périn, *loc. cit.*; Crépon, sur l'art. 40, n. 4; Daffry de la Monnoye, t. 2, sur l'art. 40, n. 5.

3295. — Par suite, il a été jugé que le magistrat directeur répartit suffisamment les dépens entre chacune des parties, en proportion de l'offre. de la demande et de l'allocation, en décidant qu'ils seront supportés conformément à la décision de la loi. — Cass., 25 août 1884, Préfet du Doubs, [S. 86.1.39, P. 86.1. 62, D. 85.1.468] — De Lalleau, Jousselin, Rendu et Périn, *loc. cit.*

3296. — De même, a été jugée régulière la décision du magistrat directeur sur les dépens, qui dispose, sans énonciation de chiffres, qu'ils seront supportés par chaque propriétaire d'une part, et par l'administration, d'autre part, dans la proportion de leurs offres et de leurs demandes avec la décision du jury, alors même que la décision du jury n'énonce ni le chiffre des offres, ni celui des demandes. — Cass., 6 févr. 1844, Préfet de l'Hérault, [S. 44.1.328, P. 44.1.274]

3297. — En ce qui concerne la fixation par le jury d'une indemnité alternative, cette fixation ne fait pas obstacle à ce que le magistrat directeur ordonne que les dépens seront compensés de manière à être supportés par les parties et par l'administration dans la proportion des demandes et des offres avec la décision du jury, sauf à faire ultérieurement la liquidation des dépens conformément à celle des deux indemnités alternatives qui est définitivement allouée à l'exproprié. — Cass., 7 avr. 1845, précité. — 17 juin 1846, Préfet des Bouches-du-Rhône, [S. 40.1. 380, P. 46.2.92, D. 51.5.242] — De Lalleau, Jousselin, Rendu et Périn, *loc. cit.*; Crépon, sur l'art. 40, n. 7; Daffry de la Monnoye, t. 2, sur l'art. 40, n. 8

3298. — D'autre part, au cas où une indemnité alternative a été fixée, la liquidation des dépens faite par rapport à l'une des hypothèses de l'alternative est réputée s'étendre à l'autre, la même base de liquidation s'appliquant aux deux hypothèses. — Cass., 18 juin 1861, Ourgaud, [S. 61.1.887, P. 62.431, D. 61.1. 288] — Daffry de la Monnoye, *loc. cit.*; Crépon, sur l'art. 40, n. 8.

3299. — Remarquons que lorsqu'à raison de la contestation élevée sur la qualité du réclamant, et conséquemment sur le fond du droit à l'indemnité, le jury ne peut adjuger qu'une indemnité hypothétique, éventuelle, et soumise au jugement à intervenir sur le litige, le magistrat directeur peut réserver les dépens en disposant qu'il y devra être statué en même temps que sur le fond du droit. — Cass., 1er mars 1843, Labbé, [S. 43.1.315, P. 43.1.510] — Daffry de la Monnoye, t. 2, sur l'art. 40, n. 9; Crépon, sur l'art. 40, n. 9. — Ce mode de procéder est même préférable, car le juge qui tranchera le litige sur le fond appréciera mieux dans quelle mesure chacune des parties succombe. — V. de Lalleau, Jousselin, Rendu et Périn, t. 1, n. 633.

3300. — Lorsque le magistrat directeur du jury s'est en droit conformé, pour la condamnation aux dépens, à l'art. 40, L. 7 juill. 1833, qu'il a transcrit dans sa décision, l'application vicieuse qu'il a pu faire des dispositions de cet article dans la répartition mathématique à laquelle il s'est livré ne constitue qu'une erreur de calcul réparable par tout autre voie de droit, mais qui ne saurait donner ouverture à cassation. — Cass., 13 janv. 1840, Concess. des travaux de la Scarpe, [S. 40.1.160, P. 40.1.54]; — 7 avr. 1845, précité. — Daffry de la Monnoye, t. 2, sur l'art. 40, n. 6; Crépon, sur l'art. 40, n. 6.

3301. — Jugé encore que l'erreur commise par le magistrat directeur dans la partie de son ordonnance relative aux dépens, ne peut donner ouverture à un pourvoi en cassation, mais seulement à une contestation sur la taxe de ces dépens. — Cass., 30 juill. 1856, Pullès, [S. 57.1.144, P. 57.1136, D. 56.1.295] — De Lalleau, Jousselin, Rendu et Périn, n. 1, n. 636.

3302. — Il en est autrement lorsque la répartition des dépens n'a pas été faite conformément à la loi. Ainsi, dans le cas où l'indemnité accordée par le jury est à la fois supérieure à l'offre de l'administration et inférieure à la demande de la partie, il y a lieu de compenser les dépens dans les proportions indiquées par la loi, et par suite, doit être annulée la décision du magistrat directeur qui condamne l'exproprié aux entiers dépens. — Cass., 12 nov 1866, Granier de Cassagnac, [*Bull. civ.*, n. 180]; — 12 nov. 1890, Gauthier, [S. 91.1.352, P. 91.1.828] — Daffry de la Monnoye, t. 2, sur l'art. 40, n. 10; Crépon, sur l'art. 40, n. 10.

3303. — Doit être également cassée l'ordonnance du magistrat directeur qui condamne l'exproprlant à supporter la moitié des dépens et tous les défendeurs à l'autre moitié, chacun au prorata de la somme qu'il aura à toucher, cette base de répartition étant en contradiction formelle avec les prescriptions impératives de la loi, qui répartit les dépens d'après les rapports proportionnels de l'offre et de la demande avec l'indemnité allouée. — Cass., 12 déc. 1892, Chem. de fer du Périgord, [S. et P. 94.1.365, D. 93.1.536]

3304. — Lorsque l'indemnité réclamée a été réduite par le jury, l'exproprié peut être condamné à une partie des dépens, alors même que cette réduction aurait été déterminée par la considération de la plus-value que l'expropriation doit donner au terrain restant à l'exproprié; en effet l'exproprié aurait dû prendre cette plus-value en considération alors qu'il a formulé sa demande, et il a eu tort d'élever une prétention exagérée qui a empêché tout accord entre lui et l'expropriant et a forcé celui-ci à provoquer la convocation du jury. — Cass., 9 nov. 1857, Gérard de la Canterie, [P. 58.596, D. 58.1.82] — De Lalleau, Jousselin, Rendu et Périn, t. 1, n. 631; Crépon, sur l'art. 40, n. 11; Daffry de la Monnoye, t. 2, sur l'art. 40, n. 11.

3305. — Le magistrat directeur, en condamnant l'exproprié qui succombe aux dépens, peut autoriser l'administration à retenir ces dépens sur le montant de l'indemnité dont elle est redevable. Le législateur n'a point, en effet, indiqué comment les dépens seraient payés; rien ne s'oppose à la compensation, qui présente au contraire cet avantage, d'éviter des débourés d'argent inutiles. — Cass., 30 avr. 1844, Singer, [S. 44.1.432, P. 44.2.109] — De Lalleau, Jousselin, Rendu et Périn, loc. cit.; Crépon, sur l'art. 40, n. 12; Daffry de la Monnoye, t. 2, sur l'art. 40, n. 12.

3306. — Mais les dépens ne peuvent être compensés avec une dette de l'exproprié envers l'expropriant, qui n'aurait point pour cause l'expropriation elle-même. — V. Cons. d'Ét., 7 juill. 1853, Long, [S. 54.2.215, P. adm. chr.] — De Lalleau, Jousselin, Rendu et Périn, loc. cit.

3307. — Lorsque l'expropriant, tout en maintenant ses offres primitives portant sur une indemnité pécuniaire, a pris ensuite devant le jury des conclusions tendant à offrir l'établissement d'un chemin, et que ces offres ont été acceptées par l'exproprié, il en est bien résulté un contrat judiciaire liant les parties indépendamment de toute décision de justice, mais les offres primitives ne sauraient, pourtant, être considérées comme ayant disparu par l'effet des offres additionnelles tendant à l'établissement du chemin : dès lors, les offres primitives doivent être prises en considération, et opposées au chiffre de la demande pour établir la répartition des dépens. — Cass., 29 janv. 1884, Meranda, [S. 84.1.343, P. 84.1.834, D. 84.5.250] — En d'autres termes, le contrat judiciaire portant sur l'exécution de travaux ne modifie point l'état des offres et demandes au point de vue de la répartition des dépens. — De Lalleau, Jousselin, Rendu et Périn, t. 1, n. 633; Crépon, sur l'art. 40, n. 23.

3308. — D'autre part, lorsque l'expropriant a élevé, devant le jury, le montant de ses offres en argent, en y ajoutant celle des matériaux de démolition, et que, dans ce cas, le jury a fixé l'indemnité allouée à l'exproprié à la somme primitivement offerte par l'expropriant, plus les matériaux, valeur égale au montant total de l'offre de l'expropriant, il y a lieu, pour le magistrat directeur, d'appliquer au règlement des dépens le § 1 de l'art. 40 qui, en pareil cas, met les dépens à la charge de l'exproprié. — Cass., 9 févr. 1887, Trouillard, [S. 88.1.405, D. 87.1.232]

3309. — Lorsque les parties ont modifié devant le jury leurs offres ou demandes en argent, la répartition des dépens doit se faire dans la même proportion des chiffres définitifs que la décision du jury. — Cass., 2 mai 1882, Préfet du Gers, [S. 82.1.431, P. 82.1.1057] — Crépon, sur l'art. 40, n. 15. — Par suite, il suffit que l'exproprié ait formé dans le délai de quinzaine une demande supérieure aux offres, bien qu'indéterminée, pour que, si l'indemnité allouée excède les offres, mais est moindre que la somme définitivement réclamée, les frais soient répartis conformément à l'avant-dernier paragraphe de l'art. 40 de ladite loi. — Cass., 21 juin 1842, Préfet d'Indre-et-Loire, [S. 42.1.573, P. 42.1.129]

3310. — « Tout indemnitaire qui ne se trouve pas dans le cas des art. 25 et 26 est condamné aux dépens, quelle que soit l'estimation ultérieure du jury, s'il a omis de se conformer aux dispositions de l'art. 24, c'est-à-dire si, dans la quinzaine des offres de l'administration, il n'a pas indiqué le montant de ses prétentions » (L. 3 mai 1841, art. 40, § 4).

3311. — Par suite, quand l'exproprié n'a point déclaré dans la quinzaine de la notification des offres son acceptation ou son refus avec indication de ses prétentions, l'ordonnance du magistrat directeur qui met les dépens à la charge des deux parties est nulle quant à ce chef. — Cass., 12 janv. 1842, Merilan, [S. 42.1.420, P. 42.2.17]; — 21 juin 1842, Préfet de la Vendée, [S. 42.1.574, P. 42.2.117]; — 16 févr. 1846, Préfet des Bouches-du-Rhône, [P. 46.1.499]; — 23 août 1854, Jacomet, [S. 55.1.143, P. 55.1.126, D. 54.1.319]; — 20 août 1860, Ville d'Aix, [P. 61.502, D. 60.1.415]; — 6 mars 1861, de Brunswick, [S. 61.1.655, P. 62.72, D. 61.1.182]; — 10 mai 1875, Ponsico, [S. 75.1.319, P. 75.755]; — 3 févr. 1880, Capdeville, [D. 82.1.268]; — 24 mai 1882, Dalhey, [Bull. civ., p. 214] — De Lalleau, Jousselin, Rendu et Périn, t. 1, n. 631; Daffry de la Monnoye, t. 2, sur l'art. 40, n. 19; Crépon, sur l'art. 40, n. 13.

3312. — En pareil cas, à l'exception des indemnités de transport dues au magistrat directeur du jury et à son greffier, lesquelles restent toujours à la charge de l'administration, tout le surplus des dépens doit être supporté par l'exproprié. — Cass., 30 janv. 1849, Préfet de Lot-et-Garonne, [S. 49.1.216, P. 49.1.152, D. 49.1.83]

3313. — Il en est ainsi même au cas où l'expropriant aurait modifié, pendant les débats, le chiffre de ses offres primitives. — Cass., 6 mars 1861, précité. — De Lalleau, Jousselin, Rendu et Périn, loc. cit.

3314. — ... Et encore bien qu'en définitive le jury ait alloué à l'exproprié une somme supérieure à celle des offres. — Cass., 12 janv. 1842, précité; — 21 juin 1842, précité.

3315. — Jugé encore que tout indemnitaire qui, n'étant ni dans le cas de l'art. 25, ni dans le cas de l'art. 26, L. 3 mai 1841, omet de se conformer aux dispositions de l'art. 24, L. 3 mai 1841, et ne fait pas connaître le chiffre de sa demande, dans la quinzaine de la notification des offres, doit être condamné aux dépens, quelle que soit la décision du jury. — Cass., 14 avr. 1899, Préfet de Meurthe-et-Moselle, [S. et P. 99.1.368] — Les personnes visées par les art. 25 et 26, sont : les femmes mariées sous le régime dotal, les envoyés en possession des biens des absents, les représentants des incapables, le ministre des finances, les préfets, maires ou administrateurs des établissements publics parce que ces personnes ne peuvent accepter les offres qu'en se conformant à l'art. 13, L. 3 mai 1841, c'est-à-dire après des autorisations entraînant des délais et des lenteurs qui ne permettent pas de répondre rapidement ; le défaut de réponse ne constitue pas alors une faute.

3316. — Il s'ensuit qu'il y a ouverture à cassation contre l'ordonnance du magistrat directeur qui, faute par l'exproprié de déclarer dans le délai prescrit son acceptation des offres ou le montant de ses prétentions, met tous les dépens à la charge de celui-ci, bien que, l'indemnité étant supérieure aux offres et inférieure à la demande, il y ait lieu de les compenser proportionnellement, si à raison de l'état de minorité de l'exproprié l'art. 40 lui était inapplicable dans la disposition susrappelée. — Cass., 16 févr. 1846, Préfet des Bouches-du-Rhône, [S. 46.1.237. P. 46.1.501, D. 46.1.237] — De Lalleau, Jousselin, Rendu et Périn, t. 1, n. 631; Crépon, sur l'art. 40, n. 21; Daffry de la Monnoye, t. 2, sur l'art. 40, n. 20.

3317. — Mais si les expropriés mineurs ne sont point passibles des dépens pour le cas où leur tuteur n'a pas fait de réponse aux offres de l'administration, il en est autrement quand l'indemnité accordée par le jury ne dépasse pas la somme offerte par l'administration. — Cass., 24 août 1846, Préfet de la Nièvre, [S. 46.1.878, P. 46.2.209, D. 46.1.329] — Daffry de la Monnoye, loc. cit.; Crépon, sur l'art. 40, n. 22.

3318. — L'exproprié qui, dans la quinzaine de la notification des offres, s'est borné à répondre qu'il se réservait de faire connaître sa prétention devant le jury doit être condamné aux entiers dépens, quelle que soit l'estimation du jury; l'ordonnance du magistrat qui, dans ce cas, répartit les dépens entre l'exproprié et l'expropriant doit être cassée. — Cass., 2 févr. 1897, Société des chemins de fer économiques du Nord, [S. et P. 97.1.239, D. 99.1 223, ad notam] — La déclaration de l'exproprié ne mettant pas l'expropriant en mesure de se rendre compte s'il lui est possible d'accepter la demande de l'exproprié, ou, tout au moins, d'entrer en arrangements avec lui, l'oblige par là même à augmenter les frais en convoquant le jury.

3319. — Mais le dernier paragraphe de l'art. 40, L. 3 mai 1841, n'est pas applicable à l'exproprié qui, ayant signifié sa demande d'indemnité dans le délai de la loi, élève plus tard le chiffre de sa réclamation. Dans ce dernier cas, la compensation des dépens doit s'établir d'après la proportion des offres et demandes définitives avec la décision du jury. — Cass., 2 mai 1882, précité. — Crépon, sur l'art. 46, n. 14; de Lalleau, Jousselin, Rendu et Périn, loc. cit.

3320. — La même disposition n'est pas non plus applicable à l'exproprié, qui, dans l'inaction de l'expropriant, poursuit lui-même devant le jury le règlement de l'indemnité. L'exproprié qui poursuit lui-même la fixation de l'indemnité, et qui n'a pas reçu d'offres n'a pas besoin de faire connaître à l'avance le chiffre de sa demande à l'expropriant. — Cass., 5 déc. 1865, [Gaz. des Trib. du 6 décembre] — De Lalleau, Jousselin, Rendu et Périn, t. 1, n. 631. — V. suprà, n. 1572 et s.

3321. — L'exproprié qui n'a pas fait connaître sa demande d'indemnité dans le délai légal qui suit la notification des offres de l'expropriant, doit être condamné aux dépens, alors même qu'il aurait formulé ses prétentions antérieurement à la signification de ces offres. C'est l'application littérale de l'art. 40. En effet une demande antérieure aux offres n'est pas censée sérieuse et définitive. — Cass., 10 mai 1875, Ponsico, [S. 75.1.319, P. 75. 735, D. 77.1.32] — De Lalleau, Jousselin, Rendu et Périn, loc. cit ; Crépon, sur l'art. 40, n. 19.

3322. — Mais s'il a été fait deux notifications successives des offres, il suffit que la demande de l'exproprié se produise dans la quinzaine de la deuxième offre par laquelle et où l'expropriant sollicitait implicitement une réponse de l'exproprié. — Cass., 24 mars 1841, Préfet des Bouches-du-Rhône, [S. 41. 1.344, P. 47.1.216]; — 10 mai 1875, précité. — De Lalleau, Jousselin, Rendu et Périn, loc. cit.; Crépon, sur l'art. 40, n. 20; Daffry de la Monnoye, t. 2, sur l'art. 40, n. 18.

3323. — Au reste, l'administration qui, devant le jury, ne s'est pas plainte de ce que les demandes de l'exproprié lui auraient été notifiées tardivement, et s'est bornée à les combattre au fond, et qui, après avoir succombé en partie, a été condamnée à supporter les dépens dans la proportion de l'offre et de la demande, n'est pas recevable à argumenter de l'irrégularité ou de la tardiveté de la notification des offres pour prétendre qu'il n'y a pas eu de demandes, et que par suite on ne pouvait prendre pour base de la condamnation aux dépens une demande qui n'existait pas. — Cass., 26 juin 1844, Villages, [S. 44.1.508, P. 47.1.210]; — 5 déc. 1865, Ardoin, [Bull. civ., p. 287] — De Lalleau, Jousselin, Rendu et Périn, loc. cit.; Crépon, sur l'art. 40, n. 16.

3324. — L'exproprié peut établir l'existence de sa réponse de toute manière; aucun mode de preuve ne lui est imposé à cet égard. L'exproprié qui produit l'exploit de notification de sa demande établit suffisamment par là l'existence de sa demande. — Cass., 4 mai 1875, [Bull. civ., p. 131] — De Lalleau, Jousselin, Rendu et Périn, loc. cit.

3325. — La réponse de l'exproprié résulte suffisamment ainsi de la lettre adressée par l'exproprié au préfet dans la quinzaine de la notification des offres, par laquelle l'exproprié refuse les offres et demande une somme de trente et quelques mille francs; cette lettre suffit pour que le magistrat directeur répartisse les dépens selon le § 3 de l'art. 40. — Cass., 21 juin 1842, Préfet d'Indre-et-Loire, [S. 42.1.573, P. 42.2.129] — De Lalleau, Jousselin, Rendu et Périn, loc. cit.; Crépon, sur l'art. 40, n. 18.

3326. — Le créancier hypothécaire qui, aux termes de l'art. 17, § 3, L. 3 mai 1841, demande que l'indemnité soit fixée par le jury, supporte les dépens conformément à l'art. 40. Martin du Nord, rapporteur, s'est exprimé ainsi à cet égard : « Comme il est du devoir du législateur d'encourager les cessions amiables qui épargnent tout à la fois les frais et les lenteurs, il vous paraîtra juste de déclarer que si l'estimation n'est pas plus élevée que le prix convenu entre l'administration et le propriétaire tous les frais qu'aura entraînés l'opération du jury resteront à la charge du créancier imprudent qui les aura provoqués » (Monit., 27 janv. 1833, p. 211; 12 mai 1833, p. 328). — De Lalleau, Jousselin, Rendu et Périn, t. 1, n. 634. — Crépon, sur l'art. 40, n. 24.

3327. — Si l'ordonnance du magistrat directeur qui statue sur les dépens est cassée, la Cour de cassation renvoie la décision sur les dépens à un autre magistrat directeur. — Arnaud, n. 502; Crépon, sur l'art. 40, n. 25.

§ 2. Du tarif des dépens et de la taxe.

1° Généralités.

3328. — Le tarif des frais en matière d'expropriation pour utilité publique est contenu dans l'ordonnance du 18 sept. 1833, rendue en vertu de la loi du 7 juill. 1833; ce tarif s'applique et aux frais de l'instance en expropriation et aux frais faits devant le jury (de Lalleau, Jousselin, Rendu et Périn, t. 2, n. 988; Bioche, Diction. de proc., v° Expropriation, n. 208). Le ministre de la Justice, M. Barthe, s'exprimait ainsi au sujet du tarif dans son rapport au roi : « La première question que ce tarif avait à résoudre était de savoir sur quelles bases le nouveau tarif serait établi. La juridiction nouvelle participe de la justice civile par la nature des affaires dont elle s'occupe et des actes de sa procédure : elle participe en même temps des formes de la justice criminelle par l'intervention du jury. Le législateur, en ne s'arrêtant ni au tarif civil du 16 févr. 1807, ni au tarif criminel du 18 juin 1811, a, par cela même, reconnu que le premier est trop élevé, et le second insuffisant pour s'appliquer à tous les actes de la nouvelle procédure. Cependant ces deux tarifs sont depuis longtemps en vigueur et leurs dispositions sont familières aux magistrats chargés d'en surveiller l'application, Il importait de s'en écarter le moins possible, et de conserver leur fixation pour le coût des actes qu'on peut assimiler à ceux qu'ils ont mentionné, en ayant soin d'emprunter surtout au tarif criminel, parce qu'il est moins dispendieux, et qu'il s'approprie mieux à une procédure par jurés; quant au tarif civil, il convenait d'y recourir pour les actes d'une rédaction plus difficile, et sans analogie dans la procédure criminelle. Telle est la règle qui a été suivie dans les différentes parties de ce règlement (Monit. du 21 sept. 1833).

3329. — « La taxe ne comprendra que les actes faits postérieurement à l'offre de l'administration; les frais des actes antérieurs demeurent dans tous les cas à la charge de l'administration. » Ainsi, lors de la discussion de la loi de 1833, le rapporteur de la commission a reconnu que les frais des notifications imposées aux propriétaires par l'art. 21 devaient être supportés par l'administration, quelle que fût la décision du jury (Monit., 7 févr. 1833). Toutefois, le § 2 de l'art. 31 du tarif n'en parle point.

3330. — Il faut tout d'abord déterminer les frais applicables à chaque affaire; il est des frais communs à toutes les affaires, qui doivent être répartis entre elles; il en est ainsi de l'allocation de 15 fr. par jour attribuée au greffier pour la rédaction du procès-verbal; elle est répartie entre toutes les affaires terminées ce jour-là (art. 11); il en est de même du coût de l'arrêt qui désigne les jurés et des assignations aux jurés. Quant au transport des jurés a eu lieu pour plusieurs affaires on doit en répartir les frais entre ces affaires, s'il a été demandé à la fois par le propriétaire et par le fermier, les frais en seront divisés par moitié entre le litige concernant le propriétaire et celui concernant le fermier. Pour connaître le total d'une affaire on y ajoute les frais propres à cette affaire : assignation à partie, personnes appelées devant le jury, frais de transport des jurés, etc. — De Lalleau, Jousselin, Rendu et Périn, t. 1, n. 629.

2° Émoluments des huissiers.

3331. — Les décrets de 1807 et de 1811 établissent des émoluments différents pour les huissiers selon leur résidence; cette distinction n'a pas été reproduite en matière d'expropriation ; tous les huissiers, quelle que soit leur résidence, bénéficient des mêmes émoluments. Le tarif établit pour les actes en expropriation quatre émoluments différents : 1 fr., 1 fr. 50, 2 fr. 25 et 4 fr. — De Lalleau, Jousselin, Rendu et Périn, t. 2, n. 1001.

3332. — Il est alloué à tous huissiers 4 fr. pour l'original : 1° de la notification de l'extrait du jugement d'expropriation aux personnes désignées dans les art. 15 et 22 (L. 7 juill. 1833); 2° de la signification de l'arrêt de la Cour de cassation (art. 20 et 42); 3° de la dénonciation de l'extrait du jugement d'expropriation aux ayants-droit mentionnés aux art. 21 et 22; 4° de la notification de l'arrêté du préfet qui fixe la somme offerte pour indemnité (art. 23); 5° de l'acte contenant acceptation des offres faites par l'administration, avec signification, s'il y a lieu, des autorisations requises (art. 24, 25 et 26) ; 6° de l'acte portant convocation des jurés et des parties, avec notification aux parties d'une expédition de l'arrêt par lequel la cour royale a formé la liste du jury (art. 31 et 33) ; 7° de la notification au juré défaillant de l'ordonnance du directeur du jury qui l'a condamné à l'amende (art. 32) ; 8° de la notification de la décision du jury revêtue de l'ordonnance d'exécution (art. 41) ; 9° de la sommation d'assister à la consignation dans le cas où il n'y aura pas eu d'offres réelles (art. 54) ; 10° de la sommation au préfet pour qu'il soit procédé à la fixation de l'indemnité (art. 55) ; 11° de l'acte contenant réquisition par le propriétaire de la consignation des sommes offertes, dans le cas où cette réquisition n'a pas été faite par l'acte même d'acceptation (art. 59) ; 12° et généralement de tous actes simples auxquels peut donner lieu l'expropriation (Ord. 18 sept. 1833, art. 1). Ainsi, c'est le même salaire que celui qui est fixé par l'art. 71, n. 1, Décr. 18 juin 1811. — V. Dalmas, *Frais de just. en mat. crim.*, etc., p. 175 ; de Lalleau, Jousselin, Rendu et Périn, t. 2, n. 1002.

3333. — Il est alloué à tous les huissiers 1 fr. 50 pour l'original : 1° de la notification du pourvoi en cassation formé soit contre le jugement d'expropriation, soit contre la décision du jury (L. 7 juill. 1833, aujourd'hui L. 3 mai 1841. art. 20 et 42) ; 2° de la dénonciation faite au directeur du jury par le propriétaire ou l'usufruitier des noms et qualités des ayants-droit mentionnés au § 1 de l'art. 21 de la loi (art. 21 et 22) ; 3° de l'acte par lequel les parties intéressées font connaître leurs réclamations (art. 18, 21, 39, 52 et 54) ; 4° de l'acte d'acceptation des offres de l'administration avec réquisition de consignation (art. 24 et 59) ; 5° de l'acte par lequel la partie qui refuse les offres de l'administration indique le montant de ses prétentions (art. 17, 24, 28 et 53) ; 6° de l'opposition formée par un juré à l'ordonnance du magistrat directeur du jury qui l'a condamné à l'amende (art. 32) ; 7° de la réquisition du propriétaire tendant à l'acquisition de la totalité de son immeuble (art. 50) ; 8° de la demande à fin de rétrocession des terrains non employés à des travaux d'utilité publique (art. 60 et 61) ; 9° de la demande tendant à ce que l'indemnité d'une expropriation déjà commencée soit réglée conformément à la loi du 7 juill. 1833 (aujourd'hui L. 3 mai 1841), art. 68 ; 10° enfin, de tous actes qui, par leur nature, peuvent être assimilés à ceux dont l'énumération précède (Ord. 18 sept. 1833, art. 2). — V. au surplus, Décr. 16 févr. 1807, art. 29. — V. aussi Chauveau, *Comment. du tarif*, t. 1, p. 78, 83, 126 et 302, et t. 2, p. 279, 280, 374, 380, 382, 383, 396, 399 et 418 ; de Lalleau, Jousselin, Rendu et Périn, t. 2, n. 1003.

3334. — Il est alloué à tous huissiers, pour l'original : 1° du procès-verbal d'offres réelles, contenant le refus ou l'acceptation des ayants-droit et sommation d'assister à la consignation (L. 7 juill. 1833, aujourd'hui L. 3 mai 1841, art. 53), 2 fr. 25 ; 2° du procès-verbal de consignation, qu'il y ait ou non offres réelles (art. 49, 53 et 54), 4 fr. (Ord. 18 sept. 1833, art. 3). — V. au surplus, Décr. 16 sept. 1807, art. 59 et 60. — Chauveau, *Comment. du tarif*, t. 2, p. 291, 294 à 299 ; de Lalleau, Jousselin, Rendu et Périn, t. 2, n. 1004.

3335. — Le tarif ne parle point de l'offre du mandat délivré par l'administration et égal au montant de l'indemnité ; la raison en est que cette offre n'existait pas dans la loi de 1833 ; cet acte d'offres est simple ; par analogie avec les actes visés par l'art. 2 de l'ordonnance on pourrait allouer à l'huissier 1 fr. 50. En effet, d'après l'art. 1, § 12, et l'art. 2, § 10 de l'ordonnance, on doit allouer pour tous les actes non prévus par l'ordonnance 1 fr. si ce sont des actes simples, et d'une rédaction facile, 1 fr. 50 pour les autres qui demandent un peu plus d'attention de la part de l'huissier. — De Lalleau, Jousselin, Rendu et Périn, t. 2, n. 1004 et 1005.

3336. — Il est alloué, pour chaque copie des exploits ci-dessus, le quart de la somme fixée pour l'original (Ord. 18 sept. 1833, art. 4). — De Lalleau, Jousselin, Rendu et Périn, t. 2, n. 1006.

3337. — Lorsque les copies de pièces dont la notification a lieu en vertu de la loi sont certifiées par l'huissier, il lui est payé 30 cent. par chaque rôle, évalué à raison de vingt-huit lignes à la page et quatorze à seize syllabes à la ligne (art. 57) (Ord. 18 sept. 1833, art. 5). Cette taxe, ainsi que le fait remarquer de Dalmas (*loc. cit.*), est la moindre de celles que fixe l'art. 71, n. 10, Décr. 18 juin 1811 ; mais l'ordonnance n'exige que vingt-huit lignes à la page et quatorze à seize syllabes à la ligne ; d'ail-

leurs il n'est pas défendu, comme dans le tarif criminel, de compter le premier rôle. Cette double innovation, ajoute-il, a été motivée par l'utilité qu'il y a à rendre les copies d'huissier en tout semblables aux expéditions des greffiers, afin qu'elles puissent se contrôler réciproquement et faciliter ainsi la surveillance des magistrats chargés de les taxer. — De Lalleau, Jousselin, Rendu et Périn, t. 1, n. 1008.

3338. — Les huissiers ne peuvent réclamer des droits de copie pour les pièces déposées dans les bureaux des administrations que si ce sont eux qui les ont faites et certifiées ; il ne leur est rien dû si elles sont imprimées ou si elles ont été faites par les agents de l'administration ; il appartient aux préfets de veiller à ce que les huissiers ne signifient pas de copies de pièces inutiles, et de faire rejeter de la taxe celles qui auraient ce caractère. — De Lalleau, Jousselin, Rendu et Périn, *loc. cit.*

3339. — Il est alloué à tous huissiers 50 cent. pour tout visa de leurs actes, dans le cas où cette formalité est prescrite. Ce droit est double si le refus du fonctionnaire qui doit donner le visa oblige l'huissier à se transporter auprès d'un autre fonctionnaire (art. 8). — V. au surplus Décr. 16 févr. 1807, art. 66, § 4 et 5. — Chauveau, *Comment. du tarif*, t. 1, p. 38 et 118, et t. 2, p. 101, 119, 142, 163, 170, 173, 192, 219, 220, 269 à 454. — En cas d'absence ou de refus de recevoir copie de la part des préfets, maires ou autres administrateurs et agents du gouvernement le visa est donné soit par le juge de paix du canton, soit par le procureur de la République (C. proc. civ., art. 69). — De Lalleau, Jousselin, Rendu et Périn, t. 2, n. 1007.

3340. — Les huissiers ne peuvent rien réclamer pour le papier des actes par eux notifiés ni pour l'avoir fait viser pour timbre. Ils doivent employer du papier d'une dimension égale au moins à celle des feuilles assujetties au timbre de 70 centimes (art. 8).

3341. — Dans les significations faites à la requête de l'administration le préfet doit veiller à ce que les huissiers ne multiplient pas les originaux d'exploits ; on doit surtout éviter les frais de transport toujours fort onéreux, en les rendant le moins nombreux possibles. Ainsi il ne doit être dressé qu'un seul original d'exploit pour toutes les notifications faites aux indemnitaires demeurant dans la même commune, alors même que les indemnités se rattacheraient à des immeubles différents ; il suffit que l'expropriation soit la même. De même tous les indemnitaires demeurant dans la même commune ou dans des communes voisines doivent être convoqués devant le jury par le même original d'exploit, bien que les jours de convocations soient différents. C'est aussi en vertu d'un seul exploit que sont cités tous les jurés demeurant dans la même commune ou dans des communes voisines. On ne peut comprendre dans le même exploit les citations aux jurés et les assignations aux indemnitaires, parce que les énonciations de ces deux actes sont différentes ; mais les citations et assignations peuvent être faites le même jour par exploits différents ce qui évite double frais de transport. — De Dalmas, p. 179 et s. ; de Lalleau, Jousselin, Rendu et Périn, t. 2, n. 1008.

3° Emoluments des greffiers.

3342. — Les droits de greffe que percevait l'administration de l'enregistrement ont été supprimés par la loi des finances du 26 janv. 1892, art. 4 (V. *infrà*, v° *Greffe-Greffier*, n. 185 et s.) ; ils avaient déjà été supprimés en matière d'expropriation pour utilité publique et remplacés par des droits spéciaux accordés au greffier. Tous extraits ou expéditions délivrés par les greffiers en matière d'expropriation pour utilité publique doivent être portés sur papier d'une dimension égale à celle des feuilles assujetties au timbre de 1 fr. 25 cent. Ils doivent contenir vingt-huit lignes à la page et quatorze à seize syllabes à la ligne (Ord. 18 sept. 1833, art. 9). Il est alloué aux greffiers 40 cent. pour chaque rôle d'expédition ou d'extrait (art. 10). L'art. 10 n'alloue pas pour fractions de rôle, mais on peut appliquer l'instruction du 30 sept. 1806, interprétant l'art. 48, Décr. 18 juin 1814 : « Ainsi on ne doit rien allouer pour un quart de rôle ou 14 lignes ; lorsqu'il y a plus de 15 lignes et moins de 43, on doit passer en taxe un demi-rôle ; enfin lorsqu'il y a 43 lignes et plus le rôle doit être compté comme s'il était complet : ce qui établit une juste compensation pour les autres cas où de légères fractions sont négligées. De plus, comme le règlement accorde des droits aux greffiers pour toutes les expéditions ou extraits qu'ils délivrent et qu'il peut se faire que la copie ou l'extrait de certains ne comporte pas plus d'un quart de rôle, on doit toujours en pareil cas allouer 20 cent. lors même que l'expédition ou l'extrait contiendrait moins de 15 lignes. » — De Dalmas, p. 130; de Lalleau, Jousselin, Rendu et Périn, t. 2, n. 991 et 992.

3343. — Il leur est alloué, pour la rédaction du procès-verbal des opérations du jury spécial, 5 fr. pour chaque affaire terminée par décision du jury rendue exécutoire. Néanmoins, cette allocation ne peut jamais excéder 15 fr. par jour, quel que soit le nombre des affaires; et, dans ce cas, ladite somme de 15 fr. doit être répartie également entre chacune des affaires terminées le même jour (art. 11). D'ordinaire, les greffiers ne perçoivent rien pour la rédaction des actes de leur ministère ou de celui du magistrat (V. *infrà*, v° *Greffe-Greffier*, n. 198); on leur a alloué ici un émolument à raison de leur assistance à toutes les audiences et de la nécessité de rédiger un procès-verbal des opérations. D'après les termes mêmes de l'ordonnance, il n'est rien dû pour les décisions préparatoires et interlocutoires. Le droit de 5 fr. n'est dû que pour chaque affaire terminée par une décision rendue exécutoire; par suite il n'est dû qu'un droit de 5 fr. pour toutes les réclamations des propriétaires, fermiers, locataires, usagers, etc., sur lesquelles le jury statue par une seule décision rendue exécutoire. — De Lalleau, Jousselin, Rendu et Périn, t. 2, n. 995.

3344. — Si le jury procède successivement à l'instruction de plusieurs affaires, mais renvoie le prononcé de sa décision au même jour, le greffier ne doit pas souffrir de cette façon d'agir, et lui allouer la somme de 15 fr. pour toutes les affaires jugées ce jour-là serait insuffisant. Il devrait donc avoir 5 fr. par chaque affaire jugée, pourvu que le total des sommes allouées n'excède pas 15 fr. pour chacun des jours occupé devant le jury. — De Lalleau, Jousselin, Rendu et Périn, t. 2, n. 995.

3345. — L'état des dépens est rédigé par le greffier. Celle des parties qui requiert la taxe doit, dans les trois jours qui suivent la décision du jury, remettre au greffier toutes les pièces justificatives. Le greffier paraphe chaque pièce admise en taxe, avant de la remettre à la partie (art. 12). Il est alloué au greffier 10 cent. pour chaque article de l'état des dépens, y compris le paraphe des pièces (art. 13). — De Lalleau, Jousselin, Rendu et Périn, t. 2, n. 993.

3346. — Au moyen des droits ci-dessus accordés aux greffiers, il ne leur est alloué aucune autre rétribution à aucun titre, sauf les droits de transport dont il est ci-après parlé; et ils demeurent chargés : 1° du traitement des commis-greffiers, s'il était besoin d'en établir pour le service des assises spéciales, 2° de toutes les fournitures de bureau nécessaires pour la tenue de ces assises; 3° de la fourniture du papier des expéditions ou extraits, qu'ils doivent aussi faire viser pour timbre (art. 13). Ainsi, les greffiers ayant leurs droits taxés par l'ordonnance du 18 sept. 1833 ne peuvent exiger les droits ordinaires tels qu'ils sont déterminés par la loi du 21 vent. an VII (V. rapport au roi, *Monit.* 21 sept. 1833). — De Lalleau, Jousselin, Rendu et Périn, t. 2, n. 996.

3347. — Le tarif n'a rien prévu en faveur du greffier à la Cour de cassation; aussi comme il a un traitement fixe on a conclu, en l'absence de dispositions spéciales, qu'il n'a rien à percevoir. — De Lalleau, Jousselin, Rendu et Périn, t. 2, n. 997; Chauveau et Godoffre, *Introduct*., p. 42.

4° Des indemnités de transport.

3348. — Lorsque les assises spéciales se tiennent ailleurs que dans la ville où siège le tribunal, le magistrat directeur du jury a droit à une indemnité fixée de la manière suivante : s'il se transporte à plus de cinq kilomètres de sa résidence, il reçoit pour tous frais de voyage, de nourriture, de séjour, une indemnité de 9 fr. par jour; s'il se transporte à plus de deux myriamètres, l'indemnité est de 12 fr. par jour (Ordonn. 18 sept. 1833, art. 16). Dans le même cas, le greffier ou son commis assermenté reçoit 6 ou 8 fr. par jour, suivant que le voyage se fait de plus de cinq kilomètres ou de plus de deux myriamètres, ainsi qu'il est dit dans l'article précédent (art. 17). Dans tous les cas, les indemnités de transport allouées au magistrat directeur du jury et au greffier restent à la charge soit de l'administration, soit de la compagnie concessionnaire qui a provoqué l'expropriation, et ne peuvent entrer dans la taxe des dépens (art. 28). Sont également acquittées par le receveur de l'enregistrement les indemnités de déplacement que le magistrat directeur du jury et son greffier peuvent réclamer lorsque la réunion du jury a lieu dans une commune autre que le chef-lieu judiciaire de l'arrondissement. Le paiement est fait sur état certifié et signé par le magistrat directeur du jury, indiquant le nombre des journées employées au transport, et la distance entre le lieu où siège le jury et le chef-lieu judiciaire de l'arrondissement (art. 27). Quant aux indemnités de transport payées au magistrat directeur du jury et au greffier, et qui, suivant l'art. 28 ci-dessus, ne peuvent entrer dans la taxe des dépens, l'administration de l'enregistrement en est remboursée, soit par l'administration, soit par la compagnie concessionnaire qui a provoqué l'expropriation (art. 31). Ces indemnités sont payées comme frais urgents; il n'y a donc pas lieu de les faire préalablement ordonnancer. — De Lalleau, Jousselin, Rendu et Périn, t. 2, n. 989.

3349. — Le ministre des Finances a pris le 24 déc. 1833, de concert avec les autres ministres, une décision en vertu de laquelle les receveurs de l'enregistrement qui ont fait des avances de frais d'expropriation pour un ministère en vertu des art. 26 et 27 de l'ordonnance de 1833 adressent, par l'entremise du directeur de leur département, au sous-ordonnateur du ministère ou de l'administration publique dans le même département, l'état de ces avances, appuyé de pièces justificatives : mandats, états et exécutoires du magistrat directeur. Sur le vu de ces pièces le sous-ordonnateur, en vertu d'un crédit-délégation qui lui a été ou qui lui est immédiatement ouvert, délivre sur le payeur un mandat du montant de ces frais au profit du receveur de l'enregistrement qui les a avancés; s'il s'agit du service des ponts et chaussées les pièces constatant les avances à rembourser sont remises par le directeur des domaines à l'ingénieur en chef du département, lequel est chargé du soin d'examiner et de préparer les documents nécessaires au paiement, et d'en faire l'objet d'un certificat de proposition qu'il remet au préfet pour servir de base à la délivrance du mandat de remboursement. Les receveurs de l'enregistrement provoquent en cette forme le remboursement de ces indemnités aussitôt que l'avance en a été faite. En ce qui concerne les compagnies concessionnaires et les préposés de l'enregistrement poursuivent le recouvrement des dépenses, selon leur mode habituel, c'est-à-dire par voie de contrainte, de saisie, etc. — Instr. adm. enreg. 28 janv. 1834. — De Lalleau, Jousselin, Rendu et Périn, t. 2, n. 990.

3350. — Le législateur a établi la gratuité des fonctions de juré en matière d'expropriation. Le rapporteur à la Chambre des députés, Martin (du Nord), s'est expliqué ainsi à cet égard : « Il est une question qui a paru à quelques bons esprits ne pouvoir rester sans solution : on se demande si, dans tous les cas, les jurés seront privés de toute indemnité. Nous répondrons qu'à notre avis, les fonctions de jury sont essentiellement gratuites : tel est le principe en matière criminelle, tel il doit être en matière d'expropriation. La mission temporaire confiée au jury est trop importante, elle est trop honorable, pour être rabaissée par un salaire, qui nécessairement serait hors de proportion avec le service rendu : c'est le sentiment d'avoir rempli un devoir, c'est la reconnaissance du pays qui doivent être les sacrifices que les jurés s'imposent dans l'intérêt de la chose publique. Mais il ne faut pourtant pas donner à ce principe des conséquences outrées : si pour s'acquitter de leurs fonctions et notamment pour s'éclairer sur la vraie valeur de leurs fonctions, ils sont obligés à un déplacement quelconque, les frais de transport ne peuvent être à leur charge : ils doivent nécessairement être supportés par l'administration ou le propriétaire suivant les distinctions que vous avez posées. Votre commission n'a pas pensé qu'il fût nécessaire de formuler dans un article de loi la déclaration d'un principe qu'il suffit d'énoncer, puisqu'il est d'accord avec les règles de la plus sévère équité » (*Monit.* du 30 mai 1833, p. 1521).

3351. — Les jurés qui se transportent à plus de deux kilomètres du lieu où se trouvent les assises spéciales, pour les descentes sur les lieux autorisées par l'art. 37, L. 7 juill. 1833 (aujourd'hui L. 3 mai 1841), reçoivent, s'ils en font la demande formelle, une indemnité qui est fixée, pour chaque myriamètre parcouru, en allant et revenant, à 2 fr. 50. Il ne leur est rien alloué pour toute autre cause que ce soit, à raison de leurs fonctions, si ce n'est dans le cas de séjour forcé en route, comme il est dit ci-après dans l'art. 24 (art. 18).

3352. — La gratuité des fonctions de juré entraîne pour eux de lourdes charges, quand les sessions se prolongent;

aussi arrive-t-il que les parties conviennent d'allouer, par jour, une certaine somme à chaque juré, cette somme devant être taxée par le magistrat directeur; ainsi la mission des jurés de gratuite, devient rémunérée; les parties violent alors le principe d'après lequel la justice est gratuite, en ce sens que les juges ne sont jamais payés par les parties.

3353. — La Cour suprême admet que, malgré une telle convention et l'accord des parties, l'une d'entre elles pourrait former opposition à la taxe et faire rejeter la somme allouée pour indemniser les jurés; mais elle déclare que cette convention, toute regrettable qu'elle soit, n'a pas pour effet de vicier les opérations du jury et d'entraîner la nullité de la décision. Ces conventions présentent, en fait, l'inconvénient sérieux que si elles sont acceptées par un certain nombre de parties, et refusées par quelques autres, le jury peut être indisposé contre ces dernières, et ne pas se montrer impartial dans l'allocation des indemnités.

3354. — Il a été jugé, en ce sens, que la convention par laquelle les parties s'engagent, d'un commun accord, à payer à chacun des jurés, à titre d'indemnité de déplacement ou de séjour, une certaine somme par jour, à taxer par le magistrat directeur, peut faire l'objet d'une opposition à la taxe et avoir pour effet de l'invalider, mais ne saurait donner ouverture à un pourvoi en cassation contre les décisions du jury, qui, légalement, ne peuvent être considérées comme ayant été rendues en violation du principe de la gratuité de la justice. — Cass., 20 févr. 1889, Comm. de Crottes, [S. 89.1.487, P. 89.1.1203, D. 91.1.322]; — 5 déc. 1898, Couturier, [S. et P. 99.1.48]

3355. — Que l'extension aux frais de séjour des frais de déplacement dus aux jurés, et la convention par laquelle l'exproprient et les expropriés conviennent que ces frais de séjour seront supportés moitié par le premier, et moitié par les derniers peuvent être une cause d'annulation de la taxe des frais, mais ne sauraient être considérées comme une atteinte au principe de la gratuité de la justice et entraîner à ce titre l'annulation de la décision intervenue. — Cass., 22 nov. 1864, Jongla, [D. 66.5.206] — De Lalleau, Jousselin, Rendu et Périn, t. 2, n. 998; Daffry de la Monnoye, t. 2, sur l'art. 41, n. 23.

3356. — ... Que la décision du jury ne peut être annulée par le motif que les dépenses de transport, nourriture et séjour, pendant le cours de la session, ont été payées à titre d'avance par l'une des parties, alors que ce paiement a eu lieu avec le consentement de la plupart des intéressés, et sans opposition de la part des autres. — Cass., 5 mars 1877, Bonnet, [D. 77.1.468] — De Lalleau, Jousselin, Rendu et Périn, loc. cit.

3357. — Les personnes qui sont appelées pour éclairer le jury, conformément à l'art. 37 de la loi sur l'expropriation (V. suprà, n. 2176 et s.), reçoivent, si elles le requièrent, savoir : quand elles ne sont pas domiciliées à plus d'un myriamètre du lieu où elles doivent être entendues, pour indemnité de comparution, 1 fr. 50; quand elles sont domiciliées à plus d'un myriamètre, pour indemnité de voyage, lorsqu'elles ne sont pas sorties de leur arrondissement, 1 fr. par myriamètre parcouru en allant et revenant; et lorsqu'elles sont sorties de leur arrondissement, 1 fr. 50; dans le cas où l'indemnité de voyage est allouée, il ne doit être accordé aucune taxe de comparution (art. 19). Les personnes appelées devant le jury, qui reçoivent un traitement quelconque à raison d'un service public, n'ont droit qu'à l'indemnité de voyage, s'il y a lieu et si elles le requièrent (art. 20). — De Lalleau, Jousselin, Rendu et Périn, t. 2, n. 999.

3358. — Les indemnités des jurés et des personnes appelées pour éclairer le jury sont acquittées comme frais urgents par le receveur de l'enregistrement, sur un simple mandat du magistrat directeur du jury, lequel mandat doit, lorsqu'il s'agit d'un transport, indiquer le nombre des myriamètres parcourus, et, dans tous les cas, faire mention des indemnités dues. Le greffier tient note des indemnités; ces indemnités sont comprises dans la condamnation aux dépens et recouvrées contre les particuliers et les concessionnaires selon les modes de recouvrement usités par l'administration de l'enregistrement, et contre l'administration, ainsi qu'il a été dit suprà, n. 3349 (art. 30). — V. Instr. de l'adm. de l'enreg., du 28 janv. 1834. — De Lalleau, Jousselin, Rendu et Périn, t. 2, n. 1000.

3359. — Les huissiers qui instrumentent dans la procédure en matière d'expropriation pour utilité publique reçoivent, lorsqu'ils sont obligés de se transporter à plus de deux kilomètres de leur résidence, 1 fr. 50 c. pour chaque myriamètre parcouru en allant et en revenant, sans préjudice de l'application de l'art. 35,

Décr 14 juin 1813 (art. 21). Les indemnités de transport ci-dessus établies sont réglées par myriamètre et demi-myriamètre. Les fractions de huit ou neuf kilomètres sont comptées pour un myriamètre, et celles de trois à huit kilomètres pour un demi-myriamètre (art. 22). Les distances sont calculées d'après le tableau dressé par les préfets, conformément à l'art. 93, Décr. 18 juin 1811 (art. 23). — V. suprà, v° Dépens, n. 470 et s. — « Comme l'huissier peut se transporter à plus de 10 kilomètres et cependant à moins de trois, on pourrait éprouver quelque difficulté pour la fixation de la taxe, si l'on ne faisait pas attention que la distance à parcourir est toujours calculée doublement pour aller et le retour, de sorte que si cette distance n'est plus que de deux kilomètres et demi, en comptant autant pour le retour on a cinq kilomètres qui donnent droit à l'indemnité d'un demi-myriamètre. » — Dalmas, p. 273; de Lalleau, Jousselin, Rendu et Périn, t. 2, n. 1009.

3360. — Lorsque les individus ci-dessus dénommés sont arrêtés dans le cours du voyage par force majeure, ils reçoivent une indemnité, pour chaque jour de séjour forcé, savoir : les jurés, 2 fr. 50 c.; les personnes appelées devant le jury et les huissiers, 1 fr. 50 c. Tous sont tenus de faire constater par le juge de paix, et à son défaut par l'un des suppléants ou par le maire, et en son absence par l'un de ses adjoints, la cause du séjour forcé en route, et d'en représenter le certificat à l'appui de leur demande en taxe (art. 24). Si les personnes appelées devant le jury sont obligées de prolonger leur séjour dans le lieu où se fait l'instruction, et que ce lieu soit éloigné de plus d'un myriamètre de leur résidence, il leur est alloué, pour chaque journée, une indemnité de 2 fr. (art. 25).

5° *Autres frais et règles diverses.*

3361. — Les copies de pièces déposées dans les archives de l'administration qui sont réclamées par les parties dans leur intérêt, pour l'exécution de la loi, et sont certifiées par les agents de l'administration, sont payées à l'administration sur le même taux que les copies certifiées par les huissiers (Ord. 18 sept. 1833, art. 6). — De Lalleau, Jousselin, Rendu et Périn, t. 2, n. 1013.

3362. — Les émoluments dus aux greffiers, aux huissiers, à l'administration pour copies de pièces sont payés directement par les intéressés; ils sont ensuite compris dans la condamnation aux dépens; les receveurs de l'enregistrement n'ont donc point à s'occuper du paiement de ces frais (Instr. adm. enreg., 28 janv. 1834). — De Lalleau, Jousselin, Rendu et Périn, t. 2, n. 1012.

3363. — Il n'est alloué aucune taxe aux agents de l'administration autorisés à instrumenter concurremment avec les huissiers (Ord. 18 sept. 1833, art. 29).

3364. — Sur le rôle de l'avoué et le paiement de ses frais, V. suprà, v° Avoué, n. 288, 311 et 312.

3365. — Les frais de l'autorisation nécessaire au représentant d'un incapable, pour accepter les offres d'indemnité faites par l'administration qui poursuit l'expropriation pour cause d'utilité publique d'immeubles appartenant à l'incapable, sont à la charge de l'administration. — Circ. du min. des Trav. publ., 22 juill. 1843. — Contrà, Gand, p. 306, note 113, qui pense que ces frais sont à la charge de l'incapable.

6° *De la taxe des dépens.*

3366. — Le magistrat directeur taxe les dépens dont le tarif est déterminé par un règlement d'administration publique (L. 3 mai 1841, art. 41, § 2). La taxe ne doit comprendre que les actes faits postérieurement à l'offre de l'administration (L. 3 mai 1841, art. 41, § 3). — Mon., 27 janv. 1833, p. 212. — De Lalleau, Jousselin, Rendu et Périn, t. 1, n. 635.

3367. — L'erreur que peut commettre le magistrat directeur des dépens soit en allouant une taxe trop élevée, soit en omettant des actes qui doivent être taxés, soit en admettant en taxe des actes qui ne doivent point l'être donne lieu à une opposition à taxe et non pas à ouverture en cassation. — Cass., 30 juill. 1886, Pallis, [S. 57.1.144, P. 57.1.136, D. 56.1.295]; — 22 nov. 1864, Jougla, [D. 66.5.206] — De Lalleau, Jousselin, Rendu et Périn, t. 1, n. 636, note; Crépon, sur l'art. 41, n. 33; Daffry de la Monnoye, t. 2, sur l'art. 41, n. 21.

3368. — Remarquons enfin que la procédure spéciale établie par la loi du 3 mai 1841 pour le pourvoi en cassation en matière d'expropriation, n'est pas applicable au jugement qui a statué sur l'opposition à la taxe des dépens faite par le magistrat directeur, après la décision du jury : ce sont les formes ordinaires qui doivent être suivies. — Cass., 31 mars 1869, Coste-Foron, [S. 69. 1.229, P. 69.542, D. 69.1.348]

CHAPITRE XVI.

DU POURVOI EN CASSATION.

SECTION I.
Du pourvoi contre le jugement d'expropriation.

§ 1. *Généralités.*

3369. — Le jugement qui prononce l'expropriation peut la prononcer dans des cas où elle ne devrait pas être ordonnée, il est donc utile qu'un recours soit ouvert contre ses dispositions; toutefois, la célérité exigée par l'expropriation ne permet pas l'emploi des voies de recours ordinaires; la loi de 1810 autorisait l'opposition dans les huit jours qui suivaient les publications et affiches du jugement; l'appel était ensuite possible, ainsi que le pourvoi statuant sur l'arrêt rendu à la suite de cet appel; la loi de 1833 a voulu éviter toutes ces lenteurs; telle a été aussi la manière de voir du législateur de 1841; aussi a-t-il édicté la disposition suivante : « le jugement qui prononce l'expropriation ne peut être attaqué que par la voie du recours en cassation, et seulement pour incompétence, excès de pouvoirs ou vices de formes du jugement » (L. 3 mai 1841, art. 20). — De Lalleau, Jousselin, Rendu et Périn, t. 1, n. 226.

3370. — Le jugement d'expropriation ne peut donc être attaqué par la voie de l'opposition; nous avons déjà d'ailleurs fait remarquer que les propriétaires ne sont point appelés à ce jugement, qu'ils n'y sont point partie; qu'il est rendu à la requête de l'expropriant et qu'ainsi une partie ne peut faire défaut. — De Lalleau, Jousselin, Rendu et Périn, *loc. cit.;* Crépon, sur l'art. 20, n. 1 et 2; Daffry de la Monnoye, t. 1, sur l'art. 20, n. 4. — V. *suprà,* n. 684 et s.

3371. — Le jugement d'expropriation n'est pas non plus susceptible d'appel; l'appel n'est recevable que pour les questions portant sur le fond du droit (V. *suprà,* n. 2685 et s.), qui se sont produites au cours de la procédure en expropriation et qui ont été renvoyées devant les tribunaux compétents. — Cass., 26 mars 1862, Duplessis-Daubremont, [D. 62.1.379] — Toulouse, 31 août 1837, Ville de Toulouse, [P. 37.2.549] — V. *suprà,* v° *Appel* (mat. civ.), n. 1135 et s. — De Lalleau, Jousselin, Rendu et Périn, *loc. cit.;* Crépon, sur l'art. 20, n. 3; Daffry de la Monnoye, t. 1, sur l'art. 20, n. 5.

3372. — Toutefois, si une cour d'appel, à tort, a, sur appel, prononcé l'expropriation, son arrêt subsiste tant qu'il n'a pas été déféré à la Cour suprême, et n'a pas encouru cassation ; par suite, les décisions rendues par un jury convoqué en vertu d'un arrêt de cour d'appel ordonnant une expropriation sont valables alors que cet arrêt n'a point été soumis à la Cour de cassation et que les délais du pourvoi sont expirés. — Cass., 11 avr. 1864, Block, [D. 64.5.152] — De Lalleau, Jousselin, Rendu et Périn, t. 1, n. 226; Crépon, sur l'art. 20, n. 5.

3373. — Le jugement d'expropriation n'est point susceptible non plus d'être attaqué par la voie de la tierce-opposition ; ce recours n'est d'ailleurs accordé qu'à ceux qui auraient pu être appelés dans l'instance, et en matière d'expropriation, l'expropriant n'a personne à appeler devant le tribunal saisi de la demande d'expropriation. — De Lalleau, Jousselin, Rendu et Périn, *loc. cit.;* de Peyrony et Delamarre, n. 263; Crépon, sur l'art. 20, n. 4; Daffry de la Monnoye, t. 1, sur l'art. 20, n. 6.

3374. — La voie de la requête civile n'est pas davantage admissible en matière d'expropriation pour utilité publique. — V. *Cassation* (mat. civ.), n. 515.

3375. — Le recours en cassation, seul mode de recours possible contre les jugements en matière d'expropriation, est ouvert soit contre les jugements qui ordonnent l'expropriation soit contre ceux qui la refusent; on avait proposé lors de la discussion de la loi de 1833, de ne point autoriser le pourvoi en cassation contre les jugements d'expropriation, mais ce système a été re-

poussé; car il faut toujours un recours contre l'erreur ou l'arbitraire possible, pour permettre à la Cour suprême d'assurer le respect de la loi et de maintenir l'unité de jurisprudence en toute matière. — Cass., 18 août 1884, Motgé, [S. 86.1.222, P. 86.1.530, D. 85.1.416] — De Lalleau, Jousselin, Rendu et Périn, t. 1, n. 227 et 233; Crépon, sur l'art. 20, n. 6; Daffry de la Monnoye, t. 2, sur l'art. 20, n. 1.

3376. — Les jugements donnant acte du consentement du propriétaire à la cession de son immeuble, sans accord sur le prix (V. *suprà,* n. 648 et s.), ou qui refusent de donner acte de ce consentement sont susceptibles d'être attaqués par la voie du recours en cassation. Jugé, en conséquence, que le jugement qui, visant l'accord des parties sur la cession amiable des terrains, désigne le magistrat directeur du jury, doit être assimilé à un jugement d'expropriation; il peut, par suite, faire l'objet d'un recours en cassation pour incompétence, excès de pouvoir ou vice de forme. — Cass., 20 déc. 1897, Chem. de fer d'Orléans, [S. et P. 98.1.94] — V. *suprà,* v° *Cassation* (mat. civ.), n. 508.

3377. — Si le jugement n'a point donné acte aux parties de leur consentement, et se borne simplement à désigner le magistrat directeur et à former la liste du jury de la session, le pourvoi en cassation n'est pas recevable ; il ne s'agit plus alors d'un véritable jugement d'expropriation, mais d'une simple mesure d'instruction. La loi n'autorise pas et, à plus forte raison, n'exige pas qu'un pourvoi spécial soit formé contre la délibération prise en chambre du conseil, à la suite et distinctement du jugement d'expropriation, délibération par laquelle le tribunal forme la liste de session du jury (V. *suprà,* n. 1474 et s.). — Cass., 6 févr. 1844, Préfet de l'Hérault, [S. 44.1.328, P. 44.1.274]; — 17 avr. 1889, Renault et Guidon, [S. 89.1.384, P. 89.1.334, D. 90.1.262]

3378. — Le jugement qui, faute par l'administration d'avoir poursuivi dans les six mois du jugement d'expropriation la fixation de l'indemnité due à l'exproprié, ordonne, sur la demande de l'exproprié, la convocation du jury et nomme un magistrat directeur, ne constitue pas un jugement d'expropriation (V. *suprà,* n. 1572 et s.); et par suite, il est soumis, en ce qui touche le pourvoi en cassation dont il peut être l'objet, aux formes ordinaires et non aux formes particulières prescrites par la loi du 3 mai 1841. — Cass., 15 avr. 1817, Bourette, [S. 57.1.863, P. 59.54, D. 57.1.459] — De Lalleau, Jousselin, Rendu et Périn, t. 1, n. 233.

§ 2. *Qui peut se pourvoir.*

3379. — Comme nous l'avons dit *suprà,* v° *Cassation* (mat. civ.), n. 1196, le pourvoi en cassation ne peut être formé que par l'expropriant et par l'exproprié ou par ceux qui ont qualité pour les représenter. — Crépon, sur l'art. 20, n. 8.

3380. — Si l'expropriation intéresse l'État ou le département, le pourvoi en cassation doit être formé par le préfet qui les représente; mais le préfet peut déléguer un sous-préfet comme mandataire; par suite, est valable le pourvoi surabondamment formé par un sous-préfet en vertu de pouvoirs délégués par le préfet, lorsque ce dernier fonctionnaire, loin de désavouer le pourvoi, y a au contraire adhéré, et l'a soutenu par des instructions signées de lui et mises sous les yeux de la cour. — Cass., 6 janv. et 13 mai 1846, Préfet du Finistère, [P. 46.2.273, D. 46.1.207] — De Lalleau, Jousselin, Rendu et Périn, t. 1, n. 231; Crépon, sur l'art. 20, n. 9 et 10; Daffry de la Monnoye, t. 1, sur l'art. 20, n. 17.

3381. — Le préfet, pour former un pourvoi, ne peut déléguer que des agents de l'administration; il ne saurait prendre le procureur de la République comme mandataire; agir ainsi, ce serait aller contre le principe de la séparation des pouvoirs et confondre l'autorité administrative et l'autorité judiciaire; un pourvoi formé par le procureur de la République au nom du préfet est irrecevable. — De Lalleau, Jousselin, Rendu et Périn, *loc. cit.;* Crépon, sur l'art. 20, n. 11; Daffry de la Monnoye, t. 1, sur l'art. 20, n. 18. — V. *suprà,* v° *Cassation* (mat. civ.), n. 1324 et 1340.

3382. — Si l'expropriation intéresse une commune, le pourvoi est formé par le maire. — De Lalleau, Jousselin, Rendu et Périn, *loc. cit.;* Crépon, sur l'art. 20, n. 12. — Il a été jugé que la ville ou commune dan. l'intérêt de laquelle une expropriation pour utilité publique a lieu, et à la charge de laquelle est mis le paiement des indemnités, n'est pas recevable à intervenir sur le pourvoi en cassation formé par les propriétaires contre le jugement d'expropriation, si les poursuites ont été exercées jusqu'alors à la requête du préfet et que l'intervention de la commune ne fait qu'un double emploi et n'aurait pour résultat que d'occasionner des frais frustratoires. — Cass., 18 janv. 1837, Houzet, [S. 37.1.124, P. 37.1.83] — Crépon, sur l'art. 20, n. 116; Daffry de la Monnoye, t. 1, sur l'art. 20, n. 63.

3383. — Est d'ailleurs non recevable le pourvoi en cassation contre la décision du jury d'expropriation formé par une commune qui n'a pas été autorisée à cet effet. — Cass., 9 janv. 1878, Comm. d'Azérat, [S. 78.1.79, P. 78.1.164, D. 78.1.79] — De Lalleau, Jousselin, Rendu et Périn, *loc. cit.*; Crépon, sur l'art. 20, n. 13; Daffry de la Monnoye, t. 1, sur l'art. 20, n. 20.

3384. — Mais il a été jugé qu'en matière d'expropriation pour utilité publique, et à raison des délais rigoureux prescrits pour se pourvoir en cassation, le demandeur en cassation d'une décision favorable à la commune n'est pas tenu de déposer à la préfecture un nouveau mémoire tendant à faire autoriser cette commune à plaider. — Cass., 9 mars 1887, Roche, [S. 88.1.382, P. 88.1.930, D. 88.1.328] — V. *suprà*, v° *Autorisation de plaider*, n. 249 et s.

3385. — Il n'est d'ailleurs pas nécessaire que l'autorisation indispensable à une commune pour ester en justice devant la Cour de cassation précède ou accompagne la déclaration de pourvoi; il suffit qu'il en soit justifié devant la Cour de cassation. — Cass., 11 juill. 1881, Comm. de Saint-Loup, [S. 82.1.36, P. 82.1.57, D. 82.1.246] — De Lalleau, Jousselin, Rendu et Périn, *loc. cit.*; Crépon, sur l'art. 20, n. 14 et 15.

3386. — Les concessionnaires qui, d'après l'art. 63, L. 3 mai 1841, peuvent exercer tous les droits qui appartiennent à l'administration peuvent, comme celle-ci, se pourvoir en cassation contre le jugement d'expropriation. — Crépon, sur l'art. 20, n. 16.

3387. — Nous avons indiqué *suprà*, v° *Cassation* (mat. civ.), n. 1197 et s., la règle d'après laquelle le jugement d'expropriation ne peut être valablement attaqué que par ceux contre lesquels il a été rendu. — Daffry de la Monnoye, t. 1, sur l'art. 20, n. 13, L. 3 mai 1841, n. 9; Crépon, sur l'art. 20, n. 17 et 18; de Lalleau, Jousselin, Rendu et Périn, t. 1, n. 232.

3388. — Dans le cas où un jugement qui prononce l'expropriation d'un immeuble appartenant par indivis à une veuve et à ses enfants, n'indique pas le nom de l'auteur commun seul inscrit sur la matrice des rôles, et se borne à mentionner la veuve comme seule propriétaire, les enfants copropriétaires sont fondés, bien que leur nom ne figure ni dans la procédure, ni dans le jugement d'expropriation à se pourvoir en cassation contre ce jugement, car ils agissent alors comme représentant leur père seul inscrit à la matrice cadastrale. — Cass., 20 juin 1860, Montbrun, [P. 61.268, D. 60.1.406] — V. aussi *suprà*, v° *Cassation* (mat. civ.), n. 1987.

3389. — Le prétendant droit dont l'exproprant a antérieurement reconnu les droits, par exemple dans une instance suivie au possessoire, est recevable à se pourvoir en cassation contre le jugement d'expropriation. — Cass., 29 janv. 1884, Comm. d'Ambrières, [cité par de Lalleau, Jousselin, Rendu et Périn, t. 1, n. 232, et Crépon, sur l'art. 20, n. 25]

3390. — Le locataire et tous ceux qui prétendent à des droits réels ne sont pas recevables à se pourvoir en cassation contre le jugement d'expropriation; car le propriétaire est considéré comme le représentant de ces intéressés, dont les droits se résolvent en une indemnité, et qui ne sont mis en cause que pour le règlement de cette indemnité. — V. *suprà*, v° *Cassation* (mat. civ.), n. 1202 et 1203.

3391. — Sur le droit des créanciers de se pourvoir en cassation, V. *suprà*, v° *Cassation* (mat. civ.), n. 1306 et s.

3392. — Le pourvoi peut être formé par un mandataire; il n'y a pas lieu d'appliquer ici, comme en matière civile ordinaire, l'art. 417, C. instr. crim., suivant lequel la déclaration du pourvoi faite par un mandataire n'est valable qu'autant qu'il est porteur d'un pouvoir spécial qui reste annexé à la déclaration. — V. *suprà*, v° *Cassation* (mat. civ.), n. 1284 et s., et 1292 et s.; *Aride*, de Lalleau, Jousselin, Rendu et Périn, t. 1; Crépon, sur l'art. 20, n. 28 et 29; Daffry de la Monnoye, t. 1, sur l'art. 20, n. 14.

3393. — Il a été jugé, en conséquence, que celui qui a reçu le mandat de gérer certains biens, et, en cas de difficultés, « d'exercer toutes poursuites, citer et comparaître devant tous tribunaux, former toutes demandes, prendre toutes conclusions, signer tous procès-verbaux, » a qualité pour se pourvoir en cassation contre le jugement qui exproprie le mandant dans une partie de ses biens dont le mandataire a l'administration. — Cass., 29 janv. 1850, Buffault, [S. 50.1.192, P. 50.1.602, D. 50. 1.123] — De Lalleau, Jousselin, Rendu et Périn, *loc. cit.*; Crépon, sur l'art. 20, n. 16 et 30.

3394. — L'exproprié qui notifie un pourvoi formé en son nom par un tiers, ratifie ce qu'a fait ce tiers, s'approprie le pourvoi; le défendeur au pourvoi ne saurait donc prétendre que le pourvoi est irrecevable, par suite du défaut de qualité de celui qui l'a formé. — Cass., 6 avr. 1859, Comp. de la gare de Giviers, [D. 59.1.265]; — 30 juill. 1888, Préfet de la Corse, [S. 91.1. 268, P. 91.1.640, D. 90.1.31] — Daffry de la Monnoye, t. 1, sur l'art. 20, n. 14.

3395. — Conformément au droit commun la femme mariée ne peut se pourvoir en cassation que si elle est assistée de son mari, ou autorisée par justice; à raison de la brièveté des délais, l'assistance ou l'autorisation peuvent ne pas être mentionnées dans le pourvoi; il suffit, pour que la procédure soit régulière, que la femme en justifie au moment où son pourvoi vient en discussion devant la Cour de cassation. — Crépon, sur l'art. 20, n. 34 et 35. — V. *suprà*, v° *Autorisation de femme mariée*, n. 67, 637 et s.

3396. — Rappelons que l'art. 13, L. 3 mai 1841, concernant les actes que peuvent faire les représentants des incapables avec l'autorisation du tribunal n'est pas applicable au pourvoi en cassation contre un jugement d'expropriation. — V. *suprà*, v° *Cassation* (mat. civ.), n. 1227.

3397. — Le mineur émancipé ne peut former un pourvoi contre le jugement d'expropriation qu'avec l'assistance de son curateur, et le prodigue avec celle de son conseil judiciaire; le mineur émancipé, en cas de refus de son curateur, ne peut s'adresser au conseil de famille et provoquer la nomination d'un curateur *ad hoc* (Demolombe, t. 8, n. 314); le prodigue, en pareil cas, peut s'adresser au tribunal et solliciter soit le remplacement de son conseil, soit la nomination d'un conseil *ad hoc*. — Orléans, 15 mai 1847, Brugeau, [S. 47.2.567, P. 47.2.51, D. 47.2.538] — Besançon, 11 janv. 1851, Jarre, [S. 51.2.75, P. 51.1.334, D. 51. 2.61] — Demolombe, t. 8, n. 762; Crépon, sur l'art. 20, n. 37 à 40. — V. aussi sur ces principes *suprà*, v° *Cassation* (mat. civ.), n. 1232 et s.

3398. — Une partie n'ayant pas figuré dans l'instance qui donne lieu au pourvoi est recevable à intervenir devant la Cour de cassation, à la condition de justifier de son intérêt. — Cass., 22 févr. 1897, Thuret, [S. et P. 97.1.343, D. 97.1.198]; — 20 déc. 1897, Chemin de fer d'Orléans [S. et P. 98.1.94] — V. *suprà*, v° *Cassation* (mat. civ.), n. 1402-1°. — Spécialement, l'État qui soutient que les terrains faisant l'objet d'une expropriation pour utilité publique ou d'une cession amiable appartiennent au domaine public national, a intérêt à intervenir au pourvoi formé contre le jugement ayant donné acte de la cession amiable et contre la décision du jury. — Cass., 20 déc. 1897, précité.

3399. — Il a été jugé également que le propriétaire de l'immeuble exproprié, exposé à un recours éventuel en garantie de la part du fermier de l'immeuble exproprié, a un intérêt incontestable à se joindre à celui-ci pour faire annuler la décision du jury qui, ayant rejeté la demande du fermier, motive ce recours; dès lors son pourvoi est recevable. — Cass., 12 juill. 1898, de Commaillo, [S. et P. 98.1 328, D. 99.1.51]

§ 3. *Des ouvertures à cassation et de la renonciation au droit de se pourvoir.*

1° *Ouvertures à cassation.*

3400. — L'art. 20, L. 3 mai 1841, dit que le jugement ne peut être attaqué que pour incompétence, excès de pouvoir ou vices de formes du jugement, et il faut admettre en principe qu'il y a excès de pouvoir toutes les fois que le tribunal a prononcé l'expropriation en dehors des règles tracées par la loi et malgré le défaut d'accomplissement des formalités exigées. — Cass., 28 janv. 1834, Dumarest, [S. 34.1.206, P. chr.]; — 6 janv. 1836, Gaullieur, [S. 36.1.5, P. chr.]; — 14 mars 1842, Dupontavice, [S.42.1.437, P.42.1.735]; — 14 mars 1870, d'Aurelle de Montmorin, [S. 70.1.175, P. 70.403, D. 70.1.368] — Arnaud, n. 321; de Peyrony et Delamarre, n. 264; de Lalleau, Jousselin, Rendu et Périn, t. 1, n. 228; Crépon, sur l'art. 20, n. 43 et 44; Daffry de la Monnoye, t. 1, sur l'art. 20, n. 23. — V. *suprà*, v° *Cassation* (mat. civ.), n. 2842.

EXPROPRIATION POUR CAUSE D'UTILITÉ PUBLIQUE. — Chap. XVI.

3401. — Et la Cour de cassation a mission, dans ce cas, malgré les énonciations que renferme le jugement sur l'observation des formalités, pour vérifier elle-même si elles ont été réellement observées (Cass., 6 janv. 1836, précité). C'est là un principe dont nous avons recherché avec soin les conséquences alors que nous avons examiné quelles étaient les mentions et constatations que devait contenir un jugement d'expropriation. — V. *suprà*, n. 724 et s.

3402. — Remarquons que l'extension abusive donnée à un jugement d'expropriation ou son exécution illégale ne peut donner lieu qu'à une action en dommages-intérêts, et non à un recours devant la Cour de cassation contre ce jugement reconnu légal. — Cass., 5 févr. 1840, Charnay, [S. 40.1.162, P. 40.1.307]

3403. — Mais il y a excès de pouvoir et par suite ouverture à cassation, lorsqu'en prononçant l'expropriation, le tribunal ordonne que l'administration ou les concessionnaires qui la représentent seront immédiatement mis en possession du terrain exproprié, sauf indemnité ultérieure. C'est là, en effet, une violation formelle de la loi et du principe d'après lequel le propriétaire ne peut être dépossédé de son terrain qu'après le paiement préalable d'une indemnité. — Cass., 28 janv. 1834, précité.

3404. — Ainsi il est certain qu'un pourvoi en cassation peut être régulièrement formé contre un jugement d'expropriation, alors que l'on soutient qu'il n'a pas été précédé des formalités substantielles prescrites par la loi. — Cass., 4 mars 1890, Truchetet, [S. et P. 92.1.319, D. 90.5.260]

3405. — Un pourvoi en cassation peut être formé contre un jugement d'expropriation pour violation des art. 6 et 12, L. 3 mai 1841, bien que ces articles ne soient pas visés par l'art. 42 de la même loi; ces articles prescrivent des formalités du jugement d'expropriation dont l'inobservation donne ouverture à cassation pour vice de forme, conformément à l'art. 20, L. 3 mai 1841, tandis que l'art. 42 énumère les dispositions dont la violation donne ouverture à cassation contre les décisions du jury. — Même arrêt.

3406. — D'autre part, il appartient à la Cour de cassation de vérifier l'application qui est faite par les tribunaux des jugements d'expropriation, et de s'assurer si cette application respecte le sens et la portée des conventions contenues en ces jugements. — Cass., 29 juin 1892, Comp. générale des eaux, [S. et P. 93.1.528, D. 92.1.575] — Ainsi les tribunaux ne peuvent, sans excès de pouvoir, déclarer non expropriés des terrains compris dans un précédent jugement d'expropriation. — Cass., 18 mars 1889, Préfet de la Corse, [S. 90.1.127, P. 90.1.293, D. 90.1.278]

3407. — Ainsi encore, lorsqu'un tribunal est saisi d'une action en dommage à raison d'un accident qui s'est produit sur un terrain, et que le défendeur oppose l'incompétence du tribunal en prétendant qu'il s'agit d'un dommage causé par l'exécution d'un travail public sur un terrain exproprié, il y a lieu de casser le jugement qui déclare que l'accident, cause du dommage, ne s'est pas produit sur le terrain exproprié, sans préciser en quel lieu il s'est produit. Dans ce cas les motifs donnés ne justifient pas le dispositif parce qu'ils n'établissent pas la compétence de l'autorité judiciaire. — Cass., 29 juin 1892, précité.

3408. — Pas plus en matière d'expropriation qu'en toute autre matière on ne peut présenter devant la Cour de cassation un moyen nouveau, à moins qu'il ne soit d'ordre public. Ainsi, un particulier ne peut soutenir pour la première fois devant la Cour de cassation, à raison de la nouveauté du moyen, que le tribunal aurait dû faire droit à sa requête aux fins de nomination d'un magistrat directeur et de la désignation d'un jury parce que son terrain avait fait l'objet d'une occupation temporaire donnant droit à une indemnité dont la fixation appartenait au jury. — Cass., 30 juill. 1894, Henaux, [S. et P. 95.1.96, D. 95.1.179]

3408 bis. — La partie qui n'a point soumis au magistrat directeur, par des conclusions formelles qui l'auraient mis en demeure de statuer, le moyen tiré de l'incertitude possible sur l'identité d'un juré et qui s'est borné à demander acte de cette irrégularité et de ses réserves à cet égard, ne peut présenter pour la première fois, devant la Cour de cassation, ce moyen qui est mélangé de fait et de droit. — Cass., 16 juin 1900 (non encore publié).

3409. — D'autre part, la circonstance qu'un jugement rendu en matière d'expropriation pour utilité publique aurait ordonné le visa pour timbre et l'enregistrement de pièces qu'on prétend être affranchies de ces formalités, ne peut donner ouverture à cassation contre ce jugement. Il n'y a point, en effet, dans ce jugement, le vice de forme, l'excès de pouvoir, ou l'incompétence prévus par la loi. — Cass., 16 août 1873, Préfet de la Haute-Savoie, [S. 73.1.472, P. 73.1.186] — Crépon, sur l'art. 20, n. 45; de Lalleau, Jousselin, Rendu et Périn, t. 1, n. 228.

3410. — Y a-t-il lieu de casser la décision d'un jury calculant l'indemnité, non à raison de la juste évaluation de l'immeuble exproprié, mais en vue de faire obstacle à l'exécution du travail public qui a motivé l'expropriation? La Cour de cassation, en matière d'expropriation, n'a d'autre mission que de rechercher si la procédure est régulière, si les formalités substantielles ont été observées, si aucune loi n'a été violée; elle n'a point à sonder les intentions du jury, à se demander quelle a été la cause déterminante de l'indemnité fixée, ni à examiner si cette indemnité n'est pas trop élevée, et n'a pas été calculée volontairement pour faire échec aux travaux projetés. Décider autrement ce serait donner à la Cour suprême le droit de réviser le chiffre lui-même de l'indemnité ce qui sortirait de ses attributions. — V. en ce sens, les conclusions de M. l'avocat général Desjardins, sous Cass., 18 avr. 1894, Ville de Paris, [S. et P. 94.1.420]

3411. — L'administration, chargée de la notification, de la publication et de la transcription de ce jugement, est irrecevable à se pourvoir à raison du défaut d'accomplissement de ces formalités; elle ne peut arguer de sa faute, de sa négligence. — Cass., 21 déc. 1892, Préfet de la Corse, [S. et P. 94.1.191]

3412. — Une nullité d'ordre public, par exemple celle résultant de l'expropriation d'un immeuble faisant partie du domaine public ne peut être invoquée devant la Cour de cassation, s'il est intervenu un jugement antérieur passé en force de chose jugée qui aurait prononcé l'expropriation d'un terrain faisant partie du domaine public, ou, ce qui en est l'équivalent, pris un acte de cession amiable. D'ailleurs, tel n'est pas le cas où ce jugement n'a été ni publié, ni notifié conformément à la loi, et même a été abandonné par l'expropriant, qui a provoqué une décision nouvelle, laquelle est régulièrement attaquée devant la Cour de cassation. — Cass., 20 déc. 1897, Chem. de fer d'Orléans, [S. et P. 98.1.94]. — V. aussi Cass., 28 févr. 1887, Vitrey, [S. 87.1.248, P. 87.1.605]; — 29 juin 1892, Ali-ben-Anner, [S. et P. 94.1.191]

3412 bis. — Si un moyen nouveau peut, lorsqu'il est d'ordre public, être présenté pour la première fois devant la Cour de cassation, il ne saurait en être ainsi quand ce moyen doit avoir pour effet de faire échec à la chose jugée. Ainsi, lorsqu'un jugement d'expropriation ayant acquis l'autorité de la chose jugée, prononce l'expropriation de deux parcelles, l'incompétence prétendue du jury, en ce qui concerne l'indemnité due à raison d'une de ces parcelles, est couverte par la chose jugée et ne peut être, dès lors, invoquée pour la première fois devant la Cour de cassation. — Cass., 20 mai 1900, Cicier. — Une question, même touchant l'ordre public, ne peut être tranchée plusieurs fois par les tribunaux; lorsque ceux-ci l'ont appréciée, bien ou mal, leur décision, dès qu'elle a acquis force de chose jugée, devient définitive et doit être respectée.

3413. — En matière d'expropriation concernant les chemins vicinaux, « le recours en cassation, soit contre le jugement qui prononce l'expropriation, soit contre la déclaration du jury qui règle l'indemnité, n'a lieu que dans les cas prévus et selon les formes déterminées par la loi du 7 juill. 1833 (L. 21 mai 1836, art. 16, § 6). Il a été reconnu, lors de la discussion de la loi de 1841, que les causes de pourvoi réglées par cette loi seraient applicables en matière d'expropriation de chemins vicinaux; il faudra donc appliquer cette expropriation spéciale à tout ce que nous venons de dire. — De Lalleau, Jousselin, Rendu et Périn, t. 2, n. 1081.'

2° *Renonciation au droit de se pourvoir.*

3414. — Une partie ne peut être présumée avoir renoncé à se pourvoir en cassation, alors que la preuve de cette renonciation n'est pas rapportée; par suite, la partie qui n'a pas été mise en cause lors du jugement d'expropriation, et qui n'y est pas intervenue, est recevable à attaquer ce jugement, bien qu'elle se soit pourvue contre la décision du jury d'expropriation rendue en conséquence : ce pourvoi ne peut être considéré comme un acquiescement au jugement antérieur. — Cass., 6 janv. 1857, Channey, [S. 57.1.303, P. 58.99, D. 57.1.46]; — 25 août 1857, Verbois, [S. 58.1.224. P. 58.984] — Crépon, sur l'art. 20, n. 41 et 42; Daffry de la Monnoye, t. 1, sur l'art. 20, n. 21.

RÉPERTOIRE. — Tome XXI.

3415. — Ne constitue pas non plus un acquiescement au jugement d'expropriation, qui rende le pourvoi non recevable, le fait de la part de l'exproprié d'avoir concouru à la procédure du règlement de l'indemnité lorsque, cinq jours après la signification de ce jugement, il en a signalé à l'expropriant l'irrégularité radicale et a réitéré ses observations à diverses reprises, notamment dans les procès-verbal d'offres ainsi que dans ceux constatant les opérations du jury, et a accompagné ses protestations des réserves les plus formelles et les plus précises. — Cass., 7 mai 1878, Aguillon, [S. 78.1.276, P. 78.685, D. 78.1.438] — Crépon, sur l'art. 20, n. 48 et 49.

3416. — D'autre part, le pourvoi en cassation formé par l'exproprié contre le jugement d'expropriation rend superflues de sa part toutes réserves à cet égard devant le jury. — Cass., 15 juin 1887, Vernier, [S. 90.1.423, P. 90.1.1005] — Le pourvoi en cassation n'est pas suspensif; par suite la partie qui l'a formé n'est pas dispensée de comparaître devant le jury.

3417. — Mais le pourvoi fondé sur des nullités qui entacheraient le jugement d'expropriation, ou sur la nullité d'actes antérieurs ou concomitants, est irrecevable, alors que ce jugement a été exécuté sans protestations ni réserves et qu'il a acquis l'autorité de la chose jugée. — Cass., 11 mai 1858, Martin, [S. 59.1.959, P. 59.953, D. 58.1.324]; — 8 nov. 1859, Françon, [D. 60.1.414]; — 11 avr. 1864, Françon, [D. 64.1.447]; — 11 août 1873, Duroulet, [S. 73.1.474, P. 73.1.191, D. 74.1.447]; — 21 déc. 1892, Préfet de la Corse, [S. et P. 94.1.491] — De Lalleau, Jousselin, Rendu et Périn, t. 1, n. 229; Crépon, sur l'art. 20, n. 47; Daffry de la Monnoye, t. 1, sur l'art. 20, n. 27.

3418. — Et il ne suffit pas, pour conserver le droit de se pourvoir, de réserves vagues et manquant de précision, telles que réserves de se pourvoir contre toute procédure qui ne serait pas conforme à la loi; ces réserves ne s'appliquent pas au pourvoi concernant le jugement d'expropriation : dès lors la partie qui, en présence de telles réserves, aurait participé au règlement de l'indemnité serait irrecevable à se pourvoir contre le jugement d'expropriation. — Cass., 11 août 1873, précité. — Crépon, sur l'art. 20, n. 51.

3419. — Doit être déclaré irrecevable dans le pourvoi par lui précédemment formé contre un jugement d'expropriation, l'exproprié qui, depuis lors, et en se fondant sur ce que ce jugement même « l'a définitivement dépossédé » au profit de l'expropriant, a cité celui-ci pour voir ordonner « la consignation immédiate du montant de l'indemnité fixée par le jury..., régulièrement saisi, » et qui, le même jour, lui a signifié l'ordonnance du magistrat directeur rendant exécutoire cette décision du jury, avec commandement d'effectuer, sans délai, le paiement de ladite indemnité; ces actes accomplis spontanément par l'exproprié, il résulte que l'exproprié a, de fait et nécessairement, acquiescé au jugement d'expropriation. — Cass., 19 févr. 1896, Louchet, [S. et P. 96.1.367, D. 96.1.326]

3420. — La partie qui, bien que régulièrement convoquée devant le jury ne s'y est pas présentée et qui a laissé ensuite expirer les délais de pourvoi contre la décision du jury, n'est plus recevable à se pourvoir en cassation contre le jugement d'expropriation. La non-recevabilité du pourvoi contre la décision du jury rend le pourvoi irrecevable contre le jugement d'expropriation ; à quoi bon critiquer ce jugement puisque la décision du jury, faute d'un recours dans le délai légal, est devenue inattaquable? — Cass., 12 janv. 1870, Beurier, [D. 70.1.158] — De Lalleau, Jousselin, Rendu et Périn, loc. cit.; Crépon, sur l'art. 20, n. 46; Daffry de la Monnoye, t. 1, sur l'art. 20, n. 26.

3421. — Mais l'exproprié qui n'a pas comparu devant le jury est recevable à se pourvoir en cassation contre le jugement d'expropriation alors qu'aucune notification régulière n'a fait courir le délai du pourvoi contre lui. — Cass., 25 août 1857, Verbois, [S. 58.1.224, P. 58.984, D. 57.1.354] — Crépon, sur l'art. 20, n. 52; de Lalleau, Jousselin, Rendu et Périn, t. 1, n. 228.

3422. — De même la partie qui s'est d'abord pourvue contre la décision du jury, après avoir comparu devant le jury sous les plus expresses réserves, peut encore se pourvoir contre le jugement d'expropriation, si elle a attaqué la décision comme manquant de base légale par suite de la nullité du jugement d'expropriation. — Cass., 6 janv. 1857, Chenay, [S. 57.1.303, P. 58.99, D. 57.1.46] — De Lalleau, Jousselin, Rendu et Périn, loc. cit.; Crépon, sur l'art. 20, n. 53.

§ 4. *Du délai du pourvoi en cassation.*

3423. — Le pourvoi doit avoir lieu au plus tard dans les trois jours à dater de la notification du jugement à la partie, etc. (L. 3 mai 1841, art. 20).

3424. — Conformément à cette disposition, il a été jugé que le pourvoi en cassation pour incompétence, excès de pouvoir ou vice de forme, contre le jugement qui prononce l'expropriation et désigne le magistrat directeur, doit avoir lieu, au plus tard, dans les trois jours de la notification du jugement d'expropriation, et ce à peine de déchéance. — Cass., 11 mai 1858, Martin, [S. 59.1.959, P. 59.933, D. 58.1.324]; — 20 juin 1860, Montbrun, [P. 61.268, D. 60.1.406]; — 23 juin 1862, Lafeuillade, [S. 62.1.1061, P. 63.306]; — 10 janv. 1883, de Noblet, [Bull. civ., p. 22]; — 17 déc. 1895, Société des établissements agricoles de Tilly, [S. et P. 96.1.245] — Duvergier, Collect. des lois, 1841, p. 149; Crépon, sur l'art. 20, n. 54; de Lalleau, Jousselin, Rendu et Périn, t. 1, n. 235. — V. suprà, v° Cassation (mat. civ.), n. 990 et s.

3425. — Et il ne pourrait être suppléé à la notification du jugement d'expropriation faite dans la forme et de la manière indiquée par les art. 15 et 37, L. 7 juill. 1833 (aujourd'hui L. 3 mai 1841), soit par la remise d'un extrait du jugement au maire de la commune de l'exproprié, soit par l'attestation du maire portant qu'il a fait afficher cet extrait, et qu'il l'a notifié à l'exproprié, soit enfin par la preuve que l'exproprié a eu connaissance du jugement. — Cass., 28 janv. 1834, Dumarest, [S. 34.1.206, P. chr.]

3426. — Le pourvoi doit être formé dans les trois jours de la notification du jugement, alors même que l'insertion de l'extrait du jugement dans le journal de l'arrondissement n'a été faite que le lendemain de la notification, l'art. 15, L. 3 mai 1841 n'établissant pas, à peine de nullité, un ordre déterminé pour l'accomplissement des formalités qu'il prescrit. — Cass., 17 déc. 1895, précité.

3427. — De même, s'il n'est pas nécessaire, pour faire courir le délai du pourvoi en cassation contre un jugement d'expropriation, que la notification de ce jugement contienne copie textuelle et intégrale du jugement, et s'il suffit de la transcription des noms des propriétaires, les motifs et le dispositif, du moins faut-il que l'extrait satisfasse à ces conditions. Ainsi, doit être considérée comme nulle, et, par suite ne peut servir de point de départ au délai du pourvoi en cassation, la notification d'un extrait ne mentionnant aucun visa de pièces et énonçant pour tous motifs du jugement ces seuls mots : « Que toutes les formalités prescrites ont été remplies, » tandis que le jugement, après visa des pièces auxquelles il se réfère, s'exprime ainsi : « Que de toutes les pièces susvisées, il résulte que toutes les formalités prescrites par l'art. 2, tit. 1, et par le tit. 2, L. 3 mai 1841, ont été remplies. » — Cass., 30 mars 1859, Mauriac, [P. 59.763, D. 59.1.165] — V. aussi Cass., 2 févr. 1898, de Clerveau, [S. et P. 98.1.288, D. 99.1.304] — V. suprà, v° Cassation (mat. civ.). n. 1002.

3428. — Il n'est pas nécessaire, pour que la notification aux expropriés de l'extrait du jugement d'expropriation fasse courir à leur égard le délai du pourvoi en cassation contre ce jugement, que ledit extrait soit revêtu de la formule exécutoire. La formule exécutoire n'est d'aucune utilité puisque l'extrait du jugement ne comporte pas d'exécution et que, par elle-même, elle ne fournit aucun renseignement intéressant l'exproprié. — Cass., 28 févr. 1855, Detroyat, [P. 56.1.207, D. 55.1.121]

3429. — Mais le pourvoi en cassation formé par l'exproprié contre le jugement d'expropriation, plus de trois jours après la notification de ce jugement, est non recevable, bien que cette notification soit irrégulière, si, par son concours à la procédure en règlement d'indemnité, l'exproprié a participé à l'exécution de ce jugement (V. suprà, n. 3415). Et il en est ainsi lors même qu'après avoir pris part à la constitution du jury, l'exproprié aurait fait des réserves de se pourvoir contre toute procédure non conforme à la loi. — Cass., 11 août 1873, Duroulet, [S. 73.1.474, P. 73.1.190, D. 74.1.447] — Daffry de la Monnoye, t. 1, sur l'art. 20, n. 25.

3430. — Si l'administration ne notifie le jugement d'expropriation qu'à certains propriétaires, le délai du pourvoi ne court pas à l'égard des autres; les dispositions relatives aux divers propriétaires étant distinctes, la notification faite à l'égard des uns ne produit aucun effet à l'égard des autres, soit en ce qui

EXPROPRIATION POUR CAUSE D'UTILITÉ PUBLIQUE. — Chap. XVI. 715

les concerne, soit relativement à l'administration expropriante elle-même. — De Lalleau, Jousselin, Rendu et Périn, t. 1, n. 234; Crépon, sur l'art. 20, n. 61.

3431. — Mais l'exproprié dont le pourvoi est irrecevable comme tardif, ne peut, pour repousser la déchéance invoquée contre lui, exciper de la notification faite à un autre exproprié, surtout à un prétendu copropriétaire ne figurant pas au jugement d'expropriation, non inscrit à la matrice cadastrale et ne s'étant pas fait connaître en temps utile, s'il n'a pas d'ailleurs ratifié le pourvoi en se l'appropriant. — Cass., 7 avr. 1869, Julocia, [D. 69.1.342] — Daffry de la Monnoye, t. 1, sur l'art. 20, n. 31. — Le délai du pourvoi est fixé à l'égard de chacun par la notification qu'il a personnellement reçue. D'un autre côté, si un pourvoi peut être fait par un mandataire, encore faut-il que cette qualité soit certaine et, si le mandat n'est pas établi, que le mandant ait ratifié l'acte de son mandataire.

3432. — Lorsque le jugement refuse l'expropriation, l'exproprié peut ne pas ratifier ce jugement et cependant ne pas faire courir le délai de pourvoi en cassation contre lui-même; il aurait ainsi le droit de se pourvoir indéfiniment; certains auteurs ont pensé que les expropriés peuvent lever le jugement et le faire signifier parce que, s'ils n'ont pas figuré au jugement (V. suprà, n. 684 et s.), ils y ont été parties. — Tarbé, p. 113; Daffry de la Monnoye, t. 1, sur l'art. 20, n. 26.

3433. — Mais il est plus juridique de dire que les expropriés ne deviennent parties que par le jugement lui-même et la notification qui leur en est faite; ils peuvent donc le lever et le signifier. — De Lalleau, Jousselin, Rendu et Périn, loc. cit.; Crépon, sur l'art. 20, n. 62.

3434. — L'art. 1033, C. proc. civ., sur la manière de compter les délais et notamment sur les délais à raison de la distance, est inapplicable (V. suprà, v° Cassation [mat. civ.], n. 991 bis et s.). Mais il y a lieu d'appliquer la dernière disposition de ce même article relative aux jours fériés. — V. suprà, v° Cassation (mat. civ.), n. 994.

§ 5. De la déclaration du pourvoi.

3435. — Le pourvoi doit se faire par déclaration au greffe du tribunal (L. 3 mai 1841, art. 20 et 42). — V. suprà, v° Cassation (mat. civ.), n. 12 et s.

3436. — Il ne peut être suppléé par aucune autre formalité à la déclaration de pourvoi passée au greffe du tribunal qui a prononcé l'expropriation. — Cass., 16 janv. 1883, Charbonnier, [Bull. civ., n. 11] — Crépon, sur l'art. 20, n. 67; de Lalleau, Jousselin, Rendu et Périn, t. 1, n. 237. — Une partie ne pourrait donc remplacer la formalité prescrite par la loi par la signification d'une déclaration contenant assignation devant la Cour de cassation. Un tel mode de procéder n'est pas conforme à la loi; la déclaration de pourvoi au greffe offre d'ailleurs l'avantage d'avertir le greffier de l'existence du pourvoi et de le mettre à même de préparer les pièces pour les envoyer à la Cour de cassation.

3437. — Il a été jugé, à cet égard, que les pourvois en cassation formés par les préfets au nom de l'État (même dans l'intérêt du domaine militaire) doivent, à peine de nullité, être déclarés au tribunal de la loi où l'expropriation a été prononcée, et ne peuvent être déclarés au greffe de la Cour de cassation par un avocat. — Cass., 20 août 1844, Préfet du Bas-Rhin, [P. 44.2.364] — De Lalleau, Jousselin, Rendu et Périn, loc. cit.; Crépon, sur l'art. 20, n. 69; Daffry de la Monnoye, t. 1, sur l'art. 20, n. 34.

3438. — ... Qu'il y a lieu d'annuler le pourvoi formé par le préfet par une déclaration faite, non au greffe du tribunal, mais au greffier mandé à la préfecture pour le recevoir. — Cass., 21 juill. 1847, Vivielle, [S. 47.1.757, P. 48.1.73, D. 47.1.262] — De Lalleau, Jousselin, Rendu et Périn, loc. cit.; Crépon, sur l'art. 20, n. 68; Daffry de la Monnoye, t. 1, sur l'art. 20, n. 33.

3439. — ... Que n'est pas recevable, le pourvoi formé au nom du département, par simple requête du procureur, non signée par lui, et remise au greffe par le procureur de la République. — Cass., 25 août 1884, Préfet des Basses-Alpes, [S. 86.1.134, P. 86.1.287, D. 85.5.256] — De Lalleau, Jousselin, Rendu et Périn, t. 1, n. 231; Crépon, sur l'art. 20, n. 14 bis.

3440. — ... Qu'une lettre missive, dépourvue de date certaine, par laquelle l'avoué des demandeurs annonçait au préfet l'envoi du dossier, avec prière de le transmettre à la Cour de cassation, ne peut être considérée comme l'équivalent de l'acte de pourvoi exigé par la loi, à peine de déchéance. Et cette exception peut être relevée d'office. — Cass., 13 mai 1885, Faussié, [S. 87.1.487, P. 87.1.1185, D. 86.5.234] — Peu importerait d'ailleurs que la lettre missive eût date certaine.

3441. — Décidé, également, que n'est pas recevable le pourvoi en cassation formé, en matière d'expropriation pour chemins vicinaux, au greffe de la justice de paix. — Cass., 23 déc. 1891, Lapostolle, [S. et P. 92.1.96] — Crépon, sur l'art. 20, n. 71; Daffry de la Monnoye, t. 2, sur l'art. 46, n. 2; de Lalleau, Jousselin, Rendu et Périn. t. 2, n. 1081; Ségéral, n. 297. — V. suprà, v° Cassation (mat. civ.), n. 13.

3442. — La déclaration de pourvoi doit désigner les personnes contre lesquelles le recours en cassation est dirigé; par suite, le pourvoi est irrecevable contre les personnes qui n'y sont point dénommées. Dès lors, une notification du pourvoi faite à une personne partie au jugement, mais non dénommée dans le pourvoi, ne saurait l'appeler régulièrement devant la Cour de cassation. — Cass., 19 mars 1849, Ville de Saint-Denis, [S. 49.1.370, P. 49.1.396] — Crépon, sur l'art. 20, n. 35. — V. suprà, v° Cassation (mat. civ.), n. 51 et s.

3443. — Rigoureusement il n'est pas nécessaire que la déclaration du pourvoi en cassation, faite au greffe, soit accompagnée de l'indication des moyens de cassation. — V. suprà, v° Cassation (mat. civ.), n. 94 et s.

3444. — Le demandeur en cassation qui, dans son pourvoi, a indiqué des moyens de cassation peut donc en produire de nouveaux devant la Cour suprême; n'étant pas tenu d'en formuler il n'est pas lié par ceux qu'il a précisés. — Cass., 11 nov. 1844, Préfet des Bouches-du-Rhône, [cité par Daffry de la Monnoye, t. 1, sur l'art. 20, n. 36]

3445. — Il ne faut pas oublier d'ailleurs que la Cour de cassation peut d'office relever les moyens qui touchent à l'ordre public, alors même que les parties n'auraient point pensé à les faire valoir. — Cass., 28 févr. 1859, Préfet de l'Hérault, [P. 61.1052, D. 59.1.121]; — 21 déc. 1859, Comme de Gentilly, [P. 60.14, D. 59.1.496] — Crépon, sur l'art. 20, n. 72; Daffry de la Monnoye, t. 1, sur l'art. 20, n. 37.

3446. — Si le greffier refusait de recevoir le pourvoi en cassation contre un jugement en matière d'expropriation pour utilité publique, on pourrait, en constatant le refus, former le pourvoi par une déclaration devant un notaire, ou, à défaut de notaire, devant un officier public quelconque. Il n'appartient pas au greffier de se refuser à recevoir un pourvoi alors même qu'il le jugerait irrecevable : à la Cour de cassation seule appartient le droit de déclarer un pourvoi irrecevable; le greffier doit donc recevoir un pourvoi, alors même qu'il estimerait que le délai pour le former est écoulé. — De Lalleau, Jousselin, Rendu et Périn, t. 1, n. 240.

§ 6. De la notification du pourvoi.

3447. — Le pourvoi doit être notifié dans la huitaine soit à la partie, au domicile indiqué par l'art. 15, soit au préfet ou au maire, suivant la nature des travaux, le tout à peine de déchéance (L. 3 mai 1841, art. 20 et 42). La loi du 7 juill. 1833 (même art.) ne prescrivait la notification qu'au préfet ou à la partie, et ne prononçait pas la déchéance. Les propriétaires, avons-nous dit, ne sont point parties dans le jugement d'expropriation (V. suprà, n. 684 et s.), mais ils le deviennent devant la Cour de cassation, d'où la nécessité de leur notifier le pourvoi. Cette notification a pour but de mettre les parties intéressées en demeure de justifier de la régularité du jugement d'expropriation s'il le jugent convenable. — De Lalleau, Jousselin, Rendu et Périn, t. 1, n. 242; Daffry de la Monnoye, t. 1, sur l'art. 20, n. 38. — Ces mots de la loi : sera notifié... soit à la partie... soit au préfet, indiquent que le pourvoi doit être notifié au préfet quand c'est la partie qui l'a formé, et à celle-ci quand n'est le préfet qui a formé le pourvoi. — V. suprà, v° Cassation (mat. civ.), n. 1676 et s.

3448. — L'irrégularité de la notification équivaut à l'absence de notification et rend le pourvoi irrecevable. — Cass., 15 nov. 1897, Daujon de la Garenne, [S. et P. 98.1.48]

3449. — La notification faite à une femme mariée est nulle en principe, alors qu'une copie n'a pas été remise à son mari, sans l'assistance ou l'autorisation de qui elle ne pouvait ester en justice. — Cass., 21 déc. 1892, Préfet de la Corse, [S. et P. 94.1.191]

3450. — Toutefois, sous le régime de la communauté, le mari a seul, soit comme demandeur, soit comme défendeur, l'exercice des actions mobilières de sa femme; or, l'action qui a pour objet de faire fixer par le jury l'indemnité due à l'exproprié, est mobilière; par suite, cette action est exercée par le mari; il en résulte que la notification d'un pourvoi, concernant des biens expropriés appartenant à une femme commune en biens, est régulièrement faite par une seule copie à la femme et à son mari, alors que la femme ne justifie pas qu'elle ait été séparée de biens, et que l'exercice de ses actions lui appartienne à l'exclusion de son mari, et qu'aucune contrariété d'intérêts n'existe entre les époux. — Cass., 4 août 1896, Comm. de Quiberon, [S. et P. 96.1.528]

3451. — Lorsque le demandeur qui a formé le pourvoi décède avant que notification en soit faite, celle-ci doit être faite par les héritiers et en leur nom. La notification du pourvoi faite au nom d'une personne décédée est nulle, et le pourvoi formé au nom de cette personne devrait être déclaré irrecevable. — V. Cass., 20 mars 1889, Chauvin, [S. et P. 92.1.565, D. 89.1.382]

3452. — D'autre part, en thèse générale, l'instance en cassation n'est liée que devant la chambre civile, la procédure devant la chambre des requêtes n'étant pas contradictoire (V. *suprà*, v° *Cassation* [mat. civ.], n. 1798); aussi en conclut-on que le pourvoi formé contre une personne décédée est valable et qu'il suffit que l'arrêt d'admission soit régulièrement signifié aux représentants légaux du défendeur décédé. — Cass., 30 janv. 1883, Poulains, [S. 83.1.163, P. 83.1.383] — En matière d'expropriation pour utilité publique la situation est tout autre; les pourvois sont portés directement devant la chambre civile, sans examen préalable et préjudiciel de la chambre des requêtes; l'instance est liée au moment de la notification du pourvoi; par suite, c'est à ce moment qu'il doit être procédé régulièrement contre le défendeur; aussi a-t-il été décidé que, en matière d'expropriation, la notification du pourvoi engageant définitivement l'instance devant la Cour de cassation, le pourvoi est régulièrement formé contre le défendeur décédé, pourvu que la notification de ce pourvoi soit faite aux représentants légaux de cette personne. — Cass., 4 août 1896, précité.

3453. — Lorsque les héritiers de l'exproprié ne se sont pas fait connaître individuellement, le pourvoi leur est valablement notifié, sous la désignation collective : « aux héritiers d'un tel. » — Cass., 1er août 1887 (2e arrêt), Préfet de la Corse, [S. 90.1.421, P. 90.1.1001, D. 89.1.80] — Crépon, sur l'art. 15, n. 10.

3454. — En ce cas le pourvoi est encore valablement notifié au propriétaire inscrit, par la remise d'une double copie, l'une à la veuve, propriétaire de l'immeuble, et l'autre au maire du lieu de la situation de cet immeuble. — Même arrêt. — Daffry de la Monnoye t. 1, sur l'art. 15, n. 16; Crépon, sur l'art. 15, n. 41 et 42.

3455. — L'intéressé qui ne s'est pas fait connaître individuellement à l'exproprié ne saurait se prévaloir du défaut de notification du pourvoi. — Cass., 30 juill. 1888, Préfet de la Corse, [S. 91.1.268, P. 91.1.640, D. 90.1.31]

3456. — Est non recevable le pourvoi notifié, non à l'exproprié, mais à une personne désignée, dans l'original de l'exploit, comme son fondé de pouvoirs. — Cass., 1er août 1887, précité.

3457. — Au contraire, le pourvoi en cassation de l'expropriant est valablement notifié au mandataire qui, par une déclaration déposée à la mairie et annexée au procès-verbal d'enquête, a fait savoir que les héritiers de l'exproprié avaient élu domicile chez lui, et que c'était à lui que devaient être faites toutes les communications concernant l'expropriation. Ainsi en est-il, du moins, lorsque toutes les notifications exigées par la procédure ont été faites au mandataire, et que les intéressés ont comparu devant le jury, sans élever aucune protestation contre l'existence du mandat et la régularité desdites notifications. — Même arrêt. — De Lalleau, Jousselin, Rendu et Périn, t. 2, n. 986; Crépon, sur l'art. 15, n. 36.

3458. — La notification du pourvoi en cassation, lorsque le jugement a été rendu à la diligence du préfet, agissant dans un intérêt général et départemental, est valablement faite par ce fonctionnaire, encore bien que des concessionnaires aient été substitués pour l'exécution des travaux en vue desquels l'expropriation a lieu, aux droits et obligations de l'administration. — Cass., 23 juin 1862, Lafeuillade, [S. 62.1.1061, P. 63.306] — Daffry de la Monnoye, t. 1, sur l'art. 20, n. 39. — Le concessionnaire a d'ailleurs, de son côté, le droit de se pourvoir en cassation et de notifier le pourvoi. — De Lalleau, Jousselin, Rendu et Périn. t. 2, n. 929.

3459. — De même il a été jugé que lorsque, nonobstant la subrogation d'une compagnie à une ville dans des travaux d'utilité publique, la poursuite d'expropriation a toujours eu lieu sur les poursuites et diligences de la ville, le pourvoi contre la décision du jury est valablement notifié à la ville; il n'est pas nécessaire qu'il soit notifié à la compagnie concessionnaire. — Cass., 20 mars 1855, Montrochet. [S. 55.1.451, P. 56.1.556, D. 55.1.62] — V. *suprà*, v° *Cassation* (mat. civ.), n. 1680 et 1681. — V. aussi Cass., 9 mars 1897, Deutsch, [S. et P. 97.1.359, D. 97.1.415]

3460. — Mais il a été jugé que si la signification du pourvoi faite à la compagnie concessionnaire est nulle à raison d'une irrégularité quelconque, peu importe qu'une notification ait été faite en même temps au préfet, alors que, si ce fonctionnaire a suivi la procédure d'expropriation et convoqué le jury, la compagnie expropriante a été, comme concessionnaire subrogée, seule en cause devant le jury. — Cass., 15 nov. 1897, Daujon de la Garenne, [S. et P. 98.1.48]

3461. — Un pourvoi en cassation formé contre une compagnie de chemins de fer peut être valablement signifié à une gare considérée comme succursale. — Cass., 9 mars 1897, précité. — V. *suprà*, v° *Chemin de fer*, n. 6397 et s.

3462. — Mais il y a lieu d'annuler : la notification faite à un chef de section qui n'avait reçu aucun mandat spécial à cet effet et auquel ses fonctions ne donnaient pas qualité pour représenter la compagnie. — Même arrêt.

3463. — ... La notification d'un pourvoi en cassation, faite à un agent comptable d'une compagnie de chemin de fer, domicilié en dehors du siège social, et sans mandat pour la recevoir. — Cass., 20 déc. 1886, Luigi, [S. 87.1.234, P. 87.1.546, D. 87.1.175]

3464. — ... La notification du pourvoi à la compagnie concessionnaire, alors qu'elle n'a été faite ni au siège social, ni aux membres de son conseil d'administration, mais au lieu où les travaux sont exécutés et en la personne d'un ingénieur sans aucun mandat spécial pour la représenter. — Cass., 15 nov. 1897, précité.

3465. — ... La notification faite à une compagnie de chemins de fer expropriante, alors qu'elle est signifiée à un comité d'administration ayant cessé d'exister depuis plusieurs années. — Cass., 3 janv. 1899, Pujol, [S. et P. 99.1.144, D. 99.1.405] — V. *suprà*, v° *Cassation* (mat. civ.), n. 1712 et s.

3466. — D'autre part, il y a lieu d'annuler, même d'office, la notification d'un pourvoi faite à plusieurs défendeurs par une seule et même copie. — Cass., 21 déc. 1892, Préfet de la Corse, [S. et P. 94.1.191] — ... Alors qu'il n'est pas prouvé qu'ils eussent un seul et même intérêt. — Même arrêt.

3467. — Sur la computation du délai de huitaine dans lequel le pourvoi doit être notifié, V. *suprà*, v° *Cassation* (mat. civ.), n. 1695 et s.

3468. — Remarquons que ce délai s'applique au cas d'expropriation intéressant les chemins vicinaux. — Cass., 5 juin 1850, Comm. de Cazilhac, [S. 50 1.609, P. 50.2.17, D. 50.1.162]; — 4 juill. 1855, Préfet des Ardennes, [D. 55.1.284] — Crépon, p. 404, n. 42; de Lalleau, Jousselin, Rendu et Périn, t. 2, n. 1081; Daffry de la Monnoye, t. 2, p. 552, n. 19.

3469. — La notification du pourvoi, en matière d'expropriation pour cause d'utilité publique, n'est pas un mode d'ajournement (V. *suprà*, v° *Cassation* [mat. civ.], n. 1712), et n'est pas soumise, à peine de nullité, à toutes les conditions prescrites par l'art. 61. Pour que cette notification soit valable, il suffit qu'elle réunisse celles de ces conditions qui sont de l'essence de tout exploit. — Cass., 21 déc. 1892, précité. — V. *suprà*, v° *Avocat au Conseil d'Etat et à la Cour de cassation*, n. 53.

3470. — Jugé par suite : que la loi n'exige pas, à peine de nullité, que l'exploit de notification du pourvoi en cassation contre le jugement d'expropriation contienne, ni la copie de l'acte de pourvoi ni la mention de la date à laquelle le pourvoi a été déclaré; qu'il suffit que l'objet de cette notification soit clairement indiqué. — Cass., 21 déc. 1892, Louchet, [S. et P. 94.1.143] — V. *suprà*, v° *Cassation* (mat. civ.), n. 1700 et 1701.

3471. — ... Que le pourvoi en cassation contre un jugement rendu en matière d'expropriation pour cause d'utilité publique est régulièrement formé, bien que dans la déclaration de pourvoi et dans sa notification, la date de la décision attaquée soit inexactement indiquée, s'il résulte des circonstances que le défendeur n'a pu avoir aucun doute sur l'identité de cette décision. — Cass., 2 avr. 1873, Granal, [S. 73.1.475, P. 73.1192]

3472. — ... Que l'indication de la demeure du défendeur n'étant pas au nombre des conditions qui sont de l'essence de tout exploit, il suffit qu'il résulte avec certitude des énonciations de la notification du pourvoi que la copie en a été remise au domicile du défendeur. — Cass., 21 déc. 1892, précité.

3473. — La personne qui reçoit la copie de l'exploit de notification doit avoir qualité pour recevoir cette copie et être suffisamment désignée. Ainsi, le pourvoi en cassation de l'expropriant, contre la décision du jury d'expropriation, est régulièrement notifié au domicile de l'exproprié « parlant à sa fille. » — Cass., 1ᵉʳ août 1887 (1ᵉʳ arrêt), Préfet de la Corse, [S. 90.1.421, P. 90.1.1001, D. 89.1.79] — Dufour, *Tr. de dr. admin.*, t. 6, n. 481 ; Daffry de la Monnoye, t. 1, sur l'art. 15, n. 21 ; de Lalleau, Jousselin, Rendu et Périn, t. 2, n. 987. — V. *suprà*, v° *Cassation* (mat. civ.), n. 1718.

3474. — De même le pourvoi en cassation est régulièrement notifié, alors que la copie a été remise au domicile de l'exproprié, parlant à une de ses parentes. — Cass., 5 août 1889 (2ᵉ arrêt), Préfet de la Corse, [S. 91.1.415, P. 91.1.415]

3475. — Mais est nulle la notification du pourvoi, faite à un voisin de l'exproprié, sans que l'absence de ce dernier de son domicile, ainsi que celles de ses parents et serviteurs, soit constatée. — Cass., 1ᵉʳ août 1887, précité. — V. *suprà*, v° *Exploit*, n. 553 et s.

3476. — A plus forte raison doit-on déclarer nulle la notification du pourvoi faite par un agent de l'administration, si elle n'indique ni la personne à qui l'agent a parlé, ni à qui il a remis la copie de la notification. — Cass., 27 févr. 1889, Préfet des Hautes-Alpes, [S. 91.1.544, P. 91.1.1312]

3477. — Est également nulle la notification du pourvoi faite au gendre du défendeur, s'il n'est pas indiqué que l'agent lui a remis la copie au domicile du défendeur, ni même qu'il se soit présenté à ce domicile. — Même arrêt. — V. *suprà*, v° *Exploit*, n. 484 et s.

3477 bis. — Lorsqu'un jugement d'expropriation a été rendu sur requête présentée par le procureur de la République au nom de l'Etat et à la demande du ministre de la Marine, qu'il a été signifié à la requête de ce dernier, par le préfet maritime, parce que l'expropriation ordonnée par le jugement avait pour objet l'exécution de travaux auxquels il devait être procédé sous les ordres des autorités maritimes ; le préfet maritime est compétent pour recevoir la notification du pourvoi formé contre le jugement. — Cass., 7 août 1900, de Roussen.

3478. — Il a été jugé que l'exproprié est non recevable à se prévaloir des inexactitudes ou omissions qui peuvent se rencontrer dans l'original de la notification du pourvoi, lorsqu'il ne justifie pas, en produisant la copie qu'il a reçue et qui lui tient lieu d'original, que ces inexactitudes ou omissions se retrouvent également dans la copie. — Cass., 30 juill. 1888, Préfet de la Corse, [S. 91.1.268, P. 91.1.640, D. 90.1.31] — Carré, t. 1, quest. 327. — *Contra*, Chauveau, sur Carré, *loc. cit.;* Boitard, Colmet-Daage et Glasson, t. 1, n. 174. — V. sur le principe contraire, *suprà*, v° *Exploit*, n. 78 et s., 96.

§ 7. *De l'envoi des pièces et de l'arrêt de la cour.*

3479. — « Dans la quinzaine de la notification du pourvoi les pièces sont adressées à la chambre civile de la Cour de cassation qui doit statuer dans le mois suivant (L. 3 mai 1841, art. 20 et 42). — V. *suprà*, v° *Cassation* (mat. civ.), n. 150 et s

3480. — Lors de la discussion de la loi de 1833, il fut entendu que le pourvoi serait formé comme en matière criminelle (*Monit.*, 6 févr. 1833, art. 304). Il en résulte que la partie qui forme son pourvoi peut, dans les dix jours, y joindre une requête contenant ses moyens de cassation ; cette requête est alors transmise à la Cour de cassation avec les autres pièces. L'art. 42, en déclarant que le procureur de la République transmet les requêtes des parties si elles en ont déposé, suppose que les défendeurs au pourvoi sont remis des mémoires et des pièces, qui sont alors transmis comme les autres pièces. Si ces mémoires ne sont pas remis dus ce délai, ils ne pourront être soumis à la Cour suprême que par l'intermédiaire d'un avocat à la Cour de cassation ; c'est là l'application de l'art 224, C. instr. crim., qui déclare que la partie civile ne peut produire sa requête que par l'intermédiaire d'un avocat à la Cour de cassation ; le défendeur au pourvoi, agissant dans un intérêt civil, est obligé, s'il a laissé passer le délai plus haut indiqué, de s'adresser à un avocat à la Cour de cassation. — De Lalleau, Jousselin, Rendu et Périn, *loc. cit.*

3481. — La seule expiration d'un délai fixé à une partie pour justifier sa demande ou fournir sa défense n'emportant pas de plein droit déchéance, à moins que la loi n'en ait disposé autrement, et la partie adverse ayant la faculté de se faire prévaloir de l'expiration du délai pour obtenir jugement, il s'ensuit qu'en matière d'expropriation pour utilité publique, le seul défaut d'envoi, dans la quinzaine de la notification du pourvoi des pièces ou mémoires à l'appui, ne rend pas non recevable le pourvoi d'ailleurs régulièrement formé. Le demandeur peut donc mettre sa demande en état tant que la Cour de cassation n'a pas statué (V. *suprà*, v° *Cassation* [mat. civ.], n. 157 et 158). — V. aussi Cass., 2 févr. 1897, Société des chemins de fer économiques, [S. et P 97.1.239, D. 98.1.223, *ad notam*] ; — 19 mai 1897, Société des établissements de Tilly, [S. et P. 97.1.416, D. 99.1 504] ; — 28 juin 1897, Société des produits chimiques de Marseille-L'Estagne, [S. et P. 97.1.464, D. 98.1.223] ; — 5 déc. 1898, Couturier, [S. et P. 99.1.48, D. 99.1.503] — De Lalleau, Jousselin, Rendu et Périn, t. 1, n. 247 ; Crépon, sur l'art. 80, n. 96 ; Daffry de la Monnoye, t. 1, sur l'art. 20, n. 48 ; de Peyrony et Delamarre, n. 267 ; Bernard, *Manuel des pourvois*, p. 157.

3482. — Si, après un pourvoi régulièrement formé par le préfet comme étant aux droits de l'administration pour tout ce qui est relatif à l'expropriation, une défense est produite, portant pour titre : « Mémoire à l'appui du pourvoi en cassation formé par M. le préfet appuyé au nom de l'Etat, » et signé du directeur général des ponts et chaussées, il ne faut pas considérer la signature d'une personne ainsi étrangère à la contestation et sans qualité pour y intervenir comme une fin de non-recevoir qui puisse empêcher la Cour de cassation de chercher dans le mémoire les moyens à l'appui du pourvoi présenté par le préfet. — Cass., 11 janv. 1836, Préfet de la Côte-d'Or, [S. 36.1.22, P. chr.] — Dans ce cas on doit supposer que le directeur général des ponts et chaussées agit comme mandataire du préfet, et que celui-ci s'est approprié son mémoire. — Daffry de la Monnoye, t. 1, sur l'art. 20, n. 49.

3483. — Le pourvoi en cassation en matière d'expropriation pour utilité publique est irrecevable, alors qu'il ne contient aucun moyen de cassation, et que depuis il n'y a été suppléé par aucun mémoire ou requête énonçant lesdits moyens. — Cass., 22 juill. 1839, Comm. de Saint-Vincent-de-Paule, [S. 39. 1.802, P. 43.2.409] ; — 30 mai 1842, Préfet du Finistère, [P.42. 2.397] ; — 9 mai 1843, Préfet de la Vendée, [S. 43.1.521, P. 43. 2.36] ; — 29 juill. 1878, Guérie, [S. 78.1.384, P. 78.945, D. 78.1. 436] ; — 21 août 1882, Bayle, [S. 83.1.134, P. 83.1.304] ; — 14 janv. 1891, de Liniers, [S. 91.1.480, P. 91.1.1153, D. 91.5.278] — Daffry de la Monnoye, t. 1, sur l'art. 20, n. 48 ; Crépon, sur l'art. 20, n. 97. — V. *suprà*, v° *Cassation* (mat. civ.), n. 94 et s.

3484. — La partie dont le pourvoi a été déclaré irrecevable faute de production de pièces ne peut aucuns suite obtenir la rétractation de l'arrêt qui a été rendu ; elle alléguerait vainement que la production de pièces et la rédaction d'un mémoire ont été retardées par des projets de transaction entre elle et son adversaire ; malgré ces tentatives d'arrangement elle devait mettre la Cour suprême à même de statuer. — Cass., 23 nov. 1846, Préfet des Bouches-du-Rhône, [cité par Daffry de la Monnoye, t. 1, sur l'art. 20, n. 50] — V. *suprà*, v° *Cassation* (mat. civ.), n. 1842 et s.

3485. — L'art. 20 décide que, vu l'urgence, les pourvois sont directement portés devant la chambre civile. L'urgence qui existe en cette matière entraîne cette autre conséquence que, pendant les vacances judiciaires, les affaires sont portées devant la chambre criminelle faisant office de chambre des vacations. — Cass., 26 sept. 1834, Comp. du canal de Roanne, [P. chr.]

3486. — Le défendeur au pourvoi ne peut, devant la Cour de cassation, présenter ses défenses que par le ministère d'un avocat à la Cour de cassation, à moins que ce ne soit le préfet qui agisse au nom de l'Etat. Le défendeur peut, comme le demandeur, présenter sa défense, tant que la cour n'a pas statué. — Cass., 11 janv. 1836, précité. — De Lalleau, Jousselin, Rendu et Périn, t. 1, n. 250 et 251.

3487. — Le recours formé devant le Conseil d'Etat contre un décret de déclaration d'utilité publique n'étant pas suspensif, la Cour de cassation, saisie d'un pourvoi contre le jugement qui a prononcé l'expropriation en vertu de ce décret, n'est pas obligée de surseoir au jugement de ce pourvoi jusqu'à ce que le Conseil d'État ait statué sur le recours dont le décret de déclaration d'utilité publique a été l'objet. — Cass., 14 juill. 1857, Hubert, [S. 57.1.772, P. 58.298, D. 57.1.292]; — 8 déc. 1891, Comm. de Chapois, [S. et P. 92.1.93, D. 98.1.223, *ad notam*] — De Lalleau, Jousselin, Rendu et Périn, t. 1, n. 252.

3488. — Le pourvoi en cassation lui-même n'est pas suspensif, conformément d'ailleurs à la règle générale (V. *suprà*, v° *Cassation* [mat. civ.], n. 1933 et s. et 1961). Par suite, le tribunal auquel on demande la désignation des jurés ne peut, à peine de nullité, surseoir à statuer sur cette demande par le motif qu'un pourvoi a été formé contre le jugement prononçant l'expropriation. — Cass., 6 mai 1878, Préfet de l'Orne, [S. 78.1.277, P. 78.686, D. 79.1.172] — Crépon, sur l'art. 42, n. 93.

§ 8. *De la consignation de l'amende, du désistement et de quelques effets de l'arrêt.*

3489. — Les pourvois en matière d'expropriation publique ne sont pas dispensés de la consignation d'une amende; celle-ci doit, à peine de nullité, être consignée par le demandeur conformément à l'art. 5, tit. 4, Règl. de 1738. — V. *suprà*, v° *Cassation* (mat. civ.), n. 204 et s., 221. — V. Cass., 26 août 1884, Falcon, [S. 85.1.503, P. 85.1.1187, D. 85.5.253]; — 9 août 1886, Comm. de Brainville, [S. 87.1.80, P. 87.1.165, D. 86.5.233]; — 5 août 1889, Lemaire, [S. 90.1.272, P. 90.1.662, D. 90.5.266]; — 10 août 1891, Mantin, [S. et P. 93.1.96]; — 24 janv. 1893, Eydoux, [S. et P. 93.1.264]; — 20 nov. 1895, Fronteau, [S. et P. 96.1.96]; — 23 déc. 1895, Bardineau, [S. et P. 96.1.246] — Daffry de la Monnoye, t. 1, sur l'art. 20, n. 51; de Lalleau, Jousselin, Rendu et Périn, t. 1, n. 254; de Peyrony et Delamarre, n. 272 et 594; Crépon, sur l'art. 20, n. 101.

3490. — La loi qui exige la consignation de l'amende étant générale, s'applique alors même que le pourvoi n'est formé par la partie qu'en réponse à un autre pourvoi dirigé contre elle au nom de l'État; si les préfets sont dispensés de cette consignation lorsqu'ils agissent au nom de l'État (V. *suprà*, v° *Cassation* [mat. civ.], n. 235 et 236), une telle exception ne saurait être étendue, par voie de réciprocité, à la partie qui se pourvoit contre l'État. — Cass., 1er août 1892, Benedetti, [*Bull. civ.*, p. 173]

3491. — L'amende à consigner pour le pourvoi contre le jugement d'expropriation est de 75 fr. (décimes non compris), puisque ce jugement est assimilé à un jugement par défaut ou par forclusion. — Cass., 22 juill. 1839, Comm. de Saint-Vincent-de-Paul, [S. 39.1.802, P. 43.2.409]; — 12 déc. 1882, Levesque, [S. 84.1.294, P. 84.1.703, D. 84.1.164]; — 12 déc. 1882, Polo, [*Ibid.*]; — 18 déc. 1882, Héricourt, [*Ibid.*]; — 16 juill. 1889. Barby-Cluzeau, [S. 91.1.86, P. 91.1.176, D. 91.5.276] — De Lalleau, Jousselin, Rendu et Périn, t. 1, n. 254; de Peyrony et Delamarre, t. 1, n. 272; Daffry de la Monnoye, sur l'art. 20, n. 54; Crépon, sur l'art. 20, n. 105.

3492. — La constatation d'un versement d'une somme à un fonctionnaire n'ayant pas qualité pour la recevoir (spécialement, au greffier de paix, lui a reçu la déclaration du pourvoi), ne peut équivaloir à la production d'un récépissé émané du receveur de l'enregistrement, alors surtout que la somme est insuffisante. — Cass., 26 août 1884, précité. — Crépon, sur l'art. 20, n. 101 bis.

3493. — Si le pourvoi est rejeté, faute de consignation d'amende, le demandeur doit être condamné au paiement de l'amende non consignée et au paiement de l'indemnité envers le défendeur. — Cass., 12 déc. 1882, précité; — 18 déc. 1882, précité. — Crépon, sur l'art. 20, n. 103.

3494. — Quelle doit être la quotité de l'amende prononcée en cas de rejet du pourvoi? D'après le règlement de 1738, l'amende prononcée est égale à la consignation, si le pourvoi est rejeté par la chambre des requêtes, et le double, si le pourvoi est rejeté par la chambre civile. Mais, en matière d'expropriation, les pourvois étant directement portés devant la chambre civile, il n'y a pas lieu, en cas de rejet du pourvoi, de porter l'amende au double. — De Lalleau, Jousselin, Rendu et Périn, t. 1, n. 254; Daffry de la Monnoye, sur l'art. 20, n. 55.

3495. — Par suite, lorsque la Cour de cassation rejette le pourvoi du demandeur ou le déclare non recevable, elle condamne le demandeur à l'amende de 75 fr. envers le Trésor, et à l'indemnité de 37 fr. 50 envers la partie. — Cass., 9 janv. 1839,

Riant et Mignon, [S. 39.1.129, P. 46.2.637, D. 39.1.68]; — 22 juill. 1839, précité. — Crépon, sur l'art. 20, n. 111.

3496. — En effet, l'indemnité due au défendeur par le demandeur qui succombe est toujours égale à la moitié de l'amende; elle est due d'ailleurs au défendeur défaillant comme à celui qui s'est présenté devant la Cour suprême. — Cass., 5 mars 1872, Comm. de Vauxrenard, [S. 73.1.176, P. 73.406, D. 73.1.63]; — 18 août 1874, Rey, [cité par Daffry de la Monnoye, t. 1, sur l'art. 20, n. 56] — Crépon, sur l'art. 20, n. 112.

3497. — Lorsqu'un pourvoi en cassation a été formulé par divers expropriés ayant un intérêt distinct, et qu'une seule consignation d'amende a été faite au nom de l'un d'eux, le pourvoi n'est point recevable en ce qui concerne les autres. — Cass., 23 déc. 1895, précité. — V. *suprà*, v° *Cassation* (mat. civ.), n. 300.

3498. — L'exproprié dont le pourvoi est non recevable n'a aucun intérêt pour invoquer les moyens formés par les expropriés dont le pourvoi a été déclaré irrecevable. — Même arrêt.

3499. — Si au contraire le pourvoi est formé par plusieurs copropriétaires indivis, ou dirigé contre plusieurs copropriétaires indivis ou contre plusieurs cointéressés, il suffit de la consignation d'une seule amende parce qu'une seule peut être prononcée. Si, en ce cas, plusieurs amendes ont été déposées, la Cour de cassation, en rejetant le pourvoi, ne prononce condamnation que d'une seule amende et ordonne la restitution des autres. — Cass., 10 août 1852, Chem. de fer de Saint-Germain, [cité par Daffry de la Monnoye, t. 1, sur l'art. 20, n. 57, et Crépon, sur l'art. 20, n. 107]; — 14 juin 1881, [*Bull. civ.*, p. 219] — Daffry de la Monnoye, *loc. cit.*; Crépon, sur l'art. 20, n. 107 et 108; de Lalleau, Jousselin, Rendu et Périn, t. 1, n. 239.

3500. — Le nu-propriétaire et l'usufruitier ont le même intérêt; si donc ils ont tous deux formé un pourvoi et tous deux consigné une amende, la Cour de cassation ordonne la jonction du pourvoi, statue par un seul et même arrêt, et en cas de rejet du pourvoi, ordonne la restitution de l'une des deux amendes. — De Lalleau, Jousselin, Rendu et Périn, *loc. cit.*

3501. — Remarquons que la recevabilité du pourvoi, qui doit être formé à bref délai, n'est pas subordonnée à la consignation préalable de cette amende : il suffit que la consignation ait eu lieu avant l'époque où l'affaire en est état de recevoir arrêt. — Cass., 14 déc. 1842, Dupontavice, [S. 43.1.174, P. 43.1.378]; — 2 janv. 1843, Laffite, [S. 43.1.20, P. 43.1.129]; — 31 janv. 1881, Ville de Cette, [S. 81.1.480, P. 81.1.412, D. 81.1.318]; — 19 juill. 1881, Malartre, [S. 81.1.429, P. 81.1.1055, D. 82.1.167]; — 7 mars 1883, Comm. de Savenay, [S. 83.1.376, P. 83.1.935, D. 84.1.443]; — 6 févr. 1889 (2e arrêt), Chem. de fer départementaux, [S. 89.1.230, P. 89.1.544, D. 91.5.282]; — 2 avr. 1890, Comm. de Moucoutant, [S. 90.1.272, P. 90.1.662, D. 90.5.274]; — 10 août 1891, Mantin, [S. et P. 93.1.96]; — 24 janv. 1893, Eydaux, [S et P. 93.1.264]; — 28 janv. 1895, Roy, [S. et P. 95.1.288, D. 95.1.311]; — 20 nov. 1895, Fronteau, [S. et P. 96.1.96] — Daffry de la Monnoye, t. 1, sur l'art. 20, n. 52; Crépon, sur l'art. 20, n. 109.

3502. — Toutefois il a été jugé que le mémoire en cassation ne doit être reçu au greffe et que les juges ne peuvent y avoir égard, à moins que la quittance de la consignation d'amende n'y soit jointe. — Cass., 26 août 1884, Falcon, [S. 85.1.503, P. 85.1.1187, D. 85.5.253] — Daffry de la Monnoye, t. 1, sur l'art. 20, n. 52. — Sur les déchéances à défaut de consignation de l'amende, V. *suprà*, v° *Cassation* (mat. civ.), n. 383.

3503. — Au reste, pour qu'il y ait lieu à condamnation à l'amende il ne suffit pas qu'il y ait eu déclaration de pourvoi, il faut encore qu'il ait été réellement suivi sur ce pourvoi. Si, par exemple, sur une déclaration de pourvoi commune à plusieurs arrêts, il n'a été suivi que relativement à quelques-unes d'entre elles, et que pour les autres les auteurs du pourvoi ne se sont pas présentés et la déchéance n'a pas été demandée, il n'y a pas lieu de prononcer une amende pour ces affaires, amende d'ailleurs non consignée; le pourvoi est alors considéré comme non-avenu. — Cass., 21 juill. 1875, Chem. de fer de Clermont à Tulle, [S. 75.1.428, P. 75.1067, D. 75.1.415] — De Lalleau, Jousselin, Rendu et Périn, t. 1, n. 254; Crépon, sur l'art. 20, n. 121; Daffry de la Monnoye, t. 1, sur l'art. 20, n. 61.

3504. — Si l'État, en cette matière comme en toute autre, est dispensé de consigner l'amende (V. *suprà*, v° *Cassation* [mat. civ.], n. 235 et 236), il n'en est pas de même des pourvois qui émanent d'une administration municipale. — Cass., 22 juill. 1839, Comm. de Saint-Vincent-de-Paule, [S. 39.1.802, P. 43.2.409];

EXPROPRIATION POUR CAUSE D'UTILITÉ PUBLIQUE. — Chap. XVI.

— 2 avr. 1890, précité. — Daffry de la Monnoye, t. 1, sur l'art. 20, n. 60; Crépon, sur l'art. 20, n. 120.

3505. — En tout cas, si le pourvoi du préfet agissant au nom de l'État est rejeté, il n'y a pas lieu de prononcer contre lui une condamnation à l'amende; toutefois il doit être condamné à l'indemnité envers le défendeur. — Daffry de la Monnoye, t. 1, sur l'art. 20, n. 59.

3506. — Dans le cas où le jugement est cassé, les défendeurs, même défaillants, doivent toujours être condamnés aux dépens; il en est ainsi même dans le cas où le jugement a prononcé l'expropriation à bon droit, mais a commis un excès de pouvoir en imposant à l'exproprianl une formalité non prescrite par la loi. Les défendeurs doivent être condamnés aux dépens alors même qu'ils n'auraient point manifesté l'intention de se prévaloir du jugement rendu. — Cass., 31 déc. 1872, Préfet de Vaucluse, [S. 72.1.440, P. 72.1156, D. 73.1.40]; — 4 janv. 1875, Comm. de Courpalay, [D. 75.1.8]; — 6 févr. 1878, Préfet du Puy-de-Dôme, [S. 78.1.181, P. 78.430, D. 78.1.462] — Daffry de la Monnoye, t. 1, sur l'art. 20, n. 62; Crépon, sur l'art. 20, n. 122.

3507. — Si le pourvoi est rejeté, le jugement attaqué devient irrévocable; les pièces sont alors transmises au procureur de la République du siège qui a rendu la décision entreprise, pour être déposées au greffe du tribunal. — Crépon, sur l'art. 20, n. 123; de Lalleau, Jousselin, Rendu et Périn, t. 1, n. 258. — V. suprà, n. 2535.

3508. — La partie qui se désiste d'un pourvoi reconnaît elle-même qu'elle a eu tort de le former, et qu'elle doit succomber dans ses prétentions; si ce désistement est accepté par la partie adverse, aucun arrêt n'intervient, les pièces sont retirées du greffe de la Cour de cassation; il n'y a point, par suite, de condamnation à l'amende et à l'indemnité; quant à l'amende elle a été consignée elle n'est pas restituée. — De Lalleau, Jousselin, Rendu et Périn, t. 1, n. 253; Crépon, sur l'art. 20, n. 113; Daffry de la Monnoye, t. 1, sur l'art. 20, n. 58.

3509. — Lorsque le demandeur, en matière d'expropriation pour utilité publique, déclare se désister du pourvoi par lui formé, et qu'un arrêt de donné acte doit intervenir, à défaut d'acceptation par le défendeur, il y a lieu, pour la Cour de cassation, en donnant acte du désistement, de condamner le demandeur à l'amende et à l'indemnité envers le défendeur. — Cass., 9 janv. 1839, Riant et Mignon, [S. 39.1.129, P. 46.2.657]; — 27 févr. 1850, Chantreine, [S. 50.1. 384, P. 50.2.49, D. 50.1. 184]; — 4 avr. 1883, Mauduit, [S. 84.1.196, P. 84.1. 466, D. 84.1.478] — Daffry de la Monnoye, t. 1, sur l'art. 20, n. 58; Crépon, sur l'art. 20, n. 114; de Lalleau, Jousselin, Rendu et Périn, t. 1, n. 254.

3510. — La cassation du jugement d'expropriation entraîne, par voie de conséquence, l'annulation de tout ce qui a été fait en vertu de ce jugement, notamment de la décision du jury et de l'ordonnance du magistrat directeur. — Cass., 6 janv. 1857, Chancy, [S. 58.1.623, P. 58.99, D. 57.1.47]; — 7 mai 1878, Aguilhon, [S. 78.1.276, P. 78.685, D. 78.1 438]; — 15 janv. 1884, Lépine, [S. 86.1.480, P. 86.1.1174, D. 85.1.291]; — 24 janv. 1893, Carette, [S. et P. 93.1.264]; — 12 déc. 1893, Laizé, [S. et P. 95.1.95, D. 95.1.46]; — 25 nov. 1895, Signard, [S. et P. 96.1.192, D. 96.1.269]; — 19 mai 1897, Société des établissements de Tilly, [S. et P. 97.1.416, D. 99.1.504]; — 20 déc. 1897, Chemin de fer d'Orléans et l'État, [S. et P. 98.1.94, D. 99.1.257]; — 2 févr. 1898, de Clerveau, [S. et P. 98.1.428, D. 99.1.504]; — 29 oct. 1900, Chem. de fer du Nord, [J. Le Droit, 3-4 déc. 1900] — Crépon, sur l'art. 20, n. 125; de Lalleau, Jousselin, Rendu et Périn, t. 1, n. 260.

3511. — En principe, la cassation n'est prononcée qu'à l'égard des parties qui se sont pourvues en cassation, le jugement continuant à subsister vis-à-vis des autres; cependant, s'il s'agit de propriétés indivis, la cassation prononcée vis-à-vis des uns l'est également à l'égard des autres; on ne peut alors laisser subsister le jugement pour partie. — Crépon, sur l'art. 20, n. 126; de Lalleau, Jousselin, Rendu et Périn, loc. cit.

3512. — La cassation ayant pour effet d'annuler complètement le jugement cassé et de le faire considérer comme n'ayant jamais existé, le propriétaire dépossédé à la suite de ce jugement est fondé à réclamer des dommages-intérêts à raison du trouble que lui a causé cette dépossession qui n'a plus de cause. — Chambéry, 17 janv. 1887, Durand, [D. 87.2.218] — De Lalleau, Jousselin, Rendu et Périn, t. 1, n. 260.

§ 9. *Du renvoi après cassation.*

3513. — La Cour de cassation examine si le jugement qui lui est déféré a été régulièrement rendu, mais elle ne statue jamais au fond; après cassation elle renvoie l'affaire dans l'état où elle se trouve devant un autre tribunal auquel les pièces sont adressées. Quant au tribunal qui a rendu un jugement d'expropriation ultérieurement cassé avec renvoi devant un autre tribunal, il ne peut plus être saisi de l'affaire, ni rendre un nouveau jugement d'expropriation entre les mêmes parties. — Cass., 11 mai 1885, Consorts Durand, [S. 85.1.503, P. 85.1.1088] — De Lalleau, Jousselin, Rendu et Périn, t. 1, n. 261.

3514. — L'administration ne peut après cassation d'un premier jugement d'expropriation, pour violation des formes de l'instruction, et renvoi de la cause devant un autre tribunal, ressaisir de nouveau d'une seconde poursuite, au moyen d'un désistement de la première, le tribunal qui a rendu le premier jugement; elle doit nécessairement porter cette seconde poursuite devant le tribunal de renvoi. — Cass., 15 mai 1843, Saint-Albin, [S. 43.1.498, P. 43.2.211] — De Lalleau, Jousselin, Rendu et Périn, t. 1, n. 265; Crépon, sur l'art. 20, n. 138; Daffry de la Monnoye, t. 1, sur l'art. 20, n. 67.

3515. — En principe, et conformément à l'art. 9, tit. 13 du règlement de 1738, et à l'art. 147, C. proc. civ., les parties qui ont figuré dans l'instance doivent être avisées de la cassation prononcée par la signification de l'arrêt de la Cour suprême. Ici il n'en est pas de même parce que les parties ne sont point appelées devant le tribunal qui se prononce sur la demande d'expropriation (V. suprà, n. 684 et s.). Dès lors, l'expropriation pour utilité publique peut, après cassation d'un premier jugement prononcé sur le pourvoi de l'exproprié, être requise par le ministère public devant le tribunal de renvoi, sans signification préalable de l'arrêt de cassation, et sans assignation à l'exproprié pour comparaître devant ce tribunal. — Cass., 11 août 1841, Desbrosses, [S. 41.1.670, P. 41.2.285] — De Lalleau, Jousselin, Rendu et Périn, t. 1, n. 262; Crépon, sur l'art. 20, n. 128; Daffry de la Monnoye, t. 1, sur l'art. 20, n. 65.

3516. — Le tribunal saisi, par suite du renvoi après cassation, de la connaissance d'une expropriation pour cause d'utilité publique, a une juridiction spéciale et exceptionnelle qui ne lui permet de statuer que sur le litige originairement soumis au tribunal dont la décision a été cassée, et seulement entre les parties qui avaient été en instance devant le tribunal et devant la Cour de cassation. Il ne peut être saisi en même temps de la connaissance de l'expropriation poursuivie contre de nouveaux propriétaires, à l'occasion de nouveaux terrains, par suite de modifications apportées au projet primitif du gouvernement. — Cass., 11 août 1837, Louzet Vaulequeren, [S. 37.1.124, P. 37.1.83] — De Lalleau, Jousselin, Rendu et Périn, t. 1, n. 266; Crépon, sur l'art. 20, n. 129 et 130; Daffry de la Monnoye, t. 1, sur l'art. 20, n. 64.

3517. — Mais le tribunal saisi par le renvoi après cassation d'un premier jugement d'expropriation, peut se fonder, pour prononcer cette expropriation, sur des pièces nouvelles et une instruction faite depuis l'arrêt de cassation. — Cass., 11 août 1841, précité. — Daffry de la Monnoye, t. 1, sur l'art. 20, n. 64; Crépon, sur l'art. 20, n. 131.

3518. — Le tribunal de renvoi a les mêmes attributions et les mêmes devoirs que le tribunal dont le jugement a été cassé; comme celui-ci il vérifie l'accomplissement des formalités prescrites par la loi, ne prononce l'expropriation que si elles ont été accomplies, vise les pièces qui justifient de leur accomplissement. — Crépon, sur l'art. 20, n. 132; de Lalleau, Jousselin, Rendu et Périn, t. 1, n. 263. — V. suprà, n. 699 et s.

3519. — Le renvoi après cassation d'un jugement d'expropriation pour irrégularité dans l'instruction administrative a pour effet de substituer le tribunal de renvoi à toutes les attributions qui appartenaient à la Cour ou au tribunal dont le jugement a été cassé, et non pas seulement au droit de connaître des nouvelles formalités que l'administration devra recommencer pour arriver à l'expropriation. Dès lors, de ce qu'à raison de l'irrégularité de ces nouvelles formalités le tribunal de renvoi aurait déclaré la demande en expropriation non recevable en cet état, il ne résulte pas qu'il ait par là épuisé ses pouvoirs, et qu'il soit, après que les formalités ont été complétées, sans droit pour statuer sur la même demande reproduite devant lui. En conséquence, et bien que le tribunal de renvoi ait rendu un premier jugement par lequel il a déclaré n'y avoir lieu de prononcer l'expropriation faute d'accomplissement des formalités requises, si ces formalités viennent plus tard à être remplies, et qu'il soit requis de prononcer l'expropriation, il est encore compétent pour y statuer. — Cass., 20 juill. 1841, Ville de Besançon, [S. 41.1.665, P. 41.2.354] — Daffry de la Monnoye, *loc. cit.*; Crépon, sur l'art. 20, n. 133; de Lalleau, Jousselin, Rendu et Périn, t. 1, n. 267.

3520. — Après cassation d'un jugement d'expropriation pour cause d'utilité publique, le tribunal de renvoi est seul compétent pour désigner le magistrat directeur, lequel doit nécessairement être choisi parmi ses membres; et c'est par le jury de l'arrondissement de ce tribunal que doit être réglée l'indemnité due à l'exproprié : le tribunal et le jury de la situation des biens se trouvent, en ce cas, dépouillés de tout pouvoir. — De Lalleau, Jousselin, Rendu et Périn, t. 1, n. 263; Crépon, sur l'art. 20, n. 134. — V. *suprà*, v° *Cassation* (mat. civ.), n. 5010 et s.

3521. — Si, par suite d'une erreur, le tribunal de renvoi a choisi le magistrat directeur parmi les membres du tribunal, qui a rendu la décision cassée, il peut, du consentement des parties, qui ont d'ailleurs intérêt à éviter les frais et les lenteurs d'une nouvelle cassation, réparer son erreur et choisir dans son sein le magistrat directeur. — Cass., 19 nov. 1866, Granier de Cassagnac, [*Bull. civ.*, p. 260] — Daffry de la Monnoye, t. 1, sur l'art. 20, n. 68; Crépon, sur l'art. 20, n. 137; de Lalleau, Jousselin, Rendu et Périn, t. 1, n. 263.

3522. — La juridiction du tribunal et les pouvoirs du magistrat directeur, qui s'y réfèrent, ne pouvant s'exercer en dehors des limites de l'arrondissement où siège le tribunal, c'est exclusivement au jury spécial de ce même arrondissement qu'il appartient de fixer les indemnités réclamées à la suite de l'expropriation prononcée. Par suite, après cassation d'un jugement d'expropriation et renvoi de l'affaire devant un autre tribunal, il ne saurait être procédé à la fixation de l'indemnité par un jury, appartenant à l'arrondissement du premier tribunal, dirigé par le magistrat nommé par ce tribunal. — Cass., 14 août 1888, Faraud, [S. 90.1.352, P. 90 1.828, D. 89.1.264]; — 10 juill. 1889, Muller, [S. 90.1.32, P. 90.1.50, D. 90.5.278]; — 18 avr. 1894, Ville de Paris, [S. et P. 94.1.420, D. 96 1.526]; — 19 mai 1897, Société des établissements de Tilly, [S. et P. 97.1.416, D. 99.1.504]; — 2 févr. 1898, de Clerveau, [S. et P. 98.4.288, D. 99.1.504] — V. *suprà*, v° *Cassation* (mat. civ.), n. 5006 et s.

3523. — Il en est ainsi, soit que le jury doive être placé sous l'autorité d'un juge du siège, ou sous l'autorité d'un juge de paix de l'arrondissement. Par suite, il y a lieu d'annuler le jugement rendu sur renvoi qui, en prononçant l'expropriation demandée, désigne, pour fixer l'indemnité à allouer, des jurés choisis, non sur la liste de son arrondissement, mais sur la liste de l'arrondissement du tribunal qui a rendu le jugement cassé, et qui désigne pour magistrat directeur un juge de paix de cet arrondissement. — Cass., 2 févr. 1898, précité.

3524. — Il a été jugé que si le tribunal du chef-lieu, après avoir d'abord désigné le jury sur la liste de son propre arrondissement, a pris une délibération ultérieure pour choisir le jury sur la liste de l'arrondissement du tribunal, devant lequel l'affaire est renvoyée, il ne résulte aucune nullité de la première désignation, alors que la liste du jury primitivement arrêtée n'a pas été notifiée aux expropriés, et que ceux-ci n'ont pas été convoqués devant le jury. — Cass., 3 janv. 1883, Roufard, [S. 84. 1.167, P. 84.1.167, D. 84.1.200]

3525. — Il ne peut appartenir à un tribunal, en déléguant ses pouvoirs à un autre, de donner à celui-ci la compétence que la loi lui refuse. Notamment, le tribunal auquel, après cassation, une demande en expropriation a été renvoyée, ne peut déléguer au tribunal de la situation des biens la désignation du magistrat directeur et le choix du jury. — Cass., 18 avr. 1894, précité.

3526. — Si la décision a été rendue par un jury choisi sur la liste d'un autre arrondissement, il y a lieu de casser cette décision et l'ordonnance du magistrat directeur qui en a été la suite. En effet, les règles, d'après lesquelles compétence appartient à un jury déterminé d'expropriation, tiennent à l'ordre même des juridictions, et leur infraction ne peut être couverte, ni par le silence des parties, ni même par leur consentement. — Cass., 18 avr. 1894, précité; — 2 févr. 1898, précité.— V. aussi Cass. 19 mai 1897, précité. — V. *suprà*, v° *Cassation* (mat. civ.), n. 5008.

3527. — Par suite, lorsque la Cour de cassation a cassé un jugement d'expropriation et a renvoyé la cause devant un autre tribunal, que celui-ci a prononcé l'expropriation, mais a donné commission rogatoire au tribunal de la situation des lieux, pour la désignation du magistrat directeur, et que ce tribunal a nommé l'un de ses membres comme magistrat directeur, et a choisi le jury sur la liste dressée pour son arrondissement, il y a lieu de casser la décision du jury. ainsi désigné, et l'ordonnance du magistrat directeur, ainsi nommé. — Cass., 18 avr. 1894, précité.

SECTION II.

Du pourvoi contre la décision du jury et l'ordonnance du magistrat directeur.

§ 1. *Généralités*.

3528. — « La décision du jury et l'ordonnance du magistrat directeur ne peuvent être attaquées que par la voie du recours en cassation » (L. 3 mai 1841, art. 42). Ainsi l'opposition, l'appel, ne sont pas autorisés. — Paris, 30 oct. 1838, Riant, [S. 38.2. 513] — De Lalleau, Jousselin, Rendu et Périn, t. 1, n. 642; Crépon, sur l'art. 42, n. 1; Daffry de la Monnoye, t. 2, sur l'art. 42, n. 1.

3529. — De même, la voie de la requête civile n'étant point possible en matière d'expropriation pour cause d'utilité publique, le refus ou l'omission de statuer donnent ouverture au recours en cassation. Ainsi, lorsque l'expropriant n'a offert aucune indemnité pour une parcelle comprise dans l'expropriation, malgré la demande d'indemnité de l'exproprié, puisque celui-ci a pris devant le jury des conclusions tendant à obtenir une indemnité relativement à cette parcelle, et enfin que le jury a omis de se prononcer, l'exproprié a le droit de se pourvoir en cassation à raison de cette omission de statuer. Il importe peu que devant la Cour de cassation l'expropriant prétende, pour la première fois, qu'il n'est dû aucune indemnité à raison de l'expropriation de cette parcelle, le refus d'indemnité de l'expropriant constituant un litige sur le fond du droit, qui donne lieu à la fixation d'une indemnité éventuelle. — Cass., 3 mai 1887, Ville de Lyon, [S. 87.1.432, P. 87.1.1062, D. 87.5.226]

3530. — La loi du 7 juill. 1833 (art. 42) ne parlait que de la décision du jury comme susceptible du recours en cassation. De là la question de savoir si l'ordonnance du magistrat directeur l'était également. Le législateur de 1841 a fait cesser toute hésitation à cet égard par la nouvelle rédaction de l'art. 42. — De Lalleau, Jousselin, Rendu et Périn, t. 1, n. 643; Daffry de la Monnoye, t. 2, sur l'art. 42, n. 2.

3531. — L'art. 42, L. 3 mai 1841, ne dit pas que chacun de ces deux actes, la décision du jury et l'ordonnance du magistrat directeur, doive faire l'objet d'un recours distinct. Mais cela paraît hors de doute, et il est impossible d'admettre que le pourvoi uniquement dirigé contre l'un d'eux puisse nécessairement et de plein droit s'appliquer à l'autre. Jugé, en ce sens, qu'il ne peut être proposé aucun moyen de cassation contre l'ordonnance du magistrat directeur qu'autant qu'il y a eu, relativement à cette ordonnance, une déclaration expresse de pourvoi; qu'il ne suffirait pas de s'être pourvu contre la décision du jury. — Cass., 20 mai 1845, Mannoury, [P. 45 1.692] — Il ne faudrait pas toutefois exagérer la portée de cette décision; si une partie se pourvoit à la fois contre la décision du jury et contre l'ordonnance du magistrat directeur, il ne lui est pas nécessaire de former deux pourvois distincts et chacun la consignation d'une double amende; un seul pourvoi suffit, pourvu qu'il soit formé tout à la fois contre les deux décisions. N'oublions pas, d'ailleurs, que la cassation de la décision du jury entraîne celle de l'ordonnance du magistrat directeur qui l'a rendue exécutoire.

3532. — Le pourvoi en cassation n'étant ouvert que contre la décision du jury et contre l'ordonnance du magistrat directeur qui la rend exécutoire (V. *suprà*, v° *Cassation* (mat. civ.], n. 1009), les pourvois dirigés contre l'ordonnance de ce magistrat portant convocation du jury, et contre l'ordonnance du même magistrat déclarant régulière cette convocation, sont irrecevables. — Cass., 30 juill. 1888, Préfet de la Corse, [S. 91.1.268. P. 91.1.640, D. 90.1.31] — De Lalleau, Jousselin, Rendu et Périn, *loc. cit.*

3533. — Est également irrecevable le pourvoi formé, avant les décisions et ordonnances définitives, contre l'ordonnance du magistrat directeur décidant que le jury devrait statuer sur trois chefs d'indemnité invoqués par des intervenants, et contre la décision par laquelle le jury, vu cette ordonnance, renvoie, pour plus ample informé, la continuation des débats à un jour ultérieur, ces décisions étant préparatoires. — Cass., 12 févr. 1894, Préfet de la Dordogne, [S. et P. 94.1.368, D. 94.1.408]

3534. — Il en est encore de même du pourvoi formé contre l'ordonnance par laquelle le magistrat directeur, pour compléter le nombre des jurés exigé par la loi pour la validité de la délibération du jury, a choisi des citoyens sur la liste dressée en exécution de l'art. 29, L. 3 mai 1841. — Cass., 12 févr. 1894, précité.

3535. — Il ne peut être formé de pourvoi contre les ordonnances préparatoires et d'instruction; mais l'irrégularité entachant ces ordonnances entrainera la nullité de tout ce qui a suivi; ces ordonnances ne devenant complètes et définitives que lorsque l'ordonnance du magistrat directeur donnant force exécutoire à la décision du jury a été rendue, il en résulte qu'on ne peut faire un grief à une partie de ne pas avoir formé un pourvoi contre ces ordonnances. Le pourvoi formé contre la décision du jury et l'ordonnance définitive du magistrat directeur soumettant à la Cour de cassation toute la procédure. On ne peut donc se prévaloir contre celui qui, pour faire tomber la décision définitive, excipe de l'irrégularité d'un transport sur lieux ordonné et effectué par les jurés, de ce qu'il ne se serait pas pourvu péalablement contre la décision qui ordonnait ce transport. — Cass., 24 nov. 1847, Lecharrier de Méry, [S. 48.1.206, P. 47. 2.764, D. 48.1.159] — De Lalleau, Jousselin, Rendu et Périn, t. 1, n. 644; Crépon, sur l'art. 42, n. 3; Daffry de la Monnoye, t. 2, sur l'art. 42, n. 3.

3536. — Le pourvoi contre un jugement rendu sur opposition à une taxe faite par le magistrat directeur est un pourvoi de droit commun soumis aux formes ordinaires; il serait donc irrecevable s'il était formé au greffe du tribunal au lieu de l'être au greffe de la Cour de cassation. — Cass., 31 mars 1869, Coste-Foron, [S. 69.1.229, P. 69.542, D. 69.1.348] — Crépon, sur l'art. 42, n. 5; Daffry de la Monnoye, t. 2, sur l'art. 42, n. 42; de Lalleau, Jousselin, Rendu et Périn, t. 1, n. 644.

3537. — Sur le point de départ du délai du recours, V. suprà, v° Cassation (mat. civ.), n. 1040 et s.

3538. — La décision prise par le jury est une décision en matière civile; il faut en conclure, conformément à l'art. 16, L. 27 nov.-1er déc. 1790, que le pourvoi n'est pas suspensif; c'est d'ailleurs ce qu'a déclaré à la Chambre des députés M. Martin du Nord, rapporteur de la loi. Il ne faut pas oublier d'ailleurs que d'après la loi des 16-19 juill. 1793, il n'est fait pour le Trésor public aucun paiement en vertu de jugements attaqués par un pourvoi en cassation s'il n'a été donné au préalable bonne et suffisante caution; de la sorte le Trésor est garanti contre l'insolvabilité des indemnitaires. — De Lalleau, Jousselin Rendu et Périn, t. 1, n. 645; Daffry de la Monnoye, t. 2, sur l'art. 42, n. 40; Crépon, sur l'art. 42, n. 92. — Contrà, Arnaud, n. 542.

3539. — Par suite, le fait par l'expropriant de se pourvoir en cassation n'est pas un obstacle à la prise de possession des terrains expropriés, pourvu que dans les circonstances où il s'est produite elle ne constitue pas un acquiescement. — Cass., 22 juin 1840, Comp. du chemin de fer de Strasbourg, [S. 40.1. 708, P. 40.2.468] — Seulement c'est alors de l'intérêt de tous que les travaux exécutés ne dénaturent pas le terrain pour que si la décision du jury est cassée le nouveau jury, dans la visite des lieux, puisse se rendre compte de l'état ancien de la propriété expropriée. — De Lalleau, Jousselin, Rendu et Périn, loc. cit.

3540. — Le pourvoi en cassation n'étant pas suspensif, l'exécution donnée aux décisions qui y sont visées ne rend le pourvoi irrecevable qu'autant qu'il s'agit d'une exécution volontaire. Ainsi, la notification à l'exproprié par l'expropriant, du dépôt à la Caisse des consignations de l'indemnité d'expropriation, n'élève pas une fin de non-recevoir contre le pourvoi en cassation antérieurement formé par l'expropriant et dénoncé à l'exproprié, si cette notification a été faite sous toutes réserves. — Cass., 6 févr. 1889, Chem. de fer départementaux, [S. 89.1. 230, P. 89.1.544, D. 91.5.282] — V. suprà, n. 3414 et s.

§ 2. Qui peut se pourvoir.

3541. — La faculté de se pourvoir appartient à toutes les personnes qui ont figuré au jugement d'expropriation, et à toutes celles qui sont intervenues devant le jury comme intéressées; en d'autres termes à toutes les personnes qui ont été parties devant le jury; d'autre part, ce droit n'appartient qu'à elles seules et elles ne peuvent l'exercer que dans la qualité en laquelle elles ont comparu. — De Lalleau, Jousselin, Rendu et Périn, t. 1, n. 646; Crépon, sur l'art. 42, n. 30; Daffry de la Monnoye, t. 2, sur l'art. 42, n. 14.

3542. — Le pourvoi au nom de l'État ou du département ne peut être formé que par le préfet. — V. suprà, v° Cassation (mat. civ.), n. 1267 et s. — De Lalleau, Jousselin, Rendu et Périn, loc. cit.; Crépon, sur l'art. 42, n. 31. — Mais comme le pourvoi peut être formé par un mandataire, même verbal, on doit reconnaître comme régulier le pourvoi formé par un ingénieur, agissant comme mandataire du préfet, représentant l'État, si celui-ci a ratifié le pourvoi ainsi fait en son nom en faisant notifier le pourvoi et en le soutenant devant la Cour de cassation. — Cass., 17 mars 1875, Préfet de Lot-et-Garonne, [S. 75.1.318, P. 75.754, D. 75.1.268]; — 30 juill. 1888, De Lalleau, Jousselin, Rendu et Périn, loc. cit.

3543. — De même, et par la même raison, est régulier le pourvoi formé au nom de l'État expropriant par un officier, alors que celui-ci a agi devant le jury comme représentant du préfet au nom de l'État, sans qu'aucune contestation se soit élevée, qu'il a déclaré et a notifié les pourvois en la même qualité, et que le préfet, loin de le désavouer, a, par des instructions écrites mises sous les yeux de la Cour de cassation, soutenu ces pourvois « en son nom et en tant que de besoin au nom du ministre de la Guerre, représentant l'État » et ainsi ratifié le mandat donné à l'officier. — Cass., 21 déc. 1892, Préfet de la Corse, [S. et P. 94.1.191]

3544. — Il est des parties qui ont besoin d'une autorisation pour se pourvoir; il en est notamment ainsi des communes. — Cass., 22 févr. 1887, Comm. de Parleboscq, [S. 88.1.232, P. 88. 1.548, D. 87.1.224] — V. suprà, v° Cassation (mat. civ.), n. 1263. — Mais cette autorisation peut ne se produire qu'après la déclaration du pourvoi; il suffit qu'il en soit justifié devant la Cour de cassation; la brièveté des délais ne permet pas d'obtenir l'autorisation avant la déclaration de pourvoi. — Cass., 11 juill. 1881, Comm. de Saint-Loup, [S. 82.1.36, P. 82.1.57] — De Lalleau, Jousselin, Rendu et Périn, loc. cit.; Crépon, sur l'art. 42, n. 43 et 44; Morgand, t. 2, p. 238, note t.

3545. — Les personnes qui n'ont point figuré au jugement d'expropriation, ou qui ne sont pas intervenues devant le jury, ou qui se présentent en une autre qualité que celle en vertu de laquelle elles ont comparu devant le jury, ne sont pas recevables à se pourvoir en cassation contre la décision du jury ou l'ordonnance du magistrat directeur. — Cass., 3 févr. 1880, Capdeville, [S. 82.1.179, P. 82.1.1186, D. 82.1.268] — De Lalleau, Jousselin, Rendu et Périn, loc. cit.; Crépon, sur l'art. 42, n. 36; Daffry de la Monnoye, t. 2, sur l'art. 42, n. 15.

3546. — Le mari séparé de biens d'avec sa femme n'a point qualité pour se pourvoir seul en cassation contre la décision du jury qui alloue à cette femme une indemnité comme locataire du terrain exproprié, dont le mari était le bailleur. — Cass., 5 mars 1844, François, [S. 44.1.352, P. 44.1.759] — De Lalleau, Jousselin, Rendu et Périn, loc. cit.; Daffry de la Monnoye, loc. cit.; Crépon, sur l'art. 42, n. 37.

3547. — Mais le mari administrateur des biens dotaux de la femme a qualité pour se pourvoir en cassation contre la décision du jury qui fixe l'indemnité due à sa femme pour l'expropriation de l'un de ses biens dotaux. L'action en recouvrement de l'indemnité a pour objet des capitaux; en vertu de l'art. 1549, C. civ., elle appartient au mari qui, par suite, a qualité pour former un pourvoi en cassation. — Cass., 8 août 1866, Orgnon, [Bull. civ., p. 227] — De Lalleau, Jousselin, Rendu et Périn, loc. cit.; Crépon, sur l'art. 42, n. 38; Daffry de la Monnoye, t. 2, sur l'art. 42, n. 17. — Sur le pourvoi formé par un cohéritier, V. suprà, v° Cassation (mat. civ.), n. 1304.

3548. — Un pourvoi est valable alors même que la partie qui l'a formé a pris dans la déclaration de pourvoi un titre nobiliaire autre que celui qui lui est attribué dans la procédure d'expropriation, si aucun doute ne s'élève sur l'identité du demandeur en cassation. — Cass., 27 août 1878, de Panisse-Passis, [D. 78.1.433] — Crépon, sur l'art. 42, n. 40.

3549. — Le fermier, qui a été déclaré non recevable, par une ordonnance du magistrat directeur, à réclamer une indemnité pour ne s'être pas fait connaître en temps utile, a intérêt et qualité pour se pourvoir en cassation contre cette ordonnance, alors, d'ailleurs, qu'il ne résulte pas de la décision rendue que l'indemnité allouée au propriétaire comprend la valeur des récoltes et de la jouissance, dont le fermier est privé par l'expropriation. La fin de non-recevoir, résultant de ce que l'administration n'aurait pas fait d'offres au fermier, et de ce que le fermier n'aurait pas indiqué le chiffre de sa demande, si elle peut être opposée devant le jury, constitué et appelé à statuer sur le montant de l'indemnité, ne peut l'être devant la Cour de cassation, à l'encontre du pourvoi du fermier, contre l'ordonnance qui a rejeté l'intervention de ce fermier devant le jury, avant toute procédure relative au règlement de l'indemnité. — Cass., 11 juin 1883, Payard, [S. 84.1.35, P. 84.1.57, D. 84.1.342] — De Lalleau, Jousselin, Rendu et Périn, loc. cit.; Crépon, sur l'art. 42, n. 41 et 42.

3550. — Le pourvoi formé par le mandataire de l'exproprié, contre toutes les décisions rendues par le jury à une date déterminée relativement à son mandant, est recevable, bien que le mandat n'ait été donné que pour former un seul pourvoi en cassation, si l'exproprié, en notifiant les pourvois, a ainsi ratifié les déclarations de pourvoi faites par le mandataire. — Cass., 20 févr. 1880, Comm. de Crottes, [S. 89.1.487, P. 89.1.1203, D. 91.1.322] — De Lalleau, Jousselin, Rendu et Périn, loc. cit. — V. suprà, v° Cassation (mat. civ.), n. 1295 et s.

§ 3. Des ouvertures à cassation et de la renonciation au droit de se pourvoir.

3551. — « La décision du jury et l'ordonnance du magistrat directeur ne peuvent être attaquées que par la voie du recours en cassation et seulement pour violation du premier paragraphe des art. 30 et 31 des deuxième et quatrième paragraphes de l'art. 34 et des art. 35, 36, 37, 38, 39 et 40 (L. 3 mai 1841, art. 42).

3552. — MM. de Lalleau, Jousselin, Rendu et Périn (t. 1, n. 650), indiquent ainsi qu'il suit les cas dans lesquels il est possible de se pourvoir : « Les cas auxquels l'art. 42 limite l'ouverture en cassation sont ceux relatifs : 1° aux formes prescrites par la loi pour la composition du jury spécial (art. 30, § 1); 2° aux formalités à remplir par l'expropriant pour la convocation des jurés et la notification aux parties des noms des jurés (art. 31); 3° aux devoirs du magistrat directeur (art. 34, §§ 2 et 4, art. 35, 36, 37, 38, § 1 et 40). 4° aux obligations du jury (art. 38, §§ 2, 3, 4, et art. 39). — Crépon, sur l'art. 42, n. 40.

3553. — L'art. 42 énumère limitativement les dispositions de loi dont l'observation est prescrite à peine de nullité. — Cass., 6 févr. 1844, Préfet de l'Hérault, [S. 44.1.328, P. 44.1.274]; — 2 févr. 1846, Mille, [S. 46.1.237, P. 47.1.222, D. 46.1.78]; — 26 mai 1846, Lacoste de L'Isle, [S. 46.1.579, P. 46.2.275, D. 46.1.208]; — 19 août 1846, Leguillette, [S 46.1.877, P. 46.2.367, D. 46.1.318]; — 24 nov. 1846, Orliac, [S. 47.1.378, P. 47.1.727, D. 47.1.208]; — 4 juill. 1854, Locquin, [P. 54.2.557]; — 26 déc. 1854, Chaussée, [S. 55.1.256, P. 55.1.128, D. 54.5.354]; — 5 févr. 1855, Meurisse de Saint-Hilaire, [S. 56.1.454, P. 56.1.123, D. 55.1.59]; — 11 juin 1856, Forest, [S. 56.1.826, P. 56.2.414, D. 56.1.196]; — Daffry de la Monnoye, t. 2, sur l'art. 42, n. 5; de Lalleau, Jousselin, Rendu et Périn, t. 1, n. 650.

3554. — Relativement à l'application que ce principe a déjà pu recevoir dans les différents cas énumérés, il faut se reporter à ce que nous avons dit sous chacun des articles indiqués dans l'art. 42.

3555. — Il a été décidé, encore, en vertu de l'art. 42, que la voie du recours en cassation n'existe pas pour une prétendue violation des formalités prescrites par les art. 15, 19, 21, 23, 24, 28 de ladite loi; que ces articles n'étant pas visés dans l'art. 42, leur violation ne peut donner ouverture à cassation. — Cass., 6 févr. 1844, précité.

3556. — ... Que l'exercice irrégulier que fait le conseil général des attributions qui lui sont confiées par l'art. 29, L. 3 mai 1841, ne donne pas ouverture à cassation, cet article n'étant pas visé par l'art. 42. — Cass., 30 juin 1884, Jonage, [S. 86.1.40, P. 86.1.64, D. 85.1.415] — Crépon, sur l'art. 42, n. 10 bis. — V. cependant suprà, v° Cassation (mat. civ.), n. 2845 et s., et infrà, n. 3563 et s.

3557. — ... Qu'il y a lieu de déclarer non recevable le pourvoi formé pour violation des art. 34, § 1, et 41, L. 3 mai 1841, relatifs aux pouvoirs conférés au magistrat directeur et au greffier. — Cass., 21 mars 1877, Vitou de Jassaud, [S. 79.1.324,

P. 79.796, D. 78.1.439] — De Lalleau, Jousselin, Rendu et Périn, loc. cit.; Crépon, sur l'art. 42, n. 11.

3558. — ... Qu'on ne peut se faire un moyen de cassation contre la décision du jury de ce qu'elle aurait été rendue après interruption de l'affaire, et de ce que, dans l'intervalle, le jury aurait statué sur d'autres expropriations. — Cass., 16 févr. 1846, Berthet, [S. 46.1.223, P. 46.1.304, D. 46.1.63]; — 30 janv. 1867, Frugnot, [Bull. civ., p. 34]; — 25 mai 1868, Cambrelhig, [D. 68.1.405]; — 31 déc. 1873, Comm. de Saint-Nazaire, [S. 74.1.84, P. 74.172, D. 74.1.213]; — 7 janv. 1879, Moulinier, [S. 79.1.80, P. 79.165, D. 79.1.172] — Crépon, sur l'art. 42, n. 13; de Lalleau, Jousselin, Rendu et Périn, loc. cit. — V. suprà, n. 2424 et s.

3559. — ... Que ne donne pas ouverture à cassation la violation de l'art. 47, L. 3 mai 1841, aux termes duquel les jurés qui ont fait le service d'une session ne peuvent être portés sur le tableau dressé par le conseil général pour l'année suivante. — Cass., 21 mars 1877, Lamotte, [S.78.1.79, P. 78.164, D.78.1.439] — Daffry de la Monnoye, t. 2, sur l'art. 42, n. 2; de Lalleau, Jousselin, Rendu et Périn, loc. cit.; Crépon, sur l'art. 42, n. 14. — V. suprà, n. 1469 et s.

3560. — ... Qu'il n'y a pas lieu à se pourvoir en cassation pour violation des art. 14 et 15, L. 3 mai 1841, en ce que le jury aurait fixé l'indemnité de dépossession d'un locataire, à compter de l'époque du congé à lui signifié par l'administration, et non à compter du jugement d'expropriation. — Cass., 30 oct. 1889, Baudoin, [S. et P. 92.1.462]

3561. — Malgré les termes restrictifs de l'art. 42, un pourvoi peut être formé pour omission d'une formalité substantielle, quoique non prescrite à peine de nullité, ainsi pour violation d'un de ces principes de droit dont l'application se fait à toutes les causes et devant toutes les juridictions. — Cass., 28 janv. 1834, Dumarest, [S. 34.1.206, P. chr.]; — 6 janv. 1836, Gaullieur, [S. 36.1.5, P. chr.]; — 14 mars 1842, Jayle, [S. 43.1.255, P. 43.1.735]; — 14 mars 1870, d'Aurelle de Montmorin, [S. 70.1.175, P. 70.403, D. 70 1.368] — De Peyrony et Delamarre, n. 264; Arnaud, n. 521; Crépon, sur l'art. 42, n. 16; de Lalleau, Jousselin, Rendu et Périn, t. 1, n. 650.

3562. — En second lieu, le pourvoi est toujours recevable s'il est fondé sur l'excès de pouvoir, l'incompétence, ou le refus de l'accomplissement de la mission légale. Ce sont des griefs qui motivent la cassation en toute matière. — Cass., 2 janv. 1837, Préfet de l'Hérault, [S. 37.1.615, P. 37.1.577]; — 31 déc. 1838, Charron, [S. 39.1.19, P. 39.1.6] — Arnaud, n. 522 et 523; Crépon, sur l'art. 42, n. 17; de Lalleau, Jousselin, Rendu et Périn, t. 1, n. 650.

3563. — Jugé, par application de ces principes, que les moyens tirés du défaut de pouvoir du jury et de l'incompétence du magistrat directeur pour ordre public et peuvent être proposés pour la première fois devant la Cour de cassation. — Cass., 30 juill. 1888, Préfet de la Corse, [S. 91.1.208, P. 91.1.640, D. 90.1.31]

3564. — Qu'il en est particulièrement ainsi des moyens tirés de la composition irrégulière du jury. — Cass., 15 janv. 1889, Préfet des Alpes-Maritimes, [S. 89.1.336, P. 89.1.801]

3565. — D'autre part, le caractère restrictif de la disposition de l'art. 42 de la loi de 1841 ne permet pas d'en étendre l'application à la violation d'autres lois; ainsi un pourvoi peut toujours, s'il y a lieu, être formé pour violation d'une autre loi, par exemple à la violation des art. 30, L. 16 sept. 1807. — Cass., 21 févr. 1849, Préfet de la Seine, [S. 49.1.279, P. 49.1.446, D. 49.1.138] — De Lalleau, Jousselin, Rendu et Périn, loc. cit.; Crépon, sur l'art. 42, n. 18; Daffry de la Monnoye, t. 2, sur l'art. 42, n. 6.

3566. — De plus, l'exproprient, chargé d'observer les formes et délais prescrits par la loi, ne peut fonder un pourvoi en cassation sur l'irrégularité provenant de l'inobservation par lui-même des formes et délais qu'il aurait dû suivre ; on ne peut en effet baser un moyen de cassation sur son propre fait, sur sa négligence, sur sa faute. — Cass., 11 nov. 1844, Préfet des Bouches-du-Rhône, [cité par Daffry de la Monnoye, t. 1, sur l'art. 42, n. 9]; — 19 mars 1849, Ville de Saint-Denis, [S. 49.1.370, P. 49.1.396]; — 16 déc. 1863, Préfet du Pas-de-Calais, [D. 64.5.164] — Daffry de la Monnoye, loc. cit.; Crépon, sur l'art. 42, n. 20; de Lalleau, Jousselin, Rendu et Périn, t. 1, n. 647.

3567. — De son côté, l'exproprié ne peut se faire un moyen de nullité des irrégularités qu'il a couvertes par sa comparution sans protestation ni réserve devant le jury, si ces irrégularités ne touchent pas à l'ordre public et sont susceptibles d'être couvertes ; ainsi l'exproprié ne peut dans ces conditions se plaindre de ce que les offres lui ont été faites à un domicile autre que le domicile élu. — Cass., 15 mai 1855, de Bonardi, [S. 55.1.537, P. 57.383, D. 55.1.204] — De Lalleau, Jousselin, Rendu et Périn, *loc. cit.*; Daffry de la Monnoye, *loc. cit.*; Crépon, sur l'art. 42, n. 21 et 22. — V. *supra*, v° *Cassation* (mat. civ.), n. 2849 et s.

3568. — En conséquence, il a été jugé : que lorsque devant le jury d'expropriation, l'administration a annoncé avoir besoin d'accroître le terrain exproprié d'une certaine quantité d'ares, et a augmenté ses offres proportionnellement à cette quantité, l'exproprié qui, loin de contredire cette prétention, a demandé acte de ces nouvelles conclusions, n'est pas recevable à prétendre devant la Cour de cassation que le jury d'expropriation n'a pu, sans excéder ses pouvoirs, procéder à l'estimation de l'ensemble des terrains, tant de ceux compris dans le jugement d'expropriation que de ceux demandés plus tard par l'administration. — Cass., 31 déc. 1850, Donzelot, [S. 51.1.364, P. 51.2.475, D. 51.1.286]

3569. — ... Que lorsque, devant le jury d'expropriation, l'administration renonce à quelques-unes de ses prétentions, et consent à faire des travaux que ses offres antérieures laissaient à la charge de l'exproprié, l'exproprié, qui a demandé acte de ces nouvelles conclusions, n'est pas recevable à se plaindre de ce que le jury en a tenu compte dans sa décision. — Même arrêt.

3570. — ... Que la partie qui comparaît au jour indiqué pour la convocation devant le jury d'expropriation, et qui, sans faire ni protestations ni réserves, y discute l'indemnité offerte et demandée, n'est pas recevable à se faire un moyen de cassation contre la décision du jury, de ce que la liste des jurés ne lui aurait pas été notifiée huit jours au moins avant leur réunion, conformément au prescrit de l'art. 31, L. 7 juill. 1833. — Cass., 13 janv. 1840, Concession. de la Scarpe, [S. 40.1.160, P. 40.1.54] — V. *supra*, n. 1702 et s., 4711.

3571. — ... Que l'exproprié ne peut baser un pourvoi en cassation sur le motif que le jury notifiée contenait des erreurs de noms qui ne lui ont pas permis de constater l'identité des jurés et d'exercer ses récusations en complète connaissance de cause, lorsqu'il n'a pris aucunes conclusions de ce chef, et qu'il a accepté sans protestations ni réserves le jury qui a statué sur son affaire. — Cass., 11 nov. 1890, Bègue, [S. 91.1.128, P. 91.1.284, D. 91.1.456]

3572. — ... Que l'exproprié est non recevable à se prévaloir devant la Cour de cassation de ce que l'un des jurés titulaires, qui n'a pas répondu au premier appel, et néanmoins demeuré sur la liste des seize et n'a été remplacé sur cette liste par un juré supplémentaire qu'au cours du réappel et alors que les récusations étaient déjà exercées en partie, lorsque, sur la réclamation élevée à ce sujet par l'exproprié devant le magistrat directeur, l'exproprié a conclu, au contraire, au maintien de la composition du jury. — Cass., 10 mai 1875, Pensico, [S. 75.1.319, P. 75.755]

3573. — ... Que bien que l'expropriation n'ait été suivie et prononcée que contre l'usufruitier, seul considéré à tort comme propriétaire, et qu'il figure seul dans le procès-verbal de la décision du jury, le nu-propriétaire n'est pas fondé à se pourvoir contre cette décision, alors qu'après s'être fait connaître à l'administration par un acte extrajudiciaire, il a, par des conclusions signées d'un avoué, qui n'ont pas été désavouées et que le procès-verbal constate avoir été mises sous les yeux du jury, réclamé, conjointement avec l'usufruitier, une seule et même indemnité pour leur expropriation commune. — Cass., 29 nov. 1853, Bienaymé et Despommiers, [S. 55.1.135, P. 55.1.427, D. 54.1.377]

3574. — ... Que n'est pas recevable le pourvoi formé par les époux, et fondé sur ce que la femme aurait esté seule devant le jury sans être autorisée de son mari, alors que le procès-verbal constate que l'avocat de la femme a été assisté par le mari de celle-ci, et que les conclusions prises sur le fond sans protestations ni réserves rendent les demandeurs non recevables à exciper des irrégularités qui auraient été commises dans la procédure des offres et dans la citation devant le jury. — Cass., 12 mai 1890, Babey, [S. et P. 93.1.151, D. 91.1.373]

3575. — La contestation sur la qualité de propriétaire, en laquelle il a été procédé au règlement de l'indemnité, ne peut pas être élevée pour la première fois devant la Cour de cassation. En conséquence, il n'y a pas lieu de s'arrêter à la fin de non-recevoir opposée au pourvoi d'un prétendant droit à l'indemnité, et tirée de ce qu'il n'aurait pas la qualité de légitime propriétaire. — Cass., 24 déc. 1845, Catherinet, [P. 46.2.437, D. 45.4.257] — Crépon, sur l'art. 42, n. 45; Daffry de la Monnoye, t. 2, sur l'art. 42, n. 13.

3576. — Lorsque les énonciations du procès-verbal expriment le dernier état des conclusions prises devant le jury, et impliquent l'abandon de toutes autres demandes d'indemnité, qui auraient pu, dans le cours des débats, être formulées par l'exproprié et ne peut plus devenir en cassation. — Cass., 20 mars 1895, Rivière, [S. et P. 96.1.48]

3577. — L'exproprié se rend encore irrecevable à se pourvoir quand il accepte sans réserve l'indemnité ; il est alors censé avoir acquiescé au jugement. — Cass., 11 juill. 1883, Baltassat, [D. 85.1.248] — De même l'exproprié qui notifie sans réserve à l'exproprié la consignation de l'indemnité est réputé avoir acquiescé et ne peut plus dès lors se pourvoir en cassation. — Cass., 6 févr. 1889, Chemins de fer départementaux, [S. 89.1.230, P. 89.1.416, D. 91.5.282] — De Lalleau, Jousselin, Rendu et Périn, t. 1, n. 647.

3578. — Mais le droit de se pourvoir est conservé par des réserves; en effet le pourvoi n'étant pas suspensif, l'exécution de la décision du jury ne peut être empêchée; par suite, il a été jugé que le concessionnaire de travaux qui nécessitent une expropriation pour cause d'utilité publique ne se rend pas non recevable à se pourvoir en cassation contre la décision du jury qui fixe l'indemnité, par cela seul qu'il a pris possession des terrains expropriés, fait offre de l'indemnité allouée, si cette prise de possession et ces offres ont été accompagnées de réserves de se pourvoir. — Cass., 22 juin 1840, Koechlin, [S. 40.1.708, P. 40.2.468] — Daffry de la Monnoye, t. 2, sur l'art. 42, n. 10 ; Crépon, sur l'art. 42, n. 27 ; de Lalleau, Jousselin, Rendu et Périn, t. 1, n. 647. — V. *supra*, n. 3414 et s.

3579. — ... Que la partie qui, en comparaissant devant le jury, a fait réserve de faire valoir ultérieurement toutes les nullités de la procédure tant en ce qui concerne l'acte d'offre, qu'en ce qui concerne la citation devant le jury, est recevable à se pourvoir en cassation contre la décision du jury, en se fondant sur une nullité de l'acte d'offres et de la citation devant le jury. — Cass., 21 mai 1890, V° Marochetti et autres, [S. et P. 92.1.592, D. 91.1.375]

3580. — ... *A fortiori* l'exproprié qui, devant le jury, a constamment contesté qu'il dût à une indemnité à raison de la dépréciation des parties de terrain laissées au propriétaire dépossédé, est encore recevable à faire valoir devant la Cour de cassation les moyens tendant à faire repousser le principe de cette indemnité. — Cass., 21 févr. 1849, Auquin et Piot, [P. 49.1.146]

3581. — En tout cas, lorsque, avant tout débat, l'exproprié prend l'engagement d'établir un viaduc pour démasquer l'entrée de la carrière expropriée, le fait par l'exproprié de soumissionner l'exécution des travaux ne le rend pas irrecevable à se pourvoir contre la décision du jury ; l'engagement de l'exproprié est alors, en effet, entièrement indépendant et complètement distinct de la décision du jury. — Cass., 16 janv. 1877, Quesnel, [D. 77.1.471] — Crépon, sur l'art. 42, n. 28 ; Daffry de la Monnoye, t. 2, sur l'art. 42, n. 11.

3582. — D'autre part, la partie qui obéit à l'ordonnance du magistrat directeur prescrivant une mesure d'instruction, par exemple une visite des lieux, n'adhère pas à cette décision et n'encourt aucune déchéance. — Cass., 8 juill. 1855, [D. 56.1.294] — De Lalleau, Jousselin, Rendu et Périn, *loc. cit.*; Crépon, sur l'art. 42, n. 29.

3583. — Remarquons enfin qu'un pourvoi en cassation contre la décision du jury, fondé sur l'irrégularité du jugement d'expropriation, n'est pas recevable si ce jugement est passé en force de chose jugée : la décision du jury participe de l'irrévocabilité du jugement d'expropriation dont elle a été la suite nécessaire. — Cass., 18 mai 1868, d'Helle, [S. 68.1.454, P. 68.1203, D. 68.1.405]; — 18 mai 1868, Bidot, [*Ibid.*]; — 26 août 1868, Marx, [*Ibid.*]

§ 4. *Du délai du pourvoi en cassation.*

3584. — « Le délai sera de quinze jours pour ce recours, qui sera d'ailleurs formé, notifié et jugé comme il est dit en l'art. 20 ; il courra à partir du jour de la décision » (L. 3 mai 1841, art. 42). Le délai étant très-court, les représentants des incapables, les mandataires, s'ils croient qu'il y a lieu de se pourvoir, feront bien de former le pourvoi avant d'y avoir été régulièrement autorisés, quitte à régulariser plus tard le pourvoi.

3585. — Jugé que le recours en cassation contre les décisions du jury d'expropriation et les ordonnances du magistrat directeur doit, à peine de déchéance, être formé, au plus tard, dans les quinze jours de la décision attaquée. — Cass., 25 août 1884, Préfet des Basses-Alpes, [S. 86.1.134, P. 86.1.287, D. 85.5.255]

3586. — Le délai pour se pourvoir contre l'ordonnance court à partir de la décision du jury; le législateur a supposé que cette ordonnance était rendue aussitôt après cette décision. — De Lalleau, Jousselin, Rendu et Périn, t. 1, n. 648. — V. *supra*, v° *Cassation* (mat. civ.), n. 1007 et s. — Mais le point de départ du délai serait celui de la notification de la décision, si la partie n'avait pas été mise en demeure de se défendre (V. *supra*, v° *Cassation* [mat. civ.], n. 1017 et 1018). Il a été jugé, à cet égard, que lorsqu'un représentant de l'administration (un agent-voyer) a pris la parole devant le jury au nom de la commune, celle-ci a eu la possibilité de veiller à la défense de ses intérêts, et que le délai de pourvoi court contre elle du jour même de la décision du jury. — Cass., 26 oct. 1892, Comm. de Brouilla, [S. et P. 94.1.39]

3587. — Le délai du recours en cassation contre la décision du jury doit, conformément aux principes généraux de la procédure, être prorogé au lendemain, lorsque le dernier jour de ce délai est un jour férié. — Cass., 19 mars 1888, Bivort, [S. 88.1.272, P. 88.1.646, D. 88.5.249] — Crépon, sur l'art. 42, n. 49.

§ 5. *De la déclaration du pourvoi.*

3588. — C'est par une déclaration passée au greffe du tribunal qui a prononcé l'expropriation, que doit être formé, à peine de déchéance, le recours contre les décisions du jury spécial d'expropriation et les ordonnances du magistrat directeur. — Cass., 25 août 1884, précité. — Nous en référons sur ce point à ce qui a été dit sur le même sujet, *supra*, n. 3435 et s., et v° *Cassation* (mat. civ.), n. 12 et s., lorsque nous avons examiné la déclaration de pourvoi concernant le jugement d'expropriation ; il est cependant utile de préciser quelques points.

3589. — La déclaration du pourvoi est régulière bien que la décision du jury et l'ordonnance du magistrat directeur n'aient pas été signifiées. — Cass., 30 juin 1856, Ville de Pamiers, [D. 56.1.263] — De Lalleau, Jousselin, Rendu et Périn, t. 1, n. 651 ; Daffry de la Monnoye, t. 2, sur l'art. 42, n. 34; Crépon, sur l'art. 42, n. 82. — Le législateur n'a point, en effet, imposé cette signification pour la validité du pourvoi ; la décision du jury et l'ordonnance du magistrat directeur sont supposées connues du défendeur au pourvoi.

3590. — L'administration ou la compagnie qui poursuit l'expropriation peut se pourvoir par un même acte contre les décisions distinctes du jury rendues à l'égard de divers expropriés, pourvu que dans l'acte de pourvoi, les décisions soient distinctement indiquées par leur date et que, d'ailleurs, les délais du pourvoi ne soient expirés pour aucune d'elles. — Cass., 20 août 1856, Chem. de fer de l'Est, [S. 57.1.139, P. 58.42, D. 56.1.350] — De Lalleau, Jousselin, Rendu et Périn, *loc. cit.;* Crépon, sur l'art. 42, n. 55; Daffry de la Monnoye, t. 2, sur l'art. 42, n. 25. — V. *supra*, v° *Cassation* (mat. civ.), n. 59.

3591. — Ainsi, est régulier le pourvoi formé contre les décisions rendues par le jury, à telle date, entre l'expropriant et une commune possédant dans les mêmes périmètres expropriés, en exécution de telle loi, par tel jugement d'expropriation ; les décisions, contre lesquelles il y a pourvoi, sont ainsi suffisamment indiquées. — Cass., 20 févr. 1889, Comm. des Crottes, [S. 89.1.487, P. 89.1.1203, D. 91.1.322] — De Lalleau, Jousselin, Rendu et Périn, *loc. cit.*

3592. — Pareillement, le pourvoi dirigé contre toutes les décisions du jury, rendues à des dates déterminées, désigne suffisamment les parties défenderesses, et il est de ce chef régulier, alors que le nom des parties défenderesses est mentionné dans chacune de ces décisions, et que, du reste, le pourvoi a été notifié à chacune d'elles. — Cass., 11 juin 1888, Préfet des Hautes-Alpes, [S. 89.1.126, P. 89.1.290, D. 89.1.430]; — 11 juin 1888, Préfet des Hautes-Alpes, [S. 90.1.271, P. 90.1.661, D. 89.1.430] — De Lalleau, Jousselin, Rendu et Périn, *loc. cit.*

3593. — Mais lorsque l'expropriant a formé un pourvoi en cassation contre le propriétaire exproprié seul, sans même mentionner les fermiers de ce dernier, au profit desquels des indemnités distinctes avaient été fixées par des décisions distinctes du jury, et qu'il a notifié son pourvoi auxdits fermiers, cette notification a pour seule conséquence légale d'obliger les fermiers à comparaître devant la Cour de cassation, elle ne peut suppléer à un pourvoi régulièrement formé à leur encontre; ils doivent donc être mis hors de cause. — Cass., 8 mai 1899, Comm. de Champeaux, [S. et P. 1900.1.47, D. 99.1.504] — En effet, faute d'un pourvoi formé en temps utile contre les fermiers, l'expropriant a rendu définitive, à leur égard, la décision qu'il se proposait d'attaquer.

§ 6. *De la notification du pourvoi.*

3594. — Le recours en cassation contre les décisions du jury spécial d'expropriation, ou contre les ordonnances du magistrat directeur, doit être notifié dans la huitaine à la partie intéressée. Par suite, n'est pas recevable le pourvoi qui n'a pas été notifié à la partie expropriée. — Même arrêt. — Cass., 3 mai 1841, Charnay, [S. 41.1.229, P. 41.1.196]; — 25 août 1884, Préfet des Basses-Alpes, [S. 86.1.134, P. 86.1.287, D. 85.5.255]; — 16 nov. 1891, Lesignan, [S. et P. 92.1.96] — Crépon, sur l'art. 42, n. 62; de Lalleau, Jousselin, Rendu et Périn, t. 1, n. 653. — V. à cet égard, *supra*, n. 3447 et s.

3595. — De ce que, au cas de subrogation des concessionnaires à l'administration, le préfet ou le sous-préfet ont convoqué les jurés et les parties, on ne peut conclure que l'administration soit restée en cause, et puisse aussi recevoir la notification du pourvoi; ces fonctionnaires ayant alors agi, non comme poursuivant l'expropriation, mais comme exerçant les droits de la puissance publique. — Cass., 4 juin 1855, Fontanier, [S. 56.1.78, P. 57.97, D. 55.1.285]; — 9 mars 1897, Deutsch, [S. et P. 97.1.359, D. 97.1.415] — Daffry de la Monnoye, t. 2, sur l'art. 42, n. 29; Crépon, sur l'art. 42, n. 63 et s.; de Lalleau, Jousselin, Rendu et Périn, t. 1, n. 653.

3596. — Si, malgré la concession faite, les poursuites ont été exercées par le préfet, c'est à lui que le pourvoi doit être notifié. Jugé, en ce sens, que lorsque la décision du jury et l'ordonnance du magistrat directeur ont été rendues contradictoirement avec le préfet, c'est contre lui et non contre l'expropriant que le pourvoi en cassation doit être dirigé. — Cass., 20 mars 1855, Montrochet, [S. 55.1.431, P. 56.1.556, D. 55.1.61]; — 26 janv. 1857, de Gironde, [S. 58.1.831, P. 58.648, D. 57.1.44] — De Lalleau, Jousselin, Rendu et Périn, *loc. cit.;* Crépon, sur l'art. 42, n. 70.

3597. — La notification du pourvoi intéressant une commune doit être notifiée au maire de cette commune. Mais le pourvoi en cassation contre une décision du jury d'expropriation, décision relative à un intérêt exclusivement communal, est recevable bien que notifié au préfet, s'il est également notifié au maire de la commune. — Cass., 6 août 1883, Gasnier, [S. 85.1.456, P. 85.1.1088, D. 84.1.336] — De Lalleau, Jousselin, Rendu et Périn, t. 1, n. 653.

3598. — Jugé d'ailleurs que lorsqu'au cas d'expropriation pour l'établissement d'un chemin vicinal, la décision du jury et l'ordonnance du magistrat directeur ont été rendues contradictoirement avec le préfet, c'est contre lui et non contre la commune que doit être dirigé le pourvoi en cassation formé par l'exproprié. — Cass., 26 janv. 1857, précité; — 12 août 1863, Adam, [D. 65.5.445] — De Lalleau, Jousselin, Rendu et Périn, *loc. cit.;* Crépon, sur l'art. 42, n. 71 ; Daffry de la Monnoye, t. 2, sur l'art. 42, n. 29.

3599. — ... Que lorsque l'expropriation a pour cause un travail d'intérêt communal, spécialement la construction dans une commune d'un égout, travail intéressant cependant un chemin de grande communication placé sous l'autorité du préfet, que toutes les formalités nécessaires pour parvenir à l'expropriation ont été remplies à la requête du préfet agissant pour et au nom de la commune, et que, devant le jury, le maire de la commune a représenté l'administration se personnifiant dans le préfet, le pourvoi en cassation contre la décision du jury est régulièrement notifié au préfet. — Cass., 20 mars 1895, Rivière, [S. et P. 96.1.48]

3600. — Le pourvoi en cassation contre la décision du jury commençant une nouvelle instance, doit, conformément à la règle du droit commun, être notifié au domicile réel du défendeur. — Cass., 30 juill. 1888, Préfet de la Corse, [S. 91.1.268, P. 91.1.610, D. 90.1.31] — De Lalleau, Jousselin, Rendu et Périn, t. 1, n. 653. — Par suite l'élection de domicile, faite par un exproprié dans un exploit d'huissier contenant réponse aux offres de l'administration, ne peut être étendue au delà des actes de procédure qui seraient la suite immédiate de cet exploit, ni équivaloir à une élection générale de domicile en vue de la procédure ; dès lors, est nulle la notification du pourvoi faite à ce domicile élu. — Cass., 6 févr. 1883, Brunet, [D. 83.5.264] ; — 27 févr. 1889, Préfet des Hautes-Alpes, [S. et P. 91.1.544] — Crépon, sur l'art. 42, n. 75.

3601. — Est également nulle la notification faite, non au domicile du défendeur, mais à celui du maire de sa commune, ou de l'un de ses parents, et la nullité de la notification du pourvoi rend ce pourvoi irrecevable. — Cass., 30 juill. 1888, précité ; — 27 févr. 1889, précité.

3602. — Jugé qu'il y a lieu de déclarer non recevable le pourvoi formé par l'exproprié contre la décision du jury, et signifié, non au domicile réel de la compagnie expropriante, mais au domicile élu par elle, au cours de la procédure d'expropriation, et pour en faciliter les opérations, alors qu'aucune mention n'autorise à étendre d'une manière générale les effets de cette élection de domicile. — Cass., 6 mai 1890, Mallet, [S. 90.1.423, P. 90.1.1004, D. 94.5.279] — V. suprà, v° Cassation (mat. civ.), n. 1712 et s.

3603. — La notification n'est pas régulière lorsqu'elle est faite à un domicile que l'exproprié a cessé d'habiter et ne fait pas, dès lors, courir les délais du pourvoi. En vain dirait-on que cet ancien domicile, ayant été originairement déclaré, par l'exproprié, dans la pétition qu'il avait présentée au préfet en alignement et en autorisation de bâtir, a dû être considéré comme domicile élu dans le sens de l'art. 15, L. 3 mai 1841, cette déclaration ne contenant que la simple énonciation d'un fait, mais n'ayant aucunement le caractère de l'élection de domicile. On pourrait d'autant moins voir dans la déclaration susmentionnée une élection de domicile, qu'une semblable élection n'ayant été exigée que par une loi postérieure ne saurait être déclarée, ladite loi ne pourrait être invoquée sans rétroactivité. — Cass., 2 avr. 1849, Carlot-Pasquin, [S. 49.1.370, P. 49.2.33]

3604. — Est nulle la notification faite à deux époux par une seule copie, alors que les deux époux ont pris devant le jury les mêmes conclusions tendant à la même indemnité, que l'indemnité a été accordée aux époux et que le pourvoi a été dirigé contre les deux époux. — Cass., 21 déc. 1892, Préfet de la Corse, [S. et P. 94.1.194]

3605. — Le pourvoi dirigé par un exproprié contre l'exproprianten'est pas recevable à l'encontre d'un autre exproprié, bien qu'il lui ait été notifié, alors d'ailleurs qu'il ne formule aucun grief contre la décision du jury en ce qui le touche. — Cass., 17 janv. 1893, Depeaux, [S. et P. 94.1.422]

3606. — La notification du pourvoi formé contre une décision du jury d'expropriation ne peut être faite aux expropriés par le maire de la commune qui poursuit l'expropriation. — Cass., 26 août 1857, Comm. de Beaurecq, [S. 58.1.79, P. 58.706, D. 57.1.354] — Le maire intéressé ne peut jouer deux rôles à la fois, celui d'agent notificateur et de partie.

§ 7. De l'envoi des pièces et de l'arrêt de la cour.

3607. — Dans la quinzaine de la notification du pourvoi, on doit transmettre à la Cour de cassation 1° toutes les pièces établissant que la décision du jury est régulière et toutes celles qui peuvent l'interpréter et en établir le sens; 2° la décision du jury et l'ordonnance du magistrat directeur ; 3° la déclaration du pourvoi ; 4° le mémoire, s'il en a été rédigé un. Les parties qui n'ont pas déposé les autres pièces au greffe en temps utile, et, par exemple, la notification du pourvoi, les adressent directement à la Cour de cassation. — V. suprà, n. 3479 et s.

3608. — Lorsque de deux expéditions de la décision du jury certifiées conformes par le greffier du tribunal, l'une mentionne un juré comme ayant signé la décision du jury, tandis que l'autre l'indique comme ne l'ayant pas signée, il n'y a pas lieu, pour la Cour de cassation, d'ordonner l'apport de la minute, mais bien de commettre un juge du tribunal de l'arrondissement du lieu, pour, les parties dûment appelées, collationner les deux expéditions avec la minute et constater laquelle de ces deux expéditions est conforme au texte de la minute. — Cass., 6 févr. 1882, Caillot-Doucy, [S. 82.1.381, P. 82.1.950, D. 84.1.444]

§ 8. De la consignation de l'amende et de quelques effets de l'arrêt.

3609. — Le pourvoi en cassation formé contre la décision du jury et l'ordonnance du magistrat directeur n'est pas dispensé de la consignation de l'amende. Seul, le préfet, agissant au nom de l'État, n'a point d'amende à consigner. Spécialement, le pourvoi en cassation formé par une commune contre la décision d'un jury d'expropriation n'est pas dispensé de la consignation préalable d'une amende. Et il en est ainsi, alors même que le préfet serait intervenu pour soutenir le pourvoi. — Cass., 9 août 1886, Comm. de Brainville, [S. 87.1.80, P. 87.1.165, D. 86.5.233] — Crépon, sur l'art. 42, n. 57. — V. suprà, v° Cassation (mat. civ.), n. 235 et 236.

3610. — Le pourvoi n'est recevable contre une décision contradictoire du jury que moyennant la consignation d'une amende de 150 fr. (décimes non compris) et contre une décion par défaut que moyennant celle d'une amende de 75 fr. (décimes non compris). — Cass., 12 déc. 1882, Levesque, [S. 84.1.294, P. 84.1.703, D. 84.1.164] ; — 12 déc. 1882, Pola, [Ibid.] ; — 18 déc. 1882, Héricourt, [Ibid.] ; — 16 juill. 1889, Barby-Cluzeau, [S. 91.1.86, P. 91.1.176, D. 91.5.276] ; — 10 août 1891, Maulin, [S. et P. 93.1.96] — De Lalleau, Jousselin, Rendu et Périn, t. 1, n. 656 ; Crépon, sur l'art. 20, n. 106 et 111 ; Daffry de la Monnoye, t. 1, sur l'art. 20, n. 54.

3611. — Il y a lieu de consigner deux amendes, spécialement, quand le demandeur en cassation attaque directement la décision du jury d'expropriation, et qu'il ne poursuit pas seulement l'annulation comme conséquence de l'annulation du jugement d'expropriation. — Cass., 18 déc. 1882, précité. — V. suprà, n. 3510. et v° Cassation (mat. civ.), n. 321 et s.

3612. — Le demandeur en cassation, qui n'a consigné qu'une somme inférieure au montant de ces deux amendes, doit être déclaré non recevable dans son double pourvoi, et condamné : 1° au paiement des deux amendes; 2° à une indemnité au profit du défendeur, de moitié de deux amendes. — Cass., 12 déc. 1882 (2 arrêts), précités; — 18 déc. 1882, précité. — Il en est ainsi surtout, s'il n'a fait aucune attribution de la somme consignée au pourvoi contre l'une des décisions attaquées. — Cass., 18 déc. 1882, précité.

3613. — La cassation ne s'applique qu'aux demandeurs en cassation; les autres intéressés ne sauraient bénéficier d'un pourvoi qu'ils n'ont point formé ; pour eux la décision du jury est devenue définitive, irrévocable. — Cass., 18 juill. 1883, [Gaz. Pal., 83.2.235] — De Lalleau, Jousselin, Rendu et Périn, t. 1, n. 657. — V. suprà, n. 3511.

3614. — Mais si la cassation a été prononcée sur le pourvoi d'un copropriétaire indivis, la décision du jury doit être annulée tout entière et à l'égard de tous les copropriétaires, si, ce qui arrive le plus souvent, il n'est pas possible de distinguer la part afférente dans l'indemnité au copropriétaire sur le pourvoi duquel la décision a été cassée. — Cass., 6 janv. 1857, Duplay, [S. 57.1.303, P. 58.99, D. 57.1.47] ; — 1er déc. 1880, Gourjun, [S. 81.1.226, P. 81.536, D. 81.1.80] ; — 7 nov. 1883, Durand, [cité par Crépon, sur l'art. 42, n. 87] — De Lalleau, Jousselin, Rendu et Périn, t. 1, n. 657.

3615. — Si la décision du jury n'est cassée qu'à l'égard de l'un des chefs de demande d'une même partie, cette cassation n'entraînera pas la cassation d'un autre chef s'il n'existe aucun lien de connexité entre deux chefs distincts de la décision du jury; ainsi la cassation d'une indemnité éventuelle peut ne pas entraîner la cassation d'une indemnité afférent aux parcelles expropriées. — Cass., 14 mars 1887, Préfet de l'Hérault, [S. 88.1.270, P. 88.1.643, D. 90.1.184] — De Lalleau, Jousselin, Rendu et Périn, loc. cit.

3616. — Mais la décision du jury doit être annulée pour le tout quand elle est indivisible; ainsi quand une indemnité a été fixée en vue d'une acquisition totale et l'autre en vue de l'acquisition partielle, il y a lieu de prononcer la cassation pour le tout quand l'indemnité allouée pour l'acquisition totale est nulle par suite du défaut d'offres. — Cass., 21 déc. 1864, Haentjens, [S. 65.1.240, P. 65.563, D. 64.5.162] ; — 7 juill. 1868, Comm. de Montrichard, [S. 69.1.57, P. 69.59, D. 68.1 328] — Crépon, sur l'art. 42, n. 86; de Lalleau, Jousselin, Rendu et Périn, t. 1, n. 657; Daffry de la Monnoye, t. 2, sur l'art. 42, n. 35.

3617. — La cassation de la décision du jury entraîne toujours l'annulation de l'ordonnance du magistrat directeur qui l'a rendue exécutoire et qui n'a plus de base. — Cass., 6 déc. 1837, Bérard, [S. 38.1.228, P. 38.1.301] — De Lalleau, Jousselin, Rendu et Périn, *loc. cit.*; Crépon, sur l'art. 42, n. 88.

3618. — Mais la cassation de l'ordonnance du magistrat directeur, n'entraîne pas l'annulation de la décision du jury; l'erreur du magistrat directeur ne peut entacher de nullité la décision du jury déjà rendue. — Cass., 21 juin 1842, Préfet du Jura, [P. 42.1.139] — De Lalleau, Jousselin, Rendu et Périn, *loc. cit.*; Crépon, sur l'art. 42, n. 89. — V. *suprà*, v° *Cassation* (mat. civ.), n. 4936.

3619. — La cassation de la décision du jury et de l'ordonnance du magistrat directeur remet les parties dans l'état où elles se trouvaient avant cette décision; dès lors, l'expropriant n'a plus aucun titre pour se mettre en possession des terrains expropriés; si donc il n'est pas en possession, il ne peut exiger cette mise en possession; s'il a pris possession, le propriétaire peut exiger rentrer en jouissance de son immeuble. — De Lalleau, Jousselin, Rendu et Périn, t. 1, n. 657; Crépon, sur l'art. 42, n. 91; Daffry de la Monnoye, t. 2, sur l'art. 42, n. 36.

3620. — Par application de la même règle, il a été jugé que lorsque six mois se sont écoulés depuis le jugement d'expropriation, l'exproprié est en droit de poursuivre en vertu de l'art. 55, L. 3 mai 1841, le règlement de l'indemnité qui lui est due, alors même que la décision cassée aurait été rendue depuis moins de six mois. — Cass., 27 janv. 1892, Ghilini et autres, [S. et P. 93.1.429, D. 93.1.43] — V. *suprà*, n. 1752 et s.

§ 9. Du renvoi après cassation.

3621. — Lorsqu'une décision du jury vient à être cassée, l'affaire est renvoyée devant un nouveau jury choisi dans le même arrondissement (L. 3 mai 1841, art. 43). Ainsi le renvoi a lieu devant le jury du même arrondissement, mais composé d'autres jurés. — Cass., 22 juill. 1885, Camus, [S. 87.1.278, P. 87.1.656, D. 86.1.382] — De Lalleau, Jousselin, Rendu et Périn, t. 1, n. 658; Crépon, sur l'art. 43, n. 3 et 4.

3622. — Le magistrat directeur qui a dirigé le jury dont émane la décision cassée, ne peut, à peine de nullité, diriger le nouveau jury. — Cass., 21 mars 1855, Passeron, [S. 55.1.449, P. 57.335, D. 57.1.422] — C'est l'application du principe d'après lequel le juge qui a participé à une décision cassée ne peut siéger dans le tribunal de renvoi. — Daffry de la Monnoye, t. 2, sur l'art. 43, n. 2; Crépon, sur l'art. 43, n. 10.

3623. — Mais il a été jugé que, lorsqu'après cassation de la décision d'un jury d'expropriation, les parties sont renvoyées devant un autre jury dirigé par un autre magistrat, rien ne s'oppose à ce que le nouveau jury soit présidé par le juge primitivement commis par le tribunal pour remplacer, au besoin, celui auquel avaient été attribuées les fonctions de magistrat directeur, alors d'ailleurs que ce suppléant n'a pris aucune part aux opérations du premier jury. — Cass., 6 mai 1878, Barthès, [S. 78.1.181, P. 78.430, D. 78.1.439] — De Lalleau, Jousselin, Rendu et Périn, t. 1, n. 657; Crépon, sur l'art. 14, n. 114, et sur l'art. 42, n. 90; Daffry de la Monnoye, t. 2, sur l'art. 42, n. 37 *bis*.

3624. — ... Que lorsque la décision d'un jury d'expropriation a été cassée et le règlement de l'indemnité renvoyé devant un autre jury du même arrondissement, l'arrêt de cassation laisse intactes les dispositions du jugement d'expropriation et notamment celles désignant un juge pour remplacer, au besoin, le magistrat directeur. — Cass., 25 oct. 1899, Jeancard, [S. et P. 1900.1.102]

3624 bis. — Il a été jugé aussi que le tribunal peut désigner un nouveau magistrat directeur en remplacement du titulaire auquel l'arrêt de cassation a enlevé sa délégation. — Cass., 22 juill. 1885, Camus, [S. 87.1.278, P. 87.1.656, D. 86.1.382]

3625. — C'est donc à ce magistrat qu'il appartient de fixer la date de la réunion du second jury et c'est lui seul, à l'exclusion de tout autre, qui a le droit de présider ses opérations. Dès lors doit être annulée la décision du second jury rendue sous la présidence d'un magistrat nommé par ordonnance du président du tribunal, pour diriger les opérations du second jury. — Même arrêt. — Ce système, il faut en convenir, est le seul logique et conforme au texte de la loi; le jugement d'expropriation conserve toute sa force, or il a nommé un magistrat pour remplacer, en cas de besoin, le magistrat directeur-titulaire; celui-ci est empêché, et ne peut plus, par suite de la cassation, présider les opérations du jury, c'est donc à celui qui est désigné pour le remplacer, à diriger les opérations du jury à sa place; et c'est lui seul, à moins d'empêchement, qui a ce droit, puisque la vue duquel il a été nommé se réalise. — V. *suprà*, v° *Cassation* (mat. civ.), n. 5012.

3626. — Il y a lieu d'annuler la décision rendue sur renvoi si le jury qui a statué n'a pas été entièrement composé de jurés autres que ceux formant le premier jury et si notamment l'un des jurés ayant concouru à la décision cassée a participé à la décision rendue sur renvoi. — Cass., 24 janv. 1898, Préfet des Basses-Alpes, [S. et P. 98.1.191]; — ... Ou si dans la décision rendue sur renvoi figuraient trois jurés ayant pris part à la première décision. — Cass., 20 juill. 1884, Préfet de la Corse, [S. 81.1.430, P. 84.1.1087, D. 84.5.266] — V. *suprà*, v° *Cassation* (mat. civ.), n. 5002 et s.

3627. — Il arrive, parfois, que les jurés de l'arrondissement de la situation des biens, hostiles à la décision des travaux, allouent des indemnités disproportionnées pour arrêter l'exécution de ces travaux. En 1840, le gouvernement, pressentant ces dangers, proposait que sur la réquisition des parties la Cour de cassation pût, pour suspicion légitime, saisir le jury d'un autre arrondissement, et cela soit avant toute décision, soit après une première décision cassée (*Monit.* du 22 févr. 1840, p. 345). M. Dufaure, au nom de la commission de la Chambre, repoussa cette innovation; il s'est ainsi exprimé à cet égard : « Lorsqu'une demande en renvoi est portée devant la Cour de cassation de prime abord, sans instruction antérieure, sans documents, lorsque ce sont des circonstances vagues, des calomnies de petites localités que l'on invoque pour demander le renvoi à un autre jury, il nous paraît que la Cour de cassation ne peut pas être mise en situation de renvoyer devant un jury d'un arrondissement voisin : que, par conséquent, ce droit ne doit point lui être accordé » (*Monit.* du 5 mars 1841, p. 538). — De Lalleau, Jousselin, Rendu et Périn, t. 1, n. 659; Daffry de la Monnoye, t. 2, n. 6; Crépon, sur l'art. 43, n. 9.

3628. — Le législateur s'est donc borné à adopter la disposition suivante : « néanmoins, la Cour de cassation peut, suivant les circonstances, renvoyer l'appréciation de l'indemnité à un jury choisi dans un des arrondissements voisins, quand même il appartiendrait à un autre département » (L. 3 mai 1841, art. 43). Ce paragraphe n'existait pas dans la loi de 1833 : aussi avait-il été jugé, sous son empire, que le demandeur en cassation d'une décision du jury ne pouvait conclure à ce que l'affaire fût, pour cause de suspicion légitime, renvoyée devant le jury d'un autre arrondissement. — Cass., 22 juin 1840, Comp. du chem. de fer de Strasbourg, [P. 40.2.468] — Daffry de la Monnoye, t. 2, sur l'art. 43, n. 3 et 4.

3629. — Le jury devant lequel l'affaire est renvoyée est formé conformément à l'art. 30, soit par la cour d'appel, soit par le tribunal du chef-lieu judiciaire; il est convoqué par le sous-préfet de l'arrondissement dans lequel il siège, après entente avec le magistrat directeur. — De Lalleau, Jousselin, Rendu et Périn, t. 1, n. 661; Crépon, sur l'art. 43, n. 14.

3630. — Lorsque l'affaire est renvoyée devant le jury d'un autre arrondissement qui peut appartenir à un autre département, le magistrat directeur est nommé par jugement du tribunal de l'arrondissement du nouveau jury.

CHAPITRE XVII.

DU PAIEMENT DE L'INDEMNITÉ ET DE LA PRISE DE POSSESSION.

Section I.

Du paiement préalable.

3631. — Il arrivait autrefois que l'indemnité d'expropriation pour utilité publique était payée tardivement, ou même ne l'était point du tout. Pour faire cesser cet état de choses la charte de 1814, art. 10, et celle de 1830, art. 9, ont décidé que : « L'État peut exiger le sacrifice d'une propriété pour cause d'utilité publique légalement constatée, mais avec une indemnité préalable. » Ce principe a été reproduit par la loi de 1841. Les indemnités réglées par le jury sont, préalablement à la prise de possession, acquittées entre les mains des ayants-droit (L. 3 mai 1841, art. 53, § 1).

3632. — L'obligation de payer l'indemnité avant la prise de possession s'applique aux intérêts et aux frais; si l'expropriant a à retenir des dépens, il les déduit de sa dette. — De Lalleau, Jousselin, Rendu et Périn, t. 2, n. 792.

3633. — Mais l'indemnité due à un particulier à raison de l'expropriation d'un immeuble ne peut se compenser avec les réclamations que le domaine pourrait avoir à former à raison de terrains distincts et indépendants de l'immeuble exproprié qui seraient indûment détenus par ce particulier. En conséquence, l'indemnité allouée doit être payée intégralement, sauf réserve des droits de l'État quant aux terrains litigieux. — Cons. d'Ét., 7 juill. 1853, Long, [S. 54.2.215, P. adm. chr.]

3634. — Le jury ne peut donc ordonner que l'expropriant sera mis en possession immédiate, sauf paiement ultérieur de l'indemnité; une telle décision constituerait un excès de pouvoir et donnerait ouverture à cassation. Il importerait peu qu'un arrêté du préfet eût décidé que l'expropriant serait mis en possession immédiatement après la fixation de l'indemnité. — *Sic*, dans le premier cas, Cass., 28 janv. 1834, Dumarest, [S. 34.1.206, P. chr.] — Dans le second cas, Cass., 10 août 1841, Forquet, [S. 41.1.888, P. 47.2.217] — Crépon, sur l'art. 53, n. 1; Daffry de la Monnoye, sur l'art. 53, n. 2.

3635. — La fixation, par le jugement d'expropriation, d'une époque pour la mise en possession ne met pas obstacle à ce que l'exproprié exerce tous les droits résultant de la loi de 1841, dans le cas où l'indemnité préalable à lui due n'aurait pas été régulièrement payée à l'époque indiquée par le jugement. Il en est ainsi alors surtout que le jugement, en ordonnant la cession de ce terrain, ajoute : « moyennant indemnité convenue ou fixée conformément à la loi du 3 mai 1841. » — Cass., 31 juill. 1843, Ja le, [P. 43.2.363] — Daffry de la Monnoye, t. 2, sur l'art. 53, n. 3; Crépon, sur l'art. 53, n. 5.

3636. — Le principe du paiement préalable de l'indemnité a toujours été appliqué avec une grande rigueur. Ainsi jugé que le paiement de l'indemnité ne peut être subordonné à une éventualité, pour le cas, par exemple, où, après la dépossession, l'administration n'exécuterait pas certains travaux qui rendraient au propriétaire la chose ou la remplaceraient par un équivalent, ne rétablirait pas, par exemple, le cours d'eau avec un égal avantage du moulin. — Cass., 7 févr. 1837, Parmentier, [S. 37.1.126, P. 37.1.94] — Crépon, sur l'art. 53, n. 3 et 4; Daffry de la Monnoye, t. 2, sur l'art 53, n. 2.

3637. — Si le paiement doit être effectué par le Trésor, le préfet délivre un mandat sur la caisse du trésorier-payeur général; l'exproprié touche ce mandat; s'il ne sait ou ne peut signer la quittance est donnée en la forme administrative, sans la part notarié. — De Lalleau, Jousselin, Rendu et Périn, t. 2, n. 793; Crépon, sur l'art. 53, n. 22 et 23.

3638. — La décision du jury allouant une indemnité à un exproprié est définitive; celui-ci, pour toucher son indemnité, ne peut donc être obligé par l'expropriant à justifier de sa propriété; l'expropriant ne pourrait davantage se refuser à payer l'indemnité en offrant de prouver que l'exproprié n'est pas propriétaire; l'expropriant ne pourrait se refuser à payer que s'il était saisi d'une opposition d'un prétendant droit à l'indemnité; il devrait alors attendre la solution définitive du litige. — Cass., 5 févr. 1845, Boudard, [S. 45.1.217, P. 45.1.218, D. 45.1.132] — 28 avr. 1858, [D. 58.1.272] — De Lalleau, Jousselin, Rendu et Périn, t. 2, n. 794; Crépon, sur l'art. 53, n. 24 et s.

3639. — Par application de la même règle, il a été jugé que le propriétaire exproprié pour cause d'utilité publique n'est pas tenu, pour toucher l'indemnité à lui allouée par le jury, de faire une justification complète de ses droits de propriété, d'établir qu'il ne peut exister d'inscription hypothécaire sur aucun de précédents propriétaires; que c'est à l'administration à établir qu'il y aurait danger pour elle à remettre à l'exproprié le montant de l'indemnité. — Rouen, 3 juill. 1846, Godefroy, [S. 46.2.489, P. 46.2.652]

3640. — ... Que l'État, en payant entre les mains du propriétaire inscrit à la matrice cadastrale, contre lequel l'expropriation a été suivie, sans que personne ne se soit présenté comme le véritable propriétaire, ne court aucun danger. L'État en effet, en l'absence de toute réclamation, se libère valablement de l'indemnité fixée par le jury d'expropriation entre les mains de la partie contre laquelle l'expropriation a été régulièrement poursuivie. Il n'est pas tenu de vérifier, préalablement au paiement, le titre de cette partie. — Cass., 16 août 1865, Dorieux, [S. 65.1.460, P. 65.1197] — V. *infrà*, n. 3675.

3641. — La prise de possession de l'immeuble exproprié pour cause d'utilité publique étant subordonnée au paiement ou à la consignation préalables de l'indemnité, le concessionnaire qui n'a pas consigné est tenu, nonobstant sa faillite et le concordat qu'il a obtenu, de payer sans réduction le prix de la propriété expropriée. — Paris, 17 janv. 1853, Guillot, [P. 53.1.283, D. 54.5.346] — L'exproprié n'a pas à produire à la faillite en vertu d'un droit de créance; il est propriétaire, et il ne peut être dépossédé qu'après le paiement préalable d'une indemnité. — Crépon, sur l'art. 53; Daffry de la Monnoye, t. 2, sur l'art. 53, n. 17.

3642. — L'exproprié ne peut invoquer, pour le paiement de son indemnité, ou l'exécution de travaux promis par l'expropriant en sus des garanties que celles accordées par l'art. 3, L. 3 mai 1841. Si donc, par son fait, l'exproprié s'est mis dans l'impossibilité d'y recourir, il devient créancier pur et simple de l'expropriant, et, en cas de faillite de ce dernier, ne peut plus exercer aucun droit de préférence au préjudice des autres créanciers. — Cass., 2 févr. 1881, Syndic de la faillite du chemin de fer d'Orléans à Rouen, [S. 81.1 327, P. 81.1.785, D. 81.1.158] — De Lalleau, Jousselin, Rendu et Périn, t. 2, n. 794; Crépon, sur l'art. 53, n. 31.

3643. — L'exproprié qui a laissé l'expropriant se mettre en possession sans exiger le paiement de l'indemnité, ne peut exercer, s'il n'est pas payé, l'action résolutoire et se faire remettre en possession ; le législateur lui a accordé une garantie spéciale ; il n'en a pas que, il a donc subi le fait de l'expropriant, et n'a plus qu'une créance à exercer contre lui. — Cass., 16 nov. 1875, Letellier-Delafosse, [S. 76.1.36, P. 76.57, D. 76.1.428] — Paris, 17 janv. 1853, précité. — Daffry de la Monnoye, t. 2, sur l'art. 53, n. 9; Crépon, sur l'art. 53, n. 14.

3644. — Jugé que, l'expropriation d'un terrain comprenant virtuellement les arbres qui y sont adhérents, et l'expropriant en devenant propriétaire après le règlement de l'indemnité (spéciale dans l'espèce) qui leur a été affectée si, tant que cette indemnité n'a pas été payée, l'exproprié peut s'opposer à toute prise de possession, il n'a plus, après l'enlèvement des arbres, suivi de l'acceptation d'un mandat de paiement, d'autre droit que celui de demander des dommages-intérêts à raison du retard apporté dans le paiement de ce mandat, sans être fondé, en pareil cas, à réclamer la restitution des produits enlevés. — Cass., 16 nov. 1875, précité.

3645. — La concession d'un chemin de fer à exécuter, faite par l'expropriant à une société, n'a pas pour effet de substituer celui-ci à sa qualité d'expropriant. — Cass., 19 juill. 1882, Préfet de la Loire, [S. 83.1.134, P. 83.1.305, D. 82.1.457] — Et si les concessionnaires sont soumis à l'obligation de payer les indemnités d'expropriation, les expropriés n'en conservent pas moins le droit de réclamer, par une action personnelle, le paiement de l'indemnité à l'expropriant, à moins qu'ils n'aient compromis leurs droits par des actes librement consentis avec les concessionnaires. — Même arrêt. — De Lalleau, Jousselin, Rendu et Périn, t. 2, n. 794; Crépon, sur l'art. 53, n. 20.

3646. — Par suite, lorsque le concessionnaire autorisé à occuper temporairement un terrain exproprié, à condition de n'y faire aucun ouvrage ayant un caractère de possession définitive, a violé, en ce dernier point, les prescriptions de l'arrêté portant autorisation, le propriétaire qui a obtenu une ordonnance de référé enjoignant au concessionnaire de cesser ses travaux et autorisant le propriétaire à en empêcher la continuation même avec le secours de la force armée, que celui-ci s'est arrêté devant la résistance du concessionnaire, le propriétaire ainsi dépossédé a le droit d'exercer une action directe et personnelle contre l'expropriant pour obtenir le paiement de l'indemnité. — Même arrêt. — De Lalleau, Jousselin, Rendu et Périn, *loc. cit.*; Crépon, sur l'art. 53, n. 21.

3647. — L'expropriant est assimilé à un acquéreur ordinaire lorsque l'immeuble dotal exproprié est aliénable à charge de remploi, et il doit, par suite, même au cas où il a consigné son prix, intervenir pour approuver l'emploi des fonds dotaux. Mais il ne peut être contraint par les voies judiciaires, qu'autant qu'il a été mis en demeure, soit par la Caisse des dépôts et consignations, soit par les expropriés, et qu'il s'est formellement refusé à remplir l'obligation qui lui incombe. — Cass., 15 mars 1886, Fraissine, [S. 87.1.327, P. 87.1.785, D. 86.1.383] — V. *suprà*, v° *Dot*, n. 1547 et s.

3648. — Il a été jugé, d'autre part, que lorsqu'un immeuble à exproprier pour cause d'utilité publique est dotal, et que le mari a contracté un engagement personnel relatif au règlement de l'indemnité, ce mari est, à défaut par lui d'exécuter son engagement, responsable des dommages-intérêts que cette inexécution peut causer à la partie expropriante. C'est là l'application d'une règle de droit commun. — Cass., 10 févr. 1869, Lasvigne, [S. 69. 1.309, P. 69.771]

Section II.
De la prise de possession et des intérêts de l'indemnité.

3649. — L'époque de la prise de possession est fixée par l'arrêté de cessibilité; le jury et le magistrat directeur ne peuvent donc s'expliquer sur ce point; ils commettraient un excès de pouvoir s'ils déterminaient l'époque de la prise de possession; il en est ainsi alors même qu'il existerait sur les terrains expropriés des arbres à fleurs et des fruits. — Cass., 1er juill. 1845, Préfet des Bouches-du-Rhône, [S. 45.1.492, P. 45.2.92, D. 45. 1.350]; — 2 févr. 1869, Hugues, [D. 69.1.246] — Crépon, sur l'art. 53, n. 6 et 7; Daffry de la Monnoye, t. 2, sur l'art. 53, n. 4.

3650. — A plus forte raison le jury n'a-t-il point le droit de déterminer le point de départ des intérêts. — Cass., 20 mai 1845, Mannoury, [S. 45.1.415, P. 45.1.692, D. 45.1.295]; — 1er juill. 1845, Préfet des Bouches-du-Rhône, [S. 45.1.492, P. 45.2.92, D. 45.1.350]; — 26 janv. 1863, Préfet des Bouches-du-Rhône, [*Bull. civ.*, p. 17] — Daffry de la Monnoye, t. 2, sur l'art. 53, n. 5; Crépon, sur l'art. 53, n. 8; de Lalleau, Jousselin, Rendu et Périn, t. 2, n. 795.

3651. — Toutefois le jury peut, du consentement des parties, fixer le point de départ des intérêts à une époque déterminée. — Cass., 30 juin 1856, Ville de Pamiers, [D. 56.1.263] — De Lalleau, Jousselin, Rendu et Périn, t. 2, n. 796; Crépon, sur l'art. 53, n. 10. — Le jury se conforme alors au contrat judiciaire intervenu entre les parties.

3652. — Le jury ne commet pas d'ailleurs un excès de pouvoir quand il se borne à déclarer dans sa décision que les intérêts courront ainsi que de droit à partir de la prise de possession. — Cass., 26 janv. 1863, précité. — De Lalleau, Jousselin, Rendu et Périn, *loc. cit.*; Daffry de la Monnoye, *loc. cit.*; Crépon, sur l'art. 53, n. 9.

3653. — Les intérêts courent en effet à partir de la prise de possession; c'est là l'application du droit commun, parce que jusque-là l'exproprié jouit de sa chose et en perçoit les fruits; mais il est à craindre que l'exproprant ne se hâte pas de prendre possession et porte ainsi préjudice à l'exproprié qui ne peut plus user de sa chose en toute liberté. Pour obvier à cet inconvénient et à ce préjudice, le législateur a édicté la disposition suivante : « quand l'indemnité a été réglée, si elle n'est ni acquittée ni consignée dans les six mois de la décision du jury, les intérêts courent de plein droit à l'expiration de ce délai » (L. 3 mai 1841. art. 55, § 2). Ces mots « de la décision du jury » ont été ajoutés pour faire cesser l'équivoque que présentait l'article de la loi de 1833 sur le point de départ des six mois. — Duvergier, *Coll. des lois*, t. 41, p. 166. — De Lalleau, Jousselin, Rendu et Périn, t. 2, n. 795.

3654. — Jugé, conformément à ce que nous venons d'exposer, que la disposition précitée de la loi n'a pas eu pour objet de dispenser l'administration de payer les intérêts à compter de sa mise en possession, mais a pourvu, au contraire, dans l'intérêt des particuliers, au cas où l'administration, après une expropriation prononcée, négligerait de se faire mettre en possession. — Rennes, 3 janv. 1848 Douillard, [P. 49.1.272] — V. cependant Colmar, 2 mars 1849, Kœchlin, [P. 50.1.597. D. 50.2.55] — L'article de la loi de 1833 se terminait par ces mots : « à titre de dédommagement; » ils ont été supprimés, sur cette observation de Dugabé qu'ils pouvaient être considérés comme un dédommagement à forfait du préjudice que le retard pourrait causer au propriétaire et comme l'application à la matière spéciale de l'expropriation du principe de droit commun consacré par l'art. 1153, C. civ. Dans la pensée de l'orateur, le propriétaire lésé peut, outre les intérêts, demander des dommages-intérêts. Mais Duvergier (*loc. cit.*) hésite, et nous hésitons avec lui, à adopter ce système. Les paroles des orateurs ne sont qu'un élément d'interprétation et ne sauraient avoir force de loi. Or, le paragraphe ne parle point d'une action en dommages-intérêts, et les principes du droit commun y résistent. Dans tous les cas, ce seraient les tribunaux ordinaires, à l'exclusion du jury, qui devraient être saisis de la réclamation dirigée contre l'administration. — De Lalleau, Jousselin, Rendu et Périn, t. 2, n. 795.

3655. — La disposition de l'art. 55 ne s'applique point au cas où, soit avant, soit immédiatement après cette décision, l'exproprant a fait acte de prise de possession, par exemple, en donnant congé aux locataires de l'immeuble : dans ce cas, l'indemnité est due à partir du jour même de la prise de possession. — Paris, 16 déc. 1862, Davillier, [S. 63.2.54, P. 63.526] — V. en ce sens, de Peyrony et Delamarre, n. 683; Jousselin, sur de Lalleau, t. 1, n. 342. — Il en est ainsi encore bien que, devant le jury, l'exproprant ait offert de payer les intérêts de l'indemnité à partir du jour de la dépossession des expropriés, et que cette offre ait été acceptée par ceux-ci, une telle acceptation n'impliquant point de leur part une renonciation à leur droit d'exiger à la même époque le capital de l'indemnité. — Même arrêt. — De Peyrony et Delamarre, n. 683; de Lalleau, Jousselin, Rendu et Périn, t. 2, n. 792.

3656. — Il a été jugé que les intérêts de l'indemnité pour une maison expropriée dans la ville de Paris courent, non à partir du 1er, mais du 15 du premier mois du terme fixé pour la prise de possession, l'usage à Paris étant que les loyers se paient à cette époque. — Paris, 13 févr. 1866, Malice, [S. 66.2.228, P. 66.850]; — 16 avr. 1867, Malice, [D. 67.1.393] — De Lalleau, Jousselin, Rendu et Périn, t. 2, n. 795; Daffry de la Monnoye, t. 2, sur l'art. 55, n. 23.

3657. — Si l'exproprant a donné congé aux locataires avant le jugement d'expropriation, ou avant le paiement de l'indemnité, il a fait un acte nul, en lui-même, mais qui peut avoir pour le propriétaire des conséquences dommageables si les locataires donnent lieu à des dommages-intérêts à fixer par les tribunaux. — Daffry de la Monnoye, t. 2, sur l'art. 55, n. 24; Crépon, sur l'art. 55, n. 34.

3658. — Il a été jugé, spécialement, que si l'exproprant a ainsi arbitrairement donné des congés aux locataires avant le règlement de l'indemnité, l'exproprié peut faire rentrer dans l'indemnité qu'il réclame, le dommage qui lui a été ainsi occasionné par la faute de l'exproprant. — Cass., 16 avr. 1867, précité. — Daffry de la Monnoye, t. 2, sur l'art. 55, n. 25; Daffry de la Monnoye, t. 2, sur l'art. 55, n. 25.

3659. — Mais le locataire exproprié, bien qu'il ait reçu congé pour une époque antérieure à l'expiration des six mois à partir de la décision du jury, ne peut prétendre aux intérêts de l'indemnité qui lui a été accordée, de ce fait, il n'a pas été déposédé avant le paiement de l'indemnité, et si ce paiement a eu lieu dans les six mois de la décision du jury. — Cass., 14 nov. 1865, Ardoin, [S. 66.1.224, P. 66.538, D. 66.1.134] — Crépon, sur l'art. 55, n. 36; de Lalleau, Jousselin, Rendu et Périn, t. 2, n. 795.

3660. — Le propriétaire ne peut invoquer la résiliation du contrat de bail pour expulser le locataire; le propriétaire demeure en possession temporaire à titre de garantie de l'indemnité qui lui est due; mais il doit respecter les autres possessions et notamment celle du locataire. — Paris, 28 août 1865, de Coëtlogon, [*Gaz. des Trib.*, 2 sept. 1865] — Daffry de la Monnoye, t. 2, sur l'art. 55, n. 27; Crépon, sur l'art. 55, n. 37.

3661. — L'exproprant ne peut rien réclamer du locataire tant qu'il n'a pas payé l'indemnité due au propriétaire, car il n'a pas jusque-là la possession de l'immeuble; mais si le locataire continue à occuper les lieux loués après le paiement de cette indemnité l'exproprant peut demander au locataire une somme représentative du bénéfice de cette occupation. — Cass., 16 avr. 1862, Ville de Paris, [S. 62.1.721, P. 62.465, D. 62.1.300] — Paris, 7 mai 1861, Ville de Paris, [S. 62.1.401, P. 62.64, D. 61.2.98] — Daffry de la Monnoye, t. 2, sur l'art. 55, n. 29; Crépon, sur l'art. 55, n. 38 et 39.

3662. — L'exproprant qui a payé les indemnités allouées au propriétaire et au locataire est en droit d'expulser le locataire sans observer les règles ordinaires des congés. — Trib. Seine, 16 janv. 1866, Ville de Paris, [*Gaz. des Trib.*, 25 janv. 1866] — Daffry de la Monnoye, *loc. cit.*; Crépon, sur l'art. 55, n. 40.

3663. — Le locataire qui a payé d'avance un ou plusieurs termes devant s'appliquer aux derniers mois de sa jouissance peut après l'expropriation ou imputer ce qu'il a payé soit sur les termes qu'il peut devoir, soit sur la jouissance qu'il continue après l'expropriation, s'il la continue, ou se faire restituer ce qu'il a ainsi trop payé. Il n'en serait autrement que s'il était établi, en fait, que la somme représentative des loyers ainsi payés d'avance était entrée dans l'indemnité qui lui a été allouée. — Cass., 3 mai 1858, Blanc, [S. 58.1.654, P. 59.294, D. 58.1.274] — Daffry de la Monnoye, t. 2, sur l'art. 55, n. 30; Crépon, sur l'art. 55, n. 41 et 42.

3664. — Si le locataire, après le jugement d'expropriation, profite de la résiliation résultant de ce jugement et quitte les lieux, le propriétaire peut les occuper lui-même, ou les faire occuper par d'autres, les louer et percevoir le loyer; le locataire ne paye plus de loyer, il a abandonné les lieux loués, il ne saurait se plaindre de l'usage qu'en fait le propriétaire. — Daffry de la Monnoye, t. 2, sur l'art. 55, n. 31.

3665. — Si l'expropriant laisse l'exproprié en possession plus de six mois après la décision du jury, l'exproprié, si l'indemnité n'est pas payée, cumule les intérêts et les bénéfices de la jouissance. — Cass., 2 juill. 1872, L'Etat, [D. 72.1.217] — Crépon, sur l'art. 55, n. 30.

3666. — Les intérêts de l'indemnité d'expropriation sont dus seulement à partir du jour de la prise de possession de la chose expropriée, même dans le cas où, par suite d'une déclaration d'urgence, l'administration expropriante pouvait prendre possession à partir du jugement d'expropriation : le point de départ de ces intérêts ne saurait être reporté au jour du jugement, la réparation du préjudice éprouvé par l'exproprié entre le jour de ce jugement et celui de la prise de possession ayant été comprise dans le capital de l'indemnité fixée par le jury. — Angers, 27 nov. 1879, de Vonne, [S. 80.2.240, P. 80.951, D. 80.2.85] — De Lalleau, Jousselin, Rendu et Périn, t. 1, n. 342; Crépon, sur l'art. 55, n. 32.

3667. — En cas de cession volontaire, l'art. 55 ne s'applique pas ; on suit alors les clauses du contrat intervenu; s'il ne contient pas de stipulation expresse on s'en réfère aux règles posées par l'art. 1652, C. civ. Le vendeur a droit aux intérêts; mais s'il a fait quelque profit de l'immeuble, il les lui impute sur les intérêts. — De Lalleau, Jousselin, Rendu et Périn, t. 2, n. 796.

3668. — Dans tous les cas la partie qui, par ses conclusions, a demandé au jury de déterminer ainsi le point de départ des intérêts, ne peut ensuite fonder un grief de cassation de ce chef. — Cass., 6 févr. 1861, Ville de Grenoble, [P. 62.128, D. 61.1.135] — De Lalleau, Jousselin, Rendu et Périn, *loc. cit.*; Crépon, sur l'art. 53, n. 11.

3669. — Les propriétaires dépossédés pour cause d'utilité publique de la jouissance de leur immeuble avant le paiement d'indemnité et la prise de possession régulière et légale, ont droit immédiatement, à titre de dommages-intérêts, soit au revenu qu'aurait produit cet immeuble jusqu'au jour de la dépossession légale, soit à l'intérêt de l'indemnité allouée par le jury. Ici est inapplicable la disposition de l'art. 55, L. 3 mai 1841, qui n'alloue les intérêts de l'indemnité non acquittée ni consignée, qu'après l'expiration du délai de six mois depuis la décision du jury qui l'a fixée; cette disposition, édictée dans l'intérêt des particuliers, prévoit seulement le cas où l'administration, après une expropriation prononcée et la fixation de l'indemnité, négligerait de se faire mettre en possession, mais ne saurait empêcher les intérêts de courir, lorsque la prise de possession est antérieure au règlement de l'indemnité, à partir même de cette prise de possession. — Paris, 14 janv. 1862, Fombelle, [P. 62.414] — De Pevrony et Delamarre, n. 684; de Lalleau, Jousselin, Rendu et Périn, t. 2, n. 795.

3670. — Mais si l'exproprié a consenti amiablement à la prise de possession de l'expropriant avant le règlement de l'indemnité, l'indemnité qui lui sera allouée par le jury ne portera intérêt, si elle n'est pas payée avant cette date, que six mois après la décision du jury, alors du moins que l'immeuble dont l'exproprié s'est dépouillé ne produisait aucun revenu. — Colmar, 2 mars 1849, Koechlin, [P. 50.1.597, D. 50.2.55] — Daffry de la Monnoye, t. 2, sur l'art. 55, n. 2 ; Crépon, sur l'art. 55, n. 33 ; de Lalleau, Jousselin, Rendu et Périn, t. 2, n. 796.

3671. — Ces cas mis à part, l'art. 55 est général; ses dispositions, concernant le cours des intérêts s'appliquent au cas de réquisition d'acquisition totale de l'immeuble exproprié (V. *suprà*, n. 1386 et s.); dans ce cas, les intérêts courent sur la totalité de l'indemnité et non pas seulement sur celle correspondant à la partie de l'immeuble comprise dans le jugement d'expropriation. — Cass., 2 juill. 1872, précité. — Daffry de la Monnoye, t. 2, sur l'art. 55, n. 21 ; Crépon, sur l'art. 55, n. 31.

3672. — Lorsqu'une indemnité a été allouée à un nu-propriétaire et à un usufruitier, c'est celui-ci que les intérêts sont dus à partir de la prise de possession par l'administration. En effet c'est l'usufruitier qui, en pareil cas, jouit de l'indemnité jusqu'à la fin de l'usufruit.

Section III.

De la consignation et des offres réelles.

3673. — « Si les ayants-droit se refusent à recevoir les indemnités réglées par le jury, la prise de possession a lieu après offres réelles et consignation » (L. 3 mai 1841, art. 53). D'après les §§ 3 et 4, art. 53, L. 3 mai 1841, s'il s'agit de travaux exécutés par l'Etat ou les départements, les offres réelles peuvent s'effectuer au moyen d'un mandat égal au montant de l'indemnité réglée par le jury. Ce mandat, délivré par l'ordonnateur compétent, visé par le payeur, sera payable sur la caisse publique qui s'y trouvera désignée. Si les ayants-droit refusent de recevoir le mandat, la prise de possession a lieu après consignation en espèces. Il ne doit pas être fait d'offres réelles toutes les fois qu'il existe des inscriptions sur l'immeuble exproprié ou d'autres obstacles au versement des deniers entre les mains des ayants-droit; dans ce cas, il suffit que les sommes dues par l'administration soient consignées pour être ultérieurement distribuées ou remises selon les règles du droit commun (L. 3 mai 1841, art. 59). Lorsqu'un propriétaire a accepté les offres de l'administration, le montant de l'indemnité doit, s'il l'exige, et s'il n'y a pas eu contestation de la part des tiers dans les délais prescrits par les art. 24 et 27, être versé à la Caisse des dépôts et consignations pour être remis et distribué à qui de droit, selon les règles du droit commun (L. 3 mai 1841, art. 59). La demande de consignation peut être faite postérieurement à l'acceptation, suivant l'art. 59; mais elle peut aussi être faite en même temps par un seul et même acte. C'est ce qui résulte de l'art. 2, n. 4, du tarif des frais.

3674. — Les deux §§ 3 et 4 de l'art. 53, qui n'existaient pas dans la loi de 1833, ont été ajoutés sur la proposition de la première commission de la Chambre des pairs en 1840. Ils ont pour objet de faire concorder l'exécution des offres réelles avec les règles de la comptabilité publique. Si les offres réelles faites au moyen d'un mandat ne sont point acceptées, la consignation se fait en argent. D'après les art. 1, 2 et 3 du tarif, la consignation doit être faite en présence des ayants-droit ou eux dûment appelés. On avait proposé d'étendre la même faculté aux communes; mais cette proposition a été repoussée. — Duvergier, *Collect. des lois*, p. 165; de Lalleau, Jousselin, Rendu et Périn, t. 2, n. 799.

3675. — Il a été jugé que la disposition de l'art. 54, L. 3 mai 1841, qui autorise l'administration à consigner l'indemnité par suite d'une expropriation pour cause d'utilité publique, toutes les fois qu'il existe des obstacles au versement des deniers entre les mains des ayants-droit, doit être entendue en ce sens qu'il suffit d'obstacles, de quelque nature qu'ils soient, pouvant inquiéter l'administration sur la validité du paiement. Spécialement l'administration peut opérer cette consignation lorsque des actes déposés dans ses archives lui révèlent l'existence d'un droit de retour au profit d'un tiers sur l'immeuble exproprié, droit de nature à autoriser ce tiers à exiger caution de l'exproprié préalablement au paiement. — Cass., 10 janv. 1855, Ursulines de Vitré, [S. 55.1.631, P. 55.1.605, D. 55.1.93] — De Lalleau, Jousselin, Rendu et Périn, t. 2, n. 797; Daffry de la Monnoye, t. 2, sur l'art. 54, n. 1.

3676. — La consignation de l'indemnité, pour produire effet, doit être complète; elle est, par suite, nulle, si une indemnité a été accordée à plusieurs titres et que l'expropriant n'ait point consigné la partie relative à l'un des chefs. — Cass., 28 avr. 1858, Chemin de fer de Lyon, [P. 58.687, D. 58.1.277] — Daffry de la Monnoye, t. 2, *loc. cit.*; Crépon, sur l'art. 54, n. 13 et 14; Daffry de la Monnoye, t. 2, sur l'art. 54, n. 5.

3677. — L'administration peut se mettre en possession dès que la consignation est effectuée ; il n'est pas besoin pour cela que les offres aient été déclarées valables ; cela résulte de la discussion qui a eu lieu à la Chambre en 1833. — De Lalleau, Jousselin, Rendu et Périn, t. 2, n. 798.

3678. — Le dépôt à la Caisse des consignations de la somme fixée à titre d'indemnité par le jury, bien que notifié sous toute réserve de contester le droit à l'indemnité, équivaut au paiement et opère libération, en ce sens qu'il peut être procédé de suite à la démolition de l'immeuble exproprié, sans attendre la décision à intervenir à l'égard de la somme consignée. Dans ce cas, la demande d'envoi en possession n'étant que l'exécution d'actes authentiques, le juge des référés est compétent pour l'ordonner, nonobstant l'instance pendante sur le fond même du droit. — Paris, 29 mars 1844, Préfet de la Seine, [P. 44.1.585]

3679. — L'indemnité hypothétique doit être consignée, puisqu'elle ne peut être payée. En cas d'indemnité alternative, il y a lieu de consigner la somme la plus forte ; il en est ainsi, par exemple, lorsque la réquisition d'acquisition totale a été contestée et qu'une indemnité alternative a été allouée soit pour le cas où elle serait refusée, soit pour celui où elle serait accueillie ; c'est le seul moyen de faire jouir l'exproprié des garanties que le législateur a édictées en sa faveur. — Daffry de la Monnoye, t. 2, sur l'art. 53, n. 14 et s.; Crépon, sur l'art. 53, n. 18; de Lalleau, Jousselin, Rendu et Périn, t. 2, n. 808.

3680. — L'exproprié n'est pas recevable à exciper de l'insuffisance et de l'irrégularité de la consignation faite par l'administration, qui n'aurait pas joint les intérêts au principal, si, depuis cette consignation, il a accepté le paiement effectif desdits intérêts. — Cass., 10 janv. 1855, Ursulines de Vitré, [S. 55. 1.631, P. 55.4.605, D. 55.1.93]

3681. — La partie expropriante doit, avant d'opérer la consignation de l'indemnité fixée par le jury, faire des offres réelles toutes les fois qu'il n'existe pas d'inscriptions ou d'obstacles au paiement. — Cass., 28 avr. 1858, précité.

3682. — Par application de l'art. 54, il suffit qu'il y ait consignation sans offres réelles si le prix de l'immeuble est dotal, ou si l'immeuble fait partie d'un majorat. — De Lalleau, Jousselin, Rendu et Périn, t. 2, n. 801.

3683. — Mais il n'y a pas lieu à consignation, lors même qu'il existerait des inscriptions sur l'immeuble, s'il est justifié, par un acte régulier, de la distribution du prix entre les créanciers inscrits. Dans ce cas, comme il n'y a pas d'obstacle au paiement, le prix doit être versé directement entre les mains des ayants-droit, suivant les proportions établies par l'acte de distribution. — Gillon et Stourm, *Code des municipalités*, p. 170.

3684. — L'administration peut consigner l'indemnité allouée aux propriétaires frappés d'expropriation pour utilité publique, par cela seul qu'une saisie-arrêt a été formée sur cette indemnité, avant que cette saisie ait été déclarée valable, avant même la dénonciation de la validité de saisie (C. proc. civ., art. 563). Lorsqu'une indemnité d'expropriation pour cause d'utilité publique appartient à plusieurs personnes, la saisie-arrêt formée sur l'une d'elles n'autorise pas l'administration à consigner que les sommes qui lui reviennent ou dont elle a l'usufruit ou la jouissance. — De Lalleau, Jousselin, Rendu et Périn, t. 2, n. 804 et 806. — En ce qui concerne les formalités et les effets des saisies-arrêts, opposition et signification faites à la Caisse des dépôts et consignations, V. *suprà*, ce mot.

3685. — Si la saisie-arrêt frappe l'usufruitier, l'expropriant doit consigner d'abord toutes les sommes qui lui ont été allouées en propre, ensuite toutes celles dont à la jouissance ; il n'a plus en effet la libre disposition d'aucune de ces sommes. — De Lalleau, Jousselin, Rendu et Périn, t. 2, n. 806 ; Crépon, sur l'art. 54, n. 5.

3686. — Dans le cas où il existe des droits d'usage, d'habitation, de bail à rente ou d'emphytéose, l'indemnité est placée dans l'intérêt de tous ; si la saisie-arrêt frappe l'un des intéressés toute l'indemnité est consignée ; il n'en serait autrement que si l'exercice des droits du saisi avait été restreint à une somme déterminée ; cette somme seule serait alors consignée, le surplus serait remis aux intéressés. — De Lalleau, Jousselin, Rendu et Périn, *loc. cit.*; Crépon, sur l'art. 54, n. 6.

3687. — L'indemnité accordée au locataire ou au fermier est toujours distincte de celle allouée au propriétaire ; donc la saisie-arrêt pratiquée sur le fermier ou le locataire n'autorise pas à consigner l'indemnité allouée au propriétaire, et la saisie-arrêt frappant le propriétaire ne peut autoriser l'expropriant à consi-

guer l'indemnité accordée au locataire ou au fermier. — De Lalleau, Jousselin, Rendu et Périn, *loc. cit.*; Crépon, sur l'art. 54, n. 7.

3688. — Si une indemnité a été allouée à plusieurs copropriétaires indivis dont les droits n'ont point été déterminés par les titres produits à l'expropriant, celui-ci devra consigner l'indemnité tout entière, faute de connaître la part revenant à l'exproprié saisi. — De Lalleau, Jousselin, Rendu et Périn, *loc. cit.*; Crépon, sur l'art. 54, n. 8.

3689. — Si donc l'immeuble a été acquis en entier sur la réquisition d'acquisition totale faite par le propriétaire, l'obstacle au paiement qui atteint la portion acquise sur la demande du propriétaire permet à l'expropriant de consigner l'entier prix ; il ne peut faire la répartition du prix entre les deux parties de l'immeuble, ni décider quelle est la portion du prix afférente à la parcelle expropriée. — De Lalleau, Jousselin, Rendu et Périn, *loc. cit.*

3690. — Les oppositions formées par d'autres personnes que les créanciers, constituent des obstacles au paiement ; il en est ainsi de celles relatives à des actions en résolution, revendication, et à toutes les actions réelles transportées sur le prix. Du moment que ces actions sont transportées sur le prix, les tiers à qui elles appartiennent doivent pouvoir s'opposer au paiement. L'expropriant en ce cas doit donc consigner. — De Lalleau, Jousselin, Rendu et Périn, t. 2, n. 805.

3691. — L'antichrèse, lorsqu'elle a été régulièrement notifiée à l'administration, forme également un obstacle au paiement des deniers (C. civ., art. 2085 et s.), qui l'oblige à consigner. — De Lalleau, Jousselin, Rendu et Périn, t. 2, n. 807 ; Crépon, sur l'art. 54, n. 9.

3692. — L'expropriant auquel on signifie que l'immeuble exproprié appartient à une femme dotale, doit consigner ; la dotalité de l'immeuble est un obstacle au paiement, la femme ne pouvant toucher que moyennant un remploi régulier : le second paragraphe de l'art. 13, L. 3 mai 1841, aux termes duquel les tribunaux ordonnent les mesures de conservation nécessaires ne s'applique pas au cas où, s'agissant de biens dotaux, ces mesures ont été prévues et indiquées au contrat de mariage. — Toulouse, 8 août 1866, Chem. de fer du Midi, [D. 66.2.209] — Crépon, sur l'art. 54, n. 10.

3693. — Enfin, tant que le vendeur à réméré est encore dans le délai pour exercer le pacte de rachat et qu'il n'a pas fait connaître sa volonté, l'administration est tenue de consigner l'indemnité. Le vendeur à réméré d'un immeuble exproprié se hâtera d'exercer l'action qui lui appartient dans le cas, qui sera le plus fréquent, où l'indemnité fixée par le jury sera plus élevée que la somme qu'il a à débourser pour le rachat.

3694. — Suivant Gillon et Stourm (*loc. cit.*), et Duvergier (*Collect. des lois*, t. 33, p. 305), si les sommes pour lesquelles il a été pris inscription ou formé opposition ne s'élèvent pas à la valeur totale de l'indemnité, l'administration ne doit consigner que la somme nécessaire pour garantir les droits des tiers et doit remettre le surplus au propriétaire. Il nous semble impossible que l'intention de la loi spéciale ait été d'exposer l'administration à des recours pouvant résulter d'un paiement que d'autres créanciers attaqueraient comme précipité, tandis que la loi commune veut que le tiers saisi ne vide ses mains qu'après l'accomplissement de certaines formalités et de certains délais.

3695. — La Caisse des consignations, dépositaire du prix d'un immeuble exproprié pour utilité publique, doit, à peine de dommages-intérêts, le payer au propriétaire dépossédé, sous la notification d'un certificat négatif d'inscriptions précisant que ce propriétaire ne doit pas être confondu avec un homonyme contre lequel il existe une inscription. — Cass., 7 févr. 1877, Caisse des dépôts et consignations, [S. 77.1.276, P. 77.685, D. 77.1. 276] — Daffry de la Monnoye, t. 2, sur l'art. 54, n. 17 ; Crépon, sur l'art. 54, n. 15.

Section IV.

De la prise de possession avant le paiement préalable de l'indemnité.

3696. — Il arrive parfois que les entrepreneurs se mettent en possession des lieux loués avant le paiement préalable de l'indemnité ; les propriétaires lésés doivent alors recourir à la justice, mais ils ne peuvent s'opposer, par la force ou par des voies de fait à la prise de possession ou à l'exécution des travaux ; ils s'exposeraient à des poursuites correctionnelles. — Cass., 6 juill. 1844, Minist. publ., [S. 44.1.854, P. 44.2.593]; — 22 mai 1857, Chaumont, [S. 57.1.505, P. 58.476, D. 57.1.315]; — Paillard de Villeneuve : *Gaz. des Trib.*, 2 mai 1844; Dufour, p. 299; Chauveau et Faustin Hélie, *Théorie du C. pén.*, t. 6, p. 178; Rauter, t. 2, p. 241; Daffry de la Monnoye, t. 2, sur l'art. 53, n. 6; Crépon, sur l'art. 53, n. 13; de Lalleau, Jousselin, Rendu et Périn, t. 2, n. 816 et 817.

3697. — Si les concessionnaires ou les entrepreneurs de travaux empiètent sur le terrain non exproprié, et envahissent des parcelles non comprises dans l'expropriation l'autorité judiciaire est également compétente pour connaître de l'action du propriétaire lésé. — De Lalleau, Jousselin, Rendu et Périn, t. 2, n. 819.

3698. — Le propriétaire ainsi dépossédé peut avoir intérêt à faire constater qu'il avait la possession plus qu'annale au moment où il a été dépossédé irrégulièrement; cette action, comme toutes les actions possessoires, est de la compétence du juge de paix. — De Lalleau, Jousselin, Rendu et Périn, t. 2, n. 820. — V. *suprà*, v° *Action possessoire*, n. 789 et s.

3699. — Le juge de paix ainsi saisi au possessoire est compétent pour statuer sur la question de possession et pour ordonner que le propriétaire sera réintégré dans sa possession, mais il ne saurait ni défendre à l'entrepreneur de continuer ses travaux, ni prescrire la destruction des travaux déjà faits. L'autorité administrative est seule compétente à cet égard. — Cass., 15 janv. 1839, Préfet d'Ille-et-Vilaine, [S. 39.1.15, P. 39.1.237] — Cons. d'Et., 14 oct. 1836, Leballe, [S. 37.2.124, P. chr.] — De Lalleau, Jousselin, Rendu et Périn, t. 2, n. 822.

3700. — Jugé, de même, que l'autorité judiciaire est compétente pour statuer sur les difficultés relatives à la prise de possession : par exemple, sur des difficultés provenant de ce que des constructions ont été élevées sur le terrain exproprié avant le paiement de l'indemnité; mais que si le juge des référés saisi est compétent pour ordonner que les travaux ne soient pas commencés ou continués, il ne lui appartient pas de décider la destruction des travaux; ce droit n'appartient pas à l'autorité judiciaire. — Cass., 18 oct. 1899, Hubert-Brierre, [S. et P. 1900. 1.102] — Paris, 2 avr. 1842, Chemin de fer d'Orléans, [P. 42.1. 573, D. 44.2.132] — Caen, 24 juin 1867, Desloges, [S. 68.2. 226, P. 68.960] — Daffry de la Monnoye, t. 2, sur l'art. 53, n. 7; de Lalleau, Jousselin, Rendu et Périn, t. 2, n. 831. — V. *suprà*, v° *Compétence administrative*, n. 1114 et s.

3701. — Il a été décidé, d'autre part, que le juge des référés est compétent pour statuer provisoirement, pendant l'instance au principal, sur la demande tendant à interdire à l'exproprié l'accès d'une portion de terrain qu'il prétend n'avoir pas été comprise dans l'expropriation, et au moyen duquel accès il se livre à des détériorations et enlèvements sur cette portion de terrain. — Cass., 23 juin 1852, Jaumes, [S. 55.1.138, P. 55.1.370, D. 54. 1.363]

3702. — Au reste, le propriétaire exproprié d'une parcelle de terrain, qui prétend que l'expropriant a exproprié une autre parcelle non expropriée, doit agir par voie d'action ordinaire en revendication devant les tribunaux, et non par voie d'action en indemnité portée devant le jury d'expropriation. — Cass., 29 mai 1867, Chemin de fer de l'Ouest, [S. 67.1.261, P. 67.656, D. 67. 1.246] — C'est là un litige ordinaire qui doit être jugé selon les règles du droit commun. — V. Cass., 18 oct. 1899, précité.

3703. — Lorsqu'un entrepreneur a pris ainsi possession du terrain exproprié avant le paiement préalable de l'indemnité c'est l'autorité judiciaire qui est également compétente pour connaître des dommages-intérêts dus à raison de cette indue prise de possession; c'est là en effet une atteinte au droit de propriété. — Cass., 21 oct. 1844, Pécollet, [S. 42.1.948] — Cons. d'Et., 4 juill. 1844, Raguet, [Leb. chr., p. 381] — 13 déc. 1844, Quelaines, [Leb. chr., p. 554]; — 25 mars 1852, Mathieu, [S. 52.2.374, P. adm. chr.] — De Lalleau, Jousselin, Rendu et Périn, t. 2, n. 832.

3704. — Le propriétaire illégalement dépossédé, qui a obtenu sa réintégration dans sa possession par une décision de l'autorité judiciaire passée en force de chose jugée, peut requérir l'intervention de la force armée pour ramener cette décision à exécution; et cela en vertu de la formule exécutoire attachée à cette dernière. — Paris, 26 juin 1843, [*Gaz. des Trib.* du 27 juin 1843] — Dufour, t. 5, n. 501; de Lalleau, Jousselin, Rendu et Périn, t. 2, n. 833.

CHAPITRE XVIII.

DE L'IRRÉVOCABILITÉ DE LA DÉCISION DU JURY, DE SON INTERPRÉTATION ET DE LA COMPÉTENCE A RAISON DES ENGAGEMENTS PRIS PAR L'EXPROPRIANT.

Section I.
De l'irrévocabilité de la décision du jury.

3705. — La décision du jury qui n'a pas été attaquée dans les délais et dans les formes déterminées par l'art. 42, L. 3 mai 1841, a l'autorité souveraine de la chose jugée. — Lyon, 14 juill. 1846, Vaginay, [P. 46.2.650] — Ainsi la décision du jury qui fixe le montant de l'indemnité est, sauf le cas de recours en cassation, définitive et irrévocable, quels que soient les obstacles qui s'opposent ultérieurement au paiement de cette indemnité entre les mains de celui à qui elle a été attribuée. Il ne peut donc, après la décision du jury, s'élever ou se débattre que des difficultés étrangères à la fixation du montant de l'indemnité; en un mot, la décision du jury ne peut être ni révisée, ni rectifiée. — Cass., 5 févr. 1845, Domaine de l'Etat, [S. 45.1.217, P. 45.1.218, D. 45.1.152]; — 6 mai 1862, Richarme, [S. 62.1. 890, P. 62.873, D. 62.1.207]; — 15 janv. 1879, Chemin de fer du Midi, [S. 81.1.428, P. 81.1.1084] — Daffry de la Monnoye, t. 2, sur l'art. 38, n. 120; Crépon, sur l'art. 38, n. 324.

3706. — Par application de ce principe, il a été jugé que l'expropriant ne peut demander une réduction de l'indemnité sous prétexte qu'elle a été accordée pour le déplacement d'un mobilier industriel du exproprié que l'on croyait propriétaire de l'immeuble exproprié, alors que réellement il n'en était que le locataire. — Cass., 5 févr. 1845, précité. — Daffry de la Monnoye, *loc. cit.*; Crépon, sur l'art. 38, n. 325.

3707. — ... Que l'exproprié ne peut, sous le prétexte que l'expropriant aurait trompé le jury et dénaturé les emplacements à exproprier, renouveler sa demande touchant la valeur de ce terrain, et réclamer de ce chef une indemnité supérieure à celle que le jury lui a allouée. — Cass., 6 mai 1862, précité.

3708. — ... Qu'on ne peut revenir sur la décision du jury, sous prétexte que le jury aurait été induit en erreur par le fait ou la faute de l'expropriant, en dehors de tout dol personnel imputable à ce dernier. — Cass., 15 janv. 1879, précité. — Crépon, sur l'art. 38, n. 326 et 327. — Dans ce cas il y a lieu à une action en dommages-intérêts contre l'auteur du dol ou de la fraude. — Daffry de la Monnoye, t. 2, sur l'art. 38, n. 124; Crépon, sur l'art. 38, n. 328. — V. *suprà*, v° *Dol, Dommages-intérêts*, n. 281 et s.

3709. — Le propriétaire inscrit à la matrice cadastrale qui, par suite d'une erreur matérielle, n'a pas été mis en cause dans la procédure d'expropriation, et qui a laissé cette décision devenir irrévocable, faute de se pourvoir en cassation, n'est plus recevable à actionner l'expropriant devant le tribunal civil pour se faire allouer une indemnité, il ne peut plus exercer ses droits que sur le prix touché par le tiers non propriétaire. — Rennes, 2 juill. 1883, L'Etat, [S. 84.2.101, P. 84.1.593, D. 84.2.70] — Crépon, sur l'art. 38, n. 327 *bis*.

3710. — Que décider si, malgré les énonciations de la matrice cadastrale une parcelle a été expropriée non sur la tête du propriétaire inscrit à la matrice cadastrale mais sur celle d'un voisin et en même temps qu'une parcelle appartenant réellement à celui-ci, et, portée sous son nom à la matrice cadastrale, alors qu'une seule indemnité a été fixée pour ces deux parcelles? Le propriétaire inscrit à la matrice cadastrale, s'il n'a pas poursuivi la nullité du jugement d'expropriation, n'a d'action ni contre le tiers qui a touché l'indemnité qui lui revenait, ni comme une indemnité unique a été allouée pour cette parcelle et pour une autre appartenant à celui qui a touché l'indemnité unique, il doit être procédé à une ventilation. On ne peut de nouveau recourir au jury, car il est dessaisi et a épuisé sa juridiction en fixant l'indemnité due pour l'expropriant. La compétence appartient donc à la juridiction de droit commun, c'est-à-dire aux tribunaux civils, et en appel, aux cours d'appel, qui ont la compétence générale toutes les fois qu'une loi ne la leur a pas exceptionnellement enlevée. Ce sera donc aux tribunaux civils à procéder à cette ventilation, et à fixer la portion de l'indemnité revenant à chaque propriétaire ; les juges feront eux-mêmes cette ventilation s'ils ont les éléments suffisants à cet effet, sinon ils recourront à une expertise. — Pau, 29 janv. 1900, Barrière, [S. et P. 1900.2.71]

3711. — Dans une espèce, un exproprié avait pris devant le jury l'engagement d'honneur de consentir, malgré la décision du jury, à un arbitrage avec pouvoir de modifier la décision du jury. L'expropriant s'est pourvu en cassation pour excès de pouvoir et déni de justice, la décision rendue sous l'influence de cet engagement n'ayant pu être sérieuse et libre. Le procès-verbal constatait cet engagement. Le pourvoi a été rejeté parce que l'engagement s'est définitivement réglée et que la constatation de faits antérieurs à la fixation de la contenance ne constituait ni un excès de pouvoir ni un déni de justice. — Cass., 24 août 1846, [cité par Daffry de la Monnoye, t. 2, sur l'art. 38, n. 121] — V. aussi Crépon, sur l'art. 38, n. 333.

3712. — Mais l'action en diminution ou augmentation de prix en raison de la différence sur la contenance a été reconnue admissible ; pour la fixation de la contenance, il faut se reporter au jugement d'expropriation. L'action en supplément de prix doit être exercée dans l'année qui suit la décision du jury. — Cass., 24 févr. 1863, Novion, [S. 65.1.143, P. 65.304, D. 64.1.289]; — 16 avr. 1867, [D. 67.1.393] — Daffry de la Monnoye, t. 2, sur l'art. 38, n. 125 ; Crépon, sur l'art. 38, n. 330 et s.

3713. — Il a été jugé que les tribunaux ordinaires sont compétents pour connaître de l'action de l'exproprié tendante à la réparation d'une lacune ou omission dans la décision du jury, sauf, s'ils reconnaissent l'existence d'une omission, à renvoyer les parties devant le jury. — Trib. Savenay, 5 août 1858, sous Rennes, 28 nov. 1859, Chem. de fer d'Orléans, [P. 60.193]

3714. — Jugé, au reste, qu'en admettant qu'une telle action ne constitue pas un recours contre la délibération du jury, absolument interdit par l'art. 42, L. 3 mai 1841, qui n'admet, en pareille matière, que le pourvoi en cassation, du moins faut-il, pour qu'elle puisse être accueillie, que l'omission prétendue résulte clairement de la confrontation du jugement d'expropriation avec la décision du jury ; sans qu'il y ait lieu, du reste, d'avoir égard aux attestations obtenues de quelques-uns des jurés, lesquelles n'ont aucun caractère légal. — Rennes, 28 nov. 1859, précité.

Section II.
De l'interprétation des décisions du jury.

3715. — S'il s'élève des difficultés sur le sens des décisions du jury, ainsi que sur la manière plus ou moins complète dont elles ont vidé le litige, c'est aux tribunaux civils qu'il appartient de résoudre ces difficultés. — Caen, 6 avr. 1842, Defontette, [P. 42.2.723] — Cons. d'Et., 16 juill. 1842, Fonteste, [S. 42.2. 505, P. adm. chr.] ; — 28 avr. 1861, Bocrquin, [S. 62.2.144, P. adm. chr.] ; — 13 janv. 1865, Gonsand, [S. 65.2.247, P. adm. chr.] ; — 30 avr. 1868, Guillemet, [S. 69.2.157, P. adm. chr., D 69.327] — Daffry de la Monnoye, sur l'art. 38, n. 95 et 123.

3716. — Dès lors, le conseil de préfecture saisi d'une demande en indemnité, à raison d'un dommage doit, lorsqu'il est prétendu que le dommage a été compris dans une indemnité allouée par le jury d'expropriation, surseoir à statuer et renvoyer devant l'autorité judiciaire qui se prononcera sur la question de savoir si le dommage qui a donné lieu à la demande a été ou non compris dans l'indemnité fixée par le jury. — Cons. d'Et., 17 janv. 1879, Bézet-Dessaignes, [Leb. chr. p. 41] ; — 26 déc. 1879, Radigney, [Ibid., p. 872] ; — 29 févr. 1884, Comp. P.-L.-M., [Ibid., p. 186] ; — 3 juill. 1885, Chem. de fer du Rhône, [Ibid., p. 650] ; — 23 janv. 1885, Chem. de fer du Nord-Est, [Ibid., p. 69] ; — 9 août 1889, Pradines, [Ibid., p. 982]

3717. — Laferrière dit très-bien à ce sujet : « Lorsqu'un propriétaire a été exproprié pour l'exécution d'un travail public, l'indemnité réglée par le jury d'expropriation ne représente pas exclusivement le prix d'acquisition des terrains et des constructions expropriés ; elle doit aussi représenter les dépréciations, les moins-values, les troubles de jouissance subis par le surplus de la propriété, tels qu'ils peuvent être prévus au moment de l'expropriation. Mais cette indemnité ne peut évidemment comprendre ni les dépréciations que les plans et documents communiqués au jury ne lui ont pas révélés, ni les dommages causés par les changements apportés à ces plans ou par le mode d'exécution des ouvrages. Des indemnités pour dommages peuvent donc, dans beaucoup de cas, être dues en dehors de l'indemnité d'expropriation. Afin d'éviter qu'il n'y ait double emploi, le conseil de préfecture appelé à statuer sur l'indemnité pour dommages doit se reporter à la décision du jury d'expropriation, et se demander si elle comprend le dommage dont on lui demande réparation. Toutes les fois que cette décision est claire, il peut l'appliquer et en tirer telles conséquences que de droit pour peu qu'elle prête au doute, il doit surseoir à statuer jusqu'à ce que la question préjudicielle d'interprétation ait été résolue par l'autorité judiciaire. Cette autorité n'est plus alors représentée par le jury d'expropriation, juridiction toute temporaire, mais par le tribunal civil auprès duquel le jury avait été constitué » (t. 2, p. 176).

3718. — Par suite, il a été jugé que lorsque le propriétaire d'une usine réclame une indemnité à raison du dommage que lui occasionne l'établissement d'un passage à niveau, et que l'expropriant répond que ce dommage a été compris dans l'indemnité d'expropriation, le conseil de préfecture saisi doit surseoir à statuer et renvoyer les parties devant l'autorité judiciaire pour faire reconnaître si l'indemnité fixée par le jury d'expropriation comprend le dommage résultant de l'établissement de ce passage à niveau. — Cons. d'Et., 17 janv. 1879, précité.

3719. — ... Que le conseil de préfecture, saisi par un exproprié d'une demande en indemnité pour dommages causés par un travail public, peut faire se reporter à la décision du jury pour voir si le prix d'expropriation comprend l'indemnité pour dommages, et appliquer cette décision si elle est claire ; mais que, si elle présente des difficultés d'interprétation, il doit renvoyer, pour les faire trancher, à l'autorité judiciaire. — Cons. d'Et., 26 déc. 1879, précité. — ... Que, spécialement, l'autorité judiciaire est seule compétente pour rechercher si une parcelle dans laquelle des conduites d'eau auraient été coupées par suite de l'exécution d'un travail public, fait ou non partie de terrains expropriés, et si le prix de cession des terrains comprend l'indemnité pour dommages. — Cons. d'Et., 26 déc. 1896, Falgairolles, [S. et P. 98. 3.152]

3720. — ... Que si un concessionnaire de travaux publics, auquel un particulier réclame devant le conseil de préfecture la réparation d'un dommage résultant des travaux, soutient qu'une indemnité précédemment allouée au demandeur par le jury d'expropriation comprenait le même dommage, le conseil de préfecture doit surseoir à statuer jusqu'à ce que l'autorité judiciaire ait déterminé le sens de la décision du jury d'expropriation dont se prévaut le défendeur. — Cons. d'Et., 13 janv. 1865, précité.

3721. — ... Qu'au cas d'expropriation d'un canal de navigation au profit d'une commune pour cause d'utilité publique, c'est à l'autorité judiciaire, et non à l'autorité administrative, qu'il appartient de décider, par interprétation du jugement d'expropriation, si la partie du canal sur laquelle existe une chute d'eau dont un particulier est locataire a été comprise dans l'expropriation, et si, dès lors, le jugement a eu pour effet de résilier le bail de ce dernier et de lui donner droit à une indemnité à régler par le jury ; mais que si, pour trancher cette question, il est nécessaire de déterminer le sens du décret déclaratif de l'utilité publique des travaux qui ont motivé l'expropriation, l'autorité administrative a seule qualité pour donner préjudiciellement l'interprétation de ce décret. — Cons. d'Et., 30 avr. 1868, précité.

3722. — ... Que, réciproquement, en réponse à la demande en indemnité formée devant le conseil de préfecture, en Algérie, par un propriétaire riverain d'un chemin de fer, à raison du dommage résultant pour lui de la suppression de certains ouvrages, la compagnie concessionnaire soutient que l'indemnité réclamée a été comprise dans celle allouée pour expropriation par jugement du tribunal civil, le conseil de préfecture doit sursoir à statuer jusqu'à ce que l'autorité judiciaire ait donné l'interprétation du jugement invoqué. — Cons. d'Et., 22 févr. 1866, Chem. de fer de Paris à la Méditerranée, [S. 66.2.370, P. adm. chr.]

3723. — ... Que les tribunaux sont compétents pour apprécier si le jury a pris ou non pour base de son évaluation l'hypothèse où un bac serait établi par l'Etat pour desservir l'exploitation de la propriété du réclamant ; que la compétence de l'autorité judiciaire pour se livrer à cette appréciation ne reçoit aucune atteinte de ce que des arrêtés de préfet auraient rejeté la demande du réclamant tendant à l'établissement du bac, alors que n'attaquant pas ces arrêtés, il a renoncé nécessairement à cet établissement pour ne plus s'occuper que de l'indemnité supplémentaire à laquelle il prétend avoir droit. — Caen, 6 avr. 1842, de Fontette, [P. 42.2.725]

3724. — Dans le cas où, lors de l'expropriation pour utilité publique d'un terrain pour construction d'un chemin de fer, il est intervenu devant le jury une convention spéciale entre l'Etat et l'exproprié, pour l'établissement d'un passage à niveau sur la voie ferrée, c'est également à l'autorité judiciaire qu'il appartient d'interpréter cette convention. Ainsi et spécialement, c'est à l'autorité judiciaire qu'il appartient, en pareil cas, de décider si l'administration a pu valablement substituer un pont au passage à niveau, et d'allouer s'il y a lieu des dommages-intérêts à l'exproprié. — Trib. confl., 12 mai 1883, Rives, [S. 83.3.28, P. adm. chr., D. 83.3.10]

3725. — La Cour de cassation a le droit d'apprécier l'interprétation donnée par les juges du fond aux actes judiciaires sur lesquels ils ont basé leur décision, et peut dès lors déclarer, contrairement à cette décision, que l'indemnité accordée au locataire principal par le jury lui est personnelle, et ne comprend pas celle à laquelle pouvaient avoir droit les sous-locataires. — Cass., 20 avr. 1859, Riveron, [S. 59.1.950, P. 59.784, D. 59.1.167]

3726. — Au surplus, les tribunaux ne sauraient sous prétexte d'interprétation substituer des dispositions nouvelles à des dispositions claires et précises, formulées dans des décisions qui n'ont point été attaquées par les voies légales. Notamment en matière d'expropriation pour cause d'utilité publique, lorsque l'exproprié ne s'est pas pourvu dans les délais légaux, un tribunal ne peut, pour déclarer des parcelles non comprises dans l'expropriation ou dans l'indemnité allouée, écarter les arrêtés de cessibilité, les plans parcellaires, non seulement visés par le jugement d'expropriation mais y annexés, et encore les termes employés par le jury pour expliquer sa décision. Par suite, lorsque l'exproprié ne s'est pas pourvu dans les délais légaux, un tribunal ne peut ordonner le délaissement par l'expropriant, et la restitution à l'exproprié d'une parcelle figurant au plan parcellaire, par le motif que cette parcelle n'était pas spécialement visée dans le jugement d'expropriation, et d'une autre parcelle dont l'acquisition a été requise par l'exproprié, par le motif qu'il y a eu erreur de la part de celui-ci. — Cass., 18 mars 1889, Préfet de la Corse, [S. 90.1.127, P. 90.1.293]

3727. — Il a été jugé, à cet égard, que l'arrêt, qui décide que le montant des sommes, réclamées par un entrepreneur pour des travaux en cours d'exécution, est compris dans l'indemnité éventuelle accordée par la décision du jury d'expropriation, se borne à interpréter cette décision, sans méconnaître l'autorité de la chose jugée qui en résulte. — Cass., 17 mars 1884, Comm. de Pontgibaud, [S. 84.1.343, P. 84.1.834]

3728. — ... Que ne viole pas la chose jugée par le jugement d'expropriation, non plus que la décision du jury, l'arrêt qui, interprétant les conventions intervenues entre l'expropriant et l'exproprié, et les réserves faites par celui-ci devant le jury, décide que l'expropriation du terrain a compris une fontaine établie sur la parcelle expropriée, mais n'a compris... ni les eaux de la source alimentant la fontaine et situées sur un autre fonds... ni la conduite qui amène les eaux de la source jusqu'à la parcelle expropriée... alors d'ailleurs que les eaux de la source et la conduite n'étaient pas mentionnées au jugement d'expropriation. — Cass., 17 janv. 1881, Fizot-Lavergne, [S. 81.1.380, P. 81.1.905, D. 81.1.137]

Section III.

De la compétence à raison des engagements pris par l'expropriant.

3729. — L'expropriation pour cause d'utilité publique se faisant d'autorité de justice, c'est aux tribunaux ordinaires, à l'exclusion des conseils de préfecture, qu'il appartient de pourvoir à l'exécution de la décision du jury, en cas de contestation, et de prononcer sur les dommages-intérêts dus à raison de l'inexécution. — Cass., 17 mai 1854, Orliac, [S. 54.1.639, P. 55.1.66, D. 54.1.223] — V. Cons. d'Et., 29 juin 1842, Pruvost, [S. 42.2.504, P. adm. chr.]

3730. — Jugé en conséquence : que l'autorité judiciaire est seule compétente pour connaître du litige né à l'occasion de l'engagement pris par l'expropriant d'effectuer certains travaux.

— Cass., 6 avr. 1886, Chem. de fer du Nord-Est, [S. 87.1.37, P. 87.1.59]; — 21 juill. 1886, Loiselot, [S. 87.1.135, P. 87.1.305, D. 87.1.316]; — Cons. d'Et., 9 déc. 1845, Hoche-Saint-Pierre, [S. 46.2.153, P. adm. chr., D. 46.3.34]; — 7 févr. 1856, Chem. de fer du Nord, [S. 56.2.729, P. adm. chr., D. 56.3.70]; — 29 mars 1860, Chem. de fer de l'Ouest, [S. 60.2.508, P. adm. chr., D. 60.3.33]; — 12 mai 1876, Chem. de fer Paris-Lyon-Méditerranée, [S. 78.2.218, P. adm. chr., D. 77.3.4]

3731. — ... Que lorsqu'à la suite d'une expropriation pour utilité publique dont le prix a consisté en terrains abandonnés et en travaux à exécuter par la compagnie du chemin de fer expropriante, un débat s'élève de la part de l'exproprié à l'occasion de ces travaux, il y a là, non un simple fait de dommage né de l'exécution des travaux publics et rentrant dans la juridiction administrative, mais une conséquence de la dépossession, et par suite une question de propriété de la compétence des tribunaux ordinaires. — Paris, 12 déc. 1851, Chem. de fer d'Orléans, [P. 52.1.241].

3732. — ... Que, c'est à l'autorité judiciaire qu'il appartient de connaître : de la demande formée contre l'Etat par un propriétaire exproprié en paiement d'une somme qui lui a été attribuée par le jury d'expropriation, pour le cas où l'administration négligerait de faire certains travaux accessoires nécessités par l'établissement d'un chemin de fer. — Cons. d'Et., 9 déc. 1845, précité.

3733. — ... De la demande en indemnité formée par le propriétaire d'un terrain exproprié partiellement pour cause d'utilité publique, à raison du préjudice qu'il aurait éprouvé par suite de la non-exécution de l'engagement pris par l'administration, devant le jury d'expropriation, de créer ou rétablir des rues sur la partie non expropriée. — Cons. d'Et., 7 févr. 1856, précité; — 29 mars 1860, précité. — Et il en est ainsi alors surtout que les avantages à provenir de la rue projetée pour la partie non expropriée du terrain auraient été pris en considération par le jury dans la fixation de l'indemnité d'expropriation. — Cons. d'Et., 7 févr. 1856, précité.

3734. — ... Du dommage résultant, pour le propriétaire, de l'exécution défectueuse ou de l'inachèvement d'un canal d'arrosage qui figurait sur le plan. — Cons. d'Et., 12 mai 1876, précité.

3735. — ... Du litige né à l'occasion de l'engagement pris devant le jury d'expropriation, par la compagnie de chemins de fer expropriante, envers les propriétaires exproprié, d'établir, suivant un certain mode, l'un des chemins d'exploitation desservant la ferme de ce propriétaire. Il en est ainsi, du moins, alors que, d'une part, la solution du litige ne nécessite pas l'interprétation du cahier des charges de la compagnie expropriante..., que, d'autre part, bien qu'il s'agit d'un chemin privé, et qu'enfin les modifications demandées ne s'appliquent pas à des travaux sur lesquels l'administration réserve son contrôle, et ne doivent, en aucune façon, porter atteinte aux travaux exécutés pour la voie du chemin de fer. Dans ce cas, la compagnie qui s'est engagée, soit par l'élargissement du chemin à l'endroit des tournants, soit par l'agrandissement des courbes, etc., à le remettre en bon état de viabilité, et qui a établi un chemin pouvant seulement servir au passage à pied et impraticable pour le service de la ferme, n'a pas satisfait à son engagement. Du moins, les juges du fait qui le décident ainsi, par interprétation de la convention, ne font qu'user de leur pouvoir souverain d'appréciation, sans excéder, ni dénaturer cette convention. — Cass., 6 avr. 1886, précité. — Daffry de la Monnoye, t. 2, sur l'art. 38, n. 95; Crépon, sur l'art. 38, n. 242.

3736. — ... D'une demande en réparation du dommage résultant de l'inexécution de travaux pris à sa charge par une commune expropriante dans un traité de cession amiable de terrains domaniaux à elle consenti par l'Etat. — Cons. d'Et., 6 avr. 1895, Ministre de l'Agriculture, [S. et P. 97.2.79, D. 96.5.276]

3737. — Jugé encore que lorsque la commune expropriante s'est engagée, devant le jury d'expropriation, à élargir, modifier et abaisser la chaussée d'un chemin vicinal, l'autorité judiciaire est compétente pour statuer sur la demande en dommages-intérêts intentée par l'expropriant à raison de l'inexécution de ces travaux; qu'il appartient même, en pareil cas, à l'autorité judiciaire de prescrire à l'expropriant, conformément à ses engagements, l'exécution de travaux d'intérêt privé sur la propriété de l'exproprié; mais que si l'autorité judiciaire est compétente, soit pour interpréter les cessions amiables, soit pour connaître des actions en exécution et en dommages-intérêts en dérivant, elle n'est plus compétente lorsqu'il s'agit de statuer sur une demande tendant à faire modifier et abaisser la chaussée d'un chemin vicinal, alors même que la commune expropriante se serait engagée devant le jury d'expropriation à exécuter les modifications demandées. — Cass., 21 juill. 1886, Loiselot, [S. 87.1.155, P. 87.1.305, D. 87.1.310]

3738. — ... Qu'au cas où le jury d'expropriation a alloué, à titre d'indemnité, soit une somme déterminée, soit certains travaux, tels que l'établissement d'un pont utile à l'exproprié, en laissant à l'État l'option de l'une ou de l'autre forme d'indemnité, si l'État a opté pour l'établissement du pont, les tribunaux civils peuvent, après qu'il a été construit, décider, sur la demande de l'exproprié, que ce pont n'est pas établi dans des conditions telles qu'il remplisse le but que s'est proposé le jury d'expropriation, et en conséquence condamner l'État à payer une certaine somme à l'exproprié à titre de dommages-intérêts, pour inexécution partielle des travaux ordonnés; qu'en décidant ainsi, les tribunaux ne violent pas l'autorité de la chose jugée par la décision du jury : ils ne font au contraire qu'en procurer l'exécution; qu'ils n'empiètent pas non plus sur les attributions de l'autorité administrative, et particulièrement des conseils de préfecture, en matière de travaux publics, la compétence de ces conseils n'ayant trait qu'aux questions de dommages faits aux particuliers dans l'exécution de ces travaux. — Cass., 17 mai 1854 Orliac, [S. 54.1.639, P. 53.1.66, D. 54.1.233]

3739. — ... Que lorsque dans l'évaluation de l'indemnité allouée par le jury à un propriétaire exproprié pour partie seulement de son immeuble, on a tenu compte de certains projets que l'administration avait déclaré vouloir exécuter pour faciliter l'exploitation de la portion d'immeuble laissée au propriétaire, si l'administration refuse ensuite d'exécuter ces projets, le propriétaire a le droit de réclamer un supplément d'indemnité; qu'il en est ainsi alors surtout que l'indemnité a été réglée sous l'empire de la loi du 7 juill. 1833. Et le supplément d'indemnité à allouer au propriétaire doit être réglé par un jury spécial. — Caen, 10 août 1844, Dorceau, [S. 45.2.502]

3740. — ... Que, au cas de cession d'un terrain, consentie à l'État par un particulier, à la suite d'une expropriation pour utilité publique, moyennant un prix déterminé et l'accomplissement par l'État de certaines conditions ayant notamment pour objet le rétablissement de l'ancien relief du sol, l'autorité judiciaire et non l'autorité administrative, qui est compétente pour connaître de la demande en indemnité pour inexécution de l'engagement de l'État. — Cons. d'Ét., 15 nov. 1895, [S. et P. 97.3.144, D. 96.3.94]

3741. — ... Que lorsqu'un particulier, en cédant à l'administration un terrain à prendre au milieu de ses propriétés pour creuser une rigole d'alimentation d'un canal de navigation, a stipulé que l'administration établirait sur cette rigole, à un point déterminé, un pont pour faciliter la desserte de ses propriétés, il peut, faute par l'administration d'exécuter cette stipulation, en poursuivre l'exécution devant la juridiction contentieuse. — Cons. d'Ét., 30 juin 1841, Lhuillier, [P. adm. chr.]

3742. — Mais remarquons que l'État, en acquérant pour cause d'utilité publique, acquiert comme là, comme tout acquéreur privé, la plénitude des droits de propriété, et reste seul juge de l'exécution des plans et des modifications qu'il peut être utile d'y apporter. En conséquence, les anciens propriétaires des terrains cédés ne sont pas admissibles à critiquer cette exécution ou ces modifications, sauf à eux à faire valoir devant les tribunaux les droits ou servitudes qu'ils se seraient réservés par leur contrat d'aliénation. — Cons. d'Ét., 16 août 1832, Scheenek, [S. 33.2.249, P. adm. chr.]

3743. — Il a été jugé, d'autre part, que dans le cas où le concessionnaire d'un chemin de fer s'est engagé, devant le jury d'expropriation, à exécuter un travail spécial dans l'intérêt de l'un des propriétaires expropriés, alors que le jury n'a pas été appelé à décider dans quelles conditions ce travail serait effectué, c'est au conseil de préfecture qu'il appartient d'apprécier si le propriétaire a éprouvé, postérieurement, un préjudice par suite de l'exécution vicieuse du travail dont il s'agit. — Cons. d'Ét., 16 janv. 1880, Tambon, [S. 81.3.47, P. adm. chr., D. 80.3.85] — Serrigny, t. 2, p. 264; Aucoc, t. 2, n. 754. — Dans ce cas, il ne s'agit plus de l'exécution d'une décision du jury.

CHAPITRE XIX.

DU DROIT DE PRÉEMPTION.

Section I.

Immeubles acquis pour l'exécution de travaux publics et non employés.

§ 1. *Généralités.*

3744. — « Si les terrains acquis pour des travaux d'utilité publique ne reçoivent pas cette destination, les anciens propriétaires ou leurs ayants-droit peuvent en demander la remise » (L. 3 mai 1841, art. 60, § 1). C'est là une disposition équitable; il est juste que l'exproprié privé de sa propriété dans un but d'utilité publique puisse rentrer dans cette propriété si elle n'est pas employée pour ces travaux. — De Lalleau, Jousselin, Rendu et Périn, t. 2, n. 1136.

3745. — Le droit de préemption s'applique à toutes les acquisitions pour utilité publique; l'art. 60 ne fait aucune distinction à cet égard; il peut donc être exercé aussi bien contre le département ou la commune que contre l'État. — Cass., 23 mai 1883, Abeille, [S. 83.1.422, P. 83.1.1058, D. 83.1.449] — Crépon, sur l'art. 60, n. 19; de Lalleau, Jousselin, Rendu et Périn, t. 2, n. 1150.

3746. — Le droit de préemption, exercé par le propriétaire de terrains rétrocédés, n'est subordonné à aucune autre formalité que la publication de l'avis faisant connaître les terrains que l'administration est dans le cas de revendre, la déclaration des anciens propriétaires de vouloir exercer le droit de préemption, et la désignation, par le tribunal compétent, d'un jury pour fixer, en cas de désaccord, le prix de la rétrocession, et d'un magistrat directeur de ce jury. — Cass., 26 avr. 1881, Jallerat, [S. 81.1.273, P. 81.1.647] — Crépon, sur l'art. 60, n. 1; de Lalleau, Jousselin, Rendu et Périn, t. 2, n. 1136.

3747. — Ainsi, le terrain acquis pour opérer le redressement d'un chemin vicinal de grande communication qui n'est pas, à la fin des travaux, définitivement occupé par le chemin ou par les travaux accessoires, doit être rendu à son ancien propriétaire qui le réclame, et l'administration n'en peut pas faire abandon à un tiers. — Cons. d'Ét., 27 mai 1846, de Cuzieu, [P. adm. chr.] — V. *suprà*, v° *Chemin vicinal*, n. 878 et s.

3748. — L'art. 60 est applicable aux terrains acquis à l'amiable comme aux terrains acquis à la suite de la décision du jury; mais il ne peut cependant s'appliquer qu'aux terrains acquis après la déclaration d'utilité publique; quant aux autres, le propriétaire est réputé avoir voulu les céder à l'administration selon les règles du droit commun, et sans y être contraint et forcé par la menace de l'expropriation. — Inst. enreg., 8 déc. 1847, [D. 48.5.183] — De Lalleau, Jousselin, Rendu et Périn, *loc. cit.*; Crépon, sur l'art. 60, n. 2; Daffry de la Monnoye, t. 2, sur l'art. 60, n. 1.

3749. — Pour qu'il y ait lieu à l'application de l'art. 60, il n'est pas nécessaire que la parcelle entière ne soit pas employée, il suffit qu'une partie quelconque de cette parcelle demeure inemployée. — Cass., 27 avr. 1863, Genest, [S. 63.1.319, P. 63.891, D. 63.1.319]; — 2 mars 1868, Bruneau, [S. 68.1.271, P. 68.660, D. 68.1.182] — Paris, 29 avr. 1865, sous Cass., 29 mai 1867, Deloir, [S. 67.1.261, P. 67.636, D. 67.1.247] — De Lalleau, Jousselin, Rendu et Périn, *loc. cit.*; Crépon, sur l'art. 60, n. 3; Daffry de la Monnoye, t. 2, sur l'art. 60, n. 2.

3750. — D'autre part, lorsque les terrains expropriés ont été employés ainsi qu'ils devaient l'être, l'ancien propriétaire ne peut en demander la rétrocession sous le motif que le travail pour lequel l'expropriation a eu lieu n'est pas d'utilité publique. — Cons. d'Ét., 29 juin 1877, Courtin Pierrard, [D. 77.3.101] — De Lalleau, Jousselin, Rendu et Périn, *loc. cit.*; Crépon, sur l'art. 60, n. 6; Daffry de la Monnoye, t. 2, sur l'art. 60, n. 3.

3751. — « Les dispositions des art. 60 et 61 ne sont pas applicables aux terrains qui ont été acquis sur la réquisition du propriétaire, en vertu de l'art. 50, et qui resteraient disponibles après l'exécution des travaux » (L. 3 mars 1841, art. 62). Ceci ne doit s'entendre que du cas où les travaux ont été exécutés; car si l'entreprise a été abandonnée et que l'administration ait publié l'avis dont il est fait mention dans l'art. 61, les anciens propriétaires peuvent évidemment racheter, sans distinction, la totalité de leur immeuble. Le propriétaire qui a obligé l'expropriant à l'acquisition intégrale ne peut ensuite exiger la rétrocession de la parcelle qu'il a ainsi forcé l'expropriant à acquérir; la solution n'est plus la même si le terrain de l'exproprié est demeuré en dehors des travaux; il peut alors exiger la rétrocession de tout son terrain; on conçoit qu'il n'ait pas voulu d'une propriété morcelée, mais qu'il tienne à retrouver sa propriété entière (*Monit.*, 5 mars 1841, p. 541). — De Lalleau, Jousselin, Rendu et Périn, t. 2, n. 1138 et 1139; Crépon, sur l'art. 63, n. 1 et s.; Daffry de la Monnoye, t. 2, sur l'art. 60, n. 3.

3752. — Il a été décidé que si les terrains n'ont pas été utilisés pour le travail en vue duquel l'expropriation a eu lieu, mais pour un autre travail, le propriétaire exproprié ne pourra exercer le droit de préemption; en effet, il n'est admis que dans le cas où l'administration est dans le cas de revendre. — Cons. d'Et., 17 mai 1855, [Leb. chr., p. 357] — De Lalleau, Jousselin, Rendu et Périn, t. 2, n. 1140.

3753. — Mais il a été jugé, en sens contraire, que dans le cas où un terrain n'a pas reçu la destination en vue de laquelle il avait été exproprié pour cause d'utilité publique, l'ancien propriétaire a le droit d'en réclamer la rétrocession lors même que l'administration prétendrait utiliser ledit terrain pour des travaux d'utilité publique différents. — Cons. d'Et., 6 mars 1872, Jaumes, [S. 73.2.287, P. adm. chr., D. 72.3.63] — Herson, n. 349; Daffry de la Monnoye, t. 2, sur l'art. 60, n.12; Crépon, sur l'art. 60, n. 13; de Lalleau, Jousselin, Rendu et Périn, t. 2, n. 1140; Arnaud n. 622.

3754. — Il a été décidé, d'autre part, que lorsque le bornage d'un chemin de fer, prescrit par le cahier des charges, n'est pas achevé, le ministre des Travaux publics auquel une demande en rétrocession de terrains est adressée peut la repousser par le motif que la parcelle réclamée doit être employée presque en totalité pour la régularisation d'un talus et que l'on doit conserver une largeur de terrain en vue du tassement possible des terres. — Cons. d'Et., 27 mars 1862, Dobles, [Leb. chr., p. 232]; — 16 août 1862, Bertrand, [*Ibid.*, p. 688] — De Lalleau, Jousselin, Rendu et Périn, *loc. cit.*; Crépon, sur l'art. 60, n. 6.

3755. — Mais après le bornage s'il est définitivement reconnu qu'une partie du terrain exproprié est demeurée inemployée, l'ancien propriétaire peut en demander la rétrocession, et, en cas de refus, la réclamer devant les tribunaux civils. — Même arrêt. — Crépon, sur l'art. 60, n. 6.

3756. — Il a été jugé que la renonciation au droit de préemption accordé à l'ancien propriétaire par l'art. 60, L. 3 mai 1841, ne saurait résulter de ce que ce propriétaire a reçu l'indemnité fixée pour l'immeuble entier, sans faire aucune réserve, alors même qu'au moment de cette réception il prévoyait qu'une partie de l'immeuble exproprié ne serait point employée aux travaux projetés. — Cass., 27 avr. 1863, Genest, [S. 63.1.319, P. 63.894, D. 63.1.319] — De Lalleau, Jousselin, Rendu et Périn, *loc. cit.*; Crépon, sur l'art. 60, n. 20 et 21; Daffry de la Monnoye, t. 2, sur l'art. 60, n. 13.

3757. — La désaffectation de terrains expropriés peut résulter, soit d'un décret exprès de l'autorité publique, soit de circonstances de fait telles qu'elles ne peuvent laisser subsister aucun doute. — Paris, 8 déc. 1893, Demars et Poussié, [S. et P. 95.2.95, D. 94.2.487] — Il ne sera pas toujours indispensable qu'une décision de l'autorité supérieure intervienne. Ainsi, la demande en rétrocession est régulièrement et compétemment portée devant l'autorité judiciaire et le jury d'expropriation, alors que d'ores et déjà il est établi d'une manière incontestable que, non seulement le terrain n'a pas été employé aux travaux, mais qu'il y a même impossibilité absolue pour l'expropriant de l'utiliser à l'avenir. — Cass., 29 mai 1867, Chem. de fer de l'Ouest, [S. 67.1.261, P. 67.656, D. 67.1.246]; — V. aussi Cons. d'Et., 26 juin 1869, Valon, [S. 70.2.231, P. adm. chr.]

3758. — Mais il a été jugé que la location à long terme, faite par une commune pour l'exercice d'industries diverses, de portion de terrains expropriés en vue d'établir l'avenue d'accès d'un cimetière, ne saurait équivaloir à une désaffectation. En conséquence, le propriétaire exproprié, qui se fonde sur cette location pour réclamer la rétrocession des terrains loués, doit être déclaré non recevable dans sa demande. — Même arrêt. — Dans l'espèce de l'arrêt ci-dessus, il n'y avait pas eu décision de l'autorité supérieure prononçant la désaffectation des terrains dont la rétrocession était réclamée; et, d'autre part, il ne relevait aucune circonstance d'où résultat pour l'administration expropriante l'impossibilité d'employer les terrains à la destination en vue desquels ils avaient été expropriés. Sans doute, les terrains, expropriés en vue de l'établissement de l'avenue d'accès d'un cimetière, n'avaient pas reçu cette destination, puisque l'administration expropriante, n'ayant pas le projet de s'en servir pendant une période assez longue, les avait loués pour l'exercice de diverses industries. Mais le fait que l'expropriant n'a pas encore exécuté de travaux sur les terrains expropriés n'est pas de nature à autoriser l'exproprié à en demander la rétrocession, si l'expropriant n'a pas abandonné les projets de travaux.

3759. — Jugé que l'art. 60 n'est pas applicable alors même que les terrains n'auraient reçu leur destination que tardivement et après un long espace de temps. — Cass., 8 juin 1863, [*Gaz. des Trib.*, 9 juin 1863] — De Lalleau, Jousselin, Rendu et Périn, *loc. cit.*

3760. — ... Que l'exproprié ne peut exiger la rétrocession des terrains expropriés, alors que l'expropriant n'a point encore exécuté les travaux, s'il n'y a point abandonnés; que le retard dans l'exécution des travaux n'équivaut pas à l'abandon de ces travaux. — Cass., 22 mars 1892, Préfet de la Gironde, [S. et P. 94.1.38, D. 93.1.422]

3761. — ... Que l'administration peut refuser la rétrocession bien que les terrains ne soient pas employés au moment de la demande en rétrocession, s'il est établi que, malgré le retard apporté à l'exécution des travaux, les terrains expropriés doivent recevoir la destination en vue de laquelle ils ont été expropriés. — Cons. d'Et., 17 mai 1855, Nicolet de Bercy, [Leb. chr., p. 357] — Daffry de la Monnoye, t. 2, sur l'art. 60, n. 6.

3762. — Il y a donc excès de pouvoirs de la part du jugement qui ordonne la remise à l'ancien propriétaire d'une parcelle d'un terrain exproprié pour l'établissement d'un chemin vicinal, par le motif que cette parcelle est inoccupée, alors qu'un arrêté préfectoral a décidé que cette parcelle serait utilisable au chemin et ferait partie de ses dépendances. — Cass., 28 déc. 1852, de Cuzieux, [S. 53.1.288, P. 53.1.26, D. 53.1.60]

3763. — Après que des terrains expropriés pour cause d'utilité publique, par exemple, pour l'établissement d'un chemin de fer, ont reçu la destination prévue, ces terrains ne sont plus soumis au droit de préemption accordé aux anciens propriétaires par l'art. 60, L. 3 mai 1841, bien qu'ils cessent plus tard d'avoir cette destination et que, comme dans l'espèce, le chemin vienne à être supprimé. — Lyon, 20 août 1857, Damon, [S. 57.2.736, P. 58.845] — Douai, 24 janv. 1884, Malo, [S. 84.2.94, P. 84.1.488. D. 85.1.311] — Daffry de la Monnoye, t. 2, sur l'art. 60. n. 11; Crépon, sur l'art. 60, n. 12.

3764. — En raison de circonstances spéciales d'où l'on peut faire résulter la désaffectation, c'est l'autorité administrative seule, c'est-à-dire le ministre compétent, qui peut déclarer si les terrains ont été ou seront affectés à l'exécution des travaux ou s'ils demeureront inemployés. — Agen, 10 déc. 1866, Valet, [S. 67.1.261, *ad notam*, D. 67.2.132] — Cons. d'Et., 17 mai 1855, précité; — 16 août 1862, Bertrand, [P. adm. chr., D. 64.3.105]; — 30 juill. 1863, Comm. de Saint-Cyr, [D. 64.3.105]; — 24 juin 1868, Jaume, [S. 69.2.222, P. adm. chr., D. 72.3.63]; — 11 déc. 1871, Ancelle, [S. 72.2.228, P. adm. chr., D. 72.3.64]; — 6 mars 1872, Jaume, [S. 73.2.287, P. adm. chr., D. 72.3.63] — Daffry de la Monnoye, t. 2, sur l'art. 60, n. 5; Crépon, sur l'art. 60, n. 4; de Lalleau, Jousselin, Rendu et Périn, t. 2, n. 1141.

3765. — Il n'est de recours possible contre la décision de l'administration supérieure, à cet égard, que celui formé au Conseil d'Etat conformément à la loi des 7-14 oct. 1790. — Cons. d'Et., 24 juin 1868, précité; — 11 déc. 1871, précité; — 6 mars 1872, précité. — De Lalleau, Jousselin, Rendu et Périn, t. 2, n. 1146.

3766. — Il en est ainsi même s'il s'agit d'un travail communal, par suite, ea cas d'expropriation poursuivie dans un intérêt communal, c'est à l'autorité supérieure qu'il appartient, à l'exclusion soit de l'autorité judiciaire, soit du conseil de préfecture, de décider si l'emploi que la commune entend faire d'une parcelle expropriée rentre dans les ouvrages en vue desquels l'expropriation avait été autorisée, et si, par suite, il y a lieu ou non de rétrocéder cette parcelle à son ancien propriétaire. — Cons. d'Et., 24 juin 1868, précité.

3767. — Par la même raison, une compagnie de chemins de fer qui n'est qu'un concessionnaire n'a pas qualité pour consentir à la rétrocession. — Cons. d'Et., 16 août 1862, précité. — Daffry de la Monnoye, t. 2, sur l'art. 60, n. 5.

3768. — Le Conseil d'Etat n'a aucune compétence en matière de rétrocession, mais il peut donner acte à l'ancien propriétaire de la déclaration faite par l'administration qu'une partie des terrains demeure sans emploi. Cette déclaration a son importance, parce qu'elle assure le succès de la demande de rétrocession. — Cons. d'Et., 6 mars 1872, précité. — Daffry de la Monnoye, t. 2, sur l'art. 60, n. 5; de Lalleau, Jousselin, Rendu et Périn, t. 2, n. 1142.

3769. — C'est à bon droit que le magistrat directeur du jury refuse de donner acte à l'administration de conclusions tendant à restreindre le droit de préemption de l'exproprié sur les parcelles non employées, et refuse également de soumettre ces conclusions comme question au jury. Le jury n'a point à se prononcer sur cette question à l'égard de laquelle il est complètement incompétent. — Cass., 14 mars 1884, Préfet de la Haute-Marne, [S. 84.1.227, P. 84.1.538, D. 84.5.260] — Crépon, sur l'art. 60, n. 18.

3770. — De même, lorsqu'un terrain a été exproprié pour l'établissement d'un chemin de fer qui n'a pas été construit, que ce terrain a été, par un nouveau décret, atteint par une nouvelle expropriation pour l'ouverture d'une rue, et que l'ancien propriétaire introduit son action en rétrocession avant le second jugement d'expropriation, le magistrat directeur, lors de la réunion du jury, l'instance en rétrocession étant encore pendante, ne saurait, sans excès de pouvoir, écarter l'intervention de ce propriétaire, parce qu'il ne lui appartient pas de trancher la question de rétrocession. — Cass., 15 mars 1865, [*Gaz. des Trib.*, 16 mars 1865] — De Lalleau, Jousselin, Rendu et Périn, *loc. cit.*; Crépon, sur l'art. 60, n. 16.

3771. — Un avis publié de la manière indiquée en l'art. 6 fait connaître les terrains que l'administration est dans le cas de revendre. Dans les trois mois de cette publication, les anciens propriétaires qui veulent réacquérir la propriété desdits terrains sont tenus de le déclarer; et dans le mois de la fixation du prix soit amiable, soit judiciaire, ils doivent passer le contrat de rachat et payer le prix; le tout à peine de déchéance du privilège que leur accorde l'article précédent (L. 3 mai 1841, art. 61). La notification de la volonté de rachat peut avoir lieu soit par exploit d'huissier, soit par tout autre acte en forme probante.

3772. — La déchéance de l'art. 61 atteint les parties quelles qu'elles soient, même les mineurs et les interdits; le délai de l'art. 61 court contre tous sans être suspendu par l'état d'incapacité de l'ancien propriétaire intéressé. — De Lalleau, Jousselin, Rendu et Périn, t. 2, n. 1142 et 1144.

3773. — Lorsque l'autorité administrative a publié, dans les formes voulues par les art. 60 et 61, L. 3 mai 1841, son intention de rétrocéder un terrain acquis pour des travaux d'utilité publique, mais qui n'a pas reçu cette destination, et que l'ancien propriétaire de ce terrain a déclaré dans les trois mois vouloir le racheter et a fait offre du prix auquel il entendait faire ce rachat, il n'appartient plus à l'administration de reprendre cette parcelle pour le service des travaux, et il y a lieu de prononcer suite à la demande en rétrocession. — Cons. d'Et., 4 avr. 1856, Déabriges-Lachaze, [S. 57.2.154, P. adm. chr., D. 56.3.61] — De Lalleau, Jousselin, Rendu et Périn, t. 2, n. 1143; Crépon, sur l'art. 60, n. 17, et sur l'art. 61, n. 1; Daffry de la Monnoye, t. 2, sur l'art. 61, n. 1.

3774. — D'autre part, dans le cas où une parcelle de terrain, n'ayant pas reçu la destination en vue de laquelle elle avait été expropriée pour cause d'utilité publique, a été remise par l'autorité supérieure à l'administration des domaines pour être aliénée, cette autorité ne peut plus s'en remettre en possession, bien qu'il n'ait pas été procédé à la publication de l'avis prescrit par l'art. 64, L. 3 mai 1841, si, les anciens propriétaires de la parcelle en ayant demandé la rétrocession, cette rétrocession a été consentie par une décision ministérielle notifiée aux réclamants. — Cons. d'Et., 11 déc. 1871, Ancelle, [S. 72.2.28, P. adm. chr., D. 74.3.63] — Daffry de la Monnoye, t. 2, sur l'art. 61, n. 1; Crépon, sur l'art. 61, n. 1; de Lalleau, Jousselin, Rendu et Périn, *loc. cit.*

3775. — La disposition de l'art. 61, L. 3 mai 1841, qui oblige l'ancien propriétaire à passer le contrat de rachat et à payer le prix des biens rétrocédés dans le mois de la fixation de ce prix par voie amiable ou judiciaire, s'applique aussi bien au cas où l'ancien propriétaire a pris l'initiative de réclamer son terrain, qu'à celui où c'est l'administration elle-même qui l'a mis en vente. Et il importe peu que les terrains rétrocédés se trouvent encore entre les mains de l'administration ou d'un concessionnaire des travaux publics. — Cass., 23 mai 1883, Abeille, [S. 83.1.422, P. 83.1.1058, D. 83.1.449] — Crépon, sur l'art. 61, n. 2.

3776. — Par suite, le propriétaire est déchu du privilège de rétrocession, s'il laisse écouler le délai indiqué, sans avoir passé le contrat, et, en outre, payé le prix entre les mains de l'expropriant ou des cessionnaires de celui-ci. — Même arrêt.

3777. — La forme du contrat de rachat et les effets de la déchéance sont réglés par l'ordonnance du 22 mars 1835, ainsi conçue : « Le contrat de rétrocession est passé devant le préfet du département ou devant le sous-préfet, sur délégation du préfet, en présence et avec le concours d'un préposé de l'administration des domaines et d'un agent du ministère pour le compte duquel l'acquisition des terrains avait été faite. Le prix de la rétrocession est versé dans les caisses du domaine » (art. 1, §§ 2 et 3).

3778. — « Si les anciens propriétaires ou leurs ayants-droit encourent la déchéance du privilège qui leur est accordé par les art. 60 et 61, L. 7 juill. 1833 (aujourd'hui 3 mai 1841), les terrains ou portions de terrains seront aliénés dans la forme tracée pour l'aliénation des biens de l'Etat à la diligence de l'administration des domaines » (art. 2). — De Lalleau, Jousselin, Rendu et Périn, t. 2, n. 1149.

3779. — La nécessité pour l'ancien propriétaire de passer le contrat de rachat dans la forme administrative n'est pas un motif pour le propriétaire qui n'a pas passé le contrat de rachat, dans le mois de la fixation du prix, de repousser la déchéance; le propriétaire n'a qu'à mettre l'administration en demeure de faire le nécessaire pour la fixation du prix. — Cass., 23 mai 1883, précitée. — Crépon, sur l'art. 61, n. 3; de Lalleau, Jousselin, Rendu et Périn, t. 2, n. 1148.

3780. — Lorsque l'administration s'est prononcée sur la question de désaffectation c'est à l'autorité judiciaire de statuer sur les contestations qui s'élèvent entre les prétendants à la rétrocession; le ministre doit surseoir à la rétrocession jusqu'à ce qu'il ait été statué sur ces difficultés à la requête de la partie la plus diligente. — Cons. d'Et., 30 juill. 1863, Comm. de Saint-Cyr, [D. 64.3.105]; — 24 juin 1868, Jaume, [S. 69.2.222, P. adm. chr., D. 72.3.63]; — 19 nov. 1868, Abeille, [D. 69.3.84] — Daffry de la Monnoye, t. 2, sur l'art. 60, n. 4; de Lalleau, Jousselin, Rendu et Périn, t. 2, n. 1146; Crépon, sur l'art. 60, n. 8.

3781. — Si l'administration, sans remplir les formalités prévues par la loi de 1841, a vendu la parcelle non employée à un tiers, l'ancien propriétaire peut l'obliger à la rétrocession; l'art. 60 de la loi de 1841 constitue une sorte de réméré; par suite l'ancien propriétaire peut, aux termes de l'art. 1664, C. civ., exercer l'action en rétrocession contre le sous-acquéreur. — Cass., 12 juin 1865, Renard, [*Gaz. des Trib.*, 14 juin 1865] — Daffry de la Monnoye, t. 2, sur l'art. 60, n. 8; Crépon, sur l'art. 60, n. 9; de Lalleau, Jousselin, Rendu et Périn, t. 2, n. 1145.

3782. — Le sous-acquéreur a droit au prix de rachat qui serait accordé à l'administration; mais il est tenu à la restitution comme l'administration qui lui a vendu, parce que celle-ci lui a transmis ses obligations; si donc l'ancien propriétaire n'a pas encore touché l'indemnité qui lui a été allouée, il ne peut être obligé à aucun versement de somme. — Même arrêt. — Daffry de la Monnoye, t. 2, sur l'art. 60, n. 9.

3783. — L'autorité judiciaire est seule compétente pour se prononcer sur la qualité des parties qui réclament la rétrocession. Il a été décidé, par suite, que lorsqu'un particulier a été exproprié de la partie d'un terrain dont il a vendu plus tard le surplus; que, par la suite, il y a lieu de revendre une portion du terrain exproprié, s'il n'y a contestation sur le point de savoir à qui de l'exproprié ou de l'acquéreur sera accordée la préférence de la rétrocession, c'est devant les tribunaux civils qu'elle doit être portée. — Cons. d'Et., 1er avr. 1840, Autun, [P. adm. chr.] — Daffry de la Monnoye, t. 2, sur l'art. 60, n. 10; Crépon, sur l'art. 60, n. 11.

3784. — Si le terrain exproprié faisait partie d'une plus grande propriété qui, depuis l'expropriation, a été aliénée en entier à une seule personne, le droit de rétrocession appartient à l'acquéreur; il en serait de même dans le cas où le détenteur de la propriété entière serait un héritier, un donataire, un légataire. — De Lalleau, Jousselin, Rendu et Périn, t. 2, n. 1145; Daffry de la Monnoye, *loc. cit.*; Cotelle, t. 2, p. 527; Herson, n. 348; de Peyrony et Delamarre, n. 720; Dumay, t. 2, p. 149. — L'acquéreur a seul alors intérêt à réclamer la parcelle non employée, qui complète son acquisition, tandis qu'elle est sans utilité pour l'ancien propriétaire vendeur.

3785. — Cependant, il a été jugé que l'action en rétrocession appartient à l'ancien propriétaire, et non à l'adjudicataire postérieur du surplus de la propriété qui n'a pas été expropriée. — Paris, 29 avr. 1865, sous Cass., 29 mai 1867, Chemin de fer de l'Ouest, [S. 67.1.261, P. 67.1.656, D. 67.1.247] — ... Que, de même, la vente d'un immeuble contigu à un terrain exproprié pour cause d'utilité publique, faite par l'ancien propriétaire de ce terrain, ne transfère à l'acquéreur aucun droit de préemption, quant aux parcelles comprises dans l'expropriation et non employées; que ce droit continue, à moins de stipulation contraire, d'appartenir à l'ancien propriétaire. — Dijon, 17 juill. 1868, Carijot, [S. 68.2.346, P. 68.1.253, D. 68.2.204] — Gand, p. 385; Crépon, sur l'art. 60, n. 10. — Ces décisions se fondent sur le texte même de l'art. 60, qui parle des anciens propriétaires et leurs ayants-droit; mais l'on peut répondre que l'art. 60 n'a visé que l'hypothèse la plus générale où la propriété est demeurée entre les mains de l'ancien propriétaire, et non le cas de vente. En tout cas l'acquéreur agira sagement en se faisant céder les droits du vendeur à cet égard.

3786. — Si l'expropriant s'est mis par erreur en possession d'une parcelle non expropriée, le propriétaire doit agir contre lui par l'action en revendication et non par l'action en rétrocession; il ne peut y avoir rétrocession puisqu'il n'y a pas eu acquisition. — Cass., 29 mai 1867, précité. — Daffry de la Monnoye, t. 2, sur l'art. 60, n. 14; Crépon, sur l'art. 60, n. 22.

3787. — Mais l'ancien propriétaire de terrains qui ont été expropriés ou par lui cédés amiablement pour l'établissement d'un chemin vicinal, n'est pas fondé à revendiquer devant les tribunaux une parcelle de ces terrains, comme étant restée inoccupée; il n'a que le droit d'en demander la rétrocession à l'autorité administrative, conformément aux art. 60 et 61, L. 3 mai 1841. — Cass., 9 déc. 1861, de Cuzieu, [S. 62.1.319, P. 62.1.152, D. 62.1.303] — Les tribunaux sont surtout incompétents pour ordonner la restitution de la parcelle dont il s'agit à l'ancien propriétaire, lorsqu'un arrêté préfectoral a décidé que cette parcelle serait attribuée au chemin. L'ancien propriétaire n'est plus, en effet, propriétaire, il ne peut donc exercer l'action en revendication. — Même arrêt. — Dufour, n. 190; Malapert et Protat, n. 664; de Peyrony et Delamarre, n. 730.

3788. — La compagnie concessionnaire d'un chemin de fer ne peut prescrire contre l'obligation de rétrocéder le terrain non employé à l'établissement du chemin, le titre en vertu duquel elle possède conservant également le droit de l'ancien propriétaire. — Paris, 29 avr. 1865, sous Cass., 29 mai 1867, précité. — Il importe donc peu que le terrain autrefois exproprié soit resté sans emploi pendant vingt-sept ans et n'ait point été réclamé; il n'encourt de ce chef aucune déchéance. — Daffry de la Monnoye, t. 2, sur l'art. 60, n. 12; Crépon, sur l'art. 60, n. 13; de Lalleau, Jousselin, Rendu et Périn, t. 2, n. 1140. — V. *supra*, n. 3759 et s.

§ 2. *Fixation du prix des terrains rétrocédés.*

3789. — « Le prix des terrains rétrocédés est fixé à l'amiable, et, s'il n'y a pas accord, par le jury, dans les formes ci-dessus prescrites. La fixation par le jury ne peut, en aucun cas, excéder la somme moyennant laquelle les terrains ont été acquis » (L. 3 mai 1841, art. 60, § 2). L'art. 60, § 2, L. 7 juill. 1833, était conçu dans les mêmes termes, à l'exception de la seconde phrase, qui se terminait ainsi : « La fixation par le jury ne peut, en aucun cas, excéder la somme moyennant laquelle l'Etat est devenu propriétaire desdits terrains. » L'administration en prévision de l'exercice du droit de préemption doit donc éviter de faire des améliorations sur les terrains non employés aux travaux. — De Lalleau, Jousselin, Rendu et Périn, t. 2, n. 1147.

3790. — L'ancien propriétaire n'est pas tenu de faire des offres; il suffit que les prétentions des parties soient précisées devant le jury. Il a d'ailleurs été jugé à bon droit que, au cas où la rétrocession d'une parcelle d'un terrain exproprié pour cause d'utilité publique, non employée aux travaux, a été demandée par l'exproprié, sous l'offre seulement d'en payer le prix en raison de la contenance et proportionnellement à l'indemnité reçue pour la totalité de l'immeuble, l'exproprié n'est pas recevable à se prévaloir de ce que le jury a statué sans avoir sous les yeux une offre contenant un chiffre précis, cette irrégularité provenant de son propre fait. — Cass., 2 mars 1868, Bruneau, [S. 68.1.271, P. 68.660, D. 68.1.182]

3791. — La question de savoir d'après quelle base il y a lieu d'évaluer une parcelle non employée dont la rétrocession est demandée, constitue non un litige sur le fond du droit, mais une difficulté rentrant dans la compétence du jury. En pareil cas, la base de l'évaluation à faire n'est pas uniquement le rapport de l'étendue de la parcelle rétrocédée avec celle de la totalité du terrain exproprié : le jury doit aussi tenir compte de la situation de la parcelle et de toutes les circonstances qui peuvent lui donner plus ou moins de valeur qu'aux autres; il suffit qu'il ne fasse entrer dans ses calculs aucun élément étranger. — Même arrêt. — Daffry de la Monnoye. t. 2, sur l'art. 60, n. 17; Dufour, n. 191, et t. 5, n. 512; Crépon, sur l'art. 60, n. 24 et 25; de Lalleau, Jousselin, Rendu et Périn, t 2, n. 1147.

3792. — La règle édictée par l'art. 60, quant au prix maximum que la rétrocession ne doit pas dépasser, est délicate dans l'application ; presque jamais il n'y aura lieu à la rétrocession de tout le terrain. On doit admettre que le jury qui fixe l'indemnité de rétrocession, n'est pas tenu de prendre pour base, à contenance égale, la valeur admise par le jury qui a fixé l'indemnité, car les parties d'une même parcelle n'ont pas toujours les mêmes valeurs ; il suffit que le prix fixé par le nouveau jury n'excède pas celui moyennant lequel les terrains rétrocédés ont été acquis par l'administration. — Cass., 26 avr. 1881, Jallerac, [S. 81.1.270, P. 81.1.647] — Crépon, sur l'art. 60, n. 27; Daffry de la Monnoye, t. 2, sur l'art. 60, n. 18; de Lalleau, Jousselin, Rendu et Périn, t. 2, n. 1147.

3793. — Par suite, cette dernière règle ne fait pas obstacle à ce que le jury accorde, en cas d'inégalité de valeur, aux parcelles rétrocédées, un prix supérieur au prix moyen attribué, par mètre, à la propriété expropriée dont ces parcelles faisaient partie. — Cass., 5 juin 1878, Cᵉ *l'Abeille*, [S. 78.1.328, P. 78.802, D. 78.1.436] — De Lalleau, Jousselin, Rendu et Périn, *loc. cit.;* Crépon, sur l'art. 60, n. 25 et 26.

3794. — Le jury seul, en cas de désaccord entre les parties, a le pouvoir pour fixer le prix de la rétrocession ; le conseil de préfecture est donc incompétent à cet effet si le propriétaire et l'expropriant ne l'ont investi de pleins pouvoirs à cet effet. — Cons. d'Et., 23 janv. 1855, Velluet, [S. 55.2.444, P. adm. chr.] — De Lalleau, Jousselin, Rendu et Périn, t. 2. n. 1147; Crépon, sur l'art. 60, n. 29.

SECTION II.

Immeubles cessant de faire partie du domaine public.

3795. — Aux termes de l'art. 3, L. 24 mai 1842, « les propriétaires seront mis en demeure d'acquérir, chacun en droit soi, dans les formes tracées par l'art. 61, L. 3 mai 1841, les parcelles attenant à leurs propriétés ; à l'expiration du délai fixé par l'article précité, il pourra être procédé à l'aliénation des terrains selon les règles qui régissent les aliénations des propriétés de l'Etat et par application de l'art. 4, L. 20 mai 1836. » Le prix est réglé d'après l'art. 19, L. 21 mai 1836, s'il s'agit d'un chemin vicinal. — De Lalleau, Jousselin, Rendu et Périn, t. 2, n. 1159. — V. *supra*, vᵒ *Chemin vicinal*, n. 878 et s.

3796. — Aussi lorsque les terrains expropriés, après avoir été incorporés au domaine public, cessent d'être affectés à ce domaine, un droit de préemption a été reconnu, non plus en faveur des vendeurs, mais des propriétaires riverains; ce droit, sans doute, n'a été concédé qu'à l'égard des terrains provenant des routes, mais l'administration a reconnu qu'il s'appliquait aux marais bordant la mer, ainsi qu'aux terrains provenant des rivières navigables et des canaux, et devenus inutiles. — De Lalleau, Jousselin, Rendu et Périn, t. 2, n. 1152.

3797. — Il n'est pas étendu d'ailleurs à d'autres cas. Par suite, le droit de préemption appartenant aux propriétaires riverains sur les portions délaissées des canaux ou cours d'eau navigables est inapplicable à un étang desséché ayant servi de réservoir d'alimentation à un canal. — Dijon, 19 mars 1873, L'Etat, [S. 73.2.68, P. 73.326, D. 74.2.90] — De Lalleau, Jousselin, Rendu et Périn, t. 2, n. 1160.

3798. — Dans le cas où, après l'expropriation d'immeubles pour l'élargissement de rues, il existe en dehors du nouvel alignement des parcelles de terrain non susceptibles de recevoir des constructions salubres et que l'art. 2, Décr. 26 mars 1852, déclare, pour cette raison, devoir être réunies aux propriétés contiguës, soit par une cession amiable de ces parcelles aux propriétaires voisins, soit par voie d'expropriation de leurs propres immeubles, ces propriétaires sont suffisamment mis en demeure d'exercer le droit de préemption que leur réserve l'art. 53, L. 16 sept. 1807, par les avis publiés et le dépôt des plans opéré en conformité des art. 5 et 6, L. 3 mai 1841, encore bien que l'acte extrajudiciaire prescrit par l'art. 5, Décr. 27 déc. 1858, ne leur ait pas été signifié. — Cass., 1er août 1865, Clais, [S. 66. 1.81, P. 66.180, D. 66.1.169] — Même date, Boujon, [Ibid.] — De Lalleau, Jousselin, Rendu et Périn, t. 2, n. 1136. — V. aussi Cass., 14 févr. 1855, Yon de Jaunage, [S. 55.1.538, P. 55.1.391, D. 55.1.178] — V. suprà, v° *Alignement*, n. 316 et s.

3799. — Lorsque, par suite de l'abandon d'une ancienne route nationale, l'un des propriétaires riverains est appelé à exercer sur une partie du terrain de cette route le droit de préemption que lui confère la loi du 24 mai 1842, la fixation de la valeur de ce terrain doit être faite par un jury spécial, dans les formes réglées par la loi du 3 mai 1841, comme s'il s'agissait d'une expropriation pour cause d'utilité publique; le tribunal saisi par le procureur de la République ne peut donc rejeter ses réquisitions tendant à la désignation d'un magistrat directeur. — Cass., 11 août 1845, Préfet de Seine-et-Marne, [S. 45.1.769, P. 45.2.375, D. 45.1.331] — De Lalleau, Jousselin, Rendu et Périn, t. 2, n. 1157.

CHAPITRE XX.
ENREGISTREMENT ET TIMBRE.

Section I.
Exemption des droits.

3800. — L'art. 58, L. 3 mai 1841, sur l'expropriation pour cause d'utilité publique, est ainsi conçu : « Les plans, procès-verbaux, certificats, significations, jugements, contrats, quittances et autres actes faits en vertu de la présente loi, seront visés pour timbre et enregistrés gratis, lorsqu'il y aura lieu à la formalité de l'enregistrement. Il ne sera perçu aucun droit pour la transcription des actes au bureau des hypothèques. » Cette exemption a pour but de ne pas aggraver les charges de l'expropriation qui pèsent lourdement sur le budget des villes et des départements.

§ 1. *Procédures qui bénéficient de la dispense.*

3801. — Les agents de l'enregistrement, qui ne sont pas juges en général de la régularité et de la validité des actes, doivent cependant, quand il s'agit d'une immunité d'impôt, examiner si l'acte fait bien partie de ceux que la loi a exemptés. Ils doivent donc rechercher si l'expropriation a été régulièrement prononcée et si l'acte qu'on leur présente rentre dans les limites de l'expropriation.

3802. — I. *Expropriation régulière.* — C'est ainsi que l'acquisition faite par un département ou une ville, sans déclaration reconnaissant l'utilité publique, est soumise aux droits ordinaires. — Cass., 23 août 1841, Dép. de la Dordogne, [S. 41.4.773, P. 42.1.279]; — 31 mars 1856, Ville de Nantes, [S. 56.1.752, P. 56.1.572, D. 56.1.190] — Trib. Castelsarrasin, 5e déc. 1896, Ville de Castelsarrasin, confirmé par Cass., 24 oct. 1899, [S. et P. 1900.1.103] — Trib. Figeac, 31 déc. 1887, [*J. Enreg.*, n. 23136; *Rép. pér.*, n. 7099] — Sol. rég., 12 sept. 1883.

3803. — Une simple autorisation d'acquérir ne peut suppléer la déclaration d'utilité. Jugé en ce sens que les acquisitions faites à l'amiable par une ville pour redresser, élargir ou ouvrir des rues, ne sont affranchies du droit d'enregistrement qu'autant qu'elles ont été précédées d'une déclaration d'utilité publique. Il ne suffit pas que le plan d'alignement ait été approuvé et rendu exécutoire par arrêté préfectoral. — Cass., 19 juin 1844, Ville de Saint-Étienne, [S. 44.1.293, P. 44.2.107]; — 6 mars 1848, Ville de Bordeaux, [S. 48.1.374, P. 48.1.530, D. 48.1.72]; — 31 janv. 1849, Ville de Lyon, [S. 49.1.198, P. 49.1.350, D. 49.1.36] — ... Ni même que les travaux aient été autorisés par décret, s'il ne décret ne les a pas déclarés d'utilité publique. — Cass., 30 janv. 1854, Comm. de la Villette, [S. 54.1.207, P. 54. 1.262, D. 54.1.75] — Trib. Seine, 7 mars 1862, Comm. de Neuilly, [P. *Bull. Enreg.*, art. 837] — Déc. min. Fin., 4 oct. 1879, [*J. Enreg.*, v. 21637; *Rép. pér.*, n. 5434]

3804. — La parcelle transmise doit en outre, pour que la gratuité soit admise, faire réellement partie des terrains expropriés et être comprise par conséquent dans un arrêté de cessibilité régulier, attendu que « l'acquisition dont aucun document légal ne justifie l'application nécessaire à des travaux d'utilité publique ne peut être considérée comme faite en vertu de la loi de 1841. » — Cass., 13 nov. 1848, Chem. de fer de Versailles, [S. 49.1.60, P. 48.2.532, D. 49.1.264]; — 18 juill. 1849, Chem. de fer de Versailles, [S. 49.1.634, D. 49.1.265]; — 7 mars 1883, Ville de Bordeaux, [S. 84.1.197, P. 84.1.467, D. 84.1.59] — Championnière et Rigaud, *Traité des droits d'enreg.*, n. 3769.

3805. — L'arrêté de cessibilité lui-même n'a de valeur que s'il est conforme à la déclaration d'utilité publique, l'examen du receveur dont encore porter sur ce point. — Cass., 14 janv. 1868, Ville de Nantes, [S. 68.1.227, P. 68.538, D. 68.1.64]

3806. — Lorsque, dans certains cas exceptionnels, le décret contient la désignation des parcelles, l'arrêté de cessibilité est inutile. — Cass., 4 mai 1858, Chem. de fer d'Orléans, [D. 58.1. 275] — Sol. rég., 27 févr. 1890.

3807. — Les travaux d'amélioration, d'agrandissement, etc..., exécutés ultérieurement sur des terrains expropriés ne bénéficient de la gratuité que s'il intervient une nouvelle déclaration d'utilité publique. — Cass., 10 mai 1847, Chem. de fer d'Orléans, [S. 48.1.51, P. 47.1.678, D. 47.4.243]; — 23 févr. 1849, Chem. d'Orléans, [D. 49.1.89]: — 8 janv. 1873, Chem. de fer d'Orléans, [S. 73.1.83, P. 73.173, D. 73.1.9] — Trib. Chatellerault, 26 déc. 1882, [*Rép. pér.*, n. 6504] — Trib. Figeac, 31 déc. 1887, [*Rép. pér.*, n. 7099, *J. Enreg.*, n. 23136] — Sol. rég., 29 mai 1873. — De Lalleau, v° *Expropriation*, t. 1, p. 39 et 77. — En fait, la régie se contente d'une décision du ministre des Travaux publics déclarant que ces travaux sont la suite des premiers. — Sol. rég., 5 août 1889, [*Rev. enreg.*, n. 3057]; — 9 août 1889, [*Rev. prat.*, n. 2942]; — 16 févr. 1891, Seine; — 2 mars 1891, Charente; — 10 août 1893, Pas-de-Calais. — Déc. min. Fin., 21 mars 1887, Loiret, et février 1894, Meurthe-et-Moselle.

3808. — Dans tous les cas, c'est aux parties qu'il appartient de faire la preuve que les actes qu'elles présentent à la formalité doivent être exempts de droits.

3809. — II. *Limites de l'expropriation.* — L'exproprié peut en certains cas, requérir l'expropriation totale d'une parcelle dont l'expropriant ne demande qu'une partie. (L. de 1841, art. 50). L'acquisition totale bénéficie alors de la gratuité, lorsqu'elle remplit les conditions de l'art. 50, et que l'accomplissement de ces conditions est constaté dans l'acte même. — Cass., 25 août 1851, Dép. de la Seine, [S. 51.1.688, P. 51.2.210, D. 51.1.235] — Sol. rég., 5 avr. 1895, [*Rev. Enreg.*, n. 975]

3810. — C'est ainsi que l'acquisition par une ville de deux bâtiments contigus adjugés conjointement et dont un seul est *partiellement* compris dans une expropriation poursuivie par la ville, ne bénéficie de l'exemption de droit qu'en ce qui concerne ce dernier immeuble. — Cass., 7 mars 1883, précité. — Trib. Bordeaux, 10 mai 1882, Ville de Bordeaux, [*J. Enreg.*, n. 21955; *Rép. pér.*, n. 6065]; — 13 juill. 1887, [*Rép. pér.*, n. 7065]

3811. — Lorsque sans réquisition expresse du propriétaire l'expropriant acquiert en totalité un immeuble partiellement exproprié, il y a lieu à ventilation de la portion du prix applicable à la partie non expropriée, qui est passible du droit proportionnel. — Cass., 18 juill. 1849, précité. — Trib. Bordeaux, 13 juill. 1887, Championnière et Rigaud, loc. cit.

3812. — Les *suites* de l'expropriation rentrent aussi dans les prévisions de la loi de 1841. Tel est le cas pour les dommages causés à la propriété des particuliers; par exemple, dans l'hypothèse d'une indemnité payée pour détournement d'une source. — Av. Cons. d'Et., 15 avr. 1868, Vilarel. — ... Ou privation d'une servitude, Cass., 2 févr. 1859, Chem. de fer de Lyon, [S. 60.1.267, P. 69.669, D. 59.1.262]; — 23 juin 1863, Synd. de la Mare, [S. 63.1.549, P. 64.402, D. 66.5.195] — Av. Cons. d'Et., 19 janv. 1850, Nouillet. — Mais l'acquisition même de l'immeuble qui jouissait de la servitude serait assujettie aux droits proportionnels. — Cass., 14 janv. 1873, Petit-Berlié et Cie, [S. 73.1.138, P. 73.294, D. 73.1.308]

3813. — Les simples dommages temporaires ou permanents résultant des travaux publics ne se confondent pas avec les indemnités pour expropriation ; les actes qui les constatent sont soumis aux droits. C'est ainsi que la suppression d'une servitude par voie d'expropriation est passible des droits ordinaires, quand elle n'est pas la conséquence d'une expropriation d'immeubles,

EXPROPRIATION POUR CAUSE D'UTILITÉ PUBLIQUE. — Chap. XX.

comme au cas examiné au numéro précédent. Dans l'hypothèse que nous prévoyons ici il n'y a pas à proprement parler *expropriation*, car pour qu'il y ait expropriation, il faut une mutation de propriété immobilière. — De Lalleau, *loc. cit.*, n. 140 à 148 ; Proudhon, *Domaine public*, t. 3, n. 837. — Le propriétaire évincé de la servitude peut demander une indemnité, mais seulement pour *dommage permanent* ; et, dans ce cas, c'est l'autorité administrative et non l'autorité judiciaire qui fixe cette indemnité. — *Tr. alph.*, v° *Expropriation*, n. 15. — Sol. rég., 21 févr. 1893, [*Rev. Enreg.*, n. 661 et les observations] — V. aussi *Rev. Enreg.*, n. 548, §§ 13 à 15. — V. cependant, *infrà*, n. 3901.

3814. — Les acquisitions de meubles ne jouissent de la gratuité que lorsqu'elles sont la conséquence d'une expropriation d'immeubles. — Sol. rég., 23 nov. 1866. — ... ou lorsqu'elles sont autorisées par des lois spéciales. — V. *infrà*, n. 3899 et 3900.

§ 2. Droits dont la dispense est prononcée.

3815. — L'exemption porte sur tous les droits de timbre et d'enregistrement, sans exception ; mais les actes restent soumis à la formalité, qu'ils reçoivent gratis. Cette formalité doit être donnée dans un certain délai qui varie suivant que l'acte est sous seing privé, passé devant un notaire ou dressé par un huissier, ou greffier. En cas d'enregistrement tardif, aucune pénalité n'est exigible si l'acte est sous seing privé ou rédigé par un greffier ; s'il est rédigé par un notaire ou un huissier, l'officier rédacteur est passible d'une amende de 10 fr. en principal (LL. 22 frim. an VII, art. 33 et 34 ; 16 juin 1824, art. 10). — *Tr. alph.*, v° *Enregistrement*, n. 32. — Les actes peuvent d'ailleurs être écrits sur papier libre et ils sont visés pour timbre au moment de l'enregistrement. — Déc. min. Fin., 20 mars 1843, [Instr. gén., n. 1689 ; *J. Enreg.*, n. 11610 ; *Rép. pér.*, n. 6697]

3816. — La dimension du papier à employer est indifférente, sauf pour les greffiers qui doivent user de timbre de la dimension à 1 fr. 80, et les huissiers qui doivent se servir de papier à 1 fr. 20 (Ord. 18 sept. 1833, art. 8 et 9).

3817. — L'exemption s'applique aux quelques droits de greffe subsistant encore, depuis la loi du 26 janv. 1892, dans les instances en cassation et devant le Conseil d'Etat. — *Tr. alph.*, v° *Expropriation*, n. 17 ; *Dict. Enreg.*, eod. verb., n. 125. — Mais les greffiers peuvent, bien entendu, exiger leurs émoluments, dont le tarif a été fixé par l'ordonnance de 1833, non modifiée sur ce point par la loi de 1841 et le décret du 24 mai 1854. — Instr. gén., n. 2024, § 4.

3818. — L'exemption embrasse aussi les droits de transcription (L. de 1841). Mais les conservateurs des hypothèques ont le droit de percevoir leurs salaires. — Cass., 25 févr. 1846, Chem. de fer de Paris à Rouen, [S. 46.1.238, P. 46.1.257, D. 46.1.119] — Trib. Seine, 26 août 1864, [*J. Enreg.*, n. 18320 ; *Rép. pér.*, n. 2070] — ... Même lorsque l'exproprant est l'Etat. — Déc. min. Fin., 14 mars 1879, [Instr. gén., n. 2615] rapportant des décisions antérieures des 24 juill. 1837, 16 nov. 1842 et 15 nov. 1849.

3819. — Les conservateurs des hypothèques doivent s'abstenir de prendre inscription d'office sur les immeubles expropriés par l'Etat. — Déc. min. Fin., 25 sept. 1884, [Instr. gén., n. 2713] — Au contraire inscription est prise d'office quand l'exproprant est un établissement public quelconque (même décision, rapportant, en ce qui concerne les départements, une Déc. min. Fin., 4 janv. 1854, [Instr. gén., n. 1997]).

3820. — Les pourvois en cassation ne sont pas exemptés de la consignation de l'amende, sauf lorsqu'ils sont formés par l'Etat. — Cass., 2 janv. 1837, Arizoli, [S. 37.1.615, P. 37.1.577] ; — 9 janv. 1839, Chem. de fer de Paris à Saint-Germain, [S. 39.1.129] ; — 22 juill. 1839, Commune de Saint-Vincent-de-Paule, [S. 39.1.802, P. 43.2.409] ; — 10 mars 1852, Delaistre, [S. 52.1.719, P. 52.1.465, D. 52.5.262] ; — 8 juill. 1874, Comm. de la Destrousse, [S. 75.1.40, P. 75.63 D. 75.3.235] — La consignation n'est que de 75 fr., le jugement d'expropriation étant assimilé à un jugement par défaut. — Cass., 22 juill. 1839, précité. — De Lalleau, n. 238. — Mais, en cas de rejet, le demandeur est condamné à une amende de 150 fr. — V. *supra*, n. 349 et s.

§ 3. Personnes qui profitent de l'exemption.

3821. — L'Etat, le département, la commune. — Décis. min. Fin., 21 mai 1835, [*J. Enreg.*, n. 11752 ; *J. not.*, n. 8898 ; Instr.

gén., n. 1485] ; — 15 déc. 1833, [Instr. gén., n. 1502] et les associations syndicales (L. 21-26 juin 1865 ; Décr. 17 nov. 1865 ; Circ. min. Int. 12 avr. 1865) peuvent seuls requérir l'expropriation. Mais ils peuvent se substituer des concessionnaires pour l'exécution des travaux : ces concessionnaires bénéficient aussi de l'exemption de la loi de 1841 pour les actes relatifs aux travaux déclarés d'utilité publique (Instr. gén., n. 1448).

3822. — Mais le *marché* par lequel s'opère cette substitution est un acte purement volontaire soumis au droit au comptant. — Cass., 12 nov. 1838, Pène, [S. 38.1.891, P. 38.2.575] ; — 17 juin 1857, Ardoin, [S. 58.1.314, P. 58.102, D. 57.1.241] ; — 15 juin 1869 (3 arrêts), Leroy, Société immobilière de Paris, Société immobilière anglo-française, [S. 70.1.36, P. 70.57, D. 69.1.458] ; — 29 avr. 1872 (2 arrêts), Haillon, Petit-Berlié, [S. 72.1.142, P. 72.316, D. 72.1.309] — Trib. Seine, 21 juill. 1859, [*J. Enreg.*, n. 17176 ; *Rép. pér.*, n. 1423] ; — 1er juill. 1864, [*J. Enreg.*, n. 17983 ; *Rev. not.*, n. 4040 ; *J. not.*, n. 18150 ; *Rép. pér.*, n. 1938 ; Instr. gén., n. 2347, § 2] ; — 29 juin 1867, [*Rép. pér.*, n. 18392 ; *J. Enreg.*, n. 18744 ; *Rép. pér.*, n. 2744] ; § 2] ; — 11 janv. 1868, [*J. Enreg.*, n. 18744 ; *Rép. pér.*, n. 2744] ; — 7 août 1869, [*Rev. not.*, n. 2714 ; *Rép. pér.*, n. 3014 ; *Contr. Enreg.*, n. 14440] — V. *infrà*, v° *Marché*.

3823. — La concession par l'exproprant de travaux d'utilité publique implique le droit d'acquérir par expropriation les terrains nécessaires à ces travaux. — Cass., 29 août 1854, Barral, [S. 54.1.608, P. 55.1.88, D. 54.1.320] — Mais le concessionnaire doit exécuter les travaux dans les délais fixés, à peine de déchéance du droit de requérir l'expropriation. — Cass., 10 mai 1847, Chem. de fer d'Orléans, [S. 48.1.51, P. 47.1.678, D. 47.4.245] — Si d'ailleurs, le concessionnaire est en société, l'expropriation ne peut être valablement poursuivie qu'après constitution régulière de la société. — Cass., 14 févr. 1855, Yon de Jaunage, [S. 55.1.538, P. 55.1.391, D. 55.1.178] ; — 24 avr. 1855, Ville de Lyon, [S. 55.1.607, P. 55.1.599, D. 55.1.132]

3824. — L'exemption profite non seulement aux actes émanés de l'exproprant, mais à tous ceux émanés des personnes intéressées : propriétaire de l'immeuble, personnes ayant le droit de réclamer une indemnité pour privation de servitude ou résiliation de bail, créanciers hypothécaires des créanciers de l'indemnité, etc. (*Dict. Enreg.*, v° *Expropriation*, n. 144). — Sol. rég., 23 oct. 1836, [*J. Enreg.*, n. 11699 ; *J. not.*, n. 9441]

§ 4. Actes exempts.

3825. — La gratuité s'étend, dit le *Dict. Enreg.* (v° *Expropr.*, n. 145) « aux actes faits en conformité de la loi de 1841, ou, en d'autres termes, à ceux qui, comme cette loi elle-même, se rapportent directement à l'expropriation, qui ont l'expropriation pour but ou pour principe, ou qui en sont le préliminaire obligé, la condition nécessaire ou la conséquence normale. »

1° *Actes administratifs.*

3826. — Les actes administratifs qui interviennent au début de la procédure d'expropriation : décrets, arrêtés préfectoraux, plans, procès-verbaux, certificats, affiches, etc..., sont exempts du droit et de la *formalité* en vertu de l'art. 80, L. 15 mai 1818. Les extraits de la matrice cadastrale sont visés pour timbre gratis. — Déc. min. Fin., 20 oct. 1838, [Instr. gén., n. 1577, § 2 ; *J. Enreg.*, n. 12178-2° ; *J. not.*, n. 10158] — Les actes d'acquisition passés en la forme administrative (L. de 1841, art. 56) sont exempts du droit (art. 58), mais non de la formalité (L. 15 mai 1818, art. 78).

2° *Actes de procédure.*

3827. — Tous les exploits signifiés au cours de la procédure sont visés pour timbre et enregistrés gratis (L. de 1841, art. 58), qu'ils soient faits à la requête de l'exproprant ou à celle de l'exproprié. — Sol. rég., 25 oct. 1826, [*J. Enreg.*, n. 11699]

3828. — Les requêtes présentées au tribunal, soit pour autoriser l'aliénation amiable de biens de mineurs, soit pour provoquer la nomination d'un jury chargé de fixer une indemnité bénéficient de la dispense.

3829. — Même règle pour les actes judiciaires. Le *Traité alphabétique*, n. 24, cite comme exempts de droits : le jugement qui ordonne le transport sur les lieux, en cas de travaux urgents (L. de 1841, art. 67), celui qui fixe la somme provisionnelle à consigner par l'expropriant (L. de 1841, art. 68), le procès-verbal descriptif de l'immeuble dressé par le juge (*Ibid.*), l'ordonnance du président autorisant la prise de possession (art. 70); le jugement sur requête autorisant les cessions amiables des biens de mineurs et prescrivant les mesures de remploi (art. 13); l'arrêt de la cour d'appel désignant les jurés; l'arrêt de la Cour de cassation sur le pourvoi formé contre l'un de ces jugements, et le recours au Conseil d'Etat formé au cours de la procédure (Sol. rég., 1er juin 1881, [*Rép. pér.*. n. 5786]); le procès-verbal des opérations du jury, les ordonnances du magistrat directeur du jury, les certificats d'insertion dans les journaux (Déc. min. Fin., 6 nov. 1835, [*J. Enreg.*, n. 11104]; le jugement d'expropriation, etc.

3830. — Mêmes règles pour les expéditions et extraits de tous ces actes, pour les conclusions écrites prises par l'administration ou les parties devant le jury spécial, pour les mémoires de frais présentés par les officiers ministériels qui ont instrumenté dans la procédure d'expropriation. — Déc. min. Fin., 2 déc. 1875, [Instr. gén., n. 2577, § 2] — Circ. compt. publ., 20 janv. 1877, [*J. Enreg.*, n. 20.338; *Rép. pér.*, n. 4576]

3831. — Quant aux actes produits devant le jury pour justifier la demande d'indemnité, ils sont exempts de droits quand ce sont des actes non assujettis à l'enregistrement dans un délai déterminé, car leur production est une conséquence de l'expropriation. Mais lorsque l'enregistrement en est obligatoire, indépendamment de toute production, les droits sont perçus, car la Régie ne s'occupe pas des circonstances qui ont révélé l'existence de ces actes (*Traité alph.*, v° *Expropriation*, n. 27; *Dict. Enreg.*, *eod. verb.*, n. 172).

3832. — Les instances accessoires sur le fond, relatives à la propriété réelle de l'immeuble exproprié ou de l'indemnité, bénéficient aussi de la dispense.

3° Actes d'acquisition.

3833. — La mutation de propriété de l'exproprié à l'expropriant se réalise soit par l'effet du jugement d'expropriation, soit par l'effet d'une cession amiable. Dans le premier cas, le jugement contient presque toujours les justifications exigées pour l'enregistrement gratis, sauf quand il s'agit d'un jugement de *donné acte*, qui se borne à constater l'accord des parties sans aucune vérification : dans cette hypothèse, le receveur doit rechercher si la parcelle vendue fait bien partie des terrains régulièrement expropriés. Le droit proportionnel deviendrait exigible si après l'enregistrement gratis d'un pareil jugement, la régie acquérait la preuve que la vente n'avait pas porté sur des terrains visés par le décret déclarant l'utilité publique. — Cass., 14 janv. 1873, Petit-Borlié, [S. 73.1.138, P. 73.294, D. 73.1.308] — Le droit devrait être réclamé dans les deux ans à partir du jour où la régie a été à même de faire cette preuve.

3834. — Dans le cas de cession amiable, l'acte est enregistré gratis s'il est postérieur à l'arrêté de cessibilité; s'il est antérieur, les droits sont acquittés, mais peuvent être restitués (V. *infra*, n. 3874). Le receveur doit, avant d'admettre la cession au bénéfice de la gratuité, examiner si l'expropriation a été régulièrement prononcée et si l'acte rentre dans les limites de l'expropriation. — V. *supra*, n. 3801.

3835. — La mutation qui s'opère par voie d'adjudication judiciaire est exempte de droits, mais il en est autrement des surenchères ou folles enchères, car les incidents sont motivés par l'intérêt particulier des vendeurs ou des créanciers. — Sol. rég., 9 août 1889, [*Rev. prat.*, n. 2942] — 28 août 1889. — La déclaration de command au profit de l'exproprient bénéficie de la dispense. — Sol. 29 sept. 1893, Seine-Inférieure.

3836. — L'indemnité peut consister en argent, en valeurs mobilières, en meubles, en rentes, ou même en un autre immeuble. Dans tous les cas la gratuité est admise. — Cass., 23 févr. 1870 (2 arrêts), Belle-Jardinière, Saint, [S. 70.1.224, P. 70.546, D. 70.1.418] — Trib. Seine, 24 août 1867, Bessaud, [S. 68.2. 57, P. 68.238] — L'échange sans soulte d'immeuble contre immeuble est donc enregistré gratis; mais s'il y avait soulte, le droit à 5 fr. 50 0/0 serait dû sur la soulte. — Sol. rég., 21 mai 1863, [*Dict. Enreg.*, v° *Expropriation*, n. 258] — *Contrà*, *Rép. pér.*, n. 1596, § 23.

3837. — Jusqu'à ces derniers temps, la donation d'immeubles nécessaires à des travaux déclarés d'utilité publique ne jouissait pas de l'immunité. — *Traité alphabétique*, v° *Expropriation*, n. 34; Délib. Enreg., 19 déc. 1837; Sol. rég., 25 avr. 1893, Marne. — Mais une solution du 24 févr. 1900, [*Rev. Enreg.*, n. 2290] autorisant l'exécution d'un jugement du tribunal de Fougères du 13 déc. 1899, [*Rev. Enreg.*, n. 2291], a décidé que les donations elles-mêmes rentraient dans les prévisions de la loi de 1841. — En ce sens, Béquet, *Rép. du droit administratif*, t. 15, n. 681; *J. Enreg.*, n. 24104; *Rép. pér.*, n. 1570-10° et 8047.

3838. — La même règle devrait être appliquée aux legs d'immeubles nécessaires à des travaux d'utilité publique. — *Contrà*, Trib. Pont-l'Evêque, 11 mars 1890, [*J. Enreg.*, n. 23389]

3839. — La clause d'un traité de cession amiable contenant promesse par l'exproprié de vendre à l'expropriant tous les terrains contigus qui lui appartiennent et qui sont susceptibles d'être expropriés, est passible du droit fixe de 3 fr. — Sol. rég., juin 1885, Nord; févr. 1891, Mayenne; *Traité alph.*, *op. cit.*, n. 41.

4° Actes relatifs au paiement de l'indemnité.

3840. — La quittance d'indemnité donnée par la personne qui y a droit, ou son mandataire (*J. Enreg.*, n. 15254-6°), est visée pour timbre et enregistrée gratis. Même règle pour le mandat de paiement. — Sol. rég., 12 nov. 1842, [*Rép. pér.*, n. 1587], — et les copies d'actes jointes à ce mandat comme pièces justificatives. — Déc. min. Fin., 31 oct. 1857, [Instr. gén., n. 2111, § 4; *J. Enreg.*, n. 16660-3°; *Rép. pér.*, n. 950] — Mais l'acquit de l'indemnitaire est passible du timbre à 0 fr. 10, d'après l'administration. — Sol. rég., 16 janv. 1872, 6 août 1873, 28 oct. 1885, [*J. Enreg.*, n. 22545] — Ces trois solutions nous paraissent peu juridiques.

3841. — L'indemnité payée aux créanciers chirographaires de l'exproprié est assujettie au droit de 0 fr. 50 p. 0/0. — Trib. Seine, 26 avr. 1864, [*J. Enreg.*, n. 18320; *Rép. pér.*, n. 2070] — Elle bénéficie de la gratuité quand le paiement est fait aux créanciers *inscrits* qui sont censés représenter l'exproprié. — Sol. rég., 14 janv. 1868, [*J. Enreg.*, n. 18486]; — 21 mai 1874, 16 mars 1875. — L'immunité d'impôt a même été admise dans le cas où le paiement est fait aux créanciers inscrits sur l'immeuble acquis en remploi de l'immeuble exproprié. — Trib. Lyon, 31 déc. 1867, Hospice de Lyon, [*J. Enreg.*, n. 18.2.234, P. 68.863]

3842. — La cession par l'exproprié à un tiers de son droit à l'indemnité est passible du droit proportionnel. — Délib. Enreg., 26 oct.-7 nov. 1838, [*J. Enreg.*, n. 12169] — Mais la quittance donnée par le cessionnaire est exempte. — *J. Enreg.*, n. 15254-6°; *Rép. pér.*, n. 1587-15°.

3843. — Lorsque, dans l'acte de cession amiable d'une maison sujette à expropriation, le vendeur s'est chargé à forfait des indemnités à payer à ses locataires, et que, sur le prix, une somme déterminée a été déclarée applicable à ces indemnités, il n'y a lieu à la perception d'aucun droit, soit pour délégation au profit des locataires, soit pour promesse de payer de la part du vendeur. — Trib. Seine, 9 avr. 1858, Baudry, [P. *Bull. Enreg.*, art. 502] — Contrairement à l'opinion du *Dict. Enreg.*, *op. cit.*, n. 233, ce jugement paraît devoir être approuvé.

3844. — Les actes constatant des *emprunts* réalisés par l'exproprié pour payer les indemnités, sont sujets au droits au comptant. — Déc. min. Fin., 2 févr. 1857, [Instr. gén., n. 2093, § 1; *J. Enreg.*, n. 16325-1°; *Rép. pér.*, n. 1587; *J. not.*, n. 16109] — Cependant quand l'exproprient est l'Etat ou un établissement public, un pareil acte est exempt d'impôt en vertu de la loi du 15 mai 1818. — V. *supra*, v° *Acte administratif*.

3845. — Sont exempts de timbre les récépissés délivrés par la Caisse des dépôts à l'expropriant en vue de constater la consignation par celui-ci des indemnités dues aux expropriés et qui ne peuvent leur être versées par suite de l'existence d'inscriptions hypothécaires grevant les immeubles. — Sol. rég., 12 janv. 1899, [*Rev. Enreg.*, n. 1952] — Le consentement donné par l'expropriant à l'exproprié pour retirer le montant de cette consignation est aussi exempt de droits (Sol. rég., 16 mars 1876).

3846. — L'ordre ouvert sur l'indemnité entre les créanciers de l'exproprié est assujetti aux droits. Il en est de même des mainlevées données par les créanciers. — Délib. rég., 29 mars 1842, [*J. Enreg.*, n. 12997-4°] — Trib. Castres, 20 août 1842, [*J. Enreg.*, n. 13079] — Sol. rég., 7 avr. 1886, Seine-Inférieure. — Boulanger, *Des radiations*, n. 435. — Mais les droits perçus sur la mainlevée de l'inscription d'office prise lors de la transcription de la vente antérieure au décret déclarant l'utilité publique ou à l'arrêté préfectoral, seraient restituables si les droits perçus sur l'acte d'acquisition étaient eux-mêmes sujets à restitution. — Sol. rég., 27 févr. 1890, Seine. — V. infrà, n. 3874.

3847. — La régie décidait que les certificats délivrés par les conservateurs à l'exproprient pour révéler les inscriptions existantes ou constater les radiations étaient soumis aux droits (Sol. rég., 4 juin 1860 et 11 mai 1863). Des solutions plus récentes ont admis l'exemption. — Sol. rég., 20 mai et 11 mars 1896, [Rev. Enreg., n. 1182]

3848. — Le transfert d'hypothèque de l'immeuble exproprié sur un autre immeuble est exempt de droits quand il est contenu dans l'acte de cession ou dans le jugement d'expropriation. — Rép. pér., n. 1587-13°; Traité alph., op. cit., n. 50; Championnière et Rigaud, op. cit., n. 3868. — Contrà, Dict. Enreg., op. cit., n. 270. — Trib. Seine, 9 juill. 1856, [J. Enreg., n. 16347; J. du not., n. 15932; Rép. pér., n. 717]

3849. — Sont encore exempts : le cautionnement fourni par l'usufruitier qui reçoit la totalité de l'indemnité, ou par l'exproprié qui veut toucher l'indemnité malgré le pourvoi en cassation formé par l'exproprient contre la décision du jury (Dict. Enreg., op. cit., n. 249 et 250); les notoriétés et certificats de propriété délivrés à l'exproprient par les ayants-droit de l'exproprié (Traité alph., op. cit., n. 43; Dict. Enreg., op. cit., n. 251; Garnier, Rép., v° Expropriation, n. 155; J. du not., n. 5169] — Pour ces derniers actes la régie refusait d'admettre l'exemption (Déc. min. Fin., 20 janv. 1835, [Instr. gén., n. 1539, § 3; J. Enreg., n. 11144; J. du not., n. 9159] — Sol. rég., 24 nov. 1856; 22 juin 1857), sauf lorsque ces certificats et notoriétés, dressés pour constater la qualité du propriétaire, sont contenus dans l'acte de cession amiable. — Sol. rég., 18 sept. 1873, [S. 74.2.320, P. 74.1.1304]

3850. — Mais le pouvoir donné par l'exproprié pour traiter à l'amiable ou toucher l'indemnité ne bénéficie pas de l'exemption : ce n'est pas en effet une conséquence nécessaire de l'expropriation. — Traité alph., op. cit., n. 44; Dict. Enreg., op. cit., n. 237. — Déc. min. Fin., 20 janv. 1835, précitée. — Trib. Foix, 2 juin 1862, Dufrêne, [P. Bull. Enreg., n. 801] — confirmé par Cass., 18 août 1863, [S. 63.1.431, P. 64.274, D. 64.1.24] — Contrà, de Lalleau, op. cit., t. 2, n. 961; de Peyrony et Delamarre, loc. cit., n. 708; J. des not., n. 9159 et 17803; Contr. Enreg., n. 12528; Rép. pér., n. 1576. — Même règle pour l'acte notarié constatant le dépôt de ces pouvoirs en l'étude. — Sol. rég., 30 nov. 1892.

3851. — Cependant si le pouvoir est obligatoire, l'immunité lui est acquise : tel le pouvoir à un avocat à la Cour de cassation pour se désister d'un pourvoi (Sol. rég., 2 juin 1858), ou à l'avocat représentant plusieurs personnes devant le jury (L. de 1841, art. 37).

3852. — Les expéditions des actes exempts de droit sont aussi exemptes de timbre. — Délib. rég., 15 janv.-6 févr. 1836, [J. Enreg., n. 11447-2°] — Déc. min. Fin., 31 oct. 1857, [Instr. gén., n. 2014, § 4; J. Enreg., n. 16660-3°; Rép. pér., n. 950] — Même règle pour les plans.

3853. — Les propriétaires dont les terrains acquièrent une plus-value par suite de l'exécution des travaux publics sont tenus de contribuer aux frais de ces travaux en vertu de la loi du 16 sept. 1807. Cette subvention appelée indemnité, est passible des droits ordinaires (Dict. Enreg., op. cit., n. 264).

5° Remploi.

3854. — Des immeubles doivent être acquis en remploi des immeubles expropriés dans plusieurs cas : 1° lorsque le remploi est de droit; 2° lorsqu'il est imposé par une convention antérieure; 3° lorsqu'il est ordonné par le tribunal. Dans tous les cas où le remploi est obligatoire, l'acquisition du nouvel immeuble est enregistrée gratis; si ce remploi est une faculté pour les parties, il y a lieu à la perception des droits ordinaires.

3855. — I. Remploi de plein droit. — Le remploi a lieu de plein droit quand les époux sont mariés sous le régime dotal : les tiers en sont responsables vis-à-vis de la femme. — Déc. min. Fin., 11 déc. 1856, [P. Bull. Enreg., art. 433] — Benech, Emploi et remploi, n. 123. — La règle est la même, que l'indemnité ait été fixée par le jury sans injonction de remploi par le tribunal, ou que la cession amiable ait été autorisée par justice avec un seul ordre de remploi. — Cass., 10 déc. 1845, Société du Drot, [S. 46.1.161, P. 46.1.726, D. 46.1.125]; — 8 déc. 1847, Terrasson, [S. 48.1.247, P. 48.1.86, D. 47.4.209] ; — 24 mai 1848, Roguer, [S. 48.1.506, P. 48.2.431, D. 48.5.150] — Sol. rég., 8 mai 1896, [Rev. Enreg., n. 1487] — Contrà, Trib. Dieppe, 26 mai 1847, C..., [D. 47.4.209]

3856. — Mêmes règles encore lorsque les biens expropriés font partie d'un majorat, ou sont grevés de substitution, ou forment le cautionnement d'un conservateur des hypothèques.

3857. — Mais les biens des incapables ne sont pas indisponibles, et le remploi n'en est pas obligatoire : si ce remploi n'est pas ordonné par le tribunal, il est soumis aux droits. — V. infrà, n. 3861.

3858. — II. Remploi conventionnel. — Le remploi peut encore être obligatoire par suites de conventions matrimoniales. Tel est le cas où le mari peut aliéner la dot de sa femme à charge de remploi. — Cass., 24 mai 1848, précité. — Mais le remploi n'est que facultatif quand la clause du contrat de mariage porte que le mari est tenu de reconnaître le prix de l'immeuble dotal sur ses biens personnels. — Benech, De l'emploi, n. 77 ; Aubry et Rau, t. 5, § 537, n. 73.

3859. — L'obligation du remploi peut se produire aussi bien sous le régime de communauté que sous le régime dotal : les conséquences sont les mêmes au point de vue fiscal.

3860. — Lorsque le remploi est ordonné en vertu d'une stipulation irrégulière, il n'est plus obligatoire : tel serait le cas si l'obligation du remploi modifiait les conventions matrimoniales. — Sol. rég., 21 déc. 1868, [J. Enreg., n. 18667; Rép. pér., n. 3147; Contr. Enreg., n. 14465] — Jugé en ce sens que lorsqu'une femme commune en biens est expropriée d'un immeuble qui lui avait été légué par un tiers sous la condition qu'il serait affecté de dotalité, le remploi de l'indemnité d'expropriation est facultatif, parce que la condition du legs est nulle : ce remploi n'est donc pas dispensé des droits. — Trib. Seine, 5 août 1871, et sur pourvoi, Cass., 21 avr. 1873, Dalboa, [S. 73.1.277, P. 73.671, D. 73.1.305]

3861. — III. Remploi ordonné par justice. — Le tribunal peut ordonner sur simple requête la cession amiable de biens appartenant à des incapables (L. de 1841, art. 13). En ce qui concerne les immeubles dotaux et ceux dépendant des majorats, le remploi est obligatoire : peu importe que le tribunal l'ordonne ou non. Au contraire, en ce qui concerne les biens des incapables, l'injonction du remploi est facultative pour le tribunal, et il n'y a exemption de droits que si le remploi a été ordonné. — Cass., 8 févr. 1853, Ville de Paris, [S. 53.1.205, P. 53.1.484, D. 53.1.28] — Trib. Seine, 15 nov. 1849, [J. Enreg., n. 15053-2°; J. not., n. 13926; Instr. gén., n. 1900, § 5] — Trib. Tarascon, 9 nov. 1855, [J. du not., n. 13897; Rép. pér., n. 1587, § 4; Contr. Enreg., n. 10855] — Trib. Seine, 9 juill. 1856, [Rép. pér., n. 767] — Trib. Versailles, 1er juin 1869, [Rép. pér., n. 2119] — Trib. Nice, 1er juill. 1869, Scoffier, [S. 71.2.184, P. 71.572, D. 71.3.18] — Trib. Seine, 28 mai 1870, Petit, [S. 72.2.59, P. 72.239, D. 72.5.182] — Sol. rég., 9 août 1869, [S. 71.2.52, P. 71.366, D. 69.5.160]

3862. — Pour les incapables du droit administratif, communes et établissements publics, c'est l'autorité administrative qui prescrit le remploi : la règle reste la même. — Délib. rég., 9-13 juill. 1852. — Trib. Lyon, 22 mai 1866, [J. Enreg., n. 18486; Rép. pér., n. 3632]

3863. — IV. Conditions de l'exemption. — Si le règlement de l'indemnité a précédé la sentence du tribunal, le remploi ne peut plus bénéficier de la dispense (Dict. Enreg., op. cit., n. 287). Il faut en outre apprécier l'obligation du remploi à l'époque de l'expropriation. C'est ainsi que le mariage sous le régime dotal d'une femme qui avait droit à une indemnité d'expropriation, n'exempte pas des droits le remploi fait pendant le mariage au moyen des deniers de cette indemnité. — Trib. Nice, 1er juill. 1869, précité. — Le remploi doit être accepté par la femme.

3864. — L'acte de remploi doit contenir, condition essentielle, l'indication de l'origine des deniers : une simple réserve de faire plus tard cette déclaration ne suffirait pas. — Cass., 14 juin 1864, de Pomerex, [S. 64.1.296, P. 64.868, D. 64.1.387] — Trib. Seine, 27 févr. 1863, de Pomerex, [P. Bull. Enreg., art. 859]

3865. — Le premier remploi seul bénéficie de la dispense, et non les remplois successifs qui peuvent être faits ensuite. — Cass., 10 mai 1865, de Talleyrand-Périgord, [S. 65.1.287, P. 65.673, D. 65.1.369] — Trib. Seine, 30 janv. 1864, de Talleyrand-Périgord, [P. Bull. Enreg., art. 890]

3866. — La dispense d'emploi est aussi exempte de droits, ainsi que les actes faits pour y parvenir (Traité alph., op. cit.,

n. 61). — *Contrà*, Trib. Mortain, 24 déc. 1886, [J. *Enreg*, n. 23074; *Rép. pér.*, n. 6826]

6° *Revente des terrains expropriés.*

3867. — Les propriétaires expropriés ont le droit d'exiger la rétrocession à leur profit des terrains non utilisés pour les travaux (L. de 1841, art. 60) : cette rétrocession est exempte de droits. — Championnière et Rigaud, *op. cit.*, n. 3768. — Sol. rég., 17 sept. 1842; 24 janv. 1854).

3868. — Mais la réunion de plusieurs conditions est nécessaire pour que le bénéfice de la gratuité soit acquis à cette revente. Il faut : 1° que les terrains aient été acquis par voie d'expropriation (Sol. rég., août 1885, Seine); 2° qu'ils n'aient jamais été utilisés pour les travaux; s'ils ont été employés, l'administration peut en user à son gré, même si l'affectation vient à cesser. — Lyon, 20 août 1857, Damon, [S. 57.2.736, P. 58.845, D. 57.2.219] — V. Cass., 29 mai 1867, Chemin de fer de l'Ouest, [S. 67.1.261, P. 67.656, D. 67.1.217] — Cons. d'Et., 6 mars 1872, Yaumes, [S. 73.2.287, P. adm. chr., D. 72.3.63]; — 3° que l'expropriation ne soit pas antérieure à la loi du 7 juill. 1833, qui a reconnu la première le droit de rétrocession au profit du propriétaire. — Av. Cons. d'Et., 29 janv. 1863, [Leb. chr., p. 83; Instr. gén., n. 2618, n. 89; *Rev. Enreg.*, n. 562, n. 70] — *Contrà*, de Lalleau, *loc. cit.*, t. 2, n. 1151; — 4° que les terrains n'aient pas été acquis sur la réquisition du propriétaire en vertu de l'art. 50 de la loi de 1841. — Cass., 7 mai 1873, Chem. de fer d'Orléans, [S. 73.1.341, P. 73.825, D. 73.1.359]; — 5° que le propriétaire n'ait pas renoncé à son droit. Remarquons à ce propos que cette renonciation est enregistrée gratis. — Sol. rég., 8 déc. 1867, [J. *Enreg.*, n 18523-1°; *Rép. pér.*, n. 2732; *J. du not.*, n. 19291] — 17 juin 1872, [Instr. gén., n. 2449, § 8; *J. Enreg.*, n. 19190; *J. du not.*, n. 20524; *Rép. pér.*, n. 3527]

3869. — La demande de rétrocession doit être faite dans certains délais (L. de 1841, art. 60). Mais si l'expropriant s'oppose pas la déchéance, les reventes consenties après l'expiration du délai bénéficient encore de l'exemption.

3870. — Le droit de préemption est un droit personnel qui reste fixé sur la tête du propriétaire et passe à ses ayants-cause à titre universel, mais non à ses acquéreurs. — Instr. gén., n. 2164, 2618, n. 90; *Rev. Enreg.*, n. 562, n. 71. — Mais ce droit est cessible, et la cession est passible du droit de mutation immobilière, à moins qu'elle ne soit consentie au profit de l'expropriant. — Sol. rég., 17 juin 1872, [S. 73.2.92, P. 73.351, D. 73.386]

3871. — La rétrocession à des tiers paie 5 fr. 50 p. 0/0. — Trib. Vendôme, 7 déc. 1872, [S. 73.2.186, P. 73.736, D. 73.5.211]

3872. — Lorsque l'expropriant se substitue un concessionnaire qui exécutera les travaux, cette revente est exempte de droits, même si tous les terrains ne doivent pas être affectés aux travaux et si quelques-uns sont destinés à être revendus à des particuliers. — Cass., 29 nov. 1865, Ardoin, [S. 66.1.34, P. 66.48, D. 66.1.155]; — 15 juin 1869 (3 arrêts), Leroy, Soc. immobilière de Paris et Soc. immobilière anglo-française, [S. 70.1.436, P. 70.57, D. 70.1.469]; — 7 août 1869, [*Rép. pér.*, n. 3014] — Trib. Seine, 29 juin 1867, [J. *Enreg.*, n. 18392; *Contr. Enreg.*, n. 13297; *Rép. pér.*, n. 2481] — Mais pour que l'exemption s'applique, il faut qu'il s'agisse d'une substitution pure et simple et non d'une vente absolument nouvelle, distinction qui ne dérive que des faits : ceci explique les variations de la jurisprudence dans notre hypothèse. — Dans le sens de l'exigibilité des droits, Cass., 29 nov. 1865, précité. — Trib. Lille, 6 mai 1881, [*Rép. pér.*, n. 5796] — Déc. min. Fin., 29 janv. 1880, [J. *Enreg.*, n. 21741; *Rép. pér.*, n. 5466] — V. *suprà*, n. 3822 et 3823.

3873. — Quand la rétrocession a lieu en vertu de dispositions législatives autres que la loi de 1841, le droit proportionnel est dû. Ainsi jugé pour le cas où l'expropriant, après avoir acquis certaines parcelles de terrain en vertu du décret du 26 mars 1852, les rétrocède aux propriétaires contigus. — Trib. Montpellier, 26 déc. 1864, [J. *Enreg.*, n. 17933; *Rép. pér.*, n. 2094] — V. *infrà*, n. 3894 et s.

Section II.
Restitution des droits perçus.

3874. — Le troisième alinéa de l'art. 58 de la loi de 1841, est ainsi conçu : « Les droits perçus sur les acquisitions amiables faites antérieurement aux arrêtés du préfet seront restitués, lorsque, dans le délai de deux ans, à partir de la perception, il sera justifié que les immeubles acquis sont compris dans ces arrêtés. La restitution des droits ne pourra s'appliquer qu'à la portion des immeubles qui aura été reconnue nécessaire à l'exécution des travaux » (Instr. gén., n. 1660 et 2106-1°).

3875. — Cette disposition de loi est une exception au principe posé par l'art. 60, L. 22 frim. an VII, savoir que tout droit régulièrement perçu ne peut être restitué, quels que soient les événements ultérieurs : elle doit donc être interprétée restrictivement.

3876. — La première condition pour que la restitution soit admise, c'est que les terrains dont la cession a donné lieu à la perception des droits soient compris dans l'arrêté de cessibilité du préfet, ou que la désignation parcellaire se soit contenue dans le décret même déclarant l'utilité publique. — Cass. 4 mai 1858, Chemin de fer d'Orléans, [P. 58.774, D. 58.1.275] — La désignation collective des terrains expropriés ne suffit pas. — *Contrà*, Trib. Montreuil, 21 mars 1884, [J. *Enreg.*, n. 22460]

3877. — Il n'y a pas d'ailleurs à distinguer si l'acquisition amiable a été antérieure ou postérieure au décret déclaratif d'utilité publique. Pourvu qu'un arrêté préfectoral intervienne dans les deux ans, la restitution est due. — Trib. Seine, 26 août 1856, [J. *not.*, n. 16317; *Contr. Enreg.*, n. 10912] — Trib. Le Hâvre, 23 avr. 1857, [*Contr. Enreg.*, n. 11009] — Délib. rég., 4-8 août 1857, [J. *Enreg.*, n. 16616-4°; *Rép. pér.*, n. 910; Instr. gén., n. 2106, § 1]

3878. — Par contre, les acquisitions faites sur la réquisition du propriétaire en vertu de l'art. 50 de la loi de 1841, ne peuvent jamais faire l'objet d'une restitution. — Instr. gén., n. 1660; *Rép. pér.*, n. 1596, § 31; Trib. Seine, 6 déc. 1861, Chemin de fer de l'Est, [P. *Bull. d'Enreg.*, n. 808; *J. Enreg.*, n. 17432; *J. du not.*, n. 17032; *Contr. Enreg.*, n. 12144; *Rép. pér.*, n. 1573; Instr. gén., n. 2347, § 2]

3879. — Même règle lorsque les terrains vendus, bien qu'en fait employés aux travaux, n'ont pas été compris dans l'arrêté de cessibilité. — Cass., 16 août 1843, Chem. de fer de Versailles, [S. 43.1.822, P. 44.1.179]; — 13 nov. 1848, [S. 49.1.60, P. 48.2.532, D. 49.1.264]

3880. — Dans les deux cas examinés *suprà*, n. 3878 et 3879, lorsque le même propriétaire a consenti moyennant une indemnité unique une aliénation, dont une partie seulement rentre dans les prévisions de l'art. 58 de la loi de 1841, il y a lieu à ventilation proportionnelle du prix de vente. — Trib. Avignon, 16 avr. 1866, [*Rép. pér.*, n. 1951]

3881. — Mais si l'acquisition sur réquisition est postérieure à l'arrêté de cessibilité et que les droits aient été cependant perçus, soit par erreur, soit faute de justifications suffisantes, il y a lieu à restitution si l'erreur est rectifiée ou si les justifications sont fournies dans les deux ans de la perception. — Sol. rég., 6 avr. 1871; 22 nov. 1875, [J. *Enreg.*, n. 19960]

3882. — Quand l'acquisition a porté sur une maison, démolie depuis par l'expropriant, et que l'arrêté préfectoral ne vise plus que le sol nu, la restitution n'en porte pas moins sur la totalité des droits perçus. — Sol. rég., 29 avr. 1868, [S. 69.2.156, P. 69.607, D. 69.5.158]

3883. — La deuxième condition essentielle de la restitution, c'est que la demande soit faite dans les deux ans à compter du jour de la perception. — Cass., 7 déc. 1858, Chem. de fer de Lyon, [S. 59.1.350, P. 59.24, D. 59.1.31] — Trib. Seine, 6 févr. 1858, [J. *Enreg.*, n. 16706; *Rép. pér.*, n. 1001; *J. not.*, n. 16485; *Contr. Enreg.*, n. 11312] — Pour le droit de timbre de dimension, le délai court du jour de la rédaction des actes. — Trib. Seine, 18 juin 1887, [*Rép. pér.*, n. 6920] — Sol. rég., 23 nov. 1888, [*Rev. prat.*, n. 2701; *Rép. pér.*, n. 7215]; — 4 déc. 1892, Ille-et-Vilaine; — 20 oct. 1894, [*Rev. Enreg.*, n. 860] — La restitution des droits de timbre n'est d'ailleurs effectuée que sur la représentation matérielle des pièces timbrées. — Sol. rég., 18 oct. 1894, [*Rev. Enreg.*, n. 853]

3884. — Une pétition ne suffit pas pour interrompre la prescription : une demande en justice par ajournement signifié et enregistré dans le délai est nécessaire. — Cass., 5 févr. 1867, Chem. de fer d'Orléans, [S. 67.1.183, P. 67.417, D. 67.1.23] — Trib. Seine, 15 janv. 1864, Chem. de fer d'Orléans, [P.*Bull. Enreg.*, art. 881] — Mais l'assignation faite dans le délai n'aurait aucun effet si le décret ou l'arrêté préfectoral n'intervenait pas dans les deux ans. — Sol. rég., 24 déc. 1885. — Déc. min. Fin., 10 mars 1886. — Sol. rég., nov. 1890, Seine; *Traité alph.*, *op. cit.*, n. 78.

3885. — Il appartient évidemment aux parties qui réclament la restitution de produire les justifications nécessaires. — Trib. Seine, 6 févr. 1888, précité.

3886. — La restitution comprend tous les droits d'enregistrement, de timbre et d'hypothèques qui n'auraient pas été perçus si la cession avait eu lieu postérieurement à l'arrêté de cessibilité. On y comprend donc : le timbre des feuilles du registre du conservateur qui ont servi à la transcription de l'acte (Sol. rég., 12 oct. 1864, [S. 66.2.67, P. 66.240, D. 65.3.76]); celui de la minute et des expéditions du contrat, du bulletin de dépôt à la conservation. — *Contrà,* Trib. Seine, 26 août 1864, [J. Enreg., n. 18.320; Rép. pér., n. 2070], et de la demande en restitution. — Trib. Seine, 17 juin 1887, [J. Enreg., n. 22932; Rép. pér., n. 6920] — Sol. rég., 23 nov. 1888, [Rép. pér., n. 7215] — *Contrà, Dict. Enreg., op. cit.,* n. 338] — ... les droits perçus à l'occasion de la purge, Sol. rég., 8 août 1870; 9 août 1889, [Rev. prat., n. 2942] — ... ceux perçus sur l'ajournement signifié en vue de la restitution, Sol. rég., septembre 1875, Aube; avril 1890, Gard; 20 oct. 1894, [Rev. Enreg., n. 860] — Mais les salaires du conservateur ne sont pas restituables. — Trib. Seine, 26 août 1864, [Rép. pér., n. 2070] — Sol. rég., 21 mai 1874.

3887. — Les dispositions de l'art. 58, relatives à la restitution des droits ne sont pas applicables à l'Algérie. — Sol. rég., 26 juill. 1892; *Tr. alph., op. cit.,* n. 69 bis.

Section III.
Expropriations spéciales et occupations temporaires.

3888. — I. *Alignement.* — En matière d'alignement, les art. 49 à 52, L. 16 sept. 1807, sont toujours en vigueur. Le plan général d'alignement (qui correspond au décret déclaratif d'utilité publique) vaut expropriation pour les terrains non *bâtis ni enclos* compris dans l'alignement et rend obligatoire pour les riverains l'acquisition des parcelles retranchées de la voie publique au droit de leur immeuble. Le plan individuel d'alignement (correspondant au jugement d'expropriation) réunit de plein droit à la voie publique les terrains compris dans l'alignement, sauf indemnité au propriétaire.

3889. — La cession à la ville par les riverains des terrains compris dans un plan général d'alignement régulier est assimilée à une expropriation et exempte de droits. — Cass., 19 juin 1844, Ville de Saint-Étienne, [S. 44.1.493, P. 44.2.107] — Mais si le plan n'est pas approuvé, ou si le décret d'approbation a imposé à la ville l'obligation de faire les acquisitions à l'amiable en se remplissant des formalités de l'expropriation, les cessions sont soumises aux droits ordinaires. — Cass., 19 juin 1844, Ville de Montpellier, [S. 44.1.494, P. 44.2.107]; — 6 mars 1848, Ville de Bordeaux, [S. 48.1.374, P. 48.1.530, D. 48.1.72]; — 31 janv. 1849, Ville de Lyon, [S. 49.1.198, P. 49.1.330, D. 49.1.36]; — 31 mars 1856, Ville de Nantes, [S. 56.1.752, P. 56.1.572, D. 56.1.190] — V. Instr. gén., n. 2361, § 2.

3890. — Autrefois la cession d'un terrain *bâti ou clos*, étant facultative, était soumise aux droits. — Cass., 24 oct. 1899, Ville de Castelsarrasin, [S. et P. 1900.1.103] — Trib. Grasse, 19 juill. 1873, [Rép. pér., n. 3726] — Déc. min. Fin., 5 mai 1882. — Depuis la loi du 13 avr. 1900, art. 3, une pareille cession bénéficie de l'exemption, [Rev. Enreg., n. 2378; Instr. gén., n. 3012, § 1]

3891. — Au contraire, lorsque c'est le riverain qui est obligé d'acheter les terrains retranchés de la voie, le droit est dû : à 2 p. 0/0 si c'est l'État qui vend; à 5,50 p. 0/0 si c'est un département ou une commune, même quand l'indemnité est fixée par le jury. — Trib. Seine, 7 mars 1862, Comm. de Neuilly, [P. Bull. Enreg., art. 837] — Trib. Lyon, 9 janv. 1863, [J. Enreg., n. 17639]

3892. — Les dommages causés aux riverains par le nivellement des rues ou places sont fixés par le conseil de préfecture et soumis aux droits ordinaires. — Sol. rég., 27 mars 1859, [Dict. Enreg., op. cit., n. 254]

3893. — En matière de chemins vicinaux ou ruraux, on applique la loi de 1841. — *Tr. alph, op. cit.,* n. 86. — Sol. rég., 2 août 1890, [Rev. Enreg., n. 3127]; — 10 déc. 1897, [Rev. Enreg., n. 1819]

3894. — Pour la *ville de Paris*, le décret du 26 mars 1852 a édicté des règles spéciales. La ville peut exproprier par voie d'alignement, non seulement les terrains nécessaires à l'établissement de la voie publique, mais encore les excédents impropres à recevoir des constructions. L'acquisition de ces excédents bénéficie de la gratuité, qu'elle ait lieu par cession amiable ou par expropriation complémentaire (art. 2 du décret). — Déc. min. Fin., 28 mai 1857, [Instr. gén., n. 2106, § 2; J. du not., n. 16162; Rép. pér., n. 911 et 1587-19°] — Mais la revente par la ville aux propriétaires contigus est soumise aux droits. — Trib. Montpellier, 26 déc. 1864, [J. Enreg., n. 17933; Rép. pér., n. 2094] — V. Dict. Enreg., op. cit., n. 298.

3895. — Les droits perçus sur les acquisitions faites par un particulier dans le périmètre du plan d'alignement de la *ville de Nice* sont restituables si l'acquéreur justifie, dans les deux ans du contrat, qu'il y a fait édifier des bâtiments conformes aux indications du plan (Décr. 12 déc. 1860, art. 7). — Cass., 13 août 1866, Fernandez, [S. 66.1.407, P. 66.1092, D. 67.1.23]

3896. — II. *Travaux urgents.* — Les travaux urgents de fortification sont décrétés d'utilité publique en vertu de la loi du 30 mars 1831 : l'immunité leur est applicable (L. de 1841, art. 76). — Cass., 31 mai 1836, Dalloz, [J. Enreg., n. 4880]

3897. — III. *Tombes militaires.* — Les acquisitions destinées à l'inhumation des soldats morts en campagne sont exemptées de droits (L. 4 avr. 1873).

3898. — IV. *Ponts à péage.* — Tous les actes relatifs au rachat des ponts à péage sont dispensés du droit *et de la formalité* de l'enregistrement (L. 30 juill. 1880, art. 5).

3900. — V. *Réquisitions militaires.* — Les actes y relatifs sont exempts du droit *et de la formalité* (L. 18 déc. 1878; Instr. gén., n. 2160).

3900. — VI. *Desséchement des marais.* — V. *Desséchement*.

3901. — VII. *Occupations temporaires.* — Les actes y relatifs sont visés pour timbre et enregistrés gratis (L. 29 déc. 1892). Cette loi doit être appliquée de la même façon que la loi de 1841. Mais les droits perçus ne sont pas restitués, même si un arrêté préfectoral intervient dans les deux ans de la perception (Instr. gén., n. 2830).

Section IV.
Droits de succession.

3902. — C'est le jugement d'expropriation qui transfère la propriété de l'immeuble exproprié, ou la cession amiable, si elle est antérieure au jugement. Si l'exproprié décède après le jugement ou après la cession, son droit ne porte plus que sur l'indemnité, et c'est cette valeur mobilière qui doit être comprise dans sa succession.

3903. — Pour les locataires et fermiers, le droit à indemnité part aussi du jour du jugement d'expropriation.

EXPULSION. — V. Audience (police de l'). — Bail (en général). — Bail a colonage partiaire. — Bail a domaine congéable. — Bail a loyer. — Bannissement. — Cour d'assises. — Étrangers.

EXTERRITORIALITÉ. — V. Agent diplomatique et consulaire.

EXTINCTION DES FEUX. — V. Saisie immobilière. — Vente publique d'immeubles. — Vente publique de meubles.

EXTORSION DE TITRES OU DE SIGNATURES.

Législation.

C. pén., art. 400, § 1.

Bibliographie.

Blanche et Dutruc, *Études pratiques sur le Code pénal*, 1891, 2e éd., 7 vol. in-8°, t. 6, n. 57 et s. — Bourguignon, *Jurisprudence des Codes criminels*, 1825, 3 vol. in-8°, t. 3, p. 419 et s. — Carnot, *Commentaire sur le Code pénal*, 1836, 2 vol. gr. in-8°, t. 2, p. 344 et s. — Chauveau, F. Hélie et Villey, *Théorie du Code pénal*, 1898, 6 vol. in-8°, t. 5, n. 2123 et s. — Dutruc, *Mémorial du ministère public*, 1871, 2 vol. in-8°, v° *Extorsion de signature*. — Duvergier, *Code pénal annoté*, 1833, in-8°, sur l'art. 400. — Garraud, *Traité théorique et pratique du droit pénal français*, 1828, 2e éd., 6 vol. in-8°, t. 5, n. 203 et s. — Hélie (F.), *La pratique criminelle des cours et tribunaux*, 1877,

EXTORSION DE TITRES OU DE SIGNATURES.

2 vol. in-8°, t. 2, n. 772 et s. — Lautour, *Code usuel d'audience*, 1890, 2º éd., 2 vol. gr. in-8°, t. 1, p. 165. — Le Poittevin, *Dictionnaire-formulaire des parquets*, 1895. 2º éd., 3 vol. in-8°, vº *Extorsion de signature*. — Morin, *Répertoire général et raisonné du droit criminel*, 1850, 2 vol. gr. in-8°, vº *Extorsion*. — Rauter, *Traité théorique et pratique du droit criminel français*, 1836, 2 vol. in-8°, t. 2, p. 230 et s. — Rolland de Villargues, *Les Codes criminels*, 1877, 2 vol. gr. in-8°, sur l'art. 400.

INDEX ALPHABÉTIQUE.

Absolution, 10.
Abus de confiance. 42.
Acte d'accusation, 28.
Altération de la marchandise, 7.
Appréciation souveraine, 38.
Attentat à la pudeur, 22.
Billet, 18, 30 et s.
Billet à ordre, 40.
Blanc-seing, 26, 28.
Cause, 23 et 24.
Chantage, 9.
Circonstance aggravante, 8.
Circonstance constitutive, 8.
Complicité, 13.
Contrainte, 3, 5 et s., 36 et s., 41.
Cour d'assises, 6, 8, 9, 14, 26, 28, 29, 35.
Décharge, 1 et 2.
Décharge de dette, 22 et s.
Destruction de titres, 34 et 35.
Disposition, 2.
Dommage, 16, 32.
Éléments constitutifs, 15 et s.
Escroquerie, 42.
Femme mariée, 10.
Force, 3, 5 et s., 36, 41.
Intention, 27 et s.
Intention criminelle, 15 et 16.
Intérêts moraux, 21 et s.
Menace, 40.
Nullité, 30 et s.
Obligation, 1, 2, 22 et s.
Passeport, 25.
Peine, 2.
Présomption, 23 et 24.
Preuve, 24.
Signature, 17, 19.
Surprise, 42.
Tentative, 13, 27 et s., 32, 39.
Testament, 20.
Tiers, 12, 18.
Travaux forcés, 3 et 4.
Violence, 1, 3, 5 et s., 36 et s., 41.
Voies de fait, 11.
Vol, 4 et s.

DIVISION

§ 1. — *Notions générales* (n. 1 à 14).

§ 2. — *Éléments constitutifs du crime d'extorsion* (n. 15).

1º Extorsion de la signature ou de la remise d'un titre contenant ou opérant obligation, disposition ou décharge (n. 16 à 35).

2º Emploi de la force, de la violence ou de la contrainte (n. 36 à 42).

§ 3. — *Droit comparé* (n. 43 à 72).

§ 1. Notions générales.

1. — Le Code pénal du 25 sept. 1791 avait prévu, non l'extorsion de titres, mais l'extorsion de signatures. Il portait, en effet : « Quiconque sera convaincu d'avoir extorqué par force ou par violence la signature d'un écrit, d'un acte emportant obligation ou décharge, sera puni comme voleur à force ouverte et par violence envers les personnes, et encourra les peines portées aux cinq premiers articles de la présente section, suivant les circonstances qui auront accompagné lesdits crimes » (art. 40).

2. — L'extorsion prévue par le Code pénal de 1810 consiste, dans le fait d'avoir « extorqué la signature ou la remise d'un écrit, d'un acte, d'un titre, d'une pièce quelconque contenant ou opérant obligation, disposition ou décharge » (C. pén., art. 400, § 1).

3. — Elle constitue un crime lorsqu'elle est accompagnée de l'emploi de la force, de la violence ou de la contrainte et, dans ce cas, elle est punie de la peine des travaux forcés à temps. — Même article.

4. — Ainsi, le crime d'extorsion bien qu'il soit une espèce de vol, commis avec violence, diffère de la soustraction frauduleuse proprement dite par son objet. Ce qui est extorqué, c'est un titre juridique dont la valeur est soumise à certaines éventualités. Ce titre ne pouvant d'ordinaire être utilisé aussitôt après l'extorsion, la victime pourra prendre ses mesures pour éviter le préjudice qui lui a été imposé. Il semble donc que le législateur n'aurait pas dû frapper le crime d'extorsion de la même peine que le vol commis avec violence. — Garraud, t. 5, n. 204.

5. — Si l'extorsion est dépouillée des trois circonstances de force, de violence ou de contrainte, constitue-t-elle un fait punissable ? La Cour de cassation a tout d'abord résolu cette question affirmativement et décidé, en se fondant sur la place de l'art. 400, rangé sous la rubrique vols que dans ce cas le fait d'extorsion constitue un vol simple, prévu et réprimé par l'art. 401. C. pén. — Cass., 21 mai 1807, Dewilde et Gay, [S. et P. chr.]; — 30 avr. 1830, Bardet, [S. et P. chr.]; — 7 oct. 1831, Rippert, [P. chr.]; — 8 févr. 1840, Marchetti, [S. 40.1.651, P. 40.2.537] — Bordeaux, 14 févr. 1889, [*Journ. arr. Bordeaux*, 89.1.212] — Chauveau et Hélie, t. 5, n. 2124.

6. — ... Et que, par conséquent, si les jurés ont déclaré un individu coupable d'extorsion de signature, mais sans contrainte, la cour d'assises ne peut se dispenser de lui appliquer la peine de l'art. 401. — Mêmes arrêts.

7. — Mais l'argument tiré de la rubrique de la section où figure la disposition de l'art. 400 paraît peu décisif. En effet, cette section contient plusieurs dispositions qui n'ont que des rapports éloignés avec le vol notamment, l'art. 387, qui prescrit l'altération des marchandises par les commissionnaires de transports. D'autre part, la force, la violence, la contrainte jointes à une extorsion de titre, caractérisent bien, sauf la restriction indiquée *suprà*, n. 4, la soustraction frauduleuse prévue par l'art. 379, qui domine toute la section. C'était donc dans la rubrique du vol que devait être placé le crime d'extorsion de titres. Mais si l'on écarte la force, la violence, la contrainte le débat se trouve circonscrit dans l'interprétation du mot extorquer qui, pris isolément, peut n'avoir plus la même signification. On est donc fondé à répliquer que si la disposition de l'art. 400 est placée sous la rubrique du vol, c'est par des motifs étrangers à la question spéciale et qui ne peuvent aider en rien à sa solution. Or, s'il est vrai que le mot extorquer ne se prenne qu'en mauvaise part, il ne suit pas de là qu'il emporte nécessairement la fraude telle que la loi l'exige pour constituer le vol ou soustraction. Ainsi, quand on dit d'une personne qu'à force d'importunités elle a extorqué la signature d'une autre personne, cela ne signifie pas que la signature ait été volée; les importunités ne sont pas une fraude. Cet exemple suffit pour démontrer que le mot extorquer n'a pas, par lui-même, le sens exigé par l'art. 379, C. pén.; qu'il rentre dans sa disposition où s'en éloigne, selon l'influence qu'exercent sur lui les autres expressions qui l'accompagnent. Dans tous les cas, il y a doute, et c'en est assez pour faire rejeter un système qui exposerait les jurés à une erreur des plus funestes. — Blanche, t. 6, n. 67 ; Garraud, *loc. cit.* — V. aussi Nouguier, t. 4, n. 2909.

8. — La Cour de cassation est d'ailleurs revenue sur sa jurisprudence en décidant que l'extorsion de signature ou d'écrit, prévue par l'art. 400, C. pén., n'est pas un vol avec la circonstance aggravante de force, violence ou contrainte, mais constitue un crime distinct et séparé, dont la violence, la force ou la contrainte, sont des circonstances constitutives; que dès lors, la question qui présente à la fois le fait de l'extorsion et les circonstances tirées de la violence, force ou contrainte, n'offre point la complexité défendue par la loi. — Cass., 15 mai 1847, Renoncet, [S. 47.1.637. P. 47.2.438, D. 46.4.455] ; — 18 nov. 1847, Denain, [S. 48.4.377, P. 48.2.340, D. 48.5.92]; — 19 août 1852, Picault, [D. 52.5.263]; —14 nov. 1890, [*Pand. fr. pér.*, 91.1.218] — V. *suprà*, vº *Cour d'assises*, n. 3096.

9. — Et il a été jugé qu'il en est ainsi même depuis la loi du 13 mai 1863 qui en insérant dans le § 2 de l'art. 400, C. pén., les dispositions nouvelles applicables à des faits spéciaux qui, jusque-là échappaient à toute répression (V. *suprà*, vº *Chantage*, n. 1 et s.) n'a pas modifié les caractères essentiels et constitutifs du crime prévu et puni par le § 1 du même article. — Cass., 14 nov. 1890, précité. — Sur les caractères comparés du chantage et de l'extorsion des titres, V. *suprà*, vº *Chantage*, n. 8.

10. — De la première doctrine par elle admise, la Cour de cassation avait conclu, avec la plupart des auteurs, que l'art. 380, C. pén., était applicable à l'extorsion de signature, et que, dès lors, aucune peine ne devait être prononcée contre la femme qui avait extorqué par force, violence ou contrainte, la signature de deux écrits contenant obligation de son mari au profit d'un tiers. — Cass., 8 févr. 1840, précité. — Chauveau et Hélie, *loc. cit.*; Carnot, t. 2, sur l'art. 400, n. 3 ; Le Sellyer, *Dr. crim.*, t. 4, n. 180 ; Morin, *op. et vº cit.*, n. 2. — *Contrà*, Rauter, t. 2, p. 132 et 134. — Cette solution n'a pas cessé d'être exacte, l'art. 380 s'appliquant non seulement aux vols, mais à tous les délits commis contre la propriété. — Blanche, t. 6, n. 69 ; Garraud, t. 5, n. 205, note 3 ; Le Poittevin, vº *Extorsion de signature*, n. 2.

11. — Remarquons que si la force, la violence ou la contrainte employées n'avaient eu pour but que d'arriver à la remise d'un écrit qui serait retenu sans droit par l'individu auquel il aurait été enlevé, elles ne constitueraient que des voies de fait; l'extorsion implique, en effet, un but illégitime, et, dans notre hypothèse, ce sont les moyens employés qui, seuls sont coupables. — Carnot, sur l'art. 400, n. 4.

12. — Du reste, il est indifférent que l'objet extorqué ait dû tourner au profit de celui qui commet l'extorsion, ou au profit d'un tiers. — Rauter, t. 2, p. 130.

13. — La tentative d'extorsion est punissable comme le fait consommé; et ceux qui s'en seraient rendus complices seraient passibles de la même peine que l'auteur de la tentative. — Carnot, sur l'art. 400, n. 10; Chauveau, Hélie et Villey, t. 5, n. 2130. — Sur le principe, V. *suprà*, v° *Complicité*, n. 197 et s.

14. — La question d'extorsion peut être posée au jury en ces termes : « X... est-il coupable d'avoir, à... le... 189 extorqué par force, violence ou contrainte la signature (ou la remise) d'un écrit (ou d'un acte, ou d'un titre ou d'une pièce) contenant (ou opérant) obligation ou décharge? » — Blanche, t. 6, n. 70; Garraud, t. 3, n. 209; Le Poittevin, *loc. cit.*

§ 2. Eléments constitutifs du crime d'extorsion.

15. — Les éléments constitutifs de l'extorsion de signature ou de titre sont, indépendamment de l'intention criminelle : 1° l'extorsion de la signature ou de la remise d'un titre contenant ou opérant obligation, disposition ou décharge; 2° l'emploi de la force, de la violence ou de la contrainte.

1° Extorsion de la signature ou de la remise d'un titre contenant ou opérant obligation, disposition ou décharge.

16. — Ce premier élément résulte des termes même de l'art. 400. Le législateur n'a pas, en effet, voulu atteindre la seule intention de nuire; il faut, de plus, que l'extorsion puisse causer un véritable préjudice. — Carnot, sur cet article, n. 6; Chauveau, Hélie et Villey, t. 5, n. 2126.

17. — La signature dont parle notre article est celle de la victime de l'extorsion. — Blanche, t. 6, n. 62; Garraud, t. 5, n. 205.

18. — Mais elle peut être l'œuvre de la personne extorquée, ou d'un tiers. Il est l'œuvre de la victime, lorsque, par exemple, un individu se fait souscrire un billet. Il émane de l'agent du crime lorsqu'un débiteur obtient la remise d'un billet par lui souscrit. Enfin, le titre extorqué est l'œuvre du tiers lorsqu'il consiste, par exemple, en billet au porteur souscrit par une tierce personne. — Blanche, t. 6, n. 63; Garraud, *loc. cit.*

19. — Au reste, le crime se consomme soit par l'apposition de la signature, soit par la remise du titre. Ainsi, dans le premier cas, il n'importe que, le coupable n'ait pas pu se saisir de l'acte signé. — Blanche, t. 6, n. 64; Garraud, t. 5, n. 207.

20. — Le mot disposition comprend, en général, tous les actes qui, sans contenir précisément une obligation ou une décharge, peuvent intéresser cependant la fortune du signataire ou du propriétaire; par exemple les testaments et les actes qui ont pour objet de les révoquer. — Chauveau, Hélie et Villey, t. 5, n. 2126. — V. aussi Garraud, t. 5, n. 207.

21. — Doit-on comprendre également dans cette expression les écrits qui peuvent intéresser non la fortune mais l'honneur ou la réputation de celui qui les a souscrits? Un auteur admet l'affirmative. Cette interprétation lui paraissant seule conforme au sens très-général et même vague du mot *disposition*. — Carnot, sur l'art. 400, n. 7.

22. — Mais nous croyons devoir admettre, avec d'autres auteurs, l'opinion contraire, par le motif que les mots contenant disposition, obligation ou décharge supposent nécessairement la possibilité d'un préjudice matériel, d'une lésion portant sur des biens. Par conséquent, si on contraignait une personne à déclarer dans une lettre ou dans un autre écrit, qu'elle est coupable d'un méfait, tel qu'un attentat à la pudeur, cette déclaration ne rentrerait pas dans les termes de l'art. 400, § 1. — Chauveau, Hélie et Villey, *loc. cit.*; Garraud, *loc. cit.*

23. — Ces derniers auteurs inclinent même à penser qu'il n'y a pas là une lacune dans la loi. En effet, disent-ils, on présume l'absence de la volonté lorsqu'il s'agit d'une obligation sans cause ou d'une décharge de dette; mais quand les intérêts moraux sont seuls en jeu dans un écrit, comment discerner avec quelque sûreté, les mobiles qui ont porté à signer ou à remettre un tel écrit? Les poursuites dans ce cas seraient bien délicates, de sorte que les limites dans lesquelles la loi a circonscrit l'infraction paraissent raisonnables. — Chauveau, Hélie et Villey, *loc. cit.;* Garraud, *loc. cit.*

24. — Ces considérations ne nous semblent pas très-juridiques. En effet, une remise de dette ou une obligation portant sur une chose qui, en réalité n'était pas due, peuvent être le résultat d'une erreur ou constituer une libéralité déguisée. La contrainte, procédé criminel, ne se présume pas; elle doit être rigoureusement prouvée. Or, il ne nous paraît guère plus difficile d'administrer cette preuve, au cas d'intérêts moraux qu'au cas d'intérêts pécuniaires. Dans la première hypothèse, comme dans la seconde, ce seraient les circonstances, les témoignages et les aveux qui formeraient la conviction du jury.

25. — Au reste, même avant le Code pénal il a été jugé que pour qu'il y ait crime d'extorsion de signature, il faut que l'écrit dont la signature a été extorquée emporte obligation ou décharge; et que dès lors la peine de ce crime ne peut pas être appliquée à l'individu qui a extorqué par violence la signature d'un fonctionnaire public sur un passe-port. — Cass., 19 mess. an VII, Marchand, dit Marjoz, [S. et P. chr.]

26. — C'est par la même raison qu'il a été décidé que l'extorsion par force, violence ou contrainte d'une signature en blanc restée à l'état de blanc-seing, ne tombe pas sous l'application de l'art. 400, C. pén., que dès lors, la cour d'assises ne peut, en cas d'accusation d'extorsion de signature, refuser de poser au jury la question de savoir si la signature était ou non restée à l'état de simple blanc-seing. — Cass, 7 mess. an IX, Baux, [S. et P. chr.] — 19 juin 1845, Allauzen, [S. 45.1.614, P. 48.1.613, D. 45.4.122]; — 15 avr. 1880, [*Bull. crim.*, n. 75] — Blanche, t. 6, n. 63 ; Chauveau, Hélie et Villey, t. 5, n. 2127 ; Garraud, t. 5, n. 208. — V. *suprà*, v^{is} *Abus de blanc-seing*, n. 10, et *Blanc-seing*.

27. — Mais il suffirait, pour que le fait punissable existât, que l'extorsion eût été faite dans l'intention d'adapter à la signature un écrit emportant obligation ou décharge; car il y aurait alors tentative de crime. — Cass., 19 juin 1845, précité; — 27 mars 1856, Bouthier, [S. 56.1.630, P. 57.103, D. 57.1.267] — 15 août 1857, [*Bull. crim.*, n. 132] — Blanche, *loc. cit.;* Chauveau, Hélie et Villey, *loc. cit.;* Garraud, *loc. cit.*

28. — Jugé en conséquence que lorsqu'il résulte de l'acte d'accusation que l'accusé a extorqué par violence une signature sur un papier blanc, dans l'intention d'y adapter un écrit emportant obligation ou décharge, il ne suffit pas de demander au jury si l'accusé a agi méchamment et dans l'intention du crime : il faut lui demander si l'accusé a agi dans l'intention d'adapter à la signature un écrit emportant obligation ou décharge. — Cass., 19 juin 1845, précité.

29. — Jugé encore que la déclaration du jury, portant que l'accusé a tenté d'extorquer par force, violence ou contrainte, la signature d'une pièce qui devait contenir obligation, intention manifestée par un commencement d'exécution, qui n'a manqué son effet que par des circonstances indépendantes de sa volonté, contient les éléments légaux et constitutifs du crime prévu par les art. 2 et 400, C. pén.; qu'elle est donc irréfragable, et il est importe peu que le fait d'une obligation ou décharge n'ait pas été consommé au moment même de l'extorsion; qu'il suffit qu'il y ait eu intention ultérieure, constatée par la déclaration du jury, de faire opérer cet effet à la pièce extorquée. — Cass., 16 avr. 1857, Berrier et Legris, [P. 57.1085, D. 57.1.267]

30. — Si l'écrit extorqué se trouve nul pour vice de formes, le crime cesse-t-il d'exister ? Suivant Rauter, (t. 2, p. 131), il suffit pour que le crime existe, que l'acte extorqué ait eu une forme extérieure telle qu'elle ait pu induire en erreur sur la validité de l'acte : la circonstance que l'acte extorqué est ou non valable en la forme est indifférente. Et il a été jugé, en ce sens, que les nullités de forme qui auraient pu se glisser dans des billets extorqués ne changent rien au caractère du crime d'extorsion de titres, et que, dès lors, il n'est pas nécessaire d'interroger le jury sur la validité des billets qu'on reproche à l'accusé d'avoir extorqués. — Cass., 6 févr. 1812, Morin, [S. et P. chr.]

31. — Toutefois, il convient de remarquer que, dans l'espèce de l'arrêt précité, les billets, malgré l'état imparfait de leur rédaction, étaient, ainsi que la Cour de cassation l'a elle-même reconnu, susceptibles d'obligation : or, cela suffisait pour que l'art. 400 dût recevoir son application.

32. — Nous croyons qu'il y a lieu d'établir la distinction suivante : Si le titre est simplement imparfait, il peut être considéré comme une tentative du crime d'extorsion. Si l'acte est au contraire atteint d'un vice radical qui rend impossible tout préjudice, il échappe à toute répression. — Chauveau, Hélie et Villey, t. 5, n. 2128; Garraud, t. 5, n. 207.

33. — Il a donc été jugé à bon droit que l'extorsion de la signature d'une femme mariée, au bas d'un billet, constitue le délit puni par l'art. 400, C. pén., bien que l'obligation soit viciée de nullité pour défaut d'autorisation maritale : une telle obligation pouvant néanmoins en certains cas devenir efficace. — Cass., 9 mai 1867, Perrin, [S. 68.1.43, P. 68.69, D. 68.1.236] — *Sic*, Boitard, de Linage et Villey, n. 438; Morin, v° *Extorsion*, n. 4.

34. — Au surplus, il faut appliquer à la matière de l'extorsion de titres et de signatures ce qui est dit à l'égard de la destruction des titres emportant obligation ou décharge. — V. *suprà*, v° *Destruction de titres*, n. 28 et s.

35. — Et il faut reconnaître aussi, comme en matière de destruction de titres, que le fait que l'acte extorqué contiendrait obligation étant constitutif du crime d'extorsion, l'accusation n'est pas purgée lorsque le jury n'a pas répondu sur ce fait constitutif. — V. *suprà*, v° *Destruction de titres*, n. 29.

2° Emploi de la force, de la violence ou de la contrainte.

36. — La violence est, comme nous l'avons vu (*suprà*, n. 5), un élément constitutif de crime d'extorsion; et la loi a voulu l'atteindre sous quelque forme qu'elle se présentât, puisque l'on prouve l'art. 400, qui exige que l'extorsion soit effectuée par force, violence ou contrainte.

37. — La contrainte est la violence morale qui, dans certaines conditions, peut agir aussi énergiquement que la contrainte physique. Il suffit, aux termes de l'art. 1112, C. civ., qu'elle soit de nature à faire impression sur une personne raisonnable, et qu'elle ait pu lui inspirer la crainte d'exposer sa personne ou sa fortune à un mal considérable et présent. — Grenoble, 7 juin 1850, Peyrouse, [S. 50.2.614, P. 51.1.589] — Chauveau, Hélie et Villey, t. 5, n. 2129; Garraud, t. 5, n. 206.

38. — Au reste, l'appréciation, toute relative et concrète, du degré de la violence, physique ou morale, est abandonnée au juge du fait. — Morin, *Rép.*, v° *Extorsion*, n. 4; Chauveau, Hélie et Villey, *loc. cit.*; Garraud, *loc. cit.*

39. — Il a été jugé que acheter des pistolets, les charger, disposer un caveau, des chaînes, écrire les billets que l'on se propose d'extorquer, faire monter en voiture et conduire la victime dans le chemin du lieu où les instruments du crime sont préparés, c'est commettre un commencement d'exécution tel que la loi l'exige pour constituer la tentative d'extorsion de billets. — Cass. 6 févr. 1812, Morin, [S. et P. chr.] — V. au surplus, *infrà*, v° *Tentative*.

40. — Jugé, d'autre part, avant la loi du 13 mai 1863, que le fait, de la part d'un individu qui avait introduit frauduleusement de l'argent dans la poche d'un tiers dont l'esprit était faible et crédule, de s'être fait souscrire et remettre en lui reprochant d'un air irrité de l'avoir volé et le menaçant de le livrer à la justice et d'appeler la gendarmerie pour le faire arrêter, un billet à ordre destiné à acheter son silence, constitue, non le délit d'escroquerie, mais le crime d'extorsion de signature. — Grenoble, 7 join 1850, précité. — Ce fait constituerait aujourd'hui le délit de chantage (art. 400, C. pén., § 2). — V. *suprà*, v° *Chantage*, n. 8 et 19.

41. — D'ailleurs il n'est pas nécessaire que les trois modes d'extorsion, violence, force, contrainte, soit employés cumulativement, chacun d'eux présente un caractère distinct, et il suffit d'un seul pour la formation du crime. — Cass., 15 janv. 1825, Candon, [S. et P. chr.] — Grenoble, 7 juin 1850, précité. — Carnot, *Code pénal*, art. 400, n. 3; Chauveau, Hélie et Villey, *loc. cit.*; Garraud, *loc. cit.* — V. *suprà*, v° *Cour d'assises*, n. 4515 et 4516.

42. — La surprise n'a pas été assimilée par la loi à la force, la violence et la contrainte. « En effet, dit un auteur, on n'aurait pu l'y assimiler sans donner un trop puissant aliment à l'arbitraire : l'enlèvement des pièces par cette voie ne peut constituer qu'une escroquerie ou un abus de confiance qui doit bien être puni, mais qui n'a pas un caractère aussi grave que le fait prévu et réprimé par l'art. 400. — Carnot, sur l'art. 400, n. 9.

DROIT COMPARÉ.

§ 1. ALLEMAGNE.

43. — Le Code pénal allemand renferme, sur l'extorsion en général, les dispositions suivantes, sans s'occuper spécialement de celle de titres ou de signatures.

44. — Quiconque, pour se procurer sans droit un profit pécuniaire, oblige un autre par violence ou par menace à faire ou à ne pas faire quelque chose, commet une extorsion pour laquelle il encourt une peine d'un mois d'emprisonnement au moins; la tentative est punissable (C. pén., § 253).

45. — Si l'extorsion a été commise sous menace de mort, d'incendie ou d'inondation, la peine peut être élevée jusqu'à cinq ans de réclusion (§ 254).

46. — Si elle a été commise à l'aide de violences contre un individu ou de menaces mettant en danger immédiat sa vie ou sa personne, le coupable doit être puni comme pour vol qualifié (§ 255).

47. — Celui qui est condamné à l'emprisonnement pour extorsion peut être, en outre, privé de ses droits civiques; et, s'il a été condamné à la réclusion, il peut être placé sous la surveillance de la police (§ 256).

§ 2. ANGLETERRE.

48. — Commet un crime (*felony*) et encourt la servitude pénale soit à temps soit à perpétuité : 1° celui qui, par lettre, demande à autrui, sous menace et sans cause raisonnable, un objet de valeur, ou bien accuse ou menace d'accuser autrui d'un crime pour obtenir de lui, sous l'empire de cette menace, quelque objet de valeur, ou bien le menace de brûler sa maison ou de détruire son bétail (St. 24 et 25, Vict., c. 96, sect. 44, 46) ; 2° celui qui, à l'aide de violences ou de menaces, exige d'autrui un objet de valeur, avec l'intention de se l'approprier frauduleusement (*ib.*, sect. 45); 3° celui qui contraint une personne à accepter, à endosser, à altérer ou à détruire un titre, ou à signer un engagement de son nom ou de celui d'un tiers, en vue d'abuser à son propre profit de la pièce ainsi modifiée, détruite ou signée (*ib.*, sect. 48). L'expression « objet de valeur » (*valuable thing*) désigne n'importe quelle espèce de biens ou de titres. — Sir. J.-F. Stephen, *A digest of the criminal law of England*, 4° éd., Londres, 1887, art. 314.

§ 3. AUTRICHE-HONGRIE.

49. — A. *Autriche*. — Les dispositions sur l'extorsion dans le Code pénal autrichien ont déjà été traduites, *suprà*, au mot *Chantage*, n. 72 et s.

50. — Il convient seulement d'ajouter ici que, d'après le § 100, C. pén. autr., la peine peut être portée jusqu'à cinq ans de travaux forcés en cas de circonstances aggravantes; notamment, lorsqu'à raison de la gravité des violences ou des menaces la victime est restée pendant un temps prolongé dans un état d'angoisse (*qualvoll*); lorsqu'elle a été menacée de meurtre ou d'incendie; lorsque le dommage dont on l'a menacée dépasse 1,000 fl. (2,100 fr.) ou le dommage subi 300 fl.; lorsque la menace a été dirigée contre des communes ou des districts entiers.

51. — B. *Hongrie*. — Quiconque, pour procurer à lui-même ou à autrui un avantage pécuniaire illégitime, contraint une personne, par violence ou par menaces, à faire ou à souffrir quelque chose, ou à s'en abstenir, commet le délit d'extorsion, puni de trois ans d'emprisonnement, au plus (C. pén., art. 350). La tentative est punissable (art. 352).

52. — L'extorsion est un crime, entraînant cinq ans de maison de force au plus, la destitution d'emploi et la suspension de l'exercice des droits politiques (art. 354) : 1° si l'auteur menace d'assassinat, de graves lésions corporelles, d'incendie ou de tout autre grave dommage pécuniaire; 2° s'il a, pour le commettre, simulé la qualité de fonctionnaire ou feint un ordre de quelque autorité (art. 353).

§ 4. BELGIQUE.

53. — Est puni de la réclusion celui qui, à l'aide de violences ou de menaces, a extorqué soit des fonds, valeurs, objets mobiliers, obligations, billets, promesses, quittances, soit la signature ou la remise d'un document quelconque, contenant ou opérant obligation, disposition ou décharge (C. pén., art. 470).

§ 5. Espagne.

54. — Les dispositions générales contenues dans le Code pénal espagnol, relativement à l'extorsion, sont traduites. — V. *suprà*, v° *Chantage*, n. 77 et s.

§ 6. Italie.

55. — Quiconque, à l'aide de violence ou de la menace de graves dangers quant à la personne ou aux biens, contraint quelqu'un à livrer, souscrire ou détruire, au préjudice de la victime ou d'autrui, un acte qui emporte un effet juridique, quel qu'il soit, est puni de la réclusion de trois à dix ans (C. pén., art. 407).

56. — Quand le fait est commis à main armée, ou par plusieurs personnes, en partie armées ou masquées, ou au moyen d'une atteinte portée à la liberté personnelle, la réclusion est de cinq à quinze ans (C. pén., art. 408).

57. — Quiconque, en inspirant la crainte de graves dangers quant à la personne, à l'honneur ou aux biens, ou en simulant l'ordre d'une autorité, contraint quelqu'un à envoyer, déposer ou mettre à la disposition du coupable de l'argent, des choses ou des titres emportant un effet juridique, est puni de la réclusion de deux à dix ans (art. 409).

58. — A ces peines s'ajoute toujours la surveillance spéciale de la police (art. 412).

§ 7. Pays-Bas.

59. — Celui qui, dans le dessein de procurer à lui-même ou à autrui un profit illégitime, force quelqu'un, par violence ou menaces de violence, soit à la remise d'une chose appartenant en tout ou en partie à ce dernier ou à un tiers, soit à contracter une obligation ou à éteindre une créance, est puni, comme coupable d'extorsion, d'un emprisonnement de neuf ans au plus (C. pén., art. 317) et, s'il y a lieu, de la privation de divers droits civiques et civils indiqués à l'art. 28, n. 1 à 4 (art. 320).

§ 8. Portugal.

60. — Est puni des peines prévues pour le vol (*roubo*) commis avec violences ou menaces, et suivant les circonstances du fait, celui qui, par violence ou menaces, extorque à quelqu'un la signature ou la livraison d'un écrit ou titre contenant ou produisant obligation, disposition ou décharge (C. pén., art. 440).

§ 9. Russie.

61. — Quiconque, par des violences ou des menaces, contraint une personne à contracter, à cautionner ou à souscrire sous son propre nom une obligation, ou, au contraire à annuler un document servant de preuve d'un droit ou d'une propriété, ou à se prêter à une transaction contraire à ses intérêts, ou à renoncer à un droit ou une prétention, ou à faire un marché désavantageux, encourt la privation des droits civiques et l'internement en Sibérie (C. pén., art. 1686).

62. — Celui qui joint à la violence dont il vient d'être parlé des mauvais traitements corporels, ou des tortures ou cruautés, ou une séquestration arbitraire, ou en général, met en péril par ses procédés la vie ou la santé de sa victime, est puni des peines prévues aux art. 1628 à 1635 pour le brigandage ou vol accompagné de violences (art. 1687).

§ 10. Suède.

63. — Les dispositions du Code pénal suédois (c. 15, §§ 22 et s.), sont indiquées *suprà*, v° *Chantage*, n. 84 et s.

§ 11. Suisse.

64. — L'extorsion n'est pas prévue dans le Code pénal fédéral. Mais elle fait l'objet de dispositions expresses dans les diverses législations cantonales. Nous analyserons, à titre d'exemple, celles qui figurent dans les Codes pénaux de Bâle-Ville, de Berne, de Genève, de Neuchâtel, de Saint-Gall et de Vaud.

65. — A. *Bâle-Ville*. — Commet une extorsion (*Erpressung*) celui qui, pour procurer à lui-même ou à autrui un avantage pécuniaire, contraint un tiers, par des violences ou par la menace de préjudices non justifiés, à faire, à souffrir ou à ne pas faire quelque chose. L'extorsion est punie comme le vol accompagné de violences (*Raub*), lorsqu'elle a eu lieu avec des violences contre une personne ou sous la menace d'un danger immédiat pour la personne ou la vie, et, dans les autres cas, de réclusion jusqu'à cinq ans ou d'emprisonnement pour un mois au moins (C. pén., art. 146, 149).

66. — B. *Berne*. — Celui qui, sans droit, à l'aide de violences, de contrainte ou de menaces, extorque la signature ou la remise d'un écrit, d'un document ou d'un titre contenant ou opérant obligation, disposition ou décharge, ou qui, pour procurer à lui-même ou à un tiers quelque profit illégitime, contraint, par des violences ou des menaces, une personne à faire, à souffrir ou à ne pas faire quelque chose, est passible des peines prévues pour le vol avec violence (*Raub*), c'est-à-dire d'une réclusion dont la durée varie suivant la nature et la gravité des violences ou des menaces (C. pén., art. 208).

67. — C. *Genève*. — Quiconque a extorqué par violence, force ou contrainte soit la signature ou la remise d'un écrit, d'un acte, d'un titre, d'une pièce quelconque, contenant ou opérant obligation, disposition ou décharge, soit des fonds, valeurs, billets, objets mobiliers, est passible de trois à dix ans de réclusion. Si la violence a laissé des traces de blessures ou de contusions, la peine peut être portée jusqu'à quinze ans (C. pén., art. 331).

68. — D. *Neuchâtel*. — Quiconque a extorqué, par force, violence ou contrainte, soit la signature ou la remise d'un écrit, d'un acte, d'un titre, d'une pièce quelconque, contenant ou opérant obligation, disposition ou décharge, ou d'une manière quelconque, a forcé une personne à faire un acte ou à s'en abstenir, au préjudice de sa fortune ou de celle d'un tiers, est passible de la réclusion jusqu'à cinq ans et de l'amende jusqu'à 1,000 fr. ; s'il existe des circonstances atténuantes, un emprisonnement de six mois au moins peut être substitué à la réclusion (C. pén. de 1891, art. 378).

69. — Si le coupable était porteur d'armes apparentes, et s'il a menacé de s'en servir, ou s'il y a eu séquestration prolongée de plus de trente jours, la réclusion peut s'élever jusqu'à dix ans et l'amende jusqu'à 5,000 fr. (art. 379).

70. — Lorsque l'extorsion a été accompagnée de tortures corporelles ou de violences ayant causé une blessure ou maladie grave ou la mort, la peine peut être de quinze à vingt ans ou même perpétuelle (art. 380).

71. — E. *Saint-Gall*. — Celui qui, dans le dessein de procurer à lui-même ou à autrui un profit illégitime, contraint un tiers, par force ou par menaces, à faire, à souffrir ou à ne pas faire quelque chose, commet une extorsion, qui est punie de peines graduées, dans le Code, d'après la gravité des violences ou des menaces et d'après l'importance du préjudice causé (C. pén., art. 67).

72. — F. *Vaud*. — Celui qui, par des violences envers la personne ou par des menaces propres à lui inspirer un juste effroi pour elle-même ou pour quelqu'un de sa famille ou de sa maison, et dans le dessein de nuire à autrui ou de procurer un avantage à lui-même ou à un tiers, contraint une personne soit à lui livrer quelque chose, soit à faire tout autre acte ou à s'en abstenir, au préjudice de sa fortune ou de celle d'un tiers, est puni d'une réclusion dont la durée varie d'une année à perpétuité, suivant la gravité des lésions infligées à la victime (C. pén., art. 280). — V. sur l'ensemble de la matière, Stooss, *Les Codes pénaux suisses rangés par ordre de matières*, 1 gr. vol. in-8°, Bâle, 1890.

EXTRACTION DE MATÉRIAUX. — V. Chemin de fer. — Chemin rural. — Chemin vicinal. — Expropriation pour utilité publique. — Mines, minières et carrières. — Occupation temporaire. — Travaux publics.

TABLE DES ARTICLES

COMPOSANT LE VINGT-ET-UNIÈME VOLUME

L'indication de la place où trouvent traités les mots dont l'explication est l'objet d'un renvoi est faite, dans le texte, à ces mots mêmes.

Etablissements nationaux de bienfaisance.....	104 numéros.	Etranger...................................	1081 numéros.
Etablissements incommodes.................	Renvoi.	Etudiant..................................	Renvoi.
Etablissements insalubres...................	Renvoi.	Evasion...................................	232 numéros.
Etablissements privés d'aliénés.............	Renvoi.	Evêque-évêché............................	241 numéros.
Etablissements publics d'aliénés............	Renvoi.	Eviction..................................	Renvoi.
Etablissements publics ou d'utilité publique...	154 numéros.	Evier.....................................	11 numéros.
Etablissements thermaux...................	Renvoi	Evocation.................................	39 numéros.
Etage.......................................	Renvoi	Evolage...................................	Renvoi.
Etalage.....................................	Renvoi.	Examen...................................	Renvoi.
Etalons.....................................	Renvoi.	Excavation................................	Renvoi.
Etang.......................................	328 numéros.	Exceptions et fins de non-recevoir..........	Renvoi.
Etapes......................................	22 numéros.	Excès de pouvoir (matière administrative).....	372 numéros.
Etat...	48 numéros.	Excès de pouvoir (matière civile et criminelle).	Renvoi.
Etat civil....................................	92 numéros.	Excitation à la débauche....................	Renvoi.
Etat des dettes.............................	Renvoi.	Excitation à la haine ou au mépris d'une classe de citoyens...........	Renvoi.
Etat d'inscription...........................	Renvoi.	Excitation au meurtre et au pillage..........	Renvoi.
Etat des lieux..............................	Renvoi.	Exclusion de communauté..................	Renvoi.
Etat des meubles...........................	Renvoi.	Excuses...................................	201 numéros.
Etat des officiers et des sous-officiers........	142 numéros.	Exécuteur des arrêts criminels..............	Renvoi.
Etat de siège...............................	97 numéros.	Exécuteur testamentaire....................	407 numéros.
Etat estimatif...............................	Renvoi.	Exécution capitale.........................	140 numéros.
Etat étranger...............................	Renvoi.	Exécution des actes et jugements...........	604 numéros.
Etat hypothécaire...........................	Renvoi.	Exécution des arrêts et jugements..........	104 numéros.
Etat-major..................................	19 numéros.	Exécution provisoire.......................	349 numéros.
Etats-Unis..................................	213 numéros.	Exécutoire de dépens......................	Renvoi.
Etiquettes..................................	Renvoi.		

Exequatur...	Renvoi.	Exploitation...	Renvoi.
Exercice...	Renvoi.	Explosion...	Renvoi.
Exercice (contributions indirectes)...	Renvoi.	Exportation...	Renvoi.
Exercice illégal de la médecine ou de la pharmacie...	Renvoi.	Exposé des motifs...	Renvoi.
Exhaussement...	Renvoi.	Expositions artistiques et industrielles...	270 numéros.
Exhérédation...	Renvoi.	Exposition d'enfant...	Renvoi.
Exhumation...	Renvoi.	Exposition d'objets sur la voie publique...	Renvoi.
Exil...	Renvoi.	Exposition publique...	Renvoi.
		Expropriation forcée...	Renvoi.
Exonération du service militaire...	Renvoi.	Expropriation pour cause d'utilité publique...	3903 numéros.
Expédient...	Renvoi.	Expulsion...	Renvoi.
Expéditeur...	Renvoi.	Exterritorialité...	Renvoi.
Expédition d'actes et jugements...	Renvoi.	Extinction des feux...	Renvoi.
Expertise...	907 numéros.	Extorsion de titres ou de signatures...	72 numéros.
Exploit...	1622 numéros.	Extraction de matériaux...	Renvoi.

BAR-LE-DUC. — IMPRIMERIE CONTANT-LAGUERRE.

ADDENDA

V° **EXPLOIT**, n. 690.

Les formalités édictées par la loi du 15 févr. 1899 sont exigées en matière correctionnelle comme en matière civile, et doivent être observées par les commis ou préposés de l'administration des contributions indirectes, à peine de nullité de l'exploit. — Trib. corr. Albi, 17 nov. 1900, [*Gaz. des Trib.* du 22 novembre]

V° **EXPOSITIONS ARTISTIQUES ET INDUSTRIELLES**, n. 216.

L'administration de l'exposition n'est pas un tiers dans le sens de l'art. 557, C. proc. civ.; elle n'est pas dépositaire des objets, lesquels n'ont pas cessé d'être en la possession des exposants; en conséquence, elle n'a pas à faire état des saisies-arrêts qui lui sont signifiées par les créanciers des exposants. — Ord. en référé du président du tribunal de la Seine, 14 nov. 1900, [J. *Le Droit*, 16 nov. 1900]

FIN DU TOME VINGT ET UNIÈME.

RECUEIL GÉNÉRAL DES LOIS ET DES ARRÊTS
Fondé par J.-B. SIREY

JURISPRUDENCE DES COURS ET TRIBUNAUX (Cour de cassation, Cour d'appel et Tribunaux de première instance)
JURISPRUDENCE ADMINISTRATIVE (Conseil d'Etat, Tribunal des conflits, etc.)
JURISPRUDENCE ÉTRANGÈRE — LOIS ANNOTÉES

RÉDACTEUR EN CHEF : **C.-L. JESSIONESSE**, Docteur en droit.
Secrétaire de la rédaction : M. O. DE GOURMONT, Docteur en droit.

COLLECTION COMPLÈTE DE 1791 A 1900
Avec Tables générale et décennales jusqu'en 1890 inclusivement (et abonnement 1900)
Au Comptant.................................. 600 fr.
En un an...................................... 630 fr.

ABONNEMENT ANNUEL :
PARIS ET DÉPARTEMENTS: 30 francs. — COLONIES ET ÉTRANGER : 32 francs.

NOTA. — La collection complète achetée à terme se paye par fractions trimestrielles ou semestrielles ; mais le premier versement a toujours lieu aussitôt la réception de l'ouvrage et ne peut être inférieur à **150** francs.

CODES ANNOTÉS
CONTENANT SOUS CHAQUE ARTICLE L'ANALYSE DE LA DOCTRINE ET DE LA JURISPRUDENCE

CODE CIVIL	CODE DE PROCÉDURE CIVILE
ANNOTÉ PAR **ED. FUZIER-HERMAN** ANCIEN MAGISTRAT — CONTINUÉ PAR **ALCIDE DARRAS** DOCTEUR EN DROIT	ANNOTÉ PAR **Albert TISSIER** PROFESSEUR A LA FACULTÉ DE DROIT DE DIJON — **Alcide DARRAS** DOCTEUR EN DROIT — **LOUICHE-DESFONTAINES** DOCTEUR EN DROIT, AVOCAT A LA COUR D'APPEL DE PARIS
Avec la Collaboration des Rédacteurs du Recueil général des Lois et des Arrêts et du Journal du Palais	Avec la collaboration des rédacteurs DU RECUEIL GÉNÉRAL DES LOIS ET DES ARRÊTS ET DU JOURNAL DU PALAIS
AVEC UN **SUPPLÉMENT** par TH. GRIFFOND Ancien magistrat, ancien collaborateur de M. Fuzier-Herman	TOME PREMIER (Art. 1 à 442)
L'ouvrage complet 4 volumes et un Supplément. **100** francs.	L'ouvrage complet en deux volumes...... **40** francs. (Tome 1er seul paru)

POUR PARAITRE PROCHAINEMENT :

CODE DE COMMERCE PAR E. COHENDY
Professeur à la Faculté de Droit de Lyon

CODE PÉNAL PAR E. GARÇON
Professeur adjoint à la Faculté de droit de Paris

VIENNENT DE PARAITRE :	VIENT DE PARAITRE :
LES QUATRE PREMIERS VOLUMES DU TRAITÉ THÉORIQUE ET PRATIQUE **DE PROCÉDURE** (ORGANISATION JUDICIAIRE, COMPÉTENCE ET PROCÉDURE EN MATIÈRE CIVILE ET COMMERCIALE) PAR **E. GARSONNET** DOYEN DE LA FACULTÉ DE DROIT DE L'UNIVERSITÉ DE PARIS Deuxième édition revue, corrigée, et mise au courant de la législation et de la jurisprudence. Par Charles CÉZAR-BRU Professeur à la Faculté de droit de l'Université d'Aix-Marseille	TRAITÉ THÉORIQUE ET PRATIQUE **D'ASSISTANCE PUBLIQUE** PAR **H. DEROUIN** Secrétaire général de l'Administration de l'Assistance Publique — **A. GORY** Inspecteur de l'Administration de l'Assistance Publique **F. WORMS** AVOCAT A LA COUR D'APPEL MEMBRE DU CONSEIL DE SURVEILLANCE DE L'ASSISTANCE PUBLIQUE AVEC UNE PRÉFACE DE M. H. BERTHÉLEMY Professeur de Droit administratif à l'Université de Paris
Les quatre premiers volumes parus, brochés .... 40 — reliés .... 48 — L'ouvrage comprendra 8 volumes et sera terminé prochainement. Les acheteurs des premiers volumes sont tenus de prendre les autres (La première édition de cet ouvrage a été couronnée par l'Académie des Sciences morales et politiques : prix Wolowski, 1894).	2 forts volumes in-8° raisin................ **28** francs.

BAR-LE-DUC. — IMPRIMERIE CONTANT-LAGUERRE.

www.ingramcontent.com/pod-product-compliance
Lightning Source LLC
Chambersburg PA
CBHW060902300426
44112CB00011B/1300